Gedächtnisschrift Hans Peters

Herausgegeben von

H. Conrad · H. Jahrreiß · P. Mikat · H. Mosler
H. C. Nipperdey · J. Salzwedel

Springer-Verlag Berlin · Heidelberg · New York 1967

ISBN 978-3-642-49619-6 ISBN 978-3-642-49912-8 (eBook)
DOI 10.1007/978-3-642-49912-8

 Library of Congress Catalog Card Number 67-12 690.
Softcover reprint of the hardcover 1st edition 1967

Portraitphoto von Fritz Eschen, 1 Berlin-Wilmersdorf, Bundesplatz 1

Titel-Nr. 1408

Vorwort

Am 15. Januar 1966 ist Hans Peters unerwartet verstorben. Wir hatten beabsichtigt, ihm den vorliegenden Band am 5. September 1966, seinem 70. Geburtstag, als Festschrift zu überreichen. Der Band wird nunmehr als Gedächtnisschrift vorgelegt. Wir danken allen Freunden, Kollegen und Schülern des Verstorbenen, die der Einladung zur Mitarbeit an der Festschrift für Hans Peters bereitwilligst gefolgt waren und durch ihren Beitrag sein Andenken ehren.

Die Herausgeber

Inhaltsverzeichnis

3. Verwaltungslehre

4. Kirchenrecht

5. Völkerrecht

6. Staatsrecht

7. Verwaltungsrecht

8. Prozeßrecht

9. Arbeitsrecht

10. Strafrecht

Verzeichnis der Schriften und Aufsätze von Hans Peters

Autorenverzeichnis

BACHOF, OTTO, Dr., Professor, 7400 Tübingen, Auf dem Kreuz 3

BADER, KARL S., Dr. jur., o. Professor an der Universität Zürich, Zürich 32/Schweiz, Cäcilienstr. 5

BRANDT, HELMUT, Dr. jur., Dr. rer. pol., Rechtsanwalt und Notar in Berlin, z. Z. 5201 Menden b./Bonn, Ernststr. 5

BRAUBACH, MAX, Professor Dr., Dr. h. c., Dr. h. c., 5300 Bonn, Endenicher Allee 5

BULLINGER, MARTIN, Dr. jur., o. Professor der Rechte an der Universität Freiburg i. Br., 7800 Freiburg i. Br., Sundgauallee 46

CONRAD, HERMANN, Dr. jur., Dr. h. c., Dr. rer. pol. h. c., o. Professor der Rechte an der Universität Bonn, 5320 Bad Godesberg-Mehlem, Oberaustr. 31

ERMACORA, FELIX, Dr., o. ö. Universitätsprofessor, Mitglied der Europäischen Kommission für Menschenrechte, Österreichischer Delegierter zur Menschenrechtskommission der Vereinten Nationen, A-1010 Wien/Österreich, Universität

FRIESENHAHN, ERNST, Dr., Dr. h. c., o. Professor, Bundesverfassungsrichter a. D., 5300 Bonn, Wegelerstr. 2

GRASS, NIKOLAUS, Dr. jur., Dr. phil., Dr. rer. pol., o. ö. Universitätsprofessor, Vorstand des Instituts für Deutsches Recht an der Universität Innsbruck, Innsbruck/Österreich, Meraner Str. 9

GURADZE, HEINZ, Dr. jur., Magistratsrat a. D., Honorarprofessor der juristischen Fakultät der Universität Köln, 5000 Köln-Braunsfeld, Peter-von-Fliesteden-Straße 14

HABSCHEID, WALTHER J., Dr., o. Professor an der Universität Würzburg, Honorarprofessor an der Universität Genf, 8702 Veitshöchheim, Schillerstraße und Ch 1224 Chêne-Bougeries (GE), 55, chemin des Fourches

HERING, CARL JOSEPH, Dr., jur., Dr. phil., o. Professor an der Universität Köln

HERRMANN, JOHANNES, Dr. jur., Professor, 8520 Erlangen, Ebrardstr. 25

HEYDTE, FRIEDRICH AUGUST FREIHERR VON DER, Dr., Professor an der Universität Würzburg, Mitgl. d. Bayer. Landtags, 8702 Gerbrunn, Gießhügelerstr. 45

HIPPEL, ERNST VON, Dr. jur., o. ö. Professor an der Universität Köln, 6531 Perscheid üb. Bingen

HUBER, HANS, Dr. jur., o. Professor an der Universität Bern, Muri b. Bern/Schweiz, Mannenriedstr. 5

HÜBNER, HEINZ, Dr. jur., o. ö. Professor an der Universität Köln, 5032 Efferen bei Köln, Hahnenstr. 3

Ipsen, Hans Peter, Dr. jur., o. Professor der Rechte an der Universität Hamburg, 2000 Hamburg 13, Heinrich-Barth-Str. 25 a und 3141 Raven üb. Lüneburg, Haus Opferberg

Jahrreiss, Hermann, Dr. jur., Dr. h. c., Dr. h. c., Dr. h. c., LL. Dr. h. c., Professor der Rechte an der Universität Köln, 5000 Köln-Klettenberg, Nasse-Str. 30

Jedin, Hubert, Dr., Dr. theol. h. c., Dr. phil. h. c., o. em. Professor der mittleren und neueren Kirchengeschichte, 5300 Bonn-Venusberg, Am Paulshof 1

Kafka, Gustav E., Dr., o. ö. Universitätsprofessor, Vorstand des Instituts für Allg. Staatslehre und Öst. Verfassungrecht an der Universität Graz, A 8010 Graz/Österreich, Universitätsplatz 3

Kiesinger, Kurt Georg, Dr. h. c., Bundeskanzler der Bundesrepublik Deutschland, 5300 Bonn, Bundeskanzleramt. Bis 1. Dezember 1966 Ministerpräsident des Landes Baden-Württemberg

Kipp, Heinrich, Dr. jur., Universitätsprofessor an der Universität Innsbruck, A 6080 Kurort Igls/Österreich, Lauserstr. 61

Klug, Ulrich, Dr. jur., o. ö. Professor der Rechte an der Universität zu Köln

Kniesch, Joachim, Dr. jur., z. Z. Verwaltungsgerichtspräsident, Bundesrichter a. D., Regierungsvizepräsident a. D., 6000 Frankfurt a. M.-Ginnheim, Hügelstr. 200

Küchenhoff, Günther, Dr., o. ö. Professor der Rechte an der Universität Würzburg, 8700 Würzburg, Seinsheimstr. 13

Leisner, Walter, Dr. jur., o. Universitätsprofessor, 8520 Erlangen, Kochstr. 2

Loschelder, Wilhelm, Dr., Staatssekretär a. D., 4000 Düsseldorf-Oberkassel, Wildenbruchstr. 4

Marré, Heiner, Dr. jur., Assessor, Rechtsrat, 4390 Gladbeck/Westfalen, Schillerstraße 39

Maunz, Theodor, Dr. jur., Staatsminister a. D., o. Professor an der Universität München, 8032 München-Gräfelfing, Hartnagelstr. 3

Mayer-Maly, Theodor, Dr. jur., Professor, Salzburg-Aigen/Österreich, Josef-Tharakstr. 19

Merzbacher, Friedrich, Dr. jur., Dr. phil., o. Professor an der Universität Würzburg, 8700 Würzburg, Neubergstr. 9

Mikat, Paul, Dr. jur., Kultusminister a. D., o. Professor der Rechte an der Ruhr-Universität Bochum, 4000 Düsseldorf, Erich-Hoepner-Str. 21

Mosler, Hermann, Dr. jur., o. Professor an der Universität Heidelberg, Direktor des Max-Planck-Instituts für ausl. öffentl. Rechte und Völkerrecht, 6900 Heidelberg, Mühltalstr. 117

Nipperdey, Hans Carl, Dr. jur., Dr. rer. pol. h. c., Dr. jur. h. c., Dr. jur. h. c., o. Professor der Rechte an der Universität Köln, 5000 Köln-Marienburg, Wolfgang-Müller-Str. 13—15

Obermayer, Klaus, Dr. jur., o. Universitätsprofessor, 8520 Erlangen, Niendorfstraße 25

OEHLER, DIETRICH, Dr. jur., o. Professor der Rechte an der Universität Köln, Direktor des Kriminalwissenschaftlichen Instituts, 5000 Köln-Müngersdorf, Franz-Seiwert-Str. 25

PETERS, KARL, Dr., o. Professor für Strafrecht, Strafverfahren und Strafvollzug an der Universität Tübingen, 7400 Tübingen, Melanchthonstr. 33

PÖTTER, WILHELM, Dr. jur., Präsident des Verfassungsgerichtshofs und des Oberverwaltungsgerichts für das Land Nordrhein-Westfalen, 4400 Münster/Westfalen, Fliednerstr. 9

REUSS, HERMANN, Rechtsanwalt beim Oberlandesgericht Köln, 5000 Köln-Lindenthal 1, Frangenheimstr. 9

SALZWEDEL, JÜRGEN, Dr., o. Professor an der Universität Bonn, 5300 Bonn-Ippendorf, Spreestr. 2

SCHEUNER, ULRICH, Dr., o. Professor des öffentlichen Rechts an der Universität Bonn, 5320 Bad Godesberg, Beethovenstr. 77

SCHNEIDER, HANS, Dr. jur., o. Professor des öffentlichen Rechts an der Universität Heidelberg

SEIDL, ERWIN, Dr. jur., o. Professor, Korrespondierendes Mitglied der Österreichischen Akademie der Wissenschaften, 5000 Köln-Lindenthal, Kerpener Str. 4

SEIDL-HOHENVELDERN, IGNAZ, Dr. jur., o. Professor an der Universität Köln, 5000 Köln-Müngersdorf, Lövenicher Weg 22

STERN, KLAUS, Dr. jur., o. Professor des öffentlichen Rechts an der Universität Köln, Direktor des Instituts für Verwaltungswissenschaft, 5000 Köln-Lindenthal, Gyrhofstr. 8 c

TAGAMI, GEORG, Dr. jur., Professor des öffentlichen Rechts an der Universität Hitotsubashi, Tokio/Japan, Musashino-shi, Nishikubo 1—1—9

TESHIMA, TAKASHI, Dr. jur., Professor an der Kyushu-Universität, Fukuoka/Japan, Kashii Miyuki-cho, Kokusetsu-jutaku 11—14

UHLITZ, OTTO, Dr. jur., Senatsrat, 1000 Berlin 19, Dernburgstr. 23 c

VAN DER VEN, JOSEPH J. M., Dr. jur., o. Professor für Arbeitsrecht, Rechtssoziologie und Rechtsphilosophie an der Rijksuniversiteit Utrecht, Bilthoven/Holland, Ostadelaan 9

WANDERSLEB, HERMANN, Dr. jur., Staatssekretär a. D., 5300 Bonn, Koblenzer Str. 123

WEBER, WERNER, Dr. jur., o. Professor der Rechte, 3400 Göttingen, Wackenroderweg 1

WERTENBRUCH, WILHELM, Dr. jur., o. ö. Professor a. d. Universität Bochum, Oberlandesgerichtsrat a. D., 5353 Katzvey/Post Mechernich, An der Rodung 44

WÜRTENBERGER, THOMAS, Dr. jur., o. Universitätsprofessor, 7800 Freiburg i. Br., Beethovenstr. 9

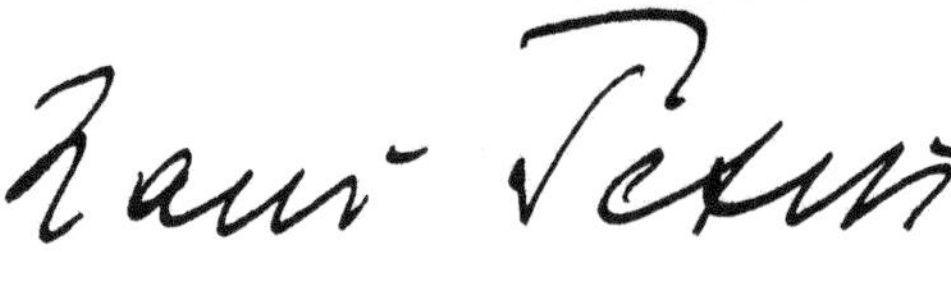

Gedächtnisschrift Peters   Springer-Verlag Berlin · Heidelberg · New York 1967

Nachruf auf Hans Peters *

ERNST FRIESENHAHN

Am Vormittag des Sonntags, 16. Januar 1966, wurde HANS PETERS tot in seiner Kölner Wohnung aufgefunden. Im Bett liegend hatte ihn der Tod ereilt; das Licht brannte noch, ein Buch lag aufgeschlagen vor ihm. Neben dem Bett standen die Koffer gepackt für eine Reise, die der bis ins Alter stets regsame, unruhige Mann, der viel unterwegs war, an diesem Vormittag antreten wollte. Es war das erste Semester nach seiner Emeritierung, in dem er keine Vorlesungen angekündigt hatte. Er wollte sich ganz den Büchern, die er unter der Feder hatte (zweite Auflage des Lehrbuchs der Verwaltung und ein Deutsches Staatsrecht, das in der von ihm gemeinsam mit W. KUNKEL und E. PREISER herausgegebenen Enzyklopädie der Rechts- und Staatswissenschaft erscheinen sollte), und seinen vielfältigen Aufgaben in wissenschaftlichen und kulturellen Organisationen widmen.

Das Leben, das so jäh und unerwartet erlosch, hatte am 5. September 1896 in Berlin begonnen. Sproß einer aus Rheinland und Westfalen stammenden Familie, folgte er den Stationen der Beamtenlaufbahn seines Vaters, eines hohen preußischen Verwaltungsbeamten, und besuchte die Schulen in Koblenz und Münster. Durch den Beruf seines Vaters, der zuletzt als Vizepräsident des Provinzialschulkollegiums und Stellvertreter des Kurators der Universität in Münster wirkte, kam HANS PETERS schon früh mit der Verwaltung, die der Hauptgegenstand seiner wissenschaftlichen Bemühungen werden sollte, in Berührung. Nach seinen juristischen Studien in Münster, Wien und Berlin und dem Referendarexamen wählte er die Verwaltungslaufbahn. Die praktischen Erfahrungen, die er in 8 Jahren auf allen drei Stufen der preußischen Staatsverwaltung sammeln konnte, waren bestimmend auch für seine wissenschaftliche Entwicklung. Probleme der Verwal-

---

* Es war mir infolge Krankheit und dringender anderer beruflicher Verpflichtungen leider nicht möglich, den wissenschaftlichen Beitrag, den ich für die Festschrift Hans Peters zugesagt hatte, abzuschließen. Um so lieber komme ich dem Vorschlag der Herausgeber nach, den Nachruf, den ich für die Juristenzeitung geschrieben hatte (JZ 1966, S. 197), in etwas ergänzter Form in die Gedächtnisschrift aufzunehmen. Der Schriftleitung der JZ danke ich für die Erlaubnis zum Nachdruck. Ausführlicher würdigen Leben und Werk von Hans Peters: JOHANNES SPÖRL und HERMANN MOSLER im Jahres- und Tagungsbericht der Görresgesellschaft 1956, und demnächst PAUL MIKAT im Jahres- und Tagungsbericht der Görresgesellschaft 1966.

tung standen im Mittelpunkt seiner Arbeit, und mit Betonung gab er seinem 1949 erschienenen Lehrbuch den Titel „Lehrbuch der Verwaltung“: Sein Bemühen war, nicht nur das Verwaltungsrecht darzustellen, sondern „die Verwaltung und damit die Verwaltungswissenschaft in den größeren Zusammenhang von Recht, Politik und Weltanschauung einzubauen“ (Vorwort). Immer wieder kreisten seine Bemühungen um das Phänomen, dem er in seiner letzten selbständigen Publikation, der Kölner Rektoratsrede (1965), den Titel gab: „Die Verwaltung als eigenständige Staatsgewalt.“ Er wendet sich hier gegen neuere Tendenzen im Staats- und Verwaltungsrecht, „die — nach meiner Überzeugung allzu leichtfertig und voller Mißverständnisse — die Erkenntnisse vergangener Generationen zu einem wichtigen Teil über Bord werfen, einzelne Grundsätze systemwidrig aus dem Zusammenhang fremder Rechtsordnungen übernehmen und zum Teil sogar die Verwaltung einer staatsrechtlich und politisch nicht zu rechtfertigenden Minderbewertung aussetzen, indem sie ihre Eigenständigkeit und Gleichwertigkeit unter den herkömmlichen sogenannten drei Staatsgewalten untergraben, wenn nicht sogar leugnen“ (a.a.O., S. 5 f.). Wenn er sich dabei nicht nur an die Fachkollegen, die Gesetzgeber, Richter und Verwaltungsbeamten, sondern auch an die Bürger richtet, deren weithin fehlendes Staatsbewußtsein und deren Staatsverdrossenheit ihn beunruhigten, so ist das typisch für die stets spürbare politische Verantwortung, die diesen Gelehrten auszeichnete. Er wurde nicht müde, gegen die Irrlehre anzugehen, als ob die Verwaltung bloßer Gesetzesvollzug sei, und trat für ihre gestaltende Kraft im Bereich der vorsorgenden und fördernden gesetzesfreien Verwaltung ein, die er vor allem auch in dem ihm sehr am Herzen liegenden kulturellen Bereich fand (z. B. „Verwaltung ohne gesetzliche Ermächtigung“, Festschrift Hans Huber, 1961, S. 206). Als Leiter des Instituts für Verwaltungswissenschaft an der Universität Köln konnte er eine breite Forschungsarbeit in allen Bereichen des Verwaltungsrechts und der Verwaltungslehre anregen. Sehr am Herzen lag ihm die Fortbildung der Verwaltungsbeamten der mittleren Schicht, die er als Studienleiter der Verwaltungsakademien in Berlin, wo man ihn selbst während der Nazizeit weiter amtieren ließ, und später in Aachen und Düsseldorf unermüdlich förderte.

Hans Peters hatte sich 1925, während er als Regierungsassessor an der Regierung in Breslau tätig war, in der dortigen Fakultät habilitiert. Die Habilitationsschrift „Grenzen der kommunalen Selbstverwaltung in Preußen“ (1926) war eine wirklich Grund legende Monographie, die bis heute ihre Bedeutung behalten hat. Seine fast zweijährige Tätigkeit im Preußischen Ministerium des Innern hatte ihn gelehrt, „wo heute die praktischen Bedürfnisse eine wissenschaftliche Forschung am meisten fordern“ (S. 2). In den Einleitungen zu diesem Buch und zu der 1928 erschienenen Abhandlung „Zentralisation und Dezentralisation“ wird bereits das Programm formuliert, dem er sein Leben lang treu geblieben ist: Er wollte als Theoretiker ehre von Carl Schmitt wurde treffend charakterisiert: „Herr Professor :arl Schmitt begeht den Fehler, daß er aus der Tatsachenwelt heraus ge- visse Begriffe prägt, in diese gewisse Werturteile hineinlegt, und dann auf rund dieser Werturteile rechtliche Folgerungen zieht" („Preußen contra eich", S. 57). Noch 1935 wagte er es, in dem von Kleineidam und Kuss erausgegebenen Sammelwerk „Die Kirche in der Zeitenwende" einen Auf- atz über „Der totale Staat und die Kirche" zu veröffentlichen (a.a.O., S. 303 is 334), in dem nicht nur zu lesen war: „Die ganze Grundeinstellung des otalen Staates ist aber schon deshalb unhaltbar, weil sie ihre Rechtfertigung arin sucht, daß die menschliche Gesellschaft außerhalb des Staates ungeord- et sei und erst der vom Staat erlassenen Ordnungsprinzipien bedürfe" .a.O., S. 54), sondern auch der von unverwüstlichem christlichem Optimis- ius und großer innerer Sicherheit zeugende Satz: „Trotz aller bürgerlichen 'oleranz muß die Kirche wesensmäßig in ihrer Glaubens- und Sittenlehre nnachgiebig sein. Wer etwas anderes von ihr erwartet, muß enttäuscht wer- en. Für die Kirche und den Katholiken erklärt sich zwangslos aus dem lauben die Erscheinung, daß die Kirche aus oft sehr bedeutenden inneren nd äußeren Schwierigkeiten stets unversehrt und gestärkt hervorgegangen t, daß sie unabhängig von geopolitischen Verschiedenheiten und Unter- chieden der Rasse, vielfach von scheinbar stärksten irdischen Mächten ver- olgt, durch die Jahrhunderte hindurch unbeirrt auf dem ganzen Erdkreis ie gleiche Lehre verkündet; der dem Katholizismus Fernstehende wird sich iit dieser soziologischen Tatsache abfinden müssen und tut gut, von einem ach allen Erfahrungen im Endergebnis aussichtslosen Vernichtungskampf on vornherein abzustehen" (a.a.O., S. 324 f.). So war es nur folgerichtig, aß Peters sich später dem Kreisauer Widerstandskreis des Grafen Helmuth on Moltke anschloß. Über „Verfassungs- und Verwaltungsreformbestrebun- en innerhalb der Widerstandsbewegung gegen Hitler" hat er 1961 in der leichnamigen Schrift berichtet.

Es war klar, daß ein solcher Mann in der nationalsozialistischen Zeit in er akademischen Laufbahn nicht weiterkam. Andererseits kann man es vohl auf das Konto seiner persönlichen Integrität, seines offenen, liebens- vürdigen, auch den Andersdenkenden für ihn einnehmenden Wesens und einer Beliebtheit als akademischer Lehrer setzen, daß man ihn im Amte eließ. Vielleicht kam ihm dabei auch zugute, daß er nach Kriegsausbruch vieder den feldgrauen Rock anzog. Auch diesen Tribut an unsere Zeitläufe at Hans Peters reichlich geleistet. Fast zehn Jahre verbrachte er im Kriegs- ienst; aus dem ersten Weltkrieg kehrte er als Hauptmann mit dem EK I urück; im zweiten Weltkrieg kommandierte er als Major eine Flakbatterie. rst 1946 wurde ihm das längst verdiente Ordinariat an der als Humboldt- Jniversität wiedereröffneten alten Wirkungsstätte zuteil. Dort harrte er us, solange er noch irgendwie hoffen konnte, auch dort seine Ideale ver- reten zu können, noch über den Auszug gleichgesinnter Kollegen und Stu-

gerade an die Bearbeitung solcher Probleme herangehen
von Bedeutung sind. Der „Blick auf die Praxis, derentw
Rechtswissenschaft betrieben wird“, bestimmte ihn, und
mit dieser Zielsetzung „den deutschen Universitäten il
lieferte, zur Zeit bedrohte führende Stellung im geisti
Leben erhalten und sie in engere Verbindung mit dem Vc
(Zentralisation, S. 1, 3). Als Frucht dieser stets aufrech
dung von der Theorie zur Praxis stellt sich auch das ein
ter von ihm herausgegebene monumentale dreibändige „I
munalen Wissenschaft und Praxis“ (1956/59) dar, das
Akzenten als in der Jugendschrift dem Anliegen dient
tären Gleichschaltung, die in den Jahren 1933 bis 1945
Eigenleben zerstörte, die Selbstverwaltung als ein Grunc
lichen Lebens und der Demokratie in Deutschland wied
in ihren modernen Auswirkungen deutlich werden zu las

Schon drei Jahre nach der Habilitation wurde PETERS
außerordentlicher Professor an die Universität Berlin
ab wirkte er zugleich als Honorarprofessor an der Tech
Neben der Professur war er 1928—1933 als Generalre
versitäten im Preußischen Kultusministerium tätig und a
ner Richter u. a. an den Hochschulreformplänen jener Ja
praktische Arbeit wirkte prägend, hinterließ ihre Spur
lichen Werk und befähigte ihn in besonderer Weise, in
in die Diskussion um die Hochschulreform einzugreifen.

HANS PETERS war ein aufrechter Demokrat mit eine
fühl für Recht und Gerechtigkeit, er war aber auch ein
jederzeit für das eintrat, was er für wahr erkannt hatte,
gen zu fragen. Als die Krise der Weimarer Republik ih
reicht hatte, stellte er sich der Zentrumspartei zur Verfü
im März 1933 in den Preußischen Landtag wählen, zu
wirklich seinen Fähigkeiten entsprechende politische Tät
können. Mut zeigte der Berliner Extraordinarius, der es v
die Vertretung der Zentrumsfraktion des Preußischen I
Reichsstaatsgerichtshof in dem berühmten Verfassungsstr
Landesregierung gegen die Reichsregierung wegen der Ein
kommissars für das Land Preußen durch den Reichskan
übernehmen, und der sich dort u. a. Carl Schmitt als V
regierung gegenübersah. Gleich am ersten Verhandlung
Wort zu grundsätzlichen Ausführungen. Er wandte sich g
mit der man versucht, die preußische Stellung als unhalt
meinte die von Carl Schmitt verfochtene „situationsgemä
legung“, der gegenüber er die Ordnungsfunktion allen
Rechtsstaatsgedanken der Weimarer Reichsverfassung in

Nachruf auf Hans Peters *

ERNST FRIESENHAHN

Am Vormittag des Sonntags, 16. Januar 1966, wurde HANS PETERS tot in seiner Kölner Wohnung aufgefunden. Im Bett liegend hatte ihn der Tod ereilt; das Licht brannte noch, ein Buch lag aufgeschlagen vor ihm. Neben dem Bett standen die Koffer gepackt für eine Reise, die der bis ins Alter stets regsame, unruhige Mann, der viel unterwegs war, an diesem Vormittag antreten wollte. Es war das erste Semester nach seiner Emeritierung, in dem er keine Vorlesungen angekündigt hatte. Er wollte sich ganz den Büchern, die er unter der Feder hatte (zweite Auflage des Lehrbuchs der Verwaltung und ein Deutsches Staatsrecht, das in der von ihm gemeinsam mit W. KUNKEL und E. PREISER herausgegebenen Enzyklopädie der Rechts- und Staatswissenschaft erscheinen sollte), und seinen vielfältigen Aufgaben in wissenschaftlichen und kulturellen Organisationen widmen.

Das Leben, das so jäh und unerwartet erlosch, hatte am 5. September 1896 in Berlin begonnen. Sproß einer aus Rheinland und Westfalen stammenden Familie, folgte er den Stationen der Beamtenlaufbahn seines Vaters, eines hohen preußischen Verwaltungsbeamten, und besuchte die Schulen in Koblenz und Münster. Durch den Beruf seines Vaters, der zuletzt als Vizepräsident des Provinzialschulkollegiums und Stellvertreter des Kurators der Universität in Münster wirkte, kam HANS PETERS schon früh mit der Verwaltung, die der Hauptgegenstand seiner wissenschaftlichen Bemühungen werden sollte, in Berührung. Nach seinen juristischen Studien in Münster, Wien und Berlin und dem Referendarexamen wählte er die Verwaltungslaufbahn. Die praktischen Erfahrungen, die er in 8 Jahren auf allen drei Stufen der preußischen Staatsverwaltung sammeln konnte, waren bestimmend auch für seine wissenschaftliche Entwicklung. Probleme der Verwal-

* Es war mir infolge Krankheit und dringender anderer beruflicher Verpflichtungen leider nicht möglich, den wissenschaftlichen Beitrag, den ich für die Festschrift Hans Peters zugesagt hatte, abzuschließen. Um so lieber komme ich dem Vorschlag der Herausgeber nach, den Nachruf, den ich für die Juristenzeitung geschrieben hatte (JZ 1966, S. 197), in etwas ergänzter Form in die Gedächtnisschrift aufzunehmen. Der Schriftleitung der JZ danke ich für die Erlaubnis zum Nachdruck. Ausführlicher würdigen Leben und Werk von Hans Peters: JOHANNES SPÖRL und HERMANN MOSLER im Jahres- und Tagungsbericht der Görresgesellschaft 1956, und demnächst PAUL MIKAT im Jahres- und Tagungsbericht der Görresgesellschaft 1966.

tung standen im Mittelpunkt seiner Arbeit, und mit Betonung gab er seinem 1949 erschienenen Lehrbuch den Titel „Lehrbuch der Verwaltung“: Sein Bemühen war, nicht nur das Verwaltungsrecht darzustellen, sondern „die Verwaltung und damit die Verwaltungswissenschaft in den größeren Zusammenhang von Recht, Politik und Weltanschauung einzubauen“ (Vorwort). Immer wieder kreisten seine Bemühungen um das Phänomen, dem er in seiner letzten selbständigen Publikation, der Kölner Rektoratsrede (1965), den Titel gab: „Die Verwaltung als eigenständige Staatsgewalt.“ Er wendet sich hier gegen neuere Tendenzen im Staats- und Verwaltungsrecht, „die — nach meiner Überzeugung allzu leichtfertig und voller Mißverständnisse — die Erkenntnisse vergangener Generationen zu einem wichtigen Teil über Bord werfen, einzelne Grundsätze systemwidrig aus dem Zusammenhang fremder Rechtsordnungen übernehmen und zum Teil sogar die Verwaltung einer staatsrechtlich und politisch nicht zu rechtfertigenden Minderbewertung aussetzen, indem sie ihre Eigenständigkeit und Gleichwertigkeit unter den herkömmlichen sogenannten drei Staatsgewalten untergraben, wenn nicht sogar leugnen“ (a.a.O., S. 5 f.). Wenn er sich dabei nicht nur an die Fachkollegen, die Gesetzgeber, Richter und Verwaltungsbeamten, sondern auch an die Bürger richtet, deren weithin fehlendes Staatsbewußtsein und deren Staatsverdrossenheit ihn beunruhigten, so ist das typisch für die stets spürbare politische Verantwortung, die diesen Gelehrten auszeichnete. Er wurde nicht müde, gegen die Irrlehre anzugehen, als ob die Verwaltung bloßer Gesetzesvollzug sei, und trat für ihre gestaltende Kraft im Bereich der vorsorgenden und fördernden gesetzesfreien Verwaltung ein, die er vor allem auch in dem ihm sehr am Herzen liegenden kulturellen Bereich fand (z. B. „Verwaltung ohne gesetzliche Ermächtigung“, Festschrift Hans Huber, 1961, S. 206). Als Leiter des Instituts für Verwaltungswissenschaft an der Universität Köln konnte er eine breite Forschungsarbeit in allen Bereichen des Verwaltungsrechts und der Verwaltungslehre anregen. Sehr am Herzen lag ihm die Fortbildung der Verwaltungsbeamten der mittleren Schicht, die er als Studienleiter der Verwaltungsakademien in Berlin, wo man ihn selbst während der Nazizeit weiter amtieren ließ, und später in Aachen und Düsseldorf unermüdlich förderte.

Hans Peters hatte sich 1925, während er als Regierungsassessor an der Regierung in Breslau tätig war, in der dortigen Fakultät habilitiert. Die Habilitationsschrift „Grenzen der kommunalen Selbstverwaltung in Preußen“ (1926) war eine wirklich Grund legende Monographie, die bis heute ihre Bedeutung behalten hat. Seine fast zweijährige Tätigkeit im Preußischen Ministerium des Innern hatte ihn gelehrt, „wo heute die praktischen Bedürfnisse eine wissenschaftliche Forschung am meisten fordern“ (S. 2). In den Einleitungen zu diesem Buch und zu der 1928 erschienenen Abhandlung „Zentralisation und Dezentralisation“ wird bereits das Programm formuliert, dem er sein Leben lang treu geblieben ist: Er wollte als Theoretiker

Lehre von Carl Schmitt wurde treffend charakterisiert: „Herr Professor Carl Schmitt begeht den Fehler, daß er aus der Tatsachenwelt heraus gewisse Begriffe prägt, in diese gewisse Werturteile hineinlegt, und dann auf Grund dieser Werturteile rechtliche Folgerungen zieht" („Preußen contra Reich", S. 57). Noch 1935 wagte er es, in dem von KLEINEIDAM und KUSS herausgegebenen Sammelwerk „Die Kirche in der Zeitenwende" einen Aufsatz über „Der totale Staat und die Kirche" zu veröffentlichen (a.a.O., S. 303 bis 334), in dem nicht nur zu lesen war: „Die ganze Grundeinstellung des totalen Staates ist aber schon deshalb unhaltbar, weil sie ihre Rechtfertigung darin sucht, daß die menschliche Gesellschaft außerhalb des Staates ungeordnet sei und erst der vom Staat erlassenen Ordnungsprinzipien bedürfe" (a.a.O., S. 54), sondern auch der von unverwüstlichem christlichem Optimismus und großer innerer Sicherheit zeugende Satz: „Trotz aller bürgerlichen Toleranz muß die Kirche wesensmäßig in ihrer Glaubens- und Sittenlehre unnachgiebig sein. Wer etwas anderes von ihr erwartet, muß enttäuscht werden. Für die Kirche und den Katholiken erklärt sich zwangslos aus dem Glauben die Erscheinung, daß die Kirche aus oft sehr bedeutenden inneren und äußeren Schwierigkeiten stets unversehrt und gestärkt hervorgegangen ist, daß sie unabhängig von geopolitischen Verschiedenheiten und Unterschieden der Rasse, vielfach von scheinbar stärksten irdischen Mächten verfolgt, durch die Jahrhunderte hindurch unbeirrt auf dem ganzen Erdkreis die gleiche Lehre verkündet; der dem Katholizismus Fernstehende wird sich mit dieser soziologischen Tatsache abfinden müssen und tut gut, von einem nach allen Erfahrungen im Endergebnis aussichtslosen Vernichtungskampf von vornherein abzustehen" (a.a.O., S. 324 f.). So war es nur folgerichtig, daß PETERS sich später dem Kreisauer Widerstandskreis des Grafen Helmuth von Moltke anschloß. Über „Verfassungs- und Verwaltungsreformbestrebungen innerhalb der Widerstandsbewegung gegen Hitler" hat er 1961 in der gleichnamigen Schrift berichtet.

Es war klar, daß ein solcher Mann in der nationalsozialistischen Zeit in der akademischen Laufbahn nicht weiterkam. Andererseits kann man es wohl auf das Konto seiner persönlichen Integrität, seines offenen, liebenswürdigen, auch den Andersdenkenden für ihn einnehmenden Wesens und seiner Beliebtheit als akademischer Lehrer setzen, daß man ihn im Amte beließ. Vielleicht kam ihm dabei auch zugute, daß er nach Kriegsausbruch wieder den feldgrauen Rock anzog. Auch diesen Tribut an unsere Zeitläufe hat HANS PETERS reichlich geleistet. Fast zehn Jahre verbrachte er im Kriegsdienst; aus dem ersten Weltkrieg kehrte er als Hauptmann mit dem EK I zurück; im zweiten Weltkrieg kommandierte er als Major eine Flakbatterie. Erst 1946 wurde ihm das längst verdiente Ordinariat an der als Humboldt-Universität wiedereröffneten alten Wirkungsstätte zuteil. Dort harrte er aus, solange er noch irgendwie hoffen konnte, auch dort seine Ideale vertreten zu können, noch über den Auszug gleichgesinnter Kollegen und Stugerade an die Bearbeitung solcher Probleme herangehen, die für die Praxis von Bedeutung sind. Der „Blick auf die Praxis, derentwegen schließlich die Rechtswissenschaft betrieben wird“, bestimmte ihn, und zugleich wollte er mit dieser Zielsetzung „den deutschen Universitäten ihre historisch überlieferte, zur Zeit bedrohte führende Stellung im geistigen und politischen Leben erhalten und sie in engere Verbindung mit dem Volksganzen bringen“ (Zentralisation, S. 1, 3). Als Frucht dieser stets aufrechterhaltenen Verbindung von der Theorie zur Praxis stellt sich auch das ein Menschenalter später von ihm herausgegebene monumentale dreibändige „Handbuch der kommunalen Wissenschaft und Praxis“ (1956/59) dar, das mit etwas anderen Akzenten als in der Jugendschrift dem Anliegen dient, „nach der autoritären Gleichschaltung, die in den Jahren 1933 bis 1945 echtes kommunales Eigenleben zerstörte, die Selbstverwaltung als ein Grundprinzip des öffentlichen Lebens und der Demokratie in Deutschland wieder herzustellen, und in ihren modernen Auswirkungen deutlich werden zu lassen“ (Bd. I, S. III).

Schon drei Jahre nach der Habilitation wurde Peters 1928 als beamteter außerordentlicher Professor an die Universität Berlin berufen. Von 1932 ab wirkte er zugleich als Honorarprofessor an der Technischen Hochschule. Neben der Professur war er 1928—1933 als Generalreferent für die Universitäten im Preußischen Kultusministerium tätig und arbeitete unter Werner Richter u. a. an den Hochschulreformplänen jener Jahre mit. Auch diese praktische Arbeit wirkte prägend, hinterließ ihre Spuren im wissenschaftlichen Werk und befähigte ihn in besonderer Weise, in den letzten Jahren in die Diskussion um die Hochschulreform einzugreifen.

Hans Peters war ein aufrechter Demokrat mit einem untrüglichen Gefühl für Recht und Gerechtigkeit, er war aber auch ein mutiger Mann, der jederzeit für das eintrat, was er für wahr erkannt hatte, ohne nach den Folgen zu fragen. Als die Krise der Weimarer Republik ihren Höhepunkt erreicht hatte, stellte er sich der Zentrumspartei zur Verfügung und ließ sich im März 1933 in den Preußischen Landtag wählen, zu spät, um noch eine wirklich seinen Fähigkeiten entsprechende politische Tätigkeit entfalten zu können. Mut zeigte der Berliner Extraordinarius, der es wagte, im Juli 1932 die Vertretung der Zentrumsfraktion des Preußischen Landtages vor dem Reichsstaatsgerichtshof in dem berühmten Verfassungsstreit der Preußischen Landesregierung gegen die Reichsregierung wegen der Einsetzung des Reichskommissars für das Land Preußen durch den Reichskanzler von Papen zu übernehmen, und der sich dort u. a. Carl Schmitt als Vertreter der Reichsregierung gegenübersah. Gleich am ersten Verhandlungstag nahm er das Wort zu grundsätzlichen Ausführungen. Er wandte sich gegen die „Methode, mit der man versucht, die preußische Stellung als unhaltbar darzutun“, und meinte die von Carl Schmitt verfochtene „situationsgemäße Verfassungsauslegung“, der gegenüber er die Ordnungsfunktion allen Rechtes und den Rechtsstaatsgedanken der Weimarer Reichsverfassung ins Feld führte. Die denten zur Gründung der Freien Universität hinaus, bis auch er einsehen mußte, daß seines Bleibens nicht mehr sein konnte. Zum 1. Oktober 1949 nahm er den Ruf an die Rechtswissenschaftliche Fakultät der Universität Köln an. Es war keine Flucht aus Berlin gewesen, und der Kölner Professor konnte noch einmal 1950 vor Studenten der Humboldt-Universität eine Vorlesung über die Lehre vom Verwaltungsakt halten. Der Universität Köln blieb er bis zu seinem Tode treu und lehnte Berufungen nach Freiburg und München ab. Im akademischen Jahr 1964/65 wurde er durch das Vertrauen seiner Kollegen in das Rektoramt berufen, und er bekleidete noch das Amt des Prorektors, als der Tod ihn abberief.

Das Verzeichnis seiner Schriften, das dieser Gedächtnisschrift beigefügt ist, zeigt die ganze Breite und Fülle der wissenschaftlichen Arbeit von HANS PETERS. Sie kann hier nicht gewürdigt werden. Nur auf die Schwerpunkte mag noch hingewiesen werden: Verwaltung und Verwaltungsrecht; Kommunalrecht und Kommunalwissenschaft; Staatskirchenrecht (u. a. das Referat über die gegenwärtige Lage des Staatskirchenrechts auf der Staatsrechtslehrertagung 1952); Grundrechtsprobleme (vor allem „Elternrecht, Erziehung, Bildung und Schule" in: „Die Grundrechte", Bd. IV/1, 1960, S. 369 ff., und „Das Recht auf freie Entfaltung der Persönlichkeit als Verfassungsziel" in: Festschrift Rudolf Laun, 1953, S. 669); Bundesstaatliche Probleme (u. a. „Deutscher Föderalismus", 1947); Grundprobleme der Verfassung (Demokratie, Parlamentarismus, Gewaltenteilung, Auslegung).

HANS PETERS wurzelte in seinem katholischen Glauben, den er offen, frei, aber ohne jede Enge in voller Weltaufgeschlossenheit vertrat. 1940 (!) nahm er die Wahl zum Präsidenten der Görres-Gesellschaft an, die dann 1941 von der Gestapo verboten wurde. Nach ihrer Wiederbegründung 1949 berief die Gesellschaft ihn wiederum an ihre Spitze, und er blieb ihr Präsident bis zu seinem Tode. Unter seiner Leitung hat die Görres-Gesellschaft einen großen Aufschwung genommen. Es war wohl auch eine persönliche Ehrung für HANS PETERS, wenn Bundespräsident Professor Dr. THEODOR HEUSS an der Jahrestagung 1956 teilnahm, bei der das 80jährige Bestehen der Gesellschaft und der 60. Geburtstag ihres Präsidenten gefeiert wurde, und bei dieser Gelegenheit seinen Respekt erwies „vor der wissenschaftlichen Gesamtleistung und dem geistesgeschichtlichen Rang, den die Arbeit der Görres-Gesellschaft durch ihre Leistungen national und international gewonnen" hat (Jahres- und Tagungsbericht der Görres-Gesellschaft 1956, S. 16). Zu dem Rang, den die Görres-Gesellschaft heute unter den wissenschaftlichen Gesellschaften Deutschlands einnimmt, hat PETERS maßgebend beigetragen. Die sechste Auflage des „Staatslexikon" (1957/1963), in ihrer Planung entscheidend von ihm bestimmt, an der auch zahlreiche nichtkatholische Autoren mitgearbeitet haben, kann wohl als ein Durchbruch aus einem katholischen Ghetto bezeichnet werden. Ein Satz aus dem Vorwort, mit dem er die Zielsetzung des Lexikons bezeichnet, charakterisiert die weltanschauliche Grundhaltung, auf der auch seine eigene wissenschaftliche Arbeit beruhte: „Eine auf der Einzelpersönlichkeit und der Familie gegründete natürliche Gesellschaftsordnung, innerhalb deren Staat und Kirche als societates perfectae ihren selbstverständlichen Platz haben, muß zur wissenschaftlichen Darstellung gebracht werden. Indem so die Wahrheit aufgewiesen wird, sollen jedem zum Nachdenken bereiten Menschen die Maßstäbe an die Hand gegeben werden, mittels deren er sich in der Kompliziertheit der heutigen Lebensverhältnisse zurechtfinden kann."

Peters war kein reiner Fachgelehrter. In Kürschners Gelehrten-Kalender bezeichnet er „Kulturpolitik" neben „Staats- und Verwaltungsrecht" und „Verwaltungslehre" als seine Arbeitsgebiete. Im politisch-parlamentarischen Bereich wurde er allerdings nach dem fehlgeschlagenen Versuch vom März 1933 nicht mehr aktiv. Dagegen betätigte sich der Kommunalwissenschaftler auch aktiv in der Kommunalverwaltung als gewählter Gemeindevertreter in Berlin 1946—1948 und in Köln 1952—1961. Er war brennend an Fragen der Kulturpolitik, der Hochschulreform und der Organisation der Wissenschaft interessiert. Auf zwei Weltreisen (1962 und 1965) gewann er vielfältige Anregungen für diese Interessengebiete. 1946 hatte er unter dem Titel „Zwischen gestern und morgen" eine Sammlung von „Betrachtungen zur heutigen Kulturlage" vorgelegt, die ein Fazit aus dem Zusammenbruch zu ziehen versuchten und von christlichem Optimismus getragen waren. Zur Frage der Hochschulreform nahm er u. a. in dem Beitrag zur Festschrift für Hermann Jahrreiß Stellung („Rechtliche Grenzen und Möglichkeiten einer Hochschulreform", a.a.O., 1963, S. 319), und im Gründungsausschuß der Universität Bochum konnte er praktisch an neuen Zielsetzungen mitwirken. Seine wissenschafts-organisatorischen Fähigkeiten wirkten sich im Kuratorium der Volkswagenwerk-Stiftung und im wissenschaftlichen Beirat der Thyssen-Stiftung sowie in der Arbeitsgemeinschaft für Forschung des Landes Nordrhein-Westfalen aus. Unter seiner Mitarbeit wurde diese ursprünglich rein gouvernementale und etwas wild gewachsene Institution mit einer Satzung versehen und etwas akademieähnlicher gestaltet; die geisteswissenschaftliche Sektion wählte ihn dann zu ihrem ersten Sekretar. Die Vereinigung der deutschen Staatsrechtslehrer vertraute ihm in den Jahren 1958 und 1959 den Vorsitz an, und es war symbolisch, daß gerade Hans Peters, der in besonderer Weise nach dem Kriege wieder die Fäden mit ausländischen Kollegen hatte anknüpfen können, die erste Tagung der Vereinigung außerhalb der Grenzen der Bundesrepublik in Wien (1959) leiten und bei dieser Gelegenheit den Beitritt der ersten Schweizer Kollegen bekanntgeben konnte. 1954 hatten unter seiner Führung erstmals wieder deutsche Gelehrte die Universität Löwen besucht, und diese Universität ehrte ihn 1962 durch die Verleihung der Würde eines Ehrendoktors. Die Leitung der deutschen Gruppe des ständigen gemischten Ausschusses zur Durchführung des deutsch-belgischen Kulturabkommens hatte er bis zu seinem Tode inne. Der Papst verlieh ihm das Komturkreuz mit Stern des Gregorius-Ordens, der Bundespräsident zeichnete ihn mit dem Großen Verdienstkreuz mit Stern des Verdienstordens der Bundesrepublik Deutschland aus.

Die ganze Breite seines Wirkens und das große Ansehen, das HANS PETERS genoß, wurde sichtbar an der unübersehbaren Trauergemeinde, die ihm das letzte Geleit bei der Beisetzung auf dem Kölner Südfriedhof am 21. Januar 1966 gab. Sie nahm Abschied von einem aufrechten Bürger, der stets die Verpflichtung empfunden hatte, sich für andere und für das gemeine Wesen einzusetzen, von einem mutigen Mann, der immer für das eingetreten war, was er als wahr erkannt hatte, von einem liebenswerten Menschen, dessen froher Sinn aus tiefsten Quellen gespeist war, die ihn fähig machten, auch schweres persönliches Leid geduldig zu tragen, von einem verehrten Lehrer und zuverlässigen Kollegen, von einem bedeutenden Gelehrten, dessen wissenschaftliches Werk, im Gegensatz zu dem mancher seiner Fachgenossen, ungebrochen aus der Weimarer Demokratie in unsere heutige Ordnung hinüberführt — kurz, von einem wahren p r o f e s s o r.

1. Rechtsgeschichte

Historische Gebilde im Rechtsraum zwischen Staat und Gemeinde

Karl S. Bader

Daß der „moderne" Staat historisch betrachet aus dem in Hoch- und Spätmittelalter entstandenen fürstlichen Territorium, aus einem herrschaftlich-seigneuralen Organisationsgefüge also, hervorgegangen sei, gehört gegenwärtig, soviel wir sehen, zum — sonst nicht mehr allzu oft anzutreffenden — gemeinsamen Lehrgut der Sozial- und Verfassungsgeschichte wie auch der Rechtsgeschichte [1]. Zwar herrscht in Einzelfragen der Entstehung der sogenannten Landeshoheit [2] noch etwelcher Streit, indem noch immer (und teilweise wieder) verschiedenen historischen Funktionen entscheidender Wert für die Gewinnung eigentlicher Staatlichkeit beigemessen wird [3], übrigens aber auch darüber, in welcher Periode der Verfassungsentwicklung man anzusetzen habe [4]. Daß vom Territorialstaat, nicht etwa von

[1] Th. Mayer, Geschichtliche Grundlagen d. deutschen Verfassung (1933); *ders.*, Die Ausbildung d. Grundlagen d. modernen Staates im hohen Mittelalter, ZRG. 57 g.A. (1937), S. 210 ff.; *ders.*, Fürsten u. Staat. Studien z. Verf.-Geschichte d. dtsch. Mittelalters (1950). K. S. Bader, Volk — Stamm — Territorium, HZ. 176 (1953), S. 449 ff. (auch in erweiterter Form in: Herrschaft u. Staat im Mittelalter, Wege d. Forschung 2, hrsg. v. H. Kämpf 1956, S. 243 ff.).

[2] Th. Knapp, Zur Geschichte d. Landeshoheit. In: Wttbg. Vjh. f. LG. NF. 38 (1932), S. 9 ff. Th. Mayer, Analekten z. Problem d. Entstehung d. Landeshoheit, vornehmlich in Südwestdeutschland. In: Bl. f. dtsch. LG. 89 (1952), S. 87 ff. K. S. Bader, Territorialbildung u. Landeshoheit, ebd. 90 (1953), S. 109 ff.

[3] Für die Spätentwicklung aufschlußreich etwa H. H. Hofmann, Adelige Herrschaft u. souveräner Staat. Studien über Staat u. Gesellschaft in Franken u. Bayern im 18. u. 19. Jh. (= Studien z. bayerischen Verf. u. Sozialgesch. 2, 1962), insb. S. 62 ff.

[4] Die Tendenz, die Anfänge der Territorialbildung in immer frühere Zeiten zurückzuverlegen, geht dabei z. T. sehr weit, vor allem in Arbeiten, die — im Anschluß an eine insbesondere von G. Tellenbach entwickelte Lehre — die sogenannte „Adelsherrschaft" als institutionell erfaßbares Rechtsgebilde betrachten; vgl. z. B.: Studien u. Vorarbeiten z. Gesch. d. großfränkischen u. frühdeutschen Adels, hrsg. v. G. Tellenbach (= Forschungen z. oberrhein. Landesgesch. 4, 1956). H. Jänichen, Herrschafts- u. Territorialverhältnisse um Tübingen u. Rottenburg im 11. u. 12 Jh. I (= Schriften z. südwestdtsch. Landeskunde 2, 1964). H. Maurer, Das Land zwischen Schwarzwald u. Randen im frühen u. hohen Mittelalter: Königtum, Adel u. Klöster als politisch wirksame Kräfte (= Forschungen z. oberrhein. LG. 16,

einem vermeintlich durchorganisierten Zentralstaat, als welcher ehedem das Frankenreich der Karolingerzeit angesehen wurde, auszugehen sei: darüber scheint man sich im wesentlichen einig zu sein. Die Zeiten, in denen die mehr oder weniger schon nationale Züge aufweisenden Territorien des Spätmittelalters als bloße Usurpatoren betrachtet wurden, die dem sich universalistisch verstehenden Reich widerrechtlich Stück für Stück ihm eigener legitimer Rechte entwunden hätten, sind offenbar vorüber. Einiges an Bedauern über die Anfänge des deutschen „Partikularismus“ [5] mag da und dort nachklingen. Mit dieser Abwertung des Römischen Reiches Deutscher Nation, vor allem in dessen Spätzeit, geht man dabei vielfach recht weit; manchen jüngsten Äußerungen könnte man fast entnehmen, das Reich habe sich bewußt und betont vom allgemeinen Gang der Entwicklung abgesondert [6]. Mit vollem Recht, wie uns scheint, wird demgegenüber davor gewarnt, in der allgemeinen Staatengeschichte das Reich als Außenseiter und als quantité negligeable zu behandeln [7].

Wenn Lehrmeinungen zu einer schönen Eintracht führen, ist erfahrungsgemäß immer Skepsis am Platze. Sie meldet sich denn auch alsbald bei dem, der seit jeher daran zweifelt, daß man historische Abläufe monistisch-monokausal betrachten und erklären dürfe [8]. Vorsicht ist in der Tat geboten, wenn man das herrschaftliche Element in der Staats- und Rechtsentwicklung allzu sehr in den Vordergrund schiebt, gleich im übrigen, ob dies von Bewunderern einer höchst undurchsichtigen „Adelsherrschaft“ etwa im bundesrepublikanischen oder von Widerpartnern des mit dem Stigma der Anrüchigkeit versehenen „Feudalismus“ im marxistischen Lager geschieht. Neben den herrschaftlichen Elementen sind nun einmal die genossenschaftlichen nicht zu vernachlässigen. Gewiß, sauber und begrifflich klar sind herrschaftliche und genossenschaftliche Züge der Verfassungsentwicklung nicht voneinander zu trennen, ebensowenig übrigens auch in der Geschichte

1965). P. Kläui, Hochmittelalterl. Adelsherrschaften im Zürichgau (= Mitt. d. Antiquar. Gesellsch. Zürich 40/2, 1960). Es wird vom Standpunkt d. Rechtshistorikers einmal darzulegen sein, daß der verfassungsrechtliche Gehalt dieser Herrschaftsformen recht gering war u. daß sie viel mehr auf haus- u. muntrechtlichen Vorstellungen beruhten.

[5] Typisch für diese Betrachtungsweise F. Rörig, Ursachen u. Auswirkungen d. dtsch. Partikularismus (= Recht u. Staat in Gesch. d. Gegenwart 120, 1937).

[6] „Die Polis des Altertums, das Reich des Mittelalters stehen außerhalb“ des modernen Staatswesen, „das sich seit den Zeiten Macchiavellis u. Bodins entwickelt hat“: W. Eckhardt in: Hundert Jahre Kohlhammer 1866—1966, S. 180 (zu H. Krüger, Allg. Staatslehre, 1964).

[7] Vgl. z. B. H. Conrad, Recht u. Verfassung des Reiches in der Zeit Maria Theresias: Die Vorträge z. Unterricht d. Erzherzogs Joseph usw. (= Wissenschaftl. Abhandl. d. Arb.-Gemeinsch. f. Forschung d. Landes Nordrhein-Westfalen 28, 1964). K. S. Bader, Regensburg u. das Reich. In: Bl. f. dtsch. LG. 98 (1962), S. 64 ff. Neuerdings nachdrücklich H. Conrad, Deutsche Rechtsgeschichte II: Neuzeit bis 1806 (1966).

[8] K. S. Bader, Ursache u. Schuld in d. geschichtl. Wirklichkeit. Kritik geschichtswidrigen Denkens (1946).

des Privatrechts; daß sie aber beide zu je ihrem Teil eine wichtige Rolle spielten, bleibt von allerlei Erscheinungen der Vermischung und Verwischung unberührt.

Dies gilt auch für die Ableitung moderner Staatsformen aus dem älteren Territorialstaat, neben dem andere verfassungsrechtliche Grundlagen für die Entstehung des deutschen und europäischen Staatenbildes von Bedeutung sind. Wenn dabei die genossenschaftlichen Strukturen weniger deutlich hervortreten als die herrschaftlichen, so hängt dies nicht zuletzt mit der Quellenlage zusammen. Genossenschaftliche Gebilde verfügen in aller Regel nicht über ein so ausgeprägtes und sich selbst in der Staatsorganisation in den Vordergrund drängendes Kanzleiwesen wie die Fürstenstaaten. Selbst das alte Reich als bald mehr genossenschaftlicher, bald körperschaftlicher Verband blieb vielfach auf die Kanzlei des Kaiserhauses, zumal auf die erbländischen Kanzleien des Hauses Habsburg-Österreich, angewiesen [9]. Hinlänglich bekannt ist, wie stark bei einer im übrigen höchst umständlichen und personenreichen Verwaltung die Reichsstädte bei der Ausbildung einer zweckmäßigen Kanzleiverwaltung hinter den Fürstenstaaten nachhinkten [10]. Um wieviel mehr noch gilt dies für ländliche Verbände, die im Rahmen genossenschaftlicher Staatsbildung ja einen wichtigen Platz behaupten! Man bedenke etwa, wie rudimentär, von den einzelnen alten Orten vorerst einmal abgesehen, das gesamte Kanzlei- und Schriftwesen der alten schweizerischen Eidgenossenschaft letztlich bis zu ihrem Untergang geblieben ist [11]. Von manchen Gebilden „im Rechtsraum zwischen Staat und Gemeinde", von denen wir im folgenden zu sprechen haben, wissen wir nurmehr durch fast zufällige, mindestens mehr beiläufige Erwähnung in urkundlichen Quellen geistlicher oder weltlicher Herrschaftsträger — oft mehr sogar aus der herrschaftlichen Nachbarschaft als aus dem eigenen Raum selbst!

Neben den äußeren Gegebenheiten und Zufälligkeiten der Quellenlage ist dann jedoch noch ein anderes, für den Gang der wissenschaftlichen Erforschung wichtigeres zu bedenken: die Anziehungskraft der Macht. Es ist nun einmal so, daß sich bescheidene Rechtsgebilde der Aufmerksamkeit der Nachfahren entziehen und daß sie, eben weil sie selbstgenügsam auf die Er-

---

[9] R. Schröder — E. v. Künssberg, Lehrb. d. dtsch. Rechtsgesch. (1932 [7]), S. 899 ff. F. Hartung, Der französ.-burgund. Einfluß auf d. Entwicklung d. dtsch. Behördenorganisation, in: HZ. 124 (1921); jetzt in: Staatenbildende Kräfte d. Neuzeit, Gesammelte Aufsätze (1961), S. 78 ff.; *ders.*, Deutsche Verfassungsgeschichte v. 15. Jahrh. bis z. Gegenwart (1950 [5]), S. 48 ff.

[10] Dazu mancherlei bei J. J. Moser, Reichsstädt. Magazin I/II (1774/5). E. Schell, Die Reichsstädte b. Übergang an Baden (= Heidelberger Abh. z. mittl. u. neueren Gesch. 59, 1929). K. S. Bader, Die Reichsstädte d. Schwäb. Kreises am Ende d. alten Reiches. In: Ulm u. Oberschwaben 32 (1951), S. 47 ff.

[11] J. Meyer, Geschichte d. Schweiz. Bundesrechtes I (1878), S. 452 ff. A. Heusler, Schweiz. Verf.-Geschichte (1920), S. 264 ff. A. Gasser, Entstehung u. Ausbildung d. Landeshoheit im Gebiete d. Schweiz. Eidgenossenschaft (1930), S. 420 ff.

haltung der eigenen Existenz bedacht waren, nachmals als sozusagen nichtexistent vom Tisch, auch vom Schreibtisch des Historikers, gewischt werden. Dafür lassen sich, wiederum aus dem Raum genossenschaftlicher Verbandsbildung, zahlreiche Beispiele anführen: etwa dasjenige der Freien Reichsritterschaft, die man im 19. Jahrhundert noch stärker als das Corpus der Reichsstädte als unzeitgemäße Reliktserscheinung zu den Akten legte [12]. Oder, um schon hier wieder zum Paradebeispiel genossenschaftlicher Staatsbildung zu greifen: hätte die alte Eidgenossenschaft, der von den Staatskanzleien so genannte „Große Bund oberdeutscher Lande", in der Zeit zwischen den Schlachten vom Morgarten und von Marignano nicht das auch damals beliebte Gleichgewicht der europäischen Kräfte gestört, und wäre nicht von der Bauernrepublik das Schreckgespenst der bäuerlichen Aufsässigkeit ausgegangen, dann wären die ihr zeitweiliges Streben nach Großmachtrepublik selbst beendigenden Schweizer gewiß, wie bisweilen noch heute, als braves Volk von Hirtenknaben, nicht aber als Gründer eines besonders gearteten Staatswesens in die Geschichte eingegangen [13]. Für die Rechtsgeschichte müssen aber andere Maßstäbe gelten. Wo wir es wie bei unseren heutigen Darlegungen, mit rechtlichen Strukturen der historischen Verbandsbildung zu tun haben, verwischt sich der Unterschied zwischen groß und klein. Es geht uns um historisch erwiesene Gestaltungsmöglichkeiten, nicht um beherrschte Flächen und Massen. Daß der genossenschaftlichen Staatsbildung enge Grenzen gesetzt waren: das allerdings ist, dann auch im Rahmen der Erforschung historischer Rechtsdynamik, ein echtes rechtsgeschichtliches Problem.

Nicht alles, was in den Bereich genossenschaftlicher Verbandsbildung fällt, soll hier, im Beitrag zur Gedächtnisschrift für einen Gelehrten, der sich ein Leben lang mit Staats- und Kommunalrecht und mit den Beziehungen zwischen Staat und Gemeinde beschäftigt hat, erörtert werden. Wir wollen uns vielmehr darauf beschränken, „historische Gebilde im Rechtsraum zwischen Staat und Gemeinde" unter die Lupe des Rechtshistorikers zu nehmen — Gebilde also, die, aus genossenschaftlichen Strukturen erwachsen, Gemeindeformen angenommen haben, aber nicht Gemeinden geworden oder doch nicht nur Gemeinden geblieben sind.

Damit ergibt sich zunächst eine negative Auslese. Zum zwischen genossenschaftlichen und körperschaftlichen Formen im zeitlichen Ablauf hin und

[12] Darüber klagte schon der erste und bis heute unübertroffene Geschichtsschreiber d. Reichsritterschaft, K. Roth v. Schreckenstein, 1859 in der Einleitung zu seiner „Geschichte d. ehemal. freien Reichsritterschaft in Schwaben, Franken u. am Rheinstrom" (I, S. 1 ff.). Reiches, nie vollausgewertetes Material bei J. St. Burgmeister, Reichs-Ritterschaftl. Corpus Iuris odser Codex Diplomaticus etc. (Ulm 1707).

[13] E. Dürr, Die Politik d. Eidgenossen im 14. u. 15. Jahrh. (= Schweizer Kriegsgeschichte 4, 1933). E. Gagliardi, Geschichte d. Schweiz II (1938), S. 115 ff.

her schwankenden alten *Reich* ist andeutungsweise schon einiges gesagt worden. Um kommunale Probleme i.e.S. handelt es sich dabei naturgemäß nirgends. Auch die das Reich bildenden, verfassungsrechtlich vielfach unbestimmt bleibenden Corpora innerhalb der Reichsverfassung tragen in verschiedener Form genossenschaftlichen Charakter, ohne daß man auf die Idee kommen würde, sie als „Gemeinden" zu bezeichnen [14]. Genossenschaftlich organisiert sind seit der Mitte des 15. Jahrhunderts die *Reichsstände* insgesamt, die ständisch voneinander geschiedenen Gliedschaften in verschiedenem Umfang: die Kurfürsten und Fürsten lose, die Grafen und Herren, soweit sie Reichsstandschaft besitzen, eher mehr, die Städte, ihrerseits landschaftlich gegliedert, schon als sekundäre und spät zum vollen Stimmrecht zugelassene Stände wohl am stärksten; all das kommt ja auch in der Abstufung des Stimmrechts der „Bänke" verfassungsrechtlich zur Geltung [15]. Gemeindeähnliche Formen haben, vom reformatorischen Gemeindedenken her bestimmt, mitunter die konfessionellen Corpora, das Corpus Evangelicorum und das — weit weniger ausgeprägte — Corpus Catholicorum angenommen [16]. Bündischen Charakter tragen diese Verbindungen alle; zu Staatenbünden sind sie aber auch im Zeichen reichsständischer Libertät nicht geworden. Kompliziert liegen die Dinge bei den im Zuge der Reichsreform geschaffenen *Reichskreisen*. Manche, vor allem die sogenannten „vorderen" Kreise, weisen sich als merkwürdige Doppelgebilde aus: einerseits sind sie vom Reich her mit Aufgaben ausgestattete Provinzialverbände, andererseits Gebietskörperschaften mit eigenem rechtlichem Wirkungskreis und damit Gebilde, die sich Kommunalverbänden nähern [17].

Weder Reichs- noch Kreisstandschaft hat die *Reichsritterschaft* erreicht, übrigens auch nicht mit dauerhaftem Ernst erstrebt. Mit ihren Ritterkreisen und -kantonen bildete auch sie eine mehrschichtige Körperschaft höchst eigenartigen Rechtscharakters [18]. Die am stärksten durch nachbarrechtliche Formen charakterisierten Kantone übten über ihre Mitglieder Aufsichtsrechte aller Art aus, die an kommunale Gerechtsame erinnern. Das Gebiet eines Ritterkantons bildete für sich eine Gebietskörperschaft, wobei der einzelne

---

[14] O. v. Gierke, Das deutsche Genossenschaftsrecht I: Rechtsgesch. d. dtsch. Genossenschaft (1868), S. 508 ff.

[15] F. Hartung, Verf.-Gesch. a.a.O. (Anm. 9), S. 21 f., 45 ff.

[16] F. Wolff, Corpus Evangelicorum u. Corpus Catholicorum auf d. Westfäl. Friedenskongreß: Die Einfügung d. konfessionellen Ständeverbindungen in d. Reichsverfassung (= Schriften d. Vereinigung z. Erforschung d. Neueren Geschichte 2, 1966).

[17] E. Langwerth v. Simmern, Die Kreisverfassung Maximilians I. u. der Schwäb. Reichskreis (1896). F. Hartung, Gesch. d. Fränk. Kreises (1910). K. S. Bader, Der Schwäb. Kreis in d. Verfassung d. Alten Reiches. In: Ulm u. Oberschwaben 37 (1964), S. 9 ff.

[18] Roth v. Schreckenstein, a.a.O. (Anm. 12), insb. II, S. 191 ff.

Reichsritter mit seinen Besitzungen jedoch weiten eigenen Spielraum besaß. Im Zug- und Näherrecht des Kantons für den Fall des Verkaufes an fremde Hand, das allerdings nie unbestritten blieb, und in der Ausübung von der Munt ähnlichen Obhutsrechten kommen kommunale Züge zum Vorschein. Aber auch die Reichsritterschaft läßt sich weder im ganzen noch in ihren Teilen als vollkommene Commune bezeichnen, selbst wenn sie sich gelegentlich als „Gemeinde" oder „Gemeinsame" ausgibt, ebensowenig als Staatsgebilde eigener Art. Mit dem Reich blieb sie über die Person des „obersten Reichsritters", des Kaisers, enger verbunden als die echten Reichsstände, enger auch als die Städte [19].

Bevor wir zu diesen, den Reichsstädten, und zu den verfassungsgeschichtlichen Randerscheinungen der Reichsdörfer, beides dann echte kommunale Gebilde mit der Tendenz zu eigener Staatsbildung, übergehen, haben wir uns noch im Kreise der *landrechtlich-landständischen Erscheinungen* umzusehen. Viel wirft die Umschau für unser Problem nicht ab — nicht zu verwundern angesichts der Tatsache, daß der Territorialstaat keine Veranlassung hatte, kommunale Gebilde zu „Staaten im Staat" erwachsen zu lassen. Die Landstände selbst sind korporative Einheiten, die in unterschiedlicher Geschlossenheit dem Landesherrn gegenübertreten und mitunter jenen Dualismus in der Staatsherrschaft begründen, der eine Parallele zu „Kaiser und Reich" darstellt [20]. Was die Landstände daran gehindert hat, Korporationen mit kommunalrechtlichen Eigenfunktionen zu werden, ist vor allem der Mangel an vom Landesstaat freiem Gebiet. Die geistlichen und weltlichen Mitglieder der Landstände mochten in ihren meist kleinen Herrschaftsräumen Niedergerichtsbarkeit zur Grundherrschaft hin erwerben, ihre Rechtsausübung blieb aber von der plenitudo potestatis des im Besitz der Landeshoheit befindlichen Landesfürsten überschattet. Am stärksten tritt der Dualismus und damit das Eigenrecht der Landstände in gewissen norddeutschen Territorien, so in Mecklenburg hervor; es ist aber der gesamte Länderstaat, auf den sich ihre Mitsprache bezieht, nicht das einzelne herrschaftliche Gebilde [21]. Weit trieben ihre Mitbestimmung in landesherrlichen Angelegenheiten auch die Landstände in Tirol und in Württemberg voran, ohne daß es ihnen gelungen wäre, ihre Rechte auf Son-

---

[19] H. H. HOFMANN, Adelige Herrschaft a.a.O. (Anm. 3), S. 95 ff. TH. KNAPP, Der schwäbische Adel u. die Reichsritterschaft, Wttbg. Vjh. f. LG. NF. 31 (1922/24), S. 129 ff. K. S. BADER, Reichsadel u. Reichsstädte in Schwaben am Ende d. alten Reiches. In: Aus Verfassungs- u. Landesgeschichte (Festschr. Th. Mayer I, 1954), S. 247 ff.

[20] Zum Dualismus d. landständischen Verfassung HARTUNG, Verf.-Gesch. a.a.O. (Anm. 9), S. 91 ff. Über das gedankliche Erbe im 19. Jahrh. vgl. F. STRATHMANN, Altständische Einflüsse auf d. deutschen Territorialverfassungen d. Jahre 1814/19 (Mainzer jur. Diss. 1955, ungedr.).

[21] H. KRAUSE, Die landständische Verfassung Mecklenburgs im 16. Jahrh. (1927).

derräume zu radizieren [22]. Mit einigem Vorbehalt ist dies in geistlichen Staaten mitunter dem Domkapitel gelungen, das im Rahmen des geistlichen Fürstentums Landsplitter zu eigenem Recht mit gesonderter Jurisdiktion und Verwaltung besitzen konnte [23].

Anders, deutlicher tritt das Problem, das uns heute beschäftigt, bei Verfassungsgebilden hervor, die ihrem Wesen nach Gemeinden sind, im Laufe der Zeit und im Rahmen der allgemeinen Territorialbildung es aber verstanden haben, zum *Stadtstaat* zu werden. Eine im Rahmen des Gesamtbestandes relativ große Zahl von Reichsstädten hat sich zum intramuralen Bezirk eine „Landschaft" erworben, die zwar das politische Schicksal der Stadtkommune teilte, regelmäßig aber in starker Abhängigkeit von der regierenden Stadt gehalten wurde. So erwerben und besitzen schließlich oberdeutsche Reichsstädte wie Straßburg und Ulm bedeutende Landstriche, die mit der Stadt zusammen den reichsrechtlich anerkannten Stadtstaat ausmachen, selbst aber Untertanengebiete darstellen [24]. Anderswo, oft in nächster räumlicher Nachbarschaft, legt die Reichsstadt ihre überschüssigen Gelder nicht in Erwerbung von Grund- und Gerichtsherrschaften an, sondern führt sie ihrem Spital zu, das dann seinerseits eine Art Staatsgebilde im Stadtstaat werden kann [25]. Bei den kleineren Stadtstaaten bleibt die Eigenstaatlichkeit mitunter sehr unvollkommen, der kommunale Charakter umso stärker erhalten. Zwergstaaten, wie sie vor allem im deutschen Südwesten vorkommen — man denke etwa an Gengenbach, Weilderstadt oder Zell am Harmersbach — , haben alle Mühe, sich von den Einflüssen benachbarter Territorialstaaten einigermaßen freizuhalten; andere, auch größere, suchen ihr Heil darin, Schirmverträge mit mächtigeren Nachbarn abzu-

---

[22] O. Stolz, Die Landstände d. Bauern in Tirol, Hist. Vjh. 29 (1935), S. 132 ff.; *ders.*, Geschichte d. Landes Tirol I (1955). Für Vorarlberg *ders.*, Verfassungsgesch. d. Landes Vorarlberg, in: Montfort (1950), S. 20 ff. Für Teile Vorderösterreichs jüngst N. Sapper, Die Schwäb.-Österr. Landstände u. Landtage im 16. Jahrh. (= Schriften z. südwestd. Landesgesch. 6, 1965).

[23] So ist Fürstbistum Konstanz, wo übrigens auch der Dompropst relativ selbständige Staatssplitter besaß; vgl. F. L. Baumann, Die Territorien d. Seekreises (= Bad. Neujahrbl. 4, 1894), S. 14. Vgl. auch S. Bachmann, Die Landstände d. Hochstifts Bamberg. Ein Beitrag z. territ. Verf.-Geschichte (1962).

[24] G. Neusser, Das Territorium d. Reichsstadt Ulm im 18. Jahrh. (= Forsch. z. Gesch. d. Stadt Ulm 4, 1964). G. Wunder, Das Straßburger Gebiet. Ein Beitrag z. rechtl. u. polit. Gesch. d. ges. städt. Territoriums v. 10. b. z. 20. Jahrh. (= Schriften z. Verf.-Gesch. 3, 1965). Zur besonders aufsässigen Rottweiler Landschaft A. Laufs, Verf. u. Verw. d. Stadt Rottweil 1650—1806 (= Veröffentl. d. Komm. f. gesch. Landeskd. Baden-Wttbg. B/22, 1963), insb. S. 112 ff.

[25] So die Reichsstädte Biberach, Eßlingen u. Überlingen; vgl. Bader, Territorialgesch. d. dtsch. Südwestens (1950), S. 156 f. A. Semler, Gesch. d. Heilig-Geist-Spitals in Überlingen am Bodensee (1957). W. Haug, Das St. Katharinen-Hospital d. Reichsstadt Eßlingen (= Eßlinger Studien, Schriftenreihe 1, 1965). R. Seeburg-Elverfeldt, Das Spitalarchiv Biberach a. d. Riss I/II (1958/60).

schließen, was ihnen dann im Ergebnis wenig mehr beläßt als eine relative freie Verwaltung ihrer Untertanengebiete [26]. Dadurch kann der Übergang zur Landstadt so fließend werden, daß die ihrerseits zu einem Landgebiet gelangende landesherrliche Stadt sich von der Reichsstadt, was die verfassungsrechtliche Selbständigkeit anlangt, kaum mehr unterscheidet [27].

Wo ehemalige Reichsstädte sich vom Reich zu lösen vermochten, wie in der Schweiz, tritt dann der Staatscharakter der Commune viel deutlicher hervor. Beispiele dafür sind Zürich, Luzern, Schaffhausen und St. Gallen, deren Staatseigenschaft mindestens seit der de iure Anerkennung der eidgenössischen Libertät anläßlich der Westfälischen Friedensschlüsse nicht mehr bestritten wurde [28]. Ein glänzendes Beispiel für die volle Entwicklung der Stadtkommune zum Stadtstaat stellt Bern dar, dem es gelang, die Gerichtsherrschaften einer weiten Umgebung („Twingherrschaften") in sein Staatsgebiet einzubeziehen, durch geschickte politische Schachzüge auch echte Untertanengebiete aus fremdstaatlichem Besitz (Habsburg-Österreich und Savoyen) zu erwerben und damit zu einem Staatsgebilde zu erwachsen, dem selbst bedeutende Fürstenstaaten ihren Respekt nicht versagen konnten [29]. Man wird bei vergleichender Betrachtung dieser Stadtkommunen mit staatlichen Ansprüchen [30] darauf achten müssen, daß Verallgemeinerungen unzulässig sind und daß sich die Grenzziehung zwischen Staat und Commune in jedem einzelnen Fall verschieden auswirkt.

Schwache, mitunter recht undurchsichtige Gebilde sind die paar *Reichsdörfer* geblieben, die mehr zur Buntscheckigkeit der politischen Landkarte des ancien régime als zur Machtverteilung beitragen. Zu völliger staatlicher Unabhängigkeit sind sie nirgends gelangt. Meist hat neben dem Reich selbst noch ein anderer Herrschaftsträger von außen her mitzureden: bei Harmersbach etwa die Landvogtei Ortenau, bei Soden und Sulzbach im Taunusgebiet die Reichsstadt Frankfurt am Main [31]. Daß das soeben genannte

[26] O. Kähni, Die Reichsstädte d. Ortenau, in: Jahrb. f. Gesch. d. oberdtsch. Reichsstädte (= Eßlinger Studien 11, 1965), S. 43 ff.

[27] H. Reincke, Dokumente z. Gesch. d. Hamburgischen Reichsfreiheit I (= Veröffentl. a. d. Staatsarch. d. Freien u. Hansestadt Hamburg 7, 1961). F. Reuter, Kurmainz, Kurpfalz u. die Reichsstädte im Spätmittelalter, in: Mitt.-Bl. z. rheinhess. Landeskd. 14 (1965), S. 202 ff. Zur „Landschaft" einer Mediatstadt vgl. F. Armbruster, Die Freiburger Talvogtei im Dreisamtal (jur. Diss. Freiburg i. Br. 1950, ungedr.).

[28] A. Gasser, Die territoriale Entwicklung d. Schweiz. Eidgenossenschaft 1291—1797 (1932). C. Moser-Nef, Die Freie Reichsstadt u. Republik St. Gallen I/VII (1931/55). A. Largiader, Gesch. v. Stadt u. Landschaft Zürich I/II (1945).

[29] H. Rennefahrt, Grundz. d. bernischen Rechtsgesch. I (1928), S. 20 ff.

[30] Solche Untersuchungen wurden angeregt v. R. Gmür; vgl. dessen Referat a. d. Dtsch. Rechtshistorikertag in Saarbrücken 1960 (Bericht in ZRG. 78, g.A. 1961, S. 512).

[31] E. Kaufmann, Gesch. u. Verf. d. Reichsdörfer Sulzbach u. Soden (1950). F. Disch, Chronik d. Stadt Zell am Harmersbach (1937), S. 328 ff. D. Roedder, Das südwestdtsch. Reichsdorf in Vergangenheit u. Gegenwart (1928).

Reichsdorf Harmersbach mitunter als „Reichsstadt", regelmäßig aber als „Reichstal" bezeichnet wurde [32], führt bereits hinüber zu einer anderen Gruppe von Erscheinungen, die als Gebilde zwischen Staat, Stadt und Dorf gesamthaft unter dem Titel der Talgemeinden hier anzureihen sind.

Über die *Talgemeinde* und verwandte Erscheinungen („Tal- und andere Samtgemeinden") habe ich in meinem Buch über „Dorfgenossenschaft und Dorfgemeinde" berichtet [33] und im Anhang dazu bei Anführung weiterer Belege [34] zum Ausdruck gebracht, daß ich nicht beabsichtige, nochmals eingehender auf das Thema zurückzukommen. Meine Hinweise sind von der bisherigen Kritik nur recht zaghaft aufgegriffen worden; die Problemstellung scheint den an klare Fronten zwischen städtischer und ländlicher Gemeinde [35] gewöhnten Rechtshistorikern nicht recht geheuer zu sein. Da sich inzwischen weitere Quellenbelege ergeben haben und abseits meines oberdeutschen Forschungsgebietes in der Literatur einiges über verwandte außerdeutsche Erscheinungen erbracht worden ist [36], ist eine in größere Zusammenhänge eingebettete Übersicht doch wohl angebracht. Dies umso mehr, als FRANZ STEINBACH, der sich schon früher zum Gegenstand der Samtgemeinden äußerte und, wie ich höre, eine größere Arbeit darüber plante, nicht mehr zum Abschluß seiner weiteren Forschungen kam [37]. Um den Rahmen eines Beitrages zur vorliegenden Gedächtnisschrift nicht zu sprengen, beschränke ich mich unter Verweis auf das ehedem Vorgetragene auf das absolut Wesentliche.

Talgemeinden gibt es, wie unsere Belegsammlung ausweist, überall im deutschen Sprachgebiet, vor allem in Regionen der Hoch- und Mittelgebirge, aber auch mit den entsprechenden sprachlichen Abwandlungen (val, valle usw.) sonst in Europa, etwa in den Pyrenäen, im französischen, italieni-

---

[32] DISCH, a.a.O., S. 330 f.

[33] K. S. BADER, Dorfgenossenschaft u. Dorfgemeinde (= Studien z. RG. d. mittelalterl. Dorfes II, 1962; im folgenden zitiert: Dorf II), S. 250 ff.

[34] Dorf II, S. 462 f.

[35] Zur „Landgemeinde" — ein Terminus, den ich gerade im Hinblick auf fließende Übergänge zwischen Stadt u. Land vermieden habe — vgl. das von TH. MAYER hrsg. Sammelwerk: Die Anfänge d. Landgemeinde u. ihr Wesen (= Vorträge u. Forschungen, hrsg. v. Konstanzer Arbeitskreis, I/II, 1964). Die Kritik v. P. CARONI (ZRG. 82, g.A. 1965, S. 373 ff.) geht mir in der Forderung nach juristisch-terminologischer Exaktheit allerdings auch im Hinblick auf meine eigenen Ergebnisse zu weit.

[36] Vgl. vor allem G. SANTINI, I comuni di valle del medievo. La costituzione federale del 'Frignano' (Milano 1960); *ders.*, I comuni di pieve nel medio evo italiano (ebd. 1964).

[37] F. STEINBACH, Ursprung u. Wesen d. Landgemeinde nach rheinischen Quellen (= Arb.-Gemeinsch. f. Forschung d. Ld. Nordrhein-Westfalen 87, 1960; auch in: Vorträge u. Forschungen I, S. 245 ff.; s. Anm. 35).

schen, spanischen Bergland[38]. Die naheliegende Vermutung, daß Täler — im Gegensatz zu Bergen und Ebenen — ganz von selbst Talgemeinden hervorbrächten, trifft den Kern der Sache nicht. Der naturalistische Begriff des Tales ist schon früh durch normative Vorstellungen beeinflußt und überdeckt worden[39]. Daß Siedlungsvorgänge auf allen Stufen der Erschließung nutzbaren Landes bei der Entstehung von Talgemeinden eine Rolle gespielt haben, ist offenkundig. Stark beteiligt ist aber zweifellos der hoch- und spätmittelalterliche Landesausbau[40]. Von Bedeutung ist, daß paarformelartig nicht nur „Berg und Tal", sondern auch „Burg und Tal" zusammengehalten werden, daß das Tal demnach häufig als Pertinenz der Burg, besser gesagt: der mit der Burg als Verwaltungsmittelpunkt verbundenen Gerechtsame erscheint[41]. Andererseits weisen *Berggemeinden* mit Talgemein-

[38] Dorf II, S. 253 ff., 463. Hierzu aus inzwischen gesammelten Belegen noch einige Hinweise: F. GÜTERBOK, Engelbergs Gründung u. erste Blüte (1948), S. 43 ff. mit B. BOESCH, in: Geschichtsfreund 118 (1965), S. 29 ff. (Teilung d. Hoheitsrechte zwischen Abt u. Talgemeinde). Unterseen, „Stadt u. Tal", treten 1445 dem „Bösen Bund" d. Oberländer bei (Slg. Schweiz. RQuellen, Bern II/6, Interlaken, S. 196 ff.). Grindelwald oft als „Tal" bezeichnet, während die Berghöfe „Bergstätten" sind (ebd., vgl. Reg.; BADER, stat. Kollektaneen usw., in: Bl. f. dtsch. LG. 101, 1965, S. 36 f.). Zur Talschaft Domodossola vgl. Quellenwerk z. Entst. d. Schweiz. Eidgen., Urk. III, n. 310. Stubaital, 1621 „thall und gericht, . . . soweit sich das gericht zu poden, perg und thall erstreckt": Tirol. Weist. V, S. 317. Zur Talgmd. Schnals F. HUTER, Gemeindebildung in Tirol, in: Vortr. u. Forschg. (wie Anm. 35), S. 234 f. Das „tal ze Balsthal" im Gegensatz zum „göw" 1400 in: Slg. Schw. RQuellen, Solothurn I, S. 373 u.ö. Die Gemeinschaft d. Tales Erzenbach b. Wolfach im Schwarzwald 1493 als „talmengi" bezeichnet: Fürstenb. UB. VII, S. 286, 292 (zur „mengi" vgl. Dorf II, S. 22, jetzt auch SANTINI 1964, oben Anm. 36). Kirchzarten u. Zartnertal: ZGOberrhein 112 (1964), S. 330, um 1400. Schultheiß u. Richter d. Tales zu Baiersbronn 1480: Wttbg. Regesten II n. 8109. Bühlertal u. Neusatzer Tal: O. STEMMLER, Gesch. d. altbad. Gmd. Neusatz (o.J.), S. 142. Dorf Oberbergen im Kaiserstuhl, 1316 „in dem Tal", 1503 als Stadt bezeichnet: F. KRIEGER, Top. WB. Baden (1905²), Sp. 371; Mitt. Bad. Hist. Komm. 24 (1902), S. m. 23. Zur elsäss. „Stadt" Münster im Gregoriental u. der Talschaft daselbst (neben Dorf II, S. 262) J. BECKER, Die Reichsvogtei Kaysersberg, ZGOberrhein NF. 17 (1902), S. 90 ff. Tal Kobern bei Koblenz 1334—1400 mit Siegel „des gemeynen dails": Urk. d. Cist. Kl. Marienstatt (1965), nn. 505, 590; Quellen z. Gesch. d. St. Kastorstifts zu Koblenz (1954), n. 1578; Inv. d. Stadt Andernach I (1965), n. 37 (dazu Dorf II, S. 395). Zum „gethyen" (= Gerichtsverband) d. Eßweiler Tals mit rund einem Dutzend Dörfern u. Weilern, frei von Bannrechten u. Fron: Pfälz. Weist. I, S. 467, 473.

[39] P. v. POLENZ, Landschafts- u. Bezirksnamen im frühmittelalterl. Deutschland (1961), S. 128, spricht von „uneigentlichem Gebrauch des Wortes". Vgl. auch F. LANGENBECK, ‚Bach' und ‚Tal' in d. ON-Gebung d. Schwarzwaldes, Alemann. Jb. 8 (1960), S. 24 ff.

[40] P. KLÄUI in: Vorträge u. Forschungen (Anm. 35), S. 237 ff.

[41] Zum früher Erbrachten noch folgende Beispiele: Burg, Städtchen u. Umgebung v. Regensberg (Zürich) bilden als „Talgemeinde" einen Zweck-, im 17. Jh. z. B. einen Schulverband: H. HEDINGER in: Zürcher Taschenb. a. d. Jahr 1925 (1924), S. 116. Obere u. niedere Feste Berneck b. Nagold mit d. Tal u. aller Zugehörde

den vielfache Verwandtschaft auf, ja, manche Verbandsgebilde dieser Art werden bald als Berg- (auch Wald-), bald als Talgemeinden bezeichnet [42].

Das primäre Charakteristicum der Talgemeinde besteht darin, daß es sich bei ihr um eine gegenüber der gewöhnlichen Dorfgemeinde privilegierte Communität handelt, um eine Gemeinde mit erweiterter Selbstverwaltung. Die Nähe zur Stadt (im Rechtssinne) ist offenkundig. Wo Siedlungsprivilegien eine Rolle spielen, rückt im Verlauf des hoch- und spätmittelalterlichen Landesausbaus das „Tal" nahe an die Stadt als Immunitätsbezirk heran. Das rechtfertigt mit allem Vorbehalt die Ausweitung des mittelalterlichen Grundsatzes „Stadtluft macht frei" in ein Postulat „Siedlung macht frei" [43]. So betrachtet gehört die Talgemeinde zu den mannigfachen Übergangsformen, die zwischen Stadt und Dorf bestehen [44]. Wie Städte werden auch Täler in das Bündnissystem spätmittelalterlicher Landfriedenseinungen einbezogen, sie werden damit über Herrschaftsobjekte hinaus zu Subjekten der politischen Willensbildung [45]. Damit wird bereits der engere kommunale Rahmen gesprengt. Aber der Weg durch den Raum zwischen Gemeinde und Staat ist weit und beschwerlich. Welche Wegstrecken unsere Talgemeinden dabei im einzelnen zurückgelegt, inwieweit sie das Ziel überhaupt bewußt oder gedrängt angegangen haben, ist in den meisten Fällen schwer zu entscheiden. Denn viefach begnügen sich unsere Quellen mit kurzen, Einzelzüge feststellenden Hinweisen, ohne dynamische Abläufe klarer hervortreten zu lassen. So muß für die Mehrzahl der Fälle festgestellt werden, daß

1365: Wttbg. Regesten III, n. 14 596. Burg u. Stadt Gutenburg b. Kirchheim u. Teck mit dem Lenninger Tal in d. Alb a. d. Lauter 1370/83: ebd., nn. 9787, 9798. Zur Talfreiheit d. Ebernburg 1567 Pfälz. Weist. I, S. 317; zu Schloß, Tal u. Amt Altenahr Inv. d. Archivs d. Stadt Ahrweiler (1965), nn. 48, 72; zu Schloß u. Tal Küngen b. Karlstadt a. M. 1468 Arch. Juliusspital Würzburg II (1963), n. U 81.

[42] Vgl. schon Anm. 38. Die „communitas montis [Ras] divitum pauperum nobilium militum rusticorum" stimmt 1230 einer Schenkung d. Grf. Albert v. Tirol an Stift Neustift zu: Urk. d. August. Chorherrenst. Neustift b. Brixen (1965), S. 66. „Die gemeind Schiers, berg und tal" 1556: C. Jecklin, Das Chorherrenstift zu Schiers (o.J.), S. 42. Die Talgemeinde Pfronten im Allgäu 1570 als „berg und pfarr": ZRG. 51 g.A. (1931), S. 513. Gemeinden „an, auf dem Berg" usw. öfters in UB. Stadt u. Landschaft Zug u. im Quellenwerk z. Entst. d. Eidgenossensch., Urk., (vgl. Reg.). Zu den Waldstätten Bader, stat (Anm. 38), S. 37 ff.

[43] H. Mitteis, Über den Rechtsgrund des Satzes „Stadtluft macht frei". In: Festschrift E. E. Stengel (1952), S. 342 ff.

[44] Beispiele dafür auch bei E. Schaus, Stadtrechtsorte u. Flecken im Reg.-Bezirk Trier u. im LK. Birkenfeld (1958).

[45] Die Pfalzgrafen b. Rhein schließen 1361 namens ihrer Täler („delen") Bacharach, Steeg, Diebach u. Mannebach, sowie d. Feste Kaub u. d. Gerichte auf d. Hunsrück einen Bund mit d. Städten Oberwesel, Koblenz u. Andernach, welch letztere als „Mitbürger" in die Täler u. Lande aufgenommen werden und für den Frieden mit einzustehen haben. Über ähnliche, gelegentlich als „Eidgenossenschaft" bezeichnete Bünde in d. Alpengebieten vgl. Dorf II, S. 256 ff.

sich die Talgemeinden zwar freiheitlich gebärdeten und immer wieder den Unterschied zu „gewöhnlichen“ Gemeinden in Stadt und Land betonten, im übrigen aber darauf verzichteten (oder verzichten mußten), auf dem einmal begonnenen Weg nun auch zielstrebig weiterzuschreiten.

Der Durchstoß vom gefreiten Kommunalverband zum Staat ist nur einer kleinen Zahl solcher Tal- und Berggemeinden gelungen. Die bekanntesten Beispeile stellen die *universitates* der innerschweizerischen „Orte“ dar: Uri, Schwyz und Unterwalden, denen z. T. in staufische Zeit zurückreichende Privilegien, besondere Gunst der wirtschaftlich-geographischen Lage als Paßzugänge und nicht zuletzt ein stark ausgeprägter Freiheitswille gestatteten, sich aus dem Verband des werdenden habsburgischen Territorialstaates zu lösen und selbst zu Staaten zu erwachsen [46]. Andere bäuerlich-ländliche Mitglieder der alten achtörtigen Eidgenossenschaft, so Zug und Glarus, bewahren stärker und länger den ursprünglichen Charakter der Gemeinde bzw. des Gemeindeverbandes, was u. a. zur Folge hatte, daß sie auch nach dem Anschluß an die älteren eidgenössischen Bünde geringere Durchstoßkraft in der politischen Ausgestaltung des Bündesystems bewiesen [47]. Das deutlichste Beispiel für die Beibehaltung kommmunaler Züge ist dabei Zug, das denn auch vom stärkeren und mit größter dynamischer Durchhaltekraft ausgestatteten Schwyz zeitweise „mediatisiert“, d. h. zur Kommune innerhalb des schwyzerischen Staatsverbandes herabgewürdigt zu werden in Gefahr stand [48]. Daß nachmals das Kräfteverhältnis sich hin zu den Stadtstaaten — Luzern, Zürich und Bern — verschob, hat eine Reihe von Ursachen, zeigt aber insgesamt, daß es der „Polis“, dem Stadtstaat, doch leichter fiel, den kommunalen Charakter abzustreifen. Wir haben schon früher, bei Erörterung der reichsstädtischen Durchbrüche zum Stadtstaat, gesehen, daß dazu gewiß neben dem größeren wirtschaftlichen Gewicht die Erwerbung einer „Landschaft“, eines Untertanengebietes, beitrug.

„Historische Gebilde im Rechtsraume zwischen Staat und Gemeine“ kennt, wie wir jetzt sehen, nicht nur die ihrerseits erst 1848 zum Staat im

---

[46] Die urkundlichen Zeugnisse sind heute im Quellenwerk z. Entst. d. Eidgenossenschaft leicht zugänglich; vgl. die für unser Problem bestimmte Auswahl in Dorf II, S. 256 ff. Zur Sonderrolle Unterwaldens (Talgemeinden Obwalden u. Nidwalden) vgl. auch K. Meyer, Der Ursprung d. Eidgenossenschaft (1941), S. 594 ff.

[47] J. J. Blumer, Staats- u. Rechtsgesch. d. schweiz. Demokratien (1850/59). F. Stucki, Beitr. z. Gesch. d. Befreiung d. Landes Glarus vor seiner Befreiung (1936).

[48] E. Gruber, Gemeinde u. Staat im alten Zug (= Zuger Neujahrsbl. 1931); *ders.*, Zum Werden d. zugerischen Territorium (= Beil. z. Schulbericht d. Kt.-Schule Zug, 1949/51).

modernen Sinne [49] gewordene Eidgenossenschaft. Was die eidgenössischen ländlichen Orte von ähnlichen Gebilden der Alpenländer unterscheidet, ist nur die dauerhafte Behauptung und das geschickte Zusammengehen mit den Städten [50]. Gemeindeverbände, die dasselbe versucht haben, gibt es indessen auch anderswo. In Friesland und sonstwo an der Nordseeküste, bei den nordischen Staaten und auf Island haben bäuerliche Genossenschaften verschiedener Art und Herkunft ähnliche Wege verfolgt [51]. Wir können diesen hier nicht im einzelnen nachgehen, der Hinweis auf die Existenz solcher Abläufe mag hier, wo es uns mehr um einen Typus der Staatswerdung geht, genügen. Doch darf zum Schlusse unserer heutigen Betrachtungen auf ein Problem hingewiesen werden, das für die Bewertung kommunaler Geltung von größtem Interesse ist: die Gemeinde ist, rechtshistorisch betrachtet, nicht ein vom Staat geschaffener Verband, sondern ein selbständiger Zweig im Rahmen der Verbandsbildung. Diese dem deutschen Staats- und Rechtsdenken eher fremde Betrachtungsweise gründet sich auf die Beobachtung, daß es Gemeinden gibt, die nicht nur älter sind als der Staat, der über ihnen erwächst, die vielmehr auch ihrerseits den Weg zur Staatseigenschaft gesucht und wenigstens teilweise gefunden haben [52].

Als ich vor Jahren im Rahmen einer Tagung der Görres-Gesellschaft, die ihm soviel verdankt, mit HANS PETERS über das Verhältnis von Staat und Gemeinde aus rechtshistorischer Sicht sprach, zeigte sich der namhafte Vertreter des Staats- und Gemeinderechts, der er war, eher skeptisch. Umso mehr bedaure ich, daß der vorliegende kleine Beitrag in all seiner Skizzenhaftigkeit den Adressaten nicht mehr unter den Lebenden findet; umso mehr aber auch fühle ich mich veranlaßt, diese rechtshistorische Skizze zu seiner Gedächtnisschrift beizusteuern.

---

[49] Zur Frage, ob die alte Eidgenossenschaft ihrerseits als Staatenbund oder in anderer Form in die moderne staatsrechtliche Nomenklatur einzufügen ist, vgl. A. HEUSLER, Schweiz. Verfassungsgesch. (Anm. 11), S. 375 ff.; J. WACKERNAGEL, Die staatenbündische Struktur d. Schweiz. Eidgenossenschaft vor 1848, in: Arch. d. Hist. Vereins d. Kt. Bern 44/2 (1958), S. 645 ff.

[50] BADER, Territ.-Gesch. d. dtsch. Südwestens (Anm. 25), S. 181 f.

[51] Vgl. dazu einzelne Beiträge zum Sammelwerk: Die Anfänge d. Landgemeinde (Anm. 35), u. a. von W. EBEL (Ostfriesland I, S. 305 ff.), JAPPE ALBERTZ (Westerleuwers Friesland I, S. 423 ff.), H. STOOB (Nordseeküste I, S. 365 ff.), K. KVESETH (Norwegen II, S. 325 ff.). Für Island K. v. AMIRA, Grundz. d. german. Rechts (1913 [3]), S. 166 f. Allgemein: H. AUBIN, Rechtsgeschichtliche Betrachtungen zum Nordseeraum, ZRG. 72 g.A. (1955) S. 1 ff.

[52] Dorf II, S. 30 ff., 387 f.

Der junge Görres als „Cisrhenane"

MAX BRAUBACH

Es sind nun schon bald vier Jahrzehnte vergangen, seit ich mich zuerst mit den politischen Anfängen von JOSEPH GÖRRES beschäftigt habe. Der Ausgabe seiner Politischen Schriften in der Frühzeit von 1795 bis 1800 im ersten Bande der großen, leider auch heute noch nicht vollendeten Edition seiner Gesamtwerke habe ich damals eine kurze Einleitung vorausgesetzt, in der über sein Leben während seiner Jugend und in der Zeit der französischen Revolution berichtet und die von ihm verfaßten Revolutionsschriften charakterisiert wurden [1]. Was da über Inhalt und Ziele dieser Veröffentlichungen, also vor allem des Anfang 1798 erschienenen Büchleins „Der allgemeine Frieden ein Ideal", der kämpferischen Zeitschriften „Das rothe Blatt" und „Rübezahl" von 1798/99 und der „Resultate meiner Sendung nach Paris" von 1800, gesagt wurde, dürfte auch heute noch genügen. Dagegen läßt sich die Darstellung des Wirkens des Jünglings als begeisterter Parteigänger der Revolution und besonders als Teilnehmer an der sogenannten cisrhenanischen Bewegung des Jahres 1797, als entschlossener Befürworter der Revolutionierung und Republikanisierung seiner rheinischen Heimat, sei es durch Vereinigung mit Frankreich, sei es durch Errichtung eines eigenen Freistaates, durch inzwischen bekanntgewordene neue Quellen noch wesentlich ergänzen und genauer fassen. Diese neuen Nachrichten finden sich einmal in der großen Aktenpublikation von JOSEPH HANSEN zur Geschichte des Rheinlandes im Zeitalter der Französischen Revolution, in deren drittem und viertem Bande sich zahlreiche Stücke auf Vorgänge in Koblenz beziehen, an denen der junge Görres maßgebend beteiligt war [2]. Weitere wichtige Erkenntnisse vermitteln sechs Briefe von Görres selbst an die Brüder Franz und Gerhard Dautzenberg in Aachen aus der Cisrhenanenzeit, die merkwürdigerweise in Norwegen aufgespürt und von WILL HERMANNS veröffentlicht wurden [3].

[1] JOSEPH GÖRRES, Politische Schriften der Frühzeit (1795—1800), hrsg. v. M. BRAUBACH = JOSEPH GÖRRES, Gesammelte Schriften, hrsg. im Auftrage der Görres-Gesellschaft, I, 1928.

[2] J. HANSEN, Quellen zur Geschichte des Rheinlandes im Zeitalter der Französischen Revolution 1780—1801, Publikationen der Gesellschaft für Rheinische Geschichtskunde XLII, III, 1794—1797, 1935; IV, 1797—1800, 1938.

[3] W. HERMANNS, Josef Görres — Cisrhenanenbriefe, Rheinische Vierteljahrsblätter 19, 1954, S. 466—498.

Der Jüngling, in dessen aufnahmebereite Seele seine aufgeklärten Lehrer am Koblenzer Gymnasium die Ideale der Freiheit und Gleichheit der Menschen gepflanzt hatten, hat erste Kontakte zu dem revolutionären Frankreich bereits im Herbst 1792 gefunden, als, nur wenige Monate nach Ausbruch des Krieges zwischen den Mächten der alten Ordnung und der Nation des Umsturzes, zum erstenmal Truppen der Sanskulotten in deutsches Land eingebrochen und sich in überraschendem Vorstoß der Städte Speyer, Worms und Mainz bemächtigt hatten. Es steht fest, daß der damals 16jährige Görres, der soeben in die oberste Klasse des Gymnasiums gelangt war, sich in das von den Franzosen besetzte Mainz begeben hat und dort voll Begeisterung Zeuge der Verhandlungen des von Männern wie Georg Forster, Wedekind, Hofmann, Metternich gebildeten revolutionären Klubs geworden ist. Als er im April 1800 — nach den enttäuschenden Erfahrungen seiner Reise nach Paris — wieder in Mainz war, schildert er in einem Brief an seine Braut Katharina von Lassaulx, wie er vor 8 Jahren über die nämliche Ebene gekommen sei und an dem gleichen Ort, wo er sich jetzt befinde, zuerst die Keime zu einem Enthusiasmus gelegt habe, der ihn seither so lange ausfüllte „und noch auf mein ganzes künftiges Leben von so entscheidendem Einfluß sein wird". Erneut klagt er einige Tager später über den ihn erfüllenden Mißmut, „denn Alles um mich her weckt Reminiscenzen, die mich in Aufruhr bringen. O Gott, es ist doch schrecklich, das ganze schöne Gebäude zertrümmert, alle Anlagen verwüstet, und an die Stelle des herrlichen Monumentes, das auf alle Folgezeit berechnet war, jetzt den pestienzialischen Sumpf, in dem Molche und Kröten sich durch den stinkenden Schlamm hindurchwinden, getreten zu sehen. Das war's nicht, was ich vor sieben Jahren erwartete, das nicht, was damal mit so schönen Bildern meine Einbildungskraft füllte" [4]. Man kann nur vermuten, wie es ihm gelungen ist, in das von den Franzosen besetzte Gebiet zu kommen. In Koblenz hatten am 24. Oktober 1792 einige Ratsherren und Richter, unter denen sich auch Görres Onkel Mazza befand, beschlossen, eine Deputation zu dem General Custine nach Mainz zu schicken, um Schonung für die Stadt bei dessen weiterem Vormarsch zu erbitten, und noch am selben Tage hatten sich der landständische Syndikus Lassaulx und der Ratsherr Haan auf den Weg gemacht: Hat der junge Görres sie, die bis Anfang November in Mainz blieben und nachweislich auch Sitzungen der Klubisten besuchten, begleitet? Zwar wird sein Name in dem Prozeß, den die kurfürstliche Regierung von Trier nach der Sicherung von Koblenz vor feindlichem Zugriff und der Rückkehr der Deputierten gegen diese führte, nicht genannt, es ist indessen möglich, daß er sich

[4] Briefe aus Mainz, 17. und 20. IV. 1800, Joseph von Görres, Gesammelte Briefe, hrsg. v. Marie Görres, I = Gesammelte Schriften VII, 1858, S. 65/66.

hinter dem eigenen Bedienten verbarg, den sie nach einer Aussage bei sich hatten [5].

Die üble Behandlung, die dem Syndikus, Onkel der wohl schon in jenen Tagen mit ihm befreundeten Geschwister Franz und Katharina von Lassaulx, zuteil wurde, mag den leidenschaftlichen jungen Mann in seiner Abneigung gegen das kurfürstliche Regiment und in seinem Glauben an die Berechtigung und Notwendigkeit eines Umsturzes bestärkt haben. Den Sieg der Franzosen hat er sicher ersehnt und von ihm die rasche Umformung der politischen und sozialen Verhältnisse erhofft, an der er selbst tätig mitzuwirken entschlossen war. Als die Revolutionsheere im Herbst 1794 wirklich die Lande links des Rheins eroberten, erlebte er freilich eine bittere Enttäuschung: Die Sieger dachten nicht daran, ihre Versprechungen, den unterdrückten Völkern Freiheit und Glück zu bringen, wahr zu machen, sie richteten vielmehr ein Militärregiment auf, dem es allein auf Beibringung von Kontributionen und Requisitionen ankam. Offen hat Görres drei Jahre später in einer für die leitenden Kreise in Paris bestimmten Adresse — wir werden von ihr noch zu sprechen haben — von den niederschmetternden Erlebnissen gesprochen, die den Tagen folgten, als zuerst die siegreichen Paniere der Franken auf den rheinischen Fluren wehten, mit Enthusiasmus bewillkommnet von den Freunden der Revolution, die, von den beseligenden Gefühlen der Freiheit erfüllt, mit froher Ahndung der Zukunft entgegensahen: „Ach, unsre Erwartungen wurden getäuscht, schrecklich getäuscht in demselben Moment, wo wir sie erfüllt glaubten, denn Raubvögel jedes Gefieders folgten euren Heeren in gedrängter Phalanx" [6]; so sei die Blüte des Wohlstandes im Keime zerknickt, man drei lange schreckliche Jahre gebeugt worden unter das eiserne Joch des militärischen Despotismus. Die Parteinahme des jungen Mannes für die Revolution und ihre Träger haben diese Erfahrungen jedoch nicht zu erschüttern vermocht. Aus der Schule entwachsen, durch die Kriegszeiten an der Aufnahme eines Universitätsstudiums gehindert, hat er sich wohl selbst auf den ihn besonders interessierenden Gebieten von Mathematik, Physik und Chemie weiterzubilden versucht, wie es ein erhaltenes naturwissenschaftliches Taschenbuch zeigt [7]. Aber sobald sich ihm die Möglichkeit bot,

[5] Vgl. HANSEN II, 1933, S. 497—510, S. S. BIRO, The German Policy of Revolutionary France, A Study in French Diplomacy during the War of the First Coalition 1792—1797, I, 1957, S. 99/100.

[6] „Wehe dem Lande, wo ihr schrecklicher Zug hingieng! Wie eine unglücksschwangere Wolke zogen sie daher, die Sonne verfinsternd. Unter ihnen welkten die Fluren, hinter ihnen blökten Zähne fletschend Hunger und Mangel. Da liegen sie in Trümmern unsre schönen Hoffnungen, in Dunst zerflossen unsre bunten Traumbilder von Menschenglück und Völkerwohlstand, sie waren zurückgedrängt in unsren Busen, jene hohen Gefühle, dahin war die gute Stimmung des Volkes." HERMANNS S. 482.

[7] JOSEPH GÖRRES, Naturwissenschaftliche und philosophische Schriften II (1793 bis 1810), hrsg. v. R. STEIN = Gesammelte Schriften II, 2, 1934, S. 227—305, 355—359.

seine politische Meinung an die Öffentlichkeit dringen zu lassen, hat er sie ergriffen. Da hatte im Mai 1795 ein ehemaliger Mönch, Franz Theodor Biergans, begonnen, in Köln eine erste revolutionsfreundliche oder, besser gesagt, fürstenfeindliche Zeitschrift herauszugeben, der er als Titel den Namen des Freiheitshelden Brutus gab. In ihr erschien Anfang Oktober mit der Unterschrift G .... s eine Satire „Der allgemeine Friede", die voll Hohn die Mitglieder der antifranzösischen Koalition und die depossedierten Fürsten dafür, daß sie den Rhein als Frankreichs Grenze anerkennen, sich phantastisch-lächerliche Entschädigungen zusprechen läßt [8]. „Wenn", so lesen wir in dem ersten der nunmehr vorliegenden Briefe Görres an die Dautzenbergs vom Sommer 1797, „Biergans jetzt in Aachen sich aufhält, so fragen Sie nach dem Namen des Verfassers des satyrischen Aufsatzes im ersten Hefte des vorigen Jahrgangs ‚Der allgemeine Friede', unterzeichnet G .... s, und wenn er sich noch zurückerinnert, so wird er sagen: ‚Görres'" [9]. In wesentlichen Zügen hat er 1795/96 dann das gleiche Thema in einer Schrift „Der allgemeine Frieden ein Ideal" ernsthafter gefaßt, wobei er in Anlehnung an Kants Aufruf „Vom ewigen Frieden" philosophische Theorien mit politischen Thesen und Zielen verband. Das Manuskript ließ er liegen, bis ihn dann die Ereignisse des Jahres 1797 bewogen, auch dieses Produkt seines Geistes im publizistischen Kampf um das künftige Geschick des linken Rheinufers einzusetzen [10].

Obwohl die Siege Bonapartes in Italien 1796 die Aussichten für den Verbleib der Rheinlande im französischen Machtbereich zu verbessern schienen, sahen sich seit Beginn des Jahres 1797 die sogenannten „Patrioten" in den rheinischen Städten, d. h. die verhältnismäßig kleine Gruppe von Republikanern und Frankreichfreunden, durch Nachrichten und Gerüchte in Unruhe versetzt, wonach einflußreiche Kreise in Paris geneigt waren, den Frieden durch Anerkennung der Integrität des deutschen Reichs und damit Zulassung der Rückkehr der Fürsten in die besetzten Gebiete zu erkaufen. Daß im März der französische Oberkommandierende am Niederrhein, General Hoche, in der Hoffnung auf bessere Ordnung und raschere Erfüllung seiner finanziellen Forderungen die alten Regierungen und sonstigen Behörden wieder in ihre Ämter berief, wurde trotz ihrer strikten Bindung an die Weisungen einer in Bonn eingesetzten französischen Commission intermédiaire auch von den Freunden der früheren Zustände als ein Hinweis auf die bevorstehende Restitution des ancien Régime gewertet [11]. Das schien zur Gewißheit zu werden, als aus dem Südosten die Kunde kam, daß der in Richtung Wien vorgestoßene Bonaparte am 18. April in Leoben mit den Österreichern einen Präliminarfrieden geschlossen hatte, dessen eine Grundlage die auf

[8] Vgl. GÖRRES I, S. 3—6, HANSEN III, S. 644—646.
[9] Brief vom 2. VI. 1797, HERMANNS S. 477.
[10] Vgl. GÖRRES I, S. 640/41.
[11] Vgl. HANSEN III, S. 901—904.

einem Reichsfriedenskongreß genauer zu definierende Reichsintegrität bilden sollte. War nach einer Behauptung, die Görres in einer bald darauf abgegebenen Erklärung aufstellte, „der dreijährige Aufenthalt der Franken in den Cisrhenanischen Gegenden durch einen immer fortdauernden Kampf des Demokratisms und Aristokratisms, des guten und bösen Prinzips, bezeichnet“ gewesen, so betrug sich nach seiner bitteren Klage nun der letzte, „umgeben von seinen Attributen: Dummheit, Aberglauben, Egoism“, voll Triumph über seinen scheinbar bevorstehenden Sieg „mit aller Arroganz, der Verketzerungssucht und dem Inquisitionsgeiste, der diese Sekte zu allen Zeiten und in allen Weltgegenden karakterisirt hat“ [12]. Gerade dies aber veranlaßte nun deren Gegner, selbst tätig zu werden, „unsere Existenz“, wie Görres dann an Dautzenberg schrieb, „der Regierung fühlbar zu machen“ [13], damit den Kräften in Frankreich, die von einem Verzicht am Rhein nichts wissen wollten, Rückhalt zu geben und Verwirrung in die Reihen der Aristokraten zu tragen.

In Koblenz sollen sich die Patrioten schon im Februar zu einer Art Klub zusammengeschlossen haben [14]. Es scheint aber, daß der erste Vorstoß aus ihren Reihen nicht in einer Gemeinschaft sorgfältig geplant war, sondern auf einen einzelnen zurückging, und zwar auf niemand anderen als den „Studenten“ Görres [15]. Er war merkwürdiger Art und hatte von ihm kaum vorhergesehene Folgen. Am 28. April erschien in Koblenz ein Druckblatt mit der Überschrift Friedensbedingnisse, enthaltend sieben Punkte, mit den Unterschriften des Wiener „Kriegspräsidenten“ Saurau und des im Lager Bonapartes weilenden Generals Clarke. Der Kaiser, so konnte man da lesen, erkenne die französische Republik an, diese erhalte das Luxemburgische und das jenseits der Pfriem gelegene Reichsland [16], das übrige Brabant falle an den Erzherzog Karl als Protektor von Belgien, nachdem er sich mit der Prinzessin von Frankreich vermählt habe, in Luxemburg solle er dann gemeinsam mit den Franzosen eine Garnison unterhalten, alle übrigen Reichsländer würden zurückgegeben, wobei die wiedereingesetzten Fürsten nur keine Aufrechnung wegen Assignaten oder Kriegsschäden machen dürften, die päpstlichen Legationen und einen Teil von Modena erhalte der König von Polen als Entschädigung, Holland könne seine neue Regierungsform behalten, doch habe es statt drei nur einen Direktor und dazu den ehemaligen Statthalter zu wählen usw. [17]. So unsinnig das Ganze war, es fanden sich

[12] Aus der gleich anzuführenden Erklärung an die französische Regierung im Aachener Zuschauer vom 27. V. 1797, Hansen III, S. 964.

[13] Aus Brief vom 2. VI. 1797, Hermanns S. 474.

[14] So Hansen III, 879, 1025, nach Stramberg, Rheinischer Antiquarius II, 1, S. 716.

[15] Vgl. Hansen III, S. 961—966.

[16] Mit Pfriem ist die Prüm gemeint.

[17] Nach der Erklärung an die französische Regierung — s. o. Anm. 12 — war in einem Supplement noch den Emigranten Korsika zugewiesen worden.

doch viele, die den wirklichen Inhalt der Präliminarien vor sich zu haben glaubten, Zeitungen nahmen die Nachricht auf, so am 4. Mai der Impartial Bruxellois in der belgischen Hauptstadt, und sowohl am Rhein wie in den Niederlanden scheint es zu Äußerungen teils der Freude, teils der Besorgnis, jedenfalls zu Unruhe gekommen zu sein. Das veranlaßte die französischen Behörden bis zum regierenden Direktorium hinauf, in der Annahme, daß es sich um eine Intrige der Gegner der Republik handele, zum Einschreiten. In Koblenz wurden bei dem Buchdrucker Krabben, der das Blatt in der Form des bei ihm erscheinenden Koblenzer Intelligenzblattes gedruckt hatte, alle noch vorhandenen Exemplare beschlagnahmt, er selbst festgesetzt und auch über den Bürgermeister Rosenbaum Hausarrest verhängt. Von Paris aus wurde der Verwaltung des bereits seit einigen Jahren als Teil Frankreichs erklärten Belgien befohlen, gegen den Brüsseler Redakteur „mit ganzer Strenge des Gesetzes" vorzugehen, um „die Besorgnisse und Beunruhigung schleunig zu zerstreuen, welche dergleichen Lügen mitten unter den neuen Brüdern verbreiten können". So wurden, wie der Koblenzer Professor Minola damals in seinem Tagebuch vermerkt, „viele unglücklich durch eine Sache, die zum Spaß angelegt war" [18]. Daß es so war und daß die Nachricht erfunden worden war, gerade um den „Aristokraten" zu schaden, bestätigte eine aus Bonn vom 6. Prairial, d. i. 25. Juni, datierte und nur mit dem Buchstaben Z unterzeichnete Erklärung an die französische Regierung, die Franz Dautzenbergs Aachener Zuschauer am 27. Juni brachte [19]. Der Einsender, der sich als der Autor des Flugblattes bekannte, wies da auf den Kampf zwischen Demokraten und Aristokraten hin, den diese mit Drohungen und falschen Behauptungen führten — wir lernten eben schon Teile dieser Auslassungen kennen —, und er erklärte dann, daß er ihnen seinerseits „durch eine Reaktionskraft, die beim Stoße elastischer Körper aufeinander nur zu natürlich ist", eine starke Züchtigung für ihren Unfug zugedacht habe. Dazu sei die Stunde zwischen Krieg und Frieden, die jede Partei, ihren Leidenschaften gemäß, ausfülle, günstig gewesen, und zwar so, daß „jede Täuschung nur topisch auf diejenige würken mußte, der der Streich galt, ohne die andere mutlos zu machen". „Demzufolge setzte ich mich also hin und gebar in einer Stunde,

[18] H. Cardauns, Die Franzosen in Koblenz 1794—1797, Aufzeichnungen des Koblenzer Professors Minola, 1914, S. 159.

[19] Hansen S. 964/65, dort auch die einleitende Erklärung Franz Dautzenbergs: „Der ungenannte Verfasser der jüngst verbreiteten falschen Friedensartikel, welche angeblich auf allen Straßenecken zu Frankfurt angeschlagen sein sollten, ist durch den in Nr. 61 unserer Blätter mitgeteilten Beschluß des Französischen vollziehenden Direktoriums wider den Herausgeber des Impartial Bruxellois, A. J. D. van Brackenier, veranlaßt worden, folgende Erklärung uns zur öffentlichen Bekanntmachung einzusenden. Wir halten es für Pflicht, zu diesem Gesuche zu willigen, um unserm Brüsseler Kollegen und allen denjenigen, die mit und nach ihm ohne Schuld in diesen ernsthaften Prozeß verwickelt werden dürften, denselben ehebaldigst vom Halse zu schaffen." Vgl. auch Biro II, S. 865/66.

die seitdem für manche ominös geworden ist, die Pseudopräliminarien, ein halb Dutzend mutwilliger Buben, die schon so manchen Spuk dies- und jenseits des Rheins anstellten und vielleicht jetzt ihr Wesen in einem andern Weltteile treiben." Wie konnten solche Absurditäten in eines Menschen Kopf Eingang finden? „Allein, sie fanden ihn. Meine Subjekte waren gut gewählt; das Glockengeläute und der Kanonendonner imponirte sie, und nun erfolgte eine Erscheinung, die den unbefangenen Beobachter in Erstaunen setzte. Eine ganze große mächtige Partei, deren Anhänger doch wenigstens alle auf Menschenverstand Anspruch machen, geriet urplötzlich in eine Art von Phrenesie. Taumel bemächtigte sich aller Köpfe; die wenigen Zweifler wurden zu Boden geschrieen; der Parteigeist sah sich auf und noch über den Gipfel seiner Wünsche, und der komischen Szenen, die nun entstanden, waren Legion. Mein Zweck war erreicht, der Demokratism gerochen und ich zufrieden." Die Zufriedenheit wurde freilich gestört, als die Regierung das Ganze für Aristokratenkniffe hielt und damit Leben oder wenigstens Freiheit und Vermögen mehrerer Menschen in Gefahr kam: „Ich wollte bloß eine Farce spielen und erkläre feierlich, daß ich keines Menschen Unglück wollte, und ich werde alles anwenden, um diese fatale Würkung meiner Laune zu hintertreiben." Deshalb diese Bekanntmachung des ganzen Vorgangs; doch sei er auch bereit, unter seinem Namen die Beweise für seine Angaben zu liefern, wenn dies sich als nötig erweisen sollte. Das war nicht der Fall. Aber auch so ist die Autorschaft des jungen Satirikers aus Koblenz nicht nur durch den Stil der Erklärung — bezeichnend das Bild aus der Physik von der Reaktionskraft — erwiesen. Er hatte ja schon anderthalb Jahre zuvor Friedensbedingungen erfunden, und als er diesen Beitrag zu Biergans' Brutus in seinem rothen Blatt erneut abdruckte, setzte er unter ihn die Unterschriften des Flugblattes, Saurau und Clarke [20]. Wenn es aber noch eines Beweises bedürfte, so wird er durch den Anfang seines Briefe an Dautzenberg vom 2. Juni 1797 erbracht: „Durch die Einrückung meiner Finalerklärung über die von mir gespielte Friedensfarce haben Sie mir und allen Republikanern überhaupt einen wesentlichen Dienst geleistet. Es war eine schreckliche Laxanz für die Aristocraten, die auch ganz vortrefflich gewirkt hat, und kein unbedeutender Fingerzeig für die französische Regierung. Sie haben sich einen großen Anspruch auf meine Dankbarkeit erworben" [21].

Nun, eine so günstige Wirkung für die Sache der Patrioten dürfte dieses Stück Görres'scher Phantasie kaum gehabt haben. Aber er glaubte noch einen

[20] Vgl. Görres I, S. 125. Dabei paßten diese Namen wohl 1797, nicht aber in das Jahr 1795, in dem die Satire, auch nach den einleitenden Angaben im rothen Blatt, verfaßt und zuerst veröffentlicht worden war.

[21] Hermanns S. 473/74. Übrigens mag Görres für seine Satire ein Vorbild in einem gleichfalls ironisch gemeinten „Auszug eines zwischen den gegen Frankreich verbündeten Mächten geschlossenen und zu Paris unterzeichneten Traktats" gehabt haben, den der Mainzer Klubist Wedekind im November 1792 in seiner Zeitschrift „Patriot" veröffentlicht hatte. Vgl. Hansen III, S. 644.

anderen „Fingerzeig" in seinem Köcher zu haben, der dazu beitragen sollte, die Politik der französischen Regierung bei den Definitivfriedensverhandlungen in die richtige Richtung zu lenken. Er nahm sich das Manuskript seiner Arbeit über den allgemeinen Frieden ein Ideal wieder vor, wandelte hier und da ihren Text und gab ihr einen konkreten Schluß, in dem er auf die großen Vorteile hinwies, die Frankreich durch die Rheingrenze gewinnen werde, unter anderem übrigens auch dadurch, daß über die Rheinlande die Philosophie Kants sich mit den Lehren der Revolution verbinden könnte: der Rhein müsse daher die Düne der Republik werden! [22] Durch den Druck des Werkchens hoffte er, sowohl auf seine Landsleute als auch auf das Pariser Direktorium wirken zu können. Aber vergebens klopfte er bei Verlegern und Druckern an, welchen Mißerfolg er der noch vorhandenen Allgewalt des Aristokratismus zuschrieb; selbst bei einem wegen seiner aufgeklärten Unbekümmertheit bekannten Verlage in Neuwied schreckten „die Kühnheit des Ganzen" und Ausdrücke wie „Despotenrotte" ab [23]. Nun setzte er seine Hoffnungen auf Franz Dautzenberg, der sich ja ihm wegen des Flugblattes so gefällig erwiesen hatte: Die Bitte um Übernahme des Drucks war das eigentliche Anliegen des Schreibens, das er am 2. Juni an ihn richtete. Der Zustand, in dem man sich befinde, so führte er aus, sei zur Zeit sehr kritisch, denn während die französische Regierung in Italien reges Streben des feurigsten Patriotismus sehe, sei am Rhein nichts als öde, dumpfe Stille, alles schmiege sich unter die Zuchtrute der Aristokraten und des militärischen Despotismus: „Muß sie nicht glauben, daß der Republicanismus ganz ausgestorben sey, muß sie nicht fürchten, durch die Acquisition des Rheinufers sich selbst den Krebs einzuimpfen, und wird endlich nicht die Besorgnis in ihr lebhaft werden, daß unsere Repräsentanten, Schafsköpfe wie unser großer Haufen, verbunden mit den Royalisten der beyden Räthe, dort eine fürchterliche Majorität bilden würden?" [24] Oft gebe, wenn Grund und Gegengrund im Gleichgewicht ständen, ein Gran den Ausschlag. Deshalb gelte es, etwas für die gute Sache zu unternehmen, und da könne man dreierlei tun, nämlich einmal — hier findet sich der bereits zitierte Satz — „unsere Existenz der Regierung fühlbar machen", dann eine nähere Verbindung mit dem Innern, d. h. mit den maßgebenden Männern in Paris, anknüpfen und endlich dabei die wichtigsten Gründe für die Rheingrenze ihnen ans Herz legen: „Diese drey Zwecke glaube ich am besten durch ein kleines Werkchen, dessen Idee ich schon geraume Zeit mit mir herumtrage, zu erreichen. Es ent-

[22] GÖRRES I, S. 61/62.

[23] Es dürfte sich um den Verleger Gehra in Neuwied gehandelt haben, der schon vor der Revolution durch kühne Veröffentlichungen bei den kurfürstlichen Regierungen Anstoß erregte, vgl. HANSEN I, S. 51.

[24] Vor dem Staatsstreich der Fruktidor (4. IX. 1797) schienen die teilweise mit dem Royalismus sympathisierenden Gemäßigten in den gemäß der Direktorialverfassung von 1795 die Legislative ausmachenden Räten der Alten und der Fünfhundert das Übergewicht zu erlangen.

hält nach der Manier des bekannten Kantischen über den ewigen Frieden eine philosophische Erörterung, wie muß Frankreich den allgemeinen Frieden schließen, damit derselbe sich einem ewigen soviel möglich nähert. In XIV Bedingungen stelle ich dies Ideal auf und zeige dadurch der Regierung mehrere Gesichtspunkte, auf die sie bisher gar nicht aufmerksam gewesen zu seyn scheint. Unter der Garantie dieses Friedens zeige ich dann noch einmal ganz bündig die Nothwendigkeit der Rheingränze oder unsrer Independenz.“ Das Ganze werde er der französischen Nation zueignen und je ein Exemplar an das Direktorium, an den berühmten Abbé Sieyès und an Hofmann, den Sachwalter der deutschen Repulikaner in Paris, senden. Nun sei „zu unsrer Schande“ in Koblenz und der ganzen Nachbarschaft keine freie Presse anzutreffen. „Sollte in dem großen freyen Achen nicht eine furchtlose Presse seyn? Man sagt mir, Sie hätten eine eigene Buchdruckerey, könnten Sie wohl nicht selbst den Verlag übernehmen? Verloren wird auf alle Fälle nichts dabey, die Gründe, die Sie zum Druck bewegten, werden auch alle Republicaner zur Unterstützung anfeuren, über dem werde ich auch dem Ganzen unabhängig von Ihnen durch Übersenden eines Exemplars an die Jenaer Litteraturzeitung und andre Verbindungen einen lebhaften Vertrieb in Deutschland verschaffen“ [25]. Schon hatte er Bedingungen für einen Verlagsvertrag beigelegt, die indessen nicht als conditio sine qua non anzusehen seien. „Erfüllen Sie“, so schloß er, „diesen angelegentlichsten meiner Wünsche, und ihr Herz wird Ihnen, wenn wir einmal zu Republikanern erklärt sind, zurufen: Auch ich legte einen Stein zum Gebäude des allgemeinen Wohls“ [26]. Bereits zwei Tage darauf aber meldete er sich erneut, indem er ihm den Anfang des Manuskripts zuschickte, beschwor er ihn noch einmal, alles anzuwenden, um den Druck zu bewirken: „Sollten einige Bedingungen Anstand erregen, so gebe ich Ihnen vollkommen Erlaubnis, sie auf jede ihnen beliebige Art zu ändern. Zugleich glaube ich, zwischen 30 und 40 Exemplare hier herum absezzen zu können“ [27]. Wir besitzen Dautzenbergs Antwort nicht, jedenfalls aber hat auch er abgelehnt, wobei ihn, der entschiedener Republikaner und Verfechter der Rheingrenze für Frankreich war, wohl weniger Gesinnung und konkrete Forderungen des Autors als die von Görres selbst später zugegebene „Dunkelheit“ [28], die oft unverständliche philosophische Verbrämung des Inhalts der Schrift abgeschreckt haben dürften. Resigniert stellte Görres in einem neuen Brief an ihn vom 10. Juni fest, daß er seinen Plan vereitelt sehe: „Ich würde es wohl auf meine Kosten drucken lassen, wenn das Subskribentensammlen nur nicht gar zu viel Zeit wegnähme. Ich werde das Ganze also entweder abschreiben

---

[25] Die Jenaische Allgemeine Litteraturzeitung war damals das führende kritische Organ in Deutschland.

[26] Hermanns S. 474—476.

[27] Brief vom 20. Prairial = 8. VI. 1797, ebenda S. 477.

[28] Görres I, S. XXXI, 120.

lassen und so dem Directorium zuschikken, oder es ganz bis nach dem Kriege liegen lassen" [29]. Eine Kopie des Manuskriptes hat er dann in der Tat mit einem Begleitschreiben vom 5. Juli nach Paris geschickt, von wo ihm zu seiner Befriedigung von dem französischen Innenminister eine freundliche Aufnahmebestätigung zuging: Man erkenne in ihm einen aufrichtigen Menschenfreund, da er die Schrift zum Triumph und zur Bewahrung der Rechte der Menschheit verfaßt habe, und man werde sie angemessen deponieren, damit seine Ideen nicht verlorengingen [30]. Erst ein halbes Jahr später, als die endgültige Entscheidung über das Schicksal der Rheinlande gefallen schien, hat Görres diesen Erstling seiner Feder dann doch herausgebracht. „Sie werden sich", so schrieb er am 23. Januar 1798 an Dautzenberg, „ohne Zweyfel noch zu erinnern wissen, daß ich Ihnen vor etwa vier bis fünf Monathen einen Probebogen meines allgemeinen Friedens überschickt habe und sie dabey bat, mir Aufschlüsse darüber zu ertheilen, ob ich in Achen keinen Verleger oder Drucker dafür haben könte. Ich hab dies Werk jetzt hier auf meine Kosten drucken lassen und bitte Sie nun, so viel an Ihnen ist, zur Verbreitung desselben in ihrem Kreise beyzutragen" [31].

Immerhin hat er wohl im Frühsommer 1797 den Mißerfolg seines Versuchs nicht sehr tragisch genommen, da er zur gleichen Zeit glaubte, für die Verwirklichung seiner politischen Ansichten und Ziele in Gemeinschaft mit seinen Gesinnungsgenossen auf anderem Wege weit besser eintreten zu können. Davon hat er Franz Dautzenberg bereits in seinem Brief vom 8. Juni unterrichtet: Angesichts der „absoluten Nothwendigkeit, unsre Existenz fühlbarer als bisher zu machen", hätten die Republikaner aus Koblenz, Bacharach, Kreuznach, Münster, Bingen, Andernach usw. sich verbunden, eine Adresse an das Direktorium gelangen zu lassen, „worin sie alle Gründe aufbieten, um die Regierung, im Fall unser Schicksal noch nicht unwiederruflich bestimmt sey, zu bewegen, unsre Vereinigung oder wenigstens Independenz zu erwircken und nicht zu leiden, daß wir einem fremden Despoten gehorchen müssen".

Wie ist es dazu gekommen? Die damals von seiten der rheinischen „Patrioten" einsetzende Adressenbewegung und ihre gleichzeitigen Ansätze, sich zu organisieren und zu „föderieren", gingen wohl nicht nur auf sie zurück, vielmehr dürften sie dazu durch Winke der französischen Regierung und ihrer Organe angeregt und vorangetrieben worden sein. Anfang April 1797, noch vor den Leobener Abmachungen, hatte Hoche in Paris angefragt, wie man sich die Zukunft der besetzten rheinischen Lande denke, und dabei gemeint, daß es außer der Annexion noch die Möglichkeit der Gründung einer rheinischen Republik gebe, die von der Bevölkerung wohl mehr begrüßt

[29] Brief vom 22. Prairial = 10. VI. 1797. Hermanns S. 481/82.

[30] Schreiben François' de Neufchateau an Görres vom 13. Fructidor V, abgedruckt in der Vorrede zu dem späteren Druck der Schrift, Görres I, S. 19.

[31] Hermanns S. 494.

würde, und ihm hatte das Direktoriumsmitglied Carnot erwidert, daß die Rheinländer wohl in der Tat noch nicht reif erschienen, französische Bürger zu werden, es aber nützlich sein werde, ihren Sinn auf eine neue Ordnung der Dinge in Gestalt einer eigenen Republik zu lenken [32]. Hoche hat wohl entsprechende Hinweise verbreiten lassen, bevor er nach Leoben sich nach Frankreich begab. Inzwischen aber hatte ein anderer der Direktoren, Reubel, der im Gegensatz zu seinen Kollegen Carnot und Barthélemy unentwegt an der Forderung der Rheingrenze festhielt, den Professor Hofmann aufgefordert, durch die ehemaligen Mainzer Klubisten und andere Gesinnungsgenossen Subskriptionen für eine Vereinigung der Lande links des Rheins in Gang zu bringen [33]. Hofmanns wichtigste Vertrauensleute scheinen der Wormser Winkelmann und der jetzt in Bingen sich aufhaltende ehemalige Mainzer Professor Matthias Metternich — Mainz selbst befand sich seit 1793 wieder in deutscher Hand — gewesen zu sein, und Metternich dürfte die Verbindung nach Koblenz zu dem früheren Lehrer von Görres, Professor Gerhards, aufgenommen haben, der wohl schon damals als das Haupt der dortigen, in der Hauptsache aus einigen seiner Kollegen und Schüler vom Gymnasium bestehenden Gruppe von „Patrioten" galt. So fanden sich zu einer Adressenbewegung zunächst die Republikaner von der Nahe und der Gegend von Koblenz sowie des südlichsten Punkts des kurkölnischen Gebietes, Andernach, wo Gerhards in dem Lagerverwalter Michel Venedey einen gleichgesinnten Freund besaß, zusammen. In jenem Brief an Dautzenberg vom 8. Juni, in dem Görres dies mitteilte, kündigte er zugleich an, daß am gleichen Tage Trier und Bonn zum Beitritt eingeladen würden, „und mit dem gegenwärtigen auch die Herren Achner, die, wenn sie den Plan annehmlich finden, nun ihrerseits Jülich, Cleve etc. zum Beytritt bewegen können". Dringend appellierte er an den Patriotismus seiner rheinischen Landsleute: „Haben wir nicht lange genucht stille gesessen, nicht lange genucht uns von den Aristocraten hudlen lassen, und wir solten auch jezt, mitten in der Crise, die unser Schicksal entscheiden soll, uns als ruhige Zuschauer verhalten? Wer keine positiven Vortheile vom rückkehrenden Despotismus erwartet, der wird keinen Anstand nehmen, seinen Namen zu unterzeichnen, denn vor den Mishandlungen desselben wird uns wohl die Französische Regierung zu schüzzen vermögen. Ich hoffe also, daß auch bald eine Achner Adresse neben der unsrigen auf dem Bureau des Directoriums liegen wird." Zwei Tage später übersandte er eine Abschrift der Koblenzer Adresse, „die von den Republicanern hiesiger und mehrerer benachbarter Städte unterzeichnet nächster Tage nach Paris gehen wird". „Es mag seyn", so bemerkt er realistisch dazu, „daß sie zu spät kommt, aber es kann auch seyn, daß

[32] Vgl. M. Braubach, Frankreichs Rheinlandpolitik im Zeitalter der französischen Revolution, Archiv für Politik und Geschichte V, 1927, S. 180/81, Hansen III, S. 945/46, 992, Biro II, S. 854—857.

[33] Hansen III, S. 1028—1030, Biro II, S. 863/64.

sie etwas nuzt. Im ersten Fall wird nichts verloren, im zweyten viel gewonnen. Man sagt, der Definitivfrieden sey abgeschlossen, man würde nur auf dem künftigen Congress einige Arangemens mit den Reichsfürsten treffen. Es sey also, den schlimmsten Fall gesezt, daß wir zurückgegeben werden, so kann die Schrift doch allerdings einen vortheilhaften Einfluß auf jene Arangemens haben."

Mit dem Brief hat sich glücklicherweise auch die Kopie der Adresse erhalten[34]. An ihrem Beginn findet sich jener schon früher zitierte Rückblick auf die verflossenen schrecklichen drei Jahre, in denen man, statt die Freiheitserwartungen erfüllt zu sehen, unter das eiserne Joch des militärischen Despotismus gebeugt wurde. Nur eine Hoffnung habe es gegeben, daß nämlich nach den unvermeidlichen Übeln des Krieges die Republik ihre Feinde demütigen und einen Frieden erkämpfen werde, der für die Menschen des linken Rheinufers die Aufnahme in die größere Familie und glückliche Tage unter den Gesetzen einer vortrefflichen Konstitution bringen würde. So sei jeder Sieg des braven Buonaparte in Italien als ein neuer Bürge für die Realisierung dieser Erwartungen angesehen worden. Nun sei er erkämpft, dieser Friede — „aber schon sind zwey Monde seit seinem Abschluß verflossen, und noch immer ist Ungewißheit unser Loos. Je näher der entscheidende Augenblick herankömt, um so stärker mehren sich unsre Besorgnisse, unsre Brust wird zu enge für sie, wir müssen sie euch mitteilen, Bürger Directoren". Und dann ertönt zunächst ein entrüsteter Protestschrei gegen die Möglichkeit, daß wieder die früheren Zustände im Rahmen des Reiches wiederhergestellt oder man, wie damals anscheinend auch behauptet wurde, dem ehemaligen Generalstatthalter Hollands als Entschädigung zugeteilt wurde: „Stolz hebt der Aristocratismus sein Haupt empor, auf seiner Stirne glänzt das Schreckenswort ‚Integrität', knirschend zeigt er auf unsre Despoten, brüllend schreit er uns zu: ‚Den solt ihr ehren!' Ha, Bürger, hätten wir eure Armeen gemeuchelmordet, Verrath in die Republik gebracht, eure Constitution gestürmt und ihre Verfechter vergiftet, dann wären wir zehnfach gestraft, wenn ihr zu unsren Despoten das fürchterliche Wort nur sprächet: ‚Kehrt wieder!', wenn ihr nur den geächteten Tyrannen Hollands zum Regenten uns bestimmtet. Aber unmöglich! Ihr wärt nur gekommen, um uns das schreckliche Schicksal Polens zu bereiten, ihr hättet das große hehre Bild der Freyheit vor unsre Augen gepflanzt, um es dann auf ewig zu verhüllen? Nein, so wird, so kann eine großmüthige Nation nicht handlen, mögen hirnlose Aristocraten sagen, was sie wollen!" Es folgt der Hinweis auf das, was diese Adresse beweisen soll: „Glaubt ihr denn, Deutschlands Boden zeugte keine Republicaner? Glaubt ihr, am fruchtbaren Ufer des Rheins weideten nur Sclavenhorden, die ohne Anführer nicht leben könten? Haben euch jene Männer, die Ruhe und Vermögen der Freyheit einst opferten, nicht

[34] Hermanns S. 482—485.

eines bessern belehrt![35] Ha! Gebt uns unsre Selbständigkeit wieder, schenkt uns eure oder eine derselben ähnliche Constitution, unterdrückt die Cabale, daß sie nicht wie bisher kopflose Schranzen ans Ruder hinaufhebe, und dann solt ihr sehen, wie unsre Energie sich entfaltet, wie wir die Lombarden noch überflüglen werden.“ Die Belgier seien der Brüderschaft mit den Franzosen für würdig gehalten worden, dabei sei der Charakter der Rheinländer weit milder und geschmeidiger als der ihrige, bei jenen herrsche auch nicht Pfaffheit mit gleicher Allgewalt: „Der Deutsche klebt weniger fest an seinen Vorurteilen, aber er wird nichtsdestoweniger fester an den Grundsätzen der Freyheit hangen, wenn er sie einmal eingesogen hat.“ Nochmal beschwor die Adresse die Direktoren „beym Genius der Freyheit“, dieses Land nicht durch Zuweisung an einen fremden oder die eigenen Despoten grenzenlos unglücklich zu machen: „Ihr würdet auf euren Extremitäten eine Eiterbeule ansezzen, die nach und nach bei dem leichten Zunder, den sie vorfindet, auch eure edleren Lebenstheile ansteckte.“ Noch ein weiteres Argument fand der Autor: „Wollt ihr nicht mehr eingedenk seyn der Bande des Bluts, die uns mit euch einst verknüpften (denn auch wir waren Franken, bis der wilde Lauf der Zeiten uns von euch abriß und uns einander fremd machte), so laßt uns wenigstens zum Ersazze für so mannichfältige Aufopfrungen unsre Freyheit.“ Lagen nicht dafür feste Zusagen an die Mainzer Klubisten vor? „Unter eurem Schuzze werden wir eine Tochterrepublik dann bilden, die Wunden des Krieges werden allmählich vernarben, und wir werden sie noch segnen, die Hand, die sie uns schlug. An eure Gränze werden wir uns stemmen, und wehe dem Despoten, der euch anzugreifen käme! Entgegen würden wir uns ihm werfen, kämpfen für Freyheit und Heerd, nur auf unsren Leichen würde er unsre geliebte Mutter erreichen!“ Zum Schluß dann noch ein wirkungsvolles martialisches Aufbegehren: „Ist unser Loos aber entschieden — — ist er geschehen, der betäubende Schlag — kehren sie wieder, die Freyheitsmörder — — dann werden wir als Männer uns zeigen, die über die Streiche des Schicksals erhaben sind, wir werden trauren um unser Vaterland, aber nicht feige verzweiflen, hat doch der Genius der Freyheit Italien gewonnen.“

Die Adresse ist, darüber kann kein Zweifel sein, zum mindesten in großen Partien das Werk von Görres. In dieser Form muß sie in Koblenz entstanden sein und nicht in Bingen, wo man entsprechend den über Hofmann gekommenen Weisungen Reubels Stimmen eher für die unmittelbare Vereinigung mit Frankreich als für eine Tochterrepublik sammelte. Und daß Görres sie geschrieben hat, zeigt nicht nur etwa jener medizinische Vergleich mit der Eiterbeule, sondern der ganze Stil. Manche Bilder und Wendungen entsprechen fast wörtlich Teilen der Spottrede über die nunmehr als Popanz

[35] Gemeint sind die Mainzer Klubisten, die teilweise nach der Wiedereroberung von Mainz durch die Verbündeten 1793 in deren Hände gefallen und bestraft worden waren.

erwiesene Reichsintegrität, die er ein halbes Jahr später am 1. Januar 1798 in der Koblenzer patriotischen Gesellschaft hielt und dann im „rothen Blatt“ veröffentlichte[36]. „Hoch oben in den Lüften“, so heißt es da zu dem von ihm erfundenen grauslichen Phantasieungeheuer der Integrität, „schwebte der Geist der Chikane und brüllte mit einer Posaunenstimme: ‚das ist mein Sohn, den sollt ihr ehren‘.“ Wie denn auch die ernstgemeinten Tiraden der Adresse über nicht vorhandene Motive der Abwendung Frankreichs von dem rheinischen Land deutlich anklingen an die wilden Vorwürfe der Reichstagsmitglieder gegen das Integritätsungetüm in der Rede: „Ha! Stolzes Unthier! Haben wir darum fünf Jahre hindurch gekämpft und geblutet... Jene verruchten Königsmörder, jene gottlosen Religionsverächter, sollen die schönen Gefilde des linken Rheinufers besitzen; auf Italiens heiligem Boden sollen Verderbnis gebährende Republiken bestehen; jene Masse von Aberglauben und Vorurtheilen, die so lange die Völker in Fesseln hielt, soll jetzt verschwinden, und die unseelige Philosophie einen vollkommenen Triumph erhalten?“ Auch bei der Rede, die Görres acht Tage später über Ende und Testament des heiligen Römischen Reiches hielt, wird man hier und da an den Wortlaut der Adresse erinnert[37].

Hatte sie den Erfolg, den der junge Revolutionär und seine Freunde ersehnten und erwarteten? Zunächst hat die Zahl der Unterschriften sie enttäuscht. In einem mit der Adresse verbundenen Nachwort haben sie dieses unzureichende Ergebnis den Direktoren zu erklären und zu rechtfertigen gesucht: „Wundert euch nicht, daß deren so wenige sind, die es wagen öffentlich aufzutreten, wundert euch vielmehr, daß es noch welche giebt. Denn wahrlich, es gehört kein geringer Grad von Selbstverleugnung dazu, mitten im Gewühle des Krieges seinen Grundsäzen getreu zu bleiben.“ Man müsse drei Klassen von Menschen in den eroberten Ländern unterscheiden. Einmal „wüthige Aristocraten, ehemalige Creaturen der Höfe, niederträchtig selbstsüchtige Menschen, die ihr schmuzziges Interesse zu ihrem Abgotte machen“, sodann Unentschlossene, die den Ausgang der Fehde abwarteten, um sich der siegenden Partei anzuschließen — „sie sind bey weitem die zahlreichste und werden der Republik gute Bürger liefern“ —, endlich erklärte Republikaner, immerhin mehr als hinreichend, um die verächtlichen Menschen der ersten Klasse im Zaume zu halten: „In ihrem Namen und als ihre Repräsentanten sprechen die Unterzeichneten hier. Sie würden in Masse gesprochen haben, wenn bey der Ungewißheit unsres künftigen Schicksals mancherley Verhältniß sie nicht von diesem Schritte abgehalten hätte. Aber wir, ungefesselt von solchen Rücksichten, haben es unternommen, scheulos in ihrem Namen aufzutreten, zu sprechen für das Interesse der Menschheit.“ Noch einem Verdacht galt es dabei zu begegnen: „Glaubt aber nicht, daß Ehrsucht unser Bestimmungsgrund sey, daß wir uns

[36] Vgl. den Abdruck der Rede Görres I, S. 82—89.
[37] Ebenda S. 94—102.

hervordrängen, um in der Folge zu herrschen. Nein, wir werden uns über unsre Brüder, die schweigen, keines Vorrechts anmaßen, sie sind alle gleich brave Republicaner. Aber endlich einmal mußte doch irgend jemand das Wort nehmen, um unsre Existenz kundbar zu machen.“ Immerhin hat Görres im weiteren Verlauf seines Briefwechsels mit den Brüdern Dautzenberg von erheblichen Erfolgen der Sammelaktion berichtet. Am 20. Juli behauptete er, „daß wir schon viele tausende von Subskribenten (ganze Ämter) abgeschickt und noch weit größere Hoffnungen für die Zukunft haben“ [38]. Daß er von Aachen noch nichts gehört hatte, war ihm unverständlich: „Sie müssen doch schon wenigstens drey Wochen operiren, aber noch kennen wir im Centrum (also noch weit weniger der rechte Flügel auf dem Hundsrücken) nicht im geringsten das Nähere der ganzen Unternehmung, den Inhalt der Adresse, die Größe ihres Wirkungskreises, die Zahl der Subskribenten, nichts von allem dem, dessen Kenntniß für uns von der äußersten Wichtigkeit seyn würde.“ Inzwischen wartete man mit Spannung auf Nachrichten über die Wirkung der ersten Schritte in Paris. Es scheint, daß Görres schon Anfang Juli ein Exemplar seiner Adresse gleichzeitig mit dem Manuskript seiner Friedensschrift nach dort gesandt hat [39]. Dautzenberg teilte er dann mit, daß Bürger Winkelmann abgeordnet sei, um im Namen der Republikaner aufzutreten: „Wir haben alle möglichen Federn ins Spiel gesezt, und alle Erd- und Luftgeister müsten sich gegen uns verschworen haben, wenn die gute Sache nicht siegen solle“ [40]. Schon schien alles, wie er fünf Tage später schrieb, „um vieles verbessert“ [41]. Von einem zweiten Zirkular

[38] Brief am 2. Thermidor V = 20. VII. 1797 an Gerhard Dautzenberg, Hermanns S. 486/87. Siehe auch Gerhards an Venedey, 17. VII. 1797, Hansen III, 1060/61: „Ich kann mich nicht enthalten, Ihnen die großen Fortschritte zu sagen, die bei Trier und oben am Rhein und an der Nahe schon gemacht worden. Am zweitletzten Posttage schrieb man vom Hunsrück, daß sie 600 neue Subskribenten bekommen, gestern, daß sie 2000 und bei Kusel und Birkenfeld 19 Bogen voll gesammelt. Bürger Claudius, Inspecteur des forêts zu Trier, hat schon 12 Aemter und mehrere Gemeinden, alle einzeln und eigenhändig unterschrieben, nach Paris geschickt. Auch hier sind gute Aussichten. Courage! der Genius der Freiheit wird schon helfen.“

[39] In der Vorrede zu der Friedensschrift, Görres I, S. 19, schreibt er, daß er das Manuskript unter dem 17. Messidor V (= 5. VII. 1797) „mit einer Adresse begleitet“ nach Paris geschickt habe. Wenn in einer Notiz im Pariser Archiv vom 21. Messidor — vgl. ebenda S. 641 — der Feststellung von Görres' Geschenk einer deutschen Broschüre die Bemerkung folgt: „Il implore le gouvernement français pour que les pays de la rive gauche du Rhin ne rentrent point sous la domination des despotes“, so bezieht sie sich möglicherweise auf die Adresse.

[40] Zu der Mission Winkelmanns vgl. Gerhards an Venedey, 31. VII. 1797, Hansen III, S. 1086: „Von Winkelmann haben wir noch keine Nachricht aus Paris, aber von der Reise dahin vom 27. Messidor; bald werden wir wohl von ihm von Paris aus Nachricht erhalten.“

[41] Brief an Gerhard Dautzenberg vom 7. Thermidor V = 25. VII. 1797, Hermanns S. 488/89.

Hofmanns berichtet Görres, an dessen Echtheit nicht zu zweifeln sei, wonach im Direktorium nicht nur Reubel, sondern auch Barthélemy die gute Sache unterstütze, man freilich fordere, „alle unsre Kräfte und Energie in ihrer grösten Anstrengung würken zu lassen, weil wir darauf reducirt sind, uns ganz allein unsre Freyheit durch eignes Streben zu erringen“ [42]. Von Bingen kamen neue Impulse. Dort begannt Metternich mit der Ausgabe einer Zeitschrift „Politische Unterhaltungen am linken Rheinufer“ [43]. Und zugleich übersandte er eine Proklamation, die vervielfältigt und mit einem Schlage allenthalben verbreitet werden sollte: „Die Leute“, so schrieb Gerhards an Venedey in Andernach, „müssen überall aufgeklärt werden, sonst bekommen wir nicht genug Unterschriften, und es geht zu langsam“ [44]. Es wurde vorgesehen, diese Aufforderung an die Bewohner des linken Rheinufers, sich vom deutschen Reich loszusagen und entweder für den Anschluß an Frankreich oder einen Freistaat auszusprechen, in der Nacht vom Samstag, dem 29., auf Sonntag, den 30. Juli, anzuschlagen, „daß die Leute des Sonntags es lesen und kannengießen können“ [45].

Um all dies zu bewerkstelligen und allen weiteren Aktionen größere Schlagkraft zu geben, waren, wie Görres und Gerhards in ihren Schreiben immer wieder betonen, Organisation und Koordination nötig. In Koblenz hatte sich wohl Ende Juni oder Anfang Juli aus dem Kreis der Patrioten eine Art lokale Zentrale gebildet. In dem Brief von Görres an Gerhard Dautzenberg vom 20. Juli finden sich darüber nähere Angaben: „Zehn bis zwölf vom ächten Schroot und Korn haben hier einen Ausschuß gebildet. Sie versamlen sich ein in der Nacht, haben ihren Präsident und Sekretär, ein Freyheitsbaum grünt in ihrer Mitte, sie debattiren förmlich über jeden Gegenstand, entscheiden durch die Mehrheit der Stimmen, führen ihre Protokolle, von denen Sie bald Auszüge erhalten sollen, correspondiren unmittelbar mit mehreren andern solcher Clubs auf dem Hundsrücken sowie mit Paris, künftig selbst mit Buonaparte vielleicht. Sie lenken alle Operationen, alle Profane sind nur ihre Maschienen (eine zwar nicht untadelhafte, aber schlechterdings nothwendige Maasregel); so bringen sie Einheit in das Ganze, und die Geschäfte gehen in ihrem raschen Gange fort, was sie ohne das nie

[42] „Wessen Herz“, so fährt Görres fort, „wird sich nicht erwärmen bey dem Gedanken, von dir, von deiner Thätigkeit oder Schlaffheit hängt das Schicksal eines großen Landes von zwey Millionen Menschen ab, wer kann bey solch einer Idee gleichgültig bleiben, ruhig dem Zufall überlassen, was der über ihn verhängen will?“

[43] Dazu im gleichen Brief Görres: „Metternich gibt ein Volksblatt heraus, von dem ich Ihnen hier 5 Exemplare beylege. Ich glaube, keiner weiteren Erörterung nöthig zu haben, um Ihnen die Nützlichkeit dieser Anstalt einleuchtend zu machen, eben so wenig brauche ich Sie als Republikaner weiter aufzufordern, dem Ganzen die möglichst gröste Publicität zu geben und Pränumeranten zu samlen.“ Vgl. HANSEN III, S. 1069, BIRO II, S. 868—871.

[44] Schreiben vom 26. VII. 1797, HANSEN III, S. 1079.

[45] Gerhards an Venedey, 27. VII. 1797, ebenda.

würden." Ganz ähnlich unterrichtete Gerhards Venedey und forderte ihn zur Errichtung eines bureau de correspondance auf[46]. Wenn er dabei auch riet, den Präsidenten jede Woche zu wechseln, so scheint ihm selbst in Koblenz die Präsidentschaft auf unbestimmte Zeit übertragen worden zu sein. Görres stand ihm wohl für schriftliche Entwürfe — wie schon für die Adresse — zur Seite, doch ist offenbar nicht ihm, sondern dem Professor Beaury vom Gymnasium, der wie Gerhards einst die Soutane getragen hatte, der Posten des Sekretärs übertragen worden[47]. An Ort und Stelle hat dieser Klub zunächst einmal die Durchführung des Anschlags der Metternichschen Proklamation in die Hand genommen. Das geschah Ende Juli und dann erneut in der Nacht vom 16. auf den 17. August. Voll Erbitterung hat darüber und über die mutmaßliche Wirkung einer der Gegner der Republikaner, der Hochgerichtsschöffe Kilian, an den auf das rechte Rheinufer ausgewichenen Geheimrat Weckbecker berichtet[48]. Es machten sich wohl Gegenwirkungen von seiten der ja in ihre Ämter wiedereingesetzten alten Behörden geltend, aber Gerhards meinte, daß entsprechende Meldungen nach Paris Maßnahmen gegen sie auslösen würden[49]. Darin sah er sich bestärkt durch Mitteilungen aus Bonn, dem Sitz der sogenannten Mittelkommission: Hier hatte

[46] Brief vom 19. VII. 1797, ebenda S. 1062: „Wenn Sie bei Ihnen mehrere ordentliche Männer haben, so müssen Sie ein Bureau de correspondance, und wo Sie Ihre Revolutionsgeschäfte reguliren und betreiben, etabliren, was dann hernach mit dem andern Bureau in Verbindung wirkt, mit nächstem werden Sie einen Plan erhalten. Sie nehmen die besten und geschicktesten, nehmen ein gelegenes Zimmer dazu, kommen Nachts zusammen, deliberiren und beschließen, die anderen Patrioten dürfen nicht dabei sein, nichts wissen, als was sie wissen und tun sollen."

[47] Noch in einem aus dem Oktober stammenden Spottgedicht über den Koblenzer Freiheitsklub, in dem Görres nach dem „Bundsprotektor" Gerhards als „Bübchen ohn' Gehirne" bezeichnet wird, erscheint Beaury als „Pfäffchen, Landsverräter, Sekretär der Föderation". Vgl. Hansen IV, S. 233.

[48] Schreiben vom 9. VIII. 1797, ebenda III, S. 1107: „Mit diesen Proklamationen laufen vielleicht einige hundert Menschen auf allen Dörfern herum, die sonst Lumpen, jetzt wohlgekleidet und mit vollen Händen erscheinen. Diese predigen, muntern die Bauern auf, sich für die gute Sache, wie sie es nennen, zu erklären, und lassen kein Mittel unversucht, ihre Absichten zu erreichen. Welchen Eindruck dies mache, ob diese Werbungen glücklich vonstattengehen, dieses ist mit einem Schleier des größten Geheimnisses bedeckt. Nur so viel weiß ich, daß fast alle Kaufleute in der hiesigen Stadt sowie sehr viele Handwerksleute, Studenten, Professoren, Canonici, Vicarii und Müßiggänger aller Art sich zu dieser Partei geschlagen haben, und man zugleich für gewiß versichert, daß auch Räte und Beamten von allen Gattungen hinter dem Vorhang mit agirten." Diese von seinem Standpunkt pessimistische Vermutung hat Kilian am 28. VIII., Hansen III, S. 1147, stark revidiert: „die Zahl der Gutgesinnten ist um drei Viertel stärker als jene der republikanisch Gesinnten, welche sich im ganzen Lande nicht anders als durch französische Gewalt erhalten können."

[49] Schreiben an Venedey, 31. VII. 1797, Hansen III, S. 1086/87: „Der Magistrat hier ist noch sehr dagegen beschäftigt. Wenn er sich erkühnt, einen Schritt zu tun, so macht man einen procès verbal und schickt ihn per Extracourier nach Paris, wie wir von daher die Ordre haben."

deren Chef Shée dem dort gleichfalls entstandenen Patriotenzirkel jede Unterstützung versprochen. Dieser wurde dann als Zentralbureau etabliert, während die Koblenzer Filiale als Distriktsbureau anerkannt wurde [50].

Während sich die Bewegung im Laufe des August im wesentlichen noch auf die Verbreitung der Proklamation und das Sammeln von Unterschriften für die Adressen beschränkte [51], erhielt sie durch das Eingreifen Hoches weiteren Antrieb und eine neue Wendung. Von seinem mit viel Ärger für ihn verbundenen Aufenthalt in Frankreich am 2. August in sein rheinisches Hauptquartier Wetzlar zurückgekehrt, fand er einen Bericht Shées über jene Bestrebungen vor, und er hat darauf, wohl in der Überzeugung, daß die ihm im April zugegangene Weisung Carnots noch volle Gültigkeit habe, die Mittelkommission entsprechend deren eigenem Vorschlag angewiesen, mit aller Kraft für die Entstehung einer besonderen Republik zwischen Maas und Rhein — „une belle et bonne république", wie Shée geschrieben hatte — zu wirken [52]. Wohl ohne Kenntnis davon war man in Koblenz auf den Gedanken gekommen, unmittelbare Verbindung mit dem zurückgekehrten General aufzunehmen: Anlaß dazu dürften neben jenen Gegenaktionen der Behörden gegen die Proklamation beunruhigende Berichte vom Mittelrhein gegeben haben, wonach der dort kommandierende Moreau sich gegenüber den Republikanern wenig freundlich verhalte und man deshalb auf ein öffentliches Hervortreten am 10. August, dem Jahrestage des Sturzes des Königtums in Frankreich durch den Sturm auf die Tuilerien, verzichtet habe [53]. Auf einen Brief Beaurys an Hoche lud dieser ihn am 12. August zu einem Besuch in Wetzlar ein, der wohl am 14. stattfand. Über den Inhalt des Gesprächs ist uns nichts überliefert, doch ist anzunehmen, daß der Franzose von der Notwendigkeit, alle Anstrengungen auf die Errichtung einer cisrhenanischen Republik zu richten und dabei nun energisch vorzugehen, gesprochen hat. In Koblenz scheint man darauf eine genauere Absprache für zweckmäßig gehalten zu haben, und so erschien gegen Ende August eine ganze Deputation in Wetzlar [54]. Man werde, so schrieb Kilian am 28. August an Weckbecker, rechts des Rheins schon wissen, daß Beaury und Reinecke — ein aus Koblenz stammender Jurist, der sich zeitweise der französischen

[50] Hansen III, S. 1075—1077.

[51] Vgl. das bei Braubach, Frankreichs Rheinlandpolitik, S. 182, abgedruckte Unterschriftenformular: „Unterzeichnete Eingeborene und Bewohner der Länder am linken Rheinufer, tief überzeugt, daß ihr lang gedrücktes Vaterland nur in der Unabhängigkeit von willkürlicher Gewalt, oder, welches eins ist, in der Vereinigung mit der französischen Republik, eine Glückseligkeit finden kann, wozu seine vorteilhafte Lage es ohne Zweifel bestimmt hat, treten hiermit der vom Bürger Winkelmann dem französischen Direktorium übergebenen Vorstellung bei, fest entschlossen, selbst mit Aufopferung ihres Lebens, wenn es nötig sein sollte, das Glück der Unabhängigkeit ihrer Landsleute zu erringen."

[52] Hansen III, S. 1089/90.

[53] Ebenda III, S. 1104—1107, Biro II, S. 871/72.

[54] Hansen III, S. 1146—1148.

Armee angeschlossen hatte [55] — bei dem General Hoche seien, „um, wie man sagt, die Erlaubnis zu bewirken, sich in Korps und eine Nationalgarde zu bilden". Daß noch ein dritter beteiligt war, ergibt sich aus Kilians nächstem Schreiben vom 31.: Ob, so fragt er sich, eine inzwischen erschienene Verordnung des auf dem Hunsrück befehligenden Generals Hardy, die entsprechend einem auch von der Mittelkommission ergangenen Erlaß volle Presse- und Handlungsfreiheit für die Patrioten verkündete, „eine Folge von jener aus Reinecke, dem Professor Beaury und dem jungen Görres bestandenen, an den General Hoche abgegangenen Deputation ist". Acht Tage später wußte dann das Frankfurter Journal zu melden, daß die Koblenzer Ruhestörer an Hoche drei ihrer Mitglieder geschickt hätten, um in einer Art Adresse um die Vereinigung mit der Französischen Republik oder die Bildung einer neuen Republik anzusuchen und die Erlaubnis zur Errichtung einer Nationalgarde zu begehren. Sie waren, wie ein handschriftliches Zeitbuch des Koblenzer Bürger Lucas für die Jahre 1794 bis 1797 mitteilt, „sehr willfährig und mit dem Versprechen seines Schutzes" von dem General aufgenommen worden.

Es war das Signal zur Errichtung der „cisrhenanischen" Republik. Aus dem Klub wurde nun ein Distriktsbureau der Cisrhenanischen Föderation, und noch in den letzten Augusttagen entstand in ihm eine neue Proklamation, für deren Druck man auf Grund der französischen Verfügungen jetzt den Buchdrucker Krabben gewissermaßen requirieren konnte [56]. Um sich über ihren Inhalt zu unterrichten, eilte der wohl von Krabben benachrichtigte Kilian am 31. August zu ihm: „Ich ward", so teilte er Weckbecker mit, „durch die Ankunft des Herrn Gerhards und des Studenten Görres in dem Abschreiben unterbrochen, und Krabben mußte mir solche abnehmen, weil diese beiden Herren sich unterschreiben wollten, welches auch geschehen ist. Sie drohten zugleich, daß, wenn in zwei Tagen diese Proklamation nicht gedruckt sei, sie ihn arretiren lassen würden." Die von Kilian angefertigte und auf das rechte Rheinufer gesandte Abschrift trägt denn auch am Schluß die Bemerkung: „Daß wir uns hiermit responsabel für gegenwärtigen Aufsatz erklären, bezeugen wir hiermit durch unsere Unterschrift: Görres, Gerhards Professor." Es dauerte immerhin bis zum 5. September, bis das Plakat, das den Titel „Die Freunde des Volkes und der Freiheit an die Landleute des linken Rheinufers" trug, in Koblenz angeschlagen werden konnte. Es nahm zunächst auf den Aufruf Metternichs Bezug, über den Blutsauger, Amtleute, alle, die sich getroffen fühlten, und vor allem Pfaffen ein gräuliches Spektakel geführt und die Verfasser und Verbreiter mit Auslieferung bedroht hätten. Nun aber liege der Beschluß der Mittelkommission vor, „worin die Beamten zuerst einen derben Verweis bekommen, daß sie unsre Bemühungen, um Euch aufzuklären, hindern, statt sie zu unterstützen, und

[55] Ebenda III, S. 686.

[56] Ebenda III, S. 1190.

dann den Befehl erhalten, unter Kerker- und Absetzungsstrafe die Verbreitung und öffentliche Anheftung aller unserer Proklamationen am hellen Tage nicht im mindesten zu stören". Jetzt brauche man sich vor diesen Leuten nicht mehr zu fürchten, die Macht der Despotenknechte sei gebrochen, die Franzosen würden niemand mehr den Unterdrückern preisgeben: „Erklärt Ihr Euch frei, so seid Ihr unter dem Schutze der Republik, und die vorigen Despoten werden den Gedanken ganz aufgeben, wieder zurück zu kommen. Legt also alle Furcht ab und seid Männer; nur Weiber fürchten sich vor Gespenstern." Der Aufruf setzt sich dann mit gegen die Republikaner erhobenen Vorwürfen des Landesverrats auseinander, die sie ihrerseits den flüchtigen Fürsten machen, und er wendet sich gegen die Lüge, daß man den Menschen die Religion nehmen wolle, die man vielmehr noch erhöhen wolle, indem man sie von dem Wuste zu befreien suche, mit dem sie die Herrsch- und Gewinnsucht der Pfaffen verunstaltet habe [57]. „Ihr seht also, daß alle Einwürfe und Schreckbilder, womit unsere und Eure Gegner Euch in die Enge zu treiben suchen, wie Spreu im Winde zerstäuben; und da könnt Ihr dann dem Sprichwort gemäß: Wer den Kern verlangt, muß die Nuß aufbeißen, keinen Anstand mehr nehmen, Euch öffentlich und unzweideutig zu erklären: Wir wollen frei und von keinem Despoten mehr gehudelt sein. Habt Ihr diese Erklärung einmal von Euch gegeben, die cisrhenanische Kokarde aufgesteckt, Freiheitsbäume gepflanzt, dann wählt Ihr Männer, denen Ihr Euer Zutrauen schenkt, und die Ihr als brave, es gut mit Euch meinende Patrioten kennt, zu Euern Wortführern. Dann werdet Ihr ferner nicht mehr als erobertes Land angesehen, nicht mehr so hart behandelt werden." Alle Kontributionen und Requisitionen würden ebenso in Fortfall kommen wie die drückenden Frohnden, Zehnten usw. „Ihr bekommt dann eine Verfassung, worin der Landmann als die erste arbeitende und erwerbende Klasse des Staates auch den ersten Rang besitzt; wo jeder von Euch,

---

[57] „Ist es Religion, wenn Pfaffen Jahr aus Jahr ein fressen, saufen, schlemmen und für das alles dem lieben Herr Gott ein Dutzend lateinische Gebete herausblärren oder hermurmeln, während der arme Landmann nach einem kummervollen Tage im Schweiß seines Angesichts sich kaum so viel erarbeitet hat, daß seine Familie nicht Hungers stirbt? Ist es Religion, daß üppige Abtei-, Stifts- und Dompfaffen Summen verprassen, von denen hunderte Familien sich anständig ernähren könnten? Ist es Religion, wenn sie mit ihren dem Lande abgestohlenen Früchten den schändlichsten Wucher treiben; wenn sie eher den hilflosen Bedürftigen Hungers sterben ließen, als daß sie ihre Speicher öffneten? Ist es endlich Religion, wenn sie mit ihren Dispensationen Krämerei treiben; wenn sie sich den Lasten des Krieges und des Staates zu entziehen, und sie auf ihren ärmeren Nachbar zu wälzen suchen? Von alledem wußte Christus nichts, Seine Religion ist rein von jenem Unrat. Pfaffen beflecken sie damit. Setzt diese auf den Fuß, auf dem sie in der ersten Kirche waren, und die Religion wird wieder in ihrem ersten Glanze erscheinen, welchen ihr keine Pfaffen gaben, sondern Geistliche, die sich mit Unterricht beschäftigten und Geist und Herz veredelten." Abdruck der Proklamation bei Hansen III, S. 1191—1194.

wenn er Talente dazu hat, sich zur höchsten Stelle emporschwingen kann.“ Dem Ruf „Es lebe die cisrhenanische Republik“ folgte zum Schluß noch ein Appell an die Franken, die Soldaten der Freiheit: „Sehet unser Streben nach Unabhängigkeit! Bald wird der Genius der Freiheit unseren Fluren lächeln und Segen und Wohlstand über sie verbreiten. Achtet die Souveränität eines Volkes, das sich während dem Laufe des Krieges durch so große Aufopferungen den gerechtesten Anspruch auf Eure Dankbarkeit erworben hat. Euer Republikanism ist uns Bürge, daß Ihr, wie Eure Waffenbrüder in Italien, eine Nation, die den Mut hat, sich frei zu erklären, zu schätzen wisset und dieselbe nicht mehr als eroberte Sklaven, sondern als freie Brüder behandeln werdet!“ Görres hatte sich, wie wir sahen, für den Text noch vor Gerhards als „responsabel“ erklärt. Hier liegt freilich nach Inhalt und Form seine Verfasserschaft nicht so eindeutig vor Augen wie in der ersten Adresse an das Direktorium. Vielleicht war die Proklamation eine Gemeinschaftsarbeit der sich nun Cisrhenanen nennenden Koblenzer Republikaner, an der aber des Präsidenten besonderer Vertrauter maßgebend beteiligt gewesen sein dürfte.

Was nun zunächst geplant war und sich möglichst rasch abspielen sollte, hat Gerhards am 6. September Venedey in Andernach erklärt, als er ihm 62 Stück der neuen Proklamation zum Anschlag in seinem Bezirk zusandte: „Arbeiten Sie nicht mehr zum Unterschreiben, sondern zum Freierklären und zum Freiheitsbaum setzen, wie sie zu Rheinbach und den 52 Gemeinden etc. getan und noch tun. Wir werden bald hierherum anfangen und zu Ihnen kommen. Wir machen eine eigene Republik, unser tricolor ist hellrot, blau, grün. Machen Sie eine doppelte Vollmacht ans Centralbureau, eine für dieses, eine für Winkelmann zu Paris“ [58]. Wie auch bereits in einem Zusatz zu dem Aufruf vermerkt war, hatte die kurkölnische Stadt Rheinbach bei Bonn die Koblenzer überrundet, indem sie, d. h. eine Anzahl von Bonn aus verstärkter Republikaner, am 5. September sich und 52 umliegende Gemeinden für frei erklärt hatte, und ebenso waren bereits in einigen pfälzischen Orten Freiheitsbäume gepflanzt worden. In Koblenz wurde von dem Distriktsbureau der 14. September für die feierliche Handlung vorgesehen, die am Morgen des Tages durch ein von Gerhards und Beaury unterzeichnetes Schreiben dem Magistrat angekündigt wurde. Noch am gleichen Tag hat Kilian dem Geheimrat Weckbecker in Hanau über diese „elende Farce“ berichtet, bei der auf dem Paradeplatz, angeblich nur in Anwesenheit von einem kleinen Troß Gassenjungen und Franzosen, ein Freiheitsbaum errichtet wurde und Gerhards eine Rede hielt, „wovon keine Seele ein Wort hörte“. Namentlich werden als Teilnehmer der als unbedeutend und lächerlich bezeichneten Handlung aufgeführt: Gerhards „mit einem gewächsten dreieckigten Hute und weißen Strümpfen“, Beaury, Reinecke, der Schwertfeger

[58] Ebenda S. 1193. Für die Koblenzer Feier vom 14. September 1797 siehe ebenda IV, S. 4—7, Biro II, S. 898.

Dürr und der Schneider Tasquin, außerdem der von Bingen herübergekommene Metternich „mit zwei Weibern". Wenn Görres nicht genannt wird, so kann doch kein Zweifel sein, daß er bei dem Akt wie bei dem anschließenden Festmahl in dem Gasthaus Zu den drei Reichskronen anwesend war — von diesem urteilt Kilian abfällig, daß da mancher Lump vielleicht zum ersten- und auch zum letztenmal an einer herrlichen Tafel sitze, wovon er gewiß nicht ohne Indigestion aufstehen werde. Aber vorerst hatten die Cisrhenanen wohl Grund, zu triumphieren. Wohl mußte die wenige Tage darauf eintreffende Nachricht, daß ihr Gönner Hoche plötzlich in Wetzlar gestorben war, ihre Freude stören: An seinem vorläufigen Begräbnis auf dem Petersberg bei Koblenz am 23. September nahmen sie natürlich teil, ob dabei Görres die neue grün-weiß-rote Uniform der cisrhenanischen Nationalgarde getragen hat, wie eine alte Überlieferung bezeugt, ist freilich wenig wahrscheinlich — von einer solchen Uniform ist sonst nichts bekannt —, und sicher unzutreffend ist eine andere Behauptung, wonach er „die Totenrede voller Liebe und Begeisterung und tiefer Trauer für den Mann gehalten, der die Freiheit und die Republik am Rhein wieder halbwegs zu Ehren gebracht hatte" [59]. Inzwischen lief die cisrhenanische Bewegung allenthalben unter dem Schutz der Mittelkommission weiter. Mit deren Beschluß, Regierungen und Magistrate umzubesetzen, wenigstens in wichtige Posten dieser Behörden Republikaner zu bringen, konnten diese an die Macht gelangen [60]. In Koblenz wurden die Ämter des secrétaire en chef bei der trierischen Regierung Gerhards, bei der Munizipalität Beaury übertragen. Sie blieben weiterhin ausführende Organe des Distriktsbureaus, in dem nunmehr Görres als Sekretär erscheint. Gemeinsam mit Gerhards hat er am 30. September ein Schreiben an die Mittelkommission unterschrieben, und als die zwölf Mitglieder des Bureaus im Laufe des Oktober einen engeren Fünferausschuß zur Direktion aller Aktionen bildeten, gehörte er zu den fünf [61]. Eine Zeitlang mochte auch er glauben, daß das große Ziel, das er sich gesteckt hatte, erreicht war. Nochmals wurde man unruhig, als die ersten Nachrichten über den am 17. Oktober abgeschlossenen Definitivfrieden von Campo Formio keine Gewißheit über das Schicksal des linken Rheinufers brachten und kaiserliche Verlautbarungen weiterhin von der Integrität als Basis für den Reichsfrieden sprachen. Im Auftrage seiner Freunde hat sich darauf Gerhards nach Paris begeben, von wo er am 30. Oktober dem Distriktsbureau und am 1. November Beaury die Versicherung zukommen ließ, daß alles in ihrem Sinne entschieden sei [62].

Er mag dort auch erfahren haben, daß man in Paris, wo der Staatsstreich des Fruktidor Anfang September zum Sturz der Gemäßigten um Carnot

---

[59] So Rheinischer Antiquarius I, 2, S. 440; III, 2, S. 545, und J. Venedey, Die deutschen Republikaner unter der französischen Republik, 1870, S. 300, Hansen IV, S. 47.

[60] Hansen IV, S. 99—102. [61] Ebenda IV, S. 102—104. [62] Ebenda IV, S. 260.

und zum Triumph Reubels geführt hatte, von der durch den toten Hoche vertretenen Politik abgerückt und entschlossen war, das linke Rheinufer unmittelbar mit Frankreich zu vereinigen. Auf Grund von Mißverständnissen hatte die Commission intermédiaire in Bonn davon zunächst nichts erfahren und weiter die Errichtung der cisrhenanischen Republik betrieben. Nun kam der Befehl, alle Aktionen dafür abzublasen bzw. rückgängig zu machen und die „Cisrhenanen" zu veranlassen, sich für die Vereinigung zu erklären und die blau-weiß-rote Kokarde der französischen Revolution und Republik anzulegen [63]. Es bedeutete für sie eine Überraschung, aber kaum eine schwere Enttäuschung, wenn sie sich wohl auch im Hinblick auf ihre letzten Erklärungen und Handlungen in einige Verlegenheit gesetzt sahen. In Koblenz hat man schleunigst Mitte November einen Aufruf „Die Mitglieder der cisrhenanischen Föderation in Koblenz an ihre Mitbürger" verfaßt und auf Folioblättern gedruckt, der die neue Richtung, die man nun gemäß den Pariser Weisungen einschlagen wollte, mitteilen, erklären und rechtfertigen sollte. Hier wird ausdrücklich von Lucas in seinem Zeitbuch bezeugt, daß Görres, der ja inzwischen auch Sekretär des Bureaus geworden war, dieses Stück entworfen hat, und das wird auch durch den Stil bestätigt [64]. Es beginnt mit einem Rückblick auf die Zeit, als vor sechs Monden der Geist der Freiheit endlich sein Haupt erhoben und die Republikaner unter widrigen Aspekten mutig den Lauf zu dem erhabenen Ziele begonnen hatten. „Zwei Wege lagen vor uns, beide führten gleich sicher zur Realisierung unserer Wünsche; Reunion hieß der eine, Independenz der andere." Die Vorteile einer Reunion hätten deutlich vor ihren Augen gestanden — „nicht zu bezweifeln ist's, daß Reunion unserer individuellen Lage angemessener sey, als Independenz". Der Anschluß an eine Riesenmacht bringe Sicherheit gegen alle Kabalen einer der Sache der Menschheit feindlichen Partei und gegen alle Angriffe der Koalition: „Die Natur schuf den Rhein zur Gränze für Frankreich; wehe dem ohnmächtigen Sterblichen, der ihre Grenzsteine verrücken, und Koth und Steinhaufen ihren scharf gezogenen Umrissen vorziehen will." Auch „in merkantilischer Hinsicht" müsse die Gemeinschaft mit Frankreich Gefahren unterbinden und gute Aussichten schaffen. Wohl wird ein Einwand anerkannt: „Wahr ist's, nur schwer wird sich der deutsche Nationalcharakter mit dem fränkischen verschmelzen, während er in einem unabhängigen Staate sich selbst überlassen, schneller und fester, den Gang zur Cultur gehen würde, der ihm aufbehalten ist; allein größere Inconvenienzen compensiren diese Vortheile wieder." Ein neuer Staat sei immer wieder den Einflüssen und Drohungen der Fürstenpfaffen und ihrer Schranzen ausgesetzt, auch würde es weit schwerer sein, ihm eine passende Konstitution zu geben, als sich dem großen fränkischen Gebäude einzufügen und damit auch so manche religiösen und politischen Vorurteile wegzuräu-

[63] Ebenda IV, S. 234—246, Biro II, S. 902—904.

[64] Görres I, S. 8—10, 639/40, Hansen IV, S. 337—343.

men, „die Frankreich mit einem Hauch zernichtet". „Dies alles gegeneinander abgewogen, konnten wir keinen Augenblick Anstand nehmen, der Reunion vor der Unabhängigkeit den entschiedensten Vorzug zu geben." Aber dieser Weg schien damals angesichts der politischen Verhältnisse in Paris unzugänglich, und zugleich erklärte sich der General Hoche entschieden für die Independenz: „Wir nahmen keinen Anstand, seinen Absichten zu entsprechen, da Unabhängigkeit immer noch dem Rückfall in den alten Despotis'm bey weitem vorzuziehen war." So sei man zur Tat geschritten, und könne man nicht stolz auf Erfolge sein, zu denen nicht Eigennutz oder Ehrsucht, sondern reiner Patriotismus angetrieben habe? „In den Hauptstädten unsers Vaterlands weht die Fahne der Freyheit, die Magistrate derselben, und bey einigen auch die Regierungen, sind mit Patrioten von Muth und Energie besetzt, die, statt wie ihre raubsüchtigen Vorgänger sich in einen dichten Nebel einzuhüllen, ihre Geschäfte unter dem wachenden Auge ihrer Mitbürger abthun." Wie die Pressefreiheit hergestellt sei, so begännen Volksgesellschaften mit Erfolg, liberale Grundsätze zu verbreiten, „aber noch weit größer wären unsere Erfolge, schon wäre unsere Revolution geendigt und ein gesetzgebender Convent versammelt, wenn der 18. Fructidor, indem er die Realisierung dessen, was wir kaum zu hoffen gewagt hätten, möglich machte, nicht allen unseren Operationen eine andere Richtung gegeben hätte". Nun wurde Vereinigung der Gesichtspunkt, auf den man hinarbeitete, nachdem man das Volk empfänglich gemacht für die Grundsätze der Freiheit und die cisrhenanische Republik zu dem glücklichen Abschluß des Definitivfriedens durch die erschreckten Feinde beigetragen habe: „Wahrlich kein kleines Verdienst um die Menschheit! Nur", so schließt der Aufruf, „die Farbe haben wir geändert: aber unerschütterlich fest wird unser Bund zusammenhalten, ein wachender Schutzgeist für die Freyheit, fürchterlich allen Schurken und Aristokraten. Es lebe die Frankenrepublik!"

Noch fehlte die Zustimmung des Reichs zur Abtretung der linksrheinischen Lande, doch noch bevor der Reichsfriedenskongreß in Rastatt zusammentrat, teilte die französische Regierung das Gebiet in vier Departements nach französischem Muster, über die einstweilen anstatt der Mittelkommission in Bonn ein Regierungskommissar in dem um die Jahreswende 1797/98 von den Kaiserlichen ausgelieferten Mainz, zunächst der Elsässer Rudler, gesetzt wurde. Die Zentralverwaltungen, die er in den Departements einsetzte, bestanden zu einem großen Teil aus Franzosen, und von den Deutschen, die zu ihnen traten, konnte man nicht sagen, daß sie zu den führenden Cisrhenanen gehört hatten, doch diese wußten wenigstens in den Munizipalitäten ihre Macht zu behaupten, und immerhin wurde dann ein Mann wie Gerhards in eine Zentralverwaltung, zwar nicht des mit dem Mittelpunkt in Koblenz gebildeten Rhein- und Mosel-, sondern des benachbarten Saardepartements in Trier, berufen[65]. Die cisrhenanischen Bureaus hatten

[65] Hansen IV, S. 546—548.

nun keinen Sinn mehr, sie traten gewissermaßen ins Volk zurück, indem sie sich in patriotische Volksgesellschaften zur weiteren Aufklärung der Bewohner und zur Unterstützung der neuen Verwaltungsorgane umwandelten [66]. Gerade in Koblenz entwickelten sich freilich schon bei dieser Gelegenheit Gegensätze zwischen den einheimischen Republikanern und den französischen Beamten und Offizieren. Der Kommissar Delfosse erhob gegen Absichten und Statut der Volksgesellschaft Bedenken, die erst durch Rudler ausgeräumt wurden, so daß sie sich erst Ende Dezember konstituieren konnte. In ihr hat Görres, der vor allem nach dem Weggang von Gerhards immer mehr zum Wortführer der radikalen Revolutionsfreunde wurde, am 1. und 7. Januar 1798 seine Spottreden über das durch die Übergabe von Mainz offenbar gewordene Ende der Reichsintegrität und über Hinscheiden und Testament des tausendjährigen Reichs gehalten. Offenbar erfüllten ihn Triumph und Zuversicht. Aber unmittelbar danach sah er sich in einen Zwischenfall mit den Franzosen verwickelt, der durch beleidigendes Verhalten eines Offiziers gegenüber dem zu den ehemaligen Cisrhenanen gehörenden Präsidenten der Munizipalität, Schreiber, bei einem Ball entstanden war: Er wurde, als er entschieden gegen den Offizier auftrat, in Haft genommen, aus der ihn Delfosse erst auf Anweisung Rudlers entließ [67]. Immerhin mochte er noch überzeugt sein, daß, wie die allgemeine, so auch seine persönliche Lage sich nach seinen Wünschen entwickeln werde, als die Bestellung der Zentralverwaltung am 19. Februar Gelegenheit zu einem Fest mit Pflanzung eines Freiheitsbaums ähnlich wie fünf Monate zuvor bot [68]. Am gleichen Tag erschien das erste Heft einer von ihm begründeten Zeitschrift, des rothen Blattes, die bald weit größere Bedeutung gewinnen sollte als Metternichs Politische Unterhaltungen. Ihm waren die publizistische Betätigung und die politische Aufsichtsrolle wohl wichtiger als irgendein Amt in der Verwaltung. Zudem schienen sich aber auch andere Möglichkeiten zu bieten. In dem Bestreben, neben der für Bonn vorgesehenen Zentralschule auch für Koblenz eine höhere Schule zu gewinnen, beantragte die Munizipalität Anfang Juni 1798 bei Rudler die Errichtung einer École centrale supplémentaire, für die nach sechs ehemaligen Professoren des kurfürstlichen Gymnasiums als Lehrer für Experimentalphysik und Chemie Görres vorgeschlagen wurde, „dont les talents supérieures, le patriotisme et la morale aussi que son ouvrage intitulé: Idée d'une paix universelle, sont avantageusement connus“ [69]. In der Stadtbehörde besaß er gute Freunde, merkwürdigerweise hat aber auch die Zentralverwaltung, mit der er damals schon auf Grund von Angriffen und Enthüllungen in seinem rothen Blatt in scharfen Konflikt geraten war, bei der Weiterleitung der Denkschrift am 1. Juli ihrerseits Görres für einen Lehrstuhl für die Moral und für alles, was auf Gesetzgebung und Philo-

[66] Ebenda IV, S. 442/43, 470—475.
[67] Ebenda IV, S. 474/75.
[68] Ebenda IV, S. 568—571.
[69] Ebenda IV, S. 887/88.

sophie Bezug hat, vorgeschlagen und von sämtlichen Kandidaten gesagt, daß sie besonders durch ihre Gesinnung jede Aufmerksamkeit verdienten. Es hat freilich noch über ein Jahr gedauert, ehe das Schulprojekt ausgeführt wurde.

Mit den großen Überblicken über die politische Entwicklung, die im Frühjahr 1799 zum Bruch des Rastatter Kongresses und zum Wiederausbruch des Krieges führte, mit den heftigen Angriffen gegen die Anhänger des Alten auf der einen und gegen unfähige und korrupte französische Beamte auf der anderen Seite, also mit dem Inhalt von Görres' rothem Blatt, das er nach Auseinandersetzungen mit der französischen Zensur in Rübezahl umbenannte, um schließlich im Sommer 1799 sein Erscheinen einzustellen, wollen wir uns hier nicht beschäftigen: Hierfür ergibt sich aus den neuen Quellen nicht sehr viel Neues. Auch die dramatische Zuspitzung, die in Koblenz im Herbst 1799 zu Unruhen führte und an die sich dann Görres' Reise nach Paris anschloß, soll hier nur im Hinblick auf einen bisher kaum beachteten Fund berührt werden. Aus Anlaß einer von den Republikanern veranstalteten Feier eines von den Franzosen in der Schweiz erfochtenen Sieges war es am 2. Oktober zu Zusammenstößen zwischen ihnen und Koblenzer Bürgern gekommen, die ihrerseits bei dem in der Stadt stationierten General Leval Rückhalt fanden: Er verkündete am 11. Oktober die Suspendierung der ihm unsympathischen, meist aus ehemaligen Cisrhenanen bestehenden Munizipalität [70]. Um sich die Hilfe des derzeitigen Regierungskommissars für die vier Departements, Lakanal, zu sichern, entschlossen sich die Betroffenen, eine aus dem Munizipalitätspräsidenten Kretzer, Görres und zwei weiteren Gesinnungsgenossen, Linz und Vitzthum, bestehende Deputation nach Mainz zu schicken, die jedoch, als sie Koblenz gerade verlassen hatte, von Gendarmen ergriffen und ins Gefängnis geworfen wurde. Aus dieser Zeit der Haft, die erst bei Erscheinen des von anderer Seite unterrichteten Lakanal in Koblenz Anfang November ein Ende fand, hat sich ein aus dem Gefängnis herausgeschmuggeltes Billet von Görres Hand erhalten, im Grunde der erste Privatbrief, den wir überhaupt von ihm besitzen [71]. Er ist an den Citoyen Jean Claude Lassaulx gerichtet, einen Sohn des landständischen Syndikus, Vetter von Görres Freund Franz von Lassaulx und von dessen Schwester Katharina, die, wie sich nun zeigt, schon damals von Görres als seine Braut angesehen wurde. Denn im Grunde ist der in der Längsrichtung fünfmal gefaltete und in der Mitte zusammengelegte Zettel für sie bestimmt. „Was macht K“, lautet der erste Satz, und am Schluß bittet er, sie zu grüßen: „Eine accolade fraternelle, mehr will ich *Dir* nicht auf-

[70] Vgl. M. Braubach, Die Unruhen in Koblenz im Oktober 1799, Rheinische Heimatblätter V, 1928, S. 122—126, Hansen IV, S. 1203—1210.

[71] H. Schiffers, Görresfunde in Bischof Laurents Nachlaß, Hochland 26, 2, 1929, S. 85—88. Vgl. Hermanns S. 466, Anm. 3.

tragen [72], sag ihr, daß sie hier mit mir eingesperrt, und immer und immer um mich wäre. Schreib mir ja recht viel von ihr.“ Im übrigen entwirft er ein anschauliches Bild von den mannigfachen Mißhelligkeiten, die sich aus einer Gemeinschaftshaft ergaben: „Es ist peinlich, so getrennt zu seyn von allem, was man lieb hat, und nichts um sich her als die Wände eines Kerkers, die man dann nach Herzenslust mit bunten Bildern, oder Gespenstern der Einbildungskraft bemahlen kann. Die Tage bringen wir mit Fluchen, Pesten, Poltern, Raufen und mitunter Lachen hin, die Nächte hält uns ein Narr unter uns hübsch wach, nur mit Mühe habe ich ihn zum Stillschweigen geflucht. Ich habe übrigens die schönste Gelegenheit, mich zu einem beschaulichen Leben und zur Abgewogenheit zu gewöhnen, ich glaube, wenn ich das Gefängnis verlasse, wird man mich nicht kennen, so philosophisch werd ich bis auf Bart und Mantel herab aussehen.“ Noch haben ihn wohl auch diese Erlebnisse in den Idealen, für die er bisher gefochten hatte, nicht erschüttert. Bald nach der Befreiung finden wir ihn ja auf dem Wege nach Paris, um dort nochmals für die endgültige Vereinigung der rheinischen Departements mit Frankreich, für die Beendigung des Provisoriums, in dem er und seine Freunde die Ursachen für so manche Fehler und Mängel sahen, zu wirken. Hier nun freilich, wo gerade der einst so bewunderte Bonaparte daranging, eine neue Despotie aufzurichten, stürzten alle seine Luftschlösser zusammen. Schon am 16. Dezember 1799 erklärte er es den Koblenzer Republikanern als seinen festen Entschluß, in der Sache der Vereinigung keinen Schritt mehr zu tun, bat er, ihn so schnell wie möglich abzuberufen [73]. Und die Resultate seiner Sendung nach Paris, die er nach seiner Rückkehr zu Papier brachte und veröffentlichte, machten dann die auf einem Wechsel von Gefühl und Erkenntnissen beruhende volle Resignation deutlich, mit der er seine politische Tätigkeit für lange Zeit beendigte, um zunächst den Posten eines Lehrers der Naturlehre wahrzunehmen, der ihm merkwürdigerweise gerade in den Tagen übertragen worden war, in denen er die Reise nach Frankreich angetreten hatte [74].

Zum Schluß sei doch auch hier auf die schon mehrfach behandelte Frage eingegangen, welche Motive Görres als „Cisrhenanen“ geleitet haben [75]. Als ihm, der anderthalb Jahrzehnte später nach dem Sturz Napoleons in seinem Rheinischen Merkur zum leidenschaftlichen Vorkämpfer der nationalen deutschen Sache gerade gegenüber Frankreich geworden war, der ihm an sich wohlgesinnte Freiherr vom Stein Vorwürfe wegen seiner früheren

[72] Offenbar hatte auch Jean Claude zu den Verehrern seiner Cousine gehört. Vgl. über ihn L. Just, Franz von Lassaulx, Ein Stück rheinischer Lebens- und Bildungsgeschichte im Zeitalter der großen Revolution und Napoleons, 1926, S. 190, 259.

[73] Auszug des Briefes wiedergegeben bei Görres I, S. 627/28.

[74] Hansen IV, 1201.

[75] Die ältere Literatur, in der man meist bei Görres deutsche Motive annahm, zusammengestellt bei J. Droz, La pensée politique et morale des Cisrhénans, Thèse Paris 1940, S. 17, Anm. 7. Entgegengesetzte Meinungen bei Hansen IV, S. 342/43,

Haltung machte, hat er sich in einem Schreiben an den Reichsfreiherrn vom 4. August 1814 zu rechtfertigen gesucht[76]. Er behauptete da, daß, als die Präliminarien das linke Rheinufer noch nicht dem Worte nach, aber in der Tat aufgaben, ihm die Idee aufgestiegen sei, die Vereinigung mit Frankreich dadurch zu verhindern, daß diese Länder sich unabhängig erklärten: „Meine Gedanken waren, in Gemeinschaft mit Belgien womöglich das Elsaß mit in den Bund zu ziehen, dadurch die Schweiz mit Holland zu verknüpfen und so einen Zwischenstaat an der Grenze Frankreichs und Deutschlands zu bilden, der sich, wenn es in letzterem Lande zu etwas gekommen wäre, leicht wieder anschließen konnte." Für den Plan, so erklärte er weiter, sei Hoche, „der verständigste und billigste aller französischen Generale und der ritterlichste", gewonnen gewesen: „Die Sache war so weit gediehen, daß binnen vier Wochen eine Repräsentation sich in Aachen versammelt hätte, als Hoche in Wetzlar starb", worauf das Direktorium den General Augereau sandte, der alles früher Geschehene für null und nichtig erklärte[77]. Das sei die Geschichte seines Jakobinismus, er habe sich über nichts zu schämen, dabei falle ihm nicht ein, „als Klugheit zu geben, was leicht verzeihlicher, sehr wohlgemeinter Irrtum der Jugend war". Was Görres hier über seine Jugendpläne behauptete, ist später von Jakob Venedey, dem Sohn jenes Andernacher „Cisrhenanen" Michel Venedey, unter Berufung auf Aufzeichnungen seines Vaters bestätigt worden, indem er als dessen und seiner Freunde Ziele im Jahr 1797 zitierte: „Die Franzosen haben alle Grundsätze in den Koth getreten; als Deutsche müssen wir zeigen, daß sie ausführbar sind; also wollen wir uns nicht für die Vereinigung mit Frankreich, sondern für die Independenz erklären. Wir wollen die République cisrhénane" [78]. Als dann, so heißt es in den Mitteilungen des jüngeren Venedey weiter, Rudler die cisrhenanische durch die französische Fahne ersetzen ließ, machten die Cisrhenanen „bonne mine au mauvais jeu und erklärten sich gezwungen für die Vereinigung, denn es war nahe daran, daß man sie als Conspirateurs gegen die Republik behandelt hätte" [79]. Gerade Görres, so wird da als Äußerung Michel Venedeys überliefert, „gehörte zu denjenigen, welche enthusiastisch

---

DROZ, a.a.O. S. 15—19, 22/23, J. DROZ, L'Allemagne et la Révolution Française, 1949, S. 243—247, BIRO II, S. 904/05, und, wenn auch mit gewissen Einschränkungen, HERMANNS S. 475, 480/81.

[76] Siehe den Abdruck des Briefes in FREIHERR VOM STEIN, Briefe und Amtliche Schriften V, neu bearb. v. M. BOTZENHART, 1964, S. 96/97.

[77] Nach Görres Behauptung habe Augereau durch Lehne, einen der Mainzer Republikaner (irrtümlich steht in dem Druck des Briefes Mehne), den Antrag gemacht, wenn man ihm 2 Millionen gäbe, das Direktorium zur Anerkennung der Unabhängigkeit zu bringen.

[78] J. VENEDEY, Die deutschen Republikaner unter der französischen Republik, 1870, S. 261.

[79] Ebenda S. 304.

für die Independenz und gegen die Reunion eingenommen waren, und welche die Vernichtung jener ‚Chimäre' nicht verschmerzen konnten" [80]. Nun ergibt sich freilich, daß in dem Nachlaß des Vaters sich keine aus der Zeit der Cisrhenanenbewegung selbst stammende Niederschrift befindet, wie sie hier der Sohn ihm zuweist. Und ebenso hat die Version, die Görres für sein Verhalten Stein gegenüber entwickelte, keine Grundlage in den Quellen. Stellen wir seine Forderungen für das politische Schicksal seiner Heimat, wie sie uns in unserer Untersuchung begegneten, einmal in chronologischer Reihenfolge zusammen: Satire von 1795 — der Rhein, Frankreichs Grenze; Frühjahr 1797 „Der allgemeine Friede, ein Ideal" — der Rhein, die Düne der Republik; Brief an Dautzenberg, 2. Juni 1797 — für die Acquisition des Rheinufers durch Frankreich; Brief an Dautzenberg, 8. Juni — Vereinigung oder wenigstens Independenz; Adresse Anfang Juni — Selbständigkeit unter der französischen oder einer ähnlichen Konstitution, die Rheinländer der Brüderschaft mit den Franzosen würdiger als die Belgier, Bande des Blutes, als Ersatz wenigstens Freiheit, eine Tochterrepublik, die stets für die geliebte Mutter kämpfen werde; August 1797 Deputation bei Hoche — Vereinigung oder neue Republik; Proklamation 5. September — Cisrhenanische Republik; Mitte November 1797 Aufruf — Vorteile der Reunion größer, Rhein natürliche Grenze für Frankreich, entschiedener Vorzug der Reunion vor Independenz, nur durch Verhältnisse genötigt Eintreten für diese, da sie immer noch besser als Rückfall in Despotismus, nun dagegen Realisierung dessen, „was wir kaum zu hoffen gewagt hätten". Es kann danach kein Zweifel sein, daß es sich bei dem Cisrhenanismus des jungen Görres nicht um eine eigene Konzeption zwecks Sicherung des Deutschtums gehandelt hat, sondern eher um eine Notlösung für den Fall, daß die Vereinigung nicht zu erreichen war, daß nationale Motive und Bedenken in jener Zeit überhaupt keine Rolle spielten, sondern es ihm nur darauf ankam, sich und seinen Landsleuten die politischen, sozialen und moralischen Errungenschaften der Revolution zu sichern und zugleich gerade durch die innige Verbindung mit deren Initiatoren und Trägern, durch die dadurch ermöglichte Zusammenführung von französischem Freiheitswillen und deutscher Philosophie, dem, was er als den größten Fortschritt in der Menschheitsgeschichte ansah, größere Festigkeit und eine tiefere und weitere Auswirkung zu geben.

---

[80] Ebenda S. 308.

Rheinbund und Norddeutscher Reichsbund

Eine Episode der deutschen Verfassungsgeschichte des 19. Jahrhunderts?

Hermann Conrad

1. Die Fragestellung

Am Anfang der deutschen Verfassungsgeschichte des 19. Jahrhunderts stehen zwei Verfassungsprojekte, von denen eines zwar in die Verfassungswirklichkeit übertragen worden ist, jedoch nicht zu eigentlichem Leben erweckt werden konnte, indes das andere im Entwurf stecken blieb. *Der Rheinbund* (Confédération du Rhin) wurde von Napoleon geschaffen. Die von zahlreichen deutschen Reichsständen unterzeichnete Rheinbundakte vom 12. Juli 1806 bildete die Rechtsgrundlage des Rheinbundes bis zu seinem Untergange im Jahre 1813. Das in der Rheinbundakte Art. XI vorgesehene Grundstatut, das die eigentliche Verfassung des Bundes bilden sollte, ist jedoch niemals erlassen worden. So blieb die Rheinbundverfassung unvollendet.

Der preußische Plan, die norddeutschen Staaten in einem Bund *(Norddeutscher Reichsbund)* zusammenzufassen, der zugleich Ersatz für das Reich, aber auch Gegenwirkung zum Rheinbund sein sollte, wurde in der Zeit vom Juli 1806 bis zum Beginn des preußisch-französischen Krieges im Oktober 1806 erörtert, kam aber nicht über das Stadium der Vorbereitung hinaus. Auch hier blieb eine verfassungsrechtliche Neuordnung, die sich aus dem Untergang des alten Reiches ergab, unvollendet.

Die Kurzlebigkeit der Projekte und deren fragmentarischer Charakter sagen noch nichts über die Ausstrahlung auf die weitere Entwicklung aus. Der preußische Plan eines Norddeutschen Reichsbundes wurde mit dem Untergang des friderizianischen Staates begraben (1806/07). Der Rheinbund fand ein unrühmliches Ende mit dem Sturze Napoleons (1813.) Doch beide Verfassungsprojekte bildeten eine Brücke von der Verfassung des alten Reiches zur deutschen Verfassungsentwicklung auf dem Wiener Kongreß. In diesem Sinne waren sie mehr als nur eine Episode der deutschen Verfassungsgeschichte des 19. Jahrhunderts.

2. Die Gründung des Rheinbundes und das Ende des alten Reiches

Am 2. Dezember 1805 errang Napoleon während des dritten Koalitionskrieges in der sog. Dreikaiserschlacht von Austerlitz einen entscheidenden Sieg über die verbündeten Österreicher und Russen. Preußen, durch Übergriffe Napoleons auf preußisches Gebiet (Ansbach) an die Seite Rußlands gedrängt und bereit, seine bisher wohlgehütete Neutralität aufzugeben, um an der Seite der Verbündeten in den Krieg gegen Frankreich einzutreten, sah sich vor eine völlig neue Lage gestellt. Schon am 15. Dezember 1805 unterzeichnete der preußische Kabinettsminister von Haugwitz den Vertrag von Schönbrunn, durch den Preußen zum abhängigen Verbündeten Frankreichs wurde, das ihm gegen Verzicht auf Ansbach und andere Gebiete Hannover zusicherte. Österreich, von Preußen und Rußland im Stiche gelassen, sah sich gezwungen, den Frieden mit Napoleon zu suchen. Am 26. Dezember 1805 wurde zu Preßburg der Frieden zwischen Österreich und Frankreich geschlossen [1].

Neben erheblichen Gebietsverlusten Österreichs brachte dieser Friedensvertrag weitere Veränderungen der Reichsverfassung, die der Kaiser ohne Zustimmung des Reichstages gar nicht rechtsverbindlich zusagen konnte, die sich auch schon bald verhängnisvoll für das Reich auswirken sollten. Der Vertrag von Preßburg zwang den Kaiser, die den Kurfürsten von Bayern und Württemberg zuerkannte Königswürde anzuerkennen (Art. VII) und verlieh darüber hinaus Bayern, Württemberg und Baden die Souveränität (Art. XIV: la plénitude de la souveraineté) sowie alle sich daraus ergebenden Rechte, „ainsi et de la même manière qu'en jouissent l'empereur d'Allemagne et d'Autriche et S. M. le roi de Prusse sur leurs Etats allemands". Dieser Vergleich sollte die den Reichsständen Bayern, Württemberg und Baden verliehene Souveränität mit der Reichsverfassung vereinbar erscheinen lassen, zumal das Friedensinstrument zugleich hervorhob, daß die neuen mit Souveränität ausgestatteten Staaten nicht aus dem Reichsverbande ausscheiden sollten. Zwar wurde dies in Art. VII mit den Worten „sans néanmoins appartenir à la Confédération germanique" nur für die zu Königreichen erhobenen Staaten Bayern und Württemberg ausgesprochen, mußte aber dem Sinne nach auch für das nunmehr souveräne Baden gelten [2].

[1] Hierzu jetzt: Max Braubach, Von der Französischen Revolution bis zum Wiener Kongreß, in: Gebhardt-Grundmann, Handb. d. Dt. Geschichte, Band 3, Stuttgart 1960 (3. Nachdruck 1965), S. 39 ff.; Kurt von Raumer, Deutschland um 1800. Krise und Neugestaltung 1789—1815, in: Handb. d. Dt. Geschichte, hrsg. von Leo Just, Band III, Abschn. 1, 2. Teil, S. 144 ff.; Rudolfine Freiin von Oer, Der Friede von Preßburg. Ein Beitrag zur Diplomatiegeschichte des napoleonischen Zeitalters (Neue Münstersche Beiträge z. Geschichtsforschung 8), Münster/Westf. 1965.

[2] *Text des Friedensvertrages* in: Corpus Juris Confoederationis Germanicae oder Staatsakten für Geschichte und öffentliches Recht des Deutschen Bundes, hrsg.

Die Schlußklausel des Art. XIV, die den Kaiser verpflichtete, „à ne mettre aucun obstacle à l'exécution des actes qu'ils auraient faits ou pourront faire en conséquence", ließ erkennen, daß weitere Ziele mit der Souveränität der drei Staaten erstrebt wurden. Dies trat auch bald deutlich zutage. Das für die Wiener Hofburg angefertigte Gutachten des kaiserlichen Konkommissars beim Reichstage in Regensburg, Frhrn. ALOIS VON HÜGEL, zur Frage der Niederlegung der deutschen Kaiserkrone vom 17. Mai 1806 sah in der Zuerkennung der Souveränitätsrechte an Bayern, Württemberg und Baden keine Unvereinbarkeit mit der Reichsverfassung: „Mögen immer drei deutsche Kurfürstentümer gleiche Souveränitätsrechte wie Österreich und Preußen genießen — mag von den noch übriggebliebenen sechs Reichsstädten eine derselben aufgeopfert und einem Landesherrn unterworfen werden: so bliebe es gleichwohl an und für sich möglich, daß die Verfassung des Reichs in den übrigen Teilen erhalten würde, wenn dazu bei den Reichsständen selbst aufrichtiger Wille vorhanden wäre und wenn die nämliche Macht, welche die vorbemerkten Veränderungen diktiert hat, von fernerer Einmischung und Zerstörung der Verfassung abstehen wollte" [3].

Für das Vorhandensein eines solchen Willens zur Aufrechterhaltung der Reichsverfassung sah jedoch HÜGEL keine Anzeichen. Im Gegenteil: „Die drei neuen Souveräns von Bayern, Württemberg und Baden haben aber den das Deutsche Reich betreffenden Verfügungen des Preßburger Friedens eine solche Auslegung und Ausdehnung gegeben, und sie werden darin von Frankreich so nachdrücklich unterstützt, daß mit einer solchen Auslegung des Friedens, mit einem solchen Vollzug die fernere Erhaltung der Verfassung nicht vereinbarlich ist" [4].

Am 12. Juli 1806 erfolgte dann der entscheidende Schritt zur Auflösung der Reichsverfassung. Sechzehn deutsche Staaten schlossen sich unter Führung der Könige von Bayern und Württemberg sowie des Kur-Erzkanzlers KARL THEODOR VON DALBERG (1744—1817) zum Rheinbund zusammen, der sich der Schutzherrschaft Napoleons unterstellte. Dieser nahm den Titel eines „Protecteur de la Confédération du Rhin" an (Art. XII). Die Rheinbundakte sah eine Lostrennung der im Rheinbund zusammengeschlossenen Staaten vom Reiche vor (Art. I: Les états ... seront séparés à perpétuité du territoire de l'Empire Germanique et unis entr'eux par une confédération particulière sous le nom d'Etats confédérés du Rhin). Folgerichtig verlieh die Rheinbundakte den Rheinbundstaaten die Rechte der

von PHILIPP ANTON GUIDO VON MEYER und HEINRICH ZOEPFL, 1. Theil: Staatsverträge, Frankfurt/Main 1858 [3], S. 65; Napoleonische Friedensverträge (Quellen z. Neueren Geschichte 5), Bern 1946, S. 34.

[3] KURT VON RAUMER, Hügels Gutachten zur Frage der Niederlegung der deutschen Kaiserkrone (17. Mai 1806), Zeitschrift f. Bayerische Landesgeschichte 27, 1964, S. 400.

[4] v. RAUMER, a.a.O., S. 400.

Souveränität (Art. IV Abs. 2: la plénitude de la souveraineté dont chacun des confédérés doit jouir) [5].

Es konnte staatsrechtlich kaum einem Zweifel unterliegen, daß sich das Recht der Souveränität deutscher Staaten mit der Reichsverfassung nicht in Einklang bringen ließ, wenn auch das Gutachten HÜGELS einen anderen Standpunkt vertrat. Das wichtigste Grundgesetz des deutschen Reiches in der Neuzeit, der Westfälische Frieden von 1648, hatte den deutschen Territorialstaaten nur das „,,jus territorii et superioritatis" zuerkannt, nicht aber die Souveränität, wie es Frankreich bei den Friedensverhandlungen erstrebt hatte [6]. Nunmehr vollendete Frankreich im Preßburger Frieden und in der Rheinbundakte, was im Westfälischen Frieden nicht erreicht werden konnte. Wenn das Preßburger Friedensinstrument die den Staaten Bayern, Württemberg und Baden verliehene Souveränität mit der Rechtsstellung des österreichischen und preußischen Herrschers verglich, um so die Souveränität deutscher Staaten mit der Reichsverfassung vereinbar erscheinen zu lassen, so war dieser Vergleich verfehlt; denn Souveräne waren beide Herrscher nur in ihren nicht zum Reiche gehörenden Ländern. Das Patent vom 11. August 1804, mit dem Kaiser Franz II. den Titel eines Kaisers von Österreich annahm, sprach zwar von den „Souveränen Österreichs" schlechthin. Auch die Annahme des Kaisertitels durch den Herrscher Österreichs schien den Anspruch auf die Souveränität zu beinhalten [7]. Gleichwohl erklärte das Patent, daß die österreichischen Erbstaaten, „welche bisher mit dem Römisch-Deutschen Reich in unmittelbarem Verbande ge-

---

[5] *Text der Rheinbundakte vom 12. Juli 1806* in: MEYER-ZOEPFL, Corpus Juris Confoederationis Germanicae I, S. 79; Quellensammlung zur Geschichte der Deutschen Reichsverfassung in Mittelalter und Neuzeit, bearb. von KARL ZEUMER, Tübingen 1913 [2], S. 532; Das Ende des Alten Reiches (Quellen z. Neueren Geschichte 10), Bern 1962 [2], S. 68; ERNST RUDOLF HUBER, Dokumente z. deutschen Verfassunggeschichte, Band I: Deutsche Verfassungsdokumente 1803—1850, Stuttgart 1961, S. 26. Französisch und deutsch in: Die Rheinische Konföderations-Akte oder der am 12. Julius 1806 zu Paris abgeschlossene Vertrag, hrsg. und mit einigen Bemerkungen begleitet von P. A. WINKOPP, Frankfurt am Mayn 1808, S. 38 ff.

[6] *Instrumentum pacis Osnabrugense* von 1648 art. V § 30: ius territorii et superioritatis. ZEUMER, Quellensammlung, S. 409; Instrumenta Pacis Westfalicae. Die Westfälischen Friedensverträge 1648 (Quellen z. Neueren Geschichte 12/13), Bern 1948, S. 123. Der französische Text sprach von den „droits de Souveraineté", FRITZ DICKMANN, Der Westfälische Friede und die Reichsverfassung, in: Forschungen und Studien zur Geschichte des Westfälischen Friedens (Schriftenreihe der Vereinigung zur Erforschung der Neueren Geschichte e.V. 1), Münster 1965, S. 25 und Anm. 31, der darin nur die Bezeichnung der „Landeshoheit" sehen will, für die man eben kein anderes Wort hatte. Zum Begriff der Landeshoheit siehe jetzt HERMANN CONRAD, Deutsche Rechtsgeschichte, 2. Band: Neuzeit bis 1806, Karlsruhe 1966, S. 231 ff.

[7] Corpus Juris Germanici tam publici quam privati academicum, bearb. von GUSTAV EMMINGHAUS, 1. Th., Jena 1844 [2], S. 622. Zum Kaisertitel: H. CONRAD, Deutsche Rechtsgeschichte, 2. Bd., S. 62.

standen sind", auch in Zukunft „die nämlichen Verhältnisse mit demselben in Gemäßheit der von Unseren Vorfahren im Römisch-Deutschen Kaiserthum Unserem Erzhause ertheilten Privilegien beibehalten sollen". Auch die unter einem österreichischen Erbkaiser stehenden deutschen Erbländer sollten im Reichsverbande verbleiben [8].

Hatte mithin der Friedensvertrag von Preßburg noch zu verdecken versucht, daß die Souveränität deutscher Staaten mit der Reichsverfassung nicht vereinbar war, so ließ nach der Gründung des Rheinbundes Napoleon die Karten seines Spieles aufdecken. Die von dem französischen Geschäftsträger beim Reichstag in Regensburg, Bacher, am 1. August 1806 in Regensburg überreichte Note, in der Napoleon erklärte, die Reichsverfassung nicht mehr anerkennen zu können, drückte deutlich aus, daß der Friedensvertrag von Preßburg den Sprengstoff für die Reichsverfassung in sich barg, als er die nunmehr mit der Souveränität ausgestatteten Staaten Bayern, Württemberg und Baden als weiter zum Reiche gehörig erklärte. Die Note betonte, daß die Souveränität der deutschen Staaten ein Vorrecht sei, „qui ne peut s'accorder ni avec la lettre ni avec l'esprit de la constitution de l'Empire" [9]. In Bayern war man schon vor Unterzeichnung der Rheinbundakte derselben Meinung [10].

Die Erklärung der Rheinbundstaaten, aus dem Reichsverbande auszuscheiden, war nur eine notwendige Folgerung aus der Entwicklung seit dem Preßburger Frieden. Trotzdem war dieser Schritt ein Bruch der Reichsverfassung, weil kein Reichsstand sich aus dem Reichsverband lösen und einseitig seiner sich aus der Reichszugehörigkeit ergebenden Pflichten entledigen konnte. Diesen Rechtsbruch suchte die ebenfalls am 1. August 1806 dem Reichstag zu Regensburg zugeleitete Note der Rheinbundstaaten mit der Erklärung zu verschleiern, das Reich habe infolge Unmöglichkeit der Erfüllung seiner Schutzpflichten gegenüber seinen Gliedern bereits aufgehört zu bestehen [11].

[8] *Patent Franz' II. vom 11. August 1804* in: Emminghaus, Corpus Juris Germanici, S. 623.

[9] *Text der Note vom 1. August 1806* in: Meyer-Zoepfl, Corpus Juris Confoederationis Germanicae I, S. 68; Zeumer, Quellensammlung, S. 536; Das Ende des Alten Reiches, S. 82; E. R. Huber, Dokumente z. deutschen Verfassungsgeschichte I, S. 34. Deutsch in: Winkopp, Rheinische Konföderations-Akte, S. 26 ff.

[10] M. Doeberl, Rheinbundverfassung und bayerische Konstitution, Sitzungsberichte d. Bayerischen Akademie der Wissenschaften, Phil.-Hist. Klasse 1924, München 1924, S. 6. Nach bayerischer Auffassung stand dem alten Reiche die Souveränität zu: „Dans le ci-devant Empire d'Allemagne la souveraineté residoit dans l'intégrité du Corps Germanique, composé de la réunion du chef et des membres." (Verfassungsentwurf des Ministers Montgelas für den Rheinbund, 1807/08, bei Doeberl, a.a.O., S. 81).

[11] *Text der Erklärung* in: Meyer-Zoepfl, Corpus Juris Confoederationis Germanicae I, S. 70; Zeumer, Quellensammlung, S. 537; Das Ende des Alten Reiches, S. 84; E. R. Huber, Dokumente z. dt. Verfassungsgeschichte I, S. 32; Winkopp, Rheinische Konföderations-Akte, S. 34 ff.

Der Kaiser selbst begründete die Niederlegung der Reichskrone mit der Errichtung des Rheinbundes. Dadurch sei es ihm unmöglich geworden, „die durch den Wahlvertrag eingegangenen Verpflichtungen ferner zu erfüllen". Er erklärte, daß er angesichts der Überzeugung von der gänzlichen Unmöglichkeit, die Pflichten des kaiserlichen Amtes länger zu erfüllen, es seinen Grundsätzen und seiner Würde schuldig sei, „auf eine Krone zu verzichten, welche nur so lange Wert in Unseren Augen haben konnte, als Wir von Kurfürsten, Fürsten und Ständen und übrigen Angehörigen des Deutschen Reiches Uns bezeigten Zutrauen zu entsprechen und den übernommenen Obliegenheiten ein Genüge zu leisten im Stande waren". Er betrachtete „das reichsoberhauptliche Amt und Würde durch die Vereinigung der konföderierten rheinischen Stände als erloschen" und sich selbst dadurch „von allen übernommenen Pflichten gegen das Deutsche Reich losgezählt". Er entband alle Reichsstände und Reichsangehörigen, besonders die Mitglieder der höchsten Reichsgerichte und die übrige Reichsdienerschaft, von ihren Pflichten gegen Kaiser und Reich und löste das verfassungsrechtliche Band zwischen dem Reiche und seinen Erbländern, für die er nunmehr die Souveränität in Anspruch nahm [12].

Diese Erklärung über die Niederlegung der deutschen Kaiserkrone vom 6. August 1806 war staatsrechtlich nicht haltbar; denn die vom Kaiser in der Wahlkapitulation eidlich übernommenen Pflichten gegenüber dem Reiche konnten nicht durch einen Verfassungsbruch einzelner Reichsglieder aufgehoben werden. Unrichtig war auch die Auffassung, daß das kaiserliche Amt auf einem Wahlvertrage beruhte, von dem sich der Kaiser im Falle der Unerreichbarkeit der Zwecke lossagen konnte. Zu einer solchen Auffassung konnten die Vereinbarung einer Wahlkapitulation zwischen dem Kaiser und den Kurfürsten sowie die naturrechtliche Lehre von der Entstehung des Staates durch einen Vertrag der Bürger verbunden mit der Übertragung der Staatsgewalt auf den Herrscher verleiten. In Wahrheit war das kaiserliche Amt eine Einrichtung der Verfassung des alten Reiches. Die Wahl bestimmte nur den Inhaber des Amtes, der durch die Wahlkapitulation verfassungsrechtlich gebunden wurde. Die Übertragung der kaiserlichen Würde auf den Gewählten war ein staatsrechtlicher Akt, aus der sich eine verfassungsrechtliche Bindung des Kaisers ergab, die nicht schlechthin auflösbar war [13].

---

[12] *Text der Erklärung Franz' II. vom 6. August 1806* in: Meyer-Zoepfl, Corpus Juris Confoederationis Germanicae I, S. 71; Zeumer, Quellensammlung, S. 538; Das Ende des Alten Reiches, S. 89; E. R. Huber, Dokumente z. deutschen Verfassungsgeschichte I, S. 35. Das Hofdekret Franz' I. (II.) vom 21. August 1806 betonte die oberste Lehnherrlichkeit und Souveränität des österreichischen Kaisers in seinen Ländern.

[13] Nach Wilhelm Joseph Behr, Systematische Darstellung des Rheinischen Bundes aus dem Standpunkt des öffentlichen Rechts, Frankfurt am Main 1808, S. 14, fand das Deutsche Reich durch eine stillschweigende Willensäußerung des

Der Kaiser konnte daher zwar auf sein kaiserliches Amt verzichten, wie es Karl V. getan hatte, niemals aber die Reichskrone in der Weise niederlegen, daß dadurch der Reichsverband erlosch. Daher zog das Gutachten des Frhrn. von Hügel den Verzicht Karls V. auf die Kaiserkrone zu Unrecht zum Vergleich heran [14]. Die Niederlegung der Reichskrone durch Kaiser Franz II. stellte sich als ein Bruch der Reichsverfassung dar, der unter der Drohung Napoleons erfolgte, der dem Reiche den Todesstoß versetzen wollte. Von den beiden Möglichkeiten, auf die Reichskrone nur persönlich zu verzichten oder mit der Niederlegung auch das Reich zur Auflösung zu bringen, wählte Franz II. die letztere, weil dadurch die Gefahr ausgeschlossen wurde, daß ein Interregnum mit einer Vikariatsregierung eintrat, die Napoleon für seine Zwecke ausnutzen konnte, um sich schließlich selbst die römische Kaiserkrone zuzuwenden [15].

3. Die verfassungsrechtliche und politische Bedeutung des Rheinbundes

Die Gründung des Rheinbundes war für Napoleon das Mittel, um das Reich zu stürzen und an seine Stelle eine von Frankreich abhängige Konföderation der deutschen Staaten zu setzen. Das Ziel Napoleons, den Rheinbund zu einem politischen Machtinstrument Frankreichs zu machen, ist nicht in vollem Umfange erreicht worden. Im Jahre 1808 gehörten dem Rheinbunde 39 deutsche Staaten an, unter diesen vier Königreiche, deren Kronen von Napoleon selbst verliehen worden waren: Bayern, Württemberg, Sachsen und Westphalen. Das letztere bildete mit dem Großherzogtum Berg und dem Großherzogtum Frankfurt (1810) die klassische Trias der

Volkes sein Ende: „Jedoch nicht durch jenen Austritt einzelner Reichsstände, — denn das Bestehen der Reichsverfassung hieng gar nicht von einer bestimmten Anzahl seiner Stände ab, — auch nicht durch jene Resignation der auf einer Wahl beruhenden Kaiserwürde, — denn damit zessirte der Kaiser in concreto, nicht aber die Reichsoberhauptliche Würde selbst, als welche nöthigenfalls durch eine neue Wahl in concreto wieder realisiert werden konnte; — sondern erst durch das Nichthandeln des deutschen Volkes bey und nach diesen Vorgängen, welches zwar als absolute Ruhe und Passivität kaum eine stillschweigende Einwilligung auszudrükken fähig war, aber doch faktisch dafür genommen werden mußte, erst dadurch, daß das deutsche Volk die nach dem Begriffe eines Staats zu dessen Bestehen wesentliche Staatsgewalt nicht wieder herstellen wollte und konnte, hörte das deutsche Reich, von einzelnen seiner aktiven Glieder ausdrücklich, von andern stillschweigend verlassen, von seinem Oberhaupte derelinquirt und von seiner eigenen Nation verläugnet zu seyn auf." Ernst Rudolf Huber, Deutsche Verfassungsgeschichte seit 1789, Band I: Reform und Restauration 1789 bis 1830, S. 72/73, sieht in dem Erlöschen des Willens der Nation zum Reich den staatsrechtlichen Grund für den Untergang des Deutschen Reiches.

[14] v. Raumer, a.a.O., S. 405. Zur Verzichtserklärung Karls V. jetzt H. Conrad, Deutsche Rechtsgeschichte, 2. Bd., S. 19, 69.

[15] Hierzu das Gutachten v. Hügels bei v. Raumer, a.a.O., S. 403. Zum Schrifttum siehe H. Conrad, Deutsche Rechtsgeschichte, 2. Bd., S. 63 ff.; auch K. v. Raumer, a.a.O., S. 390 ff.

Rheinbundstaaten, die nicht nur im Vorfeld der durch den Friedensvertrag von Lunéville im Jahre 1801 erreichten Rheinlinie lagen, sondern auch durch einen Machtspruch Napoleons geschaffen worden waren und mithin in der Gestaltung ihrer Verfassung für andere Rheinbundstaaten vorbildlich werden sollten [16].

Die Verfassung des Rheinbundes war in der Rheinbundakte vom 12. Juli 1806 niedergelegt. Diese sah eine Bundesversammlung vor, die in Frankfurt zusammentreten sollte (Art. IX). Der Vorsitz in dieser Versammlung fiel dem Kur-Erzkanzler von Dalberg, der den Titel eines Fürst-Primas annahm (Art. IV), zu (Art. X). Beim Tode des Fürst-Primas sollte der Kaiser von Frankreich als Protektor des Rheinbundes einen Nachfolger bestimmen (Art. XII). Die Bundesversammlung setzte sich aus zwei Kollegien zusammen: dem der Könige, zu dem auch die Großherzöge gehörten (vgl. Art. V), unter dem Vorsitz des Fürst-Primas, und dem der Fürsten unter dem Vorsitz des Herzogs von Nassau (Artt. IX/X). Alle Streitigkeiten unter den Bundesstaaten gehörten vor die Bundesversammlung (Art. IX: Diète de Francfort), die nach den Worten Napoleons „le tribunal politique conservateur de la paix entre les différents Souverains qui composent la Confédération“ bilden sollte [17]. Im übrigen behielt die Rheinbundakte die Errichtung eines Grundstatuts (statut fondamental) vor, das vom Fürst-Primas vorgeschlagen und von den übrigen Bundesgliedern angenommen werden sollte (Art. XI).

Die Rheinbundakte enthielt mithin nur die Grundzüge der Verfassung des Rheinbundes, deren Ausgestaltung dem Grundstatut vorbehalten blieb. Doch ist das Grundstatut nicht erlassen worden, wie auch die Bundesversammlung nicht zusammengetreten ist. Die Vorlage eines Entwurfes des Grundstatuts, zu der der Fürst-Primas nach der Rheinbundakte binnen eines Monates nach der Notifikation der Rheinbundakte beim Reichstage in Regensburg verpflichtet war (Art. XI), und die Einberufung der Bundesversammlung durch den Fürst-Primas im September 1806 hatten keinen Erfolg. Ebensowenig brachten die Ansätze Napoleons, die Rheinbundverfassung durch ein Grundstatut auszugestalten, ein Ergebnis (1807/08). Der Kaiser hat schließlich auf eine Ausgestaltung der Rheinbundverfassung bis zur Herstellung des Friedens verzichtet. Die politische Bedeutung des Rheinbundes lag daher weniger in seiner Verfassung, die niemals zu wirlichem Leben erweckt worden ist, als in seiner Eigenschaft, ein politisches

[16] Siehe hierzu E. R. Huber, Deutsche Verfassungsgeschichte I, S. 75 ff.; Ruppert Pfeffer, Die Verfassungen der Rheinbundstaaten als Zeugnisse des politischen Denkens in den Anfängen des deutschen Konstitutionalismus, Jur. Diss. Erlangen 1960; Kurt von Raumer, Deutschland um 1800, in: Handb. d. dt. Geschichte, hrsg. von Leo Just, Band III, Abschn. 1, 3. Teil, S. 265 ff.

[17] Schreiben Napoleons an den Fürst-Primas vom 11. September 1806, siehe unten Anm. 19.

Werkzeug des Kaisers zu sein, mit dem er Deutschland und Mitteleuropa beherrschen wollte.

Bei den Versuchen, das Grundstatut des Rheinbundes zu verwirklichen, stand die Frage der Souveränität der Rheinbundfürsten im Mittelpunkt der Erörterungen. Nunmehr zeigte sich, daß das Zaubermittel, mit dem Napoleon die deutschen Fürsten bei der Gründung des Rheinbundes gebannt hatte, die Souveränität, seinen eigenen Plänen im Wege stand; denn die beiden mächtigsten Rheinbundfürsten, die Könige von Bayern und Württemberg, waren bei der Ausgestaltung der Rheinbundverfassung in erster Linie darum besorgt, daß die ihnen zugefallene Souveränität gewahrt würde. Napoleon hat diesen Interessen seiner wichtigsten deutschen Verbündeten, durch die politischen Verhältnisse gezwungen, auch weitgehend Rechnung zu tragen versucht [18].

In einem Schreiben an den Fürst-Primas vom 11. September 1806 betonte der Kaiser, daß die Fürsten des Rheinbundes Souveräne seien, die keinen Oberherrn hätten. Er versicherte, daß er nicht gesonnen sei, sich eine Oberherrschaft anzumaßen, wie sie der Kaiser von Deutschland ausgeübt habe. Napoleon erklärte, sich in die inneren Angelegenheiten der Rheinbundstaaten nicht einmischen zu wollen. Als Ausdruck der Souveränität der Rheinbundstaaten wertete der Kaiser, daß Streitigkeiten zwischen den Rheinbundfürsten und ihren Untertanen nicht an fremde Gerichtshöfe gezogen werden dürften, womit er wohl auf die Anrufung der höchsten Reichsgerichte im alten Reiche (Reichshofrat und Reichskammergericht) anspielen wollte. Das Verhältnis des Kaisers zum Rheinbund sei nicht das der Oberherrschaft, sondern das des Schutzes (simple protection) [19].

Die Rheinbundakte erwähnte die Souveränität der Rheinbundfürsten an mehreren Stellen [20]. Zu den Souveränitätsrechten der Rheinbundfürsten zählte Art. XXVI der Rheinbundakte das Recht der Gesetzgebung (droit de législation), der obersten Gerichtsbarkeit (droit de juridiction suprême),

---

[18] Grundlegend: ERWIN HÖLZLE, Das napoleonische Staatssystem in Deutschland, Hist. Zeitschr. 148, 1933, S. 277 ff.; für *Bayern:* M. DOEBERL, Rheinbundverfassung und bayerische Konstitution, 1924; für *Nassau:* MATHIAS BERNATH, Die auswärtige Politik Nassaus 1805—1812, Nassauische Annalen 63, 1952, S. 106 ff.; HELLMUTH RÖSSLER, Zwischen Revolution und Reaktion. Ein Lebensbild des Reichsfreiherrn Hans Christoph von Gagern, 1766—1852, Göttingen 1958, S. 90 ff.; für *Württemberg:* ERWIN HÖLZLE, Württemberg im Zeitalter Napoleons und der deutschen Erhebung, Stuttgart 1937; für *Waldeck:* WALTER KLOPPENBURG, Der Rheinbund vom 12. Juli 1806 und das Fürstentum Waldeck, Geschichtsblätter für Waldeck 46, 1954, S. 9 ff.

[19] *Text des Schreibens Napoleons an den Fürst-Primas Dalberg vom 11. September 1806* in: MEYER-ZOEPFL, Corpus Juris Confoederationis Germanicae I, S. 86; E. R. HUBER, Dokumente z. deutschen Verfassungsgeschichte I, S. 36.

[20] Entscheidend Art. IV Abs. 2: Le titre de Prince-Primat n'emporte avec lui aucune prérogative contraire à la plénitude de la souveraineté dont chacun des confédérés doit jouir. Siehe auch Artt. VII, VIII, XVIII usw.

der hohen Polizei (droit de haute police), der Militärkonskription oder Rekrutierung (droit de conscription ou de recrutement) und der Besteuerung (droit d'impôt). Nach ERNST RUDOLF HUBER war demnach unter den garantierten Souveränitätsrechten der Rheinbundstaaten zwar das Recht der militärischen Aushebung, nicht aber das Recht zur selbständigen Außenpolitik, zur Entscheidung über Krieg und Frieden, zur autonomen Kriegsführung und zur unabhängigen Ausübung der Kommandogewalt aufgezählt. „Diese Rechte waren vielmehr stillschweigend dem Kaiser der Franzosen als dem Bundesprotektor delegiert". Diesem kam nach HUBER trotz des Textes der Vertragsurkunde die Stellung eines Trägers der Souveränität im Rheinbundgebiet zu [21].

Diese moderne staatsrechtliche Interpretation läßt das System der Rheinbundakte außer Betracht; denn diese kannte eine *Souveränität nach außen,* deren geschichtliche Stunde das Ende des alten Reiches, also der übergeordneten Reichsgewalt, war, und eine *Souveränität nach innen,* die sich als Territorialhoheit gegenüber den öffentlichen Rechten der mediatisierten Reichsstände und Mitglieder der Reichsritterschaft abgrenzte [22]. Daraus erklärt sich die Aufzählung der Souveränitätsrechte in Art. XXVI (droits de souveraineté), die den nicht wesentlich souveränen Rechten in Art. XXVII (droits seigneuriaux et féodaux non essentiellement inhérents à la souveraineté) gegenübergestellt wurden, die den bisherigen Landesherren verblieben. In der zeitgenössischen Staatsrechtsliteratur wurde daher unterschieden zwischen dem, „was die neuen Souveräns erhalten" (Art. XXVI), und dem, „was den vormaligen Landesherren verbleibt" [23]. Danach enthielt Art. XXVI nicht eine Umschreibung des Inhaltes der Souveränität. Diese Ansicht vertrat auch WILHELM JOSEPH BEHR, der erklärte, „daß man bey dieser Stelle die bestimmte Absicht gehabt habe, bloß diejenigen Regierungsrechte namentlich aufzuzählen, welche den Bundesgliedern als Regenten über die ihrer Regierungsgewalt unterworfenen ehemaligen Reichsstände zustehen sollen" [24]. Art. XXVI betraf also die Rechte der Souveränität nach innen, keineswegs aber die Souveränität nach außen, die vorausgesetzt wurde.

Souveränität in diesem Sinne war die „Unbeschränktheit der konföderirten Staaten und Regenten von Seite anderer Staaten und Regenten". Der

---

[21] E. R. HUBER, Deutsche Verfassungsgeschichte I, S. 80/82.

[22] Zum Begriff der Souveränität mit einer Aufgliederung in „äußere" und „innere" s. FRIEDRICH AUGUST Frhr. VON DER HEYDTE, Staatslexikon. Recht, Wirtschaft, Gesellschaft, hrsg. von der Görres-Gesellschaft, 7. Band, Freiburg 1962 [6], S. 136 ff.

[23] Geh.-Rat MEDIKUS, Weilburg, in: Der Rheinische Bund, hrsg. von P. A. WINKOPP, 2. Band, 1807, S. 67. Zur Zeitschrift „Der Rheinische Bund" siehe EDUARD ZIEHEN, Winkopps „Rheinischer Bund" (1806—1813) und der Reichsgedanke, Archiv f. hessische Geschichte und Altertumskunde, Neue Folge XVIII, 1934, S. 292 ff.

[24] BEHR, Systematische Darstellung des Rheinischen Bundes, S. 186.

Begriff der Souveränität, d. h. „*der gänzlichen Unabhängigkeit der für souverän erklärten Staaten und Regenten nach außen*", umfaßte nach der Ansicht BEHRS:

„Daß letztere in keiner Art eines Subjektionsverhältnisses zu einem andern Staate stehen sollen, daß kein Auswärtiger sich eine Oberherrschaft darüber oder auch nur die Ausübung eines Staatsrechts darauf anmaßen dürfe, daß sie keinem Auswärtigen über ihre Handlungen und Beschlüsse Rechenschaft abzulegen brauchen, daß sie den Karakter der Selbständigkeit und Freyheit genießen sollen, wie ihn das allgemeine Staaten- oder Völkerrecht für jeden Staat postuliert. Das einem Staate beygelegte Prädikat der Souveränität ist also der Ausdruck der äußeren Unabhängigkeit und Freyheit, d. h. des Rechts eines Volkes, einen eigenen, von den andern völkerrechtlich abgesonderten Staat zu bilden und sich durch sich selbst zu regieren" [25].

Die Souveränität der konföderierten Staaten und Regenten wurde nach BEHR nicht durch das Föderativ- und Schutzverhältnis beeinträchtigt, in das sie getreten waren. In dem Föderativverhältnis der konföderierten Staaten und Regenten sah BEHR nur die Bedingung der Unabhängigkeit von seiten anderer Staaten und Regenten, „weil dieser Karakter von ihnen, nach ihrer Trennung vom deutschen Reichskörper nur in einem föderativen System der Art erreicht und behauptet werden konnte". Auch das Protektorat Napoleons diente nach BEHR nur der Sicherung des Bundes durch die Garantie der Macht. Es ist nicht vasallitisch, sondern nur föderativ, so daß es für die Erhaltung des Bundes und seiner Glieder förderlich ist [26]. Auch JOHANN LUDWIG KLÜBER schrieb den Rheinbundfürsten „eine gänzliche und absolute Souveränität" zu, unbeschadet der Rechte des Protektors und des Bundes. „Jeder Fürst des Rheinbundes hat die Unabhängigkeit oder Souveränität, das Recht politischer Persönlichkeit oder Selbständigkeit. Ihm gebührt die Majestät, die erhabenste Würde, die Staatsgewalt, die Gewalt zu dem Zweck des Staates, die Staatsregierung, die Ausübung der Staatsgewalt". Zu den Souveränitätsrechten der Rheinbundstaaten gehörten nach der Ansicht KLÜBERS das Gesandtschaftsrecht, das Recht über Krieg und Frieden, das Bündnisrecht [27].

Auch Napoleon ging davon aus, wie die Zirkularnote des Fürst-Primas vom 13. September 1806 erkennen läßt, daß den Rheinbundstaaten die auswärtige Gewalt zustehe; denn das Gesandtschaftsrecht gehörte nach der Zirkularnote nicht zu den Rechten des Bundes, sondern der einzelnen

[25] BEHR, a.a.O., S. 189, siehe auch S. 191.

[26] BEHR, a.a.O., S. 191/93. Ähnlich auch Napoleon in seinem Schreiben vom 11. September 1806 an den Fürst-Primas (vgl. oben Anm. 19), wo es heißt: „Plus puissant que les Princes confédérés, Nous voulons user de la superiorité de Notre puissance, non pour restreindre Leurs droits de souveraineté, mais pour Leur en garantir la plénitude." Zu BEHR siehe jetzt K. v. RAUMER, Deutschland um 1800, S. 342.

[27] JOHANN LUDWIG KLÜBER, Staatsrecht des Rheinbundes. Lehrbegriff, Tübingen 1808, S. 102/03, 179; 155 ff.

Staaten: „Qui doit être naturellement réservé à chacun des augustes Monarques et aux Souverains, et non pas à l'Assemblée de Leurs plénipotentiaires" [28].

Das Ringen um die Souveränität der Rheinbundstaaten kam noch einmal zum Ausdruck, als Napoleon nach dem Frieden von Tilsit von 1807 erneut ein Grundstatut des Bundes anregte (Mailand, November 1807), für das der bayerische Minister MONTGELAS auch einen Entwurf ausarbeitete, der am 22. Januar 1808 dem Kaiser überreicht wurde. Nunmehr wurde auch ein französischer Entwurf für das Fundamentalstatut des Rheinbundes vorgelegt, der, wie neuestens dargetan worden ist, „in seinen Forderungen weit über das hinausging, was den Rheinbundfürsten in der Gründungsakte zugemutet worden war". Die Souveränität der Rheinbundfürsten sollte nicht nur „de facto", sondern auch „de jure" wesentlich beschnitten werden. Demgegenüber suchte der bayerische Entwurf eine Stärkung des Bundes im Interesse der Unabhängigkeit der Rheinbundfürsten zu verhindern. Beide Entwürfe unterschieden sich in ihrer Grundauffassung so sehr, daß ein Kompromiß unmöglich erschien [29]. Die Erkenntnis des starken deutschen Widerstandes gegen eine Ausgestaltung der Rheinbundverfassung im französischen Interesse ließ Napoleon von seinem Plan Abstand nehmen. Er benötigte die Rheinbundfürsten zur Durchführung seiner politischen Pläne, konnte sie also nicht durch eine gegen ihre Interessen vorgenommene Ausgestaltung des Bundes verärgern [30].

So blieb der Rheinbund ohne Fundamentalstatut und die in der Rheinbundakte gewährleistete Souveränität rechtlich unangetastet. Trotzdem war die Souveränität der Rheinbundfürsten politisch nur ein Trugbild, weil der Protektor des Bundes mit Hilfe seiner überlegenen Macht nach Willkür mit den Rheinbundstaaten verfahren konnte. Zutreffend hat man den Rheinbund als eine „rein militärische Präfektur" bezeichnet, obwohl er von vorneherein als eine solche nicht geplant war [31].

Es wäre verfehlt, die Souveränität der Rheinbundstaaten mit den staats- und völkerrechtlichen Maßstäben des 20. Jahrhunderts messen zu

---

[28] *Text der Zirkularnote des Fürst-Primas vom 13. September 1806* in: MEYER-ZOEPFL, Corpus Juris Confoederationis Germanicae I, S. 87.

[29] RAINER WOHLFEIL, Untersuchungen zur Geschichte des Rheinbundes 1806 bis 1813. Das Verhältnis Dalbergs zu Napoleon, Zeitschrift f. d. Geschichte des Oberrheins 108, 1960, S. 101 ff., bes. S. 105. WOHLFEIL nimmt eingehend zu dem französischen Entwurf Stellung, veröffentlicht diesen aber nicht. Zum bayerischen Entwurf M. DOEBERL, a.a.O., S. 28 ff. Im Zusammenhang mit dem von Bayern vorgelegten Entwurf eines Grundstatutes des Rheinbundes steht der Erlaß der bayerischen Verfassung vom 1. Mai 1808, die einer Einmischung Napoleons in die inneren Verhältnisse Bayerns, vor allem durch eine Straffung der Rheinbundverfassung, vorbeugen sollte. M. DOEBERL, a.a.O., S. 42 ff.

[30] E. HÖLZLE, Hist. Zeitschr. 148, 1933, S. 183/84; R. WOHLFEIL, Zeitschrift f. d. Geschichte d. Oberrheins 108, 1960, S. 106.

[31] E. HÖLZLE, a.a.O., S. 284.

wollen. Die Staatsrechtsliteratur der Zeit zeigt, daß die Rheinbundakte den Rheinbundfürsten die Souveränität nach außen zuerkennen wollte, die Rheinbundfürsten diese auch für sich in Anspruch nahmen. Diese, wenn auch in der Epoche Napoleons weitgehend papierene Souveränität sollte sich jedoch in der Folgezeit ungünstig für die Verfassungsentwicklung Deutschlands auswirken. Als der Kampf um die Befreiung Deutschlands von der Herrschaft Napoleons begann, bezeichnete die Proklamation des russischen Feldmarschalls Kutusow, des obersten Befehlshabers der verbündeten Streitkräfte, vom 25. März 1813 den Rheinbund als „trügerische Fessel, mit welcher der Allentzweiende das erst zertrümmerte Deutschland ... neu umschlang", als „Wirkung fremden Zwanges und als Werkzeug fremden Einflusses", das nicht länger geduldet werden könnte [32]. Durch die weiteren Ereignisse des Jahres 1813 wurde der Rheinbund aufgelöst. Die von Napoleon künstlich geschaffenen Staaten, das Königreich Westphalen, das Großherzogtum Berg und das Großherzogtum Frankfurt, gingen unter. Andere Rheinbundstaaten traten der gegen Frankreich gebildeten Allianz bei, voran Bayern und Württemberg.

Der Übertritt Bayerns und Württembergs zur Allianz war das Werk Metternichs, der mit diesen Akzessionsverträgen zugleich eine Entscheidung über die künftige politische Gestaltung Deutschlands traf. Der Vertrag von Ried, zwischen Österreich und Bayern am 8. Oktober 1813 geschlossen, garantierte dem König von Bayern: „la jouissance libre et paisible ainsi que la Souveraineté pleine et entière de tous les Etats, villes, domaines et forteresses dont elle se trouvait en possession avant le commencement des hostilités (art. IV). Der Vertrag enthielt nichts Geringeres als eine uneingeschränkte Garantie der Souveränität und des vorigen Besitzstandes Bayerns [33]. Gegen den Vertrag erhob Frhr. vom Stein vergebens Einspruch, weil er in der Bayern gewährleisteten Souveränität mit Recht eine Präjudizierung der künftigen Verfassung Deutschlands sah [34]. Rußland und Preußen traten am 4. November 1813 dem österreichisch-bayerischen Vertrage bei. Mit diesem Beitritt verzichtete Preußen zugleich auf die an Bayern verlorenen Markgrafschaften Ansbach und Bayreuth [35].

Richtungweisend für die politische Zukunft Deutschlands wurde auch der Akzessionsvertrag zwischen Österreich und Württemberg vom 2. No-

---

[32] *Text der Proklamation von Kalisch vom 13./25. März 1813* in: Corpus Juris Confoederationis Germanicae I, S. 146; E. R. Huber, Dokumente z. dt. Verfassungsgeschichte I, S. 72.

[33] *Text des Vertrages von Ried vom 8. Oktober 1813* in: Meyer-Zoepfl, Corpus Juris Confoederationis Germanicae I, S. 217; hierzu E. R. Huber, Deutsche Verfassungsgeschichte I, S. 494; M. Braubach in: Gebhardt-Grundmann, Handb. d. dt. Geschichte, Bd. 3, S. 80 und Note 14.

[34] E. R. Huber, a.a.O., S. 494.

[35] E. R. Huber, a.a.O., S. 494.

vember 1813 (mit Beitritt Preußens vom 21. November 1813)[36]. Dieser Vertrag gewährleistete zwar auch dem König von Württemberg „la souveraineté et la jouissance libre et paisible de ses Etats" (art. IV), schränkte in den Geheimartikeln dagegen die Garantie dahin ein, daß der König von Württemberg „jouira en conséquence de toute Sa Souveraineté sous la garantie des rapports politiques qui devront être la suite des arrangements à prendre à l'époque de la paix future dans le sens de rétablir et assurer l'indépendance et la liberté de l'Allemagne" (art. I). Dies bedeutete anders als im Vertrag von Ried die Möglichkeit einer Beschränkung der Souveränitätsrechte im Interesse der Unabhängigkeit und Freiheit Deutschlands. In dieser eingeschränkten Form ist die Garantie der Souveränität in die späteren Akzessionsverträge aufgenommen worden, nachdem eine Vereinbarung der Alliierten über den Wortlaut der späteren Akzessionsverträge getroffen worden war (15. November 1813)[37].

4. Norddeutscher Reichsbund, Rheinbund und Deutscher Bund

Durch die Auflösung des deutschen Reiches im Jahre 1806 hatte das Souveränitätsstreben der deutschen Staaten neuen Auftrieb erhalten. Dies zeigte auch der Versuch Preußens, einen Norddeutschen Reichsbund mit einem preußischen Kaisertum für Norddeutschland zu gründen, in dem Preußen seit dem Baseler Frieden von 1795 die führende Macht war. Der Norddeutsche Reichsbund sollte ein Zusammenschluß der Staaten Norddeutschlands sein. Der endgültige Verfassungsentwurf von August 1806 sah ein Bundesdirectorium, bestehend aus den drei vorzüglichsten Gliedern des Bundes, Preußen, Sachsen und Hessen, vor, von denen Preußen die Würde eines Kaisers von Norddeutschland, Sachsen und Hessen die Königswürde annehmen sollten. Dem Oberhaupte des Bundes, dem Kaiser, sollten alle Vorrechte des ehemaligen deutschen Kaisers zustehen. Vorgesehen waren ferner ein ständiger Bundeskongreß, ein Bundesgericht sowie ein Bundesheer. Das Bundesgebiet sollte in drei Kreise eingeteilt werden: den brandenburgischen, sächsischen und hessischen Kreis.

Obwohl auch hier an einen föderativen Zusammenschluß in Anlehnung an Institutionen des alten Reiches gedacht war, stieß Preußen bei seinen Bemühungen auch auf den Widerstand der norddeutschen Staaten, die ihre Souveränität nicht aufs Spiel setzen wollten, vor allem Kursachsens, obwohl diesem die Königswürde zugedacht war, die es wenig später von Napoleons

[36] *Text des Vertrages von Fulda vom 2. November 1813* in: MEYER-ZOEPFL, Corpus Juris Confoederationis Germanicae I, S. 222 mit Geheimartikeln, S. 223; hierzu E. R. HUBER, a.a.O., S. 495/96.

[37] *Texte der Verträge* in: MEYER-ZOEPFL, Corpus Juris Confoederationis Germanicae I, S. 222/29; hierzu E. R. HUBER, Deutsche Verfassungsgeschichte I, S. 496; WOLFGANG WINDELBAND, Badens Austritt aus dem Rheinbund, Zeitschr. f. d. Geschichte des Oberrheins 25, 1910, S. 126.

Gnaden erwerben mußte[38]. Frankreich, das anfangs den Gedanken des Bundes gefördert hatte, wirkte diesem später entgegen, was Preußen veranlaßte, in seinem Kriegsmanifest gegen Frankreich vom 9. Oktober 1806 die gegen die Errichtung des Norddeutschen Bundes gerichtete Politik Frankreichs als Kriegsgrund hervorzuheben. Vorher schon hatte das preußische Ultimatum neben anderem gefordert: „Daß Frankreich der Bildung eines nördlichen Bundes kein Hindernis entgegensetze, und daß dieser Bund alle großen und kleinen deutschen Staaten, die in den Fundamental-Acten des Rheinbundes nicht als Mitglieder dieses letzteren genannt sind, umfassen könne“ [39].

Der Friede von Tilsit vom 9. Juli 1807 machte die preußischen Pläne zunichte. In Art. IV des Friedensvertrages mußte Preußen den Rheinbund in seinem jetzigen und künftigen Bestande anerkennen[40]. Die Zukunft Deutschland schien beim Rheinbund zu liegen, der sich nunmehr auch nach Norddeutschland ausdehnte. Doch die verfassungsrechtliche Ausgestaltung des Rheinbundes durch das vorgesehene Fundamentalstatut scheiterte an dem Widerstreben der deutschen Staaten, deren Souveränitätsbewußtsein übermächtig geworden war[41]. Mit dem Zusammenbruch der napoleonischen Herrschaft fand auch der Rheinbund sein Ende.

Als der 1. Pariser Friede vom 30. Mai 1814 den künftigen Rechtsstatus Deutschland festlegte, zeigten sich bereits die Auswirkungen des Souveränitätsbewußtseins der deutschen Staaten; denn Art. VI Abs. 2 bestimmte:

---

[38] *Der Plan eines Norddeutschen Reichsbundes* hat bisher in der Literatur nicht die ihm gebührende Beachtung gefunden (vgl. HEINRICH VON TREITSCHKE, Deutsche Geschichte im neunzehnten Jahrhundert, 1. Teil, Leipzig 1927, S. 238 ff.). Grundlegend: W. ADOLF SCHMIDT, Geschichte der preußisch-deutschen Unionsbestrebungen seit der Zeit Friedrichs d. Gr., 2. Abth.: Der norddeutsche Reichsbund 1806, Berlin 1851; Preußens deutsche Politik, Leipzig 1867 [3], S. 75 ff. Der Text des Vertragsentwurfes in: SCHMIDT, Preußens deutsche Politik, S. 113 ff.; MEYER-ZOEPFL, Corpus Juris Confoederationis Germanicae I, S. 157 FN. 1. — Die Annahme des Königstitels durch den Kurfürsten von Sachsen erfolgte auf Grund des Friedens- und Akzessionsvertrages vom 11. Dezember 1806 Art. III, in: MEYER-ZOEPFL, a.a.O., S. 89; Das Ende des Alten Reiches, S. 93.

[39] *Preußisches Manifest gegen Frankreich,* erlassen aus dem Hauptquartier zu Erfurt am 9. Oktober 1806, in: MEYER-ZOEPFL, Corpus Juris Confoederationis Germanicae I, S. 150 ff., bes. S. 157 ff.

[40] *Friede von Tilsit vom 9. Juli 1807* (MEYER-ZOEPFL, Corpus Juris Confoederationis Germanicae I, S. 96 ff.; Napoleonische Friedensverträge, S. 52 ff.) Art. IV. S. M. le roi de Prusse reconnaît pareillement la Confédération du Rhin, l'état actuel de possession de chacun des souverains qui la composent et les titres donnés à plusieurs d'entre eux, soit par l'acte de Confédération, soit par les traités d'accession subséquents. Promet Sa Majestá de reconnaître les souverains qui devriendront ultérieurement membres de ladite Confédération, en la qualité qui leur sera donnée par les actes qui les y feront entrer. Deutsch: WINKOPP, Rheinische Konföderations-Akte, S. 151.

[41] Doch zeigen sich Unterschiede zwischen den größeren und kleineren Staaten. M. BERNATH, Nassauische Annalen 63, 1952, S. 149 ff.

„Les Etats de l'Allemagne seront indépendans et unis par un lien fédératif" [42]. Damit wurde die verfassungsrechtliche Entwicklung Deutschlands festgelegt, die letztlich ihre Grundlage in der Rheinbundakte hatte. Die deutschen Staaten haben die durch das Ende des deutschen Reiches erworbene Souveränität über alle Stürme der napoleonischen Zeit und des Befreiungskrieges bis zum Wiener Kongreß bewahren können, der in der Deutschen Bundesakte vom 8. Juni 1815 unter Berufung auf Art. VI des 1. Pariser Friedens von 1814 den Deutschen Bund schuf, der sich aus den souveränen Fürsten und Städten Deutschlands zusammensetzte. Nach der Wiener Schlußakte vom 15. Mai 1820 Art. 1 war der Deutsche Bund „ein völkerrechtlicher Verein der deutschen souveränen Fürsten und freien Städte zur Bewahrung der Unabhängigkeit und Unverletzbarkeit ihrer im Bunde begriffenen Staaten und zur Erhaltung der inneren und äußeren Sicherheit Deutschlands" [43].

[42] MEYER-ZOEPFL, Corpus Juris Confoederationis Germanicae I, S. 242.

[43] Zutreffend E. R. HUBER, Deutsche Verfassungsgeschichte I, S. 86: „In gewissem Sinne war der Deutsche Bund von 1815 eine Ausdehnung der im Rheinbund vorgesehenen Verfassungsformen auf das ganze alte Reichsgebiet. Der Gedanke einer Föderation der deutschen Territorien auf der Grundlage der partikularen Staatshoheit gewann zuerst im Rheinbund Gestalt; im Deutschen Bund erhob dieses staatenbündische System sich für ein halbes Jahrhundert zur Verfassungsform der deutschen Nation." Zu diesem Schluß kommt HUBER, obwohl er die Souveränität nicht den Rheinbundstaaten, sondern dem Bundesprotektor zubilligt (S. 82).

Königskirche und Staatssymbolik

Begegnungen zwischen Griechischem Osten und Lateinischem Westen im Bereich von Staatsrepräsentation und Sakralkultur

Nikolaus Grass

I. Staatssymbolik und Königskirche

Noch um die letzte Jahrhundertwende waren die Meinungen darüber geteilt, ob man im Mittelalter von „Staat" sprechen dürfe [1]. Wir bejahen heute weitgehend diese Frage, sind uns aber bewußt, daß zwischen dem mittelalterlichen und dem neuzeitlichen Staat wesentliche Unterschiede bestehen [2]. „Der des Mittelalters ist", wie ein international berühmter Historiker feststellt [3], „einerseits weniger, weil er noch ‚primitive' Züge zeigt, andererseits mehr, weil er im Religiösen verankert ist und den Herrscher deshalb ein echter Schimmer umgibt, neben dem selbst der theatralische Glanz des Barocks verblaßt". Zahlreiche Urkunden, Briefe, Chroniken, Fürstenspiegel, Streitschriften, Summen bezeugen diese Tatsache, am eindringlichsten beweisen dies die „Herrschaftszeichen", Abzeichen, welche ehedem die Herrscher als Verkörperung des mittelalterlichen „Staates" angelegt haben, um ihre Herrschaft sichtbar zu machen [4]. Doch auch die *Herrscherkirche* will in diesen Zusammenhängen gewürdigt werden. Noch in der Barockzeit hatten sich verschiedentlich Kanonisten, speziell gelehrte Hofkapläne damit eingehend befaßt [5], vornehmlich unter kirchenhistori-

[1] Vgl. etwa Georg Jellinek, Allgemeine Staatslehre, 3. Aufl.

[2] Vgl. z. B. Heinrich Mitteis, Deutsche Rechtsgeschichte, 10. Aufl., hrsg. von H. Lieberich, München 1966, Kap. 7; Hermann Conrad, Deutsche Rechtsgeschichte² I, Karlsruhe 1962, S. 12 f.; Staatslexikon. Staat, Recht, Gesellschaft, Art. Staat.

[3] Percy Ernst Schramm, Herrschaftszeichen und Staatssymbolik, 3 Bde. (Schriften der Monumenta Germaniae historica 13/1—3), Stuttgart 1954—1956, Bd. 1, S. 1. Zu diesem bedeutsamen Werk vgl. Josef Deér, Byzanz und die Herrschaftszeichen des Abendlandes, in: Byzantin. Ztschr. 50 (1957), S. 405 ff.; Theodor Schieffer, Herrschaftszeichen und Staatssymbolik, im Histor. Jahrbuch 77 (1958), S. 501—516, sowie die Rez. von Karl Siegfr. Bader in Histor. Ztschr. 185 (1958), S. 114—125.

[4] Vgl. P. E. Schramm, Herrschaftszeichen (wie Anm. 3).

[5] Vgl. die wissenschaftshistorische Übersicht bei Nik. Grass, Pfalzkapellen und Hofkirchen in Österreich. Ein Beitrag zur Rechtsgeschichte der Capella regia, 2 Teile, in: Ztschr. f. Rechtsgesch. 77 (1960), Kan. Abt. 46, S. 345—394 u. 78 (1961), Kan. Abt. 47, S. 129—195, Teil 1, S. 349—355.

schen und juristischen Gesichtspunkten, dabei z. T. jedoch auch Fragen der Sakralkultur miteinbezogen [6].

In den großen zusammenfassenden Kirchenrechtsdarstellungen des ausgehenden 19. Jhs. werden den Hofkirchen nur mehr wenige Hinweise gewidmet [7], in den Darstellungen des Rechtes des *Codex Iuris Canonici* scheint die *Capella regia* kaum noch auf.

Historiker haben sich mit einer Teilerscheinung der Herrscherkirche, mit der Hofkapelle befaßt, und zwar zunächst vornehmlich unter dem Gesichtspunkte der Kanzleigeschichte [8]. WILHELM LÜDERS hat dann in grundlegender Forschung gezeigt, daß die Kapelle eine höfische Institution darstellt, der man nicht gerecht werden kann, wenn man sie allein vom Blickfeld der Kanzleigeschichte aus untersucht [9]. Über Anregung von PERCY ERNST SCHRAMM, des bahnbrechenden Erforschers des Königtums, hat dann HANS WALTER KLEWITZ dargelegt, daß es bis zur zweiten Hälfte des 12. Jhs. an Höfen des Abendlandes eine Kanzlei als Einrichtung oder gar als Behörde nicht gab, sondern nur eine Hofkapelle, deren Angehörige die Kanzleigeschäfte besorgten [10]. Auf KLEWITZs Forschungen baut das sehr dankenswerte Werk von JOSEF FLECKENSTEIN „Die Hofkapelle der deutschen Könige" auf, das den Gegenstand bis zum Ausgang der Salierzeit herauf behandelt [11]. So hat die deutschsprachige Forschung der letzten zwei Menschenalter die Hofkapelle als Instrument des herrscherlichen Gottesdienstes und besonders als herrscherliche Beurkundungsstelle, als Wegbereiter einer abendländischen Herrscherkanzlei in gründlichen Arbeiten untersucht und damit eine bedeutungsvolle Seite auch der „Königskirche" erhellt. Anderen Seiten dieses Komplexes, insbesondere der kanonistischen, der Sonderstellung der Königskirche im Kirchenrecht hat man nach langer Unterbrechung erst wieder in jüngerer Zeit und nur ganz vereinzelt Beachtung

---

[6] So z. B. JOSEF CARAFA in seiner bedeutsamen Monographie: De Capella Regis utriusque Siciliae et aliorum principum liber unus, Großoktav 500 S., Rom 1749. CARAFA handelt a.a.O. in Kapitel V „De Liturgia Palatina", in Kap. VI „De Coronatione Regum", in Kap. VII „De Baptismo Regum" etc. etc.

[7] So besonders bei PAUL HINSCHIUS, Das Kirchenrecht der Katholiken und Protestanten in Deutschland, Bd. 3 (Berlin 1869, unveränderter Nachdruck 1959), S. 99, und bei RUDOLF R. v. SCHERER, Handbuch des Kirchenrechtes, 1. Bd., Graz 1886, S. 424 f., S. 636 A. 33 u. S. 658.

[8] So besonders THEODOR VON SICKEL und seine Schule.

[9] LÜDERS, Capella, in: Archiv für Urkundenforschg. 2 (1909), S. 1—100.

[10] KLEWITZ, Cancellaria. Ein Beitrag zur Geschichte des geistlichen Hofdienstes, Deutsches Archiv 1 (1937), S. 44—79; *ders.*, Königtum, Hofkapelle und Domkapitel im 10. und 11. Jh., in: Archiv für Urkundenforschung 16 (1939), S. 102—156, Buchausgabe bei Wissenschaftl. Buchgesellschaft Darmstadt 1960 (unverändert).

[11] Stuttgart 1959 und 1966. Vgl. auch FLECKENSTEIN, Art. Hofkapelle, in: Lex. f. Theol. u. Kirche ²V (1960), 424 f.; *ders.*, Art. capella regia, in: Handwörterbuch zur deutschen Rechtsgeschichte, Bd. 1, Lief. 3, Berlin 1966.

geschenkt [12]. Darüber hinaus kommt jedoch der Königskirche im Sinne von „Hofkirche", nicht von „Hofkapelle" eine über den abendländischen Raum hinausreichende Bedeutung für die Repräsentation des Königtums und damit für die Symbolik des mittelalterlichen Staates zu [13], auf die bisher vornehmlich nur bei Behandlung einzelner Beispiele — und soweit ich es wenigstens zu überblicken vermag — jedenfalls noch nicht in größeren Zusammenhängen hingewiesen wurde [14]. Dies soll in der folgenden Skizze versucht werden, der bei der Weite des zu überblickenden Raumes wie des schon umfangmäßig festgelegten Rahmens eines Sammelwerkes notwendigerweise nur fragmentarischer Charakter zukommen kann.

II. Zur Geschichte der Hofkirchen

1. Imperiale Kirchen in Ostrom und im Exarchat von Ravenna

Schon zur Zeit der heidnischen Kaiser Roms hatte „das Sakralwesen... auf die Repräsentation des Hofes stark abgefärbt" [15]. „Das Byzantinische

[12] Vgl. die Abhandlung des römischen juristischen Kanonisten Pietro Agostino d'Avack, Le chiese Palatine, in: Rivista Italiana per le scienze giuridiche 4 (1929), S. 353—432 u. 559—655, sowie Nikolaus Grass, Zur neueren Rechtsgeschichte der Capella regia, in: [Österr.] Jurist. Blätter 70. Jg., Wien 1948, S. 281—283; *ders.*, Das Haller Damenstift und seine Kunstdenkmäler, Innsbruck 1955, bes. S. 351; *ders.*, Pfalzkapellen und Hofkirchen in Österreich, in: Ztschr. für Rechtsgesch. (wie oben S. 66, Anm. 5), dazu die Rezensionen von Jos. Fleckenstein in: Archiv f. kath. Kirchenrecht 132. Bd. (1963), S. 328—332, von H. Appelt in: Archival. Ztschr. 56. Bd. (1960), S. 136 f., u. von Alfred A. Strnad in: Mitteil. d. Inst. f. Österr. Geschichtsforschg. 70 (1962), S. 436—438, von Helmuth Feigl in: Unsere Heimat, Monatsblatt des Ver. f. Landeskunde von Niederösterreich und Wien 35 (1964), S. 97 f.; Nik. Grass, Zur Rechtsgesch. der abendländischen Königskirche, in: Festschr. Karl Siegfr. Bader, Zürich 1965, S. 159—184; *ders.*, Der Wiener Stephansdom als capella regia Austriaca, in: Innsbrucker Beiträge zur Kulturwissenschaft, Bd. 12, Innsbruck 1966, S. 91—129 (erweiterte Buchausgabe im Verlag Felizian Rauch, Innsbruck 1967); Nik. Grass, Reichskleinodien-Studien aus rechtshistorischer Sicht, in: Sitzungsber. der Österr. Akademie der Wiss., phil.-hist. Kl., 248. Bd., 4. Abh., Graz-Wien 1965 (Böhlau-Verlag), 81 S.

[13] Die wegen der verschiedenen daran beteiligten Disziplinen für den Einzelforscher schon wohl fast unübersehbar gewordene Literatur zur Symbolkunde verzeichnet Manfred Lurker in der auf drei Bde. berechneten Bibliographie zur Symbolkunde, 1. Bd., Baden-Baden 1964.

[14] Eine Ausnahme bilden die bes. von Kunsthistorikern und Geschichtsforschern mehrfach untersuchten *Westwerke*, in denen die überwiegende Mehrheit der Fachleute Königskirchen erblickt. Diese bereits oft erörterten Westwerke werden hier mit Absicht beiseite gelassen. Die wichtigste einschlägige Literatur verzeichnet ein erprobter Fachmann, A. Fuchs, Art. Westwerke, in: Lex. f. Theol. u. Kirche ²X (1965), Sp. 1075—1076.

[15] So urteilt Andreas Alföldi, Insignien und Tracht der römischen Kaiser, in: Mitteil. des Deutschen Archaeolog. Inst., Röm. Abt., Bd. 50, 1935 (München 1935, S. 1—171), bes. S. 23.

Kaisertum" wurde kürzlich „als Nachahmung Gottes" betrachtet [16]. „In keiner Institution kommt die enge Bindung des byzantinischen Staates ... an das Christentum deutlicher zum Ausdruck als im Kaisertum. Hundertfältig sind die Beziehungen zwischen der Person des Kaisers und Gott, hundertfältig die Fäden, welche das byzantinische Zeremoniell mit der Kirche und ihrer Liturgie verbinden [17]".

Schon Konstantin I., der Große, der die Christianisierung des öffentlichen Lebens in Angriff nahm [18], ließ zu *Konstantinopel* [19] mehrere Kirchen erbauen, so u. a. die Märtyrerbasilika zu Ehren der Apostel und in Verbindung damit sein Mausoleum; als Palast- und Bischofskirche hatte er die Hagia Sophia vorgesehen, deren erster Bau der Zeit Constantins II. ent-

---

Da es sich in den folgenden Ausführungen — wie ich glaube — zumindest für den Nichtkunsthistoriker um z. T. recht ungewohnte Behauptungen handelt, erlaube ich mir, öfters wörtliche Zitate aus dem Fachschrifttum zu übernehmen, die stets durch Anführungszeichen als solche gekennzeichnet werden. Durch diese Methode möchte ich dokumentieren, daß z. T. auch einzelne Vertreter der Byzantinistik, der Mediaevistik und der Kunsthistorie die Hofkirchen u. a. auch als Instrument herrscherlicher Repräsentation betrachtet haben. Diese Umstände bestätigen m. E. meine diesbezüglichen Ansichten, zu denen ich unabhängig schon vor Jahren gekommen war, noch bevor ich das zitierte byzantinistische und kunstgeschichtliche Schrifttum gekannt und durchgearbeitet hatte.

Im Sinne der programmatischen Mainzer Antrittsvorlesung von Karl Siegfried Bader über „Aufgaben und Methoden des Rechtshistorikers" (Tübingen 1951) halte ich nämlich eine Berücksichtigung der Forschungsergebnisse verschiedener Nachbardisziplinen für einen gedeihlichen Betrieb der Rechtsgeschichte für sehr wünschenswert. (Vgl. meine Anzeige zu Baders Schrift im Histor. Jahrbuch 71 [1952], S. 467 f.). Der historisch arbeitende Kanonist Walter Ullmann (Cambridge) vertritt dagegen die Ansicht, „daß Juristen allein schon vermöge ihrer Berufung sich nur mit dem Recht befassen können. Quellen, die entweder außerrechtlich sind oder bloß an die Peripherie des Rechts heranreichen, scheiden aus dem Untersuchungsgebiet des Rechtshistorikers aus" (so Ullmann, Der Souveränitätsgedanke in den mittelalterlichen Krönungsordines, in: Festschrift Percy Ernst Schramm, Bd. 1, Wiesbaden 1964, S. 72). Obwohl Ullmann und ich dieselben Innsbrucker Rechtslehrer (wie Walther v. Hörmann und bes. Theodor Rittler) als unsere Lehrer verehren, kann ich Ullmanns diesbezügliche Auffassung durchaus nicht teilen, sondern sehe darin eine ungebührliche Einschränkung unseres Forschungsbereiches. Gerade durch das Wandeln auf noch wenig begangenen Grenzpfaden zwischen benachbarten Disziplinen kann m. E. noch manche neue Beobachtung gewonnen werden.

[16] Herbert Hunger, Reich der neuen Mitte, Graz 1965, S. 61.

[17] Ebendort, S. 61.

[18] Vgl. Joseph Vogt, Constantin der Große und sein Jahrhundert, 2. Aufl., München 1960; *ders.*, Art. Constantinus d. Gr., in: Reallex. f. Antike u. Christentum III, 306—379; Karl Baus, Von der Urgemeinde zur frühchristlichen Großkirche (Handb. d. Kirchengesch., hrsg. von H. Jedin, I), Freiburg i. Br. 1962, S. 454 ff.

[19] Über diese Stadt vgl. Hans Georg Beck, Konstantinopel. Zur Sozialgeschichte einer früh-mittelalterlichen Hauptstadt, in: Byzantin. Ztschr. 58 (1965), S. 11—45.

stammt [20]. Französische Forscher wollen darin die Existenz einer *chapelle imperiale* begründet sehen [21].

Das von Konstantin in *Antiocheia* am Orontes erbaute, 341 geweihte kuppelgewölbte Oktogon war zwar Kirche des Bischofs bzw. des Patriarchen, also nicht Palastkapelle [22]. Sie war Christus und der Concordia Homonoia geweiht. Dieses Patrozinium bezieht sich auf die Einheit des Reiches und des Glaubens. Dieser „zusammenfassende, an sakralem Rang nicht zu übertreffende Titel .... erhebt die Kathedrale von Antiochia als Haupt der Völker über alle Heiligenmartyria" [23]. Der Kirchenhistoriker Eusebios hat dieses Gotteshaus als „Haupt aller Völker" bezeichnet. Dieses Oktogon von Antiocheia und die Georgsrotunde zu Saloniki sind zwei Bauten, „die die christliche Verwandlung einer alten antiken Tradition der sakralen Herrscherauffassung veranschaulichen. Sie bezeichnen eine besondere Gruppe in der Geschichte des antiken und mittelalterlichen Zentralbaus und heben sich von der sehr viel breiteren Schicht der christlichen Martyria ab" [24].

In der Geschichte der Herrscherkirche kommt dann Kaiser *Justinian I.* eine besondere Bedeutung zu. Noch als Mitregent seines Oheims Justin I. (527—536) ließ er in Konstantinopel in der Nähe des von ihm bewohnten Hormisdaspalastes die *Sergios- und Bakchoskirche* errichten [25]. Sie ist vor dem Neubau der Hagia Sophia „die repräsentativste Kirche des jungen Herrschers und vertritt einen Typ des imperialen Kultbaues, der bei den folgenden zahlreichen Erneuerungen konstantinischer und theodosianischer Bauten in Konstantinopel durch Justinian bis zu dem Höhepunkt der Hagia Sophia gepflegt wurde" [26]. Dieser Bautyp ist im allgemeinsten Sinn charakterisiert durch den zentralisierenden Grundriß, die Kuppelwölbung und Emporen. Er steht in diametralem Gegensatz zur längsgerichteten flachge-

---

[20] Vgl. André Grabar, Martyrium. Recherches sur le culte des reliques et l'art chrétien antique, 2 Bde., Paris 1946, Bd. 1, S. 227—234; Vogt, Art. Constantinus, Sp. 367 ff.; Josef Fleckenstein, Hofkapelle, Bd. 1, S. 3; Ludwig Völkl, Die Kirchenstiftungen des Kaisers Konstantin im Lichte des römischen Sakralrechts (Arbeitsgemeinschaft für Forschung des Landes Nordrhein-Westfalen, Geisteswissenschaften, Heft 117), Köln-Opladen 1964, dazu die Rez. von D. Simon in: Byzantin. Ztschr. 58 (1965), S. 411—413.

[21] H. Leclerq, Art. Chape de Saint Martin, Chapelle und Chapelain, in: Dict. d'Archéologie Chrét. et de Liturgie III (1914), S. 410; Grabar, Martyrium, Bd. 1, S. 560 f.; *ders.*, Byzanz, Baden-Baden 1964.

[22] Über diese Kathedrale vgl. Grabar, Martyrium, Bd. 1, S. 214 ff.

[23] So Günter Bandmann, Die Vorbilder der Aachener Pfalzkapelle, im Sammelwerk: Karl der Große, Lebenswerk und Nachleben, 4 Bde., Düsseldorf 1965 f., 3. Bd., S. 449.

[24] So Bandmann, Vorbilder der Aachener Pfalzkapelle, S. 449.

[25] Vgl. J. Ebersolt, Les anciens sanctuaires de Constantinople, in: Ebersolt, Constantinople. Recueil d'études d'archéologie et d'histoire, Paris 1951, S. 22, u. Deichmann, Architektur Konstantinopels, S. 72 ff.

[26] So Bandmann, Vorbilder, S. 442.

deckten Basilika, die bis zum 5. Jh. in Ost und West bei Großbauten dominierte und im Westen weiterhin vorherrschend blieb [27].

Diese Sergios- und Bakchoskirche mag wohl auch den Bau von *San Vitale* in *Ravenna* beeinflußt haben [28]. Noch während der Ostgotenherrschaft begonnen und dann unter der Byzantinerherrschaft vollendet, wurde San Vitale 547 geweiht. Vielleicht war diese Kirche schon in der ersten Konzeption als Demonstration byzantinischen Machtanspruchs im sterbenden Ostgotenreich geplant. Für Karl d. Gr. mußte sich diese Kirche als Herrscherkirche darstellen, zumal auf den Mosaiken Kaiser Justinian verewigt ist. „Vielleicht ist es auch so, daß in Karls Bewußtsein die Herrschaft der weströmischen Kaiser, der Ostgoten und der Byzantiner in diesen Denkmälern zu einer Einheit wurde und zusammen eine Herrscherauffassung repräsentierte, deren Zeichen er sich gegen das Paptstum, gegen die autochthonen germanischen Mächte im Westen bedienen wollte [29]." Sei dem wie immer, jedenfalls ist eine signifikante Übereinstimmung zwischen Aachen und Ravenna als kuppelgewölbte Achtstützenbauten mit Emporen nicht zu übersehen. Ravenna steht so vermittelnd zwischen Konstantinopel und Aachen [30]. Während jedoch Konstantins Kirchenbauten weder in der *Νέα Ρώμη* noch in Antiocheia erhalten blieben, besteht die von Justinianos I. als Palastkirche der byzantinischen Kaiser in der Residenzstadt *Konstantinopel* zwischen 532—537 errichtete *'Αγία Σοφία* als monumentales Bauwerk noch heute [31]. Sie „war Symbol der Herrschaft und Palladium des christlichen Rhomäerreiches, Reichskirche des Gottesstaates und Schauplatz aller religiösen Staatshandlungen [32]". „In ihr wurden die Kaiser gekrönt und begraben, wurden Triumphe gefeiert, Gesandte empfangen, wichtige Staatshandlungen beschlossen und verkündet. Sie war die Mitte des Rhomäerreiches, in dem Himmlisches und Irdisches zur Einheit wurden. Sie war die Bühne für das Machtbewußtsein des oströmischen Kaisertums und für seine Prachtentfaltung. Reich und Gottesstaat, Kaiser und Christus wa-

---

[27] Bandmann, Vorbilder, S. 443.

[28] Bandmann, a.a.O., S. 442.

[29] So Bandmann, a.a.O., S. 441.

[30] So Bandmann, Vorbilder, S. 442.

[31] Vgl. Fr. W. Deichmann, Die Hagia Sophia zu Konstantinopel (1938); *ders.*, Studien zur Architektur Konstantinopels im 5. u. 6 Jh. nach Christus (Deutsche Beiträge zur Altertumswissenschaft, Heft 4), Baden-Baden 1956; Herbert Hunger, Reich der neuen Mitte, Graz 1965, S. 210 f.

[32] Hans Belting, Studien zum beneventanischen Hof, in: Dumbarton Oaks Papers, Number Sixteen, Washington 1962, S. 141—193, bes. S. 184 nach Alfons Maria Schneider, Die H. Sophia in der politisch-religiösen Gedankenwelt der Byzantiner, in: Das Werk des Künstlers II (1941), S. 4—15 (mir leider nicht erreichbar!); J. B. Aufhauser, Die sakrale Kaiseridee in Byzanz, in: La regalità sacra (Numen, Suppl. Bd. IV), Leiden 1959, S. 534.

ren in ihr unlösbar verflochten [33]." Nicht zu Unrecht hat ihr Erbauer, Justinian I. diese Kirche „unserer Kaiserherrschaft Mutter" genannt [34].

Auf alle Fälle empfiehlt es sich, „den oft verborgenen Fäden mehr als bisher nachzugehen, welche die östliche und die westliche Christenheit in gemeinsamem Überlieferungsgut, aber auch in der Wanderung östlicher Einflüsse auf dem Gebiet der politischen Konzeption, in der Liturgie und in der Kunst stärker verbinden, als es die schriftlichen Quellen allein vermuten lassen" [35].

2. Das Fürstentum Benevent

In der fast ein halbes Jahrtausend währenden Geschichte des Fürstentums Benevent (570—1050) hat die Nachbarschaft von Byzanz, der byzantinischen Dukate (bes. Neapel) und Stadtstaaten sowie Roms die geistige Entwicklung dieser unteritalischen Langobardenherrschaft stärker geprägt als die anfängliche Zugehörigkeit zum Langobardenreiche, das schon 774 seine politische Selbständigkeit an das Frankenreich verlor [36]. Nach byzantinischem Vorbild ließ Herzog Arechis (758—787) von Benevent innerhalb seines Palastes die *Sophienkirche* erbauen, die noch vor 768 vollendet wurde [37]. Sie war als Pfalzkapelle und als „Reichskirche" des Fürstentums der südlichen Langobarden geplant [38]. Als Vorbild diente sowohl die byzantinische Reichskirche, die Hagia Sophia in Konstantinopel, wie die langobardische Palastkapelle in Pavia. Ein wohl noch der Zeit Karls

[33] Alfred Stange, Basiliken, Kuppelkirchen, Kathedralen. Das himmlische Jerusalem in der Sicht der Jahrhunderte, Regensburg 1964, S. 34.

[34] Erlaß von 535, angeführt bei A. M. Schneider, a.a.O., S. 4 f., hier zitiert nach Belting, Beneventan. Hof, S. 184. Über Stellung des byzantin. Kaisers in der Kirche vgl. H. G. Beck, Kirche und theolog. Literatur im byzantinischen Reich (Byzantin. Handbuch II/1), München 1959, S. 36 ff., 61 ff., 70 ff.

[35] Mit obigen Worten beschließt der führende Münchner Byzantinist Franz Dölger seine in der Byzantin. Ztschr. 50 (1957), S. 487—490, veröffentl. Rez. zum Sammelband „Karolingische und ottonische Kunst" (Wiesbaden 1957). Vgl. auch Dölger, Byzanz und die europäische Staatenwelt, Ettal 1953, über polit. Symbolik bes. S. 33, u. Jos. Deér, Byzanz und die Herrschaftszeichen des Abendlandes, in: Byzantin. Ztschr. 50 (1957), S. 405—436. Otto Demus, Die Rolle der byzantinischen Kunst in Europa, im Jahrb. d. österr. byzant. Ges. 14 (1965), S. 139—155.

[36] So Belting, Studien zum beneventanischen Hof, S. 144. Vgl. auch Hans Erich Feine, Studien zum langobardisch-italischen Eigenkirchenrecht, II. Teil, in: Zeitschr. f. Rechtsgesch. 62 (1942), Kan. Abt. 31, dort handelt Feine S. 11—20 über das „Herzogtum (Fürstentum) Benevent". Eine kurze Zusammenfassung der Ergebnisse dieser Studien gibt Feine, Kirchleihe und kirchliches Benefizium nach italischen Rechtsquellen des frühen Mittelalters, in: Histor. Jahrbuch 72 (1953), S. 101—111.

[37] Belting, Beneventan. Hof, S. 180.

[38] Vgl. R. Poupardin, Les institutions politiques et administratives des principautés lombardes de l'Italie méridionale (IX—XI s.), Paris 1907, S. 135, u. Belting, a.a.O., S. 182 f.

d. Gr. entstammender Bericht bezeichnet diese beneventanische Hagia Sophia geradezu als Kopie *ad exemplar illius ... Justinianae (basilicae)* [39]. Die Palastkirche zu Benevent ist demnach geradezu ein „Hauptzeuge der Orientierung am Vorbild des byzantinischen Kaisertums" [40]. Die Analogien beschränken sich nicht allein auf Patrozinium und Verbindung zum Hof. „Sie gelten auch für den prominenten Rang der Kirche als des kirchlich-religiösen und staatlich-dynastischen Mittelpunktes. Die hier gehorteten Reliquien, die Garantie und Schutz der Herrschaft gewähren sollen, erheben die Hofkirche im Rang über die Kathedrale — ein Versuch der Überwindung einer in Byzanz unbekannten Trennung — und ziehen Kirche und Heiligenkult in den Bannkreis des Hofes [41]." Über „die herrscherliche Repräsentation", welche die beneventanische Hagia Sophia sah, sind zufolge Quellenmangels nur dürftige Aussagen möglich. Sie mag ebenfalls dem byzantinischen Vorbild, das ja auch in der beneventanischen Liturgie vertreten war, in vielem gefolgt sein. Jedenfalls seit dem 9. Jh. diente die Hagia Sophia auch als Krönungskirche. Nach byzantinischem Vorbild war sie nicht nur fürstliche Eigenkirche und Hüterin der Heiltümer der Krone, sondern vornehmlich auch Heiligtum *gentis et patrie* [42]. In der Übernahme byzantinischer Reichs- und Staatssymbolik durch das beneventanische Herzogtum zeigt sich die Tendenz, „in Süditalien Unabhängigkeit und Machtanspruch zu legitimieren und den jungen Staat dem großen Vorbild Byzanz anzugleichen" [43]. Daneben darf jedoch die *capella S. Salvatoris in palatio*, die Pfalzkapelle des Langobardenreiches in *Pavia* nicht übersehen werden. Denn Herzog Arechis baute ja seine Herrschaft im süditalischen Herzogtum nach dem Muster des langobardischen Königshofes aus; Arechis betrachtete sich seit der 774 erfolgten Einverleibung des Langobardenreiches ins Fränkische Reich offen als Erbe und Nachfolger der langobardischen Könige, deren Tradition er bis in Einzelheiten des Hofzeremoniells beibehielt [44]. Auch in der architektonischen Gestaltung (Rotunda mit innerer Kuppel) der Beneventanischen Hofkirche zeigt sich die „doppelte Orientierung an den beiden Leitbildern Byzanz und Pavia, die in der gesamten Geschichte und Kultur Benevents nachgewiesen wurde" [45].

3. Byzanz und die Pfalz zu Aachen

Viel stärker als beim Herzogtum Benevent zeigt sich eine gewisse Rivalität mit dem oströmischen Kaisertum wenige Jahrzehnte später in der Über-

---

[39] Mon. Germ. hist.: Scriptores rer. Langobardicarum et Italicarum, ed. G. Waitz, Hannover 1878, S. 576 f.

[40] So Belting, Beneventan. Hof, S. 183.

[41] So Belting, Beneventan. Hof, S. 184.

[42] Belting, ebd., S. 184 f.

[43] So Belting, ebd., S. 185.

[44] Belting, ebd., S. 186 f.

[45] Belting, ebd., S. 193.

nahme byzantinischer Reichs- und Staatssymbolik durch Karl d. Gr. in der Residenz und *Pfalzkapelle zu Aachen* [46].

Diese Kapelle *(sanctae Dei genitricis basilica, quam capellam vocant* [47]*)* galt damals als *ecclesia mirae magnitudinis* [48], als *plurimae pulchritudinis basilica* [49]. Sie „erhielt ihre Zentralgestalt als Hofkirche. Sie repräsentierte das neue Reich und die neue Herrschaft" [50]. Für Karls Aachener „Palastkirche, die weltumspannende Herrschaft und göttlichen Auftrag symbolisiert", kamen vor allem byzantinische Vorbilder in Betracht. Bei der Hagia Sophia zu Benevent, einer gleichfalls zentralgestaltigen monumentalen Hofkirche [51], weist schon das Patrozinium auf Byzanz hin. Ein Bau der Familie, zu der die Sergios- und Bakchoskirche zu Konstantinopel, S. Vitale zu Ravenna und — vielleicht — das Oktogon von Hierapolis gehören, dürfte wohl für den Baumeister des Aachener Pfalzheiligtums Vorbild gewesen sein. In Byzanz muß es ja mehrere solcher kuppelgewölbter Hofkirchen gegeben haben, die Hagia Sophia darf in gewisser Hinsicht „als großartigstes Beispiel gelten".

Besser als in Konstantinopel lassen sich übrigens die byzantinischen Hofkirchen in der Provinz erfassen, so in *Kasr ibn Wardan* in Syrien [52] und, als Nachbildungen, in den von der byzantinischen Kultur abhängigen Staaten. „Ähnlich wie in Aachen, bildet dort jeweils eine zentralgestaltige Palastkirche den Kern des neuen Reiches, sei es in *Arta* im Königreich Epirus, in *Kiew* im Reiche der Rus oder in *Preslaw* im Reiche der Bulgaren [53]."

Nach anderen Forschungen wären es nun zwei nicht mehr erhaltene zentrale Marienkirchen, die unter den rund 30 Kapellen des Kaiserpalastes zu Konstantinopel dicht an Karls Aachener Pfalzkapelle heranführen; es sind dies die als *Capella Palatina* und „Schützerin des Palastes" betrachtete, freilich sehr kleine, jedoch große Reliquienschätze bergende Marienkapelle und das Marienheiligtum im Blachernenpalast. Doch nahmen diese beiden Marienkapellen am Bosporus die Aachener Konzeption nicht völlig vor-

[46] Vgl. Heinrich v. Fichtenau, Byzanz und die Pfalz zu Aachen, in: Mitteil. d. Österr. Inst. f. Geschichtsforschg. 59 (1951), S. 1—54, dazu die Rez. von Fr. Dölger in: Byzantin. Ztschr. 45 (1952), S. 245 f.; Belting, Beneventan. Hof, S. 185.

[47] Annales qui dicuntur Einhardi 829, hrsg. von Kurze, S. 177; weitere Belege bei Fleckenstein, Hofkapelle, Bd. 1, S. 41.

[48] Chron. Moissiac. z. J. 796, Mon. Germ., Script. 1, S. 303, u. bei W. Kaemmerer, Quellentexte zur Aachener Gesch. II, Aachen 1960, S. 6.

[49] Einhardi Vita Caroli Magni, c. 26 (Mon. Germ., Script. rer. Germ., Bd. 25 (1911)). Vgl. auch Walter Kaemmerer, Die Aachener Pfalz Karls des Großen, in: Karl der Große, Bd. 1, Düsseldorf 1965, S. 327.

[50] So Edgar Lehmann, Die Architektur zur Zeit Karls des Großen, in: Karl der Große, III. Bd., S. 304.

[51] Vgl. darüber oben S. 72 f.

[52] Vgl. darüber Grabar, Martyrium, Bd. 1, S. 387.

[53] So Lehmann, a.a.O., S. 306. Vgl. dazu auch Grabar, Bd. 1, S. 532.

weg. Vielmehr machen in Aachen „die auf den Altarraum ausgedehnte Doppelgeschossigkeit, das überbauende Salvatorpatrozinium ...... weiter reichende Ansprüche Karls erkennbar, die über das erreichbare Medium der Vitaliskirche in Ravenna [54] die byzantinische Staats- und Herrscherkirche sich anzueignen trachten" [55]. Die das hohe Westwerk einnehmende apsidial geformte Nische öffnet sich „wie eine große Exedra ..... dem davor liegenden Atrium .... mit allen Möglichkeiten der imperialen Repräsentation" [56]. Auf alle Fälle aber erscheint die Aachener Pfalzkapelle charakteristisch, um „die Herrschaftsauffassung Karls des Großen kennenzulernen" [57]. Der monumentale Zentralbau freilich blieb in der Geschichte der mittelalterlichen Architektur nur von untergeordneter Bedeutung. „Die Nachfolge der Aachener Pfalzkapelle blieb eingeschränkt auf Kirchen ähnlicher Bestimmung [58]." Der große Strom der sakralen Baukunst wurde vielmehr vom Langbau bestimmt [59]. Erst die Renaissance sollte das zentralgestaltige Mausoleum zu neuem Leben erwecken [60].

4. Der Markusdom in Venedig als Staatskirche

Wie die Hagia Sophia am Bosporus Kirche des Kaisers war, so darf man *San Marco in Venedig* als *Capella Ducale,* als die Kirche des Dogen bezeichnen [61]. Denn mehr wie irgend ein anderes Heiligtum des Westens ist dieses schon im 9. Jh. errichtete Gotteshaus Symbol und Zentrum politischer Macht, die Staatskirche par excellence: „It was the hub of the Venetian Empire, the ground on which the doge, the commune, the populus and the clergy met, the pledge of political and spiritual unity. It was more than Hagia Sophia, the Apostoleion, or the Chrysotriklinos of the sacred palace. It was the martyrium of state saint, palace and coronation hall, dynastic church, state sanctuary, and even parliament. In this respect it was without equal among mediaeval churches" [62].

---

[54] Vgl. darüber oben S. 71.

[55] So BANDMANN, a.a.O., S. 462.

[56] So BANDMANN, a.a.O., S. 455.

[57] So EDGAR LEHMANN, Die Architektur zur Zeit Karls des Großen, in: Karl der Große, Bd. 3, S. 308.

[58] LEHMANN, a.a.O., S. 308.

[59] Ebd., S. 308.

[60] Ebd., S. 304.

[61] Vgl. ANDREAS GALANTE, Per la storia giuridica della Basilica di San Marco, in: Ztschr. f. Rechtsgesch. 33 (1912), Kan. Abt. 2, 283—298, mit Angabe des älteren Schrifttums.

[62] OTTO DEMUS, The Church of San Marco in Venice. History, Architecture, Sculpture. With a Contribution by FERD. FORLATI (Dumbarton Oaks Studies VI), Washington 1960, S. 56. Dazu die Rez. von DEICHMANN in: Byzantin. Ztschr. 58 (1965), S. 137.

5. Das Normannenreich in Unteritalien

Normannische Ritter waren zunächst im Dienst der langobardischen Fürstentümer nach Süditalien gekommen, bis diese schließlich selbst der Eroberungslust des Robert Guiscard († 1085) zum Opfer fielen, der in Unteritalien das Normannenreich begründete. Sein Bruder Roger I. entriß den Arabern Sizilien, und dessen Sohn Roger II. erhielt dann 1130 vom Gegenpapst Anaclet II. die *corona regni Siciliae et Calabriae et Apuliae*[63]. Nach dieser Königserhebung nahm Roger II. königliche, z. T. sogar kaiserliche Herrschaftszeichen in Anspruch[64]. Ja auf allen Gebieten monarchischer Repräsentation zeigt sich unter diesem genialen Staatsmann (der mit modernen Verwaltungsmethoden ein straff organisiertes Reich mit blühenden Finanzen, starkem Heere und schlagfertiger Flotte schuf) „eine bewußte Nachahmung des Kaiserhofes von Byzanz"[65], so auch im Bereiche der Sakralkultur: „Kaum war das Königreich begründet, so begannen die *Kirchenbauten*"[66], ein Beweis, daß auch diese zur königlichen Repräsentation gehörten! „Um es den byzantinischen Kaisern gleichzutun, gründeten" die Normannenherrscher Siziliens „viele reich dotierte Kirchen sowohl innerhalb ihres Palastes in Palermo ... wie in der Nähe ihrer Residenz (Monreale)"[67]: schon 1131 legte Roger den Grundstein zum Dom von Cefalù, 1132 erstand in Palermo das Kloster *San Giovanni degli Eremiti* (dessen Abt um 1148 mit dem usus pontificalium ausgezeichnet wurde[67a]), dann stiftete Admiral Georg in Palermo die auch nach ihm benannte Marienkirche, die spätere *Martorana*, und 1140 fand die Weihe der innerhalb des königlichen Palastes errichteten *Capella Palatina* statt[68].

Im Dom von *Cefalù* stiftete König Roger II. als herrscherliche Grablege die berühmten Porphyrsärge: *Sarcophagos vero duo porphyriticos ad decessus mei signum perpetuum conspicuos in praefata ecclesia stabili-*

[63] Paul Kehr, Italia pontificia VIII, 35 f. u. 129—131, sowie Erich Caspar, Roger II. (1101—1154) und die Gründung der normannisch-sicilischen Monarchie, Innsbruck 1904 (unveränderter Neudruck Darmstadt 1963), S. 93 ff. u. 506 ff.; Hans Hirsch, Das Recht der Königserhebung durch Kaiser und Papst, in: Festschr. E. Heymann, Bd. 1, Weimar 1940 (Wiederabdruck bei Hirsch, Mittelalterl. Urkundenforschung, Darmstadt 1965, bes. S. 36; Carl Arnold Willemsen, Geschichte der Normannen, Darmstadt (in Vorb.).

[64] Reinhard Elze, Zum Königtum Rogers II. von Sizilien, in: Festschr. Percy Ernst Schramm, Bd. 1, Wiesbaden 1964, S. 102—116.

[65] Vgl. Josef Deér, Der Kaiserornat Friedrichs II. (Dissertationes Bernenses II/2), Bern, 1952, S. 13.

[66] So formuliert der später berühmt gewordene Papsthistoriker E. Caspar, Roger II., S. 467.

[67] So formuliert es der gelehrte französische Archäologe und Kunsthistoriker André Grabar, Byzanz (Baden-Baden 1964), S. 134 f.

[67a] Vgl. unten S. 86 mit Anm. 130.

[68] Vgl. das Tabularium Regiae ac Imperialis Capellae Collegiatae Divi Petri in Regio Panormitano Palatio, Palermo 1735; Joseph Carafa, De Capella Regis

mus fore permansuros, in quorum altero iuxta canonicorum psallentium chorum post diei mei obitum conditus requiescam, alterum vero tam ad insignem memoriam mei nominis quam ad ipsius ecclesiae gloriam stabilimus[69].

So haben die normannischen Könige, obwohl gefürchtete Gegner von Byzanz, die Basileis von Konstantinopel in allem nachgeahmt, was die äußeren Zeichen der Macht betraf, hinsichtlich Insignien, Zeremonien, Purpururkunden [70], Porphyrsarkophage [71] und der Palastkirchen [72].

6. Beispiele aus der Peninsula

Während die schon 802 geweihte *Cámara santa* im Asturischen Königspalast zu *Oviedo* noch verhältnismäßig einfach gehalten ist [73], haben dann die wiedererstandenen christlichen Königreiche auch auf Repräsentation auf religiösem Gebiete großen Wert gelegt. So besonders die Herrscher von Aragon [74]. Dort hat König Peter IV. (1336—1387) „den Glanz seiner ihn ständig begleitenden Kapelle" zu vermehren gewußt, indem er etwa seinen Verwandten, Johann von Aragon, Erzbischof von Cagliari auf Sardinien, gewissermaßen als ihren Repräsentanten lange Zeit bei sich behielt [75]. In den königlichen Pfalzen zu *Saragossa*, *Barcelona*, *Valencia* und im Kastell zu *Lérida* hatte dieser König Kaplaneien eingerichtet, deren Inhaber nach Art von Kapiteln feierlichen Gottesdienst zu halten hatten. Seine Hofkapellen konnten Peter IV. „gar nicht repräsentativ genug sein"; er suchte damit „bewußt in die Öffentlichkeit hinein zu wirken" [76].

utriusque Siciliae et aliorum Principum, Rom 1749, bes. S. 23 ff.; danach Anton Joseph Binterim, Von der Kapelle und den Kapellänen des Königs von Sicilien, in: Binterim, Denkwürdigkeiten, 1. Aufl., II/1, S. 187—198, die 2. Auflage ist mir nicht erreichbar; d'Avack, Chiese Palatine, S. 390, Anm. 2; Grabar, Byzanz, Baden-Baden 1964, S. 94, 130 u. bes. S. 134 f.

[69] J. Deér, The Dynastic Porphyry Tombs of the Norman Period in Sicily (Dumbarton Oaks Studies 5), Cambridge/Mass. 1959, S. 1; Regest bei Caspar, Roger II., S. 562, Reg. 194.

[70] Vgl. Franz Dölger, Byzantinische Diplomatik, Ettal 1956, S. 1—74.

[71] Purpurfarbe und Porphyr waren in Byzanz streng gehütetes kaiserliches Reservat. Vgl. Hunger, Reich der neuen Mitte, S. 84 ff.; Deér, Kaiserornat Friedrichs II., S. 13 f.

[72] Grabar, Byzanz, S. 134 f. Vgl. auch Grabar, Martyrium, Bd. 2, S. 541 u. 577, Anm. 1. G. Urban, Strutture architettoniche Normanne in Sicilia, in: Byz. Ztschr. 59 (1966), S. 72—93.

[73] Vgl. André Grabar, Martyrium. Bd. 1, S. 574 ff.

[74] Vgl. Johannes Vincke, Staat und Kirche in Katalonien und Aragon, Münster i. W. 1931; F. Soldevila, Historia de Catalunya ²I, Barcelona 1962.

[75] Johannes Vincke, Das Patronatsrecht der aragonischen Krone, in: Ges. Aufsätze zur Kulturgesch. Spaniens Bd. 10, Münster i. W. 1955, S. 54—95, bes. S. 62.

[76] So Vincke, Patronatsrecht, S. 78; Günther Rohfleisch, Der Ausbau der Pfalzkapelle zu Valencia durch Peter IV. von Aragón, in: Festschrift für Johannes Vincke, Madrid 1962/63, S. 183—192. Eine lesenswerte Zusammenschau der spanischen Verfassungsgesch. gibt der Münchner Staatsrechtslehrer Theodor Maunz, Das Reich der spanischen Großmachtzeit, Hamburg 1944.

7. Die „Heilige Kapelle“ als Repräsentationstyp des abendländischen Pfalzheiligtums des Mittelalters

Im lateinischen Westen entwickelte sich ein längseckiger Typ von Pfalzkapellen, deren Ursprung in den altchristlichen Mausoleen und Martyrien zu suchen ist [77]. Die zur Verwahrung berühmter Heiltümer von König Alphons III. von Asturien bei seinem Palast in *Oviedo* erbaute *Cámara santa* gehört zu den frühen Beispielen dieser Art.

In Frankreich hat sich dann eine eigene Leitgestalt für Pfalzkapellen ausgebildet, die durch einen einschiffigen, mehrjochigen Raum charakterisiert ist, der von einem Apsisvieleck abgeschlossen wird. Diese französischen *Saintes Chapelles* haben als früheste Palastkapelle auf deutschem Boden die bereits 1222 unter Herzog Leopold VI. fertiggestellte babenbergische Pfalzkapelle in *Klosterneuburg* angeregt [78], die wegen ihres Reichtums und ihres edlen Baumaterials den Namen *Capella speciosa* erhielt [79]. Seinen Höhepunkt erreichte der Bautyp der französischen Saintes Chapelles dann in der *Sacra Capella Palatii Parisiensis.* Dieses von Pierre de Montereau in *Paris* in wundervoller Eleganz errichtete und 1248 geweihte Heiligtum stellt einen zweigeschossigen Bau dar, während ein nördlicher Anbau die Sakristeien und den Trésor des Chartes, das Schatzarchiv des Königreiches enthielt.

Diese *Sainte Chapelle du Palais* bildete das Modell, nach dem nun in Frankreich andere Pfalzkapellen erstellt wurden, so beispielsweise in *Vincennes.* Noch stärker als den älteren Saintes Chapelles Frankreichs sollte der Pariser Schloßkapelle König Ludwigs IX., des Heiligen, auch über die Grenzen der Gallia Christiana hinaus exemplarische Bedeutung zukommen, so insbesondere für Böhmen und Österreich.

Auch an anderen europäischen Höfen war man bestrebt, nach dem von König Ludwig dem Heiligen errichteten Vorbild der Sainte Chapelle zu Paris Pfalzkapellen einzurichten. Am Hofe der Herzoge von Burgund zu *Dijon* wie an jenem der Savoyer zu *Chambery* hat man in Nachahmung des Pariser Modells den Pfalzoratorien auch den Namen *Sainte Chapelle* gegeben.

8. Weitere Hofkirchen im römisch-deutschen Reich

Besonders stark war die Einwirkung der Saintes Chapelles auf *Böhmen;* Karl IV. hatte in seiner Jugend jahrelang am französischen Königs-

---

[77] Vgl. Bandmann, Art. Doppelkapelle, in: Reallex. z. dt. Kunstgesch. IV, bes. Sp. 201 f.

[78] Walter Buchowiecki, Die gotischen Kirchen Österreichs, Wien 1952, S. 18.

[79] August Essenwein, Die Capelle des heil. Johannes d. Täufers, genannt Capella speciosa zu Klosterneuburg, in: Mitteil. des Altertumsver. f. Wien 5 (1861), S. 1—44.

hof geweilt. In Prag ließ dieser Luxemburger durch einen französischen Architekten den Neubau des Veitsdomes beginnen, bei der Allerheiligenkirche beim Palas der Prager Burg nach dem Vorbild der „Glashaus"-Chöre französischer Kathedralen einen neuen Chorbau errichten und schließlich die Kultburg Karlstein erbauen, die Sakral- und Wohnräume wehrhaft vereinte. Die sakraldynastischen Bemühungen seines Schwiegervaters Karl IV. nahm sich in Österreich Rudolf IV. zum Vorbild, als er in der Wiener Burg eine neue Pfalzkapelle mit einem exempten Kollegiatkapitel stiftete und dieses bald darauf in den Stephansdom transferierte, den er als Kirche der Herrschaft zu Österreich großartig auszubauen begann. Die böhmisch-österreichischen Vorbilder mögen weithin in den Territorien des Heiligen Römischen Reiches Nachahmung gefunden haben. Im Gegensatz zur Eigenständigkeit ihrer staatlichen Leistung haben die Fürsten in den Formen ihrer staatlichen Repräsentation überwiegend keine eigenen Wege beschritten, sondern das Königtum zum Vorbild genommen [80], so auch hinsichtlich der Hofkirchen. Infolgedessen repräsentiert sich die Geschichte der fürstlichen Hofkirchen wie auch sonst der fürstlichen Herrschaftszeichen zu einem großen Teil als Geschichte der *imitatio regni vel imperii* [81]. Dies paßt sehr gut zu den Ergebnissen von Wilhelm Berges und Frhn. von der Heydte, die festgestellt haben, daß der neue Territorialstaat lange Zeit auch keine eigene Staatstheorie entwickelte, sondern seine Begriffe vielfach aus der Reichstheorie der Legisten übernommen habe, gewissermaßen im Banne der Faszination, welche das Heilige Römische Reich gerade in dieser Spätzeit, in umgekehrter Proportion zu seiner realen politischen Bedeutung, ausübte [82].

Doch über die Grenzen des Reiches hinaus fand der dort gepflegte Typ der *capella regia* Nachahmung, so beispielsweise in *Ungarn.* Dort mag König Sigmund beim Bau der Burgkapelle zu Buda an böhmisch-österreichische Vorbilder gedacht haben [83]. Immerhin waren dort schon in früherer Zeit ansehnliche „Königskathedralen" entstanden [84].

---

[80] Vgl. Ursula Begrich, Die fürstliche Majestät Herzog Rudolf IV. von Österreich. Ein Beitrag zur Gesch. der fürstlichen Herrschaftszeichen im späten Mittelalter, Wiener phil. Diss. 1964, Maschinenschrift in Univ.-Bibl. Wien, D 15 625, S.2.

[81] Zu diesem Begriff vgl. Huizinga, Herbst des Mittelalters, 9. Aufl., Stuttgart 1965, S. 51 ff.

[82] W. Berges, Die Fürstenspiegel des hohen und späten Mittelalters (Schriften der Mon. Germ. 2, Leipzig 1938, bes. S. 123 ff.; Friedrich August Frh. von der Heydte, Die Geburtsstunde des souveränen Staates, Regensburg 1952, S. 83—111.

[83] Vgl. L. Bernát Kumorovitz, A budai várkápolna és a Szent Zsigmond-prépostsag történetehez, in: Tanulmányok Budapest multjából, 15. Bd., Budapest 1963, S. 109—151.

[84] Vgl. darüber Andreas Angyal, Die Königskathedrale in Ungarn, in: Forschungen u. Fortschritte 32 (1958), S. 120 f.

9. Hofkirchen sonst in Italien

Im Verlaufe dieser Übersicht wurde schon wiederholt auf Hofkirchen hingewiesen, die sich auf italischem Boden finden [85]. In seiner Eingabe an Kaiser Karl VI. wies das Wiener Metropolitankapitel darauf hin, daß diesem Herrscher als König von *Neapel* folgende capellae regiae zustehen: „eine in [der] Metropolitana selbsten in *Capella S. Januarii* ..., ... die andere aber in dem königlichen Palast, deren jede eine besondere Anzahl Canonicorum hat [86]. Zu *Palermo* ... eine in der Kirche an der königlichen Residenz, *Chiesa di Paluzzo* genant, ebenfalls mit Canonicis. So haben auch Euer Majestät als Herzog zu *Mayland* ein dergleichen exemptam Capellam Regiam cum Canonicis in dasiger Kirchen *Alla Scala* genannt, ja sogar zu *Mantua* besitzen Euer kaiserliche Majestät ein gleiches Privilegium an der herzoglichen Capellen *S. Barbarae,* wo gleichfalls die dabey befindliche Canonici hoc titulo von des Ordinarii Jurisdiction befreyet seynd ...“ [87].

Im Zuge der nationalen Einigung Italiens waren diese und verschiedene andere Chiese palatine an das Haus Savoyen übergegangen. Italien ist m. W. auch der einzige Staat, in dem sich auch noch im 20. Jh. Juristen eingehend mit der Rechtsstellung der Hofkirchen forschungsmäßig befaßt haben, und zwar geschah dies hauptsächlich unter staatskirchenrechtlichen Gesichtspunkten [88]. Das Konkordat von 1929 behielt dem Königshaus verschiedene Hofkirchen vor [89].

Nach dem Sturz der Monarchie (1946) sind die bisher dem Königshause zustehenden Rechte an den Chiese Palatine an den Staatspräsidenten übergegangen [90]. So wird beispielsweise das *Pantheon* in *Rom,* ehedem eine der Hofkirchen der Ewigen Stadt, heute als exemptes Staatsheiligtum betrachtet.

III. Repräsentative Besonderheiten wirklicher Königskirchen an Residenzen

1. Exemptio

Die älteste Form einer Exemption ist die durch can. 3 des Konzils von Konstantinopel 381 grundgelegte Ausgliederung des Bischofssitzes von *Byzanz* aus dem Obermetropolitanverband von Herakleia (Reichsdiözese

---

[85] Vgl. oben S. 72 f. u. 75 f.

[86] Über die Capella Palatina Neapolitana vgl. CARAFA, De capella regis, S. 30 ff. u. 61 ff.

[87] ZSCHOKKE, Metropolitan-Capitel in Wien, S. 176 f.

[88] Vgl. bes. die oben S. 68, Anm. 12, erwähnte Abhandlung von D'AVACK.

[89] Vgl. SCHÖPPE, Konkordate seit 1800, Frankfurt a. M. 1964, S. 214—220 u. 224—226.

[90] Frdl. Mitteilung von Magnifizenz Prof. Dr. A. M. STICKLER, dz. Rektor des Athenaeum Pontificium Salesianum in Rom.

Thrakien), womit die kirchliche Vorrangstellung der Kaiserstadt vor allen Bischofssitzen, außer Alt-Rom, ihren Anfang nahm [91]. Diese Bevorrechtung Neu-Roms „stellt eine aus der Konkurrenz mit Alt-Rom entstandene Exemtion vom Diözesanverband dar" [92].

Im Oströmischen Reich hat der Kaiser einzelnen Klöstern durch Privileg jegliche Freiheit von patriarchaler, bischöflicher oder kaiserlicher Gewalt verliehen, so dem berühmten Patmoskloster, das Kaiser Alexios I. 1088 *μόνῳ θεῷ* unterstellte. Die so privilegierten Klöster wurden als *μοναστήρια ἀντεξοῦσα* bezeichnet [93].

Nach dem langobardischen Eigenkirchenrecht blieb „die bischöfliche Jurisdiktion über die der Pfalz unterstehenden Eigenkirchen und Klöster im 8. Jh. so gut wie ausgeschlossen" [94].

Der beneventan. Episkopat begann Mitte des 9. Jhs. sich von der eigenen nationalen Tradition zu lösen, womit auch eine größere Unabhängigkeit von der weltlichen Gewalt und eine Ausdehnung der bischöflichen Jurisdiktion über die Eigenkirchen des Hofes erstrebt wurde [95].

Im *fränkischen Reich* macht sich schon früh eine exempte Stellung des Königsgutes bemerkbar, diese wird auch für die königlichen Pfalzkapellen in Anspruch genommen, desgleichen für den an diesen tätigen Klerus. Schon in karolingischer Zeit hatte sich dieser „ganz außerhalb des hierarchischen Zusammenhangs und der Unterordnung unter die kirchlichen Obern befunden" [96].

Hinsichtlich der Rechtsstellung der *Sacra capella Parisiensis* konnte gegenüber einer Beschwerde des Erzbischofs von Sens 1275 König Philipp III. darauf hinweisen, daß er anläßlich der Krönung seiner zweiten Gemahlin in der Sainte Chapelle den Metropoliten von Sens gar nicht beizuziehen verpflichtet war, *quoniam capella regis Parisiis exempta erat* [97]. Man möchte

---

[91] AUDOMAR SCHEUERMANN, Art. Exemtion, in: Lex. f. Theol. u. Kirche ²III, Sp. 1295.

[92] So SCHEUERMANN, Art. Diözese (Dioikesis), in: Reallex. f. Antike und Christentum, Bd. 3, Stuttgart 1957, Sp. 1058 nach KONRAD LÜBECK, Reichseinteilung und kirchliche Hierarchie des Orients bis zum Ausgange des 4. Jhs., Münster i. W. 1901, S. 191 ff.

[93] Über Exemptionsverleihungen durch den byzant. Kaiser vgl. H. G. BECK, Kirche und theolog. Literatur im Byzant. Reich, München 1959, S. 129 f.

[94] So HANS ERICH FEINE, Studien zum langobardisch-italischen Eigenkirchenrecht, 2. Teil, in: Ztschr. f. Rechtsgesch. 62 (1942), Kan. Abt. 31, S. 11 ff. Über herzogliche Eigenkirchen im Herzogtum Benevent handelt FEINE a.a.O., S. 11 ff.

[95] BELTING, Studien zum beneventanischen Hof, S. 162.

[96] FRIEDRICH MAASSEN, Glossen des kanonischen Rechts aus dem karolingischen Zeitalter, in: Sitzungsber. der Wiener Akad. der Wiss., phil.-hist. Kl. 84 (1877), S. 246.

[97] G. DE NANGIS, Gesta Philippi [III.] Regis Franciae, in: Rerum Gallic. et. Franc. Script. 20 (1840), S. 496; dazu P. E. SCHRAMM, Der König von Frankreich, 2 Bde., 1939, Neudruck Wiss. Buchges. Darmstadt 1960, Bd. 1, S. 127 f. u. Bd. 2, S. 84 u. 128, Anm. 1.

vermuten, daß deren Exemption wohl auf Grund uralter, schon in fränkischer Zeit auch in kirchlicher Hinsicht in Anspruch genommener Freiung des Königs und seines Hofes geradezu als selbstverständlich galt. Das mittelalterliche Frankreich galt ja als Rechtsnachfolger des Westfränkischen Reiches. Auch die deutschen Könige haben als Rechtsnachfolger der ostfränkischen Herrscher die Exemption ihrer Pfalzkapellen als selbstverständlich betrachtet, ohne sich hierfür um päpstliche Privilegien zu bewerben. In Frankreich haben später immerhin Benedikt XI. und Johannes XXII. die Angehörigen der Sainte Chapelle von der bischöflichen Jurisdiktion, ebenso von der des Erzbischofs von Sens eximiert und ausschließlich jener des Trésorier unterstellt [98].

In *England* galt die im Bereiche des königlichen Palastes von *Westminster* gelegene gleichnamige Abtei rechtlich als Bestandteil desselben und demnach als königliche Kapelle. Schon seit dem 13. Jh. genoß sie den Vorzug kirchlicher Exemption [99].

Für die im Bereiche dieser Nachfolgestaaten der fränkischen Monarchie später entstandenen jüngeren Gebilde wurde jedoch meist im Wege der Privilegierung eine gefreite Stellung ihrer Hofkapellen angestrebt.

Die Exemption der schon 1172 begründeten *capella ducis Burgundiae* hatte schon seitens Alexander III. (1172) [99a] und bes. seitens Innocenz' III. (1198—1216) durch die Konstitution *Cum capella* die päpstliche Anerkennung gefunden [100].

Das Allerheiligen-Pfalzstift zu *Wien* erhielt schon 1358 die Exemption von Passau und Salzburg. Das von Kaiser Friedrich III. mitbegründete säkulare Kollegiatstift Zwettl erhielt 1483 die Exemption [101].

1399 genehmigt Abt Nikolaus von Langheim OCist. die Sonderstellung der Burgkapelle auf der *Plassenburg* bei Nürnberg gegenüber der Pfarrei Kulmbach [102].

Hinsichtlich weiterer Exemptionsprivilegien sei auf die Zusammenstellung bei D'Avack verwiesen [103].

Die 1149 von den Grafen von Barcelona und der Familie von Cervera gegründete Zisterze *Poblet* wurde 1183 dem König von Aragon direkt unterstellt (königliche Grablege!) und 1220 die faktische Exemption päpst-

---

[98] A. TARDIF, Privilèges accordés à la couronne de France par la Saint-Siège, Paris 1855, Nr. 121 u. 171.

[99] WETZER-WELTE, Kirchenlexikon, 2. Aufl., XII. Bd. (1901) Sp. 1409.

[99a] La Sainte-Chapelle de Dijon, ebd. 1962, S. 17.

[100] c. 16, X, 5, 33.

[101] FRANZ ZÁK, Dignitäten und Kapitel in den ehemal. Kollegiatstiften der Diöz. St. Pölten, St. Pölten 1955, S. 6 u. 77.

[102] Monumenta Zollerana, Urkunden zur Gesch. des Hauses Hohenzollern 6 (1860), 45, Nr. XLVII.

[103] D'AVACK, Le Chiese Palatine, in: Rivista Italiana per le scienze giuridiche 4 (1929), S. 382 f.

licherseits bestätigt [104]. Dank der grundlegenden Forschungen von Johannes Vincke [105] und seiner Schule können wir das Bemühen der Krone um die Eximierung der Pfalzkapellen insbesondere seit König Peter IV. (1336 bis 1387) näher verfolgen. So verfocht dieser tatkräftige Herrscher beim Ausbau seiner Pfalzkapelle zu *Valencia* die Exemption seiner Pfalzkapellen von den Hoheitsrechten der Bischöfe und von aller Abhängigkeit gegenüber den Pfarrkirchen, in deren Sprengel die Pfalzkapellen errichtet waren [106].

In *Venedig* waren Primicerius und Klerus von San Marco vom Bischof unabhängig — dafür um so abhängiger vom Dogen — und wurden durch die Bulle *Consuevit* Innocenz IV. 1257 der Jurisdiktion des Patriarchen von Grado und des Bischofs von Castello (dem Venedig damals unterstand) entzogen und erhielten allmählich zahlreiche Vorrechte. Die Kathedralkirche S. Pietro di Castello wurde seit dem 10. Jh. durch den Glanz der „Dogen"-Kapelle S. Marco weit überstrahlt. Erst Napoleon I. hob 1806 die Würde des Primicerius auf, der Vicekönig Eugen aber übertrug 1807 die Würde der Patriarchalkirche von S. Pietro di Castello nach S. Marco, was schließlich Pius VII. 1821 anerkannte [107].

Die Exemption des Pfalzklerus erschien derart erprobt und selbstverständlich, daß sogar innerhalb des Jesuitenordens 1578 der Vorschlag erstand, die in Bayern tätigen Hofbeichtväter S. J. der Jurisdiktion der Haus- und Provinzoberen zu entziehen und unmittelbar dem Ordensgeneral in Rom zu unterstellen [108].

Die Exemption kam dem Herrscher, seiner Familie und seinem Hofstaat zu. Noch Ende des 18. Jhs. lehrte Carl Gottlieb Svarez: „Die königlichen Bedienten sind von den Parochien ausgenommen und können sich halten, zu welcher Kirche sie wollen [109]."

In *Italien* hat beispielsweise erst das Konkordat von 1929, Art. 29 g, eine gewisse Einschränkung der überkommenen Privilegien der Exemption des Hofklerus gebracht, dessen Stellung im Abkommen vom 13. Juni 1939 näher geregelt wurde [110].

---

[104] Vgl. Art. Poblet, in: Lex. f. Theol. u. Kirche ²VIII (1963), Sp. 576.

[105] Vgl. Vincke, Das Patronatsrecht der aragonischen Krone, in: Gesammelte Aufsätze zur Kulturgesch. Spaniens, 10. Bd. (1955); danach N. Grass, Zur Rechtsgeschichte der abendl. Königskirche, S. 175 f.

[106] Günther Rohfleisch, Der Ausbau der Pfalzkapelle zu Valencia durch Peter IV. von Aragon, in: Homenaje a Johannes Vincke, Bd. 1, Madrid 1962/63, S. 187.

[107] Vgl. Andreas Galante, wie oben S. 75, Anm. 61.

[108] Burkhard Schneider, Hoffaeus und Canisius, in: Ztschr. für kath. Theologie 79 (1957), S. 322; *ders.* Paul Hoffaeus, Rom 1956, S. 38 ff.

[109] Svarez, Vorträge über Recht und Staat, hrsg. v. H. Conrad u. G. Kleinheyer, Köln 1960, S. 356.

[110] Vgl. Lothar Schöppe, Konkordate seit 1800, Frankfurt a. M. 1964, S. 182 u. 214—226.

Jahrhundertelang war also das Königtum Träger des Exemptionsgedankens, während der Papst oft nur eine mitwirkende Rolle spielte [111]. Diese Feststellung gilt sowohl für große Teile des Abendlandes wie auch für Byzanz.

2. Glanzvolle Gestaltung des Hofgottesdienstes

a) Collegiatae. Alte und neuere Pfalzkapitel

Auch durch prächtige Begehung des Gottesdienstes in den Pfalzgotteshäusern sollte der Glanz des Königtums zum Ausdruck gelangen. Die feierlichste Form der Messe stellt das Pontifikalamt dar [112]. Zu dessen Begehung am Königshof erschien es nötig, jeweils einen infulierten Prälaten zur Verfügung zu haben. Mitunter hatte in der Residenzstadt noch kein Bischof seinen Sitz oder man war aus irgendwelchen, meist politischen Gründen mit diesem in gespanntem Verhältnis. Oft wollte man zudem hinsichtlich des Hofgottesdienstes vom zuständigen Bischof unabhängig sein.

Die Marienkapelle zu *Aachen* war schon vor 870 in ein Stift verwandelt worden [113], in dem ein Teil der Hofgeistlichkeit nunmehr ständig an diesem Pfalzheiligtum den Dienst versah. Andere große Residenzkapellen folgten auch diesbezüglich dem Aachener Vorbild; ihre Geistlichen sonderten sich vom übrigen Pfalzklerus ab, indem sie die vita canonica annahmen. Als unter Heinrich III. *Goslar* an die Spitze aller königlichen Pfalzen trat, gründete dieser König hier auch ein glänzendes Pfalzstift [114].

Der an der Spitze des Pfalzkapitels der Sainte-Chapelle zu *Paris* stehende *Thesaurarius* bekam erst 1365 den Gebrauch der *ornamenta pontificalia*, noch dazu ohne Bischofsstab zugestanden [115]. Den Kanonikern des Pfalzstiftes am französischen Königshof aber kam eine besondere, auszeichnende Kleidung zu. Die Gallia Christiana berichtet diesbezüglich: „ut ab aliis Parisiensibus collegiis Sacrae capellae distinguantur canonici, illis almutiae *de griso*, seu de pellibus *grisis fouratae de minutis variis* constituantur loco nigrarum“ [116]. Jüngere staatliche Gebilde hatten in ihren Hauptstädten oft kein solches Pfalzstift zur Verfügung, das den herrscherlichen Gottesdienst festlich begangen hätte. Die Gründung eines solchen Pfalzstiftes ging oft nur allmählich vor sich. So errichtete der Böhmenherzog Wratislaw II. (1061—1092) bei Prag das großartig ausgestattete Kollegiatkapitel am *Wyschehrad*. Dank seiner vortrefflichen Beziehungen zu

---

[111] Für Deutschland: Scheuermann, Die Exemtion, Paderborn 1938, S. 54 f.

[112] Vgl. Josef Andreas Jungmann, Missarum Solemnia, 2 Bde. 5. Aufl., Wien 1962, Bd. 1, S. 263 ff.

[113] Fleckenstein, Hofkapelle, Bd. 1, S. 100 u. 153.

[114] Vgl. Fleckenstein, Hofkapelle, Bd. 2, S. 282 ff.

[115] Gallia Christiana VII, Paris 1744, Urkundenband Nr. 169, Sp. 129.

[116] Gallia Christiana VII, Paris 1744, Sp. 241.

Rom erwirkte dieser Herzog hiefür sogar das für außeritalische Gebiete höchst seltene Privileg, daß sich nicht bloß der Propst (dem sogar der böhmische Fürstenrang zukam[117]), sondern alle Kanoniker dieses Pfalzstiftes beim Gottesdienst der bischöflichen Mitra und Sandalen bedienen durften. Nicht zu Unrecht wählte ein Historiker für die Beschreibung dieses Stiftes den zwar barock klingenden, aber zutreffenden Titel *Gloria et majestas sacrosanctae regiae exemptae et nullius dioecesis Wissehradensis Ecclesiae*[118].

Mehr als 300 Jahre später erhielten die Kanoniker des Prager Metropolitankapitels 1389 den Gebrauch von *mitrae pontificales gemmatae aurifrisiatae* durch Bonifaz IX. verliehen, und zwar *prout decanus et canonici ecclesiae ... Wissegradensis ... utuntur*[119]. Den Kanonikern der schon bald nach 1130 im normannischen Königspalast von *Palermo* errichteten *Capella Palatina* aber wurde erst 1755 das Pontifikalprivileg nach Art der Protonotarii supra numerum zuteil[120].

Nach böhmischen Vorbildern begründete dann Rudolf IV. „der Stifter" in Wien bei der Kapelle der Hofburg das Allerheiligen-Pfalzkapitel, das wenige Jahre später in den Stephansdom transferiert wurde. Über Betreiben dieses Herzogs erhielt der Propst dieses exempten Pfalzstiftes schon 1358 den usus pontificalium einschließlich des Bischofsstabes verliehen[121]. Da der Hirten- oder Bischofsstab wohl aus dem byzantinischen Marschallstab hervorgegangen war[122], paßte er ja besonders gut in die höfische Sphäre des einem Pfalzkapitel vorstehenden Propstes, dem nach Rudolf IV. Intentionen sogar Fürstenrang zukommen sollte.

Wie sehr Rudolf IV. selbst an diesem religiösen Gepränge interessiert war, geht aus dem Stiftbrief des Pfalzkapitels von St. Stephan (1365) hervor; darin bestimmt dieser Herzog „daz der probst dieser stift zu allen heiligen zu Wien gotsdienst begen soll und mag mit infel, stab und ander bischöflicher gezierd"[123].

War das gesamte Wyschehrader Pfalzkapitel durch den Gebrauch der Mitra ausgezeichnet, so wollte Rudolf IV. dieses durch eine dem Wiener

---

[117] Vgl. JULIUS V. FICKER, Vom Reichsfürstenstande, Bd. 1, Innsbruck 1861, Nr. 252, Anm. 1.

[118] HAMMERSCHMIDT, Prag 1700.

[119] Privilegia semper fideli Metropolitano Capitulo Pragensi a Sancta Sede concessa, Prag 1905, 11.

[120] NABUCO, Ius pontificalium, S. 77, n. 56.

[121] GRASS, Wiener Stephansdom, S. 97.

[122] Vgl. THEODOR KLAUSER, Der Ursprung der bischöfl. Insignien u. Ehrenrechte, 2. Aufl., Bonn 1953; *ders.*, Kleine abendländische Liturgiegeschichte, 5. Aufl., Bonn 1965, S. 36 f.

[123] ZSCHOKKE, Metropolitan-Capitel zum Hl. Stephan in Wien, Wien 1895, S. 35 f.

Pfalzkapitel vom Papst zugestandene kardinalsähnliche rote Kleidung (tunicam et cappam rubei coloris) an religiösem Pomp womöglich noch übertreffen! [124]

Am Kaiserhof in Wien scheint man zunächst lange mit dem infulierten Propst des Allerheiligen-Pfalzstiftes zu St. Stephan als Hofpontifex das Auslangen gefunden zu haben, seit der früheren Neuzeit wird dann der Wiener Nuntius „come ordinario della corte" herangezogen [125] und erst kurz vor Ende der Monarchie erhielt der Wiener Burgpfarrer 1912 den usus pontificalium more abbatis benedicti verliehen [126]. Der vom Bischof exempte Primicerius der Dogenkirche zu San Marco in Venedig erhielt erst im 15. Jh. bischöfliche Kleidung, und seine Kapläne die Auszeichnung von Kanonikern [127].

In Italien, wo sich die monarchische Staatsform bis 1946 gehalten hatte, wurden noch in dem am 13. Juni 1939 zwischen der Regierung und dem Apostolischen Stuhl geschlossenen Abkommen dem Capellano Maggiore des Königs als palatinischem Ordinarius durante munere die bischöflichen Insignien zugestanden [128].

Derartige Pfalzkapitel waren durchaus nicht an allen wirklichen Residential-Hofkirchen vorhanden. Noch um 1720 konnten die Kanoniker zu St. Stephan in Wien gegenüber Kaiser Karl VI. darauf hinweisen, daß ihr Kapitel „Eurer Majestät als Erzherzogens in Österreich *capella regia*" sei, und zwar „die einzige ..., welche in dero österr. Erbländern *in plena forma capella regia* aufgerichtet" und „mit Canonicis versehen" sei [129].

b) Pontifikalprivilegien für dem Hof nahestehende Abteien.

Wo jedoch kein Pfalzstift vorhanden war, erschien es als der einfachste und billigste Ausweg, die Verleihung des usus pontificalium an den Abt eines dem Hofe genehmen Klosters in Rom zu betreiben. So erwirkte beispielsweise bald nach Begründung des normannischen Königtums Roger II. († 1154) für den Abt des dem Königspalast von Palermo benachbarten Klosters San Giovanni degli Eremiti das Pontifikalprivileg [130].

---

[124] Da diese ungewohnte rote Kleidung *ad superstitionem et pompam potius imputatur,* hat Papst Urban V. schon 1366 diese verboten. Grass, Wiener Stephansdom, S. 97.

[125] Vgl. Nik. Grass, Pfalzkapellen und Hofkirchen in Österreich, 2. Teil, S. 185—191.

[126] Wiener Diözesanblatt 1913, S. 20.

[127] Vgl. Histor. Jahrbuch 1883, S. 203.

[128] Lothar Schöppe, Konkordate seit 1800, Frankfurt a. M. 1964, S. 216.

[129] Zschokke, Metropolitan-Capitel, S. 170; dazu Grass, Stephansdom, S. 118.

[130] Jos. Deér, Der Anspruch der Herrscher des 12. Jhs. auf die apostol. Delegation. Archivum Historiae Pontificiae II (1964), S. 118—186, bes. S. 147, dazu Merzbacher in: Ztschr. f. Rechtsgesch. 82 (1965), Kan. Abt., 51, S. 318.

Der Abt von Glastonbury (Somerset), wohl des ältesten Benediktinerklosters des Inselreiches, bekam das Recht, sich der Pontifikalien zu bedienen „ubicumque rex Angliae praesens esset“ [131].

Auf Bitten des Königs Peter IV. von *Aragón* gestattete Papst Clemens VI. (1342—1352) dem Abt des Pfalzklosters Poblet *ubicumque et quotiescumque opus erit* zu pontifizieren [132].

Die von den Bischöfen exempten Äbte von Poblet und Santa Cruz OCist. behaupteten auch kirchlich eine hohe Stellung, die ihren Glanz auch bei ihrer Anwesenheit am Hof und in der Königlichen Kapelle entfaltete [133].

In *Österreich* hatten schon vor Errichtung des Wiener Pfalzkapitels durch Rudolf IV. und lange vor Erwirkung eines eigenen Landesbistums die Herzoge in Rom die Verleihung der Pontifikalien für einige ihren Residenzen nahegelegene hervorragende Stifte durchgesetzt, so 1260 für die Kanonie Klosterneuburg und 1287 für das Schottenkloster in Wien [134].

Anläßlich seines Romzuges (1452) erwirkte Kaiser Friedrich III. das Pontifikalprivileg sowohl für das Kollegiatstift wie für das Zisterzienserkloster in seiner Lieblings-Residenz Wiener Neustadt [135].

Noch im 16. Jh. wurde der Abt des landesfürstlichen Hausklosters Stams OCist. von den Tiroler Landesfürsten wiederholt zur Vornahme von Pontifikalfunktionen an den Hof nach Innsbruck beschieden [136].

Ich kann mich aus meiner Jugend noch gut erinnern, welchen Eindruck es auf einen Bauern eines sehr abgelegenen Dorfes machte, als er in vorgerücktem Alter erstmals in der Stadt Hall ein levitiertes Hochamt (mit drei Priestern) sah. Das hatte er in seiner Dorfkirche noch nie erlebt! Welchen Eindruck mag demnach im Mittelalter erst ein feierliches Pontifikalamt oder eine Pontifikalvesper eines Pfalzkapitels auf einfache Menschen gemacht haben! Heute sind wir durch Presse, Illustrierte, Kino und Fernsehen weitgehend verwöhnt und in der Empfänglichkeit für Sinneseindrücke abgestumpft. Dies war in früheren Jahrhunderten völlig anders! An Herrscherhöfen sollte alles prächtig und glänzend auf Repräsentation und Wirkung berechnet sein, auch Bau- und Ausstattung der Hofkirche. So verwendete Kaiser Heinrich III. die gewaltigen Reichtümer des Reiches,

---

[131] Philipp Hofmeister, Mitra und Stab der wirkl. Prälaten ohne bischöfl. Charakter, Stuttgart 1928, S. 13, Anm. 10.

[132] s. Hofmeister, Mitra und Stab, S. 14.

[133] Johannes Vincke, Das Patronatsrecht der aragonischen Krone, in: Ges. Aufs. z. Kulturgesch. Spaniens 10 (1955), S. 65.

[134] Fontes rerum Austriacarum, II. Abt., 4. Bd., 206 f. und 18. Bd., 74; H. v. Srbik, Die Bez. von Staat und Kirche in Österreich, Innsbruck 1904.

[135] E. Tomek, Kirchengeschichte Österreichs, Bd. 2, Innsbruck 1949, S. 24. Ausstellungskatalog: Friedrich III. Kaiserresidenz Wiener Neustadt, ebd. 1966.

[136] Vgl. Nikolaus Grass, Reichskleinodien-Studien, in: Sitzungsber. d. Österr. Akad. d. Wiss., phil. hist. Kl., 248. Bd., 4. Abh., Wien 1965, S. 56 ff.

um seine Lieblingspfalz Goslar „operosis impensis et regio fastu amplificare“ [137]; es sollte „die erste und glänzendste Pfalz des Reiches sein“ [138]. Für eindrucksvolle Begehung des Hofgottesdienstes aber benötigte man einen Prälaten, dem der usus pontificalium zustand. Daher haben sich auch — wie in den vorangegangenen Ausführungen gezeigt werden konnte — Herrscherhöfe um die Verleihung eines Pontifikalprivileges an ihren Oberhofkaplan oder sonst einen hofnahen Prälaten wiederholt und meist erfolgreich bemüht. Im Pontifikalienrecht der konservativen Kirche hat überhaupt so manche Erinnerung aus der sonst längst versunkenen Feudalzeit sogar das Ende verschiedener Monarchien überdauert und sich bis in die Gegenwart herein erhalten. Die schon in Angriff genommene Neuredaktion des *Caeremoniale episcoporum* dürfte jedoch mit diesen feudalen Relikten aufräumen.

c) *Päpstliche Legaten und Hofkirchen*

Zur Grundsteinlegung des Pfalzstiftes am *Wyschehrad* 1070 war mit großem Prunk eigens ein päpstlicher Legat von Rom gekommen [139], um dieser Feier einen besonderen Glanz zu verleihen. Nach Fertigstellung der Sainte Chapelle zu *Paris* hatte deren Oberkirche Bischof Odo von Tusculum als päpstlicher Legat geweiht [140]. Auch zur Einweihung des von Kaiser Friedrich III. mitgestifteten exempten Kollegiatstiftes *Zwettl* in Oberösterreich erschien ein Legat [141]. Und noch 1502 hatte Kardinal Peraudi die neue Schloßkirche in *Wittenberg*, der Residenzstadt der sächsischen Herzoge geweiht [142].

In den neueren Jahrhunderten treten diesbezüglich an die Stelle der Legaten häufig die Nuntien.

d) *Apostolischer Nuntius „come Ordinario della corte“*

Seit der frühen Neuzeit fand man es an einigen Höfen besonders dekorativ, einen akkreditierten Nuntius gewissermaßen wie einen Hofbischof heranzuziehen. Die päpstlichen Legaten hatten ja „jurisdictionem ordinariam in exemptos, et sedi apostolicae immediate subjectos“ [143]. Man wollte zufolge der gerade in der Barockzeit oft übertrieben betonten höfischen

[137] Vita Bennonis II. ep. Osnabrugensis auctore Nortberto abbate Iburgensi, c. 5, ed. H. Bresslau (Hannover 1902), S. 5.

[138] Fleckenstein, Hofkapelle, Bd. 2, S. 282.

[139] Anton Frind, Die Kirchengeschichte Böhmens, Bd. 1, Prag 1864, S. 257.

[140] Gallia Christiana VII, S. 239.

[141] Fr. Zák, Dignitäten und Kapitel in den ehemal. Kollegiatstiften der Diözese St. Pölten, St. Pölten 1955, S. 6.

[142] Anton L. Mayer, Das Grabtuch von Turin, in: Archiv für Liturgiewissenschaft 4 (1956), S. 363.

[143] Franz X. Schmalzgrueber († 1735), Jus eccl. universum, 7 Bde., Ingolstadt 1717/18, letzte Aufl. Rom 1843/45, tom. I, pars altera, pars IV, tit. XXX.

Exemption den nahen und mitunter unbequemen eigenen Bischof aus der höfischen Sphäre möglichst fernhalten und zog dafür den Nuntius heran [144], dem — wie ein Wiener Oberhofkaplan 1758 formulierte — „die Jurisdiction in die Capellas caesareo-regias zusteht, vermöge welcher er auch die Sacramenta bey Hof administiret" [145]. Ähnlicherweise pflegte am Brüsseler Hof der Nuntius „diebus solemnioribus" vor dem Fürsten den Gottesdienst zu halten. Nur in dessen Verhinderung wurde ein anderer Bischof oder Prälat oder der Sacellanus Oratorii hierzu herangezogen, der dann gleichfalls in pontificalibus celebrierte [146].

e) Hofbischöfe und Hofprälaten

Der Beichtvater des Herzogs von Burgund war gewöhnlich ein Bischof in partibus (infidelium), meist Titularbischof von Bethlehem [147].

Noch in früher Neuzeit wurde in *Nancy* eine Primatialkirche errichtet, um den Wunsch des lothringischen Hofes nach dem dekorativen Glanz eines inländischen Prälaten zu erfüllen [148].

Kurz vor dem Ausgang der Habsburger Monarchie fand sich in Wien ein eigener Hofbischof.

3. Schatzkammer der Heiltümer

„In das Herz religiös begründeter Staatlichkeit und in einer bis in das hohe Mittelalter hineinwirkenden politischen Religiosität führt der Glaube an das Heil" [149]. Heil war eine Gabe, ein verliehenes *χάρισμα*, es wird kultisch vermittelt, haftet an Menschen *(reges, duces, nobiles)* und an Sachen — so wird das Szepter im Mainzer Krönungsordo von 962 als *virga virtutis* bezeichnet [150]. Nach altüberkommener Auffassung wurde das Königsheil durch den Besitz von „Heiltümern" gemehrt. Dazu zählten vor allem die Reliquien [151]. Dem Reliquienkult kam im Mittelalter geradezu staatspolitische

---

[144] Diesbezügliche Beispiele vom Wiener Kaiserhof bei GRASS, Pfalzkapellen und Hofkirchen in Österreich, 2. Teil, S. 185—191.

[145] Ebd., S. 191.

[146] JUL. CHIFLETIUS, Aula sacra principum Belgii, Antwerpen 1650, p. 92, 153 u. 159.

[147] LOT-FAWTIER, Histoire des institutions Françaises, Bd. 1, S. 215.

[148] Vgl. LEO JUST, Das Staatskirchentum der Herzöge von Lothringen-Bar von 1445 bis 1633, in: Archiv f. mittelrhein. Kirchengesch. 5 (1953), 223—266.

[149] KARL BOSL, Frühformen der Gesellschaft im mittelalterl. Europa, München 1964, S. 100.

[150] BOSL, ebd., S. 101. Vgl. bes. H. CONRAD, Deutsche Rechtsgeschichte [2]I, S. 17, 71, 92 ff. u. 214.

[151] Vgl. BERNHARD KÖTTING, Der frühchristliche Reliquienkult und die Bestattung im Kirchengebäude (Arbeitsgem. f. Forschung des Landes Nordrhein-Westfalen, Geisteswiss., H. 123), Köln-Opladen 1965.

Bedeutung zu[152]. Der vom Langobardenherzog Arechis (758—787) von *Benevent* zusammengetragene Reliquienschatz sollte „für die Bestrebungen der Unabhängigkeit und die Ausbildung eines nationalen Bewußtseins eine wichtige Rolle übernehmen" [153]. Der Besitz der Gebeine des Evangelisten Marcus „wurde das Kostbarste, was die Republik von *San Marco* besaß auf dem Wege zur Verselbständigung gegenüber von Byzanz, zur mittelmeerischen Großmacht. Sie waren aber auch politisches Mittel gegenüber den Rivalen im oberen Adria-Gebiet, Grado und Aquileia, deren nicht endender Streit um die geistliche Vormacht von Venedig zur Erlangung der Vorherrschaft in dieser Region ausgenutzt wurde" [154]. Als Herzog Rudolf IV. von Österreich 1361 auf Staatsbesuch in Venedig weilte, zeigte der Doge persönlich seinem hohen Gast, was damals die Lagunenstadt in Kirchen an Reliquien und Geschmeiden ... und sonst an Merkwürdigkeiten besaß [155]. Rudolf wollte durch die Vereinigung der Reliquien vieler Heiliger in seiner Hofkirche zu St. Stephan zu Wien das Heil der Herrschaft zu Österreich mehren. In der Schenkungsurkunde vom 4. Juni 1360 an diesen Dom hebt dieser Habsburger ausdrücklich hervor, er habe diese Reliquien zusammengebracht *„ob salutem nostram et patrie"* [156]. Ähnliche Beweggründe hatten schon Karl IV. zur Anlage der großartigen Heiltümersammlung auf der Kultburg *Karlstein* geführt [157], in der zeitweilig auch die deutschen Reichsheiltümer Verwahrung fanden [158].

Der vielen Heiltümer wegen, die in den französischen Hofkapellen Verwahrung fanden, erhielten diese die zutreffende Bezeichnung *Saintes Chapelles*. Hut der das Herrscherheil mehrenden Staatsheiltümer war eine Hauptaufgabe der Königskirche und des an ihr tätigen Pfalzklerus. Deshalb führte der Vorsteher französischer Saintes Chapelles die zutreffende Bezeichnung *Thesaurarius* oder *trésorier* [159].

---

[152] Vgl. H C. Peyer, Stadt und Stadtpatron im mittelalterlichen Italien, Zürich 1955, u. Eugenio Dupré Theseider, La „grande rapina dei corpi santi" dall' Italia al tempo di Ottone I, in Festschr. P. E. Schramm, Bd. 1 (1964), S. 420—432.

[153] So urteilt Belting, Studien zum beneventan. Hof, S. 156.

[154] So F. W. Deichmann in Rez. zu Demus, The Church of San Marco, in: Byzant. Ztschr. 58 (1965), S. 137.

[155] Jos. v. Zahn, Zur Gesch. Herzog Rudolfs IV., in: Archiv f. österr. Gesch. 56 (1877), S. 242.

[156] Zschokke, Metropolitan-Capitel in Wien, S. 9, Anm. *

[157] Vgl. G. Pirchan, Karlstein, in Forsch. z. Gesch. u. Landeskunde d. Sudetenländer 1, Salzburg 1953.

[158] Vgl. Nik. Grass, Reichskleinodien-Studien, in: Wiener Sitzungsber., phil.-hist. Kl., 248. Bd., 4. Abhdlg., Wien 1965, 81 S.; dazu H. Lentze in: Wiener Geschichtsblätter, 21. Jg., 1966, Nr. 2, S. 59—60; N. Grass, Cistercienser als Hüter der deutschen Reichskleinodien, in: Cistercienser-Chronik, 73, Bregenz 1966, N. F. Nr. 78, S. 97—102.

[159] Grass, Zur Rechtsgesch. d. abendl. Königskirche, S. 163.

IV. Ruhmestempel zur Glorifizierung des Herrscherhauses

Zum Verständnis des Wesens der Königskirche mag man sich sowohl der sakralen Stellung des alten Königtums wie auch der Herrscherpropaganda erinnern.

a) Zum Bildrecht des Herrschers in der Kirche

Die kaiserliche Propaganda in *Byzanz* bediente sich verschiedener Mittel, so der Prooimia in den byzantinischen Urkunden [160], der Hofzeremonien, der kaiserlichen Kleidung und der Hoffeste. Selbst Inschriften, Standbilder, Gebäude, Festreden und besonders die Geldstücke hatten als Zweck, die Völker zu lehren, daß die Gewalt des Kaisers von Gott stamme und daß seine Stärke und sein Reichtum unerschöpflich seien. Verschiedentlich ließen sich byzantinische Kaiser in ihnen nahestehenden Kirchen zusammen mit Christus oder Heiligen darstellen [161]. So waren Kaiser Justinian und seine Gemahlin Theodora auf Bildteppichen der Hagia Sophia als Stifter zu beiden Seiten Christi und seiner Mutter dargestellt [162]. Während diese und ähnliche Darstellungen in *Konstantinopel* dem Bildersturm zum Opfer fielen, hat sich in der unter Kaiser Justinian I. erbauten Kirche *San Vitale* zu *Ravenna* ein Mosaikbild erhalten: Kaiser Justinian mit Bischof Maximian und Gefolge; der Kaiser in Purpur gekleidet, das Gefolge im Staatsornat [163]. Und in *San Apollinare Nuovo* hat sich sogar ein Mosaikporträt des Ostgotenkönigs Theoderich erhalten, das man nach Sturz der Gotenherrschaft als Justinianbild bezeichnet hat [164]!

In der *Hagia Sophia* zu *Konstantinopel* hat sich im Tympanon der Kaisertüren ein Mosaik erhalten, das in der Bildmitte einen majestätisch thronenden Christos-Pantokrator, davor einen byzantinischen Kaiser kniend vor dem Weltenherrscher zeigt [165]. In den Umgängen dieser „ehrwürdigsten Kirche der östlichen Christenheit“ [166] finden sich Kaiserdarstellungen aus der Komnenenzeit (1081—1185), ja die Darstellung eines

[160] Vgl. HERBERT HUNGER, Prooimion. Elemente der byzantinischen Kaiseridee in den Arengen der Urkunden, Wien-Graz 1964, dazu die sehr anerkennende Rez. von J. KARAYANNOPULOS in: Byzantin. Ztschr. 58 (1965), S. 374—377 und H. v. FICHTENAU in: Mitteil. d. Inst. f. österr. Gesch. 72 (1964), S. 445—447.

[161] Vgl. ANDRÉ GRABAR, L'empereur dans l'art byzantin. Recherches sur l'art officiel de l'Empire de l'Orient (Publications de la Faculté de Lettres de l'Université de Strasbourg 75), Paris 1936.

[162] HUNGER, Reich der neuen Mitte, S. 138.

[163] Abbildung und Beschreibung bei KURT BAUCH, Abendländische Kunst, Düsseldorf 1952, S. 78 f.

[164] Vgl. FR. v. LORENTZ, Theoderich — nicht Justinian, in: Mitteil. des deutschen Archaeolog. Inst., Röm. Abt., 50 (1935), S. 339—347.

[165] JOACHIM SCHARF, Der Kaiser in Proskynese, in: Festschr. P. E. Schramm, Bd. 1 (1964), S. 27—35.

[166] So HUNGER, Reich der neuen Mitte, S. 210.

ganzen Herrscherhauses in der Gesellschaft himmlischer Personen war „typisch byzantinisch und insbesondere für die Zeit der Komnenen bezeichnend“ [167]. So hatte sich im Byzantinischen Reich eine Art *„Bildrecht“ des Herrschers in der Kirche* entwickelt [168], das sowohl mit der hervorragenden Stellung des Kaisers in Ostrom [169] wie mit dem *κτητορικὸν δίκαιον* [170] in Zusammenhang stehen mag. Dieses dem griechischen Osten entstammende „Bildrecht“ fand im lateinischen Westen mehrfach Nachahmung, so schon am Langobardenhof zu *Benevent*. Die Chronik von Salerno nennt bei Beschreibung der Basilica Constantiniana in *Capua „ingentem effigiem Arechis in angulo* [171] *ipsius ecclesie depictam“*, in dem dieser Herzog *„coronam... depictam in capite gerebat“* [172].

Der Staufer Friedrich Barbarossa ließ nach der Heiligsprechung Karls d. Gr. (1166) das berühmte Aachener Armreliquiar anfertigen und auf diesem sich und seine Familie, den Herrschern des Himmels gleichgeordnet, darstellen [173]. Der Aachener Karlsschrein, der die Reliquien dieses großen Karolingers birgt und den Kaiser Friedrich II. 1215 eigenhändig verschloß, zeigt in den je acht Arkaden der Längsseiten, wo man nach Art anderer Reliquienschreine Heiligendarstellungen erwarten möchte, 16 in Silber getriebene Kaiser- und Königsfiguren! Im Dom von *Cefalù* aber hatte Friedrich II. — zweifelsohne unter dem Einfluß byzantinischer Vorbilder — sogar seine Ahnenreihe errichten lassen [174]. Und auf der Kultburg *Karlstein* begegnet uns unter den Wandgemälden sogar dreimal das Bildnis Karls IV. [175] Wohl in Nachahmung seines kaiserlichen Schwiegervaters, dann vielleicht auch unter dem Eindruck von bei seinem Staatsbesuch in Venedig im Markusdom gesehenen Dogenbildern mag dem sehr auf fürstliche Repräsentation bedachten Herzog Rudolf IV. von Österreich der Gedanke gekommen sein,

---

[167] Josef Deér, Byzanz und die Herrschaftszeichen des Abendlandes, in: Byzant. Ztschr. 50 (1957), S. 415. Vgl. auch Grabar, L'empereur, S. 29 f.

[168] Ich beabsichtige, darüber in den Studia Gratiana eingehender zu berichten.

[169] Vgl. hierzu den Abschnitt „Das byzantinische Kaisertum als Nachahmung Gottes“ bei Hunger, Reich der neuen Mitte, S. 61—108.

[170] Vgl. Josef v. Zhishman, Das Stifterrecht in der morgenländischen Kirche, Wien 1888, S. 62, u. H. G. Beck, Kirche u. theolog. Literatur im Byzantin. Reich, München 1959, S. 135. Über Arbeiten von Marković und Troicki über das Ktitorenrecht referierte Heinrich Felix Schmid in: Ztschr. f. Rechtsgesch. 47 (1927), Kan. Abt. 16, S. 535—539 u. 59 (1939), Kan. Abt. 28, S. 624—629.

[171] *angulus* = Seitenwand des Altarraumes.

[172] Chronicon Salernitanum, Kap. 12, ed. U. Westerbergh, Stockholm 1956, dazu Belting, Beneventan. Hof, S. 154.

[173] Abbildung bei P. E. Schramm, Die deutschen Kaiser und Könige in Bildern ihrer Zeit, Leipzig 1928, Abb. 134, u. in: Denkmale der deutschen Könige und Kaiser 800 bis 1250, hrsg. von P. E. Schramm und Fl. Mütherich, München 1962, S. 195 f. u. 436 f. Tafel 195.

[174] Deér, Byzanz u. die Herrschaftszeichen des Abendlandes, S. 415.

[175] Joseph Klapper, Johann von Neumarkt, Bischof und Hofkanzler, Leipzig 1964, S. 34.

sich im Stephansdom zu *Wien* durch ein Bildnis zu verewigen. Dieses noch erhaltene qualitätsvolle Gemälde stellt zudem das älteste Porträt dar, das die deutsche Kunstgeschichte kennt [176].

b) Westwerke als Königskirchen

Dieser sakralen Sonderstellung, die den gekrönten Herrscher weit über alle anderen Sterblichen hinaushebt, dienen auch die *Westwerke.* Dies sind in karolingischer Zeit aufkommende Westanlagen nach Art einer Vorkirche vor allem an Bischofs- und Klosterkirchen, die dem Herrscher von einem bevorzugten Platz der Westempore aus bequem die Teilnahme am Gottesdienst ermöglichten [177]. Vollwestwerke wiesen zuweilen im obersten Geschoß noch einen „Kaisersaal" auf, so das Westwerk zu St. Servatius in Maastricht; in St. Peter zu Soest wie in Corvey läßt sich sogar noch der einstige Königsthron erschließen, auf dem der Herrscher der Feier des *opus Dei* beiwohnte. Über diesen unmittelbaren Zweck der Westwerke hinaus darf auch noch „die staatssymbolische Bedeutung dieses Rahmens hervorgehoben werden, die erst recht eigentlich erklärt, warum man ihn geschaffen hat". Im Westwerk „findet ... all das seinen Widerhall, was dem gesalbten und von Gott begnadeten Herrscher karolingischen Geblüts um seines besonderen Verhältnisses zur Gottheit willen an Ehren und Gebeten gebührt, die Akklamation, die ihm beim Eintritt in die Kirche zuteil wird, und die feierlichen *Laudes,* mit denen die versammelte Menge, Klerus wie Laien, Sieg und langes Leben für ihn erfleht" [178].

Noch beim Wiener Stephansdom finden wir ein Westwerk, das Herzog Rudolf IV. dem exempten Allerheiligen-Pfalzkapitel als Sitz anwies [179].

c) Darstellungen des Herrschers und seiner Sippe in abendländischen Königskirchen

Auch sonst stellt die künstlerische Ausgestaltung manche Königskirche in den Dienst der Erhöhung des Herrschergeschlechts, kam doch nach mittelalterlicher Auffassung dem König die Stellung eines *vicarius Dei* auf Erden zu.

König Alfons von Kastilien, gewählter Römischer König, sagt im *Codigo de las Siete Partidas* „Der Kaiser ist Statthalter Gottes im Reiche", aber ebenso „sind Statthalter Gottes die Könige, ein jeder in seinem König-

---

[176] Vgl. Ernst Buchner, Das deutsche Bildnis der Spätgotik und der frühen Dürerzeit, Berlin 1953, S. 9, 24 f. u. 185, Abb. auf Tafel 1.

[177] A. Fuchs, Art. Westwerke, in: Lex. f. Theol. und Kirche ²X (1965), Sp. 1075 f.

[178] So Edmund E. Stengel, Über Ursprung, Zweck und Bedeutung der karolingischen Westwerke, in Stengels Sammelbd.: Abhandlungen und Untersuchungen zur mittelalterlichen Geschichte, Köln-Graz 1960, bes. S. 101.

[179] Vgl. Grass, Wiener Stephansdom, S. 101 ff.

reich" [180]. Es ist verständlich, daß solchen Königen auch eine besondere Stellung zur Kirche im allgemeinen wie in der Königskirche (in der der König dem Gottesdienst beiwohnte) im besonderen zukam. Auch die Königskirche mußte der Glorifizierung des sakralen Königtums dienen.

So verherrlichen bei dem nach Vorbild französischer Kathedralen errichteten *Veitsdom* in Prag die berühmten 21 Triforiumsbüsten — unter denen die Karls IV. den besten Platz einnimmt — in erster Linie die Stiftersippe. Auf *Karlstein* sind im Treppenhaus des Hauptturmes die Legenden der Přemyslidenheiligen Wenzel und Ludmilla bildlich dargestellt; im großen Saal des Palas dieser Kultburg befand sich in einem Freskenzyklus die Genealogie des Luxemburgischen Hauses bis auf Karl IV. dargestellt [181]. Diese — leider nicht erhaltene — fiktive Ahnengalerie, von der uns jedoch zwei handschriftliche Kopien des 16. Jhs. Kunde geben [182], umfaßte über 60 Figuren, darunter auch hervorragende Vertreter des Alten Testamentes wie sonst des Altertums und des christlichen medium aevum. So wird diese Stammbaumdarstellung des Luxemburgers „zum politischen Programm, indem der regierende Herrscher die Qualitäten aller Dargestellten in sich zu vereinigen hoffte" [183]. Parallelen treffen wir in *Wien:* „Als wäre *St. Stephan* kein Dom, sondern ein Ruhmestempel des Herrscherhauses" [184]. Denn „die Hauptfiguren des Gewändes sind wie in Prag, wie an der Cölestinerkirche in Paris, nicht die Patrone der Kirche, nicht Heilige, sondern Standfiguren von Habsburgern, begleitet von Pagen mit Wappen und Schild" [185]. Mehrere tragen den Erzherzogshut, das Symbol der von Rudolf IV. in Anspruch genommenen Würde eines archidux palatinus.

„Völlig fürstlich und in erstaunlich hohem Maße Propaganda ist diese Kunst [186]!" So prangte in den berühmten „Herzogenscheiben" der Herzogenkapelle der Stammbaum der Habsburger [187]. In der gegenüberliegenden — bezeichnenderweise gleichfalls im Westwerk untergebrachten — Tirnakapelle

[180] José Antonio Maravall (Madrid), Vom Lehenswesen zur ständischen Herrschaft. Das politische Denken Alfons des Weisen, in: Der Staat 4 (1965), S. 307—340, S. 312.

[181] Vgl. J. Neuwirth, Der Bilderzyklus des Luxemburgerstammbaumes aus Karlstein (1897); *ders.,* Gesch. der deutschen Kunst in den Sudetenländern (1926); A. Friedl, Mikulas Wurmser, Prag 1956.

[182] Die eine in Wien, Österr. Nationalbibliothek, Cod. 8330, die andere der sog. *Codex Heidelbergensis* in Prag.

[183] Hanno Walter Kruft, Karl IV. und seine Burg Karlstein, in: Neue Zürcher Zeitung, Fernausgabe Nr. 14, Blatt 20 vom 15. Januar 1966.

[184] Karl Oettinger, Das Wienerische in der bildenden Kunst, Wien 1948, S. 46.

[185] So A. Feulner (in: A. Feulner-Theodor Müller), Gesch. der deutschen Plastik, München 1953, S. 213.

[186] So Oettinger, Das Wienerische, S. 46.

[187] Die Herzogenscheiben sind jetzt als Leihgabe im Historischen Museum der Stadt Wien. Vgl. Eva Frodl-Kraft, Die mittelalterlichen Glasgemälde in Wien, Graz-Köln 1962, S. 50 ff.

aber fand der Kult des Habsburgischen Hauspatrons St. Morandus, dessen Reliquien Rudolf IV. nach Wien bringen ließ, eine Pflegestätte. So darf man — als Ganzes genommen — dieses Habsburgers Stiftung am fürstlichen Dom zu St. Stephan als „ein Symbol herrscherlicher Repräsentation" bezeichnen [188].

Diese Bestrebungen zur Erhöhung der Heiligkeit der Herrschaft erscheinen um so beachtenswerter, als sich ja damals „für die breiten Schichten Staatlichkeit noch immer weithin erfüllte in dem Glauben an das Charisma des Herrschers und seines Hauses" [189]. „Das eindrucksvollste Denkmal ... jener Geblütsheiligkeit [190]" aber schuf Kaiser Maximilian I. in seinem berühmten Grabmal in der Hofkirche zu *Innsbruck*. Dieses Vordrängen des Höfischen über das Sakrale entsprach der Zeitrichtung im Herbst des Mittelalters; in Paris, in Reims oder in Prag hielt man es ebenso wie in Residenzstädten der Habsburger. Und noch im Barock waren solche Vorstellungen in der katholischen Hofkirche zu *Dresden* zu künstlerischem Ausdruck gelangt [191]! Bei Gotteshäusern, die mit dem Hof in enger Verbindung standen, war eben „der Kirchenbau ... über das rein Religiöse hinaus Repräsentationsbau des Herrschers" geworden [192].

V. Grablege des Herrschergeschlechtes

Die Gepflogenheit, die sterbliche Hülle eines Herrschers in einem Gotteshaus beizusetzen, reicht bis ins christliche Altertum zurück. Schon Kaiser Konstantin I. († 337) ließ sich in Konstantinopel, in Verbindung mit der von ihm erbauten Apostelkirche [193], sein Mausoleum bereiten [194]. Auch im Abendland wurden Hof- und Klosterkirchen wiederholt als herrscherliche Grablege bestimmt. Karl d. Gr. fand in der Pfalzkirche zu Aachen seine letzte Ruhestätte. Der Markusdom zu Venedig birgt manches Dogengrab. Im Dom von Cefalù stiftete König Roger II. die berühmten Por-

---

188 Begrich, Die fürstliche Majestät Herzog Rudolfs IV., S. 13.

189 So Karl Hauck, Geblütsheiligkeit, in: Liber floridus. Mittellateinische Studien, Paul Lehmann gewidmet, Ettal 1950, S. 211.

190 So Hauck, Geblütsheiligkeit, S. 214.

191 Heribert Raab, Clemens Wenzeslaus von Sachsen, Bd. 1, Freiburg i. Br. 1962, S. 106 f.; Eberhard Hempel, Die katholische Hofkirche zu Dresden, 2. Aufl. 1956.

192 Buchowiecki, Die Stephanskirche, in: Unvergängliches Wien, Wien 1964, S. 114.

193 1462 abgerissen, um einer Moschee Platz zu machen. Vgl. Richard Krautheimer, Zu Konstantins Apostelkirche in Konstantinopel, im Jahrb. f. Antike u. Christentum Ergbd. 1 (1964), S. 224—229.

194 Vgl. Joseph Vogt, Art. Constantinus d. Gr., in: Reallex. f. Antike u. Christentum III (1957), 370; Philipp Grierson, The Tombs and obits of the Byzantine Emperors (337—1042), in: Dumbarton Oaks Papers, Number Sixteen, Washington 1962, S. 1—63; Bernhard Koetting, Der frühchristliche Reliquienkult und die Bestattung im Kirchengebäude, Köln-Opladen 1965.

phyrsärge. In der Kirche von Monreale wie im Dom von Palermo fanden Könige von Sizilien wie der Staufer Friedrich II. ihre Grablege. Die Königsabtei von Saint Denis umschloß die Gruft der Könige Frankreichs, das Pfalzkloster Poblet jene der Könige von Aragon. Die Herrscher Englands hatten ihre Grablege in der Westminster-Abtei, in der sie einst die Krone empfingen und in der die königlichen Insignien verwahrt wurden. Herzog Rudolf IV. von Österreich bestimmte zur Grablege seiner *inclita proles* den fürstlichen Dom zu St. Stephan, in dem er das kunstreiche „Stiftergrab" errichten ließ. Diese *capella regia Austriaca* birgt auch das Grabmonument Friedrichs III., das „größte aller Kaisergräber des Mittelalters" [195]. An Friedrichs III. Sohn und Nachfolger Maximilian I. erinnert in der Hofkirche zu Innsbruck das berühmte „Maxgrab", das 28 überlebensgroße Erzstandbilder umgeben [196]. Die Herzogsgruft zu St. Stephan wurde in der frühen Neuzeit schließlich von der Wiener Kapuzinergruft abgelöst.

Die spanischen Habsburger hatten im Escorial, die Mitglieder des Hauses Savoyen in der Soperga bei Turin ihre Grablege gefunden. Über Zweck dieser Beisetzungen des Herrschers im Gotteshaus hatte schon König Roger II., der Stifter der beiden Porphyrsarkophage im Dom von Cefalù vor mehr als 800 Jahren bestimmt, daß er in dem einen *iuxta canonicorum psallentium chorum* seine letzte Ruhestätte finden wolle, während er den zweiten *ad insignem memoriam mei nominis quam ad ipsius ecclesiae gloriam* errichten ließ [197].

So diente die Königskirche der Repräsentation des Herrschers wiederholt im Leben und schließlich noch im Grab.

[195] So Wimmer-Klebel, Das Grabmal Friedrichs des Dritten, Wien 1924, S. 5.

[196] Vgl. Karl Oettinger, Die Grabmalkonzeptionen Kaiser Maximilians, in: Ztschr. f. Kunstwiss. 19 (1965), S. 170 f.; Oettinger, Die Bildhauer Maximilians am Innsbrucker Kaisergrabmal, Nürnberg 1966.

[197] Vgl. Josef Deér, The Dynastic Porphyry Tombs of the Norman Period in Sicily, in: Dumbarton Oaks Studies 5 (1959), S. 1 ff.

Jurisdiktionsgewalt und „demokratische" Bindung des römischen Praetors

HEINZ HÜBNER

I

In einer Zeit, die einerseits die Grenzen in den Möglichkeiten legislatorischer Positivierung und damit die Aufgabe und Bedeutung richterlicher Rechtsfortbildung erkannt hat, andererseits letzterer gegenüber von der Sorge um die Wahrung der verfassungsmäßigen Gesetzgebungsgarantien bewegt wird [1], muß sich die Aufmerksamkeit des historischen Betrachters erneut dem Phänomen des römischen Honorarrechts, insbesondere den Kontroll-, Bindungs- und Kompensationsfaktoren zuwenden, durch die die weittragende Jurisdiktionsgewalt des Praetors in der römischen Republik [1a] gelenkt und in Schranken gehalten wurde.

Die historische Forschung hat zwar die Machtfülle der Magistrate stets bemerkt, jedoch — mit Ausnahme von KASER [2] — die Frage nach der Vereinbarkeit mit einer demokratischen Grundstruktur selten gestellt [3]. Es

---

[1] Vgl. etwa THILO RAMM, Die Rechtsprechung des Bundesarbeitsgerichts, JZ 1964, insbes. S. 586. ERWIN STEIN, Die verfassungsrechtlichen Grenzen der Rechtsfortbildung durch die Rechtsprechung, NJW 1964, 1745—1752. Zuletzt WERNER FLUME, Richter und Recht, Schlußvortrag 46. Deutscher Juristentag, 1966.

[1a] Im Prinzipat sind mit der Machtposition des Kaisers andere Faktoren im Spiel.

[2] Er erörtert die Frage nach der *Sicherung* gegen die in der weitgreifenden Befugnis liegenden Gefahren (Römische Rechtsgeschichte, Göttingen 1950, S. 125 f.). — Vgl. auch den Aspekt der Aufteilung des Verfahrens zwischen Praetor und Judex in seinem Aufsatz „Praetor und Judex im römischen Zivilprozeß", Tijdschrift voor Rechtsgeschiedenes, Bd. XXXII (1964), S. 329 ff., und zum Einfluß der Machtgruppen auf die Rechtsfindung allgemein „Röm. Gerichtsbarkeit im Wechsel der Zeiten", Festvortrag vor der Akademie der Wissenschaften in Göttingen, 1966. (Für die Überlassung des Manuskriptes habe ich Herrn Kaser zu danken; der Vortrag wird demnächst im Jahrbuch der Akademie veröffentlicht.)

[3] So hat PAUL KRÜGER, Geschichte der Quellen und Litteratur des römischen Rechts, München u. Leipzig 1912, S. 37, bemerkt, wegen des nur langsamen und bedächtigen Fortschreitens der praetorischen Rechtsetzung habe man von einer „festen Abgrenzung der magistratischen Befugnisse" abgesehen. Aus dem vergangenen Jahrhundert verdient die Bemerkung von MORITZ VOIGT, Römische Rechtsgeschichte I, Leipzig 1892, S. 201 f, Erwähnung, der Praetor sei bei der Rechtsfortbildung,

scheint nahezuliegen, eine solche Fragestellung als unzulässige Projizierung Montesquieuscher Vorstellungen in die Vergangenheit zu negieren [4]. Nur bei formeller Betrachtungsweise mag dies zutreffen; andererseits ist Rechtsschöpfung stets als Politicum empfunden worden, wofür gerade die XII-Tafel-Gesetzgebung das beste Beispiel gibt [5].

Um so mehr muß die Feststellung beeindrucken, daß in Rom der Weg der Kodifikation als Mittel zur Befriedung sozialer Spannungen für den privatrechtlichen Bereich nur selten beschritten worden ist [6]. Die Zahl der im Wege der Gesetzgebung hierfür erlassenen Bestimmungen ist im Verhältnis zu den die staatliche Ordnung betreffenden Regelungen sehr bescheiden [7]. Schon Cicero verzeichnet die Auffassung, daß die wesentliche Entwicklung des privaten Rechts dem Honorarrecht zu verdanken sei [8].

Das Bemerkenswerte an dieser Feststellung läßt sich auch nicht mit der Überlegung abtun, daß das Zivilrecht über private Interessen zu befinden hat und die auf den einzelnen Rechtsgenossen einwirkende Entscheidung politische Gegensätze weniger betrifft. Gewiß hat das römische Recht die Ordnung privatrechtlicher Beziehungen als Ausfluß einer jedem Bürger zustehenden Gestaltungsbefugnis aufgefaßt [9], indessen wird in der Begründung allgemeiner Haftungstatbestände — etwa im Bereich des Deliktsrechts —, aber auch in der Regelung haftungsrechtlicher Konsequenzen der

---

insbesondere i. S. des *corrigere,* im Grunde eigenmächtig vorgegangen und habe die Schranken seiner Kompetenzen überschritten.

Ganz negativ urteilen jedoch — worauf schon Moriz Wlassak, Römische Prozeßgesetze I, Leipzig 1888, S. 1, hinweist — das Naturrecht und der Usus modernus. So spricht Joh. Gottl. Heineccius von der List, mit der die Praetoren das Recht änderten (Academische Reden über desselben Elementa Iuris Civilis secundum ordinem Institutionum. Franckfurth u. Leipzig 1748, lib. 1, tit. 2, § 64, und unter Bezugnahme auf Thomasius in: Antiquitatum Romanarum ... Syntagma, Argentorati 1734, lib. 1, tit. 2, 24). Georg Beyer (Delineatio iuris civilis ... Positionibus succinctis comprehensa secundum Pandectas, Lipsiae 1737, lib. 1, tit. 2, 72) bezeichnet die praetorische *correctio legis* als List der Patrizier. Ausführlich wird bei Joseph Averanius, Interpretationum Juris libri V, Neapoli 1777, lib. 1, c. 6, erörtert, ob der Praetor ein „legislator" gewesen sei und dies — auch im Hinblick auf das von Cicero entworfene negative Bild — verneint.

[4] Vgl. etwa Gerhard Wesenberg, RE XXII, 2, Sp. 1592; Ulrich v. Lübtow, Das römische Volk, Frankfurt 1955, S. 313 f.

[5] Vgl. etwa das Zeugnis bei Tacitus, Ann. 3, 27; des näheren Livius 3, 9; 3, 31, 7.

[6] Hiergegen hebt sich der nicht realisierte Plan Caesars, das Zivilrecht zu kodifizieren, ab (Sueton, Iul. Caes. 44; Plutarch, Caes. 58).

[7] Von rund 800 leges betreffen nur etwa 20 bis 30 Gesetze privatrechtliche Gegenstände (vgl. die Hinweise bei Fritz Schwind, Der Geltungsbegriff bei den römischen Volkschlüssen, Studi in onore di S. Solazzi, Napoli 1948, S. 773; v. Lübtow, a.a.O., S. 530. Zur Privatrechtsgesetzgebung insbes. Franz Wieacker, Vom Römischen Recht (2), Stuttgart 1961, S. 57 ff.

[8] Vgl. de leg. 1, 5, 17.

[9] Vgl. den Begriff der *lex contractus* als Rechtsetzung durch Vereinbarung inter partes (Ulpian D 19, 1, 13, 26; Papinian D 19, 5, 8).

Vertragsobligation dieser Rahmen überschritten. Konsequenterweise erfolgte hier auch eine bedeutsame legislatorische Maßnahme in Gestalt der Lex Aquilia, andererseits aber haben sich auf einem so schwankenden Boden wie bei der actio de dolo niemals Einwendungen gegen die honorarrechtliche Ausformung ergeben; auch die Normierung der Gewährleistung im Kaufrecht mag in mancher Hinsicht sozialpolitischen Sprengstoff enthalten haben.

Die Frage nach der politischen „Billigung“ der magistratischen Rechtsetzungsbefugnis kann sich auch nicht mit der Erwägung erledigen, daß der Formularprozeß an die antike Schiedsrichteridee anknüpfe. Es mag dahinstehen, inwieweit in frühester Zeit der *iudex* dem „Schiedsrichter“ anderer Rechtsordnungen [10] entsprach und demnach auch in Rom sich ein schiedsgerichtlicher Ursprung für den Formularprozeß findet [11], das Verfahren *in iure* setzt jedenfalls „imperium“ voraus, die vom Praetor vorgenommene „Programmierung“ des Prozesses bleibt hoheitlicher Eingriff in die private Sphäre [12]. Kein Rechtsuchender und kein Prozeßgegner kann das verkannt haben; denn das „actionem dare“ und das „denegare“ betraf ihn unmittelbar, auch wenn im ersteren Falle erst die sententia den Schlußstrich setzte [13].

Insofern kann auch der Streit um die Bedeutung der *litis contestatio* [14] hier keine Relevanz haben. Die Vorstufe zur *litis contestatio* liegt jeweils insoweit im „actionem dare“; zur Diskussion steht lediglich, ob für den Prozeßfortgang eine Vereinbarung der Parteien erforderlich war — so die Lehre vom Vertragscharakter [15] —, oder ob es sich hierbei um einen das

[10] Vgl. Erwin Seidl, Römische Rechtsgeschichte u. römisches Zivilprozeßrecht, Köln-Berlin-Bonn-München 1962, 382 ff.

[11] Vgl. etwa Wlassak, SZ 25 (1904), 139, N. 1; Alfred Heuss, SZ 64 (1944), 85 f.; mit Vorbehalt Leopold Wenger, Institutionen des römischen Zivilprozeßrechts, München 1925, S. 23; ablehnend Kaser, Das römische Zivilprozeßrecht, München 1966, § 3 II 3; s. dazu auch Gerardo Broggini, Iudex Arbiterve (Forschungen zum Römischen Recht, Abhandl. 10), Köln-Graz 1957, S. 230 f.

[12] Das ist vornehmlich für das *ius edicendi* betont worden, gilt aber auch für die magistratischen Maßnahmen im Prozeß selbst (vgl. v. Lübtow, S. 531); differenzierend zwischen *imperium* und *iurisdictio* Theodor Mommsen, Römisches Staatsrecht, Nachdruck der 3. Aufl., Graz 1952, Bd. 1, 186.

[13] In diesem Sinne auch Wesenberg, RE XXII, 2, 1596 f.

[14] Zum Streitstand vgl. Ernst Schönbauer, Wlassaks römische Prozeßlehre in der Kritik der Gegenwart, Anz. Österr. Akad. d. Wiss., phil.-hist. Kl. 1962, S. 130 ff., und nunmehr eingehend Kaser, Das römische Zivilprozeßrecht, § 41 IV. — Das Problem stellt sich erst im Formularprozeß; das Legisaktionenverfahren läßt für das Eingreifen des Magistrats im „rechtsschöpferischen“ Sinne keinen Raum. — Gleichzeitig soll für die hier aufgeworfene Frage auch die spezielle Problematik der Judex-Bestellung außer Betracht bleiben.

[15] Ausgehend von Rudolph v. Jhering, Geist des römischen Rechts, Neudruck Darmstadt 1953, Bd. 1, S. 167 ff., hat insbes. Wlassak das Wesen der *litis contestatio* i. S. einer privaten Vereinbarung der Parteien zu deuten versucht; ihm folgen weitgehend Wenger (Zivilprozeß, S. 23 f.), Artur Steinwenter (Die Streitbeendigung durch Urteil, Schiedsspruch und Vergleich nach griechischem Recht,

Verfahren *in iure* abschließenden Formalvorgang, einen mit Zeugenaufruf verbundenen Publizitätsakt handelte [16]. Während nach letzterer Auffassung die hoheitliche Funktion des Magistrats unberührt bleibt, würde nach der „Vertragstheorie" dem Beklagten eine Entscheidung über den Entschluß des Magistrats eingeräumt worden sein; dies hätte im Ergebnis nicht nur zur Rechtlosstellung des Klägers führen können — was schon die XII-Tafeln verhindern wollten: *si in ius vocat, ito* [17] —, sondern auch eine Annulierung des praetorischen Hoheitsaktes bedeutet [18]. Unter diesem Gesichtspunkt bleibt auch die von KASER [18a] neuerdings vertretene vermittelnde Auffassung nicht unproblematisch, die zwar WLASSAKS „Vertragslehre" ablehnt, jedoch auf eine Unterwerfung der Partien unter das Dekret des Magistrats abstellt; die Gefahr, daß der Hoheitsakt wirkungslos werden könnte, sieht KASER durch die Möglichkeit gebannt, den Beklagten zum „indefensus" zu erklären [18b]. Damit erscheint zwar dem Begriff der Unterwerfung der „volitive" Charakter im wesentlichen genommen, es bleibt jedoch der Grundgedanke, daß die Parteien in das „Prozeßverhältnis" nicht ohne eine — in ihrer Tragweite freilich zweifelhafte — Willensbekundung, „ein aktives Zutun" [18c], eintreten konnten.

Zumindest wird man der Lehre vom Vertragscharakter kaum zustimmen können. Unterstellt man jedoch, daß die *litis contestatio* den Parteien eine Disposition über die rechtliche Alternative des Prozesses eingeräumt habe, so hätte eine solche Vereinbarung immer nur die auf den Prozeßstoff konkretisierte Rechtsfindung betroffen [18d], nicht aber den generellen Gehalt der Rechtsregel. Dieser aber hatte — abgesehen von den actiones in factum —

Münchener Beiträge zur Papyrusforschung und antiken Rechtsgeschichte, H. 8, München 1925, S. 4 ff.) und HEUSS (SZ 64, S. 87); sie beziehen sich allerdings vornehmlich auf die Zeit vor der lex Aebutia.

[16] Gegen den Vertragscharakter vornehmlich GÜNTHER JAHR, Litis contestatio (Forschungen zum Röm. Recht, Abhandl. 11), Köln-Graz 1960, insbes. S. 226 ff., in diesem Sinne auch WIEACKER, a.a.O., S. 97 f.

[17] Tab. 1, 1. — Zur Problematik eines „Rechtsschutzanspruchs" vgl. KASER, Zivilprozeßrecht, § 32 I.

[18] Das verkennt offensichtlich — WLASSAK folgend — WENGER, Zivilprozeß, S. 45, wenn er meint, die sonst so grenzenlose Macht des Magistrats finde hier am gesetzlich geschützten Parteiwillen ihre Grenze. — Wie hier jetzt KASER, a.a.O., § 41 IV, unter Bezugnahme auf JAHR: Mit der Autorität des Praetors wäre es unvereinbar gewesen, sein „dare-Dekret" ins Leere stoßen zu lassen.

[18a] A.a.O., § 41 IV und „Zum Formproblem der litis contestatio", Vortrag gehalten auf dem XVI. Rechtshistorikertag in Basel, gedruckt demnächst in SZ 1967.

[18b] Offen bleibt, ob auch ein Kläger, dessen Klagebegehren in der gewährten actio modifiziert wurde, ohne später die Einrede der Litispendenz fürchten zu müssen, die litis contestatio verweigern konnte.

[18c] KASER, a.a.O., SZ 1967.

[18d] Aber auch zu dieser hätte es im Falle des „denegare" gar nicht kommen können; die Versagung der actio bot in jedem Falle für eine Parteivereinbarung keinen Raum.

im Edikt als dem Programm der Amtsführung seinen Ausdruck erhalten. Die Billigungswirkung der *litis contestatio* hätte daher in den meisten Fällen nur die Formel, nicht aber die Rechtsregel treffen können, so daß auch nach der Theorie WLASSAKS unsere Fragestellung im Kern unberührt bleibt.

Auch die These, die Antike habe für den richterlichen Aufgabenkreis die Vorstellung vom „Richterkönig" gehabt, beseitigt das Problem nicht. In diesem Zusammenhang wird auf Plato [19] Bezug genommen, wenn er die für den konkreten Fall aus weiser Einsicht Recht schöpfende Persönlichkeit über das starre Gesetzesrecht stellt. Neigen wir allgemein dazu, den Einfluß griechischen Rechtsdenkens auf die Römer trotz der Überlieferung zur Entstehungsgeschichte der XII-Tafeln nicht zu hoch zu veranschlagen, so kann die griechische Staats- und Rechtsphilosophie als Bildungselement jedenfalls erst in einer Zeit in die römische Welt gedrungen sein, als die richterlichen Funktionen der Magistrate längst festgelegt waren. Keineswegs entspricht der „Richterkönig" im Sinne Platos dem römischen Rechtsdenken [20], weil die Rechtsordnung in ihrem sittlichen Gehalt und in ihren institutionellen Grundformen als vorgegeben angesehen wird. Den römischen Gerichtsmagistrat leitet daher nicht rationale „Einsicht", sondern Bindung an eine allgemeine Rechtsüberzeugung. Zudem wird seine Rechtsbildung weitgehend nicht als totale Neuschöpfung, sondern als Ergänzung, als Lückenausfüllung verstanden [21]. Insofern überschätzen die Vertreter der Freirechtslehre und hier insbesondere HANS REICHEL [22] die Aufgabe des Praetors, wenn letzterer in ihm einen Richterkönig erblickt, der nötigenfalls „das Gesetz über den Haufen wirft" [23].

II

Bleibt es bei dem Phänomen und seiner eingangs umrissenen Problematik, so kann nur der Schluß gezogen werden, daß das Imperium des Prae-

---

[19] Politikos 294 a/b.

[20] Schon KRÜGER, a.a.O., S. 36 N. 14, hat die Deutung A. S. SCHULTZES (Privatrecht und Proceß in ihrer Wechselbeziehung I, Freiburg und Tübingen 1883, § 18 f.), der den Praetor als frei von Bindungen an irgendwelche Rechtsnormen bezeichnet, zurückgewiesen (vgl. dazu ausführlich auch WLASSAK, Röm. Processgesetze I, S. 2 ff.). — Insofern gilt für den Praetor erst recht nicht die auf den absoluten Herrscher gemünzte Personifizierung im Begriff *νόμος ἔμψυχος*; vgl. insbes. STEINWENTER, Anz. der Akad. d. Wiss. in Wien, phil.-hist. Kl. 1946, S. 250 ff.

[21] *Si lex iusta ac necessaria sit, supplet praetor in eo quod legi deest,* Pomp. D 19, 5, 11. Zutreffend spricht v. LÜBTOW, S. 537, vom „Amendments-Charakter" der praetorischen Rechtsfortbildung; in diesem Sinne auch schon JÖRS-KUNKEL, Römisches Privatrecht, Berlin-Göttingen-Heidelberg 1949, § 6.

[22] Gesetz und Richterspruch, Zürich 1915, S. 125.

[23] Zudem ist die richtige „Erkenntnis" nicht so sehr Sache des Imperiumsträgers als der „iurisprudentia", die sich in einem Juristenstand verkörpert (s. unten S. 109). Insofern kann der Begriff des „Richterkönigs" jedenfalls nicht persönlichkeitsbezogen aufgefaßt werden.

tors unangefochten war, weil es sachlich den Anforderungen gerecht wurde und zugleich genügend Kompensationsfaktoren vorhanden waren, die einen Mißbrauch verhinderten.

Die sachliche Qualität läßt sich nur mittelbar beurteilen [24]. Das Edikt, bei dem — wie unten ausgeführt — schon der Entstehungsvorgang die Gewähr für eine Kongruenz mit den herrschenden Rechtsauffassungen bot, hat nicht nur als *tralaticium* einen unangefochtenen Kernbestand, sondern zugleich auch eine Grundmaterie für die wissenschaftliche Bearbeitung und Weiterentwicklung der Rechtsordnung dargestellt.

Anders mag es sich mit den Einzelentscheidungen verhalten haben, die gegenüber dem Edikt das „Experimentierfeld" bildeten. Hier läßt sich aus Cicero entnehmen [25], daß die Parteien und ihre Advokaten auch am Amtsträger scharf kritisierten. Er scheut sich nicht, von der *iniquitas* und *iniuria praetoris* zu sprechen [26]. Auch bei Asconius [27] ist allgemeiner von *ambitiosis praetoribus, qui varie ius dicere assueverant* [28], die Rede. Insofern bedarf die Auffassung von Schulz [29], daß der Skandal um Verres kaum repräsentativ für die römische Jurisprudenz gewesen sei, vielleicht der Einschränkung [29a]. Seiner Meinung scheinen nicht zuletzt auch die literarischen Zeugnisse entgegenzustehen, in denen sich gegen Ende der Republik negative Stimmen mehren [29b]. Freilich sollte man diese Beweisstücke, die sich zudem überwiegend auf die Leitung von Strafprozessen beziehen, nicht

[24] Mittelbare Anerkennung zollt z. B. Papinian (D 1, 1, 7, 1) der Qualität des praetorischen Rechts: *quod et honorarium dicitur ad honorem praetorum sic nominatum* (es sei denn, man liest *ab honore* — vgl. Mommsen-Krüger).

[25] Das wichtigste Beispiel findet sich in seiner Oratio actionis secundae in Verrem, wenn er dessen Jurisdiktion nach freiem Belieben, seine Unbeständigkeit, sein Feilschen anprangert (2, 1, 46, 120: *Quae libido istius in iure dicundo fuerit, quae varietas decretorum, quae nundinatio).* S. auch die Charakterisierung des *praetor improbus,* in Verr. 2, 2, 11, 30.

Ganz darf man nicht übersehen, daß hier die Taktik des Gerichtsredners die Tatsachen entsprechend färbt. Auf diese Seite der forensischen Beredsamkeit hat insbes. Wieacker, Cicero als Advokat, Berlin 1965, S. 22 ff., aufmerksam gemacht. Es mag bezeichnend sein, daß Cicero bei seiner sich wiederholenden Kritik an der Parteilichkeit der Gerichtsmagistrate selbst mehrfach an deren „Gunst" appelliert, wenn es sich um ihm nahestehende Mandanten handelt (vgl. hierzu des näheren John Maurice Kelly, Roman Litigation, Oxford 1966, S. 56; sein Buch wurde mir leider erst nach dem Satz zugänglich).

[26] Pro Quinctio 2,9. Überhaupt macht er gegen den Praetor Dolabella scharf Front, wobei er dessen Adelshochmut ins Feld führt (pro Quinctio 8,30 f.).

[27] Geb. zu Beginn des 1. Jh. n. Chr. (Bruns fontes II, 67).

[28] Bruns fontes II, 69. — In ähnlichem Sinne auch Dio Cassius, Hist. 36, 40, 1—2.

[29] Prinzipien des röm. Rechts, S. 163.

[29a] In diesem Sinne auch Wieacker, Vom röm. Recht, S. 122. So jetzt auch Kelly, a.a.O. insbes. S. 44 ff. mit Nachweisen.

[29b] Es ist das Anliegen von Kelly, dieser Kritik besondere Beachtung zu widmen (a.a.O., vgl. insbes. S. 38 ff., 86).

überschätzen. Welches Bild der Justiz dürfte sich für den späteren Historiker bei der Lektüre von Teilen des Schrifttums unserer Tage ergeben? Im übrigen entstammen KELLYS Zeugnisse den späten Wirren der Republik und dem Prinzipat [29c]. Freilich scheint auf diese Weise auch der Usus modernus einer Fehleinschätzung erlegen zu sein, wenn er aus den literarischen Belegen ein recht negatives Bild der praetorischen Rechtsfortbildung — etwa mit der abfälligen Bemerkung bei HEINECCIUS [30] „novis excogitatis vocabulis leges eludebant“ — gezeichnet hat. Für eine sachliche Beurteilung sollte jedenfalls beachtet werden, daß der Stil der sich auflösenden Republik verzerrt und übertreibt. Im übrigen sollte sich die Bewertung nicht an dieser relativ kurzen Zeitspanne, sondern an der sich über die Jahrhunderte erstreckenden Entwicklung orientieren [31].

III

So ist insgesamt nicht zu verkennen, daß die sachliche Qualität im Kern auf einer moralischen Einstellung des Praetors, auf dem Willen, der *ars boni et aequi* zu genügen, basierte. Wenn er sich bei seiner Rechtschöpfung auch auf mannigfache Vorgegebenheiten stützen konnte, so war das Bewußtsein des Amtsträgers dennoch daran orientiert, die beste sachgerechte Lösung herauszufinden und die allgemein verbreiteten Auffassungen von dem, was billig und recht sei, nicht zu verletzen [32]. Diese der Allgemeinheit, der Vernunft und dem Gerechtigkeitssinn verpflichtete Denkweise muß zunächst vorausgesetzt werden. Auch KELLY betont bei seiner kritischen Tendenz: „up to the late second century B. C. at any rate praetorian standards of integrity were generally good.“ [32a]

So sehr diesem moralischen Antrieb entscheidendes Gewicht zukommt [33], er kann allerdings ohne das Eingreifen anderer Faktoren die positive

[29c] Die von ihm zitierten Belege bei Plautus und Terenz besagen für die Jurisdiktion des Praetors kaum etwas.

[30] Historia iuris civilis Romani ac Germanici, Lugd. Bat. 1740, lib. 1, c. 3, § 69. Vgl. oben N. 3.

[31] Hier ist der Fall des Tubulus aus dem Jahre 142 v. Chr., der im übrigen die Leitung im Strafprozeß betraf, jedenfalls eine Einzelerscheinung gewesen (vgl. Cicero, de finibus 2, 54; 4, 77; 5, 62; de natura deorum 1, 63; 3, 74; Gellius, Noctes Att. 2, 7, 20. In diesem Sinne auch KELLY, a.a.O., S. 86).

[32] Offensichtlich war zunächst das *ius civile* eine Grenze, die nicht überschritten werden durfte (vgl. Gai 3, 32: *Praetor heredes facere non potest*). Insofern hatte das *ius praetorium* nur subsidiäre Bedeutung. Später lockert sich die Bindung; man bedient sich insbes. des Mittels der Fiktionen, eine Methode, die das 18. Jh. kritisch mit dem Begriff „ars“ belegt. Immerhin stellt noch Papinian das *adiuvandi vel supplendi* vor das *corrigendi gratia* (D 1, 1, 7, 1).

[32a] A.a.O., S. 86.

[33] Der Praetor schwor den Amtseid auf die Gesetze (vgl. MOMMSEN, Staatsrecht I, S. 620 f.). Vgl. die Charakterisierung v. JHERINGS, a.a.O., II, 1, S. 271 f.: „Frei dem Recht nach, war der Beamte umgeben von einer unsichtbaren Gewalt, die ihn am Guten nicht hinderte, aber bei jedem Versuch zum Schlechten zurück-

Entwicklung über Jahrhunderte hinweg kaum garantiert haben. Dazu dürften im jährlichen Wechsel zu unterschiedliche Persönlichkeiten das Amt bekleidet haben. Wie die kritischen Stimmen erkennen lassen, wäre es zumindest für die ausgehende Republik verfehlt, ein idealisiertes Bild zugrunde legen zu wollen. Man darf wohl nicht verkennen, daß Zeugnisse, die den Praetor als „viva vox iuris“ bezeichnen [34], emphatische Bekundungen darstellen. Marcian war den realen Verhältnissen der Republik fern und seine ideologische Überhöhung spiegelt die „literarische“ Betrachtungsweise der heraufziehenden Spätzeit. Ihm widersprechen zudem die gelegentlichen Äußerungen Ulpians vom *stultus aut iniquus praetor* (in D 37, 10, 3, 5) bzw. Paulus', der vom *inique decernere* spricht (D 1, 1, 11) [34a].

Man muß daher neben das Bewußtsein moralischer Verpflichtungen die nüchterne, teils rechtliche, teils pragmatische Bindung des Amtsträgers stellen. Die hier wirkenden Faktoren bedürfen einer näheren Erfassung, wobei im außerrechtlichen Bereich insbesondere soziologische und psychologische Gesichtspunkte zu berücksichtigen sind.

a)

Faßt man zunächst die aus der *rechtlichen* Ordnung sich ergebenden Gegengewichte ins Auge, so hat das *Annuitätsprinzip* besondere Bedeutung [35]. Da das Edikt auf dem Imperium des Magistrats beruhte, war der Rechtsetzung mit dem Ende des Imperiums der Boden entzogen; die Verbindlichkeitswirkung endete mit der Amtszeit des Amtsträgers. Was der communis opinio nicht entsprach, wurde vom Nachfolger kaum übernommen. So wirkte das — jedenfalls theoretisch — stets neu zu erstellende und

---

hielt. In dieser unsichtbaren Gewalt und in dem Geist der Vaterlandsliebe, Selbstverleugnung, Achtung gegen das Althergebrachte usw., den man bei dem Magistrat voraussetzen mußte und konnte, steckte das beste Theil der römischen Verfassung.“

[34] Ihn meint die Bezeichnung bei Marcian D 1, 1, 8, obwohl auf das *ius honorarium* bezogen. — Vgl. hierzu Steinwenter, Anz. Akad. der Wiss. in Wien, phil.-hist. Kl. 1946, 266 ff.; in diesem Sinne auch v. Lübtow, a.a.O., S. 531; für Interpolation B. Frese, Viva vox iuris civilis, SZ 43 (1922), S. 466 ff.

[34a] Freilich scheint Kelly (a.a.O., S. 85) das Gewicht dieser Stellen überzubewerten.

[35] Neben den rechtlichen Konsequenzen soll hier nur allgemein auf die psychologische Wirkung, die das Annuitätsprinzip für den Betroffenen zeitigt, hingewiesen werden. Die in der rechtlichen Konzeption gewährte umfassende Kompetenz wird durch das Bewußtsein eingeschränkt, nach Ablauf der Amtszeit, wenn nicht zur Verantwortung gezogen zu werden, so doch der Beurteilung der Standesgenossen zu unterliegen, mit denen man zuvor gelebt hat und nun wieder leben muß. Ein Amtsträger wird unter solchen Aspekten sich anders verhalten als einer, der auf unbestimmte Zeit die Macht in Händen hält.

in älterer Zeit vor einer Volksversammlung — *contio* — zu verkündende [36] Edikt als Filter gegen „spontane Rechtsschöpfung“; nur das, was sich bewährte [37], hatte Aussicht, in den festen Bestand der Regeln aufgenommen zu werden. Die Bindung des Magistrats an diesen festen Bestand, die eine lex Cornelia v. Jahre 67 v. Chr. festlegte [38], schränkte andererseits seine Freiheit im anerkannten und verfestigten Bereich ein: Hier konnte der Kläger dem zögernden Praetor entgegenhalten: *actio ex edicto oritur* [39].

Das Prinzip der zeitlichen Begrenzung äußerte sich auch im Prozeßgang in concreto. Handelte es sich um ein *iudicium quod imperio continetur* [40], so mußte der Rechtsstreit in der Amtszeit erledigt sein (*tamdiu valent, quamdiu is, qui ea praecepit, imperium habebit* [41]). Gelang es dem Beklagten, den Prozeß über die Amtszeit des Magistrats hinauszuzögern [42], so hatte das Verfahren seine Erledigung gefunden; war es schon nicht sicher, daß der nächste Praetor — etwa bei einer *actio in factum* — sich der Rechtsauffassung des Vorgängers anschloß und dem Prozeß eine Neuauflage gewährte, so stand überdies die *exceptio rei in iudicium deductae* zur Verfügung [42a] (Gai 3, 181; Gaius betont, daß zwar die Konsumptionswirkung der *litis contestatio* bei diesen Iudicia nicht eintrete, gerade deshalb aber die exceptio gewährt werden müsse — vgl. insbesondere auch Gai 4, 106 f. [42b]). Umgekehrt mochte der Kläger, dessen Klagebegehren vom Praetor denegiert war, hoffen, beim Amtsnachfolger mehr Glück zu haben, sofern nicht der Zeitablauf i. S. einer Ausschluß- oder Verjährungsfrist entgegenstand [43]. Vielleicht gelang es ihm, Mitglieder des consiliums von der Richtigkeit seiner Rechtsauffassung zu überzeugen und so Einfluß auf den Entschluß des Amtsnachfolgers zu gewinnen.

---

[36] Cic. de fin. 2, 22, 74. — Vgl. dazu Krüger, a.a.O., S. 33, N. 2 und insbes. N. 3.

[37] So interpretiert schon Heineccius, Historia iuris civilis, lib. 1, c. 3, § 65, Cic. de invent. 2, 22, 67: ... *aetatem latura, si laudem haberent aequitatis, vel negligenda a posteris, si ambitiosa vel iniqua essent.*

[38] *Ut praetores ex edictis suis perpetuis ius dicerent,* Ascon. in Corn. (Bruns fontes II, 69); vgl. auch Cic. in Verr. 2, 1, 46, 119. — Krüger, a.a.O., S. 34, sieht hierin das Prinzip der Rechtssicherheit gewährleistet, während Wieacker, a.a.O., S. 122, hierin die erste Erstarrung des Edikts erblickt.

[39] Vgl. z. B. D 21, 1, 23, 5; 40, 12, 21, 1.

[40] Gai 4, 103; 105; 106.

[41] Gai 4, 105; nach Kaser gilt dies zunächst für alle Prozesse (Zivilprozeßrecht, § 51 III).

[42] Allerdings trat auch beim *iudicium legitimum* ein Erlöschen nach 18 Monaten ein (Gai 4, 104).

[42a] Kritisch zu einer Neuauflage überhaupt Kaser, Zivilprozeß, § 51 III N. 28.

[42b] Anders Kaser, a.a.O., N. 27.

[43] Zur Frage, wieweit eine Rechtskraftwirkung hier eingriff, vgl. Wenger, Zivilprozeß, S. 99, N. 21. — Ablehnend Jahr, a.a.O., S. 67 ff. Wie hier offensichtlich Kaser „Zum Formproblem des litis contestatio“, SZ 1967.

Neben dem Annuitätsprinzip und den aus ihm folgenden, von der eigenen Schwerkraft bestimmten Konsequenzen ist die Möglichkeit der *Interzession* durch einen Konsul oder Praetorkollegen, vor allem aber auch durch einen Volkstribunen sicher weitgehend bestimmend gewesen [44]. Wir haben zwar nur wenige Zeugnisse von der Ausübung dieses Rechts; genauere Kenntnisse vermittelt uns Cicero [45], aber unabhängig davon, wie oft es praktiziert wurde [46], die bloße Möglichkeit mag als ständige Warnung gedient und manchen vorschnellen Entschluß, aus was für Gründen immer eine actio zu geben oder zu verweigern, verhindert haben.

Schließlich bestand die Möglichkeit, daß der Praetor nach Ablauf der Amtszeit *zur Verantwortung* gezogen wurde [47]. Das war einmal zivilrechtlich seitens des Geschädigten [48] möglich; als Grundlage hierfür blieben jedoch nur die allgemeinen actiones [49]. Sodann aber konnte auch öffentliche Anklage erhoben werden [50], etwa wegen Bruchs des Volksrechts. Allerdings ist offensichtlich gegen Praetoren von dieser Möglichkeit kaum Gebrauch gemacht worden. Hiervor schützte nicht zuletzt die Abdeckung durch das Consilium und die Abstimmung mit der iurisprudentia.

b)

Nicht minder wichtig als die rechtlichen Schranken sind für das Funktionieren der praetorischen Befugnisse offensichtlich die *außerjuristischen, faktisch-soziologischen* Faktoren gewesen:

---

[44] Zur Interzession allgemein vgl. Mommsen, Staatsrecht I, 185; v. Jhering, a.a.O., II, 1, 269 ff.; Krüger, a.a.O., S. 34; Kaser, Röm. Rechtsgeschichte, S. 124. — Bemerkenswert ist der Umstand, daß auch der praetorische Kollege das Interzessionsrecht ausüben konnte (vgl. v. Jhering, a.a.O.).

[45] In Verr. 2, 1, 46, 119: ... *Piso multos codices implevit earum rerum, in quibus ita intercessit, quod iste aliter atque ut edixerat decrevisset.*

[46] Zumindest die Magistrate dürften sich gescheut haben; mit Recht betont v. Jhering (a.a.O., S. 270), daß die Interzession dem Magistrat den Fehdehandschuh hinwarf und ohne Not ein solch Aufsehen erregender Schritt nicht unternommen worden sei. Vgl. Livius 45, 21, 6: ... *persaepe evenisset, ut ... qui ad intercedendum venissent, desisterent* ... .

[47] Abgesehen vom jederzeitigen Eingreifen der Volkstribune, die jeden Magistrat in Strafe nehmen und verhaften konnten. Bemerkenswert ist hier das Einschreiten des Volkstribunen P. Scaevola gegen den bestochenen Praetor Tubulus (Cicero de fin. 2, 16, 54). — Theoretisch hätte auch der Pontifex maximus mit Multen während der Amtszeit eingreifen können (Mommsen, Staatsrecht I, 706).

[48] Mommsen, Staatsrecht I, 699 ff., weist darauf hin, daß diese zivilrechtliche Verantwortung eine weit größere Rolle spielte als heute. Kritisch Kelly, a.a.O., S. 98 f., mit Darstellung des Streitstandes.

[49] Für ein Vorgehen wäre an die actio de dolo bzw. an die actio legis Aquiliae zu denken. — Zu beachten bleibt, daß gegen den *iudex* im Gegensatz zum Magistrat eine eigene Klage zu Gebote stand.

[50] Mommsen, Strafrecht, S. 352 f.; Kipp, Geschichte der Quellen des röm. Rechts, S. 55. Kaser, Zivilprozeßrecht, § 32 I N. 4, hält freilich eine Verantwortlichkeit für problematisch.

Hier ist die *konservative, traditionalistische Grundhaltung* des Römers obenan zu stellen [51]. Der römische Jurist lebte in der Vorstellung, daß die „Rechtserfahrung“ die Grundlage der Rechtsordnung sei [52]; dieses „Erfahrungswissen“ war ihm in seiner Ausbildung vermittelt worden; Rechtsschöpfung auf rationalistischer Basis war ihm undenkbar; Neuerungen erfolgten nicht aus Hang zum Experiment, sondern wurden von den Verhältnissen abgenötigt. Wenn allgemein Caesar das „cupidus rerum novarum“ [53] gegenüber den Galliern als Kritik i. S. einer Unbeständigkeit verzeichnet, so findet sich die entsprechende Bewertung bei Cicero, dem Nichtjuristen und homo novus, gegenüber dem Edikt des Verres, wenn er von „plötzlichen“ Gesetzen spricht [54]. Der Begriff der *religio* [55] bezeichnet diese Bindung [56], zugleich aber auch das Verbot des venire contra factum propium, insofern, als die Bindung an das eigene Edikt vorausgesetzt wird.

Zu dieser Grundhaltung gesellte sich die *Bindung an die Vorstellungen der führenden Schicht* über die guten Sitten i. S. des „Anstandsgefühls der billig und gerecht Denkenden“. Es liegt nahe, daß eine Persönlichkeit, die in einem festen Sozialgefüge aufgewachsen ist, auch in den vor- und metajuristischen Fragestellungen den Denkformen der sozialen Gruppen entsprechend reagiert. Mögen in der früheren Republik die Patrizier den sozialen Boden für den Juristenstand gebildet haben, so tritt am Ende der Republik und im Prinzipat eine Veränderung ein; der Ritterstand hat, wie KUNKEL nachgewiesen hat [57], die Führungsrolle übernommen. Gleichwohl ist diese Umschichtung ohne feststellbare Veränderungen in den materiellen Rechtsauffassungen vor sich gegangen. Auf diese Weise bot sich auch im Denken des Standes ein fester Halt, sei es für den im Jahreswechsel zur äußeren Wirksamkeit berufenen Angehörigen der führenden Schichten, der sich nur als Glied einer Kette fühlen konnte, sei es für die ihn als politischen Exponenten beratenden Fachleute.

Zu den aus solchen Bindungen sich ergebenden Verpflichtungen gesellte sich eine *faktische Sanktion.* Der Verstoß gegen die äußeren Spielregeln,

---

[51] Vgl. v. JHERING, a.a.O., II, 1, S. 271 f.; KASER, Röm. Rechtsgeschichte, S. 216; DULCKEIT-SCHWARZ, Röm. Rechtsgeschichte (3), 1963, § 22 IV 4.

[52] *Salvo more maiorum* (Paulus D 1, 1, 11). — Zum Einfluß des „Gewohnheitsrechts“ s. GEORG FRIEDRICH PUCHTA, Das Gewohnheitsrecht I, Erlangen 1827 (Nachdr. 1965), S. 40 ff., auch wenn der Begriff i. S. von *consuetudo* in klassischer Zeit kaum bekannt ist (hierzu zuletzt BURKHARD SCHMIEDEL, Consuetudo im klassischen und nachklassischen römischen Recht (Forschungen zum Röm. Recht, Abhandl. 22), Graz-Köln 1966, mit Nachweis des Streitstandes).

[53] De bell. Gall. 1, 18, 3.

[54] *Edictum repentinum;* in Verr. 2, 3, 14, 36.

[55] In Verr. 2, 1, 46, 119: *sine ulla religione decernebat.*

[56] *Ius, consuetudinem, aequitatem, edicta omnium neglegit* (in Verr. 2, 1, 45, 116). Cicero setzt hierbei die Verpflichtung voraus, an die *edicta omnium* i. S. eines *edictum translaticium* anzuknüpfen.

[57] Herkunft und soziale Stellung der römischen Juristen, Weimar 1952, S. 50 ff.

aber auch gegen die materialen Vorstellungen mußte nicht nur die Fachkritik, sondern darüber hinaus auch die Diskreditierung in der sozialen Gruppe nach sich ziehen [58]. Das mochte ein Gleichgültiger hinnehmen. Eine derartige Gleichgültigkeit können wir jedoch kaum unterstellen; denn der Praetor befand sich im „cursus honorum“.

Es mag dahinstehen, ob die politische Klugheit der Römer das Richteramt mit seinen Befugnissen bewußt vor die höchste Stufe der Ämterlaufbahn gestellt hat, psychologisch hat diese Position sicher eine wesentliche Bedeutung gehabt. Der Weg zum Konsulat war dornenvoll, man mußte — etwa als Aedil für die Spiele — finanzielle Investitionen machen, man mußte sich um so mehr an der Schwelle zum Spitzenamt hüten, Torheiten zu begehen — Torheiten, die auch darin bestanden, daß man ohne Rücksicht auf die Anschauungen und Überzeugungen der tragenden Schicht neue Ideen propagierte.

Und schließlich wirkte in unmittelbarer Verbindung mit den Amtsträgern ein Gremium, das die Verbindung zu der sozialen Gruppe wie zur Zunft der Fachleute herstellte, in Gestalt des *Consilium*. Der Amtsträger bedurfte seiner, da er häufig kein i. e. S. fachlich vorgebildeter Jurist war. Aber auch dort, wo die fachliche Voraussetzung vorlag, wird er niemals auf die Mitwirkung des Expertengremiums verzichtet haben. Die römische Jurisprudenz beruht weniger auf der einsamen Denkleistung des „Wissenschaftlers“, sondern vielmehr auf einem „Teamwork“ fachlich erfahrener Männer [59], bei denen privat der an Erfahrung Reichste, in politischen Institutionen der Amtsträger die Leitung übernimmt, jeder aber seine Auffassung beiträgt und auf diese Weise die der Sache nach optimale Ausformung herbeiführen hilft. Wir sehen diese Gemeinschaft in der juristischen Ausbildung, wo eine „Gemeinschaft der Lehrenden und Lernenden“ existiert [60], und wir müssen diese Formen auch in der Führung der Staatsgeschäfte voraussetzen. Wir wissen von ihnen erst deutlicher durch die Institutionalisierung der Kaiserzeit, sie muß aber schon früher existiert haben. Vor allem darf man sich ein solches Consilium nicht als „wissenschaftlichen Beirat“ moderner Prägung vorstellen; es waren zum großen Teil Männer, die selbst die politischen Ämter durchlaufen, die selbst viele Male vor ähnlichen Entscheidungen gestanden hatten [61], mit anderen Worten, die ihre

[58] s. oben (N. 35).

[59] Vgl. Schulz, Geschichte der röm. Rechtswissenschaft, Weimar 1961, S. 62, mit Nachweisen. Schulz (Prinzipien, S. 122)nimmt auf Cic. in Verr. 2, 2, 29, 72 Bezug, wo ein Verteidiger sich weigert, vor dem Statthalter zu plädieren, weil dieser das Consilium weggeschickt habe. Auch der Aedil hatte ein Consilium (Juvenal 3, 162).

[60] Zur juristischen Ausbildung vgl. Hübner, Gedächtnisschrift f. Rudolf Schmidt, Berlin 1966, S. 551 ff.

[61] Das tritt besonders im Consilium der principes in Erscheinung (man vergleiche u. a. die Ämterlaufbahn des Celsus, des Iavolenus Priscus und des Salvius

ganzen Erfahrungen den jüngeren, jetzt amtierenden Standesgenossen zur Verfügung stellten [62]. Aus dieser Nutzbarmachung der Erfahrung, die das unerläßliche Gegengewicht gegen den raschen Wechsel nach dem Annuitätsprinzip darstellt, ergab sich eine Schwerkraft, die den Amtsträger in seinen Entscheidungen mehr band als eine rechtliche Kontrollinstanz [63].

Darüber hinaus erwuchs in der *Rechtswissenschaft,* der iurisprudentia, auch *außerhalb* des Consiliums zunehmend ein „Kontrollorgan“. Unterstellt man, daß Praetor und Consilium voreilig eine Regel aufgestellt oder eine actio in factum gewährt oder nicht gewährt und damit der Auffassung der weiteren juristischen „Kreise“ widersprochen hätten, so hätte die Kritik der Rechtswissenschaft sich rasch durchgesetzt und vermutlich wäre die Norm sang- und klanglos aus dem Edikt wieder verschwunden [64]. Aber auch echte Streitfragen konnten erst, nachdem sie „ausdiskutiert“ waren, einer Entscheidung im Edikt zugeführt werden. Beobachten wir doch auch für unser „Richterrecht“, wie gewichtig im Wege kritischer Auseinandersetzung der Einfluß der Rechtswissenschaft ist und in welchem Maße eine solche Kritik ein echtes Korrektiv darstellt.

Überblickt man das Bild, so läßt sich sagen, daß mehr als verfassungsrechtliche Kontrollinstitutionen außerrechtliche Bindungen die Handhabung der Rechtsetzungsbefugnis in einem „demokratischen“ Sinne gesichert haben. Voraussetzung war allerdings die unbeirrte Einhaltung der „Spielregeln“. Ob sie im zivilprozessualen Bereich zur Zeit der späten Republik noch gewahrt blieben, kann nach den Zeugnissen fraglich erscheinen [65]. Andererseits hätte der Prinzipat in seiner Tendenz, Gesundes — sofern es die kaiserliche Gewalt nicht unmittelbar tangierte — fortbestehen zu lassen, auf diesen republikanischen Formen nicht aufbauen können, wenn die Grundlagen zerstört gewesen wären. Es bleibt freilich nicht aus, daß

Iulianus), gilt aber auch schon in republikanischer Zeit. Quintus Mucius Scaevola hatte die Ämter bis zum Konsulat durchlaufen, desgleichen Servius Sulpicius Rufus; Aquilius Gallus war Praetor und hatte auf das Konsulamt verzichtet. Vgl. Cic. de orat. 1, 45, 199: ... *quid est enim praeclarius quam honoribus et rei publicae muneribus perfunctum* ... sich der *interpretatio iuris* zu widmen.

[62] Vgl. den Begriff der „Honoratiorenjurisprudenz“; s. SCHULZ, Geschichte der röm. Rechtswissenschaft, S. 71, unter Hinweis auf die *clarissimi et amplissimi viri* (mit Bezugnahme auf Cic. de or. 1, 45, 198; 1, 55, 235; de leg. 1, 4, 14; 1, 5, 17).

[63] Zur Bedeutung des Consilium für die Kontinuität der Rechtsentwicklung vgl. auch KASER, Festschr. Fritz Schulz, Weimar 1951, II, 22.

[64] Zum Einfluß der Rechtswissenschaft auf die praetorische Rechtsbildung vgl. insbesondere KRÜGER, a.a.O., S. 37, und die von ihm erwähnten Belege: D 3, 5, 20 pr ... *Servius respondit aequum esse praetorem in eum reddere iudicium* ...; D. 9, 3, 5, 12 ... *Servius respondit ad exemplum huius actionis dari oportere actionem* ... — Diesen Gedanken hat KELLY ausgeweitet, indem er für die spätere Zeit im *ius respondendi* eine Leitungs- und Kontrollfunktion für die praetorische Rechtsbildung erblickt (a.a.O., S. 97 f.).

[65] In dieser Richtung zielen insbesondere KELLYS (a.a.O., S. 98) Bemerkungen über „praetorian misconduct in the dying Republic and early Empire“.

der gesetzgeberische Einfluß des Kaisers sich immer mehr ausbreitet und die alten Formen im absolutistischen Kaisertum absterben. Daher ist es sicher nicht nur die politische Tendenz Hadrians, sondern zugleich eine Folgerung aus den Gegebenheiten, wenn er dem Edikt durch Salvius Julianus eine feste legislatorische Form geben läßt. Für die vorangegangenen Jahrhunderte aber erweist sich, daß die politische Sicherung gegenüber der „Gesetzgebungsgewalt" nicht nur i. S. einer modernen Gewaltenteilung möglich ist, sondern eben jenen außerjuristischen Faktoren, der richtigen Einschätzung der Verhaltensweisen eine hohe Bedeutung zukommt, und demnach auch unsere Wissenschaft gehalten ist, ihnen — worauf Hans Peters immer wieder hingewiesen hat — die gebührende Aufmerksamkeit zu widmen.

Die Eingliederung kleiner Staaten in das Imperium nach den Papyri

Erwin Seidl

Als die Römer im Jahre 30 v. Chr. das Reich der Königin Kleopatra besetzten, fanden sie dort mindestens drei griechisch besiedelte Städte vor: Naukratis, Alexandria und Ptolemais [1]. Diese hatten zwar im Ptolemäerreich auch schon keine tatsächliche Macht besessen, wohl aber eine rechtliche Autonomie [2]. Ihr Griechentum betonten sie im Gegensatz zu der ägyptischen Bevölkerung des umgebenden Landes. Zu der aus Makedonien stammenden Dynastie standen die Städter in keinem tieferen Gegensatz; im Gegenteil, durch diese vermochten sie die wichtigsten Ämter im Königreiche zu besetzen. Sie stellten die im Lande herrschende Schicht dar [3].

Mit der Eingliederung in das römische Imperium wurde das anders. Zwar nahm Augustus einige Rücksicht auf die Griechen; er bevorzugte sie vor den Ägyptern. Es scheint, daß sie steuerliche Vorteile vor denselben erhielten [4]. Die Amtsstellungen der mittleren Kategorie wurden nach wie vor von ihnen besetzt. Das Griechische wurde in verstärktem Maße Amtssprache. Die demotische Rechtsurkunde trat nach und nach zurück, so daß sich auch die Ägypter der griechischen Urkunde bedienen mußten. Insoweit kann man sagen, daß sich die Römer in ihrer Herrschaft über das Land stärker auf die griechische Bevölkerung stützten als auf die ägyptische.

Doch wurden die wichtigsten Entschlüsse nunmehr von dem fernen Kaiser in Rom gefaßt. An der Spitze der Provinz und in den maßgeblichen Stellungen der obersten Klasse standen nun Römer. Zwar war sozialer Aufstieg durch Erwerb des römischen Bürgerrechts möglich; ein Mitglied der jüdischen Familie, zu der auch der berühmte Philosoph Philon gehörte, Tiberius Julius Alexander, wurde Statthalter und später sogar praefectus

---

[1] Dazu kamen vielleicht noch Paraitonion, so wie die in P. BGU, V 1210, erwähnte Stadt Krene (?); doch ist es nicht sicher, ob der Name dort eine Stadt bedeutet, ferner die Städte der Kyrenaika und auf Kypros.

[2] V. Ehrenberg, Der Staat der Griechen II, Leipzig 1958, 51 ff.

[3] C. Habicht, Die herrschende Gesellschaft in den hellenistischen Monarchien, Viertelj. Schr. f. Sozial- u. Wirtschaftsgesch. 45 (1958), 1—16.

[4] Sh. L. Wallace, Taxation in Egypt, Princeton 1938, 116 ff.

praetorio [5]. Aber solcher Aufstieg blieb doch nur wenigen besonders Tüchtigen vorbehalten und bedeutete völlige Assimilierung an die römische Art.

Die Einwohner der griechischen Städte hätten damit zufrieden sein können. Die Ordnung war in den Zeiten der letzten Ptolemäer keineswegs gut gewesen; Augustus aber hatte ein ordentliches Regiment hergestellt [6]. Gab es auch Binnenzölle, die die Provinz von anderen abtrennten, so war doch der Handel durch die pax Romana geschützt. Das römische System der Besteuerung und des Zwanges zur Übernahme von Ämtern der mittleren und unteren Kategorien [7] wurde erst im Laufe der Entwicklung drückend; am Anfang bedeutete es eher eine Erleichterung. Die Politik des Augustus zielte darauf, die Nichtrömer zum Reichspatriotismus zu erziehen.

Dennoch dauerte es nicht lange, so erhob sich in den griechischen Städten der Haß gegen das Imperium. Im zweiten Jahrhundert erreichte er seinen Höhepunkt. Natürlich war es ein Haß der Machtlosen und man durfte ihn nicht offen zeigen. Man konnte sicherlich die Literatur des klassischen Griechenland öffentlich kaufen. Das Buch vom Staate der Athener des Aristoteles ist uns nur durch einen Papyrus aus Ägypten bekanntgeworden. Solche Werke erhielten aber in den Griechen die Erinnerung an die vergangene Größe und Selbständigkeit wach. Der Unterschied zwischen der von Aristoteles geschilderten Verfassung einer Polis und den Tatsachen in Alexandria war so groß, daß er von den Lesern nicht übersehen werden konnte. Die zeitgenössische Literatur mußte reichs- und kaisertreu sein [8]. Man kann sie mit den offiziellen Werken des Geschichtsschreibers Prokop zur Zeit des Kaisers Justinian vergleichen, die auch gut kaiserlich waren. Aber dieser hatte auch eine historia arcana verfaßt, die nur heimlich verkauft werden konnte, doch so verbreitet war, daß sie sich bis auf unsere Tage erhalten hat. Geheimliteratur gab es auch in den griechischen Städten des zweiten Jahrhunderts: Es sind dies die sog. alexandrinischen Märtyrerakten [9]. Sie müssen ungeheuer verbreitet gewesen sein; denn wir haben aus ganz verschiedenen Fundstätten Stücke von ihnen erhalten.

In kurzer Zusammenfassung [10] handelt es sich in dieser Literatur um folgendes: Der Kaiser ist ein typischer Tyrann. So wird Commodus in P. Oxy 33, II, 5 auch angeredet. Dazu bekommt er in IV, 81 noch den Titel eines Räuberhauptmanns und in II, 11 wird er der Tyrannei, des Mangels an Liebe zum Guten und des Mangels an Bildung beschuldigt. Diese beiden letzteren Epitheta zeigen die Tendenz: Nicht ein philosophisch und

[5] P. Hib II, 215. Turner, Tiberius Julius Alexander, Journal of Roman Studies 44 (1954), 54—64.

[6] S. Riccobono jr., Das römische Reichsrecht und der Gnomon des Idios Logos, 1957.

[7] Oertel, Die Liturgie, Leipzig 1917.

[8] z. B. die Reden des P. Aelius Aristides, die uns erhalten sind.

[9] H. A. Musurillo S.J., The acts of the pagan martyrs, Oxford 1954.

[10] Im einzelnen s. stets den Kommentar von Musurillo.

musisch gebildeter Mann leitet den Staat, wie es der gebildete Alexandriner für gut befinden würde, weil es schon die klassischen Philosophen so empfahlen, sondern ein ungebildeter roher Räuberhauptmann. Der gebildete Grieche aber sieht in sich selbst eine höhere Menschenart. Nicht die Macht und nicht die Kaiserkrone blenden ihn: Für den Barbaren ohne Bildung hat er nur Verachtung übrig. Die Entschlüsse des Kaisers sind keineswegs vom Wohle des Staatsganzen, noch weniger vom Wohle der griechischen Poleis bestimmt, sondern nur von dem Gedanken, wie er die Untertanen ausrauben kann. Nicht einmal den Grundsatz des beiderseitigen Gehörs hält er in seiner Strafjustiz ein, sondern Einflüsterungen seiner Umgebung genügen für ein Todesurteil: So folgt in P. Oxy 1242 Trajan dem, was ihm seine von der Gegenpartei beeinflußte Gemahlin Pompeia Plotina zuraunt. Wenn die Ergänzung von v. PREMERSTEIN einer Lücke in P. Chrest I, 14; III, 11 richtig ist [11], so ist auch Claudius ein willenloses Werkzeug in der Hand der Salome, die, man mag die Stelle ergänzen, wie man will, jedenfalls ein sittlich zweifelhaftes Weib sein muß. Selbst ein Mann wie Trajan, der in unserer Geschichtsschreibung ein gutes Zeugnis bekommt, ist hier nur Beispiel für einen Tyrannen.

Gegenspieler des Kaisers sind die Bürger der griechischen Städte, meistens Alexandrias. Sie lieben ihre Heimatstadt und deren „Autonomie" [12]. Sie sind gebildet und uneigennützig. Als man sie vor den Kaiser schleppt und dieser sie mit Ungerechtigkeit in die Enge treibt, da erweisen sie sich als mannhafte stoische Philosophen. Dem sicheren Tode ins Angesicht schauend werfen sie dem Kaiser seine Erbärmlichkeit offen ins Gesicht und werden zur Hinrichtung abgeführt. Das war die Literatur, die überall in Ägypten, wo man Griechisch verstand, mit Wonne gelesen wurde.

Unbekannt kann den Kaisern und ihrer Polizei die imperiumsfeindliche Stimmung dieser griechischen Städter nicht geblieben sein. Doch war ihre Macht so groß und die der griechischen Städte so klein, daß sie solche Opposition nicht ernst nahmen. Vor klassischer Bildung hatten sie einigen Respekt, selbst wenn sie sie in eigener Person nicht besaßen. Die noch existierenden Poleis waren für sie nur kleine Verwaltungskörper, vielleicht unbequeme, aber doch wegen der Bildung ihrer Insassen unentbehrliche. Als Antinoos, der Liebling des Kaisers Hadrian, im Nil verunglückte, gründete der Kaiser ihm zum Gedächtnis sogar eine neue Polis, Antinoopolis. Er bewidmete sie mit dem Stadtrecht, das die älteste der griechischen Städte in Ägypten, Naukratis, hatte [13]. Hätte er den Haß der Griechen gegen sein Reich ernst genommen, so hätte er niemals ein neues Zentrum der Opposi-

[11] v. PREMERSTEIN, Zu den sog. alexandrinischen Märtyrerakten, Leipzig 1923; a. M. MUSURILLO.

[12] In PSI 1160 wollen sie ihren „Rat" wiederhaben.

[13] P. WILCKEN, Chrest. I, 27, 21 ff. W. WEBER, Untersuchungen zur Geschichte des Kaisers Hadrianus, Leipzig 1907, 249 f.

tion schaffen dürfen. So tat er es doch. Er gab den Bürgern von Antinoopolis Privilegien: Nur dort, und nicht anderswo, durften sie zur Übernahme von Ämtern gezwungen werden [14]. Sogar die Väter solcher, die Bürger der neuen Stadt geworden waren, erhielten Privilegien [15]. Und in einem wichtigen Punkte wich das vom Kaiser verliehene Stadtrecht von dem von Naukratis ab: Das Verbot der Mischehe mit den Ägyptern fiel weg [16]. In der Abschließung der Politen von ihrer ländlichen Umgebung sah der Kaiser einen Nachteil für sie. Von dieser unpopulären Beschränkung wollte er diejenigen befreien, die seinem Rufe nach Besiedelung der Stadt folgten.

Wieweit aber die griechischen Städte tatsächlich im 2. Jahrhundert noch „Autonomie" besaßen, sehen wir aus einem Juristenwerke, das keinem Interpolationsverdacht unterworfen ist, den „Kernstücken des Gnomons des Idios Logos" [17]. Ein Provinzjurist hatte zu dem auf Augustus zurückgehenden liber mandatorum für Beamte des kaiserlichen Fiskus eine Art Kommentar verfaßt, in dessen Disposition er sich aber an diesen lieber mandatorum anschloß [18]. Darin sammelte er alles, was ihm so wichtig erschien, daß es ein Fiskalbeamter in Ägypten wissen mußte. Entscheidungen zentraler römischer Stellen ebenso wie Stücke aus dem Recht der griechischen Städte des Landes und Erlasse der Statthalter und obersten Finanzbeamten (Idios Logos) für die Provinz. Alles, was zur Mehrung der fiskalischen Einkünfte beitragen konnte, interessierte ihn.

Nach diesem Werke lebten die griechischen Städte auch im zweiten Jahrhundert noch immer nach dem Recht, das sie zur Zeit der römischen Okkupation hatten. Noch galt, was das Stadtrecht über den Erwerb des Bürgerrechts bestimmt hatte (§ 40). Insbesondere galten alle Verbote von Mischehen mit Angehörigen anderer Volksgruppen, z. B. den Ägyptern (§§ 38 bis 50, 57). Ein Römer z. B. durfte ungehindert eine Ägypterin heiraten (§ 46), während ein Bürger von Paraitonion das nicht durfte (§ 57). Viele Bestimmungen enthielt das Stadtrecht über Erbschaft und Vermächtnisse. Alle diese waren noch in Kraft und dem Fiskalbeamten wichtig, weil sich daraus eine Möglichkeit ergeben konnte, verbotene Vermächtnisse oder Erbschaften für den Fiskus einzuziehen (§ 5—15). Dabei lesen wir etwa: Ein Bürger von Alexandria durfte einem Freigelassenen nicht mehr als 500 Drachmen oder eine Rente von 5 Drachmen je Monat vermachen (§ 14). Rechnet man das nach, so ergibt sich, daß der Freigelassene nicht mehr als täglich 1 Obolus bekommen sollte. 1 Obolus sah man aber in der Blüte-

---

[14] P. Oxy VIII, 1119 = Chrest I, 397. P. Fam Teb passim.

[15] P. Wilcken, Chrest I, 28.

[16] P. Wilcken, Chrest I, 27, 21 ff.

[17] S. Riccobono jr., Il gnomon dell' Idios Logos, Palermo 1950. Dazu eine leider ungedruckte Diss. von Erlangen: Helmut Kaupper, Das griechisch-alexandrinische Recht im Gnomon des Idios Logos als Quelle athenischen Rechts, 1953.

[18] Jura 3 (1952), 377—381.

zeit Athens als das Existenzminimum an [19]. Seither war aber eine gewaltige Geldentwertung eingetreten [20]: Von 1 Obolus konnte niemand mehr seine Existenz fristen. Nichtsdestoweniger galt dieser Rechtssatz noch im Alexandria des 2. Jahrhunderts: Wir haben ein deutliches Beispiel für ein „versteinertes" Recht vor uns [21]. Auch erscheint eines nach dieser Quelle ganz unwahrscheinlich zu sein: daß nämlich die Autonomie der Städte noch soweit gegangen wäre, ihr Recht ohne kaiserliche Genehmigung zu ändern. Denn damit hätten die Stadtbürger auch in eine Einnahmequelle des Idios Logos, indirekt des Kaisers, eingegriffen. Das aber wäre der kaiserlichen Politik so diametral entgegengelaufen, daß wir es für unmöglich halten dürfen. Die Bürger von Alexandria lebten also auch 200 Jahre nach der Einverleibung ins Römerreich immer noch nach einem völlig versteinerten Recht.

Versteinertes Recht wird aber von denen, die sich danach richten müssen, als lästiger Zwang empfunden. Unsere Quellen, vor allem die Kernstücke des Gnomons, zeigen uns ja nur einen Ausschnitt davon. Wahrscheinlich gab es viel mehr Unzeitgemäßes. Andererseits war den Bewohnern der kleinen Städte manches nicht erlaubt, was sie nach ihrem Recht an sich tun durften. Daß die Alexandriner keinen „Rat" mehr bilden durften, steht fest [22], und sie empfanden das gewiß schmerzlich. An der politischen Willensbildung, selbst was ihre eigene Stadt betraf, nahmen sie nicht mehr teil. Das war der Nährboden für eine Literatur, wie sie in den oben erwähnten alexandrinischen Märtyrerakten hervortritt. Lebendiges, sich der Zeit anpassendes Recht konnte für die Städter nur mehr aus den kaiserlichen Konstitutionen und den Edikten der Statthalter kommen. Man wandte wenigstens solche Konstitutionen auf alle Untertanen ohne Unterschied ihres eigenen Rechts an, die wohltätigen Charakter hatten [23].

So zeigt die Eingliederung der kleinen Staaten die Staatskunst der Römer [24]. Gerade dadurch, daß den Städten das vorgefundene Recht weithin belassen und bestätigt wurde, gerieten sie mehr und mehr in Abhängigkeit vom Imperium [25].

[19] Der Volksversammlungssold betrug zuerst 1 Obolus: ARISTOTELES, Vom Staate des Athener 41, 3; vgl. ANDREADES, Geschichte der griechischen Staatswirtschaft I, München 1931, 269.

[20] MICKWITZ, Pauly-Wissowa's Realenzyklopädie, Supplementum VI: Inflation.

[21] STEINWENTER, Recht und Kultur, Graz 1958, 45 ff.

[22] ARANGIO-RUIZ, L'enigma costituzionale dell' antica Alessandria, Labeo 5 (1959), 79 ff.

[23] Studi in onore di Calderini e Paribeni II, Milano 1957, 307—315.

[24] WENGER, Von der Staatskunst der Römer, München 1925.

[25] [Während des Druckens erschien: DIETER NÖRR, Imperium und Polis in der hohen Prinzipatszeit. München 1966. Vgl. insbes. S. 89 ff. Seine Auffassung des Verhältnisses von imperium und polis ist eine völlig andere, weil er die von uns benützten Quellen nicht herangezogen hat. ·S. auch NÖRR, Gymnasium 72 (1965), 485 ff.]

2. Staatslehre

Nomos bei Herodot und Thukydides

Johannes Herrmann

Nomos ist ein Begriff von zentraler Bedeutung im griechischen Rechts- und Staatsdenken. Mit dem Nomos ist die demokratische Polisordnung eng verbunden [1]. Die Deutung des Nomosbegriffes und die Aufhellung der Schicksale der Nomosidee sind deshalb belangreiche Themen, deren sich die Forschung mehrfach gründlich angenommen hat [2] und noch weiter in differenzierten Fragestellungen annehmen muß. Bislang waren es vorzugsweise Gedanken von Philosophen, Wahrsprüche von Dichtern und Äußerungen von Rednern, deren Interpretation zu wesentlichen Erkenntnissen verhalf. Die nachstehende Untersuchung hingegen will sich lediglich mit den Nomoszeugnissen der großen Historiker Herodot und Thukydides [3] befassen. Solch begrenzte Themenstellung gestattet es, die Vielzahl der Nomosbelege bei beiden Autoren [4] näher zu prüfen und läßt unter Meidung spekulativer Erörterungen für diesen nicht unwichtigen Ausschnitt aus dem Quellenbereich detaillierte Aussagen zum Nomosbegriff und zur Bedeutung des Nomos erwarten.

I

In Herodots Historien sind die Singular- und die Pluralformen von Nomos vielfach ganz eindeutig im Sinne von Sitte oder Brauchtum verwendet. Als typische Erscheinungsform dieser Wortbedeutung kann die Wendung

[1] Statt vieler: V. Ehrenberg, Der Staat der Griechen I, Leipzig 1957, bes. S. 74 ff., *d. o.*, Von den Grundformen griechischer Staatsordnung, Heidelberg 1961, S. 17 und 41.

[2] R. Hirzel, Themis, Dike und Verwandtes, Leipzig 1907; V. Ehrenberg, Die Rechtsidee im frühen Griechentum, Leipzig 1921; H. E. Stier, *ΝΟΜΟΣ ΒΑΣΙΛΕΥΣ*, in Philologus 83 (1928), S. 225 ff.; F. Heinimann, Nomos und Physis, Basel 1965.

[3] Vgl. dazu mit Angabe der einschlägigen Literatur neuerdings E. Wolf, Griechisches Rechtsdenken III, 2, Frankfurt/Main 1956, S. 42 ff., 69 f.

[4] Materialnachweise bei J. Enoch Powell, A Lexicon to Herodotus, Cambridge 1938; E.-A. Bétant, Lexicon Thukydideum, Vol. II, Hildesheim 1961; Index Thukydideus, ex Bekkeri editione stereotypa, Darmstadt 1964.

τοῖς νόμοισι χρέωνται angesehen werden, die in I 94 zur Feststellung, daß die Lyder nach nahezu gleichen Sitten leben wie die Griechen, erstmals begegnet und bei der Beschreibung der Eigentümlichkeiten vieler anderer Völkerschaften formelhaft wiederkehrt [5]. In aller Regel ist dabei mit den Nomoi die Gesamtheit der Volkssitten oder das allgemeine Brauchtum eines Stammes gemeint, doch kommen unter Nomoi auch speziellere Begriffsinhalte zum Ausdruck: Um sakrales Brauchtum handelt es sich z. B. bei den in IV 26 wiedergegebenen Sitten der Issedonen aus Anlaß des Todes eines Familienvaters. Als religiös ist auch der Brauch der Babylonier zu verstehen, der jede Frau verpflichtet, sich einmal in ihrem Leben in den Tempel der Aphrodite zu setzen und einem fremden Manne hinzugeben (I 199, 1). In rituellen Übungen vollzieht sich die Heilighaltung der Tiere in Ägypten, wofür in II 65 eine knappe Nomosbeschreibung gegeben ist.

Mit den Wortbedeutungen „sakrales Brauchtum“, „religiöse Sitte“ und „kultische Übung“ berühren sich aufs engste die Sinngehalte „kultische Regel“, „sakrale Norm“ oder „religiöse Vorschrift“, die aus verschiedenen weiteren Nomosbelegen zu erschließen sind. Beispiele hierfür erbringen das Gebot für die Wettkämpfer (I 144, 2), den als Siegespreis gewonnenen ehernen Dreifuß dem Apollon zu weihen, oder die Regelung der Asylie (II 113, 2), die es verbot, einen Sklaven anzurühren, der in den Heraklestempel geflüchtet war und sich dort ein heiliges Zeichen hatte aufdrücken lassen [6]. Einen neuen Opferritus hat der Nomos (III 48, 2) zum Inhalt, den die Samier zugunsten von bedrängten Kindern aus Kerkyra mit der Darbringung von Sesam- und Honigkuchen eingeführt hatten. In mehr oder weniger ausgeprägter Weise haften den letztgenannten Nomosbedeutungen bereits rechtliche Züge an. Sakrale Regeln und Normen reichen ins Rechtliche hinein und können auch als Rechtsgewohnheiten relevant werden [7].

Als Rechtsgewohnheit des profanen Bereichs ist das Wort Nomos zu verstehen, wenn es den ganz ungewöhnlichen Brauch der Lykier kundgibt [8], sich nicht nach ihren Vätern, sondern nach ihren Müttern zu nennen (I 173, 4). Im gleichen Sinn ist Nomos in I 137, 1 gebraucht; dort sind dem persischen König und persischen Freien gewohnheitsrechtlich Beschränkungen in der Bestrafung ihrer Untergebenen auferlegt. In einigen besonderen Fällen lassen sich die mit Nomoi bezeichneten Rechtsgewohnheiten inhaltlich genauer als Regeln der Thronfolgeordnung und der Heeresordnung bestimmen. Nach einem persischen Nomos, mitgeteilt in III 2, 2, darf kein Bastard König werden, solange ein legitimer Sohn vorhanden ist. Ein weiterer per-

---

[5] Vgl. I 131; 172; 173, 4; II 37, 1; 39, 4; 92, 1; III 20; IV 26; 103, 1; 107; 168, 1; 169, 2; 171; 187, 1; 190; V 3.

[6] Vgl. L. DELEKAT, Katoche, Hierodulie und Adoptionsfreilassung, München 1964, S. 56 f.

[7] Vgl. vor allem K. LATTE, Heiliges Recht, Tübingen 1920, S. 1 ff.

[8] Vgl. J. J. BACHOFEN, Das Mutterrecht, Basel 1897, S. 1.

sischer Nomos verlangt, daß der König einen Vertreter für die Regierung des Reiches bestellt, bevor er das Heer ins Feld führt. Nach der Thronfolgeordnung (κατὰ νόμον) der Lakedämonier sollte der ältere Sohn die Königsherrschaft erlangen (VI 52, 3). Auf Grund der attischen Heeresordnung (νόμος) hatte der Polemarchos das Kommando über den rechten Flügel der zum Kampf angetretenen Truppen.

Rechtliches Gepräge zeigt der Nomosbegriff auch in seiner Bedeutung als Abkommen oder Absprache. Dieser Wortsinn begegnet in dem Bericht über die ägyptischen Gaukönige, die ihre Regierung nach (vereinbarten) Nomoi ausrichteten, damit sie sich nicht gegenseitig stürzten oder übervorteilten (II 147, 3). Eine ähnliche Nomosbedeutung ist aus III 118, 1 zu entnehmen; dort ist von einem Nomos die Rede, der offenbar kraft Vereinbarung einigen Männern ohne Anmeldung Zutritt zu König Dareios gestattete.

Das rechtliche Moment tritt dagegen zurück bei der Nomosverwendung in der Erklärung des Xerxes (VII 8, 1): „οὔτ' αὐτὸς κατηγήσομαι νόμον τόνδε ἐν ὑμῖν τιθείς, παραδεξάμενός τε αὐτῷ χρήσομαι.“ Hier dürfte Nomos die Handlungsmaxime zum Ausdruck bringen, ähnlich wie die Wendung νόμῳ δικαίῳ χρεώμενοι in VIII 106, 3 wohl die Prinzipien göttlichen Wirkens bei der Bestrafung kundgeben soll.

Schließlich dient das Wort Nomos des öfteren zur begrifflichen Fixierung der Bedeutungsgehalte von Gesetz, Rechtssatzung oder Rechtsnorm. Es mag genügen, einige wenige klare Belege für diesen Wortgebrauch zu zitieren [9]: In I 29, 1 wird Solon erwähnt, der den Athenern auf deren Geheiß Gesetze gab (Σόλων ἀνὴρ Ἀθηναῖος, ὃς Ἀθηναίοισι νόμους κελεύσασι ποιήσας).

Von Satzungsbestimmungen der Argeier und Spartaner zur Regelung der Haartracht erzählt der Bericht in I 82, 2 im Zusammenhang mit der Schilderung von Auseinandersetzungen dieser beiden Völker. Ob es eine gesetzliche Norm gibt, welche die Geschwisterehe gestattet, fragte Kambyses die königlichen Richter. Diese antworteten ihm, sie fänden kein Gesetz, das die Heirat des Bruders mit seiner Schwester gutheiße; sie hätten aber einen anderen Rechtssatz gefunden: „Dem Perserkönig sei es erlaubt, zu tun, was er wolle.“ Der Text dieser Anekdote verwendet das Wort Nomos mehrere Male; zunächst geschieht dies im Sinne von Gesetz, dann aber wohl mehr in der Bedeutung von gewohnheitsrechtlichem Rechtssatz. Sofern in Einzelfällen der Berichtstext auf Nomoi verweist, die ein größeres Sachgebiet ordnen, kann die Übersetzung am besten mit dem Wort Recht erfolgen: Nach Athener Eherecht verlobt Kleisthenes (VI 130, 2) seine Tochter dem Megakles. Nach griechischem Recht (νόμοισι τοῖσι Ἑλλήνων χρήσομαι) will Glaukos (VI 86, 2) gegen die Söhne seines Geschäftspartners aus Milet vorgehen.

[9] Weitere Belege: I 196, 4; II 136, 2; 177, 2; IV 106; V 75, 2.

Seiner Intention entsprechend, über seine Wahrnehmungen getreulich zu berichten, verzichtet Herodot weitgehend darauf, die von ihm beschriebenen oder nur erwähnten Nomoi nach ethischen Gesichtspunkten zu bewerten [10]. Doch hält er bei der Darstellung babylonischer Sitten mit seiner inneren Einstellung nicht zurück (I 196). Die Brautversteigerung erscheint ihm als eine sehr weise Einführung, die Tempelprostitution verurteilt er als überaus schändlichen Brauch. Mit Hochachtung erläutert er das Gesetz des Amasis: „Jeder Ägypter mußte jährlich dem Verwalter des Gaues sein Einkommen melden. Wer das nicht tat und keine rechtmäßigen Einkünfte nachweisen konnte, wurde mit dem Tode bestraft. Solon aus Athen hat dieses Gesetz von den Ägyptern übernommen und in Athen eingeführt. Die Athener haben es noch heute, weil es ein untadeliges Gesetz ist" (II 177, 2). Die Rezeption fremder Nomoi bildet freilich die Ausnahme. In aller Regel tragen die Nomoi je nach den Lebensverhältnissen der Völker und ihrer Gemeinwesen in zeitlicher und örtlicher Rücksicht ihr eigenes Gepräge und stehen so in Einklang mit den Vorstellungen und dem Bewußtsein der jeweiligen Bevölkerung [11].

Deshalb würde nach Meinung Herodots jedes Volk, das man aufforderte, sich unter den verschiedenen Nomoi die trefflichsten zu wählen, nach genauer Untersuchung doch die eigenen Nomoi allen anderen vorziehen: „So sehr ist jedes Volk davon überzeugt, daß seine Lebens-Formen (*νόμοι*) die besten sind" (III 38, 1). Nomoi können alter Herkunft sein, sie können aber auch erst neu gesetzt und eingeführt worden sein. Der Verschiedenartigkeit und Veränderlichkeit der Nomoi ist sich Herodot somit bewußt — er nimmt davon wie von einem Faktum registrierend Kenntnis; ihre Gültigkeit und Verbindlichkeit zieht er nicht in Zweifel [12]. Es finden sich im Gegenteil Hinweise dafür, daß Herodot den Nomoi gebietende und zwingende Autorität zuerkannte. Wenn er nämlich dem Worte Pindars vom *νόμος πάντων βασιλεύς* (III 38, 4) seine uneingeschränkte Zustimmung gibt, so läßt dies darauf schließen, daß er den Nomos als ein mit königlichen Herrschaftsbefugnissen ausgestattetes Phänomen betrachtet. Aus dem Textzusammenhang dieser Stelle ergibt sich zudem, daß der Nomos für so zwingend gehalten wurde, daß schon das Ansinnen, die Nomoi zu mißachten, helle Empörung und tiefe Gewissensnot auslöste. Diese Auffassung bestätigt sich weiter in der von Demaratos getroffenen Feststellung, daß der Nomos den Spartanern ein *δεσπότης* (VII 104, 4) sei, den sie mehr fürchteten als die persischen Untertanen ihren König. Der Zwangscharakter des Nomos tritt

---

[10] Vgl. E. Wolf, Griechisches Rechtsdenken III, 2: Die Umformung des Rechtsgedankens durch Historik und Rhetorik, S. 45.

[11] Mithin kann es nicht zum Inhalt des griechischen Nomosverständnisses gehören, daß Götter die Menschen betrügen (I 90, 2) und sich ihnen gegenüber undankbar erweisen (I 90, 4). Vgl. E. Wolf, a.a.O. S. 45, N. 2.

[12] Die Frage der Gerechtigkeit der Nomoi wird nicht erhoben; das Vorhandensein einer äußeren Ordnung steht allein im Blickfeld.

überdies in IX 111, 1 mit der Wortwendung ὑπὸ τοῦ νόμου ἐξεργόμενος auch bildhaft zutage. Die Respektlosigkeit des Kambyses gegenüber fremden Nomoi führt Herodot auf dessen Wahnsinn zurück (IV 38, 1).

Die oben dargelegten vielfältigen Nomosbedeutungen: Sitte, sakrale Regel, Rechtsgewohnheit, vereinbarte Verhaltensnorm, Handlungsmaxime und Gesetz legen es nahe, nach einem gemeinsamen Nenner für alle Bedeutungsvarianten zu suchen. Offenbar gelangt in jeder Verwendung des Wortes Nomos eine bestimmte Verhaltensweise zum Ausdruck, die geübt wird oder geübt werden soll. Das Moment des Sollens ist dem Nomosbegriff seit dem Anfang seiner Wortgeschichte inhärent: „Das Zugeteilte" ist — wie allgemein angenommen wird [13] — die Grundbedeutung von Nomos, und dieser Wortsinn wirkt in den fortentwickelten Nomosbedeutungen unverkennbar weiter. Wir können deshalb aus der Abstraktion der verschiedenen Nomosverwendungen den herodoteischen Nomosbegriff inhaltlich dahin bestimmen, daß er die gebührende Verhaltensweise, die gebotene Verhaltensweise oder schlicht die Verhaltensregel kennzeichnet.

Diese Begriffsbestimmung bewährt sich bei der Interpretation von zwei ziemlich abseitig erscheinenden Nomosverwendungen. Die eine betrifft die Beschreibung der Küstengliederung des Roten Meeres, von der Herodot sagt: „λήγει δὲ αὕτη, οὐ λήγουσα εἰ μὴ νόμῳ, ἐς τὸν κόλπον τὸν Ἀράβιον" (IV 39, 1), d. h., die Halbinsel endet am Arabischen Meerbusen, freilich endet sie eigentlich nicht, sondern nur auf Grund menschlicher Bestimmung. Nomos ist also hier die übliche, durch menschliche Konvention getroffene Ausdrucksweise. Die andere auffällige Nomosverwendung ist das doppelt belegte ἐν χειρῶν νόμῳ (VII 89, 1; IX 48), das in Lexika und Herodotübersetzungen mit „Handgemenge" übertragen ist. Diese Wortbedeutung wird verständlich, wenn man auf die den Nomosbegriff allgemein charakterisierende Idee der Verhaltensübung zurückgreift.

II

Ebenso wie bei Herodot erfolgt auch bei Thukydides die Verwendung des Wortes Nomos mehrfach in unterschiedlicher Bedeutung. Im augenfälligen Sinne von Brauch und Sitte kommt Nomos bei Thukydides verhältnismäßig selten vor. Die einschlägigen Belegstellen besagen: Zum Aufbau von Epidamnos wurde Phalios κατὰ τὸν παλαιὸν νόμον aus der Mutterstadt berufen (I 24, 2); τῷ πατρίῳ νόμῳ χρώμενοι, d. h., nach Vätersitte fand in Athen die Bestattungsfeier für die im ersten Kriegswinter Gefallenen statt (II 34, 1); diesen Brauch übten die Athener während des ganzen Krieges fort (II 34, 7); Perikles folgte dem Brauch (ἑπόμενον τῷ νόμῳ), die Toten mit einer Rede zu ehren (II 35, 3); nach Ausbruch einer Seuche im zweiten Kriegsjahr verwirrten sich jedoch alle bisherigen Begräbnissitten (II 52, 4:

[13] Vgl. F. Heinimann, a.a.O. S. 59 f.

νόμοι τε πάντες ξυνεταράχθησαν οἷς ἐχρῶντο πρότερον). Die Einführung neuer Bräuche zeigt sich in den Wendungen: *τὸν νόμον τιθέναι* oder *καθιστάναι* an (I 40, 6; II 97, 4).

Ziemlich klar tritt auch die Bedeutung „Gesetz“ im Wortgebrauch von Nomos zutage. Aus einer großen Zahl von Beispielen [14] seien die folgenden Textstellen herausgegriffen: Die Athener gehorchen ihren Magistraten und ihren Gesetzen (II 37, 3) [15]; Perikles rühmt seine Landsleute, die nicht mit gesetzlich anbefohlener, sondern mit natürlicher Tapferkeit kämpfen (II 39, 4). Während des Wütens der Seuche fürchteten die Bürger kein Menschengesetz mehr, da mit Prozeß und Strafe nicht mehr zu rechnen war (II 53, 4).

Nicht formale Gesetze, sondern die lebendigen Rechtsanschauungen dürften dem Gebrauch der Wortformen von Nomos zugrunde liegen, wenn *κατὰ τοὺς Ἑλλήνων νόμους* rechtliche Begründungen abgewogen werden (I 41, 1) oder wenn die Spartaner aufgerufen werden, *τῷ τῶν Ἑλλήνων νόμῳ* Schutz zu bieten (III 67, 6) [16].

In einer weiteren Bedeutungsabwandlung steht Nomos für das Recht schlechthin. Denn in diesem Sinne aufzufassen sind die Wendungen *τὸν νόμον ἀποτίθεσθαι* (I 77, 3), das Recht hintansetzen; *τῷ νόμῳ χρήσασθαι* (III 70, 5), sich ans strenge Recht halten; und *τῷ νόμῳ ἐξείργεσθαι* (III 70, 6), vom Recht bedrängt werden [17]. Der nur einmal verwendete Ausdruck (III 82, 6) *θεῖος νόμος* dürfte sachlich ebenfalls hier einzureihen sein.

Schwierigkeiten bei der inhaltlichen Bewertung und Eingruppierung bereiten jedoch die nachfolgenden Nomoszeugnisse, die in sich die Sinngehalte von Sitte und Gesetz vereinigen und entweder als Gesellschaftsordnung, Rechtsordnung oder Lebensform zu interpretieren sind: Die Verfassung der Athener ahmt nicht fremde Ordnungen nach (II 37, 1: *τοὺς τῶν πέλας νόμους*); die staatliche Ordnung kehrte wieder (III 62, 5: *τοὺς νόμους ἔλαβε*); die bestehende Ordnung aufheben (VI 14: *λύειν τοὺς νόμους*); die Stadt lebte nach den früheren Lebensformen (VI 54, 6: *τοῖς πρὶν νόμοις ἐχρῆτο*).

Speziell auf die militärische Ordnung nehmen die Adverbiale *κατὰ τὸν νόμον* in IV 38, 1 und *μετὰ τὸν νόμον* in V 60, 2 Bezug. Als Tempelordnung oder kultische Satzung dürfte der *νόμος προκείμενος* in IV 133, 3 anzusprechen sein, nach dessen Maßgabe eine neue Priesterin bestellt wurde. Gleichen Charakter scheint der *νόμος Ὀλυμπιακός* gehabt zu haben, der u. a. Strafbestimmungen wegen Verstößen gegen verkündeten Festesfrieden enthielt (V 49, 1).

---

[14] Vgl. auch III 37, 4; 45, 3; 46, 4; 82, 6; VI 18, 7.

[15] Die hier daneben erwähnten *ἄγραφοι (νόμοι)* gehören als ungeschriebene Gesetze vor allem dem Bereich der Sitte und der Sittlichkeit an; denn ihre Verletzung bringt „nach allgemeinem Urteil Schande“.

[16] Vgl. auch III 58, 3; IV 98, 2.

[17] Vgl. auch I 84, 3; III 62, 3; 62, 4; IV 118, 1; 118, 3.

Somit zeigen sich in der Verwendung des Wortes Nomos bei Herodot und Thukydides keine wesentlichen Bedeutungsunterschiede. Allen vorkommenden thukydideischen Nomosdeutungen wird offenbar auch die oben an Hand der heredoteischen Nomosbelege ermittelte Begriffsbestimmung „gebotene Verhaltensweise" gerecht. In den Fragen der Einordnung und der Einschätzung der Nomoi aber finden sich bei Thukydides spezifische Hinweise, die über das Nomos-Verständnis seiner Zeit wichtigen Aufschluß geben. Die Einstellung des Autors Thukydides selbst kommt dabei nur selten andeutungsweise zum Ausdruck, denn der Autor tritt bewußt hinter sein Werk zurück; er läßt vielmehr ausführlich die einflußreichen Personen seiner Zeitgeschichte zu Worte kommen, deren Äußerungen den Zeitgeist dieser Epoche dokumentieren.

Danach werden die Nomoi prinzipiell als von Menschen geschaffene und anerkannte Regeln betrachtet. Diese können aus Väter- und Vorväterzeit zurückgehen oder neu beschlossen oder eingeführt werden. In fundamentalem Gegensatz dazu steht der Nomos der menschlichen Natur, eine Gesetzlichkeit, auf die sich die Athener im Meliergespräch (V 105, 20) berufen. Daneben findet in III 82, 6 der *θεῖος νόμος* Erwähnung. Doch wird man in dieser Stelle [18] nicht einen Beleg für eine eigene Nomoskategorie — die von den Göttern gestifteten Nomoi — zu sehen haben. Aus dem Satzzusammenhang wird vielmehr erkennbar, daß hier unter dem *θεῖος νόμος* das göttlich hehre oder erhabene Gesetz zu verstehen ist.

Wenn somit die Nomoi vornehmlich von menschlicher Bestimmung herrühren, dann ist es gut verständlich, wenn es einerseits Nomoi gibt, die überall Geltung besitzen (III 56, 2) oder wenigstens für alle Hellenen verbindlich sind (I 41, 1; III 58, 3; IV 98, 2), andererseits aber die Nomoi in ihrer großen Mehrzahl nur für bestimmte Gemeinwesen oder kultische Einrichtungen gelten. Aus ihrem menschlichen Ursprung ergibt sich auch, daß bestehende Nomoi aufgehoben (IV 14; VIII 76, 6) und neue Nomoi eingeführt werden können (I 40, 6; II 97, 4). Mitunter ist die Veränderlichkeit der Nomoi durch ihre Unvollkommenheit bedingt, zumal es Staaten mit schlechten Nomoi gibt (III 37, 3); die Unzulänglichkeit der Nomoi wird auch darin sichtbar, daß sie Frevelmut nicht zu hindern vermögen (III 45, 3) und die Elementargewalt der menschlichen Natur nicht eindämmen können (III 45, 7). Doch ist es dem Staat nicht zuträglich, daß einzelne Bürger klüger sein wollen als die Nomoi (III 37, 4). Man müsse einsehen, daß ein Staat mit schlechten, aber unverbrüchlichen Gesetzen stärker ist als ein Staat mit einwandfreien Gesetzen, die nicht gelten (III 37, 3). Die Spartaner legen deshalb Wert auf eine „Erziehung, die zu einfältig ist für die Verachtung der

---

[18] „Denn nicht mit den gültigen Gesetzen waren dies Vereine zu gegenseitiger Hilfe, sondern gegen die bestehende Ordnung solche der Raffgier. Untereinander verbürgte ihnen die Treue weniger das göttliche Recht als gemeinsam begangenes Unrecht." (Zitiert nach G. P. Landmann, Thukydides, Artemisausg.)

Nomoi und in ihrer Strenge zuviel Haltung gibt, um ihnen nicht zu gehorchen" (I 84, 3). Den freiwilligen Gehorsam gegenüber den bestehenden Nomoi rühmt Perikles als ein Charakteristikum der Polis von Athen (II 37, 3); die Geltung des Nomos gehört zum Wesen der „Polis des rechten Maßes" [19]. Wo aber die Achtung und die Furcht vor dem menschlichen Gesetz aufhören, da tritt Verwirrung und Chaos auf (II 52, 4; 53, 4). Die Nomoi dienen der öffentlichen Ordnung und verlangen schon um ihrer Existenz willen Beachtung. Zum Schutz der hellenischen Nomoi rufen die Thebaner auf (III 67, 6), und an mehreren anderen Stellen wird es für erforderlich erachtet, sich ans Gesetz zu halten.

Andererseits meint Diodotos in seiner Mytilenerrede, es gehe nicht um Recht und Unrecht, sondern um den Vorteil Athens (III 44, 2); man solle sich die Städte durch sorgfältige Behandlung bewahren, statt durch die Schroffheit von Gesetzen abzustoßen (III 46, 4). Offensichtlich ist der Nomos hier unverbindlich und manipulierbar geworden. An die Stelle des Nomos tritt das *συμφέρον*, das Zuträgliche, als Maßstab politischen Verhaltens. Nach der Behauptung der Athener (V 105, 4) wird dieser Grundsatz von keinem Volk so unverhohlen angewandt wie von den Spartanern.

Das traditionelle Nomosverständnis ist schließlich vollends pervertiert in der „ungeheuerlichen Stelle" [20] (V 105) des Melierdialogs: „Wir glauben nämlich, daß vermutlich das Göttliche, ganz gewiß aber, daß alles Menschenwesen nach dem Zwang seiner Natur, soweit es Macht hat, herrscht. Wir haben dieses Gesetz weder gegeben noch ein vorgegebenes zuerst befolgt; als gültiges überkamen wir es, und zu ewiger Geltung werden wir es hinterlassen!" Damit ist das Recht des Stärkeren als ewig gültiges Naturrecht proklamiert. Bestätigung und Rechtfertigung dieses Gedankens glauben die Athener aus dem Wesen und Handeln der Götter herleiten zu können.

III

Als Ergebnis unserer kurzen Untersuchung kann somit festgehalten werden: Die Nomoswortbedeutungen stimmen bei Herodot und Thukydides weitgehend überein. Sie reichen von Sitte und Brauch der kultische Vorschrift und Rechtsgewohnheit bis zu Gesetz, Recht und Lebensordnung. Bei Herodot ist daneben Nomos auch im Sinne von vereinbarter Verhaltensnorm und Handlungsmaxime gebraucht.

Dagegen werden deutliche Unterschiede zwischen dem herodoteischen und dem thukydideischen Geschichtswerk zum Problem der Geltung der Nomoi erkennbar. Zwar gehen die Auffassungen bei beiden Autoren davon aus, daß die Nomoi grundsätzlich auf menschlicher Satzung und Anerkennung

[19] So E. Wolf, a.a.O. S. 81.

[20] So O. Regenbogen, Thukydides als politischer Denker, Kleine Schriften, München 1961, S. 239, N. 33.

beruhen und der Vergänglichkeit wie auch der Veränderlichkeit unterworfen sind. Während aber die Verbindlichkeit der Nomoi und der Wert des Nomosgehorsams bei Herodot außer Frage stehen, werden im Werk des Thukydides [21] — wiewohl auch dort die soziale Funktion verpflichtender Nomoi zum Tragen kommt — doch auch Stimmen laut, die unter dem Einfluß des sophistischen Physisdenkens das Nützliche als Richtschnur des politischen Handelns empfehlen und in der Ausübung überlegener Macht die Wirksamkeit eines naturgesetzlichen Nomos sehen.

[21] Die Sympathien des Thukydides gehören offenbar Perikles, „der vorbildhaften Gestalt des Führers und wahren Staatsmannes“ (W. JAEGER, Paideia I, 4. Aufl., S. 508).

Der weise Richter

Ernst von Hippel

a) Der Richter im Zeitalter des Naturalismus

In jenen nun schon fernen Tagen, als Hans Peters sein juristisches Studium begann, war im Bereich der Welt Gustav Radbruchs „Einführung in die Rechtswissenschaft“ [1] der Ratgeber für alle geistig interessierten Studenten. Und in der Tat verdiente das kleine Buch, Franz von Liszt gewidmet, durch die lautere Person des Verfassers, durch seine literarischen Qualitäten wie durch das in ihm spürbare echte Mühen um Wahrheit und Erkenntnis diese Hochschätzung.

Andererseits aber erweist die gleiche Schrift, welche sich „Lessingischer Art im deutschen Geistesleben“ [2] verbunden fühlt, und die mit Franz von Liszt einen „vernunftgläubigen Optimismus“ [3] teilt, sich wie herabgezogen durch die Schwere und das Gewicht eines naturalistischen Weltbildes. Und so schwebt die Sprache Radbruchs, ihrem Wesen nach leicht und schwerelos und reich an kulturellem Erbe, wie ein Schmetterling über einer Welt, in der nicht die organische Natur oder geistige Gehalte gelten, sondern die in den Rechtsbereich hineingetragenen Hypothesen der klassischen Physik.

Indem aber so das *Rechtsgesetz* seinen Zusammenhang mit der *moralischen* Natur des Menschen verliert, der nur als Leibeswesen auch für die Jurisprudenz vorhanden zu sein scheint, verliert so bei Radbruch auch das Problem rechtlicher Geltung seinen zuletzt ideellen Charakter, um zum bloßen *Machtgebot des Staates* zu werden. Und so kann Gustav Radbruch im Einklang mit dem naturalistischen Zeitgeist erklären: „Es ist heute allgemein anerkannt, daß es anderes als ‚gesetztes‘, ‚positives‘ Recht nicht gebe. Soll aber das Gesetz gerecht seiner Bestimmung genügen, den Widerstreit entgegengesetzter Rechtsanschauungen durch einen autoritativen Machtspruch zu erledigen, so muß die Setzung des Rechts einem Willen zustehen, dem auch seine Durchsetzung gegenüber jeder widerstrebenden Rechtsanschauung möglich ist: der Gesellschaft, die im Gewohnheitsrechte, dem Staat, der im Gesetz spricht ... Nur das, aber auch alles, was der zur Rechtsetzung berufene Wille setzt und durchsetzt, ist geltendes Recht [4].“

---

[1] Hier zitiert nach der 7. und 8. Aufl., 31.—40. Tsd., Leipzig 1929.
[2] a.a.O. S. 8. [3] a.a.O. S. 7. [4] a.a.O. S. 33.

Entsprechend ist für Radbruch die „juristische Geltung eines Rechtssatzes ... unabhängig ... von der Gerechtigkeit seines Inhalts“ [5]. Daher zollen wir „auch dem Richter Anerkennung, der in dem ... Streit zwischen Recht und Sittlichkeit sich durch sein widerstrebendes Gerechtigkeitsgefühl in seiner Gesetzestreue nicht beirren läßt“ [6]. Bedeutet doch für Radbruch der „scheinbare Streit zwischen Recht und Wirklichkeit ... in Wahrheit eine Kollision zweiter sittlicher Pflichten miteinander“ und stellt so „die Befolgung auch des ungerechten Gesetzes ... nicht nur eine rechtliche, sondern auch eine sittliche Pflicht“ dar [7]. Ja, es besteht eine „sittliche Verbindlichkeit auch des ungerechten Gesetzes und Urteils“, da „ein jedes Gesetz ohne Rücksicht auf die Gerechtigkeit seines Inhalts schon durch sein bloßes Dasein einen sittlichen Zweck“ erfüllt. Denn „indem es dem Streite entgegengesetzter Rechtsanschauungen ein Ende setzt, schafft es *Rechtssicherheit*“ [8].

Zwar kann man spüren, daß Radbruchs feinsinniger Natur die Brutalität des positivistischen Standpunktes wesensfremd ist. Doch vermag er als Jurist keinen anderen Weg zu finden, als daß er durch das Opfer des Gefühls, ja, der Persönlichkeit und ihrer Freiheit, eine moralische Tat zu vollbringen sucht, wobei sich hinter dem bedingungslosen Gehorsam nun erst das Tor des Rechts zu öffnen scheint. Denn der „Beruf des praktischen Juristen“ ist für Radbruch ein solcher, „der die sittliche Verpflichtung in sich enthält, im Rahmen seiner Ausübung die Rechtssicherheit der Gerechtigkeit stets voranzustellen“ [9]. Nur „zu fragen, was Rechtens ist, und niemals, ob es auch gerecht sei; möglicherweise der Ungerechtigkeit zu dienen in einem Berufe, der ohne Liebe zur Gerechtigkeit nicht freudig betrieben werden kann: das ist die Aufgabe und die Tragödie des Juristen“ [10].

Und zur Erhärtung seines Standpunktes beruft sich Radbruch hier auf ein „bitteres“ Wort, das Ludwig Knapp 1857 in seinem „System der Rechtsphilosophie“ — und also zur Zeit der Hochblüte des Materialismus in Europa — geschrieben habe: „Die gegen jede Gemütswallung und Vernunftlockung satanisch oder göttlich bewährte Gleichgültigkeit gegen Wesen und Inhalt des Rechts ist die juristische Genialität.“ Ein Satz, zu dem Radruch, ihn zitierend, anmerkt, daß „der Rechtsphilosoph“ Knapp „wie kein anderer den aus der Positivität alles Rechts folgenden Formalismus des juristischen Berufs erkannt“ habe [11].

Zwar entgeht Radbruch nicht, daß dieser Standpunkt dem „Laien“ als schlechthin „unverständlich“ und „unerhört“ immer von neuem erscheinen muß, da sein „unreflektiertes Rechtsgefühl“ nicht bereit ist, die „Idee der Gerechtigkeit“ preiszugeben [12]. Trotzdem besteht nach Radbruch für den Richter die Pflicht, „diese juristische Gesinnung“ als eine Art Asket des Materialismus sich „in strenger Zucht“ zu erwerben [13], indem er sich „ständig

[5] a.a.O. [6] a.a.O. [7] a.a.O.
[8] a.a.O. S. 33 f. [9] a.a.O. S. 34. [10] a.a.O.
[11] a.a.O. S. 34. [12] a.a.O. [13] a.a.O.

vor Augen hält: daß es wichtiger ist, *daß* dem Streite ein Ende gesetzt wird ... als daß ihm ein *gerechtes* Ende gesetzt wird, daß das Dasein einer Rechtsordnung wichtiger ist als ihre Gerechtigkeit, daß die Gerechtigkeit die zweite große Aufgabe des Rechts ist, die erste aber die Rechtssicherheit, der Friede" [14].

Zieht man die Quintessenz aus dem hiermit Gesagten, so ergibt sich — wie LEONARD NELSON es ausgedrückt hat — eine „Rechtswissenschaft ohne Recht", bei der der Richter nur ein Sklave des Gesetzes ist, das seinerseits wohl auf die Gerechtigkeit bezogen sein *kann,* dies aber juristisch nicht *braucht.* Denn die *Geltung* des Rechts, das RADBRUCH mit dem Positivismus wie ein empirisches Faktum versteht, beruht nicht auf seiner *Gerechtigkeit,* sondern auf staatlichem und also auf *menschlichem Willen* und *menschlicher Macht.* Diese Macht, unverpflichtet gegenüber dem Guten, zumindest was ihre juristische Verbindlichkeit anbetrifft, läßt dem Richter zwar eine gewisse Freiheit in der Interpretation ihres im Gesetz zum Ausdruck kommenden Willens, sie gestattet aber nicht, nach der Rechtmäßigkeit dieser sich gleichsam selbst bezeugenden Macht zu fragen. Was befohlen wird, gilt, und da jedweder Inhalt des Gebotes den Juristen bindet, kümmert ihn der Inhalt des Rechts zuletzt nicht, da nur seine rationale Entfaltung und damit die *Form* die „juristische Genialität" angeht. Den ihm in der Form des Gesetzes vorliegenden Willensinhalt juristisch zu interpretieren ist so die alleinige Aufgabe insbesondere des *Richters,* der nach RADBRUCH nur berufen ist, „geltendes" Recht, und also positives Recht, anzuwenden [15]. Denn „der Gedanke des Naturrechts war ... ein Irrtum", wenn auch nach RADBRUCH der „denkbar fruchtbarste" [16].

Indem RADBRUCH weiter durch Überschriften wie „Einordnung der Justiz in den Staat" [17] das Richtertum zuletzt bürokratisch versteht und durch die Formel „Unterwerfung unter das Gesetz" nochmals gegenüber der ausgeklammerten Gerechtigkeit den Standpunkt bloßer Legalität vertritt, begründet er diesen durch MONTESQUIEU, in dessen Gewaltenteilungslehre die sonst so ungläubige Generation der Positivisten etwas wie eine juristische Uroffenbarung erblickte. In diesem Sinne zitiert auch RADBRUCH MONTESQUIEUS Ausspruch, der Richter ist nur „der Mund, der die Worte des Gesetzes ausspricht, ein willenloses Wesen, das seine Geltung und Strenge nicht abschwächen kann" [18]. Ja, RADBRUCH, für den mit MONTESQUIEU der „Charakter" im tiefsten durch „Eigennutz" gekennzeichnet wird, weshalb er jeden „Einfluß des Charakters auf die Rechtsprechung ausschließen" will, ist der Meinung, daß nur „der durch die Garantieen der richterlichen Unabhängigkeit gegenüber dem Charakter sorgfältig isolierte Intellekt ... in der Rechtsprechung in Funktion treten" dürfe [19]. Denn „der Richter ist auf dem Richterstuhl nichts als ein Subsumptionsapparat, eine Urteilsmaschine, ein Rechts-

[14] a.a.O. S. 35. [15] a.a.O. S. 126. [16] a.a.O. S. 32.
[17] a.a.O. S. 124. [18] a.a.O. S. 126. [19] a.a.O. S. 127.

automat oder, wie man das neue Richterideal einer wertungs- und deshalb individualitätslosen Intellektualität sonst noch ausdrücken mag"[20].

Daß Radbruch von diesem Boden aus auch die „neue Lehre" vom richterlichen Prüfungsrecht ablehnen muß, welche „vor allem" sein Idol der „Rechtssicherheit" zu erschüttern droht, versteht sich so nahezu von selber. Denn „noch weniger als die Verfassungswidrigkeit seiner *Entstehung*, berechtigt die Ungerechtigkeit seines *Inhalts* den Richter, vom Gesetze abzuweichen"[21].

Zwar sieht Radbruch wohl, daß die Tatsache von „Gesetzeslücken" den Richter „zu gesetzgeberähnlich freier Rechtsfindung" nötigen kann[22], und in schöner Formulierung verbindet er hier den Beruf auch des Juristen, der so wenig wie der des „Arztes, des Lehrers, des Geistlichen ein bloßes Geschäft" sei, der „Brunnenstube der Seele"[23], wie überhaupt das Seelisch-Künstlerische bei Radbruch stets die Brutalität positivistischer Ausgangspunkte überglänzt, aber auch verhüllt. Doch obwohl in diesem Zusammenhang das Wort von „Wertmaßstäben" fällt[24], „an denen sich die Rechtsschöpfung orientieren kann" und also dies nicht braucht, bleibt doch für Radbruch die „richterliche Rechtsschöpfung ein Akt des Verstandes" wie des „Willens"[25]. Voluntarismus und Intellektualismus bilden so für Radbruch die Wesensmerkmale richterlicher Tätigkeit. —

Nun fand auch in der Zeit des reinen Rechtspositivismus, in welchen hinein das Schicksal Radbruch verschlagen hatte, der Rechtsgedanke einen beredten Anwalt durch Rudolf Stammler, der, höchst verdienstvoll, nicht müde wurde, die Transzendenz der Rechtsidee gegenüber der Sinnenwelt zu betonen und zu verteidigen. Und so ließe sich erwarten, daß Rudolf Stammler, der eine eigene Studie über den Richter schrieb[26], diesen entsprechend mit der *Idee der Gerechtigkeit* in eine sachgegebene Beziehung setzen werde. Tatsächlich aber zeigt der Inhalt dieser Studie, daß die von Stammler vorgestellte Transzendenz des Rechtsgedankens für ihn eine bloß *formale* bleibt, d. h. ein Verstandesbegriff, der, wie die Zahlen der neuzeitlichen Mathematik, keinen Bezug auf die Inhaltlichkeit der Welt mehr hat, und der so ein bloßes a priori ihr gegenüber bedeutet.

Nach Stammler, der eine Art begriffliches Ordnungssystem entwickelte, das zuletzt nicht in etwas an sich Geltendem gründet, sondern in einem unverbindlichen, da nur auf Zwecke bezogenen Ordnungsinteresse an der Welt, gibt es „zwei verschiedene Arten des Ordnens", die „allgemeingültig" sind. Denn der Mensch kann die Welt des Seins entweder unter dem Gesichtspunkt von „Ursachen und Wirkungen" betrachten und zugleich klassifizieren, oder nach „Zwecken und Mitteln". Und indem hier Stammler das Recht zum „Reich des Wollens" rechnet, das als solches auf Zwecke bezogen

---

[20] a.a.O. [21] a.a.O. S. 125. [22] a.a.O. S. 130.
[23] a.a.O. S. 132. [24] a.a.O. S. 131. [25] a.a.O.
[26] Rudolf Stammler, Der Richter, Donauwörth—Berlin 1924.

sei, gehört entsprechend für ihn auch die Tätigkeit des Richters dem „Reiche der Zwecke“ an. Hat es doch seine Tätigkeit nach STAMMLER „mit dem Bestimmen menschlicher Bestrebungen“ zu tun [27].

Nun zeigt sich aber in STAMMLERs Einteilung der Welt hinter allem Scharfsinn zuletzt jene Verbindung von Subjektivität und Rationalismus, die das positivistische Zeitalter überhaupt kennzeichnet. Indem STAMMLER das Recht wie einen bloßen Verstandesbegriff bestimmt oder auch wie eine Vorstellung von etwas, das als ein Ding-an-sich jenseits der Erkennbarkeit bleibt, hat entsprechend STAMMLERs Rechtsbegriff keinerlei Verbindlichkeit, da er nicht auf der *Gerechtigkeit* beruht, aus der allein sich Postulate für rechtliches Verhalten ergeben könnten. Vielmehr verweist STAMMLERs Rechtsbegriff, moralisch leer, zuletzt nur auf die empirische Welt, in der das Recht entsprechend der positivistischen Souveränitätslehre aus dem durch nichts gebundenen Wollen des Gesetzgebers fließt. Indem also STAMMLER den „formalen Begriff des Rechtes“ so bestimmt: „Recht ist das unverletzbar selbstherrlich verbindende Wollen“, ist damit für ihn auch schon „das Gebiet genau abgegrenzt, innerhalb dessen der Richter seines Amtes zu walten, des Rechtes zu hegen und zu pflegen hat [28].

Das aber heißt: Der Richter ist der positiven Satzung als dem Recht-an-sich unterworfen, da die Bestimmung des Rechts als „unverletzbar selbstherrlich verbindendes Wollen“ zuletzt auf eine Art philosophischer Kapitulation vor der positivistischen Staatslehre hinausläuft, der zufolge alle Freiheit oben, d. h. bei der Souveränität oder, nach STAMMLER, der „Selbstherrlichkeit“ des das Recht seinem Inhalt nach erst schaffenden Gesetzgebers liegt. Damit aber ist der Rechtsbegriff STAMMLERs auch nur ein *leerer Verstandesbegriff*, der, wie er das jeweilige positive Recht zu seinem Inhalt hat, zwar allenfalls hinreicht, dieses von rechtsfernen Bereichen klassifikatorisch zu unterscheiden, dagegen der staatlichen Satzung gegenüber keinerlei Postulate für deren *Inhaltlichkeit* enthält. Denn „das positive Recht“ bedeutet für STAMMLER nur „eine zusammengesetzte Vorstellung“. Auch sind „in seinem Vorkommen ... sowohl begrenzte Willensinhalte, als [illegible] gültige Gedanke enthalten, der [illegible] Begriff des Rechtes den Stoff menschlich[illegible] einteilen und bestimmen hilft“ [29].

Im Endergebnis fällt so das Recht für eine Erkenntnistheorie, welche leere Verstandesbegriffe auf die als bloße Natur betrachtete Welt bezieht, aus dem Bereich der Moralität heraus, denn sie verbindet sich dem Inneren des Menschen nur durch dessen Fähigkeit zu *begrifflicher Unterscheidung*. Entsprechend geschieht auch die „praktische Betätigung des Rechtes“ für STAMMLER durch Anwendung der Ratio auf ein zuletzt als Begriff verstandenes Recht, das denkerisch durch das „juristische Schließen“ [30] zu entfalten sei. Und so legt die „kritische Rechtstheorie“, die STAMMLER im Anschlu

[27] a.a.O. S. 17.
[28] a.a.O. S. 27.
[29] a.a.O. S. 29.
[30] a.a.O. S. 33.

an den Neukantianismus zu vertreten meint, im Endergebnis nur dar, „wie alle einzelnen Bestrebungen ihre Einheit in einem überall gleichmäßigen formalen Verfahren finden, dessen übereinstimmend richtender Gedanke Gerechtigkeit heißt“ [31].

Zwar entgeht Stammler nicht die Möglichkeit eines Widerstreites zwischen „Gesetz und Gerechtigkeit, zwischen begrifflich bestimmtem und ideal gerichtetem Recht“ [32]. Aber diese Idee der Gerechtigkeit, die nun nicht wohl nur formal verstanden werden kann, da Anforderungen aus ihr erfolgen, geht den *Juristen* als solchen und insbesondere auch den *Richter* nichts an, denn sie verbleibt jenseits des juristischen Bereichs, der allein durch das *positive* Recht sich bestimmt. Und so ergibt sich für Stammler die Aufgabe des Richters: „Allein ohne Ermächtigung seitens des Gesetzes ... hat der Richter ohne Wanken nur das geltende Recht zu beobachten und durchzuführen ... Der Richter muß den Mut haben, auch unrichtiges Recht zu sprechen, wenn das Gesetz es verlangt. Denn schlimmer als ein unangenehmes Abschließen eines Einzelfalles ist das Zerstören dessen, was Kant die ‚Rechtsquelle‘ nannte, das ist das Zerstören des Vertrauens zum Rechte überhaupt und zu dessen unverletzbarer Beschaffenheit, solange es Recht ist [33].“

Auch das *ungerechte* Gesetz, von Stammler in Verwechslung der Sphären des Wahren und des Guten intellektualistisch als „unrichtiges“ bezeichnet, „gilt“ und bleibt Recht, da nur dem positiven Gesetz und also dem „selbstherrlichen“ Wollen der jeweiligen Machthaber juristisch das Prädikat Recht zukommt. Der Gedanke der Rechtssicherheit, auch bezogen auf eine Unrechtsordnung, ist mit dem Positivismus für Stammler ein juristisches Grundaxiom, und nicht die *Gerechtigkeit,* sondern die *Macht* und die *Sicherheit ihres Bestehens* bestimmen die Geltung dieses Rechtsbegriffs.

Auch nach den Erfahrungen des ersten Weltkriegs blieb so Stammler der Prophet eines Rechtsgedankens, der wohl den *Begriff* des Rechts als juristisch vorgegeben festhält und mit Nachdruck vertritt, der aber unter ihm nur eine *leere Form* versteht. Gleicht doch Stammlers Rechtsbegriff der Leinwand in einem Kino, die auch keinen Einfluß hat auf den jeweiligen Inhalt der nach Willkür projizierten Bilder, wenn sie auch gleichmäßig und insofern a priori allen zugrunde liegt.

Reichte die Erfahrung des ersten Weltkrieges nicht aus, um Stammlers rechtspolitischen Ansatz zu erschüttern, zumal für ihn als Zivilisten ohnehin zunächst nur die Verbindlichkeit *einzelner* Gesetze und Gesetzesstellen im Blickfeld stand, so erlebte seinerseits Radbruch nicht nur die *Möglichkeit,* sondern auch die *Wirklichkeit* einer Unrechtsordnung mit solcher Gewalt, daß es ihm unmöglich wurde, sie als Mensch wie als Jurist anzuerkennen. Und so hat Radbruch nach dem zweiten Weltkrieg, wenn auch nicht ausdrücklich, doch der Sache nach, seinen positivistischen Standpunkt aufgege-

---

[31] a.a.O. S. 79. [32] a.a.O. S. 94. [33] a.a.O. S. 85.

ben, indem er erklärte: „Es kann Gesetze mit einem solchen Maße von Ungerechtigkeit und Gemeinschädlichkeit geben, daß ihnen die Geltung, ja der Rechtscharakter abgesprochen werden muß. Es gibt Rechtsgrundsätze, die stärker sind als jede rechtliche Satzung, so daß ein Gesetz, das ihnen widerspricht, der Geltung bar ist. Man nennt diese Grundsätze das Naturrecht oder das Vernunftrecht[34]."

Allerdings läßt auch RADBRUCHS „Rechtsphilosophische Besinnung" den naturalistischen Ausgang noch erkennen, wie denn von „Stärke" der „Rechtsgrundsätze" gesprochen wird, welche das Dritte Reich doch gerade mit Füßen trat, und deren *Verbindlichkeit* und nicht *Macht* juristisch hier in Frage steht. Auch kann eine Satzung nicht wohl von vornherein als eine *rechtliche* bezeichnet werden, deren mögliche Unverbindlichkeit und also Widerrechtlichkeit zu erwägen ist. Doch ändert dies nichts an der Grundtatsache, daß eine edle Seele, erschüttert durch das Unrecht, das sie erlebte, die Verbindlichkeit höherer Rechtsgrundsätze für das positive Gesetz anerkannte und damit die positivistische Gleichsetzung von Gesetz und Recht überwand. —

Es sei endlich in diesem Zusammenhang noch hingewiesen auf einen führenden Juristen des 19. Jahrhunderts, in dem sowohl RADBRUCH wie schon sein Lehrer FRANZ VON LISZT etwas wie ihr Vorbild sahen, nämlich auf ANSELM VON FEUERBACH.

Hier interessiert nun insbesondere die Antrittsrede, die ANSELM VON FEUERBACH unter dem Titel: „Die hohe Würde des Richteramts" bei Gelegenheit seiner Einführung als erster Präsident des Appellationsgerichts für den Rezartkreis am 21. April 1817 gehalten hat[35]. Bereits im ersten Satz seiner Rede nennt FEUERBACH den Ort, an dem er spricht, einen „Tempel der Gerechtigkeit". Und dieses Leitmotiv der *Gerechtigkeit* durchzieht auch alle folgenden Ausführungen, wie denn die „Herrlichkeit" der Staaten und Völker nach FEUERBACH erst durch sie „geweiht und geheiligt werden muß", soll sie nicht ihrerseits „in Staub zerfallen". Bei ihrem Namen „erweitert sich jede Brust" und „wird jeder Geist erhoben", jedoch „die Anstalten, in welchen die Gerechtigkeit gleichsam verkörpert erscheint, durch welche sie die Staaten erhält, die Throne schützt, die Bürger sichert, — sind die Gerichte". Und so kann FEUERBACH im Hinblick auf sich und die ihn umgebenden Richter versichern: „Wir, Diener der Gerechtigkeit, ... haben nur das unserm Schutz anvertraute Heiligtum des Rechts treu zu bewahren und davon jedem gewissenhaft zuzuerkennen, was ihm gebührt."

[34] Rechtsphilosophische Besinnung. Abgedr. in: Der Mensch im Recht, 1957, S. 106 f. Einen Ansatz in dieser Richtung brachte bereits RADBRUCHS Aufsatz „Die Problematik der Rechtsidee", in: Die Dioskuren III, 1925, S. 43 ff. Nach ihm kann für den „Rechtsuntertanen" unter Umständen „positives Recht ... der Geltung ... entbehren", wogegen der „Jurist" dem „keine Beachtung schenken" dürfe. Siehe auch FRITZ V. HIPPEL, Gustav Radbruch als rechtsphilosophischer Denker, Heidelberg 1951.

[35] Gedruckt zu Nürnberg bei Monarth und Kussler.

Nun ist es ein weiter Weg, der von dem Hymnos Feuerbachs auf die Gerechtigkeit zur positivistischen Lehre vom Staatswillen als Rechtsquelle führt. Und doch sind die Anfänge desselben bereits erkennbar. Denn das *Naturrecht* beginnt bereits gleichsam einzuschrumpfen zum *Wort* der Gerechtigkeit, dessen tönendes Pathos nur eben noch die drohende Leere bloßen Phrasentums überglänzt. Indem weiter Feuerbach ausgeht von Montesquieus Lehre von der Gewaltenteilung, richtet sich diese ihm entsprechend dem historischen Ausgang fast nur gegen den Absolutismus der *Krone*, welche die Gerechtigkeit bedroht durch „Kabinettsjustiz, Machtspruch" und damit durch „frevelnde Überschreitung" ihrer „Gewalt", die „fluchwürdige Entweihung" des „Heiligtums" bedeute. Denn wohl empfängt der Richter gleich dem „Manne der Verwaltung" sein Amt „aus des Königs Hand". Ein Amt aber, das „die Pflicht auf sich hat, keinem andern Herrn zu dienen als der Gerechtigkeit, keinem andern Willen zu gehorchen, als dem Willen des Gesetzes".

Die „Selbständigkeit und Unabhängigkeit des Richteramtes" sind für Feuerbach „schon im bloßen Begriff von einem Richter" so „wesentlich enthalten, daß ein Gesetz oder eine Verordnung, welche den Richtern jene Selbständigkeit und Unabhängigkeit ausdrücklich zusicherte", dem Richteramt „nichts beilegen würde, was es nicht schon in sich selbst besäße". Entsprechend sind für Feuerbach die Richter innerhalb der Grenzen ihres Richteramtes auch der „obersten Gewalt", das aber heißt dem Herrscher, nicht unterworfen und so „nicht nur berechtigt, sondern, kraft ihres Eides verbunden", diesem sogar „den Gehorsam zu versagen", wenn er etwa jene Grenzen überschreiten sollte. Und so stellt Feuerbach nachdrücklich fest: „Der Ungehorsam ist dem Richter eine heilige Pflicht, wo der Gehorsam Treuebruch sein würde gegen die Gerechtigkeit." Denn auch der „unbeschränkteste Monarch" müsse „wenigstens in der Justiz die Grenzen seiner Macht erkennen".

Indem so Feuerbach bei seiner Amtseinführung als Gerichtspräsident die Unabhängigkeit der Justiz gegenüber der *Krone* feierlich betonte, bewies er Mut vor Königsthronen und begrenzte im Sinne Montesquieus die Exekutive durch die Justiz. Zugleich aber wird bei Feuerbach die Gerechtigkeit bereits allzusehr mit dem Gesetz identisch [36]. Auch geht wohl die Rede davon, daß ein Gesetz, welches die Freiheit des Richtertums *garantiert*, unnötig sei, da diese Freiheit für Feuerbach bereits aus dem Begriff des Richtertums folgt und also übergesetzlich ist. Dagegen taucht die Vorstellung, daß durch ein Gesetz die Freiheit des Richters etwa auch *eingeschränkt*, ja aufgehoben werden könnte, als mögliche überhaupt nicht auf. Damit aber zeigt sich ein Optimismus in bezug auf den Gesetzgeber und dessen gleichsam voraus-

---

[36] In diesem Sinne rühmt Radbruch an Feuerbach, er habe „in einem meisterhaften Aufsatze gegen Savigny die Sache des Gesetzesrechts (!) vertreten"; a.a.O. S. 42 f.

gesetze Gerechtigkeit, den als einen in dieser Form unbegründeten nicht nur die Erfahrung mit dem Dritten Reich uns heute vor Augen stellt.

b) Moralisches Weltbild und Richterpersönlichkeit

Im 6. Kapitel des 11. Buches seines „Esprit des Lois" erklärt MONTESQUIEU, die „Richter der Nation" seien nichts „que la bouche qui prononce les paroles de la loi; des êtres inaminés qui n'en peut modérer ni la force ni la rigueur" [37].

In diesen Worten kommt der Geist des naturwissenschaftlichen Zeitalters zum Ausdruck, für welchen das Rechtsgesetz so wie das Naturgesetz [38] keine Beziehung zur Seele des Menschen hat und ihrer auch nicht zu bedürfen scheint. Entsprechend verlangt dann seine „Objektivität" die volle *Entpersönlichung* des Richters, der als ein seelenloses Wesen und also wie ein Automat oder Roboter den jeweiligen Willen des Gesetzgebers blindlings zu vollziehen hat. Indem der Richter nur als Auge, Ohr und Gehirn, nicht aber als ein moralisch Handelnder beteiligt ist, wird die menschliche *Persönlichkeit* durch den Naturalismus juristisch aufgehoben, da das Subjekt die „Objektivität" des sich gleichsam selbst vollziehenden Rechtsprozesses nur stört.

Andererseits kann man feststellen, daß diese Vorstellung von „juristischer Objektivität" als Ergebnis eines Weltbildes, das durch moralisch leere Macht im Himmel und auf Erden sich bestimmt, dem Mittelalter als ganz unvollziehbar erschienen wäre. Denn indem es die Welt als eine *moralische Ordnung* erlebte, stand ihm entsprechend der menschliche Ordo unter dem Vorzeichen *böse* und *gut*. Der Richter aber als *Mund der Gottheit* verkündet nicht *menschlichen* Willen, welcher in abstrakter Gesetzesform sich niederschlug, sondern er hat *göttlichen* zu realisieren, der sich zuletzt in seiner Seele offenbart. Wie aber Gott die Gerechtigkeit liebt, wird entsprechend die Sorge für sie zur zentralen Aufgabe des Richters.

In seiner „Summa theologica", im Abschnitt über Recht und Gerechtigkeit, lehrt THOMAS VON AQUINO: „Der Richter wird eingesetzt als Diener Gottes. Deshalb heißt Dt 1, 16: ‚Richtet, was recht (iustum) ist' und später ‚denn Gottes ist das Gericht' [39]."

Auch stellt etwa FRANZ HEINEMANN in seinem Buch über den Richter bereits für die germanische Zeit fest: „Wie der geistige Hüter der Weltordnung, so hat auch der weltliche, der Fürst und der König, nach altgermanischem Glauben seine Macht, seine Gewalt aus den Händen der Götter

---

[37] Die richterliche Gewalt wird so auch als „en quelque façon nulle" bezeichnet. „Il n'en reste que deux."

[38] Siehe dazu E. v. HIPPEL, Rechtsgesetz und Naturgesetz, 2. Aufl., Tübingen 1949.

[39] II, II, 60, qu. 2.

empfangen, es haben daher stets deren Inhaber als oberste Herren und Richter ‚von Gottes Gnaden' gegolten [40].“ In der Hierarchie des Richtertums steht so der *König*, der Herrscher, in dem die jeweilige Ordnung ihre Mitte und ihren *persönlichen* Ausdruck findet, an der Spitze, und an seine Weisheit und sein Urteil, das für das göttliche steht, wendet sich zunächst der Rechtsuchende.

Als das Urbild wahren Richtertums, auf das zugleich die mittelalterliche Welt in ihren Anfängen zurückgeht, erscheint hier die erhabene Gestalt *Karls des Großen*. Noch in einem spätmittelhochdeutschen Gedicht, „Karles Recht“ [41], wird der große Kaiser gepriesen als „der beste Richter, den es je gab“. Wo Karl sich befand, ließ er dem Gedicht zufolge eine große Glocke aufhängen, die jeder läuten durfte, der Recht begehrte, und auf sein gerechtes Urteil hatten selbst die Tiere Anspruch [42]. Auch ist es bezeichnend für die Haltung des mittelalterlichen Menschen, daß Karl sich beim Läuten der Glocke „an Gottes Zorn und an Sein Gericht“ erinnert fühlt und damit zur Gerechtigkeit gemahnt. Das Gericht der Seele durch Gott, bereits im alten Ägypten als Totengericht eine zentrale Anschauung, steht wie ein Bild vor dem Inneren des Menschen, und so mahnt etwa die Benediktinerregel den Abt, es nie zu vergessen [43]. Auch berichtet Birgitta von Schweden von einer Vision [44], in der sie das Urteil des „Richters“ über die Seele eines verstorbenen Ritters miterlebte: Der Teufel beansprucht die Seele für sich, weil sie ihm gleich sei in der „Bestimmung“, im „Geschmack“ und im „Willen“ und daher nach *Gerechtigkeit* ihm gehöre. Es wird dann die Seele des Ritters nach ihrem Willen gefragt, und abschließend spricht der „Richter“ zu ihr: „Dein Wille ist dein Richter, und nach ihm wirst du das Urteil empfangen.“

Als *Urbild* des *Richtertums* steht so dem Mittelalter *Gott* vor der Seele des Menschen, und noch bei Goethe klingt dieses Motiv an, wenn schon ins

---

[40] Der Richter und die Rechtspflege in der deutschen Vergangenheit, Leipzig o. J., S. 9.

[41] Abgedr. in: Fr. H. v. d. Hagen, Gesamtabenteuer: Hundert altdeutsche Erzählungen, Bd. 2, 1850, Neudruck 1961, S. 637 ff. Das Gedicht beginnt mit den Worten:

> „Doch was er, mit der swaer(e),
> der best(e) richtaer(e).“

[42] Eine Natter, deren Junge eine Kröte bedrängt, läutet die Glocke.

[43] Der Abt sei sich bewußt, „daß, wer die Leitung von Seelen auf sich genommen hat, sich zur Ablegung der Rechenschaft bereit halten muß, und er sei fest überzeugt, daß er am Tage des Gerichts über so viele Seelen dem Herren Rechenschaft ablegen muß, als er Brüder unter seiner Obsorge weiß, natürlich noch dazu über seine eigene Seele“. Regula II, 109. Siehe auch E. v. Hippel, Die Krieger Gottes, Die Regel Benedikts als Ausdruck frühchristlicher Gemeinschaftsbildung, 2. Aufl., Paderborn 1953, S. 69 ff.

[44] 1302—1373. Die Vision findet sich abgedruckt bei Martin Buber, Ekstatische Konfessionen, Berlin o. J., S. 120 ff.

Literarische gewendet. Auch hier ist der Teufel Ankläger und Staatsanwalt, der Gerechtigkeit fordert, ist Gott der Richter und steht eine Seele vor Gericht:

„Am jüngsten Tag, vor Gottes Thron
Stand endlich Held Napoleon.
Der Teufel hielt ein großes Register
Gegen denselben und seine Geschwister,
War ein wundersam verruchtes Wesen:
Satan fing an es abzulesen."

Im Endergebnis wird das Verfahren gleichsam wegen Geringfügigkeit eingestellt:

„Wiederhol's nicht vor göttlichen Ohren!
Du sprichst wie die deutschen Professoren.
Wir wissen alles, mach' es kurz!
Am jüngsten Tag ist's nur ein ..." [45].

Dem Teufel wird jedoch anheimgestellt, Napoleon „nach der Hölle zu schleifen", wenn er sich „getraut ihn anzugreifen", was er nach Goethes Ansicht offenbar nicht wagen wird [46].

Bedeutet dem Mittelalter die Welt eine *hierarchische Ordnung*, welche ihre Mitte in und ihren Ausgang von *Gott* findet, und entsprechen sich oben und unten, so muß auch die menschliche Ordnung bei aller Sachgegebenheit von Aufgaben eine zuletzt *persönliche* sein. Noch LEIBNIZ verteidigt diesen Standpunkt in seiner Monadologie, wo er dem abstrakten Atomismus unpersönlich-mechanischer Weltenkräfte die geistig-seelische Welt hierarchischer Mächte als den eigentlichen Urgrund des Seins entgegenstellt. In einer *moralischen* Weltenordnung aber ist auch der Richter nicht bloßer Mund beliebiger Gesetze, sondern er muß *Persönlichkeit* sein und als solche die Fülle wie die Würde echten Menschentums verkörpern. In diesem Sinne gebietet im 13. Jahrhundert die *Soester Rechtsordnung:* „Es soll der Richter auf seinem Richterstuhl sitzen als ein grisgrimmender Löwe, den rechten Fuß über den linken schlagen, und wann er aus der Sache nicht recht können urteilen, soll er dieselbe hundertdreiundzwanzigmal überlegen [47]."

Daß diese Überlegung nicht als ein Prozeß *leerer Rationalität* zu verstehen ist, sondern als die Betätigung *moralischer Vernunft* im Hinblick auf die von Gott auferlegte Verantwortung und die Urbildlichkeit höheren Seins,

---

[45] EDWIN REDSLOB, Goethes Begegnung mit Napoleon, Baden-Baden 1954, S. 70.

[46] Dagegen hielt etwa Kleist, auch hier dramatisch, Napoleon „für einen Sünder, den anzuklagen die Sprache der Menschen nicht hinreicht und angesichts dessen den Engeln einst am Jüngsten Tage der Odem vergehen wird". Nach FRIEDRICH STÄHLIN, Napoleons Glanz und Fall im deutschen Urteil, Braunschweig 1952, S. 55.

[47] Ein Jahrtausend deutscher Kultur, Quellen von 800—1800, hrsg. von H. REICHMANN, J. SCHNEIDER, Dr. W. HOFFSTAETTER, Bd. I, 3. Aufl., Leipzig 1925, S. 274.

versteht sich von selber. Wie denn der etwa gleichzeitige *Schwabenspiegel* anordnet: „Man soll auch über eines Menschen Leben Urteil finden, ehe man gegessen und getrunken hat. Wer es darüber tut, der wird schuldig an dem Menschen vor Gott. Urteil sollen sie fastend finden über eines Menschen Leib, man soll nüchtern sein; das soll man auf allem Gericht halten [48]."

Der *Naturordnung* entspricht hier die *moralische Ordnung,* und aus ihr folgt als Organ der Rechtserkenntnis für den Richter nicht eine moralisch leere und unverbindliche, nur *technische Ratio,* sondern das *Gewissen.* Mitten noch im Materialismus des 19. Jahrhunderts stellte dies ein großer Einsamer der Zeit, Moltke, in schönen und einfachen Worten fest: „Wie sehr auch von Rohheit und Wahnvorstellungen verdunkelt, liegt doch in jeder Menschenbrust der Keim zum Guten, der Sinn für Edles und Schönes, wohnt in ihr das Gewissen, welches den rechten Weg zeigt. — Gibt es einen überzeugenderen Beweis für das Dasein Gottes, als dies allen gemeinsame Gefühl für Recht und Unrecht, als die Übereinstimmung eines Gesetzes wie in der physischen, so in der moralischen Welt; nur daß die Natur diesem Gesetze unbedingt folgt, dem Menschen aber, weil frei, die Möglichkeit gegeben ist, es zu verletzen [49]." Neben die Naturordnung des Naturalismus tritt so die „moralische Welt", mit der der Mensch als freies Wesen durch sein *Gewissen* verbunden ist, und in der auch das Recht gründet.

Nun bedeutete für die theokratische Rechtsauffassung des Mittelalters, die hier bei Moltke nachlebt, der Einbruch des gelehrten Richtertums, dem Verstandeswesen verbunden und auf Macht und Interesse des Landesherrn ausgerichtet, ein schockierendes Seelenerlebnis in der beginnenden Neuzeit. Dieser inneren Seelennot gab zu Beginn des 16. Jahrhunderts J. Wimpheling für viele Ausdruck: „Die Rechtsgelehrten an den Universitäten wollen nur allzu häufig kein anderes Recht anerkennen, als das in ihren Büchern stehende. Volksrecht und Gewohnheitsrecht, wie es seit Jahrhunderten bestanden hat, gilt ihrem Dünkel für garnichts, und unerträglich erscheint in ihren Augen, daß Ungelehrte in Stadt und Land Teil nehmen an den Gerichten und nach altem Herkommen, nach Billigkeit und Rechtsgefühl das Urteil finden [50]."

Der Zusammenstoß des rationalen Weltbildes mit dem irrationalen, das etwa Möser und die Romantik zuletzt noch verteidigen, wird hier deutlich. Als in sich leer aber verbindet sich die Ratio natürlicherweise der *Macht* und dem *Interesse.* Und so kann Pierre de Froissard 1527 offenbar mit Grund schreiben: „Diese Doktoren und andere gelehrte Sachwalter des Rechtes sind die Günstlinge der Fürsten und werden von denselben auf das

[48] a.a.O.

[49] „Trostgedanken über das irdische und Zuversicht auf das ewige Leben", in: Moltke, Leben und Werk in Selbstzeugnissen, ausgewählt von Max Horst, 2. Aufl., Birsfelden bei Basel o. J., S. 391.

[50] Ein Jahrtausend deutscher Kultur, a.a.O. S. 275.

Höchste geehrt und belohnt[51]." Damit aber sind hier auch die Weichen für jene Rechtsauffassung gestellt, die zuletzt im Positivismus den *Richter* zum bloßen *Diener des Gesetzes* und in ihm der Macht werden ließ.

c) Gerechtigkeit und Weisheit

Die gegenwärtige Lage in der Bundesrepublik wird juristisch gekennzeichnet durch die grundsätzliche Einsicht, daß es ein *Recht an sich* und eine *Gerechtigkeit* gibt, und daß die Verbindlichkeit einer positiven Satzung zuletzt nur auf der Anerkennung der vorgesetzlichen Rechtsvoraussetzungen beruhen kann. So hat das Grundgesetz, um mit HANS PETERS zu sprechen, „die gesamte Rechtsordnung unter die Beurteilungsmaßstäbe einer in der Schöpfungsordnung verwurzelten Ethik gestellt" [52]. Und seit dem Grundgesetz, ja, teilweise bereits vor Erlaß desselben, haben es sich die Gerichte angelegen sein lassen, die Geltung des Naturrechts und seine Verbindlichkeit für das positive Recht darzulegen[53]. Auch erklärt neuestens der Entwurf eines Strafgesetzbuches von 1962 hinsichtlich Aufgabe und Verfahrensweise des Richters: „Die Schuld kann auch festgestellt und gewogen werden, wenn auch nur im Rahmen menschlicher Erkenntnismöglichkeiten. Es handelt sich dabei nicht um eine kausalwissenschaftliche Feststellung, sondern um einen sittlichen Wertungsvorgang innerhalb der Rechtsgemeinschaft, der gerade das eigentümliche Wesen des Richterspruches ausmacht." Nimmt man dies alles zusammen, so erscheint der Positivismus als durch die jüngste Entwicklung überwunden, was zugleich die Anerkennung der *Freiheit* des Richters im Hinblick auf *überpositive* Rechtsgrundsätze bedeuten würde.

Andererseits aber muß man feststellen, daß gerade aus dem Bereich der *Wissenschaft* der Anerkennung und Handhabung höherer Rechtsstufen die größten Schwierigkeiten erwachsen. Mit Grund stellt so HANS PETERS diesbezüglich fest: „Die rein positivistische Schulung der lebenden deutschen Juristengeneration" hat „vielfach dazu geführt, daß die Grundrechtsvorschriften ausgelegt werden, als ob es sich um Einzelnormen des Bürgerlichen Gesetzbuches oder spezieller Verwaltungsgesetze" handele. Und PETERS mahnt zur „Wachsamkeit gegen positivistische Nivellierung der wesentlichen Werte" [54].

Es wäre dabei ungerecht, anzunehmen, daß die Behinderung einer moralischen Rechtshandhabung durch die Theorie als eine Art Obstruktion gegen

---

[51] a.a.O.

[52] Die Positivierung der Menschenrechte und ihre Folgen, in: Festschrift für J. Mesmer, S. 363.

[53] E. v. HIPPEL, Das Naturrecht in der Rechtsprechung der Bundesrepublik, in: Mechanisches und moralisches Rechtsdenken, 1959, S. 224 ff.; A. LANGNER, Der Gedanke des Naturrechts seit Weimar und in der Rechtsprechung der Bundesrepublik, Bonn 1959.

[54] a.a.O. S. 365.

die Rechtsauffassung des Grundgesetzes anzusehen sei. Vielmehr folgt dieses Verhalten logisch aus der wie selbstverständlichen Voraussetzung eines Weltbildes auch für den Rechtsbereich, das durch Kausalität und Ratio (Mathematik) sich wissenschaftlich bestimmt, und das, wie es so nur Unterwerfung unter Naturgesetze oder menschliche Machtordnungen kennt, Gesichtspunkte für den Bereich *menschlicher Freiheit* wie *moralischer Verbindlichkeit* nicht eigentlich entwickelt hat. Damit aber muß diesem Denken jedes Arbeiten außerhalb des Bereichs der Kausalität und bloßer Legalität als fremd, gefährlich, subjektiv und insbesondere als unwissenschaftlich im Hinblick auf den zu Unrecht in der Jurisprudenz vorausgesetzten Wissenschaftsbegriff der klassischen Physik erscheinen.

Die Notwendigkeit, im Bereich der Jurisprudenz Moralität in die Wirklichkeit *hineinzubringen*, nicht aber das Recht nur empirisch *aus ihr gewinnen* zu wollen, hat als allgemeines Prinzip schon Schiller gültig so ausgesagt:

„Wisset, ein erhabner Sinn
Legt das Große in das Leben,
Und er sucht es nicht darin."

Wie sehr durch den Verlust der transzendenten Voraussetzungen des Rechts die *Rechtswissenschaft* heute ihre *moralische Mitte* verloren hat, bezeugte Hermann Weinkauff in seiner Abschiedsrede als Präsident des BGH, in der er erklärte: „Nur von dieser naturrechtlichen Grundlage her kann das Recht einer erneuten totalitären Bedrohung Widerstand leisten, während der Rechtspositivismus einer solchen erneuten Bedrohung, die doch jederzeit möglich ... ist, abermals nichts, aber auch garnichts, entgegenzusetzen hätte." Und Weinkauff sprach in diesem Zusammenhang von der Führung, welche die Rechtsprechung in dieser Frage übernommen habe, „vor einer unsicheren, zögernden, im Grunde skeptischen und in sich tief uneinigen Rechtswissenschaft" [55].

Nun ist es nicht beabsichtigt, hier näher auf das Wesen des Rechts und die Idee der Gerechtigkeit einzugehen, zumal ihre Verbindlichkeit für die Gerichte wie auch für den Gesetzgeber seit dem Grundgesetz wenigstens theoretisch anerkannt zu werden pflegt. Wohl aber soll noch darauf hingewiesen werden, daß bei all ihrer zentralen Bedeutung für die Jurisprudenz selbst die *Idee der Gerechtigkeit allein* nicht hinreicht, die *Aufgabe* des *Richters voll* zu umschreiben. Insbesondere trifft es so auch nicht zu, wenn dem 73. deutschen Katholikentag 1949 das Motto vorangestellt wurde: „Gerechtigkeit schafft Frieden". Denn so notwendig die Gerechtigkeit für den Frieden fraglos ist, genügt sie andererseits doch für seine Herstellung nicht, vielmehr bedarf es über die Gerechtigkeit hinaus, aus der zuletzt sich gegen-

---

[55] H. Weinkauff in: Ansprachen zur Verabschiedung des Präsidenten des Bundesgerichtshofes, Dr. h. c. Hermann Weinkauff, und zur Amtseinführung des Präsidenten des Bundesgerichtshofes, Dr. Bruno Heusinger, am 31. März 1960, Karlsruhe 1960, S. 48 f.

seitige *Forderungen* ergeben, der *Weisheit* und der *Güte*, der Güte, die auch den *Verzicht* auf etwas kennt, was nach Gerechtigkeit gefordert werden könnte.

Wie problematisch bereits die Anwendung der Gerechtigkeit werden kann, wo es sich um Menschen verschiedener Entwicklungsstufen und ungleicher Lebensverhältnisse handelt, wurde dem Verfasser an einem Rechtsstreit deutlich, der sich in Ostafrika zutrug. Damals hatten Angehörige eines Negerstammes Vieh von der Weide eines anderen Stammes fortgetrieben und waren dabei ertappt worden. Der englische Richter verurteilte sie, für europäisches Gerechtigkeitsempfinden durchaus angemessen, zur Rückgabe des Viehs und zur Zahlung einer Geldbuße. Dies wurde aber von den Schwarzen als höchst ungerecht empfunden. Zwar sei es gerecht, daß sie das Vieh als ihnen nicht gehörig wieder herausgeben müßten, da sie schon einmal so dumm waren, sich erwischen zu lassen. Daß sie aber darüber hinaus auch noch Geld bezahlen sollten, sei eine schreiende Ungerechtigkeit, wo sie doch schon die große Mühe mit dem Stehlen und Forttreiben des Viehs gehabt hätten.

Auch wird der *europäische Rechtsgedanke* sich als um so unzulänglicher erweisen, je mehr er im Zusammenhang *leerer Verstandesbegriffe* auftritt, die zwar rechnerisch stimmen mögen, deren Anwendungsmöglichkeit aber gerade fraglich ist. Insbesondere führt die Verbindung der Rechtsidee mit dem *Quantitätsprinzip* zu einer nur abstrakten Gerechtigkeit, die, indem sie unterschiedslos Mensch gleich Mensch setzt, heute die kulturelle Minderheit und geistige Elite in der Welt zu vernichten droht.

Es verdient in diesem Zusammenhang Beachtung, daß THOMAS VON AQUINO, den die Neuscholastik zu Unrecht weitgehend im Sinne bloßen Verstandeswesens begriffen hat, in Wahrheit das Recht nicht mit *leerer Ratio*, sondern mit *moralischer Vernunft* und über sie mit *Weisheit* verbindet. Zwar meinen nach THOMAS „alle im Gesetz enthaltenen Gebote über die Werke der Gerechtigkeit die Verwirklichung der Klugheit“ [56], wie denn nach THOMAS im Verhältnis zu allen Tugenden die Klugheit ein Übergreifendes und Durchdringendes bedeutet [57]. Denn „die Klugheit hilft allen anderen Tugenden und wirkt in allem“ [58].

Andererseits wird so aber auch deutlich, daß Klugheit nicht im Sinne eines moralisch leeren Verstandeswesens aufgefaßt werden darf, das seinen Ansatz zuletzt im Egoismus bloßer Interessen findet. Vielmehr muß die Klugheit als im Dienst der *moralischen Vernunft* stehend sich orientieren an dem, was nicht von unten, sondern von oben stammt, nämlich an der *Weisheit.* Und insofern kann THOMAS die Klugheit auch als „der Weisheit Magd“ [59] bezeichnen.

[56] S. theol. II, II, 56, 2 ad 3.
[57] E. v. HIPPEL, Geschichte der Staatsphilosophie Bd. I, S. 309 ff.
[58] S. theol. II, II, 47, 5 ad 2.
[59] a.a.O. I, II, 66, 5 ad 1.

Es kennzeichnet nun die *Weisheit,* sich nicht in abstrakten Verstandesbegriffen zu bewegen, wie dies der Positivismus tut und lehrt, sondern aus gegebenen Lagen heraus im Hinblick auf das Gute zu ordnen. Auch hat die Weisheit, da sie nicht punktuell denkt wie bloßes Verstandeswesen, einen umfassenden Charakter, und sie ist dabei zugleich *konkret,* da sie nicht nur Begriffe miteinander logisch zu verknüpfen sucht. Denn ihr Bestreben ist es, einen Tatbestand im Hinblick auf das, was seine gerechte und menschlich-vernünftige Ordnung zu fordern scheint, in den Blick zu bekommen. Und so wurde etwa *Salomo* bei seiner richterlichen Entscheidung jenes Streites zweier Frauen, von denen jede den gleichen Säugling als ihr eigen in Anspruch nahm, von den Israeliten nicht gerühmt wegen seiner Gerechtigkeit, sondern wegen seiner *Weisheit,* der es gelang, die wahre Mutter ausfindig zu machen.

Nun hat der Materialismus in Europa, dem der Richter zum bloßen Diener und Mund des Gesetzes wurde, das Bild des *weisen Richters* fast vergessen lassen. Denn alle potentielle Weisheit liegt hier beim Gesetzgeber, den freilich der Positivismus zuletzt als bloßen Gewalthaber versteht. Und so lebt nur in *England,* das den kontinentalen Gesetzeskult nicht übernahm, etwas nach von jenem Ideal königlicher Richterweisheit, das zu seiner Wirklichkeit den *freien* Menschen voraussetzt, der nicht gegängelt wird durch Macht, Ratio und Bürokratie, sondern der souverän aus moralischer Vernunft urteilt, so wie dies einst in seinen guten Zeiten der römische Richter tat.

Ging so die Idee des weisen Richters dem europäischen Materialismus nahezu verloren, da sein zuletzt mechanisches Denken keinen Platz für die Entfaltung von Weisheit gibt, so ist dafür das Bild des weisen Richters im *Osten* lebendig geblieben. Dies bezeugt, trotz allen Verstandeswesens, etwa die Vorliebe für Kadi-Geschichten im arabischen Bereich, dessen Ratio in ihrer traditionellen Form im theokratischen Denken und damit zuletzt in der *persönlichen Gottheit* ihren Ausgang findet. In diesem Sinne heißt es etwa noch heute in der Verfassung von Pakistan: „Das ganze Weltall gehört Gott, dem Allmächtigen, und die Gewalt, die Er dem Staate Pakistan übertragen hat, ist ein heiliges Vermächtnis.“ Wie aber Oben und Unten sich entsprechen und so dem materialistischen Weltenmechanismus der zum Mund des Gesetzes gewordene Richter korrespondiert, entspricht andererseits der Richter als moralisch handelnde *Person* einem Weltbild, das im *persönlichen Gott* seinen Ausgang findet.

In einer Sammlung arabischer Kadi-Geschichten, die Rosa Klinke aus arabischen Originalquellen schöpfte [60], kommt dieses Bild des *weisen Richters* zu einer Art inneren Anschaulichkeit, da besser als der Begriff die Erzählung *Persönliches* deutlich machen kann. In diesen Geschichten steht im Mit-

[60] Arabische Kadi-Geschichten, Affoltern 1953.

telpunkt der *Kalif* als Inhaber der Herrschaft, die insbesondere *Harun arraschid* in einem fast märchenhaften Sinne vor Augen stellt. Als „Herrscher der Gläubigen“ entspricht er in der Ebene der Menschen *Allah,* dem „Allmächtigen“, dem „Herrn des Himmels und der Erde“, der weisheitsvoll leitend hinter allem steht. Doch das eigentliche Interesse dieser Erzählungen liegt beim *Kadi,* dem weisen Richter, der das Verworrene zu durchschauen und urteilend aufzulösen vermag. Auch er ist einbezogen in die theokratische Lebensordnung, die nicht nur zwingt, sondern auch moralische Anforderungen stellt. Denn das Gesetz ist hier nicht bloß Ausdruck *menschlicher* Macht, sondern als heiliges Gesetz, als „Fiqh“ beruht es seinerseits auf dem Koran und also auf der religiösen Ordnung der Gemeinschaft und des Staates. Und so, seinerseits Diener Allahs, muß der Kadi aus dem Stand der Theologen hervorgehen [61].

Sieht man dabei auf die Eigenschaften, welche vom Kadi erwartet werden müssen, wenn er „groß“ sein soll, so ist sachgefordert hier zunächst *Klugheit* und die Fähigkeit, Verwickeltes zu entwirren. Dazu muß der Kadi im Bereich des gewöhnlichen Lebens zuhause sein und sich auch in den Niederungen auskennen, um die Schlauheit und Berechnung egoistischer Menschen durchschauen zu können, damit auch der überführt wird, der sich sicher wähnte.

Es wird dann diese Schicht einer nur rational empirischen Klugheit überhöht durch die *moralische Vernunft,* welche als Liebe zur Gerechtigkeit und Wahrheit im Kadi wirksam sein muß. Hierzu gehört es etwa auch, die verschiedenen Parteien gleichmäßig zu behandeln und sie „in aller Ruhe“ anzuhören [62]. Und hinzukommen muß endlich der leidenschaftliche Wille, Gerechtigkeit zu üben und ein Helfer der Schwachen zu sein. Daher ist es etwa das „heißeste Verlangen“ des Oberkadis Nur ad-din, den „schlechten Faden“ der Lüge zu zerreißen [63]. Damit aber verbindet sich der gleichsam berufsmäßigen Klugheit einer rationalen Verfahrenstechnik bereits *Weisheit* als ein moralisches Ordnungsprinzip, wie denn „Wissenschaft und Weisheit“ als „von großem Nutzen in dieser irdischen Welt und ebenso in der Welt der Religion“ gerühmt werden [64].

Endlich aber ist diese Weisheit, die für sich allein nur ein kaltes Licht geben würde, beim idealen Richter durchdrungen von innerer *Güte.* So wie Allah barmherzig und verzeihend ist [65], ziemt seinerseits dem Herrscher, aber auch dem Richter verzeihende Milde. Nicht nur „groß“ und „weise“ [66], sondern auch „gütig“ [67] ist der wahre Kadi, der andererseits, wie Allah selber, gegenüber dem „frechen Lügner“ ein „strenger Richter“ bleibt [68]. Endlich steht hinter diesem religiös-moralischen Weltbild die Vorstellung,

[61] a.a.O. S. 7.
[62] a.a.O. S. 202.
[63] a.a.O. S. 68 f.
[64] a.a.O. S. 104.
[65] a.a.O. S. 46.
[66] a.a.O. S. 127.
[67] a.a.O. S. 86, 235.
[68] a.a.O. S. 211.

daß Oben und Unten zusammenarbeiten, wie denn zuletzt Allah, „der das Verborgene in den Dingen und auf Erden kennt", dem Unschuldigen hilft und den Bösen straucheln läßt. —

Nun erhebt sich aber das *Problem* des *weisen Richters* heute auch in *Europa*, und zwar um so mehr, je weniger der Mechanismus einer bloßen Legalordnung hinreicht, um die Dinge der Welt wirklich zu ordnen. Dies zeigt sich etwa heute im Strafrecht dort, wo Jugendlichen Bußen auferlegt werden, die nicht nur *gerecht*, sondern insbesondere auch *sinnvoll* sein müssen im Hinblick auf die Art der Tat und auf den Täter. Darin aber liegt ein pädagogisches Moment, das den Richter zum Lehrer werden läßt, auf dessen persönliche Weisheit und Güte es hier ankommt.

Auch wird Weisheit insbesondere dort gefordert, wo Menschen zu beurteilen sind, die einer einfacheren Kulturstufe angehören. So verlangt offenbar die Gerichtsbarkeit über Eskimos ein verstehendes Eingehen auf deren Sitten und Anschauungen. Mit Recht hob daher der Richter J. H. SISSON in Kanada eine Entscheidung auf [69], welche die Ehe zwischen zwei Eskimos für ungültig erklärt hatte, weil diese weder vor einem Pfarrer noch vor einem Friedensrichter geschlossen worden sei. Denn offenbar entsprach es der Vernunft, nicht die Heiratsgesetze der Weißen, sondern die der Eingeborenen zum Ausgang zu nehmen. Auch entsinnt sich der Verfasser der Entscheidung eines ostpreußischen Rittergutsbesitzers, der auf sein persönliches Ansehen hin noch eine Art Patrimonialgerichtsbarkeit ausübte. Hier stritten sich zwei Dienstfrauen und kamen schließlich vor den „Herrn", um ihre Sache vorzutragen. Sein Urteil lautete: „Du lernst bis Sonntag Vers 1—6 (eines Liedes im Gesangbuch, das sich auf friedliches Zusammenleben bezog), und du den Rest. Dann kommt ihr beide, sagt es auf, gebt euch die Hände und vertragt euch wieder." Und so geschah es zu allseitiger Zufriedenheit. Nicht auf das Problem von Recht und Unrecht, das kaum hätte gelöst werden können und jedenfalls nicht ohne nachtragende Bitterkeit einer Seite, sondern auf eine *vernünftige Lösung*, die *Frieden* brachte, kam es hier an.

Vor allem aber zeigt sich die Notwendigkeit, heute dynamische Gesichtspunkte weisheitsvollen Ordnens heranzuziehen, wo auf *internationalem* Bereich Konflikte zu beurteilen und zu schlichten sind. Hier erweist sich zunächst ein positivistisches Quantitätsprinzip als durchaus unzulänglich, das den abstrakten Menschen in abstrakten Lagen zum Ausgang nimmt. Wie wenig Konflikte so behoben werden können, bezeugt etwa die UNO oder das Problem der Rassen in Südafrika oder Rhodesien. Denn offenbar ist es nur im Sinne mechanischer Quantität gerecht, hier einfach die *Zahl* zum Ausgang zu nehmen, was im Ergebnis zur Vernichtung der kulturtragenden Minderheiten führen müßte. Nur ein *moralisches* Rechtsdenken, das nicht nur Quantität, sondern auch *Qualität* kennt und anerkennt und im Hin-

[69] L. ELLIOTT, Richter im Land der Eskimos, Das Beste aus Readers Digest, Juni 1965, S. 153 ff.

blick auf *konkrete Lagen* handelt, bietet Aussicht, hier friedevoll zu richten und zu schlichten. Dazu aber wird, über die Gerechtigkeit hinaus, *Weisheit* und *Güte* gefordert.

Nun ist *Güte* zuletzt ein Ereignis des *Alters,* und sie vor allem gibt dieser Lebensstufe ihren positiven Status. Und so mag im Hinblick auf den Dahingeschiedenen hier geschlossen werden mit Conrad Ferdinand Meyers Gedicht: „Die Pythagoräer.“ Es hat zum wesentlichen Inhalt eine Art Hymne an den Sonnenlogos durch die Bruderschaft der Pythagoräer, die sich einst um die moralische Erneuerung der griechischen Polis in Kroton und anderswo bemühte, und schließt mit den Worten:

„Reiz' uns, reg' uns an mit deinen Pfeilen,
daß wir in den Kampf des Lebens eilen!
Aber gib uns, wenn der Tag verglühte,
in dem milden Abendgold die Güte!“

Staat und Jus publicum im deutschen Absolutismus

FRIEDRICH MERZBACHER

Der Absolutismus hat nach gelehrter Meinung [1] dem „gewordenen Recht gegenüber" die Idee eines „immer werdenden Rechtes" verfochten. Gemessen an der historischen Erscheinung des überkommenen ständischen Territorialstaates hat diese totalitäre Regierungsform fraglos zu einer Restriktion des Staatsbegriffes, zu einer Verengung der Staatsauffassung [2] geführt. Weil aber der Staat als Organismus Wachstumsgesetzen unterworfen ist, zeigt auch der am weitgehendsten „konsolidierte Staat des Absolutismus" (FRIEDRICH MEINECKE) letztlich kein uniformes Bild, sondern verschiedene Typen. Wie jede Zeitströmung hat auch der Absolutismus seine doktrinelle Untermauerung in der zeitgenössischen Publizistik gefunden. Es soll nun hier versucht werden, die Anschauungen freizulegen, die im deutschen Rechtsraum Staat und Staatsrecht stützten. Die Beschäftigung gilt damit der Theorie, die ihrerseits jedoch unverzichtbar für die Staatswirklichkeit war. Die Untersuchung beleuchtet bewußt mehr das Statische und klammert die der Staatsräson innewohnende Dynamik und Zielsetzung für die Größenverhältnisse und Kraftentfaltung konkreter Staatsgebilde aus. Sie befaßt sich mit absolutistischer Staatslehre, nicht mit der Politik absolutistischer Staatswesen [2a].

I

Bei der weitreichenden Identifikation von *Fürst* und *Staat* im Absolutismus kam ebenfalls der Residenzbildung eine entscheidende Rolle zu. Dort, wo der Fürst weilte, wo er Hof hielt, war der Mittelpunkt des Staa-

---

[1] Vgl. FRIEDRICH MEINECKE, Die Idee der Staatsräson in der neueren Geschichte [2], hrsg. von WALTHER HOFER (= FRIEDRICH MEINECKE, Werke, Bd. I), München 1957, S. 151.

[2] Vgl. dazu ebenfalls FRITZ HARTUNG, Deutsche Verfassungsgeschichte vom 15. Jahrhundert bis zur Gegenwart [6], Stuttgart 1950, S. 99.

[2a] Mein Beitrag verfolgt eine andere Zielsetzung als der Aufsatz von ERNST RUDOLF HUBER, Reich, Volk und Staat in der Reichsrechtswissenschaft des 17. und 18. Jahrhunderts, Zeitschrift für die gesamte Staatswissenschaft, 102. Bd. (Tübingen 1942), S. 593—627, der u. a. patriotische Gesinnung und Staatspersönlichkeit berührt und vornehmlich Conring, Pufendorf, Leibniz, Moser, Pütter und Schlözer im Rahmen der Fragestellung würdigt.

tes. Einer der ersten staatsrechtlichen Systematiker des frühen 17. Jahrhunderts, der aus Öhringen stammende Jenenser Jurist und Philosoph DANIEL OTTO [3], hat nicht von ungefähr in seinem juristisch-politischen Kompendium „De jure publico imperii Romani“ [4] die allgemeine Auffassung ausgesprochen: „Et vulgo dicere solemus ibi curiam esse, ubi Princeps est“ [5]. Im frühen 18. Jahrhundert war der Staat (lat. *status*, frz. *état*, ital. *stato*) nach herrschender publizistischer Lehrmeinung nichts anderes als die „Regierung oder Regierungsform und Verfassung eines Landes“ [6]. Indes hat die Staatslehre die eigentliche Staatsverfassung als *Civilstaat* oder bürgerlichen Staat *(status civilis, status politicus)* bezeichnet und diesen dem *Kriegsstaat* konfrontiert [7]. Der juristische Erzieher des nachmaligen Kaisers Joseph II. (1765—1790), der Professor des öffentlichen und Lehnrechts an der Theresianischen Ritterakademie in Wien, CHRISTIAN AUGUST BECK (1720—1784) [8], hat in seinen Vorträgen zum Rechtsunterricht des damaligen Erzherzogs in den Jahren 1754 bis 1759 den Staat als eine Gesellschaft von Familien unter einem gemeinschaftlichen Oberhaupt zur Erhaltung, Ruhe und Erlangung der Glückseligkeit interpretiert [9]. Nach ihm waren die Staaten „ein so ausgekünsteltes Werk, daß ihr Ursprung und Ordnung die Menschen selbst in Verwunderung setzt und zum ewigen Denkmal dient, wie weit ihr Witz es zu bringen fähig ist“ [10].

Nahezu die gleiche Staatsdefinition tauchte dann im häufig aufgelegten Werk des Göttinger Rechtslehrers GOTTFRIED ACHENWALL auf: „Ein Staat ist eine Gesellschaft von Familien, welche zu Beförderung ihrer gemeinsamen Glückseligkeit unter einem Oberhaupte miteinander auf einem bestimmten Bezirke des Erdbodens vereiniget leben.“ [11] Die ausdrücklich be-

---

[3] Vgl. über ihn R. STINTZING, Geschichte der deutschen Rechtswissenschaft I, München und Leipzig 1880, S. 669.

[4] Dissertatio juridico-politica De jure publico imperii Romani, methodice conscripta, Wittebergae (Impensis Hered. Joh. Bergeri) 1668.

[5] l.c., p. 103.

[6] So JOHANN HEINRICH ZEDLER, Großes vollständiges Universal-Lexicon aller Wissenschaften und Künste, 39. Bd., Leipzig und Halle 1744, Sp. 639.

[7] ZEDLER, a.a.O., Sp. 640.

[8] Vgl. über ihn HERMANN CONRAD in der Einleitung, S. 6 f. zu „Recht und Verfassung des Reiches in der Zeit Maria Theresias“, unter Mitarbeit von GERHARD KLEINHEYER, THEA BUYKEN und MARTIN HEROLD, hrsg. von HERMANN CONRAD (= Wissenschaftliche Abhandlungen der Arbeitsgemeinschaft für Forschung des Landes Nordrhein-Westfalen, Bd. 28), Köln und Opladen 1964; und HERMANN CONRAD, Recht und Verfassung des Reiches in der Zeit Maria Theresias, HJB 82 (1963), S. 165; *ders.*, Reich und Kirche in den Vorträgen zum Unterricht Josephs II. in: „Spiegel der Geschichte“, Festgabe für MAX BRAUBACH zum 10. April 1964, Münster/Westf. 1964, S. 602.

[9] Recht und Verfassung des Reiches in der Zeit Maria Theresias, § 3, S. 205.

[10] a.a.O., § 4, S. 205.

[11] Vgl. GOTTFRIED ACHENWALL, Staatsverfassung der heutigen vornehmsten Europäischen Reiche und Völker I [6], Göttingen 1781, S. 2, § 2.

tonte Förderung von Glück als Tatbestandsmerkmal des Staatsbegriffes entsprach dabei durchaus dem Eudaemonismus der Aufklärung, der eine allgemeine Lebenssteigerung erstrebte. Entscheidende Voraussetzung aber war für den Staatsbegriff die bürgerliche Gesellschaft, durch die die notwendige Verbindung zwischen dem Regenten einerseits und den Untertanen andererseits hergestellt wurde, die zur Erreichung des gemeinen Wohles erforderlich war. In dieser Richtung äußerte sich der bayerische Gesetzgeber Wiguläus Xaver Aloys Freiherr von Kreittmayr (1705—1790) in seinem „Grundriß des Allgemeinen, Deutsch- und Bayerischen Staatsrechtes“ [12]. Kreittmayr bewertete den Staat als Oberbegriff sämtlicher Gesellschaften und Gemeinschaften [13]. Der Begriff der bürgerlichen Gesellschaft, der *societas civilis,* erfüllte ebenso die preußische Staatskonzeption. Erst mit der Übertragung einer Obergewalt beispielsweise an einen Regenten wird aus der bürgerlichen Gesellschaft, d. h. aus dem Volk, ein Staat. Ein solcher ist stets durch ein gemeinsames Oberhaupt charakterisiert [14].

Die Förderung des allgemeinen Wohles bedeutete ebenfalls ein Hauptanliegen des absolutistischen Staates: *Salus enim populi suprema lex esse debet* [15]. Auf dieses Gemeinwohl hatten die Untertanen einen Rechtsanspruch. Schon *Cicero* hatte gelehrt, daß der König vornehmlich deshalb gewählt werde, damit seine Wähler gut und glücklich leben können [16]. So wie dem Arzt die Gesundheit und dem Feldherrn der Sieg aufgegeben sei, so müsse sich eben der Staatsmann um ein glückliches Leben der ihm anvertrauten Bürger kümmern und bemühen [17]. Zutreffend ist die Beobachtung Friedrich Meineckes, daß gerade dem Begriff dieses *bonum publicum* „noch etwas Starres und Allgemeines, über das innere Leben des Volkes Hinwegsehendes“ [18] anhaftete. Das Wohl der Bürger ist zwar ein Staatsziel, aber seine inhaltliche Festlegung und seine Realisation waren ausschließlich Sache des absoluten Staatslenkers. Die Tagespolitik vermochte neue

---

[12] 2. Aufl., München 1789 (Verlag bey Joseph Lentner).

[13] Grundriß des ... Staatsrechtes², § 2, S. 4.

[14] Vgl. hierzu besonders aufschlußreich „Vorträge über Recht und Staat von Carl Gottlieb Svarez“, hrsg. von Hermann Conrad und Gerd Kleinheyer (= Wissenschaftliche Abhandlungen der Arbeitsgemeinschaft für Forschung des Landes Nordrhein-Westfalen, Bd. 10), Köln und Opladen 1960, S. 41; ebenfalls Gerd Kleinheyer, Staat und Bürger im Recht. Die Vorträge des Carl Gottlieb Svarez vor dem preußischen Kronprinzen (1791—1792) (= Bonner rechtswissenschaftliche Abhandlungen, Bd. 47), Bonn 1959, S. 35, 56.

[15] Daniel Otto, De jure publico imperii Romani, Sp. 2. — Vgl. im Zusammenhang damit ebenfalls Hans Rall, Kurbayern in der letzten Epoche der alten Reichsverfassung 1745—1801 (= Schriftenreihe zur bayerischen Landesgeschichte, Bd. 45), München 1952, S. 60.

[16] „... Rex eligitur, non ut sese curet molliter, sed ut per ipsum ii, qui elegerunt, bene beateque vivant“ (Otto, ibidem).

[17] „Ut ... medico salus, imperatori victoria: sic moderatori reipublicae beata civium vita proposita est ...“ (ibidem).

[18] Die Idee der Staatsräson, S. 170.

Festlegungen des Gemeinwohles jederzeit zu verlangen. Eng mit dem Gemeinwohl war das Staatsinteresse verknüpft, d. h. die dem einzelnen Staat angepaßte Politik [19]. Indes mußte jeder Staat seinen letzten Zweck in der Sicherheit des Volkes erblicken. Eigenartig allerdings wirkte in diesem Zusammenhange die österreichische Interpretation des *Gesamt*volkes als *juristische* Person (*persona moralis*), die für alle Handlungen des Oberhauptes gleichsam wie für eigene haften mußte [20]. Es ist gewiß naheliegend, wenn man sich auch bereits in der Epoche des beginnenden Absolutismus Gedanken darüber machte, welcher Staat wohl am besten seiner Aufgabe nachkommen dürfte. Der Engländer John Case (Johannes Casus) aus Oxford [21] sprach jenen Staat als den besten an, in dem das Leben der Bürger mit Sittlichkeit (Tugend) gepaart sei. Das sei in dem Staat erreicht, der aus mittelmäßigen, *durchschnittlichen* Bürgern bestehe. Mittelmäßigkeit der Bürger bietet die Gewähr für die Existenz des besten Staates [22]. Diese Auffassung beinhaltet eine entscheidende Absage an bürgerliche Extreme. Nicht zuletzt präsentiert sich jene *civitas* als bester Staat, dessen Bürger freiwillig dem Vernunftsgebot gehorchen [23]. Man fühlt sich unwillkürlich an das gewiß nicht unanfechtbare Prinzip erinnert, wonach Ruhe die erste Bürgerpflicht sei. Gewiß bringt die Mittelmäßigkeit ebenfalls Gleichheit und Ähnlichkeit mit sich. Diese Uniformität erscheint geradezu als günstige Voraussetzung für den optimalen Staat: Durchschnittsbürger gleichen einander weitgehend und neiden sich wenig. Individualität kommt hier gar nicht erst zum Durchbruch. Andererseits ist begreiflicherweise auch das Staatswesen als das beste zu beurteilen, das über die hervorragendsten Gesetzgeber verfügt; das aber ist in der Regel, wie die Geschichte lehrt, wiederum der Durchschnittsstaat [24].

Symptomatisch für den absolutistischen Staat war ebenfalls die Berufung auf das *Gottesgnadentum.* Die Gewalt des Regenten fand in dieser Konzeption ihre unmittelbare Ableitung von Gott. Um Gottes willen waren die Untertanen zu unbedingtem Gehorsam verpflichtet. Indes machten sich in der zeitgenössischen absolutistischen Staatslehre daneben Stimmen

[19] Vgl. Achenwall, a.a.O., I, S. 38, § 51.

[20] Recht und Verfassung des Reiches in der Zeit Maria Theresias, S. 207 f., § 8.

[21] Johannes Casus Oxoniensis, Sphaera Civitatis hoc est Reipublicae recte ac pie secundum leges administrandae ratio, Francofurti ad Moenum 1605 (Impensis Rulandiorum & Nicolai Rhodii).

[22] „Civitas illa est optima, quae vitam civium cum virtute coniunctam habet: sed civitas ex mediis civibus constans vitam cum virtute coniunctam habet: ergo civitas ex mediis civibus constans est optima" (Casus, Sphaera Civitatis, Lib. IV, Cap. XI, p. 258).

[23] „Iterum illa civitas, cuius cives facile obtemperant rationis imperio, est communiter optima" (l.c.).

[24] „... civitas quae praestantissimos legislatores habet, est optima: sed media civitas praestantissimos legislatores habet, ut probatum est exemplis Solonis, Lycurgi ..." (l.c.).

bemerkbar, die den Ursprung der Obergewalt des Staates auf das „Recht des Stärkeren" gründeten und damit die Eroberer gleichsam als die primären Staatsgründer herausstellten. Begreiflicherweise spielte die Doktrin von der Entstehung des Staates aufgrund eines bürgerlichen Vertrages, einer freiwilligen Vereinbarung zwischen Herrscher einerseits und Untertanen andererseits in diesem Zeitalter nur eine verhältnismäßig geringe Rolle [25]. Das Zeitalter des Gehorsams erkannte im allgemeinen andere Dimensionen. Deutlich trat etwa bei dem Publizisten Daniel Otto der göttliche Ursprung aller Gewalt in den Vordergrund: *Omnis potestas a Deo* [26]. Gott ist die erste Quelle jeder Gewalt und damit die Stütze aller menschlichen Dinge. Ohne Gottbezogenheit und ohne Gottesgnadentum vermag kein Staat und kein Volk, und damit auch nicht die Welt zu existieren. Dabei stand die gesetzgebende Gewalt, das Majestätsrecht der Gesetzgebung nicht ausschließlich dem Kaiser im Reiche zu, sondern dieser mußte diese Befugnis mit den Fürsten und Ständen teilen. Der literarisch fruchtbare Praktiker Ahasver Fritsch (1629—1701) [27] betonte, daß der Kaiser seine *legislatoria potestas* schließlich nicht ohne die Reichsstände ausüben dürfe. Jeder Erlaß eines neuen Gesetzes, jede Ergänzung, Aufhebung oder Abschaffung eines geltenden Gesetzes verlangte die Mitwirkung der die kaiserliche Gewalt beschränkenden Stände [28]. Vor allem hatte der *Westfälische Friede* den Reichsständen ihr Recht bei der Reichsgesetzgebung ausdrücklich garantiert [29].

Andererseits wurde die höchste Gewalt im absoluten Staat, das Summum Imperium, dadurch charakterisiert, daß sie „keine gleiche oder höhere Gewalt in dem Staat über oder neben sich hat". Daraus erhellt, daß die höchste Gewalt notwendigerweise über Unabhängigkeit und Souveränität verfügen mußte. Diese Eigenschaft fand ihre Beschränkung allein durch Gott. So konnte Kreittmayr [30] mit Recht festhalten: „Ein anders ist *respectu Dei,*

[25] Vgl. zu diesem theoretischen Gesamtkomplex vornehmlich „Vorträge über Recht und Staat von Carl Gottlieb Svarez" (s. Anm. 14), S. 462 ff.

[26] De jure publico imperii Romani, p. 3. — Zum Gottesgnadentum vgl. allgemein Hermann Conrad, Deutsche Rechtsgeschichte II, Karlsruhe 1966, S. 241.

[27] Vgl. über diesen Kanzler von Schwarzburg-Rudolstadt und kaiserlichen Hofpfalzgrafen zuletzt: Erich Döhring, Geschichte der deutschen Rechtspflege seit 1500, Berlin 1953, S. 394.

[28] „Legislatoria potestas, sive Majestaticum jus ferendi leges universales in Imperio, non solius est Imperatoris, sed cum Principibus ac Statibus ita communicatum, ut sine illis exerceri non possit, sive lex nova roganda, sive rogatae addendum, detrahendum, vel abrogandum" (Ahasverus Fritschius, Manuale Juris Publici, Romano — Germanici [2] Jenae 1690 [Sumptibus Johannis Bielken/Bibl.], p. 251).

[29] IPO Art. VIII § 2: „Gaudeant sine contradictione iure suffragii in omnibus deliberationibus super negotiis Imperii, praesertim ubi leges ferendae vel interpretandae..." (Text bei Karl Zeumer, Quellensammlung zur Geschichte der deutschen Reichsverfassung in Mittelalter und Neuzeit [2], Tübingen 1913, Nr. 197, S. 416).

[30] Grundriß des Allgemeinen, Deutsch- und Bayerischen Staatsrechtes [2], § 5, S. 10.

denn Gott ist das Größte wie das Kleinste in der Welt unterworfen." Immerhin war die Rechtsfolge der Souveränität der *princeps legibus solutus.* Der Regent war an kein menschliches Gesetz, an kein *ius humanum* gebunden. Allein göttliche und natürliche Gesetze, die *lex divina* und die *lex naturalis* verpflichteten den absoluten Herrscher. Selbstverständlich mußte sich der Monarch auch nicht vor einem Gericht des ihm unterworfenen Volkes verantworten. Die *Summa potestas* bedingte die Unverletzlichkeit der Person ihres Inhabers [31]. Die „erste Grundsäule" des Staates stellte die „Vielheit der Einwohner" [32], das Staatsvolk dar. Im Hinblick auf die Herrschaft teilte die Wissenschaft das Volk in Herrschende und Gehorchende ein und verglich diese beiden Klassen mit dem organischen Bilde von Haupt und Gliedern [33].

Exemplifiziert am deutschen Gesamtstaat, bestand das Reich aus dem Kaiser als dem Haupte und den Untertanen als den Gliedern. Die beiden Vikare, die während der Vakanz des Kaiserthrones die Reichsgewalt handhabten, wurden aber nicht als Häupter (*capita*) bezeichnet, um das Reich nicht zu einem gleichnishaften *monstrum* zu deklarieren.

In der Zeit des Absolutismus unterschied die Publizistik zuweilen, so etwa JOHANN STEPHAN PÜTTER (1725—1807) beim Staatsgebiet nicht zuletzt *geschlossene* und *nicht geschlossene* Territorien (*territoria clausa et non clausa*). Das *geschlossene* Territorium war dadurch gekennzeichnet, daß innerhalb eines bestimmten, begrenzten Ausschnittes der Erdoberfläche alles der Landesgewalt, der Territorialhoheit unterworfen war. Es bestand absolute Kongruenz von Gebiet und Staat. Beim nicht geschlossenen Territorium unterstanden hingegen gewisse Einwohner der Hoheit eines anderen, auswärtigen Territoriums [34], mit anderen Worten, die Staatsgewalt deckte sich nicht völlig mit dem Staatsgebiet. Indes galt diese juristische Lehre als „Erfindung einiger Rechtsgelehrten", die bestritten war [35]. Der Umstand, daß in Deutschland immerhin einige Sonderstaaten bestanden, blieb ohne Einfluß auf die Reichsverfassung, zumal diese alle dem *einen summum imperium* untergeordnet waren, von dem die Vorstellung des einzelnen deut-

[31] Vgl. KREITTMAYR, Grundriß, S. 10 u. 11.

[32] Vgl. ACHENWALL, a.a.O., I, § 18, S. 13.

[33] „Ratione hujus regiminis, populus dividitur in imperantes et parentes, sive in caput et membra" (cf. OTTO, De jure publico, p. 144).

[34] Vgl. JOANNIS STEPHANI PÜTTERI, Elementa iuris Publici Germanici, Goettingae 1754 (Sumptibus Victorini Bossiegel), Pars I, Cap III, § 176, p. 83. — Zum Begriff des *Territorium inclausum* vgl. insbesondere HANNS HUBERT HOFMANN, Adelige Herrschaft und souveräner Staat, Studien über Staat und Gesellschaft in Franken und Bayern im 18. und 19. Jahrhundert, München 1962, S. 54 ff.; dazu meine Besprechung ZRG 80, Germ. Abt. (1963), S. 511 ff. — Zu PÜTTERs Konzeption zuletzt: ULRICH SCHLIE, Johann Stephan Pütters Reichsbegriff, Göttingen 1961.

[35] JOHANN JACOB MOSER, Von der Landeshoheit derer Teutschen Reichsstände überhaupt, Frankfurt und Leipzig 1773, S. 179.

schen Staates rechtens nicht getrennt werden konnte [36]. Hinter dem staatlichen Einzelschicksal stand noch immer, wenn auch bereits schwer erschüttert und unterhöhlt, die *Einheit* des deutschen Reiches.

Das eigentliche *Deutsche Reich* bildete allerdings nur einen Teil des Heiligen Römischen Reiches (*Sacrum Romanum Imperium*). Dieses Hl. Römische Reich umfaßte nämlich das römische Kaisertum, das italienische oder langobardische Königreich und das Deutsche Reich. Obschon alle über ein gemeinschaftliches Oberhaupt in der Person des Kaisers verfügten, existierten gleichwohl eben drei voneinander getrennte Reiche mit jeweils eigener Staatsverfassung [37]. Indes hat Deutschland nach Meinung des Göttinger Publizisten JOHANN STEPHAN PÜTTER [38] niemals eine *absolute* Herrschaft (*imperium absolutum*), weder des Kaisers gegenüber den Bürgern Deutschlands noch der Stände gegenüber ihren Untertanen, anerkannt. Jede Gewalt war kraft deutschen öffentlichen Rechts beschränkt [39]. In den einander gleichgestellten Sonderstaaten Deutschlands fehlten allerdings analog wie bei der Umschreibung der Kaisergewalt Begrenzungen der Landeshoheit. Bei der Ausübung schwerwiegender Hoheitsrechte war aber in der Regel die Zustimmung der Landstände erforderlich [40]. Keinem Zweifel war die rechtliche Bewertung Deutschlands als eines einheitlichen Staates (*una civitas*) ausgesetzt, insoweit dieses als *summum imperium* anerkannt wurde und außerdem über ein Grundgesetz verfügte [41]. Was den Rechtscharakter anlangt, so wurde Deutschland synonym in gebräuchlicher Weise als „respublica" und „politia" bezeichnet [42]. Das *Deutsche Reich* verkörperte eine stark beschränkte Wahlmonarchie (*monarchia electitia ... valde limitata*). Die deutschen Sonderstaaten selbst hatten eine unterschiedliche Verfassungsform. Erbmonarchien standen neben Wahlmonarchien. Die letzteren repräsentier-

[36] „... Germania plures quidem comprehendit respublicas speciales; sed omnes subordinatas uni summo imperio, a quo iuste non separari potest singulae cuiusque civitatis Germanicae idea" (PÜTTER, Elementa iuris Publici Germanici, Pars I, Cap. III, § 122, p. 65).

[37] Vgl. JOHANN JACOB MOSER, Praecognita juris publici Germanici generalissima oder Tractat von der Lehre der heutigen Staats-Verfassung von Teutschland, Frankfurt und Leipzig 1732, S. 8.

[38] Vgl. zu Person und Werk ebenfalls nach DÖHRING, a.a.O., S. 433.

[39] „Germania numquam novit imperium absolutum, nec Imperatoris in quoscumque Germaniae cives, nec statuum in suos cuiusque subditos, Omne imperium ex iure publico Germanico limitatum est" (PÜTTER, Elementa iuris Publici Germanici, Pars I, Cap. IV, § 193, p. 91).

[40] „In specialibus Germaniae rebuspublicis aeque parum deficiunt limites superioritatis territorialis, olim analogi circumscriptae potestatis Caesareae. Saltem in gravioribus superioritatis iuribus exercendis in regula cuique statui consensu ordinum provincialium opus est" (PÜTTER, l.c., Pars I, Cap. IV, § 197, p. 92).

[41] „Germania, quatenus unum veneratur summum imperium, et una eademque lege fundamentali utitur, non dubitari potest una esse civitas" (PÜTTER, l.c., Pars I, Cap. III, § 121, p. 65).

[42] PÜTTER, l.c., Pars II, Lib. I, Sect. II, Cap. VI, § 531, p. 222.

ten sämtliche Hochstifter. Die Städte wiederum bedienten sich sowohl der aristokratischen als auch der demokratischen Staatsform [43]. Eine Eigenschaft besaßen diese deutschen Landesherrschaften und Staatswesen jedoch gemeinsam: alle waren nicht frei, sondern dem Kaiser unterstellt. Die Subordination unter den Kaiser bedeutete ein essentielles, beschränkendes Charakteristikum ihrer eigenen Staatlichkeit.

Obschon der Kaiser eine von den Gesetzen entbundene Macht hatte, konnte er dennoch nicht einem anderen ein wohlerworbenes Recht kurzerhand entziehen [44]. Es entsprach dem Prinzip, daß keinem Menschen ein Recht auf die Sache eines anderen zustehe. Andererseits war der Kaiser ebensowenig sämtlichen göttlichen Gesetzen verpflichtet. Keine Bindung bestand mehr gegenüber den mosaischen Gerichtsbestimmungen (*leges forenses Moysis*), da diese für Christen ihren Verpflichtungscharakter eingebüßt hatten [45]. Der Kaiser amtete vor allem als Mittler (*mediator*) zwischen den Konfessionen, zwischen dem *Corpus Catholicorum* und *Corpus Evangelicorum. Imperium* selbst wurde allgemein als Befehlsgewalt gegen Untergebene definiert [46]. Sie kam unterschiedlichen Befehlshabern, nicht dem Kaiser allein, zu. Die Autorität des Fürsten glich der Seele des Reiches, der *anima Regni* [47]. Die königlichen Rechte waren nicht ausschließlich für den Unterhalt des Königs, sondern ebenso zur Tragung öffentlicher Lasten bestimmt [48]. Das Naturrecht war Fürsten und Untertanen gemeinsam. Im Absolutismus wurde auch die krasse Alleinherrschaft, die Tyrannis, als legitim erachtet. Immerhin dachte man sich den Platz des guten Königs, des *Rex bonus,* rechts von Gott, während der Tyrann zu Gottes Linken stand. Der gute König symbolisierte das Werkzeug der Gnade, der Tyrann das Instrument der Gerechtigkeit. Gottes Gerechtigkeit ist legitim, daher hat auch sein Werkzeug, zuweilen ebenfalls ein Tyrann, rechtmäßige und gesetzliche Autorität [49]. Aufsehenerregende Argumente, mit denen sich auch eine drückende Alleinherrschaft noch rechtfertigen ließ und durch die ein

---

[43] Vgl. PÜTTER, l.c., Pars I, Cap. II, §§ 96 u. 97, p. 53.

[44] „... Quamvis Imperator legibus absolutam habeat potestatem, jus tamen quaesitum alteri auferre non potest" (DANIEL OTTO, De jure publico imperii Romani, p. 182).

[45] Cf. OTTO, l.c.

[46] „Imperium definio legitimum in subditos imperandi potestatem (OTTO, De jure publico, p. 1).

[47] Cf. LUDOVICUS CARACCIOLUS, Speculum Principum sive Princeps Politicus, Placentiae ex Typographia Camerali 1659, p. 361.

[48] Cf. OTTO, De jure publico, p. 437.

[49] „... sed tyrannis est legitima: ergo tyrannis non est deterrima ... Rex bonus est dextra, tyrannus vero est sinistra Dei: nam ille, clementiae, hic autem iustitiae instrumentum dicitur: sed iustitita Dei est legitima: ergo instrumentum eiusdem, quod est aliquando tyrannus, iustam et legitimam auctoritatem habet" (CASUS, Sphaera, Lib. III, Cap. II, p. 219). — Hier wird auf den Spruch der Krönungsliturgie *Per me reges regnant* angespielt.

Widerstandsrecht nicht aufleben konnte! Hatte *Aristoteles* einst gelehrt, daß es erlaubt sei, den Tyrannen zu töten, so verschaffte sich in unserem Zeitalter eine Auffassung Gehör, die den Tyrannenmord mißbilligte. Man argumentierte in folgender Weise: Ein legitimer Herrscher dürfe nicht getötet werden. Ein Tyrann, der seinem Vater in der Herrschaft rechtmäßig nachfolge, sei legitimer Monarch. Daher dürfe der Tyrann nicht umgebracht werden [50]. Die Meinung, daß der Name des Königs heilig sei, da in ihm das Abbild Gottes, der Gerechtigkeit und des ganzen Staates erblickt werden müsse, fand den Beifall aller großen Philosophen [51]. Die Thronfolge verlieh das *ius regni*, das zwar durch menschliche Unzulänglichkeiten beeinträchtigt, dennoch aber nicht durch eine Entscheidung der Masse rechtmäßig aufgehoben werden konnte [52]. Jede ungesetzliche Tötung sei unzulässig. Dem Staate war jedes Menschenleben kostbar und durfte nicht ohne Gesetz (*sine lege*) vernichtet werden. Daraus wurde das Verbot der Tötung eines rechtmäßig zur Regierung gelangten Tyrannen gefolgert. Sonst könnten plötzlich ausbrechende Unruhen und Aufstände zur Spaltung des Staates und zur Unsicherheit führen und damit schließlich noch schlimmere Übelstände einreißen. Die Tötung des Tyrannen könne aber ebensowenig geduldet und hingenommen werden, da ebenfalls der schlechte Herrscher bei Gott, wenn auch nur zu dessen Linken, seinen Platz habe [53]. Das Gottesgnadentum umstrahlte eben auch einen noch so fehlerhaften Regenten und verlieh ihm eine gewisse unauslöschliche Amtsheiligheit, gewissermaßen einen außersakramentalen *character indelebilis*. Durch Vergehen und Sünde konnte diese unsichtbare Eigenschaft zwar getrübt und befleckt werden, aber niemals verloren gehen. Auflehnung gegen den absolutistischen Herrscher war selbst ein Vergehen, bedeutete einen rechtswidrigen Angriff gegen eine Persönlichkeit von Gottes Gnaden.

II

Das *Ius publicum* stellte das allgemeine Staats- oder Regimentsrecht des Heiligen Römischen Reiches dar. Es präsentierte sich als Masse der Reichsgesetze und Konstitutionen, die die Verfassung des Reiches und deren Aufrechterhaltung betrafen und wurde in geschriebenes Recht und Ge-

[50] „... Rex legitimus occidi non debet: sed tyrannus legitime succedens patri in imperio, rex est; ergo tyrannus legitime patri succedens occidi non debet" (Casus, Sphaera, Lib. III, Cap. V, p. 254 s.).

[51] „Maior propositio consensu omnium summorum Philosophorum conceditur, quia sacrum est nomen regis, cum in eo Dei, iustitiae ac totius civitatis imago cernitur" (l.c.).

[52] „... quia successio ius regni dedit, quod vitio hominis labefactari quidem potest: at arbitrio multitudinis tolli iuste non potest" (ibidem).

[53] „... omnis rex legitime succedens sit bonus aut malus est dextra vel sinistra Dei: ergo non licet illum occidere" (ibidem).

wohnheitsrecht gruppiert [54]. Zugleich verstand man unter *Ius publicum* zweierlei: *einerseits* dieses Recht, das zum Staatswesen des Reiches selbst, *andererseits* jenes, das zur Verwaltung einzelner Gebiete gehörte [55]. Inhaltlich umfaßte es im wesentlichen die Lehre von der Staatsverfassung [56]. Es war derjenige Teil der Rechtsgelehrsamkeit, der die Verfassung des bürgerlichen Staates, insbesondere die Pflichten und Rechte der Regenten und Untertanen behandelte [57]. Mit ihm sollte gelehrt werden, nach welchen Regeln und Gesetzen die Rechte und Pflichten der Regenten und Untertanen zu beurteilen seien [58].

Das deutsche *ius publicum* verkörperte eine unübersichtliche, schwer erlernbare und anzuwendende Rechtsmaterie: „Es ist aber unstreitig, daß keine Nation ein so weitläufftiges Staats-Recht, als unser Deutschland, so wohl in Ansehung seiner vielen öffentlichen Gesetze, als auch seiner gantz ausnehmenden Freyheit, habe" stellte 1744 das Zedlersche Universallexikon [59] fest. Als Recht des deutschen Staates betrachtete das *Ius publicum Germanicum* einmal Deutschland *(Germania)* als *einen* Staat und *ein* Reich. Andererseits konnte man unter Deutschland ebenfalls den Komplex der deutschen Sonderstaaten verstehen [60]. Jeder einzelne Reichsstand verfügte in seinem Territorium über die Herrschaftsrechte. Aus dieser Unterscheidung ergab sich die Einteilung des deutschen Staatsrechtes in *ius publicum Germanicum generale* einer- und *ius publicum Germanicum speciale* andererseits. Das *allgemeine* Staatsrecht regelte Rechte und Pflichten zwischen dem Kaiser und allen Bürgern Deutschlands, das *besondere* Staatsrecht hingegen Rechte und Pflichten zwischen einem einzelnen Reichsstand und seinen Untertanen. Das *ius publicum Germanicum speciale* berücksichtigte die staatsrechtlichen Verhältnisse der Sonderstaaten und individuellen Territorien. Die Existenz zahlreicher Territorien mit eigenen Regenten führte sogar zur Ausbildung eines *ius publicum specialissimum* [61]. Die

[54] „Ius publicum nihil aliud est quam complexus seu congeries legum ac Constitutionum Imperii directo et principaliter ad constitutionem et conservationem ejus spectantium. Distinguitur in scriptum et non scriptum seu consuetudinarium" (Ahasverus Fritschius, Manuale Juris Publici, p. 242).

[55] „Duplex autem in Imperio est Ius publicum, aliud quod ad ipsius Imperii Statum, aliud quod ad singularum Regionum administrationem spectat" (l.c., p. 245).

[56] Vgl. Moser, Praecognita, S. 4.

[57] Vgl. Zedler, Großes vollständiges Universal-Lexikon, 39. Bd. (1744), Sp. 676.

[58] Vgl. Zedler, a.a.O., Sp. 677.

[59] a.a.O., Sp. 680.

[60] „Ius publicum Germanicum Germaniam ceu unam rempublicam sive unnum imperium (ein Reich) considerat. Sed potest quoque Germania ceu complexus plurium rerumpublicarum specialium considerari" (Pütter, Elementa iuris Publici Germanici, Prolegom., Cap. I, § 4, p. 2).

[61] Vgl. Johann Jacob Schmauss, Compendium Juris publici S.R.J. [3], Göttingen 1754, Lib. I, Cap. I, § 2, p. 2.

Grundverfassung Deutschlands hielt die Verbindung zwischen dem Kaiser als Oberhaupt und den Reichsständen als den Gliedern dieses Organismus aufrecht. Das Reichsstaatsrecht charakterisierte sich als Inbegriff derjenigen Gesetze und Verträge, die sowohl die innere als auch die äußere Verfassung des Reiches betrafen [62]. Nach dem kurbayerischen Gesetzgeber Kreittmayr [63] bestand der Gegenstand des Staatsrechts ganz allgemein ausschließlich in Handlungen, „welche die Menschen nicht als Menschen und in Privatabsichten, sondern als Mitglieder des Staats in Absicht auf den gemeinen Nutzen verrichten". Der erste Grundsatz des allgemeinen Staatsrechts war das Staatswohl: „Salus reipublicae suprema lex esto." Dieses Prinzip war „der göttlichen Absicht ganz gemäß, dann wie uns aus dem Licht der Vernunft selbst sattsam bekannt ist, will Gott die Glückseligkeit der Menschen befördert wissen, welche sich aber ohne Ruhe, Sicherheit und Bequemlichkeit nicht wohl erhalten läßt" [64].

Die Staatslehre hingegen hob sich vom Staatsrecht insofern ab, als die *Staatslehre im weiteren Sinne* als Teil der praktischen Philosophie und *im engeren Sinne* als Teil der Politik *(politica publica)* oder Staatsklugheit bewertet wurde. Sie zeigte, wie man sich klug verhalten und seinen Nutzen auf rechtmäßige Art erreichen sollte und wie ein Staat zu regieren sei [65]. Demgegenüber übernahm die Statistik oder Staatskunde die Darstellung der Lehre von der Staatsverfassung einzelner Staaten [66].

Johann Jacob Moser [67] beklagte einen fühlbaren Rückgang der deutschen Staatsrechtslehre seit dem Ausgang des 17. Jahrhunderts, nachdem diese nach dem *Westfälischen Frieden* eine echte Blüte erlebt hatte. Ahasver Fritsch [68] forderte, vermutlich nicht ohne konkrete Besorgnis, die Kenntnis des öffentlichen Rechts nicht völlig von den Hochschulen zu verbannen. Kreittmayr [69] vertrat andererseits die Auffassung, das Staatsrecht sei nur ein Ausschnitt aus dem Naturrecht und werde lediglich aus methodischen und didaktischen Gründen in einer eigenen Wissenschaftsdisziplin abgehandelt. Unerläßliche Voraussetzungen der Staatsrechtswissenschaft waren historische und politische Kenntnisse der deutschen Verhältnisse [70]. Wer den alten deutschen Staat richtig verstehen wollte, mußte sich in „allen Histo-

[62] Vgl. Recht und Verfassung des Reiches in der Zeit Maria Theresias, hrsg. von Hermann Conrad, S. 400, § 4.

[63] Kreittmayr, Staatsrecht [2], § 1, S. 2.

[64] Kreittmayr, a.a.O., § 1, S. 3.

[65] Vgl. Zedler, a.a.O., Sp. 707 u. Sp. 708.

[66] Vgl. Gottfried Achenwall, Staatsverfassung der heutigen vornehmsten Europäischen Reiche und Völker I [6], S. 4, § 5.

[67] Praecognita juris publici Germanici generalissima, S. 8, § 8.

[68] „... publici juris cognitio a scholis plane ableganda non est..." (Manuale juris Publici, p. 245).

[69] Staatsrecht [2], § 1, S. 2.

[70] Vgl. Recht und Verfassung des Reiches in der Zeit Maria Theresias, S. 401, § 6.

rien, zu welchen auch die Geographie, Chronologie und Genealogie gehören, wohl umgesehen haben“ [71]. Auch die antike römische Geschichte wurde zu den unverzichtbaren Hilfswissenschaften der Staatsrechtswissenschaft gerechnet. PÜTTER [72] und seine Schule empfahlen zur Aneignung des allgemeinen Staatsrechts u. a. die einschlägigen Werke der Publizisten TOBIAS PAURMEISTER (1553—1608), DANIEL OTTO, QUIRIN KUBACH, HEINRICH CHRISTIAN VON GRIESHEIM, GEORG BRAUTLACHT, THEODOR REINKING (1590 bis 1664), DOMINIK ARUMAEUS (1579—1637), JOHANNES LIMNAEUS (1592 bis 1628), JAKOB LAMPADIUS (1593—1649), JUSTINUS SINOLDUS SCHÜTZ (1592 bis 1657), WILHELM BECKER und JOHANNES WURMSER. Bestanden die Quellen des deutschen Staatsrechts aus Reichsgesetzen und Verträgen, Privilegien der Stände und dem Reichsherkommen, so rangierten unter seinen Hilfsmitteln Völkerrecht, römisches und deutsches Privatrecht, gemeines kanonisches Recht, partikuläres deutsches Kirchenrecht, langobardisches und deutsches Lehnrecht [73].

Allenthalben aber zeigte sich im 18. Jahrhundert gleichwohl eine gewisse unverkennbare Abneigung gegenüber dem *Ius publicum.* JOHANN JACOB MOSER [74] unterstrich die Bedeutung und absolute Unentbehrlichkeit der Kenntnis dieses Faches für die Gutachtertätigkeit im Zuge der Aktenversendung: „Ein Professor Juris, wann er schon nicht eben gesonnen ist, Collegia über das Jus publicum zu halten, muß doch gewärtig seyn, daß an seine Facultät Acta geschickt werden, nach welchen ein Consilium oder Responsum ex Jure publico verlanget wird.“ Nicht vereinzelt behauptete sich zudem auch bei den akademisch Gebildeten die Meinung, auf den Universitäten könnte man nicht das geltende Staatsrecht, sondern höchstens dessen Geschichte erlernen [75]. Die Rechtsstudenten selbst erachteten vielfach ererbte Beziehungen und Empfehlungen für weit tauglicher, gute Stellungen zu erlangen, als das Erlernen des Staatsrechts. Voll bitterer Resignation bekannte 1768 der Mainzer Rechtslehrer Professor FRANZ ANTON DÜRR [76] in

[71] ZEDLER, a.a.O., Sp. 684.

[72] Elementa iuris Publici Germanici, Prolegom., Cap. II, p. 8 s., I.

[73] Vgl. Recht und Verfassung (Anm. 70), S. 401 f., § 8.

[74] Praecognita juris publici Germanici generalissima, S. 27 f.

[75] Vgl. ZEDLER, a.a.O., Sp. 685.

[76] Bayer. Staatsarchiv Würzburg, MRA 40/1275 a, fol. 55'/56. — Auch Goethe beurteilte den Wert der Rechtstheorie, der Rechtsphilosophie und der Staatslehre offensichtlich mit Skepsis, wenn er 1828 gesprächsweise bemerkte: „So z. B. kann ich nicht billigen, daß man von den studirenden künftigen Staatsdienern gar zu viele theoretisch-gelehrte Kenntnisse verlangt, wodurch die jungen Leute vor der Zeit geistig wie körperlich ruiniert werden. Treten sie nun hierauf in den praktischen Dienst, so besitzen sie zwar einen ungeheuren Vorrath an philosophischen und gelehrten Dingen, allein er kann in dem beschränkten Kreise ihres Berufes gar nicht zur Anwendung kommen und muß daher als unnütz wieder vergessen werden. Dagegen aber, was sie am meisten bedürften, haben sie eingebüßt: es fehlt ihnen die nöthige geistige wie körperliche Energie, die bei einem tüchtigen Auftreten im prak-

einer Denkschrift von seinen Hörern: „... und geben vor, daß weder das Staats-Recht, weder die Historie und andere dergleichen Wissenschaften *de pane lucrando*, auch um des willen ohnnöthig seyen, weilen sie ohne dieselbe könnten ihre beförderung finden, auch ihre Eltern und anverwanden ohne solche zu erlernen, seyen große Männer worden." —

Idee und Wirklichkeit der Staatsrechtswissenschaft begegneten sich im absolutistischen Staat. Opportunismus und ahistorische Einstellung trafen auf wissenschaftlichen Idealismus und geschichtliches Bewußtsein. Wie der absolute Staat Wandlungen und Strukturänderungen ausgesetzt gewesen ist, so erlebte auch das Zeitalter des Absolutismus Aufstieg, Blüte und Schwund der Wissenschaft vom *Ius publicum*. Das Wort des Horaz [77] „Principibus placuisse viris non ultima laus est" fand in dieser Epoche, wo Fürstengunst über vieles gestellt wurde, oftmals seine Umkehrung. Die Personalität des Staates war immer noch recht bestimmend und die patriarchalische Staatsidee noch lebendig.

---

tischen Verkehr ganz unerläßlich ist" (Johann Peter Eckermann, Gespräche mit Goethe in den letzten Jahren seines Lebens, hg. von Heinrich Hubert Houben, Wiesbaden [Brockhaus] 1949, S. 548).

[77] Ep. 1, 17, 35.

Die geistige Freiheit als rechtsstaatliches Prinzip und als staatsrechtliche Norm

J. J. M. van der Ven

I. Einführende Gedanken

Die ältesten und tiefsten Probleme im Bereich von Leben und Tod, von Mensch und Gesellschaft, von Recht und Staat bleiben immer ungelöst, oder besser gesagt, stellen sich immer wieder von neuem. Sie können zwar für einen bestimmten Zeitabschnitt, für ein beschränktes Gebiet, für eine gewisse Situation eindeutig und nützlich zur Lösung gebracht werden, ohne daß aber die Lösung je als endgültig und allezeit übertragbar gelten dürfte. Im Wissen um die Bestelltheit von Kosmos und Natur, von ihren Gesetzen, Kräften und Möglichkeiten, im Wissen um Technik aller Art, im Wissen auch um menschliche Vergangenheit, menschliche Wirtschaft, menschliche Sprache, menschliche Gesundheit ist man viel weiter fortgeschritten als in der Beantwortung der zunächst vordringenden Fragen: Was ist und wer ist der Mensch? Wie steht er zu sich selbst, wie zur Gemeinschaft und Gesellschaft? Was kann und hat das Staatsgebilde mit ihm zu tun? Welches ist die Funktion des Rechts? Ein Wirtschaftswissenschaftler sagte mir einst: „Wie auch die Physiker und die Mediziner haben wir Ökonomen den armen Aristoteles und mit ihm viele Anderen schon längst hinter uns gelassen. Warum setzt ihr Philosophen euch immer noch mit solchen Autoren auseinander? Ihre Schriften hätten doch längst überholt sein müssen?“ Auf dem hier gemeinten Gebiet aber sind die Fragen und die Antworten, die auch die ältesten Denker als Menschen sich gestellt und gesucht und erforscht haben, nie überholt, weil das Menschsein an sich und die menschliche Selbstverantwortung nicht zu überholen, sondern mit jeder Generation und jedem Menschen der menschlichen Besinnung neu aufgegeben sind.

Ohne nun auf die Thematik einer „philosophia perennis“ zurückgreifen zu müssen, sollte man die These voranstellen, daß dort, wo es sich nur um den Menschen, seine Geistigkeit und seine Sozialität, sein Existieren als Mensch in der Welt der Mitmenschen handelt, die Dinge notwendig neu, dynamisch, beweglich bleiben. Dort ist ja die Existentialität des Menschen, also seine andauernde Kreatürlichkeit und sein nicht abreißender Selbstentwurf und Selbstausdruck als Grundtendenz zur Selbstbehauptung, Selbstverwirklichung und Selbstentfaltung am Werk. Und diese Arbeit kann dem Menschen von keinem andern, keinem Älteren, keinem Weiseren, keiner Mehrheit vorweg- und abgenommen werden.

Auf dem geistigen Gebiet, wozu auch die Bezogenheit auf den Mitmenschen, die Verantwortlichkeit zum Gerechtwerden und somit auch das Phänomen des Staates als Phänomen von Macht und Recht zu rechnen sind, handelt es sich um die alten Fragen, die trotz ihres Alters nie veraltet sein werden und immer neu und dringlich auftauchen. In den fachwissenschaftlichen Problemen der Natur, besonders der leblosen Natur, schon weniger in denen der auf den Menschen angewandten Kräfte, in denen der an den Menschen herangehenden Gesundheitstechniken, und in denen der von Menschen gesteuerten und Menschen steuernden Wirtschaft läßt sich die Forschung so sehr am „Objekt" orientieren, daß die existentielle Seite des forschenden Subjektes, des wissenschaftlichen Forschers, in Methodik und Ergebnis weitgehend [1] ausgeschaltet erscheint. Je dichter aber der Mensch selber in den Mittelpunkt des Fragenkreises gerückt wird, um so klarer geht es um Dinge, die einem jeden immer wieder neu anheimgestellt sind und die infolgedessen nicht ein für allemal geklärt sein können.

Eben deshalb darf es nicht wundernehmen, daß man ein Thema wie die geistige Freiheit in bezug auf den Rechtsstaat mal wieder aufgreift. Das Thema ist juristisch fast so alt wie die ältesten Grundrechte, soziologisch und psychologisch aber sehr viel älter, zutiefst sogar direkt mit dem Mensch-im-Staat-Sein aufgegeben und verbunden. Die geistige Freiheit des Menschen gerade in seinem unumgänglichen Zusammenhang mit der Mitwelt gehört nun einmal zu den Grundthemen menschlicher Existenz. Und dies wohl nicht nur deswegen, weil hier eines unter vielen geistigen Problemen angesprochen wird, sondern auch und vielmehr, weil es sich gerade in der Freiheit um ein Existential des Menschen, um die notwendige Axiomatik zum Selbstsein handelt. Die Existenz ist ohne geistige Freiheit unmöglich, man braucht die innere Freiheit zum authentischen Selbstsein, zugleich den Freiheitsraum, um authentisch sich-selbst-mit-den-anderen zu werden.

Infolgedessen ist die Frage nach einer solchen Freiheit für einen jeden Menschen eine ihm eigene, ihn persönlich jeweils in einer jeweiligen Weise angehende Frage, die sich — analogice — auch jeder Generation, jedem Volk, jeder Gruppe anders und eigen-artig stellt. Wir wollen hier einige

[1] Ich würde sogar *hier* nicht behaupten, daß der Wissenschaftler seine Persönlichkeit völlig hinter die „objektive" Wissenschaft zurücktreten lassen kann. Zumindest unbewußt, wenn auch insofern ungenügend existentiell erlebt und belebt, bleibt im Wissenschaftsbetrieb auch die je eigene Persönlichkeit des Gelehrten mit am Werk. Vgl. das von mir erbrachte Beispiel in: Herrschaft und Vaterschaft. Ein kritischer Versuch an Max Webers Herrschaftstypologie, in: Festschrift für Hermann Jahrreiss, Köln 1964, S. 429 ff.

Bemerkungen über den grundsätzlichen Zusammenhang dieser Freiheit mit dem Rechtsstaatsgedanken herauszuarbeiten und daran einige Folgerungen staatsrechtlicher Art anzuknüpfen versuchen.

II. Ein rechtsstaatliches Prinzip

Der Rechtsstaat ist der Staat, dessen Machtballung und dessen Gewaltgebrauch den Regeln des Rechts untergeordnet sind [2]. Welchen Regeln welchen Rechts? Natürlich kann hier nicht von dem Recht die Rede sein, das einfach von der Macht stammt, nur von der Macht und ihren Interessen diktiert wurde. Sonst wäre das Recht nichts als die Kulisse, hinter der die Macht sich anschickt, schließlich im Vordergrund brutal sich hoch- und auszuspielen. Die Rolle des Rechts dagegen ist eine wesentliche und eigene, auch der Macht gegenüber, ja gegebenenfalls gegen die Macht, gegen Staatsmacht und Staatsgewalt anwendbar. Das Recht nimmt dazu seinen Maßstab in der materiellen Gerechtigkeit, deren Inhalt eben nicht von der Macht, sondern von dem Wesen, der Natur, der Art der Dinge herrührt. Vorletzter Maßstab ist die altbewährte Forderung, jedem das Seine zuteil werden zu lassen, „cuique suum tribuere", wonach die Frage nach dem letztgültigen Maßstab zur Feststellung des „suum" fällig wird. Über diesen Weg entnimmt das Recht die Kriterien seiner Normativität nicht aus der Faktizität der Macht, sondern aus der Seinsgegebenheit des Menschen, des Humanen. In der Doktrin vom Rechtsstaat wird infolgedessen die Reine Rechtslehre wegen ihrer geschlossenen Normenlogik nicht weniger als eine positivistische Theorie, die das Recht dem bloßen Machtphänomen ausliefert, grundsätzlich abgewiesen. Der Staat wird über den Weg des vom Menschen her gedachten und entworfenen Rechts auch dem Menschen und den menschlichen Anliegen freier Selbstentfaltung und Entscheidungssphäre als dem allbestimmenden Mittel- und Orientierungspunkt des staatlichen Daseins und Wirkens zugeführt.

Fassen wir diesen Gedanken besonders für die geistige Freiheit des Menschen ins Auge, so stellt sich notwendigerweise die Frage, ob hier mit einem völlig schrankenlosen Freiheitsraum zu rechnen sei oder ob vielleicht gewisse Grenzen zu beachten und gerade auch vom Staat rechtlich zu überwachen

[2] Es sind mehrere andere Umschreibungen des Rechtsstaates denkbar und geschichtlich nachweisbar. Man vgl. Alfred Albrecht, S. V. „Rechtsstaat" im Staatslexikon (Görres-Gesellschaft), 6. Aufl., Freiburg/Br. 1961, VI. Bd., Sp. 685—705, bes. Sp. 686 ff. Wenn dort der Rechtsstaat als „Inbegriff der Faktoren, die als Konstitutiv für den Gegentypus zum Macht- und Willkürstaat angesehen werden", herausgestellt wird (686), so deshalb, weil „das Selbstbestimmungsrecht des Individuums als Sinnmitte der Politik", ja als „Grundprinzip" dieses Staates angeführt wird (687). Es gibt sogar einen „absoluten Elementarbestand der rechtsstaatlichen Freiheitssphäre" (690). Auf den ausgezeichneten Artikel, sowohl wegen seines Inhalts als auch wegen des Ortes seines Erscheinens Hans Peters ohne Zweifel wertvoll und teuer, sei an dieser Stelle zugleich aus sachlichen Gründen wie auch „in viri laudabilis memoriam" hingewiesen.

seien. Um diese Frage zu beantworten, hat man sich auf den Menschen zu besinnen. Wenn von ihm aus die Forderung der Freiheit dem „Macht- und Willkürstaat“ entgegengehalten wird, dann soll und muß auch das Verhältnis des Menschen zu seiner Freiheit für das Abstecken des Freiheitsraums im Staatsbereich grundlegend sein. Namentlich scheint es völlig abwegig, zunächst vom Menschen her den grundsätzlich unbeschränkten Raum zu befürworten und dann letzten Endes, hinterher, einige Eindämmungen vorzunehmen, die als vom Staat oder von der Gesellschaft oder vom Gemeinwohl oder von der Rechtstechnik herrührend angezeigt werden. Die Freiheit ist entweder aus sich selbst unbeschränkt, total und absolut gültig, oder sie findet in ihrem Wesen, also grundsätzlich, die Schranken, innerhalb deren sie nur zur Selbstverwirklichung und Selbstentfaltung des Menschen hinführt. Als zu Unrecht von außen her an den Freiheitsraum herangetragenen Beschränkungen wollen wir hier nacheinander die Staatsstruktur, die Rechtstechnik und die (objektive) Wahrheit andeutenderweise abweisen.

Das Staatsgebilde und die ihm angepaßte Struktur sind nicht von sich aus als ein dem Menschen vorgegebenes und ihm womöglich übergeordnetes Gefüge zu betrachten, sondern nehmen ihren Ursprung bei dem Menschen, orientieren sich an ihm und erfüllen ihren Zweck erst auf ihn hin. Insofern steht der Staat dem Menschen ohne eigene Ansprüche gegenüber. Es steht dem Staat nicht an, dem Menschen ein größeres oder geringeres Stückchen Freiheitssphäre abzuluchsen, das ihm ohne den Staat völlig unbeschwert zur Verfügung stünde. Daran ermangeln auch sämtliche Theorien vom „Contrat Social“, daß sie, vom Individuum zwar ausgehend, die menschliche Freiheit zum angeblichen Objekt eines zwischenmenschlichen Kuhhandels herabwürdigen, der schließlich in eine allmächtige Staatsstruktur einmündet [3]. Nur scheinbar wird dadurch der Staat aus dem nackten Machtbereich in eine Sphäre von Individualwillen und Rechtsabkommen hinübergerettet. Tatsächlich ist das Individuum unter Berufung auf den Vertrag dem Staat restlos ausgeliefert. Wer einmal vom Menschen (hier) zum Staat (dort) wegdenkt, entkommt nicht der Gefahr einer dualistischen Ansicht, die im günstigsten Falle darauf hinausgeht, zwischen dem individuellen Freiheitsraum hier und dem staatlichen Machtbereich dort als zwei sich widerstrebenden Größen irgendein künstliches Gleichgewicht zu schaffen. Auch in den Gesetz-

[3] Hier liegen die schwerwiegenden Bedenken gegen die Vertragsdoktrinen viel mehr als auf den Gebieten der Geschichte und der Vernunft, wo sie öfters (z. B. von J. C. Bluntschli, Allgemeine Staatslehre, 1886, 6. Aufl., S. 336 ff.) vorgebracht werden. Über den Unterschied zwischen Rousseaus Vertragstheorie und der seiner Vorläufer, gerade im Hinblick auf den „geschichtlichen“ Charakter: A. J. M. Cornelissen, Calvijn en Rousseau, Nijmegen 1931, bes. Abt. II (§§ 15, 20). Eine Rehabilitierung Rousseaus hinsichtlich seiner freiheitlichen Humanität wurde — leider etwas zu wenig unter Bezugnahme auf sein Contrat Social — unternommen von G. Bretonneau, Valeurs humaines de J. J. Rousseau, Paris 1961 (bes. S. 128 ff., 277 ff.).

mäßigkeiten der Politik, wie sie von einer modernen Wissenschaft der Politik als „political science" dargelegt zu werden pflegen, wird vielfach leichtfertig vom Menschen weggeschaut, um im Staatsgebilde und Staatsverfahren gewisse Gesetzlichkeiten als unentrinnbar und unumgänglich aufzuzeigen, statt sie vom Menschen her entweder zu erklären oder abzulehnen.

Ebensowenig darf die Rechtstechnik dazu verwendet werden, die Freiheit des Menschen nur im Hinblick auf eine leichtere Hantierbarkeit des juridischen Normenkomplexes zu durchkreuzen oder ihr Abbruch zu tun. Hier taucht die ganze Problematik sowohl des Verwaltungs- wie des Strafrechts auf, wo es immer um eine gewisse Einkreisung des Menschen und seiner Freiheit unter dem Gesichtspunkt eines „bonum commune" geht. Das Strafrecht hat allerdings in letzter Zeit, auch wenn man die Keime dazu schon von BECCARIA ausgestreut sehen darf, eine besondere Wendung auf den Menschen hin genommen, eine Wendung, die mit der Abschaffung von Folter und Leibesstrafe anhob, erhebliche Besserungen im Strafverfahren herbeiführte und den Strafvollzug über die ganze Linie in Frage stellte. Damit wurde der Schwerpunkt von der ausgeklügelten Strafrechtsdogmatik, die noch bis ins 20. Jahrhundert als Rechtstechnik dem Zivilrecht an die Seite zu treten anstrebte, allmählich auf das Recht vom Strafprozeß und Strafvollzug verlegt. Was das Strafrecht damit an technischer Manipulierbarkeit einbüßte, gewann es an Humanisierung dazu. Das Ende dieser Entwicklung, die keine geradlinige sein kann oder sein darf und weitgehend auch vom Gelingen und vom Scheitern der Experimente bestimmt sein wird, ist weder sichtbar noch feststellbar. Grundsätzlich wird dieser Entwicklung eben um der Humanität willen nie ein Ende gesetzt werden dürfen.

Das Verwaltungsrecht, das einerseits keine theoretische Tradition vieler Jahrhunderte hinter sich hat, andererseits in der Praxis sehr viel weiter als je zuvor um sich greift, befindet sich ebenfalls vor der Frage nach seiner Berechtigung, die entweder von der Rechtstechnik oder vom Menschen her ihre Lösung zu nehmen hat. Die Gefahr liegt nahe, daß das Verwaltungsrecht über den Menschen hinaus, um den Menschen herum, in einem bürokratischen Netzwerk seine Stärke, Sicherheit und Unausweichlichkeit suchen und, leider Gottes, auch finden wird. Letzten Endes kann es aber nur vom Menschen her, auf den Menschen hin, seinen Halt und Inhalt aufbauen. Gerade die Verwaltung ist besonders dazu angetan, in den Freiheitsraum des Menschen einzugreifen, und hat deswegen die Maßnahmen ihrer Gewalt immer wieder an der existentiellen Lebenssphäre des einzelnen zu bemessen. Sie darf weder um eines glatten und flotten Ablaufs noch um amtlicher Bequemlichkeit willen dem rechtstechnischen Gesichtspunkt vor dem menschlichen Rechtfertigungsgrund den Vorzug geben.

Am schwierigsten wiegt aber neben der Staatsstruktur und der Rechtstechnik „die objektive Wahrheit" als Gegengewicht gegen die Schrankenlosigkeit des menschlichen Freiheitsraumes. Sie wird öfters als das massivste

Argument für selbstverständliche Einschränkungen geistiger Freiheit ins Feld geführt. An der objektiven Wahrheit findet menschliche Freiheit ihre entscheidende Grenze, auch eine Freiheitslehre existentieller „Observanz“ vermöge an dieser Sachlage nichts zu ändern. Zweierlei, einmal von juridischer, einmal von philosophischer Seite, ist hier entgegenzuhalten.

Juridisch dieses: Gibt es so etwas wie die objektive Wahrheit in Gestalt eines Rechtssubjektes? Wenn ja, dann wäre womöglich der Staat berufen, hier als letztinstanzlicher Hüter eines solchen Rechtssubjektes aufzutreten. Das Rechtssubjekt ist aber keineswegs „da“, weder als Fiktion noch als Konstruktion juridisch ins Leben zu rufen. Die Wahrheit ist immer eine Beziehung zwischen einem erkennenden Subjekt und einem erkannten Objekt; diese Beziehung kann nicht zu einem eigenen Objekt, losgesagt von Subjekt und Objekt, gemacht werden, oder gar als Subjekt ein eigenes, wenn auch nur juridisch fingiertes Leben führen, eigene Rechtsansprüche gegen die erkennenden Subjekte erheben.

Das Wesen der Wahrheit wäre mit einer solchen juridifizierenden Verselbständigung völlig verkannt. Sie gehört eben dem geistigen, freien Erkenntnisraum des Menschen an, der frei auf die Wahrheit angelegt ist, indem er schauend und tastend an das „Objekt“, an das Phänomen herangeht, nicht aber der Beziehung eines anderen Menschen, eines anderen erkennenden Subjektes zum Phänomen, die von einem andern schon objektivierte, also eine schon vor-handene Wahrheit bloß übernehmen kann, soll und muß. In der Wahrheitsbeziehung ist der Mensch, dem geistigem Charakter der Wahrheit und des Wahrheitserlebens zufolge, zugleich der objektiven, vor- und mitgegebenen Wirklichkeit verpflichtet und in ihr und auf sie hin kreativ wirksam. Sobald daraus die Wahrheit hervorgeht, ist „mehr als ein bloßer Abklatsch der nackten Faktizität des Objekts“ da. Gerade die schöpferische Tätigkeit des erkennenden Subjekts gibt der Wahrheit eine „seltsame Doppelseitigkeit“, eine „Doppelgestalt“ [4], wodurch sie nicht auf sich gestellt, sondern immer in Verbindung zum wahrheitsuchenden, wahrheitverpflichteten und wahrheitschöpfenden Subjekt gesehen werden muß [5].

---

[4] Sämtliche Anführungen aus H. URS v. BALTHASAR, Wahrheit, Einsiedeln-Zürich 1947, S. 69 ff.

[5] Selbst dort, wo „die objektive Wahrheit“ am meisten und eindringlich als selbstverständliche Grenze menschlicher Freiheit dargestellt wurde, wird jetzt eindrucksvoll und unwidersprechlich die menschliche Freiheit betont und bezeugt. Ich denke hier an die objektive religiöse Wahrheit, so wie sie namentlich aus göttlicher Offenbarung von kirchlicher Autorität dogmatisch festgestellt und vorgetragen wird. Das Vaticanum II hat ja in der *Declaratio de libertate religiosa* feierlich ausgesprochen: „ius ad libertatem religiosam esse revera fundatum in ipsa dignitate personae humanae“ und daran die Folgerung geknüpft, daß der Mensch eben auch die unerschütterliche Wahrheit der offenbarten Religion nur in psychischer Freiheit und frei von jedem physischen Zwang sich zuzueignen vermag (sub 2). Die Würde der menschlichen Person bringt gerade mit sich, daß die Wahrheit „libera inquisitione, ope magisterii seu institutionis, communicationis atque dialogi, quibus alii

Entfallen dem Rechtsbemühen sowohl die Struktur des Staates wie die Technik des Rechts wie auch die objektive Wahrheit als Ansatzpunkt zu rechtlicher Einschränkung der geistigen Freiheit, so bleibt nichtsdestoweniger die Frage, ob die Freiheit als absolut zu verstehen ist und zu gelten hat. Bejahung dieser Frage läßt die Freiheit in ihrem Wesen ebensogut verkennen, als wenn ihre Grenzen von außen her gezogen werden. Die Freiheit ist nämlich aus ihrem Wesen, ihrem Innern beschränkt. Sie ermöglicht nicht das Allbeliebige, sondern erfordert die Anerkennung des Wahren, das Erstreben des Guten, die Ehrfurcht vor dem Erhabenen, die Freude am Schönen. Ihr Sinn und ihre Authentizität erfüllen sich erst in der Liebe zum Liebenswürdigen, zum Wertvollen. Die Bewegung der Freiheit ist der Umgang mit Werten. Die bewußte Wahl von Wert und Würde ist die innere Richtung, die Intentionalität der Freiheit. Damit ist sie der individuellen Willkür enthoben und vom Innern, von der menschlichen Existenz her auch der Gemeinschaft verpflichtet und überantwortet. Aber in all diesem, auch im Experiment, im Versuch, im Irrtum, ist sie so sehr Sache des Menschen, daß sie vom Staat und Gesetz nur respektiert und geschützt, nicht aber geregelt werden darf.

III. Die geistige Freiheit als staatsrechtliche Norm

Inwiefern kann die geistige Freiheit auf die staatsrechtliche Normgebung Einfluß nehmen, wenn dem Staat und seiner Gesetzgebung ihr gegenüber nur Enthaltsamkeit empfohlen wird? Ich möchte an dieser Stelle nur auf das Gebiet des Verfassungsrechts im engeren Sinn hinweisen.

Wenn die Verfassung die Grundlage des Rechtsstaates und des ganzen Rechtsgebäudes darzustellen hat, so hat sie dem oben skizzierten Wesen der Freiheit Rechnung zu tragen. Es haben sich in der Verfassungsgeschichte der westlichen Welt allmählich wenigstens drei Formen herausgebildet, in denen die geistige Freiheit des Menschen verfassungsrechtliche Anerkennung findet. Es sind dies der formelle Gesetzesparagraph, womit der Ort der Freiheit innerhalb des Ganzen der Verfassung bestimmt und festgelegt wird; der Wortlaut, womit die Präambel der Verfassung die Freiheit erfaßt und voraussetzt; das Stillschweigen, woraus die Selbstverständlichkeit der unantastbaren Freiheit abzuleiten wäre. Die Beispiele seien den heutigen Verfassungen der Bundesrepublik, von Frankreich und der Niederlande zu entnehmen.

---

aliis exponunt veritatem quam invenerunt vel invenisse putant, ut sese invicem in veritate inquirenda adiuvent" gesucht wird (sub 3). Für den Staat, auch wenn er die Dinge „sub ratione ordinis publici" zu ordnen berufen ist, bleibt gültig: „ceterum servanda est integrae libertatis consuetudo in societate, secundum quam libertas debet quam maxime homini agnosci, nec restringenda est nisi quando et prout est necessarium" (sub 7). Man beachte besonders die vielbesagenden Wörter „integrae" und „quam maxime".

Da gibt es also zunächst die Verfassung mit einem oder mehreren Paragraphen, in denen die geistige Freiheit ihre Anerkennung ausgesprochen findet. Die Verfassung der Bundesrepublik fängt in ihrem ersten Abschnitt mit den Grundrechten an und katalogisiert dort, nachdem im ersten Artikel „die Würde des Menschen ... unantastbar" genannt und zur Basis der einzelnen Grundrechte gemacht worden ist, u. a.:

das Recht auf die freie Entfaltung der Persönlichkeit, mit dem umfassenden Zusatz: „Die Freiheit der Person ist unverletzlich";

die Freiheit des Glaubens, des Gewissens und die Freiheit des religiösen und weltanschaulichen Bekenntnisses als ebenfalls „unverletzlich";

das Recht der freien Meinungsäußerung in Wort, Schrift und Bild;

die Freiheit von Kunst und Wissenschaft, Forschung und Lehre; wozu, als weitere Auswirkungen des unantastbaren Rechtes auf geistige Freiheit, auch noch in gewisser Hinsicht die Versammlungs- und die Vereinsfreiheit, das Brief- und Telefongeheimnis bis zur Berufsfreiheit zu zählen sind [6].

Juridisch erscheint die Ausführlichkeit, womit die Menschenwürde in der deutschen Verfassung aufgeführt und artikelsweise ausgearbeitet ist, als die festeste Garantie, welche es nur geben kann, auch wenn dabei manche Verweisungen auf gesetzliche Einschränkungen mit ins Auge gefaßt werden. Man muß sich aber zugleich darüber im klaren sein, daß einmal der Gesetzgeber mit solchen Einschränkungen in die praktische Bedeutung der hochbewerteten Freiheit eingreifen kann, auch wenn ein Grundrecht, laut Art. 19, 2. Absatz, in keinem Falle in seinem Wesensgehalt angetastet werden darf. Und zweitens ist die Unabänderlichkeit der Grundrechtsparagraphen fraglich, selbst die im Art. 1 niedergelegte Menschenwürde, welcher Artikel noch einen besonderen Schutz im Art. 79, 3. Absatz, vorfindet, wo eine Änderung, die u. a. jenen Grundsatz berühren würde, als unzulässig zurückgewiesen wird. Eine absolute Sicherheit ist damit nicht gewährt, da ja vorher der Art. 79, auch in seinem 3. Absatz, eine Änderung erfahren könnte, was allerdings auch für die schon genannte Bestimmung von Art. 19, 2. Absatz, zu gelten hat. Und gegen eine Revolution, die gewaltsam die ganze Verfassung wegfegen würde, vermag natürlicherweise kein einziger Rechtssatz und keine einzige Rechtsgarantie standzuhalten.

Wird die Freiheit des Menschen nicht in die Grundrechte der Verfassung einverleibt, so gibt es die Möglichkeit, sie in der Präambel vorauszuschicken. Es soll dies nicht den Anschein haben, daß sie damit ins Vestibül statt des Verfassungshauses zugelassen sei oder nur vor der Tür stehenbleiben soll. Im Gegenteil, gemeint ist, ihr damit einen festeren Standort zu sichern, als wenn ihr „nur" einer unter vielen Verfassungsparagraphen gewidmet wäre. Klarer soll so herausgestellt sein, daß sie die Grundlage für die ganze Ver-

[6] Grundlegend zur Erörterung sämtlicher Freiheitsbestimmungen die Standardarbeit von Neumann-Nipperdey-Scheuner (Hrsg.), Die Grundrechte, 1954, 4 Bde., bes. II. Bd.; von Mangoldt-Leibholz, Das Bonner Grundgesetz, 1953, bes. I. Bd.

fassung bildet und daß infolgedessen sämtliche Bestimmungen der Verfassung in ihrem Licht gelesen, interpretiert, praktiziert und gehandhabt werden sollen. Frankreich bietet ein Beispiel für diese konstitutionelle Ansicht [7].

In der französischen Verfassungspräambel begegnen sich sowohl die berühmte Erklärung der Menschenrechte (1789) wie die Verfassung von 1946, gerade insoweit diese sich zu jener bekannt und sie vervollständigt hat. Die beiden Dokumente werden dort nicht wortwörtlich wiedergegeben, sondern das französische Volk erklärt sich feierlich ihnen verpflichtet. Es fragt sich also, was die genannten Dokumente an Menschenrechten und Freiheiten beinhalten.

Nur kurz sei daran erinnert, daß die revolutionäre Déclaration mit einer Präambel anfängt, wo von natürlichen, heiligen Menschenrechten die Rede ist, und daß die 17 Paragraphen immer wieder die unerschütterliche Freiheit des Menschen in vielerlei Tonarten hervorkehren. Die Freiheit steht an erster Stelle, wo sie mit dem (Privat-)Eigentum, der Sicherheit und dem Widerstand gegen Oppression als natürliche und unantastbare Rechte rangiert (Art. 2). In der Präambel der Verfassung von 1946 werden neben der Wiederbefestigung der Déclaration mehrere weitere Rechte als politische, wirtschaftliche und soziale Grundsätze aufgezählt.

Der Ort der Präambel macht diese Rechte, wie gesagt, nicht weniger wichtig. Die ganze Verfassung steht unter ihrem Gedanken. Gerade wegen des ihnen in der Präambel zugewiesenen Ortes sind die Grundrechte, darunter die unveräußerliche Freiheit des Menschen, der Sauerteig für Verfassung, Gesetzgebung und Rechtsprechung. Auch hier gilt aber, daß eine letzte Garantie damit nicht gegeben ist. Auch die Präambel ist vor Abänderungen nicht endgültig sichergestellt, und ob und wie die Rechtspraxis des Gesetzgebers und des Richters aussehen wird, hängt letzten Endes mehr vom Gesetzgeber und vom Richter als von der inneren Kraft der Präambel ab.

Fest verankert im Korpus der Verfassung oder hinaus- und vorausgeschoben in der Präambel tritt die geistige Freiheit wenigstens in faßbarer Erscheinung hervor. Wird sie mit Stillschweigen übergangen, dann ist damit aber keineswegs gesagt, daß sie einfach vernachlässigt und ihr jeder Einfluß abgesprochen ist. Sie läßt sich da zwar nicht wörtlich in den gesetzlichen Dokumenten nachweisen, kann aber trotzdem mitbestimmend, ja entscheidend dabei sein. Für diese Möglichkeit glaube ich den niederländischen Rechtsstaat beispielshalber anführen zu können.

[7] Darüber: Die Grundrechte, 1954, Bd. I, mit dem Beitrag von MAURICE DUVERGER, Freiheitsrechte in Frankreich und der Union Française, der allerdings nicht über die Constitution du 4 Octobre 1958 referieren konnte. Darüber hinaus sind z. B. heranzuziehen die grundlegenden Kommentare zum Droit Constitutionnel von MARCEL PRÉLOT (1963), MAURICE DUVERGER (1964), GEORGES BURDEAU (1963). PETER ZÜRN, Die republikanische Monarchie. Zur Struktur der Verfassung der V. Republik in Frankreich, München 1965 (mit wertvoller Bibliographie), übergeht einfach die Präambel und die wichtige Frage nach ihrer Bedeutung.

Das niederländische Grundgesetz ist jeder Pathetik bar. Es hat nicht einmal eine in erhabener Sprache gefaßte Präambel und stellt urnüchtern im ersten Kapitel (Vom Reich und seinen Einwohnern) gleich im 1. Artikel fest, daß das Gebiet des Königreiches die Niederlande, Surinam und die niederländischen Antillen umfaßt. Erst im Art. 4 kommt der Mensch zur Sprache, ohne daß aber von seiner Würde oder Freiheit oder Persönlichkeit die Rede wäre: „Jeder, der sich auf dem Reichsgebiet befindet, hat gleichen Anspruch auf Schutz von Person und Gut." Im Art. 7 wird die Pressefreiheit gewährt, im Art. 9 die Vereins- und Versammlungsfreiheit, dabei immer mit Aussicht auf gesetzliche Einschränkungen. Erst sehr viel später (im 8. Kapitel, von der Religion) wird die Religionsfreiheit erwähnt (Art. 181), und damit ist der Niederschlag der nicht eigens anerkannten geistigen Freiheit in der niederländischen Verfassung wohl erschöpft [8].

Juridisch steht die Freiheit so auf besonders schwachen Füßen. Oder ist zu behaupten, daß sie gerade besonders stark gefestigt ist, weil sie als selbstverständlich vorausgeschickt wurde? Die Menschenwürde, die ihr angemessene geistige Freiheit, ist hier nicht deswegen unerwähnt geblieben, weil man mit ihr nichts anzufangen wußte oder sie ablehnen wollte, sondern vielmehr deshalb, weil sie vor jeder Rechtsregel, auch vor der Verfassungsnorm, steht. Sie gilt als vorgegeben und ist damit mehr in ihrem Wesen, ja in ihrer existentiellen Bedeutung getroffen, als wenn sie zum Thema einer rechtlichen Bestimmung und Formulierung im Gesetzesparagraph oder in der Verfassungspräambel gemacht wird. Über Präambeln und Paragraphen läßt sich noch streiten und eine Abstimmung halten. Die geistige Freiheit erfordert aber nicht so sehr den Einsatz im Streit um den Wortlaut als vielmehr ihre Anerkennung als den unersetzlichen Ausgangspunkt und immer anwesende Richtlinie. Sie ist von dem Augenblick an, da sie weder im Korpus der Verfassung noch in ihrer Präambel erscheint, einfach indiskutabel. Auch hier aber ist keine Rechtsgarantie für die geistige Freiheit definitiv geworden. Ihr Einfluß hängt vom allgemeinen „Klima" des betreffenden Staates als eines Rechtsstaates ab. Oder konkreter gesagt: Die konkreten Menschen, die Rechtsordnung, Rechtssatz, Rechtsurteil, Rechtshandlung im betreffenden Staat bestimmen, bestimmen letzten Endes, ob der Staat ein Rechtsstaat ist, getragen vom grundlegenden Respekt vor dem Mitmenschen, seiner Würde und Freiheit. Anders gesagt: Die geistige Freiheit ist auch als Prinzip für den Aufbau des Rechtsstaates nicht ausschließlich ein Anliegen des rechtsstaatlichen Staatsrechts, sondern auch und zutiefst entscheidend ein Anliegen aller Bürger, insbesondere der verantwortlichen Träger der

[8] Als Kommentar sei empfohlen: C. W. van der Pot, Handboek van het Nederlandse Staatsrecht, 7. Aufl., Zwolle 1962 (bes. Derde Boek Afd. IV). Verwaltungsrechtliche Einzelheiten zur „Sicherung der Freiheitssphäre" bei G. A. van Poelje in: Nederlands Bestuursrecht, Alphen a. d. Rijn 1962, II. Bd.

rechtsstaatlichen Gesellschaft, der Politiker, Verwaltungsbeamten, Richter, Anwälte, zuletzt aber der jeweiligen Rechtsgenossen.

Über diesen Weg öffnet sich auf einmal ein überraschender Durchblick quer durch Verfassungs-, Staats- und ähnliche Rechtsfragen hindurch auf das Rechtsphänomen an sich. Wir haben ja unseren Ausgang vom allgemeinen Thema der geistigen Freiheit genommen, dieses in den Rahmen des Rechtsstaates hinübergeführt, seine Ausarbeitung im rechtsstaatlichen Verfassungsrecht verfolgt und sehen uns nun vor die Tatsache versetzt, daß die Rechtsstruktur, wie auch ausgebaut und mit welchen Garantien auch bekleidet, über sich hinaus auf die geistige Freiheit selbst zurückverweist. Die Freiheit wird nicht endgültig in die Rechtsstruktur hineingebettet, sondern muß im Rechtsleben und im je persönlich erlebten Verantwortungsbewußtsein aufgenommen, anerkannt und verwirklicht werden. Oder anders gesagt: Die Freiheit findet ihre letzte Gewähr nicht im Recht, im Staatsrecht, in der Verfassung, sondern im Menschen selbst.

Ist damit nicht der Blick von der bloßen Rechtstechnik auf die eminente Menschlichkeit des Rechts gelenkt worden [9]? Immer und überall gilt wohl, daß das Recht nur ein Vorletztes für Mensch und Gesellschaft beinhaltet und bedeutet, von sich aus den Menschen an den Mitmenschen verweist und auf sich selbst und seine Mitwelt zurückwirft. Darin liegt ja die unersetzliche Humanität des Rechts, daß es den Menschen braucht, um überhaupt Recht zu sein.

Der Zirkel wird geschlossen, wenn wir bedenken wollen, daß der Mensch nur der freie Mensch sein kann, der eben nicht unter fremdem Zwang oder Druck, sondern aus seiner geistigen Freiheit heraus die mitmenschliche Welt, welche ihm das Recht vor Augen führt, mitzugestalten gewillt ist. In letzter Instanz ist auch das Recht machtlos, wenn es sich um die Menschlichkeit und die Vermenschlichung der Gesellschaft handelt. Da ist erforderlich der freie Mensch in der Fülle seiner Existentialität, seiner Persönlichkeit, welche notwendig auch seine Sozialität umfaßt. Die Freiheit des Menschen ist infolgedessen Anfang und Endpunkt, Beginn und Weg und Ziel der Rechtsbildung. Sie ist die unentbehrliche Richtlinie für die Richtigkeit von Recht und Staat, enthält dann zugleich in ihrer Gerichtetheit auf Entfaltung und Fülle des Menschseins Regung und Maß in sich selbst. Der Mensch und seine Freiheit bilden das Richtmaß für den Rechtsstaat und das Rechtsphänomen.

---

[9] Vgl. noch meine dem Gedächtnis von Hans Peters gewidmete Schrift: Existentie en recht, Antwerpen 1966, bes. Kap. 4.

3. Verwaltungslehre

Die Beiräte in der österreichischen Verwaltung

GUSTAV E. KAFKA

I

Dieser Beitrag zur *österreichischen* Verwaltungslehre behandelt Phänomene, die keineswegs in der österreichischen Verwaltung allein zu finden sind. Auch in der deutschen Verwaltung spielen „Beiräte“ eine Rolle, die seit ihrer ersten vorläufigen literarischen Behandlung durch H. KIPP [1] öfters die verdiente Aufmerksamkeit gefunden haben.

In Österreich erwähnt das „Allgemeine Verwaltungsrecht“ W. ANTONIOLLIS [2] die Institution der Beiräte überhaupt nicht. Dagegen widmet ihnen L. ADAMOVICH in der 5. Auflage seines „Handbuches des österreichischen Verwaltungsrechtes“ [3] folgende Bemerkungen:

> „In immer steigendem Ausmaß bedarf die öffentliche Verwaltung schließlich der Mitwirkung von Sachverständigen, die dem Verwaltungsapparat nicht dauernd zur Verrichtung von Arbeiten eingegliedert sind, die sich aber der Behörde mit ihrem Fachwissen in beratender Stellung zur Verfügung halten. So sind vor allem bei den zentralen Instanzen der öffentlichen Verwaltung des Bundes und der Länder für bestimmte Angelegenheiten, aber auch bei mittleren und unteren Instanzen *Fachbeiräte* eingerichtet, die aus sachverständigen Personen bestehen und der Behörde, der sie beigegeben sind, auf ihr Verlangen oder auch, soweit es die Gesetze bestimmen, auf eigene Initiative Gutachten zu erstatten oder Anträge zu stellen haben. Die Stellungnahme solcher Fachbeiräte bindet die Behörde nur dann, wenn es das Gesetz ausnahmsweise vorsieht. Im übrigen stellen sich die Gutachten, wie alle Gutachten von Sachverständigen überhaupt, für die Behörde als Beweismittel dar, für deren Beurteilung der Grundsatz der freien Beweiswürdigung gilt.“

ADAMOVICH unterstellt also die „Beiräte“ dem verfahrensrechtlichen Begriff des „Sachverständigen“. Ob dieser Gesichtspunkt jedoch den Sachverhalt hinreichend charakterisiert, wird noch nachzuprüfen sein.

Dabei ist von folgendem auszugehen:

a) Ein ausgebildetes Verfahrensrecht gibt es nur in der sog. hoheitli-

---

[1] Entstehung, Aufgaben und Rechtsstellung von Hilfseinrichtungen von Regierung und Parlament, DÖV 10. Jg. (1957), S. 513—521. Vgl. u. a. P. DAGTOGLOU, Der Private in der Verwaltung als Fachmann und Interessenvertreter, Heidelberg 1964 (bes. S. 56, 59 ff., 67, 74 ff., 114 ff., 129 ff.) und die dort zitierte Literatur.

[2] Wien 1954.

[3] Wien 1954, I. Bd. S. 51.

chen Verwaltung (Art. II EGVG) und daher kommen jedenfalls die Vorschriften des AVG über den Sachverständigen nur in der hoheitlichen Verwaltung in Betracht, und auch dies nur, soweit nicht besondere Verwaltungsvorschriften darüber bestehen (Art. VI Abs. 2 EGVG, § 39 AVG).

b) Da die Verwaltungsverfahrensgesetze das im „Bescheid" gipfelnde Verfahren regeln, enthalten sie nichts über die Mitwirkung von Verwaltungsbehörden bei der Gesetzgebung (z. B. bei der Regierungsinitiative) oder über das Verordnungsverfahren.

c) Das AVG geht vom Vorrang des beamteten Sachverständigen (Amtssachverständigen) [4] aus. Nichtamtliche Sachverständige sind nur ausnahmsweise heranzuziehen, wenn Amtssachverständige nicht zur Verfügung stehen oder die „Rücksicht auf die Besonderheit des Falles" es gebietet (§ 52 AVG). Die Notwendigkeit der Beiziehung und die Auswahl des nichtamtlichen Sachverständigen unterliegt von Fall zu Fall dem behördlichen Ermessen.

„Fachbeiräte", wie sie ADAMOVICH definiert, sind also in einem „hoheitlichen", auf den Erlaß eines rechtsfeststellenden oder rechtsgestaltenden individuellen Verwaltungsaktes hinführenden Verfahren eine Ausnahme. Die Errichtung von Beiräten, deren Aufgabe es ist, die Behörden beim Erlaß solcher Verwaltungsakte (Bescheide) ständig zu beraten, bedarf eines formellen Gesetzes oder wenigstens einer hinreichend konkreten gesetzlichen Ermächtigung zum Erlaß einer entsprechenden Verordnung. Ohne eine solche „Verwaltungsvorschrift" ist die Behörde in einer nach den Verwaltungsverfahrensgesetzen, namentlich dem AVG zu behandelnden Angelegenheit weder berechtigt, einen Beirat einzusetzen, noch sich des Rates eines kollektiven sachverständigen Gremiums dieser Art zu bedienen. Denn auch den nichtamtlichen Sachverständigen kennt das AVG nur als Einzelperson, nicht als Sachverständigenkollegium.

Es ist übrigens nicht gleichgültig, wer den „Machthaber" berät, weil der Berater ja selbst im „Vorhof der Macht" sitzt [5]. Dieser entscheidet zwar nicht selbst und haftet auch im Verhältnis zu dem von der Entscheidung Betroffenen nicht für seinen Rat: trotzdem begibt sich der Ratsuchende faktisch um so mehr in die Abhängigkeit des Ratgebers, als dieser über ein Wissen verfügt, das jenem abgeht. Mag man den Sachverständigen noch so oft als bloßen „Gehilfen" der entscheidenden Instanz bezeichnen, die an das

[4] Die hier in Frage kommende Vorschrift des § 52 AVG lautet:

„1. Wird die Aufnahme eines Beweises durch Sachverständige notwendig, so sind die der Behörde beigegebenen oder zur Verfügung stehenden amtlichen Sachverständigen (Amtssachverständige) beizuziehen.

2. Die Behörde kann aber ausnahmsweise andere geeignete Personen als Sachverständige heranziehen und beeiden, wenn Amtssachverständige nicht zur Verfügung oder es mit Rücksicht auf die Besonderheit des Falles geboten erscheint..."

[5] Vgl. C. SCHMITT, Gespräch über die Macht und den Zugang zum Machthaber, Pfullingen 1954, S. 16 ff.

Gutachten nicht gebunden sei: für die von der Entscheidung Betroffenen ist gleichwohl der Sachverständige der „Mann, auf den es ankommt", und der Verwaltungsakt selbst stellt sich für sie als eine berechenbare Konsequenz des Gutachtens dar, dessen Inhalt den des Verwaltungsaktes determiniert. Denn die Bestellung und das Gehör eines Sachverständigen schließt ja unausgesprochen das Eingeständnis des für die Entscheidung zuständigen Organwalters ein, daß er selbst nicht in der Lage ist, den der Entscheidung zugrunde liegenden Sachverhalt ohne das Bindeglied des Sachverständigengutachtens zum gesetzlichen Tatbestand in Beziehung zu setzen. Darum kann — wenn man die theoretischen Möglichkeiten ausschließt, daß der Sachverständige in Wirklichkeit ein „Laie" oder aber unredlich sei — ein Sachverständigengutachten nur wieder durch ein Sachverständigengutachten widerlegt werden [6].

Vom Einzelsachverständigen im Sinne des AVG unterscheidet sich der „Beirat" einer Behörde dadurch, daß es sich immer um eine Vielzahl von Sachverständigen handelt, die gemeinsam beraten. Das Ergebnis dieser Beratung wird „dem Beirat", nicht aber den einzelnen Mitgliedern desselben zugerechnet. Wie der Einzelsachverständige verfügt oder entscheidet ein Beirat nicht selbst, sondern spricht sich nur darüber aus, ob bestimmte Voraussetzungen eines Aktes der Verwaltung (nicht notwendig eines Verwaltungsaktes im formellen Sinne) gegeben sind oder nicht. Dadurch unterscheidet sich ein Beirat von einer Kollegialbehörde.

Ein Beirat unterscheidet sich aber auch von solchen nur beratenden Kollegien, die ausschließlich aus Organwaltern desselben oder mehrerer einander nicht untergeordneter Behörden bestehen. Wenn der Bundesinnenminister die ihm weisungsunterworfenen Sicherheitsdirektoren [7] zu einer Beratung zusammenruft, wenn die Landesamtsdirektoren [8] regelmäßig Besprechungen über verschiedene, ihren Regierungen zu empfehlende gleichartige Maßnahmen abhalten, wenn die Beamten mehrerer an einer Sache beteiligten Bundesministerien ihre Zusammenarbeit in gemeinsamer Beratung festlegen, so handelt es sich zwar gewiß auch um Phänomene, die das Interesse der Verwaltungslehre verdienen, jedoch nicht um „Beiräte", für die es wesentlich ist, daß ihre Mitglieder wenigstens zum größten Teile nicht

[6] Zur ganzen Problematik vergleiche die treffenden kritischen Bemerkungen von F. Krzizek, Die Genehmigung der gewerblichen Betriebsanlage, Wien 1964, S. 82: „Was die Behörde ... erkennen kann, ist nur, ob sich der SV bei der Abgabe des Gutachtens jener Erkenntnisquellen bedient hat, die Voraussetzung für das Zustandekommen eines richtigen Gutachtens sind."

[7] Die Sicherheitsdirektionen sind Bundesbehörden der allgemeinen Sicherheitspolizei (§ 15 BehÜG und Verordnung BGBl 74/1946).

[8] Art. 106 B-VG: „Zur Leitung des inneren Dienstes des Amtes der Landesregierung wird ein rechtskundiger Verwaltungsbeamter als Landesamtsdirektor bestellt. Er ist auch in den Angelegenheiten der mittelbaren Bundesverwaltung das Hilfsorgan des Landeshauptmannes."

Angestellte des „Staates", d. h. des Bundes oder der Länder sind. Ich schlage für diese Phänomene den Begriff „Beamtenkonvente" vor. Man kann bei ihnen wieder Konvente von Beamten derselben Behörde, von Vertretern mehrerer Behörden gleicher Stufe und von Beamten übergeordneter mit Beamten untergeordneter Behörden unterscheiden [9].

Solche Beamtenkonvente können sich intern sehr wohl einer Art faktischer Autonomie erfreuen, auch wenn sie sämtlich aus weisungsgebundenen Beamten bestehen: Als Beispiel mag der dem Vorbild des ehemaligen, schon Ende des 19. Jh. gegründeten preußischen Bibliotheksrates entsprechende — 1956 durch Ministerialerlaß beim BMU eingerichtete — „Beirat für das Bibliothekswesen" gelten, dem derzeit die Direktoren der Nationalbibliothek (Vorsitzender), der Universitätsbibliotheken von Graz, Innsbruck und Wien und der Bibliothek des Patentamtes angehören; er hat sich unter anderen den Bibliotheksdienst betreffenden allgemeinen Fragen mit den Prüfungsordnungen für den höheren und den gehobenen Fachdienst an Bibliotheken zu beschäftigen [10].

Freilich gibt es zwischen „Kollegialbehörde", „Beamtenkonvent" und „Beirat" auch Mischformen. Als Beispiel mögen die kollegialen Schulbehörden angeführt werden, die gemäß Art. 14 Abs. 3 B-VG nach den Grundsätzen des Bundes-SchulaufsichtsG BGBl 240/1962 durch Landesschulaufsichtsgesetze eingerichtet wurden. Nach § 1 Abs. 1 lit. b des Wiener Schulaufsichts-AusführungsG LGBl 16/1963 gehören z. B. dem Wiener Stadtschulrat neben 50 Mitgliedern mit beschließender Stimme 6 Vertreter der Kir-

[9] Für Beratungen von politischen Ressortchefs außerhalb des Regierungskollegiums, etwa zur Vorberatung von Kollegiumsentscheidungen oder zur Herstellung des „Einvernehmens" zwischen zwei Ressorts schlage ich die Bezeichnung „Ministerkonvent" vor. Diese werden freilich fast immer auch Beamtenkonvente sein. Die in der Verwaltungspraxis der österreichischen Bundesregierung häufigen „Ministerkomitees" (vgl. G. Heindl, Politiker und Journalisten I: Die Nachrichtenfreiheit, in Österr. Monatshefte 1962, S. 8—11) sind freilich keine echten Ministerkonvente, da an den Beratungen außer leitenden Beamten auch Abgeordnete der Regierungsparteien, Interessenverbandsvertreter und sonstige Experten teilzunehmen pflegen. Es handelt sich also regelmäßig um Beiräte. (Nach dem Stande vom März 1962 zählt Heindl deren nicht weniger als 37 auf.) Das wichtigste und bekannteste dieser Ministerkomitees ist die „Paritätische Kommission für Lohn- und Preisfragen", bestehend aus dem Bundeskandzler, dem BMI, BMGuI und BMsV, ferner je zwei Vertretern der Bundeskammer der gew. Wirtschaft, der Arbeiter- und Landwirtschaftskammern und des ÖGB. Ich habe diese Ministerkomitees im vorliegenden Beitrag nicht berücksichtigt, einmal, weil mir darüber kein erschöpfendes Auskunftsmaterial vorliegt, sodann aber auch, weil G. Winkler in seinem Mitbericht über „Staat und Verbände" (1965) im Rahmen der Würzburger Tagung der Vereinigung deutscher Staatsrechtslehrer VDStL H. 24, Berlin 1966, S. 54; vgl. auch die Übersicht a.a.O. S. 69—78, darauf zu sprechen kommt. Der dem Beiratswesen zugrunde liegende politische Gedanke (vgl. S. 184 dieses Beitrages) gilt jedoch auch für diese Ministerkomitees.

[10] Vgl. E. Glas, Neun Jahre Beirat für das Bibliothekswesen, in Biblos, Öst. Zeitschrift f. Buch- und Bibliothekswesen, Jg. 14 (1965), S. 154—157.

chen und Religionsgesellschaften und je 1 Vertreter der Handels- und der Arbeiterkammer, ferner aber auch die dem Stadtschulrat unterstehenden rechtskundigen Beamten, die Schulinspektoren, pädagogisch-psychologische und medizinische Amtssachverständige und je ein Beamter der Schul- und der Jugendfürsorgeabteilungen der Wiener Landesregierung als Mitglieder mit beratender Stimme an.

Noch interessanter ist unter diesem Gesichtspunkte die Wiener „Gemeinderätliche Personalkommission", eingerichtet durch § 64 der „Dienstordnung für die Beamten der Bundeshauptstadt Wien" [11]. Auch hier haben wir eine (fakultative) Teilnahme bestimmter Beamter mit beratender Stimme, wesentlicher ist aber der Umstand, daß die „Personalkommission" teilweise nur berät und Vorschläge erstattet (§ 67 Abs. 6 lit. a und b l.c.), also typische Beiratsfunktionen ausübt, teilweise aber (lit. c u. d) „Streitfälle entscheidet", also Kollegialbehörde ist.

II

Um über die Beiräte einen möglichst umfassenden Überblick zu gewinnen, versandte der Verfasser dieses Beitrages an sämtliche 11 Bundesministerien und an die 9 Ämter der Landesregierungen einen Fragebogen. Mit 2 Ausnahmen haben sämtliche Ämter der Bitte rechtzeitig entsprochen, so daß Material über fast 120 als Beiräte betrachtete Kollegien zustande kam. Allen Helfern sei an dieser Stelle nochmals aufrichtig gedankt [12]. Durch das BG über die Einrichtung eines BM für Bauten und Technik und über die Neuordnung des Wirkungsbereiches einiger Bundesministerien (BGBl. 70/1966) wurden seitdem Namen und Kompetenzen einzelner Bundesministerien geändert, was im folgenden Text berücksichtigt wurde.

Bei manchen Institutionen ist es freilich nicht leicht, einen Beirat *bei* einer Behörde von einem Amt *innerhalb* der Behörde zu unterscheiden. So besteht beim BMU eine durch Ministerialerlaß (1947) errichtete „Österreichische Jugendschriftenkommission", die über Antrag von Autoren oder Verlegern Druckschriften daraufhin begutachtet, ob sie in eine Jugendbuch-Empfehlungsliste, allenfalls mit dem zusätzlichen Prädikat „für die Jugend wertvoll" aufzunehmen sind. Irgendwelche Rechte oder Pflichten der Antragsteller werden durch Aufnahme oder Nichtaufnahme einer Druckschrift in die Empfehlungsliste weder festgestellt noch begründet, es

[11] LGBl 1/1962.

[12] Die in Anm. 9 erwähnten Ministerkomitees sind mit zwei Ausnahmen nicht inbegriffen. Allerdings ist die Tätigkeit der Beiräte von sehr unterschiedlicher Intensität. Einzelne unter ihnen bestehen nur noch auf dem Papier, z. B. die in § 1 des „B-VG über die Wiederverlautbarung von Rechtsvorschriften (WVG)", BGBl 114/1947, vorgesehene „Kommission zur Vereinheitlichung und Vereinfachung der öst. Rechtsordnung"; andere wieder waren nur zur Beratung eines einzelnen legislativen Vorhabens eingesetzt und haben ihre Arbeit beendet. Dafür tagen manche Beiräte regelmäßig in monatlichen oder sogar kürzeren Abständen.

handelt sich also zwar um Akte der Verwaltung, nicht aber um Verwaltungsakte (Bescheide). Damit entfällt die Möglichkeit einer Anrufung der Gerichtshöfe des öffentlichen Rechts. Andererseits kann man die Jugendschriftenkommission nicht als „Beirat" des BMU im strengen Sinne ansehen: sie berät ja nicht dieses, sondern die Öffentlichkeit. Es gibt keinen Verwaltungsakt (Bescheid), aber auch keine Verordnung des BMU, denen gegenüber die Aufnahme in die Empfehlungsliste sich als vorbereitendes Sachverständigengutachten konstruieren ließe [13].

Ähnlich liegt der Fall bei der „Jugendkommission der Filmbegutachtungsstelle beim BMU", die im Jahre 1948 durch Ministerialerlaß errichtet wurde und Filme auf ihre Eignung für den Besuch durch Jugendliche begutachtet. Auch hier wird nicht etwa dem BMU ein Sachverständigengutachten erstattet: Die Materie ist in Gesetzgebung und Vollziehung Landessache. Daher kann auch kein Filmproduzent oder Verleiher etc. gezwungen werden, der Jugendfilmkommission beim BMU einen Film zur Begutachtung vorzuführen. Einen solchen Vorführungszwang — aber vor den entsprechenden Jugendfilmkommissionen der Länder — enthalten nur die über die Materie ergangenen Landesgesetze. Mit Ausnahme des Wiener und des Vorarlberger Landesgesetzes enthalten jedoch die übrigen Landesgesetze [14] Bestimmungen, wonach eine Begutachtung von Landes wegen bei Vorliegen eines Gutachtens der Jugendfilmkommission beim BMU, die als solche freilich nicht immer ausdrücklich angeführt wird, entfällt oder entfallen kann [15]. Wieder ist die Behörde, bei der ein Beirat errichtet ist, nicht mit

[13] Es handelt sich vielmehr um eine ideelle Förderung, die sich nur mittelbar materiell auswirken kann, indem die Wettbewerbschancen des Verlegers verbessert werden, ähnlich wie durch die Verleihung eines staatlichen Literaturpreises. Alle Bedenken gegen eine ohne konkrete gesetzliche Delegation erfolgende materielle Subvention (vgl. zuletzt das Gutachten von E. Kolb und die Referate von E. Loebenstein und G. Plöchl zum Thema „Das Förderungswesen unter dem Blickwinkel des Legalitätsprinzips" in: Verhandlungen des zweiten öst. Juristentags Wien 1964 Bd. I und II, 3. Teil, Wien o.J. (1965)) gelten m.E. auch für die ideelle Subvention, obwohl diese in der Diskussion bisher überhaupt keine Rolle gespielt hat.

Vorarlberg hat übrigens beim Amte der Landesregierung einen eigenen „Jugendschriftenbeirat" durch Regierungsbeschluß (1959) errichtet. Er hat die Aufgabe, der Kulturabteilung der Landesregierung „Anregungen für die Förderung des guten und die Bekämpfung des schlechten Jugendschrifttums zu geben". Hier kann man wirklich von einem Beirat *der Behörde* sprechen.

[14] LGBl: Bu 1/1962, § 10 Abs. 3; K 2/1963, § 20 Abs. 3; NÖ 154/1935, § 17 Abs. 3; OÖ 51/1961, § 7 und V. vom 27. 11. 1961 (Amtl. Linzer Ztg. v. 1. 12. 1961, S. 876/7); Sa 67/1961, § 5 Abs. 6; St 23/1959, § 15 Abs. 3; Ti 29/1958, § 20 Abs. 4.

[15] An diesem wie an anderen Beispielen der ideellen Förderung zeigt sich deutlich, wie wenig die geläufige Einteilung in „hoheitliche" und „fiskalische" Verwaltung wirklich besagt, im Grunde nämlich nur die Entschlossenheit, sich nur mit den von Inhabern von „Imperium" gesetzten Akten zu befassen. Alles andere an der Verwaltung ist offenbar des Interesses der Juristen nicht wert. Hätte man an den Universitäten die Verwaltungslehre nicht umgebracht, wir brauchten heute nicht

der Behörde identisch, der Rat erteilt wird. Die Gutachten der Jugendfilmkommission werden wöchentlich allen Ämtern der Landesregierung, einschl. Wien und Vorarlberg, mitgeteilt und darüber hinaus im Ministerialverordnungsblatt publiziert, so daß man insoweit ebenfalls von einer Beratung der Öffentlichkeit sprechen kann [16].

III

Die „Österreichische Jugendschriftenkommission" ist aber auch noch in anderer Beziehung ein interessantes Studienobjekt: Außer dem Vorsitzenden und seinem Stellvertreter, die nach § 1 des Kommissionsstatutes Beamte des BMU sein müssen, gehören ihr noch weitere 8 Vertreter dieses Ministeriums und 9 Vertreter der Landesschulbehörden an, denen insgesamt 17 Vertreter verschiedener Interessenverbände gegenüberstehen. Das BMU kann auch noch einzelne um die Jugendliteratur besonders verdiente Persönlichkeiten zu Mitgliedern bestellen. Auf alle Fälle besteht zwischen Beamten und Nichtbeamten eine Art Parität. Man kann hier nicht von einer reinen Form eines Sachverständigenbeirats sprechen, sondern von einer Verbindung von Beamtenkonvent und Interessentenbeirat. Als Gegenbeispiel mag — ebenfalls aus dem Bereiche des BMU — der „Kunstsenat beim BMU" erwähnt werden: Seine Aufgabe ist es, alle Vorschläge für die Verleihung der großen Kunststaatspreise und Vorschläge für die Erhaltung von

darüber zu jammern, daß sich die angebliche „Privatwirtschaftsverwaltung" in einer juristischen Wüstenei angesiedelt zu haben scheint. Aber wenn man, trotz aller Mahnungen Hans Peters, sich für die Phänomene des politischen und administrativen Lebens nur soweit interessiert, als sie in ein juristisches System passen; wenn man die Methode den Gegenstand der Wissenschaft bestimmen läßt, ist das schließlich die unausbleibliche Folge. Es ist auch wirklich nichts damit gewonnen, daß man den Begriff der „Privatwirtschaftsverwaltung" im Sinne von „Verwaltung durch nicht vom Gesetzgeber mit Zwangsbefugnissen ausgerüstete Verwaltungsträger" (VerfGH Slg. 3262) interpretiert, mit der Folge, daß sich die Subventionsverwaltung außerhalb der föderalistischen Kompetenzverteilung abspielen kann, weil hier der Bund angeblich „als Träger von Privatrechten" (Art. 17 B-VG) auftritt. Aber als Träger welchen Privatrechts tritt mit Verlaub der Bund auf, wenn er Bücher empfiehlt oder Filme klassifiziert?

[16] Nicht zu verwechseln mit dieser ist die „Gemeinsame Filmprädikatisierungskommission österr. Bundesländer" bei der „Verbindungsstelle der öst. Bundesländer" am Amte der Niederösterr. Landesregierung in Wien. Sie wurde durch eine Vereinbarung sämtlicher österr. Bundesländer mit Ausnahme von Vorarlberg errichtet (vgl. Art. 107 B-VG). In dieser Vereinbarung (Fassung vom 1. 9. 1962) heißt es: „Die beteiligten Bundesländer verpflichten sich, auf die Dauer der Gültigkeit der Vereinbarung von dem ihnen zustehenden Recht, unabhängig von der genannten Kommission Prädikate zu verleihen, in der Regel keinen Gebrauch zu machen. Sie sind jedoch nicht verpflichtet, im Einzelfall ein Prädikat zu übernehmen. Bei Vorliegen eines besonderen Länderinteresses kann das betreffende Bundesland selbst einem Film ein Prädikat verleihen." Vor der Errichtung dieser Kommission war die Prädikatisierung von Filmen als „sehenswert", „wertvoll" oder „besonders wertvoll" im Rahmen des BMU vorgenommen worden.

Kunstwerken, insbesondere durch eventuellen Ankauf, zu erstatten. Dieser Beirat wird zwar vom BMU bestellt, besteht aber, einschl. des Verhandlungsleiters, nur aus Personen, denen einmal ein Kunststaatspreis verliehen wurde. Die Mitglieder des Kunstsenates beraten also nicht im Dialog mit Behördenvertretern, und insofern entspricht der Kunstsenat am ehesten dem Begriff eines Sachverständigenbeirates, wie ihn ADAMOVICH oben beschrieben hat. Es muß gleich hinzugefügt werden, daß Beiräte, in denen die Sachverständigen unter sich bleiben und die Behörde von der gutachtlichen Äußerung erst nach der Beschlußfassung im Beirat erfährt, als seltene Ausnahme gelten müssen.

Den „Kunstsenat“ kann man aber auch noch in anderer Beziehung als „reinen“ Sachverständigenbeirat bezeichnen, insofern man die „reinen“ den parteipolitisch und interessenverbandspolitisch beeinflußten Sachverständigenbeiräten begrifflich gegenüberstellt. Beispiele mehr oder weniger „reiner“ Sachverständigenbeiräte wird man vor allem dort finden, wo „große“ Gesetzeswerke vorbereitet werden, so etwa die beim BKA gebildete „Grundrechtskommission“ zur Novellierung der Verfassungbestimmungen über die bürgerlichen und politischen Freiheitsrechte, die „Strafrechtskommission“ zur Novellierung des StGB und die „Familienrechtskommission“, beide beim BMJ, die ihre Tätigkeit inzwischen beendet haben. Als „reine“ Sachverständigenbeiräte der Verwaltung in ihrer eigentlichen vollziehenden Funktion seien die folgenden genannt:

a) „Staubeckenkommission“, errichtet bei der Wasserbausektion des BMLuF gemäß § 100 Abs. 3 WRG 1959, BGBl 215/1959 und der V. BGBl 39/1947, 82/1948 „für die fachliche Begutachtung der auf Staubeckenanlagen und Talsperren sich beziehenden technischen Fragen im Zuge oder außerhalb eines wasserrechtlichen Verfahrens“. Zusammensetzung: Chef der Wasserbausektion und je ein höherer technischer Beamter des BMLuF, BMVuverstU und BMHGuI und 15 technische Sachverständige, derzeit u. a. sechs Hochschulprofessoren.

b) Österr. Kommission f. d. internationale Erdmessung (ehemals „Österr. Gradmessungskommission“ gegr. 1863) beim BMBuT, dem in Österreich das Eich- und Vermessungswesen untersteht [17]. Aufgabe: „Auswahl und Beratung jener Arbeiten, die Österreich aus seiner Beteiligung an der Erdmessung zufallen, und die Beratung der erforderlichen Maßnahmen zum Ausbau der bereits verwerteten oder eingeleiteten Erdmessungsarbeiten.“ Eine interessante Besonderheit ist, daß die „aus Vertretern der exakten Wissenschaften und des österr. Vermessungswesens“ bestehende Kommission vor Ablauf ihrer fünfjährigen Funktionsperiode die Kommissionsmitglieder für die folgende Funktionsperiode wählt. Die Wahl bedarf der Bestätigung durch das BMHuW im Einvernehmen mit dem BMU.

c) „Landessanitätsräte“ in jedem Bundeslande gemäß §§ 9 f. RSanG, RGBl 68/1870, als „das beratende und begutachtende Organ für die dem Landeshauptmann obliegenden Sanitätsangelegenheiten“. Er ist in allen Angelegenheiten zu hören, „welche das Sanitätswesen des Landes im allgemeinen betreffen oder doch ... von besonderer sanitärer Wichtigkeit sind“, ferner „bei Besetzung von Stellen des öffentlichen Sanitätsdienstes im Lande“. Auf Grund der statistischen Unterlagen er-

[17] Maß- und EichG, BGBl 152/1950 i. d. F. 40/1957.

statten die Landessanitätsräte alljährlich einen Landessanitätsbericht. Sie haben ein Antragsrecht „zur Verbesserung der sanitären Verhältnisse und über die Durchführung der betreffenden Maßnahmen". Die von der Bundesregierung bestellten Mitglieder sind durchwegs (z. T. beamtete) Ärzte, darunter auch Universitätsprofessoren. Den Vorsitz führt der Landessanitätsdirektor.

d) „Kulturbeirat der Tiroler Landesregierung" zur Beratung des Kulturreferenten der Landesregierung. Er wurde durch Beschluß der Landesregierung (Datum fehlt im Fragebogen) errichtet. Seine rund 30 Mitglieder (Musiker, bildende Künstler, Schriftsteller, Architekten usw.) können als repräsentativ für das Tiroler Kulturleben, auch soweit es sich um volkstümliche Formen desselben handelt, angesehen werden. Die Zweckmäßigkeit eines solchen Beirates für ein mit den Fragen der Kulturförderung befaßtes Amt liegt auf der Hand. Den Vorsitz führt der Landeskulturreferent oder der Leiter der Kulturabteilung des Amtes der Landesregierung [18].

Dem Idealtyp eines parteipolitischen Beirates entspricht z. B. annähernd die „Beschwerdekommission in militärischen Angelegenheiten", die ähnliche Aufgaben wie der „Wehrbeauftragte des Deutschen Bundestages" hat. Sie ist ein echter Beirat, da sie nur Empfehlungen darüber beschließt, wie das BMLV gewisse aus dem Wehrverhältnis erwachsene Beschwerden erledigen soll. Der Vorsitzende der Kommission wird vom Nationalrat auf die Dauer der Gesetzgebungsperiode gewählt, die übrigen 4 Mitglieder werden von den im Hauptausschuß des Nationalrates vertretenen politischen Parteien — aber nicht notwendig aus der Mitte des Nationalrates — „entsendet" und können nach § 1 Abs. 2 der GO der Kommission jederzeit durch andere Parteivertreter ersetzt werden, obwohl auch hier die Bestellung für die Gesetzgebungsperiode die Regel ist. Der Kommission sind als „beratende Organe" der Generaltruppeninspektor und ein weiterer vom BMLV zu bestellender Beamter (Offizier) „beigegeben": Diese spielen also die auf dem Papier sich etwas seltsam ausnehmende Rolle von Behördenvertretern, die einen zur Beratung derselben Behörde berufenen Beirat beraten! Das Beispiel ist insofern recht lehrreich, als es die vielseitige Verwendbarkeit des Modells „Beirat" demonstriert, um ein politisches Ziel mit anderen Mitteln als denen des Zwanges und der hierarchischen Organisation zu erreichen. Denn die Verfassungsbestimmung des § 6 WehrG (BGBl 181/1956; 221/1962) hätte ja die „Beschwerdekommission" sehr wohl auch als gerichtsähnliche Kollegialbehörde errichten können (Art. 133 Z. 4 B-VG) oder als Sonderverwaltungsgericht, vor dem das BMLV als belangte Partei des (dienstrechtlichen) Verfahrens aufträte, am einfachsten wäre es gewesen, ein unmittelbares Petitionsrecht an einen ständigen Unterausschuß des für die Landesverteidigung zuständigen Ausschusses des Nationalrates (in Ergänzung des § 77 BG über die GO des NR, BGBl 178/1961) einzuführen, von der Nachah-

[18] Kulturbeiräte gibt es auch in anderen Bundesländern, zum Teil mit spezialisierten Aufgaben, so in der Steiermark die beiden Kuratorien für das Grazer Künstlerhaus und das Landesmuseum „Joanneum". Es handelt sich hier um echte Beiräte der Verwaltung ohne Entscheidungsgewalt.

mung des schwedischen militärischen Ombudsman ganz zu schweigen. Aber die Politik fragt nicht nach „Stilreinheit“ und „Systemgerechtigkeit“, und es läßt sich nicht leugnen, daß gerade im militärischen Dienstbereich ein „geheimer Rat“, der wegen des politischen Gewichts der Ratgeber nicht leicht abgelehnt werden kann, seine Vorteile hat [19].

Im übrigen muß man sich davor hüten, dem theoretisch-begrifflichen Unterschied zwischen „reinem“ und einem unter partei- und interessenverbandspolitischen Einfluß zusammengesetzten Beirat eine zu große praktische Bedeutung beizumessen. Denn es kann natürlich keine Rede davon sein, daß dem Parteipolitiker regelmäßig Sachverstand — der genauso gegenständlich beschränkter Sachverstand ist wie der des „unabhängigen“ Fachmannes — fehlt, geschweige denn, daß ihm der common sense durch das partei- oder interessenverbandspolitische Engagement abhanden kommt. Der Rückgriff auf das parteipolitische Kräftereservoir kann sich insbesondere dann als unumgänglich erweisen, wo der Rat nicht oder kaum verbandspolitisch organisierbarer Schichten der Bevölkerung erwünscht ist. Nehmen wir als Beispiel den auf Beschlüssen der Steiermärkischen Landesregierung (1954—1956) beruhenden „Hauswirtschaftlichen Beirat beim Amte der Steiermärkischen Landesregierung“. Er besteht nach seinem Statut ausschließlich aus (neun) Frauen (insofern ein Unikum unter allen von mir untersuchten Beiräten), die nach dem Parteienproporz in der Landesregierung auf Vorschlag der politischen Parteien berufen werden. Fünf der neun Mitglieder sind Abgeordnete zum Nationalrat (2), zum Landtag (2) und zu

[19] Nur muß man sich hüten, die Institution der Beiräte unter dem Gesichtspunkt der „Demokratisierung der Verwaltung“ zu betrachten. Denn was geheim, d. h. nicht unter der Kontrolle der öffentlichen Meinung geschieht, kann nicht wohl als demokratische Institution gelten, ganz gleichgültig, wie die in Frage kommenden Organwalter bestellt werden. Mit Recht haben schon in den ersten Jahren der Republik H. Kelsen (Demokratisierung der Verwaltung, in Z. f. Verwaltung 1921, S. 5 f.) und A. Merkl (Demokratie und Reform der Verwaltung, ebenda 1922, H. 1—4) zu der damals aktuellen, aber seither immer wieder aufgeworfenen Frage der „Demokratisierung der Bezirkshauptmannschaften“ darauf hingewiesen, daß dort, wo es vor allem darauf ankommt, Gesetze zu *vollziehen*, demokratische Institutionen wenig sinnvoll sind, vielmehr eher die Gefahr begründen, daß der demokratisch gebildete Wille des Gesetzgebers verfälscht werde.

Wenn man nach rechtsgeschichtlichen Vorbildern sucht, sind diese eher in der Frühgeschichte des „ständischen“ Parlamentarismus im Mittelalter zu finden, wo die Verfassung eines „Landes“ durch die beiden Begriffspaare „Schutz und Schirm“ und „Rat und Hilfe“ charakterisiert wird und der Landesherr mit den „maiores et meliores terrae“ darüber berät, was zu Nutz und Frommen des „Landes“ zu tun sei. Dies alles liegt weit vor der Zeit, in der „Öffentlichkeit“ ein politischer Kampfbegriff wurde. Noch im 18. Jh. wurde bekanntlich in England die Veröffentlichung von Parlamentsverhandlungen als „Contempt of Parliament“ bestraft. Die Bestimmung moderner demokratischer Verfassungen, z. B. Österreich Art. 33 B-VG: „Wahrheitsgetreue Berichte über die Verhandlungen in den öffentlichen Sitzungen des Nationalrates und seiner Ausschüsse bleiben von jeder Verantwortung frei“ erinnert u. a. auch an diesen historischen Sachverhalt.

einem Gemeinderat (1), die übrigen sind m. W. mindestens teilweise führend in den jeweiligen Frauenorganisationen ihrer Parteien tätig. Ganz abgesehen davon, daß eine politisch aktive Frau wohl auch „Hausfrau“ ist oder gewesen ist, wird man nicht leugnen können, daß gerade sie als Informationskanal und Querelensieb aufs beste qualifiziert ist. So ist das Urteil der Verwaltung unverdächtig und wohl begründet:

„Der Zweck der Beiräte in der Steiermark ist, möglichst breiten Bevölkerungskreisen durch entsprechende Vertreter ein Mitspracherecht bei der Regelung öffentlicher Angelegenheiten in demokratischer Weise zu geben.

Dies ist besonders im Falle des hauswirtschaftlichen Beirates von großer Bedeutung, weil die Hausfrauen in Österreich keine gesetzlich anerkannte Interessenvertretung besitzen, die berechtigt wäre, im Namen der Hausfrauen an Regierungs- und Verwaltungsstellen heranzutreten.

Mit diesem Beirat haben die Hausfrauen, eine der größten Bevölkerungsgruppen, die von besonderer wirtschaftlicher, sozialer und kultureller Bedeutung ist, zum ersten Mal das Recht, ihre Interessen selbst zu vertreten. Die Zahl der vom Beirat geforderten Stellungnahmen und der Erfolg seiner Anträge zeigen die Notwendigkeit zur Beratung von Regierung und Verwaltung und den Sinn seiner Arbeit.“

Gegenstände der Beratung waren dabei u. a.: Verbesserung des hauswirtschaftlichen Unterrichtes, Verbesserung der Lebensmittelkontrolle, Darlehensgewährung zur Assanierung von Alt-Wohnungen, Stellungnahmen zum KindergartenG, zur Landes-BauO, zur Neuordnung der Dienstzeit der Landesbediensteten, zur Beförderung von Kinderwagen auf Straßenbahnen u. dgl.

Noch deutlicher zeigt sich freilich bei den verbandspolitisch zusammengesetzten Beiräten, daß die Verwaltungsbehörde kaum anderswo sachverständigen Rat bekommen könnte als von „Interessenten“. Wer meine Fragebogen durchsieht, wird das Schlagwort von der „Eroberung des Staates durch die Gesellschaft“ als mindestens sehr korrekturbedürftig anerkennen müssen. Man hat keineswegs den Eindruck, daß auf das Gemeinwohl bedachte Berufsbeamte sich resignierend oder zähneknirschend unter das caudinische Joch der organisierten Interessen beugen. Der Regelfall ist vielmehr die Kooperation und der sachliche Dialog zwischen den Vertretern von „Staat“ und „Gesellschaft“, die beide wissen, daß sie aufeinander angewiesen sind. Nehmen wir z. B. den „Zollbeirat“ beim BMF (§ 10 ZollG, BGBl 129/1955), der Gutachten „über die Anwendung des Zolltarifs, insbesondere vor der Erlassung von Tarifbescheiden, sowie von Weisungen an die Finanzlandesdirektionen, die die Anwendung des Zolltarifs oder der zu seiner Auslegung erlassenen Bestimmungen oder Richtlinien für Entscheidungen über Rechtsmittel in Zolltarifsachen betreffen“, erstattet, und zwar über fakultativen Auftrag des BMF, aber auch initiativ in der Form von Anträgen an das BMF. Außer dem Vorsitzenden und zwei weiteren Beamten des BMF besteht der Zollbeirat aus vierzig „branchen- und warenkundigen Fachleuten aus der gewerblichen Wirtschaft", vorgeschlagen von der Bundeskammer der gewerblichen Wirtschaft und dem Österreichischen Arbeiterkammertag, und zehn Fachleuten aus der Land- und Forstwirtschaft, vorgeschlagen von der Landwirtschaftskammer für Wien und Niederösterreich als geschäftsführender Stelle der Landwirtschaftskammern Österreichs. Für besondere Fachgebiete des Zolltarifs sind über Vorschlag derselben Kammern noch zusätzlich „ständige Sachverständige aus den Kreisen der gewerblichen Wirtschaft sowie der Land- und Forstwirtschaft als Experten zu bestellen". Eine der wichtigsten Funktionen eines Zolltarifes ist es ja schließlich, einerseits die inländischen Produzenten gegen ruinöse ausländische Konkurrenz zu schützen und andererseits die Interessen der an billigen Importen interessierten Wirtschaftskreise (und mittelbar der Konsumenten) zu berücksichtigen. Wer aber könnte die Zollverwaltung über die Einordnung einer bestimmten Ware unter eine Tarifposition besser beraten als jene Kreise, die es ständig mit Waren dieser und ähnlicher Art zu tun haben? Müßte nicht selbst das an der Hochschule für Welthandel in Wien bestehende Institut für Warenkunde und Technologie im Einzelfalle oft genug Auskünfte bei Interessenten einholen, wenn es um ein Gutachten angegangen würde?

Ähnliches gilt für den durch § 5 des „BG über den Feingehalt der Edelmetallgegenstände (PunzierungsG)" (BGBl 68/1954, 184/1965) eingerichteten „Punzierungsbeirat" beim BMF. Zwei Beamten des BMF stehen hier (gemäß § 68 der Verordnung BGBl 214/1954) 10—16 Mitglieder zur Seite, „die den Edelmetall verarbeitenden Kreisen (Gewerbe, Industrie und Handel)" angehören sollen. Obwohl nicht ausdrücklich normiert, dürfte auch hier der Berufung in den Beirat ein Vorschlag der Bundeskammer der gewerblichen Wirtschaft vorhergehen.

Es kann natürlich nicht bestritten werden, daß in der Form eines Beirates auch recht handfeste Interessentenpolitik betrieben werden kann. Die, ebenfalls beim BMF als der Versicherungskonzessions- und -aufsichtsbehörde, eingerichtete „Versicherungswiederaufbaukommission" (§ 2 Abs. 1 der VersicherungsÜG-Novelle 1951, BGBl 77/1951) besteht aus einem Vorsitzenden (Sektionschef i. R.) und folgenden elf „fachkundigen Mitgliedern": vier Vertretern des Fachverbandes der Versicherungsunternehmungen, davon mindestens einem Vertreter einer reinen Kleinlebensversicherungsanstalt, einem Vertreter des Fachverbandes der kleinen Versicherungsvereine a. G., zwei Funktionären der Gewerkschaft der Angestellten in der Privatwirtschaft, Sektion Versicherung (derzeit zwei Prokuristen!), endlich je einem Vertreter der Bundeskammer der gewerblichen Wirtschaft, der Landwirtschaftskammern und der Kammern für Arbeiter und Angestellte. Wenn man nun bedenkt, daß dieser Beirat vor allem zu Fragen der Erteilung einer neuen oder zur Erweiterung einer bestehenden Konzession gehört wird, ist das Bedenken doch nicht ganz zu unterdrücken, daß man hier ein wenig zu sehr „unter sich" ist. Dieser Gefahr war das vormals geltende, durch das deutsche VAG beseitigte (RGBl 1939, I, S. 365) Versicherungsregulativ (i.d.F. der V. BGBl 41/1921) dadurch begegnet, daß es (§§ 54 bis 59) einen Beirat auf breiterer Grundlage, übrigens auch mit erweiterten Aufgaben vorsah. Das hier angedeutete Problem wird noch weiter unten im Zusammenhang mit den in die subventionierende Verwaltung eingeschalteten Beiräten eingehender erörtert werden.

Zunächst ist aber vor allem darauf hinzuweisen, daß der Rat nicht nur vom Beirat an die Behörde, sondern auch in umgekehrter Richtung von der Behörde an die im Beirat vertretenen Interessenten ergehen, ja daß der Beirat sogar hauptsächlich den Zweck haben kann, mehrere Interessenverbände an den Verhandlungstisch zu bringen, um sie zur Zusammenarbeit zu bewegen. Dafür zwei charakteristische Beispiele.

Der beim Landesjugendreferat des Amtes der Landesregierung gebildete „Steiermärkische Landesjugendbeirat" hat nach Z. 2 seiner GO die „zweifache Funktion:

a) das Landesjugendreferat in seiner Arbeit zu beraten und zu unterstützen (übertragener Wirkungsbereich),

b) gemeinsame Angelegenheiten und Anliegen der Jugendverbände zu behandeln (autonomer Wirkungsbereich)",

wobei im ersten Fall der Landesjugendreferent, im zweiten ein gewählter Vorsitzender den Beratungen präsidiert, der Landesjugendreferent aber mit beratender Stimme teilnimmt. Daß hier die Jugendverbände mindestens ebensosehr beraten werden, wie sie beraten, dürfte auf der Hand liegen.

Der Tiroler „Landesfremdenverkehrsrat" (§§ 45—48 Tir. FremenverkehrsG, LGBl 8/1963), der freilich auch Elemente eines Minister- (Landesräte-) und Beamtenkonventes aufweist (sechs Mitglieder), hat als weitere Mitglieder Vertreter der Gemeinden (drei), der Kammern (sieben), der Gastwirte (neun), der Fremdenverkehrsverbände (neun), der freien Berufe (1) und verschiedener Vereine, z. B. Schiverband (fünf). Er hat einen „Vollzugsausschuß" (§ 47 l.c.), der nicht nur die Sitzungen des Fremdenverkehrsrates vorzubereiten und Anträge an ihn zu formulieren hat, sondern dem auch die „Durchführung allfälliger von diesem gefaßter Beschlüsse" als Aufgabe zugewiesen ist, wozu sicherlich auch die Verbreitung von Empfehlungen nach „unten", etwa an Gemeinden oder öffentliche oder private am Fremdenverkehr interessierte Verbände gehört.

Schließlich mag noch der bei der Dienststelle für Staatslotterien im BMF. errichtete Sporttotobeirat (SporttotoG BGBl 55/1949, 52/1963 und V. BGBl 145/1949) genannt werden, dem je ein Vertreter des BMF, BMU und BMsV, ferner je ein Vertreter der vier großen sportlichen Dachorganisationen angehören. Außer typischen Ratschlägen nach „oben" gehört zu den Funktionen des Beirates die Erstellung eines Wettspielprogramms. Auch hier leistet die Behörde eine gewisse Hilfsstellung, indem sie einen

Verhandlungstisch für ansonsten (auch ideologisch) rivalisierende Verbände zur Verfügung stellt. In diesem Lichte muß übrigens teilweise auch der beim BMU eingerichtete „Bundessportausschuß" gesehen werden, der nach § 3 seiner GO „eine beratende Stelle aller zuständigen BM in allen Fragen der Leibesübungen und der Körperkultur *und gleichzeitig die freiwillige Vertretung der österr. Sportinteressen*" darstellt. Es ist bezeichnend, daß in diesem Forum der Sportverbände die sieben Vertreter der beteiligten BM. nur beratende Stimme haben. All dies deutet darauf hin, daß Interessentenbeiräte nicht zuletzt auch als Wege zum Kompromiß und zur Zusammenarbeit unter den Verbänden selbst gesehen werden können. Ganz deutlich kommt dieser Gesichtspunkt schon im Namen des „Beirates für Fragen der Zusammenarbeit der öffentlichen und der freien Jugendpflege" beim Amt der Steiermärkischen Landesregierung (§ 40 Abs. 3—6 Steierm. JWG, LGBl 35/1956) zum Ausdruck. (Zusammensetzung: Vorstand der zuständigen Abteilung der Landesregierung, je ein Beamter des Landesschulrates und des Jugendamtes des Magistrates Graz, je ein Vertreter der beiden großen Kirchen und der sieben „von der Landesregierung anerkannten Organisationen der freien Jugendwohlfahrtspflege".) Mein Gewährsmann beurteilt dessen Arbeit als nützlich und wertvoll: „Sie dient nicht nur zur Beratung der Berufsbeamten, sondern ermöglicht gleichzeitig eine ausführliche Information der nichtbeamteten Beiratsmitglieder und damit auch ein besseres Verständnis für die behördliche Arbeit."

Die Funktion der organisierten Koordination und Kooperation hat sicherlich auch der 1955 durch Regierungsbeschluß errichtete „Beirat für Lawinenschutzmaßnahmen beim Amt der Vorarlberger Landesregierung", zusammengesetzt aus Vertretern der Polizei-, Forst- und Straßenbauabteilungen dieses Amtes, zwei Bezirkshauptmännern, je einem leitenden beamteten Straßenbau- und Forsttechniker, dem Landesgendarmeriekommandanten, einem beamteten Eisenbahntechniker, schließlich je einem Vertreter der Vorarlberger Illwerke AG, der Fremdenverkehrssektion der Handelskammer und des Landesverbandes für Fremdenverkehr, zwei Bürgermeistern und zwei Spezialisten der Lawinenkunde. Der Tätigkeitsbericht dieses Beirates kann sich denn auch sehen lassen.

IV

Wie bereits angedeutet, sind Beiräte besonders stark in der Subventionsverwaltung zu finden. Es ist schließlich zu verstehen, daß die Parteien und Interessenverbände, auf deren Initiative Gesetz oder Haushaltsgesetz eine solche Subvention meist vorsehen, auch in das Geschäft der Verteilung der Subvention eingeschaltet sein wollen. Zwar kennen alle Verfassungsstaaten eine parlamentarische Kontrolle der Verwaltung und ihrer finanziellen Gebarung, mit oder ohne Einschaltung eines Rechnungshofes oder einer ähnlichen Institution: aber es ist auch eine Binsenwahrheit, daß zwischen verfassungsgesetzlichem Kontrollrecht und faktischer Kontrollmöglichkeit eine ständig wachsende Inkongruenz besteht. Ein Beirat in der Subventionsverwaltung kann also — auch wenn er vorwiegend aus Vertretern von Interessenverbänden besteht — sehr wohl als extraparlamentarisches, aber gleichwohl mit den im Parlament wirkenden politischen Kräften kommunizierendes Kontrollorgan gedeutet werden, und auch die für die Subvention zuständige Behörde genießt dadurch den Vorteil, die Verantwortung für die im Einzelfall oft nicht ganz leicht zu beantwortende Frage der Subventionswürdigkeit eines Subventionswerbers abwälzen oder wenigstens teilen zu können. Man darf nicht vergessen, daß der einzelne Beamte sich durch einen Beirat auch die berüchtigten „Interventionen" relativ leicht vom Halse schaffen kann: ein Kollegium ist im allgemeinen ein minder günstiges Operationsgebiet der Günstlingswirtschaft. Auf der anderen Seite darf freilich nicht verkannt werden, daß die Beteiligung eines Verbandes an der Subventionsverteilung geeignet ist, „Verletzungen der Verbandsdisziplin", oder was man dafür ausgibt, zu entmutigen. Auch hier also stärkt der „Staat" die Verbände und wird von ihnen gestützt. Die umfassende Autorität kommt der partikulären zu Hilfe, die partikuläre der umfassenden: dies ist das wahre Bild des „Verbändestaats".

Die Beteiligung der politischen Parteien und Interessenverbände an den individuell-konkreten Akten der Verwaltung von rechtlich selbständigen oder unselbständigen Subventionsfonds kann freilich auf zweifache Art und Weise verwirklicht werden, obwohl der theoretische Unterschied größer sein dürfte als der praktische. Im ersten Falle entscheidet eine Kommission (Kuratorium etc.) über die Gewährung der Subvention, während die Abwicklung, z. B. durch Darlehensvertrag, der Behörde obliegt, bei der die Kommission eingerichtet wurde, allenfalls auch dem Präsidium der Kommission oder dergl. Im zweiten Fall entscheidet und wickelt die Behörde ab, jedoch nach obligatorischem Gehör eines Beirates, der ebenfalls oft den Namen „Kommission" führt.

Ein typisches Beispiel für den ersten Fall ist die durch das BG über die Verwaltung der ERP-Counterpart-Mittel (ERP-FondsG, BGBl 207/1962) eingerichtete ERP-Kreditkommission beim Bundeskanzleramt, die ihre Befugnisse durch ihre GO an bestimmte Fachkommissionen beim BMGuI (Fremdenverkehrskredite), beim BMLuF (land- und forstwirtschaftliche Kredite) und BMVuverstU (Kredite des Verkehrssektors) delegieren kann (§§ 6—8 l.c.). Ebenso obliegt es dem Kuratorium der „Salzburger Landesbeihilfe", einem rechtlich unselbständigen Verwaltungsfonds, errichtet durch Regierungsbeschluß (1965), u. a. „über die Gewährung von Unterstützungen in Einzelfällen" zu entscheiden, während die Abwicklung durch die „Geschäftsstelle" (d.h. die Fürsorgeabteilung des Amtes der Landesregierung) erfolgt. (Das Kuratorium ist nach dem Parteienproporz zusammengesetzt.) Auch das Kuratorium des durch das Steiermärkische „Gesetz über die Bildung eines Fonds für gewerbliche Darlehen" (LGBl 20/1954) errichteten Fonds, unter Interessenverbandsgesichtspunkten zusammengesetzt, hat als Aufgabe „die Genehmigung" der einzelnen Darlehen (§ 6 l.c.). Salzburg hat das gleiche Problem auf die gleiche Art gelöst (Kleingewerbe-DarlehensfondsG 1955 (LGBl 35/1955).

Das vorliegende Material läßt aber die Vermutung zu, daß der zweite Weg sehr viel häufiger beschritten wird. Typische Beispiele sind die

a) Wohnhaus-Wiederaufbau-Kommission beim BMBuT (§ 5 Wohnhaus-WiederaufbauG, BGBl 130/1948) „zur Beratung der mit der Verwaltung des Fonds zusammenhängenden Fragen, insbesondere zur Begutachtung des Wirtschaftsplanes und der Ansuchen um Gewährung von Fondsleistungen". Sechs seiner 12 Mitglieder werden vom Hauptausschuß des Nationalrates, zwei von der Bundeskammer der gewerblichen Wirtschaft bzw. vom Österr. Arbeiterkammertag, weitere zwei als Vertreter des BMF bzw. BMsV entsendet.

b) Wohnbauförderungsbeiräte bei den Ämtern der Landesregierungen in allen Bundesländern (§ 28 des als GrundsatzG erlassenen WohnbauförderungsG 1954, BGBl 153/1954 und die entsprechenden AusführungsG der Länder über die Bestellung eines Wohnbaubeirates [20].) Nach dem Parteienproporz in der Landesregierung zusammengesetzt, erstatten sie Gutachten über die einzelnen Anträge auf Förderung einer Klein- oder Mittelwohnung und über Grundsatzfragen der Wohnbauförderung.

c) Ausfuhrförderungsbeirat beim BMF (§ 6 AusfuhrförderungsG 1964, BGBl 200/1964) zur Begutachtung von Ansuchen um Übernahme der Haftung für Ausfuhrgeschäfte. Die Mehrzahl seiner Mitglieder sind Ministerialvertreter (acht), wozu je ein Vertreter der vier großen Interessendachorganisationen und der Österr. Nationalbank kommen.

d) Rentenkommissionen bei den Ämtern der Landesregierungen (§ 11 b OpferfürsorgeG, BGBl 183/1947, i.d.F. der 17. OFG-Novelle, BGBl 307/1964) zur Begutachtung von Anträgen auf Zuerkennung von Renten an Opfer des Nationalsozialismus und deren Hinterbliebene. Die Mitglieder werden vom BMsV über Vorschlag des Landeshauptmannes und der zuständigen Finanzlandesdirektion (je zwei Beamte), je ein Mitglied über Vorschlag der Landesleitungen der ÖVP, SPÖ und KPÖ und ein weiteres Mitglied aus dem Kreise der wegen ihrer Abstammung Verfolgten ernannt. Die Rentenkommissionen sind nicht zu verwechseln mit den in einzelnen Bundesländern (Wien, Niederösterreich) bestehenden Beiräten (Ausschuß) zur Verwaltung der Erträge der Abgaben nach dem (Landes-)OpferfürsorgeG, doch sind auch hier Vertreter der politischen Parteien bzw. von Interessenverbänden tätig.

e) Fondskommission nach dem Salzburger KatastrophenhilfsfondsG, LGBl 40/1957 zur Begutachtung einer Darlehensaufnahme und der Gewährung von Hilfe durch den Fonds (§ 6 Abs. 2 l.c.). Sie besteht aus dem mit den Landesfinanzen betrauten Mitglied der Landesregierung (Vorsitz) und fünf von dieser ernannten weiteren Mitgliedern (derzeit zwei weiteren Landesräten und drei Berufsbeamten) mit beschließender Stimme, denen fünf weitere Mitglieder mit nur beratender Stimme zur Seite stehen (je ein Vertreter der Kammern für Land- und Forstwirtschaft, der gewerblichen Wirtschaft, der Arbeiter- und Landarbeiterkammern sowie ein Vertreter der Gemeinde, in der die Katastrophe eingetreten ist). Einem die Entscheidung der Landesregierung vorbereitenden und diese somit beratenden Minister- und Beamtenkonvent stehen also noch seinerseits Berater aus den Interessenten zur Seite.

[20] LGBl: Bu 14/1955, K 11/1955, NÖ 36/1955, OÖ 11/1955, Sa 1/1955, St 4/1955, Ti 18/1955, Vo 15/1955, W 3/1955.

V

Die bisher gezeigten Beispiele weisen deutlich darauf hin, daß ein Beirat, er heiße und sei zusammengesetzt wie auch immer, in der Regel nicht *die* Behörde, sondern *mit* der Behörde berät. Was also auf dem Papier so sonderbar erscheint, daß gelegentlich Beamte der zuständigen Behörde selbst wieder als beratende Mitglieder des Beirates dieser Behörde auftreten, daß mancher Beirat mehr den Charakter eines Beamtenkonventes unter Hinzuziehung einiger Parteien- oder Interessenvertreter hat, erweist sich somit als spezifische Ausformung eines verwaltungspolitischen Gedankens, der Beteiligung einer Personenmehrheit an der Bestimmung des Inhalts eines Verwaltungshandelns, es sei „hoheitlich" oder „nicht-hoheitlich", generell oder individuell adressiert, eines Verwaltungshandelns, das jedoch keine größere rechtliche Relevanz als die eines amtlichen Entwurfes beanspruchen kann. Es ist eben das Wesen eines Rates, eines Gutachtens, daß es nicht der Ratgeber ist, der das verbindliche „letzte Wort" spricht, sei es als Antrag an ein anderes, etwa ein gesetzgebendes Organ der Rechtsordnung, sei es als eine Rechts- oder Verwaltungsverordnung, sei es als ein Bescheid oder ein Akt der nicht-hoheitlichen Verwaltung. Wo ein „Beirat" an mehr mitwirkt als an einem „Entwurf", ist die Grenze überschritten, die einen Beirat von einem kollegial besetzten Amt oder einer Kollegialbehörde begrifflich trennt. Aber: sowenig einem Beirat irgend eine Amtsvollmacht, sie sei „Imperium" oder „fiskalisch", zukommt und begrifflich zukommen kann [21], der gegebene Rat ist derart, daß er kaum abgelehnt werden kann, sei es, weil es eben der Rat von Sachverständigen ist, die mehr oder wenigstens

[21] Daher kann man die oben auf S. 182 erwähnten Kommissionen, insofern sie über die Gewährung von Subventionen *entscheiden,* nicht als echte Beiräte bezeichnen. Aber sind es dann Behörden? Im Sinne der österreichischen Verwaltungsrechtslehre nur dann, wenn diese Entscheidung als „hoheitlich" qualifiziert werden kann, nicht als eine „privatwirtschaftliche". Hier bietet sich natürlich H. P. Ipsens (Die öffentliche Subventionierung Privater, Berlin 1956, S. 64 ff.) Zweistufentheorie als Ausweg an. Aber kann sie nach dem gegenwärtigen Stande des positiven österreichischen Rechts mehr als ein legistisches Postulat sein? Der Kern der Schwierigkeit liegt eben darin, daß der Staat nicht kraft seiner mythischen Eigenschaft als „juristische Person" ein „Träger von Privatrechten" ist, als sei der Begriff der „juristischen Person" dem des „Staates" logisch vorgeordnet, sondern daß es juristische Personen im „privaten" Rechtsverkehr nur gibt, weil es die staatliche Rechtsordnung vorsieht. Ob ein Mensch im Namen des „Staates" auftreten dar, bestimmt sich nach Verfassung und verfassungsvollziehendem Gesetz, und das Auftreten im Namen des „Fiskus" setzt nicht weniger als das „hoheitliche" Auftreten eine positive Rechtsordnung voraus, die die Zurechnung zum „Staate" gestattet. Der Staat ist nicht von Natur aus „Träger von Privatrechten". Er hat nicht mehr Privatrechte, als ihm Verfassung und Gesetz gestatten. Aber welche sind das? Vgl. zum ganzen Problem Loebenstein a.a.O., ferner H. Klecatsky, Die Köpenickiade der Privatwirtschaftsverwaltung (JBl 1957, S. 333 f.) und A. Kobzina, Der Staat als Privatwirtschaftssubjekt (ÖJZ 1961, S. 421 ff.).

gleichviel wissen wie der von Rechts wegen für die Entscheidung zuständige Organverwalter, sei es, weil diese Sachverständigen auch Vertreter von Parteien und Interessenverbänden sind, deren Konsens seit 1945 die Bundes- und Landesregierungen stützt und auch bei Wegfall des Regierungskonsenses in der Form der bisherigen „großen" Koalition als Verfassungskonsens erhalten bleiben müßte, wenn die geltende Verfassungsordnung effektiv bleiben soll. Der „Rat, der kaum abgelehnt werden kann" als Kennzeichen einer von „Potestas" und „Imperium" zu unterscheidenden „Auctoritas" macht natürlich einer Rechtswissenschaft Kummer, die das Charakteristische der Rechtsnorm im Zwange sieht und sich ganz folgerichtig nur für jene Verwaltung interessiert, die dem Bürger „hoheitlich" entgegentritt [22]. Aber das ist ein Kapitel, das hier nicht näher erörtert werden kann. Es hat immerhin auch eine gute Seite, daß die weinerliche ideologische Diskussion über die Divergenz von „Verfassungsrecht" und „Verfassungswirklichkeit", jene Ausgeburt der Parteien- und Interessenverbandsprüderie der an die „Nation une et indivisible" und den „souveränen Staat" Glaubenden, noch nicht auf die ebenfalls eingebildete Divergenz von „Verwaltungsrecht" und „Verwaltungswirklichkeit" übergegriffen zu haben scheint, eingebildet, weil die gemeinte Divergenz nur eine solche der „Wirklichkeit" zu der dem Rechte interpretativ unterschobenen politischen Ideologie ist.

Daß es jedenfalls die Funktion der Beiräte ist, autoritativ, aber ohne Zwangsautorität zu sprechen, ergibt sich daraus, daß meine Frage, ob es vorkomme, daß einer Initiative des Beirates nicht entsprochen werden konnte, durchwegs verneint wurde. Die Formel: „Die Behörde trat der Ansicht des Beirates regelmäßig bei" kehrt in den Fragebogen mit diesen oder anderen Worten immer wieder. Bei den wenigen Ausnahmen handelt es sich fast ausschließlich um generelle Forderungen, nicht um individuelle Ratschläge. Dies gilt auch — und vielleicht gerade auch — für jene Beiräte, in denen Vertreter gegensätzlicher Interessen, z. B. Jäger und Landwirte, in den landesgesetzlich vorgesehenen Bezirks- und Landesjagdbeiräten [23] vereinigt sind, von den parteipolitisch besetzten Beiräten ganz zu schweigen. Und noch ein weiterer Umstand ist in diesem Zusammenhange bemerkenswert: obwohl Gesetz oder Statut Mehrheitsbeschlüsse regelmäßig zulassen, wird doch die Möglichkeit der Majorisierung fast nie ausgenützt und stellt eine ganz seltene Ausnahme dar. Das ist leicht zu verstehen: ein

---

[22] Es ist interessant, daß derselbe TH. MOMMSEN, der auctoritas als „Ratschlag, dessen Befolgung man sich füglich nicht entziehen kann" definiert (Römisches Staatsrecht, Tübingen o. J., Bd. III, S. 1034) auch den Senat als consilium bezeichnet, wobei er das lateinische Wort mit „Beirat" übersetzt. Ich bin TH. ESCHENBURG, Über Autorität, Frankfurt 1965, für diesen Hinweis dankbar.

[23] LGBl: Bu 2/1951, § 124; K 54/1961, §§ 77, 78; NÖ 13/1947, § 124; Ti 10/1959, §§ 62—64.

in Votum und Contravotum geteilter Rat hat eben nicht die autoritative Wirkung, um derentwillen der Beirat eingerichtet wurde, wie denn auch zwei einander widersprechende Sachverständige im ordentlichen gerichtlichen oder administrativen Verfahren für die entscheidende Instanz nur eine Quelle der Unsicherheit und des Mißvergnügens sind, dem Zweck des Sachverständigenbeweises also nicht entsprechen. Die Mitglieder der Beiräte geben sich davon vielleicht nicht bewußt Rechenschaft, aber sie spüren sicherlich, daß die im Beirat zugebrachte Zeit nur dann nicht umsonst geopfert wurde, wenn das Ergebnis der Beratungen möglichst einstimmig und zugleich auf die Situation des rechtlich zur Entscheidung berufenen Organwalters abgestimmt, formuliert werden kann. So paradox es klingen mag: es ist gerade die rechtliche Unverbindlichkeit des Rates, die es bewirkt, daß er nicht abgelehnt werden kann.

Mit diesen die Fülle des Materials weder in verwaltungstheoretischer noch in verwaltungsrechtlicher Beziehung erschöpfenden vorläufigen Bemerkungen muß es in diesem Rahmen sein Bewenden haben. Eine ausführlichere Arbeit aus meinem Institut wird hoffentlich in absehbarer Zeit die Übersicht verbessern und vervollständigen und auch die rechtlichen Probleme, vor allem unter dem Gesichtspunkte der Bindung der Verwaltung an das Gesetz erörtern [24, 25].

[24] Hierzu gehören vor allem auch organisationsrechtliche Probleme, vgl. z. B. die Erk. des VerfGH Slg. 2323 (Wirtschaftsdirektorium der Bundesregierung), 2332 (Tir. Landessportrat), 2418, 3054, 3096 u. a., ferner die Rechtsgutachten der Sozialwissenschaftlichen Arbeitsgemeinschaft Nr. 8 „Kammern und Kollegialbehörden" (über den Recall von „entsendeten" Kollegiumsmitgliedern) und Nr. 24 „Der Plan zur Umgestaltung der paritätischen Kommission für Preis- und Lohnfragen". Ferner werden die Beiräte in den größeren Problemkreis einzuordnen sein, den man „Die Aufweichung des monokratischen Prinzips in der Verwaltung" überschreiben könnte und zu dem z. B. auch die gesetzlich angeordnete Kooperation monokratischer Behörden durch die Formel „Im Benehmen mit" oder „Im Einvernehmen mit" gehört. In Österreich jedenfalls ist das Kollegialprinzip im stetigen Vormarsch; die Gesetze, die seit 1920 bzw. 1945 neue besondere Behörden für bestimmte Angelegenheiten geschaffen haben, haben fast ausnahmslos Kollegialbehörden ins Leben gerufen.

[25] Seit dem Abschluß dieser Arbeit im Dezember 1965 sind schon wieder eine Reihe von neuen Beiräten gebildet worden, z. B. der Familienpolitische Beirat beim BKA. An Literatur wäre nachzutragen: Institut für angewandte Sozial- und Wirtschaftsforschung (Hrsg.), Zur Paritätischen Kommission für Preis- und Lohnfragen, Wien 1966.

Zur Neuordnung der Rechtsquellen im Verwaltungsrecht

JOACHIM KNIESCH

A. Das mir von den Herausgebern der Gedächtnisschrift nahegelegte Thema habe ich gerne übernommen, weil einmal der mit diesem Beitrag zu Ehrende sich mit einem Teilausschnitt dieses Problems, nämlich der sogen. Gesetzmäßigkeit der Verwaltung und der sogen. gesetzesfreien Verwaltung [1] befaßt hat, zum anderen diese Streitfragen immer noch aktuelle sind [2], der Verfasser mit leider nur wenigen Zeilen sich auch selbst etwas dazu äußern durfte [3] und schließlich als langjähriger Assistent in der Zeit ab 1931 in Erfüllung der selbstverständlichen Ehrenpflicht einen kleinen Beitrag leisten wollte.

B. Einengung des Themas

Zu den Rechtsquellen im öffentlichen Recht gehört natürlich auch das Kirchen-, Straf- und Völkerrecht. Das muß hier ausgeschieden werden. Die eine oder andere Frage des Staatsrechts wird nur insoweit kurz erwähnt, als diese zu dem hier abzuhandelnden Thema des Verwaltungsrechts benötigt wirde.

Da das Spannungsfeld zwischen Parlament, Verwaltung und Rechtsprechung (absolute oder relative Gewaltentrennung) für das Problem der sogen. Gesetzmäßigkeit der Verwaltung angeschnitten werden muß, wird schon jetzt ebenso um Nachsicht dafür gebeten wie für die kurze Behandlung einiger bundesstaatlicher Fragen.

C. Gruppen der Rechtsquellen

Die Gruppen der Rechtsquellen im Verwaltungsrecht werden von altersher [4] in geschriebenes (Gesetz und Satzungen) und ungeschriebenes Recht (Gewohnheitsrecht, Observanz) unterschieden. Es braucht nicht besonders

---

[1] Zuletzt wohl in der Festschrift für HANS HUBER (1961, Verwaltung ohne gesetzliche Ermächtigung?) und in der Rektoratsrede 1965, S. 15 ff.

[2] MALLMANN u. a., in V.V.St.D.R.L. Heft 19, S. 165 ff. u. KÖTTGEN, Archiv f.ö.R., 90. Band 1965, S. 205 ff.

[3] KNIESCH in NJW, 1961, Heft 48 und in „Staatbürger und Staatsgewalt" 1963, Bd. II, S. 497.

[4] HANS PETERS in Graf Hue de Grais-Peters, 23. Aufl. 1926, § 1, Einleitung, S. 2.

betont zu werden, daß die hergebrachte Rechtsquellenlehre in Theorie und Praxis im modernen Gegenwartsstaat fortentwickelt, zweifelhaft geworden ist und weiter entwickelt werden muß [5].

I. Interessant und insoweit modern wird an die Rechtsquellenlehre von Hans Peters in seinem Lehrbuch der Verwaltung (1949!) S. 68 ff. herangegangen und zwar unter der bezeichnenden Überschrift „Recht und Rechtsquellen in der Verwaltung". Dieser Abschnitt beginnt damit, daß er den Satz „Gerechtigkeit ist das Fundament des Staates" vorausstellt und den „Glauben an die Allmacht des Gesetzgebers" als „krassen" Rechtspositivismus verwirft (a.a.O., S. 71). Nach dieser Ausrichtung erst kommt Hans Peters auf die übliche Einteilung vom geschriebenen (also Gesetzes) Recht und ungeschriebenem Recht (Gewohnheitsrecht, Observanzen). Erfreulicherweise hat Peters (a.a.O., S. 79) festgestellt, daß es schon in den Jahren 1919 bis 1933 Vereinbarungen öffentl.-rechtl. Art als Rechtsquelle, nämlich Tarifverträge gab, die es, wie er sich damals alsbald nach dem 2. Weltkrieg richtig äußerte „künftig wieder" geben wird; ohne daß er allerdings ahnen konnte, in welch großem Ausmaß solche öffentl.-rechtl. Vereinbarungen in der Staatspraxis nach 1949 in Bund, Ländern und Gemeinden als Rechtsquelle geschaffen werden sollten und sich auch als solche als durchaus brauchbar und verfassungsrechtl. zulässig erwiesen haben.

Die Aufzählung der Rechtsquellen in der 7. Aufl. von Forsthoff [5a] (S. 112—143) im Jahre 1958, also fast 10 Jahre nach dem Erscheinen des Lehrbuches von Hans Peters erscheint mir, wie gleich an Hand des Verwaltungs-Kurzlehrbuches I von Wolff [5b] zu zeigen sein wird, m. E. nicht erschöpfend. Einiges, was Forsthoff im Abschnitt „das Verwaltungsrechtsverhältnis" (z. B. subj.-öffentl. Rechte) S. 160 ff. und im Abschnitt „Die Lehre vom Verwaltungshandeln" (S. 180 ff., insbesondere S. 249 ff. z. B. zum öffentl.-rechtl. Vertrag) bringt, gehört seit einigen Jahren m. E. nicht nur zum eisernen Bestand der Verwaltungspraxis, bestätigt durch höchstrichterliche Rechtsprechung, sondern unter eine moderne Aufzählung der allgemein gültigen Rechtsquellen im Verwaltungsrecht.

Darauf wird noch zurückzukommen sein. Als Beweis für die Richtigkeit der hiesigen Ansicht kann z. B. zunächst einmal auf Wolff, a.a.O., S. 92 ff. verwiesen werden. Auch er beginnt mit fundamentalen Rechtsgrundsätzen, die sich aus dem Gerechtigkeitsprinzip innerhalb einer Vielzahl von „Menschen innerhalb einer Rechtsordnung" von selbst verstehen. Als „Rechtsprinzipien" sind diese Rechtsgrundsätze Rechtsquellen und Erkenntnisgrund für positives Recht" (a.a.O., S. 93). Wolff (a.a.O., S. 94/95) rechnet die verfassungsgestaltenden Grundentscheidungen in der Verfassungsurkunde [6] m.

---

[5] Vgl. die relative Unsicherheit in fast allen Lehrbüchern des Verwaltungsrechts.
[5a] Lehrbuch, 7. Aufl. 1958. [5b] Wolff, Kurzlehrbuch, 3. Aufl.
[6] z. B. sozialer und demokratischer Bundesstaat, Art. 20 Abs. 1 GG, aber auch Art. 20 Abs. 3, 28 GG.

E. mit Recht zu solchen verfassungsgestaltenden Grundentscheidungen, die im Rechtsquellensystem des Verwaltungsrechts unbedingt zu erwähnen sind.

WOLFF erkennt auch an, daß einige dieser Grundentscheidungen des GG oder der Landesverfassungen *nicht* erst der Aktualisierung durch den Gesetzgeber bedürfen, sondern unmittelbar geltendes Recht nach Art. 1 III GG sind, so z. B. Recht auf Fürsorge aus der Grundentscheidung des GG für den Sozialstaat, Gleichberechtigung von Mann und Frau unter Hinweis auf die von der höchstrichterl. Rechtsprechung bestätigten Änderung des BGB's kraft unmittelbaren Verfassungsrechtes. Nachdem WOLFF, a.a.O., S. 97, leider aus dem Gerichtswesen nur die Urteile der Verfassungs- und Staatsgerichtshöfe des Bundes und der Länder im „Konzert" der Rechtsquellen erwähnt hat, kommt er über die sonst gemeinhin erwähnten Rechtsquellen zu den Rechtsvereinbarungen, bei denen er erfreulicherweise z. B. auf die vielen zwischenstaatlichen Verwaltungsvereinbarungen zwischen den einzelnen Bundesländern, aber auch zwischen Gemeinden Bezug nimmt. WOLFF a.a.O., S. 104, erwähnt dann noch unter den Rechtsquellen des Verwaltungsrechts z. B. die Tarif-, Betriebs- und Dienstvereinbarungen.

II. Unabhängig von den hier kurz behandelten bekannten 2 Lehrbüchern bleibt einführend darauf aufmerksam zu machen, daß bekanntlich z. B. auf Staatsrechtslehrertagungen [7] in den letzten Jahren das Problem der Gesetzmäßigkeit der Verwaltung und der sogen. gesetzesfreien Verwaltung eine große Rolle gespielt hat. HANS PETERS hat öfter zuletzt wohl in seiner Rektoratsrede 1965 (Scherpe-Verlag, Krefeld) trotz der Beachtung des Grundsatzes der Gesetzmäßigkeit für gewisse Selbständigkeit der Verwaltung plädiert, worauf noch zurückzukommen sein wird. Nach seiner Meinung muß die Verwaltung ebenso wie die Richter sicher verfassungsgemäß zustandegekommene Gesetze beachten und anwenden. Aber es gibt zu Recht nach HANS PETERS große Bereiche, in denen die Verwaltung täglich — natürlich verfassungskonform — handeln muß, ohne daß eine gesetzliche Ermächtigung vorliegt, also „gesetzesfrei". Damit ist das Thema unseres Beitrages dahin berührt, ob es für die Verwaltung, die 2. Staatsgewalt, tatsächlich und rechtlich möglich ist, falls erforderlich und verfassungskonform „gesetzesfrei" zu handeln, oder handeln zu müssen, oder ob darin ein schwerer Verstoß gegen die hergebrachten Lehren und Staatspraxis auf dem Gebiet der Rechtsquellenlehre und gegen die Verfassung liegt. Die Gegner der Auffassung von HANS PETERS, dessen Ansicht ich auch für richtig halte, haben es deshalb schwer, weil nicht nur das Bundesverfassungsgericht bekanntlich nicht so sehr — und zwar offentischtlich nicht nur bei der leistungsgewährenden Verwaltung — am Gesetzesbegriff als alleiniger Rechtsquelle festhält. Auch das Bundesverwaltungsgericht (zumindestens VII. Senat) hat auf dem Ge-

---

[7] 1956: „Das Gesetz als Norm und Maßnahme", Heft 15 und 1961 mit Thema „Schranken nicht hoheitlicher Verwaltung", Heft 19.

biet der Leistungsverwaltung (z. B. Subvention [7a]) Freiheit bei dem Fehlen der gesetzlichen Ermächtigung zugelassen, wenn nur der im übrigen verfassungeskonform gewährte Geldbetrag wenigstens im Haushaltsgesetz hinreichend bestimmt ist. Es bleibt deshalb in diesem Beitrag — etwas summarisch leider — zu klären, was es eigentlich mit dem sogen. Grundsatz der Gesetzmäßigkeit der Verwaltung nach gegenwärtiger Rechtslehre, höchstrichterlicher Rechtsprechung, Staatspraxis und Verfassungswirklichkeit unter dem Blickwinkel des Themas auf sich hat (siehe unter D.).

III. In diesem Teil der Arbeit, der sich mit den Rechtsquellenarten befaßt, bleibt zur Abrundung noch folgendes festzuhalten:

Es ist darauf hinzuweisen, daß sich entgegen geringfügiger, anderweitiger Auffassung der öffentlich-rechtl. Vertrag als Rechtsquelle fest in der Staatspraxis bei Bund, Ländern und Gemeinden eingebürgert hat. Soweit strittige Angelegenheiten zwischen den Genannten nicht Gegenstand eines Staatsvertrages sind, können sie mit solchem neuem Rechtsquellentyp geregelt werden, weil in solchen Verträgen zahlreiche Probleme generell für gleichgelagerte Fälle gesetzesähnlich rechtswirksam gelöst werden. Statt vieler zeilenraubender Worte darf auf den Musterentwurf eines Verwaltungsverfahrensgesetzes vom Jahre 1963 verwiesen werden, den ein Bund-Länderausschuß unter Zuziehung von Spezialisten erarbeitet hat [8]. Dort ist in einem Teil IV in den §§ 40—48 der öffentlich-rechtliche Vertrag geregelt. Auf übereinstimmende Empfehlung der vom Ausschuß angehörten Professoren ist dieser neue Rechtsquellentyp des Verwaltungsrechts in den Musterentwurf aufgenommen worden, a) wegen der ständig steigenden Bedeutung dieses Rechtsinstituts, b) weil die Zweifel über Möglichkeiten und Grenzen sogen. öffentlich-rechtlicher Vereinbarungen in etwa durch ein Gesetz festgelegt werden sollten (a.a.O., S. 73). Im einzelnen kann bezüglich der Entstehung rechtlicher Zulässigkeit dieser neuen Rechtsquelle und ihrer großen praktischen Bedeutung auf die Einzelbegründung des genannten Musterentwurfes (a.a.O., S. 185 f.) zustimmend verwiesen werden. Desgleichen kann z. B. auch auf Salzwedel [8a] u. a. Bezug genommen werden. Der öffentlich-rechtliche Vertrag kann also manchmal das an Streit erledigen, was im Einzelfall durch einen Verwaltungsakt geregelt werden könnte. Meistens ist der öffentl.-rechtl. Vertrag aber ein aliud! Er soll gerade ähnlich wie ein Gesetz dazu dienen, eine große Zahl von gleichliegenden Rechtsstreitigkeiten zu erledigen, wozu sich der öffentl.-rechtliche Vertrag im Interesse des Herstellens des Rechtsfriedens bei einer großen Zahl von unmittelbar oder mittelbar Beteiligten, wie in der jahrelangen Praxis bewiesen, besonders gut eignet [9].

[7a] Kniesch (Vortrag), abgedruckt in Handelsblatt 1961, Nr. 123, S. 17.

[8] Grote-Verlag 1964. Schon vorher z. B. Kniesch in der NJW 1961, S. 2192.

[8a] Grenzen der Zulässigkeit des öffentl. rechtl. Vertrages (1958).

[9] Vgl. auch Kniesch in „Staatsbürger u. Staatsgewalt“, Bd. II.

Was den öffentl.-rechtlichen Vertrag nicht nur in die Nähe der Gesetze gleich Rechtsquelle rückt, sondern darüber hinaus, ist der Umstand, daß nach allgemeiner Meinung der sogen. koordinationsrechtliche Vertrag im sogen. gesetzesfreien Raum auch ohne gesetzliche Regelung zulässig ist. Bei den subordinationsrechtlichen Verträgen ist das etwas umstritten. Die herrschende Auffassung einschl. BGH und z. B. OVG Münster und Schrifttum nimmt das aber noch hier an (vgl. Nachweise Musterentwurf) a.a.O., S. 189 u. 190). Grenze der Zulässigkeit dieser Gesetzesquelle ist m. E. lediglich ein möglicher Verstoß gegen entgegenstehendes Verfassungsrecht oder Völkerrecht oder andere leitende Grundideen unserer Rechtsordnung.

IV. Zum Abschluß der Aufführung der Rangordnung der Rechtsquellen bleibt noch ein Wort mehr als es sonst in den bisher genannten Lehrbüchern geschieht, des sogen. Richterrechts zu gedenken. Bei seiner großen Rede „Gesetzesrecht und Richterrecht" [10] auf dem Anwaltstag (1963) hat ARNDT, wie viele *vor* und *nach* ihm, gesagt, daß Rechtsprechung wesensgemäß immer Rechtsschöpfung sei und Fortbildung des Rechts nicht allein von Revisionsgerichten vorgenommen werde, sondern wegen des unlösbaren Zusammenhanges mit der Wahrheitsfrage Aufgabe aller Gerichte gemeinsam sei. FRITZ WERNER [10a] hat auf die schwere und verantwortliche Aufgabe des Richters in unserer Zeit z. B. als Prüfer der Normgerechtigkeit, als Beobachter der Krise des Gesetzesstaates, als Gegenspieler des Gesetzes, als sogen. 2. Gesetzgeber mit Rechtsfortbildungsauftrag, als Gerechtigkeitspfleger, als Politiker wider Willen und damit wohl die manchmal den Richter überfordernde Arbeits- und Gewissensverantwortung herausgestellt. Das hier als Beitrag der Rechtspflege zum Rechtsquellenstrauß in Erinnerung zu rufen, mag in diesem Zusammenhang genügen. Auf der Würzburger Staatsrechtslehrertagung hat Prof. VOGEL in seinem Referat „Gesetzgeber und Verwaltung", das er mir freundlicherweise im Durchschlag für die vorliegende kleine Arbeit zur Verfügung stellte, davon gesprochen, daß heute ein Gesetz nicht mehr, wie z. B. zu Kants Zeiten, die unmittelbare Verwirklichung von Gerechtigkeit (einschl. Sittlichkeit) sei. Diesen Sinn eines Gesetzes zu erfüllen, könne nur noch durch den „Autoritätsgewinn unserer gegenwärtigen Rechtsprechung" geschehen, während Parlament und Verwaltung heute vorzugsweise „Gestaltungsaufgaben" hätten. Für die Verwaltung sei die Gerechtigkeit heute nur noch ein „Grenzbegriff". Das habe auch für die Gesetzgebung zu gelten!

D. Vorbehalt des Gesetzes und sog. gesetzesfreie Verwaltung

I. Oben unter C II ist bereits angedeutet worden, daß in eine noch so kurze Untersuchung und Bestandsaufnahme der gegenwärtigen Rechtsquellen im Verwaltungsrecht die Prüfung der Frage gehört, inwieweit für ver-

[10] ADOLF ARNDT: Gesetzes- und Richterrecht, Anwaltsblatt 1963, Heft 8/9.

[10a] Probleme des Richterstaates, Schriftenr. d. Jurist. Gesellsch., Berlin, H. 2.

waltungsmäßiges Handeln der sogen. Gesetzesvorbehalt noch von Bedeutung ist. Diese Frage führt zwangsläufig zum Versuch der Abgrenzung zwischen Gesetzgebung und Verwaltung. Es wird aus Raumgründen nicht möglich sein, die verschiedenen Meinungen, beginnend mit OTTO MAYER, bis z. B. zu den Referenten auf den bereits erwähnten Staatsrechtslehrertagungen in Mainz 1956, Heft 15, und 1960 in Köln, Heft 19, darzustellen.

Das kann m. E. auch unbedenklich unterbleiben, weil es hier einmal doch vor allem darauf ankommt, sich mit der Auffassung des zu Ehrenden bekannt zu machen und mit ihr auseinanderzusetzen. Zum anderen führt die Darstellung der Rechtsansicht von HANS PETERS, die ich auch z. B. in Übereinstimmung mit VOGEL (a.a.O.) und Bundesverfassungsgericht (Bd. XII, S. 205 ff. und BVerwG Bd. 6, S. 287) für richtig halte, zwangsläufig dazu, daß abweichende Meinungen kurz erwähnt werden müssen.

II. In seiner Rektoratsrede hat HANS PETERS noch kurze Zeit vor seinem uns alle so schmerzlich berührenden plötzlichen Tode besonderen Wert darauf gelegt, die 2. Staatsgewalt, die Verwaltung, als eigenständige Staatsgewalt darzustellen. Dabei hat er (Scherpe-Verlag, Krefeld 1965) in dieser Rede damit begonnen, ab S. 7 drei große Aufgaben der Verwaltung a) Ausführung der Gesetze, b) freie Gestaltung der Verwaltung bei den großen täglichen Aufgaben, die mehr ist als Rechtsanwendung und c) die großen jetzt so aktuellen Planungsaufgaben mit zahlreichen Beispielen darzustellen. Er wehrt sich zu recht gegen einseitige juristische Ausbildung ohne genügende Kenntnis der praktischen Verwaltung. „Glaubt schließlich jemand ernsthaft, man könne Sinn und Wesen der Verwaltung aus der Tätigkeit der Gerichte, speziell der Verwaltungsgerichte, ablesen oder nur verstehen" (S. 11). Ich möchte aber hinzufügen, man kann das auch als Professor nicht kennen, wenn man nicht längere Zeit selbst in der Verwaltung gearbeitet hat! Nachdem PETERS S. 13 u. 14 das Verhältnis der Verwaltung zu den Politikern, Parlament, beleuchtet hat, kommt er alsdann bei den Beziehungen zwischen Verwaltung und Gesetzgeber zu dem im Rahmen der Rechtsquellenlehre umstrittenen Problem des sogen. Vorbehaltes des Gesetzes (ab S. 15). Aus Art. 20 III GG wird, was unstreitig sein dürfte, entnommen, daß die Verwaltung an die Gesetze gebunden ist, diese auszuführen und sich im Rahmen der Gesetze zu halten hat. PETERS hält den schon mehrfach erwähnten Vorbehalt des Gesetzes für den Versuch einer Ergänzung der Gesetzmäßigkeit der Verwaltung, der aber, worin ich PETERS (a.a.O., S. 15) recht gebe, von vielen Autoren [11] nicht richtig gesehen wird. Diese zu-

[11] z. B. GIACOMETTI, Allgemeine Lehren des rechtsstaatl. Verwaltungsrechts 1. Band (1960) S. 242 ff., 249 ff., SPANNER, 43. Juristentag, Bd. I Teil 2 A (1960) S. 6, 12 ff.; STERN, Rechtsfragen der öffentlichen Subventionierung Privater, J.Z. 1960 S. 518 ff., 523; JESCH, Gesetz und Verwaltung 1961, insbes. S. 205; MALLMANN, VVDStRL Heft 19 (1961) S. 165 ff.; MENGER, Verw.Arch. Bd. 52 (1961) S. 196 ff., IMBODEN, Das Gesetz als Garantie rechtsstaatl. Verwaltung, 2. Aufl. (1962) S. 41 f.

letzt genannten Professoren verlangen für jegliches Tätigwerden der Verwaltung eine Ermächtigung des formellen Gesetzgebers, des Parlamentes. In seinen Beiträgen, z. B. „Verwaltung ohne gesetzliche Ermächtigung?" [12] und Rektoratsrede S. 15 hat PETERS seinen Gegnern vorgeworfen, daß sie „um gesetzliche Ermächtigungen in dem von ihnen gewünschten Rahmen zu finden, sogar reine Zuständigkeitsvorschriften entsprechend umwandelten". PETERS sieht in solcher rechtlich unzulässigen Einengung der Verwaltung zu Recht das Ende von deren Eigenständigkeit.

Unter Bezugnahme auf seinen Beitrag zur Festschrift für LAFORET (1952, S. 19) „Der Kampf um den Verwaltungsstaat", in dem PETERS die ungeheuren Aufgaben der Verwaltung als Folge des verlorenen 2. Weltkrieges unter anderem dargestellt hat, gibt er natürlich zu, daß die damalige Flut der Gesetze, einschl. der von ihm für zulässig gehaltenen Maßnahmegesetze — wenn sie nicht in zu großer Zahl auftreten —, die Verwaltung in ihrer Selbständigkeit von der Seite des Gesetzgebers her zeitweise stark eingeschränkt hätte. Der von ihm beklagte Rechtswegestaat (S. 19/20) habe mit dem langatmigen und zeitraubenden Instanzenzug teilweise dazu geführt, daß die Verwaltung durchaus vernünftige und verfassungsgemäße Maßnahmen nicht oder nicht zeitig genug habe durchführen können. Es kann hier nicht weiter — weil nicht Thema! — darauf eingegangen werden, daß nach Meinung PETERS Art. 19 IV GG zu weit zugunsten der Rechtspflege ausgedehnt sei und auch sonst „juristische Kunstgriffe" wie Beurteilungsspielraum, unbestimmter Rechtsbegriff, subj. öffentl. Recht auf fehlerfreie Ermessensausübung von der Rechtspflege angewandt worden sind, um die Verwaltung — zu Unrecht — um ihre Eigenständigkeit zu bringen (a.a.O., S. 19 ff.). Im Hinblick auf unsere *Rechtsquellenlehre* bleibt also als Ansicht von PETERS — das ist hoffentlich die herrschende Lehre — festzuhalten, daß einmal aus dem gesamten Aufbau der Verfassungen in Bund und Ländern die Eigenständigkeit nicht nur des Parlaments und der Rechtspflege, sondern vor allem auch die durchaus gleichwertige der Verwaltung sich ergibt. Die Verwaltung hat einmal die vorhandenen verfassungsgemäßen Gesetze auszuführen und anzuwenden (Gesetzmäßigkeit der Verwaltung). Ist aber zum anderen für irgendwelche notwendigen Aufgaben der immer noch weit gespannten selbständigen Zuständigkeit der Verwaltung ein Gesetz vom Parlament nicht oder noch nicht erlassen oder überhaupt nicht beabsichtigt, so kann und muß die Verwaltung — auch ohne entsprechendes Spezialgesetz — gesetzesfrei handeln. Das ist aber keine Anarchie, sondern die Verwaltung ist nach Art. 20 III GG „an Gesetz und Recht" gebunden. Gesetzmäßigkeit heißt hier soviel wie die Beachtung der maßgeblichen Bestimmungen des GG einschl. der Grundrechte (Art. 1 Abs. III GG). Gesetzmäßigkeit (trotz fehlender Gesetze) muß gleichbedeutend mit „Verfassungsmäßigkeit" sein!

[12] Festschrift für HANS HUBER, Bern, 1961, S. 206 ff.

Etwaige Fehler bringen bekanntlich außer der Amtshaftungsklage die Möglichkeit, mit Art. 19 IV GG die Rechtswidrigkeit feststellen zu lassen. Ausübung des Petitions-, des Widerstandsrechts, Volksbegehrens sind z. B. weitere Gegenmittel gegen verfassungswidrige öffentl. Gewalt. Peters weist m. E. zu Recht die manchmal aufgestellte, etwas hochmütige Auffassung zurück, die Verwaltung kenne nicht das Recht! „Die Verwaltung ist nicht ungerechter als der Gesetzgeber" (a.a.O., S. 17). Richtig weist Peters (a.a.O., S. 21) noch darauf hin, daß die Sucht nach der Ausweitung der Gesetzgebung, die die Verwaltung knebeln soll, bewußt oder unbewußt auf die Zeit des Mißtrauens gegen absoluten Staat einschl. Herrschaft des N.S.-Staates zurückgeht.

Die Auffassung von Peters ist m. E. klar auf dem letzten Staatsrechtslehrertag in Würzburg (1965) z. B. vom Referenten Klaus Vogel (Erlangen-Nürnberg) bestätigt worden. Vogel führt aus, daß der sogen. Vorbehalt des Gesetzes überflüssig ist, weil er das wiederholt, was sich unmittelbar aus den Grundrechtsartikeln und dem übrigen Verfassungsinhalt ergibt [13]. Unter den Thesen des Berichterstatters Prof. Klaus Vogel heißt es dann auch zu Punkt 4), daß die Lehre vom „Vorbehalt des Gesetzes" aufzugeben ist. Der Vorbehalt des Gesetzes ist nur noch ein Anwendungsfall der Bindung der Verwaltung an Gesetz und Recht (einschl. Verfassung). Das angeblich „gesetzesfreie" Handeln ist dann also nach Peters, Vogel u. a. [14] nicht Willkür, sondern praktische Arbeit der 2. Staatsgewalt unter Beachtung des GG oder der Landesverfassungen. Das kann schöner und leichter, manchmal aber auch schwieriger sein als die Anwendung und Auslegung eines durch das Parlament geschaffenen Gesetzes!

Der Vortrag von Klaus Vogel, der ebenso wie Hans Peters nicht nur ein Mann der Theorie, sondern, wie man alsbald merkt, auch der Praxis ist, hat für unseren Zusammenhang der Rechtsquellenlehre noch eine weitere Bedeutung. Denn in Ziff. 5 der Thesen fordert Vogel, die Lehre aufzugeben, nach der die Verwaltung allgemein verbindliche Richtlinien nur auf Grund einer gesetzlichen Ermächtigung erlassen könne. „Die Verwaltung besitzt vielmehr eine ursprüngliche eigene Regelungsgewalt, auf Grund deren sie innerhalb der ihr durch Verfassung und Gesetz gezogenen Grenzen (also nicht contra, wohl aber intra und praeter legem) gemeinverbindliche Rechtsnormen setzen kann", z. B. steuerliche Bewertungsrichtlinien.

Diese Rechtsansicht wird in der Rechtspraxis der Finanzgerichte bis hinauf zum Bundesfinanzhof geübt. Die Richtlinien innerhalb der zahlreichen Finanzämter — hoffentlich überstehen sie eine Überprüfung durch das Bundesverfassungsgericht immer? — entsprechen natürlich in dieser — im wesentlichen — Inspektorenverwaltung seit Jahrzehnten einem praktischen Bedürfnis und sind nicht nur für den innerdienstlichen Verkehr der Ver-

[13] Art. I Abs. III, Art. 20 III GG z. B.
[14] z. B. Kniesch, N.J.W. 1961, S. 2190 ff.

waltungsbehörden, sondern namentlich für den „notgedrungenen Dauerkunden“ bei den Finanzämtern von größter Bedeutung. Es ist daher verständlich, daß die Richtlinien z. B. für die steuerliche Bewertung nicht nur vom Staatsbürger, Finanzbehörden und Finanzgerichten „gesetzesgleich“ gewertet werden. VOGEL a.a.O. weist aber richtig darauf hin, daß diese gesetzesgleiche „Regelungsgewalt“ der Verwaltung natürlich dort ihre Grenze findet, wo die Verfassung, besonders im Grundrechts-Rechtsbereich, mit ihrem Inhalt entgegensteht.

III. 1. PETERS (Rektoratsrede a.a.O., S. 15) hebt richtig hervor, daß die Praxis der Verwaltung, aber vor allem die ständige Rechtsprechung des höchsten Verwaltungsgerichts, wie Verfasser aus fast 10jähriger Mitwirkung bei diesem Gericht weiß, nicht der Rechtsansicht der oben zu D. II zitierten wissenschaftlichen Gegner gefolgt ist, sondern seiner Auffassung zuneigt [15].

2. Aber nicht nur diese Spruchpraxis kann PETERS für die Richtigkeit seiner Auffassung anführen. Auch das Bundesverfassungsgericht läßt seit längerer Zeit erkennen, daß es das parlamentarisch ordnungsgemäß zustande gekommene Gesetz nicht als die allein maßgebliche Rechtsquelle anerkennt. Unabhängig von dieser allgemeinen Ansicht wird [16] wie selbstverständlich von dem gleichberechtigten Nebeneinanderstehen von gesetzesakzessorischer und gesetzesfreier Verwaltung ausgegangen. Die Argumentation von ARNOLD KÖTTGEN [17] dagegen überzeugt m. E. aus den oben zu PETERS und VOGEL angeführten Gründen nicht. KÖTTGEN muß in seiner Besprechung der BVerfassungsgerichtsurteile unter dem von ihm gewählten Blickfeld zugeben, daß das BVerfG in Bd. 9, S. 167, ausgesprochen hat, „es bestehe jedenfalls heute kein Gesetzesvorbehalt für die Zuständigkeit und das Verfahren der leistungsgewährenden Verwaltung“. In Bd. 11, S. 56, hat das BVerfG ausgesprochen, daß bei der Ausgestaltung des Lastenausgleichs Freiheit „in den Grenzen der Verfassung“ bestehe. Im Gegensatz zu KÖTTGEN hat FRITZ WERNER wohl Recht, wenn er im DVBl 1959 s. 531 die Entscheidung des BVerfGerichts im 9. Bande S. 167 „einen ungewöhnlichen, um nicht zu sagen revolutionären Schritt im Neuland des Verwaltungsrechts“ genannt hat. Aber seit 1959 bis heute wird das bei dem BVerwG nicht mehr als so neu empfunden (vgl. unten S. 27/Jahresberichtstag des BVerwGs.

Ich habe mich auch in Übereinstimmung mit BALLERSTEDT [18] für die „Gesetzesfreiheit“, d. h. für das verfassungskonforme Verhalten der Verwaltung nicht nur bei Verwaltungsakten, sondern auch generellen Maßnahmen ausgesprochen [19] und glaube in Übereinstimmung mit der Rechtsansicht

[15] Vgl. die von HANS PETERS a.a.O. im Anmerkungsteil S. 35 Ziff. 13 zitierte Rechtsprechung.

[16] z. B. in Bd. XII S. 205 (246 ff.) und Bd. XIV, S. 197 (214).

[17] Archiv des öffentl. Rechts 90. Band Okt. 1965, S. 206 ff.

[18] In BETTERMANN-NIPPERDEY-SCHEUNER, Bd. III, S. 34/35.

[19] N.J.W. 1961, S. 2190 ff.

unseres zu Ehrenden, des Bundesverfassungsgerichts, des Bundesverwaltungsgerichts und der natürlich nicht ganz unbeachtlichen, festen Staatspraxis in Bund und Ländern, daß die Verwaltung bei ihren kleinen, aber auch großen schwierigen täglichen Fragen nur darauf zu achten hat, daß die Grundforderungen der Verfassung und möglichst weitgehende Gerechtigkeit gewahrt bleiben.

3. Hans Peters, bei dem ich eine Reihe von Jahren auch in seiner schweren Zeit vor und nach 1933 Assistent war, wo er aus bekannten Gründen nicht als Ordinarius berufen werden konnte, pflegte des öftern aus der Parlamentspraxis der 20er Jahre zu berichten, was ich selbst später in der Verwaltung nach 1945 miterlebte und jeder Kenner bestätigen wird. Mehr als 90% liegt die Gesetzesinitiative bei der Exekutive. Was aber nachher nach langen Beratungen im Bundestag und Bundesrat herauskommt, ist bei weitem nicht immer in tatsächlicher und rechtlicher Hinsicht perfekt. Peters pflegte ergänzend zu sagen, daß auch die Schnelligkeit der Praxis das endlich zustande gekommene Gesetz „überrollt" und damit schon wieder ergänzungsbedürftig gemacht hat. Es muß sich die Verwaltung, d. h. die Staatspraxis, mit einem unter Umständen schlechten Gesetz durch-„wursteln". Lückenausfüllung oder Fehler korrigieren bei einem in Kraft getretenen Gesetz ist bekanntlich für Verwaltung und Gerichte mißlich und hat seine Grenzen.

4. Abschließend möchte ich mich natürlich gegen den Vorwurf wehren, den man auch gegen Peters u. a. erheben könnte. Ich könnte in den Verdacht kommen, daß ich der „Allmacht" der Verwaltung, die vielleicht in Bund, Ländern und Gemeinden zeitweise zahlenmäßig etwas — im Zeichen offenbar zu Ende gehenden Wirtschaftswunders — zu groß geraten ist, den Vorrang vor den Parlamenten und der Rechtsprechung geben wollte. Davon kann natürlich nicht die Rede sein. Auch Hans Peters hat an dem verfassungsmäßig festgelegten Gefüge unserer Ordnung ebensowenig wie alle Anhänger seiner Meinung rütteln wollen. Es ging unserem verehrten Lehrer, wissenschaftlichen Politiker, Förderer der Wissenschaft und Freund doch nur um die richtige „Balance des pouvoirs". Gerade unsere gegenwärtige, in vielen Phasen der inneren, äußeren, Wirtschafts- und Finanzpolitik wieder einmal so unruhige Zeit zeigt, daß man eine erstklassige Arbeit der etwas müden Parlamente zu brennenden Tagesfragen leider nicht feststellen kann. Gerade in solchen ernsten Zeiten zeigt sich, daß jede der 3 Gewalten (ob Parlament, Verwaltung und Rechtsprechung) unter Wahrung des Verfassungsinhaltes im Interesse der Allgemeinheit mit der anderen zusammenarbeiten muß. Auf die etwas zurückgegangene Arbeitslast „des Bundestages und des Bundesrates" wird gleich noch, soweit für das Thema erforderlich, zurückzukommen sein.

IV. 1. *Wie steht es nun mit der Verteilung der Zuständigkeiten bezüglich der Aufgabenbewältigung in der Verwaltung im Verhältnis von Bund und*

Ländern, wenn man *von der Zulässigkeit der sogen. gesetzesfreien Verwaltung — besserer Ausdruck: Die an Gesetz und Recht orientierte Ausübung der Verwaltung — auszugehen hat?* Diese Frage ist nach geltendem Recht nicht so einfach zu beantworten. Denn man kann unter Berücksichtigung des oben Gesagten (Fülle der Aufgaben, die auf die Verwaltungen zukommen) nicht sagen, daß der Bund in etwa die Zuständigkeit zur gesetzesfreien Verwaltung nur auf den Gebieten hat, wo er nach den Art. 70 bis 75 GG die Zuständigkeit für eine Gesetzgebung hat. Die Verfassungswirklichkeit hat bei dem GG ebenso wie z. Zt. der Verfassungen von 1871 und 1919 gezeigt, daß entgegen dem Text der Verfassung die Aufgaben zugunsten des Reiches oder des Bundes laufend gewachsen sind, was z. B. KONRAD HESSE [20] unitarisierende Tendenzen im Bundesstaat der Gegenwart nennt. Das hat sich bei der konkurrierenden Gesetzgebung nach dem GG dadurch gezeigt, daß nicht der Landes-, sondern der Bundesgesetzgeber tätig geworden ist und damit die Beschränkungen des Art. 72 Abs. 2 GG sich als wirkungslos erwiesen haben. Diese Entwicklung hat das Bundesverfassungsgericht dadurch gebilligt, indem es die Frage des Bedürfnisses nach bundesgesetzlicher Regelung dem gerichtlich nicht nachprüfbaren Ermessen des Bundesgesetzgebers überlassen hat [21]. Das gleiche Bild hat sich bei der Ausübung oder Ausnutzung der Rahmenkompetenz nach Art. 75 GG durch den Bundesgesetzgeber gezeigt, die ebenfalls das Bundesverfassungsgericht [22] zu Lasten der Länder gebilligt hat.

Auf dem Gebiet der Verwaltung hat schon für die ersten Jahre der Verwaltungspraxis nach 1949 KÖTTGEN [23] von „indirekter Verwaltungsführung des Bundes" gesprochen. Für die späteren Jahre hat der Bund über den Abschnitt VIII des GG unter Einbeziehung von Verfassungsänderungen [24] nach dem zutreffenden Ausdruck von KÖTTGEN (a.a.O., S. 82 Anm. 63) eine „Unterwanderung des Verwaltungsmonopols der Länder" mit großem Erfolg betrieben.

Hinzu kommt die weithin bekannte Selbstkoordinierung von Bund und Ländern einerseits, aber auch namentlich der Länder untereinander. Es muß aus Raumgründen auf den Bericht von HANS SCHNEIDER (VVDStRL Bd. XIX, S. 9 ff. und die Diskussion S. 134 ff. verwiesen werden. Es gibt m. E. keine treffenderen Beispiele einmal für die Zulässigkeit und Praktibilität des oben behandelten öffentlich-rechtlichen Vertrages und die Ausnutzung des sogen. gesetzesfreien Raumes in der Verwaltung — beide als zusätzliche, bedeutsame Rechtsquellen neben dem Gesetz — als die von HANS SCHNEIDER genannten Zahlen für Staatsverträge (das sind die wenigsten), Verwaltungsabkommen (= öffentlich-rechtliche Verträge in den meisten Fällen

[20] „Der unitarische Bundesstaat", Verlag C. F. Müller, Karlsruhe 1962 S. 14 ff. und die dortigen Nachweise.

[21] z. B. BVerf.G, Bd. 2 S. 213 (224).

[22] z. B. Bd. 4, S. 115 (129).

[23] Z.Ö.R., N.F. 3 S. 79.

[24] Art. 120 a, 87 b, 87 c GG.

mit der Folge von unmittelbaren Ansprüchen der Staatsbürger), gemeinsame Beschlüsse der Ressortminister sowie Schaffung gemeinschaftlicher Einrichtungen. Diese Gegenstände solcher Selbstkoordinierung sind nicht auf einzelne Gebiete beschränkt, sondern erstrecken sich vielmehr auf alle Gebiete der Verwaltung. Hans Schneider a.a.O. hat für die Zeit von 1949 bis 1960 339 Staatsverträge oder Verwaltungsabkommen und 500 Beschlüsse der Kultusminister der Trizone und der ständigen Konferenz der Kultusminister gezählt.

Diese Entwicklung und die gestiegene Verfassungswirklichkeit in der so umfangreichen Mitwirkung des Bundesrates, die das GG nach nunmehr allgemeiner Meinung nicht abschließend geregelt hat, — die Mehrzahl der Gesetze ist in den letzten Jahren mit Zustimmung des Bundesrates verabschiedet worden! — hat Konrad Hesse a.a.O., S. 21 ff. veranlaßt, von den Wandelungen unseres Staatswesens zu einem unitarischen Bundesstaat zu sprechen.

Für unser spezielles Thema hier, nämlich der gesetzesfreien Verwaltung, zeigt sich also, daß bezüglich der Zuständigkeitsfrage, ob Bund oder Land, nicht allein nach dem 1949 geschaffenen „Korsett" der Aufteilung der Gesetzgebungszuständigkeiten der Art. 73, 74 GG vorgegangen werden kann.

2. Am 20. März 1964 wurde nach Vorschlag des Bundesfinanzministers in gemeinsamer Sitzung des Bundeskanzlers mit den Ministerpräsidenten der Länder eine Sachverständigen-Kommission für die Finanzreform (sogen. Troeger-Kommission) gebildet, die ein Gutachten zur Vorbereitung einer umfassenden Finanzreform erstatten sollte. In dem Auftrag, der natürlich in 1. Linie Finanzreformfragen betrifft, heißt es u. a.:

„Ferner haben sich zwischen Bund und Ländern ernste Meinungsverschiedenheiten und Unklarheiten über die Aufgabenverteilung auf wichtigen Sachgebieten der Verwaltungen ergeben. Diese Entwicklung hat in der Vergangenheit zu ständigen Auseinandersetzungen geführt, die die Wirksamkeit der gesamten öffentlichen Haushaltsführung beeinträchtigen und auf die Dauer das bundesstaatliche Gefüge gefährden."

Im Rahmen dieses Auftrages heißt es weiter:

„In diesem Zusammenhang wird auch zu klären sein, in welchem Rahmen und nach welchen Regeln der Bund und die Länder für bestimmte Aufgaben gemeinsam die Verantwortung tragen und die Mittel aufbringen sollen (Gemeinschaftsaufgaben)!"

Aus diesem Auftrag ist das nunmehr vorliegende Gutachten der Kommission geworden, das bereits in 2. Aufl. 1966 (Verlag Kohlhammer) zur Verfügung steht. Es wird hier nur deshalb angeführt, weil die hier skizzierte Lage der Verfassungswirklichkeit in Teil II hierher gehört: „Typische Erscheinungsformen der Verfassungswirklichkeit in den Untertiteln: *1. Kooperation von Bund und Ländern, 2. Selbstkoordinierung der Länder (S. 10—15 a.a.*O.). Da die bundesstaatliche Ordnung „dem Wandel der politischen, ökonomischen und sozialen Verhältnisse" laufend unterliegt, müssen neue staatsrechtliche Formen an Stelle des bisherigen Bundesstaates geschaffen werden, z. B. auch *ein kooperativer Föderalismus (S. 20/21* a.a.O.).

Ab S. 25, aber auch an anderer Stelle des Troegerschen Finanzreformgutachtens werden die Tatsache und das Problem der gesetzesfreien Verwaltung unter dem Gesichtspunkt der Finanzierungszuständigkeit behandelt. Die Kommission schlägt vor, „die Abgrenzung der Finanzierungszuständigkeit des Bundes im *gesetzesfreien* Raum durch eine Verwaltungsvereinbarung klarzustellen, über die sich Bundesregierung und Landesregierungen verständigen" (S. 26 a.a.O.). Dabei ist sich die Kommission darüber im klaren, daß eine derartige Vereinbarung kein neues Verfassungsrecht setzen kann, also vor allem keine neuen Zuständigkeiten zu begründen vermag, „die nicht aus dem Grundgesetz hergeleitet werden können". In Zweifelsfällen kann „eine gemeinsame Rechtsauffassung von Bund und Ländern und eine von den Beteiligten anerkannte Verdeutlichung des *ungeschriebenen* Verfassungswillens festgelegt" werden (S. 26 a.a.O.). Offenbar haben die Mitglieder der Kommission und ihre ständigen Berater (S. 4) selbst verfassungsrechtliche Bedenken gehabt, denn sie haben (S. 26 Ziff. 88) hinzugefügt, es dürfte einer solchen Einigung kein „entscheidendes Hindernis" — welches? — im Wege stehen, da „es doch der einheitliche Wille von Bund und Ländern ist", in dieser wichtigen (Finanzreform)-Frage zu einer Vereinbarung zu kommen. Besser und rechtlich einwandfrei wäre es gewesen, worauf noch zurückzukommen ist, diese rechtliche Möglichkeit aus der neuen bundesstaatlichen Verfassungsentwicklung zu begründen. Immerhin hat die Kommission, was für *unser Rechtsquellenthema* von besonderer Bedeutung ist, *den subsidiären Charakter der Verwaltungsvereinbarung* hervorgehoben (S. 26 a.a.O., Ziff. 89). Es heißt dort, „daß die Vereinbarung nur soweit und solange gilt, als Förderungsmaßnahmen des Bundes nicht durch Bundesgesetz geregelt werden". Rechtlich genauer wäre noch der Zusatz gewesen und kein Verstoß gegen geltendes Verfassungsrecht erfolgt. Es ist dann der Entwurf einer Verwaltungsvereinbarung (S. 178/179) beigefügt, der 7 Punkte zentraler außen- und innenpolitischer Aufgaben enthält, die nach übereinstimmender Meinung von Bund und Ländern vom Bund finanziert werden sollten. Sollten sich Zweifel bei der Auslegung dieser weitgespannten Vereinbarung ergeben, so soll nach § 4 ein Ausschuß entscheiden, der aus 6 Vertretern der Bundesregierung und aus je 1 Vertreter der 11 Landesregierungen besteht. Verfassungsgerichtliche Klärung bleibt unberührt (S. 31 Ziff. 113).

Es kann natürlich hier nicht das ganze Gutachten ausgewertet werden. Interessant für die Zuständigkeit der Schaffung der künftigen Rechtsquellen ist aber die Feststellung der Kommission, daß dem Bund über die 7 Gruppen der Bundeszuständigkeiten (siehe den eben erwähnten Entwurf der großen

Verwaltungsvereinbarung) hinaus eine *„allgemeine Initiativ-Kompetenz" nicht zuerkannt werden könne.* „Die nützliche Auswirkung einer Konkurrenz zwischen Bund und Ländern in diesen Fällen ist nicht von der Hand zu weisen." Gemeint ist wohl, daß das verfassungsrechtlich auch nach einer weitgefaßten „unitarischen" Bundesstaatsverfassung unzulässig sein könnte. Deshalb wird a.a.O., S. 30 (Ziff. 107) festgestellt, daß der Bund nicht das *Recht des Selbsteintritts* für den Fall hat, daß „im Zuständigkeitsbereich eines Landes bestimmte Aufgaben nach seiner Auffassung unzureichend gefördert werden".

Daß es nicht immer geräuschlos mit der Vereinbarung im gesetzesfreien Raum klappt, läßt sich denken, insbesondere immer dann, wenn im politischen Raum zwischen Bund und Ländern Uneinigkeit entsteht. Das sei hier zum Abschluß dieses Kapitels an Hand der Vorschläge der Kommission zur Finanzreform kurz erwähnt, soweit es sich um den Streit a) um die sogen. Gemeinschaftsaufgaben (Ergänzungsvorschlag des GG's durch Schaffung des Art. 85 a), b) um die Erweiterung der Rahmenrichtlinien zur sogen. Harmonisierung der Beamtenbesoldung durch Schaffung zweier neuer Absätze II u. III des Art. 75 GG, c) um die Schaffung eines einheitlichen Haushaltsrechts für Bund und Länder durch den Vorschlag der Einfügung eines 2. Satzes bei Art. 109 GG, d) um Abänderung des Art. 113 GG, e) um eine Ergänzung der Finanzausgleichsbestimmungen um einen Art. 104 a GG, f) um die Neufassung des von Anfang an (seit 1949) umstrittenen Art. 106 GG, g) um Ergänzung oder Ausweitung der Bundesauftragsverwaltung durch den Vorschlag des Art. 90 a GG handelt (a.a.O., S. 25—62).

Diese Aufzählung der Vorschläge zur Neuordnung ist keineswegs erschöpfend. Sie soll hier nur zeigen, daß trotz rechtlicher Zulässigkeit vom *öffentl.-rechtl. Vertrag (Vereinbarung)* und sogen. *gesetzesfreier Verwaltung* teilweise gewisse so schwierige Grundfragen — gerade auf dem wichtigen Gebiete der zu klein gewordenen Finanzdecke — zu klären sind, daß mit Übereinkommen zwischen Bund und Ländern einerseits und den Ländern untereinander andererseits nicht weiterzukommen ist. Diese Fragen können offenbar nur durch Besinnung auf verfassungsrechtl. Grundfragen und evtl. Verfassungsänderungen im vorgeschlagenen Sinne etwa gelöst werden.

E. Lösung des Problems der Neuordnung der Rechtsquellenlehre aus der Sicht des unitarischen Bundesstaates

I. Nach der Vorstellung des GG wirken die Länder offiziell lediglich durch den Bundesrat bei der Gesetzgebung und Verwaltung des Bundes mit. Jeder, der sich an die Zeit der Beratungen im Parlamentarischen Rat 1948 und den gewissen Druck der sogenannten „heiligen 3 Könige" der Besatzungsmächte (siehe die Dokumente über die schwierigen Beratungen zwischen den Genannten und den deutschen Ministerpräsidenten[25]) erinnert, wird verstehen, daß bei Schaffung der Art. 70 ff. GG damals wirklich niemand daran denken — geschweige denn verarbeiten — konnte, was an Erfahrungen insoweit seit 1871 bis 1932 vorlag. Es gab kaum die Bücher und Kommentare, die man zum Nachlesen benötigte. In den letzten Jahren hat man sich z. B. an die von RUDOLF SMEND für die Weimarer Republik getroffene Feststellung erinnert, a) daß angesichts der starken sachlichen Unitarisierung im modernen Bundesstaat an die Stelle der den Ländern verloren gegangenen Landesgewalt das Moment ihrer Beteiligung an der Reichsgewalt getreten sei, b) daß die Länder in dieser Beteiligung ein weiteres Stück politischen Lebens führten und c) auch hier ihre Staatsnatur verwirklichten[26].

Der aufgezeigte Zug zur Unitarisierung bedeutet aber nicht vollkommene Zentralisierung und Einheitsstaat! KONRAD HESSE (a.a.O., S. 21) ist deshalb mit Recht entsprechenden Äußerungen a) HERBERT KRÜGERS[27], nach denen sich die Länder von selbst gleichschalten sollten, bevor sie gleichgeschaltet würden, b) IPSENS[28] über eine Revision der Artikel 74, 75 GG zu Lasten der Länder mit dem Hinweis entgegengetreten, daß allein durch die gewandelten „gewaltenteilenden Effekte" die bundesstaatliche Ordnung nicht nur erhalten, sondern durch das Zusammenwirken der Länder sogar noch verstärkt werde. Ich glaube mit HESSE a.a.O., daß es falsch ist, mit IPSEN (a.a.O.) und W. WEBER[29] von einem Konstruktionsfehler des Grundgesetzes insoweit zu sprechen.

Das heißt nicht, daß *alle* kleinen Länder bei der landsmannschaftlich und wirtschaftlich schon lange (seit 1955! — Ende des Besatzungsregimes im formellen Sinne) fälligen Neugliederung des Bundesgebietes erhalten bleiben müssen. Es würde den Rahmen dieses Essays sprengen, wenn hier z. B. unter Bezugnahme auf KÖTTGEN[30] versucht würde, das Wesen der unitarischen Bundesstaatsverfassung im Hinblick auf unser Thema insgesamt beleuchten zu wollen. Also zum Schluß nur noch der Versuch einiger Bemerkungen zur Abrundung!

II. HESSE a.a.O. (S. 27 mit Schrifttumszitaten) nimmt wohl zu Recht die frühere, allgemein anerkannte Funktion des Bundesstaates auf dem Gebiete der 3 Staatsgewalten (Gesetzgebung, Verwaltung, Rechtsprechung) in eine jeweils *gesamtstaatliche* und eine *gliedstaatliche* Sparte zur Unterscheidung zur Gegenwart als Ausgangspunkt, um den Wandel kenntlich zu machen.

---

[25] 1948, Bollwerk-Verlag, Karl Drott.

[26] SMEND, Verfassung und Verfassungsrecht 1928, staatsrechtl. Abhandlungen, S. 270.

[27] VVDStRL 19, S. 158. [28] VVDStRL 19, S. 157. [29] VVDStRL 19, S. 158.

[30] KÖTTGEN, Festschrift für OLG Celle; HANS PETERS, Gewaltentrennung in moderner Sicht 1954; NEUENREITHER, Der Bundesrat zwischen Politik und Verwaltung, S. 122 ff.; KONRAD HESSE, a.a.O., S. 26 ff.

Er stellt richtig m. E. fest, daß die damalige *„vertikale Gewaltenteilung"* nach dem, was oben an unitarisierenden Gegebenheiten geschildert ist, ganz erheblich abgeschwächt ist. An die Stelle des sich Gegenüberstehens auf dem Gebiet der Gesetzgebung (hie Land, da Bund) ist mehr und mehr die sogen. *horizontale* Gewaltenteilung (HESSE a.a.O., S. 27) getreten. Dies ist oben an der Selbstkoordinierung und an der Schaffung gemeinsamer Einrichtungen der Länder, *die damit Ordnungsnormen — Rechtsquellen — schaffen,* gezeigt worden. HESSE a.a.O. sieht zu Recht

„die Faktoren dieser Balance ..." in der modernen Demokratie nicht in „Legislative" und „Exekutive", sondern in den realen, politischen Kräften, die unter maßgeblicher Einschaltung der rechtsprechenden Gewalt einander die Waage halten und kontrollieren sollen: Parlamentsmehrheit und Regierung auf der einen, Opposition auf der anderen Seite". Dabei bleibt noch zu beachten, daß über den Bundesrat (keine Parlaments-, sondern Regierungsvertreter) und dessen Ausschüsse (Vertreter der Länderbürokratie) eine wichtige Kontrolle der Bundesorgane durch die Länderexekutive eröffnet ist (NEUENREITHER u. HESSE a.a.O.).

Für unsere hier zu behandelnde Rechtsquellenlehre bleibt also festzuhalten, daß die Länder ihren maßgeblichen Einfluß auf die gesamtstaatliche Entwicklung nicht so sehr auf dem Gebiet der Konkurrierenden oder Zustimmung bei ausschließlicher Gesetzgebung, sondern sehr viel mehr als früher auf dem der Verwaltung ausüben und damit die Legitimation ihrer Selbständigkeit beweisen. Die Bundesexekutive wird nicht mehr zu sehr vom Parlament (B.T.) — wann gibt es schon mal Mißtrauensvoten? — kontrolliert, sondern einschneidend durch die Exekutive der Länder z. B. im Bundesrat oder durch die Absprachen in entsprechenden öffentlich-rechtlichen Verträgen.

HESSE a.a.O., S. 29 ff. weist m. E. überzeugend nach, wie auf der Ebene der horizontalen Gewaltenteilung der bundesstaatliche Aufbau neuster Prägung mit seiner integrierenden Wirkung auch auf das Leben und die innere Ordnung a) der politischen Parteien besser einwirkt, wie z. B. „Art. 21 I, S. 3 od. Art. 38 Abs. 1 Satz 2 GG", b) auf die Art und Ausübung der zentralen Verbandsmacht abschwächend, c) auf das Verhältnis Regierungspartei und Opposition im Sinne der Schulung der Opposition, selbst Regierung zu werden, usw. Das wieder führt zur Notwendigkeit des Sicharrangierens in Abkommen mit öffentlich-rechtlichem Inhalt, die uns hier neben den bisherigen, d. h. früher bekannten Rechtsquellen, wie Gesetz, Gewohnheitsrecht, Satzung, zu interessieren haben.

Auch das Bundesverwaltungsgericht hat natürlich erkannt, daß neben dem parlamentarischen Gesetz noch andere Rechtsquellen anzuerkennen sind. Wie es nun einmal bei einem oberen Bundesgericht ist, muß es an diesen Fragenkomplex vorsichtiger herangehen, als ich das hier darstellen kann. Im Jahresbericht des BVerwG's für das Jahr 1965 [31] heißt es, „daß es im Wesen des modernen Rechtsstaates liegt, daß sich die Gerichte darüber hin-

[31] Zitiert nach dem Kurzauftrag von HEINRICH in D.V.Bl. 66, S. 336.

aus", d. h. über die Auslegung individueller Sachverhalte hinaus, „mit den Normen kritisch auseinandersetzen müssen" (inzidente Normenkontrolle in vielen Fällen). „Die richterliche Hermeneutik hat sich daher der Besonderheit der Auslegung von Normen zuzuwenden. *Das gilt in gesteigertem Maße für die Verwaltungsgerichte, deren Aufgabe es ist, das Normenwerk*" — geht das so weit, wie von mir oben geschildert? — „*das* Gesetzgeber und Verordnungsgeber, Bürger und Verwaltung zur Verfügung stellen, *auf seine Rechtmäßigkeit zu prüfen*" ... „*Unter den mannigfachen Methoden der Normenauslegung haben sich die Gerichte zu Recht nicht einer Methode allein verschrieben, sondern haben versucht, in einem — mag man es getrost so nennen — Methodensynkretismus — Festlegungen zu vermeiden. Diese Arbeitsweise hat auch den Vorzug, daß sie auf neuartige Auslegungsprobleme eher zu reagieren vermag.*"

Im Sinne vorstehender Zeilen, die sicher nicht nur aus der Feder des Chefpräsidenten Prof. Dr. WERNER stammen, haben sich unser zu ehrender Freund PETERS und auch ich mit vorstehenden Ausführungen bemüht, richtige Erkenntnisse zu sammeln.

Die Fortbildung der Beamten des höheren Dienstes in der allgemeinen Verwaltung

Wilhelm Loschelder

I

Am 14./15. Juni 1961 beschloß die Konferenz der Innenminister der Bundesländer unter Beteiligung des Bundesministers des Innern, eine Gutachterkommission für Fragen der Juristenausbildung unter Berücksichtigung der Belange der Verwaltung einzusetzen. Mitglied dieser Kommission, die unter dem Vorsitz des Verfassers tagte und ihr Gutachten im Oktober 1964 vorlegte [1], war auch Hans Peters. Das Vorwort zu dem Gutachten betont, daß er sich durch die Ausarbeitung des Kapitels zur Reform des juristischen Studiums um das Zustandekommen des Werkes besonders verdient gemacht habe. Aber auch an den relativ kurzen Beratungen der Kommission über die Fortbildung nach der Übernahme in die Verwaltung hat er lebhaften Anteil genommen.

II

Die Fortbildung der Beamten gehört zu jenen Einrichtungen, über die zwar viel gesprochen und deren Unzulänglichkeit immer wieder betont wird, deren Wesensgehalt aber bis heute nicht eindeutig geklärt ist. Daran hat sich auch dadurch nichts geändert, daß die Gesetzgebung diese Fortbildung mehrfach erwähnt. So hat nach § 36 des Bundesbeamtengesetzes in der Fassung des Gesetzes vom 1. Oktober 1961 (BGBl. I S. 1801) und entsprechend nach § 85 des Beamtengesetzes für das Land Nordrhein-Westfalen (Landesbeamtengesetz — LBG) vom 1. Juni 1962 (GV. NW S. 271) der Dienstherr für die Fortbildung der Beamten im Interesse des Dienstes zu sorgen. Etwas ausführlicher behandeln die Verordnungen über die Laufbahnen der Bundesbeamten (Bundeslaufbahnverordnung — BLV) in der Fassung vom 14. April 1965 (BGBl. S. 323) und ähnlich § 52 der Verordnung über die Laufbahnen der Beamten im Lande Nordrhein-Westfalen (Laufbahnverordnung — LVO) in der Fassung vom 30. Juni 1964

[1] Gutachten über die Juristenausbildung unter besonderer Berücksichtigung der Interessen der Verwaltung. Köln und Berlin: G. Grote'sche Verlagsbuchhandlung KG. 1965.

(GV. NW S. 219) das Problem der Fortbildung. Danach sind die Beamten verpflichtet, sich fortzubilden, damit sie über die Anforderungen ihrer Laufbahn unterrichtet bleiben und auch steigenden Anforderungen ihres Amtes gewachsen sind. Beamte, die durch Fortbildung ihre fachlichen Kenntnisse und Fähigkeiten nachweislich wesentlich gesteigert haben, sind zu fördern. Vor allem ist ihnen nach Möglichkeit Gelegenheit zu geben, ihre Fachkenntnisse in höher bewerteten Dienstgeschäften anzuwenden und hierbei ihre besondere fachliche Eignung zu beweisen. Auf der anderen Seite weist § 39 Abs. 2 BLV den obersten Dienstbehörden die Aufgabe zu, die dienstliche Fortbildung zu fördern und zu regeln.

Im Schrifttum scheint über die Bestimmung dessen, was als Fortbildung im Sinne der gesetzlichen Vorschriften zu verstehen ist, keine ausreichende Klarheit zu bestehen. Relativ einfach stellt sich nach der gesetzlichen Regelung diese Frage aus der Sicht des Beamten selbst dar. Alles, was er nach Ablauf seiner Ausbildung unternimmt, um „sich über die Anforderungen seiner Laufbahn unterrichtet zu halten", gilt bereits als Fortbildung, gleichgültig, auf welchem Wege sie sich vollzieht. Selbststudium und Besuch von Kursen stehen hier also gleichwertig nebeneinander. Es ist aber leicht zu erkennen, daß dieses Bemühen des Beamten, „sich in Form zu halten", wenn überhaupt, so doch nur als die unterste und einfachste Stufe der Fortbildung betrachtet werden kann. Auch in anderen Berufen wird man es doch nur bedingt als Fortbildung bewerten, wenn jemand sein „Handwerkszeug" in Ordnung hält.

Schwieriger ist der Begriff der Fortbildung für diejenigen Veranstaltungen festzulegen, die in den verschiedensten Formen vom Dienstherrn durchgeführt werden. Es ist weitgehend üblich, diesen Begriff weit zu fassen und darunter alles zu verstehen, was im Anschluß an die vorgeschriebenen Prüfungen, also für die Beamten des höheren Dienstes der allgemeinen Verwaltung die 2. Staatsprüfung, der Schulung und Unterrichtung des Beamten dienen kann. Dabei wird auch nicht danach unterschieden, ob diese Veranstaltungen mehr auf das Fachliche oder auf das Allgemeinbildende ausgerichtet sind [2].

1. In einer Reihe von Ländern ist es seit längerem üblich, die jungen Assessoren nach der Übernahme in die Verwaltung in ihre neuen Aufgaben „einzuführen". Ein kurzer Überblick mag das derzeitige Bild beleuchten [3]. In Hamburg wird der junge Assessor zunächst für etwa ein Jahr einem Bezirksamt zur Ausbildung zugewiesen. Im Rahmen dieser Ausbildungsstation wird er im Bezirksrechtsamt eingesetzt, wo er u. a. den Vorsitz eines Widerspruchsausschusses, die Bearbeitung von Bau-, Anlieger-, Flüchtlings- oder Liegenschaftssachen zu übernehmen sowie Termine für das

[2] Vgl. z. B. Loschelder-Rössler, Ausbildung und Auslese der Beamten. Deutsches Berufsbeamtentum Bd. 3. Baden-Baden: A. Lutzeyer 1961, S. 37 ff.

[3] Vgl. auch Gutachten S. 173 ff.

Bezirksamt wahrzunehmen hat. Außerdem durchläuft er mehrere Fachämter des Bezirksamtes. Anschließend wird der Assessor einem Senatsamt und einer Fachbehörde bzw. zwei verschiedenen Fachbehörden für die Dauer von acht bis neun Monaten zugeteilt. Daneben besteht eine Arbeitsgemeinschaft der Assessoren, die monatlich einmal zusammenkommt. Im Rahmen dieser Arbeitsgemeinschaft werden neben Besichtigungen und Exkursionen Referate über verwaltungsrechtliche, wirtschafts- und verwaltungspolitische Fragen sowie systematisch aufgebaute Vorträge über Haushaltsrecht, Rechnungs- und Kassenwesen usw. gehalten.

In Niedersachsen wird der Assessor ein Jahr bei einem Landkreis mit teilweiser Vertretung des Oberkreisdirektors beschäftigt. Des weiteren finden jährlich einmal zentrale Veranstaltungen von je einer Woche statt, auf denen acht bis neun Referate von Hochschullehrern und leitenden Beamten gehalten und besprochen werden. Dabei stehen Themen staats- und verwaltungspolitischer Art im Vordergrund, ohne daß eine enge fachliche Begrenzung eingehalten wird. In Nordrhein-Westfalen wird der Assessor zwölf Monate einer Kreisverwaltung zugeteilt und ein Jahr bei einer Bezirksregierung durch vier Ausbildungsstationen (je drei Monate) geführt. Auch hier finden zentrale Lehrgänge mit ähnlicher Zielsetzung wie in Niedersachsen statt. In Schleswig-Holstein wird der Assessor zwei Jahre lang bei einem Landratsamt beschäftigt. Daneben besteht eine Arbeitsgemeinschaft jüngerer Verwaltungsjuristen im Dienst der Landesregierung in Kiel, die etwa einmal monatlich zusammentritt.

Diese Übersicht zeigt, daß die erwähnten Länder den Übergang von der Ausbildung in die echte Tätigkeit des Verwaltungsbeamten relativ übereinstimmend vollziehen. Sie bemühen sich, die Ausbildung, die der Referendar in der Verwaltung erfahren hat, nach der endgültigen Berufsentscheidung zu vervollkommnen, gehen also davon aus, daß die Referendarausbildung zur sofortigen Übernahme einer selbständigen Tätigkeit in der Verwaltung noch nicht ausreicht. Aus der Wunschbetrachtung heraus, daß die Ausbildung mit der Ablegung der zweiten Staatsprüfung abgeschlossen sein müsse, scheut man sich verständlicherweise, auch diese ersten Jahre in der Verwaltung nach dem Assessorexamen noch der Ausbildung zuzurechnen. Dafür lassen sich im übrigen gute Gründe anführen. Bei der relativen Selbständigkeit der jungen Assessoren in der Erledigung täglicher Verwaltungsgeschäfte setzen sich diese Jahre deutlich von der eigentlichen Ausbildung ab. Ebenso sicher ist aber, daß man diese Zeit nicht der Fortbildung zurechnen kann. Es scheint deshalb richtig, sie begrifflich als „Einführung“ zu werten und dieser Einführung einen bestimmten Inhalt zu geben. Dafür drängt sich die Erinnerung an die Ausbildung des früheren preußischen Regierungsreferendars auf. Es war sicherlich ein wesentlicher Vorteil der damaligen Sonderausbildung, daß sie entsprechend dem geltenden numerus clausus nur einer relativ geringen Zahl von Anwärtern zuteil wurde, die sich schon als Referendare der Verwaltung verschrieben hatten. Das brachte es mit sich, daß bei ausgesuchten Landratsämtern, wo ein wesentlicher Teil der Ausbildung verbracht wurde, jeweils nur ein Referendar tätig war und daß dieser Referendar kraft der von ihm getroffenen Entscheidung im Gegensatz zu heute im echten Sinne schon als Angehöriger der Verwaltung betrachtet wurde. Daraus ergab sich eine Intensität der Ausbildung, die in unseren Tagen bei der Vielzahl der den einzelnen Behörden zugeteilten Referendare und bei ihrem sehr verschiedenen Interesse an Fragen der Verwaltung nicht mehr erreichbar ist. Aber auch die Zielsetzung der damaligen Ausbildung läßt sich heute in der allgemeinen Referendarausbildung nicht mehr kopieren, eine Zielsetzung, die von Anfang an stark durch das Bild des souveränen Verwaltungsbeamten, wie ihn der frühere Landrat in einmaliger Form darstellte, bestimmt war.

Die „Einführung" des jungen Assessors in die Verwaltung bietet eine einmalige Chance, an dieses Vorbild einer anerkannt ausgezeichneten Form der Heranbildung guter Verwaltungsbeamten des höheren Dienstes anzuknüpfen. In einer Einführungszeit von zwei Jahren müßte es möglich sein, den Assessor in seiner charakterlichen Haltung, in seinem Wissen und in seiner allgemeinen Bildung, vor allem aber auch in seinen Verwaltungsfähigkeiten und in seiner Einstellung zur Umwelt so zu fördern, daß er all das mitbringt, was ein guter Verwaltungsbeamter besitzen muß. Dabei gebieten es allerdings die Anforderungen unserer Zeit, die damaligen Ausbildungsmethoden in manchem auszubauen. Auch in dieser Einführungszeit müssen das theoretische Wissen in zentralen oder gebietlichen Kursen und Seminaren vervollkommnet, auch die allgemeine Bildung bereichert und vor allem das sprachliche Können gefördert werden. Dabei wäre nur zu wünschen, daß diese „Einführung" nicht nur jenen Assessoren zugute kommt, die die allgemeine Verwaltung annimmt. Es wäre ein unschätzbarer Fortschritt, wenn in sie auch jene Assessoren einbezogen würden, die bisher nach ihrem Examen in den verschiedenen Verwaltungen sofort in ein Dezernat hereingestellt und damit von der dienstlichen Arbeit oft auf einem schmalen Sachgebiet für alle Zeit verschlungen werden.

2. Bei einer Reihe von Veranstaltungen, die heute in einigen Ländern durchgeführt werden, ist es nicht ganz sicher, ob es sich hier um Teile einer „Einführung" oder bereits um „Fortbildung" handelt. So werden in Baden-Württemberg die Regierungsassessoren und jüngeren Regierungsräte jährlich einmal zu einer dreitägigen Vortragsveranstaltung nach Speyer entsandt, wo Hochschullehrer und Verwaltungsbeamte über aktuelle verwaltungsrechtliche und verwaltungspolitische Fragen berichten. In Bayern werden die Assessoren und die jüngeren Regierungsräte der inneren Verwaltung zu insgesamt drei Fortbildungslehrgängen von je einer Woche zusammengerufen, auf denen Fachfragen und allgemeine Themen dargeboten werden. In Rheinland-Pfalz werden zur Förderung der Assessoren in der

Regel zweimal jährlich Arbeitstagungen veranstaltet, an denen auch die jüngeren Regierungsräte teilnehmen. Diese Tagungen dauern normalerweise drei Tage, die mit Referaten über aktuelle Verwaltungsfragen ausgefüllt sind. Es ist, wie gesagt, schwer zu entscheiden, wo man diese Veranstaltungen kategorisieren soll.

3. Eindeutiger zur Fortbildung zählen gegenüber diesen „Grenzfällen" jene Veranstaltungen in einzelnen Ländern, die sich an alle Beamte, namentlich der allgemeinen Verwaltung, nicht nur an die jüngeren, wenden. Sie sind in der Regel nicht streng fachlich ausgerichtet, sondern sollen primär das Interesse der Beamtenschaft an den Problemen der Zeit wecken. Das zeigen die Themen, die beispielsweise auf den Meinberger Hochschulwochen des Landes Nordrhein-Westfalen in den verflossenen Jahren behandelt worden sind. Dorf und Stadt heute, Kräfte und Spannungen im Leben der Bundesrepublik, Wege zur europäischen Einheit. Die Bundesrepublik als Sozialstaat — Bilanz und Ausblick, Ost und West — Tatbestand, Kräfte und Spannungen, sind Überschriften, die den Themenkreis der Meinberger Tagungen umreißen.

Neuerdings scheinen sich auch die „Berliner Beamtentage" in einer ähnlichen Richtung zu bewegen [4].

Stellt man neben diese Veranstaltungen, ohne Anspruch auf letzte Vollständigkeit, noch die Hochschulwochen des Landes Hessen und die Staatswissenschaftlichen Fortbildungstagungen der Hochschule für Verwaltungswissenschaften in Speyer, so ergibt sich zwar ein Bild vielfältiger Bemühungen um die Fortbildung der Beamten durch Vortragsveranstaltungen. Aber es bleiben erhebliche Zweifel an der Zulänglichkeit dieses Bemühens. Sie beziehen sich zunächst auf die Kapazität dieser Kurse; nur in recht langen Abständen hat der Beamte des höheren Dienstes die Chance, dorthin entsandt zu werden [5]. Es stellt sich aber auch die Frage, ob denn im Höchstfalle eine Woche dauernde Tagungen dem Bedürfnis echter Fortbildung in unserer Zeit genügen.

III

Die Fortbildung wird heute primär unter den Gesichtspunkten gesehen, die die Bundeslaufbahnverordnung vorzeichnet. Man will erreichen, daß der Beamte, dessen gute Ausbildung man voraussetzt, durch die Fortbildung befähigt wird, seine dienstlichen Aufgaben möglichst vollkommen zu erfüllen. Das ist gewiß eine berechtigte Zielsetzung, die schon in einem Generalbericht zum X. Internationalen Kongreß für Verwaltungswissenschaften 1956 in Madrid mit folgenden Worten zum Ausdruck kommt:

„Während Spezialisierung und Technik in wachsendem Maße in der Maschinerie des Staates an Bedeutung gewinnen, werden die Staatsbedien-

[4] Vgl. DVBl 1965, S. 939.

[5] Vgl. Loschelder-Rössler, a.a.O., S. 38.

steten immer weniger geeignet, ihre Pflichten zu erfüllen. Sie müssen darum eine entsprechende allgemeine Ausbildung am Anfang ihrer Laufbahn erhalten, eine Fortbildung ihrer Kenntnisse während der Laufbahn erfahren und auch nach der Erreichung der Spitzenstellen immer wieder auf ihre Fähigkeiten überprüft werden [6]."

Aber das ist m. E. nicht der einzige Gesichtspunkt. Ich möchte ihm vielmehr einen weiteren bisher kaum beachteten an die Seite stellen. Fortbildungsveranstaltungen in der richtigen Form könnten sich als ein hervorragendes Mittel erweisen, dem im Dienst stehenden Beamten je nach Eignung und Neigung durch eigenes Bemühen konkrete Chancen des Fortkommens zu eröffnen und damit zugleich der Verwaltung für bestimmte wichtige Aufgaben aufgeschlossene und vor allem auch hinreichend geschulte Kräfte zu sichern. Sie würden dem Beamten das Gefühl geben, daß er sich selbst durch eigene Tüchtigkeit Möglichkeiten des Fortkommens und des Aufstiegs in Tätigkeitsbereiche seiner besonderen Neigung erschließen kann und nicht mehr nur darauf angewiesen ist, von der Personalverwaltung als für eine bestimmte Aufgabe geeignet erkannt zu werden. Diese Seite des Problems ist dem Verfasser bei der Ausarbeitung eines weiteren, nicht veröffentlichten Gutachtens bewußt geworden, das im Jahre 1964 dem Bundesinnenministerium vorgelegt wurde. Dieses Gutachten enthält Vorschläge zur Verbesserung der Ausbildung deutscher Beamter zum Zwecke ihrer Verwendung bei internationalen Institutionen. Es mag den Ausgangspunkt für die folgenden Betrachtungen bieten.

1. Die erwähnten „Vorschläge" gehen auf einen schriftlichen Bericht des Ausschusses für Inneres (6. Ausschuß) des Deutschen Bundestages (Drucksache IV/490) und eine Entschließung des Deutschen Bundestages zurück. Anlaß dazu war ein von der Bundesregierung zur Unterrichtung vorgelegter Entwurf einer Verordnung über das Statut der Beamten und die Beschäftigungsbedingungen für die sonstigen Bediensteten der Europäischen Wirtschaftsgemeinschaft und der Europäischen Atomgemeinschaft. In der erwähnten Entschließung wird die Bundesregierung u. a. ersucht,

a) mit den Landesregierungen zu prüfen, wie die Ausbildung der Beamten des höheren Verwaltungsdienstes verbessert werden kann, und zwar besonders auch im Hinblick auf die Erfordernisse bei europäischen Institutionen;

b) die Frage einer zusätzlichen Vor- und Ausbildung für die Beamtenaufgaben bei den europäischen Organisationen zu prüfen, um sicherzustellen, daß eine geeignete Zahl besonders qualifizierter Personen für die von der Bundesrepublik Deutschland zu besetzenden Beamtenstellen bei den europäischen Instituionen zur Verfügung steht.

[6] Vgl. Weichmann, Der X. Internationale Kongreß für Verwaltungswissenschaften, in Verw.Arch. Bd. 48, S. 71.

Im Untergrund dieser Entschließung schwelt offenbar der Gedanke, daß die derzeitige Ausbildung der Beamten des höheren Dienstes für die Tätigkeit bei den erwähnten Institutionen nicht voll ausreiche, jedenfalls mit der vielgelobten Ausbildung der französischen Verwaltungsbeamten nicht konkurrieren kann [7]. In der Tat stellt die Tätigkeit bei diesen Organisationen besondere Anforderungen. Es geht dabei nicht allein und nicht einmal in erster Linie um die Beherrschung fremder Sprachen. Bedeutsamer ist eine Reihe anderer Faktoren. Zunächst setzt die Wahrnehmung von Verwaltungsfunktionen im internationalen Bereich die Kenntnis des internationalen Organisations- und Verwaltungsrechts voraus. Sie erfordert ferner eine ausgeprägte Anpassungsfähigkeit an die hier üblichen Arbeits- und Verhandlungsformen, die einen wesentlich anderen Stil haben als bei uns. Vor allem aber haben Verwaltungsmaßnahmen auf zwischenstaatlichem Gebiet eine erhebliche wirtschaftliche Beziehung, da sie ja zum großen Teil der Erweckung, Förderung und Koordinierung wirtschaftlicher Bestrebungen dienen. Dazu ist aber nicht nur ein allgemeines wirtschaftliches Verständnis, sondern auch die besondere Fähigkeit zu makroökonomischer Betrachtung und Bewertung vonnöten. Nicht zuletzt kommt es auch darauf an, daß der in den erwähnten Organisationen tätige Beamte zum Ausgleich der verschiedenartigen nationalen Interessen ein hohes Maß an Einfühlungsvermögen in historische, kulturelle, soziologische und wirtschaftliche Zusammenhänge besitzt.

Es ist leicht zu erkennen, daß die übliche Ausbildung des höheren Verwaltungsbeamten in der Bundesrepublik keinen wesentlichen Beitrag zum Erwerb dieser Kenntnisse und Fähigkeiten leistet. Unsere Ausbildung ist nun einmal am traditionellen Berufsbild des deutschen Richters, des Rechtsanwalts und des heimischen Verwaltungsbeamten des höheren Dienstes orientiert, und es ist nicht anzunehmen, daß sich nach der soeben durch das Gesetz zur Kürzung des Vorbereitungsdienstes für den Erwerb der Befähigung zum höheren Beamtendienst und zum Richterdienst vom 18. August 1965 (BGBl. I S. 891) getroffenen Neuregelung an diesem Bild sobald etwas ändern wird.

Nun braucht hier nicht erörtert zu werden, was schon während der Schulzeit, während des Studiums oder während des Vorbereitungsdienstes geschehen kann, um einige bessere Grundlagen für eine spätere Tätigkeit auch außerhalb der Grenzen der Bundesrepublik zu schaffen. Im ganzen sind die hier liegenden Möglichkeiten nicht allzu ergiebig. Es bleibt also nur, durch Fortbildung im echten Sinne und in einer sehr ausgeprägten Form Beamte bereitzustellen, die für diese Aufgaben besser gerüstet sind als bisher.

---

[7] Vgl. dazu Quaritsch, Eine Schule der Verwaltung: L'Ecole Nationale d'Administration, in Verw.Arch. Bd. 52, S. 217 ff.

Die „Vorschläge“ haben dazu ein Modell entwickelt, das hier nur in seinen Grundzügen dargestellt zu werden braucht. Was zunächst den in diese Fortbildung einzubeziehenden Personenkreis angeht, so muß er irgendwie nach dem Bedarf bestimmt werden. Dieser Bedarf ist vorerst schwer zu übersehen, nicht nur wegen der derzeitigen politischen Schwierigkeiten, sondern auch deshalb, weil sich die internationalen Organisationen noch im Aufbau befinden und erst nach und nach jene Ruhelage erreichen, die personalplanende Maßnahmen auf hinreichend sicherer Basis gestattet. Die Auswahl sollte unter Zugrundelegung eines vorsichtigen zahlenmäßigen Maßstabes aus Beamten oder Angestellten des höheren Dienstes mit bereits mehrjähriger Praxis getroffen werden, die entweder von den Anstellungsbehörden nach Maßgabe ihrer besonderen Eignung entsandt oder auf Grund eines Bewerbungsverfahrens von einer Auswahlkommission für brauchbar befunden werden.

Die Fortbildung soll sich in zwei Stufen vollziehen. In einem viermonatigen Lehrgang werden die mehr theoretischen Kenntnisse und Fähigkeiten der Teilnehmer entwickelt und gefördert, wobei Geschichte, Politik, Wirtschaft, Verwaltung und Recht im Vordergrund stehen und auch die Sprachenvervollkommnung nicht vergessen werden soll. Als Lehrmethode wird die Form der Arbeitsgemeinschaft eine wesentliche Rolle spielen. Unmittelbar im Anschluß an den viermonatigen Lehrgang sollen die Beamten sodann zu Behörden der internationalen Verwaltung abgeordnet werden, bei denen sie zu echter Mitarbeit, nicht also nur loser Ausbildung, herangezogen werden sollen. Dabei kommt es nicht darauf an, die Beamten an möglichst vielen Aufgaben oberflächlich zu beteiligen; wichtiger ist vielmehr, sie mit einem bestimmten dafür geeigneten Teilausschnitt der internationalen Verwaltung eingehend und gründlich vertraut zu machen und ihnen die eigenartige Technik der Verwaltungsführung im internationalen Bereich nahezubringen.

Ist die Fortbildung beendet, so kehrt der Beamte zu seiner Anstellungsbehörde zurück und bleibt dort für eine Verwendung bei den internationalen Organisationen verfügbar.

Es ist eine erfreuliche Tatsache, daß diese „Vorschläge“ nicht Vorschläge geblieben sind. Ein Modellehrgang ist bereits durchgeführt worden. Man wird mit großem Interesse seinem Ergebnis und den dabei gewonnenen Erfahrungen entgegensehen.

2. Es ist leicht zu erkennen, daß mit diesem Lehrgang und dem ihm folgenden Praktikum eine ganz andere Art der Fortbildung eingeleitet wird, als wir sie bisher kennen. Das gilt nicht nur für den Aufbau der Gesamtveranstaltung, sondern vor allem für ihre zeitliche Dauer und ihr konkretes Ziel. Unter all diesen Gesichtspunkten ist sie mit den bisher üblichen Wochen- oder Zweiwochenkursen schlechthin nicht vergleichbar.

Damit erhebt sich die Frage, ob in diesem Falle ein ganz besonderer Tatbestand vorliegt, der auf andere Fortbildungsbedürfnisse nicht übertragbar ist. Diese Frage bedarf näherer Überprüfung.

a) In der Verwaltung ist die Stellung des Behördenleiters, in welchem Verwaltungszweig und in welcher Verwaltungsstufe er auch immer tätig sein mag, von besonderer Bedeutung [8]. Diese Beamten stehen an der Spitze mehr oder weniger großer Behörden und haben auf deren Arbeit, aber auch auf den Geist der dort tätigen Dienstkräfte einen bestimmenden Einfluß. Es ist noch nicht lange her, daß man die Möglichkeit einer besonderen Fortbildung auf diese Aufgabe hin verneinte. Man ging und geht auch heute noch vielfach davon aus, daß eine gute Personalverwaltung den geeigneten Bewerber für diese Stellungen auf Grund seiner angeborenen und in der Praxis erworbenen Fähigkeiten herausfinden müsse und daß es dann genüge, ihn in sein Amt einzusetzen.

Gewiß sind auf diesem Wege die Stellen der Behördenleiter oft mit hervorragenden Verwaltungsbeamten besetzt worden. Aber es ist nicht feststellbar, wie groß der unvermeidbare Reibungsverlust gewesen ist, der sich mit dieser Methode notwendig verbindet. In den heute viel schwierigeren Verhältnissen ist es deshalb in der Wirtschaft, aber auch in der Verwaltung des Auslandes eine Selbstverständlichkeit geworden, daß Führungsstellen dieser Art erst nach einer vorherigen gründlichen Unterrichtung besetzt werden. Die Wirtschaft hat längst erkannt, daß die wachsende Kompliziertheit der Unternehmen, die Unmöglichkeit, alle Unternehmenszweige gleich gut zu beherrschen, die Notwendigkeit vorausschauender Planung, die Koordinierung der im Betrieb tätigen Kräfte, die Heranbildung von Führungspersönlichkeiten erfordert, denen für diese Aufgabe Erkenntnisse und Erfahrungsgut mit auf den Weg gegeben werden müssen [9]. Dazu hat die deutsche Wirtschaft das Institut zur Förderung des industriellen Führungsnachwuchses geschaffen; auf europäischer Ebene ist in der gleichen Richtung das „Institut Européen d'Administration des Affaires (INSEAB)" entstanden [10].

In der ausländischen Verwaltung stellt wohl die erwähnte Ecole Nationale [11] das hervorragendste Beispiel einer derartigen Fortbildung dar. Diese Schule verfolgt seit ihrer Gründung im Jahre 1945 das Ziel, allen Begabten den Zugang zu den höchsten Ämtern im Staate zu eröffnen. Der Aufnahme in die Schule geht eine Zulassungsprüfung voraus, um aus der großen Zahl der Bewerber auf Grund schriftlicher Leistungen die besten

---

[8] Vgl. hierzu v. d. Groeben, Zum Nachwuchsproblem der Verwaltung, DVBl 1965, S. 137.

[9] Vgl. Nordling, Fortschrittliche Betriebsführung, 1960, S. 75.

[10] Vgl. Busch, Behebung des Nachwuchs- und Bildungsnotstandes industrieller Führungskräfte. Schriftenreihe zur Förderung der Wissenschaft, 14. Jahrgang, 1965/V.

[11] Vgl. Quaritsch, a.a.O.; ferner Gutachten, S. 31 ff.

herauszufinden. Bei der eigentlichen Aufnahmeprüfung werden von den Zugelassenen wiederum etwa 50% ausgesondert. Die Ausbildung an der Schule dauert insgesamt 28 Monate und ist in drei Abschnitte gegliedert: 11 Monate werden zur praktischen Ausbildung in einer Departementsverwaltung verbracht; die theoretische Ausbildung an der ENA beträgt 15 Monate; 2 Monate nimmt die Tätigkeit in einem Privatunternehmen in Anspruch. Der erste Ausbildungsabschnitt führt den jungen Beamten in eine Präfektur, wo er dem Präfekten als Behördenleiter unmittelbar beigeordnet wird. Hierdurch lernt er die koordinierenden und entscheidenden Funktionen der Verwaltung aus der Sicht des leitenden Verwaltungsbeamten kennen. Während der praktischen Ausbildung sorgen ein ständig umherreisender „Directeur de Stage" und dessen Stellvertreter für die persönliche Betreuung des Kandidaten und stellen sicher, daß sich die Ausbildung entsprechend den Zielen der ENA vollzieht.

Während der theoretischen Ausbildung liegt das Schwergewicht nicht bei den Vorlesungen, sondern bei den Arbeitsgemeinschaften. Die Themen sind fast ausschließlich verwaltungspraktischer Art. Beispielsweise finden Lehrveranstaltungen über das Geld, das staatliche Haushaltswesen, die Entwicklungshilfe und die französische Industrie statt.

Wenn dazu während des Unterrichts sehr viel Gewicht auf Sprachstudien gelegt wird, dann hat das seinen Grund teilweise darin, daß sich aus den Absolventen der ENA leitende Beamte des Auswärtigen Amtes rekrutieren. Aber man hat auch im Auge, mit diesen Beamten die Spitzenpositionen in den supranationalen Einrichtungen zu besetzen.

Die zweimonatige privatwirtschaftliche Ausbildung, die in einem Industriebetrieb, einem Handelsunternehmen, einer Bank oder einer landwirtschaftlichen Organisation abzuleisten ist, dient dazu, den vorwiegend in der administrativen hoheitlichen Denkungsweise geschulten Beamten mit den in der Privatwirtschaft geltenden Anschauungen bekannt zu machen.

Es ist anerkannt, daß auf dieser Schule Führungskräfte der Verwaltung heranwachsen, um die die Welt Frankreich beneidet; es ist aber ebenso sicher, daß sich diese französische Einrichtung nicht transferieren läßt, da sie auf einer Reihe eigentümlicher Voraussetzungen beruht.

Aber es gibt noch andere Beispiele im Ausland. So nimmt man sich neuerdings auch in Großbritannien dieses Problems an. Seit 1963 dient das Treasury Centre for Administrative Studies der Fortbildung der sogenannten „Assistent Principals", die etwa die Stellung unserer Regierungsräte haben. Die Fortbildungskurse für diese Beamten werden in zwei Phasen durchgeführt. In der ersten wird drei Wochen lang über allgemeine Fragen der Regierungsstruktur unterrichtet. Der Hauptkurs von 20 Wochen befaßt sich demgegenüber vor allem mit Volkswirtschaft und Betriebswirtschaft. Hier werden in großen Zügen die Wirtschaftstheorie, Probleme der Vorausschau der Wirtschaftspolitik, die Währungspolitik, die Wachstumspolitik, die Raumordnung und die Entwicklungshilfe erläutert. Breiten Raum nehmen auch die Anwendung von Mathematik und Statistik in der Verwaltung, die Kostenrechnung und die Verwendung von Elektronenrechnern ein. Außerdem werden Fragen der Industriestruktur und der Unternehmensführung einschließlich Buchhaltung, Finanzierung, Vertrieb, Produktion, Forschung und Personalwesen behandelt.

Aber auch kleinere Länder bemühen sich oft in einfacher, aber doch recht wirkungsvoller Art um die Fortbildung von Führungskräften. Besonders einprägsam scheint mir das Vorgehen der Schweiz, wo quer durch alle Verwaltungen bis zum Militär geeignete Beamte zu relativ kurzen Kursen zusammengeholt und dort Themen wie Entscheiden als Chefaufgabe, das Problem des schöpferischen Denkens in der Verwaltungsführung, Methoden und Hilfsmittel der Menschenführung, Organisation und Planung als Führungsaufgabe in der Verwaltung, Grundlagen und Methodik der Arbeitsvereinfachung, behandelt werden.

Einen Hinweis verdient zuletzt noch die von Mölle [12] geschilderte Ausbildung der Führungskräfte in der Türkei.

b) Es geht aber nicht nur um die Behördenleiter im eigentlichen Sinne; es geht auch um jenen größeren Kreis des Beamtentums, den man mit der Bezeichnung „Führungskräfte" begreift. Darunter mag man etwa Staatssekretäre, Ministerialdirektoren, Ministerialdirigenten und Ministerialräte, Leiter der Mittelinstanz und ihre Vertreter, Polizeipräsidenten, Polizeidirektoren und leitende Kommunalbeamte verstehen. Auch ihnen fallen zahlreiche Aufgaben zu, wie sie für die Behördenleiter typisch sind. Aber für beide besteht in einem weiteren Bereich noch ein anderes gemeinsames Fortbildungsbedürfnis.

Dieses Bedürfnis geht zunächst dahin, den Beamten, der sich mit den im Studium, im Vorbereitungsdienst und in einer gewissen Praxis erworbenen juristischen und verwaltungspraktischen Kenntnissen und Fähigkeiten um die Erfüllung der ihm aufgetragenen Aufgaben bemüht, mit einer Vielzahl von Vorgängen des Verwaltungslebens vertraut zu machen, von denen er oft in seiner bisherigen Ausbildung und Tätigkeit noch nicht viel gehört hat. Neuffer [13] schildert sehr anschaulich wichtige Aufgaben, die täglich auf den leitenden Kommunalbeamten zukommen und denen er sich gelegentlich einigermaßen hilflos gegenübersieht. Er stellt mit Recht fest: „Eine Ausbildung hat er (der leitende Kommunalbeamte) dafür nicht erhalten. Wenn und soweit er trotzdem ‚Fachmann' ist, ist er es als Autodidakt. Im übrigen ist er Amateur." Daß diese Erscheinung nicht eine Eigenart der Kommunalverwaltung ist, sondern in der staatlichen Verwaltung in ähnlicher Weise begegnet, braucht nicht besonders vermerkt zu werden.

---

[12] DÖV 1960, Heft 17/18.

[13] Der Städtetag 1965, S. 161; ferner v. Kaldenkerken, a.a.O., S. 374.

Der zweite Mangel, der immer wieder auffällt, ist die Fremdheit, mit der auch unsere leitenden Beamten, also unsere Führungskräfte, wirtschaftlichen Vorgängen gegenüberstehen. Das ist um so erstaunlicher, als die Verwaltung heute in einer Gesellschaft tätig werden muß, die in stärkstem Maße durch die Wirtschaftsentwicklung geprägt wird. Aber sie wird auch selbst in immer größerem Umfange mit Vorgängen befaßt, die wirtschaftlichen Einschlag haben oder in ihrer Auswirkung die Wirtschaft oft entscheidend berühren. Das braucht nur mit einer einzigen Zahl belegt zu werden. Im Jahre 1964 liefen 124,4 Mrd. DM, also rund 30% des Bruttosozialproduktes durch die öffentlichen Haushalte, wurden also von der Verwaltung verausgabt. Daß dies in einer für die Wirtschaft mindestens erträglichen, möglichst aber förderlichen Weise geschieht, ist von großer Bedeutung und gilt für alle Ebenen verwaltender Tätigkeit, mag sie ihr Feld in der Vorbereitung und Vertretung der einzelnen Gesetze, in der Erarbeitung der Richtlinien für die Verausgabung der Mittel oder in der Fondsbewirtschaftung finden.

Stellen wir die Frage, wie unsere Führungskräfte heute auf eine derartige Tätigkeit vorbereitet werden, so ist die Antwort darauf wenig befriedigend [14]. Im Studium haben die volkswirtschaftlichen Fächer so am Rande gestanden, daß die Ausbeute für später gleich Null ist. Der Vorbereitungsdienst läßt, namentlich nach seiner an sich begrüßenswerten Verkürzung auf 2½ Jahre, keinen Raum und gibt auch keine Gelegenheit für eine Ausfüllung dieser Lücke. So bleibt nur, sich in der Praxis ohne ausreichende theoretische Grundlegung und ohne ein rechtes Verhältnis zu den Denkkategorien der Wirtschaft irgendwie zurechtzufinden, gelegentlich vielleicht mehr schlecht als recht.

Es bietet keinen Ausweg, Tätigkeiten der geschilderten Art durch Beamte wahrnehmen zu lassen, die eine andere, aus dieser Sicht geeignetere Vorbildung erfahren haben. Zu denken wäre hier an die Beamten mit abgeschlossenem Studium der Wirtschafts-, Finanz- und Sozialwissenschaften, die nach der Ausbildungs- und Prüfungsordnung vom 6.April 1963 (GMBl. S. 171) ausgebildet werden. Abgesehen davon, daß die Zahl derer, die in diese Laufbahn eintreten, pro Jahr bei etwa zwölf liegt, wobei die Gesamtheit der Anwärter sich auf eine Vielzahl von Einstellungsbehörden verteilt, fehlt dieser Beamtengruppe die andere Komponente, die für Führungskräfte in der Verwaltung normalerweise wesentlich ist, die innige Beziehung zum Recht, die sich in dieser Ausbildung nur bis zu einem gewissen Grade herstellen läßt.

3. Damit eröffnet sich für die Fortbildung ein weites Feld, für eine Fortbildung allerdings, die mit dem bisherigen Bemühen auf diesem Gebiet wenig gemein hat. Mit Wochenkursen, wie sie derzeit üblich sind, ist

[14] Vgl. Loschelder, Wandlungen der deutschen Verwaltung. Sonderdruck der KGSt 1964, S. 97.

diese Aufgabe nicht zu meistern, auch dann nicht, wenn man sie von Zeit zu Zeit wiederholt und damit einiges mehr täte als bisher. Anknüpfungspunkt auch für die Fortbildung in diesem weiteren Bereich sollte vielmehr, in der richtigen Anwendung selbstverständlich, das „Modell" der Fortbildung für die Beamten zum Zwecke der Verwendung bei internationalen Institutionen sein. Für die Ausgestaltung im einzelnen mögen folgende Hinweise gegeben werden:

a) Die erste und wichtigste Voraussetzung für das Gelingen eines solchen Unternehmens ist es, daß sich die hier interessierten Stellen zu gemeinsamem Handeln zusammenfinden. Der Gedanke, daß jede Verwaltungssparte ihre Fortbildungseinrichtung besitzen müsse, muß von vornherein ausscheiden. Gewiß ist die bisherige Entwicklung in dieser Richtung gelaufen. So besitzt die Bundesfinanzverwaltung ihre Finanzakademie in Siegburg, die Bundeswehrverwaltung die Bundeswehrverwaltungsschule in Mannheim, die Bundespost die Postakademie in Kleinheubach und die Bundesbahn die Bundesbahnakademie in Bad Godesberg, Einrichtungen, die in erheblichem Umfange auch Ausbildung betreiben. Was auch immer aus diesen Akademien und Schulen in der weiteren Entwicklung werden mag, für den Bereich der allgemeinen Verwaltung sollte alles dafür eingesetzt werden, zu einer einheitlichen Einrichtung von Bund, Ländern, Gemeinden und Gemeindeverbänden zu kommen. Die Aufgabe ist nach der personellen und sachlichen Seite viel zu schwierig, als daß man hier Separatismus kultivieren dürfte. Damit sind das Bundesinnenministerium, die Innenminister der Länder und die kommunalen Spitzenverbände in gleicher Weise aufgerufen, ein echtes Gemeinschaftswerk ins Leben zu rufen und die dafür nun einmal nötigen Mittel aufzubringen.

Wird die Aufgabe ernst genommen und auf Dauer angelegt, so wird man nicht umhin können, eine „Akademie für die Fortbildung der Beamten der allgemeinen Verwaltung" ins Leben zu rufen, die in der gemeinsamen Trägerschaft der Beteiligten stehen sollte. Die Zusammenlegung der Akademie mit einer Hochschule, auch der Hochschule für Verwaltungswissenschaften in Speyer, wird dabei im Hinblick auf die wesentlich andere Aufgabenstellung nicht in Betracht kommen können.

b) Diese Aufgabenstellung ergibt sich aus dem Ziel: Es kommt darauf an, junge, besonders geeignete Beamte auf ihre spätere Tätigkeit als Behördenleiter oder als sonstige Führungskraft vorzubereiten, ihnen also soviel an Rüstzeug mitzugeben, daß sie nachher ohne allzu viel Anfangsverlust eine derartig wichtige Funktion bekleiden können. Das weist darauf hin, daß diese Fortbildung einen theoretischen und einen praktischen Teil hat und daß das zeitliche Maß erheblich weiter ausgedehnt werden muß als bei den bisherigen Fortbildungsveranstaltungen. Insoweit können die mehrfach erwähnten „Vorschläge" geeignete Anhaltspunkte geben.

Was zunächst den theoretischen Teil angeht, so werden bei den Lehrveranstaltungen politische Wissenschaften, Finanzwirtschaft, Soziologie, volks- und betriebswirtschaftliche Fragen und Verwaltungslehre im Vordergrund stehen müssen. Bei der Verwaltungslehre wird dabei dem Gedanken der Ökonomie in der Verwaltung ein besonderer Platz einzuräumen sein. Aber auch die Probleme der Automation, der Statistik und der Elektronik dürfen nicht übergangen werden. Nicht zuletzt werden auch für den Verwaltungsbeamten so dringend nötige Fertigkeiten wie Rhetorik und Diskussionstechnik geübt werden müssen.

Daß sich dieser umfangreiche Stoff in einem Zeitraum von weniger als sechs Monaten kaum bewältigen läßt, dürfte gewiß sein.

Große Schwierigkeiten wird die Gewinnung der Lehrkräfte für die einzelnen Fortbildungsfächer bereiten. Um einen kleinen hauptamtlichen Kreis wird man nicht herumkommen; daneben werden sich erfahrene hohe Beamte für diese Aufgabe zur Verfügung stellen müssen. Gerade die Schwierigkeiten der Bereitstellung eines qualifizierten Lehrkörpers machen die Notwendigkeit einer Kooperation aller Beteiligten und der Vermeidung jeder Zersplitterung deutlich.

c) Es ist davon auszugehen, daß die Teilnehmer an der Fortbildung bereits eine mehrjährige Anschauung der Verwaltung aus ihrer praktischen Tätigkeit besitzen. Aber es bleibt offen, ob sie in dieser Zeitspanne mit Führungs- und Leitungsaufgaben in nähere Berührung gekommen sind. Vielfach, namentlich in kleineren Verwaltungen, in denen eine „Einführung", wie sie oben geschildert wurde, kaum besteht, ist der junge Beamte in die Arbeit eines oft sehr speziellen Dezernats hereingeraten und dort sitzengeblieben. KLAUSA [15] hat dafür das treffende Bild gebraucht, daß „der Assessor sozusagen als Fohlen sofort vor den Pflug gespannt würde, da wir keine freien Kapazitäten haben." In dem praktischen Teil der Fortbildung kommt es also entscheidend darauf an, den jungen Beamten einem Behördenleiter oder einer sonstigen Führungskraft eng zu attachieren. Man sage nicht, daß unsere höheren Beamten hierfür keine Zeit aufbringen könnten. In Frankreich ist das eine Selbstverständlichkeit. QUARITSCH [16] schildert das sehr anschaulich:

„Die Schüler (der ENA) werden auf die Präfekturen Frankreichs ... verteilt, dort aber nicht einem Beamten zugewiesen, um sich — wie bisher so oft in Deutschland — in einer speziellen Materie, etwa im Baurecht, als ausdauernder juristischer Gutachter zu bewähren, sondern dem Präfekten selbst zur Ausbildung anvertraut ... . Dem Präfekten unmittelbar beigeordnet nimmt der Stagiaire an diesen koordinierenden und entscheidenden Verwaltungsfunktionen teil, daneben an der politischen Aufgabe, Zentralgewalt zu repräsentieren und die Intentionen der Regierung autoritativ zu verwirklichen ... . Nimmt man hinzu, daß diesen Präfekturen jetzt auch

[15] Vgl. in LOSCHELDER-RÖSSLER, a.a.O., S. 54. [16] a.a.O., S. 243.

die departemental detachierten Mittel- und Unterinstanzen der zentralen Sonderverwaltungen unterstehen, kann die praktische Ausbildungsstation der ENA-Schüler als schlechthin ideal bezeichnet werden."

Wir haben bei uns die gleichen, vielleicht durch die Möglichkeit des Wechsels zwischen Staats- und Kommunalverwaltung noch bessere Möglichkeiten. Den heute so viel beschäftigten leitenden Beamten aber muß bewußt sein, daß sie mit der Beteiligung an dieser Fortbildung mitwirken am Werk einer künftig noch besseren und leistungsfähigeren Verwaltung.

Steckt man den Zeitraum ab, der für diesen praktischen Teil der Fortbildung benötigt wird, so wird man ihn wohl auch mit etwa sechs Monaten bemessen müssen. Sehr nützlich könnte es sein, wenn man dann noch einen Aufenthalt im Ausland anfügen könnte. Aber das hat eine Reihe besonderer Schwierigkeiten; darum verschlägt es nichts, zunächst ohne dem zu beginnen.

d) Von entscheidender Bedeutung ist es, für diese Fortbildung die geeigneten Teilnehmer zu gewinnen und sie in einem objektiven Verfahren auszuwählen. Man gebe sich keiner Täuschung hin: Nicht alle unsere jungen Beamten sind geneigt, sich einer anspruchsvollen Fortbildung unter Entfernung aus ihrem oft soeben erst begründeten Haushalt zu unterziehen. Aber der Appell an das eigene Interesse ist bei dieser Art der Fortbildung doch wohl so stark, daß diese Hemmnisse zu überwinden sind. Gewiß gibt diese Fortbildung nach ihrer Absolvierung keinen Garantieschein für die Übernahme in eine Leitungs- oder Führungsfunktion. Aber es ist doch nur natürlich, daß sich die Personalverwaltungen künftig bei der Besetzung dieser Stellen in erster Linie unter den Beamten umsehen werden, die sich einer derartigen Fortbildung mit Erfolg unterzogen haben.

Auf der anderen Seite muß ein objektives Bewertungs- und Ausleseverfahren dafür sorgen, daß nur die ausreichend begabten jungen Beamten in diese Fortbildung gelangen. Dabei werden Maßstäbe für diese Auslese gerade jene Eigenschaften sein müssen, die den Spitzenbeamten unserer Verwaltung auszeichnen.

Die allgemeine Verwaltung hat nicht mehr allzu viel Zeit, sich der Fortbildung ihrer Beamten intensiver als bisher anzunehmen, wenn sie konkurrenzfähig bleiben will. Wir sehen schon heute, daß die Anreize, die die Wirtschaft bietet, aber auch eine Reihe anderer Umstände die Auswahlmöglichkeiten der Verwaltung von Jahr zu Jahr vermindern. Die jungen Beamten haben weitgehend eine echte Scheu vor dem Eintritt gerade in die allgemeine Verwaltung, die sie für politisiert halten, so daß für das Fortkommen dort nicht mehr die persönliche Tüchtigkeit in der ersten Linie stehe. Eine Fortbildung, die nach den obengeschilderten Grundsätzen mit Ernst betrieben wird und nach deren Ergebnissen nachher sich auch die personalpolitischen Entscheidungen bestimmen, wird nicht nur die Leistungsfähigkeit der Verwaltung heben, sondern auch die derzeitige Einstellung unserer jungen Beamten zum Eintritt in die Verwaltung ändern können.

Verwaltungslehre — Notwendigkeit und Aufgabe im heutigen Sozialstaat *

KLAUS STERN

I

Den deutschen Lehrbüchern des Verwaltungsrechts liegt die Auffassung zugrunde, daß die Verwaltung eine unentbehrliche und vorgegebene Größe darstelle, deren Analyse — weil ohnehin bekannt — unnötig sei, allenfalls für die meist ungeschriebenen besonderen Teile des Verwaltungsrechts einen Gewinn verspräche. Allein wesentlich sei, die juristischen Bedingungen und rechtsstaatlichen Grenzen des Verwaltens zu erforschen. Daß hierdurch ein einseitiges und unzulängliches Bild der Verwaltungswirklichkeit entworfen wird, ist einsichtig. Wer nach der Ursache dieser unzutreffenden Erkenntnis fragt, wird nicht umhin können festzustellen, daß in Deutschland trotz wiederholter, auch literarisch fruchtbarer Ansätze [1] oder wenigstens wohl-

---

* Erweiterte Ausführung eines Vortrags auf den Berliner Beamtentagen 1965 und den Hamburger Hochschulwochen 1966.

[1] Zuletzt Verwaltung — Eine einführende Darstellung, hrsg. von MORSTEIN MARX, 1965, POUL MEYER, Die Verwaltungsorganisation (vergleichende Studien über die Organisation der öffentlichen Verwaltung), 1962, dessen Anliegen es ist, „eine Typologie und systematische Darstellung des Stoffes auszuarbeiten, mit dem die Verwaltungslehre sich ... befassen muß" (S. 16); daneben ERST VON HARNACK, Die Praxis der öffentlichen Verwaltung, 2. Aufl. 1951; KURT GLASER, Verwaltungstechnik, 1950; FELIX GOLLASCH, Die öffentliche Verwaltung im Spannungsfeld der Gegenwart, 1960; ERWIN LESS, Verwaltungsrecht I — Hauptpunkte der Verwaltungslehre, 1962; neuerdings zu Teilbereichen der Verwaltungslehre etwa BADENHOOP, Wirtschaftliche öfftl. Verwaltung, 1961; LUHMANN, Funktionen und Folgen formaler Organisation, 1964; STICH, Das Verwaltungshandeln, JuS 1964, 333, 383; MORSTEIN MARX, Das Dilemma des Verwaltungsmannes, 1965; *ders.* Menschliche Welt in der öfftl. Verwaltung, VerwArch Bd. 57 (1966), S. 1 ff.; POST, Vom „Faulen Knecht" zur zeitgemäßen Verwaltungs-Dokumentation, DÖV 1965, 519 ff.; LOSCHELDER, Über das Betriebsklima im öffentlichen Dienst, VerwArch Bd. 54 (1963), 217; MORSTEIN MARX, Beamtenethos und Verwaltungsethik, VerwArch Bd. 54 (1963), 323; LUHMANN, Der neue Chef, VerwArch Bd. 53 (1962), 11; LUHMANN, Kann die Verwaltung wirtschaftlich handeln? VerwArch Bd. 51 (1960), 97 ff.; VON KÖHLER, Die Zeit als Faktor des Verwaltungsrechts, VerwArch Bd. 50 (1959), 213; HAAS, Ausschüsse in der Verwaltung, VerwArch Bd. 49 (1958), 14 ff.; LUHMANN, Der Funktionsbegriff in der Verwaltungswissenschaft, VerwArch Bd. 49 (1958), 97 ff.

meinender Marginalien[2] noch immer eine systematisch und dogmatisch durchgebildete Verwaltungslehre fehlt. Die Verwaltungspraxis hat mit Recht diesen desolaten Zustand beklagt[3] und auf die wissenschaftliche Rückständigkeit gegenüber dem westlichen[4] und teilweise auch östlichen[5] Ausland verwiesen, in dem die Verwaltungslehre längst festgefügte akademische Disziplin ist und besonders in den Vereinigten Staaten[6] und Frankreich[7] in eigenständigen Lehr- und Forschungszentren gepflegt wird. Dennoch gilt, was ein wissenschaftlich orientierter Praktiker vor kurzem im

[2] LUHMANN, Die Grenzen einer betriebswirtschaftlichen Verwaltungslehre, VerwArch Bd. 56 (1965), 303; IMBODEN, Das Gesetz als Garantie rechtsstaatlicher Verwaltung, 2. Aufl. 1962, S. 36.

[3] Vgl. FELLNER, Gebt uns eine Verwaltungslehre, DÖV 1950, 142; LESS, Zur Notwendigkeit einer Verwaltungslehre, DÖV 1960, 249; KUNZE, Möglichkeiten schöpferischer Gestaltung durch Verwaltungshandeln, DVBl 1960, 308 ff.; OTTO NASS, Verwaltungsreform durch Erneuerung der Verwaltungswissenschaft, 1950; HÄMMERLEIN, Die Verwaltungsinformation als Mittel der Verwaltungsführung, DÖV 1964, 119, N. 2; KARL HAHN, Verwaltungslehre? DÖV 1950, 733 ff.; VON DER GROEBEN, Über die Notwendigkeit einer Verwaltungswissenschaft, DÖV 1966, 46 ff.

[4] Vgl. z. B. MICHEL CROZIER, The Bureaucratic Phenomenon, London 1964; BERNARD GOURNAY, Introduction à la science administrative, Paris 1966; ULE, Ein Institut für Verwaltungswissenschaften in Italien, VerwArch Bd. 52 (1961), 407 ff.; HÄMMERLEIN, DÖV 1964, 119; BENVENUTI, Die italienische Verwaltung und der Entwurf eines Gesetzes über das Verwaltungsverfahren, VerwArch Bd. 49 (1958), 1 ff.; POUL MEYER, Die Ausbildung der dänischen Verwaltungsbeamten, VerwArch Bd. 55 (1964), 193 ff.; MEY, Die Entwicklung der Verwaltung und der Stand der verwaltungswissenschaftlichen Forschung in den Niederlanden, VerwArch Bd. 49 (1958), 33 ff.; für Großbritannien vgl. die Zusammenfassung in: Public Administration, A Select List of Books and Periodicals, herausgegeben vom British Council, London 1964; MORSTEIN MARX in: Verwaltung, S. 34 ff.; *ders.*, Verwaltung in ausländischer Sicht, VerwArch Bd. 56 (1965), 105 ff.; ferner mit umfassenden Schrifttumsnachweisen SCHNUR, Über vergleichende Verwaltungswissenschaft, VerwArch Bd. 52 (1961), S. 1 ff. W. THIEME, Über die Verwaltungslehre in der Schweiz und in Deutschland, DÖV 1966, 381 ff.

[5] MEDER, Die Verwaltungsverfahrensordnung der Volksrepublik Polen, VerwArch Bd. 52 (1961), 385 ff.; *ders.*, Die Lokalverwaltung in der Sowjetunion, AöR Bd. 88 (1963), 428 ff.; *ders.*, Die öffentliche Verwaltung in Jugoslawien, VerwArch Bd. 51 (1960), 116 ff.; TÜRKE, Staat, Verfassung und Verwaltung in der Deutschen Demokratischen Republik, VerwArch Bd. 51 (1960), 283 ff.; STAINOV, Verwaltung und Verwaltungsrecht in der Volksrepublik Bulgarien und den sozialistischen Staaten, VerwArch Bd. 53 (1962), 145 ff.

[6] Vgl. bes. MORSTEIN MARX, Amerikanische Verwaltung, 1963, mit Literaturangaben, S. 188 ff.; HERBERT A. SIMON, Das Verwaltungshandeln, 1955; MARKULL, Probleme der Verwaltungslehre in USA, DVBl 1956, 543; SCHWENK, Grundzüge des amerikanischen Verwaltungsrechts, DVBl 1958, 333 ff.

[7] Vgl. bes. GEORGES LANGROD, Science et enseignement de l'administration publique, in: Revue internationale des sciences administratives, Brüssel 1954, S. 543 ff.; *ders.*, Einige Hauptprobleme der französischen Verwaltung der Gegenwart, VerwArch Bd. 48 (1957), 191 ff.; QUARITSCH, Eine Schule der Verwaltung: L'Ecole Nationale d'Administration, VerwArch Bd. 52 (1961), 217 ff.

Verwaltungsarchiv festgestellt hat: „Die deutsche öffentliche Verwaltung ist es nicht gewohnt, in Begriffen einer Verwaltungslehre über sich selbst nachzudenken oder gar Aussagen zu formulieren [8].“

Wenn ich an diesen Befund erinnere, so sind für ihn sehr viele Gründe maßgebend, die im einzelnen hervorzuheben ich mir erspare, weil sie sich ausnahmslos auf einen Gesamtnenner bringen lassen: Seit der Periode des Konstitutionalismus ist es üblich, die Verwaltung im wesentlichen negativ zu beurteilen, heute nicht zuletzt deshalb, weil ein verbreitetes Ressentiment und Räsonnement gegen den Staat in der Exekutive sichtbarstes Ziel findet [9]. Parlament und Gerichtsbarkeit als die Institutionen, die die Exekutive einzuschränken bzw. zu kontrollieren vermögen, standen und stehen auf der wissenschaftlichen wie gesellschaftlichen Sonnenseite, während die Verwaltung die positive Beurteilung früherer wohlfahrtsstaatlicher Jahrhunderte eingebüßt hat, ja sogar in die Rolle des undurchsichtigen und deshalb verdächtigen bürokratischen Apparates abgedrängt wurde, dem Gesetzgeber, Gericht und öffentliche Meinung auf die Finger zu sehen hätten. Daraus vor allen Dingen erklärt sich die ausschließlich verwaltungs*rechtliche* Forschung seit Ende des 19. Jahrhunderts, die die vorangegangene Einheit und Ganzheit des Forschungsgegenstandes [10] Verwaltung verlorengehen ließ.

Indessen muß hervorgehoben werden, daß Hans Peters, zu dessen ehrendem Gedächtnis diese als Festgabe gedachte Schrift dargebracht wird, jene Einsicht in die Einheit des Sachbereichs Verwaltung und die daraus resultierende Forderung nach einer ganzheitlich konzipierten Wissenschaftsdisziplin „Verwaltungswissenschaft“ niemals hat verlorengehen lassen, vielmehr in einem bedeutenden Teil seines wissenschaftlichen Werkes diese Notwendigkeit immer wieder nachdrücklich betont hat. Solche Betrachtungsweise ließ Hans Peters namentlich in seinem Lehrbuch erkennen, dem er 1949, im Bruch mit der von Otto Mayer begründeten, über Fleiner und Walter Jellinek fortgesetzten Tradition nicht den Titel Verwaltungs*recht*, sondern *„Verwaltung“* gab, nachdem er bereits 1934 einen Aufsatz über „Verwaltungslehre und Verwaltungspraxis“ veröffentlicht hatte [11]. Darin und in einer Abhandlung aus dem Jahre 1939 „Der gegenwärtige Stand der deutschen Verwaltungswissenschaft“ [12] trat Hans Peters stets als Vor-

[8] Luhmann, VerwArch Bd. 56 (1965), 303.

[9] Vgl. Ronneberger, Verwaltungshandeln in der entwickelten Industriegesellschaft, Der Staat 1963, 129 ff. (143); s. andererseits über das fehlende Selbstbewußtsein der Verwaltung Schnur, DÖV 1966, 121.

[10] E. Becker, Stand und Aufgaben der Verwaltungswissenschaft, Festschrift für Giese, S. 14 f., 19; Bodo Dennewitz, Die Systeme des Verwaltungsrechts, 1948, S. 180 ff.; D. Haussleiter, Der junge Friedrich List und die deutsche Verwaltungslehre, DÖV 1966, 41 ff.

[11] In: Der deutsche Länderverwaltungsbeamte 1934, S. 178.

[12] Beamtenjahrbuch 1939, S. 144 ff.

kämpfer einer Verwaltungslehre auf, die einen wesentlichen Bestandteil der Verwaltungswissenschaft neben der Verwaltungsrechtslehre darzustellen habe. Dieser Auffassung blieb er auch nach 1949 unter der durch Rechtsstaatlichkeit und Demokratiegebot des GG bedingten zunehmenden Vergesetzlichung der Verwaltung treu, wie etwa „Der Kampf um den Verwaltungsstaat“ [13], „Die Wandlungen der öffentlichen Verwaltung in der neuesten Zeit“ [14] und „Verwaltung ohne gesetzliche Ermächtigung?“ [15] zeigen.

Und jüngst findet sich in seiner Rektoratsrede aus dem Jahre 1965, die den signifikanten Titel „Die Verwaltung als eigenständige Staatsgewalt“ trägt, der Satz: „Eine an sich notwendige Ausdehnung der Universitätsstudien auf *Verwaltungs*lehre bedarf vorerst der Förderung der *Forschung* auf diesem Gebiete, dessen System noch zu viele Lücken aufweist“ [16] — ein Satz, der diesem Beitrag gleichsam das Leitmotiv gab.

II

Die Eigenständigkeit einer spezifischen Lehre für nur eine der herkömmlichen Staatsfunktionen ist kein Selbstverständnis, solange es eine geschlossene Regierungs- [17], Parlaments- [18] oder Justizlehre [19] nicht gibt. Die Rechtfertigung eines solchen Ansinnens scheint mir in dem besonderen, nie recht in einer Definition eingefangenen Wesen der Funktion Verwaltung zu liegen, deren Inhalt, Struktur und Organisation von jeher ungemein vielgestaltig ist im Vergleich zu anderen Staatsfunktionen. Auch läßt sich eine VL wissenschaftstheoretisch dadurch rechtfertigen, daß Staatslehre, Politische Wissenschaft und Verfassungslehre in zureichendem Maß um die nicht

[13] In: Verfassung und Verwaltung in Theorie und Wirklichkeit, Festschrift für Wilhelm Laforet, 1952, S. 19 ff.

[14] Kölner Universitätsreden, Krefeld 1954.

[15] In: Verfassungsrecht und Verfassungswirklichkeit, Festschrift für Hans Huber, 1961, S. 206 ff.

[16] a.a.O., S. 27.

[17] Vgl jüngstens Guilleaume, Regierungslehre, Der Staat 1965, 177; Hennis, Aufgaben einer modernen Regierungslehre, Polit.VierteljSchr 1965, 425 ff.; *ders.*, Richtlinienkompetenz und Regierungstechnik, Recht und Staat 300/301, 1964; Knöpfle, Inhalt und Grenzen der Richtlinien der Politik des Regierungschefs, DVBl 1965, 857 ff.; G. Kunze, Über die Notwendigkeit einer Regierungslehre, Recht und Politik Heft 1, 1966, S. 19 ff.; Th. Ellwein, Einführung in die Regierungs- und Verwaltungslehre, 1966; K. v. Beyme, Möglichkeiten und Grenzen der vergleichenden Regierungslehre, Polit. VierteljSchr. 1966, 63 ff.

[18] Vgl. Ipsen, Diskussionsbeitrag, VVDStRL 16 (1958), S. 115; Kleinrahm, Gesetzgebungshilfsdienst für Deutsche Parlamente? AöR Bd. 79 (1953/54), S. 137; Apelt, Die Gesetzgebungstechnik, in: Schriftenreihe der Hochschule für politische Wissenschaft, Heft 5 (1950), S. 4; ferner Friesenhahn und Partsch, Parlament und Regierung im modernen Staat, VVDStRL 16, 9 ff., mit weiteren Nachweisen. Zum 19. Jahrhundert vgl. Haussleiter, DÖV 1966, 42 ff.

[19] Hierfür Forsthoff, Rechtsfragen der leistenden Verwaltung, res publ. Bd. 1 (1959), S. 48 f.

normativ bedingte Theorie von Regierung und Parlament bemüht sind. Letztlich würde eine Realanalyse [20] der Verwaltung des modernen Staates [21] etwaige Gegner einer Verwaltungslehre widerlegen. Mit dem Eingeständnis der Unvollständigkeit möchte ich die ohne Verfassungsrelevanz nicht zu deutende heutige Verwaltungswirklichkeit durch folgende Thesen kennzeichnen:

1. Die fortschreitende Verlagerung von Regierungs- in Administrativfunktionen bedingt eine Zunahme von Intensität und Volumen öffentlicher Verwaltung (Stichwort: „Verwaltungsstaat" [22] oder „Die verwaltete Welt" [23]).

2. Die öffentliche Verwaltung ist im Sozialstaat das maßgebliche staatliche Instrument zur Erreichung verfassungsrechtlich vorgeordneter und gesellschaftlich vorgegebener Zielsetzungen und Aufgaben.

3. Angesichts der dadurch ausgelösten Belastung kann die öff. Verw. neue Aufgaben nur übernehmen, wenn sie von alten entlastet oder die Gesetzesausführung vereinfacht wird. Zusätzliche Belastungen provozieren — dem Bürger gegenüber — schlechtere Verwaltungsleistungen.

4. Der Verwaltungsauftrag basiert nicht mehr allein auf Sacherfordernissen, sondern nicht unwesentlich auf politischen Weisungen, spätestens seit das die Verwaltung bindende Gesetz ein Akt politischer Dezision wurde, der nicht allein am Rechtswert orientiert ist, sondern hinter dem das Programm der das Parlament erobernden politischen Parteien steht.

5. Dieses parteienstaatliche Faktum verlangt eine zunehmende Legislatisierung der Verwaltung mit der Konsequenz verstärkter Begrenzung der

---

[20] d. h. der Beschreibung dessen, was ist; vgl. in dieser Richtung LASSAR, Reichseigene Verwaltung, JöR Bd. XIV (1926), S. 14; MEDICUS, Reichsverwaltung, JöR Bd. XX (1932), S. 9 ff.; KÖTTGEN, Der Einfluß des Bundes auf die deutsche Verwaltung und die Organisation der bundeseigenen Verwaltung, JöR Bd. 3 (1954), 67 ff.; Bd. 11 (1962), 173 ff.

[21] Wie sie für die Bundesrepublik insgesamt ERNST FORSTHOFF 1960 in Umrissen erstellte, jedoch bedauerlicherweise unter Aussparung der hier bedeutsamen Verwaltung: Die Bundesrepublik Deutschland, Umrisse einer Realanalyse, in Merkur 1960, S. 807 ff. = Rechtsstaat im Wandel, S. 197 ff.; früher POETSCH-HEFFTER, Das Staatsleben unter der WRV, JöR Bd. XVII (1929), 1 ff.

[22] Vgl. hierzu PETERS, Der Kampf um den Verwaltungsstaat, in: Laforet-Festschrift, S. 19 ff.; *ders.*, Die Bedeutung der Verwaltungswissenschaften für die Staats- und Gesellschaftsordnung, DVBl 1956, 529 (533 f.); KÖTTGEN, Innenpolitik und allgemeine Verwaltung, DÖV 1964, 145 (147); ULE, Über das Verhältnis von Verwaltungsstaat und Rechtsstaat, in: Staats- und Verwaltungswissenschaftliche Beiträge, Speyer, 1957, S. 127 ff.; BECKER, Festschrift für GIESE, S. 17; STERN, Rechtsfragen der öffentlichen Subventionierung Privater, JZ 1960, 518 (525).

[23] SCHNUR, Der Staat als Apparat (Wort und Wahrheit 1963, S. 351). Unser Zeitalter ist — mag es noch so sehr als technisches oder atomares bezeichnet werden — ein Zeitalter der Verwaltung, und unsere Gesellschaft ist eine verwaltete Gesellschaft, wie immer wir, zumindest in der westlichen Welt, diesem Trend entgegenzuhandeln uns bemühen. Ich komme auf die Problemlage an anderer Stelle zurück.

Ermessensbereiche zugunsten eines falsch verstandenen gesetzgeberischen Perfektionismus im Detail.

6. Die Sozialstaatlichkeit des GG transformierte die Verfassungsprobleme zu Verwaltungsproblemen nicht der Eingriffs-, sondern der Leistungsverwaltung, deren Handlungsformen sich einer überkommenen streng juristischen Begriffsbildung mehr und mehr entziehen.

7. Die dadurch bedingte Abkehr von antiquierten Verwaltungsreformen des Obrigkeitsstaates fördert die Entstehung neuartiger Verwaltungsmittel, wie Plan, öffentlich-rechtlichen Vertrag und andere kooperative Verwaltungsäußerungen.

8. Die Antithetik von „politischem Föderalismus" und „gesellschaftlichem Unitarismus" [24] hat die bundesverfassungsrechtlich intendierte, zwischen Bund und Land geteilte Verwaltung faktisch überrollt und läßt sie dem Bürger gegenüber als Einheitsverwaltung erscheinen, deren Sog sich auch die Selbstverwaltungskörperschaften nur mit Mühe entziehen können.

9. Die verfassungsrechtliche Stärkung der *Landes*verwaltung sucht der Bund nicht ohne Erfolg durch neuartige rechtlich schwer faßbare Administrativ-Formen wettzumachen, z. B. durch nur im Haushalt ausgewiesene Fonds [25] oder durch Verwaltungsabkommen [26].

10. Der verfassungs*rechtlich* stärkeren Absicherung kommunaler Verwaltungsagenden korrespondiert ein verwaltungs*wirklicher* Schwund an eigenständiger Selbstverwaltung zugunsten staatsexekutorischen Gesetzesvollzugs [27].

11. Der permanente Versuch einer Verwaltungsreform und -vereinfachung ist ohne durchgreifenden Erfolg geblieben.

12. Die Erfolgsaussicht einer Korrektur der einseitig justizrechtlich orientierten juristischen Ausbildung ist zumindest fraglich [28].

13. Das zunehmende Eindringen der Technik in die Verwaltung im funktionalen Sinne und des rechtswissenschaftlich nicht geschulten Experten in die Verwaltung im organisatorischen Sinne läßt den Juristen als Alleinfunktionär zurücktreten.

---

[24] JOHANNES HECKEL, Budgetäre Ausgabeninitiative im Reichstag zugunsten eines Reichskultusfonds, AöR N.F. Bd. 12 (1927), 420 (424).

[25] KÖTTGEN, Fondsverwaltung in der Bundesrepublik, res publica Bd. 14 (1965).

[26] Nachweise bei KÖTTGEN, JöR Bd. 11, 193, 249, 310; HANS SCHNEIDER, Verträge zwischen Gliedstaaten im Bundesstaat, VVDStRL Heft 19 (1961), S. 1 (19 ff.).

[27] Vgl. STERN, Bonner Kommentar, Zweitbearbeitung, Art. 28 GG.

[28] Vgl. Probleme der juristischen Ausbildung in der Verwaltung, Speyerer Schriftenreihe Bd. 17 (1963); Die Verwaltungsausbildung der Juristen, Speyerer Schriftenreihe Bd. 25 (1965); Gutachten über die juristische Ausbildung unter bes. Berücksichtigung der Interessen der Verwaltung, Verlag Grote, Köln u. Berlin 1965; dazu kritisch SCHNUR, Ausbildung für den höheren Verwaltungsdienst, DÖV 1966, 121 ff.

14. Das Erfordernis, auch im Staat der freiheitlich-demokratischen Grundordnung westlicher Prägung die zukünftigen Sozialabläufe nicht sich selbst zu überlassen, sondern einer mehr oder weniger intensiven sachbezogenen Gesamt- oder doch zumindest einer Rahmenplanung zu überantworten, ist bislang wissenschaftlich nur unzureichend beantwortet [29].

15. Der Ruf nach sozialer Sicherheit ständig wachsender Menschenagglomerationen der industriellen Massengesellschaft bedingt eine geradezu existentielle Abhängigkeit der Gemeinschaft von der Leistungsfähigkeit der öffentlichen Verwaltung, die mit dem Stichwort Daseinsvorsorge schon nicht mehr zureichend verdeutlicht wird.

16. Das Organisationsgefüge der deutschen Verwaltung ist mit seinen drei Säulen bundes-, landes- und gemeindlicher Administrative nicht eben transparent und aus traditionellen Erwägungen nicht der Wirklichkeit des 20. Jahrhunderts entsprechend rational durchkonstruiert, so daß die optimale Leistungsfähigkeit der Verwaltung nicht erreicht wird.

17. Der Begriff öffentliche Verwaltung für Bund, Länder und Gemeinden umschließt nicht mehr gleiche Begriffsinhalte. Die öffentliche Verwaltung ist vielmehr einem Strukturwandel unterworfen, der allen sich mit der Verwaltung beschäftigenden Wissenschaftszweigen unabweisbar die Frage stellen läßt, inwieweit eine *einheitliche* Verwaltung noch gegeben ist.

Schon diese Diagnose erhellt, wie wenig eine moderne Verwaltungslehre sich mit einer Restaurierung des Werkes LORENZ VON STEINs begnügen darf [30], das, obwohl Höhepunkt der verwaltungswissenschaftlichen Entwicklung [31] seiner Zeit, doch nur sterbende Neuigkeit blieb: Neuigkeit, weil

[29] Die Probleme der Planung beginnen erst in jüngster Zeit (rechts)wissenschaftlich aufbereitet zu werden, vgl. Planung I, hrsg. von J. H. KAISER, 1965; Planung und Verwaltungsgliederung, hrsg. von der Wirtschaftsberatung AG, Düsseldorf 1965; vgl. auch SCHEUNER, Bildungsplanung und ihre Rechtsgrundlagen, DÖV 1965, 541.

[30] Über LORENZ VON STEIN vgl. STINTZING-LANDSBERG, Geschichte der deutschen Rechtswissenschaft, Abt. 3, 2. Halbband, S. 718 ff.; ferner RONNEBERGER, Lorenz von Stein, Zur 150. Wiederkehr seines Geburtstages am 15. 11. 1965, in Der Staat 1965, 395 ff.; E. W. BÖCKENFÖRDE, Lorenz von Stein als Theoretiker der Bewegung von Staat und Gesellschaft zum Sozialstaat, in: Alteuropa und die moderne Gesellschaft, Festschrift für O. BRUNNER, 1963, S. 250 ff.; *ders.*, Sammelrezension, Der Staat 1965, 489 ff.; siehe auch die jüngst erschienene Dissertation von WOLFGANG GERIGK, Die vollziehende Gewalt in der Staatsidee Lorenz v. Steins, Münster 1966.

[31] Zur Entwicklungsgeschichte: POUL MEYER, a.a.O., 6 ff.; ERICH BECKER, Festschrift für GIESE, S. 21 ff.; *ders.*, Entwicklung und Aufgaben der Hochschule für Verwaltungswissenschaft, Speyer, in: Staats- und verwaltungswiss. Beiträge, Speyer 1957, S. 9 ff.; GUSTAV MARCHET, Studien über die Entwicklung der Verwaltungslehre in Deutschland von der 2. Hälfte des 17. Jh. bis zum Ende des 18. Jh., 1885; GUSTAV KÜHNEL, Elemente der Verwaltungslehre nach juristischen und soziologischen Gesichtspunkten, Wien 1934; HANS MAIER, Die ältere deutsche Staats- und Verwaltungslehre (Polizeiwissenschaft) 1966.

STEINS Verwaltungslehre weit über die kameralistisch-polizeiwissenschaftlichen Forschungen eines VON SECKENDORF, JUSTI, SONNENFELS oder BERG hinausschritt, deren Leistungen als zeitbedingte Bewältigung der damaligen Staatspraxis deshalb nicht gering zu achten sind; sterbend, weil sie den rechtsstaatlichen Aufbruch der neuen Epoche des Konstitutionalismus nicht erkannte, den die staatsrechtlichen Werke RUDOLF VON GNEISTS und die GERBER-LABANDsche Schule einleiteten, denen sich für die Verwaltung FRIEDRICH FRANZ MAYER, OTTO VON SARWEY und ihr Größter, OTTO MAYER, hinzugesellten. Ihren verwaltungs*rechtlichen* Darstellungen gehörte seinerzeit die Zukunft[32]. L. v. STEINS großartiger Torso einer Verwaltungslehre fiel der Vergangenheit anheim, aus der ihn weder seine österreichischen Epigonen INAMA-STERNEGG[33] und GUMPLOWICZ[34] noch auf deutscher Seite FERDINAND SCHMID[35], GARGAS[36], JASTROW[37], WALTER NORDEN[38] oder Frh. VON SCHEURL[39] entreißen konnten, von der kurzlebigen Episode nationalsozialistischen Denkens ganz zu schweigen, die unter dem Vorzeichen der Negierung alles Juristischen und der Vorliebe für die real gewachsenen „konkreten Ordnungen" stand.

III

Die Startbedingungen einer Verwaltungslehre haben sich heute durchgreifend gewandelt. Bereits 1942 vermochte GERHARD WACKE[40] beachtens-

---

[32] Es muß indessen darauf hingewiesen werden, daß OTTO MAYER die Berechtigung der VL anerkannte (1. Aufl., Bd. 1, S. 16 ff.), vgl. GLITZA, Die deutsche Verwaltung und die rein rechtswissenschaftliche Schule Otto Mayers, DÖV 1965, 329 ff.; GEORG VON MAYR, Verwaltungswissenschaft und Verwaltungsrecht in und nach dem Kriege, DJZ 1917, 854 ff.; STIER-SOMLO, Die Zukunft der Verwaltungswissenschaft, VerwArch Bd. 25 (1917), 89 ff.; ERICH KAUFMANN, Artikel: Verwaltung, Verwaltungsrecht, in: Ges. Schriften, Bd. 1: Autorität und Wahrheit, S. 75 ff. (141).

[33] INAMA-STERNEGG, Verwaltungslehre in Umrissen, 1870.

[34] GUMPLOWICZ, Verwaltungslehre, 1882.

[35] FERDINAND SCHMID, Über die Bedeutung der Verwaltungslehre als selbständige Wissenschaft, ZgesStW Bd. 65 (1909), S. 193 ff.; *ders.*, Zur Förderung der Verwaltungswissenschaft, VerwArch Bd. 26 (1918), 288 ff.; *ders.*, Warum sollen unsere Juristen Verwaltungsgeschichte studieren? Fischers Zschr. Bd. 47, 177 ff.

[36] GARGAS, Verwaltungslehre und Verwaltungsrecht, ZgesStW Bd. 59 (1903), 426 ff.

[37] JASTROW, Die Organisationsarbeit nach dem Kriege und die Aufgaben der Wissenschaft, JbGuV Bd. 40, S. 612 ff.; *ders.*, Sozialpolitik und Verwaltungswissenschaft, 1902; *ders.*, Artikel: Kommunalwissenschaft, in: HWBKommunalW, Bd. III, S. 113 ff.

[38] WALTER NORDEN, Staats- und Verwaltungslehre als Grundwissenschaften der Staatsbürgerkunde, 1919; *ders.*, Was bedeutet und wozu studiert man Verwaltungswissenschaft? 1933.

[39] Freiherr VON SCHEURL, Einführung in das verwaltungsrechtliche Denken, 1927; *ders.*, Staatsgedanken des Reichsfreiherrn Karl vom Stein, 1931.

[40] WACKE, Der Gegenstand der Verwaltungslehre, VerwArch Bd. 47 (1942), S. 169 ff.

werte Gründe für ihre Erneuerung anzuführen, und 1949 hat HANS PETERS, wie erwähnt, seinem Lehrbuch den Titel „Verwaltung" gegeben. ERNST FORSTHOFF [41], ARNOLD KÖTTGEN [42], WERNER THIEME [43], ROMAN SCHNUR [44], FRANZ MAYER [45] und zahlreiche Männer der Verwaltungspraxis [46] haben erst jüngst Anrecht und Aufgabe einer wissenschaftlichen Disziplin Verwaltungslehre betont. Wenn ich noch schärfer von ihrer Notwendigkeit spreche, so wäre der Beweis nicht etwa schon durch das Vorbild einer umfangreichen, insbesondere amerikanischen Verwaltungswissenschaft erbracht. Tiefere und triftigere Einsichten wissenschaftssystematischer wie wirklichkeitsanalytischer Art sind maßgebend.

1. *Wissenschaftssystematisch* muß jede Verwaltungslehre neben anderen mit der öffentlichen Verwaltung befaßten Wissenschaften heute vor allen Dingen mit einer voll ausgebildeten Verwaltungs*rechts*wissenschaft rechnen. Es kann also nicht darum gehen, eine Verwaltungslehre in Antithese etwa zum allgemeinen Verwaltungsrecht aufzubauen, also gleichsam in Umkehrung der, wie wir heute wissen, letztlich doch sehr einseitigen [47] Forderung LABANDS [48], das Verwaltungsrecht „aus dem Chaos der sog. Verwaltungslehre" herauszulösen. Erwartet wird vielmehr die Entfaltung einer

---

[41] E. FORSTHOFF, res publica Heft 1, S. 19; in: Lehrbuch Verwaltungsrecht, S. 46, noch zurückhaltend.

[42] ARNOLD KÖTTGEN, JöR Bd. 3, 67 ff.; Bd. 11, 173 ff.; *ders.*, Die gegenwärtige Lage der deutschen Verwaltung, DVBl 57, 441; *ders.*, Die Gemeinde als Gegenstand wissenschaftlicher Forschung. AfK 1962, 3 ff.; *ders.*, Deutsche Verwaltung, 3. Aufl. 1944, S. 10 ff.

[43] Verwaltungslehre und moderne Verwaltung, in: Vorzüge und Mängel des öffentlichen Dienstes, Schriftenreihe des Deutschen Beamtenbundes Heft 29, 1962, S. 58 ff.; jüngst: THIEME, Zur Einführung — Verwaltungslehre, JuS 1966, 95 ff.

[44] DÖV 1966, 922, Anm. 5 und v. D. GROEBEN-SCHNUR-WAGNER, Über die Notwendigkeit einer neuen Verwaltungswissenschaft, 1966.

[45] Probleme der juristischen Ausbildung in der Verwaltung, Schriftenreihe der Hochschule Speyer Bd. 17, S. 34.

[46] Zuletzt v. D. GROEBEN, Über die Notwendigkeit einer Verwaltungswissenschaft, DÖV 1966, 46 ff.; ferner über weitere Stimmen in gleicher Richtung vgl. BISCHOFBERGER, Durchsetzung und Fortbildung betriebswirtschaftlicher Erkenntnisse in der öffentlichen Verwaltung, 1964, S. 1, N. 3.

[47] Manche Warnung vor der Versteinerung der Verwaltung im Normativ-Juristischen blieb ungehört, z. B. STOERK, Noch ein Wort zur Methodik des öffentlichen Rechts, AöR Bd. 11 (1896), 457 (459); v. MAYR, Begriff und Gliederung der Staatswissenschaften, 4. Aufl. 1921, der O. MAYER und seinen Nachfolgern ein „einigermaßen annexionistisches Verfahren" vorwarf (S. 50); BÜHLER, Otto Mayers Deutsches Verwaltungsrecht, VerwArch Bd. 27 (1919), 283 (289); ZORN, Die Entwicklung der Staatsrechtswissenschaft seit 1866, JöR Bd. I (1907), 47 (76).

[48] LABAND, Staatsrecht, 5. Aufl. 1911, Bd. II, 203; *ders.*, Buchbesprechung von OTTO MAYER, „Theorie des französischen Verwaltungsrechts", AöR Bd. 2 (1887), S. 149 (151), wo indessen auch die Eigenständigkeit des Verwaltungsrechts angezweifelt wird.

eigenständigen [49] Disziplin Verwaltungslehre als einer notwendigen und sinnvollen Ergänzung des Verwaltungsrechts. Es kann also — ich betone dies nachdrücklich, um jedem Mißverständnis vorzubeugen — einerseits nicht darum gehen, die Probleme der öffentlichen Verwaltung von heute *allein* mit jener Methode der bloß beschreibenden unjuristischen Verwaltungswissenschaft vor O. Mayer zu lösen, wie ich es andererseits ablehnen würde, schon angesichts des umfassenden Materials die Verwaltungslehre als bloße „Hilfswissenschaft“ [50] des Verwaltungsrechts zu klassifizieren. Diese Betrachtung würde von vornherein ihr Anliegen diskreditieren. Für die Verwaltungsrechtswissenschaft besteht kein Grund, „auf die Arbeit der Verwaltungslehre mißgünstig oder geringschätzig herabzusehen“ [51]. Das Verwaltungsrecht bleibt Normwissenschaft, die Verwaltungslehre kann nur als empirische Wissenschaft, als „Seinswissenschaft“, gedeihen [52]. Beide sind damit von unterschiedlicher Struktur und Gesetzlichkeit sowie in ihren Arbeitsmethoden verschieden [53]. Ich möchte das Verhältnis der beiden Disziplinen zueinander in der gleichen Weise sehen wie die Beziehungen des Staatsrechts zur Staatslehre [54], die einstmals, als das Staatsrecht noch das Verwaltungsrecht umschloß, zugleich auch eine Verwaltungslehre war.

Verwaltungsrecht und Verwaltungslehre lassen sich damit als Pfeiler einer beide übergreifenden Verwaltungswissenschaft [55] verstehen, wobei jener

[49] Nebinger, VerwR, Allg. Teil, 2. Aufl. 1949, 32, Anm. 3; Glitza, DÖV 1965, 333; Hüttl, Gegenstand, Methode, Gliederung und Aufgabe der Verwaltungslehre, in: Vorzüge und Mängel des öff. Dienstes, Schriftenreihe des Deutschen Beamtenbundes Heft 29, 1962, S. 148 ff.; nur für partielle Eigenständigkeit Forsthoff, res publica, S. 63.

[50] So z. B. E. Kaufmann, Ges.Schr. I, S. 141; Köttgen, AfK 1962, 12, läßt es eine Frage der „Verfassungsauslegung“ sein; wie hier Less, DÖV 1960, 250; Hüttl, a.a.O., S. 148 ff.; Thieme, JuS 1966, 96.

[51] Bühler, VerwArch Bd. 27 (1919), 289.

[52] W. Jellinek, Lehrbuch, S. 98; Peters, Staatslexikon, 8. Aufl., Sp. 229; *ders.*, Lehrbuch, S. 14 ff.; Wolff I, 6. Aufl., S. 52.

[53] Das verkennt zu einem erheblichen Teil Stier-Somlo, dessen Programm einer Verwaltungslehre identisch ist mit dem besonderen Teil des Verwaltungsrechts: Die Zukunft der Verwaltungswissenschaft, VerwArch Bd. 25 (1917), 89 ff., wobei seine Grundkonzeption unklar ist: „Das rein juristische scheidet aus (aus der Verwaltungslehre), dagegen sind die rechtlich schon begründeten Einrichtungen in die Verwaltungslehre mithineinzuziehen“ (a.a.O., S. 112); Milton M. Carrow, Background Administrative Law, 1948, S. 18: Offensichtlich läßt sich keine scharfe und unüberschreitbare Trennungslinie zwischen Verwaltungsrecht und Verwaltungslehre ziehen.

[54] Ebenso Stier-Somlo, VerwArch Bd. 25 (1917), S. 89 (95); vgl. auch Fritz Werner, Empfiehlt es sich, den allgemeinen Teil des Verwaltungsrechts zu kodifizieren? Gutachten 43. DJT, Bd. I, 2. Teil, B, S. 29 mit Anm. 24; Gg. v. Mayr, Die Staatswissenschaft und ihr Standort im Universitätsunterricht, München 1913, S. 13 f., 20.

[55] Früher wurde unter Verwaltungswissenschaft teilweise nur die Verwaltungslehre verstanden (vgl. Jastrow u. F. Schmid, Nachweise bei W. Jellinek, Lehrbuch, S. 100). Über den neuesten Versuch von Morstein Marx vgl. Anm. 59. Wenn

der juristische, dieser der seinswissenschaftliche ist. Eine so verstandene Verwaltungswissenschaft[56] ist Gegenstand einer sich allerdings notwendigerweise *öffnenden* Rechtswissenschaft, so lange die öffentliche Verwaltung eine vom Rechte konstituierte Gewalt und Funktion darstellt — also ein rechtliches Phänomen ist — und so lange die Verwaltungslehre in jenem empirisch-ontologischen Sinne einer die juristischen Fragestellungen legitimerweise ergänzenden (d. h. nicht bloß als Hilfs-, sondern als *Komplementär*-) Funktion[57] begriffen wird, wie sogleich noch darzustellen ist. Die Gefahr, daß

---

mitunter von den Verwaltungswissenschaft*en* (vgl. z. B. Bezeichnung des Internationalen Instituts für Verwaltungswissenschaften; ferner WOLFF I, 6. Aufl., S. 52 ff.; THIEME, JuS 1966, 97) die Rede ist, so würde ich diese Bezeichnung wegen der schwierigen Begrenzungsmöglichkeit und der Vielzahl der sich mit der öffentlichen Verwaltung beschäftigenden Wissenschaften nicht für glücklich halten. Denn unter diesen Begriff wären auch diejenigen verselbständigten Wissenschaftszweige zu rechnen, die die öffentliche Verwaltung zwar ebenfalls in ihr Forschungsthema einbeziehen, wie etwa die Volks- und Betriebswirtschaftslehre, Finanzwissenschaft, Soziologie, Politologie, Technik und Naturwissenschaften, aber in ihrer Substanz auf einem anderen Schwerpunkt beruhen. Es verspricht wenig Erfolg, diese heute voll und ganz eigenständigen, kaum mehr von der Klammer der Staats- oder Sozialwissenschaften zusammengehaltenen Disziplinen einer neu zu schaffenden Verwaltungswissenschaft unterzuordnen, da für diese die öffentliche Verwaltung nicht primärer und gravitätischer Forschungsgegenstand ist und ihre zentralen Forschungsanliegen auf anderen Schwerpunkten als der öffentlichen Verwaltung liegen (vgl. in ähnlichem Sinne auch FORSTHOFF, res publica, S. 56; MORSTEIN MARX, Verwaltung, S. 38 f. und wohl auch SCHNUR-V. D. GROEBEN, vgl. DÖV 1966, 122, Anm. 5 und DÖV 1966, 49, die beide stets nur von Verwaltungswissenschaft [Singular] sprachen). Ganz abgesehen davon, daß die so verstandenen Verwaltungswissenschaften heute von niemandem mehr überschaubar wären, würden zumindest im traditionellen Fakultätengliederungssystem institutionelle Schwierigkeiten auftreten. Hier verspricht nur individuelle Teamarbeit Erfolg. Inwieweit es etwa dem Abteilungssystem Bochums gelingt, eine Synthesis der Betrachtung der öffentlichen Verwaltung unter Einschluß der genannten eigenständigen Wissenschaften zu erzielen, bleibt abzuwarten. — Umgekehrt muß es mit Bedenken erfüllen, wenn die Sozialwissenschaften in mißverstehender Annexion eigenständige rechtswissenschaftliche Disziplinen sich nicht etwa komplementär nebenordnen, sondern strukturwidrig ein- und unterordnen (vgl. RICHARD LANGE, Konstanz und die Rechtswissenschaft, JZ 1965, 737 ff., zu ihm L. RAISER, Die Rechtswissenschaft im Gründungsplan für Konstanz, JZ 1966, 88 ff.). Die Rechtswissenschaft ist keine ancilla der Sozialwissenschaften! FRIEDRICH LISTS früher Plan einer „politischen Fakultät" für Tübingen (Ges. Werke, 1. Band, 1. Hbd., S. 341 ff.) sah hier weniger annexionistisch.

[56] Vgl. GEORG VON MAYR, Begriff und Gliederung, 4. Aufl., S. 51; E. BECKER, S. 19 f.; SCHNUR-V. D. GROEBEN, a.a.O. (Anm. 55).

[57] Wie hier KÖTTGEN, Deutsche Verwaltung, 3. Aufl. 1944, S. 11 ff.; *ders.*, Aufgaben und Methoden der verwaltungsrechtlichen Forschungen, Jahrb. für Kommunalwissenschaften 1938, S. 210 (219 ff.); FORSTHOFF, res publica, S. 63 und bes. S. 54 : „Gehen wir also davon aus, daß die heutige Wirklichkeit der Verwaltung nicht in einem rechtswissenschaftlichen System erfaßt ist und in dem Stadium der Entwicklung, in dem es sich befindet, auch nicht erfaßbar sein dürfte, so sehen wir

die Verwaltungslehre damit die Verwaltungsrechtswissenschaft überwuchert, ist gering zu veranschlagen; denn es gibt keine öffentliche Verwaltung kraft „Seins", keine gleichsam „natürliche" Verwaltung, sondern nur eine Verwaltung, wie sie von Verfassung und Gesetz hervorgebracht ist. Damit wird die öffentliche Verwaltung nicht von der Verwaltungslehre geformt, sondern vom Verwaltungsrecht. Die Verwaltungslehre empfängt ihren Gegenstand also von der (Verwaltungs)*rechts*wissenschaft. Damit bleibt der Vorrang des Verwaltungsrechts gewahrt [58], die Verwaltungslehre zu Recht als Bestandteil der Rechtswissenschaft [59] beansprucht, wenn auch ihre Methode nicht die der Normeninterpretation ist. Indessen wäre es verfehlt, einen zwangsläufigen Brückenschlag zu anderen Wissenschaftszweigen zu negieren [60] und eine „kategorische Eigenständigkeit" [61] zu behaupten. Verwaltungswissenschaft ist Integrationswissenschaft. Wer die Verwaltungslehre als art- und systemfremd, als „metajuristisch", aus der rechtswissenschaftlichen Forschung ausklammert — er muß es konsequenterweise dann auch für die Allgemeine Staatslehre tun —, der bekennt sich zu einem verhängnisvollen juristischen Purismus, vor dessen Folgen Triepel 1926 so prophetisch gewarnt hat [62]. Gerade gegenüber einer Institution wie der öffentlichen Verwaltung, die heute zu einem entscheidenden Gestaltungsfaktor unseres gesellschaftlichen wie individuellen Daseins geworden ist, wäre eine nur rechtsnormative Betrachtungsweise, die das „Sein" als quantité négligeable betrachtet, eine entscheidende Problemverkürzung. Nur zu sehen, was sein *soll*, aber niemals, was *ist* und auf Grund welcher Situation etwas ist, wie es ist, ist eine neue Form der Rechtsfremdheit [63]. Mir will scheinen, die

---

uns in die Notwendigkeit versetzt, daraus auch die gebotenen wissenschaftlichen Folgerungen zu ziehen"; s. auch E. Becker, S. 14; Schnur-v. d. Groeben, a.a.O. (Anm. 55).

[58] Darum zu prätentiös Nass, a.a.O., S. 102: „Der Verwaltungswissenschaft (= VL), der es zufällt, die grundlegenden Wechselbeziehungen der Verwaltung zu erklären, gebührt daher der Vorrang vor dem Verwaltungsrecht"; *ders.* aber S. 37: „Wer heute Verwaltungslehre treiben will, muß ihre pluralistischen Wirkungszusammenhänge sehen, muß ‚tiefer graben' und seinen Bau ‚höher hinaufführen' und auch das Verwaltungsrecht einbeziehen"; *ders.* auch S. 71.

[59] Eine Zuordnung der VL *sowohl* zur Rechts- *als auch* zu den Sozialwissenschaften nehmen Hüttl, a.a.O., S. 150 und Thieme, JuS 1966, 97, vor. Morstein Marx, Verwaltung, S. 38 f., differenziert zwischen Verwaltungs*rechts*wissenschaft als Bestandteil der Jurisprudenz und Verwaltungswissenschaft, bestehend aus Verwaltungslehre und Verwaltungspolitik.

[60] Vgl. hierzu bes. Hüttl, S. 149 ff.; E. Becker, Festschrift für Giese, S. 14 ff.; v. d. Groeben, DÖV 1966, 49.

[61] Morstein Marx, S. 39.

[62] Staatsrecht und Politik, S. 10; für die Verwaltungslehre Köttgen, Aufgaben und Methoden der verwaltungsrechtlichen Forschung, Jbuch für Komm. Wiss. 1938, S. 210 (212).

[63] Vgl. hierzu auch Ernst E. Hirsch, Was kümmert uns die Rechtssoziologie? Juristenjahrbuch, Bd. 3, S. 131, der mit temperamentvollen Worten die Einbezie-

Verwaltungslehre hat eine ähnliche Position einzunehmen oder besser zurückzuerobern, die im Bereich der Kriminalwissenschaft heute die Kriminologie einnimmt. Der Strafrechtswissenschaft tritt heute als unerläßliche Tatsachen-Wissenschaft die Kriminologie zur Seite, die selbst wieder, ausgreifend auf ein System von selbständigen Wissenschaftsdisziplinen wie Psychologie, Pädagogik, Medizin usw., mit der Strafrechtslehre das Gebäude der Kriminalwissenschaften bildet [64].

Verwaltungslehre würde in diesem Sinne die Lehre von der Organisation, von den Aufgaben, Erscheinungen, Formen, sachlichen und personalen Mitteln, Kräften und Grundsätzen der öffentlichen Verwaltung, ihrer Funktion in Staat und Gesellschaft sein [65] — *aus der Wirklichkeit entwikkelt, geklärt und geordnet und unter Aufklärung der realen Zusammenhänge, Bedingungen, Ursachen und Wirkungen ihrer Existenz analysiert.* Verwaltungslehre ist mithin eine pragmatisch-kausale Wissenschaft, die aber nicht auf *Wertungen* verzichtet, weil sie sich mit bloßer Analyse nicht zufrieden, sondern auch Empfehlungen für eine optimale Verwaltungseffizienz geben will. Insofern schließt sie die Verwaltungspolitik [66] mit ein. Sie gerät dadurch in eine spezifische Affinität zur Politischen Wissenschaft, bei der vorwiegend die angelsächsische Verwaltungswissenschaft angesiedelt ist [67], wohingegen die deutsche Politische Wissenschaft dazu neigt, die

hung der Rechtssoziologie in die Rechtswissenschaft verteidigt. Nicht anders steht es mit der Verwaltungslehre! — Die „tatsächliche Seite" als Forschungsgegenstand der VL betont bes. auch THIEME, JuS 1966, 96.

[64] Vgl. namentlich die Skizze bei J. BAUMANN, Allg. Teil, 3. Aufl. 1964, S. 34; ferner MAURACH, Allg. Teil, 3. Aufl. 1965, S. 28 f., der einerseits auf den Vorrang des Straf*rechts* hinweist, da dieses das Verbrechen „formt", andererseits aber auch die „gebotene Ergänzung" durch die Kriminologie betont; ähnlich E. MEZGER, Kriminologie, 1951, S. 4; MEZGER-BLEI, Strafrecht, Allg. Teil, 10. Aufl. 1963, S. 18.

[65] Vgl. hierzu RONNEBERGER, Verwaltungshandeln in der entwickelten Industriegesellschaft, Der Staat 1963, S. 129 ff.

[66] Zum Verhältnis Verwaltungslehre zu Verwaltungspolitik STIER-SOMLO, a.a.O., S. 100, mit Anm. 15; POUL MEYER, a.a.O., S. 6 und unten; THIEME in: Vorzüge und Mängel des öffentlichen Dienstes, Referat Verwaltungslehre — moderne öffentliche Verwaltung, Schriftenreihe DBB Heft 29, 1962, S. 61 ff.; *ders.*, JuS 1966, 96, ebenfalls für die Einbeziehung der Verwaltungspolitik in die Verwaltungslehre; ebenso HÜTTL, ebda., S. 149. Unter die VL im weiteren Sinne bezieht sie auch W. JELLINEK, Lehrbuch, S. 99, ein. HANS PETERS sieht die Verwaltungspolitik neben Verwaltungsrecht und Verwaltungslehre als *dritten* Zweig der Verwaltungswissenschaft, vgl. Lehrbuch, S. 14; *ders.*, Staatslexikon, Sp. 229; ebenso BECKER, Festschrift für GIESE, S. 15; und zuerst wohl in aller Deutlichkeit GEORG VON MAYR, Verwaltungswissenschaft und Verwaltungsrecht in und nach dem Kriege, DJZ 1917, 855.

[67] Vgl. SCHNUR, Über vergleichende Verwaltungswissenschaft, VerwArch Bd. 52 (1961), 1 ff.; MARKULL, DVBl 1956, 536 ff.; LUHMANN, Einblick in vergleichende Verwaltungswissenschaft, Der Staat 1963, 494 ff.; für Frankreich GEORGES LANGROD, Einige Hauptprobleme der französischen Verwaltung der Gegenwart, VerwArch Bd. 48 (1957), 191 ff.

Verwaltung als Gegenstand ihrer Wissenschaft vorwiegend auszuklammern [68]. Im Rahmen einer so verstandenen Verwaltungslehre kann man analog dem VR zwischen allgemeiner Verwaltungslehre und besonderen (speziellen) Verwaltungslehren [69] differenzieren, wenn in der Zukunft eine spezialisierende Betrachtung etwa von Sozial-, Wirtschafts-, Kommunal- [70], Finanz-, Justiz-, Forst- [71] und Kulturverwaltung usw. erforderlich wird. Eine allgemeine Verwaltungslehre wird zwangsläufig nicht national geprägt sein wie das Verwaltungsrecht, sondern eine *vergleichende* Forschung [72] — schon um des Vorsprungs der ausländischen Wissenschaft willen — beherzigen müssen. Nicht zuletzt zwingt die Entstehung supranationaler Verwaltungsgemeinschaften hierzu.

2. *Wirklichkeitsanalytisch* hat sich der politische und gesellschaftliche Befund in Deutschland in den zurückliegenden 80 Jahren seit dem Untergang der alten Verwaltungslehre fundamental geändert: Staat und Gesellschaft stehen einander nicht mehr autonom gegenüber [73]. Sie beginnen, wenn noch nicht sich zu versöhnen, so doch miteinander zusammenzuarbeiten, wie die pluralistisch gegliederte, verbandsmäßig beherrschte soziale Wirklichkeit tagtäglich beweist. Schon aus Gründen der Ausbildung der später in Verwaltungsfunktionen einrückenden Studierenden hat die Wissenschaft in die funktionale und gesellschaftliche Montur des neuen Staates hineinzuwachsen, der eine andersartige Verwaltungs-, Wirtschafts- und Sozialstruktur als

---

[68] Flechtheim, Grundlegung, S. 73; a. A.: Dennewitz (Anm. 10), S. 177; Ziebill, Kommunale Selbstverwaltung und Politische Wissenschaft, AfK 1964, 25 ff. (27).

[69] Hierzu gehört m. E. auch die Steuerlehre, die heute indessen dem Juristen bereits völlig aus den Händen geglitten ist und nur noch als eine betriebswirtschaftliche oder finanzwissenschaftliche Disziplin begriffen wird (vgl. Nöll von der Nahmer, Lehrbuch der Finanzwissenschaft, Band 1: Allgemeine Finanzwissenschaft, 1964, S. 20 f.; Bühler, Allgemeines Steuerrecht, 2. Aufl. 1953, S. 24 ff.; *ders.* in: Handwörterbuch der Sozialwissenschaften, 10. Band, 1959, S. 137; Schlüter, Handbuch der Sozialwissenschaften, 10. Band, 1959, S. 115; Wall, Handwörterbuch der Betriebswirtschaft, Band III, 3. Aufl. 1960, S. 5141.

[70] Nach Köttgen ist z. B. die Kommunalwissenschaft eine Sonderdisziplin der Verwaltungslehre, AfK 1962, 23; zur Kommunalverwaltungslehre vgl. z. B. Hartfiel-Sedatis-Claessens, Beamte und Angestellte in der Verwaltungspyramide, 1964; Laux, Praktische Organisationskunde für kleinere und mittlere Kommunalverwaltungen, 1964.

[71] Vgl. Karl Hasel, Forstverwaltung, in Fortschritte in der Forstwirtschaft 1960, S. 235 ff.

[72] Vgl. Luhmann, Der Staat 1963, 494 ff.; Schnur, VerwArch Bd. 52 (1961), S. 1 ff.

[73] Dennoch scheint mir eine manchmal behauptete Integration weder beweisbar noch wünschenswert. Gesellschaft und Staat sind zwei verschiedene Erscheinungsformen menschlicher Vergemeinschaftung, die verschiedenartigen Gesetzlichkeiten unterliegen: dort primär natürliche Freiheit, hier primär ordnendes Gesetz; nach Art der Bedingtheiten J. Burckhardt[s] in seinen „Weltgeschichtlichen Betrachtungen" wirken sie indessen ständig aufeinander ein.

der sog. bürgerliche Rechtsstaat besitzt. Der Bürger des heutigen Sozialstaates, belastet mit Kriegsfolgen und Gebietsverlusten, zu einem großen Teil in Ballungsräumen lebend, ist auf die Leistungsfähigkeit seiner öffentlichen Verwaltung elementar angewiesen, die dynamisch und rasch reaktionsfähig sein muß. In dieser Situation und unter dem Eindruck zunehmender Internationalisierung von Verwaltungsfunktionen und Wirtschaftseinrichtungen des Gemeinwesens läßt eine Analyse der Verwaltungswirklichkeit unschwer erkennen, daß Verwalten nicht identisch ist mit der ausschließlichen Beherrschung der juristischen Interpretationstechnik. Verwaltung besteht auch nicht allein im gehorsamen Umsetzen der Regierungsbefehle. Der Verwaltungsbeamte bedarf weitgehend selbstgesetzter „Innenlenkung", für die ihm nur spärliche Orientierungshilfe geboten wird. Wer heute verwalten will, zumal erfolgreich, von dem wird ein vielfaches Mehr an Wissen und Erfahrung verlangt, ohne daß er hinreichend vorbereitet wird [74] — und Verwaltungsgenies sind bekanntlich nicht eben häufig [75]. Dies sei durchaus als ein deutlicher Anruf an die Universitäten verstanden, die sich gegen eine Verwaltungslehre nicht selten sperren, von Ausnahmen, bes. der Hochschule für Verwaltungswissenschaften in Speyer, abgesehen [76].

3. Eine Verwaltungslehre, die mit jenen theoretischen wie praktischen Ansprüchen konform sein soll, ist zugegebenermaßen ein Wagnis. Ihr System ist noch ferner Zielpunkt, an den man sich mühsam und als Jurist sicher nicht ohne innere Widerstände wird heranarbeiten müssen. Vorab will mir scheinen, geht es um den Schlüssel zu einem der Wissenschaft noch unzugänglichen

---

[74] LUHMANN, VerwArch Bd. 56 (1965), 303: „Und die Universitäten kennen dieses Fach (scil. Verwaltungslehre) nicht." Vgl. auch das bei V. D. GROEBEN wiedergegebene Zitat von L. v. STEIN (DÖV 1966, 47); ferner FRANZ MAYER, in: Probleme der juristischen Ausbildung der Verwaltung, Speyer, Schriftenreihe Bd. 17, S 34; Loschelder-Gutachten S. 89, 91, 165 ff., 183; SCHNUR, DÖV 1966, 122, Anm. 5; THIEME, JuS 1966, 97. Ganz so kläglich steht es indessen um die Verwaltungslehre an den wissenschaftlichen Institutionen nicht! Die Universität zu Köln besitzt ein Institut für Verwaltungswissenschaft, die Universität Hamburg eines für Verwaltungslehre, nicht zuletzt sei die Hochschule für Verwaltungswissenschaften, Speyer, erwähnt (hierzu E. BECKER, Entwicklung und Aufgaben der Hochschule für Verwaltungswissenschaften, Speyer, in Staats- und Verwaltungswissenschaftliche Beiträge 1957, S. 9 ff.); außerhalb wissenschaftlicher Hochschulen existiert die Kommunale Gemeinschaftsstelle für Verwaltungsvereinfachung, Köln, das Kommunalwissenschaftliche Forschungszentrum Berlin, das Internationale Institut für Verwaltungswissenschaften in Brüssel (dazu PETERS, Die Bedeutung der Verwaltungswissenschaften für die Staats- und Gesellschaftsordnung, DVBl 1956, 529 ff. und zuletzt HAACK, Zur Round-table-Konferenz 1964 des Internationalen Instituts für Verwaltungswissenschaften (JJV) in Warschau und zur Mitgliederversammlung 1965 der Deutschen Sektion des JJV in Bremen, DVBl 1965, 433 ff.).

[75] Vgl. OTTO NEULOH, Hans Hermann von Berlepsch, in: Männer der deutschen Verwaltung, 1963, S. 195.

[76] E. BECKER, a.a.O. (Anm. 74); ULE in: Probleme der juristischen Ausbildung der Verwaltung, Speyerer Schriftenreihe Bd. 17, S. 117 ff.

Geheimnis, das sonst die Praxis allein zu enträtseln beansprucht. Mitnichten will ich in Zweifel ziehen, daß „die Präsentation induktiv und empirisch gewonnenen Materials aus der praktischen Verwaltung durch die Verwaltung selbst“ [77] höchst förderlich ist. „Geschichtliche Anschauungen, theoretisches Denken und praktische Erfahrung müssen stets zusammenwirken“ [78]: dreieinig sind sie, nicht zu trennen für eine aktuelle Verwaltungslehre.

4. Nicht wenige haben die Legitimation des Juristen für die Verwaltungslehre abgestritten. Ich bin indes der Meinung, daß in Anbetracht der oben vorgenommenen wissenschaftssystematischen Zuordnung der Rechtswissenschaftler das Feld gerade nicht ausschließlich den bisher allein damit befaßten Sozialwissenschaften überlassen darf, ungeachtet der Warnung vor einem Überangebot an nichtjuristischem Material. Gerade der „lästige Jurist“ muß im Konzert der verwaltungswissenschaftlichen Disziplinen aus sachimmanenten Gründen seine Stimme geltend machen, nicht schrill, aber deutlich; denn Gegenstand der Verwaltungslehre ist noch immer eine normativ bedingte Staatsgewalt. Es ist andererseits wissenschaftliches Selbstverständnis, daß auch eine juristisch konzipierte Verwaltungslehre Forschungsergebnisse der Nachbarwissenschaften, insbesondere der Wirtschafts- und Sozialwissenschaften aufzugreifen und in ihr Koordinatensystem einzuordnen hat [79]. Ist es verwunderlich, daß der Jurist George Langrod den Bergingenieur Henri Fayol wegen seiner „Administration industrielle et générale“ als „Weltpionier einer neuen Verwaltungslehre“ [80] bezeichnet und damit gleichzeitig vom Terrainverlust des Juristen kündete? Der wissenschaftliche Nachholbedarf wird Jahrzehnte an monographischer Kärnerarbeit erfordern, um die Verwaltungslehre wieder als Mittelpunkt einer fruchtbaren Kooperation mit sachimmanent beteiligten Nachbarwissenschaften zurückzugewinnen. Ohne den enzyklopädischen Sachanspruch der Politischen Wissenschaft zu erheben, sollte sich die Verwaltungslehre als Kristallisationskern erweisen, um den sich eine integrierende Kooperation der Wissenschaft von der öffentlichen Verwaltung bildet. Die Verwaltungslehre muß die Erkenntnis vermitteln, daß die komplizierte Verwaltungsproblematik des modernen Staates nicht allein jurisprudentiell lösbar ist, ebensowenig wie sie ohne den Juristen gedeutet werden kann, so-

---

[77] Less, DÖV 1960, 250.

[78] Nass, a.a.O., S. 122. Vgl. auch Hüttl, Verwaltung gestern — heute — morgen, Koordinierungsprobleme der öffentlichen Verwaltung, DÖV 1965, 405 ff. Für den Nicht-Praktiker bestehen hier erhebliche Schwierigkeiten, da sein praktisches Material in der Regel aus zweiter Hand kommt.

[79] Vgl. Köttgen, AfK 1962, 25; F. Werner, 43. DJT, S. 29, Anm.: 24; Luhmann, VerwArch Bd. 56 (1965), 308, fordert indessen hierbei m. E. etwas Unverwirklichungsfähiges: „Die Grundbegriffe der beteiligten Disziplinen müssen so umgearbeitet werden, daß sie kontaktfähig und integrierbar sind. Über ihnen müßte eine allgemeine Theorie der Verwaltung angestrebt werden.“

[80] VerwArch Bd. 48 (1957), 213.

lange der Gesetzgeber über Organisation, Bedingung und Substrat der öffentlichen Verwaltung in bislang kaum vermutetem Ausmaß entscheidet.

IV

1. Eine moderne Verwaltungslehre darf weder eine „beschreibende Verwaltungskunde“ [81] sein noch eine simple Mitteilung der Gegenstände, auf die sich die Verwaltungstätigkeit erstreckt nach Art jener Definition, die Verwaltung als Geschäftsführung des Staates versteht — „to get the work of government“, wie angelsächsisches Denken, bar jeden Begriffskults, formuliert. Eine Sammlung des Tatsachenmaterials, der Realien der Verwaltung, ist gewiß wissenschaftlich noch nicht zureichend dargeboten. Woran es noch mehr fehlt, ist eine wissenschaftliche Behandlung des bisher weder beschriebenen noch leicht lernbaren Gespürs für eine erfolgreiche Verwaltungsarbeit: der *Verwaltungskunst;* anders ausgedrückt: die Erkenntnis, daß die Verwaltung ohne Eigeninitiative, Urteilsfähigkeit und Charakter, ohne soziale und politische Reflexion des Handelnden nicht funktioniert. In der Wirklichkeit gibt es bislang allenfalls empirisch ermittelte Faustregeln, die, wenn es hoch kommt, dem Verwaltungseleven von einem Routinier [82] überliefert werden oder auf Grund eigener Fehler erfahren werden müssen. Ungeachtet des Zweifels, ob wirklich *alles* Können lehrbar ist, ist Verwaltungskunst zu nicht geringen Teilen auf allgemeine Regeln zurückzuführen. Gegenwärtig ist als Faktum jedoch festzustellen, daß es für den Verwaltungsneuling eine kaum zu bewältigende Schwierigkeit bedeutet, jene Standards für richtiges Verwaltungshandeln zu erlernen, die gesetzt sind durch Behördenbrauch, Erwartungen des Vorgesetzten, der mitarbeitenden oder entscheidungsbeteiligten Kollegen und nicht zuletzt des Publikums, das sich heute in einem Optimalleistungen erwartenden Bürger manifestiert. Der Einfluß der politischen Parteien, der Interessenverbände, der Presse, kurz: der öffentlichen Meinung hat den Verwaltungsstil einer früher unter Bedingungen der Heimlichkeit oder Gleichgültigkeit arbeitenden Behörde gewandelt. Das dem Sozialstaat angepaßte Verwaltungsmodell hat mit dem Verwaltungsrhythmus des Polizeistaates nichts gemeinsam. Doch die nötige Erarbeitung von Einsichten, Begriffen, Grund- und Erfahrungssätzen für die moderne staatliche Groß-Verwaltungsapparatur wie den kommunalen Klein-Verwaltungsbetrieb steht noch aus, obwohl man weiß, daß deren Funktionsfähigkeit nicht allein durch Normen gesteuert und erhalten werden kann, sondern der Kenntnis von Organisation, Planung, Direktion und Management bedarf. Noch immer bleibt es der Intuition und politischen Sensitivität des einzelnen Beamten überlassen, wie er es bewerkstelligt, aus einem schwierigen, allgemein wichtigen und darum entsprechend überwachten Entscheidungsprozeß rechtzeitig Ressortkonflikte auszuräumen, Koordi-

[81] Wacke, Der Gegenstand der Verwaltungslehre, VerwArch Bd. 47 (1942), 169.
[82] Vgl. Luhmann, Lob der Routine, VerwArch Bd. 55 (1964), 1 ff.

nationen herbeizuführen, übertriebene Publikumserwartungen zu dämpfen, nicht zu früh und nicht zu spät zu entscheiden. „Das Dilemma des Verwaltungsmannes", um mit Morstein Marx zu sprechen, ist für jeden bis jetzt nur individuell lösbar. Die von der Wissenschaft nur selten betrachteten ministeriellen Geschäftsordnungen, Richtlinien, Dienstordnungen, Instruktionen, Dienstanweisungen usw. erweisen sich als eine nie versiegende Fundgrube für die Verwaltungslehre. Es darf erinnert werden, daß bislang nur eine einzige dieser für die Verwaltungspraxis höchstbedeutsamen Quellen eingehender kommentiert wurde: die heute noch grundlegend gebliebene Geschäftsordnung der Reichsregierung im Jahre 1927 durch Arnold Brecht [83]. Die auf Vereinfachung und Neuordnung bedachte Gemeinsame Geschäftsordnung für die Ministerien des Landes Nordrhein-Westfalen vom Mai 1962 bietet neues wertvolles Grundlagenmaterial einer Verwaltungslehre. Indes wäre es verfehlt zu glauben, hierdurch wären alle Geheimnisse des Verwaltungslebens entschleiert. Eine Verwaltungslehre muß neben dem sichtbaren Handwerkszeug auch nicht sichtbare Mächte und Kräfte des Verwaltungsbetriebes erforschen. So bedarf es einer Analyse der Verwaltungsbürokratie mit ihren Vor- und Nachteilen, ihren Ressort-Rivalitäten, ihren Kompetenzstreitigkeiten wie Zuständigkeitszuschiebungen, ihrer Verantwortungsscheu wie Publizitätsfreudigkeit, ihres Wunsches nach Anonymität wie nach guten public relations [84].

2. Es bedarf ferner einer Erforschung der Reichweite und Intensität der *politischen Determinierung* des Verwaltungshandelns, kurz des der Verwaltung vorgelagerten Feldes schwer durchschaubarer politischer Aktivitäten, Macht- und Interessenpositionen, die in der Regel administrativ durchgesetzt werden müssen. Indessen Verwaltung und Politik ist wirklich ein „weites Feld", das hier nur gestreift werden möge [85]. Immerhin haben Autoren vom Range Forsthoffs, Köttgens und Schelskys [86] darauf hingewiesen, daß die Sachgesetzlichkeiten der wissenschaftlich-technischen Zivilisation zu einer immer spürbareren Schrumpfung politischer Dispositionen zugunsten administrativer Notwendigkeiten geführt haben. Insofern ist

---

[83] Arnold Brecht, Die Geschäftsordnung der Reichsministerien, Berlin 1927. Sehr viel weniger ausführlich Lechner-Hülshoff zur GeschO der BReg, in: Parlament und Regierung, 2. Aufl 1958, S. 332 ff.

[84] Vgl. Hämmerlein, Die Verwaltungsinformation als Mittel der Verwaltungsführung, DÖV 1964, 119 f.; *ders.*, Das amtliche Schrifttum als Mittler der Publizität, DVBl 1962, 402 ff.; *ders.*, Public relations der öffentlichen Verwaltung, DÖV 1963, 364 ff.; Rombach, Bürger und Behörde, DÖV 1963, 372 ff.

[85] Vgl. Bemerkungen bei Köttgen, DÖV 1964, 145 ff.; O. Ziebill, Politische Parteien und kommunale Selbstverwaltung, 1964, S. 52.

[86] Vgl. Köttgen, DÖV 1964, 149, Anm. 31; *ders.*, Struktur und öffentliche Verwaltung, Festschrift für G. Leibholz, Bd. 2, 1966, S. 771 ff. Schelsky in der Einführung zu Riesmann, Die einsame Masse (deutsche Übersetzung 1958); Forsthoff, Technisch bedingte Strukturwandlungen des modernen Staats, in: Technik im technischen Zeitalter, 1965, S. 211 ff.

die politische Gewalt heute viel weniger politisch möglich als ehedem, etwa zu Bismarcks Zeiten; Erkenntnisse, die kein Minister von heute, der zugleich Chef eines Verwaltungsapparates ist, widerlegen kann. Zusammengefaßt würde ich hier in Parallele zur heutigen Verfassungsgebundenheit des Verwaltungsrechts die Feststellung unvermeidlicher Verwaltungsabhängigkeit des Regierens in funktioneller wie organisatorisch-personeller Hinsicht wagen. Aber das sind Schnittpunkte einer Verwaltungs- und Regierungslehre, die ein eigenes Kapitel füllen müßten. Man sehe die Regierungsbildung von 1965 einmal unter diesem Gesichtspunkt und prüfe, in welchem Haus wirklich noch politische Weichenstellung, d. h. nicht vom Sachzwang diktierte Alternativen möglich sind. Der Stellenwert der einzelnen Ministerien hat sich, wie mir scheinen will, in dieser Hinsicht deutlich verändert [87]. Andererseits bleibe nicht unerwähnt, daß die Ausgliederung von speziellen Fachministerien aus den „klassischen" Ressorts zum einen die Kabinettssteuerung erschwert, zum anderen die Verwaltung stärker als vertretbar atomisiert hat.

3. Das Anwachsen der *Leistungsverwaltung* ist unverkennbares Zeichen des Sozialstaates. Die von ihr verwendeten Formen sind durch das von OTTO MAYER überkommene verwaltungsrechtliche System nicht zureichend erfaßt. Beispiele werden sogleich verdeutlichen, daß die „Inkongruenz zwischen der traditionellen Ausformung der verwaltungsrechtlichen Begriffe und Institute einerseits und der sozialen Wirklichkeit andererseits" [88] wissenschaftliche Folgerungen erheischt. Sie könnten darin liegen, etwa in Analogie zum System des französischen service public, unter Verzicht auf die das deutsche Verwaltungsrecht charakterisierende hoheitliche Gewalt eine neue Konzeption eines allgemeinen Verwaltungsrechts vorzutragen, das auf der Erkenntnis beruht, daß die öffentliche Verwaltung einen Inbegriff von Leistungen des Staates darstellt [89]. Darin liegen indes die Gefahr einer totalen Veränderung der überkommenen Struktur deutscher Verwaltungsrechtswissenschaft und zwei unausweichliche, aber nicht zu billigende Risiken:

a) Die mühsam errungene einheitstiftende Kraft des allgemeinen Teils des Verwaltungsrechts wird geschwächt. — Es sei daran erinnert, daß beispielsweise das Steuerrecht durch das Eindringen betriebswirtschaftlicher Elemente unter dem Etikett Steuerlehre dem integrierenden allgemeinen Verwaltungsrecht sich ständig zu entziehen droht.

b) Die Konturen des verfassungsrechtlichen Prinzips des Rechtsstaats verflüchtigen sich, indem mehr und mehr die Formenstrenge, der es nun ein-

---

[87] Sehr deutlich in bezug auf das Innenministerium in dieser Hinsicht KÖTTGEN, DÖV 1964, 149.

[88] FORSTHOFF, res publica, S. 56.

[89] E. KAUFMANN, Gesammelte Schriften, Bd. 1, S. 75 (76); E. BECKER, Verwaltung und Verwaltungsrechtsprechung, VVDStRL Heft 14, S. 96 (98); BEINHARDT, Das Recht der öffentlichen Sicherheit und Ordnung in seinem Verhältnis zur Eingriffs- und Leistungsverwaltung, DVBl 1961, 608 ff.

mal in den Beziehungen des Macht verkörpernden Staates zu seinen Bürgern bedarf, zugunsten unsauberer, die Gleichheit aller Staatsbürger verletztenden Paktierungen [90] verwischt wird.

In dieser Situation ist es lohnende Aufgabe der Verwaltungslehre, die nötigen Wirklichkeitsbefunde zu liefern, die das Verwaltungsrecht in die Lage versetzen, seine Rechtsformen und Begriffe der Realität anzupassen. Die Verwaltungslehre wird hierbei sogar die Funktion einer Beratung der Legislative übernehmen können. Sie wird ferner zu prüfen haben, ob die in der Praxis ausgebildeten Formen zweckmäßig und verwaltungseffizient sind, d. h., ob sie einer auch auf Produktivität — um eine gängige Erfolgsvokabel unserer Zeit zu verwenden — bedachten Verwaltung angemessen sind. Hier gilt es, den Verwaltungsaufbau zu durchleuchten, der bislang mehr historischen Überlieferungen als einem durchdachten Gesamtplan entspricht. Auch die Staatsverwaltung unterliegt den Gesetzen des Grenznutzens: Unnötige Aufblähung geht auf Kosten der Produktivität, übermäßige Kontrolle und Gängelung behindert die Entfaltungsmöglichkeit. Eine Verwaltungslehre wird für eine sinnvolle Verwaltungsreform unentbehrlich sein. Die trotz beachtlicher gutachtlicher Vorarbeiten [91] ebenso wie in den zwanziger Jahren nicht vorangekommenen aktuellen Reformversuche lassen Zusammenhänge offenkundig werden.

V

Wenn ich im folgenden noch weitere Aufgaben einer VL kurz skizziere, so scheint mir im Vordergrund die Notwendigkeit einer *Bestandsaufnahme* zu stehen, die eine wissenschaftliche Wiederentdeckung der Verwaltungsberichte erzwingt. Einer wissenschaftlichen Bestandsaufnahme parallel zu laufen hat eine von einer unabhängigen Fachkommission vorzunehmende umfassende Verwaltungsenquête für Bund, Länder und Gemeinden. Diese

[90] Stern, Zur Grundlegung einer Lehre des öffentlich-rechtlichen Vertrages, VerwArch Bd. 49 (1958), S. 106 (146); gefährlich bes. BGH, DÖV 1958, 309; Zeidler, Der Staat 1962, 332 ff. Vgl. auch die nicht bedenkenfreien Ausführungen des OVG Münster, DÖV 1960, 798 (799): „Daß rechtsgeschäftliche Vereinbarungen ... nicht gegen ein Gesetz, insb. nicht gegen den Grundsatz der Gleichbehandlung verstoßen dürfen, ergibt sich aus dem Grundsatz der Gesetzmäßigkeit der Verwaltung und dem Gleichheitsgrundsatz, die selbstverständlich für *jede* hoheitliche Verwaltungstätigkeit, also auch diejenige in der Gestaltungsform des verwaltungsrechtlichen Vertrages, verbindlich sind. Es darf aber auch nicht übersehen werden, daß verwaltungsrechtliche Verträge, wenn ihr Inhalt nach dem Gesichtspunkt der Zweckmäßigkeit richtig gewählt (und begrenzt) wird, sogar zur Sicherung des Grundsatzes der Gleichbehandlung beitragen können."

[91] Vgl. die Gutachten des Bundesbeauftragten für Wirtschaftlichkeit in der Verwaltung; Bericht der Sachverständigenkommission für die Vereinfachung der Verwaltung beim Bundesminister des Innern, 1960; Gutachten der Arb.Gem. für Staatsvereinfachung in Bayern, 1955, 1957 usw.; zur Verwaltungsreform vgl. auch Schnur, Strategie und Taktik bei Verwaltungsreformen, 1966; *ders.*, Voraussetzungen der Verwaltungsreform, in: Kommunalpolitik, Verwaltungsstruktur, 1966, S. 29 ff.

ist unentbehrliche Voraussetzung jeder Verwaltungsreform. Hierfür kann eine VL wertvolle Hilfe leisten.

Es geht ja häufig einfach darum, für politisch bedeutsame Sachprobleme die nötigen Werkzeuge zu ihrer Lösung zu schaffen, wobei gewiß bedacht werden muß, daß die Wissenschaft, verkörpert durch den mehr und mehr anzutreffenden wissenschaftlichen Beirat oder den Gutachter, ungeeignet ist, wenn es darum geht, politische *Entscheidungen* zu fällen. Aber der „Staat des westlichen Europas hat eine tiefe Neigung, die politische Entscheidung zu vermeiden" (M. IMBODEN). Das Politische wird mehr und mehr als das technisch Gebotene ausgewiesen. Indes, eine Expertokratie ist keine Demokratie, und dem Prinzip der Gewaltenteilung drohen hierdurch Gefahren.

1. Die VL muß die unentbehrliche Ausstattung jeder öffentlichen Verwaltung, die Bürokratie, die Struktur, Hierarchie und Kompetenz der Ämter einschließlich ihrer ministeriellen Zuordnung analysieren. Bei dieser Durchleuchtung ist zu überprüfen, ob die bestehende Organisation der deutschen Verwaltung im allgemeinen [92] und die gewählten Organisationsprinzipien der Konzentration bzw. Dekonzentration, der Zentralisation oder Dezentralisation im besonderen noch rationell angewendet sind, ob nicht vielmehr dem Prinzip der Koordination größere Aufmerksamkeit zu widmen ist [93]. Die neuerdings in der Verwaltungswirklichkeit häufigere Errichtung von Ausschüssen einschließlich interministerieller und von Sonderbehörden steht noch in den Anfängen einer kritischen Untersuchung, die bisher ad-hoc-Arbeiten blieben. Der Glaube, jede Verwaltungsneuerung böte auch eine Verbesserung, darf nicht vor einer Erforschung der Wirkweise einer neuen Institution und ihres vermeintlichen Rationalisierungseffekts zurückschrecken.

2. Die Probleme einer wirkungsvollen Planung, Koordinierung und Lenkung, kurz des Managements einer Behörde oder eines Ministeriums, sind einer wissenschaftlichen Diagnose noch nicht unterworfen worden, obschon ständig die Therapie einer Verwaltungsvereinfachung oder Personalverringerung verordnet wird. Die Ersatzfunktion, die hier die Betriebswirtschaftslehre [94] in Anbetracht der für sie längst selbstverständlichen Durchleuchtung des Großbetriebs einnimmt, kann der öffentlichen Verwaltung nur recht und schlecht adaptiert werden. Parkinsons Gesetz [95] und die mit

[92] Noch fehlt es an einer dem amtlichen Werk „Verwaltungsaufbau, Steuerverteilung und Lastenverteilung im Deutschen Reich" (Einzelschriften zur Statistik des Deutschen Reichs Nr. 6/1929) parallelen Untersuchung. Vgl. ferner die beiden Referate zur Beratung der Reichsreform von APELT: „Ausgleichung von Organisation und Verfahren in der Verwaltung von Reich und Ländern" und „Der Instanzenzug der Verwaltung in Reich und Ländern" (1929).

[93] Hierfür plädiert bes. HÜTTL, DÖV 1965, 409.

[94] Vgl. PIUS BISCHOFBERGER, Durchsetzung und Fortbildung betriebswirtschaftlicher Erkenntnisse in der öffentl. Verwaltung, 1964.

[95] Vgl. ULE, Parkinsons Gesetz und die deutsche Verwaltung, Berlin 1960; A. GEHLEN, Parkinson einmal anders, Merkur 1959, Heft 142, S. 1202 ff.

ihm gerügte Tendenz der Aufblähung der Verwaltung ist kein ernsthafter Diskussion entrückter Karnevalsscherz, sondern ein mindestens verwaltungspsychologisch relevanter Einwand, der von der Verwaltungsforschung widerlegt werden muß.

3. Ein Hauptaufgabengebiet für die Verwaltungslehre liegt in den Problemen, die das Stichwort Verwaltungspersonal mit sich bringt. Beamtenrecht und Arbeitsrecht haben im wesentlichen nur äußere Personalfragen geordnet. Die inneren Probleme der Personalführung, die Vermeidung von Friktionen und Rivalitäten, die Fähigkeit, den richtigen Mann am richtigen Platz einzusetzen, von der die Wirksamkeit einer Behörde mehr abhängt als von guten Gesetzen, erscheinen für die Leistungsfähigkeit einer Verwaltung viel wesentlicher. Dennoch wendet die Wissenschaft ihre Aufmerksamkeit bislang zu häufig der „Ämterpatronage“ [96] zu, nicht aber der Verbesserung des Leistungsprinzips, dem Problem einer administrativen Personal*wirtschaft* [97] und der Ausbildung von Führungskräften [98]. Die Aufgaben des Pressereferenten einer Behörde [99] habe ich noch nie [100] erörtert gefunden, obwohl es klar ist, daß von seinem Wirken die äußere Anerkennung der Behördentätigkeit und ihr Vertrauenskapital beim Bürger nachhaltig beeinflußt wird. Vergißt man doch zu oft, daß heute etwa 3 Millionen Beschäftigte in den öffentlichen Verwaltungen der Bundesrepublik Deutschland tätig sind, eine Zahl, die sich nach jüngst geäußerten Prophezeiungen in den nächsten 12 bis 15 Jahren verdoppeln wird (so Ellwein), wogegen ich indessen aus vielerlei Gründen Bedenken anmelden möchte. Es ist sicher

[96] Vgl. Eschenburg, Ämterpatronage, Stuttgart 1961.

[97] Vgl. Gerhard Lange, Analytische Dienstpostenbewertung, Grundlagen und Systeme, VerwArch Bd. 55 (1964), 34 ff.; Hüttl, DÖV 1965, 408; v. d. Groeben, Zum Nachwuchsproblem der Verwaltung, DVBl 1965, 137 ff.

[98] Vgl. hierzu den Bericht des Präsidenten des Bundesrechnungshofs als Bundesbeauftragter für Wirtschaftlichkeit in der Verwaltung vom 30. 6. 1965, insbesondere über die personalen Zwangsläufigkeiten, die sich aus der Altersschichtung der Beamten des höheren Dienstes in der Bundesverwaltung ergeben. Danach werden innerhalb des nächsten Jahrzehntes etwa die Hälfte aller Beamten des höheren Dienstes die Altersgrenze erreichen. Die Altersschichtung bei den Ländern sieht nach Untersuchungen des Statistischen Bundesamtes noch ungünstiger aus (vgl. Wirtschaft und Statistik 1963, S. 406 ff.). Der Bericht kommt zu folgender Feststellung (Rdnr. 2, 1): „Ungünstige Altersschichtung, mangelnde Fortbildung und geringe Anziehungskraft lassen damit für die Verwaltung eine bedenkliche Lage entstehen. Es wird in Kürze nicht mehr möglich sein, die mit Führungsausgaben betrauten Dienstposten ... mit genügend befähigten Kräften zu besetzen.“ S. ferner G. Heimann, Die Ausbildung von Führungskräften der öffentlichen Verwaltung, Recht und Politik Heft 2/1965, S. 10 ff.; E. Becker in: Festschrift für Friedrich Giese, S. 45 ff.

[99] Über kommunale Pressearbeit vgl. Staudt, DÖV 1964, 126 ff.

[100] Nach Abschluß des Manuskripts erschienen W. Leisner, Öffentlichkeitsarbeit der Regierung im Rechtsstaat, 1966 und Gisela Sänger, Die Funktion amtlicher Pressestellen in der demokratischen Staatsordnung, dargestellt am Beispiel der BRD, 1966.

nicht ohne Übertreibung, aber für uns des Nachdenkens wert, wenn der verstorbene Bahnbrecher der amerikanischen Verwaltungswissenschaft, LEONARD D. WHITE, formuliert: „The study of public administration should rather start form the base of management than the foundation of law."

4. Auch das Prozedere der Verwaltung, das Verwaltungsverfahren und seine Grundsätze [101], darf weder ausschließlich im Sinne eines rechtsstaatlich sicher wesentlichen due process of law noch allein unter dem Gesichtspunkt des verwaltungs*gericht*lichen Vorverfahrens betrachtet werden. Ebenso evident ist seine Bedeutung für die Vorbereitung einer raschen, aber nicht flüchtigen, einer rechtsrichtigen, aber nicht verwaltungswidrigen Sachentscheidung, die dem Bürger nicht obrigkeitsstaatlich oktroyiert, vielmehr unter seiner Beteiligung zureichend vorbereitet und sachgerecht erläutert mitgeteilt werden soll. Widersprüche und Gerichtsverfahren lassen sich durch einen ebenso wohlüberlegten wie maßvoll überlegen geführten Verwaltungsstil und durch korrekte Prozedur zum Nutzen beider Seiten vermeiden. Es muß daran erinnert werden, daß das amerikanische, mit so viel Enthusiasmus begrüßte Bundesverwaltungsverfahrensgesetz von 1946 von maßgeblichen Kennern heute mit Skepsis betrachtet wird [102]. Die Verwaltungsverfahrensgesetze Berlins und Bremens haben m. E. ebenfalls übertriebene Erwartungen nicht erfüllt. Hieraus können zwei Schlußfolgerungen abgeleitet werden:

„Je mehr man dem Geschäftsgang der Verwaltung Formalgebote auferlegt, desto mehr verwickelt sich der Verwaltungsgang" [103].

Kodifikationen für die Verwaltung haben nur dann den erhofften Effekt, wenn sie genügend verwaltungsanalytisch vorbereitet sind [104].

Aus diesem Grunde halte ich z. B. den Entwurf eines Verwaltungsverfahrensgesetzes des Bundes für zumindest verfrüht.

5. Die durch den New-Deal in den USA neugeschaffenen Verwaltungseinrichtungen haben seit den dreißiger Jahren eine amerikanische Verwaltungswissenschaft hohen Ranges hervorgebracht. Die Phänomene des Sozialstaates in Deutschland [105], dessen effektiver Beginn schwerlich erst mit dem

---

[101] Dazu FRANZ MAYER, Verfahrensgrundsätze der Verwaltung, BayVBl 1960, 332 ff., mit weit. Nachw.

[102] Vgl. MORSTEIN MARX, Amerik. Verw. 1963, S. 66; SCHWENK, Grundzüge des amerikanischen Verwaltungsrechts, DVBl 1958, 33 ff.

[103] MORSTEIN MARX, a.a.O. (Anm. 102).

[104] s. dazu STERN, Das allgemeine Verwaltungsrecht in der neueren Bundesgesetzgebung, JZ 1962, 265 (266 ff.); BARING, Die allgemeinen Lehren des Verwaltungsrechts als Aufgabe, in: Staatsbürger und Staatsgewalt II, 31 ff.; *ders.*, Zur Problematik eines Verwaltungsverfahrensgesetzes, DVBl 1965, 180 ff., mit weit. Nachw.; ULE-BECKER, Verwaltungsverfahren im Rechtsstaat, 1964; ULE, Verwaltungsreform als Verfassungsvollzug, in: Recht im Wandel, Festschrift 150 Jahre Carl Heymanns Verlag, 1965, S. 53 ff.

[105] Vgl. STERN, Evang. Staatslexikon, 1966, Artikel: Sozialstaat, Sp. 2091 ff. mit weit. Hinweisen; zuletzt W. WEBER, Die verfassungsrechtlichen Grenzen sozialstaatlicher Forderungen, Der Staat 1965, 409 ff.

Grundgesetz anzusetzen ist, haben die deutsche Verwaltungslehre nicht gleichermaßen beflügelt. Zwar wurde die Verwaltung, genauer: einige Zweige der Verwaltung, von speziellen wissenschaftlichen Disziplinen einer näheren Behandlung unterzogen, z. B. durch die Kommunalwissenschaft, die Volks- und Betriebswirtschaftslehre, die Soziologie und die Finanzwissenschaft und in Grenzen durch Forst-, Militär-, Versicherungs- und technische Wissenschaften. Für all diese Fachdisziplinen war jedoch die Verwaltung nicht Gravitationspunkt, sondern Randerscheinung, die zur Aufklärung oder zum Vergleich für andersartige Zentralprobleme diente. Für eine eigene Grundlagenwissenschaft der Verwaltung, die das Ziel der Verwaltungslehre bleiben muß, ist die Verwaltung, ihre Einrichtungen und ihr Handeln, Mittelpunkt der Forschung. Untersucht man heute das Verwaltungshandeln näher, so erkennt man, daß gewisse Verwaltungszweige, besonders die Wirtschaftsverwaltung, nicht mehr von der einseitig ausgeübten Verwaltungs*macht*, jenem dem Subordinationsverhältnis zugeordneten Verwaltungsakt beherrscht sind, sondern von zweiseitigen oder doch einverständlichen Verwaltungsäußerungen. Ich erwähne nur die Rechtsfiguren der öffentlichrechtlichen Schuld- und Leistungsverhältnisse bei der Subventionierung und des verwaltungsrechtlichen Vertrags, den OTTO MAYER als der Staatshoheit forminkongruent verdammt hat, bis er nach Jahrzehnten von der Praxis wieder hervorgeholt und von der Lehre erst in jüngster Zeit anerkannt wird [106]. Wir wissen ferner um die Schwierigkeiten in der Klassifikation der nicht nur in sozialistischen Staaten verwendeten Pläne, seien sie Baupläne, Erschließungs-, Verkehrs-, Umlegungspläne, wasserwirtschaftliche Rahmenpläne oder staatsleitende Pläne, wie Haushaltsplan, Grüner Plan, Bundesjugendplan usw. Weder ihre Lektüre noch ihre Praktikabilität sind wissenschaftlich zur Gänze aufbereitet [107]. Es scheint evident zu sein, daß das System der Verwaltungshandlungen neu überdacht werden muß.

6. Die Formen staatlicher Aufsicht über Wirtschaft und Selbstverwaltung [108] erschöpfen sich nicht in einseitigen Staatsakten. Kooperationsformen wie Beratung, Unterstützung oder gemeinsames Handeln spielen die gleiche bedeutende Rolle wie im Bund-Länderverhältnis, namentlich in der kulturellen Ebene, die noch nicht ausgeloteten Verwaltungsabkommen, die sog. Gemeinschaftsaufgaben [109] und die offenen oder heimlichen Fonds der Haushaltstitel. Die Fonds-Verwaltung, übrigens ein gängiges Mittel auch in

---

[106] Vgl. STERN, Evang. Staatslexikon, 1966, Artikel: Vertrag, öffentl., Sp. 2377 f. mit weit. Hinwiesen.

[107] Vgl. IMBODEN und OBERMAYER, Der Plan als verwaltungsrechtliches Institut, VVDStRL Heft 18 (1960), S. 113 ff.

[108] Vgl. BULLINGER und SALZWEDEL, Staatsaufsicht in Verwaltung und Wirtschaft, VVDStRL Heft 21 (1963), S. 206 ff.

[109] Vgl. Bd. 11 der Schriftenreihe der Hochschule Speyer; KÖLBLE, Gemeinschaftsaufgaben der Länder und ihre Grenzen, NJW 1962, 1081 ff.

den USA [110], erweist sich dabei als bedeutsamer innerstaatlicher Konzentrationsfaktor der politischen Kräfte, der dem Bund den Ländern gegenüber eine strategische Position verschafft, die diese mit dem Einwand ungeklärter *verfassungsrechtlicher* Zulässigkeit bekämpfen.

7. Die Verwaltung als Leistungsträger ist Verwaltungssituationen ausgesetzt, für die es an einer wissenschaftlich zureichenden Beschreibung und Diagnostizierung fehlt. Nur zwei Tatbestände zur Verdeutlichung:

a) In meinem Referat [111] vor der Vereinigung der Deutschen Staatsrechtslehrer in Münster über die öffentliche Sache habe ich versucht, diese Figur vor allem als staatliche Leistung und als Regie über knappe natürliche oder mehr noch künstlich geschaffene Güter zu skizzieren und von daher neue Ansatzpunkte für die Lösung ihrer Problematik zu finden, etwa des Ausgleichs in den Nutzungsformen Gemeingebrauch — Sondergebrauch oder ihres Schutzes. So sehr ich aus Gründen verwaltungsrechtlicher Begriffsklarheit den Versuch WERNER WEBERS, die öffentliche Sache als öffentliche Anstalt zu erfassen [112], ablehnen mußte, so sehr ist hervorzuheben, daß dahinter in Wahrheit ein eminent verwaltungspolitisches, wenn auch juristisch forminkongruent gelöstes Anliegen steht: der begrenzten Kapazität von Straße und Gewässer beizukommen. Was für die öffentliche Sache gesagt wurde, gilt in weitem Maße auch für andere Leistungen oder Nutzungen anbietende Einrichtungen einschließlich der wirtschaftlichen Unternehmen [113] des Gemeinwesens, namentlich der Gemeinden [114], für die eine ganzheitliche Betrachtung bislang fehlt.

b) Es ist eine uns geläufige Erscheinung, daß die *Technik* [115] auch in den Bereich der Verwaltung einzog, nicht etwa, weil der Beamte die arbeits-

[110] Vgl. MORSTEIN MARX, S. 47 (Anm. 102).

[111] STERN, Die öffentliche Sache, VVDStRL Heft 21 (1963), S. 183 ff.

[112] WERNER WEBER, Die öffentliche Sache, VVDStRL Heft 21, S. 145 (177 ff.); Kritik bei STERN, VVDStRL Heft 21, S. 190 f.

[113] Dazu STERN, Der rechtliche Standort der Gemeindewirtschaft, AfK 1964, S. 81 ff.; STERN-PÜTTNER, Die Gemeindewirtschaft, 1965; KLAUS FOBBE, Gemeingebrauch und Kraftverkehr, 1965.

[114] HANS J. WOLFF, Rechtsformen gemeindlicher Einrichtungen, AfK 1963, S. 148 ff.; BADURA, Zulassung zu öffentlichen Einrichtungen der Gemeinde und Verwaltungsprivatrecht, JuS 1966, 17 ff.

[115] Insgesamt HANS FREYER, Theorie des gegenwärtigen Zeitalters, 1955, S. 62 ff.; ARNOLD GEHLEN, Urmensch und Spätkultur, 1957; C. F. VON WEIZSÄCKER, Gedanken über die Zukunft des technischen Zeitalters und Gedanken über unsere Zukunft, 1966, S. 6 ff.; F. WERNER, Über Tendenzen der Entwicklung von Recht und Gericht in unserer Zeit, 1965, S. 19 ff.; H. HUBER, Das Recht im technischen Zeitalter, 1960; ferner die Beiträge in: Die Rechtsordnung im technischen Zeitalter, Festschrift der Rechts- und Staatswissenschaftl. Fakultät der Universität Zürich zum Zentenarium des Schweiz. Juristenvereins 1961; HANS PETER BULL, Verwaltung durch Maschinen, 1964; Technik im technischen Zeitalter, hrsg. von FREYER, PAPALEKAS, Wuppertal 1965, namentlich die Beiträge von FORSTHOFF, OFTINGER und RONNEBERGER; Kybernetische Maschinen, hrsg. von FRANK, 1964; KARL STEINBUCH, Automat und Mensch, 2. Aufl. 1963.

erleichternde Mechanik von Diktiergerät, Telephon und Schreibmaschine benutzt, die die Verwaltungs*entscheidung* selbst noch nicht tangieren, sondern weil die Fälle zunehmen, in denen „die Maschine den Menschen zu verdrängen beginnt“ [116]. Intensität und Valenz des technokratischen Einflusses auf die Verwaltung sind zur Zeit noch nicht abzusehen. Ob die unser Verwaltungsrecht beherrschende „Geschäftsgrundlage“, daß Verwaltungshandeln immer identisch mit menschlichem Handeln [117] ist, in der Zukunft nicht der These zu weichen hat, daß der Mensch nur *eine* Bedingung (neben anderen) setzt, vielleicht das Verwaltungshandeln nur auslöst oder programmiert, ohne Herr des Ergebnisses zu sein, ist eine wohl offene Frage. Ich begnüge mich, auf das Phänomen des von Karl Zeidler bewußtgemachten „Verwaltungsfabrikats“ hinzuweisen [118], hinter dem die Erkenntnisse eines „Primats der Verwaltungstechnik“ [119] gegenüber dem einstmals die Verwaltungsäußerung allein erzeugenden verwaltenden Menschen steht. Ich erinnere an die automatische Verkehrsampel, in der Sprache der StVO „die sich selbsttätig regelnden Lichtzeichen“, die den Verkehrspolizisten ersetzen; ferner an den maschinell hergestellten Kraftfahrzeugsteuerbescheid [120], an die in Rechenzentren ermittelten Dienstbezüge [121] oder an die Technisierung im Fernmeldewesen, die die Überprüfung einzelner Gebühren unmöglich macht [122], an die schon ältere, mechanisierte Datenverarbeitung bei Bahn und Post [123]. Es ist augenscheinlich, daß hierdurch neben evidenten organi-

[116] Forsthoff, Res publica 1, S. 57; ferner E. Kern, Verwaltungsrecht im Industriezeitalter, Festschrift für C. Schmitt, 1959, S. 81 ff.; Karl Zeidler, Über die Technisierung der Verwaltung, 1959; Heinrich Korte, Gedanken zur Automation von Massenvorgängen der öffentlichen Verwaltung, DVBl 1957, 561 ff.; Karl Zeidler, „Verwaltungsfabrikat“ und Gefährdungshaftung, DVBl 1959, 681 ff.; Werner Maass, Zur Frage der Haftung und Verantwortlichkeit im Bereich der automatischen Datenverarbeitung, DVBl 1961, 7 ff.; Klaus Müller-Heidelberg, Verwaltungsrechtliche Probleme des „maschinell hergestellten“ Verwaltungsaktes? DVBl 1961, 11 ff.; Karl Zeidler, Zur „Technisierung der Verwaltung“ — Eine Entgegnung, DVBl 1961, 493 ff.; Wolf von Dreising, Elektronische Datenverarbeitung in der öffentlichen Verwaltung in den USA und hier, DVBl 1963, 880 ff.; Kurt Ebert, Verwaltungsvereinfachung durch Mechanisierung, DÖV 1959, 927 ff.; Franz Ronneberger, Die emanzipierte Verwaltung, in: Technik im technischen Zeitalter, S. 288 ff.

[117] Vgl. Zeidler, a.a.O., S. 7, 10, 14.

[118] a.a.O., S. 18; *ders.* in DVBl 1959, 681.

[119] Schewe, Rechtstechnische u. rechtssystematische Betrachtungen z. Rentenmehrbetragsgesetz u. zum Sonderzulagengesetz, Die Sozialversicherung 1956, 73 (75).

[120] Zur Zeit arbeitet man Presseberichten zufolge an der Erweiterung dieses Systems auch auf andere Steuerbescheide.

[121] Vgl. Roemheld, Das Rechenzentrum im Niedersächsischen Landesverwaltungsamt, DVBl 1964, 561 ff.

[122] Zeidler, a.a.O., S. 23 f.

[123] Vgl. Gebel, Von der Lochkartentechnik zur elektronischen Datenverarbeitung, Ztschr. f. d. Post- und Fernmeldewesen 1962, 225 ff.; Möhl, Bedeutung, Aufbau und Arbeitsweise elektronischer Rechenanlagen, Die Bundesbahn 1961, Heft 12.

satorischen und dienstrechtlichen Fragen Rechtsprobleme, etwa der Haftung und des Rechtsschutzes, aufgeworfen werden, die bislang in ihrem vollen Umfang noch nicht erfaßt sind. Ob und vor allem wie sie rechtlich zu bewältigen sind, erscheint erst beurteilungsfähig, wenn die Fakten der Technisierung, d. h. Mechanisierung, Automatisierung und Automation von Verwaltungsfunktionen analytisch aufbereitet sind, auch wenn man das Zukunftsbild einer kybernetischen und elektronisch gesteuerten Verwaltung noch für irreal hält. Unübersehbare Aufgaben einer modernen Verwaltungslehre, die ebenso demonstrierend wie kritisierend dem neuartigen Phänomen gegenüberzutreten hat, nicht zuletzt, um den gesetzgeberischen Ansatz nicht in Richtung einer Entmenschlichung des Rechts [124] fehlzuleiten [125].

Die Notwendigkeit einer verwaltungswissenschaftlichen Datenverarbeitung wird zwangsläufig im Bereich der Sozialversicherung [126] und der Finanzverwaltung [127], wo standardisierte Massen- und Serienentscheidungen mit generalisierbaren Arbeitsvorgängen schon die Regel bilden. Diese Bescheide ergehen bekanntlich häufig unter Verzicht auf rechtsstaatliche Genauigkeit und Perfektion, jedenfalls im ersten Ansatz, weil einerseits etwa der Berechtigte rasch in den Genuß der Rentenerhöhung kommen soll, andererseits etwa das termingerechte Aufkommen der Steuern nicht in Frage gestellt sein darf. So hat beispielsweise das Bundesarbeitsministerium 1964 eine Verwaltungsvorschrift erlassen (BAnz 1964 Nr. 37), nach der alle Neuversicherten eine Versicherungsnummer erhalten, die eine Umstellung des Berechnungssystem ermöglicht. 30 Millionen Versicherte und 8 Millionen Rentner werden davon betroffen; für jeden bedarf es einer Datenspeicherung nach Arbeitseinkommen, Beitrag, Versicherungszeit und Kinderzahl, um elektronisch die Renten berechnen zu können und etwaige Änderungen rasch zu erledigen. Fürwahr eine eindrucksvolle Bestätigung der Leistungsfähigkeit der Verwaltung, erreicht durch eine fast totale Automation, für die verwaltungswissenschaftlich eine Vorbereitung unterblieben ist! Man denke an die Konsequenzen einer Datenverwechslung, einer falschen Programmierung der Maschine, an ein technisches Versagen. Soll hierauf etwa § 839 BGB

---

[124] Zeidler, a.a.O., S. 19.

[125] U. Klug, Elektronische Datenverarbeitungsmaschinen im Recht, Festschrift für Jahrreiss, 1964, S. 189 ff., meint: „In jedem Fall bedarf der Einsatz elektronischer Automaten der Rechtfertigung und der Kontrolle durch ein Metasystem von Normen" (S. 199); s. auch Spiros Simitis, Rechtliche Anwendungsmöglichkeiten kybernetischer Systeme, Recht und Staat 322, 1966.

[126] Vgl. H. Fiedler, Probleme der elektronischen Datenverarbeitung in der öffentl. Verwaltung, Deutsche Rentenversicherung 1964, S. 40 ff.; *ders.*, Rechenautomaten in Recht und Verwaltung, JZ 1966, 689 ff.

[127] Voss, Die mechanisierte Steuerveranlagung, BB 1960, 699 ff., 1091 ff.; Werner Maass, Die Mechanisierung von Aufgaben der Steuerverwaltung in den Vereinigten Staaten und in Deutschland, VerwArch Bd. 52 (1961), 113 ff.

angewendet werden [128]? Wie läßt sich die durch die Numerierung bedingte Entpersönlichung des Menschen zu verwalteter Materie ertragen? Wie sind die Auswirkungen auf den Rechtsschutz? Wie weit ist die Verwaltung überhaupt technisierungsfähig? Es ist unschwer einzusehen, daß angesichts solcher die Grundstruktur der Verwaltung verändernden Einflüsse Auswirkungen auf die Beziehungen zum Bürger unausbleiblich sind, die Gesellschaftsordnung umgestalten können und daher wissenschaftlich vorbereitet und gegebenenfalls aufgefangen werden müssen, um einer totalen Nivellierung und Standardisierung des Bürgers zum „perfekt bedienten Endverbraucher" [129] vorzubeugen. Voraussetzung indessen ist stets eine sichere Kenntnis der Verwaltung, ihres Wesens und ihrer Dynamik. Angesichts der dabei gebotenen differenzierenden Prämissen wird es fraglich werden, ob Rationalität, Konzentration, Sparsamkeit, Technisierung und Akzelleration der öffentlichen Verwaltung allein maßgebliche Prinzipien bleiben dürfen.

VI

Sicher scheint mir eines, und damit möchte ich zu einem Resumée kommen: Der Jurist möge sich hüten, seine Normenwelt, die gewiß die Verwaltung beherrschen soll, mit ihrem wirklichen Sein zu verwechseln. In ihm herrschen vielfältige andere Kräfte — abseits juristischer Konstruktionen, gleichermaßen wie für den Staat insgesamt gilt, was Hegel einstmals sagte: Für Werden, Sein und Vergehen der Staaten gibt es kein anderes Forum als die Weltgeschichte, die das Weltgericht bildet. Seine Normen sind aber sicherlich nicht die des Juristen [130]. Mutatis mutandis gilt dies auch für die Verwaltung, die den Staat im Innern gestaltet. Denn „der Stand der Verwaltung zeichnet das Profil eines Staatswesens oftmals mit rücksichtsloserer Genauigkeit als der Wortlaut der Verfassung" [131]. Unleugbar wäre der totale Verwaltungsstaat ein nicht zu ertragender Persönlichkeitsverlust. Ihm haben wir vorzubeugen, nicht zuletzt mit Hilfe einer unserer Wirklichkeit gewachsenen Theorie der Verwaltung. Eine unseren Lebensvorstellungen gemäße Synthese von Freiheit und Planung ist ein für die westliche Welt universales Problem des demokratischen Staates, das durch die Wissenschaft leicht zu lösen ist.

Die Notwendigkeit einer Verwaltungslehre darzutun, war das Ziel dieser Abhandlung. Ihre Aufgaben sind unzählige. Weder die politische noch die Verwaltungsführung können, um eine angemessen proportionierte sozialstaatliche Gestaltung der industriellen Massengesellschaft zu erreichen, einer umfassenden wissenschaftlichen Forschung entraten, die sie über den

---

[128] Zur Problematik bei Versagen der Verkehrsampel: Zeidler,a.a.O., S. 9 u. allg. S. 25; Jaenicke und Leissner, Gefährdungshaftung im öffentlichen Recht, VVDStRL Heft 20, S. 135 ff.

[129] Forsthoff, res publica, S. 62.

[130] Jellinek, Allgemeine Staatslehre, S. 125.

[131] Morstein Marx, Amerikanische Verwaltung, 1963, S. 13.

Stand der öffentlichen Verwaltung unterrichtet. Ich bin mir bewußt, daß dieses Werk nicht von heute auf morgen, sondern nur in geduldiger Gemeinschaftsarbeit entstehen kann.

Der Charakter eines Beitrags in einer Gedächtnisschrift zwang dazu, nur einige Aufgaben der Verwaltungslehre zu skizzieren, mehr mosaikartig denn systematisch, mitnichten vollständig. So habe ich den weiten Bereich der Stellung der Verwaltung zum Bürger als Nutznießer oder als Dienstnehmer kaum erwähnt; ferner das Bestreben, den Verwaltungsbeamten nach dem staatlichen Umbruch und — aktueller — nach der sichtbaren Um- und Neuverteilung von Macht und Herrschaft aus der Unsicherheit im Ringen um sein und seines Standes Selbstverständnis herauszuführen [132] oder das Erfordernis einer Systematisierung der Verwaltungsaufgaben und die durch ihre Verschiedenartigkeit bedingten Unterschiede nur angedeutet; das durch Art. 19 Abs. 4 GG und die VwGO neugeordnete Verhältnis der Verwaltung zu Rechtsprechung und Publikum gar nicht erörtert; man denke einmal über die Regel nach, daß VAe heute in erster Linie unter dem Blickpunkt der Gerichtsfestigkeit stehen. Unerwähnt blieben auch die Probleme Verwaltung und Verbände u. v. a. m. [133].

Unzweifelhaft hat die Verwaltungslehre noch einen romantischen Dunst wissenschaftlicher Verschwommenheit zu durchschreiten, ehe sie anerkannte Disziplin wird. Ihr könnte ein ähnliches Schicksal widerfahren wie dem Verwaltungsrecht, das sich erst vor einem Jahrhundert mühsam aus der Verklammerung mit dem Staatsrecht lösen konnte. Daß eine Verwaltungslehre für die Verbesserung unserer öffentlichen Verwaltung notwendig ist, hoffe ich gezeigt zu haben. Sie soll ein moderner Beitrag zu jenem von HARDENBERG in ähnlich kritischer Stunde unseres Vaterlandes formulierten Verwaltungsziel sein: „Der Staat darf nicht zum Polster der Trägheit werden. Die großen Veränderungen unserer Epoche erfordern die gespannte Apparatur der Verwaltung [134]."

[132] Hierzu RONNEBERGER, Der Staat 1963, 138 f.

[133] Vgl. die der Verwaltungslehre gestellten Aufgaben — durchaus konform mit den hier vertretenen Ansichten — in: Verwaltung, hrsg. von MORSTEIN MARX; THIEME, JuS 1966, 97 ff.; v. D. GROEBEN, DÖV 1966, 48 f.; HÜTTL, a.a.O. (Anm. 66), S. 153 ff.

[134] Zitiert bei HÜTTL, DÖV 1965, 410.

Dekonzentration und Dezentralisation — oder abhängige und unabhängige Dezentralisation?

Otto Uhlitz

I. Über die aktuelle Bedeutung der Untersuchung

Dekonzentration und Dezentralisation sind Bezeichnungen für verwaltungsorganisatorische Prinzipien, die immer dann eine aktuelle Bedeutung erlangen, wenn Pläne für eine Verfassungs- und Verwaltungsreform erörtert werden. In den letzten Jahren haben diese Prinzipien besonders im kommunalen Bereich eine große Rolle gespielt. Das Wachstum der Großstädte innerhalb ihrer Grenzen hat es in vielen Fällen als notwendig oder wünschenswert erscheinen lassen, die großstädtische Verwaltung durch die Einrichtung „dekonzentrierter" oder „dezentralisierter" Verwaltungsstellen räumlich aufzugliedern [1]. Das Wachstum im Umland vieler Großstädte hat Ballungsräume — jetzt meist „Stadtregionen" genannt — entstehen lassen, deren kommunale Neuordnung nach dem Gutachten über die Finanzreform zu den vordringlichsten Aufgaben gehört [2]. Diese kommunale Neuordnung steht nicht nur unter dem Aspekt der Zentralisation, sondern auch unter dem Aspekt der „Dezentralisation" oder „Dekonzentration". Die aus den Stadtregionen zu bildenden neuen kommunalen Einheiten — nach der Meinung des Verfassers vermögen nur dezentralisierte Einheitsgemeinden die Probleme der großstädtischen Verdichtungsräume befriedigend zu lösen [3] — werden aus mannigfachen Gründen in irgendeiner Form der

[1] In den Gemeindeordnungen von Baden-Württemberg (§ 75), Bayern (Art 60), Hessen (§ 81), Niedersachsen (§ 54), Nordrhein-Westfalen (§ 13), Rheinland-Pfalz (§ 57) ist das ausdrücklich vorgesehen. Vgl. auch Art. 50 ff. der Verfassung von Berlin, Art. 145 der Verfassung von Bremen u. Art. 4 Abs. 2 der Verfassung der Freien und Hansestadt Hamburg. Sämtlich abgedruckt bei Wilhelm Loschelder, Die Gemeindeordnungen in der Bundesrepublik Deutschland, Bd. 9 der Schriftenreihe des Vereins für Kommunalwissenschaften e. V., Stuttgart-Berlin-Köln-Mainz 1965.

[2] Gutachten über die Finanzreform in der Bundesrepublik Deutschland, herausgegeben von der Kommission für die Finanzreform, Stuttgart-Köln-Berlin-Mainz 1966, S. 85 (Nr. 323, 324).

[3] Diese Meinung stützt sich auf die Erfahrungen der Groß-Berliner Entwicklung. In diesem Zusammenhang erscheint folgender Hinweis geboten: Wenn man die Literatur zur Frage der künftigen kommunalen Verfassung und Verwaltung in den Stadtregionen und die Diskussionen über dieses Thema verfolgt, gewinnt man

verwaltungsorganisatorischen Auflockerung und räumlichen Gliederung bedürfen. Es wird daher die Frage der „Dezentralisation" oder „Dekonzentration" der neuen kommunalen Gebilde lebhaft erörtert[4]. Im Zusammenhang mit der aktuellen Forderung nach Schaffung leistungsfähiger Gemeinden[5] ist dieses Problem ebenfalls von Bedeutung. Wenn kleine Gemeinden zu größeren Gemeinden zusammengelegt werden sollen, stellt sich, worauf PÜTTNER[6] zutreffend hinweist, die Frage nach dem rechtlichen Schicksal der „eingemeindeten" Ortsteile und damit die Frage nach der „Dezentralisation" oder „Dekonzentration" der neuen Großgemeinde. Leider besteht über die Bedeutung dieser Begriffe noch immer keine Klarheit. Da Klarheit in der Begriffsbestimmung aber Voraussetzung für jede fruchtbare Diskussion ist, erscheint es gerechtfertigt, die Begriffe „Dezentralisation" und „Dekonzentration" im Hinblick auf ihren Bedeutungsgehalt und ihre Abgrenzung erneut zu überprüfen.

II. Die Begriffe Dekonzentration und Dezentralisation sind unklar und führen zu Mißverständnissen — Plädoyer für die Einführung der Begriffe abhängige und unabhängige Dezentralisation

Die Ausdrücke „Dekonzentration" und „Dezentralisation" wurden von DREWS als unterschiedliche Begriffe in das deutsche Verwaltungsrecht ein-

den Eindruck, daß weitgehend die Ansicht besteht, als ob es sich hierbei um „völliges Neuland" und eine „bisher unbekannte Phase" im Wachstum der Städte handele (vgl. RÜDIGER ROBERT BEER und MÜLLER-IBOLD in: Die Stadt und ihre Region, Heft 8 der Neuen Schriften des deutschen Städtetages, Stuttgart u. Köln 1962, S. 11, 29). Das trifft nicht zu. Groß-Berlin ist ein frühes deutsches Beispiel einer Stadtregion. Im Zusammenhang mit der kommunalen Neuordnung des Großraumes Berlin sind alle heute erörterten Probleme und Lösungsvorschläge, wenn auch in zum Teil abgewandelter Form, schon einmal nahezu 50 Jahre lang (von 1875—1920) leidenschaftlich diskutiert worden. Zahlreiche Aufsätze, Einzelschriften und die Protokolle der zuständigen parlamentarischen Gremien legen über den damaligen Streit der Meinungen ein beredtes Zeugnis ab und bilden eine Fundgrube für jeden, der sich heute mit diesen Fragen befaßt. Man ist damals aus guten Gründen zu der Meinung gekommen, daß die Probleme des Raumes „Groß-Berlin" nur im Rahmen einer dezentralisierten Einheitsgemeinde befriedigend gelöst werden können. Vgl. hierzu des Verfassers Kölner rechtswissenschaftliche Dissertation von 1953 „Die Rechtsstellung der Berliner Bezirke" (Masch.Schr.), S. 1 ff., mit zahlreichen Nachweisen. Vgl. ferner HANS NOWACK, Das Werden von Groß-Berlin (1890—1920), Phil. Diss. d. FU Berlin 1953 (Masch.Schr.), passim. Heute kommt HEINZ MONZ, Die kommunale Neuordnung städtischer Ballungsräume, Saarbrücken 1962, S. 54 ff., nach gründlicher Untersuchung ebenfalls zu dem Ergebnis, daß die dezentralisierte Eingemeindung die „optimale Möglichkeit" zur Lösung der kommunalen Probleme in den Ballungsräumen bilde.

[4] Vgl. etwa: Die politische und administrative Gliederung der großen Stadt — Eine Diskussion —, hrsg. vom Verein für Kommunalwissenschaften, Berlin 1965 (als Ms. vervielfältigt), passim.

[5] Vgl. etwa FRIDO WAGENER, Gemeindeverwaltung und Kreisverwaltung, Archiv für Kommunalwissenschaften 1964, S. 237 ff.

[6] G. PÜTTNER, Rechtsstellung u. Klagerecht v. Großstadtbezirken, JR 1966, S. 81.

geführt. In seinen 1919 der Öffentlichkeit übergebenen „Grundzügen einer Verwaltungsreform“ [7] forderte er, daß „in immer weiterem Maße Angelegenheiten, die gegenwärtig noch von höheren Behörden auf Grund der sachlichen Vorprüfung und Berichterstattung nachgeordneter Behörden entschieden werden, den letzteren — unbeschadet der Verantwortung, des Anweisungs- und Abänderungsrechts der oberen Instanz — zur selbständigen Entscheidung übertragen werden (déconcentration im Sinne des französischen Verwaltungsrechts), oder daß Angelegenheiten, die bisher durch Staatsbehörden oder durch in ihrem Auftrage und unter ihrer Anweisung handelnde Selbstverwaltungsbehörden bearbeitet worden sind, Selbstverwaltungsbehörden als wirkliche Selbstverwaltungsangelegenheiten überwiesen werden (décentralisation)“.

Die in dieser Weise als déconcentration und décentralisation bezeichneten Organisationsprinzipien der Verwaltung waren in Deutschland vorher nicht unbekannt. Sie wurden nur als unterschiedliche Qualitätsgrade ein und desselben Prinzips, nämlich der Dezentralisation, angesehen, wobei das, was Drews als Dekonzentration bezeichnete, als eine unvollkommene Form oder „beschränkte Art“ der Dezentralisation verstanden wurde [8].

Seit Drews wurde es üblich, die in seiner Forderung angesprochenen Abstufungen der Dezentralisation begrifflich zu scheiden. Dabei verwendete man leider nach dem angeblichen Vorbild des französischen Verwaltungsrechts das bis dahin in einem umfassenderen Sinne gebrauchte Wort „Dezentralisation“ als begriffliche Bezeichnung für den engeren Bereich der Übertragung von Verwaltungsaufgaben vom Staat auf einen besonderen Verwaltungsträger zur eigenverantwortlichen Wahrnehmung. Das wurde zur Hauptursache der heute bestehenden Unklarheiten und Mißverständnisse, weil die damit verbundene Einengung des Begriffes „Dezentralisation“ dem natürlichen Wortsinn widerspricht [9].

Groteskerweise beruht das alles auf einem Irrtum. Göbel [10] hat unter gründlicher Verwertung der französischen Literatur dargelegt, daß die Begriffe in Frankreich keineswegs klar voneinander abgegrenzt waren. Sehr oft wurde auch dort die Dekonzentration als eine besondere Art der Dezentralisation bezeichnet.

Hans Peters hatte in seiner Studie „Zentralisation und Dezentralisation“ die Bezeichnungen *„unabhängige“* und *„administrative“* Dezentralisation vorgeschlagen und bewußt daran festgehalten, daß die administrative

[7] B. Drews, Grundzüge einer Verwaltungsreform, Berlin 1919, S. 2.

[8] Vgl. etwa Jerusalem, Zentralisation und Dezentralisation in der Verwaltung, in: Handbuch der Politik, 1. Bd., 1. Aufl., Berlin-Leipzig 1912, S. 196, der bereits die Bezeichnung „Dekonzentration“ verwendete.

[9] Darauf hat schon Hans Peters, Zentralisation und Dezentralisation, Berlin 1928, S. 19 (Note 5), hingewiesen.

[10] Oskar Göbel, Bezirke und Bezirksvorsteher im deutschen Gemeinderecht, Marburger juristische Dissertation 1938, S. 77 ff.

Dezentralisation (Dekonzentration) eine unvollkommene Form der Dezentralisation sei, die den Oberbegriff darstelle [11].

FORSTHOFF [12] findet die Petersche „Unterscheidung" „wenig sinnfällig", da sich der mit dem Begriff „Dezentralisation" angesprochene Bereich der mittelbaren Staatsverwaltung in einem solchen Grade zu einer rechtlichen Eigenständigkeit entwickelt habe, daß es sich empfehle, das Wort Dezentralisation ausschließlich für ihn vorzubehalten. Dem muß in mehrfacher Hinsicht widersprochen werden. Erstens *unterscheidet* auch FORSTHOFF das, was PETERS administrative und unabhängige Dezentralisation nennt. Er verwendet lediglich andere Bezeichnungen, nämlich die Worte „Dekonzentration" und „Dezentralisation" und verzichtet auf den gemeinsamen Oberbegriff. Zweitens wird mit dem Petersschen Begriff „unabhängige Dezentralisation" keineswegs nur die „mittelbare Staatsverwaltung" angesprochen, wenn man darunter mit FORSTHOFF [13] die durch *rechtsfähige* Träger wahrgenommene Verwaltung versteht. Drittens wird die Eigenständigkeit der mittelbaren Staatsverwaltung nicht beeinträchtigt, sondern eher unterstrichen, wenn man sie als eine Verwaltungsform zur Verwirklichung der *„unabhängigen"* Dezentralisation [14] begreift. Viertens rechtfertigt die sowohl der unabhängigen als auch der administrativen Dezentralisation innewohnende Tendenz, „einen möglichst großen Teil der Funktionen einer Gemeinschaft von ihrem eigentlichen Mittelpunkt möglichst weit weg anderen Stellen zu übertragen" [15], nicht nur die Subsumtion beider Begriffe unter einem gemeinsamen Oberbegriff, sondern erfordert eine solche.

BAUER [16] und, ihm folgend, WILLING [17] und JENNEWEIN [18] irren sich, wenn sie „Dekonzentration" und „Dezentralisation" in dem von DREWS eingeführten Sinne als *„begriffliche Gegensätze"* verstehen, PETERS vorwerfen, das nicht erkannt zu haben und gegen die Beibehaltung des Wortes „Dezentralisation" als Oberbegriff polemisieren. „Dekonzentration" und „Dezentralisation" im Drewsschen oder administrative und unabhängige Dezentralisation im Petersschen Sinne haben nicht, wie etwa die Begriffspaare „Zentralisation — Dezentralisation" oder „Föderalismus — Unita-

[11] Wie Fußnote 9, S. 17, 18. Der Begriff „administrative Dezentralisation" ist allerdings schon vorher verwendet worden, z. B. von GEORG JELLINEK, Allgemeine Staatslehre, 2. Aufl. 1905, S. 618 ff.

[12] ERNST FORSTHOFF, Lehrbuch des Verwaltungsrechts, 1. Band, 9. Aufl., München u. Berlin 1966, S. 426, Note 3.

[13] Wie Fußnote 12, S. 437.

[14] PETERS, wie Fußnote 9, S. 24.

[15] PETERS, wie Fußnote 9, S. 4.

[16] WALTER BAUER, Dezentralisation der Großstadtverwaltung, Göttingen o. J. (vermutlich 1951), S. 18 ff.

[17] GERD WILLING, Verwaltungsprobleme des städtischen Großraumes, Kiel 1954, S. 132 ff. (133).

[18] GERD JENNEWEIN, Die Dezentralisation der Großstadtverwaltung als Rechtsproblem, Mainzer rechtswissenschaftliche Dissertation (Masch.Schr.) 1958, S. 13 ff.

rismus", einen gegensätzlichen Inhalt, sondern einen gemeinsamen Bedeutungsgehalt, der in der bereits dargelegten gemeinsamen Tendenz besteht, „Funktionen einer Gemeinschaft von ihrem eigentlichen Mittelpunkt möglichst weit weg anderen Stellen zu übertragen" [19]. Sie sind nur begrifflich gefaßte Abstufungen des gemeinsamen Bedeutungsinhalts. Mithin handelt es sich um Begriffe engeren Umfangs, die zwar sorgfältig voneinander zu trennen, aber gleichwohl einem Begriff von weiterem Umfang unterzuordnen sind. Als gemeinsamer Oberbegriff bietet sich schon vom natürlichen Wortsinn her der Ausdruck „Dezentralisation" an, der auch im *allgemeinen* Sprachgebrauch in diesem Sinne verwendet wird. Der allgemeine Sprachgebrauch unterscheidet nicht zwischen „Dekonzentration" und (eigentlicher) „Dezentralisation". In ihm wird beides unterschiedslos als „Dezentralisation" bezeichnet. Überall, wo es gilt, sich gegen die Zusammenballung der Verwaltung in irgendeiner Stelle zu wenden, wird in der Öffentlichkeit zunächst die Forderung nach „Dezentralisation" erhoben, ohne daß man sich anfangs über deren rechtliche Ausgestaltung im klaren ist. Die Unterscheidung zwischen „Dekonzentration" und „Dezentralisation im engeren Sinne" [20] wird sich wegen der juristisch bestimmten, diffizilen Unterscheidungsmerkmale kaum im allgemeinen Sprachgebrauch durchsetzen und die jetzige Verwendung des Wortes „Dezentralisation" im umfassenden Sinne verdrängen können. Das ist auch nicht wünschenswert, da das Wort „Dezentralisation" als Oberbegriff im oben dargelegten Sinne gebraucht wird. Wenn es nicht zur Verfügung stünde, müßte man ein neues Wort erfinden, um das auszudrücken, was damit gesagt werden soll.

Es liegt auf der Hand, daß die im Widerspruch zum natürlichen Wortsinn stehende einengende Verwendung des Wortes „Dezentralisation" zu Mißverständnissen und Meinungsverschiedenheiten führen mußte. Die einengende Verwendung des Wortes „Dezentralisation" ist auch deshalb unerträglich, weil die hier erörterten Begriffe bei jeder Verwaltungsreform eine Rolle spielen. Verwaltungsreformen sind aber nicht nur ein Anliegen der Juristen und Verwaltungsrechtler, sondern der gesamten Bevölkerung. Sie werden in der Presse erörtert und in den politischen Repräsentationsorganen beraten und beschlossen. Eine im Widerspruch zum allgemeinen Sprachgebrauch stehende Verwendung eines Wortes zur begrifflichen Kennzeichnung eines nicht jedermann ohne weiteres verständlichen verwaltungsrechtlichen Sachverhalts sollte sich daher in diesem Falle von selbst verbieten.

Das gilt um so mehr, als sich die Unterscheidung der Begriffe und die Verwendung der durch Drews eingeführten Bezeichnungen „Dekonzentration" und „Dezentralisation" noch nicht einmal im rechtswissenschaftlichen

---

[19] Peters, wie Fußnote 9, S. 4.

[20] Diese Bezeichnung verwendet Ludwig von Köhler, Grundlehren des deutschen Verwaltungsrechts, Stuttgart u. Berlin 1935, S. 104.

Schrifttum durchgesetzt und die Verwendung des Begriffes „Dezentralisation“ im umfassenden Sinne verdrängt hat.

Bezeichnend ist die Ausdrucksweise LUDWIG VON KÖHLERS [21]. Er verwendet den Begriff „Dezentralisation“ im einengenden Sinne. Aus dem Gefühl heraus, daß dieser Begriff nicht klar genug ist, verdeutlicht er aber das, was er meint, mit Ausdrücken wie „Dezentralisation im engeren Sinne“ oder „Dezentralisation im eigentlichen Sinne“. Damit bestätigt er in eindrucksvoller Weise, daß das Wort Dezentralisation an und für sich einen umfassenderen Bedeutungsgehalt hat.

Das Lehrbuch von VON TUREGG-KRAUS [22] verwendet diesen Begriff auch heute noch [23] im umfassenden Sinne und versteht darunter die „Verlagerung der Verwaltungsbefugnisse auf örtlich auseinandergezogene Behörden“. ELSNER bezeichnet im „Handbuch der kommunalen Wissenschaft und Praxis“ [24] die Einrichtung von Außenstellen der Gemeindeverwaltung und die Gliederung des Gemeindegebietes in Ortsbezirke als „Dezentralisation“, obwohl in den von ihm erörterten Fällen [25] nur „Dekonzentration“ („administrative Dezentralisation“) vorliegt. Selbst so entschiedene Verfechter der von DREWS eingeführten Bezeichnungen und Gegner der Verwendung des Wortes „Dezentralisation“ als Oberbegriff wie BAUER und JENNEWEIN konnten sich vom allgemeinen Sprachgebrauch nicht lösen. Beide verwenden das Wort „Dezentralisation“ gelegentlich als Oberbegriff. So BAUER auf den Seiten 15 und 16 seines Buches [26] und JENNEWEIN in der Einleitung seiner Dissertation [27]. Noch bezeichnender ist, daß beide ihre Arbeiten „Dezentralisation der Großstadtverwaltung“ (BAUER) bzw. „Die Dezentralisation der Großstadt als Rechtsproblem“ (JENNEWEIN) nennen, obwohl es sich bei den von ihnen dargestellten bezirklichen Aufgliederungen von Großstädten ihrer eigenen Auffassung nach fast ausschließlich um Dekonzentrationserscheinungen handelt. Von ihrem Standpunkt aus betrachtet hätten sie ihre Arbeiten folgerichtiger „Dekonzentration der Großstadtverwaltung“ oder

[21] Wie Fußnote 20.

[22] VON TUREGG-KRAUS, Lehrbuch des Verwaltungsrechts, 4. Aufl., Berlin 1962, S. 217.

[23] Zu den vor 1945 erschienenen Lehrbüchern vgl. VON KÖHLER, wie Note 20, S. 104/105; KOELLREUTTER, Deutsches Verwaltungsrecht, 2. Aufl., Berlin 1938, S. 3, 59. KOELLREUTTER spricht von „zwei Formen“ der Dezentralisation, nämlich der „Dekonzentration“ und der „Selbstverwaltung“.

[24] WERNER ELSNER, Gemeindeverfassungsrecht in den Ländern der Magistratsverfassung, Artikel in Band 1 des von HANS PETERS herausgegebenen Handbuches der kommunalen Wissenschaft und Praxis, Berlin-Göttingen-Heidelberg 1956, S. 331, 332.

[25] § 60 östl. StädteO, § 65 hess.-nass. StädteO und § 62 schlesw.-h. StädteO, §§ 81, 82 hess. GO von 1952, die allerdings in § 82 Abs. 3 gewisse Möglichkeiten für eine unabhängige Dezentralisation bietet.

[26] Wie Fußnote 16, S. 15, 16.

[27] Wie Fußnote 18, S. 1, 2.

wenigstens „Dekonzentration und Dezentralisation der Großstadtverwaltung" nennen müssen [28].

Daß in den von Praktikern verfaßten literarischen Beiträgen die Ausdrücke „Dezentralisation" und „Dekonzentration" oft als Schlagworte gebraucht werden, ohne daß klar ersichtlich ist, welches der beiden Prinzipien die Verfasser verwendet wissen wollen, hat Bauer [29] ebenso festgestellt wie die Tatsache, daß in Beiträgen dieser Art sowie in der Gesetzgebung sehr oft Dekonzentrationserscheinungen als „Dezentralisation" bezeichnet werden [30]. In den seit dem Erscheinen der Bauerschen Schrift verflossenen Jahren ist hier keine Änderung eingetreten [31]. Ein Beispiel aus jüngster Zeit ist der von Gutknecht mitgeteilte [32] Antrag der CDU-Fraktion des Hessischen Landtags, mit dem u. a. die Förderung der „Dezentralisierung" der Verwaltung in den Großstädten verlangt wird.

Eine außergewöhnliche Auffassung vertreten Poul Meyer und H. J. Wolff [33]. Für sie ist Dekonzentration nur in einer zentralisierten Organisation möglich, „d. h. einer Organisation, bei der der obersten Verwaltungsspitze das letzte Wort in allen wichtigen Fällen vorbehalten bleibt" (Meyer). Die Dekonzentration wird mithin als ein Unterfall der Zentralisation angesehen.

Zu dieser Ansicht konnten Meyer und H. J. Wolff nur deshalb kommen, weil sie das Wesen von Zentralisation und Dezentralisation primär als eine Frage der Weisungsabhängigkeit und Weisungsunabhängigkeit begreifen. Dem natürlichen Sinn der Wörter „Zentralisation" und „Dezentralisation" wird jedoch nur eine Auffassung gerecht, die primär von dem Wirkungskreis ausgeht. Eine Gemeinschaft ist zentralistisch organisiert, wenn sie nur Organe hat, die für das ganze Gebiet zuständig sind. Sie ist (räumlich) dezentralisiert, wenn sie im Zuge einer vertikalen Gliederung Organe mit einem lokal beschränkten Wirkungskreis (Mittel- und Unterbehörden)

[28] Eulerich, Meurers und Willing waren hier konsequenter. Vgl. Wilhelm Eulerich, Dekonzentration der Großstadt im Spiegel der Reichsreform, Kölner rechtswissenschaftl. Dissertation 1933; Willi Meurers, Die kommunalrechtliche Idee der Dekonzentration der Großstadt und ihre Durchführung, Kölner rechtswissenschaftl. Dissertation 1934; Willing, wie Note 17, S. 132, der für den betreffenden Teil seines Buches die Überschrift „Die dekonzentrierte oder dezentralisierte Großstadt" gewählt hat.

[29] Wie Fußnote 16, S. 21, 22.

[30] Die gleiche Feststellung hatte vorher Laforet, Deutsches Verwaltungsrecht, München u. Leipzig 1937, S. 85 (Note 5), getroffen.

[31] Vgl. z. B. Kaessler, Dezentralisation der Großstadtverwaltung, in: Der kommunalpolitische Informationsbrief 1953, S. 265; Delvos, Großstadt-Zentralismus, eine Gefahr für die Vororte, in Kommunalpolitische Blätter 1953, S. 245 (246); Frido Wagener, wie Fußnote 5, S. 253.

[32] Im Anhang seines Aufsatzes: Die Verwaltung muß neu organisiert werden, Der Städtetag 1966, S. 57, 58.

[33] Poul Meyer, Die Verwaltungsorganisation, Göttingen 1962, S. 45 ff., 176 ff.; H. J. Wolff, Verwaltungsrecht II, München u. Berlin 1962, § 77 I a.

besitzt [34]. Die Weisungsabhängigkeit oder -unabhängigkeit dieser Organe ist lediglich ein Gradmesser für die Stärke der Dezentralisation, keineswegs aber ein Unterscheidungsmerkmal zwischen *Zentralisation* und Dezentralisation.

Ungewöhnlich ist auch die Ansicht WALTER JELLINEKS [35]. Für ihn ist „Dekonzentration" die „Dezentralisation *im räumlichen Sinne*" (neben der Dezentralisation durch mehrköpfige — kollegiale — Verwaltung, Wahlamt und Ehrenamt). Andererseits bezeichnet er die Selbstverwaltung im Rechtssinne etwas weiter unten wieder als schärfste Ausprägung der „Dezentralisation".

Die Begriffsverwirrung wird dadurch vervollständigt, daß ein so hervorragender Kommunalrechtler wie GÖNNENWEIN unter „Dezentralisation" das versteht, was die anderen als „Dekonzentration" bezeichnen und umgekehrt. So schreibt er in seinem Buch „Gemeinderecht", einem Standardwerk des Kommunalrechts, Art. 28 GG wolle ein Mindestmaß von *Dekonzentration* (!) verbürgen, indem er eine Selbstverwaltung durch rechtsfähige Verwaltungsträger vorsehe, denen eine eigenverantwortliche, von der Weisungsbefugnis der Staatsbehörden freie Willensbildung zustehe. Daneben wolle er aber auch eine *Dezentralisation* (!) der Staatsverwaltung begünstigen, indem er ... voraussetze, daß diesen Körperschaften des öffentlichen Rechts auch staatliche Aufgaben zur Besorgung überwiesen werden [36]. Daß hier kein Irrtum vorliegt, beweisen andere Stellen des Buches. So heißt es auf S. 243, daß die Verwaltung von Hamburg durch Bezirksverwaltungen *dekonzentriert* sei, die ihrerseits wieder in Ortsämter weiter *dezentralisiert* werden können. Er verwendet also die Bezeichnungen — ohne erkennbaren Grund — in einem dem üblichen Gebrauch entgegengesetzten Sinne.

Die allgemeine Begriffsverwirrung wäre nicht aufgetreten, viele Mißverständnisse und Meinungsverschiedenheiten wären vermieden worden, wenn man sich an die Peterssche Terminologie (Subsumtion der administrativen und der unabhängigen Dezentralisation unter dem Oberbegriff Dezentralisation) gewöhnt und nicht für einen Unterbegriff dieselbe Bezeichnung wie für den dazugehörigen Oberbegriff gewählt hätte.

„Wenig sinnfällig" an der Petersschen Terminologie ist — und insoweit stimme ich FORSTHOFF [37] zu — der Ausdruck *administrative* Dezentralisation [38]. Der Verfasser dieses Aufsatzes hatte — mit Billigung von HANS

[34] Vgl. PETERS, wie Fußnote 9, S. 14, 15.

[35] WALTER JELLINEK, Verwaltungsrecht, unveränd. Neudruck der 3. Aufl., Offenburg 1948, S. 62.

[36] OTTO GÖNNENWEIN, Gemeinderecht, Tübingen 1963, S. 33.

[37] Wie Fußnote 12.

[38] Diese Bezeichnung wurde gewählt, „da diese Art der Dezentralisation in der Verwaltung oder ... für das Verhältnis der Verwaltungsbehörden untereinander die Hauptrolle spielt" (vgl. PETERS, wie Fußnote 9, S. 17).

Peters — vorgeschlagen [39], anstelle von administrativer Dezentralisation „abhängige Dezentralisation“ zu sagen, um so schon äußerlich herauszustellen, worauf es bei der Unterscheidung der beiden Arten der Dezentralisation ankommt, nämlich auf die mehr oder weniger starke Unabhängigkeit der dezentralisierten Stellen von der Zentrale [40]. Neuerdings hat Haus [41] diese Bezeichnung aufgegriffen. Es wäre zu wünschen, wenn sie weitere Verbreitung fände. Wenn man bei dem Ausdruck Dekonzentration bleiben will, dann sollte man zum mindesten die Übertragung von Verwaltungsaufgaben auf besondere Verwaltungsträger zur eigenverantwortlichen Wahrnehmung nicht mehr nur als Dezentralisation, sondern als „unabhängige Dezentralisation“ bezeichnen, um deutlich zu machen, daß es sich bei ihr nur um *eine* — allerdings sehr ausgeprägte — Form der Dezentralisation handelt. Damit könnten wenigstens die Mißverständnisse beseitigt werden, die sich aus der im Widerspruch zum natürlichen Wortsinn stehenden einengenden Verwendung des Ausdruckes Dezentralisation ergeben.

III. Abhängige Dezentralisation (= Dekonzentration) nur im staatsunmittelbaren Behördenapparat? — Unabhängige Dezentralisation nur durch die Errichtung rechtsfähiger Verwaltungseinheiten? (Zugleich ein Plädoyer für die Ersetzung des Begriffs „rechtsfähige Verwaltungseinheit“ durch den Begriff „selbständige Verwaltungseinheit“.)

Einige Unklarheiten, die sich hauptsächlich auf den Anwendungsbereich und die Abgrenzung der Begriffe „unabhängige Dezentralisation“ und „abhängige Dezentralisation“ (= Dekonzentration) beziehen, bleiben dann aber immer noch bestehen.

1. Einige Autoren beschränken den Begriff der *abhängigen Dezentralisation* (= Dekonzentration) auf den Bereich des *staatsunmittelbaren* Behördenapparates [42].

Dieser Anwendungsbereich des Begriffes ist zu eng. Einmal liegt abhängige Dezentralisation, wie sich schon aus den Drewsschen Forderungen ergibt, auch im Falle der sogenannten staatlichen Auftragsangelegenheiten

---

[39] In seiner von Hans Peters betreuten Kölner rechtswissenschaftlichen Dissertation: Die Rechtsstellung der Berliner Bezirke, 1953 (Masch.Schr.), S. 33.

[40] Vgl. unten, III, 2.

[41] Wie Fußnote 4, S. 84.

[42] Julius Hatschek, Lehrbuch des deutschen und preußischen Verwaltungsrechts, 7./8. Aufl., herausgegeben von Paul Kurtzig, Leipzig 1931, S. 67; Ludwig von Köhler, wie Fußnote 20, S. 93 i. Verb. mit S. 104; O. Koellreutter, Deutsches Verwaltungsrecht, 2. Aufl., Berlin 1938, S. 59; A. Köttgen, Deutsche Verwaltung, 3. Aufl., Berlin 1944, S. 21, 56; Forsthoff, Lehrbuch des Verwaltungsrechts, 1. Band, 9. Aufl. 1966, S. 426; Rasch in Rasch-Patzig, Verwaltungsorganisation und Verwaltungsverfahren, Band I, 1. Halbband von M. v. Brauchitsch, Verwaltungsgesetze des Bundes und der Länder, neu herausgegeben von C. H. Ule, 1962, S. 15.

vor, die den außerhalb des staatsunmittelbaren Behördensystems stehenden Gemeinden zur Erfüllung nach Anweisung übertragen sind [43].

Zum anderen ist abhängige Dezentralisation (= Dekonzentration) auch innerhalb jeder größeren Selbstverwaltungskörperschaft möglich [44]. Schon PETERS [45] hat festgestellt, daß die Art des Zentrums belanglos ist.

Richtiger Ansicht nach *ist die abhängige Dezentralisation (= Dekonzentration) ein verwaltungsorganisatorisches Prinzip, bei dem Aufgaben der Zentralverwaltung durch ihr unterstellte abhängige und weisungsgebundene Behörden und Verwaltungsstellen des gleichen Geschäftsbereichs oder als sogenannte Auftragsangelegenheiten durch an und für sich selbständige, nachgeordnete Verwaltungseinheiten oder deren Organe nach den Weisungen und unter der Verantwortung der Zentrale durchgeführt werden.*

Diese Definition stimmt mit der Definition von HANS PETERS [46] überein, abgesehen von folgenden Änderungen:

Im ersten Teil ist nicht nur von Behörden, sondern auch von Verwaltungsstellen die Rede, um klarzustellen, daß auch die Errichtung von Ämtern und Dienststellen im Sinne von Behördenteilen sowie die Errichtung von mehr oder weniger dem „Kundendienst" der Verwaltung und der Bequemlichkeit der Bevölkerung dienenden Außenstellen, Nebenstellen, Zweigstellen, Zahlstellen usw. eine, wenn auch sehr unvollkommene Form der abhängigen Dezentralisation ist [47].

---

[43] Vgl. WALTER BAUER, wie Fußnote 16, S. 26. Nach HORION (Artikel Dezentralisation, in: Staatslexikon, hrsg. von H. SACHER, Freiburg i. Br. 1926, Spalte 1435/6) handelt es sich bei der „Dekonzentration" (= abhängige Dezentralisation in unserem Sinne) nur um die Übertragung staatlicher Verwaltungsaufgaben auf Behörden der Selbstverwaltung als Auftragsangelegenheiten. Das ist ebenfalls zu eng. Es besteht allerdings ein gewisser Qualitätsunterschied zwischen der abhängigen Dezentralisation durch eigene Behörden und der abhängigen Dezentralisation durch Übertragung von Auftragsangelegenheiten auf Behörden der Selbstverwaltungskörperschaften, da sich die Eigenständigkeit der Selbstverwaltungsbehörden in der Praxis als hemmender Faktor auf das hier wie dort bestehende Weisungsrecht auswirkt. Vgl. PETERS, wie Fußnote 9, S. 72.

[44] So GÖBEL, wie Fußnote 10, S. 84/85, der allerdings nur verlangt, daß sich die dekonzentrierte Stelle „innerhalb eines geschlossenen Behördenaufbaues" befinden muß und damit die staatlichen Auftragsangelegenheiten unberücksichtigt läßt. Zutreffend FRIEDRICH GIESE, Allgemeines Verwaltungsrecht, Tübingen 1948, S. 34; WALTER BAUER, wie Fußnote 16, S. 25, 26; JENNEWEIN, wie Fußnote 18, S. 15; ERICH BECKER, Der gegenwärtige Verwaltungsaufbau in der Pfalz, in: Verfassung und Verwaltung in Theorie und Wirklichkeit (Festschrift für LAFORET), München 1952, S. 412 ff.

[45] Wie Fußnote 9, S. 6.

[46] Wie Fußnote 9, S. 17/18; *ders.*, Lehrbuch der Verwaltung, Berlin-Göttingen-Heidelberg 1949, S. 46.

[47] Nach H. J. WOLFF, wie Fußnote 33, § 77 I 2, müssen bei der Dekonzentration die „weisungsabhängigen Organe, Glieder bzw. Ämter" eigene Entscheidungsbefugnis haben. Der Verfasser war früher (vgl. Fußnote 39, S. 34) der gleichen Meinung, glaubt jetzt aber, daß auch die Errichtung von Nebenstellen ohne eigene

Im zweiten Teil ist nicht wie bei PETERS von „rechtsfähigen", sondern nur von selbständigen Verwaltungseinheiten die Rede. Die Untersuchungen der Dezentralisationsprobleme der Großstadtverwaltung haben ergeben, daß es dort mit Selbstverwaltungsrechten ausgestattete nichtrechtsfähige Verwaltungsträger gibt, denen die Zentrale auch Aufgaben zur Erfüllung nach Anweisung übertragen kann.

Im Ergebnis deckt sich unsere Definition mit den Definitionen von PAGENKOPF [48], BAUER [49] und JENNEWEIN [50], die allerdings die „Auftragsangelegenheiten" nicht besonders erwähnen.

2. Bei der *unabhängigen Dezentralisation,* die viele Autoren schlechthin als Dezentralisation bezeichnen, ist zweifelhaft, wie groß die Selbständigkeit der dezentralisierten Stelle sein muß, um noch von einer unabhängigen Dezentralisation sprechen zu können. Insbesondere ist unklar, ob die dezentralisierte Stelle eine juristische Person des öffentlichen Rechts, eine rechtsfähige Verwaltungseinheit, sein muß.

Nach FORSTHOFF wird mit dem Begriff unabhängige Dezentralisation, die er schlechthin als „Dezentralisation" bezeichnet, der Bereich der unmittelbaren Staatsverwaltung angesprochen [51]. Da er an anderer Stelle [52] unter mittelbarer Staatsverwaltung die von „selbständigen, das heißt rechtsfähigen Trägern wahrgenommene Verwaltung staatlicher Aufgaben" versteht, hält er nur rechtsfähige Verwaltungseinheiten für geeignet, Träger einer derart dezentralisierten Verwaltungskompetenz zu sein.

Das gleiche gilt, um nur noch einige Beispiele zu nennen, für HORION [53], LOENING [54], HATSCHEK [55], KOELLREUTTER [56], VON KÖHLER [57] und MERK [58],

Entscheidungsbefugnis eine wenn auch sehr schwache Form der abhängigen Dezentralisation (= Dekonzentration) ist. Die Meinung H. J. WOLFFS ist nicht ganz eindeutig, denn aus § 77 II a kann entnommen werden, daß auch er es für möglich hält, daß „dekonzentrierte Glieder" ihrer Entscheidungskraft fast ganz beraubt werden. Auch die Meinung POUL MEYERS (vgl. Fußnote 33) ist nicht eindeutig. Nach S. 45 bedeutet Dekonzentration die Tendenz, die Entscheidungen den unteren Verwaltungsorganen „nach deren eigenem Ermessen zu überlassen". Auf S. 180 bezeichnet er die Möglichkeiten der unterstellten Einheiten, die notwendigen Entscheidungen selbst zu treffen, aber nur als die Dekonzentration, die der dezentralisierten Organisation am nächsten kommt.

[48] Vgl. HANS PAGENKOPF, Die dezentralisierte Selbstverwaltung, in: Jahrbuch der Kommunalwissenschaft, hrsg. von K. JESERICH, 1. Jahrg. (1934), 2. Halbjahresband, S. 94 ff., besonders S. 96/97.

[49] Wie Fußnote 16, S. 29. [50] Wie Fußnote 18, S. 18/19.

[51] Wie Fußnote 12, S. 426 (Note 3).

[52] Wie Fußnote 12, S. 437.

[53] Wie Fußnote 43, Sp. 1435/36.

[54] OTTO LOENING, Artikel: Dezentralisation, in: Politisches Handwörterbuch, hrsg. von PAUL HERRE, Leipzig 1923, S. 444.

[55] Wie Fußnote 42, S. 67.

[56] Wie Fußnote 42, S. 59 („... zwei Formen der Dezentralisation unterschieden: die Dekonzentration und die Selbstverwaltung.")

[57] Wie Fußnote 42, S. 105 („... wollen wir unter Dezentralisation die Ent-

die die unabhängige Dezentralisation mit der Selbstverwaltung im Rechtssinne gleichsetzen. Da sie sämtlich auf dem Boden des herrschenden Selbstverwaltungsbegriffs stehen, wonach Selbstverwaltung im Rechtssinne die Verwaltung durch juristische Personen des öffentlichen Rechts ist, sind sie gleichzeitig der Auffassung, daß die unabhängige Dezentralisation, die sie schlechthin als Dezentralisation bezeichnen, nur durch juristische Personen des öffentlichen Rechts verwirklicht werden kann.

Nach RASCH [58a] handelt es sich bei dem Begriffspaar Zentralisation und Dezentralisation um Tendenzen zur Gestaltung des Verhältnisses zwischen der staatlichen Organisation einerseits und den juristischen Personen des öffentlichen Rechts andererseits.

Auch KÖTTGEN [59] und ERICH BECKER [59a] sagen ausdrücklich, daß es sich bei der „Dezentralisation" um die Zuweisung bestimmter Geschäftsbereiche an „rechtsfähige Verwaltungseinheiten" handele.

Bei einigen Autoren, die sich besonders mit der Großstadtdezentralisation befaßt haben, kommt das ebenfalls zum Ausdruck. So betont EULERICH [60] immer wieder, daß die Eigenschaft als selbständige Körperschaft des öffentlichen Rechts das „typische Merkmal" einer dezentralisierten Stelle (auch er versteht unter „Dezentralisation" die unabhängige Dezentralisation in unserem Sinne) sei. Er bezeichnet Krefeld-Ürdingen als den einzigen Fall einer dezentralisierten Großgemeinde, weil sowohl die Stadtgemeinde Krefeld-Ürdingen als auch die Stadtteile Krefeld und Ürdingen Körperschaften des öffentlichen Rechts waren [61]. Nach der Auffassung von EULERICH kann in Berlin nur von Dekonzentration (= abhängige Dezentralisation in unserem Sinne) gesprochen werden, weil „lediglich die Gesamtstadt eigene Rechtspersönlichkeit erhielt" [62]. Zu demselben Ergebnis kommt MEURERS [63], obwohl er ebenso wie EULERICH anerkennt, daß die Berliner Bezirke einen eigenen Aufgabenkreis haben, in dem sie an Weisungen der Zentrale nicht gebunden sind.

Auf das formelle Moment der Eigenschaft der dezentralisierten Stelle als Körperschaft des öffentlichen Rechts stellen auch HARDENBERG-SCHATT-

---

lastung der Staatsverwaltung durch Selbstverwaltung verstehen.") Vorher spricht VON KÖHLER allerdings nur davon, daß Dezentralisation „in erster Linie" durch die Selbstverwaltung im Rechtssinne geschehe.

[58] WILHELM MERK, Deutsches Verwaltungsrecht, Band I, Berlin 1962, S. 446.

[58a] Wie Fußnote 42, S. 15.

[59] Wie Fußnote 42, S. 57.

[59a] Wie Fußnote 44, S. 413.

[60] Wie Fußnote 28, passim.

[61] Wie Fußnote 28, S. 67 ff., insbes. S. 78 (Krefeld wurde am 1. April 1940 Einheitsgemeinde).

[62] Wie Fußnote 28, S. 84.

[63] Wie Fußnote 28, S. 14/15.

schneider-Mosheim [64], Warsch [65] und neuerdings anscheinend auch Püttner [66] ab, wenn sie die Berliner Regelung als „Dekonzentration" bezeichnen. Schließlich war auch die Preußische Staatsregierung dieser Ansicht, denn sie sprach in der Begründung zu dem Entwurf eines Einführungsgesetzes zu dem Gesetz über die kommunale Neugliederung des rheinisch-westfälischen Industriegebietes [67] von einer „Verwaltungsdekonzentration", obwohl der § 41 des Entwurfes — der § 42 des späteren Gesetzes — gerade die Bildung von Großstadtbezirken mit einem selbständigen Wirkungskreis ermöglichen wollte [68].

Peters war anfangs der Ansicht [69], daß bei der unabhängigen Dezentralisation die dezentralisierte Stelle „regelmäßig" mit eigener Rechtspersönlichkeit ausgestattet sei. Hieraus dürfte zu entnehmen sein, daß er Ausnahmen zulassen wollte, zumal er einige Zeilen weiter davon sprach, daß die Rechtsprechung in der „sonst seltenen" Form der unabhängigen Dezentralisation durch eigene Staatsorgane vorgenommen werde. In seinem 1949 erschienenen „Lehrbuch der Verwaltung" [70] sagt er nunmehr, daß unabhängige Dezentralisation dort vorliege, wo ein Anweisungsrecht der Zentrale fehle und demgemäß die dezentralisierte Stelle unter eigener Verantwortlichkeit, wenn auch unter staatlicher Aufsicht, öffentliche Aufgaben erfülle. Die kommunale Selbstverwaltung und die Bildung besonderer rechtsfähiger Verwaltungseinheiten werden nur als Beispiele für die besonderen Mittel zur Erreichung einer unabhängigen Dezentralisation aufgeführt.

---

[64] Hardenberg-Schattschneider-Mosheim, Das Gemeindeverfassungsrecht der Stadt Berlin unter besonderer Berücksichtigung des Gesetzes über die vorläufige Regelung verschiedener Punkte des Gemeindeverfassungsrechts für die Hauptstadt Berlin vom 30. März 1931, Berlin 1931, S. 1, 2.

[65] Warsch, Neuzeitliche Formen großstädtischer Dekonzentration, Heft 16 der Schriften der kommunal-politischen Vereinigung, Köln 1929, passim.

[66] Wie Fußnote 6. Die Meinung Püttners ist nicht ganz eindeutig. Einerseits sagt er, daß man statt von Dekonzentration von Dezentralisation sprechen könne, wenn der Bezirksbehörde „ein entsprechendes Maß an Eigenständigkeit oder in ähnlicher Weise selbständige Handlungsfähigkeit eingeräumt ist, insbesondere auch eigene Rechtspersönlichkeit". Andererseits behauptet er, daß eine derartige Dezentralisation der Großstadtverwaltung z. Z. in Deutschland nicht vorhanden sei. Da P. den Berliner Bezirken in seinem Aufsatz durchaus eine gewisse „Eigenständigkeit" zubilligt, für die er begrüßenswerterweise de lege ferenda sogar gerichtliche Schutzmöglichkeiten fordert, stellt er offensichtlich doch auf die eigene Rechtspersönlichkeit ab, wenn er für Berlin nur eine dekonzentrierte Verwaltungsgliederung annimmt.

[67] Sammlung der Drucksachen des Preußischen Landtages, 3. Wahlperiode, Band 2, S. 1334 ff., insbesondere S. 1345.

[68] Vgl. Viktor von Leyden (Leiter der Kommunalabteilung des preußischen Innenministeriums), Die Berliner Verfassung, Vortrag, gehalten am 29. 9. 1930 vor dem deutschen Staatsbürgerinnenverband im Harnack Haus, Berlin 1930; Surén-Goetz, die zweckmäßige Unterteilung der Verwaltung einer großen Stadt, erläutert am Beispiel Berlin, Berlin 1951, S. 60.

[69] Wie Fußnote 9, S. 18. [70] Wie Fußnote 46, S. 46/47.

Zu dem gleichen Ergebnis kommen FRIEDRICH GIESE, H. J. WOLFF, LANDMANN-GIERS-PROKSCH sowie HANS VON HEPPE und ULRICH BECKER.

Nach GIESE [71] liegt „Dezentralisation" (= unabhängige Dezentralisation) vor, wenn auf einem Verwaltungsgebiet Leitungsbefugnisse zur „*selbständigen* Handhabung" abgegeben werden. Die „kommunale Selbstverwaltung" wird nur als Beispiel einer „betonten" Dezentralisation bezeichnet.

H. J. WOLFF [72] sagt, daß „meist" auf juristische Personen dezentralisiert werde. Daraus ergibt sich, daß die unabhängig dezentralisierte Stelle seiner Meinung nach nicht unbedingt juristische Person zu sein braucht.

LANDMANN-GIERS-PROKSCH [73] verstehen unter unabhängiger Dezentralisation (auch von ihnen nur „Dezentralisation" genannt) das Bestreben, Verwaltungsfunktionen „*selbständigen* Verwaltungsträgern" zu überlassen. Sie bezeichnen die Verwaltungstätigkeit von juristischen Personen des öffentlichen Rechts nur als „schärfste Ausprägung" der Dezentralisation.

HANS VON HEPPE und ULRICH BECKER [74] betonen ausdrücklich, daß der Charakter der „dezentralisierten Einheit" als juristische Person kein hinreichendes Unterscheidungsmerkmal sei. Sie stellen auf den Grad der Selbständigkeit bei der Erledigung der Verwaltungsaufgaben ab, indem sie die Frage aufwerfen, ob die Beschränkung der höheren Stelle auf die Befugnis, „*allgemeine* Weisungen" zu erteilen, noch eine Form der Dekonzentration (= abhängige Dezentralisation) oder schon eine der Dezentralisation (= unabhängige Dezentralisation) sei [74a].

Diese Auffassungen besagen genau das, worauf es ankommt, nämlich einzig und allein auf die Unabhängigkeit der dezentralisierten Stelle von der Zentrale und nicht etwa auf die Eigenschaft der dezentralisierten Stelle als juristische Person des öffentlichen Rechts.

---

[71] FRIEDRICH GIESE, Allgemeines Verwaltungsrecht, Tübingen 1948, S. 34.

[72] Wie Fußnote 33, § 77 I b.

[73] LANDMANN-GIERS-PROKSCH, Allgemeines Verwaltungsrecht, Bd. 12 von Dr. KSOLLS juristischen Kurzlehrbüchern, 2. Aufl., Düsseldorf 1960, S. 51.

[74] Vgl. „Verwaltung" — eine einführende Darstellung, in Verbindung mit ERICK BECKER und C. H. ULE herausgegeben von FRITZ MORSTEIN MARX, Berlin 1965, Seite 99.

[74a] Nach der Auffassung des Verfassers liegt in diesem Falle schon unabhängige Dezentralisation vor, wenn man die allgemeinen Weisungen als „*generelle* Mängelrügen" in dem von TRIEPEL zu Art. 15 Abs. 2 der Weimarer Reichsverfassung entwickelten Sinne begreift (vgl. HEINRICH TRIEPEL, Streitigkeiten zwischen Reich und Ländern, Tübingen 1923, S. 82 ff.). „Allgemein" sind Weisungen nur dann, wenn sie sich an alle oder mehrere „untergeordnete" Verwaltungseinheiten richten oder wenn sie durch eine Vielheit von Fällen in einer Verwaltungseinheit bedingt sind (vgl. GERH. ANSCHÜTZ, Die Verfassung des Deutschen Reiches, 14. Aufl., Berlin 1932, Erl. 4 zu Art. 15) und konkrete Anweisungen im Einzelfall ausgeschlossen sind. Vgl. zu den „Allgemeinen Anweisungen" der Artikel 51 Abs. 2 und 59 Abs. 3 a. F. der Verfassung von Berlin UHLITZ, wie Fußnote 39, S. 178 ff.

Als erster hatte der Berliner Bürgermeister Augustin [75] diese Ansicht vertreten, indem er Berlin als eine Einheitsgemeinde mit unabhängiger Dezentralisation „im Sinne von Professor Peters" bezeichnete. Hinsichtlich Berlins sind später Herz-Brell zu dem gleichen Ergebnis gekommen [76]. Schließlich hat auch Pagenkopf in seiner Arbeit „Die dezentralisierte Selbstverwaltung" ganz allgemein anerkannt, daß dann, wenn ein Großstadtbezirk örtliche Aufgaben unter eigener Verantwortung zu erfüllen habe, unabhängige Dezentralisation und nicht Dekonzentration vorliege [77]. Allein nach diesem Gesitzspunkt und ohne danach zu fragen, ob die Bezirke juristische Personen des öffentlichen Rechts sind oder nicht, sprach er in seinen Ausführungen entweder von „Dezentralisation" oder von „Dekonzentration", wobei er unter Dezentralisation die unabhängige Dezentralisation in unserem Sinne verstand.

Dieser Auffassung haben sich in der Folgezeit die Autoren von Arbeiten wissenschaftlichen Charakters über Probleme der Großstadtdezentralisation angeschlossen, wobei deutlich wurde, daß sie ihre über das Wesen der Großstadtdezentralisation gewonnenen Erkenntnisse als allgemeines Prinzip auf die Dezentralisation im allgemeinen ausgedehnt wissen wollen. Zu nennen sind hier die Arbeiten von Surén-Goetz [78], Walter Bauer [79], Willing [80], Jennewein [81] und vom Verfasser dieses Aufsatzes [82].

Wie die Definition von Forsthoff beweist, sind diese auf dem Gebiete der Großstadtdezentralisation gewonnenen Erkenntnisse noch nicht Allgemeingut für die Erkenntnis des Wesens der Dezentralisation überhaupt geworden. Göbel [83] will hinsichtlich der Großstadtdezentralisation eine Ausnahme machen und hier „nicht unbedingt" eigene Rechtspersönlichkeit verlangen.

Hierzu ist zu sagen, daß das Problem der Dezentralisation in der Großstadt genau dasselbe wie woanders ist. Wenn sich auf dem Gebiete der Großstadtdezentralisation herausgestellt hat, daß die Eigenschaft der dezentralisierten Stelle als juristische Person des öffentlichen Rechts kein brauchbares Unterscheidungsmerkmal zwischen unabhängiger und abhängiger Dezentralisation ist, dann trifft das auch für die Dezentralisation im allgemeinen zu. Daß dies tatsächlich der Fall ist, ergibt sich daraus, daß Ausgangspunkt

[75] Augustin, Zentralisation und Dezentralisation in der Organisation der Stadt Berlin, in: Gegenwartsfragen der Kommunalverwaltung, hrsg. von der Verwaltungsakademie Berlin, Berlin 1929, S. 57 ff.

[76] Herz-Brell, Berliner Stadtverfassungsrecht, Berlin 1931.

[77] Wie Fußnote 48, bes. S. 97. Vgl. auch Pagenkopf, Einführung in die Kommunalwissenschaft, 2. Aufl., Münster 1960, S. 76, 77.

[78] Wie Fußnote 68, S. 53 ff. (Anhang I).

[79] Wie Fußnote 16, S. 33.

[80] Wie Fußnote 17, S. 133/134.

[81] Wie Fußnote 18.

[82] Wie Fußnote 39, S. 35 ff., insbes. S. 38.

[83] Wie Fußnote 10, S. 83, 84.

jeder Dezentralisation — wie schon die Wortbedeutung lehrt — die Zentrale ist. Es kann also entscheidend nur auf die mehr oder weniger starke Abhängigkeit bzw. Unabhängigkeit der dezentralisierten Stelle von der Zentrale ankommen und nicht auf die Rechtsnatur der dezentralisierten Stelle als juristische Person des öffentlichen Rechts. Wäre es anders, dann müßte auch die Verwaltung der staatlichen Auftragsangelegenheiten durch die Gemeinden unabhängige Dezentralisation sein. Dies nimmt aber wegen der Weisungsbefugnis des Staates niemand an. Es wird also auch von den Schriftstellern, die unabhängige Dezentralisation nur durch juristische Personen des öffentlichen Rechts zulassen wollen, tatsächlich auf die Selbständigkeit bei der Erledigung der Verwaltungsaufgaben abgestellt.

Die Rechtsfähigkeit einer Verwaltungseinheit, auf die die meisten Schriftsteller ein so großes Gewicht legen, läßt durchaus nicht immer einen Schluß auf eine selbständige Stellung innerhalb des Verwaltungsaufbaus zu.

Ein Blick auf die Personen im Rechtssinne zeigt, daß sowohl die natürlichen Personen als auch die juristischen Personen außerordentlich verschiedene Rechts- und Pflichtzuständigkeiten besitzen. Wenn wir den Säugling zusammen mit so unterschiedlichen Gebilden wie einer Aktiengesellschaft, einem Gesangverein, einer Religionsgemeinschaft, einer Gemeinde oder dem Staat als „Personen im Rechtssinne" oder als „rechtsfähig" bezeichnen, dann müssen diese Begriffe etwas zum Inhalt haben, was allen juristischen Personen, gleich welcher Art, und was allen natürlichen Personen, gleich welchen Alters und welchen Geschlechts, gemeinsam ist. Etwas derart Gemeinsames ist nur die Vermögensfähigkeit, d. h. die Fähigkeit, Vermögen zu haben und mit anderen Personen, wenn auch gegebenenfalls nur durch Vertreter, in vermögensrechtliche Beziehungen treten zu können. Der Begriff der Rechtsfähigkeit hat nach unserem positiven Recht mithin keinen „allgemeinen Inhalt". Rechtsfähig sein heißt nicht, die Fähigkeit haben, Träger aller nur denkbaren Rechte zu sein, sondern bedeutet lediglich die Fähigkeit, Träger von Vermögensrechten zu sein [84]. Die Verleihung der Rechtsfähigkeit braucht daher nur die Bedeutung zu haben, „daß die betreffende Verwaltungseinheit sich gesondert am vermögensrechtlichen Verkehr beteiligen kann" [85].

[84] Vgl. Bernatzik, AöR Bd. 5, S. 169 ff. (179 ff.); Michaelis, Deutsche Rechtswissenschaft, 1937, S. 311; Wieacker, Archiv für die civilistische Praxis Bd. 147, S. 305; auch Fritz Fabricus, Relativität der Rechtsfähigkeit, München u. Berlin 1963, S. 53 und 59, erkennt an, daß die „allgemeine Rechtsfähigkeit ... kaum über das Vermögensrecht hinausreicht".

[85] Arnold Köttgen, Die rechtsfähige Verwaltungseinheit, Berlin 1939, S. 10. Köttgen hat auf den Seiten 30 bis 84 seiner Schrift eine lange Liste von „rechtsfähigen Verwaltungseinheiten" aufgestellt, die jeder Selbständigkeit innerhalb der Verwaltungsorganisation entbehren und einem uneingeschränkten Weisungsrecht des Staates oder anderer Verbände unterliegen oder s. Z. unterlagen. Wenn auch ein Teil dieser unselbständigen „rechtsfähigen" Verwaltungseinheiten Schöpfungen

Damit ist keineswegs gesagt, daß rechtsfähige Verwaltungseinheiten nur aus Gründen geschaffen werden, die lediglich für das Vermögensrecht von Bedeutung sind, d. h. aus finanzpolitischen Gründen und aus Gründen der Haftungsbeschränkung [86]. Die meisten juristischen Personen des öffentlichen Rechts erfüllen ihr Wesen nicht darin, daß sie am privaten Rechtsverkehr teilnehmen, sondern in der Tatsache, daß sie mit mehr oder weniger großer Selbständigkeit ein Stück öffentlicher Verwaltung führen. Die mit ihrer Eigenschaft als juristische Person gleichzeitig gegebene Vermögensfähigkeit ist für sie von nebensächlicher Bedeutung. Es ist das Verdienst von Peters [87], Köttgen [88] und Werner Weber [89], mit Nachdruck hierauf hingewiesen zu haben. Nicht recht verständlich ist es aber, wenn Köttgen und, ihm folgend, Werner Weber an Stelle von „juristische Person des öffentlichen Rechts" nun „rechtsfähige Verwaltungseinheit" sagen wollen, in der Erkenntnis, daß die wahre Bedeutung der juristischen Personen des öffentlichen Rechts mit ihrer der Begriffswelt des Zivilrechts entstammenden Kennzeichnung als „juristische Personen" nur unzulänglich beschrieben wird, weil nebensächliche Elemente in den Vordergrund gestellt werden [90]. Mit der Bezeichnung *„rechtsfähige* Verwaltungseinheit" wird ebenso wie mit der Bezeichnung „juristische Person" auch nur die Vermögensfähigkeit angesprochen. Köttgen und Weber wollen doch aber offensichtlich nicht die „nebensächliche" Vermögensfähigkeit, sondern die Selbständigkeit der Verwaltungseinheit im Rahmen des Verwaltungsaufbaues kennzeichnen. Hierzu ist die von Köttgen im Anschluß an Otto Mayer gewählte Bezeichnung „rechtsfähige Verwaltungseinheit" nicht nur deshalb ungeeignet, weil die Bezeichnung „rechtsfähig" genau dasselbe besagt wie die Bezeichnung „Person", sondern auch, weil es unbestritten „rechtsfähige" Verwaltungseinheiten gibt, die keine Spur von Selbständigkeit besitzen [91].

Die Bezeichnung „rechtsfähige Verwaltungseinheit" ist daher kein geeigneter Sammelbegriff zur Kennzeichnung der Selbständigkeit von Verwaltungseinheiten. Hier bietet sich von ganz alleine der beiläufig schon einmal

---

des nationalsozialistischen Staates waren und mit ihm wieder verschwunden sind, so ändert das doch nichts daran, daß es derartige Gebilde schon vorher gegeben hat und auch in Zukunft geben wird. Vgl. hierzu auch H. J. Wolff, wie Fußnote 33, § 77 I b (S. 76).

[86] Über die Gründe, die zur Bildung von rechtsfähigen Verwaltungseinheiten Veranlassung geben können, vgl. Hans Peters, Lehrbuch, wie Fußnote 46, S. 105 ff.

[87] Vgl. Die juristische Person des öffentlichen Rechts in der Verwaltung, in Der deutsche Reichsverwaltungsbeamte 1934, S. 354 ff. (nach Weber, wie Fußnote 89, S. 12, Note 1).

[88] Wie Fußnote 85, S. 10 ff. und S. 84 ff.

[89] Die Körperschaften, Anstalten und Stiftungen des öffentlichen Rechts, Rechtswissenschaftliche Studien der Wirtschafts-Hochschule Berlin, Heft 2, München u. Berlin 1940, S. 10 ff., S. 84 ff.

[90] Werner Weber, wie Fußnote 89, S. 13.

[91] Vgl. H. J. Wolff, wie Fußnote 33, § 77 I b (S. 76).

von WIEACKER [92] in seiner Besprechung der Arbeit von WERNER WEBER vorgeschlagene Begriff *„selbständige Verwaltungseinheit“* an. Selbständige Verwaltungseinheiten sind solche, die öffentliche Aufgaben unter eigener Verantwortung, d. h. ohne an Anweisungen anderer Stellen gebunden zu sein, durchführen. Dieser spezifisch verwaltungsrechtliche Begriff, der in keiner Weise an Begriffsschöpfungen des Zivilrechts anknüpft, und der daher auch nicht zu Irrtümern Veranlassung geben kann, wäre es wert, in das deutsche Verwaltungsrecht eingeführt zu werden [93], zumal er die notwendige Ergänzung zum Begriff der unabhängigen Dezentralisation darstellt. Der Begriff der unabhängigen Dezentralisation ist dynamischer Natur. Er ist Ausdruck für die Natur einer von der Zentrale hinwegstrebenden Kraft, einer „Tendenz“, einer „Bestrebung“ [94]. Der Begriff der „selbständigen Verwaltungseinheit“ ist statischer Natur. Er ist die treffende Bezeichnung für die in Verwirklichung oder im Zuge einer unabhängigen Verwaltungsdezentralisation eingerichteten Verwaltungseinheiten, die oben mit Ausdrücken wie „dezentralisierte Stellen“ oder „unabhängig dezentralisierte Stellen“ umschrieben werden mußten. Mit der Bezeichnung „selbständige Verwaltungseinheit“ wird alles gesagt und zugleich zum Ausdruck gebracht, daß die im Zuge einer unabhängigen Dezentralisation errichteten Verwaltungseinheiten nicht notwendig juristische Personen des öffentlichen Rechts zu sein brauchen.

Mir scheint, daß *im Rahmen des öffentlichen Rechts* ein Gebilde, das wie etwa die Berliner Bezirke — entsprechende Regelungen stehen überall zur Debatte — eigene Aufgaben unter alleiniger Verantwortung zu erfüllen hat, weit bedeutsamer ist, als ein Rechtsgebilde, das zwar als juristische Person privatrechtsfähig, als Verwaltungseinheit aber in jeder Beziehung Anweisungen von außen unterworfen ist [95].

Unabhängige Dezentralisation ist somit ein Organisationsprinzip, bei dem Verwaltungsaufgaben selbständigen Verwaltungseinheiten zur weisungsfreien Erledigung unter eigener Verantwortlichkeit, wenn auch unter Aufsicht der Zentrale, übertragen werden.

---

[92] Buchbesprechung im Archiv für die civilistische Praxis, Band 147 (1941), S. 304 ff. Vgl. auch den Hinweis von W. WEBER auf S. 15 der 2. Aufl. (1943) seiner in Fußnote 89 erwähnten Schrift.

[93] Der Verfasser hat das schon einmal mit Billigung von HANS PETERS in seiner Kölner rechtswissenschaftlichen Dissertation vorgeschlagen. Vgl. Fußnote 39, S. 197.

[94] Vgl. PETERS, wie Fußnote 9, S. 5.

[95] Was die mangelnde Finanzhoheit anbelangt, so wird dadurch die Selbständigkeit der Bezirke an sich nicht beschränkt, sondern lediglich ihr Betätigungsfeld von vornherein festgelegt (und das auch noch nicht einmal bei den sog. Verfügungsmitteln). Man muß aber bedenken, daß heute von echter finanzieller Selbstverantwortung in kaum einer Gemeinde gesprochen werden kann. Alle müssen sich mehr oder weniger nach dem Ausmaß der Steuerüberweisungen und sonstigen Dotationen richten. Die Berliner Bezirke befinden sich also in dieser Beziehung in der denkbar besten Gesellschaft, was übrigens Bürgermeister AUGUSTIN (wie Fußnote 75, S. 71) schon im Jahre 1929 festgestellt hat.

IV. Zusammenfassung

Mit den Wörtern „Dezentralisation“ und „Dekonzentration“ werden die damit angesprochenen verwaltungsorganisatorischen Prinzipien in einer zu Mißverständnissen führenden Weise bezeichnet. Es wird vorgeschlagen, das Wort „Dezentralisation“ entsprechend dem natürlichen Wortsinn der Bezeichnung der Tendenz vorzubehalten, „einen möglichst großen Teil der Funktionen einer Gemeinschaft von ihrem eigentlichen Mittelpunkt möglichst weit weg anderen Stellen zu übertragen“.

Dem Wort „Dezentralisation“ als Oberbegriff sind die Begriffe abhängige Dezentralisation (bisher Dekonzentration genannt) und unabhängige Dezentralisation (bisher schlicht Dezentralisation genannt) unterzuordnen.

Abhängige Dezentralisation ist ein Organisationsprinzip, bei dem Aufgaben der Zentralverwaltung durch ihr unterstellte abhängige und weisungsgebundene Behörden und Verwaltungsstellen des gleichen Geschäftsbereichs oder als sogenannte Auftragsangelegenheiten durch an und für sich selbständige, nachgeordnete Verwaltungseinheiten oder deren Organe nach den Weisungen und unter der Verantwortung der Zentrale durchgeführt werden.

Unabhängige Dezentralisation ist ein Organisationsprinzip, bei dem Verwaltungsaufgaben selbständigen Verwaltungseinheiten zur weisungsfreien Erledigung unter eigener Verantwortlichkeit, wenn auch unter Aufsicht der Zentrale, übertragen werden.

Entwicklung und Arbeit der deutschen Verwaltungs- und Wirtschaftsakademien

Hermann Wandersleb

In dem vielgestaltigen und weitverzweigten System der deutschen Bildungseinrichtungen nehmen die Institutionen zur beruflichen Fortbildung einen breiten Raum ein. Das ist verständlich angesichts der vielfältigen Ansprüche, die in einer Kulturnation an die Berufstätigen in der öffentlichen Verwaltung wie in der Privatwirtschaft gestellt werden. Die Mehrzahl der in der Bundesrepublik bestehenden Fortbildungseinrichtungen verdankt ihre Entstehung staatlicher Initiative. Andere sind durch wirtschaftliche Erwägungen von Einzelpersonen oder Angehörigen bestimmter und zahlenmäßig eng begrenzter Einzelberufe entstanden. Eine verhältnismäßig kleine Zahl von Fortbildungsinstitutionen geht auf den Fortbildungswillen ganzer Berufsstände zurück. Zu diesen gehören die deutschen Verwaltungs- und Wirtschaftsakademien.

Geschichtliche Entwicklung

Der Zusammenbruch nach dem ersten Weltkriege und die durch ihn erforderlich gewordene Neuordnung des politischen, wirtschaftlichen und sozialen Lebens in Deutschland stellte den Staat und seine Organe vor eine Vielfalt von schwierigen Problemen.

Für die öffentlich Bediensteten standen vor allem zwei Aufgaben im Vordergrund:

Zunächst mußten die in großer Zahl nach langer, durch Krieg und Gefangenschaft bedingter Abwesenheit in die Heimat zurückgekehrten Beamten und Angestellten der Verwaltungen für ihre neuen Aufgaben befähigt werden. Ihre beruflichen Erfahrungen aus der kaiserlichen Vorkriegszeit reichten vielfach nicht aus zur Lösung der Fragen, vor welche die junge Republik sich gestellt sah.

Da die Tendenz der neuen staatlichen Ordnung dahin ging, im Zuge der Demokratisierung mehr und mehr Verantwortung von oben nach unten zu verlagern, wurde es erforderlich, die Beamten und Angestellten des mittleren und des gehobenen Dienstes zu größerer Selbständigkeit und Verantwortungsfreudigkeit zu erziehen.

Auf Anregung der Beamtenschaft selbst und unter maßgeblicher Beteiligung ihrer Berufsverbände wurden darum schon bald nach Beginn der staatlichen Neuordnung einzelne Fortbildungskurse durchgeführt. Als Dozenten wirkten namhafte Hochschullehrer und erfahrene Praktiker. Diese Fortbildungsveranstaltungen waren die Vorläufer der Verwaltungsakademien. In der Reichshauptstadt Berlin wurde bereits im Jahre 1919 eine Verwaltungsakademie errichtet. In Dresden war Staatsminister Dr. Apelt an der dort im Jahre 1920 gegründeten Beamtenakademie maßgeblich beteiligt. Auf Einladung dieser Akademie fand bereits im Jahre 1921 eine erste Zusammenkunft der Vertreter der Beamtenhochschulen in Dresden statt. Auf ihr wurde am 18. Juni 1921 die Arbeitsgemeinschaft Deutscher Beamtenhochschulen, die sich im Jahre 1926 in den Reichsverband Deutscher Verwaltungs-Akademien unbenannte, gegründet. Von 1921 an, seit 1923 Professor des öffentlichen Rechts an der Universität Leipzig, bis zu seiner Verdrängung durch das Naziregime im Jahre 1933, war Geheimrat Dr. Apelt Erster Vorsitzender des Reichsverbandes. Auf seine Initiative ist die einheitliche Bezeichnung der Beamtenhochschulen als „Verwaltungs-Akademien" und die Aufstellung einheitlicher Studienlehrpläne und Prüfungsordnungen entscheidend zurückzuführen. Welche hohe Bedeutung der Fortbildung des Beamten im gehobenen Dienst beigemessen wurde, zeigte sich z. B. darin, daß bereits in den zwanziger Jahren so hervorragende Persönlichkeiten wie der damalige Reichsjustizminister Dr. Eugen Schiffer und der frühere Preußische Innenminister Dr. Bill Drews, der langjährige Präsident des Preußischen Oberverwaltungsgerichts, sich in starkem Maße an der Akademiearbeit beteiligten. Ganz und gar widmete sich dieser Aufgabe Oberregierungsrat Pietsch.

Professor Dr. Hans Peters, dessen ehrendem Andenken diese Gedächtnisschrift gewidmet ist, wirkte schon bald nach seiner Habilitierung an der Universität Breslau im Jahre 1926 an der dortigen Verwaltungsakademie mit. Nach seiner Berufung zum Professor an die Universität Berlin wurde er im Jahre 1928 Studienleiter der großen Berliner Verwaltungsakademie. Nach dem zweiten Weltkrieg betrieb er mit großem Geschick deren Neugründung, bis er mit der Annahme des Kölner Lehrstuhls diese Arbeit in andere Hände legte.

Die deutschen Verwaltungsakademien der zwanziger Jahre, als Fortbildungs-Selbsthilfeeinrichtungen der deutschen Berufsbeamten entstanden, erhielten von Anfang an die Förderung der maßgeblichen großen Anstellungsbehörden, in Berlin namentlich des Reichsministeriums des Innern, des Preußischen Ministeriums des Innern und der Stadt Berlin, in anderen Städten insbesondere die Förderung der Kommunalverwaltungen. Der Reichsverband Deutscher Verwaltungsakademien erleichterte die ständige enge Fühlungnahme der Anstalten untereinander. Sie war unumgänglich, um den wissenschaftlichen Charakter, den praktischen Wert und das gleiche Niveau der Verwaltungsakademien zu sichern. Die Reichs-, Landes- und Kommunalbehörden arbeiteten nur mit solchen Akademien zusammen, die dem Verband angehörten und deren fachliche Fortbildung den vom Reichsverband erarbeiteten Bestimmungen entsprach.

Die Verbandsarbeit wurde Jahr für Jahr durch große Zuschüsse aus öffentlichen Mitteln unterstützt, die entsprechend der wachsenden Zahl der Verwaltungsakademien ständig erhöht wurden und schließlich mehrere 100 000 Reichsmark jährlich betrugen. Auch die Beamtengewerkschaften gaben Zuschüsse. Bis zum Jahre 1926 wurden die Anforderungen an das Studium ständig gesteigert. Von da an wurden sie sorgfältig auf dem erreichten Stand gehalten. In Fällen, in denen Verwaltungsakademien oder Zweiganstalten in der Qualität ihrer Fortbildungsarbeit nachließen, erhielten sie zunächst ernste Aufklärung, erforderlichenfalls wurde auch auf die Schließung nicht lebensfähiger Anstalten hingewirkt, vor allem aber dort, wo finanzielle Unterstützung notwendig und erfolgversprechend war, diese Hilfe gegeben.

Die Tätigkeit des Reichsverbandes und der meisten Verwaltungsakademien konnte unter großen Schwierigkeiten auch während der nationalsozialistischen Regierungszeit aufrechterhalten werden. Auch hieran hatte Prof. Peters erheblichen Anteil. Es gelang, zu verhindern, daß der Verband in eine nationalsozialistische Organisation, etwa den Reichsbund Deutscher Beamten, eingegliedert wurde. Er blieb selbständig und führte seine Aufgaben in sachlicher Weise fort. Es hat wohl wenige Anstalten akademischen Charakters in Deutschland gegeben, an denen der tatsächliche Einfluß der NSDAP so gering war wie in den Verwaltungsakademien. Der Verfasser dieses Artikels hat nach 1945 als Staatskommissar bei den Prüfungen an den Verwaltungsakademien Hunderte von Kollegheften durchgesehen und außer Dr. von Leers, der neben Professor Peters als zweiter Studienleiter der Verwaltungsakademie Berlin als Aufpasser gesetzt worden war, nur ganz wenige prominente Nationalsozialisten unter den Akademiedozenten gefunden. Charakteristisch ist, daß eine große Zahl von Studienleitern der Verwaltungsakademien aus der Weimarer Zeit während der Herrschaft des Nationalsozialismus durchgehalten werden konnten und sich als so integer erwiesen, daß eine ganze Reihe von ihnen auch an den nach Kriegsende wieder errichteten Verwaltungsakademien mitarbeiten konnte.

Nach dem Zusammenbruch des Naziregimes begannen zunächst einige nordrhein-westfälische Verwaltungsakademien und die Leibniz-Akademie in Hannover spontan mit dem Wiederaufbau ihrer Anstalten. Im Jahre 1946 hatten allerdings erst vier von ihnen wieder ihre volle Tätigkeit aufgenommen. Sie waren sich von Anfang an darüber klar, daß sie ohne einen überörtlichen Zusammenschluß und ohne eine Ausdehnung der Verwaltungsakademien auf das Bundesgebiet und Groß-Berlin nicht lange bestehen konnten, denn eine Einrichtung, die nur örtliche Bedeutung hat, ist für Verwaltung und Wirtschaft nur von geringem Interesse.

So kam es im Jahre 1947 unter wertvoller Mithilfe des früheren Geschäftsführers des Verbandes, Dr. Müssigbrodt, zu einem ersten Zusammenschluß nordrhein-westfälischer Verwaltungsakademien und am 9. November 1948 zur förmlichen Gründung des Landesverbandes Nordrhein-Westfalen Deutscher Verwaltungsakademien mit 6 Gründungsmitgliedern. Dieser Verband stellte alsbald gewisse Grundsätze für die Akademiearbeit auf und fühlte sich gleichzeitig als Platzhalter eines Verbandes auf größerer Ebene. Zu diesem Zwecke nahm er als außerordentliche Mitglieder auch nicht nordrhein-westfälische Akademien auf.

Auf Vorschlag des Leiters der Verwaltungsakademie München, des in jahrzehntelanger Lehrtätigkeit um die Akademien sehr verdienten Geheimrat Prof. Dr. v. Zwiedineck-Südenhorst, wurde dann unter sofortigem Beitritt sämtlicher bis dahin bereits wieder tätigen Akademien am 16. Dezember 1950 in Nürnberg der Bundesverband Deutscher Verwaltungs- und Wirtschaftsakademien gegründet. Zu seinem Vorsitzenden wurde der Verfasser gewählt, zum Geschäftsführer wurde Dr. Müssigbrodt bestellt, der diese Tätigkeit mit ausgezeichneter Sach- und Personenkunde bis zu seinem Tode im Jahre 1964 ausübte. Im Herbst 1965 übernahm der Staatssekretär im Bundesministerium des Innern, Dr. Schäfer, den Vorsitz des Bundesverbandes, und die Geschäftsführung Ministerialdirekter a. D. Dr. Ingendaay.

Schon seit 1930 hatten die Bestrebungen zur Errichtung von Wirtschaftsakademien eingesetzt, meist in Verbindung mit bestehenden Verwaltungsakademien. Diese Erweiterung der Akademiearbeit war eine Folge der immer größer werdenden Anforderungen, die an Wissen und Können der Angestellten in der Privatwirtschaft gestellt wurden. Häufig hatten die Berufstätigen aus den Kreisen der Wirtschaft bereits als Gasthörer der Verwaltungsakademien eine gewisse Erweiterung ihrer beruflichen Kenntnisse erlangt. Das Bestreben jedoch, diese Fortbildung durch die Ablegung eines Examens abzuschließen, verlangte den Ausbau der Studienpläne unter besonderer Berücksichtigung der Wirtschaftswissenschaften. Naturgemäß ergaben sich dabei mancherlei Fragen. Professor Dr. PETERS, der auch hier seine undoktrinäre Großzügigkeit bewies, half, die Akademietore für die Fortbildung Suchenden aus der Privatwirtschaft weit zu öffnen. In einer Denkschrift hierüber schrieb er u. a.: „Die Hörer aus der Wirtschaft stellten die Akademien vor eine ganze Reihe Schwierigkeiten, die zum Teil aus dem Wesen der Sache sich ergaben. Alle Diplome der Akademien müssen nach ihrem wissenschaftlichen und fachlichen Wert gleich sein. Da die meisten Akademien als Fortbildungsinstitute keine bestimmten Vorbildungsvoraussetzungen festlegen, sondern auf die derzeitige berufliche Tätigkeit abstellen, gerieten sie bei den Prüfungsvoraussetzungen der Wirtschaftshörer in einige Bedrängnis. Als Hörer jeden zuzulassen, der selbst glaubt, den Vorlesungen, Übungen und Seminaren folgen zu können, ließ sich als Grundsatz noch halten; für die Prüfung konnte aber ein solches Prinzip nicht gelten. Denn jede Prüfung ist lediglich eine Stichprobe, ob das mit dem Studium erstrebte Ziel erreicht ist. Keine Prüfung kann — wie manche irrigerweise entgegengesetzt meinen — den wirklichen Bildungsstand und das Wissen des Prüflings mit Gewißheit feststellen; nur wenn man voraussetzt, daß jemand von einer vorgegebenen Vor- und Ausbildung aus sich noch zusätzlich der Fortbildungsmittel einer Verwaltungs- und Wirtschaftsakademie drei Jahre hindurch bedient hat, dann kann die Prüfung durch schriftliche und mündliche Stichproben einigermaßen sicher feststellen, ob — unter Voraussetzung jener Grundlagen — das Studium erfolgreich, auch ob mit gutem oder knappem Erfolg, durchgeführt worden ist. Aus dieser Begrenztheit von Prüfungen, die sonst niemals in so kurzer Zeit und mit so wenigen schriftlichen Arbeiten eine Beurteilung des gesamten wissenschaftlichen und fachlichen Bildungsstandes zuließen, folgt die Notwendigkeit, die Zulassung zu Prüfungen an klar bestimmte Voraussetzungen zu binden, weil ohne solche die Prüfer ständig im dunkeln tappen würden und die Ergebnisse reiner Zufall wären. Bei den Verwaltungshörern ließ sich das Problem relativ einfach lösen, weil insbesondere die Beamten, mehr und mehr auch die Angestellten, durch ihre dienstliche Stellung, die sie normalerweise erst nach Ablegung bestimmter Prüfungen erlangen konnten, einigermaßen die Gewähr für einen vorauszusetzenden Bildungsstand gaben und die Einordnung der Verwaltungsakademieprüfungen in das System des staatlichen Prüfungswesens ermöglichen. Man einigte sich bei der Aufstellung der Ziele der Verwaltungsakademien und bei der Bestimmung der Prüfungsvoraussetzungen auf den üblichen Bildungsstand der gehobenen Beamten (und der ihnen ungefähr entsprechenden Angestellten) und auf ein auf dieser Ausbildungsvoraussetzung aufbauendes wenigstens sechssemestriges Studium an einer Verwaltungsakademie. Mittels dieses Siebes konnte dann eine vernünftige, nicht auf reine Zufallsergebnisse angewiesene ‚Verwaltungsdiplomprüfung' bzw. eine an entsprechende Voraussetzung anknüpfende Kommunal- oder Sozialdiplomprüfung ernsthaft durchgeführt werden. Man kann mit Sicherheit sagen, daß sich dieses Prüfungssystem bewährt hat, das also nicht an Zeugnisse durchlaufender allgemeinbildender Schulen, insbesondere nicht an das Abitur, sondern an einen aus der Dienststellung sich ergebenden beruflichen Ausbildungsstand bei der Zulassung zu Verwaltungsakademieprüfungen anknüpft.

Wie aber sollte man bei Festsetzung der Zulassungsbedingungen für das Angestelltendiplom, das sog. Wirtschaftsdiplom, verfahren? Weder gibt es hier sichere Maßstäbe von der zur Zeit innegehabten Stellung noch von der Einordnung in eine Stelle eines Tarifvertrags, noch von irgendwelchen Prüfungen her. Hinzu kommt, daß eine den Verwaltungsschulen im öffentlichen Dienst entsprechende gehobene kaufmännische Fachschule weithin fehlte, so daß jedenfalls solche Abschlußzeugnisse oder dort abgelegte Prüfungen nicht als Zulassungsvoraussetzungen für Wirtschaftsakademieprüfungen gemacht werden konnten. Das Fehlen solcher höheren Wirtschaftsfachschulen für den Kaufmannsberuf hat aber auch zur Folge, daß die Wirtschaftsakademien, die — wie die Verwaltungsakademien — als Fortbildungseinrichtungen konstruiert sind, von den Beteiligten auch als Ausbildungsinstitute angesehen und benutzt werden. Man erkennt also die Problematik, die sich für die ‚Verwaltungs- und Wirtschaftsakademien' aus der großen Zahl der Wirtschaftshörer ergeben muß, sobald es um eine Diplomprüfung geht.

Die vom Bundesverband Deutscher Verwaltungs- und Wirtschaftsakademien mit ständigem Blick auf die Verwaltungsakademie-Diplomprüfungsordnung herausgegebene ‚Musterprüfungsordnung für die Erteilung des Wirtschaftsdiploms' vom 7. Juni 1952 hat nach langen Beratungen außer einem sechssemestrigen, mit dem Nachweis erfolgreicher Teilnahme an Übungen mit schriftlichen Arbeiten verbundenem Studium allgemein, wie es dem Wesen einer Fortbildungseinrichtung entspricht, ‚eine abgeschlossene Berufsausbildung' als Zulassungsbedingung aufgestellt. Dabei wird, um gleichzeitig auch ein bestimmtes geistiges Niveau zu sichern, authentisch in die Ordnung hineininterpretiert: ‚Diese gilt in der Regel als nachgewiesen, wenn der Bewerber die Kaufmannsgehilfenprüfung einer Industrie- und Handelskammer oder eine gleichwertige Prüfung abgelegt hat und durch Zeugnisse belegt, daß er sich mindestens fünf Jahre lang in seinem Berufe praktisch bewährt hat. Die Lehrzeit wird hierbei nicht mitgerechnet.' Die kurz vorher in Nordrhein-Westfalen ministeriell erlassene entsprechende Musterprüfungsordnung begnügte sich mit einer der beiden Voraussetzungen: Kaufmannsgehilfenprüfung oder fünfjähriger erfolgreicher Praxis.

Man hoffte, auf diese Weise den gehobenen Angestellten, also etwa mittleren Führungskräften der Wirtschaft, die von ihnen begehrte Fortbildung und das als Ergebnis verdiente Diplom geben zu können. Man wird wohl auch feststellen können, daß sich nach Lage der Dinge dieser Weg bewährt hat. Die ihn gegangenen Wirtschaftshörer haben sich bei ihren Arbeitgebern durchweg kraft ihrer Leistungen Ansehen zu verschaffen gewußt und haben damit die Einrichtungen der Wirtschaftsakademien und den Wert des Wirtschaftsdiploms bestätigt und gefestigt. Man kann fast behaupten, daß die Reaktion privater Arbeitgeber auf die Erlangung des Wirtschaftsdiploms durch Privatangestellte für letztere günstiger, zumindest prompter ist als die praktische Auswirkung des Diploms für Verwaltungshörer."

Die Aufnahme von Hörern aus der Privatwirtschaft war zunächst auch insofern auf Schwierigkeiten gestoßen, als Reich, Länder und Gemeinden ihre zur Finanzierung der Verwaltungsakademien erforderlichen Zuschüsse gerade deshalb leisteten, weil sie ihren, d. h. den öffentlichen Bediensteten, und damit mittelbar dem öffentlichen Dienstherren zugute kamen, was bei der Erweiterung des Akademiebetriebs auf die Bedürfnisse der privaten Angestellten kaum der Fall war. Diese Frage löste sich im wesentlichen dadurch, daß die Bundesregierung unter Hinweis auf den föderativen Aufbau der Bundesrepublik nur noch in sehr geringer Höhe Zuschüsse gab und neben die Länder und Gemeinden vielfach die Industrie- und Handelskammern sowie eine Reihe von Wirtschaftsunternehmen, zur finanziellen Stützung der Arbeit des Bundesverbandes auch wieder wie früher die Beamtengewerkschaften als Geldgeber traten.

Dankbar muß auch anerkannt werden, daß sich die Dozenten der Akademien mit außergewöhnlich bescheidenen Honoraren begnügten. Das ist noch heute der Fall. In äußerst sympathischer Weise wird dieses Verhalten von so manchem vielbeschäftigten Professor damit begründet, daß er von seinen bereits in der Praxis geschulten Akademiehörern ebensoviel für seine Arbeit an der Universität mitnehme als er ihnen geben könne.

So konnte der Grundsatz aufrechterhalten werden, daß rd. 50% aller Vorlesungen von Hochschullehrern gehalten werden sollen, die andere Hälfte von erfahrenen Praktikern mit akademischer Vorbildung.

Zur Zeit bestehen an Verwaltungs- und Wirtschaftsakademien in der Bundesrepublik einschl. Berlin 33 Hauptanstalten und 25 Teil- und Zweiganstalten.

Die Zahl der ordentlichen Hörer betrug in den letzten Semestern jeweils rd. 7500, die Zahl der Einzelhörer bei Lehrgangsstunden, der Teilnehmer an Sonderkursen und Einzelvorträgen je Semester rd. 12 000.

Ziele und Methoden der Akademiearbeit

Die Verwaltungs- und Wirtschaftsakademien sind Einrichtungen zum Zwecke der beruflichen *Fort*bildung.

Fortbildung nach der Ausbildung ist in ruhigen Zeiten der politischen und wirtschaftlichen Entwicklung nicht selbstverständlich. Der Beamte des Jahres 1740 verwaltete nicht nach wesentlich anderen Grundsätzen als der des Jahres 1700. In einem Kaufmannsbüro von 1860 sah es nicht viel anders aus als in einem Handelskontor von 1820. Fortbildung wird aber notwendig, wenn das Wirtschaftsleben und die Wirtschaftsgesetzgebung schnellen Änderungen unterworfen sind. In Zeiten eines politischen Umbruchs sind sie unentbehrlich. Die lebende Generation hat leider solche Zeiten ständigen Umbruchs im Verwaltungs- und Wirtschaftsleben beinahe als normal zu empfinden lernen müssen. Niemand kann heute mit dem Fachwissen, das er sich in den Ausbildungsjahren erworben hat, sein ganzes Leben lang auskommen. Jene Figur des alten Amtsrichters, der 1905 darauf aufmerksam gemacht werden mußte, daß das von ihm eifrig und in sachlich vernünftigen Urteilen angewandte Allgemeine Landrecht von 1793 im

Jahre 1900 außer Kraft getreten sei, und der dann meinte, er wäre schon zu alt, um das noch zu lernen, ist im Berufs- und Wirtschaftsleben heute nicht mehr denkbar.

Für unsere Verhältnisse ist als einer der Grundsätze des deutschen Beamtenwesens besonders zu beachten, daß jeder Verwaltungsbeamte außerhalb der rein technischen Laufbahn grundsätzlich allseits verwendbar sein soll. Das unterscheidet das deutsche Beamtenrecht wesensmäßig z. B. von dem Beamtenrecht der Vereinigten Staaten. Dort wird fast jede freiwerdende Stelle im Behördendienst öffentlich ausgeschrieben, und zwar nach einem auf die gerade zur Vergabe kommenden Stelle zugeschnittenen Berufsbild. So wird nicht ein Oberinspektor der Finanzverwaltung gesucht, sondern ein Sachbearbeiter für die Körperschaftssteuer industrieller Kapitalgesellschaften, kein Stadtsekretär, sondern ein Buchhalter für die Bedienung einer Buchhaltungsmaschine eines bestimmten Typs. Wer vorwärtskommen will, muß sich in der Regel bei Ausschreibungen bewerben, auch innerhalb der eigenen Behörde.

In seinem mit Recht vielbeachteten Vortrag über „Die Verwaltungs- und Wirtschafts-Akademien und die Bildungsaufgaben unserer Zeit", den Professor Dr. Theodor Wessels auf der Hauptversammlung des Bundesverbandes in Nürnberg im Oktober 1963 gehalten hat, wies er nachdrücklich auf die Probleme hin, die sich aus der Umgestaltung unserer Gesellschaft für den Vollzug der Aufgaben in der Verwaltung und in der Wirtschaft, insbesondere für das Verhältnis von leitender und ausführender Arbeit, ergeben haben.

Professor Wessels führte dazu u. a. aus:

„Zunächst ist in der gesamten Wirtschaft wie in der Verwaltung der Abstand zwischen den führenden Persönlichkeiten und den nachgeordneten Stellen erheblich gewachsen. Das ist eine Folge der Ausdehnung der Apparatur des Staats- und Gesellschaftslebens, aber auch der Konzentration der Willensbildung auf einige wenige Organe. Früher wurden die meisten Entscheidungen im engen lokalen Rahmen gefällt, und der Mann, der die Weisungen gab, vermochte deren Durchführung noch selbst zu überwachen. Mit dem Wachsen aller Tätigkeitsbereiche in der Wirtschaft und in der Verwaltung aber mußte es zwangsläufig zur Entstehung von Kommandostellen auf mittlerer Höhe kommen; diese geben erst die Gewähr dafür, daß der Wille der leitenden Instanzen sich durchsetzt. Die Inhaber dieser Positionen aber müssen auch selbständig zu handeln in der Lage sein, um den komplizierten, ihnen untergeordneten Apparat eindeutig auf den Vollzug der jeweils gestellten Aufgaben auszurichten. An diesen Zwischeninstanzen müssen Persönlichkeiten tätig sein, die Gesetze und Verordnungen oder Weisungen der Unternehmensleitungen selbständig zu interpretieren und durchzuführen vermögen. Oft können die Vorschriften der Zentrale nur die Arbeitsrichtung festlegen, die für die nachgeordneten Stellen verbindlich sein soll. Regelmäßig müssen sie auch selbst Entscheidungen treffen —, dabei ist wesentlich, daß durch ihre Anordnungen die Ziele der zentralen Instanzen nicht durchkreuzt werden, sonst treten auf den verschiedenen Teilbereichen in unserem Gesellschafts- und Wirtschaftsleben Gegensätze und Widersprüche auf, die zu Störungen im Staats- wie im Wirtschaftsleben führen müssen.

Noch wichtiger als diese Wandlung, die sich aus der Ausdehnung des Staats- und Wirtschaftsapparates ergeben hat, ist die andere, die durch eine Vermehrung der Aufgaben auf allen Gebieten des öffentlichen Lebens wie in der Wirtschaft entstanden ist. Sie macht eine Begrenzung der Arbeitsbereiche auf Teilaufgaben unvermeidlich. Diese können jedoch im Regelfalle nicht reinen Spezialisten übertragen werden. Sie müssen vielmehr von Persönlichkeiten durchgeführt werden, die den Zusammenhang ihrer Tätigkeit mit den Zielen des Staates und seiner nachgeordneten Organe oder mit den Plänen der Unternehmungen deutlich erkennen und in ihrer Arbeit beachten. Die Inhaber dieser Unterführerpositionen müssen Persönlichkeiten sein, die vor allem fähig sind, sich in sehr verschiedenartige Arbeitsgebiete mit häufig wechselnden Aufgaben einzufühlen." Der Redner erklärte weiter: „Die Aufgaben, die den Inhabern mittlerer Führungsstellungen in Verwaltung und Wirtschaft zufallen, können aber auf Grund bloßer Erfahrung im Berufsleben nicht mehr bewältigt werden." Diese Stellen sollten deshalb von Kräften wahrgenommen werden, die im Laufe ihrer beruflichen Arbeit in diese Tätigkeit hineinwachsen und die sich während des Berufslebens die Voraussetzungen für die Bewältigung dieser Aufgaben schaffen müssen. Die Schulung der mittleren Führungsschicht muß daher zu einem wesentlichen Teil als Fortbildungsproblem gelöst werden. Professor Wessels betonte, daß die Verwaltungs- und Wirtschaftsakademien für sich in Anspurch nehmen dürfen, auf diesem Gebiete eine Pionierleistung erbracht zu haben.

Als berufener Sachkenner, mit der Akademiearbeit seit Jahrzehnten verbunden, konnte Professor Wessels feststellen: „Die Mitwirkung der Hochschullehrer sicherte von Anfang an, daß das Lehrprogramm der Akademien nicht einseitig auf unmittelbarste Berufsanliegen der Beamten und kaufmännischen Angestellten ausgerichtet wurde. Ziel der Lehre war es vielmehr stets, den Hörer mit den Grundlagen der Tätigkeitsgebiete vertraut zu machen, auf denen sich seine Arbeit vollzieht. Damit verfolgen die Akademien ein Anliegen der Allgemeinbildung. Sie wollen gewiß auch das Wissen, das der Beamte und Angestellte in seinem Beruf verwerten kann, erweitern, vor allem soll ihm aber der Zusammenhang seines Handelns mit den Grundlagen unseres Rechts- und Wirtschaftslebens deutlich werden. Es scheint den Dozenten und uns allen, die für das Programm der Akademien verantwortlich sind, mindestens so wichtig, die Selbständigkeit des Denkens der Hörer zu schulen wie deren positives Wissen zu erweitern, da die

Wahrnehmung irgendwelcher Führungsaufgaben vor allem Ansprüche an die Denkfähigkeit der Menschen stellt, die sich in immer wieder anderen Situationen zurechtfinden müssen. Der Zwang, sich mit den schwierigen Aufgaben und Fragen auseinanderzusetzen, schult den Geist und hebt das Selbstvertrauen bei der Durchführung komplizierter Aufgaben."

Mit diesen Sätzen sind die Ziele der Akademiearbeit treffend gekennzeichnet.

Im einzelnen erstreckt sich das Studium auf alle wesentlichen Gebiete der Rechts-, der Verwaltungs- und Kommunal-, der Wirtschafts- und der Sozialwissenschaften. Neben diesen Hauptgebieten enthalten die Vorlesungspläne Vortragsreihen und Sondervorlesungen aus den Gebieten Bank- und Sparkassenwesen, Versicherungswissenschaft, Verkehrswesen, Bau- und Wohnungsrecht sowie Sonderprobleme der Wirtschaftsorganisationen. Im allgemeinbildenden Teil des Studiums werden die Gebiete der Soziologie, der Psychologie, der Geschichte und der Politik behandelt.

Da das Studium für Berufstätige gedacht ist, wird es fast ausschließlich in den Abendstunden an mehreren Tagen der Woche durchgeführt. Im Durchschnitt umfassen die Lehrgänge 240 Stunden im Semester.

Neben den Lehrgängen werden an den meisten Akademien Sonderkurse durchgeführt, in den letzten Jahren je Semester 50—60, mit 350 bis 400 Themen, die in 1400—1600 Stunden abgehandelt wurden. Einzelvorträge und Einzelvorlesungen wurden über 40—100 Themen in 100—240 Stunden gehalten.

An den Vorlesungen, Seminaren und Übungen sind in jedem Semester rd. 350 Hochschullehrer und eine gleiche Anzahl von Praktikern aus Verwaltung und Wirtschaft beteiligt.

Nach Ableistung von mindestens 6 Semestern mit einer Mindestzahl von 570 Stunden können die Hörer, sofern sie die in den — durchweg von den zuständigen Regierungsstellen der Länder genehmigten — Prüfungsordnungen geforderten Voraussetzungen erfüllen, das Examen zur Erlangung des Verwaltungs-, des Kommunal-, des Wirtschafts- oder des Sozialdiploms ablegen.

Über 8100 Abschlußzeugnisse wurden von den nach dem Zweiten Weltkrieg tätigen Akademien bis zum Herbst 1966 erteilt, und zwar: 2718 Verwaltungsakademie-Diplome, 3716 Wirtschaftsdiplome, 1076 Kommunaldiplome, 164 Sozialdiplome, 274 Kameralistendiplome, 37 Außenhandelszeugnisse und 118 Verwaltungsassessorenzeugnisse (nur an der allein dazu berechtigt gewesenen Verwaltungsakademie Berlin).

Daß die Zahl der Diplomerwerber verhältnismäßig niedrig ist, wird von den Freunden der Akademien nicht bedauert. Es wird vielmehr begrüßt, daß sich im Regelfalle nur besonders qualifizierte Hörer der Abschlußprüfung unterziehen, aber sehr viele Fortbildungswillige ihr Wissen in Teilgebieten auf akademischer Grundlage erweitern. Das ergibt neben der Tiefenwirkung auch eine Breitenwirkung der Akademiearbeit.

Die Prüfungsnoten zeigen wohl insoweit eine gesunde Gliederung, als Zeugnisse gegeben wurden: 61 mit Auszeichnung, 497 sehr gut, 2268 gut — im ganzen gut, 3533 voll befriedigend — befriedigend — genügend, und 1846 ausreichend.

In der Zeitschrift „Die Fortbildung" *, deren Schriftleitung in den Händen des um die Akademien seit der Weimarer Zeit verdienten Ltd. Stadtverwaltungsdirektors Pohl liegt, hat sich der Bundesverband Deutscher Verwaltungs- und Wirtschaftsakademien ein Studien- und Mitteilungsblatt geschaffen, das vierteljährlich erscheint. Sein Hauptzweck ist es, durch Aufsätze und Fälle mit Lösungen den Hörern und Absolventen auch eine häusliche Fortbildungsarbeit neben dem Studium zu ermöglichen und ihnen die Gelegenheit zu geben, ihr Wissen zu prüfen. Daneben soll das Blatt die Verbindung zwischen den Akademien und den Hörern, zwischen den Akademien untereinander und zwischen den Akademien und der interessierten Öffentlichkeit pflegen und durch seine Existenz auf die Bedeutung der Verwaltungs- und Wirtschaftsakademien hinweisen.

Anerkennung und Bewertung des Studiums

Die zuständigen Ministerien des Bundes und der Länder haben in zahlreichen Erlassen die Förderung der zur öffentlichen Verwaltung gehörenden Akademie-Absolventen empfohlen. Soweit Laufbahnverordnungen bestehen, in denen den Beamten die Pflicht zur Fortbildung auferlegt ist, wird ausdrücklich bestimmt, daß die Zeugnisse der Verwaltungsakademien als Nachweis der Erfüllung der Fortbildungspflicht anzusehen sind. Eine nicht unerhebliche Zahl der Diplominhaber hat bei den Behörden eine ihren Fähigkeiten und Leistungen entsprechende Stelle erhalten. Manche sind aus der Laufbahn des gehobenen Dienstes in die des höheren Dienstes aufgestiegen. In der Kommunalverwaltung sind eine ganze Reihe von Akademieabsolventen zu Oberstadtdirektoren, Beigeordneten, Oberkreisdirektoren und Werksdirektoren aufgerückt.

In noch weit höherem Maße honoriert die Privatwirtschaft das Studium und die Erlangung des Wirtschaftsdiploms an einer Akademie. In zahlreichen Fällen sind die Inhaber des Wirtschaftsdiploms in sehr wichtige Stellungen aufgestiegen. Vielfach wurde gerade in Kreisen der Privatwirtschaft festgestellt, daß der Akademie-Absolvent manchem jungen Diplomkaufmann oder Volkswirt vorzuziehen sei, weil sich bei ihm das Studium an der Akademie mit den Erfahrungen, welche die Praxis ihm im Beruf gebracht hat, zumeist zu einer wertvollen Einheit verbindet. Recht abwegig

* Herausgeber: Bundesverband Deutscher Verwaltungs- und Wirtschaftsakademien, Köln-Mülheim.

ist der bisweilen erhobene Einwand, daß der Besuch der Verwaltungs- und Wirtschaftsakademien dazu führen könne, daß Absolventen der Akademien überhöhte Ansprüche stellten. In den 15 Jahren, in denen der Verfasser dieses Artikels als Vorsitzender des Bundesverbandes sehr viele Hörer und Absolventen näher kennenlernte, sind ihm darunter sehr viel seltener „Ehrgeizlinge" begegnet als er sie sonst bei Behörden und in Wirtschaftsbetrieben angetroffen hat. Er hat aber in zahlreiche schwere Schicksale von Persönlichkeiten Einblick erhalten, denen z. B. infolge Vertreibung ihrer Familien das unter normalen Umständen selbstverständliche akademische Studium unmöglich gemacht worden war und die nun durch den Besuch einer Verwaltungs- und Wirtschaftsakademie innere Befriedigung und festen Halt fanden, ohne deshalb alsbald eine Beförderung zu erwarten.

Der Hörer der Verwaltungs- und Wirtschaftsakademie weiß, daß ihm das Diplom als solches keine Berechtigung verleiht, sondern daß zu dem Zeugnis noch die Bewährung in der Praxis kommen muß, wenn er aufsteigen will. Es geht ihm aber zumeist darum, daß ihm eine Chance gegeben wird, sich auf schwierigem Posten zu bewähren und diesen auszufüllen. Wie wichtig das nicht nur für den einzelnen, sondern für die Allgemeinheit ist, hat Prof. Dr. Peters in einem bereits im Jahre 1953 in der Zeitschrift „Staats- und Selbstverwaltung" erschienenen Artikel „Bewertung des Studiums an den Verwaltungs-Akademien" unterstrichen. Er schreibt dort: „Weithin fehlt anscheinend bei Parlamenten wie in den Verwaltungsbehörden heute noch das klare Bewußtsein, daß ein wesentlicher Bestandteil jeder künftigen Verwaltungsreform die Heranbildung und Erhaltung eines gutqualifizierten Beamtentums und einer leistungsfähigen Angestelltenschaft ist. Die Existenz des Berufsbeamtentums in Deutschland steht und fällt mit dem hohen Stand der Fachkenntnisse und mit der rechten Einordnung in den demokratischen Staat. Es ist ein Irrtum, anzunehmen, die Fachkenntnis sei für ein ganzes Berufsleben endgültig erworben, wenn jemand am Ende seiner Ausbildung seine Examina erfolgreich absolviert hat. Nicht minder irrtümlich ist die Auffassung, daß lediglich neue Gesetze und Ministerialerlasse die Durchführung der Gedanken von Gesetzgeber und Zentralbehörden sicherten; mitentscheidend ist dafür der Bildungsstand des Personals in den unteren und mittleren Behörden. Wo bei den Sachbearbeitern der Ministerien überdies Kenntnis der Verhältnisse in der Lokalverwaltung und innerer Kontakt mit der kommunalen Selbstverwaltung fehlen oder wo umgekehrt bei den Behörden der Gemeindeverwaltung infolge der Überschüttung mit allzu vielen Ministerialerlassen und Vorschriften das Verständnis für das Wesentliche mangelt, kurz: wo die notwendigen größeren Zusammenhänge nicht mehr gesehen werden, dort kann eine wirklich fruchtbare Zusammenarbeit innerhalb des verwickelten Verwaltungsorganismus kaum zustandekommen. Es ist ferner kein Geheimnis, daß nicht selten in der Beamtenschaft noch Vorstellungen vom alten Obrigkeitsstaat lebendig und fest verankert sind und daß dagegen keine Erklärungen politischer Instanzen helfen, wonach im demokratischen Staate mit neuen Grundgedanken gearbeitet werden müsse.

Wo sollen denn unsere gewiß gutwilligen Beamten, die zum großen Teil in der verworrenen Lage unserer Zeit der Richtlinien von höherer Warte aus bedürfen, das ihnen fehlende Maß an neuen Kentnissen, Bildung und Erfahrung erwerben? Wie sollen ihnen Zusammenhänge und Wertmaßstäbe zum Bewußtsein gebracht werden? Wie kann in diesem Punkte den Bedürfnissen einer modernisierten Verwaltung Rechnung getragen werden? Daß die Chefs der einzelnen Behörden diese Aufgabe nicht erfüllen können, ist bereits eine allgemein anerkannte Tatsache; sie sind mit anderen, nicht minder wichtigen Aufgaben überlastet. Eine oft primitive, zumindest zersplitterte Fortbildung, die kostspielig ist und viel Lehrgeld benötigt, ist die notwendige Folge verschiedener, teilweise dilettantischer Versuche. Je höher die Qualität der Beamten ist, um so höherwertige Leistungen können mit den gleichen Kräften erzielt werden. Die Verwaltung würde also bei wohldurchdachter Fortbildung der Beamten mit derselben Anzahl ihrer Fachkräfte erfolgreicher als bisher oder mit weniger Bediensteten ebensogut arbeiten. Solche Erwägungen führen zu der Erkenntnis: In den Rahmen jeder personellen Verwaltungsreform muß eine durchdachte, systematische Fortbildung eingebaut werden und muß, auf der Grundlage der Fachbildung aufbauend, die gesamte Bildung des Beamten und des öffentlichen Angestellten befruchten. Es ist eine Illusion anzunehmen, daß man den gesteigerten Ansprüchen der modernen Verwaltung dadurch genügen könnte, daß man die Ausbildungszeit verlängert."

In seinen weiteren Ausführungen zeigte Professor PETERS auf, daß die Verwaltungs- und Wirtschaftsakademien die Aufgabe systematischer Fortbildung seit langem erfüllen, ihre Arbeit aber stärkere Förderung erfahren müsse.

Diese Forderung hat auch heute noch volle Gültigkeit. Im System des Deutschen Bildungswesens muß die Fortbildungsarbeit und in der Fortbildungsarbeit müssen die Verwaltungs- und Wirtschaftsakademien ihren richtigen Platz zugewiesen erhalten. Statuiert man eine Fortbildungspflicht, wie dies die Beamtengesetze durchweg tun, so muß man Fortbildungsstätten garantieren und ihre Arbeit angemessen werten. Wünscht man fachlich moderne mittlere Führungskräfte in der Wirtschaft, so muß man die Aufrüstung ihres Wissens durch Einrichtung von Wirtschaftsakademien mehr noch als bisher institutionalisieren und entsprechend fördern.

Die klare Einsicht in diese unabdingbaren Notwendigkeiten hat auch Professor PETERS zur hingebungsvollen Mitarbeit an den Verwaltungs- und Wirtschaftsakademien geführt.

Bis an sein Lebensende hat Professor PETERS als Studienleiter der Verwaltungs- und Wirtschaftsakademien in Aachen und Düsseldorf in der

Akademiepraxis gestanden und ist im Vorstand des Bundesverbandes in stets verbindlicher Form, aber doch sehr nachdrücklich und überzeugend für die Verwirklichung seiner Ideen eingetreten. Sein Streben war auch hier ganz auf wahre Menschlichkeit, tatkräftige Hilfeleistung und nachdrückliche Förderung ehrlicher Arbeit gerichtet.

Unvergeßlich bleibt mir, wie er bei einer Ansprache im Kreise von Vertretern der Verwaltungs- und Wirtschaftsakademien im Herbst 1965 mich mit seinen jugendlich frisch stahlenden Augen anlächelte und zustimmend nickte, wie ich als Maxime der ehrenamtlichen Tätigkeit für die uns ans Herz gewachsenen Akademien die Worte aus Goethes „Zueignung" zitierte:

„Warum sucht' ich den Weg so sehnsuchtsvoll,
Wenn ich ihn nicht den Brüdern zeigen soll?"

4. Kirchenrecht

Gesandtenrecht auf dem Konzil von Trient

HUBERT JEDIN

An den Generalkonzilien des Mittelalters haben wiederholt regierende Könige und Fürsten teilgenommen: König Jakob von Aragon am 2. Konzil von Lyon (1274), König Philipp d. Schöne von Frankreich am Konzil von Vienne (1311/12); das Konstanzer Unionskonzil ist nicht ohne die Mitwirkung Kaiser Sigismunds zu denken. Obwohl während der Vorverhandlungen, die der Berufung des Trienter Konzils vorausgingen, zeitweise (unter Papst Clemens VII.) die persönliche Teilnahme des Kaisers zur Bedingung gemacht wurde [1], haben weder Karl V. noch sein Bruder Ferdinand I., aber auch kein anderer Souverän des damaligen Europa persönlich am Konzil teilgenommen. Sie ließen sich durch Gesandte, „Oratoren", vertreten, wie es schon im Mittelalter häufig der Fall war.

Während der ersten Tagungsperiode des Konzils (1545/47) war die Zahl der Oratoren mit diplomatischem Status verhältnismäßg gering. Kaiser Karl V. bestimmte seinen Botschafter im benachbarten Venedig, Don Diego Hurtado de Mendoza [2], gleich zu Beginn der Tagung als seinen Vertreter in Trient, der aber mehr aus gesundheitlichen als aus dienstlichen Gründen nur einige Male und für kurze Zeit dorthin kam; doch auch der ihm nachgeordnete zweite Gesandte Francisco de Toledo [3] war ebenfalls nur mit großen Unterbrechungen in der Konzilsstadt anwesend. Bedenkt man, daß das

[1] H. JEDIN, Geschichte des Konzils von Trient I² (Freiburg 1951), 215 u. ö.

[2] Das umfangreiche Werk von A. GONZÁLEZ PALENCIA-E. MELE, Vida y obras de Don Diego Hurtado de Mendoza, 3 Bde. (Madrid 1941/43), entspricht leider nicht allen berechtigten Anforderungen. Der Versuch von E. SPIRAKOWSKY, D. H. de Mendoza and Averroism, Journal of the History of Ideas 26 (1965), 307—326, die geistige Weite dieses als Geschichtsschreiber und Handschriftensammler berühmt gewordenen Diplomaten auf den Averroismus zurückzuführen, hat eine zu schmale Basis. Im Carranza-Prozeß erweist sich M. als streng orthodox und sagt gegen Carranza aus; vgl. J. TELLECHEA, Fray B. Carranza II (Madrid 1963), 530 ff., 569 ff.

[3] Vgl. G. BUSCHBELL, Francisco de Toledo und seine Tätigkeit in kaiserlichen Diensten während des ersten Abschnittes des Konzils von Trient, Historisches Jahrbuch 52 (1962), 356—388; JEDIN, Gesch. d. Konzils von Trient II (Freiburg 1957), passim. Toledo kam am 15. März 1546 in Trient an: Concilium Tridentinum ed Soc. Goerresiana I, 512. Im folgenden wird das Concilium Tridentinum der Görres-Gesellschaft (bisher 13 Bde., Freiburg 1901 ff.) mit dem Sigel CT und der Bandnummer zitiert.

Konzil mit einer großen militärischen Aktion, dem Schmalkaldischen Krieg, parallel lief und mit ihr gekoppelt war, muß die diplomatische Vertretung des Kaisers in dieser Periode als durchaus ungenügend bezeichnet werden; der in Trient anwesende spanische Kronjurist Francisco Vargas war kein vollgültiger Ersatz, denn er besaß keinen diplomatischen Rang.

Karls Bruder Ferdinand, der Römische König, unterhielt zwei Vertreter in Trient: den dem Trienter Stiftsadel angehörenden Kriegsobersten Francesco di Castelalto [4] und den Kanzler des Trienter Fürstbischofs Kardinal Madruzzo, Queta [5], die ihre Mandate zwar schon vor der Eröffnung des Konzils, am 29. August 1545, den Legaten vorlegten, aber bis Ende Juni 1546 niemals an den Generalkongregationen und Sessionen teilnahmen und politisch nicht in Erscheinung traten.

Mit drei Gesandten trat König Franz I. in Trient auf: dem Diplomaten Claude d'Urfé [6], dem Juristen Jacobus de Lignériis, Präsident am Pariser Parlament [7], und dem Propst und späteren Bischof von Lavaur, Pierre Danès, einem Humanisten [8]. Die von König Johann III. von Portugal abgeordneten Konzilstheologen Jorge de Santiago, Jeronymo d'Azambuja und Gaspar dos Reis, sämtlich dem Predigerorden angehörend, waren zwar durch ein Schreiben des Königs an Papst Paul III. vom 29. Juli 1545 ausgewiesen, das in der Generalkongregation vom 18. Dezember 1545 vorgelegt wurde, sollten aber lediglich als Berater eines später zu entsendenden Orators dienen, der niemals ernannt wurde [9]. Sie besaßen ebensowenig diplomatischen Rang wie der von Herzog Cosimo von Florenz entsandte Sekretär Pietro Camaiani, der sich in Trient als Agent und Berichterstatter seines Herzogs aufhielt [10].

[4] Castelalto war ein in vielen Kriegszügen, besonders in Oberitalien, bewährter Kriegsoberst, dessen Familienburg im Suganatal lag; er besaß jedoch in Trient ein Haus. Er wird CT I, 171, als Tridenti pro rege Romanorum capitaneus bezeichnet; vgl. auch G. Suster, F. di Castelalto, Archivio Trentino 20 (1905), 1—16.

[5] Der Jurist Queta, in dessen Haus Toledo residierte, war Doktor beider Rechte und Kanzler sowohl des Kardinals Cles wie Madruzzos; vgl. S. Merkle in CT I, 171.

[6] d'Urfé wird bei der Zulassung (CT I, 556) als „Camerarius Regis, gubernator et praefectus provinciae de Forest" bezeichnet; er war 1548—1553 französischer Botschafter in Rom. Lit. über ihn CT VI, 439, Anm. 5.

[7] Jacobus de L. wird bei der Zulassung als „praesidens tertiae decuriae Parisiensis" bezeichnet: CT I, 556.

[8] Über Danès, der sich seit 1533 in Venedig aufgehalten hatte und dort durch Gasparo Contarini bekanntgeworden war, vgl. M. Forget, Les rélations et les amitiés de Pierre Danès, Humanisme et Renaissance 3 (1936), 365—383; 4 (1937), 58—77.

[9] CT IV, 534 f.; I, 430; das Schreiben des Königs an das Konzil vom 29. Juli 1954: CT IV, 426.

[10] Über Camaianis Tätigkeit in Trient vgl. H. Jedin, La Politica conciliare di Cosimo I, Rivista Storia Italiana 62 (1950), 345—374; 477—496. Weiteres über ihn bei H. Lutz, Nuntiaturberichte aus Deutschland Abt. I, Bd. XIII (Tübingen 1959), S. IX—XII.

Nachdem sich das Konzil am 11. März 1547 nach Bologna verlegt hatte, schrumpfte dieses an sich schon bescheidene „diplomatische Corps" vollends zusammen: Von den drei französischen Gesandten folgte nur einer, d'Urfé, im Herbst 1547 der Konzilsmehrheit in den neuen Tagungsort [11]. Die Gesandten des Kaisers und des römischen Königs brachten ihren Protest gegen den nach ihrer Auffassung ungültigen Translationsbeschluß dadurch zum Ausdruck, daß sie in Trient blieben [12]. Anfang 1548 legte der Kaiser schließlich in Rom und Bologna formellen Protest gegen die Translation ein.

Der Dissens der beiden rivalisierenden Hauptmächte Habsburg und Frankreich in der Translationsfrage wiederholte sich mit umgekehrtem Vorzeichen, als Papst Julius III. das Konzil nach Trient zurückverlegte und damit dessen Zweite Tagungsperiode eröffnete. In Sessio XII vom 1. September 1551 erschien der Abt Jacques Amiot als Nuntius (nicht „Orator") König Heinrichs II. von Frankreich, um gegen die Trienter Versammlung (consessus, nicht concilium) Protest einzulegen [13]. Dagegen war der Kaiser jetzt durch drei Oratoren vertreten: den Grafen Hugo von Montfort [14], den uns schon aus der ersten Tagungsperiode bekannten Francisco de Toledo und den Archidiakon Wilhelm von Poitiers [15]. König Ferdinand hatte zwei Bischöfe abgeordnet: Paul Gregoriancz, Bischof von Agram [16], und Friedrich Nausea, Bischof von Wien [17].

Zum ersten und einzigen Male traten während dieser zweiten Tagungsperiode die Gesandten protestantischer Reichsstände auf. Kurfürst Joachim von Brandenburg war durch seine Räte Christoph von der Straßen und Dr. Johann Hoffmann vertreten; ihnen folgten im Laufe des Winters die Gesandten des Herzogs Christoph von Württemberg, Hans Dietrich von Plieningen und Dr. Hans Heinrich Hecklin. Für die Stadt Straßburg und fünf andere Reichsstädte erschien der Geschichtsschreiber des Schmalkaldi-

[11] CT VI, 439 f.; Ankunft in Bologna am 9. Sept. 1547.

[12] CT VI, 35; Der nach Trient entstandte Bote der Konzilslegaten, Palmerius, findet am 15. April 1547 den Erzbischof von Palermo u. zwei andere Spanier „a tavola col Sr Don Francesco di Toleto, imbasciator di S. M.^tà^".

[13] CT VII, 99—104.

[14] Montfort gehörte zu den wenigen weltlichen Ständen im schwäbischen Kreis, die katholisch geblieben waren. Er hatte 1539 als Kaiserlicher Kommissar am Überlinger Konvent teilgenommen, später auch am Hagenauer und am Nürnberger Reichstag von 1542. Er hatte, wie aus einem Brief Abt Blarers an ihn aus Augsburg vom 18. Juni 1551 hervorgeht, den Auftrag, nach Trient zu gehen, nur widerstrebend übernommen; H. GÜNTER, Gerwig Blarer, Abt von Weingarten II (Stuttgart 1921), 261. Weitere Lit. CT VII, 94, Anm. 2.

[15] Über W., der die spanischen Niederlande vertrat, ist so gut wie nichts bekannt.

[16] Gregoriancz war 1550—1554 Bischof von Agram, 1554—1565 Bischof von Raab, vgl. CT VII, 97, Anm. 3.

[17] Über diesen als Prediger und Kontroverstheologen bekannten Mann, der am 6. Februar 1552 in Trient starb, vgl. H. JEDIN, Das konziliare Reformprogramm Friedrich Nauseas, Hist. Jahrbuch 77 (1958), 229—253, mit weiterer Lit.

schen Bundes, Dr. Johannes Sleidanus. Zuletzt kamen die Gesandten des Kurfürsten Moritz von Sachsen, Wolfgang Koler und Dr. Leonard Badenhorn [18].

Erst während der dritten und letzten Tagungsperiode des Konzils (1562/63) nahm die Zahl der Gesandten beträchtlich zu, weil sich außer den katholischen Großmächten auch Staaten zweiten und dritten Ranges formell in Trient vertreten ließen. Kaiser Ferdinand I. ernannte zwei Oratoren, den Grafen Sigismund von Thun [19] und den Erzbischof von Prag, Anton Brus von Müglitz [20]; als König von Ungarn vertrat ihn der Bischof von Fünfkirchen, Georg Draskovich [21]. Die Bischöfe von Knin und Csanád waren lediglich Prokuratoren der Prälaten und des Klerus von Ungarn, der Bischof von Lavant und sein Begleiter Ninguarda Prokuratoren des Erzbischofs von Salzburg, also Rechtsvertreter stimmberechtigter Bischöfe, nicht Gesandte weltlicher Souveräne; obwohl sie ähnlich wie Gesandte behandelt wurden, besaßen zumindest die ersteren keinen diplomatischen Status.

König Philipp II. von Spanien bestimmte bald nach Beginn der Tagung als seinen vorläufigen Gesandten den Governatore von Mailand, Ferdinando Francisco d'Avalos, Marchese von Pescara [22], der aber Trient bald wieder verließ; erst am 12. April 1563 traf als Botschafter des Katholischen Königs Claudius Fernandez de Quignones, Graf von Luna, in Trient ein und blieb dort bis zum Schluß des Konzils [23].

Waren die beiden ersten Tagungsperioden des Konzils nach Deutschland ausgerichtet gewesen, so diese dritte nach Frankreich, wo der Calvinismus gewaltige Fortschritte gemacht hatte. Sie kam in der Anwesenheit von drei Gesandten König Karls IX. zum Ausdruck: des Diplomaten Louis de Lansac und zweier Juristen, des Parlamentspräsidenten Rainald Ferrier und

---

[18] Näheres über diese Gesandten in meinem Aufsatz: Die Deutschen am Trienter Konzil 1551/52, Hist. Zeitschrift 188 (1959), 1—16; wieder abgedruckt in meiner Aufsatzsammlung: Kirche des Glaubens — Kirche der Geschichte II (Freiburg 1966), 224—236.

[19] Ankunft in Trient am 10. Februar 1562: CT III/1, 24. Die Berichte Thuns und der anderen kaiserlichen Gesandten bei Th. Sickel, Zur Geschichte des Concils von Trient (Wien 1872).

[20] Ankunft in Trient am 31. Januar 1562: CT III/1, 22; vgl. S. Steinherz, Briefe des Prager Erzbischofs Anton Brus von Müglitz 1562/63 (Prag 1907); R. Till, Antonius Brus v. Müglitz, Wiener Geschichtsblätter 19 (1964) 258—269.

[21] D. kam während der Eröffnungssitzung am 18. Januar an: CT III/1, 22, aber ohne Dokumente. Lit. über ihn: Lexikon f. Theologie u. Kirche III, 542 f. — Auch die Dokumente der beiden ungarischen Prokuratoren wurden, obwohl diese keine „oratores" waren, am 6. April vorgelegt: CT VIII, 395.

[22] Ankunft am 14. März 1562: CT III/1, 28.

[23] CT IX, 471; A. Fernández Alonso, El Conde de Luna, embajador de Felipe II en el Concilio de Trento, Arch. Leoneses 7 (1950), 73—95.

des „iudex maior" am Parlament von Toulouse, Guido du Faure (Faber), Herrn von Pribrac [24].

Außer den Großmächten waren auf dem Konzil jetzt durch Gesandte vertreten: König Sebastian von Portugal durch Ferdinand Martin Mascarenhas [25]; die sieben katholischen Schweizer Kantone durch den Landamtmann von Unterwalden, Ritter Melchior Lussy [26]; die Republik Venedig durch die Nobili Nicolò da Ponte und Matteo Dandolo [27]; Herzog Albrecht V. von Bayern durch Dr. Augustin Baumgartner, der von dem Jesuiten Jean Cuvillon begleitet war [28]; Herzog Cosimo von Florenz durch Giovanni Battista Strozzi, der im Sommer 1563 durch den Bischof von Cortona, Girolamo Gaddi, ersetzt wurde [29]; König Sigismund August von Polen durch den Bischof von Przemysl, Valentin Herburth [30]; Herzog Philibert Emanuel von Savoyen durch den Bischof von Aosta, Marcantonio Bobba [31]; der Großmeister des souveränen Malteserordens durch Don Martin Roias de Portalrubeo [32].

Es waren mithin während der dritten Tagungsperiode des Konzils zwölf Staaten durch Gesandte vertreten. Ihre Entsendung war — wie in den früheren Perioden — durch den Papst mit allem Nachdruck betrieben worden, um das Prestige des Konzils zu erhöhen; sie lag aber auch im Interesse der Staaten, weil das Konzil im Kraftfeld der großen Politik lag und durch seine Reformdekrete notwendig in das innere Gefüge der Staaten eingreifen mußte. Die politische Wirksamkeit der Gesandten, die sich in den ihnen erteilten Instruktionen und in ihren Konzilsberichten niederschlägt, kann nur im Zusammenhang mit der Gesamtgeschichte des Konzils gewürdigt werden. Was uns hier beschäftigt, ist lediglich ihre Rechtsstellung, wie sie in den Mandaten ihrer Souveräne, im Zeremoniell ihrer Zulassung und in der

---

[24] L.s. Biographie bei Ch. Sauzé de Lhoumeau, Correspondence politique de M. de Lanssac 1548—1557 I (Poitiers 1904); er kam am 18. Mai 1562 in Trient an: CT III/1, 35, Ferrier am 19., du Faure am 22. Mai.

[25] Ankunft am 7. Februar 1562: CT III/1, 23; vgl. J. de Castro, Portugal no Concilio de Trento IV (Lissabon 1945), 185 ff.

[26] Ankunft am 16. März 1562: CT III/1, 28; vgl. R. Feller, Ritter Melchior Lussy von Unterwalden, 2 Bde. (Stans 1906/09); zusammenfassend: O. Vasella, Ritter M. Lussy (Olten 1956). Abt Joachim von Einsiedeln, der zugleich mit L. ankam, war Prokurator der Prälaten und des Klerus der Sieben Kantone.

[27] Ankunft am 19. April 1562: CT III/1, 31.

[28] Ankunft am 1. Mai 1562; CT III/1, 32; vgl. A. Knöpfler, Die Kelchbewegung in Bayern unter Herzog Albrecht V. (München 1891), 99 ff. Weitere Lit. siehe Neue Deutsche Biographie I, 666 f.

[29] Ankunft in Trient am 15. März 1562: CT III/1; seine Berichte (und die seines Nachfolgers Gaddi) bei N. Rodolico-A. d'Addario, Osservatori toscani al Concilio di Trento (Florenz 1965).

[30] Ankunft in Trient am 14. Oktober 1562: CT III/1, 55.

[31] Ankunft am 25. Januar 1563: CT IX, 371; über ihn, seit 1565 Kardinal, M. F. Mellano, La Controriforma nella Diocesi di Mondovì (Turin 1955) 50 ff.

[32] Ankunft in Trient am 26. März 1563: CT IX, 774.

Form ihrer Teilnahme an den offiziellen Akten des Konzils zum Ausdruck kommt. Ein umfangreiches Kapitel freilich muß, weil letzten Endes politisch, ausgeschlossen bleiben: die zahllosen Streitigkeiten um den Vorrang in der Sitzordnung, die während der letzten Periode beinahe zu einem Bruch zwischen den Großmächten geführt hätten [33].

1. Die Vollmachten

Voraussetzung für die Anerkennung des Orators durch das Konzil war das Mandat des Souveräns. Zwar besaßen die Gesandten außer ihrer Instruktion, die die politischen Aufträge enthielt, in der Regel ein an das Konzil oder an die päpstlichen Legaten gerichtetes Schreiben ihres Souveräns, das aber nur in einem Fall (Venedig) ausdrücklich als Kreditiv bezeichnet wird, sonst aber nur den Charakter eines Empfehlungsschreibens hat. Entscheidend für die Zulassung war jedoch die in Form von unterschriebenen und gesiegelten Litterae patentes abgefaßte Vollmachtsurkunde [34]. Sie umschreibt die Rechte und Pflichten, die der Orator als Vertreter seines Souveräns auf dem Konzil besitzt. Obwohl nach Bittner damals „der internationale Typus der Vollmachtsurkunde durch eine Angleichung der Kanzleigebräuche der Staaten mit weitverzweigten internationalen Beziehungen und von starker politischer Geltung herausgebildet" war, weisen die in Trient vorgelegten Mandate mit Rücksicht auf die eigen- und in gewisser Hinsicht einzigartige Situation des Allgemeinen Konzils manche Besonderheiten auf. Wir beginnen mit den Vollmachtsurkunden des Kaisers, des Römischen Königs und des Königs von Spanien.

Das am 20. Februar 1545 in Brüssel ausgestellte Mandat Karls V. für Mendoza umschreibt dessen Vollmachten folgendermaßen [35]: Um dem Wunsch des Papstes, der Kaiser möge entweder persönlich oder durch Gesandte (vel personaliter vel per oratores) am Konzil teilnehmen, zu entsprechen, ernennt der Kaiser, da er verhindert ist, bei der bevorstehenden Eröffnung des Konzils zugegen zu sein, seinen Rat und Orator in Venedig, Diego Hurtado de Mendoza, zu seinem Kommissar, Orator, Nuntius und Prokurator mit dem Auftrag: ut nostro nomine praefatae concilii celebrationi intervenire eique adesse et interesse, locum et vices nostras in omnibus sessionibus, consultationibus, deliberationibus et actibus obtinere et gerere, votum et decretum nostrum interponere atque alia omnia agere, facere, dicere, gerere, tractare, procurare et promovere possit et valeat,

[33] Näheres s. am Schluß des 2. Abschnittes.

[34] L. Bittner, Die Lehre von den völkerrechtlichen Vertragsurkunden (Berlin 1924), 122 ff. Das neueste und beste Werk zur Geschichte der Diplomatie im 16. Jahrhundert: G. Mattingly, Renaissance Diplomacy (London 1955), berücksichtigt die speziellen Verhältnisse des Trienter Konzils nicht.

[35] CT IV, 392 f.; das Mandat Francisco de Toledos vom 2. Februar 1545 s. CT V, 67 f.

quae ex usu reipublicae Christianae et dignitate nostra fore videbuntur quaeque nos ipsi facere, dicere, gerere et tractare possemus, si coram praesentes essemus [36].

In dieser Vollmacht sind drei Aufträge enthalten: 1. Der Orator hat im Namen des Kaisers auf dem Konzil anwesend zu sein und in allen Sitzungen, Beratungen und sonstigen konziliaren Akten (z. B. Konzilsgottesdiensten) den dem Kaiser gebührenden Platz einzunehmen und die ihm zukommenden Funktionen zu vollziehen; 2. die Stimme und Willensmeinung des Kaisers für ihn abzugeben und 3. alles zu tun und zu veranlassen, was zum Nutzen (ex usu) der Christenheit dient, der kaiserlichen Würde entspricht, und was der Kaiser selbst tun würde, wenn er anwesend wäre. Punkt 1 und 3 bedürfen keiner Erläuterung: Der Orator hat den Anspruch des Kaisers auf den Vorrang vor allen anderen Souveränen zu wahren; der letzte Auftrag ist bewußt allgemein gehalten, um dem Gesandten das Eingreifen in nicht vorhersehbaren Fällen zu ermöglichen. Auffallend dagegen ist der zweite Punkt: Der Kaiser rechnet offensichtlich damit, daß sein Gesandter bei konziliaren Abstimmungen der Willensmeinung des Kaisers unmittelbar Ausdruck geben kann [37]. Da dies nicht der Fall war, blieb diese Klausel in späteren Mandaten weg. Am Schluß des Mandates steht das Ratifikationsversprechen.

Das Mandat des Kaisers für die drei Oratoren, die er im Jahre 1551 nach Trient abordnete, gegeben in Augsburg am 1. Juli 1551 [38], ist nicht nach dem gleichen Formular abgefaßt wie das erste, unterscheidet sich aber seinem Inhalt nach von diesem nur in einigen Nuancen. Die drei „oratores et mandatarii" (nicht mehr procuratores) erhalten ihre Vollmacht gemeinsam und einzeln (eis et cuilibet eorum in solidum); sie werden — offensichtlich im Hinblick auf die in Trient erwarteten protestantischen Reichsstände — beauftragt, mit den Bevollmächtigten anderer Stände Konzilsangelegenheiten zu behandeln und zu betreiben (cum aliis statibus reipublicae Christianae eorumve legatis, oratoribus et mandatariis consultare, agere et tractare). Das Ratifikationsversprechen ist feierlicher gehalten (promittentes in verbo nostro Caesareo).

Von den Mandaten des Römischen Königs Ferdinand liegt das in Wien am 16. August 1551 gegebene für die Bischöfe von Agram und Wien vor [39]. Diese beiden werden als commissarii, oratores, nuntii et mandatarii bezeichnet und erhalten die gleichen Aufträge wie die Gesandten des Kaisers, einschließlich des Rechtes, im Namen des Königs zu stimmen (suffragium, votum et decretum nomine nostro dare). Es entspricht der Gesinnung

---

[36] CT IV, 393.

[37] Der Singular „votum" schließt m. E. jede andere Deutung aus; er ist der technische Ausdruck für Stimmabgabe. Im Mandat von 1551 heißt es consilium, votum et decretum: CT VII, 95.

[38] CT VII, 95 f. [39] CT VII, 97 f.

Ferdinands, daß in diesem Mandat ausdrücklich die Wiederherstellung der religiösen Einheit (fidei et religionis concordia et unio) als Konzilsziel genannt wird, das durch das Erscheinen protestantischer Reichsstände in den Bereich des Möglichen gerückt war, aber nicht verwirklicht wurde.

Obwohl in der Zwischenzeit der Augsburger Religionsfriede geschlossen worden war, behielt das Mandat Kaiser Ferdinands I. für seine im Jahre 1562 nach Trient abgeordneten Gesandten Thun und Brus (gegeben Prag, 1. Januar 1562) die Unionsklausel bei [40]. Es gab im übrigen die Auffassung Ferdinands wieder, die bevorstehende dritte Tagung des Konzils sei nicht die Fortsetzung der früheren, sondern ein neues Konzil [41], indem es von einer Ansage (indixerit), nicht von einer Fortsetzung sprach. Der übrige Inhalt entspricht dem Mandat von 1551, nur wird die Bezeichnung der Gesandten als procuratores hinzugefügt.

König Philipp II. von Spanien dagegen spricht in seinem Mandat für den Marchese von Pescara, seinen Orator, Nuntius et Procurator [42], gegeben in Madrid am 28. Januar 1562, von der bevorstehenden Tagung als Fortsetzung der früheren (prosequeretur, continuandum) und bringt damit eine Ansicht zur Geltung, die er in den Vorverhandlungen eingenommen hat. Die Vollmacht selbst folgt wörtlich der für Mendoza im Jahre 1545, läßt aber die obenerwähnte Formel „votum et decretum interponere", die Karl V. gebraucht hatte, als überholt weg. Auch das Mandat für den Grafen Luna, gegeben in Madrid am 20. Oktober 1562 [43], hat im dispositiven Teil den gleichen Wortlaut wie die früheren. Die habsburgischen Höfe besaßen mithin ein festes Formular.

Anders der französische Hof. König Franz I. von Frankreich ernennt in seinem Mandat für die drei Konzilsgesandten vom 30. März 1546 [44], das ebenfalls die Form von Litterae patentes hat, diese lediglich zu Prokuratoren des Königs (eos ipsos constituimus per has litteras veros, indubitatos, legitimosque procuratores nostros), mit dem Auftrag, auf dem Konzil in Sachen des Glaubens, der Kirchenreform und in allen anderen Traktanden das vorzuschlagen, zu tun und zu veranlassen (proponant, agant et procurent), was dem Auftraggeber selbst, wenn er gegenwärtig wäre, zu tun gestattet wäre. Der Unterschied von den Mandaten der habsburgischen Höfe springt in die Augen: Die Oratoren sind in Wirklichkeit lediglich Prokuratoren des Königs; dieser nimmt jedoch für sie ausdrücklich das Propositionsrecht in Anspruch, d. h. Anträge auf die Tagesordnung des Konzils zu bringen.

Daß am französischen Hofe kein festes Formular für die Vertreter des Königs auf dem Konzil bestand, lehrt das Mandat Karls IX. für seine drei

[40] CT VIII, 273 f.
[41] Vgl. darüber L. Pastor, Geschichte der Päpste VII, 150—168.
[42] CT VIII, 380.
[43] CT IX, 513 f., datiert Madrid, 20. Oktober 1562.
[44] CT V, 285 f.

Gesandten vom 12. April 1562 [45]. Es ist in französischer Sprache abgefaßt und hat die Form eines an das Konzil gerichteten Briefes. Die drei erhalten „munus et officium oratorum, secundum mandata, quae illis dedimus", womit auf die ihnen erteilte Instruktion verwiesen wird. Sie haben auf dem Konzil den Platz zu beanspruchen, den bisher die Oratoren des Allerchristlichsten Königs eingenommen haben, nämlich die Präzedenz vor den Oratoren des Königs von Spanien, und im Namen des Königs und des Volkes gemeinsam oder einzeln um die für das Wohl der gallikanischen wie der universalen Kirche notwendigen Lehr- und Reformdekrete zu ersuchen (requirendi). Das Mandat kündigt also bereits die Forderungen des Königs in der Präzedenzfrage und hinsichtlich der Kirchenreform an, die letzteren auch im Namen des Volkes (nostro populique nostri nomine).

Von den Mandaten der übrigen Mächte steht das der Republik Venedig vom 11. April 1562 denen der habsburgischen Höfe am nächsten [46]. Vom Dogen Gerolamo Priuli ausgestellt, wahrt es die von der Markusrepublik sorgfältig gepflegte diplomatische Tradition, daß der Gesandte der persönliche Vertreter des Souveräns ist. Die oratores, nuntii et procuratores De Ponte und Dandolo haben im Namen des Dogen am Konzil teilzunehmen, ihn in allen Sessionen und Kongregationen zu vertreten und alles zu tun, was der Auftraggeber tun würde, wenn er zugegen wäre; am Schluß steht das Ratifikationsversprechen. Ebenso aufgebaut sind die Mandate des Herzogs Philibert von Savoyen für seinen Orator und Prokurator Bobba vom 1. Januar 1563 [47] und der sieben katholischen Schweizer Kantone für ihren „legatus" Lussy vom 2. Februar 1562 [48]. Das am 28. September 1561 ausgestellte Mandat des Königs Sebastian von Portugal für seinen Orator Mascarenhas ernennt diesen auch zum Prokurator der drei mit der Krone Portugal vereinigten Ritterorden [49].

An einigen anderen Höfen herrschte Unsicherheit über die notwendigen Formalien. Der Gesandte des Königs Sigismund August von Polen, Bischof Herburth von Przemysl, mußte in der Generalkongregation vom 23. Oktober 1562 auf Grund eines an das Konzil gerichteten königlichen Schreibens [50] zugelassen werden. Das viel später nachgelieferte und erst in der Sitzung vom 15. Juli 1563 verlesene Mandat entschuldigte weitschweifig die

[45] CT VIII, 507 f., lateinische Übersetzung des französischen Originals; danach das obige Zitat.

[46] CT VIII, 482 f. Die Adresse des Kreditivs mußte im letzten Augenblick noch geändert werden, weil sie die umstrittene Formel „universalem ecclesiam repraesentans" enthalten hatte.

[47] CT IX, 372.

[48] CT VIII, 388 f. Das Mandat nimmt Bezug auf die von dem Nuntius Volpe überbrachte Einladung; vgl. K. Fry, G. A Volpe, Nuntius in der Schweiz, Dokumente I (Freiburg/Schweiz 1935), 157 ff., 164, 168 f., 174 f. Man hatte anfangs an Gilg Tschudi als Gesandten gedacht. Der Papst übernahm die Kosten der Gesandtschaft, was geheimgehalten werden sollte, aber schließlich doch bekannt wurde.

[49] CT VIII, 251. [50] CT IX, 102.

Abwesenheit des Königs (propriis ac peculiaribus regni nostri tam pacis quam belli negotiis occupati) und ernannte den Bischof zum commissarius, orator, nuntius, promotor und mandatarius, aber ohne die sonst üblichen Formeln und ohne Ratifikationsversprechen [51]. Strozzi, der Gesandte des Herzogs Cosimo von Florenz, präsentierte in der Generalkongregation vom 18. März 1562 nicht, wie seine Kollegen, ein vom Souverän unterzeichnetes und gesiegeltes Mandat, sondern, italienischer Tradition folgend, ein von zwei Florentiner Notaren am 27. Februar 1562 ausgefertigtes Notariatsinstrument, durch das die drei Tage zuvor in Pisa geschehene Ernennung Strozzis zum Orator bei den päpstlichen Legaten und dem Konzil beglaubigt wurde [52]. Der Gesandte wurde bevollmächtigt, an den Konzilsakten teilzunehmen, alles Notwendige oder Opportune zu tun und Verhandlungen auch mit den Gesandten anderer Mächte zu führen; das Instrument enthielt keine Ratifikationsklausel. Daraufhin meldete Cosimos ehemaliger Sekretär Camaiani, jetzt Bischof von Fiesole, dem Herzog, die Form des Notariatsinstruments sei ungebräuchlich; Strozzi brauche ein unterschriebenes und gesiegeltes Patent des Herzogs. Camaiani berichtete außerdem, das Empfehlungsschreiben des Herzogs sei in der Kongregation nicht verlesen worden, weil es nur an die Legaten und nicht auch an das Konzil adressiert war [53]. Daraufhin legte Strozzi in der Session vom 14. Mai 1562 ein regelrechtes Mandat des Herzogs vor, das inhaltlich gleichlautend, jedoch mit der Ratifikationsklausel versehen war [54]. Strozzis Nachfolger Gaddi, Bischof von Cortona, wurde in seinem Mandat vom 7. Juli 1563 nicht als orator, sondern als nuntius, procurator et negotiorum gestor bezeichnet, obwohl er die gleichen Vollmachten wie sein Vorgänger besaß [55].

Auch Baumgartner, der Gesandte Herzog Albrechts von Bayern, konnte in der Generalkongregation vom 27. Juni 1562 nur einen Brief des Herzogs an das Konzil vorlegen; erst in der Sessio vom 16. Juli präsentierte er ein vom 15. Mai 1562 datiertes Mandat [56], das ihm zum „orator ad s. concilium Tridentinum“ ernannte. Der Grund der Verzögerung war in diesem Falle aber ein anderer. Baumgartner hatte schon bei der Einführung ein Mandat besessen, das ihn und den ihn begleitenden Jesuiten Cuvillon bevollmächtigte [57]. Da der letztere aber nicht die Verpflichtung übernehmen wollte, auf dem Konzil für die Priesterehe einzutreten, wurde das Mandat auf Baumgartner beschränkt.

Eine Sonderstellung nehmen die Mandate der während der zweiten Tagungsperiode in Trient erschienenen Gesandten protestantischer Reichsfürsten ein. Kurfürst Joachim II. von Brandenburg beauftragt seine Ver-

[51] CT IX, 618 f.
[52] CT VIII, 384.
[53] Rodolico-d'Addario, Osservatori toscani, 96.
[54] CT VIII, 490.
[55] CT IX, 641.
[56] CT VIII, 697 f.
[57] Vgl. CT VIII, 619.

treter, ohne ihnen eine Amtsbezeichnung beizulegen, in seinem Namen auf dem Konzil zu erscheinen und alles zu veranlassen, was zur Reform der Kirche und zur Beseitigung des religiösen Zwistes dienen kann [58]. Er stellt aber keine Bedingungen wie Herzog Christoph von Württemberg in seinem Mandat für die „legati" Plieningen und Hecklin vom 20. September 1551 [59], nämlich, daß das Konzil „frei, gesetzmäßig und christlich" gehalten werde; was darunter zu verstehen war, war in einer Erklärung zusammengefaßt, die die Gesandten vor der Verlesung des Mandates abgaben. Es waren im wesentlichen die Vorbehalte gegen das Trienter Konzil, die von den protestantischen Ständen schon vorher, auf dem Augsburger Reichstag, gemacht worden waren [60].

Das Mandat des Großmeisters der Malteser Jean de Valette für seinen „legatus et procurator" Nicolaus Durandus de Villegaignon (der aber niemals in Trient erschien) und seinen Kollegen, den Vizekanzler des Ordens Martin Roias, vom 21. Juli 1562 liegt leider nur in einer gekürzten Fassung vor, so daß man die Formalien nicht beurteilen kann; erst am 7. September 1563 präsentiert, war es die letzte der dem Konzil vorgelegten Vollmachtsurkunden [61].

Die Untersuchung der Mandate führte zu folgenden Ergebnissen: 1. Der Typus der Vollmachtsurkunde, wie er in den Mandaten der habsburgischen Kanzleien und Venedigs am reinsten entgegentritt, hat sich noch nicht überall durchgesetzt; Frankreich und manche kleinere Staaten haben abweichende Fassungen; 2. die Amtsbezeichnung der Gesandten läßt noch nicht die später präzisierte Rangordnung (Botschafter, Gesandte, Residenten etc.) erkennen; auch die Gesandten zweitrangiger Staaten tragen, wie die der Großmächte, die Bezeichnung „orator, nuntius et procurator", die Gesandten der Schweizer und der Malteser heißen „legati", nur der zweite von Herzog Cosimo abgeordnete Gesandte Gaddi wird als „nuntius, procurator et negotiorum gestor" (Geschäftsträger) bezeichnet; 3. die Bezeichnung „procurator", die die Gesandten weltlicher Mächte in gleicher Weise wie die Vertreter der kraft kanonischen Rechtes zum Konzilsbesuch verpflichteten Prälaten (z. B. Salzburg, Ungarn) und Orden (Malteser) führen, bringt zum Bewußtsein, daß das Repräsentationsprinzip der mittelalterlichen Konzilien noch keineswegs aufgegeben ist, „Geistlich" und „Weltlich" noch nicht scharf getrennt sind; 4. gemeinsam ist allen Mandaten, daß der Gesandte als persönlicher Vertreter [62] seines Souveräns den diesem gebührenden Platz einzuneh-

[58] CT VII, 197 f., verlesen in der Generalkongregation vom 10. Oktober (ebda., 193).

[59] CT VII, 467.

[60] Darüber s. meinen oben (Anm. 18) zitierten Aufsatz.

[61] CT IX, 775 f.

[62] Sehr bezeichnend die Äußerung des Fontidonius in seiner Antrittsrede für Graf Luna: Quem cum intuemini, Philippum vos religiosissimum et potentissimum regem intueri atque hic praesentem adesse existimate: CT IX, 519.

men und dessen Interessen, aber auch das Wohl der Kirche und der Christenheit zu fördern hat; 5. während der beiden ersten Tagungen des Konzils erhalten die habsburgischen Gesandten die Vollmacht, für ihren Souverän die Stimme abzugeben; sie kommt später in Fortfall. Das Ius proponendi wird nur im französischen Mandat von 1562 in Anspruch genommen.

2. Die Zulassung

Der Zulassung der Gesandten durch das Konzil ging ihre feierliche Einholung durch Beamte des Konzils (Kommissar und Sekretär) im Auftrag der Päpstlichen Legaten durch Konzilsväter und andere Gesandte vorauf. Als Mendoza noch vor der Eröffnung, am 23. März 1545, von Venedig kommend in Trient eintraf, ritt ihm Kardinal Madruzzo drei Meilen weit entgegen, das eigentliche Empfangskomitee, bestehend aus dem Konzilskommissar Sanfelice, dem Bischof von Feltre und den Familiaren der Legaten, wie auch später üblich, nur zwei italienische Meilen [63]. Ein Jahr später, am 15. März 1546, zog seinem Kollegen Francisco de Toledo ein rundes Dutzend Bischöfe mit den Familiaren der Legaten, des spanischen Kardinals Pacheco und des Kardinals Madruzzo entgegen, aus denen die des letzteren durch ihre Zahl und ihre prächtigen roten Livreen hervorstachen [64]. Die Legaten selbst traten damals wie später bei der Einholung nicht in Erscheinung: sie gingen nur regierenden Fürsten [65] oder neuernannten Kollegen [66] entgegen.

Als das Konzil während seiner letzten Tagungsperiode weit zahlreicher beschickt war als früher, stiegen Zahl und Rang der einholenden Bischöfe je nach dem Rang des Souveräns, den der Gesandte vertrat. Bei der Einholung des Marchese von Pescara am 14. März 1562 zählte man 90 Prälaten; er ritt zwischen seinen Kollegen Thun und Mascarenhas [67]. Die venezianischen Gesandten wurden am 19. April 1562 von 94 Prälaten begleitet; De Ponte ritt zwischen dem lateinischen Patriarchen von Jerusalem und dem Bischof von Salamanca aus dem hochadligen Hause Mendoza, Dandolo zwischen den Patriarchen von Aquileia und Venedig [68]. Nicht ganz so großartig war der Empfang des französischen Gesandten Lansac am 18. Mai: Der Chronist Servanzio schätzt die Zahl der ihm entgegengeritte-

[63] CT I, 161 f.

[64] CT I, 512.

[65] z. B. Erzherzog Maximilian als gekrönten König von Böhmen am 13. Dezember 1551: CT II, 493; Herzogin Eleonore von Mantua am 20. April 1561: CT II, 548; dagegen nicht Prinz Emanuel Philibert von Savoyen am 7. Juni 1545: CT I, 202 f.

[66] So Morone am 10. April 1563: CT II, 566.

[67] CT II, 558; Muzio Calini, der Bischof von Brescia, schreibt: Fù incontrato quasi da tutti i Prelati: Muzio Calini, Lettere Conciliari, ed. A. Marani (Brescia 1963), 132.

[68] CT II, 559.

nen Prälaten auf etwa 50. Lansac ritt zwischen dem Patriarchen von Jerusalem und Mascarenhas [69]. Als Graf Luna am 12. April 1563 in Trient einzog, wurde er „von den übrigen Botschaftern, vielen Prälaten und den Familiaren der Legaten" begleitet; Thun ritt zu seiner Rechten, Lansac zu seiner Linken, aber es wurde ausdrücklich bemerkt, daß dieser ihm nur aus Höflichkeit den Platz zu seiner Rechten überlassen hatte, ohne dem drohenden Präzedenzstreit vorzugreifen [70].

Auch die Begleitung der Gesandten kleinerer Staaten konnte recht stattlich sein. Beim Einzug des Florentinischen Gesandten Strozzi am 15. März 1562 zählte man 56 italienische und spanische Prälaten, bei dem seines Nachfolgers Gaddi am 20. Juli 1563 „etwa 70" [71]. Man wußte in Trient sehr gut, wie eng die Beziehungen Cosimos zu Pius IV. waren. Die Zeremonie der Einholung war ohne rechtlichen Belang, sie war aber ein Barometer des politischen Gewichtes, das man den Auftraggebern zumaß.

Nach ihrem feierlichen Einzug statteten die Gesandten den päpstlichen Legaten ihren Antrittsbesuch ab und wiesen ihre Empfehlungsschreiben und Mandate vor, von denen Abschrift genommen wurde, um die offizielle Antwort des Konzils vorzubereiten [72]. Sie empfingen den Besuch der Prälaten ihres Landes und statteten selbst Besuche ab. Dem Konzil eingegliedert wurden sie erst durch die Zulassung. Sie geschah in einer zuweilen nur zu diesem Zweck angesetzten Generalkongregation, der Vollversammlung der stimmberechtigten Mitglieder. Die Gesandten überreichten den präsidierenden Legaten ihr Mandat und das begleitende Einführungsschreiben ihres Souveräns [73], die vom Konzilssekretär verlesen wurden. Dann ergriff der Gesandte selbst oder ein von ihm Beauftragter das Wort zu einer Ansprache an die versammelten Konzilsväter. Nach der Ansprache verließen die Gesandten die Konzilsaula, und es wurde in ihrer Abwesenheit über die Zulassung und die zu erteilende Antwort mit Placet abgestimmt. Jetzt kehrten die Gesandten in die Aula zurück, und der Konzilssekretär verlas die Antwort des Konzils, in der die Zulassung und der Dank des Konzils an den Souverän ausgesprochen war. Mandat und Antwort wurden in der nächstfolgenden Sessio nochmals verlesen; da über sämtliche Akte der Ses-

[69] CT III/1, 35; II, 560.

[70] CT III/1, 71; Sickel, Zur Geschichte des Concils von Trient, 489; Rodolico-d'Addario, Osservatori toscani, 429.

[71] CT II, 558; Rodolico-d'Addario, Osservatori toscani, 353.

[72] Francisco de Toledo hatte nach seinem Antrittsbesuch am 18. März 1546 den Legaten das Original seines Mandates zur Einsicht gesandt, diese hatten aber ohne spezielle Erlaubnis keine Abschrift nehmen wollen und schickten am folgenden Tage zu diesem Zwecke den Sekretär Massarelli in die Wohnung Toledos: CT I, 516. Dagegen mußte Draskovich seinen Antrittsbesuch verschieben, weil er sein Mandat noch nicht in Händen hatte: Sickel, Zur Geschichte des Concils von Trient, 266.

[73] Die Einführungsschreiben sind in der Regel an das Konzil, zuweilen aber auch nur an die Legaten adressiert; nur das venezianische (CT VIII, 482) bezeichnet sich ausdrücklich als Kreditiv.

sionen Notariatsinstrumente aufgenommen wurden, erlangte die Zulassung hierdurch öffentlich-rechtliche Geltung. Da sich die Abhaltung von Sessionen zuweilen lange hinauszögerte, konnten zwischen der Zulassung in der Generalkongregation und in der Session Monate vergehen [74].

Das hier entwickelte Schema ist allerdings erst während der letzten Tagungsperiode des Konzils konsequent durchgeführt worden. Während der ersten wurden die Gesandten König Ferdinands, die schon vor der Eröffnung des Konzils in Trient weilten, niemals formell vom Konzil empfangen. Zwischenfälle und Variationen gab es bis zuletzt. Als in Sessio XVIII vom 26. Februar 1562 das Mandat des ungarischen Gesandten Draskovich unmittelbar nach dem der kaiserlichen Gesandten verlesen wurde, weil es ja von demselben Souverän ausgestellt war, protestierte der Portugiese: sein Mandat hätte mit Rücksicht auf die Präzedenz des Königs von Portugal vor dem König von Ungarn dazwischen eingeschoben werden müssen! Der Konzilssekretär entgegnete, man richte sich nach der chronologischen Ordnung der Ankunft. Mascarenhas gab jedoch erst nach, als darüber eine formelle Erklärung abgegeben worden war [75]. Um die Feierlichkeit zu erhöhen, verlegte man zuweilen (z. B. beim Empfang der venezianischen und der französischen Gesandten) die Zulassungszeremonie aus der Konzilsaula (S. Maria Maggiore) in die Kathedrale San Vigilio [76].

Die Antrittsreden wurden entweder vom Orator, der ja von ihnen seinen Namen hatte, oder von seinem Beauftragten gehalten [77]. Die erste in die Konzilsakten aufgenommene Gesandtenrede ist die des Franzosen Danès am 8. Juli 1546 — in ihrem Hauptteil eine wortreiche und weitschweifige humanistische Geschichtsklitterung über die Verdienste der französischen Könige von Chlodwig bis auf Franz I. um Christentum und Kirche. Sie mündet aus in eine stark rhetorische Mahnung an das Konzil, seine beiden großen Aufgaben auf den Gebieten der Lehre und Reform zu erfüllen [78]. Von den Gesandten der protestantischen Reichsstände, die 1551/52 auf dem Konzil erschienen, hat nur der Brandenburger Christoph von der Strassen am 11. Oktober 1551 (Sess. XIII) eine kurze Rede gehalten, in der er die Vorgeschichte und den Zweck seiner Sendung erläuterte [79]. Feste

[74] Beim polnischen Gesandten lagen zwischen der Zulassung in der Generalkongregation am 23. Oktober 1562 (CT IX, 102) und der in Sessio XXIII am 15. Juli 1563 (CT IX, 618 f.) fast neun Monate.

[75] CT VIII, 356 f. [76] CT VIII, 482, 504.

[77] Für Mascarenhas sprach der Weltkleriker Melchior Cornelius: CT VIII, 315; für die Schweizer Gesandten der Augustinereremit Adamantius aus Florenz: CT VIII, 391 f.; für den Marchese von Pescara der Mailänder Jurist Galeazzo Brugara: CT VIII, 381; für den Grafen Luna der aus Segovia stammende Doktor der Theologie Petrus Fontidonius: CT IX, 515.

[78] CT V, 310—315.

[79] CT VII, 198 f. Die „Propositio“ der sächsischen Gesandten am 24. Januar 1552 (CT VII, 471 ff.) ist zwar eine Konzils- aber keine Antrittsrede, weil keine formelle Zulassung vorausging.

Regel wurden die Gesandtenreden wiederum erst in der dritten Tagungsperiode. Die Redner stellten die Manuskripte vorher dem Konzilssekretär zur Verfügung, damit er sie bei der Vorbereitung der Antwort berücksichtigen und dann zu den Akten nehmen könne; nur der Venezianer De Ponte weigerte sich, sein Manuskript herauszugeben [80]; auf den Zwischenfall mit Du Faur kommen wir gleich noch zurück.

Die Mehrzahl der Redner wandelt auf den Spuren des Humanisten Danès und streicht die Verdienste — wirkliche und angebliche — der Fürsten, Dynastien und Länder um Christentum, Kirche und Konzil heraus. Der Portugiese preist die Taten der Könige Manuel und Johannes III., samt dem Sieg über die Araber bei Diu [81]; die spanischen Redner berufen sich auf die Verdienste Karls V. und Philipps II. um das Zustandekommen des Konzils; wenn Philipp nicht schon von seinen Vorfahren den Titel „Katholischer König" überkommen hätte, müßte er ihn jetzt erhalten, weil er in seinen Ländern, und zwar auch in „Indien" (d. h. Amerika), die reine Religion und den Gehorsam gegen den Apostolischen Stuhl aufrechterhalten habe [82]. Der Pole schreibt seinem König Sigismund August Eifer für die Aufrechterhaltung der wahren Religion zu [83], der Malteser weist auf den Kampf seines Ordens gegen die Türken und die Piraten im Mittelmeer hin [84].

Ebenso weit verbreitet sind in den Gesandtenreden zuweilen recht allgemein gehaltene Wünsche und Erwartungen, daß das Konzil seine großen Aufgaben erfülle. Die Konzilsväter, sagt der savoysche Gesandte, der selbst Bischof war, müssen sich bewußt sein, gleichsam auf der Bühne eines Theaters zu sitzen und den Blicken der ganzen Welt, der Großen und der Kleinen, der Frommen und der Unfrommen ausgesetzt zu sein; dann aber wird er konkreter: Wenn Frankreich, um dessentwillen das Konzil wieder einberufen worden ist, der Kirche verlorengeht, dann ist es um sie geschehen; die vorzeitige Auflösung des Konzils wäre ein schreckliches Unglück. Der Schlüssel zum Verständnis dieser Bemerkungen liegt im Datum: Am 31. Januar 1563 war die große Konzilskrise auf ihrem Höhepunkt angelangt, eine Auflösung lag im Bereich der Möglichkeit [85]. Während Brugara, der im Auftrag des Marchese von Pescara spricht, darauf verzichtet, dem

[80] CT VIII, 483.

[81] CT VIII, 315—318; auch die Familie des Botschafters Mascarenhas sei „multis Asiae et Africae triumphis insignis" (ebda., 317).

[82] CT VIII, 381 f. (Brugara); IX 515—522 (Fontidonius); die angezogene Stelle ebda., 516.

[83] CT IX, 102 ff.

[84] CT IX, 776 ff. der Malteser rekapituliert kurz die Geschichte des Johanniterordens und weist dann auf die strategische Bedeutung Maltas als „commodissimum propugnaculum contra barbarorum potentiam" hin, zweifellos, um zur Hilfeleistung aufzurufen.

[85] CT IX, 372 ff. Die Auflösung des Konzils bezeichnet der Redner als „nihil religioni catholicae periculosius" (ebda., 373).

Konzil Ratschläge zu erteilen [86], widerrät Fontidonius, der Beauftragte des Grafen Luna, zweifellos in dessen Auftrag die vorzeitige Schließung des Konzils und warnt vor Konzessionen an die Protestanten [87], die der Franzose früher ausdrücklich empfohlen hatte [88]. Das Ärgernis, das Du Faur durch seine Rede erregte, war jedoch nicht in erster Linie durch diese Empfehlung hervorgerufen, sondern durch die — auch in der von ihm nachträglich eingereichten schriftlichen Fassung beibehaltenen — Verurteilung der früheren, in Deutschland und Italien gehaltenen „Konvente" und „Konzilien" (mithin der deutschen Reichstage und der früheren Trienter Tagungen) als „minus legitima minusve libera, scilicet ad voluntatem alterius" [89]. Die Anspielung auf Karl V. war eindeutig.

Präzise Reformforderungen des Herzogs von Bayern legte Baumgartner vor [90]. Das Eindringen des Protestantismus in Bayern und die durch die herzogliche Visitation von 1558 festgestellten Mißstände im Klerus machen drei Maßnahmen des Konzils notwendig: Die Gewährung des Laienkelches, die Verbesserung der Klerikerbildung durch Errichtung von Seminaren und die Erlaubnis zur Priesterehe. Durch diese vorsichtig als „suggestio" bezeichneten Reformanträge erhielt die Rede Baumgartners eine ähnliche Funktion wie die „scrittura data dall' ambasciatore di Portogallo", das Reformlibell des Kaisers und die französischen Reformpetitionen [90a].

Wenn die Gesandtenreden zum Zeremoniell gehörten und zuweilen in die kirchenpolitische Sphäre vorstießen, so waren die Antworten des Konzils auf Mandat und Rede Rechtsakte im strengen Sinn des Wortes. Sie spra-

[86] CT VIII, 382.

[87] CT IX, 520: „Crudelis esset haec sane misericordia"; sie würde die Gegner nicht versöhnen, der Kirche aber größten Nachteil bringen.

[88] CT VIII, 508—513; du Faure warnt davor, „omnia, quae saeculis muniuntur et longa vetustate, mordicus retinenda esse", und empfiehlt „aliquid alteri condonare potius, quam obstinatione rectae sententiae tantam inter Christianos dissensionem alere" (ebda., 510).

[89] CT VIII, 511. Das von du Faur nachträglich zu den Akten gegebene Manuskript entsprach nicht dem mündlichen Vortrag, der sich wahrscheinlich noch schärfer ausgedrückt hatte; das ursprünglich, *vor* der Kongregation, vorgelegte Manuskript scheint diesen Passus überhaupt nicht enthalten zu haben. Das eigene Geständnis des Botschafters, daß er frei geredet habe: CT VIII, 508, Anm. 3; Massarellis Bemerkungen: CT VIII, 513.

[90] CT VIII, 620—626. Über den Sinn seiner Anträge spricht sich B. ganz eindeutig aus: Non vult Ill. mus princeps meus, hanc suam sententiam sic accipi, quasi illis tribus concessis putet haereticos posse ad ecclesiam reduci, sed eam esse multorum piorum hominum opinionem, quod isto modo catholici populi reliquiae in Germania confirmari atque retineri aliquo modo possint (ebda., 625).

[90a] Die Petitionen des portugiesischen Botschafters: CT XIII/1, 632; das kaiserliche Reformlibell: CT XIII/1, 661—685; die französischen Reformpetitionen wurden am 3. Januar 1563 durch die drei Gesandten den Legaten überreicht: J. Šusta, Die Römische Kurie und das Konzil von Trient unter Pius IV., III (Wien 1911), 142 ff.; der schon bei Raynald und Le Plat gedruckte Text wird im Abschlußband der Konzilstraktate (CT XIII/2) neu herausgegeben werden.

chen die Zulassung der Gesandten zum Konzil aus, auf Grund deren ihnen ihr Platz in der Konzilsaula angewiesen und durch die sie dem Konzil eingegliedert wurden. Sie wurden dadurch Glieder des Konzils mit Sitz, wenn auch nicht mit Stimme; aber eben diese Gliedschaft verlieh ihnen weitgehende Rechte, nämlich bei den Legaten Anträge zu stellen, mit ihnen und den übrigen Konzilsteilnehmern zu verhandeln.

Wie die Reden, so zeigen auch die Antworten das Bestreben, dem Gesandten und damit seinem Souverän Angenehmes zu sagen. Den Schweizern wird bescheinigt, daß sie für ihre Religion gekämpft haben [91], den Venezianern, daß sie in ihrem Imperium nie und nirgends den rechten Glauben beeinträchtigen ließen [92]. Der Pole mochte gern hören, daß der Legat Hosius ihrer Nation zugerechnet wurde [93]. Doch enthielten die Antworten zuweilen vorsichtig gefaßte, aber unmißverständliche Kritiken an den Reden. Dem savoyschen Gesandten, der auf die Konzilskrise angespielt hatte, wurde bedeutet, es gebe auf dem Konzil zwar Auseinandersetzungen (disputationes), in den Beschlüssen aber habe bisher stets Einigkeit geherrscht [94]. Die Antwort auf die Rede des Fontidonius macht eine feine, aber doch deutliche Unterscheidung: Was er über Philipp II. gesagt hat, findet uneingeschränkten Beifall; in dem, was er vom Konzil sagte, war „vieles ausgezeichnet“ [95]. Die Malteser erhielten die im Grunde unverbindliche Zusage, man werde ihren Privilegien, um deren Erhaltung sie gebeten hatten, so weit wie möglich Rechnung tragen [96].

Bei der Antwort auf die schon erwähnte Rede Du Faurs gab es einen regelrechten Zwischenfall. Sie war auf Grund eines — in der mündlichen Rede von ihm verlassenen — Manuskripts konzipiert und nach geschehener Abstimmung in der Generalkongregation vom 6. Mai 1562 verlesen worden. Der Konzilssekretär Massarelli nahm sie aber nicht zu den Akten, weil sie der wirklich gehaltenen Rede nicht entsprach, vielleicht auch, weil, wie der Bischof von Modena zu berichten wußte, die Freiheit der vorausgehenden Abstimmung deshalb zweifelhaft war, weil im Dom außer den Stimmberechtigten auch „Volk“ anwesend war [97]. Auf Grund eines zweiten, nachträglich eingereichten (der mündlichen Rede aber wiederum nicht entsprechenden) Manuskriptes wurde eine neue Antwort konzipiert und in der folgenden Sessio vom 4. Juni 1562 verlesen. In ihr wurde der Vorwurf Du Faurs, die früheren Tagungen des Konzils seien nicht legitim und unfrei gewesen, zurückgewiesen [98]; die Abstimmung wurde jedoch nicht wiederholt.

Mit der Anweisung des Sitzes durch den Konzilssekretär war die Eingliederung des Gesandten in das Corpus des Konzils vollzogen. Aber eben

---

[91] CT VIII, 394.
[92] CT VIII, 484.
[93] CT IX, 104.
[94] CT IX, 375.
[95] CT IX, 515.
[96] CT IX, 779.
[97] CT VIII, 513, mit Anm. 2.
[98] CT VIII, 519 f.

dieser Sitz war eine hochpolitische Angelegenheit. Wie im Mittelalter, so galt auch jetzt noch das Konzil als Kongreß der Christenheit, wenn auch — wegen der inzwischen eingetretenen Kirchenspaltung — mit Einschränkung und nicht unbestritten. Immerhin war es die einzige Form einer übernationalen Veranstaltung, auf der die Rangordnung der Fürsten in Erscheinung trat. Deshalb war die Sitzordnung auf dem Konzil für die Staaten eine Prestigefrage ersten Ranges, die durch keine Konzilserklärung, es solle niemandem ein Präjudiz entstehen, aus der Welt geschafft werden konnte. Der Beschluß des Legatenkollegiums vom 8. Februar 1562, daß die dem geistlichen Stande angehörenden Gesandten zur Rechten der Legaten, die Laiengesandten zur Linken ihre Sitze einnehmen sollten, erleichterte die Lösung mancher Schwierigkeiten, vermochte sie aber nicht zu beseitigen [99]. Der von Mascarenhas vorgeschlagene Ausweg, daß die Gesandten nur dann zu Generalkongregationen, Sessionen und Konzilsgottesdiensten zu erscheinen hätten, wenn sie durch die Konzilskursoren berufen würden, war nicht mehr gangbar und entsprach obendrein auch nicht der den Mandaten und dem Zulassungszeremoniell zugrunde liegenden Rechtsauffassung, daß die Gesandten Glieder des Konzils seien [100].

Unbestritten war, daß die Gesandten des Kaisers den ersten Platz zu beansprucht hatten. Aber schon während der ersten Tagungsperiode war die Frage aufgetaucht, ob auch die Gesandten des Römischen Königs vor denen des Königs von Frankreich den Vorrang beanspruchen dürften [101]. Sie war damals ungelöst geblieben, weil es gelang, das Zusammentreffen der Gesandten dieser beiden Herrscher bei ein- und demselben Konzilsakt zu verhindern. Da sich Frankreich von der zweiten Tagungsperiode fernhielt, wurde der Sitz des französischen Gesandten erst in der dritten Periode wieder kontrovers. Die Franzosen beanspruchten die Präzedenz vor den Spaniern. Da Pescara lange Zeit abwesend war, brach der Streit erst nach dem Eintreffen des Grafen Luna in voller Schärfe aus und entwickelte sich zu einer hochpolitischen Angelegenheit. Man behalf sich mit der Notlösung, Luna einen separaten Sitz neben dem Konzilssekretär zuzuweisen; diese versagte aber, wenn beim feierlichen Gottesdienst die Gesandten als Vertreter ihrer Souveräne den Inzens erhielten. Um einen Eklat zu vermeiden, ließ man diesen am Peter-Pauls-Fest 1563 weg — wiederum ohne Erfolg, denn Lansac fühlte sich benachteiligt und reiste am 7. Juli ab. Tatsächlich hatte

---

[99] CT VIII, 314, mit detaillierten Anordnungen über die Rechte der Gesandten bei den Konzilsgottesdiensten; kürzer zusammenfassend der Zeremonienmeister Firmanus: CT II, 557.

[100] Berichte der Legaten darüber vom 14. u. 23. Mai 1562 bei Šusta, Die Römische Kurie u. das Konzil von Trient II, 131, 168 f.

[101] Ein zu Anfang des Jahres 1546 verfaßtes Gutachten des spanischen Kronjuristen Quintana zugunsten der Präzedenz der Gesandten Ferdinands: CT XII, 453—457.

der Papst selbst den Legaten die geheime Anweisung gegeben, Luna den Vortritt zuzugestehen [102].

Die Kontroverse zwischen Portugal und Ungarn hatte sich dadurch gelöst, daß der ungarische Gesandte als Bischof unter den geistlichen Oratoren Platz nahm. Die Venezianer rangierten unmittelbar hinter den Gesandten der Könige, weil die Markus-Republik, wie sie stolz behauptete, ein Königreich (Zypern) besaß. Der nächste Platz (post oratores regios) war dem Schweizer zugesprochen worden; ihn beanspruchten aber auch Florenz und Bayern [103]. Der Bayer fand sich zwar damit ab, den Venezianern zu weichen, bestand aber hartnäckig auf der Präzedenz vor dem Schweizer und dem Florentiner Gesandten [104]. Savoyen blieb außerhalb des Streites, weil sein Gesandter, der Bischof von Aosta, unter den geistlichen Oratoren nach dem des Königs von Polen rangierte [105]. Schließlich beanspruchte der Gesandte des Malteserordens den Sitz unter den Gesandten, den man den Salzburger Prokuratoren verweigert hatte, und erhielt ihn zugesprochen [106].

Wie die Teilnehmerlisten der öffentlichen Sessionen ausweisen, wurden manche zu befürchtenden Zwischenfälle zwischen den Gesandten dadurch vermieden, daß eine Partei fernblieb [107]. Erst von Sessio XXIII (15. Juli 1563) an wird in den Teilnehmerlisten das am 26. Februar 1562 aufgestellte Prinzip befolgt, die Gesandten nicht nach dem Rang ihrer Souveräne, sondern nach dem Zulassungsdatum (der Präsentation des Mandates) zu registrieren [108].

---

[102] Reiches Material darüber bei Šusta, Die Römische Kurie u. d. Konzil von Trient IV, 82 ff., 105 ff. Material aus dem Este-Archiv in Modena ist benutzt bei C. Malfatti, Un conflitto di precedenza fra ambasciatori di Francia e Spagna al Concilio di Trento, Studi trentini 42 (1963), 89—110.

[103] CT VIII, 393.

[104] CT VIII, 620, 626. In ihrem Bericht vom 30. November 1562 beklagen sich die Legaten über den Starrsinn des Bayern: „il quale non l'ha mai voluta intendere ne aquietarsi a niuna proposta nostra": Šusta, Die Römische Kurie u. d. Konzil von Trient III, 92.

[105] CT IX, 374.

[106] Šusta, Die Römische Kurie u. d. Konzil von Trient IV, 89 ff. Wie J. Steinruck, Johann Baptist Fickler (Münster 1964), 169 f., näher ausgeführt hat, machte der Legat Morone den Salzburger Prokuratoren den Vorschlag, sich ein neues Mandat als „Oratores" ausstellen zu lassen, auf Grund dessen sie ebenfalls einen Sitz unter den Gesandten erhalten könnten; der Erzbischof scheint jedoch ein derartiges Mandat nicht mehr ausgestellt zu haben. In seinem Empfehlungsschreiben an die Legaten hatte er allerdings Rettinger und Ninguarda als „oratores et procuratores" bezeichnet. Aber das genügte nicht — wieder ein Beweis dafür, daß nur die Mandate als rechtserheblich betrachtet wurden.

[107] So blieb z. B. in Sessio XX, an welcher der Schweizer Gesandte teilnahm, der Florentiner weg: CT VIII, 527; in Sessio XXI blieb der Schweizer weg, Florenz war anwesend, rangierte aber hinter Bayern: CT VIII, 713. In der Teilnehmerliste von Sessio XXIII am Schluß das Verzeichnis der Oratores absentes: CT IX, 638.

[108] CT IX, 633, cgl. dazu CT VIII, 357.

Die Rechtsstellung der Gesandten als Glieder des Konzils kam nach dessen Abschluß darin zum Ausdruck, daß sie am 6. Dezember 1563 vor Notaren die Erklärung abgaben, daß sie die Konzilsdekrete akzeptierten und — wie die stimmberechtigten Prälaten, aber getrennt von ihnen — unterschrieben [109].

Die Konzilsgesandten waren Glieder des Konzils. Durch sie vollzog sich die damals gegebene „Beteiligung der Laien" am Konzil, nämlich die Beteiligung der Laien*gewalten. Welchen Gebrauch sie von ihren Rechten* machten, wie groß ihr politischer Einfluß auf das Konzilsgeschehen war — das zu schildern ist Aufgabe der Konzilsgeschichte und überschreitet den Rahmen dieser Arbeit. Ihr Ergebnis läßt sich in wenigen Sätzen zusammenfassen:

Aus der Untersuchung der Mandate und dem Zeremoniell der Zulassung ergibt sich, daß die Konzilsgesandten als Glieder des Konzils mit Sitz, wenn auch nicht mit Stimme, in den Vollversammlungen behandelt wurden. Das Trienter Konzil war, wie die Konzilien des Altertums und des hohen Mittelalters, ein Bischofskonzil, kein Prokuratorenkonzil wie die Konzilien von Konstanz und Basel, auf denen der Repräsentationsgedanke dominierte. Nur Bischöfe und Ordensgenerale hatten in Trient Stimmrecht. Trotzdem führt das Trienter Konzil in gewisser Hinsicht die Linie auch der hoch- und spätmittelalterlichen Konzilien weiter, indem die „christlichen Fürsten" als die Repräsentanten der Respublica Christiana eingeladen wurden, auf ihm zu erscheinen und dort nicht nur die Interessen ihrer Staaten wahrzunehmen, sondern auch an der Lösung der Konzilsaufgaben zum Wohl der Kirche und der Christenheit mitzuwirken. Es ist kein Zufall, daß Wort und Begriff Respublica Christiana in den Reden der Gesandten und den Antworten des Konzils so häufig wiederkehren [110]. Die Versagung des Stimmrechtes in Glaubenssachen war Gegenstand der Kontroverse mit den Protestanten, ergab sich aber folgerichtig aus dem hierarchischen Kirchenbegriff, der dem Konzil zugrunde lag. In Sachen der Kirchenreform hatte sie nur formale Bedeutung, denn die Anträge der Gesandten, ob einzeln oder kollektiv [111], fanden bei der Konzilsleitung stets größte Beachtung. Man war sich bewußt, daß die geplante Kirchenreform niemals ohne den weltlichen Arm durchgeführt werden könne. Das gleiche gilt von der Versagung des Propositionsrechtes. In dieser Hinsicht war die Rechtsstellung der Gesandten nicht schlechter als die der stimmberechtigten Prälaten. Die päpstlichen Legaten haben es bis zum Schluß beansprucht und behauptet.

---

[109] CT IX, 1120 ff.

[110] CT VIII, 316, 372, 381 f., 484; IX, 514 f., 520 f., 775 ff. (nicht weniger als neunmal), 779. Die Liste ließe sich ohne Schwierigkeiten vermehren.

[111] Über den Kollektivschritt der Gesandten nach Sessio XXII vgl. H. Jedin, Krisis und Abschluß des Konzils von Trient (Freiburg 1964), 52.

Als sich drei Jahrhunderte später wiederum ein Konzil versammelte, das Erste Vatikanische, gab es keine Respublica Christiana mehr. Bismarck war historisch im Recht, wenn er auf die Anregung des römischen Gesandten von Arnim, Preußen auf dem Konzil diplomatisch vertreten zu lassen, nicht einging, mit der Begründung, „daß die ganze Teilnahme der Staatsgewalten an einem Concil auf einem ganz fremden, für uns nicht mehr vorhandenen Boden, auf einem der Vergangenheit angehörenden Verhältnis des Staates zur Kirche beruht“ [112]. In Trient, führt Bismarck weiter aus, war es anders. Damals „konnten die Regierungen auch unter bestimmten rechtlichen Formen in die Beratung und Regelung der kirchlichen Dinge eingreifen, wie sie es durch ihre Oratores auf dem Concil taten“. Diese rechtlichen Formen aufzuzeigen war die Absicht dieser Studie.

---

[112] Acta et decreta S. Concilii Vaticani, ed. Th. Granderath (Freiburg 1892), 1207.

Nachtrag zu Anm. 11, S. 283. Am 16. September kam direkt vom französischen Königshof als zweiter Orator Michel d'Hôpital, der spätere Kanzler, in Bologna an, CT VI, 469.

Zum Wesen des gegenwärtigen kirchlichen Besteuerungsrechts

HEINER MARRÉ

Ebenso wie das allgemeine Staatskirchenrecht [1] sind auch einige Spezialgebiete [2] dieser Disziplin, so vornehmlich das Kirchensteuerrecht, durch die jüngste verfassungsgerichtliche Rechtsprechung in den Blickpunkt des Interesses auch der breiteren juristischen Fachwelt, ja sogar der Öffentlichkeit gerückt. Es soll hier nicht auf die besondere Problematik der Kirchensteuererhebung in sogenannten glaubensverschiedenen Ehen und der Kirchensteuererhebung von juristischen Personen im Landesteil Baden eingegangen werden [3], der sich HANS PETERS [3] als Gutachter und Prozeßbevollmächtigter

[1] s. HÄBERLE, Kirchliche Gewalt als öffentliche und „mittelbar" staatliche Gewalt, zum Beschluß des BVerfG vom 17. 2. 1965, in ZevKiR 11. Bd. (1964/65), 395 ff.; *ders.*, Anm. zum Beschluß des BVerfG v. 4. 10. 1965, in DVBl 1966, 216; GRUNDMANN, Das Bundesverfassungsgericht und das Staatskirchenrecht, in JZ 1966, 81 ff.; SCHEUNER, Auseinandersetzungen und Tendenzen im deutschen Staatskirchenrecht, in DÖV 1966, 145 ff.; HOLLERBACH, Anm. zum Beschluß des BVerfG v. 28. 4. 1965, in JZ 1965, 615; *ders.*, Anm. zum Beschluß des BVerfG v. 4. 10. 1965, in JZ 1966, 270 ff.

[2] z. B. zum Schulrecht vgl. HAMEL, Die Bekenntnisfreiheit in der Schule, in NJW 1966, 18 ff.; BÖCKENFÖRDE, Religionsfreiheit und öffentliches Schulgebet, in DÖV 1966, 30 ff.; v. ZEZSCHWITZ, Staatliche Neutralitätspflicht und Schulgebet, in JZ 1966, 337; BERGEMANN, Biblischer Unterricht auf allgemein christlicher Grundlage? in ZevKiR Bd. 12 (1966), S. 138 ff.; SCHEUNER, Auseinandersetzungen, a.a.O., S. 149 ff., BARION, Feudaler oder neutraler Staat. Das religionsrechtliche Problem der Bremer Klausel (Art. 141 GG), in DÖV 1966, 361; Hess. StGH, Urteil v. 27. 10. 1965, in NJW 1966, 31 ff., mit Anm. von PITZER = DÖV 1966, 51 ff. = DVBl 1966, 29 ff.; StGH Bremen, Urteil v. 23. 10. 1965, in NJW 1966, 36 ff. = ZevKiR Bd. 12 (1966), S. 186 ff.

[3] Dazu s. HARTZ, Bundesverfassungsgericht und Kirchensteuer, in DB 1966, 6 ff.; ECHTERHÖLTER, Verfassungswidrige Kirchensteuer, in BB 1966, 72; ASSMANN, Die Urteile des BVerfG v. 14. 12. 65 in Kirchensteuerfragen, in FR 1966, 114 ff.; HOFFACKER, Ehe im Blickpunkt. Zu den Urteilen des Bundesverfassungsgerichts in Kirchensteuersachen, in Politisch-Soziale Korrespondenz XV. Jahrg., Nr. 7 (1. 4. 1966), S. 8 ff.; SCHEUNER, Auseinandersetzungen, a.a.O., S. 147 ff.; vgl. auch PETERS, Rechtsgutachten zu der Frage der Kirchensteuerhaftung in glaubensverschiedenen Ehen, als Manuskript gedruckt, Köln 16. 10. 1956, nebst Ergänzungsgutachten vom 30. 7. 1958 und 12. 4. 1965; DREYSEL, Das Problem der kirchlichen Ehegattenbesteuerung, in DVBl 1962, 237 ff.; LIERMANN, Rechtsgutachten

der Kirchen in besonderem Maße gewidmet und über die das BVerfG in seinen Urteilen vom 14. 12. 1965 [4] entschieden hat. Vielmehr soll versucht werden, die Grundsatzfrage nach dem Wesen des kirchlichen Besteuerungsrechts zu beantworten. Dabei sind auch eine Reihe wesentlicher Aussagen zu berücksichtigen, die in den Kirchensteuerurteilen des BVerfG enthalten sind.

1. *Definition des kirchlichen Besteuerungsrechts*

Die Kirchensteuer heutiger Prägung ist eine echte *Steuer* im Sinne des staatlichen Abgabenrechts. Man könnte sie deshalb in Anlehnung an die Terminologie des gegenwärtigen staatlichen Steuerrechts (§ 1 AO) begrifflich bestimmen als zwangsweise beitreibbare einmalige oder regelmäßige Geldleistung, die von einer öffentlich-rechtlichen Religionsgemeinschaft zur Deckung ihres Finanzbedarfs ohne Gewährung einer bestimmten Gegenleistung denjenigen auferlegt wird, bei denen der Tatbestand zutrifft, an den das Kirchensteuerrecht die Leistungspflicht knüpft [5].

über das Verhältnis von individuellem Persönlichkeitsrecht (Art. 1, 2, 4 GG) und verfassungsrechtlich gewährleisteter Rechtsstellung der Kirchen im Hinblick auf die kirchliche Besteuerung von Ehegatten in konfessions- und glaubensverschiedenen Ehen, Erlangen 19. 4. 1965; BARTH, Die Kirchensteuer in glaubensverschiedenen Ehen. Gibt es eine sogen. negative religiöse Finanzierungsfreiheit als Bestandteil des Art. 4 Abs. 1 und 2 GG? in StW 1965, 138 ff.; *ders.* in DB Heft 25/26; *ders.*, Der kirchensteuerliche Halbteilungsgrundsatz bei gemischten Ehen und Haushaltsbesteuerung, in DVBl 1965, 421 ff.

[4] Urteil 1 BvR 413 und 416/60, veröffentlicht in BVerfGE 19, 206 ff. = BStBl I, 1966, 187 ff. = DVBl 1966, 26 ff. = NJW 1966, 147 ff. = DÖV 1966, 57 ff. = MDR 1966, 208 f.; Urteil 1 BvL 31 und 32/62, veröffentlicht in BVerfGE 19, 226 ff. = BStBl I, 1966, 192 ff. = DVBl 1966, 219 ff. = NJW 1966, 103 = DÖV 1966, 60 ff. = MDR 1966, 117 f.; Urteil 1 BvR 606/60, veröffentlicht in BVerfGE 19, 268 ff. = BStBl I, 1966, 196 ff. = DVBl 1966, 221 ff. = NJW 1966, 101 = DÖV 1966, 62 ff. = MDR 1966, 210; Urteil 1 BvR 586/58, veröffentlicht in BVerfGE 19, 248 ff. = BStBl I, 1966, 200 f. = NJW 1966, 149 f. = MDR 1966, 116 f.; Urteil 1 BvR 571/60, veröffentlicht in BVerfGE 19, 253 ff. = BStBl I, 1966, 201 ff. = NJW 1966, 150 f. = MDR 1966, 117; Urteil 1 BvL 2/60, veröffentlicht in BVerfGE 19, 242 ff. = BStBl I, 1966, 205 f. = DVBl 1966, 221 = NJW 1966, 105; Urteil 1 BvL 16/58 und 3/59, veröffentlicht in BVerfGE 19, 282 ff; Urteil 1 BvR 329/63, veröffentlicht in BVerfGE 19, 288 ff. — S. ferner zur Besteuerung konfessionsverschiedener Ehen BVerfG, Beschluß v. 20. 4. 1966, 1 BvR 16/66, veröffentlicht in BStBl I, 1966, 694 f. = DB 1966, 726 f. = NJW 1966, 1161, und dazu SCHMIDT-BLEIBTREU, Neue Entscheidung des Bundesverfassungsgerichts zur Kirchensteuer, in DStZA 1966, 168; *ders.*, Die Zusammenveranlagung zur Kirchensteuer in konfessionsverschiedenen Ehen, in NJW 1966, 1304.

[5] Vgl. SCHMEDDING-LINNEBORN, Die Erhebung von Kirchensteuern in den katholischen Kirchengemeinden, Gemeindeverbänden und Diözesen, Kommentar zu den Gesetzen vom 14. Juli 1905 und vom 3. Mai 1929, 2. Aufl., Paderborn 1929, S. 29; ANSCHÜTZ, Die Verfassung des Deutschen Reiches vom 11. August 1919, Nachdruck der 14. Aufl. (Berlin 1933), Darmstadt 1960, S. 649; KOCH-GEFAELLER, Die Kirchensteuer in Preußen und im Saarland, Kommentar, Berlin 1938, S. 97 ff.; HEINRICHS, Das Besteuerungsrecht der Kirchen vor und nach der Weimarer Ver-

Im Unterschied zum Staatsbürger, der der staatlichen Steuerhoheit nicht entgehen kann, ist das Kirchenglied allerdings in der Lage, sich der Verpflichtung und dem Zwang zur Kirchensteuerzahlung über den Weg des — durch das staatliche Recht ermöglichten — Kirchenaustritts zu entziehen [6]. Schon wegen dieser Möglichkeit des Kirchenaustritts wird das Grundrecht auf freie Entfaltung der Persönlichkeit (Art. 2 GG) sowie das in Art. 4 Abs. 1 GG formulierte Grundrecht auf Glaubens-, Gewissens- und Bekenntnisfreiheit und die aus diesem Grundrecht gelegentlich abgeleitete sogenannte negative religiöse Finanzierungsfreiheit [7] durch die zwangsweise Kirchensteuererhebung von Kirchenmitgliedern gar nicht tangiert [8].

fassung, Diss. jur. Köln 1933, S. 9 f., 20 f.; Meid, Das neue Kirchensteuergesetz für Rheinland-Pfalz, in Trierer Theologische Zeitschrift 59. Jahrg. (1950), S. 27 ff. (45); Gefaeller, Die Kirchensteuer seit 1945, in ZevKiR 1. Bd. (Tübingen 1951), S. 401; Wenner, Kirchenvorstandsrecht, 2. Aufl., Paderborn 1954, S. 210; Lenz, Die Kirche und das weltliche Recht, Köln 1956, S. 299, 303; Ehret, Katholische Kirchensteuer, in: Staatslexikon, hrsg. von der Görresgesellschaft, 6. Aufl., Bd. 4 (1959), Sp. 986; Blümich-Falk, Einkommensteuergesetz, 8. Aufl., 1. Bd., Berlin u. Frankfurt a. M. 1959, S. 429, 860; Böhlig, System und Probleme des Kirchensteuerrechts, Diss. jur. Göttingen 1964, S. 57; Tipke-Kruse, Reichsabgabenordnung, 2. neubearbeitete und erweiterte Aufl., Köln-Marienburg 1965, § 1 AO, Anm. 6; OVG Lüneburg, in ZevKiR Bd. 5 (1956), S. 107 = KirchE 3, 124; Bayer. VerfGH, in ZevKiR Bd. 6 (1957/58), S. 331 f. = KirchE 4, 308 f.; FG Karlsruhe, Urteil v. 29. 9. 1961, in EFG 1962, 56; BVerfG, Urteile v. 14. 12. 1965 (1 BvR 413 und 416/60), in BStBl I, 1966, 190; (1 BvR 606/60), in BStBl I, 199; (1 BvL 31 und 32/62), in BStBl I, 1966, 195 f.; (1 BvR 571/60), in BStBl I, 1966, 202 ff.

[6] Vgl. z. B. § 2 Abs. 1 des im Lande NW heute noch rechtswirksamen (§ 18 Abs. 3 KiStG NW) preußischen Staatsgesetzes betr. den Austritt aus den Religionsgesellschaften öffentlichen Rechts vom 30. 11. 1920 (PrGS 1921, 119). Vgl. auch Mikat, Grundfragen des staatlichen Kirchenaustrittsrechts, in Festschrift Hermann Nottarp, Karlsruhe 1961, S. 197 ff.

[7] Klein, Rechtsgutachten über die Verfassungswidrigkeit der Erhebung einer Ortskirchensteuer von Juristischen Personen (Kirchenbausteuer) im Gebiet des ehemaligen Landes Baden, 1954; v. Mangoldt-Klein, Das Bonner Grundgesetz Bd. I, Berlin u. Frankfurt a. M. 1957, Art. 4 Anm. II 3. — Zur Fragwürdigkeit der Überbetonung des negativen Aspekts der positiven Bekenntnisfreiheit s. Böckenförde, a.a.O., S. 31 ff.; Scheuner, Auseinandersetzungen, a.a.O., S. 152; Hesse, Freie Kirche im demokratischen Gemeinwesen, in ZevKiR Bd. 11 (1964/65), S. 360, Fußn. 60; Häberle, Anm. zum Beschluß des BVerfG v. 4. 10. 1965, in DVBl 1966, 218, Fußn. 19.

[8] Klein, Rechtsgutachten, S. 271 f., schränkt selbst seine in v. Mangoldt-Klein, Art. 4 Anm. II 3, getroffene generelle Aussage dahin ein, daß die von staatlichen Organen zwangsweise durchgeführte Kirchensteuererhebung von den einer steuerberechtigten Kirche angehörenden natürlichen Personen mit der sogenannten negativen religiösen Finanzierungsfreiheit vereinbar ist, „soweit der Steuerpflichtige das Recht hat, sich der Steuerpflicht ohne sonstige Rechtsnachteile zu entziehen, nach der üblichen Regelung also durch das zur negativen religiösen Vereinigungsfreiheit gehörige Recht zum Kirchenaustritt“. So auch Flatten, Fort mit der Kirchensteuer? Köln 1964, S. 33 f.; Liermann, S. 31; Albrecht, Koordination von Staat und Kirche in der Demokratie, Freiburg-Basel-Wien 1965, S. 187; LVG Hannover, Urteil v. 10. 4. 1951, in ZevKiR Bd. 1 (1951), S. 433 = KirchE 1, 159:

Durch ihren Steuercharakter unterscheidet sich die Kirchensteuer von den *Beiträgen* und *Gebühren*, die die Kirchen gemäß Art. 137 Abs. 3 WRV aus eigenem Recht selbständig und ohne Einmischung des Staates ordnen und verwalten können. Die Beitrags- und Gebührenerhebung ist nach der herkömmlichen staatskirchenrechtlichen Dreiteilung (in innerkirchliche, staatliche und gemeinsame Angelegenheiten von Staat und Kirche) zu den innerkirchlichen Angelegenheiten zu rechnen [9].

Die Qualifizierung der Kirchensteuer als einer echten — von den Beiträgen und Gebühren zu unterscheidenden — Steuer bietet jedoch nur eine formale Definition, die der Ergänzung durch materielle Kriterien bedarf. Diese materiellen Kriterien sind — worauf auch das BVerfG mehrfach hingewiesen hat [10] — aus dem gegenwärtigen *Rechtsverhältnis von Staat und Kirche* zu gewinnen, das in Art. 140 GG in Verbindung mit Art. 136 ff. WRV grundgelegt ist.

Dieses Verhältnis läßt sich mit Staatskirchenrechtslehre und Rechtsprechung stichwortartig wie folgt kennzeichnen: Es besteht Einmütigkeit darüber, daß das Verhältnis von Staat und Kirche mit dem GG vor allem im Sinne einer größeren Freiheit der Kirchen neugestaltet worden ist. Das von der Subordination der Kirchen ausgehende System der staatlichen Kirchenhoheit gehört ebenso der Vergangenheit an wie die mit diesem System verbundene besondere Staatsaufsicht über die Kirchen. Durch den von der Verfassung eingeräumten öffentlich-rechtlichen Körperschaftscharakter wird die Eigenständigkeit und das Selbstbestimmungsrecht der Kirchen nicht geschmälert; ihnen wird vielmehr wegen ihrer Bedeutsamkeit für die öffentliche Gesamtordnung ein öffentlich-rechtlicher Sonderstatus eingeräumt, der sie über die gesellschaftlichen Gebilde privaten Rechts erhebt [11]. Nach

---

„Dieser Kirchensteuerpflicht kann der Kläger auch nicht entgegenhalten, daß er hierdurch in der ihm nach Art. 4 des Bonner Grundgesetzes gewährleisteten Freiheit des religiösen Bekenntnisses verletzt werde ... Insbesondere steht ihm ... der Weg des Austritts aus der ev.-luth. Landeskirche Hannovers offen ...“ Vgl. auch BVerwGE 21, 333 f. — Das BVerfG hat — worauf auch SCHEUNER, Auseinandersetzungen, a.a.O., S. 148, hinweist — bei der Begründung seiner Kirchensteuerurteile vom 14. 12. 1965 bemerkenswerterweise weder den von den Antragstellern angerufenen Art. 4 GG noch die aus diesem Artikel abgeleitete sog. negative religiöse Finanzierungsfreiheit herangezogen, sondern die Entscheidungen auf Art. 2 und 6 GG abgestellt.

[9] BVerfG, Urteil v. 14. 12. 1965 (1 BvR 413 und 416/60), in BStBl I, 1966, 190; vgl. auch die unter Fußn. 5 angegebenen Fundstellen.

[10] Urteile v. 14. 12. 1965, z. B. 1 BvR 413 und 416/60, in BStBl I, 1966, 189, 191 f.; 1 BvR 571/60, in BStBl I, 1966, 202, 205.

[11] Näheres s. MARRÉ und SCHLIEF, Der öffentlich-rechtliche Gesamtstatus der Kirchen, in NJW 1965, 1514 ff. mit zahlreichen Nachweisen. S. auch den neuesten Beitrag von SCHEUNER, Auseinandersetzungen, a.a.O., S. 145 ff. und MARTIN HEKKEL, Zur Entwicklung des deutschen Staatskirchenrechts von der Reformation bis zur Schwelle der Weimarer Verfassung, in ZevKiR Bd. 12 (1966), S. 1 ff. (34 ff.); BVerfGE 18, 385 = NJW 1965, 961; BVerfG, Beschluß v. 4. 10. 1965, in NJW

der herrschenden staatskirchenrechtlichen Lehre und einem Teil der Rechtsprechung ist das System der Staatskirchenhoheit abgelöst worden durch das neue System der Koordination von Staat und Kirche [12, 13]. Dieses beinhaltet unter anderem, daß das Verhältnis zwischen beiden mit ursprünglicher hoheitlicher Gewalt ausgestatteten Mächten auf die Basis der Gleichberechtigung und damit des Vertragsrechts gestellt worden ist, wodurch an die Stelle einseitiger Hoheitsbefugnisse beider Institutionen und autoritativer Entscheidungen durch den Staat oder die Kirche Verständigung, partnerschaftliches Zusammenwirken und vertragliche Regelungen zwischen Staat und Kirche getreten sind.

1965, 2340 = JZ 1966, 269, mit Anm. v. Hollerbach; Hesse, Partnerschaft zwischen Kirche und Staat? Zur heutigen staatskirchenrechtlichen Lage in der Bundesrepublik, in: Das Verhältnis von Kirche und Staat, Studien und Berichte der katholischen Akademie in Bayern, hrsg. von Forster, Heft 30, Würzburg 1965, S. 129 ff., 143 f. Zu den Überlegungen von Hesse in seinem Aufsatz „Freie Kirche im demokratischen Gemeinwesen" in ZevKiR Bd. 11 (1964/65), S. 337 ff., zur öffentlichrechtlichen Stellung der Kirchen braucht hier nicht Stellung genommen zu werden, da sie sich auf dem Felde der Verfassungspolitik bewegen; vgl. dazu den in Heft 4/1966 der Zeitschrift für Politik erscheinenden Aufsatz v. Marré, Staat und Kirche in der Bundesrepublik Deutschland. Neue Entwicklungen im Staatskirchenrecht.

[12] Näheres s. Marré, Zur Koordination von Staat und Kirche, in DVBl 1966, 10 ff. mit zahlreichen Hinweisen auf Literatur und Rechtsprechung, wo das staats- und verfassungstheoretische Denken von Scheffler (Die Stellung der Kirche im Staat, Hamburg 1964, S. 21 ff.) und damit auch dasjenige von Krüger (Allgemeine Staatslehre, Stuttgart 1964, und in ZevKiR Bd. 6 (1957/58), S. 72 ff.), Fuss (Kirche und Staat unter dem Grundgesetz, in DÖV 1961, 734 ff.), Quaritsch (Kirchen und Staat, in Der Staat 1 (1962), 175 ff., 289 ff.) und die sich weitgehend darauf stützende Veröffentlichung von H. Weber (Die Religionsgemeinschaften als Körperschaften des öffentlichen Rechts im System des Grundgesetzes, Schriften zum öffentlichen Recht Bd. 32, Berlin 1966) einer kritischen Würdigung unterzogen wird. Vgl. auch Stein, Untertanenstaat oder freiheitliche Demokratie? in NJW 1965, 2384 ff., der sich gegen die „neoabsolutistische Staatsdoktrin" Krügers wendet, die „die Entwicklung zum freiheitlichen demokratischen Staat eher hindert als fördert" und die „das Problem der Einheit des Staates ... auf Kosten der Freiheit löst" und damit — wie man mit Blick auf das Staatskirchenrecht sagen kann — auch auf Kosten der Freiheit der Kirchen. Zur Kritik an Krüger und Quaritsch s. auch Grundmann, a.a.O., S. 83 f., der sich der Koordinationslehre anschließt (S. 86). — Vgl. ferner Scheuner, Auseinandersetzungen, a.a.O., S. 145 f., Fußn. 4, der dem Koordinationsprinzip mit gewissen Einschränkungen zustimmt, Martin Heckel, a.a.O., S. 34 ff., und Häberle, Anm. zum Beschluß des BVerfG v. 4. 10. 1965, in DVBl 1966, 218 f.

[13] Das BVerfG verhält sich in den Kirchensteuerurteilen vom 14. 12. 1965 bei seinen Aussagen zum gegenwärtigen Verhältnis von Staat und Kirche knapp und zurückhaltend. Wenn es im Kirchenbausteuerurteil (BStBl I, 1966, 189) von der „weltanschaulich-religiösen Neutralität" des Staates „als Heimstatt aller Staatsbürger" spricht, so ist dies im Zusammenhang zu sehen mit der Erklärung, „daß der Staat einer Religionsgesellschaft keine Hoheitsbefugnisse gegenüber Personen verleihen darf, die ihr nicht angehören". Die Neutralität des Staates, die schon aus Art. 136 WRV folgt, darf nicht — wie sich auch aus den übrigen Urteilsgründen

Bei genauerer Analyse zeigen sich auf dem Spezialgebiet des Kirchensteuerrechts ähnliche Tendenzen wie im Bereich des allgemeinen Staatskirchenrechts. Wenn beispielsweise das BVerfG im Kirchenbausteuerurteil [14] erklärt, die Kirchensteuererhebung gehöre zu den „*gemeinsamen* Angelegenheiten von Staat und Kirche, weil der Staat den Religionsgesellschaften zur Beitreibung den Verwaltungszwang zur Verfügung stellt", so scheint es damit für den Bereich des Kirchensteuerrechts den Gedanken der Koordination anerkannt und gleichzeitig das Trennungsprinzip verneint zu haben [15]. Es folgt gleichzeitig einer sich verbreitenden neuen Konzeption vom Wesen des gegenwärtigen kirchlichen Besteuerungsrechts [16] und schließt sich weder der noch aus der Zeit der Staatskirchenhoheit stammenden bisherigen herrschenden Lehre [17] an, nach der die Materie des Kirchensteuerrechts zu den

ergibt (z. B. Bejahung der Grundlagen des kirchlichen Steuererhebungsrechts) — zu einer vollen Trennung von Staat und Kirche umgedeutet werden, die dem System des GG widerspricht, das — wie Scheuner, Auseinandersetzungen, a.a.O., S. 145 ff. (146), zu Recht betont — nicht ein laizistisches Staatswesen, sondern einen Staat geordnet hat, den eine (nicht mit Indifferentismus zu verwechselnde) neutrale und tolerante Haltung, zugleich aber die Erhaltung einer Verbindung mit den traditionellen religiösen Kräften des Volkes charakterisieren. Vgl. auch Hesse, Partnerschaft, a.a.O., S. 133, 138; Häberle in DVBl 1966, 218 f. und in JZ 1966, 388, Fußn. 49.

[14] BStBl I, 1966, 190.

[15] Vgl. Fußn. 13.

[16] Hesse, Die Entwicklung des Staatskirchenrechts seit 1945, in JöR NF Bd. 10, S. 54, unter ausdrücklicher Aufgabe seiner früheren Ansicht (Der Rechtsschutz durch staatliche Gerichte im kirchlichen Bereich, Göttingen 1956, S. 70, 159); Lentz in: Geller-Kleinrahm-Fleck, Die Verfassung des Landes Nordrhein-Westfalen, 2. Aufl., Göttingen 1963, S. 181 f.; Scheuner, Die Nachprüfung kirchlicher Rechtshandlungen durch staatliche Gerichte, in ZevKiR Bd. 3 (1953/54), S. 356; Scheven, Die Bedeutung des Art. 19 Abs. IV des Grundgesetzes für die Anfechtung kirchlicher Verwaltungsakte, in ZevKiR Bd. 4 (1955), S. 174; *ders.*, Das Niedersächsische Konkordat, in JZ 1965, 346; Marré, Koordination, a.a.O., S. 14; wohl auch Hollerbach, Verträge zwischen Staat und Kirche in der Bundesrepublik Deutschland, Frankfurt a. M. 1965, S. 257; s. auch Mikat, Kirchliche Streitsachen vor den Verwaltungsgerichten, in: Staatsbürger und Staatsgewalt, Jubiläumsschrift, hrsg. von Külz und Naumann, Karlsruhe 1963, S. 330; Schmedding-Linneborn, S. 34 f.; OVG Lüneburg, Urteil v. 29. 1. 1957, in ZevKiR Bd. 6 (1957/58), S. 205 f. = KirchE 4, 21 f.; OVG Münster, Urteil v. 18. 1. 1965, AZ.: VA 586/64, LK 128/62 Arnsberg („Zu den gemeinsamen Angelegenheiten von Staat und Kirche ... gehört neben der Kirchensteuer, ... der Seelsorge in staatlichen Anstalten auch das Friedhofsrecht").

[17] Ebers, Staat und Kirche im neuen Deutschland, München 1930, S. 407 f.; Koch-Gefaeller, S. 107; Gefaeller, a.a.O., S. 399; Holtkotten in Bonner Kommentar, Erl. II 5 a zu Art. 140 GG; Peters, Die Gegenwartslage des Staatskirchenrechts, in VVDStRL 11 (1954), S. 189; Weber, Die Gegenwartslage des Staatskirchenrechts, in VVDStRL 11 (1954), S. 167; Beulke, Bonner Grundgesetz und die Parität der Kirchen, in ZevKiR Bd. 6 (1957/58), S. 148 f.; Maurer, Die Verwaltungsgerichtsbarkeit der Evangelischen Kirche, Göttingen 1958, S. 155; Ehret, a.a.O., Sp. 988; Mikat, Kirchen und Religionsgemeinschaften, in Die Grundrechte, hrsg. von Bettermann, Nipperdey, Scheuner, Bd. IV, 1, Berlin 1960, S. 230;

staatlichen Angelegenheiten gehört, noch der entgegengesetzten Meinung [18], sie sei schlechthin innerkirchliche Angelegenheit.

Den bisherigen einseitigen Auffassungen vom Wesen des kirchlichen Besteuerungsrechts gegenüber ist darauf hinzuweisen, daß es sich bei der Gewährleistung des kirchlichen Besteuerungsrechts (Art. 137 Abs. 6 WRV) — wie auch bei der Garantie der Staatsleistungen (Art. 138 Abs. 1 WRV) und der des Kirchenguts (Art. 138 Abs. 2 WRV) — „nicht um historisch mehr oder minder zufällig überkommene Privilegien, sondern um eine unerläßliche Vervollständigung des kirchlichen Selbstbestimmungsrechts nach der Seite des materiellen Substrates handelt, daß Selbständigkeit und öffentlicher Status der Kirchen unvollständig bleiben, wenn ihnen nicht die Gewährleistung der für den Dienst der Kirchen unentbehrlichen materiellen Güter und Mittel zur Seite steht, daß die Freiheit der Kirchen erst durch die materielle Sicherstellung der Kirchen zur vollen Freiheit wird“ [19].

Aus dem Zusammenhang zwischen dem verfassungsmäßig gesicherten kirchlichen Recht auf Selbstbestimmung bei Ausübung des „Berufs der Kirche“ einerseits [20] und dem verfassungsmäßig und konkordatär bzw. kirchenvertraglich garantierten kirchlichen Besteuerungsrecht andererseits — das auch eine wichtige Auswirkung der neu verstandenen Körperschaftsstellung der Kirchen ist — ergibt sich ein Doppeltes:

Das kirchliche Selbstbestimmungsrecht darf nicht unter Berufung darauf eingeschränkt werden, daß es sich beim kirchlichen Besteuerungsrecht um eine rein staatliche Angelegenheit handelt. Insbesondere ist es dem Staate

ders., Kirchenaustrittsrecht, a.a.O., S. 204; Böhlig, S. 53 ff.; Tipke-Kruse, § 1 AO Anm. 6; Maunz-Dürig, Grundgesetz, Kommentar, 2. Aufl., München u. Berlin 1964, Rd. Nr. 20 zu Art. 19 Abs. 4 GG; H. Weber, S. 109; BVerwG, Urteil v. 1. 8. 1958, BVerwGE Bd. 7, 190; BVerwG, in DVBl 1960, 105; BVerwG, Urteil v. 9. 7. 1965, in BVerwGE 21, 330 f.; OVG Lüneburg, in ZevKiR Bd. 5 (1956), S. 104 ff. (106) = DVBl 1956, 63; LVG Hannover, in ZevKiR Bd. 6 (1957/58), S. 207; OVG des Saarlandes, in KirchE 4, 179; OVG Rheinland-Pfalz, in KirchE 4, 377; FG Hamburg, Urteil v. 24. 10. 1960, in EFG 1961, 171 = ZevKiR Bd. 9 (1962/63), S. 101.

[18] Hensel, Steuerrecht, 3. Aufl. 1933, S. 42 f.; Eichmann-Mörsdorf, Lehrbuch des Kirchenrechts, II. Bd., 8. Aufl., Paderborn 1953, S. 466; Wenner, S. 208 f.; Lenz, S. 303, 306; Schuller, Das grundsätzliche Verhältnis von Kirche und Staat nach dem Reichskonkordat vom 20. Juli 1933, in AKK 128. Bd., Jahrg. 1957/58, S. 353 f.; Wolf, Ordnung der Kirche, Frankfurt/Main 1961, S. 258, 338, 676; Ebsen, Die Kirchensteuer in Schleswig-Holstein, in Neue Wirtschaftsbriefe 1962, Nr. 49, S. 32; wohl auch Weeber, Verfassungsgestaltende Wirkungen des Kirchensteuerrechts, in ZevKiR Bd. 5 (1956), S. 364; Bochalli, Besonderes Verwaltungsrecht, 2. Aufl., Köln-Berlin-Bonn-München 1963, S. 140; OVG Münster, in ZevKiR Bd. 6 (1957/58), S. 222.

[19] Hesse, Staatskirchenrecht, a.a.O., S. 27; *ders.*, Partnerschaft, a.a.O., S. 136 f.; so auch im Anschluß an Hesse: Lentz in: Geller-Kleinrahm-Fleck, S. 181 ff.; s. ferner Albrecht, S. 145 f.

[20] Zum Grundrechtscharakter des kirchlichen Selbstbestimmungsrechts s. Marré, Koordination, a.a.O., S. 11; a. A. Hollerbach, Verträge, S. 262 ff.

verwehrt, eine Kontrolle über die Verwendung der Steuermittel in Anspruch zu nehmen und damit auf die kirchliche Vermögensverwaltung, Wirtschaftsführung und Haushaltswirtschaft Einfluß zu üben, die heute unstreitig eigene Angelegenheit der Kirchen und damit nach Art. 140 GG, Art. 137 Abs. 3 WRV der kirchlichen Selbstbestimmung überantwortet ist [21]. Die bisher herrschende Auffassung führt zu der mit dem gegenwärtigen Verhältnis von Staat und Kirche unvereinbaren Konsequenz, daß die Kirchen hinsichtlich ihres Besteuerungsrechts ausschließlich als mit staatlicher Hoheitsgewalt „Beliehene" anzusehen wären [22]. Ihnen wären damit staatliche Zuständigkeiten eingeräumt, die sie in eigenem Namen wahrnähmen, so daß sie insoweit der staatlichen Organisation angegliedert wären und einer weitgehenden staatlichen Aufsicht sowie der sogenannten Betriebspflicht unterlägen, d. h. der Pflicht, nicht aus eigener Machtvollkommenheit von der Kirchensteuererhebung abzusehen [23]. Die häufig nicht näher begründete Qualifizierung des kirchlichen Steuererhebungsrechts als eines ausschließlich staatlich delegierten Rechts liegt von der historischen Entwicklung des Kirchensteuerrechts her nahe, da die Kirchensteuer im heutigen Sinn im allgemeinen durch einen einseitigen staatlichen Gesetzgebungsakt eingeführt worden ist; so z. B. für die katholische Kirche in Preußen durch das Gesetz vom 20. Juni 1875 über die Vermögensverwaltung in den katholischen Kirchengemeinden [24].

Auf der anderen Seite ist folgendes zu bedenken: Es ist unbestritten, daß den Kirchen die Befugnis zusteht, von ihren Mitgliedern Abgaben zur Erhaltung des Kultus und der gottesdienstlichen Gebäude, zum Unterhalt

---

[21] Ebers, S. 416 ff.; Weber, Gegenwartslage, a.a.O., S. 164 f.; Peters, Gegenwartslage, a.a.O., S. 187 ff.; Lenz, S. 303; Schuller, a.a.O., S. 354; Mikat, Kirchen und Religionsgemeinschaften, a.a.O., S. 187 ff., 232 ff; Schlief, Die Entwicklung des Verhältnisses von Staat und Kirche und seine Ausgestaltung im Bonner Grundgesetz, Diss. jur. Münster 1961, S. 202; Hesse, Staatskirchenrecht, a.a.O., S. 53; Lentz in: Geller-Kleinrahm-Fleck, a.a.O., S. 143 f., 181; Böhlig, S. 196 f.; Albrecht, S. 145 f.; Grundmann, a.a.O., S. 85.

[22] Zum Begriff des Beliehenen s. Wolff, Verwaltungsrecht II (Organisations- und Dienstrecht), München und Berlin 1962, § 104.

[23] So meint z. B. Wehrhahn, Die Kirchensteuerpflicht der Protestanten in Deutschland, Tübingen 1952, S. 18, daß die völlige „Einstellung der Kirchensteuererhebung durch die historischen Kirchen" (nicht auch durch die übrigen Religionsgesellschaften des öffentlichen Rechts) „ein begründetes staatsaufsichtliches Einschreiten auslösen" würde. Diese Auffassung läßt sich jedoch kaum mit der gewandelten Rechtsstellung der Kirchen und der neuen Konzeption des Kirchensteuerrechts vereinbaren. Die Entscheidung, ob die Kirchen von der durch die staatlichen Kirchensteuergesetze angebotenen rechtlichen Möglichkeit der Kirchensteuererhebung Gebrauch machen wollen oder nicht, liegt völlig im Bereich der kirchlichen Autonomie. So auch Mikat, Kirchliche Streitsachen, a.a.O., S. 328 f.; Dreysel, Die Kirchensteuer in Niedersachsen, in Neue Wirtschaftsbriefe Nr. 33/1964, S. 19; Böhlig, S. 188.

[24] GS S. 241.

der kirchlichen Amtsträger und Bediensteten und zur Finanzierung zahlreicher anderer kirchlicher Aufgaben zu fordern, und zwar notfalls auch mit Hilfe geistlichen Zwangs bzw. kirchlicher Straf- und Zuchtmittel (z. B. Ausschluß von den Sakramenten, Kirchenbann), so daß insoweit ein im Wesen der Kirchen begründetes eigenes Hoheitsrecht besteht [25]. Andererseits ist es aber auch unbestreitbar [26], daß es den Kirchen als solchen in der Regel an der Möglichkeit des äußeren Zwangs zur Durchsetzung dieser Ansprüche fehlt, und daß dieser äußere Zwang nur mit Hilfe des Staates erlangt werden kann, wie es beim kirchlichen Besteuerungsrecht geschieht [27]. Infolgedessen läßt sich das geltende kirchliche Besteuerungsrecht nicht schlechthin als eigene Angelegenheit der Kirchen verstehen. Ebensowenig läßt es sich für den Bereich der katholischen Kirche ohne weiteres identifizieren mit dem innerkirchlichen Steuererhebungsrecht des c. 1496 CIC, das zwar durch die staatliche Gesetzgebung nicht derogiert werden, das aber auch nur durch kirchliche, nicht staatliche, Straf- und Zuchtmittel durchgesetzt werden kann.

Nicht der Kern des gegenwärtigen kirchlichen Besteuerungsrechts, nicht das Recht der Kirchen, von ihren Mitgliedern Geldleistungen für die Erfüllung der kirchlichen Aufgaben zu fordern, nicht also der Entstehungsgrund der Kirchensteuerforderung, auch nicht die — gemäß den Kirchensteuergesetzen der Länder auf Antrag der Kirchen auf die staatlichen Finanzämter übertragbare — Kirchensteuerverwaltung bzw. Durchführung der kirchlichen Besteuerung, sondern der im geltenden Kirchensteuerrecht festgelegte spezifische weltliche Steuerzwang beruht auf einer staatlichen Verleihung (so daß nur insofern tatsächlich — wie das BVerfG sagt — für die Kirchensteuer die staatliche Normierung konstitutiv ist [28]) bzw. nach

---

[25] Ebers, S. 408; Beulke, a.a.O., S. 149; Mikat, Kirchen und Religionsgemeinschaften, a.a.O., S. 230; *ders.*, Kirchliche Streitsachen, a.a.O., S. 330; Schlief, S. 198 f.; Hesse, Staatskirchenrecht, a.a.O., S. 53 f.; Lentz in: Geller-Kleinrahm-Fleck, S. 182.

[26] Vgl. Eichmann-Mörsdorf, S. 466 f.

[27] Wenn ein Teil des Schrifttums (s. z. B. Schlief, S. 198 f.; Böhlig, S. 58), an diese Feststellung anknüpfend, die äußere staatliche Zwangsbeitreibung als notwendiges terminologisches Element des Begriffs „Steuer", als ein den Typ des gegenwärtigen kirchlichen Steuererhebungsrechts bestimmendes Merkmal ansieht und damit zu der Schlußfolgerung kommt, daß die Kirche mangels äußeren Zwangs kein ursprüngliches Besteuerungsrecht besitze, daß vielmehr das gegenwärtig bestehende Recht der Kirchen, „Steuern" zu erheben, nur ein ausschließlich staatlich delegiertes Recht sein könne, so ist das zwar eine terminologisch korrekte Argumentation. Damit ist sachlich jedoch nur etwas über die Beitreibung der gegenwärtigen Kirchensteuer mit äußerem staatlichen Zwang gesagt. Keineswegs ist damit aber eine Aussage über den Entstehungsgrund der Kirchensteuerforderung getroffen. So mit Recht Mikat, Kirchliche Streitsachen, a.a.O., S. 330, Fußn. 50; vgl. auch Flatten, S. 17, Anm. 6.

[28] Wenn Scheuner (Auseinandersetzungen, a.a.O., S. 148) sagt, daß das BVerfG „in der kirchlichen Besteuerung ein vom Staat verliehenes Hoheitsrecht"

MIKAT [29] „strenggenommen" auf einer — dem Koordinationsprinzip entsprechend — „von Staat und Kirche gemeinsam vorgenommenen Neuschöpfung von Rechten" bzw. auf der Erzeugung einer öffentlichen Rechtsstellung der Kirchen auf dem Gebiet des Steuerrechts durch die Zusammenarbeit von Staat und Kirche. Die weiter das Kirchensteuerrecht kennzeichnenden Merkmale der Verwendung der bürgerlichen Steuerlisten, der Verwaltung der Kirchensteuern durch die staatliche Behördenorganisation, der Amtshilfepflicht der Landes- und Gemeindebehörden, der Verpflichtung der Arbeitgeber zur Einbehaltung und Abführung der Kirchensteuer usw. können ebenfalls nur durch die Mitwirkung des Staates erklärt werden.

Aus alledem läßt sich die der heutigen Verfassungswirklichkeit der Koordination von Staat und Kirche entsprechende Konsequenz ziehen, daß „der heute nahezu unangefochten geltende Satz, daß das kirchliche Besteuerungsrecht ausschließlich auf staatlicher Delegation beruhe und deshalb als ‚staatliche' Angelegenheit zu qualifizieren sei, nicht mehr aufrecht zu erhalten" ist. Vielmehr ist das kirchliche Besteuerungsrecht mit dem BVerfG [30] als gemeinsame, d. h. als Angelegenheit zu verstehen, deren Bestandteile — und zwar jeweils originär — teils „kircheneigene", teils „staatliche" sind [31].

2. *Rechtsquellen des Kirchensteuerrechts*

Es sind drei verschiedene Rechtsquellen des Kirchensteuerrechts zu unterscheiden. Staatliche Rechtsquellen liegen im Bundesverfassungsrecht, nämlich in Art. 140 GG in Verbindung mit Art. 137 Abs. 6 WRV, im Landesverfassungsrecht, z. B. in Art. 22 der Verfassung für das Land Nordrhein-Westfalen in Verbindung mit Art. 140 GG und Art. 137 Abs. 6 WRV und im einfachen Landesrecht, nämlich in den Kirchensteuergesetzen der Länder und den dazu erlassenen Durchführungsverordnungen. Gemeinsame staatlich-kirchliche Rechtsquellen des Kirchensteuerrechts sind Konkordate und Kirchenverträge. Kirchliche Rechtsquellen schließlich bilden die staatlich anerkannten bzw. genehmigten Kirchensteuerregelungen der Kirchen, nämlich einmal — in einer Reihe von Bundesländern — die Kirchensteuerordnungen und zum anderen die Kirchensteuerbeschlüsse der katholischen Diözesen und evangelischen Landeskirchen.

a) Das Verfassungsrecht des Bundes (Art. 140 GG in Verbindung mit Art. 137 Abs. 6 WRV).

sieht, „— damit die These eines originären Besteuerungsrechts der Kirchen abweisend —", so scheint mir diese Interpretation insofern ergänzungsbedürftig zu sein, als das BVerfG auch unter Hinweis auf die staatliche Verleihung des Steuerzwangs davon ausgeht (s. Fußn. 14), daß die Kirchensteuererhebung eine gemeinsame Angelegenheit von Staat und Kirche darstellt. Vgl. SCHEUNER, Die Nachprüfung, a.a.O., S. 356.

[29] Kirchliche Streitsachen, a.a.O., S. 328 ff.

[30] s. Fußn. 14.

[31] HESSE, Staatskirchenrecht, a.a.O., S. 54; so auch im Anschluß an HESSE: LENTZ in: GELLER-KLEINRAHM-FLECK, S. 181 f.; im übrigen s. Fußn. 16.

Eine äußerst wichtige Anerkennung und Bestätigung der Grundlagen des kirchlichen Besteuerungsrechts enthält die Feststellung des BVerfG [32], daß die durch Art. 140 GG in das GG inkorporierten Weimarer Artikel *vollgültiges Verfassungsrecht* von gleichem Rang wie das übrige GG sind. Es erklärt allerdings gleichzeitig, daß die inkorporierten Artikel sich der Einheit des GG, vor allem der Wertordnung der Grundrechte einzufügen hätten, der das BVerfG offenbar eine Art Vorrang zubilligt [33].

Durch die bundesverfassungsrechtliche Garantie des kirchlichen Besteuerungsrechts in Art. 140 GG in Verbindung mit Art. 137 Abs. 6 WRV ist die Entscheidung über die Gewährung oder Versagung des kirchlichen Steuerprivilegs der Disposition des Landesgesetzgebers entzogen [34]. Die Formulierung „die Religionsgesellschaften ... sind berechtigt, ... *nach Maßgabe der landesrechtlichen Bestimmungen* Steuern zu erheben", hat nicht lediglich verfassungsprogrammatische Bedeutung, sondern weist den Ländern die ausschließliche Gesetzgebungskompetenz in Kirchensteuersachen zu; sie enthält einen an den Landesgesetzgeber gerichteten Regelungsauftrag, der die Verpflichtung beinhaltet, das kirchliche Besteuerungsrecht weiter auszugestalten, damit die Religionsgemeinschaften es auch realisieren können [35]. Dabei ist die Möglichkeit einer zwangsweisen Beitreibung durch staatliche Organe vorzusehen [36].

Der sich an die Rechtsprechung des preußischen OVG und des RG anschließenden Meinung, das in Art. 140 GG, Art. 137 Abs. 6 WRV garantierte kirchliche Besteuerungsrecht teile als unerläßliche materielle Vervollständigung des kirchlichen Selbstbestimmungsrechts dessen *Grundrechtscharakter* [37], ist das BVerfG ohne nähere Begründung nicht

[32] Urteil v. 14. 12. 1965 (1 BvR 413 und 416/60), in BStBl I, 1966, 190.

[33] s. SCHEUNER, Auseinandersetzungen, a.a.O., S. 149, Fußn. 32, S. 152, und HÄBERLE, Anm. zum Beschluß des BVerfG v. 4. 10. 1965, in DVBl 1966, 218, Fußn. 19, sowie in JZ 1966, 388, Fußn. 49, die Kritik an einer Überbetonung gewisser Verfassungsbestandteile üben.

[34] EBERS, S. 409; BÖHLIG, S. 12, 62; Bayer. VerfGH, in ZevKiR Bd. 7 (1959/60), S. 101, mit zustimmender Anm. von KARG.

[35] EBERS, S. 409; BÖHLIG, S. 36, 63; PETERS, Rechtsgutachten, S. 64; LIERMANN, S. 17; LENTZ in: GELLER-KLEINRAHM-FLECK, S. 181; alle mit weiteren Hinweisen; BVerwGE 7, 191; Bayer. VerfGH, in ZevKiR Bd. 7 (1959), S. 101 = KirchE 4, 244; BVerfG, in BStBl I, 1966, 190.

[36] BVerfG, in BStBl I, 1966, 190.

[37] Zum Grundrechtscharakter des kirchlichen Selbstbestimmungsrechts s. Fußn. 20. — Dem kirchlichen Steuererhebungsrecht wird Grundrechtscharakter zugesprochen von HAMANN, Das Grundgesetz für die Bundesrepublik Deutschland vom 23. Mai 1949, Kommentar, 2. Aufl., Berlin-Neuwied-Darmstadt 1961, Art. 140 Anm. A 1 a (S. 415); DREYSEL, Ehegattenbesteuerung, a.a.O., S. 240; PETERS, Rechtsgutachten, S. 16 f.; vgl. auch SCHNORR v. CAROLSFELD, Zum Normengrenzrecht auf dem Gebiet des Kirchenrechts, besonders der Kirchensteuern, in: Festschrift für HANS LIERMANN, Erlangen 1964, S. 221 ff. (S. 250, Anm. 133); preuß. OVG in st. Rspr., z. B. Urteil v. 16. 4. 1929, Bd. 84, 230 ff.; 86, 223; 87, 236 ff.;

gefolgt [38]. Nach ihm ist der Staat durch Art. 137 Abs. 6 WRV nicht gehindert, das überkommene Besteuerungsrecht zu ändern, insbesondere auch einzuschränken; verwehrt ist ihm lediglich, es abzuschaffen oder auszuhöhlen. Hier bleibt allerdings zu vermerken, daß eine Änderung oder Einschränkung des kirchlichen Besteuerungsrechts durch einseitigen staatlichen Machtspruch wohl kaum mit dessen Charakter als gemeinsamer Angelegenheit von Staat und Kirche und mit dem damit gegebenen Koordinationsprinzip vereinbar wäre.

Wenn es weiter in Art. 140 GG in Verbindung mit Art. 137 Abs. 6 WRV heißt, daß die Religionsgesellschaften berechtigt sind, „*auf Grund der bürgerlichen Steuerlisten*“ Steuern zu erheben, so ist damit gemeint die Steuererhebung auf Grund staatlicher Veranlagungsmerkmale [39], auf Grund der amtlichen Zusammenstellungen der Ergebnisse der Veranlagung zu den Bundes-, Landes- und Gemeindesteuern bzw. unter Verwendung der sogenannten — staatlichen oder kommunalen — Maßstabsteuern (Einkommen-, Lohn-, Vermögens-, Grundsteuer) [40]. Die Religionsgemeinschaften sind berechtigt, die Steuerlisten und, da bei den Lohnsteuerpflichtigen keine Ursteuerlisten mehr angelegt werden, die Lohnsteuerkarten einzusehen [41].

Die in der Weimarer Zeit [42] und auch heute noch vereinzelt [43] vertretene Auffassung, in den Worten „auf Grund der bürgerlichen Steuerlisten“ läge eine Beschränkung des kirchlichen Besteuerungsrechts dergestalt, daß Kirchensteuern nur und ausschließlich als Zuschläge zu den (Reichs-) Bundes-, (Staats-) Landes- und Gemeindesteuern oder als Prozentsätze dieser Steuern erhoben werden könnten, wird weder der Intention des Weimarer Verfassungsgebers, noch dem objektivierten Sinn des Art. 137 Abs. 6 WRV noch der neuen Konzeption des kirchlichen Besteuerungsrechts als einer gemeinsamen Angelegenheit von Staat und Kirche gerecht. Dementsprechend vertraten schon das preußische OVG und das RG [44] und vertreten die heute herrschende Lehre [45], die Landesgesetzgeber [46] und neuerdings auch (und

RGZ v. 23. 11. 1933, Bd. 142, 279; BVerwG, Urteil v. 1. 8. 1958, Bd. 7, 189 ff. (193); a.A. Böhlig, S. 195, Anm. 5.

[38] Urteil v. 14. 12. 1965 (Az.: 1 BvR 413 und 416/60), in BStBl I, 1966, 190.

[39] BVerwGE 7, 190.

[40] Anschütz, S. 649; Schuller, a.a.O., S. 354 f.; Böhlig, S. 59; Lentz in: Geller-Kleinrahm-Fleck, S. 181; Bayer. VerfGH in: KirchE 4, 244.

[41] Schuller, a.a.O., S. 354 f.; Böhlig, S. 59 f.; vgl. auch Gefaeller, a.a.O., S. 391 f.

[42] Ebers, S. 409; Anschütz, Die Verfassung des Deutschen Reiches, Kommentar, 13. Aufl. (1930), Art. 137 Anm. 11 (s. aber Fußn. 45).

[43] Mikat, Kirchen und Religionsgemeinschaften, a.a.O., S. 231 (s. aber Fußn. 45); wohl auch Bayer. VerfGH v. 2. 12. 1957, in ZevKiR Bd. 7, 102 = KirchE 4, 245.

[44] Preuß. OVG Bd. 84, 230 ff.; 86, 223; 87, 236 ff.; RGZ 142, 279.

[45] So schon Anschütz in der 14. Aufl. seines Kommentars zur Weimarer Reichsverfassung (S. 649) unter Aufgabe seiner in der 13. Aufl. vertretenen Meinung; Koch-Gefaeller, S. 97; Heinrichs, S. 43; so jetzt auch Schuller, a.a.O., S. 354 f.;

(Fortsetzung der Fußnoten auf der folgenden Seite.)

zwar unter Hinweis auf das preußische OVG) das BVerfG [47] die Auffassung, Art. 137 Abs. 6 WRV enthalte keine Beschränkung auf das Zuschlagsystem, sondern eine Mindestgarantie des Steuererhebungsrechts der Kirchen. Art. 137 Abs. 6 WRV steht nicht einer Erweiterung des kirchlichen Besteuerungsrechts durch Landesgesetz entgegen. Er läßt die Möglichkeit einer kirchlichen Steuererhebung offen, die nicht auf der „bürgerlichen" Veranlagung, sondern auf einem anderen System beruht, wie etwa die Steuerfestsetzung nach Einheitssätzen oder die Einschätzung. Damit ist, wie Scheuner [48] zu Recht sagt, klar ausgesprochen, daß die Kirchen nicht eng an den staatlichen Rahmen gebunden sind, sondern eigene Steuern entwickeln dürfen und daß „hier dem staatlichen und kirchlichen Recht erhebliche Freiheit gewährt ist".

Die Frage, ob die Mindestgarantie des kirchlichen Steuererhebungsrechts durch Art. 137 Abs. 6 WRV zugleich eine Bestandsgarantie für die Steuerhoheitsrechte in der Art und Weise und in dem Umfang gewesen sei, wie sie die Kirchen im Zeitpunkt des Inkrafttretens der Weimarer Reichsverfassung auf Grund der einzelnen Landesgesetze als wohlerworbene Rechte schon besaßen, ließ das BVerfG [49] dahingestellt. Während eine Reihe von Stimmen in Literatur und Rechtsprechung [50] diese Frage bejahen und der Meinung sind, daß diese Bestandsgarantie durch Art. 140 GG übernommen worden sei, vertritt das BVerfG die Auffassung, daß Art. 137 Abs. 6 WRV durch Art. 140 GG Bestandteil des GG geworden sei und damit im Zusammenhang dieser Ordnung stehe und aus ihr heraus ausgelegt werden müsse. Art. 137 Abs. 6 WRV gehe dem Art. 2 Abs. 1 GG nicht in dem Sinne vor, daß jede Art kirchlicher Besteuerung schon Kraft dieses Artikels zur verfassungsmäßigen Ordnung gehöre. Vielmehr müßten die auf Grund von Art. 137 Abs. 6 WRV erlassenen landesrechtlichen Normen auf dem Gebiete des Kirchensteuerrechts mit den übrigen Bestimmungen und Prinzipien der grundgesetzlichen Ordnung, vor allem mit dem verfassungsrechtlichen Verhältnis von Kirche und Staat, in Einklang stehen, um vor Art. 2 Abs. 1 GG Bestand haben zu können. So könne auch von einer Erhebung der Pflicht

---

Mikat, Das Prüfungsrecht des Staates bei der Genehmigung der Kirchensteuerordnung und der Festsetzung der Diözesankirchensteuer im Lande Nordrhein-Westfalen, unveröffentlichtes Gutachten v. 1. 10. 1960, S. 4 f., unter Aufgabe seiner früheren Auffassung (s. Fußn. 43. — Für die Überlassung dieses Gutachtens möchte ich dem Bistum Essen und dem Verfasser danken.); Dreysel, Ehegattenbesteuerung, a.a.O., S. 239 ff.; Böhlig, S. 60 ff.; Liermann, S. 27, 40; Peters, Rechtsgutachten, S. 48; OVG Rheinland-Pfalz in: KirchE 4, 378.

[46] s. z. B. § 4 KiStG NW.

[47] Urteil v. 14. 12. 1965 (Az.: 1 BvR 571/60), in BStBl I, 1966, 202.

[48] Auseinandersetzungen, a.a.O., S. 149.

[49] Urteil v. 14. 12. 1965 (Az.: 1 BvR 413 und 416/60), in BStBl I, 1966, 190 f.

[50] Für die Weimarer Zeit vgl. Heinrichs, S. 43; für die Jetztzeit: Peters, Rechtsgutachten, S. 10 f., 15, 49; Dreysel, Ehegattenbesteuerung, a.a.O., S. 239 ff.; Liermann, S. 10—13, alle mit weiteren Hinweisen; BVerwGE 7, 192; a. A. Böhlig, S. 62 f.

zur Kirchensteuerzahlung zu einer staatsbürgerlichen Pflicht im Sinne des Art. 136 Abs. 1 WRV allenfalls dann die Rede sein, wenn die Heranziehung bestimmter Personen zur Kirchensteuerzahlung verfassungsmäßig erlaubt sei.

b) Konkordate und Kirchenverträge.

Das bundes- und landesverfassungsrechtlich garantierte kirchliche Steuererhebungsrecht hat durch die gemeinsamen staatlich-kirchlichen Rechtsquellen des Kirchensteuerrechts, nämlich durch Konkordate und Kirchenverträge den Charakter des vereinbarten Rechts und damit eine zusätzliche Stärkung und Sicherung erhalten [51]. Im Gegensatz zu staatlichen Verfassungen und Gesetzen können Staatskirchenverträge in der Regel nicht ohne Vertragsbruch einseitig vom Staat aufgehoben werden, so daß auch das kirchliche Besteuerungsrecht infolge der vertraglichen Zusicherung einseitiger staatlicher Disposition entzogen worden ist [52].

Wie schon bei der Frage nach einer in Art. 137 Abs. 6 WRV enthaltenen Bestandsgarantie und ihrer Übernahme in das GG, so meint das BVerfG [53] auch, daß durch die vertragliche Zusicherung durch die in der und im Gefolge der Weimarer Zeit geschlossenen Konkordate und Kirchenverträge nur das Steuererhebungsrecht der Kirchen als solches nach den bestehenden Vorschriften aufrechterhalten bleiben, dagegen weder eine Erweiterung des den Kirchen bereits zustehenden Rechts noch eine Garantie seines bei Vertragsschluß bestehenden Umfangs in allen Einzelheiten ausgesprochen werden sollte. Vielmehr seien für das Steuererhebungsrecht die jeweiligen landesrechtlichen Bestimmungen maßgeblich, die ihrerseits an die Verfassung gebunden seien.

Das Verständnis des kirchlichen Besteuerungsrechts als einer gemeinsamen Angelegenheit von Staat und Kirche weist nach dem Koordinationsprinzip über den einseitigen staatlichen Kirchensteuer-Gesetzgebungsakt hinweg auf eine vertragliche Regelung des Kirchensteuerrechts als

[51] SCHULLER, a.a.O., S. 354; MIKAT, Kirchen und Religionsgemeinschaften, a.a.O., S. 231; BÖHLIG, S. 42 f., 57. S. § 13 des Schlußprotokolls zum heute noch rechtswirksamen (vgl. BVerfGE 6, 309 ff.) Reichskonkordat vom 20. 7. 1933 (RGBl II, S. 679); Art. 12, 13 des Vertrages des Landes Niedersachsen mit den Evangelischen Landeskirchen Niedersachsens vom 19. 3. 1955 (GVBl S. 159) und die §§ 6—8 der entsprechenden Zusatzvereinbarung vom 19. 3. 1955 (Nieders. MinBl., S. 438); Art. 14, 15 des Vertrages zwischen dem Land Schleswig-Holstein und den Evangelischen Landeskirchen in Schleswig-Holstein vom 23. 4. 1957 (GVBl S. 73) und die §§ 12—15 der entsprechenden Zusatzvereinbarung vom 23. 4. 1957 (GVBl S. 77); Art. 17, 18 des Vertrages des Landes Hessen mit den Evangelischen Landeskirchen in Hessen mit Schlußprotokoll vom 18. 2. 1960 (GVBl S. 54); Art. 22, 23 des Vertrages des Landes Rheinland-Pfalz mit den Evangelischen Landeskirchen in Rheinland-Pfalz vom 31. 3. 1962 (GVBl S. 173) und das Schlußprotokoll hierzu (GVBl S. 177); Art. 14 des Konkordates zwischen dem Heiligen Stuhl und dem Land Niedersachsen vom 26. 2. 1965 (GVBl S. 191).

[52] Zum Verhältnis von Kirchenvertrag und Gesetz s. neuerdings SCHEUNER, Auseinandersetzungen, a.a.O., S. 145 f.

[53] Urteil v. 14. 12. 1965 (Az.: 1 BvR 413 und 416/60), in BStBl I, 1966, 191 f.

adäquate und optimale Lösung hin, wie sie z. B. nach 1945 in den Evangelischen Kirchenverträgen und im Niedersächsischen Konkordat erfolgt ist.

c) Kirchensteuergesetze der Länder und Kirchensteuerordnungen und Kirchensteuerbeschlüsse der Kirchen.

Es ist folgerichtig, wenn das BVerfG — nachdem es die Kirchensteuer zu den gemeinsamen Angelegenheiten von Staat und Kirche rechnet [54] — sagt, daß der Landesgesetzgeber auf Grund des in Art. 137 Abs. 1 und 3 WRV geregelten Verhältnisses von Staat und Kirche sich auf die allgemeine Ermächtigung zur Erhebung von Kirchensteuern — unter bestimmten Genehmigungsvorbehalten — beschränken und die Einzelregelung des formellen und materiellen Kirchensteuerrechts den steuerberechtigten Religionsgesellschaften innerhalb der Schranke des für alle geltenden Gesetzes überlassen kann [55]. Der bei dieser Aussage zugrunde gelegte Boden der Gemeinsamkeit wird allerdings zugunsten einseitiger staatlicher Hoheitsgewalt wieder insoweit verlassen, als es im folgenden Satz heißt: Der Landesgesetzgeber „kann die Kirchensteuererhebung aber auch selbst in allen Einzelheiten gesetzlich regeln". Soll ein Minimum an Gemeinsamkeit bei der Regelung des Kirchensteuerrechts erhalten bleiben, so müßte die einseitige staatsgesetzliche Regelung zumindest im Einvernehmen mit den Kirchen erfolgen.

Wird die Materie des Kirchensteuerrechts nicht mehr wie in der Zeit der Staatskirchenhoheit durch einseitigen staatlichen Gesetzgebungsakt erschöpfend geregelt, sondern entweder durch staatlich-kirchliche Vereinbarung oder — wie es in zahlreichen Ländern der Bundesrepublik geschehen ist — in einem der Ausfüllung durch kirchliche Kirchensteuerordnungen und Kirchensteuerbeschlüsse fähigen und bedürftigen staatlichen Kirchensteuer-Rahmengesetz, so bilden staatliche und kirchliche Bestimmungen gemeinsam eine „echte staatlich-kirchliche Koordinationsordnung" [56].

Die das staatliche Kirchensteuer-Rahmengesetz ausfüllenden *Kirchensteuerordnungen* und *Kirchensteuerbeschlüsse* besitzen nicht — wie etwa die staatlichen Durchführungsverordnungen zu den Kirchensteuergesetzen — den Charakter von Rechtsverordnungen [57], d. h. von „in bestimmter Form

[54] s. Fußn. 14.

[55] Urteil v. 14. 12. 1965 (Az.: 1 BvR 571/60), in BStBl I, 1966, 202. S. auch H. Weber, S. 121 f., der zutreffend darauf hinweist, daß eine solche Regelung auch dem freiheitlichen System des GG entspreche, unter dem im allgemeinen von einer Vermutung zugunsten der kirchlichen Selbständigkeit ausgegangen werden könne. Für eine solche Annahme spreche auch, daß sonst der Staat den Kirchen die ihnen verfassungsmäßig zugesicherten Befugnisse — wie das Besteuerungsrecht — durch schlichtes Unterlassen einer näheren Regelung vorenthalten könne.

[56] Scheven, Das Niedersächsische Konkordat, a.a.O., S. 346; vgl. auch Lentz in: Geller-Kleinrahm-Fleck, S. 181 f.

[57] Böhlig, S. 189 f.; bisher unveröffentlichtes Urteil des VG Koblenz v. 3. 9. 1965 (Az.: 6 K 183/64); a. A. der (auf Grund des BVerfG-Urteils v. 14. 12. 1965, Az.: 1 BvR 571/60, inzwischen am 16. 2. 1966 zurückgezogene) Vorlagebeschluß des FG Düsseldorf v. 29. 10. 1964 (EFG 1965, 125).

hoheitlich einseitig erlassenen abstrakten und meist generellen Anordnungen von Regierungs- oder Verwaltungsorganen zur Regelung des allgemeinen staatlichen Gewaltverhältnisses mit materiellem Gesetzescharakter“ [58]. Einmal sind die die Kirchensteuerordnungen und die Kirchensteuer-Hebesatzbeschlüsse erlassenden kirchlichen Stellen trotz ihres staatskirchenrechtlichen Körperschaftscharakters keine dem Staat eingeordneten Regierungs- oder Verwaltungsorgane; noch weniger sind sie schlechthin als „vollziehende Gewalt“ im Sinne des Art. 20 GG zu qualifizieren. Zum anderen treffen Kirchensteuerordnungen und Kirchensteuerbeschlüsse auch keine Regelungen eines allgemeinen staatlichen Gewaltverhältnisses. Man kann sie höchstens als Regelungen eines einem besonderen Gewaltverhältnis ähnlichen Rechtsverhältnisses ansehen, da sie nicht für alle Staatsbürger, sondern nur für die Kirchenmitglieder verbindlich sind.

Da Kirchensteuerordnungen und Kirchensteuerbeschlüsse also nicht den Charakter von Rechtsverordnungen tragen, gilt für die Kirchensteuergesetze der Länder, die die Kirchen zum Erlaß dieser Kirchensteuerordnungen und Kirchensteuerbeschlüsse ermächtigen, auch nicht der Art. 80 Abs. 1 GG. Dies hat nunmehr auch das BVerfG eindeutig festgestellt [59]. Beim Erlaß von Kirchensteuerordnungen und Kirchensteuerbeschlüssen handelt es sich um Rechtsetzung im Bereich der Legislative. Und zwar um legislative Rechtsetzung in Form *autonomer Satzungen* [60], welche nicht von staatlichen Stellen der Exekutive, sondern meist von nichtstaatlichen Selbstverwaltungskörperschaften erlassen werden und auf die mangels vergleichbarer Tatbestände Art. 80 GG auch keine entsprechende Anwendung findet [61]. Eine andere Auffassung würde die Kirchen in Kirchensteuerangelegenheiten zu reinen Vollzugsorganen des staatlichen Gesetzgebers herabsetzen [62] und eine das kirchliche Selbstbestimmungsrecht verletzende und daher verfassungswidrige umfassende staatliche Kontrolle der kirchlichen Vermögensverwaltung, Wirtschafts- und Haushaltsführung bewirken, die wegen ihres engen Sachbezugs zum geistlichen Kernbereich zu den eigenen Angelegenheiten der Kirchen gehören [63].

---

[58] Wolff, Verwaltungsrecht I, 6. Aufl., München u. Berlin 1965, § 25 VII.

[59] BVerfG, Urteil v. 14. 12. 1965 (Az.: 1 BvR 571/60), in BStBl I, 1966, 205; so auch BVerwG, Urteil v. 9. 7. 1965, in BVerwGE 21, 331 f.

[60] Böhlig, S. 189 f.; s. auch Tipke-Kruse § 2 AO Anm. 23; H. Weber, S. 122; BVerwGE 21, 332; Hess. VGH, Urteil v. 18. 10. 1955, in KirchE 3, 179; OVG Koblenz, in ZevKiR Bd. 4 (1955), S. 433; FG Hamburg, Urteil v. 24. 10. 1960, in EFG 1961, 171 = ZevKiR Bd. 9 (1962/63), S. 102 f.; s. ferner Fußn. 59.

[61] s. z. B. Peters, Die Gemeinde in der Rechtsprechung des Bundesverfassungsgerichts und des Bundesverwaltungsgerichts, in: Staatsbürger und Staatsgewalt, Jubiläumsschrift, hrsg. von Külz und Naumann, Karlsruhe 1963, S. 203 ff. (207); Maunz-Dürig, Grundgesetz, Kommentar, 2. Aufl., München u. Berlin 1964, Anm. 31 ff. zu Art. 80 GG; BVerfGE 12, 325; BVerwGE 6, 251 f.

[62] Böhlig, S. 190; vgl. auch BVerwGE 21, 331 f.

[63] s. Fußn. 21.

Ebensowenig wie gegen Art. 80 Abs. 1 GG verstoßen die in den Kirchensteuergesetzen enthaltenen allgemeinen staatlichen Ermächtigungsgrundlagen, die die Einzelregelungen des Kirchensteuerrechts den Kirchen überlassen gegen den im Steuerrecht geltenden Grundsatz der Tatbestandsmäßigkeit der Besteuerung. Dieser Grundsatz ist ein Ausdruck des Rechtsstaatsprinzips im Abgabenwesen und fordert, daß steuerbegründende Tatbestände so bestimmt sein müssen, daß der Steuerpflichtige die auf ihn entfallende Steuerlast vorausberechnen kann. Diesem Grundsatz ist durch das aus kirchlichen und staatlichen Normen bestehende Kirchensteuerrecht der Länder entsprochen, das jedem Kirchensteuerpflichtigen die Möglichkeit gibt, sich über Grund und Umfang seiner Steuerpflicht im voraus zu vergewissern [64].

Was die jeweiligen *Regelungsbereiche* der staatlichen Kirchensteuergesetze und der kirchlichen Kirchensteuerordnungen betrifft, so beschränkt sich der Staat im Kirchensteuergesetz und in den dazu ergangenen Durchführungsverordnungen im wesentlichen auf Gegenstände, die staatlich geregelt werden müssen und bezüglich derer die Kirchen keine Regelungskompetenz besitzen; z. B. überträgt er — gewöhnlich auf Antrag der Kirchen — die Verwaltung der Kirchensteuer vom Einkommen auf die Finanzämter; verpflichtet er die Arbeitgeber, die Kirchensteuer von allen kirchenangehörigen Arbeitnehmern einzubehalten und an das Finanzamt abzuführen [65]; stellt er für den Fall, daß die Kirchen die Kirchensteuer selbst verwalten, die Vollstreckungshilfe staatlicher oder kommunaler Behörden in Aussicht; legt er das staatliche Rechtsmittelverfahren in Kirchensteuersachen fest. Demgegenüber bleiben z. B. die folgenden Gegenstände dem Regelungsbereich der Kirchensteuerordnungen vorbehalten: die Entscheidung über den Träger des kirchlichen Besteuerungsrechts, über die im Rahmen des Kirchensteuergesetzes zur Erhebung kommenden Kirchensteuerarten und über

---

[64] s. Fußn. 59.

[65] Die in den Kirchensteuergesetzen statuierte Verpflichtung der Arbeitgeber, unabhängig von ihrer eigenen Kirchenzugehörigkeit das Kirchensteuer-Lohnabzugsverfahren durchzuführen und die Arbeitgeberhaftung für die Einbehaltung und Abführung der Kirchenlohnsteuer (§ 38 Abs. 3 EStG) ist entgegen einer vereinzelt vertretenen Meinung verfassungsrechtlich einwandfrei (Peters, Rechtsgutachten, S. 50 ff.; 58 ff.; Liermann, S. 8; KG Berlin, in ZevKiR Bd. 10, S. 427; Schnorr v. Carolsfeld, a.a.O., S. 253, Fußn. 146, der nur bezüglich der Arbeitgeberhaftung Bedenken äußert; a. A. Böhlig, S. 177 ff.). Wie das BVerfG klar ausspricht (Urteil v. 14. 12. 1965, Az.: 1 BvL 31 und 32/62, in BStBl I, 1966, 195 f.), ist der genannte Sachverhalt nicht mit der — vom BVerfG für verfassungswidrig erklärten — Haftung des verdienenden, nicht kirchenangehörigen Ehegatten für die Kirchensteuerschuld seines nicht verdienenden kirchenangehörigen Ehepartners vergleichbar. „Die Haftung des Arbeitgebers erklärt sich aus seiner erweiterten öffentlichen Dienstleistungspflicht bei der Mitwirkung an steuerlichen Aufgaben. Sie ist besonderer Art, weil der Arbeitgeber hier lediglich für die Einbehaltung und Abführung der Lohnsteuer haftet, also nur als Beauftragter des Steuerfiskus und als Steuererheber gegenüber Arbeitnehmern auftritt, nicht aber für eine fremde Schuld einzustehen hat. Er ist gleichsam Hilfsorgan der staatlichen Finanzverwaltung."

die Frage, ob die Kirchensteuern durch kircheneigene oder durch staatliche Stellen verwaltet werden sollen; Bestimmungen über Umfang, Verteilung und Verwendungszweck der Kirchensteuer; Vorschriften über die Voraussetzungen der Kirchensteuerpflicht; Zuständigkeitsregelungen für das Kirchensteuererlaß(-stundungs-)verfahren und für das innerkirchliche Rechtsbehelfsverfahren.

Um für den staatlichen Bereich Rechtswirksamkeit zu erlangen, bedürfen Kirchensteuerordnungen und Kirchensteuerbeschlüsse der staatlichen Genehmigung bzw. Anerkennung [66]. Der in den Kirchensteuergesetzen enthaltene staatliche Genehmigungs- bzw. Anerkennungsvorbehalt ist jedoch nur insoweit verfassungsrechtlich zulässig und gerechtfertigt, als er sich auf Bestandteile des kirchlichen Besteuerungsrechts bezieht, die staatlich verliehen sind wie der weltliche Steuerzwang und andere Formen staatlicher Mitwirkung bei der Kirchensteuererhebung [67].

Da die Kirchensteuergesetze die Voraussetzungen der Genehmigung bzw. Anerkennung oder ihrer Versagung und damit den Umfang des staatlichen Prüfungsrechts im Rahmen des Genehmigungs- bzw. Anerkennungsverfahrens in der Regel nicht näher beschreiben, müssen sie im Wege der Rechtsauslegung ermittelt werden. Maßgebliche Grundlage für diese Rechtsauslegung ist die verfassungsrechtliche Neuordnung des Verhältnisses von Staat und Kirche, insbesondere das sich aus dieser Neuordnung ergebende neue Verständnis des kirchlichen Besteuerungsrechts als einer gemeinsamen Angelegenheit von Staat und Kirche.

Die staatliche *Genehmigung* der kirchlichen Steuersatzungen kann man als präventives Aufsichtsmittel bezeichnen, auf das — soweit im Kirchensteuergesetz keine Sonderregelung getroffen ist — die allgemeinen Grundsätze des staatsaufsichtlichen Genehmigungsverfahrens entsprechende Anwendung finden [68]. In den Genehmigungsvorbehalten zugunsten der staatlichen Aufsichtsbehörde — z. B. dem Genehmigungserfordernis bei kommunalen Abgabenordnungen — liegt einerseits „eine gewisse Beeinträchtigung des Selbstverwaltungsrechts" und andererseits eine „aktuelle, negative (verbietende) und präventive Mitwirkung des Staates am rechtmäßigen Zustandekommen von Willenserklärungen seiner Glieder" [69]. Diese staatsaufsichtliche Einflußnahme beinhaltet nicht nur eine Rechts-, sondern auch eine Zweckmäßigkeitskontrolle, muß sich aber in den Grenzen des gesetz-

---

[66] BVerfG, Urteil v. 14. 12. 1965 (Az.: 1 BvR 571/60), in BStBl I, 1966, 202; Schnorr v. Carolsfeld, a.a.O., S. 252, zieht aus seiner Sicht des kirchlichen Besteuerungsrechts (S. 236, insbes. Fußn. 69) und unter Hinweis auf die Rechtslage in Schleswig-Holstein den Schluß, der Staat könne die Steuerordnungen der Kirche allein überlassen und sich nur die Genehmigung der Hebesätze vorbehalten.

[67] Hesse, Staatskirchenrecht, a.a.O., S. 54; Lentz in: Geller-Kleinrahm-Fleck, S. 182.

[68] Böhlig, S. 190 ff.

[69] s. Wolff, Verwaltungsrecht II, § 77 II c 5., V b 5.

lichen Ermessens halten [70]. Dieses staatsaufsichtliche Ermessen ist allerdings beim kirchensteuerlichen Genehmigungsverfahren entsprechend dem neuen staatskirchenrechtlichen System durch die neuen Kirchensteuergesetze und Kirchenverträge begrenzt worden [71].

In einigen Ländern, z. B. in Nordrhein-Westfalen [72], ist an die Stelle der früher allgemein üblichen und eine Unterordnung der Kirchen unter den Staat andeutenden „Genehmigung" der Kirchensteuersatzungen eine — mehr für eine Gleichordnung von Staat und Kirche sprechende — „*Anerkennung*" getreten, womit eine für die Rechtsauslegung bedeutsame bewußte Abkehr des Gesetzgebers von überkommenen staatskirchenhoheitlichen Vorstellungen zum Ausdruck kommt, die u. a. davon ausgingen, daß es sich beim kirchlichen Besteuerungsrecht um ein den Kirchen vollständig verliehenes, ihnen auch nicht teilweise originär zustehendes und daher einer umfassenden staatlichen Aufsicht unterliegendes ausschließlich staatliches Hoheitsrecht handelte [73]. Anders als die Genehmigung stellt die Anerkennung der kirchlichen Steuersatzungen ein repressives Mittel der Staatsaufsicht dar. Durch den Anerkennungsvorbehalt wird die Rechtswirksamkeit der — zunächst nur im internen kirchlichen Bereich für die Kirchenangehörigen gültigen — kirchlichen Satzungen für den staatlichen Bereich so lange gehemmt, bis die Anerkennung ausgesprochen ist [74]. Durch ihn wird dem kirchlichen Selbstbestimmungsrecht besser Rechnung getragen als durch den Genehmigungsvorbehalt und die staatliche Zweckmäßigkeitskontrolle eindeutiger ausgeschlossen.

Da die Kirchen trotz ihrer Körperschaftsqualität unstreitig nicht den dem Bereich der sogenannten mittelbaren Staatsverwaltung angehörenden Körperschaften des öffentlichen Rechts zuzurechnen sind, scheidet die rechtliche Möglichkeit aus, auf die staatliche Genehmigung bzw. Anerkennung der kirchlichen Ordnung des Besteuerungsrechts die allgemeinen Regeln anzuwenden, die im Verhältnis des Staates zu den ihm untergeordneten Körperschaften öffentlichen Rechts, etwa zu den kommunalen Körperschaften, gelten, und nach denen die staatlichen Aufsichtsbehörden z. B. bei den den Kommunen übertragenen staatlichen Angelegenheiten (sog. Auftragsangelegenheiten bzw. Pflichtaufgaben zur Erfüllung nach Weisung) sowohl die

---

[70] s. Fußn. 69.

[71] Böhlig, S. 191.

[72] § 15 Abs. 1 KiStG NW v. 30. 4. 1962 (GVBl S. 223); s. auch § 22 Abs. 2 des Kirchenvertrages von Rheinland-Pfalz und das Schlußprotokoll dieses Vertrags zu § 22 Abs. 2 (GVBl 1962, S. 173 ff.).

[73] Begründung v. 8. 11. 1960 zum Regierungsentwurf eines Gesetzes über die Erhebung von Kirchensteuern im Land Nordrhein-Westfalen, Landtag Nordrhein-Westfalen, 4. Wahlperiode, Bd. 3, Drucksache Nr. 374, S. 14; Thiele, Die Kirchensteuer in Nordrhein-Westfalen, in Neue Wirtschaftsbriefe 1963, Nr. 13, S. 32.

[74] Böhlig, S. 193 f. unter Hinweis auf Weeber, a.a.O., S. 366; vgl. auch Meid, a.a.O., S. 45; Hess. VGH, Urteil v. 28. 10. 1955, in KirchE 3, 179.

Rechtmäßigkeit als auch die Zweckmäßigkeit der Maßnahmen der Kommunen in vollem Umfang ihrer Nachprüfung unterziehen können (sog. Fachaufsicht)[75]. Im übrigen erfüllen die Kommunen bei den sogenannten Auftragsangelegenheiten staatliche Aufgaben, kommunale Auftragsverwaltung ist also dekonzentrierte Staatsverwaltung, während die Kirchen bei der Durchführung des Besteuerungsrechts nicht staatliche, sondern eigene Aufgaben, wenn auch unter Zuhilfenahme staatlichen Steuerzwangs und staatlicher Behörden, wahrnehmen[76].

Der Umfang, in welchem die Staatsbehörden beim Genehmigungs- bzw. Anerkennungsverfahren kirchliche Rechtsetzungsakte nachprüfen können, ergibt sich einerseits aus dem kirchlichen Selbstbestimmungsrecht, welches durch das eine gemeinsame Angelegenheit von Staat und Kirche bildende kirchliche Besteuerungsrecht nach der materiellen Seite hin vervollständigt ist, und andererseits aus der Tatsache der Verleihung des Steuerzwanges durch den Staat.

Wenn der Staat in einem Kirchensteuer-Rahmengesetz den Kirchen den Steuerzwang und verschiedene andere Formen staatlicher Mitwirkung zur Verfügung stellt und die Kirchen zur, auch für den staatlichen Bereich wirksamen, Rechtsetzung auf dem Gebiet des Kirchensteuerrechts ermächtigt, und die Kirchen von dieser Ermächtigung in freier Entscheidung Gebrauch machen, so muß der Staat die kirchlichen Rechtsetzungsakte auch einer zweifachen *Rechtskontrolle* unterwerfen können.

Einmal muß er nach dem den gewaltengliedernden Rechtsstaat kennzeichnenden und auch das gegenwärtige Verfassungs- und Verwaltungsrecht in der Bundesrepublik beherrschenden Grundsatz, daß das auf einer legislativen Ermächtigung beruhende hoheitliche Handeln nur rechtmäßig ist, wenn es der Ermächtigungsnorm entspricht, nachprüfen können, ob die Kirchensteuerordnungen und Kirchensteuerbeschlüsse als Kirchensteuersatzungen sich in dem vom staatlichen Kirchensteuergesetz festgelegten Rahmen bewegen[77].

Die staatliche Rechtskontrolle erstreckt sich zum zweiten darauf, ob die Kirchensteuerordnungen und Kirchensteuerbeschlüsse das sonstige staatliche Recht, vornehmlich das GG und die Landesverfassung respektieren, wofür allerdings eine Vermutung spricht, falls die kirchlichen Steuersatzungen sich

---

[75] Zu den staatlichen Aufsichtsrechten und zur kommunalen Fremdverwaltung vgl. Wolff, Verwaltungsrecht II, §§ 77 II, 86 IX.

[76] Zum vorstehenden s. Ebers, S. 192 ff., 199 ff.; Mikat, Rechtsgutachten, S. 15 ff. (auch zu der folgenden Darstellung des staatlichen Prüfungsrechts im Rahmen des Anerkennungs- bzw. Genehmigungsverfahrens); a. A. die Regierungsbegründung zum rheinland-pfälzischen Kirchensteuergesetz von 1950, abgedruckt bei Meid, a.a.O., S. 44 f.: „Diese Genehmigungsbefugnis ist ein Ausfluß des allgemeinen Staatsaufsichtsrechts über die öffentlichen Körperschaften."

[77] s. z. B. das Schlußprotokoll des Kirchenvertrages von Rheinland-Pfalz zu § 22 Abs. 2 des Kirchenvertrages (GVBl 1962, 177 ff.).

im Rahmen des Kirchensteuergesetzes halten. Wenn es auch im staatskirchenrechtlichen Schrifttum umstritten ist, ob für den Bereich der dem kirchlichen Selbstbestimmungsrecht zugehörigen kircheneigenen Angelegenheiten die fundamentalen staatlichen Rechtsgrundsätze als „für alle geltendes Gesetz“ (Art. 140 GG, Art. 137 Abs. 2 WRV) Geltungskraft besitzen [78], so gilt dies nicht für den Bereich des mit staatlichem Zwang ausgestatteten Kirchensteuerrechts. Da der Staat als Rechtsstaat nicht nur selbst die Grundrechte und rechtsstaatlichen Prinzipien bei seinem hoheitlichen Handeln zu beachten, sondern auch dort für ihre Beachtung zu sorgen hat, wo er Dritte mit der Wahrnehmung staatlicher Hoheitsrechte — wie z. B. dem Steuerzwang — betraut, können und müssen die staatlichen Behörden überprüfen, ob durch die kirchlichen Rechtsetzungsakte auf dem Gebiet des Kirchensteuerrechts z. B. das Grundrecht auf freie Entfaltung der Persönlichkeit (Art. 2 GG), das Grundrecht auf Glaubens- und Gewissensfreiheit (Art. 4 GG), der Gleichheitsgrundsatz (Art. 3 GG) und in Zusammenhang mit diesem die steuerrechtlichen Grundsätze der Steuergleichheit und Steuergerechtigkeit, ob ferner die rechtsstaatlichen Grundsätze etwa der Gesetzmäßigkeit der Verwaltung, der Rechtsweggarantie gegen Rechtsverletzungen usw. gewahrt worden sind [79]. Hier bleibt allerdings anzumerken, daß das Kirchensteuerrecht durch die enge Verbindung mit den „bürgerlichen“ Steuern in einem rechtsstaatlichen System wie der Bundesrepublik gegen die Verfassungswidrigkeit und gegen eine Verletzung der rechtsstaatlichen Prinzipien durch das ihm vorgelagerte staatliche und kommunale Steuerrecht weitgehend abgeschirmt ist [80].

Während dem Staat die im vorhergehenden umrissene Rechtskontrolle unbestreitbar zusteht, ist die Frage, ob die staatlichen Behörden im Genehmigungs- und Anerkennungsverfahren in vollem Umfang überprüfen können, inwieweit und ob überhaupt die Kirchensteuerordnungen und Kirchensteuerbeschlüsse sachlich gerechtfertigt, sachlich richtig und zweckmäßig sind, zu verneinen.

---

[78] Vgl. hierzu z. B. Scheuner, Die Nachprüfung kirchlicher Rechtshandlungen durch staatliche Gerichte, in ZevKiR Bd. 3 (1953/54), S. 352 ff. (358 f.); Schlief, S. 232 ff.; Mikat, Kirchliche Streitsachen, a.a.O., S. 315 ff., 342; vgl. jetzt auch — verneinend — BVerfG, Beschluß v. 17. 2. 1965, in BVerfGE 18, 385 = NJW 1965, 961 = JZ 1965, 358, und im Anschluß daran VG Bremen, Vorbescheid v. 20. 8. 1965, in MDR 1966, 538. Zum BVerfG-Beschluß v. 17. 2. 1965 s. Grundmann, a.a.O., S. 82 ff.

[79] Schmedding-Linneborn, S. 232 ff.; Mikat, Kirchen und Religionsgemeinschaften, a.a.O., S. 232 f.; *ders.*, Rechtsgutachten, S. 20 ff.; *ders.*, Kirchenaustrittsrecht, a.a.O., S. 217; vgl. auch Meid, a.a.O., S. 44 f.; Böhlig, S. 154, 191; H. Weber, S. 149; Schlußprotokoll des Kirchenvertrages von Rheinland-Pfalz zu § 22 Abs. 2 (GVBl 1962, 177 ff.); Hess. VGH, Urteil v. 18. 10. 1955, in KirchE 3, 181; vgl. auch BVerfG-Urteil v. 14. 12. 1965 (Az.: 1 BvR 571/60), in BStBl I, 1966, 202; BVerwG, Urteil v. 20. 3. 1959, in BVerwGE 8, 211.

[80] Liermann, S. 24 f.

Gegen die Zulässigkeit einer allumfassenden *Zweckmäßigkeitskontrolle* durch den Staat sprechen vor allem zwei Gründe: Sie würde das kirchliche Selbstbestimmungsrecht grob verletzen. Es ist — wie bereits erwähnt — allgemein anerkannt, daß die staatliche Einflußnahme auf das kirchliche Besteuerungsrecht keinesfalls zu einem Eingriff in die kirchliche Vermögensverwaltung, Wirtschaftsführung und Haushaltswirtschaft führen darf, welche zu den kircheneigenen Angelegenheiten gehören [81]. Gegen eine allumfassende staatliche Ermessenskontrolle spricht ferner die ratio legis der Kirchensteuer-Rahmengesetze, die das Recht der Kirchen anerkennen, Einzelheiten des Kirchensteuerrechts in Kirchensteuerordnungen und Kirchensteuerbeschlüssen selbständig zu regeln und die damit zugunsten der kirchlichen Autonomie, nicht aber zugunsten der staatlichen Genehmigungs- oder Anerkennungsbehörde auf eine umfassende Regelung des Kirchensteuerrechts durch den staatlichen Gesetzgeber verzichten [82]. Bei den sogenannten Auftragsangelegenheiten der Kommunen übt der Staat eine umfassende Zweckmäßigkeitskontrolle aus, da es ihm nicht gleichgültig sein kann und darf, ob die den Gemeinden übertragenen staatlichen Aufgaben auch sachgemäß erfüllt werden. Demgegenüber hat der Staat den Kirchen mit der Verleihung seiner Zwangsgewalt keine staatlichen Aufgaben, sondern staatliche Hoheitsgewalt zur Durchführung der Kirchensteuererhebung übertragen, deren Entstehungsgrund im kirchlichen Bereich liegt und deren Erträgnisse kirchlichen Aufgaben zufließen. Der Staat kann infolgedessen auch nur ein Interesse daran haben, daß die von ihm verliehene weltliche Gewalt rechtmäßig, nicht auch, daß sie zweckmäßig ausgeübt wird.

Eine über die Rechtskontrolle hinausgehende sogenannte *Mißbrauchskontrolle* des Staates, welche untersucht, ob die Befugnis zum Erlaß von Kirchensteuerordnungen und Kirchensteuerbeschlüssen mißbräuchlich ausgeübt wird und welche nicht zu einer Ermessenskontrolle ausgeweitet werden darf [83], kann nur insoweit Platz greifen, als es um die Frage geht, ob der Beschluß über die Höhe der Kirchensteuer in deutlich erkennbarem Mißverhältnis zum Haushaltsfehlbedarf steht [84] und ob die kirchlichen Steuersatzungen sich nicht im Rahmen des vom Staat den Staatsbürgern gegenüber zu wahrenden Allgemeinwohls bewegen, ob etwa die in einem Kirchensteuerbeschluß festgesetzte Steuer das Maß des sozial Zumutbaren oder für die Volkswirtschaft Vertretbaren überschreitet [85]. Der Staat könnte also in

[81] Vgl. Fußn. 21.

[82] Vgl. z. B. Regierungsbegründung zum Entwurf eines Gesetzes über die Erhebung von Kirchensteuern im Land Nordrhein-Westfalen v. 8. 11. 1960, Landtag NW, 4. Wahlperiode, Bd. 3, Drucksache Nr. 374, S. 11; vgl. auch H. Weber, S. 154.

[83] Mikat, Rechtsgutachten, S. 27 ff.

[84] Mikat, Rechtsgutachten, S. 29; vgl. auch Eichmann-Mörsdorf, S. 467; Schuller, a.a.O., S. 354.

[85] Mikat, Rechtsgutachten, S. 30; Lenz, S. 303; Schuller, a.a.O., S. 354; Scheuner, Kirche und Staat in der neueren deutschen Entwicklung, in ZevKiR Bd. 7 (1959/60), S. 225 ff. (266 f.); Meid, a.a.O., S. 46; Ebsen, a.a.O., S. 34; Hesse,

einer solchen Situation überhöhten Steuersätzen der Kirchen die Anerkennung versagen [86].

Festzuhalten bleibt aber mit Mikat: „Die Grenze für das Recht der Aufsichtsbehörden, die Genehmigung zu versagen, liegt in allen Fällen in der verfassungsrechtlichen Garantie des kirchlichen Besteuerungsrechts. Daher können schwerwiegende soziale und wirtschaftliche Gründe den Kirchen zwar die Pflicht auferlegen, in ihren Steueransprüchen Maß zu halten, niemals aber zu einer Beseitigung oder praktischen Aushöhlung des kirchlichen Besteuerungsrechts führen. Daher muß der Steueranspruch der Kirchen jedenfalls in der Höhe vom Staat anerkannt werden, wie er zur Bestreitung der wesentlichen und unbedingten kirchlichen Ausgaben erforderlich ist" [87].

Gemäß dem Prinzip der Gleichordnung von Staat und Kirche und gemäß dem neuen Verständnis des kirchlichen Besteuerungsrechts als einer gemeinsamen Angelegenheit von Staat und Kirche haben an die Stelle der Ausübung von Hoheitsbefugnissen und autoritativer Entscheidungen Regelungen beiderseitigen Zusammenwirkens zu treten und bedarf es demnach bei allen Konfliktsfällen im Anerkennungsverfahren stets einer partnerschaftlichen Verständigung zwischen den Beteiligten [88].

Falls die Kirchensteuerordnung oder der Kirchensteuerbeschluß rechtmäßig ist und keiner der genannten Versagungsgründe vorliegt, sind die staatlichen Behörden zur Erteilung der Genehmigung bzw. Anerkennung verpflichtet.

Die staatliche Genehmigung bzw. Anerkennung stellt einen Verwaltungsakt dar. Sind die die Kirchensteuerordnungen und Kirchensteuer-

---

Staatskirchenrecht, a.a.O., S. 54; Schnorr v. Carolsfeld, a.a.O., S. 250; Lentz in: Geller-Kleinrahm-Fleck, S. 182; Böhlig, S. 146; Schlußprotokoll zum rheinland-pfälzischen Kirchenvertrag Abs. 3 zu Art. 22 Abs. 2 (GVBl 1962, 177 ff.).

[86] Es ist jedoch verfassungsrechtlich bzw. staatskirchenrechtlich fragwürdig, wenn den staatlichen Genehmigungs- bzw. Anerkennungsbehörden im Rahmen der sog. Mißbrauchskontrolle das Prüfungsrecht zugesprochen wird, „ob das Steueraufkommen in voller Höhe spezifisch kirchlichen Zwecken dienen soll" (Mikat, Rechtsgutachten, S. 27 f., unter Hinweis vor allem auf Ebers, S. 414). Nach heutiger Auffassung kann es nicht mehr als Aufgabe des Staates angesehen werden, von sich aus den Bereich der „spezifisch kirchlichen" Angelegenheiten zu bestimmen bzw. abzugrenzen, da sonst das verfassungsrechtlich geschützte Selbstbestimmungsrecht der Kirchen innerlich ausgehöhlt würde (s. Ebers, S. 258; Mikat, Kirchen und Religionsgemeinschaften, a.a.O., S. 181 ff.; Schlief, S. 224 f.; vgl. auch BVerfGE 18, 385, und dazu Grundmann, a.a.O., S. 84, letzter Absatz).

[87] Mikat, Rechtsgutachten, S. 31; vgl. auch Ebers, S. 409; Hesse, Staatskirchenrecht, a.a.O., S. 27, 53 f.; Schnorr v. Carolsfeld, a.a.O., S. 250; Böhlig, S. 63, 146, 220 f.; s. auch BVerfG, Urteil v. 14. 12. 1965 (Az.: 1 BvR 413 und 416/60), in BStBl I, 1966, 190.

[88] Vgl. Hesse, Staatskirchenrecht, a.a.O., S. 34; Abs. 4 des Schlußprotokolls zu Art. 22 Abs. 2 des rheinland-pfälzischen Kirchenvertrages (GVBl 1962, 177 ff.).

beschlüsse erlassenden kirchlichen Organe der Meinung, daß die staatlichen Behörden die Grenzen ihres Aufsichtsrechtes überschritten haben, dann können sie dagegen im Verwaltungsstreitverfahren vorgehen; denn es liegt dann eine öffentlich-rechtliche Streitigkeit nichtverfassungsrechtlicher Art im Sinne von § 40 VwGO vor.

Gegen die — nach einem erfolglosen Verständigungsversuch — vom Staat ausgesprochene Verweigerung bzw. gegen die Unterlassung der Genehmigung bzw. Anerkennung ist den betroffenen kirchlichen Steuerhoheitsträgern die Möglichkeit gegeben, gemäß § 42 VwGO die Verpflichtungsklage zu erheben [89]. Soweit es sich bei der Genehmigung oder Anerkennung um eine Staatsaufsichtsmaßnahme der obersten Landesbehörden handelt, findet gemäß § 68 Abs. 1 Nr. 1 VwGO kein Vorverfahren statt [90].

3. Rechtskontrolle durch staatliche Gerichte

Während die Frage der Anwendung des Art. 19 Abs. 4 GG bzw. die Frage der Zuständigkeit staatlicher Gerichte zur Nachprüfung kirchlicher Rechtshandlungen im Bereich des kirchlichen Selbstbestimmungsrechts in Literatur und Rechtsprechung in höchstem Maße streitig ist [91], ist die Nachprüfbarkeit von Akten kirchlicher Amtsstellen in Kirchensteuersachen durch staatliche Gerichte — jedenfalls soweit die staatliche Beteiligung in Frage steht [92] — in Schrifttum und Judikatur einhellig anerkannt [93].

Diese einhellige Anerkennung beruht auf der Einsicht, daß das kirchliche Besteuerungsrecht in der gegenwärtigen Form nicht dem kirchlichen Selbstbestimmungsrecht zuzuordnen ist, sondern wegen der Zurverfügungstellung der staatlichen Organisation und der staatlichen Zwangsgewalt eine

---

[89] Zum vorstehenden s. MIKAT, Rechtsgutachten, S. 32; BÖHLIG, S. 195.

[90] BÖHLIG, S. 195.

[91] Vgl. z. B. SCHEUNER, Nachprüfung, a.a.O., S. 352 ff.; HESSE, Rechtsschutz, S. 19 ff.; *ders.*, Staatskirchenrecht, a.a.O., S. 78 f.; MAURER, S. 150 ff.; v. MANGOLDT-KLEIN, Anm. VII 2 a und VII 6 c zu Art. 19 GG; MIKAT, Kirchen und Religionsgemeinschaften, a.a.O., S. 190 ff.; *ders.*, Kirchliche Streitsachen, a.a.O., S. 315 ff. (338 ff.); ULE, Verwaltungsprozeßrecht, 2. Aufl., München u. Berlin 1961, S. 27; WOLFF, Verwaltungsrecht I, § 46 II b; vgl. auch oben Fußn. 78.

[92] HESSE, Staatskirchenrecht, a.a.O., S. 77 f.

[93] s. z. B. MEID, a.a.O., S. 49; GEFAELLER, a.a.O., S. 390; SCHEUNER, Nachprüfung, a.a.O., S. 352 ff.; HESSE, Rechtsschutz, S. 159; *ders.*, Staatskirchenrecht, a.a.O., S. 77; MAURER, S. 155; MIKAT, Kirchen und Religionsgemeinschaften, a.a.O., S. 233; *ders.*, Kirchliche Streitsachen, a.a.O., S. 330 f.; SCHLIEF, S. 201, Fußn. 713; ULE, S. 28; WOLFF, Verwaltungsrecht I, § 43 II b; OVG Lüneburg, Urteil v. 13. 9. 1955, in ZevKiR Bd. 5 (1956), S. 104 ff.; BVerwGE 7, 189; 8, 211; VGH Kassel, Urteil v. 21. 5. 1964, in DVBl 1964, 1025; BVerfG, Urteil v. 14. 12. 1965 (Az.: 1 BvR 413 und 416/60), in BStBl I, 1966, 190.

gemeinsame Angelegenheit von Staat und Kirche darstellt, und daß dementsprechend Hoheitsakte auf dem Gebiet der Kirchensteuer auch der Nachprüfung durch staatliche Gerichte unterworfen sind.

Da das Kirchensteuerrecht wie das staatliche Steuerrecht zum öffentlichen Recht gehört [94], Streitigkeiten im Bereich des Kirchensteuerrechts also „öffentlich-rechtliche Streitigkeiten", und zwar „nichtverfassungsrechtlicher Art" sind, unterliegen Akte kirchlicher Amtsstellen in Kirchensteuersachen gemäß § 40 VwGO vom 21. 1. 1960 [95] der Nachprüfung durch die staatlichen Verwaltungsgerichte, soweit die Streitigkeiten nicht durch (Bundes- oder Landes-) Gesetz einem anderen Gericht ausdrücklich zugewiesen sind [96]. Dies ist z. B. durch § 13 Abs. 4 des nordrhein-westfälischen KiStG [97] geschehen, der für Kirchensteuersachen den Finanzrechtsweg eröffnet und damit den allgemeinen Verwaltungsrechtsweg ausschließt. In § 13 Abs. 5 dieses Kirchensteuergesetzes ist durch eine Erweiterung des § 57 FGO klargestellt, daß die Kirchen — nämlich die für die Entscheidung von Einsprüchen zuständigen kirchlichen Stellen — am finanzgerichtlichen Verfahren beteiligt sind. Dadurch wurde einem Wunsch der Kirchen Rechnung getragen, der damit begründet wurde, daß bei der Kirchensteuererhebung nicht nur — von den Finanzämtern hinreichend vertretbare — fiskalische Interessen eine Rolle spielen, sondern auch am besten durch die Kirchen selbst vertretene seelsorgliche Interessen und Fragen der Kirchenmitgliedschaft.

Rechtspolitisch bedauerlich ist es, daß die Kirchensteuerstreitigkeiten in den verschiedenen Bundesländern verschiedenen Gerichtszweigen (nämlich den Finanz- oder den Verwaltungsgerichten) zugewiesen sind, und daß unterschiedliche Regelungen des Vorverfahrens und des Instanzenzuges anzutreffen sind. Diese Rechtszersplitterung hat vor allem die negative Auswirkung, daß gleiche Streitfragen des Kirchensteuerrechts durch die verschiedenen Gerichtszweige unterschiedlich behandelt werden [98]. Wenn es auch vom Sachzusammenhang her zweckmäßig erscheint, in Kirchensteuersachen — wie in Nordrhein-Westfalen — die Finanzgerichte entscheiden zu

---

[94] Vgl. z. B. Schmedding-Linneborn, S. 170; Mikat, Kirchliche Streitsachen, S. 330 ff.; OVG Lüneburg, in ZevKiR Bd. 5 (1956), S. 106 (= KirchE 3, 119 ff.) und in ZevKiR Bd. 6 (1957/58), S. 205; LVG Hamburg, Urteil v. 20. 1. 1953, in KirchE 2, 8.

[95] BGBl I, S. 17.

[96] s. z. B. Meid, a.a.O., S. 49; Hesse, Rechtsschutz, S. 160 f.; *ders.*, Staatskirchenrecht, a.a.O., S. 78, Anm. 7; Mikat, Kirchliche Streitsachen, a.a.O., S. 331 f.; Böhlig, S. 200; BVerwGE 7, 191; 21, 331; vgl. auch die unter Fußn. 93 angegebenen Fundstellen.

[97] § 13 KiStG NW in der Fassung des Gesetzes zur Ausführung der FGO (BGBl I, S. 1477) im Lande Nordrhein-Westfalen (AG FGO) v. 1. 2. 1966 (GVBl 1966, 23).

[98] Böhlig, S. 211.

lassen [99], so bieten sich — aufs Ganze gesehen — die Verwaltungsgerichte doch eher für die Entscheidungen in Kirchensteuerstreitigkeiten an, da in ihnen häufiger als steuerliche staatskirchen- und kirchenrechtliche Streitfragen zu entscheiden sind, wie z. B. die Frage der Kirchenmitgliedschaft [100], die Frage der Rechtsqualität der Kirchensteuerordnungen und Kirchensteuerbeschlüsse usw.

---

[99] SCHEVEN, Die Bedeutung, a.a.O., S. 180; HESSE, Rechtsschutz, S. 160, BÖHLIG, S. 211.

[100] HESSE, Rechtsschutz, S. 161; BÖHLIG, S. 212.

Grundfragen des Kirchensteuerrechts unter besonderer Berücksichtigung der Verhältnisse in Nordrhein-Westfalen

Paul Mikat

Eine der jüngsten, aber ohne Zweifel auch wichtigsten Erscheinungen des deutschen Staatskirchenrechts ist die Kirchensteuer. Die Kirchensteuergesetzgebung in den deutschen Ländern geht nicht weit über die Jahrhundertwende zurück, und in den meisten Bistümern und Landeskirchen wurde die Kirchensteuer generell erst nach dem 1. Weltkrieg und der folgenden Geldentwertung, in manchen Bistümern und Landeskirchen sogar erst nach dem 2. Weltkrieg eingeführt. Dennoch hielt der Weimarer Verfassungsgeber die Kirchensteuer schon für bedeutsam genug, um sie als einziges kirchliches Hoheitsrecht neben der allgemeinen Anerkennung der Kirchen als Körperschaft des öffentlichen Rechts ausdrücklich zu nennen (Art. 137 Abs. 6 WRV). Die Entwicklung seither hat die verfassungspolitische Beurteilung der Bedeutung der Kirchensteuer für das Leben der Kirchen vollauf bestätigt. Sie ist bei der derzeitigen Verfassung der Kirchen in Deutschland zur entscheidenden Grundlage des kirchlichen Finanzwesens geworden; durchweg deckt sie 75 v. H. und mehr der kirchlichen Haushalte.

Zugleich mit dieser finanzpolitischen Bedeutung ist die Kirchensteuer aber auch staatskirchenrechtlich zu einem wichtigen Koordinationsproblem von kirchlichem und staatlichem Recht geworden, bei dem sich das heutige verfassungsrechtliche Verhältnis von Kirche und Staat zu bewähren hat. Die auf diesem Gebiet fortbestehende, ja sogar wesentlich gesteigerte Nähe von Kirche und Staat wirft eine Reihe neuer Probleme der Grundlagen und der Grenzziehung von kirchlichem und staatlichem Recht auf. Hans Peters hat sich im Rahmen seiner staatskirchenrechtlichen Arbeiten mit einer besonders aktuellen Frage des Kirchensteuerrechts, der sogenannten Mischehenbesteuerung, befaßt [1]. Unser Beitrag will auf diese und ähnliche Spezialfragen nicht im einzelnen eingehen, sondern zu einigen allgemeinen Fragen des Kirchensteuerrechts aus staatskirchenhistorischer und staatskirchenrechtlicher Sicht Stellung nehmen. Er will versuchen, aus der Entwicklung des

[1] Rechtsgutachten zu der Frage der Kirchensteuerhaftung in glaubensverschiedenen Ehen vom 16. 10. 1958 und 12. 4. 1965 (als Manuskript gedruckt).

Kirchensteuerrechts einige Aussagen über die rechtssystematischen Grundlagen des Kirchensteuerrechts zu gewinnen und seine positivrechtliche Ausgestaltung in einigen Punkten erläutern.

I

Wenn die Kirchen im Gegensatz zur Rechtsprechung [2] und zur überwiegenden Meinung in der Wissenschaft [3] das Kirchensteuerrecht als originär kirchliches Recht beanspruchen [4], so überrascht es, daß sich dieses Rechtsinstitut erst verhältnismäßig spät herausgebildet hat. Allerdings gilt dies nur für die Kirchensteuer in ihrer heutigen Form als eine von den Kirchenangehörigen zur Deckung des kirchlichen Finanzbedarfs erhobenen öffentlich-rechtlichen Abgabe, nicht aber für die kirchlichen Abgaben überhaupt.

1. In der *katholischen* Kirche gibt es Abgaben seit dem frühen Mittelalter. Sieht man einmal von den zu allen Zeiten in der Kirche üblichen und den Christen kraft des Liebesgebots auch im Gewissen verpflichtenden Lie-

---

[2] OVG Lüneburg, Urt. v. 13. 9. 1955, KirchE 3, 119; FG Hamburg, Urt. v. 24. 10. 1960, ZevKR 9 (1962/63), 101; BVerwG, Urt. v. 1. 8. 1958, E 7, 189; BVerwG, Urt. v. 16. 10. 1959, DVBl 1960, 105; BVerwG, Urt. v. 9. 7. 1965, E 21, 330; BVerfG, Urt. v. 14. 12. 1965, E 19, 206; BVerFG, Urt. v. 14. 12. 1965, E 19, 242 und folgende.

[3] G.-J. Ebers, Staat und Kirche im neuen Deutschland, 1930, S. 104, 260; G. Anschütz, Die Verfassung des Deutschen Reiches v. 11. 8. 1919, 14. Aufl. 1933, Art. 137 Anm. 4; H. Holtkotten, in Bonner Kommentar, 1950, Art. 140 Anm. II; H. Wehrhahn, Zur Kirchensteuerpflicht der Protestanten in Deutschland, 1952, S. 17; W. Weber, Die Gegenwartslage des Staatskirchenrechts, VVDStL 11 (1954), 165; H. Peters, VVDStL 11, 189; E. Jacobi, Die Zwangsbeitreibung der Kirchensteuern in der Deutschen Demokratischen Republik, in Festschrift für Johannes Heckel, 1959, S. 58; A. Hamann, Das Grundgesetz für die Bundesrepublik Deutschland v. 23. 5. 1949, 2. Aufl. 1961, Art. 140 Anm. B 9; Th. Maunz-G. Dürig, Grundgesetz, Bd. I, 2. Aufl. 1964, Art. 19 Abs. IV RdNr. 20; K. E. Schlief, Die Entwicklung des Verhältnisses von Staat und Kirche und seine Ausgestaltung im Bonner Grundgesetz, Diss. Münster 1961, S. 198 f.; G. Scheffler, Die Stellung der Kirche im Staat, 1964, S. 207. — Für ein *originäres* kirchliches Besteuerungsrecht: E. Eichmann-K. Mörsdorf, Lehrbuch des Kirchenrechts, 6. Aufl. 1950, II. Bd., S. 459; F. S. Schuller, Das grundsätzliche Verhältnis von Kirche und Staat nach dem Reichskonkordat v. 20. 7. 1933, AKKR 128 (1957), 353; K. Hesse, Die Entwicklung des Staatskirchenrechts seit 1945, JöR N. F. 10 (1961), 53; L. Schnorr von Carolsfeld, Zum Normengrenzrecht auf dem Gebiet des Kirchenrechts, besonders der Kirchensteuer, in Festschrift für H. Liermann, 1964, S. 249.

[4] Die katholische Kirche auf Grund des c. 1496 CIC. In diesem Sinne Nr. 695 der Synodalstatuten der Diözese Essen 1961: „Die Kirche hat das Recht, von den Gläubigen Steuern zu erheben. Auf Grund der Konkordate und des Verfassungsrechts wirkt der Staat bei der Erhebung der Kirchensteuer mit.“ Auf evangelischer Seite fehlen entsprechend eindeutige Aussagen, doch dürfte die Frage auch hier nicht mehr grundsätzlich anders gesehen werden, wie sich u. a. in Nordrhein-Westfalen bei den Beratungen des Kirchensteuergesetzes vom 30. 4. 1962 (GV NW, S. 223) zeigte.

besgaben [5] in ihren verschiedenen Erscheinungsformen ab, so entwickelte sich in der fränkischen Zeit als allgemein verbindliche und erzwingbare kirchliche Abgabe der *Zehnt* [6]. Er war als Naturalabgabe in Höhe des zehnten Teils von den Früchten der lastenpflichtigen Grundstücke zu entrichten. Entgegen dem älteren kanonischen Recht ging der Zehnt im Laufe der Zeit nicht selten durch Verkauf und Verpfändung auch an Laien, später durch die Säkularisation von zehntberechtigten kirchlichen Einrichtungen sogar teilweise an den Staat über [7]. Dabei behielt das Zehntrecht allerdings seine kirchliche Bestimmung auch in der Hand des Laien und des Staates, denn mit ihm war regelmäßig die Baulast an den Kirchengebäuden verbunden. Staatsrechtliche Ausgestaltung erfuhr das Zehntrecht in §§ 857 bis 936 II 11 ALR, von denen § 857 die kirchliche Herkunft wie folgt erläuterte: „Ursprünglich ist der Zehnte zur Unterhaltung des Pfarrers bestimmt; er kann aber auch von der Kirche sowie von jedem Anderen erworben und besessen werden." Für den letzteren Fall bestimmte § 858 a.a.O.: „Bei Zehnten, die sich in den Händen eines weltlichen Besitzers befinden, hat, wenn sie auch ursprünglich Pfarrzehnte sind, die Verschiedenheit des Glaubensbekenntnisses auf das Recht, sie zu fordern, keinen Einfluß." Und endlich schließt § 859 a.a.O. ausdrücklich die Annahme aus, daß der preußische Zehnte eine Parochialabgabe ist: „Daraus, daß eine Kirche die Eigenschaft einer Parochialkirche hat, folgt noch nicht, daß die Eingepfarrten zur Entrichtung eines Zehnten verbunden sind." Der Zehnte war damit zu einer privatrechtlichen Reallast geworden, die dem Besitzer eines Grundstücks ohne Rücksicht auf seine Kirchengemeindezugehörigkeit oblag [8]. Die preußische Gesetzgebung des 19. Jahrhunderts [9], abgeschlossen durch das

---

[5] Vgl. P. MIKAT, Die Lehre vom Almosen in den Kollektenpredigten Leos d. Gr., in Perennitas (Festschrift für P. THOMAS MICHELS OSB) 1963, S. 46 ff., sowie die dort angegebene Literatur.

[6] Zum Zehntrecht: E. FRIEDBERG, Lehrbuch des katholischen und evangelischen Kirchenrechts, 6. Aufl. 1909, S. 573 ff.; J. LINNEBORN, Die Kirchenbaupflicht der Zehntbesitzer im früheren Herzogtum Westfalen, 1915, S. 5 ff.; H. E. FEINE, Kirchliche Rechtsgeschichte, Die Katholische Kirche, 4. Aufl. 1964, S. 193 ff.; A. ERLER, Zehnten, in: Die Religion in Geschichte und Gegenwart, 3. Aufl., 6. Bd., 1962, Sp. 1879; R. KOTTJE, Zehnt, in: Lexikon für Theologie und Kirche, 2. Aufl., 10. Bd., 1965, Sp. 1318.

[7] Noch heute beruhen in den Ländern eine ganze Reihe staatlicher Bauverpflichtungen auf dem früheren Zehntrecht.

[8] P. HINSCHIUS, Das Preußische Kirchenrecht im Gebiete des Allgemeinen Landrechts (Abdruck von Teil II Titel 11 aus der 8. Aufl. von C. F. KOCH's Kommentar zum ALR), 1884, S. 434; F. GIESE, Deutsches Kirchensteuerrecht (Kirchenrechtliche Abhandlungen, hrsg. von U. STUTZ, 69.—71. Heft), 1910, S. 9 (vgl. besonders die dort angeführte Literatur).

[9] Dazu W. ENGELS, Ablösungen und Gemeinheitsteilungen in der Rheinprovinz, Rheinisches Archiv (Veröffentlichungen des Instituts für geschichtliche Landeskunde der Rheinlande an der Universität Bonn) Bd. 51 (1957).

Gesetz vom 24. 7. 1872 [10], ermöglichte die Ablösung der inzwischen schon vielfach in Geldrenten umgewandelten Zehnten.

Von der daneben im Allgemeinen Landrecht an verschiedenen Stellen [11] mehr vorausgesetzten oder angedeuteten als normativ geregelten Befugnis der Kirchen, Abgaben von ihren Mitgliedern zu erheben, hat die katholische Kirche keinen Gebrauch gemacht. Dagegen kannte sie seit altersher die auch im ALR (§ 710 ff., 789 ff. II 11) besonders geregelte *Baulast* als subsidiäre Verpflichtung der Eingepfarrten, zur Errichtung und Unterhaltung der kirchlichen Gebäude beizutragen. Nach dem Tridentinum [12] und verschiedenen partikularrechtlichen Regelungen [13] oblag die Baulast in erster Linie dem örtlichen Kirchenvermögen, in zweiter Linie den am örtlichen Kirchenvermögen Nutzungsberechtigten (Dezimatoren, Patronen usw.) und in letzter Linie den Parochianen, wobei die Beiträge der Parochianen zur Erfüllung der Baulast meist nach dem Verteilungsmaßstab der sonstigen gemeinen Lasten und Abgaben erhoben wurden [14].

Weder der Zehnt, jedenfalls in seiner späten Form, noch die subsidiäre Baulast der Parochianen waren Kirchensteuern im heutigen Sinne: der Zehnt war eine unabhängig von der Kirchenmitgliedschaft erhobene Naturalabgabe von den in der Parochie belegenen Grundstücken, während die parochiale Baulast zwar als persönliche Verpflichtung aller Parochianen abzusehen war, die jedoch nicht zur allgemeinen Deckung des kirchlichen Haushalts, sondern nur bei Eintritt eines Baufalles erhoben wurde [15]. Zur Entwicklung eines allgemeinen Kirchensteuerrechts bestand für die katholische Kirche in Deutschland bis in das 19. Jahrhundert hinein auch kein rechtes Bedürfnis, denn die Bistümer und Pfarreien waren bis zur Säkularisation so fundiert, daß sie vom Grundbesitz, dem Benefizial- und sonstigen Stiftungsvermögen sowie den Einnahmen aus Stolgebühren und Naturalleistungen ihre Ausgaben decken konnten. Erst der Verlust des gesamten bischöflichen und klösterlichen Grundbesitzes in der Säkularisation und die im Laufe des 19. Jahrhunderts für die Kirche neu hinzutretenden Auf-

---

[10] PrGS, S. 417. Das Gesetz behandelt die früheren Zehntrechte nur noch unter dem Begriff der Reallasten der Kirchen, Pfarreien, Küstereien usw.

[11] z. B. §§ 164, 720, 721 II ALR.

[12] Dazu FRIEDBERG, a.a.O., S. 608; HÜBLER, Kirchenbaulast, in: v. STENGEL-FLEISCHMANN, Wörterbuch des Deutschen Staats- und Verwaltungsrechts (= WbStVerwR), 2. Aufl., 2. Bd., 1913, S. 560.

[13] Überblick bei HÜBLER, a.a.O., S. 561.

[14] Vgl. § 741 II 11 ALR.

[15] Außer diesen zum örtlichen Kirchenvermögen gehörenden Abgaben kennt die katholische Kirchengeschichte eine ganze Reihe von päpstlichen Abgaben, wie etwa die Kreuzzungssteuer, die bei der Ernennung bzw. Bestätigung von Bischöfen und Äbten erhobenen Servitien und die bei Verleihung niederer Pfründen zu entrichtenden Annaten (dazu FEINE, a.a.O., S. 348 f.). Alle diese päpstlichen Steuerquellen beruhen aber nicht auf der Steuerkraft der Gläubigen, sondern des Klerus und der Benefizien; sie sind keine Steuern im staatskirchenrechtlichen Sinne.

gaben, vor allem die durch die Industrialisierung ausgelösten neuen Gemeindegründungen ohne die frühen Fundierungen, zwangen die Kirche dazu, sich in der Kirchensteuer eine allgemeine Finanzquelle zu erschließen [16]. Dem standen zunächst noch innerkirchliche Schwierigkeiten aus dem Wesen der katholischen Kirche als einer in personeller Hinsicht hierarchisch und in vermögensrechtlicher Beziehung institutionell verfaßten Anstalt entgegen. Solange die Verantwortung für das Kirchenvermögen allein in der Hand des Klerus lag, war es schwierig, Verständnis in der Gemeinde dafür zu gewinnen, daß jedes Gemeindemitglied entsprechend seinem wirtschaftlichen Vermögen zu den Gemeindelasten beizutragen habe. Eine Kirchengemeinde als Personalkörperschaft, die Träger der örtlichen Rechte und Pflichten sein konnte, gab es bis in dieses Jahrhundert hinein nicht. Nach kirchlichem Recht konnte auch keine Vertretungskörperschaft gebildet werden, die die Höhe und Verteilung der Kirchensteuer beschließen konnte [17]. So überrascht es nicht, daß die katholische Kirche es bei der allmählichen Ausbildung einer Kirchensteuer zunächst weitgehend dem Staat überließ, das Kirchensteuerrecht entsprechend den staatlichen und kommunalen Steuergrundsätzen zu regeln. Eine parallele — in gewisser Weise mit dem Kirchensteuerrecht zusammenhängende — Entwicklung läßt sich bei der Ausbildung des katholischen Kirchenvorstandsrechts beobachten, das noch unter der Geltung der Weimarer Reichsverfassung durch das Gesetz über die Verwaltung des katholischen Kirchenvermögens vom 24. 7. 1924 [18] rein staatlich geregelt wurde, obgleich es sich um eine innerkirchliche Materie handelt. Hier wie dort ist nicht zu verkennen, daß sich die Kirche aus einem introvertierten Grundsatzdenken den Weg verschloß, um für ihre Existenz in der Welt notwendige und ihr vom Staat auch gar nicht verwehrte Regelungen zu treffen. Sie überließ es in diesen Fällen dem Staat, an ihrer Stelle die kirchlichen Angelegenheiten zu regeln.

Die Ausbildung des katholischen Kirchensteuerrechts vollzog sich in zwei Stufen. Die erste fällt in die Zeit der Ordnung der Vermögensverwaltung der katholischen Kirchengemeinden, die gegen Ende des vorigen Jahrhunderts von den meisten deutschen Staaten aufgegriffen wurde [19]. In Preußen leitete das Gesetz über die Vermögensverwaltung in den katholischen Kirchengemeinden vom 20. 6. 1875 [20] die Entwicklung ein. Der Begriff der

[16] C. Freyer, Der Staat und die Kirchensteuer in Deutschland, AKKR 87 (1907), 416.

[17] Giese, a.a.O., S. 18.

[18] PrGS, S. 585.

[19] z. B. Badisches Gesetz, die rechtliche Stellung der Kirchen und kirchlichen Vereine im Staat betr., v. 9. 10. 1860 (RegBl, S. 375); Württembergisches Gesetz, betr. die Vertretung der katholischen Pfarrgemeinden und die Verwaltung ihrer Vermögensangelegenheiten, v. 14. 7. 1887 (RegBl, S. 272). Für die übrigen Länder vgl. Meurer, Kirchliche Vermögensverwaltung, WbStVerwR, S. 543 ff.

[20] PrGS, S. 241.

Kirchensteuer [21] wird in diesem Gesetz noch nicht gebraucht. Mit der Bestimmung, daß alle Beschlüsse über die auf Gemeindeglieder zu verteilenden Umlagen durch die Regierung zu genehmigen seien und als Verteilungsmaßstab die direkten Staats- oder Kommunalsteuern zugrunde gelegt werden müssen, ist aber der Sache nach die Kirchensteuer gemeint. Weitere formelle und materielle Vorschriften fehlen noch. Sie folgten in den bischöflichen Geschäftsanweisungen, die mit Zustimmung der Oberpräsidenten ergingen [22]. Mit dieser kirchlichen Zuständigkeit kam den kirchlichen Stellen die Möglichkeit zur Erhebung einer Kirchensteuer klarer zum Bewußtsein, und die Einführung von Kirchensteuern in den Gemeinden machte Fortschritte [23]. Die rechtliche Ausgestaltung blieb aber lückenhaft, und von einer einheitlichen Rechtsgrundlage konnte in Preußen nicht die Rede sein. Diese schuf — in zeitlicher und sachlicher Übereinstimmung mit dem evangelischen Kirchensteuergesetz — erst das Gesetz betr. die Erhebung von Kirchensteuern in den katholischen Kirchengemeinden und Gesamtverbänden vom 14. 7. 1905 [24]. Das staatliche Gesetz regelte das formelle und materielle Kirchensteuerrecht abschließend, ohne der Kirche noch Raum für ergänzende oder abweichende Vorschriften zu lassen. Wie aus der Amtlichen Gesetzesbegründung [25] folgt, nahm der Staat als selbstverständlich für sich das Recht in Anspruch, die kirchliche Steuerbefugnis zu regeln. Zugleich wurde in der Begründung aber auch anerkannt: „Sich die zur Erfüllung ihrer Aufgaben erforderlichen materiellen Mittel auch auf dem Wege der Besteuerung ihrer Mitglieder beschaffen zu können, ist für die Kirchengemeinde unleugbar eine Lebensbedingung, welche ihr vom Staate nicht verkümmert werden darf." Wenn der Staat dennoch das katholische Kirchensteuerrecht abschließend regelte, so geschah das offensichtlich weniger aus der Vorstellung, daß dem Staat allein die Steuerhoheit zustehe, als aus der von ihm in allen res externae beanspruchten Kirchenhoheit.

Das staatliche Kirchensteuergesetz von 1905 blieb mit einigen zeitbedingten Änderungen [26] bis nach dem 2. Weltkrieg in Kraft. Eine praktisch

[21] Bei der durch die KabO v. 13. 4. 1825 (PrGS, S. 71) und 24. 5. 1825 (PrGS, S. 255) eingeführten *Kathedralsteuer* handelte es sich dagegen nicht um eine Steuer, sondern um eine Art Stolgebühr. Die eigenartige Abgabe wurde bei Sterbefällen, Taufen und Trauungen als Zuschlag zu den Stolgebühren erhoben und war zur Bauunterhaltung der Kathedralkirchen, vor allem des Kölner Doms, bestimmt. Zur Rechtsnatur vgl. OLG Celle, Urt. v. 27. 5. 1957, AKKR 128 (1957), 158.

[22] Nachweise bei A. SCHMEDDING-J. LINNEBORN, Die Erhebung von Kirchensteuern in den katholischen Kirchengemeinden, Gemeindeverbänden und Diözesen, 2. Aufl. 1929, S. 37 ff.

[23] SCHMEDDING-LINNEBORN, a.a.O., S. 39.

[24] PrGS, S. 281, mit Ausführungsbestimmungen vom 24. 3. 1906 (MBliV, S. 121).

[25] Auszugsweise mitgeteilt bei SCHMEDDING-LINNEBORN, a.a.O., S. 41.

[26] Vor allem das Pr. Gesetz zur Änderung des Kirchensteuer- und Umlagerechts der katholischen Kirche v. 3. 5. 1929 (PrGS, S. 43), das die Vermögenssteuer als Kirchensteuermaßstab und eine Erhebung von Kirchgeld zuließ.

wichtige Änderung, die sich formell allerdings außerhalb des Kirchensteuergesetzes vollzog, brachte die Finanzreform von 1920. Mit dem Ausbau der Reichsfinanzverwaltung wurde auf Grund des § 19 Abs. 2 Reichsabgabenordnung [27] in Preußen auch die Verwaltung der Kirchensteuer den Finanzämtern übertragen. Die einschlägigen Übertragungserlasse [28] regelten die staatliche Verwaltung dahin, daß die Finanzämter den Kirchengemeinden die Steuerunterlagen für die Veranlagung zur Verfügung stellten und die Einziehung und Beitreibung übernahmen. Die zuständigen kirchlichen Stellen veranlagten weiterhin im Einzelfall die Kirchensteuerpflichtigen, doch handelte es sich dabei nur um einen verwaltungsinternen Vorgang, während der Kirchensteuerbescheid, d. h. der rechtsmittelfähige Verwaltungsakt, vom Finanzamt erging [29]. Da das Lohnabzugsverfahren für die Kirchensteuer nicht eingeführt war, erhielten die Lohnsteuerpflichtigen jeweils einen besonderen Kirchensteuerbescheid. Nach 1933 zeichnete sich mit der zunehmenden Kirchenfeindlichkeit der nationalsozialistischen Regierung ein Rückzug des Staates aus dem Kirchensteuerwesen ab. In den neuen Reichsgebieten wurde an Stelle der Kirchensteuer nur noch ein privatrechtlicher Kirchenbeitrag anerkannt, während im Altreich die staatliche Verwaltung der Kirchensteuern durch Abänderung des § 18 Abs. 4 RAO mit Gesetz vom 4. 7. 1939 (RGBl I, S. 1181) in eine Kannbestimmung eine zunehmende Unsicherheit erfuhr [30].

Nach dem Zusammenbruch entwickelten sich die Verhältnisse in den beiden Teilen Deutschlands ganz unterschiedlich. In Mitteldeutschland setzte sich der Rückzug der staatlichen Verwaltung aus dem Kirchensteuerwesen mit großer Entschiedenheit fort, indem der Kirchensteuer nicht nur die öffentlich-rechtliche Natur, sondern seit 1956 auch die zivilprozessuale Beitreibbarkeit genommen und ihr damit jede rechtliche Anerkennung im staatlichen Bereich versagt wurde [31]. In der Bundesrepublik übertrugen dagegen alle Länder die Verwaltung der Kirchensteuer vom Einkommen in vollem Umfang, einschließlich der Veranlagung, der staatlichen Finanzverwaltung und ermächtigten die Kirchengemeinden, auch die Verwaltung der Kirchensteuer vom Grundbesitz den politischen Gemeinden zu übertragen. Zugleich damit wurde das Lohnabzugsverfahren für die Kirchensteuer eingeführt; die Arbeitgeber wurden verpflichtet, die Kirchensteuer ebenso wie die Lohnsteuer einzubehalten und an das Finanzamt abzuführen [32].

[27] = § 18 Nr. 4 und 6 Reichsabgabenordnung in der Fassung v. 12. 5. 1931.

[28] Zusammengefaßt im Erlaß des Pr. Ministers für Wissenschaft, Kunst und Volksbildung v. 19. 9. 1921 (ZBlUV, S. 396).

[29] W. Koch-H. Gefaeller, Die Kirchensteuer in Preußen und im Saarland, 1938, S. 197.

[30] Zur Entwicklung H. Gefaeller, Die Kirchensteuer seit 1945, ZevKR 1 (1951), 400 ff.

[31] Dazu Jacobi, a.a.O., S. 62 ff.

[32] Überblick bei H. Gefaeller, a.a.O., 88 ff.; F. S. Schuller, a.a.O., S. 355 ff.

Damit war die Kirche praktisch ganz von der Kirchensteuerverwaltung entlastet und konnte ihre kirchlichen Steuerämter auflösen, soweit sie sie nicht, wie in süddeutschen Diözesen, noch für die Verwaltung des Kirchengeldes benötigte. Voraussetzung für den Übergang der Kirchensteuerverwaltung von den kirchlichen auf staatliche Steuerbehörden war, daß die Bistümer länderweise für einen einheitlichen Hebesatz bei der Kircheneinkommen- und Kirchenlohnsteuer sorgten, da die Finanzämter und erst recht die Arbeitgeber nur nach einheitlichen Hebesätzen verfahren können. Vor allem um dies zu gewährleisten, führten die Bistümer überwiegend die Diözesankirchensteuer ein. Die Länder boten der Kirche die Möglichkeit der staatlichen Kirchensteuerverwaltung in inhaltlich ähnlichen Regelungen an, von denen als Beispiel hier das nordrhein-westfälische Kirchensteuergesetz vom 15. 2. 1950, neu gefaßt durch das Kirchensteuergesetz vom 30. 4. 1962 [33], genannt sei. Die Landeskirchensteuergesetze gaben außerdem die Möglichkeit, von der Ortskirchensteuer auf die Diözesankirchensteuer und Landeskirchensteuer überzugehen, eine Erhebungsform, die die Festsetzung einheitlicher Kirchensteuersätze durch die Kirchen im Landesgebiet, ohne Rücksicht auf die örtlichen Finanzverhältnisse, eigentlich erst rechtfertigt. Im übrigen beschränken sich beide nordrhein-westfälischen Kirchensteuergesetze, ebenso wie die Kirchensteuergesetze der anderen Länder, auf eine staatliche Rahmenregelung und überlassen Einzelheiten den Kirchensteuerordnungen der Bistümer, die ebenfalls einheitlich ergangen sind [34]. Das Land geht nach der Amtlichen Begründung zum Kirchensteuergesetz 1962 [35] davon aus, daß die Kirchen ein eigenständiges Steuerrecht besitzen, bei dessen Regelung der Staat nur mitwirkt, um der kirchenrechtlichen Regelung die notwendige Rechtswirkung und Vollstreckungsmöglichkeit im staatlichen Raum zu verschaffen.

2. Auf die Entwicklung des gemeinen *evangelischen* Kirchensteuerrechts hat das rheinisch-westfälische evangelische Kirchenrecht einen bemerkenswerten Einfluß gehabt. In den mitteldeutschen evangelischen Gebieten zeigten sich nach der Reformation kaum Ansätze für ein Kirchensteuerrecht. Dafür bestand dort auch wenig Anlaß, da zwar das Vermögen der aufgelösten Bistümer, Klöster und Stifte vom Staat eingezogen oder anderen Zwecken zugewiesen war, das örtliche Kirchenvermögen jedoch in der Regel den evangelischen Kirchengemeinden ungeschmälert erhalten geblieben war. Wo in den Gemeinden ein besonderer finanzieller Notstand auftrat, griff der evangelische Landesherr vielfach auf Grund seines ius advocatiae helfend ein. In den geistlichen Fürstentümern am Rhein, in den Herzogtümern Jülich-

[33] GV NW, S. 223.

[34] Die gegenwärtig geltenden Kirchensteuerordnungen der Bistümer in Nordrhein-Westfalen sind im Bundessteuerblatt 1963, II, S. 27, mitgeteilt.

[35] LT Nordrhein-Westfalen — 4. Wahlperiode — Bd. 3, Drucksache Nr. 374, S. 14.

Berg und — bis zur Vereinigung im Jahre 1614 mit dem reformierten Preußen — Cleve-Mark, entwickelten sich die evangelischen Kirchengemeinden dagegen seit der Reformation ohne landesherrlichen Schutz aus sich heraus und vielfach neben und gegen bestehende katholische Kirchengemeinden [36], so daß die Gemeinden schon mangels vorhandenen örtlichen Kirchenvermögens auf andere Finanzquellen angewiesen waren. Hinzu kommt, daß der reformierten Auffassung der Gedanke einer finanziellen Beteiligung aller Gemeindeglieder an den Lasten der Gemeinde durchaus entsprach. So brachte es das Eigenleben der rheinisch-westfälischen evangelischen Gemeinden mit sich, daß bereits die clevisch-märkische Kirchenordnung vom 20. 5. 1662 [37] die Verpflichtung der Gemeindemitglieder regelte, für den Lebensunterhalt (Nr. 34 der Kirchenordnung) und die Altersversorgung (Nr. 36 a.a.O.) der Geistlichen und Lehrer zu sorgen. Für die Erfüllung der Ansprüche wurde der staatliche Verwaltungszwang zur Verfügung gestellt (Nr. 35 a.a.O.). Wenn auch eine nähere Bestimmung darüber, wie die Gemeinden die Mittel für die auferlegten Verpflichtungen aufzubringen hätten, also eine ausdrückliche Umlage oder Steuerordnung, fehlt, so findet sich in Nr. 56 der clevisch-märkischen Kirchenordnung doch der Hinweis, daß der Gemeindeälteste für die Erfüllung der Unterhaltspflicht gegenüber dem Pfarrer und dem Lehrer zu sorgen habe. Dem Ältesten oblag damit auch das Recht, die Gemeindemitglieder zu entsprechenden Abgaben heranzuziehen. Diese frühe Form einer Kirchensteuerpflicht der Parochianen entwickelte die — weitgehend vom reformierten Gedankengut bestimmte — Kirchenordnung für die evangelischen Gemeinden der Provinz Westfalen und der Rheinprovinz vom 5. 3. 1835 [38] weiter. Zu den in § 3 der rheinisch-westfälischen Kirchenordnung aufgezählten Mitgliedschaftspflichten zählte gemäß Ziffer 4 die Pflicht, „die für die kirchlichen Bedürfnisse erforderlichen Beiträge zu leisten". Die Gemeindevertretung wurde für zuständig erklärt, bei Unzulänglichkeit des kirchlichen Vermögens die Umlage auf die Gemeindemitglieder nach Maßgabe der Sätze der direkten Staats- und Kommunalsteuern zu beschließen; die Regierung hatte den Beschluß zu geneh-

[36] H. F. Jacobson, Geschichte der Quellen des evangelischen Kirchenrechts der Provinzen Rheinland und Westfalen mit Urkunden und Regesten (= Geschichte der Quellen des Kirchenrechts des Preußischen Staats, IV. Teil, 3. Band), 1844, S. 16 ff.; A. Rosenkranz, Abriß einer Geschichte der Evangelischen Kirche im Rheinland, 1960, S. 7 ff.; W. Danielsmeyer, Die evangelische Kirche von Westfalen, 1965, S. 14 ff.; P. Mikat, Das Verhältnis von Kirche und Staat im Lande Nordrhein-Westfalen in Geschichte und Gegenwart (Arbeitsgemeinschaft für Forschung des Landes Nordrhein-Westfalen, Geisteswissenschaften, Heft 129), 1966, S. 25 ff.

[37] J. J. Scotti, Sammlung der Gesetze und Verordnungen, welche in dem Herzogtum Cleve und in der Grafschaft Mark über Gegenstände der Landeshoheit, Verfassung, Verwaltung und Rechtspflege ergangen sind, 1. Teil, 1826, Nr. 273.

[38] Wortlaut bei Hinschius, a.a.O., S. 208 ff.

migen (§ 18 Buchst. d a.a.O.). Für die Deckung des Dienstaufkommens der Pfarrer wurde die Umlagepflicht noch einmal besonders wiederholt (§ 131 a.a.O.). Damit war eine Grundlage für das evangelische Kirchensteuerrecht geschaffen, die im Laufe des 19. Jahrhunderts von der Verwaltung und Rechtsprechung [39] näher ausgestaltet wurde und in die Kirchenverfassungsgesetze der Altpreußischen Union für die Kirchengemeinden der östlichen Provinzen [40] und für die Gesamtkirche [41] einging. Um die gleiche Zeit bildete sich in Preußen auch in den neuen Provinzen ein Kirchensteuerrecht heraus [42], die anderen Bundesstaaten folgten [43] oder hatten teilweise sogar noch früher ein eigenes Kirchensteuerrecht entwickelt [44]. Der Ausbau des evangelischen Kirchensteuerrechts war damit weit fortgeschritten, auch wenn es in seinem Rechtsbestand noch zersplittert war, als die preußische Kirchensteuergesetzgebung von 1905 auch für die evangelische Kirche eine einheitliche Rechtsgrundlage brachte. Im Gegensatz zur katholischen Regelung beschränkte sich aber das Staatsgesetz betr. die Regelung von Kirchensteuern in den Kirchengemeinden und Parochialverbänden der evangelischen Landeskirche der älteren Provinz vom 14. 7. 1905 [45] auf eine Rahmenregelung von nur wenigen Artikeln und setzte für die nähere materielle und formelle Ausgestaltung des Kirchensteuerrechts das Kirchengesetz gleichen Namens vom 26. 5. 1905 [46] voraus. Den Kirchengemeinden fiel es auf Grund ihrer körperschaftlichen Verfassung und der im Presbyterialprinzip begründeten Selbstverwaltung nicht schwer, sich eng an die Grundsätze der Kommunalsteuern anzulehnen. Diese Nähe zum Kommunalabgabenrecht, die auch für das katholische Kirchensteuerrecht gilt, ist ein Grundzug des

[39] Dazu GIESE, a.a.O., S. 62 ff.

[40] Gesetz, betr. die evangelische Kirchengemeinde- und Synodalordnung, v. 10. 9. 1873 für die Provinzen Preußen, Brandenburg, Pommern, Posen, Schlesien und Sachsen (PrGS, S. 147).

[41] Gesetz, betr. die evangelische Kirchenverfassung in den 8 älteren Provinzen der Monarchie, v. 3. 6. 1876 (PrGS, S. 125).

[42] z. B. Kirchengemeinde- und Synodalordnung für die evangelisch-lutherische Kirche der Provinz Schleswig-Holstein v. 4. 11. 1876 (PrGS, S. 415) und das Kirchenverfassungsgesetz v. 6. 4. 1878 (PrGS, S. 145); Kirchengemeinde- und Synodalordnung für die evangelischen Gemeinden im Consistorialbezirk Kassel vom 16. 12. 1885 (PrGS 1886, S. 1) und das Kirchenverfassungsgesetz v. 19. 3. 1886 (PrGS, S. 79). Weitere Beispiele bei FRIEDBERG, a.a.O., S. 243 ff.

[43] Hessisches Gesetz über das Besteuerungsrecht der Kirchen- und Religionsgemeinschaften v. 23. 4. 1875; Badisches Gesetz, betr. die Besteuerung für örtliche kirchliche Bedürfnisse, v. 26. 7. 1888. Näher GIESE, a.a.O., S. 122 ff.

[44] Die frühesten Kirchensteuergesetze sind die lippische VO v. 16. 5. 1827, die Beiträge zu den Bedürfnissen der Kirchen und Schulen betreffend, und das sächsische Parochiallastengesetz v. 8. 3. 1838. Näher GIESE, a.a.O., S. 139 f., 157 ff.

[45] PrGS, S. 277.

[46] Kirchengesetz, betr. die Erhebung von Kirchensteuern in den Kirchengemeinden und Parochialverbänden der evangelischen Landeskirche der älteren Provinzen, v. 26. 5. 1905 (KGVBl, S. 31).

Kirchensteuersystems und noch heute für das Verständnis der Ausgestaltung der Kirchensteuer aufschlußreich [47].

Die weitere Entwicklung der evangelischen Kirchensteuer seit der preußischen Gesetzgebung von 1905 vollzog sich im wesentlichen übereinstimmend mit der Kirchensteuergesetzgebung für die katholische Kirche. Im praktischen Vollzug machten die evangelischen Kirchengemeinden allerdings in bedeutend größerem Umfang als die katholischen vom Besteuerungsrecht Gebrauch. Sie erhoben allgemein neben der Kirchensteuer vom Einkommen eine Kirchensteuer vom Grundbesitz und seit der Wirtschaftskrise von 1929 auch ein Kirchgeld [48]. Das Kirchgeld, das unabhängig von staatlichen Maßstabsteuern von den Kirchengemeinden zur Erfüllung besonderer örtlicher Aufgaben festgesetzt wurde, entwickelte sich zu einer typischen Ausprägung der presbyterialen Ordnung: in ihm blieb am stärksten der alte reformierte Gedanke der Mitverantwortung aller Gemeindemitglieder für das Leben der Gemeinde lebendig [49]. Auch bei der kirchensteuerrechtlichen Neuregelung in Nordrhein-Westfalen von 1950 und 1962 haben die rheinische und westfälische Landeskirche sich ihre presbyterialsynodale Eigenart bewahrt und bisher trotz der veränderten wirtschaftlichen und organisatorischen Verhältnisse an der Ortskirchensteuer als Erhebungsform für die Kirchensteuer festgehalten [50].

II

An der Entwicklung der Kirchensteuer in Deutschland hatte, wie wir gesehen haben, der Staat maßgebend Anteil. Wenn mit der Einführung der allgemeinen Kirchensteuer um die Jahrhundertwende auch primär den Kirchen eine Finanzquelle zur Deckung ihrer Bedürfnisse geschaffen wurde, so hatte der Staat doch hieran zugleich ein ganz eigenes Interesse. Kraft der privilegierten Stellung der Kirchen im öffentlichen Leben, die auf evangelischer Seite vor dem Ende der Monarchie durch die institutionelle Verbindung von Staat und Kirche noch besonders gefestigt war, wußte sich der Staat nämlich finanziell für die Kirchen verantwortlich. Hinzu traten die aus der Säkularisation herrührenden Verpflichtungen des Staates auf aus-

[47] Daraus erklärt sich z. B., daß der Steueranspruch außer durch Kirchensteuergesetz und Kirchensteuerordnung erst durch den jährlichen Kirchensteuerbeschluß konkretisiert wird. Zur rechtsbegründenden Wirkung des Kirchensteuerbeschlusses: Hess. VGH, Urt. v. 28. 10. 1955, KirchE 3, 176. Zur Parallele zum Kommunalsteuerrecht auch BVerwG, Urt. v. 9. 7. 1965, MDR 1965, 939.

[48] Über die Gründe für die Einführung und den Zweck des Kirchgeldes Koch-Gefaeller, a.a.O., S. 127 ff.

[49] Eingehend die Kirchgeldrichtlinien der Evangelischen Kirche im Rheinland v. 16. 3. 1951 (KABl, S. 26).

[50] Zum Ausgleich der unterschiedlichen Steuerkraft der Gemeinden und zur Erfüllung übergemeindlicher Aufgaben wird das Ortskirchensteuersystem durch einen übersynodalen Finanzausgleich ergänzt. G. Thümmel, Finanzausgleich und Kirchenverfassung, ZevKR 5 (1956), 341 ff.

reichende Dotierung der Bistümer. So leistete der preußische Staat seit 1898 Pfarrbesoldungsbeihilfen an die beiden Kirchen, um ihnen eine standesgemäße Besoldung der Pfarrer zu ermöglichen [51], und 1906 sah sich der Staat durch die veränderten wirtschaftlichen Verhältnisse gezwungen, die nach der Säkularisation festgesetzten Dotationen durch widerrufliche Zuschüsse zu erhöhen [52]. Der so finanziell in Anspruch genommene Staat suchte sich dadurch zu entlasten, daß er die Kirchen auf die Möglichkeit verwies, durch Abgaben ihrer Mitglieder, unter Umständen auch von anderen Einrichtungen, den gestiegenen Finanzbedarf selbst zu decken. Dazu bot er die — von den Kirchen, jedenfalls von der katholischen Kirche, zunächst nur widerstrebend akzeptierte und zurückhaltend praktizierte — Möglichkeit zur Erhebung von Kirchensteuern.

Bereits im Jahre 1919 war die Interessenlage aber völlig anders. Die Bedrohungen der kirchlichen Rechte während der Revolution veranlaßten die Kirchen, auf die Sicherung der kircheneigenen Finanzquellen bedacht zu sein. Der Staat erkannte dieses Sicherungsbedürfnis der Kirchen an und garantierte in der Weimarer Reichsverfassung die kirchliche Vermögenssubstanz in dreifacher Weise: durch die Garantie des kirchlichen Eigentums (Art. 138 Abs. 2 WRV), der Staatsleistungen (Art. 138 Abs. 1 WRV) und des Kirchensteuerrechts (Art. 137 Abs. 6 WRV). Das Kirchensteuerrecht wurde in diesem Zeitpunkt bereits als überkommenes Recht der Kirchen angesehen, und zwar, wie der Abgeordnete Gröber [53] in der Weimarer Nationalversammlung erklärte, als praktisch wichtigste Befugnis aus der Stellung der Kirchen als Körperschaft des öffentlichen Rechts. In dieser Weise ist in der Folgezeit im allgemeinen das kirchliche Besteuerungsrecht, das in Art. 137 Abs. 6 WRV seine reichsverfassungsrechtliche und im Grundgesetz — in Verbindung mit Art. 140 GG — seine bundesverfassungsrechtliche Sicherung gefunden hat, bis heute verstanden worden: als ein den Kirchen schon vor der Weimarer Reichsverfassung vom Staat verliehenes, von der Garantie der Rechte einer Körperschaft des öffentlichen Rechts umfaßtes und wegen seiner kirchenpolitischen Bedeutung in Art. 137 Abs. 6 WRV den Kirchen nochmals ausdrücklich gewährleistetes Recht [54]. Zum gleichen Ergebnis führt die herkömmliche rechtssystematische Begründung des kirchlichen Besteuerungsrechts. Danach steht die Steuerhoheit dem Staat im vollen Umfang und auf allen Gebieten zu, so daß es sich nach der herkömmlichen Gliederung des kirchlichen Selbstbe-

[51] Gesetz v. 2. 7. 1898 (PrGS, S. 260) und spätere Gesetze. Dazu Tourneau, Das pr. Gesetz, betr. das Diensteinkommen der katholischen Pfarrer, v. 26. 5. 1909, AKKR 90 (1910), 96 ff.; Ebers, a.a.O., S. 235.

[52] E. R. Huber, Die Garantie der kirchlichen Vermögensrechte in der Weimarer Verfassung, 1927, S. 87; Ebers, a.a.O., S. 288.

[53] Verhandlungen der Verfassungsgebenden Nationalversammlung, Sten. Berichte Bd. 328 (1920,) S. 1656.

[54] Vgl. Fußn. 3.

stimmungsrechts in kirchliche, staatliche und gemeinsame Angelegenheiten um eine staatliche Angelegenheit handelt, die von der Kirche nicht kraft eigenen Rechts, sondern auf Grund staatlicher Delegation wahrgenommen wird [55]. Ganz auf dem Boden der herrschenden Auffassung hat das Bundesverfassungsgericht in den Leitsätzen zum Urteil vom 14. 12. 1965 [56] formuliert: „Das Besteuerungsrecht nach Art. 137 Abs. 6 WRV ist eine hoheitliche Befugnis des Staates gegenüber den Bürgern, die dieser in dem gesetzlich bestimmten Umfang den Religionsgesellschaften verleiht."

Diese Beurteilung der Kirchensteuer als delegiertes staatliches Hoheitsrecht hat zur Folge, daß der Staat die Freiheit in der Ausgestaltung des Kirchensteuerrechts behält und die Materie jederzeit auch in allen Einzelheiten selbst regeln könnte [57], wie er es in dem katholischen Kirchensteuergesetz von 1905 getan hat. Das Finanzgericht Düsseldorf hat diese Auffassung in einem Vorlagebeschluß vom 29. 10. 1964 [58] an das Bundesverfassungsgericht konsequent zu Ende geführt und die Kirchensteuerordnung als eine von der staatlichen Gesetzgebung abgeleitete Rechtsquelle behandelt, für die im staatlichen Kirchensteuergesetz eine Rechtsetzungsermächtigung mit derselben Bestimmtheit nach Inhalt, Zweck und Ausmaß wie bei sonstigen Rechtsverordnungen (Art. 80 GG) zu verlangen sei. Der Ausweg, daß der Staat als verpflichtet angesehen wird, den Kirchen auf Grund der Garantie der kirchlichen Selbstverwaltung gemäß Art. 137 Abs. 3 WRV bei Übertragung des Kirchensteuerrechts die notwendige Freiheit im Gebrauch des Rechts einzuräumen [59], hilft nach der üblichen Auslegung des Art. 137 Abs. 3 WRV schwerlich weiter, da sich das kirchliche Selbstbestimmungsrecht nur auf die eigenen, nicht aber auf die staatlichen Angelegenheiten erstreckt.

Die Überzeugungskraft der herrschenden Auffassung hängt einmal vom Wesen der Kirchensteuer ab, soweit sie durch den Umfang der Kirchensteuerpflicht bestimmt wird. Ist die Kirchensteuer so ausgestaltet, daß sie über den Kreis der Kirchenangehörigen hinausreicht und als Steuerobjekt entweder in Form der dinglichen Kirchensteuer auch Grundstücke ohne Rücksicht auf die Kirchenzugehörigkeit der Eigentümer, in Form der Körperschaftskirchensteuer juristische Personen oder schließlich bei der Ehegattenbesteuerung in glaubensverschiedenen Ehen auch den nicht der steuerberechtigten Kirche angehörigen Ehegatten erfaßt, so treten die Kirchen allerdings im außerkirchlichen Raum auf, in dem der Staat Herr der Rechtsordnung ist und die Kirchen nicht kraft eigenen Rechts tätig werden können. Eine Besteuerung von kirchenfremden Objekten oder Personen ist den Kirchen gewiß nicht auf Grund eigenen, sondern nur auf Grund staatlich

---

[55] Vgl. Fußn. 3. [56] E 19, 206.

[57] So ausdrücklich BVerfG, Urt. v. 14. 12. 1965, E 19, 258.

[58] FG I 3/63 Ki.

[59] BVerwG, Urt. v. 9. 7. 1965, E 21, 330; viel enger BVerfG, Fußn. 57.

verliehenen Rechts möglich, denn die koordinierungsrechtliche Zuordnung von Kirche und Staat als Rechtsgrößen je eigenen Rechts schließt einen Übergriff in den Rechtsbereich des Partners rechtslogisch ebenso wie verfassungsrechtlich aus. Kirchensteuern, die Nichtmitgliedschaftssteuern sind, können daher nur auf abgeleitetem staatlichem Hoheitsrecht beruhen. Wenn das Bundesverfassungsgericht am 14. 12. 1965 in mehreren Urteilen entschieden hat, daß das kirchliche Besteuerungsrecht sich auf die Kirchenangehörigen beschränkt, so war dies nach dem Kirchensteuerverständnis der Kirchen, die in der Kirchensteuer eine eigene Angelegenheit sehen, eigentlich unausweichlich.

Nach der Rechtsprechung des Bundesverfassungsgerichts ist nunmehr sowohl die Heranziehung von juristischen Personen zur Kirchenbausteuer auf Grund des Badischen Ortskirchensteuergesetzes [60] als auch die Heranziehung von Personen, die keiner steuerberechtigten Kirche angehören, aber mit einem Kirchenangehörigen verheiratet sind, zu einer nach dem gemeinsamen Einkommen der Ehegatten bemessenen Kirchensteuer [61] unzulässig. In der Kirchenbausteuer-Entscheidung [60] stellt das Bundesverfassungsgericht grundsätzlich fest: „Das Grundgesetz verbietet dem Staat, einer Religionsgesellschaft hoheitliche Befugnisse gegenüber Personen zu verleihen, die keiner Religionsgesellschaft angehören." Danach steht fest, daß die Kirchensteuer heute nur noch eine Mitgliedschaftssteuer ist, wie es übrigens bisher schon der gesetzlichen und kirchenvertraglichen Regelung in den meisten Ländern entsprach. Das Bundesverfassungsgericht führt den Grundsatz der Beschränkung der Kirchensteuer auf die Angehörigen der steuerberechtigten Kirchen in dem zweiten zur Besteuerung glaubensverschiedener Ehen ergangenen Urteil vom 14. 12. 1965 [62] sogar so weit, daß es selbst bei der Bemessung der Kirchensteuer des kirchen*angehörigen* Ehegatten die Berücksichtigung des Einkommens des anderen, nicht der Kirche angehörenden Ehegatten (sogenannter Halbteilungsgrundsatz), nicht zuläßt. Grundsätzlich wird man der Auffassung des Bundesverfassungsgerichts, daß die Kirchen nur ihre Angehörigen besteuern dürfen, zustimmen müssen. Wenn sich für das Bundesverfassungsgericht nach seiner Ausgangsposition in der Beurteilung der Kirchensteuer als delegiertes staatliches Hoheitsrecht aus dem *Wesen* des kirchlichen Besteuerungsrechts an sich auch keine Bedenken gegen eine Besteuerung von Nichtmitgliedern ergeben dürften, da öffentlich-rechtliche Körperschaften über den Bereich ihrer Mitglieder hinaus wirken können, soweit dies zu ihren staatlich anerkannten gesetzmäßigen Aufgaben gehört [63], so ist doch zuzugeben, daß es sich schwer-

[60] Urt. v. 14. 12. 1965, E 19, 206.

[61] Urt. v. 14. 12. 1965, E 19, 242.

[62] Urt. v. 14. 12. 1965, E 19, 268.

[63] z. B. die hoheitlichen Aufgaben der Handwerkskammern, Industrie- und Handelskammern, Börsen außerhalb des Kreises ihrer Mitglieder.

lich mit unserer auf eine grundsätzlich institutionelle Selbständigkeit und Unabhängigkeit der Kirchen begründete kirchenpolitischen Ordnung in der Bundesrepublik vereinbaren läßt, wenn der Staat die Kirchen ermächtigt, ihren Finanzbedarf durch Kirchensteuern anderswo als im Bereich ihrer Mitglieder zu decken. Vor allem gilt dies, wenn die Kirche Nichtmitglieder überwiegend aus finanziellen Gründen einer Kirchensteuer unterwerfen will, wie z. B. bei der Kirchenbausteuer für juristische Personen. Es muß aber auch für die Besteuerung der glaubensverschiedenen Ehen gelten, die sich nach kirchlicher Auffassung aus dem Verständnis der Ehe als volle ideelle und wirtschaftliche Lebensgemeinschaft rechtfertigt. Denn auch, wenn man aus staatlicher Sicht der kirchlichen Eheauffassung zustimmt, bleibt für die Kirchen der kirchenfremde Ehegatte nach staatlicher und kirchlicher Auffassung immer ein Dritter, der Pflichten nur gegenüber seinem Ehegatten, nicht aber gegenüber der Kirche hat. Zweifelhaft scheint uns dagegen, ob der Grundsatz der Beschränkung des kirchlichen Besteuerungsrechts auf die Kirchenangehörigen wirklich auch zu dem Schluß zwingt, daß damit der Besteuerungsmaßstab nur an Merkmale anknüpfen kann, die in der Person des Kirchengliedes gegeben sind. Wenn die Kirchen in der Wahl des Besteuerungsmaßstabs frei sind, so muß es auch zulässig sein, daß die Kirchen die staatlichen Steuermerkmale, z. B. das Einkommen, in bestimmten Fällen modifizieren, wenn dies sachgerecht ist. Aus dem Wesen der Kirchenmitgliedschaft, bei dem die Forderung, daß „Einer des Anderen Last trage" (Galater 6, 2), geradezu konstitutiv ist, wird gefolgert werden müssen, daß es nicht nur sachgerecht, sondern sogar sachnotwendig ist, wenn die Kirchenangehörigen nach ihrer tatsächlichen finanziellen Leistungsfähigkeit und nicht nur nach einem formellen marktwirtschaftlichen Einkommensbegriff zur Kirchensteuer herangezogen werden.

Die neueste Rechtsprechung des Bundesverfassungsgerichts hat die Rechtsnatur der Kirchensteuer somit als reine Mitgliedschaftssteuer geklärt. Diese Entwicklung gibt der Frage, ob das Besteuerungsrecht den Kirchen als staatliches oder eigenes Recht zuzurechnen ist, erhöhte Bedeutung. Dafür ist die *öffentlich-rechtliche* Natur der Kirchensteuer wesentlich. Die herrschende Auffassung leitet aus der staatlichen Mitwirkung bei der Kirchensteuerverwaltung und der staatlichen Zwangsbeitreibung, also dem Zwangscharakter der Kirchensteuer, die Herkunft aus der Staatsgewalt ab [64]. Von *diesen* Gesichtspunkten kann die staatliche Mitwirkung bei der Kirchensteuerverwaltung von vornherein ausgeschieden werden, da es sich nur um eine unterstützende Leistung des Staates, eine Art Amtshilfe, handelt, die sich seit der Reichsfinanzgesetzgebung von 1920 herausgebildet und praktisch bewährt hat, die aber für den Rechtscharakter der zugrunde liegenden Kirchensteuer ohne Bedeutung ist. Ihr Wesen zeigt sich am deutlichsten bei den

---

[64] s. Fußn. 3; vgl. auch BVerfG, Urt. v. 14. 12. 1965, E 19, 217.

von der Kirche selbst verwalteten Kirchensteuern, z. B. dem Kirchgeld. Dieses wird von der Kirche festgesetzt und von ihr mit der Maßgabe eingezogen, daß im Nichtzahlungsfall staatliche Vollstreckungshilfe in Anspruch genommen werden kann. Diese Vollstreckbarkeit ist das maßgebliche Indiz für die öffentlich-rechtliche Natur der Kirchensteuer, denn der Staat kann nur Ansprüche staatlichen oder staatlich anerkannten Rechts, nicht aber kirchlichen Rechts vollstrecken.

Mit der staatlichen Vollstreckbarkeit gehen aber die zugrunde liegenden kirchlichen Ansprüche nicht zwangsläufig auf übertragene staatliche Hoheitsrechte zurück. Zu diesem Ergebnis könnte freilich auch die Lehre von dem sogenannten öffentlich-rechtlichen Gesamtstatus der Kirchen[65] führen. Wenn nämlich hiernach der gesamte Bereich kirchlicher Tätigkeit dem öffentlichen Recht zuzurechnen ist, ohne daß aber damit alle Ansprüche aus kirchlichen Rechtsverhältnissen staatlich vollstreckbar wären, so möchte man annehmen, daß in Fällen, in denen kirchliche Ansprüche vollstreckbar sind, ein noch engeres Verhältnis zum Staat als die allgemeine Einordnung in die öffentliche Rechtsordnung vorausgesetzt wird — und zwar, so muß man folgern, eine Ausübung übertragener staatlicher Hoheitsrechte. Diesem Fehlschluß entgeht man, wenn die öffentlich-rechtliche Stellung der Kirche auf solche kirchliche Funktionen beschränkt wird, in denen Kirche und Staat gemeinsam Recht setzen, das jeweils als *öffentliches* Recht der staatlichen Rechtsordnung und als *kirchliches* Recht der kirchlichen Rechtsordnung zuzurechnen ist[66]. Das kirchliche Recht ist als öffentliches Recht nicht ohne staatliche Mitwirkung, das vorausgehende oder ergänzende staatliche Recht nicht ohne entsprechende kirchliche Regelung denkbar. Staatliches und kirchliches Recht haben als öffentliches Recht in diesem Fall gleichermaßen Geltung im kirchlichen und staatlichen Bereich und bilden einen einheitlichen, die Grenzen von Kirche und Staat wechselseitig übergreifenden Rechtsboden. Zur Regelung im Wege einer so verstandenen *gemeinsamen Rechtsschöpfung* kommen alle Angelegenheiten in Betracht, die existentiell zur Kirche gehören und von ihr im innerkirchlichen Bereich eigenständig geregelt werden, die zugleich aber im staatlichen Raum als öffentliche Rechte gelten sollen und dazu der staatlichen Mitwirkung bedürfen. Kirchliches und staatliches Recht können dabei parallel ergehen; ebenso kann der Staat aber auch durch förmliche Erklärung das kirchliche Recht im staatlichen Bereich für verbindlich erklären. Wesentlich ist dabei, daß auf diese Weise

[65] Zum Stand der Diskussion H. Marré-K. E. Schlief, Der öffentlich-rechtliche Gesamtstatus der Kirchen, NJW 1965, 1514, deren Ausführungen in der Begründung und im Ergebnis wenig überzeugen.

[66] P. Mikat, Kirchliche Streitsachen vor den Verwaltungsgerichten, in: Staatsbürger und Staatsgewalt (Jubiläumsschrift zum hundertjährigen Bestehen der deutschen Verwaltungsgerichtsbarkeit), Bd. II, 1963 (= Kirchliche Streitsachen), S. 328 f.; *ders.*, Das Verhältnis von Kirche und Staat in der Bundesrepublik, 1964, S. 17 ff.

nicht wesensfremde staatliche Regelungen in den kirchlichen Bereich eingeführt werden, sondern kirchliche Regelungen, soweit der Staat sie für seinen Bereich anerkennen kann, für Staat und Kirche gemeinsam gelten.

Die Kirchensteuer ist ein besonders prägnanter Fall für ein so geschaffenes „staatlich-kirchliches Recht“ [67]. Seit dem preußischen evangelischen Kirchensteuergesetz von 1905 wird das Kirchensteuerrecht durch korrespondierende Staats- und Kirchengesetze geregelt. In allen neuen Kirchensteuergesetzen der Länder gilt der Grundsatz, daß das Staatsgesetz nur die Grundlagen der Kirchensteuer, insbesondere die in Betracht kommenden Kirchensteuerarten, die persönliche Steuerpflicht und das Rechtsmittelverfahren, regelt. Die Einzelheiten, insbesondere die Festsetzung der Kirchensteuerarten, Beginn und Ende der Steuerpflicht und das kircheneigene Besteuerungsverfahren, regeln die Kirchensteuerordnungen. Die Kirchensteuerordnungen sind dabei nicht Ausführungs- oder Durchführungsverordnung auf Grund staatlicher Ermächtigung im Kirchensteuergesetz, sondern stehen als kirchliche Rechtsquelle gleichwertig neben dem Staatsgesetz [68]. Sie sind als öffentliches Recht für die Steuerpflichtigen und sonst Betroffenen, einschließlich der für die Einbehaltung der Kirchenlohnsteuer verantwortlichen Arbeitgeber, ohne Rücksicht auf deren Zugehörigkeit zur Kirche verbindlich. Auch die Gerichte müssen das kirchlicherseits gesetzte Kirchensteuerrecht ebenso wie das staatliche Kirchensteuerrecht anwenden und erforderlichenfalls auf seine Vereinbarkeit mit übergeordnetem staatlichen Recht prüfen [69]. Trotz dieser uneingeschränkten Geltung auch der Kirchensteuerordnungen im staatlichen Bereich bleibt die Kirchensteuer ihrem Wesen nach eine *kirchliche* Steuer, d. h. eine Materie, die existentiell der Kirche zugehört [70]. Mit Recht wird darauf hingewiesen [71], daß das Kirchensteuerrecht der Kirche die Freiheit ihres Wirkens nach der ma-

[67] Dem von A. Hollerbach, Verträge zwischen Staat und Kirche in der Bundesrepublik Deutschland, 1965, S. 100, geprägten Begriff „Staat-Kirche-Recht“ liegen ähnliche Erwägungen zugrunde.

[68] Ebenso BVerwG, Urt. v. 9. 7. 1965, E 21, 330.

[69] Dazu bietet das BVerwG, Urt. v. 9. 7. 1965, einen Anschauungsfall.

[70] Der von CDU/CSU, DP und Zentrum zum geplanten Kirchenartikel im GG eingebrachte Antrag v. 29. 11. 1948 verstand in Abs. 3 das Besteuerungsrecht der Kirchen als deren *eigenes* Recht (JöR N. F. 1, 899). Der Hess. VGH, Urt. v. 28. 10. 1955, KirchE 3, 176, rechnet Kirchensteuerordnung und -beschluß zum kirchlichen Selbstbestimmungsrecht und unterwirft sie nur den Schranken des für alle geltenden Rechts. In diese Richtung deuten auch die Urteile des BVerwG v. 9. 7. 1965 (Fußn. 68) und des BVerfG v. 14. 12. 1965, E 19, 253, wenn sie das kirchliche Selbstbestimmungsrecht und Besteuerungsrecht nebeneinander nennen. Im Kirchenbausteuer-Urteil v. 14. 12. 1965, E 19, 206, bezeichnet das BVerfG die Kirchensteuer sogar expressis verbis als gemeinsame Angelegenheit von Staat und Kirche, wozu der Leitsatz des Urteils, nach dem das kirchliche Besteuerungsrecht eine den Kirchen verliehene hoheitliche Befugnis des Staates ist, allerdings in auffallendem Widerspruch steht.

[71] K. Hesse, a.a.O., S. 53.

teriellen Seite hin sichert und dieses primär aus Art. 137 Abs. 3 WRV fließende Recht heute besonders bedeutsam ist, nachdem die Kirchensteuer zur tragenden Grundlage des kirchlichen Finanzwesens geworden ist.

Leider läßt das Kirchenrecht noch vielfach eindeutige Aussagen über ein kirchliches Besteuerungsrecht gegenüber den Gläubigen vermissen. Die katholische Kirche hat in c. 1496 CIC das kircheneigene Abgabenrecht geregelt: „Die Kirche hat auch unabhängig vom Staat das Recht, von ihren Gläubigen Abgaben zu erheben, soweit sie notwendig sind zur Bestreitung der Bedürfnisse für den Gottesdienst, für den standesgemäßen Unterhalt der Kleriker und der anderen Kirchendiener und für die übrigen ihr eigentümlichen Zwecke." Bei der sonst so eingehenden kanonistischen Ausgestaltung des kirchlichen Vermögensrechts entspricht diese Rechtsgrundlage der Bedeutung des kirchlichen Abgabewesens in Deutschland nicht recht. Schon 1921 haben sich die Bischöfe in Preußen eindeutig für die Kirchensteuer als eine Verpflichtung aller Gläubigen gegenüber der Kirche ausgesprochen [72]; inzwischen enthält auch das neuere partikuläre Kirchenrecht, z. B. die Diözesanstatuten des Erzbistums Köln von 1954 [73] und des Bistums Essen von 1961 [74] nähere Aussagen über das Kirchensteuerrecht. Schließlich hat nach der knappen Erwähnung im Schlußprotokoll zu Art. 13 Reichskonkordat das Niedersächsische Konkordat vom 26. 2. 1965 [75] das Kirchensteuerrecht ausdrücklich anerkannt.

In der evangelischen Kirche fehlt es dagegen praktisch ganz an kirchlichen Grundnormen über ein kirchliches Besteuerungsrecht. Das überrascht besonders im rheinisch-westfälischen Kirchenrecht, das entsprechend dem presbyterial-synodalen Verständnis die Verpflichtung aller Gemeindemitglieder zur Beteiligung an den gemeinsamen Lasten schon früh anerkannte und in der rheinisch-westfälischen Kirchenordnung von 1835 näher regelte. Heute erwähnt weder die Kirchenordnung der Evangelischen Kirche im Rheinland noch die Kirchenordnung der Evangelischen Kirche von Westfalen die Kirchensteuer als kirchliches Recht oder eine Verpflichtung der Gemeindemitglieder. Beachtlich ist dagegen § 1 der Zusatzvereinbarung zum schleswig-holsteinischen Kirchenvertrag [76], der zu dem in Art. 2 Abs. 1 des Kirchenvertrags geregelten kirchlichen Selbstbestimmungsrecht ausführt: „Die Kirche hat *danach* ... das Recht, von ihren Angehörigen Kir-

---

[72] Gem. Hirtenschreiben v. 24. 4. 1921, zit. bei H. LENZ, Die Kirche und das weltliche Recht, 1956, S. 300.

[73] Kölner Diözesan-Synode 1954, herausgegeben und verlegt durch das Erzbischöfliche Generalvikariat in Köln, Nr. 1138.

[74] Synodalstatuten der Diözese Essen 1961, herausgegeben und verlegt vom Bischöflichen Generalvikariat Essen, Nr. 695.

[75] NdsGVBl, S. 191; in Kraft seit dem 4. 10. 1965 (NdsGVBl, S. 224).

[76] Zusatzvereinbarung zum Vertrag zwischen dem Land Schleswig-Holstein und den evangelischen Landeskirchen in Schleswig-Holstein v. 23. 4. 1957 (SchlHGVBl, S. 77).

chensteuer zu erheben." Auch die übrigen Kirchenverträge erkennen übereinstimmend das Besteuerungsrecht der Kirchen an, ohne aber deutlich zu machen, ob es sich um ein gemeinsames Recht von Staat und Kirche oder ein an sich staatliches Hoheitsrecht handelt. Man wird aus diesem Fehlen positiv-rechtlicher Vorschriften über ein genuin kirchliches Steuerrecht im evangelischen Kirchenrecht aber m. E. nicht mit H. Wehrhahn [77] zu folgern brauchen, daß sich im Gegensatz zum katholischen Kirchenrecht ein originäres evangelisches Steuerrecht nicht begründen lasse. Dem Wesen der evangelischen Kirche als einer körperschaftlich verfaßten Kirche entspricht ein eigenes Steuerrecht zumindest ebenso sehr wie der katholischen Kirche, und die geschichtliche Entwicklung hat bewiesen, daß die evangelische Kirche von diesem Recht auch immer Gebrauch zu machen wußte.

III

Aus dem Grundverständnis des kirchlichen Besteuerungsrechts folgen die Grenzen für die kirchliche und staatliche Einflußnahme auf die Ausgestaltung des Kirchensteuerrechts. Da das Besteuerungsrecht in seiner Substanz auf das kirchliche Selbstbestimmungsrecht (Art. 137 Abs. 3 WRV) zurückgeht, wird es im Kern vom Wesen der Kirche bestimmt. Den Kirchen fällt in erster Linie die Verantwortung zu, ob und wie ihre Gläubigen besteuert werden. Da die Kirchensteuer als öffentlich-rechtliche Zwangsabgabe aber nicht ohne staatliche Mitwirkung zustande kommt, kann nur der Staat die Kirchensteuer kraft seiner Hoheitsgewalt mit öffentlich-rechtlicher Wirkung im *staatlichen* Bereich ausgestalten; insoweit geht das Kirchensteuerrecht auf die öffentlich-rechtliche Stellung der Kirche zurück (Art. 137 Abs. 5 WRV). Versteht man Art. 137 Abs. 5 WRV dahin, daß die Kirche öffentliches Recht nur im konkreten Fall durch Zusammenwirken mit dem Staat setzen kann — wozu der Staat unter Umständen durch überlieferte Privilegien oder ausdrückliche Verfassungsgarantien (Art. 137 Abs. 6 WRV) verpflichtet ist —, so besteht ein legitimes staatliches Interesse, daß das zusammen mit der Kirche gesetzte öffentliche Recht nicht im Widerspruch zur allgemeinen staatlichen Rechtsordnung steht. Die gemeinsame Rechtschöpfung verlangt wechselseitige Rücksichtnahme auf die kirchliche Selbstbestimmung einerseits und die staatliche Ordnung andererseits. Der Staat darf daher auch bei der staatlichen Kirchensteuergesetzgebung dafür sorgen, daß die Kirchensteuer im Einklang mit den allgemeinen Grundsätzen der staatlichen Rechts- und Lebensordnung, nämlich der Verfassungsordnung und den finanziellen Existenzvoraussetzungen des Staates, ausgestaltet wird.

Unter diesem Gesichtspunkt muß der Staat es den Kirchen grundsätzlich freistellen, welchen Maßstab sie den Kirchensteuern zugrunde legen,

[77] a.a.O., S. 17, Fußn. 50.

d. h., ob sie Kirchensteuern vom Einkommen, vom Grundbesitz, vom Vermögen oder nach sonstigen fester oder gestaffelten Beträgen erheben. Da es sich wesensmäßig um eine kirchliche und nicht staatliche Steuer handelt, müssen die Kirchen vor allem als berechtigt angesehen werden, die Besteuerungsgrundlagen auch nach Gesichtspunkten zu bestimmen, die der kirchlichen Auffassung Rechnung tragen, also z. B. den staats-steuerrechtlichen Einkommensbegriff zu modifizieren, wobei den Kirchen allerdings praktische Grenzen durch das kirchensteuerrechtliche Zuschlagsystem gezogen sind, solange die Finanzämter die Kirchensteuer verwalten sollen. Ebenso ist es den Kirchen überlassen, ob sie für den Beginn der Steuerpflicht die Geburt, die Taufe oder einen sonstigen Tatbestand zugrunde legen [78]. Entsprechendes gilt für das Ende der Steuerpflicht vorbehaltlich der im staatlichen Kirchenaustrittsrecht zur Gewährung der Bekenntnisfreiheit getroffenen Sonderregelungen. Auch weitere materielle Fragen der Steuerpflicht, wie Verjährung, Stundung und Erlaß, kann der Staat nicht allein von sich aus regeln. Umgekehrt hat der Staat dafür zu sorgen, daß die Kirchen keinen Maßstab für die Kirchensteuer zugrunde legen, der allgemeinen staatlichen Rechtsgrundsätzen oder dem verfassungsrechtlichen Verhältnis von Kirche und Staat widerspricht, z. B. eine mit der Kinderzahl steigende Kirchensteuer, eine Kirchensteuer nach dem Geschlecht, eine von der Kirchenmitgliedschaft unabhängige Steuer [79] usw. Die Grundprinzipien der staatlichen Rechtsordnung, insbesondere der Gleichheitsgrundsatz (Art. 3 GG), das Grundrecht der Glaubensfreiheit (Art. 4 GG) und das Sozial- und Rechtsstaatsprinzip (Art. 20 GG) sind zu beachten. Von ihnen verlangt der Gleichheitsgrundsatz die Wahrung der Steuergerechtigkeit und verbietet auch unter Berücksichtigung der wesensmäßigen Besonderheiten des Kirchensteuerrechts eine willkürliche Differenzierung zwischen den Steuerpflichtigen [80], während das Rechtsstaatsprinzip einen ausreichenden gerichtlichen Rechtsschutz in Kirchensteuerangelegenheiten erfordert [81].

Der Staat wirkt ferner bei der Festsetzung der Höhe der Kirchensteuern mit. Diese in der Praxis wichtigste staatliche Einflußnahme auf das kirchliche Steuerwesen können die Kirchen dem Staat nicht bestreiten, denn es kann vom Staat nicht verlangt werden, daß er Steuern beitreibt oder sogar selbst verwaltet, deren Höhe er nicht vertreten kann. Wenn sich in den mei-

---

[78] BVerwG, Urt. v. 9. 7. 1965, E 21, 330.

[79] Dazu die in den Fußn. 60—62 genannten Urteile des BVerfG.

[80] Zum Verhältnis des Prinzips der Steuergerechtigkeit und des Gleichheitsgrundsatzes O. Bühler-G. Strickrodt, Steuerrecht, 3. Aufl. 1959, Bd. I, Halbbd. 1, S. 222 f.

[81] Er war teilweise in Frage gestellt, als das BVerwG, Urt. v. 17. 12. 1954, KirchE 2, 413, in Kirchensteuersachen den Verwaltungsrechtsweg nach der brit. MRVO Nr. 165 nicht zuließ. Nach § 40 BVerwGO steht die Zulässigkeit des Verwaltungsrechtswegs, soweit die Länder nicht den Finanzrechtsweg eröffnen, außer Zweifel. Dazu Mikat, Kirchliche Streitsachen, S. 332.

sten Ländern auch für die Kirchensteuern seit langem ein fester Hebesatz von 10 v. H. der staatlichen Einkommen- und Lohnsteuer herausgebildet hat, so entbindet das den Staat doch nicht von der Verpflichtung, jährlich die Vertretbarkeit des Hebesatzes neu zu prüfen. Dazu kann ihm nicht verwehrt werden, daß er sich von den Kirchen den Finanzbedarf nachweisen läßt, zu dessen Deckung die Kirchensteuern erhoben werden. Ausgeschlossen ist allerdings, daß bei Vorlage der kirchlichen Haushaltsunterlagen die Notwendigkeit und Zweckmäßigkeit von vorgesehenen Ausgaben nachgeprüft werden, denn das wäre ein Eingriff in die kirchliche Vermögensverwaltung. Staatlicherseits kann aber geprüft werden, ob das voraussichtliche Steueraufkommen tatsächlich zur Deckung der Ausgaben benötigt wird. Ferner kann der Staat prüfen, ob die Steuersätze für den Steuerpflichtigen etwa eine unzumutbare Höhe haben, die den einzelnen ungerecht belastet oder die staatliche Finanzwirtschaft gefährdet, weil der Kirchensteuerpflichtige etwa nicht mehr in der Lage ist, angemessene staatliche Steuern zu zahlen. Auch die Kirchensteuer als Teil der öffentlichen Finanzgebarung muß sich im Rahmen des Allgemeinwohls halten.

Diese staatliche Mitwirkung bei der Ordnung des Kirchensteuerrechts vollzieht sich teilweise legislativ durch die staatliche Kirchensteuergesetzgebung, teilweise exekutiv durch staatliche Genehmigung der Kirchensteuerordnungen und Kirchensteuerbeschlüsse. Das rechtskonstitutive Zusammenwirken von Kirche und Staat bestimmt die Rechtsnatur der Kirchensteuer als einer von Kirche und Staat gemeinsam geschaffenen und im kirchlichen und staatlichen Bereich gleichermaßen wirksamen öffentlichrechtlichen Abgabe. Kirche und Staat treten damit in ein engeres koordinationsrechtliches Verhältnis als es sonst der geschichtlich gewachsenen und der heutigen kirchenpolitischen Ordnung zugrunde liegenden Verschiedenheit ihres Wesens entspricht. Diese Nähe wird nun noch wesentlich gesteigert durch die Erhebung der Kirchensteuern durch die staatliche Finanzverwaltung. Sie ist für die Effektivität der Kirchensteuer entscheidend, führt zugleich aber auch teilweise die Kirche in eine Abhängigkeit vom staatlichen Steuerwesen, die in gewisser Weise sogar auf das kirchliche Verfassungsleben zurückwirkt [82]. So wohnt der Notwendigkeit zur Erhebung der Kirchensteuer vom Einkommen nach einem einheitlichen Hebesatz zwangsläufig die Tendenz zur Erhebung einer Diözesan- oder Landeskirchensteuer inne; die damit verbundenen Gefahren für das Eigenleben der Kirchengemeinden liegen auf der Hand. Die Abhängigkeit von den staatlichen Steuertarifen führt dazu, daß auf Grund der staatlichen Freistellung niedriger Einkommensempfänger von der Einkommen- und Lohnsteuer ein nicht unerheblicher Kreis von Gläubigen überhaupt keine Kirchensteuer mehr zahlt. Daraus ergeben sich besondere pastoralethische Probleme, die

[82] R. Weeber, Verfassungsgestaltende Wirkungen des Kirchensteuerrechts, ZevKR 5 (1956), 362 ff.

noch beträchtlich an Gewicht gewinnen, wenn man die Entfremdung weiter Kreise von der Kirche berücksichtigt, die möglicherweise nur noch infolge der Kirchensteuer über das Finanzamt mit der Kirche in Verbindung treten. Für beide Kirchen sind diese Probleme eine sehr ernste Frage, der sie auch nicht ausweichen [83].

Auch hier erweist es sich als hilfreich, die Kirchensteuer in ihrem eigenständigen kirchlichen Wesen zu sehen und aus dem Verständnis der Kirche zu beurteilen, wie weit die Kirchen bei der Mitwirkung des Staates im Kirchensteuerwesen gehen dürfen, ohne die Kirchensteuer in ihrer kirchlichen Begründung und Rechtfertigung aufzugeben. Die Kirchen werden zu bedenken haben, daß sie nicht nur durch die Zuwendung von finanziellen Staatsleistungen Bindungen an den Staat eingehen dürfen, die ihr Wesen und ihren Auftrag gefährden könnten, sondern auch dadurch, daß sie ihre Finanzquellen weitgehend von staatlicher Mithilfe abhängig machen. Die staatliche Verwaltung der Kirchensteuern mag rationell sein und dem Staat bei der heutigen Lage auf dem Arbeitsmarkt zur Vermeidung eines unnötigen personellen Aufwands sogar selbst erwünscht sein, doch haben die Kirchen weder aus geschichtlichen Positionen noch aus der gegenwärtigen kirchenpolitischen Ordnung einen Rechtsanspruch auf diese in der Bundesrepublik übliche Art staatlicher Kooperation im kirchlichen Bereich. Soweit die Kirchen in Kirchenverträgen und Konkordaten eine vertragliche Zusicherung des Staats auf Verwaltung der Kirchensteuern erhalten haben, so ist diese staatskirchliche Bindung nicht unproblematisch. Um der Freiheit der Kirche willen ist zu wünschen, daß die Kirchen sich auch bei der Ausgestaltung ihrer Finanzquellen nicht so weit vom Staat abhängig machen, daß sie bei Fortfall der staatlichen Bereitschaft zur Kirchensteuerverwaltung im Kern ihres Finanzgefüges erschüttert werden. Es zeigt sich hier einmal mehr, daß ein kirchenfreundliches Verhalten des Staates Geschenk und Versuchung zugleich sein kann [84].

[83] Vgl. H. Flatten, Fort mit der Kirchensteuer?, 1964, insbes. S. 31 ff.; W. Wilken, Unser Geld und die Kirche, 2. Aufl. 1964.

[84] Das Manuskript wurde am 1. 2. 1966 abgeschlossen. Die später erschienenen Veröffentlichungen konnten nicht mehr berücksichtigt werden.

Wer ist aus dem Reichskonkordat verpflichtet?

Hermann Mosler

Hans Peters, zu dessen Ehrung sich die Autoren dieser Gedächtnisschrift zusammenfinden, hat stets der Beziehung von Staat und Kirche in Deutschland besonderes Interesse gewidmet. Zahlreiche Schriften befassen sich mit dem schwierigen Bereich von Schule und Erziehung, in dem beide Gewalten aufeinandertreffen. In die Auseinandersetzung um die staatskirchenrechtliche Lage nach dem 2. Weltkrieg hat er frühzeitig eingegriffen. Am Prozeß um das Reichskonkordat hat er aktiven Anteil genommen. Die Entscheidung des Bundesverfassungsgerichts ist kein Abschluß, sondern nur ein wichtiges Zwischenstück dieser Diskussion. Die konkordatäre Lage, die seitdem besteht, soll im folgenden geprüft werden.

I. Das Konkordatsurteil

Das Urteil hat zwar den Rechtsstreit zwischen der Bundesregierung und dem Lande Niedersachsen beendet, die Lösung der Rechtsfragen, die die konkordatäre Lage der Bundesrepublik aufgibt, aber mehr verwirrt als geklärt [1]. Die Bestimmungen des Reichskonkordats werden gegenwärtig — soweit sie die Bundeskompetenz berühren — von der Bundesregierung beachtet. Soweit sie Gegenstände betreffen, für die die Länder nach der grundgesetzlichen Kompetenzverteilung zuständig sind, wird ihnen in einem Teil der Länder entsprochen, so z. B. in Nordrhein-Westfalen. Teilweise wurde von der verfassungsrechtlichen Landeszuständigkeit zum Abschluß neuer konkordatärer Regeln mit dem Heiligen Stuhl Gebrauch gemacht, wobei offengebliebene Probleme des Reichskonkordats umgangen werden konnten; so geschah es in Niedersachsen [2]. Teilweise wurden bestehende konkordatswidrige Situationen von beiden Seiten nicht berührt und die Streitfragen in der Schwebe gelassen, so z. B. in Baden-Württemberg hinsichtlich des nordwürttembergischen Landesteils. Dieser labile Zustand kann nur solange unangefochten bestehen, bis der Heilige Stuhl ihn als vertragswidrig rügt.

---

[1] Urteil vom 26. 3. 1957, BVerfGE 6, 309 ff. (zitiert als Urteil).

[2] Konkordat zwischen dem Heiligen Stuhl und Niedersachsen, Niedersächs. GVOBl 1965, S. 192 (dessen Präambel aber von der Fortgeltung des Reichskonkordats ausgeht).

Ferner entsteht dann, wenn in einem Land der Fortbestand der konkordatsgemäßen Situation bedroht ist, die Frage, ob und in welchem Umfang das Land Bindungen aus dem Reichskonkordat unterliegt. Dieser Fall ist in Baden-Württemberg eingetreten: Die Einrichtung von Nachbarschaftsschulen soll auch den südlichen Landesteil erfassen, dessen derzeitiges konkordatsgemäßes Schulregime aus der Zeit der Selbständigkeit des Landes Südwürttemberg-Hohenzollern stammt.

Die Bundesregierung hatte beantragt, das Bundesverfassungsgericht möge feststellen, das Land Niedersachsen habe durch Erlaß einer Anzahl von Bestimmungen des Gesetzes über das öffentliche Schulwesen vom 14. September 1954 gegen das in Reichsrecht transformierte Reichskonkordat verstoßen und damit das Recht des Bundes auf Respektierung der für ihn verbindlichen internationalen Verträge verletzt [3]. Es handelte sich um ein Verfahren im sog. Bund-Länderstreit, dessen Gegenstand eine Meinungsverschiedenheit über Rechte und Pflichten des Bundes und der Länder ist (Art. 93 Abs. 1 Nr. 3 GG, § 13 Ziff. 7 BVerfGG). Das Urteil des Bundesverfassungsgerichts enthält die Entscheidung dieser Meinungsverschiedenheit [4]. Außerdem regte die Bundesregierung an, das Bundesverfassungsgericht möge gemäß §§ 69, 67 Satz 3 des Bundesverfassungsgerichtsgesetzes feststellen, daß das Reichskonkordat vom 20. Juli 1933 in der Bundesrepublik Deutschland unverändert fortgeltendes Recht sei [5]. Danach kann das Bundesverfassungsgericht in der Entscheidungsformel zugleich eine für die Auslegung der umstrittenen Bestimmung des Grundgesetzes erhebliche Rechtsfrage entscheiden, von der die Feststellung abhängt, ob die beanstandete Maßnahme oder Unterlassung des Antragsgegners gegen diese Bestimmung des Grundgesetzes verstößt.

Der Tenor des Urteils lautet: „Der Antrag der Bundesregierung wird zurückgewiesen [6].“ Der Anregung der Bundesregierung, die innerstaatliche Geltung des Reichskonkordats als entscheidungserhebliche Vorfrage in der Urteilsformel festzustellen, ist das Gericht nicht gefolgt. Es wäre nur unter der Voraussetzung dazu in der Lage gewesen, daß es die Meinungsverschiedenheit im Sinne der Bundesregierung entschieden hätte. Der Verstoß des Landes gegen das in Reichsrecht transformierte Reichskonkordat und das Recht des Bundes auf Respektierung der für ihn verbindlichen internationalen Verträge hätten die vorherige Bejahung der Geltung des Reichskonkordats vorausgesetzt. Das Bundesverfassungsgericht hätte die präjudizielle Feststellung entweder in den Gründen oder gemäß der Kannbestimmung des § 67 Satz 3 in der Entscheidungsformel treffen können.

---

[3] Urteil, S. 319.

[4] Urteil, S. 323.

[5] Urteil, S. 319. Die Bundesregierung hatte diese Feststellung zunächst förmlich beantragt, im Laufe des Verfahrens aber ausgeführt, daß sie nur eine Anregung an das Bundesverfassungsgericht geben wolle (a. a. O., S. 320).

[6] Urteil, S. 311.

Das Gericht hat den Antrag mit der einzigen Begründung zurückgewiesen, daß die Verfassung dem Bund kein Recht gebe, vom Lande die Respektierung des Reichskonkordats zu verlangen. Dazu ist es durch eine Auslegung des Art. 123 Abs. 2 GG gelangt, die ein solches Recht des Bundes und eine entsprechende Befolgungspflicht des Landes ausschließt. Die Meinungsverschiedenheit zwischen der Bundesregierung und dem Lande Niedersachsen, die sich aus den Prozeßanträgen der Parteien ergab, konnte allein auf Grund dieser Auffassung über die Bedeutung des Art. 123 Abs. 2 zu Lasten der Bundesregierung entschieden werden. Das Gericht hätte also, streng genommen, der Auslegung des Art. 123 Abs. 2 keine weiteren Argumente beizufügen brauchen. Diese Auslegung war indes keineswegs selbstverständlich. Sie war während des Verfahrens heftig umstritten gewesen [7]. Das Bundesverfassungsgericht hat sich nicht auf sie beschränkt, sondern eingehend zu den Fragen der Weitergeltung des Reichskonkordats gegenüber dem Heiligen Stuhl und als in der Bundesrepublik geltendes transformiertes Recht Stellung genommen. Es hat diese Ausführungen denjenigen über Art. 123 Abs. 2 vorangestellt. Im Aufbau der Entscheidungsgründe erscheinen sie also an einer Stelle, die nach der Logik präjudiziellen Erwägungen dienen müßte. Die Darlegungen über das Außenverhältnis zum Heiligen Stuhl führen zu dem bekannten Ergebnis, daß das Reichskonkordat ein völkerrechtlicher Vertrag ist, daß es trotz der seit dem Abschluß eingetretenen Veränderungen weiter gilt und daß die sich daraus ergebenden beiderseitigen Verpflichtungen von den Vertragsparteien zu erfüllen sind [8].

Der Leser, der die Urteilsgründe ohne einen Blick auf die Entscheidungsformel bis zu dieser Stelle gelesen hat, erwartet, daß aus dieser Beurteilung der auswärtigen Rechtslage Folgerungen für die Auslegung des Art. 123 Abs. 2 und die verfassungsrechtlichen Rechte und Pflichten des Bundes und Niedersachsens gezogen werden. In den weiteren Ausführungen bemüht sich das Gericht aber um den Nachweis, aus der Bindung der mit dem Deutschen Reich identischen Bundesrepublik Deutschland folge nicht notwendig, daß die Länder nunmehr als Glieder des Ganzen dem Ganzen gegenüber nach Verfassungsrecht verpflichtet seien, die Schulbestimmungen dieses Konkordats einzuhalten [9]. Dadurch wird der Weg geöffnet, den Art. 123 Abs. 2 von den völkerrechtlichen „Staatsverträgen", deren Geltung er voraussetzt, zu trennen und nur noch zu fragen, ob er dem Bund eine verfassungsrechtliche Befugnis gegenüber dem Land verleiht oder nicht.

Die heftigen Vorwürfe, die gegen das Bundesverfassungsgericht wegen dieses Bruchs in der Argumentation gerichtet worden sind, brauchen hier

---

[7] Auch hinterher fand sie in der Literatur heftige Kritik. Siehe H. Jahrreiss in: Festschrift für Apelt, 1958, S. 159—170; J. H. Kaiser in: ZaöRV Bd. 18, S. 526 ff.

[8] Urteil, S. 340.

[9] Urteil, S. 364 f.

nicht wiederholt zu werden [10]. Die gedankliche Folge der Urteilsbegründung wurde nur deshalb in groben Zügen skizziert, um die Frage zu stellen, welche Bedeutung dem Teil der Rechtsausführungen, von dem der Tenor nicht getragen wird, zukommen kann.

II. Die Rechtslage seit dem Urteil

Jede Betrachtung, die zur Lösung aktueller Probleme des Reichskonkordats beitragen will, muß von der Rechtslage ausgehen, die seit dem Urteil besteht. Hierzu können folgende Feststellungen getroffen werden:

1. Verbindliche Wirkung kann nur der „Entscheidung" des Bundesverfassungsgerichts zukommen (§ 31 Abs. 1 BVerfGG). Diese besteht in der Zurückweisung des Antrags.

Um den sachlichen Umfang der Bindungswirkung der Entscheidungen des Bundesverfassungsgerichts ist eine heftige, inzwischen abgeflaute, aber nicht endgültig zum Austrag gelangte Auseinandersetzung geführt worden [11]. Sie hat sich am Südweststaatsurteil vom 23. 10. 1951 [12] entzündet, in dem es heißt, daß der Ausspruch der Nichtigkeit eines Gesetzes nicht nur selbst Gesetzeskraft habe, sondern mit den ihn tragenden Entscheidungsgründen außerdem alle Verfassungsorgane des Bundes binde. In einer späteren Entscheidung [13] wird gesagt, unter der „Entscheidung", von der das vorlegende Gericht abweichen möchte und die durch eine andere zu ersetzen es dem Bundesverfassungsgericht vorschlage, könne jedenfalls nicht nur die Urteilsformel gemeint sein. Es müsse auch die Rechtsauffassung darunter begriffen werden, die das Bundesverfassungsgericht einem Urteilsspruch zugrunde gelegt habe — jene aus den Gründen ersichtliche Auslegung des Grundgesetzes, ohne die die Entscheidungsformel nicht gewonnen werden konnte.

2. Durch das Konkordatsurteil ist lediglich festgestellt, daß der Bund das in seinem Antrag gegenüber dem Lande Niedersachsen in Anspruch ge-

---

[10] Siehe insbes. die oben zitierten Schriften von Jahrreiss und Kaiser.

[11] W. Geiger, Die Grenzen der Bindung verfassungsgerichtlicher Entscheidungen (§ 31 Abs. 1 BVerfGG), NJW 1954, S. 1057 ff.; G. Willms und D. Jesch, Die bindende Wirkung der Entscheidungen des Bundesverfassungsgerichts, JZ 1954, S. 525 ff., 528 ff., H. Peters, Der Streit um die 131er-Entscheidungen des Bundesverfassungsgerichts, JZ 1954, S. 589 ff.; H. Schneider, Die Verbindlichkeit von Entscheidungen des Bundesverfassungsgerichts, DVBl 1954, S. 184 ff.; H. Schäfer, Gesetzeskraft und bindende Wirkung der Entscheidungen des Bundesverfassungsgerichts, NJW 1954, S. 1465 ff.; Beschluß des BGH, Großer Senat für Zivilsachen, vom 20. 5. 1954, JZ 1954, S. 489 ff.; W. Wengler, Zur bindenden Wirkung des Konkordatsurteils, NJW 1957, S. 1417 ff.; M. Bullinger, Das Ausmaß der Bindung an das Konkordatsurteil des Bundesverfassungsgerichts, DVBl 1958, S. 10 ff.; H. Peters, Die Rechtslage von Rundfunk und Fernsehen nach dem Urteil des Bundesverfassungsgerichts vom 28. 2. 1961, in: Kulturpolitik und Föderalismus, 1961, S. 5.

[12] BVerfGE Bd. 1, S. 14 ff., 36 f.

[13] BVerfGE Bd. 3, S. 261 ff., 264.

nommene Recht auf Respektierung der Schulbestimmungen des Reichskonkordats, denen das niedersächsische Landesgesetz widerspricht, nicht besitzt. Weiter reicht die verbindliche Kraft des Urteils nicht.

Der in den Urteilsgründen getroffenen Feststellung, das Reichskonkordat gelte zwischen der Bundesrepublik Deutschland und dem Heiligen Stuhl fort, kommt die Bindungswirkung des § 31 Abs. 1 BVerfGG nicht zu [14]. Soweit sie eine Aussage über die Rechte des Heiligen Stuhls im Außenverhältnis zur Bundesrepublik Deutschland enthält, könnte sie selbst unter der Voraussetzung, daß sie gemäß § 67 Satz 3 in der Entscheidungsformel getroffen worden wäre, keine Rechtswirkung entfalten. Das Bundesverfassungsgericht hat sowohl im Konkordatsurteil als auch bereits früher in mehreren Entscheidungen gesagt, daß es im völkerrechtlichen Bereich nicht entscheiden könne [15]. Der Grund liegt auf der Hand: Der auswärtige Partner unterliegt nicht der Jurisdiktion der Bundesrepublik, von der das Bundesverfassungsgericht seine Gerichtsbarkeit ableitet. Die Frage, ob das Reichskonkordat ein völkerrechtlicher Vertrag schlechthin, ein völkerrechtlicher Vertrag sui generis, ein quasi-völkerrechtlicher Vertrag oder ein koordinationsrechtlicher Vertrag nicht-völkerrechtlicher Natur ist, kann in diesem Zusammenhang dahingestellt bleiben. Das Bundesverfassungsgericht entscheidet sich ohne Einschränkung für die völkerrechtliche Qualifizierung und verneint deshalb seine Jurisdiktion über das Rechtsverhältnis. Doch selbst wenn man der anderen Extremlösung, d. h. der koordinationsrechtlichen Qualifizierung ohne Einordnung in das Völkerrecht, folgt, bleibt der Heilige Stuhl als unabhängiger auswärtiger Partner außerhalb der Jurisdiktion der Bundesrepublik Deutschland. Die Folge für den Mangel der Jurisdiktion im Außenverhältnis wäre die gleiche wie bei den drei anderen Auffassungen.

3. Das Bundesverfassungsgericht nimmt mit Recht die Qualifizierung eines Vertrages in den Urteilsgründen dann vor, wenn es diese Frage für präjudiziell hält, um einen Verfassungsrechtsstreit zu entscheiden. So hat es z. B. im Organstreit zwischen der sozialdemokratischen Bundestagsfraktion und der Bundesregierung die Gültigkeit des Kehler Hafenabkommens bejaht und die Frage, ob es sich um einen verdeckten Staatsvertrag der Bundesrepublik Deutschland handle, verneint. Das Urteil enthält keine Aussage darüber, wie die Vertragsbindungen zwischen dem Land Baden und dem Autonomen Hafen Straßburg, einem Établissement public des französischen Verwaltungsrechts, positiv zu deuten ist [16]. Es wird lediglich festgestellt, daß die beiden Vertragspartner nicht vorgeschobene Organe der Bundesrepublik Deutschland und Frankreichs sind. Diese das Außenverhältnis betreffenden Erwägungen führen zu verfassungsrechtlichen Konsequenzen für das Recht der Beteiligung des Bundestags am Zustimmungsverfahren über diesen Ver-

[14] Siehe vor allem BULLINGER und WENGLER, a. a. O.

[15] BVerfGE Bd. 1, S. 371; Bd. 1, S. 413; Bd. 2, S. 367; Bd. 6, S. 326.

[16] BVerfGE Bd. 2, S. 347 ff.

trag. Falls die Auslegung des völkerrechtlichen Verhältnisses Frankreich-Bundesrepublik, die hier getroffen wird, unter völkerrechtlichen Gesichtspunkten objektiv falsch gewesen sein sollte, wenn es sich also entgegen der Auffassung des Bundesverfassungsgerichts um eine zwischenstaatliche deutsch-französische Rechtsbeziehung gehandelt hätte, so wären Rechte und Pflichten der Prozeßbeteiligten nach Art. 59 Abs. 2 GG zu beurteilen gewesen. Die normale staatsrechtliche Folge beim Abschluß eines völkerrechtlichen Vertrages, das Zustimmungsverfahren der gesetzgebenden Körperschaften *vor* der Ratifikation, würde aber trotzdem vom Bundestag nicht verlangt werden können. Die verfassungsrechtliche Wirkung des Urteils besteht also unabhängig von der Beurteilung der Rechtslage des Außenverhältnisses.

Das Konkordatsurteil hätte die Rechte des Heiligen Stuhls gegenüber seinem deutschen Partner selbst dann nicht berühren können, wenn es die Weitergeltung des Reichskonkordats im Außenverhältnis verneint hätte. Andererseits ändert die positive Beurteilung seiner Weitergeltung nichts daran, daß die Bundesregierung vom Lande Niedersachsen die Respektierung der Schulbestimmungen nicht verlangen kann.

4. Das Konkordat war mit dem Deutschen Reich, vertreten durch die Reichsregierung, abgeschlossen. Die mit dem Deutschen Reich identische Bundesrepublik Deutschland setzt nach der Vorstellung des Bundesverfassungsgerichts [17] das Vertragsverhältnis fort. Ihre allgemeinen Vertretungsorgane in der Wahrnehmung auswärtiger Angelegenheiten sind Bundespräsident und Bundesregierung. Da es sich weder um Vertragsabschlüsse noch um Erteilung von Vollmachten handelt, kommt nur die Bundesregierung als Vertreter des deutschen Partners in Betracht. Der Heilige Stuhl sieht sich also einem Organ seines Partners gegenübergestellt, dem es untersagt ist, die Beachtung eines wichtigen Teils des Konkordats von den Stellen zu verlangen, die nach der innerstaatlichen Kompetenzverteilung für diese Materien zuständig sind.

Obwohl das Bundesverfassungsgericht die Rechte des auswärtigen Vertragspartners, der seiner Jurisdiktion nicht unterliegt, rechtlich nicht tangieren kann, verändert es die Vertragslage: Die Bundesregierung kann die Verantwortung der mit dem Reich identischen Bundesrepublik aus dem Vertrage nicht mehr wie das entsprechende Reichsorgan, die Reichsregierung, wahrnehmen, ohne daß das Urteil deutlich sagt, wie die entstandene Lücke ausgefüllt werden soll.

Der Heilige Stuhl kann zwar nicht verlangen, daß die innerstaatlichen Zuständigkeiten zur Vertretung ihm gegenüber die gleichen bleiben, die zur Zeit des Konkordatsabschlusses bestanden haben. Seine Vertragsposition wird aber beeinträchtigt, wenn ihm nicht nach der Reduzierung der Zuständigkeit der Bundesregierung andere Organe gegenübergestellt werden,

[17] Urteil, S. 364.

die den Teil der Zuständigkeit wahrnehmen, den die Bundesregierung nicht mehr ausüben darf. In dieser Hinsicht wird der Leser von der Begründung des Urteils im Stich gelassen.

Das Konkordatsurteil versetzt also die Bundesrepublik Deutschland unter der Vorausetzung, daß es keine Ersatzlösung gibt, die das Außenverhältnis zugunsten des Heiligen Stuhls ins Gleichgewicht bringt, in die Lage, eine Vertragsverletzung zu begehen.

5. Das Urteil ist dadurch gekennzeichnet, daß der Tenor dem Bund teilweise die Möglichkeit nimmt, der Verantwortlichkeit der Bundesrepublik Deutschland gegenüber dem Heiligen Stuhl Rechnung zu tragen, daß aber andererseits in eingehenden, sehr dezidierten, aber nicht an der Bindungswirkung teilnehmenden Darlegungen der Urteilsgründe eben diese Verantwortlichkeit festgestellt wird. Den Ausführungen über das Konkordat folgen unvermittelt diejenigen, die das Gericht zu der im Tenor formulierten abweisenden Entscheidung geführt haben. Zu Beginn mußte man vermuten, Art. 123 Abs. 2 werde als verfassungsrechtliche Gewährleistung für die Weiteranwendung der dort genannten Staatsverträge bis zu ihrer Änderung verstanden. Da aber der Urteilstenor und die Argumentation zu Art. 123 Abs. 2 die Deutung ausschließen, daß der konkordatsrechtliche Teil der Gründe den verfassungsrechtlich erheblichen Tenor stützt, muß der Stellungnahme zur Fortgeltung des Reichskonkordats im Rahmen der Urteilsgründe eine andere Rolle zukommen. Diese kann m. E. nur darin bestehen, daß die Notwendigkeit gezeigt wird, für diejenigen Verpflichtungen der Bundesrepublik Deutschland, für die der Bund verfassungsrechtlich nicht zuständig ist, eine den Verpflichtungen gegenüber dem Heiligen Stuhl genügende, dem Grundgesetz gemäße Lösung zu finden. Trotz aller Kritik an der Gedankenfolge der Argumentation darf nicht übersehen werden, daß diese Betrachtung den konkordatsrechtlichen Erwägungen im Gesamtzusammenhang der Urteilsgründe Sinn verleiht. Man kann nicht annehmen, daß das Gericht die Verpflichtung der Bundesrepublik Deutschland nur deshalb mit eingehender Argumentation bejaht hat, um anschließend die Erfüllung eines wichtigen Teils des Konkordats zu behindern. Selbstverständlich kommt auch in dieser Sicht der Bejahung der Erfüllungspflicht keine Bindungswirkung zu. Sie kann aber auch nicht mit dem Argument bagatellisiert werden, daß sie ein Fremdkörper in den Urteilsgründen ohne Beziehung zur Entscheidung sei[18]. Nur die positive Einstellung zum Vertragsband kann den Eindruck vermeiden, daß aus der Entscheidung zu folgern sei, die vom Bundesverfassungsgericht dem Art. 123 Abs. 2 gegebene Auslegung müsse zur Vertragsverletzung führen. So gesehen, erhalten die Ausführungen des ersten Teils der Urteilsgründe das Gewicht, das Rechtsauffassungen des höchsten Gerichts auch dann zukommt, wenn ihre Bindungswirkung nicht vorgeschrieben ist.

[18] Siehe auch Kaiser, a. a. O., S. 554.

6. An verschiedenen Stellen der Urteilsgründe wird die *Position der Länder* hinsichtlich des Reichskonkordats berührt, ohne daß ein klares und widerspruchsfreies Bild entstünde:

Zu Unrecht werde — so heißt es — geltend gemacht, daß für die Schulbestimmungen an Stelle des Deutschen Reichs die Länder Partner des Reichskonkordats geworden seien [19]. Dieser Satz zieht aber, wenn man ihn in Zusammenhang mit seinem Kontext liest, nur die Folgerungen aus den vorhergehenden Ausführungen, nach denen der ursprüngliche Vertragspartner Deutsches Reich nicht weggefallen ist, sondern als Bundesrepublik Deutschland fortbesteht. Daraus läßt sich nur schließen, daß die Länder nicht an die Stelle des Deutschen Reichs getreten sind. Daß ihnen Verpflichtungen aus dem Konkordat obliegen können, sofern ihre innerstaatliche Zuständigkeit davon berührt ist, wird dadurch nicht ausgeschlossen.

Später heißt es, die Verpflichtungen aus den Schulbestimmungen des Konkordats könnten nach dem Verfassungsrecht der Bundesrepublik Deutschland nur von den Ländern erfüllt werden, da dem Bund die Gesetzgebungskompetenz auf dem Gebiet des Schulrechts fehle [20].

Die notwendige Klarheit weist in diesem Fragenbereich nur die Aussage des Bundesverfassungsgerichts auf, daß die Länder nicht als Glieder des Ganzen *dem Ganzen gegenüber* nach Verfassungsrecht verpflichtet seien. Im Verhältnis zum Heiligen Stuhl bleibt die Frage offen, wie die Bundesrepublik Deutschland als Ganzheit von Bund und Ländern ihrer Verantwortung in dem Bereich genügen kann, der der Bundeszuständigkeit entzogen ist [21]. Die Urteilsgründe versperren aber andererseits nicht den Weg zu einer vertragsgemäßen Lösung, sofern er nicht zu einer Wiederherstellung der Gesamtzuständigkeit des Bundes führt. Die Autorität der Entscheidungsgründe des Bundesverfassungsgerichts kann also nicht in Anspruch genommen werden, um die Bindung der Länder *nach außen* von vornherein zu leugnen.

7. Für die Notwendigkeit, der Verantwortung der Bundesrepublik Deutschland auf andere Weise Rechnung zu tragen, sprechen auch die Haftungsregeln des Völkerrechts. Ein Staat kann sich vertraglichen Verpflichtungen nicht dadurch entziehen, daß er sich auf Hindernisse seines innerstaatlichen Rechts beruft. Hat ein rechtskräftiges, keiner Möglichkeit der Aufhebung unterliegendes Urteil eines unabhängigen Gerichts eine Wirkung, die dem Staat als Vertragsverletzung zugerechnet wird, so treten die Haftungsfolgen ebenfalls ein. Unter Umständen ist aber nicht Naturalrestitution erforderlich, sondern darf auf andere Weise ein Ausgleich hergestellt werden [22]. Normalerweise hat man die Fälle im Auge, in denen entgegen völker-

[19] Urteil, S. 338. [20] Urteil, S. 340. [21] Urteil, S. 364.

[22] H. URBANEK, Das völkerrechtsverletzende nationale Urteil, Österreichische Zeitschrift für öffentliches Recht N. F. Bd. 9, 1958/59, S. 247; *ders.*, Die Unrechtsfolgen bei einem völkerrechtsverletzenden nationalen Urteil, Österreichische Zeitschrift für öffentliches Recht N. F. Bd. 11, 1961, S. 76 ff.

rechtlichen Verpflichtungen durch rechtskräftiges Urteil einer (natürlichen oder juristischen) Person ein Schaden zugefügt worden ist, der in Geld ausgeglichen werden kann. Es liegt auf der Hand, daß dieser Ausweg bei Verträgen, die laufend erfüllt werden müssen, nicht in Betracht kommt. Bei diesen bleibt der allgemeine Haftungsgrundsatz bestehen, daß die Naturalrestitution oder die Sicherung der weiteren Erfüllung das Leitbild ist, an dem die Pflichten gemessen werden [23].

Das Konkordatsurteil behindert nur die bisherige Art und Weise der Erfüllung, nicht aber die Erfüllung überhaupt. Es erklärt sie im Gegenteil für notwendig. Aus dem Vertragsband mit dem Heiligen Stuhl folgt die Verpflichtung, den Ausgleich auf einem anderen Wege zu suchen, der durch das Urteil nicht versperrt ist.

8. Von den *Verpflichtungen des Bundes* aus dem Konkordat im Rahmen seiner verfassungsrechtlichen Teilzuständigkeit ist im Urteil nicht die Rede. Aus der Betonung der Verpflichtung der Bundesrepublik Deutschland gegenüber dem Heiligen Stuhl kann man wohl schließen, daß das Bundesverfassungsgericht den Bund, vertreten durch die Bundesregierung, weiterhin als Adressaten zur Geltendmachung der Rechte des Heiligen Stuhls und als verpflichtet angesehen hat, das Konkordat im Rahmen der Bundeszuständigkeit durchzuführen; wären die Urteilsgründe nicht in dieser Weise zu deuten, so wäre die positive Stellungnahme zur Fortgeltung des Konkordats nicht zu erklären. In welchem Umfang der Bund im einzelnen zuständig ist, wird unten erörtert [24].

III. Die Verpflichtungen gegenüber dem Heiligen Stuhl

1. Nach der Auffassung des Bundesverfassungsgerichts kann ein vom Einheitsstaat zum Bundesstaat umgestalteter Staat seine Glieder entweder an seine eigenen völkerrechtlichen Pflichten binden oder ihnen für die Erfüllung der Pflichten die entsprechenden Machtbefugnisse überlassen und diejenige Freiheit zugestehen, die ihm auch selbst nach Verfassungsrecht zukommt [25]. Daran ist soviel richtig, daß der Einheitsstaat, der sich in einen Bundesstaat verwandelt, den Gliedern eine Kompetenz in auswärtigen Angelegenheiten zuweisen kann. Auswärtige Staaten und andere Partner des völkerrechtlichen Verkehrs müssen diese Umorganisation hinnehmen. Soweit es sich um die ganze oder teilweise Weiteranwendung von Verträgen durch die Glieder handelt, darf der auswärtige Partner keine schlechtere Position erhalten, als sie ihm bisher zugestanden hat. Die Feststellung des Bundesverfassungsgerichts, der Bundesstaat könne bei der Umorganisation den Gliedern die-

[23] Auf dieser Grundlage argumentiert P. Schlosser, Das völkerrechtswidrige Urteil nach deutschem Prozeßrecht, Zeitschrift für Zivilprozeß 79. Band, S. 164 ff., 183 f.

[24] Seite 364. [25] Urteil, S. 364 f.

jenige Freiheit zugestehen, die ihm auch selbst nach Verfassungsrecht zukommt, darf daher nicht so ausgelegt werden, als ob die nunmehr zuständigen Glieder auch gegenüber dem auswärtigen Partner frei seien. Der auswärtige Partner kann verlangen, daß der bisherige Einheitsstaat dafür sorgt, daß die Glieder den Vertrag durchführen.

2. Das Bundesverfassungsgericht ist anderer Auffassung [26]. Es zieht im Tenor die Konsequenz aus dieser Meinung und hindert die Bundesregierung, diese Kontrolle auszuüben. Eine Ersatzlösung ist dem Heiligen Stuhl bisher nicht angeboten worden. Er hat folgende zwei Möglichkeiten der Reaktion: Er kann

a) sich weiter auf den Standpunkt stellen, die Bundesrepublik Deutschland, vertreten durch das Gesamtstaatsorgan Bundesregierung, sei unverändert verantwortlich für die Durchführung des Konkordats;

b) die verfassungsrechtliche Wirkung des Konkordatsurteils als Faktum zur Kenntnis nehmen und die Länder im Rahmen ihrer verfassungsrechtlichen Teilzuständigkeit für die Erfüllung der darauf bezüglichen Bestimmungen des Reichskonkordats in Anspruch nehmen.

Macht er von der Möglichkeit b) Gebrauch, so muß die Bundesrepublik Deutschland, im Sinne des Bundesverfassungsgerichts als Ganzheit von Bund und Ländern verstanden, die innerstaatliche Urteilswirkung nach außen gegen sich gelten lassen und dem Heiligen Stuhl im Bereich der verfassungsrechtlichen Länderzuständigkeit die Länder als Adressaten gegenüberstellen.

3. Im Konkordatsprozeß ist darüber gestritten worden, ob die Länder pro rata ihrer verfassungsrechtlichen Zuständigkeit Partner des Reichskonkordats geworden seien. Die Niedersächsische Landesregierung trug vor, daß die z. Z. des Inkrafttretens des Grundgesetzes bestehenden Verträge, die gegenständlich zur Zuständigkeit der Länder gehörten, nur diese selbst und nicht den Bund als Vertragssubjekt auf der staatlichen Seite hätten [27]. Im Ergebnis, wenn auch mit anderer Begründung, vertrat Herbert Krüger ebenfalls die Vertragspartnerschaft der Länder: Dem Heiligen Stuhl werde nicht ein anderer staatlicher Partner zugemutet; es handle sich lediglich um den alten Partner in stärker gegliederter Gestalt. Dem Heiligen Stuhl bleibe nur die Wahl, ob er die Länder nun als seine Partner betrachten oder wegen dieses inneren Vorgangs in der deutschen Staatsorganisation den Vertrag als erledigt ansehen wolle [28].

Demgegenüber nahm die Bundesregierung den Standpunkt ein, daß, solange der Heilige Stuhl der Aufhebung oder Änderung des Reichskonkordats oder dem Abschluß neuer Konkordate nicht zugestimmt habe, das Reichs-

---

[26] Urteil, S. 365 f.

[27] Schriftsatz der niedersächsischen Landesregierung vom 8. 10. 1955, in: Der Konkordatsprozeß, hrsg. von F. Giese und F. A. Frh. von der Heydte, Veröffentlichungen des Instituts für Staatslehre und Politik e. V., Mainz, S. 285 ff., 294.

[28] Konkordatsprozeß, a. a. O., S. 1069, 1393.

konkordat zwischen den Vertragspartnern, d. h. dem Heiligen Stuhl und der mit dem Deutschen Reich identischen Bundesrepublik, fortbestehe [29]. Auch in den Plädoyers und Gutachten wurde ein Partnerwechsel abgelehnt, weil durch eine Vielzahl von Partnern die Rechtsstellung des auswärtigen Teils verschlechtert werde [30].

Das Bundesverfassungsgericht ist der Auffassung der Bundesregierung nicht gefolgt. Es hat sich für eine Gleichordnung von Bund und Ländern hinsichtlich der Erfüllung der Verpflichtungen der Bundesrepublik Deutschland ausgesprochen und sich damit dem begründeten Verdacht ausgesetzt, den Bundesstaat, der der Völkerrechtsordnung als souveräner Staat angehört, in mehr oder weniger unabhängig nebeneinanderstehende Teilordnungen zu zerlegen [31]. Es hat später im sog. Hessen-Urteil vom 11. Juli 1961 über die Neugliederung des Bundesgebiets diesen Eindruck zu korrigieren versucht. Mit der Bemerkung im Konkordatsurteil, daß die Bundesrepublik Deutschland aus den Gliedern Bund und Länder bestehe, habe nur zum Ausdruck gebracht werden sollen, daß die Aufteilung der staatlichen Befugnisse im Innern des Bundesstaates zwischen den Organen des Bundes und den Organen der Länder keine Wirkung nach außen habe, daß vielmehr nach außen alle Organe, die im Innern staatliche Befugnisse ausüben, die völkerrechtliche Einheit Bundesrepublik Deutschland darstellten [32].

Auch diese Interpretation ist nicht klar: Wenn die innerstaatliche Kompetenzverteilung keine Außenwirkung hat (für Art. 32 Abs. 3 GG ist dieser Satz unrichtig), ist es nicht verständlich, daß nach außen alle Organe, die im Innern staatliche Befugnisse ausüben, die völkerrechtliche Einheit darstellen sollen. Wie dem auch sei, die Repräsentation der Bundesrepublik Deutschland durch Bund *und* Länder kann zu einer völkerrechtlich befriedigenden Ersatzlösung für die nicht mehr bestehende Alleinzuständigkeit des Bundes führen. Die das Konkordatsurteil interpretierende und korrigierende Bemerkung im Hessen-Urteil eröffnet einen verfassungsrechtlich zulässigen Weg, um die Bundesrepublik Deutschland davor zu bewahren, *nach außen* vertragsbrüchig sein zu müssen.

Diese Lösung besteht im Sinne der Urteilsgründe nicht darin, die Länder zu völkerrechtlichen Teilpartnern des Heiligen Stuhls zu machen. Ihre Organe nehmen, ebenso wie die Bundesregierung im Bereich der Bundeszuständigkeit, die Gesamtverantwortung der Bundesrepublik Deutschland aus dem Reichskonkordat wahr [33].

---

[29] Schriftsatz der Bundesregierung vom 12. 1. 1956, Konkordatsprozeß, a. a. O., S. 316 ff., 325.

[30] Konkordatsprozeß, a. a. O., S. 1388, 1453, 779, 832.

[31] Urteil, S. 362; zur Kritik siehe KAISER, a. a. O., S. 530.

[32] BVerfGE Bd. 13, S. 54 ff., 77.

[33] W. GEIGER, Das Bund-Länder-Verhältnis in der Rechtsprechung des Bundesverfassungsgerichts, Bayerische Verwaltungsblätter 1957, S. 341, spricht von den Ländern als „zuständigen Organen“ des Völkerrechtssubjekts Bundesstaat.

Wählt der Heilige Stuhl angesichts der tatsächlichen Unmöglichkeit, die Bundesregierung als zuständig für den gesamten Bereich des Reichskonkordats zu behandeln (oben Möglichkeit 2 a), den unmittelbaren Kontakt mit den einzelnen Bundesländern (oben Möglichkeit 2 b), so nimmt er nicht nur ein völkerrechtliches Recht wahr, sondern wählt gleichzeitig einen verfassungsrechtlich zulässigen Weg.

Diese Konstruktion ist nur auf „Staatsverträge" anwendbar, die vor dem Zusammentritt des ersten Bundestags als Reichsverträge gegolten haben und nunmehr innerstaatlich zur Landeszuständigkeit gehören. Schließen die Länder im Rahmen grundgesetzlicher Kompetenzverteilung *neue* Verträge ab, so sind sie selbst Partner. Diese Verträge begründen Rechte und Pflichten zwischen dem auswärtigen Partner und dem deutschen Land. Haftungsrechtliche Konsequenzen, die sich aus der Einordnung der Länder in den Bundesstaat ergeben, können in diesem Zusammenhang außer acht gelassen werden.

4. Der Heilige Stuhl hat bisher daran festgehalten, die Durchführung des Reichskonkordats ausschließlich von der Bundesregierung zu verlangen. Er hat anerkannt, daß die Bundesorgane sich der Anwendung der Konkordatsbestimmungen in dem Bereich, in dem sie sich für zuständig erklären, nicht entzogen haben. Er hat aber das von der Bundesregierung geltend gemachte Argument zurückgewiesen, daß in der Nachkriegszeit einige Materien in die Kompetenz der Länder übergegangen seien. Die innerstaatliche Kompetenzverteilung könne die internationalen Verpflichtungen nicht aufheben oder vermindern. Allerdings zog er auch in Betracht, daß diese auf die Länder übergegangen sein könnten [34]. Diese Andeutung schließt zwar die Möglichkeit nicht aus, daß die Länder unmittelbar vom Heiligen Stuhl für die Erfüllung des sie betreffenden Teils der Konkordatsbestimmungen in Anspruch genommen werden. Bisher sind aber keine Anzeichen dafür zu sehen, daß er die Bundesregierung aus der Verantwortung für die Erfüllung *aller* Bestimmungen des Konkordats entläßt. Er hat also bisher den oben beschriebenen Weg a) beschritten und von der Möglichkeit b) keinen Gebrauch gemacht.

5. Sollte der Heilige Stuhl, weil ihn der derzeit beschrittene Weg wegen der verfassungsrechtlichen Lage nach dem Konkordatsurteil nicht zum Ziele führen kann, die Möglichkeit b) wählen und mit den Ländern unmittelbar Kontakt aufnehmen wollen, so stellt sich die Frage, ob die Länder nicht nur, wie bereits dargetan wurde, verfassungsrechtlich *befugt* sind, die Verantwortung der Bundesrepublik Deutschland für ihren Bereich nach außen wahrzunehmen, sondern ob sie auch dazu *verpflichtet* sind.

Darauf muß bejahend geantwortet werden: Es ist unbestritten, daß das Grundgesetz die Einordnung der Bundesrepublik Deutschland in die Völker-

[34] Verbalnote der Apostolischen Nuntiatur in Bonn an das Auswärtige Amt vom 1. 6. 1959, zitiert bei D. v. SCHENCK, Die Mitwirkung des Bundes beim Abschluß von Länderkonkordaten, DÖV 1966, S. 301, Anm. 8 a.

rechtsordnung und in die auf deren Boden stehenden internationalen Organisationen und Gemeinschaften fördert. Eine Anzahl von Artikeln legt dafür Zeugnis ab (vor allem Art. 24, 25, 26). Der Grundsatz, daß Bestimmungen des deutschen Rechts und Maßnahmen deutscher Behörden so auszulegen sind, daß die völkerrechtlichen Verpflichtungen des Staates erfüllt werden können, steht in der deutschen Rechtsprechung seit langem fest[35]. Nach Art. 25 GG binden die Regeln über das Entstehen, den Fortbestand und die Beendigung völkerrechtlicher Verbindlichkeiten als „allgemeine Regeln" jeden, den es angeht. Normadressaten sind die Staatsorgane, die für den auswärtigen Verkehr zuständig sind[36]. Dieser Gesichtspunkt ist auf die Landesorgane anwendbar, soweit sie die Bundesrepublik Deutschland gegenüber einem auswärtigen Partner repräsentieren. Da das Bundesverfassungsgericht den Weg über die Bundesregierung insoweit verschlossen hat, als die Länder nunmehr innerstaatlich zuständig sind, müssen sie von der damit verbundenen auswärtigen Befugnis Gebrauch machen, wenn der auswärtige Partner es verlangt.

6. Solange der Heilige Stuhl an seiner Auffassung festhält, ausschließlich die Bundesregierung als Adressaten für die gesamte Verantwortlichkeit der Bundesrepublik Deutschland aus dem Reichskonkordat zu behandeln, ist die auswärtige Repräsentation der Bundesrepublik Deutschland durch die Länder in ihrem Zuständigkeitsbereich nicht aktuell. Die materielle Verpflichtung, die Bestimmungen des Reichskonkordats zu respektieren, haben sie aber bereits jetzt als Teil der Bundesrepublik Deutschland. Die Grundlage der Verpflichtung ist der für die Bundesrepublik Deutschland verbindliche Vertrag mit dem Heiligen Stuhl. Ein Verfahren, die Länder, soweit sie dieser Verpflichtung nicht nachkommen, zur Abhilfe aufzufordern oder Zweifel über die Tragweite der Verpflichtungen zu beheben, gibt es aber zur Zeit nicht. Der Bundesregierung ist der Weg durch das Konkordatsurteil versperrt. Der Heilige Stuhl hat sich noch nicht an die Länder an Stelle des Bundes gewandt.

IV. Aufteilung der Rechte und Pflichten aus dem Reichskonkordat auf Bund und Länder

1. Die Aufteilung der Rechte und Pflichten aus dem Reichskonkordat gemäß den innerstaatlichen Zuständigkeiten von Bund und Ländern stößt auf praktische Schwierigkeiten. Das Konkordat war einheitlich konzipiert und brauchte angesichts der staatsrechtlichen Situation Deutschlands im Jahre 1933 keiner bundesstaatlichen Kompetenzgliederung Rechnung zu tragen. Im Konkordatsprozeß vertrat Hans Peters die Meinung, die teilweise

[35] Leibholz-Rinck, Kommentar zum Grundgesetz an Hand der Rechtsprechung des Bundesverfassungsgerichts 1966, S. 10 f.; Beispiele bei H. Mosler, Das Völkerrecht in der Praxis der deutschen Gerichte, 1957, S. 26, Anm. 56.

[36] H. Mosler, a. a. O., S. 40 f.

Transformation der Bestimmungen des Reichskonkordats in Landesrecht habe eine völlige Verwirrung zur Folge, weil manchmal innerhalb des gleichen Artikels (z. B. in Art. 1, 4, 5) Bundes- und Landesrecht unlösbar ineinandergeschachtelt seien; unter Umständen seien sogar die gleichen Vorschriften sowohl Bundes- wie Landesrecht [37]. Den Ländern sollte nach seiner Meinung die Ausführung der Konkordatsbestimmungen als Bundesrecht in derselben Weise obliegen, in der sie das Grundgesetz und die Bundesgesetze ausführen müssen. Das Bundesverfassungsgericht hat diese Auffassung im Urteil mit der Bemerkung zurückgewiesen, das den Schulbestimmungen des Reichskonkordats entsprechende deutsche Recht könne nach Art. 70 ff., 124 f. GG nur Landesrecht geworden sein, da sein Gegenstand in den Bereich der ausschließlichen Gesetzgebung der Länder falle [38].

Diese Konsequenz ist in der Tat unausweichlich. Das Reichskonkordat ist, wie das Bundesverfassungsgericht mit Recht dargelegt hat [39], in deutsches Recht überführt worden. Nach den Bestimmungen des Grundgesetzes über die Überleitung geltender Rechtsvorschriften in die neue Kompetenzordnung (Art. 123 bis 125) ist die Aufteilung auf Bund und Länder eingetreten.

Soweit zu dem maßgebenden Zeitpunkt, d. h. beim Zusammentritt des ersten Bundestages, Recht galt, das mit den Bestimmungen des Reichskonkordats nicht vereinbar war, hatte es als innerstaatliches Recht die in deutsches Recht überführten entgegenstehenden Bestimmungen des Reichskonkordats verdrängt. Die auswärtige Verpflichtung gegenüber dem Heiligen Stuhl hatte es allerdings nicht beseitigen können.

Da sich die Rechtsposition der Länder als Teile der gesamten Bundesrepublik Deutschland, die mit dem Heiligen Stuhl im Vertragsverhältnis steht, nach der sachlichen *Zuständigkeit* für die Konkordatsmaterien, nicht nach den damals bestehenden, möglicherweise konkordatswidrigen, landesrechtlichen *Rechtsvorschriften* richtet, haben die Länder die Verantwortung der Bundesrepublik Deutschland in der oben geschilderten Weise auch insoweit nach außen wahrzunehmen, als sie zur Zeit des Zusammentritts des ersten Bundestages konkordatswidriges Landesrecht besaßen oder solches später einführten.

2. Die Aufteilung der Verpflichtungen — und gegebenenfalls korrespondierender Rechte — des Reichskonkordats auf Bund und Länder führt nur bei einem Teil zu eindeutigen, unbezweifelten Ergebnissen. Zwischen den klaren Zuordnungen gibt es aber Bereiche, die sowohl Bundes- wie Länderzuständigkeit betreffen und solche, die zwar sachlich in die Länderzuständigkeit fallen, aber infolge der Notwendigkeit, daß für mehrere oder alle Länder gleichmäßig nach außen gehandelt werden muß, die Bundesregierung als

[37] Konkordatsprozeß, a. a. O., S. 653; *ders.*, Die Gegenwartslage des Staatskirchenrechts, VVDStL Heft 11, S. 199.

[38] Urteil, S. 343.

[39] Urteil, S. 332.

Hauptorgan des auswärtigen Verkehrs der Bundesrepublik berühren. Wir müssen demnach folgende Gruppen unterscheiden:

a) Materien der Bundeszuständigkeit,

b) Materien der Landeszuständigkeit,

c) Materien gemischter Bundes- und Landeszuständigkeit,

d) Materien betreffend die Sachzuständigkeit der Länder und die Koordinations- und Vertretungszuständigkeit des Bundes.

Der Versuch, einige — nicht alle — Konkordatsbestimmungen unter eine dieser Gruppen zu subsumieren, hat folgendes Ergebnis:

Es gehören

zu a) (Bundeszuständigkeit): die Pflege der Beziehungen zwischen dem Heiligen Stuhl und der Bundesrepublik Deutschland durch Diplomaten im Botschafterrang (Art. 3 und Schlußprotokoll zu Art. 3; die Bundeskompetenz ergibt sich aus Art. 32 Abs. 1); die Verpflichtungen, die sich auf Materien beziehen, die nach dem Grundgesetz der Gesetzgebung des Bundes unterliegen, vor allem des Strafrechts, des bürgerlichen Rechts, des gerichtlichen Verfahrens, der Gerichtsverfassung, des Personenstandswesens und der Verteidigung. Solche Verpflichtungen finden sich in den Art. 5, 6, 8, 9, 10, 18, 26, 27 [40].

Zur Auslegung des Art. 27 und der dazu gehörenden Bestimmung des Schlußprotokolls haben die Bundesregierung und der Heilige Stuhl durch Notenwechsel vom 13. Dezember 1960 geklärt, daß das Konkordat der Erhebung von Kirchensteuern von katholischen Offizieren, Beamten und Mannschaften sowie deren Familien nicht entgegensteht, insofern die Einnahmen aus diesen Steuern nicht zugunsten der Ortskirchengemeinden verwendet werden [41]. Gemäß Art. 27 Abs. 4 und der dazu gehörenden Bestimmung des Schlußprotokolls hat die Apostolische Nuntiatur im Jahre 1965 die Neufassung der Statuten für die Militärseelsorge in der Bundeswehr der Bundesregierung übermittelt und von dieser die Mitteilung erhalten, daß sie mit der Neufassung einverstanden sei [42].

Durch Notenwechsel vom 16. Juli 1956 sind „unter Vorbehalt der beiderseitigen Rechtsstandpunkte" einige Feststellungen zur Auslegung des Art. 26 getroffen worden. Sie beziehen sich auf die Voraussetzungen, unter

---

[40] Siehe A. Hollerbach, Verträge zwischen Staat und Kirche in der Bundesrepublik Deutschland, 1965, S. 183 ff. In der neueren Bundesgesetzgebung finden sich Folgerungen z. B. im Bundesleistungsgesetz (§ 4 Abs. 2 Nr. 4, vgl. Art. 17 RK in Verbindung mit Art. 140 GG/138 Abs. 2 WRV) und im Landbeschaffungsgesetz (§ 16), (Bundesleistungsgesetz in der Fassung vom 27. 9. 1961, BGBl 1961, I, S. 1769; Landbeschaffungsgesetz vom 23. 2. 1957, BGBl 1957, I, S. 134). Es soll hier nicht behauptet werden, daß die geltende Fassung der beiden Bestimmungen konkordatär gebunden ist, sondern nur, daß die beiden Bestimmungen mit Art. 17 in Einklang stehen.

[41] Nach amtlicher Mitteilung.

[42] Archiv für Kath. Kirchenrecht Bd. 134, 1965, S. 486 ff.

denen die kirchliche Einsegnung der Ehe vor der Ziviltrauung vorgenommen werden darf[43].

Zu b) (Landeszuständigkeit): Hierzu gehören die Bestimmungen über die katholisch-theologischen Fakultäten und die Ausbildungsstätten des Klerus (Art. 19, 20) und die sog. Schulartikel (Art. 21 bis 25)[44]. Dabei sind die Länder selbstverständlich an Art. 7 GG gebunden.

Zu c) (gemischte Bund-Länderzuständigkeit): Art. 4, in dem dem Heiligen Stuhl Freiheit des Verkehrs und der Korrespondenz mit den Bischöfen, dem Klerus und den übrigen Angehörigen der katholischen Kirche sowie den Bischöfen und sonstigen Diözesanbehörden für ihren Verkehr mit den Gläubigen zugesichert wird, ist sowohl vom Bund wie von den Ländern durchzuführen[45].

Aus dem Konkordatsurteil ergibt sich nicht, in welcher verfassungsrechtlichen Beziehung der Bund und das betroffene Land in den Fällen der gemischten Zuständigkeit stehen. Der Tenor verneint nur das Recht der Bundesregierung, die im Antrag genannten schulgesetzlichen Bestimmungen des Landes Niedersachsen zu rügen. Er hat keine Wirkung für das verfassungsrechtliche Verhältnis zwischen Bund und Ländern, soweit Bestimmungen des Reichskonkordats über andere Materien in Betracht kommen.

Zu d) (Sachzuständigkeit der Länder und Koordinations- und Vertretungszuständigkeit des Bundes): Ein Beispiel hierfür bietet Art. 15 Abs. 3, der es dem Heiligen Stuhl zur Pflicht macht, das Einvernehmen mit der „Reichsregierung“ herzustellen, wenn er ausnahmsweise deutsche Ordensniederlassungen ausländischen Provinzialoberen unterstellen will. Man kann die Meinung vertreten, daß der Bund wegen seiner auswärtigen Kompetenz eine eigene Zuständigkeit besitzt, sich aber vor der Genehmigung mit den betroffenen Ländern ins Benehmen setzen muß. Bei dieser Annahme haben wir einen Fall der Gruppe c) vor uns. Akzeptiert man diese Auslegung aber nicht, sondern weist die Zuständigkeit den Ländern zu, so steht dem Bund jedenfalls die Koordination der verschiedenen territorial betroffenen Länder und die Übermittlung des Einverständnisses oder der Ablehnung an den Heiligen Stuhl zu.

3. Die gemischten Zuständigkeiten können Anlaß zu Zweifeln geben. Die Lage ist aber noch kritischer, wenn der Wegfall einer Bestimmung behauptet wird, nach der die Reichsregierung Rechte und Pflichten gehabt hat. Das ist der Fall des Art. 2 Abs. 2, demzufolge der Abschluß von Länderkonkordaten in Zukunft nur im Einvernehmen mit der „Reichsregierung“ erfolgen soll.

Vor dem Abschluß des niedersächsischen Konkordats leitete die Nuntiatur der Bundesregierung den Entwurf zu, um das Einvernehmen im Sinne

[43] Text bei L. Schöppe, Konkordate seit 1800, 1964, S. 35 f.

[44] Vgl. Hollerbach, a.a.O., S. 188.

[45] So Peters, VVdStL Heft 11, S. 199.

dieser Bestimmung herzustellen. Die Bundesregierung erteilte das Einverständnis, obwohl die niedersächsische Landesregierung ihr den Entwurf nur zur Kenntnisnahme übersandt hatte und unter Hinweis auf die ausschließliche Landeskompetenz für neue Konkordate der Auffassung war, der Abschluß unterliege nicht der Zustimmung der Bundesregierung [46].

Wenn sich ein Land beim Abschluß eines neuen Konkordats an die Materien seiner ausschließlichen Zuständigkeit hält und keine Bundeszuständigkeit berührt, ist das Land verfassungsrechtlich nicht an die Zustimmung der Bundesregierung gebunden. Da der Heilige Stuhl die veränderte Kompetenzverteilung im Bundesstaat hinnehmen muß, ist er seinerseits nicht verpflichtet, das Einvernehmen mit der Bundesregierung herzustellen. Tut er es dennoch, so ist die Bundesregierung verfassungsrechtlich verpflichtet, ihm gegenüber die Zustimmung zu erklären.

Ist zweifelhaft, ob ein Landeskonkordat *auch* die Bundeszuständigkeit betrifft — das könnte z. B. hinsichtlich der politischen Klausel für Ämterbesetzungen oder hinsichtlich der Formulierung des Bischofseides unter Umständen möglich sein —, so behält Art. 2 Abs. 2 seine Bedeutung [47].

V. Einwendungen gegen die Erfüllung des Reichskonkordats im Zusammenhang mit seiner rechtlichen Qualifizierung

1. Die Länder nehmen in dem Teilbereich, in dem sie zuständig sind, die Stellung ein, die staatliche Konkordatspartner des Heiligen Stuhls allgemein besitzen. Sie können also dem Heiligen Stuhl die Einwendungen entgegenhalten, die nach allgemeinem Konkordatsrecht geltend gemacht werden können. Dasselbe gilt für den Bund im Rahmen seiner Zuständigkeit.

In diesem Zusammenhang spielt die rechtliche Qualifizierung von Konkordaten, die bisher beiseite gelassen wurde, eine Rolle. Die Auffassung des Bundesverfassungsgerichts, das Reichskonkordat sei ein heute noch verbindlicher Vertrag des Deutschen Reiches, genießt, wie oben dargetan wurde, die Autorität, die den nicht förmlich verbindlichen Stellungnahmen dieses Gerichts zukommt. Sie hat im Rahmen der Urteilsgründe Bedeutung [48]. Andererseits wird durch diese Stellungnahme aber nicht ausgeschlossen, daß ein anderer Standpunkt eingenommen wird.

Da wir von der Voraussetzung ausgehen, daß Bund und Länder im jeweiligen Zuständigkeitsbereich zusammen die Verantwortung tragen, die der Bundesrepublik Deutschland obliegt, ist es konsequent, die Qualifizierung des Vertragsverhältnisses gegenüber dem Heiligen Stuhl einheitlich vorzu-

---

[46] D. Scheven, Das Niedersächsische Konkordat, JZ 1965, S. 343, Anm. 20.

[47] Zur Auseinandersetzung über Art. 2 Abs. 2 RK siehe W. Weber in DÖV 1965, S. 44, und die eindrucksvoll begründete, im Ergebnis mich aber nicht überzeugende Entgegnung von D. von Schenck, a.a.O., S. 299 ff.

[48] Siehe oben, S. 356.

nehmen, also nicht diese Frage je nachdem, wer die Bundesrepublik in einer Teilmaterie repräsentiert, verschieden zu beantworten.

Im Falle einer Spannungslage zwischen Bundes- und Landesinteressen muß es, so heißt es im Konkordatsurteil, dem Einvernehmen von Bund und Ländern auf dem Boden der Gleichordnung überlassen bleiben, einen tragbaren Ausgleich zu schaffen [49]. Gelingt es nicht, die Einigung herzustellen, so sind m. E. die Folgen verschieden, je nachdem, ob es sich um eine ausschließliche Landeszuständigkeit (oben Fallgruppe IV 2/b) oder um eine Bundes- oder gemischte Zuständigkeit handelt (oben Fallgruppen a, c und d).

Für den Fall der Landeszuständigkeit hat sich das Bundesverfassungsgericht den Weg zu einer Lösung verbaut, weil es Rechte und Pflichten zwischen Bund und Ländern in diesem Bereich nicht anerkennt. Es ist also möglich, daß die Bundesregierung für ihren Bereich die Geltung des Konkordats bejaht und die Verpflichtungen erfüllt, während ein Land das Konkordat oder einzelne Bestimmungen nicht für verbindlich hält und die Verantwortung für die Erfüllung ablehnt. An dieser unglücklichen Konsequenz ist nichts zu ändern, solange das Bundesverfassungsgericht nicht ein anderes Verfahren zum Anlaß nimmt, seine Meinung zu korrigieren.

Anders ist die Lage bei den gemischten Zuständigkeiten. Hier ist nur eine einzige Stellungnahme gegenüber dem Heiligen Stuhl möglich. Der Bund ist für die auswärtigen Angelegenheiten des Gesamtstaats verantwortlich (Art. 31). Es liegt also nahe, ihm die Präponderanz für den Fall zu geben, daß die Einigung mit den beteiligten Ländern trotz ernsthafter Bemühungen nicht erreicht werden konnte. Das Bundesverfassungsgericht hat sich in dieser Frage nicht die Hände gebunden, weil das Urteil nur die Schulbestimmungen, also ausschließliche Landeszuständigkeiten, betraf. Es ist also nicht gehindert, in einem etwaigen Bund-Länderstreit in dem hier vorgeschlagenen Sinne zu entscheiden.

2. Die Auseinandersetzung um die rechtliche Einordnung der Konkordate und die Folgen von Veränderungen innerhalb des staatlichen Partners ist im Konkordatsprozeß in breitestem Umfang geführt worden. Sie soll hier nicht wiederholt werden. Die Diskussion hat sich aber nach der Feststellung des Bundesverfassungsgerichts, das Reichskonkordat sei als echter völkerrechtlicher Vertrag nach wie vor für die Bundesrepublik Deutschland verbindlich, weiterhin fortgesetzt. Sie nötigt zu einigen, im Rahmen dieses Beitrags notwendigerweise nicht erschöpfenden Bemerkungen.

Die These des Bundesverfassungsgerichts entspricht nach wie vor der in der Völkerrechtslehre und Staatenpraxis herrschenden Auffassung [50].

---

[49] Urteil, S. 362.

[50] Deutsche Stellungnahmen nach dem Urteil in diesem Sinne G. Dürig, Die Rechtsstellung der katholischen Privatschulen im Lande Bremen, Recht und Staat Heft 284/285, 1964, S. 34; Maunz-Dürig, Kommentar zum Grundgesetz, Randnote 10 zu Art. 123; K. Mörsdorf, in: Lexikon für Theologie und Kirche, 2. Aufl.,

3. Dagegen sind Bedenken erhoben worden. Hans Barion[51] wirft den Autoren, die das Reichskonkordat als weitergeltend behandeln, vor, „alle Fragezeichen, die an der Weitergeltung des Reichskonkordats nach 1945 kleben", sorgfältig zu umgehen. Das sei ein Indizium dafür, daß diese Autoren sich von den bewußten Fragezeichen argumentatorisch überfordert fühlen[52]. Dieser Satz wird durch die selbstbewußte, nicht durch eine Auseinandersetzung mit der völkerrechtlichen Literatur und Praxis gestützte Behauptung ergänzt, die Subsumtion der Konkordate unter die völkerrechtlichen Verträge sei vorläufig noch ein statistisches Phänomen, kein juristisches Datum[53]. Barion setzt voraus, daß die Einordnung der Konkordate unter die völkerrechtlichen Verträge die „generische Identität beider Arten von Verträgen" erfordere. Diese sei aber nicht vorhanden, weil sich Konkordate und völkerrechtliche Verträge durch den „Ortungsbezug" des von ihnen geschaffenen Vertragsrechtes unterschieden. Eine bestimmte Ortung wird also ebenfalls als Essentiale des völkerrechtlichen Vertrags vorausgesetzt. Auf der Basis dieser Hypothesen ist es konsequent, bei Verschiedenheit der „Ortungsbezüge" Konkordate und völkerrechtliche Verträge als verschiedene Gattungen zu behandeln.

Die Frage, was ein völkerrechtlicher Vertrag ist, kann nur durch Prüfung der Kriterien gewonnen werden, die die Völkerrechtsordnung dafür entwickelt hat. In erster Linie wird ein völkerrechtliches Abkommen durch die *Völkerrechtsfähigkeit der Partner* bestimmt. Dazu gehören nicht nur die Staaten, sondern auch viele andere Partner verschiedener soziologischer Struktur, die an der Völkerrechtsordnung als Rechtssubjekte teilnehmen. Es handelt sich fast ausschließlich um nicht territorial gebundene Organisationen und Institutionen. Sie besitzen partielle Rechtsfähigkeit, die ihnen erlaubt, im Rahmen ihrer Funktionen Verträge zu schließen. Eine territoriale „Ortung" kann auf ihrer Seite nicht in Betracht kommen, weil sie kein Gebiet besitzen. Die Vertragsfähigkeit ist unbestritten[54]. Allerdings gelten

Bd. 6, 1961, Spalte 454 ff., 456; D. von Schenck, a.a.O., S. 301; H. Jahrreiss, in: Festschrift für Apelt, 1958, S. 162. H. Ridder, Artikel: Konkordat, in: Strupp-Schlochauer, Wörterbuch des Völkerrechts, bezeichnet die völkerrechtliche Vertragstheorie als herrschend.

[51] Ordnung und Ortung im kanonischen Recht, in: Festschrift für Carl Schmitt, 1959, S. 1 ff., 26 ff., 30 ff.; *ders.*, Unvorgreifliches Bedenken zur Bremer Klausel (Art. 141 GG), DÖV 1965, S. 13.

[52] Bremer Klausel, a.a.O., S. 14.

[53] Ordnung und Ortung, a.a.O., S. 28.

[54] Die Völkerrechtskommission der Vereinten Nationen hat in dem im Jahre 1962 beschlossenen Teilentwurf einer Kodifikation des „Law of treaties" den völkerrechtlichen Vertrag wie folgt definiert: „'Treaty' means any international agreement in written form, ... concluded between two or more States or other subjects of international law ..." In dem insoweit jetzt noch maßgebenden Entwurf aus dem Jahre 1965 wurde die Kodifikation auf „treaties concluded between States" beschränkt, weil ein großer Teil der Artikel des Entwurfs ausschließlich auf Ver-

nicht ohne weiteres sämtliche Regeln, die sich für zwischenstaatliche Verträge entwickelt haben. Der besonderen Rolle der nichtstaatlichen Völkerrechtssubjekte in der Völkerrechtsgemeinschaft entsprechend werden diese Regeln im einzelnen nach der Besonderheit der Vertragsbeziehung modifiziert.

Der Heilige Stuhl ist unbestrittenermaßen ein Völkerrechtssubjekt, gehört also zum Kreise derjenigen Institutionen, die am völkerrechtlichen Verkehr teilnehmen und Verträge schließen können.

Die *persönliche Qualifikation* der Partner ist aber nicht ausreichend, um das zwischen ihnen Vereinbarte als völkerrechtliches Abkommen ansehen zu müssen. Zwar herrscht im Völkerrecht Vertragsfreiheit hinsichtlich des Inhalts. Von dem Fall der sittenwidrigen Abkommen, die keinen Rechtseffekt haben, kann hier abgesehen werden. Die Partner können aber ihre Abmachung materiell einer anderen Rechtsordnung als dem Völkerrecht und die Entscheidung im Streitfall einer anderen als einer internationalen Instanz übertragen. Sie können z. B. das Verhältnis materiell und jurisdiktionell einem Landesrecht — auch demjenigen eines nichtbeteiligten Staates — zuordnen. Das hängt von ihrem Willen ab.

Ein Indiz für den Willen völkerrechtsfähiger Partner, einen völkerrechtlichen Vertrag zu schließen, ist die *Form* der Abmachung. Konkordate pflegen in den Formen feierlicher völkerrechtlicher Verträge geschlossen zu werden. Das Reichskonkordat folgt, ebenso wie das niedersächsische Konkordat von 1965, dieser Regel [55].

Außer der Vertragsfähigkeit und dem durch die Form dokumentierten Willen, im Rahmen der Völkerrechtsordnung zu kontrahieren, wird die Verknüpfung mit anderen Normen der Völkerrechtsordnung verlangt [56]. Es ist sicher richtig, daß diese Verknüpfung nicht in derselben Weise besteht wie bei Staaten, die als Gebietsherrschaften einander gegenübertreten. Das Verhalten der Staaten gegenüber dem Heiligen Stuhl, das zum Beweis der Völkerrechtsfähigkeit des Heiligen Stuhls und des völkerrechtlichen Charakters der von ihm geschlossenen Verträge dient, läßt sich nicht im Sinne einer Anerkennung der Kirche als territorialer Gewalt deuten [57]. Das Haupt-

---

träge zwischen Staaten abgestellt war und nicht ohne weiteres auf Verträge mit völkerrechtlichen Organisationen angewandt werden konnte. In den Erläuterungen zu dem im Juli 1966 verabschiedeten Endentwurf wird ausdrücklich klargestellt, daß die Streichung der anderen Völkerrechtssubjekte nicht die Bedeutung habe, ihre Fähigkeit zum Vertragsschluß zu verneinen: Yearbook of the International Law Commission 1962, II, S. 159 ff.; Report of the ILC on the work of its seventeenth Session, Doc. A/6009, Kap. II, A, Ziff. 20, 21; Report of the ILC on the work of its eighteenth Session, Doc. A/CN. 4/191, Kap. II.

[55] Weitere zahlreiche Beispiele in der Textsammlung von SCHÖPPE, a.a.O.

[56] Siehe WENGLER, Völkerrecht, Bd. 1, 1964, S. 290 f.

[57] Dazu A. ALBRECHT, Koordination von Staat und Kirche in der Demokratie, 1965, S. 132 f.

argument für die völkerrechtliche These besteht ja gerade in der Fortdauer der völkerrechtlichen Beziehungen zum Heiligen Stuhl nach der Eingliederung Roms in den italienischen Staat im Jahre 1870. Zur völkerrechtlichen Qualifizierung von Vertragsverhältnissen ist es aber nicht erforderlich, daß die Partner Gebietskörperschaften sind. Auch bei Verträgen zwischen Staaten und internationalen Organisationen und zwischen internationalen Organisationen untereinander fehlt dieses Kriterium. Die Normen über Haftung und Sanktionen, die im Verhältnis zu internationalen Organisationen anwendbar sind, unterscheiden sich von denjenigen, die für zwischenstaatliche Beziehungen gelten, ohne daß der völkerrechtliche Charakter des Vertrages dadurch verlorenginge. Dasselbe ist für das Fremdenrecht und den diplomatischen Schutz zu sagen. Andererseits ist es durchaus möglich, im Völkerrecht übliche Rechtsinstitute und Rechtsfiguren, wie z. B. die Meistbegünstigung, die Inländergleichbehandlung, die Vorbehalte zu multilateralen Konventionen, die Schiedsverfahren und die dafür üblichen prozeßrechtlichen Regeln, die Normen und Bräuche des diplomatischen Verkehrs und viele im Völkerrecht entwickelte Auslegungsgrundsätze auf Verträge anzuwenden, an denen nichtstaatliche völkerrechtsfähige Partner beteiligt sind.

Das wesentliche Kriterium für den völkerrechtlichen Charakter von Abkommen ist aber nicht die Anwendbarkeit von Regeln mit spezifisch völkerrechtlichem Inhalt, sondern die Eigenschaft der Partner als Träger eigener, keinem übergeordneten Verband unterworfener Jurisdiktion. Es genügt allerdings nicht, daß der staatliche Partner eines Vertrages mit einem Partner außerhalb seiner Jurisdiktionssphäre kontrahiert. Verträge eines Staates mit einem Ölkonzern, der ihm an Macht gleichkommen kann, stehen außerhalb des Völkerrechts [58], mögen sie auch in Formen geschlossen werden, die im Völkerrecht üblich sind [59]. Vielmehr muß auch der andere Teil in eigener Jurisdiktion handeln. Der völkerrechtliche Vertrag ist eine Koordinationsbeziehung zwischen selbständigen Jurisdiktionsträgern [60].

Im Falle der Konkordate sprechen die Völkerrechtsfähigkeit des Heiligen Stuhls, seine allgemein anerkannte Unabhängigkeit von jeder höheren Jurisdiktion, die völkerrechtlichen Formen des Abschlusses und des Verkehrs der

[58] Wengler, a.a.O., S. 288 f.

[59] Beispiel: Abkommen zwischen der ceylonesischen Regierung vom Juli 1965 mit der CALTEX Ceylon, Ltd., mit der ESSO Standard Eastern, Inc. und der SHELL Co. of Ceylon, Ltd. (The Indian Journal of International Law 1966, S. 76, 81, 86).

[60] Diese Auffassung leugnet nicht, daß es als völkerrechtlich zu qualifizierende Abkommen auch zwischen Partnern geben kann, die nicht souverän sind, also Abhängigkeiten unterliegen. Zum Beispiel kann es den Gliedstaaten eines Bundesstaates, Kolonien und halbselbständigen Territorien gestattet sein, gewissen internationalen Organisationen (Weltpostverein, Weltgesundheitsorganisation) als Mitglieder beizutreten. In solchen Fällen muß die Eingehung des Vertragsverhältnisses zur Zuständigkeit des abhängigen Verbandes gehören. Im Falle der Nichterfüllung trägt die Haftungswirkung unter Umständen der souveräne Oberverband.

Partner während der Vertragsanwendung sowie der in der Staatenpraxis akzeptierte Wille des Heiligen Stuhls, Konkordate dem Völkerrecht zuzuordnen, für den völkerrechtlichen Charakter.

Gegen diese Auffassung sind jüngst in wichtigen Publikationen Einwände erhoben worden. Sie halten es nicht für ausreichend, nur mit den Subsumtionsmethoden des Völkerrechts die Einordnung vorzunehmen. Sie gehen nicht von der Gegenüberstellung oberster Jurisdiktionseinheiten aus, sondern überprüfen das Neben- und Miteinander von Kirche und Staat in seinen gewandelten Zwecken und Formen. Von dort aus gelangen sie zu dem Ergebnis, daß die völkerrechtliche Qualifikation der Konkordate nicht oder wenigstens nicht mehr richtig ist [61]. Wollte man sie im einzelnen würdigen, so wäre die gesamte staatskirchenrechtliche Problematik der Gegenwart aufzurollen. Eine solche Auseinandersetzung kann in diesem Rahmen nicht geführt werden. Sie sollte aber nicht ausbleiben. In unserem Zusammenhang muß es genügen festzustellen, daß das Völkerrecht keine Schwierigkeiten bietet, die Konkordate ihm zuzuordnen.

5. Die grundsätzliche Einordnung der Konkordate in das Völkerrecht besagt nicht, daß die Besonderheiten, die sie im Verhältnis zu den zwischenstaatlichen Verträgen besitzen, in denen „höchste" Gebietseinheiten miteinander kontrahieren [62], nicht zu berücksichtigen seien. Das wesentliche Spezificum der Konkordate, das sie von zwischenstaatlichen Verträgen unterscheidet, besteht in der Bindung des staatlichen Partners hinsichtlich der Ausübung eigener öffentlicher Gewalt auf eigenem Territorium. Konkordate sind deshalb mehr als andere völkerrechtliche Verträge auf die jeweilige politische Ordnung zugeschnitten [63]. Der Anspruch beider Partner auf Anpassung des Vertragsverhältnisses an veränderte Umstände ist deshalb von größerem Gewicht als bei sonstigen völkerrechtlichen Verträgen. Die Kriterien, unter denen die Berufung auf die „clausula rebus sic stantibus" zulässig ist, sind bei Konkordaten durch Gesichtspunkte zu ergänzen, die aus ihrem Interventionscharakter stammen. Die Rechtsstellung des Heiligen Stuhls kann aber, da er der Jurisdiktion des staatlichen Partners entzogen ist, nicht einseitig durch Lossagung von konkordatären Verpflichtungen geändert werden. Die Berufung auf veränderte Umstände, die die Erfüllung konkordatärer Bestimmungen für den staatlichen Partner unzumutbar machen, führt zu einem Revisionsanspruch.

Das Fehlen einer Kündigungsklausel weist in dieselbe Richtung. Wenn die Partner die bei völkerrechtlichen Vertragsverhältnissen allgemein be-

---

[61] Siehe die oben in Anm. 40, 57 zitierten Monographien von Hollerbach und Albrecht.

[62] Zu diesen Besonderheiten siehe neuerdings H. Rust, Die Rechtsnatur von Konkordaten und Kirchenverträgen unter besonderer Berücksichtigung der bayerischen Verträge von 1924 (Münchener Dissertation 1964).

[63] Mörsdorf, a.a.O., Sp. 458.

stehende Möglichkeit der Kündigung nicht besitzen, muß ein anderes Ventil vorhanden sein.

Aus der Pflichtstellung des Landes ergibt sich z. B. nicht ohne weiteres, daß die Schulverhältnisse, soweit sie dem Reichskonkordat nicht entsprechen, alsbald und vollständig in den vom Konkordat vorgesehenen Zustand überführt werden müssen. Die langjährige tatsächliche Praxis, die Erfordernisse des Unterrichts und der Schulorganisation, die Bevölkerungsverschiebungen nach dem letzten Kriege und ähnliche Gesichtspunkte können geeignet sein, den Anspruch des Heiligen Stuhls auf strikte Erfüllung des Reichskonkordats zu modifizieren.

VI. Zusammenfassung: Wer ist aus dem Reichskonkordat verpflichtet?

Das Ergebnis der Ausführungen wird in folgenden Sätzen zusammengefaßt:

1. Ein großer Teil der Bestimmungen des Reichskonkordats, vor allem die Schulbestimmungen, betrifft Materien, die nach dem Grundgesetz zur ausschließlichen Zuständigkeit der Länder gehören.

2. Die Bundesregierung ist nach dem Konkordatsurteil des Bundesverfassungsgerichts gehindert, die Beachtung dieser Bestimmungen durch den Landesgesetzgeber und die Landesbehörden zu verlangen. Die Bindungswirkung des Urteils beschränkt sich zwar auf die Zurückweisung des Antrags des Bundes gegenüber Niedersachsen, ein solches Verlangen stellen zu können. Da der Fall aber genau gleich gelagert ist, würde die Bundesregierung, wenn sie von einem anderen Lande die Durchführung der Schulbestimmungen verlangen würde, ihre Pflicht zur Bundestreue verletzen, weil sie mit Sicherheit mit einem gleichen Urteil des Bundesverfassungsgerichts auf Antrag des betroffenen Landes rechnen müßte.

3. Die Verneinung einer *dem Bunde gegenüber* bestehenden Pflicht der Länder, das Reichskonkordat im Rahmen ihrer Zuständigkeit zu beachten, bedeutet nicht, daß die Länder von jeder Verpflichtung frei sind. Über die Rechtsbeziehung der Länder *im Außenverhältnis* gegenüber dem Heiligen Stuhl konnte das Bundesverfassungsgericht nicht entscheiden, weil der Heilige Stuhl nicht seiner Jurisdiktion unterliegt und folglich seine Rechte nicht durch eine Entscheidung des Bundesverfassungsgerichts berührt werden können. Das Konkordatsurteil schließt außerdem die Möglichkeit nicht aus, daß *verfassungsrechtliche* Pflichten der Länder aus den Schulbestimmungen bestehen; es bewirkt lediglich, daß die Bundesregierung von den Ländern die Durchführung von Pflichten nicht verlangen kann.

4. Das Bundesverfassungsgericht steht auf dem Standpunkt, das Reichskonkordat sei ein völkerrechtlicher Vertrag, der die Bundesrepublik Deutschland als Ganzheit von Bund und Ländern bindet; die mit dem Deutschen Reich identische Bundesrepublik setze im zwischenstaatlichen Verkehr den

Partner fort, mit dem der Heilige Stuhl im Jahre 1933 das Konkordat abgeschlossen hat. Diese Feststellung nimmt nicht an der Bindungswirkung des Urteils teil. Sie ist aber nicht unbeachtlich, weil sie mit der Autorität des höchsten deutschen Gerichts ausgestattet ist. Ferner ist sie trotz der allgemein kritisierten Mängel der Begründung zum Konkordatsurteil für die Urteilsfindung nicht ohne Bedeutung, weil sie deutlich macht, daß ein Weg gesucht werden muß, um den Verpflichtungen der Bundesrepublik zu genügen. Auch dieser Teil der Urteilsbegründung spricht dafür, daß die Entscheidung in der Sicht des Bundesverfassungsgerichts nicht mehr besagt, als daß der vom Bund gegenüber dem Lande Niedersachsen gewählte Weg, die Durchführung des Reichskonkordats im Länderbereich zu sichern, verfassungsrechtlich nicht gangbar ist.

5. Geht man mit dem Bundesverfassungsgericht davon aus, daß das Reichskonkordat als völkerrechtlicher Vertrag zu qualifizieren ist und daß die Veränderungen im Bereich des staatlichen Partners dessen Vertragspartnerschaft nicht zerstört haben, so sind die Länder insoweit verpflichtet, den Vertragsverpflichtungen der Bundesrepublik Deutschland zu genügen, als ihre Zuständigkeit nach der Kompetenzverteilung des Grundgesetzes reicht.

6. Diese Verpflichtung besteht zunächst *verfassungsrechtlich*. Die Bundesrepublik Deutschland ist ein Bundesstaat, der nach außen als souveräner Staat an der Völkerrechtsordnung teilnimmt. Aus einer Anzahl von Bestimmungen des Grundgesetzes geht hervor, daß die Erfüllung der völkerrechtlichen Verpflichtungen der Bundesrepublik eine Pflicht der verfassungsmäßig zuständigen Organe ist. Sind die Länder kraft grundgesetzlicher Kompetenzzuweisung zuständig, so sind sie es, denen diese Verpflichtung obliegt.

7. Würde es sich um den Neuabschluß eines Konkordates, also nicht, wie in unserer Untersuchung, um die Änderung der Durchführungszuständigkeit für ein vom Einheitsstaat überkommenes handeln, so würden die Länder *als solche* Partner des Heiligen Stuhls in diesem neuen Vertragsverhältnis werden. In unserem Falle obliegt den Ländern *im Außenverhältnis zum Heiligen Stuhl* die Wahrnehmung der Verantwortung der Bundesrepublik Deutschland hinsichtlich derjenigen Bestimmungen des Reichskonkordates, deren Materien zu ihrer Landeszuständigkeit gehören.

8. Die Bundesregierung ist durch das Konkordatsurteil in die Zwangslage versetzt, für die Erfüllung eines Teils der Konkordatspflichten innerstaatlich keine Handhabe zu besitzen, aber dem Heiligen Stuhl gegenüber dieselbe Position einzunehmen wie früher die Reichsregierung. Man mag das Urteil für falsch halten, muß aber seine Wirkungen als Faktum berücksichtigen. Die Bundesrepublik Deutschland muß die Konsequenzen, die das Urteil im Verkehr mit dem Heiligen Stuhl hat, gegen sich gelten lassen.

9. Der Heilige Stuhl kann sich demnach in dem sachlichen Bereich, in dem die Bundesregierung nicht für die Beachtung des Konkordats sorgen

kann, unmittelbar an das dafür zuständige Bundesland wenden. Bisher hat er von dieser Möglichkeit keinen Gebrauch gemacht, sondern nach wie vor die Bundesregierung in demselben Umfang wie früher die Reichsregierung als Adressaten behandelt [64]. Sollte er aber seine Haltung ändern und sich unmittelbar an das Land wenden, so ist dieses verpflichtet, die konkordatäre Rechtsposition der Bundesrepublik Deutschland im Rahmen seiner Zuständigkeit wahrzunehmen.

10. Unter dieser Voraussetzung, die bisher noch nicht eingetreten ist, sind die Länder verpflichtet, sich auf Verhandlungen mit dem Heiligen Stuhl über die Anwendung der Schulbestimmungen (und gegebenenfalls anderer Bestimmungen des Reichskonkordats, die zur Länderzuständigkeit gehören) einzulassen.

11. Die Rechtsstellung des Heiligen Stuhls kann nicht einseitig durch Lossagung des Landes von den Verpflichtungen geändert werden. Die Berufung auf veränderte Umstände, die die Erfüllung einer oder mehrerer Bestimmungen des Reichskonkordats für das Land unzumutbar machen, führt zu einer Pflicht des kirchlichen Partners zur Einlassung auf Verhandlungen über etwaige Vertragsänderungen.

12. Art. 33 Abs. 2 des Reichskonkordats, der für Meinungsverschiedenheiten über die Auslegung oder Anwendung einer Bestimmung vorsieht, daß der Heilige Stuhl und das Deutsche Reich im gemeinsamen Einvernehmen eine freundschaftliche Lösung herbeiführen, ist im Bereich der Landeszuständigkeit auf die Beziehungen des Landes zum Heiligen Stuhl anwendbar. Er ist, abgesehen von dem soeben (Nr. 11) erörterten Fall, auch dann von Bedeutung, wenn der Heilige Stuhl oder das Land eine Änderung von Konkordatsbestimmungen, die z. Z. praktiziert werden, anstrebt.

(Abgeschlossen am 15. 10. 1966.)

---

[64] Nach der Drucklegung des Manuskripts ist dem Verfasser durch Zeitungsmeldungen bekannt geworden, daß die Apostolische Nuntiatur Ende Oktober 1966 bei der Landesregierung von Baden-Württemberg unmittelbar vorstellig geworden ist.

5. Völkerrecht

Das Zusammentreffen der Europäischen Konvention zum Schutze der Menschenrechte und Grundfreiheiten mit den Grundrechten der Verfassungen

HANS HUBER

I. Ein Wagnis

Die Urheber der Europäischen Menschenrechtskonvention unternahmen ein großes Wagnis. Erst nachträglich, doch mehr und mehr stellt es sich heraus. Eine getäuschte Erwartung wie das Fernbleiben Frankreichs rechnen wir nicht zu dieser Kühnheit, obwohl es eine auf die Dauer kaum tragbare Anomalie darstellt [1], und obwohl Frankreichs Beweggründe den Absichten der Konvention widerstreiten. Die Konvention will auf eine lange Strecke und mit einem Schlag die Rechtsstellung des Einzelnen im Völkerrecht umwälzen und vervollkommen, und sie platzt dadurch in eine Entwicklung hinein, die bisher nur langsam, in kleinen Bruchstücken und mit Rückschlägen sich vollzog. Doch auch dieses „Viel auf einmal“ ist nicht das Wagestück, von dem eben die Rede war. Desgleichen soll jetzt nicht nochmals gefragt werden, ob die Beschirmung des Menschen gegen den eigenen Staat nicht zu viel verlange, weil Souveränität und Souveränitätsdenken noch nicht genügend abgebröckelt und überwunden seien [2]. Für eine Prognose in dieser Richtung braucht es wohl noch mehr Zeit und Geduld. Ferner denken wir jetzt nicht an die Tatsache, daß in der Massengesellschaft dem Menschen im Durchschnitt weniger an seinen Grundfreiheiten gelegen ist, als an der staatlichen Sicherung seines Daseins, mindestens solange jene ihm nicht als bedroht erscheinen. Daß sich die Konvention auf der andern Seite einer kollektiven Garantie sozialer Menschenrechte enthält, nachdem eine solche Be-

---

[1] ERNST FRIESENHAHN, Artikel „Menschenrechtskonvention der Europarat-Staaten“, im WBVR von STRUPP-SCHLOCHAUER II, S. 518.

[2] HANS HUBER, Der Hauptentscheid des Europäischen Gerichtshofs für Menschenrechte in der Sache Lawless. ZaöRuV 21, S. 649 f., HERMANN MOSLER, Kritische Bemerkungen zum Rechtsschutzsystem der Europäischen Menschenrechtskonvention, Festschrift für Hermann Jahrreiss, 1965, S. 298 f.

strebung nicht weit gedieh [3], ist übrigens leicht verständlich. Soziale Rechte bedürften, wenn sie nicht im Programmatischen oder gar in der Deklamation steckenbleiben sollen, der Ausgestaltung durch die Gesetzgebung mit einem Inhalt und in einem Umfang, der mit Erfolg, wenn wir von etlichen Grundsätzen des Arbeitsrechts absehen, einstweilen nur Sache der nationalen Gesetzgebungen sein kann. Soziale Menschenrechte würden überdies den „homme situé", den in die soziale Lage unentrinnbar eingespannten Menschen [4] eher bestätigen und näher kennzeichnen, als befreien; jedenfalls könnten sie den eingetretenen Wandel der Ideen und der Gesellschaft nicht widerrufen [5]. Aber auch daß in der Konvention der Katalog sogar der „klassischen" Rechte und Freiheiten ziemlich unvollständig ist — es fehlt z. B. eine Freiheit, die ungefähr der Berufsfreiheit des deutschen Grundgesetzes oder der Gewerbefreiheit der schweizerischen Bundesverfassung entsprechen würde — soll uns jetzt nicht beschäftigen. Man bescheinigt eben der Konvention von Rom, sie gehe mehr auf Bestimmtheit und Präzision, als auf Vollständigkeit aus.

Das internationale Rechtsschutzsystem, das die Konvention für ihre Zwecke aufbaute, ist unvollkommen [6]. So blieb die Beschwerde eines Staates gegen einen andern Staat (Staatenbeschwerde) nach Art. 24 der Konvention eine stumpfe Waffe des Menschenrechtsschutzes, weil sich die Staaten von politischen Erwägungen leiten ließen und von der Möglichkeit in der Regel nicht Gebrauch machten. Die Individualbeschwerde nach Art. 25, die allein einen wirksamen Rechtsschutz durch das internationale richterliche Organ verbürgen würde, kann dagegen nur ergriffen werden, wenn der betreffende Vertragsstaat durch eine zusätzliche Erklärung die Zuständigkeit der Menschenrechtskommission zur Beurteilung von Individualbeschwerden anerkannt hat [7]. Auch die Gerichtsbarkeit des Europäischen Gerichtshofes

[3] Über die Bemühungen zur Schaffung einer Europäischen Sozial-Charta: Friesenhahn, a.a.O. S. 517.

[4] Georges Burdeau, Les libertés publiques, 1961, S. 19 ff.

[5] Über diesen Wandel Ulrich Scheuner, Pressefreiheit, VdStL Heft 22, 1965, S. 43 ff.

[6] Mosler, a.a.O. S. 289 f.

[7] Als einen ähnlichen Mangel kann man schon betrachten, daß nach Art. 3 der Satzung des Europarates jeder Mitgliedstaat anerkennt, die seiner Jurisdiktion unterstehenden Menschen seien der Menschenrechte und Grundfreiheiten teilhaftig, und daß er trotzdem der Menschenrechtskonvention die Ratifikation versagen kann. Allerdings wird vereinzelt angenommen, die Europarat-Staaten seien rechtlich verpflichtet, der Konvention beizutreten: Friesenhahn, a.a.O. S. 518. Eine solche Pflicht würde aber jeglicher Sanktion entbehren. Die Schweiz ist der Konvention bis jetzt nicht beigetreten, wiewohl sie Mitglied des Europarates wurde. Der Aufschub beruht aber nicht auf Pflichtvernachlässigung, sondern im Gegenteil auf einer Gewissenhaftigkeit. Der Bundesrat scheint vorzuziehen, nicht mit Vorbehalten beizutreten, sondern vorerst das mit der Konvention vermutlich im Widerspruch stehende Landesrecht anzupassen. Dieses Landesrecht beschlägt teilweise das Fehlen des Frauenwahl- und -stimmrechts, die konfessionellen Aus-

für Menschenrechte gilt nur für die Konventionsstaaten, die ihr nach Art. 46 durch eine ausdrückliche Erklärung als Obligatorium zugestimmt haben. Die Zahl der Staaten, die das taten, hält sich gegenwärtig nur knapp über der Mindestzahl von acht, so daß jeder Rückzug den Gerichtshof in seinem Bestand gefährden kann. Sodann ist wichtig, daß eine Streitsache nicht durch Individualbeschwerde als solche dem Gerichtshof unterbreitet werden kann, sondern nur durch einen Entscheid der Kommission [8]. Diese Regelung könnte zu „einer Austrocknung des Gerichtshofes ohne Abschaffung" führen [9]. Doch auch der durchsichtige Kompromißcharakter und die Fragwürdigkeiten des errichteten Rechtsschutzsystems sind nicht jener eifrige und etwas unbeschwerte Vorstoß der Konventionsstaaten, an den wir denken. Immerhin mag festgehalten werden, daß der Straßburger Gerichtshof nach der geltenden Ordnung außerstande ist, eine Rechtsprechung anzuheben und zu entfalten, die sich zu einem Gerichtsgebrauch verdichten und irgendwie den Vergleich mit der Fülle der Rechtsprechung eines nationalen Verfassungsgerichts bei Beurteilung von Verfassungsbeschwerden wegen Grundrechtsverletzung aushalten würde. Obwohl es der Plan der Konvention eigentlich versprechen würde, wird auch nach langer Zeit nicht möglich sein, aus der Rechtsprechung des internationalen richterlichen Organs mehr als nur in vereinzelten Punkten zu ermitteln, ob und inwieweit die Verfassungsbestimmungen eines Vertragsstaates über die Grundrechte und ihre Schranken von den Menschenrechten der Konvention und deren internationaler Auslegung durch den Gerichtshof abweichen, d. h. hinter ihnen zurückgeblieben sind und sie verletzen, oder, was häufiger wäre, mit ihnen übereinstimmen oder im Schutz der Rechte inhaltlich über sie hinausgehen.

Eine bloße Verkündung der Menschenrechte wäre aber weder die kollektive Garantie gewesen, die nach den schrecklichen Erfahrungen mit den totalitären Regimes angestrebt wurde, noch ein nennenswertes Teilstück der politischen Einigung der europäischen Staaten. Zwar wird z. B. der Menschenrechtsdeklaration der Vereinigten Nationen vom 10. Dezember 1948 immerhin eine moralische Verbindlichkeit beigemessen. Doch müßte gesagt werden, worin denn diese Moral und worin diese Bindung eigentlich bestehen. Ist am Ende diese schwächere Bindung nicht einmal der Druck einer angeblichen Weltmeinung, geschweige denn der Ausdruck eines umspannenden sittlichen Bewußtseins, sondern nur der Name für das Stumpengeleise, auf das die weltweiten Menschenrechte nach ihrer Proklamation wieder gefahren werden? Soziologen glauben „die traurige Wirkungslosigkeit aller De-

---

nahmeartikel der Bundesverfassung und gewisse Verfahren administrativer Internierung: Dietrich Schindler, Die Europäische Menschenrechtskonvention und die Schweiz, 1964; Otto K. Kaufmann, Frauen, Italiener, Jesuiten, Juden und Anstaltsversorgte, St. Galler Festgabe zum Schweizerischen Juristentag 1965, S. 245 ff.

[8] Hans Huber, a.a.O. S. 649 f.

[9] Mosler, a.a.O. S. 299.

klarationen, Proklamationen und Aufzählungen von Menschenrechten" aufdecken zu müssen [10].

Den Europarat-Staaten war alles daran gelegen, ein solches Unvermögen zu vermeiden. „The European Communities of today are the world's most important laboratory in the gradual transition from multilateral arrangements to a common constitutional order" [11]; in einem besonderen Raum dieser Werkstätte sollte auch ein wirksames Instrument zum Schutze der Menschenrechte geschmiedet werden. Die Staaten sollten auf die Achtung dieser Rechte rechtlich verpflichtet, und es sollte die Möglichkeit geschaffen werden, sie mit unmittelbarer Rechtswirkung in die Rechtsordnung der Vertragsstaaten zu überführen [12]. Vor allen Dingen sollten sie nicht nur den Angehörigen der andern Vertragsstaaten zugesichert sein, sondern auch den eigenen Staatsangehörigen und den Aufenthaltern aus dritten Staaten [13]. Die Urheber gingen davon aus, daß diesem großen Vorhaben ein hinreichender Consens und Respekt der beteiligten europäischen Staaten und eine gemeinsame Rechtsüberzeugung in ihren Völkern zur Seite stehen werden.

Allein gerade in dieser Art und Weise, wie eine neue Rechtswirksamkeit der Menschenrechte zu erzielen versucht wurde, liegen die Schwierigkeiten, die das Wagnis ausmachen. Es sind ihrer viele, doch können sie im Folgenden auf wenige Nenner gebracht werden.

II. Geschichtliches Werden und nationale Differenzierung der Grundrechte

Ohne jede abschätzige Zensur, nur in Anbetracht der Natur des Fragenkreises, muß festgestellt werden: Grundlegung und Handhabung der Konvention wurden etwas zu viel Völkerrechtlern und zu wenig Staatsrechtlern anvertraut. Nur so ist wohl zu erklären, weshalb z. B. am Wiener Kolloquium über die Eruopäische Menschenrechtskonvention vom Oktober 1965 völkerrechtliche Themata, wie etwa die „Transformation" der Menschenrechte der Konvention in das Landesrecht, das Feld fast vollständig beherrschten und weshalb Verstehen und Festigung des nun einmal beschrittenen Weges fast ausschließlich, unter nur wenigen rühmlichen Ausnahmen, mit Hilfe der völkerrechtlichen Begriffswelt und Fragestellungen versucht wurden. Die wichtige Tatsache, daß „die nationalen Grundrechte Gegenstand einer teils jahrzehntelangen Rechtssprechung sind", und daß sie dadurch „in Verbindung mit der Lehre eine Bedeutung erlangt haben, die sich

---

[10] Hannah Arendt, Über die Revolution, 1965, S. 193, Judith N. Shklar, Legalism. An essay on Law, Morals and Politics, 1964, S. 135: „Such conventions can do no much."

[11] Wolfgang Friedmann, The changing structure of International Law, 1964, S. 114.

[12] Friesenhan, a.a.O. S. 517, Heribert Golsong, Die Europäische Konvention zum Schutze der Menschenrechte und Grundfreiheiten. JöR 10 (1961), S. 127.

[13] Golsong, S. 127.

von ihrem einfachen Wortlaut zum Teil erheblich entfernt", wird mehr nur als ein Hindernis für die Anpassung der Rechtsordnungen der Vertragsstaaten an die Normen der Konvention gewürdigt, und als solches Hindernis bloß wird auch Art. 60 der Konvention aufgefaßt, nach dem keine ihrer Bestimmungen als eine Beschränkung oder Aufhebung von Menschenrechten ausgelegt werden darf, welche auf Grund der innerstaatlichen Rechtsordnung eines Vertragsstaates oder auf Grund eines ihn bindenden völkerrechtlichen Vertrages anerkannt sein könnten [14]. Anderseits ist der schwierige Rechtszustand aus dem Dualismus, aus dem Zusammentreffen der Menschenrechte der Konvention mit den Grundrechten der Verfassung, freilich nur in der Minderheit von Staaten in die Augen stechend, wo die Grundrechte einen verfassungsgerichtlichen Schutz, insbesondere durch den Rechtsbehelf der Verfassungsbeschwerde, genießen. Schon dort, wo die Grundrechte der Verfassung allein und nur teilweise, etwa nach dem Muster Frankreichs, über die „Principes généraux du Droit" durch die Verwaltungsrechtsprechung geschützt sind [15], verblaßt ziemlich stark die Problematik des Dualismus. Und in den Europarat-Staaten, in deren Rechtsordnung die Grundrechte der Verfassung überhaupt nicht eigentlich Gegenstand einer organisierten Rechtswirksamkeit gewesen waren, erscheinen die Menschenrechte der Konvention weder als möglicherweise widersprüchliche Rechtsinhalte, noch als Auslösung eines bisherigen Geltungsgrundes der Rechte durch einen andern.

Die Grundrechte der Verfassungen sind einzeln oder in Gruppen historisch gesondert entstanden, und ihre Geschichte verlief auch oft von Nation zu Nation verschieden [15a]. Trotzdem naturrechtliche Vorstellungsweisen und Entlehnungen am Werk waren, floß viel nationale Tradition in sie ein [16]. Sogar innerhalb derselben Verfassung ist ihre Konzeption bisweilen uneinheitlich [17]. Ferner sind die Grundrechtsgehalte und die Grundrechtsschranken eng mit der übrigen Rechtsordnung oder mit einzelnen Teilen und ihrer Eigenart verwoben, die persönliche Freiheit z. B. mit dem betreffenden Strafprozeßrecht, die Religionsfreiheit mit der betreffenden Regelung des Verhältnisses von Staat und Kirchen, der Gleichheitssatz sozusagen mit der gesamten Rechtsordnung. Weiter hängt der Bau des materiellen Rechtsstaates, dessen Hauptpfeiler die Grundrechte sind, so sehr mit dem Regierungssystem eines Staates zusammen, daß dadurch auch die Rechtsstaatlichkeit ein individuelles Gepräge empfängt; wenn z. B. von den Vereinigten Staaten gesagt wurde, daß ihre „rule of law" der Regierungsform zugeordnet sei,

[14] So z. B. das Referat von Alfred Verdross über die Stellung der Europäischen Konvention zum Schutze der Menschenrechte und Grundfreiheiten im Stufenbau der Rechtsordnung, S. 8 (nach dem vervielfältigten Manuskript zitiert).

[15] Vgl. Benoît Jeanneau, Les principes généraux du droit dans la Jurisprudence administrative, 1954, S. 40 ff.

[15a] Ulrich Scheuner, Pressefreiheit, S. 44.

[16] Scheuner, S. 46. [17] Scheuner, S. 52.

daß „rule of law" und europäische Rechtsstaatlichkeit sich deshalb trotz übereinstimmender Grundgehalte in wesentlichen Punkten unterscheiden und daß Rechtsstaat und „rule of law" überhaupt primär politische Begriffe seien, die erst nachträglich den Charakter von Rechtsbegriffen erhalten haben [18], so gilt das auch von England.

Das Ringen der Verfassungsgerichte um die Vervollkommnung der Rechtsprechung über die Grundrechte und um Zeitgemäßheit hebt das Individuelle in ihnen nicht auf. Das schweizerische Bundesgericht gab z. B. unlängst der persönlichen Freiheit eine Wendung, die anderswo kaum anzutreffen ist; es erkannte, daß dieses Freiheitsrecht nicht nur die Bewegungsfreiheit des Menschen und seine körperliche Integrität in sich schließe, sondern auch den Schutz des Menschen „contre les atteintes qui tendraient, par un moyen quelconque. à restreindre ou à supprimer la faculté, qui lui est propre, d'apprécier une situation donnée et de se determiner d'après cette appréciation" [19]. Wo ein Grundrecht weitgehend auf einer Blankettformel beruht, wie in den Vereinigten Staaten „due process of law" in den Fassungen des 5. und des 14. Zusatzartikels und in der Schweiz das aus Art. 4 BV hergeleitete Willkürverbot, geht es erst recht einen Weg in relativer nationaler Abschließung.

Als geschichtliche Erscheinungen haben die Grundrechte der Verfassungen eine unableitbare Individualität. Die europäische Übereinstimmung in Wertanschauungen, die aus der antik-stoisch-christlichen Überlieferung hervorging [20], bildet wohl eine nicht wegzudenkende Grundlage, vermag aber die geschichtlich-nationale Eigentümlichkeiten der Rechte nicht aufzulösen. Zu dem historischen Verfahren, um ihren Sinn zu deuten und zu verstehen, gesellt sich wohl die dogmatische Methode, die sich diesen Objektivationen objektiv und unabhängig von den geschichtlichen Zielsetzungen annähern will [21]; aber auch sie stellt keineswegs eine übernationale Einheitlichkeit der Grundrechte selber her. Die Gestaltwerdung (Positivierung) von Grundsätzen bedeutet unfehlbar Einbuße ihrer Allgemeingültigkeit [22]. Daraus darf man umgekehrt aber nicht schließen, daß die Positivierung der Grundrechte bereits einer sicheren Normierung gleichkomme; vielmehr wird die erforderliche Bestimmtheit erst in der Konkretisierung durch die Rechtsprechung und die Rechtswissenschaft erreicht [23].

---

[18] Ernst Fraenkel, Das amerikanische Regierungssystem, 1960, S. 196 ff.

[19] BGE 90 I, S. 29.

[20] Scheuner, Pressefreiheit, S. 52.

[21] Helmut Coing, Vom Sinngehalt des Rechts, in: Die ontologische Begründung des Rechts, 1965, S. 37/38.

[22] Hiroshi Noguchi, Naturrecht und Rechtsontologie, in: Die ontologische Begründung des Rechts, 1965, S. 456.

[23] Arthur Kaufmann, Die ontologische Struktur des Rechts, in: Die ontologische Begründung des Rechts, 1965, S. 482.

Geschichtlichkeit der einzelnen Grundrechte, erhebliche nationale Differenzierung, Verzahnung der Gehalte und der Schranken mit der Rechtsordnung, Zusammenhang mit dem Regierungssystem, z. B. bei der Grundauffassung und Durchführung der Gewaltentrennung! All dies haben die Urheber der Konvention zu sehr übergangen oder geringgeschätzt, als sie, im Vertrauen auf die Übereinstimmung in der Anerkennung der Wertgrundlage und in der letzten Rechtstradition, eine Auslese von Menschenrechten durch Staatsvertrag für Europa vereinheitlichen und so noch einmal positivieren wollten[24]. Die Schwierigkeiten, die daraus entstanden, erschöpfen sich nicht in der Aufgabe bloßer Anpassung des Landesrechts, ja sie machen gerade diese Anpassung in einzelnen Staaten beinahe unausführbar. Im Grunde wurden Menschenrechte in einer andern Gestalt und Aufmachung auf ungeschichtliche und rationalistischere Weise noch einmal an die Staaten herangetragen, in denen sie bereits, of seit langer Zeit lebendig waren. Und dabei war das Postulat der Vereinheitlichung nicht durch handgreifliche Bedürfnisse genährt, wie etwa die Vereinheitlichung von Sparten des Verkehrsrechts.

III. Die Menschenrechte der Konvention ein Mindeststandard?

Der Europäischen Menschenrechtskonvention liegt offenbar die Auffassung zu Grund, ihre Garantien stellten nur einem Mindeststandard dar. Diese Auffassung spricht auch aus Art. 60 der Konvention, der die Grundrechte der Verfassungen und die Menschenrechte anderer Verträge vorbehält, indem er ihre Beschränkung und Minderung durch die Konvention ausschließt. Mit dieser Vorstellung von einem vertraglich vereinbarten Mindestmaß an Menschenrechten glaubt man die Schwierigkeiten aus dem Zusammentreffen überwinden zu können. Der Begriff des Mindeststandard ist ja den Völkerrechtlern aus den Regeln über die Rechtsstellung der Ausländer schon bekannt[25]. Diese Auffassung ist in der Tat die, mit der man

[24] Ein Beispiel bietet gerade auch das Fehlen des Frauenwahl- und -stimmrechts in der Schweiz. Gewiß bedeutet es heute eine nicht mehr zu rechtfertigende Zurücksetzung des weiblichen Geschlechts und Rückständigkeit der schweizerischen Demokratie. Allein, wie will man heute geradezu als ein Menschenrecht begründen, was noch vor 50 Jahren in allen beteiligten Staaten unbekannt gewesen war? Und wie kann man einfach übersehen, daß die schweizerische Langsamkeit ebenfalls mit der Staats- und Regierungsform zusammenhängt; über die Einführung der politischen Rechte der Frau entscheidet nicht wie anderswo das Parlament, sondern die Gesamtheit der weniger „aufgeklärten" Männer in der Volksabstimmung, und das Stimmrecht der Frauen, einmal eingeführt, erstreckt sich bei weitem nicht nur auf die periodischen Wahlen, sondern auch auf die zahlreichen Sachabstimmungen das Jahr hindurch.

[25] Georg Dahm, Völkerrecht Bd. I, 1958, S. 504 ff. Dietrich Schindler jun., Gleichberechtigung von Individuen als Problem des Völkerrechts, 1957; Karl Doehring, Die allgemeinen Regeln des völkerrechtlichen Fremdenrechts und das deutsche Verfassungsrecht, 1963. Als Normierung eines Mindeststandards bezeichnet die Konvention ausdrücklich Friesenhahn, a.a.O. S. 517.

sich durchschlagen muß; sie wohnt der Konvention inne, und es steht keine andere zur Verfügung. Allein dem wahren Sachverhalt angemessen ist sie nicht.

Es ist im vornherein mißlich, im Bereich der Menschenrechte mit quantitativen Vorstellungen, mit einem Plus und einem Minus, zu operieren. Dadurch wird man ihrem Wesen als Geistesprodukte und ihren Sinngehalten nicht gerecht.

Manche Positivierung eines Grundrechts in einer Verfassung und Fortbildung durch die Rechtsprechung ist denn auch offenkundig im Vergleich zu einer Formulierung der Konvention ein Aliud und nicht ein Plus oder ein Minus, weil sie in eine andere Sinnrichtung geht. Mitunter wäre man vielleicht auch geneigt zu schließen, das Grundrecht der Verfassung sei sowohl ein Plus, als auch ein Minus. Beispiele sind etwa die Abgrenzung der Pressefreiheit vom Persönlichkeitsschutz des Privatrechts, insbesondere vom Ehrenschutz, die Geltung der Meinungsäußerungsfreiheit am Rundfunk und die verfassungsrechtliche Kunstfreiheitsgarantie, Einzelfragen der Drittwirkung von Grundrechten, die „Achtung des Eigentums" nach dem Zusatzprotokoll zur Konvention vom 20. März 1952 im Vergleich zur verschiedenartigen Eigentumsgarantie der Verfassungen; da überall bereitet es fast unüberwindliche Schwierigkeiten, die Rechte der Konvention mit denen der Verfassungen zu konfrontieren, um gleichsam eine Subtraktion vorzunehmen. Dazu kommt, daß die Europäische Menschenrechtskommission bei aller Sorgfalt, die sie anwendet, mit dem Gehalt eines Grundrechts einer Verfassung nicht so vertraut sein kann wie z. B. ein Verfassungsgericht.

Es fällt immerhin nicht bei allen Garantien der Konvention gleich schwer, sie als einen Mindestbestand von Menschenrechten zur Anwendung zu bringen. Außer dem Recht auf Leben (Art. 2), dem Verbot der Folter und unmenschlicher oder erniedrigender Strafe und Behandlung (Art. 3), dem Verbot der Sklaverei und Leibeigenschaft (Art. 4 Abs. 1) und dem Verbot der Zwangs- und Pflichtarbeit (Art. 4 Abs. 2) ist in der Konvention im Unterschied zu den andern Freiheitsrechten die persönliche Freiheit verhältnismäßig stark konkretisiert und in spezielle Normen überführt worden. Verfahrensrecht insbesondere kann eben leichter bestimm- und berechenbar ausgestaltet werden (Art. 5—7). Diese Bestimmungen vermögen deshalb eher in der Eigenschaft von Mindestanforderungen maßgeblich zu sein.

Anders verhält es sich wiederum mit den Schranken der Rechte. Die Konvention unterließ nicht, die Schranken ihrer Menschenrechte anzuführen. Sie sind sogar detaillierter und präziser als manche Vorbehaltsschranken der Grundrechte der Verfassungen. Die Schranken der Freiheitsrechte der Konvention (Art. 8 ff.) sind nicht überall gleich, obschon der Begriff der „demokratischen Gesellschaft" wiederkehrt, der gewisse Kategorien beschränkender Gesetze und Maßnahmen als unentbehrlich zugestanden werden. Die Menschenrechtsschranken der Konvention sind jedoch staatsvertragliche Freisetzungen zugunsten der Vertragsstaaten; sie geben den Gesetzen des Landesrechts und der Praxis der Gerichte und Verwaltungsbehörden Raum. Sie heben sich von den Arten verfassungsrechtlicher Grundrechtsschranken ab, stehen aber als völkerrechtliche (staatsvertragliche) Vorbehalte gegenüber den Menschenrechten in einem andern Verhältnis zum Landesrecht der Vertragsstaaten, als die garantierten Menschenrechte und Grundfreiheiten selber. Sie berühren sich auch an viel mehr Stellen mit der Rechtsordnung eines Vertragsstaates, als die Menschenrechte. Ob nun die Grundrechte eines Staates den Mindeststandard der Menschenrechte der Konvention erreichen und erfüllen, muß gewiß auch in Ansehung der von der Konvention aufgestellten Schranken beantwortet werden. Doch die richtige Fragestellung lautet dann, ob der „angeschuldigte“ Staat dank einer Schranke der Konvention von der Erfüllung des Mindeststandard befreit sei. Es ist allerdings denkbar, daß eine Schrankenziehung durch die Konvention enger ist, als die parallele Grundrechtsschranke der Verfassung. Dann würde sich der Verstoß gegen das Menschenrecht im konkreten Fall an den unterschiedlichen Schranken, nicht am Unterschied im Gehalt der beiden Rechte erweisen. Doch kann sich auch bei der Beurteilung von Streitfragen über die Schranken herausstellen, daß die quantitative Betrachtung oft nicht zu einer befriedigenden Lösung führt.

Will ein Staat sich anschicken, sein Landesrecht in irgend einem Zweig der Konvention anzupassen, so kann er aus dem genannten Grunde das Opfer einer großen Rechtsunsicherheit sein. Ob sein Gesetzesrecht einem Grundrecht seiner Verfassung zuwiderläuft, darüber besitzt er Gewißheit, oder er kann sie sich verschaffen. Ob dagegen durch dieses Gesetzesrecht ein Menschenrecht der Konvention verletzt werde, indem dieses das Grundrecht übertrifft, bleibt für ihn ungewiß. Wird er mit der geplanten Anpassung des Landesrechts voreilig handeln? Wird er in Anbetracht der andern Wege seiner Verfassungsrechtsprechung und der Problematik des Mindeststandard sogar einen Rückschritt vollziehen? Kann es je sinnvoll sein, eine Grundrechtsbestimmung der Verfassung der entsprechenden Menschenrechtsformulierung der Konvention anzugleichen, bevor man weiß, wie diese, eventuell in Kenntnis der Grundrechtsbestimmung, ausgelegt wird?

IV. Menschenrechte nach dem Kreis der Berechtigten und Menschenrechte nach der Qualität

Ein Grundrecht einer Verfassung kann wegen seiner Subjektivität oder wegen seiner Qualität ein Menschenrecht sein [26]. Mit Rücksicht auf den Kreis der Berechtigten ist es ein Menschenrecht, wenn als Träger auch die Ausländer anerkannt sind. Der Qualität nach dagegen ist es ein Menschen-

[26] von Mangoldt-Klein, Kommentar zum Bonner Grundgesetz Bd. 1, Vorbem. V. 1, S. 97 ff.

recht, wenn es kraft seines Gehalts als ein Recht jedes Menschen gedacht und wenn dies durch die Verfassung anerkannt wird.

Die Konvention stellt einige Menschenrechte auf, die nach einzelnen Verfassungen oder Grundrechtskonkretisierungen nur als Bürgerrechte, d. h. als Rechte der eigenen Staatsangehörigen gelten. Für die Versammlungsfreiheit (Art. 11), für die Vereinsfreiheit (Art. 11) und für Teile der Eigentumsgarantie nach dem Zusatzprotokoll trifft dies zu [27].

In diesen Fällen eines abweichenden persönlichen Geltungsbereichs von Menschenrecht und Grundrecht ist es leicht, den Maßstab der Konvention als den einer Mindestgarantie zur Anwendung zu bringen. Der weitere persönliche Geltungsbereich des Menschenrechts nach der Konvention ist dann nämlich wirklich ein zahlenmäßiges Plus, das zu erreichen die Staaten sich vertraglich verpflichtet haben. Jedenfalls kann er ohne Sinnverdrehung als ein solches verpflichtendes Mindestmaß verstanden werden.

V. Konkretisierung der Grundrechte und Auslegung des Staatsvertrags

Die Grundrechtsbestimmungen der Verfassung bedürfen eine wahrhaft schöpferischen Konkretisierung, einer Ausschöpfung, die sich von gewöhnlicher Gesetzesinterpretation unterscheidet. Jedenfalls wo eine den Grundrechtsschutz einbeziehende Verfassungsgerichtsbarkeit besteht, werden sie diesem Verfahren der Ausschöpfung tatsächlich auch unterworfen. Es handelt sich um ein selbständiges Weiterdenken [28], um Gewinnung neuer Normen, bei der der Text keine oder nur eine untergeordnete Rolle spielt [29]. Die Rechtsprechung des schweizerischen Bundesgerichts über die Grundrechte liefert treffende Beispiele [30], aber auch die Rechtsprechung des Bundesverfassungsgerichts der Bundesrepublik Deutschland blieb wahrlich nicht zurück. Die in den geschriebenen Grundrechtsbestimmungen der Verfassung verwendeten Begriffe sind oft kaum mehr als Begriffshülsen, so der Begriff des Eigentums in der Eigentumsgarantie, der durch die schweizerische Rechtsprechung überhaupt mit allen vermögenswerten Privatrechten und dazu mit Rechten des öffentlichen Rechts angefüllt wurde. Die Begriffe der Grundrechtsbestimmungen werden aber bisweilen sogar beiseite geschoben, so wenn das Bundesgericht den Satz „Alle *Schweizer* sind vor dem Gesetze gleich" in Art. 4 BV bedenkenlos auch auf die Ausländer ausgedehnt hat.

Die Menschenrechtskonvention dagegen muß als völkerrechtliche Willenserklärung grundsätzlich in strenger Anlehnung an den Text ausgelegt

[27] Über die Vereinsfreiheit der Ausländer Hans Huber in der Festschrift für Hermann Jahrreiss, 1964, S. 101 ff.

[28] Martin Draht, Grenzen der Verfassungsgerichtsbarkeit. VdStL Heft 9, S. 94.

[29] Einläßlich Hans Huber, Probleme des ungeschriebenen Verfassungsrechts. In: Rechtsquellenprobleme im schweizerischen Recht. Berner Festgabe für den Schweizerischen Juristenverein 1955. ZbJV 92 bis (1955), S. 108 ff.

[30] Hans Huber, a.a.O. S. 109 f.

werden. Auslegung bedeutet hier in erster Linie Abgrenzung der eingegangenen vertraglichen Verbindlichkeit, und diese ergibt sich jedenfalls primär aus dem Wortlaut. Gewiß haben Lehre und Praxis der Auslegung von Staatsverträgen in letzter Zeit beachtliche Wandlungen durchgemacht. So wird bei den multilateralen offenen Übereinkommen nicht mehr ausschließlich auf den subjektiven Willen der ursprünglichen Kontrahenten abgestellt [31]. Vor allem bei den Verträgen, die als Akte einer Quasilegislative gelten können, wird mehr und mehr zu einer ojektiven Sinndeutung nach Art der Gesetzesauslegung übergegangen [32]. Doch diese und andere Änderungen entbinden nicht davon, den Text zugrunde zu legen, und erlauben keineswegs eine Ausschöpfung an Stelle der Auslegung. Denn sonst würden die Grenzen der vertraglichen Bindung zugunsten der autonomen Fortentwicklung der Menschenrechte fallen. Auch in den neuesten Lehrbüchern und Monographien behauptet die „Interprétation par le texte ou intrinsèque“ der Verträge den Vordergrund [33].

Und doch wäre die ausschöpfende Konkretisierung dem Wesen der Menschenrechte allein angemessen. Das Allgemeinste, das für alle Menschen Gültige, der Schutzbereich des Menschen um seines Menschseins willen, erträgt im Grund das Kleben an einem Wortlaut gar nicht, sondern ruft nach Weite und Weitherzigkeit, mögen dadurch die Menschenrechte auch wie die Grundrechte aus dem sonstigen Charakter des Rechts heraustreten und Inseln einer ergänzenden und berichtigenden Rechtsidee bilden.

Letztlich hängt dieser Dualismus auch in der Hermeneutik damit zusammen, daß eine Einigung auf Absolutes eine Contradictio ist [34]. Der Verfassungsrichter ist deshalb wenigstens vom Text der Einigung in weitem Umfang entbunden, und er kann mit seiner Inhaltgebung wieder dem Absoluten zustreben; für den Vertragsinterpreten dagegen lastet das Schwergewicht weiterhin auf dem Text, auf den man sich geeinigt hatte. Insofern könnte die Europäische Menschenrechtskonvention sogar eine gewisse Erstarrung gebracht haben.

Wegen des unüberbrückbaren Abstandes zwischen Ausschöpfung und Textinterpretation können die Grundrechte der Verfassungen und die Menschenrechte der Konvention jedenfalls noch mehr auseinandergehen. Dadurch läuft dann der Maßstab des Mindeststandard Gefahr, auf Inkommensurables zu stoßen und trotzdem angelegt zu werden.

---

[31] Sergio Neri, Sulli'nterpretazione dei Trattati nel Diritto internazionale, 1958, S. 56.

[32] Dahm, Völkerrecht Bd. III, 1961, S. 55.

[33] Lord McNair, The Law of Treaties, 1961, S. 364 ff., Charles de Visscher, Problèmes d'interprétation judiciaire en droit international public, 1963, S. 50 ff.; Neri S. 59 ff. und S. 227 ff. stellt die „Ricerca“ (Erforschung) des Willens der kontrahierenden Staaten dem bloßen „Ricorso“ (dem Rückgriff, der Zuflucht) auf die außervertraglichen Elemente gegenüber.

[34] Hannah Arendt, a.a.O. S. 248.

VI. Milderung durch Zurückhaltung und durch die Persönlichkeitskerntheorie

Soweit die Menschenrechte der Konvention in genau gefaßten Artikeln niedergelegt sind, muß man sich mit dem Dualismus abfinden und mit der Vorstellung von dem Mindeststandard so gut es geht behelfen.

Soweit die Bestimmungen dagegen weitmaschige Generalklauseln darstellen, muß die Frage aufgeworfen werden, ob der Dualismus, ob die durch das Zusammentreffen verursachten Konflikte, nicht durch eine gewisse Zurückhaltung bei der Anwendung der Konvention gegenüber den Vertragsstaaten gemildert werden sollten, die einen ausgebauten verfassungsgerichtlichen Grundrechtsschutz besitzen. Wir werfen diese Frage auf, weil die „Doppelspurigkeit" der Menschenrechte unter Umständen schwer verständlich ist, weil sie einen unfruchtbaren juristischen Aufwand verursachen kann, weil mit ihr dem Grundgedanken des Menschenrechtsschutzes nicht oder nicht immer gedient ist.

Man wird vielleicht entgegenhalten, daß die Zahl der Konflikte nicht groß sein werde, weil die Staaten mit verfassungsgerichtlichem Grundrechtsschutz den Mindeststandard der Konvention in der Regel übertreffen. Allein gerade dann, wenn dies wegen des geschichtlichen Werdegangs oder nationaler Eigentümlichkeit eines Grundrechts einmal nicht zutrifft, sollten die Menschenrechte der Konvention, schon weil politisch gesehen ihre Grundlage eher schwach ist, nicht ohne Not überbeansprucht werden.

Schwerer wiegt der Einwand, daß ungeachtet des Unterschiedes der nationalen Rechtssysteme und Überlieferungen die einheitliche Anwendung und Auslegung der Konvention gesichert bleiben müsse [35]. Allein jene Behutsamkeit und Zurückhaltung, die dem Verfassungsrichter geläufig ist, sollte dadurch nicht ausgeschlossen sein. Vielmehr besteht das Ideal in einem stets neu zu erarbeitenden Gleichgewicht zwischen der Aufgabe der Kontrolle und dem tätigen Bewußtsein, daß die Institution Grenzen hat, die um ihres Bestandes willen nicht überschritten werden dürfen [36].

Ein Beispiel aus den Entscheidungen der Menschenrechtskommission soll die Fragestellung noch weiter erläutern: In einem Entscheid, der gegenüber Schweden erging, leitete die Kommission aus dem Recht auf Achtung des Privat- und Familienlebens (Art. 8 Abs. 1 der Konvention) grundsätzlich einen Anspruch des geschiedenen Gatten ab, sein Kind, das durch das Scheidungsurteil nicht ihm zugeteilt wurde, periodisch zu besuchen. Das Begehren

---

[35] Über diese Forderung Ulrich Scheuner, Ein Vergleich der Rechtsprechung der nationalen Instanzen zur Menschenrechtskonvention mit der Rechtsprechung der Europäischen Menschenrechtskommission, des Europäischen Gerichtshofes und des Ministerkomitees. Referat am Wiener Kolloquium 1965, S. 11 (nach dem vervielfältigten Manuskript zitiert).

[36] Vgl. auch Otto Bachof, Der Verfassungsrichter zwischen Politik und Recht, in: Summum ius, summa iniuria, 1963, S. 41 ff.

wurde schließlich allerdings von der Hand gewiesen, weil das Besuchsrecht im Interesse des gesundheitlichen und moralischen Schutzes des Kindes durch die Behörde hatte eingeschränkt werden dürfen (Art. 8 Abs. 2)[37]. Dem Freiheitsrecht auf Achtung des Privat- und Familienlebens wurde durch diesen Entscheid kurzerhand auch eine Drittwirkung, eine Maßgeblichkeit für Ausgestaltung und Anwendung des Privatrechts beigelegt, während z. B. in der Bundesrepublik, in der Schweiz und anderswo auch hinsichtlich dieses Freiheitsrechts der Satz des Bundesverfassungsgerichts gilt[38]: „Der Rechtsgehalt der Grundrechte als objektiver Normen entfaltet sich im Privatrecht durch das Medium der dieses Rechtsgebiet beherrschenden Vorschriften." Ist es nun tragbar, wenn von einem Menschenrecht der Konvention her einem dieser Staaten eine ihm unbekannte direkte Drittwirkung aufgenötigt wird und sein Verhältnis von Grundrechten und Privatrecht umkrempelt? Müßte nicht vielmehr die Kommission durch eine Zurückhaltung dem Privatrecht eines freiheitlichen Staates einen Vorschuß geben? Ohne diese Zurückhaltung würden die Individualbeschwerden nicht etwa in vermehrtem Maß gutgeheißen, sondern die Lösung würde dann zumeist nur auf das Gebiet der Schranken des Menschenrechts geschoben. Damit wird der Gedanke des Mindeststandard schließlich nicht weniger entkräftet, als durch eine herabgesetzte Einheitlichkeit der Vertragsanwendung.

Hans Peters, dessen Gedächtnis dieser Band in der Trauer nach seinem frühen Hinschied gewidmet ist, entwickelte in einer vielbeachteten Abhandlung[39] die Persönlichkeitskerntheorie, um dem Verständnis des sogenannten Hauptgrundrechts der freien Entfaltung der Person nach Art. 2 Abs. 1 GG die Richtung zu geben. Danach ist freie Entfaltung „nur" als „die Auswirkung echten Menschentums im Sinne der abendländischen Kulturgemeinschaft" zu verstehen, nicht als die allgemeine Handlungsfreiheit. Wir verfolgen hier seine Gedanken weder zustimmend noch kritisch auf der Spur, die er eingeschlagen hatte, bei der Deutung des Art. 2 GG, sondern wir werfen behutsam die Frage auf, ob nicht am Ende die Persönlichkeitskerntheorie zur Dämpfung der Nachteile übertragen werden könnte, die sich aus dem Zusammentreffen der Menschenrechte der Konvention mit den Grundrechten der Verfassungen ergeben können.

Hans Peters schrieb am Eingang seiner Abhandlung: „Denn falls der hier niedergelegte Gedanke von seiner Basis, dem Ideal echten Menschentums, gelöst wird und in die Arena des Kampfes politischer juristischer Spitzfindigkeit gerät, dann muß er seinen Wert für die Realisierung ... der erstrebten Ziele einbüßen ..."

[37] Annuaire de la Convention Européenne des Droits de l'Homme 4, 1961, S. 199 ff. (Requête No. 911/60).

[38] BVerfGE 7, S. 198 (205).

[39] Hans Peters, Die freie Entfaltung der Persönlichkeit als Verfassungsziel, in: Gegenwartsprobleme des Internationalen Rechts und der Rechtsphilosophie, Festschrift für Rudolf Laun, 1965, S. 667 ff.

Die Übernahme der Theorie würde bedeuten: Wenn eine Rechtsregel oder eine Maßnahme (Einzelakt) eines Vertragsstaates angefochten wird, die anerkanntermaßen dem parallelen, verfassungsgerichtlich geschützten Grundrecht der Verfassung dieses Staates nicht widerspricht, soll das internationale Organ eine Verletzung des Menschenrechts der Konvention, auch abgesehen von den Schranken desselben, nur in Erwägung ziehen, sofern es findet, daß die Persönlichkeit in ihrem Kern betroffen sein könnte, wenn also das Grundrecht der Verfassung als gänzlich unzureichend erscheint.

VII. Völkerrechtliche Streitfragen

Die Europäische Menschenrechtskonvention will den Beziehungen zwischen Individuum und Staat in den Vertragsstaaten vom Völkerrecht her eine neue und eigene rechtliche Grundlage verschaffen. Kein anderer völkerrechtlicher Vertrag besitzt einen Gegenstand, der in dieser Tiefe und Breite das innerstaatliche Recht ergreift, indem er das umfassende Verhältnis „the man versus the state" bestimmt [40]. Darin sollte eine Warnung liegen: Es wird schwerlich gelingen, diesen Vertrag in das herkömmliche Verhältnis von Völkerrecht und Landesrecht einzubringen, gleichgültig nach welcher Theorie dieses auch aufgefaßt wird, und man wird überdies Vorsicht walten lassen müssen, wenn für die Bewältigung wahrer Schwierigkeiten Rechtsinstitute, Begriffsbildungen und Lehren angeboten werden, die aus dem alten Arsenal stammen.

Klar ist, daß die Vertragsstaaten völkerrechtlich verpflichtet sind, ihr Landesrecht so zu ändern, daß die Menschenrechte der Konvention beachtet werden [41]. Diese Pflicht erstreckt sich auch auf die Anwendung ihres Landesrechts, auch sie ist in Übereinstimmung zu bringen. Sodann muß sogar eine Verfassung geändert werden [42]. Allein wenn Grundrechtsbestimmungen der Verfassung bei der Bestimmung des immanenten Gehalts oder der Schranken von Menschenrechtsbestimmungen der Konvention abweichen, bedeutet das keine Mißachtung der Konvention, die eine Änderung der Verfassung erheischen würde. Dagegen ist auch ein Verfassungsgerichtshof im Rahmen seiner Zuständigkeit gehalten, bei einer solchen Abweichung und wenn der Mindeststandard der Konvention nicht erreicht wird, im konkreten Fall kraft der durch den Staat eingegangenen völkerrechtlichen Verbindlichkeit dem Menschenrecht den Vorrang zu geben. Im Gegensatz zur

---

[40] Vgl. Scheuner, Ein Vergleich, S. 28.

[41] M. Sørensen, Obligations of a State party to a treaty in respect of municipal law. Referat am Wiener Kolloquium 1965, S. 2 (nach der englischen Originalfassung des vervielfältigten Manuskripts zitiert). Dieser Autor stützt sich u. a. auf das Gutachten des Ständigen Internationalen Gerichtshofes vom 21. Februar 1925 in der Angelegenheit des griechisch-türkischen Bevölkerungsaustausches (Serie B, Nr. 10, S. 20 f.); Scheuner, Ein Vergleich, S. 26.

[42] Sørensen, S. 2/3.

Bundesrepublik Deutschland [43] wäre in der Schweiz, wenn sie der Konvention beitreten würde, die Verletzung eines Menschenrechts ohne weiteres auch ein Beschwerdegrund der staatsrechtlichen Beschwerde (Verfassungsbeschwerde), da BV Art 113 Ziffer 3 allgemein diesen Rechtsbehelf der Verfassungsgerichtsbarkeit auch noch zuläßt, um Verletzungen von Staatsverträgen zu rügen [44]. Tatsächlich hätte ein Verfassungsgericht aber Mühe, in einem solchen Fall „den Wechsel einzulösen", da wahrscheinlich keine Praxis internationaler Instanzen vorläge, an der es sich orientieren könnte, jedenfalls keine Praxis, die gerade die betreffende Abweichung erhellen würde.

Vom Landesrecht aus gesehen hätte der Zwang zur Änderung unter Umständen recht verschiedene Ursachen. Wenn die Schweiz das Frauenwahl- und -stimmrecht einführen sollte, um dem Diskriminierungsverbot der Konvention (Art. 14) zu genügen, wäre das darauf zurückzuführen, daß die institutionelle Entwicklung hier um einige Jahrzehnte langsamer vor sich ging, als in andern Staaten. Wenn die Schweiz, um die Religionsfreiheit (Art. 9) zu wahren, die konfessionellen Ausnahmeartikel, insbesondere das Jesuitenverbot, beseitigen sollte, müßte einfach ein durch die Bundesverfassung selber geschaffener Ausnahmevorbehalt fallen, den die Konvention nicht zuläßt. Und wenn endlich die administrative Internierung so geändert werden müßte, daß sie den Anforderungen des Art. 5 der Konvention vollkommen genügt, würden eben die Garantien der persönlichen Freiheit, die in der Schweiz ausgebildet und die mehr in die Hände von Verwaltungsbehörden gelegt wurden, durch eine andere, im Ausland ausgebildete Konzeption ersetzt, die der Konvention zugrunde liegt, denn garantielos ist die schweizerische Ordnung der administrativen Internierung von Trinkern, Arbeitsscheuen usw. keineswegs.

Eine Reihe von völkerrechtlichen Streitfragen, die aufgeworfen werden, beschlägt die sogenannte Transformation der Konvention in das Landesrecht. Dabei kommen eine unterschiedliche Begriffsbildung und Terminologie noch in die Quere, und diese werden wiederum durch die verschiedenen vorkommenden Regelungen der Transformationsfragen noch genährt. Hier soll den Unterscheidungen (z. B. zwischen förmlicher und formloser oder zwischen genereller und spezieller Transformation, zwischen Transformation und Adoption) nicht nachgegangen werden, ebensowenig der neuen Vollzugslehre, die für Deutschland auf förmliche Transformation durch besondern Gesetzesbefehl für einen Vertrag verzichten und annehmen will, der völkerrechtliche Vertrag als solcher erlange interne Geltung kraft allgemeiner Anordnung des Landesrechts [45]. Gewöhnlich wird in der Diskussion gefragt,

---

[43] BVerfGE 4, S. 111; 6, S. 440.

[44] Hans Zumstein, Die staatsrechtliche Beschwerde wegen Verletzung von Staatsverträgen, 1952.

[45] Vgl. die Überprüfung der Transformationslehre durch Karl Josef Partsch, Die Anwendung des Völkerrechts im innerstaatlichen Recht, Berichte der Deutschen Gesellschaft für Völkerrecht Heft 6, 1964.

in welcher Weise oder in welchem Verfahren die Inkorporierung der Konvention in das Landesrecht zu erfolgen habe [46], welchen Rang das transformierte Recht erhalte (z. B. Gesetzesrang oder Verfassungsrang), und ob eine völkerrechtliche Pflicht zur Transformation (i.w.S.) gelte [47]. Nach der wohl vorherrschenden Auffassung ist es aber doch das Verfassungsrecht der einzelnen Vertragsstaaten, das über die unmittelbare Anwendung des Rechts der Konvention innerhalb dieser Staaten, über das Verfahren der Herbeiführung dieser Anwendung und schließlich über den Rang des allenfalls inkorporierten Rechts befindet [48].

Mit Recht wurde aber betont, diese Entscheidungsbefugnis der Vertragsstaaten praejudiziere nicht notwendig die Wirksamkeit der Menschenrechte, da die Individuen in einem Vertragsstaat durchaus berechtigt sein könnten, sich auf Bestimmungen der Konvention zu berufen, auch wenn diese dort nicht als unmittelbar anwendbares Recht anerkannt ist [49]. Dieser Gedanke leitet aber zu der alten Erwägung zurück: Es ist einigermaßen fraglich, ob sich so allgemeine Grundsätze, die innerstaatlich das Verhältnis von Individuum und Staat beherrschen wollen, wo überall es sich ankündet, für eine vorgängige Transformation überhaupt eignen und ob eine solche notwendig sei. Mindestens ist zweifelhaft, ob eine Einverleibung den gleichen Nutzen abwirft, wie die gewöhnlicher völkerrechtlicher Rechtssätze eines Vertrags. Bei den Freiheitsrechten ändert die Überführung jedenfalls nichts daran, daß sie konkretisierungsbedürftig und insoweit doch immer noch nicht anwendungsbereit sind, nachher so wenig wie vorher.

Dürften übrigens die Menschenrechtsbestimmungen in einem Staat, in dem sie mit der Transformation ihre völkerrechtliche Natur abgelegt haben und zu Landesrecht geworden sind, nun auf die gleiche Weise konkretisiert und ausgelegt werden, wie die Grundrechte der Verfassung? Doch wohl nicht, wegen des Gebotes einheitlicher Auslegung. Dann bleibt die Einverleibung aber auf halbem Weg stehen. Es ist eben zutiefst problematisch, solche Grundsatzbestimmungen durch eine Art Kunstgriff doch mehr oder weniger auf die Ebene der einfachen Rechtssätze herabzudrücken, nur weil sich angeblich das Individuum nur unter der Voraussetzung ihrer Transformation auf sie berufen kann. Ihrem Wesen nach sind die Menschenrechte bestimmt, nicht einfach in das Landesrecht und seine Normenbestände einzugehen, wie andere Normen, die für das Individuum gemünzt sind, sondern das Landesrecht zu tragen und zu erleuchten, zu durchdringen und zu heben. Noch verwirrender ist die Frage, ob und wie die in der Konvention den Menschen-

---

[46] Über die herkömmlichen Lösungen in den verschiedenen Staaten, SØRENSEN, S. 3 ff.

[47] Bejahend für die materiellrechtlichen Bestimmungen der Konvention GOLSONG, S. 128 f.

[48] SCHEUNER, Ein Vergleich, S. 19.

[49] SØRENSEN, S. 13, unter Hinweis auf eine Arbeit in norwegischer Sprache von TERJE WOLD in der Festgabe für Frede Castberg, 1963.

rechten angelegten Schranken zu überführen seien. Sollen auch sie in das Landesrecht eingehen, so verändern sie ihre rechtliche Natur in doppelter Weise; sie würden nicht nur aus Völkerrecht zu Landesrecht, sondern auch aus Ermächtigungen an die Adresse der Staaten zu unmittelbar anwendbaren Vorbehaltsschranken der Menschenrechte. Abweichungen zwischen einer verfassungsrechtlichen Schranke eines Grundrechts, die zumeist mit der übrigen Rechtsordnung eng verknüpft ist, und einer solchen transformierten Schranke des entsprechenden Menschenrechts, die keine solche Rücksicht auf das Landesrecht nimmt, wären dann auch besonders empfindlich.

Auf dem Boden des Völkerrechts wird weiter gefragt, ob die Konvention „self-executing" sei [50]. Allein es besteht keine übereinstimmende Ansicht darüber, was „self executing" ist [51]. Wenn Bestimmungen eines Vertrages, die nach ihrem Sinn Einzelne verpflichten oder berechtigen, durch Gerichte oder Verwaltungsbehörden „sofort" angewandt werden können, d. h., ohne daß zuvor noch der Erlaß eines Durchführungsgesetzes erforderlich wäre, wird man sie als „self-executing" bezeichnen können. Immerhin besteht schon eine Nuance darin, ob man in dieser Formulierung von einem Durchführungs- oder von einem Ausführungsgesetz spricht, denn ein Durchführungsgesetz betrifft ausschließlich oder überwiegend den Vollzug unabhängig vom Inhalt der Vertragsbestimmungen, z. B. die Vorbereitung des Vollzugs durch Einsetzung einer vom Vertrag selber geforderten Verwaltungsbehörde, während durch ein Ausführungsgesetz in der Regel der Inhalt der Vertragsbestimmungen so näher ausgeführt wird, daß er erst anwendungsfähig wird. Die Frage, ob die materiellrechtlichen Bestimmungen der Menschenrechtskonvention, d. h. die Bestimmungen über die Menschenrechte selber, „self-executing" sind, kann nun unter beiden Gesichtspunkten bejaht werden: Es ist weder ein Durchführungs-, noch ein Ausführungsgesetz notwendig. Immerhin muß noch eine Präzision beigefügt werden. Die in der Konvention aufgestellten Rechte, jedenfalls die Rechte der Art 8 ff., sind nicht deshalb „self-executing", *weil* sie genau gefaßt und nicht mehr konkretisierungsbedürftig wären, sondern *trotzdem* sie nicht genau gefaßt und noch konkretisierungsbedürftig sind. In Wirklichkeit kann denn auch nicht angenommen werden, sie seien mit einer Genauigkeit formuliert, die in nichts der Fassung staatlicher Gesetze nachstehe, und auch die zulässigen Einschränkungen seien genauestens festgelegt [52]. Die Begriffe des Privat- und Familienlebens, der Gedanken-, Gewissens- und Religionsfreiheit, der freien Meinungsfreiheit, der friedlichen Versammlung, des Zusammenschlusses, usw. sind trotz der beigefügten Erklärungen unbestimmte Rechtsbegriffe ganz besonderer Art, nämlich eben der Art solcher Rechts-

[50] Golsong, S. 128 ff., Sørensen, S. 16.

[51] Vgl. Seidl-Hohenveldern, Völkerrecht, 1965, S. 103, Nr. 394 ff.; Lord McNair, S. 80.

[52] So Golsong, S. 128.

erklärungen, und jeder Verfassungsrichter weiß, welche Fülle ungeahnter Fragen bei der Konkretisierung noch auftaucht. Wenn man nur auf das Programmartige dieser Menschenrechte abstellen wollte, müßte man sagen, daß eine Ausführung durch Gesetz noch erforderlich sei. Allein es ist der Charakter und Sinn dieser programmartigen Grundsatzbestimmungen, daß im Unterschied zu andern der Gesetzgeber nicht noch dazwischentreten, sondern gesetzliche Ausführung unterbleiben soll. Wegleitend ist nicht zuletzt, daß eine nähere Ausführung des Inhalts durch den Gesetzgeber eine Einschränkung bedeuten könnte, und daß an der Wurzel der Rechte bereits ein größeres Vertrauen in richterliche Konkretisierung lebendig ist.

Zum Problem der gewaltsamen Intervention in der derzeitigen Entwicklungsphase des Völkerrechts

HEINRICH KIPP

I

Wenn in der Themenstellung mit dem Begriff der Intervention der des Gewaltsamen verbunden ist, wird schon damit angedeutet, daß in Doktrin und Praxis des Völkerrechts keine Übereinstimmung in der Definition des Begriffes der Intervention besteht. Das gilt nicht nur für die gegenwärtige Entwicklungsphase des Völkerrechts, sondern auch für frühere Epochen seiner Geltung.

Nur kurz sei darauf hingewiesen, daß in der geschichtlichen Entwicklung des Völkerrechts mit der Erkenntnis der Souveränität als einer Eigenschaft des eine „universitas superiorem non recognoscens" darstellenden Staates auch das Problem der Intervention auftaucht, die Frage nämlich, ob und unter welchen Umständen ein Staat berechtigt ist, in die Belange anderer Staaten einzugreifen [1]. In der klassischen Lehre entspricht dem Begriff der staatlichen Souveränität mit ihren Merkmalen der Selbstregierung nach innen und der Unabhängigkeit nach außen [2], also dem Begriff des sich in jeder Beziehung selbst regierenden, keiner anderen staatlichen Autorität unterworfenen, daher unabhängigen und mit diesen Eigenschaften souveränen Staates das komplementäre Prinzip der Nichtintervention. Kein Staat hat nach VATTEL, der den Begriff als solchen noch nicht anwendet, das geringste Recht, sich in die Regierung eines anderen einzumengen und kein Staat braucht eine solche Einmischung zu dulden [3]. Trotzdem wird schon von VATTEL, dessen Werk für Theorie und Praxis des Völkerrechts bis heute

---

[1] Zu dieser geschichtlichen Entwicklung: MOSLER, Die Intervention im Völkerrecht, Berlin 1937, S. 15 ff. Vgl. ferner: WINFIELD, The History of Intervention in International Law, in British Yearbook 1922/23, S. 133. MOSLER hat herausgearbeitet, daß, wenn nicht der Begriff der Intervention, so doch die Sache als solche schon in der 2. Hälfte des 16. Jh. in der Doktrin behandelt wurde.

[2] Man vergleiche die Definition VATTELs, in der wohl erstmalig der moderne Souveränitätsbegriff deutlich umrissen ist: „Toute nation, qui se gouverne elle-même, sous quelque forme que ce soit, sans dépendance d'aucun étranger, est un état souverain." Le droit des gens, Neuchâtel 1773, Liv. I, chap. I, § 4.

[3] VATTEL, a.a.O., Liv. II, chap. IV, §§ 54, 57.

von Bedeutung geblieben ist [4], die an sich so einleuchtende Gegenüberstellung „Souveränität — Nichtintervention", was auch rechtlich kaum zulässig sein dürfte, nicht in voller Konsequenz aufrechterhalten, wenn er einer fremden Macht das Recht zugesteht, zugunsten eines um Hilfe bittenden Staatsvolkes einzugreifen, dessen grundlegende Rechte durch eine tyrannische Staatsführung mit Füßen getreten werden und das sich gegen diese Staatsgewalt erhoben hat [5]. Es wird deutlich, daß in einer Gemeinschaft von Staaten, die keine zentrale Autorität zur Durchsetzung der in ihr geltenden Rechtsprinzipien besitzt, von den Mitgliedern dieser Gemeinschaft auf das Mittel der Intervention nicht verzichtet werden kann.

Läßt sich so schon im geschichtlichen Beginn der Lehre von der Souveränität in ihrer Verbindung mit der ihr entsprechenden Doktrin der Nichtintervention erkennen, daß beide Prinzipien offenbar schwerlich in voller Reinheit einander gegenübergestellt werden können, wird es begreiflich, daß die Meinungen über den Begriff der Intervention und seinen Inhalt auseinandergehen.

Von Interesse sind hier zunächst einige Begriffsbestimmungen aus der Zeit vor der Entstehung der Vereinten Nationen, weil mit dem Inkrafttreten der UN-Charter sich die völkerrechtliche Situation hinsichtlich eventueller Berechtigungen der Staaten, in die Hoheitssphäre anderer Staaten einzugreifen, entscheidend geändert hat. Drohung mit Gewalt oder Gewaltanwendung wird überwiegend als zum Begriff der Intervention gehörig angesehen. Mosler etwa definiert eindeutig wie folgt: „Intervention ist das unter Anwendung oder Androhung des Einsatzes der staatlichen Macht erfolgende Eingreifen eines Staates in die inneren oder äußeren Angelegenheiten eines fremden Staates [6]." Er stellt in seiner Begriffsbestimmung lediglich ab auf das Tun eines Staates, ohne Erlaubtheit oder Unerlaubtheit eines solchen Tuns in seine Definition aufzunehmen. Anwendung oder Androhung von Gewalt zur Beeinflussung der Haltung eines anderen Staates scheint auch für Stowell den Inhalt des Begriffs der Intervention auszumachen, deren Berechtigung nach dem damals geltenden Völkerrecht untersucht wird [7].

Das gleiche gilt wohl für Hall, der in seiner Umschreibung der Intervention herausstellt, daß der Eingriff eines Staates gegen den Willen des betroffenen Staates erfolgt und einen feindlichen Akt im Angriff auf die Unabhängigkeit des Letzteren bedeutet [8]. Wenn Potter das entscheidende Element der Intervention im Versuch eines Staates sieht, Jurisdiktion und Autorität eines anderen Staates zu usurpieren [9], wird man auch in einer sol-

[4] Hierzu etwa Anzilotti, Völkerrecht, Berlin und Leipzig 1929, S. 9.

[5] Vattel, a.a.O., Liv. II, chap. IV, § 56.

[6] Mosler, a.a.O., S. 8.

[7] Stowell, Intervention in international law, Washington 1921, Preface.

[8] Hall, International law, Inford 1917, § 10, p. 55.

[9] Potter in Recueil des Cours, 1930, S. 616.

chen Formulierung Gewaltandrohung oder -anwendung einbeschlossen finden können. Wenn mitunter auch die sogenannte „diplomatische Intervention" als friendly interference zum Interventionsbegriff gezählt wird [10], neigt die überwiegende Meinung offensichtlich der Begriffsbestimmung zu, wie sie von MOSLER klar formuliert ist [11]. Sie beschließt alle anderen vorstehend zitierten Begriffsmerkmale in sich, wobei allerdings bei einigen Schriftstellern noch ein weiteres Merkmal hinzugefügt wird, nämlich, daß die Intervention nicht der Durchsetzung eines rechtlich begründeten Anspruchs, sondern von Interessen dient [12].

Die neuere Lehre folgt in der Definition des Interventionsbegriffs der älteren nur teilweise. Zwar wird auch heute von verschiedenen Autoren Gewaltandrohung und Gewaltanwendung als wesentlich zur Intervention gehörig betrachtet. „Intervention is a dictatorial interference by a state in the affairs of another state" lautet es deutlich bei OPPENHEIM-LAUTERPACHT [13]. Wenn BERBER darüberhinaus als Charakteristikum des Interventionsbegriffes hinzunehmen möchte, daß „dem eingreifenden Staat ein Rechtfertigungsgrund kraft allgemeinen Völkerrechts oder kraft besonderer (vertraglich genereller oder konkreter) Gestattung" *nicht* zur Seite steht, offenbart sich hier die durch die moderne Entwicklung des Völkerrechts begünstigte Neigung, wie sie insbesondere in der Satzung der VN deutlich wird, die Intervention begrifflich als einen vom Völkerrecht nicht gestatteten Eingriff aufzufassen, wobei BERBER allerdings durchaus offen läßt, daß auch anders definiert werden kann [14]. Da er im übrigen unter der vor-

---

[10] Vgl. z. B. MARTENS: Intervention „covers friendly interference by one state on behalf of one of its own ‚nationaux', or even on behalf of a foreigner, who has incurred some penalty under the law of another state". So zitiert bei WINFIELD, a.a.O., S. 149. In seinem Traité du droit international, Paris 1883, Bd. 1, S. 394, bezeichnet MARTENS ein derartiges Tun nicht als Intervention, sondern als Mediation.

[11] Vgl. etwa HETTLAGE, Die Intervention im System der modernen Völkerrechtslehre, in Niemeyers Zeitschrift für Internationales Recht 1927, S. 1 f., 16 f., STRUPP, Grundzüge des Völkerrechts, Bonn 1921, S. 358; HEILBORN, Das System des Völkerrechts, Berlin 1896, S. 358; OPPENHEIM, International Law, 4th ed., London 1928, Vol. 2, § 50 STRISOWER, Der Krieg und die Völkerrechtsordnung, Wien 1919, S. 109; ferner die bei MOSLER, a.a.O., S. 8, angegebene Literatur. Von Interesse ist, daß CAVAGLIERI, Règles générales du droit de la paix, in: Recueil des Cours, 1929, S. 571 f., nur die Drohung, nicht aber die Gewaltanwendung selbst als Intervention bezeichnet.

[12] So HETTLAGE, a.a.O.; STRUPP, a.a.O.; GRESSLER, Sinn und Tragweite des Artikels 11 der Völkerbundsatzung, Kiel 1931, S. 2.

[13] International Law, Bd. I, 1955, § 134; DAHM, Völkerrecht, Bd. 1, S. 201 ff., Stuttgart 1958, scheint die gleiche Auffassung zu vertreten, wenngleich eine eindeutige Definition nicht gegeben wird.

[14] Lehrbuch des Völkerrechts, München/Berlin 1960, Bd. I, S. 185 f.; QUINCY WRIGHT, Intervention 1956, in AJIL 1957, S. 257 ff., hebt S. 274 unter Hinweis auf Harcourt hervor: „Nevertheless, it must be admitted that, in the case of intervention as in that of revolution, its essence is illegality and its justification is its success."

erwähnten Bedingung „jeden Eingriff eines Staates in die kraft der Selbstbestimmung einem anderen Staat zustehenden Rechte" zum Interventionsbegriff rechnet, ist es nur konsequent, wenn er ausführt, daß Intervention auch „mit diplomatischen, finanziellen, wirtschaftlichen, propagandistischen, innenpolitischen (subversive Intervention) Mitteln vorgenommen werden" kann, mit Mitteln also, „die als solche nicht verboten sind, mit deren Vornahme aber versucht wird, in einer gegen die guten Sitten, gegen Treu und Glauben verstoßenden Weise, unter Ausnützung einer überlegenen Machtlage, arglistig, heimtückisch in den Bereich der freien Selbstbestimmung eines Staates einzugreifen, um diesen zu einem Tun oder Unterlassen, das er in freier Selbstbestimmung nicht so gestalten würde, zu veranlassen".

Zu den Theoretikern, die in ähnlicher Weise vom früheren Interventionsbegriff abweichen, die also nicht nur gewaltsame Eingriffe, sondern auch andersartige Einmischungen in den Hoheitsbereich anderer Staaten als Intervention bezeichnen und unter Berufung auf Art. 2 § 7 und Art. 2 § 1 der UN-Charta nach Völkerrecht als verboten hinstellen, gehört Mencer. Nach seiner Meinung bedeutet jede Handlung eines Staates, mit der er einem anderen Staat seinen Willen auferlegen möchte, verbotene Intervention. Empfehlungen, Ratschläge, Anleihen, Geschenke, Entwicklungshilfe können Mittel der Intervention sein, „as is the case when imperialist nations exploit the difficulties of weaker states by granting important political concessions in exchange for economic advantages" [15].

Darlegungen der vorerwähnten Art scheinen eine gewisse Begründung in aktuell geltenden Völkerrechtssätzen oder in völkerrechtspolitischen Bestrebungen zu finden. Man denke etwa an Art. 15 der Charter der OAS vom 30. 4. 1948: „No State or group of States has the right to intervene, directly or indirectly, for any reason whatever, in the internal or external affairs of any other State. The forgoing principle prohibits not only armed force, but also any other form of interference ...". Wenn Art. 41 Abs. 1 des Wiener Übereinkommens über diplomatische Beziehungen von 1961 und Art. 55 Abs. 1 des Wiener Übereinkommens über konsularische Beziehungen von 1963 ganz allgemein die Pflicht der Diplomaten und Konsuln statuieren, „not to interfere in the internal affairs of that state", so wird auf den ersten Blick auch hier jede Art von Einflußnahme auf einen anderen Staat als verboten hingestellt. Man wird diese Bestimmungen aber kaum im Sinne von Mencer auslegen können, da bei dieser Auslegung Vertragsverhandlungen von Staaten, die berechtigterweise ihr eigenes Interesse beachten, verunmöglicht würden, weil der Versuch, die je eigenen Vorteile bei

[15] Mencer, The principle of non-intervention, in: Review of Contemporary Law, publ. by the International Association of Democratic Lawyers 1964, Nr. 1, S. 36 f. Der Verf. hält a.a.O., S. 30 z. B. auch die Hallstein-Doktrin für eine „improper and unacceptable diplomatic intervention, amounting to interference ...". — Man vgl. auch die vom Verf. auf S. 37 f. in Anm. 25 und 26 angegebene Literatur.

den Unterhandlungen in den Vordergrund zu rücken, als nicht erlaubte Einmischung angesehen werden müßte. Das aber würde Lahmlegung jedes völkerrechtlichen Verkehrs bedeuten. Auch auf den „Draft Code of offences against the peace and security of mankind" der International Law Commission wird sich diese Meinung nicht stützen können. Er sieht in Art. 2 (9) die folgenden Handlungen als Bedrohungen von Frieden und Sicherheit der Menschheit und damit als internationales Verbrechen an: „The intervention by the authorities of a state in the internal or external affairs of another state, by means of coercive measures of an economic or political character in order to force its will and thereby obtain advantages of any kind [16]." Nur Gewaltmaßnahmen werden hier als vom Völkerrecht zu verbietende angesehen.

Das Auseinandergehen der Meinungen in der Begriffsbestimmung der Intervention wird noch deutlicher, wenn mit WENGLER „das Verbot der Intervention als ein Verbot der absichtlichen Einwirkung auf andere Staaten mit bestimmten Mitteln verstanden wird, deren Verwendung nicht schon ohnehin durch einen *anderen* Völkerrechtssatz völkerrechtlich verboten ist, und wenn sich das so verstandene Interventionsverbot im wesentlichen auf ein Verbot *offener* Einmischung von Staatsorganen in die inneren Angelegenheiten anderer Staaten beschränkt [16a]". Unter der Geltung der UN-Charter würde hiernach bewaffnetes Eingreifen eines Staates in die Belange eines anderen nicht unter den Interventionsbegriff fallen.

Faßt man das Ergebnis dieser Untersuchungen zum Begriff der Intervention zusammen, so ergibt sich die folgende Situation.

1. Abgesehen von rechtssatzmäßigen Formulierungen im partikulären Völkervertragsrecht ist der Inhalt des Begriffs Intervention völkerrechtlich nicht festgelegt.

2. In der völkerrechtlichen Doktrin findet sich keine Übereinstimmung in der Begriffsbestimmung des Wortes. Mit Recht hebt DAHM hervor, daß die Lehre von der Intervention zu den dunkelsten und umstrittensten Kapiteln der Völkerrechtslehre gehört [17].

Es bestehen daher sowohl von der Praxis wie der Theorie des Völkerrechts her keine Bedenken, den Interventionsbegriff einschränkend zu interpretieren.

Unter Intervention im Sinne dieser Ausführungen soll daher im Anschluß an die Moslersche Definition das Folgende verstanden werden:

Intervention ist jedes gegen den Willen eines Staates unter Androhung oder Anwendung von Gewalt (als militärisches oder, wie sich später zeigen wird, als dem militärischen gleichzustellendes Machtmittel verstanden) erfolgende Eingreifen eines anderen Staates in die inneren oder äußeren An-

---

[16] 9th Session of ILC, in UN-YB 1954, S. 411.
[16a] Völkerrecht II, S. 1045, Berlin 1964.
[17] A.a.O., S. 201.

gelegenheiten jenes Staates, gleichgültig, ob der Eingriff nach dem geltenden Völkerrecht gerechtfertigt ist oder nicht.

Der Verfasser nimmt den Begriff der Intervention — ähnlich wie früher einmal den Begriff der Diskriminierung [18] — als dem Bereich des Tatsächlichen zugehörig, dessen Zulässigkeit vor dem Recht der Nachprüfung bedarf. Nur erwähnt sei, daß das gewaltsame Eingreifen zuständiger Organe der organisierten Staatengemeinschaft, wie etwa des Sicherheitsrates der UN gemäß Art. 42 der UN-Charta, nicht unter diese Begriffsbestimmung fällt.

II

Betrachtet man die Praxis der Staatenwelt in der Völkerrechtsgemeinschaft seit dem Inkrafttreten der UN-Charta im Jahre 1945, insbesondere auch etwa im letzten Jahrzehnt, muß man feststellen, daß häufig genug vom Mittel der Intervention im Sinne unserer Begriffsbestimmung Gebrauch gemacht wurde. Ohne Vollständigkeit der Aufzählung anzustreben soll auf verschiedene Fälle interventionellen Eingreifens hingewiesen werden. Gleichzeitig soll der Versuch gemacht werden, eine Einteilung des Geschehens in der Staatenpraxis nach Gesichtspunkten vorzunehmen, die vielleicht für eine völkerrechtliche Beurteilung von Bedeutung sein können. Hierbei wird zu prüfen sein, ob nicht doch das Ziel, das mit der Intervention erreicht werden soll, ob mit anderen Worten die Intention, in der sie unternommen wurde, im Gegensatz zur Meinung Mengers [19] ein vor dem Völkerrecht beachtliches Kriterium ist. Es sei aber nachdrücklich betont, daß die rechtliche Stellungnahme zumeist nicht den einzelnen, hier konkret angeführten Fall betreffen soll. Zu solchem Vorhaben wäre eine derart umfassende Sammlung und Beurteilung tatsächlicher Geschehnisse erforderlich, wie sie unter den heutigen weltpolitischen Umständen kaum dem Sicherheitsrat der UN möglich sein dürfte [20]. Nur wo der Sachverhalt ausreichend dokumentiert ist, wird man versuchen können, den Fall selbst zu beurteilen. Die an Hand der praktischen Fälle gewonnene Einteilung soll im ganzen nur Anlaß sein, abgesehen vom jeweiligen konkreten Sachverhalt generell Zulässigkeit oder

---

[18] Kipp, Das Verbot der Diskriminierung im modernen Friedensvölkerrecht, Arch. VR 1961, S. 137 ff.

[19] A.a.O., S. 35 f.

[20] Hierzu die geistreich-spöttische Bemerkung des italienischen Diplomaten Pietro Quaroni in: Aus Politik und Zeitgeschichte (Beilage zur Wochenzeitung „Das Parlament"), Bonn 1964, Nr. 12: „Die Vereinten Nationen sind viel nützlicher, als man gemeinhin glaubt. Sie dienen dazu, eine derartige Verwirrung zu schaffen, daß niemand mehr recht versteht, wer gewonnen, wer verloren hat. Und das ist sehr, ja außerordentlich wichtig, denn damit ist die Ehre gerettet und gleichzeitig der Krieg vermieden." Vgl. auch den vorsichtigen Hinweis von Qunicy Wright, a.a.O., S. 272, zur Intervention Israels in Ägypten von 1956: „Without examining these considerations in detail, it is clear that Israel would have some difficulties in justifying its action before a tribunal applying international law."

Nichtzulässigkeit der Intervention nach heutigem Völkerrecht zu untersuchen. Allerdings wird sich, da die eigentlichen Hintergründe von Interventionen häufig durch die Interessenten verschleiert zu werden pflegen, auch bei dem hier gemachten Versuch einer Einordnung der Fälle eine gewisse *vorläufige* Wertung nicht vermeiden lassen.

1. Zunächst sind in den letzten Jahren Interventionen erfolgt, die das eindeutig geoffenbarte Ziel verfolgen, einen bestehenden Staat zu vernichten und zu annektieren.

a) Erwähnt sei der Konflikt Indonesien-Malaysia. Letzterer Staat, durch einen völkerrechtlichen Vertrag geschaffen, wird 1957, zunächst als „Federation of Malaya" in die OVN aufgenommen und damit auch von jenen Staaten anerkannt, die bisher noch keine Anerkennung ausgesprochen hatten [21]. Für einen mit dem 1. 1. 1965 beginnenden Zeitraum von einem Jahr ist Malaysia Mitglied des SR der VN. Die seitens der Philippinen und Indonesiens gegen die Gründung des Staates geltend gemachten Bedenken können den Philippinen gegenüber beschwichtigt werden, während Indonesien durch den Mund seines Präsidenten erklärt, Malaysia würde vernichtet werden. Den drohenden Worten folgen Taten. Es kommt 1956 zu Gefechten an der indonesisch-malaysischen Grenze, die Januar 1964 durch einen Waffenstillstand beendet werden. Im August 1964 flammen die Kämpfe erneut auf. So landen u. a. indonesische Guerillakämpfer, von der indonesischen Regierung als Freiwillige bezeichnet, nördlich Singapore [22]. Die Wahl Malaysias in den Sicherheitsrat nimmt Indonesien als Anlaß, aus der OVN auszutreten [22a].

b) Hingewiesen sei weiters auf den Konflikt der arabischen Welt, insbesondere der VAR, mit Israel. Der Staat Israel, nach 1945 aus dem ehemaligen britischen Mandat Palästina gegen starken arabischen Widerstand entstanden, schon bald Mitglied der OVN [23], sieht sich seit seiner Entstehung arabischen Drohungen der Vernichtung gegenübergestellt. Hingewiesen sei etwa auf die Äußerung des Präsidenten der VAR vom 31. 5. 1965 vor dem Palästinakongreß der arabischen Staaten bezüglich der Befreiung Israels und auf andere entsprechende Erklärungen [24]. Daß die vorläufigen Grenzen

[21] Zur Anerkennung eines Staats durch Aufnahme in die OVN s. Verdross, Völkerrecht, Wien 1964, S. 248 f.

[22] Als Dokumentationsgrundlage für die hier gebrachten Fälle dient in der Hauptsache das Archiv der Gegenwart (AdG). Zum Konflikt Indonesien—Malaysia s. AdG 1963, 10 763 und 1964, 11 437. Zur Aufnahme Malaysias in die UN und in den SR s. AdG 1963, 10 885 und 1964, 11 614. Zum Austritt Indonesiens aus den UN vgl. AdG 1965, 11 633.

[22a] Entwicklungen seit Beginn des Jahres 1966 sind hier und weiterhin nicht berücksichtigt.

[23] Die Entstehungsgeschichte s. bei Quincy Wright in AJIL 1957, S. 264 ff., und die dort angegebene Literatur.

[24] Nach AdG 1965, 11 952 führte der Präsident u. a. aus, Israel könne erst befreit werden, wenn die Yemen-Armee zurückgeführt sei und die Widersprüche

Israels zu seinen arabischen Anrainern auf beiden Seiten trotz des Bestehens einer UN-Waffenstillstandskommission ein Herd häufiger militärischer Eingriffe sind, ist laufend aus der Tagespresse ersichtlich.

c) In diesem geographischen Zusammenhang sei auf den Konflikt um die Ableitung des Jordanwassers hingewiesen. Israel möchte eine bestimmte Wasserquote aus dem Flußsystem des Jordan zur Bewässerung der Negev-Wüste ableiten. Der Staat will sich hinsichtlich der Höhe der abzuleitenden Wassermenge an einen Plan halten, der vom Hilfswerk der VN für die arabischen Flüchtlinge (UNRWA) in den Jahren 1952/53 ausgearbeitet, von Fachgremien sowohl Israels als der arabischen Anrainerstaaten als tragbar gebilligt, von Israel akzeptiert, von den arabischen Staaten aber abgelehnt wird. Nach Beginn von entsprechenden Arbeiten auf israelischem Gebiet beabsichtigen die arabischen Staaten, auf ihrem Gebiet die Quellflüsse des Jordan soweit wie möglich abzuleiten. Israel hat erklärt, es werde gegen solche Maßnahmen mit Waffengewalt einschreiten [25]. Sachlich dürfte dieser Fall der Drohung bei den unter Punkt 3 erwähnten einzuordnen sein.

2. Den Interventionen mit dem Ziel der Zerstörung oder Annexion eines ganzen Staates benachbart sind solche Eingriffe, die um zwischen zwei oder mehr Staaten strittige Gebiete, insbesondere Grenzgebiete, vorgenommen werden.

a) Erwähnt sei zunächst der Konflikt zwischen Indien und Pakistan über Kaschmir. Die Gründe, die zu dieser Auseinandersetzung geführt haben, liegen einigermaßen offen. Nachdem Großbritannien 1947 seine dortigen Kolonien in die Selbständigkeit entließ, sollten bei der Errichtung Indiens und Pakistans in gewissen Fällen die Fürsten darüber entscheiden, welchem der beiden neugegründeten Staaten ihre Länder zugehören sollen. Der Maharadscha von Kaschmir und Jammu — selbst Hindu, während $^3/_4$ der Bevölkerung Moslems sind — beschließt den Anschluß an Indien. Der britische Generalgouverneur stimmt dieser Lösung unter dem Vorbehalt zu,

---

zwischen den arabischen Staaten beseitigt würden. Lediglich eine gesamtarabische revolutionäre Aktion könne das Palästina-Problem lösen. Ein zusammenfassender Bericht in den NZZ, Fernausgabe (FA) Nr. 112 vom 25. 4. 1965, Bl. 2, weist darauf hin, daß sich auf den Gipfelkonferenzen von Kairo (gemeint sind wohl die Konferenzen der arabischen Staaten vom 13.—16. 1. 1964 und 7.—10. 1. 1965) die These von der Eliminierung Israels durchgesetzt habe. Vgl. zu diesen Konferenzen AdG 1964, 11 035 und 1965, 11 657. Vgl. auch das Protestschreiben Israels, am 29. 4. 1963 dem Präsidenten des SR der OVN überreicht, in dem der Palästina-Paragraph in der Proklamation der neuen Vereinigten Arabischen Republik, der von der Befreiung Palästinas handle, als flagrante Verletzung der UN-Charter bezeichnet wird, AdG 1963, 10 546.

[25] Vgl. die gedrängte Darstellung des Konflikts nebst einer Kartenskizze in AdG 1964, 11 035 ff. Hingewiesen sei auf den wohl aus ideologischen Gründen einseitig den arabischen Standpunkt beachtenden Beitrag von Müller, Steiger und Westphal: Völkerrechtliche Aspekte der aggressiven Rolle Israels im Nahen Osten, in: Staat und Recht, Ostberlin, Oktober 1965, S. 1712 ff.

daß die Frage der Zugehörigkeit später einer Volksabstimmung unterworfen werden soll. Nach bewaffneten Konflikten bildet der SR der VN eine Untersuchungs- und Vermittlungskommission, die 1949 einen Waffenstillstand und eine Einigung über eine Demarkationslinie zustande bringt. Die von der Kommission vorgeschlagene Volksabstimmung ist bisher am Widerstand Indiens gescheitert [26]. Eine Rede des indischen Innenministers — gehalten Mitte 1965 nach einem durch einen Waffenstillstand vorläufig bereinigten Vorstoß an anderer Stelle im Raum der Salzwüste von Kutsch [26a] — in der er erklärt, der Status Kaschmirs sei ein für alle Mal geklärt, Kaschmir bilde einen festen Bestandteil Indiens und könne nicht mehr Gegenstand irgendeiner Diskussion werden, hat offenbar zunächst zu Guerillaoperationen seitens Pakistans im auf der indischen Seite der Demarkationslinie gelegenen Teile Kaschmirs und sodann zum Überschreiten dieser Linie mit zunächst geringen Kräften regulärer Truppen geführt. Die militärische Antwort Indiens, eine gegenseitige Steigerung des bewaffneten Einsatzes, scheint — bei Abfassung dieser Zeilen — zu einer echten kriegerischen Verwicklung zu führen, die allerdings vorerst durch Eingreifen des SR der VN aufgefangen wird.

b) Ein weiteres Beispiel für eine bewaffnete Intervention in diesem Raum bietet der Streit der Volksrepublik China mit Indien. Es geht hier um einen Gebietsstreifen südlich der sogenannten Mac-Mahon-Linie, die in der britischen Kolonialzeit zwischen Großbritannien und Tibet im Jahre 1914 als Grenzlinie vereinbart wurde, die aber von China nie anerkannt worden ist. Die Regierung der Volksrepublik China beansprucht seit 1954 dieses Gebiet. Nach vergeblichen diplomatischen Verhandlungen zur Beilegung des Streits kommt es 1962 zu militärischen Zusammenstößen. Beide Teile besetzen das umstrittene Gebiet mit Truppen. Beide Staaten beschuldigen sich gegenseitig aggressiver Handlungen. Größeren chinesischen Offensiven folgt Waffenruhe. China zieht seine Truppen auf eine 1959 geschaffene Kontrollinie zurück. Indien erklärt sich bereit, den Streit dem IGH zu unterbreiten. Beide Staaten nehmen 1963 die Vorschläge der Colombo-Konferenz an, in denen Feuereinstellung, Schaffung einer entmilitarisierten Zone und Lösung des Konflikts durch Verhandlungen empfohlen wird [27].

c) Wiederum Indien ist verwickelt in die Auseinandersetzungen mit Portugal im Goa-Fall. Goa, seit Jahrhunderten portugiesische Kolonie an der westlichen Küste des indischen Subkontinents und von Portugal als Teil des Mutterlandes betrachtet, wird im Dezember 1961 von Indien mit der Behauptung, die kleine portugiesische, abgesehen von einem Küstenstreifen

[26] Vgl, insoweit AdG 1962, 10 272; zur neuesten Entwicklung NZZ, FA. vom 3. 9. 1965, Bl. 2.

[26a] Vgl. NZZ, FA. Nr. 242, 3. 9. 1965, Bl. 2.

[27] S. AdG 1959, 7936 f.; 1960, 8362; 1961, 9533; 1962, 9818, 10 212 ff., 10 235, 10 251, 10 296; 1963, 10 419. Zur Entstehung der Mac-Mahon-Linie s. Vertrags-Plötz, Bd. 4 B, 1959—1963, S. 320 f.

vollständig von Indien umgebene Enklave stelle eine Bedrohung Indiens dar, — bei symbolischer Gegenwehr und unter formellem Protest Portugals, das den SR der VN anruft — militärisch besetzt und annektiert [28].

3. In der Nachbarschaft der unter 1 und 2 dargelegten Fälle liegen Interventionen, die zwar nicht unmittelbar Landgewinn anstreben, die aber offenbar danach trachten, die Gebietshoheit eines Staates über einen Gebietsteil einzuschränken.

a) Man wird in diesem Zusammenhang an das militärische Eingreifen Frankreichs, Großbritanniens im Verein mit Israel gegen Ägypten im Jahre 1956 denken müssen. Ihm gehen die folgenden historischen Fakten voraus:

Durch Vertrag mit Großbritannien von 1954 erhält Ägypten seine volle Unabhängigkeit. Im Juni 1956 verlassen die letzten britischen Truppen, die auf Grund eines Vertrages von 1936 noch in der Suez-Kanal-Zone stationiert waren, das Land. Der Kanal selbst bleibt auf der Grundlage des Vertrages von 1888, wenn auch nunmehr unter der Gebietshoheit Ägyptens stehend, offen für die Schiffahrt aller Staaten, und zwar in Friedens- wie in Kriegszeiten für Handels- und Kriegsschiffe. Die im Vertrag von 1888 vorbehaltenen souveränen Rechte — damals des Sultans und des Khediven — die für notwendig erachteten Maßnahmen zur Verteidigung Ägyptens und zur Aufrechterhaltung der öffentlichen Ordnung zu ergreifen, dürfen die freie Benutzung des Kanals nicht beeinträchtigen. Die Dauer dieses Vertrages soll nicht durch die etwaige Beendigung der Konzession der Universal Suez Maritime Canal Company begrenzt sein [29]. Im Juli 1956 wird die Suez-Kanal-Gesellschaft durch Ägypten nationalisiert. Ägypten sperrt den Kanal und den Golf von Akaba gegen Israel unter dem Vorgeben, der Krieg zwischen den arabischen Staaten und Israel, seit 1949 durch einen Waffenstillstand vorläufig zur Ruhe gekommen, sei noch nicht beendet. Frankreich und Großbritannien versuchen, ihre Intervention mit folgender Begründung zu rechtfertigen: Sie sei notwendig, um den Kanal gegen eine Sperrung durch Ägypten zu verteidigen, seine Nationalisierung zu verhindern und ein Regime über den Kanal einzurichten, das die Freiheit der Schiffahrt gewährleiste. Israel hat die folgenden Gründe für sein bewaffnetes Eingreifen vorgetragen: Es sei notwendig, um sich gegen die wiederholten Übergriffe ägyptischer Banden über die vereinbare Waffenstillstandslinie hinaus zu verteidigen; es richte sich ferner gegen die fortgesetzte Blockade durch Sperrung des Suezkanals und des Golf von Akaba für israelische Schiffe; es sei gegen die ständige Drohung Ägyptens gerichtet, die in der Versicherung

---

[28] Vgl. AdG 1961, 9569—9573.

[29] Vgl. die Art. 1, 10, 11, 13, 14 des Vertrags von 1888 zwischen Frankreich, Großbritannien, Österreich, Deutschland, Italien, Niederlande, Rußland, Spanien und der Türkei bei Hurewitz, Diplomacy in the Near and Middle East, Princeton 1956, Bd. I, S. 146 ff.

dieses Staates zum Ausdruck komme, er befinde sich mit Israel in einem Krieg, der mit dem Ziel der Eliminierung Israels geführt werde [30].

b) Hier sei auch die ultimative Note der Volksrepublik China an Indien von Mitte September 1965 erwähnt, mit der China Indien, das gerade in der erwähnten militärischen Auseinandersetzung mit Pakistan stand, „schwere Folgen" androht, wenn Indien nicht alle militärischen Einrichtungen an oder über der Grenze zwischen China und Sikkim innerhalb dreier Tage beseitigen würde. Sikkim, seit 1890 unter britischem Protektorat, verbleibt auf der Grundlage eines Vertrages vom 5. 2. 1950 von Gangtok unter indischem Protektorat. Das Land hat mit gewissen Einschränkungen Autonomie in den inneren Angelegenheiten. Indien ist aber für die Verteidigung der territorialen Integrität wie für die Führung der äußeren Angelegenheiten von Sikkim verantwortlich. Indien weist in einer Note an China dessen Behauptung zurück, es würde jenseits der Grenze von Sikkim auf tibetanischem Gebiet militärische Anlagen installieren. Indien ist aber mit dem chinesischen Vorschlag einverstanden, eine gemeinsame indisch-chinesische Untersuchung durchzuführen. Nach weiteren Erklärungen Chinas und Indiens zieht China seine Truppenansammlungen an der Grenze von Sikkim zurück [31].

c) Hingewiesen sei hier auf den unter II, 1, c gebrachten Fall.

4. Eine andersartige auch in der Gegenwart geübte Zielsetzung militärischer Gewaltanwendung ist das Eingreifen eines Staates zugunsten von Aufständischen in einem anderen Staate, die in diesem Staat einen Regimewechsel erstreben [32], oder zugunsten der bisherigen staatlichen Ordnung.

a) Der klassische Fall in der Gegenwart ist der Yemen. Ägypten hat seit 1962 eine aufständische Gruppe, die die Einführung eines republikanischen Regierungssystems erstrebt, aktiv durch Entsendung einer Armee von etwa 50 000 Mann unterstützt. Umgekehrt hat Saudi-Arabien das bisherige royalistische Regime durch Waffenlieferungen und durch Gestattung von militärischen Operationen yemenitischer royalistischer Truppen von seinem Gebiet her gefördert. Beide Staaten haben durch ein Übereinkommen vom 24. 8. 1965, in dem sich Ägypten zur Zurückziehung seiner Truppen und Saudi-Arabien zur Einstellung der Militärhilfe verpflichten, offen ihre Einmischung in den seit 1962 wütenden Bürgerkrieg zugegeben [33].

---

[30] Zur Vorgeschichte, Geschichte und rechtlichen Beurteilung dieser Intervention s. Quincy Wright, Intervention 1956, in AJIL 1957, S. 257 ff.

[31] Zum Vertrag von Gangtok s. AdG 1950, 2702; zum chinesischen Ultimatum die Berichte in der NZZ, FA. Nr. 257, 258, 259, 260, 261, 263, 264 (1965); ferner die Frankfurter Allgemeine Zeitung Nr. 262, 265 (1965).

[32] Interventionen zugunsten von Aufständischen, die die Lostrennung und Verselbständigung eines Teilgebiets eines Staats zum Ziele haben, sind, soweit ich sehe, in den letzten Jahren nicht in Erscheinung getreten.

[33] Vgl. zu den erwähnten Fakten AdG 1962, 10 207; 1965, 11 888; ferner NZZ, FA. vom 26. 8. 1965, Bl. 2.

Es sei darauf hingewiesen, daß vorstehend der Ausdruck Intervention vermieden worden ist, weil das Vorliegen des in unserer Definition gebrachten Begriffsmerkmals „gegen den Willen“ des (vom Aufstand) betroffenen Staates hier zweifelhaft sein kann. Auf dieses Problem wird bei der rechtlichen Beurteilung solcher Fälle noch zurückzukommen sein.

b) Dem vorstehend erwähnten Fall verwandt sind solche Interventionen, mit denen ein Staat in die inneren Angelegenheiten eines anderen eingreift, um in diesem ein Regime eigener oder doch verwandter politisch-ideologischer Vorstellung zu installieren oder aufrecht zu erhalten.

aa) Erwähnt werden muß hier das Eingreifen sowjetrussischer Truppen in Ungarn im Jahre 1956. Unter dem Eindruck von Massendemonstrationen, die in einen offenen Aufstand übergehen, wird in Ungarn eine bestehende Regierung umgebildet. Ein Teil der neuen Regierung richtet an die Sowjetregierung den Appell, sich an der Wiederherstellung der Ruhe und Ordnung im Lande zu beteiligen. Dies geschieht zunächst mit Hilfe von in Ungarn auf Grund des Warschaupakts von 1955 stationierten sowjetischen Truppen. Der neue Ministerpräsident erklärt, er habe den Appell nicht unterzeichnet. Nachdem zunächst sowjetische Gruppen eingegriffen haben, nachdem alsdann die sowjetische Regierung erklärt hat, sie würde ihre Truppen aus Budapest zurückziehen, sobald die ungarische Regierung dies als erforderlich bezeichne, kommt es zu einem Abkommen zwischen dieser Regierung und dem Kommando der sowjetischen Truppen, auf Grund dessen Budapest von letzteren vollkommen geräumt wird. Einen Tag später protestiert der ungarische Ministerpräsident — vergeblich — gegen den Wiedereinmarsch der Sowjettruppen. Er wird abgesetzt. Eine neue Regierung unter einem anderen Ministerpräsidenten wird eingesetzt. Die Sowjetregierung will ihr Eingreifen auf der Grundlage des Warschauer Pakts als auf vertraglicher Beziehung zwischen Sowjetunion und Ungarn beruhend rechtfertigen [34].

bb) Man wird in diesem Zusammenhang auch das Einschreiten von Truppen der USA beim Aufstand im April 1965 von jüngeren Offizieren gegen die herrschende Militärjunta in der Dominikanischen Republik einzubegreifen haben.

Der Präsident der USA gibt zunächst bekannt, er habe auf Ansuchen dominikanischer Behörden eine geringe Zahl von Militär zum Schutz von Staatsbürgern der USA entsandt. Die Zahl der Truppen wird auf über 30 000 Mann gesteigert. Sie greifen in den Kampf gegen die Rebellen ein. Die USA-Regierung veröffentlicht Materialien über Vorgänge in der Dominikanischen Republik, aus denen heraus die Intervention damit begründet werden soll, daß die Revolution von Kommunisten angezettelt und durchgeführt worden sei. Der USA-Präsident erklärt am 5. Mai 1965 in einer Rede, daß eine „Revolution im Innern allein Angelegenheit des betreffen-

[34] s. AdG 1956 6053; Quincy Wright, a.a.O., S. 259 f., 274 f. Den Warschauer Pakt s. in Arch. VR 1956/57, S. 90 ff.

den Landes“ sei; lediglich dann, „wenn ihr Ziel die Errichtung einer kommunistischen Diktatur“ sei, werde sie „eine Angelegenheit, die Schritte seitens der übrigen Staaten dieser Hemisphäre erforderlich“ mache (sog. Johnson-Doktrin). Nachdem Verhandlungen der USA mit den Streitteilen in der Dominikanischen Republik scheitern, übernimmt die Organisation der amerikanischen Staaten (OAS) vorläufig die Zivilverwaltung. Die Streitkräfte der USA werden teilweise abgezogen, teilweise einem von der OAS geschaffenen interamerikanischen Oberkommando unterstellt [35].

cc) Das Eingreifen der USA in Süd-Vietnam selbst wird man auch unter dem Gesichtspunkt der Erhaltung eines Regimes eigener oder verwandter Art zu betrachten haben. Vietnam ist auf Grund von Genfer Abkommen von 1954 in zwei Zonen geteilt, in ein kommunistisch beherrschtes Nordvietnam und ein jedenfalls nicht kommunistisch regiertes Südvietnam. Beide Teile sollen auf der Grundlage freier und geheimer Wahlen wieder vereinigt werden [36].

Nordvietnam versucht, durch Einschleusung von in seinem Bereich ausgebildeten südvietnamesischen Guerrillas — den sogenannten Viet-Cong-Truppen — in Südvietnam einen kommunistischen Umsturz herbeizuführen. Die USA leisten auf Ersuchen der verschiedenen südvietnamesischen Regierungen Hilfe, seit Oktover 1961 zunächst durch Entsendung einer Gruppe von Militärberatern. Später gibt das USA-Verteidigungsministerium bekannt, daß auf Bitten der südvietnamesischen Regierung ein Militärkommando in Stärke von 5000 Mann entsendet werde mit der Aufgabe, die südvietnamesischen Truppen zu beraten, auszubilden und für den militärischen Nachschub Sorge zu tragen. 1963 wird die Zahl der USA-Truppen auf 12 000 erhöht und die Militärhilfe verstärkt. Die sich vermehrenden militärischen Aktionen des Viet-Cong gegen südvietnamesische Einheiten, aber auch gegen USA-Stützpunkte und -Truppen führen zu weiterer Erhöhung der amerikanischen Kontingente und zu direktem Einsatz dieser Truppen gegen die Viet-Cong-Einheiten, insbesondere seit dem Frühjahr 1965.

In Nordvietnam selbst bombardieren USA-Flugzeuge seit dem Zwischenfall im Golf von Tonkin im Juli und August 1964, bei dem nordvietnamesische Patrouillenboote einen Torpedoangriff auf einen USA-Zerstörer unternommen haben, militärische Einrichtungen, Straßen, Brücken [37]. Eine

---

[35] s. AdG 1965, 11 873, 11 877, 11 878. S. im übrigen den Interamerican Treaty of Reciprocal Assistance vom 2. 9. 1947, insbes. Art. 6 ff., in Arch. VR 1948/49, S. 471 ff.

[36] Vgl. das Waffenstillstandsabkommen zwischen Frankreich und Vietnam einerseits und den Viet-Min andererseits vom 21. 7. 1954, Arch. VR 1955/56 S. 184 ff., und den Text der Schlußakte der Genfer Konferenz über Indochina, Punkt 7, in Europa-Archiv 1954, S. 6822.

[37] Vgl. AdG 1961, 9383, 9493, 9535; 1962, 9670, 9706, 9753, 10 367; 1963, 10 831; 1964, 11 357; 1965, 11 642, 11 750, 11 687, 11 805, 11 894.

Besonderheit des Einsatzes der USA in Südvietnam wird man darin erblicken müssen, daß sie auf Wunsch der Regierungen dieser Zone erfolgt.

5. In der Rechtfertigung der USA bezüglich ihrer Intervention in der Dominikanischen Republik klingt eine weitere Intention solcher Maßnahmen an: Der Schutz eigener Staatsbürger auf fremdem Staatsgebiet. Ein Beispiel aus den letzten Jahren ist das im Juli 1960 erfolgte Eingreifen belgischer Fallschirmtruppen im Kongo mit dem Ziel, eigene und andere Staatsangehörige vor der Bedrohung durch meuternde Soldaten des gerade in die Unabhängigkeit entlassenen Staates zu schützen und dabei Ordnung und Sicherheit, die erheblich gestört waren, wiederherzustellen. Im Verlauf der Meuterei kommt es zu Terrorakten gegen die weiße Bevölkerung, die sich bis zu Mord und Plünderung steigern. Vor der Intervention ist es zu belgischen Demarchen bei der kongolesischen Regierung gekommen. Der Beistandspakt zwischen Belgien und dem Kongo, der anläßlich der Unabhängigkeitserklärung im Juni 1960 abgeschlossen war, sieht ein Eingreifen der auf drei Stützpunkten befindlichen belgischen Streitkräfte nur auf ausdrücklichen Wunsch dieser Regierung vor. Beim zweiten im Zusammenwirken mit den USA und Großbtitannien erfolgten Eingreifen belgischer Truppen im November 1964 zum Schutze von durch Rebellen mit Massakrierung bedrohten Weißen geschieht dies mit Zustimmung der kongolesischen Zentralregierung [37a].

6. Eine wiederum andere Zielsetzung kommt der Intervention der USA gegen gewisse außenpolitische Verbindungen zwischen der UdSSR und Cuba zu, nämlich Schutz der Sicherheit des intervenierenden Staates.

Im September 1962 erklärt sich die UdSSR bereit, an Cuba Waffen zu liefern, wobei es sich um Material handeln soll, das lediglich Defensivzwecken dient.

Am 22. 10. 1962 gibt der Präsident der USA in einer Rede bekannt, daß eindeutige Beweise für die Errichtung sowjetischer offensiver (Mittelstrekken-)Rakentenabschußrampen auf Cuba vorlägen. Zur Verteidigung der eigenen Sicherheit und der der westlichen Hemisphäre habe sich die Regierung der USA zur Abwehr dieser Aktionen entschlossen, eine Seesperre für alle offensive militärische Ausrüstung nach Cuba einzurichten; die Alarmbereitschaft der militärischen Einheiten der USA einzuführen; den Antrag auf Einberufung einer Sondersitzung des Sicherheitsrates der VN zu stellen, damit Maßnahmen gegen die sowjetische Bedrohung des Weltfriedens getroffen würden. Der Rat der OAS billigt diese Maßnahmen. Es folgt eine Proklamation der USA über die Waffensperre nach Cuba. Sie enthält: eine Liste des gesperrten Materials; die Festlegung eines Verbots- und Sperrgürtels um Cuba; Anweisung an die USA-Streitkräfte, jedes Schiff, das in Richtung Cuba fahre, im Verbots- und Sperrgürtel anzuhalten, im Weigerungsfalle aufzubringen und die Ladung zu untersuchen; bei Vorfinden ge-

[37a] Vgl. AdG 1960, 8514; 1964, 11 518.

sperrten Materials das Schiff anzuweisen, seine Fahrt zu einem anderen selbstgewählten Ziel fortzusetzen; im Weigerungsfalle es aufzubringen und in einen USA-Hafen zu geleiten; Gewalt solle nur im Falle der Entziehung oder der Selbstverteidigung angewendet werden. Der Vorschlag des GS der VN an die UdSSR, den auf dem Weg nach Cuba befindlichen Schiffen den Befehl zum Stoppen zu geben, wird durch die Regierung der UdSSR angenommen. Sie erklärt sich bereit, die Raketenbasen auf Cuba unter VN-Kontrolle zu demontieren, wenn die USA ihrerseits die Blockade aufheben, die Garantie geben, Cuba nicht anzugreifen, und die Raketenbasen in der Türkei aufgeben. Die USA erklären sich zur Aufhebung der Blockade und zur Garantie, Cuba nicht anzugreifen, bereit, falls die Raketenstützpunkte unter UN-Kontrolle einsatzunfähig gemacht würden. Das Tauschgeschäft Cuba-Türkei wird abgelehnt. Am 28. Oktober 1962 wird von der UdSSR der Befehl zum Abbau der Basen gegeben. Die USA geben am 20. 11. 1962 die Aufhebung der Blockade bekannt. Sie behalten sich aber die Luftkontrolle Cubas vor, solange keine internationale Inspektion Cubas erfolge[38].

7. Einer letzten Gruppe bekannt gewordener Interventionen gehören solche Eingriffe an, die in einem völkerrechtlichen Vertrag ihre Grundlage haben.

Von Bedeutung ist der Fall Cypern. Die Insel, seit 1941 britische Kronkolonie, wird auf Grund des Londoner Abkommens von 1959 — in London, Ankara, Athen und Nicosia veröffentlicht, vereinbart zwischen Großbritannien, Griechenland, Türkei und Vertretern der Unabhängigkeitsbewegung der Insel — in die Unabhängigkeit entlassen. In Art. 1 des dem Abkommen zugehörigen Treaty of Garantee verpflichtet sich Cypern, seine Unabhängigkeit, seine territoriale Integrität und seine Sicherheit zu wahren, an keiner politischen oder wirtschaftlichen Union, die mit seinem Status nicht in Einklang steht, teilzunehmen und die auf der Grundlage des Abkommens erarbeitete und in Kraft gesetzte Verfassung zu achten. Großbritannien, Griechenland und Türkei garantieren in Art. 2 Unabhängigkeit, territoriale Integrität und Sicherheit des neugeschaffenen Staatswesens, garantieren aber auch die durch die in London vereinbarten grundlegenden Artikel seiner Verfassung geschaffene Lage. Gemäß Artikel 4 verpflichten sich die drei Mächte, im Falle eines Bruches des Vertrages für seine Einhaltung Sorge zu tragen. Erweist sich eine gemeinsame Aktion als nicht möglich, behält sich gemäß Abs. 2 des Art. 4 jede der garantierenden Mächte das Recht vor, eine Aktion mit dem alleinigen Ziel durchzuführen, den Stand der Angelegenheiten, wie er durch das Abkommen festgelegt ist, wiederherzustellen[39]. Als in der Folge die Führung der griechischen Mehrheit Cyperns ver-

[38] Vgl. AdG 1962, 10 080, 10 097, 10 189, 10 193, 10 197 f.

[39] Zur Vorgeschichte und Geschichte des Londoner Abkommens vgl. AdG 1959, 1573 ff. S. ferner Tornaritis, The constitutional Problems of Cyprus, in Review of Contemporary Law, Brüssel 1964, Nr. 1, S. 91 ff.; Das Vertragswerk selbst und den Garantievertrag s. UNTS 1960, Vol. 382, Nr. 5475.

sucht, gegen den Willen der türkischen Minderheit eine Verfassungsänderung herbeizuführen, mit der die Rechte dieser Mehrheit gegenüber der türkischen Minderheit verstärkt werden sollen, kommt es zu blutigen Auseinandersetzungen auf der Insel, in die die Türkei mehrfach einzugreifen droht [40].

Zusammenfassend läßt das Verhalten intervenierender Staaten heute die folgenden Zwecke erkennen:

Interventionen mit dem Ziel

1. einen anderen Staat zu vernichten;
2. ein umstrittenes Gebiet oder einen streitigen Grenzstreifen sich einzuverleiben;
3. die Gebietshoheit eines Staates über einen Teil seines Staatsgebietes einzuschränken;
4. bei Aufständen in einem Staat einzugreifen, entweder zugunsten der bisherigen Regierung oder zur Unterstützung der Aufständischen; solche Interventionen werden auch unternommen, um Regime eigener oder verwandter politisch-ideologischer Vorstellung aufrecht zu erhalten oder zu installieren;
5. die eigenen Staatsbürger in einem anderen Staat zu schützen;
6. unmittelbar dem Schutz der eigenen Sicherheit des intervenierenden Staates zu dienen;
7. auf der Grundlage eines völkerrechtlichen Vertrages den mit diesem Vertrag vereinbarten Status aufrecht zu erhalten.

Zu untersuchen ist, ob und inwieweit das geltende Völkerrecht Interventionen mit solchen Zielsetzungen zuläßt.

III

Bei der Prüfung der Frage, ob Interventionen mit den erwähnten Zielsetzungen, die unter Anwendung militärischer Gewalt oder der Drohung mit bewaffneter Gewaltanwendung erfolgen, nach dem heute gültigen Völkerrecht erlaubte Handlungen darstellen, ist in erster Linie das Gewaltverbot der Satzung der VN zu beachten.

Art. 2 § 4 der SVN verbietet den Mitgliedern der Organisation Drohung oder Gebrauch von Gewalt in ihren internationalen Beziehungen gegenüber der territorialen Integrität oder politischen Unabhängigkeit irgendeines Staates mit der noch zu erörternden Ausnahme der individuellen oder kollektiven Selbstverteidigung im Rahmen des Art. 51 der Satzung. Dahm hebt hervor, daß es sich bei diesem Gewaltverbot heute um einen allgemein anerkannten Rechtsgrundsatz im Sinne des Art. 38 Abs. 1 c des Statuts des IG handelt, so daß auch Nichtmitglieder der Organisation — ganz abgesehen vom Problemkreis der mit Art. 2 § 6 SVN gegeben ist — an ihn gebunden sind [41].

[40] Hierzu AdG 1964, 11 123, 11 368.

[41] Dahm, Völkerrecht II, Stuttgart 1961, § 75 I.

Das Gewaltverbot, dem umgekehrt das Gebot der Friedenswahrung entspricht (vgl. SVN Präambel §§ 5 und 6; Art. 1, §§ 1 und 2; Art. 2 § 3), ist im Rahmen der Begrenzungen, die aus der Satzung selbst hervorgehen, ein umfassendes [42]. Bedenkt man, daß einer der Grundsätze, an die sich die Mitglieder zu halten verpflichtet haben, der ist, daß sie ihre Streitigkeiten nur durch friedliche Mittel austragen und auf solche Art, daß internationaler Friede und Sicherheit nicht gefährdet werden (Art. 2, § 3 SVN); erwägt man weiter, daß das Gewaltverbot des § 4 allem Tun gilt, das irgendwie nicht mit den Zielen der VN in Einklang zu bringen ist; beachtet man, daß eines dieser auch mit § 4 erstrebten Ziele die friedliche Streiterledigung ist; ersieht man daraus, daß grundsätzlich auch echte Rechtsansprüche gegen einen die Erfüllung verweigernden Staat — im Gegensatz zum Kriegsverbot des Kellogpaktes — nicht durch Anwendung von Gewalt durchgesetzt werden dürfen; zieht man aus alledem in Konsequenz die Folgerung, daß nach der SVN Weltfriede und -sicherheit der Gerechtigkeit vorgehen, wenn es — wie so oft — nicht gelingt, Rechtsstreitigkeiten unter den Staaten auf friedlichem Wege zu lösen; überlegt man, daß das in der relativ kurzen Geschichte der VN so oft ersichtliche Versagen des zur Streitschlichtung und zur Feststellung und Bekämpfung des Friedensbrechers berufenen Organs des Sicherheitsrats [43] die Mitglieder der Völkerrechtsgemeinschaft zwingt, sich auf den in Art. 51 der SVN mittelbar als weiter geltend anerkannten alten Verfassungsgrundsatz dieser Gemeinschaft, auf den Grundsatz der Selbstbeurteilung zurückzuziehen; muß man aber den vor dem Inkrafttreten der SVN gültigen Grundsatz der Selbstdurchsetzung als nur in den in der SVN vom Gewaltverbot ausdrücklich ausgenommenen Fällen noch geltend betrachten; faßt man diesen ganzen Zusammenhang dahin zusammen, daß es nicht gelungen ist, in und mit der SVN ein Instrument zu schaffen, dem es praktisch möglich ist, Staatsstreitigkeiten im Rahmen des geltenden Rechts autoritativ zu schlichten; daß damit ein in seinen Rechten verletzter Staat, der sich an die SVN und ihre Grundsätze hält, einem etwaigen Rechtsbrecher, sofern er nicht gerade das Selbstverteidigungsrecht des Art. 51 SVN herausgefordert hat, hoffnungslos ausgeliefert ist: Dann erscheint das Bemühen der Staatenwelt nicht unberechtigt, das Gewaltverbot der SVN so eng wie nur möglich auszulegen.

Die gegenwärtige Lage der Völkerrechtsgemeinschaft scheint — so tragisch das anmuten mag, bedenkt man die vielfältigen Hoffnungen, die die

[42] Zum Gewaltverbot s. neben früherer, aus den Handbüchern ersichtlicher Literatur u. a. DAHM, Das Verbot der Gewaltanwendung, in Jahrb. IR 11, 1962, S. 48 ff.; HIGGINS, The legal limits to the use of force, in British Yearbook of IL 37, 1961, S. 269 ff.

[43] Eine Untersuchung über die Zahl der Fälle, in denen der SR zu einem Beschluß in meritorischen Angelegenheiten gelangt ist, wäre aufschlußreich; ganz abgesehen von den Fällen, in denen zwar Beschlüsse gefaßt, aber nicht das Ziel einer endgültigen befriedigenden Lösung erreicht wurde.

friedenshungrige Menschheit auf die Tätigkeit einer Weltorganisation der Völker setzte und setzt — den Staaten den Gedanken aufzuzwingen, im Gegensatz zum ursprünglichen Willen der Völkergemeinschaft die Schranken des Gewaltverbots zu betonen. Hiervon geben die vielfältigen gewaltsamen Interventionen, auf die oben hingewiesen wurde, Kunde. Wenn in den folgenden Untersuchungen, die stets mit Blick auf die erwähnten Interventionsfälle erfolgen, eine einschränkende Interpretation des Gewaltverbots gegeben wird, erscheint dies durch die geschilderte internationale Situation bedingt. Sie wird umso deutlicher die äußersten nicht mehr überschreitbaren Grenzen der Gewaltanwendung erkennen lassen.

1. Unter II, 1 dieser Ausführungen sind Fälle von Interventionen angeführt, in denen offensichtlich ein bestehender und darüber hinaus allgemein anerkannter Staat mit gewaltsamer Vernichtung und Annektion bedroht wird, wobei teilweise auch Gewalthandlungen in Verfolg des angedrohten Zieles erfolgen.

Ein Tun solcher Art widerspricht in vollem Umfange dem Gebot der Friedenswahrung und dem Verbot der Drohung oder des Gebrauchs von Gewalt gegenüber der territorialen Unverletzlichkeit oder politischen Unabhängigkeit eines Staates. In der SVN ist insoweit keine Ausnahme vom allgemeinen Verbot der Gewaltdrohung und -anwendung ersichtlich. Auch der Versuch, sich durch Austritt aus der Weltorganisation der VN den Verpflichtungen, die mit der SVN gegeben sind, insoweit zu entziehen, ist zum Scheitern verurteilt, weil das Gebot der Friedenswahrung und das Verbot aggressiver Gewaltanwendung nunmehr auch zum Bereich der allgemein anerkannten Rechtsgrundsätze gehören [43a]. Wenn ein Staat die Geltung solcher fundamentalen Rechtsgrundsätze leugnet, sie in seinen Handlungen schlechthin mißachtet, bedeutet das Verneinung nicht nur der OVN sondern der Völkerrechtsgemeinschaft schlechthin. Ein Staat, der so vorgeht, stellt sich somit außerhalb dieser Gemeinschaft. Es muß im übrigen als ein bedenkliches Zeichen für den Zustand der derzeitigen Staatengemeinschaft erachtet werden, daß sie nicht einmütig veruteilend auf Äußerungen und Handlungen der gekennzeichneten Art reagiert!

2. Friedensgebot und Gewaltverbot drücken auch solchem gewaltsamen Tun von Staaten den Stempel der Rechtswidrigkeit auf, das mit dem Ziel durchgeführt wird, erstens sich Teile fremden Staatsgebiets einzuverleiben, oder zweitens Gebietsteile als zum eigenen Staatsgebiet gehörig aber unter der Gebietshoheit des anderen Staates stehend in die eigene Gebietshoheit zurückzuführen. Hier ist entweder gewaltsame Verletzung der territorialen Integrität oder aber der politischen Unabhängigkeit des betroffenen Staates im Sinne des Art. 2 § 4 SVN gegeben.

[43a] Zu den Rechtsgrundsätzen s. Verdross, Völkerrecht, 5. Aufl., Wien 1964, S. 17 ff., dem sich Verf. vollinhaltlich anschließt.

Die politische Unabhängigkeit eines Staates ist schon durch die Gewaltsamkeit der Gebietsentreißung betroffen und verletzt. Stimmt das Rechtsbewußtsein der positiven Regelung der SVN im erstgenannten Fall durchaus zu, so erwachsen doch Zweifel, bedenkt man gewisse Möglichkeiten, die durch die Regelung der SVN eröffnet werden. Denn auch in Fällen der letzterwähnten Art enthält die SVN keinerlei Rechtfertigungsgründe für eine Intervention, mag der gewaltsam angegriffene Staat ein Gebiet auch zu Unrecht zurückhalten. Nach der SVN kann der in seinem Recht betroffene Staat eine Rückgliederung seines Gebiets nur mit friedlichen Mitteln erstreben. Versagen diese, so steht er unter dem geltenden Völkerrecht ohne Rechtsschutz. Das Greifen nach dem Rechtsschutzmittel des Krieges, hier des Angriffskrieges, der nach allerdings bestrittener Ansicht noch nach dem Kelloggpakt zur Wiederherstellung der Völkerrechtsordnung gestattet blieb[44], ist ihm nach der SVN untersagt. Eine unter Berücksichtigung der Vernichtungskraft der modernen Waffen verständliche aber letztlich doch unbefriedigende Rechtslage. Sie kann einen das Völkerrecht mißachtenden Staat geradezu anreizen, sich bei geeignet erscheinender politischer Situation gegen einen zur Zeit wehrlosen Staat gebietliche Vorteile ungerechtfertigt zu verschaffen. Da nach Beendigung einer solchen Aggression nach Art. 51 SVN erlaubter Verteidigungskrieg nicht mehr statthaben kann, bleibt das Recht im Interesse des Weltfriedens und der Weltsicherheit gebeugt, wenn die in der SVN vorgesehenen Mittel zur Wiederherstellung des Rechts versagen. Letzteres gilt nebenbei bemerkt nicht nur bei unrechtmäßigem Gebietserwerb sondern auch bei anderem durch einen Staat zugefügtem Unrecht, wenn der verletzende Staat sich einer auf friedlichem Weg herbeigeführten Wiedergutmachung weigert, oder dieser Staat als Aggressor nicht durch die VN in seine Schranken zurückverwiesen werden kann. Da die heutige Waffentechnik mit ihrer alles zerstörenden Wirkung das Verbot des militärischen Angriffs auch zur Wiederherstellung des Rechts als unausweichlich erweist, muß umsomehr die Gefährlichkeit der Rechtslücke im Völkerrecht herausgestellt werden, deren Vorhandensein dem rechtswilligen Staat gegenüber dem rechtsbrechenden auch bei Versagen der von der SVN zur Friedenswahrung bestellten Organe das Mittel der Selbstdurchsetzung verweigert, ihn daher rechtsschutzlos der Willkür des letzteren überantwortet.

3. Eine Intervention mit dem Ziel, die Gebietshoheit eines Staates über sein Staatsgebiet oder einen Teil dieses Gebietes vorläufig oder dauernd einzuschränken, fällt gleichfalls unter das Gewaltverbot der SVN, es sei denn, sie geschehe — vorübergehend — als Maßnahme der Selbstverteidigung gemäß Art. 51 SVN. Falls ein Staat daher auf seinem Gebiet Maßnahmen ergreift, die die Rechte anderer Staaten verletzen, rechtfertigt ein solches Handeln nach der SVN ein gewaltsames Eingreifen des verletzten Staates nicht,

[44] Zur Diskussion um den Kelloggpakt vgl. Verdross, a.a.O., S. 437 ff.

wenn jenes Handeln sich nicht als bewaffneter Angriff im Sinne des Art. 51 SVN darstellt.

Die Nationalisierung von Eigentum fremder Staatsbürger kann jedenfalls nicht als Angriff gewertet werden. Die unter II, 3 gebrachten Beispiele offenbaren im übrigen, wie schwierig in Fällen der Praxis die Feststellung ist, ob und von welcher Seite ein Angriff vorgenommen wurde, wie sorgsam also etwa eine internationale Instanz bei der Bestimmung des Angreifers verfahren muß. Hinzu kommen die Divergenzen in der Frage der Definition des Angreifers. Während die sogenannte elastische Definition dahin geht, der Angreifer könne nur auf Grund freier Würdigung aller Umstände des Einzelfalles festgestellt werden, es verbiete sich daher die Festlegung einer Skala von Tatbeständen, bei deren Vorliegen ohne weiteres der Angreifer als festgestellt gelte, möchten die Anhänger der starren Definition den Angreifer auf der Grundlage konkret umrissener Merkmale bestimmen können. Zu dieser Problematik sei nur erwähnt, daß die starre Definition die in der Doktrin gebrachte, aber in der Praxis begründete Unterscheidung zwischen verbotenem Präventivkrieg und als Verteidigung zu betrachtender und daher als erlaubt anzusehender Präventivkriegseröffnung ausschließt, da nach ihr der, der die erste Gewalthandlung vornimmt, als Angreifer zu betrachten ist, gleichgültig, ob diese Handlung provoziert wurde oder nicht.

Allerdings gilt auch nach der starren Definition die Untersützung bewaffneter Banden, die sich auf dem Gebiet eines Staates gebildet haben, um in ein anderes Staatsgebiet einzudringen, oder die Weigerung, auf Verlangen des bedrohten Staates solchen Banden jede Hilfe und jeden Schutz zu entziehen, als Verwirklichung des Tatbestandes des Angreifers [45]. Eine Intervention gegen ein solches Verhalten durch den bedrohten Staat wäre demnach durch Art. 51 SVN gedeckt. Fraglich bleibt, ob ein bloßes passives Geschehenlassen solcher Bandenbildung und -betätigung auf seinem Gebiet den duldenden Staat zum Aggressor macht. Nach allgemeinem Völkerrecht konnte der bedrohte Staat bei Passivbleiben des anderen Staates eine Intervention im Wege des Selbstschutzes vornehmen, indem ersterer durch Einschreiten gegen die Banden auf dem Gebiet des letzteren eine Handlung vornahm, zu der dieser an sich verpflichtet war [46]. Nach der SVN wäre ein solches Einschreiten nur gestattet, wenn man den, sei es aus Übelwollen oder aus Schwäche, in Passivität verharrenden Staat als Angreifer bezeichnen könnte. Da der Angriff der Banden aus diesem Staat heraus erfolgt oder unmittelbar bevorsteht, könnte der bedrohte Staat zur Intervention dann nach der SVN berechtigt sein, wenn das aggressorische Verhalten der Ban-

[45] Zur ganzen mit den Begriffen Angriff und Angreifer gegebenen Problematik vgl. Kipp, Stichwort Angriff, in Strupp-Schlochauer, Wörterbuch VR, 2. Aufl., Bd. I, Berlin 1960.

[46] Zum Begriff des Selbstschutzes s. Verdross, a.a.O., S. 429 ff.

den dem passiv verbleibenden Territorialstaat zugerechnet werden könnte. Bedenkt man, wie stark Art. 51 SVN das „unveräußerliche Recht auf individuelle oder kollektive Selbstverteidigung" gegenüber dem bewaffneten Angriff betont, erwägt man weiter, daß auch Bandenangriffe die Sicherheit eines Staates erheblich beeinträchtigen, seine innere Ordnung zerstören können, überlegt man ferner, daß die Weltinstanz, die für Maßnahmen bei Bedrohung der internationalen Sicherheit, bei Friedensbruch und Angriffshandlung zuständig ist — der Sicherheitsrat der VN — oft und oft an seiner eigenen Unzulänglichkeit, am Fehlen einer internationalen Streitmacht in der Erfüllung seiner Aufgabe gescheitert ist, wird eine ausdehnende Auslegung des Art. 51 SVN dahin gehend nicht als unzulässig anzusehen sein, auch den bei Bildung von bewaffneten Banden auf seinem Gebiet passiv bleibenden Staat als Angreifer zu bestimmen, indem das aggressive Verhalten der Banden ihm, der zum Eingreifen gegen sie nach VR verpflichtet wäre, zuzurechnen ist.

Das Errichten militätischer Anlagen auf eigenem Gebiet wird dann jedenfalls nicht als Angriffsmaßnahme zu werten sein, wenn die Anlagen defensiven Charakter haben. Da das Selbstverteidigungsrecht offensive militärische Operationen nicht ausschließt, wird man auch das Herstellen oder Bereitstellen von militärischen Ausrüstungen, die solchen offensiven Aufgaben dienen, auf eigenem Staatsgebiet nicht zu Angriffshandlungen rechnen können, es sei denn, diese Maßnahmen würden ersichtlich der unmittelbaren Vorbereitung eines Präventivkriegs dienen. Ob und wann ein solches Vorhaben angenommen werden kann, wird nur sehr schwer zu beurteilen sein. Es müssen schon überzeugende Indizien vorliegen, um dem bedrohten Staat das konkrete Recht zuzugestehen, gegen das Handeln solcher Art eines Staates auf dessen eigenem Gebiet vorzugehen.

Der unter II, 1, c erwähnte, aber unter II, 3 sachlich einzuordnende Fall der Drohung mit bewaffnetem Eingreifen auf fremdem Staatsgebiet mit dem Ziel, Hoheitshandlungen dieses Staates — Ableitung der Quellflüsse des Jordan — auf dessen eigenem Gebiet zu verhindern, damit aber die Gebietshoheit dieser Staaten auf einem Teilstück ihres Gebietes einzuschränken, liegt insofern anders, als hier auf seiten der Staaten, gegen die eine Interventionshandlung angedroht wurde, in der bloßen Absicht, die Quellflüsse abzugraben, wie auch in der etwaigen Durchführung dieses Vorhabens eine Angriffshandlung mit Waffen im technischen Sinn nicht gegeben ist. Es ist zu prüfen, ob der Begriff „bewaffnet" im Sinne des Art. 51 SVN anders zu interpretieren ist, als in der üblichen technischen Bedeutung des Wortes.

Das mit der Ableitung von mehrere Staaten nacheinander durchquerenden Wasserläufen durch den Oberlieger gegebene Problem soll hier unter der Voraussetzung behandelt werden, daß die Ableitung die unterliegenden Staaten empfindlich beeinträchtigt, ja ihren Lebensnerv berührt, wobei nochmals betont sei, daß das Vorliegen dieses Umstandes im angeführten Fall weder behauptet noch bewiesen werden soll. Es geht in dieser Abhandlung nur um rechtstheoretische Untersuchungen.

In § 5 der Präambel der SVN ist heute in ausdrücklicher Setzung die Verpflichtung der Staaten enthalten, sich an den Grundsatz der guten Nachbarschaft zu halten. Wenn auch der Inhalt dieses Prinzips noch unbestimmt erscheint, so dürfte er doch das Verbot enthalten, auf eigenem Staatsgebiet Handlungen durchzuführen oder zu gestatten oder zu dulden, die geeignet sind, in fremdes Staatsgebiet hineinzuwirken und dort Schaden zu verursachen [47]. Falls die Ableitung von natürlichen Wasserläufen durch den Überlieger die unten liegenden Anrainerstaaten in der Nutzung wesentlich beeinträchtigt, dürfte eine Verletzung des Prinzips der guten Nachbarschaft gegeben sein, mag man auch früher — vor der förmlichen Anerkennung des Prinzips — in der Doktrin zu diesem Problem divergierende Auffassungen vertreten haben [48]. Geschieht die Ableitung in einer Weise, daß die lebensnotwendige Versorgung des unterliegenden Staates insgesamt oder auch nur eines Teilgebietes ernsthaft bedroht ist, ohne daß etwa für den Oberlieger ein Rechtfertigungs- oder Entschuldigungsgrund vorliegt, sind ihm diese Umstände bekannt und setzt er trotz Abmahnung sein Tun fort, dürfte ein schwerer Verstoß gegen das Prinzip der guten Nachbarschaft und das hieraus erfließende Recht des geschädigten Staates auf ein dem Prinzip entsprechendes Verhalten des schädigenden Staates vorliegen. Es ist zu fragen, ob solches Handeln eines Staates, das, wenn auch auf eigenem Gebiet, bewußt in lebensnotwendige Güter des Nachbarn eingreift, als bewaffneter Aggressionsakt betrachtet werden kann, wie dies der Staat Israel zum Ausdruck gebracht hat.

Es ist heute communis opinio, daß ein Angriff nicht nur mit Mitteln militärischer, sondern auch wirtschaftlicher Gewaltanwendung durchgeführt werden kann [49]. So versteht man in der Doktrin unter direktem materiellem Angriff die unmittelbare Eröffnung von Feindseligkeiten durch militärische oder wirtschaftliche Angriffsmittel. Das bewußte Abschneiden von für einen Staat lebenswichtigen Wasseradern wird man unbedenklich jedenfalls als wirtschaftliche Gewaltmaßnahme gegen diesen Staat betrachten können. Ist sie nicht irgendwie durch den unterliegenden Staat provoziert worden, so daß beim Oberlieger eine Gewaltreaktion, d. h. eine Verteidi-

---

[47] So etwa Verdross, a.a.O., .S 294. Vgl. im übrigen die bei ihm S. 293 f. angeführte Literatur und Rechtsprechung.

[48] Man denke an die bei Verdross, a.a.O., angeführte Territorialitätstheorie, gemäß der jeder Anlieger eines natürlichen Wasserlaufes auf seinem Gebiet über das Wasser frei verfügen kann; an die Integritätstheorie, wonach für jede Veränderung eines solchen Gewässers die Zustimmung der beteiligten Staaten gefordert wird; an die Solidaritätstheorie, die jedenfalls die betreffenden Staaten zur Aufnahme von Verhandlungen verpflichtet.

[49] Vgl. Kipp, a.a.O. und die dort angegebene Literatur.

gungsmaßnahme nicht vorliegen würde, ist das Verhalten des oben liegenden Staates als Aggression zu werten. Das Ablenken von Wasserläufen, das mit den modernen, von der Technik bereitgestellten Mitteln, auch wenn es in großem Ausmaß erfolgt, keinerlei technische Unmöglichkeit mehr bedeutet, fällt zweifellos nicht unter den Begriff eines bewaffneten Handelns im bisherigen Sinn. Wenn es aber heute nach dem Stand der technischen Entwicklung möglich ist, einen Staat auch ohne Zuhilfenahme von Waffen (im bisherigen technischen Sinn des Wortes) in die Knie zu zwingen, zu besiegen und dem Willen des Siegerstaates gefügig zu machen, muß doch wohl ernsthaft erwogen werden, ob nicht auch hier eine erweiterte Interpretation des Begriffes „bewaffneter Angriff" notwendig geworden ist, eine Auslegung selbstredend, die dem Sinn des Begriffs im Rahmen des Art. 51 SVN gerecht wird.

Bedenkt man noch einmal, daß nach Art. 51 SVN das Recht auf Unabhängigkeit der Staaten, das in Art. 2 § 1 SVN im Begriff der souveränen Gleichheit als maßgebend auch für die Arbeit der OVN herausgestellt ist, für so grundlegend anzusehen ist, daß trotz des in der SVN gültigen Prinzips der kollektiven Sicherheit das individuelle Recht auf Selbstverteidigung gegen jeden diese Unabhängigkeit bedrohenden bewaffneten Angriff als ein unveräußerliches, natürliches, durch positive Satzung nicht gewährtes sondern vorgefundenes Recht herausgestellt wird, ein Recht also, das mit der Existenz eines Staates schlechthin gegeben ist, das heute in positiver Satzung offenbar sogar dann gegeben sein soll, wenn der Angreifer mit dem Angriff ein ihm zustehendes Recht geltend macht, da Art. 51 nicht zwischen rechtmäßigem und unrechtmäßigem Angriff unterscheidet; erwägt man, daß Angriffsmaßnahmen der hier zur Diskussion stehenden Art, die auf den ersten Blick als lediglich wirtschaftliche Kampfmittel erscheinen, von ungleich größerer Durchschlagskraft sein können als Anwendung von Waffen konventioneller Art, von einer Wirksamkeit, die den angegriffenen Staat im Falle des Gelingens zur sofortigen Kapitulation zwingen würde[50]; stellt man noch einmal die mehrfach angeführte Schwerfälligkeit, ja Unfähigkeit des für die kollektive Sicherheit verantwortlichen Organs der OVN heraus; dann wird man — will man nicht, was dem ganzen innersten Sinn des Art. 51 SVN widersprechen würde, den angegriffenen Staat hilflos der Willkür des Angreifers überlassen — den Begriff des „bewaffneten Angriffs" mit Vorsicht ausweitend dahin zu interpretieren haben, daß Angriffsmaßnahmen, die, wenn auch nicht mit Hilfe von Waffen im unmittelbar technischen Sinn des Wortes, so doch mit Angriffsmitteln von gleicher oder sogar intensiverer

[50] Abgesehen von der Ableitung lebenswichtiger Wasseradern könnte man sich heute als Angriffsmaßnahme auch die Verseuchung dieser Gewässer durch Einführung entsprechender chemischer, biologischer oder radioaktiver Stoffe im Grenzgebiet des Oberliegers vorstellen. Solche Mittel kann man unbedenklich als „Waffen" ansehen. Die Ableitung der Gewässer würde aber im Endergebnis den gleichen Erfolg haben.

Wirkung durchgeführt werden, als Angriff im Sinne des Art. 51 SVN ansehen können.

Man muß sich hierbei allerdings bewußt sein, daß in die an sich schon mit zahlreichen Schwierigkeiten belastete Auslegung des Angriffsbegriffs, in die Problematik der Definition und Bestimmung des Angreifers ein weiteres Unsicherheitselement eingeführt wird. Denn man kann nicht — will man nicht zu einer uferlosen Ausdehnung des Begriffs des bewaffneten Angriffs gelangen — jede technische oder wirtschaftliche Maßnahme eines Staates gegen einen anderen Staat als eine dem bewaffneten Angriff im bisherigen technischen Sinn der Worte gleichgestellte Aktion werten können. Nur solche Angriffshandlungen nicht im technischen Sinne bewaffneter Art mit Angriffsmitteln, die sich gegen Güter richten, die schlechthin elementare, vitale Voraussetzungen für die Existenz eines Staates bedeuten, mit Angriffsmitteln also, die als Waffe gegen die unmittelbaren Lebensgrundlagen eines Staates eingesetzt werden, rechtfertigen die Gleichstellung mit dem bewaffneten Angriff im bisher überlieferten Sinne des Wortes. Eine Einbeziehung anderer Maßnahmen in den Terminus „*bewaffneter* Angriff", mögen sie auch aggressiven Charakter haben, würde dem inneren Sinn des in Art. 51 SVN positivierten, aber auch ohne diese Positivierung gegebenen Notwehrrechts der Staaten als eines letzten, äußersten und von weittragenden Folgen begleiteten Rechtsschutzmittels widersprechen, würde zu einer vom Selbstverteidigungsrecht nicht umfaßten und gebilligten, uferlosen, nicht mehr eingrenzbaren Ausweitung der Befugnis zur bewaffneten Gewaltreaktion führen.

Im Endergebnis: Interventionen mit dem Ziel, die Gebietshoheit eines Staates über einen Teil seines Gebiets einzuschränken, unterfallen zwar grundsätzlich dem Gewaltverbot der SVN. Es kann sie aber — je nach der konkreten politischen Situation — der Rechtfertigungsgrund des Rechtes der Selbstverteidigung im Sinne des Art. 51 SVN im dargetanen Umfange zu einer auch nach heutigem positivem Völkerrecht erlaubten Maßnahme machen.

4. Bei der Prüfung der Frage, ob Interventionen zugunsten der bisherigen Regierung oder einer aufständischen Organisation im Falle eines Aufstandes innerhalb eines Staates nach heutigem Völkerrecht zulässig sind, ist zunächst zu bedenken, daß Bürgerkriege zu den Angelegenheiten gehören, die die inneren Verhältnisse eines Staates betreffen. Da Art. 2 § 4 SVN den Gebrauch von Gewalt in den internationalen Beziehungen der Staaten verbietet, kann diese Bestimmung auf einen solchen Konflikt, soweit internationale Beziehungen nicht berührt sind, nicht angewendet werden [51]. Man muß allerdings zwei mögliche rechtliche Phasen bei einem Bür-

---

[51] So auch Dahm, Völkerrecht, Bd. II, Stuttgart 1961, S. 358.

gerkrieg unterscheiden: Erstens die Phase vor, und zweitens die nach einer eventuellen Anerkennung der Aufständischen als kriegführende Partei[52].

Zunächst sei die Rechtslage vor der Anerkennung der aufständischen Gruppe erörtert. Sowohl Staatenpraxis wie Doktrin lassen eine einheitliche Stellungnahme nicht erkennen. Schon aus den angeführten Beispielen ergibt sich, daß heutige Staaten — wie dies im übrigen auch schon früher geschehen ist — bedenkenlos sowohl die bisherige Reigerung wie die Aufständischen unterstützen. Ein Teil der Doktrin neigt dazu, jede Einmischung in einen Bürgerkrieg, sei es auf seiten der legitimen Regierung, sei es auf der Seite der Aufständischen als völkerrechtlich verboten zu betrachten[53]. In diesem Zusammenhang ist die Stellungnahme des damaligen britischen Außenministers Lord Halifax vor dem Völkerbundsrat im Jahre 1938 zur Intervention fremder Mächte in Spanien von Interesse. Er stellt zunächst das zweifellos gültige Prinzip des Völkerrechts heraus, daß es eigene Angelegenheit der Staaten ist, ihre Regierungsform zu bestimmen. Auf den spanischen Bürgerkrieg angewendet gibt er seine Meinung dahin kund, daß jedenfalls in einem Stadium der internen Auseinandersetzungen, das den Punkt einer bloßen militärischen Revolte überschrittenhat und sich zu einem echten Bürgerkrieg (d. h. wohl zwischen Regierung und organisierter, einen Teil des Staatsgebiets beherrschender aufständischer Gruppe) ausgeweitet hat, keinerlei Pression zugunsten der einen oder anderen Seite erfolgen dürfe[54]. Ob er allerdings eine Einmischung zugunsten der legitimen Regierung bei einer bloßen Revolte für erlaubt hält, ist aus seinen Ausführungen nicht unbedingt ersichtlich.

Die überwiegende Meinung geht, worauf neuerlich WEHBERG hingewiesen hat[55], dahin, eine Unterstützung der legitimen Regierung auch militä-

---

[52] Über die Rechtsstellung der Aufständischen vor und nach der Anerkennung, über die Voraussetzungen und Folgen der Anerkennung im allgemeinen s. VERDROSS, a.a.O., S. 205 ff.

[53] Vgl. u. a. LAUTERPACHT, Recognition in International Law, 1947, S. 231; WEHBERG in Recueil des Cours, 1938, S. 53 ff., insbes. S. 57; S. 114 betont er aber, daß eine Intervention durch die Staatengemeinschaft oder durch eine kleinere Staatengruppe zulässig sei, 1. wenn die Gesetze der Menschlichkeit im Bürgerkrieg aufs schwerste verletzt würden, 2. wenn das Blutvergießen nicht ohne fremde Einmischung beendet werden kann, 3. wenn der Bürgerkrieg den allgemeinen Frieden aufs schwerste bedrohen würde.

[54] „L'un des principes fondamentaux qui régissent les relations des Etats centre eux, c'est que tout Etat indépendent a le droit de décider pour lui-même sa propre forme de gouvernement. Comment ce principe doit-il être appliqué à l'Espagne? A l'origine, les troubles d'Espagne revêtaient la forme d'une révolte militaire contre l'autorité constituée; mais, après une période relativement courte, il devint évident que cette révolte militaire s'était transformée en une guerre civile. Il résulte du droit des peuples de disposer librement d'eux-mêmes que, lorsqu'un conflit surgit dans un Etat sur le mode de gouvernement à appliquer, les autres Etats doivent s'abstenir d'exercer aucune pression dans un sens ou dans l'autre, sur la population de cet Etat." Journal Officiel 19 (1938), I. 330.

[55] WEHBERG in Recueil des Cours, 1951, I, S. 74.

rischer Art auf deren Anforderung hin für gerechtfertigt zu halten. Man wird dem zustimmen müssen. Da ein Aufstand jedenfalls vor der Anerkennung der Aufständischen eine interne Angelegenheit ist, da somit die Anwendung des Art. 2 § 4 SVN auf diesen Fall ausscheidet, ist die Frage nach allgemeinem Völkerrecht zu entscheiden. Hiernach aber vertritt die legitime Regierung ihren Staat in allen völkerrechtlichen Beziehungen. Den Aufständischen und ihren Organen kommt auf völkerrechtlicher Ebene keinerlei rechtliche Bedeutung zu. Es steht daher der regulären Regierung frei, ausländische Unterstützung sei es wirtschaftlicher, finanzieller oder militärischer Art zu erbitten, wie dies auch bei anderen nationalen Katastrophen der Fall sein mag. Die angegangene ausländische Regierung kann diese Hilfe leisten, ohne sich einer verbotenen Intervention schuldig zu machen. Eine Einmischung ist nach allgemeinem Völkerrecht untersagt, wenn sie sich gegen das Grundrecht der politischen Unabhängigkeit eines Staates richtet, das sowohl die im Rahmen des Völkerrechts freie Gestaltung der inneren wie der äußeren Verhältnisse einschließt; wenn umgekehrt der eingreifende Staat seine Verpflichtung verletzt, die Unabhängigkeit des anderen Staates nach innen und außen zu achten [56]. Das Grundrecht auf politische Unabhängigkeit hat die Freiheit von *autoritativer* Einmischung durch einen anderen Staat zum Inhalt. Beim Fall der militärischen Hilfeleistung auf Aufforderung und zugunsten der regulären Regierung als des für die Gestaltung der völkerrechtlichen Beziehungen des Staates einzig legitimierten Organs liegt eine solche autoritative Einmischung nicht vor. Der helfende Staat handelt nicht aus eigener Autorität, sondern kraft Bevollmächtigung durch die für den Staat des Aufstandes nach innen und nach außen verantwortliche Regierung. Das bedeutet im Sinne unserer Begriffsbestimmung: Eine Intervention liegt überhaupt nicht vor, wenn die Hilfeleistung auf Bitten der ordnungsgemäßen Regierung erfolgt. Erwähnt sei, daß es in der Praxis — wie der Fall Ungarn zeigt — gegebenenfalls größten Schwierigkeiten begegnet, festzustellen, welcher Kreis von Personen nun als die reguläre Regierung anzusehen ist.

Aus den vorstehenden Erwägungen folgt allerdings umgekehrt, daß eine militärische Hilfeleistung an die aufständische Gruppe Intervention bedeutet. Sie richtet sich gegen die die Unabhängigkeit des Staates allein vertretende legitime Regierung, erfolgt nicht auf deren Ersuchen, ist daher autoritative Einmischung des fremden Staates. Steht ihr kein im Völkerrecht begründeter Rechtfertigungsgrund zur Seite, ist eine solche Intervention nach allgemeinem Völkerrecht verboten.

Es ergibt sich die Frage, ob die Rechtslage nach der rechtmäßigen Anerkennung der Aufständischen eine andere ist. Wehberg vertritt ohne Einschränkung die Meinung, daß nach solcher Anerkennung dritte Staaten sich

[56] Zu diesem Grundrecht und der korrespondierenden Grundverpflichtung vgl. Verdross, a.a.O., S. 227 f.

jeder interventionistischen Einmischung in den Streit zu enthalten haben, weil die Erhebung nach der Anerkennung aufhört, eine rein interne Angelegenheit des betroffenen Staates zu sein. Die Aufständischen erlangten in bezug auf die Führung des Bürgerkrieges die Rechtsstellung eines Völkerrechtssubjekts. Hieraus entstünden internationale Beziehungen zwischen den Kriegführenden und den dritten Staaten. Damit seien die Voraussetzungen für das Vorliegen der Tatbestandsmerkmale des Art. 2 § 4 SVN gegeben [57]. Die logische Folgerung aus dieser Auffassung ist nun, daß ein Staat, der vor der Anerkennung der Aufständischen der legitimen Regierung auf deren Bitte rechtmäßig militärische Hilfe geleistet hat, diese sofort einstellen müßte, wenn auch nur ein Staat die aufständische Organisation anerkannt hätte. Die Wehbergsche Lehre dürfte einer vertieften Prüfung nicht standhalten.

Zu bedenken ist, daß eine aufständische Organisation auf Grund der Anerkennung durch einen dritten Staat nicht etwa den Status eines Staates sondern nur den eines partiellen Völkerrechtssubjekts mit gewissen, die Kriegführung betreffenden Rechten und Pflichten erhält. Art. 2 § 4 SVN verbietet den Mitgliedern der OVN Gewaltmaßnahmen gegenüber der territorialen Integrität oder politischen Unabhängigkeit irgendeines *Staates*. Das Vorliegen dieses Umstandes könnte dann angenommen werden, wenn man die Meinung vertreten könnte, im Falle der Anerkennung werde der Staat des Aufstandes nunmehr von zwei gleichberechtigten Regierungen vertreten. Die Unterstützung einer von ihnen müßte dann als Gewaltanwendung gegen den Staat angesehen werden. Das trifft nicht einmal unbedingt zu für den Fall der Anerkennung der Aufständischen durch die legitime Regierung selbst.

Da der Anerkennung konstitutive Wirkung zukommt, liegt es beim Anerkennenden, in welchem Umfange er der aufständischen Gruppe Rechte bis zur vom Völkerrecht bestimmten Grenze zugesteht. Es steht der legitimen Regierung, da sie die souveränen Rechte des Staates ausübt, frei, den Rahmen der Anerkennung abzustecken bis zur Zuerkennung gleichberechtigter Stellung der aufständischen Führung. Für diesen doch wohl in der Praxis kaum eintretenden Fall müßte allerdings der die bisherige legitime Regierung unterstützende Staat die Konsequenz der Einstellung der Hilfeleistung ziehen. Dritte Staaten können aber nach geltendem Völkerrecht eine soweit gehende Anerkennung nicht aussprechen. Sie beschränkt sich auf die Anerkennung als kriegführende Partei. Sie bewirkt nicht etwa, daß die völkerrechtliche Vertretung des Staates des Aufstandes auf die aufständische

---

[57] WEHBERG, a.a.O.; ihm folgt DAHM, a.a.O., S. 358; vgl. auch SCELLE, La reconnaissance des insurgés et la guerre espagnole, in Die Friedenswarte 37 (1937), S. 67 f. Zu den Voraussetzungen für die Rechtmäßigkeit und den Rechtsfolgen der Anerkennung bezüglich der Rechtsstellung der Aufständischen vgl. VERDROSS, a.a.O., S. 205 f.

Regierung übergeht. Das wäre erst der Fall, wenn die Aufständischen sich auf dem ganzen Staatsgebiet durchgesetzt hätten. Kann also bei Anerkennung durch dritte Staaten den Aufständischen nur die erwähnte partielle Völkerrechtssubjektivität zukommen, verbleibt die Vertretung des Staates des Aufstandes bei der bisherigen Zentralregierung, so bedeutet die Gewährung weiterer Unterstützung an diese Regierung nicht Gewaltanwendung gegen einen Staat im Sinne des Art. 2 § 4 SVN.

Greift schon aus diesem Grund die erwähnte Vorschrift nicht Platz, liegt ferner auch das Tatbestandsmerkmal der „internationalen Beziehungen" im Sinne dieser Bestimmung nicht vor. Die Anerkennung von Aufständischen durch dritte Staaten hat, neben der schon erwähnten partiellen Wirkung der Anerkennung überhaupt, nur partikulären Charakter. Das heißt, die aufständische Organisation gewinnt die partielle Völkerrechtssubjektivität nur partikulär gegenüber den anerkennenden Staaten, nicht aber gegenüber den nichtanerkennenden. Das ist im relativ-konstitutiven Charakter der Anerkennung von Aufständischen begründet, der das neue Völkerrechtssubjekt nur in Relation zum Anerkennenden zu rechtlicher Relevanz erwachsen läßt. Internationale Beziehungen entstehen daher nur zwischen dem anerkennenden Staat und den Aufständischen — (zwischen diesem Staat und dem durch die legitime Regierung vertretenen Aufstandsstaat als solchem bestanden solche Beziehungen normalerweise schon vor Aufstand und Anerkennung; sie unterstehen allerdings nach der Anerkennung auch dem Neutralitätsrecht) — nicht aber zwischen den nicht anerkennenden Staaten und der Aufstandsorganisation. Für die letzteren Staaten hat die Anerkennung durch einen oder mehrere andere wegen ihrer relativen Wirkung keine rechtliche Bedeutung. Da auch nach herrschender Auffassung keine Verpflichtung zur Anerkennung besteht, auf Grund deren es zu internationalen Beziehungen zu den Aufständischen kommen müßte, ist nicht ersichtlich, inwiefern ein die Aufständischen nicht anerkennender Staat, wenn er der legitimen Regierung seine Unterstützung gegen diese Aufständischen auch nach deren Anerkennung durch andere Staaten gewährt, dadurch in seinen „internationalen Beziehungen" von Gewaltanwendung Gebrauch macht. Solche internationalen Beziehungen zu den Aufständischen bestehen nicht, weil ihnen in bezug auf den die Zentralregierung unterstützenden Staat keine Völkerrechtssubjektivität zukommt. Die weitere Unterstützung auch nach der Anerkennung ist daher — abgesehen vom utopischen Fall der gleichberechtigten Anerkennung durch die legitime Regierung selbst — kein Verstoß gegen das Gewaltverbot des Art. 2 § 4 SVN [58].

[58] Wie Dahm, a.a.O., S. 358, Anm. 11, mit Recht vermerkt, bleibt der Bürgerkrieg auch nach der Anerkennung der Aufständischen durch die legitime Regierung eine „innere" Angelegenheit mit der Konsequenz, daß Art. 2 § 4 SVN auf die Beziehungen der beiden Parteien des Bürgerkriegs als solche keine Anwendung findet.

Von Interesse in diesem Zusammenhang ist die Frage, ob ein Staat anderen Staaten durch Vertrag generell ein Eingriffsrecht zugunsten des bestehenden Zustandes für den Fall eines diesen Zustand bedrohenden Aufstandes einräumen kann. Wenn die Sowjetunion bei ihrem gewaltsamen Eingreifen im Falle Ungarn die Berechtigung hierzu u. a. auch mit dem Warschauer Pakt [58a] begründen möchte, will sie eine solche Befugnis offensichtlich aus einem derartigen generellen Rechtsinstrument herleiten.

Im allgemeinen ist zu der Fragestellung zu sagen, daß ein zwingender Völkerrechtssatz, der einen solchen Vertrag verbieten würde, nicht nachweisbar sein dürfte. Ein Staat, der in einem Vertrag anderen Staaten ein solches Recht schlechthin einräumen würde, ohne deren Eingreifen an ein besonderes Hilfsersuchen zu knüpfen, der diesen anderen Staaten damit die Befugnis zugestehen würde, über das Vorliegen eines Umsturzversuches und damit über die Eingriffsberechtigung zu befinden, würde damit aber ein so wesentliches Souveränitätsrecht, nämlich das der Beurteilung der eigenen inneren Situation, aufgeben und es in die Hände der anderen Staaten legen, daß man von einem souveränen Staat nicht mehr sprechen könnte. In der modernen Staatenpraxis wird man ein so weitgehendes Vertragsinstrument, durch das sich ein souveräner Staat zu einem abhängigen degradiert, kaum finden. Auch der Warschauer Pakt enthält an keiner Stelle ein solches gleichsam verselbständigtes Eingriffsrecht. Er betont vielmehr in Art. 8 die Grundsätze der gegenseitigen Achtung der Unabhängigkeit und Souveränität der Paktstaaten und hebt deutlich das Prinzip der Nichteinmischung in die inneren Angelegenheiten der Paktstaaten hervor. Er bekennt sich im übrigen in der Präambel und in Art. 1 zu den Zielen und Grundsätzen der Vereinigten Nationen, insbesondere auch zur Verpflichtung des Enthaltens von der Drohung mit Gewalt oder der Gewaltanwendung und des Lösens von internationalen Streitfragen mit friedlichen Mitteln. Art. 4 enthält in Übereinstimmung mit Art. 51 SVN die Verpflichtung zur Hilfeleistung bei einem bewaffneten Überfall seitens irgendeines anderen oder einer Gruppe von Staaten auf einen Paktstaat. Von einem solchen bewaffneten Überfall eines anderen Staates kann beim Ungarnaufstand keine Rede sein. Auch die dem Vertragswortlaut widersprechende Kündigung des auf 20 Jahre abgeschlossenen Pakts durch den amtierenden ungarischen Regierungschef kann ein Recht zur Intervention weder nach dem Pakt noch nach der SVN begründen.

Ist bei der bisherigen Untersuchung das Problem unter der Voraussetzung behandelt worden, daß die legitime Regierung auf deren Ersuchen

---

[58a] Vertrag über Freundschaft, Zusammenarbeit und gegenseitigen Beistand zwischen der Volksrepublik Albanien, der Volksrepublik Bulgarien, der Ungarischen Volksrepublik, der Deutschen Demokratischen Republik, der Union der sozialistischen Sowjetrepubliken und der Tschechoslowakischen Republik vom 14. Mai 1955, in Arch VR 1956/57, S. 90 ff.

hin unterstützt wurde, ist als Ergebnis festgestellt worden, daß eine solche Hilfeleistung nicht gegen ein völkerrechtliches Verbot verstößt, ergibt sich aus den angeführten Fällen eine weitere Problematik. Wie ist die Rechtslage, wenn das Eingreifen fremder Mächte nicht auf Veranlassung einer legitimen Regierung erfolgt, sondern ausschließlich zu dem Zwecke, das Obsiegen einer revolutionären Gruppe bestimmter ideologisch-weltanschaulicher Richtung zu verhindern, wie dies etwa in der erwähnten Johnson-Doktrin zum Ausdruck kommt. Salvador de Madariaga hat in diesem Zusammenhang vom „Unfug der Einflußsphären" geschrieben und sich damit gegen eine Rechtfertigung des Eingreifens der USA in der Dominikanischen Republik gewandt, die mit diesem überholten machtpolitischen Begriff arbeite. An anderer Stelle hat er allerdings ein Recht der USA betont, „dort zu intervenieren, wo eine kommunistische Gefahr wirklich vorhanden ist" [59]. Das Problem erfordert sorgsame Erwägung.

Von Interesse dürften hier nachdenkenswerte Überlegungen Moslers sein, die er schon vor langen Jahren zur Diskussion stellte. Er weist darauf hin, daß bestimmte Staaten in näherer Beziehung zueinander stehen, „mag dies auf geographische, ethnische, wirtschaftliche oder kulturelle Gemeinsamkeiten zurückzuführen sein ...", so daß gewisse Staatengruppen unterschieden werden können, aus denen, wenn nur ein gewisses Maß gemeinsamer Wertanschauungen vorhanden ist, besondere Völkerrechtskreise sich bilden können. Mosler meint, daß „bei dem Versuch eines Landes, durch Machterweiterung die Grundlage des politischen Systems zu erschüttern, dem er durch ... Sonderrechtsnormen verbunden ist, das strikte Interventionsverbot nicht aufrecht erhalten werden könne". Er hebt hervor, daß zur Zeit seiner Erwägungen, im Jahre 1937, ein passender historischer Vorgang fehle [60].

Seine Überlegungen gelten zeitlich gesehen einem Rechtszustand, in dem es noch keine OVN gab. Der Gedanke, daß Interventionen innerhalb von auf besonderer Grundlage verbundenen Staatengruppen auch unter Geltung der SVN eine andere Bedeutung zukomme, in einem anderen Licht zu beurteilen seien als solche Einmischungen außerhalb dieser Gruppen, erscheint bei Komarnicki wieder, wenn er unter Hinweis auf Satellitenregime, deren Errichtung Ost und West sich gegenseitig vorwürfen, zur Erlaubtheit individueller Interventionen vorsichtig ausführt: „Chaque situation particulière doit être examinée à la lumière de la politique générale d'un Etat et il ne suffit pas de se contenter de critères purement formels." Und er fügt hinzu, daß auch die VN der internationalen Situation Rechnung tragen müßten, die dem zweiten Weltkrieg entsprossen ist [61]. Demnach wäre zu fragen: Gibt

[59] Vgl. die Beiträge de Madariagas in NZZ vom 4. 6. 1965, FA. Nr. 152, Bl. 3 und vom 8. 7. 1965, FA. NR. 185, Bl. 1.

[60] Mosler, a.a.O., S. 59 f.

[61] Komarnicki, L'intervention en droit international moderne, in Revue Génerale de Droit International Public, Bd. 60, 1956, S. 549 f.

es heute im Rahmen der Weltvölkerrechtsgemeinschaft besondere Völkerrechtskreise, deren Grundlage durch einen revolutionären Umsturz bestimmter Tendenz so gefährdet wäre, daß das aus Art. 2 § 4 SVN erfließende Interventionsverbot insofern keine Geltung haben würde?

Es besteht nun in der Tat in der universellen Völkerrechtsgemeinschaft eine Gruppe von Staaten, die sich durch das gemeinsame Bekenntnis zu auf der personalen Würde des Menschen gegründeten individuellen Menschenrechten, insbesondere das Recht auf Freiheit, verbunden wissen, die auf ihrem Staatsgebiet im wesentlichen diese Rechte, wie sie in der Universal Declaration of Human Rights der VN aufgezeichnet sind, zu positiver Geltung gebracht haben, und zwar zumeist im Rahmen der liberal-rechtsstaatlichen gewaltentrennenden Demokratie, die heute wohl am meisten die Gewähr dafür bietet, daß sich die zu ihr gehörenden Menschen der Achtung dieser Rechte durch den Staat erfreuen dürfen. Auf solcher Basis bejahen diese Staaten — mögen auch in Einzelfällen schwerwiegende Entgleisungen vorgekommen sein [62] — das in Art. 1 § 2 und Art. 2 § 1 SVN niedergelegte Prinzip der souveränen Gleichheit aller Staaten und das darin zum Ausdruck kommende, schon im allgemeinen Völkerrecht geltende Recht auf Selbstbestimmung und Unabhängigkeit.

Auf der anderen Seite gibt es eine Gruppe von Staaten, in denen auf der weltanschaulichen Grundlage des dialektischen Materialismus im revolutinären Umsturz unter der Leugnung der Geltung individueller Menschenrechte [63] die Diktatur des Proletariats durchgesetzt wurde und die in der Doktrin enthaltene Auffassung der historischen Unvermeidlichkeit des Klassenkampfes und der kommunistischen Revolution in aller Welt gelehrt und unter zentraler Steuerung aktiv gefördert wird. Dem Recht insgesamt — also auch dem Völkerrecht — kommt nach der marxistisch-leninistischen Lehre Klassenkampfcharakter zu. Es ist ein Mittel der jeweils herrschenden Klasse, ihren Willen zum Ausdruck zu bringen und durchzusetzen [64].

Mag auch, wie MENZEL in seiner Einleitung zur zitierten sowjetischen Darstellung des Völkerrechts herausstellt, in vielfacher Hinsicht Übereinstimmung zwischen der westlichen und östlichen Völkerrechtslehre bestehen, so gehen doch — worauf wiederum MENZEL hingewiesen hat — die Auffassungen über die hier zur Diskussion stehende Berechtigung zur Gewalt-

---

[62] Man denke an die britisch-französische Intervention 1956 gegen Ägypten.

[63] Ein Beweis hierfür ist u. a., daß sich bei der Abstimmung in der GV der OVN über die Menschenrechtserklärung im Jahre 1948 die sechs Delegationen des kommunistischen Staatenblocks der Stimme enthielten, was leider auch von Südafrika und Saudiarabien gesagt werden muß. Die anderen vertretenen 40 Staaten stimmten zu. Vgl. KIPP, UNESCO, München 1957, S. 139.

[64] Vgl. die Definition des VR in der von der Akadmie der Wissenschaften der UdSSR 1957 herausgegebenen Darstellung des Völkerrechts, in deutscher Übersetzung hrsg. von MENZEL, Hamburg 1960, S. 1 (weiterhin zit. als „Völkerrecht UdSSR").

anwendung weit auseinander [65]. Da es sich bei dieser Frage um eine sehr grundsätzliche handelt, die unmittelbar die Rechtsstellung der Staaten in der Völkergemeinschaft betrifft, ist es nicht unberechtigt zu sagen, daß sich insoweit heute im Rahmen der Weltvölkerrechtsgemeinschaft leider praktisch zwei Völkerrechtskreise gegenüberstehen, die in bestimmten grundsätzlichen Rechtsfragen nicht übereinstimmen.

In Anerkennung des Grundatzes der Unabhängigkeit der Staaten hält sich der westliche Völkerrechtskreis in Theorie und — abgesehen von schon erwähnten vereinzelten Ausnahmen — Praxis an das Gewaltverbot der SVN, also auch an die mit diesem Verbot erforderte Unterscheidung von legalen und illegalen Kriegen. Hiermit ist — worauf schon hingewiesen wurde — auch der Angriffskrieg zur Durchsetzung eines Rechtsanspruchs untersagt.

Hingegen: „Der Marxismus-Leninismus lehrt, daß es gerechte und ungerechte Kriege gibt. Der gerechte Krieg ist kein Eroberungs- sondern ein Befreiungskrieg. Er hat den Zweck, die Völker gegenüber äußeren Angriffen und Versklavungsversuchen zu verteidigen. Zu den gerechten Kriegen gehören Verteidigungs- und nationale Befreiungskriege. Die gesamte fortschrittliche Menschheit begrüßt derartige Kriege und unterstützt die Kämpfe für Freiheit und Unabhängigkeit [66].“ Hier wird nicht nur die alte Leninsche These vom Klassenkampfcharakter des gerechten Krieges aufrechterhalten. Es wird auch seine Lehre weitergetragen, daß die Unterstützung sogenannter revolutionärer Befreiungskämpfe ein gerechtfertigter Akt ist [67]. Das heißt, die Hilfeleistung an eine nichtkommunistische legale Regierung auf deren Ansuchen gegen einen kommunistischen Aufstand wäre hiernach verboten, während umgekehrt der Beistand, der der die Diktatur des Proletariats erstrebenden aufständischen Gruppe oder einer schon bestehenden kommunistischen Regierung gewährt wird, erlaubt ist. Zwischen der Auffassung des östlichen und westlichen Völkerrechtskreises über die Zulässigkeit des „Befreiungskampfes“ klafft ein Abgrund. In der jeweils möglichen dialektischen Auslegung dieses Begriffs gestattet er jede für erwünscht gehaltene Intervention. Denn wer entscheidet über das Vorliegen des Merkmals des Befreiungskampfes?

Man könnte vielleicht der Meinung sein, daß solchen Lehren nach der Verkündung der These von der „friedlichen Koexistenz“ im Parteiprogramm

---

[65] a.a.O., S. XI ff., XXVI.

[66] So Völkerrecht UdSSR, S. 416. Da diese Darstellung von der Sowjetischen Akademie der Wissenschaften herausgegeben ist, kommt ihr zumindest eine halbamtliche Bedeutung zu. Von Interesse in diesem Zusammenhang sind die Äußerungen des Sowjetdelegierten bei den UN zum Eingreifen in Ungarn, vgl. AdG 1956, 6072.

[67] Vgl. die Auffassung Lenins über den Krieg, der zur Festigung und Entwicklung des Sozialismus geführt wird, als berechtigten und heiligen Krieg, in Lenin, Werke Bd. 27, Berlin 1960, S. 324.

der KPdSU auf deren XXII. Parteikongreß von 1961 keine Bedeutung mehr zukäme [68]. Im gleichen Programm ist aber festgestellt, daß die friedliche Koexistenz nichts anderes ist als eine spezifische Form des Klassenkampfes, eine Form offenbar, die im Zeitalter des atomaren Patt als im dialektischen Weg des Geschehens zur Zeit nur möglich angesehen wird und nicht ausschließt, daß zu anderen Zeiten auch wieder andere Mittel in diesem in der marxistisch-leninistischen Doktrin antagonistischen und daher unvermeidlich auszutragenden Kampf angewendet werden können. Die Pflicht der KPdSU und des gesamten Sowjetvolkes, den heiligen Kampf der unterdrückten Völker und ihre gerechten Befreiungskriege gegen den Imperialismus zu unterstützen, wird im übrigen auch in diesem Programm herausgestellt.

Die Verkündung des Prinzips der friedlichen Koexistenz ist durch die gegenwärtige machtpolitische Lage erzwungen. Sie ist es, die die in Sendungsbewußtsein und Doktrin begründete aggressive Tendenz des sowjetisch-russischen Kommunismus gemildert hat, ein Vorgang, der den in doktrinärer Aggressivität verharrenden chinesischen Kommunismus veranlaßt hat, den Führern der UdSSR einen der schlimmsten ideologischen Fehler vorzuwerfen, nämlich „Revisionismus" bezüglich der marxistisch-leninistischen Lehre [69]. Daß aber auch der „westliche" Kommunismus trotz der Koexistenzthese in der Praxis nicht aufhört, kommunistische Umsturzbewegungen zu unterstützen und zu schüren, offenbarte noch in diesem Jahr die Verhaftung italienischer Kommunisten in Venezuela, die im Auftrage der KPI kommunistischen Verschwörern eine bedeutsame Summe zutragen wollten [70].

Im Endergebnis würde sich unter Berücksichtigung der verschiedenen Auffassungen in West und Ost über die Zulässigkeit der Gewaltanwendung das Folgende ergeben: Die Staaten der westlichen Welt sind an das Gewaltverbot, wie es in Art. 2 § 4 SVN normiert ist, gebunden. Die Staaten der östlichen Welt sind zwar untereinander an dieses Verbot gehalten, solange nicht etwa in einem dieser Staaten das „fortschrittliche" Regime durch eine „reaktionäre" Gruppe bedroht ist, nicht aber gegenüber „imperialistischen" Staaten. Entsteht in einem von ihnen ein „nationaler Befreiungskampf", so

---

[68] Im auf diesem Kongreß verkündeten Programm der KPdSU heißt es: „Der Sozialismus weist der Menschheit das einzige vernünftige Prinzip der zwischenstaatlichen Beziehungen in einer Zeit, da die Welt in zwei Systeme geteilt ist: das von W. I. Lenin entwickelte Prinzip der friedlichen Koexistenz von Staaten mit unterschiedlicher sozialer Ordnung." In Boris Meissner, Das Parteiprogramm der KPdSU 1903—1961, Köln 1962, S. 184.

[69] Zur Haltung des chinesischen Kommunismus in den letzten Jahren vgl. den zusammenfassenden Bericht in der NZZ, FA. Nr. 285, Bl. 2, vom 17. 10. 1965: Pekings großer Sprung zurück.

[70] Vgl. NZZ vom 12. 4. 1965 und 14. 4. 1965, FA. Nr. 101 und 103; dort ist zum Ausdruck gebracht, daß die KPI offenbar auf Weisung Moskaus gehandelt habe.

darf er von den revolutionären, fortschrittlichen Staaten unterstützt werden. Die Hilfeleistung durch die „imperialistischen", „reaktionären" Staaten an die legitime Regierung wäre verboten.

Ein einheitliches Recht kann in der Völkerrechtsgemeinschaft nur gelten, wenn bei den sie bildenden Staaten Übereinstimmung über diese Geltung herrscht. Hält sich ein Staat oder eine Staatengruppe der Gemeinschaft grundsätzlich nicht an den einen oder anderen dieser Rechtssätze gebunden, kann die Bindung den Staaten der anderen Gruppe gegenüber den ersteren nicht in jedem Fall zugemutet werden. Ein Festhalten würde unter Umständen dem dem Völkerrecht zugrunde liegenden Prinzip der Gleichheit widersprechen. Das grundsätzliche Interventionsverbot in § 2 Abs. 4 SVN ist eine der grundlegenden Rechtsregeln der gegenwärtigen Völkerrechtsgemeinschaft. Lehnen die Staaten der einen Gruppe das Verbot der Gewaltanwendung in Durchführung ihrer Doktrin von der Weltrevolution, in dem Willen, dieser Revolution überall zum Siege zu verhelfen und damit das System der Diktatur des Proletariats in der ganzen Welt durchzusetzen, also in doktrinärer und aggressiver Weise ab, wird man ihnen gegenüber die anderen Staaten dann jedenfalls nicht an dieses Verbot gebunden halten dürfen, wenn der aggressive Umsturz in einem Staat eine Gefährdung der auf ganz anderen, den schon erwähnten freiheitlichen Grundsätzen beruhenden inneren Ordnung der Staaten dieses Kreises bedeutet. Nichts anderes wollte offenbar die Johnson-Doktrin zum Ausdruck bringen. Sie steht als letztlich defensive gegen eine in der Lehre vom gerechten Befreiungskrieg wurzelnde aggressive Tendenz [71]. Sie ist nicht gegen jeden, sondern

[71] Der defensive Charakter der westlich-orientierten Ordnung, insofern sie als freiheitliche Ordnung einer solchen der Unfreiheit gegenübersteht, ergibt sich einmal theoretisch aus dem Einstehen für den Grundsatz der Freiheit. Freiheit ist ein Wert, der nicht aggressiv aufgezwungen werden kann. Dieser Charakter kann aber auch praktisch aus dem Umstand erwiesen werden, daß sich der Westen seit 1945 — abgesehen von schon erwähnten Versuchen, die auch von führenden westlichen Staaten verurteilt und aufgehalten wurden — auf die Verteidigung der freiheitlich orientierten Staatenwelt beschränkt hat, während das kommunistische System offensiv versucht hat, seine Ideologie und Herrschaft auszuweiten. Man denke an die sogenannten Satellitenstaaten in Ostmitteleuropa, ferner an Korea, Vietnam, China in Tibet und gegen Indien, an Cuba, an die kommunistischen Umsturzversuche in Guinea, in Indonesien usw. Die unbedingt aggressive Haltung der Volksrepublik China geht aus zahlreichen Äußerungen ihrer führenden Persönlichkeiten hervor, die insbesondere im ideologischen Konflikt mit dem UdSSR-Kommunismus getan wurden. Vgl. etwa die Wiedergabe der chinesischen Stimme in AdG 1964, 11 059 A 3 und 7; 1964, 11 391 A 14; besonders deutlich in einer Rede des Verteidigungsministers Lin Piao, AdG 1965, 12 103: „Durch Krieg wird das Volk gestählt und die Geschichte vorwärts getrieben. In diesem Sinne ist der Krieg eine große Schule." Diese revolutionäre „Kriegslüsternheit sei nichts anderes, als die imperialistische Kriegslüsternheit zum Selbstschutz und eigenen Vorteil anzuwenden ...". Und: „Die politische Macht geht aus den Läufen der Gewehre hervor." Im ganzen ist nach AdG der Artikel Piaos in der Pekinger Volkszeitung ein Aufruf an die revolutionären Völker Asiens, Afrikas, Lateinamerikas, in einem

nur gegen den die Freiheit allgemein bedrohenden kommunistischen Umsturz gerichtet. Daß allerdings in der Praxis die Feststellung, ob ein solcher Umsturzversuch vorliegt oder nicht, nur sehr schwer zu treffen ist, davon gibt gerade der Fall der Dominikanischen Republik Kunde.

Ergänzend sei darauf hingewiesen, daß das weitgehende Interventionsverbot des Art. 2 § 4 SVN auch als nur unter der Voraussetzung vereinbart angesehen werden kann, daß es von allen Staaten gleicherweise anerkannt und beachtet ist. Wird es von einer ganzen, einer anderen Völkerrechtsdoktrin verhafteten Gruppe von Staaten in seiner grundsätzlichen Bedeutung bestritten und mißachtet, wird man ihnen gegenüber auch die Berufung auf die clausula rebus sic stantibus nicht für ungerechtfertigt halten können [72]. Daß damit ein neues Unsicherheitselement ist die an sich schon labile Situation der Völkerrechtsgemeinschaft getragen ist, ist nicht den Staaten der defensiven, sondern der aggressiven Haltung zuzurechnen.

5. Nach allgemeinem und durch die SVN nicht aufgehobenem Völkerrecht sind die Staaten gehalten, fremden Staatsangehörigen auf ihrem Gebiet ein Mindestmaß an Rechten, den sogenanten Mindeststandard des völkerrechtlichen Fremdenrechts [73], zu garantieren. Beachtet der Territorialstaat diese Verpflichtung nicht, so ist der Heimatstaat in seinen Rechten verletzt. Ist ein Staat nicht gewillt oder in der Lage, seiner Schutzverpflichtung gegenüber fremden Staatsangehörigen nachzukommen, so konnte früher der Heimatstaat bei gewaltsamen Angriffen gegen seine Staatsangehörigen im Wege der vom allgemeinen Völkerrecht bereitgestellten Selbsthilfeinstitution des Selbstschutzes einschreiten und die Maßnahmen im Interesse seiner Staatsangehörigen durchführen, zu deren Vornahme der Territorialstaat gegenüber dem Heimatstaat nach Völkerrecht verpflichtet war. Falls notwendig, durften dies auch Gewaltoperationen sein. Solche Gewaltanwendung fällt heute grundsätzlich unter das Gewaltverbot des Art. 2 § 4 SVN. Gewaltsame Selbstschutzmaßnahmen erscheinen hiernach nicht mehr gestattet, es sei denn, die Voraussetzungen des Art. 51 SVN lägen vor. Lehnt man das Vorliegen eines Notwehrrechts ab, müßte ein Staat in Fällen der oben dargestellten Art hilflos zusehen, daß vielleicht zahlreiche seiner Staatsangehörigen furchtbaren Qualen und einem schrecklichen Tode überliefert würden. Man darf wohl annehmen, daß das sicherlich nicht der Wille der

---

Volkskrieg mit der Taktik, „Land erobert Stadt“ das Joch der Versklavung und Ausbeutung durch den US-Imperialismus abzuschütteln. Hingewiesen sei auch auf das Schreiben des ZK der KPCh an das ZK der KPdSU vom 14. 6. 1963, das die aggressiv-revolutionären Tendenzen der KPCh im Gegensatz zur zurückhaltenden Politik der KPdSU deutlich erkennen läßt. Vgl. H. WEBER, Konflikte im Weltkommunismus, Eine Dokumentation zur Krise Moskau—Peking, München 1964, S. 100 ff.

[72] Zu Inhalt und Bedeutung der clausula im Völkerrecht s. VERDROSS, a.a.O., S. 118 ff.

[73] Zum völkerrechtlichen Fremdenrecht allgemein: VERDROSS, a.a.O., S. 360 ff.

die SVN vereinbarenden Staaten gewesen ist, die bei den Beratungen über die Charter mit solchen Möglichkeiten wohl nicht mehr gerechnet hatten. Unter Beachtung dieses Willens läßt Art. 51 SVN zwanglos eine Auslegung zu, die dem verletzten Staat ein Eingreifen gestattet.

Würde ein Staat selbst durch seine Organe generell Leben und Leib verletzende Handlungen gegen auf seinem Gebiet befindliche Staatsfremde ohne Rechtfertigungsgrund, d. h. aber verbrecherisch, durchführen, würde dies zweifellos den Tatbestand des bewaffneten Angriffs gegen den Heimatstaat gemäß Art. 51 SVN ausmachen. Denn eine Angriffshandlung in diesem Sinne braucht nicht gegen das Staatsgebiet des Angegriffenen unmittelbar erfolgen. Sie kann auch gegen andere Rechtsgüter dieses Staates gerichtet sein. Unterläßt ein Staat auf seinem Gebiet — sei es aus bösem Willen oder aus Unfähigkeit — das vom Völkerrecht gebotene Eingreifen gegen solche durch verbrecherische Elemente beabsichtigten oder in Ausführung befindlichen Angriffe auf Leib und Leben von Staatsfremden, so ist ihm das Verhalten dieser Elemente genau so zuzurechnen wie dies auch bei Nichteinschreiten gegen bewaffnete, das Staatsgebiet eines anderen Staates bedrohende Banden der Fall ist. Die Nichtbeachtung seiner Verhinderungspflichten macht den Staat in solchen Fällen zum Angreifer, weil durch seine wie auch immer begründete Duldung die Handlungen der verbrecherischen Gruppen den Charakter staatsorganschaftlicher Tätigkeit erhalten. Der eingreifende Heimatstaat übt einen Akt der Notwehr aus. Im Sinne des gleichfalls in Art. 51 SVN positivierten Rechts der kollektiven Selbstverteidigung kann dieser Staat auch zum Schutze der Staatsangehörigen dritter Staaten einschreiten. Nur eine solche Auslegung des Art. 51 SVN wird der insbesondere auch dem Schutze der Humanität und der Menschenrechte verpflichteten UN-Charter gerecht [74].

Im übrigen gibt gerade der Fall Kongo noch Anlaß zu anderen Erwägungen. Nach der vr. Doktrin ist das Völkerrechtssubjekt Souveräner Staat dann gegeben, wenn es sich um eine „vollständige und dauerhafte menschliche Gemeinschaft mit voller Selbstregierung" handelt, „die keine andere irdische Autorität als die des VR über sich hat, durch eine wirksame Rechtsordnung verbunden wird und so organisiert ist, daß sie am völkerrechtlichen Verkehr teilnehmen kann" [75]. Bedenkt man die Ereignisse, die der Entlassung der ehemaligen belgischen Kolonie in die Selbständigkeit in den ersten Jahren folgten, die zum gleichsam vormundschaftlichen Eingreifen der OVN führten, mag bezweifelt werden, ob in diesen ersten Zeiten schon ein Staat im Sinne des Art. 2 § 4 SVN vorhanden war, dem das Merkmal einer wirksamen Organisation zukam, mit der er in der Lage war,

---

[74] Vgl. SVN, Präambel, Abs. 2; Art. 1 § 3; Art. 13 § 1 b; Art. 55 c; Art. 62 § 2; Art. 73; Art. 76 c.

[75] Vgl. Verdross, a.a.O., S. 191 ff.

das Völkerrecht zu beachten, ein Zustand, der sich in den letzten Jahren allerdings entscheidend gewandelt hat.

6. Die Seesperre, die die USA 1962 um Cuba errichteten, betraf zwei Staaten, Cuba und die Sowjetunion. Es handelte sich eindeutig um eine Gewaltmaßnahme im Sinne des Art. 2 § 4 SVN, die in diesem Fall unter Nichtbeachtung des Grundsatzes der Meeresfreiheit erfolgte. Der Rechtsberater des US-Department of State, Meeker, hat versucht, das Eingreifen der USA als eine Quarantänemaßnahme mit dem Inter-American Treaty of Reciprocal Assistance, dem Rio Treaty von 1947 zu rechtfertigen [76]. Er stützt sich auf Art. 6 des Vertrages, der ein gemeinsames Vorgehen der Paktstaaten — das im vorliegenden Fall durch die Autorisierung der Quarantäne in einer Resolution des Rates der OAS gegeben sei — auch dann vorsehe, wenn eine Agression ohne Waffengewalt die Unverletzlichkeit oder Integrität des Gebietes, der Souveränität oder politischen Unabhängigkeit irgend eines amerikanischen Staates antastet, sowie dann, wenn eine Tatsache eintritt oder eine Situation entsteht, die den Frieden Amerikas gefährden könne. MEEKER ist der Ansicht, daß diese Bestimmung, die an sich mit Art. 2 § 4 SVN nicht übereinstimmt, durch Art. 52 SVN deshalb gedeckt sei, weil ihre Grundzüge zur Zeit der Beratung der zukünftigen SVN in San Francisco im Jahre 1945 im Act of Chapultepec schon feststanden und sie von der San-Francisco-Konferenz bei den Erörterungen zum künftigen Art. 52 SVN widerspruchslos zur Kenntnis genommen worden seien.

Man wird der Argumentation MEEKERs insoweit schon deshalb nicht folgen können, weil der Delegierte Columbiens, der auf der San-Francisco-Konferenz die Übereinstimmung der erwähnten Regel mit der geplanten UN-Charter zu erweisen suchte, nur von Angriff gesprochen hat, nicht aber von sonstigen Tatsachen oder Situationen [77].

MEEKER ist sich natürlich darüber im klaren, daß im Rahmen des Art. 52 SVN Zwangsmaßnahmen nur nach vorheriger Zustimmung des SR gemäß Art. 53 § 1 SVN durch regionale Organe durchgeführt werden dürfen. Mag man ihm darin beipflichten, daß im Falle des mit Sicherheit zu erwartenden Nichtzustandekommens eines Beschlusses des SR — die gemäß Art. 27 § 3 SVN notwendige Zustimmung der Sowjetunion zu einer gegen sie selbst gerichteten Maßnahme dürfte auch bei größtem Optimismus nicht zu erhoffen gewesen sein — die betroffenen Staaten ihre Handlungsfreiheit in gewissem allerdings durch das Selbstverteidigungsrecht des Art. 51 abgezirkelten Umfang zurückgewinnen, geht seine Berufung auf den Rio-Pact schon deshalb fehl, weil die Sowjetunion, gegen deren politische Unabhängigkeit sich das Verhalten der USA gleicherweise wie gegen Cuba richtete, an diesem Pact nicht beteiligt ist. Mit Recht hebt WRIGHT hervor, daß sich aus einem inter-

---

[76] MEEKER, Defensive Quarantine and the Law, in AJIL 1963, S. 515 ff. Zum Rio-Pakt selbst s. Anm. 35.

[77] Vgl. seine entsprechenden Ausführungen bei MEEKER, a.a.O., S. 519.

amerikanischen Abkommen keine Verpflichtungen für die Sowjetunion ergeben können [78]. Der Auffassung Meekers, die Quarantäne sei deshalb in Übereinstimmung mit Art. 2 § 4 SVN, weil sie mit den in Kapitel VIII SVN gebilligten Mitteln erfolgt sei, kann nicht gefolgt werden, da die Voraussetzungen dieses Kapitels hier nicht vorliegen. Ein betroffener Staat, die Sowjetunion, ist an dem regionalen Abkommen nicht beteiligt.

Man muß Wright, der in seinem erwähnten Beitrag sorgsam alle Rechtfertigungsversuche für die Quarantäne überprüft, zustimmen, daß unter Geltung der SVN eine Gewaltmaßnahme der hier vorliegenden Art — abgesehen von den aus Art. 2 § 4 SVN selbst sich ergebenden und schon erörterten Grenzen des Gewaltverbots — nur als Maßnahme der Selbstverteidigung gegen einen bewaffneten Angriff im Sinne des Art. 51 SVN zulässig ist [79]. Es ist zu prüfen, ob ein solcher Angriff im Verhalten der Sowjetunion gegeben ist.

Schon weiter oben wurde darauf hingewiesen, daß ein Tun, das in Herstellen oder Bereitstellen von Waffen offensiven Charakters auf eigenem Staatsgebiet besteht, als solches allein nicht als Angriffshandlung gewertet werden kann. Das gleiche gilt, wenn ein Staat solche Handlungen auf dem Gebiet eines Verbündeten mit dessen Einverständnis vornimmt, wie dies z. B. in der Aufstellung von Raketenbasen der USA in der Türkei der Fall war. Wright stellt weiter zur Erwägung, daß Raketen schlechthin für offensive und defensive Zwecke verwendet werden können. Es lasse sich keineswegs erweisen, daß beabsichtigt war, die Raketenstützpunkte auf Cuba für Angriffszwecke zu benutzen [80].

Man wird hier allerdings den schon erwähnten grundsätzlich aggressiven Charakter der dem Sowjetsystem zugrundeliegenden Ideologie zu beachten haben. Alles politische Handeln auf internationaler Ebene dient, wie schon hervorgehoben, diesem System als Mittel des Klassenkampfs mit dem Ziel der weltweiten Durchsetzung der Diktatur des Proletariats, mag es sich um bewaffnete Auseinandersetzung im Befreiungskrieg, um Vorbereitungshandlungen für diesen Krieg, oder um friedliche Koexistenz, um subversive Betätigung mit Mitteln der Propaganda, der finanziellen Unterstützung, der Lieferung von Waffen, der Gestellung von freiwilligen Untergrundkämpfern oder um andere Maßnahmen handeln. Sie werden je nach der taktischen oder strategischen Situation dieses Kampfes mit dem unverrückbaren Ziel der Weltrevolution eingesetzt. Der Versuch der Errichtung der Raketenbasen auf Cuba, d. h. an einer für den gesamten amerikanischen Kontinent äußerst bedeutsamen strategischen Stelle, muß in diesem Zusammenhang gesehen werden. Mag er auch nicht einem unmittelbar beabsichtigten bewaffneten Angriff gedient haben, im militanten System des dialektischen Materialismus leninistischer Prägung hat er letztlich offensive Bedeutung. Das

[78] Wright, The Cuban Quarantine, in AJIL 1963, S. 546 ff., 558.

[79] a.a.O., S. 559 ff. [80] a.a.O., S. 551.

sorgsam abgewogene Verhalten der USA-Führung läßt demgegenüber den defensiven Charakter der getroffenen Maßnahmen erkennen.

Mag man auch mangels Vorliegens eines bewaffneten Angriffs im Sinne des Art. 51 SVN seitens der Sowjetunion mit WRIGHT bezweifeln, daß die USA in ihrem Vorgehen „has lived up to its legal obligations to respect the freedom of seas, to submit threats to the peace to the United Nations before taking unilateral action, and to refrain from use or threat of force in international relations“ [81], mag somit die Handlungsweise der USA aus den positiven Vorschriften der SVN nicht gerechtfertigt werden können, eine moralische Bewertung des gesamten Sachverhalts wird die Waagschale — insoweit wird man der entgegengesetzten Auffassung WRIGHTs nicht zustimmen können — zugunsten der USA sinken lassen. Gerade das aber gibt der Erwägung Raum, ob nicht dann, wenn ein Staat sich in wesentlichen Fragen grundsätzlich zu ganz anderen Prinzipien bekennt als in der UN-Charter enthalten und diese Grundsätze falls immer möglich auch anwendet, wenn dazu vielleicht von dieser Seite ein pactum tacitum der gegenseitigen Anerkennung des Bestehens und der Achtung von je anderen Prinzipien getragenen Völkerrechtskreisen mißachtet worden ist, die clausula rebus sic stantibus das Tun der anderen Seite des Konflikts insoweit rechtfertigt, als sich deren Maßnahmen im Rahmen der Defensive halten. Da unter solchen Auspizien die drängende Gefahr einer weiteren Verstärkung der schon lange sichtbaren Desintegration der Weltvölkerrechtsgemeinschaft gegeben erscheint, kann man nur im lebendigen Interesse an Bestehen und Wirksamkeit dieser Gemeinschaft den dringenden Wunsch äußern, daß sich alle Staaten gleichermaßen aufrichtig den ihnen durch die UN-Charter auferlegten Verpflichtungen beugen. Es wäre erfreulich, wenn das Prinzip der „friedlichen Koexistenz“ in diesem Sinne verstanden werden könnte.

7. Soweit die Interventionsdrohungen der Türkei im Cypernkonflikt nicht mit dem Schutz von Leib, Leben oder Eigentum der türkischen Minderheit gegen etwaige Eingriff der griechischen Mehrheit begründet werden, sondern das Ziel verfolgen, den vereinbarten verfassungsrechtlichen Zustand auf der Insel aufrecht zu erhalten, ist zu prüfen, ob sich eine solche Einmischung auf Art. 4 Abs. 2 des unter II/7 erwähnten Treaty of Garantee stützen kann.

Der neue Staat Cypern verdankt seine Entstehung nicht etwa einem revolutionären Akt, kraft dessen er originär seine Staatlichkeit erlangte. Er ist das Ergebnis vertraglicher Abmachungen zwischen drei Staaten, zwischen Großbritannien als dem bisherigen Inhaber des imperium wie des dominium über die Insel, Griechenland und der Türkei, eines Vertrages allerdings, der auch von den Vertretern der griechisch-cypriotischen und türkisch-cypriotischen Bevölkerungsteile der Insel unterzeichnet wurde; nicht aber — und das wird sich als wesentlich herausstellen — von einem — in

[81] a.a.O., S. 563.

diesem Moment noch nicht existierenden — Staat Cypern [81a]. Auf Grund dieses Vertrages war Cypern, insoweit ihm relativ weitgehende Einschränkungen seiner Selbständigkeit nach innen und Unabhängigkeit nach außen auferlegt waren, kein souveräner Staat im Vollsinn des Wortes. Da Cypern seine Staatlichkeit nicht originär sondern aus einem Vertrag zwischen anderen, schon bestehenden Staaten erlangt hat, deren einem bis zu diesem Zeitpunkt die Souveränität über dieses Gebiet zukam, kann in der solcherart erfolgten Schaffung eines neuen Staates mit beschränkten Souveränitätsrechten völkerrechtlich nichts Unzulässiges gesehen werden. Der Vorgang ist in der Völkerrechtsgeschichte nichts Außergewöhnliches. Man denke etwa an die Schaffung des Staates Krakau im Jahre 1815 durch Vertrag zwischen Österreich, Preußen und Rußland, der unter das Kollektivprotektorat dieser drei Mächte gestellt wurde, also mit einer viel weiteren Einschränkung seiner Selbständigkeit ins Leben trat als Cypern in unserem Fall [82].

Da Cypern somit vom Beginn seiner Existenz an nur eine durch das Londoner Abkommen beschränkte Souveränität besaß, die mit dem Interventionsrecht je der Gründerstaaten belastet war, kann man nicht sagen, daß in der Festlegung des Interventionsrechtes im Abkommen der Art. 103 SVN berührt wäre, der die Bestimmungen der SVN zu zwingendem Recht gegenüber abweichenden anderen Abmachungen erhebt. Das zwingende Verbot der Gewaltdrohung und Gewaltanwendung des Art. 2 § 4 SVN betrifft Handlungen gegen Staaten, denen im Sinne des Art. 2 § 1 SVN der Rechtsstatus der souveränen Gleichheit mit den anderen Staaten zukommt, nicht aber gegenüber Staaten, die in einem wie auch immer gearteten völkerrechtlichen Abhängigkeitsverhältnis von anderen Staaten stehen. Diese letzteren sind im Rahmen dieses Abhängigkeitsverhältnisses nicht an das Verbot des Art. 2 § 4 SVN in ihren Beziehungen zum abhängigen Staat gebunden. Hier gilt vielmehr das besondere, diese Beziehungen ordnende Recht.

Diese Rechtslage ändert sich aber in dem Moment, in dem ein solcher abhängiger Staat in die OVN aufgenommen wird. Im Augenblick der Aufnahme gilt für jeden Staat — unter der Voraussetzung, daß die oben erwähnten elementaren Begriffsmerkmale völkerrechtlicher Staatlichkeit gegeben sind — Art. 2 § 1 SVN, wonach die Organisation auf der Grundlage der souveränen Gleichheit der Mitgliedstaaten beruht, ein Rechtssatz, der auch die bisher zur Intervention berechtigten Mächte bindet [83]. Ein bisher in seinen souveränen Rechten gegenüber anderen Staaten rechtmäßig beschränkter Staat erlangt durch seine Aufnahme in die OVN den Status, der

---

[81a] Gleicher Ansicht bezüglich der Entstehung des neuen Staates Cypern: Tzermias, Die Entstehung der Republik Cypern, in Jahrbuch öff. Recht 1960, S. 145 ff.

[82] Vgl. hierzu Verdross, a.a.O., S. 70, 185, 215.

[83] Hierauf weist Tornaritis, a.a.O., S. 101, mit Recht hin.

allen Mitgliedstaaten der VN zukommt, nämlich den der souveränen Gleichheit. Würde man das nicht annehmen können, stünde das wesentlichste Prinzip, auf dem die OVN schlechthin gründet, der Grundatz, daß alle Mitglieder sich dieses Gleichheitsrechtes gegeneinander erfreuen, nicht mehr in Kraft. Da das als Folge der Aufnahme eines bisher nicht voll souveränen Staates nicht angenommen werden kann, weil der Wille der Charter offensichtlich dahin geht, eine internationale Organisation der Staaten auf diesem Grundsatz zu erbauen, ist umgekehrt der Schluß unvermeidlich, daß der in die Organisation aufgenommene Staat mit dieser Aufnahme den Status der souveränen Gleichheit wie die anderen Mitgliedstaaten erhält.

Ist dem aber so, dann entfallen ab diesem Moment die bisherigen vertraglichen Interventionsrechte. Denn sie werden nicht etwa — wie bei der Einwilligung einer legitimen Regierung — kraft der Souveränität zugestanden. Sie waren einem bisher nicht voll souveränen Staat gegenüber seitens der berechtigten Staaten in Anspruch genommen. Es gilt dem neuen UN-Mitglied gegenüber das Gewaltverbot des Art. 2 § 4 SVN in gleicher Weise wie gegenüber jedem anderen Mitgliedstaat, d. h. selbstverständlich mit den oben angeführten Grenzen. Ändert daher der neue Staat entgegen einer ihm im Gründungsvertrag auferlegten Verpflichtung seine Verfassung, so bietet dieser Umstand allein den bisher berechtigten Staaten nicht die Befugnis, gegenüber dem nunmehrigen UN-Mitglied zur Aufrechterhaltung des bisherigen Verfassungszustandes zu intervenieren, mag dieses Recht auch gegenüber diesem Staat gegeben gewesen sein, als er noch nicht Mitglied der OVN war. Ob dieser Staat, nachdem er UN-Mitglied geworden ist, auf Grund dieses neuen Sachverhalts nunmehr berechtigt ist, entgegen der ursprünglichen Verpflichtung zur Aufrechterhaltung der Verfassung eine Änderung vorzunehmen, ist in diesem Zusammenhang, in dem es lediglich um die Frage des Interventionsrechtes geht, nicht zu beantworten.

Das Verhältnis zwischen der Europäischen Menschenrechts-Konvention und dem Grundgesetz

Ulrich Klug

Geht man davon aus, daß die Gebote, Verbote und Erlaubnisse zweier verschiedener Normengruppen innerhalb ein und derselben Rechtsordnung nicht zu einander widersprechenden Ergebnissen führen sollen, dann muß es eine Regelung geben, nach der entschieden wird, welche Normengruppe maßgebend sein soll, falls es zu einem Widerspruch kommt. Das wichtigste, oft erwähnte Beispiel einer solchen ausdrücklichen Regelung für Widerspruchsfälle im geltenden deutschen Recht bildet die in Art. 31 GG enthaltene, reichlich theatralisch formulierte Anordnung „Bundesrecht bricht Landesrecht". In der klassischen Rechtstheorie wird dieses Problem bekanntlich als Frage nach dem Rangverhältnis zwischen den betreffenden Normengruppen behandelt. Die jeweils maßgebende Normengruppe, so pflegt man zu sagen, hat den höheren Rang. Eine Wirkung dieser Maßgeblichkeit bei entgegengesetzten Regelungen ist die Bindung der niederen Norm an die höhere, was besagt, daß die höhere nicht durch die niedere abgeändert werden kann. In diesem Sinne sind also Widerspruchsregelung und Abänderungsverbot die den Rang bestimmenden Merkmale. Ist die so definierte Rangordnung nicht festgelegt, kann erhebliche Rechtsunsicherheit die Folge sein.

Bedauerlicherweise besteht eine solche Unsicherheit hinsichtlich des Verhältnisses zwischen den Normen der Europäischen Konvention zum Schutze der Menschenrechte und Grundfreiheiten vom 4. 11. 1950 (MRK) und den Normen des Grundgesetzes der Bundesrepublik Deutschland vom 23. 5. 1949 (GG). Das gleiche gilt für das Verhältnis der Normen des Zusatzprotokolls zur MRK vom 30. 5. 1952 (ZP) zum GG. Im nachstehenden wird deshalb immer dann, wenn von der MRK die Rede ist, das ZP mit gemeint, es sei denn, etwas Gegenteiliges ist gesagt.

I

Zur Rangfrage werden vor allem folgende Meinungen vertreten:

1. Das GG ist das ranghöhere Normensystem. Während das GG Verfassungsrang hat, kommt der MRK nur der Rang eines einfachen Gesetzes zu.

2. Das GG und die MRK haben gleichen Rang. Auch der MRK kommt Verfassungsrang zu.

3. Die MRK ist das ranghöhere Normensystem. Während dem GG nur der Rang nationalen Rechts zukommt, hat die MRK den Rang einer supranationalen Normenordnung.

Die Begründung für die einzelnen Thesen zum Rangverhältnis sind unterschiedlich, und nicht immer werden im Schrifttum alle aus den jeweils benutzten Prämissen ableitbaren Konsequenzen gezogen.

Zu 1.: Die Auffassung, die MRK habe nur den Rang eines einfachen Gesetzes, das GG sei also als Verfassung von höherem Rang, wird in erster Linie damit begründet, daß die MRK keinen höheren Rang haben könne als dasjenige Gesetz, das die MRK in innerstaatliches Recht transformiert habe. Die Bundesrepublik Deutschland hat die Konvention durch Gesetz vom 7. 8. 1952 (BGBl II, S. 685, nebst Berichtigung in BGBl II, S. 953) und das Zusatzprotokoll durch Gesetz vom 20. 12. 1956 (BGBl II, S. 1879) in Bundesrecht umgewandelt. Beide Gesetze sind einfache Bundesgesetze. Infolgedessen, so sagen die Vertreter dieser Meinung, könne die MRK ihrerseits ebenfalls nur den Rang eines einfachen Bundesgesetzes haben [1].

Zu 2.: Die Gleichrangigkeit der beiden Normensysteme wird vor allem daraus hergeleitet, daß es sich bei den Normen der MRK — von einigen in diesem Zusammenhang unbeachtlichen Ausnahmen abgesehen — um allgemeine Regeln des Völkerrechts im Sinne des Art. 25 GG handelt [2]. Bei dieser Begründung könnte man auf den ersten Blick annehmen, sie spräche dafür, daß die MRK höheren Rang als das GG habe. Im Art. 25 GG ist jedoch nur davon die Rede, daß die allgemeinen Regeln des Völkerrechts den „Gesetzen“ vorgehen sollen. Nach Auffassung des Bundesverfassungsgerichts (BVerfGE 6, 363) bedeutet dies lediglich, daß die allgemeinen Regeln des Völkerrechts zwar dem innerstaatlichen Gesetzesrecht, nicht aber dem Verfassungsrecht gegenüber den höheren Rang haben. Aus dem Vorrang

---

[1] Drews-Wacke, Allgemeines Polizeirecht, 7. Aufl. 1961, S. 131; Geck, Deutsches Verwaltungsblatt 1956, S. 525; Herzog, Archiv des Öffentl. Rechts Bd. 86 (1961), S. 237; Maunz-Dürig, Grundgesetz, Rd. Nr. 59 zu Art. 1; Modler, NJW 53, S. 532; Morvay, Zeitschrift für ausländisches öffentl. Recht und Völkerrecht Bd. 21 (1961), S. 100; Münch, JZ 1961, S. 154; Schätzel, Festschrift für Friedr. Giese, 1953, S. 229; Schwarz-Kleinknecht, StPO, 26. Aufl. 1966, Vorbemerkung 2 vor Art. 1 MRK; von Weber, MDR 1955, S. 388; Werner Weber in: Neumann-Nipperdey-Scheuner, Die Grundrechte, Bd. II, 1954, S. 337; Wendt, MDR 1955, S. 658; zum gleichen Ergebnis kommen u. a. folgende gerichtliche Entscheidungen: BVerfG, NJW 60, 1243/1244; OLG Bremen, NJW 60, 1266.

[2] Aus Art. 25 GG wird der Verfassungsrang einzelner geltender Bestimmungen oder der Verfassungsrang des gesamten normativen Teils der MRK von folgenden Autoren hergeleitet: Guradze, Der Stand der Menschenrechte im Völkerrecht, 1956, S. 172 ff.; Meyer-Lindenberg, Die Menschenrechte im Völkerrecht, in: Heft 4 der Berichte der Deutschen Gesellschaft für Völkerrecht, 1961, S. 105 und 122; von Stackelberg, NJW 60, 1265; vgl. auch hier unten Anm. 7.

gegenüber den einfachen Gesetzen ergibt sich dann bei dieser Argumentation die Gleichrangigkeit mit dem GG.

Als weitere Begründung wird für diese Ansicht auch auf Art. 1 Abs. II GG Bezug genommen. Durch diese Bestimmung werden in das System der verfassungsrechtlichen Normen auch diejenigen unverletzlichen und unveräußerlichen Menschenrechte mit einbezogen, die vom GG nicht ausdrücklich genannt sind. Dies soll aus dem im Art. 1 Abs. II GG enthaltenen Bekenntnis des GG zu den „unverletzlichen und unveräußerlichen Menschenrechten“ folgen [3].

Ferner wird die Gleichrangigkeit von MRK und GG auch teleologisch begründet. Man weist dann darauf hin, daß Sinn und Zweck der MRK nur verwirklicht werden können, wenn der MRK Verfassungsrang zugesprochen wird, weil der nationale Gesetzgeber nur so an sie gebunden ist [4].

Schließlich wird gelegentlich noch so argumentiert, daß man sagt, die MRK habe zwar keinen Verfassungsrang, sondern nur den Rang eines einfachen Bundesgesetzes, sie sei aber „gesetzesfest“, könne also nicht durch einfache Gesetze abgeändert werden [5]. Im Ergebnis läuft rechtslogisch auch diese Auffassung auf eine Ranggleichheit der beiden Normensysteme hinaus. Mit der eigenartigen Konstruktion der sog. „Gesetzesfestigkeit“ will man offenbar nur die Möglichkeit der Verfassungsbeschwerde ausschalten, ohne gleichzeitig den Schutz vor Abänderungen durch einfache Bundesgesetze aufgeben zu müssen. Das gleiche hätte man auch dadurch erreichen können, daß man sagt, die MRK habe Verfassungsrang, sei aber kein Verfassungsrecht, so daß eine Verletzung nicht zum Gegenstand einer Nachprüfung durch eine Verfassungsbeschwerde gemacht werden kann.

Zu 3.: Die These vom höheren Rang der MRK wird vor allem damit begründet, daß die MRK in ihren wesentlichen Teilen überpositives, vorstaatliches Recht enthalte, das allen staatlichen Normen, seien sie einfaches Gesetzesrecht oder seien sie Verfassungsrecht, vorgehe [6].

Nach einer anderen Argumentation wird der höhere Rang aus der grundsätzlichen Überordnung des Völkerrechts über das innerstaatliche Recht hergeleitet [7]. Insbesondere wird hierzu für Konventionen von der Art der MRK

[3] Echterhölter, JZ 55, 691/692.

[4] Guradze, NJW 60, 1243, und jetzt wohl auch Schorn, Die Europäische Konvention zum Schutze der Menschenrechte und Grundfreiheiten, 1965, Anm. 47 zur Präambel der MRK.

[5] Schwarz-Kleinknecht, a.a.O., Vorbemerkung 2 vor Art. 1 MRK.

[6] Baumann, Die Bedeutung des Art. 2 GG für die Freiheitsbeschränkungen im Strafprozeß, in: Festschrift für Eb. Schmidt, 1961, S. 529/530.

[7] Weiss, Die Europäische Konvention zum Schutze der Menschenrechte und Grundfreiheiten, in: Dokumente, herausgegeben von der Forschungsstelle für Völkerrecht und ausländisches öffentliches Recht der Universität Hamburg, Heft XV, 1954, S. 32; Zinn-Stein, Die Verfassung des Landes Hessen, 1. Bd., 1954, Vorbemerkung II, 4 vor Art. 1 (S. 90); sowohl Weiss als auch Zinn-Stein wenden in diesem Zusammenhang Art. 25 GG auf die MRK an.

auf den allgemeinen überpositiven und vorstaatlichen Rechtssatz „pacta sunt servanda“ verwiesen [8]. Dieses Gebot binde nicht nur den Gesetzgeber beim Erlaß einfacher Gesetze, sondern zugleich den Verfassungsgesetzgeber.

II

Eine einheitliche Meinung über das Verhältnis zwischen MRK und GG hat sich bisher nicht entwickelt. Alle drei normenlogisch möglichen Positionen werden vertreten — wenn auch nicht immer ganz deutlich und konsequent. Die Praxis und die Mehrzahl der Autoren neigen dazu, der MRK nur den Rang eines einfachen Bundesgesetzes, dem GG also den höheren Rang zuzusprechen. Eine Änderung scheint sich indessen anzubahnen. In seiner ausführlichen Kommentierung der MRK nimmt SCHORN den Verfassungsrang der MRK an. Der in Vorbereitung befindliche Kommentar von GURADZE wird ebenfalls vom gleichen Rang der beiden Normensysteme ausgehen. Eine neue eingehendere Stellungnahme des Bundesverfassungsgerichts bleibt abzuwarten. Unter diesen Umständen kann der Versuch sinnvoll sein, dem Problem unter Heranziehung systematischer Argumente neue Aspekte abzugewinnen.

Erforderlich erscheint vor allem eine Berücksichtigung der Funktionen der MRK. Als Hauptfunktionen kommen hierfür in erster Linie die Garantiefunktion, die Bindungsfunktion und die Rechtsintegrationsfunktion in Betracht.

1. Unter der *Garantiefunktion* der MRK ist hier die Aufgabe der MRK zu verstehen, die Wahrung bestimmter Mindestrechte des Individuums sicherzustellen. Die Garantiefunktion hat *positive* Wirkungen insoweit, als sie Rechtspositionen feststellt und entsprechende Ansprüche gewährt. Sie hat *negative* Wirkungen insoweit, als sie die Eingriffsmöglichkeiten in Rechtspositionen begrenzt.

2. Unter der *Bindungsfunktion* hat man die Aufgabe der MRK zu verstehen, die nationale Rechtssetzung zur Einhaltung bestimmter Rechtsgrundsätze zu verpflichten. Infolge dieser Bindungsfunktion sind die Unterzeichnerstaaten in ihren rechtspolitischen Möglichkeiten nicht mehr frei.

3. Was die *Rechtsintegrationsfunktion* anlangt, so handelt es sich darum, daß die MRK mit ihren Funktionen — also insbesondere mit ihrer Garantie- und Bindungsfunktion — eine Mehrheit von staatlichen Rechtsordnungen erfaßt und hinsichtlich der in der MRK geregelten Rechte gleichmäßig regelt. Die Folge ist, daß in einem rechtlichen Kernbereich für die Unterzeichnerstaaten eine europäische Rechtsordnung entstanden ist. Diese kann sogar als ein erster Schritt zu einer europäischen Verfassungsordnung gedeutet werden [9].

---

[8] KRÜGER, Völkerrechts- und Verfassungswidrigkeit der Zölibatsklausel für Polizeivollzugsbeamte, in: Zeitschrift für Beamtenrecht 1955, S. 290.

[9] Ebenso PARTSCH, Die Entstehung der MRK, in: Zeitschrift für ausländisches öffentl. Recht und Völkerrecht Bd. 15, S. 633.

III

Versucht man die genannten Funktionen für eine Entscheidung der Frage nach dem Verhältnis zwischen der MRK und dem GG nutzbar zu machen, so bietet sich zunächst eine Analogie zu dem innerstaatlichen Verhältnis zwischen den Normen des Bundes- und denjenigen des Landesrechts an. Soweit der Bundesgesetzgeber für die Regelung einer Rechtsmaterie zuständig ist, bestehen für das Bundesrecht gegenüber den Landesgesetzgebern ebenfalls die Garantie-, die Bindungs- und die Rechtsintegrationsfunktion. In dem erwähnten Grundsatz „Bundesrecht bricht Landesrecht" sind diese Wirkungen formelhaft zusammengefaßt.

Aber auch eine Analogie zu dem innerstaatlichen Verhältnis zwischen dem Verfassungsrecht und dem einfachen Gesetzesrecht kommt in Betracht. Denn es versteht sich von selbst, daß dem GG in bezug auf das einfache Gesetzesrecht — mag es im übrigen Bundes- oder Landesrecht sein — ebenfalls Garantie-, Bindungs- und Rechtsintegrationsfunktionen zukommen. Dementsprechend kann man die Formel bilden „Verfassungsrecht bricht einfaches Recht". Anders ist es naturgemäß hier wie auch schon beim Verhältnis des Bundesrechts zum Landesrecht nur dann, wenn in dem jeweiligen Normensystem, dem in bezug auf eine andere Normenordnung Garantie-, Bindungs- und Rechtsintegrationsfunktionen zukommen, auf diese Funktionen für bestimmte Fallgruppen ausdrücklich oder stillschweigend verzichtet wird.

Wendet man die Grundgedanken dieser beiden Regelungen per analogiam auf die Problematik des Verhältnisses zwischen MRK und GG an, so wird die Formel „Europarecht bricht Nationalrecht" nahegelegt. Verfolgte man diesen Gedanken weiter und würde an die Möglichkeit denken, daß eines Tages von den Vereinten Nationen doch noch eine Welt-Menschenrechtskonvention beschlossen würde, so ergäbe sich innerhalb der durch die genannten Formeln skizzierten Hierarchie der Normen gewissermaßen als weitere Systemstufe der Grundsatz „Weltrecht bricht Kontinentalrecht". Der rechtsdogmatischen Phantasie wären aber selbst hiermit noch nicht die Grenzen gesetzt. Im Hinblick auf transplanetare oder gar interstellare Normenregelungen könnte schließlich noch der Satz „Kosmisches Recht bricht Weltrecht" geprägt werden, wobei unter Weltrecht — hier wie auch in der vorangehenden Formel — nur globales Recht verstanden werden darf.

IV

Kehrt der juristische Kosmonaut von diesem Ausflug in den „Begriffshimmel" auf den Boden nüchterner Tatsachen zurück, so wird er sich zunächst einmal gezwungen sehen, den Grundsatz „Europarecht bricht Nationalrecht" abzuändern. Denn es scheint für den faktischen Rechtszustand in der heutigen historischen Situation unzulässig zu sein, einen so allgemeinen Satz wie den obigen über das Verhältnis zwischen dem europäischen und dem nationalen Recht aufzustellen — von den Formeln über globales und kosmisches Recht ganz zu schweigen. Schränkt man ihn auf die Formel „Europäisches Menschenrecht bricht Nationalrecht“ ein, dann wird er allerdings sogleich zum sinnvollen Diskussionsgegenstand.

Für das hier in Frage stehende Problem des Verhältnisses zwischen MRK und GG genügt sogar die noch speziellere Formulierung: „Europäisches Menschenrecht bricht nationales Verfassungsrecht“. Die entscheidende Fragestellung lautet dann: Gilt dieser Grundsatz? Dabei soll hier nur von juristischer Geltung, nicht von faktischer, ethischer oder einer sonstigen Geltungsart gesprochen werden [10]. Hierzu ist folgendes zu sagen:

1. Die zur Debatte stehende Frage ist nicht von der Art, daß ihre Beantwortung sich allein nach logischen Kriterien richten würde. Zwei Normensysteme lassen sich in den unterschiedlichsten Formen einander zuordnen. Man denke nur daran, daß es rechtshistorische Situationen gab, in denen der Satz „Landesrecht bricht Bundesrecht“ galt. Logisch „richtiger“ ist weder diese noch die umgekehrte Formel.

2. Es handelt sich hier um ein teleologisches Problem mit rechtslogischen Konsequenzen. Seine Lösung läßt sich bei Berücksichtigung der erwähnten Hauptfunktionen finden. Ist es in der Tat so, daß die MRK Garantie-, Bindungs- und Rechtsintegrationsfunktionen zu erfüllen hat, dann gilt der Satz, daß europäisches Menschenrecht nationales Verfassungsrecht bricht. Schon allein wenn die Garantiefunktion als teleologisches Axiom vorausgesetzt wird, ergibt sich ein logischer Widerspruch, falls man den Satz, daß europäisches Menschenrecht das nationale Verfassungsrecht bricht, nicht anerkennt. Man kann die Garantiefunktion der MRK einerseits und die Unabhängigkeit des GG von den Bestimmungen der MRK andererseits nicht gleichzeitig bejahen. Die Garantie von Mindestrechten durch die MRK wäre nicht effektiv, wenn der nationale Verfassungsgesetzgeber berechtigt wäre, ein von der MRK ausnahmslos garantiertes Recht einzuschränken, und sei es auch mit verfassungsändernder Mehrheit. Die Garantiefunktion führt notwendig zur Bindungsfunktion. Ohne Bindung gibt es nur eine lediglich Wünsche und Hoffnungen deklarierende Quasi-Garantie.

V

Berücksichtigt man die verschiedenen Thesen, die bisher zum Rangproblem entwickelt wurden, so zeigt sich bei Anwendung des Gesagten:

1. Die Annahme, das GG sei gegenüber der MRK das ranghöhere Nor-

---

[10] Zu den verschiedenen Geltungsbegriffen vgl. Emge, Einführung in die Rechtsphilosophie, 1955, S. 315 ff., Klug, Rechtslücke und Rechtsgeltung, in: Festschrift für H. C. Nipperdey, 1965, S. 89—92, und R. Schreiber, Die Geltung von Rechtsnormen, 1966.

mensystem, ist unzulässig, weil sie allen drei hier in Betracht gezogenen Funktionen der MRK widerspricht.

a) Wäre die Auffassung über den niedrigeren Rang der MRK richtig, würde es möglich sein müssen, garantierte Rechte der MRK durch Verfassungsänderung und folgerichtig sogar durch bloße Gesetzesänderung einzuschränken oder sogar abzuschaffen. Genau dies aber ist infolge der Garantiefunktion der MRK verboten.

b) Bei höherem Rang des GG entstünde ferner ein nicht aufhebbarer Widerspruch zur Bindungsfunktion der MRK, denn die rechtspolitischen Begrenzungen kämen nicht mehr zur Wirkung. Diese Bindungsfunktion wird nur erfüllt, wenn die MRK nicht allein, wie man gelegentlich sagt, „gesetzesfest", sondern auch — was bisher weitgehend übersehen wurde — „verfassungsfest" ist.

c) Aber auch der Rechtsintegrationsfunktion widerspräche die These vom niedrigeren Rang der MRK, denn diese Auffassung würde die Folge haben, daß der nationale Gesetzgeber die durch die MRK für die Menschenrechte gesetzte europäische Rechtsordnung jederzeit wieder national aufsplittern könnte.

d) Die Argumentation, es könne die MRK nur Gesetzesrang haben, weil ihr Rang nicht höher sein könne als der Rang derjenigen Normen, welche die MRK in innerstaatliches Recht transformiert hätten, und diese Normen hätten nun einmal lediglich Gesetzesrang, greift gegenüber den Folgerungen aus den genannten Funktionen der MRK nicht durch. Sie ist pseudologisch. Es gibt kein normenlogisches allgemeingültiges Gesetz, aus dem dies ableitbar wäre. Daß Normensysteme Normen enthalten, die höheren Rang haben als das System selbst, ist nichts Unmögliches und erst recht nichts Neues. So enthalten beispielsweise die geltenden strafverfahrensrechtlichen Gesetze der Bundesrepublik zahlreiche Normen höheren Ranges. Zu denken wäre etwa an § 136 a StPO. Das darin enthaltene Folterungsverbot hat auf jeden Fall mindestens Verfassungsrang. Aus dem materiellen Strafrecht könnte § 53 StGB als Beispiel herangezogen werden. Der Rechtfertigungsgrund der Notwehr würde kraft höheren Ranges selbst dann weitergelten, wenn § 53 StGB durch eine formal ohne weiteres mögliche einfache Gesetzesänderung gestrichen würde.

2. Die Ansicht, MRK und GG hätten gleichen Rang, läßt sich ebenfalls nicht aufrechterhalten. Diese These würde die MRK zwar vor Abänderungen durch einfache Gesetze schützen. Gesetzesfestigkeit wäre sichergestellt. Die MRK wäre indessen nicht verfassungsfest. Würde aber die MRK im Wege der Verfassungsänderung eingeschränkt werden können, dann widerspräche dies wiederum sowohl der Garantie- als auch der Bindungs- und der Rechtsintegrationsfunktion. Durch den Abschluß der MRK sollten die garantierten Menschenrechte und Grundfreiheiten nicht nur vor Einschränkungen durch

den einfachen Gesetzgeber, sondern selbstverständlich auch vor solchen durch den Verfassungsgesetzgeber geschützt werden.

a) Die Tatsache, daß es sich bei der MRK um ein Vertragswerk des Völkerrechts handelt, zwingt nicht zur Annahme der bloßen Gleichrangigkeit. (Vgl. hierzu oben unter I, zu 2 und 3). Die Normen des positiven Völkerrechts enthalten Normen, die unzweifelhaft der Disposition des Verfassungsgesetzgebers entzogen sind. Es gibt keine allgemeine Regel, die man in die Formel „Verfassungsrecht bricht Völkerrecht" bringen könnte. Die Annahme der Gleichrangigkeit zwischen allgemeinen Regeln des Völkerrechts i. S. des Art. 25 GG und dem Verfassungsrecht ist nur eine der möglichen normenlogischen Zuordnungen. Akzeptiert man die Widerspruchsregelung und das Abänderungsverbot, wie das hier geschehen ist (vgl. oben vor I), als die entscheidenden Kriterien für das Rangordnungsverhältnis zwischen Normensystemen, dann ist die völkerrechtliche Basis der MRK kein entscheidendes Merkmal für die Bestimmung des Rangverhältnisses zwischen MRK und GG. Im übrigen soll die Argumentation aus Art. 25 GG, recht verstanden, doch wohl nur besagen, daß die MRK zweifelsfrei den einfachen Gesetzen vorgehen solle, daß sie mithin nicht bloßen Gesetzesrang habe. Die Frage, ob die MRK nur Verfassungsrang oder höheren Rang habe, bleibt offen, wenn man sagt, sie habe jedenfalls *zumindest* Verfassungsrang.

b) Ganz analog liegen die Verhältnisse, wenn die Gleichrangigkeit von MRK und GG auf Art. 1 Abs. II GG gestützt wird. Es ist sicher richtig, daß die dort genannten „unverletzlichen und unveräußerlichen Menschenrechte" die Menschenrechte und Grundfreiheiten der MRK notwendig mit einschließen. Daraus folgt wiederum die negative Begrenzung, daß die MRK mindestens Verfassungsrang habe. Dagegen folgt daraus nicht, daß die MRK keinen höheren Rang haben könne.

c) Die Begründung der Gleichrangigkeit aus dem Zweck der MRK leuchtet nur zum Teil ein. Wenn gesagt wird, nur so sei der nationale Gesetzgeber an die MRK gebunden, dann wird übersehen, daß die Gesetzesfestigkeit allein nicht hinreicht, um die Normen der MRK in der Rechtswirklichkeit durchzusetzen und vor Einschränkungen durch den nationalen Gesetzgeber zu schützen. Die MRK kann ihren Zweck nur erreichen, wenn sie auch verfassungsfest ist — wenn sie also höheren Rang hat.

3. Die allein richtige These, die MRK sei ranghöher als das GG, wird im Schrifttum (vgl. oben unter I, zu 3) vor allem damit begründet, daß die MRK überpositives und vorstaatliches Recht enthalte. Obwohl nicht immer ganz deutlich wird, ob damit eine naturrechtliche Begründung gemeint ist, sei betont, daß die hier vorgetragenen Argumente unabhängig sind vom rechtsphilosophischen Positivismusstreit. Sie sollten vom Naturrechtler und Absolutisten ebenso akzeptiert werden können wie vom Positivisten und Relativisten, denn die Verbindlichkeit der MRK wurde hier vorausgesetzt, ohne daß die Frage zu entscheiden war, worauf diese Verbindlichkeit beruht.

Es kam nur auf das normenlogische Verhältnis zwischen MRK und GG an, und ferner darauf, daß dieses normenlogische Verhältnis nur unter Berücksichtigung der teleologischen Axiome der MRK, nämlich der Garantie-, der Bindungs- und der Rechtsintegrationsfunktion, zu klären war. Inwieweit diese Axiome ihrerseits begründungsbedürftig und begründungsfähig sind, ist eine rechtsphilosophische Frage, die in diesem Zusammenhang nicht gestellt ist. Es genügt für die Ermittlung des Rangverhältnisses, davon auszugehen, daß die Unterzeichner der MRK die Garantie von bestimmten Mindestrechten, die Bindung der nationalen Rechtssetzung und die europäische Integration der Menschenrechte und Grundfreiheiten gewollt haben. Aus diesen Prämissen leitet sich der höhere Rang der MRK her. Die Gegenposition setzt ein Bestreiten der Richtigkeit dieser Prämissen voraus.

VI

Für die Beantwortung der Frage, ob mit der Verletzung einer Bestimmung der MRK eine *Verfassungsbeschwerde* (§§ 90 ff. BVerfGG) begründet werden kann, ist es zunächst einmal erforderlich, zwischen denjenigen Bestimmungen der MRK, die bereits Inhalt des GG sind, und denjenigen, für die das nicht gilt, zu unterscheiden. Die Verfassungsbeschwerde zum Bundesverfassungsgericht kann von jedermann erhoben werden, soweit er behauptet, durch die öffentliche Gewalt in einem seiner Grundrechte oder in einem seiner in Artikel 33, 38, 101, 103 und 104 des GG enthaltenen Rechte verletzt zu sein. Soweit in diesen Normen des GG solche der MRK enthalten sind, ist die Zulässigkeit der Verfassungsbeschwerde unproblematisch.

Dieses Enthaltensein von Normen der MRK in den Normen des GG dürfte für einen weiten Bereich anzunehmen sein, zumal auch Normen als Bestandteil des GG gelten, die das GG nicht expressis verbis enthält, die also, bezogen auf das GG, ungeschriebene Normen sind. Man denke etwa an die Prinzipien der Rechtsstaatlichkeit, die das GG — von wenigen Ausnahmen abgesehen — nicht erwähnt hat, und auf deren Verletzung eine Verfassungsbeschwerde bekanntlich gestützt werden darf.

Einen wichtigen Teil der Rechtsstaatsgrundsätze — wie z. B. das „fair trial"-Prinzip mit seinen Ausgestaltungen — regelt die MRK (Art. 6). Eine Verletzung dieser Normen der MRK ist eine Verletzung ungeschriebener GG-Normen. Sie kann somit ohne weiteres mit der Verfassungsbeschwerde gerügt werden.

Entsprechendes ist für diejenigen Menschenrechte und Grundfreiheiten der MRK anzunehmen, die zu den in Art. 1 Abs. II GG genannten unverletzlichen und unveräußerlichen Menschenrechten zählen, und die nicht von den Grundrechten des GG bereits erfaßt sind. Durch Art. 1 Abs. II GG werden sie zu Normen, die zum Gegenstand einer Verfassungsbeschwerde gemacht werden können.

Schon diese Beispiele zeigen, daß sicherlich der größte Teil der Bestimmungen der MRK verfassungsbeschwerdefähig ist — wobei selbstverständlich hier nur diejenigen Bestimmungen der MRK in Rede stehen, die Menschenrechte und Grundfreiheiten regeln, also die Art. 2—18 MRK und die Art. 1 bis 3 ZP.

Insoweit ist die Rechtslage verhältnismäßig einfach. Es bleibt aber die Frage offen, ob die Verfassungsbeschwerde nach § 90 BVerfGG auch mit der Verletzung solcher Normen der zuletzt genannten Gruppe begründet werden kann, die Menschenrechte und Grundfreiheiten regeln, ohne daß diese Rechte in den Grundrechten des GG enthalten sind.

Diese Frage ist von denjenigen zu bejahen, die wie GURADZE [11] und SCHORN [12] den Begriff der Grundrechte in § 90 BVerfGG so auslegen, daß er die Menschenrechte und Grundfreiheiten der MRK einschließt. Diese Auffassung ist zutreffend, weil es für den objektiven und dem Wortlaut entsprechenden Sinn der interpretierten Bestimmung unbeachtlich ist, was sich „der Gesetzgeber" bei ihrem Erlaß gedacht hat, es also darauf, daß die MRK nach dem GG erlassen wurde, nicht ankommt. Gerade im Bereich des GG kommt einer solchen objektiven Auslegung besondere Bedeutung zu, wie beispielsweise ein Hinweis auf Art. 1 GG leicht zeigt, denn bei der Interpretation des Verfassungsbegriffs der Würde des Menschen kann ebenfalls nur der objektive Sinn, nicht die subjektive zeitgebundene Meinung der Verfasser des GG entscheidend sein.

Aber selbst wenn man dieser Argumentation nicht glaubt folgen zu können, müßte doch noch folgendes als Konsequenz der Tatsache, daß die Normen der MRK dem GG vorgeordnet sind, berücksichtigt werden:

Es ist zwar richtig, daß die rein logische Analyse des Verhältnisses zwischen den beiden Normensystemen, für sich genommen, keine eindeutige Entscheidung der Frage nach der Zulässigkeit der Verfassungsbeschwerde erlaubt. Ganz anders ist es aber, wenn die in den Begriffen Garantie-, Bindungs- und Integrationsfunktion zusammengefaßten teleologischen Prämissen hinzugenommen werden, wenn also berücksichtigt wird, daß die normenlogische Stufenordnung zugleich eine teleologische Rangordnung zum Ausdruck bringt. Denn diese Wertstruktur ergibt, daß die einschlägigen Normen des GG nur im Rahmen der rechtlichen Grenzen der Normen der MRK rechtswirksam sein können.

Daraus folgt, daß eine Entscheidung des Bundesverfassungsgerichts über eine Verfassungsbeschwerde niemals im Widerspruch zu den Normen der MRK erfolgen kann. Das Bundesverfassungsgericht muß demnach die MRK berücksichtigen und im Verfassungsbeschwerdeverfahren anwenden. Das bedeutet aber, daß sich schon die Verfassungsbeschwerde als solche auch auf die MRK erstreckt und deren Verletzung rügen darf.

[11] NJW 60, 1243.

[12] SCHORN, a.a.O., Anm. 50 vor Art. 1.

Dieser Zusammenhang wird deutlich, wenn man beispielsweise von dem Fall ausgeht, daß in einem Strafprozeß eine Norm der MRK verletzt wird, die nicht zu denjenigen Normen gehört, die bereits im GG enthalten sind. Legt der Betroffene nunmehr eine Verfassungsbeschwerde ein, dann kann die von dem Bundesverfassungsgericht vorzunehmende Prüfung der Frage, ob Grundrechte verletzt sind, nicht zur Abweisung der Verfassungsbeschwerde führen, wenn die Verletzung von Normen der MRK bestätigt werden muß. Das Ergebnis, „das GG ist nicht verletzt, sondern ‚nur' die MRK" wäre paradox. Es läge ein teleologischer Widerspruch vor, dessen Zulassung dem Gesetzgeber und der Rechtsprechung der Bundesrepublik durch die zwingende völkerrechtliche Bindung aus der rechtskräftigen Unterzeichnung der MRK verboten ist.

Das Ergebnis läßt sich in dem Satz zusammenfassen: Das Bundesverfassungsgericht ist „Hüter der Verfassung" und damit zugleich „Hüter der Menschenrechtskonvention". Ein Bundesverfassungsgericht, das nicht Hüter der MRK sein wollte, hätte sich selbst degradiert.

6. Staatsrecht

Herrschaftsordnung und Selbstverwaltung im viergeteilten Groß-Berlin

HELMUT BRANDT

In einer Fußnote seiner Abhandlung „Die staats- und völkerrechtliche Lage Berlins" deutet HANS PETERS an, nach 1945 auf die Analyse des Berlin-Problems „als damaliger Stadtverordneter und Mitglied des Verfassungsausschusses einen gewissen Einfluß ausgeübt zu haben" [1]. Von der Bevölkerung zum Mitglied der nach 1945 ersten und bis heute letzten Stadtverordnetenversammlung von Groß-Berlin am 20. Oktober 1946 gewählt, begründete HANS PETERS an der politischen Front erstmals einen deutschen Berlin-Standpunkt. Gegen die Spekulation in Moskau, es wäre nur eine Frage der Zeit, bis die Westmächte 160 Kilometer hinter der sowjetischen Besatzungslinie ihre isolierte Position in Berlin aufgäben, schmiedete HANS PETERS durch politischen Einsatz seines juristischen Könnens das erste Glied in der Kette, die es den Westmächten nicht mehr möglich machte, aus dem für sie unbequemsten Provisorium der Nachkriegszeit unter Mißachtung des Selbstbehauptungswillens der Berliner Bevölkerung sich ohne Prestigeverlust zurückzuziehen [2].

Genesis der Herrschaftsordnung

HANS PETERS schreibt in seiner bereits zitierten Abhandlung von 1949: „Niemand wird den politischen Nonsens, zu dem sich die Verhältnisse in Berlin nach und nach gesteigert haben, rechtlich beurteilen können, wenn er nicht den geschichtlichen Werdegang sich vergegenwärtigt" [3]. Realere weltpolitische Überlegungen in der Schlußphase des Zweiten Weltkrieges, wie

---

[1] Deutsche Verwaltung, Band 2 – 1949 –, S. 602 Anm. 7

[2] Vom Verfasser, der damals ebenfalls Stadtverordneter und Mitglied des Verfassungsausschusses war, wurden auch die bisher unveröffentlichten „Niederschriften des Verfassungsausschusses der Stadtverordnetenversammlung von Groß-Berlin" benutzt.

[3] A.a.O., S. 602.

Winston Churchill sie zu dieser Zeit vertrat [4], wurden in Washington von der herrschenden Schicht um Franklin Roosevelt als Präsidenten diskreditiert und überschattet [5]. Franklin Roosevelt's euphorische Illusion, daß nach der bedingungslosen Kapitulation Deutschland das große Versuchsfeld einer dauerhaften sowjetisch-amerikanischen Zusammenarbeit werden würde und er selbst in dieser Koalition der Weltschiedsrichter wäre [6], führte zur Wirklichkeitsfremdheit Stalin's Forderungen gegenüber. Aus dem Bestreben, zur Erhaltung des sowjetischen Wohlwollens „nichts zu unternehmen, was bei den Russen Mißtrauen erregen konnte" [7], kam Berlin durch Washington's Versäumnis und Oberflächlichkeit in jene rechtliche und politische Situation, die ihre brisante Aktualität bis zum heutigen Tage nie verlor. Die sowjetische Taktik, möglichst keine eindeutige Verpflichtung einzugehen [8], war die Voraussetzung zu Stalin's höhnender Drohung auf der Moskauer Außenminister-Konferenz von 1947, als die sowjetische Deutschland-Karte erstmals offen auf den Tisch gespielt wurde: „Das hier sind lediglich erste Spähtrupp-Geplänkel [9]."

Das wahre Ausmaß der Berlin-Tragödie wird deutlich, wenn die ursprünglichen Berlin-Vorstellungen in Washington mit dem verglichen werden, was endgültig herauskam. An Bord des Schlachtschiffes „Iowa" auf der Fahrt zur Teheraner Gipfelkonferenz mit Stalin und Churchill hatte Franklin Roosevelt zusammen mit seinen höchsten militärischen Beratern am 15. und 19. November 1943 das Thema Nachkriegseuropa im Detail erörtert [10]. Dabei äußerte Franklin Roosevelt sich auch über Berlin. Es würde „zu einem Wettrennen nach Berlin" kommen — meinte Franklin Roosevelt —, aber unabhängig vom Ausgang dieses Wettrennens müßten die USA Berlin besetzen. Berlin sollte dann „an der Grenze zwischen der amerikanischen und der russischen Zone" liegen [11]. Ein Entwurf des War Department in Washington — unter ausdrücklicher Berufung auf die Vorstellungen

---

[4] Über den sogenannten „Churchiavellismus", wie Winston Churchill's wiederholte Mahnungen zur Vorsicht gegenüber Stalins Deutschland-Politik abfällig charakterisiert wurden: vgl. die Zitate bei JEAN E. SMITH, Der Weg ins Dilemma, 1965 (Deutsche Ausgabe), S. 60 f., 69 f., 80, 85 und 92.

[5] WILLIAM HENRY CHAMBERLAIN nennt in seinem Buch „America's Second Crusade" (Chicago 1950) den Beraterkreis um Franklin Roosevelt „Amateure und Dilettanten": vgl. den Abdruck des letzten Kapitels aus diesem Buch in „Außenpolitik" 1951, S. 180 ff.

[6] ROBERT MURHPY, Diplomat unter Kriegern, 1966 (Deutsche Ausgabe), S. 278, 284 und 312; WILLIAM HENRY CHAMBERLAIN, a.a.O., S. 188.

[7] ROBERT MURPHY, a.a.O., S. 309.

[8] ROBERT MURHPY, a.a.O., S. 281.

[9] ROBERT MURPHY, a.a.O., S. 375.

[10] Im einzelnen vgl. hierzu JEAN E. SMITH, a.a.O., S. 24 ff. und die dort zitierten Quellen (S. 290 f.).

[11] JEAN E. SMITH, a.a.O., S. 26.

des amerikanischen Präsidenten — schlug vor, die Besatzungszonen wie Stücke eines Kuchens in Berlin zusammenlaufen zu lassen [12].

Inzwischen hatte in London die auf der Moskauer Dreimächtekonferenz am 1. November 1943 eingesetzte European Advisory Commission begonnen — entsprechend dem ihr erteilten Auftrag —, „to study certain European questions, particularly the matter of surrender terms for Germany, and to submit joint recommendations" [13]. Der amerikanische Vertreter in der European Advisory Commission, Botschafter John Winant, unterstützte Franklin Roosevelt's idealistische Gedankengänge einer kommenden sowjetisch-amerikanischen Nachkriegskooperation. Zugunsten der Fata Morgana sowjetischen Wohlwollens in der Zukunft wurde die bisherige Berlin-Konzeption in Washington fallen gelassen und einem in der European Advisory Commission erörterten Projekt zugestimmt, die sowjetische Besatzungszone bis 100 Kilometer an den Rhein heranzuführen und Berlin nur noch „als ein Symbol alliierter Einigkeit" gemeinsam zu besetzen [14]. Als die amerikanisch-britischen Truppen in einer Breite von 600 Kilometern stellenweise 200 Kilometer tief in die sowjetische Zone eindrangen und noch weiter hätten vorrücken können, wurde Winston Churchill's Forderung, auch Berlin vor allem als Tauschobjekt für kommende Verhandlungen zu besetzen, in Washington mit dem Hinweis abgelehnt, Berlin müßte wegen der in der European Advisory Commission getroffenen Vereinbarung doch nur wieder den sowjetischen Truppen bei Kriegsschluß ausgehändigt werden [15]. Der nachfolgende Abzug der amerikanisch-britischen Truppen aus der sowjetischen Zone in Thüringen, Sachsen und Mecklenburg erfolgte, ohne daß der freie Zugang nach Berlin zur Bedingung gemacht wurde. Botschafter John Winant hatte in der European Advisory Commission das Recht auf freien Zugang als immanenten Bestandteil des Rechts auf Präsenz in Berlin bezeichnet [16]. Jedoch nachdem von sowjetischer Seite die westalliierte Forderung auf Benutzung einschließlich Unterhaltung bestimmter Transitstraßen, Brücken und Bahnlinien sowie auf unbeschränkten Luftverkehr mit Berlin zurückgewiesen war [17], kam außer einer mündlich vereinbarten, inhaltlich unzulänglichen und als vorläufig gedachten Zugangsregelung am

---

[12] JEAN E. SMITH, a.a.O., S. 31 f. und 292 Anm. 43 — JAMES RIDDLEBERGER, Chef der Abteilung für zentraleuropäische Angelegenheiten im State Department, griff später nochmals den gleichen Vorschlag auf (ROBERT MURPHY, a.a.O., S. 282 und 276).

[13] Department of State Bulletin Vol. IX, S. 307 ff. — 6. 11. 1943 —; übersetzt in: Europa-Archiv 1947, S. 343 f. und ERNST DEUERLEIN, Die Einheit Deutschlands — Band I —, 1961, S. 308 ff.

[14] ROBERT MURPHY, a.a.O., S. 284 f.; JEAN E. SMITH, a.a.O., S. 25, 29 ff. und 33 f.

[15] ROBERT MURPHY, a.a.O., S. 279 f.

[16] ROBERT MURPHY, a.a.O., S. 283; LUCIAN CLAY, Entscheidung in Deutschland (Deutsche Ausgabe), 1950, S. 29.

[17] JEAN E. SMITH, a.a.O., S. 88 ff.

29. Juni 1945 nichts mehr zustande. Die westliche Zuversicht, durch freundschaftliche Zusammenarbeit mit den Sowjets die Revision der mündlichen Vereinbarung reibungsloser als durch ein offizielles Dokument erreichen zu können, hatte übersehen lassen, daß bei der im Alliierten Kontrollrat erforderlichen Einstimmigkeit ein sowjetisches Veto in Zukunft alles blockieren könnte [18]. Die sowjetische Erklärung bereits am 29. Juni 1945, daß der Zugang nach Berlin kein alliiertes Recht, sondern nur ein von der Sowjetunion gewährtes Entgegenkommen wäre, hätte damals aufhorchen lassen müssen [19]. Vereinbarungen, die auch der Bevölkerung in Berlin die Verbindung zum übrigen Deutschland sicherten, fehlten zunächst überhaupt. Erst Moskau's Niederlage beim Blockade-Konflikt führte im New Yorker Viermächte-Abkommen vom 4. Mai 1949 in Verbindung mit dem Schlußkommuniqué der nachfolgenden Pariser Außenministerkonferenz von 20. Juni 1949 zur schriftlichen Fixierung eines generellen Rechts auf Verbindung von und nach Berlin über die Militärtransporte der Besetzungsmächte hinaus auch für den zivilen Verkehr [20]. Ein ähnliches Versäumnis war das Einverständnis der westlichen Besetzungsmächte mit der sowjetischen Forderung, die 1945 in Berlin bis zum Eintreffen der westlichen Alliierten erlasse-

[18] Jean E. Smith, a.a.O., S. 91 und 298 Anm. 28 — Regelungen des Alliierten Kontrollrates, die die Verbindung nach und von Berlin betrafen und tatsächlich noch zweimal zustande kamen, behandelten nur technische Einzelfragen (Beschluß vom 10. September 1945 über technische Transportprobleme und künftigen Bedarf der Berliner Kohlen- und Nahrungsmittelversorgung — CON L/P (45) 27 —; Beschluß vom 30. November 1945 über Luftkorridore, das sogenannte „Luftkorridor-Abkommen", in Verbindung mit Flugvorschriften für Flugzeuge, die die Luftkorridore in Deutschland und die Kontrollzone Berlin befliegen — CON L/M (45) 13 und DA/R/P (45) 71 — (in: Dokumente zur Berlin-Frage 1944—1962. Hrsg. vom Forschungsinstitut der Deutschen Gesellschaft für Auswärtige Politik e.V., Band 18, 1962 — 2. Aufl. —, S. 40—58 Nr. 32—37). — Weitere Quellenangaben bei: Rudolf Legien, Die Viermächtevereinbarungen über Berlin, 1961 (2. Aufl.), S. 33 Anm. 63.

[19] Jean E. Smith, a.a.O., S. 90 — Vgl. im Gegensatz dazu Winston Churchills protokollarische Vorsicht, den Sowjets in Berlin keine Sonderrechte — auch nicht die Rolle des Gastgebers während der Potsdamer Konferenz von 1945 — zuzugestehen (Robert Murphy, a.a.O., S. 324).

[20] United Nations Treaty Series Vol. 138, S. 124 sowie Department of State Bulletin Vol. XX, S. 631 — 15. 5. 1949 — und Vol. XXI, S. 857 f. — 4. 7. 1949 — (übersetzt in: Europa-Archiv 1949, S. 2146 und 2327 f.; Dokumente zur Berlin-Frage 1944—1962, a.a.O., S. 109 Nr. 81 und S. 120 f. Nr. 89; Andreas Hillgruber, Berlin-Dokumente 1944—1961, 1961, S. 86 und 89 f.). — In Ziffer 5 des Schlußkommuniqués vom 20. Juni 1949 wird ausdrücklich auch das Einverständnis für die Zukunft hervorgehoben, daß über die Aufhebung der Blockade-Einschränkungen hinaus Handel, finanzielle und wirtschaftliche Beziehungen sowie der Personenverkehr und der Güterverkehr zwischen Berlin und den Zonen erleichtert und ausgedehnt werden sollen ... „each in his own zone, will have an obligation to take the measure necessary to insure the normal functioning and utilization of rail, water, and road transport for such movement of persons and goods and such communications by post, telephone, and telegraph".

nen sowjetischen Befehle als weiterhin gültig zu übernehmen. Schwerwiegende Folge war hier ebenfalls, daß alle Versuche zur Beseitigung geschaffener sowjetischer Einrichtungen und Machtstellungen immer am sowjetischen Veto entweder in der Alliierten Kommandantur in Berlin oder im übergeordneten Alliierten Kontrollrat scheiterten [21]. Nur einmal wurde damals zu Beginn des Viermächte-Experiments jene Sprache gesprochen, die das sowjetische Einverständnis tatsächlich im konkreten Fall erwirkte. Als die Sowjets den in Berlin angekommenen amerikanischen Streitkräften die Übergabe der Verwaltung im amerikanischen Sektor verweigerten, angeblich weil die Alliierte Kommandantur für Berlin noch nicht errichtet wäre, wurden handstreichartig über Nacht Bezirke und Rathäuser des amerikanischen Sektors besetzt und dank dieser „action directe" die sowjetische Zustimmung erteilt [22]. Der sowjetischen Denkart, Konzessionen der Gegenseite immer nur als Schwächen zu begreifen, war diesmal vorgebeugt worden. Das bekanntergewordene Beispiel ähnlicher wirksamer Berlin-Politik war später der Entschluß zur Luftbrücke [23].

---

[21] Durch die pauschale Übernahme der von der sowjetischen Besatzungsmacht vorweggetroffenen Regelungen blieb beispielsweise die Friedrich-Wilhelm-Universität — seit 1946 als Humboldt-Universität im Sowjetsektor von Berlin (Unter den Linden) — unter Mißachtung der Sonderstellung Berlins sachlich und personell der Sowjetischen Militärverwaltung unterstellt. Versuche von Professor Dr. EDUARD SPRANGER als Rektor, die zerstörte Universität von Unter den Linden nach Dahlem zu verlegen, sowie mein eigener Vorschlag — damals als Syndikus beim Magistrat von Groß-Berlin — die vormalige Luftkriegsakademie in Berlin-Gatow zur Universität umzubauen, scheiterten an der Interesselosigkeit der westlichen Alliierten (vgl. GEORG KOTOWSKI, Der Kampf um Berlins Universität, in: „Veritas, Justitia, Libertas. Festschrift zur 200-Jahrfeier der Columbia University New York." Berlin 1953, S. 10 und 16 f.). Das sowjetische Veto gegen einen amerikanisch-britischen Antrag im Koordinierungskomitee des Alliierten Kontrollrates am 3. Oktober 1945, die Berliner Universität dem Magistrat von Groß-Berlin bei Oberaufsicht durch die Alliierte Kommandantur zu unterstellen, wurde hingenommen, obwohl es ein offener sowjetischer Rechtsbruch war und sowjetischerseits zur Begründung lediglich erklärt wurde, die Berliner Universität wäre „gegenwärtig die einzige Universität der Sowjetzone". EDUARD SPRANGER als der gewählte Rektor wurde anschließend wie selbstverständlich von der sowjetischen Militärverwaltung entlassen, durch SMAD-Befehl Nr. 4/1946 die sogenannte Deutsche Zentralverwaltung für Volksbildung mit der Leitung und Verwaltung der Berliner Universität beauftragt und für das Rektorat ein Nachfolger diesmal ernannt (vgl. „Berlin. Kampf um Freiheit und Selbstverwaltung 1945/1946", Berlin 1961 — 2. Aufl. —, S. 211 Nr. 12, S. 317 Nr. 20 und S. 340 Nr. 88).

[22] JEAN E. SMITH, a.a.O., S. 94 und S. 299 Anm. 33 und 34.

[23] Auch der Luftbrücken-Entschluß vom 24. Juni 1948 war wie die handstreichartige Machtübernahme im amerikanischen Sektor von Berlin am Morgen des 4. Juli 1945 nur das Verdienst einzelner raschhandelnder Persönlichkeiten wie vor allem des amerikanischen Militärgouverneurs General LUCIUS CLAY. Über die Uneinheitlichkeit und das Zögern hinter der offiziellen Fassade trotz der Erklärung des amerikanischen Präsidenten HARRY TRUMAN am 28. Juni 1948, auf jeden Fall

„A Special System of Occupation"

Wann genau im Zweiten Weltkrieg die sogenannte Anti-Hitler-Koalition geboren wurde, kann dahingestellt bleiben [24]. Im Kern waren es immer die „Großen Drei" — die USA, Großbritannien und die Sowjetunion —, die das Kriegsbündnis der Anti-Hitler-Koalition bestimmten und schließlich am Kriegsende Deutschland besetzten. Die „Großen Drei" waren es auch, die auf der Konferenz in Jalta vom 3.—11. Februar 1945 Frankreichs Aufnahme als weitere vierte Besatzungsmacht beschlossen. Mit der Anti-Hitler-Koalition war eine Staatenverbindung entstanden, die innerhalb der allgemeinen Völkerrechtsgemeinschaft durch übereinstimmende Interessen in der Außenpolitik, durch die Kriegskonferenzen und durch gegenseitige Bündnispflicht eine gemeinschaftlich handelnde, enge und einander verpflichtete partikuläre Völkerrechtsgemeinschaft darstellte. Außer durch die Normen des allgemeinen Völkerrechts waren die Mitglieder als Gesamtheit — wenn auch ohne eigene Rechtspersönlichkeit — durch das zwischen ihnen vereinbarte partikuläre Völkerrecht zusätzlich gebunden [25]. Schon lange vor der Konferenz in Dumberton Oaks von 1944 bezeichnete sich diese partikulärvölkerrechtliche Gemeinschaft als „United Nations" [26]. In der auch als Washington-Pakt bekannten sogenannten Joint Declaration by the United States vom 1. Januar 1942 hatten 26 Staaten der Anti-Hitler-Koalition sich gegenseitig versichert, politisch im Interesse des gemeinsamen Kampfes zusammenzuarbeiten, ihre militärischen und wirtschaftlichen Hilfsquellen zu

---

in Berlin bleiben zu wollen: vgl. die Hinweise bei Alois Riklin, Das Berlinproblem, 1964, S. 86 ff. (insbes. auch S. 90 Anm. 3) und Robert Murphy, a.a.O., S. 383 ff.

[24] Vgl. die Zusammenstellung von Bündnisverträgen der Anti-Hitler-Koalition und von Verlautbarungen über die Kriegskonferenzen bei: Hermann von Mangoldt, Kriegsdokumente über Bündnisgrundlagen, Kriegsziele und Friedenspolitik der Vereinten Nationen, 1946 (Veröffentlichungen des Instituts für internationales Recht an der Universität Kiel, Heft 1); auszugsweise übersetzt in: Europa-Archiv 1947, S. 343.

[25] Josef L. Kunz, Die Staatenverbindungen 1929, S. 274 ff.

[26] Department of State Bulletin Vol. VI, S. 3 f. — 3. 1. 1942 — und Hermann von Mangoldt, a.a.O., S 46 f. (übersetzt in: Europa-Archiv 1947, S. 343) —. Hans-Jürgen Schlochauer, Atlantik-Charta (in Strupp-Schlochauer, Wörterbuch des Völkerrechts, Band 1 — 1960 —, S. 96) vertritt den Standpunkt, „die Unterzeichnung der — irreführend bisweilen Washington-Pakt genannten — Erklärung der Vereinten Nationen begründete keine rechtsverbindlichen Verpflichtungen der Signatare". Übersehen wird hierbei, daß beide Ziffern 1 und 2 der Erklärung mit den eine Rechtspflicht begründenden Worten beginnen: „Each Government pledged itself to . . ." Auf die jeweilige Bezeichnung, die einer völkerrechtlichen Vereinbarung zwischen mehreren Staaten gegeben wird, kann es nicht ankommen (vgl. hierzu Alfred Verdross, Völkerrecht, 1964 — 5. Aufl. —, S. 143 Anm. 3). Im übrigen wären selbst bei Annahme nur einseitiger Versprechen gegenseitige Rechtspflichten entstanden (Alfred Verdross, a.a.O., S. 157; Ignaz Seidl-Hohenveldern, Völkerrecht 1965, S. 35 f. Nr. 127 und Nr. 129, S. 37 Nr. 136 f.).

vollem Einsatz zu bringen sowie Waffenstillstand und Frieden nur gemeinschaftlich abzuschließen. Unter Bezugnahme auf diese Deklaration wurde als Ergebnis des erstmaligen Treffens der Außenminister der „Großen Drei“ darüber hinaus in der Moskauer Deklaration vom 1. November 1943 festgelegt, „that those of them at war with a common enemy will act together in all matters relating to the surrender and disarmament of that enemy“ und „that their united action, pledged for the prosecution of the war against their respective enemies, will be continued for the organization and maintenance of peace and security“ [27]. Die Okkupation Deutschlands war also die Kriegshandlung einer partikulär-völkerrechtlichen Gesamthandsgemeinschaft. Nicht einzelne Staaten erwarben Besatzungsrechte dort, wo ihre nationalen Truppen deutsches Gebiet besetzten, sondern alle besetzenden Mächte der Anti-Hitler-Koalition als Gesamthänder wurden der originäre Träger der Besatzungsrechte und der Besatzungspflichten in Deutschland. Sowjetischerseits wurde in bezug auf Berlin wiederholt behauptet, Berlin wäre von sowjetischen Truppen erobert worden und es fehlte deswegen der westlichen Präsenz in Berlin das originäre Besatzungsrecht. Die Westmächte besäßen in Berlin nur ein von der sowjetischen Besatzungsmacht vertraglich eingeräumtes und jederzeit kündbares Mitwirkungsrecht [28]. Zutreffend war im Department Statement vom 24. März 1960 entgegnet worden [29]:

> "The Allied Military Forces have remained in Berlin without relinquishing the rights derived from the military defeat of Nazi Germany. There is, therefore no basis for suggesting that Berlin has somehow been mysteriously merged with or placed on the territory of one of the occupation powers."

Bereits während der Londoner Beratungen der European Advisory Commission hatte General Dwight D. Eisenhower — damals als Supreme Commander Allied Expeditionary Forces — folgerichtig angeregt, nach Abschluß der Kampfhandlungen die Besetzung in ganz Deutschland mit vermischten Truppenkontingenten durchzuführen und die unheilvolle Aufteilung in abgegrenzte Besatzungsräume auf diese Weise zu umgehen [30].

[27] Department of State Bulletin Vol. IX, S. 307 ff. — 6. 11. 1943 — und HERMANN VON MANGOLDT, a.a.O., S. 21 f. (übersetzt in: Europa-Archiv 1947, S. 343 f. und ERNST DEUBERLEIN, a.a.O., S. 309.

[28] Sowjetische Erklärung über die Einstellung der Mitarbeit an der Alliierten Kommandantur in Berlin vom 1. Juli 1948 sowie die sowjetischen Noten an die Westmächte vom 14. Juli 1948 und vom 27. November 1958 (übersetzt in: WILHELM CORNIDES-HERMANN VOLLE, Um den Frieden mit Deutschland — Band 6 der Dokumente und Berichte des Europa-Archivs —, 1948, S. 121 f.; Europa-Archiv 1958, S. 11 300 ff.; Dokumente zur Berlin-Frage 1944—1962, a.a.O., S. 66 Nr. 48, S. 80 Nr. 59 und S. 316 Nr. 241; ANDREAS HILLGRUBER, a.a.O., S. 74, 79 und 137).

[29] Department of State Bulletin Vol. XLII, S. 554 — 11. 4. 1960.

[30] DWIGHT D. EISENHOWER, Kreuzzug in Europa (Deutsche Ausgabe), 1948, S. 263 (dazu auch: ERNST DEUERLEIN, a.a.O., S. 63).

Nachdem festgestellt ist, daß die Besatzungsmächte als Gesamthänder das originäre Besatzungsrecht in ganz Deutschland für sich begründet haben, ist vor der speziellen Berlin-Analyse weiterhin zu prüfen, ob entgegen ihrer Zusicherung in der Moskauer Deklaration vom 1. November 1943 die Besatzungsmächte über dieses Recht bei Abschluß der Kriegshandlungen möglicherweise sich auseinandergesetzt haben. ERICH KAUFMANN ist der Meinung, daß „an die Stelle einer einheitlichen interalliierten occupatio bellica" durch die Zoneneinteilung „der Gedanke einer Zerstückelung Deutschlands (dismemberments of Germany)" getreten sei [31]. GÜNTER JAENICKE erklärt, „eine gemeinschaftliche Besatzungsgewalt gesamthänderischer Art über Deutschland" bestehe mindestens nicht mehr seit der sogenannten Berlin Declaration vom 5. Juni 1945 und den drei Statements vom gleichen Tage [32]. Weder ERICH KAUFMANN noch GÜNTER JAENICKE haben die Schlußfolgerung gezogen, daß beispielsweise die westlichen Besatzungsmächte in Berlin gleichfalls nicht mehr originäre Besatzungsrechte besitzen [33]. Sollte auch das vertreten werden, so befänden sich ERICH KAUFMANN und GÜNTER JAENICKE mit diesem Berlin-Standpunkt in gefährlicher Nähe der sowjetischerseits mehrfach vertretenen und schon erwähnten These von der jederzeitigen Kündbarkeit des Mitwirkungsrechts der westlichen Alliierten in Berlin. Historisch und logisch kann nur das Weiterbestehen der Gesamthandsgemeinschaft in ganz Deutschland oder die Auseinandersetzung damals ebenfalls für ganz Deutschland vertreten werden. Berlin-Status und Deutschland-Status sind nicht von rechtlich unterschiedlicher Qualität. Das ist im Department Memorandum vom 19. Dezember 1958 über „Legal aspects of the Berlin Situation" in gleicher Unzweideutigkeit klargestellt [34]:

> "The right of each power to be in occupation of Berlin is of the same standing as the right of each power to be in occupation of its zone. If this were not true and the doctrine of joint and equal rights is not applicable, then, for example, the United States would now be free to require the Soviet Union to withdraw from that portion of the Soviet Zone originally occupied by American Forces and to assume control of the area."

---

[31] ERICH KAUFMANN, Die für die Aburteilung von „Kriegsverbrechern" eingesetzten Gerichtsbarkeiten und der Kontrollrat (Beiträge zum ausländischen öffentlichen Recht und Völkerrecht. Heft 29 — Festgabe für CARL BILFINGER —), 1954, S. 144; ERICH KAUFMANN, Potsdamer Abkommen und Bonner Grundgesetz (in: Bulletin des Presse- und Informationsamtes der Bundesregierung 1954 Nr. 232, S. 2138).

[32] GÜNTER JAENICKE, Der Abbau der Kontrollratsgesetzgebung (Beiträge zum ausländischen öffentlichen Recht und Völkerrecht. Heft 28), 1952, S. 25.

[33] Bei ERICH KAUFMANN wird diese Frage nicht aufgeworfen. GÜNTER JAENICKE schreibt, „nur hinsichtlich Berlins ... ließe sich der Standpunkt vertreten", die Fortsetzung der Gesamthandsgemeinschaft durch die Besatzungsmächte weiterhin anzunehmen (a.a.O., S. 28).

[34] Department of State Bulletin, Vol. XL, S. 9 — 5. 1. 1959.

Diese Feststellung, daß die Besetzung in ganz Deutschland von gleicher rechtlicher Qualität ist, und als Konsequenz der gegenteiligen sowjetischen These anschließend die sarkastische Frage in der amerikanischen Note an die Sowjetregierung vom 31. Dezember 1958, ob gegebenenfalls die Sowjetregierung zur Herausgabe der in Sachsen, Thüringen, Anhalt und Mecklenburg ursprünglich von den Westmächten eroberten Gebiete bereit sei [35], haben bewirkt, daß seitdem wenigstens das originäre Recht der Westmächte in Berlin von der Sowjetunion nicht mehr bestritten worden ist. Das sowjetische Schweigen kann zwar nicht als Anerkennung des Weiterbestehens des originären Besatzungsrechts in ganz Deutschland ausgelegt werden, aber es ist zumindest dem von Washington vertretenen Standpunkt in der politischen Praxis bisher nicht widersprochen worden [36]. Die von HANS KELSEN aufgestellte Kondominium-Theorie geht gleichfalls vom Weiterbestehen der Besetzung Deutschlands als einer Gemeinschaftsherrschaft unabhängig von den vertraglich abgegrenzten Besatzungsräumen aus [37]. Da HANS KELSEN zugleich „Germany's disappearance as a sovereign state" vertritt [38] — wie EBERHARD MENZEL dargelegt hat, aus mehr politischen als aus völkerrechtlichen Erwägungen [39] —, kann es sich im Sinne der Verdross'schen Differenzierung von Kondominium als Gemeinschaftsherrschaft über eigenes Gebiet und von Koimperium als Gemeinschaftsherrschaft über fremdes Gebiet [40] bei HANS KELSEN nur um ein Koimperium handeln [41]. ROLF STÖDTER macht unter Berufung auf OPPENHEIM-LAUTERPACHT den weiteren Einwand, „Imperium ist Innehabung, nicht bloße Ausübung von Staatshoheit" und es sei deswegen die bloße Ausübung von Regierungsgewalt nicht nur kein

---

[35] Department of State Bulletin, Vol. XL, S. 79 ff. — 19. 1. 1959 — (übersetzt in: Europa-Archiv 1958, S. 11 315 ff.; Dokumente zur Berlin-Frage 1944—1962, a.a.O., S. 340; ANDREAS HILLGRUBER, a.a.O., S. 143).

[36] Für West-Berlin hat die Sowjetunion das Weiterbestehen des originären Besatzungsrechts inzwischen sogar ausdrücklich anerkannt (vgl. Note der Sowjetunion an die Westmächte vom 3. August 1961, in: Prawda vom 5. 8. 1961; übersetzt in: Europa-Archiv 1961, S. D 513 f.; Dokumente zur Berlin-Frage 1944 bis 1962, a.a.O., S. 429; ANDREAS HILLGRUBER, a.a.O., S. 188): „Nur darauf, auf dem Recht der militärischen Okkupation beruht die Anwesenheit der Westmächte in West-Berlin."

[37] HANS KELSEN, The legal status of Germany to be established upon termination of war; *ders.*, The legal status of Germany according to the Declaration of Berlin (beide in: American Journal of International Law. Vol. 38 — 1944 —, S. 689 ff. und Band 39 — 1945 —, S. 518 ff.

[38] HANS KELSEN, a.a.O. (1945), S. 525.

[39] EBERHARD MENZEL, Deutschland — ein Kondominium oder Koimperium? (in: Jahrbuch für internationales und ausländisches öffentliches Recht 1948, S. 43 ff.).

[40] ALFRED VERDROSS, a.a.O., S. 297 f.

[41] EBERHARD MENZEL, a.a.O., S. 75; ALFRED VERDROSS, Die völkerrechtliche Stellung Deutschlands von 1945 bis zur Bildung der westdeutschen Regierung (in: Archiv des Völkerrechts Band 3 — 1951 —, S. 133).

Kondominium, sondern auch kein Koimperium [42]. An dieser Stelle braucht auf diese begrifflichen Meinungsunterschiede nicht eingegangen zu werden. Es genügt die Feststellung, daß nach überwiegender Auffassung die Aufteilung Deutschlands in abgegrenzte Besatzungsräume bei Abschluß der Kampfhandlungen die originäre besatzungsrechtliche Gesamthandsgemeinschaft nicht berührt hat. Die Bedeutung dieser Gesamthandsgemeinschaft für Deutschland hat Heinz Kreutzer am Beispiel von Berlin aufgezeigt [43]. Heinz Kreutzer stellt als „rein planspielerische Operation" die Frage: „Was würde nun geschehen, wenn die UdSSR ... ihre Besatzungsgewalt hinsichtlich Berlins und seiner Verkehrsverbindungen aufgäbe?" Zutreffend antwortet Heinz Kreutzer: „Würde der vierte Partner sich zurückziehen, würde quasi Ostberlin nun den anderen drei zuwachsen ... Die Besatzungsrechte der Westmächte würden weiterhin bestehen bleiben ... Die Verleihung der ‚Souveränität' durch die UdSSR an die DDR-Organe kann — und das ist wesentlich — allen Behörden und Stellen der DDR keine besatzungsrechtlichen oder besatzungsähnlichen Funktionen verleihen, sondern kann nur einen besatzungsrechtlichen Zustand, soweit er zugunsten der DDR besteht, beseitigen, nicht hingegen die DDR-Organe etwa auf eine rechtsgleiche Ebene mit den Westmächten stellen."

Nicht als Auseinandersetzung über die originäre Gesamthandsgemeinschaft, sondern als technische Regelung zur Ausübung des weiterhin gemeinsamen Besatzungsrechts in ganz Deutschland sind also die bei Abschluß der Kampfhandlungen in Kraft getretenen Besatzungsvereinbarungen anzusehen [44]. Im einzelnen handelt es sich dabei um zwei schon in der European Advisory Commission beschlossene sogenannte „joint recommendations" [45], die die „Großen Drei" und anschließend Frankreich gebilligt haben und an denen auch auf den Konferenzen in Jalta und in Potsdam nichts mehr geändert worden sind. Es sind dies das Zonenprotokoll vom 12. September 1944 mit dem dazugehörigen Ergänzungsabkommen vom 14. November 1944 sowie das Kontrollabkommen ebenfalls vom 14. November 1944 [46].

---

[42] Rolf Stödter, Deutschlands Rechtslage, 1948, S. 75.

[43] Heinz Kreutzer, Der Status Berlins, 1959, S. 26—28 (Vortrag vor dem Königsteiner Kreis am 7. 2. 1959 in Berlin — KK 23/59 —).

[44] Rolf Stödter, a.a.O., S. 200 ff.; Wolfgang Abendroth, Die gegenwärtige völkerrechtliche Bedeutung des Potsdamer Abkommens vom 2. August 1945 (in: Europa-Archiv 1952, S. 4948); Ernst Deuerlein, a.a.O., S. 186 f.; Alois Riklin, a.a.O., S. 232 f.

[45] Über Begriff und Rechtsverbindlichkeit der „joint recommendations": Klaus Altmeyer, Die Dokumente vom 5. Juni 1945 und die politische Einheit Deutschlands (in: Europa-Archiv 1955, S. 7365 f.); Erich Kaufmann, a.a.O., S. 2139.

[46] United Nations Treaty Series Vol. 227, S. 280 ff. und Vol. 236, S. 360 ff. — Zitate aus diesen Abkommen berücksichtigen bereits den durch Ergänzungsabkommen vom 1. Mai 1945 und vom 26. Juli 1945 nachträglich erfolgten Beitritt Frankreichs (United Nations Treaty Series Vol. 227, S. 298 ff. und Vol. 236, S. 400 ff.).

Beide Besatzungsvereinbarungen, die auch den Berlin-Status regeln, sind bis zum heutigen Tage durch keine anderweitige gemeinsame Übereinkunft außer Kraft gesetzt worden. Inhaltliche Zusammenfassungen der beiden Abkommen, deren Wortlaut über ein Jahrzehnt geheimgehalten worden ist [47], enthalten die beiden Statements über die Besatzungszonen und über das Kontrollverfahren vom 5. Juni 1945, die bei Übernahme der „supreme authority with respect to Germany" durch die Besatzungsmächte dem deutschen Volk zusammen mit der Berlin Declaration und einem dritten Statement vom gleichen Tage verkündet worden sind [48]. Zunächst im Zonenprotokoll vom 12. September 1944 ist festgelegt, daß „Germany, within her frontiers as they were on the 31st December 1937, will, for the purposes of occuptation, be divided into four zones, one of which will be alloted to each of the four Powers, and a special Berlin Area, which will be under joint occupation by the four Powers" und daß „the Berlin Area, for which a special system of occupation is provided" von der sowjetischen Besatzungszone ausgenommen sei. „Berlin Area" beziehe sich auf das Gebiet von „Greater Berlin", wie es im Preußischen Gesetz über die Bildung einer neuen Stadtgemeinde Berlin vom 27. April 1920 definiert ist [49]. Zum Unterschied von der unbefristeten Besetzung auf Grund des Zonenprotokolls begrenzt Artikel 10 des Kontrollabkommens vom 14. November 1944 die Gültigkeit der interalliierten Verwaltung und des Kontrollmechanismus in Deutschland von vornherein auf die „initial period" der Besetzung Deutschlands, die „immediately following surrender" und während der „Germany is

[47] Günter Jaenicke (a.a.O., S. 20 sowie Anm. 25) kennt die Abkommen damals nur aus Hinweisen in Veröffentlichungen bei Philip Mosely — einem der seinerzeitigen amerikanischen Berater in der European Advisory Commission —. Veröffentlicht ist der Wortlaut erstmals in der Department of State Publication 6199 — The Conferences at Malta and Yalta 1945—1955, S. 118 ff. (übersetzt in: Europa-Archiv 1955, S. 7376 ff.; Ernst Deuberlein, a.a.O., S. 321 ff.) — Wilhelm Cornides (Einleitung zu Klaus Altmeyer, a.a.O., S. 7365) weist darauf hin, daß die hypothetischen Deutungen einzelner Dokumente zur Deutschland-Frage, die in der Zeit vor der Department of State Publication 6199 erfolgt sind, „auf einer ungenügenden Kenntnis der historischen Zusammenhänge" beruht haben und „vielleicht nicht im Brustton der Überzeugung abgegeben" worden wären, hätte man gewußt, „wie dünn das Eis ist, auf dem sich auch die besten Sachverständigen bei der Untersuchung der Ursachen für die Teilung Deutschlands bewegen".

[48] Amtsblatt des Kontrollrats in Deutschland, Ergänzungsblatt Nr. 1 vom 30. 4. 1946, S. 7 ff.

[49] Preuß. GS. 1920, S. 123 ff. — Um den britischen Besatzungstruppen die ungehinderte Benutzung des Flugplatzes Gatow zu ermöglichen, tauschte in Abänderung des Preußischen Gesetzes vom 27. April 1920 ein britisch-sowjetisches Übereinkommen, das der Alliierte Kontrollrat am 30. August 1945 genehmigte, Gebietsteile von „Greater Berlin" in Staaken gegen Gebietsteile der sowjetischen Besatzungszone in Groß-Glienicke welchselseitig aus (vgl. „Berlin. Kampf um Freiheit und Selbstverwaltung 1945/1946", a.a.O., S. 162).

carrying out the basis requirements of unconditional surrender". Danach soll also die Besetzung Deutschlands länger dauern als die „initial period". Was bedeutet diese Befristung der alliierten Verwaltung und des Kontrollmechanismus in Deutschland für die Zeit nach der „initial period"? Dabei fällt sofort auf, daß im Kontrollabkommen vom 14. November 1944 zwar erstmalig vom Alliierten Kontrollrat — Control Council — gesprochen wird, den nach Artikel 2 und 3 die Zonen-Befehlshaber der Besatzungstruppen bilden und als dessen Funktionen aufgezählt werden:

„(i) to ensure appropriate uniformity of action by the Commanders-in-Chief in their respective zones of occupation;

(ii) to initiate plans and reach agreed decisions on the chief military, political, economic and other questions affecting Germany as a whole, on the basis of instructions received by each Commander-in-Chief from his Government;

(iii) to control the German central administration, which will operate under the direction of Control Council and will be responsible to it for ensuring compliance with its demands;

(iv) to direct the administration of Greater Berlin through appropriate organs."

Jedoch im vorangegangenen Zonenprotokoll vom 12. September 1944, das den Control Council überhaupt noch nicht kennt, wird unter Ziffer 5 bereits die Inter Allied Governing Authority (Komendatura) der von den Zonen-Befehlshabern für Berlin ernannten Kommandanten erwähnt, „to direct jointly the administration of the Greater Berlin Area". Artikel 10 des Kontrollabkommens vom 14. November 1944 spricht von den vorstehend beschriebenen alliierten Organen „for the control and administration of Germany", die ihre Tätigkeit während der „initial period" ausüben. Ist daraus zu folgern, daß zum Unterschied von der alliierten Verwaltung und vom Kontrollmechanismus in den vier Besatzungszonen die schon im Zonenprotokoll vom 12. September 1944 festgelegte und im Kontrollabkommen vom 14. November 1944 nur ergänzte Inter-Allied Governing Authority (Komendatura) für Berlin auch in der Zeit nach der „initial period" hat beibehalten werden sollen? Alois Riklin weist als einziger darauf hin, daß der Berlin-Status unabhängig von der „initial period" festgelegt ist und daß diese Sonderregelung die Rechtsgrundlage für Weiterbestehen und heutige Tätigkeit der Alliierten Kommandantur in Berlin ist[50]. Die jetzt de facto auf Dreimächtebasis weiterarbeitende Alliierte Kommandantur ist identisch mit der bis 1948 bestandenen Viermächte-Kommandantur und steht nach Auffassung der westlichen Kommandanten dem Vertreter der Sowjetunion jeder-

[50] Alois Riklin, a.a.O., S. 280 f.; Rudolf Legien, a.a.O., S. 15 und 30 f.

zeit offen[51]. Der Meinung von ALOIS RIKLIN ist zuzustimmen, daß — ganz gleich was in Artikel 10 des Kontrollabkommens vom 14. November 1944 die Befristung auf die „initial period" für die Zeit danach bedeutet — die alliierte Verwaltung und der Kontrollmechanismus in Berlin davon in keinem Fall berührt werden. Daß die „initial period" seit 1945 inzwischen längst beendet ist, darüber sind sich die vier Besatzungsmächte als die Unterzeichner des Kontrollabkommens vom 14. November 1944 einig. Von westlicher Seite ist das während der Pariser Außenministerkonferenz der vier Besatzungsmächte im Anschluß an die Berlin-Blockade übereinstimmend erklärt[52] und in der an die Sowjetunion gerichteten Note vom 10. Juni 1952 wiederholt worden[53]. Sowjetischerseits fehlt die ausdrückliche Erklärung aus der damaligen Zeit. WOLFGANG ABENDROTH hat darauf hingewiesen, daß jedoch schon die Note der Sowjetregierung an die Westmächte über den Friedensvertrag mit Deutschland vom 10. März 1952[54] „bezeichnenderweise auf die Existenz des Kontrollrates nicht mehr Bezug nimmt" und daher „dieses Gemeinschaftsorgan mit allen seinen Funktionen" durch „Einigung aller Vertragsparteien" als „obsolet" geworden betrachtet werden könne[55]. Später in der Begleitnote zum sowjetischen Friedensvertragsentwurf vom 10. Januar 1959 heißt es: „Die Viermächte-Abkommen sowohl über Berlin als auch über Deutschland in seiner Gesamtheit sind ... nur für die Periode der Besetzung Deutschlands gültig, aber die Besetzung ist vorüber[56]." Zur gleichen Zeit wird vom sowjetischen Völker-

[51] Vgl. die Erklärung der Kommandanten der Westsektoren von Groß-Berlin vom 21. Dezember 1948 über die Fortführung der Tätigkeit der Alliierten Kommandantur der Stadt Berlin (in: Dokumente zur Berlin-Frage 1944—1962, a.a.O., S. 105 Nr. 78).

[52] Report on the Proceedings of the Sixth Session of the Council of Foreign Ministers in Paris, 23rd may—20th June, 1949 (Cmd. 7729 — London); HERMANN VOLLE, Der Verlauf der Pariser Außenministerkonferenz vom 23. Mai bis 20. Juni 1949 (in: Europa-Archiv 1949, S. 2392). — Neben ähnlichen Erklärungen von DEAN ACHESON und ROBERT SCHUMAN als den damaligen amerikanischen und französischen Außenministern vgl. insbesondere den britischen Außenminister ERNEST BEVIN am 28. Mai 1949 (Cmd. 7729, S. 6): „The initial Control period provided for in the Potsdam Agreement in Germany was now over, and the Western Powers were concerned to make good the delay in establishing a coherent organized and peaceful Germany."

[53] Department of State Bulletin Vol. XXVII, S. 92 f. — 21. 7. 1952 — (übersetzt in: Europa-Archiv 1952, S. 5093 f.).

[54] Europa-Archiv 1952, S. 4832 f.

[55] WOLFGANG ABENDROTH, a.a.O., S. 4953 und 4955 Anm. 68 — Die Inkonsequenz des Zusatzes bei WOLFGANG ABENDROTH, daß „der verpflichtende Charakter der Potsdamer Zielsetzungen" dennoch weiterbestehe, hängt mit der damaligen Unkenntnis über Inhalt und Wortlaut des Kontrollabkommens vom 14. November 1944 zusammen.

[56] Prawda vom 11. Januar 1959 (übersetzt in: Europa-Archiv 1959, S. D 38; Dokumente zur Berlin-Frage 1944—1962, a.a.O., S. 374 Nr. 255; ANDREAS HILLGRUBER, a.a.O., S. 157).

rechtler KOROWIN juristisch präziser und autoritativ kommentiert: „Es ist mehr als offensichtlich, daß die anfängliche Kontrollperiode schon vorüber ist [57].“ Es kann angenommen werden, daß auch nach sowjetischer Ansicht „the initial period ... immediately following surrender“ auf jeden Fall entweder mit dem Erlaß des Präsidiums des Obersten Sowjets über die Beendigung des Kriegszustandes zwischen der Sowjetunion und Deutschland vom 25. Januar 1955 [58] oder spätestens bei Aufnahme der diplomatischen Beziehungen zur Bundesrepublik am 24. September 1955 [59] zu Ende gegangen ist. Tatsächlich jedoch wird FRITZ FAUST zuzustimmen sein [60], daß die Sowjetunion nicht anders als die drei Westmächte durch die Nichtwiederherstellung des Kontrollmechanismus trotz ausdrücklich erklärter Bereitschaft zur Wiederherstellung der politischen und wirtschaftlichen Einheit Deutschlands bereits im New Yorker Abkommen vom 4. Mai 1959 [61] über die Aufhebung der Berlin-Blockade oder zumindest im Schlußkommuniqué der Pariser Außenministerkonferenz vom 20. Juni 1949 [62] die „initial period“ für beendet erklärt haben. Auch Artikel 11 des Kontrollabkommens vom 14. November 1944 steht dieser Annahme nicht entgegen. In diesem Artikel 11 ist als pactum de contrahendo für die Zeit nach der „initial period“ vereinbart worden, daß zwischen den vier Mächten „the question of the Allied organs required for carrying out the functions of control and administration in Germany in a later period will be the subject of a separate Agreement“. ADOLF SCHÜLE meint, daß wegen dieses Artikels 11 das Kon-

[57] E. A. KOROWIN, Berlinfrage und Völkerrecht (in: Neue Zeit — Moskau — 1959, S. 17).

[58] Russischer Wortlaut und deutsche Übersetzung bei: HERMANN MOSLER-KARL DOEHRING, Die Beendigung des Kriegszustandes mit Deutschland nach dem Zweiten Weltkrieg (Beiträge zum ausländischen öffentlichen Recht und Völkerrecht. Heft 37), 1963, S. 395 ff. — U. a. heißt es in diesem Erlaß, der ausdrücklich den Terminus „Deutschland“ gebraucht und nicht auf die sogenannte „Deutsche Demokratische Republik“ bezogen ist, zu der damals die Sowjetunion allein in Beziehung stand: „Es werde als anomal erachtet, daß — obgleich seit der Einstellung der Kampfhandlungen mit Deutschland nahezu zehn Jahre vergangen sind — ... das deutsche Volk sich noch immer gegenüber anderen Völkern in einer nicht gleichberechtigten Lage befindet.“

[59] Für ALOIS RIKLIN (a.a.O., S. 280) ist die Aufnahme diplomatischer Beziehungen zwischen Moskau und Bonn das Kriterium für die Beendigung der „initial period“. — Im übrigen vgl. über den Beginn dieser diplomatischen Beziehungen: HERMANN MOSLER – KARL DOEHRING, a.a.O., S. 401 f.

[60] FRITZ FAUST, Das Potsdamer Abkommen und seine völkerrechtliche Bedeutung, 1964 — 3. Auflage —, S. 239.

[61] United Nations Treaty Series Vol. 138, S. 124 sowie Department of State Bulletin Vol. XX, S. 631 — 15. 5. 1949 — (übersetzt in: Europa-Archiv 1949, S. 2146; Dokumente zur Berlin-Frage 1944—1962, a.a.O., S. 109 Nr. 81; ANDREAS HILLGRUBER, a.a.O., S. 86).

[62] Department of State Bulletin Vol. XXI, S. 857 f. — 4. 7. 1949 — (übersetzt in: Europa-Archiv 1949, S. 2327 f.; Dokumente zur Berlin-Frage 1944—1962, a.a.O., S. 120 f. Nr. 89, ANDREAS HILLGRUBER, a.a.O., S. 89 f.).

trollabkommen vom 14. November 1944 sich noch in Kraft befinde, solange nicht ein neues Abkommen geschlossen sei [63]. Von ADOLF SCHÜLE wird dabei übersehen, daß die Dauer der „initial period" in Artikel 10 des Kontrollabkommens vom 14. November 1944 überhaupt nicht vom Abschluß des neuen Abkommens nach Artikel 11 abhängt. Vorvertraglich haben die vier Mächte sich zwar verpflichtet, — falls sie es für erforderlich halten —, ein neues Abkommen abzuschließen, aber hiervon unabhängig ist wegen Ablaufs der „initial period" das Kontrollabkommen vom 14. November 1944 nicht mehr in Kraft [64]. Somit ergibt sich, daß als technische Regelung der Besatzungsmächte zur Ausübung des weiterhin gemeinsamen Besatzungsrechts in ganz Deutschland heute nur noch das Zonenprotokoll vom 12. November 1944 mitsamt dem darin vereinbarten Berlin-Status in Kraft ist und beide besatzungstechnische Vereinbarungen von Anfang an nicht voneinander abhängig gewesen sind.

Auch sonstige Prämissen, die sowjetischerseits behauptet worden sind, haben keinen Einfluß auf die Rechtsgültigkeit des Berlin-Status bis zum heutigen Tage ausüben können. Erstmalig in ihrer Note an die Westmächte vom 14. Juli 1948 [65] erklärt die Sowjetunion, daß die Westmächte ihr Recht auf Teilnahme an der Besetzung Berlins verwirkt haben. Von den Westmächten seien politische und wirtschaftliche Grundsätze für die Behandlung Deutschlands verletzt worden, wie sie auf den Konferenzen von Jalta und Potsdam sowie im Kontrollabkommen vom 14. November 1944 beschlossen worden sind. In den sowjetischen Noten an die Westmächte vom 27. November 1958 und 10. Januar 1959 [66] wird einseitig festgestellt, der Berlin-Status sei vom Potsdamer Abkommen abhängig, die im Potsdamer Abkommen festgesetzten Zielsetzungen seien jedoch von den Westmächten gröblich verletzt worden und das Zonenprotokoll vom 12. September 1944 werde daher als nicht mehr in Kraft befindlich betrachtet. Dieser sowjetische Standpunkt ist aus mehrfachen Gründen unvertretbar. Ganz eindeutig ist das, wenn man sich VON DER HEYDTEs Standpunkt anschließt [67], daß der „Report on the Tripartite Conference at Berlin" vom 2. August 1945 [68] — ausgenom-

[63] ADOLF SCHÜLE, Berlin als völkerrechtliches Problem, 1961, S. 135 (in: Tübinger Studien zur Geschichte und Politik Nr. 14).

[64] ALOIS RIKLIN, a.a.O., S. 280.

[65] WILHELM CORNIDES-HERMANN VOLLE, a.a.O., S. 121 f.; Dokumente zur Berlin-Frage 1944—1962, a.a.O., S. 77 Nr. 59; ANDREAS HILLGRUBER, a.a.O., S. 77.

[66] Prawda vom 28. November 1958 und 11. Januar 1959 (übersetzt in: Europa-Archiv 1958, S. 11 306 und 1959, S. D 38; Dokumente zur Berlin-Frage 1944 bis 1962, a.a.O., S. 313 Nr. 241 und S. 374 Nr. 255; ANDREAS HILLGRUBER, a.a.O., S. 135 und 157).

[67] FRIEDRICH AUGUST VON DER HEYDTE, Potsdamer Abkommen von 1945 (in: STRUPP-SCHLOCHAUER, Wörterbuch des Völkerrechts, Band 2 — 1961 —, S. 787 f.).

[68] Amtsblatt des Kontrollrats in Deutschland, Ergänzungsblatt Nr. 1 vom 30. 4. 1946, S. 13 ff. (vgl. das gesamte Konferenzmaterial in: Department of State Publication 7015 und 7163 — The Conference of Berlin Vol. I und II, 1960). —

men die Einsetzung des Außenminister-Rates und die Reparationsregelung [69] — „kein Vertrag im Sinne des Völkerrechts" darstelle und insofern jene Bezeichnung als Potsdamer Abkommen unzutreffend sei, „die in amtlichen Dokumenten zuerst von der Sowjetunion gebraucht wurde und im Laufe der Zeit gebräuchlich geworden ist". VON DER HEYDTE lehnt auch ERICH KAUFMANN ab, von dem zur Rechtsnatur der in Potsdam gefaßten Beschlüsse erklärt ist: „Nur ein Regierungsabkommen, kein völkerrechtlicher Vertrag im vollen Sinne des Wortes, kein Treaty, sondern ein ‚Executive Agreement' in der Terminologie der Vereinigten Staaten oder nach der Terminologie des Artikels 59 des Grundgesetzes ein Verwaltungsabkommen" [70]. Wenn aber nach VON DER HEYDTEs Meinung der „Report on the Tripartite Conference at Berlin" in der Hauptsache „nur eine Information der Öffentlichkeit über das Ergebnis der Konferenz ist und dazu auch die dort festgelegte Besatzungspolitik gehört, dann kann die Nichtbeachtung bloßer unverbindlicher Programme kein rechtserheblicher Anlaß sein, gültige Abkommen wie das Zonenprotokoll vom 12. September 1944 außer Kraft zu setzen. Die straffere und vollständigere Fassung des Potsdamer Abkommens von 1945 im „Protocol of the Proceedings of the Berlin Conference" [71] bestätigt mehr ERICH KAUFMANN als VON DER HEYDTE. Das bedeutet, daß das Potsdamer Abkommen als völkerrechtlich verbindlich anzusehen ist. Die sowjetische These vom Junktim zwischen Zoneneinteilung mitsamt dem Berlin-Status einerseits und den im Potsdamer Abkommen festgelegten Besatzungszielen andererseits ist dennoch unbegründet. Schon formal spricht gegen die Annahme eines solchen Junktims, daß Frankreich überhaupt nicht an der Potsdamer Konferenz von 1945 teilgenommen hat und auch danach nicht dem Potsdamer Abkommen beigetreten ist [72], Frankreich durch nachträglichen Beitritt am 26. Juli 1945 [73] jedoch Vertragspart-

Zu beachten ist, das die teilweise vollständigere Fassung des Potsdamer Abkommens vom 2. August 1945, wie sie als „Protocol of the Proceedings of the Berlin Conference" in Department of State Publication 7163 von 1960 — S. 1478 ff. — erstmalig abgedruckt ist, eine andere Bezifferung als der 1945 für die Öffentlichkeit herausgegebene und im Amtsblatt abgedruckte „Report on the Tripartite Conference of Berlin" hat, im Rahmen dieser Arbeit jedoch die Bezifferung nach dem 1945 herausgegebenen „Report" beibehalten wird.

[69] Abschnitt II und IV des „Report on the Tripartite Conference of Berlin" vom 2. August 1945 (Amtsblatt des Kontrollrats in Deutschland, Ergänzungsblatt Nr. 1 vom 30. 4. 1946, S. 13 und 16) in Verbindung mit Abschnitt V 3 des ursprünglich geheimgehaltenen „Protocol of Proceedings of the Crimea Conference" (Department of State Publication 6199, a.a.O., S. 979).

[70] ERICH KAUFMANN, a.a.O., S. 2139.

[71] Department of State Publication 7163 — The Conference of Berlin, Vol. II —, S. 1478 ff.

[72] Frankreich ist weder zur Potsdamer Konferenz eingeladen worden noch gibt es irgend eine formelle Beitrittserklärung. Der damaligen provisorischen Regierung in Frankreich sind die in Potsdam gefaßten Beschlüsse in drei Schreiben bei Konferenzschluß offiziell mitgeteilt worden mit der Einladung zur Mitarbeit am in

Potsdam errichteten Außenminister-Rat sowie an der bereits in Jalta eingesetzten Reparationskommission. In mehreren Schreiben vom 7. August 1945 hat die französische Regierung den Konferenzteilnehmern in Potsdam geantwortet, daß die Einladung zur Teilnahme am Außenminister-Rat und an der Reparationskommission angenommen werde sowie Bereitschaft bestehe, über die Besatzungsziele in Deutschland einen Austausch vorzunehmen, daß jedoch vorerst — „sous réserve d'un examen plus approfondi" — die in Potsdam festgelegten Besatzungsziele nur teilweise gebilligt werden (vgl. Documents français relatifs à l'Allemagne — août 1945/février 1947 —, 1947, S. 8; dgl. Jahrbuch für Internationales Recht 1953, S. 180; übersetzt in: Europa-Archiv 1954, S. 6745). Vom französischen Außenminister GEORGES BIDAULT ist am 21. Juli 1953 auf die schriftliche Anfrage des französischen Abgeordneten JACQUES BARDOUX, wann und wo Frankreich dem Potsdamer Abkommen von 1945 beigetreten ist, erklärt worden, daß „... le Gouvernement français ne s'est pas associé aux décisions prises à Potsdam... en dehors de lui et sans qu'il ait pu faire connaitre ses vues. Il s'est borné à prendre acte de ces accords et à en accepter ces dispositions favorables aux intérêts français... Ces textes n'auraient pas, en conséquence, à être soumis pour ratification aux élus de la nation" (Journal Officiel/Assemblée Nationale — Débats Parlementaires/Quéstion et Réponse — Nr. 40/1953, S. 2656 und Nr. 60/1953, S. 3726; übersetzt in: Außenpolitik 1954, S. 76 f.). Wortlaut und Inhalt der Schreiben vom 7. August 1945 — vor allem die Einschränkung „sous réserve d'un examen plus approfondi" und der Hinweis, erst noch „sous tous ces points... à procéder à des échanges de vues" — rechtfertigen den französischen Standpunkt fehlender Bindung an das Potsdamer Abkommen (dgl. ERICH KAUFMANN, a.a.O., S. 2140; GERHART LÜTKENS, Anstatt Potsdam etwa Yalta?, in: Außenpolitik 1954, S. 243 f.; GERHART LÜTKENS, Erläuterungen zu den französischen Dokumenten über Deutschland, in: Europa-Archiv 1954, S. 6756; WOLFGANG ABENDROTH, Frankreich und das Potsdamer Abkommen, in: Zeitschrift für Politik 1954, S. 71; RUDOLF LEGIEN, a.a.O., S. 22). Auf die schwerwiegenden politischen Folgen der fehlenden französischen Bindung ist von ERICH KAUFMANN bereits 1948 hingewiesen worden (a.a.O., S. 26; dgl. ERNST DEUERLEIN, a.a.O., S. 217 f.). Retrospektiv angesichts der permanenten Fehleinschätzung der sowjetischen Deutschland-Politik durch Washington erinnert JENS HACKER sarkastisch an das Wort des amerikanischen Rußland-Sachverständigen CHARLES BOHLEN, „der gemeint hat, Frankreich habe — unwillkürlich — den Westen durch seine frühzeitigen Vetos gerettet" (JENS HACKER, Legenden um das Potsdamer Abkommen, 1965, S. 93, in: Macht und Recht im kommunistischen Herrschaftssystem — Festschrift für BORIS MEISSNER —). Im Gegensatz zu Frankreich hat die Sowjet-Union in ihrer Note vom 27. November 1958 behauptet (übersetzt in: Europa-Archiv 1958, S. 11 302; Dokumente zur Berlin-Frage 1944 bis 1962, a.a.O., S. 305 Nr. 241): „... Frankreich, das sich zwar erst später dem Potsdamer Abkommen angeschlossen hatte, sich aber natürlich nicht als frei von seinem Teil Verantwortung für die Erfüllung dieses Abkommens betrachten kann...". WOLFGANG ABENDROTH, von dem die Bindung Frankreichs an das Potsdamer Abkommen zunächst vertreten worden ist (a.a.O., in: Europa-Archiv 1952, S. 4944), hat seinen Standpunkt später geändert. Einige Autoren (FRITZ FAUST, a.a.O., S. 67; HEINZ KREUTZER, a.a.O., S. 13 f.; ALOIS RIKLIN, a.a.O., S. 240; JENS HACKER, a.a.O., S. 78 Anm. 2) sind der Meinung, daß bis auf ausdrücklich aufgezählte Vorbehalte Frankreich an das Potsdamer Abkommen gebunden sei. Das ist kaum haltbar. Die Schreiben vom 7. August 1945 lassen keinen Zweifel, daß Frankreich nur die beiden Einladungen zur Mitarbeit angenommen und darüber hinaus außer vorläufigen Stellungnahmen keine verbindlichen Erklärungen abgegeben hat.

[73] United Nations Treaty Series Vol. 227, S. 298 ff.

ner des Zonenprotokolls von 1944 geworden ist und als gleichberechtigte Besatzungsmacht auch von der Sowjetunion anerkannt wird [74]. Des weiteren stimmen die Geltungsdauer des Potsdamer Abkommens und des Zonenprotokolls nicht überein. In der Präambel von Abschnitt III des Potsdamer Abkommens wird als Vertragszweck die Durchführung der auf der Jalta-Konferenz gefaßten Deutschland-Beschlüsse angegeben und in Ziffer II des Jalta-Kommuniqués vom 12. Februar 1945, wo von der Übereinstimmung „on common policies and plans for enforcing the unconditional surrender terms" gesprochen wird [75], ist zwar nicht ausdrücklich auf die „initial period" Bezug genommen. Dennoch kann es sich schon im Jalta-Kommuniqué inhaltlich nur um „the period when Germany is carrying out the basis requirements of unconditional surrender" im Sinne von Artikel 10 des Kontrollabkommens vom 14. November 1944 handeln. Das Potsdamer Abkommen, das unter Abschnitt III die „principles of a coordinated Allied policy towards defeated Germany" zusammenfaßt, erklärt dann aber ganz ausdrücklich in der Überschrift der gemeinsamen besatzungspolitischen Zielsetzungen — The political and economic principles to govern the treatment of Germany in the initial control period — seine begrenzte Gültigkeit nur während der „initial period" [76]. Die Zoneneinteilung mitsamt dem Berlin-Status, die unabhängig von der Dauer der „initial period" gilt, und die im Potsdamer Abkommen nur für die „initial control period" festgelegten „principles of a coordinated Allied policy towards defeated Germany" beziehen sich somit von vornherein nicht nur auf unterschiedliche Beteiligte,

---

[74] Rudolf Legien, a.a.O., S. 22; Alois Riklin, a.a.O., S. 243.

[75] Amtsblatt des Kontrollrates in Deutschland, Ergänzungsblatt Nr. 1 vom 30. 4. 1946, S. 4 f. (vgl. das gesamte Konferenzmaterial in: Department of State Publication 6199 — The Conferences at Malta and Yalta 1945—1955).

[76] Unter Ziffer B 14 der „political and economic principles to govern the treatment of Germany in the initial control period" heißt es in der sogenannten „Formel von Potsdam" — Deutschland als wirtschaftliche Einheit —: „During the period of occupation Germany shall be treated as a single economic unit". Mitten im Abschnitt III mit seiner ausdrücklichen Befristung nur auf die „initial period" wird also bei der Behandlung Deutschlands als wirtschaftlicher Einheit von der gesamten „period of occupation" gesprochen. Jedoch ändert das nichts daran, daß auch der nachfolgende Maßnahmenkatalog in Ziffer B 14 — wie die übrigen „common policies" im gesamten Abschnitt III — nur für die „initial period" gilt. Die gegenseitige Versicherung der Besatzungsmächte in der „Formel von Potsdam", trotz der Besatzungszonen Deutschlands Wirtschaft unangetastet zu lassen, ist demgegenüber eine bloße Unterlassungsvereinbarung, die an dieser Stelle der Klarstellung und der Motivierung des in Ziffer B 14 aufgezählten Maßnahmenkataloges dient. Daß auch die Geltungsdauer dieser ohnehin aus dem Gesamtrahmen des Abschnitts III herausfallenden Formel über die „initial period" hinaus dabei zugleich für die gesamte Dauer der Besatzung festgelegt worden ist — beispielsweise wenn nach dem Außerkrafttreten der alliierten Verwaltung und Kontrolle selbstverantwortlich eine deutsche Regierung tätig ist —, beeinträchtigt daher nicht die grundsätzliche Gültigkeit von Abschnitt III nur während der „initial period".

sondern sind auch zeitlich von nicht übereinstimmender Gültigkeit. Ferner ist zur Begründung der sowjetischen Junktim-These vorgebracht worden, das Junktim ergebe sich aus den Worten „for the purposes of occupation" in Ziffer 1 des Zonenprotokolls vom 12. September 1944. Die Worte „for the purposes of occupation" seien im Sinne von Besatzungszielen zu übersetzen statt mit „Besatzungszwecke" [77]. Im Amtsblatt des Alliierten Kontrollrates für Deutschland, wo das Statement über die Besatzungszonen vom 5. Juni 1945 die Worte „for the purposes of occupation" genau im gleichen Sinnzusammenhang gebraucht [78], ist die deutsche Übersetzung mit „Besatzungszwecke" niemals von den Vertretern der Sowjetunion beanstandet worden. Erst während der Berlin-Krise von 1958, als plötzlich die Sowjetunion die These aufstellt, Entstehen und Beibehalten der Viermächte-Besetzung in Berlin seien mit der Verwirklichung der im Potsdamer Abkommen vereinbarten Besatzungsziele gekoppelt, wird behauptet, „for the purposes of occupation" heiße „für die Ziele der Besetzung". Ob dem Philologen beide Übersetzungen zur Verfügung stehen oder nicht, wird hier nicht weiter untersucht. Für den Juristen kommt es im konkreten Fall auf den Sinnzusammenhang an [79]. Rudolf Legien hat bereits darauf hingewiesen, ein Junktim durch Interpretation der Worte „for the purposes of occupation" im Sinne von „Besatzungsziele" könne nur dann logisch sein, wenn in Potsdam Einigkeit darüber bestanden habe, daß Deutschland zu dem besonderen Zweck in Zonen aufgeteilt wird, damit jede Besatzungsmacht in ihrer Zone jeweils besondere besatzungspolitische Zielsetzungen zu verwirklichen in der Lage ist [80]. Aus welchem Grunde sollte die Zonen-Einteilung sonst das geeignete Mittel ausgerechnet zur Durchsetzung der besatzungspolitischen Zielsetzungen sein? Tatsächlich ist das Junktim logisch überhaupt nur vertretbar, wenn der Lehre von Erich Kaufmann und von Günter Jaenicke über das primäre Zonensystem in Deutschland gefolgt wird, nach der der Zonenbefehlshaber in seiner Zone die oberste Primärgewalt hat und — soweit „agreed decisions on the chief questions affecting Germany as a whole" nötig sind [81] — die Besatzungspolitik von den Zonen-

---

[77] Vgl. die ethymologischen Erörterungen bei: Rudolf Legien, a.a.O., S. 23 f.; Alois Riklin, a.a.O., S. 243.

[78] Amtsblatt des Kontrollrats in Deutschland, Ergänzungsblatt Nr. 1 vom 30. 4. 1946, S. 11.

[79] In Ziffer III A 3 des Potsdamer Abkommens von 1945 müssen beispielsweise bei der Aufzählung der Besatzungsziele, von denen der Alliierte Kontrollrat in Deutschland sich leiten lassen soll, die Worte „purposes of occupation" tatsächlich im Sinne von „Ziele der Besetzung" übersetzt werden.

[80] Rudolf Legien, a.a.O., S. 24.

[81] Ziffer 2 des Statement über das Kontrollverfahren in Deutschland vom 5. Juni 1945 (Amtsblatt des Kontrollrats in Deutschland, Ergänzungsblatt Nr. 1 vom 30. 4. 1946, S. 10).

befehlshabern nur koordiniert wird [82]. Die besatzungsrechtliche Gesamthandsgemeinschaft — unvereinbar mit den Ansichten von Erich Kaufmann und von Günter Jaenicke — verbietet demgegenüber die Annahme eines Junktims zwischen Besatzungszielen und gerade deswegen notwendig gewesener Zoneneinteilung mitsamt der Viermächteverwaltung in Berlin schon aus logischer Diskrepanz [83]. Aber selbst bei Bejahung des sowjetischerseits behaupteten Junktims besteht kein Recht zur Außerkraftsetzung des Zonenprotokolls vom 12. September 1944. Ist in Potsdam überhaupt eine Einigung über Besatzungsziele erfolgt, die zugrunde gelegt werden können und die verletzt sein sollen? Das Bundesverfassungsgericht hat an Hand der Begriffe „Demokratie" und „demokratisch" zum Potsdamer Abkommen festgestellt, daß von den „Repräsentanten ganz verschiedenartiger staatlicher Ordnungen eine Kompromißformel für ein nicht vollbewältigtes, nach Lage der Dinge, auch nicht zu bewältigendes Sachproblem" benutzt worden ist im Bewußtsein, über den „präzisen, positiven politisch-rechtlichen Inhalt" sich doch nicht einig zu sein [84]. Erich Kaufmann und Klaus Altmeyer erklären, daß in Potsdam nur „die uneinige Einigkeit" [85] und der „verbale Konsens" eines „tiefgehenden Dissens" [86] vereinbart worden seien. Jens Hacker weist darauf hin, „jede Seite — der Alliierten — benutzt die Vereinbarungen vom 2. August 1945, um die eigene Position zu verteidigen und zu rechtfertigen" [87]. Von vornherein sind damit die besatzungspolitischen Zielsetzungen im Potsdamer Abkommen juristisch wertlos nur der Punchingball für die Deutschland-Politik der Besatzungsmächte gewesen. Westlicherseits als „Abkehr vom nationalsozialistischen System" [88] ohne jede sonstige eindeutige Vorstellung gemeint, sind sowjetischerseits von Anfang an um so handfestere Vorstellungen damit verknüpft worden. „Wer immer ein Gebiet besetzt, oktroyiert ihm auch sein eigenes Gesellschaftssystem" — das hatte vor der Potsdamer Konferenz Stalin gegenüber Milovan Djilas erklärt [89] und es war in diesem Sinne Stalin's Deutschland-Tak-

---

[82] Erich Kaufmann, a.a.O., S. 142 ff., sowie a.a.O., S. 2138; Günter Jaenicke, a.a.O., S. 30. Zwischen diesen beiden Vertretern der Lehre vom primären Zonensystem in Deutschland besteht ein Unterschied insofern, als Erich Kaufmann Kontrollratsbeschlüsse — „agreed decisions" — als bindende Viermächteabkommen interpretiert, „für deren Zustandekommen der Kontrollrat geschaffen ist" (S. 144), und Günter Jaenicke darunter „lediglich parallele Gesetzgebungsakte der einzelnen Zonenbefehlshaber" grundsätzlich ohne weitergehende Bindung versteht (S. 30).

[83] Heinz Kreutzer, a.a.O., S. 14; Joachim Rottmann, Der Viermächte-Status Berlins, 1959 (2. Aufl.), S. 74 und 79 f.; Rudolf Legien, a.a.O., S. 25; Fritz Faust, a.a.O., S. 238 Anm. 29.

[84] Entscheidungen des Bundesverfassungsgerichts 5, S. 119 f.

[85] Erich Kaufmann, a.a.O., S. 2140.

[86] Klaus Altmeeyr, a.a.O., S. 7371.

[87] Jens Hacker, a.a.O., S. 78.

[88] Entscheidungen des Bundesverfassungsgerichts 5, S. 120.

[89] Milovan Djilas, Gespräche mit Stalin (Deutsche Ausgabe), 1962, S. 146.

tik, unter Berufung auf die in Potsdam eingeschleusten kautschukartigen Begriffe Schritt für Schritt durch ständige Interventionen den sowjetischen Herrschaftsbereich über die eigene Besatzungszone hinaus schließlich auf ganz Deutschland auszudehnen [90]. Was die Sowjetunion in ihrer an die Westmächte gerichteten Note vom 27. November 1958 als verletzte Zielsetzungen des Potsdamer Abkommens bezeichnet [91], sind dann auch tatsächlich nur eine Aneinanderreihung vorerst gescheiterter sowjetischer Einflußnahmen auf Struktur und Entwicklung von Politik und Wirtschaft in der Bundesrepublik. Die erste Verletzung des Potsdamer Abkommens sei die Nichtlieferung von 25 Prozent aller industriellen Großanlagen gewesen, die die Sowjetunion aus den westlichen Besatzungszonen hat erhalten sollen [92].

---

[90] Vgl. hierzu die ausgezeichnete Abhandlung von Jens Hacker in der Festschrift für Boris Meissner, a.a.O., S. 77 ff.; dgl. Rudolf Legien, a.a.O., S. 27 f. und Alois Riklin, a.a.O., S. 41.

[91] Prawda vom 28. November 1958 (übersetzt in: Europa-Archiv 1958, S. 11 303 f.; Dokumente zur Berlin-Frage 1944—1962, a.a.O., S. 305 ff. Nr. 241).

[92] Abschnitt IV des Potsdamer Abkommens von 1945 hat grundsätzlich das System der Reparationsentnahme durch die zonale Besatzungsmacht nach eigenem unkontrollierten Ermessen und Interesse festgelegt gehabt. Für die Sowjetunion ist zusätzlich vereinbart worden, daß 25 Prozent aller industriellen Großanlagen in den westlichen Besatzungszonen — „as is unnecessary for the German peace economy and should be removed from the Western Zones of Germany" — als Reparationen geliefert werden sollen. Auf die Streitfrage im Völkerrecht, ob vor dem formellen Friedensschluß Reparationen entnommen werden können oder nur sichernde Maßnahmen für künftige Reparationsleistungen zulässig sind, wird hier nicht eingegangen. Im übrigen hat sich mit dem System der beliebigen Reparationsentnahme und mit den immanenten Widersprüchen dieses Systems eingehend Erich Kaufmann 1948 auseinandergesetzt (a.a.O., S. 44 ff.). Unter anderem verstoße das System der zonalen Reparationsentnahme gegen die Formel von Potsdam, daß Deutschland während der Besetzung „shall be treated as a single economic unit". Was die Form der Reparationsentnahme betrifft, so ist ursprünglich während der Jalta-Konferenz in Abschnitt V 2 b und c des erst später veröffentlichten „Protocol of Proceedings of the Crimea Conference" (Department of State Publication 6199, a.a.O., S. 979) beschlossen worden, daß auch „annual deliveries of goods from current production for a period to be fixed" und „use of German labor" gefordert werden können. Im Potsdamer Abkommen wird in Abschnitt IV 1 von „removals from the zone" und in Abschnitt IV 4 von „industrial capital equipment" gesprochen. Außer in Abschnitt IV 1, wo allein die Worte „removals from the zone" stehen, heißt es stets „removals of equipment" (IV 4, letzter Satz), „amount of equipment" (IV 5) und „removals on industrial capital equipment" (IV 6). Der später im Alliierten Kontrollrat beschlossene „Plan for Reparations and the Level of Post-War German Economy in Accordance with the Berlin Protocol" vom 28. März 1946 (Department of State Bulletin Vol. XIV, S. 636 ff. — 14. 4. 1946 —; übersetzt in: Wilhelm Cornides-Hermann Volle, a.a.O., S. 90 ff.) bezieht sich desgleichen nur auf „amount and character of the industrial capital equipment unnecessary for the German peace economy and therefore available for reparations". In der Untersuchung von Erich Kaufmann wird hierzu festgestellt, daß Reparationen „nach den unzweideutigen Bestimmungen des Potsdamer Abkommens nicht aus der laufenden Produktion, sondern nur durch die Demontage von Industrieanlagen und aus Auslandsguthaben" entnom-

Anschließend — „von Jahr zu Jahr" — sei durch die auf separatem Wege erfolgte Gründung der Bundesrepublik, durch politische Tendenzen in der Bundesrepublik sowie durch die Wiederherstellung eines rüstungswirtschaftlichen und militärischen Potentials „eine Politik des Diktats gegenüber dem anderen Staat" in Deutschland mit Plänen zu dessen Liquidierung begonnen worden. Die sowjetische Fremdherrschaft in Mitteldeutschland erfülle demgegenüber „die Verpflichtungen, die sich für sie aus dem Potsdamer Abkommen ergeben". Diese sowjetische Argumentation vorwiegend aus der Sicht des sogenannten „anderen Staates" in Deutschland veranlaßt ADOLF SCHÜLE zu der Vorfrage, wem Moskau durch die Außerkraftsetzung des Zonenprotokolls mitsamt dem Berlin-Status eigentlich einen Herrschaftszuwachs gegenüber Berlin verschaffen will [93]. Das von der Sowjetunion als unabhängig bezeichnete Sowjetzonen-Regime sei nicht Vertragspartner des Potsdamer Abkommens und die Unzumutbarkeit der weiteren Bindung an den im Zonenprotokoll verankerten Berlin-Status brauche deswegen vom Standpunkt des Sowjetzonen-Regimes aus nicht geprüft zu werden. Im übrigen könne die Sowjetunion sich nicht auf etwaige Vertragsbrüche der

---

men werden sollen (a.a.O., S. 45). Dem ist zuzustimmen (dgl. FRITZ FAUST, a.a.O., S. 126). Auch die Hinweise und Schlußfolgerungen von ERICH KAUFMANN in dessen Plädoyer vor dem Bundesverfassungsgericht vom 7. Dezember 1954 sind zutreffend (a.a.O., S. 2140): „Nach sowjetischer Auslegung der Reparationsvereinbarungen sollten auch Entnahmen aus der laufenden Produktion zulässig sein, was von seiten der beiden angelsächsischen Mächte auf das Entschiedenste bestritten wurde. Es ist von der Zeit nach dem Ersten Weltkrieg nur zu bekannt, was die Entnahmen aus der laufenden Produktion für die Weltwirtschaft und wirtschaftlich, sozial und politisch für Deutschland bedeuteten. Bei dem engen Zusammenhang der Reparationspolitik mit dem gesamten Wirtschaftsleben ist vor allem auch durch die Reparationsregelung nach Zonen die wirtschaftliche Einheit Deutschlands zunichte gemacht worden." LUCIUS CLAY schreibt über den sowjetischen Reparationsseparatismus in Deutschland (a.a.O., S. 141): „Das sowjetische Verhalten bedeutete praktisch, daß die Lieferungen an Rußland indirekt durch die Vereinigten Staaten und Großbritannien beglichen wurden ... Ich stellte daher im Frühjahr 1946, als wiederholte Warnungen fruchtlos geblieben waren, die Lieferungen aus unserer Zone ein; es blieb mir keine andere Wahl. Wir hatten die Forderungen des Potsdamer Abkommens erfüllt und einen gemeinsamen Industrieplan für Deutschland ausgearbeitet. Er war jedoch sinnlos, wenn die Sowjetregierung sich weigerte, über die Demontage in ihrer Zone Rechenschaft abzulegen, und fortfuhr, die ostdeutsche Produktionskapazität durch Entnahme von Gütern ohne Bezahlung für sich auszunutzen." Die Errichtung der Bizone durch amerikanisch-britisches Übereinkommen vom 2. Dezember 1946 — „as the first step towards the achievement of the economic unity of Germany as a whole" (Präambel des Bizonen-Abkommens, in: Department of State Bulletin Vol. XV, S. 1102 ff. — 15. 12. 1946 —; übersetzt in: WILHELM CORNIDES-HERMANN VOLLE, a.a.O., S. 95) — ist durch den sowjetischen Reparationsseparatismus verursacht worden und daher allein von der Sowjetunion zu vertreten.

[93] ADOLF SCHÜLE, a.a.O., S. 138.

Westmächte berufen, weil sie sich selbst vertragswidrig verhalten habe [94]. JENS HACKER verweist darauf, daß die Vereinigten Staaten von Amerika und Großbritannien den sowjetischen Bruch des Zonenprotokolls vom 12. September 1944 schon bei ihrem Eintreffen zur Konferenz in Potsdam vorgefunden haben [95]. Die eigenmächtige Verfügung der Sowjetunion über das Gebiet ostwärts von Oder und Neiße in Verbindung mit dem auch im Völkerrecht geltenden Verbot des venire contra factum proprium [96] schließt es aus, daß nachfolgend ausgerechnet der Rechtsbrecher sich auch noch ausdrücklich von seiner Vertragspflicht befreit. An dieser Stelle wird auf sonstige Verstöße der Sowjetunion gegen das Zonenprotokoll vom 12. September 1944 nicht mehr eingegangen. Es gibt jedenfalls ausreichende Gründe zur Annahme, daß — selbst bei Bejahung des sowjetischerseits behaupteten und an sich unlogischen Junktims zwischen Zoneneinteilung und besatzungspolitischen Zielsetzungen — der Berlin-Status, wie das Zonenprotokoll vom 12. September 1944 ihn festgelegt hat, unverändert rechtsgültig ist.

Zum gleichen Ergebnis führt auch eine andere Betrachtung. Sinn des Berlin-Status ist die Herausnahme aus der Aufteilung Deutschlands in Besatzungszonen und das besondere Besatzungsstatut für Berlin ist daher keine zufällige Vereinbarung. Während der „initial period" hat für die Besatzungszonen gegolten, daß — außer „in matters affecting Germany as a whole" — die „supreme authority in Germany will be exercised, on instructions from their respective Governments, by the Commanders-in-Chief ..., each in his own zone of occupation" [97]. In Berlin dagegen, wo während der gleichen Zeit der Alliierte Kontrollrat sowohl die „agreed decisions on the chief military, political, economic and other questions affecting Germany as

---

[94] JOACHIM ROTTMANN, a.a.O., S. 75 und 80 f.; ADOLF SCHÜLE, a.a.O., S. 136; RUDOLF LEGIEN, a.a.O., S. 30 f.; ALOIS RIKLIN, a.a.O., S. 283 f.; FRITZ FAUST, a.a.O., S. 239.

[95] JENS HACKER, a.a.O., S. 83 f.

[96] Über das Verbot des sogenannten „Angehens gegen die eigene Tat": ERWIN RIETZLER, Venire contra factium proprium, 1912; WILHELM FRIEDE, Das Estoppel-Prinzip im Völkerrecht (in: Zeitschrift für ausländisches öffentliches Recht und Völkerrecht, Band 5, — 1935 —, S. 517 ff.); EBERHARD MENZEL, Estoppelprinzip, in: STRUPP-SCHLOCHAUER, a.a.O., Band 1 — 1960, 2. Aufl. —, S. 441 f., mit Hinweisen auf die Anerkennung des Estoppel-Prinzips im dänisch-norwegischen Ostgrönland-Streit durch Urteil des Permanent Court of International Justice vom 5. 4. 1933 — Series A./B., Fascicule No. 53 — und im britisch-norwegischen Fischereistreit durch Urteil des International Court of Justice vom 18. 12. 1951 — I.C.J. Reports 1951, S. 116 ff. —; EBERHARD MENZEL, a.a.O., S. 66; RUDOLF LAUN, Die Haager Landkriegsordnung, 5. Aufl. — 1950 —, S. 129 und 183; ADOLF SCHÜLE, a.a.O., S. 138; FRITZ FAUST, a.a.O., S. 239; RUDOLF LEGIEN, a.a.O., S. 31.

[97] Artikel 1 des Kontrollabkommens vom 14. November 1944 (in: Department of State Publication 6199, a.a.O., S. 124; übersetzt in: Europa-Archiv 1955, S. 7376 ff. und ERNST DEUERLEIN, a.a.O., S. 321 ff.). Ziffer 1 des Statement über das Kontrollverfahren vom 5. 6. 1945 enthält den gleichen Wortlaut (Amtsblatt des Kontrollrats in Deutschland, Ergänzungsblatt Nr. 1 vom 30. 4. 1946, S. 10).

a whole" hat treffen sollen als auch die „German central administration, which will operate under the direction of the Control Council" hat überwachen sollen [98], will jede Besatzungsmacht gleichberechtigt vertreten sein. Gegenüber der Aufteilung Deutschlands in Besatzungszonen „for the purposes of occupation" mit zwangsläufig damit verbundenen zentrifugalen politischen Tendenzen bedeutet der Berlin-Status die Zentripetalkraft, das Gegengewicht und für Deutschland die Klammer, die sofort zusammen mit der Festlegung der Besatzungszonen im Zonenprotokoll vom 12. September 1944 über die „initial period" hinaus für die gesamte Dauer der originären besatzungsrechtlichen Gesamthandsgemeinschaft geschaffen ist. Die Besatzungssektoren in Berlin haben folgerichtig nur die Bedeutung von Truppenstationierungsbereichen und die Sektorenkommandanten in den ihnen zugewiesenen Bezirken keine separaten hoheitlichen Befugnisse [99]. Untereinander haben die Besatzungsmächte Verpflichtung und Rechtsanspruch zugleich, „to direct jointly the administration of the Greater Berlin Area". Beispielsweise als die sowjetische Besatzungsmacht am 1. Juli 1948 die weitere Zusammenarbeit in der Alliierten Kommandantur in Berlin ablehnt und von der sowjetischen Besatzungsmacht organisierten Demonstranten mehrfach gestattet wird, die Stadtverordnetenversammlung von Groß-Berlin zu sprengen [100], haben die übrigen Besatzungsmächte das Recht und einander die Pflicht gehabt, Gesamtberlin oder mindestens die zum sowjetischen Sektor gehörende City zu besetzen, damit den dort tagenden und arbeitenden Organen der den alliierten Kontrollbehörden unterstellten Gesamtberliner Selbstverwaltung die Wahrnehmung der ihnen übertragenen Aufgaben gewährleistet ist. Zu einer solchen Intervention hat um so mehr Grund bestanden, als mit der Absplitterung des sowjetischen Sektors in Berlin und mit dem Rückzug der westlichen Alliierten aus dem Sowjetsektor zugleich die gesamtdeutsche Besetzung an zentrischer Kraft hat verlieren müssen. Bis zu diesem Augenblick ist es weltweit auch nach außen hin sichtbar, daß Deutschland trotz seiner völkerrechtlichen Handlungsunfähigkeit infolge fehlender Regierungsgewalt und trotz der Totalbesetzung die Völkerrechtssubjektivität behalten hat [101]. Auch für die Alliierten in diesem als Völkerrechtssubjekt fortbestehenden Deutschland ist Berlin damals die prä-

---

[98] Artikel 3 (b) des Kontrollabkommens vom 14. 11. 1944.

[99] Heinz Kreutzer, a.a.O., S. 13 und 21; Gerhard Scheuer, Der deutsche Staat in rechtlicher Sicht, 1964, S. 69.

[100] „Berlin. Behauptung von Freiheit und Selbstverwaltung 1946/1948", Berlin 1959, S. 537 Nr. 1, S. 517 Nr. 102 und S. 626 Nr. 29.

[101] Selbst Erich Kaufmann (in: Deutschlands Rechtslage unter der Besatzung, 1948, S. 11 ff.) und Günter Jaenicke (a.a.O., S. 12 ff.) anerkennen — ungeachtet der von ihnen vertretenen Dismembration durch die Besatzungsmächte — die Kontinuität der deutschen Völkerrechtssubjektivität: „Nach seinem heutigen völkerrechtlichen Status ist Deutschland wohl rechtsfähig, aber nicht handlungsfähig" (Erich Kaufmann, S. 11): „Das Bundesverfassungsgericht der Bundesrepublik

sumptive deutsche Hauptstadt. Diese einmalige und von den Alliierten so betonte Berlin-Position nach 1945 ist viel zu wenig beachtet worden. Man vergleiche das mit der staatsrechtlich und verwaltungsrechtlich unterentwikkelten Berlin-Situation bis 1945. Durch die Ereignisse der Jahre 1866 und 1871 in Deutschland urplötzlich von der märkischen Residenzstadt der Hohenzollern zur faktischen Reichshauptstadt aufgerückt, wird Berlin staatsrechtlich und verwaltungsrechtlich als Reichshauptstadt erstmalig während der Hitler-Zeit erwähnt[102]. Nach 1871 bleibt die faktische Reichshauptstadt Berlin vorerst unverändert irgend eine beliebige brandenburgische Provinzstadt, die ihm Rahmen der Städteordnung für die sechs östlichen Provinzen der Preußischen Monarchie vom 30. Mai 1853 verwaltet wird[103]. Im Preußischen Gesetz über die allgemeine Landesverwaltung vom 30. Juni 1883 wird Berlin zwar ein jetzt außerhalb der Provinz Brandenburg stehender eigener Verwaltungsbezirk, aber die Staatsaufsicht des weiterhin in Personalunion sowohl für Brandenburg als auch für Berlin zuständigen Oberpräsidenten bleibt bestehen[104]. Selbst das Preußische Gesetz über die Bildung einer neuen Stadtgemeinde Berlin vom 27. Arpil 1920[105], das die bisherige Stadt Berlin und eine Anzahl von Vorortgemeinden zum heutigen Gebiet Groß-Berlin zusammenschließt und das im Zonenprotokoll vom 12. September 1944 zitiert ist, sowie auch das Preußische Gesetz über die vorläufige Regelung verschiedener Punkte des Gemeindeverfassungsrechts für die Hauptstadt Berlin vom 30. März 1931[106] ändern nichts am wirklichkeitsfremden preußischen Rahmen, dem Berlin trotz faktischer

Deutschland spricht in seiner Entscheidung vom 29. 7. 1952 in dem Verfassungsstreit betreffend das sogenannte Petersberg-Abkommen — 2 BvE 3/51 — von der die deutsche Staatsgewalt überwölbenden Besatzungsgewalt" (Günter Jaenicke, S. 12 Anm. 9, im zustimmenden Sinne). Vgl. im übrigen Ziffer 1 der Entschließungen der deutschen Völkerrechtslehrer vom 16.—17. 4. 1947 (in: Jahrbuch für internationales und ausländisches öffentliches Recht 1948, S. 6) sowie die bei Dieter Blumenwitz (Die Grundlagen eines Friedensvertrages mit Deutschland, 1966, S. 76 Anm. 6) zitierte gesamte Literatur. Insbesondere wegen ausländischer Stellungnahmen: Ulrich Meister, Stimmen des Auslands zur Rechtslage in Deutschland (in: Zeitschrift für ausländisches öffentliches Recht und Völkerrecht, Band XIII — 1950 —, S. 173 ff.).

[102] Reichsgesetz über die Verfassung und Verwaltung der Reichshauptstadt Berlin vom 1. 12. 1935 (RGBl. 1936, I S. 957 ff.). Auch dieses Gesetz, das erlassen wird, weil das nationalsozialistische Gemeindeverfassungsrecht Reichsrecht geworden ist, bringt Berlin keine reichsunmittelbare Unterstellung. Die Bezeichnung als Reichshauptstadt wird gesetzlich benutzt, jedoch Berlins Eingliederung in das Land Preußen bleibt unverändert: „Die Reichshauptstadt Berlin ist Stadtkreis. Sie hat auch die Aufgaben eines preußischen Provinzialverbandes" (§ 1 Absatz 2).

[103] Preuß. GS. 1853, S. 261 ff.

[104] §§ 1, 41 des Gesetzes über die allgemeine Landesverwaltung vom 30. 7. 1883 (Preuß. GS. 1883, S. 195 ff.).

[105] Preuß. GS. 1920, S. 123 ff.

[106] Preuß. GS. 1931, S. 39 ff. — Die Bezeichnung von Berlin als Hauptstadt bedeutet hier Hauptstadt des Landes Preußen (vgl. Kurt Landsberg-Harry Goetz,

Funktion als Reichshauptstadt staatsrechtlich und verwaltungsrechtlich bis zur Besetzung durch die Alliierten unterworfen bleibt [107]. Die nach dem Gesetz über den Neuaufbau des Reiches vom 30. Januar 1934 Preußen verbliebenen Befugnisse [108] sind nach der Zerschlagung Preußens in verschiedene Teile [109] nach 1945 jedem dieser Teile automatisch zugewachsen [110]. Anlaß

Verfassung von Berlin vom 1. 9. 1950, 1951, S. 44). Im übrigen taucht das Wort „Hauptstadt" außer in der Gesetzesüberschrift im Text der Gesetzesnovelle vom 30. 3. 1931 dann nicht mehr auf.

[107] Auch verfassungsrechtlich ist das Hauptstadtproblem Berlin weder in der Verfassungsurkunde für den Preußischen Staat vom 31. 1. 1850 (GS. 1850, S. 17 ff.) und in der Verfassung des Freistaates Preußen vom 30. 11. 1920 (GS. 1920, S. 543 ff.) noch in der Verfassung des Deutschen Reiches vom 16. 4. 1871 (RGBl. 1871, S. 63 ff.) und in der Weimarer Reichsverfassung vom 11. 8. 1919 (RGBl. 1919, S. 1333 ff.) geregelt worden. — Nur an einer einzigen Stelle erscheint Berlin in einer deutschen Verfassung, wenn Artikel 2 der Verfassung des Deutschen Reiches von 1871 im Zusammenhang mit dem Inkrafttreten der Reichsgesetze die Ausgabe des Reichsgesetzblattes in Berlin erwähnt. Die entsprechende Bestimmung in Artikel 71 der Weimarer Reichsverfassung ersetzt Berlin durch „Reichshauptstadt". Erst nach 1945 heißt es dann im Vorspruch zur Verfassung von Berlin vom 1. 9. 1950, daß sich Berlin diese Verfassung gegeben hat „in dem Wunsche, die Hauptstadt eines neuen geeinten Deutschlands zu bleiben".

[108] RGBl. 1934, I S. 75.

[109] Kontrollratsgesetz Nr. 46 über die Auflösung des Staates Preußen vom 25. 2. 1947 (Amtsblatt des Kontrollrats in Deutschland Nr. 14 vom 31. 3. 1947) stellt in der Präambel deklaratorisch fest, „der Staat Preußen . . . hat in Wirklichkeit zu bestehen aufgehört", und bestimmt in Artikel II Absatz 1: „Die Gebiete, die ein Teil des Staates Preußen waren und die gegenwärtig der Oberhoheit des Kontrollrats unterstehen, sollen die Rechtsstellung von Ländern erhalten oder Ländern einverleibt werden."

[110] Vgl. angesichts der sowjetischen Bemühungen, die westlichen Sektoren in Berlin als einen eigenen Staat in eine sogenannte Freie Stadt umzuwandeln, hierzu die beinahe aktuellen damaligen Ausführungen von Hans Peters im Verfassungsausschuß der Stadtverordnetenversammlung von Groß-Berlin am 15. 1. 1947 (Niederschrift Vf 3, S. 8 f.): „Im Gebiet der Stadt Berlin konnten Normen erlassen: einmal die Stadt Berlin kraft eigener Autonomie und zweitens Preußen zuletzt kraft der Ermächtigung, die sich aus dem Gesetz vom 30. Januar 1934 ergab. Dieses Gesetzgebungsrecht Preußens könnte theoretisch auf den deutschen Gesamtstaat übergegangen sein; das ist nicht anzunehmen, denn Preußen ist in verschiedene Teile zerlegt, und man wird anerkennen müssen, daß jedem dieser Teile das preußische Gesetzgebungsrecht zugewachsen ist. Es entspricht nicht der heutigen staatsrechtlichen Lage, diesem schlafenden Rechtsträger noch irgendwelche Gesetzgebungsbefugnisse zuzuerkennen, sondern man muß vernünftigerweise annehmen, daß diese Gesetzgebungsbefugnisse den Ländern, also in diesem Falle der Stadt Berlin, zugewachsen sind. Berlin ist hinsichtlich seiner Befugnissee in die Rechtsnachfolge Preußens eingerückt und ein Land geworden, ein Land aber, das nicht mehr Befugnisse haben kann, als Berlin und Preußen zusammen hatten. Da Preußen kein Staat war und Berlin auch nicht, kann auch durch das Zusammenwachsen beider kein Staat entstanden sein; denn ein Staat muß eine ursprüngliche Herrschaftsgewalt haben. Diese hat Berlin nicht. Wir kommen mithin zu der Auffassung: Berlin ist ein Land, wie etwa im Jahre 1935 Bayern oder Hessen usw. ein Land war, aber es ist kein Staat."

zu der einmaligen Stellung, die die Alliierten nach 1945 Berlin gewähren, ist jedoch nicht dieses automatische Einrücken Berlins in die Rechtsstellung und Befugnisse eines Landes, sondern der unabhängig von der Eingliederung in die preußische Verwaltungshierarchie längst erfolgte Aufstieg als Weltstadt und als deutsches Zentrum in Politik, Wissenschaft, Verwaltung und Wirtschaft [111]. HANS HERZFELD zitiert EDWIN REDSLOBS treffenden Satz: „Nicht Berlin griff nach Deutschland, sondern Deutschland schuf sich Berlin [112]." An dieses von Deutschland geschaffene Berlin haben die Alliierten angeknüpft, als sie Berlin zu einem von den übrigen Besatzungszonen unabhängigen Gebiet erklärt haben, „which will be under joint occupation by the four Powers".

Mit der Feststellung der zentrischen Funktion von Berlin nach dem Willen der Besatzungsmächte innerhalb der besatzungsrechtlichen Gesamthandsgemeinschaft beantwortet sich auch die immer wieder gestellte Frage, ob die Besatzungsmächte ursprünglich die Zerstückelung oder die Einheit Deutschlands beschlossen haben. Spekulativ geschlossene Kompromisse müssen dabei entsprechend den von den Beteiligten verfolgten Interessen und Zielsetzungen analysiert werden. Für Franklin Roosevelt's illusionäre Konzeption sowjetisch-amerikanischer Zusammenarbeit in Mitteleuropa ist es zunächst selbstverständlich, daß Deutschland nach der bedingungslosen Kapitulation als Einheit weiterbesteht und Berlin als Symbol alliierter Gemeinsamkeit besetzt und verwaltet wird. Henry Morgenthaus Vierzehn-Punkte-Plan der völligen Zerstückelung und Agrarisierung Deutschlands [113] wird von Franklin Roosevelt nach zeitweiligem Schwanken schließlich abgelehnt [114]. Auch Franklin Roosevelt's Forderung nach „unconditional surrender", die erstmalig auf der Casablanca-Konferenz am 24. Januar 1943 erhoben wird [115], ist nicht als Deutschlands Zerstückelung gemeint. Über Inhalt und Zustandekommen der Forderung schreibt ROBERT SHERWOOD, Franklin Roosevelt habe dabei an den Oberbefehlshaber im ame-

[111] Über den Wachstumsprozeß, der aus Berlin zeitweise die am schnellsten wachsende Stadt Europas machte: vgl. HANS HERZFELD, Berlin als Kaiserstadt und Reichshauptstadt 1871—1945 (in: Das Hauptstadtproblem in der Geschichte — Festgabe für FRIEDRICH MEINECKE —), 1952, S. 141 ff.; HANS ROTHFELS, Von der brandenburgischen über die preußische zur deutschen Hauptstadt, 1961, S. 1 ff. (in: Tübinger Studien zur Geschichte und Politik Nr. 14).

[112] HANS HERZFELD, a.a.O., S. 164.

[113] HENRY MORGENTHAU JR., Germany is our problem, 1945 (dgl. Department of State Publication 6199, a.a.O., S. 611 ff.; übersetzt in: ERNST DEUERLEIN, a.a.O., S. 318 ff.); dazu: GÜNTHER MOLTMANN, Der Morgenthau-Plan als historisches Problem (in: Wehrwissenschaftliche Rundschau 1955, S. 15 ff.).

[114] ROBERT MURPHY, a.a.O., S. 277.

[115] GÜNTER MOLTMANN, Die Genesis der Unconditional-Surrender-Forderung (in: Wehrwissenschaftliche Rundschau 1956, S. 105 ff. und S. 177 ff.); KLAUS ALTMEYER, a.a.O., S. 7366; EKKEHARD BAUER, Kapitulation (in: STRUPP-SCHLOCHAUER, a.a.O., Band 2, S. 196 f.); ERNST DEUERLEIN, a.a.O., S. 30 ff.

rikanischen Sezessionskrieg und späteren amerikanischen Präsidenten Ulysses Grant gedacht, der im Kampf gegen die Konföderierten seiner Unnachgiebigkeit wegen den Beinamen „Old Unconditional Surrender" gehabt habe. Unter ‚unconditional surrender' habe Franklin Roosevelt verstanden, „the destruction of a philosophy in Germany . . . which is based on the conquest and subjugation of other peoples", „not the destruction of the German populace", „a reasonable assurance of world peace for generations", „no negociated peace, no compromise with Nazism and Facism, no escape clauses could lead to another Hitler" [116]. Später allerdings auf Drängen von Stalin hat Franklin Roosevelt während der Jalta-Konferenz von 1945 zugestimmt, daß im von der European Advisory Commission vorbereiteten Vertragsentwurf der Unconditional Surrender of Germany vom 25. Juli 1944 [117] Artikel 12 a die Besatzungsmächte außer zur völligen Entwaffnung und zur Entmilitarisierung auch zum „dismemberment of Germany as they deem requisite for future peace and security" berechtigt werden [118]. Die „procedure for the dismemberment of Germany" soll das zu diesem Zweck eingesetzte Dismemberment Committee ausarbeiten. Zum Vertragsabschluß auf Regierungsebene mit Deutschland kommt es weder in der alten noch in der neuen Fassung der Unconditional Surrender of Germany. Die Act of Military Surrender vom 8. Mai 1945 ist nur die übliche militärische Kapitulation im dafür maßgebenden engen völkerrechtlichen Rahmen [119]. Nach Jalta sind inzwischen Stalin's Deutschland-Politik in die genau entgegengesetzte Richtung eingeschwenkt und das Dismemberment Committee durch sowjetische Verweigerung der Mitarbeit arbeitsunfähig geworden. Washington und London, die dem Drängen von Stalin in Jalta widerwillig gefolgt sind, sehen sich plötzlich gebrandmarkt und genarrt im überhaupt nicht von ihnen gewünschten Dismemberment Committee [120]. Frank-

[116] Robert Sherwood, Roosevelt and Hopkins, 1948, S. 696 f.

[117] Department of State Publication 6199, a.a.O., S. 113 ff. (übersetzt in: Ernst Deuerlein, a.a.O., S. 311 ff.).

[118] Ziffer III des Protocol of the Proceedings of the Crimea Conference vom 11. 2. 1945 (in: Department of State Publication 6199, a.a.O., S. 978; übersetzt in: Ernst Deuerlein, a.a.O., S. 329).

[119] Amtsblatt des Kontrollrats in Deutschland, Ergänzungsblatt Nr. 1 vom 30. 4. 1946, S. 5. In Ziffer 4 der Act of Military Surrender vom 8. 5. 1945 lassen sich die Alliierten vom deutschen Oberkommando zu weiteren unbegrenzten militärischen oder politischen Nachkriegsmaßnahmen Vollmacht geben (vgl. wegen der Einzelheiten: Ernst Deuerlein, a.a.O., S. 99 ff.). Diese Erklärung überschreitet die völkerrechtliche Kompetenz militärischer Kommandanten, in militärischen Angelegenheiten völkerrechtliche Verträge abzuschließen, und ist daher rechtlich unerheblich (Ignaz Seidl-Hohenveldern, a.a.O., S. 42 Nr. 152; Ekkehard Bauer, a.a.O., S. 197).

[120] Ernst Deuerlein, a.a.O., S. 191, 201 und 228 f.; Alois Riklin, a.a.O., S. 30; Jens Hacker, a.a.O., S. 84 f. — Über die Gründe für Stalins Schwenkung in der Deutschland-Politik nach Jalta vgl. Jens Hacker (a.a.O., S. 85); „Die Sowjets konnten zu jener Zeit hoffen, über eine gemeinsame Verwaltung Deutschlands

reich erklärt am 1. Mai 1945 seinen Beitritt folgerichtig nur zur ursprünglichen Fassung des Entwurfs der Unconditional Surrender of Germany ohne die Zerstückelungsklausel [121]. Desgleichen enthält die einseitige Erklärung zur Übernahme der „supreme authority with respect to Germany" durch die Besatzungsmächte in der Berlin Declaration vom 5. Juni 1945 als Artikel 13 den wörtlich übernommenen Text aus dem ursprünglichen Artikel 12 des Entwurfs der Unconditional Surrender of Germany vom 25. Juli 1944 wiederum ohne Beachtung der Jalta-Ergänzung [122]. WOLFGANG ABENDROTH meint, ein Relikt der Zerstückelungsklausel aus Jalta sei in der Berlin Declaration vom 5. Juni 1945 Absatz 6 der Präambel, wonach „the boundaries of Germany or any part thereof and the status of Germany or of any area at present being part of German territory" später festgelegt werden [123]. Unbeachtet läßt WOLFGANG AEBNDROTH den vorhergehenden Absatz 5 der Präambel, wo die Alliierten versichern, daß „the assumption ... of the said authority and powers does not effect the annexation of Germany". Wenn jedoch nicht annektiert wird, dann kann auch nicht die Zerstückelung Deutschlands beschlossen worden sein, denn ohne Annexion ist völkerrechtlich die Zerstückelung nicht möglich [124]. Der Verzicht auf Deutschlands Zerstückelung im Potsdamer Abkommen ist nicht etwas Unerklärbares, sondern ein Vorgang in Übereinstimmung mit dem historisch heute bekannten Positionswechsel der Alliierten nach Jalta. Es handelt sich zwar um „Formelkompromisse, die völlig gegensätzlicher Auslegung fähig sind" [125], wenn die Alliierten im Potsdamer Abkommen erklärt haben, daß es nicht ihre

---

ganz Deutschland zu gewinnen ... Der Sowjetführung ging es einmal darum, die Sowjetzone dem eigenen Herrschaftsbereich einzuverleiben, zum anderen strebte sie danach, Einfluß auf ganz Deutschland zu gewinnen. Der Kreml nutzte die Chance, die sich für ihn aus der alleinigen Einnahme Berlins durch seine Streitkräfte ergab. Darin sah er eine Möglichkeit, nachhaltig sowohl die Entwicklung der Reichshauptstadt als auch den Wiederbeginn des öffentlichen Lebens in Deutschland zu beeinflussen."

[121] Department of State Publication 6199, a.a.O., S. 113 Anm. 6.

[122] Amtsblatt des Kontrollrats in Deutschland, Ergänzungsblatt Nr. 1 vom 30. 4. 1946, S. 9.

[123] WOLFGANG ABENDROTH, a.a.O., S. 4943 f. und a.a.O., S. 72 ff. (insbes. S. 76). Außer aus dem Aufhören der Staatsfunktion zum Zeitpunkt der Kapitulation leitet WOLFGANG ABENDROTH seine — „als erster und vielleicht auch als einziger" (Jahrbuch für internationales und ausländisches öffentliches Recht 1948, S. 249) vertretene — Diskontinuitätstheorie ebenfalls aus Absatz 6 der Präambel her. Schließlich werde nach WOLFGANG ABENDROTH durch Absatz 6 der Präambel klargestellt, daß die eigenmächtige Verfügung über deutsches Gebiet durch eine Besatzungsmacht ohne die Zustimmung des Kollektivs der Besatzungsmächte ausgeschlossen sei. Erst das Potsdamer Abkommen von 1945 habe die „Zerstückelungsgefahr gebannt".

[124] ERICH KAUFMANN, a.a.O., S. 9; ALFRED VERDROSS, a.a.O., — 1964 —, S. 467 f.; FRIEDRICH BERBER, Lehrbuch des Völkerrechts, 1962 — Band 2 —, S. 133.

[125] WOLFGANG ABENDROTH, a.a.O., S. 4949; ERICH KAUFMANN, a.a.O., S. 2141.

Absicht sei, „to destroy or enslave the German people", sowie daß dem deutschen Volk es ermöglicht werden solle, „to prepare for the eventual reconstruction of their life on a democratic and peaceful basis" und schließlich „to take their place among the free und peaceful peoples of the world". Das gleiche gilt von den „common policies", die zu verwirklichen die Alliierten einander erklären „for the time being, no central German Government shall be established". Aber als Kern trotz unterschiedlicher Motive und Spekulationen steckt hinter allen diesen „Formelkompromissen" die gewandelte alliierte Deutschland-Politik, die vorerst die Zerstückelung nicht mehr als Programm hat [126]. Die westlichen Alliierten sehen in Deutschlands Existenz beim Abschluß des Potsdamer Abkommens den Wall gegen sowjetisches Vordringen nach Westeuropa und die Sowjetunion die Chance des Vorrückens nach Westeuropa, zumal „man nicht damit rechnet, daß die amerikanischen Truppen länger in Deutschland bleiben" [127]. Der Verzicht auf Deutschlands Zerstückelung ist nirgends in Potsdam ausgesprochen, aber — bei aller illusionären Polarität — faktisch hat hierin damals Einigkeit bestanden [128]. Diese fehlende ausdrückliche Zusicherung der auch politischen Einheit Deutschlands hat nach außen im Berlin-Status ihren Ersatz gehabt. Ein einheitliches Berlin in einem zerstückelten Deutschland hätte immer nur bedeutet, daß nicht der Berlin-Status unrechtmäßig ist und aufgelöst werden muß, sondern umgekehrt die Zerstückelung nicht rechtmäßig ist.

Daß die besatzungstechnischen Vereinbarungen, von denen Adolf Schüle meint, daß sie „gar nicht einmal so schlecht erdacht" gewesen seien [129], dennoch versagt und sowohl in Deutschland als auch in Berlin zur Spaltung in eine westliche und östliche Hälfte geführt haben, hängt mit der völkerrechtlichen Grundstruktur unseres Jahrhunderts zusammen.

Ubi societas ibi ius

Die Entwicklung der res publica christiana seit dem Westfälischen Frieden von 1648 zum universellen Völkerrecht bricht im 20. Jahrhundert mit dem Eindringen der Staatstechnik des modernen Totalitarismus [130] zusammen. Wo autoritativ erklärt wird, daß zum Staatszweck der „Einsatz auf die Weltrevolution" gehöre und daß der Inhalt des Völkerrechts „ganz durch

[126] Klaus Altmeyer, a.a.O., S. 7369 und S. 7375 Anm. 41.

[127] Robert Murphy, a.a.O., S. 349.

[128] Bei dieser Betrachtung hat die Formel von Potsdam in III B 14 des Abkommens, daß während der gesamten Besatzungsdauer Deutschland als wirtschaftliche Einheit behandelt werden solle, eher den Charakter einer Interventionsklausel gegen den damals in der sowjetischen Besatzungszone bereits begonnenen eigenmächtigen Sozialisierungsseparatismus einerseits und andererseits zur Unterstützung westlicher Sozialisierungstendenzen vom Osten her.

[129] Adolf Schüle, a.a.O., S. 129.

[130] Vgl. im einzelnen Erwin Faul, Der moderne Machiavellismus, 1961.

politische Forderungen des laufenden Moments bestimmt wird" [131], ist die Grundnorm jeder Rechtsgemeinschaft pacta sunt servanda aufgehoben [132]. Wer eine Gemeinschaft nur anerkennt, weil es gerade in seinem Interesse liegt, und sie ablehnt, wenn es nicht opportun ist, kann nicht als zugehörig zu dieser Gemeinschaft angesehen werden. Ohne die Gemeinschaft gibt es aber kein Recht. Wenn oft von der Notwendigkeit des Durchbruchs aus der Sterilität zur Aktivität in Deutschland und in Berlin gesprochen wird, so wird übersehen, daß dazu zwei Seiten gehören und die andere Seite es ablehnt, mit gleichen Pflichten in bleibender Rechtsgemeinschaft zu leben. Vereinbarungen, nur um Schritt für Schritt Terrain und Rechtsposition aufzugeben, sind illusorische Formen einer befristeten Gemeinschaftlichkeit bis zur nächsten Kampfansage im genau ungünstigsten Moment. Die Berufung auf die Rechtsposition, die Berlin von den Alliierten eingeräumt erhalten hat, und die Forderung nach Wiederherstellung der Großmächte-Verantwortung in ganz Berlin sind die sicherste Politik, um die Achtung vor dem Recht in Berlin auch bei einer Weltanschauung des Totalitarismus durchzusetzen. ROBERT MURPHY berichtet als Ergebnis langjähriger Erfahrungen, immer nur dann, sobald irgend etwas für nichts angeboten worden ist, seien die Russen sofort mißtrauisch geworden [133].

Res inter alios actae

Der Berlin-Status ist eine Regelung der Besatzungsmächte. Völkerrechtliche Vereinbarungen als res inter alios actae haben grundsätzlich keine rechtliche Drittwirkung [134]. Das gilt auch bei Verträgen, die auf Dritte eine politische Wirkung ausstrahlen. Solche politischen Reflexwirkungen gegenüber dem handlungsunfähigen Völkerrechtssubjekt Deutschland sind mit fast sämtlichen alliierten Besatzungsvereinbarungen verbunden gewesen. Der Alliierte Kontrollrat hat die Deutschland-Vereinbarungen, soweit sie damals bekannt gemacht worden sind, zusammengefaßt sogar im für die deutsche Bevölkerung bestimmten Amtsblatt der politischen Bedeutung wegen veröffentlicht. Übereinstimmend wird die Ansicht vertreten, daß die alliierten Vereinbarungen unmittelbar Deutschland zwar keine Pflichten auferlegen oder Rechte gewähren. Dennoch seien sie „die wichtige rechtliche Grundlage, die dem deutschen Volk die Möglichkeit bietet, auch in Zukunft an die

---

[131] E. A. KOROWIN, Das Völkerrecht der Übergangszeit, 1929, S. 10 und S. 14.

[132] ALFRED VERDROSS, Die Verfassung der Völkerrechtsgemeinschaft, 1926, S. 29 ff.

[133] ROBERT MURPHY, a.a.O., S. 352.

[134] Vgl. im einzelnen HANS BALLREICH, Völkerrechtliche Verträge zu Lasten Dritter, 1954, S. 1 ff. (Beiträge zum ausländischen öffentlichen Recht und Völkerrecht, Heft 29 — Festgabe für CARL BILFINGER —); HANS BALLREICH, Verträge zugunsten und zu Lasten Dritter (in: STRUPP-SCHLOCHAUER, a.a.O., Band 3 — 1962, 2. Aufl. —, S. 544 ff.) sowie die dort zitierte Literatur.

ehemaligen Siegermächte zu appellieren", eine gesamtdeutsche Friedensregelung herbeizuführen und Deutschlands staatliche Einheit wiederherzustellen [135].

Haager Landkriegsordnung

Günter Jaenicke stellt fest, daß die von den Besatzungsmächten in Deutschland ausgeübte „supreme authority", auch soweit sie über den Rahmen der Haager Landkriegsordnung hinausgegangen ist, Besatzungsgewalt geblieben ist [136]. Auf die verschiedenartigen und zahlreichen Begründungen zur Rechtfertigung der Kompetenzüberschreitung kann hier nicht eingegangen werden. Zwischen der Ausübung der militärischen Gewalt auf besetztem Gebiet, wie Artikel 43 der Haager Landkriegsordnung von 1907 es vorsieht — „en vue de rétablir et d'assurer, autant qu'il est possible, l'ordre et la vie publics en respectant, sauf empêchement absolu, les lois en vigueur dans le pays" [137] —, und den alliierten politischen, wirtschaftlichen und sozialen Kriegszielen des Zweiten Weltkrieges sowie den zu diesen Zwekken vorgenommenen gesetzgeberischen Eingriffen in die deutsche Rechtsordnung liegt eine Zeitenwende. Artikel 43 der Haager Landkriegsordnung ist die occupatio bellica der damals noch bestehenden universellen Völkerrechtsgemeinschaft. Hinter der Besetzungskompetenz von 1945 steht bereits der revolutionäre Interventionsanspruch im Interesse ideologischer Internationalismen. Das ist Roosevelt's „destruction of a philosophy" mit Hilfe der Unconditional Surrender und das ist Stalin's Wort vom neuartigen Kriege, der nicht mehr wie in der Vergangenheit sei, weil, wer immer ein Gebiet besetzt, er ihm auch sein eigenes gesellschaftliches System auferlege. Bedeutet dieses anspruchsvolle Eindringen ideologischer Internationalismen in das Besatzungsvölkerrecht dessen völlige Auflösung? Wo sind im neuen Besatzungsvölkerrecht die Kriterien und die Grenzen?

Die Formulierungen „autant que possible" und „sauf empêchement absolu" im Artikel 43 der Haager Landkriegsordnung verbieten mindestens Besatzungsexzesse. Es besteht kein Grund zur Annahme, daß diese Beschränkung nicht auch weiterhin gelten soll. Dem Interventionsanspruch im Interesse ideologischer Internationalismen muß auf jeden Fall auch eine völkerrechtlich vertretbare Zielsetzung zugrunde liegen. Eine Ideologie der Skrupellosigkeit gegenüber der völkerrechtlichen Grundnorm des pacta sunt servanda hat daher keinen Anspruch auf Anerkennung als völkerrechtlich vertretbares Besatzungsziel. Desgleichen kann vom Völkerrecht keine Besatzungsgewalt legitimiert werden, die unter Vorspiegelung juristischer Fiktionen das besetzte Gebiet faktisch annektiert. Die Ernsthaftigkeit der

---

[135] Fritz Faust, a.a.O., S. 74 f. und 247 f.; Dieter Blumenwitz, a.a.O., S. 82 Anm. 35.

[136] Günter Jaenicke, a.a.O., S. 16 f.

[137] Rudolf Laun, a.a.O., S. 164.

Hinführung der Bevölkerung wieder zur Selbstverwaltung muß letztlich über die Vertretbarkeit der besatzungspolitischen Intervention entscheiden, die über die Kompetenz der Haager Landkriegsordnung hinausgeht.

Domaine réservé

Das Interventionsrecht im Interesse ideologischer Internationalismen hängt damit von der domaine réservé ab, die die Besatzungsgewalt der Bevölkerung im besetzten Gebiet zugesteht. Auf das Verhältnis von Besatzungsmacht und Staatsvolk kommt es an, ob und in welchem Ausmaß im Interesse ideologischer Internationalismen interveniert werden kann. Auch in unserem Jahrhundert entstandener ideologischer Blöcke gibt es kein Interventionsrecht, um Bevölkerungen rechtlos zu machen. Die ideologische Intervention, wenn sie zulässig sein soll, muß die Hinführung der Bevölkerung zur Selbstverwaltung als Ziel haben.

In Berlin sind nach dem Zusammenbruch Anfang und Grundstein eines neuen verfassungsrechtlichen Eigenlebens für die Bevölkerung die Vorläufige Verfassung von Groß-Berlin vom 13. August 1946 nebst dazugehörigem Begleitschreiben der Alliierten Kommandantur ebenfalls vom 13. August 1946 [138]. Nach der Erklärung der vier Kommandanten in Berlin legt diese von der Alliierten Kommandantur erlassene Vorläufige Verfassung „die Gesamtheit der Machtbefugnisse in die Hände der vom Volke gewählten Vertreter ... im Vertrauen, daß die demokratische Entwicklung nie wieder aufhören wird." Die einzigen und letzten Wahlen, die in Gesamtberlin nach 1945 haben stattfinden können, bringen trotz sowjetischer Manipulationsversuche am 20. Oktober 1946 den demokratischen Parteien die Mehrheit von über 80 Prozent. Zu den gewählten Stadtverordneten gehört Hans Peters. Inhaltlich knüpft die Vorläufige Verfassung vom 13. August 1946 an die alte Magistratsverfassung im Preußischen Gesetz vom 27. April 1920 an, aber wichtigste Bestimmung, die die gesamte Selbstverwaltung in Berlin sofort wieder hinfällig macht, ist ihr Schlußartikel 36. Danach bedürfen sämtliche Beschlüsse der Stadtverordnetenversammlung und des Magistrats einschließlich der Ernennung und der Entlassung leitender Personen in der Stadtverwaltung der Genehmigung durch die Alliierte Kommandantur. Hier in der Alliierten Kommandantur gilt Einstimmigkeit und das sowjetische Veto bringt die Gesamtberliner Selbstverwaltung in entscheidenden Fragen schon damals bald zum Erliegen.

Die Vorläufige Verfassung von 1946 enthält in Artikel 35 Absatz 2 unter Fristsetzung den Auftrag an die Stadtverordnetenversammlung, eine neue endgültige Verfassung auszuarbeiten. In Vorbereitung dieser neuen Verfassung, über die erst nach der Spaltung Berlins am 4. August 1950 be-

---

[138] Friedrich Haas, Vorläufige Verfassung von Groß-Berlin, 1947 — 2. Aufl. — sowie Kurt Landsberg-Harry Goetz, a.a.O.

schlossen wird, berichtet Hans Peters in der 3. Sitzung des Verfassungsausschusses der Stadtverordnetenversammlung von Groß-Berlin am 15. Januar 1947 über „Die rechtlichen Grundlagen der Berliner Verfassung". Im Mittelpunkt dieses Vortrages stehen drei Fragen: Inwieweit gilt in Berlin nach 1945 noch das Recht des alten deutschen Reiches, inwieweit sind Preußens Rechtsbefugnisse auf die Stadt Berlin übergegangen und inwieweit darf Berlin ein Notstandsrecht ausüben? Ausgehend von dem Satz „nemo plus iuris transferre potest, quam ipse habet" stellt Hans Peters fest, auch die alliierte Genehmigung eines nichtigen Gesetzgebungsaktes mache diesen Gesetzgebungsakt nicht wirksam. Das gelte für Verwaltungsakte wie für Normen. Um die Berliner Verfassung nicht im luftleeren Raum zu schaffen, müsse deswegen geklärt werden, ob ein deutscher Gesamtstaat überhaupt noch existiere. Zum Begriff der debellatio wird von ihm gesagt: „Ich glaube, daß zu der Erfüllung des Begriffs der debellatio etwas Doppeltes gehört: einmal eine bestimmte objektive und zweitens eine subjektive Voraussetzung. Die objektive besteht in dem rein äußerlichen Aufhören der Tätigkeit der Staatsgewalt. Dazu muß aber m. E. noch das subjektive Moment kommen: daß die Beteiligten auch der Auffassung sind, daß das, was in dem Staatsgebiet jetzt an hoheitlichen Funktionen ausgeübt wird, nicht mehr dem bisherigen Staat zugeschrieben wird." Diese subjektive Voraussetzung der debellatio liege nicht vor und Hans Peters folgert: „In der Anerkennung der völkerrechtlichen Okkupation in Verbindung mit der Ablehnung einer auch nur vorübergehenden Annexion Deutschlands liegt die Begründung dafür, daß das Deutsche Reich noch existent ist, wenn es auch zur Zeit durch eigene deutsche Organe nicht tätig zu werden vermag." Aus dem Gutachten der Leipziger Juristenfakultät, das im September 1945 über die Rechtsetzungsbefugnis der Gemeinden, Länder und Provinzen im heutigen Deutschland unter besonderer Berücksichtigung der sächsischen Verhältnisse erstattet worden ist, verliest Hans Peters zustimmend den Satz: „Es ist durch nichts gerechtfertigt, die staats- und völkerrechtliche Identität und Kontinuität des deutschen Staatswesens in Zweifel zu ziehen, am wenigsten durch die Potsdamer Beschlüsse, die vielmehr in allen Teilen die Kontinuität des deutschen Staates zugrunde legen." Auch das ehemalige Reichsrecht gelte weiterhin, soweit es von den Alliierten nicht aufgehoben ist oder nationalsozialistischen Inhalt hat. Bei der Erörterung der Grenzen eines Landesgesetzgebers wird von ihm die interessante Frage gestellt: „Können wir z. B. sagen: eine Berliner Staatsangehörigkeit gibt es nicht, aber können wir ihnen durch eine Berliner Verordnung die deutsche Staatsangehörigkeit wieder verleihen?" Seine Antwort lautet: „In der Ermächtigung, eine Berliner Verfassung zu geben, liegt m. E. nicht die Ermächtigung, die Reichsangehörigkeit irgendwem zu verleihen oder zu entziehen oder über Grundsätze der Reichsangehörigkeit zu verfügen. Das könnte nur aus anderen Erwägungen bejaht oder verneint werden." Des handlungsunfähigen deutschen Staates wegen dürfe es kein Sachgebiet geben, auf dem nicht mindestens notwendige Fragen — z. B. die damals völlig in der Luft hängende Berliner Justiz — vom Gesetzgeber in Berlin geregelt werden können. Im Polizeirecht gelte, eine sonst nicht zuständige Behörde könne Polizeiverordnungen erlassen, wenn die ordentliche Behörde ausfalle. Analog diesem Grundsatz müsse Berlin als befugt gelten, auf Grund des Notstandsrechts in Fällen zwingender Notwendigkeit erforderliche Gesetze zu erlassen. Im Verhältnis zu den Alliierten distanziert sich HANS PETERS vom im Verfassungsausschuß anwesenden Magistratsvertreter, der der Meinung ist, daß die Deutschen nur dort ein Gesetzgebungsrecht haben, wo die Alliierten ihnen ausdrücklich das Recht dazu übertragen haben. HANS PETERS entgegnet: „Wir haben ein Gesetzgebungsrecht über alles das, was die Alliierten uns gelassen haben." Der Standpunkt des Magistratsvertreters führe sonst dazu, „daß wir Völkerrecht machen, alliiertes Recht, und nicht mehr ohne Genehmigung der Alliierten davon herunterkommen können". Mit dem Mittel der Interpretation die domaine réservé auszudehnen und von den Alliierten möglichst nicht abhängig zu sein, das erscheint HANS PETERS als das Entscheidendste.

Die Erinnerung an die verfassungsrechtlichen Kontroversen damals in Berlin kann von aktuellem Wert werden. Die These vom Fortbestand des deutschen Gesamtstaates und von der Legitimation partieller Gebietskörperschaften, die für den handlungsunfähigen Gesamtstaat ein Notrecht ausüben, hat innerhalb der Kontinuitätstheorien Ähnlichkeit mit der Dachtheorie. Mir scheint es, daß es überhaupt an der Zeit ist, von der Staatskerntheorie zur Dachtheorie überzugehen. An WILHELM GREWES seinerzeitiges überraschendes Abgehen von der Staatskerntheorie am 2. Juni 1959 auf der Genfer Außenminister-Konferenz kann dabei durchaus angeknüpft werden. Als Vertreter der Bundesregierung hat WILHELM GREWE damals eindeutig im Sinne der Dachtheorie erklärt [139]: „Die Tatsache, daß zahlreiche Staaten mit der Bundesrepublik Verträge geschlossen und diese damit als selbständiges Subjekt des Völkerrechts anerkannt haben, berührt in keiner Weise die Fortexistenz Gesamtdeutschlands als internationale Einheit ... Ist diese internationale Einheit ‚Deutschland' handlungsunfähig, so muß man sie zunächst handlungs- und verhandlungsfähig machen, indem man eine gesamtdeutsche Regierung bildet." Auf die Dauer wird es bei der im internationalen Verkehr für die Bundesrepublik zu unbeweglichen Staatskerntheorie nicht bleiben können. Die 1947 von HANS PETERS in Berlin vorgetragene Dachtheorie mit der Modifikation der Wahrnehmung eines gesamtstaatlichen Notrechts durch legitimierte partielle Gebietskörperschaften verdient beachtet und dahingehend geprüft zu werden, ob sie nicht doch die der Sachlage näherkommende und politisch geeignetere Kontinuitätstheorie ist.

[139] Bulletin des Presse- und Informationsamtes der Bundesregierung 1959 Nr. 98, S. 954.

Berlin

Relikt der Einheit Deutschlands?

Felix Ermacora

Die Beurteilung der Rechtslage Deutschlands und hierbei der Frage nach dem ideellen Fortbestand des deutschen Reiches und damit der Einheit Deutschlands, von deren Ergebnissen auch die juristische Verantwortlichkeit der Alliierten für eine Wiedervereinigung Deutschlands abhängt, hat je nach der Entwicklung der politischen Beziehungen von Ost und West immer wieder zu neuen Überlegungen geführt. Die bedingungslose Kapitulation vom 8. Mai 1945; die Begründung der Bundesrepublik Deutschland und der Deutschen Demokratischen Republik im Jahre 1949; die Rede des sowjetischen Ministerpräsidenten vom 10. November 1958, mit der Androhung, das Potsdamer Abkommen aufzukündigen; die Errichtung der Berliner Mauer im August 1961; die Auflösung der sowjetischen Kommandantur für Berlin und die Übertragung von Kontrollbefugnissen auf Organe der DDR im Jahre 1962, sind Marksteine für die staats- und völkerrechtliche sowie politische Beurteilung der Rechtslage. Wie vielfältig diese Beurteilungen sind, das macht die grundlegende und umfassende Studie R. Schusters deutlich [1]. Sie zeigt auch, wie sehr sich das Schrifttum bei der Erhellung der Sach- und Rechtslage engagierte.

Mit der vorliegenden Abhandlung glaubt der Verfasser für die Beurteilung der Sach- und Rechtslage skizzenhaft auf einen Weg hinzuweisen, der literarisch mit aller Konsequenz bislang noch nicht begangen wurde.

R. Schuster macht darauf aufmerksam, daß die Beurteilung der Sach- und Rechtslage von dem jeweiligen Standpunkt abhängt, den der Beurteiler bezogen hat [2]. Dem kann wohl zugestimmt werden. Daraus folgt, daß es keine *absolut* richtige Beurteilung der Sach- und Rechtslage geben kann, sondern nur *politisch richtige* Beurteilungen. Doch auch diese sind vom Standpunkt bedingt, den der Beurteiler bezieht. Der Verfasser geht bei der Beurteilung der Rechts- und Sachlage weder von einem politischen Wunsch-

[1] R. Schuster, Deutschlands staatliche Existenz im Widerstreit politischer und rechtlicher Gesichtspunkte 1945—1963, 1963, mit leidenschaftsloser Sachlichkeit und Umsicht.

[2] R. Schuster, a.a.O., S. 251.

bild noch von der Überbewertung der durch die Gewalt herbeigeführten faktischen Lage aus. Zu sehr rechtsverbunden und entgegen marxistisch-leninistischem Rechtsdenken davon überzeugt, daß das Recht auch seinen normativen Eigenwert hat [3], vermeint der Verfasser, daß die Frage des ideellen Fortbestandes Deutschlands von einer Seite her beurteilt werden kann, die in der wissenschaftlichen Diskussion als solche noch nicht aufgedeckt wurde. Vielleicht wurde sie sorgsam verborgen, da sie an den Kern der Richtigkeit bisheriger Argumente greift. Die Seite, die bloßzulegen wäre, betrifft das Rechtsverhältnis der seinerzeitigen Alliierten zu Deutschland, von der Berlinfrage aus beurteilt.

Das Um und Auf des idellen Weiterbestandes Deutschlands, das seinen Untergang *juristisch* hemmen würde, hängt von der Kontinuität der „reichsdeutschen“ Staatsgewalt bis in die Gegenwart ab. Die Frage nach der Existenz des deutschen Volkes als eines der Elemente klassischen Staatsbegriffsdenkens betrifft soziologische Mutmaßungen, die heute noch richtig sein mögen, die aber letztlich in einem der Variabilität unterworfenen Generationsproblem münden [4]. Vielmehr soll die Frage geprüft werden, ob sich die *„reichsdeutsche“* Staatsgewalt in dieser oder jener Erscheinungsform bis in die Gegenwart ohne Bruch erhalten hat. Soferne man den Fakten nicht jeden Vorrang vor der juristischen Konstruktion gibt, genügt auch die juristische Fiktion [5]. Kann der Bestand der deutschen Staatsgewalt fingiert werden, so ist das wesentliche Element für die *juristische* Kontinuität Deutschlands noch existent. Die Rechtswissenschaft und Praxis arbeiten mit Fiktionen — so wird die juristische Person z. B. also solche angesehen, die Kontinuität Österreichs wurde nach dem 12. 3. 1938 sogar als politische Maxime fingiert [5a] –, warum sollte ihr Gebrauch hier nicht zulässig sein?

Seitdem zwei deutsche Gemeinwesen — die Bundesrepublik Deutschland (im folgenden mit BRD abgekürzt) und die Deutsche Demokratische Repu-

---

[3] Vgl. z. B. *einerseits* Vychinskij, Die Hauptaufgaben der Wissenschaft vom sozialistischen Sowjetrecht 1938 und *andererseits* H. Kelsen, The Communist Theory of Law, 1955.

[4] So vor allem die geistvollen Ausführungen von Dürig, Der deutsche Staat im Jahre 1945 und seither, in: Veröffentlichungen der Vereinigung der deutschen Staatslehrer, 1955, S. 27 ff., die mit Recht vom Herausgeber des Europa-Archives, Cornides (Europa-Archiv 1957, S. 10 199), als der Ausdruck eines wissenschaftlichen Sättigungsgrades hingestellt werden. Wenn sich Verdross in: Die völkerrechtliche Identität von Staaten, Klang-Festschrift 1950, S. 194, für die Kontinuität von Staaten auf das Volk stützt, so muß ihm die Kritik von Vocke, Politische Gefahren der Theorien über Deutschlands Rechtslage, in: Europa-Archiv 1957, S. 10 201, entgegengesetzt werden. Vgl. zu dem Problemkreis R. Schuster, a.a.O., S. 68 ff.

[5] Über die juristische Fiktion vgl. die Übersicht bei Larenz, Methodenlehre der Rechtswissenschaft, 1960, S. 166 ff.

[5a] Zur Fiktion der Kontinuität Österreichs nach dem 12. März 1938 vgl. u. a. Marek, Identity and Continuity of States in public international Law, 1954; Clute,

blik (im folgenden mit DDR abgekürzt) — die Geschicke deutscher Staatlichkeit verwalten, ist vor allem die Stellung Berlins mit hergebrachten Kategorien des Völker- und Staatsrechtes nicht mehr ohne weiteres erfaßbar. Der innerdeutschen Seite des Problems steht eine außerdeutsche gegenüber. Beide Seiten sind rechtstheoretisch wohl trennbar [6]. Sie gehören im Politischen aber zusammen und sind daher in diesem Zusammenhalt zu begreifen, will man die Wirklichkeit erfassen. Den beiden deutschen Gemeinwesen gehört — innerdeutsch gesehen — je nach ihren Verfassungen die Stadt Berlin zu: Die Verfassungen der BRD und der DDR beanspruchten Berlin [7]. *Tatsächlich* ist Berlin Sitz der obersten Regierungsstellen der DDR. Die BRD begnügt sich damit, den Bundestag von Fall zu Fall nach Berlin einzuberufen; das Bundesverwaltungsgericht hat in der ehemaligen Reichshauptstadt seinen Sitz [8]. Das Bundesministerium für Auswärtige Angelegenheiten vertritt Berlin in bezug auf Verfahren vor der Europäischen Komission für Menschenrechte [9]. Für die BRD ist „ihr“ Berlin ein Teil Großberlins. Staatsrechtlich gesehen ist dieser Teil eine Ausklammerung aus dem Gebiete der DDR [9a], deren Staatsrecht in bezug auf Gesamtberlin allerdings von allem Anbeginn an uneffektiv war und ist. Die gemeinsame Verwaltung Großberlins, die bis 1961 nur mehr in einzelnen Verwaltungszweigen ausgeübt wurde, und zwar in jenen, die sich — wie z. B. Sparten des öffentlichen Verkehrs — mit der Erfüllung der elementarsten Bedürfnisse der Bevölkerung einer Großstadt befaßt, ist praktisch zusammengebrochen. Der Personenverkehr zwischen dem politischen Westen und dem politischen Osten Berlins ist seit der Errichtung der Mauer konzessioniert.

Diese eigentümliche Stellung Berlins hat ihren Rechtsgrund nicht im souveränen Entschluß deutscher Staatsorgane; der Rechtsgrund der Stellung Berlins liegt vielmehr in Maßnahmen der Alliierten. Sie hatten vor und nach der „bedingungslosen Kapitulation“ am 8.5.1945 den Status Ber-

---

The international legal Status of Austria 1938—1945, 1962; Verosta, Die internationale Stellung Österreichs, 1947; Verdross, Die völkerrechtliche Identität von Staaten, in: Klang-Festschrift, S. 20 ff.; A. Merkl (u. a.). War Österreich von 1938—1945 Bestandteil des Deutschen Reiches? in: AöR 1957, S. 480 f.

[6] Vgl. z. B. G. Scheuer, die Rechtslage des geteilten Deutschland, 1960, vor allem aber R. Schuster, a.a.O., S. 106 ff.

[7] Für die BRD siehe Art. 23 in Verbindung mit Art. 127 GG, für die DDR siehe Art. 2 der Verfassung der DDR. Schuster, a.a.O., S. 106 ff.

[8] Siehe den § 2 der Verwaltungsgerichtsordnung v. 21. 1. 1960, BGBl. I S. 17.

[9] Siehe hierzu den Bericht über den Verlauf des Wemhoff-Falles (Application Nr. 2122/1964) in: Mitteilungen des Europarates, 16. Jg. (1966) Nr. 1, S. 5.

[9a] Vgl. z. B. die an die Westmächte gerichtete Note der UdSSR vom 14. Juli 1948: „Berlin liegt im Zentrum der sowjetischen Besatzungszone und stellt einen Teil dieser Zone dar“ (vgl. das Dokument bei Brandweiner, Die Pariser Verträge, 1956, S. 26 ff.). Dagegen die westdeutsche Lehre, vgl. die Hinweise bei R. Schuster, S. 100 ff.

lins festgelegt. Berlin wurde in vier Besatzungssektoren geteilt: ein verkleinertes Spiegelbild der Gliederung des ganzen Deutschland! Der Stadt war eine *interalliierte Zone,* wie sie der Bundeshauptstadt Österreichs — Wien — zur Zeit der alliierten Besatzung eigen war [10], unbekannt. Dieser Status Berlins ist bis heute, vom Juristischen her gesehen, unverändert geblieben, obschon die beiden deutschen Gemeinwesen scheinbar Souveränität gewannen und die UdSSR — allerdings unter Berufung auf ihr Recht — die Berlin tragenden Rechtsgrundlagen einseitig geändert zu haben schien. Die Rechtsgrundlagen für Berlin sind in folgenden Normen partikularen Völkerrechtes zu finden, die von *allen* seinerzeitigen Alliierten einvernehmlich beschlossen wurden:

a) Protokoll zwischen den USA, dem Vereinigten Königreich und der UdSSR betreffend die Besatzungszonen in Deutschland und die Verwaltung von Großberlin; London 12. September 1944 [11];

b) Abkommen zwischen den USA und der UdSSR betreffend die Ergänzung des Protokolls vom 12. September 1944 über die Besatzungszonen in Deutschland und die Verwaltung von Großberlin; London 14. November 1944 [12];

c) Abkommen über das Kontrollsystem in Deutschland; London 14. November 1944, Art. 3 b lit. iv [13];

d) Beschlüsse der Krim-Konferenz vom 24. März 1945; der Punkt IV dieser Beschlüsse nimmt Frankreich in den künftigen Kontrollrat für Deutschland auf [14];

e) Feststellung seitens der Regierungen des Vereinigten Königreiches, der Vereinigten Staaten von Amerika und der Union der Sozialistischen Sowjetrepubliken sowie der provisorischen Regierung der Französischen Republik über die Besatzungszonen in Deutschland; Berlin 5. Juli 1945 [15];

f) Potsdamer Beschlüsse vom 2. August 1945 — Abschnitt III, Teil A, P. 1 [16];

g) Die Pakte, die die westlichen Alliierten und Assoziierten zur Westeuropäischen Verteidigungsgemeinschaft zusammenschlossen und die Bundesrepublik Deutschland als Mitglied aufgenommen haben, verändern den Status Berlins — als dem Besatzungsrecht unterworfen — nicht; vielmehr garantieren sie den Status.

---

[10] Siehe Art. 13 des Kontrollabkommens vom 28. Juni 1946, kundgemacht in der: „Gazette of the Allied Commission for Austria", Nr. 7 aus 1946, in deutscher Übersetzung bei ADAMOVICH, Die österreichischen Bundesverfassungsgesetze, 8. Aufl. 1953, S. 6 ff.

[11] Abgedruckt bei DEUERLEIN, Die Einheit Deutschlands, 1957, S. 222 und 225.

[12] Bei DEUERLEIN, a.a.O., S. 223.

[13] Bei DEUERLEIN, a.a.O., S. 227.

[14] Bei DEUERLEIN, a.a.O., S. 233.

[15] Bei DEUERLEIN, a.a.O., S. 246.

[16] Bei DEUERLEIN, a.a.O., S. 248.

Hierbei handelt es sich um folgende der Öffentlichkeit zugänglich gemachte völkerrechtliche Normen [17]:

aa) sog. NATO-Pakt vom 4. April 1949 in der Fassung vom 15. Oktober 1951, dem die BRD am 23. Oktober 1954 beigetreten ist; seit diesem Beitritt zählt zu dem von der NATO zu schützenden Gebiet gemäß Art. 6 des Paktes auch das westdeutsche Bundesgebiet und daher das vom Art. 29 GG erfaßte Berlin;

bb) der Brüsseler Pakt vom 17. März 1948, dem die BRD am 23. Oktober 1954 beigetreten ist; er sichert im Art. 4 ebenfalls die Integrität des Gebietes der Paktstaaten;

cc) der Vertrag über die Beziehungen zwischen der BRD und den Drei Mächten vom 26. Mai 1952, der am 23. Oktober 1954 in wesentlichen Punkten abgeändert wurde; er behält unter anderen den Drei Mächten (den USA, dem Vereinigten Königreich und Frankreich) Rechte vor, die Berlin betreffen (Art. 2, Abs. 2, Art. 4, 5 und 6);

dd) die Anerkennung der Bonner Regierung durch die Westmächte garantiert im P. 5 die Integrität Berlins;

ee) der Art. 5 des XII. Teiles des Überleitungsvertrages enthält Bestimmungen über Berlin, die sich aus dem Besatzungsstatut der Stadt ergeben;

ff) Briefe der westlichen Alliierten an deutsche Regierungsstellen enthalten wesentliche Aussagen über Berlin [17a].

An der *Vollziehung* der den Status Berlins bedingenden Rechtsvorschriften durch die Alliierten hat sich allerdings alles geändert: Die alliierten Mächte üben ihre, aus dem Besatzungsrecht resultierenden Kompetenzen, nicht mehr gemeinsam aus [18].

Die einseitigen Änderungen von seiten der UdSSR betreffen, abgesehen von der Erklärung, daß man die oben angeführten Vereinbarungen für nichtig ansieht, vor allem die Auflösung der sowjetischen Kommandantur im Berliner Sowjetsektor [19] und die Übertragung der den Ostsektor Berlins betreffenden Überwachung an Organe der DDR [20]. Die Errichtung der Mauer ist weithin sichtbares Symbol für einseitiges Vorgehen. Die Noten, die

---

[17] Den übersetzten Text des Nordatlantikpaktes siehe in der von Anders herausgegebenen Dokumentensammlung „Die Pariser Verträge", 2. Aufl., 1955, Abt. A 9, Z. 1/1. Die für den Beitritt Deutschlands maßgebenden Dokumente siehe bei Brandweiner, Die Pariser Verträge, 1956, S. 354 f.

[17a] Bei Brandweiner, a.a.O., S. 7 f.

[18] Als Stichtag hierfür wird der 20. März 1948 angesehen, an dem sich der Kontrollrat vertagte, ohne wieder zusammenzutreten.

[19] Vgl. hierzu den entsprechenden Bericht in der NZZ, Fernausgabe Nr. 231/1962, Blatt 1. Siehe ferner: Dokumente zur Berlin- und Deutschlandfrage, in: Europa-Archiv, F. 17 (1962) D 427 ff. (vor allem D 443) und D 461 ff.

[20] Vgl. Europa-Archiv, F. 17 (1962) D 427. Siehe ferner hierzu den Freundschafts-, Beistands- und Zusammenarbeitsvertrag zwischen der Sowjetunion und der DDR, in: Archiv der Gegenwart, Jg. XXXIV, 1964, S. 11 263 C.

wegen dieser Ereignisse zwischen den westlichen Alliierten und der UdSSR, sowie der Bundesrepublik Deutschland und der UdSSR, ausgetauscht worden sind, lassen den Rechtsstreit, um den es geht, erkennen [20a]. Rechtsfrage ist hierbei, ob die Partner die die Rechtslage Berlins ausmachenden Verträge *einseitig* beseitigen *konnten* [21]. Die UdSSR beruft sich auf die Rechtsverletzungen der Alliierten und daher auf das Recht der UdSSR, daraus die Konsequenzen ziehen zu dürfen [22]. In der westlichen Politik und Wissenschaft wird dies als die Inanspruchnahme der „Clausala rebus sic stantibus" angesehen [23]. Die Sowjetunion bezeichnet die Stellung der westlichen alliierten Truppen in Westberlin als die unrechtmäßige Ausübung einer Besatzungsgewalt über ein Gebiet, von dem die Wissenschaft der DDR zu beweisen versucht, daß es Bestandteil der DDR ist [24].

Sicher scheint mir, daß durch diese Maßnahmen den alliierten Abmachungen nicht derogiert wurde, daß allerdings — völkerrechtlich gesehen — ein erster Schritt zu ihrer Ineffektivität gelegt worden ist. Ich teile die in den Noten der Alliierten vertretene Auffassung [25], daß die oben erwähnten Abkommen noch immer die juristische Grundlage für die Beurteilung der Stellung Berlins sind; wenngleich diese juristischen Grundlagen im gegenwärtigen Zeitpunkt den Charakter einer „lex imperfecta" haben. Juristisch gesehen wird man sich aber für die Beurteilung der Lage an dieses Rechtsmaß halten dürfen; es sei denn, man will nur mehr die Fakten regieren lassen, was vom Standpunkt der sowjetischen Rechtstheorie allerdings gerechtfertigt wäre. Mittelpunkt der alliierten Abmachungen über die Stellung Berlins ist noch immer ein Teil der Potsdamer Beschlüsse. Der Teil III Abschnitt A 1 ist maßgebend. Die Bestimmungen dieses Teiles enthalten allerdings keine Regelung der Stellung Berlins. Sie verweisen jedoch auf „das Abkommen über das Kontrollsystem in Deutschland". Darunter sind jene Vereinbarungen zu verstehen, die die Alliierten schon im Jahre 1944 abgeschlossen haben (siehe unter der oben angeführten Aufzählung die lit.

[20a] Vgl. hierzu die in Anm. 19 angegebenen Stellen, wo die bezogenen Noten abgedruckt sind.

[21] So vor allem in der Erklärung der drei Westmächte zur Auflösung der sowjetischen Kommandantur in Berlin vom 23. August 1962, abgedruckt im Europa-Archiv, F. 17 (1962) D 443 f.

[22] Vgl. die Erklärung des sowjetischen Verteidigungsministeriums über die Auflösung der sowjetischen Kommandantur in Berlin, in: Europa-Archiv, F. 17 (1962) D 433 und die anderen, auf S. D 464 ff. abgedruckten Noten.

[23] Vgl. hierzu F. Faust, Das Potsdamer Abkommen und seine völkerrechtliche Bedeutung, 3. Aufl. 1964, S. 235 ff.

[24] Vgl. z. B. die in „Staat und Recht" abgedruckten Aufsätze von Smirnow und Zarek über die Probleme eines deutschen Friedensvertrages und der Lösung der Westberlin-Frage, Jahrgang 1962, S. 209 ff.

[25] Vgl. Europa-Archiv F. 17 (1962) D 444. Siehe hierzu auch L. C. Green, The legal Status of Berlin, in: Netherlands International Law Review, Bd. X (1963), S. 113 ff.

a, b und c). Das Potsdamer Abkommen bestätigt diese Vereinbarungen und macht sie so zum mittelbaren Inhalt des Abkommens. Dieses gibt ihnen derzeit die rechtliche Verankerung. Während nämlich die aus dem Jahre 1944 stammenden Abkommen nur unter dem Eintritt einer Bedingung — nämlich der, daß „Hitler-Deutschland“ beseitigt wird — abgeschlossen werden konnten, vermochten die Bestimmungen des Potsdamer Abkommens erst diese Vereinbarungen in Wirksamkeit zu setzen. Das, nachdem die durch die bedingungslose Kapitulation und die willkürliche Vernichtung einheitlicher, wenn auch nur symbolisch scheinender deutscher Reichsgewalt entstandene Lage hierfür faktisch den Grund gelegt hatte. Die Potsdamer Beschlüsse bilden somit den eigentlichen, heute noch wirksamen Rechtsgrund für den Status Berlin, der ein Besatzungsstatus ist.

Ich stelle die These auf, daß der besatzungsrechtliche Status Berlins nach wie vor der Ausdruck für die rechtliche Pflicht aller Alliierten ist, für das ganze Deutschland verantwortlich zu sein, und juristischer Ausdruck für das potentielle Fortbestehen einer gesamtdeutschen Staatsgewalt ist.

Grundvoraussetzung für die Richtigkeit dieser — in ihrem zweiten Teil wohl ungewöhnlichen — These ist, daß Berlin im Verhältnis zu den beiden, seit 1949 unabhängig voneinander wirkenden deutschen Gemeinwesen, kein „aliud“ oder nicht nur einen von beiden zugehörig ist[26]. D. h., daß man Berlin als zu dem einen und zu dem anderen deutschen Gemeinwesen gehörig rechnen darf. Angelpunkt für die Prüfung dieser Frage ist, ob die deutsche Staatsgewalt beseitigt wurde. Dies deshalb, weil nur im Falle ihrer Kontinuität Berlin von ihr mitumschlossen ist. Wäre sie im Jahre 1945 juristisch beseitigt worden, so hätte sie nichts mehr zum Wiederaufleben bringen können. Die Frage, ob sie effektiv ist oder nicht, ist juristisch unerheblich, solange die Staatsuntergangslehren einen Vorrang selbst juristischer Fiktionen vor Tatsachen anerkennen. Das Beispiel der Staatenpraxis bei der Beurteilung der Rechtslage Österreichs zwischen 1938 und 1945 hat soviele Erkenntnisse für die Anerkennung der Richtigkeit dieser These geliefert, daß ein Hinweis auf sie genügt[27]. Ist die deutsche Staatsgewalt, juristisch gesehen, im Jahre 1945 nicht beseitigt worden, so hat ihr auch die Gründung der beiden deutschen Gemeinwesen, im Jahre 1949, juristisch nichts anhaben können, weil — und das ist der Rückgriff auf meine These — in der Stellung Berlins die Art und Weise der Existenz der deutschen Staatsgewalt kristallisiert ist.

Ich muß daher jenen wissenschaftlichen Thesen widersprechen, die von Vertretern der Rechtswissenschaft in der BRD vorgetragen wurden, um die „Kontinuität des deutschen Reiches“ juristisch zu beweisen. Es handelt sich insbesondere um die sogenannte Bürgerkriegstheorie, die Identitäts-

---

[26] Siehe R. Schuster, a.a.O., S. 107.

[27] Vgl. die Hinweise in Anmerkung 5 a.

theorien und die Teilordnungstheorie [28]. Auch soziologisch begründete Argumente, die im Traditions- und Volksbewußtsein aller Deutschen einen Ausdruck für die Kontinuität des Deutschen Reiches sehen [29], sind untauglich, die Kontinuität überzeugend unter juristischen Beweis zu stellen [29a]. Zumindest sollte man auf andere als juristische Elemente der schon wissenschaftlichen Fortschritten zum Opfer gefallenen klassischen Drei-Elementenlehre nicht zurückgreifen, solange nicht alle normativen Argumente in die Waagschale geworfen sind. Die eben genannten Theorien vermögen nur einen Beitrag zur Deutung der gegenwärtigen Rechtslage zu liefern, *soferne* sie die Kontinuität der gesamtdeutschen Staatsgewalt voraussetzen. Ich wende mich auch gegen die ostdeutschen Theoretiker, die den Untergang einer gesamtdeutschen Staatsgewalt aus der „„Zerschlagung des Hitler-Deutschland" sowie aus der faktischen Teilung Deutschlands „auf Grund nationalen Selbstbestimmungsrechtes" ableiten [30]. Sie halten die Fakten für übermächtig.

Das ideelle Fortbestehen der gesamtdeutschen Staatsgewalt ist gleichbleibend mit dem ideellen Fortbestehen der Rechtsperson Deutschland. Zu dieser Gleichsetzung von Staatsgewalt und Rechtsperson bekennt sich selbst H. KELSEN [31]. Die *Kontiniuität der Rechtsperson des Deutschen Reiches* ist — ähnlich wie die Österreichs vom 13. März 1938 bis zum 27. April 1945 — davon abhängig, ob die Organisation und die Ausübung gesamtdeutscher *Staatsgewalt* seit dem 8. Mai 1945 kontinuierlich durch Maßnahmen behindert worden sind, die außerhalb deutscher Einflußsphären standen.

Die Frage, ob diese Handlungen völkerrechtswidrig gewesen sind oder nicht, hat dann für das ideelle Fortbestehen der deutschen Staatsgewalt keine Bedeutung, wenn festgestellt werden kann, daß die Alliierten in rechtsverbindlicher Weise nie den Willen geäußert haben, Deutschland zu annektieren. Dieses Problem wurde von der deutschen Staatsrechtslehre auf beiden Seiten eingehend untersucht. Man gelangte zu der Auffassung, daß den Alliierten im Jahre 1945 der Annektionswille gefehlt habe [32]. Aber auch

---

[28] Siehe hierzu die Übersicht bei R. SCHUSTER, a.a.O., S. 77 ff.

[29] Vgl. die in Anmerkung 4 erwähnte Studie DÜRIGS.

[29a] So vermag ich DÜRIG keineswegs beizupflichten, daß die rein normative Staatslehre folgerichtig zur Untergangstheorie führt (a.a.O., S. 32). Seine Theorie und die Ausführungen bei MANGOLDT-KLEIN, Das Bonner Grundgesetz, 2. Auflage, 1957, Band I, S. 31, geben vielmehr zu erkennen, daß die Kontinuität Deutschlands als ein „Generationsproblem" angesehen wird; diese Auffassung ist realistisch, beugt sich aber von vornherein den Fakten.

[30] Vgl. R. SCHUSTER, S. 47 ff.

[31] KELSEN, The legal Status of Germany according to the Declaration of Berlin, in: AJIL Bd. 39 (1945), S. 519.

[32] Vgl. die bei SCHEUER, a.a.O., S. 35 Anm. 3 R. SCHUSTER, a.a.O., S. 42 ff. angeführte Literatur. Von volksdemokratischer Seite siehe neuerdings ZOUREK, Die Westberlin-Frage im Lichte des Völkerrechts, in: Staat und Recht, 1962, S. 217.

ohne Annektionswillen geht ein Staat unter, wenn eines seiner vorgegebenen Wesenselemente wegfällt. Die westdeutsche Wissenschaft geht auf dieses Argument nur mit Zögern ein. Die sogenannten Untergangstheorien — wie sie von H. Kelsen, H. Nawiasky und ostdeutschen Staatswissenschaftlern vertreten worden sind [33] — behaupten, daß die deutsche Staatsperson insbesondere deshalb untergegangen sei, weil im Mai 1945 die deutsche Staatsgewalt beseitigt wurde [33a]. Diesen Thesen muß entgegengehalten werden, daß die Handlungen der Alliierten, in bezug auf die Staatsgewalt, völkerrechtswidrig gewesen sind. Maßnahmen sind völkerrechtswidrig, wenn sie mit den bisher allgemein anerkannten Regeln des Völkerrechtes oder mit Normen partikulären Völkerrechtes im Widerspruch stehen. Völkerrechtswidrige Handlungen gestalten Zustände rechtlich nicht unbedingt endgültig. Bei Wegfall eines aus völkerrechtswidrigen Handlungen folgenden völkerrechtswidrigen Zustandes tritt die Rechtslage wieder in den Zustand zurück, wie sie vor dem Beginn der völkerrechtswidrigen Handlung bestanden hat, es sei denn, andere rechtlich relevante Ereignisse verhindern diese „Wiedereinsetzung in den vorigen Stand". Diese Rechtsauffassung ist insbesondere im Hinblick auf die Okkupation Österreichs durch das Deutsche Reich und durch die Alliierten erfolgreich vertreten worden. Der Vertretbarkeit dieser These für die Erklärung der Rechtsstellung Deutschlands könnte wohl entgegengehalten werden, daß das Völkerrecht nach dem 8. Mai 1945 neue Grundsätze entwickelt hat. Dieses Argument ist jedoch für die Beurteilung der Besetzung Deutschlands und der damit verbundenen Handlungen der Alliierten deshalb nicht gerechtfertigt, weil im selben Zeitraum (1938 bis 1955) für die Beurteilung der Besetzung Österreichs die klassischen Regeln des Völkerrechtes über völkerrechtswidrige Annexionen und Okkupationen für maßgebend gehalten worden sind. Will man das Völkerrecht als einen objektiven Maßstab anerkennen, so muß im Falle der Rechtslage Deutschlands nach dem 8. Mai 1945 auch von jenen Völkerrechtsnormen ausgegangen werden, die am 8. Mai 1945 gegolten haben. Will man die Fakten aber mit Hilfe der Konstruktion neuer Rechtsformen „rechtfertigen", ohne daß sich solche Rechtsformen schon bewährt hätten, dann ist ein solches Vorgehen rechtlich bedenklich. Die jüngste Zeit erhellte die Tatsachen, die die Stellung des Deutschen Reiches in der Zeit vom Tode des seinerzeitigen Reichskanzlers A. Hitler bis zur Verhaftung der Mitglieder der geschäftsführenden deutschen Reichsregierung

---

[33] Vgl. Kelsen, The international legal Status of Germany to be established immediately upon termination of the war, in: AJIL Bd. 38 (1944), S. 689 ff. und the legal Status of Germany as established by the Declaration of Berlin, in: AJIL Bd. 39 (1945), S. 518 ff. Nawiasky, vor allem in: Die Grundgedanken des Grundgesetzes für die Bundesrepublik Deutschland, S. 4 ff.

[33a] Vgl. die Übersichten bei Vocke, a.a.O., S. 10 201 ff. und R. Schuster, a.a.O., S. 47 ff.

betreffen [34]. Die Mitglieder der nach nationalsozialistischem Verfassungsrecht bestellten geschäftsführenden Reichsregierung wurden *entgegen den Regeln der Haager Landkriegsordnung verhaftet und für Kriegsgefangene erklärt* [35].

Die deutsche Staatsgewalt konnte durch völkerrechtswidrige Handlungen aber ebensowenig beseitigt werden wie die österreichische seinerzeit durch rechtswidrige Eingriffe Deutschlands; sie bestand potentiell in „den Händen" der Alliierten weiter; das auch dann, wenn sie einen Annexionswillen gehabt hätten, der am 5. Juni 1945 ausdrücklich verneint wurde [36]. Der dem 5. Juni 1945 folgende Rechtszustand wird von E. MENZEL — wie mir scheint mit Recht — auf einen Treuhandgedanken zurückgeführt [37].

Das ideelle Fortleben der deutschen Staatsgewalt bis zur Entstehung der BRD und der DDR ist also mit der deutschen Staatswissenschaft grundsätzlich zu bejahen.

Erhebliche Schwierigkeiten bereitet es, den ideellen Fortbestand gesamtdeutscher Staatsgewalt *nach dem Entstehen der beiden deutschen Staatswesen* im Jahre 1949 zu beweisen. Schwierigkeiten entstehen, weil die Vertreter deutscher Wissenschaft bemüht sind — was verständlich ist — , eine These der Politiker zu unterstützen. Nämlich die, daß die derzeitige Souveränität der beiden deutschen Gemeinwesen nicht abgeleitete Souveränität sei. *Von diesem Vorurteil muß man sich jedoch frei machen* [37a]. Dem objektiven Beobachter kann es nicht entgehen, daß das Bonner Grundgesetz (GG) auf Weisung der Alliierten entstanden ist [38]. Wenn auch das deutsche Volk in der Bundesrepublik schließlich durch manchen freien Wahlakt dem Grundgesetz indirekt demokratische Eigenständigkeit gegeben haben mochte, so kann dieses Handeln nicht als ein konstitutiver Akt gewertet werden, der die mit dem Werden des GG verbundene Weisung der Alliierten wettgemacht hätte. Die freie Wahl war nichts anderes als die Vollziehung eines auf Weisung der Alliierten zustande gekommenen Rechtsaktes.

Andererseits sind die Vertreter der ostdeutschen Staatswissenschaft bemüht, die Verfassung der DDR als einen auf echtem demokratischem Weg

---

[34] Siehe vor allem die Dokumentarschrift von LÜDDE-NEURATH, Die Regierung Dönitz, 3. Auflage 1964, S. 111 ff.

[35] Vgl. LÜDDE-NEURATH, a.a.O., S. 112 ff.

[36] Vgl. das auf S. 163 ff. und 167 ff. bei LÜDDE-NEURATH a.a.O. angeführte Dokument und die Ausführungen bei SCHEUER, a.a.O., S. 27 ff.

[37] E. MENZEL, Deutschland ein Kondominimum oder ein Koimperium? in: Jahrbuch für internationales und ausländisches öffentliches Recht, Band I, 1948, S. 43 ff.

[37a] Hierzu bekennt sich auch A. ARNDT, Der deutsche Staat als Rechtsproblem, 1960, S. 27 ff.

[38] Vgl. die Frankfurter Dokumente in: JböR Bd. 1 NF (1951) S. 1 ff. und das Memorandum der Militärgouverneure vom 22. November 1948 — abgedruckt bei MATZ, Grundgesetz für die Bundesrepublik Deutschland und Besatzungsstatut, 1949, S. 125 ff., die in Inhalt und Form des GG ihre Entsprechung gefunden haben und deren Sinn objektiv wohl nicht anders als oben gedeutet werden kann.

zustande gekommenen Akt hinzustellen[39]. Auch sie verkennen die Rechtslage. Denn die Genehmigung, die die sowjetische Besatzungsmacht dem demokratisch zustandegekommenen Verfassungswerk der DDR gab, ist eine rechtlich unerläßliche Bedingung im Erzeugungszusammenhang des Rechtswerkes gewesen[40]. Das deshalb, weil die sowjetische Besatzungsmacht ebenso wie die westlichen Alliierten auf Grund des gemeinsamen Beschlusses vom 5. Juni 1945 höchste deutsche Staatsgewalt verwalten. Diese wirkte ebenso wie im Falle des Entstehens der GG durch die Hand der Alliierten. Ohne die Genehmigung der sowjetischen Besatzungsmacht wäre die Verfassung der DDR nicht rechtswirksam geworden. Denn anders als in der Republik Österreich — wo die Alliierten nie erklärten, österreichische Staatsgewalt zu verwalten, sondern sie *ihre* Macht in Österreich ausübten[41] — ist das Besatzungsrecht in Deutschland nicht Faktum, sondern positives, quasideutsches Recht. Der Umstand, daß z. B. in der BRD „Besatzungsrecht" durch bundesdeutsche Rechtsakte aufgehoben werden darf oder noch zum Teil wie deutsches Recht gilt und angewendet wird, beweist, daß das Besatzungsrecht mit dem von deutschen Organen erzeugten Recht normativ verbunden ist[42].

Fast erscheint es, als würde die Kontinuität gesamtdeutscher Staatsgewalt ein Ende gefunden haben, als die BRD wie auch die DDR Mitglieder der herrschenden Bündnissysteme geworden sind, hiermit das Besatzungsregime in Ost und West abgebaut worden und die beiden deutschen Gemeinwesen in den Zustand der Souveränität versetzt worden sein[43]. Ein Eingehen auf das Verhältnis der beiden deutschen Gemeinwesen zu den Alliierten zeigt aber, daß den beiden deutschen Gemeinwesen weder durch den Beitritt zu den Paktsystemen noch durch den scheinbaren Wegfall des Besatzungsstatutes *volle* Souveränität erwachsen sein konnte. Der Umstand, daß trotz Fortfalles der Bewachung der Grenzen der DDR und seiner Demarkationslinie die UdSSR nunmehr daran gegangen ist, Berlin aus

[39] Vgl. die Hinweise bei Scheuer, a.a.O., S. 42 ff.

[40] Vgl. die Hinweise bei Scheuer, a.a.O., S. 54 f., vgl. auch Leonhard, Die Revolution entläßt ihre Kinder, 1955, S. 204 f.

[41] Dies ergab sich eindeutig aus dem Kontrollratsabkommen. Danach rekonstruierte sich die österreichische Staatsgewalt eigenständig, wenn auch unter Patronanz der Alliierten, während sich die Gewalt der deutschen Gemeinwesen gemeinsam mit den Alliierten konstituierte.

[42] Das beweist ganz deutlich Art. 1 des Vertrages zur Regelung aus Krieg und Besatzung entstandener Fragen, bei Anders, a.a.O., Abt. A 6 Oz 1/70.

[43] Vgl. die auf S. 483 f. angeführten Vertragswerke sowie das Protokoll über die Beendigung des Besatzungsregimes in der Bundesrepublik Deutschland vom 23. 10. 1954, in: Anders, a.a.O., Abt. A 8, Oz 1/1 und die Erklärung der Sowjetregierung vom 25. 3. 1954 [nach TASS in: Archiv für öffentliches Recht Bd. 79 (1954) S. 503], vgl. ferner den in Anm. 20 zitierten sowjetisch-deutschen Freundschaftsvertrag.

dem Besatzungsstatut zu lösen[44], indem es die sowjetische Kommandantur auflöste[45] und Organe der DDR betraute, Kontrollrechte an Stelle der UdSSR auszuüben[46], beweist auch nicht den souveränen Status der DDR, sondern geradezu das Gegenteil: Es gibt keinen Beweis, daß die UdSSR ihre Gewalt endgültig aus der Hand gegeben hätte, hierzu wäre sie nur im Einvernehmen mit den anderen früheren Alliierten berechtigt gewesen. Daher muß angenommen werden, daß die Gewalt nur delegiert ist. Die DDR übt die Kontrollrechte im Auftrag der UdSSR aus. Aber auch die Souveränität der BRD ist nach wie vor beschränkt. Im Art. 2 des Vertrages über die Beziehungen zwischen der Bundesrepublik Deutschland und den Drei Mächten (in der geltenden Fassung) heißt es unter anderem: „Im Hinblick auf die internationale Lage ... behalten die Drei Mächte die bisher von ihnen ausgeübten oder innegehabten Rechte und Verantwortlichkeiten in bezug auf Berlin und auf Deutschland als Ganzes, einschließlich der Wiedervereinigung Deutschlands und einer friedensvertraglichen Regelung ...“. Die Schranke, die der Souveränität der BRD und der DDR durch das Besatzungsregime gezogen worden ist, ist damit wohl weit hinaus gesteckt, ja fast unkenntlich geworden; aber wenn die deutschen Gemeinwesen schon Berlin je für sich beanspruchen, dann besteht die Schranke vom normativen Standpunkt aus gesehen, in ihrer Qualität noch als solche weiter: *Das Besatzungsregime setzt sich trotz aller Arten von deklamatorischen Beteuerungen in dem westlichen und dem östlichen Bündnissystem in anderen Formen weiter* fort[47]. Das Gegenteil ist noch nicht schlüssig nachgewiesen; das Abbröckeln des westlichen Bündnissystems durch die Haltung Frankreichs machte den besatzungsrechtlichen Hintergrund, auf dem die BRD ruht, besonders auffällig. Davon legt im *besonderen* der Status Berlins Zeugnis ab. Mag auch das deutsche Staats- und Rechtsleben — vor allem seine Gesetzgebung, seine Gerichtsbarkeit und seine Verwaltung — von der Alliierten Patronanz frei sein, in Berlin kristallisiert sich das Besatzungsregime des ganzen Deutschland. Die Beispiele hierfür sind zahlreich: Die den Bundesgesetzen angefügte „Berlinklausel“[48]; die jeweils begrenzte Kompetenz des Bundesverfassungsgerichtes, über Verfassungsfragen zu entscheiden, die in Westberlin ihren Sachverhalt gefunden haben[49]; konkrete Maßnahmen alliierter Behörden im Bereich der internen

---

[44] Vgl. Anm. 19. [45] Vgl. Anm. 20. [46] Vgl. Anm. 19.

[47] Zu demselben Ergebnis scheint auch die Arbeit R. SCHUSTERs a.a.O., S. 10 f. zu kommen. Bemerkenswert ist, daß die deutsche Presse die angekündigte Entscheidung des französischen Staatspräsidenten, französische Truppen im Ausland ausschließlich der französischen Autorität zu unterstellen, als eine Art von Besatzungsfunktion über Deutschland gedeutet hatte.

[48] Vgl. hierzu das Gesetz über die Einbeziehung Berlins in das Finanzsystem des Bundes (Drittes Überleitungsgesetz) vom 4. 2. 1953, BGBl I, S. 1.

[49] Siehe z. B. die Entscheidung des BVerfGE 7, 193.

Verwaltung [50]; die Delegation der Macht der UdSSR an die DDR zeigen, daß Berlin Exponent des klassischen Besatzungsregimes ist. Wird aber Berlin staatsrechtlich, politisch und soziologisch je zu jedem der beiden deutschen Gemeinwesen gerechnet, so ist es nicht als „aliud" anzusehen. Hat es je als Teil der beiden deutschen Gemeinwesen den Status einer unter dem Besatzungsregime stehenden Stadt, so ist Berlin nichts anderes als die verkleinerte Reproduktion jenes Status, von dem Deutschland latent beherrscht ist [51].

Das Argument „a minori ad maius" scheint mir wohl zulässig. In bezug auf die Staatsgewalt des Deutschen Reiches, wie sie am 5. Juni 1945 von den Alliierten zu gleichen Teilen treuhänderisch übernommen wurde, hat sich im wesentlichen noch immer nichts geändert. Solange die BRD und die DDR nicht ihre volle Souveränität haben (d. h. aus den Bündnissystemen ohne Nachteile besorgen zu müssen nicht austreten und ihre Staatsform ohne Intervention der Alliierten nicht ändern können), solange ist *ihre* Staatsgewalt ein Teil jener von den Alliierten im Juni 1945 übernommenen, von ihnen abgeleiteten, ja sogar übertragenen *urtümlichen deutschen* Staatsgewalt. Die deutsche Staatsgewalt wurde daher noch nicht von einer nichtableitbaren Gewalt der BRD und der DDR absorbiert, sondern ist seit dem 5. Juni 1945 von der alliierten Gewalt konserviert worden. Die alliierte, die deutsche konservierende Gewalt, die sich juristisch vor allem in Berlin äußert und an der auch einseitige, partielle Delegationen im Grunde nichts ändern konnten, ist daher Ausdruck des Fortbestandes der gesamtdeutschen Staatsgewalt. Dreigeteilt: als Gewalt der Alliierten und als delegierte Gewalten der BRD und der DDR!

Trotz *scheinbarer* Spaltung der deutschen Staatsgewalt in je eine Staatsgewalt der DDR und der BRD ist Berlin, in dem deutsche und allierte Gewalt vereint sind, juristisches Symbol für das Fortbestehen gesamtdeutscher Staatsgewalt.

---

[50] So zum Beispiel das seinerzeitige Verbot der französischen Besatzungsmacht, den amerikanischen Film „Wege zum Ruhm" in den Filmtheatern des französischen Sektors Berlins aufzuführen.

[51] Siehe die Bemerkung H. PETERS, Die staats- und völkerrechtliche Lage Berlins, in: Deutsche Verwaltung, 1949, S. 603: „Die Insel Westberlin ist nur ... als Land erfaßbar, wenn man anerkennt, daß auch heute noch nach Bildung einer Staatsorganisation in Westdeutschland und einer anderen Staatsorganisation in Ostdeutschland ein Gesamtdeutscher Staat de jure existiert."

Der süddeutsche Länderrat

Heinz Guradze

Die Entstehung staatlichen Lebens in Deutschland seit dem Zusammenbruch des Hitlerreiches liegt im Halbdunkel. Diejenigen, die damals mitgeholfen haben, aus dem Chaos eine neue Ordnung aufzurichten, gehören der älteren, allmählich aussterbenden Generation an. Nur sehr wenige Deutsche haben ihre Erfahrungen schriftlich niedergelegt [1]. Die Zeitgeschichte hat sich der Periode, die nun zwei Jahrzehnte zurückliegt, noch kaum angenommen; der Zugang zu den Quellen ist schwierig. Dennoch sind diese Anfänge wichtig als Vorläufer des heutigen Verfassungslebens, zu dessen Klärung und Auslegung der Verstorbene, dem diese Schrift gewidmet ist, so wertvolle Beiträge geliefert hat. Wenn im folgenden versucht wird, nur einen begrenzten Ausschnitt, nämlich den staatsrechtlichen Wiederaufbau im amerikanischen Besatzungsgebiet, zu skizzieren und analytisch zu betrachten, so einmal wegen der gebotenen Einschränkung des Umfangs; zum anderen, weil der Verfasser, damals noch auf amerikanischer Seite, persönlich daran teilgenommen und infolgedessen Einblicke gewonnen hat, die späteren Historikern verborgen bleiben [2].

---

[1] Die süddeutsche Entwicklung schildert aus persönlicher Sicht sehr anschaulich Reinhold Maier, Ein Grundstein wird gelegt, Tübingen 1964. — Wilhelm Hoegner, Der schwierige Außenseiter, München 1959, enthält auf S. 214—216 einen kurzen Bericht über den Länderrat. — Für die Politik der amerikanischen Militärregierung, aber nicht ohne persönliche Note, ist das Buch von Lucius D. Clay, Decision in Germany, Garden City, N. Y. 1950 (deutsch: Entscheidung in Deutschland, Verlag der Frankfurter Hefte o. J.), wichtig; Zitate nach dem englischen Original. Die aus dem Nachlaß herausgegebenen Aufzeichnungen 1945—1947 von Theodor Heuss, Tübingen 1966, sind für den Länderrat unergiebig.

[2] Die folgenden Betrachtungen stützen sich in tatsächlicher Hinsicht hauptsächlich auf Lia Härtel, Der Länderrat des amerikanischen Besatzungsgebiets, Stuttgart 1951, und den größtenteils aus dem Material der amerikanischen Militärregierung erarbeiteten Artikel des Verfassers The Laenderrat: Landmark of German Reconstruction, The Western Political Quarterly 1950, S. 190 ff., hier zitiert als Guradze. Auf beide muß hinsichtlich der Dokumentation verwiesen werden. Ferner s. Pollock-Meisel-Bretton, Germany under Occupation, Ann Arbor, Michigan, 1949; Litchfield u. a., Governing Postwar Germany, Ithaca, N. Y. 1953, sowie die gute gedrängte Darstellung bei Klein, Neues deutsches Verfassungsrecht, Frankfurt 1949, S. 106—115. Einen kritischen Literaturbericht gibt Fromme, Zur inneren Ordnung in den westlichen Besatzungszonen, Vierteljahreshefte für Zeit-

1. Entstehung des Länderrats

Im amerikanischen Besatzungsgebiet wurden schon im September 1945 drei „Staaten" gebildet: Großhessen, Württemberg-Baden und Bayern. Von diesen entsprach nur Bayern ungefähr dem früheren Freistaat (ohne den Stadt- und Landkreis Lindau und die Rheinpfalz); Großhessen war ein künstlich zusammengesetztes Gebilde, und Württemberg-Baden bestand nur aus den nördlichen Teilen der beiden früheren Länder, da die südlichen Hälften den Franzosen abgetreten worden waren, die nur widerwillig und unter Druck Stuttgart geräumt hatten. Die Regierungen dieser Staaten waren von der Militärregierung ernannt, wobei aber den Ministerpräsidenten in der Zusammensetzung ihrer Kabinette beträchtliche Freiheit gelassen wurde [3]. Diesen Staaten [3a] gab die Proklamation Nr. 2 vom 19. 9. 1945 [4] „volle gesetzgebende, richterliche und vollziehende Gewalt", vorbehaltlich der Machtbefugnis der Militärregierung und des Alliierten Kontrollrats. Durch diese Tendenz, den deutschen Stellen schon früh eine gewisse Autonomie zu gewähren, unterschied sich die amerikanische Politik wesentlich von der Großbritanniens. Da es noch keine gesetzgebenden Körperschaften gab, wurde die gesetzgebende Gewalt von den Ministerpräsidenten ausgeübt [5], eine Berechtigung, die von großer Bedeutung für die Gesetzgebung des Länderrates wurde. Erst durch die Proklamation Nr. 3 vom 21. 1. 1947 [6] wurde das Land Bremen, das als Enklave in der britischen Zone lag, gebildet, mit Wesermünde einschließlich Bremerhaven der amerikanischen Zone eingegliedert und die Verwaltung der Stadt Bremen zur Landesregierung mit denselben Befugnissen wie die der drei anderen Länder erhoben.

Sehr bald ergab sich, daß gewisse Verwaltungszweige, wie Bahn und Post, über den Rahmen der Länderregierungen hinausgingen und daß andere Länderangelegenheiten zwischen den drei Staaten koordiniert werden mußten. General Clay, in dessen Händen von Anfang an, als noch Eisenhower und später McNarney Oberstkommandierende der amerikanischen Streitkräfte waren, die eigentliche Militärregierung lag — Eisenhower hatte sein

---

geschichte Bd. 10, 1962, S. 206 ff., amerikanische Literatur S. 212, Anm. 20 ff. Wertvolles Material enthält Vogel, Westdeutschland 1945—1950, Schriften des Bundesarchivs Bd. 2, 1956: allgemeine Literatur S. 9, Daten, Organisation, Ausschüsse und Personalien des Länderrats S. 57 ff.

[3] Maier (Anm. 1) S. 116 f.

[3a] Zur Rechtsnatur der Länder s. u. Ziffer 7. Text nach Anm. 44.

[4] Deutsche Übersetzung bei Härtel S. 201. Art. I spricht von „Verwaltungsbezirken (administrative districts), die von jetzt ab als Staaten bezeichnet werden".

[5] Art. III Abs. 2 der Proklamation Nr. 2; der Ausdruck „approved" ist in der deutschen Übersetzung unrichtig mit „genehmigt" wiedergegeben; er ist wahrscheinlich aus Art. I Abschn. 7 der Verfassung der Vereinigten Staaten übernommen, wo er „zustimmen" bedeutet; hier aber bezeichnet er wohl den Gesetzesbefehl.

[6] Härtel S. 203.

Hauptquartier in Frankfurt und hielt sich nur ungern in Berlin auf[7] —, berief daher die drei Ministerpräsidenten und den Bürgermeister von Bremen[8] auf den 17. Oktober 1945 nach Stuttgart und trug ihnen auf, für diese Zwecke einen „Rat der Ministerpräsidenten" zu bilden. Auf dieser ersten Sitzung legte Clay die Grundlinien der amerikanischen Politik gegenüber Deutschland dar, die auf der berüchtigten Direktive JCS 1067 beruhte[9], einer Anordnung der vereinigten Stabschefs an den Militärgouverneur vom 26. 4. 1945, die noch deutliche Züge des Morgenthauplans trug und der Militärregierung noch lange Hindernisse in den Weg legte. (Clay hat sich sehr bald darüber hinweggesetzt und später die notwendigen Änderungen herbeigeführt[10].) Aber diese erste Ansprache enthielt auch in wenigen Sätzen bereits die Grundlagen, auf denen der Länderrat errichtet wurde:

> „Wir wollen keine deutsche Zonenhauptstadt. Deshalb schlagen wir vor, als Zwischenmaßnahme einen Rat der Ministerpräsidenten zu errichten. Da Sie letzten Endes die Maßnahmen ergreifen müssen, die notwendig sind zur vollständigen Koordinierung zwischen Ihren Ländern, müssen wir von der Annahme ausgehen, daß Sie einzeln ausführen, was Sie gemeinsam beschlossen haben[11]."

Auf den letzten Satz, der das Prinzip des Länderrates enthält, wird noch zurückzukommen sein. In derselben Sitzung beschlossen die Ministerpräsidenten die Errichtung eines Generalsekretariats und einen knappen, aus sechs Punkten bestehenden, von Hoegner entworfenen Organisationsplan, der in der ersten Arbeitssitzung im November durch einen vollständigeren[12] ersetzt wurde.

2. Organisation und Verfahren des Länderrats

Danach hatte der Länderrat die Aufgabe,

> „im Rahmen der politischen Richtlinien der Besatzungsmacht die über das Gebiet eines Landes hinausreichenden Fragen gemeinschaftlich zu lösen, Schwierigkeiten im Verkehr der Länder zu beseitigen und die wünschenswerte Angleichung der Entwicklung auf den Gebieten des politischen, sozialen, wirtschaftlichen und kulturellen Lebens sicherzustellen"[13].

---

[7] Murphy, Diplomat Among Warriors, Garden City, N.Y. 1964, S. 296.

[8] Geiler (Hessen), Maier (Württemberg-Baden), Hoegner (Bayern), Kaisen (Bremen). Gute Charakteristik der Vier und ihrer Nachfolger (Stock und Ehard) bei Clay (s. Anm. 1) S. 96.

[9] Abgedruckt bei Pollock-Meisel-Bretton (Anm. 2) S. 76 ff. und Stolper, German Realities, New York 1948, S. 273 ff.

[10] Murphy (Anm. 7) S. 283 ff.

[11] Clay S. 98 in Auszügen; deutsche Übersetzung der Ansprache bei Härtel S. 207; sehr freie Version bei Maier S. 150 ff.; kurzer Auszug bei Hoegner S. 214. Beide enthalten nicht die hier wesentlichen Punkte.

[12] Wortlaut bei Härtel S. 185.

[13] Punkt 2 des Organisationsplans, Härtel S. 185.

Der Länderrat, d. h. die drei Ministerpräsidenten und der Senatspräsident von Bremen, tagten am ersten Dienstag jeden Monats in Stuttgart, nur ausnahmsweise anderswo. An den Tagungen, die öffentlich waren, nahmen die Fachminister und deren Referenten teil, wenn Angelegenheiten ihres Ressorts auf der Tagesordnung standen; der Vorsitz wechselte in vierteljährlichem Turnus. Für die Beschlußfassung war Einstimmigkeit erforderlich. In Stuttgart wurde ein *Sekretariat* errichtet; zum Generalsekretär wurde ERICH ROSSMANN [14] bestellt, dessen Initiative und Organisationsgabe die Entwicklung des Länderrates zum guten Teil zu danken ist. Dieses Sekretariat hatte sechs Abteilungsleiter und im März 1946 ein Personal von etwa fünfzig Köpfen, das aber Anfang 1947 einen Höchststand von 250 erreichte [15]. Der Verkehr des Sekretariats mit den Ländern ging über die Ländervertreter — später hießen sie „Länderratsbevollmächtigte" —, von denen jedes Land *einen* beim Länderrat bestellte; diese wiederum korrespondierten mit den bei den Ländern eingerichteten „Länderdienststellen des Länderrats"; ein unmittelbarer Verkehr, etwa zwischen den Sachbearbeitern des Länderrats und eines Landesministeriums, war unstatthaft. Die eigentlichen Arbeitsgremien des Länderrats aber waren seine *Ausschüsse* und Unterausschüsse, die von Fall zu Fall und nach Bedarf zusammentraten und aus den Dezernenten der Länderministerien bestanden. Diese Ausschüsse, deren Arbeitsunterlagen durch die Referenten des Sekretariats vorbereitet wurden, berieten die Entwürfe der Gesetze, Verordnungen und Verwaltungsmaßnahmen; sie waren entsprechend dem Aufbau der Ministerien gegliedert und bestanden in der Spitze aus den Ressortministern. Auch für sie galt das Einstimmigkeitsprinzip. Erst wenn sie sich geeinigt hatten, konnte der Entwurf den Ministerpräsidenten zur Beschlußfassung in der „Länderratssitzung" im engeren Sinne vorgelegt werden. Ende 1945 bestanden 8 Haupt- und 15 Unterausschüsse, Ende März 1946 waren es bereits 14 Haupt- und 34 Unterausschüsse, im September 1947 war der Höhepunkt mit 21 Haupt- und 60 Unterausschüssen erreicht. Danach, als nämlich die wirtschaftliche Arbeit des Länderrats auf das gemeinsame Wirtschaftsgebiet übergegangen war und dessen Verwaltung zu funktionieren begann, nahm die Zahl der Ausschüsse wieder ab; im Mai 1948 betrug sie nur noch 17 (27) [16].

Die Zunahme der Ausschüsse und des Arbeitsanfalls machten den Ministerpräsidenten eine sachliche Beschlußfassung bei ihren monatlichen Sitzungen immer schwerer. Ein neuer, nunmehr „Satzung" genannter Organisationsplan vom Juni 1946 [17] schaltete deshalb zwischen die Ausschüsse der

---

[14] ROSSMANNS lesenswerte Autobiographie „Ein Leben für Sozialismus und Demokratie", Tübingen 1947, schließt leider Pfingsten 1945 ab.

[15] HÄRTEL S. 13, 75.

[16] GURADZE (Anm. 2) S. 198.

[17] HÄRTEL S. 187 ff.; für das Direktorium s. § 15; personelle Zusammensetzung bei VOGEL (Anm. 2) S. 58.

Fachminister und die Ministerpräsidenten ein siebenköpfiges *Direktorium* ein. Dieses bestand aus den drei Länderratsbevollmächtigten, dem Generalsekretär und je einem Sonderbeauftragten der drei Länderregierungen, von denen die drei letzten Staatssekretäre am Sitz der Länderregierungen waren, an den Kabinettssitzungen ihrer Regierungen teilnahmen und daher deren Politik intimer als die in Stuttgart residierenden Länderratsbevollmächtigten kannten. Das Direktorium, das wöchentlich einmal zusammentrat, konnte aus weiterer Sicht als die Fachausschüsse deren Vorschläge beurteilen und mit denen anderer Fachausschüsse koordinieren; es trug dadurch wesentlich zur Entlastung der Ministerpräsidenten bei, zumal es in Angelegenheiten von nicht grundsätzlicher Bedeutung endgültig entscheiden konnte. Die übrigen Beschlüsse der Ausschüsse überprüfte es daraufhin, ob sie den Ministerpräsidenten zur Beschlußfassung vorgelegt werden konnten; wenn nicht, wies es sie an die Ausschüsse zurück. Die Sache der Ausschüsse wurde vor dem Direktorium durch die Referenten des Sekretariats vertreten, die mitunter einen schweren Stand hatten. Der Vorsitz im Direktorium wechselte turnusmäßig entsprechend dem Vorsitz im Rat der Ministerpräsidenten. Das Einstimmigkeitsprinzip war insofern gemildert, als auch Mehrheitsbeschlüsse wirksam waren, wenn keiner der drei Ministerpräsidenten innerhalb von drei Tagen widersprach. Die rechtskräftigen Beschlüsse des Direktoriums galten als Länderratsbeschlüsse (§ 15 III der Satzung). In der Zeit vom 21. 6. 1946 bis 20. 10. 1949 hat es 87 Sitzungen abgehalten.

Einheitliche *Zoneneinrichtungen* gab es etwa ein Dutzend [18], von denen aber nicht alle Behördencharakter hatten und mit dem Länderrat verbunden waren. Die wichtigste war das Amt des Sonderbevollmächtigten für Ernährung und Landwirtschaft, für dessen Leitung der frühere Reichsernährungs-, Reichswirtschafts- und Reichsfinanzminister Dr. Dietrich, einer der letzten fünf Reichstagsabgeordneten der Staatspartei, gewonnen wurde. Der Chef dieser Zonenbehörde leitete gleichzeitig die entsprechende Abteilung im Länderrat. Dietrich bewältigte die vordringliche und schwierige Aufgabe, die Ernährung der Bevölkerung der Zone sicherzustellen, mit hervorragender Könnerschaft und erfreute sich besonderen Ansehens beim Leiter der Militärregierung. Andere Zonenbehörden, wie die für Verkehr und Post- und Fernmeldewesen, waren zwar dem Länderrat in gewisser Weise unterstellt, aber nicht mit dem Sekretariat verbunden.

3. Länderrat und Militärregierung

Als sich die Militärregierung organisatorisch von der Armee löste, setzte sie in jedem der drei Länder Landesmilitärregierungen mit je einem Direktor an der Spitze ein. Weisungen von der Berliner Zentrale, dem Office of Military Government, U. S. (OMGUS), an die Ministerpräsidenten gingen

[18] s. Härtel S. 18 ff.

über diese Landesmilitärregierungen; die Sachbearbeiter der Berliner Abteilungen *(divisions)* reisten zwar auch in der Zone umher, hatten aber keine Weisungsbefugnis. Der Länderrat als zonale Einrichtung unterstand keiner Landesmilitärregierung; daher mußte dafür gesorgt werden, daß er über die Richtlinien der Militärregierungspolitik ständig auf jedem einzelnen Sachgebiet unterrichtet war und daß die amerikanischen Sachbearbeiter in Berlin über die Beschlüsse der Länderratsausschüsse und den Sachstand ihrer Arbeit ins Bild gesetzt wurden, damit sie, soweit erforderlich, ihren Einfluß darauf ausüben konnten. Zu diesem Zwecke wurde in Stuttgart das *Regional Government Coordinating Office (RGCO)* gebildet, ein kleines Amt mit einem Direktor und sechs (später nur noch drei) Referenten mit dem Titel *adviser* [19], das, ebenso wie der Länderrat, in der Villa Reitzenstein untergebracht wurde. Der Direktor dieses Koordinierungsamtes war James K. Pollock, ein bekannter Politologe [19a] aus Ann Arbor, Michigan, und guter Kenner deutscher Verhältnisse, der bei der Gründung des Länderrats Pate gestanden hat. Er unterstand Clay unmittelbar und ging als dessen offizieller *senior representative* den Direktoren der Landesregierungen im Range vor; mit den Abteilungsleitern in OMGUS, Berlin, stand er auf gleicher Stufe. Dies war nötig, um die von Anfang an bestehende Rivalität der Berliner Zentrale gegenüber dem Stuttgarter Koordinierungsamt in Schach zu halten. Pollock hatte das Ohr Clays und verstand es, die Belange seines Amtes und damit des Länderrates durchzusetzen. Sein Nachfolger wurde im August 1946 Oberst Dawson, im Zivilberuf Professor der Rechte an der Western Reserve University in Cleveland, Ohio, der bisher der Direktor der Militärregierung von Württemberg-Baden gewesen war. Die Tatsache, daß er als solcher nur den Rang eines Obersten bekleidet hatte, schadete dem Ansehen des Amtes auch dann noch, als Clay darauf bestand, daß er Zivilist wurde. Dawson hatte sich durch seine Humor und Wärme ausstrahlende Persönlichkeit die Zuneigung der Württemberger gewonnen [20]; auch als er Leiter des Koordinierungsamtes war, hing sein Herz am Lande Württemberg-Baden. Leider starb er schon im Februar 1947. Sein Nachfolger stand bei Clay und den Berliner Stellen in weit geringerem Ansehen, hatte auch für die sachliche Arbeit des Länderrats wenig Interesse. Dieser Umstand und die Mißgunst der Berliner Abteilungen, die das Amt um seine unabhängige Stellung in der Hierarchie der Militärregierung beneideten, haben wohl dazu beigetragen, daß es sich nicht über den Sommer 1948 halten konnte, obwohl der Länder-

[19] Der Verf. war von März 1946 bis zum Sommer 1948 einer dieser Referenten.

[19a] Nicht Staatsrechtler, wie Klein (Anm. 2) S. 113 meint.

[20] Maier hat sein Buch seinem Gedächtnis gewidmet. — Als die Amerikaner zu Weihnachten 1947 Stuttgarter Kinder im Sitzungssaal des Länderrats, in dem sonst General Clay seine monatlichen Ansprachen hielt, mit Schokolade und Kuchen bewirteten und Dawson einen Blick in die sich gütlich tuende Kindergesellschaft warf, sagte er trocken: „Das ist wohl der beste Zweck, zu dem dieser Saal jemals verwendet worden ist.“

rat auf kleinerer Basis bis zum Herbst 1949 fungierte — ein Streiflicht aus dem Gebiet der Verwaltungslehre.

Die soeben angedeuteten Aufgaben des Koordinierungsamtes wurden im wesentlichen durch seine Referenten erfüllt. Sie nahmen an den Sitzungen der Länderratsausschüsse, soweit möglich, als Beobachter und Berater teil und berichteten darüber dem Leiter des Amtes; Abschriften der Berichte gingen an die Sachbearbeiter in OMGUS, Berlin. Häufig kamen diese auch nach Stuttgart und berieten die Ausschüsse unmittelbar. Da die wenigsten Deutsch verstanden, geschweige denn sprachen, folgten sie der Verhandlung des Ausschusses, der darauf keine Rücksicht nehmen konnte, mit Hilfe laufender Verdolmetschung; ihre eigenen übersetzten Äußerungen hatten sich im Rahmen der Mitteilung und Beratung zu halten. Nur selten kam es vor, daß sie sich im Ton vergriffen und dann hinterher durch den Referenten des Koordinierungsamtes über den in Stuttgart üblichen Verkehrston belehrt werden mußten. Überhaupt ging der Verkehr mit den Ausschüssen durch den zuständigen Referenten des Koordinierungsamtes. Dieser stand wiederum mit dem Abteilungsleiter des Länderratssekretariats in ständiger unmittelbarer Fühlung, ohne daß der Direktor des Koordinierungsamtes oder der Generalsekretär des Länderrates zwischengeschaltet wurden; der Verkehr zwischen den Sachbearbeitern beider Behörden war durchaus kollegial und inoffiziell.

Besondere Schwierigkeiten bereitete anfangs die Koordinierung der Militärregierung mit den *Kultusministern*. Diese kamen zwar gelegentlich an verschiedenen Orten zusammen, wollten sich aber, da Kulturpolitik Sache der Länder war, nicht als Ausschuß dem Länderrat anschließen. Es mußten jedoch Wege gefunden werden, die Politik der Militärregierung auch auf diesem Gebiet mit derjenigen der Länder abzustimmen. Mit dem damaligen württembergischen Kultminister [21] Heuß zusammen entwarf der Verf. eine Sondersatzung, die die Kulturhoheit der Länder wahrte, aber dennoch die Zusammenkünfte der Kultusminister und ihrer Arbeitsgruppen dem Länderrat eingliederte. Freilich überschritt der bayrische Kultusminister Hundhammer ungern die Grenzen seines Landes und entsandte zu Sitzungen nach Stuttgart einen Vertreter; wenn der Ausschuß in München tagte, war er ein liebenswürdiger Gastgeber.

4. Länderratssitzungen

Zu den monatlichen Sitzungen des Länderrats im engeren Sinne, also den Zusammenkünften der Ministerpräsidenten und ihrer Minister, erschien regelmäßig General Clay [22] mit seinem politischen Berater, Botschafter

---

[21] „Wir Württemberger komme ohne (die) US aus."

[22] Von den 33 Sitzungen des Länderrats vom Oktober 1945 bis Juni 1948 hat Clay 23 Sitzungen wahrgenommen; Guradze (Anm. 2) S. 196, Anm. 36.

Murphy, den Direktoren der Landesmilitärregierungen und dem Direktor des Koordinierungsamtes. Clay benutzte diese großen Versammlungen, die der Presse zugänglich waren, um die Politik der Militärregierung zu den jeweils im Vordergrund stehenden Problemen darzulegen [23]. Diese Ansprachen, so unerfreulich häufig ihre Gegenstände waren, konnten als stilistische und diplomatische Meisterstücke gelten. Clay sprach fast immer ohne schriftliche Unterlagen; er hatte die Statistik der Getreidelieferungen aus den Vereinigten Staaten wie der Ruhrkohlenförderung im Kopf. Da die Regierung in weitem Umfang in deutschen Händen lag, war es seine Aufgabe, die Verwirklichung amerikanischer Politik durch die deutschen Länderregierungen zu erreichen. (Die Engländer, die selbst regierten, hatten es darin leichter.) In knappen, klar formulierten Sätzen, die einzeln übersetzt wurden, mahnte, kritisierte, tadelte und lobte er, unaufdringlich, aber unmißverständlich, gelegentlich mit einem Körnchen Humor. (Tönung, Schattierungen und Idiomatik gingen leider meist in der Übersetzung verloren.) Niemals wiederholte er sich, nie brauchte er sich zu verbessern. Als Beispiel sei folgender Passus aus einer Rede vom 6. 5. 1947 angeführt:

> „Wir haben auf unsere Anforderung von jedem Land Vorschläge zur Liberalisierung des Schulwesens erhalten. Die Vorschläge von Württemberg-Baden und Großhessen würden sicherlich die Zustimmung aller liberalen Schulmänner finden. Bayern zieht es vor, auf seine Beiträge zur Weltkultur unter dem System, das es immer gehabt hat, hinzuweisen. Bayern kann stolz sein auf diesen Beitrag zur Kultur der Welt. Viele Kulturvölker, die in der Vergangenheit gelebt und der Welt viel gegeben haben, sind, weil sie in der Vergangenheit gelebt haben, verschwunden. Ich hoffe, Bayern schwelgt nicht in der Erinnerung an vergangenen Ruhm, statt in die Zukunft zu blicken. Die in die Zukunft Blickenden in aller Welt werden sich niemals mit einem Schulsystem zufriedengeben, das nicht dem ärmsten Kind dieselben Chancen bietet wie dem mehr begüterten [24]."

Neben der offiziellen Länderratssitzung hielt Clay eine vertrauliche Beratung, bei der Kaffee gereicht wurde, mit den Ministerpräsidenten und dem

---

[23] Eine Inhaltsanalyse dieser Ansprachen (vgl. Guradze S. 196, Anm. 37) ergibt, daß das Ernährungsproblem in seinen verschiedenen Aspekten am häufigsten (20mal) vorkam; danach rangierten Organisationsfragen des Länderrats, politische Fragen (Parteien, Wahlen, Verfassungen), Entnazifizierung usw.

[24] Englisches Zitat bei Guradze S. 196, Anm. 38. Unvollständig dagegen und mit einem sinnentstellenden Druckfehler (future working statt: future-looking people), der auch in die deutsche Ausgabe übergegangen ist, bei Clay S. 101. Die letzten drei Sätze lauten nach den OMGUS-Dokumenten: „Many civilisations which have lived in the past and contributed much to the world, because they lived in the past have disappeared. I hope that Bavaria is not revelling in reminiscenses of past glory, rather than looking into the future. The future-looking people of the world will never be satisfied with an educational system that does not offer to the poorest child the same opportunity it offers to the more fortunate child." — Damit dürfte Hoegners Behauptung, Clay habe „keine demokratische Erziehung durch den Staat" gewollt (Hoegner S. 290), widerlegt sein.

Direktor des Koordinierungsamtes in dessen Amtszimmer ab. Die Ministerpräsidenten konnten hier ihre Sorgen an ihn herantragen, solche über die Entlassung der Kriegsgefangenen zum Beispiel, die keine Länderratsangelegenheit war; auch Clay wußte diese Zusammenkünfte, die von Pollock arrangiert waren, zu schätzen [25]. Pollock hat auch am Tage der Länderratssitzungen regelmäßige Vorträge der Referenten seines Amtes in Gegenwart von Clay eingerichtet. Er leitete diese Sitzungen selbst und ließ zwei oder drei Referenten die zur Zeit wichtigsten, in den Ausschüssen verhandelten und vor dem Länderrat schwebenden Fragen vortragen. Diese Vorträge, für die man höchstens zehn Minuten bewilligt bekam, erforderten ein Höchstmaß an Konzentration. Clay warf nur gelegentlich eine Frage dazwischen; selten ließ er sich auf eine Diskussion ein. Einmal ist es mir gelungen, ihn zu überzeugen, daß ein Gesetz zoneneinheitlich als Länderratsgesetz [26] und nicht als Ländergesetz verabschiedet werden müsse. Leider wurden diese *staff meetings* im Frühjahr 1947 zugunsten einer erweiterten *Pressekonferenz* abgesetzt. Im Anschluß an die Länderratssitzung hielt Clay nämlich regelmäßig eine Pressekonferenz ab, die anfangs nur amerikanischen, später auch deutschen Korrespondenten offenstand und bei der Clay aus dem Stegreif, ohne daß er je einer Hilfe bedurfte, mit offensichtlichem Vergnügen Fragen beantwortete, wobei ihm sein erstaunliches Gedächtnis für Tatsachen und Zahlen zustatten kam. Für die deutschen Korrespondenten war dies anfangs ein ungewöhnliches Ereignis, und sie gewöhnten sich erst allmählich an die zwanglose Form, in der die Amerikaner diese für sie so wichtige Einrichtung betreiben; es kam hinzu, daß für sie Fragen und Antworten übersetzt werden mußten, wodurch das Herüber und Hinüber merklich verlangsamt wurde.

5. Länderratsgesetzgebung

Man sprach von Länderratsgesetzen, obwohl gegen die Gesetzgebungsfunktion des Länderrats erhebliche Bedenken bestehen [27]. Der Gesetzgebungsprozeß, insbesondere die Beratung und Feststellung des Wortlauts, fand in den Ausschüssen und im Direktorium statt; die endgültige Beschlußfassung lag bei den Ministerpräsidenten als Länderratskollegium; verkündet aber wurden die Gesetze einzeln in jedem Land durch seinen Ministerpräsidenten [28]. Dazu waren die Ministerpräsidenten durch die Proklamation Nr. 2

[25] Clay S. 95.

[26] s. dazu unten unter 5. Es handelte sich um das Flüchtlingsgesetz, das den Flüchtlingen gleichen Status mit der deutschen Bevölkerung verlieh. Das Gesetz war vom Länderrat am 5. 11. 1946, also noch vor den Landtagswahlen, verabschiedet worden und wurde von der Militärregierung im Januar 1947 als zoneneinheitlich anerkannt; Guradze S. 201 unten und Anm. 71, 72 ebenda.

[27] Guradze S. 199.

[28] So richtig Strauss im Vorwort bei Härtel S. XIII, der aber unbedenklich von Länderratsgesetzen spricht; ebenso Klein (Anm. 2) S. 108.

ermächtigt [29]. Der Länderrat hatte als solcher keinerlei Gesetzgebungsgewalt; auch der maßgebliche § 6 seiner Satzung spricht nur von „Länderratsbeschlüssen"; ebenso § 15 Abs. III hinsichtlich der Beschlüsse des Direktoriums. Länderratsbeschlüsse der Ministerpräsidenten bedurften, wie erinnerlich, der Einstimmigkeit. Vor allem spricht gegen die Auffassung der im Wortlaut gemeinsamen Beschlüsse als Gesetze die Tatsache, daß sowohl die Militärregierung wie die deutschen Länderregierungen den Länderrat nicht als Zonenregierung verstanden wissen wollten. Das Verfahren, das bereits in der vor Anm. 11 wiedergegebenen Ansprache Clays bei der Gründung des Länderrats in dem dort zitierten letzten Satz enthalten ist, warf keine Probleme auf, solange es reibungslos funktionierte. Das änderte sich aber, als im November und Dezember 1946 Landtage in den drei Ländern gewählt wurden, die ersten deutschen frei gewählten Parlamente seit 1933. Mit ihrem Tätigwerden erlosch die Gesetzgebungsbefugnis der Ministerpräsidenten, und damit wurde das Verfahren der „Länderratsgesetzgebung" in Frage gestellt. Erst im April 1947, also fünf Monate nach den Landtagswahlen, klärte die Proklamation Nr. 4 [30] der Militärregierung die Rechtslage. Danach behielt sie sich selbst die Zuständigkeit (abgesehen von zwei hier nicht interessierenden Gebieten) „zur Verwirklichung grundsätzlicher Ziele der Besatzungspolitik" vor. Auf diesen Gebieten behielten die Ministerpräsidenten ihre aus der Proklamation Nr. 2 abgeleitete Gesetzgebungsbefugnis; auf allen anderen ging sie auf die Landtage über. Im Gegensatz zu früher bedurften die Ministerpräsidenten aber nunmehr zur Ausführung dieser ihrer restlichen Gesetzgebungsbefugnis der Genehmigung der Militärregierung in jedem Einzelfall [31]. Deswegen meint Litchfield, daß Länderratsgesetzgebung in Wirklichkeit Gesetzgebung der Militärregierung gewesen sei [32]. Dies trifft aber selbst bei rein formaler Betrachtung nicht zu; da die Militärregierung weder den Inhalt der Gesetze beschloß noch sie verkündete, kann man von einer Militärregierungsgesetzgebung nicht sprechen.

Was aber gehörte zu den *basic policies of occupation,* den grundsätzlichen Zielen der Besatzungspolitik? Clay beantwortete diese Frage in der Länderratssitzung vom 8. 1. 1947 noch damit, daß es sich um Angelegenheiten handele, in denen Zoneneinheitlichkeit wünschenswert sei. In den Bestimmungen der Militärregierung vom 1. 3. 1947 [33] wurde aber das „wünschenswert" in „erforderlich" umgewandelt. Eine Kodifizierung der zur Zoneneinheitlichkeit gehörenden Materien hat niemals stattgefunden; Clay fürchtete, damit der späteren Verfassung vorzugreifen. Die Beweislast, daß

[29] s. o. vor Anm. 5.

[30] Deutscher Wortlaut bei Härtel S. 204.

[31] Proklamation Nr. 4 Art. III.

[32] Litchfield (Anm. 2) S. 27.

[33] Nr. 5-214.3, Härtel S. 221, 224; englischer Text bei Guradze S. 200, Anm. 60.

ein Gesetz zoneneinheitlich sein müsse, lag beim Länderrat; die Militärregierung wollte diese Gesetze auf ein Minimum reduzieren, weil sie den Landtagen entzogen wurden. Das vom Länderrat am 9. 9. 1947 beschlossene Gesetzgebungsverfahren [34] unterschied zwischen Rechtsangleichung und Rechtseinheitlichkeit innerhalb der amerikanischen Zone (Gesetzgebungsmaterien, die unter keine dieser Gruppen fielen, gehörten nicht zur Zuständigkeit des Länderrats, sondern wurden sofort in den Landtagen beraten). Gesetze, die in die erste Kategorie fielen, wurden zwar vom Länderrat „gebilligt", dann aber den Landtagen zugeleitet, die sie, wenn überhaupt, keineswegs immer so, wie der Länderrat sie beschlossen hatte, verabschiedeten. Gesetze, die Zoneneinheitlichkeit erforderten, wurden, wie bisher, vom Länderrat beschlossen und — das war neu — nach Genehmigung der Militärregierung von den Ministerpräsidenten erlassen [34a]. Es ergab sich bald, daß die Ansichten darüber, ob Zoneneinheitlichkeit erforderlich sei, im Länderrat und in OMGUS sehr auseinandergingen. In der Berliner Militärregierung entschied darüber, vorbehaltlich der endgültigen Entscheidung Clays, ein Prüfungsausschuß, der aus den Leitern der Rechtsabteilung, der Abteilung für Verwaltung und einem Mitglied des dem Militärgouverneur unmittelbar unterstehenden Amtes *(Office of the Chief of Staff)* bestand. Vorsitzender dieses Ausschusses war der Verwaltungswissenschaftler Litchfield. Dieser Ausschuß lehnte den größeren Teil der Anträge des Länderrates, Gesetze für zoneneinheitlich zu erklären, ab [35]. Hierfür gab es mehrere Gründe. Die Militärregierung sah in dem Erlaß zoneneinheitlicher Gesetze durch die Ministerpräsidenten eine Umgehung der Landtage. Ihre Sachbearbeiter nahmen sich den amerikanischen Föderalismus, in dem ja selbst Straf- und Zivilrecht zur Zuständigkeit der Einzelstaaten gehört, zum Vorbild, ohne die Notwendigkeiten eines zerstörten, besetzten und aufgeteilten Landes, geschweige denn seine verfassungsrechtliche Tradition zu berücksichtigen. Das deutsche Bestreben, ein Mindestmaß an Rechtseinheit aufrechtzuerhalten, galt ihnen weniger als das, was sie für das allein demokratische Verfahren hielten, eben die Gesetzgebung durch die Landtage.

Dabei half es dem Länderrat wenig, daß er seit dem März 1947 einen *Parlamentarischen Rat*, bestehend aus je sieben Abgeordneten der Landtage von Hessen, Württemberg-Baden und Bayern sowie drei Mitgliedern der Bürgerschaft von Bremen, besaß [36], der die den Ministerpräsidenten zur Verabschiedung vorliegenden Gesetze vorberiet und insbesondere auch zur Frage ihrer Zonenangleichung oder -einheitlichkeit Stellung nahm. Bei Abstimmun-

---

[34] Härtel S. 225 ff.

[34a] A. M. Klein (Anm. 2) S. 108: „Es war ... ein neues zonales Gesetzgebungsorgan mit echter Legislativgewalt entstanden."

[35] Mit sehr verschiedener und oft unverständlicher Begründung; Einzelheiten bei Guradze S. 202 ff.

[36] Zusammensetzung s. Härtel S. 183.

gen hatte jedes Land, entsprechend dem Grundsatz des Länderrats, eine Stimme; für gültige Beschlüsse war auch hier Einstimmigkeit erforderlich. Da der Rat entsprechend der Parteistärke der Landtage zusammengesetzt war, gab die Abstimmung innerhalb einer Länderdelegation ungefähr die Meinung des Landtages wieder. Seine Beschlüsse hatten nur beratende Kraft[37]. Seit September 1947 konnten die Mitglieder des Rates an den Sitzungen der Ausschüsse ohne Stimmrecht teilnehmen, wovon sie zuweilen Gebrauch machten. Der Parlamentarische Rat beriet die vorliegenden Gesetze am Tage vor der Länderratssitzung in Gegenwart der Abteilungsleiter des Sekretariats und, wenn erforderlich, des Generalsekretärs. Am nächsten Tage nahm er dann an der öffentlichen Sitzung des Länderrats teil. Auf Anregung des Koordinierungsamtes erklärte sich General Clay bereit, Fragen aus der Mitte des Parlamentarischen Rates zu beantworten; allerdings mußten diese, nachdem gleich die ersten beiden Fragen von den beiden kommunistischen Mitgliedern gestellt worden waren, in Zukunft schriftlich eingereicht werden. Wenngleich die Sitzungen des Länderrats durch die Teilnahme des Parlamentarischen Rats ausgedehnt und schwerfälliger wurden, so war es doch für die Ministerpräsidenten wichtig, zu wissen, wie die Mehrheit ihrer Landtage zu den einzelnen Gesetzen stand, da sie ja gleichzeitig ihren Parlamenten verantwortlich waren. Sie folgten daher meist dem Ergebnis der Abstimmung in ihrer Landtagsdelegation des Parlamentarischen Rates. Stimmten also alle vier Länderdelegationen für Zoneneinheitlichkeit, so war ein gleiches Ergebnis bei den Landtagen anzunehmen. Auf OMGUS machte das jedoch wenig Eindruck.

6. Ausklingen und Auflösung des Länderrats

Anfang Oktober 1946 hatten die fünf Verwaltungsräte der britischen und amerikanischen Zone für Wirtschaft, Ernährung, Verkehr, Finanzen und Post ihre Arbeit aufgenommen. Infolgedessen gingen diese Funktionen des Länderrats allmählich auf die bizonalen Behörden über. Vom März 1947 ab wurden die entsprechenden Zoneneinrichtungen des Länderrats aufgelöst, doch arbeiteten einige kleinere Ämter und Ausschüsse auch dann noch weiter, nachdem im Juni 1947 unter dem parlamentsähnlichen Wirtschaftsrat das „Vereinigte Wirtschaftsgebiet" der beiden Zonen gebildet worden war. Beim Länderrat verblieben vor allem die Zuständigkeit für Justiz, Sozialpolitik, Flüchtlingswesen, innere Verwaltung und Kulturpolitik. Ende 1947 arbeiteten in Stuttgart, da neue Aufgabengebiete hinzugekommen waren, noch 66 Haupt- und Unterausschüsse. Die Fehlkonstruktion der bizonalen Organe[38] machte im Februar 1948 ihre Umorganisation notwendig[38a], die

[37] § 15 a der Länderratssatzung.

[38] Dazu Vogel (Anm. 2) S. 27 f.

[38a] Durch die Proklamation Nr. 7 in der amerikanischen und *Ordinance 126* in der britischen Zone, Härtel S. 55, Guradze S. 209.

nunmehr auch einen bizonalen Länderrat vorsah. Von nun an verlagerte sich Clays Interesse auf die Zweizonenverwaltung; entgegen dem mehrfach geäußerten Wunsch der Ministerpräsidenten, den Länderrat in seiner gegenwärtigen Form aufrechtzuerhalten, verabschiedete er sich vom Länderrat am 1. 6. 1948 und löste das amerikanische Koordinierungsamt auf. Der Länderrat bestand zwar in verkleinerter Form fort, doch legte Generalsekretär Roßmann am 30. 9. 1948 sein Amt nieder; an seiner Stelle übernahm der bisherige Bevollmächtigte Hessens, Graf von Wedel, die Leitung des nunmehr so genannten „Koordinierungsbüros“. In dieser Übergangszeit, die bis zum September 1949 dauerte, fanden zwar noch Sitzungen des Direktoriums, des Parlamentarischen Rates und der Chefs der vier Länderregierungen statt, aber die fehlende Verbindung zur Militärregierung in Berlin vereitelte die Arbeit des Länderrats, da seine Eingaben dort nicht bearbeitet wurden. Die letzten zoneneinheitlichen Gesetze datieren vom 26. 4. 1949; die Überleitungsarbeiten auf die Bundesministerien zogen sich bis in den Oktober hin. Die Schlußsitzung des Länderrats fand am 22. 10. 1949 statt.

7. Rechtsnatur des Länderrats

Die Frage nach der rechtlichen Natur des Länderrats ist verquickt mit der heute gültigen These vom Fortbestand des Deutschen Reiches [39]. Die vielfältigen Theorien, die zur Stützung dieser These dienen und die bis an die — überwiegend bejahte — Frage rühren, ob es sich überhaupt um ein juristisches (und nicht vielmehr um ein politisches) Problem handle, können hier nicht erörtert werden; sie würden nicht nur den Rahmen der Betrachtung sprengen, sondern gehören auch nicht zum Thema. Wenn nach der durchaus herrschenden Ansicht das Deutsche Reich 1945 nicht untergegangen ist, so fehlt es spätestens seit dem 20. 3. 1948, dem Zeitpunkt, in dem der Kontrollrat zu funktionieren aufhörte, bis zum Zusammentritt des ersten Bundestages am 7. 9. 1949, an einer einheitlichen Regierung, wenn man den Kontrollrat, der aus grundsätzlich weisungsgebundenen Delegierten bestand und für dessen Beschlüsse Einstimmigkeit erforderlich war, überhaupt als solche ansehen kann. Die treuhänderische Ausübung der Regierungsgewalt durch die Länder und ihre Gemeinschaftsorgane, von der ARNDT spricht [40], scheint mir der Wirklichkeit da näher zu kommen, wo es autonome Länder gab. Das dogmatische Problem, wie sich über den Ländern, die aus dem zerfallen-

[39] s. dazu HANS PETERS, Das Gesetzgebungsrecht der Länder und Provinzen, Neue Justiz 1947, S. 2 ff.; *ders.*, Die staats- und völkerrechtliche Lage Berlins, Deutsche Verwaltung 1949, S. 601 ff.; *ders.*, Die Verfassungsentwicklung in Deutschland seit 1945 bis zum Bonner Grundgesetz, Recht Staat Wirtschaft II, Stuttgart 1950, S. 83 ff., 88; STÖDTER, Deutschlands Rechtslage, Hamburg 1948; die Referate von v. D. HEYDTE und DÜRIG in VVDStL 13, Tübingen 1955; ARNDT, Der deutsche Staat als Rechtsproblem, Berlin 1960, u. a.; BVerfG 6, 338.

[40] a.a.O. S. 7.

den Einheitsstaat durch Machtspruch der Militärregierungen neu entstanden, und ihren Zusammenschlüssen die Kuppel des fortbestehenden Reiches wölbte, bleibt hier bewußt außer Betracht.

In der amerikanischen Zone waren die Länder, anfangs drei, später vier, die einzige staatsrechtliche Wirklichkeit. Ihre Regierungen mußten mit den dringenden Aufgaben, die die Not des Tages stellte, fertigwerden: die notdürftige Ernährung der hungernden Menschen, die Beschaffung der Kohlen, um die notwendigsten öffentlichen Dienstleistungen aufrechtzuerhalten; die Aufnahme und Unterbringung von Millionen aus dem Osten vertriebener Flüchtlinge u. a. m. [41]. Anders als in den anderen Zonen, die von den Besatzungsmächten verwaltet wurden, hatten die Regierungen der süddeutschen Länder, von wenigen Ausnahmen (wie etwa Entnazifizierung) abgesehen, einen Spielraum eigenen Ermessens; anders auch als bei den Zentralverwaltungen der sowjetischen Besatzungszone [42] handelte es sich dabei nicht nur um Verwaltung, sondern um politische Entscheidungen. Freilich war ihr Imperium nicht originär, sondern von der Militärregierung abgeleitet; im Sinne Georg Jellineks waren sie daher wohl keine Staaten [43]. Daß Jellineks klassische Merkmale des Staates auf die abnorme Situation Deutschlands nach 1945 nicht passen, ist schon anderweit bemerkt worden [44]. Peters hält die Länder der amerikanischen Zone von Anfang an für Staaten, da sie „mit Genehmigung der Militärregierung ursprüngliche, d. h. nicht von Gesamtdeutschland abgeleitete Herrschaftsgewalt" ausübten [45]. Diese These stößt allerdings auf Bedenken. Die Länder Hessen und Württemberg-Baden hatten in dieser Form vorher gar nicht bestanden; sie waren, wie oben (unter 1) dargelegt, durch die Militärregierung geschaffen worden. Daß die sie konstituierende Proklamation Nr. 2 von „Verwaltungsbezirken, die von jetzt ab Staaten heißen", spricht, ist bei der rechtlichen Beurteilung wohl von untergeordneter Bedeutung. Die Ministerpräsidenten leiteten ihre Gesetzgebungsbefugnis aus Art. III Z. 2 der Proklamation Nr. 2 ab. Nun ist zwar die Mitwirkung fremder Staaten bei dem Empfang der Verfassung

---

[41] Vgl. Maier S. 175 ff. Der erste Ansturm der Flüchtlinge traf Bayern, dessen Staatskommissar für Flüchtlinge, der frühere Regierungspräsident von Breslau und Potsdam, Dr. Wolfgang Jänicke, seine ganze Kraft und große Verwaltungserfahrung für die Unterbringung und die Linderung der größten Not der Vertriebenen einsetzte, häufig auch unter Überwindung von Widerstand im bayrischen Kabinett, dem er später als Staatssekretär angehörte. Württemberg-Baden anderseits hatte darunter zu leiden, daß der südliche Teil, der zur französischen Zone gehörte, keine Flüchtlinge aufnahm.

[42] Hinsichtlich dieser vgl. Hans Peters, NJ I (1947) S. 4. Peters rechnet auch ihre Verwaltungstätigkeit dem gesamtdeutschen Staat zu.

[43] Georg Jellinek, Allgemeine Staatslehre, 3. Aufl., Darmstadt 1959, S. 491 ff.

[44] Mangoldt-Klein, Das Bonner Grundgesetz, Berlin I, 1957, S. 31.

[45] Peters in Recht Staat Wirtschaft (Anm. 39), S. 105; anders noch in NJ 1947, S. 5.

nicht schädlich, „wenn diese Verfassung pro futuro ausschließlich als sein (d. h. des Staates) originärer Willensakt anzusehen ist, so daß sie von ihm ohne weitere Ermächtigung abgeändert werden kann“ [46]. Das war aber hier zweifellos nicht der Fall; selbst nach der Annahme von geschriebenen Verfassungen und nach den Landtagswahlen (November und Dezember 1946) hat dieser Zustand nicht bestanden. Man muß also — jedenfalls für die Zeit der Besatzung — von dem Erfordernis der originären Herrschaftsgewalt absehen, wenn man die Staatlichkeit der süddeutschen Länder bejahen will [46a]. Trotzdem unterschieden sie sich von Provinzen mit Selbstverwaltung, die Straßen bauen und Heilanstalten verwalten, aber keine eigentlich politischen Aufgaben in selbständiger Entscheidung erfüllen.

Ein politisches Gremium und keine bloße, periodisch zusammentretende Konferenz der Ministerpräsidenten [46b], nicht nur koordinierend oder beratend tätig [46c], war aber auch der Länderrat, wie ein Blick auf die von ihm verabschiedeten Gesetze lehrt [47]. Setzt man die Länder, unbeschadet ihrer abgeleiteten Herrschaftsgewalt, als Staaten voraus, so weist der Länderrat typische staatenbundliche Züge auf: das Prinzip der Einstimmigkeit in den Ausschüssen und in der Spitze, fehlende Herrschaftsgewalt über die Mitglieder, fehlende Staatseigenschaft. Die problematische „Gesetzgebung“ ist bereits oben unter 5 behandelt worden. Der Parlamentarische Rat war kein Parlament, da er nach Länderdelegationen abstimmte und ebenfalls Einstimmigkeit benötigte. Zwar ermangelte der Länderrat zweier nach Georg Jellinek [48] für den Staatenbund wesentlicher Eigenschaften: Er war kein Verteidigungsbündnis, und die Mitglieder blieben nicht souverän. Das konnten sie nicht, weil sie nicht souverän waren, und ein Schutz des Bundesgebietes nach außen wie innere Friedenswahrung kamen nach Lage der Dinge nicht in Frage. Auch hier erweist sich, daß Jellineks sonst allgemein gültige Erkenntnisse auf die besondere Lage Deutschlands nach dem Krieg nicht zutreffen. Man wird aber trotzdem sagen können, daß der Länderrat ein staatenbundähnliches Gebilde war. Dies berührt die Kontinuitätslehre nicht; wenn sich, wie Peters annimmt, bei Fortbestand des Reiches Länder mit Staatenqualität neu bilden konnten, so steht nichts im Wege, daß sie sich lose zusammenschlossen.

---

[46] Jellinek (Anm. 43) S. 491.

[46a] Klein (Anm. 2) S. 197 f. verneint aus diesem Grunde die Staatlichkeit der süddeutschen Länder.

[46b] So aber Werner Weber, Der gegenwärtige Verwaltungsaufbau Deutschlands, Hamburg 1948, S. 24.

[46c] So unr. v. Mangoldt, Das Bonner Grundgesetz, Berlin 1953, S. 621, und Vogel (Anm. 2) S. 45, 66.

[47] Zusammenstellung bei Härtel S. 228 ff.

[48] a.a.O. S. 762; hinsichtlich der Verteidigung auch Nawiasky, Allgemeine Staatslehre, Einsiedeln-Zürich 1955, 2/II, S. 196.

8. Kritik des Länderrats

Es ist behauptet worden, daß diese Struktur „die Entwicklung zum Bundesstaat mit einer leistungsfähigen Zentralregierung erschwert und ... aufgehalten" habe [49]. Diese These läßt sich nicht begründen. Richtig ist, daß die Bildung der Länder mit eigenen Regierungen den Partikularismus begünstigten, in Süd- sowohl wie in Norddeutschland. Dazu bedurfte es nicht des Länderrats. Schon bei seiner Gründung gab die bayrische Delegation unter Führung eines sozialdemokratischen Ministerpräsidenten den erstaunten Württembergern, Hessen und Amerikanern zu erkennen, daß sie sich befreit fühlten, nicht etwa von den Nationalsozialisten, sondern vom Deutschen Reich, in das sie 1871 wie 1919 widerwillig hineingeraten wären [50]. Unter keinen Umständen wären sie damals für einen bundesstaatlichen Zusammenschluß zu haben gewesen. Noch im Mai 1947 mußte sich der bayrische Kultusminister in öffentlicher Sitzung des Länderrats von Clay sagen lassen, er solle die Sitzungen des kulturpolitischen Ausschusses wahrnehmen; er könne von seinen württembergischen und hessischen Kollegen viel lernen [51]. In dieser Situation konnte an eine andere Zusammenfassung der Länder, wenn sie sich selbst regieren sollten, gar nicht gedacht werden. Von Anfang an war diese Lösung aber als Übergang in Aussicht genommen. Für die deutschen Politiker, mit Ausnahme der Bayern, ist das belegt [52]. Aber auch der amerikanischen Militärregierung hat natürlich nicht ein Staatenbund als letztes Ziel vorgeschwebt, wie Weisser anzunehmen scheint [53]; denn sie wollte ja, wie aus zahlreichen Äußerungen Clays hervorgeht, einen Staat nach amerikanischem Muster, also einen Bundesstaat. Deshalb hat OMGUS wiederholt Zoneneinheitlichkeit von Gesetzen mit der Begründung abgelehnt,

---

[49] Annelies Dorendorf, Der Zonenbeirat der britischen Zone, Göttingen 1953, S. 36. Die Verfn. gibt allerdings zu, daß auch die norddeutschen Länder in diesem staatenbündlichen Denken befangen waren, ebenda S. 34; vgl. auch Weisser im Vorwort, S. 10.

[50] Einzelheiten bei Maier (Anm. 1) S. 163. Den Vorwurf des Separatismus hat die bayrische Staatsregierung in einer offiziellen Erklärung vom 21. 12. 1945 entschieden zurückgewiesen; Hoegner (Anm. 1) S. 278.

[51] Länderratssitzung vom 6. 5. 1947. Hundhammer war in seiner Eigenschaft als Mitglied des Parlamentarischen Rates in Stuttgart und saß neben seinem Ministerpräsidenten. Die Sache wurde anschließend in interner Sitzung dieser beiden mit Clay beigelegt.

[52] Vgl. die Worte des hessischen Ministerpräsidenten Geiler in der Sitzung des Länderrats vom 6. 11. 1945, zit. von Strauss bei Härtel S. XVII; ferner Maier S. 174, 403 ff. Hoegner (Anm. 1) S. 216 meint allerdings, der Länderrat hätte (wenn er nicht vorzeitig aufgelöst worden wäre) „die beste Grundlage für den Wiederaufbau der deutschen Republik geboten".

[53] Bei Dorendorf S. 2; s. dagegen Clays Ansprache bei der Gründung des Länderrates, Härtel S. 208 und Clay S. 98, wo der Länderrat ausdrücklich als Zwischenlösung (interim measure) bezeichnet wird.

die Zuständigkeit ihrer Materie müsse durch die künftige deutsche Verfassung geregelt werden.

Für die Militärregierung gab es noch einen anderen Grund, den vorläufigen Zusammenschluß lose zu gestalten und unter allen Umständen den Eindruck zu vermeiden, daß eine Art deutsche Zonenregierung entstand (die es ja übrigens in der britischen Zone auch nicht gab, weil weder die Zentralämter noch der Zonenbeirat eine deutsche Regierung waren). Die Russen, die bei einer Gründung einer gesamtdeutschen Regierung auf ein Mitspracherecht in Westdeutschland und insbesondere an der Ruhr spekulierten, wachten eifersüchtig darüber, daß in den westlichen Zonen keine Zonenregierung gebildet wurde. Deshalb wurde die Bizone anfangs nur lose konstruiert und ihre vollständige, sich über drei Phasen erstreckende Errichtung stets hinausgezögert, um den Sowjets keinen Vorwand zur Teilung Deutschlands zu geben. Erst als keine andere Lösung mehr übrigblieb, weil nach dem Abbruch der Londoner Außenministerkonferenz im Dezember 1947 feststand, daß man sich mit den Sowjets nicht einigen würde, haben sich die Westmächte im Februar 1948 zur Errichtung des Vereinigten Wirtschaftsgebiets in strafferer Form entschlossen. Tatsächlich haben die Sowjets „die einseitige Maßnahme in Westdeutschland" zum Vorwand genommen, den Kontrollrat in der Sitzung vom 20. 3. 1948 aufzulösen, indem Sokolowsky als Vorsitzender die Sitzung brüsk aufhob, ohne je wieder zu erscheinen [54]. Diese endgültige Teilung Deutschlands so lange wie möglich hinauszuschieben, war das Betreben der amerikanischen wie der britischen Militärregierung; ihr kleinerer Aspekt war die Vermeidung einer bundesstaatlichen Zusammenfassung in der amerikanischen Zone.

9. Politische Bedeutung des Länderrats

Die Konstruktion des Länderrats brachte die Zusammenarbeit der Länder der amerikanischen Zone zuwege, ohne den hohen Grad der Autonomie, den die Regierungen und Behörden der Länder hatten, aufzuheben. Diese Selbständigkeit gegenüber der Militärregierung hatten sie vor den anderen Zonen voraus. Eine Zusammenarbeit des Länderrats mit den Ministerpräsidenten der britischen Zone, wie sie auf der gemeinsamen Sitzung in Bremen Ende Februar 1946 versucht wurde, scheiterte daher zunächst am Widerspruch der britischen Militärregierung [55]. Dennoch war die Ausstrahlungskraft des Länderrats so groß, daß später gemeinsame Sitzungen nicht nur der Ministerpräsidenten, sondern auch mancher Ausschüsse stattfanden. Mit den Deutschen der französischen Zone kam keine Zusammenarbeit zustande, wie die Franzosen, die an die Potsdamer Beschlüsse nicht gebunden waren, ja auch die Bildung der in Potsdam vorgesehenen deutschen Zentralverwal-

[54] Dramatische Schilderung der Sitzung bei Clay S. 355 ff.

[55] Schilderung dieser Sitzung bei Maier S. 214 ff.

tungen verhinderten [56]. Ebenso war die Münchner Konferenz der Ministerpräsidenten aus allen vier Zonen im Juni 1947 zum Scheitern verurteilt [57].

Innerhalb des Länderrats bedeutete die Arbeit in Haupt- und Unterausschüssen natürlich eine Erschwerung, verglichen etwa mit der Fertigstellung eines Gesetzentwurfs in einem Ministerium. Dagegen bewältigte das Direktorium seine große und vielfältige Arbeitslast, wenn man bedenkt, daß es nicht aus Ressortministern bestand, mit erstaunlicher Effektivität. Seinen Sitzungen beizuwohnen, besonders unter der Leitung des damaligen hessischen Staatssekretärs Dr. Strauß, war zwar nicht immer für die Referenten des Sekretariats, wohl aber für unbeteiligte Beobachter ein Genuß.

Der Länderrat war, im Gegensatz zu den Organen der Bizone (jedenfalls in ihren ersten beiden Phasen), zwar keine Regierung, aber doch ein politisches Organ [58]. Daß die deutschen Verwaltungsbeamten und Politiker fast während der ganzen Zeit der Besatzung die Möglichkeit hatten, auf Zonenebene zusammenzuarbeiten und — im Rahmen der Politik der Militärregierung — politische Entscheidungen in eigener Verantwortung zu fällen, war von unschätzbarem Vorteil. Darüber hinaus bot der Länderrat Gelegenheit zu ständiger Begegnung mit den Vertretern der Militärregierung. Es bildete sich so — trotz der Direktive JCS 1067 [59] — ein Vertrauensverhältnis auf allen Ebenen, zwischen den Referenten des Sekretariats und des amerikanischen Koordinierungsamtes, zwischen diesen und den Mitgliedern der Ausschüsse sowie, mit gewisser Einschränkung, zwischen den Ministerpräsidenten und General Clay [60].

Schließlich war der Länderrat der Rahmen, in dem sich größere Ereignisse von politischer Tragweite abspielten. Der Besuch des amerikanischen Außenministers Byrnes am 6. 9. 1946 mit seiner epochemachenden Rede im Stuttgarter Staatstheater, die das Steuer der amerikanischen Deutschlandpolitik herumwarf, war zwar keine offizielle Länderratsangelegenheit; aber die Ministerpräsidenten und Senatspräsident Kaisen waren doch zu diesem Zweck auf Einladung Clays nach Stuttgart gekommen und wurden von Byrnes in seinem Sonderzug zu einer halbstündigen Konferenz empfangen [61]. Der Besuch des früheren Präsidenten Herbert Hoover, dessen Bericht über die deutsche Ernährungslage einen außerordentlich wichtigen Einfluß auf

---

[56] Clay S. 110.

[57] Schilderung der Konferenz bei Maier S. 368 ff., bei Hoegner S. 290 ff.

[58] So ausdrücklich Clay in seiner Ansprache an den Länderrat vom 3. 6. 1947, Härtel S. 54.

[59] s. o. Anm. 9.

[60] Clay S. 95; s. auch Maier S. 156, 173. Clay war an sich eine kühle Natur; im nichtoffiziellen Verkehr mit den Ministerpräsidenten scheint er sich zwanglos gegeben zu haben. Die Beschreibung, die Maier S. 154 von ihm gibt, ist wohl etwas sentimental gefärbt.

[61] Berichte über die Stuttgarter Veranstaltung bei Clay S. 79; Byrnes, Speaking Frankly, New York 1947, S. 188; Maier S. 298 ff.

die amerikanische Politik gehabt hat, fand im Februar 1947 im Länderrat statt; dabei erstattete der Ernährungskommissar der amerikanischen Zone, Reichsminister Dietrich, den Bericht über die Lage [62]. Auch gelang es, den zufällig durch Stuttgart reisenden britischen Sozialpolitiker Lord Beveridge am 13. 1. 1947, gegen den Widerspruch seines amerikanischen Reisebegleiters, zu einem Besuch des gerade tagenden Unterausschusses für Arbeitslenkung zu bewegen, wobei, da Lord Beveridge fließend deutsch sprach, eine fruchtbare Aussprache zwischen ihm und den deutschen Sachverständigen zustande kam.

Es bestehen aber auch Beziehungen des Länderrats zur gegenwärtigen Verfassung der Bundesrepublik. Als Initiator von Konferenzen mit den Ministerpräsidenten der britischen Zone hat er eine Einrichtung geschaffen, die sich der von April bis Juni 1948 tagenden Londoner Konferenz der Westmächte als Instrument für die Schaffung des Grundgesetzes anbot: die Koblenzer Konferenz der Ministerpräsidenten aller drei westlichen Zonen vom 8.—10. 7. 1948, die die Landtage zur Wahl des Parlamentarischen Rates aufforderte. v. MANGOLDT sieht in dieser Dreizonenkonferenz das erste bundesstaatliche Organ [63]. So ging das Wort Schumachers von den Ländern als den Bausteinen eines staatlich geeinten Deutschlands in Erfüllung [64]. Die Arbeitsweise der Länderratsausschüsse hat sich auf die Ausschüsse des Bundesrats übertragen, und schließlich sind die Ländergesetze nach Art. 125 Z. 1 GG mit wenigen Ausnahmen Bundesrecht geworden [65]. Daß aus den Mitarbeitern des Länderrats führende Persönlichkeiten der Bundesrepublik hervorgingen, hat er mit den zwei anderen westlichen Zonen gemein. Aus den Mitgliedern seiner Ausschüsse kamen Bundespräsident Heuß, Bundestagspräsident Gerstenmaier und Bundeskanzler Erhard, zwei Botschafter (Jänicke und Seelos) sowie leitende Beamte der Bundesministerien; aus den Ausschüssen und dem Sekretariat gingen mindestens drei Bundestagsabgeordnete (Arndt, Mommer und Preller) hervor.

Ein nicht geringes Ergebnis ist außerdem die persönliche Gemeinschaft, die sich bald nach dem Zusammenbruch im Rahmen der Länderratsarbeit, einer selbständigen Arbeit, wie sie nur hier bestand, bildete. Wenn ein Mitglied des Länderratdirektoriums, dem man nicht gerade überschwängliche Gefühlsäußerungen nachsagen kann, die Erinnerung daran „beglückend" nennt [66], so gilt das nicht nur über die von ihm erwähnten landsmannschaft-

---

[62] MAIER S. 360.

[63] v. MANGOLDT (Anm. 46 c) S. 7.

[64] Zit. von WEISSER bei DORENDORF S. 17.

[65] STRAUSS bei HÄRTEL S. XVIII; Ausnahmen ebenda S. 97. Dabei spielt es keine Rolle, daß einige Gesetze nur in den süddeutschen Ländern, nicht aber in Bremen gegolten haben; MAUNZ-DÜRIG, Rdn. 7 zu Art. 125 GG. — Für die Auslegung des Ergänzungsgesetzes vom 18. 9. 1953 hat das BVerfG im Beschluß vom 10. 11. 1964 ein Länderratsgesetz herangezogen; Bd. 18, S. 196, 201.

[66] STRAUSS, a.a.O. S. XXV.

lichen Grenzen, sondern auch über die der Staatsangehörigkeit hinaus. Der Länderrat bot die erste und einzigartige Möglichkeit zu einer auf Kollegialität und gegenseitigem Vertrauen beruhenden Zusammenarbeit zwischen Deutschen und Angehörigen ehemaliger Feindmächte. Er hat damit den Grund gelegt für die freundschaftlichen Beziehungen der Bundesrepublik zu den Vereinigten Staaten, die ihre freiheitliche Existenz gewährleisten.

Der Verzicht als intentionaler Faktor der freien Entfaltung der Persönlichkeit

Erwägungen zur inhaltlichen Bestimmung des Art. 2 Abs. 1 GG.

CARL JOSEPH HERING

I

Der verewigte Rechtslehrer, dem diese Gedächtnisschrift gewidmet ist, hat den Absatz 1 des Artikels 2 des Grundgesetzes (GG)

„Jeder hat das Recht auf die freie Entfaltung seiner Persönlichkeit, soweit er nicht die Rechte anderer verletzt und nicht gegen die verfassungsmäßige Ordnung oder das Sittengesetz verstößt"

sehr tief verstanden. In seiner Abhandlung „Die freie Entfaltung der Persönlichkeit als Verfassungsziel" [1] hat er es sogar abgelehnt, diese Grundrechtsnorm auf „banale Zwecke" anzuwenden; vielmehr sei sie ausgerichtet auf die „Auswirkung des echten Menschentums im Sinne der abendländischen Kulturauffassung", und der wahre Inhalt dieser Norm sei, „jedem — dem Ausdruck echten Menschentums entsprechend — die Auswirkung seiner ihm vom Schöpfer verliehenen Persönlichkeit zu ermöglichen". Die gleiche Ansicht hat HANS PETERS in seinem kritischen Vortrag „Das Recht auf freie Entfaltung der Persönlichkeit in der höchstrichterlichen Rechtsprechung" [2] vertreten. Hier setzte er sich vor allem mit der Rechtsprechung des Bundesverfassungsgerichts auseinander wie überhaupt mit der Ansicht, daß das Recht auf freie Entfaltung der Persönlichkeit identisch sei mit dem Recht auf „allgemeine Handlungsfreiheit" [3]. Die Gründe, die PETERS gegen eine Nivellierung und Abwertung des hohen Grundrechts und zugunsten einer restriktiven „Persönlichkeitskerntheorie" angeführt hat, brauchen hier nicht wiederholt zu werden.

Indes ist schon in der Diskussion [4] im Anschluß an den genannten Vortrag die Frage nach einer *Konkretisierung* des Begriffs „freie Entfaltung

[1] in: Festschrift für RUDOLF LAUN (Hamburg 1953), S. 673 f.

[2] Heft 109 der Arbeitsgemeinschaft für Forschung (Köln u. Opladen 1963) — Abkürzung: P.Rspr.

[3] P.Rspr., S. 47 u. passim.

[4] P.Rspr., S. 59—84.

der Persönlichkeit" gestellt worden. Diese Frage hat HANS PETERS im begrenzten Rahmen des Diskussionsgespräches nur summarisch beantwortet. Aber seine Antwort war *richtungweisend;* er sagte: wenn man sich klarzumachen versuche, was das Recht auf freie Entfaltung der Persönlichkeit in Wirklichkeit bedeute, so müßte man, in Verbindung mit historischer Orientierung, „von *innen* her an das Problem herantreten" [5].

Dieser Weisung zu folgen, wird mit den nachstehenden Erwägungen versucht. Und zwar soll hier lediglich *ein* Faktor der Persönlichkeitsentfaltung bedacht werden, nämlich der *Verzicht;* ein Faktor, der gemeinhin in diesem Zusammenhang übersehen wird, obzwar seine Beachtung sich mit Rücksicht auf die im Art. 2 Abs. 1 GG ausgedrückten „Grenzen" der Entfaltungsfreiheit nahelegt. Seiner intentionalen Natur gemäß tritt der Verzicht allenfalls in seinen Folgen, nicht aber als personaler Akt selbst in Erscheinung. Gleichwohl ist er — wie zu zeigen sein wird — ein unabdingbarer, stets implizierter Faktor sowohl der Gestaltung wie auch der Entfaltung der menschlichen Persönlichkeit.

II

Schon die *Genese* und der *historische Hintergrund* des Art. 2 Abs. 1 GG lassen erkennen, daß er nicht allein auf allgemeine „Handlungsfreiheit" abgestellt sein kann. Zwar schwingt, wie PETERS in seinem Vortrag betonte [6], die Gedankenwelt des klassischen Liberalismus und des Liberalindividualismus des 18. bzw. 19. Jahrhunderts im Persönlichkeitsbegriff des GG mit. Aber diese Gedankenwelt war, verbunden mit sozialstaatlichen und christlichen Tendenzen — die im Parlamentarischen Rat sehr stark waren — und auf dem dunklen Hintergrund der Schändung des Persönlichkeitsgedankens in der NS-Zeit, zur Zeit der Entstehung des GG ausgewachsen zum Gedanken einer gemeinschaftsverbundenen [7] freien Persönlichkeit, die — wenigstens nach der Präambel — auch im Bewußtsein ihrer Verantwortung vor Gott gedacht wurde. Die Entstehungsgeschichte unserer Formel läßt freilich in bezug auf deren Sinn, insbesondere in bezug auf den in den Diskussionen umstritten gewesenen Ausdruck *Entfaltung* nicht viel erkennen. Der Ausdruck wurde damals aus einem Entwurf zur Erklärung der Menschenrechte der Vereinten Nationen entnommen [8]. Und zwar bezog man sich [9] auf den Art. 23 dieses Entwurfs (den späteren Art. 26 Abs. 2 i. d. Fassung

---

[5] P.Rspr., S. 83 (Sperrung oben vom Verfasser).

[6] P.Rspr., S. 47—48.

[7] Vgl. GERHARD PESCHKA, Die Entwicklung des Grundrechtsproblems in der Geschichte des deutschen Verfassungsdenkens und die Form der Verwirklichung des Grundrechtsgedankens im Bonner Grundgesetz (Kölner jur. Diss. 1952), S. 86—91.

[8] Zur Entstehungsgeschichte der Allg. Erkl. der Menschenrechte vgl. HEINZ GURADZE, Der Stand der Menschenrechte im Völkerrecht (Göttingen 1956), S. 119—120.

[9] Vgl. 23. Sitzung des Parlamentarischen Rats vom 19. 11. 1948.

vom 10. Dezember 1948) in der Version, „daß die Erziehung die volle Entfaltung der menschlichen Persönlichkeit ... zum Ziel habe". Im englischen Text des bezüglichen Entwurfs stand für „Entfaltung" der Ausdruck „development", im französischen Text „épanouissement", welche Ausdrücke auch in der endgültigen Fassung vom 10. Dez. 1948 wiederkehrten [10]. Über die Etymologie und den wissenschaftlichen und umgangssprachlichen Gebrauch [11] des deutschen Ausdrucks „Entfaltung" ist im Parlamentarischen Rat aber nicht viel und nicht eben tief gesprochen worden; auch ist es nicht zu einer philosophischen Aufhellung des zugrunde liegenden Begriffs gekommen.

Wie immer auch die Folge der Textgestaltungen des fraglichen Artikels und die verschiedenen Meinungen der Beteiligten darüber in den Ausschüssen des Parlamentarischen Rats näherhin gewesen sein mögen (was hier außer Betracht bleiben kann) [12], so steht doch fest, daß der ebenfalls in der Diskussion gestandene Satz aus dem Herrenchiemsee-Entwurf (als Art. 2 Abs. 2)

„Jedermann hat die Freiheit, innerhalb der Schranken der Rechtsordnung und der guten Sitten alles zu tun, was anderen nicht schadet" [13]

nicht ins Grundgesetz gelangt ist. Ein Vergleich beider Sätze läßt auch unschwer erkennen, daß der Inhalt des Artikels 2 Abs. 1 des GG *umfassender* und *tiefer* ist als der des Herrenchiemsee-Satzes, und daß er demnach auch nicht allein in bezug auf „Handlungsfreiheit und deren Grenzen" verstanden werden kann, wie der „schlichte" [14] Satz von Herrenchiemsee hätte verstanden werden müssen.

---

[10] Vgl. die Versionen in: Archiv des Völkerrechts I (1948/49), S. 227; II (1950), S. 217; Die Friedenswarte 48. Jg. (1948), S. 75.

[11] TRÜBNERs Deutsches Wörterbuch, hrsg. von ALFRED GÖTZE, Bd. 2 (Berlin 1940) gibt als Entstehungszeit des Wortes „Entfaltung" — im übertragenen Sinne! — die 2. Hälfte des 18. Jh. an (= klarlegen, an den Tag legen, entwickeln). Im Sprachgebrauch tritt das Wort aber auch oft als synonym mit „Entwicklung" auf, so in der Entwicklungspsychologie; vgl. V. RÜFNER, Die Entfaltung des Seelischen (1947, 2. Aufl. 1949), und CHARL. BÜHLER, Charakteristische Formen der Persönlichkeitsentfaltung in der Adoleszenz (in: Schriften zur wiss. Weltorientierung, hrsg. von HASELOFF u. STACHOWIAK, Berlin 1956, S. 97—103). Das Deutsche Rechtswörterbuch, hrsg. v. d. Preuß. Akademie der Wissenschaften, Bd. 2 (Weimar 1932/35) kennt den Ausdruck „Entfaltung" nicht. HANS-EDUARD HENGSTENBERG arbeitet personal-ontologisch mit dem Ausdruck „Ausfaltung unserer Vermögensaktualisierungen"; vgl. Freiheit und Seinsordnung (Stuttgart 1961), S. 290.

[12] Vgl. THOMAS DEHLER, Zur Entstehungsgeschichte des Art. 2 Abs. 1 des Grundgesetzes, in: JZ 23/24 (1960), S. 727—730.

[13] Vgl. E. R. HUBER, Quellen zum Staatsrecht der Neuzeit, Bd. 2 (Tübingen 1951), S. 220.

[14] Im Bericht (von v. MANGOLDT) über die 42. Sitzung des Hauptausschusses des Parl.Rats vom 18. Jan. 1949 (2. Lesung, S. 533) heißt es sogar, der fragliche Text sei als „zu vulgär"-klingend abgelehnt worden.

Mehr ist nach geschichtlich-genetischen Gesichtspunkten über den Begriff „freie Gestaltung der Persönlichkeit" nicht festzustellen; dies auch deshalb nicht, weil Art. 2 Abs. 1 GG kein „klassisches" Grundrecht ausdrückt, aus dessen geschichtlicher Abwandlung man gewisse Schlüsse zur Inhaltsbestimmung des Begriffs ziehen könnte, sondern — trotz der Vorbildwirkung des Uno-Entwurfs — ein grundrechtliches Novum ist. Selbst wenn sich feststellen ließe, was „man" sich bei der endgültigen Annahme des Satzes gedacht und was „man" dabei gewollt und nicht gewollt hat, wäre nichts gewonnen; denn dieses „man" ist allemal eine komplexe, anonyme und vieldeutige Größe, die zur Interpretation nichts beitragen kann. Hier zeigt sich nicht nur die Begrenztheit historisch-genetischer Verfassungsinterpretation [15], sondern auch die sozusagen mystische [16] Problematik des Mehrheitsprinzips [17].

Es soll hier nun nicht gefragt werden, welche anderen der sich anbietenden Interpretationsgesichtspunkte [18] in bezug auf Art. 2 Abs. 1 GG weiterführen könnten [19]. Sicher dürfte jedenfalls sein, daß eine einzelne (ausschließlich angewandte) Methode niemals zum Ziel führen kann, weil jede Methode nur eine begrenzte Anwendungsbreite hat. Zu einem „Methoden-

[15] Vgl. HANS PETERS, Auslegung der Grundrechtsbestimmungen aus der Geschichte, in: Hist. Jb., 72. Jg. (1952), S. 457—473.

[16] Zur „Mystik" der Mehrheitsentscheidungen ist beachtlich der pragmatisch-fiktive Charakter jeden Begriffs von „volonté générale" angesichts der Vielheit der je beteiligten Individuen und der Inkommensurabilität ihrer wechselnden Intentionen. Nach Pindar (Ode XII) war es sogar die Glücksgöttin Tyche, die das Ergebnis der Ratsversammlungen bestimmte, eine Vorstellung, die im Hellenismus vielfach bis in die politische Praxis hineinwirkte (Anrufung der „guten Tyche" bei Volksbeschlüssen). Nach der christlichen Ausgestaltung der biblisch-stoischen Vorsehungslehre (vgl. THOMAS v. AQUIN, Summa contra gentes, III, 64, 71—83, 90—97) sind die causae omnium rerum (damit auch die politischen Kräfte) in divina providentia harmonisiert; die providentielle Harmonie läßt sich aber nur abstrakt konzipieren und gläubig hinnehmen (vgl. zahlreiche Bittgebete für Volk und Obrigkeit, auch Art. 30 des Reichskonkordates), nicht aber praktisch „durchschauen"; hierzu näherhin C. J. HERING, Wohlwollen als politische und religiöse Tugend, in: Pädagogische Rundschau, 15. Jg. (1961), S. 749—760, und Die Bedeutung der Ursachenlehre des THOMAS VON AQUIN für eine offene rechtsphilosophische Systemetik, in: Aktuelle Fragen aus modernem Recht und Rechtsgeschichte (Gedächtnisschrift für RUDOLF SCHMIDT, hrsg. v. ERWIN SEIDL, Berlin 1966), S. 483—491.

[17] Vgl. HEINRICH HÖPKER, Grundlagen, Entwicklung und Problematik des Mehrheitsprinzips und seine Stellung in der Demokratie (Kölner jur. Diss. 1955).

[18] Vgl. die Beratungen über Prinzipien der Verfassungsinterpretation, in: Veröff. d. Vgg. d. Deutschen Staatsrechtslehrer, Heft 20 (Berlin 1963), S. 1—134; KARL LARENZ, Methodenlehre der Rechtswissenschaft (Berlin etc. 1965), S. 233 bis 272; HEINZ WAGNER, Interpretation in Literatur- und Rechtswissenschaft, in: Arch. f. d. civ. Praxis, 165. Bd. (1966), S. 520—558.

[19] Darauf will der Verfasser in einer größeren Untersuchung eingehen, die sich auf den *ganzen* Problemkomplex des Art. 2 Abs. 1 GG (nicht nur auf die Funktion des „Verzichtens") erstrecken wird.

synkretismus" aber, der mehrere Methoden sachgerecht miteinander verbindet[20], so daß sie sich ergänzen, gehört auch die *philosophische* Besinnung[21]. Eine solche wird hier angestellt; zwar nicht, wie gesagt, in bezug auf den *ganzen* Komplex des Art. 2 Abs. 1 GG, sondern nur in bezug auf den *Verzicht* als einen wesentlichen Faktor[22] der freien Entfaltung der Persönlichkeit. Es wird sich zeigen, daß sich trotz und gerade durch diese thematische Beschränkung konkrete Bestimmungen über das Wesen der „Entfaltung" gewinnen lassen, die zur juristischen Interpretation dienlich sein können. Freilich wird mit dem „Verzicht" „nur" ein metajuristisches Objekt betrachtet. Dies tut aber der juristischen Relevanz dieser Betrachtung keinen Abbruch; denn die ganze Begriffstrias „Persönlichkeit" — „Freiheit" — „Entfaltung" ist zunächst metajuristischer Natur; gleichwohl hat sie im Rahmen des Verfassungssatzes aber *rechtlichen* Charakter erlangt, was ebenfalls für den „Verzicht" als Faktor und funktionale Komponente der „Entfaltung" gilt.

III

1. Das Wesen der *Entfaltung* läßt sich am besten als etwas Entelechiales verstehen. Entelechie ist eine sich selbst allmählich ausgestaltende, ihre Möglichkeiten (Potenzen) nach und nach verwirklichende Wesenheit. Der Mensch ist eine personale Entelechie. Ihr ist insbesondere wesentlich, sich zur „Persönlichkeit" zu gestalten, aber auch, diese positive Verwirklichung zu verfehlen. Der Mensch als Persönlichkeit versteht sich als einmalige Seins- und Sinngestalt[23], die sich in einer gewissen Verantwortung vor sich selbst, vor anderen Menschen und (je nach der glaubensmäßigen Einstellung) auch vor Gott auszuwirken trachtet. Das gilt nicht nur für den „höheren" Menschen, sondern auch für den „einfachen"; das Ideal, „edel, hilfreich und gut" zu sein, ist nicht auf bestimmte Typen oder Stände beschränkt.

Daß nun „Verzicht" ein Faktor von „Entfaltung" sei, erscheint zunächst widersprüchig. Denn Verzichten wird gemeinhin so erlebt, als ob es dem natürlichen Streben des Menschen nach Lebenssteigerung, Wesenserfüllung und damit nach Entfaltung, Funktionslust und Glück entgegenstände.

---

[20] Vgl. dazu Egon Schneider, Logik für Juristen/Die Grundlagen der Denklehre und der Rechtsanwendung (Berlin etc. 1965), S. 315.

[21] Vgl. Helmut Kuhn, Traktat über die Methode der Philosophie (München 1966); zum Erkenntniswert philosophischer Besinnung im Verhältnis zur einzelwissenschaftlichen Erkenntnis und zur theoriefeindlichen Betriebsamkeit vgl. Josef Pieper, Verteidigungsrede für die Philosophie (München 1966).

[22] Daß der Terminus „Faktor" hier nicht i. S. des Funktionalismus, sondern im ganzheitlich-anthropologischen Sinne verstanden wird, sei nur angemerkt; vgl. Heinrich Rombach, Substanz, System, Struktur/Die Ontologie des Funktionalismus und der philosophische Hintergrund der modernen Wissenschaft, Bd. 1 (Freiburg etc. 1965), Bd. 2 (ebd. 1966).

[23] Vgl. Max Müller, Über Sinn und Sinngefährdung des menschlichen Daseins, in: Phil. Jb. 74. Jg. (1966), S. 1—29.

Wenn hier trotzdem behauptet wird, daß Verzichten, das heißt bewußtes und freiwilliges Verneinen von Gütern und eigenen Handlungen, die auch bejaht werden könnten, zur Entfaltung gereiche, so wird versucht werden müssen, ein Positives an den an sich negativen Verzichtakten zu erkennen. Wir werden also die Frage nach dem Sinn des Verzichtens stellen müssen. Diese Frage ist gleichbedeutend mit der Frage nach der Funktion des Verzichtens im Aufbau der personalen Wesensgestalt.

2. Anthropologisch-genetische Betrachtung — die uns zunächst aufschlußreich erscheint — läßt uns beim Kleinstkind beginnen. Das Kleinstkind will bekanntlich alles haben, was es wahrnimmt. Es muß aber schon sogleich lernen, daß es nicht „alles" haben kann, teils weil ihm natürlicherweise nicht alles bekömmlich und zukömmlich ist, teils weil ihm oder den Eltern die begehrten Dinge nicht „gehören". Würden dem Kind, das zu bewußten und freiwilligen Verzichtakten ja noch nicht fähig ist, die meisten Güter, die es begehrt, durch die Erzieher nicht vorenthalten, so würde es derart Schaden leiden, daß es überhaupt nicht zur Entfaltung käme.

Dem heranwachsenden Kinde erscheinen zunehmend mehr Güter begehrenswert. Unmittelbare Erfahrung, Elternhaus, Kirche und Schule beschränken allerdings sein Begehren, und sie korrigieren seine Meinungen über den Wert der Güter. Dennoch bildet sich das Kind und besonders der Jugendliche nach und nach ein Welt- und Wunschbild und damit auch ein Bild seiner selbst. Dieses subjektive Wesensbild kann natürlich noch nicht das Bild eines gültigen Persönlichkeitsideals sein — dazu fehlt dem Kind und auch dem Jugendlichen noch zu viel Erfahrung und Korrektur durch die Erziehungsfaktoren, abgesehen von seiner Unreife —, aber das Kind und besonders der Jugendliche unterliegt dem „Zug" dieses subjektiven Wesensbildes: „Vor jedem steht ein Bild dess, was er werden soll; solang er das nicht ist, wird nicht sein Friede voll".

So unzulänglich das subjektive Wesensbild auch ist, ist es doch als vorläufiges Leitbild notwendig. Nur darf es sich nicht fixieren; denn dann kann es als „fixe Idee" zu einer fehlförmigen Wesensgestalt hinführen. Wann die „end"gültige Form erreicht wird, läßt sich nicht voraussehen. Auf jeden Fall bedarf das subjektive Wesensbild einer laufenden Korrektur. Diese Korrektur geschieht nicht nur durch „Hinzufügung" von Erlebnis- und Bildungselementen, sondern auch durch „Abstreichung" von Wunschbildern, deren Verwirklichung sich als real unmöglich oder als nicht ratsam erwiesen hat. Die allmähliche Korrektur des subjektiven Wesensbildes und die Herausformung der objektiven Wesensgestalt vollzieht sich also in einer Reihe von Erfüllungs- *und* Verzichtakten.

Der Prozeß der personalen Wesensgestaltung vollzieht sich sonach in der ständigen Polarität von Erfüllung und Verzicht. Während wir Erfüllung unter dem Bilde einer Anreicherung erleben, erscheint uns das Verzichten wie ein Ärmerwerden. Wir verzichten nämlich laufend auf Möglichkeiten, auch auf vermeintliche Möglichkeiten, deren Erfüllung uns vorschwebte. Im Zuge dieses Verzichtens zeigt sich dann allmählich, was wir „wirklich" erreichen. „In den Ozean schifft mit tausend Masten der Jüngling; Still, auf gerettetem Boot, treibt in den Hafen der Greis" (Schiller, Erwartung und Erfüllung). Indem der Mensch also zunehmend das wird, was er *real* sein kann, *verengt* sich der Kreis seiner „Möglichkeiten". Nur in den Grenzen dieses *realen* Kreises ist „Entfaltung" möglich [24].

Die Verengung zum realen Entfaltungskreis hin zeigt sich besonders deutlich bei den „entscheidenden" Verzichtleistungen, ohne die der Mensch keine Wesensgestalt finden und sich nicht entfalten kann. Die elementarste dieser Verzichtleistungen ist wohl der Verzicht auf das Absinken ins Untermenschliche. Die Möglichkeit, in die Primitivschichten abzusinken, besteht für den Menschen durchaus. Aber es ist ihm Vergeistigung aufgegeben, im Christentum sogar die Ausformung der Gottebenbildlichkeit. Die Entscheidung für diese Aufgabe ist an die Verneinung entgegengesetzter Möglichkeiten gebunden. Diese Reziprozität von Ausweitung und Verengung liegt bei *jeder* sittlichen Entscheidung vor; denn der Mensch hat kraft seiner natürlichen Behauptungstendenz die Möglichkeit zu Unrecht und Unmoral, über die er sich eben durch seine sittlichen Akte erhebt.

Einen Verzicht von sehr großem Ausmaß bildet auch die *Berufswahl*. Der einzelne sieht gemeinhin mehrere Möglichkeiten, sein Leben zu gestalten, aber er muß sich für *eine* entscheiden. Damit läßt er für seine fernere Zukunft nur einen Sektor seiner beruflichen Möglichkeiten zur Verwirklichung gelangen, während er auf alle anderen verzichtet. Die Frage, ob es sich dabei um einen wirklichen Be„ruf" oder nur um eine mehr oder weniger sinnvolle Weise, sein Leben zu bestreiten, handelt, sei vorläufig außer Acht gelassen. In jedem Fall zieht sich auch im Zuge des wirklichen oder sogenannten Berufslebens der Kreis der Möglichkeiten immer enger: der Mensch „konzentriert" sich auf ein Werk oder er „spezialisiert" sich auch nur. Es scheint zwar, als ob das Genie, wenigstens das Universalgenie, der zunehmenden Verengung nicht unterliege; aber wie die Lebensgeschichte vieler Großen (etwa Leonardo da Vincis oder Goethes) zeigt, haben auch sie auf ihre Weise verzichten müssen.

Wir können uns somit den sehr klaren Sätzen von Franz Büchner anschließen [25]: „Die frühe Kindheit ist und muß sein die Zeit der noch spielenden Möglichkeiten. Mehr und mehr aber muß der junge Mensch dann der formenden Kraft einer bestimmten Wirklichkeit ausgesetzt und sich bewußt

[24] Über die hier hineinspielende Problematik des Verhältnisses von logischer und realer Möglichkeit vgl. Nic. Hartmann, Möglichkeit und Wirklichkeit (1938) bes. Kap. 22 b, und von demselben, Der megarische und der aristotelische Möglichkeitsbegriff (Sitzungsbericht der Preuß. Akademie der Wissenschaften, phil.hist. Kl., 1937, X.).

[25] F. Büchner, Das Menschenbild in der modernen Medizin (Freiburg/Br. 1946), S. 30.

werden, daß er nicht alles in allem sein kann, sofern sein Leben nicht gestaltlos zerfließen soll. Mehr und mehr muß er unter schmerzlichem Verzicht auf viele Möglichkeiten einer Wirklichkeit sich ganz überantworten, auf daß er endlich in der Beschränkung Meister werde".

Nach aller erreichten — oder verfehlten — „Meisterschaft" folgt am Ende als letzte und schließlich nur noch einzige Möglichkeit dieses Lebens: der Tod. Die Wesentlichkeit des Todes, der den Verzicht auf das Leben als sinngebenden Akt fordert, hat besonders RILKE dargetan.

3. Die anthropologisch-genetische Betrachtung ließ erkennen, daß es zu einer Ausformung der personalen Wesensgestalt und damit zur ontischen Voraussetzung für „Entfaltung" derselben nur kommen kann, wenn der Mensch sich nicht ins Vielerlei seiner Möglichkeiten verliert, sondern in weitem Umfang auch verzichtet.

Der *Sinn* des Verzichtens ergibt sich in erster Linie daraus, daß durch die Akte der Verneinung eine zunehmende *Emendierung* und damit eine ontische und zugleich ethische *Perfektionierung* der verzichtenden Person erreicht wird. Die Emendierung besteht, wie schon angedeutet, darin, daß falsche Striche des subjektiven Wesensbildes als solche erkannt und verneint werden, um zugunsten von Wesenszügen der sich entfaltenden objektiven Wesensgestalt — eben der „Persönlichkeit" — ausgelöscht zu werden. Dieser Prozeß, bei dem also ein illusorisches Wesensbild abgebaut wird und ein echtes allmählich an seine Stelle tritt, ist ein Prozeß der *Verwesentlichung*, ohne Zweifel aber auch ein schmerzlicher Vorgang.

Hier zeigt sich in Form des Verzichts der Schmerz als gestaltende Funktion, näherhin als Funktion des Selbstbewußtseins und der Selbsterkenntnis, ein Zusammenhang, auf den LOTZE und später SAUERBRUCH tiefgründig hingewiesen hatten [26], und der auch in dem markanten Stifter-Wort zum Ausdruck kommt: „Durch Schmerz geht man zu einem größeren Charakter hervor." Aber auch an noch tiefere Gründe, die wir im Rahmen dieser Studie nur andeuten können, führt der schmerzliche Verzicht heran; so schrieb NIC. HARTMANN an PETER WUST: „Sollten wir nicht eigentlich froh sein, überhaupt leiden zu dürfen, weil ja doch erst im Leid die *Tiefe des Seins* erfaßt wird [27]?"

4. Bei einem solchen Wort scheiden sich allerdings die Geister; denn die „Tiefe des Seins" wird bekanntlich sehr verschieden gesehen, und je nach der Sicht und dem entsprechenden Weltverständnis modifizieren sich auch die Intentionen, unter denen verzichtet wird. So wird die Intention des Verzichtens, wenn einer an einen persönlichen Gott glaubt, anders sein, als wenn er einen unpersönlichen Weltgrund oder gar ein Chaos als Letztes annimmt. Es ist freilich nicht so, als ob ein Mensch „Persönlichkeit" nur sein könnte,

[26] Vgl. E. ROTHACKER, Die Schichten der Persönlichkeit (4. A. 1948), S. 97 u. dort ang. Lit.

[27] TH. CLEVE, Wege einer Freundschaft (Heidelberg 1951), S. 178.

wenn er einen „Sinn“ der Welt zu erkennen glaubt. Eine „Persönlichkeit“ kann sich auch angesichts totaler Sinnlosigkeit behaupten. So beschreibt CAMUS in der „Pest“ seinen Arzt RIEUX als einen Menschen, der sittliche Größe inmitten einer absurden Welt verwirklicht, und DANIEL FEULING hat in einer Auseinandersetzung mit LEOPOLD ZIEGLER die Gestaltungskraft des Ethos atheos gewürdigt [28]. Nie aber läßt sich personale Wesensgestalt i. S. von Persönlichkeit ohne Verzichtleistungen verwirklichen, weil eben zum Wesen jeder Gestalt Begrenzung gehört.

5. Die höheren Formen des Verzichtens nehmen den Charakter des *Opfers* an. Im Opfern vollzieht der Mensch die höchsten intentionalen und sittlichen Akte, deren er fähig ist, wie überhaupt der Mensch das einzige irdische Wesen ist, das zu opfern vermag. Es kann sich einer für seine Familie, für die Wissenschaft, eine erhabene Idee oder für das Vaterland opfern. Der Opfernde gibt sich dann immer einem (wenigstens vermeintlich) Höheren hin. In der neueren Philosophie begegnet aber auch das beziehungslose Opfer, das in einem „absoluten“ Verzicht besteht. Mit ihm, dem „nackten Opfer“, hat sich GABRIEL MARCEL kritisch auseinandergesetzt [29]. Da es nicht einer Welt *höherer* Gültigkeit zugeordnet ist, ist es im Grunde gar kein Opfer, sondern eine (mehr oder weniger ostentative) Preisgabe, die einige formale Züge mit dem Opfer gemeinsam hat. Wahres Opfer ist immer durch höhere Werte bestimmt. So ist Opfer auch die höchste Form des Gottesdienstes in vielen Religionen [30]. Dem Opfer wird lösende, im Christentum sogar erlösende Kraft zugeschrieben [31].

Dem christlichen Glauben gemäß vollzog der menschgewordene Gott selber das Erlösungsopfer. Die auch dem Erlösungsopfer impliziten Verzichtleistungen sind offenbar: im „Fiat voluntas tua“ der Ölbergstunde, das als integrierendes Bestandteil des Erlösungsopfers angesehen werden muß, kam der Verzicht des Erlösers auf jede andere Möglichkeit der Erlösung zum Ausdruck [32].

Aus dem Corpus-Christi- und Gliedschaftsgedanken vermag der Christ in seinem eigenen Verzichten aktuell und intentional an dem Erlösungsopfer Christi teilzunehmen [33]. Das schließt nicht aus, daß der Christenmensch kraft

---

[28] S. ALBERT CAMUS, La Peste (Paris 1947), und DANIEL FEULING OSB, Die Mysterien der Gottlosen, in: Hochland, 23. Jg. (1925/26), S. 334—351.

[29] G. MARCEL, Homo viator (dtsch. v. W. RÜTTENAUER, Düsseldorf 1949), Kap.: Die Verweigerung des Heils und die Erhöhung des absurden Menschen.

[30] Vgl. A. ANWANDER, Einführung in die Religionsgeschichte (München 1930), S. 78—87.

[31] Vgl. P. RUPPRECHT, OSB, Der Mittler und sein Heilswerk. Eine Opferstudie auf Grund der Äußerungen des hl. Thomas v. Aq. (Freiburg/Br. 1934).

[32] Vgl. Mt. 26, 39—40 u. Lk. 22,42; bes. Mk. 14,36: „Pater, omnia tibi possibilia sunt (pánta dynatá soi) . . ., sed non quod ego volo, sed quod tu.“

[33] Gemäß Col. I, 24; vgl. auch PIUS XII. Enzyklika „Mystici corporis Christi“ v. 29. Juni 1943.

des desiderium naturale zur Glückseligkeit hinstrebt. Diese ist ihm sogar verheißen. Er findet sie aber nur über die *via crucis* (imitatio Christi). *Wie* sich die „Wandlung“ des auf der via crucis je „Verloren“gehenden in das „Verheißene“ vollzieht, versteht der Gläubige als Mysterium und Opus Dei. Auf jeden Fall bleibt der Verzicht auf das Selbstische nächst der Kreuztragung die richtungweisende conditio sine qua non des Evangeliums [34].

6. Offen steht noch die Frage, ob Verzicht auch angesichts eines *verfehlten* oder *gescheiterten* Lebens zur Verwesentlichung gereichen kann. Als verfehlt oder gescheitert verstehen wir ein Leben, das bis zum Tode nicht zur Ausbildung einer entfaltungsfähigen Wesensgestalt geführt hat, wenigstens nicht zu einer Gestalt, die praktisch irgendwie (wenn auch noch so bescheiden) als entfaltungsfähig angesehen werden könnte.

Schon durch Erbanlage kann ein Mensch daran gehindert sein, sich zur entfaltungsfähigen Wesensgestalt auszubilden. Aber auch bei guten Anlagen und eifrigem Bemühen kann einer durch widrige Verhältnisse, äußere Umstände oder Not, schlechten Rat oder — was in der Gegenwart für Millionen von Menschen grauenhafte Wirklichkeit ist — durch das Hineinspielen geschichtlicher Mächte (Krieg, Flucht, Massenelend) seinen „eigentlichen“ Beruf verfehlen und in die Fron gedrängt werden. Sehr beachtlich ist in diesem Zusammenhang auch die besondere Problematik der zu langfristigen oder lebenslänglichen Freiheitsstrafen Verurteilten [35].

In allen Fällen nun, in denen ein Mensch zu einer ihm wesenswidrigen Arbeits- und Lebensweise gezwungen wird, ist die Ausformung einer entfaltungsfähigen Wesensgestalt (sofern sie anlagemäßig möglich ist) bzw. die Entfaltung selbst zumindest erschwert, wenn nicht praktisch unmöglich. Ge-

[34] Mt. 10, 38—39; 16, 24—26; Mk. 8, 34—37; Lk. 9, 23—25; 14,27. Vgl. auch Joh. 12,24: „Wenn das Weizenkorn nicht in die Erde fällt und stirbt...“

[35] Das Grundrecht auf freie Entfaltung der Persönlichkeit steht jedem und daher auch den Strafgefangenen zu. An einer näheren gesetzlichen Regelung dessen fehlt es aber bisher, und dies ist einer der Mängel des heutigen Strafvollzuges. Immerhin gibt es einschlägige Verwaltungsverordnungen, so z. B. für Nordrhein-Westfalen die Dienst- und Vollzugsordnung vom 1. 12. 1961 i. d. F. vom 1. 1. 1966, in deren Nr. 57 der Grundgedanke des Art. 2 Abs. 1 GG offenbar einen wenigstens schwachen Niederschlag gefunden hat; Nr. 57 lautet: „1. Der Vollzug der Freiheitsstrafe soll dazu dienen, die Allgemeinheit zu schützen, dem Gefangenen zu der Einsicht zu verhelfen, daß er für begangenes Unrecht einzustehen hat, und ihn wieder in die Gemeinschaft einzugliedern. Der Vollzug soll den Willen und die Fähigkeit des Gefangenen wecken und stärken, künftig ein gesetzmäßiges und geordnetes Leben zu führen. 2. Zur Erreichung dieser Ziele soll der Vollzug auf die Persönlichkeit des Gefangenen abgestellt werden, soll dessen schädlichen Neigungen entgegenwirken und günstige Ansatzpunkte ausnützen.“ Diese Vorschrift bezieht sich also zunächst auf den Schutz der Allgemeinheit und dann i. w. auf Resozialisierung, die gewiß *ein* Faktor der Persönlichkeitsentfaltung ist; die schwierige Frage nach der Entfaltung im „tieferen“ Sinne ist aber offengelassen. Näheres dazu bei Ewald Alertz, Die Strafanstaltsseelsorge i. d. BRD... (Kölner jur. Diss. 1961).

wiß wird der Eingeengte nach seinen Anlagen und Kräften seine Existenzweise zu verbessern suchen. Erweist sich aber sein Bemühen als aussichtslos, ist also die widrige Arbeits- und Lebensweise endgültig und unwiderruflich zum un-wesentlichen Schematismus erstarrt, so ist die Ausformung einer entfaltungsfähigen Wesensgestalt bzw. Entfaltung selbst nur noch möglich, wenn die Person des Eingeengten in bestimmter (hier noch näher zu erläuternder) Weise geistig oder geistlich disponiert ist.

Es wurde bereits angedeutet, daß die Ausgestaltung einer personalen Wesensgestalt auch angesichts einer für sinnlos und sogar absurd gehaltenen Welt möglich ist. Vor dem Sinnlosen oder Absurden, wofern es als Letztes erscheint, vermögen sich freilich nur solche Menschen als „Gestalt" zu behaupten, deren Seelenstärke so groß ist, daß sie der Verzweiflung entraten können und zum *Verzicht* auf jede *Hoffnung* fähig sind. Sie sind im Grunde *tragische* Größen. In der Gegenwart behaupten sie sich vor allem in den Formen der Resignation [36] und des Heroismus [37], aber auch in Verbindung mit kulturzersetzendem Zynismus [38].

Verzicht auf Hoffnung, wenngleich er zu tragischer Wesensgestalt gereichen kann, ist dem *desiderium naturale,* dem *Ur*„trieb" nach wesensgemäßer Entfaltung entgegen [39]. Zwar pflanzen nicht alle „noch am Grabe... die Hoffnung auf", aber doch viele, vielleicht sogar die meisten Menschen; und selbst von manchen Philosophen der Hoffnungslosigkeit wird man sagen können, daß sich in ihrer Behauptungstendenz eine Art unterschwelliger Hoffnung verbirgt (Transzendenz). Wieder ist es MARCEL, der den „Hoffnungslosen" entgegen den „Entwurf einer Phänomenologie und einer Metaphysik der Hoffnung" versucht hat [40].

Im Christentum erscheint die Hoffnung nicht nur als ein natürliches Vermögen des Menschen, sondern auch als eine der drei „göttlichen Tugenden" [41]. Nach Thomas v. Aq. ist das eigentliche und prinzipielle Objekt der Hoffnung *Gott* als die *beatitudo aeterna* [42]. Der Christ sieht daher gar keine Veranlassung, auf Hoffnung zu verzichten; ja, das Aufgeben der Hoffnung ist, christlich gesehen, der von Gott gesetzten natürlichen und übernatürlichen Ordnung entgegen und daher ein peccatum [43]. Der Weg der

[36] So A. CAMUS, Le mythe de Sisyphe (Paris 1942).

[37] So M. HEIDEGGER mit seinem Begriff „Entschlossenheit"; vgl. Sein und Zeit (6. Aufl. 1949) bes. § 62.

[38] Vgl. das Kap. über „gesuchte Sinnlosigkeit" als seelische Krankheit unserer Tage bei F.-J. VON RINTELEN, Philosophie der Endlichkeit (1951), S. 190—195.

[39] Vgl. SCHILLERs Gedicht „Hoffnung"; auch ARISTOTELES, Nik. Ethik, X, 6—7; THOMAS v. AQ., Summa contra gentes, II, 55: Homo naturaliter desiderat filicitatem.

[40] MARCELs Werk „Homo viator" (s. o. Anm. 29) trägt den Untertitel „Philosophie der Hoffnung"; vgl. bes. S. 28—87.

[41] I. Cor. 13,13.

[42] THOMAS v. AQ., Summa theol., II, II, q. 17, a. 2 cp.

[43] Vgl. HERIBERT JONE, Kath. Moraltheologie (13. Aufl. 1949), Nr. 131.

Hoffnung bleibt also dem Christen, auch wenn sein Leben in toto verfehlt oder gescheitert war, am „Ende“ nicht nur offen, sondern auch gewiesen. War sein Leben verfehlt oder gescheitert durch eigene Schuld, so wird sich mit der Hoffnung die Reue verbinden, die sein Leben ex tunc umwertet [44]. Aber auch wenn er sein Geschick nicht verschuldet hatte, kann er die Hoffnung hegen, daß sein verfehltes oder gescheitertes Leben in einer geheimnisvollen, ihm selbst nicht faßlichen Gültigkeit vor Gott steht [45].

Solche Hoffnung ist zwar selbst nicht mehr Verzicht; aber als „letzte“ Hoffnung setzt sie einen im übrigen „totalen“ Verzicht voraus. Dieser wird im Christentum dadurch sinnvoll, daß alles Geschehen im umfassenden Rahmen der divina providentia erscheint. Aus diesem Rahmen, der wie ein Sinnkreis alles, auch das verfehlte und gescheiterte Leben, umfaßt, kann nichts herausfallen [46]. Hinzu kommt als weiteres sinngebendes Moment, daß der Gescheiterte und Mißstaltete seinen Schmerz über sein verfehltes Leben im Sinne der Imitatio Christi unter Teilnahme an dem Erlöserleiden tragen kann [47].

Der sich so verhaltende Mensch erreicht dann eine zwar nicht äußerlich in Erscheinung tretende, aber *verborgene Wesensgestalt.* Sie kann nicht nach ästhetisch-kulturellen Gesichtspunkten verstanden werden; aber durch den regressus ad Deum wird eine verborgene Harmonie konzipiert, die tiefer als jede sichtbare liegt [48]. Angesichts dieser „letzten“ Harmonie wird der generelle Verzicht auf das, was allen desideria entgegen nicht erfüllt „wurde“, doch noch „sinnvoll“. Verzicht in diesem Sinne ist rückbezüglicher und zugleich umwertender religiöser *Gehorsam,* d. h. „Erfüllung“ der *potentia oboedientialis* [49], die den Menschen befähigt, letztlich das (und nur das) zu verwirklichen, was Gott ihm in der unerforschlichen Tiefe seines Ratschlusses zugedacht hat.

7. Wir fragten, inwiefern Verzicht zur personalen Wesensgestaltung und damit zur ontischen Voraussetzung personaler Entfaltung gereiche. Eine

---

[44] Vgl. Max Scheler, Reue und Wiedergeburt, in: Vom Ewigen im Menschen (1921), S. 5—58.

[45] Zu diesem Gedanken vgl. d. Kap. „Der Mensch in der tragischen Welt“ bei Jos. Bernhart, De profundis (3. Aufl. 1947), S. 147—183; auch Jos. Sellmayr, Der Mensch in der Tragik (2. Aufl. 1941), bes. S. 134—176.

[46] Vgl. dazu Peter Wust, Ungewißheit und Wagnis (4. Aufl. 1946), bes. das Kap. 16 (providentia generalis — specialis — specialissima) mit dem Hinweis auf das Wort „Meine Gedanken sind nicht eure Gedanken, und meine Wege sind nicht eure Wege“.

[47] Vgl. hierzu C. S. Lewis, Über den Schmerz (übertr. v. H. und J. Pieper, Köln etc. 1954); auch die tiefgründige kleine Schrift von J. Weiger, Das wahre Gesicht der menschlichen Leiden (Würzburg 1939).

[48] Sogar Heraklit soll eine „verborgene“ Harmonie, die stärker sei als die sichtbare, angenommen haben (Diels-Kranz, Fragm. d. Vors., B 58).

[49] „... secundum quam in creatura fieri potest, quidquid in ea fieri voluerit creator“ (Thomas v. Aq., Quaest. de veritate, 8,12 ad 4).

genetische Betrachtung zeigte uns, daß sich der Mensch vermöge des Verzichtens auf seine „eigentlichen“ Möglichkeiten „beschränkt“. Wir sahen, daß der Prozeß der Beschränkung zwar schmerzlich ist, daß er aber als Prozeß der Desillusionierung und Emendierung verwesentlicht, indem er die Herausformung der personalen Wesensgestalt mitbedingt. Die verwesentlichende Funktion des Verzichtens, so zeigte sich, wirkt sich sowohl bei christlicher wie bei nichtchristlicher Grundhaltung aus. Doch erfährt das Verzichten, je nach der weltanschaulich-religiösen Grundhaltung eine verschiedene Intention, kraft deren der Verzicht als mehr oder weniger sinnvoll erlebt wird. Mit Hinblick darauf stellten wir die Frage, ob es auch möglich sei, ein verfehltes oder gescheitertes Leben durch Verzicht (intentionale Umwertung) zu verwesentlichen. Wir sahen, daß dies in verschiedener Weise möglich ist: unter Verzicht auf Hoffnung mit Herausformung einer tragischen Wesensgestalt, die sich besonders durch Heroismus oder starkmütige Resignation auszeichnet, aber dem desiderium naturale widerspricht; und kraft der potentia oboedientialis, d. h. aus „radikalem“ Gehorsam Gott gegenüber, wobei sich dem Gläubigen eine verborgene Wesensgestalt aus dem umfassenden Sinnkreis der göttlichen Providenz heraushebt.

IV

Unsere Betrachtung möge gezeigt haben, daß das, was im Art. 2. Abs. 1 GG abstrakt „freie Entfaltung der Persönlichkeit“ genannt wird, in concreto ein sehr differenziertes Gefüge von einander funktional zugeordneten *anthropologischen* Komponenten ist, die im einzelnen mit den Erkenntnismitteln *mehrerer* Wissenschaften, insbesondere der Psychologie, der Soziologie, der Theologie und schließlich der Jurisprudenz, näher bestimmt werden müssen, wenn eine *sach*gerechte Interpretation des Grundrechtssatzes angestrebt wird. Diese Arbeit in bezug auf alle hier implizierten Komponenten zu leisten, wäre über den begrenzten Rahmen der vorliegenden Studie hinausgegangen. Die Begrenzung auf die Funktion des Verzichts aber macht zum Abschluß die Bemerkung erforderlich, daß es nun nicht angeht, das Grundrecht auf freie Entfaltung der Persönlichkeit mit der Motivierung, Verzicht gereiche ja zur Entfaltung, über die dem Grundrecht ohnehin immanenten Schranken hinaus auch noch restriktiv auszulegen. Solche Restriktion, auf die rechtspolitische Sophistik kommen könnte, würde nicht nur dem hohen Grundrecht widersprechen, sondern auch der von Hans Peters intendierten Restriktion i. S. einer Persönlichkeitskerntheorie. Denn Verzicht ist nur ein Faktor der Persönlichkeitsentfaltung, nicht die Entfaltung selbst. Und eine der vornehmsten Aufgaben des Staates ist es, auch wenn es nicht im Art. 2 Abs. 1 GG „vorgeschrieben“ ist, Entfaltungs*hilfe* zu leisten.

Zur Problematik der „Befehls- und Kommandogewalt" nach Art. 65 a GG

Friedrich August Freiherr von der Heydte

Art. 65 a GG bestimmt, daß der Bundesminister für Verteidigung die „Befehls- und Kommandogewalt" über die Streitkräfte hat und daß diese „Befehls- und Kommandogewalt" mit der Verkündung des Verteidigungsfalles auf den Bundeskanzler übergeht [1].

Die „Befehls- und Kommandogewalt" ist dabei ein Verfassungsbegriff, für den — wie für kaum einen anderen — der Satz „quot capita, tot sensus" gilt [2].

Einmütigkeit scheint nur darüber zu bestehen, daß dieser Begriff kein Sonderbegriff des *Wehr*rechts ist. Mit ihm wird vielmehr eine bestimmte *politische* Zuständigkeit verfassungsrechtlich geregelt. Der Bundesverteidigungsminister und im Verteidigungsfall der Bundeskanzler erhält durch Art. 65 a vom Verfassungsgesetzgeber einen politischen Auftrag, den er zu erfüllen hat. Mit diesem Auftrag ist einerseits eine bestimmte Kompetenz, andererseits aber auch eine bestimmte Verantwortung verbunden.

Bewußt hat der Verfassungsgesetzgeber den Art. 65 a unmittelbar hinter den Art. 65 eingereiht. Der politische Auftrag, den Art. 65 a gibt, ist mit dem Auftrag des Art. 65 vergleichbar. Die Richtlinienkompetenz des Bundeskanzlers, die Art. 65 festlegt, geht zwar der „Befehls- und Kommandogewalt" über die Streitkräfte vor und begrenzt sie [3], ihrem Wesen nach liegt aber die „Befehls- und Kommandogewalt" auf der gleichen Ebene wie die Richtlinienkompetenz des Bundeskanzlers. Hier wie dort geht es um

---

[1] Einen vorzüglichen verfassungsgeschichtlichen Überblick bietet die durch Hans Peters betreute Dissertation: Boss, „Die ‚Befehls- und Kommandogewalt' des Grundgesetzes für die Bundesrepublik Deutschland im Vergleich zum ‚Oberbefehl' der Reichsverfassungen von 1871 und 1919", Köln 1960.

[2] Vgl. die Definitionen bei Maunz-Dürig, Rd.Nr. 18 zu Art 65 a; von Mangoldt-Klein, S. 1277; Seifert-Geeb, S. 140; Roemer, in: JZ 1956, S. 195; Lepper, Die verfassungsrechtliche Stellung der militärischen Streitkräfte im gewaltenteilenden Rechtsstaat, Bielefeld 1962, S. 155 f.

[3] Maunz-Dürig, Rd.Nr. 13 und 28 zu Art. 65 a. Mercker, Das Wehrrecht im Grundgesetz, Beilage zum Bundesanzeiger Nr. 107 vom 6. Juni 1956, S. 7; Meyer-Dalheuer, Probleme der Bundeswehrverwaltung, DVBl. 1957, S. 186; Bericht des Rechtsausschusses des Bundestages, Verhandlungen 3. Wahlperiode, S. 6859.

die Kompetenz, die einem politischen Auftrag notwendig entspricht, und hier wie dort geht es um die Verantwortung für die Erfüllung dieses Auftrages. In der Diskussion über den Inhalt und die Grenzen der Richtlinienkompetenz des Bundeskanzlers hat man seinerzeit den Art. 65 mit einem gewissen Recht in Verbindung mit Art. 77 gebracht, der den Bundestag mit der Gesetzgebung beauftragt. Man hat damals verhältnismäßig einhellig festgestellt [4], daß der Art. 77 ebensowenig wie der Art. 65 eine Delegation zuläßt. Nur der Bundestag und, von der Ausnahme des Art. 81 abgesehen, kein anderes Organ ist zur Gesetzgebung berufen, und wenn der Bundestag diese seine Aufgabe einem anderen Organ delegieren würde, würde er die Verfassung verletzen. Dasselbe gilt, mutatis mutandis, für die Richtlinienkompetenz des Bundeskanzlers bzw. seines ernannten Stellvertreters, und dasselbe gilt nach der hier vertretenen Ansicht auch für die „Befehls- und Kommandogewalt“. Politische Aufträge, die die Verfassung einem bestimmten Organ erteilt, sind ihrem Wesen nach nicht delegierbar.

Indem die Verfassung diese politischen Aufträge erteilt, legt sie gleichzeitig auch ein bestimmtes System der Machtverteilung fest. Jede Delegation eines solchen politischen Auftrags würde im Grunde eine Verschiebung der Machtverteilung und damit eine Unterhöhlung der Verfassung bedeuten. Der politische Auftrag fixiert jeweils auch eine bestimmte Verantwortung. Eine Delegation des Auftrages würde notwendig auch eine Delegation der Verantwortung bedeuten. Auch eine solche Delegation der Verantwortung widerspricht dem Willen der Verfassung. Jedes von der Verfassung angesprochene Organ hat selbst die Verantwortung zu tragen, mit der es die Verfassung belastet. Die tatsächliche Verfassungslage ist sicher nicht richtig wiedergegeben, wenn man behauptet, daß Art. 65 a nur ohnehin vorhandene Ressortregelungen deklaratorisch verdeutliche [5]. Es ist nicht die Aufgabe der Verfassung, Ressortregelungen zu treffen, und die Verfassung ist keine Geschäftsordnung der Bundesregierung. Ressortfragen sind ihrem Wesen nach Verwaltungsfragen. Die Richtlinien der Politik oder die Streitkräfte können aber nicht verwaltet werden. Die Richtlinien müssen bestimmt und die Streitkräfte müssen geführt werden. Die Bestimmung der Richtlinien in der Politik und die Führung der Streitkräfte sind beides Aufgaben der Regierung, nicht Aufgaben der Verwaltung. Die französische Staatslehre unterscheidet mit vollem Recht sehr viel klarer und sehr viel schärfer als die deutsche zwischen dem Bereich der Regierung und dem Bereich der Verwaltung. Die deutsche Doktrin tendiert dazu, Regierung und Verwaltung unter dem wenig sagenden Oberbegriff der Exekutive zusammenzufassen, wobei die Exekutive im Grunde nur negativ als all das definiert ist, was weder als Gesetzgebung noch als Rechtsprechung erfaßt werden kann.

[4] Vgl. die Übersicht über den Streitstand bei VON MANGOLDT-KLEIN, S. 1749.
[5] a.A. MAUNZ-DÜRIG, Rd.Nr. 13 zu Art. 65 a.

Der inhaltsarme Begriff der Exekutive verwischt dabei jedoch allzusehr den wesenhaften Unterschied, der zwischen Regierung und Verwaltung, zwischen Regierungshandeln und Verwaltungshandeln besteht. Das Handeln eines Ministers kann natürlich auch Verwaltungshandeln sein, es ist aber niemals nur Verwaltungshandeln. Wer als Minister verwaltet, wo er regieren muß, der nimmt sein Amt nicht so wahr, wie er es soll, und wenn die Verfassung ihm die Pflicht zu einem Regierungshandeln auferlegt, wird er dieser Pflicht nicht mehr gerecht, wenn er nur noch verwaltet.

Regierung verlangt persönliche Entscheidung und persönliche Verantwortung. Dabei kommt es nicht auf die konkrete Person an, sondern nur darauf, daß jede Person, die jeweils an der Stelle eines mit Regierungsaufgaben Beauftragten steht, um ihre persönliche Entscheidung und um ihre persönliche Verantwortung weiß. Dort wo die Verfassung einem bestimmten Staatsorgan diese Entscheidung und diese Verantwortung ausdrücklich überträgt, kann dieses Organ — und kann auch der einfache Gesetzgeber — nicht einem anderen diese Entscheidung und Verantwortung delegieren. Das GG kennt nur an zwei Stellen eine Delegation von Kompetenzen, die es selbst übertragen hat. Nach Art. 57 werden die Befugnisse des Bundespräsidenten im Falle seiner Verhinderung durch den Präsidenten des Bundesrates und nach Art. 69 werden die Aufgaben des Bundeskanzlers im Verhinderungsfall durch einen von vorneherein ernannten Stellvertreter wahrgenommen. Andere Delegationsmöglichkeiten gibt es im GG nicht. Man mag dies als eine echte Lücke in der Verfassung empfinden, sogar als eine böse, eine verhängnisvolle Lücke. Niemals kann jedoch eine solche Lücke in der Verfassung durch eine Verordnung oder durch den einfachen Gesetzgeber geschlossen werden.

Daß es sich bei der „Befehls- und Kommandogewalt“ im Sinne des Art. 65 a nicht um eine bloße Ressortangelegenheit handelt, geht klar aus der Bestimmung hervor, daß im Verteidigungsfalle die „Befehls- und Kommandogewalt“ auf den Bundeskanzler übergeht. Dies ist keine Ressortregelung. Sinn dieses Artikels kann es nicht sein, im Verteidigungsfall den Bundesverteidigungsminister als Ressortminister automatisch auszuschalten und das Ressort, das bisher vom Bundesverteidigungsminister wahrgenommen wurde, nunmehr dem Bundeskanzler zu übertragen [6]. Eine solche Regelung wäre widersinnig. Nein, auch im Verteidigungsfall bleibt der Bundesverteidigungsminister der zuständige Ressortminister. Er tritt als solcher jedoch in ein besonders enges Verhältnis zum Bundeskanzler, dem er politisch unmittelbar untergeordnet wird.

Die „Befehls- und Kommandogewalt“ ist ihrem Wesen nach eine Weisungsgewalt. Im Verteidigungsfall erteilt also der Bundeskanzler über die

[6] a.A. Maunz-Dürig, Rd.Nr. 43 zu Art. 65 a: „... bewirkt Art. 65 a II in der Tat zunächst einmal eine völlige Depossedierung des Verteidigungsministers“; vgl. außerdem von Mangoldt-Klein, S. 1283.

allgemeine Richtlinienkompetenz hinaus dem Verteidigungsminister Weisungen auf dem Gebiet der Verteidigung, und man kann mit vollem Recht von einer Verdichtung der Richtlinienkompetenz durch den Übergang der „Befehls- und Kommandogewalt" auf den Bundeskanzler sprechen [7]. Der Bundeskanzler greift aber damit nicht etwa in das Ressort des Ministers ein. Der Bundesverteidigungsminister übt seine Ressortaufgaben auch weiter aus, aber er hat sie nach den Weisungen des Kanzlers zu erfüllen.

Man hat versucht, das Dilemma der Vertretungsbefugnis des Bundesverteidigungsministers dadurch zu lösen, daß man zwischen der Innehabung und der Ausübung der „Befehls- und Kommandogewalt" unterschied [8]. Der Minister sei, so wurde behauptet, unstreitig stets der Inhaber der „Befehls- und Kommandogewalt", wenn er aber verhindert sei, so werde er in der Ausübung dieser Gewalt — entsprechend der Regelung der Geschäftsordnung der Bundesregierung — in der Regierung durch einen dazu bestimmten Bundesminister und als Leiter der obersten Bundesbehörde durch den Staatssekretär vertreten [9].

Einer derartigen Auslegung steht jedoch die Tatsache entgegen, daß in Art. 65 a eine besondere politische Aufgabe einem bestimmten Organ übertragen ist. Diese Aufgabe ist wesenhaft mit diesem Organ verbunden. Sie kann nach der Verfassung nur von diesem Organ wahrgenommen werden, und man kann bei der Erfüllung einer solchen Aufgabe nicht zwischen der Innehabung und der Ausübung unterscheiden. Das schließt selbstverständlich nicht aus, daß der Träger der Organstellung wechselt. Ebenso wie der Bundespräsident auf Vorschlag des Bundeskanzlers eine bestimmte Persönlichkeit zum Bundesverteidigungsminister ernennen kann, und ebenso wie er diese Persönlichkeit aus dieser Organstellung wieder entlassen kann, so kann er selbstverständlich im Falle einer Verhinderung des Verteidigungsministers einen anderen Bundesminister mit der Wahrnehmung der Geschäfte des Bundesministers für Verteidigung beauftragen. Eine solche Beauftragung durch den Bundespräsidenten stellt indes keine Delegation der von der Verfassung dem Bundesverteidigungsminister übertragenen Aufgabe dar. Diese Aufgabe geht hier vielmehr von einem Träger auf den anderen in der Weise über, daß durch eine solche Beauftragung für eine bestimmte Zeit eine andere Persönlichkeit in der gleichen Organstellung an die Stelle des verhinderten Verteidigungsministers tritt. Damit ein anderer Minister die „Befehls- und Kommandogewalt" als politische Aufgabe aus-

[7] Bericht des Rechtsausschusses des Bundestages, 3. Wahlperiode 1953, Nr. 2150, S. 4; ROEMER, a.a.O., S. 195; MERCKER, a.a.O., S. 7; MEYER-DALHEUER, a.a.O., S. 187; SCHÄFER, Grundgesetz und Bundeswehr, in: NJW 1956, S. 532; LEPPER, a.a.O., S. 165.

[8] MAUNZ-DÜRIG, Rd.Nr. 33 zu Art. 65 a.

[9] Es ist merkwürdig, daß diese Auffassung auch und gerade von denen vertreten wird, die andererseits immer wieder betonen, daß es sich bei der „Befehls- und Kommandogewalt" nicht um eine Sondergewalt handele.

üben kann, bedarf es jedoch gerade deshalb einer ausdrücklichen Beauftragung mit der Wahrnehmung der Geschäfte durch den Bundespräsidenten unter sinngemäßer Anwendung des Art. 64 GG. Niemals wird jedoch für die Dauer der Verhinderung des Bundesverteidigungsministers Innehabung und Ausübung der „Befehls- und Kommandogewalt" voneinander getrennt. Während dieses Zeitraumes geht vielmehr durch die entsprechende Beauftragung eines anderen Ministers durch den Bundespräsidenten die „Befehls- und Kommandogewalt" ingesamt, also sowohl der Ausübung wie der Innehabung nach, an den mit der Wahrung der Geschäfte beauftragten Bundesminister über, der die ihm damit übertragene Aufgabe unter eigener Verantwortung und aus eigener Initiative als seine Aufgabe zu erfüllen hat. Der mit der Wahrung der Geschäfte beauftragte Bundesminister ist dabei dem verhinderten Bundesverteidigungsminister über das, was er im Rahmen der ihm übertragenen und von ihm übernommenen Aufgaben, also der Ausübung der „Befehls- und Kommandogewalt", tut, keinerlei Rechenschaft schuldig, sondern höchstens Berichterstattung.

Die politische Aufgabe, die die Verfassung mit dem Begriff der „Befehls- und Kommandogewalt" meint, kann andererseits nur von einem Bundesminister und nicht von einem noch so hoch gestellten Bundesbeamten, auch nicht vom Staatssekretär in seiner jetzigen Funktion, wahrgenommen werden [10]. Der Beamte, auch der politische Beamte und auch der Staatssekretär, hat zu verwalten, nicht zu regieren.

Übernimmt ein Beamter de facto die politische Aufgabe seines Ministers — und dies geschieht, wenn er als Beamter des Bundesverteidigungsministeriums, d. h. ohne Änderung seiner bisherigen Funktion, die „Befehls- und Kommandogewalt" ausübt —, dann besteht zunächst sachlich die Gefahr, daß die politische Aufgabe nicht wahrgenommen, daß also die Streitkräfte nicht mehr geführt, sondern nur noch verwaltet werden. Dabei kann man nicht deutlich genug darauf hinweisen, daß die Aufgabe der Streitkräfte keine Aufgabe der Verwaltung ist und daß sich Beamter und Soldat nicht nur in ihren Funktionen, sondern auch in ihrem rechtlichen Status wesenhaft unterscheiden. Es war gerade die Erkenntnis der funktionsbestimmten Eigenstruktur des militärischen Bereichs, die zur Formulierung des Art. 65 a im GG geführt hat. Bloß verwaltete, nicht mehr geführte Streitkräfte werden im Verteidigungsfall ihre Aufgaben nicht erfüllen können.

Neben dieser einen Gefahr bringt aber eine Übertragung der Ausübung der „Befehls- und Kommandogewalt" auf den höchsten politischen Beamten, ohne daß sich dessen Funktion wesenhaft ändert, eine andere, nicht

---

[10] Für die Vertretung durch einen anderen Minister: von Mangoldt-Klein, S. 1281. Dort auch eine Darstellung der Pressediskussion vom Herbst 1960 über diese Frage. Für die Vertretung durch den Staatssekretär: Maunz-Dürig, Rd.Nr. 36 zu Art. 65 a.

minder große Gefahr mit sich. Der Minister ist Politiker. Er ist als solcher bei der Erfüllung seiner politischen Aufgabe der unmittelbaren Kontrolle des Parlaments unterworfen. Er kann sich vor dieser Verangwortung nicht in die Anonymität einer gut eingespielten Beamtenhierarchie retten. Es ist sicher nicht Zufall, daß die Verfassung die „Befehls- und Kommandogewalt" im Frieden wie im Krieg einem Regierungsmitglied übertragen wissen will, das über die Erfüllung der ihm damit gestellten Aufgabe dem Parlament unmittelbar und ohne Zwischenschaltung eines anderen Verfassungsorgans jederzeit Rede und Antwort zu stehen hat.

Gerade für die Ausübung der „Befehls- und Kommandogewalt" ist die Norm des Art. 43 GG von besonderer Bedeutung, derzufolge der Bundestag und seine Ausschüsse die Anwesenheit eines Bundesministers jederzeit verlangen, ein Bundesminister aber umgekehrt jederzeit zum Bundestag und zu seinen Ausschüssen auch sprechen kann. Gerade auf dem Gebiet der nationalen Verteidigung [11] muß das Parlament den Minister, der die mit dem Begriff auf „Befehls- und Kommandogewalt" umschriebene politische Aufgabe zu erfüllen hat, jederzeit stellen und zur Verantwortung ziehen können. Dieser Minister muß aber andererseits jederzeit auch dem Parlament und seinen Ausschüssen seine Sorgen und seine Anliegen vortragen können. Schon durch Art. 43 des GG scheint daher die Vertretung des Bundesverteidigungsministers bei Ausübung der „Befehls- und Kommandogewalt" durch einen Nicht-Minister ausgeschlossen.

Die Streitkräfte sind letztlich nicht Teil eines einheitlichen Behördenapparates. Der Soldat ist kein Polizist im Außenverhältnis. Die Streitkräfte dienen nicht der Ausführung der Gesetze und sie sind keine unmittelbare Bundesverwaltung besonderer Art. Sie stehen insofern nicht im Bundesverteidigungsministerium, sondern — dem Minister unmittelbar unterstellt — neben dem Ministerium, d. h. neben der verwaltenden Bundesbehörde. Das Ministerium als oberste Bundesbehörde dient den Streitkräften und es ist für die Streitkräfte da. Die Koordination zwischen dem Ministerium als Behörde und den Streitkräften ist Aufgabe des Ministers selbst, sie ist gleichzeitig auch Teil der Ausübung der im Art. 65 a angesprochenen „Befehls- und Kommandogewalt". Auch aus diesem Grunde scheint der an der Spitze der Behörde stehende und dort so notwendige politische Beamte nicht gleichzeitig auch diese „Befehls- und Kommandogewalt" ausüben zu können, zu der gerade auch diese Koordination von Behörde und Streitkräften notwendig gehört.

Das schließt nicht aus, daß als Ausnahme der Bundespräsident auf Vorschlag des Bundeskanzlers einen Staatssekretär im Falle der Verhinderung

---

[11] Wobei die weitgehende Übertragung der „Behelfs- und Kommandogewalt" auf NATO-Organe, insbesondere Saceur keineswegs übersehen werden soll. Dazu ENGEL, Handbuch der NATO, Frankfurt am Main 1957, S. 715 und VON MANGOLDT-KLEIN, S. 1280.

des Bundesverteidigungsministers vorübergehend mit der Wahrnehmung der Geschäfte des Bundesverteidigungsministers und damit auch mit der „Befehls- und Kommandogewalt“ betraut. Dann ist aber der Staatssekretär für diese Zeit und für diese Aufgabe nicht mehr Staatssekretär, sondern ausschließlich Ministerstellvertreter.

Die hier vertretene These bedeutet nicht eine Abwertung des Amtes des Staatssekretärs, im Gegenteil, sie trägt klar der doppelten Aufgabe des Staatssekretärs Rechnung, indem sie nämlich eine verderbliche Multiplikation dieses Amtes verhindert. Denn gerade das Bundesverteidigungsministerium darf nicht mehrere, es darf im Grund nur einen Staatssekretär haben. Denn der Staatssekretär steht nicht nur als oberster Beamter an der Spitze der Behörde, er ist gleichzeitig auch der berufene, engste Berater des Bundesverteidigungsministers. Er hat die Pflicht und auch das Recht zu der damit verbundenen Beratung, und diese Beratung erstreckt sich nicht nur auf die Verwaltung, nicht nur auf die Ressortangelegenheiten im eigentlichen Wortsinn: Der Staatssekretär ist Berater seines Ministers auch in der Regierung, auch in der Ausübung der „Befehls- und Kommandogewalt“. Und er hat gerade in dieser Hinsicht ein Beratungsrecht, nicht nur eine Beratungspflicht. Aber der höchste Berater ist nicht ipse iure auch der geborene Vertreter. Dies hat die Konsequenz, daß de lege lata nur ein nach Art. 64 des GG vom Bundespräsidenten mit der Wahrung der Geschäfte Beauftragter, gewöhnlich also ein Bundesminister, den Bundesverteidigungsminister bei der Ausübung der „Befehls- und Kommandogewalt“ vertreten kann. De lege ferenda scheint dagegen die Einführung eines ständigen Vertreters im Ministerrang als die beste Lösung, jedenfalls als die Lösung, die dem Gedanken des Primats der politischen Führung am ehesten entspricht. Wie man diesen Ministerstellvertreter nennt, ob man ihm den Titel eines politischen Staatssekretärs, eines Staatsministers oder eines parlamentarischen Staatssekretärs gibt, das ist eine cura posterior.

Klar ist jedenfalls, daß diese Aufgabe des Ministerstellvertreters eine besondere, eigene Aufgabe ist, die nicht in Realunion mit irgendeiner anderen Aufgabe gekoppelt werden kann. Ein automatischer Übergang der „Befehls- und Kommandogewalt“ auf den vorgesehenen Ministerstellvertreter im Fall einer Verhinderung des Bundesverteidigungsministers wäre dann jedoch nur auf Grund eines verfassungsändernden Gesetzes möglich [12].

[12] Zur Gesamtproblematik vergleiche neuestens die Niederschrift eines Kolloquiums „Wehrgewalt und Ministervertretung“, in: Frankfurter Allgemeine Zeitung vom 6. 9. 1966, gehalten an der Hochschule für politische Wissenschaften in München am 23. 7. 1966, mit Beiträgen von Scherübl, Dürig, von der Heydte, Böckenförde, Gumbel.

Die Gliederung des Bundes in Länder

Bundesstaat im Sinne des Grundgesetzes für die Bundesrepublik Deutschland

HERMANN JAHRREISS

Als Gelehrter ragte HANS PETERS hervor und zugleich als ein Mann, der auch außerhalb der Universität immer wieder verantwortungsvolle Aufgaben gerade des politischen Lebens übernahm. So hat er unermüdlich und mit leidenschaftlicher Hingabe als Wissenschafter wie als Politiker dafür gekämpft, daß die Republik des Bonner Grundgesetzes durch richtige Anwendung und — sofern das nötig würde — durch rechtzeitige Änderung unserer lex fundamentalis immer gut in Form wäre.

Er hatte dabei seine Maßstäbe, bekannte sich jederzeit zu ihnen und suchte sie vor sich wie vor anderen zu klären. Im Jahre 1961, zu Beginn seines Vortrages über „Die Rechtslage von Rundfunk und Fernsehen nach dem Urteil des Bundesverfassungsgerichts vom 28. Februar 1961" [1], hat sich PETERS in unverhohlener Enttäuschtheit über diesen Gerichtsspruch einen „gemäßigten Föderalisten" genannt und — den Tenor jenes Urteils selbstverständlich respektierend, die Gründe der Entscheidung dagegen ebenso selbstverständlich wissenschaftlich kritisierend — ohne Umschweife erklärt: „Ich sehe in dem in der Verallgemeinerung der Urteilsgründe vertretenen extremen Föderalismus eine Gefahr für die Zukunft der Bundesrepublik [2]."

Dieses „Fernseh-Urteil" ebenso wie das wenige Monate später erlassene „Neugliederungs-Urteil" des Bundesverfassungsgerichts und die verfassungsrechtlichen Dispute vor, in und nach beiden Prozessen haben das Unbehagen vergrößert, das in Deutschland seit so manchem Jahrzehnt das geistige Mühen um „Föderalismus" begleitet [3]. Das Streiten von Generatio-

---

[1] Der Vortrag ist in der von HERMANN M. GÖRGES herausgegebenen Schriftenreihe „Rundfunk-Film-Fernsehen" erschienen (Gütersloh, 1961).

[2] S. 5 des Vortrags.

[3] Einen guten Einblick in dieses Mühen bis auf unsere Tage gibt z. B. THEODOR MAUNZ, Deutsches Staatsrecht (München, 13. Aufl. 1964 § 21) und in seiner Erläuterung zu Art. 20 Abs. 1 GG im Kommentar zum Grundgesetz von MAUNZ-DÜRIG.

nen von Staatsrechtsgelehrten [4] ist auch ausländischen Fachwissenschaftern nicht eben als ein Suchen erschienen, das geeignet sein könnte, zur Klarheit zu führen. Ein Jahr vor den beiden genannten Urteilen unseres Bundesverfassungsgerichts hat der Schwede Olle Nyman [5] mit spürbar freundlicher Anteilnahme am Werden und Sein unseres Staates die in Deutschland und außerhalb gestellte Frage zu beantworten versucht, „ob die westdeutsche Bundesrepublik wirklich ein föderativer Staat oder nur ein dezentralisierter Einheitsstaat sei". Er berichtet — sichtlich beklommen und einen unvorbereiteten Leser sicherlich beklemmend — über eine erschreckende Vielfalt von Thesen und häufig einander verfehlenden Gedankengängen, die wir in einem oft doktrinären Schrifttum über den „Bundesstaat" Deutsches Reich der Verfassungen von 1871 und 1919 und über den „Bundesstaat" des Bonner Grundgesetzes finden.

Und reichlich zwei Jahre nach jenen beiden Urteilen haben die Staatsrechtsforscher und -lehrer des deutschen Sprachraumes d. h. auch solche aus Österreich und der deutschsprechenden Schweiz auf der Tagung ihrer Fachvereinigung [6] den „Föderalismus als nationales und internationales Ordnungsprinzip" behandelt: In den gedankenreichen Berichten und in oft unter Zeitdruck nur skizzierenden Diskussionen wurde nun aber das Wort Föderalismus für vielerlei gebraucht. Unter diesem Etikett erschien bald der Antipode jedes Herrschens, an-archistischer Föderalismus also, bald eine von vielen möglichen Gestalten des Herrschens, also archistischer Föderalismus [7]; in seinem Bereich ging es nun entweder um eine mögliche Gestalt des Herrschens überhaupt oder gerade nur um eine Gestalt der *Gebiets*-Herrschaft, die dann den einen als Herrschaft mit Allzuständigkeit, den anderen als eine auf Einzelanliegen beschränkte Kompetenz beschäftigte; vor allem aber traten einander gegenüber Föderalismus als der Prozeß, in dem ein — so oder so verfaßter — Gebietsherrschaftsverband entstanden ist oder entstehen könnte, und Föderalismus als die Struktur eines — so oder so entstandenen oder in Zukunft irgendwo entstehenden — Gebiets-

---

[4] Vgl hierüber besonders Richard Thoma, Das Reich als Bundesstaat (in dem von Anschütz und Thoma herausgegebenen Handbuch des Deutschen Staatsrechts, Tübingen, 1930, § 15). Dort ist auch die ältere Literatur gesichtet und behandelt.

[5] Der westdeutsche Föderalismus — Studien zum Bonner Grundgesetz — (Skrifter Utgivna av Statsvetenskapliga Föreningen i Uppsala, Bd. XL, Stockholm, 1960). Dazu die Besprechung von Willi Geiger (Arch. d. öff. Rechts, 89. Bd., 1964, S. 116 ff.).

[6] Bericht über die Tagung in Münster i. W. in Heft 21 der Veröffentlichungen der Deutschen Staatsrechtslehrer (Berlin, 1964).

[7] Zum Grundsätzlichen vgl. Hermann Jahrreiss, System des Deutschen Verfassungsrechts (Tübingen, 1930) S. 18 ff. und H. Jahrreiss, Das Recht und die Gestaltungen des Selbstverwaltungsgedankens (in Festgabe für Richard Schmidt, 1932, Teil: Staatslehre, S. 94—106).

herrschaftsverbandes [8], welche beiden, der Entstehungsprozeß-Föderalismus und der Struktur-Föderalismus, bei uns seit eh und je immer wieder gedanklich zusammengeworfen wurden und werden.

Ich versuche hier, auf einem bisher nicht begangenen Weg zur Klärung beizutragen, und widme diesen Versuch dem Gedächtnis meines Freundes HANS PETERS.

Zunächst: Der an-archistische Föderalismus geht uns hier nichts an; wir haben es mit arche, mit *Herrschaft* zu tun, d. h. mit geordnetem Befehlen.

---

[8] Aus dem Schrifttum der jüngsten Zeit seien außer den schon erwähnten Schriften von MAUNZ, NYMAN und PETERS genannt:

BAYER, HERMANN-WILFRIED, Die Bundestreue (Tübingen, 1961).

BULLINGER, MARTIN, Zum Verhältnis von Bundesaufsicht und Bundestreue (Arch. d. öff. Rechts, Bd. 87, 1962, S. 488 ff.).

EHARD, HANS, Aufgabe und Bewährung des Bundesrats (in: Föderalistische Ordnung, herausgegeben von A. SÜSTERHENN, Koblenz 1961).

FRIEDRICH, CARL J., New Tendencies in Federal Theory und Practice (Jahrb. d. öff. Rechts, Neue Folge, Bd. 14, 1965).

FUSS, ERNST-WERNER, Die Bundestreue — ein unentbehrlicher Rechtsbegriff? (DÖV 1964, S. 37 f.).

GEIGER, WILLI, Die wechselseitige Treuepflicht von Bund und Ländern (in der oben bei EHARD genannten Sammelschrift). *Ders.* Mißverständnisse um den Föderalismus (Berlin, 1962).

GIACOMETTI, ZACHARIAS, Schweizerisches Bundesstaatsrecht (1949).

GROSS, GERHARD, Der verfassungsrechtliche Gehalt des Grundsatzes der Bundestreue (DÖV 1961, S. 404).

HESSE, KONRAD, Der unitarische Bundesstaat (Karlsruhe, 1962).

v. D. HEYDTE, FRIEDRICH-AUGUST, Föderalismus, Volkssouveränität und Parteien (in der oben bei EHARD genannten Sammelschrift).

KAISER, GERHARD, Zur Ableitung des Verfassungsprinzips des „bundesfreundlichen Verhaltens“ aus dem Begriff des Bundesstaats (DÖV 1961, S. 653 f.).

KLEIN, FRIEDRICH, in: v. MANGOLDT-KLEIN, Das Bonner Grundgesetz, Bd. I, S. 588 ff.

KREUTZER, HEINZ, Bund und Länder in der Bundesrepublik Deutschland (in: Bund und Länder — Deutsche Hochschule für Politik, Berlin 1959).

LÖWENSTEIN, KARL, Verfassungsrecht und Verfassungsrealität (Arch. öff. Rechts 1952, S. 387 ff.).

v. MANGOLDT, HERMANN, Das Bonner Grundgesetz (1953) S. 126 ff.

MAUNZ, THEODOR, Die Kulturhoheit der Länder (in der oben bei EHARD genannten Sammelschrift).

MEYERS, FRANZ, Die föderalistische Struktur der Bundesrepublik Deutschland (in der oben bei EHARD genannten Sammelschrift).

NAWIASKY, HANS, Die Grundgedanken des Grundgesetzes für die Bundesrepublik Deutschland (1950). *Ders.*, Die volle Bedeutung des bundesverfassungsgerichtlichen Fernsehurteils in föderalistischer Sicht (Z. f. Pol. NF. Bd. 8, 1961).

PETERS, HANS, Die Zuständigkeit des Bundes im Rundfunkwesen (Berlin-Göttingen-Heidelberg, 1954).

RUDOLF, WALTER, Internationale Beziehungen der deutschen Länder (Arch. öff. Rechts 1966, S. 53).

SCHEUNER, ULRICH, Die föderalistische Ordnung in den Vereinigten Staaten und der Schweizerischen Eidgenossenschaft (in der oben bei EHARD genannten

Sodann: Im Bereich des Herrschens finden wir unser Problem bloß beim arbeitsteiligen Herrschen. Nur in kleinsten und einfachsten Sozialverhältnissen ist ja reine Mon-archie, Mono-kratie d. h. Herrschaft nur eines einzigen der im Herrschaftsverband verbundenen Menschen technisch möglich. Sonst, in allen nicht winzigen und simplen Herrschaftsverbänden wird das Herrschen von mehreren Menschen arbeitsteilig ausgeübt. So auch in Gebietsherrschaftsverbänden d. h. in Verbänden, deren Herrschaft die in ihrem Gebiet sich aufhaltenden Menschen erfaßt.

Nun treffen wir unter den unübersehbar vielen Modellen der Arbeitsteilung beim Herrschen in Gebietsherrschaftsverbänden besonders häufig, bei Großflächen-Verbänden stets, dieses: Außer der alle Menschen im gesamten Gebiet erfassenden Herrschaft gibt es Herrschaft, die darauf beschränkt ist, die Menschen nur eines Teiles des Gebiets zu beherrschen: es gibt Gebietsteil-Herrschaft, also Gebietsteil-Herrschaftsverbände. Die aber könnten, so sagt man, von zweierlei Art sein, entweder „bloße" Herrschafts-*Unter*verbände wie Regierungsbezirke („Staatsverwaltungsbezirke") oder Gemeinden („Selbstverwaltungskörper") oder aber: Verbände, deren Herrschende zwar auch Entscheidungen des Gesamt-Regiments zu befolgen hätten, die aber doch selbst auch „Staaten" seien; dann aber habe man eine Föderativ-Struktur, eine bündische Ordnung des Herrschens, und ihre Unterarten seien Staatenbund und Bundesstaat, Conföderation oder Föderation.

Damit stehen wir denn auf dem Feld all der leidvollen Diskussionen um Föderativ-Staat und Einheits-Staat.

Sammelschrift). *Ders.*, Struktur und Aufgabe des Bundesstaats in der Gegenwart (DÖV 1962, S. 641).

Schmidt, Walter, Das Verhältnis von Bund und Ländern im demokratischen Bundesstaat des Grundgesetzes (Arch. öff. Rechts, Bd. 87, 1962, S. 253 ff.).

Schröder, Sebastian, Ungeschriebenes Verfassungsrecht im Bundesstaat (in: Der Staat, 5. Bd. 1966 Heft 2/3).

Schütz, Werner, Die Bildungskatastrophe (Vortrag Febr. 1965, im Manuskript).

Spanner, Hans, Zur Rechtskontrolle des bundesfreundlichen Verhaltens (DÖV 1961, 481 ff.).

Süsterhenn, Adolf, Föderalismus und Freiheit (in der oben bei Ehard genannten Sammelschrift).

Tsatsos, Dimitris, Die Zulässigkeit der Kumulation von Bundestags- und Bundesratsmandat (Tübingen, 1965).

Wagner, Heinz, Grundbegriffe des Beschlußrechts der Europäischen Gemeinschaften (Kölner Schriften zum Europa-Recht, Bd. 5, 1965).

Weber, Werner, Spannungen und Kräfte im westdeutschen Verfassungssystem (1951, ²1958). *Ders.*, Die Verfassung der Bundesrepublik in der Bewährung (1957).

Whinney, Edward Mc, Föderalismus und Bundesverfassungsrecht (Heidelberg, 1962).

Zeidler, Karl, Gedanken zum Fernseh-Urteil des Bundesverfassungsgerichts (Arch. öff. Rechts, Bd. 86, 1961, S. 363 ff.).

Nun ist sicher: Als das Grundgesetz für die Bundesrepublik Deutschland geschaffen wurde, waren in den Augen aller an dieser Schöpfung beteiligten Deutschen und Nicht-Deutschen die „Länder" und zwar sowohl die im Grundgesetz mit Namen genannten Länder der Geburtsstunde der Bundesrepublik als auch diejenigen, die später etwa hinzutreten oder im Gebiet der Bundesrepublik in einem Verfahren der Neugliederung entstehen würden, Herrschaftsverbände, die nach ihrer Art unverwechselbar von Regierungsbezirken und gemeindlichen Selbstverwaltungskörpern geschieden seien.

Welches aber sollte denn ihre unverwechselbare Art sein?

Sie sollten *„bundesstaatlich"* sein.

Das Wort „Bundesstaat", das der Artikel 20 des Grundgesetzes gebraucht, ist nun aber nicht eindeutig. Und ich fürchte, nicht zwei jener am Schaffen des Grundgesetzes beteiligten Deutschen und Nicht-Deutschen haben dieselbe Vorstellung mit dem Wort verbunden. Es geht eben mit diesem Wort, auch wenn es nicht leicht-fertig benutzt wird, nicht anders als mit vielen Wörtern aus dem Bereich des Politischen; denken wir nur an „Demokratie" oder „Rechtsstaat". Diese Ausdrücke lenken kraft des unscharfen Alltags-Sprachgebrauchs das Denken nur von ungefähr auf den Gegenstand, indem sie vielleicht diese oder jene Vorstellung sicher ausschließen und vielleicht andere zweifelsfrei einschließen, immer aber dritte im Ungewissen lassen.

Die Frage, die uns gestellt ist, lautet: Was ist „Bundesstaat" *im Sinne des Grundgesetzes?* Was ist in seinem Sinn „Gliederung des Bundes in Länder"? Was ist dieses Struktur-Element unserer Republik, das, solange das Grundgesetz besteht, auf rechtliche Weise nicht beseitigt werden kann?

I. Die Außenverfassungs-Lage

Beginnen wir mit der Einordnung in die Umwelt von Gebietsherrschaftsverbänden, in die Staaten-Welt.

Unbestritten und unbestreitbar ist: Die Bundesrepublik ist ein Gebietsherrschaftsverband mit Allzuständigkeit. Alles Verhalten der Menschen zueinander im Gebiet der Republik ist dieser deutschen Herrschaft unterworfen, soweit sie nicht etwa vor anderer Herrschaft zu weichen hat, weil das eine Ordnung fordert, die unseren Staat mit anderen Herrschaftsverbänden zusammenfaßt.

Diese deutsche Herrschaft der Bundesrepublik nun ist der mit ihr zusammenlebenden Welt von Herrschaftsverbänden für alles Setzen oder Unterlassen von Herrschaftsakten in ihrem Gebiet verantwortlich [9], soweit die

[9] Wobei sie z. B. ihre Herrschaft auch nicht dafür einsetzen darf, ihre Verfassung so zu ändern, daß sie bereits bestehende völkerrechtliche Pflichten zu bestimmten Herrschaftsakten oder zum Unterlassen bestimmter Herrschaftsakte hinfort

Verantwortung nicht nach einer Ordnung, die unsere Republik mit anderen Herrschaftsverbänden zusammenfaßt, von einer anderen Herrschaft zu tragen ist.

Die Bundesrepublik ist in der Ordnung, in der sie mit anderen Herrschaftsverbänden, sie seien territoriale oder konfessionelle, zusammenlebt, eine Einheit.

Ob die Bundesrepublik ein *souveräner* Gebietsherrschaftsverband ist, diese Frage ist für unser Problem gleichgültig. Um das zu sehen, braucht man nur zweierlei ins Auge zu fassen. Erstens: Als die vom Grundgesetz normierte und von uns hier in ihrem Wesen zu klärende „Bundesstaatlichkeit" ins Leben trat, befand sich die Bundesrepublik unter dem Kondominium der mit dem Deutschen Reich noch im Kriegszustand lebenden Westmächte; sie war nicht souverän, wenn man unter Souveränität eines Herrschaftsverbandes seine *Befehls*unabhängigkeit versteht, so wie es seit dem Entstehen des Völkerrechts der christlichen europäischen Staaten geschehen ist und wie es heute das A und O der Vorstellungen von Charles de Gaulle über die richtige Einordnung Frankreichs in die Staaten-Umwelt ist [10]; denn für alle überhaupt denkbaren Herrschaftsakte war die Bundesrepublik der Diktaturgewalt der drei Mächte unterworfen. Und man fasse ins Auge zweitens: Das eine oder andere der heutigen oder späteren „Länder", die doch ganz gewiß nicht souverän sind, könnte selbst wieder in dem hier zu klärenden Sinn des Grundgesetzes „bundesstaatlich" eingerichtet werden; so vermöchte vielleicht das Land Nordrhein-Westfalen eine Gliederung in mehrere „Landschaften" mit dem Recht und der Aufgabe der Mitwirkung bei der Bildung des Landeswillens erhalten. Doch wir wollen nicht vorgreifen.

II. Die Innenverfassungs-Lage

Und nun die *deutsch*-geborene Ordnung.

Die Bundesrepublik, dieser mit Allzuständigkeit im Herrschen ausgerüstete, in solcher Ausrüstung von der Staaten-Umwelt anerkannte und mit außenverfassungsrechtlicher Verantwortlichkeit für seine Herrschaftsausübung belastete Verband, diese *Einheit von außen* ist nun „Bundesstaat" im Sinne des Grundgesetzes.

Was heißt das?

---

*staats*rechtens nicht mehr erfüllen könnte. Bei Fortbestand des Herrschaftsverbands ist der Einsatz auch der verfassunggebenden Herrschaft (pouvoir constituant) außenverfassungsrechtlich gebunden. Vgl. Hermann Jahrreiss, Völkerrecht und Bonner Grundgesetz. Zur Argumentation des Bundesverfassungsgerichts im „Konkordats-Urteil" (in: Staat und Bürger. Festschrift für W. Apelt, München und Berlin, 1956, S. 159—170, bes. S. 164 ff.).

[10] Jahrreiss, Hermann, Die Europa-Konzeption de Gaulles (Festschrift für Elias Kyriakopoulos, Thessaloniki, 1967).

Auch *innen*verfassungsrechtlich ist sie — wie hier sogleich gezeigt werden soll — eine Einheit, nämlich die *Wirkeinheit des Grundgesetzes.* Nun vermag man aber eine solche Wirkeinheit in sehr verschiedener Weise arbeitsteilig einzurichten; und es kann dann sinnvoll sein, eine der verschiedenen Strukturen als Bundesstaat zu bezeichnen. Man muß nur den Sinn festhaben und festhalten, den man in der bestimmten Verfassungs-Lage mit dem so vielfältig gebrauchten Namen „Bundesstaat“ etikettiert, und das heißt eben zuerst und zuletzt: festhalten, daß *dieser* Bundesstaat nur eine Gestalt der Wirk*einheit* ist. So gesehen, ist es sinnvoll, unsere Republik Bundesstaat zu nennen. Aber der Name weist dann auf eine ganz bestimmte Struktur, die zu erkennen diese Abhandlung helfen will; eine Struktur ist gemeint, die in Diskussionen von Juristen und Politikern oft verdeckt oder bei dem Disput über die angeblich in unserer Frage entscheidende Verteilung von „Hoheiten“ zwischen Bund und Ländern schlechthin verfehlt wird. Eine der Ursachen des Verfehlens ist dabei häufig, daß man, das Wort Bundesstaat im Artikel 20 des Grundgesetzes vor Augen, an ein in einer allgemeinen Staatslehre angebotenes Namensschild „Bundesstaat“ denkt, hinter dem sehr verschiedenartig eingerichtete Gebietsherrschaftsverbände unserer oder früherer Zeit zusammengeschart sind, deren keinem unsere Bundesrepublik völlig gleicht, und hinter dem immer wieder *die Vorgänge bei der Entstehung eines „Bundesstaates“ mit seiner Struktur verwechselt werden.*

1. Für das deutsche Volk, soweit es im Gebiet der Republik siedelt, ist aus seinem Zusammenleben „unter dem Grundgesetz“ nach und nach, vor allem nach dem Erlöschen des Besatzungsstatuts eine Herrschaftsordnung erwachsen: die *Innen*verfassung des aber eben auch von außen verfaßten Herrschens. Und dies ist ihre Art:

a) *Ausnahmslos alles nach ihren Maßen ordentliche Herrschen in dieser Republik ist Herrschen nach dem Grundgesetz, ist Verwirklichung des Grundgesetzes.* Im Grundgesetz ist, *ausdrücklich oder eingeschlossen,* alle aus dem deutschen Zusammenleben in diesem Teil des deutschen Volksraumes geborene Ordnung des Herrschens enthalten, das heißt: das Bestimmen der Herrschenden und der Beherrschten wie das Festlegen der Herrschaftsweise, nämlich der gebotenen, erlaubten oder verbotenen Inhalte der Herrschaftsakte und der gebotenen, erlaubten oder verbotenen Herrschaftsverfahren [11] (alle solche Bestimmungen, gerade sie und nur sie sind ja der Inhalt irgendeiner Herrschaftsordnung). *Eingeschlossen* heißt dabei insbesondere: alle Normen außerhalb des Grundgesetzes, die für ein Herrschen in der Republik Geltung beanspruchen und diese Geltung aus dem ordnungsbegründenden Zusammenleben eben der Menschen in der Republik herleiten, müssen von diesem Grundgesetz aus dem älteren deutschen Recht oder aus anderen

[11] Jahrreiss, Hermann, System des deutschen Verfassungsrechts, Tübingen, 1930, S. 3.

Rechtsordnungen oder auch aus nicht-rechtlichen Sozialordnungen übernommen oder nach seinem Inkrafttreten seinen Maßen entsprechend ordentlich gesetzt oder übernommen sein.

b) Das bedeutet: Das Grundgesetz und alle von ihm legitimierten Normen, die gesamte aus dem Zusammenleben der Menschen in der Republik erwachsene Ordnung des Herrschens also ist ein Satzungs-System, ein *Gesetzes-System,* wird ohne Rücksicht darauf, von wem und zu welcher Zeit die einzelnen Elemente gesetzt wurden, als lückenlos und widerspruchsfrei vorausgesetzt: alle Lücken — und freilich gibt es solche — sind aus dem System zu füllen; alle Widersprüche — und allerdings gibt es deren — sind aus ihm zu beheben; man muß es nur „juristisch" richtig anstellen. *Alles rechtliche Erwägen der Herrschenden aller Stufen der Hierarchie hierzulande hat sich als solches Gesetzes-System-Denken zu vollziehen.* Das ist seit langen Zeiten die geradezu selbstverständlich gewordene, auch vielen Juristen nicht bewußte *Vor*-Verfassung des deutschen Staatswesens. Sie ist zur bejahten Gewohnheit gewordene Übung, eine von mehreren Möglichkeiten des Rechtsdenkens [12, 13]. Somit: Wenn nach der *deutsch*-geborenen Ordnung des Herrschens bei uns gefragt wird, ist *das Grundgesetz der Ursprung für alles ordnungsgemäße Herrschen in dieser Republik; es gibt keinen anderen deutschen neben ihm.* Die Herrschaft der Länder kann rechtens gar keine davon gesonderte Ursprünglichkeit besitzen. Das Grundgesetz ist die neue Ordnung für *das* (!) staatliche Leben, sagt ganz richtig das Grundgesetz in der Präambel.

So ist die Bundesrepublik auch nach der Innen-Verfassung, nach der staatsrechtlichen Ordnung des Herrschens, eine Einheit.

2. Geherrscht aber wird nun durch nicht mehr übersehbar viele Menschen. Sie wirken dabei in einer Arbeitsteilung zusammen, und wir haben es hier zu tun mit einem einzelnen ihrer vielen Elemente, nämlich mit der Gliederung der Republik in Gebietsteil-Herrschaftsverbände, mit einer Gliederung, die mehrere Stufen hat.

Machtgrundlage allen Herrschens in dieser Republik ist der deutsche Demos, das deutsche Volk als die Aktiv-Bürger [14], als die einzigen Ent-

[12] JAHRREISS, HERMANN, Größe und Not der Gesetzgebung (Bremen, 1953, S. 17, 21 ff., 30, 38 f.). *Ders.*, Mensch und Staat (Köln-Berlin, 1957, S. 32, 36 ff., 44, 51 f.).

[13] Sollte es je völkerrechtswidriges deutsches Recht geben — und dergleichen kann in jedem Staat jeden Tag geschehen, ohne daß jemand eine Schuld hat — so kämen allerdings die vom Völkerrecht unmittelbar angesprochenen Gelenk-Organe unserer Republik zur Völkerrechtsgemeinschaft (vgl. die in Anm. 9 genannte Schrift am Ende) in rechtlich wie menschlich überhaupt nicht befriedigend lösbare Konflikte.

[14] Das Wort Volk bezeichnet bei uns im Rechtsleben bald Bevölkerung (Volkszählung, Volksgesundheit, Volkseinkommen usw.), bald „Nation" als eine andere als die staatliche Zusammengehörigkeit (Art. 116 GG!), bald die Summe der Staatsangehörigen (Staatsvolk), bald — wie hier — die Aktiv-Bürgerschaft.

scheidenden, die vom Grundgesetz und von grundgesetzgemäßen Satzungen (Bundesgesetz, Landesverfassungen, Landesgesetzen usw.) *unmittelbar* berufen sind (Art. 20 Abs. 2; 38, 28 des Grundgesetzes). Die Aktiv-Bürger, d. h. die am Tage des Entscheidens zum Wählen Berechtigten, bestellen die Regimente [15]. Regiment heiße hier die Gesamtheit der „Organe" eines Gebietsherrschaftsverbandes, so daß wir also haben: das Regiment für die Republik, sodann die Regimente für die obersten der Gebietsteil-Herrschaftsverbände, genannt Länder, weiter die Regimente für die Kreise und schließlich die Regimente für die Gemeinden (Art. 38 und 28 des Grundgesetzes). Und zwar so, daß die Deutschen im Sinn des Art. 116 des Grundgesetzes, sofern sie wahlmündig und nicht aus gesetzlichen Gründen ausgeschlossen sind, in voller Gleichberechtigung (Art. 33 des Grundgesetzes) entweder im ganzen Gebiet der Republik in einem Akt oder in Abschnitten des Gebiets (Länder-Abschnitten, Kreis-Abschnitten, Gemeinde-Abschnitten) ihre Vertreter in die Parlamente wählen: in den Bundestag, in die Landtage, in die Kreistage, in die Gemeinderäte. *Ein* Modell also für alle vier Stufen von Gebietsherrschaft!

Für das Einsetzen des Gesamt-Regiments, des *Republik-Regiments,* gilt nun aber von Grundgesetzes wegen eine Besonderheit. Mit ihr werden wir auf den Grund gestellt, auf dem wir unser Problem zu lösen haben. Hier erscheint nämlich die Aktiv-Bürgerschaft der Deutschen in zweierlei Gestalt: einmal als die Bundestagswählerschaft, zum anderen als die Wählerschaften der Länder-Abschnitte des Demos der Deutschen. Die zweite Gestalt tritt dabei nicht unmittelbar auf, sondern durch die von den Länder-Abschnitten des Demos der Deutschen bestellten Regimente der Länder, und zwar bald durch deren parlamentarische Elemente, die Landtage, bald durch deren Regierungen.

So kommt es dann im *Republik*-Regiment zu „unitarischen" Organen, die ihre Autorität von dem als unitas wählenden deutschen Demos herleiten (Bundestag, Bundeskanzler, Bundesminister, Bundesbeamte), weiter zu dem sogenannten „Föderativ"-Organ, dem Bundesrat, demjenigen Organ, das seine „Macht" von den aus den Wahlen der Länder-Abschnitte des deutschen Demos destillierten Regimenten der Länder nimmt, schließlich zu „gemischt unitarisch-föderativen" Organen, deren Bestellung einem Zusammenwirken beider Gestalten der Willensbildung des deutschen Demos entspringt (Bundesversammlung, Bundespräsident, Richter der höchsten Gerichte) [16].

[15] Dabei werden sie auf mancherlei Weise mobilisiert, besonders sicht- und spürbar durch die politischen Parteien, die freilich nicht nur mobilisieren, sondern auch immobiliseren können, wenn sie Wahlberechtigte abstoßen, die unter den von den Parteien angebotenen, engbegrenzten Auswahlmöglichkeiten nicht finden zu können meinen, was ihnen richtig erscheint, um ein in Geist und Willen gutes, d. h. den Erfordernissen der Zeit gewachsenes Regiment zu bilden.

[16] Der ehemalige Kultusminister des Landes Nordrhein-Westfalen, Werner Schütz, erklärte am 11. Febr. 1965 in einem in Münster i. W. gehaltenen Vortag

Die Länder-Abschnitte des deutschen Demos bestellen *neben* dem Gesamt-Demos oder *zusammen mit ihm* Teile des Republik-Regiments. Insofern und nur insofern erscheinen — um in der üblichen Weise zu sprechen — die Länder *neben* dem Bund, genau: die höchststufigen der Territorialabschnitte des deutschen Demos *neben* der Unitas eben dieses deutschen Demos.

Wenn die Regimente der Länder, gebildet vom Willen der Länder-Abschnitte des deutschen Demos, „ihr" Land beherrschen, üben sie Unterverbandsherrschaft aus und haben den verfassungsmäßigen Entscheidungen des Republik-Regiments zu gehorchen; insofern sind sie gewißlich nichts anderes als territoriale Selbstverwaltungskörper, freilich diejenigen des höchsten Ranges. Aber wenn sie im Republik-Regiment wirken, Organe bildend oder mitbildend oder aber Sachentscheidungen treffend oder mittreffend, sind sie den aus der Unitas des deutschen Demos kommenden Elementen des Republik-Regiments gleichgeordnet: sie stehen ja dann *im* Republik-Regiment, stehen in der Zentrale des Ganzen, ver*bunden* ein jedes mit jedem anderen und mit den unitarischen Elementen.

In diesem Sinn und nur in ihm ist die Bundesrepublik Deutschland bündisch. Das und nichts anderes ist die Bundesstaatlichkeit im Sinne des Grundgesetzes. Die sprachliche Fassung des Artikels 20 Abs. 1 „Die Bundesrepublik ist ein demokratischer Bundesstaat" wird diesem Sinn des Grundgesetzes allerdings nicht gerecht. Es müßte vielmehr heißen: *Die Bundesrepublik Deutschland ist eine Demokratie mit teilweise bündischer Bildung des Republik-Regiments und teilweise bündischem Wirken dieses Regiments.*

3. Die Vorstellung, daß die Gebietsherrschaftsverbände „Länder" unseren Staat durch ein Sich-zu-ihm-zusammensetzen bilden, daß er aus ihnen aufgebaut ist, ist schlechterdings falsch.

Eine solche teilweise bündische Demokratie, ein solcher „Bundesstaat" könnte aus einem Bündnis von Staaten hervorgegangen sein, muß es aber nicht, und der unsere ist nicht einem Bündnis von Staaten entsprungen. Man muß die Vorgänge, die zur Entstehung eines so oder so strukturierten Staates geführt haben, von dieser Struktur scharf unterscheiden. Die deutsche Staatsrechts-Diskussion hat hier immer wieder Fehler begangen.

Der „Bundesstaat" Deutsches Reich der Verfassung von 1871, ein nur teilweise, wenn auch vorwiegend bündisch eingerichteter Staat monarchisch-demokratisch-hegemonialer Mischung, kam aus Verbündung souveräner Gebietsherrschaftsverbände. Der „Bundesstaat" Deutsches Reich der Verfassung von 1919, eine teilweise, und zwar sehr schwach bündisch strukturierte Demokratie, war das Werk der Nationalversammlung. Der „Bundesstaat"

über die Bildungskatastrophe (vgl. oben Anm. 8), daß er sich habe überzeugen müssen von der Notwendigkeit, den Bund an der „Kulturhoheit" zu beteiligen; er schlägt in diesem Zusammenhang neben anderem die Bildung eines gemischt unitarisch-föderativen Bundesorgans vor.

Bundesrepublik Deutschland verdankt sein Entstehen ebensowenig wie derjenige von Weimar einer Verbündung souveräner Gebietsherrschaftsverbände — auf den Trümmern des Deutschen Reiches richteten seit 1945 Deutsche auf Befehl oder mit Duldung der diktierenden feindlichen Besatzungsmächte nach und nach und von den Gemeinden aufwärts deutsche Herrschaft ein; es gab keine deutschen Mächte, die sich hätten verbünden können; das Grundgesetz ist aber freilich auch nicht das Werk einer Nationalversammlung, nicht das Werk der Vertreter des sich selbst in Freiheit seine Verfassung gebenden deutschen Volkes, sondern die Schöpfung von Männern und Frauen eines Teiles, allerdings des größten Teiles unseres Volks, von Männern und Frauen, die zu ihrer Verfassungs-Arbeit aufgerufen und bei ihr ständig beeinflußt und überwacht wurden von drei Mächten, die das Land unter Kriegs-Besatzungs-Regime hielten und das Satzungs-Werk schließlich „von außen-oben", und zwar mit Vorbehalten und nur nach dem Maß des Besatzungsstatuts in Kraft treten ließen.

Noch einmal: man muß die Vorgänge, die zur Entstehung eines so oder so verfaßten Staates geführt haben, von seiner Struktur scharf unterscheiden. Wäre unser „Bundesstaat" aus einem Bündnis von Staaten hervorgegangen — was aber eben nicht geschehen ist —, auch dann läge in der Aufteilung der Aufgabe des Herrschens unter das Gesamt-Regiment und die Gebietsteil-Regimente Länder nichts Bündisches; nicht einmal dann, wenn die Ordnung des durch Staaten-Zusammenschluß geschaffenen neuen Staates für die — technisch ja doch auf sehr verschiedene Weise mögliche — Aufteilung der Aufgabe des Herrschens an die früheren „Staatlichkeiten" anknüpfte und bestimmte: die obersten der Gebietsherrschafts-Unterverbände haben alle Kompetenzen der bisherigen „Staaten", soweit nicht die Verfassung dem Gesamt-Regiment die eine oder andere ausdrücklich zuweist. *Die Gebietsherrschafts-Unterverbände herrschen kraft der einen Verfassung in einem System vertikaler Gewalten-Trennung. Es gibt keine „Hoheiten", welche die Länder „behalten" haben; es gibt nur Hoheit durch das Grundgesetz.*

Nennt man das Ganze Staat, dann sollte man, wenn Gedanken-Wirrnis vermieden werden soll, denselben Titel nicht für Teilverbände benutzen; das Ganze ist begrifflich stets etwas anderes als ein Teil [17].

---

[17] Man benutzt ja leider bei uns auch im Rechtlichen das Wort Staat für vielerlei und erleichtert oder provoziert damit dann geradezu Fehlargumente. Auch unser Grundgesetz braucht „Staat", um ganz Verschiedenes zu bezeichnen; nehmen wir nur die Artikel 30, 34, 74, Z. 8! — Vielfach wird im Schrifttum Staat mit Staat scheindefiniert (Staat ist, was Staat ist), so daß man dann die Länder als Staaten hinstellen kann. Oder man sucht aus dem Vorhandensein eines „Staatsbewußtseins" auf die Existenz eines Staates zu schließen, wenn von den Ländern die Rede ist. Es wird dabei zugegeben, daß nur in einigen wenigen Ländern ein „Staatsbewußtsein" lebt (und auch dort lebt es bei immer weniger Menschen und lebt es gar nicht bei den in Massen Zugewanderten, wie überall leicht zu erkennen ist, und

4. Das einzelne Land steht im Republik-Regiment nicht als Herrschaftsverband, sondern als einer jener Teile des deutschen Demos, die durch die Landesgrenzen abgesteckt sind. Ich wiederhole: Zwei Gestalten des deutschen Demos bilden das Republik-Regiment und wirken in ihm, und zwar jede von ihnen zum Teil für sich, zum Teil zusammen mit der anderen: der deutsche Demos ist bald die allumfassende Wahlkörperschaft, bald die Gesamtheit der länderweise getrennten Wahlkörperschaften. Wir haben nicht Landes-Völker, sondern regionale Stücke des einen deutschen Volkes, das seit Jahrzehnten durcheinanderwandert oder durcheinander getrieben wurde, so daß schon viele Aktiv-Bürger im Laufe der Zeit in mehreren Ländern wahlberechtigt wurden.

Die länderweise getrennten Wahlkörperschaften des deutschen Demos formen in zwei Stufen, nämlich zunächst in den Wahlen der Landtage und dann durch die gewählten Landtage im Bestellen der Regierungen der Länder, den Willen des deutschen Demos, den Volkswillen, von dem Artikel 21 des Grundgesetzes spricht, zu Landes-Gestalten. Diese erscheinen dann im Republik-Regiment entweder mit der ersten Stufe, wenn die Landtage den Bundestag zu der den Bundespräsidenten wählenden Bundesversammlung gleichgewichtig auffüllen, oder mit der zweiten Stufe, wenn die von den Landtagen — genauer — von den mehr oder weniger großen Mehrheiten der Landtage gezeugten Landesregierungen Organisations- oder Sachentscheidungen des Republik-Regiments vorbereiten oder fällen oder zusammen mit unitarischen Organen vorbereiten oder fällen.

Schon auf der ersten Stufe kommt es nicht etwa zu einem Spiegelbild der unitarisch, nämlich durch die Bundestagswahlen gewonnenen Gestalt des deutschen Demos. Allein die Verschiedenheit der Zeitpunkte der Wahlen, die Verschiedenheit der in den Wahlen sich bewerbenden politischen Parteien und die Unterschiedlichkeit der Wahlbeteiligung sorgen dafür.

Erst recht ist das Ergebnis der zweiten Stufe geeignet, dem deutschen Demos eine Gestalt zu geben, die — im parteipolitischen Profil — kein Doppelgänger der unitarischen Figur sein wird, ja unter Umständen geradezu ihr Gegenspieler zu sein vermöchte: im Bundesrat könnte das, was im unitarischen Teil des Republik-Regiments die Minderheit ist, über die Mehrheit der Stimmen verfügen, zumal dann, wenn die in Artikel 51 des Grundgesetzes eingerichtete völlig verzerrende Staffelung der Länder-Stimmen ins Spiel kommt.

Also: die Länder stehen im Republik-Regiment. Eine Folgerung daraus ist, daß bei den Landtagswahlen nicht weniger als bei den Bundestagswahlen

ist es in der Jugend kaum anzutreffen). Selbst wenn also der Schluß von dem Vorhandensein eines Staatsbewußtseins auf die Existenz eines Staates zulässig wäre und wenn in den wenigen Ländern, in denen sich heute ein Staatsbewußtsein findet, dieses Bewußtsein allgemein wäre, hülfe uns das nicht: Nur was für alle Länder festzustellen ist, kann helfen. Land ist Land in unserem Grundgesetz. Es gibt nicht mehrere Sorten.

die „Bundes"-Politik erwogen und umkämpft wird. Ja, das müßte den Vorrang vor den Landes-Angelegenheiten haben, geht es doch um den — sozusagen — erhabenen Teil der Aufgaben des Landes-Regiments, um den höheren, weiter fassenden und breiter wirkenden Teil seiner Mission.

Wenn man die Bundesrepublik als Staat bezeichnet, dann haben die Länder bei dieser Mission Staats-Rang, aber auch nur bei ihr. Sie haben ihn nicht als Gebietsteil-Herrschaftsverbände, d. h. beim Herrschen im Lande. Nur das gibt den Ländern ihre besondere Würde, daß ihre Regimente im Republik-Regiment stehen und bei seinem Herrschen mitwirken. Dort sind sie, die Landes-Regimente, miteinander und mit den unitarischen Elementen des Republik-Regiments verbunden, ihnen bündisch zugeordnet, wenn man es so nennen will. Und in diesem Bereich mag man dann sinnvoll von Bundestreue sprechen, wenn man denn einen Teilbereich der Treue zu unserer Staatsordnung im Ausdruck herausheben will. Aber wozu tut man das eigentlich? Alle Rechte und Pflichten der Herrschenden sind in unserem Gesetzes-System enthalten, sind ausdrücklich oder eingeschlossen = erschließbar geregelt im Grundgesetz oder in solchen Normen, die ihre Geltung vom Grundgesetz ableiten. Es geht, wie bei der Treue zur Verfassung überhaupt, so auch bei der Bundestreue, die nur ein Teilstück von ihr ist, um nichts anderes als um den Gehorsam gegenüber unserer Herrschaftsordnung. Keine so oder so benannte Treue kann unserem Gesetzes-System eine Norm für das Herrschen hinzufügen oder auch nur dazu führen, die geltenden Normen besser zu verstehen.

5. Herrschafts-Unterverbände wirken mit beim Bilden und Funktionieren des ihnen übergeordneten Regiments. Das ist das Modell des Bündischen, um das es *hier* geht.

Das Grundgesetz nun formt nur die Länder nach diesem Modell.

Die Reichsverfassung von Weimar zog auch Regimente von Unterverbänden fernerer Stufe, nämlich der preußischen Provinzen als Selbstverwaltungskörper und Berlins, in den Reichsrat und damit in das Reichs-Regiment. Die damalige Staatstheorie und Staatspraxis hat sich sehr darum gequält, wie das „bundesstaatlich" begriffen und praktiziert werden könnte.

Bei uns wäre etwa zu erwägen, ob man nicht die Regimente großer Städte wegen ihres besonderen Gewichts für das kulturelle und wirtschaftliche Leben der Nation in das *Republik*-Regiment berufen sollte.

Aber noch ein anderes ist zu bedenken: Man könnte auch Länder nach diesem Modell bündisch formen, indem man etwa die Regimente kommunaler Selbstverwaltungskörper (— „Landschaften", Gemeinden —)im Landes-Regiment mitwirken läßt, wie ich es am Ende des Abschnittes I vorgreifend angedeutet habe. Ja man könnte auch Großgemeinden, die in Bezirke mit Volksvertretung und Regierung gegliedert wären, in diesem Sinn bündisch organisieren.

Denn das Modell ist nicht auf das Einrichten eines Gesamt-Regiments beschränkt. Sein Sinn ist doch: Herrschaftsverbände haben teil an der Herrschaft, die ihnen bei ihrem Herrschen Anweisungen zu geben befugt ist. Und das kann nun mehrfach ineinandergeschachtelt sein.

Wenn wir erkennen wollen, was an unserer Republik, im Sinne des Grundgesetzes also, Bundesstaat ist, müssen wir uns frei machen vom Streit um Staats-Titelei, von Rückgriffen auf vergangenes Verfassungsleben, soweit es nicht in unser Grundgesetzes-System übernommen ist, und von allgemeinem Theoretisieren über *den* „Bundesstaat".

Gedanken zur Arbeit des Bundesrates*

Kurt Georg Kiesinger

Das Grundgesetz für die Bundesrepublik Deutschland hat den Bundesrat zu einem machtvollen Bundesorgan geschaffen, durch das die Länder wesentlichen Einfluß auf die Gesetzgebung und Verwaltung des Bundes nehmen können. Zwar hat der Bundesrat heute bei weitem nicht die Rechtsstellung, welche die Reichsverfassung von 1871 dem damaligen Bundesrat zuerkannte, der die Gesamtheit der verbündeten Staatsregierungen als Träger der Reichsgewalt verkörperte und mitbestimmendes Organ von Regierung und Gesetzgebung war.

Beispielsweise war nach der Reichsverfassung von 1871 zu einem Reichsgesetz die Übereinstimmung der Mehrheitsbeschlüsse des Bundesrates und des Reichstages erforderlich (Artikel 5). Der Bundesrat hatte u. a. zu beschließen über die dem Reichstag zu machenden Vorlagen und die von demselben gefaßten Beschlüsse (Artikel 7). Er konnte zur Vorbereitung der Arbeiten ohne den Reichstag, dieser aber nicht ohne den Bundesrat berufen werden (Artikel 13). Zur Erklärung des Krieges im Namen des Reiches war die Zustimmung des Bundesrates erforderlich, es sei denn, daß ein Angriff auf das Bundesgebiet oder dessen Küsten erfolgte; zum Abschluß von Verträgen mit fremden Staaten war die Zustimmung des Bundesrates, zu ihrer Gültigkeit allerdings die Genehmigung des Reichstages, erforderlich (Artikel 11 a. F.).

Die Befugnisse des heutigen Bundesrates gehen aber erheblich über die des Reichsrates nach der Weimarer Verfassung hinaus.

Der Reichsrat hatte gegen vom Reichstag beschlossene Gesetze das Recht des Einspruchs, der nur dann einem Veto gleichkam, wenn der Reichspräsident von seinem Recht, einen Volksentscheid anzuordnen, keinen Gebrauch machte; wenn jedoch der Reichstag mit Zweidrittelmehrheit entgegen dem Einspruch des Reichsrats beschloß, so hatte der Reichspräsident nur noch die Wahl zwischen der Verkündung des Gesetzes in der vom Reichstag beschlossenen Fassung und der Anordnung eines Volksentscheids (Artikel 74).

Ferner war vorgesehen, daß Kriegserklärung und Friedensschluß durch Reichsgesetz erfolgen, so daß der Reichsrat nur das ihm bei der sonstigen Reichsgesetzgebung zustehende Einspruchsrecht hatte; Bündnisse und Verträge mit fremden Staaten, die sich auf Gegenstände der Reichsgesetzgebung bezogen, bedurften der Zustimmung des Reichstages, nicht der des Reichsrates (Artikel 45).

---

* Abgeschlossen am 31. August 1966.

Nach der Regelung des Grundgesetzes bedarf ein großer Teil der Bundesgesetze der ausdrücklichen Zustimmung des Bundesrates. Hierzu gehören außer den Änderungen des Grundgesetzes, für welche die Zustimmung von zwei Dritteln der Stimmen des Bundesrates erforderlich ist (Artikel 79 GG), vor allem die Gesetze, die Rechte und Interessen der Länder bei der Ausführung der Bundesgesetze berühren (z. B. Artikel 84 Abs. 1, 85 Abs. 1, 87 Abs. 3 Satz 2, 87 b, 87 c, 87 d, 108 Abs. 3 GG), sowie die wichtigsten Gesetze auf dem Gebiet des Steuer- und Finanzwesens, beispielsweise Bundesgesetze über Steuern, deren Aufkommen den Ländern oder den Gemeinden ganz oder zum Teil zufließt (u. a. die Vermögensteuer, die Erbschaftsteuer, die Kraftfahrzeugsteuer, die Einkommensteuer und die Körperschaftsteuer, Artikel 105 Abs. 3, 106 Abs. 2 und 3 GG), die Festsetzung der Anteile von Bund und Ländern am Aufkommen der Einkommensteuer und der Körperschaftsteuer (Artikel 106 Abs. 4 GG), Bundesgesetze über Finanzzuweisungen des Bundes an die Länder (Artikel 106 Abs. 5 GG) und über den Finanzausgleich unter den Ländern (Artikel 107 Abs. 2 GG).

Bei Bundesgesetzen, zu denen die Zustimmung des Bundesrates nicht erforderlich ist, kann der Bundesrat nach Abschluß des Verfahrens vor dem Vermittlungsausschuß Einspruch einlegen, der allerdings durch Beschluß der Mehrheit der Mitglieder des Bundestages zurückgewiesen werden kann; hat der Bundesrat den Einspruch mit einer Mehrheit von mindestens zwei Dritteln seiner Stimmen beschlossen, so bedarf die Zurückweisung durch den Bundestag einer Mehrheit von zwei Dritteln, mindestens der Mehrheit der Mitglieder des Bundestages (Artikel 77 Abs. 2—4 GG).

Diese Regelung gilt auch für den Abschluß von Verträgen, welche die politischen Beziehungen des Bundes regeln oder sich auf Gegenstände der Bundesgesetzgebung beziehen. Solche Verträge bedürfen der Zustimmung oder der Mitwirkung der jeweils für die Bundesgesetzgebung zuständigen Körperschaften in der Form eines Bundesgesetzes (Artikel 59 Abs. 2 GG). Es entscheidet also der jeweilige Inhalt des völkerrechtlichen Vertrages und des Ratifikationsgesetzes darüber, ob der Bundesrat ihm ausdrücklich zustimmen muß oder auf das Einspruchsrecht beschränkt ist.

In der Praxis hat sich gezeigt, daß mehr als die Hälfte aller Bundesgesetze der ausdrücklichen Zustimmung des Bundesrates bedürfen. Nach den im Sekretariat des Bundesrates zusammengestellten Zahlen bedurften von den bis zum Abschluß der vierten Legislaturperiode des Bundestages vom Bundesrat im sogenannten zweiten Durchgang behandelten 1934 Gesetzesbeschlüssen 1177 der Zustimmung des Bundesrates, davon 15 als verfassungsändernde Gesetze der Zustimmung von zwei Dritteln der Stimmen des Bundesrates. Von diesen 1934 vom Bundesrat im zweiten Durchgang behandelten Gesetzesbeschlüssen sind 1904 im Bundesgesetzblatt verkündet worden; die Zustimmung des Bundesrates ist bei 935 dieser Gesetze in den Eingangsworten erwähnt. Die Differenz ist auf unterschiedliche Rechtsauffassungen des Bundesrates und der Bundesregierung über die Zustimmungsbedürftigkeit bestimmter Gesetze zurückzuführen.

Nur der Vollständigkeit halber sei erwähnt, daß der Bundesrat nach Artikel 81 GG als „Legalitätsreserve" weitreichende Befugnisse beim sogenannten Gesetzgebungsnotstand hat, die bisher allerdings noch nie praktisch geworden sind. Schließlich bedürfen die meisten Rechtsverordnungen und allgemeinen Verwaltungsvorschriften der Bundesregierung der Zustimmung des Bundesrates (Artikel 80 Abs. 2, 84 Abs. 2, 85 Abs. 2, 108 Abs. 6 GG). Die daraus resultierende Arbeitsbelastung des Bundesrates ist beträchtlich, denn er hat in der angegebenen Zeit 2574 Verordnungen und 306 Verwaltungsvorschriften abschließend beraten.

Die verfassungsrechtliche Position des Bundesrates ist also nicht zu unterschätzen. Eine nüchterne Betrachtung der Verfassungswirklichkeit zeigt jedoch, daß der politische Einfluß des Bundesrates und damit der Länder auf die Gestaltung des Bundeswillens weit hinter den von der Verfassung gewährten Einflußmöglichkeiten zurückbleibt. Es besteht sogar die Gefahr, daß dieser Einfluß immer geringer wird.

In meiner Antrittsrede als Präsident des Bundesrates am 9. November 1962 hatte ich darauf hingewiesen, daß der Bundesrat in den vergangenen Jahren einen eigenen Arbeitsstil entwickelt habe, der ihn befähigte, die Fülle seiner Arbeit innerhalb der ihm zu knapp zugemessenen Fristen des Grundgesetzes konzentriert und sachlich zu leisten. Gerade dieser durch die Verhältnisse ihm aufgezwungene, sachlich unostentative Arbeitsstil des Bundesrates sei jedoch der wichtigste Grund für seine schwache Integrationswirkung im öffentlichen Bewußtsein.

Noch heute gilt meine damalige Feststellung:

„Alle Staatsorgane, die höchsten zumal, haben neben ihrer sachlichen Aufgabe eine Integrationsfunktion zu erfüllen, die für das Gedeihen des Staates nicht weniger wichtig ist als die sachgerechte Erledigung der laufenden Geschäfte. Der Staat lebt geradezu aus diesem Integrationsprozeß aller seiner Glieder, wobei es entscheidend darauf ankommt, wie weit und tief dieser Prozeß in das Bewußtsein des Staatsvolkes dringt. Was das Volk nicht sieht und begreift, und zwar im Sinnzusammenhang des ganzen staatlichen Lebens begreift, daran kann es eben nicht mitdenkend und mitfühlend teilnehmen, das wird von ihm nicht miterlebt, also lebt es auch nicht aus ihm: Es integriert daher zu schwach oder gar nicht.

Im Bundesstaat kommt es demnach wesentlich darauf an, wie weit sein gesamtes Leben als ein sinnvolles Zusammenspiel der staatlichen Kräfte von Bund und Gliedern in einem staatlichen Gesamtgebilde begriffen und miterlebt wird."

Wie schon meine Vorgänger im Amte des Bundesratspräsidenten hatte ich versucht, einige Empfehlungen zur Verbesserung der Arbeit des Bundesrates zu geben und sie in meiner Amtszeit zu verwirklichen. Ich war mir freilich darüber im klaren, daß sich der in vielen Jahren gewachsene Arbeitsstil eines Verfassungsorgans, wie es der Bundesrat ist, nicht von heute auf morgen grundsätzlich ändern läßt. Man kann nur versuchen, erkannte Mängel allmählich zu beseitigen und das vorhandene Gute zu pflegen und weiterzuentwickeln.

Wenn ich auch glaube, gewisse Fortschritte verzeichnen zu können, so gebe ich mich doch nicht der Illusion hin, daß sich ein grundlegender Wandel im Arbeitsstil des Bundesrates abzeichne. Von den seltenen Fällen lebhafterer Aussprachen abgesehen, zeigen die Sitzungen des Bundesrates nach wie vor das gleiche Bild einer geschäftsmäßigen, nüchternen und allzu glatten Erledigung einer oft aus 50 oder mehr Punkten bestehenden Tagesordnung in wenigen Stunden: Bei einigen Vorlagen kurze sachliche Ausschußberichte, gelegentlich eine Erklärung eines Landes und schließlich die Registrierung eines schon vorher feststehenden, nicht selten von den Ausschußempfehlungen abweichenden Ergebnisses durch Abstimmung, ohne daß der Prozeß der Willensbildung in der öffentlichen Sitzung evident würde.

Immer noch lebt der Bundesrat nicht genügend im Bewußtsein unseres Volkes.

Seit langem bewegt mich die Frage, ob dies alles unvermeidlich ist. Der Skeptiker mag sogar fragen, ob es denn so sehr darauf ankomme, daß der Bundesrat wirksam arbeitet. Ich bin der Meinung, daß bald ein grundlegender Wandel geschaffen werden muß. Der Bundesrat ist in dem integrierenden Zusammenspiel der bundesstaatlichen Kräfte eine bedeutsame Instanz, in welcher die Länder unmittelbar über ihre Regierungen bei der gesamten Gesetzgebung und bei der Verwaltung des Bundes mitwirken, und zwar in einem Bundesorgan mit bundespolitischer Verantwortung. Ich habe schon früher dargelegt, daß diese Regelung des Grundgesetzes, die den Länderregierungen eine schwere Last aufbürdet — im Gegensatz zu jenen bundesstaatlichen Ordnungen, welche die Mitwirkung bei der Gesetzgebung des Gesamtstaates besonders dafür gewählten Persönlichkeiten übertrugen —, auch unleugbare Vorzüge hat: Die Länderregierungen bringen in die Beratungen der Bundesgesetze die reichen und vielfältigen Erfahrungen aus dem Leben der Gliedstaaten ein, und sie gewinnen dafür aus den bundesgesetzlichen Beratungen und den durch sie bedingten ständigen Kontakten mit den übrigen Bundesorganen für ihr eigenes landesstaatliches Wirken die unerläßliche, fortgesetzt bereicherte Einsicht in die Notwendigkeiten des Ganzen. Es gibt keinen wirksameren Schutz gegen provinzielle Verkümmerung und partikulare Absonderung als diese Mitwirkung der Länder an der Bundesgesetzgebung im Bundesrat. Der Bundesrat muß aber seine politische Mitverantwortung mehr als bisher erfüllen, denn ein Verfassungsorgan, das nicht als integrierendes Element der staatlichen Ordnung im Bewußtsein des Volkes lebendig ist, stirbt ab, mag es auch so lange sein Leben fristen wie einst der Reichstag zu Regensburg. Institutionelle Reformen mögen hie und da etwas bessern: Entscheidend ist, daß sich alle Mitglieder des Bundesrates in gleichem Maße als Mitglieder einer gesetzgebenden Körperschaft des Bundes und damit als zur Mitgestaltung des politischen

Lebens unseres ganzen Volkes aufgerufen begreifen, wie als Mitglieder der Regierung ihres Landes. Dazu gehört auch, daß die gesetzgebenden Körperschaften der Länder die durch Sitzungen des Bundesrates und seiner Ausschüsse bedingte Abwesenheit von Bundesratsmitgliedern bei einer ihrer eigenen Sitzungen nicht als Sünde wider den Geist der parlamentarischen Demokratie betrachten, sondern als notwendige und zu begrüßende Folge ihrer Einordnung in das größere Ganze des Bundesstaates.

Wägen wir die Möglichkeiten, die politische Funktion des Bundesrates mehr als bisher wirksam werden zu lassen, so zeigt sich zunächst, daß beim zweiten Durchgang der Gesetze durch den Bundesrat kaum eine Änderung der bisherigen Praxis möglich erscheint.

Man darf nicht die Augen davor verschließen, daß der moderne „Parteienstaat" auch vor dem Bundesrat nicht Halt macht. Alle Mitglieder des Bundesrates sind in den Parteiorganisationen auf Bundes- und Landesebene verwurzelt. Im Schoße der Parteien werden aber vielfach wichtige Vorentscheidungen für die Gesetzgebung getroffen, vor allem in den Fraktionen des Deutschen Bundestages und in deren Arbeitskreisen. Die Standpunkte der politischen Parteien in den politisch bedeutsamen Fragen werden dann in den Ausschüssen und im Plenum des Bundestages weiter entwickelt und in aller Öffentlichkeit dargelegt. Bis zum zweiten Durchgang eines Gesetzes im Bundesrat sind also die parteipolitischen Fronten längst bezogen und verfestigt. Dem Einfluß dieser Meinungsbildung können sich auch die Mitglieder des Bundesrates nicht entziehen. Deshalb ist die Neigung, wegen eines vom Bundestag beschlossenen Gesetzes den Vermittlungsausschuß anzurufen, einem solchen Gesetz die Zustimmung zu versagen oder dagegen Einspruch einzulegen, begreiflicherweise gering, es sei denn, daß spezifische Länderinteressen auf dem Spiele stehen. Einige Zahlen mögen dies verdeutlichen:

Bis zum Ende der vierten Legislaturperiode des Deutschen Bundestages hat der Bundesrat insgesamt 207mal den Vermittlungsausschuß angerufen, die Bundesregierung 12mal, der Bundestag 7mal. 33 Gesetzesbeschlüssen des Bundestages hat der Bundesrat seine Zustimmung versagt, doch wurden 16 davon nach anschließendem Vermittlungsverfahren doch noch im Gesetzblatt verkündet. Insgesamt hat der Bundesrat 1703 der 1934 vom Bundestag beschlossenen Gesetze unverändert passieren lassen. In den übrigen Fällen ist es fast immer gelungen, im Vermittlungsausschuß einen Einigungsvorschlag zu erarbeiten, dem dann beide Häuser zustimmen konnten. Nur 19 der im Vermittlungsausschuß behandelten Gesetze wurden nicht im Gesetzblatt verkündet. Wie schon erwähnt, sind von den 1934 im zweiten Durchgang vom Bundesrat behandelten Gesetzesvorlagen 1904 im Bundesgesetzblatt verkündet worden und in Kraft getreten. Nur 30 der 1934 Gesetzesbeschlüsse des Bundestages wurden nicht Gesetz: In 17 Fällen hat der Bundesrat endgültig seine Zustimmung verweigert; drei der insgesamt fünf

Einsprüche des Bundesrates konnten vom Bundestag nicht zurückgewiesen werden; in fünf Fällen hat der Bundestag auf Vorschlag des Vermittlungsausschusses seinen ursprünglichen Gesetzesbeschluß wieder aufgehoben; ein Gesetz ging wegen des Endes der Legislaturperiode nach Anrufung des Vermittlungsausschusses unter; in vier Fällen beruhte die Nichtverkündung auf einem Entschluß des Bundespräsidenten oder der Bundesregierung.

Die große Chance des Bundesrates liegt also nicht im zweiten, sondern im ersten Durchgang, in dem der Bundesrat als erste gesetzgebende Körperschaft die Gesetzentwürfe der Bundesregierung mit dem vollen Interesse der deutschen Öffentlichkeit beraten kann.

Auch hier seien einige aufschlußreiche Zahlen angeführt. Von den insgesamt 2917 Gesetzesinitiativen der ersten vier Legislaturperioden des Deutschen Bundestages stammten 1692 (58%) von der Bundesregierung, 1167 aus der Mitte des Deutschen Bundestags und 58 vom Bundesrat. Es überwiegen also zahlenmäßig die Gesetzentwürfe der Bundesregierung, zu denen der Bundesrat im ersten Durchgang Stellung nehmen kann; die Bedeutung dieses Rechts der ersten Stellungnahme wird noch deutlicher, wenn man bedenkt, daß die meisten dieser Regierungsentwürfe in mehr oder weniger veränderter Form Gesetz werden, da ja die Bundesregierung von der Mehrheit des Bundestages getragen wird, während zahlreiche Gesetzesinitiativen aus der Mitte des Deutschen Bundestages von dessen Mehrheit nicht gebilligt werden.

Diese Chance des ersten Durchgangs hat der Bundesrat bisher nur unzureichend genutzt. Zwar ist es wohl allgemein anerkannt, daß der Bundesrat mit seinen Empfehlungen im ersten Durchgang viel nützliche Arbeit leistet. Seine von den sachkundigen Referenten der Länder in den Ausschüssen und Unterausschüssen des Bundesrates erarbeiteten Empfehlungen werden von den Fachleuten geschätzt und vom Bundestag bei seinen Gesetzesbeschlüssen weitgehend berücksichtigt, da sie die Erfahrungen der Verwaltung widerspiegeln und vielfach geeignet sind, die reibungslose Durchführung der Gesetze in der Praxis zu erleichtern. Eine eigene politische Konzeption hat der Bundesrat aber selten entwickelt. Die politische Auseinandersetzung kommt in seinen Beratungen meist zu kurz. Der Bundesrat kann aber die politischen Möglichkeiten des ersten Durchgangs nur nutzen, wenn die Regierungen der Länder die Beratungen so vorbereiten, daß sie die politischen Probleme in den Plenarsitzungen des Bundesrates mit demselben Gewicht wie der Deutsche Bundestag vor der deutschen Öffentlichkeit debattieren können.

Mit Recht haben die Präsidenten des Bundesrates immer wieder darauf hingewiesen, daß die dem Bundesrat vom Grundgesetz zugemessenen zu kurzen Fristen ein großes Hindernis für seine Arbeit sind. Die Möglichkeit einer zweiten Lesung der Vorlagen im Bundesrat wäre dringend erwünscht. Nach langen vorbereitenden Gesprächen hatte der Bundesrat im Juli 1964 beschlossen, beim Bundestag einen Initiativgesetzentwurf einzubringen, durch den die im Grundgesetz bestimmten Fristen für die Beratungen des Bundesrates verlängert werden sollten. Die Frist für die Stellungnahme im ersten Durchgang sollte von drei auf sechs Wochen verlängert werden, die Frist für die Anrufung des Vermittlungsausschusses von zwei auf drei Wochen und die Frist für die Einlegung des Einspruchs von einer Woche auf zwei Wochen. Erst fünf Monate später hatte die Bundesregierung den Entwurf an den Bundestag weitergeleitet mit einer Stellungnahme, deren Tendenz für den Bundesrat nicht günstig war. Der Bundestag hat den Entwurf bis zum Ende seiner vierten Legislaturperiode nicht mehr im Plenum beraten, so daß er mit deren Ende untergegangen ist. Bedauerlicherweise haben die Gespräche zwischen den Präsidien des Bundesrates und des Bundestages den Eindruck vermittelt, daß sich im Bundestag wohl kaum die notwendige Zweidrittelmehrheit für eine Änderung des Grundgesetzes im Sinne der bescheidenen Wünsche des Bundesrates finden wird. Der Bundesrat hat sich deshalb bisher auch noch nicht dazu entschließen können, den Initiativgesetzentwurf in der fünften Legislaturperiode beim Deutschen Bundestag erneut einzubringen.

Bei dieser Sachlage müssen der Bundesrat und die Regierungen der Länder nach Wegen suchen, die öffentlichen Beratungen in der Vollversammlung des Bundesrates besser vorzubereiten als bisher. Dieses Problem beschäftigt die Ministerpräsidenten der Länder schon lange. Die Antrittsreden fast aller Bundesratspräsidenten geben, jede auf ihre Weise, beredtes Zeugnis davon. Nach meiner Amtszeit war es besonders der Hessische Ministerpräsident, Herr Dr. h. c. Georg August Zinn, der als Bundesratspräsident versuchte, der Reform des Bundesrates neue Impulse zu geben. Schließlich haben die Ministerpräsidenten der deutschen Länder auf ihrer Besprechung vom 15. Januar 1965 Herrn Dr. Zinn und mich beauftragt, ihnen gemeinsam nähere Vorschläge zu unterbreiten.

Da wir in der Beurteilung der gegebenen Lage und den daraus zu ziehenden Folgerungen voll übereinstimmten, konnten wir schon im Frühjahr 1965 den Regierungschefs der Länder einige praktische Vorschläge zur Verbesserung der Bundesratsarbeit zuleiten. Die Regierungschefs haben diese Vorschläge in ihrer Besprechung am 8. Juli 1965 begrüßt. Soweit diese Vorschläge die Arbeit der Landesregierungen betreffen, haben die Ministerpräsidenten diesen empfohlen, entsprechend zu verfahren. Außerdem haben sie den Präsidenten des Bundesrates gebeten, die übrigen Vorschläge in dem den Landesregierungen vorgelegten Entwurf für eine Neufassung der Geschäftsordnung des Bundesrates zu berücksichtigen. Dies ist geschehen. Der Bundesrat hat die neue Geschäftsordnung in seiner Sitzung am 1. Juli 1966 verabschiedet (BGBl. I S. 437).

Für besonders wichtig halte ich unseren Vorschlag, daß die Landesregierungen politisch bedeutsame Gesetzentwürfe der Bundesregierung schon im Entstehungsstadium vorberaten sollen. Die Regierung des Landes Baden-Württemberg hat dieses Verfahren vor einiger Zeit eingeführt und bisher gute Erfahrungen damit gemacht. Das jeweils federführende Mitglied der Landesregierung berichtet im geeigneten Zeitpunkt im Ministerrat persönlich über wichtige Vorlagen, die von den Bundesressorts vorbereitet werden. Dabei muß in Kauf genommen werden, daß ein solcher Referentenentwurf einmal nicht von der Bundesregierung verabschiedet wird oder bis zur offiziellen Zuleitung an den Bundesrat eine andere Gestalt annimmt. Diese Vorberatung soll dazu dienen, die gesamte Regierung frühzeitig mit der Problematik politisch wichtiger Vorlagen vertraut zu machen. Wir hoffen, daß auf diese Weise die schon jetzt geleistete vorbereitende Arbeit der Konferenzen der Fachminister und unserer sachverständigen Beamten für die öffentlichen Beratungen im Plenum des Bundesrates mehr als bisher fruchtbar gemacht werden kann. Es ist dabei im allgemeinen nicht daran gedacht, in diesem Stadium des Verfahrens Kabinettsbeschlüsse zu fassen, welche die Mitglieder der Bundesratsausschüsse binden, da in den Ausschüssen noch die Möglichkeit bestehen muß, zu diskutieren und Kompromisse zu suchen. Die Vorberatung braucht sich übrigens nicht auf Gesetzentwürfe der Bundesregierung zu beschränken. Es hat sich als zweckmäßig erwiesen, in geeigneten Fällen die Landesregierung auch mit dem Stand der Beratungen eines Gesetzes im Bundestag — sei es ein Regierungsentwurf oder ein Initiativgesetzentwurf aus der Mitte des Bundestages — oder mit wichtigen Entwürfen zu Rechtsverordnungen der Bundesregierung zu befassen.

Die Ministerpräsidenten haben, wie erwähnt, den Landesregierungen empfohlen, entsprechend diesem Vorschlag zu verfahren.

Wir haben ferner erneut darauf hingewiesen, daß die Teilnahme der Mitglieder oder stellvertretenden Mitglieder des Bundesrates an den Sitzungen fast aller Ausschüsse in besorgniserregender Weise zurückgegangen ist. Die Vorbereitung der Plenarsitzungen durch die Ausschüsse wird daher weitgehend von den Ministerialbeamten geleistet. Dies birgt die Gefahr in sich, daß politische Gesichtspunkte nicht in gleicher Weise berücksichtigt werden, wie wenn die politisch verantwortlichen Ausschußmitglieder selbst an der Sitzung teilnehmen, und daß deshalb auch im Plenum die politische Problematik unzulänglich ausgebreitet wird.

Abhilfe könnte dadurch geschaffen werden, daß die Ausschußberatungen mehr als bisher in Unterausschüssen und Referentenbesprechungen vorbereitet werden. Wenn die Vorlagen in diesen Vorberatungen unter fach- und rechtstechnischen Gesichtspunkten durch die Referenten geprüft werden, kann für die Erörterung der grundsätzlichen und politisch wichtigen Fragen im Ausschuß selbst Zeit gewonnen werden.

Die persönliche Berteiligung der politisch verantwortlichen Kabinettsmitglieder an der Arbeit in den Ausschüssen des Bundesrates halte ich für eine der wichtigsten Voraussetzungen für eine Verstärkung der politischen

Funktion des Bundesrates. Ich weiß aus eigener Erfahrung nur zu gut, wie schwer es der Politiker unter dem Joch des Terminkalenders hat, alle seine Verpflichtungen gegenüber dem Landesparlament, dem er verantwortlich ist, und dessen Ausschüssen, seine Aufgaben bei der Leitung seines Ressorts und bei der sonstigen politischen Arbeit im Lande mit den auf Bundesebene zu erfüllenden Aufgaben in Einklang zu bringen. Es bleibt nur immer wieder der Appell an jeden einzelnen von uns, das unmöglich Scheinende doch irgendwie möglich zu machen.

Wichtig erscheint ferner, daß die Beratungen in der Plenarsitzung des Bundesrates von zweitrangigen Fragen entlastet werden. Zu diesem Zweck sollten Gegenstände der Tagesordnung von untergeordneter politischer Bedeutung und die dazu vorliegenden Empfehlungen der Ausschüsse in einen zweiten Teil der Tagesordnung verwiesen und bei allseitigem Einverständnis ohne Aussprache en bloc verabschiedet werden. Die Berichterstatter der Ausschüsse sollten ferner in der Plenarsitzung nur die politisch bedeutsamen Ergebnisse der Ausschußberatungen behandeln und Ausführungen zu rechtstechnischen und fachlichen Fragen als schriftlichen Bericht zu Protokoll geben.

Schon die bisherige Geschäftsordnung des Bundesrates stand der Verwirklichung dieser Vorschläge nicht entgegen. Sie sah in ihrem § 11 Abs. 2 vor, daß die Tagesordnung zu Beginn jeder Plenarsitzung des Bundesrates festgestellt wird. Wenn auch der Bundesrat im allgemeinen nach seiner gedruckten Tagesordnung, die im Sinne dieser Geschäftsordnungsbestimmung die „vorläufige Tagesordnung" ist, verfährt, ermöglichte es doch auch schon diese Bestimmung der Geschäftsordnung, zur Entlastung der Plenarsitzungen Gegenstände der Tagesordnung von untergeordneter Bedeutung zusammenzufassen und ohne Aussprache en bloc zu verabschieden. Von dieser Möglichkeit hatte der Bundesrat seit einiger Zeit in geeigneten Fällen schon mehrfach Gebrauch gemacht. Mit Rücksicht auf diese Praxis wurde bei der Neufassung der Geschäftsordnung darauf verzichtet, die Zweiteilung der Tagesordnung in eine besondere Vorschrift aufzunehmen. Eine Zweiteilung schon bei der Aufstellung der vorläufigen Tagesordnung (§ 15 Abs. 2 Satz 2 der neuen Geschäftsordnung) wäre ohnehin nicht möglich, da sich oft erst während der Ausschußberatungen die Problematik einer zunächst unbedeutend erscheinenden Vorlage zeigen kann, so daß ihre eingehende Beratung im Plenum des Bundesrates notwendig wird. Bei der Feststellung der endgültigen Tagesordnung vor Eintritt in die Verhandlungen (§ 23 Abs. 2 Satz 1 der neuen Geschäftsordnung, der im wesentlichen dem § 11 Abs. 2 Satz 1 der früheren Geschäftsordnung entspricht) kann der Bundesrat im Sinne unserer Vorschläge die Tagesordnung gliedern. Überdies läßt § 29 Abs. 2 der neuen Geschäftsordnung ausdrücklich ein vereinfachtes Abstimmungsverfahren und die Zusammenfassung der Abstimmung über mehrere Beratungsgegenstände zu.

Hinsichtlich der Berichterstattung der Ausschüsse bestimmt § 25 Abs. 2 der neuen Geschäftsordnung entsprechend unseren Vorschlägen:

„(2) Die Berichte müssen die Beratungen in den Ausschüssen objektiv wiedergeben, sollen sich aber auf die politisch bedeutsamen Ergebnisse beschränken. Über fachliche oder rechtstechnische Beratungen und deren Ergebnis kann mit Zustimmung des Präsidenten ein schriftlicher Bericht unter Verzicht auf seinen Vortrag zu dem Bericht über die Sitzung gegeben werden."

Im übrigen könnte eine Entlastung der Plenarsitzungen von der Beratung weniger bedeutsamer Fragen auch dadurch erreicht werden, daß die Minister selbst mehr als bisher an den Beratungen der Ausschüsse teilnehmen und dort die Spreu allzu perfektionistischer Vorschläge vom Weizen der politisch bedeutsamen Empfehlungen sondern.

Die von uns vorgeschlagene Entlastung der Plenarsitzungen soll natürlich nicht dazu dienen, die Sitzungen des Bundesrates noch schneller und glatter als bisher abzuwickeln. Sie soll vielmehr die Voraussetzungen dafür schaffen, daß der Bundesrat Zeit für die Diskussion der politisch wichtigen Probleme gewinnt. Für diese Diskussion sollte sich der Bundesrat aber auch wirklich mehr Zeit nehmen und notfalls bereit sein, ganztägig zu verhandeln.

Bei der Beratung solcher politisch wichtiger Vorlagen sollten in der Plenarsitzung außer dem Ausschußberichterstatter mindestens zwei Mitglieder des Bundesrates das Wort ergreifen, um das Für und Wider des Entwurfs, der Ausschußempfehlungen und der vorliegenden Landesanträge darzulegen. In allen modernen Parlamenten, auch im Deutschen Bundestag, wird ein großer Teil der Arbeit in den Sitzungen der Ausschüsse und Fraktionen geleistet. In den seltensten Fällen hat die öffentliche Debatte in den Plenarsitzungen noch den Sinn, einander durch Rede und Gegenrede zu überzeugen. Viel öfter haben die Reden in den Plenarsitzungen — durchaus legitim — den Zweck, die Standpunkte der Parteien zu bestimmten politischen Fragen vor der Öffentlichkeit darzulegen und zu erläutern. Ähnlich wie die Sprecher der Fraktionen des Deutschen Bundestages hätten auch im Bundesrat die referierenden und korreferierenden Diskussionsredner die Aufgabe, die politischen Fragen des Beratungsstoffs von verschiedenen Seiten aus politischer Sicht zu beleuchten. Mit einer derartigen „explanation de vote" könnten auch die Mitglieder des Bundesrates alle für ihre Entscheidungen maßgeblichen Erwägungen vor der Öffentlichkeit darstellen. Ich halte diese Argumentation in der öffentlichen Sitzung für unumgänglich, denn nur so kann der Bundesrat seine Arbeit dem Volke wirklich nahe bringen. Dieser Gedanke hat in § 24 der neuen Geschäftsordnung seinen Niederschlag gefunden. Hier wird bestimmt:

„Der Präsident soll darauf hinwirken, daß unabhängig von der Berichterstattung der Ausschüsse bei Beratungsgegenständen von allgemeinem Interesse oder von besonderer Bedeutung die Gründe dargelegt werden, die für die Entscheidung über die Ausschußempfehlungen oder Anträge von Bedeutung sind."

Natürlich ist es mit der Aufnahme dieser Bestimmung in die Geschäftsordnung nicht getan. Sie muß in der politischen Praxis mit Leben erfüllt werden.

Wenn diese Debatten echte politische Debatten sein sollen, wird es sich nicht vermeiden lassen, daß stärker als bisher parteipolitisch diskutiert wird. Die Notwendigkeit einheitlicher Entscheidung einer Landesregierung bei der Abstimmung wird wohl nicht hindern, daß in der Debatte die innerhalb einer Landesregierung etwa noch bestehenden unterschiedlichen Meinungen im Plenum des Bundesrates zu Wort kommen in dem Sinn, daß ein in der Landesregierung überstimmtes Kabinettsmitglied im Bundesrat erklärt, seine Regierung habe sich zwar zu einer bestimmten Entscheidung entschlossen, habe sich aber dabei mit der abweichenden Auffassung auseinandergesetzt, die er im Bundesrat darlege.

Darüber hinaus sollten die Landesregierungen ernstlich erwägen, ihren Vertretern im Bundesrat auch bei der Abstimmung mehr Spielraum als bisher zu gewähren. Wie die Bindung der Mitglieder des Bundesrates an die „Weisungen" der Landesregierungen politisch aufzufassen sei, hat der erste Präsident des Bundesrates, KARL ARNOLD, so umschrieben:

„Die in den Bundesrat entsandten Mitglieder der Landesregierungen stimmen nach ihrer freien Gewissensüberzeugung, aber aus der einheitlichen politischen Gesamtlinie heraus, die sie in ihren heimatlichen Kabinetten immer wieder selbst erarbeiten und tragen, so daß die Freiheit ihres Entschlusses lediglich durch die kollegiale Zusammenarbeit in den Landesregierungen, durch die innere Verpflichtung, den Landeswillen als solchen zu repräsentieren, und durch das Bewußtsein der Verantwortlichkeit gegenüber der parlamentarischen Vertretung ihres Landes begrenzt wird."

Ich habe in meiner Antrittsrede als Bundesratspräsident hieran erinnert. Ministerpräsident Dr. ZINN hat im Anschluß daran noch einmal betont, daß es dem Geist der parlamentarischen Demokratie widerspreche, wenn ein vernünftiges Argument in der Plenarsitzung des Bundesrates nur deswegen unbeachtet bleibt, weil es dort zum ersten Mal und ohne Vorankündigung vorgetragen wird. Mehr Freiheit bei der Abstimmung im Detail, allerdings in den Grenzen der grundsätzlichen politischen Haltung einer Landesregierung, wäre in der Tat ein erwünschter Beitrag zur Verlebendigung der Arbeit des Bundesrates.

Ich verkenne nicht, daß die Verwirklichung all dieser Vorschläge zusätzliche Lasten für alle Mitglieder des Bundesrates mit sich bringen wird. Es geht aber um die Erfüllung der Aufgaben, die das Grundgesetz dem Bundesrat und seinen Mitgliedern aufgetragen hat. Es ist an der Zeit, das Notwendige zu tun.

Die staatsbürgerliche Gleichheit

Theodor Maunz

Nur mühsam wird die Sonderstellung der „staatsbürgerlichen" Gleichheit im Verhältnis zum allgemeinen Gleichheitssatz dadurch gekennzeichnet, daß von einer „Wechselwirkung" zwischen beiden gesprochen wird. Sicher ist allerdings, daß bei Würdigung der staatsbürgerlichen Gleichheit ausgegangen werden muß von der allgemeinen Gleichheit (Art. 3 Abs. 1 GG), daß aber andererseits die staatsbürgerliche Gleichheit nicht ausschließlich ein Willkürverbot wie der allgemeine Gleichheitssatz ist, sondern manche Ungleichheiten auch dann verbietet, wenn sie sich durch eine sachgerechte Überlegung rechtfertigen ließen. Das staatsbürgerliche Gleichheitsgebot ist dadurch über den allgemeinen Gleichheitssatz hinaus auf eine weitere Einengung der Rechtsanwendung gerichtet. Das allein erschöpft aber seine Sonderstellung noch nicht. Man wird vielmehr einzelne Rechtspositionen innerhalb der staatsbürgerlichen Gleichheit gesondert betrachten und bei den einzelnen Rechtspositionen zu einer Differenzierung schreiten müssen.

Den verfassungsrechtlichen Kern der staatsbürgerlichen Gleichheit als Grundrecht und als Verfassungseinrichtung enthält Art. 33 des Grundgesetzes. Er läßt vor allem drei Anwendungsbereiche erkennen: die bundesstaatliche Gleichheit, die amtsrechtliche Gleichheit und die bekenntnismäßige Gleichheit. Außerhalb des Art. 33 kommt im staatsbürgerlichen Bereich vor allem die wahlrechtliche Gleichheit (Art. 38 GG) in Frage.

1. Die bundesstaatliche Gleichheit

Das Grundgesetz kleidet das Gebot der bundesstaatlichen Gleichheit in den einfach klingenden, aber keineswegs sehr einfach anzuwendenden Satz: „Jeder Deutsche hat in jedem Land die gleichen staatsbürgerlichen Rechte und Pflichten". Dieser in seiner Wurzel auf die Reichsverfassung von 1871 zurückreichende, in seiner Formulierung fast wörtlich aus der Weimarer Verfassung stammende Satz, der schon damals unklar und umstritten war, ist durch die Aufnahme in das geltende Recht keineswegs klarer geworden. Durch ihn sind vielmehr auch die Zweifel und Auslegungsschwierigkeiten von damals übernommen worden. Die Grundtendenz des

Satzes dürfte aber außer Streit stehen: Die föderalistische Staatsstruktur zieht wesensmäßig manche Unterschiede zwischen Angehörigen eines Gliedstaates nach sich. Wenn es den Gliedstaaten gestattet ist, unterschiedliche Steuern oder Steuersätze einzuführen, dann ist es unausweichlich, daß die Bürger steuerlich unterschiedlich behandelt werden. Manche Unterschiede zwischen Angehörigen von Gliedstaaten könnten nur dann voll behoben werden, wenn die föderalistische Struktur beseitigt würde. Der Grundsatz der bundesstaatlichen Gleichheit sucht — unter gleichzeitiger Anerkennung der föderalistischen Struktur — den Kreis der Unterschiede einzuengen. Das geschieht durch Art. 33 Abs. 1 GG, der den Sinn hat: Kein deutsches Land darf in seiner Rechtsordnung einen Angehörigen eines anderen deutschen Landes ungünstiger behandeln, als es in gleicher Lage die Angehörigen des gleichen Landes behandelt.

Den Begriff „Angehöriger" eines Landes, den das Grundgesetz aus verständlichen Gründen vermeidet, wird man sehr weit fassen müssen, zumal eine Landesstaatsangehörigkeit zwar vom Grundgesetz zugelassen, aber in keinem Lande geschaffen ist. Auch die „Beheimatung", die Abstammung von Vorfahren des gleichen Landes, der durch Geburt begründete Zusammenhang, das subjektive Bewußtsein oder der individuelle Willensentschluß scheiden als brauchbare Kriterien aus. Man wird vielmehr an andere traditionelle Anknüpfungspunkte einer Person an ein Land denken müssen, etwa an den Wohnsitz oder den Aufenthalt, allenfalls geknüpft an eine bestimmte Mindestdauer. Die Grenzen des Begriffs werden in jedem Falle etwas verschwommen bleiben. Es gibt doch wohl zu denken, daß der Satz der bayerischen Verfassung, wonach bayerischer Ministerpräsident nur ein wahlberechtigter Bayer werden kann (Art. 44 Abs. 2 BV), zu der Frage geführt hat, was die Verfassung unter einem Bayern versteht. Wird jemand dadurch, daß er in den bayerischen Landtag gewählt wird, Bayer? Oder ist er dadurch Bayer, daß er in Bayern wahlberechtigt ist? Gegen letzteres spricht, daß die Verfassung ersichtlich zwischen wahlberechtigten und nichtwahlberechtigten Bayern unterscheiden möchte. Da die bayerische Verfassung schwerlich auf einen bloßen lokalen Zusammenhang abstellen wollte, bleiben bei jeder Auslegung Fragen offen. Freilich kann man den Vorrang des Art. 33 Abs. 1 GG vor dem Art. 44 Abs. 2 BV auch in der Weise lösen, daß man das Erstreckungsgebot so auffaßt: Wenn (nur) ein Bayer bayerischer Ministerpräsident werden kann, dann kann es nach Art. 33 Abs. 1 GG auch jeder andere Deutsche.

Aber auch der Bereich des „Staatsbürgerlichen" ist unscharf. Sicherlich gehört der bürgerliche Rechtsverkehr nicht dazu; doch greift bei ihm vielfach Art. 3 GG ein. In dem Zwischenstück zwischen bürgerlichen Beziehungen einerseits und Bestellungsakten staatlicher Organe durch Wahlen andererseits, die ihrerseits unstreitig „staatsbürgerlich" sind, finden sich insbesondere Schul-, Ausbildungs- und Beschäftigungsverhältnisse verschiedenster

Art, bei denen die Erstreckung landesrechtlicher Rechtssätze auf Angehörige anderer Länder von Bedeutung wird.

Im Anschluß an die erwähnte geschichtliche Entwicklung, die von der Bismarckschen Verfassung über die Weimarer Verfassung zu Art. 33 Abs. 1 GG führt, wird man zwischen staatsbürgerlichen und bürgerlichen Rechten unterscheiden müssen; das bestätigt auch noch der Wortlaut von Art. 33 Abs. 3 GG. Staatsbürgerlich wären danach wohl Rechte, die das Verhältnis des Bürgers zum Staat betreffen, allerdings nicht nur der sog. „status activus"; alle übrigen Beziehungen wären bürgerliche Rechtsverhältnisse, letztere einschließlich solcher, die dem öffentlichen Recht zugerechnet werden. Die Abgrenzung ist im ganzen durchführbar, in Einzelfragen schwankend.

Daß der Gleichheitssatz im staatsbürgerlichen Bereich bei der Anwendung auf Angehörige verschiedener deutscher Länder nur ein Erstreckungsgebot, nicht eine Nivellierung bedeutet, zeigt sich an folgender Auslegung: Hat z. B. ein Deutscher im Lande Hessen bestimmte staatsbürgerliche Rechte, so muß keineswegs ein Deutscher im Lande Niedersachsen die gleichen Rechte haben. Aber auch derselbe Deutsche aus Hessen hat nicht die gleichen Rechte in Niedersachsen, die er in Hessen hat. Vielmehr hat der Deutsche in Hessen nur die gleichen Rechte, wie sie andere Deutsche in Hessen haben, und in Niedersachsen hat der Deutsche aus Hessen nur die gleichen Rechte wie andere Deutsche in Niedersachsen. Dabei handelt es sich um eine Erstreckung schlechthin, nicht um eine durch sachgerechte Erwägungen abänderbare Erstreckung. Führt eine Hochschule in einem Land in zulässiger Weise Zugangsbeschränkungen für Studierende ein, so darf sie nicht zwischen Studierenden aus verschiedenen Ländern differenzieren. Von dieser zwingend vorgeschriebenen Gleichbehandlung darf auch nicht abgewichen werden, wenn an der Hochschule von dem aus dem Sitzland der Hochschule stammenden Studierenden keine Studiengebühren erhoben werden, wohl aber von den aus anderen Ländern stammenden Studierenden. Die unterschiedliche Erhebung von Studiengebühren wird man — in freilich konzilianter Auslegung — als einen nicht dem staatsbürgerlichen Bereich zuzurechnenden Akt betrachten dürfen, während die Zulassung als unmittelbarer Ausfluß des Verhältnisses zum Staat dem Erstreckungsgebot unterliegt. Andere Differenzierungen bei der Zulassung dürfen — jedenfalls von Art. 33 GG her — gemacht werden: etwa nach dem Geburtsjahrgang, nach der Wartezeit, nach der Berücksichtigung des abgelegten Wehrdienstes, selbst nach dem Auslossystem — aber dann für alle Deutschen in gleicher Weise nach sachgerechten Erwägungen. Kein zulässiges Unterscheidungsmerkmal wäre es dagegen, nach dem Wohnsitz der Eltern am Hochschulort und in seiner Umgebung oder nach dem Ort der Schule des erworbenen Reifezeugnisses zu unterscheiden; denn das verstieße im staatsbürgerlichen Bereich gegen die bundesstaatliche Gleichheit, und hier sind sachgerechte Erwägungen nicht geeignet, eine Abweichung zuzulassen. Nicht einmal als ein sachgerechter Beweggrund — falls ein solcher überhaupt erwogen werden dürfte — wäre es anzusehen, auf die Aufwendungen des Landes des Hochschulortes in seinem Staatshaushalt abzustellen.

Der Satz von der Gleichheit der staatsbürgerlichen Rechte und Pflichten soll gleichzeitig die mehrfache Ausübung dieser Rechte und Pflichten in verschiedenen Ländern verhindern. Daher ist es als zulässig anzusehen, durch Landesrecht das aktive und passive Wahlrecht an Voraussetzungen zu knüpfen, die eine gleichzeitige Ausübung in verschiedenen Ländern unmöglich machen. Erfolgen freilich vom Land her keine Einschränkungen, so darf ein Deutscher mit Wohnsitz in zwei Ländern sowohl bei der Landtagswahl im einen Land wie im anderen Lande als Wähler teilnehmen. Dagegen wird er nur in einem Lande in den Landtag gewählt werden können. Eine doppelte Landtagsmitgliedschaft wird durch Art. 33 GG weder verlangt noch zugelassen. Schweigen die einschlägigen (vom Bundesrecht her Einschränkungen zulassende) Landesrechtssätze darüber, so wird man entweder die Priorität oder die Entscheidung des einzelnen darüber bestimmen lassen müssen. Für Landtagswahlen wird landesrechtlich vorgeschrieben werden dürfen, daß ein Wahlbewerber seinen Wohnsitz in diesem Lande haben muß. Ein Deutscher eines anderen deutschen Landes ohne solchen Wohnsitz kann in diesem Fall wohl nicht verlangen, daß er als Wahlbewerber zugelassen wird. Aber es darf ihm nicht verwehrt werden, einen Wohnsitz in dem Lande zu begründen, in dem er gewählt werden will. Der Landesgesetzgeber kann vorschreiben, daß ein Politiker, der Minister des einen Landes ist, nicht gleichzeitig Minister eines anderen Landes sein kann. Aber er kann nicht verbieten, daß ein früherer Minister eines Landes in einem anderen Land Landesminister ist. Im ersten Fall steht die amtsrechtliche Unvereinbarkeit im Vordergrund, im zweiten das bundesstaatliche Gleichheitsgebot. Bei der Regelung des Landeswahlrechts sind bestimmte Voraussetzungen in bezug auf eine Mindestaufenthaltsdauer im Landesgebiet als zulässig zu betrachten, ebenso wohl auch eine Beendigung der Landtagsmitgliedschaft bei endgültigem Wegzug aus dem Land.

Ansprüche aufgrund von Landesgesetzen oder aus Landesstiftungen dürfen wohl auch — ohne Verletzung des bundesstaatlichen Gleichheitsgebotes — von der Begründung eines Wohnsitzes im Lande abhängig gemacht werden. Andererseits dürfen gegen Angehörige eines Landes keine Erwerbssperren für den Grundbesitz bei nicht nachgewiesener Wohnmöglichkeit ausgesprochen werden; auch in dieser Frage, die die Grenze des staatsbürgerlichen zum bürgerlichen Bereich berührt, dürfen Beschränkungen, wenn überhaupt, dann nur für Deutsche aller Länder unterschiedslos erlassen werden.

Bei der reichen Kasuistik, zu der die bundesstaatliche Gleichheit Anlaß gibt, drängt sich die Frage auf, ob zu ihrer Gewährleistung wirklich so diffizile Unterscheidungen gemacht werden müssen, wie sie die genannten Beispiele andeuten. Jedenfalls läßt das offensichtlich apodiktisch gewollte Gebot des Grundgesetzes gegenwärtig kaum einen anderen Schluß zu als den, daß sich Art. 33 Abs. 1 GG einen anderen Gleichheitsbegriff vorstellt als Art. 3 Abs. 1 GG, und zwar einen engeren Begriff, der Abweichungen in geringerem Ausmaß zuläßt als das verfassungsrechtliche Gebot sachgerechter Maßnahmen. Dies dürfte auch einer verbreiteten Vulgärmeinung in der Bundesrepublik entsprechen. Die USA scheinen es in der gleichen Frage leichter zu haben. Bei aller selbstverständlichen Einheit des Unionsgebietes und der Unionsangehörigen lassen sie ohne Zögern eine bunte Fülle föderaler Differenzierungen auch bei den Rechtspositionen ihrer Bürger aus verschiedenen Gliedstaaten zu. In der Bundesrepublik werden solche Differenzierungen, selbst wo sie Anerkennung aus Vernunftgründen begehren, angeprangert, wenn nicht gar der Lächerlichkeit preisgegeben. Auch das trägt dazu bei, eine Auflockerung des starren bundesstaatlichen Gleichheitssatzes zu verhindern.

An einer Stelle durchbricht freilich das Grundgesetz selbst diesen engen Rahmen: beim Grundsatz der landsmannschaftlichen Zusammensetzung der Bundesbehörden (Art. 36 GG). Hier dürfen nicht nur Unterschiede gemacht, hier müssen sie gemacht werden. Die obersten Bundesbehörden müssen ihren Beamtenkörper landsmannschaftlich zusammensetzen, indem sie Beamte aus allen Ländern in angemessenem Verhältnis verwenden. Andere Bundesbehörden sollen sich bei der Verwendung von Arbeitskräften nach dem sog. Heimatprinzip richten, demzufolge die beschäftigten Personen in der Regel aus dem Lande genommen werden sollen, in dem sie tätig sind. Im Wehrbereich außerhalb ziviler Wehrbehörden sind die beiden Grundsätze nur zu „berücksichtigen"; doch legen sie auch hier der Exekutive Bindungen, wenn auch schwächerer Art, auf. Die Ausnahmeregelung des Art. 36 GG bestätigt, daß Art. 33 Abs. 1 GG nicht als bloßes Willkürverbot aufgefaßt werden kann. Darüber hinaus fällt auf, daß durch sie sogar eine Verpflichtung ausgesprochen wird, anders zu handeln, als es die staatsbürgerliche Gleichheit sonst erwarten ließe. Diese Verpflichtung verliert auch nicht dadurch ihre Bedeutung, daß sie nur in Frage kommen kann, wenn sich eine angemessene Zahl von Beamten aus jedem Lande bereit erklärt, bei Bundesbehörden verwendet zu werden. Ungeachtet dessen drückt die Regelung aus, daß der föderalistische Aufbau der Bundesverwaltung in dieser Frage den Vorrang haben soll vor dem bundesstaatlichen Gleichheitssatz. Als Ausnahmeregelung kann diese Vorrangentscheidung aber nicht auf andere Lagen ausgedehnt werden.

2. Die amtsrechtliche Gleichheit

Die staatsbürgerliche Gleichheit schließt als ihren zweiten Unterfall den gleichheitlichen Zugang zu den öffentlichen Ämtern in sich. Durch diese Regelung soll nicht die Herkunft aus verschiedenen Ländern eingeebnet werden; für letzteres sorgt das bundesstaatliche Gleichheitsgebot. Die amtsrechtliche Gleichheit hat ein anderes Ziel: die Unterbindung unsachlicher Manipulationen bei der Besetzung von Amtsstellen. Sie versteht das öffentliche Amt in einem sehr weiten Sinn als jede Beauftragung, im Bereich staatlicher Stellen oder mittelbarer Staatsverwaltung tätig zu werden. Ohne Belang ist es, ob Beamtenverhältnis oder Dienstvertrag, ob hoheitliche oder nichthoheitliche Tätigkeit, ob ein auf Dauer berechneter Dienst oder eine gelegentliche Ausübung gegeben ist.

Als Zulassungsvoraussetzungen dürfen nur Eignung, Befähigung, Leistung — für alle Personen in gleicher Weise — zugrunde gelegt werden. Freilich öffnen diese unbestimmten Rechtsbegriffe doch wieder einen weiten Spielraum. Zur Eignung gehört ja die berufliche Gewandtheit für eine bestimmte Aufgabe ebenso wie das charakterliche Gesamtbild; das Vorleben und die Bewährung gehören ebenso dazu wie die aus einer Person zu erschließende Zukunftschance. Da das Einfallstor für die verschiedenartigsten Beurteilungen weit geöffnet ist, richtet sich die rechtliche Betrachtung vor allem auf den möglichen Zusammenprall solcher Beurteilungen mit Gesichtspunkten, die, losgelöst vom Eignungsbegriff, nicht verwendet werden dürfen, weil der allgemeine Gleichheitssatz entgegensteht: Religion, Geschlecht, Herkunft. Als evangelischer Gefängnisgeistlicher ist bestimmt nicht ein katholischer Priester „geeignet"; hier darf und muß daher ein sonst verpönter Unterschied der Religion gemacht werden. Schwieriger ist es schon, geltend zu machen, daß einem männlichen Lehrer eine geringere Eignung als Leiter einer Mädchenschule zukommt als einer Lehrerin; doch wird die „Eignung" auch hier der Gleichheit vorgehen dürfen. Beim Posten eines Heimatpflegers wird man sogar einer aus der zu betreuenden Gegend stammenden Persönlichkeit wegen größerer Eignung den Vorzug geben dürfen vor einem Kandidaten eines anderen Landes und damit ausnahmsweise die bundesstaatliche Gleichheit als nachrangig behandeln dürfen. Dagegen wird man die Zugehörigkeit zu einer politischen Richtung nicht als Element der Eignung oder Nichteignung verwenden dürfen, außer bei ganz besonders mit politischen Akzenten ausgestatteten Posten („politische Beamte", aber auch z. B. Pressereferenten oder persönliche Referenten von politischen Kabinettsmitgliedern).

Leichter werden die Grenzen des zweiten Begriffs, der Befähigung, zu ziehen sein; denn dieser Begriff stellt doch wohl regelmäßig ab auf die vorgeschriebene Ausbildung, auf die durch Ablegung der einschlägigen Prüfungen zu erwerbenden Nachweise, auf die Erfüllung der Laufbahnvorschriften, ausnahmsweise auf die den sog. Außenseitern in den Beamtengesetzen eingeräumten Möglichkeiten. In besonderen Fällen erfolgt die Entscheidung über das Vorliegen der Befähigung durch rechtlich speziell dazu berufene Stellen, z. B. bei Hochschullehrern im Berufungsverfahren von Fakultäten und Senaten, bei Religionslehrern durch kirchliche Behörden. Die einschlägigen Vorschriften müssen als vereinbar mit dem amtsrechtlichen Gleichheitssatz angesehen werden. Eine Differenzierung nach der Befähigung widerspricht der hier maßgeblichen Gleichheitsvorstellung ebensowenig wie eine solche nach der fachlichen Leistung, dem dritten Maßstab, nach dem der Zugang zu öffentlichen Ämtern bemessen werden darf. Bei letzterem dürfen aus Handlungen und Vorgängen, die in der Vergangenheit liegen, Schlüsse gezogen werden auf die Art und Weise der voraussichtlichen Wahrnehmung eines öffentlichen Amtes in der Zukunft. Alle drei Begriffe lassen im Hinblick auf die Art und Elastizität ihres Inhalts dem Verfassungsanwender einen nicht unerheblichen Beurteilungsspielraum, der in deutlichem Kontrast zur Starre der Bindung bei der bundesstaatlichen Gleichheit steht. Es zeigt sich, daß selbst innerhalb der staatsbürgerlichen Gleichheit unterschiedliche Gleichheitsvorstellungen bestehen: Während Abs. 1 des Art. 33 sachgerechte Abweichungen schwerlich zulassen will (von geringen Ausnahmen abgesehen), nähert sich die amtsrechtliche Gleichheitsvorstellung nach Abs. 2 stärker dem Willkürverbot des Art. 3 GG.

Dabei läßt diese Regelung noch gar nicht erkennen, daß sie überlagert wird von einer Auswirkung des demokratischen Prinzips, das der amtsrechtlichen Gleichheit vorgeht. Überall nämlich, wo der Zugang zu öffentlichen Ämtern durch demokratische Wahlen stattfindet, ist eine Berufung auf die amtsrechtliche Gleichheit ausgeschlossen. Das Volk oder ein vom Volk gewähltes Gremium entscheidet dann unabhängig von Ausbildungsvorschriften, Laufbahnbestimmungen, Prüfungsnachweisen und Berufsbewährung darüber, wer in das Amt kommen soll. Dies gilt für die Volkswahl von Bürgermeistern, Landräten, Gemeinderäten, ebenso auch für die Wahl zu Volksvertretungen und von Regierungsmitgliedern, wohl auch für Organe von Kommunalkörpern, die zwar nicht volksgewählt, aber vom volksgewählten Vertretungsorgan gewählt werden. Auch an diesem ungeschriebenen Vorrang zeigt sich, daß bei der amtsrechtlichen Gleichheit von Starre keine Rede sein kann.

3. Die bekenntnismäßige Gleichheit

Zum Unterschied von der einen weiten Spielraum zulassenden Ausprägung des amtsrechtlichen Gleichheitssatzes läßt die bekenntnismäßige Gleichheit in der Umfangbeschränkung des Grundgesetzes wieder eine deutlichere Distanzierung vom Willkürverbot und eine Hinwendung zu stärkeren Bindungen durch Begriffe, denen eine andere Gleichheitsvorstellung zugrunde liegt und bei denen für Abweichungen aus sachgerechten Erwägungen nur wenig Raum bleibt, erkennen. Andererseits steht der apodiktisch klingende Satz von der bekenntnismäßigen Gleichheit in Abs. 3 unter kräftiger Einwirkung anderer Verfassungssätze, die seinen Inhalt als nicht so unbedingt erscheinen lassen, wie es nach seinem Wortlaut angenommen werden müßte. Beim strikten Verbot, bestimmte Rechte und Positionen vom religiösen Bekenntnis abhängig zu machen, ist zu bedenken, daß das gleiche Ziel auf anderem Wege bereits dem Art. 3 Abs. 3 GG, dem Art. 4 Abs. 1 GG und dem Art. 140 GG (letzterem in Verbindung mit Art. 136 Abs. 1 und 2 WV) zugrunde liegt. Andererseits kann gerade dem Art. 4 Abs. 1 GG eine Einschränkung der bekenntnismäßigen Gleichheit entnommen werden, insofern nämlich Beamtenstellen, für deren Inhaber der religiöse Unterricht, die religiöse Lehre und Forschung oder die religiöse Betreuung (Seelsorge) den Inhalt der Amtspflicht darstellen, nicht Angehörigen eines anderen Bekenntnisses geöffnet sein können. Die Besetzung von Lehrstühlen einer theologischen Fakultät kann sehr wohl von einem Bekenntnis abhängig gemacht werden. Aber auch Art. 7 GG, der Bekenntnisschulen zuläßt, schränkt die Anwendung des religiösen Gleichheitssatzes ein. Wenn vom Grundgesetz Bekenntnisschulen zugelassen sind, dann muß es auch der Verfassung gemäß sein, sie dem Begriff der Bekenntnisschule gemäß einzurichten, insbesondere mit Lehrern des Bekenntnisses zu besetzen. Doch kann diese Durchbrechung des bekenntnismäßigen Gleichheitssatzes nur auf die Schule selbst beschränkt, nicht auf die Schulaufsichtsbehörden oder die sonstige Unterrichtsverwaltung erstreckt werden.

Dagegen ist der „bekenntnismäßige Proporz“ in öffentlichen Verwaltungen, z. B. in Ministerien, durch die bekenntnismäßige Gleichheit ausgeschlossen. Man könnte darunter eine Verwaltungsübung verstehen, wonach bei Besetzung von Beamtenstellen Angehörige der Bekenntnisse ihrer Stärke nach berücksichtigt werden. Aktuell könnte das etwa in Kultusministerien werden, in denen Abteilungen für evangelische und für katholische Kirchenangelegenheiten bestehen. Eine vernünftige Geschäftsverteilung wird zwar dafür Sorge tragen dürfen, daß die vorhandenen Beamten, die höchstwahrscheinlich verschiedenen Bekenntnissen angehören, entsprechend den Aufgabengebieten verteilt werden. Aber es kann kein Beamter unter Berufung auf die bekenntnismäßige Gleichheit verlangen, daß er in eine bestimmte Abteilung oder auf einen bestimmten Posten berufen wird. In Tätigkeiten, die nicht mit religiöser Einwirkung zu tun haben, kann nicht Art. 4 GG Anwendung finden und daher auch nicht Vorrang vor Art. 33 Abs. 3 GG haben.

Dennoch ist das gegenseitige Verhältnis von bekenntnismäßigem Proporz und bekenntnismäßiger Gleichheit weitgehend ungeklärt. Daß beide in besonderen Lagen gegensätzliche Positionen sein können, zeigt die Praxis. Es wäre nicht sinnvoll, sämtliche Beamte des höheren Dienstes in einer Ministerialabteilung für das Schulwesen mit Angehörigen des gleichen Bekenntnisses zu besetzen. Aber ist ein angemessenes Verhältnis von Bekenntnisangehörigen vereinbar mit der bekenntnismäßigen Gleichheit? Welche Rechte haben dabei Beamte, die keinem Bekenntnis angehören? Hier wird vor allem in Frage kommen, wie der Personenkreis umgrenzt wird, an den der Gleichheitssatz angelegt wird. Würde nur derjenige Personenkreis als Auswahlbereich für Beamtenstellen in einer Schulabteilung eines Ministeriums in Betracht gezogen werden, der schon bisher in der Schulverwaltung oder gar nur in diesem Ministerium tätig ist, so könnte es möglicherweise zu unangenehmen Diskrepanzen zwischen Personalpolitik und Gleichheitssatz kommen, wobei der Gleichheitssatz auch durch noch so politisch begründbare Erwägungen nicht abdingbar wäre. Zieht man aber den Auswahlbereich über das Ressort hinaus, so lassen sich gegen den Gleichheitssatz kaum praktische Bedenken erheben. Auch die „hergebrachten Grundsätze des Berufsbeamtentums" lassen sich dann unschwer wahren; denn das ist sicher kein hergebrachter Grundsatz, daß etwa Stellen von höheren Besoldungsstufen nur mit Beamten des gleichen Ressorts aus niedereren Besoldungsstufen besetzt werden dürften. Jedenfalls bedeutet der bekenntnismäßige Gleichheitssatz nicht etwa gleichmäßige oder anteilsmäßige Berücksichtigung der Bekenntnisse, sondern die grundsätzliche Unbeachtlichkeit der Bekenntniszugehörigkeit für die Besetzung öffentlicher Ämter und den Genuß bürgerlicher und staatsbürgerlicher Rechte, von der lediglich unter dem Gesichtspunkt der Eignung (Abs. 2) in beschränktem Maße abgewichen werden darf, während ein sonstiger Zusammenhang nicht zulässig ist.

Der Begriff des Bekenntnisses ist nach dem Ziel der genannten Vorschrift weit auszulegen. So ist sowohl die bloße organisatorische Zugehörigkeit oder Nichtzugehörigkeit zu einer Religionsgemeinschaft wie auch die innere Überzeugung und deren Kundgabe darunter zu verstehen. Es umfaßt also Glaube und Nichtglaube, religiöse Anschauung und religiöse Ausübung sowie deren Enthaltung und Ablehnung. Es ist die ausdrückliche oder stillschweigende, aber jedenfalls in die Erscheinung tretende Entscheidung des einzelnen in religiösen und weltanschaulichen Fragen.

4. Die wahlrechtliche Gleichheit

Die mit Wahlen zur Volksvertretung zusammenhängende Gleichheit bewegt sich unbestritten im Bereich des Staatsbürgerlichen. Das Grundgesetz verlangt in traditioneller Weise nur, daß diese Wahlen „gleich" sein müssen (Art. 38 GG). Die ausgedehnte Rechtsprechung zum Begriff der Wahlgleichheit offenbart freilich, daß diese Gleichheit eine sehr unterschiedliche Auslegung gefunden hat. Sicher ist, daß die Wahlgleichheit kein bloßes Willkürverbot gegenüber dem Wahlgesetzgeber ist, sondern nach Möglichkeit Unterscheidungen irgendwelcher Art zwischen Staatsbürgern (Wahlberechtigten) schlechthin ausschließen will. Dies entspricht dem formalen Charakter der demokratischen Gleichheit aller im Staat, die davon ausgeht, daß bei einer Zulassung irgendwelcher Unterscheidungen aus angeblich vernünftigen Gründen bald kein Halt mehr bestände und die Gefahr der Aushöhlung aufträte.

Kein Zweifel besteht darüber, daß der Zählwert jeder Wählerstimme gleich sein muß. Kein Staatsbürger kann mehr Stimmen als ein anderer haben. Wo es Erst- und Zweitstimmen gibt, muß sie jeder haben. Schwieriger verhält es sich mit der Erfolgswertgleichheit der Stimmen. Als vereinbar mit der Wahlgleichheit gelten Sperrklauseln gegen Splitterparteien, obschon dadurch manche Stimmen ohne unmittelbaren Einfluß auf das Wahlergebnis untergehen können. Allerdings darf die Prozentzahl der nicht zu berücksichtigenden Stimmengruppen nicht ungebührlich hoch sein. Auch Rückausnahmen von der Sperrklausel werden als vereinbar mit der Wahlgleichheit angesehen, z. B. bei parteipolitischer Vertretung nationaler Minderheiten. Schließlich gilt es auch als zulässig, zu bestimmen, daß eine Partei nur dann Bewerber in die Volksvertretung bringen kann, wenn sie in einer Anzahl von Wahlkreisen (Stimmkreisen) Bewerber aufgestellt oder sogar in unmittelbarer Wahl durchgebracht hat, und daß sie die im Wahlkreis (Stimmkreis) unmittelbar Gewählten auch dann behält, wenn ihr nach dem Verhältnisausgleich an sich weniger Mandate zustehen würden als die Summe der Mandate der unmittelbar Gewählten (Überhangmandate). Schon diese Modifikationen lassen erkennen, daß dieses ganze System mit Hauptfällen und Sonderfällen, bei aller formalen Unterschiedlichkeit im Grundsätzlichen, doch recht vielgestaltig im Detail sein kann.

Noch verwickelter wird aber die Anwendung der Wahlgleichheit, wenn das Stimmengewicht der einzelnen Wählerstimme betrachtet wird. Da die Wahlkreise (Stimmkreise) unterschiedliche Zahlen von Stimmberechtigten aufweisen, kann im einen Wahlkreis eine geringere Zahl von Stimmen genügen, um einen Bewerber zu wählen, als in einem anderen Wahlkreis. Vielfach pflegen sich volkreiche städtische Kreise benachteiligt zu fühlen gegenüber einwohnerschwächeren ländlichen Kreisen. Durch die Rechtsprechung, daß das Stimmgewicht nur innerhalb gewisser Grenzen unterschiedlich sein darf, ist die Tatsache nicht aus der Welt geschafft, daß die Wahlgleichheit Einschränkungen erfahren darf. Manipulationen allerdings, die den Wählerwillen verfälschen würden, sollen ausgeschlossen werden.

Weitere Aufweichungen einer wahlrechtlichen Gleichheit, die über die individuelle Wahlgleichheit hinausreicht, lassen die Vorschriften über das Wahlvorbereitungsverfahren zu, die als vereinbar mit dem Wahlgleichheitssatz angesehen werden. Dazu gehört das Bestreben, den Wahlapparat durch Fernhaltung (vermeintlich) aussichtsloser Wahlvorschläge zu entlasten, etwa dadurch, daß eine bestimmte Zahl von Unterschriften die rechtliche Voraussetzung für die Zulassung eines Wahlvorschlags bilden (Unterschriftenquorum). Doch gilt es als zulässig, von den bereits in der Volksvertretung vertretenen Parteien eine niedrigere Unterschriftenzahl zu verlangen als von den bisher nicht vertretenen Parteien. Die Chancengleichheit der Parteien ist nach Auffassung des Bundesverfassungsgerichts zwar „streng formal zu verstehen." Dennoch wird sowohl bei der Erstattung der Wahlkampfkosten wie bei der Zuteilung von Sendezeiten für die Wahlpropaganda die bisherige Stärke der Parteien berücksichtigt. Der Proporz erweist sich auch hier wieder zwar als grundsätzliche Gegenposition zur Gleichheit, aber doch auch als eng mit ihr verschränkt und in mancher Hinsicht als Ziel mancher zugelassener Differenzierungen.

Ergebnis

Die Behandlung der vier Formen staatsbürgerlicher Gleichheit im Grundgesetz ergibt folgendes: Im staatsbürgerlichen Bereich ist der allgemeine Gleichheitssatz (Art. 3 GG) nicht anwendbar, da spezielle verfassungsrechtliche Gleichheitsgebote bestehen, denen zufolge der Gleichheitssatz als Willkürverbot dem Vorstellungsbild der Verfassung nicht entsprechen würde. Der bundesstaatliche Gleichheitssatz als Erscheinungsform staatsbürgerlicher Gleichheit ist eine Rückausnahme von der Regel, daß eine föderalistische Staatsstruktur notwendigerweise Ungleichheiten zwischen den Gliedstaaten und ihren Bürgern bewirkt; sachgerechte Ausnahmeregelungen läßt er grundsätzlich nicht zu. Der amtsrechtliche Gleichheitssatz ist durch die unbestimmten Rechtsbegriffe, die das Grundgesetz als Voraussetzungen seiner Anwendbarkeit aufstellt, elastischer gestaltet. Der bekenntnismäßige Gleichheitssatz unterliegt dagegen strengeren Bindungen, ist aber sachgerechten Abweichungen nicht schlechthin unzugänglich. Das Rangverhältnis der drei Absätze des Art. 33 GG ist bisher nicht genügend geklärt worden; daß manche aus ihnen ableitbare Folgerungen vorrangig, andere nachrangig sein sollen, ist aber kaum zu bezweifeln. Die wahlrechtliche Gleichheit wird zwar durch manche Gesichtspunkte zugunsten einer Differenzierung in der Wahlvorbereitung, in der Erfolgswirkung der Stimme und in der Chancengleichheit der Parteien aufgelockert; aber die zugelassenen Abweichungen sind von Rechtslehre und Rechtsprechung eng begrenzt worden, um Mißbräuche und Manipulationen möglichst zu unterbinden.

Der Begriff des Gesetzes in der japanischen Verfassung

Georg Tagami

I. Art. 9 der alten Verfassung und materielles Gesetz

Wie in der alten preußischen Verfassung Art. 62 Abs. 1 und 2 sich scheinbar wiederholten, wenn dieser Artikel so aufgefaßt wird, als ob er den formellen Begriff der gesetzgebenden Gewalt von der belgischen Verfassung aufgenommen hätte, so auch in der alten japanischen Verfassung Art. 5 und 37. Art. 5 lautet: „Der Kaiser übt die gesetzgebende Gewalt unter der Mitwirkung des Parlaments aus." Art. 37 sagt: „Alle Gesetze bedürfen der Mitwirkung des Parlaments." Um solch eine Tautologie zu vermeiden, mußte man die „gesetzgebende Gewalt" als einen materiellen Begriff auffassen. Trotzdem suchte man eine Definition der Gesetzgebung im materiellen Sinne oder des materiellen Gesetzesbegriffs vergeblich in unseren Verfassungsbestimmungen. Sie enthielten lediglich Normen über die Organisation der Legislative im Titel 3, sowie eine Reihe von Sondervorbehalten des Gesetzes im Titel 2. Der Gesetzesbegriff war in ihr vorausgesetzt.

Die dem demokratischen und zugleich rechtsstaatlichen Ideal entspringende, nach dem ersten Weltkrieg herrschend gewordene Lehre beabsichtigte durch Aufstellung eines materiellen Gesetzesbegriffs eine theoretische Grenze zu ziehen zwischen der Gesetzgebung einerseits und der Rechtsprechung und Verwaltung anderseits. Ihr Sinn besteht hauptsächlich darin, auf wissenschaftlichem Wege den Vorbehalt des Gesetzes zu erklären.

Es darf nicht vergessen werden, daß unter der alten Verfassung der Kampf um das selbständige Verordnungsrecht des Kaisers keineswegs zwischen dem Kaiser und dem Parlament, sondern zwischen den konservativen und den demokratischen Lehren und Parteien entbrannte, weil der Kaiser in der politischen Wirklichkeit keinen Regierungsakt ohne Rat und Zustimmung des Kabinetts vollziehen konnte, und die erste Parteiregierung bereits 1898 gebildet wurde [1], obgleich der Kaiser nach dem Wortlaut der Verfas-

[1] Am Anfang bildeten Politiker aus einigen bestimmten feudalen Clanen, wie z. B. Satsuma, Chohshū, Kabinette, die sich im Gegensatz zur parlamentarischen Regierung durch den Konstitutionalismus des vorigen Jahrhunderts auszeichneten. Diese Kabinette zogen das Herrenhaus auf ihre Seite und kämpften mittels der Auflösung des Unterhauses und der Intervention in dem Wahlkampf. Demgegen-

sung als Oberhaupt des Staates alle Rechte der Staatsgewalt in sich vereinigt hatte.

Außer den Sondervorbehalten des Gesetzes und den kaiserlichen Prärogativen, welche beide im einzelnen verfassungsgesetzlich aufgezählt wurden, gab es noch ein weiteres Gebiet, dessen Regelung sowohl dem Parlament als der Regierung überlassen war. Nach Art. 9 erließ der Kaiser jene selbständigen Verordnungen, die zur Durchführung eines Gesetzes oder zur Erhaltung der öffentlichen Ruhe und Ordnung sowie zur Beförderung des Gemeinwohls der Untertanen erforderlich waren, falls solche Verordnungen irgendeinem Gesetz nicht zuwiderliefen. Die konservative Lehre bestand darauf, daß außer den Sondervorbehalten der Allgemeinvorbehalt des Gesetzes nicht gegeben war und der Kaiser nicht bloß Polizeiverordnungen, sondern auch zum Wohlfahrtszweck selbständige Rechtsverordnungen erlassen konnte. Dagegen behauptete die demokratische Lehre, daß eine Polizeiverordnung praeter legem ebenfalls auf dem Gebiet der Sondervorbehalte erlassen werden könne, welches also über die ausschließliche Kompetenz der Legislative gar nicht entscheiden könne, während sonstige Verordnungen regelmäßig Verwaltungsvorschriften seien, es sei denn, daß irgend eine Delegation zur Rechtssetzung für die Exekutive erteilt werde. Herzog HIROBUMI ITOH, Verfasser unserer alten Verfassung, erläuterte diesen Artikel vom Standpunkt einer konservativen Lehre [2]. Dennoch neigten die Parteiregierung und die Entscheidungen des einzigen Verwaltungsgerichts allmählich dazu, die Sondervorbehalte des Gesetzes nur für exemplarische Enumeration des Rechtssatzvorbehalts zu halten. ITOH selbst bildete im Jahre 1900 das Kabinett als Führer der konservativen Partei. Es ist nicht leicht, einen kurzen Überblick über den Stand der Lehre zu geben. Über den Vorbehalt des Gesetzes gehen die Meinungen weit auseinander. YATSUKA HOZUMI und sein Anhänger SHINKICHI UESUGI waren Vertreter der konservativen Lehre, während TATSUKICHI MINOBE und sein Kollege SŌICHI SASAKI die demokratische Lehre vertraten. Man kann die berühmte Polemik zwischen MINOBE und UESUGI mit derjenigen zwischen GERHARD ANSCHÜTZ und ADOLF ARNDT vergleichen [3]. Nach dem ersten Weltkrieg wurde die

über versagte das Unterhaus seine Zustimmung bezüglich des Budgets und der Gesetzesentwürfe. Infolgedessen wurden Regierungen häufig überstimmt und OHKUMA als Führer der „Kensei"-Partei bildete 1898 sein Kabinett. Seitdem wurde das Vertrauen des Unterhauses von fast jedem Kabinett bis zum Kabinett INUKAI 1932 gefordert.

[2] Nach ITOH, Kommentar zur Meiji-Verfassung, 1889, S. 24, 25, scheint sich Art. 9 zum Vorbild nicht Art. 67 der belgischen Verfassung, sondern Art. 14 der französischen Verfassung von 1814 zu nehmen.

[3] MINOBE, Über die Grenzsetzung zwischen der Gesetzgebungsgewalt und dem Verordnungsrecht, in: Zeitschrift des rechtswissenschaftlichen Vereins (Hōgaku-kyōkai Zasshi), Bd. 25, 1907, steht im engsten Anschluß an ANSCHÜTZ, Die gegenwärtigen Theorien über den Begriff der gesetzgebenden Gewalt.

demokratische Tendenz immer stärker, bis auf jenes Jahrzehnt (1935 bis 1945), das durch die militärische Diktatur gekennzeichnet wurde.

Bei uns ist es allgemein anerkannt, daß es einen einheitlichen Gesetzesbegriff nicht gibt, sondern zwei sich schneidende Gesetzesbegriffe: einen materiellen und einen formellen. Nach Art. 57 der alten Verfassung z. B. wurde die richterliche Gewalt im Namen des Kaisers durch keine andere Autorität als die der den Gesetzen unterworfenen Gerichte ausgeübt. Als Gesetz in diesem Sinn sollen alle Rechtsnormen, also nicht bloß jeder von der Legislative beschlossene Rechtssatz, sondern auch jede Rechtsverordnung, alles Gewohnheitsrecht und jede statutarische Satzung gelten. Es bezeichnet nichts anderes als materielles Gesetz. Formelles Gesetz dagegen nennt man, wie Art. 37 zeigt, jeden Akt der Legislative, lediglich seiner Entstehungsform nach, ohne Rücksicht auf seinen Inhalt. Bei der Bedeutung des Budgetgesetzes wäre es klar, daß die Legislative rein formelle Gesetze geben kann. In dieser Hinsicht ist es aber bemerkenswert, daß die durch BISMARCKS Budgetkonflikt geschaffene Machtlage ITOH, der BISMARCK 1882 kennengelernt hatte [4], so stark beeinflußte, daß unsere Verfassung das Budget seiner Form nach vom Gesetz unterscheidet. Sowohl Art. 64 der alten wie Art. 86 der neuen Verfassung nennen das Budgetgesetz schlechthin Budget. Art. 67 und 71 der alten Verfassung bestimmten sogar den Vorrang des Gesetzes vor einem Budgetbeschluß und die Weiterausführung des für das letzte Rechnungsjahr festgestellten Budgets, falls ein neues Budget nicht zustandekommt.

Die herrschende, demokratische Lehre [5] versteht unter materiellem Gesetz oder Rechtssatz eine staatliche Norm mit dem nächsten Zweck sozialer Schrankenziehung. Materielles Gesetz hat, wie GEORG JELLINEK dargelegt hat, den nächsten Zweck, die Sphäre der freien Tätigkeit von Persönlichkeiten gegeneinander abzugrenzen. Hat ein Gesetz einen anderen Zweck, ist sein Inhalt Anordnung kraft eines besonderen öffentlich-rechtlichen Gewaltverhältnisses, Organaufsicht oder einfache geradlinige Durchsetzung des Befehls, der seinerseits eine gesetzliche Grundlage hat, so ist es kein materielles Gesetz. Das Innenverhältnis der Verwaltungsorganisation fällt nicht unter den Rechtssatzvorbehalt, weil darüber traditionell das monarchische Prinzip herrscht und dafür die Garantie der Grundrechte regelmäßig nicht gilt. In diesem Sinne kann man auch sagen, daß materielles Gesetz eine in Freiheit und Eigentum eingreifende Norm bezeichnet. Es war

[4] Unsere oktroyierte Verfassung wurde am 11. 12. 1889 verkündet und war am 25. 11. 1890 in Kraft getreten. Kaiser MEIJI hatte 1882 ITOH nach Deutschland abgesandt, um Verfassungen zu untersuchen. ITOH hat bei GNEIST und LORENZ VON STEIN vor allem die preußische und die bayerische Verfassung kennengelernt. Er war dann 1883 nach Japan zurückgekehrt und hatte die Verfassung entworfen. Darum haben die deutschen Verfassungen dafür als Muster gedient.

[5] Vgl. TAGAMI, Der Begriff des Gesetzes in der Verfassung, in: Zeitschrift für die gesamte Staatswissenschaft (Kokkagakki Zasshi), Bd. 45, 46, 1931, 1932.

Minobe, der in seiner Auslegung des Art. 9 mit Nachdruck selbständige Rechtsverordnungen zum Wohlfahrtszweck abgelehnt und darauf bestanden hatte, daß die materielle Gesetzgebung unter dem Vorbehalt des Gesetzes stehe, daß dem Gebiet der materiellen Verwaltung ihre Vorschriften und Anordnungen zwar nicht contra legem, aber praeter legem sein können. Als seine Theorie in Japan sich durchsetzte, wurde es klar, daß der materielle Gesetzesbegriff nicht der Legislative, sondern der Exekutive Grenzen zu setzen vermag.

II. Volkssouveränität und politischer Gesetzesbegriff

Die neue japanische Verfassung hat als ihre Grundsätze die Volkssouveränität mit der Unverbrüchlichkeit der Menschenrechte zusammen aufgestellt. Genauer kann man sagen, daß diese Verfassung die mittelbare Demokratie bestätige, weil nach ihrer Präambel das japanische Volk durch seine ordnungsgemäß gewählten Vertreter im Parlament handeln soll und gemäß Art. 41 das Parlament das höchste Organ der Staatsgewalt ist. Die Prärogative des Kaisers sind streng eingeschränkt (Art. 4, 7) [6], und das parlamentarische Regierungssystem ist ausdrücklich aufgenommen (Art. 66 ff.). Das auf dem monarchischen Prinzip beruhende selbständige Verordnungsrecht ist hier ohne weiteres zu verneinen. Die vollkommene Demokratie äußert sich in einer bedeutsamen Wandlung des Gesetzesbegriffs. Der mehr oder weniger eine verwaltungseigene Sphäre voraussetzende materielle Gesetzesbegriff wurde abgelöst durch den politischen, der die obersten, von der Legislative gesetzten Rechtssätze bezeichnet, an die möglichst alle Staatstätigkeit gebunden sein soll. Hier handelt es sich um das Verhältnis zwischen Gesetz und Kabinettsverordnung oder Gerichtsordnung.

Art. 73 Nr. 6 bestimmt, daß das Kabinett Kabinettsverordnungen erlassen kann, um die Vorschriften dieser Verfassung und der Gesetze auszuführen, daß jedoch keine Strafbestimmungen in solchen Kabinettsverordnungen enthalten sein dürfen, wenn dazu im Gesetze nicht die Befugnis erteilt ist. Zwar scheint das Kabinett berechtigt zu sein, eine Verordnung praeter legem zu erlassen, solange sie zur Ausführung irgend einer Verfassungsbestimmung nötig sei. Im Jahre 1955 hat das Kabinett Hatoyama in Form der Kabinettsverordnung die unter der alten Verfassung erlassene kaiserliche Verordnung betreffend Belobigungsmedaillen geändert, um einige Arten solcher Medaillen zu ergänzen. Der offiziellen Ansicht nach

[6] Art. 4: „Der Kaiser darf nur diejenigen Handlungen in staatlichen Angelegenheiten vornehmen, die in der Verfassung vorgesehen sind. Er hat keine Regierungsbefugnisse." Diese Bestimmung ist mehrdeutig und sehr bestreitbar. Zwar hat der Kaiser jedes Verordnungsrecht verloren, aber er ist nicht etwa eine bedeutungslose Dekoration, sondern im Gegenteil gehören z. B. Einberufung des Parlaments und Auflösung des Unterhauses zu seinen Handlungen in staatlichen Angelegenheiten (Art. 7).

ist diese Verordnung zur Ausführung des Art. 7 Nr. 7 betreffs der Verleihung von Ehren eine Prärogative des Kaisers, also verfassungsmäßig, obgleich in dieser Hinsicht bisher kein Gesetz vorhanden war. Aber die Gegenpartei stimmte dieser Ansicht nicht zu, weil eine solche Verordnung praeter legem mit dem Verfassungsprinzip unvereinbar sei. Meines Erachtens hängt die Lösung der Frage davon ab, daß kein Vorrecht mit irgendeiner Ehrenzuerkennung verbunden sein soll (Art. 14 Abs. 3). Wenn und insoweit diese Zuerkennung keine Wirkung auf Freiheit und Eigentum des Betreffenden ausübt, so ist jene Kabinettsverordnung kein Rechtssatz, verletzt also nicht die gesetzgebende Gewalt des Parlaments [7].

Art. 77 Abs. 1 lautet: „Das Oberste Gericht ist mit der Befugnis zum Erlaß der Gerichtsordnung ausgestattet und nimmt sie wahr zu Bestimmung des Prozeßverfahrens, der Rechtsanwälte, der inneren Ordnung des Gerichts oder seiner Geschäftsführung." Es kommt darauf an, ob diese vier Angelegenheiten zur ausschließlichen Rechtssetzungskompetenz des Gerichts gehören, und wenn nein, ob die formelle Kraft der Gerichtsordnung stets der des Gesetzes vorgehe. Wer die richterliche Befugnis, über die Verfassungsmäßigkeit der Gesetze zu entscheiden, für wichtig und fachgemäße, technische Verfahrensbestimmungen zum Gegenstand der parlamentarischen Gesetzgebung für ungeeignet hält, besteht auf der ausschließlichen Kompetenz des Gerichts oder wenigstens der Überlegenheit der Gerichtsordnung über die Gesetze. Im Gegensatz dazu stehen die herrschende Meinung und die Gerichtsentscheidungen; denn ganz verschieden vom amerikanischen System schreibt unsere Verfassung, wie oben erwähnt, den parlamentarischen Vorrang vor. § 1 des richterlichen Disziplinargesetzes verhängt die Ordnungsstrafe von 10,000 Yen oder darunter. Einige Richter behaupteten, daß diese Bestimmung gegen die die innere Ordnung regulierende Befugnis des Obersten Gerichts verstoße, wonach das Gericht durch eine neue Gerichtsordnung die zeitweilige Amtsenthebung oder Ordnungsstrafe nicht unter 10,000 Yen verhängen könne. Das Oberste Gericht hat am 24. 6. 1950 im Plenum diese Ansicht abgelehnt [8].

III. Grundrechte und materieller Gesetzesbegriff

Der Grundsatz der unverbrüchlichen Menschenrechte, die freilich vor- und überstaatliche Natur haben und für die demokratische Majorität eine

[7] In der Besetzungsperiode gab die sog. Potsdamer Notverordnung, welche durch nachträgliche Genehmigung des Parlaments zum Gesetz geworden ist, eine allgemeine Ermächtigung, daß das Kabinett, sobald eine Anweisung des Oberkommandos ergangen ist, die zu deren praktischer Anwendung erforderlichen weiteren Rechtssätze erlassen durfte. Nach der Beendigung der Besetzung sind dennoch weder ausdrückliche, noch stillschweigende, allgemeine Ermächtigungen der Verwaltung zur Rechtssetzung anerkannt.

[8] Kurz, in bezug auf jene vier Angelegenheiten können einerseits weder das Kabinett noch andere Verwaltungsbehörden Verordnungen erlassen, anderseits kann das Oberste Gericht Gerichtsordnungen praeter legem geben.

absolute Schranke darstellen, gehört nicht dem demokratischen Prinzip des Vorrangs der Legislative, sondern dem Rechtsstaatsprinzip des Vorrangs des überpositiven Gesetzes an [9]. In engstem Zusammenhang mit den naturrechtlichen Grundrechten bindet ein materielles Gesetz als eine Norm mit ganz bestimmten inhaltlichen Eigenschaften das Ermessen der Legislative. Im Gegensatz zum oben erwähnten politischen Gesetzesbegriff beruht die Geltung dieses materiellen Gesetzes nicht darauf, daß es dem Willen der Legislative entspricht, sondern hängt davon ab, daß es diesen überpositiven Grundwerten entspricht. Obgleich der materielle Gesetzesbegriff, wie oben erwähnt, im Zeitalter des Rechtspositivismus nicht immer klar war, so kann man dennoch seine Freiheits- und Eigentumsformel für einen überpositiven Gesetzesinhalt halten. Unter jenen inhaltlichen Eigenschaften des Gesetzes sind Gemeinwohl und Gleichheit, welche beide an sich naturrechtlich gelten, sowie institutionelle Garantien, die verfassungsgesetzlich der Legislative auferlegt werden, am wichtigsten.

Freilich liegt die Problematik unserer Verfassung darin, daß sie sowohl Volkssouveränität wie auch Menschenrechte als zwei in sich abgeschlossene Grundsätze aufgenommen hat. Daraus ergibt sich unter anderm, daß der rechtsstaatliche, materielle Gesetzesbegriff neben dem demokratischen, politischen postuliert wird. Zu bemerken ist, daß es zwei Gründe gibt, durch die ein materielles Gesetz sich klarer erkennen läßt. Zunächst bestimmt Art. 81 das Oberste Gericht als letzte Instanz mit der Befugnis, über die Verfassungsmäßigkeit jedes Gesetzes usw. zu entscheiden, woraus folgt, daß für die Grenzsetzung der Legislative durch Verfassungs-, vor allem Grundrechtsbestimmung, eine feste Gewähr geleistet wird. Außerdem setzen die Sozialistische Partei und andere Oppositionsparteien kein Vertrauen in das Parlament, wo die Liberal-Demokratische seit 1948 fortdauernd die Majorität hat [10]. Demzufolge neigt Opposition dazu, das Rechtsstaatsprinzip der Demokratie vorzuziehen.

1. Art. 12 sagt zum Gemeinwohl: „Jeder Staatsbürger hat sich jedes Mißbrauchs der verfassungsrechtlich garantierten Freiheiten und Rechte zu enthalten und ist immer dafür verantwortlich, sie im Interesse des Gemeinwohls zu gebrauchen.“ Art. 13 lautet: „Das Recht der Staatsbürger auf Leben, Freiheit und Streben nach Glück soll in Gesetzgebung, Verwaltung

---

[9] Kägi, Die Verfassung als rechtliche Grundordnung des Staates, S. 152 ff. hat im Anschluß an Barthélemy die Logik der Demokratie der Logik der Verfassung gegenübergestellt. Seiner Ansicht zufolge ist der Gesetzebegriff dementsprechend in den dezisionistischen und den normativen geteilt.

[10] Da die Sozialistische Partei im Parlament in der Minorität ist, kann sie nicht durch Mehrheitsbeschluß, sondern muß mittels der Rüge der Verfassungswidrigkeit streiten, um ihre Ansicht durchzusetzen. Da aber Gerichtsentscheidungen Regierungsakte wie Auflösung des Unterhauses (Urteil des Obersten Gerichts vom 8. 6. 1960) für unjustiziabel erklären, so hat die Sozialistische Partei einmal vorgeschlagen, durch Gesetz das Oberste Gericht zum Verfassungsgericht zu machen.

und Rechtsprechung in größtem Ausmaß respektiert werden, es sei denn, daß es das Gemeinwohl stört." Was das Gemeinwohl ist, darüber gehen die Lehren auseinander.

Nach der positivistischen Lehre ist Gemeinwohl ein unbestimmter Wertbegriff. Wenn das Gericht eine in Freiheit und Eigentum eingreifende Gesetzgebung nach eigenem Ermessen für verfassungswidrig hält, das Parlament aber die Erforderlichkeit dieses Gesetzes für das Gemeinwohl bejaht, so reißt das Gericht spezifisch gesetzgeberische Aufgaben an sich. Ob ein Gesetz dem Gemeinwohl entspricht oder nicht, soll also dem Ermessen der Legislative überlassen werden. Demzufolge muß man eine weitgehende Einschränkung der Freiheit einräumen, was aber Art. 13 widerspricht.

Eine andere Lehre besteht auf der immanenten Schranke der natürlichen Freiheit, während diese Lehre die Grenzziehung durch das Gemeinwohl verneint. Nach dieser Ansicht bestimmt Art. 12 nichts anderes als die sittliche Verantwortlichkeit des Staatsbürgers und Art. 13 gibt nicht immer obrigkeitlicher Gewalt Raum, falls man gegen das Gemeinwohl zuwiderhandelt. Ein Gesetz ist verfassungsmäßig, insofern es zur Erhaltung und Wiederherstellung der öffentlichen Ordnung notwendig ist und nicht die immanente Schranke der Freiheit überschreitet. Trotzdem ist es widersprüchlich, daß diese Lehre das Gemeinwohl positivistisch als mehrdeutig abweist, wenn sie auch naturrechtlich immanente Schranken anerkennt.

Meines Erachtens bedeutet das Gemeinwohl bezüglich der natürlichen Freiheit etwas anderes als bezüglich der wirtschaftlichen Freiheit und anderer Grundrechte. Im ersteren Falle bezeichnet das Gemeinwohl die immanente Schranke, welche die zur Erhaltung der öffentlichen Sicherheit und Ordnung erforderliche, im engsten Bereich und Ausmaß zulässige Einschränkung ist, ebenso wie auch die due-process-Klausel im hinzugefügten Art. 14 der Verfassung der U.S.A. und die westeuropäische Generalklausel des Polizeirechts. In dieser Hinsicht schließt materielles Gesetz den Sicherheitszweck und das Prinzip der Verhältnismäßigkeit in sich. Diese beiden Momente dienen vor Gericht als Maßstab für die Verfassungsmäßigkeit der betreffenden Gesetze.

Um ein Beispiel anzuführen, werden Versammlung, Massenaufzug und Massenkundgebung gewöhnlich von den Gemeindesatzungen reguliert, die man Sicherheitssatzungen zu nennen pflegt. Einige Satzungen erlegen dem Veranstalter Anzeigepflicht auf, während andere Satzungen den Sicherheitsausschuß mit der Erlaubniserteilung beauftragen. Da aber Versagung der Polizeierlaubnis selten geschieht, ist der Unterschied zwischen Meldesystem und Polizeiverbot mit Erlaubnisvorbehalt unbeträchtlich. Vielmehr handelt es sich um die Streitpunkte, ob die Auflagen bei der Erlaubniserteilung oder die infolge der Anzeige befohlene Pflicht mit dem Gemeinwohl übereinstimmt und ob jeder, der die Anzeigepflicht nicht erfüllt oder dem eine Erlaubnis nicht erteilt wird, nur deswegen bestraft werden soll.

Nach der Ansicht des Legislationsbüros (22. 7. 1948) sind diejenigen Satzungen verfassungsmäßig, welche bezüglich einer Massenkundgebung von einer bestimmten Größe ab Meldepflicht auferlegen oder die eine innerhalb einer die Geschäftsführung der Behörden beeinflussende Zone abgehaltene Massenbewegung verbieten, im Gegensatz zu denen, welche der Polizeierlaubnis vorbehalten sind oder bei denen die Polizeibehörde zur Bestimmung der engeren Zone sowie der Gesamtzahl der Teilnehmer ermächtigt ist. Beizustimmen ist dieser Ansicht deswegen, weil man weder Mißbrauch der vollziehenden Gewalt hervorrufende Vorschriften noch Bestimmungen erlassen soll, die dem Gemeinwohl nicht zuwiderlaufende Massenbewegung verbieten. Nach der neueren Ansicht des Büros (29. 6. 1950) sind aber Erlaubnisbefugnis enthaltende Satzungen dann verfassungsmäßig, wenn sie einerseits ihren Gegenstand auf den engeren, zur Erhaltung der öffentlichen Sicherheit notwendigen Bereich und anderseits die Erlaubnisversagungsgründe auf das notwendige Minimum beschränkt. Betreffs der Sicherheitssatzung der Präfektur Niigata hat das Oberste Gericht im Plenum am 24. 11. 1954 entschieden, daß der Erlaubnisvorbehalt verfassungswidrig ist, dessen Voraussetzungen im großen und ganzen dem Verwaltungsermessen überlassen werden, während eine Satzung verfassungsmäßig ist, welche Massenbewegungen nur an bestimmten Orten und auf bestimmte Art und Weise verbietet und die Polizeierlaubnis an eine vernünftige und deutliche Richtschnur knüpft. Nun aber wurden solche Entscheidungen vom folgenden Urteil betreffs der Sicherheitssatzung der Hauptstadt Tokio geändert. Das Oberste Gericht hat im Plenum am 20. 7. 1960 entschieden, daß eine Satzung, welche fast jede Massenbewegung ungeachtet des Versammlungsortes verbietet, dennoch verfassungsmäßig ist, wenn und insoweit Erlaubnis immer erteilt werden kann, es sei denn, daß die Durchführung der Bewegung die Erhaltung der öffentlichen Sicherheit offenbar in dringende Gefahr zu bringen vermag. Art. 13 schließt in sich den Grundsatz der Verhältnismäßigkeit, wonach der konkrete Grad des Freiheitsopfers nicht außer Verhältnis zur Notwendigkeit der im Gesetz geregelten Freiheitsbeschränkung stehen und nicht mehr als das zur Erreichung des Zwecks eines Gesetzes absolut Notwendige sein soll. Unter welcher Voraussetzung die Massenbewegung von der Polizeierlaubnis abhängig sein soll, oder inwieweit diese Voraussetzung unbestimmte Begriffe enthalten darf, das hat mit der Verfassungsmäßigkeit des betreffenden Rechtssatzes nichts zu tun. Im Strafverfahren gegen einen Angeklagten, der ohne Erlaubnisantrag eine Massenbewegung veranstaltet hat, soll kein Gericht die einen Erlaubnisvorbehalt enthaltende Bestimmung deswegen für verfassungswidrig erklären, weil sie nicht genüge, dem Ermessensmißbrauch bei der Erlaubnisversagung zu wehren.

Ganz verschieden von der natürlichen Freiheit ist die wirtschaftliche Freiheit neuerdings erheblich eingeschränkt. Wie weit öffentliche Lasten,

Wirtschaftslenkung, Lokalplanung mit Grundeigentumsbeschränkung usw. in Freiheit und Eigentum eines einzelnen eingreifen dürfen, das hängt meistens von dem demokratischen Mehrheitswillen ab. Das Gemeinwohl in den Art. 22 und 29, welche Gewerbefreiheit und Eigentumsgarantie betreffen, umfaßt den positiven Wohlfahrtszweck, der wirtschafts- und sozialpolitische Regulierungen ermöglichen soll. Materielles Gesetz in diesem Sinne zieht bloß eine lockere Grenze der Legislative, ist also kein rechtsstaatlicher Begriff, sondern vielmehr ein politischer, es sei denn, daß Ermessensüberschreitung oder Ermessensmißbrauch der Legislative offensichtlich sind.

2. Rechtsgleichheit. Gemäß Art. 14 Abs. 1 sind alle Staatsbürger vor dem Gesetze gleich und gibt es keine unterschiedliche Behandlung in politischer, wirtschaftlicher oder sozialer Beziehung aus Gründen der Rasse, des Geschlechts, des Bekenntnisses, der sozialen Stellung oder der Herkunft. In engstem Zusammenhang mit den unverbrüchlichen Menschenrechten muß man zugeben, daß der Grundsatz der Gleichheit vor dem Gesetze sich nicht nur auf die Rechtsanwendung sondern auch auf die Rechtssetzung bezieht.

Zuerst fordert dieser Grundsatz die Allgemeinheit für den Gesetzesinhalt, sofern das Gesetz die Grundrechte des Staatsbürgers einschränkt. Gemäß Art. 29 Abs. 2 werden Eigentumsrechte durch Gesetz in Übereinstimmung mit dem Gemeinwohl genau bestimmt, und nach Abs. 3 kann Privateigentum gegen gerechte Entschädigung in öffentlichen Gebrauch überführt werden. Das Gesetz im Abs. 2 soll eine generelle, vorher aufgestellte, alle bindende, ausnahmslos und prinzipiell für alle Zeiten geltende Vorschrift sein. Dagegen soll ein von Fall zu Fall und mit Rücksicht auf besondere konkrete Verhältnisse erlassenes Gesetz als eine Art Enteignung gemäß Abs. 3 gerechte Entschädigung mit sich bringen. Art. 31 lautet: „Niemand darf des Lebens oder der Freiheit beraubt werden, noch darf irgendeine andere Strafe auferlegt werden, außer in Übereinstimmung mit einem gesetzlich festgelegten Verfahren.“ Wenn das ein Strafverfahren oder einen Verbrechenstatbestand festsetzende Gesetz nicht dem Merkmal der Allgemeinheit entspricht, so ist es mit dem Grundsatz „nullum crimen sine lege“, also mit Art. 39 unvereinbar, der sogenannte ex-post facto Gesetze verbietet.

Art. 14 Abs. 1 zählt fünf Unterscheidungsmerkmale auf. Hier kommt es darauf an, ob diese Enumeration exemplarisch oder erschöpfend ist. Nun aber bezeichnet der Grundsatz der Rechtsgleichheit nichts anderes, als daß die Unterscheidungen des Gesetzgebers dem inneren Wesen der Ordnung des betreffenden Lebensverhältnisses gerecht werden müssen. Dabei ist es ihm ganz gleich, ob diese Unterscheidungen unter irgend eines der oben aufgezählten Merkmale fallen. Im Gegenteil darf der Richter nur die Verletzung gewisser äußerster Grenzen von Seiten der Legislative rügen, sonst soll er die Verfassungsmäßigkeit des Gesetzes vermuten. Darum sind die begrifflichen Unterscheidungsgründe wie Rasse, Geschlecht usw. einem Richter nützlich, wenn er das richterliche Prüfungsrecht ausübt. Nebenbei bemerkt, enthält das sogenannte Bekenntnis als Unterscheidungsgrund nicht nur ein eigentliches, religiöses, sondern auch ein politisches, ideologisches Element in sich. (Urteil des Obersten Gerichtes vom 22. 11. 1955.) Ausnahmsweise ist die soziale Stellung im Art. 14 mehrdeutig. Verfassungsmäßig ist z. B. § 205 StGB, der jemanden für eine Körperverletzung mit Todesfolge gegen Verwandte in aufsteigender Linie mit einer längeren Zuchthausstrafe belegt als für eine solche gegen Nichtverwandte, denn das eigentümliche Verhältnis der Kinder zu den Eltern usw. setzt eine soziale Stellung nicht voraus, sondern gehört zum Naturrecht. (Urteil des Obersten Gerichtes vom 11. 10. 1950.) [11]

3. Institutionelle Garantie. Carl Schmitt hat den Begriff der institutionellen Garantien in seiner Verfassungslehre aufgestellt und dann in seiner Schrift „Freiheitsrechte und institutionelle Garantien" die wesentlich öffentlich-rechtlichen Gewährleistungen institutioneller Art von den privatrechtlichen Institutsgarantien getrennt. Beispiele der institutionellen Garantien im engeren Sinne finden sich bei uns hauptsächlich in Grundrechtsbestimmungen.

a) Berufsbeamtentum. Art. 15 sagt: „Das Volk hat das unveräußerliche Recht, seine öffentlichen Beamten auszuwählen und zu entlassen. Alle öffentlichen Beamten sind Diener der Gesamtheit, nicht eines Teils derselben." Abs. 1 fordert nicht die Gesetzgebung, die den Staatsbürgern das Wahl- und Entlassungsrecht gewährt, sondern das Beamtentum als Einrichtung in Übereinstimmung mit der Volkssouveränität aufzufassen. Abs. 2 zielt darauf ab, die politische Neutralität des Beamtentums als Voraussetzung der Demokratie aufrecht zu erhalten und zugleich die Vereinigungsfreiheit einzelner Beamten wegen ihres Dienstes am gesamten Volk einzuschränken. Daher gewährt dieser Artikel nicht den einzelnen Beamten subjektive Grundrechte, sondern begründet eine verfassungsmäßige Verankerung des Beamtentums als staatsrechtliche Einrichtung. Zwar ist es ein Postulat jenes Dienstes an der Gesamtheit, daß alle Beamten, abgesehen vom politischen, von der Herrschaft politischer Parteien unabhängig sein sollen, um den Staatsbürgern ohne Rücksicht auf ihre politische Haltung unparteiisch zu dienen. Aber zugleich erkennt man an demselben Merkmal des Beamtentums eine starke Einschränkung des Rechts, sich zu organisieren und über Dienstbedingungen zu verhandeln. Allerdings hat sich dieses Merkmal schon in der geschichtlichen Entwicklung herausgebildet, aber das Gewerkschaftsgesetz von 1945 hat keinen wesentlichen Unterschied zwischen dem Beamtenverhältnis und dem Arbeitsverhältnis gemacht, woraus eine Verwirrung entstanden ist. Die Kabinettsverordnung Nr. 201 von 1948, die bald darauf in das revidierte Beamtengesetz aufgenommen wurde, bestimmte dagegen die Bestrafung für Arbeitseinstellung und Arbeitsnieder-

[11] Vgl. Tagami, Einige Probleme der japanischen Verfassung, in: Deutsches Verw.Blatt, 1959, S. 834 n. 1.

legung des Beamten. Das Oberste Gericht erklärte am 8. 4. 1953 diese Verordnung wegen Art. 13 und 15 für verfassungsmäßig.

b) Autonomie der Universität. Art. 23 garantiert die akademische Freiheit schlechthin. Im Wortlaut desselben ist von Universitäten nicht die Rede. Aber die herrschende Lehre ist zu dem Ergebnis gekommen, daß eine der richterlichen Unabhängigkeit ähnliche Unabhängigkeit des Universitätsprofessors und sogar ein Stück Organisationsrecht der Universität durch Art. 23 gewährleistet wird. Das Sondergesetz über die Erziehungsbeamten bestimmt, daß der Disziplinarbestrafung eines Professors stets eine Untersuchung durch den Rat der betreffenden Universität vorausgehen soll. Gemäß § 59 Schulerziehungsgesetz gehört die Verfassung betreffend die innere Organisation und Erziehung an der Universität zu ihrer Autonomie. Diese Bestimmungen haben nach der herrschenden Lehre ihren Grund in der institutionellen Garantie des Art. 23, weil die politische Neutralität der Universität eine unentbehrliche Voraussetzung der Demokratie ist. Das Urteil des Obersten Gerichtes vom 22. 5. 1963 hat unter den innerhalb der Universität abgehaltenen Versammlungen die akademische Zusammenkunft von der politischen unterschieden und die Garantie der Universitätsautonomie in bezug auf die erstere anerkannt. Nach diesem Urteil enthalte Art. 23 die institutionelle Garantie zusammen mit der akademischen Freiheit, obgleich diese Garantie nicht aus dem Wortlaut des Art. 23, vielmehr aus der geschichtlichen Lage der Universität entnommen werden muß. Kurz, Art. 23 soll die akademische Freiheit nicht nur als subjektives Recht des Einzelnen, sondern auch als Einrichtung garantieren.

c) Gemeindliche Selbstverwaltung. Art. 92 sagt: „Regelungen betreffend Organisation und Leitung der Kommunalverbände werden in Übereinstimmung mit dem Grundsatz örtlicher Selbstverwaltung durch Gesetz festgelegt." Art. 93 lautet: „Die Kommunalverbände schaffen durch Gesetz ihre Versammlungen als Beschlußorgane. Die obersten Vollziehungsbeamten der Kommunalverbände und die Mitglieder ihrer Versammlungen werden von den Gemeindebürgern durch direkte Volksabstimmung gewählt." Art. 94: „Die Kommunalverbände haben das Recht, ihr eigenes Vermögen zu verwalten und über ihre Angelegenheiten zu verfügen, sowie die vollziehende Gewalt auszuüben. Überdies haben sie die Befugnis, im Rahmen der Gesetze statutarische Satzungen zu erlassen." Der Grundsatz örtlicher Selbstverwaltung umfaßt sowohl die Teilnahme der Staatsbürger an der Führung der Verwaltung mittels gewählter Vorsteher, Mitglieder der kommunalen Versammlung usw. (Selbstverwaltung als politisches Prinzip), als auch das Recht der korporativen Verbände auf die selbständige Verwaltung derjenigen Angelegenheiten, die ihrer Natur nach unter Berücksichtigung von Sonderinteressen zu besorgen sind (Selbstverwaltung als juristisches Prinzip). Art. 92 stellt die Institution der gemeindlichen Selbstverwaltung dergestalt unter die verfassungsmäßige Garantie, daß der Legislative eine

Aushöhlung oder Aufhebung jenes Grundsatzes unmöglich gemacht ist. Art. 93 bezieht sich auf die Selbstbestimmung hinsichtlich der Organisation der Kommunalverbände, während Art. 94 die Selbstverwaltung hinsichtlich der Leitung ihrer Angelegenheiten vorschreibt, womit wohl das unantastbare Minimum der Institution Selbstverwaltung etwas ausführlich anerkannt ist. Trotzdem können einzelne Gemeinden durch Gesetz beseitigt oder der nächsten Großstadt eingemeindet werden, wenn und insoweit irgendeine Art Kommunalverband als Einrichtung übrigbleibt. Die Bestandsgarantie in dieser Hinsicht gilt nicht mehr als Voraussetzung der institutionellen Garantie der kommunalen Selbstverwaltung. Über die Grenzen der Staatsaufsicht gehen die Meinungen auseinander. Nach der der Zentralbürokratie feindlichen Meinung ist die Staatsaufsicht über Kommunalverbände grundsätzlich zu verneinen. Aber die Leitung der kommunalen öffentlichen Verwaltung und der Erlaß der Gemeindesatzungen stehen in engem Zusammenhang mit der Staatsregierung, woraus folgt, daß die Staatsaufsicht über die Gesetzmäßigkeit auch hier unentbehrlich ist.

Unter den Institutsgarantien sind die Garantie des Eigentums in Art. 29 und die Gewährleistung der Sozialrechte von besonderem wissenschaftlichen Interesse. Art. 29 Abs. 2 ist, wie oben erwähnt, keine naturrechtliche Erklärung, sondern eine positivrechtliche Regel. Obgleich das Eigentumsrecht nach Abs. 1 unverletzlich ist, so bestimmt dennoch Abs. 2 den Vorbehalt des Gesetzes in bezug auf den Inhalt der Vermögensrechte im allgemeinen. Daraus ergibt sich, daß Vermögensrechte überhaupt in Abs. 2 durch einfaches Gesetz, nicht aber von Verfassungs wegen garantiert werden, während das Eigentum im eigentlichen Sinne als von der Legislative nicht zu beseitigendes Rechtsinstitut in Abs. 1 gewährleistet wird. Art. 29 geht von der Erklärung des Menschenrechts zur Institutsgarantie über, abgesehen davon, daß ein konkreter, besonderer Eingriff in Privateigentum gerechte Entschädigung mit sich bringen soll.

Materiellrechtliche Ansprüche auf staatliche Leistungen, vor allem Sozialrechte, verfassungsrechtlich zu garantieren ist für unsere neue Verfassung charakteristisch. Art. 25 sagt: „Alle Staatsbürger haben das Recht auf ein Mindestmaß zuträglichen und kulturellen Lebens." Art. 26: „Alle haben das Recht auf eine gleiche, ihren Fähigkeiten entsprechende Erziehung nach Maßgabe des Gesetzes. Alle sind verpflichtet, allen in ihrer Obhut stehenden Kindern eine allgemeine Erziehung nach Maßgabe des Gesetzes angedeihen zu lassen. Solche Pflichtausbildung ist kostenfrei." Art. 27: „Alle haben das Recht und die Pflicht zu arbeiten. Richtlinien für Löhne, Arbeitszeit, Erholung und andere Arbeitsbedingungen werden gesetzlich festgelegt." Art. 28: „Das Recht der Arbeiter, sich zu organisieren, über Arbeitsbedingungen zu verhandeln und gemeinsam zu handeln wird garantiert." Solche Grundrechte positiven Status sind keine Naturrechte. Dessen ungeachtet sind die betreffenden Verfassungsbestimmungen einfach und elastisch genung, um sich der Wandlung der sozialen Umstände und staatlicher Politik anzupassen. Darum bedürfen vor allem Sozialrechte zu ihrer Geltendmachung besonderer Gesetze. Das Gericht würde anstatt der Legislative konstitutiv die Substanz eines Sozialrechts bestimmen, wenn es entscheiden könnte, daß dieses Recht von Verfassungs wegen schlechthin zustande kommt. Art. 25 bestimmt zwar die generelle Verantwortung und Aufgabe der Regierung, aber er verleiht dem einzelnen Staatsbürger ein konkretes, aktuelles Recht nicht. (Urteil des Obersten Gerichts vom 29. 9. 1948.) Ob die Unentgeltlichkeit der Pflichtausbildung nach Art. 26 Abs. 2 nur für die Unterrichtsgebühren gelten soll oder auf Lehrbücher und Schulutensilien entsprechend angewandt werden darf, ist eine rechtspolitische, also unjustiziable Frage, die unter Berücksichtigung der finanziellen Umstände zu entscheiden ist. (Urteil des Obersten Gerichts vom 26. 2. 1964.) Das Gesetz hat auf dem Gebiet der Freiheitsrechte eine negative, rechtseinschränkende Wirkung, während es auf dem Gebiet der Sozialrechte eine positive, rechtsbegründende Wirkung hat. Daraus ergibt sich, daß der materielle Gesetzesbegriff im letzteren Fall in der Regel nicht als Grenze der Gesetzgebung aufgefaßt wird, sondern als institutionelle Garantien die Legislative bindet. Dieser Gesetzesbegriff erklärt als Prinzip des Rechtsstaates das verfassungsrechtliche Merkmal einzelner Grundrechte. Der Gesetzesbegriff in diesem Sinne erschließt sich nicht wie im engeren, eigentlichen Gemeinwohl aus dem Naturrecht oder dem Prinzip des Rechtsstaates schlechthin, sondern aus den einzelnen Verfassungsgesetzen und sogar aus den geschichtlich, traditionell festgestellten Organisationen oder Rechtsinstituten.

Über den Verwaltungsstaat

Takashi Teshima

I. Einleitung

Auf der Bühne des heutigen staatlichen Lebens sieht man zwei Hauptdarsteller: die politischen Parteien und die Verwaltung. Unabhängig von der formellen Rollenverteilung (den verfassungsrechtlichen Vorschriften) spielen in Wirklichkeit diese zwei die Hauptrollen. Das ist der Grund, warum der moderne Staat als „Parteienstaat" oder als „Verwaltungsstaat" qualifiziert ist. Beide beherrschen die Bühne bald als Partner, bald in der Weise, daß die eine die andere führt; aber die Verwaltung tendiert, scheint es, dahin, die politischen Parteien allmählich zu überspielen.

Der moderne kapitalistische Staat ist durch Massendemokratie Parteienstaat. Er ist auch Verwaltungsstaat dadurch, daß er gezwungen ist, Leistungsstaat zu sein. Die bürgerliche Gesellschaft, die den Gegensatz von Staat und Gesellschaft überwunden und die Identität der beiden errungen hatte, steht jetzt, mit dem Übergang in den entwickelten Kapitalismus und dessen Blüte, einem neuen Gegensatz — den politischen Widersprüchen innerhalb der Gesellschaft — gegenüber. Die Funktion der Regulierung solcher Widersprüche wird nun vom Staat gefordert, der sich mit ihr identifiziert hat. Der moderne Staat ist also der positive „Leistungsstaat", der durch die Forderung und Wirklichkeit der aktiven entschlossenen Intervention in die Gesellschaft und Wirtschaft charakterisiert ist, im Kontrast zum negativen „Freiheitsstaat" in der früh-kapitalistischen Zeit, der mit der Gesellschaft im Gegensatz stand und dessen Ideal daher der nicht-intervenierende Neutrale war. Akzentuiert auf die ideologische Seite, wird er *„welfare state"* (wie in England) oder „Sozialstaat" (wie in der Bundesrepublik) genannt. Auch in Japan sind diese Ausdrücke, insbesondere ersterer, geläufig. Ein solcher moderner Staat muß jetzt die Rollen „als Ordner, als Schiedsrichter, als Versicherer, als Verrichter von Dienstleistungen, als Quelle von Zuschüssen und Darlehen, als Garant von allgemeinen Mindestanforderungen an ein ‚menschenwürdiges Dasein' und als Fachmann für wirtschaftliche und soziale Diagnose und Reparaturen" [1] spielen. Die Staatsaufgaben, die sich so quantitativ und qualitativ vergrößern, werden zum größten Teil der Verwaltung anvertraut.

---

[1] Fritz Morstein Marx, Einführung in die Bürokratie, 1959, S. 12.

Denn sie können wegen ihres sachlichen, aktiven, gestaltenden, mobilen, fachlichen, technischen, dauernden und großartigen Charakters nur vom handelnden Staatsorgan, d. h. der Verwaltung, erfüllt werden. Das führt dazu, daß die Stellung der Verwaltung unter den Staatsorganen über die Legislative, die Justiz und die Exekutive (Regierung) emporsteigt, wozu auch die Dysfunktion der Legislative infolge der Massendemokratisierung beiträgt. Dieses Phänomen nennt man die Tendenz zum „Verwaltungsstaat".

Verbreitet als Fachausdruck, findet aber das Wort „Verwaltungsstaat" noch keine Einstimmigkeit der Lehrmeinungen darüber, wo sein Wesen liegt, mit anderen Worten, wie man seinen Begriff wissenschaftlich zu bestimmen hat. Es handelt sich hier um einen Verwaltungsstaatsbegriff, der für die Staatslehre und das Staatsrecht heute am sinnvollsten ist. Der Begriff müßte problematischste politisch-staatsrechtliche Verhältnisse der Gegenwart zutreffend erfassen. Die vorliegende Abhandlung versucht, diesen Problemkreis zu approchieren — den Problemkreis, dem erst HANS PETERS eine wissenschaftliche Beleuchtung gab [2].

II. Der Begriff des Verwaltungsstaats

A. Typen der Verwaltungsstaatsbegriffe

Auf die Genealogie der Verwaltungsstaatsbegriffe wird hier nicht eingegangen, da sie bereits von CARL HERMANN ULE in Umrissen dargestellt worden ist [3]. Im folgenden wird beabsichtigt, die mannigfaltigen, bisher von verschiedenen Standpunkten mit vielfachen Methoden konstruierten Begriffe des Verwaltungsstaats logisch zu klassifizieren und anzuordnen, damit ein Anhalt zur angemessensten Begriffsbestimmung erreicht werde. Man hat sie in zwei Hauptgruppen einzuteilen: die normative (juristische) und die faktische (soziologische) [4]. Die eine begreift den Verwaltungsstaat ausschließlich auf der Ebene der positiven Rechtsnormen; die andere erfaßt das Wesen des Verwaltungsstaats auf der wirklichen Dimension des staatlichen Lebens. Beide können in je vier Typen gruppiert werden.

1.1. Nach der ersten Art der *de-jure*-Begriffsbildung ist der Verwaltungsstaat der Staat, in dem die Verwaltung in der „Kompetenzverteilung" unter den Staatsorganen relativ begünstigt ist. Dieser Standpunkt wird von ADOLF MERKL vertreten, der unter „Verwaltungsstaat" den Staatstypus versteht, „der der Verwaltung im Systeme der Staatsfunktionen, insbesondere im Vergleiche mit der Justiz, einen verhältnismäßig breiten Raum und eine starke

[2] HANS PETERS, Der Kampf um den Verwaltungsstaat, Festschrift für Wilhelm Laforet, 1952, S. 19 ff.

[3] CARL HERMANN ULE, Über das Verhältnis von Verwaltungsstaat und Rechtsstaat, Staats- und Verwaltungswissenschaftl. Beitr. (10 Jahre Hochschule für Verwaltungswissenschaften Speyer), 1957, S. 127 ff.

[4] Vgl. PETERS, a.a.O., S. 22; ULE, a.a.O., S. 133 ff.

Stellung einräumt". Die Begünstigung der Verwaltung bestehe in der Bevorzugung der Verwaltung vor der Justiz bei Koordination der beiden in der rechtlichen Zuständigkeitsordnung [5]. Außer dem, daß sie rein „juristisch" ist, ist es für diese Definition charakteristisch, daß hier als notwendige Folge aus der Rechtsstufentheorie der „Reinen Rechtslehre" der Verwaltungs- dem Justizstaat gegenübergestellt ist und daß dabei der Unterschied zwischen beiden ganz relativiert ist [6].

1.2. Zweitens ist die eingeschränkte rechtstechnische Konstruktion anzugeben, die, von der ersten Lehre stammend, eines der Begriffsmerkmale hervorhebt und den „Staat mit besonderer Verwaltungsgerichtsbarkeit" als Verwaltungsstaat bezeichnet. Man unterscheidet nämlich, je nachdem, ob die rechtliche Überprüfung der Verwaltungsakte durch die ordentlichen Gerichte oder durch eine besondere Verwaltungsgerichtsbarkeit geleistet wird, den Justizstaat oder Verwaltungsstaat. Diese Meinung ist vorherrschend im gegenwärtigen Österreich, wo MERKLs Schüler führen [7], wie auch in Japan. „Der Staat mit Verwaltungsrecht als solchem besonderen Rechtssystem und mit Verwaltungsgerichtsbarkeit als besonderem, dazu bestimmtem Gerichtswesen heißt ‚Verwaltungsstaat'. Dagegen nennt man den Staat, der kein solches der Verwaltung eigenes Rechtssystem hat und in dem es daher keinen Raum für eine besondere, dazu bestimmte Gerichtsbarkeit gibt, ‚Justizstaat' [8]."

1.3. Eine andere Lehre, die im weiteren Sinne zu derselben Kategorie wie die erste und die zweite gehört, definiert den Staat, in dem die „unmittelbare" die „mittelbare" Verwaltung überwältigt, als Verwaltungsstaat. Dieser eigenen Ansicht liegt die Einteilung der Vollziehung als der Gesetzgebung untergeordnete Rechtsanwendungs- und -erzeugungsfunktionen statt in Justiz und Verwaltung in die oben genannten zwei Arten von Verwaltung zugrunde. Ihr Vertreter ist HANS KELSEN, der Führer der „Reinen Rechtslehre". Die „mittelbare" Verwaltung seiner Terminologie meint, daß der Staat auf der Stufe der individualisierenden Gesetzesvollziehung die Untertanen zu einem bestimmten, den Staatszweck fördernden Verhalten verpflichtet und gegen die sich pflichtwidrig verhaltenden Untertanen einen Zwangsakt setzt; dagegen spricht KELSEN von „unmittelbarer" Verwaltung, wenn der Staat selbst, also unmittelbar, die den Staatszweck fördernden Tatbestände setzt. So wird der Staat, dessen Funktionen sich auf Gesetzgebung und mittelbare Verwaltung beschränken, als „Gerichtsstaat" und der Staat, der seinen Funktionsbereich auf unmittelbare Verwaltung erweitert,

[5] ADOLF MERKL, Allgemeines Verwaltungsrecht, 1927, S. 65 f.

[6] Vgl. a.a.O., S. 65, 68.

[7] WALTER ANTONIOLLI, Allgemeines Verwaltungsrecht, 1954, S. 49; LUDWIG ADAMOVICH, Handbuch des österreichischen Verwaltungsrechts, 5. Aufl., Bd. I, 1954, S. 26, 139.

[8] JIRO TANAKA, Gyosei-ho Kogi (jo) (Lehrbuch des Verwaltungsrechts I), 1965, S. 37 f.

als „Verwaltungsstaat im eigentlichen und engeren Sinne des Wortes" begriffen [9]. Für diesen juristischen Midas ist auch die unmittelbare Verwaltung, nicht zu sprechen von der mittelbaren, Rechtsakt als „zwangvermeidendes Verhalten" der „Staatsorgane im rechtsinhaltlichen Sinne" [10]. Daher könnte man diesen Standpunkt auch als den, der die Wandlung des Rechtscharakters der Vollzugsfunktion ins Auge faßt, kennzeichnen.

1.4. All diese Auffassungen versuchen, den Verwaltungsstaat im Gegensatz zum Justiz-(oder Gerichts-)Staat zu begreifen. Es gibt aber auch den Typus der normativen Begriffsbildung, der den Verfassungsgrundsatz der Dreigewaltenteilung voraussetzt und das Wesen des Verwaltungsstaats darin sieht, daß in die Verwaltung die anderen zwei Gewalten, Gesetzgebung und Justiz, zusammenfließen. Der Verwaltungsstaat sei nach dieser von Ule vertretenen Auffassung „der Staat, in dem auch die Gesetzgebung und die Rechtsprechung zur Verwaltung werden" (im funktionellen Sinn), „der Staat, in dem sich die Staatsgewalt bei den Verwaltungsbehörden konzentriert, in dem die Verwaltungsbehörden nicht nur regieren und verwalten, sondern auch Recht setzen und Recht sprechen" (im organisatorischen Sinn), also „ein Staat, in dem die Gesetzgebung und die Rechtsprechung von Verwaltungsbehörden übernommen wird, oder in dem doch jedenfalls wesentliche Aufgaben der Gesetzgebung und Rechtsprechung auf Verwaltungsbehörden übergegangen sind" [11]. Dabei ist zu beachten, daß es hier ausschließlich eine Frage auf der Ebene der Rechtsnormen ist, ob die Gewaltenvereinigung auf die Verwaltung erkennbar ist oder nicht.

2.1. Als *de-facto*-Verwaltungsstaatsbegriff kommt zunächst derjenige in Betracht, der auf einen Staat hinweist, in dem der „Schwerpunkt" der Staatstätigkeit im soziologischen Sinne auf der Verwaltung, nicht auf der Legislative oder der Justiz, liegt. Diese Stellung nimmt Hans Peters ein; er spricht vom „Schwergewicht alles staatlichen Handelns", vom „gesamten Schwerpunkt der Staatstätigkeit" [12]. Auch das amerikanische Schrifttum, das das Wort *„administrative state"* ohne Definition verwendet [13], scheint einen gleichartigen Begriff stillschweigend vorauszusetzen, was der Bestimmung eines eingebürgerten Amerikaners, Fritz Morstein Marx, entnommen werden könnte: man müsse sich den Verwaltungsstaat als einen „Staatstyp, in

---

[9] Hans Kelsen, Justiz und Verwaltung, Z. soz. Recht 1, 1928/29, S. 92 f. Kelsen verwendet nach wie vor denselben Begriff des Verwaltungsstaats auch in seinem neuesten systematischen Werk: Reine Rechtslehre, 2. Aufl. 1960, S. 300.

[10] Kelsen, Allgemeine Staatslehre, 1925, S. 239 f.

[11] Ule, a.a.O., S. 136, 138.

[12] Peters, Lehrbuch der Verwaltung, 1949, Vorwort u. S. 131; Der Kampf um den Verwaltungsstaat, S. 24; Die Wandlungen der öffentlichen Verwaltung in der neuesten Zeit, 1954, S. 22.

[13] Dwight Waldo, The Administrative State, 1948; Joseph Rosenfarb, Freedom and the Administrative State, 1948.

dem der Gesamtaufbau und die Aufgabenfülle der Verwaltung besonders hervortreten, vor allem in ihren quantitativen Ausmaßen", vorstellen [14].

2.2. Dem Begriffsmerkmal „Schwerpunkt" fehlt es aber an Bestimmtheit. Die zweite soziologische Lehre verdeutlicht und absolutiert das Merkmal und stellt es als höchsten entscheidenden Willen im Staate auf. Auf diese Weise bildet CARL SCHMITT seinen Begriff des Verwaltungsstaats. Er unterscheidet funktionell den Gesetzgebungs-, den Jurisdiktions-, den Regierungs- und den Verwaltungsstaat. Diese Unterscheidung trifft er danach, „wo der Schwerpunkt des entscheidenden Willens liegt", oder „welche Art höchsten Willens im entscheidenden Augenblick maßgebend oder ausschlaggebend hervortritt und für das Gemeinwesen artbestimmend ist" [15]. Der Verwaltungsstaat sei also eine Staatsart, in welcher Maßnahmen als sachliche Anordnungen die wichtigste Bedeutung im obigen Sinne hätten. Die Begriffsbestimmung von Frhr. v. D. HEYDTE und HANS MÜLLER beruht ebenfalls auf solchem Standpunkt, wenn sie auch im organisatorischen Sinn und von der Dreiteilung von Gesetzgebungs-, Justiz- und Verwaltungsstaat aus erfolgt ist [16].

2.3. Man begreift den Verwaltungsstaat auch dadurch, daß man die Veränderung des soziologischen Charakters der Verwaltungsfunktion auf den Brennpunkt einstellt. Es handelt sich hier um eine faktische Tendenz der administrativen Funktion von der sozusagen negativen zur überwiegend positiv-aktiven. Unter Verwaltungsstaat wird also ein Staat verstanden, in dem Verwaltungstätigkeit in der Leistungs- und sonstigen begünstigenden Verwaltung (und somit dem freien Ermessen) bestehen. „Die Verwaltung, bisher wesentlich Ordnungsgarant, wurde jetzt auch wesentlich Leistungsträger [17]." Der so aufgefaßte Verwaltungsstaat, dem Sicherheitsstaat gegenübergestellt, nähert sich dem „Leistungsstaat" *(„service state")* an. Diesen Wortgebrauch kann man sowohl in den Werken von ERNST FORSTHOFF und WERNER WEBER [18] als auch im japanischen Schrifttum sehen. Wenn LEONARD D. WHITE, der amerikanische Meister der Verwaltungslehre, von dem *„gradual displacement of the police state by the service state"* spricht [19], scheint hier *„service state"* mit dem Verwaltungsstaat fast synonym verwendet zu sein.

2.4. Zuletzt ist auch eine Konstruktion zu erwähnen, die, ohne Beziehung auf den bestehenden institutionellen Aufbau, von der theoretischen, funktio-

---

[14] MORSTEIN MARX, The Administrative State, 1957, p. 2, n. 1 (deutsche Ausgabe: Einführung in die Bürokratie, supra, S. 12, Anm. 1).

[15] CARL SCHMITT, Legalität und Legitimität, 1932, S. 10.

[16] FRIEDRICH AUGUST Frhr. v. D. HEYDTE und HANS MÜLLER, Verwaltungslehre, 1957, S. 17.

[17] ERNST FORSTHOFF, Lehrbuch des Verwaltungsrechts, Bd. I, 7. Aufl. 1958, S. 35.

[18] FORSTHOFF, Rechtsfragen der leistenden Verwaltung, 1959, S. 9 ff.; WERNER WEBER, Spannungen und Kräfte im westdeutschen Verfassungssystem, 2. Aufl. 1958, S. 35, 146 f.; Staats- und Selbstverwaltung in der Gegenwart, 1953, S. 94.

[19] LEONARD D. WHITE, Trends in Public Administration, 1933, p. 341.

nellen Auffassung der Verwaltung im Gegensatz zur Regierung *(politics)* ausgeht. Der Verwaltungsstaat bedeutet dann einen Staat, in welchem die Verwaltung als „Verwaltung von Sachen" eine Kardinalrolle spielt; er steht dem Verfassungs- oder Regierungsstaat, der in Regierung *(politics)* besteht, gegenüber. Diesen Gesichtspunkt vertritt, obwohl nicht ausdrücklich, HELMUT SCHELSKY, der auf die Wandlung der Demokratie zu einem „technischen Staat" hinweist [20], oder JAMES BURNHAM, der den Gedanken der *„managerial revolution"* auch auf den Staat anwendet [21]. Während diese Vertreter die Technokratisierung des kapitalistischen Staates im Auge haben, stellt sich FRIEDRICH ENGELS ein Gesellschaftsbild nach dem Absterben des Staates vor: „An die Stelle der Regierung über Personen tritt die Verwaltung von Sachen und die Leitung von Produktionsprozessen [22]." Hier aber kann man selbstverständlich nicht vom Verwaltungs*staat* sprechen.

B. Die zutreffende Begriffsbildung

Die verschiedenartigen Verwaltungsbegriffe, die oben behandelt wurden, sind zwar alle logisch möglich, aber welcher würde für die Staats- und Staatsrechtslehre der Gegenwart am nützlichsten sein? Meines Erachtens ist es keiner von ihnen, sondern derjenige, nach dem „der Staat, in dem das Zentrum der Gestaltung und Entscheidung wirksamer *policy* [23] in der Verwaltung zum Unterschied von der Legislative, der Justiz und der Exekutive liegt [23a]", als Verwaltungsstaat bezeichnet wird. Im modernen Staate kommt es im wesentlichen darauf an, wo und wie der fundamentale Staatswille, der die Möglichkeit hat, in der Gesellschaft komplexer und pluralistischer Struktur wirksam durchgeführt zu werden, gestaltet und entschieden wird. Es scheint also die zutreffendste Terminologie zu sein, daß von einem Verwaltungsstaat im Gegensatz zu Gesetzgebungs-, Rechtsprechungs- und Regierungsstaat die Rede ist, wenn die Verwaltung im funktionellen wie organisatorischen Sinne diese Zentralfunktion verrichtet. Ein solcher Begriff des Verwaltungsstaats ist somit demjenigen CARL SCHMITTS nicht unähnlich, aber er unterscheidet sich von diesem dadurch, daß er die Theorie von *policy making,* die die moderne Wissenschaft von der Politik und Verwaltung

[20] HELMUT SCHELSKY, Der Mensch in der wissenschaftlichen Zivilisation, 1961. — Vgl. ARNOLD KÖTTGEN, Innenpolitik und allgemeine Verwaltung, DöV 17, 1964, S. 147 f.

[21] JAMES BURNHAM, The Managerial Revolution, 1941.

[22] FRIEDRICH ENGELS, Herrn Eugen Dührings Umwälzung der Wissenschaft, 1878, S. 302.

[23] Policy = politische Grundrichtlinie. Vgl. DANIEL LERNER and HAROLD D. LASWELL, eds., The Policy Sciences, 1951, p. 5; KARL LÖWENSTEIN, Verfassungslehre, 1959, S. 40.

[23a] d. h. der Staat, in dem die Verwaltung, eigentlich ordentliches Organ des *output*-Regierungsprozesses, auch im *input*-Prozesse eine zentrale Rolle spielt.

besonders in den USA entwickelt hat[24], als Hintergrund hat. Dieser Verwaltungsstaatsbegriff soll im folgenden erörtert werden:

1. Der Begriff des Verwaltungsstaats muß im Grunde soziologisch sein. Es handelt sich um die soziologische Frage, bei der man sich nicht nur an die rechtlichen Vorschriften und Institutionen hält: ob sich der Mittelpunkt der *policy*-Gestaltung und -Entscheidung in der Verwaltung befindet. Erst ein solcher soziologischer Begriff kann die primäre Forderung der heutigen Staats- und Staatsrechtslehre erfüllen. Denn nur er ist imstande, die gegenwärtige problematische Verfassungssituation: den Übergang des Zentrums der *policy*-Gestaltung und -Entscheidung — unabhängig von Rechtsbestimmungen oder sogar dawider — zur Verwaltung, kurzum: die Entfremdung von Verfassungsnorm und -wirklichkeit wissenschaftlich zu erfassen. Zwar ist es auch logisch möglich, sich auf die rechtsnormative Ebene beschränkend den Begriff des Verwaltungsstaats zu bilden; aber solch juristischer Begriff ist deshalb nicht fruchtbar genug, weil er die obengenannte ernste Lage gar nicht beherrschen kann, daher ein Begriff von sekundärer Bedeutung ist, der sich nur seiner sterilen methodologischen Reinheit rühmt. So kann man z. B. in Japan, wo die verwaltungsstaatliche Wirklichkeit auch ein aktuelles Problem im Staatsleben ist, zwar aus den Artikeln 41 und 81 der Japanischen Verfassung[25] von der Gesetzgebungs- oder von der Justizstaatlichkeit sprechen, aber nicht von der Verwaltungsstaatlichkeit, solange man auf der rechtlichen Ebene bleibt.

Die gegenwärtig in Österreich und in Japan herrschende juristische Konstruktionsweise, in der das Vorhandensein einer besonderen Verwaltungsgerichtsbarkeit als Merkmal des Verwaltungsstaats aufgenommen wird, ist weiter folgendermaßen zu kritisieren: Diese Begriffsbestimmung ist zu eng spezialisiert, als daß für sie die allgemeine Benennung *„Verwaltungs*staat" berechtigt wäre. Der hier genannte Verwaltungsstaat sollte richtig als „Staat mit Verwaltungsgerichtsbarkeit" oder *„pays à régime administratif"* ausgedrückt werden.

2. Der Index, nach dem man den Verwaltungsstaat von den anderen Staatstypen unterscheiden kann, muß einen qualitativen, absoluten Unterschied ermöglichen. (Ein unklares Merkmal wie „Schwerpunkt" der Staatstätigkeit oder ein quantitativ-relativer Einteilungsgrund wie „Begünstigung bei Kompetenzverteilung" ist nicht ausreichend.) Denn sonst würde daraus keine bedeutende Problematik entstehen, bestände daher wenig Notwendig-

[24] Lerner and Laswell, l. c.; Paul H. Appleby, Policy and Administration, 1949; Herbert A. Simon, Administrative Behavior, 1947, 2nd ed. 1957 (deutsche Ausgabe: Das Verwaltungshandeln, 1955).

[25] Art. 41: „Das Parlament ist das höchste Organ der Staatsgewalt ..." Art. 81: „Der Oberste Gerichtshof ist das Gericht der letzten Instanz mit der Befugnis, über die Verfassungsmäßigkeit aller Gesetze, Verordnungen, Bestimmungen und Hoheitsakte zu entscheiden." (Deutsche Übersetzung: Wilhelm Röhl, Die Japanische Verfassung, 1963, S. 114, 136.)

keit, besondere wissenschaftliche Begriffe des Verwaltungsstaats usw. zu bilden. In diesem Sinne paßt am besten das Kennzeichen „Sitz des Mittelpunktes der Gestaltung und Entscheidung wirksamer *policy*" als das, was eines der Wesensprobleme im heutigen Staatsleben zutreffend ergreifen kann.

Auch die Maßstäbe des soziologischen Charakters der Verwaltungsfunktion („Sicherheit oder Leistung?") oder der „mittelbaren" und „unmittelbaren" Verwaltung KELSENs sind wohl nicht unbeachtlich; sie wären aber im Vergleich mit dem obengenannten wesentlichen Maßstab nur peripherisch-phänomenale.

Es ist nicht immer identisch mit dem Übergang der Gesetzgebung und Justiz zur Verwaltung, daß die letztere das Zentrum der *policy*-Gestaltung und -Entscheidung einnimmt. Es ergibt sich auch aus dem Funktionswechsel der Verwaltung selbst. Man kann sich also ULEs Definition nicht anschließen, selbst wenn man von ihrer rein juristischen Eigenschaft absieht.

3. Der Verwaltungsstaat ist im engeren Sinne, d. h. als ein liberal-demokratischer Staatstyp, zu konzipieren. Natürlich kann man auch einen Verwaltungsstaatsbegriff im weiteren Sinne bilden, einschließlich des absolutistischen Verwaltungsstaates vor der liberalen Demokratie und des faschistischen und sozialistischen Verwaltungsstaats, die die freiheitliche Demokratie verneinen bzw. aufheben wollen [26], indem man den Begriff der Verwaltung unabhängig von den positiven Einrichtungen rein funktionell-theoretisch versteht. Erst unter Voraussetzung der liberalistischen Demokratie aber stellt das verwaltungsstaatliche Phänomen durch den Widerspruch mit der Staatsverfassung selbst, wie im nächsten Abschnitt erörtert, größte staatswissenschaftliche und -rechtliche Probleme. Wenn dieser Fall und die anderen im weiteren Sinne ohne Unterschied behandelt würden, bestände Gefahr, daß infolge unrichtiger Verallgemeinerung die wesentlichste Frage aus den Augen verloren würde. Das war eben der Fall bei CARL SCHMITT. Weil er verfehlte, den modernen Verwaltungsstaat in der Spannung mit der demokratischen Staatsverfassung zu betrachten, verfiel er in den Irrtum, daß er den Verwaltungsstaat als Utopie, in der „die Dinge sich selbst verwalten", darstellte und meinte, jeder moderne Staat befinde sich in der Wandlung zu solchem Verwaltungsstaate [27].

Es versteht sich jedoch von selbst, daß im Falle der Bundesrepublik Deutschland oder Japans die geschichtlichen und soziologischen Zusammenhänge zwischen dem vergangenen Verwaltungsstaat absolutistischer oder faschistischer Prägung und dem gegenwärtigen liberaldemokratischen mit ihrer besonderen Problematik deutlich und genau zu erklären sind.

4. Da der Verwaltungsstaat im engeren Sinne, der unseren unmittelbaren Gegenstand bildet, die liberale Demokratie, also die Gewaltenteilung,

[26] Vgl. PETERS, Der Kampf um den Verwaltungsstaat, S. 28 f.

[27] CARL SCHMITT, a.a.O., S. 9.

voraussetzt, steht er dem Gesetzgebungs-, dem Justiz- und dem Regierungsstaat gegenüber. Dabei ist zwischen Regierungsstaat, der in der Regel in den Verwaltungsstaat eingeschlossen wird, und Verwaltungsstaat genau zu unterscheiden, denn heute sind die Regierung (Exekutive) und die Verwaltung (im engeren Sinne) hinsichtlich des Aufbau- und Funktionsprinzips verschieden. (Wenn es sich z. B. um die demokratische Legitimation handelt, kann man in der heutigen liberalen Demokratie mit dem parlamentarischen Kabinetts- oder mit dem Präsidentensystem die Exekutive und die bürokratische Verwaltung nicht in einem Atem nennen.) In diesem Zusammenhang ist die Auffassung, die auf Grund der Dichotomie von Regierung (Politik) und Verwaltung den Verwaltungsstaat als technischen Staat im Gegensatz zum Verfassungs- oder Regierungsstaat versteht, deshalb abzulehnen, weil die problematische Situation des modernen liberal-demokratischen Staats nicht darin besteht, daß, wie diese Lehre meint, die Verwaltung die Politik vertreibe, sondern daß innerhalb des gegenwärtigen Gewaltenteilungssystems die Verwaltungsfunktion, damit auch das Verwaltungsorgan, einen starken politischen Charakter hat [28].

5. Der in dieser Weise begriffene Verwaltungsstaat steht in Wirklichkeit als Folge des modernen Leistungsstaats mit diesem in einem engen Zusammenhang. Jedoch dürfen die beiden begrifflich nicht verwechselt werden. Der Leistungsstaat wäre in der Regel ein Verwaltungsstaat, er könnte logisch aber auch ein Gesetzgebungsstaat sein. Jener bezeichnet einen Staatstypus vom Gesichtspunkt des Staats*zwecks* oder der *raison d'être* des Staates, dieser dagegen einen vom Standpunkt des Staats*apparats*: Die Kriterien der Typisierung sind verschieden. Deshalb müßte die begriffliche Vermengung, die eine theoretische Verwirrung verursachen würde, möglichst vermieden werden. Ein Beispiel: Die wichtige Frage des Verhältnisses zum Rechtsstaat — der Idee, die heute in beiden, formalen und materialen, Bedeutungen verstanden ist — wird dadurch angeordnet und verdeutlicht werden, daß man den Leistungs- und den Verwaltungsstaat begrifflich unterscheidet.

6. Dieser Begriff des Verwaltungsstaats wie der des Gesetzgebungs-, Justiz- und Regierungsstaats ist ein Idealtypus. In der Tat kann man nur von „verwaltungsstaatlichen" Erscheinungen sprechen, ein reiner Verwaltungsstaat wäre in der liberalen Demokratie unmöglich. Der wirkliche Verwaltungsstaat tritt bald mit dem Gesetzgebungs-, Justiz- oder Regierungsstaate vermischt, bald mit dem Parteienstaate verbunden auf.

7. Schließlich ist der Verwaltungsstaatsbegriff, wie aus dem oben Gesagten ersichtlich, ein instrumentaler Begriff zur Erfassung, Analysierung und Erklärung der Wirklichkeit. Er ist weder kritischer Begriff, wie der „Obrigkeitsstaat", noch lenkende Idee, wie das „Reich der Freiheit"

[28] Vgl. Takashi Teshima, Amerika Gyosei-Gaku (Amerikanische Verwaltungslehre), 1964.

ENGELS'[29], in dem es nur „die Verwaltung von Sachen und die Leitung von Produktionsprozessen" gibt.

III. Staatsrechtliche Problematik um den Verwaltungsstaat

Gerade diese Konzeption des Verwaltungsstaats bringt eine der fraglichsten Verfassungslagen der Gegenwart zum wissenschaftlichen Bewußtsein. Das Verfassungsproblem hat zwei Seiten: Auf der einen Seite nimmt man auf die verwaltungsstaatliche Verfassungswirklichkeit noch keine oder fast keine staatsrechtlich-normative Rücksicht; auf der anderen übt die Wirklichkeit auf die Verfassungsstruktur höchst gefährliche Einwirkungen aus.

A. Die Problematik der staatsrechtlichen Ignorierung des Verwaltungsstaats

Durch die verfassungsbezogene Realität des Leistungs- und Verwaltungsstaats ist der normative Aufbau der liberal-demokratischen Verfassung, der bereits vor dem Erscheinen jener Realität gebildet wurde, mannigfaltig beeinflußt. Die Wirklichkeit des Leistungsstaats als materialer Staatstypus ist bereits verfassungsrechtlich positiviert worden; z. B. die „Wohlfahrtsstaats"-Idee, die man aus dem Art. 25 der Japanischen Verfassung[30] schließt, oder der „Sozialstaats"-Begriff des Art. 20 des deutschen Grundgesetzes. Dagegen verharrt die Erscheinung des Verwaltungsstaats als formaler Staatstypus, der faktisch mit dem Leistungsstaat eng verbunden ist, mit der Verfassungsnorm noch in einer scharfen Spannung. Die geschriebene Verfassungsnorm ist nämlich nach wie vor von dem gesetzgebungs- oder justizstaatlichen Ton des letzten Jahrhunderts stark gefärbt. Darüber hinaus kann man in deren Auslegung sogar die Tendenz erkennen, auf Kosten der Verwaltung solchen Ton noch zu akzentuieren[31].

Heute aber kann die freiheitlich-demokratische Staatsverfassung, auf der höchst komplizierten Industriegesellschaft beruhend, in der Tat nur in der verwaltungsstaatlichen Form bestehen, ob man dem Rechnung trägt oder nicht. Entspricht es dann einem richtigen Verständnis der gesamten Verfassungsstruktur der Gegenwart, sich der Notwendigkeit des Verwaltungsstaates zu verschließen, ja sogar — wie unten ausgeführt, durchaus nicht ohne Grund — sie zu bekämpfen?

---

[29] ENGELS, a.a.O., S. 306.

[30] Art. 25: „Jeder Bürger hat das Recht auf das Mindestmaß an gesundem und kultiviertem Leben ..." „Auf allen Gebieten des Lebens hat der Staat sich um die Entwicklung und Mehrung des sozialen Wohls, der sozialen Sicherheit und der allgemeinen Gesundheit zu bemühen." (RÖHL, a.a.O., S. 108.)

[31] Vgl. PETERS, Die Verwaltung als eigenständige Staatsgewalt, 1965, S. 5 ff., insbes. S. 21 ff.

Es war Peters, der die Aufmerksamkeit darauf gelenkt hat. Schon im Jahre 1950 hat er auf die politisch- und staatsrechtlich-pathologischen Symptome aus der Ignorierung der verwaltungsstaatlichen Wirklichkeit hingewiesen: 1. „Übermaß von parteipolitischen Einflüssen auf die Personalpolitik der Verwaltung" und das Übersehen des Verfassungsgesetzgebers in der wichtigen Frage einer klaren verfassungsrechtlichen Entscheidung, ob das Berufsbeamtentum *pouvoir neutre* oder Werkzeug des parlamentarischen Mehrheitswillens zu sein hat; 2. die „Hypertrophie der Gesetze" und die „Flucht in die Generalklauseln": Folgerungen aus dem „Eifer des Gesetzgebers, mit den Mitteln des Gesetzgebungsstaats die Bedürfnisse des Verwaltungsstaats zu meistern"; 3. der unangemessene „Einsatz" der Justiz und die sich daraus ergebende „Justizkrise" der Politisierung der Justiz [32]. Also legte Peters das Paradox dar, daß die normative Außerachtlassung des Verwaltungsstaats vielmehr den Zerfall der Staatsverfassung selbst, die dadurch verteidigt werden sollte, herbeiführt.

Peters, der so den „Kampf um den Verwaltungsstaat" verfocht, bei dem es sich darum handelte, die Tatsache des Verwaltungsstaats anzuerkennen und ihn als eine Form des Rechtsstaats einzuordnen, spricht dann nach vierzehn Jahren in seiner Kölner Rektoratsrede für die „Verwaltung als eigenständige Staatsgewalt". Hier wird sein Argument gegen die Tendenzen, die Verwaltung „einer staatsrechtlich und politisch nicht zu rechtfertigenden Minderwertung" auszusetzen, „indem sie ihre Eigenständigkeit und Gleichwertigkeit unter den herkömmlichen sogenannten drei Staatsgewalten untergraben, wenn nicht sogar leugnen" [33], ins Feld geführt. Die Ausbalancierung der drei Gewalten sei nicht nur mit der Demokratie vereinbar, sondern werde auch geradezu von ihr gefordert. Die Eigenständigkeit der Verwaltung sei also vom Grundgesetz gefordert und dürfe daher auch nicht durch „spitzfindige" Auslegungen gefährdet werden. Die eigenständige Verwaltung sei vielmehr angesichts ihrer überragenden Aufgaben im Interesse des Gemeinwohls wie der einzelnen notwendig [34].

Seinen Kampf um den Verwaltungsstaat ficht Peters, indem er den Verfassungsgrundsatz der Gewaltenteilung als Stützpunkt nimmt. Das ist also vor allem für die Verwaltung, die gegenwärtig in der Auslegung der Verfassungsnormen der Gesetzgebung und der Justiz untergeordnet ist, der Kampf, um das verlorene Land wiederzugewinnen. Genügt dies aber, um die verwaltungsstaatliche Wirklichkeit, so wie sie nun eben einmal ist, auf die verfassungsnormative Ebene zu heben und dort zu verankern? Hätte man nicht besser darüber hinaus die Gewaltenteilung umgestaltet, damit der Verwaltung ein ihren modernen Aufgaben gemäßer Tätigkeitsraum gegeben werde? Ist es dann nicht denkbar, positiver zum Verfassungsprinzip des

[32] Peters, Der Kampf um den Verwaltungsstaat, S. 32 ff.

[33] Peters, Die Verwaltung als eigenständige Staatsgewalt, S. 5 f.

[34] a.a.O., S. 29, 32 f.

„Sozialstaats" zu greifen, da der „Sozialstaat" unter den heutigen Bedingungen eine verwaltungsstaatliche Form postulieren muß?

Als unentbehrliche Voraussetzung der normativen Berücksichtigung des Verwaltungsstaats aber hat man die große verfassungsrechtliche Problematik, die der Verwaltungsstaat selbst mit sich bringt, gründlich zu untersuchen. Zu prüfen ist auch, ob, wie PETERS zur Stärkung seines Arguments erwähnt, die Rechtsordnung genügend Sicherungen des Individuums vor dem etwaigen Machtmißbrauch der Verwaltung enthalte[35].

B. Staatsrechtliche Problematik des Verwaltungsstaats

Die verfassungsrechtliche Ignorierung des Verwaltungsstaats bewirkt, wie eben behandelt, eine sehr fragliche Situation in dem Sinne, daß man die gegenwärtige Lebensform der Demokratie, die sich um die Verwaltung dreht, außer acht läßt. Dadurch aber wird auch zugleich versäumt, die mannigfaltige verfassungsrechtliche Problematik, die die verwaltungsstaatlichen Erscheinungen verursachen, in ihrem ganzen, wesentlichen Umfang zum normativen Bewußtsein zu bringen, indem man deren normative Erfassung aufgibt. Diese Problematik, die der Verwaltungsstaat selbst darstellt, gründlich auseinanderzusetzen und systematisch zu erkennen, sollte eine unerläßliche Vorarbeit sein, wenn die Staats- und Staatsrechtslehre heute dem Verwaltungsstaat eine gebührende staatsrechtliche Stellung zuerkennen wollte. PETERS' Erörterung wurde ausschließlich auf eine Seite der doppelgleisigen Verfassungsverhältnisse um den Verwaltungsstaat, die Problematik aus der Ignorierung oder Bekämpfung des Verwaltungsstaats, konzentriert. Sie vernachlässigt leider die andere Seite: die Fraglichkeit des Verwaltungsstaats selbst.

Der Verwaltungsstaat, in dem wirksame *policy* durch die Verwaltung gestaltet und entschieden wird, ist nicht nur mit der modernen demokratischen Verfassung als geschriebener Rechtsnorm, die in Volkssouveränität, Gewaltenteilung und Rechtsstaatlichkeit (im engeren Sinn) besteht, schwer vereinbar, sondern hat sogar die Neigung, sich negativ auszuwirken.

1. Der Verwaltungsstaat und die Volkssouveränität: Zum ersten stellt der Verwaltungsstaat den Kern der Demokratie, d. h. das Prinzip der Volkssouveränität, auf eine harte Probe.

Aus der Idee der Volksherrschaft ergibt sich, daß unter Staatsorganen, die alle „Volksorgane" sind, die Legislative, das ist das vom Volke unmittelbar durch die Wahl legitimierte „*Vertretungs*organ des Volkes", ein „zentralstes Organ" ist, als Staatsorgan, bei dem die „Volksorganschaft" besonders klar hervortritt[36]. Vernünftigerweise fordert also der Verfassungs-

[35] a.a.O., S. 33.

[36] Vgl. THEODOR MAUNZ, Deutsches Staatsrecht, 13. Aufl. 1964, S. 296 f.; FRIEDRICH GIESE, Staatsrecht: Grundlagen — Deutsche Verfassungen — Ausländische Verfassungssysteme, 1956, S. 187.

grundsatz der Volkssouveränität institutionell den Primat der Legislative bei der Ausübung der Staatsgewalt, mit anderen Worten den Gesetzgebungsstaat. So wird z. B. der Art. 41 der Japanischen Verfassung, der das Parlament als „das höchste Organ der Staatsgewalt" bestimmt, ausgelegt. Nun würde die Aushöhlung des Volkssouveränitätsprinzips, die schon durch die Fiktivierung des „repräsentativen" Charakters der Legislative [37], des bisher größten Garanten des Prinzips, im Gange wäre, mit dem Übergang zum Verwaltungsstaat noch mehr gefördert. Denn hier geht das substantielle Zentrum der Staatstätigkeit in die Verwaltung über, deren demokratische Legitimation von vornherein mittelbar ist und heutzutage dadurch immer fraglicher wird, daß die Verwaltung sich von der Legislative und der Exekutive, d. h. den Zwischengliedern zu ihrer Rechtfertigung im Sinne des Prinzips der Volksherrschaft, entfernt.

Wenn die moderne Demokratie die verwaltungsstaatliche Form nicht entbehren kann, so hängt heute das Bestehen des Volkssouveränitätsgrundsatzes davon ab, ob die Verwaltung volksherrschaftlich zu legitimieren ist. Aber jede Art von Plänen zur Demokratisierung der Verwaltung: die legislative, exekutive oder parteipolitische Kontrolle, die Wahl der Spitzenbeamten und die direkt-demokratischen Einrichtungen [38] in der kommunalen Selbstverwaltung, die Einführung von privaten Elementen durch vielerlei Ausschüsse, die Regelung des „Verwaltungsverfahrens" zur Aufnahme von Volkswillen und öffentlicher Meinung etc. stößt von der Natur der modernen Verwaltung aus auf große Schwierigkeiten und Grenzen. Wenn man also heute von der demokratischen Legitimität der Verwaltung sprechen könnte, müßte man sich auf diejenige des Berufsbeamtentums selbst, also auf eine Fiktion stützen. In der heutigen Zeit aber, in der mit der Bürokratisierung der Bürokratismus im schlechten Sinne um sich greift, ist es sehr zweifelhaft, ob man mit Peters [39] sagen darf, das Berufsbeamtentum genieße ein besonderes Vertrauen kraft seiner hervorragenden fachlichen Qualitäten, und seine demokratische Legitimation stehe auch einwandfrei fest kraft der mittelbaren Ableitung seiner Stellung vom Volke.

2. Der Verwaltungsstaat und die Gewaltenteilung: Eigentlich ist der „Verwaltungsstaat" ein Begriff, der erst im Gewaltenteilungssystem, in dem die Verwaltung von anderen Staatsfunktionen und -organen unterschieden wird, seine Bedeutung hat. Er wirkt aber zugleich auflösend auf den Grundsatz der Gewaltenteilung, der in *„checks and balances"* oder Gewaltentrennung und -hemmung besteht.

Daß er, auf der Gewaltenteilung beruhend, doch ihr widerspricht, ist nicht nur dem Verwaltungsstaat eigen, sondern auch dem Gesetzgebungs-,

[37] Vgl. Kelsen, Vom Wesen und Wert der Demokratie, 2. Aufl. 1929, S. 30 ff.

[38] Vgl. Teshima, Theorie und Praxis der Abberufung von Bürgermeistern und Gouverneuren in Japan, Arch. Kommunalwissensch. 2, 1963, S. 246 ff.

[39] Peters, Die Verwaltung als eigenständige Staatsgewalt, S. 13.

Justiz- oder Regierungsstaat gemein. Jedoch ist im Falle des ersteren, zum Unterschied von den letzteren, der Widerspruch sehr bedenklich. Denn das Übergewicht der legislativen, rechtsprechenden oder exekutiven Gewalt verletzt wohl die Gleichheit der Gewalten, aber geht nicht so weit, die eigene Daseinsberechtigung der anderen Gewalten zu verneinen; dagegen läßt der Verwaltungsstaat, indem er die Grundfunktionen der *policy*-Gestaltung und -Entscheidung auf die Verwaltung, die eigentlich der handelnde Apparat des Staates ist, konzentriert, die Rollen der anderen Gewalten im wesentlichen verschwinden. Besonders ausschlaggebend ist hier das Phänomen der Verflechtung von Gesetzgebung, Regierung und Verwaltung unter der Hegemonie der letzteren. (Allein zu diesem Verflechtungsprozeß tragen auch parteienstaatliche Tendenzen bei.) Obendrein wird angesichts dieser mächtigen verschmolzenen Gewalt nun die Funktion der Justiz zur möglichen nachträglichen Abhilfe verkleinert. Im Verwaltungsstaat, in dem man im Prozeß der Gesetzgebung-Regierung-Verwaltung, vor allem auf der administrativen Stufe, nicht zurückzuziehende *policy*-Entscheidungen trifft und treffen muß, ist die starke politische „Nach"-Entscheidung der Justiz, wie sie in den ersten Jahren der *New-Deal*-Zeit in den USA versucht und am Ende vereitelt wurde, nicht zu erwarten.

Das Ziel der traditionellen Gewaltenteilung: die „Hemmung der Staatsgewalt zur Sicherung der Freiheit", muß aber auch heute, ja gerade in der heutigen Zeit, in der die Staatsgewalt, vor allem die Verwaltung, immer ungeheurer wird, gefordert werden. Wenn das klassische Gewaltenteilungs*system* mit Gesetzgebung, Justiz und vollziehender Gewalt in der Gegenwart des wachsenden Verwaltungsstaates nicht mehr ganz zeitgemäß ist, so kommt es also nicht darauf an, die Gewaltenteilung als solche aufzugeben, sondern das Gewaltenteilungs*system* auf die moderne Art umzubilden.

Diese Umbildung, die sowohl ein verfassungspolitisches Problem als auch bis zu einem gewissen Grade eine theoretische, im Rahmen der bestehenden Verfassung mögliche Arbeit ist, ist keine leicht zu lösende Aufgabe. Bemerkenswert ist in diesem Zusammenhang der Versuch von PETER SCHNEIDER, die moderne veränderte Konstellation „im Zeichen zweier, sich ergänzender Grundfunktionen der *Gestaltung* einerseits und der *Bewahrung* andererseits" aufzufassen [40]. Er faßt also die Legislative und die Vollziehung (Exekutive und Verwaltung) in die „Gestaltung" zusammen; in dieser Hinsicht wäre seine Lehre zu bewerten als eine Theorie, die die verwaltungsstaatliche Realität in Betracht zieht. Sie könnte sich aber dem Vorwurf nicht entziehen, es sei im Sinne der Gewaltenteilung schlecht balanciert, der so mächtigen „gestaltenden" Gewalt die „bewahrende" (bisher Rechtsprechung) gegenüberzustellen, wenn nicht nur Streitentscheidung, sondern auch Normenkontrolle

---

[40] PETER SCHNEIDER, Zur Problematik der Gewaltenteilung im Rechtsstaat, AöR 82, 1957, S. 1 ff., insbes. S. 12, 18 f.

in die letztere eingeschlossen werden sollen [41]. In diesem Sinne scheint die neue Gewaltenteilungslehre Luther Gulicks bedeutungsvoller zu sein, die in den Gegensatz: *policy planning and execution — policy veto* schematisiert wird, wobei die letzte Funktion der Legislative zukommen soll [42]. Suggestiv sind auch die vom pluralistischen Standpunkt aus vertretenen Meinungen von Peters, Ernst von Hippel oder Werner Weber, von denen die beiden letzteren auf das demokratische Moment der Gewaltenteilung: Teilnahme an der politischen Gewalt, Nachdruck legen [43].

3. Der Verwaltungsstaat und die Rechtsstaatlichkeit: Heute, nach dem Anschauungsunterricht des „formalen" Weimarer Rechtsstaats, läßt sich fast nichts dagegen sagen, das Rechtsstaatsprinzip nicht nur formal-institutionell, sondern auch vorzugsweise inhaltlich und ideell aufzufassen. Die institutionelle Seite der Rechtsstaatlichkeit behält dessenungeachtet auch heute noch große Bedeutung, wenn man auch nicht so weit geht wie Forsthoff [44]. Als Rechtsstaatlichkeit in solchem institutionellen Sinne sind, abgesehen von der Gewaltenteilung, vor allem die Gesetzmäßigkeit der Verwaltung und ihre justiziäre Kontrolle durch selbständige Gerichte zu nennen. Mit dem wachsenden Verwaltungsstaat geraten sie aber ins Wanken, ebenso wie der Gewaltenteilungsgrundsatz. Der fachlich-technisch verwickelte, massenhafte, initiierende, bewegliche und nichtumkehrbare Charakter, den die Verwaltungsfunktion im Verwaltungsstaat notwendig tragen muß, macht nämlich die Vor-Bindung der Verwaltung durch die Gesetzgebung und ihre Nach-Kontrolle durch die Justiz sehr schwierig.

Der Grundsatz der Gesetzmäßigkeit der Verwaltung (im besonderen des Vorbehaltes des Gesetzes) wird im Verwaltungsstaat von zwei Seiten untergraben: 1. durch den sowohl quantitativen als auch qualitativen Zuwachs der administrativen Gesetzgebung und 2. durch die wesentliche Zunahme und Bedeutungserhöhung der begünstigenden Verwaltungstätigkeiten, die nach der bisherigen herrschenden Lehrmeinung keiner Ermächtigung durch formelle Gesetze bedürfen. So erhebt sich, vor allem die letztere betreffend, die Stimme nach dem Vorbehalt des formellen Gesetzes in ganzem oder wenn auch beschränktem Umfang auch bei solcher Verwaltung und erregt steigende Aufmerksamkeit [45]. Es ist aber eine sehr schwierige Frage, wo und wie eine Harmonie zwischen jenem Grundsatz und der Initiative und Mobi-

---

[41] a.a.O., S. 13.

[42] Luther Gulick, Politics, Administration and the „New Deal", Ann. Amer. Acad. Polit. Soc. Sci. 169, Sept. 1933, p. 66.

[43] Peters, Die Gewaltentrennung in moderner Sicht, 1954; Ernst von Hippel, Gewaltenteilung im modernen Staate, 1950; Werner Weber, Die Teilung der Gewalten als Gegenwartsproblem, Festschrift für Carl Schmitt, 1959, S. 253 ff.

[44] Forsthoff, Zur Problematik der Verfassungsauslegung, 1961, S. 37 ff.

[45] Vgl. Maunz-Dürig, Grundgesetz, Kommentar, 2. Aufl. 1964, Art. 20, Rdnr. 135, 136.

lität, die von der heutigen Verwaltung, insbesondere der begünstigenden, dringend gefordert wird, zu finden ist.

Auch das Prinzip der Justiziabilität der Verwaltung, dessen Vervollkommnung (Art. 19 IV GG, § 40 I Satz 1 VerwGO; Art. 76 der Japanischen Verfassung, § 3 I der japanischen Gerichtsordnung) schon gelegentlich als das „Asthma" der Verwaltung verursachend kritisiert wird[46], kommt mit der Vermehrung des freien Ermessens, des „trojanischen Pferdes des rechtsstaatlichen Verwaltungsrechts" [47], in Gefahr. Im Verwaltungsstaat wird das freie Ermessen, das seiner Natur nach außerhalb der justizialen Überprüfung liegt, zunehmend erweitert, und eben in diesem Bereich werden tatsächlich wesentlichste Entscheidungen politischer Natur gestaltet, was selbstverständlich den Umfang und die Bedeutung des Prinzips der justiziären Prüfung der Verwaltung nach und nach verkleinert. Um solche Ermessensverwaltung auch in die Schranke der Justizkontrolle hineinzuziehen, hat man z. B. in der Bundesrepublik Konstruktionen wie die „Umdeutung des Ermessensbegriffs in den unbestimmten Rechtsbegriff" oder den „Anspruch auf fehlerfreien Ermessensgebrauch" [48] erfunden. In Hinsicht auf die Wirkung aber führen sie nicht nur zu einem fraglichen Resultat der Erlahmung der Verwaltung, sondern widersprechen sich auch selbst dadurch, daß infolge der qualitativ-quantitativen Überlastung der Gerichte unter deren gegenwärtigen Verhältnissen der rechtliche Schutz nicht erweitert, sondern im Gegenteil unzulänglicher wird. Nebenbei bemerkt, wird der dem Prinzip zugrunde liegende Gedanke des „Rechtsschutzes der Bürger gegen den Staat", folgerichtig durchgeführt, über die justiziäre Nachprüfung hinaus Einrichtungen zu diesem Zwecke im Verwaltungsverfahren (Anhörung Beteiligter z. B.) fordern[49]. Das wären gewiß Einrichtungen mit hoher rechtsstaatlicher Bedeutung, aber man müßte an ihrer wirksamen Vervollständigung zweifeln, wenn man die Gemeinnützlichkeit und Schnelligkeit, die die Verwaltung besonders in der heutigen verwaltungsstaatlichen Zeit haben müßte, berücksichtigte.

Es versteht sich von selbst, daß in dem ideellen Sinne, das Staatsleben müsse „immer und überall vom Ethos und der Idee des Rechts durchdrungen sein", auch der Verwaltungsstaat ein Rechtsstaat sein kann und soll[50]. Im institutionellen Sinne aber äußert sich also nicht ohne Grund das Bedenken, ob der Verwaltungsstaat nicht das „Ende des Rechtsstaats" sei[51].

---

[46] ROBERT NEBINGER, Asthma, DöV 6, 1953, S. 626 ff.

[47] HANS HUBER, Demokratie und Rechtsstaat, Festgabe zum 60. Geburtstag von Zaccaria Giacometti, 1953, S. 66.

[48] Vgl. PETERS, Die Verwaltung als eigenständige Staatsgewalt, S. 21 ff., 24; GÜNTER KOHLMANN, Das subjektiv-öffentliche Recht auf fehlerfreien Ermessensgebrauch, 1964.

[49] Vgl. Musterentwurf eines Verwaltungsverfahrensgesetzes (Autorisierte Ausgabe), 1964, S. 123; ULE-BECKER, Verwaltungsverfahren im Rechtsstaat, 1964, S. 37 ff.

[50] Vgl. PETERS, Rechtsstaat und Verwaltung, 1953, S. 19.

[51] ULE, a.a.O., S. 164.

IV. Schluß

Der hier vertretene Begriff des Verwaltungsstaats ist an sich ein soziologischer. Oben wurde aber bestätigt, daß er auch ein wichtiger normbezogener Begriff ist, den man heute verfassungsrechtlich sowohl in der Theorie als auch in der Auslegung nicht außer acht lassen darf.

Die Staats- und Staatsrechtslehre der Gegenwart kann also diese Konzeption als theoretischen Apparat nicht entbehren. Sie müßte aber auch die Möglichkeit untersuchen, den „Verwaltungsstaat" als einen der Auslegungsgrundsätze des modernen positiven Verfassungsrechts, als eins der „verschiedenen, sich scheinbar widersprechenden Verfassungsprinzipien" im Sinne PETERS'[52] aufzustellen. Gerade das ist eine der größten staatsrechtlichen wie -wissenschaftlichen Aufgaben in der heutigen Zeit, weil deren negative Lösung zum Selbstwiderspruch und -zusammenbruch der freiheitlichen Demokratie führen wird.

Dabei müßte man sich davor hüten, über die Natur der Verwaltung im modernen Staat zu optimistisch zu sein oder umgekehrt in Pessimismus zu verfallen. Man sollte daher sowohl die physiologische als auch die pathologische Seite der verwaltungsstaatlichen Wirklichkeit genau studieren, unter Berücksichtigung der jeweiligen Verhältnisse des Staates. Hier wäre ein engeres Zusammenwirken von Staatsrecht, Wissenschaft von der Politik und Verwaltungslehre zu wünschen.

---

[52] PETERS, Kombination verschiedener Verfassungsgrundsätze als Mittel der Verfassungsauslegung, Festschrift für Karl Arnold, 1955, S. 117 ff., 127.

Die Rechnungsprüfung und die Geheimfonds

Werner Weber

I. Prüfungsbeschränkungen und -befreiungen im Bundeshaushalt

1. Art. 114 Abs. 1 GG bestimmt, daß der Bundesminister der Finanzen dem Bundestage und dem Bundesrate über alle Einnahmen und Ausgaben sowie über das Vermögen und die Schulden des Bundes jährlich Rechnung zu legen hat. „Die Rechnung", so heißt es in Abs. 2 der Vorschrift weiter, „wird durch einen Rechnungshof, dessen Mitglieder richterliche Unabhängigkeit besitzen, geprüft. Die allgemeine Rechnung und eine Übersicht über das Vermögen und die Schulden sind dem Bundestage und dem Bundesrate im Laufe des nächsten Rechnungsjahres mit den Bemerkungen des Rechnungshofes zur Entlastung der Bundesregierung vorzulegen". Art. 114 Abs. 2 GG schließt mit dem Satz 3: „Die Rechnungsprüfung wird durch Bundesgesetz geregelt."

Die hier vorbehaltene bundesgesetzliche Regelung ist in Gestalt des Gesetzes über Errichtung und Aufgaben des Bundesrechnungshofes vom 27. November 1950 (BGBl. S. 765) — später geändert durch § 93 des Gesetzes vom 8. September 1961 (BGBl. I S. 1665) — ergangen. Dieses Bundesrechnungshofgesetz (BRHG) bestimmt in § 2, daß u. a. für die dem Bundesrechnungshof obliegende Rechnungsprüfung „bis zu einer anderweitigen Regelung die Vorschriften der Reichshaushaltsordnung sowie die zu ihrer Änderung, Ergänzung und Durchführung erlassenen Bestimmungen in der am 8. Mai 1945 geltenden Fassung anzuwenden (sind), soweit sie nicht dem Grundgesetz widersprechen oder soweit nicht in diesem Gesetz etwas anderes bestimmt ist".

Die so für anwendbar erklärte Reichshaushaltsordnung enthält ihrerseits folgenden § 89:

> „Soweit Haushaltsmittel mit Rücksicht auf ihren Verwendungszweck der Prüfung durch den Rechnungshof nicht unterliegen sollen, muß dies im Haushaltsplane besonders angeordnet werden. Die Prüfung kann durch den Haushaltsplan auch einer anderen Stelle übertragen werden."

2. Von der in § 89 RHO eröffneten Möglichkeit ist im Bundeshaushaltsplan an mehreren Stellen Gebrauch gemacht. Im Bundeshaushaltsplan für das Rechnungsjahr 1961, für das die Rechnungsprüfung inzwischen

durchgeführt worden ist (vgl. Bundestagsdrucks. IV/3052), waren es die folgenden Positionen, die im wesentlichen unverändert auch in den Haushaltsplänen der anschließenden Jahre wiederkehren:

a) Die Jahresrechnung über die Einnahmen und Ausgaben des Bundesnachrichtendienstes auf Grund des Wirtschaftsplanes unterliegt nach der Anordnung bei Kap. 0404 Tit. 300 des Bundeshaushaltsplanes nur der Prüfung des Unterausschusses des Haushaltsausschusses des Bundestages und des Präsidenten des Bundesrechnungshofes, wobei die Erklärungen des Unterausschusses und des Präsidenten des Bundesrechnungshofes die Grundlage für die Entlastung der Bundesregierung bilden.

b) Bei den Ausgabepositionen

Kap. 0401 Titel 300 — Zur Verfügung des Bundeskanzlers zu allgemeinen Zwecken

Kap. 0403 Tit. 300 — Zur Verfügung des Bundeskanzlers zur Förderung des Informationswesens

Kap. 0602 Tit. 620 — Sondermittel für politische Bildungsarbeit

Kap. 0609 Tit. 300 — Für Zwecke des Verfassungsschutzes

Kap. 1401 Tit. 302 — Zur Verfügung des Bundesministers für Verteidigung für Zwecke des militärischen Abschirmdienstes

ordnet der Bundeshaushaltsplan für 1961 (und entsprechend in den folgenden Jahren) jeweils an, daß die Jahresrechnung über die Ausgaben dieser Titel nur der Prüfung durch den Präsidenten des Bundesrechnungshofs unterlägen und seine Erklärung die Grundlage für die Entlastung der Bundesregierung bilde.

c) Im Haushalt des Auswärtigen Amtes (Kap. 0501) lautet der Titel 301 „Geheime Ausgaben". Dem ist die Anordnung beigegeben: „Die Mittel unterliegen nicht der Prüfung des Bundesrechnungshofs." Der Titel betrug in den Jahren 1962, 1963 und 1964 je 6 Millionen DM; er ist für 1965 auf 8 Millionen DM erhöht worden.

3. In seiner gemäß § 107 Abs. 6 RHO vorgelegten Denkschrift vom 22. Dezember 1964 zur Bundeshaushaltsrechnung für 1961 (Bundestagsdrucks. IV/3052, S. 27 ff.) geht der Präsident des Bundesrechnungshofs unter Nr. 4 auf die erwähnten, gemäß § 89 RHO entweder von einer Prüfung überhaupt ausgenommenen oder nur einer beschränkten Prüfung unterliegenden Ausgaben ein. Er teilt mit, daß mit der Bundesregierung hinsichtlich jener Ausgaben Erörterungen darüber begonnen worden seien, ob und in welchem Umfang Sonderbestimmungen im Haushaltsplan über die Rechnungsprüfung aufrechterhalten oder geändert werden sollten. Es handelt sich hierbei offenbar nicht in erster Linie um die Frage der Opportunität derartiger Sonderbestimmungen, sondern um die ihrer verfassungsrechtlichen Zulässigkeit.

II. Die Rechtsgrundlagen der Prüfungsbeschränkungen und -befreiungen

Die dargelegten Tatbestände beschränkter Prüfung und auch die Ausnahme von jeglicher Prüfung hinsichtlich der Ausgaben bei Kap. 0501 Titel 301 sind durch § 89 RHO gedeckt. Die dort vorgesehene besondere Anordnung im Haushaltsplan ist in jedem der erwähnten Fälle vorhanden. Rechtliche Bedenken können gegen die prüfungsrechtlichen Sonderanordnungen deshalb nur dann erhoben werden, wenn § 89 RHO selbst nicht mehr in Geltung ist. Das Bundesrechnungshofgesetz hat aber ausdrücklich die Reichshaushaltsordnung weiter für anwendbar erklärt. Das ist freilich mit zwei Einschränkungen geschehen: Die Reichshaushaltsordnung gilt nach § 2 BRHG weiter, soweit sie nicht dem Grundgesetz widerspricht — das ist eine bloße Wiederholung von Art. 123 Abs. 1 GG — und soweit nicht im Bundesrechnungshofgesetz etwas anderes bestimmt ist.

Zunächst ist die Frage zu verfolgen, ob das Bundesrechnungshofgesetz den § 89 RHO außer Kraft gesetzt hat. Eine Absage an die Ausnahmemöglichkeiten des § 89 RHO könnte in § 4 Abs. 1 BRHG erblickt werden, wo es heißt, daß der Bundesrechnungshof die gesamte Haushalts- und Wirtschaftsführung der Bundesorgane und Bundesverwaltungen überwacht. Indessen ergibt der Vergleich dieses Abs. 1 des § 4 mit den übrigen Absätzen der Vorschrift leicht, daß es in § 4 Abs. 1 BRHG nicht darauf ankommt, die Lückenlosigkeit der Prüfung der Haushaltsführung der Bundesorgane und Bundesverwaltungen herauszukehren; vielmehr soll hier die grundsätzlich allgemeine Prüfungszuständigkeit hinsichtlich der (unmittelbaren) Bundesorgane und Bundesverwaltungen von den Fällen abgehoben werden, in denen der Bundesrechnungshof nur eine partielle oder bedingte Prüfungszuständigkeit innehat (nämlich bei Stellen außerhalb der Bundesverwaltung, die Teile des Bundeshaushaltsplanes ausführen oder zur Erfüllung bestimmter Zwecke Bundesmittel erhalten haben oder Bundesvermögen oder Bundesmittel verwalten [Abs. 2], beim Sondervermögen Bundesbahn [Abs. 3], bei den Trägern der Sozialversicherung, wenn sie Zuschüsse aus öffentlichen Mitteln erhalten, sowie den Trägern der Arbeitslosenversicherung und -fürsorge [Abs. 4] und bei Gemengelage mit Ländern und Gemeinden [Abs. 5]).

§ 4 Abs. 1 BRHG sagt überdies — in lediglich den Zeitverhältnissen angepaßter Form — nichts anderes als § 87 RHO, der „die Überwachung der gesamten Reichshaushaltsführung" dem Rechnungshofe des Deutschen Reiches übertrug. In § 87 RHO hieß und heißt es, daß diese Übertragung „nach Maßgabe der folgenden Bestimmungen", also auch nach Maßgabe des § 89 RHO geschehe. Von dieser Maßgabe distanzieren sich § 4 Abs. 1 BRHG und das Bundesrechnungshofgesetz im ganzen nicht. Wenn das Bundesrechnungshofgesetz (§ 2) generell die Reichshaushaltsordnung rezipierte, so hätte es, um § 89 RHO abzustreifen, eine deutlich dahingehende Bestimmung in § 4 Abs. 1 aufnehmen müssen. Das ist nicht geschehen.

Nach der Entstehungsgeschichte des Bundesrechnungshofgesetzes war derartiges auch vom Gesetzgeber aus nicht beabsichtigt. In der amtlichen Begründung zu dem Entwurf des Bundesrechnungshofgesetzes (Bundestagsdrucks. I/1141) heißt es zu § 4 Abs. 1 und 2 des Entwurfs (S. 11): „Die Vorschriften wiederholen den in § 87 RHO enthaltenen Generalauftrag zur Überwachung der gesamten Haushalts- und Wirtschaftsführung in einer der Entwicklung und den tatsächlichen gegenwärtigen Verhältnissen entsprechenden Fassung. Der Aufnahme dieses Grundsatzes in den Entwurf kommt also vornehmlich klarstellende Bedeutung zu." Bei der Einbringung des Entwurfs im Bundestag bekräftigte Bundesfinanzminister Schäffer diese Tendenz des Entwurfs: „Für den Aufbau des Bundesrechnungshofs, für die Festlegung seiner Aufgaben und deren Durchführung sollen nach dem Gesetzentwurf grundsätzlich die in vieljähriger Praxis erprobten und bewährten einschlägigen Bestimmungen der Reichshaushaltsordnung weiterhin Anwendung finden" (79. Sitzung des Bundestags vom 26. Juli 1950, Sten. Ber., 1. Wahlp., S. 2865) [1]. Sehr bezeichnend ist nicht zuletzt, daß derselbe Gesetzgeber (Bundestag und Bundesrat), der das Bundesrechnungshofgesetz beschlossen hat, in seiner Haushaltsplanpraxis den § 89 RHO permanent als fortgeltend behandelt hat.

Das Bundesrechnungshofgesetz steht mithin der Weitergeltung des § 89 RHO nicht entgegen. Hierbei ist bemerkenswert, daß auch schon diese Vorschrift der Reichshaushaltsordnung von 1922 lediglich eine weit ältere Tradition fortsetzte. Die amtliche Begründung zu dem Entwurf der Reichshaushaltsordnung (Reichstagsdrucks., 1. Wahlp., Nr. 4510 vom 9. Juni 1922, S. 20) betonte, daß sich auf dem Gebiet der sogen. Komptabilität ebenso wie auf dem der Rechnungsprüfung „in langjähriger Übung ein im wesentlichen allseitig anerkannter Rechtszustand herausgebildet (hat), der dem Bedürfnis im wesentlichen genügt". Insbesondere habe sich die gesetzliche Regelung durch die Reichskontrollgesetze und das preußische Oberrechnungskammergesetz vom 27. März 1872 (PrGS. S. 278) im allgemeinen bewährt. Zu § 89 RHO wurde ausdrücklich auf die entsprechende Regelung in § 9 Abs. 3 ORKGes hingewiesen. Diese Vorschrift lautete:

> „Ausgenommen von der Revision durch die Oberrechnungskammer sind allein die Rechnungen über die in dem Etat für das Bureau des Staatsministeriums zu allgemein politischen Zwecken und in dem Etat des Ministeriums des Innern zu geheimen Ausgaben im Interesse der Polizei ausgesetzten Fonds."

Auf Grund der generellen Verweisung in § 2 des Reichskontrollgesetzes vom 21. März 1910 (RGBl. S. 521) auf das preußische Oberrechnungskammergesetz von 1872 galt diese Exemtion auch für das Reich [2].

---

[1] Ähnlich äußert sich die zitierte Regierungsbegründung, a.a.O., S. 8.

[2] Sie hatte auf Grund des immer wieder verlängerten Gesetzes, betr. die Kon-

Das preußische Oberrechnungskammergesetz von 1872 hatte der Ausführung des Art. 104 Abs. 2 der Pr.VU von 1850 gedient. Nach dieser Verfassungsbestimmung waren die Rechnungen über den Staatshaushalts-Etat von der Ober-Rechnungskammer zu prüfen und festzustellen. Die allgemeine Rechnung über den Staatshaushalt jedes Jahres, einschließlich einer Übersicht der Staatsschulden, war mit den Bemerkungen der Ober-Rechnungskammer zur Entlastung der Staatsregierung den Kammern vorzulegen. In Art. 104 Abs. 3 VU hieß es dann weiter: „Ein besonderes Gesetz wird die Einrichtung und die Befugnisse der Ober-Rechnungskammer bestimmen." Eben dieses Gesetz erging schließlich am 27. März 1872 (PrGS. S. 278).

Die Entstehungsgeschichte des Gesetzes läßt in allen Phasen die bekannten Spannungen erkennen, von denen die Verfassungsentwicklung der konstitutionellen Monarchie erfüllt war [3]. Um so mehr ist es bezeichnend, daß die von der Regierung vorgeschlagene Befreiung bestimmter Rechnungen von der Prüfung durch die Oberrechnungskammer die nahezu einmütige Zustimmung des Abgeordnetenhauses fand [4]. Alle maßgeblich Beteiligten waren davon überzeugt, daß das in Art. 104 Abs. 3 VU vorbehaltene Gesetz Ausnahmen von der in Art. 104 Abs. 2 VU statuierten generalisierenden Prüfungsnorm vorsehen konnte [5]. Auch im Schrifttum blieb § 9 Abs. 3 PrORKGes ohne Beanstandung [6].

Die Rechnungsprüfungsgesetzgebung des preußisch-deutschen Verfassungsstaates kennt also von Anfang, d. h. von 1872 an das Institut prüfungsfreier oder prüfungsbeschränkter „Geheimfonds". An diese Tradition hat § 89 RHO, sie für die Weimarer Republik weiterführend, bewußt angeknüpft [7]. Das Bundesrechnungshofgesetz von 1950 hat seinerseits die

---

trolle des Bundeshaushalts für die Jahre 1867 bis 1869, vom 4. Juli 1868 (Bundes-Gesetzbl., S. 433), auch schon vorher für das Reich gegolten. Ein im Jahre 1877 im Reichstag eingebrachter, aber nicht verabschiedeter Entwurf eines Gesetzes, betr. die Einrichtung und die Befugnisse des Rechnungshofes (Reichstagsdrucks. Nr. 16, 3. Legislaturperiode, I. Session 1877), hatte in § 9 Abs. 3 die Bestimmung vorgesehen: „Ausgenommen von der Revision durch den Rechnungshof sind allein die Rechnungen über die in den Etats ausgesetzten Fonds zu geheimen Ausgaben."

[3] Vgl. Hertel, Die Preußische Ober-Rechnungskammer, Geschichte, Einrichtung und Befugnisse (1884), S. 243 ff.; 300 ff., 305 ff., 317 f., 356 f.; Th. v. Ditfurth, Zur Geschichte der Königl. Preußischen Ober-Rechnungskammer (1909), S. 61.

[4] Zu den Kommissionsverhandlungen Hertel, S. 265 (unter e), und zur widerspruchslosen Annahme Hertel, S. 341 ff., 348.

[5] Vgl. Hertel, S. 263, 265, 309.

[6] Bellardi, Die staatsrechtliche Entlastung nach preußischem und Reichsstaatsrecht (1910), S. 51, mit weiteren Nachweisen in Anm. 2; Max v. Heckel, Das Budget (1898), S. 289; W. Thän, Die Kontrolle des Haushalts des Deutschen Reiches, in Hirths Annalen (1902), S. 481 ff., 499 f.

[7] Schulze-Wagner, Reichshaushaltsordnung (3. Aufl. 1934), weisen in den Erläuterungen zu § 89 RHO für das Rechnungsjahr 1932 fünf Ausgabebewilligungen im Reichshaushaltsplan nach, die vom Rechnungshof nicht geprüft wurden. Das Bild ist ähnlich wie heute im Bundeshaushaltsplan. Im Haushalt des Aus-

Reichshaushaltsordnung als bundesgesetzliche Regelung im Sinne von Art. 114 Abs. 2 Satz 3 GG in das Bundesrecht rezipiert, ohne einen Hinweis dafür zu bieten, daß es bei dieser Übernahme den § 89 RHO abfiltern wolle. Die Weitergeltung des § 89 RHO kann mithin von hier aus nicht in Zweifel gezogen werden.

III. Der Einfluß der Verfassungsentwicklung

Die Frage, ob etwa das Grundgesetz selbst den § 89 RHO außer Kraft gesetzt haben könnte, ist bisher offen geblieben oder doch nur mittelbar berührt worden. Sie bedarf deshalb noch näherer Prüfung.

1. Hierbei ist von dem eingangs schon zitierten Art. 114 GG auszugehen. Wenn § 89 RHO zum Grundgesetz in Widerspruch stehen und deshalb seine Geltung verloren haben soll, so muß Art. 114 GG durch eine neuartige Normierung diese Außerkraftsetzung bewirkt haben. Indessen unterscheidet sich Art. 114 GG von seinen Vorgängern nicht, jedenfalls nicht in dem hier einschlägigen Sinne. Der entscheidende Art. 114 Abs. 2 GG stimmt inhaltlich vollkommen und bemerkenswert weitgehend sogar auch im Wortlaut mit Art. 104 Abs. 2 und 3 der Preußischen Verfassungsurkunde von 1850 überein. An diese Regelung hatte sich auch die Praxis des Reiches unter der Bismarckschen Reichsverfassung, die selbst (vgl. ihren Art. 72) keine Bestimmung über die Rechnungsprüfung enthielt, angeschlossen, indem sie durch das zitierte Gesetz vom 4. Juli 1868 und seine Verlängerungen sowie durch das Reichskontrollgesetz vom 21. März 1910 (RGBl. S. 521) in Bausch und Bogen das preußische Rechnungsprüfungsrecht übernommen hatte. Art. 114 Abs. 2 GG wiederholt mithin nur, was schon in Preußen seit 1850 sowie im Norddeutschen Bund und im Deutschen Reich seit 1868/1871 gegolten hat. Zur Fortführung dieser Tradition hatte sich zwischenzeitlich die Weimarer Republik mit Art. 86 WRV und der 1922 erlassenen Reichshaushaltsordnung gleichfalls bekannt. Es bedeutete keinen Bruch innerhalb dieser Kontinuität, daß in Art. 86 WRV im Unterschied zu Art. 104 Abs. 2 und 3 PrVU 1850 eine eigene Rechnungsprüfungsinstitution nicht besonders erwähnt war. Sie war dort stillschweigend vorausgesetzt, und deshalb konnte die Verfassung summarisch darauf verweisen, die Rechnungsprüfung sei durch Reichsgesetz zu regeln. Mit Recht hat Vialon [8] darauf hingewiesen, daß die Erwähnung des Rechnungshofs in Art. 114

---

wärtigen Amtes gab es wie heute einen Titel „für geheime Ausgaben", der von jeder Prüfung freigestellt war. Zu den Geheimfonds in früherer Zeit findet sich Zahlenmaterial bei W. Thän, Die Kontrolle des Haushalts des Deutschen Reiches, in Hirths Annalen 1902, S. 499 f.

[8] Friedrich Karl Vialon, Streitfragen der öffentlichen Finanzkontrolle, Finanzarchiv 22 (1962), S. 1 ff. (22 f.).

Abs. 2 GG nicht geschah, um hinsichtlich der Rechnungsprüfung selbst gegenüber Art. 86 WRV etwas anderes zu bestimmen, sondern um die Unabhängigkeit der Mitglieder des Rechnungshofes verfassungsrechtlich festzulegen.

Art. 114 GG distanziert sich demnach nicht gegenüber der Ordnung des Rechnungsprüfungswesens, wie sie seit Art. 104 Abs. 2 und 3 PrVU 1850 in Preußen und im Reich bestanden hatte, sondern führt sie lediglich weiter, ohne Korrekturen vorzunehmen oder Abweichungen hervorzuheben. Deshalb ist aus Art. 114 GG auch keine Absage an Vorschriften wie § 9 Abs. 3 PrORKGes von 1872 und § 89 RHO zu ermitteln.

Art. 104 PrVU 1850 und Art. 114 GG stimmen vor allem darin überein, daß sie die Rechnungsprüfung *im Grundsatz* vorschreiben, die Regelung der Rechnungsprüfung aber dem Gesetzgeber überlassen. Das gleiche drückte, nur etwas abgekürzt, Art. 86 WRV aus. Derartige Verweisungen der Verfassungen auf den Gesetzgeber kennt das deutsche Verfassungsrecht an vielen Stellen, im Grundgesetz etwa außer in Art. 114 noch in den Artikeln 4 Abs. 3, 14 Abs. 1 Satz 2, 21 Abs. 3, 26 Abs. 2, 38 Abs. 3, 41 Abs. 3, 48 Abs. 3, 54 Abs. 7, 94 Abs. 2, 95 Abs. 4, 96 Abs. 2, 98 Abs. 1, 108 Abs. 5, 120 Abs. 1, 134 Abs. 4, 135 Abs. 5 und 6, 135 a. In allen solchen Fällen eines Vorbehalts der „näheren Regelung“ durch den Bundesgesetzgeber hat dieser die Vollmacht, das vom Verfassungsschöpfer prinzipiell Intendierte und von ihm nur in den Grundzügen Bezeichnete konkret zu normieren, dabei auch die verfassungsrechtliche Grundsatznorm durch gewisse Ausnahmen zu präzisieren und zu individualisieren [9]. § 9 Abs. 3 PrORKGes von 1872 und § 89 RHO wurden zu ihrer Zeit in diesem Sinne als zulässiger Inhalt der dem Gesetzgeber vorbehaltenen Regelung aufgefaßt. Für § 89 RHO gilt das auch unter der Herrschaft des Art. 114 Abs. 2 Satz 3 GG.

2. Der Gedanke ist indessen unter dem Gesichtspunkt weiterzuverfolgen, daß die neuere Lehre in Art. 114 GG eine „institutionelle Verfassungsgarantie der Rechnungsprüfung“ erblickt und daß demgemäß die bisher erörterte Frage noch dahin zu präzisieren ist, ob § 89 RHO mit dieser institutionellen Verfassungsgarantie der Rechnungsprüfung in Einklang steht.

Von einer „institutionellen Verfassungsgarantie der obersten Prüfungsbehörde“ — nicht der Rechnungsprüfung — hat wohl zuerst der Verfasser dieser Ausarbeitung gesprochen [10]. Als Gegenstand dieser Verfassungsgarantie hat er (S. 36) bezeichnet: die Bindung der Prüfungsbehörde nur an das

---

[9] Der Spielraum des Gesetzgebers ist allerdings in den einzelnen Fällen verschieden groß; vgl. etwa PETER LERCHE, Das Bundesverfassungsgericht und die Verfassungsdirektiven, AöR 90 (1965), S. 341 ff. (355 f.); WALTER JELLINEK, DÖV 1954, 595 ff.; FELIX ERMACORA, DÖV 1960, 561 ff.; HELMUT KALKBRENNER, DÖV 1963, 41 ff.; HANSWERNER MÜLLER, DÖV 1964, 226 ff. Bei den institutionellen Garantien ist er verhältnismäßig weit gespannt (so auch KALKBRENNER, a.a.O., S. 42).

[10] WERNER WEBER, Zur Frage der Rechnungsprüfung der juristischen Personen des öffentlichen Rechts, Der öffentliche Haushalt 1 (1954), S. 27 ff. (36).

Gesetz, weiter die Unabhängigkeit der Amtsträger des Rechnungshofs und schließlich ihre Selbständigkeit gegenüber der Regierung, alles dies sich gegenseitig bedingend. Im weiteren Verlauf (S. 37) stellt der Verfasser klar, die Bindung des Rechnungshofs an das Gesetz bedeute, daß auch seine Zuständigkeiten als oberste Prüfungsbehörde nur durch das Gesetz selbst bestimmt und abgegrenzt werden könnten und jede exekutivische Manipulation der Prüfungszuständigkeit unzulässig sei.

Gegen diese These des Verfassers, daß nämlich die *exekutivische* Schaffung prüfungsfreier Räume mit der institutionellen Verfassungsgarantie der obersten Prüfungsbehörde unvereinbar sei, hat E. R. HUBER in einem Gutachten, das unter dem Titel „Die institutionelle Verfassungsgarantie der Rechnungsprüfung" als Abhandlung erschienen ist [11], unter einem bestimmten Zweckgesichtspunkt polemisiert. In seiner Abhandlung geht es HUBER darum klarzustellen, daß die Verfassung nichts Verbindliches über die Rechnungsprüfung juristischer Personen des öffentlichen Rechts bestimme. HUBER (a.a.O., S. 347) unterstellt nun dem Verfasser, hierbei übergehend, daß dieser als generellen Grundsatz der Rechnungsprüfung nur das Verbot „*exekutivischer* Schaffung prüfungsfreier Räume" formuliert hatte, er habe die „Schaffung prüfungsfreier Räume" allgemein für unzulässig erklärt. Daran knüpft HUBER mit der These an, der Grundsatz der Lückenlosigkeit gelte für die Rechnungsprüfung selbstverständlich, soweit er in den Verfassungen festgelegt sei; das sei hinsichtlich der Prüfung des Bundeshaushalts und durchweg auch hinsichtlich der Prüfung der Länderhaushalte der Fall. Eine gesetzliche Ermächtigung zur Exemtion gewisser Teile der Staatshaushalte von der Rechnungsprüfung würde mit diesem verfassungsmäßigen Lückenlosigkeitsprinzip „selbstverständlich" unvereinbar sein. Das sei aber anders bei den juristischen Personen des öffentlichen Rechts.

Aus diesem Zusammenhang heraus ist der „Grundsatz der Lückenlosigkeit der Rechnungsprüfung" formuliert worden. Nun ist an sich gegen den Grundsatz nichts einzuwenden; denn er gibt das in Art. 114 GG Gemeinte zutreffend wieder. Aber in seiner Verabsolutierung, d. h. mit der Zuspitzung, daß gesetzliche Ermächtigungen zur Exemtion gewisser Teile der Staatshaushalte von der Prüfung mit ihm „selbstverständlich" nicht vereinbar seien, ist er unhaltbar. HUBER selbst hätte diese Verabsolutierung niemals wahrhalten können, wenn er, was nicht geschehen ist, weil es außerhalb seines konkreten Interesses lag, an der bezeichneten Stelle in die Problemzusammenhänge nach dieser Richtung auch nur ein wenig eingedrungen wäre. Aber wie dem auch sei, so ist doch die These ebenso apodiktisch, wie sie von HUBER formuliert worden war, unbesehen in den Kommentar von MAUNZ-DÜRIG und in einen Aufsatz von FRANZ KLEIN übernommen wor-

[11] E. R. HUBER, Die institutionelle Verfassungsgarantie der Rechnungsprüfung, in: Festschr. f. Nikisch (1958), S. 331 ff.

den [12]. Auf diese Weise hat ungeprüft und unbewiesen die Auffassung in einige Teile des Schrifttums Eingang gefunden, daß Art. 114 Abs. 2 Satz 1 GG in Verbindung mit Abs. 1 desselben Artikels eine *absolute* Lückenlosigkeit der Rechnungsprüfung durch den Rechnungshof vorschreibe.

Alle Autoren hingegen, die den Gegenstand näher untersucht haben, gelangen zu einem anderen Ergebnis. Dies gilt zunächst für den Beitrag zu dem Problembereich von FRIEDRICH KLEIN [13]. KLEIN gliedert die Garantie des Art. 114 Abs. 2 Satz 1 GG zutreffend auf in die Gewährleistung (1) des Bestehens des Rechnungshofs, (2) eines bestimmten Tätigkeitsbereichs des Rechnungshofs und (3) der richterlichen Unabhängigkeit für die Mitglieder des Rechnungshofs (S. 135, 144, 151). Von diesen Teilgewährleistungen ist hier nur diejenige eines bestimmten Tätigkeitsbereichs des Rechnungshofs von Belang.

Dazu führt KLEIN (S. 144) aus, daß grundsätzlich alles, was nach Art. 114 Abs. 1 GG der Rechnungslegungspflicht des Bundesministers der Finanzen unterliege, nach Abs. 2 auch der Rechnungsprüfung durch den Bundesrechnungshof unterfalle. Er übernimmt in diesem Zusammenhang den „Grundsatz der Lückenlosigkeit der Rechnungsprüfung durch den Bundesrechnungshof" (S. 145) und trifft dann alsbald auf die Frage, welche Bedenken hiernach vom Grundgesetz her gegen § 89 RHO beständen.

KLEIN (S. 146) meint unter Bezugnahme auf HEINIG [14], daß sich wohl in allen Staaten geheime Militärfonds, Informationsfonds und ähnliche Fonds herausgebildet hätten, so daß man nicht ohne weiteres werde sagen können, die Absicht des Grundgesetzgebers sei auf ein Verbot solcher Fonds gerichtet gewesen. Den in einer entsprechenden Bestimmung des Haushaltsplans zum Ausdruck kommenden Verzicht des Parlaments auf Rechnungslegung werde man aber nur in einem engen Rahmen als zulässig ansehen können, da Bundestag und Bundesrat nur in besonderen Ausnahmefällen im voraus auf die ihnen durch Art. 114 Abs. 1 GG zugewiesene Kontrollfunktion verzichten könnten. KLEIN (S. 147 f.) fährt dann fort, daß Bundestag und Bundesrat in gleichem Umfang dem Rechnungshof die Befugnis zur Rechnungsprüfung entziehen könnten, wie sie wirksam auf die Aus-

---

[12] MAUNZ-DÜRIG, Grundgesetz, Rdnr. 26 zu Art. 114 (1961). MAUNZ knüpft daran die Folge, daß § 88 Abs. 4 RHO („Die Rechnungen der Kasse des Rechnungshofs werden von dem Präsidenten geprüft") durch Art. 114 Abs. 2 Satz 1 GG beseitigt sei. FRANZ KLEIN, Grundgesetz und Haushaltskontrolle, DÖV 1961, 805 ff. Dieser Autor möchte § 108 Abs. 3 RHO, wonach die Rechnungen des Rechnungshofs von dessen Präsidenten dem Bundestag und dem Bundesrat vorzulegen sind, als mit Art. 114 Abs. 1 GG unvereinbar ansehen. In beiden Fällen sind die Bedenken entkräftet von KARL DRESSLER, Stellung und Aufgabe des Bundesrechnungshofes, in: 250 Jahre Rechnungsprüfung, hrsg. vom Bundesrechnungshof (1964), S. 163.

[13] FRIEDRICH KLEIN, Die institutionelle Garantie der Rechnungsprüfung, in: 250 Jahre Rechnungsprüfung (1964), S. 133 ff.

[14] KURT HEINIG, Das Budget I (1949), S. 554, 558; II (1951), S. 373.

übung ihrer politischen Kontrolle hinsichtlich bestimmter Staatsausgaben im voraus verzichten dürften. Das ergebe sich aus Art. 114 Abs. 2 GG und dem darin zum Ausdruck kommenden Grundsatz, daß nur die Rechnung, die dem Parlament vorgelegt werden müsse, zu prüfen sei. Wenn und soweit das Parlament wirksam auf die Rechnungslegung verzichtet habe, bestehe keine zwingende Verfassungsnorm, die eine Prüfung durch den Bundesrechnungshof anordne. Unzulässig sei es nur, wenn das Parlament zwar nicht auf die Rechnungslegung verzichte, aber gleichwohl den Bundesrechnungshof von der Rechnungsprüfung ausschließe, und unzulässig sei ein Ausschluß der Rechnungsprüfung ferner dann, wenn ein Verzicht des Parlaments auf Rechnungslegung wegen Verstoßes gegen Art. 114 Abs. 1 GG unwirksam sei. Das Fazit Kleins (S. 149) besteht darin, daß § 89 RHO mit dem Verfassungsrecht in Einklang stehe, wenn man in verfassungskonformer Auslegung den Verzicht von Bundestag und Bundesrat auf Rechnungslegung mit Rücksicht auf den Verwendungszweck der Mittel als Voraussetzung für den Ausschluß der Rechnungsprüfung in ihn mit hineinlese.

Dem ist im Ergebnis zuzustimmen, freilich mit der Maßgabe, daß der von Klein besonders hervorgehobene Verzicht von Bundestag und Bundesrat auf eine substantiierte Rechnungslegung ohnehin den Exemtionen des § 89 RHO immanent ist [15].

Ähnlich wie Klein erachten auf Grund intimer Kenntnis der Sachzusammenhänge und eindringender Prüfung auch Friedrich Karl Vialon, Erwin Adolf Piduch und Bernhard Bank den § 89 RHO für weitergeltend [16], und ebenso läßt Karl Dressler keine Einwendungen dagegen laut werden, daß Regierungs- und Parlamentspraxis sich in der Anwendung des § 89 RHO nicht durch die vereinzelt im Schrifttum vertretene These absoluter Lückenlosigkeit der Rechnungsprüfung behindert sehen [17].

[15] Die Kritik, die Erwin Adolf Piduch, Verfassungsgarantie lückenloser Rechnungsprüfung — eine überprüfungsbedürftige These, DÖV 1965, 334 ff. (335 f.), an einzelnen Punkten des Gedankengangs von Klein geübt hat, kann hier dahingestellt bleiben.

[16] Friedrich Karl Vialon, Streitfragen der öffentlichen Finanzkontrolle, Finanzarchiv 22 (1962), S. 1 ff. (22 f.); *ders.*, Haushaltsrecht (2. Aufl. 1959), S. 964 ff. (Erläut. zu § 89 RHO); Erwin Adolf Piduch, a.a.O.; Bernhard Bank, Die Stellung und Aufgabe der Rechnungshöfe im neuen deutschen Staatswesen, ZgesStWiss 111 (1955), S. 512 ff. (517). Bank hat seine Auffassung in dem Aufsatz „Die Ausschließung der Finanzkontrolle des Rechnungshofes nach Grundgesetz und Reichshaushaltsordnung", Der öffentliche Haushalt 7 (1965) S. 199 ff. im Anschluß an Friedrich Klein noch einmal präzisiert. Das neue Buch von Arthur Fuchs, Wesen und Wirken der Kontrolle (1966) ist erst während der Drucklegung dieser Arbeit erschienen. Fuchs verneint die Frage der Vereinbarkeit des § 89 RHO mit dem Grundgesetz, scheint aber die hier in Rede stehenden Exemtionen tolerieren zu wollen (vgl. besonders S. 61).

[17] Karl Dressler, Stellung und Aufgabe des Bundesrechnungshofes, in: 250 Jahre Rechnungsprüfung (1964), S. 157 ff. (170 f.).

Die Argumentation, deren sich die erwähnten Autoren bedienen, läßt sich aber noch ergänzen. Sie verwendet nämlich nicht eigentlich die Methode, die für die Beurteilung der institutionellen Verfassungsgarantien entwickelt worden ist und allgemein der praktischen Handhabung dieser Garantien zugrunde liegt. Wenn Art. 114 GG als „institutionelle Garantie der Rechnungsprüfung" gelten soll und wenn eben daraus bestimmte Schlußfolgerungen gezogen werden sollen, so müssen auch die allgemeinen Grundsätze über institutionelle Verfassungsgarantien [18] ebenso auf sie angewendet werden, wie sie etwa für die entsprechenden Garantien des Berufsbeamtentums (Art. 33 Abs. 4 und 5 GG) [19], der kommunalen Selbstverwaltung (Art. 28 Abs. 2 GG) [20], der Sozialpartnerschaft und Tarifautonomie (Art. 9 Abs. 3 GG) [21] u.a.m. gelten. Das bedeutet aber:

Gegenstand einer institutionellen Verfassungsgarantie ist immer ein überliefertes institutionelles Gefüge, das der Verfassungsschöpfer vorgefunden hat und das er mit seinen historisch geprägten Wesenszügen in die von ihm erneuerte Verfassungsordnung inkorporieren will. Das Gefüge als Ganzes seinem historisch gewordenen „Wesensgehalt" nach wird inkorporiert und perpetuiert, während die Detailausgestaltung entsprechend den wechselnden Bedürfnissen der Zeitlage modifiziert und weiterentwickelt werden kann [22]. Der Gesetzgeber ist aber daran gebunden, die Substanz der verfassungsgesicherten Institution zu wahren.

Wendet man diese für die institutionellen Garantien seit langem anerkannten und der Staatspraxis ständig gegenwärtigen Grundsätze auf die „institutionelle Verfassungsgarantie der Rechnungsprüfung" an, so ergibt sich das Folgende:

Was in Art. 114 GG garantiert ist, stellt ein System der Rechnungslegung und Rechnungsprüfung im Sinne der seit dem Entstehen des deutschen Verfassungsstaates kontinuierlich ausgebildeten Tradition dar. Es ist darin also der historische Werdegang dieser Institute aufgegangen und aufgenommen. Wesentlich daran ist zwar der Grundsatz der Lückenlosigkeit der Rechnungslegung und der Rechnungsprüfung, aber eben als *Grundsatz*,

---

[18] Zur Lehre von den institutionellen Verfassungsgarantien im ganzen ist besonders auf Carl Schmitt, Freiheitsrechte und institutionelle Garantien der Reichsverfassung, Verfassungsrechtliche Aufsätze (1958), S. 140 ff. und auf Gunther Abel, Die Bedeutung der Lehre von den Einrichtungsgarantien für die Auslegung des Bonner Grundgesetzes (1964) zu verweisen.

[19] Aus der einschlägigen Rechtsprechung des Bundesverfassungsgerichts seien vor allem zitiert BVerfGE 8, 1 ff. (11 ff., 16 f.) und 9, 268 ff. (285 ff.).

[20] Vgl. Werner Weber, Staats- und Selbstverwaltung in der Gegenwart (1953), S. 31 ff.; Klaus Stern, Zweitbearbeitung des Art. 28 GG im Bonner Kommentar (1964), S. 27 ff. und BVerfGE 1, 175, 178; 6, 117 f.; 7, 364; 8, 359; 11, 273 ff.

[21] Dazu im einzelnen Werner Weber, Koalitionsfreiheit und Tarifautonomie als Verfassungsproblem (1965), S. 14 ff., 22 ff., 34 ff.

[22] Dies unterstreicht auch Kalkbrenner, DÖV 1963, 42 (mit weiteren Hinweisen).

der gewisse Ausnahmen verträgt, so wie sie die Vergangenheit auch stets gekannt und in die Gegenwart überliefert hat. Wesentlich daran ist ferner die Existenz eines unabhängigen Rechnungshofs, dessen Mitglieder die richterliche Unabhängigkeit besitzen. Das freilich ist im vorliegenden Zusammenhang nur insofern von Belang, als die Rechnungsprüfung grundsätzlich eben diesem Rechnungshof vorbehalten bleiben muß.

Die Einzelausgestaltung dieses institutionellen Zusammenhanges ist dem Gesetzgeber anheimgegeben. Er hat dabei so zu verfahren, daß die Lückenlosigkeit der Rechnungslegung und der Rechnungsprüfung — diese als Aufgabe des kollegial verfaßten Rechnungshofs — als beherrschender Grundsatz gewahrt bleiben. Ausnahmen hiervon kann er in Verfolg der historisch vorgezeichneten Linie vorsehen. Diese Ausnahmen müssen nur nach Zahl, Bedeutung und sachlicher Notwendigkeit extraordinären Charakter dergestalt behalten, daß die Lückenlosigkeit *als dominierendes Prinzip* nicht angetastet wird. Das betonen auch VIALON, FRIEDRICH KLEIN und PIDUCH mit Recht [23]. Hinzuzufügen ist, daß die Ausnahmen in dem bezeichneten Umfang nur durch *Gesetz* statuiert werden können.

Wendet man diese Maßstäbe auf den gänzlich prüfungsfreien bescheidenen „Geheimfonds" des Auswärtigen Amtes und die übrigen sechs Ausgabepositionen des Bundeshaushalts an, die überdies sämtlich der Prüfung durch den Präsidenten des Rechnungshofs unterliegen, während einer von ihnen obendrein von einem Unterausschuß des Bundestages geprüft wird, so kann ein Zweifel daran nicht obwalten, daß das *Prinzip* universeller Rechnungslegung und Rechnungshofprüfung als Maxime der Bundeshaushaltsführung dadurch in keiner Weise berührt wird.

IV. Verfassungspolitische Gesichtspunkte

Gegenüber dem bisher Gesagten könnte noch die Frage als unbeantwortet erscheinen, ob nicht die bis zur Staatsumwälzung von 1918 praktizierten Prüfungsexemtionen darauf zurückzuführen seien, daß diese Exemtionen doch spezifische Erscheinungen der konstitutionellen Monarchie gewesen seien in dem Sinne, daß sich hierin Vorbehalte zugunsten des monarchischen Regiments manifestiert hätten, die ihre Legitimation mit dem Inkrafttreten der Weimarer Verfassung verloren hätten. Dem ließe sich freilich entgegenhalten, daß die Weimarer Republik die Praxis jener Exemtionen mit § 89 RHO fortgeführt habe. Hierauf könnte wiederum repliziert werden, daß die Weimarer Republik in manchen Teilen noch unüberlegt in den Vorstellungen der konstitutionellen Monarchie befangen geblieben sei, die aber unter der Herrschaft des Grundgesetzes nun endgültig abgetan seien.

---

[23] VIALON, Streitfragen, S. 23 und Haushaltsrecht, S. 964 f.; FRIEDRICH KLEIN, Die institutionelle Garantie der Rechnungsprüfung, S. 146, 148; PIDUCH, DÖV 1965, 337.

Gewiß ist richtig, daß sich bis 1918 in Preußen und im Reich mancherlei Vorrechte der Krone gegenüber den Ansprüchen der Volksvertretungen behaupten konnten und daß davon einiges in die Staatspraxis der Weimarer Republik tralatizisch übergegangen ist. Aber für unser Problem bedeutet das nichts Entscheidendes. Denn zunächst stellten die erwähnten Prüfungsexemtionen nicht eigentlich Vorrechte der Krone, sondern den Niederschlag einfacher Staatsnotwendigkeiten dar. Zum andern ist zu bedenken, daß in der konstitutionellen Monarchie das Budgetrecht und die Budgetkontrolle ein besonders wichtiges Recht des Parlaments bedeuteten, weil sie die einzig wirksame Kontrolle der monarchischen Regierung durch das Parlament in sich schlossen. Mit den Verfassungsänderungen vom 28. Oktober 1918 [24] und vollends mit der Weimarer Verfassung wurde jedoch das parlamentarische Regierungssystem eingeführt. Seither ist die Regierung abhängig vom Parlament, und wieweit diese Abhängigkeit reicht, ist unter der Herrschaft des Bonner Grundgesetzes besonders deutlich. Die Regierung geht heute aus dem Parlament hervor und muß von der Mehrheit des Parlaments getragen sein. Die Verantwortlichkeitsbeziehungen zwischen den Ministern einerseits und dem Bundestag sowie seinen Ausschüssen anderseits sind außerordentlich dicht. Die Minister der Bundesrepublik sind nicht mehr wie die Minister der preußischen Monarchie und der Reichskanzler des Bismarckreiches vom Parlament möglicherweise durch eine tiefe Kluft getrennt; sie sind vielmehr in die im Parlament und in den politischen Parteien sich vollziehende Willensbildung aufs engste einbezogen. Sie sind, anders ausgedrückt, Exponenten des Parlaments und der in ihm wirkenden Kräfte selbst.

In solcher Lage ist es verfassungsrechtlich und verfassungspolitisch wesentlich leichter als in den Zeiten der konstitutionellen Monarchie, vom Parlament aus dem Minister, der eine Persönlichkeit des Vertrauens des Parlaments ist, und den das Parlament (in Regierungsmehrheit und Opposition) ständig unter einer vielfältigen Kontrolle hat, begrenzte Ausgabepositionen des Staatshaushalts zur prüfungsbeschränkten oder prüfungsfreien Verfügung anzuvertrauen. Es läßt sich also nicht wahrhalten, daß die in der konstitutionellen Monarchie anerkannten Prüfungsexemtionen in der parlamentarischen Demokratie, besonders der des Grundgesetzes, ihren Legitimationsgrund verloren hätten. Sie sind im Gegenteil verfassungsrechtlich und verfassungspolitisch heute weit eher zu rechtfertigen als in jener Zeit.

---

[24] Gesetz zur Abänderung der Reichsverfassung und des Gesetzes, betreffend die Stellvertretung des Reichskanzlers vom 17. März 1878, vom 28. Oktober 1918 (RGBl. S. 1273); Gesetz zur Abänderung der Reichsverfassung vom 28. Oktober 1918 (RGBl. S. 1274).

V. Gesamtbeurteilung

Bei alledem muß in Betracht gezogen werden, daß Rechnungslegung und Rechnungsprüfung zwar wichtige und unverzichtbare Bestandteile der Verfassungsordnung, aber nicht Selbstzweck sind [25]. Sie dienen dazu, das Staatswesen in Ordnung und die Kontrolle der Regierung durch das Parlament wirksam zu halten. Ihnen stehen andere Notwendigkeiten staatlicher Existenzbehauptung gegenüber, so auch diese, bei bestimmten Haushaltsausgaben im Interesse des Gemeinwohls einen tunlichst hohen Grad von Diskretion, manchmal sogar äußerste Diskretion zu wahren. Das war seit dem Beginn des modernen Verfassungsstaates anerkannt.

Verfasssungsrechtlich und verfassungspolitisch kommt es darauf an, zwischen den beiden Staatsnotwendigkeiten abzuwägen und in der richtigen Weise beiden gerecht zu werden. Das deutsche Haushaltsrecht hat hierfür, wie dargelegt, den Weg gewählt, Exemtionen von der Rechnungslegung und Rechnungsprüfung nur in wenigen begründeten Ausnahmefällen zuzulassen, so daß Rechnungslegung und Rechnungsprüfung als die Staatshaushaltswirtschaft im ganzen beherrschendes Prinzip nicht angetastet werden. Es geht ferner davon aus, daß der parlamentarische Gesetzgeber selbst, der zugleich der verfassungsrechtliche Rechnungslegungsempfänger ist, die Möglichkeit der Exemtionen vorsehen und daß er überdies die einzelne Exemtion sowie ihre Art von Jahr zu Jahr im Bundeshaushalt anordnen und wiederum durch das Haushaltsgesetz sanktionieren muß. Auch demgegenüber, d. h. unter solchen Voraussetzungen und Sicherungen, darauf beharren zu wollen, daß die „Lückenlosigkeit der Rechnungsprüfung" von Verfassungs wegen keine Ausnahmen vertrage, würde eine unerträgliche Verabsolutierung und Überschätzung des Instituts der Rechnungsprüfung bedeuten, ganz abgesehen davon, daß der Umfang des Prüfungsstoffs ohnehin eine lückenlose Prüfung der Finanzgebarung des Bundes durch den Bundesrechnungshof unmöglich macht, wie Dressler und Piduch zutreffend bemerkt haben [26]. Das Bestehen auf einer gänzlich ausnahmslosen Rechnungshofkontrolle würde bedeuten, daß die Rechnungsprüfung auch entgegen unbestreitbaren Staatsnotwendigkeiten und ungeachtet der besseren Einsicht des Parlaments selbst als des Rechnungslegungsempfängers ihr „Recht" zur Prüfung würde behaupten wollen. Es hieße zugleich Verantwortung und Bestimmungsgewalt des Parlaments herabwürdigen, wollte man ihm nicht zugestehen, bei einem Jahreshaushalt von mehr als 60 Milliarden DM einen Betrag von 8 Mio DM dem Bundesminister des Äußeren aus einleuchtenden Gründen der Staatsräson zur rechnungslegungs- und prüfungsfreien Verwendung

---

[25] Das betont auch Bernhard Bank, Über Umfang und Grenzen der Finanzkontrolle der Rechnungshöfe, AöR 80 (1955/56), S. 261 ff. (275).

[26] Karl Dressler, a.a.O., S. 170; Piduch, DÖV 1965, 335.

anzuvertrauen und für einige andere Haushaltspositionen die kollegiale Rechnungshofprüfung durch eine Prüfung durch den Präsidenten des Rechnungshofs zu ersetzen. Eine Verfassung, die das um des gleichfalls nur zweckabhängigen und dienenden Prinzips der „Lückenlosigkeit der Rechnungsprüfung" willen verböte, würde ihre Aufgabe, den Staat existenzfähig zu halten, verfehlen. Das Grundgesetz verbietet es denn auch nicht.

Die rechtliche Einordnung wirtschaftlicher Verbände in den Staat

WILHELM WERTENBRUCH

Während in dem ersten Jahrzehnt nach Inkrafttreten des Grundgesetzes die deutsche Staatsrechtslehre vorwiegend noch mit dem Verhältnis Einzelmensch — Staat, insbesondere mit der Grundrechtsproblematik befaßt war, hat sich allmählich auch der Blick für Fragen des Verbändewesens geweitet. Auch hier waren es zunächst vorwiegend Fragen der Staatsstruktur und des Verhältnisses der Verbände zur Rechtsstaatlichkeit, welche die Wissenschaft beschäftigten. Diskutiert man heute über die rechtliche Einordnung von Verbänden in den Staat, so tut man dies vorzugsweise in der Erwartung, Anregungen und Gesichtspunkte für ein positiv-rechtliches Ordnungs-Schaffen zu gewinnen. Man empfindet nach wie vor einen Widerspruch zwischen dem, was *ist,* und dem, was *sein soll.* Dabei wird als existentielle und essentielle Basis die „Verfassungswirklichkeit" und als Sollens-Fundament die geschriebene Verfassung gesehen. Das Unbehagen ist um so größer, und das Problem wird um so schwieriger, je mehr diese beiden — rein human verursachten — Erscheinungen auseinanderfallen oder einander gar widersprechen. Ist der Widerspruch unerträglich geworden, so sieht sich der Verfassungsrechtler gezwungen, entweder das geschriebene Recht der Verfassungswirklichkeit anzupassen oder diese Wirklichkeit (das Sein) als gegen die „verfassungsmäßige Ordnung" (das Sollen) verstoßend zu verurteilen. In seine Überlegungen wird er auch Macht-Gesichtspunkte mit einbeziehen müssen, denn hier stoßen Machtpositionen hart aufeinander: Einerseits die des klassischen Ordnungsgaranten Staat, andererseits die außerstaatlicher („gesellschaftlicher") Mächte, welche das Sein durch ihr Verhalten bestimmt haben und an ihm festhalten. Hierbei muß der Staatsrechtler jedoch bedenken, daß einer Machtentfaltung juristisch nur dann Raum gegeben werden *darf,* wenn sie irgendwie legitimiert werden kann oder wenigstens als das geringere Übel vorübergehend toleriert werden muß. Diese Grundfrage kann in aller Regel nicht auf der Basis des positiven Rechts entschieden werden, insbesondere dann nicht, wenn man mit Entwicklungen konfrontiert ist, welche der Verfassungsgeber nicht voraussehen oder erwarten konnte.

Diese Situation scheint mir gerade beim Verbändeproblem vorzuliegen, wie es sich uns heute stellt. Die Macht der Verbände, insbesondere wirtschaftlicher Verbände [1], und ihr Einfluß auf politische (inner- und außerstaatliche) Vorgänge sind verfassungswirklich. Gelegentlich sind sie es in geradezu unerträglicher Weise, so daß das Gemeinwohl in Gefahr zu sein scheint. Dieser Befund mutet unter dem Vorzeichen des Grundgesetzes zuweilen wie Wildwuchs an, weil im „intermediären" Raum lediglich die *Parteien* als diejenigen Zusammenschlüsse verfassungsrechtlich anerkannt sind, welche „bei der politischen Willensbildung des Volkes" mitwirken (Art. 21 GG). Vermutlich jedoch lösen diese kontrastierenden Erscheinungen nur deshalb soviel Unbehagen aus, weil man sinnfälliges Faktum und geschriebenes Recht als die ausschließlichen Vergleichsphänomene heranzieht und damit notwendigerweise das Konzept, von dem man auszugehen pflegt, viel zu eng und zu wenig auf natürliche Zusammenhänge eingespielt ist.

I

Hier ist zunächst klarzustellen, daß das *Sein*, von dem die Rede war, eben die Verfassungswirklichkeit, höchst unvollkommen ist.

1. Es ist human verursacht, d. h. allein durch das *Verhalten* [2] einzelner Menschen und Gruppen geprägt und von wechselnden Umständen singulär zeitlicher und räumlicher Art, insbesondere von jeweiligen „Bedürfnissen", völlig abhängig. Es ist überaus vielgestaltig und flüchtig (dynamisch) [3] und kann schon aus diesem Grunde keine dauerhafte (hinlänglich statische) „mensura" abgeben. Ganz abgesehen davon kann es zu der Frage, ob ein Verhalten gut oder böse, recht (rechtmäßig) oder unrecht (rechtswidrig) ist, allein keinen Aufschluß geben [4]. Es ist allenfalls konstatierbar, vor allem auf soziologischen Wegen, aber die Maßstäbe für seine Bewertung müssen anderen Wissenschaften entnommen werden.

---

[1] Die Ausdrucksweise „wirtschaftliche Verbände" wird im folgenden im weitesten Sinne, eingeschlossen die Vereinigungen zur Wahrung und Förderung der Arbeitsbedingungen (vgl. Art. 9 Abs. 3 GG), gebraucht. Gerade letztere erscheinen heute als störende Elemente, während andere, insbesondere ideelle und altruistische Verbände, sich kaum bemerkbar machen (etwa das Jugendherbergswerk, Förderungsvereine für Museen und Hochschulen, Berg- und Verkehrswacht, Rotes Kreuz etc.); siehe auch die Aufzählung bei Hans Peters, Öffentliche und staatliche Aufgaben, in: Festschrift für Hans Carl Nipperdey, München u. Berlin 1955, S. 877 ff. (822 f.).

[2] Zur Bedeutung und Relativität des Verhaltens vgl. Wilhelm Wertenbruch, Erwägungen zur materialen Rechtsstaatlichkeit, in: Festschrift für Hermann Jahrreiss, Köln/Berlin/Bonn/München 1964, S. 492, 495, 498 f.

[3] Daher kaum in ein Ordnungsbild einfangbar, was sich besonders augenfällig aus den bisher vorliegenden, m.E. noch wenig präzisen Ergebnissen zum soziologisch erfaßbaren Tatbestand des Verbändewesens ergibt.

[4] Vgl. Hans Welzel, Naturrecht und materiale Gerechtigkeit, 4. Aufl., Göttingen 1962, S. 241.

Nicht ohne Grund wird diesem Verhaltens-Sein von altersher ein *Sollen* gegenübergestellt [5]. Auch ein Rechtsbrecher hält sich im Bereich des Verhaltens-Seins, aber seine Tat wird mißbilligt; er wird verurteilt, weil er gegen ein besseres, ein „vorgegebenes" und anzustrebendes Sein, welches die Maximen des rechtlichen Sollens unmittelbar in sich trägt, verstoßen hat. Eben weil dieser Sollenswert als für die staatliche Gemeinschaft unerläßlich angesehen wird, genießt er auch strafrechtlichen Schutz. Der Jurist, vor allem auch der staatliche Gesetzgeber, wird auf dieses Sollens-Fundament *ontischer* Provenienz [6] nie verzichten können, wenn er eine hinlänglich stabile (im Kern statische) Gemeinschaftsordnung aufrichten und garantieren will. Woher sonst könnte er seine letzten, von menschlicher Zustimmung, Raum und Zeit unabhängigen und daher allgemeinverbindlichen Maßstäbe beziehen, um bloßer Machtausübung Schranken zu setzen [7] und sie mit Hilfe des positiven Rechts als „illegitim" klarzustellen [8]?

2. Hier bestätigt sich die alte Wahrheit, daß *Recht* seinen eigentlichen Ursprung und Geltungsgrund nicht im Akt staatlicher Gesetzgebung haben kann. Zwar enthält die geschriebene Verfassung das höchstrangige Recht humaner Gesetzgebung (lex humana), aber sie wird in Ursprung und Virtualität von einem Sein und Sollen überlagert und bestimmt, das ganz einfach „vorgegeben" ist [9]. Was bei einem Auseinanderklaffen *dieses* Seins und

[5] Vgl. neuestens Ernesto Garzón Valdés, Über das Verhältnis zwischen dem rechtlichen Sollen und dem Sein, in ARSP 1965, Beiheft 41, Neue Folge 4, S. 299 ff.

[6] Zu den zwei Wirklichkeiten vgl. meine Darlegungen in Festschrift für Hermann Jahrreiss, S. 487 ff. (492).

[7] Damit der Rechtspositivismus nicht „durch einen Positivismus der gesellschaftlichen Faktizität ersetzt wird". So Roman Herzog, Das Verbandswesen im modernen Staat, in Gesellschaft und Politik, Neue Folge 3 (1965): Die Verbände und ihr Ordnungsanspruch, S. 4; vgl. auch Andreas Hamann, Das Grundgesetz, 2. Aufl., Neuwied/Berlin 1960, Einführung, I A 4; Gerhard Leibholz, Strukturprobleme der modernen Demokratie, Karlsruhe 1958, S. 279 f.

[8] Freilich kann sich, wenn hier von einer Vor-Ordnung die Rede ist, die Legitimität nicht in dem erschöpfen, was z. B. Carl Schmitt (Verfassungslehre, München u. Leipzig 1928, S. 87 ff.) als Legitimitätsgrundlage der Verfassung umschreibt, denn dabei handelt es sich ausschließlich um human verursachte Fakten. Dasselbe trifft für die soziologischen Grundlehren zum Begriff „Legitimität" bei Max Weber zu, auf denen die Ansicht Schmitts offenbar basiert. Zu den Lehren Max Webers siehe Johannes Winckelmann, Legitimität und Legalität in Max Webers Herrschaftssoziologie, Tübingen 1952, passim.

[9] Und an welches auch der Verfassungsgeber (erst recht der Schöpfer des einfachen Gesetzes) gebunden ist; vgl. BVerfGE 1, 14 ff., Leitsätze 14 und 21 a; 3, 225 ff. (231 ff., unter Berufung auf Gustav Radbruch); BayVerfGH in DÖV 1959, 182 f.; Hamann, a.a.O., Einführung, I A 2 und Art. 20, Anm. B 3 a; von Mangoldt-Klein, Das Bonner Grundgesetz, Bd. I, 2. Aufl., Berlin u. Frankfurt a. M. 1957, S. 95, mit weiteren Nachweisen und Art. 20, Anm. VI 4 f (S. 604); Theodor Maunz, Die verfassunggebende Gewalt im Grundgesetz, in DÖV 1953, 645 ff. (646); Maunz-Dürig, Grundgesetz, Bd. I, 2. Aufl., München u. Berlin 1964, Art. 20, Rdnr. 47; Bd. II, München u. Berlin 1964, Art. 79, Rdnr. 25 (aus-

der „Verfassungswirklichkeit" (hier eingeschlossen das Verfassungsrecht [10]) noch als „legal" erscheint, kann — gemessen am höheren Sein — bereits illegitim sein. Was als „illegal" erscheint, weil der Verfassungstext es nicht vorsieht oder gar verbietet, kann hingegen in diesem Sinne durchaus legitim sein. Es kommt in bezug auf das vorliegende Thema also darauf an, *ob* die „Vor-Ordnung" Verbände in der Anlage (potentiell) enthält und sie zuläßt, ferner, *wie* sich die Verbände nach diesem Konzept zu verhalten haben und entfalten dürfen.

3. Der sogenannte „intermediäre" Raum, in dem sich („private", d. h. von einzelnen verursachte [11]) Verbände bilden und in welchem sie — ebenso wie „Gruppen" [12] — ausschließlich beheimatet sind, ist nur scheinbar eine Entdeckung unserer Zeit. Dieser „gesellschaftliche" Bereich [13] mag wieder

---

drücklich gegen CARL SCHMITT) und 41; WERNICKE in: Kommentar zum Bonner Grundgesetz (Bonner Kommentar), Hamburg 1950 ff., Art. 20, Anm. II 3 e.

[10] Auch hier kann es allerdings eine „konforme" Auslegung des geschriebenen Verfassungsrechts geben. Soweit ihr entgegengehalten wird, es würden verfassungsfremde Vorurteile in das geltende Verfassungsrecht hineingetragen, drückt sich hierin nur die Unfähigkeit aus, die zwingende Gegebenheit und Virtualität des Naturrechts anzuerkennen oder dem unbedingten Ordnungsstreben des Verfassungsgebers (seiner Intuition, „Recht" zu setzen), gegebenenfalls auch im Widerspruch zu populären und oberflächlichen Zeitmeinungen, zu entsprechen.

[11] Kraft „freiwilligen" Zusammenschlusses (vgl. § 2 Abs. 1 VereinsG); hier gegenübergestellt den staatlich verursachten Verbänden, wie u. a. „Kammern" mit Zwangsmitgliedschaft, die insoweit dem Art. 9 GG nicht unterfallen. Dazu vgl. BVerfGE 10, 89 (Leitsatz 3 und S. 102) = NJW 1959, 16, 175; 10, 354 (361 f.) = NJW 1960, 619; 15, 235 (239) = NJW 1963, 195 f.; OVG Münster in NJW 1960, 214 f., mit weiteren Nachweisen; OLG Hamburg in BB 1952, 413; HAMANN, a.a.O., Art. 9, Anm. A 4 b, mit weiteren Nachweisen; VON MANGOLDT-KLEIN, a.a.O., Art. 9, Anm. III (S. 318 ff.).

[12] Verband ist im folgenden schlechthin i. S. von organisierter Gruppe verstanden. Zur „Polarität der Begriffe Verband und Gruppe" vgl. HERZOG, a.a.O., S. 17 ff. Zum Begriff der Gruppe vgl. ferner GERHARD W. WITTKÄMPER, Grundgesetz und Interessenverbände, Köln u. Opladen 1963, S. 10 ff.; ANDREAS HAMANN, Deutsches Wirtschaftsverfassungsrecht, Neuwied/Berlin/Darmstadt 1958, S. 59 ff. Zum Begrifflichen, verbunden mit praktischen Anschauungsbeispielen, vgl. auch RUPERT BREITLING, Die Verbände in der Bundesrepublik, Meisenheim am Glan 1955, passim.

[13] Angelsächsisch gesprochen i. S. von „civil society", die dem Staat im Anklang an die mittelalterliche Theorie als „societas" vorgegeben und deren „Funktion" u. a. der Staat ist. Überhaupt steht die angelsächsische Welt dem Verbändewesen viel unbefangener gegenüber; vgl. ULRICH SCHEUNER, Politische Repräsentation und Interessenvertretung, in DÖV 1965, 577 ff., mit weiteren Hinweisen in Fußnote 1. Kritisch zu rechtsvergleichender Betrachtung allerdings WITTKÄMPER, a.a.O., S. 37 f. In diesem Zusammenhang mag darauf hingewiesen werden, daß die angelsächsische Theorie die Begriffe „Staat" und „Gesellschaft" in ihrer Gegenüberstellung nicht kennt, sondern die Ausdrücke „civil society" und „government" gebraucht; vgl. hierzu HORST EHMKE, „Staat" und „Gesellschaft" als verfassungstheoretisches Problem, in: Staatsverfassung und Kirchenordnung, Festgabe für RUDOLF SMEND, Tübingen 1962, S. 23 ff. (25, 48 f.).

allgemein bewußter geworden sein, nachdem das lediglich bipolare Gegenüberstellen von *Individuum und Staat* ad absurdum geführt ist und soziologische Forschungen des vorigen Jahrhunderts [14] den Menschen in der Gesellschaft und die Erscheinungsformen des Gruppenverhaltens deutlicher hervorgekehrt haben. Die extrem nominalistische These, der Staat sei die Summe der einzelnen und die Gesellschaft eine Masse isoliert nebeneinanderstehender Individuen, ist seitdem einer ausgeglicheneren Betrachtungsweise gewichen. Zwar ist die individualistische wie auch die kollektivistische Schwarz-Weiß-Malerei noch keineswegs völlig überwunden, sondern lebt in populären Ansichten und praktischen Verhaltensweisen unterschwellig fort, aber die Wissenschaft anerkennt — ob sie das im einzelnen schon wieder „begründen" kann oder nicht — wieder das Zusammenspiel, das Aufeinander-Angewiesensein von Gesellschaft und Staat [15].

Auch ein utopistischer Pluralismus ist seitdem durch die Wirklichkeit gedämpft. Gewiß gründet der Staat, ebenso wie die Gesellschaft, auf Individuen, aber deren neben dem substantiellen „Eigenstand" vorhandene „Sozialanlage" drängt auf Zusammenschlüsse hin und läßt die Vielfalt individueller Meinungen und Wünsche in ein *Gruppen*-Interesse einmünden, welches bereits die Tendenz zur staatlichen Willens*einheit* in sich trägt [16]. Diese Situation, die gerade von der modernen Verbandswirklichkeit entscheidend mitgeprägt ist und sogar schon Vergleiche mit dem spätmittelalterlichen Ständestaat ausgelöst hat [17], ist wahrlich „nicht mehr mit den Rechtsbegriffen der liberalen Auffassung zu lösen" [18]. Diese antiquierte Auffassung ist viel zu eng und einseitig, zu ausschließlich auf die Individual-

---

[14] Vgl. etwa Otto von Gierke, Das deutsche Genossenschaftsrecht, Berlin 1868—1913; Ferdinand Tönnies, Gemeinschaft und Gesellschaft, Darmstadt 1963 (Neudruck der Ausgabe von 1933), jeweils passim.

[15] Zur „Symbiose" von Staat und Gesellschaft vgl. z. B. Ehmke, a.a.O.

[16] Schon dieses Gruppen-, erst recht ein Verbands-Interesse ist etwas ganz anderes als die Summe der Singular-Interessen der Mitglieder. Die bloße Quantität wird überhöht durch eine qualitative, „organisierte Willensbildung" (vgl. § 2 Abs. 1 VereinsG) und durch das Anstreben eines verbandlichen Gemeinwohls, das auch die Sicherung der Existenz des Verbandes mitumfaßt. Vgl. hierzu auch Franz Faller, Die rechtsphilosophische Begründung der gesellschaftlichen und staatlichen Autorität bei Thomas von Aquin, Heidelberg 1954, S. 68 ff. sowie René Marcic, Mensch, Recht, Kosmos, Wien 1965, S. 33.

[17] Zur Unvergleichbarkeit des mittelalterlichen Ständestaates mit dem modernen Staat vgl. Herbert Schambeck, Ist der moderne Staat ein Ständestaat? in Gesellschaft und Politik, NF 3/1965, S. 48 ff. (54 ff.). Für den ständestaatlichen Charakter aber wohl Ernst Forsthoff, Lehrbuch des Verwaltungsrechts, Allgemeiner Teil, 8. Aufl., München u. Berlin 1961, S. 475.

[18] So Scheuner in DÖV 1965, 578. Daß diese Auffassung unter dem Vorzeichen des Grundgesetzes überholt ist, betonen u. a. auch BVerfGE 4, 7 (15 f.); von Mangoldt-Klein, a.a.O., Art 2, Anm. III 3; Maunz-Dürig, a.a.O., Art. 1 Abs. 1, Rdnr. 46 ff. (insbesondere 53, unter gleichzeitiger Stellungnahme gegen den Kollektivismus); Wittkämper, a.a.O., S. 62.

anlage des Menschen bezogen, als daß sie sich in der humanen Wirklichkeit behaupten könnte. Ein ebenso nominalistisch-liberaler Kollektivismus wäre nicht minder falsch, ja sogar noch gefährlicher, weil er den Akzent vom Menschen (von der „Person") auf die gesellschaftliche Gruppe oder auf den scheinbar nur als Summe seiner Teile bestehenden Staat verlagert. Der Individualismus hat sich in Deutschland aber geistig, der Kollektivismus auf Grund von gräßlichen Fakten erledigt.

Soviel ist sicher: Im Mittelpunkt der Vor-Ordnung steht der Mensch als personale Zweitursache (causa secunda) mit seinem „dominium naturale" [19]. So muß er auch in der staatlichen Wirklichkeit respektiert sein (Art. 1 Abs. 1 Satz 1 GG) [20]. Staat und Verbände hat es immer gegeben. Sie sind aber nicht mit dem Menschen vergleichbar, da sie keine in sich selbst ruhenden, in sich geschlossenen und „personal" für sich seienden „Substanzen" darstellen, sondern immer nur an die Sozialanlage des Menschen anknüpfende „relationes" sind. Selbst der *Staat* ist trotz seiner Ausstattung als „societas perfecta et completa" *nicht* „Substanz", also nicht „physische Person", sondern ebenfalls eine solche „relatio" [21]. Nur weil (und wenn) diese Beziehungsgrößen auf „realen" Gegebenheiten aufruhen, haben sie eine vorgegebene Eigenexistenz. Erst dann ist auch der Staat oder ein Verband „sui iuris" und mithin ursprüngliches Rechtssubjekt. Trotzdem aber bleiben die Verbände, seien sie nun ursprünglicher (absoluter) oder relativer Natur, unabdingbar auf den Menschen, auf seine Sozialanlage und insbesondere auf seine Lebensbedürfnisse ausgerichtet (vgl. Art. 1 Abs. 1 Satz 2 GG). Sowie sie sich wider die vorgegebene Ordnung von dieser Zwecksetzung emanzipieren, verfehlen sie ihr *Wesen* (essentia) und stören als zu Fremdkörpern pervertierte singuläre Gegebenheiten auch die humane Wirklichkeit. Das ist beim NS-Staat nicht anders gewesen als es bei jedem Verband ist, der sich um einer überzogenen Eigenexistenz willen verhaltensmäßig aus der Vor-Ordnung löst und die durch *sein* Wesen bestimmten Grenzen überschreitet oder die ihm eigentümlichen Befugnisse mißbraucht. Seine Existenz kann nicht von Dauer sein, weil sich die Vor-Ordnung trotz massivster Willens- und Machtentfaltung des Menschen am Ende immer wieder durchsetzt.

Diese Selbstbehauptung des Rechts kann sich im Bewußtsein des Menschen intuitiv oder rational bemerkbar machen [22]. Sie bestätigt u. a. die

---

[19] Vgl. hierzu schon 1. Moses 1, 28.

[20] Vgl. meine Darlegungen in: Grundgesetz und Menschenwürde, Köln/Berlin 1958, S. 53, 157, 197, 203 ff., 206 ff., 209; Die Religion in Geschichte und Gegenwart (RGG), Handwörterbuch für Theologie und Religionswissenschaft, IV. Bd., 3. Aufl., Tübingen 1960, Stichwort Menschenrechte II, Sp. 870 ff.; Sozialstaatlichkeit und Art. 2 Abs. 1 GG, in Die Arbeiterversorgung, 63. Jhrg. (1961), 33 ff.

[21] Vgl. Gallus M. Manser, Angewandtes Naturrecht, Freiburg in der Schweiz 1947, S. 146 ff.

[22] Vgl. auch hierzu meine Ausführungen in: Festschrift für Hermann Jahrreiss, a.a.O., S. 497 f.

natürliche Existenzberechtigung von gesellschaftlichen Gruppenbildungen, beweist aber auch überzeugend, daß derartige Verbände in den Staat eingeordnet und seiner Rechtsordnung unterworfen bleiben müssen. Gleich, welche Zielsetzungen sie verfolgen, seien sie inner- oder überstaatlicher Art: Basis und Feld ihrer Betätigung bleibt die „Gesellschaft", ihre Ordnung das Recht, ihr Rechtsüberwacher der Staat, in welchem sie sich ganz oder teilweise befinden.

So gab es bereits wirtschaftliche Verbände in der Art genossenschaftlicher Zusammenschlüsse (Gilden, Zünfte), noch ehe sich ein „gesellschaftliches" oder ein (modern-)staatliches Verbandsbewußtsein gebildet hatte. Entstanden aus singulären wirtschaftlichen oder sonstigen Bedürfnissen in einer ständestaatlichen Umwelt wurden sie zu politischen Elementen im Staat, schlossen sich gelegentlich auch zu überstaatlichen Einrichtungen zusammen (z. B. Hanse), überzogen oder mißbrauchten aber schließlich ihre Befugnisse und gingen dann ihrer Auflösung entgegen. Die Mißachtung fortschrittlicher Bestrebungen und der Freiheit des Menschen durch die Zünfte führte zwangsläufig zum Zunftverbot im vergangenen Jahrhundert.

Die ferne Ahnung von der Denknotwendigkeit des — auch mit Bezug auf den Staat — unerläßlichen gesellschaftlichen Bewegungsraumes bewog jedoch den Staat, Kammern zu errichten [23] und Innungen auf neuer Rechtsgrundlage wieder zuzulassen. Nicht zuletzt veranlaßte sie auch das neu aufgekommene „Industrieproletariat", sich in Arbeitervereinen und Gewerkschaften zusammenzuschließen. Es erwies sich hieran, daß auch das moderne wirtschaftliche Leben nicht auf solche Zusammenschlüsse verzichten konnte, die allerdings erneut auf das Recht verpflichtet und an den Bedürfnissen einer fortschrittlichen Wirtschaftsexpansion orientiert waren.

Die politische Partei [24] wurde in Deutschland erst entdeckt, nachdem sie in anderen Ländern bereits Schule gemacht hatte. Andere „Parteiungen" waren lange vor ihr da und ließen sie erst als notwendig erscheinen, als das „Staatspolitische" auch in Deutschland mehr oder weniger künstlich hochgespielt wurde, der mittelalterliche Ständestaat verblaßt war, ein von Stand und Rang weitgehend abstrahierter Bürger das Heft in die Hand nahm und „Weltanschauungen" die bisherigen Verklammerungen aufzulösen begannen. Der von dem Neuen überwältigte, zeitweise von ideologischen Furien

---

[23] Vgl. Hans R. Klecatsky, Interessenverbände und Parlament, in Gesellschaft und Politik, NF 3/1965, S. 23 ff.; Schambeck, a.a.O., S. 57 f. und Heinz Bremer, Kammerrecht der Wirtschaft, Berlin 1960, S. 1 ff.

[24] Hierzu vgl. Konrad Hesse, Die verfassungsrechtliche Stellung der politischen Parteien, VVDStRL Heft 17 (1959), S. 11 ff. und die dort zitierte Literatur. Zur Abgrenzung von politischer Partei und Interessenverband siehe etwa Maunz-Dürig, a.a.O., Art. 21, Rdnr. 24; Wittkämper, a.a.O., S. 17 ff., 160 ff., mit weiteren Nachweisen; Rechtliche Ordnung des Parteiwesens (Bericht der Parteienrechtskommission), 2. Aufl., Frankfurt a. M./Berlin 1958, S. 79 ff.

gehetzte Bürger ist jedoch seiner Weltanschauungen nicht froh geworden und an einer bloßen „Parteien-Demokratie" bisher nicht gesundet. Er sehnt sich nach einer gesellschaftlichen Nestwärme, die ihn von allzu kühlen und kühnen ideologischen Einseitigkeiten fernhält, und nach einer ausgeglicheneren Basis, die ihn durch ihre Vielfalt gerade in seinen individuellen Freuden, Bestrebungen und Hoffnungen unterstützt [25]. Diese Basis können ihm eine Parteien-Demokratie und ein „Parlamentarismus", der ihm als viel zu abstrakt und zu entfernt von seinen Vorstellungen erscheint, und dessen Funktionären er auch heute noch Mißtrauen entgegenbringt, nicht verschaffen. Wäre die Parteien-Demokratie im Bewußtsein des Staatsbürgers hinreichend verankert gewesen [26], so hätte es des Art. 21 GG (zumindest in seinem materiellen Gehalt) nicht bedurft. Trotz dieser Konstitutionalisierung fühlt sich jedoch der Bürger offensichtlich nicht hinreichend demokratisch repräsentiert und hat sich daher ergänzende Verbände geschaffen. Das „inter homines esse" ist eben derart vielgestaltig und komplex, daß man dem Individual-Interesse auch andere Betätigungsfelder als politische Parteien [27] verschaffen muß [28]. Genau so sind auch „Politik" und „Gemeinwohl" solch universelle Begriffe, daß man sie nicht nur auf parteipolitischen Wegen ausfüllen, darstellen und erklärbar machen kann.

Wirtschaftliche Verbände müssen daher heute, ganz abgesehen von einem gestiegenen Bewußtsein für die Wirtschaft im Staate, als besonders notwendig erscheinen. In Ergänzung von Parteien und Verfassungsorganen haben sie sich am Prozeß der Willensbildung zu beteiligen, um so den intermediären Raum auszufüllen und sichtbar zu machen. Wenn auch dieser Prozeß von Individual- und Gruppeninteressen ausgeht, so muß er sich jedoch auf die Förderung des Gemeinwohls richten [29], schlechthin der staatlichen Willens*einheit* dienen. Man hat hier ebenso auf die Vor-Ordnung zu blicken wie auf rechtmäßige singuläre Möglichkeiten, den Willensbildungsprozeß zum guten Ziel zu führen. Nur völlig im „Zeitgeist" verhafteten Ideologen

[25] Dadurch braucht, wie HERZOG (a.a.O., S. 22) auf Grund der Reaktion auf die NS-Zeit und einer „Sturzflut des primitiven Materialismus" meint, die Bindung des Bürgers an den Staat nicht zwingend geringer zu werden.

[26] Zum Unbehagen und zu Vorbehalten gegenüber Parteien vgl. KLAUS OBERMAYER, Staatsdemokratie und Parteiendemokratie, in ArchPR 1964, 477 ff. (478 ff.); dazu und zum geschichtlich-ideenmäßigen Hintergrund SCHEUNER, Die Parteien und die Auswahl der politischen Leitung im demokratischen Staat, in DÖV 1958, 641 ff.

[27] Zur „Symbiose" von Parteien und Verbänden vgl. KLECATSKY, a.a.O., S. 31 f.; OBERMAYER, a.a.O., 478; SCHEUNER in DÖV 1965, 580.

[28] Darauf weist auch SCHEUNER, a.a.O., 577, unter Bezugnahme auf die angelsächsische Theorie hin.

[29] Für Parteien vgl. WILHELM GREWE, Zum Begriff der politischen Partei, in: Um Recht und Gerechtigkeit, Festgabe für ERICH KAUFMANN, Stuttgart u. Köln 1950, S. 65 ff., 78, 82.

sollte es vorbehalten bleiben, diese komplexen Gegebenheiten über Gebühr zu simplifizieren.

Die Existenzberechtigung gerade wirtschaftlicher Verbände zeigt sich aber nicht nur an ihrer „Ausfüllungsfunktion" im Bereich der Willensbildung. Herkömmlicherweise pflegen sie an bestimmte, wenn auch der stetigen Veränderung unterworfene Berufsbilder anzuknüpfen. Der Beruf ist Lebensaufgabe des Menschen und dient der Erhaltung seiner Existenz und der freiheitlichen Entfaltung seiner individuellen Anlagen. Wo der Mensch sich um seine Existenzsicherung allzu sehr sorgen muß, wo er seine Entfaltung, insbesondere die als „homo oeconomicus", beeinträchtigt sieht, kann er nicht in Freiheit leben und gerät in Abhängigkeit. Gerade weil das „Existentielle" Grundvoraussetzung jeglicher personaler Anlagen- und Freiheitsentfaltung ist, nimmt es einen hervorragenden Rang ein. Zwar gehört der Beruf nicht zum Wesen der Person, aber er ist ein denknotwendiges (ontologisches) Akzidens eines jeden Menschen [30] und auch moralisch gefordert. Einem „Recht auf Arbeit" liegt die *moralische* Pflicht zum Arbeiten, zur beruflichen Betätigung zugrunde [31]. Dieses Bewußtsein und ihr beruflich gleichartiges Schicksal schließt Menschen zusammen und verleiht ihnen erfahrungsgemäß besonders dann einen hohen Grad von Geschlossenheit und Abwehrbereitschaft, wenn ihr Berufsleben rechtswidrigen Beeinträchtigungen ausgesetzt ist. Von daher kann man durchaus erwägen, Berufs- und Wirtschaftsverbände insoweit in die Kategorie der denknotwendigen und unverzichtbaren Gemeinschaften einzuordnen [32]. Sie mögen zwar mit Rücksicht auf ihre Zielsetzungen nicht so zwingend gefordert sein wie Ehe und Familie, Kommune und Staat, aber auch sie dienen in hohem Maße dem

---

[30] Zu dieser Figur, auch zu den Unterschieden der aristotelisch-thomasischen und der kantischen Auffassung, vgl. C. Ferro, Stichwort Accidente, in: Enciclopedia filosofica, Venezia/Roma 1957, Bd. I, Sp. 29 ff.

[31] Vgl. schon 1. Moses 3, 19. Um Mißverständnissen vorzubeugen, sei betont, daß hier keine *rechtliche* Verpflichtung (außer im Rahmen des Art. 12 Abs. 2 Satz 1 GG) zur Arbeit gemeint ist, wie sie sich etwa in totalitären Staaten findet. Vgl. auch die Nachweise bei Otto Bachof, Freiheit des Berufs, in: Die Grundrechte, Bd. III/1, S. 155 ff. (259, dort Fußn. 394) sowie Siegfried Mampel, Das „Gesetzbuch der Arbeit" der Sowjetzone und das Arbeitsrecht der Bundesrepublik Deutschland, 6. Aufl., Bonn 1962, S. 10.

[32] Vgl. Pius XI. in Quadragesima anno (1931) und Johannes XXIII. in Mater et Magistra (Ziff. 38 und 65). Hierzu z. B. Arthur Fridolin Utz, Die Friedensenzyklika Papst Johannes XXIII. (Herder-Bücherei, Bd. 157), Freiburg/Basel/Wien 1963, S. 51 f., 62 f. und Eberhard Welty, Die Sozialenzyklika Papst Johannes XXIII. Mater et Magistra (Herder-Bücherei, Bd. 110), 2. Aufl., Freiburg i. Br. 1962. Vgl. hierzu auch Ernst Friesenhahn, Parlament und Regierung im demokratischen Staat, VVDStRL Heft 16, S. 13 ff. (28); Joseph H. Kaiser, Die Repräsentation organisierter Interessen, Berlin 1956, insbes. S. 182, 272, 338; Schambeck, Kammerorganisation und Ständeordnung, in: Im Dienste der Sozialreform, Festschrift für Karl Kummer, Wien 1965, S. 464.

Schutz und der Entfaltung ihrer Glieder in einem staatlichen Bereich (Wirtschaft), der besonders im weitgehend ökonomisch ausgerichteten modernen Staat mit von entscheidender Bedeutung ist. Man kann sie weder in ihrer Menschen- und Gruppennähe, in ihrer Kenntnis von wirtschaftlichen, betrieblichen und fachlichen Vorgängen noch in ihrer Rolle als gesellschaftliche (vor-staatliche) Willensbildner ersetzen.

Es ist wahrlich nicht der von einer Vor-Ordnung ausgehende Naturrechtler, der sich dem Verbändewesen vom Grunde her widersetzt [33], sondern derjenige Jurist, welcher die geschriebene Verfassung als alleinige Richtschnur ansieht und sich allen Neuerungen entgegenstemmt, weil sie den vom positiven Recht geprägten Leitbildern zuwiderlaufen. Dabei wäre es schon ein Fortschritt, wenn unsere grundlegenden Verfassungs-Leitbilder sich auf das staatliche Bewußtsein entscheidend ausgewirkt hätten. Trotz einer vorbildlichen ranghöchsten Verfassungsnorm (Art. 1 Abs. 1 GG) befinden wir uns jedoch immer noch *auf dem Wege* zu einer strikt auf den Menschen ausgerichteten Rechtsordnung. Vom Obrigkeitsstaat, der von oben her bestimmt, welche Rechtsformen den Menschen zur Verfügung stehen und was jeweils dem Gemeinwohl entsprechen soll, vermag man nur schrittweise auf die allmählich ins Bewußtsein dringende und von unten her („demokratisch") geformte Rechtsgemeinschaft Staat umzuschalten.

Sicherlich hat unabdingbar das zuständige Staatsorgan die letzten und grundlegenden Entscheidungen zu treffen, aber es hat vorher auf Individual- und Gruppenmeinungen zu hören, die gestaltend auf den Vorgang der Willensbildung einwirken. Es darf nicht nur vor Gericht und aus Anlaß sonstiger staatlicher Singular-Entscheidungen, welche das Individuum beschweren können, ein Recht des einzelnen auf rechtliches Gehör geben. Auch zugunsten von Verbänden, deren Interessenbereich (letztlich derjenige ihrer Glieder) durch abstrakte Normierungen und sonstige Grundsatz-Entscheidungen betroffen werden können, muß dieses Prinzip Geltung haben. Man sollte hier nicht mit prozeßrechtlichen Maximen, welche in ihrer Enge für den Bereich des Prozeßrechts durchaus angemessen sein können, den demokratischen Willensbildungsprozeß zu verkürzen suchen, sonst kann man sich nicht wundern, wenn von kasuell Betroffenen politische Grundentscheidungen im Rechtsweg angegriffen oder gar radikale Verhaltensweisen an den Tag gelegt werden.

Weil dies alles eigentlich ohne weiteres einleuchtet, weil ferner die politischen Parteien nicht die ausschließlichen Willensbildner und Willensmittler im Staat sein können, hat sich neben dem „Parteien-Staat" ein „Verbände-Staat" neuzeitlicher Prägung relativ schnell etablieren können. Diese Ent-

---

[33] Wie unbefangen ein aristotelisch-thomasischer Denker z. B. den Parteien begegnet, wird deutlich bei René Marcic, Die Stellung der politischen Parteien in der Verfassung, Wien 1965, passim.

wicklung bedingt keinen neuen Staats*begriff* [34], sondern bedarf nur eines gewandelten, die Verfassungswirklichkeit auch rational bejahenden Staats*bewußtseins.* Es gilt zu erkennen, daß nicht nur die Person, sondern auch wirtschaftliche Verbände rechtlich „vorgegebene", d. h. im universalen Seins-Konzept mitenthaltene und demgemäß auch bereits der Idee nach und ohne menschliches Zutun „eingeordnete" Elemente und Glieder des gesellschaftlichen und staatlichen Zusammenlebens sind.

4. Mit dieser Feststellung ist nur ein erster, wenn auch universeller und allgemeinverbindlicher Maßstab bezeichnet, aber noch nicht gesagt, *wie* sich ein singulärer, kraft menschlichen Zusammenschlusses existierender Verband zu *verhalten* [35] hat, wenn er der Vor-Ordnung entsprechen will. Immerhin können bereits folgende Konsequenzen gezogen werden:

a) Da auch Verbände dem staatlichen Recht unterworfene und in den Staat eingeordnete Glieder sind [36], stehen sie nicht auf vergleichbarer Seins- und Wertstufe mit dem Staat und dürfen demgemäß nicht danach trachten, ihr partielles, am staatlichen Gemeinwohl gemessen nur unvollkommenes Gemeinwohl an dessen Stelle zu setzen. Sie haben folglich auch keine Befugnis [37], die verfassungsmäßig berufenen Organe aus den dem Staat wesensgemäßen [38] Aufgabenbereichen und Entscheidungen zu verdrängen. Jedes Gruppen- und Verbandsplebiszit hat unter dem Vorbehalt staatlicher Korrektur zu stehen [39].

Würden Verbände auf gesellschaftlicher Ebene den Versuch unternehmen, den *Staat* zu ersetzen, so müßte dieses Unternehmen — allgemein

---

[34] Mißverständlich insoweit Schambeck in Gesellschaft und Politik, NF 3/1965, S. 48 f. und 66.

[35] Vgl. Fußnote 2.

[36] Zum Verhältnis von Staat und Verbänden vgl. Herzog, a.a.O., S. 20 ff.

[37] Abgesehen vom Ausnahmefall des *rechtmäßigen* Widerstandes, der auch von Verbänden („politischer Streik" usw.) ausgeübt werden kann (vgl. BVerfGE 5, 85 [232]). Zu den engen Voraussetzungen dieser Rechtsfigur vgl. meine Darlegungen unter dem Titel: Zur Rechtfertigung des Widerstandes, in: Festgabe für Ernst von Hippel, Staat — Recht — Kultur, Bonn 1965, S. 318 ff. Zu der Begrenzung des politischen Streiks auf Ausnahmefälle vgl. auch Arthur Nikisch, Arbeitsrecht, 2. Bd., 2. Aufl., Tübingen 1959, S. 139; Wittkämper, a.a.O., S. 168; weiterhin Ernst Rudolf Huber, Wirtschaftsverwaltungsrecht, 2. Bd., 2. Aufl., Tübingen 1954, S. 410, der dem politischen Streik jedoch bereits die Qualifikation als Streik versagt.

[38] Dies drückt sich verfassungsrechtlich nicht nur im rechts-, sondern auch im sozialstaatlichen Gebot aus (Art. 20 GG; Schutz der schwachen Gruppen oder der „Nichtorganisierten"). Vgl. Scheuner in DÖV 1965, 580. Zu „Verbandswesen und Rechtsstaatlichkeit" vgl. Herzog, a.a.O., S. 8 ff.

[39] Dies — ganz abgesehen vom „Wesen" des Staates — schon deswegen, weil manche Interessen kaum organisierbar sind (Hausfrauen usw.), andere kaum mit Gewicht vorgetragen werden können (Kanarienzüchter), manche normal widerstreitenden Verbände sich wirtschaftshemmend verbünden (Energieproblem) oder dem einen Verband der „Partner", d. h. das Gegengewicht, fehlt.

praktiziert — zu chaotischen, die Rechtsordnung zerrüttenden Folgen führen; denn an die Stelle der staatlichen, umfassenden Rechtsmacht vermögen Verbände lediglich eine partial begründete Machtposition zu setzen, die im Spiel der gesellschaftlichen Kräfte nicht von Dauer sein kann. Der Gedanke vom Ausgleich der gesellschaftlichen Kräfte ist der Idee, aber auch der Erfahrung nach nur haltbar, soweit Verbände in ihrem gesellschaftlichen Bereich bleiben und dort einen gewissen Interessenausgleich untereinander auf Zeit versuchen [40]. Soweit ein Verband jedoch Staatsmacht usurpiert, ist der Gedanke utopisch und zwangsläufig gemeinschaftsgefährdend [41]. Nicht nur für den einzelnen, sondern auch für die Verbände gilt grundsätzlich das Sprichwort: Schuster, bleib' bei Deinen Leisten!

b) Diese Beschränkung besteht in *personeller* und *sachlicher* Hinsicht.

Verbände verfolgen die Interessen und Ziele ihrer *Mitglieder.* Da auch der Mensch als Subjekt am Staate teilhat, „zoon politikon" ist, schließt dies zwar nicht aus, daß auch der Verband „*staats*politische" Zielsetzungen verfolgt, insbesondere z. B. Gesetzesänderungen anstrebt und der Öffentlichkeit entsprechende Vorschläge unterbreitet. Er kann und darf dies aber nicht im Namen der Allgemeinheit oder — bei Berufs- und Wirtschaftsverbänden — im Namen auch der (bei ihm) nicht organisierten Berufsträger tun. Die Interessen-*Repräsentation* hat sich immer nur nach dem Mitgliederbestande zu richten, denn bis zum Beweise des Gegenteils kann nicht angenommen werden, daß der dem Verband nicht Angehörende dieselben Ziele verfolgt wie der Verband oder daß er dessen Mittel gutheißt. Jedes Überschreiten dieser personell gesetzten Grenze führt zu einer Verfälschung des Repräsentationsbildes.

Eine solche Verfälschung kann jedoch auch durch verbandsinterne Vorgänge ausgelöst werden, bei denen Verbandsfunktionäre ohne Rücksicht auf den Mehrheitswillen ihrer Mitglieder individuelle Wege gehen und somit autoritär das Verbandsinteresse („Verbandsgemeinwohl") mißachten. Es ist — ganz abgesehen vom verfassungsrechtlich normierten demokratischen Prinzip [42] (vgl. Art. 21 Abs. 1 Satz 3 GG für die Parteien) — in diesem Verhalten ein Verstoß gegen Sinn und Wesen des Zusammenschlusses zu sehen.

---

[40] Welcher — gemessen am staatlichen „Allgemein-Interesse" (besser: Gemeinwohl) — immer ein partieller bleibt. Vgl. auch Fußn. 15 und WITTKÄMPER, a.a.O., S. 104.

[41] Die staatliche Gemeinschaft muß daher auch das Recht haben, sich gegen den „tyrannus usurpationis" zur Wehr zu setzen. Vgl. WERTENBRUCH in: Festgabe für E. v. HIPPEL, a.a.O., S. 323 f., 329 f.

[42] Auf die Fragwürdigkeit der „demokratischen Legitimation" gewisser „Führungseliten" (?) weist HERZOG (a.a.O., S. 19) zu Recht hin. Man müßte sich zunächst über den Begriff der „Elite" wieder klarer werden. Zur „moralischen Elite" vgl. WERTENBRUCH in: Festgabe für E. v. HIPPEL, a.a.O., S. 340 f.

Verbände sind aber auch aus *sachlichen* Gründen Partialgebilde. Soweit sie wirtschaftliche Verbände sind, werden ihre Zielsetzungen und ihre Aktionen durch den Sachbereich der Wirtschaft limitiert (vgl. Art. 9 Abs. 3 GG). Dieser ist zwar in den Augen der Zeitgenossen ein bedeutungsvoller und für den „homo oeconomicus" der vielleicht bedeutsamste Aufgabenbereich im Staate. Diese Perspektiven können aber nicht darüber hinwegtäuschen, daß der Staat als nur mit Wirtschaft befaßtes oder selbst wirtschaftendes Gebilde sein eigentliches Wesen nicht erfüllen kann. Neben dem wirtschaftspolitisch agierenden Staat und dem „Leistungsstaat" steht der ordnende „Rechtsstaat", der auch nur als rechtlich regulierende, mit der Fülle der Sachgüter ausgestattete oder darüber verfügende Gemeinschaft „Leistungsverwaltung" betreibt, daneben aber weitere vielfältige Aufgaben zu erfüllen und auch ideelle Güter zu vermitteln hat. Wirtschaft ist, daran gemessen, nur *ein* Sektor. Außerdem verfolgen in ihrem jeweiligen Partialbereich andere Verbände andere Interessen und Zielsetzungen und tragen sie an den Staat (an seine Organe) heran. Gerade ein wohlverstandener Pluralismus der Auffassungen und der Interessen-Verfolgungen kann, wenn er kräftig entwickelt ist, das bunte Bild der *staatlichen Einheit in der Vielfalt* trefflich offenkundig machen [43], wobei allerdings die Verbände (wenn auch weniger als die Parteien) bereits bremsend wirken, denn sie nehmen eine Vielzahl individueller Auffassungen und Interessen in sich auf, koordinieren sie und verfolgen nur die vordringlichsten und mehrheitlich akzeptierten weiter.

Daran ist nichts auszusetzen, wenn diese ausgewählten Zielsetzungen zugleich auch sachlich der generellen Ausrichtung des jeweiligen Verbandes adäquat sind. Ist dies nicht der Fall, so wird das Zusammenspiel der Verbände, ihr gegenseitiges Aufeinander-Eingespieltsein im jeweiligen konkreten Bereich gestört, die Voraussehbarkeit ihres Tuns beeinträchtigt und die statuarische Vertrauensgrundlage den Mitgliedern und dem Staat gegenüber zerstört. Verbände sind zwar nicht durch „Kompetenzen" festgelegt und deshalb bewegungsfreier als rechtsstaatlich fixierte Staatsorgane, aber auch sie haben grundsätzlich nur wesensgemäße Befugnisse. Mensch und Verband sind ebensowenig frei von allen Bindungen wie der Staat, der trotz seines Wesens als „societas perfecta et completa" ebenfalls nur eine „potestas in suo ordine" auszuüben berechtigt ist.

Dies alles besagt nun allerdings nicht, daß nur Staat und Parteien politisch agieren dürften. Neben der „Staatspolitik" gibt es auch eine Partei- und eine Verbandspolitik. Sie sind um so notwendiger, als es in der humanen Wirklichkeit qualitativ niemals einen perfekten Staat geben wird, dessen Gemeinwohlzustand derart der Vor-Ordnung entspräche, daß sich jedes weitere Verbesserungs- und Wahrungsbestreben seiner Glieder erübrigte. Da-

[43] Vgl. Scheuner in DÖV 1965, 580: „... erst in ihrer Gesamtheit können sie (die Interessenverbände, d. Verf.) annähernd das Ganze decken."

bei sind „Parteipolitik“ und „Verbandspolitik“ Partialbegriffe, die um so umfassender zu umreißen, um so ranghöher anzusetzen sind, je universeller der jeweilige Zusammenschluß ist.

Darüber hinaus ist zu betonen, daß trotz der Universalität des Staates das *Politische* sich nicht einmal in der Verfolgung des Staatszieles erschöpft. Politik ist nach einem alten, zeitlos wahren Wort (Aristoteles) schlechthin die Kunst und das Bestreben, im interpersonalen Bereich, so auch in Verbänden, durch personalen Einsatz die jeweils adäquate (im Kern ontisch vorgezeichnete) Ordnung zu verwirklichen und diese Ordnung gegenüber eigengesetzlichen Bestrebungen anderer Individuen oder Verbände zu behaupten. Dies tut nicht nur das Staatsorgan, sondern auch der Einzelmensch als Funktionär eines Zusammenschlusses oder als „Mit-Glied“ eines Verbandes. Repräsentiert wird dabei im politischen Willen der Staat ebenso wie die Partei oder der Verband. Jeglicher Zusammenschluß intendiert diejenige Ordnung, die ihm wesensmäßig gebührt: Der Staat als Rechtsgemeinschaft vor allem die Ausprägung und Wahrung der positiven Rechtsordnung, der wirtschaftliche Verband die Verbesserung und Wahrung der beruflich-existentiellen Bedingungen seiner Mitglieder.

c) Jedoch kann — um es zu wiederholen — Politik immer nur ein Streben *in Ordnung* und *nach Ordnung* sein.

Sicherlich braucht das Bestreben nicht vor dem *geschriebenen* Recht haltzumachen, wenn dieses sich als verbesserungsbedürftig erwiesen hat. Alle Bemühungen und Bestrebungen sind jedoch an die Vor-Ordnung gebunden und daher dem Recht in diesem höheren Sinne unabdingbar unterworfen. Wer als staatlicher Organwalter oder als Verbandsfunktionär Politik lediglich als die Kunst ansieht, das „Mögliche“ (i. S. von „alles Erreichbare“) zu erlangen, stellt die Frage nach der Zulässigkeit (Rechtmäßigkeit) seines Begehrens nicht und betreibt reine Machtpolitik, die — recht verstanden, d. h. rechtlich gewertet — keine Politik, sondern ein rechtswidriges und das staatliche oder verbandliche Gemeinwohl gefährdendes Unterfangen ist. Er löst eine Machtaktion, zugleich aber — wenn auch möglicherweise ungewollt — eine gesellschaftliche Reaktion aus, die den Rechtsfrieden stört und selbst die schutzwerten Güter des Aggressors gefährden kann. Die sozialistische Ideologie zeigt dies sehr genau. Daß sie nach vielen Jahrzehnten noch immer nicht völlig geistig bewältigt, d. h. ad absurdum geführt ist und heute sogar den Weltfrieden gefährdet, läßt Rückschlüsse auf die politische Kurzsichtigkeit sowie die Intensität und Dauer des rechtswidrigen Kurses eines entarteten Unternehmertums zu, welches zwar vordergründig wirtschaftliche „Leistungen“ erbracht, darüber jedoch die Achtung vor der Personalität und Würde des „Untergebenen“ übersehen hat.

d) Die in der Vor-Ordnung angelegten Zusammenhänge wird man jedoch nicht dadurch los, daß man an ihnen vorbeisieht und wider jede „recta ratio“ rein willensmäßig einem Phantom nachjagt, sei es dem einer ungebundenen Freiheit, einer „klassenlosen Gesellschaft", eines bloßen „Verbändestaates" oder auch dem einer „eigengesetzlichen" (emanzipierten) Wirtschaft.

Das „ökonomische Prinzip" ist zu banal und zu faktisch kausal, als daß es allein bestimmend für die Wirtschaft sein könnte. Die Bereicherung der an der Wirtschaft direkt Beteiligten, der Arbeitgeber und -nehmer also, und deren Gewinnstreben sind nicht Zweck der Wirtschaft, sondern eine Triebkraft zu ihrer Entfaltung. Vom Ziel her gesehen ist die Wirtschaft hingeordnet auf die bestmögliche Versorgung der Gesellschaft mit Gütern (incl. Diensten), welche wiederum im Dienste der Lebenserhaltung und der Entfaltung menschlicher Kultur stehen. Darin liegt ihre Verknüpfung mit dem Recht, dem Staat und der Politik begründet, daraus ergibt sich jedoch auch ihre Bewertung. Verglichen mit ideellen Gütern nimmt sie den untersten Rang ein. Zugleich aber vermittelt sie den existentiell notwendigen Kultur*boden* in Gesellschaft und Staat.

Das ist die grundlegende Einordnung der Wirtschaft. Ein Verband, der im Namen seiner Mitglieder wirtschaftspolitische Zielsetzungen verfolgt, wird sich daran zu halten haben, wenn allgemeine und auch ihm selbst schädliche Wert-Perversionen vermieden werden sollen.

II

Das Ziel der *positiven* „Verrechtlichung", des Sichtbarmachens einer naturentsprechenden Verbändeordnung mit Hilfe staatlicher Gesetze und deren Anwendung, kann man nun auf verschiedenen Wegen und mit graduierten Mitteln zu erreichen versuchen.

1. Man kann zunächst der (extremen) Meinung sein, es erübrige sich jede gesetzliche Normierung, weil der „natürliche" Widerstreit der Verbandsinteressen „ganz von selbst" zum Ausgleich und mithin zu einer Friedensordnung führe. So bestimme die Gesellschaft — ob gewollt oder ungewollt — praktisch ihre „Normen" (i. S. von Spielregeln) selbst. Das gelte erst recht für den Bereich der Wirtschaft, da diesem eigene „Naturgesetzlichkeiten" (insbesondere das „ökonomische Prinzip") immanent seien.

Diese Auffassung entspringt liberalistischem (naturalistischem) Gedankengut und ist geradezu „pseudo-paradiesisch" zu nennen. Auch sie bestätigt zwar im Kern die zwingende Kraft der natürlichen Vor-Ordnung, aber sie tut dies derart einseitig, daß sie sich bereits ad absurdum geführt hat [44]. Die Ordnungs- und Regelungsfunktion des Staates, wie sie sich u. a. in der Gesetzgebung zeigt, läßt sich durch ein freies Spiel der gesellschaftlichen Kräfte

[44] Vgl. Ehmke in: Festgabe für Smend, a.a.O., S. 43; Wertenbruch, Versuch einer kritischen Analyse der Rechtslehre Rudolf von Iherings, Berlin 1955, S. 33 ff. Einem gewissen „Automatismus" scheint allerdings z. B. Forsthoff (Rechtsfragen der leistenden Verwaltung, res publica, Heft 1, S. 14 ff.) anzuhängen. Dagegen Ehmke, a.a.O.

nicht ersetzen [45]. Der Gesetzgeber bleibt unabdingbar verpflichtet, eine Rechtsordnung auszuprägen, und zwar gerade mit Bezug auf solche Materien, die jeweils besonders gefährdet sind [46]. Das trifft erst recht für den Bereich von wirtschaftlichen Verbänden zu, die erfahrungsgemäß eine sehr intensive gesellschaftliche Macht entfalten und den Staat und seine Rechtsordnung mit einer fehlsamen Verfolgung von Partial-Interessen eher zu erschüttern imstande sind als der einzelne oder eine rein altruistisch (ideell) sich betätigende Gruppe. Daher sind gegenwärtig auch das Zusammenwirken der Individuen und Gruppen und ihre singulären Rechtsbeziehungen zum Staat oder zu anderen in ihn eingeordneten Gemeinschaften zu normieren.

Die extreme Konsequenz dieser Ansicht wäre freilich, gerade wirtschaftliche Verbände derart in ein Netz positiv-rechtlicher Normierungen einzufangen, daß sie sich vor lauter gesetzlichen Regelungen nicht mehr bewegen könnten und am Ende — im Ergebnis ebenso wie beim völlig freien Spiel der gesellschaftlichen Kräfte — sich explosiv und mit radikalen Mitteln Luft machen müßten. Die drohende Nullifikation staatlicher Gesetze führt ebenso wie der utopische Gedanke einer gesellschaftlichen Selbstregulierung zur Mißachtung des allgemeinen Wohls. Aus der Misere herausführen kann zwar letztlich nur die Rückbesinnung jedes einzelnen Bürgers, der zugleich staatlicher Organwalter, Mitglied oder Funktionär eines Verbandes sein kann, auf das *Wesen* des Staates und einer rechten, über-partikulären Friedensordnung. Diese Rückbesinnung kann und muß man jedoch im Wege einer quantitativ und qualitativ vernunftgemäßen, entideologisierten und den gesellschaftlichen Pluralismus voll bejahenden Gesetzgebung zu fördern versuchen. Bei allem guten Willen kann man sie nicht gesetzlich *„machen"*, nicht von heute auf morgen mit imperativen Sätzen erzwingen, erst recht dort nicht, wo ein Staatsvolk politisch geteilt, ideologisch zerrissen und vor allem „moralisch" aus den Fugen geraten ist [47]. Gerade in unserem Staat gehört zum „Regulieren" gesellschaftlicher und staatlicher Mißstände, zum positiv-rechtlichen Wieder-Einordnen seiner Glieder in den Staat nicht nur Weisheit [48], sondern noch viel mehr Geduld [49]. Was der Ge-

---

[45] Vgl. Wilhelm Henke, Die Parteien im Staat des Bonner Grundgesetzes, in DÖV 1958, 646 ff. (649 f.).

[46] Thomas von Aquin, Sth. I/II, qu. 95, 1 und 3; 96, 2.

[47] Pluralismus darf keineswegs identifiziert werden mit einem moralischen und rechtlichen Indifferentismus, welcher einer Erneuerung des Staatsbewußtseins zwangsläufig entgegensteht. Nicht zu Unrecht fordern für die Gegenwart viele Autoren zum Verbändeproblem als Grundvoraussetzung ein verbessertes Staatsbewußtsein. Vgl. z. B. Alfred Albrecht, Stichwort Verbände in: Staatslexikon, Bd. 8, 6. Aufl., Freiburg 1963, Sp. 1 ff.

[48] Deren Voraussetzungen u. a. die Erkenntnis ist, daß nur das quantitativ und qualitativ „Unerläßliche" normiert werden darf. Vgl. Thomas, Sth. I/II, qu. 92, 2.

[49] Dazu zwingt schon die Einsicht, daß unter dem Vorzeichen des Art. 1 Abs. 1 Satz 1 GG und des „Sozialstaates" auch die „Akzeptation" von Normen wieder

setzgeber bei seinem Bemühen, den absoluten oder relativen, den jeweiligen Bedürfnissen entsprechenden „ordo" bewußt zu machen, zunächst nicht schaffen kann, hat man in Geduld und Duldsamkeit den anderen Staatsgewalten, im „Richterstaat" insbesondere der Rechtsprechung zu überlassen [50]. Auch Regierung und Verwaltung haben das ihrige zu tun, damit auch der verbändestaatliche Gedanke seine Heimat in der rechtsstaatlichen, demokratischen Ordnung findet, die bestehenden Verbände voll mitspielen, d. h. ihrem Wesen entsprechen können und auch auf diesem Wege die Schein-Antinomie von Rechts- und Sozialstaat [51] oder das scheinbare Neben- und Gegeneinander von Parteien- und Verbändestaat überwunden wird. Existenz und Essenz, schlechthin die ontische Wirkkraft einer Vor-Ordnung, lassen auf die Dauer keine Einseitigkeiten bestehen und führen am Ende alle gedanklichen oder praktischen Simplifikationen ad absurdum. Wir sollten diesen Grundgesetzlichkeiten wieder mehr Vertrauen schenken.

2. Aber wir sollten ihren Durchbruch ins Bewußtsein jedes einzelnen auch fördern. So werden wir z. B. einsehen müssen, daß nicht nur *Parteien* „bei der politischen Willensbildung des Volkes" mitwirken. Sie besitzen kein Willensbildungs-Monopol [52], wie bereits aus dem Ausdruck „*mit*wirken" erhellt.

Wenn der Verfassungsgeber durch Art. 21 GG die Parteien ausdrücklich aus dem Kreise der gesellschaftlichen Gebilde herausgehoben und sie in ihrer Mitwirkungsrolle bestätigt und verfestigt hat, so wird uns auf die Dauer nichts anderes übrig bleiben, als auch zumindest solche fachlich ausgerichteten *Dachverbände* [53], die eine Vielzahl von Einzel- und Gruppeninteressen in sich vereinigen und sie repräsentieren, adäquat zu konstitutionalisieren, d. h. sie ebenfalls in das organschaftliche Gefüge des Staates einzubauen. Solange sich Verbände, insbesondere wirtschaftliche Verbände, als solche von einer gesetzlich anerkannten Mitwirkung ausgeschlossen sehen, werden sie andere Kanäle (etwa parteiliche) suchen und sich ihrer auch bedienen.

---

ins Auge gefaßt werden muß. Vgl. hierzu meine Darlegungen in: Festschrift für HERMANN JAHRREISS, S. 496 f.

[50] Zum „staatsbildenden Wert" des Richtertums siehe WERNER WEBER, Spannungen und Kräfte im westdeutschen Verfassungssystem, 2. Aufl., Stuttgart 1958, S. 159.

[51] Vgl. H. PETERS, Stichwort Sozialstaat in: Staatslexikon, Bd. 7, 6. Aufl., Freiburg 1962, Sp. 394 f.

[52] Ganz herrschende Meinung, vgl. stellvertretend HAMANN, Das Grundgesetz, a.a.O., S. 217; VON MANGOLDT-KLEIN, a.a.O., Art. 21, Anm. A III 4 b; MAUNZ-DÜRIG, a.a.O., Art. 21, Rdnr. 24; WITTKÄMPER, a.a.O., S. 160, 163 ff.; jeweils mit weiteren Nachweisen.

[53] Zu diesem Begriff vgl. etwa OVG Berlin in ZBR 1963, 21 f.; HUECK-NIPPERDEY, Lehrbuch des Arbeitsrechts, Bd. 2, 6. Aufl., Berlin u. Frankfurt 1957, S. 133 ff. Zum Verhältnis der Begriffe Spitzenorganisation und Dachverband siehe HEINRICH NILGES, Das Beteiligungsrecht der Beamtenkoalitionen bei der Regelung beamtenrechtlicher Verhältnisse, Diss. iur. Köln 1964, S. 3 ff.

Dadurch kann z. B. die parteipolitische Komponente über Gebühr verfälscht und ein Abgeordneter, der zugleich auch Repräsentant eines Gruppeninteresses ist, in schwierige Situationen gebracht werden. Die hergebrachte und noch immer weitverbreitete Vorstellung, der einzelne Abgeordnete werde lediglich von seiner Partei präsentiert, und er habe nach Antritt seines Amtes ein „Vertreter des ganzen Volkes" (Art. 38 Abs. 1 Satz 2 GG) zu sein, hat sich längst als zu naiv herausgestellt, als daß man sie noch länger als Feststellung oder Gebot wahrhaben könnte. Allenfalls das ganze Parlament vermag — aber immer noch partial (in sich gruppenmäßig nach „Weltanschauungen" und sonstigen parteipolitischen Perspektiven gebündelt) — auf Zeit das Staatsvolk zu repräsentieren, jedoch kein einzelner Abgeordneter, der auf Grund seines menschlichen Eigenschicksals und davon unlösbarer individueller Gewissensentscheidung seine Stimme abgibt. Das mag er tun, solange das Parlament lediglich aus parteipolitischen Quellen gespeist wird und er mit dieser Grundausrichtung fest verbunden ist. Das muß ihm jedoch verwehrt sein, wenn er derart in eine Verbandspolitik verstrickt ist, daß er — völlig unberechenbar [54] und parteiintern unkontrollierbar — die Vorstellungen seiner Wähler mißachtet und die „Kompetenz"-Grenzen dieser partiellen (parteipolitisch-parlamentarischen) Repräsentation überspringt. Wenn man die eine organschaftliche Seite, nämlich den *Parteien*-Staat, retten will, so wird man Parteien, Parlament und Abgeordnete von ihrer Umklammerung und Durchdringung durch Verbände befreien müssen [55]. Der Bürger will wissen, wen er wählt und will auch die Handlungsweisen des Parlaments in etwa vorausberechnen können. Er erwartet zwar auch von einem nach herkömmlichen Maximen konzipierten Parlament u. a. wirtschaftspolitische Entscheidungen, aber nicht nach Art eines fachlichen Interessen-Organs. Letzteres könnte leicht der Gefahr erliegen, den rasch wechselnden Anforderungen der Wirtschaft mit allzu sprunghaften und singulären Entscheidungen zu entsprechen, während ein Parlament wegen der universelleren Repräsentationsbreite mehr auf statisch wirkende, koordinierende Grundentscheidungen angelegt ist und sein muß.

Den sichtbar gewordenen *Dualismus* von Parlament und einzurichtendem Verbände-Organ sollte man nicht dadurch aufzulösen versuchen, daß man ein neues, evtl. in zwei Kammern aufgegliedertes „Super-Parlament" zu

[54] Hier hilft auch — ganz abgesehen von seiner rechtlichen Umstrittenheit — ein „Fraktionszwang" nichts. Diese begrifflich schon unklare Figur hat bislang im Schrifttum noch keine befriedigende Erklärung gefunden. Zu ihr vgl. etwa Maunz-Dürig, a.a.O., Art. 21, Rdnr. 95 und 96, mit weiteren Nachweisen; W. Henke, in: Bonner Kommentar, a.a.O., Art. 21, Rdnr. 16 ff. Eine statistische Analyse gibt Heinz Markmann, Das Abstimmungsverhalten der Parteifraktionen in deutschen Parlamenten, Meisenheim am Glan 1955.

[55] Sicherlich braucht auch das Parlament Sachkunde, aber es wird sie sich in den Ausschüssen durch Anhörung Außenstehender beschaffen können (vgl. § 73 Abs. 2 der Geschäftsordnung des Bundestages).

konstruieren versucht, denn hier würde das parteipolitische Element ebenfalls Schaden leiden. Auch muß zweifelhaft sein, ob dem Verbände-Element das gleiche staatspolitische Gewicht eingeräumt werden darf wie dem Parteien-Element. Das Parlament ist traditionell und, wie mir scheint, auch heute noch zu Recht zu grundlegenden Entscheidungen, insbesondere zur Gesetzgebung (Sanktion) berufen. Einem „Bundeswirtschaftsrat" könnte selbst dann, wenn er auf ein breiteres Repräsentations-Fundament als der im Experimentierstadium steckengebliebene Reichswirtschaftsrat (Art. 165 Weimarer Verfassung) gestellt würde, eine vergleichbare Mitwirkungsrolle nach Art einer zweiten Kammer nicht ohne weiteres eingeräumt werden [56]. Ich sage dies nicht, weil der Reichswirtschaftsrat schon zur Weimarer Zeit Bedenken begegnete [57] und heute pauschal, d. h. ohne nähere Begründung, abgelehnt wird. Auch der Reichstag der Weimarer Zeit hat offenkundig nicht den in ihn gesetzten Erwartungen entsprochen; zudem sind die gegenwärtigen staatlichen und gesellschaftlichen Umstände ganz andere als damals. Schon deswegen kann man ein modernes, auf freiwilligen Zusammenschlüssen basierendes Verbände-Organ nicht mit der Elle einer vergangenen, noch im Klassenkampf verstrickten Verfassungsepoche messen.

Aber auch ein erweiterter *„Bundeswirtschaftsrat"* wäre lediglich ein partial-repräsentatives, nur auf die Bedürfnisse des „Wirtschafts-Staates" ausgerichtetes Organ. Gemessen an seiner Repräsentationsdichte und Fachkunde könnten ihm im wesentlichen nur beratende Funktionen, ferner ein Gesetzes-Initiativrecht nach Art des Art. 165 Abs. 4 Weimarer Verfassung und — versuchsweise — ein Einwendungsrecht i. S. von Art. 41 Abs. 2 der Bayerischen Verfassung übertragen werden. Allerdings ist dabei zu bedenken, daß der Bayerische Senat ein viel breiteres Fundament hat, durchaus nicht nur auf wirtschaftliche Belange zugeschnitten ist (Art. 34 ff. Bayer. Verf.) und daher dem Parlament — zwar nicht nach geltendem Verfassungsrecht, aber im Ansehen der Bevölkerung — viel gewichtiger entgegenzutreten vermag als es ein Bundeswirtschaftsrat könnte. Immerhin würde mit der Konstitutionalisierung eines wenn auch nur wirtschaftlich ausgerichteten Mitsprache-Organs der Parteienstaat aufgelockert, das Verbändewesen besser sichtbar gemacht, so manche gute oder fehlsame Tendenz in Teilbereichen früher erkennbar, das demokratische Prinzip verdeutlicht und der Bürger durch das Vorhandensein eines zweiten Kanals der Willensbildung im Staat mehr am Staate und seinem Gemeinwohl interessiert. Man darf nicht nur vom Bürger verlangen, daß er Staatsbewußtsein entwickelt,

[56] Zum Ausland vgl.: Rechtliche Ordnung des Parteienwesens (Bericht), a.a.O., S. 87 ff. und 250 f.

[57] Ihm haftete das Vorurteil des „Rätesystems" an. Vgl. Gerhard Anschütz, Die Verfassung des Deutschen Reichs, Bad Homburg 1960 (Neudruck der 14. Aufl., Berlin 1933), Art. 165, Anm. 1 ff. Hinzu kam die unbegründete, aber unterschwellig mitwirkende Auffassung, man habe es hier in der Tendenz mit der Wiedererweckung eines neuen „Ständestaates" zu tun.

sondern man muß ihm auch zureichende Mittel zur Bewußtseinsweckung in die Hand geben. Zur Zeit ist er weniger verbands- als parteienmüde, und er möchte sich auch nicht nur bei gelegentlichen „Wahlen und Abstimmungen" (Art. 20 Abs. 2 Satz 2 GG) als „animal sociale et politicum" respektiert und bestätigt sehen.

3. Mitreden und seine politischen Vorstellungen an den geeigneten Repräsentanten heranbringen kann er aber nur, wenn verbandsintern und im Zusammenspiel niederer und höherer Verbände *demokratische Spielregeln* beachtet werden. Eine Verfassungsnorm, welche Verbände konstitutionalisiert, wird mithin ein dem Art. 21 Abs. 1 Satz 3 GG vergleichbares Gebot wiederholen müssen. An sich handelt es sich bei einem solchen Rechtssatz um eine Banalität, aber auf ihn wird erst verzichtet werden können, wenn auch allzu eifrigen Funktionären klar geworden ist, daß ihr Verband nicht eigengesetzlich ist und nicht völlig abgelöst von den Mitgliedern besteht, daß sie — die Funktionäre — im *Dienst* des Verbandes und seiner Glieder stehen und daß sie den Verband in kurzer Zeit zu Tode reiten werden, wenn sie an die Stelle einer demokratisch funktionierenden Willensbildung ihren eigenen Willen zur Macht setzen. Parteien und Verbände, die vornehmlich ehrgeizigen Machtentfaltern als Sprungbrett dienen, verleugnen ihr Wesen als Willensmittler des Bürgers und sind mithin für den Aufbau eines allgemein-bewußten demokratischen Staates völlig unbrauchbar, ja gefährlich. Sie zerrütten nämlich jede Hoffnung der Bürger, im Wege der Partei- oder Verbandspolitik individuell am Staate teilhaben zu können. Sicherlich wird es immer mehr oder weniger temperamentvolle und verschieden intelligente Mitglieder eines Verbandes geben, und der Agilste und Klügste wird sich am Ende bis zur Spitze hin durchsetzen, aber er hat damit nicht die Befugnis erworben, andere Stimmen auszuschalten, sondern kann nur dann zur Elite gerechnet werden und „Autorität" ausstrahlen, wenn es ihm ohne undemokratische Finessen gelingt, die anderen von der Richtigkeit und Lauterkeit seiner Auffassungen zu überzeugen.

Undemokratischen verbandsinternen Prozeduren wird andererseits kaum nachhaltig mit staatlichen Mitteln beizukommen sein [58]. Dessen bedarf es aber auch kaum, wenn der Bürger in solchen Fällen vom „contrarius actus" Gebrauch macht, d. h. aus dem Verband austritt und auf der Grundlage von Art. 9 Abs. 1 und 3 GG (positive Vereinigungsfreiheit) einen anderen Mittler seiner Individual-Interessen sucht [59]. Es darf keine Monopolstellung bestehender, auf freiwilliger Basis begründeter Verbände geben. Jedem Versuch von Verbänden, sich eine solche Stellung oder „Abonnenten" statt Mit-

[58] Abgesehen von der relativen Abgeschlossenheit des verbandsinternen Raumes genügt Art. 9 Abs. 2 GG, aber auch das Vereinsgesetz, zum Vollzug einer dem Art. 21 Abs. 1 Satz 3 GG ähnlichen Norm nicht.

[59] Wovon der BGH in Blätter für Steuerrecht, Sozialversicherung und Arbeitsrecht 1965, 270 ff., offenbar ebenfalls ausgeht.

glieder zu verschaffen, muß von seiten des Staates energisch entgegengetreten werden.

4. Damit ist Art. 9 Abs. 3 Satz 1 GG (Koalitionsfreiheit) angesprochen, der primär als existentielle Schutznorm zu Gunsten des Einzelmenschen gedacht ist und nach herrschender Auffassung [60] nicht nur die positive, sondern auch die *negative Vereinigungsfreiheit,* d. h. das Recht jedes einzelnen, einem Verband fernzubleiben oder seinen Eintritt rückgängig zu machen, umfaßt. Art. 9 Abs. 3 Satz 2 GG stellt den widerrechtlichen Charakter entgegenstehender Abreden und Maßnahmen klar und regelt auch die Rechtsfolge eines solchen Verhaltens: Adressat des Verbots kann jede Person oder jeder Verband sein, welcher mit Maßnahmen im weitesten Sinne das Individualrecht einzuschränken, seine Ausübung zu behindern sucht. Solche Maßnahmen sind „rechtswidrig", noch klarer gesagt: *verfassungswidrig.*

Man sollte meinen, daß der Wortlaut dieser Verfassungsnorm eindeutig ist. Dennoch haben z. B. einige Arbeitnehmerverbände — zwar nicht direkt, aber doch mit psychologisch einwirkenden Finessen [61] — versucht, ihre gesellschaftliche Machtposition durch das Einfangen von Mitgliedern zu stärken. Der Versuch trägt die Tendenz zu einer Art gesellschaftlichem „Kammersystem" [62] in sich und zeigt, wie wenig ernst derzeit noch die unbeeinflußte, nur vom eigenen Antrieb gesteuerte freiheitliche Entscheidung des Individuums, schlechthin der Pluralismus genommen und wie hoch die von Repräsentanz und Sachbezogenheit abgelöste Machtposition des Verbandes eingeschätzt wird. Daß angesichts einer klaren Regelung auch solche allzu klug eingefädelten Versuche keinen Bestand haben können und der Verband selbst sich schließlich dem Vorwurf aussetzen muß, er habe sich durch diese oder jene (wenn auch singuläre) „Tätigkeit ... gegen die verfassungsmäßige Ordnung" [63] gerichtet (Art. 9 Abs. 2 GG), sollte sich am Rande verstehen. Die Rechtsprechung wird dem Zweifler diesen Komplex noch klarer zu stellen haben. Ein gesellschaftlicher „Klassenkampf" oder ein ebenso ungeordneter und sich in Extremen ergehender Kampf oligarchischer

---

[60] Vgl. Hamann, Das Grundgesetz, a.a.O., Art. 9, Anm. A 4 und B 10, mit weiteren Nachweisen; v. Mangoldt-Klein, a.a.O., Art. 9, Anm. V 11.

[61] Gemeint sind hier etwa die Bestrebungen der Gewerkschaften, durch tarifvertragliche oder sonstige Regelungen den Organisierten Vorteile und Privilegien aller Art zu verschaffen, um so auf die Nichtorganisierten einen mittelbaren Zwang zum Beitritt auszuüben. Zu irreführenden Werbemethoden konkurrierender Gewerkschaften vgl. etwa BGH in Blätter für Steuerrecht, Sozialversicherung und Arbeitsrecht 1965, 270 ff.

[62] Nach pseudo-mittelalterlicher Schablone (Zünfte, Gilden).

[63] Selbst wenn man diesen Begriff hier nur als „freiheitliche demokratische Grundordnung" (vgl. Art. 21 Abs. 2 GG) versteht, was ich im Anklang an die herrschende Lehre im wesentlichen für richtig halte. Zur herrschenden Lehre vgl. z. B. Hamann, Das Grundgesetz, a.a.O., Art. 9, Anm. B 4.

Kräfte darf sich in einem „sozialen Rechtsstaat“, in den er einfach nicht mehr hineingehört, nicht wieder beleben oder nach Belieben fortsetzen lassen.

5. Leitnorm für die Bemühungen von Exekutive und Rechtsprechung, solche oder ähnliche, die Rechtsordnung grob gefährdenden „Selbsthilfe-Unternehmen“ auf ein erträgliches Maß zurückzuschrauben, ist Art. 9 Abs. 2 GG (i. V. mit den Verfahrensnormen des Vereinsgesetzes). Die weitere Erfahrung wird lehren müssen, ob es bei den in Art. 9 Abs. 2 GG genannten Schutzgütern sein Bewenden haben kann oder ob sie erweitert werden müssen. Jedenfalls sollte erwogen werden, den allzu offenen und daher wenig praktikablen Begriff der *„verfassungsmäßigen Ordnung“* aufzugliedern und ihn auf diese Weise in seinen Grundstrukturen und verschiedenen Aspekten allgemein verständlicher zu machen. Weder dem Normalbürger noch übereifrigen Verbandsfunktionären dürfte heute hinreichend klar sein, was sie unter Blankettbegriffen wie „verfassungsmäßige Ordnung“ oder „freiheitliche demokratische Grundordnung“ zu verstehen haben. Der Passus „... die Vereinsfreiheit mißbrauchen ...“ in § 1 Abs. 2 des Vereinsgesetzes trägt nicht zur Klarstellung bei, denn der Mißbrauchsbegriff (abusus) gehört heute zu den unklarsten Rechtsbegriffen. Er dürfte von Hause aus viel weiter sein als durch Art. 9 Abs. 2 GG abgedeckt ist, verweist also bei verfassungskonformer Auslegung auch nur auf diese Norm. Mehr als diesen Hinweis hat der einfache Gesetzgeber, der eine Korrektur von seiten des Bundesverfassungsgerichts fürchten muß, offenbar nicht geben wollen. Demgemäß ist der Rechtsprechung und der Wissenschaft die Entfaltung des Begriffs „verfassungsmäßige Ordnung“ überlassen, soweit nicht im Wege der Strafgesetzgebung [64] die unerläßlichsten Schutzgüter bezeichnet sind oder noch bezeichnet werden. Die Wissenschaft wird sich unter ideologischen Vorzeichen nur sehr langsam zur Übereinstimmung in Einzelheiten zusammenfinden. Die Rechtsprechung kann erst tätig werden, wenn ein Verbandsfunktionär wegen Verstoßes gegen Strafgesetze angeklagt oder das Vereinsverbot durch die Verbotsbehörde bereits ausgesprochen ist. Ganz abgesehen davon, daß ein in Zweck oder Tätigkeit verfassungswidriger, aber sehr mächtiger Verband alle seine verdeckten Kanäle voll ausnutzen und alle Machtmittel mehr oder weniger offen einsetzen wird, um schon den Ausspruch des Verbots zu durchkreuzen und ihn in Anbetracht der Unklarheit des Begriffs „verfassungsmäßige Ordnung“ als unpopulär hinzustellen, wäre nicht auszudenken, was fehlgeleitete Radikalisten bis zur Rechtswirksamkeit des Verbotes unternehmen könnten. Sicherlich bestand diese Gefahr

---

[64] Durch „allgemeine Gesetze“; vgl. v. MANGOLDT-KLEIN, a.a.O., Art. 9, Anm. IV 3. Man könnte jedoch auch über die Ansicht KLEINs hinaus an — zwar allgemeine formulierte, aber doch bestimmte — typische Verbandsdelikte denken. Hierzu vgl. SCHÖNKE-SCHRÖDER, Strafgesetzbuch, 12. Aufl., München u. Berlin 1965, § 47, Vorbem. 50 ff., mit zahlreichen weiteren, auch rechtsvergleichenden, Nachweisen.

auch z. Z. des bundesverfassungsgerichtlichen Verfahrens gegen die KPD. Daß sie sich nicht ausgewirkt hat, ist aber kein Grund, auch für die Zukunft auf eine ruhige Erledigung des Verbotsverfahrens zu hoffen, denn die Umstände können gerade in wirtschaftlichen Krisensituationen und ohne Rükkendeckung, wie sie damals durch die Alliierten bestand, ganz andere sein. Deswegen tut Aufklärung not! Sie wäre bereits dann gegeben, wenn der Bundestag sich um eine differenziertere Abfassung des Art. 9 Abs. 2 GG bemühen würde. Die Fronten würden klarer und auch der mitdenkende Bürger müßte zu Fakten und Möglichkeiten im Bereich einer zwar „verfassungswirklichen" und überwiegend nützlichen, rechtlich aber noch weitgehend „unbewältigten" Verbändedemokratie Stellung beziehen.

Man mache sich zunächst einmal klar, wer die vordringlichsten und zugleich die durch die Verbände-Wirklichkeit am meisten gefährdeten *Schutzsubjekte* unseres Verfassungssystems, der „freiheitlichen demokratischen Grundordnung" sind.

6. Da ist zunächst der *Staat* selbst, der diese Grundordnung garantiert, durch ein gesellschaftliches Zusammenspiel nicht ersetzt werden kann und in seiner vollen, auf das Ganze gerichteten Handlungsfreiheit erhalten bleiben muß.

Sicherlich hat das entscheidende Staatsorgan Verbände anzuhören, der Staat selbst kann sich gegebenenfalls ein beratendes und sachbezogen mitentscheidendes Verbände-Organ schaffen, aber es ist zu gewährleisten, daß ein das *Ganze* repräsentierendes, ein dem Ganzen verantwortliches Staatsorgan das letzte Wort behält und nicht aus unabdingbaren hoheitlichen Regelungs-Kompetenzen herausgedrängt wird.

In diesem Zusammenhang scheint es mir eine Selbstverständlichkeit zu sein, daß der Staat einen Arbeitskampf, der zunächst unter der Devise der Aushandlung besserer Arbeitsbedingungen zwischen den Sozialpartnern begann und deswegen toleriert werden mußte [65], später aber diese Zielsetzung außer Acht läßt, Nichtbeteiligte in schwere Nachteile einbezieht und in grob gemeinwohl-gefährdende Zustände ausartet, durch staatliche Zwangsmaßnahmen unterbinden (verbieten) kann [66]. Zwar erfordert das Gebot der Verhältnismäßigkeit zunächst einen Schlichtungsversuch durch das entscheidende Staatsorgan, aber dieses Verfahren hat die „obrigkeitliche" Gewalt

[65] Allerdings nicht wegen Art. 9 Abs. 3 GG, denn Streik und Aussperrung sind durch diese Verfassungsnorm nach herrschender und zutreffender Ansicht nicht gedeckt. Für die h. M. vgl. z. B. BGHSt 10, 83; BAG in NJW 1955, 882 ff.; Hamann, Das Grundgesetz, a.a.O., Art. 9, Anm. B 7 a; v. Mangoldt-Klein, a.a.O., Art. 9, Anm. VII 2; Wernicke in: Bonner Kommentar, a.a.O., Art. 9, Anm. II 3 d.

[66] Vorbild für eine de lege ferenda zu schaffende Eingriffsnorm scheint mir § 32 BVerfGG zu sein. Vgl. hierzu etwa Willi Geiger, Gesetz über das Bundesverfassungsgericht, Berlin u. Frankfurt/M. 1952, § 32, Anm. 3. Für ein Recht des Staates, „Schranken gegen eine empfindliche Schädigung des Gemeinwohles zu errichten", auch Nikisch, a.a.O., II. Bd., S. 105.

um so mehr herauszukehren, je mehr die Unvernunft auf der „gesellschaftlichen" Gegenseite zu triumphieren droht. Dieses Verfahren wird sobald wie möglich rechtsstaatlich voraussehbar, d. h. im Wege des Gesetzes, geklärt werden müssen, wenn nicht der Staat gezwungen sein soll, an Hand eines Einzelfalles zum letzten (gröbsten) Mittel, nämlich zum Verbot des radikalsten Verbandes oder miteinander ringender Verbände zu greifen.

Das Beispiel mag zugleich erweisen, daß der Staat trotz Reaktivierung des Strafgesetzgebers in Staatsschutzangelegenheiten bislang nicht einmal selbst strafrechtlich hinreichend geschützt ist. An Hand der bisher vorhandenen Strafnormen werden sich nur Randerscheinungen des Arbeitskampfes (wie Aufruhr, Landfriedensbruch usw.) ahnden lassen [67].

Um zum Schutz des Staates die notwendigsten Maßnahmen zu treffen, wird es zunächst erforderlich sein, noch genauer als bisher zu studieren, wo und wie Verbände Staatsorgane zu beeinflussen versuchen. Während die rechtsprechende Gewalt bislang noch von solchen Versuchen weitgehend freigehalten werden konnte [68], unterliegen — wie bereits angedeutet — Legislative und Exekutive der intensiven Einwirkung [69].

Um die Exekutivfront aufzuweichen, wird u. a. seit langem versucht, das Berufsbeamtentum ideologisch zu untergraben [70]. Ich kann es zwar durchaus verstehen, daß ein Verbandsfunktionär in seinem Partialbereich betont gesellschaftlich und weniger staatlich denkt, denn seine Ebene ist die gesellschaftliche, und er möchte auch im staatlichen Organwalter einen ihm zugeneigten (nicht „hoheitlich" handelnden) Gesprächspartner sehen. Gleichwohl wird der Beamte nicht zum Gleichgestellten und Gleichgesinnten, sondern ist und bleibt Inhaber eines auf den Gesamtausgleich angelegten *Staats-Amtes*. Gerade deswegen ist er dienstrechtlich weder ein gesellschaftlicher Funktionär noch ein Arbeitnehmer. Auch moderne Beamtengesetze, welche die eine oder andere aus dem „Obrigkeitsstaat" überkommene Rechtsfigur zu Gunsten des rechten Einbaues der Berufsbeamten in die demokratische Ordnung abbauen, werden an diesem objektiven Fundamental-Tatbestand der Amts-Inhaberschaft nicht rütteln dürfen, denn er gehört zur „verfassungsmäßigen Ordnung" (Art. 33 Abs. 4 und 5 GG) und wird wegen dieser Bedeutung auch im Rahmen des Art. 9 Abs. 2 GG Beachtung finden

---

[67] Zu strafbaren Erscheinungsformen von Arbeitskämpfen siehe etwa BROX-RÜTHERS, Arbeitskampfrecht, Stuttgart 1965, S. 180 ff.; NIKISCH, a.a.O., S. 149 ff.

[68] Allerdings bieten z. B. die §§ 6, 20 ff. ArbGG, 9, 13 ff. SozGG treffliche Ansatzpunkte. Daß hierin möglicherweise eine Gefahr für eine auch in Krisensituationen unabhängige Rechtsprechung liegt, wird von den Kommentatoren durchweg nicht gesehen.

[69] Vgl. etwa OTTO STAMMER u. a., Verbände und Gesetzgebung, Die Einflußnahme der Verbände auf die Gestaltung des Personalvertretungsgesetzes, Köln u. Opladen 1965, passim.

[70] Vgl. hierzu meine Darlegungen in ZBR 1960, 242 ff. (Recht — Staat — Beamtenethos) und 1963, 200 ff. (Alimentations- oder Lohntheorie im Beamtenrecht?).

müssen. Wären sich alle Beamten ihrer organschaftlichen, dienstrechtlich abgesicherten Rolle jederzeit voll bewußt, so brauchte man sich um die Abschirmung der Verwaltungsfunktion von illegitimen Verbandseinflüssen keine Sorge zu machen. Es geht also auch hier nicht um einen extrovertierten Staatsschutz, um gesetzliche Barrikaden gegen von außen her einsickernde Störenfriede, sondern um ein internes Bewußtmachen des „Staatlichen" bei allen, die sich vordringlich, eben kraft *Amtes,* um den Staat zu kümmern haben. Handlungsfreiheit wird im übrigen auch im amtlichen Bereich stets nur derjenige besitzen, der sich — einer Vernunftordnung und dem positiven Recht verpflichtet fühlend — in seinem Handeln auf nichts anderes beruft als auf diese Gemeinschaftsordnung, die für *alle* verbindlich ist.

7. Weitere Schutzsubjekte sind die *Verbände* selber.

Art. 9 Abs. 1 und 3 GG deklarieren ja nicht nur Individualrechte, sondern gewährleisten auch Gruppen-Grundrechte [71]. Grundrechte richten sich allerdings — nach m. E. zutreffender Auffassung [72] — grundsätzlich nur gegen den *Staat* oder andere Hoheitsträger (Art. 1 Abs. 3 GG) [73], aber Art. 9 Abs. 3 Satz 2 GG ordnet eine unmittelbare „Drittwirkung" ausdrücklich für wirtschaftliche Verbände an: Alle Maßnahmen — natürlich auch solche von Verbandsseite [74] —, die auf eine Verdrängung oder Behinderung anderer (existentiell oder sonstwie konkurrierender oder den sozialen Gegenpart bildender) Verbände hinauslaufen, sind „rechtswidrig".

Wegen dieser Verfassungsnorm bedarf es insoweit keines Streites um die Drittwirkung von Grundrechten. Allerdings kann sich, weil die wirtschaftlichen Verbände ihrem rechtlichen Status nach Vereine des Zivilrechts sind, Art. 9 Abs. 3 Satz 2 GG nur über Rechtssätze des *Zivilrechts* (§§ 823, 826 BGB [75], actio quasi negatoria) auswirken. Aber das scheint mir auch die adäquate Rechtsebene zu sein, in der sich alle kraft freiwilligen Zusammenschlusses entstandenen (Art. 9 Abs. 1 und 3 GG, § 2 Abs. 1 Vereinsgesetz) Verbände gegen Monopolbestrebungen und sonstige rechtswidrige Maßnahmen anderer Verbände wehren können. Soweit keine ausdrückliche Zuweisung an andere Gerichte erfolgt ist (vgl. z. B. § 2 Abs. 1 Nr. 1 ArbGG), mögen sie vor den *ordentlichen* Gerichten streiten.

Gesetzgeber und Wissenschaft haben längere Zeit Gelegenheit gehabt, den Status solcher Verbände, insbesondere der Vereinigungen zur Wah-

---

[71] Vgl. v. Mangoldt-Klein, a.a.O., Art. 9, Anm. III 1, 2.

[72] Ebenso v. Mangoldt-Klein, a.a.O., Anm. III 5. Etwas anderes gilt für „Menschenrechte" i. S. des Art. 1 Abs. 2 GG, die jedermann gegen jedermann zustehen.

[73] Vgl. vornehmlich Maunz-Dürig, a.a.O., Art. 1 Abs. 3, Rdnr. 100 ff. (insbesondere 107 ff.).

[74] Vgl. v. Mangoldt-Klein, a.a.O., Art. 9, Anm. V 12.

[75] Klein nennt in v. Mangoldt-Klein, a.a.O., u. a. noch § 134 BGB, den ich jedoch als durch Art. 9 Abs. 3 Satz 2 GG (formal überhöhende lex specialis) verdrängt ansehe.

rung und Förderung der Arbeits- und Wirtschaftsbedingungen, neu zu überdenken, aber sie haben keine Notwendigkeit gesehen [76], bestimmten, wenn auch sehr mächtigen und politisch bedeutsamen Verbänden, den Status *öffentlich*-rechtlicher Korporationen zu verleihen. Es mag zwar sein, daß z. B. „die Gewerkschaften Träger zahlreicher öffentlicher Funktionen sind und eben wegen dieser Funktionen eine Sonderstellung einnehmen, die sie über die sonstigen privaten Vereine hinaushebt" [77], aber das „Öffentliche" oder die „öffentliche Funktion" verändern nicht ohne weiteres den Normalstatus des Rechtssubjekts. Auch der Einzelmensch bewegt sich ständig in der Öffentlichkeit, so z. B. wenn er Meinungen äußert. Er nimmt sogar — bei Wahlen und Abstimmungen — als Teil des Staatsorgans „Aktivvolk" öffentlich-rechtliche Funktionen wahr. Er bleibt dennoch ziviles Rechtssubjekt. Nicht alles das, was öffentliche oder gar öffentlich-rechtliche Funktionen ausübt, ist demnach Hoheitssubjekt. Auch ist ein bloßes gesellschaftliches Gewicht kein Gradmesser für die Charakterisierung eines Phänomens als solches privater oder öffentlich-rechtlicher Rechtsnatur [78]. Man muß eben — wie der Staat oder z. B. die Kommune — Hoheitssubjekt *sein* und deswegen oder kraft staatlicher „Organleihe" Hoheitsgewalt ausüben *dürfen*, um als Hoheitssubjekt allgemein und demzufolge auch rechtlich anerkannt werden zu können, aber man darf nicht etwa nach einem Mäntelchen suchen, um seinen Machtgelüsten „legal" frönen zu können. Demgemäß müssen solche pseudo-politischen Erwartungen rechtlich reduziert bleiben und es muß klar eingesehen werden, daß das (soziologisch) Öffentliche keineswegs mit dem Sachbereich des öffentlichen *Rechts* übereinstimmt [79].

8. Wahrlich nicht das geringste, wenn auch das „individuellste", zugleich aber das einzige substantielle Schutzsubjekt ist der *Einzelmensch*, denn um *des* Menschen willen ist die gesamte ungeschriebene und geschriebene Rechtsordnung da (Art. 1 Abs. 1 Satz 1 GG).

War schon beim Schutz des Staates und anderer Verbände von Freiheit die Rede, so spielt sie erst recht hier die entscheidende Rolle, denn die Menschenrechte haben die unabdingbare „Grundlage *jeder* Gemeinschaft" (Art. 1 Abs. 2 GG) zu sein. Außerdem werden sich der Staat und von ihresgleichen

---

[76] Auch nicht etwa wegen der Tarifautonomie, die auf der Grundlage von § 1 TVG fälschlich „Tarifhoheit" genannt wird und als durch Art. 9 Abs. 3 GG mitgarantiert anzusehen ist (vgl. BVerfGE 4, 106; 5, 198).

[77] So BGH in NJW 1965, 29 ff.

[78] Deswegen ist auch den politischen Parteien als solchen bisher kein öffentlich-rechtlicher Status verliehen worden. Sie genießen ihn lediglich (fiktiv) in ihren staats-organschaftlich tätigen Gremien (Fraktionen) und sonstigen Gliedern (incl. der einzelnen Abgeordneten), die z. B. Beteiligte eines verfassungsgerichtlichen Organstreites zu sein vermögen.

[79] Ebenso Fritz Ossenbühl, Der öffentliche Status der Gewerkschaften, in NJW 1965, 1561 ff., mit Literaturnachweisen. Vgl. zum Ganzen auch H. Peters in: Festschrift für Nipperdey, a.a.O., passim.

angegriffene Verbände auch ohne besonderen Rechtsschutz wirksamer zur Wehr setzen können als der einzelne, der zwar auch der Verbände bedarf, aber dennoch nicht ihr Helot, sondern ihr geborener Herr ist. Schon derjenige Verband vergeht sich durch die Grundhaltung seiner Funktionäre an ihm, der ihn durch die Verschaffung gelegentlicher materieller Vorteile davon abzulenken versucht, daß er die Einzelperson nur als Kollektiv-Bestandteil und nicht als Mit-Glied ansieht.

Es dürfte schwierig, wenn nicht gar unmöglich sein, insoweit einen lückenlosen gesetzlichen Individualschutz aufzubauen, wie ich bereits andeutete. Dessen bedarf es aber auch kaum, wenn der Bürger lernt, die Verbandswirklichkeit nüchterner und reaktionssicherer als bisher zu beurteilen und der (Mindest-)Schutz seiner Menschenrechte auch den Verbänden gegenüber gewahrt bleibt. Soweit es sich um die Individual-*Koalitionsfreiheit* handelt, genügt hierzu wiederum der Hinweis auf Art. 9 Abs. 3 Satz 2 GG. Soweit die Ausübung anderer natürlicher Rechte des einzelnen durch Verbandsmaßnahmen beeinträchtigt wird, können die vorhandenen Theorien zur „Drittwirkung“ [80] oder das gute Rechtsgefühl weiterhelfen, daß „soziale Gewalten“, die sich pseudo-hoheitlich betätigen, sich rechtlich (gerichtlich) auch wie fehlgeleitete Hoheitssubjekte (analog Art. 1 Abs. 3 GG) behandeln lassen müssen. Ich vertraue im übrigen insoweit auf eine gesunde, im Einzelfall quasi instinktsichere Reaktion auf seiten des Bürgers, der mit seinen „ideellen“ Rechten zunehmend besser umzugehen gelernt hat und in der Mehrheit seine Freiheit auch wohl nicht an Verbände für das Linsengericht der Beteiligung an der „Wohlstandsgesellschaft“ verkaufen wird. Gerade der einzelne hat gegenüber jedem Kollektiv eine Wunderwaffe, der er sich nur noch zu bedienen lernen muß: Er ist in einer Vielzahl vorhanden und kann sich im Rechtsstaat durch viele, an Gerichte aller Art herangetragene Rechtsschutz-Ersuchen wirksam zur Wehr setzen. Dadurch verdichtet sich auch die Judikatur, die dem Gesetzgeber wiederum praktische Beispiele aus der „Verbände-Wirklichkeit“ an die Hand gibt, hinreichend schnell immer mehr.

9. Die vorstehenden Darlegungen konnten sich nur mit Fundamentalfragen befassen und auch insoweit Lösungen lediglich andeuten. Hinweise für einfach-gesetzliche Regelungen vermochten sie kaum zu geben. Auch zum *Kammersystem,* das ebenfalls im weitesten Sinne zur Verbände-Wirklichkeit gehört, aber nach Art einer gewissen „Selbstverwaltung“ [81] in das

[80] Einen Überblick gibt Nipperdey, Freie Entfaltung der Persönlichkeit, in: Die Grundrechte, hrsg. von Bettermann und Nipperdey, Bd. IV/2, Berlin 1962, S. 742 ff.

[81] Hierbei handelt es sich nicht um *echte* (unabgeleitete) Selbstverwaltung im materiellen Sinne, wie sie sich etwa im Kommunalrecht findet, sondern um *formelle* Selbstverwaltung und damit um „mittelbare Staatsverwaltung“. So ebenfalls Forsthoff, Lehrbuch des Verwaltungsrechts, a.a.O., S. 419; Hamann, Deutsches Wirtschaftsverfassungsrecht, a.a.O., S. 62; wohl auch BVerfGE 1, 91 (94); vgl. auch

öffentliche (Organschafts-)Recht eingefügt worden ist, mag hier nur die These beigesteuert werden, daß es sich selbst bei den Befugnissen dieser Kammern nicht um „Verbands-Privilegien", sondern um überlassene *staatliche* Aufgaben und Kompetenzen handelt, die gemäß dem jeweiligen Zweck der organschaftlichen Konstitutionalisierung in Verantwortlichkeit vor dem Staat wahrzunehmen sind [82]. Die Kehrseite der Kompetenzvergabe und daraus resultierender Hoheitsbefugnisse ist eine mehr oder weniger intensivierte „Staatsaufsicht", der man auf freiwilligem Zusammenschluß beruhende Verbände nur unterwerfen darf, soweit sie singulär „beliehen" sind oder staatliche Gelder verwalten.

10. Das Resümee meiner Ausführungen ist: Selbst angesichts einer vielfach verwirrenden oder gar bedrückenden Verbände-Wirklichkeit liegt vorläufig kein Anlaß zu perfektionistischen gesetzlichen Maßnahmen, etwa zu einer Vervollkommnung des *Strafrechts* vor. Ganz abgesehen davon, daß einem auf bestimmte Verbände besonders zugeschnittenen Strafrecht wegen Art. 9 GG Bedenken begegnen müßten, wären solche Maßnahmen, die nicht nur einige evidente Lücken schließen sollen, auch psychologisch falsch. Ihr Hintergrund wäre eine Unterschätzung des Rechtsstaates und seiner Bürger.

Sehr bald wird durch eine weitere Konsolidierung unseres Staates, aber auch als Folge des Übereifers gewisser Verbandsfunktionäre, welche die „öffentliche Meinung" falsch bewerten oder gerichtliche Entscheidungen provozieren, jeder Verband ziemlich genau an die Stelle gerückt werden, an die er ontologisch und situationsgerecht hingehört. Er wird dann auch selbst genauer beurteilen können, welche Funktionen er in Freiheit ausüben darf und wo er rechtsstaatliche Schranken zu überspringen sich anschickt.

Kurt Ballerstedt, Wirtschaftsverfassungsrecht, in: Die Grundrechte, hrsg. von Bettermann-Nipperdey-Scheuner, Bd. III/1, Berlin 1958, S. 1 ff. (26 ff.); zum Ganzen E. R. Huber, Selbstverwaltung der Wirtschaft, Stuttgart 1958, passim. Gegen den „leicht mißverständlichen Begriff der mittelbaren Staatsverwaltung" (teilweise unter anderen Aspekten); H. Peters, Die Verwaltung als eigenständige Staatsgewalt (Rektoratsrede), Kölner Universitätsreden, Heft 33, Krefeld 1965, S. 26 und die dort in Fußn. 25 Zitierten.

[82] Kammern werden durch ihre Organe „als eine Art Sonderverwaltungsbehörden" tätig (BVerfG in NJW 1963, 195).

7. Verwaltungsrecht

Die Unzulässigkeit der Entziehung von Erbbegräbnisrechten

Ein Beitrag zum Institut der Nutzungsverleihung und zur Eigentumsgarantie

Otto Bachof

I

Neben den Normal- oder Reihengräbern, die der Reihe nach für eine in der Friedhofsordnung bestimmte Ruhefrist zugeteilt werden, gibt es auf nahezu allen Friedhöfen sog. Wahlgräber (Sondergräber, Vorzugsgräber), die der Erwerber selbst wählen darf und für die er eine Gebühr oder, soweit auch die Reihengräber gebührenpflichtig sind, eine erhöhte Gebühr zu entrichten hat. Auch Wahlgräber — die übrigens auf vielen Friedhöfen die Reihengräber an Zahl weit überwiegen — werden heute in der Regel nur für eine begrenzte, aber im Verhältnis zu den Reihengräbern längere Zeit vergeben; nach Ablauf dieser Zeit besteht die Möglichkeit einer Verlängerung gegen Entrichtung einer weiteren Gebühr. Auf vielen Friedhöfen bestanden oder bestehen aber daneben noch zahlreiche Wahlgräber, die ohne zeitliche Beschränkung, auf „Friedhofsdauer" oder auch für „ewig" erworben wurden, in der Regel gegen eine einmalige Zahlung eines oft beträchtlichen Entgelts: die „Erbgräber", auch als „Kaufgräber", „Dauergräber", „Ewigkeitsgräber", „Familiengräber", „reservierte Gräber", „Grüften" und ähnlich bezeichnet. Vereinzelt schon in der Zeit nach dem ersten Weltkriege, in größerem Umfange aber erst seit dem letzten Jahrzehnt gingen und gehen nun kommunale und kirchliche Friedhofsträger dazu über, die Benutzungsdauer dieser Erbgräber durch eine Änderung der Friedhofsordnung zu beschränken; und zwar regelmäßig in der Form, daß das Recht von einem bestimmten Zeitpunkt an für erloschen erklärt, es den Inhabern der Grabstelle aber freigestellt wird, die Nutzungsdauer gegen eine Gebühr für eine bestimmte Zeit zu verlängern. Ob die Inhaber einen Anspruch auf die Verlängerung haben oder ob die Verlängerung im Ermessen des Friedhofsträgers stehen soll, bleibt in den Formulierungen der einschlägigen Vorschriften meist unklar; in der Praxis wird eine beantragte Verlängerung aber wohl stets gewährt. Die Inhaber solcher Erbbegräbnisse pflegen sich nicht selten gegen den Erlöschensbescheid oder gegen die Aufforderung zur Gebührenzahlung zu wehren. Meist ohne Erfolg; Bundesgerichtshof (BGHZ 25, 200) und Bundesverwaltungsgericht (BVerwGE 11, 68) haben den Friedhofsträgern grünes Licht für ihre Maßnahmen gegeben, indem sie es übereinstimmend für zulässig erklärt haben, daß Erbbegräbnisse von unbegrenzter Dauer nachträglich zeitlich begrenzt und daß ihre Verlängerung von der Zahlung einer Gebühr abhängig gemacht wird. Die Instanzgerichte folgen — soweit sie nicht schon vorher dieselbe Ansicht vertreten hatten [1] — offenbar ganz überwiegend der höchstrichterlichen Judikatur [2]: Roma locuta causa finita.

Causa finita? Bisher hat sich gegen jene Rechtsprechung allerdings nur vereinzelt Widerspruch erhoben, und auch dieser mehr gegen die Begründung als gegen das Ergebnis [3]. Das dürfte damit zusammenhängen, daß, wie noch zu zeigen sein wird, in der Tat weniger das Ergebnis als die Begründung angreifbar ist; eine Auseinandersetzung allein mit der Begründung mag jedoch manchem, vor allem aber den vornehmlich am Ergebnis interessierten Gerichten, als eine müßige Arbeit erschienen sein. Sie ist jedoch keineswegs müßig. Denn die erörterten Rechtsfragen beschränken sich nicht auf das Friedhofsrecht, sie können auch in anderem Zusammenhang auftauchen. Die höchst bedenkliche Begründung kann dann zu einem ebenso bedenklichen Ergebnis führen. Die Entscheidungen von BGH und BVerwG setzen sich nicht nur über herkömmliche und wohl fundierte Grundsätze des Verwaltungsrechts hinweg, sondern sie bedeuten auch einen Rückschritt gegenüber älteren rechtsstaatlichen Einsichten und offenbaren einen Mangel an Grundrechtsverständnis.

II

Wenn die Friedhofsträger mehr und mehr zu den beschriebenen Änderungen ihrer Friedhofsordnungen [4] schreiten, so entspricht das in vielen und

[1] OVG Koblenz, AS 3, 123; OVG Berlin, DVBl 58, 253; zweifelnd Württ.-Bad. VGH, ESVGH 2, 166 (172 f).

[2] z. B. Bad.-Württ. VGH, VerwRspr Bd. 14, 31. A. A. aber — jedenfalls für das württ. Recht — ein nicht rechtskräftiges Urteil des VG Stuttgart vom 6. 5. 1965, VRS II/54/64.

[3] Vgl. vor allem Rupp, DÖV 1960, 796 ff.; beiläufig auch Bachof, Verfassungsrecht, Verwaltungsrecht, Verfahrensrecht in der Rechtsprechung des Bundesverwaltungsgerichts (2. Aufl. 1964), S. 155 f.

[4] Soweit es sich um kommunale Friedhofsträger handelt, ergehen die Friedhofsordnungen jetzt meist in der Form einer Gemeindesatzung, seltener als Anstaltsordnung; auch im zweiten Fall werden sie heute, soweit sie das Benutzungsverhältnis regeln, als Rechtsnormen und nicht als Verwaltungsvorschriften angesehen. Daneben bestehen noch aus älterer Zeit Friedhofsordnungen in Gestalt von Polizeiverordnungen. Vgl. dazu Bachof, Rechtsnatur, zulässiger Inhalt und gerichtliche Anfechtung von Friedhofsordnungen (AöR Bd. 78, S. 82 ff.), S. 84.

wahrscheinlich sogar in den meisten Fällen durchaus einem sachlichen Bedürfnis. Die Zahl der Erbgräber ist mancherorts außerordentlich hoch. Der Raumbedarf auf den Friedhöfen ist infolge des Bevölkerungszuwachses stark gestiegen; Erweiterungsgelände ist, vor allem in Großstädten, oft nicht oder nur in weit entfernten Außenbezirken verfügbar. Zudem sind die Unterhaltungskosten stark gestiegen; es mag daher als unangemessen erscheinen, wenn ein Teil der Grabstelleninhaber auf alle Zeit von der Kostentragung für eine Einrichtung befreit bleibt, die damit letztlich aus Steuermitteln oder durch entsprechend höhere Entgelte der übrigen Benutzer erhalten werden muß. Der vor langer Zeit entrichtete einmalige „Kaufpreis", so wird argumentiert, sei längst verbraucht, zudem in zwei Geldentwertungen zerronnen.

So plausibel solche Argumente auf den ersten Blick sein mögen, so muß davor gewarnt werden, sie vorschnell zu akzeptieren und ihnen ohne sorgfältige Prüfung den Vorrang vor den Rechten der Grabstelleninhaber einzuräumen. Das wäre ein gefährlicher Rückfall in ein (angeblich) überwundenes Zweckmäßigkeitsdenken, das Recht nur gelten läßt, wenn es „dem Volke nützt".

III

Die Argumentation des BVerwG (und ähnlich des BGH) läßt sich, soweit hier von Interesse, in folgende Thesen zusammenfassen:

1. Aus der Eigenschaft des Friedhofs als gemeindlicher Anstalt [5] folgt, daß die Gemeinden die Friedhofsbenutzung jederzeit durch eine Friedhofsordnung regeln, ändern und dabei auch bestehende Rechte begrenzen oder herabsetzen können; auf dieses Recht kann die Gemeinde nicht rechtsgültig durch einen Vertrag über die Grabstellenbenutzung verzichten (Preuß. OVG 80, 47). Die gemeindliche Autonomie hat zur Folge, daß alle Rechte auf Benutzung von Grabstellen — jedenfalls soweit sie unter der Geltung einer Friedhofsordnung zur Entstehung gelangt sind — nur mit denjenigen Einschränkungen entstanden sind, die sich aus der *jeweiligen* Friedhofsordnung ergeben. Das gilt auch für Erbbegräbnisrechte, die nach heutiger Auffassung nicht (mehr) als privatrechtlich zu erachten sind, sondern Nutzungsrechte an einer Anstalt darstellen. Bei Verleihung des Nutzungsrechts war sich der Beliehene darüber klar oder mußte es wenigstens sein, daß er sich einer Anstaltsordnung unterwarf, die geändert werden konnte. Die Beschränkung der Nutzungsrechte unterliegt (nur) denjenigen Schranken, die sich aus dem Anstaltszweck und dem besonderen Zweck der Familiengrabstellen ergeben.

2. Das unter der Geltung einer Friedhofsordnung erworbene Nutzungsrecht an einer Erbbegräbnisstelle stellt, auch wenn es zeitlich unbeschränkt ist, kein durch Benutzungsverleihung erworbenes, grundsätzlich unentziehbares wohlerworbenes Recht dar, sondern ein widerrufliches Sonderbenut-

[5] Das BVerwG hatte es mit einem gemeindlichen, der BGH mit einem kirchlichen Friedhof zu tun. Das Ergebnis ist dasselbe.

zungsrecht [6]. Das folgt daraus, daß die Friedhofsordnung nicht nur für Reihengräber, sondern auch für Sondergräber gilt; das Sondergrabstellenrecht ist im Vergleich zum Nutzungsrecht an einer Reihengrabstelle kein aliud, sondern ein mit gewissen Besonderheiten ausgestattetes gleichartiges Recht.

3. Auch wenn man das Nutzungsrecht an einem Sondergrab als durch Nutzungsverleihung erworben ansehen wollte, so ist seine zeitliche Beschränkung keine Enteignung. Nutzungsrechte an Grabstellen gehören nicht zum Eigentum i. S. von Art. 14 GG. Dem Wesen der Sache nach stellt die zeitliche Beschränkung des Sondergrabstellenrechts keine Enteignung, sondern eine Inhaltsbestimmung des Eigentums dar. —

Bevor zu diesen Argumenten Stellung genommen wird, sei auf einen Mangel von BVerwGE 11, 68 hingewiesen, der sich auch sonst recht häufig in der Rechtsprechung (aller Gerichtszweige) findet; selten freilich in so krasser Weise: Das Urteil versucht seine Ansicht mit einer fast erdrückenden Fülle von Zitaten zu belegen, die jedoch zum großen Teil gar nicht einschlägig sind. Insbesondere beziehen sich zahlreiche Zitate aus Rechtsprechung und Schrifttum, a.a.O. S. 69, nur auf die öffentlich-rechtliche Natur der Friedhofsbenutzung und auf den Anstaltscharakter des Friedhofs, nicht aber auf die vorangestellte und demnach doch angeblich durch die Zitate belegte Behauptung der Entziehbarkeit der Benutzungsrechte [7]. Man hat den Eindruck, vieles sei aus zweiter Hand zitiert, wenn man nicht annehmen will, das Gericht habe die zitierten Ausführungen nicht verstanden. Auch die für die Gegenmeinung angeführten Belege stimmen nur zum Teil [8].

IV

Dem BVerwG ist darin beizupflichten, daß Erbbegräbnisrechte heute regelmäßig als öffentlich-rechtliche Nutzungsverhältnisse aufzufassen sind; es sei denn, daß ausnahmsweise ein Erbbegräbnisrecht durch Eintragung im Grundbuch als dingliches Recht — etwa als Eigentum, als Grunddienstbar-

---

[6] Etwas anders hier der BGH, der zwar eine Nutzungsverleihung annimmt und daraus auch die grundsätzliche Unentziehbarkeit des verliehenen Rechts folgert, aber nur, „solange die Benutzungsordnung, nach deren Maßgabe es erteilt ist, besteht“ (a.a.O. S. 209). Diese Einschränkung bedeutet jedoch, wie noch darzulegen sein wird, einen Widerspruch zum Institut der Nutzungsverleihung.

[7] Nur ein Beispiel: des Verfassers vom Gericht zitierter Aufsatz AöR Bd. 78, S. 82 ff., wo sich — wie in den meisten zitierten Ausführungen — *nichts* Einschlägiges findet.

[8] So verwechselt das Gericht das von ihm zitierte, aber nicht einschlägige Urteil des Sächs. OVG, JW 1927, 476, mit dem nicht zitierten, aber offensichtlich gemeinten Urteil dieses Gerichts, Jahrbücher Bd. 38, 164 (es handelt sich um dasselbe Urteil, das auch — mit falschem Datum — bei BRUNNER, Deutsche Friedhofskultur, 1952, S. 42, und bei GAEDKE, Handbuch des Friedhofs- und Bestattungswesens, 1. Aufl. 1954, S. 99, angeführt ist).

keit[9] oder als Erbbaurecht[10] — begründet wurde. Richtig ist auch, daß ein solches Recht nicht schon dann privatrechtlich ist, wenn sein Erwerb nach alter Gewohnheit als „Kauf“ bezeichnet wurde (und z. T. heute noch so bezeichnet wird!). Es kommt aber weiter, entgegen dem BVerwG, auch nicht darauf an, ob das Nutzungsrecht „nach privatem Recht *erworben*“ wurde. Denn tatsächlich *wurden* sehr viele der alten Rechte „nach privatem Recht erworben“. Das Reichsgericht (und mit ihm der überwiegende Teil des Schrifttums) sah den Erwerb eines Erbbegräbnisrechts noch bis vor nicht allzulanger Zeit „stets [!] als ein Rechtsgeschäft privatrechtlicher Art“ an[11]. Erst 1934 setzte sich mit RGZ 144, 285 endgültig die gegenteilige Auffassung durch. Aber auch hiernach wurde der öffentlich-rechtliche Erwerb nur als Regelfall angesehen und die Möglichkeit privatrechtlichen Erwerbs ausdrücklich anerkannt. Noch im Jahre 1941 hat das Reichsverwaltungsgericht[12] ein unter der Geltung einer Friedhofsordnung und nach deren Maßgabe begründetes 30jähriges Begräbnisrecht unter Bezugnahme auf eine Entscheidung des Preuß. Gerichtshofes zur Entscheidung der Kompetenzkonflikte aus dem Jahre 1930[13] als privatrechtlich erachtet. Demgegenüber tendierte die Rechtsprechung des Württ. VGH schon früher dazu, Erbbegräbnisrechte in der Regel als öffentlich-rechtlich zu erachten, ohne freilich auch hier die Möglichkeit eines privatrechtlichen Erwerbs auszuschließen[14].

Man kann auch, entgegen einer häufig anzutreffenden Argumentation, nicht sagen, daß jene privatrechtlichen Erwerbsgeschäfte nach heutiger „geklärter“ oder „geläuterter“ Auffassung in Wirklichkeit öffentlich-rechtlich gewesen seien. Zwar hat sich die Auffassung über die Grenzziehung zwischen öffentlichem und privatem Recht im Laufe der letzten 100 Jahre erheblich gewandelt. Aber geändert hat sich damit *die Grenzziehung selbst*, nicht nur eine mehr oder minder unverbindliche „Ansicht“. Die Einteilung des Rechtes in öffentliches und privates Recht überhaupt, insbesondere aber die Abgrenzung zwischen diesen beiden Kategorien, ist nichts Apriorisches, sie ist von Rechtsordnung zu Rechtsordnung und von Epoche zu Epoche verschieden und einem steten Wandel unterworfen. Man kann nicht die Rechtsansicht einer ganzen Epoche — ihrer Literatur, ihrer Judikatur, ja ihrer Gesetzgebung (§ 133 EGBGB!) — nachträglich als „falsch“ deklarieren. Die Auffassung von der privatrechtlichen Natur des Erwerbsvorganges und damit auch des damit begründeten Rechtsverhältnisses war einmal richtig, sie entsprach der damaligen Grenzziehung von öffentlichem und privatem Recht. Aber das bedeutet nicht, daß die so begründeten Rechtsverhältnisse auch

---

[9] Brunner, Das Friedhofs- und Bestattungsrecht (1927), S. 97.
[10] OLG Stuttgart, OLGZ 8, 122.
[11] Nachweise in BGHZ 25, 200 (206).
[12] AS 1, 63.
[13] RuPrVBl Bd. 55, 246, Nr. 2982.
[14] Vgl. die Urteile WüRV Bd. XVI (1923), 91, und Bd. XXVII (1934), 102.

heute noch dem privaten Recht angehören. Der einmalige historische Erwerbsvorgang freilich bleibt, wenn er seinerzeit privatrechtlich war, privatrechtlich; man kann ihn nicht nachträglich umqualifizieren oder umdeuten. Das fortdauernde Rechtsverhältnis aber folgt dem Wandel der Grenzziehung; es weist diejenigen typischen Merkmale der Nutzung einer öffentlichen Sache im Rahmen eines Anstaltsverhältnisses auf, die wir heute als öffentlichrechtlich qualifizieren [15].

Richtig ist auch die Ansicht des BVerwG, daß die Anstaltsträger die Friedhofsbenutzung jederzeit durch eine Änderung der Friedhofsordnung ändern können. Entgegen seiner Ansicht umfaßt diese Befugnis aber nicht auch das Recht, bestehende Rechte entschädigungslos zu begrenzen und herabzusetzen, oder sie gar — so muß hinzugesetzt werden — völlig zu entziehen; denn um nichts anderes handelt es sich, wenn sie zum Erlöschen gebracht werden. Die Argumentation vom Preuß. OVG 80, 47, auf die BVerwGE 11, 68 sich bezieht, war schon zu ihrer Zeit höchst anfechtbar. Warum die Einräumung von immerwährenden Rechten „einer Verneinung der Autonomie der Gemeinde" gleichkäme, ist nicht einzusehen. Das wäre allenfalls dann richtig, wenn die Gemeinde sich dahin bände, auch für die Begründung *künftiger* Rechtsverhältnisse stets nach den derzeit geltenden Normen verfahren zu wollen. Deshalb liegt der vom OVG herangezogene Vergleich mit einer Entäußerung der Steuerhoheit der Gemeinde zugunsten eines einzelnen völlig neben der Sache; man muß sich wundern, daß dieses wirklich primitive Argument heute noch wiederholt werden kann. Außerdem wird übersehen, daß auch Dauerrechte nach übereinstimmender Ansicht nicht *schlechthin* unentziehbar sind, sondern aus Gründen überwiegenden Gemeinwohls entzogen werden können und seit eh und je entzogen werden konnten — dann freilich gegen Entschädigung (dazu unten S. 652 f.). Gerade die *entschädigungslose* Entziehung soll aber nach Preuß. OVG und BVerwG zulässig ein. Ebensowenig überzeugt die Ansicht, jedes Grabnutzungsrecht komme von vornherein nur mit denjenigen Einschränkungen zur Entstehung, die sich aus der *jeweiligen* Friedhofsordnung ergeben. Man muß schon bezweifeln, daß das dann richtig ist, wenn die Friedhofsordnung selbst eine diesbezügliche Einschränkung enthält; denn Monopolstellung und Benutzungszwang [16] verwehren es dem Anstaltsträger, dem Benutzer beliebige

[15] So mit Recht Kalisch, Erbbegräbnisrechte (DVBl 1952, 620 ff., 622 f.), nur mit dem Unterschied, daß er glaubt, besser von einer „Klärung" als von einer „Wandlung" unseres Rechtsdenkens in bezug auf die Erbbegräbnisse sprechen zu sollen. Gerade umgekehrt halte ich es für richtig.

[16] Es handelt sich um einen sog. „mittelbaren" oder „negativen" Benutzungszwang i. S. von Art. 145 Nr. 2 EVRO (= Verwaltungsrechtsordnung für Württemberg, Entwurf eines Gesetzes mit Begründung, Stuttgart 1931); so auch die Begründung S. 449. Maunz, Hauptprobleme des öffentlichen Sachenrechts (1933), S. 282, spricht von einem „Gewährungszwang"; Hurst, Handbuch der Kommunalen Wissenschaft und Praxis Bd. 2 (1957), S. 890, nennt ihn einen „faktischen Benutzungszwang".

Benutzungsbedingungen zu oktroyieren[17]. Daß mindestens bei solchen Anstalten, bezüglich deren ein Benutzungszwang besteht, die „Unterwerfung" unter die Anstaltsordnung nicht mehr als Rechtsgrundlage für die Anstaltsbenutzung herhalten kann, sollte eigentlich nicht zweifelhaft sein können; denn dem Benutzungszwang korrespondiert notwendig ein Recht auf Benutzung (so schon Art. 144 Nr. 2 EVRO[18]), und dieses Recht kann nicht durch eine beliebige Unterwerfungsforderung illusorisch gemacht werden[19]. Trotzdem feiert die Unterwerfungstheorie in BVerwGE 11, 68 (72) und in BGHZ 25, 200 (209) eine fröhliche Auferstehung; beim BGH noch dazu mit dem seltsamen Argument, die Unterwerfung sei deshalb freiwillig, weil der Grabstellenerwerber „nicht gezwungen [sei], gerade ein Erbbegräbnis zu erwerben". Darauf kommt es nicht an; denn für den Friedhof als solchen besteht Benutzungszwang, und das Argument des BGH läuft darauf hinaus: wenn der Erwerber sich nicht mit der ihm rechtlich zustehenden Mindestnutzung zufriedengebe, dann könne er hinsichtlich der höherwertigen Nutzung schlechter und ungesicherter gestellt werden als der Benutzer minderen Grades; denn auch dessen Rechte sind nicht ohne weiteres entziehbar. Zum mindesten kann aber in eine Friedhofsordnung, die *keinen* Vorbehalt der Entziehbarkeit des Nutzungsrechts enthält, ein solcher nicht hineininterpretiert werden. Das BVerwG argumentiert damit, daß alle Grabstellenerwerber, die ihre Grabstelle zu einer Zeit erworben haben, als schon eine Friedhofsordnung erlassen war, sich „darüber im klaren waren oder sein mußten, daß auch die Benutzungsbedingungen für Sondergrabstellen sich nach Anstaltsrecht regelten und im Rahmen des Anstaltszwecks abänderbar waren" (S. 73, ähnlich schon S. 72); ob das bei den vor Erlaß einer Friedsordnung ausgegebenen Grabstellen anders gewesen sei, wird offengelassen. Nichts scheint mir verfehlter zu sein und eine gröbere Vergewaltigung der tatsächlichen Vorgänge und des wirklichen Willens der Beteiligten zu sein als jene Behauptung[20]. Friedhofsordnungen hat es mancherorts schon zu Beginn des 19. Jahrhunderts, wahrscheinlich sogar noch früher gegeben. Ja, man kann sagen, daß ein Friedhof ohne irgendeine „Ordnung" der Benutzung, und sei sie noch so rudimentär, nur schwer vorstellbar ist. In den 30er Jahren des 19. Jahrhunderts jedenfalls gab es schon sehr ausführliche, auch den „Kauf" von

---

[17] Vgl. Bachof, a.a.O. S. 85 f. mit weiteren Nachweisen.

[18] s. Anm. 16. Vgl. auch die besonders auf Grabstellen abstellende Begründung S. 448.

[19] Vgl. dazu auch EVRO S. 581: „Freie Widerruflichkeit wäre mit dem Wesen eines Rechts nicht vereinbar ..., *sie kann deshalb auch bei der Verleihung nicht vorbehalten werden*" (Hervorhebung vom Verfasser).

[20] Gegen eine verfälschende Auslegung früherer Vorgänge aus heutiger Sicht auch Jäckel, Das Erbbegräbnisrecht, DÖV 1954, 141 ff., dessen Folgerungen ich freilich nur zum geringeren Teil beizupflichten vermag. Gegen eine im Wege der Auslegung erfolgende „Unterstellung" des Willens der Beteiligten ferner Württ. VGH, WüRV Bd. XXVII (1934), 102 (105).

Erbbegräbnissen regelnde Friedhofsordnungen. Ganz gewiß hat niemand, der damals (oder auch später) ein Grab „auf Friedhofsdauer“ oder gar „zu ewiger Nutzung“ gegen ein oft erhebliches Entgelt kaufte, dabei die Vorstellung gehabt, daß der Friedhofsträger ihm sein Recht durch eine einfache Änderung der Friedhofsordnung jederzeit wieder entziehen könne; auch auf seiten der Gemeinden und der Kirchen bestand diese Vorstellung gewiß nicht. § 185 II 11 ALR — er gehört nach einhelliger Ansicht zu den durch Art. 133 EGBGB aufrechterhaltenen Vorschriften! — bestimmt sogar, daß nicht einmal die Verlegung eines Friedhofs ein Erbbegräbnisrecht enden läßt [21]. Sicher kann eine Gemeinde heute auf Grund ihres gesetzlich begründeten Satzungsrechts oder auch in ihrer Eigenschaft als Anstaltsträger Abweichendes bestimmen. Aber die Annahme, das Erbbegräbnisrecht habe nach der Vorstellung der Beteiligten nur wegen des Bestehens einer Friedhofsordnung als entziehbar gegolten, läßt sich schon angesichts dieser Regelung für den Bereich des ALR nicht halten, sie widerspricht aber auch sonst jeder Erfahrung und Wahrscheinlichkeit.

Selbstverständlich kann der Friedhofsträger die *Art und Weise* der Benutzung des Friedhofs regeln und dabei auch Änderungen vornehmen, welche die bereits vorhandenen Grabstellen einschließlich der Erbbegräbnisse mit ergreifen: z. B. über Öffnungszeiten, über Grabpflege, Verhalten auf dem Friedhof usw. Aber das ist etwas ganz anderes als ein Eingriff in das Recht selbst. Dieser Unterschied ist schon vom Sächs. OVG [22] richtig gesehen worden, das sich mit der Rechtsprechung des Preuß. OVG auseinandergesetzt und sie abgelehnt hat — und das, obwohl sich die Erwerber im dort entschiedenen Falle in der Erwerbsurkunde „den bestehenden und künftig zu erlassenden allgemeinen Anordnungen für die Benutzung des Friedhofs und der Familienbegräbnisstellen“ ausdrücklich unterworfen hatten.

Im übrigen berufen sich BVerwG und BGH nicht einmal mit vollem Recht auf die Rechtsprechung des Preuß. OVG. OVG 80, 47 (49) stellt nur fest, daß für den einzelnen aus dem *Gemeinderecht* und insbesondere aus der *Gemeindezugehörigkeit* kein unaufhebbares öffentlich-rechtliches Nutzungsrecht entspringe, läßt aber ausdrücklich offen, ob der Kläger etwa eine Befugnis privatrechtlicher Natur erworben habe, weil über diese Frage im ordentlichen Rechtsweg entschieden werden müsse. Auf diese Einschränkung weist auch der vormalige Vizepräsident des Preuß. OVG ausdrücklich hin [23]. Da aber damals die Möglichkeit privatrechtlicher Begründung von Begräbnis-

[21] § 185 lautet: „Bey Verlegungen der Begräbnißplätze können diejenigen, welche bisher erbliche Familienbegräbnisse in den Kirchen besessen haben, die unentgeldliche Anweisung eines schicklichen Platzes dazu auf dem neuen Kirchhofe fordern.“ Unter den „Kirchen“ sind nicht die Kirchengebäude, sondern die Kirchhöfe zu verstehen: Brunner, a.a.O. S. 98.

[22] Jahrb. 38, 164 (166), s. Anm. 8.

[23] Berner, Das Bestattungswesen in Preußen (1932), S. 102. Vgl. ferner Graff, RuPrVBl 1931, 854 f.

rechten noch in weitem Umfange angenommen wurde, so kommt dem Urteil die ihm von BVerwG und BGH unterstellte Bedeutung nicht zu. Zwar will auch BVerwGE 11, 68 (73) das Fortbestehen privater Nutzungsrechte nicht schlechthin ausschließen, verneint aber im Gegensatz zum Preuß. OVG und zum Reichsverwaltungsgericht schlechthin die privatrechtliche Entstehungsmöglichkeit von Nutzungsrechten, die zur Zeit der Geltung einer Friedhofsordnung erworben wurden — mit der einzigen Einschränkung: „es sei denn, daß die Friedhofsordnung den Erwerb von Nutzungsrechten an Sondergrabstellen nach privatem Recht ausdrücklich vorgesehen hat". Diese Einschränkung ist praktisch bedeutungslos, da die Friedhofsordnungen, solange man den Erwerb von Erbbegräbnissen ohnehin als privatrechtlich erachtete oder jedenfalls der Rechtsnatur des Erwerbs keine entscheidende Bedeutung beimaß, solche „ausdrücklichen" Erklärungen der Privatrechtlichkeit natürlich nicht enthielten. Daß das Preuß. OVG eine Beseitigung erworbener Rechte keineswegs als unproblematisch erachtete, zeigt auch die (im Verhältnis zu 80, 47 spätere) Entscheidung RuPrVBl 1928, 911, wo die Frage, ob und inwieweit eine Änderung der Friedhofsordnung auch in bereits erworbene Rechte eingreifen dürfe, ausdrücklich offengelassen wird. Preuß OVG, RuPrVBl 1931, 740 f., hält es sogar für denkbar, daß der Grabstelleninhaber wohlerworbene Rechte auf Beibehaltung einer bestimmten Grabeinfassung haben könne, wenn er die Einfassung *vor* der Änderung der Friedhofsordnung erstellt habe. Schließlich ist noch darauf hinzuweisen, daß die Inanspruchnahme von OVG 80, 47 für die Entziehbarkeit von Erbbegräbnisrechten auch deshalb problematisch ist, weil die Eigenschaft der dort zur Erörterung stehenden Rechte als Erbbegräbnisrechte sehr zweifelhaft ist. Zwar hatten die Vorfahren des Klägers mehrere Grabstellen gegen Zahlung eines Entgelts erworben. Aber dabei handelte es sich nicht um Sondergrabstellen, vielmehr wurden bei der Anlage des Friedhofs *alle* Begräbnisplätze in der Weise „verteilt", daß den Benutzungsberechtigten „gegen Zahlung von 2 Thalern für je 2 Begräbnisplätze Stellen zur Beerdigung ohne Zeitbeschränkung zur Verfügung gestellt wurden". Es wurde also offenbar gar nicht zwischen Reihengräbern und Sondergräbern unterschieden, vielmehr ein Entgelt für *alle* Gräber erhoben (wie ja auch heute auf vielen Friedhöfen auch für Reihengräber Gebühren erhoben werden). Das Urteil verwendet denn auch weder den Ausdruck „Erbbegräbnis" noch einen inhaltsähnlichen Ausdruck, während in anderen Urteilen, die sich mit Erbbegräbnissen befassen, stets auch dieser oder ein ähnlicher Ausdruck Verwendung findet. Mit mehr Recht können BGH und BVerwG sich auf Preuß. OVG, JW 1931, 676, berufen, wo es sich um die nachträgliche Herabsetzung der Benutzungsdauer eines Familiengrabes handelte. Doch ist auch diese Entscheidung nur bedingt beweiskräftig, weil die Friedhofsordnung einen ausdrücklichen Vorbehalt ihrer Änderung enthielt, den das Gericht — m. E. zu Unrecht — als Änderungsvorbehalt auch hinsichtlich der Benutzungsdauer verstand.

Wie immer man die frühere Rechtsprechung des Preuß. OVG aber beurteilt, sie kann heute keine Geltung mehr beanspruchen. Die Auffassung von BGH und BVerwG, jedes unter der Geltung einer Friedhofsordnung entstandene Recht komme von vornherein nur mit der Einschränkung seiner Entziehbarkeit zur Entstehung, läuft, worauf RUPP [24] zutreffend hingewiesen hat, in konsequenter Fortführung auf eine völlige Relativierung aller subjektiven Rechte und auf die Auflösung der verfassungsrechtlichen Eigentumsgarantie — weitgehend auch, so ist hinzuzufügen, der übrigen Grundrechtsgarantien — hinaus. Der Gesetzgeber könnte z. B. die Eigentumsgarantie dadurch völlig gegenstandslos machen, daß er alle Eigentumsrechte nur mit der Einschränkung ihrer Entziehbarkeit zum Entstehen brächte. Eben das darf und kann er nach Art. 14 GG *nicht!* Aber dem „Ortsgesetzgeber" sollte gestattet sein, was der Bundes- und der Landesgesetzgeber nicht dürfen? Ja, nicht nur das, dieser Vorbehalt sollte in ein Ortsgesetz (in jedes?) kurzerhand hineininterpretiert werden dürfen?

V

Die Frage der Entziehbarkeit hängt eng mit der Frage nach dem Charakter der Erbbegräbnisrechte zusammen. Das BVerwG verneint eine „Benutzungsverleihung" und entscheidet sich für eine widerrufliche „Sondernutzung". Bevor darauf eingegangen wird, bedarf es einer terminologischen Klärung; denn viele Unklarheiten beruhen auf einem unterschiedlichen Sprachgebrauch. Das hängt nicht zuletzt damit zusammen, daß die Friedhofsgrundstücke sog. „öffentliche Sachen" sind, zugleich aber mitsamt dem zugehörigen Verwaltungsapparat die „öffentliche Anstalt" Friedhof bilden [25]. Teils wird die Grabstellennutzung unter der Nutzung öffentlicher Sachen, teils unter der Anstaltsnutzung, teils auch unter beidem [26] abgehandelt. Bei der Nutzung öffentlicher Sachen wird nun aber z. T. eine andere Terminologie verwendet als bei der Anstaltsnutzung. Während z. B. FORSTHOFF bei den öffentlichen Sachen im Gemeingebrauch als Nutzungsarten „Gemeingebrauch", „Gebrauchserlaubnis" und „Nutzungsverleihung" unterscheidet und die *beiden* letzteren (bzw. die durch sie eingeräumten Nutzungsrechte) als „Sondernutzungsrechte" bezeichnet [27], unterscheidet er bei der anstaltlich gewährten Nutzung öffentlicher Sachen des Verwaltungsvermögens die „normale Benutzung", die „Sonderbenutzung" (die in Parallele zur Gebrauchserlaubnis an öffentlichen Sachen im Gemeingebrauch stehen soll) und die „Benutzungsverleihung" [28]. Der Ausdruck „Sonderbenutzung" bzw. „Sonder-

[24] DÖV 1960, 797.

[25] Vgl. BACHOF, a.a.O. S. 83.

[26] So bei FORSTHOFF, Verwaltungsrecht I (8. Aufl. 1961), S. 339 einerseits, S. 365 andererseits. Bis zur 6. Aufl. (1956) waren auch die Erbbegräbnisse noch an beiden Stellen erörtert, während sie jetzt nur noch bei der Anstaltsnutzung erscheinen.

[27] a.a.O. (8. Aufl.) S. 338, 344. [28] a.a.O. S. 364 f.

nutzung" wird also jeweils in verschiedenem Sinne verstanden, einerseits die Verleihung mitumfassend, andererseits im Gegensatz zu ihr stehend. Ähnlich schwankend ist die Terminologie bei anderen Autoren.

Dagegen besteht in der Sache durchweg Einigkeit: Im Gegensatz zur grundsätzlich frei widerruflichen Gebrauchserlaubnis und zur normalen Anstaltsnutzung, deren Widerruf nur der Schranke ermessensfehlerfreier Entscheidung unterliegt, gewährt die Nutzungsverleihung — früher meist als Konzession bezeichnet, aber auch dieser Ausdruck schwankt — ein dauerndes oder auf eine bestimmte Zeit gewährtes und während dieser ihrer Dauer grundsätzlich unentziehbares (unwiderrufliches) subjektives Recht auf Sonderbenutzung [29]. *Freilich bedeutet die Unwiderruflichkeit nicht, daß das verliehene Recht schlechthin unentziehbar ist:* aus zwingenden Gründen überwiegenden Gemeinwohls *kann* es entzogen werden, dann aber nach bisher ebenfalls einhelliger Ansicht nur gegen Entschädigung. „Das ist daraus zu schließen, daß die geltende Rechtsordnung dort, wo sie einen derartigen Widerruf und eine Entziehung von Rechten regelt, Entschädigung zubilligt, und zwar dann, wenn nichts anderes bestimmt ist, volle Entschädigung, einschließlich des entgangenen Gewinns." [30] Oft angeführtes Beispiel einer ausdrücklichen Entziehungs- und Entschädigungsregelung ist § 51 GewO. Weitere Beispiele finden sich insbesondere in den neuen Wassergesetzen und Straßengesetzen von Bund und Ländern [31]. Letztlich handelt es sich um den alten Rechtsgedanken des den „iura quaesita" vorgehenden „ius eminens"

[29] Otto Mayer, Deutsches Verwaltungsrecht Bd. 2 (3. Aufl. 1924), S. 99 ff.; Fleiner, Institutionen des deutschen Verwaltungsrechts (8. Aufl. 1928), S. 365 f.; W. Jelinek, Verwaltungsrecht (3. Aufl. 1931), S. 511 ff.; Hans Peters, Lehrbuch der Verwaltung (1949), S. 212; Forsthoff, a.a.O. S. 346, 365; Wolff, Verwaltungsrecht I (6. Aufl. 1965), § 59 III (S. 360 f.) und Verwaltungsrecht II (1962), § 99 III d (S. 270); EVRO § 147 II, § 187 III, s. auch die Begründung S. 457 f. mit weiteren Nachweisen. — Auch die im Bundesfernstraßengesetz (§ 8) und in den neuen Straßengesetzen der Länder vorgesehene Erlaubnis zur Sondernutzung *auf Zeit* ist, im Gegensatz zur *widerruflichen* Erlaubnis, der Sache nach eine Verleihung. Das wird besonders deutlich an Vorschriften wie § 18 III 3 und VI 2 bad.-württ. StraßenG, wonach eine auf Zeit erteilte Erlaubnis vor Ablauf der Zeit (nur) aus Gründen des Wohls der Allgemeinheit und nur gegen angemessene Entschädigung widerrufen werden kann. Das BFernstrG hat an die Möglichkeit eines vorzeitigen Widerrufs offenbar nicht gedacht. Noch deutlicher wird der Unterschied zwischen Gebrauchserlaubnis und Verleihung („Bewilligung") im Wasserhaushaltsgesetz des Bundes (§§ 7, 8) und in den Wassergesetzen der Länder.

[30] Hans Peters, a.a.O. S. 170. Die neueren Gesetze sehen in der Regel, wie schon Art. 153 II 2 WRV, eine „angemessene" Entschädigung vor, was nach der Rechtsprechung des BGH (vgl. z. B. BGHZ 19, 139, 144 ff.) im wesentlichen dasselbe ist wie die von Art. 14 III 3 GG geforderte Entschädigung. — Die Entschädigungspflicht bei vorzeitiger Entziehung verliehener Nutzungsrechte wird ferner bejaht (u. a.) von Otto Mayer, a.a.O. S. 104; Fleiner, a.a.O. S. 366 i. V. mit S. 293; W. Jellinek, a.a.O. S. 511 unter b; Wolff, VR I, § 59 III a 4 β (S. 361); EVRO § 147 II, § 187 III.

[31] In Auswahl nachgewiesen bei Wolff, a.a.O.; vgl. auch Anm. 29.

und der damit verbundenen Aufopferungsentschädigung, den noch RGZ 16, 159 (161) zur Begründung der Entschädigungspflicht für ein durch Umbau entfallenes Kirchstuhlrecht heranzieht: es sei vom Berufungsgericht mit Recht angenommen worden, „daß nach allgemeinen staatsrechtlichen Grundsätzen, in den Fällen, wo wohlerworbene Privatrechte als unvereinbar mit den Rücksichten der öffentlichen Ordnung und Wohlfahrt vermöge des sogenannten ius eminens des Staates aufgehoben werden, eine Entschädigungspflicht eintritt". Dieser Grundsatz, der für den Geltungsbereich des preuß. ALR in dessen §§ 74, 75 der Einleitung Niederschlag gefunden hat, hat auch dadurch keine Einbuße erlitten, daß die vormals durchweg als Privatrechte aufgefaßten Rechte des einzelnen später als wohlerworbene subjektiv-*öffentliche* Rechte verstanden wurden. Daß der grundsätzlich freie, entschädigungslos zulässige Widerruf einerseits und der nur ausnahmsweise aus Gründen überwiegenden Gemeinwohls zulässige, entschädigungspflichtige Rechtsentzug andererseits oft nicht hinreichend auseinandergehalten wurden, hat viel zur Verdunkelung des ganzen hier erörterten Problems beigetragen [32].

Wenn Friedhofsrechte teils mehr als Nutzungsrechte an öffentlichen Sachen, teils mehr als Anstaltsnutzungsrechte verstanden wurden und noch werden, so hängt das damit zusammen, daß in der Tat *beide* Gesichtspunkte einschlägig sind. Steht bei den öffentlichen Sachen, insbesondere solchen des Gemeingebrauchs, die reine Sachnutzung im Vordergrund, so bei der Anstalt die Nutzung der aus Personal und Sachmitteln zusammengesetzten Institution, wobei bald Personal und Verwaltungsapparat, bald die Sachmittel stärker im Vordergrund stehen [33]. Die Friedhofsnutzung liegt in der Mitte zwischen beiden Extremen. Tritt einerseits die Sachnutzung (an den Grabstellen) ungleich stärker in den Vordergrund als etwa bei einer Schule, einer Universität oder gar bei einer Versicherungsanstalt, so spielt andererseits der institutionelle Apparat bei der Nutzung eine weit größere Rolle als etwa bei der Benutzung einer Straße oder einer sonstigen Sache im Gemeingebrauch. Die Frage, ob an Friedhöfen überhaupt ein Gemeingebrauch besteht, wird verschieden beurteilt. Allenfalls kann man m. E. das Betreten des Friedhofs und das Verweilen auf

---

[32] So wohl auch in BVerwGE 11, 68 (71). Wenngleich das nicht ganz deutlich wird, so darf wohl angenommen werden, daß die dortigen Zitate von Nebinger und Peters für die Widerruflichkeit in Anspruch genommen werden, während sie in Wirklichkeit auf die Entziehung aus Gemeinwohlgründen abstellen, Unwiderruflichkeit also gerade voraussetzen. Dieser Fehler findet sich auch schon bei Dornseiff, Die rechtliche Gestaltung des Friedhofs- und Bestattungswesens in den politischen Gemeinden Preußens (Fischers Zeitschrift für Verwaltungsrecht Bd. 65, 1930, S. 145 ff., S. 189), wenn dort zur Begründung der dem Preuß. OVG folgenden Ansicht u. a. auf Otto Mayer verwiesen wird.

[33] Es ist deshalb nicht angebracht, zwischen der Nutzung öffentlicher Sachen und der Anstaltsnutzung eine so scharfe Trennungslinie zu ziehen, wie EVRO Begr. S. 437 das tut.

diesem durch die Teilnehmer an Beerdigungen und die Besucher von Grabstätten als Gemeingebrauch bezeichnen [34]. Dagegen ist es nicht angebracht, die Beisetzung in Reihengräbern als Gemeingebrauch anzusprechen [35], da Kennzeichen des Gemeingebrauchs die allgemeine, jede Individualisierung innerhalb des überhaupt in Betracht kommenden Benutzerkreises ausschließende und eines besonderen Zulassungsaktes nicht bedürfende Benutzung ist [36], schon die Zuteilung eines Reihengrabes aber einen individualisierenden Akt der Zulassung bedeutet. Auch die Bezeichnung der Zuteilung von Reihengräbern als „Gebrauchserlaubnis" [37] ist nicht sonderlich glücklich. Das Kennzeichen der Gebrauchserlaubnis im Gegensatz zur Nutzungsverleihung ist einmal, daß durch sie die Beschaffenheit der genutzten Sache nicht oder jedenfalls nicht wesentlich verändert wird, zum anderen — damit zusammenhängend — ihre grundsätzlich freie Widerruflichkeit [38]. Schon der Benutzungszwang schließt bei Begräbnisstätten die Widerruflichkeit grundsätzlich aus — mindestens in der Weise, daß während der vorgeschriebenen Belegungsdauer nicht das Bestattungsrecht als solches, sondern höchstens die zugewiesene Grabstätte, unter gleichzeitiger Zuweisung eines Ersatzgrabes, entzogen werden kann [39]. Man sollte also besser, wie es ganz überwiegend geschieht, von einer „normalen", „ordentlichen", „einfachen" oder „schlichten" Nutzung sprechen, im Gegensatz zu der „außerordentlichen", „besonderen", „bevorzugten" oder „bevorrechtigten" Nutzung, wie sie an einem Wahlgrabe besteht.

Wie immer man aber auch die Nutzungsrechte an Reihengräbern qualifizieren mag — als bloße Gebrauchserlaubnis oder als ein darüber hinausgehendes, einer stärkeren Beständigkeit teilhaftiges Nutzungsrecht —, die Wahlgräber überhaupt und die Erbbegräbnisse insbesondere unterscheiden sich von den Reihengräbern wesentlich: durch die längere (wenn auch u. U., insbesondere in neueren Friedhofsordnungen, befristete) Nutzungs-

---

[34] So z. B. Dornseiff, a.a.O. S. 196.

[35] So aber Forsthoff, a.a.O. S. 339 bezüglich der kirchlichen Begräbnisplätze, m. E. im Widerspruch zur eigenen Definition des Gemeingebrauchs S. 338. Gegen die Annahme eines solchen „Gemeingebrauchs": Dornseiff, a.a.O. S. 198; EVRO Begr. S. 437; RGZ 100, 213 (214).

[36] Forsthoff, a.a.O. S. 338 f.

[37] So Dornseiff, a.a.O. S. 198 ff. (insb. S. 199); Württ. VGH, WüRV Bd. XVI (1923), 91 (92); auch Hurst, Bestattungswesen (Handbuch der kommunalen Wissenschaft und Praxis Bd. 2, 1957, S. 889 ff.), S. 893, spricht von „Gebrauchserlaubnis", zugleich aber — treffender — von „einfacher Sondernutzung".

[38] Vgl. z. B. Forsthoff, a.a.O. S. 344 f.

[39] So Gaedke, Handbuch des Friedhofs- und Bestattungswesens (2. Aufl. 1963), S. 217 f. Ebenso schon Dornseiff, a.a.O. S. 200, der offenbar gerade deshalb, weil das subjektive öffentliche Recht sich hier „nur auf Überlassung einer Grabstätte überhaupt" richte, von einer Gebrauchserlaubnis spricht, während die Verleihung eines Vorzugsgrabes, abgesehen von der längeren Nutzungsdauer, ein Recht gerade auf Benutzung eines *bestimmten* Platzes einräume (S. 206).

dauer, durch die Entgeltlichkeit (überhaupt, oder jedenfalls durch ein höheres Entgelt), durch die freie(re) Wahl des Begräbnisplatzes, durch den größeren Raum der Begräbnisstätte, regelmäßig auch durch größere Freiheit der Ausgestaltung (Grabmal, Einfassung, Pflanzenschmuck usw.).

Fragt man nach der Rechtsnatur derartiger Begräbnisrechte, so kann man sie nur als grundsätzlich unwiderrufliche Rechte und kann man den Akt ihrer Begründung nur als eine typische Nutzungsverleihung ansprechen. Unwiderruflichkeit und Nutzungsverleihung korrespondieren einander, wie schon dargelegt wurde. In Rechtsprechung und Schrifttum wird teils von der Unwiderruflichkeit auf die Verleihung, teils von der Verleihung auf die Unwiderruflichkeit geschlossen. Beide Verfahren sind richtig, sofern die einschlägige Norm oder der rechtsbegründende Akt entweder die eine oder die andere Aussage enthalten. Schwierig wird es erst dann, wenn es sowohl am einen wie am anderen fehlt. Dann wird aus der Natur der Sache und aus der Interessenlage argumentiert: wo der Nutzungsberechtigte an der nutzbaren Sache wesentliche Änderungen vornehmen muß, und wo dazu insbesondere Aufwendungen von einiger Bedeutung erforderlich sind, nimmt man Unwiderruflichkeit und demzufolge eine Nutzungsverleihung an, weil dem Nutzungsberechtigten solche Aufwendungen ohne eine entsprechende Sicherstellung ihres Effektes nicht zugemutet werden können[40]; der Gedanke hat auch gesetzlichen Niederschlag gefunden: Nach § 8 II Nr. 1 WasserhaushaltsG darf eine „Bewilligung" für eine bestimmte Frist (bis zu 30 Jahren, ausnahmsweise auch länger) — im Gegensatz zur widerruflichen „Erlaubnis" — nur erteilt werden, „wenn dem Unternehmer die Durchführung seines Vorhabens ohne eine gesicherte Rechtsstellung nicht zugemutet werden kann".

Alle vorstehenden Gesichtspunkte sprechen bei den Erbbegräbnisrechten für die Nutzungsverleihung. Wo in Friedhofsordnungen oder in den rechtsbegründenden „Kauf"-, „Konzessions"-, „Verleihungs"- usw. -Urkunden eine unbegrenzte Dauer oder eine genau bestimmte Frist festgelegt wurde, spricht schon der Wille der Beteiligten, wenn man ihm nicht offenbare Gewalt antun will, eindeutig für einen Ausschluß freier Widerruflichkeit. Auch wo es an derartigen Äußerungen fehlt, spricht die Interessenlage für die Verleihung. Wer ein Sondergrab erwirbt, tut es gerade *wegen* der Sicherung einer dauernden oder jedenfalls langfristigen Ruhestätte für sich und seine Angehörigen, nicht zuletzt aus Gründen der Pietät und aus Familiensinn. In der berechtigten Erwartung eines lange dauernden Bestandes gestaltet er diese Grabstätte einschließlich des Grabmals und trifft dafür oft erhebliche Aufwendungen. Gegen die Annahme einer Nutzungsverleihung läßt sich

[40] So insbesondere Otto Mayer, a.a.O. Bd. 2, S. 97 (u. a. speziell für „kostbare Grabdenkmäler", die „niemals auf den unsicheren Rechtsgrund einer bloßen Gebrauchserlaubnis gestellt werden"). Vgl. ferner Forsthoff, a.a.O. S. 345 u. 346; Wolff, VR I, § 59 III 1 *a*.

auch nicht mit dem BVerwG (a.a.O. S. 72) einwenden, das unter der Geltung einer Friedhofsordnung eingeräumte Benutzungsrecht an einer Sondergrabstelle könne deshalb nur ein widerrufliches Sonderbenutzungsrecht sein, weil die Friedhofsordnung sowohl für Reihengrabstellen wie für Sondergrabstellen gelte; das Sondergrabstellenrecht sei im Vergleich zum Nutzungsrecht an einer Reihengrabstelle kein aliud, sondern ein mit gewissen Besonderheiten ausgestattetes gleichartiges Recht. Man lese die Stelle im Original nach: Sie ist nicht nur ein Schulbeispiel für eine petitio principii, sondern in ihrer Unlogik schwer zu überbieten. Mit demselben Recht könnte behauptet werden, ein dingliches Recht sei im Verhältnis zum obligatorischen kein aliud, weil beide im BGB geregelt sind, das dingliche Recht sei also nur ein „mit gewissen Besonderheiten ausgestattetes" obligatorisches Recht (oder umgekehrt!).

Im Schrifttum ist das Erbbegräbnisrecht denn auch, seitdem und soweit es als ein öffentlich-rechtliches Institut angesehen wurde, fast einhellig als ein durch Nutzungsverleihung begründetes und demgemäß grundsätzlich unwiderrufliches Recht angesehen worden [41]. Erst in jüngster Zeit finden sich einige andere Stimmen, die sich meist auf eine Wiedergabe der Ansicht des BVerwG beschränken [42]. In der Judikatur wurde früher außerhalb des preußischen Rechtskreises ebenfalls die Ansicht vertreten, daß das Erbbegräbnisrecht durch Verleihung erworben und demgemäß unwiderruflich sei [43]; selbst das Preuß. OVG sprach verschiedentlich von „Verleihung" und von den dadurch „wohlerworbenen Rechten" [44], ohne freilich immer die Konsequenzen daraus zu ziehen. Wenn die ältere Judikatur im ganzen sehr viel weniger ergiebig ist als das Schrifttum, so vor allem deshalb, weil die Rechtsprechung noch viel länger im Banne der privatrechtlichen Auffassung der Sondergrabrechte stand. Hingewiesen sei aber zum Schluß noch auf die besonders sorgfältige und ausführliche Begründung zur Württ. Verwaltungsrechtsordnung [45]: Hier wurden die Erbbegräbnisrechte nicht nur als durch Verleihung begründete unwiderrufliche Rechte angesehen („in der Lehre all-

---

[41] Otto Mayer, a.a.O. Bd. 2, S. 97; Fleiner, a.a.O. S. 365 f.; W. Jellinek, a.a.O. S. 512; Peters, a.a.O. S. 212, Anm. 4; Forsthoff, a.a.O. S. 365; Nebinger, Verwaltungsrecht, Allg. Teil (2. Aufl. 1949), S. 150 f.; Dornseiff, a.a.O. S. 200 ff. (freilich dann inkonsequent auf S. 188 f., s. oben Anm. 32).

[42] Wolff, VR I, § 59 II a 3, S. 358 (nur Hinweis auf die Ansicht des BVerwG, unter gleichzeitigem Hinweis auf die ablehnende Stellungnahme von Rupp); Gaedke, Handbuch, 2. Aufl., S. 229 f. (zwar nach wie vor für „Verleihung", aber — in offenbar nicht bemerktem Widerspruch dazu — im Anschluß an BGH und BVerwG für Widerruflichkeit); Kalisch, DVBl 1958, 255 ff. (als einziger mit näherer Begründung, aber ebenfalls den — mindestens terminologischen — Widerspruch zwischen „Verleihung" und „Widerruflichkeit" ignorierend).

[43] Württ. VGH, WüRV Bd. XXVII (1934), 102 (104 li.); Sächs. OVG, Jahrb. Bd. 29, 93; 38, 164.

[44] s. oben S. 650.

[45] EVRO Begr. S. 452 ff.

gemein anerkannt“), sondern sie wurden geradezu als *die* im Rahmen einer Anstaltsnutzung typischen und praktisch allein bedeutsamen derartigen Rechte bezeichnet, deretwegen die ganze gesetzliche Regelung überhaupt nur in Aussicht genommen wurde [46]! Und es sei dazu noch vermerkt, daß an den alten rechtsstaatlichen Grundsätzen der Unwiderruflichkeit verliehener Rechte und ihrer möglichen Entziehung nur aus überwiegenden Gründen des öffentlichen Wohls, dann aber gegen Entschädigung (Art. 147 II, 187 III), nicht einmal die unter dem Einfluß des Nationalsozialismus erfolgte Umgestaltung des Entwurfs [47] etwas geändert hat.

VI

Schon die Tatsache, daß es sich bei den Erbbegräbnisrechten um verliehene subjektiv-öffentliche Rechte handelt, bewirkt, daß ihre Entziehung nur aus überwiegenden Gründen des Gemeinwohls und nur gegen Entschädigung zulässig ist, praktisch also nur unter den gleichen Voraussetzungen wie die Enteignung nach Art. 14 GG. Entgegen BGH und BVerwG *ist* die Entziehung aber auch eine Enteignung im Sinne jener Verfassungsnorm. Zwar trifft es zu, daß das BVerfG in der Zurechnung von vermögenswerten Rechten des öffentlichen Rechts zum „Eigentum“ des Art. 14 GG sehr zurückhaltend ist. Dazu ist jedoch zunächst festzustellen, daß das BVerfG inzwischen eine beträchtliche Schwenkung vorgenommen hat, indem es in E 16, 94 die Gehalts- und Versorgungsansprüche der Berufssoldaten in ihrem Kernbestand als durch Art. 14 GG geschützt bezeichnet hat. Aber auch abgesehen davon: wenn überhaupt irgendwelche öffentlichen Rechte dem Art. 14 GG unterfallen, dann gerade und in erster Linie die durch Verleihung erworbenen, ehemals als privatrechtlich angesehenen Nutzungsrechte an öffentlichen Sachen! Gerade bei ihnen handelt es sich um Rechte, die durch einen oft nicht unerheblichen Kapitaleinsatz des Nutzungsberechtigten erworben wurden und noch werden. Das gilt auch für die Erbbegräbnisrechte. Das BVerwG bagatellisiert zu Unrecht die Leistungen der Grabstellenerwerber, wenn es meint, die wesentliche Leistung werde hier allein von der öffentlichen Hand erbracht. Aus Berechnungen von Friedhofsträgern ist bekannt, daß die Gebühren für Wahlgräber mancherorts die gesamten anteiligen Friedhofskosten tragen sollen und auch in etwa tatsächlich tragen, wohingegen die Reihengräber entweder unentgeltlich sind oder doch nur

[46] „Da sich indessen in der Praxis das Anwendungsgebiet des Sonderbenutzungsrechts bei der öffentlichen Anstalt bisher tatsächlich auf die Sondergrabrechte an öffentlichen Begräbnisplätzen (Dauer-, Familien- und Erbgräber) und auf die besonderen Kirchstuhlrechte in den Kirchengebäuden beschränkt hat ...“ (S. 452). Dessen ungeachtet sollte aber die Begründung von Sondernutzungsrechten „nicht auf die besonderen Gräberrechte beschränkt, sondern bei allen hierzu geeigneten öffentlichen Anstalten zulässig sein“ (S. 455).

[47] Ergänzungsband zur Verwaltungsrechtsordnung für Württemberg, Entwurf eines Gesetzes mit Begründung, Stuttgart 1936.

eine den Aufwand nicht deckende, relativ geringe Gebühr erbringen. Hält man es wirklich für möglich, daß dem Erwerber eines Wahlgrabes eine den Aufwand deckende Gebühr für 30 oder 40 Jahre im voraus abverlangt, das Nutzungsrecht aber schon nach kurzer Zeit entschädigungslos widerrufen wird? Auch die ehemalige und noch nicht so sehr lange zurückliegende privatrechtliche Beurteilung der Erbbegräbnisrechte muß dazu führen, sie — wie die verliehenen Nutzungsrechte überhaupt — als „Eigentum“ i. S. von Art. 14 GG zu verstehen. Die schrittweise Ausdehnung des Eigentums und damit des Enteignungsbegriffs unter der Weimarer Verfassung (Art. 153) war kein Zufall, sondern die sachgerechte und notwendige Folge der dem Wandel der staatlichen Funktionen entsprechenden Ausdehnung der staatlichen Eingriffsbefugnisse in die Güterordnung. Es liefe dieser Tendenz völlig zuwider, wollte man Rechte, die schon seit jeher zu dem gegen entschädigungslose Entziehung geschützten Eigentum gerechnet wurden, nun allein deshalb aus diesem Schutz herausnehmen, weil sie nach heutiger Auffassung nicht mehr dem privaten, sondern dem öffentlichen Recht zugerechnet werden.

Demgemäß wurde die Entziehung solcher Rechte (auch und speziell von Erbbegräbnisrechten) von den Verfassern des EVRO als Enteignung i. S. von Art. 153 WRV gewertet [48], obwohl gerade sie nachdrücklich die Zurechnung dieser Rechte zum öffentlichen Recht vertraten. Das Reichsgericht ließ die Entziehung — konsequent angesichts der damals anderen Abgrenzung zwischen Enteignung „im technischen Sinne“ und Aufopferung — zwar nicht dem Art. 153 WRV unterfallen, wohl aber den §§ 74, 75 Einl. ALR, es bejahte damit gleichfalls die Entschädigungspflicht [49].

Noch wichtiger ist, daß auch der heutige Gesetzgeber, wo er die vorzeitige Entziehung von verliehenen Dauerrechten regelt [50], diese Entziehung von den Voraussetzungen des Art. 14 III 1 GG abhängig macht und sie nur gegen Entschädigung zuläßt, also offenbar von der Wertung solcher Vorgänge als Enteignung oder mindestens als enteignungsgleich ausgeht. Ja, gelegentlich hat er sie sogar ausdrücklich als Enteignung bezeichnet: Nach § 8 IX BundesfernstraßenG können unwiderrufliche Nutzungsrechte an den Straßen, die von früher her bestehen, zur Sicherheit oder Leichtigkeit des Verkehrs *„durch Enteignung aufgehoben werden“!* Dabei handelt es sich bei diesen Rechten, wie die Gegenüberstellung zu § 8 X a.a.O. zeigt, um Nutzungsrechte *öffentlichen* Rechts.

Man kann die nachträgliche zeitliche Beschränkung von Erbbegräbnisrechten auch nicht etwa als bloße Inhaltsbestimmung und Schrankenziehung des Eigentums i. S. von Art. 14 I 2 GG ansehen, wie BVerwGE 11, 68 (75) es will. Dabei mag der Widerspruch auf sich beruhen, der darin liegt, daß

[48] Begr. S. 458.

[49] RGZ 118, 22 (26 f.).

[50] Insbesondere in den Straßen- und Wassergesetzen, vgl. Anm. 29 und 31.

die Entziehung eines Rechts, dessen Zugehörigkeit zum „Eigentum" i. S. von Art. 14 GG unmittelbar zuvor verneint wurde, eine Inhaltsbestimmung eben dieses „Eigentums" sein soll. Wie immer man die Inhaltsbestimmung des Eigentums von der Enteignung abgrenzt, über eines besteht Einigkeit: der Totalentzug eines zum Eigentum gehörenden Rechtes ist niemals bloße Inhaltsbestimmung, sondern — sofern nicht die hier ausscheidenden Tatbestände der Einziehung oder der Konfiskation vorliegen — stets Enteignung [51]. Wenn ein längerdauerndes oder gar ein unbefristetes Recht zu einem bestimmten Zeitpunkt vorzeitig zum Erlöschen gebracht wird, so *ist* das ein totaler Entzug und keine bloße „Beschränkung". Das BVerwG hat sich zur gegenteiligen Ansicht wohl dadurch verleiten lassen, daß es die Beschränkung der Nutzungsdauer und die dann gegen Gebühr mögliche Verlängerung als einen einheitlichen Vorgang betrachtet, das Wesentliche an der ganzen Änderung der Friedhofsordnungen also in der Gebührenpflicht und nicht in der Rechtsentziehung sieht; denn: „darin, daß diese Ruhefrist... beschränkt wird und [!] nur gegen Zahlung einer erneuten Gebühr verlängert werden kann", liege kein das Nutzungsrecht wesentlich beeinträchtigender Eingriff. Wirtschaftlich betrachtet mag das für die Mehrzahl der Fälle zutreffen — obwohl es nicht wenige Grabstelleninhaber gibt, denen es offenbar weit weniger um die Gebühr als um ihr „gutes Recht" als solches geht [52]. Rechtlich handelt es sich aber um zwei getrennte Vorgänge; es sei denn, man unternehme es, den Rechtsentzug mit Verlängerungsmöglichkeit in einen Rechtsfortbestand mit Verzichtsmöglichkeit umzudeuten (dazu nachstehend unter VII); diesen Schritt hat das BVerwG aber nicht getan.

VII

Aus den bisherigen Darlegungen ergibt sich, daß ein Erbbegräbnisrecht nicht entzogen bzw. in seiner zeitlichen Dauer nachträglich herabgesetzt werden kann, es sei denn, daß die Voraussetzungen des Art. 14 III 1 GG vorliegen. Das ist nicht dasselbe wie die auch von BVerwGE 11, 68 (72) anerkannte Begrenzung einer solchen Maßnahme durch den Anstaltszweck. Denn das BVerwG fordert nur, daß die Maßnahmen sich „innerhalb des Anstaltszwecks" halten müssen, ihn nicht „verletzen" dürfen, während die Enteignung nach Art. 14 III 1 nach ganz herrschender Ansicht zum Wohle

[51] Vgl. Wolff, VR I, § 62 III b 2 (S. 379).

[52] Das sollte man auch dann achten, wenn solchem „Kampf ums Recht" im Ergebnis der Erfolg versagt bleiben muß. Man wird der Sache nicht gerecht, wenn man eine solche Einstellung als ein nur dem älteren Recht und dem Märchen eigentümliches Haften am Buchstaben von Verträgen glossiert (so Kalisch, DVBl 1958, S. 255 f.). Es fragt sich noch sehr, ob dem „Geist unseres Rechts" (Kalisch, a.a.O.) mehr gerecht wird, wer verbriefte Rechte unbeschwert einem Zweckmäßigkeitsdenken opfert, oder wer sie nach Möglichkeit zu bewahren und nur behutsam an die Bedürfnisse unserer Zeit anzupassen versucht.

der Allgemeinheit *erforderlich* sein muß [53]. Einen strengeren Maßstab scheint BGHZ 25, 200 (209) anlegen zu wollen; dort wird ausgeführt, wenn sich das Ziel der Anstalt, der Allgemeinheit zu dienen, nur (!) durch Eingriffe in die Rechte der Benutzer erreichen lasse, so müsse das Einzelinteresse den Belangen der Allgemeinheit weichen. Das ist richtig und ist genau der Maßstab, den auch Art. 14 III 1 GG verlangt; nur folgt daraus dann eben die Entschädigungspflicht!

Indessen muß bestritten werden, daß das Allgemeinwohl die Entziehung von Erbbegräbnissen überhaupt zu rechtfertigen vermag. Der mit der Rechtsentziehung verfolgte doppelte Zweck, einerseits das Freiwerden von Bestattungsplätzen zu bewirken, an deren Beibehaltung oft kein echtes Bedürfnis seitens der Berechtigten mehr besteht, und andererseits die Erbbegräbnisinhaber an den gestiegenen Unterhaltungskosten des Friedhofs angemessen zu beteiligen, kann auch durch eine weniger einschneidende Maßnahme erreicht werden; das macht die Enteignung überflüssig und also unzulässig, denn sie ist nur als ultima ratio gestattet [54]. Außerdem kann eine Enteignung nach h. M. nur durch oder auf Grund eines förmlichen Gesetzes erfolgen [55], nicht aber durch oder auf Grund einer Satzung oder Anstaltsordnung; ferner fehlt es an der Beachtung der Junctim-Klausel des Art. 14 III 2 GG, deren Einhaltung Gültigkeitsvoraussetzung ist [56].

Um jenen doppelten Zweck zu erreichen, genügt es, die *Gebührenregelung* so zu ändern, daß auch die Nutzung bestehender Erbbegräbnisse einer laufenden oder für bestimmte Zeitabschnitte zu erhebenden Gebühr unterstellt wird, wobei es dem Berechtigten freigestellt sein muß, zur Vermeidung einer solchen Gebühr auf sein Recht zu verzichten. *Diese* Regelung wäre, wie unter VIII darzulegen sein wird, als Inhaltsbestimmung und Schrankenziehung des Eigentums grundsätzlich zulässig.

Der Leser mag zunächst über einen solchen Vorschlag verblüfft sein und einwenden, um nichts anderes gehe es ja bei den angegriffenen Regelungen der Friedhofsträger. Das ist jedoch nur bei sehr oberflächlicher Betrachtung richtig. Gerade eine solche oberflächliche Betrachtung und ein ungenügendes Auseinanderhalten von Rechtsentzug und Gebührenregelung haben seit eh und je zur Verwirrung des Problems beigetragen. Das Ergebnis eines Rechtsentzugs bei gleichzeitiger Möglichkeit einer gebührenpflichtigen Rechtsverlängerung (exakter: eines Neuerwerbs des Rechtes) einerseits, und das Ergebnis eines grundsätzlichen Fortbestandes des Rechtes unter Auferlegung

---

[53] Vgl. Wolff, VR I, § 62 IV a 1 (S. 382); BVerwGE 13, 75 (77).

[54] Wolff, a.a.O.; BVerwGE 2, 36 (38); 13, 75 (77); 19, 171 (172 f.). Vgl. auch Bachof, JZ 1966, 225, Nrn. 117, 118.

[55] v. Mangoldt-Klein, GG, 2. Aufl., Bd. 1 (1957), VII 7 b zu Art. 14 (S. 447), mit weiteren Nachweisen. A. A. Kimminich im Bonner Kommentar (Zweitbearbeitung), Rd.-Nr. 112 zu Art. 14.

[56] BVerfGE 4, 219.

einer Gebührenpflicht andererseits sehen freilich sehr ähnlich aus. Eben diese Tatsache hat zweifellos dazu beigetragen, daß man sich mit der rechtlich anfechtbaren Konstruktion eines Rechtsentzugs mehr oder minder abzufinden bereit war. Es geht aber nicht nur um eine dogmatisch saubere Konstruktion, sondern es geht vor allem darum, einer Verwässerung des Instituts der Nutzungsverleihung durch seine Nivellierung zur bloßen Gebrauchserlaubnis, und damit einer Relativierung der subjektiven Rechte überhaupt, prinzipiell entgegenzutreten; es geht vor allem darum, eine gefährliche Einbruchsstelle in die Eigentumsgarantie abzuriegeln. Solche Einbruchsstellen sind gerade dann besonders gefährlich, wenn sie sich — zunächst — bei Fallgruppen ereignen, bei denen das praktische Ergebnis des Einbruchs nicht besonders aufregend sein mag. Der Einbruch wird dann leicht übersehen und geduldet, er kann sich später bei anderen Fallgruppen auch im Ergebnis um so schwerer auswirken; für eine Remedur ist es dann vielleicht zu spät.

Deshalb ist mit allem Nachdruck zu betonen: *Es ist etwas grundsätzlich anderes, ob ein Recht entzogen wird und dann wieder mit gewissen Änderungen (Gebührenpflicht) neu begründet werden kann, oder ob das Recht als solches bestehenbleibt, aber mit einer Gebührenpflicht belastet wird.* Der Unterschied ist dann besonders deutlich, wenn die Erneuerung des entzogenen Rechts dem Ermessen des Verleihenden überlassen ist. Bei den eingangs geschilderten Änderungen von Friedhofsordnungen finden sich Fassungen, die die Verlängerungsmöglichkeit durchaus als eine Ermessensentscheidung des Friedhofsträgers verstehen lassen können; manche Friedhofsträger scheinen die Vorschriften selbst in diesem Sinne auszulegen, wenngleich sie bisher einem Verlängerungsantrag wohl nie entgegengetreten sind, falls die Bereitschaft zur Gebührenzahlung bestand. Man kann — wenn man die Zulässigkeit einer Belastung des fortbestehenden Rechts mit Gebühren zunächst einmal unterstellt — die Kann-Vorschriften der Friedhofsordnungen über die Erneuerungsmöglichkeit der zum Erlöschen gebrachten Erbbegräbnisrechte also allenfalls dann „retten", wenn man sie verfassungskonform dahin auslegt, daß dem bisherigen Berechtigten ein *Rechtsanspruch* auf die Verlängerung zusteht, falls er die Gebühr zu zahlen bereit ist[57]. Ich habe aber Zweifel, ob das genügt. Denn auch das würde immer noch bedeuten, daß das Recht zunächst einmal erlischt — mindestens dann, wenn der Rechtsinhaber nicht rechtzeitig einen Verlängerungsantrag stellt, wozu er möglicherweise nicht in der Lage ist, wenn er von der getroffenen Rege-

[57] Möglicherweise schwebt das auch dem BGH vor. BGHZ 25, 200 (211) meint, wenn sich hinter dem Erfordernis einer „besonderen Genehmigung" der Verlängerung der Wille des Anstaltsträgers verbergen sollte, die Verlängerung nach freiem Belieben auszusprechen oder zu versagen, so wäre diese Bestimmung für die Inhaber der alten Rechte unverbindlich. Da das Urteil aber anschließend auf die Unzulässigkeit *willkürlicher* Entscheidungen abstellt, so scheint der BGH doch wohl keinen Rechtsanspruch auf Verlängerung im Auge zu haben, sondern nur einen Anspruch auf ermessenfehlerfreie Entscheidung.

lung (bei Abwesenheit, unbekannter Anschrift usw.) nichts erfährt. Einwandfrei unbedenklich wäre eine Auslegung deshalb wohl nur dann, wenn man das Recht solange als fortbestehend annehmen wollte, bis der Berechtigte ausdrücklich oder durch konkludentes Handeln (Verweigerung oder Nichtzahlung der Gebühr [58]) darauf verzichtet. Ob eine solche, zugegebenermaßen sehr weitherzige Auslegung möglich ist, wird nicht zuletzt vom Wortlaut der jeweiligen Regelung abhängen.

VIII

Nun ist freilich auch die Zulässigkeit der Auferlegung einer Gebührenpflicht bei fortbestehendem Recht keineswegs unbestritten. Sächs. OVG, Jahrb. 38, 164, hat nicht nur die nachträgliche Verkürzung des Überlassungszeitraums, sondern auch die Erhöhung der Gebühren für die zeitlich begrenzte oder unbegrenzte Überlassung von Wahlgrabstellen für unzulässig erklärt, wenn sie geschehe, nachdem die Überlassung erfolgt und die Gebühr entrichtet sei. Ausdrücklich wird dabei auch das Argument wirtschaftlicher Entwertung des gezahlten Entgelts durch die Inflation zurückgewiesen, weil sich die dem Friedhofsträger obliegende Gegenleistung nicht oder doch nur wenig verändert habe; diese Gegenleistung bestehe im wesentlichen in der Überlassung der Grabstelle, während die Unterhaltung den Stelleninhabern obliege. Das Urteil hat Zustimmung im Schrifttum gefunden [59]. Komplizierter liegt der (zweifache) Sachverhalt von Württ. VGH, WüRV Bd. XXVII (1934), 102. Einerseits wird es hier für unzulässig erklärt, die Belegungsdauer eines noch nicht belegten Familiengrabes nachträglich zu verkürzen oder das Fortbestehen des Rechtes von einer nachträglich festgesetzten weiteren Gebühr abhängig zu machen; der zu einer solchen Einschränkung allein berechtigende Grund zwingenden öffentlichen Interesses liege nicht vor. Andererseits wird es für zulässig erachtet, die Verlängerung eines zeitlich auf 50 Jahre befristeten Rechtes von einer zur Zeit der Verlängerung geltenden Gebühr abhängig zu machen, die höher war als die zur Zeit des ersten Rechtserwerbs für die Verlängerung vorgesehene Gebühr. In diesem Urteil wird mit Recht scharf unterschieden zwischen der als unentziehbar erachteten „Anwartschaft auf Verlängerung der Ruhezeit“ einerseits und der als änderbar erachteten Gebühr für diese Verlängerung andererseits. Die Gebührenhöhe als solche gehöre „nicht wesentlich zum Inhalt des Grabstellenrechts“; die Verlängerung sei ein neuer Verleihungsakt, der bezüglich der Gebühr dem zur Zeit *dieses* Aktes geltenden Recht unterstehe. Damit,

---

[58] Ein Verzicht kann freilich nur angenommen werden, wenn der Berechtigte in Kenntnis und Anerkennung der Gebührenpflicht nicht zahlt. Soweit und solange gerade die Zahlungspflicht streitig ist, insbesondere darüber prozessiert wird, kann in der Weigerung kein Verzicht gesehen werden.

[59] Brunner, Deutsche Friedhofskultur, 1952, S. 42; Gaedke in der 1. Aufl. des Handbuchs S. 99; in der 2. Aufl. wird das Urteil nicht mehr erwähnt.

daß die im Jahre 1875 festgesetzten Gebühren über einen Zeitraum von 50 Jahren hinaus unverändert bleiben würden, habe „doch wohl schon damals kein vernünftiger Mensch gerechnet".

Der Ansatzpunkt des Württ. VGH ist zweifellos richtig. Die Gebührenhöhe gehört in der Tat „nicht wesentlich zum Inhalt des Grabstellenrechts" und damit auch nicht wesentlich zum Inhalt des Eigentums i. S. von Art. 14 GG, ihre dem Grabstelleninhaber nachteilige Änderung ist *Inhaltsbestimmung und Schrankenziehung des Eigentums*[60], *nicht Enteignung;* eine solche Schrankenziehung bedarf auch keines förmlichen Gesetzes[61]. Die Änderung laufender oder für bestimmte Zeitabschnitte zu entrichtender Gebühren durch Satzung oder Anstaltsordnung ist daher grundsätzlich zulässig und nur den auch sonst für das Gebührenrecht geltenden Schranken unterworfen[62]. Entgegen Sächs. OVG und Württ. VGH kann aber auch die nachträgliche Einführung einer Gebührenpflicht für eine gegen einmaliges Entgelt erworbene Grabstelle nicht (mehr) als unzulässig angesehen werden. Zwar ließe sich hier geltend machen, die Gegenleistung des Berechtigten sei ein für allemal erbracht, es gebe daher nachträglich nichts mehr zu „ändern". Aber man wird berücksichtigen müssen, daß sich die Verhältnisse seit dem oft lange zurückliegenden Erwerb der Erbbegräbnisstellen grundlegend geändert haben, und daß daher das einmal gezahlte Entgelt nicht mehr als eine adäquate Gegenleistung für eine heute noch — und möglicherweise noch auf unabsehbare Zeit — fortbestehende Nutzung angesehen werden kann. So vorsichtig man im Verwaltungsrecht mit der Verwendung der clausula rebus sic stantibus sein muß, wenn man den gerade im Staat-Bürger-Verhältnis besonders wichtigen Grundsatz des Vertrauensschutzes nicht erschüttern will: hier ist diese Klausel wirklich einmal angebracht. Dabei hat freilich das oft (auch von BGHZ 25, 200 [210] und von BVerwGE 11, 68 [73]) verwendete Argument einer zweimaligen Geldentwertung auszuscheiden. Dieses Argument hat, in bezug auf die Inflation nach dem ersten Weltkrieg, schon das Sächs. OVG (a.a.O. S. 167 f.) zurückgewiesen: wenn ein Recht gegen ein einmaliges Entgelt erworben und dieses Entgelt in damals vollwertiger Weise entrichtet worden sei, so sei für eine Aufwertung kein Raum; ob dieses Entgelt ein Kaufpreis oder eine einmalige Gebühr sei, spiele keine Rolle. Entscheidend ist dagegen, daß sich die vom Friedhofsträger zu erbringende Gegenleistung in nicht voraussehbarer Weise geändert hat. Sie besteht heute keineswegs mehr nur oder im wesentlichen in der Überlassung der Grabstelle. Vielmehr haben sich die allgemeinen Verwaltungskosten der Friedhöfe und hat sich insbesondere der Personalaufwand gegenüber einer

[60] Inhaltsbestimmung und Schrankenziehung werden im allgemeinen nicht unterschieden; a. A. Herbert Krüger, DÖV 1961, 725 ff.; vgl. auch Bachof, Verfassungsrecht (s. oben Anm. 3), S. 157 und JZ 1966, 225, Nr. 119.

[61] BVerfGE 8, 71 (79).

[62] Vgl. zu diesen Bachof, Verfassungsrecht, S. 302 ff.

Zeit, in der die Friedhofsunterhaltung noch weitgehend durch gering besoldete Invaliden wahrgenommen wurde, ganz unverhältnismäßig erhöht. Auch erfordern der gestiegene Raumbedarf und die Landknappheit in manchen Gemeinden so erhebliche Kosten für Erweiterungen und Neuanlagen von Friedhöfen, daß es unbillig wäre, allein die Neuerwerber von Grabstellen mit diesen Kosten zu belasten (oder aber die Kosten zum größeren Teil über den allgemeinen Haushalt auf die Steuerzahler abzuwälzen[63]), die Altinhaber von Erbgräbern aber für alle Zeit von der Beteiligung an diesen Kosten freizulassen. Ob man freilich so weit gehen kann, in einer solchen Freilassung einen Verstoß gegen den Gleichheitssatz zu erblicken und deshalb eine Belastung der Altinhaber mit einer erneuten Gebühr geradezu für *geboten* zu erachten[64], ist mir fraglich und könnte wohl nur in besonders kraß liegenden Fällen angenommen werden. Aber darauf kommt es auch nicht an. Die Veränderung der Verhältnisse ist jedenfalls mancherorts so wesentlich, daß sie die Auferlegung einer erneuten Gebühr für die weitere Nutzung von Erbbegräbnisstellen rechtfertigt. Dabei ist zu berücksichtigen, daß auf vielen Friedhöfen mehr als die Hälfte, in einigen Fällen sogar rund 80 v. H. aller Gräber Dauergrabstellen sind, und zwar auf älteren Friedhöfen meist ohne zeitliche Begrenzung. Oft werden solche Grabstellen von den Berechtigten auch dann beibehalten, wenn kein sachliches Bedürfnis mehr dafür besteht; es soll Familien geben, die über ein halbes Dutzend oder mehr solcher Grabstellen verfügen, welche entweder vorsorglich erworben oder im Laufe der Zeit durch Erbgang zusammengekommen sind. Der mit der Einführung der Gebührenpflicht verfolgte Nebenzweck (oder oft auch Hauptzweck?), überzählige Erbbegräbnisse an den Friedhofsträger zurückfallen zu lassen, muß unter diesen Umständen gleichfalls als legitim angesehen werden. Auch dieser Zweck wird aber hinreichend erfüllt durch die Gebührenpflicht als solche, es bedarf dazu nicht des zwangsweise herbeigeführten Erlöschens der Rechte.

Freilich ist auch eine Inhaltsbestimmung und Schrankenziehung des Eigentums nicht in das Belieben des Normgebers gestellt, auch sie muß vielmehr durch das öffentliche Interesse gerechtfertigt sein und den Grundsatz der Verhältnismäßigkeit wahren; sie muß dazu dienen, „das Eigentum gegen

[63] Ein *Teil* dieser Kosten wird in den meisten (politischen und Kirchen-) Gemeinden ohnehin vom allgemeinen Haushalt getragen.

[64] So, mit unterschiedlichen Begründungen, BVerwGE 11, 68 (73) und OVG Koblenz, AS 3, 123 (129): das erste Urteil mit dem Argument, der Gleichheitssatz verlange die Herstellung einer angemessenen Relation zwischen den Gebühren für Reihengrabstellen und Sondergrabstellen; das zweite Urteil mit der Erwägung, es bedeute einen Verstoß gegen die Gleichbehandlung der Gemeindemitglieder, wenn Haushaltsmittel zur Aufrechterhaltung von Vorteilen der Erbbegräbnisinhaber aufgewendet werden müßten. — A.A. das in Anm. 2 angeführte Urteil des VG Stuttgart: keine Ungleichheit, weil die Position der Dauerrechtsinhaber von derjenigen der Inhaber befristeter Wahlgräber verschieden sei.

übergeordnete oder gleichgeordnete kollidierende Werte abzugrenzen" [65]. Doch gibt dabei „die in Art. 14 II GG statuierte Sozialbindung des Eigentums dem Gesetzgeber einen verhältnismäßig weiten Beurteilungsspielraum" [66]. Daraus folgt, daß eine Belastung von Dauergrabrechten mit einer Gebühr nicht schon deshalb zulässig ist, weil eine solche Maßnahme aus mancherlei Gründen wünschbar sein mag. Vielmehr müssen die Verhältnisse so liegen, daß die Abwägung zwischen dem nach wie vor anzuerkennenden privaten Interesse an einem ungeschmälerten Bestand der Rechte und dem öffentlichen Interesse an einer Änderung es rechtfertigt, dem letzteren den Vorrang zu geben. Jedoch ist, anders als bei einer Enteignung, nicht die unbedingte Erforderlichkeit eines Eingriffs im Sinne einer ultima ratio zu verlangen. Der Grundsatz der Verhältnismäßigkeit verlangt weniger. Aber die Friedhofsträger und die zur Nachprüfung ihrer Maßnahmen berufenen Aufsichtsinstanzen und Gerichte sollten es sich bei der Prüfung der Voraussetzungen einer einschlägigen Regelung nicht zu leicht machen. Bloße Zweckmäßigkeitserwägungen vermögen einen Eingriff nicht zu rechtfertigen. Unsere Zeit neigt gelegentlich dazu, die Rationalität und das reibungslose Funktionieren der Verwaltung höher zu stellen als ihre strenge Legalität. Die Versuchung dazu ist, gerade von seiten des von der Fülle der Aufgaben geplagten und oft fast erdrückten Verwaltungsbeamten, sicher groß. Aber der demokratische Staat lebt vom Vertrauen seiner Bürger in seine Rechtlichkeit.

IX

Als Ergebnis ist festzuhalten:

1. Erbbegräbnisrechte sind durch Nutzungsverleihung erworbene, grundsätzlich unwiderrufliche subjektive öffentliche Rechte, die nur aus Gründen zwingenden Allgemeinwohlerfordernisses gegen Entschädigung entzogen werden können.

2. Solche Nutzungsrechte können aber, auch wenn sie gegen Zahlung einer einmaligen Gebühr (eines „Kaufpreises" oder dgl.) erworben wurden, durch Änderung der Gebührenordnung einer weiteren (laufenden oder zeitabschnittsweise zu erhebenden) Gebühr unterworfen werden, wenn dies unter Wahrung des Grundsatzes der Verhältnismäßigkeit zur Herstellung einer angemessenen Relation zwischen der finanziellen Belastung der Neuerwerber von Begräbnisstellen und der Altrechtsinhaber geboten ist.

3. Friedhofsordnungen, welche die Erbbegräbnisrechte zum Erlöschen bringen und gleichzeitig die Verlängerung solcher Rechte gegen Zahlung

---

[65] BVerwGE 16, 301 (304); ständige Rspr. Vgl. dazu BACHOF, Verfassungsrecht, S. 157 f. und JZ 1966, 225 f., Nrn. 119, 120.

[66] BVerfGE 8, 71 (80); unter „Gesetzgeber" wird hier jeder Normgeber verstanden, a.a.O. S. 79.

einer Gebühr ermöglichen, sind nur gültig, wenn sie einer verfassungskonformen Auslegung zugänglich sind. Einwandfrei verfassungskonform ist eine Auslegung nur, wenn sie das Recht als solches fortbestehen läßt, solange der Inhaber nicht darauf verzichtet. Ein Verzicht kann auch in der Weigerung erblickt werden, die Nutzung gegen Gebührenzahlung fortzusetzen.

4. Die Friedhofsträger sollten ihre die Erbbegräbnisrechte betreffenden Regelungen auch in der Formulierung an die gegebene Rechtslage anpassen.

Zur Notwendigkeit funktionalen Umdenkens des öffentlichen und privaten Vertragsrechts im leistungsintensiven Gemeinwesen

— Bemerkungen zum Musterentwurf eines Verwaltungsverfahrensgesetzes —

MARTIN BULLINGER

I

Als sich der Deutsche Juristentag im Jahre 1960 anschickte, die Frage einer Kodifikation des Allgemeinen Teils des Verwaltungsrechts zu erörtern, gehörte HANS PETERS zu den Rechtslehrern und hohen Richtern, die davor warnten, über ein reines Verfahrensgesetz hinauszugehen und die materiellen Grundsätze des Verwaltungsrechts gesetzlich zu fixieren, statt der wissenschaftlichen Weiterbildung Raum zu geben und behutsam von einzelnen Verwaltungszweigen und ihren Erfordernissen her allmählich differenzierte Rechtsregeln zu entwickeln [1]. Diese ablehnende Haltung besaß besonderes Gewicht, weil HANS PETERS ebenso wie etwa WERNER WEBER durch seine langjährige Tätigkeit in der aktiven Verwaltung über jeden Verdacht erhaben war, aus dem einseitigen Blickwinkel einer sachfremden akademischen Disziplin deren Gestaltungsfreiheit gegen gesetzgeberische Reglementierung zu verteidigen. Aber schon im Laufe der Diskussion des Juristentages zeigte es sich, daß vor allem Vertreter der Verwaltung und Anwälte einer Kodifikation zuneigten, wohl nicht zuletzt in der Erwägung, man müsse dem Verwaltungsbeamten ebenso wie dem Bürger und seinem Rechtsbeistand das beschwerliche Destillieren des allgemeinen Verwaltungsrechts aus Lehrbüchern und Gerichtsentscheidungen ersparen und ihnen

---

[1] HANS PETERS, NJW 1960, S. 1698; BARING, JR 1960, S. 241, später auch in: Staatsbürger und Staatsgewalt, Jubiläumsschrift, Karlsruhe 1963, S. 31 f.; WERNER, 43. DJT Bd. I (Gutachten) 2. Teil B, zusammenfassend S. 39 f.; SPANNER, ebenda 2. Teil A, insb. S. 28; WERNER WEBER, ebenda Bd. II (Sitzungsberichte) D 37 f.; IPSEN, ebenda D 77 f.; vgl. auch FORSTHOFF, Lehrbuch des Verwaltungsrechts 1. Bd. Allg. Teil 8. Aufl., München und Berlin 1961, S. 149. Aus den früheren ablehnenden Stellungnahmen seien herausgegriffen: PARTSCH, VVDStRL Heft 17 (1958), S. 236; SCHEUNER, ebenda S. 237 f. und DÖV 1955, S. 321 (322).

statt dessen klare gesetzliche Vorschriften an die Hand geben [2]. Immerhin beschränkte sich der Juristentag darauf, zu empfehlen, „konnexe Materien des Allgemeinen Verwaltungsrechts, insbesondere die Frage der Bestandskraft der Verwaltungsakte“ in die Regelung des Verwaltungsverfahrensgesetzes einzubeziehen [3].

Stärker auswirken konnte sich das Kodifizierungsstreben der Verwaltung in dem Bund-Länder-Ausschuß, der schließlich im Jahre 1963 den Musterentwurf eines Verwaltungsverfahrensgesetzes vorgelegt hat [4]. Denn in diesem Ausschuß waren ausschließlich die für das Verwaltungsverfahren zuständigen Ministerialreferenten vertreten; die Wissenschaft wurde in Gestalt dreier Vertreter des Verwaltungsrechts nur mündlich angehört [5], und die Verwaltungsgerichtsbarkeit, der die Fortbildung des allgemeinen Verwaltungsrechts zu einem guten Teil obliegt, wurde überhaupt nicht beteiligt. Der Musterentwurf hält sich mit seinen Vorschriften über die Nichtigkeit, die Heilung, die Rücknahme und den Widerruf von Verwaltungsakten [6] wohl noch im Rahmen dessen, was man auf dem Juristentag als konnexe Materien des allgemeinen Verwaltungsrechts ins Auge gefaßt hatte, wobei offen bleiben kann, ob die eine oder andere Regelung noch zum Verfahrensrecht oder bereits zum materiellen Verwaltungsrecht zu zählen ist [7]. Zweifelhaft dagegen muß es sein, ob die Bestimmungen des Entwurfs über die sachliche Zulässigkeit eines bestimmten Verwaltungshandelns, nämlich über die Zulässigkeit von öffentlich-rechtlichen Verträgen [8] und von belastenden Nebenbestimmungen eines Verwaltungsakts [9] noch einen genügenden Sachzusammenhang mit dem Verwaltungsverfahren aufweisen. Davon abgesehen können diese Bestimmungen, die Kernfragen des materiellen Verwaltungsrechts positivieren, als Prüfstein dafür dienen, ob die Bedenken, die von HANS PETERS, ULRICH SCHEUNER, FRITZ WERNER, HANS SPANNER, WERNER WEBER, HANS PETER IPSEN und anderen gegen eine Kodifikation des allgemeinen materiellen Verwaltungsrechts erhoben worden sind, sich auch gegenüber dem fertigen Gesetzentwurf bewähren oder ob das allgemeine Verwaltungsrecht durch ein Gesetzgebungswerk solcher Art erleichtert handhabbar werden könnte, wie die Verfechter der Gegenmeinung es erhofft haben.

[2] v. d. GROEBEN, 43. DJT Bd. II D 5 f., insb. D 13 f.; GALETTE, ebenda D 82 f.; REUSS, ebenda D 91 f.; WERNER VOGEL, ebenda D 111 f.; LUBBE, ebenda D 124; KÜLZ, ebenda D 118 f. Für eine begrenzte Regelung einzelner Fragen ULE, ebenda D 68 f. Zuvor schon im Sinne einer Kodifikation u. a. HUFNAGEL, DVBl. 1950, S. 559; KNIESCH, NJW 1960, S. 1696 f.

[3] Bd. II D 149.

[4] Köln und Berlin (Grote) 1964.

[5] Vgl. Allgemeine Begründung S. 55.

[6] §§ 33 Abs. 3, 34—39.

[7] Vgl. dazu WERNER WEBER, a.a.O., D 50; BETTERMANN, VVDStRL Heft 17 (1958), S. 120 f.

[8] §§ 40—42. [9] § 28.

Die Konnexität des öffentlich-rechtlichen Vertrages mit dem Verwaltungsverfahren und die Sinnhaftigkeit seiner Regelung im Musterentwurf können und sollen untersucht werden, ohne daß zugleich das Für und Wider des öffentlich-rechtlichen Vertrages im ganzen erörtert wird. Die umfangreiche Literatur zu diesem Fragenkreis [10] spiegelt eine Vielfalt von Meinungen wider, die alle gute Gründe für sich in Anspruch nehmen. Nicht darum geht es, ob der einen oder anderen Meinung der Vorzug zu geben ist, ob beispielsweise HANS PETERS mit seiner pragmatischen Anerkennung des öffentlich-rechtlichen Vertrages als eines teilweise legitimen Mittels der öffentlichen Verwaltung [11] oder dem Verfasser mit seinen grundsätzlichen Bedenken gegen den Vertragschluß in der Hoheitsverwaltung zwischen Staat und Bürger ohne besonderen Rückhalt im Gesetz [12]. Vielmehr gilt es allein zu prüfen, ob die Regelung des öffentlich-rechtlichen Vertrages im Musterentwurf eines Verwaltungsverfahrensgesetzes in sich sinnvoll ist oder nicht. Dieses Anliegen ist dringend. Denn die Annahme, der Entwurf könne sich ähnlich wie der Entwurf einer Verwaltungsrechtsordnung für Württemberg [13] von selbst überleben, ist nicht mehr gerechtfertigt, nachdem im Landtag von Schleswig-Holstein der Entwurf eines Allgemeinen Verwaltungsgesetzes eingebracht worden ist, der den Musterentwurf in sich aufgenommen hat und darüber hinaus bestrebt ist, weitere Materien des allgemeinen Teils des Verwaltungsrechts zu kodifizieren [14].

II

Bestimmungen über den öffentlich-rechtlichen Vertrag finden sich bisher in keinem Gesetz über das Verwaltungsverfahren, weder in dem österreichischen allgemeinen Verwaltungsverfahrensgesetz von 1925 noch in dem Berliner Verwaltungsverfahrensgesetz von 1958 [15]; die Verwaltungsrechts-

---

[10] Aus dem neueren Schrifttum seien genannt: IMBODEN, Der verwaltungsrechtliche Vertrag, Basel 1958; STERN, Zur Grundlegung einer Lehre des öffentlich-rechtlichen Vertrages, VerwArch. Bd. 49 (1958), S. 106 f.; SALZWEDEL, Die Grenzen der Zulässigkeit des öffentlich-rechtlichen Vertrages, Berlin 1958; APELT, Der verwaltungsrechtliche Vertrag, AöR Bd. 84 (1959), S. 249 f.; STEIN, Der Verwaltungsvertrag und die Gesetzmäßigkeit der Verwaltung, AöR Bd. 86 (1961), S. 320 f.; BULLINGER, Vertrag und Verwaltungsakt, Stuttgart 1962; BEINHARDT, Der öffentlich-rechtliche Vertrag im deutschen und französischen Recht, VerwArch. Bd. 55 (1964), S. 151 f. u. 210 f.; MARTENS, Normenvollzug durch Verwaltungsakt und Verwaltungsvertrag, AöR Bd. 89 (1964), S. 429 f.

[11] Lehrbuch der Verwaltung, Berlin-Göttingen-Heidelberg 1949, S. 154 f.; vgl. auch PETERS — SALZWEDEL, Die Kostenverteilung zwischen Straßenbaulastträgern und öffentlichen Verkehrsunternehmen, Berlin 1960, S. 39 f., 87 f., 117 f., 130 f.

[12] Vertrag und Verwaltungsakt, passim, insb. S. 48 f., 245 f.

[13] Stuttgart 1931.

[14] Entwurf vom 22. 12. 1965, Landtagsdrucks. Nr. V/650; vgl. hierzu v. d. GROEBEN, DVBl 1966, S. 289 f.

[15] Österreichisches Bundesgesetz über das allgemeine Verwaltungsverfahren vom 21. 7. 1925, BGBl Nr. 274; Berliner Verwaltungsverfahrensgesetz vom

ordnung für Württemberg, die in den Art. 47 f. auch den Vertrag regelte, war als Kodifikation des gesamten allgemeinen Verwaltungsrechts und nicht nur als Verfahrensgesetz konzipiert. Auch die Untersuchungen und Erörterungen, die dem Musterentwurf vorausgingen, befaßten sich nicht oder nur ganz beiläufig mit dem öffentlich-rechtlichen Vertrag. So ergibt der 1960 erstattete Bericht der Sachverständigenkommission für die Vereinfachung der Verwaltung beim Bundesministerium des Innern, an der auch Hans Peters beteiligt war, nichts zu dieser Frage [16]. In den Gutachten, Referaten und Diskussionsäußerungen ebenso wie in den wissenschaftlichen Beiträgen zum 43. Deutschen Juristentag von 1960 ist der öffentlich-rechtliche Vertrag als möglicher Gegenstand einer gesetzlichen Regelung selbst von den Verfechtern einer umfassenden Kodifikation nur am Rande erwähnt, sonst nicht erörtert und offenbar nicht als Annexmaterie des Verfahrensrechts ins Auge gefaßt worden [17]. So begab sich der Musterentwurf mit seiner zweiten und endgültigen Fassung — die erste Fassung enthielt noch nichts über den Vertrag — überraschend in Neuland.

Das spricht nicht von vornherein gegen den Entwurf. Denn in den Jahren seit 1960 war der öffentlich-rechtliche Vertrag, der nach der grundlegenden Monographie von Apelt [18] ein wenig in den Hintergrund getreten war, durch eine Reihe von Untersuchungen wissenschaftlich neu belebt worden, überwiegend mit dem Ziel, dem Vertrag neben dem Verwaltungsakt Anerkennung als legitime Handlungsform der öffentlichen Verwaltung auch gegenüber dem Bürger zu verschaffen. So konnte der Entwurf, darin ist seiner Begründung Recht zu geben [19], an dem Institut des öffentlich-rechtlichen Vertrages nicht vorbeigehen, wollte er nicht nur einen Teil der möglichen Verwaltungstätigkeit erfassen und ordnen, zumal manche gesetzliche Vorschriften unbestreitbar ein vertragliches Verwaltungshandeln vorsehen. Zu den Aufgaben des Musterentwurfs gehörte es daher, die Sonderprobleme des Verwaltungsverfahrens zu klären, das zu einem Verwaltungsvertrag hinführen soll, und zwar in ähnlicher Weise, wie Peter Lerche es für das Verfahren vor den Verwaltungsgerichten so fein differenzierend unternommen hat [20].

Wenn der Entwurf sich darauf konzentriert hätte, diese Verfahrensfrage zu klären, hätte er wohl kaum die Einwände herausgefordert, die von mancher Seite gegen die Vertragsbestimmungen geltend gemacht worden

2. 10. 1958, GVBl S. 951; vgl. Ule — Becker, Verwaltungsverfahren im Rechtsstaat, Köln und Berlin 1964, S. 9 f., 64.

[16] Bonn 1960; vgl. die Übersicht S. 177 f.

[17] Vgl. etwa Spanner, 43. DJT Bd. I 2. Teil B, S. 19; v. d. Groeben, 43. DJT Bd. II D 22; Kniesch, a.a.O., S. 1697 r. Sp. oben unter b.

[18] Der verwaltungsrechtliche Vertrag, Leipzig 1920, Neudruck Aalen 1964.

[19] S. 73 unter 6. 7.

[20] Die verwaltungsgerichtliche Klage aus öffentlich-rechtlichen Verträgen, in: Staatsbürger und Staatsgewalt, Jubiläumsschrift, Bd. II, Karlsruhe 1963, S. 59 f.

sind [21]. Schon auf den ersten Blick aber zeigt sich, daß der Entwurf die Verfahrensfragen an den Rand rückt; denn nur zwei der neun Paragraphen, die dem Vertrag gewidmet sind, betreffen das Verfahren. § 44 schreibt die Schriftform vor; § 47 gestattet es beiden Vertragspartnern, der öffentlichen Seite unter gewissen Kautelen, sich der sofortigen Vollstreckung zu unterwerfen. Im übrigen verweist § 48 auf die nicht vertragsbezogenen allgemeinen Verfahrensvorschriften des Musterentwurfs und zuguterletzt auf die Vorschriften des Bürgerlichen Gesetzbuchs, die keinen Aufschluß über spezifische Probleme des Verwaltungsverfahrens geben. Wesentliche Punkte bleiben damit offen, weniger für den Vertragschluß zwischen Verwaltungsträgern, den sog. koordinationsrechtlichen Vertrag, der ohnehin geringere Probleme aufwirft und deshalb im Rahmen dieser Untersuchung auch im wesentlichen außer Betracht bleibt, als vielmehr für den verwaltungsakt-ersetzenden Vertragschluß zwischen Staat und Bürger, den sog. subordinationsrechtlichen Vertrag, den § 40 Abs. 2 mit Recht gesondert berücksichtigt. So wäre zu überlegen, ob nicht der am Vertrag beteiligte Bürger von der Behörde darüber belehrt werden müßte, daß er sich mit dem Einlassen auf den Vertragsschluß der Möglichkeit begibt, von der Behörde eine einseitig-verantwortliche, gesetzmäßige Entscheidung zu verlangen und gegen diese Entscheidung notfalls ein Rechtsmittel einzulegen; damit wäre ein rechtsstaatlich wünschenswerter Ausgleich für die Anhörung der Beteiligten (§ 27) und für die Rechtsmittelbelehrung geschaffen, die beide bei einem Vertragsschluß keinen Sinn haben. Für rechtsunkundige Bürger müßte vielleicht bei schwerwiegenden Vertragsschlüssen von Amts wegen ein Vertreter bestellt oder, wenn es finanziell zumutbar ist, ein Anwaltszwang auferlegt werden, um einer Übervorteilung vorzubeugen, weil die Behörde anders als bei der hoheitlichen Entscheidung einen Teil der Verantwortung auf den Bürger abwälzt. Zu erwägen wäre auch eine Bedenkzeit für den Bürger [22]. Diese und andere Rechtsfragen eines Verwaltungsverfahrens, das in einen Vertragsschluß münden soll, sind im Musterentwurf nicht angerührt. Er befaßt sich, seiner eigentlichen Zielsetzung nicht so sehr entsprechend, kaum mit Verfahrensregeln, dafür um so mehr mit Gegenständen des materiellen Verwaltungsrechts.

---

[21] Spanner, DVBl 1964, S. 845 (849); Baring, DVBl 1965, S. 180 (181 f.); Pötter, Der Staat, Bd. 3 (1964), S. 183 (184 f.). Befürwortet werden die Vertragsbestimmungen hingegen von Kratzer, BayVBl 1964, S. 275 f. und 1965, S. 16 und Ule — Becker, a.a.O., S. 65 f.; vgl. auch Zum Musterentwurf eines Verwaltungsverfahrensgesetzes (Ergebnisse eines Planspiels), Speyer 1966, S. 91 f. Im übrigen beschränken sich die Besprechungen des Musterentwurfs meist darauf, über den Inhalt der Vertragsbestimmungen zu berichten, können also nicht als Stellungnahme für oder gegen diese Vorschriften gewertet werden. Die neue Abhandlung von Redeker, DÖV 1966, S. 543 enthält eine grundsätzliche Zustimmung zum Entwurf, bringt aber erhebliche Kritik im einzelnen zum Ausdruck.

[22] Auf die besondere Schutzbedürftigkeit des Bürgers beim Vertragsschluß weist Baring hin, DVBl 1965, S. 180 (184).

Die zahlenmäßig wie ihrem rechtlichen Gewicht nach dominierenden materiellen Vertragsnormen müßten in ihrer Gesamtheit einen Sachzusammenhang mit dem Verfahrensrecht aufweisen, wenn sie in einem Verfahrensgesetz Platz finden wollen. Das anzunehmen fällt aber selbst dann schwer, wenn man in seinen Erwägungen von der Begründung des Entwurfs ausgeht. Nach dieser Begründung sollte das materielle Verwaltungsrecht nur *ausnahmsweise* geregelt werden, und zwar ausschließlich Grenzgebiete, „die so eng mit verfahrensrechtlichen Fragen zusammenhängen, daß eine sinnvolle Regelung des Verfahrensstoffs ihre gleichzeitige Behandlung in dem Verfahrensgesetz erfordert oder zumindest rechtfertigt“ [23]. Als derart mit-regelungsbedürftige Randmaterien hat der Entwurf beim Verwaltungsakt die Fehlerfolgen und die Rechtsbeständigkeit betrachtet und normiert [24], ob zu Recht und in besonders glücklicher Weise, mag hier offenbleiben. Eine Parallele dazu bilden die Vorschriften über die Nichtigkeit und die Kündigung des öffentlich-rechtlichen Vertrages [25]. Hier werden jeweils nicht die gesetzlichen oder rechtsgrundsätzlichen *Voraussetzungen* für den Erlaß einer rechtmäßigen Verwaltungsmaßnahme normiert, sondern lediglich die *Folgen*, die sich aus einem Fehlen dieser Voraussetzungen für den Bestand des Verwaltungshandelns ergeben, darüber hinaus allgemein die Regeln über den Fortbestand eines Verwaltungshandelns. Die materiellrechtlichen Anforderungen an das Verwaltungshandeln sollten nach der Begründung des Entwurfs ausgeklammert werden. Wörtlich heißt es [26]: „Auf die Normierung von Grundsätzen des Verwaltungshandelns (Rechtmäßigkeit des Verwaltungshandelns, Ermessen, Verhältnismäßigkeit der Maßnahmen und Mittel) wird in dem Entwurf allgemein verzichtet. Derartige Grundsätze gehören weder zum Verfahrensrecht noch zu dessen annexen Materien.“ Diese Erkenntnis und die ihr entsprechende kluge Selbstbeschränkung des Entwurfs verdienen alle Anerkennung. Wer freilich hofft, die so gezogenen Schranken konsequent beachtet zu finden, muß sich ein wenig enttäuscht sehen. Denn die grundlegenden Vorschriften des Entwurfs über den öffentlich-rechtlichen Vertrag (§§ 40—42) betreffen nichts anderes als eben die Rechtmäßigkeit des Verwaltungshandelns, die ausgespart werden sollte. Während § 27 für den Verwaltungsakt nur eine Definition gibt und die Frage, unter welchen Voraussetzungen ein Verwaltungsakt erlassen werden darf, mit Recht den Sachgesetzen und ihren Einzelermächtigungen überläßt, enthält § 40 Abs. 1 eine Generalklausel über die sachliche *Zulässigkeit* des Abschlusses von öffentlich-rechtlichen Verträgen, und § 42 bestimmt in Verbindung mit § 40 Abs. 2, in welchem Rahmen eine Behörde für ihre Amtshandlungen gegenüber dem Bürger im Vertragswege Gegenleistungen aushandeln dürfe. Etwas weniger verfahrensfern als diese Bestimmungen über die Vertragsfreiheit (§ 40) und das Tauschgeschäft (§ 42)

[23] S. 71. [24] §§ 33 Abs. 3, 34—49. [25] §§ 45, 46.
[26] Begründung S. 73 f. unter 6.8.

wirkt auf den ersten Blick die Vorschrift über den Vergleichsvertrag (§ 41 i.V.m. § 40 Abs. 2), weil hier Assoziationen zum prozeßrechtlichen Vergleich geweckt werden. In § 41 geht es aber um die materiellrechtliche Komponente des Sichvergleichens, um Verfügungsmacht und Verfügung über ein Rechtsverhältnis, während beim prozeßrechtlichen Vergleich die Verfahrenswirkungen im Vordergrund stehen und die materiellrechtliche Komponente vielleicht allzusehr als Nebensache (Annex) erscheint, so daß etwa die Neigung besteht, den Prozeßvergleich aus Verfahrenserwägungen über die Schranken des materiellen Verwaltungsrechts, insbesondere über die Grenzen des Ermessens und damit der Verfügungsbefugnis der Verwaltung hinweggehen zu lassen. Jedenfalls geben die §§ 40—42 des Entwurfs der Verwaltung materiellrechtliche, sachliche Handlungsfreiheit und bestimmen deren Grenzen; das Gegenstück beim Verwaltungsakt wären Ermessensermächtigung und Ermessensschranken, Fragen also, die nach der eigenen Begründung des Entwurfs nicht zu den Annexmaterien eines Verfahrensgesetzes zählen.

Die innere Inkonsequenz des Entwurfs beschränkt sich freilich nicht auf den Abschnitt über den öffentlich-rechtlichen Vertrag. Im Abschnitt über das „Zustandekommen des Verwaltungsakts" findet sich zwar keine dem § 40 vergleichbare Generalermächtigung des Inhalts, die Behörde dürfe einen Verwaltungsakt erlassen, wenn das Gesetz nichts anderes bestimme, und auch keine Ermächtigung zu einer vergleichsweisen Entscheidung. Der Austauschvertrag des § 42 dagegen erhält eine bemerkenswerte Parallele in § 28, der u. a. die Zulässigkeit belastender Nebenbestimmungen regelt, die einer begünstigenden Ermessensentscheidung als eine Art von Austauschbelastung des Begünstigten beigegeben werden dürfen. Eine solche Pauschalermächtigung zur Belastung des Bürgers aber, die verfassungsrechtlich ohnehin nicht unbedenklich ist, darf in einem Verfahrensgesetz wohl ebensowenig Platz finden wie die pauschale Ermächtigung zu vertragsmäßigem Verwaltungshandeln.

Die Einzelbegründung zum öffentlich-rechtlichen Vertrag sucht darzutun, für eine allgemeine Regelung und Zulassung des öffentlich-rechtlichen Vertrages bestehe ein dringendes praktisches Bedürfnis [27]. Das besagt aber kaum etwas für eine Regelung im Rahmen eines Verwaltungsverfahrensgesetzes. Ein viel dringenderes praktisches Bedürfnis könnte vielleicht für eine Klärung anderer Fragen des allgemeinen Verwaltungsrechts angeführt werden, etwa für ein genaueres Abstecken des Gesetzesvorbehalts in der Leistungsverwaltung oder im sog. besonderen Gewaltverhältnis, ohne daß der Entwurf sich dieser Anliegen angenommen hätte oder hätte annehmen können. Denn solche Rechtsfragen müssen, soweit sie angesichts ihrer Bezogenheit auf die Verfassung und auf konkrete Verwaltungsbereiche über-

[27] S. 185 f., insb. S. 187 f.

haupt gesetzlich und generell geregelt werden können[28], einer sachgesetzlichen Normierung überlassen bleiben. Entsprechende Vorschriften in einem Verfahrensgesetz segeln unter falscher Flagge und könnten das Gesetzgebungsverfahren unter dem Aspekt einer sinnvollen Gestaltung des Verwaltungsverfahrens, also unter einem falschen Aspekt passieren, ohne daß die notwendigen, spezifisch materialen Rechts- und Verfassungserwägungen angestellt wären[29].

III

Diese Einwände gegen den Musterentwurf verfangen freilich nicht bei dem geplanten schleswig-holsteinischen Gesetz, das eine Kodifikation des allgemeinen Verwaltungsrechts schlechthin anstrebt und damit auch den Vorschriften über den öffentlich-rechtlichen Vertrag, die mit dem Musterentwurf inkorporiert sind[30], eine legitime Heimstätte geben könnte. Deshalb ist es wichtig, zu untersuchen, ob die Vertragsklauseln des Musterentwurfs in sich sinnvoll und so gestaltet sind, daß sie im Sinne der Befürworter einer Kodifikation des allgemeinen Verwaltungsrechts dessen Allgemeinverständlichkeit und Praktikabilität fördern.

Schon die erste und grundlegende Vorschrift des § 40 läßt aber befürchten, daß merkliche Diskrepanzen zwischen Wortlaut und Begründung das Verständnis erschweren könnten. Ein Rechtsverhältnis auf dem Gebiet des öffentlichen Rechts kann, so heißt es in § 40, durch Vertrag begründet, geändert oder aufgehoben werden (öffentlich-rechtlicher Vertrag), soweit Rechtsvorschriften nicht entgegenstehen. Diese Formel, die im wesentlichen mit Art. 47 des Entwurfs einer Verwaltungsrechtsordnung für Württemberg übereinstimmt, drückt wohl nach ihrem Wortsinn aus, daß auch im öffentlichen Recht *Vertragsfreiheit* im Sinne der Abschluß- wie der inhaltlichen Gestaltungsfreiheit bestehen soll, freilich nicht anders als im Privatrecht nur im Rahmen der Gesetze. Ob wirklich eine solche Parallelität zwischen dem Schuldrecht des BGB und dem Verwaltungsrecht gemeint ist, wird aber fraglich, wenn man aus der Begründung erfährt[31], der Grundsatz der Vertragsfreiheit, der das Privatrecht beherrsche, könne im öffentlichen Recht nur sehr beschränkt Geltung beanspruchen; denn die Verwaltung bleibe an alle rechtsstaatlichen Schranken zugunsten des einzelnen gebunden, z. B. an das Willkürverbot, und dürfe ihre hoheitlichen Rechte, die durch einen numerus clausus bestimmt seien, nicht durch Vertrag erweitern. Noch prononcierter hat ein Mitglied des Entwurfsausschus-

[28] Vgl. Ipsen, a.a.O., D 78.

[29] Auf diese Gefahr hat vor allem Werner Weber hingewiesen, a.a.O., D 50.

[30] §§ 119—127, wobei § 127 in der Formulierung geringfügig von § 48 des Musterentwurfs abweicht. Die Begründung (LT Drucks. V/650, S. 132 f., 225 f.) entspricht im wesentlichen der Begründung des Musterentwurfs.

[31] S. 193.

ses, HANS-JOACHIM KNACK, den § 40 dahin verstanden, die vertragliche Regelung dürfe „nur Vollzug des Gesetzes sein" und von dem Bürger nichts fordern, wozu die Behörde nicht gesetzlich berechtigt sei [32]. Wenn in dieser Weise gebundener Gesetzesvollzug statt Vertragsfreiheit gemeint sein sollte, was im Wortlaut des § 40 freilich kaum hinreichenden Ausdruck gefunden hat, so muß man sich fragen, welche spezifische Rolle eigentlich dem Vertrag neben dem Verwaltungsakt zugedacht ist, weshalb zugunsten des Vertrages die Wandlung des passiven Untertanen zum aktiven Staatsbürger beschworen und praktische Notwendigkeiten angeführt werden [33].

Diese Frage löst sich vielleicht dadurch, daß dem öffentlich-rechtlichen Vertrag an anderer Stelle der Begründung deutlich die Funktion zugewiesen wird, der Verwaltung mehr Gestaltungsfreiheit zu geben als der Verwaltungsakt. Durch das Mittel des Vertrages sollen danach [34] „gerade die aus der Norm fallenden atypischen Tatbestände gerecht und befriedigend geregelt werden, was bei Anwendung der notwendig typisierenden rechtsatzmäßigen Regelung häufig Schwierigkeiten" bereite. Soll also der Vertrag der Verwaltung die Möglichkeit geben, sich selbst in atypischen Fällen vom Gesetz zu dispensieren, und damit der Exekutive das allgemeine Dispensationsrecht zurückgewähren, dessen Verlust im Zuge der Entwicklung zur konstitutionellen Monarchie von REINHARD MUSSGNUG so anschaulich dargestellt worden ist [35]? Dieser Verdacht könnte durch § 41 des Entwurfs genährt werden, der einen Vergleichsvertrag zwischen Staat und Bürger ohne jede Einschränkung, also auch in gesetzlich zwingend geregelten Verwaltungsangelegenheiten und damit contra legem gestattet, während § 106 der Verwaltungsgerichtsordnung einen Vergleich vor Gericht nur soweit zuläßt, als Behörde und Bürger über den Gegenstand der Klage verfügen können, d. h. wohl nur im Rahmen behördlichen Ermessensspielraums [36].

---

[32] Der öffentlich-rechtliche Vertrag im Musterentwurf eines Verwaltungsverfahrensgesetzes, DVBl 1965, S. 709 (S. 711 linke Spalte); vgl. auch die Begründung zum Entwurf, S. 196, zu § 42 Abs. 1, erster Satz.

[33] Vgl. etwa Begründung S. 187 f., 190.

[34] Begründung S. 193 oben.

[35] Der Dispens von gesetzlichen Vorschriften, Heidelberg 1964, insb. S. 42 f.

[36] Darauf hat mit Recht FRANZ BECKER aufmerksam gemacht; vgl. ULE — BECKER, a.a.O., S. 65 f. Freilich neigt die Praxis dazu, das Erfordernis der Verfügungsmacht nicht materiellrechtlich, sondern „prozessual" zu verstehen und im Falle eines ernstlichen Zweifels über die Rechtslage einen Prozeßvergleich zuzulassen, falls nicht öffentliche Interessen entgegenstehen. Darüber und über die Ausstrahlung dieser Handhabung der VwGO auf das materielle Verwaltungsrecht BACHOF, JZ 1966, S. 443 Ziff. 274; vgl. auch GÜTZKOW, DÖV 1966, S. 555. M. E. müßten die Dinge anders gesehen werden: die Behörde darf belastende Maßnahmen nicht vornehmen und nicht aufrechterhalten, wenn ernstliche Zweifel an der Berechtigung bestehen (in dubio pro cive) und diese Zweifel sich nicht durch ein zumutbares Maß an Amtsermittlung ausräumen lassen. Die Behörde hat also in einem solchen Fall kein Verfügungs*recht*, sondern eine Verschonungs- oder

Auch die Begründung zu § 40 Abs. 2 [37] will den Vertrag als ein aliud zum Gesetzesvollzug kennzeichnen, weil der Konsens eine Lösung ermögliche, „für die der strenger gebundene und mithin weniger elastische Verwaltungsakt versagen müßte". Zum Austauschvertrag ist bemerkt [38], die Gegenleistung des Bürgers bestehe „gerade typisch in einer Verpflichtung, die ihm mangels Rechtsgrundlage durch Verwaltungsakt nicht auferlegt werden könnte". So spricht manches dafür, daß dem öffentlich-rechtlichen Vertrag nach den Intentionen des Musterentwurfs weniger die Rolle eines Mittels des Gesetzesvollzuges als vielmehr die Rolle zugedacht ist, den Gesetzesvorbehalt und die Gesetzesbindung der Verwaltung zu überwinden, wobei andererseits nicht zu übersehen ist, daß die Begründung zum Entwurf an manchen Stellen Wert darauf legt, den Vertragschluß doch wieder unter das Gesetz zu stellen [39].

Auch sonst zeigt es sich, daß die Konzeption des öffentlich-rechtlichen Vertrages als eines gegenüber dem Verwaltungsakt elastischeren Instrumentes der Verwaltung nicht folgerichtig durchgeführt ist. § 28 des Entwurfs ermöglicht es der Verwaltung, einem begünstigenden Ermessensakt ohne besondere gesetzliche Grundlage eine belastende Nebenbestimmung beizufügen, sofern nur die Belastung der Zweckbestimmung des Verwaltungsakts *nicht zuwiderläuft* [40]; als Gegenleistung für die Begünstigung können also beliebige, von der Begünstigung her gesehen sachfremde Vorteile für den Verwaltungsträger erwirkt werden, vorausgesetzt, daß die Begünstigung und der erwirkte Austauschvorteil nicht in eine Zweckkollision geraten, was um so weniger der Fall sein wird, je weiter sich der Austauschvorteil vom Zweck der Begünstigung entfernt. § 42 dagegen verlangt für den offenen Austauschvertrag, die Gegenleistung des Bürgers müsse angemessen sein und in *sachlichem Zusammenhang* mit der vertraglichen Verpflichtung der Behörde stehen. Der Austausch-Verwaltungsakt gibt der Behörde danach einen merklich größeren Spielraum als der Austauschvertrag, und so könnte der Entwurf zum Anreiz dafür werden, vom Abschluß öffentlichrechtlicher Verträge auf den weniger reglementierten Erlaß von Verwaltungsakten mit belastenden Nebenbestimmungen überzugehen. Das ist nicht unbedingt ein Beleg für die größere Elastizität des öffentlich-rechtlichen Vertrages und für das praktische Bedürfnis nach der Zulassung dieses Vertrages, von denen der Entwurf ausgeht.

Überhaupt würde es, sollte der Musterentwurf zum Gesetz werden, den Verwaltungsbehörden nicht leichter als bisher gemacht, zu beurteilen, ob

---

Entlastungs*pflicht*, und es besteht kaum ein Anlaß, ihr die Möglichkeit zu geben, für dieses ihr pflichtmäßiges Verhalten im Wege eines „Vergleichs" eine Gegenleistung auszuhandeln.

[37] S. 195 oben. [38] S. 197. [39] So etwa S. 190, 191.

[40] Die allgemeinen Rechtsgrundsätze des Verwaltungsrechts werden bisher wohl überwiegend so verstanden, daß die belastende Nebenbestimmung in sachlichem

sie sich des öffentlich-rechtlichen Vertrages bedienen sollen und dürfen. Nach dem Wortlaut des § 40 sieht es so aus, als sei der öffentlich-rechtliche Vertrag neben dem Verwaltungsakt zur gleichwertigen Handlungsform erhoben und zulässig, soweit Gesetze den Vertragsschluß nicht klar verbieten oder einschränken. Die Begründung zum Entwurf verlangt dagegen von dem Verwaltungsbeamten eine tiefgründige Interpretation des Gesetzes[41]. Ob Rechtsvorschriften dem Vertragsschluß entgegenstünden, lasse sich nämlich vielfach nicht auf den ersten Blick erkennen. Ein Verbot könne sich „sinngemäß aus dem Gesamtinhalt eines Gesetzes" ergeben, etwa aus seiner abschließenden, ausführlichen und formenstrengen Regelung. Ins Positive gewendet, bedeutet das kaum etwas anderes, als daß aus dem Gesamtinhalt eines Gesetzes entnommen werden muß, ob das Gesetz eine vertragliche Regelung ermöglichen, zulassen, offenhalten will oder nicht. Damit wird in der Begründung des Musterentwurfs nicht wesentlich weniger an gesetzlicher Deckung des Vertragsschlusses verlangt als von denjenigen, die den öffentlich-rechtlichen Vertrag als atypische Regelungsform im Verhältnis Staat — Bürger nur aufgrund einer spezialgesetzlichen Ermächtigung zulassen wollen[42]. Zudem wird die Schriftform für den öffentlich-rechtlichen Vertrag nach § 43 des Entwurfs unter anderem damit begründet[43], der Vertrag sei auch weiterhin im Gegensatz zum Zivilrecht als „atypische Regelung" gegenüber dem eingebürgerten Verwaltungsakt anzusehen.

Diese Schwierigkeiten, den eigentlichen Sinn der Vertragsbestimmungen des Musterentwurfs zu erfassen, werden nicht dadurch vermindert, daß die Nichtigkeitsgründe für den öffentlich-rechtlichen Vertrag zwischen Staat und Bürger teils in Anlehnung an die Regeln für den Verwaltungsakt, teils durch eine Globalverweisung auf das Vertragsrecht des BGB bestimmt sind (§ 45 i.V.m. § 40 Abs. 2). Zwar ist das Bestreben anzuerkennen, anders als im Entwurf einer Verwaltungsrechtsordnung für Württemberg nicht einfach das BGB zu übernehmen[44], sondern Sonderregeln zu suchen, die auf das Handeln der öffentlichen Verwaltung zugeschnitten sind und gewissermaßen das „Öffentlichrechtliche" des Vertrages zum Ausdruck bringen. Auf der anderen Seite werden nicht nur die Nichtigkeitsgründe des bürgerlich-rechtlichen Vertrages und des Verwaltungsakts, son-

---

Zusammenhang mit der Begünstigung stehen muß; vgl. PETERS, Lehrbuch S. 162; PETERS — SALZWEDEL, a.a.O., S. 89 f.; FORSTHOFF, a.a.O., S. 198 f.; weiter jedoch H. J. WOLFF, Verwaltungsrecht I, 6. Aufl., München und Berlin 1965, § 49 II, S. 286 f.; vgl. auch BULLINGER, a.a.O., S. 64.

[41] S. 191 f.

[42] Zum Beispiel von STERN, a.a.O., S. 149.; in etwas anderem Sinne von BULLINGER, Vertrag und Verwaltungsakt, S. 249, vgl. auch S. 45 f.

[43] S. 198.

[44] Vgl. insb. Art. 48, 188 f., 202 des EVROWttbg.

dern Vertrag und Verwaltungsakt selbst in eine schwer durchschaubare Gemengelage gebracht.

Diese Gemengelage könnte mit darauf beruhen, daß der Musterentwurf nicht klärt, ob Inhalt des öffentlich-rechtlichen Vertrages nur die wechselseitige Verpflichtung der Behörde und des Bürgers zu bestimmten Verhaltensweisen sein soll, die dann als „Erfüllungsgeschäfte“ ihre normale Rechtsnatur als Verwaltungsakt, Plan, Zahlung, Übereignung, Verzicht auf Rechtsmittel, Übernahme eines öffentlichen Amtes usw. behalten, oder ob zumindest die vertraglich vereinbarte Entscheidung der Behörde ihre normale Rechtsnatur verliert und zur Vertragserklärung wird — dafür spricht wohl das Erfordernis der Zustimmung eines belasteten Dritten zum *Vertrag* nach § 44 des Musterentwurfs. Die klare Trennung zwischen Verpflichtungs- und Erfüllungsgeschäft, die Redeker in seiner verdienstvollen kritischen Würdigung des Musterentwurfs vorschlägt[44a], wäre vor allem für Verträge mit „Außenwirkung“, aber auch sonst zu empfehlen, weil dadurch eine Quelle von Unklarheiten und Schwierigkeiten beseitigt werden könnte. So wäre beispielsweise im Falle der Vereinbarung einer Verkehrsbehörde mit einer Filmgesellschaft über eine kurzfristige Verkehrssperre für Außenaufnahmen deutlich, daß die Verkehrssperre selbst nicht Vertragscharakter erhält, sondern Verwaltungsakt bleibt, als Belastung der Verkehrsteilnehmer einer normalen gesetzlichen Ermächtigung bedarf und von den Betroffenen wie jeder andere Verwaltungsakt angegriffen werden kann. Vertragscharakter hat, falls nicht die Rechtsvorstellung einer hoheitlichen Zusicherung dem Rechtsvorgang besser entspricht, allein die Zusage der Sperre und der Gegenleistung. Die Vertragsproblematik beschränkt sich dann etwa darauf, ob die Verkehrsbehörde eine vertragliche Vorbindung eingehen und für diese Vorbindung eine Gegenleistung verlangen darf, ob im Falle der Unzulässigkeit der zugesagten Sperre der Vertrag nichtig ist und ob die Filmgesellschaft Schadensersatz oder wenigstens Rückgabe ihrer Gegenleistung verlangen kann, wenn die Sperre aus diesem Grunde unterbleibt. Die Fehlerproblematik wird damit zweistufig, und die vertraglichen Fehlergründe können von den Fehlergründen des zugesagten Verwaltungsakts oder anderer zugesagter Leistungen unterschieden werden, während § 45 des Musterentwurfs sie ineinanderschiebt, womit zugleich Vertrag und hoheitliche Entscheidung samt ihren verschiedenen Rechtsfragen durcheinandergeraten.

Nach alledem kann man sich dem Eindruck kaum verschließen, daß der öffentlich-rechtliche Vertrag, jedenfalls der Vertrag zwischen Staat und Bürger, nach dem Musterentwurf in einem Zwielicht bleibt, in dem Zwielicht zwischen einseitig-verantwortlicher Entscheidung und vertraglichem Aushandeln, zwischen Gesetzesvollzug und Selbstdispens von der Gesetzesbindung, zwischen gleichwertig-legitimer Handlungsform eigener Prägung und atypischer Mischform.

[44a] DÖV 1966, S. 543 f.

Dem Musterentwurf erwächst aus der Unausgeglichenheit seiner Vertragsregelung im Grunde kein Vorwurf. Denn er erweist sich damit nur als Spiegelbild der Verwaltungsrechtslehre, die hier bemerkenswert kontrovers ist und aus der Vielfalt der Positionen noch keine genügend einheitliche, durchgeformte und ausgereifte Konzeption hat entstehen lassen. Was dem Musterentwurf vielleicht zur Last gelegt werden darf, ist die Vorstellung, es sei möglich, eine noch unausgereifte Materie des allgemeinen Verwaltungsrechts in ihrer Unausgeglichenheit in gesetzliche Vorschriften zu gießen und dadurch zu klären [45], zu klären vor allem für die Verwaltungspraxis. Man hat wohl zu wenig beachtet, daß auch ein führender Verfechter der Kodifizierung des allgemeinen Verwaltungsrechts, KLAUS v. d. GROEBEN, von der Kodifikation alle wesentlich ungelösten, noch nicht voll durchdachten Probleme ausnehmen wollte, wenn er auch nicht letzte Reife verlangte [46]; der öffentlich-rechtliche Vertrag war damit nicht ausdrücklich angesprochen, aber sinngemäß wohl mitumfaßt. So, wie die Vertragsbestimmungen des Musterentwurfs konzipiert sind, bleibt der öffentlich-rechtliche Vertrag jedenfalls verfahrensrechtlich wie materiell-rechtlich eine offene Frage, die zu bewältigen weiterhin der Verwaltungspraxis, der Wissenschaft und vor allem der Rechtsprechung aufgetragen bleibt, zumal Verwaltungs- und Verfassungsgerichte prüfen müßten, ob eine Generalermächtigung zum Vertragsschluß mit der Verfassung vereinbart werden kann.

IV

Die Vertragsbestimmungen des Musterentwurfs könnten vielleicht, mögen sie auch ihr eigentliches Ziel einer Erleichterung der Verwaltungspraxis verfehlen, doch als zukunftweisendes Experiment die Wissenschaft befruchten. Sie nehmen nach ihrer Begründung für sich in Anspruch, das allgemeine Verwaltungsrecht von OTTO MAYER zu lösen und den Erfordernissen der modernen Verwaltung anzupassen [47]. Die Frage ist aber, ob nicht diese Bestimmungen gerade umgekehrt auf das Verwaltungsrechtsbild OTTO MAYERS zurückführen und Ansätze zu einem neuen Verständnis unbeachtet lassen, die geeignet sein könnten, den Sachanliegen vor allem der Leistungsverwaltung besser gerecht zu werden.

Dem methodischen Stande der Rechtswissenschaft zur Zeit OTTO MAYERS entspricht schon das Ziel der Kodifikation eines allgemeinen Verwaltungsrechts, ob ganz oder in wesentlichen Teilen. OTTO MAYER hat das allgemeine Verwaltungsrecht als ein Gegenstück zum allgemeinen Teil des BGB konstruiert, und diese Parallelkonstruktion gesetzlich zu verfestigen hieße, ihr zu dem ursprünglich erstrebten Gleichrang mit dem Bürgerlichen Recht

---

[45] Dieser Einwand ist mit Recht erhoben worden von SPANNER, DVBl 1964, S. 845 (849); BARING, DVBl 1965, S. 180 (181 f.); PÖTTER, a.a.O.

[46] 43. DJT Bd. II D 32. [47] S. 185 f.

zu verhelfen. Der öffentlich-rechtliche Vertrag zwischen Staat und Bürger ist davon nicht ausgenommen, denn Otto Mayer hat ihn nicht der Sache nach, sondern nach einigem Zögern und Schwanken nur als *Vokabel* verworfen und durch den Verwaltungsakt auf Unterwerfung ersetzt, weil er annahm, der staatliche Wille setze sich *begrifflich* auch im Falle einer Einigung mit dem Bürger letztlich einseitig durch [48]. An der Sache ändert es nicht sehr viel, wenn der Entwurf wieder die Vokabel „Vertrag" verwendet, zumal er wesentliche Regeln des Erlasses von Verwaltungsakten für den Vertragschluß übernimmt.

Bemerkenswert ist jedenfalls, daß der Musterentwurf an dem Idealbild eines sachfernen „Allgemeinen Teils", das aus dem Vernunftrecht herrührt, für das Verwaltungsrecht festhält, obwohl dieses Idealbild im Bürgerlichen Recht zunehmend einem Streben nach begriffsdurchstoßender, sachnaher Differenzierung Platz macht, beispielsweise im Recht der Juristischen Person [49], und obwohl auch in der Verwaltungsrechtslehre, wie die Kritik an den Kodifikationsplänen gezeigt hat, die allgemeinen Lehren mehr und mehr nicht als selbständiges Begriffs- und Regelsystem verstanden werden, sondern als anpassungsfähige Leitbilder für das sachbezogene, differenzierende rechtliche Verständnis der einzelnen Verwaltungsgebiete und Verwaltungsrechtsvorschriften [50]. So verfällt der Entwurf mit seinem Versuch, ein einheitliches Vertragsrecht mit Vertragsfreiheit, Austausch- und Vergleichsverträgen für die gesamte öffentliche Verwaltung in all ihren so verschiedenartigen Zweigen zu entwickeln, einer Rechtsmethode, mit deren Hilfe zwar das allgemeine Verwaltungsrecht von Otto Mayer ausgebildet worden ist, die sich aber schon damals von Erich Kaufmann ihres freien begrifflichen Konstruierens wegen herbe Kritik gefallen lassen mußte [51]

---

[48] AöR Bd. 3 (1888) S. 3; dazu meine Bemerkungen in Vertrag und Verwaltungsakt, S. 241 f.

[49] Vgl. insb. Müller-Freienfels, AcP 156 (1957), S. 522 f. Zu dieser Methode im Bereicherungs- und Deliktsrecht: von Caemmerer, Bereicherung und unerlaubte Handlung, in Festschrift für Rabel, Tübingen 1954, S. 333 f.; *ders.*, Wandlungen des Deliktsrechts, in Festschrift zum Hundertjährigen Bestehen des deutschen Juristentages, Karlsruhe 1960, S. 49 f.; vgl. auch Esser, Wandlungen von Billigkeit und Billigkeitsrechtsprechung im Modernen Privatrecht, in Summum ius summa iniuria, Tübingen 1963, S. 22 f. (insb. S. 40).

Ganz allgemein wird die Berechtigung und Bewährung des Allgemeinen Teils des BGB in der Privatrechtsliteratur angezweifelt; vgl. etwa Wieacker, Privatrechtsgeschichte der Neuzeit, Göttingen 1952, S. 284 f.; Boehmer, Einführung in das bürgerliche Recht, 2. Aufl. Tübingen 1965, S. 73 f., jeweils mit weiteren Belegen.

[50] Vgl. etwa Fritz Werner, a.a.O., S. 38; Werner Weber, a.a.O., D 48 f., D 57 f.; Ipsen, a.a.O., D 77 f.

[51] Erich Kaufmann, Verwaltung, Verwaltungsrecht, in Stengel-Fleischmann, Wörterbuch des Deutschen Staats- und Verwaltungsrechts, Tübingen 1914, Bd. 3, S. 688 f. (§ 32); vgl. auch *ders.*, Otto Mayer, Ein Beitrag zum dogmatischen und historischen Aufbau des deutschen Verwaltungsrechts, VerwArch. Bd. 30 (1925), S. 377 f.

und die kaum geeignet ist, den Gegenwartsfragen der öffentlichen Verwaltung gerecht zu werden. Was not tut, ist weniger eine gesetzliche Generalermächtigung an die Verwaltung, sog. öffentlich-rechtliche Verträge abzuschließen, sondern eine differenziert sachbezogene Regelung einzelner Verwaltungsgebiete wie z. B. des Baurechts, Energieversorgungsrechts und Sozialversicherungsrechts, aus der sich für die Verwaltungsbehörden wie für den Bürger ergibt, in welchen Fragen die Behörde dem Bürger gegenüber durch eine Entscheidung die volle Verantwortung für die rechtliche und sachliche Richtigkeit übernehmen muß (hoheitliche Entscheidung, Verwaltungsakt) und in welchen Fragen die verantwortungsteilende Einigung zwischen Behörde und Bürger nach dem Prinzip des do ut des (rechtsgeschäftliche Abrede, Vertrag) als gleichwertige oder bessere Gewähr für eine sinnvolle, gerechte Handhabung der Verwaltung angesehen und ermöglicht wird. Solange gesetzliche Vorschriften fehlen, muß diese Abwägung aus dem Sinn der Verwaltungsaufgabe vollzogen werden, durch die Behörden, durch die Wissenschaft und durch die Gerichte. Dabei geht es nicht so sehr um die Alternative Obrigkeit — Untertan (Verwaltungsakt) oder gleichberechtigter Staatsbürger — demokratische Verwaltung (Vertrag). Vielmehr geht es unter anderem um die Frage, ob die Aufgabe, die der Verwaltung gegenüber dem Bürger auferlegt ist, sinngemäß durch Übernahme einseitiger Verantwortung der Behörde zu erfüllen ist, was in der Ordnungsverwaltung die Regel sein wird, oder ob der Vertrag nach seiner spezifischen Sachfunktion dieser Aufgabe besser gerecht wird, was vor allem in der Leistungsverwaltung zutreffen kann, weil hier das Gemeinwesen vielfach neben privaten Einrichtungen in vergleichbarer Weise tätig wird.

Nicht auf die *Form* des Vertrages kommt es also an, sondern auf die *Funktionen,* die ihm auf den verschiedenen Tätigkeitsgebieten der öffentlichen Verwaltung zukommen oder zukommen können. Hier wird unter anderem zu berücksichtigen sein: die gegenüber einer hoheitlichen Zusicherung stärkere Bindungswirkung der vertraglichen Zusicherung (Bindungsmehrwert des Vertrages); die gegenüber dem Verwaltungsakt mit Auflage erweiterte Möglichkeit, ohne gesetzliche Ermächtigung Gegenleistungen für begünstigendes Verwaltungshandeln zu erwirken (austauschlegitimierende Funktion des Vertrages); die Klagnotwendigkeit gegenüber der einseitigen Durchsetzbarkeit beim Verwaltungsakt (Durchsetzungsminderwert des Vertrages); der Ersatz der Alleinverantwortung der Behörde für eine rechtsrichtige Entscheidung mit ihren Sanktionen durch ein Überwälzen der Mitverantwortung auf den Bürger (verantwortungsteilende Funktion des Vertrages); die Möglichkeit, durch vertragliche Absprache außerhalb der gesetzlich geregelten Pflichten ein planvolles Zusammenwirken öffentlicher und nichtöffentlicher Stellen zu sichern (Koordinierungs- und Planungsfunktion des Vertrages im gesetzesfreien Raum); die Einordnung der vertragschließenden Behörde in die Rechtsregeln des allgemeinen Rechts- und Geschäftsverkehrs (Gemeinrechtsfunktion des Vertrages). Diese und andere Funktionen des Vertrages müssen untereinander und gegen die Funktionen des Verwaltungsakts sorgsam abgewogen werden, und zwar so, daß deutlich wird, weshalb im Ergebnis der Vertrag als gegenüber dem Verwaltungsakt geeigneteres, der gesetzlichen oder außergesetzlichen Aufgabe der Verwaltung mehr entsprechendes Mittel angesehen wird. Ungenügend differenzierende Gesamtwertungen, wie Demokratie, Rechtsstaatlichkeit, notwendige Elastizität der modernen Verwaltung und dergleichen, reichen nicht aus.

Eine derartige Abwägung kann nicht abstrakt, durch Vorschriften eines allgemeinen Verwaltungsgesetzes, sondern nur in größerer Sachnähe durch sorgfältige Analyse der einzelnen Gesetze und der konkreten Verwaltungsaufgabe vollzogen werden; ob man darin das Erfordernis einer Einzelermächtigung für den Vertrag (wie für den Verwaltungsakt) oder das Erfordernis einer Einzelermittlung der richtigen Handlungsform aus dem Sinn des Gesetzes oder der Verwaltungsaufgabe sehen will, ist vielleicht letztlich nicht entscheidend. Mit Generalklauseln nach Art des Musterentwurfs ist jedenfalls wenig gewonnen [52].

Gewonnen ist vor allem nicht sehr viel für die Leistungsverwaltung und ihre besonderen Probleme. Denn der Entwurf regelt nur den „öffentlichrechtlichen Vertrag“ als ein in sich abgeschlossenes Rechtsinstitut, klammert also diejenigen vertraglichen Handlungen der Leistungsverwaltung aus, die dem Privatrecht zugerechnet werden, und geht damit einer Grundfrage des modernen Verwaltungsrechts aus dem Wege, dem Nebeneinander von öffentlichem Recht und Privatrecht [53]. Dieses Nebeneinander müßte wohl

---

[52] In diesem Sinne auch Baring, DVBl 1965, S. 180 (185). Umgekehrt muß wohl auch die grundsätzliche Ablehnung des Vertrages zwischen Staat und Bürger in der Hoheitsverwaltung, die der Verf. in seiner Schrift „Vertrag und Verwaltungsakt“ ausgesprochen hat, stärker differenziert werden und sollte mehr i. S. einer Auslegungsregel als i. S. eines starren allgemeinen Rechtsgrundsatzes verstanden werden, zumal die Zweiteilung in eine Hoheitsverwaltung und in eine nichthoheitliche Verwaltung, für die der Verf. den Vertrag voll zulassen wollte, wohl ebenso überprüft werden müßte wie die Zweiteilung in öffentliches Recht und Privatrecht allgemein; dazu noch kurz im folgenden.

[53] Bettermann, der das Ausklammern der privatrechtsförmigen Verwaltung aus einem Verwaltungsverfahrensgesetz rechtfertigt (a.a.O., S. 135 f.), gibt dafür keine tieferen Gründe an. Wenn v. d. Groeben (43. DJT Bd. II D 32) sich auf die mangelnde wissenschaftliche Klärung der Abgrenzung von hoheitlichem und privatwirtschaftlichem Handeln beruft und wenn die Begründung des Entwurfs auf die Schwierigkeiten der Abgrenzung zwischen rein erwerbswirtschaftlichem Handeln und Handeln zu unmittelbar öffentlichen Zwecken in den Formen des Privatrechts verweist (S. 69 f.), so wird damit ungewollt die Regelungsreife des Vertragshandelns der öffentlichen Verwaltung schlechthin verneint, weil sich hier öffentliches Recht und Privatrecht, erwerbswirtschaftliches Handeln und Handeln zu unmittelbar öffentlichen Zwecken mehr als irgendwo sonst in einer Gemengelage befinden, so daß hier weder eine Verfahrens- noch eine Sachregelung an den primären Abgrenzungsschwierigkeiten vorübergehen kann.

überwunden und dürfte jedenfalls nicht durch die Abriegelung eines öffentlichen Vertragsrechts versteinert werden. Wenn, was vordringlich ist, einzelne Sachgebiete der Leistungsverwaltung wie z. B. das Energieversorgungs- oder Beförderungswesen geregelt werden, ist die entscheidende Frage nicht die nach der Abgrenzung von öffentlichem Recht und Privatrecht, sondern die, wie weit den Leistungsträgern, ob der öffentlichen Hand oder der privaten Wirtschaft, Vertragsfreiheit gelassen werden kann und wie weit ihnen öffentliche Bindungen (Kontrahierungszwang usw.) auferlegt werden müssen, in welchem Umfang ferner eine Aufsicht durch eine Behörde mit Pflicht zu verantwortlicher Entscheidung vorzusehen ist. Möglicherweise müssen Leistungsträger der öffentlichen Hand Sonderpflichten auf sich nehmen, doch können diese Sonderpflichten ihren Platz meist neben den anderen öffentlichen Bindungen der Vertragsfreiheit einnehmen, ohne daß man um eines solchen Mehr an Pflicht willen den Vertrag als „öffentlich-rechtlich" ansehen und ein isoliertes öffentliches Vertragsrecht entwikkeln müßte.

Sobald man es aufgibt, in seinem Rechtsdenken von abstrakten allgemeinen Teilen auszugehen, und sich der drängenden Aufgabe sachnäherer Regelung von Lebensbereichen stellt, verliert der Unterschied von öffentlichem Recht und Privatrecht seine primäre Bedeutung. Größeren Wert für die Rechtserkenntnis gewinnen übergreifende Sachstrukturen, so etwa die Sachstruktur der verantwortlichen Aufsichtsentscheidung, ob des Vormunds, des Jugendamtes oder der Bankenaufsichtsbehörde, und andererseits die Sachstruktur der einvernehmlichen Leistungsgewähr (Vertrag), ob eines gemeindlichen oder privaten Energieversorgungsunternehmens, ob der Bundespost oder einer privaten Omnibusgesellschaft. Das schließt Sonderregeln für das Tätigwerden eines privaten Unternehmens einerseits, einer öffentlichen Behörde andererseits nicht aus; wesentliche Rechtsfragen aber sind gleichgelagert und sollten einheitlich beurteilt werden [53a], statt sie in privatrechtliche und öffentlich-rechtliche Rechtsinstitute auseinanderzureißen und damit der Gefahr sachlich unnötiger Verschiedenbehandlung preiszugeben. So hat es wenig Sinn, öffentliche und private Leistungseinrichtungen gleicher Art, wie z. B. Verkehrs- und Versorgungsbetriebe in öffentlicher oder privater Hand, einem Doppelsystem verschiedener Rechtsregeln zu unterwerfen, noch dazu mit einer „Wahlfreiheit" zwischen öffentlichem Recht und Privatrecht für die öffentliche Hand, und dieselben typisierten Leistungsbedingungen teils unter dem Aspekt allgemeiner Geschäftsbedingungen, teils unter dem Aspekt der Anstaltsordnung zu sehen, hier Amts- und Staatshaftung samt quasivertraglicher Haftung aus einem Sonderverhältnis, dort Vertrags- und Deliktshaftung anzunehmen, einmal von Dis-

---

[53a] In dieser Richtung tendiert für den öffentlich-rechtlichen Vertrag deutlich Redeker, a.a.O. Allgemein: Baur, JZ 1963, S. 41.

kriminierungsverbot und ein andermal von der Bindung an den Gleichheitssatz zu sprechen; denn die sachlichen Probleme stellen sich weithin gleich und verlangen, aus einer Gesamtschau gelöst zu werden. Zahlreiche gesetzliche Regelungen stellen bereits allein auf die Tätigkeitsmerkmale ab, etwa auf die Energieversorgung (Energiewirtschaftsgesetz), auf die Personenbeförderung (Personenbeförderungsgesetz) oder auf die Bankentätigkeit (Kreditwesengesetz), und unterwerfen die so erfaßte Tätigkeit einheitlichen Vorschriften, z. B. für die Staatsaufsicht [53b], und zwar ohne Rücksicht darauf, ob die Tätigkeit rechtsdogmatisch als öffentlich-rechtlich oder privatrechtlich eingestuft wird. Hier und in vielen anderen Fragen steht bereits ein *Gemeinrecht* in anerkannter Geltung, das, ins wissenschaftliche Bewußtsein gehoben, der herkömmlichen Zweiteilung des Rechts ihre prinzipale Bedeutung nehmen muß. Erst in zweiter Linie, vor allem um der Zersplitterung des Rechtswegs willen, kommt die Frage nach der Zweiteilung in öffentliches Recht und Privatrecht auf [54].

Eine Neuorientierung des Rechtsdenkens in dieser Richtung bahnt sich allmählich an. In Frankreich, dem Land, dessen contrat administratif vielleicht auch dem Musterentwurf als Modell vorschwebt, obwohl er eine ganz andere Sachstruktur aufweist, beginnt man den Sinn der Unterscheidung von öffentlichem Recht und Privatrecht zu bezweifeln [55]. Auch im deutschen Rechtskreis mehren sich die Stimmen gegen das Festhalten an der üblichen Zweiteilung des Rechts [56]. Nachdem die Dinge derart in Fluß gekommen sind, sollte man wohl nicht darangehen, ein Verwaltungsverfahrensgesetz oder allgemeines Verwaltungsgesetz ganz auf die Grundlage der Unterscheidung von öffentlichem Recht und Privatrecht zu stellen und ein

---

[53b] Zur Parallelität und Verzahnung der Staatsaufsicht über Verwaltungsträger und über Privatunternehmen vgl. Bullinger, Staatsaufsicht in der Wirtschaft, VVDStRL Heft 22 (1963), insb. S. 274 f., 281 f., 284 f.

[54] Gerade im Vertragsrecht wird aber, wie Lerche a.a.O., S. 67 f. gezeigt hat, auch für den Rechtsweg eine Sonderung in öffentliches Recht und Privatrecht vielfach nicht möglich sein.

[55] Vgl. Brèthe de la Gressaye, Droit administratif et droit privé, in: „Le droit privé français au milieu du XXe siècle", Etudes offertes à Georges Ripert, Paris 1950, S. 304 f.; Eisenmann, Droit public, Droit privé, Revue du Droit Public 1952, S. 903 f.; Rousset, L'idée de puissance publique en droit administratif, Paris 1960, insbes. S. 103 f., 165 f., 219 f.; zur Einordnung des Arbeitsrechts Charlier, La puissance publique et son Droit face à la question sociale, in: „L'évolution du droit public", Etudes offertes à Achille Mestre, Paris 1956, S. 73 f.

[56] Vgl. Esser, Einführung in die Grundbegriffe des Rechtes und Staates, Wien 1949, S. 193 f.; vgl. auch *ders.*, Artikel Privatrecht in Handwörterbuch der Sozialwissenschaften, 8. Band, Stuttgart-Tübingen-Göttingen 1964, S. 541, insbes. S. 546 f.; Biedenkopf, Grenzen der Tarifautonomie, Karlsruhe 1964, S. 32 mit Fußnote 51; Hans Huber, Berner Kommentar zum Schweizer ZGB, Einleitungsband, Bern 1962, Art. 6 Rdnr. 132 f.; Baur, a.a.O. Eine Studie des Verf. zu dieser Frage ist in Vorbereitung; sie war bereits Gegenstand seiner Freiburger Antrittsvorlesung am 13. 1. 1966.

gesondertes öffentliches Vertragsrecht zu entwickeln; aussichtsreiche Ansätze zu einem Umdenken im Verwaltungsrecht wären damit zunichte gemacht.

V

Die Bestimmungen des Musterentwurfs eines Verwaltungsverfahrensgesetzes machen also in besonderer Weise deutlich, wie berechtigt die Bedenken waren, die von führenden Vertretern des Verwaltungsrechts, unter ihnen Hans Peters, gegen den Plan einer gesetzlichen Regelung des allgemeinen Verwaltungsrechts erhoben wurden. Denn die Vertragsbestimmungen, die überwiegend keinen sachlichen Zusammenhang mit dem Verwaltungsverfahren aufweisen und daher allenfalls in einem umfassenden allgemeinen Verwaltungsgesetz Platz finden könnten, tragen kaum zur besseren Klarheit und Praktikabilität des Verwaltungsrechts bei, sondern geben vornehmlich einer noch unausgereiften Materie des allgemeinen Verwaltungsrechts in diesem unausgeglichenen Zustande die Gestalt von Gesetzesvorschriften. Außerdem drohen sie das Verwaltungsrecht methodisch auf eine begriffliche Denkweise in abstrakten allgemeinen Teilen zurückzuführen, die jedenfalls als primärer Ansatzpunkt der Jurisprudenz wesentlich überholt ist, statt den Weg zu einem sachlich differenzierenden Verständnis der einzelnen Verwaltungsgebiete zu eröffnen. Schließlich gründen sich die Vorschriften über den öffentlich-rechtlichen Vertrag auf die starre Zweiteilung von öffentlichem Recht und Privatrecht, die wohl kritisch überprüft werden müßte, wenn die Sachprobleme der modernen Leistungsverwaltung bewältigt werden sollen.

Rechtsstaatliche Erdölkonzessionierung

HANS PETER IPSEN

„Die Aufsuchung von Bodenschätzen des deutschen Festlandsockels im Sinne der Proklamation der Bundesregierung vom 20. Januar 1964, die Gewinnung solcher Bodenschätze und jede mit Bezug auf den Festlandsockel an Ort und Stelle vorgenommene Forschungshandlung sind verboten, soweit sie nicht nach § 2 vorläufig erlaubt werden." Das bestimmt § 1 des Bundesgesetzes zur vorläufigen Regelung der Rechte am Festlandsockel vom 24. Juli 1964 (BGBl I S. 497). Sein § 2 Abs. 3 Satz 3 fügt hinzu: „Ein Rechtsanspruch auf Erteilung oder Verlängerung der Erlaubnis besteht nicht"; und Abs. 4 des § 2 bestimmt, daß Bedingungen und Auflagen einer solchen Erlaubnis inhaltlich mindestens den im Land Niedersachsen geltenden Vorschriften des Zweiten Abschnitts des Dritten Titels und des Zweiten Abschnitts des Neunten Titels des Allgemeinen Berggesetzes für die Preußischen Staaten vom 24. Juni 1865 (GS S. 705), und der auf Grund seines § 197 erlassenen Verordnungen genügen müssen.

Der Bund hat dieses Gesetz in heftiger Zeitbedrängnis erlassen müssen, als der international betriebene Wettlauf um Öl- und Gasvorkommen im Bereich des deutschen Festlandsockels zu Kollisionen deutscher und fremder Interessen zu führen drohte [1], bevor die komplizierten Zuständigkeitsfragen zwischen Bund und Ländern und das Problem materieller Rechtsgeltung im Sockelbereich geklärt und entschieden waren [2]. Das Gesetz weist daher — nicht nur in seiner Benennung — alle Merkmale einer vorläufigen, einer in sich unausgeglichenen und noch höchst unvollkommenen Regelung auf, die

---

[1] Zum Sachverhalt vgl. MENZEL, Gutachten zur Frage des kontinentalen Schelfs in der Nordsee (vom März 1964), S. 3; *ders.*, Der deutsche Festlandsockel in der Nordsee und seine rechtliche Ordnung, AöR Bd. 90 (1965), S. 4. Am Wettlauf waren nicht nur fremde Interessenten aus Übersee beteiligt, sondern auch französische, die kraft Kapitalbesitz französisch-*staatliche* sind. Die schließliche Einbeziehung der Amphitrite Erdöl GmbH, eines Tochterunternehmens einer französischen Gesellschaft staatlicher Mehrheitsbeteiligung, in den Kreis der im deutschen Nordseeschelf zugelassenen Unternehmen dürfte nicht ohne außenpolitische Ursachen erfolgt sein; vgl. die Meldung in der „Welt" Nr. 153 v. 4. 7. 1964, S. 9; FAZ Nr. 152 v. 4. 7. 1964, S. 9 („nach Intervention der Bundesregierung").

[2] Meine Auffassung zu diesen Fragen habe ich im DVBl 1964, S. 407, Anm. * formuliert; zu ihnen ferner: MENZEL, a.a.O.; KÖLBLE, Bundesstaat und Festland-

überdies durch massive außenpolitische und finanzielle Interessen sowie rechtsstaatliche Mängel und Anomalien belastet ist [3].

Indes ist soviel ersichtlich, daß das Gesetz in der hoheitlichen Inanspruchnahme der Sockel-Bodenschätze dem System des gerade hundertjährigen Allgemeinen Berggesetzes für die Preußischen Staaten [4] folgen will und offensichtlich jene vorgreifende Entscheidung nicht beseitigt [5], die das für die Küstenländer des Sockelbereichs zuständige und nach dem ABG verfahrende Oberbergamt in Clausthal-Zellerfeld schon vor Erlaß der Proklamation vom 20. Januar 1964 und der Gesetzes-Verabschiedung getroffen hatte. Die aus seinen §§ 1 und 2 zitierten Vorschriften sind hierfür Bestätigung [6].

H. Peters, dessem Gedächtnis diese Untersuchung gewidmet ist, gehört zu den wenigen Theoretikern seines Fachs, die das Bergrecht in den Kreis ihrer wissenschaftlichen Arbeit einbezogen haben. In seinem „Lehrbuch der Verwaltung" von 1949 hat auch dieses höchst besondere Gebiet des Besonderen Verwaltungsrechts in einer Darstellung der „bergbaurechtlichen Rechtsgrundsätze" seinen Platz gefunden [7]. Es sollte seiner ständigen Bemühung um die Beschreibung und Erfassung des Gegenstandes der Verwaltung und um seine rechtsstaatliche Durchdringung [8] gerecht werden, wenn an dieser Stelle beschrieben wird, in welcher Weise die erste bergrechtliche Verwaltungsentscheidung für den deutschen Festlandsockel ergangen ist und welche rechtsstaatlichen Grundsätze für Erlaubnisse und Konzessionierungen gelten müssen, wenn das ABG von 1865 in seinem Bereich praktiziert wird. Hierauf aufmerksam zu machen, scheint ein Gebot der Stunde zu sein, wenn beobachtet werden kann, daß die überwiegend kommentarmäßige Behand-

---

sockel, DÖV 1964, S. 217 ff. (dazu die Kritik von Menzel AöR Bd. 90, 1965, S. 56, Anm. 142); v. Münch, Die Ausnutzung des Festlandsockels vor der deutschen Nordseeküste, Arch. d. Völkerrechts Bd. 11 (1964), S. 393 ff.; *ders.*, Die Erdöl- und Erdgasbohrungen vor der deutschen Nordseeküste in rechtlicher Sicht, in: Petrochemie Bd. 17 (1964); S. 489 ff.; Seidl-Hohenveldern, Der deutsche Festlandsockel und die Bundesländer, in: Jahrreiß-Festschrift (1964), S. 395 ff.; Münch, Akte über den Festlandsockel in Nord- und Ostsee, in ZaöRuVöR Bd. 24 (1964), S. 168 ff.

[3] Näheres hierzu bei Menzel, AöR Bd. 90, S. 40 ff., 55 ff.

[4] Hierzu: Weller, 100 Jahre Allgemeines Berggesetz, DVBl, 1965, S. 549 ff.

[5] Ebenso Menzel, a.a.O., S. 55: „Nur wegen der bereits erteilten «bedingten» Konzession wird das Oberbergamt Clausthal-Zellerfeld erwähnt, das... tätig geworden ist, da keine andere Institution sich des Schutzes deutscher Wirtschaftsinteressen im deutschen Küstenvorfeld annahm..."

[6] Die Denkschrift der Bundesregierung (BR-Drucks. Nr. 382/62) zum Entwurf eines Gesetzes zum Zusatzabkommen v. 14. 5. 1962 zum Ems-Dollart-Vertrag v. 8. 4. 1960 hatte bereits 1962 das in Niedersachsen geltende Bergrecht als in der Emsmündung anwendbar bezeichnet; vgl. Seidl-Hohenveldern, a.a.O., S. 410, Anm. 81.

[7] S. 514 ff.

[8] Zuletzt in Hans Peters' Rektoratsrede: Die Verwaltung als eigenständige Staatsgewalt (1964), Kölner Universitätsreden Heft 33 (1965).

lung des Bergrechts auch heute noch nicht von denjenigen Prinzipien durchdrungen ist oder auch nur Kenntnis genommen hat, die von Verfassungs wegen auch für alle besonderen Gebiete des vorkonstitutionell positivierten besonderen Verwaltungsrechts rechtsstaatlich verbindlich sind. Der eingangs zitierte, hierfür symptomatische Satz des § 2 Abs. 3 des Gesetzes vom 24. Juli 1964: „Ein Rechtsanspruch auf Erteilung oder Verlängerung der Erlaubnis besteht nicht" fordert geradezu heraus, auch diese Dunkelziffer des Rechtsstaates [9] aufzuhellen.

II

Als erste bergbehördliche Entscheidung hinsichtlich des deutschen Festlandsockels ist am 25. März 1963 eine sog. Konzessionszusage des OBA Clausthal-Zellerfeld für die Länder Niedersachsen, Schleswig-Holstein, Freie und Hansestadt Hamburg und Freie Hansestadt Bremen ergangen, und zwar gegenüber der Preußischen Bergwerks- und Hütten AG (als federführendem Partner des sog. Nordseeclubs [10], eines Konsortiums interessierter Gesellschaften).

1. Der materielle Gehalt, die Rechtsnatur und die Rechtswirkungen dieser Zusage sind berg- und allgemein-verwaltungsrechtlich mehrfach bemerkenswert.

a) Die Zusage enthielt in ihrer Ziffer 1 eine Beschreibung der rechtlichen Ausgangslage, die das OBA als maßgeblich für ihren Erlaß zugrunde gelegt hatte:

aa) Das OBA nahm an (Ziffer 1 Abs. 1), daß im Zeitpunkt der Zusage (25. März 1963) die „Rechtsverhätnisse" im Sockelbereich („im Untergrund der Nordsee außerhalb der 3-Meilen-Zone") noch nicht in der Weise „geregelt" waren, wie dies rechtlich vorauszusetzen wäre, um Konzessionen erteilen zu können, und zwar (vgl. Ziffer 1 Abs. 3) Konzessionen „des üblichen und den besonderen Aufsuchungs- und Gewinnungsverhältnissen angepaßten Inhalts". Das OBA nahm (vgl. wiederum Ziffer 1 Abs. 3) weiter an, diese noch ausstehende „Regelung der Rechtsverhältnisse im Sockelbereich" werde geschaffen und hinsichtlich einer Konzessionierungszuständigkeit der vier Küstenländer (damit hinsichtlich der fachlichen Behördenzuständigkeit für das OBA) gegeben sein, „sobald und soweit" die vier Küstenländer zur Konzessionserteilung berechtigt sein werden. Das OBA stellte hiermit also auf einen künftigen Zeitpunkt und einen hinreichenden Inhalt und Umfang der „Berechtigung" ab, wobei ersichtlich die Frage des völkerrechtlichen „Erwerbs" oder „Zuwachses" der Sockel-Hoheitsrechte wie aber auch die innerstaatliche Regelung der *föderalen* Zuständigkeits-

---

[9] Hierzu allgemein: Ipsen, AöR, Bd. 88 (1963), S. 357.

[10] Angaben über seine Zusammensetzung bei Menzel, Gutachten, a.a.O., S. 2, Anm. 1; dort S. 2 ff. auch Angaben zum Inhalt der Konzessionszusage v. 25. 3. 1963.

frage (zwischen Bund und Ländern) in Bezug genommen wurde. Da die Frage der *völkerrechtlichen* Innehabung der Hoheitsrechte bei Erteilung der Zusage noch nicht geklärt war, die innerstaatliche Klärung der Bund-Länder-Zuständigkeit und auch die innerstaatliche Legalisierung der völkerrechtlich zugewachsenen Hoheitsrechte überhaupt noch ausstanden, mußte das OBA in einer höchst unsicheren Rechtssituation handeln. Anzunehmen ist, daß das OBA für sich, damit für den Akt der Konzessionszusage, jedenfalls noch nicht die Innehabung derjenigen innerstaatlichen Zuständigkeit überhaupt und der föderalen insbesondere beanspruchte und behauptete, die für eine „übliche" Konzessionierung erforderlich gewesen wäre. Daß das OBA gleichwohl mit der Zusageerteilung nicht ohne Inanspruchnahme irgendwelcher innerstaatlich überhaupt legalisierten und föderal gerade ihm zukommenden Hoheitsgewalt und Zuständigkeit handeln wollte, ist dagegen ebenso sicher, wie sich allein schon aus dem Faktum und der ganzen „Erscheinung" der Zusage, ihrem weiteren materiellen Gehalt und ihren in Anspruch genommenen und anzunehmenden Rechtswirkungen ergibt.

bb) Bergrechtlich legte das OBA seiner Zusage eine *Ausgangs-Rechtslage* zu Grunde, die den Sockelbereich zweifellos nicht mehr nur als bloßes Untersuchungs- oder Interessengebiet ansah, in dem mit sog. vorläufiger bergbehördlicher „Genehmigung" Aufschluß- oder Aufsuchungsarbeiten durchgeführt werden durften *ohne* jede Rechtsbindung der zugelassenen Unternehmen (i.S. einer Aufschlußpflicht) und *ohne* staatliche Bindung, nicht auch andere Unternehmen in gleicher Weise zuzulassen, so daß die bereits zugelassenen Unternehmen kein Ausschließlichkeitsrecht beanspruchen könnten. Der Inhalt der Zusage (Ziffer 2 c, e, b, auch Ziffer 3) verdeutlicht, daß die Zusage *dem Club* — jedenfalls auf 5 Jahre, und dies mit Verlängerungsoptionsrecht, vgl. Ziffer 3 — eine *Aufschließungsverpflichtung* auferlegte und ihm — was entscheidend ist — *auf 3 Jahre* im Sockelbereich *ein Ausschließlichkeitsrecht* verschaffte, da *gegen den Willen des Clubs* innerhalb dieser 3 Jahre *weitere* Unternehmen zu Aufschließungsarbeiten *vom OBA nicht sollten zugelassen werden können.*

Die Zusage wollte in diesem Teil ihres Inhalts also *eindeutig* eine Regelung treffen, wie sie nach der (unter III) dargestellten Konzessionierungspraxis des OBA erst als eine solche der *zweiten* Stufe in Betracht kam, und dies mit der Wirkung, daß der Staat sich dahin gebunden betrachtete, andere Unternehmen nicht zuzulassen, so daß das zugelassene Unternehmen ein ausschließliches Aufsuchungs-(Schürf-)Recht erwarb und (hier für 3 Jahre) eine gesicherte Rechtsstellung erlangte, aus der das zugelassene Unternehmen bei Fündigkeit einen Rechtsanspruch auf Zuteilung eines Gewinnungsfeldes erlangte. Obwohl (wie unter III dargelegt) rechtlich auch allgemein zwischen diesen beiden Vorgängen unterschieden werden muß, in der Praxis aber kaum unterschieden wird, verfuhr auch die Zusage entsprechend dieser Praxis: in ihrer Ziffer 2 d ließ sie die Aufnahme der Gewinnung von Erdöl oder Erdgas bereits zu und behielt hierfür lediglich eine Zwischenregelung vor, die sich insbes. auf die Verwendung der geförderten Mengen im Raum der Bundesrepublik beziehen sollte. Die Zusage umfaßte aber jedenfalls *dem Grunde nach* auch bereits die Gewinnungsberechtigung, die üblicherweise erst Inhalt des Gewinnvertrages nach Fündigkeit werden würde.

Daß diese Zusage diesen — und keinen anderen — Rechtsgehalt haben wollte und hatte, also dem Club das Ausschließlichkeitsrecht zur Aufsuchung auf 3 Jahre verschaffte (in Verbindung mit der Aufbürdung der Aufschließungspflicht, aber auch mit dem Recht auf Übertragung des Gewinnrechts bei Fündigkeit, und dieses schon im Vorwege vorbehaltlich der Verwendungsregelung), wurde bestätigt durch die Tatsache, daß das OBA annahm, der Club habe *im Zeitpunkt der Zusage* bereits *jene Vorleistungen* erbracht, die nach allgemeiner Konzessionierungspraxis die rechtlichen Voraussetzungen bilden für die Beschaffung des entscheidenden Ausschließlichkeitsrechts, nämlich: hinreichende Aufschluß- und Untersuchungsarbeiten solchen Umfangs, daß ein Rechtsanspruch auf Ausschließlichkeits-Konzessionierung entstanden war. Die Zusage verlautbarte das eindeutig in Ziffer 1 Abs. 2 mit den Worten: „Im Hinblick auf die im Sommer 1962 bereits durchgeführten und für die nächsten Jahre geplanten umfangreichen Untersuchungsarbeiten" — womit ohne jeden Zweifel diejenigen Vorleistungen bezeichnet wurden, die der Empfänger der Zusage, eben der Club, nach Auffassung des OBA erbracht hatte.

b) Die Zusage zielte auf die Erteilung einer „Konzession des üblichen und den besonderen Aufsuchungs- und Gewinnungsverhältnissen angepaßten Inhalts". Soweit damit Bezug genommen wurde auf eine inhaltliche Ausgestaltung der Konzession, die die besonderen und für deutsche Verhältnisse neuartigen Verhältnisse der Gewinnung von Erdöl und Erdgas im Sockelbereich berücksichtigt, beachtete die Zusage Gesichtspunkte, die sich für die bergbehördliche Behandlung der Sockelvorkommen aus der Natur der Sache ergaben und selbstverständlich beachtlich waren und sein mußten. Indem das OBA im übrigen aber auf den „üblichen" Inhalt der Konzession abstellte, wurde verdeutlicht, daß die Erdöl- und Erdgasförderung im Sockelbereich ansonsten nach keinen anderen Maßstäben behandelt werden sollte, als sie für die Festlandförderung entwickelt und praktiziert worden waren. Daß die Zusage des OBA daher nach denjenigen Regeln und Maßstäben rechtlich zu würdigen ist, die für die Festland-Praxis des OBA festzustellen sein werden (unter III), entspricht nicht nur der Anwendbarkeit des geltenden Bergrechts an sich, sondern ersichtlich auch dem deutlich verlautbarten Willen des OBA selbst, ohne daß es materiell-rechtlich hierauf entscheidend ankäme. Die getroffene Feststellung ist aber deshalb wesentlich, um — selbst wenn dies rechtlich überflüssig wäre — zu unterstreichen, daß der hier zu treffenden Charakterisierung der Zusage *nicht* entgegengesetzt werden könnte, das Verhalten der OBA hinsichtlich der Sockel-Vorkommen entziehe sich wegen der Neuartigkeit und Besonderheit der Verhältnisse allen Maßstäblichkeiten, wie sie für seine Praxis für Festland-Vorkommen anwendbar sind. Das OBA hatte sein Verfahren für den Sockelbereich, der materiellen bergrechtlichen Lage entsprechend, *selbst den* Regeln und Maßstäben unterworfen, die für seine *Festland*praxis gelten, und jeder etwaige Versuch, sein Sockel-Verfahren diesen Festland-Regeln zu entziehen, würde nicht nur materiell-rechtlich unzulässig sein, sondern auch dem Rechtssatz von der Selbstbindung behördlicher Praxis und von der Bindung an den erklärten Willen widerstreiten.

c) Im materiellen Gehalt ist für die Zusage des OBA ferner wesentlich, daß sie erteilt worden ist *an den Club*, der in Ziffer 1 Abs. 3 als das Konsortium der dort aufgeführten (damals 8) Unternehmen bezeichnet wird. Bergrechtlich ist die Frage der Rechtsnatur des Konsortiums und seiner inneren Struktur unerheblich. Erheblich ist lediglich, daß Ziffer 2 a und b der Zusage die Erweiterung des Konsortiums durch andere Unternehmen als Mitglieder behandelte: nach lit. a war vor Aufnahme weiterer Konsortialmitglieder die *Zustimmung des OBA* einzuholen; nach lit. b konnte das OBA nach Ablauf von 3 Jahren aus Gründen des allgemeinen Interesses unter billiger Berücksichtigung der Belange des Konsortiums die Beteiligung weiterer Gesellschafter *verlangen.*

aa) Ob die Konzessionierung oder Zusage zur Konzessionierung bergrechtlich Zweifel aufwirft, weil sie nicht gegenüber einem einzelnen Unternehmen, sondern einem zivilrechtlichen Zusammenschluß mehrerer (etwa einer Gesellschaft bürgerlichen Rechts) ergeht und den Anforderungen auf Höchstpersönlichkeit nicht entspricht, die für solche Konzessionen gefordert werden [11], braucht hier nicht vertieft zu werden. Autonome Übertragbarkeit der Zusage-Rechte auf Dritte durch den Club stand nicht zur Erörterung. Die Aufnahme weiterer Mitglieder in den Club war von der Zustimmung des OBA abhängig, ohne diese wirksam nicht möglich.

bb) Andererseits hatte das OBA auf 3 Jahre die Entscheidung darüber, *ob* der Club weitere Unternehmen aufnahm oder nicht, der Initiative und der Willensentscheidung des Clubs überlassen, da die vorbehaltene Zustimmung des OBA zur Aufnahme Aufnahme*bereitschaft* des Clubs voraussetzte und diese vom OBA nicht erzwungen werden konnte. Diese Möglichkeit wurde dem OBA durch Ziffer 2 b erst nach Ablauf von 3 Jahren eröffnet. Damit hatte sich das OBA insoweit der *Übertragungsbefugnis* des Staatsvorbehalts zur Ausübung an andere Unternehmen als Club-Mitglieder *begeben.*

aaa) Diese Regelung bestätigt einmal den schon dargelegten Ausschließlichkeitscharakter des Zusage-Inhalts. Sie erklärt zum anderen aber deutlich, daß (im Hinblick auf die Maßstäblichkeit der Zusage, insbes. die Be-

[11] Vgl. MIESBACH-ENGELHARDT, Bergrecht, Komm. (1962), Anm. 9 a zu § 2 ABG, S. 28.

rücksichtigung sog. Vorleistungen und auch des Prioritätsprinzips) sich das OBA mit der Zusage bergrechtlich der Möglichkeit begeben hatte, sich bewerbenden anderen Unternehmen gegenüber diejenigen Maßstäbe (einschl. des Prioritätsprinzips) zur Geltung und Anwendung zu bringen, die im Zulassungs- und Konzessionierungsverfahren zu beachten sind. Denn wenn *dem Club* — und *nicht dem OBA* — die Entscheidung darüber zustand, ob das Verlangen eines dritten Unternehmens nach „Teilhabe" an der Konzessionszusage (eben durch Aufnahme in den Club) erfüllt wird, war das OBA außerstande, diejenigen Maßstäbe der Berücksichtigung von Vorleistungen und auch der Priorität positiv (im Sinne der Zulassung) zu Gunsten des Bewerbers zur Geltung zu bringen, die sich im Zulassungsverfahren bergrechtlich als relevant erweisen werden (vgl. III). Der Hinweis, die Aufnahme des Bewerbers in den Club bedürfe der Zustimmung des OBA, verschlägt demgegenüber nicht: mit diesem Zustimmungsvorbehalt konnte das OBA lediglich abwehrend-negativ verhindern, daß ein nach Priorität und Vorleistungen nicht geeigneter Bewerber an den Zusage-Berechtigungen teilnimmt. Das OBA war rechtlich aber nicht mehr in der Lage, einem danach geeigneten und berechtigten Bewerber die Teilnahme an der Zusageberechtigung gegen den Willen des Clubs zu verschaffen.

bbb) Der fragliche Teil der Zusageregelung verdeutlicht im übrigen, daß es für die Maßstäblichkeit der sog. Vorleistungen oder die Bestimmung des Prioritäts-Zeitpunktes im Verhältnis zwischen dem Club, seinen Mitgliedern einerseits, dritten Bewerbern andererseits nicht auf die quasi „addierten" Leistungen der Club-Mitglieder oder den zeitlich besten Prioritätsrang *eines* Club-Mitgliedes ankommen konnte, sondern ausschließlich auf die von jedem einzelnen *Club-Mitglied* erbrachten Vorleistungen und seinen Prioritätsrang. Ein anderes Verfahren, das also von (addierten) Vorleistungen des Clubs als solchem oder dem besten Prioritätsrang eines einzelnen Club-Mitgliedes ausginge, und zwar für die Feststellung der Priorität und die Bewertung der Vorleistungen im entscheidenden Zeitpunkt der Zusageerteilung, d. h. am 25. März 1963, hätte bewirkt, daß zeitlich bevorrechtigte Bewerber und solche, die höher zu bewertende Vorleistungen als irgendein Club-Mitglied erbracht hatten, in berg- und allgemein-verwaltungsrechtlich unzulässiger Weise benachteiligt wurden.

2. Das OBA hatte in seinem Schreiben vom 25. März 1963 in Ziffer 1 Abs. 3 erklärt, sobald und soweit die vier Küstenländer zur Erteilung von Konzessionen berechtigt sein würden, *werde* es dem Club eine Konzession erteilen. Ziffer 2 am Anfang nennt die Bekundung der Ziffer 1 eine „Zusage", die unter bestimmten Vorbehalten und — im Falle ihrer Nichterfüllung — unter Widerrufsvorbehalt ergehe. Auch in den Ziffern 3, 4 und 5 wurde die Bezeichnung „Zusage" verwendet. Ohne daß angenommen werden könnte, daß der Akt vom 25. März 1963 systematisch und terminologisch unter strenger Anwendung verwaltungsrechtswissenschaftlich gesicherter Anfor-

derungen formuliert worden und die Verwendung der Bezeichnung „Zusage" damit an sich schon eindeutig wäre, erweist sich der Akt der OBA bei näherer Deutung seines Rechtsgehalts und seiner Rechtsnatur in der Tat als Akt, der verwaltungsrechtswissenschaftlich und von der Praxis zunehmend deutlich als „Zusage" oder „Zusicherung" begriffen wird [12].

a) Um diese Rechtsnatur des Aktes vom 25. März 1963 zu erkennen, ist sein Inhalt und Sinn aus seinem Gesamtinhalt zu ermitteln, wobei für seinen Inhalt der erklärte Wille maßgebend ist, also das, „was als Wille für denjenigen erkennbar ist, für den die Erklärung bestimmt ist. Auch auf dem Gebiet des öffentlichen Rechts muß jeder seine Handlungen und Erklärungen so gelten lassen, wie der andere sie auffassen durfte" [13].

b) Nach diesen Maßstäben des Gesamtinhalts, seines Sinnes, des der Sinngebung zugrundeliegenden und erklärten Willens des OBA war der Akt vom 25. März 1963 die *verbindliche Erklärung über eigenes künftiges Verhalten,* damit der *Selbstbindung* des OBA im Wege vorweggenommener Regelung der Rechtsbeziehung (zunächst) zum Club, der durch sie begünstigt wurde. Die Regelung wurde vorweggenommen, insofern schon vor Erteilung der Konzession selbst eine doppelte Bindung des OBA eintrat, und zwar dahin, einmal ihn, den Club, und keinen anderen Bewerber künftig zu konzessionieren, zum anderen dahin, den Club überhaupt künftig zu konzessionieren, da seine bereits erbrachten und für die nächsten Jahre geplanten Vorleistungen schon damals als hinreichende Vorleistung für die Konzessionierung erachtet wurden. Das OBA hatte damit Ermessens- und Beurteilungserwägungen antizipiert und der Erteilung seiner Zusage als maßgeblich zu Grunde gelegt, die im üblichen Verwaltungsgang erst im Zeitpunkt der Konzessionierung selbst angestellt worden wären.

Als Akt dieses Inhalts war die Zusage des OBA *Verwaltungsakt unter Rechtsanwendung,* nämlich unter Anwendung des einschlägigen Bergrechts und der hierfür nach behördlicher Praxis maßgeblich gewordenen Regeln der Ermessens-Selbstbindung. Die Selbstbindung doppelten Inhalts, die durch die Zusage für das OBA eingetreten war, wirkte begünstigend für den Club als ihren Adressaten, der durch sie in ihrem Rahmen und bei Beach-

---

[12] Vgl. hierzu zuletzt und zusammenfassend: Zeidler, Empfiehlt es sich, die bestehenden Grundsätze über Auskünfte und Zusagen in der öffentlichen Verwaltung beizubehalten? Gutachten für den 44. Deutschen Juristentag (Hannover 1962), DJT-Verh., Bd. I, 2. Teil (1962); Obermayer, Der Verwaltungsakt als Gegenstand von Zusagen und Rechtsauskünften, NJW 1962, S. 1465 ff.; die einschlägige weitere Literatur sowie die Rechtsprechung ist in beiden Abhandlungen näher nachgewiesen; auf ihre Wiederholung kann hier verzichtet werden; allgemein zur Einordnung der Zusage (Zusicherung) in den Zwischenbereich zwischen einseitigem und vertraglichem Handeln des Staates: Herb. Krüger, Allgemeine Staatslehre (1964), S. 912 ff.

[13] BVerwGE, Bd. 12, S. 91; Bd. 5, S. 275; hierzu Bachof, Verfassungsrecht, Verwaltungsrecht, Verfahrensrecht (1963), S. 248.

tung der ihr beigefügten Vorbehalte einen Rechtsanspruch auf künftige Konzessionierung erlangte hatte.

c) Bindung des OBA für den künftigen Zeitpunkt der Konzessionserteilung, Anspruchsberechtigung des Clubs für denselben Zeitpunkt (nämlich der Herstellung der Zuständigkeit des OBA zur Konzessionserteilung) erschöpften indes den Bindungsgehalt der Zusage noch nicht. Ihr kam eine spezifische Bindungswirkung *auch vom Zeitpunkt ihres Erlasses an* bereits zu, die sich aus ihrem besonderen bergrechtlichen Gehalt erklärte: die *schon am 25. März 1963 eingetretene* Verhaltensbindung des OBA bestand darin, daß dieses sich *vom gleichen Tage an* der — ohne Erteilung der Zusage an den Club sonst weiterhin gegebenen — Befugnis entäußert hatte, auch anderen sich bewerbenden Unternehmen eine Konzessionszusage entsprechenden Inhalts zu erteilen. Diese *aktuelle Bindung des OBA* wurde zwar in der Zusage vom 25. März 1963 ausdrücklich nicht eindeutig verlautbart. Es ist aber unzweifelhaft, daß der Zusage-Akt vom 25. März 1963 dem Club *sofort* die Stellung eines *ausschließlichen Zusage-Begünstigten* verschaffen sollte.

So in seinem weiteren Rechtsgehalt charakterisiert, war der Akt vom 23. März 1963 nicht nur ein solcher der Selbstbindung des OBA zugunsten des Clubs in bezug auf seine (und nur seine) künftige Konzessionierung. Der Akt war vielmehr darüber hinaus zugleich ein weiterer Akt der Selbstbindung des OBA schon seit dem 25. März 1963 dahin, *anderen* Bewerbern als solchen, die die Club-Mitgliedschaft erlangen, eine entsprechende Konzessionszusage *nicht* zu erteilen.

d) Zur Charakterisierung der Rechtsnatur der Zusage ist (in Pressemeldungen) von ihrer *Bedingtheit* gesprochen worden, wobei offenbar die künftige Herstellung der Zuständigkeit des OBA als Eintritt einer Bedingung gewertet sein sollte. Das traf aber nicht den Kern. Die Zusage des OBA war in einem Zeitpunkt ergangen, in dem wegen noch fehlender innerstaatlicher Legalisierung der Sockel-Hoheitsrechte ein Schwebezustand herrschte, in dem auch über die föderale Zuständigkeit des OBA noch nicht entschieden worden war. Es konnte im Rechtssinne aber überhaupt nur als künftig voraussichtlich zuständig werdende (und durch § 2 Abs. 2 Ziffer 1 des Gesetzes vom 24. Juli 1964 denn auch zuständig gewordene) Instanz unter Inanspruchnahme innerstaatlich legalisierter Hoheitsgewalt im Zusage-Verfahren handeln, da sonst auch jeder Zusage-Akt in Ermangelung seiner Legalisierungs-Grundlage unwirksam gewesen wäre [14]. Wenn die Zusage daher unjuristisch als „bedingte" Zusage bezeichnet worden ist, womit

[14] Vgl. hierzu nur OVG Münster, Urt. v. 27. 6. 1963, DÖV 1963, S. 842, für den Fall einer konstruktiv vergleichbaren Baudispens-Zusage: „Daraus folgt, daß Zusagen von Beamten der Bezirksregierung, wären sie abgegeben, für den Bekl. nicht rechtsverbindlich wären, weil sie von Beamten einer Behörde abgegeben worden wären, die zu der Entscheidung nicht zuständig war"; ebenso OVG Hamburg,

auf den „sobald"- und „soweit"-Vorbehalt ihrer Ziffer 1 Abs. 3 abgestellt wurde, so konnte darunter lediglich eine Kennzeichnung jenes Schwebezustandes vor Klärung der Rechtsverhältnisse am Festlandsockel gemeint sein, nicht aber im Rechtssinne die Abhängigkeit des Eintritts der Zusage-Wirksamkeit von dem Eintritt der aufschiebenden Bedingung, daß die Zuständigkeit des OBA begründet würde. Allenfalls hätte die Bedingtheit der Zusage als einer auflösend bedingten erwogen werden können für den Fall, daß die erwartete Herstellung der OBA-Zuständigkeit nicht eingetreten wäre. Das aber ist nicht geschehen [15].

III

Die so charakterisierte Konzessionszusage vom 25. März 1963, die — historisch und rechtlich — die erste bergrechtlich erhebliche Maßnahme hinsichtlich des deutschen Festlandsockels darstellt und seiner Aufschließung und Entwicklung wesentlich präjudiziert hat, ist nach der Zuständigkeit des handelnden Amtes und der von ihm angenommenen Rechtsgrundlagen eindeutig im ABG und dem auf ihm beruhenden Erdölrecht gegründet. Ihre weitere bergrechtliche Kennzeichnung und die Erfassung der *für Konzessionierungsverfahren einschlägigen berg- und allgemeinverwaltungsrechtlichen Regeln* macht es erforderlich, das für Erdöl- und Erdgas-Konzessionierungen maßgebliche System des ABG und der Erdöl-Verordnung von 1934 zu bestimmen. Dieses System ist das Statut der Konzessionszusage. Dieses Statut ist — ausdrücklich in § 2 Abs. 4 des Gesetzes vom 24. Juli 1964 für Bedingungen und Auflagen vorgesehen — auch das Statut der dort in § 2 vorbehaltenen Erlaubnisse. Es ist — darüber hinaus — schließlich auch das Statut der Erdölkonzessionierung auf dem Festland.

1. Es geht aus vom System des *Staatsvorbehalts,* den auch § 1 des Gesetzes vom 24. Juli 1964 zugrundelegt.

a) Das Erdöl (ebenso wie die übrigen im Erdölgesetz und in der Erdölverordnung genannten Bodenschätze, darunter das Erdgas) ist mit den Regelungen von 1934 (Erdölverordnung vom 13. Dezember 1934, GS S. 463, ergangen auf Grund der Ermächtigung in § 8 des preußischen Phosphoritgesetzes vom 16. Oktober 1934, GS S. 406) in einem Zeitpunkt Gegenstand bergrechtlicher Normierung in Preußen geworden, als das dem Allgemeinen Berggesetz vom 24. Juni 1865 ursprünglich zugrundeliegende Prinzip der Bergbaufreiheit bereits in mehreren Schüben zugunsten von Staatsvorbehal-

---

VRspr., Bd. 9, S. 740 ff.; Obermayer, a.a.O., S. 1468, Anm. 31; S. 1470, Anm. 47; S. 1471, Anm. 59; in gleichem Sinne (für beamtenrechtliche Zusicherungen): Heyland, Die Rechtsgültigkeit von Zusicherungen (1932), S. 101, 121, 149.

[15] Wenn angenommen würde, ein hoheitliches Handeln des OBA sei während des Schwebezustandes rechtlich überhaupt nicht in Betracht gekommen, wäre anfängliche Nichtigkeit der Zusage auch deshalb anzunehmen gewesen, weil sie eine Zusicherung von etwas rechtlich Unmöglichem zum Gegenstand gehabt hätte; zur Nichtigkeitsfolge für diesen Fall vgl. Heyland, a.a.O., S. 38.

ten (und zwar sowohl im Bereich des durch Verleihung entstehenden Bergwerkseigentums als auch im Grundeigentümerbergbau) durchbrochen worden war. Im Rahmen der vorkommenden bergrechtlichen Systeme (System der Bergfreiheit, Konzessionssystem, Domanial- oder Regalitätssystem) [16] hat das preußische Bergrecht hierfür teilweise eine Art „Konzessionssystem" angewendet, indem es (§§ 1 a, 2 ABG) die Aufsuchung und Gewinnung bestimmter, dem Staat vorbehaltener Mineralien durch ihn selbst ebenfalls von der vorgängigen Verleihung des Bergwerkeigentums abhängig machte. Teilweise hat es dagegen das sog. Domanial- oder Regalitätssystem zur Geltung gebracht, nach dem das Gewinnungsrecht unmittelbar dem Staat zusteht, *ohne* daß es der vorherigen Verleihung an ihn bedarf. *Dieses System gilt im Bereich der Erdölregelungen.* „Der Staat hat ohne weiteres das Recht, die vorbehaltenen Mineralien selbst aufzusuchen und zu gewinnen oder dies Dritten zu gestatten" [17].

b) Aus dieser Systematik der gesetzlichen Regelungen und der Notwendigkeit, solche dem ABG an sich system*fremden* Neuregelungen dem materiellen und Verfahrens-Bergrecht des ABG möglichst einzufügen, erklärt sich die Tatsache, daß das Erdölgesetz für die Aufsuchung und Gewinnung von Erdöl usw. *lediglich bestimmte* Vorschriften (oder Gruppen von solchen) des ABG, und auch diese nur für „entsprechend" anwendbar erklärt; so insbesondere für die hier wesentlichen Fragen des Schürfrechts, der Mutung und des Rechtsanspruchs nicht schlechthin die §§ 3—38 (Abschnitte 1 bis 3 des II. Titels), sondern insoweit nur die §§ 3—11 „Vom Schürfen" in Abschnitt 1 des II. Titels (vgl. § 2 Abs. 1 Ziffer 1 des Erdölgesetzes i.V. mit § 1 Abs. 3 der Erdölverordnung), während vom Abschnitt 1 des III. Titels „Von dem Bergwerkseigentum im allgemeinen" — dessen Verleihung beim Erdöl usw., da dem Staat „regalartig" vorbehalten, nicht in Frage steht — mit den §§ 58—63 (vgl. § 2 Abs. 1 Ziffer 2 des Erdölgesetzes) nur solche Vorschriften für entsprechend anwendbar erklärt worden sind, die auch für den vorbehaltsberechtigten Staat oder den von ihm zur Gewinnung Ermächtigten aus seiner Gewinnungsbefugnis heraus in Betracht kommen (so etwa die Befugnis, die nötigen Aufbereitungsanstalten zu errichten und zu betreiben, mit ihren Auswirkungen auf andere und auf die erforderliche polizeiliche Beaufsichtigung).

c) U. a. hieraus erklärt sich, daß die wesentliche Rechtsfrage, ob *wegen* der Erbringung von Untersuchungs- und Schürfarbeiten, die dem § 3 ABG entsprechen, ein *Rechtsanspruch auf Konzessionserteilung* erwächst, vom

[16] Vgl., auch zum folgenden, Isay, in: Schlegelberger, Rechtsvergleichendes Handwörterbuch für das Zivil- und Handelsrecht, Bd. II, 1929; S. 439 ff.; Ebel-Weller, Allg. Berggesetz, Komm., 2. Aufl. (1963) Anm. 3 zu § 1, S. 51 ff.; Müller-Erzbach, Das Bergrecht Preußens und des weiteren Deutschlands (1917), S. 38 ff.; Badura, Das Verwaltungsmonopol (1963); S. 146 ff. sowie das dort S. 147, Anm. 52 zitierte Schrifttum.

[17] Isay, a.a.O., S. 449.

positiven Erdölrecht *nicht* beantwortet wird, während derjenige, der auf andere, dem ABG schlechthin unterliegende Mineralien geschürft und seine Mutung, d. h. den Antrag auf Verleihung des Bergwerkseigentums, gültig angebracht hat, nach §§ 22, 23 ABG *auch gegen den Staat* einen *Anspruch* auf Verleihung des Bergwerkseigentums hat [18]. Damit ist zwar weder entschieden noch anerkannt, daß für denjenigen, der derartige Vorleistungen zur Erdöl- und Erdgasgewinnung erbracht hat, ein Rechtsanspruch auf Konzessionierung ausgeschlossen sei. Jedenfalls tritt hier aber die andersartige Systematik des positiven Erdölrechts zutage, die nicht mit freien, d. h. weder dem Grundeigentümer zustehenden noch dem Staat vorbehaltenen Bergrechten rechnet, sondern mit solchen, die kraft Domanial- oder Regalitätssystems dem Staat unmittelbar zustehen und deren Übertragung zur Ausübung auf andere (§ 2 Erdölverordnung) vom Gesetzgeber zwar zugelassen und eben nicht ausgeschlossen wird, deren Modalitäten aber positiv nicht geregelt sind — insbesondere auch nicht in Ansehung der wesentlichen Rechtsfrage, ob der „Schürfer", der Mutungsvoraussetzungen erfüllt, für seine risikovolle und ihn finanziell belastende Vorarbeit durch Gewährung eines Rechtsanspruchs auf Konzessionierung vom Staat „belohnt" werden soll oder ob der Staat die Früchte dieser Vorarbeiten in freier Entscheidung sich oder anderen zuwenden darf.

d) Die derart bestehende „Lücke" in der geltenden Erdölgesetzgebung, die hier interessiert, kann *nicht ohne weiteres* als Entscheidung des Gesetzgebers dahin gedeutet werden, solche Konzessionsansprüche des Schürfers würden de lege lata *versagt.* Auch der Ausschluß entsprechender Anwendbarkeit der genannten §§ 22, 23 ABG berechtigt *nicht* zu dieser Folgerung. Denn ihre Nichtanwendung erklärt sich, wie dargelegt, aus dem Umstand, daß das Recht zur Gewinnung von Erdöl, Erdgas usw. nicht zu den verteilungsfähigen, weil noch freien Bergrechten gehört, sondern kraft Gesetzes der ausschließlichen und unmittelbaren Innehabung des Staates unterfällt. Die entsprechenden Vorschriften des ABG waren daher überhaupt *nicht geeignet,* für entsprechend anwendbar erklärt zu werden. Das spezifische Rechtsverhältnis des Erdöl-Schürfers, der nach dem ABG die Mutungserfordernisse erfüllen würde, zum Staat, der kraft regalartigen Vorbehalts über das Erdöl usw. verfügt und sein Gewinnungsrecht in der Ausübung übertragen kann, bestimmt sich inhaltlich in Ermangelung positiver Vorschriften vielmehr nach der *Rechtsnatur dieses Vorbehalts, derjenigen der Übertragungsbefugnis und allgemeinen Rechtsgrundsätzen,* deren Ermittlung aus *öffentlichem oder privatem* Recht zu der Zuordnung des Vorbehalts und der Übertragungsbefugnis zu diesem oder jenem Bereich *sowie davon* abhängt, ob die Beziehungen des Schürfers zum Staat insoweit öffentlichem oder privatem Recht unterstehen.

---

[18] Vgl. statt aller nur: Boldt, Das Allgemeine Berggesetz (1948), Anm. 1 zu § 23, S. 35; Peters, Lehrbuch der Verwaltung (1949), S. 515.

Weil es an dieser Präzisierung der Fragestellung fehlt, leiden nahezu alle bisherigen Erörterungen zur Frage eines Rechtsanspruchs auf Konzessionierung wegen erbrachter Vorleistungen an nicht ausreichender Begründung und Entschiedenheit und beschränken sich im wesentlichen auf die Darstellung bisheriger Verwaltungspraktiken und wirtschaftlicher oder rechtspolitischer Gesichtspunkte [19].

2. Weitere Aufklärung verschafft die Antwort auf die Frage nach der *Rechtsnatur des Staatsvorbehalts.*

a) Erdöl und Erdgas sind nicht — wie andere Bodenschätze — in *dem* Sinne dem Staat vorbehalten, daß dieser (nach ihm primär zustehender Aufsuchung und Mutung) durch Verleihung Bergwerkseigentum i. S. des ABG daran erwirbt. Er hat in bezug auf Erdöl usw. Aufsuchungs- und Gewinnungsrecht *ausschließlich und unmittelbar kraft Gesetzes, ohne* daß es der Verleihung (an ihn) bedürfte. In dieser rechtlichen Eigenart liegt auch die Begriffsbestimmung dieses Rechtes und die Entscheidung über seine Zuordnung zum öffentlichen oder privaten Recht. Sein Charakter wird deutlich durch vergleichende Heranziehung derjenigen Rechtsgrundsätze, die für andere, schon vor Erfassung von Erdöl usw. geregelte staatliche Gewinnungsvorbehalte ermittelt worden sind, so insbes. für den staatlichen Salz-

[19] So begnügt sich Busse, Die rechtliche Behandlung von Erdgas-Lagerstätten in der Bundesrepublik, in: Der Betrieb 1961, S. 700, mit der Feststellung, ein Rechtsanspruch auf die Überlassung einer Erdgas-Konzession bestehe nicht, die Entscheidung liege im freien behördlichen Ermessen, ohne auf die hier ausstehende Frage auch nur einzugehen. Auch die speziellste einschlägige Untersuchung von Nebel, Das Verfahren bei der Erteilung von Erdölkonzessionen im Bezirk des Oberbergamtes Clausthal-Zellerfeld, Sonderdruck der Erdöl-Zeitschrift (o. J.), befriedigt insoweit nicht: Sie gelangt zu Vorschlägen für eine zweckmäßige Konzessionierungspolitik der Bergbehörden, die den (S. 7) „berechtigten Wünschen der Erdölunternehmen entgegenzukommen" habe, und die hier wesentliche Rechtsfrage wird (S. 8) im Vergleich zum ABG richtig gestellt. Die Antwort besteht aber in der Verweisung der Bergbehörden auf die Notwendigkeit, mit dem Unternehmer bei der Vornahme kostspieliger Aufschlußarbeiten einen Konzessionsvertrag abzuschließen. Ob das aus Rechtsgründen nach Vorleistungen geschehen müsse und nach welchen Gesichtspunkten des Ranges, der Priorität, der Ermessenshandhabung zu verfahren sei, bleibt offen. Der Wert der Nebelschen Darstellung für die Rechtserkenntnis liegt indes in der Verlautbarung der bergbehördlichen Praxis und Ermessenshandhabung. — Auch die Kommentierungen der Erdölverordnung sind insoweit unergiebig. Das einschlägige, durch Vergleich in 2. Instanz erledigte Urteil des LVG Hannover vom 4. 2. 1963 (Teilabdruck in ZfB Bd. 97, S. 81 ff.) begnügt sich (S. 84) mit der lakonischen Feststellung, die Übertragung von Gewinnungsrechten sei auch bei vorangegangenen Aufschließungsarbeiten durch einen der Interessenten in das Ermessen des Staates gestellt, weil dieser nach § 2 Erdölverordnung sein Recht übertragen *könne* und das Erdölgesetz die einschlägigen Vorschriften des ABG *nicht* für andwendbar erklärt habe — eine Argumentation, die vordergründig und positivistisch bleibt und die entscheidende Frage der bergbehördlichen Ermessens-Selbstbindung nicht erkannt hat.

gewinnungsvorbehalt [20]. Obwohl (auch im Bereich des preußischen Bergrechts) insoweit das Domanial- oder Regalitätsprinzip, das der Erdölregelung heute zugrundeliegt, noch nicht in seiner reinsten Form verwirklicht worden ist, da in bezug auf Salz die Verleihung zivilrechtlichen Bergwerkseigentums nicht ausgeschlossen ist, wird die Rechtsnatur des staatlichen Erdöl- und Erdgas-Gewinnungsvorbehalts *in seinem Wesen* durch den Vergleich mit dem Salzgewinnungsvorbehalt erkennbar, und zwar gerade in denjenigen Beziehungen, die hier fraglich sind.

b) Die Besonderheit bergrechtlicher Regelungen und Rechtsinstitute enthebt — trotz dahingehender Neigung der bergrechtlichen Spezialliteratur — nicht der Notwendigkeit, sie in den Gesamtzusammenhang der geltenden, öffentliches und privates Recht dualistisch differenzierenden Rechtssystematik einzuordnen [21]. Aus ihr und aus der Tatsache, daß dem Staat — am Salz wie am Erdöl usw. — ein gesetzlich, d. h. durch ihn selbst begründetes und allein durch ihn derart begründbares ausschließliches Recht zur Aufsuchung und Gewinnung zusteht, folgt unter Durchbrechung der geltenden Bodenrechtsordnung, daß der Staat an ihnen ein *von Privateigentum unterschiedenes Aneignungs-(Okkupations-)Monopol* besitzt. Dieses Recht, in dieser Charakterisierung dem alten Regal gleichend, das zu begründen allein der Staat kraft gesetzgebender Gewalt imstande ist, stellt in dieser seiner Eigenart „ein Institut des öffentlichen Rechts" dar [22]. Aus dem Umstand, daß es zum Bereich staatlicher Vermögensrechte gezählt werden könnte [23], folgt nichts anderes, insbesondere *nicht* seine Zuordnung zum *Privatrecht*, nachdem schon vor der Jahrhundertwende die früher übliche Identifizierung von Vermögens- und Privatrechten als unbegründet erkannt worden war. Wenn, wie dargelegt, im Bereich staatlicher Gewinnungsvorbehalte die Vorschriften über Mutung und Verleihung des (privatrechtlichen) Bergwerkseigentums ausgeschlossen worden sind, derart also für (Salz- oder) Erdöl-Bergwerke Bergwerkseigentum nicht entstehen kann, so bestätigt sich hierin die gezogene Folgerung, daß der staatliche Gewinnungsvorbehalt *mit Sicherheit nicht* dem *Privat*recht, damit dem Fiskalrecht, sondern *allein dem öffentlichen Recht* angehört.

Der staatliche Erdöl- und Erdgas-Gewinnungsvorbehalt ist also ein *öffentlich-rechtliches Rechtsinstitut* und unterliegt als Glied des Gesamtrechtssystems „dessen grundlegenden Einteilungsprinzipien, wie dem des öffentlichen und Privatrechts" [24]. Die Frage, welcher Art Rechtsbeziehung

---

[20] Hierüber die eingehende Untersuchung von W. BURMESTER, AöR Bd. 23, S. 71—122, 209—241, sowie IPSEN, AöR Bd. 81, S. 248 ff. (auch zum folgenden).

[21] Richtig: BURMESTER, a.a.O., S. 75.

[22] BURMESTER, a.a.O., S. 109, vorher S. 99, 103, 104, 106, 108.

[23] So BURMESTER, a.a.O., S. 106 ff. wegen der finanziellen Bedeutung des Salzvorbehalts; dazu mit Recht kritisch: BADURA, a.a.O., S. 157, Anm. 102.

[24] BURMESTER, a.a.O., S. 122.

zwischen demjenigen, der auf Erdöl oder Erdgas geschürft hat und die staatliche Übertragung von Gewinnungsrechten beantragt, und dem Staat besteht, der über diese Übertragung des Gewinnrechts zur Ausübung disponiert, beantwortet sich aus der Zugehörigkeit des Vorbehalts zum *öffentlichen* Recht: diese Rechtsbeziehung ist ebenfalls eine solche *öffentlichen* Rechts, die ihre inhaltliche Ausgestaltung durch die *allgemeinen* Rechtsgrundsätze des öffentlichen Rechts erfährt, soweit seine positiv-bergrechtliche Normierung versagt, und die von höherrangigen Rechtssätzen des Verfassungsrechts beherrscht wird, die die öffentlich-rechtlichen Beziehungen des Staates zum Einzelnen bestimmen.

c) In einer Gesamtkonzeption der staatlichen Verwaltungsmonopole [25], zu denen der Erdöl-Staatsvorbehalt gehört, kann dieser der Gruppe der „Lenkungsmonopole" (der Rohstofflenkung) zugerechnet werden, mit deren Hilfe „das Gemeinwohl gegenüber den partikulären Interessen der Bergbautreibenden zur Geltung" gebracht wird und die eine direkte staatliche Wirtschaftsintervention ermöglichen, um eine „dem öffentlichen Interesse entsprechende Ausbeutung ... volkswirtschaftlich wesentlicher Bodenschätze durch Aufhebung der Bergbaufreiheit zu gewährleisten" [26].

3. Was zur Rechtsnatur des Staatsvorbehalts erkannt worden ist, bleibt zu beachten für die Frage, *in welcher Rechtsform* und *nach welchen Maßstäben* der Staat — in der Formulierung des § 2 Erdölverordnung — „die Ausübung des ihm nach § 1 vorbehaltenen Rechtes anderen Personen übertragen" kann.

a) Der Wortlaut des § 2 ist indifferent, weshalb weithin angenommen wird, der Staat könne sein Aufsuchungs- und Gewinnungsrecht *durch Privatvertrag* übertragen und von Beginn an sei *vertragliche* Gestaltung (nicht solche durch Verwaltungsakt) angewendet worden, die teils öffentlich-, teils zivilrechtlich zu charakterisieren sei. „Aus der Fassung der Erdölverordnung ergibt sich ..., daß der Staat hinsichtlich der Überlassungsbedingungen völlig freie Hand haben sollte ... Die Ausübung dieser Rechte konnte und kann unter diesen oder jenen Bedingungen übertragen werden und der Staat kann im Einzelfall jederzeit von den für die Übertragung aufgestellten Grundsätzen abweichen oder überhaupt neue Grundsätze aufstellen" [27]. Diesen unsubstantiierten Auffassungen *kann keineswegs gefolgt* werden. Sie

---

[25] Im Sinne der zitierten Untersuchung von Badura (1963), dort S. 111, 129 ff.

[26] Badura, a.a.O., S. 156, in Auseinandersetzung mit Rudolf Isay, Technik der Wirtschaftslenkung, S. 413 ff. — Daß diese Funktion der Lenkungsmonopole als Mittel direkter Wirtschaftsintervention nicht mehr regalhaft zu erklären ist, versteht sich am Rande; die Vergleichung beschränkt sich auf die Rolle, die Staat und einzelner in der Verteilung der Verfügungsbefugnis einnehmen.

[27] So Nebel, a.a.O., S. 2, 3; ebenso für Freiheit der Gestaltung z. B. Miesbach-Engelhardt, a.a.O., Anm. 9 a zu § 2 ABG, S. 29; Ebel-Weller, Allg. Berggesetz, Komm., 2. Aufl. (1963), Anm. 1 zu § 2 Erdölverordnung, S. 466; LVG Hannover, a.a.O., S. 81.

sind weder genügend differenziert noch begründet und verletzen in ihrer Annahme, der Staat könne jedenfalls der Rechtsform nach beliebig disponieren, zwingende Folgerungen, die sich aus der Rechtsnatur des Staatsvorbehalts ergeben. Das ist näher zu begründen.

b) Andere und frühere Gesetzgebung, auch Preußens, über staatliche Gewinnungsvorbehalte verwandte präzisere Formulierungen für den Vorgang der Übertragung und Drittausübung, indem sie von „Erlaubniserteilung unter Bedingungen", von „Ermächtigung", „landesherrlicher Erlaubnis" usw. sprach [28]. Dabei stellen sowohl „Ermächtigung" (vgl. u. a. § 3 ABG: „Ermächtigung" zum Schürfen) wie auch „Erlaubnis" heute typische Gestaltungen des *öffentlichen, nicht* des *privaten* Rechts dar. Aus der unpräziseren Formulierung des § 2 Erdölverordnung des Jahres 1934, in dem der Verordnungsgeber die gesetzestechnische Bedeutung der fraglichen Begriffe zweifellos hinreichend klar zu unterscheiden wußte und spezifisch öffentlich-rechtliche Termini vermied, kann zu Gunsten *auch privat*rechtlicher Übertragbarkeit des Gewinnungsausübungsrechts argumentiert werden. Umso bemerkenswerter ist daher der Umstand, daß die Praxis des OBA in der Formulierung ihrer Konzessionsverträge regelmäßig und seit Jahrzehnten von der Erteilung einer „ausschließlichen Ermächtigung ... auf Grund des § 2 Erdölverordnung" spricht, womit zweifellos wiederum *öffentlich*-rechtliche Terminierung Verwendung findet.

Nach zutreffender Auffassung kommt eine Handhabung des § 2 Erdölverordnung *lediglich* in den Rechtsformen des *bürgerlichen* Rechts *nicht* in Betracht, und wo gleichwohl zivilrechtlich formuliert wird, enthalten auch solche Gestaltungen in ihrem entscheidenden und hier interessierenden Element einen *hoheitlich-öffentlich-rechtlichen Übertragungsakt.* Allein das ergibt sich aus dem Wesen des Staatsvorbehalts. Über das Recht, seine Ausübung an Private zu übertragen, kann der Staat nur durch Hoheitsakt verfügen. Denn der Staat verfügt damit über die Ausübung staatlicher Hoheitsrechte [29] und seine „Vergebung" von an sich staatlich vorbehaltenen Gewinnungsrechten zur Ausübung verschafft dem Einzelnen eine öffentlich-rechtliche Rechtsmacht, die ihm sonst nicht zukommt und ohne vermittelnden Hoheitsakt nicht zukommen kann. Daß eine solche „Konzessionierung" der Gestaltung *öffentlichen* Rechts vorbehalten, derjenigen zivilen Rechts entzogen ist, entspricht der weit überwiegenden Rechtsauffassung [30].

---

[28] Vgl. die Angaben bei BURMESTER, a.a.O., S. 232 ff.

[29] PETERS, a.a.O., S. 335; allgemein: HERB. KRÜGER, Allgemeine Staatslehre (1964), S. 881, 913.

[30] Vgl. u. a. FLEINER, Institutionen des deutschen Verwaltungsrechts, 8. Aufl. (1928), S. 340 ff., insbes. S. 347; NEBINGER, Verwaltungsrecht, Allg. Teil, 2. Aufl. (1949), S. 156, Anm. 13, S. 277; FORSTHOFF, Lehrbuch des Verwaltungsrechts, Bd. I, 8. Aufl. (1961), S. 176, 256; unklar: W. JELLINEK, Verwaltungsrecht, 3. Aufl. (1931/1948), S. 527, der annimmt, die Konzessionsverleihung dürfe auch in anderer als „typisch öffentlich-rechtlicher Form" (nämlich durch Verwaltungsakt) vor

Die in der bergrechtlichen Literatur anzutreffenden abweichenden Auffassungen zu Gunsten zivilrechtlicher Gestaltungsmöglichkeit beruhen teils auf unzulänglicher verwaltungsrechtlicher Fundierung, teils auf der Vermengung mit der ganz anderen Frage, in welcher Rechtsform die dem Staat zu leistenden Gewinnungsentgelte zu stipulieren sind (sog. Förderabgaben, Förderzinsen). Da das Bergrecht insoweit (auch im Erdölrecht) eine zur Erhebung der sog. Förderabgaben als öffentlich-rechtlicher Abgaben erforderliche Rechtsgrundlage nicht vorsieht, ist die bergbehördliche Praxis hierfür *notwendig* auf Vertragsgestaltung angewiesen, als welche solche des *Zivil*rechts angenommen worden ist [31].

Die so erklärliche Gestaltung der Entgelt-Regelung kann indes nicht darüber hinwegtäuschen, daß die — hier allein interessierende — Ausübungs-Übertragung des Aufsuchungs- und Gewinnungsrechts ihrer Natur nach einen Akt *hoheitlicher öffentlich-rechtlicher Gestaltung* darstellt [32].

c) Auch soweit die bergbehördliche Praxis die Figur des Konzessions*vertrages,* nicht die eines davon isolierten einseitigen begünstigenden Verwaltungsaktes verwendet, kann kein Zweifel daran bestehen, daß der sog. Vertrag, in Vertragsabreden lediglich eingekleidet, den erforderlichen einseitigen Hoheitsakt der Übertragung des Ausübungsrechts mitenthält und insoweit eindeutig nach den Rechtsgrundsätzen zu würdigen ist, die für den Erlaß begünstigender Verwaltungsakte anwendbar sind.

4. Die *Maßstäbe zur Übertragung des Vorbehaltsrechts zur Ausübung* sind nicht ohne Schwierigkeit zu ermitteln. Die Übertragung des staatlichen Vorbehaltsrechts zur Ausübung an Private, ihrer Rechtsform nach, wie festgestellt, begünstigender Verwaltungsakt, wird von § 2 Erdölverordnung positiv-rechtlich an keine Maßstäbe gebunden. Wenn daraus insbes. in der bergrechtlichen Spezialliteratur gefolgert wird, sie sei in das Belieben, allenfalls in das freie Ermessen der Bergbehörden gestellt, so ist dieser Schluß verfehlt. Er ist weder vereinbar mit den Auswirkungen, die eine jetzt nahe-

---

sich gehen, wenn dies auch „das der Sachlage Angemessene" sei — wobei offen bleibt, ob er damit lediglich (mit Nebinger und Forsthoff) *auch* Konzessionierung durch *öffentlich*-rechtlichen *Vertrag* (statt *nur* durch *Verwaltungsakt* — so Fleiner) zulassen oder auch Konzessionierung durch *Privat*vertrag gestatten will. Der Zusammenhang seiner Ausführungen S. 527 mit S. 257 spricht mehr für die erste Deutung; auch die letzte Untersuchung zu den Verwaltungsmonopolen durch Badura spricht S. 258 von der hoheitlichen Verschaffung eines subjektiven öffentlichen Rechts durch Verwaltungsakt, wobei der Zusatz in Anm. 87, beim bergrechtlichen Staatsvorbehalt komme „Verleihung" oder *privatrechtlicher Vertrag* in Betracht, unerläutert bleibt und mit den Textausführungen S. 258 unvereinbar ist.

[31] Zutreffende Deutung bei Miesbach-Engelhardt, a.a.O., Anm. 9 b 2 und 9 b 3 zu § 2 ABG, S. 29—30; Nebel, a.a.O., S. 3; gebräuchlich geworden ist hierfür z. T. auch die Bezeichnung als „Pachtzins"; § 2 Abs. 5 des Gesetzes v. 24. 7. 1964 spricht von „Entgelt" für die Erteilung der Erlaubnis, dessen Höhe sich nach dem Festland-Förderzins richten soll.

[32] Richtig: Miesbach-Engelhardt, a.a.O., Anm. 9 a zu § 2 ABG, S. 29; S. 30 ebenso zur Erdölverordnung.

zu 30jährige bergbehördliche Übertragungspraxis gehabt hat, noch mit den rechtsstaatlichen Grundsätzen, an die jede Hoheitsverwaltung gebunden ist.

a) Da der Staatsvorbehalt als Lenkungs-Verwaltungsmonopol einem Verwaltungszweck dient, darf die Verwaltung über seine Ausübung nur nach Rechtsgrundsätzen des Verwaltungsrechts verfügen, nicht denen des Privatrechts. „Damit scheidet eine Argumentation aus der Vertragsfreiheit ... aus ... Zum Begriff der Verwaltung aber gehört es, daß die Verwaltungsunterworfenen nicht willkürlich ungleich behandelt werden" [33], ein Maßstab, der selbstverständlicher Grundatz jeder ordnungsmäßigen und gerechten Verwaltung ist. Selbst wenn (was sich *nicht* bestätigen wird, vgl. 5.) schlechthin davon ausgegangen werden könnte, daß auf Ausübungsübertragung eines Rechtes aus § 2 Erdölverordnung ein Rechtsanspruch regelmäßig nicht entsteht, folgt daraus also nicht, daß die Bergverwaltung in der „Vergebung von Konzessionen" an das Willkürverbot nicht gebunden und imstande wäre, im Sinne einer Art zivilrechtlicher Vertragsfreiheit nach Belieben zu verfahren. Diese Feststellung kann nicht deutlich genug unterstrichen werden. Angesichts der in der bergrechtlichen Literatur anzutreffenden Fehldeutungen des Ermessens und der Rechtslage von Unternehmen, die einen Anspruch auf Konzessionierung geltend machen, ist diese Feststellung alles andere als überflüssig [34].

b) Soweit das OBA über Konzessionserteilungen *nach Ermessen* verfügt, hat es das Ermessen *pflichtgemäß* auszuüben. Und soweit es seine eigene Konzessionierungspraxis durch eigene Entschließung oder höhere Weisung verwaltungsintern gebunden hat, „besteht ein allgemeiner Grundsatz des Verwaltungsrechts, daß sich die Verwaltung durch langjährige Anwendung einer Verwaltungsanweisung unter dem Gesichtspunkt des Gleichheitsgrundsatzes (Art. 3 I GG) selbst bindet, und daß aus einer solchen Bindung für den Betroffenen im Einzelfall ein klagbarer Rechtsanspruch auf Anwendung dieser Anweisung auch in seinem Fall erwächst" [35].

c) Nach § 25 ABG gilt für die Rangfolge von Mutungen das *Prioritätsprinzip:* In allen übrigen Fällen (außer dem Findervorrecht des § 24 ABG und dem des § 55 ABG) geht die ältere Mutung der jüngeren vor. Das entspricht einem alten Grundatz des deutschen Bergrechts [36]. Im Erdölrecht hat dieses Prinzip ausdrücklich keinen Niederschlag gefunden. Es kann aber nicht

---

[33] BADURA, a.a.O., S. 275.

[34] Das gilt auch schon gegenüber der Auffassung von NEBEL, a.a.O., S. 3, der Staat könne „im Einzelfall jederzeit von den für die Übertragung aufgestellten Grundsätzen abweichen" (oder überhaupt neue Grundsätze aufstellen).

[35] BVerwGE Bd. 8, S. 10; Bd. 5, S. 81; BACHOF, Verfassungsrecht, Verwaltungsrecht, Verfahrensrecht i. d. Rspr. d. Bundesverwaltungsgerichts (1963), S. 132; IPSEN, Gleichheit, in: NEUMANN-NIPPERDEY-SCHEUNER, Die Grundrechte, Bd. II, S. 148.

[36] Statt aller: MIESBACH-ENGELHARDT, a.a.O., Anm. 1 zu § 25 ABG, S. 72; Anm. 1 zu § 24 ABG, S. 71.

zweifelhaft sein, daß es gegenüber Konzessionsbewerbern, die nach ihrer finanziellen, wirtschaftlichen und technischen Leistungsfähigkeit und ihrer Zuverlässigkeit im wesentlichen gleichen Anforderungen genügen, jedenfalls schon im Rahmen der von der Konzessionsbehörde anzustellenden Ermessenserwägungen zu beachten ist. Seine Außerachtlassung gegenüber gleich geeigneten Bewerbern würde daher einen Ermessensfehler darstellen und als Rechtsmangel zu rügen sein.

Da das Erdölrecht ein formgebundenes Mutungsverfahren nicht kennt, kommt es für das Prioritätsprinzip auf den Zeitpunkt der Antragstellung oder die in sonst geeigneter Weise dem OBA gegenüber bekundete unmißverständliche Absichtserklärung des Bewerbers an, eine Konzession erlangen zu wollen.

5. Vom Erdölrecht positiv nicht geregelt ist die Frage, ob ein Unternehmer als Konzessionsbewerber *wegen seiner Untersuchungs-, Aufsuchungs- und Schürfarbeiten* (= Vorleistungen), die solchen des § 3 ABG entsprechen, *einen* sonst nicht bestehenden *Rechtsanspruch auf Konzessionierung* erwirbt. Nach §§ 22, 23 ABG dagegen hat derjenige, der auf andere, dem ABG schlechthin unterliegende Mineralien geschürft und seine Mutung, d. h. den Antrag auf Verleihung des Bergwerkseigentums gültig angebracht hat, gegen den Staat einen Anspruch auf seine Verleihung.

Daß *positives Erdölrecht* diese Frage der Maßstäblichkeit von Vorleistungen für die Konzessionserteilung lösen *kann*, beweist z. B. das französische Recht der 20er Jahre. Danach erwirbt der fündig gewordene Unternehmer, der mit ausschließlicher Erlaubnis geschürft hat, einen Rechtsanspruch auf Konzessionierung. Derjenige, der ohne ausschließliche Erlaubnis geschürft hat, aber nicht konzessioniert worden ist, erwirbt gegenüber einem schließlich konzessionierten Dritten Anspruch auf Ersatz seiner Aufwendungen [37].

In der geschilderten Lage des positiven deutschen Erdölrechts kommt es für die Maßstäblichkeit von Vorleistungen in der Ermessensbehandlung von Konzessionsanträgen wesentlich auf die *bergbehördliche Praxis seit 1934* an. Dabei muß die Periode der ns. Zeit, in der die Konzessionspraxis von Planungs- und Lenkungsgesichtspunkten des Vierjahresplans und der Kriegswirtschaft bestimmt war, außer Betracht bleiben, da diese für die heutige rechtsstaatliche Verwaltung der geltenden Wirtschaftsverfassung nicht zugelassen sind.

Für die Konzessionierungspraxis der Jahre 1934 bis etwa 1938 und der Nachkriegszeit haben sich zu der hier erörterten Vorleistungsfrage folgende *Maßstäbe* entwickelt [38]:

[37] Vgl. hierzu Ipsen, AöR Bd. 81, S. 248 mit den Nachweisen in Anm. 11.

[38] Zum folgenden wird insbes. das dem Verfasser bekannte Prozeßmaterial der vom LVG Hannover mit Urteil vom 4. 2. 1953, ZBR Bd. 97, S. 81 ff., entschiedenen Rechtssache sowie die zitierte Darstellung von Nebel über das Konzessionierungsverfahren a.a.O. zugrunde gelegt.

a) In den sog. *Untersuchungs- oder Interessengebieten,* für die Konzessionsbewerbungen interessierter Unternehmen vorliegen oder in Betracht kommen, indes noch keine oder nicht ausreichende Aufschlußarbeiten stattgefunden haben, können mit *sog. vorläufiger „Genehmigung"* Aufschluß- oder Aufsuchungsarbeiten durchgeführt werden (durch geophysikalische Untersuchungen, Probebohrungen usw.). Durch Zulassung der Unternehmen hierzu entstehen *keine* Rechtsbindungen i. S. einer Aufschließungspflicht des Unternehmens oder Begünstigungen i. S. seines Ausschließlichkeitsrechts, so daß der Staat rechtlich befugt bleibt, auch anderen Unternehmen entsprechende „Genehmigungen" zu erteilen. Bergrechtlich werden solche Aufschließungsarbeiten den Schürfarbeiten des allgemeinen Bergrechts gleichgeachtet. Daß Aufschließungsgenehmigungen dem zugelassenen Unternehmen im Untersuchungsgebiet *faktisch* Ausschließlichkeit vermitteln, beruht auf der Gepflogenheit des Wirtschaftszweiges, „fremde" Untersuchungsgebiete in aller Regel aus verschiedenen Gründen zu respektieren.

Mit der Durchführung von Aufschließungs- und Aufsuchungstätigkeit kann aber *das zugelassene Unternehmen selbst* die rechtlichen Voraussetzungen schaffen für die weitere Behandlung des Gebietes als sog. *Konzessionsgebiet* und den Abschluß eines sog. Konzessionsvertrages.

b) Die bergbehördliche Praxis hat einen *Rechtsanspruch auf Abschluß eines Konzessionsvertrages* zur Aufsuchung im sog. Konzessionsgebiet regelmäßig dann anerkannt, wenn das Unternehmen eine oder zwei Bohrungen angebracht hat und weitere Aufschlußarbeiten plant, ohne daß die Bohrungen fündig zu werden brauchten. Dabei sind auch geophysikalische Untersuchungen als Schürfarbeiten i. S. des § 2 Erdölgesetz, § 3 Abs. 2 ABG anzusehen. Durch einen solchen (befristeten) Konzessionsvertrag wird der Staat dahin gebunden, im Konzessionsgebiet *andere* Unternehmen *nicht* (mehr) zuzulassen, so daß das konzessionierte Unternehmen dadurch *ausschließliche* Aufsuchungs(=Schürf-)rechte erwirbt. Daraus ergibt sich: der Staat gibt „dem Unternehmer mit Abschluß des Schürf-Vertrages für die Dauer des Vertrages eine gesicherte Rechtsstellung ... Solange der Unternehmer Aufschlußarbeiten in seinem Konzessionsgebiet ausführt, kann ihm niemand dieses Gebiet streitig machen ... Der Unternehmer erhält also im Gegensatz zum Schürfer bereits vor Fündigkeit Ansprüche, allerdings nur im Rahmen des Konzessionsvertrages" [39]. Daß die danach ausschließlich dem konzessionierten Unternehmer gestatteten Aufschließungsarbeiten wirtschaftlich auf sein Risiko gehen und von der Fündigkeit der Bohrungen abhängen, erklärt sich aus der Natur der Sache. Selbstverständlich kommt rechtlich eine Risikoübernahme durch den Staat insoweit nicht in Betracht. Andererseits erwächst dem Unternehmer dann aber *mit der Fündigkeit* einer Bohrung ein *Rechtsanspruch auf Zuteilung eines Gewinnungsfeldes* auf längere Zeit (in der Festlandpraxis regelmäßig 30 Jahre). Der Konzessions-

[39] Nebel, a.a.O., S. 8.

vertrag setzt sich uno actu aus der Übertragung des Aufsuchungs- und Aufschließungsrechts und der (bedingten) Übertragung des Gewinnungsrechts im Falle der Fündigkeit zusammen. Rechtlich muß gleichwohl zwischen beiden Vorgängen unterschieden werden.

c) Zur hier erheblichen Frage, ob nach der bisherigen Praxis Vorleistungen ein Recht auf Konzessionierung verschaffen, kann also festgestellt werden: die Erbringung zugelassener Aufschluß- und Aufsuchungsarbeiten im Untersuchungsgebiet *ohne* rechtliche Sicherung der *Ausschließlichkeit* führt zur Entstehung eines Rechtsanspruchs auf Abschluß eines Konzessionsvertrages, der seinerseits das *ausschließliche* Recht auf Aufsuchung und den (bedingten) Anspruch auf Abschluß eines Gewinnungsvertrages im Falle der Fündigkeit vermittelt.

In dieser dreifach abgestuften Ausgestaltung der Rechtsbeziehungen zwischen dem Staat und dem Unternehmer wird also, wenn es auch an normierten Tatbestandsmerkmalen und insbes. an einer klaren Gleichbewertung geophysikalischer Untersuchungen mit Probebohrungen in der Praxis fehlt, hinreichend deutlich, daß der Staat die Ausübungsübertragung seines Vorbehalts *nach dem Maßstab der Vorleistungen des Unternehmens* handhabt: schrittweise kann das interessierte Unternehmen durch Aufschließungs- und Aufsuchungsarbeiten aus der Reihe im Wettbewerb stehender Unternehmen einen Anspruch auf Einräumung einer Ausschließlichkeitsstellung für die Förderung der Vorleistungen und im Falle der Fündigkeit einen solchen auf Übertragung des Gewinnungsrechts erlangen.

Im Unterschied zum *allgemeinen* Bergrecht, nach dem der Schürfer *vor* Fündigkeit *kein ausschließliches* Schürfrecht und nach Fündigkeit *vor* Anbringung seiner Mutung kein räumlich bestimmtes „Gewinnungsrecht“ erwirbt, erlangt der Unternehmer des Erdölrechts bereits mit Abschluß des Konzessionsvertrages und vor Fündigkeit Ausschließlichkeitsrecht und mit der Fündigkeit einen (vorher bedingt begründeten) Anspruch auf Übertragung des Gewinnungsrechts.

Das Prioritätsprinzip des Bergrechts, das im allgemeinen Bergrecht letztlich erst nach Fündigkeit bei der Anbringung der Mutung relevant wird, äußert seine Rechtswirkung im Erdölrecht bereits in der Vorstufe zwischen nicht-ausschließlichen Untersuchungs- und Aufschließungsarbeiten und dem Abschluß des Ausschließlichkeit verleihenden Konzessionsvertrages. Für die dritte Stufe — zwischen Beschaffung der Aufsuchungs-Ausschließlichkeit und der Übertragung des Gewinnungsrechts — ist es rechtlich nicht mehr relevant, da dem fündig gewordenen Unternehmer im Konzessionsgebiet zeitlich ein anderer Unternehmer den Rang nicht mehr streitig machen kann. Infolgedessen erlangt die *Einräumung des Ausschließlichkeitsrechts* für im Wettbewerb stehende Unternehmen ausschlaggebende Bedeutung und stellt *sie* rechtlich und wirtschaftlich den wirklich praejudiziellen Rechtsakt dar.

d) In der Entscheidung vom 4. Februar 1953 [40] hat das LVG Hannover festgestellt: „Die Übertragung seiner (des Staates) Gewinnungsrechte ist daher, auch bei vorangegangenen Aufschließungsarbeiten durch einen der Interessenten, in sein Ermessen gestellt.“ Das Gericht hat damit den Klagvortrag, seit 1934 habe sich ein *Gewohnheitsrechtssatz* gebildet, wonach aus entsprechenden Vorleistungen ein Konzessionierungsanspruch erwachse, zurückgewiesen [41]. Gleichwohl bleibt der Gedanke gewohnheitsrechtlicher Begründung nicht unbeachtlich und ist seine Berechtigung durch den schlichten Urteils-Hinweis auf die Kann-Bestimmung des § 2 Erdölverordnung nicht entkräftet, zumal an der Zulässigkeit von Verwaltungsgewohnheitsrecht heute keine Zweifel mehr bestehen. Für die weitere Erörterung kommt es hierauf indes entscheidend deshalb nicht an, weil die unter a—c geschilderte bergbehördliche Praxis der Vor- und Nachkriegszeit jedenfalls solche Grundsätze der Ermessenshandhabung hervorgebracht hat, die nach allgemeinen Grundsätzen des Verwaltungsrechts als Selbstbindung im Ermessen maßstäblich zu berücksichtigen sind.

(Abgeschlossen im Oktober 1965).

[40] ZBR Bd. 97, S. 84.

[41] Hierzu Ipsen, AöR Bd. 81, S. 248, Anm. 11.

Wegerecht als Ordnung aus der Natur der Sache

GÜNTHER KÜCHENHOFF

I

Untrennbar verbunden mit der Natur des Menschen ist das Streben auf ein bestimmtes Ziel hin [1], mag dieses in einer geistigen Erkenntnis oder auch in einem rein tatsächlichen Kennenlernen bestehen. Während jedoch der Denkvorgang keine dem Außenstehenden erkennbare Spur hinterläßt, ist die Bewegung auf ein sinnlich wahrnehmbares Ziel begriffsnotwendig von dem Vorhandensein eines Weges abhängig. Der Begriff des Weges enthält die Vorstellung von einer bestimmten oder zumindest bestimmbaren Linie, durch welche verschiedene Orte miteinander verbunden werden [2]. Indem die Menschen den so bestimmten und angelegten Weg immer wieder gebrauchen, entsteht ein Gemeinschaftsverhältnis aller Wegebenutzer. Wie jedes menschliche Zusammenleben bedarf auch das aus der Begegnung auf dem Weg entstehende Miteinander der Wegebenutzer einer rechtlichen Ordnung. Da hierbei eine Grundform der zwischenmenschlichen Beziehungen geregelt werden mußte, hat das Wegerecht innerhalb der Rechtsordnungen aller Kulturstaaten stets eine wichtige Rolle eingenommen. Diese Bedeutung wurde noch dadurch gesteigert, daß fast alle Wege allein dem Zweck dienen, ein Zueinanderfinden der Menschen und damit ein regelbares Gemeinschaftsleben zu ermöglichen. Daher ist das menschliche Zusammenleben auf dem Weg durch gesetzliche Bestimmungen, die dem Einzelfall gerecht werden sollen, geregelt worden.

Durch das Bestreben, alle nur denkbaren Situationen, die auf dem Weg entstehen können, möglichst gerecht und zweckmäßig zu regeln, ist die dem Weg selbst innewohnende rechtliche Natur vielfach übersehen worden.

---

[1] Seine künstlerische Gestalt hat dieses Streben in der Figur des „Faust" gefunden. Vgl. hierzu die beiden zentralen Stellen des Werks von Goethe, Faust I und Faust II V. Akt (Goethe-Werke in 5 Bänden, Frankfurt/M. 1965, Bd. 3, S. 52 und S. 337): „Faust: Werd ich zum Augenblicke sagen:/Verweile doch! du bist so schön!/ Dann magst du mich in Fesseln schlagen,/Dann will ich gern zugrunde gehn." und „Engel: Gerettet ist das edle Glied/Der Geisterwelt vom Bösen:/Wer immer strebend sich bemüht,/Den können wir erlösen."

[2] Ähnlich LASSAR, Grundbegriffe des preußischen Wegerechts, Berlin 1919, S. 40.

Daher stellt sich die Aufgabe, den Weg in ganzheitlicher [3] Sicht zu betrachten, um daraus die Erkenntnis zu gewinnen, inwieweit das Wegerecht als objektiv geltende Ordnung in einem Teilbereich des Rechts bereits von der „Natur des Weges“ und der in ihr enthaltenen (immanenten) Ordnung bestimmt wird. Hierbei wird sich im Beispiel zeigen, ob in der Natur eines Lebenszusammenhanges grundsätzlich eine Rechtsregelung enthalten sein kann, so daß also die rechtliche Ordnung für einen bestimmten Lebenskreis nicht geschaffen, sondern lediglich erkannt werden muß. Die aus einer ganzheitlichen Betrachtung des Wegerechts gewonnenen Erkenntnisse können sodann auf die Einzelheiten übertragen werden.

Da hier aus der „Natur des Weges“ *rechtliche* Regeln gewonnen werden sollen, kann der Begriff des Weges, wie er im theologischen, philosophischen, künstlerischen, ja sogar zum Teil im juristischen und alltäglichen Sprachgebrauch vorkommt, nicht zur Grundlage dieser Untersuchung gemacht werden.

1. Die Evangelien enthalten über die irdischen Wege und Straßen, die Christus benutzt hat, keine Aussage, obwohl Jesus ein dauerndes Wanderleben geführt hat. Hieraus kann der Schluß gezogen werden, daß der Begriff des Weges in den Evangelien in einem anderen als dem irdischen Sinne verwandt wird. Während das griechische *ὁδός* bereits bei HOMER [4] einen doppelten Sinn hat, kann dieses Wort im Neuen Testament mit Wandel [5], Mittel [6] und Zugang [7] übersetzt werden. Keiner dieser Sätze bezieht sich

[3] „Die Ganzheit ist der Charakter des Ganzseins, sie drückt eine innere Verbundenheit und Ordnung aus, durch die jeder Teil eine bestimmte Stellung und Funktion hat.“ So EISLER, Wörterbuch der philosophischen Begriffe, Bd. 1, Berlin 1927, S. 452; vgl. ferner: R. LEINEN, Der Wille zum Ganzen, 1922; VOGEL, Grundzüge eines ganzheitlichen Systems des Rechts, in: Gesellschaftswissenschaftliche Abhandlungen, hrsg. v. O. SPANN, Leipzig-Wien 1935, S. 8 ff., *ders.*, Vom Wesen ständischen Rechts, Berlin u. Leipzig 1937; O. SPANN, Über das Verhältnis des Ganzen zum Teil, Zeitschr. f. Volkswirtschaft I, 1921; *ders.*, Gesellschaftslehre, Leipzig 1923, S. 545 f.

[4] Vgl. HOMER, Ilias 7, 340: „Laßt uns darinnen auch Tore von festem Gefüge erbauen,/Um durch die Mauern auch Straßen für Rosse und Wagen zu führen.“

Hier wird mit *ὁδός* von HOMER der Weg in seinen verschiedenen möglichen Formen bezeichnet: sowohl der schmale, lediglich von den Vorgängern ausgetretene Pfad als auch die für den Verkehr hergerichteten und ausgebauten Straßen. Der Begriff *ὁδός* bezeichnet hier also den Wegekörper, den *Ort*.

Im Gegensatz dazu steht der Sprachgebrauch in der folgenden Stelle: HOMER, Odyssee, 2. Gesang Vers 256: „Aber ich hoffe, er sitzt noch lang und spähet sich Botschaft/Hier in Ithaka; die Reise vollendet er niemals!“

Hier wird also der Weg als eine *Handlung* gesehen.

[5] Vgl. Apostelgeschichte Kap. 14, Vers 15, 16: „... daß ihr Euch bekehren sollt von diesem falschen zu dem lebendigen Gott ..., der in vergangenen Zeiten hat lassen alle Heiden wandeln ihre Wege ...“.

[6] Vgl. Apostelgeschichte Kap. 16, Vers 17: „Diese Menschen sind Knechte Gottes, des Allerhöchsten, die auch den Weg der Seligkeit verkünden.“

[7] Vgl. Joh. 14, 6: „Ich bin der Weg, die Wahrheit und das Leben, niemand kommt zum Vater denn durch mich.“

auf den Weg in seiner natürlichen Gegebenheit mit den darin enthaltenen Rechtsregeln; diese Interpretationen lassen sich lediglich dahingehend zusammenfassen, daß die vermittelnde Funktion des Weges im Verhältnis des Menschen zu Gott verdeutlicht werden soll. In der christlichen Lehre wird also der Begriff des Weges nicht in seiner unmittelbaren Bedeutung verwandt, vielmehr soll mit jedem Satz das Prinzip der Mittelbarkeit versinnbildlicht werden.

2. Auch der im modernen philosophischen Schrifttum verwandte Begriff des Weges kann die Wegeordnung nicht näher bestimmen.

So versucht Martin Buber [8], das Gerichtetsein der menschlichen Existenz zu Gott hin durch das Bild des Weges zu veranschaulichen. Hierbei kann eine Verbindung von Mensch zu Gott im Sinne eines Weges nur dann entstehen, wenn der Mensch beginnt, sein eigenes Wesen zu erkennen.

Der (Feld-)Weg bei Heidegger versinnbildlicht das Einfache und Natürliche und ist zugleich Quelle der menschlichen Grundkraft. Er dient als Leitbild menschlichen Seins. Der Mensch, der durch sein Planen den Erdball in eine Ordnung zu bringen sucht, wird sein Ziel nicht erreichen, wenn er bei diesem Streben den Sinn für das Natürliche verliert. „So wird der Mensch zerstreut und weglos. Den Zerstreuten erscheint das Einfache einförmig. Das Einförmige macht überdrüssig. Die Verdrießlichen finden nur noch das Einerlei. Das Einfache ist entflohen, seine stille Kraft ist versiegt [9]."

Jaspers sieht im „Weg des denkenden Menschen ein Leben, das philosophiert" [10]. Der Begriff des Weges bei Jaspers umfaßt daher auch eine Art der Zielbewältigung. Der Mensch soll nicht in der Daseinswirklichkeit ver-

---

[8] Vgl. Martin Buber, Der Weg des Menschen, 2. Aufl., Köln-Berlin 1950, S. 10: „Mag der Mensch noch so viel Erfolg, noch so viel Genuß erfahren, mag er noch so große Macht erlangen und noch so Gewaltiges zustandebringen: sein Leben bleibt *weglos*, so lange er sich der Stimme nicht stellt. Solange der Mensch versucht, diese Stimme zu übertäuben, wird das Leben des Menschen kein Weg. Adam stellt sich der Stimme, er erkennt die Verstrickung, er bekennt: ‚Ich habe mich versteckt', und damit beginnt der *Weg* des Menschen. Die entscheidende Selbstbesinnung ist der *Beginn des Wegs* im Leben des Menschen, immer wieder der Beginn des *menschlichen Wegs*." S. 14: „*Auf welchem Weg* ein Mensch zu Gott gelangt, kann ihm somit nichts anderes sagen als die Erkenntnis seines eigenen Wesens, die Erkenntnis seiner wesentlichen Eigenschaften und Neigungen." S. 16: „Worauf es ankommt, ist, daß er die Kraft eben dieses Gefühls, eben dieses Antriebs von dem Zufälligen auf das Notwendige und von den Relationen auf das Absolute richtet. *So findet er seinen Weg*."

[9] So Martin Heidegger, Der Feldweg, Frankfurt 1953, S. 4, 5. Vgl. hierzu auch die großartige Interpretation, die Benedetto d'Amore der kleinen Schrift von Heidegger zuteil werden ließ, in „L'Unione Europea E La Letterature Catolica" in: Le Relazioni del I Congresso Internationale degli Scrittori Cristiani, herausgegeben vom Centro internazionale di studi e di relazioni culturali, Rom (Corso Vittorio Emanuele, 75), 1963, S. 7 ff.

[10] Jaspers, Der philosophische Glaube, Frankfurt/M.-Hamburg 1958, S. 65.

harren, sich nicht als „ein bloßes Ergebnis von Weltgeschehen begreifen“ [11], sondern soll durch eigenes Streben versuchen, den Gesamtzusammenhang allen Seins zu erkennen. Der Philosoph sieht also im Weg das Sinnbild für ein menschliches Dasein, das auf ein bestimmtes Ziel hinstrebt. Ist der so bestimmte Zweck des Lebens erreicht, endet zugleich der Weg. Weder am Anfang noch in der Mitte noch am Ende des Weges können bestimmte Erkenntnisse gewonnen werden, vielmehr wirkt sich die auf dem Wege erworbene Einsicht und Kraft erst in der Art der Zielbewältigung aus. Hieraus lassen sich jedoch keine Rückschlüsse auf die dem Wege immanente Rechtsordnung gewinnen, vielmehr handelt es sich hierbei nur um Vergleiche zwischen dem Weg und mannigfachen Sinngebilden sowie Vorgängen, deren tatsächliche Gegebenheiten durch das anschauliche Bild des Weges verdeutlicht werden sollen.

3. Auch der Künstler [12] gebraucht das Wort „Weg“ in seiner übertragenen Bedeutung:

„Parsifal:
Wer ist der Gral?
Gurnemanz:
Das sagt sich nicht;
doch, bist du selbst zu ihm erkoren,
bleibt dir die Kunde unverloren —
und sieh!
Mich dünkt, daß ich dich recht erkannt:
kein Weg führt zu ihm durch das Land,
und Niemand könnte ihn beschreiten,
den er nicht selber möcht geleiten.

Parsifal:
Ich schreite kaum,
doch wähn’ ich mich schon weit.
Gurnemanz:
Du siehst, mein Sohn,
zum Raum wird hier die Zeit.“

Auch Wagner verwendet also den Begriff „Weg“ in einer übertragenen Bedeutung; denn das Wesen des Weges zeigt sich hier im Streben auf ein Ziel hin, also in der Bewegung des Wegebenutzers auf dem Weg. In diesem Vorgang wird das Verhältnis des Raumes zur Zeit sichtbar. Raum und Zeit bilden ein einheitliches Ganzes und stellen das Grundelement der Welt dar: Diese Raumzeitlichkeit entspricht dem Weg, wie ihn Wagner sieht [13].

---

[11] Jaspers, a.a.O., S. 65: „Daher überschreitet er sein Dasein und die Welt bis zum Grunde von Dasein und Welt, dorthin, wo er seines Ursprungs gewiß wird, gleichsam in jener Mitwissenschaft mit der Schöpfung. Er ist nicht im Ursprung geborgen und er ist nicht am Ziel. Er sucht das Ewige in seinem Leben zwischen Ursprung und Ziel.“

[12] Richard Wagner, Parsifal, Bühnenweihspiel, 1. Aufzug.

[13] Vgl. zur Raum-Zeit-Lehre: Gent, Die Philosophie des Raumes und der Zeit, historische, kritische und analytische Untersuchungen, 2. Aufl., Hildesheim 1962.

4. Im Sprachgebrauch des täglichen Lebens wird der Begriff „Weg" als Mittel gebraucht, um in einfacher Form einen Lebensvorgang zu bezeichnen. So wird in der Redensart „Er wird seinen Weg machen" deutlich, daß hier ein Streben auf ein bestimmtes Ziel ausgedrückt werden soll. Der so gebrauchte Begriff des Weges veranschaulicht also eine zweckgerichtete Tätigkeit, umfaßt aber nicht den Weg als Sachsubstanz.

5. Juristen gebrauchen den Begriff des Weges mit unterschiedlichem Sinngehalt.

Der Weg erscheint zunächst in der Wortbildung „Rechtsweg". Hierunter versteht man die Zuständigkeit der Gerichte, bestimmte Rechtsstreitigkeiten zu entscheiden. Früher wurde der Rechtsweg nur für den Weg zu den Justizgerichten gebraucht. Seit Erlaß des Grundgesetzes unterscheidet man verschiedene Rechtswege: § 13 GVG regelt den sog. ordentlichen Rechtsweg. Er betrifft „alle bürgerlichen Rechtsstreitigkeiten und Strafsachen, für die nicht entweder die Zuständigkeit von Verwaltungsbehörden und Verwaltungsgerichten begründet ist oder auf Grund von Vorschriften des Bundesrechts besondere Gerichte bestellt oder zugelassen sind". Abzugrenzen ist hiervon der Verwaltungsrechtsweg. Er ist gemäß § 40 VwGO „in allen öffentlich-rechtlichen Streitigkeiten nichtverfassungsrechtlicher Art gegeben, soweit die Streitigkeiten nicht durch Bundesgesetze einem anderen Gericht ausdrücklich zugewiesen sind". Hier benutzt also der Jurist den Begriff „Weg" als Sinnbild für den Zugang zu dem für die Entscheidung der Streitigkeit zuständigen Gericht.

Außerdem erscheint der Begriff „Weg" im Straßen- und Wegerecht [14]. Hier ist der Begriff „Weg" einerseits auf den Wegekörper bezogen, andererseits umfaßt der Begriff „Wegerecht" das Verhältnis der Wegebenutzer untereinander. So zeigt sich also, daß lediglich der juristische Sprachgebrauch von der natürlichen Beschaffenheit des Weges ausgeht. Jedoch wird auch hier der Begriff des Weges nicht definiert.

II. Die Wegerechtsordnung aus der „Natur der Sache"

Wenn eine Wegerechtsordnung aus der „Natur der Sache" gewonnen werden soll, so muß man sich einleitend vergegenwärtigen, wie es überhaupt möglich sein kann, aus der „Natur der Sache" [15] Rechtsfolgen abzuleiten:

---

[14] Vgl. bayerisches Straßen- und Wegegesetz vom 11. 8. 1958 (GVBl. S. 147, ber. S. 192, 316).

[15] Die Natur der Sache als juristische Denkform ist von jeher im Schrifttum anerkannt: Vgl. ARISTOTELES, Nikom. Ethik, 1134 b 18 (to physei dikaion); CICERO, De re publica, libri II 33; *ders.*, De legibus, I, 5 ff., 16 ff.; II, 4, 10, 22 (natura rerum); THOMAS VON AQUIN, Summa theologica II-II, quaestio 57 art. 2 (natura rei); MONTESQUIEU, Esprit des Lois, I, 1 (nature des choses); BURKHARD W. LEIST, Naturalis ratio und Natur der Sache, Jena 1860; DERNBURG, Pandekten, 1. Bd., 3. Aufl., Berlin 1882, S. 87; RADBRUCH, Die Natur der Sache als juristische Denk-

Mit der Denkform der „Natur der Sache" wird die in einem Lebensverhältnis enthaltene Ordnung gesucht und entwickelt. Dieser Vorgang folgt aus der Erkenntnis, daß einem bestimmten Lebensverhältnis eine bestimmte rechtliche Ordnung mitgegeben ist und eine Einrichtung über das Vorhandensein und den Inhalt der in ihr enthaltenen rechtlichen Ordnung etwas aussagt [16]. Bei der „Natur der Sache" ist also das ganze Lebensverhältnis zu betrachten und nach den in ihm enthaltenen Rechtseinrichtungen und Grundsätzen zu suchen. Es wird nicht eine Sachsubstanz ausgeschöpft, sondern aus einem inneren Lebenszusammenhang die diesem innewohnende Rechtsgestaltung gesucht. Die „Natur der Sache" ist also nicht etwa die Natur der Sachsubstanz, nicht die natura rei, sondern die Natur der Sachverhalte, die natura rerum, aus der sich die innere Ordnung ergibt [17].

Mithin liegt in Sachzusammenhängen und Gegebenheiten eine Ordnung. Doch besitzen diese Sachzusammenhänge keine originäre Kraft, sondern die

form, in Festschrift für LAUN, 1948, S. 157 ff.; *ders.*, Rechtsidee und Rechtsstoff, Archiv für Rechts- und Wirtschaftsphilosophie, Bd. 17, 1923/24, S. 350; OTTMAR BALLWEG, Zu einer Lehre von der Natur der Sache, Basler Studien zur Rechtswissenschaft, Heft 57, Basel 1960; NORBERTO BOBBIO, Über den Begriff der Natur der Sache, in Archiv für Rechts- und Sozialphilosophie Bd. 44 (1958), S. 305 ff.; COING, Grundzüge der Rechtsphilosophie, 1950, S. 127; ENGISCH, Zur Natur der Sache im Strafrecht, in: Festschrift für EBERHARD SCHMIDT, Göttingen 1961, S. 90 ff.; MAX GUTZWILLER, Zur Lehre von der Natur der Sache, in: Festgabe der Jur. Fakultät der Universität Freiburg (Schweiz) zur 59. Jahresversammlung des Schweizer Juristenvereins, 1924, S. 282 ff.; LARENZ, Wegweiser zur richterlichen Rechtsschöpfung, Festschrift für NIKISCH, 1958, S. 286; ESSER, Grundsatz und Norm in der richterlichen Fortbildung des Privatrechts, 1956, S. 101 ff.; *Verf.*, Naturrecht und Liebesrecht, 2. Aufl., Hildesheim 1962, S. 24, 44; NIPPERDEY in Enneccerus-Nipperdey, Allgem. Teil des bürgerlichen Rechts, 1. Halbband 1959/60, S. 215 und 343 Anm. 41; WERNER MAIHOFER, Die Natur der Sache, in Archiv für Rechts- und Sozialphilosophie, Bd. 44 (1958), S. 145 ff.; C. SCHMITT, Über die drei Arten des rechtswissenschaftlichen Denkens, 1934, S. 14; GÜNTER STRATENWERTH, Das rechtstheoretische Problem der Natur der Sache, Tübingen 1957; ROLF DREIER, Zum Begriff der Natur der Sache, Diss. Münster 1963; PETER KOLB, Der Begriff der Natur der Sache in der höchstrichterlichen Rechtsprechung, Diss. Würzburg 1964; HERBERT SCHAMBECK, Der Begriff der Natur der Sache. Ein Beitrag zur rechtsphilosophischen Grundlagenforschung, Wien 1964; LUIS LEGAZ Y LACAMBRA, Rechtsphilosophie, Neuwied-Berlin 1965, S. 209 f.; zur Natur der Dienstleistung vgl. NIPPERDEY - MOHNEN - NEUMANN - RIEDEL in Staudinger, Kommentar zum BGB, II. Bd., 3. Teil, 11. Aufl., Berlin 1958, Rdnr. 21 zu § 618; WLOTZKE-VOLZE in Soergel-Siebert, Kommentar zum BGB, II. Bd., 9. Aufl., Stuttgart 1960, Anm. 8 zu § 618; zur Natur des Betriebes vgl. LANDMANN - ROHMER - EYERMANN - FRÖHLER - NEUMANN, Gewerbeordnung, Loseblattausgabe, München-Berlin, Bd. II, § 120 a Rdnr. 17; SCHRÖDER in Schlegelberger, Kommentar zum HGB, 4. Aufl., Berlin-Frankfurt/M. 1960, Rdnr. 10 zu § 62.

[16] Vgl. *Verf.*, Naturrecht und Liebesrecht, 2. Aufl., Hildesheim 1962, S. 44.

[17] Vgl. CICERO, De re publica, libri II 33: „Sed id quod fieri natura rerum ipsa cogebat, ut plusculum sibi iuris populus adscisceret liberatus a regibus, non longo intervallo ... consecutus est; in quo defuit fortasse ratio, sed tamen vincit ipsa rerum publicarum natura saepe rationem."

Gestalt des Sach- und Lebenszusammenhanges beruht vielmehr auf vorgegebenen Ideen und Entscheidungen [18]. Diese Vor-Grundentscheidungen sind bereits vor dem Sachverhalt da. Infolgedessen können sie nicht aus dem Sachverhalt gewonnen werden. Ist der Sachverhalt in bestimmt gestalteter Weise vorhanden, so ergeben sich aus ihm Rechtsregeln, die menschlicher Entscheidung und menschlicher Abänderung entzogen sind. Es gibt also insoweit aus der Natur der Sache kein primäres Recht. Die Tatsachen schaffen auch hier Grenzen, schöpferisch ist nur der Geist, nicht die Materie [19].

Die Natur der Sache läßt demnach nur sekundäre Folgerungen aus einer auf Ideen und Wertungen aufgebauten Gesamtlebenseinstellung zu. Innerhalb dieser Grundentscheidungen zeigen sich dann spezielle Lösungen aus der Natur der Sache im Sinne von Folgerungen aus einem Lebenszusammenhang, wie er sich in vorentschiedener grundsätzlicher Sicht und aus dieser heraus in den höheren Einzelheiten darstellt. In einer solchen Ausgestaltung der grundsätzlichen Entscheidungen bleibt die „Natur der Sache" sekundär bedeutsam (vgl. Fußnote 18).

In der Rechtsprechung ist die „Natur der Sache" als Rechtsbegriff anerkannt und immer wieder zur Entscheidung grundsätzlicher Fragen herangezogen worden [20]. Aber bei näherem Zusehen ist nicht vom konkreten

[18] Vgl. KLAUS KÜCHENHOFF, Die Personenbeförderung durch die Bundespost und die Landesverkehrsverwaltung, Diss. Münster 1961, S. 62; *Verf.*, Naturrecht und Liebesrecht, 2. Aufl., Hildesheim 1962, S. 34, 44; *ders.* und ERICH KÜCHENHOFF, Allgemeine Staatslehre, 5. Aufl., Stuttgart 1964, S. 128.

[19] Ähnlich auch RADBRUCH, Rechtsphilosophie, 5. Aufl., Stuttgart 1956, S. 97 ff. Er geht davon aus, daß für einen bestimmten Stoff eine Idee gilt, die auf diesen Stoff hingeordnet ist, ihn beherrschen will und so wiederum vom Stoff mitbestimmt wird. RADBRUCH nennt dieses Verhältnis „Stoffbestimmtheit der Idee" und veranschaulicht diese Vorgeformtheit der Idee im Stoffe mit dem künstlerischen Schaffen. „So mag Michelangelo in jedem verhauenen Marmorblock visionär die Gestalt des David vorgeschaut haben, die er aus ihm erlöste."

[20] Vgl. BGHZ 3, 162 (166) v. 27. 9. 1951; 13, 154 (159) v. 27. 4. 1954; 14, 139 (144) v. 5. 7. 1954; 21, 18 (24) v. 30. 5. 1956; 29, 265 (269) v. 4. 2. 1959; 32, 233 (238) v. 27. 4. 1960; 36, 71 (75) v. 6. 11. 1961; 37, 125 (130) v. 16. 5. 1962; 38, 14 (20) v. 16. 7. 1962; 38, 86 (88) v. 24. 9. 1962; 38, 228 (232) v. 5. 11. 1962; NJW 1964, 104 (106) v. 14. 10. 1963; BAGE 5, 1 ff. v. 25. 9. 1957; BGHSt 1, 84 (87) v. 3. 4. 1951; 2, 218 (222) v. 25. 3. 1952; 10, 108 (109) v. 30. 1. 1957; 15, 311 (312) v. 12. 1. 1961; 16, 374 (382) v. 24. 11. 1961; BVerwGE 1, 291 (296) v. 17. 12. 1954; 4, 24 (28) v. 4. 7. 1956; 7, 17 (28) v. 8. 5. 1958; 8, 275 v. 24. 4. 1959; 11, 109 (114) v. 7. 9. 1960; 12, 50 (51) v. 20. 2. 1961; 12, 140 (146) v. 24. 3. 1961; 15, 190 (192) v. 12. 12. 1962; 16, 150 (151) v. 14. 6. 1963; 15, 341 (345) v. 28. 2. 1963; BVerfGE 1, 97 (100) v. 19. 12. 1951; 1, 117 (131) v. 20. 2. 1952; 3, 19 (32) v. 1. 8. 1953; 3, 407 (428) v. 16. 6. 1954; 5, 35 (29) v. 30. 5. 1956; 5, 77 (82) v. 13. 6. 1956; 5, 199 (215) v. 15. 1. 1958; 7, 374 (398) v. 10. 6. 1958; 11, 64 (69) v. 4. 5. 1960; 11, 77 (96 ff.) v. 10. 5. 1960; 11, 266 (272) v. 12. 7. 1960; 12, 205 (250 f.) v. 28. 2. 1961; 12, 326 (333) v. 9. 5. 1961; 13, 97 (115, 117) v. 17. 7. 1961; 13, 290 (302 f., 330) v. 24. 1. 1961; 14, 140 (150) v. 19. 6. 1962; 15, 167 (193) v. 12. 12. 1962; 15, 337 (349) v. 20. 3. 1963; 16, 130 (141) v. 22. 5. 1963; 16, 286 (304) v. 23. 7. 1963; 18, 315 (337) v. 27. 1. 1965; 19, 1 (11) v. 28. 4. 1965; NJW 1964, 587

Lebensverhältnis das Recht, sondern aus ideenmäßig geformten oder gefundenen Werten das Lebensverhältnis in bestimmter Sicht gestaltet und dann erst das in ihm wohnende Recht entdeckt und danach weiter entwickelt worden. So hat das Bundesverfassungsgericht in seinem Urteil [21] vom 23. Januar 1957 ausgeführt: „Der Gleichheitssatz fordert nicht, daß der Gesetzgeber die Einzelnen und ihre relevanten gesellschaftlichen Gruppen unbedingt gleichmäßig behandelt. Er läßt Differenzierungen zu, die durch sachliche Erwägungen gerechtfertigt sind. Ob und in welchem Ausmaß der Gleichheitssatz bei der Ordnung bestimmter Materien dem Gesetzgeber Differenzierungen erlaubt, richtet sich nach der Natur des jeweils in Frage stehenden Sachbereichs."

Auch das Bundesverfassungsgericht sieht also den Gleichheitssatz als eine Vor-Grundentscheidung [22], der durch den Gesetzgeber für den Einzelfall konkretisiert wird. Mithin bestimmt die Natur des zu regelnden Sachbereichs nicht den Inhalt, sondern nur die Grenzen des Gleichheitsbegriffes [23].

Folgerungen aus der nicht primär wirkenden, sondern sekundär nach Bestimmung durch die Rechtsidee fortgestaltenden „Natur der Sache" sind im Grunde nur Anwendungsfälle des Gedankens der Konsequenz im positiven Sinne. Der Begriff der positiven Konsequenz [24] besagt, daß Rechtsfolgen und Rechtswirkungen in einem innerlich widerspruchslosen Zusammenhang mit der maß- und richtunggebenden Rechtsidee stehen müssen. Nicht besagt sie also, wie gelegentlich behauptet wird, daß die menschliche Willensentscheidung zugunsten einer unübersteigbaren Faktizität eines Sachverhalts [25], also durch den „Sachverstand", ja einen „Sachwillen" als fak-

(588) v. 12. 2. 1964; NJW 1964, 1715 v. 10. 6. 1964; BFH, Urt. v. 13. 12. 1963 in NJW 1964, 693 ff.

[21] BVerfGE 6, 84 ff., hier 91.

[22] Die hier vorgegebene Idee ist der Gedanke von „der Gleichheit alles dessen, was Menschenantlitz trägt". Diese Formel ist im Anschluß an die Erklärung der Menschenrechte vom 26. 8. bzw. 3. 11. 1789 entwickelt worden. Vgl. Art. 1: „Les hommes naissent et demeurent libres et égaux en droits. Les distinctions sociales ne peuvent être fondées que sur l'utilité commune." Hier wird die entscheidende Erkenntnis zum Ausdruck gebracht, daß jeder Mensch kraft Geburt in seinen Rechten dem anderen gleich ist, daß Unterschiede in Stellung, Anlagen und Fähigkeiten nur Ausdruck einer verschiedenartigen Bewährungsprobe und -last sind, nicht jedoch den geringsten Anlaß dazu geben, den einen oder anderen als unterlegen zu betrachten oder gar von Rechts wegen so zu behandeln.

[23] Vgl. *Verf.*, Gleichheit und Ungleichheit im Verfassungsrecht, in Juristische Rundschau 1959, S. 281 ff., 283.

[24] Zum Grundsatz der Konsequenz vgl. Mitteis, Über das Naturrecht, Berlin 1948; *Verf.*, in Erman, Handkommentar zum BGB, 1. Bd., 3. Aufl., 1962, Anm. 3 a zu § 611 BGB.

[25] So mißt Schiller den natürlichen Seinsgegebenheiten einen zu großen Wert bei: In seinem Brief an Wilhelm von Humboldt vom 9. 11. 1795 charakterisiert er die Denkform Goethes als „solide Manier, immer von dem Objekt das Gesetz zu empfangen und aus der Natur der Sache ihre Regeln abzuleiten".

tische Willensbegrenzung von vornherein behindert wird [26]. Insoweit ist — unter der Voraussetzung des Menschentums und seiner Schranken, die für alle Menschen und infolgedessen auch für alle zwischenmenschlichen Beziehungen als Grenzen bestehen (auch in rechtlicher Hinsicht, da das Recht nur die zwischenmenschlichen Beziehungen in ihren vom Menschentum umschlossenen Grenzen ordnet) — die sach- und sachverhaltsgestaltende Kraft der Ideen auch auf dem Gebiet des Rechts erkenntnis- und willensmäßig bestimmt. Die „Natur der Sache" richtet aber eine Schranke dagegen auf, die einmal zur Sachgestaltung aufgerufene Rechtsidee wieder zu verlassen und ihren Geltungs- und Anwendungsbereich durch außerhalb der sachgebotenen Besonderheiten („Ausnahmen") liegende Gestaltungen zu verändern. So ist die „Natur der Sache" Schranke gegen Inkonsequenz, Mahnerin zur Konsequenz, aber nicht Schöpferin von Sachzusammenhängen.

Wegerechtsordnung aus der „Natur der Sache"

Wurde bisher die Natur der Sache als Rechtsfigur nur allgemein behandelt, so soll im folgenden untersucht werden, welche Folgerungen sich aus der Natur der Sache für das Wegerecht ergeben.

---

[26] Wertungsfreie Folgerungen aus der Natur der Sache zieht beispielsweise Ballweg, Zu einer Lehre von der Natur der Sache, Basler Studien zur Rechtswissenschaft Heft 57, 1960, S. 14. Er sieht in der Denkfigur der Natur der Sache den Ausdruck „des konkreten Denkens". Hierunter versteht er „nach Ursprung, Herkunft und Entwicklung im Denken, das in möglichster Sach- bzw. Problemnähe mit einem Minimum an Axiomatik weitgehend wertfrei einen Gegenstand zu begreifen sucht", ein Denken, das „nicht vom System, sondern vom Gegenstand her seinen wissenschaftlichen Ausgangspunkt nimmt und den Stand des Betrachters in den Gegenstand der Betrachtungen einbezieht". Die Wertfreiheit sei erforderlich, weil „Wertungen und sinnhafte Vorstellungen wohl Urteile, aber keine objektiven Erkenntnisse ermöglichen". Wertungen lägen im Bereich der spekulativen, nicht aber des objektiven Denkens.

Ähnlich auch Maihofer, Die Natur der Sache, in Archiv für Rechts- und Sozialphilosophie, Bd. 44, 1958, S. 145 ff.

Vgl. auch Norberto Bobbio, Über den Begriff der Natur der Sache, in Archiv für Rechts- und Sozialphilosophie, Bd. 44, 1958, S. 305 ff., 315. Stratenwerth, Das rechtstheoretische Problem der „Natur der Sache" in „Recht und Staat in Geschichte und Gegenwart" Heft 204, Tübingen 1957, erkennt in den Seinsgegebenheiten zwar keine vorgegebene Grundentscheidung. Jedoch leitet er eine Rechtsregelung aus der Sache allein nicht ab, sondern setzt sie in Beziehung zu dem Gesichtspunkt, unter dem sie vom Menschen gesehen wird (Wertgesichtspunkt). Erst diese spezielle Blickrichtung hebe das Wesen der Sache aus der Masse vorfindbarer Fakten heraus. Bei Stratenwerth ist also die Ordnung auf der „Verknüpfung von dem leitenden Gesichtspunkt und der Natur der Sache" aufgebaut. Vgl. hierzu auch Engisch, Zur „Natur der Sache" im Strafrecht, in Festschrift für Eberhard Schmidt, Göttingen 1961, S. 90 ff.; Radbruch, Rechtsphilosophie, 5. Aufl., Stuttgart 1956, S. 97 ff.; *ders.*, Die Natur der Sache als juristische Denkform, in Festschrift über Laun, Hamburg 1948, S. 157 ff.; *ders.*, Rechtsidee und Rechtsstoff, in Archiv für Rechts- und Wirtschaftsphilosophie Bd. 17, 1923/24, S. 343 ff.

Von Natur aus gibt es keine öffentlichen Wege [27]. Zwar kann ein Teil der Erdoberfläche zum Gemeingebrauch schon auf Grund seiner natürlichen Beschaffenheit geeignet sein, damit hat aber das Grundstück noch nicht seine konkrete Zweckbestimmung erlangt. Das Entstehen der Wege setzt daher einen der Rechtswelt angehörenden bewußten menschlichen Schöpfungsakt voraus [28]. Im Wegerecht ist dieser Willensakt die Widmung. Sie kann auf verschiedene Weise vorgenommen werden: durch Verfügung [29], Gesetz, Verordnung, Satzung [30] oder durch öffentlichrechtliche Vereinbarung [31]. In jedem Falle erfolgt die Widmung durch öffentlichrechtliche Willensäußerung der zuständigen Behörde (Wegebau- oder Wegeordnungsbehörde) allein — so nach bayerischem Recht — oder zusammen mit dem Wegegrundstückseigentümer und dem Wegeunterhaltungspflichtigen — so in den Gebieten des früheren preußischen Rechts. Durch diesen Vorgang wird der konkrete öffentliche Zweck festgelegt, dem das Grundstück dienen soll. In diesem Willensakt, durch den das Grundstück zum Weg wird, zeigt sich die Sekundärkraft der „Natur der Sache" besonders deutlich. Zugleich ergibt sich aus der Analyse des Vorgangs die Rechtskonstruktion des Widmungsakts [32]. Zu der Widmung als Willenserklärung muß nach überwiegender Ansicht die Indienststellung [33] hinzutreten. Hierbei handelt es sich um einen rein tatsächlichen Vorgang, durch den lediglich für den Außenstehenden das Grundstück als Weg bezeichnet wird. Dieses Handeln stellt nur den tat-

[27] So W. Jellinek, Verwaltungsrecht, 3. Aufl., Offenburg 1948, S. 509.

[28] Maunz, Das Recht der öffentlichen Sachen, Braunschweig 1951, Die Verwaltung Heft 22, S. 10.

[29] Vgl. z. B. Art. 6 BayStrWG vom 11. Juli 1958 (GVBl. S. 147, ber. S. 192 und 316): „Die Widmung ist die Verfügung, durch die eine Straße die Eigenschaft einer öffentlichen Straße erhält.

[30] Vgl. v. Turegg-Kraus, Lehrbuch des Verwaltungsrechts, 4. Aufl., Berlin 1962, S. 186.

[31] Wolff, Verwaltungsrecht I, 3. Aufl., München-Berlin 1959, S. 296.

[32] Die Rechtsnatur der Widmung war lange Zeit umstritten. Dabei wurde von Otto Mayer die Ansicht vertreten, daß dieser Rechtsvorgang keine obrigkeitliche Anordnung beinhalte, sondern sich als ein tatsächlicher Vorgang darstelle (Mayer, Deutsches Verwaltungsrecht, 2. Bd., 3. Aufl., München-Leipzig 1924, S. 58). Die herrschende Lehre sieht jedoch in der Widmung einen rechtsgestaltenden Verwaltungsakt, der die Besonderheit aufweist, daß er sich nicht an eine bestimmte Person oder Personengruppe richtet. Erforderlich ist, daß der Eigentümer des Wegegrundstücks zustimmt. Vgl. Verf. in Bayer. Verwaltungsblättern 1958, S. 326; Forsthoff, Lehrbuch des Verwaltungsrechts, Allgemeiner Teil, 9. Aufl., München und Berlin 1966, S. 355 f.; Zippelius, Grundfragen des öffentlichen Sachenrechts und das bayerische Straßen- und Wegegesetz, in DÖV 1958, S. 838 f., hier 843; Marschall, Kommentar zum Bundesfernstraßengesetz, Köln-Berlin 1954, zu § 2 FStrG, S. 32; de Weldige-Cremer, Die Benutzung öffentlicher Verkehrswege nach der neuen Wegegesetzgebung, insbesondere dem Entwurf eines Straßengesetzes des Landes Nordrhein-Westfalen, Münster 1960, S. 8 f.

[33] Vgl. v. Turegg-Kraus, a.a.O., S. 185; Forsthoff, a.a.O., S. 357 f.; Wolff, a.a.O., S. 297.

sächlichen Vollzug der bereits vorgenommenen Willensbetätigung dar, durch die dem Grundstück die Eigenschaft als Weg verliehen worden ist.

Der gleiche Vorgang zeigt sich auch bei der Rechtsfigur der Entwidmung [34] als actus contrarius zur Widmung. Auch hier wird dem Weg seine Zweckbestimmung durch eine Willensbetätigung, die die „Natur" des Teils der Erdoberfläche bestimmt, entzogen.

Aus beiden Rechtsfiguren, Entwidmung und Neuwidmung, setzt sich die Wegeverlegung zusammen. Dabei wird dem Weg seine bisherige Eigenschaft entzogen und einem anderen Grundstück die Eigenschaft als Weg zuerkannt.

Diesen Rechtsvorgängen ist gemeinsam, daß ausschließlich auf Grund einer Willensbetätigung der Charakter des Grundstücks bestimmt wird. Daraus ergibt sich, daß die Natur des Grundstücks ideenmäßig vorgegeben ist und in tatsächlichen Vorgängen sichtbar zum Ausdruck kommt.

a) Wegeverwaltung — Zuständigkeitsordnung

Aus dem Widmungsakt als Willensbetätigung ergibt sich konsequenterweise die Pflicht, den Weg tatsächlich anzulegen und in seinem so beschaffenen Bestand zu erhalten. Die so umschriebene Wegebaulast [35] ist eine öffentlichrechtliche Pflicht, die das Einrichten sowie das Unterhalten der öffentlichen Wege umfaßt, so daß eine ordnungsmäßige Ausübung des Gemeingebrauchs jederzeit möglich ist.

aa) Wem die Wegebaulast obliegen soll, richtet sich nach den Regeln einer Zuständigkeitsordnung. Die Zuständigkeitsordnung wird nicht von dem tatsächlich eingerichteten Behördenapparat her bestimmt, wird also nicht aus der Faktizität hergeleitet. Denn durch die Tatsache, daß Behörden eingerichtet sind, um die sich aus der Wegebaulast ergebenden Aufgaben zu erfüllen, wird die bereits ideenmäßig vorgegebene Zuständigkeitsordnung konkret gestaltet und begrenzt. Diese Aufgabenverteilung beruht auf dem Entscheid des Verfassungsgebers und kann daher nicht der Natur des Weges entnommen werden. Allein dem Verfassungsgeber ist die Befugnis eingeräumt, darüber zu entscheiden, ob er die für die Wegeverwaltung

---

[34] Wie die Widmung, so stellt auch die Entwidmung einen gestaltenden Verwaltungsakt dar. Vgl. FORSTHOFF, a.a.O., S. 359; v. TUREGG-KRAUS, a.a.O., S. 186; *OVG Hamburg*, Urt. v. 19. 11. 1954 in DÖV 1955, S. 151; *OVG Koblenz*, Urt. v. 18. 1. 1955 in DÖV 1955 S. 510.

[35] Zum Begriff der Wegebaulast vgl. § 3 Abs. 1 Bundesfernstraßengesetz vom 6. 8. 1953 (BGBl. I S. 903) i. d. F. v. 6. 8. 1961 (BGBl. I S. 1742): „Die Straßenbaulast umfaßt alle mit dem Bau und der Unterhaltung der Bundesfernstraßen zusammenhängenden Aufgaben. Die Träger der Straßenbaulast haben nach ihrer Leistungsfähigkeit die Bundesfernstraßen in einem dem regelmäßigen Verkehrsbedürfnis genügenden Zustand zu bauen, zu unterhalten, zu erweitern oder sonst zu verbessern." Vgl. auch Art. 9 Abs. 1 BayStrWG vom 16. 7. 1958 (GVBl. S. 147, ber. 192 und 316).

gültige Zuständigkeitsordnung zentralistisch oder föderalistisch ausgestaltet [36].

Nach Art. 90 Abs. 1 GG ist der Bund [37] Eigentümer der im Bundesgebiet über die Landesgrenzen hinausgehenden Wege. Ihm obliegt daher die Aufgabe für die Unterhaltung dieser Wege [38]. Indem diese Aufgabe dem Bund als der umfassendsten Einheit zugewiesen wird, hat sich der Verfassungsgeber bei der Ordnung der Wegeverwaltung für das zentralistische Prinzip entschieden.

Demgegenüber führen nach Art. 90 Abs. 2 GG die Länder die Wegeverwaltung aus. Sie werden im Auftrag des Bundes tätig [39]. Während die Wegeverwaltung der Aufgabe nach als einheitlich geregelt erscheint, ist die tatsächliche Ausführung dieser Aufgabe dezentralisiert. Das in Art. 90 Abs. 2 GG zum Ausdruck gekommene Prinzip der Dekonzentration entspricht dem *Gesetz der Nähe,* wie es vom Bundesverfassungsgericht in seinem Urteil vom 11. Juni 1958 entwickelt worden ist [40]. Hiernach soll im einzelnen Fall für die Verwaltung des Weges die Behörde zuständig sein, die näher am Weg liegt.

bb) Die vom Verfassungsgeber vorgegebene Willensentscheidung ist in den Grenzen der „Natur der Sache" sichtbar geformt: so zeigt sich im Über-Länder-Weg, daß er in Grundsatzfragen (Breite, Führung und Nutzungsart) nicht verschieden gestaltet sein kann. Wie beim Über-Länder-Weg,

[36] Zu den Begriffen Zentralismus und Föderalismus vgl. G. u. E. Küchenhoff, Allgemeine Staatslehre, 5. Aufl., Stuttgart 1964, S. 136, 153; Obermayer in Mang-Maunz-Mayer-Obermayer, Staats- und Verwaltungsrecht in Bayern, 2. Aufl., München 1964, S. 125, und insbesondere Hans Peters, Zentralisation und Dezentralisation, Breslau 1928.

[37] Unter „Bund" wird hier der Bundesstaat als Zentralstaat, nicht als der damit in der Rechtspersönlichkeit identische Gesamtstaat gemeint.

[38] Vgl. § 5 Abs. 1 BFStrG i. d. F. vom 6. 8. 1961 (BGBl. I S. 1742): „Der Bund ist Träger der Straßenbaulast für die Bundesfernstraßen, soweit nicht die Baulast anderen nach gesetzlichen Vorschriften oder öffentlich-rechtlichen Verpflichtungen obliegt."

[39] Hierbei handelt es sich um den Typ der Auftragsverwaltung nach Art. 85 GG, die ihrem Wesen nach nicht föderalistisch ausgestaltet ist, weil der Bund innerhalb seines eigenen Aufgabenbereichs Weisungen erteilt und damit ein Über- und Unterordnungsverhältnis zum Ausdruck gebracht wird. Vgl. Maunz in Maunz-Dürig a.a.O., Rdnr. 5 zu Art. 85 GG.

[40] BVerfGE 7, 377 (sogenanntes Apothekerurteil). Das Bundesverfassungsgericht führt aus: „*Je näher* ein Beruf durch öffentlich-rechtliche Bindungen und Auflagen an den öffentlichen Dienst herangeführt wird, umso stärker können Sonderregelungen in Anlehnung an Art. 33 GG die Wirkung des Grundrechts aus Art. 12 Abs. 1 GG tatsächlich zurückdrängen." Das Gericht bedient sich hierbei — soweit gesehen werden kann, erstmals — des Prinzips der Nähe, indem es auf die jeweilige Stärke der „Einbeziehung" des Berufes in die „unmittelbare Staatsorganisation" abstellt. Auf diesem „Prinzip der Nähe" beruht auch das die Gedanken des Apothekerurteils fortentwickelnde sog. Kassenarzturteil des BVerfG vom 23. 3. 1960 in BVerfGE 11, 30 ff. Hierzu und zum „Prinzip der Nähe" vgl. *Verf.*, Die Freiheit der Zulassung zur kassenärztlichen Tätigkeit, in RdA 1960, S. 241 ff.

so muß auch beim Weg in der kleineren Ordnung eine einheitliche Gestaltung gegeben sein. Diese ist dadurch gewährleistet, daß sowohl das Bundesfernstraßengesetz [41] als auch die Straßen- und Wegegesetze der Länder [42] Vorschriften enthalten, die der zentralen Behörde die Befugnis geben, grundsätzliche Fragen über die Beschaffenheit der Wege für ihr Gebiet einheitlich zu regeln. Die einheitliche Grundkonzeption ergibt sich aus der ganzheitlichen Betrachtungsweise des Weges. Hiermit steht es nur scheinbar im Widerspruch, daß die Unterhaltung des Weges und die Verkehrssicherung dezentralistisch geordnet sind. Denn das zentralistische Prinzip hinsichtlich der Aufgabe der Wegeverwaltung ist vom Verfassungsgeber nur dazu gewählt worden, damit die notwendige Gleichheit im Wegerecht gewährleistet wird. Die so angestrebte einheitliche Ordnung kann nur dann sinnvoll verwirklicht werden, wenn die dem Weg *am nächsten* liegende Körperschaft diese Aufgabe in tatsächlicher Hinsicht erfüllt. Ein solcher Rechtsträger ist regelmäßig am besten mit den örtlichen Gegebenheiten vertraut, welchen sich die praktische Durchführung der Wegeverwaltung gegenübergestellt sieht. Daher ist nur durch diese Stellen eine sachgerechte Ausführung der Wegeverwaltung gewährleistet. Sachgerecht bedeutet hierbei, daß die vom Verfassungsgeber vorgegebene Idee einer einheitlichen Wegeverwaltung im Einzelfall mit Rücksicht auf die örtlichen Besonderheiten konkretisiert wird.

Mithin muß das Verwaltungsproblem der Wegeverwaltung zwar gleichheitlich entschieden werden, es ist jedoch gleichgültig, ob die notwendige Nähe-Verwaltung durch eine selbständige juristische Person oder durch einen zwar weisungsgebundenen, jedoch mit einem gewissen Ermessensspielraum ausgestatteten Verwaltungsträger der umfassenden Einheit ausgeführt wird. Es zeigt sich also, daß das staatsrechtliche Problem „Zentralismus“ oder „Föderalismus“ in seiner Bedeutung für das Verwaltungsrecht nicht überschätzt werden darf. Im Verwaltungsrecht bilden diese Begriffe keine sich ausschließenden Gegensätze, sondern führen in ihrer sinnvollen Verbindung zu brauchbaren Ergebnissen.

cc) In der Wegerechtsordnung sind daher die notwendige Ganzheit der Gesamtplanung und die tatsächliche Ausführung durch die örtliche Körperschaft sinnvoll ergänzt. In dieser Zuständigkeitsordnung findet ein menschliches und zugleich staatliches Organisations- und Gestaltungsprinzip seinen rechtlichen Ausdruck: das Subsidiaritätsprinzip [43]. Aus diesem Sub-

---

[41] Vgl. § 16 Abs. 1 Bundesfernstraßengesetz: „Der Bundesminister für Verkehr bestimmt im Einvernehmen mit den an der Raumordnung beteiligten Bundesbehörden und im Benehmen mit den Landesplanungsbehörden der beteiligten Länder die Planung und Linienführung der Bundesfernstraßen.“

[42] Vgl. § 50 Bad.-Württ. StrG; Art. 64 BayStrWG; § 48 Hess. StrG; § 58 Nieders. StrG; § 55 NW LStrG; § 49 Rh.-Pf. LStrG; § 51 Schl.-Holst. StrWG.

[43] Zum Subsidiaritätsprinzip vgl.: Enzyklika „Rerum novarum“ Leos XIII v. 1891 Ziff. 29—35, Enzyklika „Quadragesimo anno“ Pius XI. von 1941

Ziff. 79 ff., Enzyklika „Mater et magistra“ Johannes XXIII. v. 15. 5. 1961, bes. Ziff. 151, 152; vgl. BVerfG, Urt. des 1. Sen. vom 29. Juli 1959 in BVerfGE 10, 6 ff. (83) (Art. 6 Abs. 2 GG als Ausdruck des Subsidiaritätsprinzips); BVerwG, Urt. v. 14. 12. 1964 in BVerwGE 20, 113; BGHSt 13, 197—200, Urteil vom 16. Juni 1959 (primäre Zuständigkeit der Familien zur Verwahrung und Pflege geisteskranker Personen). Dazu die Besprechung von SAX in JZ 1959, S. 778 ff. *Verf.*, Staatsverfassung und Subsidiarität, in Das Subsidiaritätsprinzip, hrsg. von A. F. UTZ, Heidelberg 1953, S. 67—99; *Verf.*, Bund und Gemeinde, in Bayerische Verwaltungsblätter 1958, S. 65 ff.; *Verf.*, Naturrecht und Liebesrecht, 2. Aufl., Hildesheim 1962, S. 113; *Verf.*, Subsidiarität und Solidarität im Betriebsverfassungsrecht, in Der Betrieb 1963, S. 765 ff.; UTZ, Formen und Grenzen des Subsidiaritätsprinzips (Bd. IX der Sammlung Politeia), Heidelberg 1956; *ders.*, Sozialethik I. Teil: Die Prinzipien der Gesellschaftslehre (Bd. X der Sammlung Politeia), Heidelberg 1958, S. 277—296; HANS STADLER, Subsidiaritätsprinzip und Föderalismus, Ein Beitrag zum schweiz. Staatsrecht, Freiburg/Schweiz 1951; ADOLF SÜSTERHENN, Das Subsidiaritätsprinzip als Grundlage der vertikalen Gewaltenteilung, in Festschrift für NAWIASKY, München 1956; v. NELL-BREUNING, S. J., Das Subsidiaritätsprinzip als wirtschaftliches Ordnungsprinzip, in SALGER-MESSNER, Wirtschaftliche Entwicklung und soziale Ordnung, Ferdinand Degenfeld-Schonburg zum 70. Geburtstag gewidmet, Wien 1952, S. 81—92; *ders.*, Zur Sozialreform. Erwägungen zum Subsidiaritätsprinzip, in Stimmen der Zeit, 157. Bd. (1955/56), S. 1—11; JAKOB BARION, Hegels Staatslehre und das Prinzip der Subsidiarität, in Die Neue Ordnung 7, Paderborn 1953, S. 193—201, 279—287; WILHELM BERTRAMS, Das Subsidiaritätsprinzip ein Mythos?, in Stimmen der Zeit, 158. Bd. (1955/56), S. 388—390; HENGSTENBERG, Philosophische Begründung des Subsidiaritätsprinzips, in Das Subsidiaritätsprinzip, hrsg. von A. F. UTZ, Heidelberg 1953, S. 19—44; LUDWIG HEYDE, Überlegungen zum Subsidiaritätsprinzip in der Sozialpolitik, in Festgabe für GEORG JAHN, hrsg. von KARL MUHS, Berlin 1955, S. 99 bis 106; F. M. KÄRCHER, Der Grundsatz der ergänzenden Hilfeleistung, in Mensch und Arbeit, Zeitschrift für Sozial- und Wirtschaftspraxis in Betrieb und Verwaltung, Jahrg. 1, München 1949, Nr. 3 S. 52; HEINZ LAUR, Das Subsidiaritätsprinzip im Betrieb, Düsseldorf 1955; EWALD LINK, Das Subsidiaritätsprinzip. Sein Wesen und seine Bedeutung für die Sozialethik (Mainzer Diss.), Freiburg i. Br. 1955; FRANZ MUELLER, The Principle of Subsidiarity in Christian Tradition, in American Catholic Sociological Review, Chicago 1943, Jahrg. 3, S. 144—157; PIETRO PAVÀN, La sussidiarità come principio della struttura sociale, in Politeia II, Freiburg/Schweiz 1950, S. 95—105; FRIEDRICH ROTHE, Das Subsidiaritätsprinzip in der Jugendarbeit der Gemeinden, in Kommunalpolitische Blätter, Organ der kommunalpolitischen Vereinigung der CDU/CSU in Deutschland, Recklinghausen, Jahrg. 5, 1955, S. 410—414; CARL RÜTHER, Das Prinzip der Subsidiarität in der Finanzwirtschaft, in Neue Ordnung, Jahrg. 3, Paderborn 1949, S. 90—96; KARL THIEME, Föderalismus und Subsidiaritätsprinzip, in Politeia I (1948/49), S. 11—18; G. M. J. VELDENKAMP, Het Subsidiariteitbeginsel in de Nederlande, Sociale Wetgeving en de Sociale Politiek, 1947; KUIJLAARS, Das Subsidiaritätsprinzip nach der neuscholastischen Naturrechtslehre, Bonn 1958; DESCH, Das Subsidiaritätsprinzip im Sozialhilferecht, Würzburger Diss. 1965; HEINKE, Gedanken zum Subsidiaritätsprinzip, in Gesellschaftspolitische Realitäten, Gütersloh 1964, S. 173; RENDTORFF, Der evangelische Anteil am Subsidiaritätsprinzip, in Gesellschaftspolitische Realitäten, a.a.O., S. 191; BERNZEN, Das Subsidiaritätsprinzip als Prinzip des deutschen Staatsrechts, Diss. Kiel 1966. Vgl. auch MIKAT in der Festansprache bei der Eröffnung der 20. Ruhrfestspiele in Recklinghausen, abgedruckt in „echo der zeit“ Nr. 25 vom 19. 6. 1966.

sidiaritätsprinzip ergibt sich die Reihenfolge der Zuständigkeiten von der kleinsten bis zur größten Einheit. Danach soll die kleinere Einheit grundsätzlich erst einmal versuchen, mit ihren Mitteln und Fähigkeiten die bei ihr anfallende Aufgabe zu bewältigen. Erst bei besonderen Gründen, etwa dem Versagen oder der sonstigen Unzulänglichkeit der im engeren Bereich vorhandenen Kräfte, tritt die Zuständigkeit des höheren Bereichs ein. Der nächstweitere Verband ist also jeweils erst dann zuständig, wenn die Kräfte der kleineren Einheit nicht mehr ausreichen, um eine Aufgabe zu bewältigen.

Werden die so gefundenen Grundgedanken des Subsidiaritätsprinzips auf die Ordnung des Weges übertragen, so ergibt sich: Der Bund als die größere Gemeinschaft hat nur die Aufgaben wahrzunehmen, die von den Ländern als den kleineren Einheiten nicht bewältigt werden können. Da die rechtlichen und tatsächlichen Befugnisse des Landesgesetzgebers an den Landesgrenzen enden, ist er außerstande, die Verwaltung der Über-Länder-Wege einheitlich zu regeln. Somit folgt aus dem Subsidiaritätsprinzip die Zuständigkeit des Bundes, diesen Bereich zu regeln. Aus der vom Bund einheitlich zu regelnden Wegeverwaltung ergibt sich beim Zugrundelegen des Subsidiaritätsprinzips nicht eine notwendig einheitliche, vom Bund selbst vorzunehmende Durchführung der von ihm aufgezeigten Wegeverwaltung. Diese Aufgabe kann vielmehr durch die kleinere Gemeinschaft sachgerecht erfüllt werden und ist ihr mithin zuzuordnen. Aus dem Subsidiaritätsprinzip folgt daher im Sinne einer möglichst weitgehenden Zuständigkeit der jeweils kleineren Einheit die *Vermutung für den Nahbereich*. Dementsprechend verbindet sich in der Ordnung des Weges die Notwendigkeit einheitlicher Regelung durch eine Zentrale mit der Möglichkeit praktischer Durchführung im engsten dezentralisierten Bereich an Ort und Stelle zur gegliederten Einheit, zur Ganzheit von Gesamtplanung und Arbeit „vor Ort“ [44].

b) Wegebenutzung

Wurden bisher die Widmung des Weges und seine notwendige Unterhaltung behandelt, so ergibt sich nun zwangsläufig, nachdem der Weg tatsächlich entstanden ist, die Frage nach der Ordnung auf dem Weg. Solche Regeln können nicht aus der Natur des Weges allein hergeleitet werden, vielmehr ist ihr nur die bereits vorgegebene Idee zu entnehmen, welche für die Bestimmung des Grundstücks zum Weg kausal war.

Ausgangspunkt aller Überlegungen und Handlungen, die zum Errichten eines Weges führen, ist die sich aus dem menschlichen Gemeinschaftsleben ergebende Notwendigkeit, Orte miteinander zu verbinden. Diese der gesamten Wegeordnung vorgegebene Idee ist bei der Wegebenutzung in den Grundsätzen des Gemeingebrauchs, der Gemeinverträglichkeit und der Gemeinverantwortung sichtbar.

---

[44] Vgl. *Verf.*, Bund und Gemeinde, in Bayerische Verwaltungsblätter 1958, S. 65 ff., bes. 67.

aa) Der Gemeingebrauch im Wegerecht ist der kraft vorgegebener Willensentscheidung einem jeden eröffnete Gebrauch des Weges innerhalb der verkehrsüblichen Grenzen, wie sie durch die Idee selbst und die besondere Natur des einzelnen Weges gesetzt werden [45]. Der so definierte Gemeingebrauch hat in mehreren Wegerechtsordnungen seinen gesetzlichen Ausdruck gefunden [46]. So bestimmt beispielsweise § 7 II. Teil 15. Titel des Allgemeinen Landrechts für die Preußischen Staaten von 1794:

„Der freie Gebrauch der Land- und Heerstraßen ist einem jeden zum Reisen und zum Fortbringen seiner Sachen gestattet."

Schon hier hat also das Recht des einzelnen, den Weg zu benutzen, seinen gesetzlichen Ausdruck gefunden.

Aus dem so bestimmten Wesen des Gemeingebrauchs folgt, daß der einzelne ohne besondere Gebrauchserlaubnis berechtigt ist, den Weg zu benutzen [47]. Dieses Recht des einzelnen wird jedoch beschränkt durch die Grenzen des Gemeingebrauchs, welche sich aus dem Zweck des Weges und dem Grundsatz der Gemeinverträglichkeit ergeben.

α) Im Widmungsakt wird der mit dem Einrichten und Unterhalten des Weges angestrebte Zweck sichtbar. Er kann nach den Bedürfnissen des Einzelfalles verschieden ausgestaltet sein. So zeigt sich beispielsweise bei der Autobahn, daß im Interesse der schnellen Überwindung großer Entfernungen hohe Geschwindigkeiten gefahren werden dürfen. Dieser Zweck bestimmt die Grenze des Gemeingebrauchs. So dürfen im Beispiel weder Fußgänger noch Radfahrer die Autobahn benutzen, da das mit der Autobahn angestrebte Ziel durch ihre Teilnahme vereitelt würde [48]. Mithin ergibt sich

---

[45] Zum Begriff des Gemeingebrauchs vgl. HANS PETERS, Lehrbuch der Verwaltung, Berlin-Göttingen-Heidelberg 1949, S. 210 f.; W. JELLINEK, Verwaltungsrecht, 3. Aufl., Offenburg 1948, S. 510; WOLFF, a.a.O., Bd. 1, S. 307; v. TUREGG-KRAUS, Lehrbuch des Verwaltungsrechts, 4. Aufl., Berlin 1962, S. 184; OBERMAYER in MANG-MAUNZ-MAYER-OBERMAYER, Staats- und Verwaltungsrecht in Bayern, 2. Aufl., München 1964, S. 198; HUBER, Zur Problematik des Gemeingebrauchs an öffentlichen Straßen, in DÖV 1955, S. 129. FOBBE, Gemeingebrauch und Kraftverkehr, Stuttgart 1965, S. 11 ff. Vgl. aus der Rechtsprechung zum Umfang des Gemeingebrauchs: *BGH*, Urt. v. 19. 12. 1956 in VerwRspr. Bd. 9 (1957), S. 273 f.; Urt. v. 24. 4. 1958 in VerwRspr. Bd. 10 (1958), S. 836 ff.; Urt. v. 9. 10. 1960 in VerwRspr. Bd. 13 (1961), S. 413 f.; *OVG Münster*, Urt. v. 6. 6. 1962 in VerwRsp. Bd. 15 (1963), S. 6 ff.; Urt. v. 11. 7. 1962 in VerwRspr. Bd. 15 (1963), S. 499 f.

[46] Vgl. z. B. § 7 Bundesfernstraßengesetz i. d. F. v. 6. 8. 1961 (BGBl I S. 1742); Art. 14 Bayer. Straßen- und Wegegesetz v. 11. 7. 1958 (GVBl. S. 147, ber. S. 192 und 316).

[47] Vgl. hierzu FORSTHOFF, a.a.O., S. 360 f.; HUBER, a.a.O., S. 129.

[48] So § 8 Abs. 7 StVO v. 13. 11. 1937 (RGBl. I S. 1179) i. d. F. v. 29. 3. 1956 (BGBl. I S. 271, 327): „Die Bundesautobahnen dürfen nur von Kraftfahrzeugen (maschinell angetriebenen, nicht an Geleise gebundenen Landfahrzeugen) mit einer durch die Bauart bestimmten Höchstgeschwindigkeit von mehr als 40 Kilometern je Stunde benutzt werden."

aus dem Zweck, dem der einzelne Weg dienen soll, eine Grenze des Gemeingebrauchs.

β) Neben den sich aus dem Zweck des Weges ergebenden Rechtsgrundsätzen gelten für die Ordnung auf dem Wege Schranken, die durch die Vielzahl der Wegebenutzer bedingt sind. Der so umrissene Grundsatz der Gemeinverträglichkeit [49] im Wegerecht kann, wie es im § 25 II 15 des Allgemeinen Landrechts für die Preußischen Staaten geschehen ist, dahin präzisiert werden:

„Den nach § 7 einem jeden freistehenden Gebrauch der Landstraßen muß ein jeder so ausüben, daß der andere an dem gleichmäßigen Gebrauch des Weges nicht gehindert, noch zu Zänkereien oder gar Tätlichkeiten über das Ausweichen Anlaß gegeben werde."

Der Grundsatz der Gemeinverträglichkeit ist in vielen modernen Wegegesetzen enthalten und lediglich den Erfordernissen der heutigen Wegebenutzung angepaßt worden [50].

Da sich alle Teilnehmer am Gemeingebrauch auf ein gleichwertiges Nutzungsrecht berufen können, findet das Recht des einzelnen seine Grenze an dem gleichen Recht der übrigen. Daraus folgt, daß jede Nutzungsart im Rahmen des Gemeingebrauchs unzulässig ist, welche die übrigen Berechtigten in ihrem Gebrauch der Sache erheblich hindert oder ausschließt.

Mit dem Gemeingebrauch als der jederzeit bestehenden Möglichkeit, den Weg zu begehen oder zu befahren, ist unvermeidlich verbunden, daß dieser Weg am gleichen Ort und zur gleichen Zeit nicht durch andere benutzt werden kann. Hierbei handelt es sich meist nur um vorübergehende Beeinträchtigungen der anderen Wegebenutzer, die das Wesen des Gemeingebrauchs selbst nicht in Frage stellen. Allgemeine Benutzungsordnungen, wie sie in verschiedenen Straßenverkehrsgesetzen [51] ihren Ausdruck finden,

---

[49] Vgl. zum Grundsatz der Gemeinverträglichkeit Scheuner, Die Gemeinverträglichkeit im Rahmen des Gemeingebrauchs und der Nutzung öffentlicher Sachen, in Festschrift für Gieseke, Karlsruhe 1958, S. 73 ff.; Huber, Problematik des Gemeingebrauchs an öffentlichen Straßen, in DÖV 1955, S. 139 ff., hier 133. Er charakterisiert den Grundsatz der Gemeinverträglichkeit dahin, „daß also das Recht jedes Einzelnen zur Straßenbenutzung durch das gleiche Recht aller begrenzt wird." So auch Forsthoff, a.a.O., S. 364. — Aus der Rechtsprechung vgl. *BVerwG*, Urt. v. 14. 3. 1957 in BVerwGE 4, 342 ff., 343: „Der Gemeingebrauch muß sich also in den Grenzen der sogenannten Gemeinverträglichkeit halten."

[50] Vgl. § 1 StVO vom 13. 11. 1937 (RGBl. I S. 1179) i. d. F. der Bekanntmachung vom 29. 3. 1956 (BGBl. I S. 271, 327): „Jeder Teilnehmer am öffentlichen Straßenverkehr hat sich so zu verhalten, daß kein Anderer gefährdet, geschädigt oder mehr, als nach den Umständen unvermeidbar, behindert oder belästigt wird." Vgl. auch Art. 14 Abs. 3 Satz 1 BayStrWG vom 11. 7. 1958 (GVBl. S. 147, ber. S. 192 und 316): „Gemeingebrauch liegt nicht mehr vor, wenn der Gemeingebrauch anderer ausgeschlossen oder mehr als unvermeidbar eingeschränkt wird."

[51] Vgl. z. B. Straßenverkehrsordnung vom 13. November 1937 (RGBl. I S. 1179) i. d. F. der Bekanntmachung vom 29. 3. 1956 (BGBl. I S. 271, 327).

gewährleisten, daß der einzelne sein Recht nicht derart rücksichtslos ausüben kann, daß dadurch die Rechte der übrigen Wegebenutzer unverhältnismäßig beschränkt werden.

γ) Neben den sich aus dem Zweck des Weges und dem Grundsatz der Gemeinverträglichkeit ergebenden Grenzen kann der Gemeingebrauch noch durch Verkehrsvorschriften und behördliche Verfügungen auf Grund solcher Normen beschränkt werden [52]. Diese Regeln dienen regelmäßig dem Ziel, den Weg in seinem Bestand zu erhalten. Daher können beispielsweise die Straßenbaubehörden Vorschriften für die den Weg benutzenden Kraftfahrzeuge hinsichtlich der Geschwindigkeit und des Gesamtgewichts erlassen. Solche Vorschriften dürfen jedoch nicht dazu führen, daß die Behörde den Weg seiner wesensmäßigen Bestimmung entzieht.

bb) Sondernutzung. Nicht als Form des Gemeingebrauchs erscheint die sogenannte Sondernutzung [53]. Sie ist diejenige Nutzung einer öffentlichen Sache, die über den Rahmen des Gemeingebrauchs hinausgeht und eine ständige Beeinträchtigung des Gemeingebrauchs der anderen Wegebenutzer darstellt. Da die Sondernutzung stets die Rechtsposition der anderen beeinträchtigt, muß die Ausübung dieses Rechts von der Erlaubnis des für die Ordnung des Weges Verantwortlichen abhängig gemacht werden. Die im Einzelfall erforderliche Zulassung für eine Sondernutzung soll verhindern, daß durch eine dem Zweck des Weges nicht entsprechende Nutzungsart die Ordnung des Weges beseitigt wird.

cc) Gemeinverantwortung. Wurden bisher die verschiedenen Formen der Wegebenutzung erörtert, so sind nunmehr die Rechtspflichten zu behandeln, die sich aus dieser Wegeordnung ergeben.

α) Durch das Benutzen des Weges wird seine Substanz beeinträchtigt, der Wegekörper beschädigt. Hieraus erwächst dem Träger der Straßenbaulast die Rechtspflicht, die eingetretenen Schäden zu beseitigen, um so den Weg in seinem zweckbestimmten Zustand zu erhalten.

β) Neben dieser Pflicht, den Weg zu erhalten, hat die für die Ordnung des Weges zuständige Behörde auch die Aufgabe, für die Verkehrssicher-

---

[52] Vgl. § 7 Abs. 2 BFStrG i. d. F. v. 6. 8. 1961 (BGBl. I S. 1742): „Der Gemeingebrauch kann beschränkt werden, wenn dies wegen des baulichen Zustandes zur Vermeidung außerordentlicher Schäden an der Straße oder für die Sicherheit oder Leichtigkeit des Verkehrs notwendig ist.“ Vgl. auch § 8 Abs. 3 Berliner Straßengesetz vom 11. 7. 1957 (GVBl. S. 749); Art. 15 BayStrWG vom 11. 7. 1958 (GVBl. S. 147, ber. S. 192, 316).

[53] Vgl. zum Begriff der Sondernutzung: Hans Peters, a.a.O., S. 212; Forsthoff, a.a.O., S. 366; Obermayer, a.a.O., S. 204; v. Turegg-Kraus, a.a.O., S. 189 f.; Wolff, a.a.O., S. 312 f.

Vgl. Art. 18 Abs. 1 BayStrWG v. 11. 7. 1958 (GVBl. S. 147, ber. S. 192, 316): „Die Benutzung der Straßen über den Gemeingebrauch hinaus (Sondernutzung) bedarf der Erlaubnis des Trägers der Straßenbaulast, wenn durch die Benutzung der Gemeingebrauch beeinträchtigt werden kann.“ Ähnlich auch § 8 Abs. 1 Satz 1 Bundesfernstraßengesetz vom 6. August 1961 (BGBl. I S. 1742).

heit [54] zu sorgen. Daher hat der Straßenbaulastträger oder die von ihm beauftragte Behörde [55] auch die Mängel zu beseitigen, die zwar nicht die Substanz des Weges beeinträchtigen, wohl aber das mit ihm angestrebte Ziel vereiteln können.

γ) Aus der Wegebenutzung folgen nicht nur Rechtspflichten für den Träger der Straßenbaulast, vielmehr ist auch der einzelne Wegebenutzer für die Ordnung des Weges verantwortlich.

Die Rechtspflichten des einzelnen können entweder aus eigenem vorangegangenem Tun oder aus gesetzlichen Vorschriften hervorgehen.

Bei den sich aus eigenem Handeln ergebenden Pflichten sind zunächst die Fälle zu behandeln, in denen der einzelne Benutzer den im Gemeingebrauch stehenden Weg beschädigt. So ist beispielsweise die Bundeswehr verpflichtet, dem Straßenbaulastträger den Schaden zu ersetzen, der durch das Befahren der Wege mit Kettenfahrzeugen entsteht. Diese Pflicht zur Beseitigung der Schäden, die durch das Einwirken auf die Substanz des Weges eingetreten sind, folgt aus der Überlegung, daß hierdurch andere Wegbenutzer in der Ausübung des Gemeingebrauchs beschränkt werden. Ähnliche Rechtspflichten für den einzelnen Wegebenutzer können sich auch dann ergeben, wenn er eine Gefahrenlage geschaffen hat. Hierbei muß nicht der Weg selbst beschädigt werden, vielmehr genügt es, wenn das Handeln des einzelnen in einem solchen Maße gegen die Wegeordnung verstößt, daß dadurch Gesundheit, Leben oder Eigentum der übrigen Wegebenutzer gefährdet werden. So ist beispielsweise der Verkehrsteilnehmer, dessen Fahrzeug eine Ölspur auf der Straße verursacht, verpflichtet, die dadurch für die nachfolgenden Wegebenutzer entstandene Gefahrenlage zu beseitigen.

Außer den Rechtspflichten aus vorangegangenem Tun ergeben sich auch solche auf Grund von Gesetzen. So formt § 330 c StGB bei Unglücksfällen oder gemeiner Gefahr oder Not eine Rechtspflicht zur Hilfeleistung. Diese Vorschrift begründet beispielsweise die Pflicht, den durch einen Verkehrsunfall schwer Verletzten in ein Krankenhaus zu bringen.

c) Aus der Wegeverwaltung und der Wegebenutzung ergibt sich also sowohl für die den Weg verwaltende Behörde als auch für den einzelnen Wegebenutzer die Rechtspflicht, die Wegeordnung aufrechtzuerhalten. Die Rechtspflicht des einen schließt gleichgerichtete Pflichten der anderen nicht aus. Denn die Wegeordnung kann nur dann in jedem Zeitpunkt aufrechterhalten werden, wenn jeder an der Wegeverwaltung oder Wegebenutzung Beteiligte seine Pflicht ohne Rücksicht auf eine etwa bestehende Pflicht eines anderen erfüllt. Dies zeigt sich an folgendem Beispiel:

---

[54] Vgl. zur Verkehrssicherungspflicht Wolff, a.a.O., S. 304; v. Turegg-Kraus, a.a.O., S. 588 f.; Forsthoff, a.a.O., S. 369 f.

[55] Vgl. § 22 BFStrG.

Auf einer nächtlichen Fahrt von Nürnberg nach München prallt A mit seinem Kraftwagen auf der Autobahn in einem Stück, das durch das übliche Warnschild als durch Wildwechsel gefährdet gekennzeichnet ist, gegen einen Rehbock. Der Wagen gerät ins Schleudern, A gelingt es jedoch, die normale Bewegung wieder herzustellen. Er fährt befriedigt davon. Der Rehbock, um welchen A sich nicht weiter kümmert, verendet auf der Strecke. B, der einige Stunden später in einer Geschwindigkeit von 80 km/h denselben Weg nimmt, fährt auf das Tier auf und kann seinen ebenfalls ins Schleudern geratenden Wagen nur dadurch „abfangen“, daß er über den Grünstreifen auf die linke Seite der Autobahn fährt. Dort stößt B mit dem auf dieser Seite ordnungsmäßig daherkommenden Wagen des C zusammen. Beide werden schwer verletzt.

Aus dieser Sachlage ergeben sich für B und C Ansprüche gegen A, unter Umständen auch gegen den Freistaat Bayern. Zwar hat A nicht durch ein unmittelbares Handeln den Unfall verursacht, jedoch ist der eingetretene Schaden auf ein pflichtwidriges Unterlassen zurückzuführen. Da er den Rehbock angefahren und auf der Straße liegengelassen hat, schuf er für die anderen Wegebenutzer ein Hindernis und damit eine Gefahrenlage. Aus diesem Handeln war er verpflichtet, die so geschaffene Gefahr wieder zu beseitigen. Sein pflichtwidriges Unterlassen begründet für die Verletzten Ansprüche gegen A aus Deliktshaftung gemäß § 823 BGB. Daneben können auch Ansprüche gegen den Freistaat Bayern aus der Verkehrssicherungspflicht in Betracht kommen. Nach einem allgemein gültigen Grundsatz ist derjenige, der eine Einrichtung dem Verkehr zugänglich macht, verpflichtet, für deren Verkehrssicherheit zu sorgen. Ist also die Autobahn nicht in angemessenen Zeitabständen ordnungsgemäß auf ihren verkehrssicheren Zustand überprüft und somit das Hindernis nicht pflichtgemäß beseitigt worden, so hat der Freistaat Bayern seine ihm obliegende Verkehrssicherungspflicht verletzt und ist zum Ausgleich des hieraus entstandenen Schadens verpflichet.

Darüber hinaus erscheint aus der Gefahrengemeinschaft aller Wegebenutzer heraus auch derjenige, welcher ein wesentliches Hindernis für andere auf dem Wege bemerkt, als verpflichtet, es zu beseitigen, auch wenn er es nicht verursacht hatte.

III

Die aus der „Natur der Sache“ gewonnene Wegerechtsordnung zeigt symbolhaft die Ordnungsgrößen menschlichen Seins überhaupt.

Ursache aller Lebenssachverhalte ist die Entscheidung des Menschen über die Sache. Die Gegenstände selbst sind in ihrem ursprünglichen Zustand wertneutral und erhalten ihre Funktionsform erst durch die menschliche Wertung. In dieser Sinngebung wird der Geist des Menschen sichtbar, als die Fähigkeit, zweckgerichtet über Sachen zu verfügen. Dieses Beherrschen im Sinne von Bestimmen als Ausdruck des zielgerichteten Willens hat nicht nur die Freiheit der Sachgestaltung überhaupt zum Inhalt, sondern umfaßt auch die Fähigkeit, die Funktionsverleihung im Einzelfall verschieden zu gestalten. Die Sachbeherrschung durch den Menschen ergibt sich aus dem Vermögen, den Zusammenhang zwischen Ursache und Wirkung zu erkennen und auszuwerten [56]. Nur der Mensch versteht den Sinn der Funktionsform und richtet seine Handlungsweise darauf, jenen Sinn herbeizuführen. So stellt sich der Geist als Ursache einer bestimmten Willensbetätigung dar, die auf ein bestimmtes Ziel hin Kräfte entfaltet und diese verwirklichend die wesensmäßige Gestaltung von ursprünglich wertneutralen Sachen vornimmt. In diesem Vorgang zeigt sich, daß es keine aus der „Natur des Weges" primär ableitbare Ordnung gibt. Der Weg hat vielmehr seine Ordnung bereits dadurch erhalten, daß der Mensch über einen Teil der Erdoberfläche im Sinne eines Weges entschieden hat und diesen auf menschlichem Geist beruhenden Willen in die Tat umgesetzt — den Weg also wirklich und *dann* selbst als Weg wirkend geschaffen hat. Erst aus diesem primären Willensakt erwachsen sekundär aus dem Wesen, und insofern aus der „Natur", des geschaffenen Weges Wirkungen im Recht, Rechtsfolgen, ja Rechtsfiguren. Zusammengefaßt ergibt sich:

1. Die Ausübung der auf Einsicht und Willen begründeten Sachherrschaft des Menschen findet im Widmungsakt ihren sichtbaren Ausdruck. Hier entscheidet die Behörde allein oder mit Zustimmung des Eigentümers über eine Sache (Grundstück) und verleiht ihr eine besondere Funktion. Diese Vorentscheidung, dieser Zweckwille, wird dann durch das tatsächliche Anlegen des Weges verwirklicht.

Es entspricht einer umfassenden Sachherrschaft des Menschen, daß er die dem Grundstück zugedachte und tatsächlich begründete Wesensart diesem auch wieder entziehen kann. Dieser Vorgang zeigt sich im Rechtsleben bildhaft in der Rechtsfigur der Entwidmung. Hierbei wird dem Grundstück seine durch menschliche Willensbildung verliehene Wege-eigenschaft wieder entzogen und dieser Teil der Erdoberfläche damit wieder in seinen ursprünglichen, wertneutralen Zustand überführt.

Die Grundentscheidung ist mithin getroffen, bevor die Sache als solche — zweckbestimmt ausgestaltet — geschaffen ist. So stellt sich die sinnbestimmte Sache als Träger einer menschlichen Idee dar und läßt in ihrer Ausgestaltung auch die ihr zugedachte Aufgabe erkennen. Allein der Geist und ihm folgend die Willensentschließung bestimmen die Eigenschaft einer Sache. Der Wert der Sachen liegt dadurch in der menschlichen Verantwortung.

2. Der Mensch gestaltet Sachen nicht um ihrer selbst willen, sondern um sie seinen Bedürfnissen dienstbar zu machen. Diese Erkenntnis, daß eine bestimmte Sache notwendig ist, verbunden mit dem Willen, sie zu schaffen, formt nicht nur ihre substantielle Ausgestaltung, sondern zugleich ihre innere Ordnung. So wird der Weg auf Grund der Einsicht geschaffen, daß

[56] Vgl. hierzu Romano Guardini, Die Macht, 6. Aufl., Würzburg 1965, S. 43.

Menschen von einem bestimmten Ort wegstreben, um einen anderen Ort zu erreichen. Nicht der einzelne allein zeigt diese Wesensart, vielmehr entspricht der Wille zur Ortsveränderung einem allen Menschen innewohnenden Verlangen. Aus dieser Überlegung ergibt sich die Notwendigkeit, Orte durch Wege zu verbinden. Weiter kann hieraus für die Ordnung des Weges — entprechend dem allgemeinen menschlichen Verlangen, sich fortzubewegen — auch das Recht jedes einzelnen, den Weg zu benutzen, hergeleitet werden.

Es zeigt sich also, daß der Gemeingebrauch — die jedermann zustehende Freiheit, die Sache ihrem Zweck gemäß zu benutzen — als Teil der Wegeordnung nicht erst aus dem tatsächlichen Vorhandensein des Weges abgeleitet werden kann. Vielmehr ist diese Ordnung durch das menschliche Sinngeben des Grundstücks zum Weg bereits geistig vorgestaltet. Dabei ist auch zu beachten, daß die Rechtsfigur des Gemeingebrauchs lediglich Ausdruck einer Grundaussage menschlicher Ordnung ist. Symbolhaft wird hier das allgemein gültige menschliche Prinzip der Gleichheit [57] verwirklicht. Beim Weg soll daher jeder in *gleichem* Maße zu einem anderen Orte streben können und den beim Sich-Entfalten erreichbaren Erfolg erzielen.

3. Der Gemeingebrauch ist nur dann sinnvoll zu verwirklichen, wenn jeder Wegebenutzer das Recht des anderen beachtet. Durch das rücksichtslose Ausüben der Freiheit, den Weg zu gebrauchen, wird das Recht jedes einzelnen in gleichem Maße beeinträchtigt. So kann der Weg nach seinem Zweck sinnvoll nur dann menschlichen Bedürfnissen dienen, wenn jeder einzelne Teilnehmer und Inhaber einer Rechtsposition auf den anderen Rücksicht nimmt. Dieses Wohl-wollen findet in der Rechtsfigur der Gemeinverträglichkeit seinen sichtbaren Ausdruck. Hier wird die im Recht immanent mitenthaltene Pflichtenlage deutlich. Das Recht, auch das subjektive Einzelrecht, erhält zur Herstellung einer die Menschen allseitig befriedigenden Harmonie des Zusammenlebens vom Gedanken der Menschenliebe ebenso Inhalt und Grenzen wie auch innere Kraft. *Tatsächlich* mag die Macht ein Verlangen in den Formen des Rechts oder eines sonstigen positiven Rechtssatzes *wie* ein Recht durchsetzen, *rechtlich* ist das Erkennungsmerkmal für den echten Rechtscharakter der aus dem Rechtssatz hervorgehende Wille zu Wohlwollen, allseitig bindender, für alle Beteiligten gleichmäßig geltender Ordnung. Dies ist nur möglich, wenn mit dem subjektiven Recht eine Pflichtenlage gesetzt ist, durch welche das Recht nicht nur von außen beschränkt, sondern von vornherein innerlich erfaßt, umgrenzt, erfüllt wird, wie es durch die Gemeinverträglichkeit geschieht. Über diese hinaus muß eine wechselseitige Hilfe aller Wegebenutzer mit dem Ziele einer *Gemeinnützigkeit* der an der Wege-gemeinschaft Beteiligten entwickelt werden, so daß eine Gefahrenlage auf der Straße auch derjenige beseitigen muß, welcher jene Lage nicht verursacht hat.

[57] Vgl. oben Fußnote 22 auf Seite 715.

Verwaltungspreis — Verwaltungssteuer
Betrachtung zu den Gebührengrundsätzen

Walter Leisner

Der Gebührenbegriff des deutschen Verwaltungsrechts droht so unklar zu werden, daß es sich fragt, ob überhaupt aus ihm noch rechtliche Folgerungen gezogen werden können. Für die Grundsätze zur Bestimmung der Gebührenhöhe (Kostendeckungs-, Äquivalenzprinzip i. folg.: „Gebührengrundsätze") gilt dasselbe.

Der Einzelne ist auf die (hoheitlichen oder privatwirtschaftlichen) Leistungen der Verwaltung oder die Benutzung ihrer Einrichtungen meist unentrinnbar angewiesen. Der *Rechts*staat verlangt daher zwingend die Anerkennung von festen Gebührenprinzipien, der Rechts*staat* aber erfordert eine effiziente Verwaltung ohne untragbare finanzielle Verluste. Beides müssen Gebührenbegriff und Gebührengrundsätze, sollen sie brauchbar sein, berücksichtigen. Nur dann kann die Rechtsprechung die Rechtmäßigkeit der Gebührengestaltung wie der Festsetzung im Einzelfall überprüfen [1].

1. Die Gebühr ist wesentlich Gegenleistung [2] „für eine vom Pflichtigen veranlaßte besondere Inanspruchnahme einer öffentlich-rechtlichen Einrichtung" [3]. Auch die Finanzwissenschaft sieht sie als das einzig mögliche Entgelt für einen aus einer öffentlichen Maßnahme kommenden Vorteil [4], das von öffentlichen, hoheitliche Zwecke verfolgenden Gemeinwesen [5] gefordert wird. Da es für die Gebühr entscheidend ist, welcher Zweck von der Verwaltung verfolgt wird, müssen dieselben allgemeinen Prinzipien, muß derselbe Gebührenbegriff für obrigkeitliches, hoheitliches und (echtes) verwaltungsprivatrechtliches Handeln gelten. Auf die Art der Beitreibung kommt es nicht an [6]:

---

[1] Dazu allg. Hess. VGH, DÖV 59, S. 363; vgl. auch Stein, DÖV 60, S. 291 f.

[2] BayVerfGH, BayVBl 63, S. 183 (184).

[3] Wolff, H. J., Verw.R.I, 5. A., 1963, S. 218, vgl. dazu auch Antoniolli, W., Öst.Verw.R., 1954, S. 258; Bühler, O., Allgem. Steuerrecht I, S. 58; Ehle, D., DÖV 62, S. 45.

[4] So die klass. Definition von Wagner, A., Finanzwissenschaft II, 1880, S. 25.

[5] Recktenwald, H., „Gebühren", Staatslexikon (Herder).

[6] Der Gebührenbegriff und die Gebührenprinzipien müssen also auch auf verwaltungsprivatrechtlich geforderte Entgelte angewendet werden — selbst wenn diese nicht als Gebühren beigetrieben werden — sonst läßt sich ein Begriff des „Ver-

Hier ist ein materieller Gebührenbegriff entscheidend.

Dem Gebührenbegriff ist (mindestens) wesentlich:

Der Entgeltcharakter für Amtshandlungen im privaten Interesse. Die betreffenden Leistungen oder Veranstaltungen werden von den juristischen Personen des öffentlichen Rechts im öffentlichen Interesse erbracht [7]. Nimmt der Einzelne sie in seinem privaten Interesse in Anspruch, so können von ihm dennoch Gebühren verlangt werden [8], selbst wenn die Leistungen (überwiegend) im öffentlichen Interesse erfolgen und ihr Nutzen der Gesamtheit unmittelbar zuteil wird [9]. Die Veranstaltung muß eben den privaten Interessen des Leistungsempfängers und den öffentlichen Interessen der Verwaltung gleichzeitig dienen: Die letzteren bestehen häufig sogar nur darin, daß jeder Private seine Interessen befriedigen kann. Nur wo eine Veranstaltung ausschließlich öffentlichen Belangen dient, dürfen Gebühren nicht erhoben werden. Dies ist nach den Kriterien zu entscheiden, nach denen im Verwaltungsrecht Normen und Verwaltungshandeln, das „dem Schutz des Einzelnen dient", von anderem unterschieden werden. Wo kein Rechtsschutz, da keine Gebührenpflicht. Anders ausgedrückt: Die Gebühr ist Entgelt für eine bestimmte Leistung, welche „über die allgemeinen Leistungen eines Gemeinwesens für seine Mitglieder hinausgeht" [10]. Ist dies nicht der Fall, so liegt eine Steuer vor.

Unmittelbare „Inanspruchnahme" ist für den Gebührenbegriff nicht konstitutiv, die Leistung kann eine notwendig, ja unfreiwillig „in Anspruch genommene" sein [11].

Unmittelbarer Bezug von Gebühr zu Amtshandlung muß vorliegen, sonst handelt es sich um einen „Beitrag". Bei diesem muß „zwischen dem Erhebungsanlaß und dem Vorteil des Pflichtigen nur ein mittelbarer Interessenzusammenhang" bestehen [12].Hier wird nur „Vorteilausgleich" erstrebt, wobei eine bloße gesetzliche Vermutung, ja Fiktion des Vorteils genügen soll [13]. „Beiträge" sollten jedoch, wenn letzteres der Fall ist, den Grundsätzen des Steuerrechts unterfallen, nicht mehr dem Gebührenrecht, in dem derart verflüchtigte mittelbare Beziehungen nicht genügen dürften: der Begriff des „Vorteils" aus der Amtshandlung sollte nicht allzuweit ausgedehnt oder

---

waltungsprivatrechts" gegenüber dem „reinen Fiskalbereich" nicht mehr halten. Forsthoff, Verw.R. I, 9. A., S. 173, hat nicht dieses Problem, sondern nur den formellen Gebührenbegriff im Auge.

[7] Gerloff, W., Die Gebühren, in: Hdb. d. Finanzwiss. (hrsg. v. Gerloff u. Neumark) II, 2. A., 1956, S. 204; vgl. auch Wolff, H. J., Verw.R. I, S. 218.

[8] v. Rosen-v. Hoewel, H., Gebühren, Beiträge, Hand- und Spanndienst, in: Peters, H., Hdb. d. kommun. Wissensch. u. Praxis, 1959, III, S. 458.

[9] Bedenklich daher Gerloff, a.a.O., S. 209.

[10] Hettlage, K.-M., „Beiträge", Hdw.B d. Soz.Wiss.

[11] Zu eng daher Gerloff, a.a.O., S. 204.

[12] Hettlage, a.a.O.; ähnl. Recktenwald, a.a.O.

[13] Hettlage, a.a.O.

grenzenlos fingiert werden, sonst verliert sich der Unterschied zum klassischen Abgabenrecht.

Eine Gebühr liegt nur vor, wo das Entgelt ausschließlich wegen der Leistung erhoben wird. Die Gebühr darf „keine Nebenwirkung haben, welche über den Zweck der Gebührenerhebung hinausgeht“ [14]. Diesem Zweck tragen im einzelnen die Gebührengrundsätze Rechnung [15]. Aus dem Gebührenbegriff selbst aber folgt bereits, daß Gebühren nicht so festgesetzt werden dürfen, daß sie von der Beantragung der Amtshandlung abschrecken. Im Gegensatz zum Steuerrecht „läßt sich eben das Gebührenrecht nicht ohne weiteres in den Dienst außerfiskalischer Zwecke stellen“ [16].

Der so bestimmte wesentliche Entgeltcharakter des Gebührenbegriffs hat zur Folge: Gebühren sind kein Instrument der Intervention oder der Sozialpolitik. Werden sie derart eingesetzt, so liegt schwerer Formmißbrauch vor: es werden Gebühren verlangt, wo Steuern hätten erhoben werden sollen [17].

In diesem grundlegenden Gegensatz zur Steuer ist der deutsche Gebührenbegriff von der Verfassung vorausgesetzt: In Art. 105 f. GG sind wesentlich Grundsätze des Steuerrechts, insbesondere Kompetenzregelungen, festgelegt. Dabei ist die Verfassung ersichtlich vom herkömmlichen Steuerbegriff ausgegangen. Es wäre unerträglich, wenn daneben die ganz anders geregelte Gebührenhoheit, die Annex der Verwaltungshoheit ist, zu einer „Steuerkonkurrenz“ ausgebaut und mit dieser gleichfalls allgemeine Sozialgestaltung versucht würde. Berücksichtigung sozialer Gesichtspunkte bei der Gebührengestaltung ist damit begrifflich nicht identisch [18], findet hier aber ihre Grenze [19]. Auch gegen das Legalitätsprinzip würde eine solche Vermengung von Steuer- und Gebührenbegriff verstoßen: Verwaltungsgesetze bestimmen im allgemeinen die Gebühren im Zusammenhang mit den entsprechenden Amtshandlungen oder ermächtigen die Verwaltung dazu. Die Gebühren sind daher wesentlich auf die Amtshandlungen bezogen. Als ihr Annex können sie keine selbständige, über den Gesetzeszweck hinausgehende Zielsetzung aufweisen, ohne bei solcher Auslegung dem Sinn und Zweck der Gesetze zu widersprechen. Erst recht nicht dürfte es dem Verordnunggeber oder der Verwaltung gestattet sein, derartige selbständige Zweckbestimmungen einzuführen: der Gesetzmäßigkeitsgrundsatz wäre verletzt.

---

[14] So das BVerwG in seiner grundlegenden Gebührenentscheidung E 12, S. 162 (170).

[15] Vgl. unten 3 f.

[16] Köttgen, A., Gemeindl. Daseinsvorsorge und gewerbl. Unternehmerinitiative, 1961, S. 89.

[17] Zu diesem grundlegenden Unterschied vgl. Wagner, A., Finanzwiss. II, S. 25; v. Rosen-v. Hoewel, a.a.O., S. 458; Gerloff, a.a.O., S. 208.

[18] Vgl. dazu unten 6.

[19] So ist etwa die allgemeine Forderung nach einem „sozialen Gebührenrecht“ nur in diesem einschränkenden Sinn der Berücksichtigung gewisser Härtefälle gerechtfertigt, man darf nicht Gebührengestaltung zu „dynamischer Sozialpolitik“ einsetzen.

Gebühr als wesentliches, unmittelbares, ausschließliches Entgelt, nicht als Steuer — dieser Begriff ist also der Auslegung aller deutschen Gesetze zugrunde zu legen, welche Gebühren regeln, und vom Verordnunggeber bei deren Ausgestaltung, von der Verwaltung bei der Anwendung zu beachten (vgl. auch unten 3).

2. Gebühren sind Entgelt für Verwaltungsveranstaltungen: Sie unterscheiden sich grundsätzlich vom privaten Entgelt, können nicht mit demselben rechtlichen Maß gemessen werden [20]. Die Gebühr wird einseitig auferlegt, nicht auf der Basis der Freiwilligkeit vereinbart [21] ausgehandelt. Dies müßte eigentlich auch für die Privatwirtschaftsverwaltung im Grundsatz gelten: auch hier müßte der Einzelne eine bereitstehende, einseitig festgesetze Vergütungsregelung annehmen, der materielle Gebührenbegriff sollte derselbe sein, wie im Bereich der obrigkeitlichen Verwaltung. Ein echtes Handeln mit der Verwaltung, welche nur in privaten Formen tätig wird, muß als bedenklich erscheinen, mag auch die festgesetzte Vergütung formell als privatrechtlicher Preis gestaltet sein. Anderenfalls wäre möglicherweise der Gleichheitssatz verletzt, dem auch die Privatwirtschaftsverwaltung unterliegt. Ein echtes „Aushandeln" des Preises, eine wirkliche „Gebührenvereinbarung" wäre auch nur sinnvoll, wo die Verwaltung privates Erwerbsstreben zeigen darf. Über öffentliches Interesse läßt sich nur handeln, soweit es ein Gesetz ausdrücklich, ausnahmsweise, in engen Grenzen, also richterlich nachprüfbar vorsieht. Wer hier anders entscheidet wird Schwierigkeiten haben, eine Grenze zum Fiskalbereich zu finden und macht dann alle Verwaltung in den Formen des Privatrechts zu einer echten „Flucht aus der Hoheitsgewalt".

Doch hier steht die mögliche Gegenthese [22]: Sinn der Verwaltung in privatwirtschaftlicher Form ist es gerade, sich alle Gestaltungen des Privatrechts nutzbar zu machen, vor allem auch die Elastizität der Preisgestaltung. Geht man davon aus, so muß man zugeben, daß es staatliche Veranstaltungen, etwa auf dem Kreditsektor, gibt, wo fiskalisches Erwerbsstreben und verwaltungsprivatrechtliche Zielsetzung in nahezu gleichgewichtiger Gemengelage sich finden. Man mag gerade darin den wesentlichen, neuen Elan des „Staates als Unternehmen" sehen. Es muß klar sein, daß hier ein neues Verwaltungsrecht beginnt. Will man es mit den traditionellen Kategorien konstruieren, so müßte für die Gebühren eine Kombination von einseitiger Bestimmung und freier Vereinbarungsmöglichkeit gelten: Rahmen nach Gebührenordnung (öffentliches Interesse), Einzelheiten nach Vereinbarung (fiskalisches Erwerbsstreben). Öffentliches Interesse als Vorstufe oder als Rahmen des privaten — nur in einer solchen Verbindung könnten Ansatzpunkte für eine künftige dogmatische Bewältigung des Privatverwaltungs-

[20] OVG Hamburg, Verw.Rspr. 4 (1952), Nr. 65, S. 316 (317).
[21] Gerloff, a.a.O., S. 204.
[22] Vgl. dazu Forsthoff, Verw.R. I, S. 466, vgl. auch S. 165.

phänomens liegen, wie sie mit der Zweistufenlehre (Anschluß—Ausgestaltung) schon praktiziert werden.

Wie immer man sich hier aber entscheiden mag — feststeht, daß die Gebühr nicht in vollem Umfang zwischen Verwaltung und Pflichtigen nach den Grundsätzen von Angebot und Nachfrage ausgehandelt werden kann. Sie ist nicht privatrechtliches Entgelt, sondern eine Leistung, die man als „Verwaltungspreis" bezeichnen könnte: Der Hoheitsträger setzt ihn nach Verwaltungsgrundsätzen, nicht aus privatem Erwerbsstreben fest, dieses kann nur im Rahmen der Gebührenvereinbarung ausnahmsweise und in Grenzen von Bedeutung sein. Davon wird im folgenden abgesehen. Der Begriff dieses Entgelts muß nun die Bestimmung der Gebührengrundsätze leiten. Es wird sich allerdings fragen, ob dabei nicht ein „öffentliches Erwerbsstreben" berücksichtigt werden kann, welches in gewissen Bereichen dem privaten entspricht, ja gleichen muß, und ob nicht auch unter diesem Gesichtspunkt ein „Preis" — eben der „Verwaltungspreis" entsteht.

3. Es kann dem Gesetzgeber nicht freistehen, die Gebühren beliebig festzusetzen: dann wäre nicht sichergestellt, daß der Entgeltcharakter überhaupt gewahrt bleibt. Selbst wenn man sich auf ihn beriefe — durch überhöhte Gebühren könnte ein ganzes zusätzliches Steuersystem aufgebaut, könnten nahezu alle Grundrechte beeinträchtigt, ja vernichtet werden: Hohe gewerbliche Zulassungsgebühren bedrohen die Berufs- und Gewerbefreiheit, Meldegebühren die Freizügigkeit, Anmeldungs- und Registergebühren die Vereins- und Versammlungsfreiheit, Paß- und Visagebühren die Freiheit der Ein- und Ausreise. Es gibt heute kaum einen Aspekt menschlicher Tätigkeit mehr, der nicht irgendwie „verwaltet" wird und somit durch ein System von „Gebühren als Steuern" leicht zu treffen wäre. Lenkung durch Gebühren wird in vielen Staaten erfolgreich praktiziert, vermeidet das Odium, die Begrenzungen und die Kompetenzschranken des Einsatzes der Steuergewalt und versetzt politisch den Staat in die in einem weithin liberalen System günstigere Lage des Leistungsverkäufers, während er bei der Besteuerung als derjenige erscheint, welcher ohne eigene Leistung an fremder Aktivität profitiert. So droht stets eine „Flucht aus der Steuergewalt in die Gebührenhoheit", vor allem, wenn der Föderalismus weiter zurückgedrängt wird und die Länder sich zusätzliche Einnahmequellen erschließen wollen. Dies aber dürfte die grundgesetzliche Steuerverteilung illusorisch machen, auf der der deutsche Föderalismus aufbaut.

Eine „Gebührenbesteuerung" gestattet ferner eine außerordentlich differenzierte Partizipation des Staates an privater Tätigkeit, welche notwendig über die letztlich doch schematische Steuergestaltung hinausgeht. Sie erscheint daher als besonders sachangepaßt und dem Gleichheitsgebot entsprechend. Dennoch liegen gerade hier die Bedenken. Sie ist häufig fast reine Einzelfallentscheidung, Gebührengleichheit ist leichter zu durchbrechen als Steuergleichheit. Vor allem droht hier schließlich dem Gesetzmäßigkeitsprinzip Gefahr: dem Gebührenrecht sind herkömmlicherweise weitere Ermessensräume für die Verwaltung geläufig als dem Steuerrecht. Gebührengestaltungen sind in dieser Richtung nahezu unbeschränkt ausbaufähig. „Gebührenbesteuerung" wird möglicherweise zu einer „Besteuerung nach Verwaltungsermessen", ohne spezialisierende gesetzliche Grundlage.

Gebührenhoheit ohne feste Gebührengrundsätze würde also die (unabänderlichen) Grundlagen der GG-lichen Ordnung antasten: Grundrechte, insbesondere Gleichheit, Rechtsstaat, Föderalismus. Klare Gebührengrundsätze, welche von den Gerichten überprüft werden können, sind daher von eminenter Wichtigkeit.

4. Herkömmlicherweise wird aus dem Entgeltcharakter aller Gebühren [23] zunächst häufig das Kostendeckungsprinzip abgeleitet: Die Gebührensätze sind in der Regel so zu bemessen, daß Verwaltungs- und Unterhaltungskosten, einschließlich der Ausgaben für Verzinsung und Tilgung des aufgewendeten Kapitals gedeckt, die Kosten des betreffenden Verwaltungszweiges aber nicht überschritten werden [24]. Diese gelegentlich kritisierte [25] „ältere, dem ökonomischen Liberalismus entsprechende Kostentheorie" [26] wollte gerade auf dem „traditionellen Gebiet der Gebühr", bei den Kommunalabgaben [27], Überbleibsel aus der Zeit der Patrimonialstaatlichkeit beseitigen [28].

Darüber [29] hinaus finden sich heute, etwa in vielen bundesrechtlichen Verwaltungsregelungen, Gebührenbeschränkungen auf die „Deckung der Verwaltungskosten" [30]. Meist sind dabei die Verwaltungskosten nur Höchstgrenze, die nicht erreicht werden muß [31], aber nicht überschritten werden soll. Um dies sicherzustellen, sind die Kosten in der Regel „in einem Wirtschaftsplan und in einem Stellenplan zu veranschlagen". Die Verwaltungskosten werden deutlich als feststellbar angesehen.

[23] Der Unterschied von Verwaltungs- und Benutzungsgebühren kann für diese allgemeinen Darlegungen außer Betracht bleiben.

[24] So der Ausgangspunkt der Erörterungen, dazu das Preußische Kommunalgabengesetz vom 24. 7. 1906, § 4 Abs. II und § 6 Abs. III, vgl. auch KÖTTGEN, Gemeindl. Daseinsvorsorge, S. 87 f.

[25] KÖTTGEN, A., Öffentliche Hand und öffentliches Recht, 1928, S. 23: Das „tiefere Verständnis für das eigentliche Wesen der Gebühr" sei verlorengegangen.

[26] GERLOFF, a.a.O., S. 207.

[27] KÖTTGEN, Öff. Hand, S. 22.

[28] Insbes. die Äquivalenz, vgl. unter 5; dazu KÖTTGEN, Öff. Hand, S. 20.

[29] z. B. § 8 GO von Schleswig-Holstein.

[30] So z. B. Kartellges. § 80 Abs. II S. 1; Gesetz über d. Verkehr mit Getreide und Futtermitteln vom 24. 11. 1951 (BGBl, S. 901), § 15 Abs. II; Gesetz über d. Verkehr mit Vieh und Fleisch vom 25. 4. 1951 (BGBl, S. 272), § 21 Abs. I; Gesetz über den Verkehr mit Milch, Milcherzeugnissen und Fetten vom 10. 12. 1952 (BGBl, S. 811), § 21 Abs. I; Gesetz über die Erheb. von Gebühren durch die Außenhandelsstelle d. BMin f. Ernährung, Landw. und Forsten vom 17. 12. 1951 (BGBl, S. 969), § 1 Abs. I und § 2.

[31] Zuckergesetz, Getreidegesetz, Milch- und Fettgesetz, AußenhandelsgebGes.

In den Ländern sollen ebenfalls Verwaltungsgebühren „unter Berücksichtigung der Kosten des Verwaltungszweiges“ [32], Benutzungsgebühren so bemessen werden, wie es das preußische Kommunalabgabengesetz vorsah [33].

Nach diesen gesetzlichen Bestimmungen ist also Abweichung vom Kostendeckungsprinzip nur nach anderweitigen gesetzlichen Gebührenbemessungsgrundsätzen möglich.

Hauptfrage für das Kostendeckungsprinzip ist, wie die Verwaltungskosten bemessen werden sollen [34]: Kosten eines ganzen Verwaltungszweiges oder eines mehr oder weniger spezialisierten Teilbereichs (etwa der tätigen Dienststelle). Übermäßige Spezialisierung muß vermieden werden, Beschränkung nur auf „rentable“ Geschäftszweige ist unstatthaft. Unrentable und rentable Tätigkeiten sind bei Gleichartigkeit oder notwendigem Zusammenhang zusammenzurechnen. Die Kosten können nicht nach den betriebswirtschaftlichen Grundsätzen berechnet werden, nach welchen sie ein (beliehener) Privater ermitteln würde. Es kann etwa von den haushaltsmäßigen Ansätzen für eine Dienststelle, ein Referat ausgegangen werden, welches mit derartigen Tätigkeiten überwiegend befaßt wird. Der Begriff der „den Verwaltungsakt erlassenden Behörde“ (§ 78 VwGO) dürfte zu weit sein. Die Einzelheiten bedürfen hier näherer organisationsrechtlicher Untersuchung, doch dürfte allgemein das Referatsprinzip, nicht der Behördenbegriff zugrundezulegen sein. Die Kosten der hierarchisch übergeordneten Stellen dürfen, soweit dort nicht besondere Gebühren anfallen, mit berücksichtigt werden. Das Zurechnungsproblem ist sicher sehr schwierig [35], dem aber kann durch eine größere Toleranzspanne Rechnung getragen werden. Deshalb ist auch nicht der jeweilige Verwaltungsaufwand im Einzelfall zugrundezulegen, sondern die durchschnittlichen Kosten [36], und zwar unter Umlage aller „Gesamtkosten einer Verwaltung an Gehältern, Löhnen, Versorgungsanteilen, Gebäudeunterhaltung, Telefon- und Schreibkosten usw.“ [37]. Die Einzelgebühr kann die Einzelkosten überschreiten [38], die Gesamtkosten sollten aber durch das Gesamtgebührenaufkommen gedeckt werden, wobei der Gleichheitssatz zu beachten ist. Nur ein Maßstab, der einen durchschnittlich zutreffenden Ansatz nicht gewährt, ist abzulehnen [39]. Ein echter Gegensatz dieser These zu der gelegentlich vertretenen Meinung, daß die Kostendeckung auch zulässiger Bemessungsmaßstab für die Einzelgebühr

[32] z. B. Berliner Geb.Ges. § 8 Abs. II.

[33] Etwa Berliner Geb.Ges. § 8 Abs. III; NRW-Kommunalabg.Ges. § 4 Abs. II; Rhld.-Pfälz. Kommunalabg. Ges. § 7 Abs. I S. 2.

[34] Dazu kritisch m. Nachw. Oberläuter, DÖV 62, S. 50.

[35] Dazu Thiemeyer, Th., DÖV 62, S. 893.

[36] v. Rosen-v. Hoewel, a.a.O., S. 458.

[37] Oberläuter, a.a.O., S. 50.

[38] BVerwGE 12, S. 162 (166), zust. Bachof, Verfassungsrecht, Verwaltungsrecht, Verfahrensrecht, 1964, S. 303.

[39] Hess. VGH, DÖV 59, S. 463 (464) m. zust. Anm. v. Kriechbaum, ebd. S. 465.

sei [40], besteht kaum, weil auch hier die Bereitstellung der Verwaltungsleistung, deren typische Ausnutzungsmöglichkeit, angemessen berücksichtigt werden muß [41], und überdies einer Berechnungsmöglichkeit für den Einzelfall aus der Natur der Sache Grenzen gesetzt sind. Das Kostendeckungsprinzip verlangt (meist) eine Errechnung der Gebührenhöhe nach Durchschnittssätzen.

Die Frage, ob das Kostendeckungsprinzip kostendeckende Gebührenhöhe zwingend verlange, trat bisher kaum auf. Der Sinn des Grundsatzes lag — umgekehrt — darin, überhöhte Gebühren zu verhindern und die Gebühren nicht durch Erzielung von Überschüssen zu Steuern werden zu lassen [42]. Bedenken erwecken aber ebenso Gebühren, die unter Mißachtung der Kostendeckung so niedrig festgesetzt werden, daß sich die Veranstaltung als bedrohliche oder gar vernichtende Konkurrenz gleichartiger oder ähnlicher privater Veranstaltungen auswirkt. Diese Gefahr besteht bei vielen Benutzungsgebühren von Einrichtungen, bei denen eine gewisse Konkurrenzlage zu privater Tätigkeit trotz öffentlichrechtlicher Gestaltung vorliegt (Beförderungs- und Versorgungseinrichtungen). Sie tritt aber auch gelegentlich bei Verwaltungs- und Beurkundungsgebühren dort ouf, wo (beliehene) Private ähnliche oder gleiche Aufgaben erfüllen [43]. In all diesen Fällen können starke Gebührensenkungen freie oder staatlich gebundene Berufe völlig unrentabel machen und durch erdrosselnde Wirkung die Freiheit der Berufswahl verletzen [44]. Auf die Frage, ob hier nicht sogar über die kostendeckenden Gebühren hinausgegangen werden muß, ist in anderem Zusammenhang einzugehen. Jedenfalls hat das Kostendeckungsprinzip rechtsstaatliche Bedeutung als Mindest- wie als Höchstgrenze der Gebühren.

Verlangt das Kostendeckungsprinzip strenge Berücksichtigung des Verwaltungsaufwandes? Ist ihm „an sich" eine gewisse Elastizität eigen? Nach der Rechtsprechung sind die Grenzen erst überschritten, wenn einigermaßen sicher zu gewärtigen ist, daß der Verwaltungsaufwand weit überstiegen wird [45], oder gar, wenn das Aufkommen in keiner Beziehung mehr zu den Kosten steht [46]. Nach dem BVerwG [47] darf der Gebührengläubiger den den

[40] Ehle, DÖV 62, S. 45, dazu krit. Oberläuter, a.a.O.

[41] OVG Hamburg, DVBl 53, S. 631 (634).

[42] Vgl. u. a. BVerwGE 2, S. 246 (249); BVerwG, DÖV 60, S. 636 (637); Hess. VGH, AWD d. BB 58, S. 211.

[43] Etwa im Falle der Notare, soweit sie mit Gerichten in „Beurkundungskonkurrenz" liegen (vgl. dazu BVerfG E 11, S. 192 (202/3)) oder bei den öffentlich bestellten Vermessungs-Ingenieuren im Verhältnis zu den staatlichen Vermessungsverwaltungen. Der einfache Hinweis auf einen „öffentlichen Amtscharakter" genügt nicht.

[44] BVerfG E 16, S. 147 (163); vgl. auch E 13, S. 813 (187).

[45] OVG Hamburg, DVBl 53, S. 631 (635).

[46] So (für Benutzungsgebühren) OVG Münster, VerwRspr 9, Nr. 191, S. 863 (866), vgl. auch Wolff, VerwR. I, S. 218; strenger allerdings VG Frankfurt, AWD d. BB 59, S. 105.

[47] E 13, S. 214.

Verwaltungsaufwand übersteigenden Teil des Aufkommens den allgemeinen Haushaltsmitteln zuführen. Die Kostendeckung sei nur Veranschlagungsmaxime, Anforderung an die Zielsetzung der Gebührenerhebung, der nur dann nicht entsprochen werde, wenn Haushaltseinschätzung und Tarifgestaltung nicht auf das Ziel der Kostendeckung ausgerichtet würden, sei es, daß sie nicht sachgerecht geschähen oder daß von vornherein ein Gebührenüberschuß angestrebt werde. Wenn ein solcher tatsächlich erzielt werde, so verletze dies das Kostendeckungsprinzip nicht, deute aber auf einen fehlerhaften Tarif hin [48].

Diese Judikatur des BVerwG besagt indes nicht, daß die (gesetzliche) Gebührengestaltung sich nicht streng an die Kostendeckung halten müsse. Sie betont nur das bereits dargelegte Ergebnis, daß das Kostendeckungsprinzip nicht Maßstab für die Einzelgebühr ist und keine Auswirkungen auf die Verwendung des tatsächlich erzielten Gebührenaufkommens habe [49]. Das Kostendeckungsprinzip gibt also keine „große, wesentliche Toleranzspanne" bei der gesetzlichen Gebührentarifgestaltung, weder nach oben, noch nach unten. Eine solche Auffassung fände keine gesetzliche Stütze. Die Einzelgebührenfestsetzung wird im allgemeinen gegen den Grundsatz zwar nicht verstoßen (vgl. aber unten 8 a. E.); wohl aber kann sie Anlaß zu einer Überprüfung des Gebührentarifs am Maßstab der Kostendeckung sein. Ist der Tarif rechtswidrig, so ist auch die Einzelfestsetzung abzulehnen. Eine „Elastizität" liegt also nicht im Kostendeckungsprinzip, sondern in den tatsächlichen Berechnungsgrundlagen und ihrer Auswertung, praktisch werden hier nur grobe Verstöße gerügt werden können.

Gilt das Kostendeckungsprinzip allgemein für alle Gebühren, selbst dort, wo das Gesetz seine Einhaltung nicht ausdrücklich zur Pflicht macht? Das BVerwG scheint dies abzulehnen: „Aus dem Wesen der Gebühr kann eine allgemeine Geltung des Unkostendeckungsprinzips nicht abgeleitet werden [50]." Dagegen spricht aber, daß Kostendeckung immer häufiger in neueren Verwaltungsgesetzen zur Pflicht gemacht wird [51]. Einer Rechtsanalogie aus ihnen steht nicht grundsätzlich entgegen, daß die Gebührengestaltung häufig von der Kostendeckung abweicht — dies ist die Folge des Äquivalenzprinzips, welches sich der Kostendeckung überlagern und diese verdrängen kann (vgl. unten 5). Die Notwendigkeit der Kostendeckung kann überdies aus dem Verbot der unentgeltlichen Staatsleistung gefolgert werden [52], das aus dem Gleichheitssatz abgeleitet wird: Derartige Leistungen sind nur

[48] BVerwG E 13, S. 223.

[49] Vgl. aber Ehle, DÖV 62, S. 48.

[50] E 13, S. 214.

[51] Vgl. oben Anm. 30.

[52] Dazu u. a. Köttgen, A., Subventionen als Mittel der Verwaltung, DÖV 53, S. 485 (487 f.); Ipsen, H. P., Öffentliche Subventionierung Privater, Berlin-Köln 1956, S. 20; Henze, K. O., Verw.r. Probleme der staatlichen Finanzhilfe Privater, Heidelberg 1958, S. 22; Zeidler, K., in: Der Staat 1 (1962), S. 335.

auf ausdrücklicher gesetzlicher Grundlage möglich. Diese würde hier fehlen, wenn das Kostendeckungsprinzip nicht allgemein gelten sollte: Die „Zuwendungen" wären nur *implizit* dadurch ermöglicht, daß keine untere Grenze der Gebührenhöhe bestünde.

Bei Benutzungsverhältnissen werden den einzelnen besondere Leistungen in ihrem Interesse dargeboten. Dies darf nicht die anderen belasten, welche die Veranstaltungen durch Steuerleistungen unterhalten müßten, wenn keine kostendeckenden Gebühren erhoben würden. Selbst bei Verwaltungsgebühren, welche lediglich im Rahmen einer geordneten, staatlich überwachten „Wiederherstellung des (ursprünglichen) Freiheitsraumes der Staatsbürger" erhoben werden (etwa in der Bauverwaltung), könnte bei nicht kostendeckender Höhe von unentgeltlichen Staatsleistungen gesprochen werden: Der Bürger hat zwar Anspruch darauf, daß ihm „sein Freiheitsraum" (durch Verwaltungsakt) (wieder) gewährt werde — aber nur im Rahmen einer staatlich geordneten Überwachung, denn darin liegt die Sozialbindung des Eigentums und der Freiheit. Diese Bindung aber gibt — nach den Grundsätzen zu Art. 14 GG — dem Einzelnen keinen Vermögensanspruch. Er kann also auch nicht verlangen, durch unentgeltliche Verwaltungstätigkeit in diesen Bindungen kontrolliert oder von ihnen freigestellt zu werden. Dies würde einer „Entschädigung für Sozialbindung" gleichkommen und damit die (steuerzahlenden) Staatsbürger auf Grund der sozial Gebundenen belasten. Gewissen Staatsbürgern würde damit implizit ein Recht auf einen grundsätzlich bindungslosen Freiheitsraum zugestanden werden. Weil es einen solchen nicht gibt, ist die Kontrolle der Bindungen und die Freistellung von ihnen eine echte unentgeltliche Zuwendung, wenn sie nicht einmal die Kosten deckt [53].

Der Wirkung des Kostendeckungsprinzips als Minimum der Gebührenhöhe könnte nun mit der Begründung entgegengetreten — oder doch eine „elastische" Anwendung gefordert — werden, die Gebühren würden für Veranstaltungen erhoben, die immer (auch) im öffentlichen Interesse erfolgten. Es sei daher angemessen, daß sich die Allgemeinheit daran entsprechend dem Ausmaß oder dem Überwiegen ihres Interesses beteilige. Hier ist Vorsicht geboten: Nie darf dann das „öffentliche Interesse" darin allein gesehen werden, daß die Leistungen gewissen Bürgern erbracht werden. Wäre dies nämlich zulässig, so würde das Kostendeckungsprinzip als Grenze nach unten hinfällig: in jedem Fall könnte eine beliebig hohe Beteiligung der Allgemeinheit an den Kosten verlangt werden. Es muß daher daran festgehalten werden, daß jedenfalls das öffentliche Interesse und das private Interesse des die Leistung „Beanspruchenden" streng zu trennen sind. Aber auch dann ist eine gebührenrechtliche Kostenteilung entsprechend dem jeweiligen Gewicht der Interessen bedenklich: praktisch wäre sie nicht faßbar, das Ausmaß

[53] Zu dem besonderen Fall, daß die Kostendeckungsgebühren höher sind als der Wert des Dargebotenen vgl. unten 6 a.E.

des (konkurrierenden) öffentlichen Interesses könnte vom Richter kaum festgestellt werden. Unkontrollierbarer Gebührensenkung stünden die Tore offen. Vor allem aber würden so durch einen Kunstgriff doch Sozialbindungen zu entschädigungspflichtigen Belastungen gestempelt: ihre kostenlose Beseitigung könnte — paradoxerweise — gerade mit der Begründung verlangt werden, die Bindungen, ihre Kontrolle wie ihre Lösung, stünden „im öffentlichen Interesse".

Eine Kostenbeteiligung des Staates im Rahmen des Kostendeckungsprinzips wegen der durch die Veranstaltung (auch) verfolgten öffentlichen Interessen ist daher abzulehnen. Die Aufwendungen der Verwaltung sind so zu berechnen, daß nur das angesetzt wird, was unmittelbaren Bezug auf die Interessen der Leistungsempfänger hat. Dann aber bleibt das „öffentliche Interesse" für die Kostendeckung außer Betracht.

Das Kostendeckungsprinzip entspricht also dem Verbot von unentgeltlichen Staatsleistungen. Seine Geltung ist daher auch dort anzunehmen, wo es nicht ausdrücklich erwähnt ist.

5. Die allgemeine Geltung des Prinzips der Kostendeckung im Gebührenrecht hat aber nicht zur Folge — und dies ist der Grund für manche Schwierigkeiten — daß für die Gebührenregelungen dieser Grundsatz allein Anwendung findet. Das Ergebnis oben 4 bedeutet nur, daß eine Gebührengestaltung zulässig ist, die sich allein nach Kostendeckung richtet, nicht, daß jede Gebührenregelung allein dem Kostendeckungsprinzip folgen müßte. Dieses gilt vielmehr nur, soweit sich ihm nicht ein anderes Prinzip überlagert, der Äquivalenzgrundsatz: Die gesetzlichen Kostenregelungen sehen häufig [54] vor, daß sich die Kosten „nach der Bedeutung der Angelegenheit für die Beteiligten" bestimmen.

Dies wird wie folgt ausgelegt: Zwischen Verwaltungsleistung und Gebührengegenleistung muß ein „angemessenes Verhältnis" bestehen [55], wenn sich auch der Wert der Leistung und der Gegenleistung nicht gerade decken müssen [56]. Dieses am Wert oder Vorteil für den Betroffenen orientierte Verhältnis gehört begriffsnotwendig zum Wesen der Gebühr, weil darin der wesentliche rechtssystematische Unterschied zur Steuer liegt [57]. Wie beim Kostendeckungsprinzip muß nicht in jedem Einzelfall die Gebührenhöhe der Bedeutung der Angelegenheit genau entsprechen [58], es genügt ein Abstellen auf das im Regelfall eintretende Leistungsverhältnis [59].

---

[54] Für viele: Bayer. Kostenges. vom 17. 12. 1956, § 6 Abs. I.

[55] BVerwG, DÖV 58, S. 218 (220).

[56] OVG Hamburg, DVBl 53, S. 631; OVG Münster, VerwRspr 9, Nr. 191, S. 863 (866).

[57] VG Frankfurt, NJW 60, S. 453.

[58] Hess. VGH, DÖV 59, S. 463 (464).

[59] BVerwG E 2, S. 246 (249).

Wie bei der Kostendeckung der Verwaltungsaufwand, so macht hier die Bestimmung des Wertes der Verwaltungsleistung Schwierigkeiten [60]. Die Lehre ist daher zurückhaltend [61]; das BVerwG hat nur ausgesprochen, daß der Wert des Gegenstandes, auf den sich die Amtshandlung bezieht, zur Bemessungsgrundlage gemacht werden darf [62]. Ein solcher „Gegenstand" im rechtlichen Sinn ist aber nicht immer vorhanden [63], so daß nur von dem „Wert der Amtshandlung" für den Empfänger [64] gesprochen werden kann. Als objektive Kriterien [65] werden angegeben: Wertsteigerung, Dauer der Leistungswirkungen, Maß der eigenen Mitwirkung. Die neueren Abgabengesetze heben zur Verdeutlichung ab auf das Angewiesensein auf die Veranstaltung oder gar die gesetzliche Verpflichtung zum Leistungsbezug [66], oder auf die wirtschaftlichen Verhältnisse der Gebührenschuldner [67]. Letzteres gehört aber nicht zum Äquivalenz-, sondern zum Sozialprinzip (vgl. unten 6).

Nimmt man das Äquivalenzprinzip ernst, so kann nur die in Geld bestimmbare Vermögenssteigerung beim Gebührenschuldner Bemessungsgrundlage sein, für die natürlich die Dauer der Wirkungen wie das Maß der Angewiesenheit auf die Leistung nicht ohne Bedeutung sein wird.

Wenn nun das BVerwG meint, oft sei dies so schwer festzustellen, daß nur ohne Berücksichtigung des Wertes eine feste Gebühr bestimmt werden könne [68], wenn vom Äquivalenzprinzip nur mehr die Unzulässigkeit der Gebührenerhebung beim Fehlen jeder Leistung [69] oder das Verbot offensichtlich unsachgemäßer Einstufung des Leistungswertes bleibt [70] — so ist das Wesen der Gebührenbemessung nach Äquivalenz nicht klar erkannt: es kann natürlich nicht für den Einzelfall der Wert der Verwaltungsleistung „subjektiv", nach dem bestimmt werden, was sie dem A oder dem B in ihrer besonderen Lage gerade wert sein mag. Derartige besondere Umstände könnte die Verwaltung gar nicht aufklären. Es muß also eine Durchschnitts-

[60] Es fragt sich sehr, ob der Stand der modernen Technik eine zuverlässigere Feststellung als früher gestattet, wie KRIECHBAUM annimmt (Anm. z. Hess. VGH, DÖV 59, S. 465). Es kommt hier meist auf ökonomische Kalkulation an, welche durch die technische Verfeinerung eher kompliziert als leichter überschaubar werden dürfte.

[61] OBERLÄUTER, DÖV 62, S. 49 m. Nachw.; v. ROSEN-v. HOEWEL, a.a.O., S. 458.

[62] BVerwG E 2, S. 246 (249).

[63] Vgl. etwa die Einbürgerung oder polizeiliche Erlaubnisakte.

[64] Vgl. BVerwG E 12, S. 162 f.

[65] Auf deren Notwendigkeit weist hin STEIN, W., Die Bewertung des „Vorteils" bei Beiträgen und Gebühren im Gemeindeabgabenrecht, DÖV 60, S. 288 f. (insbes. S. 289/90).

[66] NRW-Kommunalabgabenges. § 4 Abs. II.

[67] z. B. Berliner Gebührenges. § 8 Abs. IV, Bayer. Kostenges. Art. 6, Abs. II.

[68] BVerwG E 12, S. 162 f.

[69] Dazu AMBOS, DÖV 61, S. 180.

[70] z. B. (z. Leistung d. Straßenreinigung) Hess. VGH, DÖV 61, S. 463 (464).

schätzung des Leistungswertes genügen, und zwar, das ist entscheidend, nach objektiven Kriterien. Solche aber können, nach der heutigen Staats- und Wirtschaftsordnung, in aller Regel nur Kriterien des Marktpreises sein. Das Äquivalenzprinzip gestattet es, für eine Verwaltungsleistung so hohe Gebühren zu erheben, wie der Nutzen der Veranstaltung nach Marktgesichtspunkten vernünftigerweise veranschlagt werden kann.

Bei den meisten Benutzungsgebühren läßt sich dies durch Vergleich mit anderen Marktwerten annähernd ermitteln. Liegen Leistungen vor, bei denen infolge eines Monopolcharakters der Darbietung durch den Staat ein „Marktwert" nicht zu ermitteln ist, so ist der „Wert" in Anlehnung an die Preise irgendwie vergleichbarer nutzbarer Leistungen zu ermitteln. Dabei sind die Grundsätze über den Monopolmißbrauch auch zu berücksichtigen: Die „Wertbestimmung" kann nicht, wo kein Markt besteht, einseitig der Gebührengewalt überlassen werden.

Eine Besonderheit muß für die Verwaltungsgebühren gelten, insbesondere für die Entgelte für gewerbliche Genehmigungen, Baubescheide u. ä. m. Hier kann die Verwaltungsleistung keinen Marktwert haben, selbst nach Monopolgesichtspunkten ist ihr Wert nicht bestimmbar: Es gibt im Marktbereich keine Veranstaltung, die einer behördlichen Erlaubnis wirklich entspräche. Die Verwaltungstätigkeit könnte hier allenfalls wie eine Mitarbeit an dem gestatteten Unternehmen angesehen, und nach dessen wirtschaftlicher Bedeutung, insbesondere nach der (abzuschätzenden) Rentabilität prozentual bestimmt werden. Hier liegt die Analogie zu den Prozentgebühren der Architekten, Statiker usw. nahe. Grenze wäre wiederum: es darf dadurch keinesfalls von der Antragsstellung abgeschreckt werden (vgl. aber unten 7).

Das Äquivalenzprinzip schafft also den echten „Verwaltungspreis" — die Leistung der Verwaltung darf nach Marktgrundsätzen bewertet oder doch entsprechend den Grundsätzen des freiberuflichen „Mitarbeiterpreises" bestimmt werden. Unzulässig wäre es dagegen, unter Berufung auf die Äquivalenz die Monopolstellung der Verwaltung auszunützen oder die Bewertung auf den subjektiven Wert der Leistung für den einzelnen abzustellen. Es geht nicht an, die Festlegung einer „vernünftigen Relation" zwischen Gebühr und Verwaltungsleistung (BVerwG) völlig abweichend von den Marktwerten dem Verordnunggeber oder gar der vollziehenden Verwaltung zu überlassen, will man nicht auf den Äquivalenzgedanken verzichten. Wenn die Monopolgrundsätze beachtet werden — warum sollte die Gebühr kein echter „Preis" sein [71]? Die Verwaltung strebt hier nach Gewinn — es gibt insoweit ein echtes „öffentlich-rechtliches Gewinnstreben"; nach dem Äquivalenzprinzip unterscheidet sich das öffentliche und private

---

[71] Wie immer wieder behauptet wird, vgl. z. B. OVG Hamburg, Verw. Rspr. 4 (1952), Nr. 65, S. 316 (317).

Gewinnstreben nicht — Unterschiede können lediglich im Kostendeckungs- und Sozialprinzip liegen.

Wieder fragt sich, ob das Äquivalenzprinzip selbst dort gilt, wo es nicht gesetzlich vorgesehen ist. Dafür sprechen dieselben Gründe, welche (oben 4 a. E.) für das Kostendeckungsprinzip angeführt wurden; das BVerwG dürfte dem hier eher zuneigen als hinsichtlich der Kostendeckung. Das Äquivalenzprinzip ist insbesondere auch eine Folgerung aus dem Verbot von unentgeltlichen staatlichen Zuwendungen ohne spezielle gesetzliche Grundlage [72]: Ein „Geschenk" liegt hier darin, daß Leistungen zum Selbstkostenpreis angeboten werden, die sonst auf dem Markt nur unter Einrechnung einer gewissen Gewinnspanne zu erhalten sind. Auch wird die Gleichheit dort berührt, wo gewissen Staatsbürgern wirtschaftlich günstigere Leistungen dargebracht werden als anderen.

6. Das BVerwG will offensichtlich Kostendeckungs- und Äquivalenzprinzip in einer Kombination auf die Gebührengestaltung angewendet sehen [73] und dem Äquivalenzgrundsatz nicht schlechthin den Vorrang einräumen [74]. Auch Verfechter der Äquivalenz geben dies zu [75].

Eine solche Kombination zweier Prinzipien kann aber nicht ohne Grundsätze erfolgen, welche die Harmonisierung leiten. Es wäre untragbar, wollte man den (gesetzlich fixierten) Gebührengrundsätzen für Verordnunggeber und Verwaltung nur die Bedeutung von Anhaltspunkten zuerkennen, deren Berechnungsergebnisse beliebig unter- oder überschritten werden dürften. Die Rechtsstaatlichkeit verlangt klare, nachprüfbare Gebührengrundsätze, die Erwähnung von Berechnungsgrundsätzen in (Gebühren-)Gesetzen bedeutet, daß der Gebührengewalt feste Schranken gezogen, nicht nur Anhaltspunkte herausgestellt werden sollen. Nur dies ist auch mit Art. 80 GG vereinbar.

Aus den bisherigen Darlegungen ergibt sich dann folgendes:

Die Gebühren sind in einer Höhe festzusetzen, die zwischen Kostendeckung und Äquivalenz liegt. Die Gebührengewalt ist grundsätzlich darin frei, ob sie die Entgelte näher dem einen oder dem anderen Prinzip festlegt, soweit nicht gesetzliche Regelungen einem Grundsatz den Vorrang einräumen. Dem Sinn der beiden Berechnungsmöglichkeiten entspricht es aber, daß grundsätzlich die Äquivalenz obere, die Kostendeckung untere Grenze der Gebührenhöhe ist. Wenn daher ausnahmsweise nach Kostendeckungsprinzip mehr erhoben werden dürfte, als nach der Äquivalenz anfiele, so wird man doch erstere Berechnung als zulässig ansehen können. Allerdings ist solches kaum vorstellbar: Wenn der Leistungsempfänger weniger erhält,

---

[72] So Gerloff, a.a.O., S. 207; vgl. auch v. Rosen-v. Hoewel, a.a.O., S. 458.

[73] BVerwG E 13, S. 214 (222).

[74] Vgl. auch E 12, S. 166; dazu Bachof, Verfassungsrecht, Verwaltungsrecht, Verfahrensrecht, 2. A., 1964, S. 304/305.

[75] z. B. Oberläuter, DÖV 62, S. 49, trotz seiner Polemik gegen das Kostendeckungsprinzip.

als es dem Marktwert entspräche, so wird er versuchen, die Bedürfnisse anderweitig zu decken. Kann er das nicht, so ist dies der Beweis für eine monopolartige Stellung der Verwaltung in diesem Bereich. Gerade dann aber ist der „Wert“ des Empfangenen eben doch höher — jedenfalls wird man dem „Staatsmonopolisten“ Kostendeckung zubilligen können.

Hier zeigt sich ein weiterer Grundsatz: das Äquivalenzprinzip sollte wesentlich auf Leistungen beschränkt werden, bei denen eine irgendwie faßbare Wertbestimmung möglich ist, d. h., wo es einen Markt gleicher oder ähnlicher Leistung gibt. Je näher daher eine Veranstaltung der Verwaltung dem Monopol rückt, um so mehr sollte der Staat als Leistungsträger für die Allgemeinheit Gebühren nach Kostendeckung erheben. Dasselbe gilt für Verwaltungsgebühren, bei welchen im allgemeinen eine wirkliche Berechnung des Wertes der Verwaltungsleistung nicht möglich ist — es sei denn, man sehe sie als eigenartige „Monopolleistungen“ an. Dann aber droht eine Gebührenüberhöhung, weil die Verwaltung, ohne jede Korrektur eines Marktpreises, die Gebühren festsetzen kann.

Bei marktwerten Nutzungen grundsätzlich Äquivalenz — im übrigen (vor allem bei den meisten Verwaltungsgebühren) Kostendeckung: das wäre eine sachentsprechende Lösung, deren Differenzspanne der Verwaltung bei kombinierten Leistungen hinreichende Elastizität sichert.

Der Grundsatz einer maximal-marktkonformen, minimal kostendeckenden Gebühr zeigt, daß zwischen „privatem“ und „öffentlichem“ Gewinnstreben kein grundsätzlicher Unterschied hinsichtlich der Preisgestaltung bestehen muß. Dieses Ergebnis ist zu begrüßen: Die Verbindung von privat- und öffentlichrechtlichen Elementen ist in der Leistungsverwaltung so eng, daß es praktisch unmöglich wäre, Arten des Gewinnstrebens zu unterscheiden, wo wertmäßig bestimmbare Güter angeboten werden. Die Gebühr darf und soll dort einheitlich — ein Preis sein.

Gebühr als Preis — soweit der Wert bestimmbar — ist eine Forderung der Gleichheit: Wo davon abgegangen wird, müssen Ungleichbehandlungen entstehen oder gar die einen der anderen Lasten tragen. Gesetze mögen das — insbesondere aus sozialen Gründen, vgl. unten 7 — vorsehen: Ist dies nicht ausdrücklich der Fall, so kann es nicht aus dem Gebührenbegriff erschlossen werden: Egalität verlangt den Verwaltungspreis als marktkonforme Gebühr.

Schließlich wird so nicht die Trennung zwischen Fiskalbereich (Erwerbsstreben) und Privatverwaltung (Aufgabenerfüllung im öffentlichen Interesse) verwischt: Grund der Veranstaltungen der Verwaltung, für welche Gebühren anfallen, bleibt die Erfüllung öffentlicher Aufgaben, nicht das primäre Erwerbsstreben der Privaten. Die Verwaltung wird deshalb die Veranstaltung auch fortführen, wenn sie nicht rentabel ist und, wenn erforderlich, bis zur Kostendeckung die Gebühren senken. „Primäres Erwerbsstreben“ mag daher ein Abgrenzungskriterium zum Fiskalbereich bleiben können.

Wo aber Gewinn erzielt werden kann, muß er auch realisiert werden. Bei Leistungen mit bestimmbarem (Markt-)Wert muß sich das zeigen, was die egalitäre Gesellschaft erwartet: der Staat als Unternehmer, die Gebühr als Verwaltungspreis.

7. Die neuere Gesetzgebung kennt durchgehend ein drittes Gebührenprinzip: die Berücksichtigung der „wirtschaftlichen Verhältnisse" der Gebührenschuldner [76], oft unter besonderem Eingehen auf die Lage sozial Schwächerer [77]. (Eine allgemeine „Milderungstendenz" zeigt sich allerdings nicht überall [78].) Das BVerwG erkennt die Leistungsfähigkeit des Gebührenschuldners allgemein als Bemessungsgrundlage [79] an und meint, daß „die Freistellung von Gebühren aus sozialen oder anderen Gründen" im gesetzgeberischen Ermessen stehe [80].

Dagegen sind erhebliche Bedenken vorgebracht worden: für eine derartige Freistellung sei „wenig Raum", weil sonst die Gebühr zur Steuer werde [81]. Die Berücksichtigung der allgemeinen Vermögenslage des Schuldners sei ein anerkannter Grundsatz des Steuerrechts, der nicht auf bisher nie in sein Anwendungsgebiet einbezogene Tatbestände wie die Gebühren erweitert werden dürfe [82].

Diese Einwendungen sind berechtigt, vor allem, wenn die allgemeinen wirtschaftlichen Verhältnisse des Schuldners gebührenmindernd und -steigernd berücksichtigt werden. Es wird dann nicht nur der „strenge formale Entgeltcharakter des Gebührenrechts" [83] — der Begriff der Gebühr als Entgelt wird aufgegeben. Die Höhe der Gebühr wird ohne Blick auf leistungsimmanente Faktoren (Kosten, Wert) bestimmt. Eine Entgelthöhe nach Bedürftigkeit oder Leistungsfähigkeit ist versteckte Subventionierung oder verdeckte Besteuerung.. Damit wird die Gebühr zum Instrument dynamischer Sozialgestaltung, Gewinnpartizipation, Gewinnabschöpfung — kurz: zur Steuer. Ein derartiges Ergebnis ist verfassungswidrig: Das GG hat die Grundsätze und Zuständigkeiten der Steuergesetzgebung festgelegt, sie haben mit den Kompetenzen zur Verwaltungsgesetzgebung nichts zu tun. Die Steuer-Gebühr als „zweiter Steuerweg" ist mit dem GG nicht vereinbar [84]. Ein so verstandenes „Sozialprinzip der Gebührengestaltung" wäre auch mit der Rechtsstaatlichkeit nur schwer in Einklang zu bringen. Von

[76] z. B. Bayer. Kostenges. Art. 6 Abs. I; § 9 Abs. III Geb.Ges. v. Rhld.-Pfalz; § 7 Hess.Verw.Geb.Ges.; § 8 Baden-Württemb.Geb.Ges.

[77] Berliner Geb.Ges. § 8 Abs. IV (vgl. auch § 4 Preuss.Verw.GebGes.); dazu Wolff, Verw.R. I, a.a.O.

[78] Wie Oberläuter, DÖV 61, S. 413, meint.

[79] BVerwG E 12, S. 162, dazu Bachof, Verfassungsrecht, Verwaltungsrecht, Verfahrensrecht, S. 305.

[80] BVerwG E 13, S. 214 (219).

[81] v. Rosen-v. Hoewel, a.a.O., S. 458; Gerloff, a.a.O., S. 208.

[82] BayVerfGH, BayVBl 63, S. 183 (186).

[83] Oberläuter, DÖV 61, S. 413.

[84] Vgl. dazu bereits oben 2.

völliger Freistellung bis zu sehr hoher „Gebührenbesteuerung" wäre jede Gebührenerhebung zulässig, ohne daß ein näherer Maßstab erkenntlich wäre. Vor allem aber entfernt man sich — macht man mit einem solchen Grundsatz ernst — vom herkömmlichen Gebührenbegriff und begeht letztlich Formmißbrauch, was mit der Rechtsstaatlichkeit nicht vereinbar ist. Hier zeigt sich klar: ein so allgemeines Sozialprinzip zerstört jede Kompetenzordnung, jede Voraussehbarkeit.

Sinn der „Sozialklauseln" in den Gebührengesetzen darf es also nie sein, allgemeine „soziale Gebührenpolitik" zu betreiben, sondern in sozialen Härtefällen grundsätzlich bis zur Kostendeckung, bei besonderen Notlagen ausnahmsweise auch darunter, die Gebühren zu ermäßigen. Durch Gebührenpolitik dürfen soziale Härten gemildert, nicht allgemein sozialpolitische Zielsetzungen verfolgt werden. Diese Grundsätze sollten endlich auch bei der Gestaltung der „Sozialtarife" berücksichtigt werden. Vereinfachungen („die können, werden es [noch] zahlen") widersprechen dem Gebührenbegriff, lassen jede Begrenzung vermissen und stellen bei „Monopolleistungen" nichts anderes dar als monopolmißbräuchliches Gewinnstreben zuungunsten einer Bevölkerungsschicht unter sozialpolitischem Deckmantel.

Ein anderes Ergebnis läßt sich auch nicht unter Hinweis auf die Sozialstaatlichkeit in Bund und Ländern (Art. 20, 28 GG), als Staatszielbestimmungen und Auslegungsgrundsatz [85], halten. Auch dieses Prinzip rückt den Schutz der wirtschaftlich schwächer Gestellten in den Vordergrund [86], die Erhaltung der wirtschaftlichen und sozialen Lebensfähigkeit auf einem (der Situation des Einzelmenschen) angemessenen Niveau [87], oder die Garantie bestehender sozialer Institute [88]. Dieser primären Zielrichtung auf den Schutz Schwacher und Unbemittelter [89] wird durch die erwähnte Auslegung des „Sozialprinzips" im Gebührenrecht entsprochen. Eine weitergehende dynamisch-sozialordnerische Kompetenz zur Aufrichtung neuer sozialer Ordnungen [90], welche die herkömmlichen Gebührengrundsätze zerstören und die Kompetenzordnung des GG verändern müßte, läßt sich nicht selbständig aus dem Sozialstaatsprinzip ableiten — vor allem dann nicht, wenn dessen Ausprägungen nur den Rang einfacher Gesetze haben [91].

[85] Vgl. v. Mangoldt-Klein, Anm. VII, 1 f. z. Art. 20 GG.

[86] Lerche, P., Übermaßverbot und Verfassungsrecht, 1962, S. 231; Bachof, Verfassungsrecht usw., S. 10 f.; *ders.*, VVdSt LBd. 12, S. 81, LS 2 und 4.

[87] Maunz, Staatsrecht, 14. A., 1965, S. 67; Mang-Maunz-Mayer-Obermayer, Verfassungs- und Verwaltungsrecht in Bayern, 1962, S. 442; Hamann, A., Komm. z. GG, Art. 20, Anm. B 3 m. Nachw.

[88] Lerche, a.a.O.

[89] Wie sie auch das wesentliche Resultat der eindringlichen Analyse der Rspr. d. BVerfG bei Weber, W., Die verfassungsrechtlichen Grenzen sozialstaatlicher Forderungen, in: Der Staat 65, S. 409 (insbes. S. 430/431), bilden.

[90] Dazu Lerche, aa..O.; vgl. auch Forsthoff, VVdStL 12, S. 25 (LS XI); Weber, a.a.O., S. 431.

[91] So mit guten Gründen neuerdings Weber, a.a.O., S. 416.

Die Gefahr einer Zerstörung des herkömmlichen Gebührenbegriffs durch das Sozialprinzip kann also nur dann gebannt werden, wenn festgehalten wird: Gebühren bestimmen sich nach Äquivalenz und der Mindesthöhe der Kostendeckung, bei Unmöglichkeit der Wertbestimmung nach letzterem Prinzip allein; bei sozialer Bedürftigkeit sind die Gebühren bis zur Kostendeckung, nur in Härtefällen darunter, abzusenken. Der Entgeltcharakter der Gebühr muß stets gewahrt werden.

Diese Gebührengrundsätze sind eine zulässige Konkretisierung des Gebührenbegriffs. Sie sind vom Verordnunggeber bei der Gestaltung der Gebührentarife, von der Verwaltung bei der Ausfüllung des Ermessensraumes durch Festsetzung der konkreten Gebühr stets auch ohne besondere Anweisung zu beachten. Ein grober, evidenter Verstoß kann Ermessensmißbrauch sein. Die Aufwands- und Wertberechnung sowie die Feststellung sozialer Bedürftigkeitsfälle gibt, zusammen mit den — nicht zu weit zu bemessenden! — Ermessensräumen der Verwaltung einen mehr als hinreichenden Spielraum zu effizienter Administration, ja zu Verwaltungspolitik.

9. Die Gebühr als Verwaltungspreis darf, in den erwähnten Grenzen, mit der Absicht der Gewinnerzielung bestimmt werden. Das bedeutet aber noch nicht, daß „Gebühren und sonstige Abgaben ähnlicher Art nicht nach dem in concreto geleisteten Aufwand, sondern nach dem allgemeinen Finanzbedarf zu bemessen" sind, wobei (leider) tatsächlich „längst kein Anstand mehr gefunden wird" [92]. Gebühren nach allgemeinem Finanzbedarf sind unzulässig — gerade deshalb muß die Gebühr (kostendeckender) Preis bleiben oder wieder dazu werden.

Der Gebührenbereich ist eine Enklave im rechtsstaatlichen Raum geworden. Keine wirksame rechtsstaatliche Begrenzung reicht dahin, wo wenig präzise und heterogene Bemessungsmaßstäbe, als Anhaltspunkte formuliert, der Verwaltung praktisch Freiheit bis in die Willkür hinein gewähren. Es ist hohe Zeit, eine eindringliche, auch verfassungsrechtliche Diskussion um die Gebührenprinzipien zu beginnen, sie zu präzisieren und zu harmonisieren. Erst dann tritt die weitere Frage auf, wie weit der Verwaltung ein Festsetzungsermessen gewährt werden darf. Hier stehen wir am Anfang.

Wichtig ist aber schon heute: die Gebühr ist ein Verwaltungspreis, keine Verwaltungssteuer. Wird sie definitiv zu letzterer, so stehen weder wirksame verwaltungsrechtliche Beschränkungen, noch die Grundsätze des Steuerrechts als letzte Begrenzung bereit: Eine hybride, bindungslose Abgabe kann rasch zu einem mächtigen Instrument der Beeinträchtigung der Freiheit, ja der Zerstörung der Legalität werden.

Den staatlichen Abgaben wohnt eine eigentümliche Dynamik inne: vom Preis über die Partizipation bis zur dirigistischen Sozialgestaltung. Die Steuer hat diesen Weg durchlaufen: die Gebühr darf nicht folgen.

---

[92] FORSTHOFF, Verw.R. I, S. 466.

Gerichtsfreie und gerichtsunterworfene Verwaltung

HERMANN REUSS

Bei der Standortbestimmung der Verwaltung im System der Grundfunktionen des Staates, der Trias von Legislative, Exekutive und Justiz, wendet PETERS sich vielerorts[1] gegen die herkömmliche Auffassung, daß dieses System als eine Wert-Pyramide zu verstehen sei, an deren Spitze als höchster Wert die Gesetzgebung stehe, während die Verwaltung und die Rechtsprechung als bloße Gesetzesvollziehung der Legislative in ihrem verfassungsrechtlichen Rang nachgeordnet seien. Nach PETERS ist die Gewaltenteilung im geltenden deutschen Verfasungsrecht ein System dreier selbständiger und gleichrangiger staatlicher Funktionen, die sich je durch einen eigenen unmittelbaren Verfassungsauftrag legitimieren. Die Exekutive und die Justiz haben hiernach ihre Legitimationsgrundlage ebenso in der Verfassung selbst wie die Legislative, sie legitimieren sich also nicht erst von dieser her. Ganz deutlich hat PETERS das in seiner Rektoratsrede ‚Die Verwaltung als eigenständige Staatsgewalt', für die er ein ihn besonders bewegendes, zentrales Anliegen gewählt hat, mit den Worten ausgesprochen: „Demokratie gibt dem Parlament die legislative Kompetenz, setzt es aber nicht als einziges, alles beherrschendes Staatsorgan ein. Wie für eine unabhängige Justiz gibt sie auch Raum für eine eigenständige Verwaltung" [2]. Die Rede ist durchweg dem Nachweis der Gleichrangigkeit und Ebenbürtig-

[1] Vgl. u. a. Rektoratsrede „Die Verwaltung als eigenständige Staatsgewalt", S. 5/6: „Das Staats- und Verwaltungsrecht ... weist in neuerer Zeit Tendenzen auf, die ... die Verwaltung einer staatsrechtlich und politisch nicht zu rechtfertigenden Minderbewertung aussetzen, indem sie ihre Eigenständigkeit und Gleichwertigkeit unter den herkömmlichen sogenannten drei Staatsgewalten untergraben, wenn nicht sogar leugnen." A.a.O., S. 12/13: „Art. 20 Abs. 3 GG stellt die Organe der Gesetzgebung, der Rechtsprechung und der Verwaltung *gleichwertig* nebeneinander." Ebenso im Beitrag „Verwaltung ohne gesetzliche Ermächtigung?" zur Festschrift „Verfassungsrecht und Verfassungswirklichkeit" für HANS HUBER, S. 214: „Gesetzgebung, Rechtsprechung und Verwaltung als drei voneinander unabhängige Gewalten auf gleicher Stufe." Ebenda: „... prinzipielle Unabhängigkeit der drei Gewalten voneinander." Vgl. aber auch daselbst, S. 209: „Die Gesetzgebung ist den beiden anderen Tätigkeitsbereichen insoweit übergeordnet, als sich die Rechtsprechung ... an die Gesetze zu halten hat und auch die Verwaltung ... den bestehenden Gesetzen unterworfen ist."

[2] S. 29 unten.

keit der Verwaltung mit den beiden anderen staatlichen Grundfunktionen, der Legislative und der Justiz, gewidmet. „Die Verwaltung hat — im Namen des Volkes, von diesem legitimiert [3] — die große Mehrzahl der Staatsaufgaben ... zur Verwirklichung der Staatszwecke im Einzelfall zu erfüllen“ [4]. Gerade der Passus ‚im Namen des Volkes, von diesem legitimiert‘ dient der Hervorhebung, daß die Verwaltung verfassungsrechtlich auf eigenem Grund steht, also nicht bloßes nachgeordnetes Vollzugsorgan einer anderen Staatsgewalt, der Legislative, ist. Deshalb wendet PETERS sich gegen alle Versuche, „die Verwaltung zum unselbständigen Ausführungsorgan des Parlaments zu degradieren“ [5]. PETERS bezeichnet demgegenüber die ‚Eigenständigkeit der Verwaltung‘ ausdrücklich als einen ‚Verfassungsgrundsatz‘ [6] und bezieht sich hierfür insbesondere auf die „wegen ihrer Unabänderlichkeit (Art. 79 Abs. 3 GG) besonders wichtige Verfassungsvorschrift“ in Art. 20 Abs. 3 GG, durch die „die Organe der Gesetzgebung, der Rechtsprechung und Verwaltung gleichwertig nebeneinandergestellt“ werden [7]. PETERS bemerkt hierzu [8]: „Seit Übernahme der Gewaltenteilungslehre Montesquieu's in den verschiedensten Staaten der Welt besteht eine Ausbalancierung der politischen Kräfte gerade dadurch, daß die drei klassischen Staatsgewalten *eigen*ständig *neben*einanderstehen. Darin liegt der große Vorzug einer Staatsform, wie sie auch von der Bundesrepublik Deutschland mit Annahme des Grundgesetzes gewählt worden ist. Daher sind bereits aus verfassungsrechtlichen wie politischen Gründen alle Tendenzen *grundgesetzwidrig*, die die Eigenständigkeit der Verwaltung bedrohen und damit die balance des pouvoirs zunichte machen würden, wenn sie sich durchsetzen würden.“ Mit Nachdruck betont PETERS: „Die Exekutivgewalt ist weder dem Parlament noch den Gerichten ‚nachgeordnet‘ “ [9]. PETERS widerspricht deshalb den Autoren, die „für *jegliches* Tätigwerden der Verwaltung eine Ermächtigung des formellen Gesetzgebers, des Parlaments, fordern“ [10]. Ihnen hält PETERS entgegen, daß sie den allgemein anerkannten rechtsstaatlichen Grundsatz der *Gesetzmäßigkeit der Verwaltung* wie auch den Grundsatz vom *Vorbehalt des Gesetzes* mißverstehen. Herkömmlicher- und richtigerweise bedeute der Grundsatz der Gesetzmäßigkeit der Verwaltung nur, daß die Verwaltung an die Gesetze, „wo solche bestehen“ [11], also an die Innehaltung „der *erlassenen* Normen“ [12], ge-

[3] Vgl. auch Rektoratsrede, S. 14, Mitte: „Auch alle Verwaltung geht vom Volke aus.“

[4] a.a.O., S. 30.

[5] Festschrift für HANS HUBER, S. 214 unten.

[6] Rektoratsrede, S. 6 unten.

[7] a.a.O., S. 12 unten/S. 13.

[8] a.a.O., S. 13 oben.

[9] a.a.O., S. 32. [10] a.a.O., S. 15.

[11] Festschrift für HUBER, S. 207 unten.

[12] a.a.O., S. 220.

bunden sei, d. h., daß die Verwaltung dort, „wo gesetzliche Vorschriften *vorhanden* sind, sich nach diesen zu richten hat“ [13]. Dem Einwand, daß das doch eine banale Selbstverständlichkeit sei und demzufolge mit dem Grundsatz von der Gesetzmäßigkeit der Verwaltung kaum gemeint sein könne, hält Peters [14] entgegen: „Das ist — historisch gesehen — keineswegs selbstverständlich, war doch der absolute Monarch von solcher Bindung frei.“ Im einzelnen führt Peters hierzu aus [15]: „Im Augenblick des Übergangs von der absoluten zur konstitutionellen Monarchie erfolgte die Selbstbeschränkung des Königs in den verschiedenen deutschen Einzelstaaten durch den Erlaß einer Verfassung. Mit diesem Ereignis begann das Zeitalter des ‚bürgerlichen Rechtsstaats‘, mit dem das ‚Prinzip der Gesetzmäßigkeit der Verwaltung‘ als Wesensmerkmal eng verbunden ist. In der absoluten Monarchie hatte die gesamte Staatsgewalt beim König gelegen. Erst in ihren letzten Jahrzehnten hatte die Rechtsprechung ihre Unabhängigkeit erreicht... Die konstitutionelle Monarchie sollte nun nicht nur die Unabhängigkeit der Gerichte, sondern auch die Beteiligung des Parlaments an der Gesetzgebung verfassungsmäßig sichern... Die dritte Gewalt, die Verwaltung, blieb jedoch in der alleinigen Hand des Königs, wenn auch dem König und seinen Verwaltungsbehörden durch die Grundrechtsvorschriften der Verfassung sowie durch eine sich ständig vermehrende Zahl konstitutionell erlassener Gesetze immer neue Schranken auferlegt... wurden... Das auch damals neben Legislative und Justiz gebrauchte Fremdwort ‚Exekutive‘ darf nicht zu dem Irrtum verführen, daß durch sie etwas, nämlich die Gesetze, ‚exekutiert‘, d. h. ausgeführt werden soll; vielmehr bedeutete Exekutive bereits damals schon die *Tätigkeit* von König, Ministern und Verwaltungsbehörden *im Einzelfall zur Erfüllung der Staatszwecke... Die Exekutive hat demnach die Staatsaufgaben, nicht bloß die Gesetze, in concreto zu realisieren.* Es wäre eine ein Jahrhundert später erfolgende anachronistische Verfälschung der damaligen politischen Lage anzunehmen, der König, von dem die Öffentlichkeit damals eine Verfassung und mit ihr eine Volksvertretung sowie deren Beteiligung an der Gesetzgebung forderte, hätte nun — sogar plötzlich aus freien Stücken — sich selbst die Jahrhunderte lang ausgeübte Verwaltung dadurch entzogen oder doch gebunden, daß er die seiner Herrschaft verbliebene Exekutive allgemein von der Ermächtigung durch das Parlament abhängig gemacht hätte. Zu glauben, daß der König nur noch hätte tätig werden können, wo es eine formelle gesetzliche Ermächtigung für ihn und die ihm unterstehenden Verwaltungsbehörden gab, wäre absurd. Daß der Monarch *außerhalb von Gesetzgebung, Rechtsprechung und Eingriffsverwaltung frei* war, beweist die Tatsache, daß bis zum Ende der Monarchie eine andere Forderung weder der Theorie noch der Praxis entsprach.“

[13] a.a.O. [14] a.a.O., S. 209, Mitte. [15] a.a.O., S. 210/211.

Im Rückblick hierauf warnt PETERS davor, „den inneren Zusammenhang geschichtlicher und gesellschaftlicher Entwicklungen mit dem geltenden Recht“ außer acht zu lassen [16] und „einzelne Grundsätze systemwidrig aus dem Zusammenhang fremder Rechtsordnungen zu übernehmen“ [17]. PETERS ermahnt dazu, sich die Erkenntnis der Rechtslage in Deutschland nicht durch den Blick auf fremde Rechtsordnungen, insbesondere diejenigen des deutschen Sprachraums — also Österreichs und der Schweiz —, zu verstellen. Denn dort sei die Rechtslage kraft positiv-rechtlicher Bestimmungen anders als in Deutschland. Für Österreich verweist PETERS [18] auf Art. 18 BuVerfG: „Die gesamte staatliche Verwaltung wird nur auf Grund der Gesetze ausgeübt.“ Hierzu nimmt PETERS [19] Bezug auf MERKL [20]: „Für den Bereich des österreichischen Rechtes ist damit ein formelles Gesetz ... notwendige Voraussetzung jeglicher Verwaltungstätigkeit geworden.“ Hiermit stimmt auch die Rechtslage in der Schweiz überein, wofür PETERS sich auf GIACOMETTI [21] bezieht, der ausführt, daß „die Verwaltungsbehörden ... innerhalb ihres Aufgabenkreises nur dann tätig werden dürfen, wenn das Gesetz das bestimmt, und daß sie diese zugelassene Tätigkeit in der Art und Weise ausüben müssen, die das Gesetz ihnen vorschreibt“. In Deutschland jedoch sei, so sagt PETERS, die Rechtslage anders. PETERS bezieht sich hierzu grundsätzlich auf MERKL [22], der einräumt, daß eine Regelung nach der Art des österreichischen und schweizerischen Rechts „kodifiziert sein muß, wenn und soweit sie gelten soll“. Diese grundsätzliche Feststellung bekräftigt PETERS in anderem Zusammenhang [23] mit den Worten: „Wenn eine der anderen Gewalten als die Legislative überhaupt nur dann sollte tätig werden dürfen, wenn dafür eine besondere gesetzliche Ermächtigung oder gar ein formeller Gesetzesbefehl vorläge, dann müßte ... eine solche Regelung *ausdrücklich* getroffen sein.“ An einer solchen Bestimmung fehlt es für die Rechtslage in Deutschland. Abweichend vom österreichischen und schweizerischen Recht bedeutet hier der Grundsatz der Gesetzmäßigkeit der Verwaltung nicht, daß „bereits präventiv jedes Tätigwerden der Verwaltungsbehörden von ausdrücklichen gesetzlichen Ermächtigungen abhängig“ [24] wäre. Der Grundsatz der Gesetzmäßigkeit der Verwaltung reicht also nach österreichischem und schweizerischem Recht weiter als nach deutschem Recht. Eine Übertragung österreichischer oder schweizerischer Rechtsvorstellungen auf die Rechtslage in Deutschland ist hiernach unzulässig.

---

[16] a.a.O., S. 207.
[17] Rektoratsrede, S. 5.
[18] Festschrift für HUBER, S. 206, Fußn. 4.
[19] a.a.O.
[20] Allgemeines Verwaltungsrecht, 1927, S. 169.
[21] Allgemeine Lehren des rechtsstaatlichen Verwaltungsrechts, Bd. 1, Zürich 1960, S. 17 ff. (angeführt bei PETERS, Festschrift für HUBER, S. 906, Fußn. 1).
[22] Vgl. Fußn. 18.
[23] Festschrift für HUBER, S. 214.
[24] a.a.O., S. 213.

Wie die Gesetzgebung und die Rechtsprechung hat hiernach auch die Verwaltung einen Verfassungsauftrag, der für ihr Handeln eine verfassungsunmittelbare Legitimationsgrundlage bildet, so daß die Verwaltung für ihre Tätigkeit nicht erst jeweils eines vermittelnden formellen Gesetzes bedarf. Aber auch das Verwaltungshandeln unmittelbar auf Grund der Verfassung ist Rechtsanwendung, nämlich Anwendung der Verfassung, und daher rechtsgebundenes Handeln.

Peters wendet sich immer wieder gegen die Gleichsetzung von Verwaltung und Gesetzesvollziehung. Zwar ist auch nach seiner Auffassung die Verwaltung z. T. bloße Durchführung von Gesetzen, sie erschöpft sich aber hierin nicht; letztere ist nach Peters dem Umfang nach sogar nur der bei weitem geringste Teil der Verwaltungstätigkeit. Der ‚gesetzesakzessorischen' Verwaltung steht nach Peters die ‚gesetzesfreie' Verwaltung gegenüber. Im Schrifttum [25] wird Peters als „der derzeit wohl noch entschiedenste Befürworter des Gedankens einer gesetzesfreien Verwaltung" bezeichnet.

Die Auffassung von Peters hängt eng zusammen mit seinem Verständnis des Grundsatzes von der ‚Gesetzmäßigkeit der Verwaltung'. Diesen Grundsatz versteht Peters, wie gezeigt, nicht dahin, daß jegliches Verwaltungshandeln einer Grundlage in einem formellen Gesetz bedürfe, sondern nur dahin, daß die Verwaltung dort, wo formelle Gesetze ihr Handeln regeln, sich hieran zu halten habe. Im übrigen aber sei sie zu freier Eigeninitiative im Rahmen der ihr institutionell aufgetragenen Staatszielverwirklichung befugt. Allerdings habe sie sich auch hierbei an die Schranke zu halten, die sich aus dem allgemeinen Gesetzesvorbehalt ergibt. Nach ihm sind die Eingriffsbefugnisse der Verwaltung in die Rechtsgüter der Bürger — herkömmlicherweise vereinfachend bezeichnet als ‚Freiheit und Eigentum' — an eine ausdrückliche Ermächtigung durch formelles Gesetz geknüpft. Die Verwaltung bedarf also nach Peters zur Entfaltung ihrer Tätigkeit im Rahmen ihres allgemeinen Verfassungsauftrags keiner formell-gesetzlichen Grundlage, es sei denn, sie wolle belastend in die Rechtssphäre der Bürger eingreifen.

Diesen spezialgesetzlich nicht determinierten Bereich bezeichnet Peters als Bereich ‚gesetzesfreier Verwaltung', zum Unterschied von der Tätigkeit der Verwaltung, die sie in Befolgung einer ihr erteilten formell-gesetzlichen Marschroute, also in Durchführung eines spezialgesetzlichen Auftrags, entfaltet (‚gesetzesakzessorische Verwaltung').

Betrachtet man diesen Gedankengang kritisch, so ergibt sich folgendes:

Peters geht von einem der Verwaltung als Institution immanenten ver-

---

[25] Rupp, Grundfragen der heutigen Verwaltungsrechtslehre, S. 198, Fußn. 306. Vgl. hierzu auch das Referat von Vogel über Gesetzgeber und Verwaltung auf der Staatsrechtslehrertagung vom Oktober 1965 und Kölble, NJW 66, S. 476, r. oben und 478, r. Mitte.

fassungsrechtlichen Generalauftrag [26] aus, der dahin geht, daß die Verwaltung im Alltag der staatlichen Gemeinschaft durch konkrete Einzelmaßnahmen die allgemeinen Staatsziele zu verwirklichen habe [27]. Dieser institutionelle Auftrag legitimiere die Verwaltung auch da zur Entfaltung eigener Initiative, wo es ihr an einem spezialgesetzlichen Auftrag fehle. Als ‚gesetzesfreie Verwaltung' versteht PETERS somit jede Tätigkeit der Verwaltung, die sich nicht an einen spezialgesetzlichen Auftrag anlehnt, sondern ihren Legitimationsgrund unmittelbar in dem institutions-immanenten Generalauftrag der Verwaltung hat.

Da die Verwaltung mithin stets nur auf einer rechtlichen Grundlage zu handeln berufen ist, mag diese Grundlage ein formelles Gesetz oder auch unmittelbar der institutionelle verfassungsrechtliche Sinn der Verwaltung sein, leuchtet ein, daß es sachwidrig ist, das lediglich institutionell legitimierte Verwaltungshandeln schlechthin als Handeln im „rechtsfreien Raum" zu bezeichnen. Freiheit von Bindung an ein formelles Gesetz ist nicht identisch mit rechtlicher Ungebundenheit überhaupt. Auch die Bindung an den allgemeinen verfassungsrechtlichen Legitimationsgrund der Verwaltung, an ihren institutionellen Sinn und Zweck, ist eine rechtliche Bindung. Mag daher das Verwaltungshandeln nicht stets ‚gesetzmäßig' zu sein brauchen, so

[26] Die Verwaltung ist keine vor- oder außerrechtliche oder -staatliche, „freischwebende" Institution, sondern rechtlich ein Geschöpf der Verfassung.

[27] Die nicht gesetzesakzessorischen Aufgaben der Verwaltung leitet PETERS von deren allgemeinem Verfassungsauftrag her. Hierzu verweist PETERS regelmäßig auf die grundlegenden Ausführungen in seinem „Lehrbuch der Verwaltung", S. 5, wo er ausführt, daß die Verwaltung „die Verwirklichung der Staatszwecke" zur Aufgabe habe, und zwar zum Unterschied von der Gesetzgebung, die dieser Aufgabe gleichfalls, aber abstrakt-generell dient, durch „Verwirklichung der Staatszwecke für den Einzelfall". Diese Umschreibung wiederholt PETERS immer wieder in neuen Abwandlungen. So findet sich bei ihm (Festgabe für HUBER, S. 215) zunächst der lapidare Satz: „Der Staat existiert, um das Gemeinwohl zu realisieren", und anschließend läßt PETERS die Festellung folgen: „Alle ... drei Gewalten dienen (je auf ihre Weise) diesem Ziele." Für die Verwaltung bietet PETERS etwa folgende Definitionen: „Verwaltung ist die unmittelbar auf die Erfüllung der Staatszwecke in konkreten Einzelfällen gerichtete Tätigkeit des Staates und anderer öffentlich-rechtlicher Verbände" (Rektoratsrede, S. 7). „Der Verwaltung obliegt die Verwirklichung der Staatszwecke im Einzelfall" (a.a.O., S. 30). „Sinn und Aufgabe der Verwaltung ist die Konkretisierung der Staatszwecke und Staatsziele" (Festgabe für HUBER, S. 209 unten). Dazu macht PETERS anschließend folgende wichtige Ausführungen: „Diese Staatszwecke sind nur zum Teil in Verfassung und Gesetzen festgelegt — insoweit ist auch hier Verwaltung in der Tat Gesetzesausführung —, sie sind zu einem nicht minder großen Teil aus der in der Gesellschaft herrschenden Vorstellung von den Zwecken des Staats, also aus der Staatsidee, zu entnehmen." „Die Exekutive hat die Staatsaufgaben — nicht bloß die Gesetze — in concreto zu realisieren" (Festschrift für HUBER, S. 211). Vgl. hierzu auch den Hinweis a.a.O., S. 212, Fußn. 1, auf GEORG MEYER-GERHARD ANSCHÜTZ, Lehrbuch des deutschen Staatsrechts, 7. Aufl., 1919, S. 750: „Im materiellen Sinne bezeichnet Verwaltung diejenige staatliche Tätigkeit, welche die Wahrnehmung der *Staats- und Volksinteressen* bezweckt *und in Maßregeln konkreter Natur sich äußert.*"

muß es doch stets rechtmäßig sein. Aus eigener Machtvollkommenheit handelt die Verwaltung nie; sie bedarf für alles, was sie tut, eines Amtsauftrages. Dieser Amtsauftrag kann ihr *allgemein* erteilt sein — als Emanation ihres institutionellen Sinnes und Zweckes —, oder er kann durch ein formelles Einzelgesetz begründet worden sein. Letzterenfalls spricht man — wie erwähnt — von ‚gesetzesakzessorischer Verwaltung', ersterenfalls von ‚gesetzesfreier Verwaltung', die aber, wie gezeigt, keineswegs auch zugleich eine ‚*rechts*freie Verwaltung' ist.

Hiernach ist jede Art von Verwaltungstätigkeit rechtlich gebunden, und es kann sich nur um die *Intensität* ihrer rechtlichen Bindung handeln. Die Bindung kann eng und objektiv, sie kann auch weitmaschig und subjektiviert in dem Sinne sein, daß das Gesetz oder überhaupt die Rechtsordnung die von der Verwaltungsbehörde pflichtmäßig gefundene subjektive Lösung als Rechtens anerkennt. Für die Annahme einer rechtlichen Ungebundenheit der Verwaltung ist hiernach kein Raum. Auch wo das Gesetz oder die Rechtsordnung das subjektiv gefundene Ergebnis einer Behörde als Rechtens hinnimmt, wie im Bereich des Ermessens oder des sog. ‚Beurteilungsspielraums' bei einzelnen unbestimmten Rechtsbegriffen [28], besteht eine rechtliche Bindung der Verwaltung. Nirgends ist ihr ein freies, außerrechtlich motiviertes Belieben gestattet.

Die Frage der gerichtsfreien oder gerichtsunterworfenen Verwaltung hängt, wie sich leicht erkennen läßt, eng mit der Frage der Rechtsgebundenheit der Verwaltung zusammen.

Die Verwaltung ist im gleichen Umfange, in dem sie rechtsgebunden ist, auch gerichtsunterworfen. Das folgt zwangsläufig aus Art. 19 Abs. 4 GG, wonach es gegenüber jeglicher Art von Rechtsverletzung des Bürgers durch die öffentliche Gewalt einen Weg zum Gericht geben muß. Hiernach ist das Gericht gegenüber der Verwaltung im vollen Umfang ihrer Rechtsgebundenheit zur Rechtskontrolle berufen. Das gilt grundsätzlich auch außerhalb der rein gesetzesakzessorischen Verwaltung, also im Bereich der sog. ‚gesetzesfreien' Verwaltung, weil auch diese — wie wir sahen — rechtsgebunden ist. Die Gerichtsunterworfenheit der Verwaltung besteht jedoch nur nach Maßgabe der jeweiligen materiellen Rechtsgestaltung [28]. Soweit die rechtliche Regelung rein objektiv gehalten ist, also nicht auf subjektive Erkenntnis- oder Willensakte des zur Rechtsanwendung Berufenen abstellt, ergreift die Gerichtsunterworfenheit das Verwaltungshandeln in vollem Umfang. Soweit hingegen, wie beim Ermessen und beim ‚Beurteilungsspielraum' für manche — keineswegs alle — unbestimmten Rechtsbegriffe das materielle Recht subjektive Erkenntnis- oder Willenselemente des Rechtsanwenders für maßgeblich erklärt, findet die Rechtskontrolle hier ihre Schranken. Denn insoweit arbeitet die Rechtsordnung nicht mit objektiven, sondern mit subjektivierten Tatbestandselementen der Rechtsnorm — sei es auf der Tat-

[28] Vgl. Kellner, NJW 66, S. 857, mit dortigen weiteren Hinweisen.

bestands- oder sei es auf der Rechtsfolgeseite —. Beim Ermessen erkennt die Rechtsordnung den rechtsfehlerfrei gebildeten Rechtsfolgewillen des Rechtsanwenders als rechtsordnungsgemäß an; im Falle eines sog. ‚Beurteilungsspielraums' nimmt die Rechtsordnung das pflichtmäßig und rechtsfehlerfrei gewonnene subjektive Erkenntnisergebnis des Rechtsanwenders als Rechtens hin.

Das Ergebnis ist folgendes:

Die Verwaltung hat einen institutionsimmanenten Generalauftrag, der sie im Rahmen des Auftrages auch ohne formelle gesetzliche Ermächtigung zum Handeln aus eigener Initiative berechtigt. Soweit die Verwaltung nur auf Grund dieses Generalauftrages, also ohne Ermächtigung durch ein besonderes formelles Gesetz, handelt, bewegt sie sich zwar im gesetzesfreien, nicht aber auch in einem überhaupt rechtsfreien Raum. Vielmehr ist die Verwaltung auch jenseits ihrer gesetzesakzessorischen Tätigkeit durchgängig rechtlich gebunden.

Im Rahmen ihrer Rechtsgebundenheit ist die Verwaltung auch gerichtsunterworfen. Eine Freistellung hiervon besteht nicht. Die Gerichtsunterworfenheit richtet sich aber nach der jeweiligen Rechtsnorm. Die Gestaltung der Rechtsnorm kann durchgängig objektiv oder auch ins Subjektive gewendet sein. Die Rechtsordnung kann den rechtsfehlerfrei gebildeten Willen oder das rechtsfehlerfrei gewonnene Ergebnis der Erkenntnisbemühungen der Behörden für maßgeblich erklären. Ersteres ist der Fall des Ermessens: hier geht der Rechtsfolgewille der Norm dahin, daß die rechtsfehlerfrei getroffene behördliche Wahl zwischen mehreren Verhaltens-Alternativen von der Rechtsordnung als bindend hingenommen wird. Letzteres ist der Fall des ‚Beurteilungsspielraums' [29], durch dessen Einräumung das Gesetz den pflichtmäßig gebildeten Erkenntnisakt der Behörde als Rechtens anerkennt.

[29] Besser — entsprechend der Empfehlung von KELLNER, a.a.O. — „Beurteilungsermächtigung".

Möglichkeiten und Grenzen einer rechtsstaatlichen Kontrolle des Verfassungsschutzes

Jürgen Salzwedel

Die eineinhalb Jahrzehnte umfassende Arbeit des Bundesverfassungsschutzamtes gibt Veranlassung, die Erfolge dieser Behörde rückschauend zu überblicken, aber auch ihre Organisation, Besetzung und Arbeitsweise kritisch zu beurteilen. Gleichwohl darf man sich nicht der Illusion hingeben, durch Reformen irgendwelcher Art ein vollkommenes Verfassungsschutzamt schaffen zu können, das keine rechtsstaatlichen Probleme mehr aufwirft. Die Tätigkeit einer solchen Behörde wird ihrer Natur nach zwar nicht außerhalb des Rechtlichen, häufig jedoch am Rande des rechtlich Faßbaren und fast stets des gerichtlich Kontrollierbaren liegen. Um so wichtiger erscheint es, zwei Anstrengungen zu unternehmen:

Einmal: die Funktion des Verfassungsschutzes aus dem juristischen Halbdunkel zu holen und die Grundsätze des Staats- und Verwaltungsrechts, welche für jedes staatshoheitliche Vorgehen gegenüber dem Bürger maßgeblich sind, auch hier anzuwenden, so sehr die Eigenart notwendigerweise geheimer und verschlagener Ermittlungsarbeit dem auch entgegenzustehen scheint.

Zum anderen: nach innerbehördlichen Kontrollmechanismen zu suchen, die den praktischen Ausfall der gerichtlichen Kontrolle wenigstens teilweise wettmachen können.

Der Bundesgesetzgeber hat auf Grund der Art. 73 Ziff. 10, Art. 87, Abs. 1 GG das Gesetz über die Zusammenarbeit des Bundes und der Länder in Angelegenheiten des Verfassungsschutzes vom 27. September 1950 erlassen, das drei wichtige Aussagen enthält. Erstens in seinem § 3 eine Ermächtigung „zur Sammlung und Auswertung von Auskünften, Nachrichten und sonstigen Unterlagen über Bestrebungen, die eine Aufhebung, Änderung oder Störung der verfassungsmäßigen Ordnung im Bund oder in einem Land oder eine ungesetzliche Beeinträchtigung der Amtsführung von Mitgliedern verfassungsmäßiger Organe des Bundes oder eines Landes zum Ziel haben." Zweitens die Ermächtigung, ein Bundesamt für Verfassungsschutz als dem Bundesinnenminister unterstehende obere Bundesbehörde zu errichten, wozu die Verpflichtung der Länder hinzutritt, entsprechende Landesämter für Verfassungsschutz bereitzustellen. Dabei wird die Aufgabe und Befugnis, die dem Bundesverfassungsschutzamt erteilt ist, ohne weiteres auch für die Landesämter gelten, zumindest in den Ländern, in denen keine besonderen Verfassungsschutzgesetze erlassen worden sind, wie z. B. in Rheinland-Pfalz. Drittens die Einschränkung des § 3 Abs. 2 BVerfSchAG, wonach dem Bundesverfassungsschutzamt „polizeiliche Befugnisse oder Kontrollbefugnisse nicht" zustehen. Die Behörde verfügt danach jedenfalls nicht über die Ermächtigung, polizeiliche Verfügungen zu erlassen oder Zwangsmittel anzuwenden [1]. Um eine Umgehung dieses Verbots sicherzustellen, darf das Amt auch nicht einer polizeilichen Dienststelle angegliedert werden, die über Befehls- und Zwangsgewalt verfügt. Damit wird nur die Grenze respektiert, die durch Art. 83, 87 GG gezogen ist. Denn eine Zentralstelle des Bundes zur Sammlung von Unterlagen kann nicht zugleich eine Bundespolizeibehörde einschließen, die auf Grund der gesammelten Unterlagen gegenüber dem Bürger mit Befehl und Zwang vorgeht.

Auf den ersten Blick scheint das Bundesverfassungsschutzamt mit dem Bundeskriminalamt vergleichbar zu sein, das auf Grund des Art. 87 Abs. 1 GG nur eine „Zentralstelle für das polizeiliche Auskunfts- und Nachrichtenwesen" darstellen und zur „Sammlung von Unterlagen für die Kriminalpolizei" berufen sein sollte. Das betreffende Bundesgesetz vom 8. März 1951 greift allerdings kühn darüber hinaus [2], indem es das Bundeskriminalamt mit eigenen Polizeivollzugsbeamten versieht, die auf Ersuchen eines Landes oder in schwerwiegenden Fällen auf Anordnung des Bundesinnenministers kriminalpolizeiliche Exekutivbefugnisse ausüben; dafür gibt es beim Verfassungsschutzamt keine Parallele. Das Bundeskriminalamt hat sich jedoch im wesentlichen an den Auftrag zur Sammlung von Unterlagen gehalten, die Beschaffung der Unterlagen dagegen den Kriminalpolizeibehörden der Länder überlassen. Vor allem gibt es kein vom Bundeskriminalamt unterhaltenes Agentennetz, das die Verbrechensvorbeugung und -bekämpfung im Verborgenen vorbereitete. Soweit Agenten mit kriminalpolizeilichem Auftrag eingesetzt werden, ist die Nachrichtenbeschaffung dieser Art wiederum Sache der Landeskriminalpolizeibehörden. Dagegen hat sich das Schwergewicht der Tätigkeit des Bundesverfassungsschutzamtes von vornherein zur Beschaffung von Unterlagen hin verlagert. Ein selbstaufgebautes Agentennetz von sog. V-Leuten ist ständig dazu eingesetzt, verfassungsfeindliche Bestrebungen zu beobachten, die sich im Schoße der Bundesrepublik entwickeln oder die sogar von außen aufgebaut und gelenkt werden. Die Abwehr gegnerischer Agenten oder der Versuch, sie für die eigene Nachrichtenbeschaffung zu gewinnen, bringt das Bundesverfassungsschutzamt vollends in die Nähe der Nachrichtendienste, des Bundesnachrichtendienstes und des

[1] Evers, Privatsphäre und Ämter für Verfassungsschutz, Berlin 1960, S. 98 ff.

[2] Kritik bei Kern, DVBl 1950, 257 ff. (259); Drews-Wacke, Allgemeines Polizeirecht, 7. Aufl., Berlin-Köln-München-Bonn 1961, § 36, S. 540; die Verfassungsmäßigkeit der Regelung bejaht: Niggemeyer, DöV 1960, 97 (98).

militärischen Abschirmdienstes, die in erster Linie fremde Staatsgeheimnisse auszukundschaften suchen oder Spionageabwehr betreiben. Die beiden Nachrichtendienste arbeiten nun ohne jede ausdrückliche gesetzliche Ermächtigung. Soweit sie Ausgaben machen, besonders zur Unterhaltung des Agentennetzes, ist dies durch haushaltsrechtliche Ausgabeermächtigungen gedeckt, die freilich nicht spezifiziert sind und deren Einhaltung nicht parlamentarisch kontrolliert wird. Was ihre Tätigkeit angeht, so gibt es keine geschriebene Rechtsnorm, die ihr Vorgehen näher bestimmte und begrenzte. So nimmt das Bundesverfassungsschutzamt gegenwärtig eine eigenartige Zwischenstellung ein: Der gesetzlichen Ausgangsbasis nach mit dem Bundeskriminalamt verwandt, hat es sich in seiner Tätigkeit eher in Richtung auf einen dritten Nachrichtendienst entwickelt. Das Bundesverfassungsschutzamt heute auf den Status einer Zentralstelle zur Sammlung von Nachrichten zu beschränken und die Beschaffungsvorgänge Landespolizeibehörden vorzubehalten, erscheint weder aussichtsreich noch zweckmäßig. Um so mehr kommt es darauf an, das Gesetz, nach dem es angetreten ist, so zu interpretieren und zu präzisieren, daß sich danach auch die Beschaffung von Nachrichten rechtsstaatlich wirksam disziplinieren und begrenzen läßt.

Die Ermächtigung des § 3 BVerfSchAG erstreckt sich demnach auf die Beschaffung (A), auf die Sammlung (B) und auf die Auswertung (C) von staatsschutzbezogenen Unterlagen. Wenden wir uns zunächst den Beschaffungsvorgängen zu.

A. Beschaffung von Nachrichten

Da dem Verfassungsschutzamt Exekutivbefugnisse fehlen, könnte auf den ersten Blick angenommen werden, es arbeite bei der *Beschaffung von Nachrichten* ohne Eingriffe in Rechtsgüter und Rechte des Bürgers, es würde nur ständig nach allen Seiten hin unauffällig kundschaften. Die erste Frage lautet, ob diese Beschaffungsvorgänge überhaupt einer gesetzlichen Ermächtigung bedürfen [3]. Beschaffungsvorgänge können eine *dreifache* Richtung haben:

Sie können gegen *denjenigen* gerichtet sein, *über den* oder *aus dem* man Nachrichten zu gewinnen hofft; das ist der Fall bei der Auskunft oder Vernehmung, zu welcher der Betroffene sich freiwillig bereit findet; bei der Beobachtung oder Überwachung des Betroffenen selbst ohne dessen Wissen; bei einer Post- oder Telefonüberwachung; bei der unauffälligen Gewinnung von Schall- oder Lichtbildaufnahmen; beim heimlichen Betreten oder Durchsuchen der Wohnung des Betroffenen; bei der Wegnahme von Sachen zur erkennungsdienstlichen Behandlung oder der Beschlagnahme ohne Wissen des Betroffenen; bei dem Einsatz von V-Leuten, die sich in das Vertrauen des Betroffenen einschleichen und ihn aushorchen; ferner bei der Provokation, also dem Versuch, den Betroffenen zu einer strafbaren Handlung zu verlei-

[3] Zum folgenden vgl. Evers, Privatsphäre, S. 98 ff.

ten, sei es, um Material über ihn oder andere, sei es, um Material gegen ihn zu bekommen; schließlich bei der offenen Unterdrucksetzung des Betroffenen, wobei ihm die Freiheit des Entschlusses genommen ist, Kenntnisse für sich zu behalten oder zu offenbaren. Beschaffungsvorgänge können gegen *Dritte* gerichtet sein, von denen man Nachrichten über eine andere, allein interessierende Person zu gewinnen hofft; das ist der Fall, wenn man Hotelportiers, Hausmeister, Nachbarn, Arbeitskollegen oder auch Vermieter, Arbeitgeber befragt, wobei es nicht darauf ankommt, ob diese nicht etwa in ihren Rechten verletzt sein könnten, weil sie sich dazu freiwillig und unbeteiligt bereitfinden, sondern ob die Person betroffen ist, über die Auskunft eingeholt wird. Beschaffungsvorgänge können schließlich gegen *andere Behörden* gerichtet sein, die im Besitz von Nachrichten über die interessierende Person sind; hier spielt es vom Standpunkt des Betroffenen aus sowohl eine Rolle, daß die ersuchte Behörde auf ihn in bestimmter Weise aufmerksam gemacht wird, als auch, daß sie ihr Material durch Preisgabe an die ersuchende Behörde verwertet.

Für alle diese Beschaffungsvorgänge ist nun zu untersuchen,

I. wieweit die Verfassung dem Gesetzgeber überhaupt erlaubt, Eingriffsermächtigungen für die Exekutive zu schaffen,

II. wieweit der Gesetzgeber in dem dadurch gezogenen Rahmen wirklich Eingriffsermächtigungen geschaffen hat, nämlich in der Generalklausel des § 3 BVerfSchAG.

I. Wenden wir uns zunächst dem verfassungsrechtlichen Eingriffsrahmen zu.

1. Als erstes ist daran zu denken, daß die genannten Beschaffungsvorgänge nach Art. 2 Abs. 1 GG und dem *Grundsatz der Gesetzmäßigkeit der Verwaltung* einer gesetzlichen Grundlage bedürfen könnten. Art. 2 Abs. 1 GG schützt die allgemeine Handlungsfreiheit. Der Grundsatz der Gesetzmäßigkeit der Verwaltung läßt sich in fast wörtlicher Übersetzung eines berühmten Passus in Montesquieus „De l'esprit des lois" dahin zusammenfassen, daß niemand verpflichtet werden kann, etwas zu tun, was zu tun das Gesetz ihn nicht verpflichtet, oder etwas zu unterlassen, was das Gesetz zu tun ihm nicht verbietet[4]. Diese Freiheit des Tuns und Unterlassens wird durch diejenigen der aufgeführten Beschaffungsvorgänge sicherlich betroffen, die eine Nötigung einschließen, dem Betroffenen also zwar eine Wahl lassen, aber eben keine psychisch freie Wahl. Sie wird aber nicht ohne weiteres durch die geläufigsten betroffen, etwa die unauffällige Beobachtung eines Verdächtigen oder auch einer unverdächtigen Kontaktperson. Denn der Observierte kann sich nicht nur so verhalten, wie es ihm gefällt, er soll sich sogar ganz unbefangen geben und vielleicht sogar ganz gehen lassen. Dabei hilft auch

[4] Montesquieu, De l'esprit des lois, 11. Buch, 3. und 4. Kapitel; vgl. auch Art. 5 Abs. 2 der Déclaration des droits de l'homme et du citoyen vom 26. August 1789.

nicht der Gedanke weiter[5], der Betroffene müsse die Observation *dulden*, also ein Handeln zu ihrer Abwehr unterlassen. Der Begriff des Duldens setzt voraus, daß der Betroffene an sich über einen Bereich negativer Herrschaft verfügt, die ihn zur Abwehr der Störung befugt, und daß er nur per exceptionem in einem engeren Bereich verpflichtet ist, die Störung hinzunehmen. So kann der Eigentümer einer Sache nach § 903 BGB jeden Eingriff von außen abwehren, muß jedoch nach § 904 BGB dulden, daß die Sache von anderen zur Abwehr einer Gefahr in Anspruch genommen wird. Wer in einer überfüllten Straßenbahn neben einem Fahrgast steht, der schmutzig ist, oder ein Gegenüber hat, dessen Gesicht ihm zuwider ist, duldet nichts, weil er dort nichts zu sagen hat; er erträgt. Also setzt die Anwendung des Grundsatzes von der Gesetzmäßigkeit der Verwaltung auf die Observation zunächst voraus, daß sich ein Bürger nicht von Rechts wegen unauffällig beobachten zu lassen braucht, sei es überhaupt von irgendeinem anderen, sei es zumindest vom Staat, und daß deshalb eine etwaige Ausnahme, wonach der vom Verfassungsschutzamt Beobachtete dies ausnahmsweise hinnehmen muß, als rechtliches Dulden angesprochen werden kann, nicht als bloßes faktisches Ertragen. Ein solches negatives Herrschaftsrecht muß aber aus anderer Quelle abgeleitet werden; das Recht auf Freiheit des Handelns, Duldens und Unterlassens gibt dafür nichts her, sondern setzt es beim Dulden voraus. Zum anderen ist es — ein solches negatives Herrschaftsrecht, gleichviel aus welcher Quelle, einmal unterstellt — noch keineswegs ausgemacht, daß der Observierte vom Staat verpflichtet würde, die Beobachtung zu dulden, was allein die Notwendigkeit einer gesetzlichen Ermächtigung begründen könnte. Denn man könnte meinen: Solange der Beobachtete nichts merkt, wird ihm nicht befohlen, die Observation zu dulden, weil der Staat das noch nicht nötig hat, um sein Ziel zu erreichen, sobald er sie bemerkt, hört die Beobachtung sofort auf, und es gibt nichts mehr, was zu dulden ihm befohlen werden könnte. Mit anderen Worten: die Notwendigkeit einer gesetzlichen Ermächtigung der Exekutive für Duldungsbefehle zum Observiertwerden könnte daran scheitern, daß in Wahrheit weder ein Dulden noch ein Befehl vorliegt. Darin liegt es begründet, daß Rechtsprechung und Schrifttum sich früher mit dem Bereich polizeilicher Ermittlungstätigkeit, die sich im Verborgenen vollzog, nicht näher befaßt haben: Die rechtsstaatliche Kontrolle der Exekutive war darauf beschränkt, die Betätigungsfreiheit des einzelnen zu sichern, und diese war nicht berührt. Das Preußische Oberverwaltungsgericht[6] hat die polizeiliche Einholung einer Auskunft von dem

[5] a. A.: Evers, Privatsphäre, S. 258; Arndt, NJW 1961, S. 897 ff. (901); die Observation soll eine Rechtspflicht zum Dulden beinhalten und soll deshalb einen Verwaltungsakt darstellen, vgl. W. Jellinek, Gesetz, Gesetzesanwendung und Zweckmäßigkeitserwägung, Tübingen 1913, Neudruck Aalen 1964, § 10, S. 206.

[6] PrOVG 15, 423; 37, 428; 48, 430; 56, 295; vgl. auch Forsthoff, Lehrbuch des Verwaltungsrechts, 8. Aufl., München u. Berlin 1961, § 15, S. 274; Evers, Privatsphäre, S. 21.

Vorliegen der Voraussetzung des § 10 II 17 PrALR abhängig gemacht — hier war die Freiheit, etwas zu unterlassen, nämlich, sich nicht zu äußern, eingeschränkt. Es hat ebenso anerkannt, daß die polizeiliche Belehrung oder Verwarnung eine Polizeiverfügung sei [7], wenn der Betroffene rechtlich verpflichtet werde, sie anzuhören. Aber das Ermitteln der Polizeibehörden gegenüber Personen, die davon nichts bemerkten, ist nicht als Polizeiverfügung angesehen worden; es vollzog sich außerhalb des geschützten Freiheitsraumes des Bürgers.

2. Die auf Beschaffung von Nachrichten abzielenden Maßnahmen treffen nicht die Freiheit, sondern die *Persönlichkeit* des Bürgers [8]. Das Personsein hängt aufs engste mit dem Betreben zusammen, einen Raum des Fürsichseins, eine Privatsphäre zu behaupten, die nur nach eigenem Ermessen einmal preisgegeben wird, sei es der Öffentlichkeit, sei es einem engeren Kreis von Freunden oder Vertrauten, sei es der Familie. In diesem Bereich entwickelt sich die Individualität jedes einzelnen [9]. Hier bildet sich auch die subjektive Ehre im Sinne eines ichbezogenen Wertgefühls. Hierher gehören nicht nur eigentliche Intimitäten oder Geheimnisse, sondern die gesamte von der Öffentlichkeit abgeschirmte oder ihr nur unter dem Schutz der Anonymität unterbreitete Lebensführung. Die Bloßlegung eines Menschen, das Hervorzerren der Besonderheiten seiner Existenz braucht nicht im engsten Lebensbereich anzusetzen. Die systematische Ausforschung der Gewohnheiten, Liebhabereien, Interessen und Schwächen, der Aufenthaltsorte sowie der sozialen Kontakte decouvriert den Betroffenen oft weit mehr, weil sie *Zusammenhänge* erkennen läßt, die keine der Einzelverhaltensweisen offenbart, so vielen Augen sie auch an sich jeweils zugänglich sein mögen. Hinzu kommt, daß der einzelne die Öffentlichkeit nicht nur aufsucht, um sich zu offenbaren, sondern auch, um sich in der *Anonymität* der Menge zu verlieren, und eine umfassende Registrierung dessen, was er getan oder unterlassen hat, tangiert ihn u. U. nicht weniger, als wenn man ihn in seinem Hause beobachtete. Schließlich gehört zur freien Entfaltung der Persönlichkeit die *Freiheit von Furcht* [10], eine Unbefangenheit, die bedroht ist, sobald mit ständiger Verfolgung, systematischer Beobachtung und Ausforschung sowie mit dauerhafter Konservierung des Ermittelten gerechnet werden muß.

---

[7] PrOVG 87, 284 ff. (287, 289); vgl. auch Sächsisches OVG, RuPrVBl Bd. 49, 150 ff. (151); PrOVG 87, 274.

[8] So schon PrOVG 63, 464: Der Bürgermeister hatte einen Lehrer überwachen lassen und wurde deswegen vom Regierungspräsidenten mit einem Verweis bestraft, weil er sich einer „schweren Kränkung“ des Lehrers schuldig gemacht habe. Das Gericht erhielt die Strafe aufrecht. Maunz-Dürig, Grundgesetz, München u. Berlin 1966, Art. 1 Anm. 37; AG Altena, NJW 1966, 1460, mit insoweit zustimmender Anmerkung von Weitnauer.

[9] Vgl. Maunz-Dürig, Art. 1, Anm. 37.

[10] Maunz, Deutsches Staatsrecht, 13. Auflage, München u. Berlin 1964, § 14, S. 106; AG Altena, NJW 1966, 1460; Wintrich, Bayer. VBl. 1957, 138.

3. Die Persönlichkeit des Menschen als solche war bis zum Inkrafttreten des Grundgesetzes weder im Privatrecht noch im Öffentlichen Recht geschützt. Nur einzelne Ausstrahlungen, insbesondere die subjektive Ehre und die Reputation, waren vom Gesetz als Rechtsgüter anerkannt, deren Verletzung Abwehr- und Schadensersatzansprüche auslöste. Zu den durch § 823 Abs. 1 BGB geschützten absoluten Rechten und Rechtsgütern wurde das allgemeine Persönlichkeitsrecht nicht gerechnet. Soweit rein private Angelegenheiten vor aller Augen bloßgelegt wurden, half man sich mit einer Analogie zu den §§ 22—24 KunstUrhG [11] oder zum Namenrecht in § 12 BGB.

Unter den Rechten des Bürgers, die die Polizeibehörden bei der Abwehr von Gefahren für die öffentliche Sicherheit und Ordnung respektieren mußten, hat das PrOVG ebenfalls nie ein allgemeines Persönlichkeitsrecht anerkannt. Nur die Ehre, insbesondere die Reputation der Bürger, bildete eine geschützte Rechtssphäre. So hat das Gericht [12] entschieden, es liege ein polizeilicher Eingriff in Rechte des einzelnen vor, wenn die Polizeibehörden ihn in Zusammenhang mit einem Wirtshausverbot gegenüber allen Gastwirten des Ortes als „notorischen Trunkenbold" bezeichnete. In der monatlichen Nachfrage bei bestimmten Personen, ob ein als geisteskrank Verdächtigter „gemeingefährlich" sei, hat das PrOVG allerdings keinen Eingriff gesehen [13]. Auch das Schutzgut der Ehre wurde offenbar nur als relativ geschützt angesehen, so daß es vor einem begründeten Verdacht gewissermaßen nicht mehr existent war. Sicherlich zu Unrecht — der Verdacht bildete nur einen Rechtfertigungsgrund für ein polizeiliches Einschreiten, das Geltung und Ansehen des Betroffenen in seiner Umwelt beeinträchtigte und damit die Ehre verletzte.

Im Privatrecht [14] wie im Öffentlichen Recht [15] hat sich heute ein Wandel vollzogen: Das allgemeine Persönlichkeitsrecht wird heute anerkannt als Abwehrrecht gegen Eingriffe Privater wie gegen Eingriffe des Staates. Dieser Wandel geht zurück auf Art. 1 Abs. 1 GG: „Die Würde des Menschen ist unantastbar" und den Art. 2 Abs. 1 GG, der die freie Entfaltung der Persönlichkeit garantiert. Im Gegensatz zu einer verbreiteten Auffassung [16], die dem Art. 1 Abs. 1 GG den Grundrechtscharakter abspricht, ist daher

[11] So z. B. KG, JW 1928, 363; vgl. auch Hubmann, JZ 1957, 521.

[12] PrOVG 1, 330.

[13] PrOVG 67, 321; vgl. auch PrOVG 66, 316.

[14] Weitnauer in Erman, Handkommentar zum Bürgerlichen Gesetzbuch, 1. Band, 3. Aufl., Münster 1962, Anhang zu § 12 mit Nachweisen; Larenz, NJW 1955, 521; BGHZ 24, 200; 26, 52 (67); 26, 349; 27, 284; 30, 7; 31, 308.

[15] v. Mangoldt-Klein, Das Bonner Grundgesetz, Band I, 2. Aufl., Berlin u. Frankfurt 1957, Art. 2 III; Maunz-Dürig, Art. 1 Anm. 37 ff.

[16] v. Mangoldt-Klein, Art. 1 III 2, Vorbem. B XIV 6; Münch, Menschenwürde als Grundforderung unserer Verfassung, 1952, S. 1 ff.; vgl. auch Wintrich in: Festschrift für Laforet, München 1952, S. 227 ff, (247).

zunächst zu betonen, daß darin das Urgrundrecht jedes Staatsbürgers liegt [17], seine Persönlichkeitssphäre in dem Kernbereich nicht anzutasten, der die Menschenwürde umfaßt, sei das Interesse des Staates oder Privater an einem solchen Eingriff auch noch so legitim und dringlich. Art. 2 Abs. 1 GG gewährleistet in erster Linie ein umfassendes Freiheitsrecht, nämlich zu tun und zu unterlassen, was immer dem einzelnen gefällt, wenn auch im Rahmen der drei grundrechtsimmanenten Schranken. Da der Grundgesetzgeber nicht nur die Entfaltung individueller Freiheit geschützt hat, sondern die freie Entfaltung der Persönlichkeit, wird daraus erkennbar, aus welchem Grund und zu welchem Ende jedermann die Betätigungsfreiheit gegeben ist. Die Betätigungsfreiheit ist das Mittel, um die Persönlichkeit, die Individualität, das Besondere jedes einzelnen sich ungehemmt entwickeln zu lassen.

Die Hervorhebung der Persönlichkeit als zugleich Triebkraft und Leitsystem der Betätigungsfreiheit hat nun nicht etwa die Bedeutung, daß diese vom Staat daraufhin kontrolliert werden könnte, ob der einzelne sie auch nur in Richtung auf eine höhere Menschheitsentwicklung ausübte. Was die authentische Interpretation und damit die Lenkung des Personseins angeht, gilt der Staat jedem rechtsstaatsbewußten Verfassungsgeber gerade als besonders gefährlich. Deshalb ist das Leitbild eines personalen Aufstiegs keine rechtliche Bindung des Individuums; jeder ist hier Richter in eigener Sache.

Umgekehrt enthält der Art. 2 Abs. 1 GG damit, daß er die Persönlichkeit als Grund und Ziel der Betätigungsfreiheit angibt, eine selbständige Garantie des allgemeinen Persönlichkeitsrechts [18]. So wie staatliche Eingriffe in die Betätigungsfreiheit verboten sind, weil sie mittelbar die Persönlichkeit treffen, nämlich in ihrer Entfaltung hindern könnten, so sind auch unmittelbare staatliche Eingriffe in die Persönlichkeit selbst verboten, die also nicht den offenen Weg über Befehl und Zwang, über die Nötigung zu einem unliebsamen Handeln oder Unterlassen nehmen. Dabei geht der Schutz der Persönlichkeit dem Umfang nach über Art. 1 Abs. 1 GG hinaus, bleibt jedoch der Intensität nach dahinter zurück. Das allgemeine Recht auf Wahrung der Persönlichkeit reicht über den Kernbereich hinaus, von dessen absoluter Integrität die Menschenwürde abhängt. Es steht jedoch in dieser Außenzone erstens zur freien Disposition des verfassungsändernden Gesetzgebers, zweitens zur Disposition des einfachen Gesetzgebers, soweit er — salva substantia, nämlich des Wesensgehalts des Persönlichkeitsrechts — die grundrechtsimmanenten Schranken der Wahrung der Rechte anderer, der verfassungsmäßigen Ordnung oder des Sittengesetzes konkretisiert oder stärker

[17] Hamann, BB 1955, 105 ff.; *ders.*, Das Grundgesetz, 2. Aufl., Neuwied-Berlin 1961, Art. 1 A 1 a; Nipperdey in: Neumann-Nipperdey-Scheuner, Die Grundrechte, Berlin 1954, Band II, S. 3, 11, 20, 22, 33, 37.

[18] Maunz-Dürig, Art. 2 Anm. 10, wo Art. 2 GG als Schutznorm freiheitlicher Intimsphäre aufgefaßt wird; nach Hamann, Art. 2 B 3 a, Wernicke, Bonner Kommentar, Hamburg, Art. 2 II 1 a, Scholtissek, NJW 1952, 563, ist dagegen Art. 2 GG „tätigkeitsbezogen", garantiert nur Handlungsfreiheiten.

anspannt. Damit ergibt sich aus dem Grundgesetz, daß die Persönlichkeit und die zu ihrer Entfaltung dienende Privatsphäre nicht mehr nur ein vom objektiven Recht partiell geschütztes Rechtsgut ist, sondern daß jedermann ein subjektives Recht auf Achtung seiner Persönlichkeit und seiner Privatsphäre zusteht. Dabei ist die Intensität des Grundrechtsschutzes verschieden. Es müssen drei Intensitätsstufen unterschieden werden:

a) Nach Art. 79 Abs. 3 GG ist die Antastung des Persönlichkeitsrechts auch dem *verfassungsändernden* Gesetzgeber absolut versagt, wenn dadurch sogar der Kernbereich dieses Rechts, die Menschenwürde, Schaden litte.

b) Nach Art. 19 Abs. 2 GG ist ein Eingriff in das Persönlichkeitsrecht des Art. 2 Abs. 1 GG jedenfalls dem *einfachen* Gesetzgeber absolut verboten, wenn dadurch der Wesensgehalt dieses Rechts berührt würde, ohne daß man schon die Menschenwürde tangierte.

c) Im übrigen unterliegt das Persönlichkeitsrecht den drei grundrechtsimmanenten Schranken, der Wahrung der Rechte anderer, der verfassungsmäßigen Ordnung und des Sittengesetzes, auf die der einfache Gesetzgeber Eingriffe und Eingriffsermächtigungen stützen kann.

Wieweit das Grundrecht der Persönlichkeit das bürgerliche Recht verändert hat, indem es die Eigensphäre wehrhaft gegenüber jedermann gemacht hat, ist nach der Lehre von der Drittwirkung [19] zu beurteilen. Dabei sind hier nur diejenigen Fälle zu berücksichtigen, in denen das Persönlichkeitsrecht des Geschützten ohne dessen Wissen oder gegen dessen Willen durch einen anderen ohne rechtfertigenden Grund verletzt wird. Die Rechtsordnung muß dafür zumindest Abwehransprüche bereitstellen. Der Bundesgerichtshof hat einmal nicht nur die Anspruchsgrundlage des § 823 Abs. 1 BGB in dem Sinne interpretiert, daß das allgemeine Persönlichkeitsrecht als absolutes Recht behandelt wird, sondern in dem berühmten Herrenreiter-Fall [20] sogar entschieden, daß im Verletzungsfall über § 847 BGB hinaus Schadensersatz in Geld nach Wiedergutmachungsgesichtspunkten zu leisten ist. Der verfassungsrechtliche Schutz des Persönlichkeitsgrundrechts reicht im öffentlichen Recht jedenfalls weiter als im Privatrecht, weil er auf das Verhältnis des Bürgers zum Staat zugeschnitten ist, während der die Beziehungen der Bürger untereinander regelnden Privatrechtsordnung von dort her nur äußerste Grenzen gesetzt sind. Die verschiedenen Maßstäbe erklärten sich daraus, daß der Staat für den Bürger besonders gefährlich sein kann, weil er nicht nur über den vollkommensten Herrschaftsapparat verfügt, sondern auch über alle Einrichtungen der Daseinsvorsorge, von denen der einzelne in der hochzivilisierten Massengesellschaft mehr denn je abhängig ist [21]. Ferner sind die Regierenden besonders der Versuchung ausgesetzt, die unbegrenzten Spielarten menschlicher Individualität und Gesinnung in den Griff

[19] Vgl. dazu Maunz-Dürig, Art. 1 Anm. 126, mit umfangreichen Nachweisen.

[20] BGHZ 26, 349 ff.

[21] Forsthoff, Vorbem. vor § 19, S. 320 ff.; § 21, S. 357 ff.

zu bekommen, um die Herrschaftsausübung zu gewährleisten oder zu erleichtern. Der Kreis der gesetzlich anerkannten Gründe, die im Privatrecht den Eingriff eines Bürgers in die Privatsphäre eines anderen rechtfertigen können, ist deshalb wesentlich weiter gezogen als derjenige, innerhalb dessen der Staat — sei es durch Gesetz, sei es auf Grund eines Gesetzes durch Gerichte oder die Exekutive — einschreiten kann.

3. Bevor auf die staatlichen Eingriffsermächtigungen eingegangen wird, die gegenüber dem Persönlichkeitsrecht bestehen, ist noch zu klären, wo die Grenze zwischen der durch dieses subjektive Recht *geschützten Privatsphäre* und dem nicht mehr geschützten Raum des allgemein Zugänglichen verläuft. Nach verbreiteter Lehre [22] soll das Persönlichkeitsrecht insoweit relativiert sein, als es weithin von der jeweiligen Legitimation des Eindringenden abhänge, ob überhaupt eine rechtlich geschützte Privatsphäre berührt werde. Das dürfte nicht zutreffen [23]. So schwer es im Einzelfall festzustellen sein mag, was der Person, was einer interessierten Öffentlichkeit zu geben ist, so handelt es sich dabei doch um eine feste Grenzlinie. Wo ein Vorgang dem absolut abgesteckten persönlichen Bereich zuzurechnen ist, kann ihn ein noch so berechtigtes Offenlegungsinteresse anderer im Einzelfall niemals aus diesem Bereich herausreißen [24]. Ein Beobachtungsvorgang greift dann jedenfalls in ein fremdes *Recht* ein, und ob das zulässig ist oder nicht, hängt allein davon ab, wieweit ein Rechtfertigungsgrund des privaten oder eine Eingriffsermächtigung des staatlichen Eindringlings nachgewiesen werden kann. Wie ist nun jene absolute Grenze zwischen der Privatsphäre und dem allgemein Zugänglichen zu bestimmen?

Eine Tatsache befindet sich in dem geschützten Bereich der Privatsphäre, wenn das Eigeninteresse der betreffenden Person von einer Aufdeckung dieser Tatsache durch andere in aller Regel ernstlich und nachhaltig beeinträchtigt sein wird [25], es sei denn, daß sie der Öffentlichkeit ohnehin bereits offensteht [26]. Zunächst muß also ein rational faßbares Schutzbedürfnis der Person bestehen. Das ist der Fall, wenn die Tatsache entweder zum engsten Lebensbereich gehört, der vor den Blicken anderer abgeschirmt ist, oder wenn sie zwar dem Verhalten in einer weiteren oder weitesten Öffentlichkeit zu-

---

[22] Vgl. Hubmann, JZ 1957, 521 ff.; Larenz, NJW 1955, 521 ff.

[23] Dagegen auch Evers, Die rechtlichen Grenzen der Nachrichtensammlung durch die Ämter für Verfassungsschutz, in dem noch unveröffentlichten Sammelband: Verfassungsschutz, Beiträge aus Wissenschaft und Praxis, mit einer Einleitung von Paul Lücke, Bundesminister des Innern.

[24] BVerfGE 6, 32 (41), 389 (433).

[25] Evers, Die rechtlichen Grenzen der Nachrichtensammlung.

[26] Der Bundesgerichtshof (NJW 1962, 33) deutet diesen Gedanken an, wenn er differenziert zwischen „Wirken des Menschen im Berufs- und Erwerbsleben“, das sich im allgemeinen „nicht in einer Geheimsphäre“ vollzieht, und „Einzelheiten der privaten Lebensführung eines Menschen, im besonderen ... seine häuslichen oder familiären Angelegenheiten“.

zurechnen ist, die *systematische*[27] Erforschung dieser Tatsache zusammen mit vielen anderen jedoch in nicht sozialadäquater[28] und für den Betroffenen nicht zumutbarer Weise Zusammenhänge seiner Lebensgestaltung bloßlegt und Einblicke in seine Eigenart gewährt. Nicht geschützt sind zum anderen solche Tatsachen, die, so sehr sie der Betroffene berechtigterweise noch zu verbergen wünschte, doch jedermann offenstehen, weil sie bereits — sei es in zulässiger, sei es in unzulässiger Weise — an das Publikum geraten sind.

Mit EVERS[29] wird man zudem noch anzunehmen haben, daß die Privatsphäre nur gegen ein vorsätzliches, also bewußtes und gewolltes Eindringen anderer geschützt ist. Wer infolge bloßer Unachtsamkeit oder durch Zufall in geschützte Tatsachen und Vorgänge Einblick gewinnt, verletzt nicht das Persönlichkeitsrecht des anderen in rechtlich relevanter Weise.

Der in dieser Weise abgesteckte Schutzbereich kann, weil er von einem unmittelbar aus der Verfassung abgeleiteten subjektiven Recht beherrscht wird, durch kein einfaches Gesetz partiell preisgegeben werden. Ein Gesetz kann also weder bestimmen, daß Vorgänge, die nach alledem schon von Verfassungs wegen zu dem individualrechtlich geschützten Bereich gehören, aus diesem herausgenommen und von vornherein allgemein zugänglich sein sollen. Ebensowenig, daß ein gezielter Eingriff privater oder staatlicher Stellen in die Privatsphäre nicht als Verletzung des genannten Rechtes zu gelten hätte. Das Gesetz kann nur selbst unmittelbar in das Persönlichkeitsrecht eingreifen oder Rechtfertigungsgründe für private und Ermächtigungen für staatliche Eingriffe in die Privatsphäre der Bürger schaffen. Die Verletzung des Persönlichkeitsrechts wird damit legalisiert.

4. Schon durch *Gesetz* selbst ist in großem Umfang in die Privatsphäre *eingegriffen* worden. Der Gesetzgeber hat öffentliche Register eingerichtet, aus denen sich Name, Geschlecht, Alter, Wohnsitz, Beruf, Vorstrafen, Krankheiten usw. laufend ergeben. Viele gesetzliche Auskunftspflichten machen vor der Privatsphäre nicht halt[30]. Umgekehrt sind durch das Gesetz freilich Sicherungen geschaffen worden, die die Privatsphäre vor Vertrauensbrüchen privater und öffentlicher Stellen bewahren. Zu denken ist dabei an den Schutz des Beicht-, des Arzt-, des Anwalts- und des Steuergeheimnisses.

---

[27] Das Bundesverwaltungsgericht, NJW 1956, 393, stellt fest, daß die „schrankenlose Durchleuchtung persönlicher Verhältnisse" die Würde des Menschen antastet. Das AG Altena (NJW 1966, 1460) stützte seine Entscheidung, daß ein Detektivvertrag nichtig sei, u. a. auf die Tatsache, daß vertragsgemäß eine Observation von 17 Stunden durchgeführt worden war, vgl. auch die Wendung „wenn er befürchten müßte, auf *Schritt und Tritt* verfolgt zu werden".

[28] Auf die Sozialadäquanz weist hin ERMAN-WEITNAUER, Anhang zu § 12.

[29] Privatsphäre, S. 46, in Anlehnung an FORSTHOFF, § 17, S. 304, und BGHZ 12, 52 ff. (57); 17, 96 ff. (101), wo zufällige Einwirkungen nachbarrechtlicher Art nicht als Eingriff bezeichnet werden.

[30] Beispiele bei EVERS, Privatsphäre, S. 52; vgl. auch BVerwGE 11, 181 ff.

Rechtfertigungsgründe für Private gegenüber Mitbürgern ergeben sich z. T. aus dem bürgerlichen Recht, z. T. aus dem Strafrecht. In begrenztem Umfang kann ein Privater zur Verteidigung seiner Rechte in die an sich geschützte Sphäre eines anderen auch durch Beobachtungen oder Überwachungen eindringen, wenn nämlich hinreichende objektive Anhaltspunkte dafür vorliegen, daß dieser die Rechte verletzt hat. So darf die Ehefrau dem offenbar ungetreuen Ehemann nachspionieren oder nachspionieren lassen [31], unbegründetes Mißtrauen wäre dagegen eine eigene Eheverfehlung. Nach § 193 StGB darf jeder zu Wahrnehmung berechtigter Interessen auch Tatsachen über einen anderen behaupten, die dessen Ruf und Ansehen beeinträchtigen, wenn dies noch als angemessenes Mittel angesehen werden kann.

Eingriffsermächtigungen für die Strafgerichte ergeben sich aus § 244 StPO, wonach sie in justizförmiger Weise die Wahrheit erforschen dürfen, durch Vernehmung des Angeklagten wie der Zeugen. Der Angeklagte ist nicht zur Aussage verpflichtet, aber er steht bei der Entscheidung darüber, ob er sein Wissen preisgeben soll, unter dem — rechtlich m. E. nicht zu beanstandenden [32] — Druck, daß aus seinem Schweigen für ihn ungünstige Schlüsse gezogen werden. Der Zeuge ist verpflichtet, privates Wissen zu offenbaren; verweigert er die Aussage, weil er befürchtet, sich anderenfalls selbst dem Verdacht einer strafbaren Handlung auszusetzen, kann diese Entscheidung für ihn auch durchaus zwei Seiten haben.

Am wichtigsten sind die Eingriffsermächtigungen, auf Grund deren die Exekutive in die Privatsphäre eindringen darf. Zur Strafverfolgung sind nach §§ 160, 163 StPO die Staatsanwaltschaft und die Polizeibehörden berufen, die nicht auf justizförmige Ermittlungsmaßnahmen beschränkt sind, wenn sie eine Straftat aufzuklären suchen.

Ferner haben die Polizeibehörden nach den Polizeigesetzen das Recht, Gefahrensituationen und Störungen der öffentlichen Sicherheit und Ordnung zu ermitteln und darüber hinaus, wer und was für diese Gefahrensituationen und Störungen ursächlich gewesen ist.

Entscheidend ist, ob sich gesetzliche Eingriffe und Eingriffsermächtigungen, die sich gegen die Privatsphäre richten, jeweils im Rahmen des Verfassungsvorbehalts in Art. 2 Abs. 1 GG halten, wonach in das allgemeine Persönlichkeitsrecht — freilich unter Wahrung seines Wesensgehalts — eingedrungen werden darf, wenn dies zur Wahrung der Rechte anderer, der verfassungsmäßigen Ordnung oder des Sittengesetzes angezeigt erscheint. Das ist der Fall, wenn die betreffenden Gesetze zumindest verfassungskonform ausgelegt werden können.

---

[31] Weitnauer, NJW 1966, 1460.

[32] Zur Kontroverse vgl. Kohlhaas, NJW 1965, 2282, mit Nachweisen, Schwarz-Kleinknecht, Strafprozeßordnung, 26. Aufl., München u. Berlin 1966, § 163 a Anm. 2 A, einerseits; Seibert, NJW 1965, 1706, Schmidt-Leichner, NJW 1966, 189, andererseits.

Erster Auslegungsgrundsatz: In keinem Fall, wie schicksalhaft auch unabweislich das Eingriffsbedürfnis von den Interessen der Allgemeinheit her erscheinen könnte, darf der Wesensgehalt der Persönlichkeit berührt werden, in dessen Mitte die Würde des Menschen ruht.

Zweiter Auslegungsgrundsatz: Was das Bundesverfassungsgericht [33] über die grundrechtsimmanenten Schranken für die Betätigungsfreiheit ausgeführt hat, gilt ebenso für das allgemeine Persönlichkeitsrecht. Diese Schranken fordern nun zwei Voraussetzungen. Das Gesetz muß ein vernünftiges Staatsziel verfolgen, und die Schwere des Eingriffes, den es vornimmt oder zuläßt, darf nicht außer Verhältnis zu der Intensität des Eingriffsbedürfnisses stehen. Die Legitimität der verfolgten Staatsziele steht in den Gesetzen zumeist außer Zweifel, dem Verhältnismäßigkeitsgrundsatz muß dadurch genügt werden, daß bei der Auslegung und Anwendung des Gesetzes jeweils ein um so dringlicheres Eingriffsbedürfnis nachgewiesen sein muß, je schwerer die Intervention in die Privatsphäre wiegt [34].

Dritter Auslegungsgrundsatz: Die nachfolgenden Grundrechte, wie die der Gewissensfreiheit, des Post- und Fernmeldegeheimnisses, der Unverletzlichkeit der Wohnung, müssen respektiert werden, die die bestimmte engere Persönlichkeitssphäre mit einem gesteigerten Schutzwall umgeben.

5. Diese verfassungsrechtliche Ausgangsbasis ist nun gerade in bezug auf den Verfassungsschutz von den einen für zu eng [35], von den anderen für zu weit [36] gehalten worden.

a) Eine *Erweiterung* dieser verfassungsrechtlichen Ausgangsbasis haben diejenigen gefordert, die für den Staat — sprich: die Exekutive — ein allgemeines Staatsnotstandsrecht in Anspruch nehmen, auf Grund dessen immer dann über die Gesetze und ihre in verfassungskonformer Auslegung gewonnenen Schranken hinaus in die Privatsphäre eingeschritten werden könne, wenn kein anderes Mittel hinreichenden und raschen Schutz des Staates und seiner Verfassung mehr verspricht.

Das hat nichts mit dem bei uns diskutierten Problem einer Notstandsverfassung zu tun. Dabei geht es nicht um die Anerkennung überkonstitutioneller Herrschaftsrechte, sondern gewissermaßen um die Schaffung einer zweiten und dritten Verfassung neben der bestehenden für jeweils verschiedene Gefahrenstufen [37]. Auch die auf ein Minimum an Gewaltenteilung und individuellem Bürgerschutz reduzierte dritte Verfassung enthält ein kom-

---

[33] BVerfGE 6, 32 ff. (41).

[34] SCHÄFER, Verfassungsschutz im demokratischen Rechtsstaat, in dem noch unveröffentlichten Sammelband: Verfassungsschutz, Beiträge aus Wissenschaft und Praxis, mit einer Einleitung von PAUL LÜCKE, Bundesminister des Innern.

[35] z. B. EVERS, Privatsphäre, S. 104.

[36] ARNDT, NJW 1961, 897 ff.; PETERS, Der Schutz vor heimlichen Abhöranlagen, Gutachten.

[37] Vgl. BENDA, Die Notstandsverfassung, München-Wien 1966, S. 72 ff.

plettes Ordnungssystem, das weder rechtsfreie Räume offenläßt noch im Einzelfall durchbrochen werden dürfte.

Ein überrechtliches Notstandsrecht hat schon GEORG JELLINEK [38] mit dem Satz abgelehnt, es sei dies nur ein anderer Ausdruck für den Satz, daß Macht vor Recht gehe; dem ist nach der zwischenzeitlichen furchtbaren Häufung neuen Anschauungsmaterials im Dritten Reich nichts hinzuzufügen.

EVERS [39] will dem Staat auch in Angelegenheiten des Verfassungsschutzes eine Berufung auf den übergesetzlichen Notstand zubilligen, wenn ein ungesetzliches Vorgehen das einzige Mittel ist, um die Gemeinschaft vor schweren existenzbedrohenden Einbußen an höherwertigen Rechtsgütern zu bewahren. Während also die Souveränitätsfanatiker ihr Heil außerhalb von Verfassung und Gesetz suchen, will EVERS die Ausnahmeklausel für die Exekutive in die Rechtsordnung einbauen, diese relativieren. Ich sehe darin keinen Gewinn; beides läuft praktisch auf dasselbe hinaus. Der übergesetzliche Notstand hat im öffentlichen Recht in dieser Form keine Stätte. Wir berücksichtigen den Fall der Pflichtenkollision; dann muß diejenige öffentlichrechtliche Pflicht zurücktreten, die das geringerwertige Rechtsgut schützt. Insofern sind alle Rechtsnormen im Verhältnis zueinander zu sehen und im Konfliktsfall abzustufen. Aber die Pflicht, die Treue zur Verfassung zu bewahren, ist unteilbar; Verfassungsschutz durch Verfassungsbruch ist ein Unding. In einem Rechtsstaat muß von vornherein und für alle Fälle bestimmt sein, was die Exekutive gegenüber dem Bürger unternehmen darf und was nicht, auch und gerade dann, wenn es um den Schutz der Verfassung geht; alle mit dieser Selbstbeschränkung verbundenen Risiken sind *bewußt* in Kauf genommen. Wenn EVERS [41] es offenläßt, ob der übergesetzliche Notstand des Verfassungsschützers wenigstens vor der Wesensgehaltssperre des Art. 19 Abs. 2 GG zurückschrecken müsse oder ob er auch noch die aboluten Fesseln sprengen dürfte, die selbst dem einfachen Gesetzgeber angelegt sind, zeigt sich die ganze Gefährlichkeit der Argumentation. Er begründet diese Zurückhaltung nämlich mit dem Satz: „Die Staatsräson wird vor theoretischen Fragen selten haltmachen [42].“ Es geht aber nicht um die Theorie der Subsumtion ex ante, es geht um die Praxis der richterlichen Subsumtion ex post. Wer die Schranken von Verfassung und Gesetz durchbricht, ist auch dann als Rechtsbrecher zu behandeln und zu verurteilen, wenn er zum Schutz der Verfassung vorgegangen ist. Er begeht einen revolutionären Akt [43], der in

[38] Allgemeine Staatslehre, 3. Aufl., Neudruck, Darmstadt 1959, S. 359; vgl. auch ANSCHÜTZ-THOMA, Handbuch des deutschen Staatsrechts, Tübingen 1932, Band II, S. 231: Ausübung des Staatsnotstandsrechts ist Teilrevolution (Staatsstreich); MEYER-ANSCHÜTZ, Lehrbuch des deutschen Staatsrechts, 7. Aufl., München-Leipzig 1919, S. 30, Anm. d.

[39] Privatsphäre, S. 106 ff.

[41] Privatsphäre, S. 49.

[42] Privatsphäre, S. 49.

[43] ANSCHÜTZ-THOMA, Band II, S. 231.

Grenzsituationen moralisch durchaus diskutabel sein kann, aber auf eigenes Risiko: Die Rechtsordnung kann dafür keinen Blanko-Versicherungsschein ausstellen, wenn sie sich nicht selbst ad absurdum führen will. Vielleicht findet sich ein Gesetzgeber, der die Tat amnestiert, mehr ist nicht zu hoffen. Ein historisches Beispiel [44]: Als Charles I. in der ersten Hälfte des 17. Jahrhunderts einen verbissenen Kampf um die königliche Prärogative führte, die das Parlament ihm streitig machte, hat er weithin eine noch bestehende Verfassung aufrechtzuerhalten versucht, die im Begriff war, sich aufzulösen. Das war legitim. Als er aber in den ersten Januartagen des Jahres 1642 an der Spitze von 400 Bewaffneten in das Unterhaus eindrang, um fünf führende Mitglieder des Hauses zu verhaften, die das Oberhaus anzuklagen sich geweigert hatte, war dies schlechthin ungesetzlich, „against the law of the land and entirely without precedent“ [45]. Die englische Verfassungsgeschichte zieht nicht die Möglichkeit in Erwägung, Charles könnte bei seiner Verhaftungsaktion rechtmäßig gehandelt haben, weil dies der einzige Ausweg war, die Verfassung zu schützen. Wenn auch an sich zu gutem Ende, war es ein revolutionärer Akt — „a mere act of military violence“ [46] —, und für den Rechtsbruch war er verantwortlich. Wer heute eine Gruppe von Parlamentariern einsperrte, könnte sich ebenfalls nicht auf übergesetzlichen Notstand stützen, selbst wenn sich später zeigen sollte, daß darin möglicherweise der einzige Ausweg aus einer extrem verfassungsgefährdenden Situation gelegen hätte. Er könnte nur auf Verständnis und Einsicht derjenigen Verfassungsorgane hoffen, die sich vielleicht später von ihm gerettet fühlen würden.

Entgegen der Ansicht von Evers würde ich mithin jede innere Relativierung der Rechtsordnung mittels der Konstruktion des übergesetzlichen Notstandes ablehnen, soweit sie eine genaue Stufenfolge von Gefahrenlagen und Eingriffsbefugnissen aufgestellt und die damit verbundenen Risiken für die innere Sicherheit der Bundesrepublik um der Sicherheit der Bürger vor der Exekutive willen bewußt in Kauf genommen hat.

b) Eine *Begrenzung* der verfassungsrechtlichen Eingriffsermächtigung des Art. 2 Abs. 1 GG, die den Erlaß von Gesetzen zum Schutze der Verfassungsordnung als Ganzes decken kann, wird von denjenigen befürwortet, welche für besonders einschneidende Eingriffe in das Persönlichkeitsrecht ein Spezialgesetz fordern. Vor allem sollen nach Hans Peters [47] die Generalklauseln der Verwaltungsrechtsordnung nicht ausreichen, um heimliche Schallaufnahmen von vertraulichen Gesprächen herzustellen. Die Technik hat in den

---

[44] Tanner, English Constitutional Conflicts of the 17th Century, Cambridge 1962, S. 114; vgl. auch Forster, The Arrest of the Five Members by Charles I, 1860.

[45] Tanner, S. 114.

[46] Tanner, S. 114.

[47] Der Schutz vor heimlichen Abhöranlagen, Gutachten.

letzten Jahrzehnten so perfekte Methoden der Intervention in die Privatsphäre entwickelt, daß sich in der Tat die Frage aufdrängt, ob sie ohne weiteres den staatlichen Behörden zufallen können. Es genügt nicht mehr, daß die Gerichte etwa nachträglich — zu spät — prüfen, ob eine Abhörmaßnahme etwa ganz außer Verhältnis zu dem jeweils verfolgten Ermittlungsziel gestanden hat. Vielmehr muß der Gesetzgeber den Behörden eine verbindliche Richtlinie für die Verwendung solcher Ermittlungsmethoden an die Hand geben und dabei die eminent politische Entscheidung selbst treffen, welche Risiken unaufgedeckter Verbrechen oder Konspiration gegen die Verfassung noch in Kauf genommen werden und wo das Bürgerinteresse verdächtiger oder objektiv beteiligter Personen an der Integrität ihrer Privatsphäre zu weichen hat. Verfassungsrechtlich geht es darum, ob das Persönlichkeitsrecht partiell polizeifest ist. Grundrechte sind nach einer Definition von ANSCHÜTZ [48] dann polizeifest, wenn deren Ausübung polizeilich (d. h. von den Polizeibehörden im Interesse des ihnen obliegenden Schutzes der öffentlichen Sicherheit und Ordnung) entweder überhaupt nicht oder wenn, so doch nur im Rahmen gesetzlicher Spezialbestimmungen, nicht dagegen auf Grund der landesrechtlichen Generalklauseln, beschränkt werden darf. Polizeifest ist das Persönlichkeitsrecht, soweit selbst der verfassungsändernde Gesetzgeber den engsten Kernbereich der Menschenwürde nicht antasten lassen darf, ferner, soweit jedenfalls der einfache Gesetzgeber Eingriffe in den engeren Kernbereich nicht zulassen darf, der von der Wesensgehaltssperre des Art. 19 Abs. 2 GG umfaßt ist, schließlich, soweit der einfache Gesetzgeber bestimmte Eingriffsmittel nur durch Spezialgesetz legalisieren darf, also nur durch ein Gesetz, das eine bewußte und gezielte Abwägung zwischen ganz bestimmten Staatsinteressen und der gerade hier preiszugebenden Grundrechtssubstanz zum Gegenstand hat. Solche Spezialgesetze sind im Bereich der Privatsphäre erforderlich, wenn in das Briefgeheimnis sowie das Post- und Fernmeldegeheimnis (Art. 10 GG) eingegriffen werden soll oder wenn Einschränkungen der Unverletzlichkeit der Wohnung (Art. 13 GG) in Betracht kommen. Eine analoge Anwendung dieser Grundrechte auf andere Arten von Eingriffen, die ähnlich gravierend in die Persönlichkeitssphäre eindringen, ist kaum möglich. Dennoch würde ich im Anschluß an HANS PETERS [49] dazu neigen, Spezialgesetze für die behördliche Verwendung von Schallaufnahmegeräten ohne Wissen des Betroffenen für notwendig zu halten [50]. Der Schutz des Art. 2 Abs. 1 GG reicht nicht nur dahin, daß ein vernünftiges Staatsinteresse für gesetzliche Einschränkungen des Persönlichkeitsrechts nachgewiesen werden muß, sondern auch dahin, daß dieses Staatsinteresse nicht außer Verhältnis zur Schwere des Eingriffs für den Betrof-

[48] ANSCHÜTZ, Die Verfassung des Deutschen Reiches, 14. Aufl., Berlin 1933, S. 519.

[49] Der Schutz vor heimlichen Abhöranlagen, Gutachten.

[50] a. A.: EVERS, Die rechtlichen Grenzen der Nachrichtensammlung.

fenen stehen darf[51]. Während der Gesetzgeber bei Gesetzen über weniger schwere Eingriffe die Aussonderung von ganz unverhältnismäßigen Maßnahmen der verfassungskonformen Auslegung überlassen kann, muß er bei Gesetzen, die Eingriffe an der Grenze zum Wesensgehalt vorsehen, selbst bestimmen, wann ein Staatsinteresse noch im rechten Verhältnis zur besonderen Schwere dieses Eingriffs stehen soll. Dafür, wann ein Eingriff in das Persönlichkeitsrecht an die Grenze zur Wesensgehaltssperre heranreicht, bieten die Art. 10 und 13 GG nun ein wichtiges Indiz. Während Art. 2 Abs. 1 GG die Privatsphäre allgemein schützt, so werden in Art. 10, 13 GG bestimmte Felder dieser Privatsphäre deshalb noch besonders abgeschirmt — und zwar vornehmlich durch das Erfordernis spezialgesetzlicher Eingriffsermächtigungen —, weil die Persönlichkeit sich in so vertrautem Umgang am ehesten offenbart und niemand dort mit staatlichen Interventionen soll rechnen müssen. Das Verhältnismäßigkeitsprinzip, das den Gesetzgeber im Rahmen des Art. 2 Abs. 1 GG anhält, für besonders schwerwiegende Eingriffe in das Persönlichkeitsrecht selbst die maßgebliche Entscheidung über Notwendigkeit und Risiken zu treffen, zwingt m. E. auch dazu, den Fall der heimlichen Schallaufnahme so zu beurteilen.

So kommen wir zu einem *vierten Auslegungsgrundsatz* für die verfassungskonforme Interpretation von Gesetzen, die zum Eingriff in das Persönlichkeitsrecht ermächtigen. Eingriffe am Rande der Wesensgehaltsgarantie, wie bestimmte heimliche Schall- und Bildaufnahmen, bedürfen einer spezialgesetzlichen Ermächtigung; die Generalklausel genügt nicht, zumindest dann nicht, wenn die Aufnahme in für den Betroffenen besonders vertrauten Bereichen oder mittels höchstempfindlicher Abhörgeräte aus größerer Entfernung gemacht werden soll.

II. Vor diesem verfassungsrechtlichen Hintergrund der vier Auslegungsgrundsätze zu Art. 2 Abs. 1 GG muß nun die *Generalklausel zur Nachrichtenbeschaffung* in § 3 BVerfSchAG gesehen werden. Da das Aufdecken verfassungswidriger Bestrebungen nichts anderes zum Ziel hat, als daß die Abwehr einer besonders schweren Gefahr für die öffentliche Sicherheit und etwa schon eingetretener Störungen vorbereitet sowie die Verfolgung von strafbaren Handlungen gem. §§ 80 ff. StGB ermöglicht wird, handelt es sich um eine typisch polizeiliche Tätigkeit. Zwischen den Polizeibehörden einerseits, dem Bundesamt für Verfassungsschutz und den entsprechenden Landesämtern andererseits besteht für diese Ermittlungstätigkeit auch an sich eine konkurrierende Zuständigkeit, wobei die Spezialisierung der letzteren nur praktisch dazu führt, daß die Polizeibeamten über erste Hinweise und u. U. den Vollzug von Ermittlungsersuchen der Verfassungsschutzämter nicht hinausgehen. Wegen des § 3 Abs. 2 BVerfSchAG kann jedenfalls das Bundesamt keine Polizeiverfügungen erlassen und erst recht nicht mit polizeilichen

[51] Für den Bereich der Berufsfreiheit: BVerfGE 7, 377 ff. (403 ff.); 13, 97 ff. (104 f.).

Zwangsmitteln vorgehen. Damit werden jedoch materiell polizeiliche Beschaffungsvorgänge, die ohne Befehl und Zwang gegenüber dem Betroffenen und vielleicht sogar ohne sein Wissen möglich sind, nicht ausgeschlossen.

Entscheidend ist nun, daß § 3 BVerfSchAG nicht nur polizeilich beinhaltet, sondern auch polizeilich begrenzt ist [52]. Daher ist eine Ermittlung erstens nur zulässig, wenn überhaupt im Einzelfall ein hinreichend begründeter Verdacht vorliegt, sei es, daß eine Gefahr verfassungswidriger Bestrebungen besteht oder bereits eingetreten ist, sei es, daß eine strafbare Handlung gem. §§ 80 ff. StGB begangen worden ist. Eine Ermittlung ist zweitens nur zulässig gegen denjenigen, der für den polizeiwidrigen Zustand oder die strafbare Handlung verantwortlich ist, und nur unter besonderen Voraussetzungen gegen unbeteiligte Personen [53]. Eine Ermittlung darf drittens nur mit zulässigen polizeilichen Mitteln durchgeführt werden, also weder mit solchen, die nach Verfassung und Gesetz überhaupt ausgeschlossen sind, noch mit solchen, die gerade im Einzelfall nicht hinreichend bestimmt, rechtlich unmöglich, ungeeignet, schädlich, nicht notwendig oder unverhältnismäßig sind.

1. Zunächst zur Ermächtigung, *überhaupt* in einer bestimmten Situation vorzugehen. Die Straftatbestände, die den strafrechtlichen Staatsschutz ausmachen, verlegen die Gefährdungstatbestände sehr weit nach vorn. Deshalb sind die meisten verfassungswidrigen Bestrebungen schon in einem sehr frühen Stadium Angelegenheit der Strafverfolgung, und für eigentlich präventiv polizeiliche Gefahrenabwehr bleibt praktisch kaum Raum. Jedenfalls setzt eine Ermittlungstätigkeit, die über das bloße Sammeln von allgemein zugänglichen oder polizeibehördlich angefallenen oder durch Gewährsmänner zugetragenen Informationen hinausgeht, *objektive Anhaltspunkte* für verfassungswidrige Bestrebungen voraus.

Es genügt zunächst nicht ein globaler Verdacht. Die Erwägung, daß in die Bundesrepublik eine Unzahl von Agenten aus der SBZ eingeschleust werden und daß nach dem Verbot der KPD alle Kräfte dieser politischen Richtung im Untergrund arbeiten, läßt darauf schließen, daß verfassungswidrige Bestrebungen stets vorhanden sein müssen und daß sie sich auf bestimmte staats- und wirtschaftswichtige Brennpunkte konzentrieren würden. Aber damit ist noch kein konkreter Verdacht gegeben, auf Grund dessen bestimmte Personen prophylaktisch observiert werden könnten. Nur das Sammeln von eingriffslos beschaffbaren Nachrichten, etwa solchen, die

[52] EVERS, Privatsphäre, S. 63, der darauf hinweist, daß das Bundesamt für Verfassungsschutz materiell Polizeitätigkeit ausübt und deshalb den im Polizeirecht entwickelten Grundsätzen rechtsstaatlich-polizeilichen Handelns unterworfen ist.

[53] Vgl. EVERS, Privatsphäre, S. 124, 125; dagegen versucht SCHÄFER, Verfassungsschutz im demokratischen Rechtsstaat, den polizeirechtlichen Störerbegriff des Verfassungsschutzrechts zu ersetzen. SCHÄFER verweist auf die Notwendigkeit vorsorglicher Sicherheitsüberprüfungen, gezielter Ermittlungsmaßnahmen gegen Personen, denen Zugang zu Staatsgeheimnissen gewährt werden soll.

durch Gewährsmänner und Informanten ohne Verletzung der Privatsphäre der Betroffenen zugetragen werden, ist dann erlaubt.

Es genügt auch nicht der Verdacht eines objektiven Anhaltspunktes für verfassungswidrige Bestrebungen, d. h. Eingriffsermittlungen dürfen nicht zur Ausforschung von Personen geführt werden, ob es in ihrer Privatsphäre etwas wirklich Verdächtiges gebe. Ohne objektive Anhaltspunkte in der Hand zu haben, die eine hinreichende Wahrscheinlichkeit verfassungsfeindlicher Umtriebe im Einzelfall in sich schließen, kann das Verfassungsschutzamt gegen niemanden vorgehen [54]. So dürfen nicht alle Bürger mit Argusaugen verfolgt werden, die mit Bewohnern Mitteldeutschlands in postalischer Verbindung stehen oder die mit diesen Besuche austauschen, denn das allein bietet noch keine Verdachtsmomente, selbst wenn sich manchmal herausgestellt haben mag, daß unter diesem Deckmantel illegale Verbindungen angeknüpft worden sind.

Schließlich sind die Nachforschungen auf das zu beschränken, was von den vorliegenden objektiven Anhaltspunkten her noch gedeckt wird. Das ist eine selbstverständliche Einschränkung, die in erster Linie für die Ermittlungen im Straf- und Disziplinarverfahren erarbeitet worden ist. Hat sich ein Beamter dienstlichen Ungehorsams schuldig gemacht, so darf die Vernehmung nicht darauf ausgedehnt werden, ob er vielleicht auch Bestechungsgelder angenommen hat oder seine Ehefrau notorisch betrügt [55], was zwar disziplinarrechtlich relevant sein könnte, aber vom Ermittlungsanlaß her nicht indiziert ist. Ebenso ist es unzulässig, wenn das Verfassungsschutzamt die Tatsache, daß jemand mit einem früheren Mitglied der aufgelösten KPD befreundet ist, etwa zum Anlaß nimmt, seine intimeren Familienverhältnisse systematisch abzuklären. Zwar können persönliche Schwächen, Anfälligkeiten oder Notlagen oft relevant werden, weil sie etwa fremden Agenten Gelegenheit geben, den Mann unter Druck zu setzen. Aber bevor darauf hinzielende Ermittlungen eingeleitet werden, muß auch noch ein darauf hinzielender Verdacht vorliegen.

2. Schwierig ist die Frage nach dem *richtigen Adressaten* von Eingriffsermittlungen zu beantworten: Wer ist als Störer verantwortlich, wer kann nur als Nichtstörer betrachtet werden?

Davon hängt einmal ab, *ob* eingeschritten werden kann. Denn für die Inanspruchnahme des Nichtstörers gelten weitergehende Eingriffsvoraussetzungen: Es muß ein besonders dringender Verdacht für eine erhebliche

---

[54] Evers, Privatsphäre, S. 124, verlangt einen „begründeten" Verdacht; in: Die rechtlichen Grenzen der Nachrichtensammlung stellt er es auf das Vorliegen von „auf Tatsachen gegründete(n) Anhaltspunkte(n)" ab.

[55] Wie sich bereits aus dem Wortlaut der §§ 21 BDO, 24 DONW ergibt: „Werden Tatsachen bekannt, die den Verdacht eines Dienstvergehens rechtfertigen, so veranlaßt der Dienstvorgesetzte die zur Aufklärung des Sachverhalts erforderlichen Ermittlungen." Vgl. auch Schütz, Disziplinarrecht, Bielefeld 1964, § 24 Anm. 3.

verfassungsfeindliche Bestrebung vorliegen, wenn deswegen der selbst unverdächtige Dritte als Inhaber des Gegenmittels [56], d. h. als aufschlußgewährendes Medium beobachtet werden soll; andere Ermittlungsmöglichkeiten mit gleichen Erfolgschancen dürfen dem Verfassungsschutzamt nicht zur Verfügung stehen; es muß feststehen, daß auch die Abklärung der Verdächtigen nicht ausreicht; für den Nichtstörer dürfen aus der Ermittlung keine ernsten Gefahren entstehen; die Rücksichtnahme auf seine persönlichen Verhältnisse können den Eingriff in das Persönlichkeitsrecht u. U. ganz ausschließen.

Ferner hängt von der Unterscheidung zwischen Störern und Nichtstörern ab, ob dem von der Ermittlung Betroffenen Entschädigung für Vermögensschäden geleistet werden muß, die ihm dadurch entstanden sind. Schon durch die Beobachtung können Schäden verursacht werden, so, wenn dritte Personen die amtliche Kontrolle der Lebensführung bemerken, daraus Schlüsse auf die Zuverlässigkeit des Betroffenen ziehen und sich von ihm zurückhalten. Am schwerwiegendsten sind Anfragen und Ausforschungen bei dritten Personen, aus denen sich ergibt, daß das Verfassungsschutzamt seine Augen auf den Betroffenen gerichtet hält. Um Scherereien zu vermeiden, werden der Vermieter oder der Arbeitgeber oder bei einem Kaufmann die Kunden sich oft von dem Mann trennen, gleichviel, ob ein objektiver Verdacht gegen ihn bestand und sich als begründet erweist oder nicht: semper aliquid haeret. War der Geschädigte Störer, muß er den Schaden tragen, war er Nichtstörer, steht ihm ein Entschädigungsanspruch zu.

Störer ist zweifellos derjenige, bei dem sich der Verdacht als begründet erweist. Das gleiche gilt, wenn sich der Verdacht als unbegründet erweist, der Betroffene den Anschein belastender Momente jedoch selbst durch sein auffälliges und nicht sozialadäquates Verhalten hervorgerufen hat. Umstritten ist aber, ob auch derjenige Störer ist, der verdächtig ist, ohne daß die bisher genannten Voraussetzungen bei ihm zutreffen.

Otto Mayer [57] hat denjenigen, auf den, aus welchen Gründen auch immer, ein Verdacht polizeiwidrigen oder strafbaren Verhaltens gefallen ist, als Störer behandeln wollen. Die Auffassung erscheint von dem Standpunkt aus konsequent, daß die polizeiliche Verantwortlichkeit eines Beteiligten an die bloße Kausalität anknüpfe und kein Verschulden einschließe. Danach gehört es zu den Risiken jedes einzelnen, ob Verdachtsmomente gegen ihn auftauchen, und solange sie nicht ausgeräumt sind, ist dies seine Sache und staatliche Ermittlungstätigkeit hinzunehmen. Dem Strafverfahren liegt diese Betrachtungsweise ebenfalls nicht fern. Die Entschädigung für unschuldig erlittene Untersuchungshaft wird nur aus Billigkeitsgründen gewährt. Den berechtigten Tatverdacht muß, mit allen Folgen, der Beschuldigte jedenfalls bis zur Hauptverhandlung gegen sich gelten lassen, die dann erst die richterliche Klärung herbeiführt.

[56] Drews-Wacke, § 14, S. 227.

[57] Deutsches Verwaltungsrecht, Bd. I, 3. Aufl., München-Leipzig 1924, S. 224.

Neuere Lehren[58] im Polizeirecht betrachten dagegen denjenigen als Nichtstörer, der Opfer einer von ihm nicht zu vertretenden Anscheinsgefahr wird. Im Strafverfahrensrecht geht die Entwicklung in die gleiche Richtung. Dieser Auffassung ist auch für den Verfassungsschutz der Vorzug zu geben. Soweit die staatliche Exekutive in Freiheits- oder Persönlichkeitsrechte eingreift, muß sie grundsätzlich das Risiko dafür selbst tragen, daß die gesetzlichen Eingriffsvoraussetzungen im Einzelfall auch wirklich vorliegen. Es war eine dem Wesen nach obrigkeitliche Auffassung, die den Bürger mit der Obliegenheit belastete, sich den Behörden stets ohne jeden Makel zu präsentieren. In einem demokratischen Staat erscheint es dagegen folgerichtig, daß der Bürger schon allen Anforderungen genügt, wenn er sich wirklich im Rahmen der Gesetze hält, und daß der Staat dafür verantwortlich ist, wenn seine Behörden auf Grund eines Zusammentreffens unglücklicher fehlindizierender Momente zu dem unrichtigen Schluß kommen, es müsse gegen den Betroffenen ermittelt werden.

Demnach ist auch Nichtstörer, wer ohne sein Zutun in den Verdacht gerät, verfassungswidrige Bestrebungen zu unterstützen, wenn sich dies nachträglich als unzutreffend herausstellt oder die Ermittlungen mit einem non liquet enden. Damit ist keine Wendung zum Verschuldensprinzip gemeint. Wenn jemand durch auffälliges und nicht sozialadäquates Verhalten einen Verdacht gegen sich lenkt, ist er Störer, auch wenn ihm im Einzelfall weder Vorsatz noch Fahrlässigkeit zur Last gelegt werden können.

Häufig werden Personen als Nichtstörer beobachtet, die sich in besonders verantwortlicher Stellung befinden und vielleicht Geheimnisträger sind. Sie ziehen naturgemäß Agenten an, die in ihrer Umgebung Fuß zu fassen suchen. Dann werden sie u. U. verpflichtet sein, die Beobachtung zu dulden oder sich dazu freiwillig bereiterklären. Andernfalls muß das Verfassungsschutzamt etwa bei Ministern, Parlamentariern, Wirtschaftsführern besonders sorgfältig prüfen, ob die objektiven Anhaltspunkte auf eine erhebliche Gefahr schließen lassen, ob keine anderen Erkenntnismittel in Betracht kommen und ob die Observation den Betroffenen nicht in der Erfüllung wichtigerer Pflichten behindert. Hier wird in der Regel freilich kein Vermögensschaden zu besorgen sein. Falls das doch einmal der Fall ist, kann ein Entschädigungsanspruch ausgeschlossen sein, weil die Ermittlungen auch dem Schutz und dem Eigeninteresse des Beobachteten gedient haben.

3. Die wichtigste polizeiliche Schranke, die bei der nachrichtendienstlichen Beschaffung von Material auf Grund des § 3 BVerfSchAG zu beachten ist, betrifft die jeweils *richtige Ermittlungsmethode*. Dabei sind zunächst die allgemeinen Voraussetzungen zu beachten, die an das polizeiliche Mittel zu stellen sind (a)[59], ferner die besonderen, die für die Vornahme bestimmter Eingriffe auf Grund spezieller Normen gelten (b).

[58] Drews-Wacke, § 4, S. 58; § 31, S. 468; BGHZ 5, 144 ff. (152).

[59] Vgl. dazu Drews-Wacke, § 18, S. 281 ff., mit Nachweisen.

a) Zu den *allgemeinen Voraussetzungen* gehört, daß das für die Nachrichtenbeschaffung gewählte Mittel erlaubt, geeignet, unschädlich, notwendig und verhältnismäßig sein muß. Schlechthin unerlaubt sind alle Maßnahmen, die Verfassung oder Gesetz ausschließen [60], wie Folterungen, Mißhandlungen, körperliche Eingriffe, das Verabfolgen von betäubenden Mitteln, die Hypnose, die Anwendung des Lügendetektors, die Anstiftung zu Straftaten durch einen agent provocateur, sittenwidrige Täuschungsmanöver oder Geldversprechen. Entsprechendes gilt für spezielle Eingriffe, die nur unter besonderen Voraussetzungen gerechtfertigt sein können, solange diese Voraussetzungen nicht vorliegen; dazu wird weiter unten Näheres auszuführen sein. *Geeignet* sind Ermittlungsmaßnahmen nur dann, wenn sie gerade über die Tatsachenkomplexe Aufschluß gewähren können, auf die die objektiven Verdachtsmomente hinzielen. Ferner müssen die Anordnungen des Verfassungsschutzamtes *unschädlich* sein, und zwar in mehrfacher Hinsicht. Aus dem Grundgesetz ergibt sich, daß die Maßnahmen nicht insgesamt das staatsbürgerliche Bewußtsein für Freiheit und Demokratie untergraben dürfen, indem sie eine Atmosphäre McCarthyistischer Verdächtigung und Verhetzung schaffen. Auch das Verfassungspostulat, die Wiedervereinigung anzustreben [61], spielt hier eine wichtige Rolle; weder dürfen Bewohner der DDR als generell suspekt behandelt werden noch diejenigen Bundesbürger, die zu ihnen Beziehungen unterhalten. Schließlich sind Eingriffe unzulässig, die andere polizeiliche Gefahren heraufbeschwören können, etwa für den Straßenverkehr.

Entscheidend ist das Merkmal der *Notwendigkeit* [62]. Was von den vorliegenden objektiven Anhaltspunkten für bestimmte verfassungsfeindliche Verhaltensweisen her klärungsbedürftig erscheint, muß die Auswahl des Beschaffungsmittels bestimmen: Ein Eingriff, der noch mehr zutage förderte und damit auch noch der Ausforschung diente, ob vielleicht weitere Verdachtsmomente auftauchen, ist unzulässig, wenn ein weniger weitgehender Eingriff denkbar ist. Liegen Anzeichen dafür vor, daß jemand bei der Leipziger Messe bedenkliche Kontakte aufnimmt, darf die Beobachtung nicht so allgemein angeordnet werden, daß sie auch noch sein Strandleben auf Mallorca erfaßt. Vor allem bestimmt das Übermaßverbot, wie weit man auf der Härteskala der Eingriffe, soweit sich ihre Wirkung für die Betroffenen allgemein abschätzen läßt, jeweils vorrücken darf. Vertrauliche Erkundigungen bei Behörden rangieren vor solchen bei Privaten, Recherchen in der weiteren Umgebung des Verdächtigen oder des Beteiligten vor solchen bei Nachbarn und Freunden, Anfragen bei Hauseigentümern oder Mietern vor solchen bei Arbeitgebern oder Kunden. Observationen durch Beamte des Amtes sind

---

[60] Ule-Rasch, Allgemeines Polizei- und Ordnungsrecht, Köln-Berlin-München-Bonn, 1965, zu § 14 PVG Anm. 34; Drews-Wacke, § 8, S. 130 ff.

[61] Präambel zum Bonner Grundgesetz.

[62] Drews-Wacke, § 18, S. 282.

weniger einschneidend als die durch V-Leute, diese Beobachtungen wiederum harmloser als Aufträge, der V-Mann solle sich in das Vertrauen des Betroffenen einschleichen.

Entscheidend ist schließlich auch das Verbot *unverhältnismäßiger* Eingriffe. Der Grad des Aufklärungsbedürfnisses bestimmt den Grad höchstzulässiger Schwere des Eingriffs. Nicht alle Verdachtsmomente haben den gleichen Wahrscheinlichkeitsgrad, sich zu bestätigen, nicht alle möglichen verfassungsfeindlichen Bestrebungen sind gleichermaßen gefährlich. Je entfernter der Verdacht, je durchschnittlicher das etwa drohende Übel, desto zurückhaltender muß das Verfassungsschutzamt mit dem Einsatz seiner Mittel sein, besonders dann, wenn unverdächtige Personen in ihrem Persönlichkeitsrecht getroffen werden müßten. Wenn also auch die Observation eines Personenkreises notwendig wäre, um einen zwielichtigen Sachverhalt aufzuklären, sie bleibt unzulässig, wenn eine Abwägung ergibt, daß man auch im Fall einer Bestätigung des Verdachtes mit Gelassenheit darüber hinwegsehen könnte. Das Persönlichkeitsrecht des sonst u. U. zu Unrecht Beschatteten wiegt schwer.

b) Unter den *besonderen* Eingriffen ist zunächst

aa) der *Einsatz von V-Leuten* zu betrachten [63]. Sie werden manchmal für Observationen eingesetzt, wenn Beamte des Amtes zu auffällig oder sonst ungeeignet erscheinen, stets für Aufträge, bei denen es um das Einschleusen eigener Agenten in verfassungsfeindliche Kreise oder in das fremde Agentennetz geht. Obwohl es unter den Personen, die sich gegen Bezahlung für die Leistung von solchen Diensten bereitfinden, auch hin und wieder ein paar Renommieridealisten geben mag, sind charakterliche Zuverlässigkeit und Befehlstreue bei Agenten nicht allzu verbreitet, viel weniger gewährleistet. Evers [64] hält die V-Leute für Beamte im straf- und haftungsrechtlichen Sinne mit allen Pflichten, aber auch allen Vorrechten, die sich daraus ergeben. Nur für diejenigen, die nicht wissen, daß sie für das Verfassungsschutzamt ermitteln oder die nur ganz untergeordnete Funktionen ausüben oder die zu privaten Agentennetzen gehören, macht er eine Ausnahme. Meines Erachtens ist jede Möglichkeit verschlossen, den Agentenapparat als verlängerten Arm des Bundesverfassungsschutzamtes anzusehen. Zunächst kann ein Rechtsstaat mit parlamentarisch kontrollierter Exekutive und hochentwickeltem Beamtentum sich vielleicht einer zusammengewürfelten Schar von V-Leuten bedienen, um sich den Methoden seiner Gegner anzupassen, aber er kann sich nicht mit ihnen identifizieren.

Deshalb habe ich schon Zweifel, ob die V-Leute Beamte im strafrechtlichen Sinne sind. So weit man den § 359 StGB auch ausgelegt haben mag [65],

---

[63] Vgl. dazu Evers, Privatsphäre, S. 147 ff.

[64] Privatsphäre, S. 158.

[65] Vgl. dazu Schönke-Schröder, Strafgesetzbuch, 12. Aufl., München u. Berlin 1965, § 359 Anm. 6.

bisher ist man über den Personenkreis nicht hinausgegangen, der zur Ausübung von Staatsgewalt im weitesten Sinne berufen worden ist; hier soll aber nicht Staatsgewalt ausgeübt, sondern für staatliche Organe in höchst privater Weise recherchiert werden. In keinem Fall halte ich es für vertretbar, diesem undurchsichtigen Corps von Zuträgern den Status von Beamten i. S. der §§ 113, 114 StGB zu geben, denen gegenüber die Bürger Widerstand gegen die Staatsgewalt leisten oder Beamtennötigung begehen könnten.

Wenn der Beobachtete oder ein Dritter das Unternehmen bemerkt haben, ist mit Notwehr oder Nothilfe zu rechnen, der geheime Mitarbeiter muß sich zurückziehen. Ein Agent arbeitet außerhalb hoheitlicher Aufgabenerfüllung und auf eigene Gefahr; das ist im Honorar eingeschlossen.

Erst recht kommt der V-Mann nicht als Beamter im haftungsrechtlichen Sinne in Betracht, für den der Staat nach Art. 34 GG die Haftung gegenüber Dritten privativ übernimmt. Vielmehr bleibt er den von ihm u. U. beobachteten, hintergangenen, verleumdeten oder geprellten Personen zivilrechtlich verantwortlich.

Es ist auch unrichtig, daß der V-Mann im Rahmen seines Auftrags hoheitlich tätig würde, so daß der Betroffene die Observation oder das sonstige Vorgehen als rechtens zu dulden hätte. Was der V-Mann unternimmt, bewegt sich nicht im Über- und Unterordnungsverhältnis zu Lasten anderer Bürger, sondern auf dem Boden der Gleichordnung: es ist durchaus privat, und *ob* es rechtens und deshalb von den Betroffenen hinzunehmen ist, hängt vom Privatrecht ab. Da schon die Observation, mehr noch das Eindringen in eine fremde Privatsphäre durch Täuschung eine Verletzung des Persönlichkeitsrechts des Betroffenen darstellt, liegt jedenfalls ein Eingriff vor. Ob ein Rechtfertigungsgrund in der Wahrnehmung berechtigter Interessen gefunden werden kann, ist dem Rahmen des § 193 StGB zu entnehmen. Evers ist der Meinung, der Gewährs- und der V-Mann handelten bei der Auftragserfüllung „zu einem berechtigten Zweck, den das Grundgesetz und die zu seiner Ausführung erlassenen Gesetze ausdrücklich billigen“ [66]. Davon kann keine Rede sein. Die Wahrnehmung berechtigter Interessen umfaßt nur eigene Interessen sowie solche, zu denen der Eingreifende in besonders nahen Beziehungen steht, so kraft Amtes oder Berufs. Allgemeine und staatliche Interessen genügen regelmäßig nicht. Auch wenn man die Weitergabe gewissermaßen von selbst angefallener Nachrichten durch Informanten oder Gewährsmänner für gerechtfertigt hält, so gilt dies noch keineswegs für Beschaffungsmethoden von Agenten, die in das Persönlichkeitsrecht des Betroffenen tief eingreifen.

Das Verhältnis des Verfassungsschutzamtes zum V-Mann ist daher nicht — wie Evers unterstellt [67] — ein geheimes Mitarbeiterverhältnis. Die interne Anordnung des Verfassungsschutzamtes, einen Verdächtigen oder Beteilig-

[66] Privatsphäre, S. 143.
[67] Privatsphäre, S. 147.

ten durch einen V-Mann zu beobachten oder sonst in seiner Privatsphäre zu kontrollieren, stellt eine hoheitliche Maßnahme dar, die unmittelbar in das Persönlichkeitsrecht eingreift. Sie ist nur im Fall eines Aufklärungsnotstandes zulässig. Nach § 839 BGB, Art. 34 GG haftet der Staat für den Beamten des Verfassungsschutzamtes, der eine solche Entscheidung schuldhaft außerhalb eines Aufklärungsnotstandes oder ohne ausreichende Sicherung getroffen hat, dafür, daß der V-Mann geeignet ist. Im übrigen gelten die Grundsätze des enteignungsgleichen Eingriffs und der Aufopferung. Zwischen Staat und V-Mann bestehen keine öffentlich-rechtlichen Beziehungen [68]; der letztere verdingt sich privat. Noch weniger bestehen öffentlichrechtliche Beziehungen zwischen dem V-Mann und dem Betroffenen [69]; der Beschaffungsprozeß verläuft ohne hoheitliche Vollmacht und oft genug ohne privatrechtlichen Rechtfertigungsgrund.

Naturgemäß liegt die Frage nahe, wie denn ein staatliches Organ Personen heranziehen kann, die weder zuverlässig sind noch voll überwacht und diszipliniert werden, und zwar zu Aufträgen, für die weder Hoheitsmacht zu verleihen noch ein privatrechtliches Unbedenklichkeitszeugnis zu erteilen ist. Doch wenn das Verfassungsschutzamt auch — gestützt auf § 3 BVerfSchAG und in dessen Rahmen auf einen akuten Aufklärungsnotstand — durch seine interne Anordnung eine Reaktion auslöst, die Verstöße gegen das Privatrecht einschließen kann, so ist dies immer noch das kleinere Übel, als es die hoheitliche Sanktion von Agentenoperationen zu Lasten der Bürger sein würde. Der Staat kann zur Wahrung seiner Existenz und seiner Verfassung gezwungen sein, zweifelhafte Informationsquellen zu erschließen, aber es wäre falsch, alles, was auf diese Weise nützlich ist, auch zu legalisieren und damit die Integrität der Verwaltungsrechtsordnung von dorther in Frage zu stellen.

bb) Eingriffe in die *Unverletzlichkeit der Wohnung* müssen durch sondergesetzliche Ermächtigungen gedeckt sein, die wieder den Verfassungsschranken des Art. 13 GG entsprechen müssen. Der Wesensgehalt der Wohnungsgarantie ist nach Art. 19 Abs. 2 GG für den einfachen Gesetzgeber, der Kernbereich wohl nach Art. 1 Abs. 1, Art. 79 Abs. 3 GG auch für den verfassungsändernden Gesetzgeber schlechthin unantastbar. Das Betreten von Wohnungen gegen den Willen des Inhabers ist nach Art. 13 Abs. 3 GG, soweit er uns hier interessiert, nur zur Verhütung *dringender* Gefahren für die öffentliche Sicherheit legalisierbar. Wenn § 16 PVG NW für das Eindringen von Polizeibeamten wider den Willen des Wohnungsinhabers nur eine ausdrückliche Regelung trifft, soweit dies zur Nachtzeit geschieht, wird damit das Eindringen am Tage an sich unter den allgemeinen polizeilichen Eingriffsvoraussetzungen gestattet. Das ist also in verfassungskonformer

[68] a. A.: Evers, Privatsphäre, S. 154, 156, der z. B. annimmt, daß der dem V-Mann erteilte Auftrag seine einzelnen Handlungen rechtfertigt.

[69] a. A.: Evers, Privatsphäre, S. 156, 157.

Auslegung zu limitieren: Nur eine dringende Gefahr reicht aus. Daß das Verfassungsschutzamt nicht selbst, erst recht nicht durch V-Leute, eindringen darf, folgt aus dem Fehlen polizeilicher Zwangsbefugnisse. Ein Ersuchen an die Polizeibehörde setzt voraus, daß der Verdacht verfassungsfeindlicher Bestrebungen sehr stark ist und daß diese auch vermutlich eine gewisse Ernstlichkeit und Erheblichkeit aufweisen.

Ein Eindringen zur Nachtzeit ist auch dann ausgeschlossen, wenn Staatsschutzinteressen auf dem Spiel stehen; der gesetzliche Sonderfall einer Maßnahme „zur Abwehr einer gemeinen Gefahr oder einer Lebensgefahr für einzelne Personen" trifft diese Eingriffsbedürfnisse nicht. Ein heimliches Einschleichen in fremde Wohnungen wird durch §§ 14, 16 PVG NW nicht zugelassen; ausgeschlossen ist also jedes Betreten unter bewußter Vermeidung dessen, daß der Berechtigte dies bemerkt.

Durchsuchungen zum Zweck der Strafverfolgung dürfen nach Art. 13 Abs. 2 GG, § 105 StPO nur durch den Richter, bei Gefahr im Verzuge auch durch die Staatsanwaltschaft oder deren Hilfsbeamten angeordnet werden, keineswegs also von jedem Polizeibeamten.

Der Einbau oder die Benutzung von Schallaufnahme- oder Filmgeräten in Wohnungen ist schlechthin unzulässig, es sei denn, der gegenwärtige Wohnungsinhaber hätte dies genehmigt. Es genügt also z. B. nicht die Genehmigung des Hotelinhabers, sondern nur die des jeweiligen Hotelgastes; nicht die des Vermieters einer Wohnung, sondern des gegenwärtigen Mieters. Da Gäste des Wohnungsinhabers keinen Schutz vor diesem genießen, ist mit seinem Einverständnis eine Installierung von Hör- oder Filmfallen für Dritte an sich möglich. Selbstredend müssen dem Opfer gegenüber die allgemeinen und die besonderen Voraussetzungen für einen solchen Eingriff nachgewiesen sein (vgl. unten).

Evers vertritt die Auffassung, der Schutz der Wohnung ende an den Außenwänden [70]. Deshalb will er vor der Montage hochempfindlicher Abhorchgeräte außerhalb der Wohnung kapitulieren. Das ist unzutreffend. Die Grundrechte sind nicht romantische Trutzburgen der Bürgerfreiheit, die vor dem Fortschritt der Technik mehr und mehr geschleift würden, ohne daß Juristen gegen diesen schicksalhaften Verfall etwas ausrichten könnten. Sonst ist der Weg in Orwells Staat von 1984 frei. Wo der technische Fortschritt die grundrechtlich geschützte Privatsphäre der Wohnung neuen Bedrohungen aussetzt, ist der Abwehrbereich entsprechend weiter zu ziehen. Jede Umgehung der Unverletzlichkeit der Wohnung durch Eingriffe von außen ist zu behandeln wie eine direkte Intervention mit gleichem Ziel und Erfolg. Ist die Installation von Abhörgeräten in der Wohnung verboten, um die Bloßlegung von Vorgängen in der engsten Privatsphäre zu verhindern, so gilt dies auch für eine solche außerhalb der Wohnung, die zur gleichen Ver-

---

[70] Privatsphäre, S. 202.

letzung des Persönlichkeitsrechts führt. Damit ist auch die — von Evers offenbar unbemerkte — Verlagerung einer gefährlichen Eingriffszuständigkeit auf das Verfassungsschutzamt abgewehrt. Wenn kein anderer Weg zum Eindringen in den durch die Wohnung gesicherten Eigenbereich bleibt als der über Gerichte und Behörden mit eigenen Zwangsbefugnissen, kann zumindest „zu Hause" keine Furcht vor dem Zustand des „wir sind belauscht bei jedem Schritt" aufkommen.

cc) Die *Beschlagnahme* von Gegenständen ist, soweit sie präventiv-polizeilichen Zwecken dient, den Polizeibehörden (§ 14 PVG), soweit sie strafprozessualen Zwecken dient, dem Richter, bei Gefahr im Verzug der Staatsanwaltschaft und ihren Hilfsbeamten vorbehalten (§ 98 StPO). Eine heimliche Wegnahme ist schlechthin verboten. Das gilt gleichermaßen für eine dauernde wie für eine vorübergehende Entziehung des Besitzes. Für das Bundesverfassungsschutzamt bleibt also kein selbständiger Eingriff offen. Trotz uneingeschränkter Anerkennung dieser Grundsätze glaubt Evers [71], eine „heimliche, auf ganz kurze Zeit bemessene Wegnahme, die der Gewahrsamsinhaber überhaupt nicht bemerken soll und die lediglich vorgenommen wird, um den Gegenstand mit modernen technischen Hilfsmitteln zu untersuchen oder abzulichten", liege im Grenzgebiet des Unzulässigen. Da es aber auf die Dauer der Wegnahme nicht ankommt und *jede* heimliche Wegnahme unzulässig ist, muß mit größter Entschiedenheit festgestellt werden, daß Beamte des Bundesverfassungsschutzamtes oder V-Leute fremden Besitz und Gewahrsam nie antasten dürfen.

dd) Das *Post- und Briefgeheimnis* [72] des Art. 10 GG umfaßt sowohl Sendungen, die der Post zur Beförderung übergeben worden sind, als auch verschlossene Briefe, die auf sonstige Weise ausgetauscht werden. Auch im Falle der Verletzung des Postregals ist das Briefgeheimnis grundsätzlich geschützt. Das Briefgeheimnis umfaßt nicht nur den Inhalt einer Sendung, sondern auch, wer Absender und Empfänger ist und von wann bis wann das Benutzungsverhältnis bestanden hat. Ähnlich ist das Fernmeldegeheimnis gewährleistet; allerdings erstreckt es sich hier nicht auf Ferngespräche, die durch illegale Netze und Leitungen geführt werden. Das Benutzungsverhältnis ist an keiner Stelle verletzbar, also auch nicht etwa durch Schallaufnahmegeräte, die außerhalb der Fernsprechleitung in der Sprechzelle angebracht sind und die vom Benutzer verursachten Schallwellen unmittelbar aufnehmen; hier weist Evers [73] mit Recht jeden abweichenden Standpunkt als „Buchstabeninterpretation" zurück. Die Post selbst darf nur im Rahmen des § 138 StGB, also der Anzeigepflicht für Verbrechen, das Post- und Fernmeldegeheimnis durchbrechen, um die schwersten Rechtsgüterverletzungen zu verhindern.

---

[71] Privatsphäre, S. 205.

[72] Zum Umfang vgl. v. Mangoldt-Klein, Art. 10 III 1.

[73] Privatsphäre, S. 190 f.

Mit Recht hat EVERS[74] dazu festgestellt: „Die Post hat in der Regel nicht die Möglichkeit, bei der Kontrolle der Sendungen auf ihre Ordnungsmäßigkeit irgendwelche Sendungen wegen des Verdachts verfassungsfeindlichen Inhalts an die Staatsanwaltschaft oder die Polizei weiterzuleiten. Sie kann sie allenfalls an die Absender zurückgeben." Abgesehen von den Eingriffsbefugnissen, die dem Richter und bei Gefahr im Verzug dem Staatsanwalt in §§ 99, 100 StPO eingeräumt sind, und abgesehen von gewissen Vollmachten der Zollbehörden, von denen übrigens ein bedenklich weitherziger Gebrauch gemacht wird[75], gibt es z. Z. keine Handhaben, um zu Staatsschutzzwecken in Briefe oder Ferngespräche Einblick zu gewinnen. Die richterliche Beschlagnahmebefugnis ist beim Fernmeldegeheimnis nicht etwa auf das Abhören künftiger Gespräche gerichtet, sondern auf eine Auskunft der Bundespost über einen bereits abgewickelten Fernsprechverkehr (§ 12 FAG). Da die Bundespost, abgesehen von einem zufälligen oder technisch bedingten Mithören, nichts von dem Inhalt der Telefonate erfährt und noch viel weniger darüber Aufzeichnungen macht, kommt dabei im allgemeinen nicht viel heraus. Die alliierten Vorrechte lasse ich außer Betracht, da deutsche Behörden sich darauf nicht berufen können. Da die Polizeibehörden keine Mittel der Nachrichtenbeschaffung aus Briefen und Ferngesprächen in der Hand haben[76], können die Verfassungsschutzämter auch nicht über entsprechende Eingriffsersuchen an diese Quellen herankommen. Ein Gesetz über die Ablösung der alliierten Vorbehalte, welches gewisse Ausnahmebefugnisse der Exekutive begründen soll, befindet sich im Stadium der Gesetzgebung[77].

ee) Die heimliche *Verwendung von Schallaufnahmegeräten* zu Ermittlungszwecken ist nach der hier entwickelten Ansicht nur auf Grund eines Spezialgesetzes zulässig, zumindest dann, wenn die Installation erst durch Eindringen in einen engeren Bereich der Privatsphäre — abgesehen von der Wohnung — ermöglicht oder wenn ein Abhören durch höchstempfindliche Membranen aus größerer Entfernung angestrebt wird. Nachdem der Bundesgerichtshof[78] für die Beziehungen der Rechtsgenossen untereinander festgestellt hat, daß nicht jede Wahrnehmung berechtigter Interessen die Verletzung des Persönlichkeitsrechts durch eine heimliche Schallaufnahme rechtfertigen kann, sondern nur die Notwehr oder eine notwehrähnliche Lage, muß für den Staat erst recht anerkannt werden, daß dieses Mittel im allgemeinen nicht zur Durchsetzung staatlicher Ziele in Betracht kommt.

[74] Privatsphäre, S. 190 f.

[75] z. B. hat nach BGHSt 9, 331, der Zoll im Rahmen der Bestimmung des Zollgutes das Recht, Paket- und Briefsendungen zu überprüfen; vgl. auch OEHLER, Postgeheimnis, in: Die Grundrechte, Bd. II, S. 619.

[76] Mit Ausnahme von Bremen haben die Länder durch ihre Polizeigesetze Art. 10 GG nicht eingeschränkt; vgl. DREWS-WACKE, § 8, S. 140.

[77] Vgl. BENDA, S. 28 ff.

[78] BGHZ 27, 284.

Der BGH spricht in diesem Zusammenhang von dem Makel der Überlistung und der Unanständigkeit, woraus sich ergibt, daß die Abhörfalle leicht unter die Ermittlungsmethoden fallen kann, die § 136 a StPO für die Strafverfolgung ausschließt. Evers[79] empfiehlt als Faustregel, daß die Schallaufnahme zulässig sei, soweit die Polizei oder das Verfassungsschutzamt ihre Beamten auch als heimliche Lauscher entsenden dürfte. Das geht m. E. zu weit. Wiederum unterstellt Evers, daß der technische Fortschritt, der bei der Observation und Registrierung staatsbürgerlicher Verhaltensweisen nutzbar gemacht werden kann, von vornherein den Polizei- und Strafverfolgungsbehörden zufällt und damit ipso facto die Chancen individueller Behauptung der Privatsphäre mindert. Wenn Evers[80] ferner die Abhörfälle zu den Ermittlungsmethoden in Beziehung setzt, bei denen der Dieb, der in eine Ladenkasse greift, mittels unsichtbarer Haftstoffe überführt wird, trifft der Vergleich nicht das ganze Spektrum der von ihm zugelassenen Schallaufnahmen. Dient die Schallaufnahme dazu, Delinquenten bei einer schweren Straftat in flagranti zu fassen, ist der Eingriff eher gerechtfertigt, als wenn man aus einem Verdächtigen Belastungsmaterial heraushorcht oder sogar einen nur objektiv Beteiligten sich offenbaren läßt. Wo die Grenze zwischen zulässigem und unzulässigem Einsatz von Schallaufnahmegeräten liegen soll, muß der Gesetzgeber selbst politisch entscheiden. Schon jetzt steht fest, daß der Gesetzgeber dabei nicht so weit gehen darf, jedes staatliche Bedürfnis nach einer Beschaffung von Nachrichten als Rechtfertigungsgrund gelten zu lassen, und kaum so weit, wie Evers es vorgeschlagen hat; der Wesensgehalt des Persönlichkeitsrechts ist hier bald erreicht, den der Art. 19 Abs. 2 GG ihm vollends entzieht.

Was für die heimliche Schallaufnahme von Äußerungen im privaten Bereich gilt, ist grundsätzlich auch auf solche anzuwenden, die in nichtöffentlichen Versammlungen und Veranstaltungen vorgenommen werden. Auch hier ist eine spezialgesetzliche Regelung zu treffen. Dabei ist auf der einen Seite eine Skala der Eingriffsnotwendigkeiten, auf der anderen Seite eine Skala der Schutzbedürfnisse ins Auge zu fassen. Je weiter der jeweils zugelassene Personenkreis reicht und je heterogener er zusammengesetzt ist, um so geringer ist das Opfer zu veranschlagen, das dem mit seinen Äußerungen Registrierten zugefügt wird.

Bei öffentlichen Versammlungen würde ich im Gegensatz zu Evers[81] keine rechtlichen Bedenken dagegen haben, daß Beamte des Verfassungsschutzamtes oder V-Leute daran teilnehmen. Aus § 12 VersG, wonach Polizeibeamte, die in eine Versammlung entsandt werden, sich dem Leiter zu erkennen geben und den ihnen zugewiesenen angemessenen Platz einnehmen müssen, ergibt sich kaum etwas Gegenteiliges. Die Vorschrift ist auf

[79] Privatsphäre, S. 171, 177.
[80] Privatsphäre, S. 169.
[81] Privatsphäre, S. 175, 176.

Polizeibeamte zugeschnitten, die als solche erkennbar sind und deshalb leicht eine Attitüde feindseliger Beobachtung produzieren könnten, wenn sie gruß- und erklärungslos ihren Posten bezögen. Nicht als Inhaber von Hoheitsbefugnissen auftretende Beamte gehören dagegen zum Publikum wie jeder andere auch, die sog. geheimen Mitarbeiter erst recht [82]. Richtig ist, daß — wie EVERS [83] hervorhebt — auch bei öffentlichen Versammlungen Schallaufnahmen ohne Einverständnis der Redner grundsätzlich Eingriffe in das Persönlichkeitsrecht darstellen. Abgesehen von Vorträgen, die entweder eine über die Versammlung hinausreichende Breitenwirkung haben sollen — wie etwa vom Fernsehen übertragene — oder erkennbar auf die Prägung genauer Aussagen und Formulierungen hin angelegt sind, kann man den Rednern nicht immer unterstellen, daß sie sich für jede Einzelheit auch vor Nichtteilnehmern und auf Grund schriftlich fixierter Unterlagen zu verantworten bereit sind. Mit EVERS [84] würde ich indes annehmen, daß das Verfassungsschutzamt hier schon ohne spezialgesetzliche Ermächtigung, lediglich unter den allgemeinen Voraussetzungen hoheitlicher Beschaffung von Nachrichten berechtigt ist, die öffentliche Äußerung heimlich mitzuschneiden. Was in diesem Bereich noch schutzbedürftig ist, liegt am Rande der Privatsphäre.

ff) Die *heimliche fotografische oder filmische Fixierung* von menschlichem Verhalten oder die heimliche Ablichtung von privaten Unterlagen gehören zumindest teilweise zu den Maßnahmen, die Eingriffe in das Persönlichkeitsrecht darstellen und nur unter besonderen Voraussetzungen zulässig sind. Nach § 24 KunstUrhG dürfen die Behörden ohne Einwilligung des Berechtigten oder des Abgebildeten Bildnisse für Zwecke der öffentlichen Sicherheit vervielfältigen, verbreiten oder zur Schau stellen, also offenbar auch anfertigen [85]. Im Hinblick auf den bewußten Schutz des Persönlichkeitsrechts, den das Grundgesetz verlangt, wird man dies nicht mehr ohne weiteres als Ermächtigung auffassen können, die Bildnisse heimlich zu gewinnen. Ein Filmen von Verhaltensabläufen wird dadurch überhaupt nicht mehr gedeckt. Mit Recht hebt EVERS [86] hervor, daß die Vorschrift auf das Ablichten privater Unterlagen nicht angewendet werden kann.

Auch in bezug auf diese Gruppe von Verletzungen des Persönlichkeitsrechts wird eine spezialgesetzliche Ermächtigung nach Art. 2 Abs. 1 GG unerläßlich sein, jedenfalls insoweit, als dabei besonders intensiv in die Privatsphäre eingegriffen wird. Die Generalklausel des § 3 BVerfSchAG

---

[82] So auch FÜSSLEIN, Versammlungsgesetz, Berlin u. Frankfurt 1954, § 12, Anm. 1.

[83] Privatsphäre, S. 172. [84] Privatsphäre, S. 176.

[85] Zum Recht am Bild im *Zivilrecht* vgl. ULMER, Urheber und Verlagsrecht, Berlin-Göttingen-Heidelberg 1951, § 83; HUBMANN, JZ 1957, 523; BGH, NJW 1957, 1315.

[86] Privatsphäre, S. 178.

genügt nicht [87]. Im übrigen sind auch hier dem einfachen Gesetzgeber über die Wesensgehaltsgarantie letzte Schranken gesetzt, teilweise sogar dem verfassungsändernden Gesetzgeber über die Garantie der Menschenwürde. Das heimliche Ablichten von Notizbüchern oder Tagebüchern aus Gründen des Staatsschutzes dürfte etwa kaum zu rechtfertigen sein [88].

gg) Das Bundesverfassungsschutzamt muß die ausgeführten allgemeinen und besonderen Eingriffsvoraussetzungen respektieren, gleichviel, ob der Eingriff durch Beamte des Amtes selbst vorgenommen wird oder ob nur eine interne Anordnung ergeht, V-Leute mit einem entsprechend gezielten Auftrag einzusetzen. Offen bleibt, wieweit es Nachrichten von Informanten, Gewährsmännern oder Agenten *annehmen* darf, die offensichtlich oder erklärtermaßen auf einem für die Zuträger *illegalen Weg beschafft* worden sind, z. B. durch Schall- oder Filmaufnahmen, unter Verletzung fremden Wohnrechts oder des Briefgeheimnisses usw. Hier ist zu unterscheiden.

Haben die Zuträger von sich aus, also unabhängig von einem gezielten Auftrag des Verfassungsschutzamtes, Nachrichten gesammelt, kann dieses sie ohne Rücksicht auf die illegale Herkunft akzeptieren. Denn das Amt war für die Beschaffung nicht ursächlich, und wenn nun einmal Verletzungen des Persönlichkeitsrechts unter Privaten vorgekommen sind, ist daran nichts mehr zu ändern, und das bloßgelegte Material kann gesammelt werden wie jede andere Information auch [89].

Haben die Zuträger dagegen im Rahmen eines gezielten — d. h. auf ein bestimmtes Ermittlungsergebnis, nicht notwendig ein bestimmtes Ermittlungsverfahren hin intendierten — Auftrags des Verfassungsschutzamtes gehandelt, so ist die Beantwortung der Frage schwieriger. Es kommt darauf an, ob das Verfassungsschutzamt mit seinen *hoheitlichen* Ermittlungsmethoden oder unter Einschaltung von Polizeiorganen *befugt gewesen wäre,* die Nachricht auf dem vom Agenten gewählten Wege zu beschaffen. Ist das der Fall, hätte das Verfassungsschutzamt selbst oder eine Polizeibehörde etwa bei der gegebenen Sachlage in die Wohnung eindringen oder eine Abhörfalle legen oder eine Unterlage ablichten dürfen, so ist die Annahme der Nachricht ungeachtet dessen zulässig, daß dem Agenten der Eingriff mangels irgendwelcher hoheitlicher Vollmachten gegenüber dem Betroffenen zivil- und vielleicht strafrechtlich verboten war. Ist das jedoch nicht der Fall, hätten auch kein Verfassungsschutzamt und keine Polizeibehörden über ausreichende Hoheitsbefugnisse verfügt, um so wie der V-Mann zu operieren, ist die

---

[87] a. A.: Evers, Privatsphäre, S. 178.

[88] Vgl. auch oben S. 782: Dort wurde die zeitweise heimliche Wegnahme als unzulässig bezeichnet; ohne diese wird ein heimliches Ablichten regelmäßig nicht möglich sein.

[89] Evers, Privatsphäre, S. 230: „Nachrichten, die auf unrechtmäßige Weise erlangt worden sind, können in gleicher Weise aufbewahrt und, soweit das an sich zulässig ist, auch verwendet werden."

Annahme der Nachricht ebenso zu bewerten, wie ein vorhergegangener Auftrag zum Eindringen, Abhören, Ablichten es gewesen wäre, nämlich als rechtswidrig. In dem Augenblick, in dem das Amt Auftragsergebnisse von V-Leuten entgegennimmt, darf keine Perpetuierung einer Persönlichkeitsbeeinträchtigung Dritter unterlaufen, die selbst mit hoheitlichem Eingriff nicht zu rechtfertigen gewesen wäre. Richterliche Entscheidungsvorbehalte bleiben außer Ansatz. Ob ein Richter vielleicht auf entsprechende Anregung des Amtes hin eine Durchsuchung angeordnet hätte, ist irrelevant. Hat ein V-Mann eine Wohnung durchsucht, muß das Amt die weggenommenen oder abgelichteten Nachrichten und Materialien stets zurückweisen.

Schlußfolgerung: Berücksichtigt man alle hier aufgeführten polizeilichen Eingriffsvoraussetzungen, die allgemeinen wie die besonderen, so wird nicht bezweifelt werden können, daß § 3 BVerfSchAG eine mit Art. 2 I GG und den dazu entwickelten *vier* Auslegungsgrundsätzen vereinbare Ermächtigung geschaffen hat, Nachrichten unter Verletzung des Persönlichkeitsrecht der Bürger zu beschaffen.

B. Sammlung von Nachrichten

Der zweite Auftrag [90] des Gesetzgebers an das Bundesverfassungsschutzamt richtet sich auf das *Sammeln der beschafften Nachrichten*, d. h. auf das Ordnen und Sichten des Materials in Akten und Karteien mit dem Ziel, es für ein präventiv-polizeiliches oder strafprozessuales Vorgehen gegen Störer und Täter aufzubereiten und aufzubewahren.

I. Zunächst taucht die Frage auf, ob nach dem Grundsatz der Gesetzmäßigkeit der Verwaltung für das Anlegen von Akten und Karteien belastenden Inhalts eine *gesetzliche Ermächtigung erforderlich* ist. Das hängt davon ab, ob die Aufbereitung und Aufbewahrung des Materials für sich allein genommen einen selbständigen Eingriff in das Persönlichkeitsrecht darstellt. Für die polizeibehördliche Führung von Verkehrssünderkarteien hat man dies mit Recht verneint [91], weil bei der bloßen Sammlung von Material, das Gegenstand der förmlichen Ermittlungs- und Ahndungsvorgänge gewesen ist, keine neuen Rechtsgüter des Betroffenen verletzt werden. Anders ist die Rechtslage zu beurteilen, wenn Material gesammelt wird, das nicht nur äußere Daten, wie das Eingeständnis bestimmter Verkehrsverstöße, gebührenpflichtige Verwarnungen, Verurteilungen zu Geldstrafen oder Freiheitsstrafen, enthält. Daher liegt ein selbständiger Eingriff vor, wenn belastende Momente auf Dauer registriert werden [92], hinsichtlich deren der

[90] Zum folgenden: Evers, Privatsphäre, S. 226 ff.; Schäfer, Verfassungsschutz im demokratischen Rechtsstaat.

[91] BVerwGE 2, 259; Drews-Wacke, § 17, S. 277.

[92] BVerwGE 11, 181; vgl. zur ähnlichen Problematik BVerwG, DöV 1966, 498 (Klage gegen die Eintragung in die innerdienstlichen Warnmitteilungen des Präsidenten des Bundesausgleichsamtes), mit zustimmender Anmerkung von Evers.

Betroffene keine Gelegenheit zur Stellungnahme gehabt hat, wenn bestimmte Bereiche der Privatsphäre systematisch durchleuchtet werden, und zwar bei Verdächtigen wie Unverdächtigen, und wenn schließlich Ermittlungsmethoden angewendet werden, die praktisch kaum auf ihre Legalität nachprüfbar sind. Deshalb ist die Sammlung von Nachrichten im Bundesverfassungsschutzamt ein selbständiger Eingriff gegenüber jedem, über dessen Persönlichkeit und Privatsphäre die Akten oder Karteien etwas Belastendes oder Decouvrierendes enthalten.

II. Ferner taucht die Frage auf, ob der *Sammlung* auch *Nachrichten zugeführt* werden können, die das Amt nach den zum Beschaffungssektor aufgestellten Grundsätzen in *illegaler Weise an sich gebracht* hat. Im deutschen Polizei- und Strafprozeßrecht [93] sind die Grenzen der Auswertung illegal beschafften Ermittlungsmaterials nicht so eng gezogen wie im amerikanischen. Dort hat der Supreme Court nach und nach ein nahezu absolutes Verbot der Verwertung der illegally obtained evidence entwickelt [94]. Das geschah letztlich im Hinblick auf die Erwägung, daß die Polizei in manchen Einzelstaaten praktisch auf keine andere Weise zur Beachtung der rechtlichen Schranken der Ermittlung veranlaßt werden kann als dadurch, daß solche Ermittlungsergebnisse für unbrauchbar erklärt werden, ja sogar als schädlich ausgewiesen werden; denn oft genug räumt der illegale Beschaffungsvorgang die Chance endgültig aus, das gleiche Belastungsmaterial auf legalem Wege zu gewinnen.

Im deutschen Recht ist zu differenzieren.

Nur die absoluten Beschaffungsverbote, wie diejenigen, die gegen die Menschenwürde verstoßen oder die § 136 a StPO schlechthin ausschließt, stehen auch einer Sammlung von Nachrichten entgegen, die über eine Verletzung dieser Normen herbeigeholt worden sind.

Für die relativen Beschaffungsverbote gilt dies nicht: Auch wenn die vom Gesetzgeber aufgestellten allgemeinen oder besonderen Voraussetzungen für einen Beschaffungseingriff im Einzelfall nicht vorgelegen haben, ist die Auswertung des Materials gegen den dadurch in seinen Rechten Verletzten nicht ausgeschlossen. Die Rechtsfolgen der Verletzung beschränken sich darauf, daß der dafür verantwortliche Beamte straf- oder disziplinarrechtlich zur Rechenschaft gezogen werden kann, was selten genug der Fall sein dürfte, wenn ihm ein guter Fischzug beschieden war.

An der Grenze liegt m. E. ein Vorgehen, das grundsätzlich dem Richter vorbehalten war, wie etwa eine Beschlagnahme oder Durchsuchung, und das sich im Einzelfall ein Polizeibeamter angemaßt hat. Ich würde hier eher ein absolutes Verwertungsverbot annehmen, da die Kompetenzverlagerung

---

[93] Vgl. dazu Spendel, NJW 1966, 1102 ff.; Kleinknecht, NJW 1966, 1537 ff., insbesondere 1541 ff.

[94] Corvin, The Constitution and what is means today, 12. Ed., Princeton, N.J. 1958, p. 209 ff., mit Nachweisen.

nicht nur funktionelle, sondern auch materielle Bedeutung hat; es wird unterstellt, daß ein Richter viel zurückhaltender ist, in Bürgerrechte einzugreifen, und es soll eben nur höchst zurückhaltend eingegriffen werden. Die Rechtsprechung ist aber stets von einem nur relativen Verwertungsverbot ausgegangen. Man hat darauf abgestellt, daß die richterliche Beschlagnahme oder Durchsuchung nachgeholt werden könnte, was eine „wertlose Umständlichkeit" wäre, anstatt zu fragen, ob ein Richter sich denn, ex ante beurteilt, überhaupt zu dem Eingriff bereitgefunden hätte [95].

Aus alledem folgt, daß das Verfassungsschutzamt auch Nachrichten registrieren und konservieren kann, die es an sich gebracht hat, ohne daß die für den Beschaffungseingriff erforderlichen allgemeinen und besonderen Merkmale im Einzelfall vorgelegen hätten. Ausgenommen sind nur die Nachrichten, die unter Verstoß gegen absolute Ermittlungsschranken beschafft worden sind. Was z. Z. dazu zu rechnen ist, hängt von der Stellungnahme zu den weiter oben behandelten Problemen ab.

Wenn heimliche Schall- oder Bildaufnahmen grundsätzlich nur auf Grund eines noch zu erlassenden Spezialgesetzes zugelassen sind, müssen sie zunächst als absolut verboten behandelt werden. Sobald ein solches Gesetz besteht, verwandeln sich die absoluten Verbote in relative: Seine Schranken können mißachtet werden, ohne daß wohl andere als disziplinäre Sanktionen verhängt werden dürften.

Hat das Bundesverfassungsschutzamt etwa rechtswidrige Anzapfungen an Telefonleitungen vorgenommen, ist die Sammlung des so gewonnenen Materials schlechthin unzulässig. Denn das Abhören von Gesprächen ist absolut verboten. Selbst wenn man die ausschließliche richterliche Beschlagnahmezuständigkeit der §§ 99, 100 StGB nur als relative Schranke begreift, ändert sich daran nichts, weil diese Ermächtigungen nicht auf das Abhören künftiger Gespräche, sondern nur auf die Erteilung von Auskünften über einen bereits abgewickelten Fernsprechverkehr abzielen. Bisher kann auch der Richter nicht die Befugnis zum Mitschneiden von Telefonaten erteilen, sondern nur den Zugriff auf das eröffnen, was die Post von früheren Telefonaten vielleicht noch weiß. Sobald das erwähnte Gesetz zu Art. 10 GG ergangen ist, wird die Rechtslage anders: Die betreffenden Dienststellen dürfen dann unter bestimmten Voraussetzungen Gespräche abhören, und wenn die Voraussetzungen einmal nicht vorliegen sollten, steht dies der Registrierung der so beschafften Nachrichten nicht entgegen. Hier sollte der Gesetzgeber daran denken, ein ausdrückliches Verbot der Sammlung und Auswertung von Meldungen einzufügen, die durch gesetzwidriges Abhören erlangt worden sind.

III. Schließlich stellt sich die Frage, ob dem Betroffenen ein *Rechtsanspruch* gegen das Bundesamt darauf zusteht, daß bestimmte Nachrichten über

---

[95] RGSt 47, 195.

ihn in Akten oder Karteien *gelöscht* werden, weil sie unrichtig oder auf illegale Weise beschafft und gesammelt worden sind. Mit Recht geht Evers [96] davon aus, daß die Methode der Katalogisierung im Bundesamt dafür keine Bedeutung haben könne. Vor allem halte ich seine Kritik an einem Standpunkt für zutreffend, der gelegentlich auftaucht: eine reine Vorgangskartei, die Meldungen über Gerechte und Ungerechte gleichermaßen erfasse, könne durch die Registrierung allein niemanden belasten. Denn die Kartei verweist auf Unterlagen, aus denen sich sehr wohl ergibt, was es in den Augen des Amtes mit dem Betroffenen auf sich habe. Auch die an sich richtige Argumentation hilft nicht weiter, niemand habe einen Rechtsanspruch darauf, daß nirgendwo in der Verwaltung interne Meldungen oder Berichte nachteiligen Inhalts existieren, nur wo eine besondere gesetzliche Regelung bestehe, wie für die Personalakten der Angehörigen des öffentlichen Dienstes, reiche die Abwehrbefugnis des einzelnen in den Innenbereich der Behörden hinein. Denn einmal stellt schon der bloße Besitz unrichtiger oder unrechtmäßig gesammelter Nachrichten eine erhebliche Gefährdung von Freiheit und Persönlichkeit des einzelnen dar [97], wenn die mit der Staatssicherheit betrauten Exekutivorgane darüber jederzeit unter Einsatz ihrer Machtbefugnisse verfügen können, zum anderen handelt es sich nicht nur um den *Innen*bereich der Verwaltung, weil Innenminister und Verfassungsschutzamt die Meldungen u. U. auch vertraulich an bestimmte dritte Empfänger weiterzugeben pflegen [98].

Die Antwort auf die gestellte Frage hängt mithin davon ab, ob der mit der Sammlung und Konservierung der Nachrichten verbundene selbständige Eingriff in die private Rechtssphäre durch § 3 BVerfSchAG allgemein gedeckt wird oder nur für zutreffende und vom Amt legaliter registrierte Nachrichten. Ich würde, im Gegensatz zu Evers, das erstere annehmen. Der Gesetzgeber hat Interventionen des Bürgers in die Führung der Nachrichtenkartei nicht schlechthin ausschließen wollen, aber mit Rücksicht auf die Art. 1 Abs. 1 und Art. 2 Abs. 1 GG auch nicht ausschließen können. Sollte z. B. ein Beamter des Verfassungsschutzamtes einmal falsches Material angehäuft haben, um einen bestimmten Politiker zu gegebener Zeit zu Fall zu bringen, würde die Existenz dieser Sammlung wegen der schweren Verletzung des Persönlichkeitsrechts und der latenten Gefährdung von Freiheit und Ehre durch keine gesetzliche Ermächtigung gerechtfertigt sein können. Richtig ist, daß der Rechtsanspruch auf Löschung oder Berichtigung faktisch selten zu realisieren ist, weil das Material dem Betroffenen unzugänglich bleibt. Aber wo man vor faktischen Grenzen kapitulieren muß, braucht man noch kein Rechtsprinzip daraus zu machen.

---

[96] Privatsphäre, S. 230.

[97] Vgl. BVerwGE 11, 181.

[98] Vgl. Evers, Privatsphäre, S. 227.

C. Auswertung von Nachrichten

§ 3 BVerfSchAG spricht von der Auswertung von Nachrichten, ermächtigt das Bundesverfassungsschutzamt also dazu, von dem beschafften und gesammelten *Material* zum Schutz der verfassungsmäßigen Ordnung *Gebrauch* zu *machen.*

I. Zunächst fragt sich, ob das Verfassungsschutzamt, das über Beschaffung und Sammlung von Nachrichten selbständig entscheidet, überhaupt befugt ist, auch über das Gebrauchmachen zu befinden. Aus § 2 BVerfSchAG, der das Amt dem Bundesinnenminister an die Hand gibt, und § 4 BVerfSchAG, der die Verpflichtung statuiert, die Verfassungsschutzämter der Länder zu unterrichten, können auch Grenzen der *Befugnis* zur Informationserteilung abgeleitet werden. Das Bundesamt für Verfassungsschutz hat keinen unmittelbaren Verkehr mit anderen Bundes- oder Landesbehörden zu pflegen, es sei denn, dies geschieht im Auftrag oder im Rahmen fixierter Ermächtigungen des Bundesinnenministers. Ist die Delegation der Befugnis zur Weitergabe von Nachrichten auch nicht ausgeschlossen, so muß der Bundesinnenminister doch nach dem Gesetz ein globales Abwälzen der Verantwortlichkeit nach unten vermeiden. Da die Entscheidung über das Gebrauchmachen wichtigste politische Elemente enthält, soll er dafür jederzeit selbst vor dem Parlament Rechenschaft ablegen können; er muß sich einen breiten Bereich von Weitergabeentscheidungen gegenüber dem Bundesamt für Verfassungsschutz vorbehalten. Die Behörde fungiert gewissermaßen als brain-trust der exekutiven Staatsführung bei der Verfolgung des Staatsziels, ständig den Bestand der Bundesrepublik und ihrer verfassungsmäßigen Ordnung zu sichern. Die wichtigste Form des Gebrauchmachens besteht in der Weitergabe von Nachrichten an die Staatsanwaltschaft, um die Strafverfolgung gegenüber Personen in die Wege zu leiten, die sich eines Deliktes gem. §§ 80 ff. StGB schuldig gemacht haben. In Betracht kommt auch eine Weitergabe an die Polizeibehörden, um verfassungsfeindliche Einrichtungen zu beseitigen und bevorstehende verfassungsfeindliche Unternehmungen zu verhindern.

II. Fraglich ist, wieweit Nachrichten des Bundesverfassungsschutzamtes an *andere Behörden und Private* weitergegeben werden dürfen, sei es von dem Bundesinnenminister oder dem Amt selbst, sei es auf eigene Initiative oder auf ein entsprechendes Auskunftsersuchen hin.

In der Regel wird die Weitergabe von Nachrichten, die Dritte belasten oder verdächtigen oder in irgendeiner Weise bloßstellen, als neuer hoheitlicher Eingriff in das Persönlichkeitsrecht zu qualifizieren sein [99]. Dabei ist es gleichwertig, ob die objektive Ehre und Reputation verletzt wird, die der Betroffene bei dem Empfänger der Auskunft und in dessen Wirkungsbereich genießt, oder das subjektive Ehrgefühl, wenn der Betroffene von

[99] EVERS, Die rechtlichen Grenzen der Nachrichtensammlung.

der Verbreitung der Nachricht selbst noch erfährt, oder eben lediglich die Privatsphäre, weil die geschützten Tatsachen einem noch erweiterten Personenkreis zugänglich gemacht werden, mögen sie auch an sich nichts Ehrenrühriges enthalten.

Es kommt also wieder darauf an, ob ein Rechtfertigungsgrund für die auskunfterteilende Dienststelle besteht, den Eingriff vorzunehmen.

Die Tatsachen sind selten i. S. des § 186 StGB erweislich wahr; „denn die Meldungen stammen aus unsicherer Quelle", erlauben keine zwingenden Schlußfolgerungen und sind auch dem rechtlichen Gehör des Betroffenen entzogen, der die Verdachtsmomente vielleicht rasch ausräumen würde. Auch wenn die Tatsachen, die Verdachtsmomente begründen, i. S. des § 186 StGB „erweislich wahr" sind, ist damit nicht gerechtfertigt, daß sie verbreitet werden. Denn allzu leicht bekommt eine Meldung, aus der an sich noch niemand ernsthafte Konsequenzen ziehen würde, einen überhöhten Kurswert, wenn sie vom Bundesinnenminister oder dem Bundesverfassungsschutzamt dienstlich mitgeteilt werden. Zumindest wollen die Beteiligten „keine Scherereien" haben und geben das Vertrauen auf den Betroffenen voreilig preis.

Evers [100] stellt auf § 193 StGB ab und will damit jede Weitergabe von Nachrichten des Bundesverfassungsschutzamtes als gerechtfertigt gelten lassen, die in Wahrnehmung berechtigter staatlicher Interessen vorgenommen wird. Das erscheint zu weitgehend [101]. Dabei wird außer Betracht gelassen, daß gerade bei diesen behördlichen Auskünften Autorität und Wirkung auf die Empfänger ganz außerordentlich sind, während das innere Gewicht wegen der Eigenart der Beschaffungsvorgänge und des Mangels an rechtlichem Gehör eher vorsichtig zu veranschlagen ist. Vor allem macht jedoch § 3 BVerfSchAG selbst deutlich, daß die Weitergabe von Nachrichten des Bundesamtes für Verfassungsschutz viel engeren Grenzen unterliegt. Denn ebenso wie die Beschaffung und Sammlung darf auch die Auswertung von Nachrichten nur zum Ziel haben, Bestrebungen zu begegnen, die auf eine Aufhebung, Änderung oder Störung der verfassungsmäßigen Ordnung oder eine ungesetzliche Beeinträchtigung der Amtsführung von Mitgliedern verfassungsmäßiger Organe gerichtet sind. Daraus folgt einmal, daß andere Staatsinteressen als die der Staatssicherheit, so legitim sie auch sein mögen, keine Weitergabe von Nachrichten des Verfassungsschutzamtes zu rechtfertigen vermögen, z. B. nicht solche der allgemeinen Verbrechensbekämpfung. Zum anderen reicht die Ermächtigung zur Weitergabe von solchen Nachrichten nur so weit, als die Behörde, die die Auskunft erhält, selbst, fachlich gesehen, ein spezifischer Garant der Staatssicherheit sein muß und daß sie die Auskunft auch wirklich zur Wahrnehmung solcher Staatssicherheitsfunktionen

---

[100] Privatsphäre, S. 236 ff.

[101] Neuerdings faßt auch Evers, Die rechtlichen Grenzen der Nachrichtensammlung, die Weitergabebefugnis enger auf.

im engeren Sinne benötigt. Die Staatspraxis ist in diesem Punkt möglicherweise zu großzügig. Gerichte dürfen z. B. in aller Regel nicht Empfänger von Nachrichten des Verfassungsschutzamtes sein, weil weder die Zivilnoch die Straf- noch die Verwaltungsjustiz generell dazu berufen ist, die Staatssicherheit zu gewährleisten. Für die Kammern und Senate, die mit Staatsschutzdelikten befaßt sind, ist eine Ausnahme zu machen. Deshalb kann eine Anfrage, ob gegen bestimmte Personen Bedenken zu erheben sind, nur in bezug auf die Richter einiger fachlich einschlägiger Kammern und Senate zulässig sein, nicht aber für jeden Referendar, der seine Justizausbildung absolviert. Für die Verwaltungsbehörden kommen Auskünfte des Verfassungsschutzamtes nur in Betracht, wenn und soweit sie Staatssicherheitsfunktionen wahrnehmen oder Geheimnisträger einer gehobenen Stufe besitzen. Die Polizeibehörden haben nicht etwa deshalb ein allgemeines Auskunftsrecht, weil sie die verfassungsfeindlichen Bestrebungen letztlich zu bekämpfen haben. Nur die höchsten Ränge in der Hierarchie der Polizei, die auf diesem Gebiet über selbständige Entscheidungmacht verfügen, dürfen Auskünfte erhalten, und auch nur insoweit, als dies für die Ausübung bestimmter Funktionen der Staatssicherheit im Einzelfall unerläßlich ist. Die Weitergabe von Nachrichten zum Schutz von Staatsgeheimnissen ist für den militärischen Sektor anzuerkennen sowie für manche Bereiche der inneren Verwaltung, aber nicht weit darüber hinaus. Vor allem dürfen nicht alle Personalverwaltungen unter dem Gesichtspunkt mit Auskünften versorgt werden, daß der Staat natürlich allenthalben über verfassungstreue Beamte, Angestellte und Arbeiter verfügen will. Von wenigen „Garantenposten" oder Geheimnisträgern abgesehen, muß die Entscheidung über die Eignung von Stellenbewerbern ohne Hinzuziehung des Materials des Bundesamtes getroffen werden. Treten objektive Verdachtsmomente gegen die Verfassungstreue von Angehörigen des öffentlichen Dienstes auf [102], ist es nicht Sache der Dienstbehörde, mit dem Verfassungsschutzamt in unmittelbare Verbindung zu treten, sondern der Polizeibehörden, die allein verfassungsfeindliche Bestrebungen zu bekämpfen haben.

Schließlich ist zu betonen, daß nicht nur der Kreis der Empfänger und der auskunftsfähigen Funktionsbereiche eng begrenzt ist — die Einhaltung der allgemeinen Voraussetzungen, die bei jedem polizeilichen Eingriff gegeben sein müssen, ist vor der Weitergabe von Nachrichten besonders sorgfältig zu prüfen. Nur in Ausnahmefällen kommen Auskünfte über Angelegenheiten in Betracht, die *Nichtstörer* betreffen. Schlechthin *unerlaubt* ist die Weitergabe von Nachrichten, die nach den zu B. aufgestellten Grundsätzen nicht in die Kartei hätten aufgenommen werden dürfen. Oft wird der Eingriff nicht *notwendig* im Sinne eines ultimum refugium zur Abwehr

[102] Zum vergleichbaren Fall bei Angestellten der Privatwirtschaft vgl. VGH München, DVBl 1965, 447 ff., mit Anmerkung von Evers, DVBl 1965, 449 ff.; BayVerfGH, DVBl 1965, 446 f.

von Gefahren für die Staatssicherheit, oft nicht *verhältnismäßig* sein, weil die Rücksichtnahme auf die schwere berufliche oder gesellschaftliche Schädigung des Betroffenen die Auskunfterteilung ganz verbietet. Das kann auch bei Verdächtigten der Fall sein. Jede Kameraderie im zwischenbehördlichen Verkehr ist hier fehl am Platze. Im Prinzip hat die staatliche Exekutive eben ohne den Nachrichtenapparat des Bundesamtes für Verfassungsschutz zu arbeiten.

Das Magazin von Angaben, Tatsachen und Vorgängen, welches der Rechtsstaat wider Willen zu seinem Schutze anlegt und mittels ihm sonst fremder Ermittlungsmethoden füllt, ist kein Hausmittel jeder Verwaltungsbehörde, sondern der Giftschrank in der Apotheke, für den eine strenge Rezeptpflicht beachtet werden muß.

Folgerungen

Bisher sind die Möglichkeiten einer rechtsstaatlichen Kontrolle des Verfassungsschutzes behandelt worden. Die Grenzen dieser rechtsstaatlichen Kontrolle sind im wesentlichen faktischer Natur. Wo kein Kläger ist, ist kein Richter. Wer von der Observation oder heimlichen Schallaufnahme oder Telefonüberwachung nichts bemerkt, hat keine Gelegenheit, nachzuprüfen, ob die rechtlichen Voraussetzungen für ein solches Einschreiten vorgelegen haben. Wer aus einem Arbeitsverhältnis entlassen wird oder Schwierigkeiten hat, eines zu finden, wird nicht von sich aus auf den Gedanken kommen, daß Anfragen oder Informationen des Verfassungsschutzamtes die Ursache gewesen sind. Wer Eingriffe zu spüren bekommt, erleidet nicht notwendigerweise einen Vermögensschaden, auf dessen Entschädigung vor dem ordentlichen Gericht zu klagen sich lohnt. Deshalb sind die beiden wichtigsten Abwehrwaffen des Bürgers gegen rechtswidrige staatliche Eingriffe — die Klage vor dem Verwaltungsgericht gegen den hoheitlichen Eingriff oder die Klage vor dem ordentlichen Gericht auf Entschädigung — auf dem Gebiet des Verfassungsschutzes weithin stumpf.

I. Unter diesen Umständen bleibt nichts, als die Einrichtung eines rechtsstaatlichen built-in-stabilizers im Verfassungsschutzamt selbst mit Nachdruck zu betreiben. Es muß sich um ein unabhängiges, kollegial zusammengestztes *Kontrollorgan* handeln, das ein gewisses Gegengewicht gegenüber dem exekutiven Ermittlungsstab bildet. Die Aufgabe des Kontrollorgans besteht darin — unbelastet von dem Auftrag, selbst die verfassungsfeindlichen Bestrebungen optimal aufdecken zu müssen —, gegenüber dem exekutiven Ermittlungsstab zu gewährleisten, daß alle Risiken unvollkommener Aufklärung hingenommen werden, die Verfassungs- und Gesetzgeber zum Schutz des Bürgers bewußt in Kauf genommen haben, und nur diejenigen Eingriffe in das Persönlichkeitsrecht zuzulassen, die noch von den vielfältigen allgemeinen und besonderen Eingriffsvoraussetzungen gedeckt sind. In dem Kontrollorgan sollte sowohl das politische wie das richterliche Element vertreten sein. Mitglieder des Parlaments würden vornehmlich darüber zu wachen haben, daß die Eingriffe unschädlich bleiben, also nicht höherwertigen staatlichen Interessen zuwiderlaufen. Dagegen wäre es überwiegend Sache der Richter, eine *Rechts*praxis zu entwickeln, nach der das Verfassungsschutzamt strikt und ständig verfährt.

II. Ferner muß sichergestellt werden, daß über sämtliche Ermittlungsvorgänge gegenüber Verdächtigen oder gegenüber Beteiligten *Akten* angelegt werden. Darin sind alle Eingriffe zu vermerken, die jeweils vorgenommen werden. Dazu gehören vor allem Eingriffe wie Observationen oder Anfragen bei Dritten, die der Betroffene nicht bemerkt und nicht bemerken soll. Außerdem muß daraus hervorgehen, wann ein Ermittlungsauftrag an einen V-Mann verwaltungsintern erteilt wird und welchen Inhalt er hat.

III. Dem Kontrollorgan ist in einem bestimmten Umfang die Befugnis zur *Vorwegkontrolle* von Eingriffen einzuräumen, die sich gegen unverdächtige Personen richten oder die in die Privatsphäre des Verdächtigen besonders intensiv hineinreichen. Ohne die Genehmigung des Kontrollorgans sollen keine Maßnahmen getroffen werden, die in Spezialgesetzen erfaßt worden sind oder werden müssen, wie solche, die in die Unverletzlichkeit der Wohnung eingreifen, heimliche Schall- oder Bildaufnahmen oder eine Telefonüberwachung betreffen. Ferner wird eine vorherige Genehmigung erforderlich sein für Anfragen bei Dritten oder Auskünfte an Dritte, z. B. Arbeitgeber, Vermieter usw., wenn der Betroffene dadurch in seiner bürgerlichen Existenz gefährdet oder sonst besonders schwer beeinträchtigt wird.

IV. Im übrigen wird das Kontrollorgan die gesamte Tätigkeit des exekutiven Ermittlungsstabes repressiv zu überwachen haben. Das bedeutet erstens nachträgliche Durchsicht aller Akten in regelmäßigem Turnus oder aus besonderem Anlaß, in denen Eingriffe in das Persönlichkeitsrecht verfügt worden sind. Zweitens sind Kartei und Akten zu bereinigen, in denen sich Nachrichten ohne hinreichenden indizierenden Wert, unrichtige Nachrichten oder unrechtmäßig erlangte Nachrichten befinden. Drittens ist streng zu kontrollieren, daß keine Nachrichten an Behörden gegeben worden sind, für die die engen Voraussetzungen nicht zutreffen, von denen eine solche Auswertung des Materials abhängig gemacht worden ist. Schließlich ist das Kontrollorgan zu verpflichten, dem Betroffenen im Rahmen des Möglichen rechtliches Gehör einzuräumen. Zumindest sind die Betroffenen nach völligem Abschluß eines Ermittlungskomplexes nachträglich davon in Kenntnis zu setzen, welche Eingriffe in ihr Persönlichkeitsrecht verfügt worden sind, wenn Anhaltspunkte dafür vorliegen, daß ihnen dadurch ein Schaden entstanden ist.

Die Aufschlüsselung der Generalklausel des § 3 BVerfSchAG, durch die ein praktikables Netz von Einzelnormen für den Verfassungsschutz entsteht, und die Einrichtung eines amtsangehörigen unabhängigen Kontrollorgans, dem die Durchsetzung des so aufgeschlüsselten § 3 BVerfSchAG obliegt, behindern die zügige und schlagkräftige Ermittlungsarbeit des Bundesamtes für Verfassungsschutz sicherlich in erheblichem Umfang. Es kann durchaus sein, daß diese rechtsstaatlichen Anforderungen mit einem gewissen Rückgang an Zahl und Gewicht der Ermittlungstatsachen bezahlt werden müssen. Verfassung und Gesetz haben diesen Preis jedoch bewußt in Kauf genommen. Erfordert der Verfassungsschutz weitergehende Eingriffsbefugnisse, so muß der Gesetzgeber politisch entscheiden, ob er die Risiken anders verteilt, indem er die Beschaffungs-, Sammlungs- oder Auswertungskapazität des Amtes auf Kosten des Bürgerschutzes erhöht.

So bestimmt auch im Rechtsstaat letztlich die Staatsräson über Eingriffe in das Persönlichkeitsrecht zum Schutz der Verfassung; nur entscheidet darüber der Gesetzgeber, nicht die Exekutive selbst.

Voraussetzungen und Form der Errichtung öffentlicher Körperschaften (außerhalb des Kommunalrechts)

Ulrich Scheuner

Wie das Recht der Verwaltungsorganisation überhaupt, hat auch das Recht der öffentlichen Körperschaften in der neueren Verwaltungsrechtslehre keine sehr starke Bearbeitung erhalten. Abgesehen von dem Bereich der Gebietskörperschaften, der zum Kommunalrecht gehört und in diesem Rahmen eine umfangreiche Darstellung gefunden hat [1], sind die grundlegenden Fragen des Körperschaftsrechts nur von Zeit zu Zeit eingehender untersucht worden. Den Grund hierfür darf man nicht in einer geringen Bedeutung dieses Gebietes suchen, sondern in der Unübersichtlichkeit der über zahlreiche Verwaltungszweige und Gesetze verstreuten Materie und in dem Wandel ihrer Grundvorstellungen. Die Entwicklung eines neben der Gemeindeverwaltung stehenden weiteren Kreises selbständiger Träger öffentlicher und staatlicher Aufgaben, die Ausdehnung des Gedankens der Selbstverwaltung auf soziale, berufliche und wirtschaftliche Verbände mit Eigenverantwortung ist erst ein Werk des späteren 19. Jahrhunderts. In diesem Raum haben sich aber auch notwendig jeweils die wechselnden Auffassungen von der Rolle des Staates gegenüber den Eigenkräften der Gruppen sowie vom Umfang und den Grenzen der Staatstätigkeit geltend gemacht. Theorien des Korporativismus haben sich hier in der Weimarer Zeit gezeigt, denen nach 1933 ein scharfer Zentralismus folgte, der die Autonomie der Selbstverwaltungskörper in gelenkte Abhängigkeit zu überführen drohte. In der Gegenwart hat die Verbandsbildung sich vielfach mit einem ihre Notwendigkeit leugnenden Individualismus auseinanderzusetzen gehabt. Die Schwierigkeiten des Gebietes sind vor allem auch dadurch vermehrt worden, daß zwar die Rechtslehre zu einer Klärung des Begriffs der Körperschaft und seiner Abgrenzung von anderen Typen selbständiger Verwaltungsträgerschaft gelangt ist, die Gesetzgebungspraxis aber die Ausdrücke oft in einem sehr lockeren Sinne verwendet und es an klarer Abhebung gegenüber den Anstalten und anderen Formen rechtsfähiger Verwaltungsgebilde fehlen läßt. Die zusammenfassenden Übersichten der verschiedenen Arten öffentlichrechtlicher Ver-

---

[1] Es darf hier auf die grundlegende Arbeit von Hans Peters, Grenzen der kommunalen Selbstverwaltung in Preußen, Berlin 1925, verwiesen werden.

bände, die Arnold Köttgen [2] und Werner Weber [3] vor nunmehr 20 Jahren gaben, hatten zwar das Bild während der Jahre 1933—1945 vor Augen, als ein ungeregelter Sprachgebrauch angesichts der von oben ausgeübten Lenkung [4] aller Verbände die Konturen besonders stark verwischte. Aber die damals geübte Kritik an der Gesetzgebung, die die Begriffe Körperschaft, Anstalt, Genossenschaft, Stiftung in wenig exaktem und oft sogar irreführendem Sinne verwandte, ist leider auch in der Gegenwart nach wie vor aktuell [5]. Die Ausbreitung der Erscheinung der öffentlichen Körperschaften in weiteren Bereichen der Verwaltung gehört erst der zweiten Hälfte des 19. Jahrhunderts an. Erst in dieser Zeit beginnen sich auch die Begriffe zu klären, löst sich die Figur der öffentlichen Körperschaft von dem allgemeinen Begriff der vom Staate anerkannten oder privilegierten Korporation und bildet sich die Konzeption der öffentlichen Anstalt aus, auch sie freilich alsbald wieder durch die Bezeichnung nur organisatorisch verselbständigter administrativer oder technischer Einrichtungen (Krankenhäuser, Museen) als nicht rechtsfähige Anstalten in ihren Konturen verunklärt. Es hat auch in der Wissenschaft lange gedauert, bis ein zusammenhängender Überblick über die Typen rechtsfähiger Träger öffentlicher und staatlicher Aufgaben und eine systematische Gliederung ihrer Formen gewonnen war.

Die hier vorgelegte Untersuchung befaßt sich nur mit einem Teilgebiet. Sie beschränkt sich auf öffentliche Körperschaften und hier wiederum auf die Frage, in welcher rechtlichen Form sie begründet werden können und unter welchen Voraussetzungen der Staat überhaupt in der Lage und befugt ist, körperschaftliche Verbindungen zu errichten und ihnen staatliche Aufgaben zuzuweisen. Bei dieser Erörterung bleibt, wie schon erwähnt, das Kommunalrecht beiseite. Die Gemeinde als lokale Einheit der allgemeinen staatlichen Verwaltung nimmt einen besonderen Platz ein und hat eine eigene Geschichte. Der Blick richtet sich vielmehr in erster Linie auf die Körperschaften, die im Bereich des sozialen, wirtschaftlichen, kulturellen und beruflichen Lebens bestimmte öffentliche und staatliche Aufgaben erfüllen. Die Stellung der Gemeinde wird durch ihre Rolle als Trägerin eines umfassenden Verwaltungsauftrags [6] im Rahmen der allgemeinen Verwaltung

[2] Arnold Köttgen, Die rechtsfähige Verwaltungseinheit, Berlin 1939.

[3] Werner Weber, Die Körperschaften, Anstalten und Stiftungen des öffentlichen Rechts, 2. Aufl., München 1943.

[4] Daher spielten damals die vom Staat her mit äußeren Weisungen gelenkten „Leitungsverbände" eine große Rolle. Vgl. Köttgen, a.a.O., S. 48 ff. Die Erscheinung ist heute ganz zurückgetreten, vgl. Hilmar Lyncker, Die Rechtsgrundlagen der öffentlichen Körperschaft im heutigen Verwaltungsrecht, Diss. Bonn 1960, S. 80.

[5] Zu den wenig exakten amtlichen Bezeichnungen siehe für die frühere Zeit Köttgen, a.a.O., S. 92; Weber, a.a.O., S. 16 f., 41 ff., 86 f. Für die Gegenwart weisen auf ähnliche Mängel hin Forsthoff, Lehrbuch des Verwaltungsrechts, 9. Aufl. 1966, S. 458; Lyncker, a.a.O., S. 80.

[6] Diese weite Zuständigkeit ist den Gemeinden und Kreisen durch die Verfassung (Art. 28 GG) zugesichert. Man umschreibt sie gemeinhin mit dem Ausdruck

umschrieben. Sie ist ein wesentlicher Bestandteil der staatlichen Verwaltungsorganisation, ungeachtet der Selbständigkeit, die sie im Bereich ihrer Selbstverwaltung besitzt [7]. Ihre Existenz ist von der Verfassung garantiert und demnach als notwendig vorausgesetzt. Im Unterschied davon stehen die Körperschaften mit besonderer Aufgabe in einem loseren Verhältnis zu der Staatsorganisation. Die Selbstverwaltung steht bei ihnen im Vordergrund. Ihr Bestand wird nicht als notwendig vorausgesetzt; er muß sich im Gegenteil erst im Rahmen von Verfassung und Gesetz als gerechtfertigt und erforderlich erweisen. Diese Verschiedenheiten rechtfertigen es, hier die kommunalen Körperschaften mit ihrer anderen Struktur und ihrem umfassenden Aufgabenkreis beiseite zu lassen.

I. Der Begriff der Körperschaft

Der Begriff der öffentlichen Körperschaft, wie ihn die heutige Verwaltungsrechtslehre kennt, hat zwar ältere Wurzeln, ist aber erst in der zweiten Hälfte des 19. Jahrhunderts klar ausgeformt worden. Gemeinden und Zünfte gehen zwar auf die mittelalterliche Entwicklung zurück, aber sie bildeten im absoluten Staat keinen Ansatzpunkt für ein allgemeines Recht der Vereinigungen. Erst am Ausgang des 18. Jahrhunderts ließ der absolute Staat die Bildung freier Assoziationen zu, sofern sie nicht dem gemeinen Wohl zuwiderliefen. Der Erwerb der Rechtspersönlichkeit war aber für Vereinigungen nur bei Verfolgung eines gemeinnützigen Zweckes und bei staatlicher Genehmigung möglich. Sie wurden dann als privilegierte Korporationen bezeichnet (§§ 2, 6, 22, 25 II 6 ALR). Öffentliche und private Korporationen wurden noch nicht unterschieden. Auch Stadtgemeinden, Zünfte und Universitäten hatten nur die Stellung von privilegierten Korporationen (§§ 108, 191 II 8 und § 67 II 12 ALR). Eine besondere Regelung bestand dagegen für die religiösen Gemeinschaften, von denen die vom Staate „aufgenommenen" die Position privilegierter Korporationen erlangt hatten (§ 17 II 11 ALR), während andere nur geduldete Gesellschaften bleiben (§ 20 a.a.O.). Bis zur Mitte des 19. Jahrhunderts blieb daher weithin der Begriff der privilegierten Korporation im Vordergrund, der sowohl im heutigen Sinne öffentlichrechtliche wie privatrechtliche Vereinigungen umfaßte [8].

---

der „Universalität des Wirkungskreises", der freilich seine Abgrenzung auch durch die staatliche Gesetzgebung (in den Grenzen der Verfassungsgarantie) erhält. Vgl. GÖNNENWEIN, Gemeindeverwaltung, Tübingen 1963, S. 32 ff. und schon PETERS, a.a.O., S. 193.

[7] Der Unterschied zwischen Aufgaben des Staates und solchen der Selbstverwaltung wirkt sich nicht so streng aus, daß nicht die Gemeinde in der Gesamtheit ihrer Funktionen als einheitlicher Träger örtlicher Verwaltung erschiene (vgl. GÖNNENWEIN, a.a.O., S. 36 ff.).

[8] Diese Entwicklung spiegelt noch L. v. RÖNNE, Das Staatsrecht der preußischen Monarchie, 2. Aufl. 1864, Bd. I, 2, S. 152 ff., auf der Grundlage des Art. 31 pr. Verf. v. 1850.

Dann begann sich eine Scheidung der öffentlichen und privaten Korporationen auszubilden [9]. Lorenz v. Stein stellte die freie Vereinsbildung, die eine Staatsaufgabe verfolgt, in den weiteren Zusammenhang der Verwaltung als einen Berührungspunkt zwischen Staat und Gesellschaft und verband den Korporationsbegriff mit dem der Selbstverwaltung [10]. Bei O. Mayer wurden dann die juristischen Personen des öffentlichen und privaten Rechts klar geschieden und die mitgliedschaftliche Körperschaft von der Anstalt abgehoben. Leider wurde der letztere Begriff dann wieder durch die Hereinnahme von organisatorisch abgeteilten administrativen Einrichtungen wie Krankenhäusern, Schulen, Museen als sogenannte nicht rechtsfähige Anstalten verunklärt [11]. In jedem Falle läßt sich feststellen, daß in der zweiten Hälfte des 19. Jahrhunderts die Bezeichnung der öffentlichen Körperschaft in der Gesetzessprache erschien [12] und nun auch auf die im sozialen und beruflichen Felde auftretenden selbständigen Träger öffentlicher und staat-

[9] Früher als im preußischen Recht tritt die Unterscheidung im bayerischen Recht auf, wo freilich nur Stadt- und Landgemeinden, anerkannte Kirchen und Universitäten als öffentliche Körperschaften erscheinen. Vgl. Ernst v. Moy, Das Staatsrecht des Königreichs Bayern, München 1840, Teil I, S. 340 f.; Joseph Pözl, Lehrbuch des Bayerischen Verwaltungsrechts, 3. Aufl., München 1860, S. 224, 230, 242.

[10] Verwaltungslehre, Bd. I, Stuttgart 1865, S. 509 ff., 566 ff. In seinem Begriff der öffentlichen Korporation sind freilich Anstalten, Körperschaften und Stiftungen noch nicht geschieden.

[11] O. Mayer, Deutsches Verwaltungsrecht, 3. Aufl., Leipzig 1924, Bd. 2, S. 322 ff. Dieser Begriff der öffentlichen Anstalt als einer sowohl rechtsfähige wie nicht rechtsfähige Gebilde umfassenden Bezeichnung ist seither festgehalten worden. Siehe Forsthoff, Lehrbuch, S. 460 f., 468; H. J. Wolff, Verwaltungsrecht, Bd. II, München 1962, S. 4 f. Gegen diese Verbindung rechtlich selbständiger Anstalten mit bloßen organisatorisch verselbständigten Verwaltungskomplexen in einem Begriff spricht, daß Begründung und Rechtslage beider Formen sehr unterschiedlich sind. Neuestens wird der weitergehende Begriff von Jecht, Die öffentliche Anstalt, Berlin 1963, unter funktionellen Gesichtspunkten verteidigt. Er möchte die Anstalt ganz der leistenden Verwaltung zuweisen (was weder für das Monopol der Arbeitsvermittlung noch ähnliche Zwangsrechte gewisser wirtschaftlicher Anstalten ausreicht) und in ihr einen Organisationstyp sehen, dessen Merkmale er offenbar hauptsächlich gegenüber der Behörde als eine gewisse Weisungsunabhängigkeit umschreiben möchte. Damit verliert der Begriff aber ziemlich alle festen Konturen, und bloße Forschungseinrichtungen, wirtschaftliche Unternehmen und Versorgungsbetriebe werden in den Begriff einbezogen (Jecht, S. 90 ff.). Es wird nicht beachtet, daß für die Errichtung rechtsfähiger Anstalten andere Grundsätze gelten als für die bloßer Ausgliederungen aus Behörden und Verwaltungsbereichen. Es sollte auch nicht übersehen werden, daß das Grundgesetz in Art. 87 Abs. 3 den Begriff der rechtsfähigen Anstalt voraussetzt (so richtig Maunz-Dürig, Grundgesetz, zu Art. 87, Rdnr. 38 u. 53).

[12] Nach der Städteordnung für die sechs östlichen Provinzen v. 30. 5. 1853 (§ 9) sind die Stadtgemeinden „Korporationen des öffentlichen Rechts". Ebenso LandgemeindeO für die sieben östlichen Provinzen v. 5. 7. 1891 (§ 5). Dagegen werden Jagdgenossenschaften (JagdO v. 15. 7. 1907, § 16) und Wassergenossenschaften (WasserG v. 7. 4. 1913, § 209) nur einfach für „rechtsfähig" erklärt.

licher Aufgaben angewendet wurde. Seitdem steht das Bild der öffentlichen Körperschaft in der Verwaltungsrechtswissenschaft fest.

Die öffentliche Körperschaft setzt einen öffentlichen oder staatlichen Zweck voraus, dem sie dient. Das unterscheidet sie von privaten Vereinigungen, auch soweit diese gemeinnützige oder gar öffentliche Aufgaben wahrnehmen [13]. Sie bilden stets einen mitgliedschaftlichen Verband, einen Personenverband. Das bedingt auch eine innere Verfassung, die diesen Mitgliedern eine wirkliche Mitwirkung an den Geschäften der Körperschaft gibt. Ein im Sinne einer älteren Ausdrucksweise genossenschaftliches Element gehört zum Wesen der Körperschaft. Die Mitglieder können nicht nur bloße Objekte, Verwaltete oder Destinatäre sein [14]. Die Einrichtung und Verfassung der Körperschaft kann, wie wir sehen werden, weitgehend vom Staat her bestimmt werden. Sie muß aber einen Bereich eigenverantwortlicher Entscheidung behalten, den man als Selbstverwaltung bezeichnen kann [15]. Ihre Einfügung in den Zusammenhang der staatlichen Verwaltungsorganisation bedingt endlich eine Staatsaufsicht [16]. Schließlich aber ist es bei der Körperschaft unstreitig, daß sie ein rechtsfähiges Gebilde ist [17].

Von diesen Merkmalen bedarf nur das der öffentlichen Aufgabe noch eines Wortes der Erläuterung. Hans Peters hat in einer seiner letzten Arbeiten mit Recht darauf aufmerksam gemacht, daß es im Verwaltungsrecht nötig ist, zwischen öffentlichen und staatlichen Aufgaben zu unterscheiden [18]. So wie wir heute neben der Staatsorganisation den Bereich des Öffentlichen kennen, in dem nicht institutionell zum Staat gehörige politische und soziale

[13] Es steht auf einem anderen Blatt, daß solche im Privatrecht wurzelnden Verbindungen wie Parteien und Interessenverbände, oder Unternehmen wie die Presse, eine politische und öffentliche Rolle, ja sogar eine verfassungsrechtlich zu umschreibende Mitwirkung am Verfassungsleben ausüben können. Das sind funktionelle Aufgaben, die sie nicht zu Teilen der institutionellen Staatseinrichtungen machen.

[14] Die Notwendigkeit von Mitgliedern wird allgemein bejaht, ihre aktive Beteiligung betont von E. R. Huber, Wirtschaftsverwaltungsrecht, 2. Aufl., Bd. I, Tübingen 1953, S. 184. Die mitgliedschaftliche Struktur wird hervorgehoben vom BayVerfGH, VwRspr 3, S. 657; Wü-baVGH, ESVGH 4, S. 188. Nicht folgen kann ich Forsthoff (S. 453 f.), wonach die Mitglieder von den Verwaltungsgeschäften und der Organbestellung ausgeschlossen sein können. Ohne ein, wenn auch begrenztes, Maß eigener Mitentscheidung ist das Element der korporativen Struktur nicht erfüllt. Sonst liegen anstaltliche Formen vor. Vgl. hierzu Lyncker, a.a.O., S. 78 ff.

[15] Zur Verbindung des Körperschaftsbegriffs mit Selbstverwaltung siehe Huber, a.a.O., Bd. I, S. 186 f.; *ders.*, Selbstverwaltung der Wirtschaft, Stuttgart 1958, S. 41 f. Meine Darlegungen DÖV 1952, S. 611, und in: Öffentlichrechtliche Zusammenschlüsse der Jägerschaft (Gutachten), S. 15.

[16] Zur Notwendigkeit der Staatsaufsicht: BayVerfGH, VwRspr 3, S. 657; Jecht, S. 23.

[17] Auf die Frage der Teilrechtsfähigkeit kann hier nicht eingegangen werden. Siehe dazu Bachof, AöR 83 (1958), S. 20 ff.; Jecht, S. 78 f.

[18] Öffentliche und staatliche Aufgaben, Festschrift für H. C. Nipperdey, München 1964, Bd. II, S. 877 ff.

Verbände und Kräfte an der Gestaltung des Verfassungslebens und der Aufgaben der Gesamtheit einen freien Anteil nehmen [19], so gehört dazu, daß neben den vom Staat an sich genommenen Aufgaben des Ganzen — einem Kreis, den die Gesetzgebung immer wieder neu umgrenzen, erweitern, aber — seltener — auch verringern kann — andere für die Gesamtheit bedeutsame und wichtige Angelegenheiten von freien Kräften wahrgenommen werden. Die Bewältigung dieser Aufgaben kann durch freie private Kräfte erfolgen: Ein Beispiel bilden private Forschungseinrichtungen, wie sie z. B. die Görres-Gesellschaft darstellt, der Hans Peters durch lange Jahre so erfolgreich vorstand, oder — im Ausland — die Stiftungsuniversitäten (Harvard, Yale usw.) oder private Sozialeinrichtungen. Es kann sein, daß deren Kraft nicht mehr ausreicht, daß sie staatliche Stützung, nicht nur in finanzieller Hinsicht, benötigen. Hier ist ein Punkt, an dem unter Umständen bei personalen Aufgabenbereichen die Körperschaft sich als Gestaltungsmöglichkeit anbietet, um berufliche, wirtschaftliche, kulturelle oder soziale Angelegenheiten von öffentlicher Bedeutung organisatorisch zusammenzufassen und einer dauerhaften Pflege und Vorsorge zu überantworten. In einem solchen Falle braucht die Aufgabe nicht eine staatliche zu werden, sie bleibt in jenem Bereich des öffentlichen Interesses, daher in einer Selbständigkeit gegenüber dem Staate. Allerdings können solche Verbände dann zusätzlich unter Umständen staatliche Aufgaben der Aufsicht, der Berufsgerichtsbarkeit usw. übertragen erhalten. Etwas anderes ist es dagegen, wenn der Staat für gewisse staatliche Aufgaben, etwa des Bankwesens oder der Forschung, eine Auflockerung seiner Organisation durch Bildung von Trägern dieser Aufgaben mit Eigenverantwortung sucht. Dann haben wir es mit dezentralisierten staatlichen Aufgabenbereichen zu tun. Im Ergebnis wird man daher für die Erscheinung der Körperschaft, wie auch Forsthoff ganz richtig dargelegt hat [20], mit verschiedenen Formen ihres Ursprungs und ihrer Nähe zum Staat zu rechnen haben, und dem entspricht auch, daß sie entweder in erster Linie öffentlichen Aufgaben dienen, die in ihnen eine staatliche Anerkennung und Förderung erfahren, oder staatliche Aufgaben wahrnehmen, mit denen sie im Wege einer Dezentralisierung staatlicher Verwaltungsführung betraut werden. Die Aufgaben, die eine Körperschaft erfüllt, können vordem durch einen nichtöffentlichen Verband wahrgenommen worden sein; aber ebenso möglich ist es, daß sie nun erst aus der unmittelbaren Staatsverwaltung in die mittelbare überführt werden [21].

[19] Zu diesem Begriff des Öffentlichen siehe E. Forsthoff, Die öffentliche Körperschaft im Bundesstaat, Tübingen 1931, S. 15; R. Smend, Zum Problem des Öffentlichen und der Öffentlichkeit, Gedächtnisschrift für W. Jellinek, 1955, S. 11 ff.

[20] Lehrbuch, S. 452/53. Nur würde ich bei der Zurechnung ausgesprochener Leitungsverbände zur Körperschaftsform zurückhaltend sein.

[21] Auf einer ganz eigenen Linie hat sich die Qualität der Kirchen als öffentliche Körperschaften entwickelt. Ursprünglich wurden sie einfach vom Staat auf diese Weise dem öffentlichen Bereich eingeordnet. Noch in der Weimarer Zeit lei-

Von der Körperschaft unterscheidet sich die Anstalt — hier wird nur die rechtsfähige Anstalt betrachtet — durch das Fehlen von Mitgliedern, den mangelnden Charakter als Personenverband. Die Anstalt kann Benutzer, Destinatäre, Beiräte haben. Sie ist sogar nicht selten mit einem erheblichen Maß an Unabhängigkeit und damit Eigenverantwortung ausgestattet, die in einzelnen Fällen — etwa bei den Anstalten der Sozialversicherung — mit Selbstverwaltung bezeichnet wird. Aber ihre Natur wird bestimmt durch ihre staatliche Aufgabe [22] und die in ihr zusammengefaßten sachlichen und administrativen Mittel zur Erfüllung dieser Aufgabe. Ihre Erscheinung wird bestimmt durch Verselbständigung einer Verwaltungsaufgabe unter eigener Leitung, unter Verfügung über die zweckdienlichen hoheitlichen und sachlichen Mittel. Das Funktionelle, Sachliche überwiegt, obwohl die personelle Mitarbeit und Mitwirkung der beteiligten Interessenten und Kreise durchaus entwickelt sein kann. Staatsaufsicht gehört auch hier zum Normalbild [23].

Eine dritte Form der rechtsfähigen Einheit des öffentlichen Rechts ist die Stiftung. Sie wird durch die Bereitstellung von Sach- oder Geldmitteln gekennzeichnet, die einem bestimmten, meist genau bezeichneten öffentlichen oder staatlichen Zweck gewidmet sind, und in ihrem Bestande von der Verwaltungsorganisation abgelöst bleiben. Während die Stiftung im Privatrecht — man denke an die der Wissenschaft dienenden Stiftungen (Volkswagenwerk, Thyssen) — sich neue Möglichkeiten erschließt, ist sie im öffentlichen Bereich eine seltenere Erscheinung, aber durchaus lebensfähig und brauchbar [24].

---

tete man aus dieser Eigenschaft der Kirchen die Staatsaufsicht ab. Heute dagegen, wo. Art. 137 WeimRV im Sinne eines Fortfalls dieser Bindung an den Staat verstanden wird, bezeichnet der Körperschaftsbegriff gewisse Vorrechte der Religionsgesellschaften, aber darüber hinaus bedeutet er mehr, nämlich die Hervorhebung der Religionsgemeinschaften als vom Staate anerkannter, von ihm als im Bereich des Öffentlichen als bedeutsam angesehene und mit einem öffentlichrechtlichen Status versehener Bildungen. Vgl. in diesem Sinne H. MARRÉ, NJW 1965, S. 1514 ff. Gegen einen öffentlichrechtlichen Status H. WEBER, Die Religionsgemeinschaften als Körperschaften des öffentlichen Rechts im System des Grundgesetzes, Berlin 1966, S. 85 ff. Vgl. auch K. HESSE, JböR 10 (1961), S. 50 ff.

[22] Es scheint, daß man bei den öffentlichen Anstalten doch wohl nur solche vorfindet, die übertragene staatliche Aufgaben erfüllen. Im Unterschied zu Körperschaften, die öffentlichen Zwecken dienen, auch bevor sie durch Verleihung die Eigenschaft öffentlicher Korporationen erhalten, dürfte das bei Anstalten nicht vorkommen.

[23] Vgl. JECHT, a.a.O., S. 85 ff. Nicht unbedenkliche Ausnahmen in einigen Rundfunkgesetzen bei Rundfunkanstalten (a.a.O., S. 90).

[24] Zur öffentlichen Stiftung siehe HANS J. WOLFF, Verwaltungsrecht, Bd. II, München 1962, S. 5; HARRY EBERSBACH, Die Stiftung des öffentlichen Rechts, Göttingen 1961 (der die Schwierigkeit scharfer Grenzziehung zwischen Stiftung und Anstalt betont).

II. Rechtsform der Errichtung der Körperschaft

Es darf zunächst bemerkt werden, daß allein der Staat befugt ist, öffentliche Körperschaften zu errichten. Körperschaften selbst können, sofern sie nicht etwa dazu ausdrücklich gesetzlich ermächtigt wären, keine weiteren derartigen Gebilde gründen [25].

Die Frage nach der rechtlichen Form der Errichtung stellte sich noch nicht bei den älteren überkommenen Körperschaften, den Kirchen, Gemeinden und Universitäten. Im Landesrecht wurde die Errichtung von Körperschaften — oder die Beilegung der Qualität als öffentliche Korporation an bestehende Verbände — als Teil der Organisationsgewalt angesehen. In Preußen vermochte der König öffentliche Körperschaften zu schaffen, obgleich man in der Regel den Gesetzgebungsweg vorzog [26]. Später trat an seine Stelle nach 1918 das Staatsministerium [27]. Dagegen hat das Reich unter den Verfassungen von 1871 und 1918 die Errichtung von Körperschaften und Anstalten dem Gesetzgeber vorbehalten [28]. In der Praxis, wie sie seit dem ersten Weltkriege aufkam, hat der Staat sich freilich auch für manche öffentlichen Aufgaben durch die Schaffung von privaten Rechtsträgern geholfen, eine Entwicklung, die mit den Kriegsgesellschaften des ersten Weltkrieges einsetzt und über die Syndikate von Kohle und Kali nach 1918 bis heute nachklingt [29].

In der Gegenwart ist die rechtliche Situation verändert. Die fortschreitende begriffstheoretische Erweiterung des Rechtssatzbegriffes und die daraus gezogenen Folgerungen für die Funktionsordnung sowie die parallel laufenden Rechtsstaatsvorstellungen haben dazu geführt, den Bereich der Organi-

[25] Die Vorschrift des Art. 137 Abs. 5 Satz 3 WeimRV, nach der die als Körperschaften anerkannten Religionsgesellschaften durch Zusammenschluß (ohne staatliche Beteiligung) neue Körperschaften bilden können, entspricht dem Umstand, daß die kirchlichen Vereinigungen nicht Teile der Staatsorganisation sind, daher hier staatliche Mitwirkung entfallen kann.

[26] Die preußischen Universitäten des 19. Jahrhunderts, damals freilich als Staatsanstalten angesehen, wurden durchweg durch Kabinetts-Ordre geschaffen. Siehe L. v. Rönne, Staatsrecht, Bd. II, 2, S. 414, Anm. 3. Nach 1918 trat das Staatsministerium in diese Rolle ein. Vgl. Köttgen, Deutsches Universitätsrecht, Tübingen 1933, S. 11 ff. Man konnte sich dabei auf § 67 II 11 ALR berufen. Vgl. Thieme, Deutsches Hochschulrecht, Köln 1956, S. 30. Zur Kompetenz der Exekutive zur Schaffung von Korporationen siehe auch Hubrich, ArchbürgR 33 (1909), S. 39; Ermacora, VDStRL 16 (1958), S. 205.

[27] Vgl. hierzu Werner Weber, Die Körperschaften, Anstalten usw., S. 29.

[28] Werner Weber, a.a.O., S. 29.

[29] Hierzu E. W. Böckenförde, Die Organisationsgewalt im Bereich der Regierung, Berlin 1964, S. 43 ff. Für die Gegenwart ist freilich durch das Urteil des Bundesverfassungsgerichts im Fernsehstreit insofern eine Grenze gezogen, als es auch privatrechtliche Organisationsformen an die Kompetenzordnung des Grundgesetzes bindet und damit die privatrechtliche Einkleidung sozusagen „durchstößt“ (BVerfGE 12, S. 205, 246 ff.). Siehe hierzu auch Köttgen, JöR 11 (1962), S. 202, und VDStRL 16 (1958), S. 173.

sationsgewalt einzugrenzen. Auch wenn man nicht extremeren Meinungen folgt, die hier jede Veränderung an die Gesetzesermächtigung binden wollen [30], so ist doch heute davon auszugehen, daß die Errichtung selbständiger Rechtsträger im Rahmen der Verwaltungsorganisation, vor allem aber auch die Zuweisung hoheitlicher Befugnisse und überhaupt staatlicher und öffentlicher Aufgaben an sie, einer gesetzlichen Grundlage bedarf [31]. Die Landesverfassungen schweigen sich freilich über diesen Punkt aus; nur für den Bund ergeben sich aus Art. 87 Abs. 3 in erheblichem Umfang verfassungsrechtliche Bindungen. Sieht man zunächst von den besonderen Begrenzungen für den Bund ab, die sich aus der föderalen Struktur ergeben, so gilt heute allgemein, daß rechtsfähige Körperschaften und Anstalten nur mehr durch ein Gesetz oder auf Grund einer gesetzlichen Ermächtigung errichtet werden können. Ihre Gründung liegt außerhalb des Bereichs der exekutiven Organisationsgewalt [32]. In der Tat verlangen auch Lehre und Rechtsprechung diese gesetzliche Grundlage [33]. Es liegt nicht selten der Fall vor, daß der Gesetz-

[30] Ohne Vollständigkeit seien genannt LUTZ RICHTER, Die Organisationsgewalt, Leipzig 1926, S. 11 ff.; ERMACORA, VDStRL 16 (1958), S. 222 ff.; D. JESCH, Gesetz und Verwaltung, Tübingen 1961, S. 16, 145. Kritisch hiergegen BÖCKENFÖRDE, a.a.O., S. 42 ff, 89 ff., und R. H. RUPP, Grundfragen der heutigen Verwaltungsrechtslehre, Tübingen 1965, S. 145 f.

[31] BÖCKENFÖRDE, a.a.O., S. 96 f., möchte zwischen der bloßen Errichtung der Körperschaft und ihrer Betrauung mit hoheitlichen Befugnissen oder Ausgliederungen aus der staatlichen Verwaltung unterscheiden und nur letztere an ein Gesetz binden. Da jede Errichtung einer Körperschaft die Schaffung autonomer Wahrnehmung öffentlicher Aufgaben in sich schließt und die Verwaltungsorganisation daher nach außen verändert, halte ich diesen Unterschied nicht für begründet.

[32] Man wird eine richtige Lösung nur finden, wenn man sich klarmacht, daß Organisationsgewalt nicht nur eine exekutive Kategorie ist, auch wenn man richtig daran festhält, daß sie im demokratischen Staate der Exekutive grundsätzlich verbleiben kann. Bei den rechtsfähigen öffentlichen Einheiten hat sich heute ein Wandel der rechtlichen Auffassung vollzogen, der sie der legislativen Begründung zuweist.

[33] Vgl. HANS J. WOLFF, Verwaltungsrecht, Bd. I, 6. Aufl. 1965, S. 188; FORSTHOFF, a.a.O., S. 458/59; W. REUSS in: BETTERMANN-NIPPERDEY, Die Grundrechte, Bd. III/1, Berlin 1958, S. 107; G. RINCK, Wirtschaftsrecht, Köln 1963, S. 296; LYNCKER, a.a.O., S. 26, 32. Aus der Rechtsprechung spricht Wü-baVGH (ESVGH 4, S. 187) von einem Hoheitsakt auf Grund Gesetzes (für eine vor 1945 errichtete Körperschaft); die Entscheidung des BVerwG, DÖV 1966, S. 197, betrifft dagegen einen Fall, in dem die Änderung der Organisation der technischen Überwachungsvereine durch VO erfolgte. Das BVerfG sieht in der Gründung offenbar einen Verwaltungsakt, erkennt aber als Form der Gründung Sondergesetz wie Exekutivakt an (BVerfGE 10, S. 89, 101). Ob die Gründung einer Körperschaft den Charakter eines Rechtssatzes hat, ist normalerweise zweifelhaft, doch dürfte die Übertragung hoheitlicher Befugnisse eher eine VO erfordern. Die Lehre ist unsicher. Der StGH in NRW hat sogar bei der Auflösung einer Gemeinde durch Gesetz des Landtags ein nur formelles Gesetz, d. h. einen materiellen Verwaltungsakt, angenommen (OVGE 14, S. 375). Das ist bei der Gemeinde m. E. nicht zutreffend,

geber nur einen bestimmten Typ von öffentlichen Körperschaften vorsieht, deren Zahl und den Zeitpunkt der Errichtung aber weiterer Entscheidung überläßt [34]. Daher ist es, und das gilt allgemein für die Länder, ausreichend, wenn die Errichtung auf Grund gesetzlicher Ermächtigung erfolgt, wobei diese Errichtung sowohl Rechtsverordnung sein kann wie Verwaltungsakt.

Die Gründung einer Körperschaft hört aber auch dann, wenn sie nicht mehr der Exekutive zusteht, nicht auf, ein Akt der Organisationsgewalt (aber nunmehr der legislativen) zu sein [35]. Das bedeutet, daß es für die Gründung einer Körperschaft nicht zureicht, daß der Bund sich dabei auf seine legislative Zuständigkeit allein stützt. Er muß auch, da insoweit der Bereich der Verwaltungsorganisation berührt wird, den das Grundgesetz zur Verwaltung zählt (vgl. Art. 84 Abs. 1 GG), eine Verwaltungskompetenz besitzen [36]. Unter diesem Gesichtspunkt kann der Bund nur unter drei Bestimmungen öffentliche Körperschaften und Anstalten (sowie Stiftungen) an seine Organisation anfügen:

a) im Rahmen des Art. 87 Abs. 2 GG, wo eine Sonderbestimmung für bereits bestehende Einrichtungen eingreift;

b) im Rahmen des Art. 87 Abs. 3 GG, sofern ihm für die Aufgaben der Körperschaft die Gesetzgebungszuständigkeit zusteht;

c) im Rahmen des Art. 84 Abs. 1 GG, soweit er mit Zustimmung des Bundesrats Körperschaften des Landesrechts „einrichtet".

Von der föderalen Seite dieser Bestimmung wird später zu sprechen sein. Hier genügt es, festzustellen, daß Art. 87 Abs. 3 und Art. 84 Abs. 1 GG jeweils ein Bundesgesetz, und zwar ein formelles Bundesgesetz, erfordern [37].

Zur Errichtung gehört die Zuweisung einer öffentlichen oder staatlichen Aufgabe (davon nachher), aber auch Festlegung von räumlichem Wirkungsbereich, Sitz und Namen [38]. Sofern die Gründung einer Körperschaft unmittelbar durch Gesetz erfolgt, handelt es sich um ein Einzelgesetz (Sondergesetz), das aber seiner Natur nach einen individuellen Fall behandelt und

---

aber zeigt die Richtung, in der die überwiegende Auffassung geht. Vgl. auch Geller-Kleinrahm, Die Verfassung des Landes Nordrhein-Westfalen, 2. Aufl., Göttingen 1963, S. 120 f., 178 f., 518 f.

[34] Zu dieser Schaffung eines Typus mit nachfolgender Einzelgründung siehe BVerfGE 10, S. 89, 101. Vgl. auch Lyncker, a.a.O., S. 29.

[35] Daher rechnet sie die heutige Meinung im Grunde zur Verwaltung.

[36] Von dieser Auffassung gehen Maunz-Dürig,Rdnr. 55 zu Art. 87, aus, wenn sie für Art. 87 Abs. 3 GG eine vorherige materielle Regelung fordern, d. h. die Errichtung der Körperschaft als Ausführung deuten. Praktisch freilich gewährt Art. 87 Abs. 3 diese Verwaltungszuständigkeit des Bundes. Davon geht wohl auch BVerfGE 10, S. 89, 100, aus, wo nur auf die Gesetzgebungskompetenz des Bundes für die Verbandsgründung abgestellt ist.

[37] Vgl. Lyncker, a.a.O., S. 27/28.

[38] Zur Namengebung siehe Reuss, Die Grundrechte, Bd. III/1, S. 120.

daher kein unzulässiges Ausnahmegesetz darstellt [39]. Eine besondere Form der Errichtung ist die Gründung durch Staatsvertrag, die bisher allerdings, soweit ich sehe, nur für Anstalten des öffentlichen Rechts, nämlich Rundfunkanstalten, angewendet worden ist [40]. Der Vorgang der Schaffung einer öffentlichen Körperschaft kann, entsprechend ihrer Natur als Ausgliederung aus der staatlichen Verwaltung oder als Anerkennung einer aus den Kräften freier gesellschaftlicher Verbindung hervorgegangenen Vereinigung in ihrer öffentlichen Bedeutung, in zwei Formen erfolgen. Entweder überträgt der Staat einen bisher staatlichen Wirkungskreis auf eine neu errichtete Körperschaft oder er erhebt eine bereits bestehende private Gemeinschaft zur öffentlichen Korporation [41].

Man hat früher häufig angenommen, daß sich eine Körperschaft auch bilden könne, wenn eine Vereinigung hoheitliche oder staatliche Aufgaben wahrnimmt: sie werde dann, kraft ihrer Funktion, nach ihrem Wesen zur Körperschaft [42]. Heute, wo bereits die Schaffung eines neuen öffentlichen Verwaltungsträgers als eine ein Gesetz erfordernde Vorkehr angesehen wird, ganz abgesehen davon, daß dies bei Übertragung hoheitlicher oder staatlicher Aufgaben der Fall sein muß [43], wird eine solche Entstehung von Körperschaften kraft Wesens nicht mehr anerkannt werden können [44]. Etwas anderes ist es, wenn eine formell als Anstalt oder einfach (ohne nähere Kennzeichnung) als rechtsfähige öffentliche Einheit begründete Einrichtung wegen ihres mitgliedschaftlichen Charakters als Körperschaft aufgefaßt wird oder ihr nahekommt. Nicht aber kann eine private Vereinigung nur durch ihre Aufgabenstellung ohne gesetzliche Grundlage in das öffentliche Recht überführt werden.

Mit der Gründung wird den Körperschaften in der Regel — das ist aber kein notwendiges Element — eine Befugnis zur Rechtsetzung (Autonomie) über ihre Mitglieder verliehen. Sie erstreckt sich in erster Linie auf

[39] In diesem Sinne (zum Erftverband) BVerfGE 10, S. 89, 107 ff. Geht man davon aus, daß richtigerweise die Errichtung und Auflösung einer Körperschaft durch Rechtssatz (Gesetz oder VO) erfolgt und nur ausnahmsweise durch Einzelakt (bei vorheriger Festlegung des Typus) — so auch GELLER-KLEINRAHM, a.a.O., S. 518 f. — so kann ein solcher naturgemäß individueller Organisationsakt nicht unstatthaft sein.

[40] Vgl. Übersicht der Verträge bei HANS SCHNEIDER, VDStRL 19 (1961), S. 76 ff., und (zum II. Fernsehen) Urteil des BVerwG v. 5. 11. 1965 (BVerwGE 22, S. 299, 306). Auf die Frage der Zulässigkeit einer Ländergemeinschaftseinrichtung ist hier nicht einzugehen.

[41] Vgl. hierzu FORSTHOFF, a.a.O., S. 452 f.; REUSS, Grundrechte, Bd. III/1, S. 119; BÖCKENFÖRDE, a.a.O., S. 51 f.

[42] So vor allem E. R. HUBER, Wirtschaftsverwaltungsrecht, Bd. I, S. 106 f., 275 ff. Vgl. SPANNER, DÖV 1957, S. 643; GELLER-KLEINRAHM, Die Verfassung von NRW, S. 518 f.

[43] BÖCKENFÖRDE, a.a.O., S. 92, 96.

[44] So zu Recht W. WEBER, Die Körperschaften, Anstalten usw., S. 81 ff.; FORSTHOFF, a.a.O., S. 458.

die Gestaltung der inneren Organisation. Möglich ist es aber auch, daß der Staat im Gesetz oder in Ergänzung zu ihm der Körperschaft ihre Satzung mitgibt, sie also selbst gestaltet. Diese Formung der Körperschaft von oben ist heute wohl seltener geworden. Jede Autonomie muß auf einer ausdrücklichen gesetzlichen Verleihung beruhen, die ihren Umfang und das Maß erlaubter Eingriffe auf die Mitglieder festlegt. Begrifflich ist indes die Gewährung von Autonomie von der Delegation rechtsetzender Gewalt an Organe der Exekutive scharf zu unterscheiden. Es ist daher unrichtig, wenn man Art. 80 GG (und entsprechende landesrechtliche Vorschriften) auf die autonome Rechtsetzung hat anwenden wollen [45]. Die Autonomie ist Ausdruck der Kräfte der Eigenbestimmung und Selbstverwaltung in der Körperschaft, sie findet in dieser mitgliedschaftlichen Verankerung ihre demokratische und rechtsstaatliche Legitimität, ist daher nicht an die engen Grenzen des Art. 80 gebunden [46]. Allerdings bleibt der Grundsatz bestehen, daß jede Autonomie begrenzt ist, und das Prinzip des „ultra vires" gilt hier wie bei jeder Ermächtigung zu Rechtsetzung [47].

III. Die Körperschaft im bundesstaatlichen Aufbau

Hält man fest, daß nur der Staat rechtsfähige Körperschaften und Anstalten des öffentlichen Rechts gründen kann, so folgt daraus, daß sich Bund und Länder diese Befugnis im Rahmen ihrer Kompetenz teilen. Wie schon erwähnt, kommt es dabei nicht allein auf die Zuständigkeit zur Gesetzgebung an. Sie muß gegeben sein und bildet nach der Auffassung des Bundesverfassungsgerichts die äußerste Grenze auch aller Verwaltungsbefugnisse des Bundes, mithin auch seiner organisatorischen Kompetenz [48]. Aber da es sich

[45] So vor allem R. Hamann, Autonome Satzungen und Verfassungsrecht, Heidelberg 1958, S. 63 ff.; ferner W. Küttner, Die Rechtsetzungsbefugnis von Selbstverwaltungskörpern nach dem Bonner Grundgesetz, Diss. Bonn 1965 (eingeschränkt in bezug auf die innere Selbstbestimmung der Körperschaft).

[46] Zum Unterschied von Delegation und Autonomie eingehend Hans Schneider, Autonome Satzung und Rechtsverordnung, in: Festschrift Philipp Möhring, München 1965, S. 52 ff.; Maunz-Dürig, Rdnr. 31 ff. zu Art. 80; Forsthoff, a.a.O., S. 447; Lyncker, a.a.O., S. 65 ff., 71 ff.; Hans. J. Wolff, NJW 1958, S. 2010 ff. Vor allem in diesem Sinne jetzt BVerfGE 19, S. 253, 266 f. (und früher schon BVerfGE 12, S. 319, 325).

[47] Daraus folgt, daß Körperschaften ihren Aufgabenkreis nicht selbst durch Satzung erweitern können: BayVerfGH, VwRspr. 3, S. 657.

[48] BVerfGE 12, S. 205, 229. Dieser Grundsatz gilt aber nur im Bereiche der gesetzesgebundenen Verwaltung. Das BVerfG will ihn auch auf die nicht-gesetzesausführende Tätigkeit erstrecken, die es generell Art. 30, 83 ff. GG unterwirft (BVerfGE 12, S. 205, 247). Gegen eine solche Bindung der gesetzesfreien Verwaltung an den 8. Abschnitt des Grundgesetzes indessen: Köttgen, JböR 3, S. 73; 11, S. 202 ff. Für den Bestand einer gesetzesfreien Verwaltung ist namentlich Hans Peters stets mit Nachdruck eingetreten: Verwaltung ohne gesetzliche Ermächtigung, Festgabe Hans Huber, Bern 1961, S. 206 ff.; Die Verwaltung als eigenständige Staatsgewalt, Köln 1965, S. 15, 24 f.

bei der Errichtung von Körperschaften um Einrichtungen der mittelbaren Staatsverwaltung, mithin um einen Ausfluß der Verwaltungsorganisation handelt, bedarf der Bund einer nach den Art. 83 ff. GG vermittelten Zuständigkeit zur Verwaltung, da deren Organisation berührt wird[49]. Diese Doppelerfordernis tritt deshalb nicht deutlich in Erscheinung, weil das Grundgesetz dem Bunde in Art. 87 Abs. 3 GG gestattet, bundesunmittelbare Körperschaften und Anstalten im Rahmen seiner Gesetzgebungszuständigkeit zu gründen, also hier gesetzgeberische und administrative Kompetenz koppelt. Aber ohne Art. 87 Abs. 3 GG würde der Bund zwar Vereinigungen im Bereich der bundeseigenen Verwaltung (Art. 86) frei schaffen können, nicht aber in der Sphäre, in der ihm sonst nur die Gesetzgebungszuständigkeit zusteht. Art. 87 Abs. 3 gewährt mithin dem Bunde eine Möglichkeit, seine Verwaltung in der Form mittelbarer Staatsverwaltung nicht unerheblich zu erweitern. Mit Recht bemerkte daher die amtliche Begründung zur Wirtschaftsprüferordnung (Btag, 3. Wahlp., Drucks. Nr. 201, S. 33):

„Daß Art. 87 Abs. 3 Satz 1 nicht nur eine Organisationsnorm, sondern auch eine Kompetenznorm darstellt, die es ermöglicht, Verwaltungszuständigkeiten, welche nach dem Grundgesetz (Art. 83) den Ländern zustehen würden, auf den Bund zu übertragen, dürfte nicht bestritten sein, sofern die Voraussetzungen für den Erlaß eines entsprechenden Gesetzes, also auch die Voraussetzungen des Art. 72 Abs. 2 GG, erfüllt sind[50]."

Der Raum zur Einrichtung mittelbarer Staatsverwaltung, den Art. 87 Abs. 3 dem Bunde eröffnet, ist nicht gering bemessen. Vor allem die Zuständigkeiten des Art. 74 Ziff. 1, 11, 12, 13, 17, 19 kommen hier in Frage. Von ihnen haben die Bereiche von Wirtschaft (Ziff. 11) und Arbeit (Ziff. 12) besondere Reichweite, da sie in einem weiten Sinne zu verstehen sind[51] und die Regelung der gewerblichen Tätigkeit einschließlich der beruflichen Verhältnisse der in einem Gewerbe tätigen Personen mitumfassen. Ergänzend tritt bei einer Erfassung unselbständig Tätiger dazu das Arbeitsrecht (Ziff. 12) als Grundlage hinzu[52].

Freilich zieht Art. 87 Abs. 3 dem Bunde aber auch wiederum eine Schranke darin, daß er nur bundesunmittelbare Körperschaften und Anstalten erlaubt. Die vom Bunde errichtete Körperschaft darf keine ihr

[49] Hierzu eingehend HANS SCHNEIDER, AöR 83 (1958), S. 21 ff. Vgl. auch MAUNZ-DÜRIG, Grundgesetz, Rdnr. 55 zu Art. 87.

[50] Vgl. hierzu auch KÖTTGEN, JöR 11, S. 273 ff.

[51] In diesem Sinne BVerfGE 5, S. 25, 28.

[52] In der schon erwähnten Begründung zur Wirtschaftsprüferordnung (Btag, 3. Wahlp., Drucks. Nr. 201, S. 32) führt die Bundesregierung aus: „Die Zuständigkeit des Bundes für den Erlaß des Gesetzes ergibt sich aus Art. 74 Ziff. 11 GG. Die Berufstätigkeit der Wirtschaftsprüfer gehört zum Leben der Wirtschaft, der sie dient. Es muß daher, wie auch bereits für das Gesetz über Wirtschaftsprüfer im Genossenschaftswesen vom 17. Juli 1952 (BGBl I, S. 385), davon ausgegangen werden, daß das Berufsrecht der in der Wirtschaft tätigen Personen von dem Ausdruck ‚Recht der Wirtschaft' mit umfaßt werden sollte." Dabei können die Zu-

unterstellten regionalen Körperschaften oder Behörden haben [53]. Ein organisatorischer Aufbau, der eine zentrale Bundeskörperschaft mit einem Unterbau vorsähe, würde sowohl Art. 87 Abs. 3 wie dem Grundsatz der Geschlossenheit der Landesverwaltung widersprechen und eine unzulässige Mischverwaltung darstellen [54]. Schließt diese Rechtslage eine organisatorisch abhängige Untergliederung der Bundeskörperschaft im Bundesrahmen aus, so steht sie doch nicht einer Regelung entgegen, die eine Bundeskörperschaft zum Dachverband für in den Ländern errichtete Körperschaften macht. Hier würden nur dann Bedenken entstehen, wenn der Bundeskorporation rechtlich bindende Weisungs- und Aufsichtsrechte zugeteilt würden. Wo dies nicht der Fall ist, wo nur etwa den Organisationen der Länder eine Mitwirkung in der Bundeskörperschaft offensteht oder andere Formen des Zusammenwirkens vorgesehen sind, die keine Überordnung der bundesrechtlichen Körperschaft mit sich bringen, besteht kein Bedenken [55]. Soweit neuere Gesetze (§ 177 BRAO, § 78 BNoTO) Berufskammern auf Bundesebene die Befugnis geben, „Richtlinien" aufzustellen, so sind damit keine rechtsetzenden Befugnisse gemeint, sondern Zusammenfassungen von in der Praxis erarbeiteten Grundsätzen, die einen Anhalt geben, aber keine Rechtsvorschrift darstellen [56]. Wo eine Aufteilung der Befugnisse in selbständiger Form zwischen Bundes- und Landesorganisation besteht, letzterer ein Einfluß auf die erste zusteht (durch Teilnahme an ihrer Organisation), aber nicht umgekehrt, kurz, eine organisatorische Abhängigkeit fehlt, kann die Organisation eines Berufsstandes oder eines sonstigen Bereiches in der Form eines Bundesdachverbandes und einzelner Länderkammern oder -verbände eingerichtet sein. Gemäß Art. 84 Abs. 1 GG kann der Bund, aber nur mit Zustimmung des Bundesrates, auch im Rahmen seiner allgemeinen Möglich-

---

ständigkeiten der Gebiete „Wirtschaft" und „Arbeit", besonders bei Regelung auch der Lage unselbständiger Berufstätiger, kombiniert werden. So das BVerwG im Urteil v. 25. 2. 1966 (DÖV 1966, S. 651) hinsichtlich der Arbeitskammer für das Saarland (Gesetz v. 25. 11. 1960, Amtsbl. S. 887). Vgl. hierzu auch W. REUSS, Die Grundrechte, Bd. III/1, S. 98.

[53] Vgl. KÖTTGEN, JböR 3 (1954), S. 115; 11, S. 276/77; MAUNZ-DÜRIG, Rdnr. 53 zu Art. 87, und BVerfGE 14, S. 197 ff.

[54] Zum Begriff der Mischverwaltung siehe KÖTTGEN, DÖV 1955, S. 485 ff.; GERNER, BayVBl 1955, S. 193 ff.; FÜSSLEIN, DVBl 1956, S. 1 ff.; SCHNEIDER, AöR 83, S. 3 ff. Unter dem Gesichtspunkt der Mischverwaltung hat KÖTTGEN gegen alle Formen bundesrechtlicher Dachverbände Bedenken erhoben (JböR 3, S. 119 f.), aber JböR 11, S. 274 ff., etwas eingeschränkt. Gegen ihn weist H. SCHNEIDER, AöR 83, S. 10 ff., zu Recht darauf hin, daß organisatorische Verbindungen zwischen Bundes- und Landeskörperschaften sowie Formen des Zusammenwirkens, die keine bindende Weisungsmöglichkeit eröffnen, ohne Bedenken sind.

[55] Vgl. H. SCHNEIDER, AöR 83, S. 10 ff.

[56] Vgl. für die Rechtsanwaltskammer A. BÜLOW, Bundesrechtsanwaltsordnung, Berlin 1959, S. 70.

keit, auf die Einrichtung [57] der Behörden in den Ländern gesetzgeberisch einzuwirken, unmittelbar öffentliche Körperschaften des Landesrechts schaffen, die dann der Landesaufsicht unterstehen.

Was die Länder anlangt, so können sie unabhängig öffentliche Körperschaften im Gebiet ihrer ausschließlichen Zuständigkeit errichten (z. B. Schule und Hochschulbildung), ebenso in den Bereichen der konkurrierenden Gesetzgebungszuständigkeit, solange der Bund noch das Feld offenläßt und keine kodifikatorische Regelung getroffen hat [58].

IV. Das Erfordernis der legitimen öffentlichen Aufgabe

Ein Fragenbereich ist bei der Gründung von Körperschaften am wenigsten behandelt, obwohl er einen zentralen Punkt betrifft und in weitschichtige Zusammenhänge weist. In welchem Umfang steht es überhaupt dem Staat frei, die mittelbare Staatsverwaltung als Form der Ausgliederung staatlicher Agenden, der Heranziehung und Disziplinierung von Bereichen des öffentlichen Lebens oder der Anerkennungen von Gruppenbestrebungen zu verwenden? Zwar vermag der Gesetzgeber den Kreis staatlicher und öffentlicher Aufgaben abzustecken, aber sicherlich nur innerhalb gewisser äußerster Grenzen. Im Grunde führt diese Überlegung auf zwei tiefere Probleme. Wieweit ist der Staat berechtigt, den Umkreis der staatlichen Aufgaben auszudehnen und die Erscheinungen des öffentlichen Lebens durch Heranziehung an seine Organisation einzugliedern? Und umgekehrt, gibt es Kernbereiche hoheitlichen Staatshandelns, die der Staat in eigener unmittelbarer Führung behalten muß, die er nicht Körperschaften übertragen darf, über die er nur eine Aufsicht, heute zumal oft nur eine Rechtsaufsicht, führt? Diese Fragen verweisen auf die Prinzipien, nach denen sich das Verhältnis von Staat und Wirtschaft gestaltet. Aus diesem weiten Felde können hier nur Grundlinien skizziert werden.

Die Fragestellung wird zuweilen überdeckt durch die Einordnung zahlreicher Erscheinungen dieses Gebietes in den Begriff der wirtschaftlichen, sozialen usw. Selbstverwaltung [59]. Unzweifelhaft ist es ein Zug des modernen Staates, daß er gewisse öffentliche und staatliche Aufgaben den Beteiligten selbst überträgt und ihnen Gestaltungsfreiheit einräumt. Aber diese

---

[57] Daß der Begriff der Einrichtung in Art. 84 auch die „Errichtung" von Behörden und Verwaltungseinheiten umfaßt, ist allgemein anerkannt. Vgl. MAUNZ-DÜRIG, Rdnr. 21 zu Art. 84; H. SCHNEIDER, AöR 83, S. 19/20; KÖTTGEN, JböR 11, S. 229. Beispiele solcher Tätigkeit des Bundes bei KÖTTGEN, a.a.O., S. 232 ff.

[58] Das Bundesverfassungsgericht neigt dazu, eine solche kodifikatorische Regelung nur selten anzunehmen und hält dadurch den Ländern eine Betätigung offen. Vgl. BVerfGE 10, S. 89, 100 (für die Wasserverbände).

[59] Auf die Bejahung des Selbstverwaltungsgedankens und die Förderung der Wirtschaft als Staatsaufgabe weist hin BVerfGE 10, S. 89, 104; 15, S. 235, 240. Die Zulässigkeit der Übertragung von Verwaltungsaufgaben an Körperschaften betont BayVerfGH, VwRspr 3, S. 657; 4, S. 269.

Gebiete spezieller Selbstverwaltung bedürfen auch der Begrenzung und Einordnung in das Ganze. Sie sind Ausdruck der pluralistischen Formung der heutigen Gesellschaft, aber sie dürfen sich nicht zu Formen ständischer Sonderung verfestigen, die schließlich in eine ständestaatliche oder korporative Struktur ausmünden würden. Sie müssen auch stets unter der Forderung des Gemeinwohls als dem überragenden Gebot bleiben, und ihre Verbandsformen dürfen nur dem öffentlichen, dem allgemeinen Interesse dienen, nicht aber etwa rein wirtschaftlichen Zielen und Vorteilen einer Gruppe oder wirtschaftlichen Unternehmung. Darum müssen private wirtschaftliche Interessenverfolgung — auch in der Form von Interessenvereinigungen — und die Aufgabenstellung öffentlicher Körperschaften getrennt bleiben.

In der Vergangenheit sind diese Linien zuweilen verdeckt und überschritten worden. Insbesondere die Ausdehnung der eigenen Wirtschaftstätigkeit des Staates im Gefolge des ersten Weltkrieges und der Sozialisierungstendenzen des Beginns der zwanziger Jahre haben schwer einzuordnende Erscheinungen hervorgerufen, die zu erheblichen Teilen in Formen des Privatrechts blieben [60]. Nach 1933 hat sich unter dem Einfluß zentraler Lenkung durch die Bildung von Leitungsverbänden dieses Bild eher noch weiter verunklärt. Demgegenüber zeigt sich nach 1945 die Tendenz, schärfere Prinzipien in folgender Richtung zu entwickeln:

a) Die Verfolgung privater und rein wirtschaftlicher Interessen ist von der Wahrnehmung öffentlicher Fragen zu trennen. Für die Vertretung privater und wirtschaftlicher Interessen ohne Allgemeinbedeutung dürfen öffentliche Verbände nicht errichtet werden [61].

b) Der Staat darf nicht durch öffentliche Verbände rein fiskalische oder wirtschaftliche Interessen verfolgen. An sich steht es zwar dem Staate frei, eigene wirtschaftliche Betriebe zu gründen, aber hierzu steht ihm die Privatrechtsordnung oder die öffentliche Einrichtung (sog. nicht rechtsfähige Anstalt) offen [62].

c) Nur ausnahmsweise werden private Vereine oder Gesellschaften mit hoheitlichen oder staatlichen Aufgaben betraut werden können. Das ist zwar rechtlich nicht unstatthaft, erscheint aber wegen der mangelnden Aufsicht und der unzureichenden Gestaltung der Relation zu Dritten als untunlich [63].

---

[60] Eine Übersicht über diese Gestaltungen bei Böckenförde, a.a.O., S. 42 f.; E. R. Huber, Wirtschaftsverwaltungsrecht, Bd. I, S. 518 ff.

[61] Vgl. BayVerfGH, VwRspr 4, S. 274, und ferner Frentzel GewA 1963, S. 92; *ders.*, DVBl 1964, S. 973.

[62] Zur Konkurrenz des Staats im privaten Bereich vgl. VGH Kassel, BB 1964, S. 453.

[63] Für unstatthaft hält solche Übertragung, soweit sie nicht historisch überkommen ist, W. Reuss, Die Grundrechte, Bd. III/1, S. 128 ff.; *ders.* Wirtschaftsverfassung, in: Brauchitsch, Verwaltungsgesetze des Bundes und der Länder, hrsg. v. Ule, Bd. VII, 1, Sonderdruck S. 62, 64. Hingegen wird mit Recht eine

d) Der Staat kann in gewissen Grenzen Wirtschaftslenkung ausüben. Zu den Mitteln, deren er sich hierbei bedient, gehören neben den Steuern, Subventionen und Krediten auch die für bestimmte Berufe und Wirtschaftszweige gebildeten Körperschaften, die öffentliche Funktionen der Sammlung und Ordnung in diesem Bereich ausüben. Daß staatliche Wirtschaftslenkung mit diesen Mitteln zulässig ist, gehört zum anerkannten Bestand der Rechtsprechung [64], die hierbei zuweilen auf die Sachgerechtigkeit der Mittel hinweist [65].

Aus dieser Übersicht folgt, daß grundsätzlich die Errichtung einer öffentlichen Körperschaft an das Vorliegen einer staatlichen oder öffentlichen Aufgabe gebunden bleibt. Es wäre unzulässig, diese Rechtsgestalt für lediglich fiskalische Zwecke zu verwenden, etwa den Betrieb eines staatlichen Wirtschaftsunternehmens oder gar einer reinen Produktionsstätte [66]. Ebenso aber haben Korporationen in ihrer Verfolgung von Gruppeninteressen diese im Rahmen des Gemeinwohls als allgemeine, nicht als finanzielle Berufs- oder Wirtschaftsinteressen wahrzunehmen. Es ist nicht notwendig, daß eine Körperschaft stets hoheitliche Aufgaben verfolgt. Es genügt die Wahrnehmung einer öffentlichen, d. h. im Bereich des Öffentlichen liegenden und für die Gesamtheit bedeutsamen Funktion oder die Erfüllung staatlicher, d. h. bereits vom Staat als Gesamtinteresse beanspruchter Aufgaben. Die Rechtsprechung hat dieses Merkmal durch einen Zusatz ein wenig straffer gezogen und fordert eine legitime öffentliche Aufgabe [67]. Damit betont sie, daß zwar dem Staate in der Bestimmung von Angelegenheiten als staatliche oder öffentliche Aufgaben ein Ermessen zusteht [68], daß aber hier eine

---

solche Übertragung als zulässig angesehen von E. R. Huber, Wirtschaftsverwaltungsrecht, Bd. I, S. 566 ff.; DÖV 1952, S. 456 ff. Ebenso meine Darlegung VDStRL 12, S. 31, 62; H. Krüger, DVBl 1952, S. 545 ff. Ein Beispiel für Wahrnehmung öffentlicher (nicht staatlicher) Aufgaben sind die Dampfkesselüberwachungsvereine, vgl. Peters, Festgabe Nipperdey, Bd. II, S. 882. Keine Hoheitstätigkeit sieht hier vorliegen Forsthoff, a.a.O., S. 458, Anm. 3. Als staatliche Aufgaben sieht die Funktionen der DÜV an Rupp, Privateigentum an Staatsfunktionen, Tübingen 1963, S. 17 ff.

[64] Allgemein BVerfGE 4, S. 7, 19; 6, S. 55, 81. Insbesondere bei den Steuern darf Wirtschaftslenkung ein Nebenzweck sein: BVerfGE 13, S. 331, 345; 16, S. 147, 161; 19, S. 101, 114.

[65] Hervorhebung der Sachgerechtigkeit; BVerfGE 13, S. 331, 341; 19, S. 101, 115.

[66] Eingehend zur Trennung wirtschaftlicher und allgemeiner Interessen: BVerfGE 15, S. 235, 241 (bei den Industrie- und Handelskammern). Vgl. auch OVG Rheinland-Pfalz, Entsch. 1, S. 367.

[67] BVerfGE 10, S. 89, 102; 10, S. 354, 363; 15, S. 235, 241. Ferner OVG Rheinland-Pfalz, DÖV 1959, S. 316 („von sachlicher Notwendigkeit getragene öffentliche Zwecke"); VGH Kassel, BB 1964, S. 453 („soziale Notwendigkeit"); BVerwG, DÖV 1966, S. 651 („legitime öffentliche Aufgaben").

[68] Zu dem hier obwaltenden Ermessen: BVerfGE 10, S. 89, 102; BVerwG, DVBl 1962, S. 533.

gewisse Abwägung des Gedankens der freien Selbstbestimmung auf der einen Seite und der Bedürfnisse der Ordnung auf der anderen, der Begrenzung der staatlichen Aufgaben und der Einfügung in organisierte Wahrnehmung öffentlicher Aufgaben und der sachlichen Vorzüge einer öffentlichen Gestaltung eines Bereiches stattfindet. Keineswegs wird aber darüber hinaus gefordert, daß für die Errichtung der Körperschaft eine „Daseinsnotwendigkeit" bestehen müsse [69]. Auch ist es, wenn staatliche Aufgaben übertragen werden, nicht nötig, daß die Körperschaft alle in ihr Gebiet fallenden Funktionen übernimmt [70]. Auf der anderen Seite wird man anerkennen können, daß in der Einschätzung von Aufgaben als öffentliche oder staatliche Wandlungen eintreten können. Früher hierher gerechnete Zwecke können heute eher als rein wirtschaftliche Betätigung erscheinen [71].

Grundsätzlich ist davon auszugehen, daß Bund und Länder im Unterschied zu den Gemeinden keiner allgemeinen Einschränkung ihrer wirtschaftlichen Betätigung unterliegen [72], daher auch Wirtschaftszweige in eigene Hand nehmen können (Monopole) und ebenso über die öffentliche Bedeutung einer Aufgabe bestimmen können. Das Subsidiaritätsprinzip, aus dem eine Rangfolge im Sinne des Vorrangs der kleineren Einheit folgern soll [73], gehört nicht zu den allgemeinen Grundsätzen des Grundgesetzes, das ihm weder in Art. 28 bei der Festlegung der Gemeindezuständigkeit (etwa gegenüber dem privaten Bereich) folgt [74], noch in seinem Gesamtaufbau sich von ihm beeindruckt zeigt [75].

[69] Dies fordern Quidde, DÖV 1957, S. 521 ff., und Gass, DÖV 1960, S. 778 ff. Dagegen Forsthoff, a.a.O., S. 452; W. Thieme, Subsidiarität und Zwangsmitgliedschaft, Saarbrücken 1962, S. 22 f. Ausdrücklich lehnt die Daseinsnotwendigkeit jetzt ab: BVerwG, DÖV 1966, S. 652.

[70] OVG Rheinland-Pfalz, DÖV 1959, S. 315 ff. (neben der Notarkammer kann für andere Berufsfragen Aufsicht des OLG-Präsidenten bestehen).

[71] Der VGH Kassel, BB 1964, S. 452 ff., erkennt die Feuerversicherung noch als Monopol im Blick auf Sicherung von Kredit und Sicherheit an. Kritisch hierzu: Lamm, dort S. 453. Vgl. auch BVerwG JZ 1964, S. 452.

[72] So mit Recht Rinck, Wirtschaftsrecht, S. 28 f. (mit Einschränkung auf Forderungen der Gesamtheit, was zu eng ist). Enger W. Reuss bei Brauchitsch, Bd. VIII, 1, S. 84 ff.

[73] Zum Inhalt des Prinzips vgl. Stern, Bonner Kommentar, 2. Bearbeitung, Rdnr. 2 zu Art. 28.

[74] Für eine Geltung des Prinzips im deutschen Recht als mittelbar im Grundgesetz enthaltene Regel: Maunz-Dürig, Rdnr. 54 zu Art. 1; Süsterhenn-Schäfer, Kommentar zur Verfassung von Rheinland-Pfalz, 1950, S. 219; Süsterhenn, Festschrift Nawiasky, 1956, S. 141 ff.; Geller-Kleinrahm, Verfassung von NRW, S. 536. Gegen diese Geltung zu Recht: Stern, a.a.O., Rdnr. 2; Thieme, a.a.O., S. 12 ff.; E.-R. Huber, DÖV 1956, S. 205; Bachof, Die Grundrechte, Bd. III/1, S. 202 ff.; H. Krüger, Allgemeine Staatslehre, Stuttgart 1964, S. 722 ff.; Herzog, in: Der Staat 2 (1963), S. 410 ff.; BVerwG, DÖV 1966, S. 652. Unklar (Geltung für Erwerbswirtschaft, aber nicht bei öffentlichen Aufgaben): VGH Kassel, BB. 1964, S. 453.

[75] Auch die im Kommunalrecht geltende Regel, daß Gemeindebetriebe nur im

Demnach kann der Staat öffentliche Verbände mit öffentlichen Aufgaben betrauen, ohne jeweils danach zu fragen, ob dieses Interesse besser durch private Organisationen wahrgenommen werden könnte.

Wenn die Rechtsprechung das Vorliegen einer „legitimen öffentlichen Aufgabe" als Voraussetzung für die Errichtung einer Körperschaft fordert, zieht sie damit eine Grenze gegenüber der Neigung, den Begriff der Körperschaft in zu weitem Umfang anzuwenden, ihn wirtschaftlichen Interessen oder dem Anerkennungsbedürfnis von Gruppen und Berufen dienstbar zu machen, bei denen ein sachliches Bedürfnis für die Einbeziehung in die mittelbare Staatsorganisation fehlt. Es wird also eine Schranke der Ausdehnung der mittelbaren Staatsverwaltung nach der Seite der Bedeutung und der Legitimität der verfolgten öffentlichen Aufgaben gezogen. Von einer entgegengesetzten Seite aus ergibt sich eine andere Begrenzung aus dem Gesichtspunkt, daß gewisse Hoheitsaufgaben des Staates sich einer Ausgliederung und Übertragung auf Körperschaften — gleich ob zur Selbstverwaltung oder als übertragene Aufgaben — entziehen. Es gibt einen weiten Bereich staatlicher Grundanliegen, die zwar den Gemeinden als Gliedern des allgemeinen Verwaltungsaufbaus zur Ausführung übertragen werden können, die sich aber der Überantwortung an spezielle Körperschaften entziehen. Weder die Verteidigung noch die Außenpolitik, die Erhebung der Steuern oder die allgemeine Polizei — um nur einige Gebiete zu nennen — kann der Staat aus der Hand geben [76]. Dagegen lassen sich bestimmte Funktionen der Wirtschafts- und Gewerbeaufsicht, Randgebiete polizeilicher Natur (etwa im Wasserrecht), vor allem aber auch Angelegenheiten der sozialen Vorsorge und Hilfe sowie der Versicherung wie solche des Unterrichts, der Wissenschaft und Forschung sehr wohl in die Hand von selbständigen Trägern mittelbarer Staatsverwaltung legen [77]. Grundsätzlich gilt dies allgemein für solche Aufgaben, die ihre Grundlage im Bereich des Öffentlichen haben, die also nicht staatliche Aufgaben im eigentlichen Sinne sind [78]. Im allgemeinen neigt der Staat auch dazu, die wichtigen Zweige seines Handelns in unmittelbarer Verwaltung festzuhalten. In der Praxis bereitet diese Grenzziehung nur an einer Stelle Schwierigkeiten, bei der

---

Bedarfsfall und hinter privaten Unternehmen eingerichtet werden sollen, gilt nicht für Bund und Länder.

[76] Zu Grundsatzfragen der Aufgabenverteilung und gesetzlichen Aufgabenverlagerung siehe Erich Becker in: Verwaltung, hrsg. v. Morstein Marx, Berlin 1964, S. 204 ff.

[77] Eine solche Übertragung staatlicher Aufgaben kann als mittelbare Staatsverwaltung bezeichnet werden und bleibt in einem gewissen Bereich statthaft. So auch Hans Peters, Festschrift Nipperdey, Bd. II, S. 893 f.

[78] Die Grenze zwischen öffentlichen und staatlichen Aufgaben fällt nicht mit der von Selbstverwaltung und übertragenen Aufgaben zusammen. Denn einmal wandeln sich die letzteren im Laufe der Zeit, zum anderen läßt sie einen Raum gesetzlicher Ermessensbestimmung hinsichtlich der Abgrenzung offen.

Berufs- und Ehrengerichtsbarkeit, die mit beruflichen Kammerorganisationen in Verbindung steht.

So sehr sich heute zuweilen unklare Vorstellungen über die Stellung und Bedeutung der Rechtsprechung geltend machen, die ihre Funktionen zwar mit der Rechtsordnung, aber nicht mit dem Staate verknüpfen wollen, so sehr wird jeder eindringenderen Betrachtung deutlich, daß schon vom mittelalterlichen Recht her die Rechtsprechung einen Kern der staatlichen hoheitlichen Autorität bildet [79]. Im 19. Jahrhundert hat der Staat mit Nachdruck den Grundsatz verwirklicht, alle Gerichtsbarkeit zur staatlichen zu machen und hat die Reste patrimonialer und ständischer Justiz [80] beseitigt [81]. In der Angliederung einer sowohl im Personen- wie im Sachbereich eng begrenzten Berufsgerichtsbarkeit an öffentliche Körperschaften (Rechtsanwalts-, Ärzte- usw. -kammern) hat man aber kein Bedenken erblickt. Von der schärferen Anspannung des Gedankens der richterlichen Unabhängigkeit und der Geschlossenheit des Gerichtsaufbaus sind heute indes hier Bedenken aufgetreten. Manche lehnen jede Trägerschaft gerichtlicher Zuständigkeit durch nichtstaatliche Personen des öffentlichen Rechts ab [82]. Nur Bund und Länder, nur staatliche Gerichte dürfen demnach nach Art. 92 GG Rechtsprechung üben. Das Bundesverfassungsgericht ist dieser Ansicht nicht gefolgt. Es läßt vielmehr solche Berufsgerichte dann zu, wenn sie zwar von einer Körperschaft getragen sind, aber dank der sachlichen und personellen Bindung an den Staat als staatliche Gerichte erscheinen und die Betrauung der Körperschaft sachgerecht erscheint [83].

Man wird dieser Sicht folgen können. Rechtsprechung kann stets nur als staatliche übertragene Aufgabe einer Körperschaft anvertraut sein, und nur in engen Grenzen, die jede Neubildung ständischer oder feudaler Justiz ausschließen. Es muß dann aber nicht nur in allen Einzelheiten durch Staatsgesetz geregelt, sondern auch in personeller Hinsicht streng an den Grundsätzen des Art. 92 ausgerichtet sein [84].

---

[79] Noch CARL GOTTLIEB SUAREZ weist in seinen Vorträgen beim preußischen Kronprinzen (Vorträge über Recht und Staat, hrsg. v. H. CONRAD und G. KLEINHEYER) (Wiss. Abhandl. d. Arbeitsgemeinschaft f. Forschung d. Landes NRW Bd. 10, Köln 1960, S. 481) auf diesen Zusammenhang unter Betonung der Ausübung der Justiz durch den Herrscher in älterer Zeit hin.

[80] Zu dieser zählte auch die akademische Gerichtsbarkeit über Universitätsangehörige.

[81] So BVerfGE 10, S. 200, 214.

[82] In diesem Sinne BETTERMANN, Die Grundrechte, Bd. III/2, S. 628 ff. HÄBERLE, DÖV 1965, S. 371, neigt in gleiche Richtung.

[83] So BVerfGE 10, S. 200, 213 ff. (Württembergische Friedensgerichte); 14, S. 56, 65 ff. (Badisch-Württembergische Gemeindegerichtsbarkeit v. 1960); 18, S. 241, 253 ff. (Berufsgerichte). Zustimmend im Grundsatz: MENGER, JUS 1966, S. 66.

[84] Da die Bestimmungen über Berufsgerichte Gerichte schaffen wollen, kann ein unvollkommenes Gericht auch nicht in eine Verwaltungsstelle umgedeutet werden (so aber BayVerfGH, VwRspr 4, S. 285). Sie sind vielmehr nichtig (BETTER-

Ist die Errichtung einer öffentlichen Körperschaft nach diesen Voraussetzungen statthaft, so ergibt sich daraus, daß sie, sofern dafür eine ausdrückliche gesetzliche Grundlage vorhanden ist, sowohl Personen als Zwangsmitglieder heranziehen wie von ihnen Zwangsbeiträge erheben kann [85]. Diese nach 1945 immer wieder umstrittenen Fragen sind nun ausgetragen. Auch die Übernahme von Zwangsversorgungseinrichtungen ist von der Rechtsprechung gutgeheißen worden [86]. Immer aber wird hier gefordert werden müssen, daß für diese Belastungen der Mitglieder von Körperschaften eine ausreichende gesetzliche Grundlage besteht; eine implizierte Zuständigkeit der Körperschaften, Geldleistungen zu fordern, ist ebensowenig anzuerkennen wie ihre Befugnis, über die gesetzlich vorgesehenen Aufgaben hinaus Versorgungseinrichtungen ohne Gesetzesgrundlage einzurichten [87].

Im übrigen weisen diese Punkte bereits auf das Problem der Grenzen hin, die die Grundrechte dem körperschaftlichen Zwange ziehen.

V. Körperschaftsgründung und Grundrechte

Es gehört zum Bilde des heutigen deutschen Verwaltungsrechts, daß es dort, wo es sich um Beziehungen von Verwaltung und Bürgern handelt, in wachsendem Maße inhaltlich von den Grundrechtsbestimmungen beeinflußt wird [88]. Nach der Erhebung der Grundrechte zum grundlegenden Bestandteil der Rechtsordnung ist das eine notwendige Konsequenz, bei der nur das Ausmaß eine Frage bilden kann. Die Neigung, in den allgemeinen Klauseln der Grundrechte immer mehr eine höhere detaillierte Rechtsordnung auch

---

MANN, a.a.O., S. 630). BVerfGE 18, S. 235, 257. — Die Bedenken gegen die Trägerschaft können bei Gemeindegerichten nur geringer sein; denn Gemeinden sind Teil der allgemeinen Verwaltungsorganisation, und insofern ist der staatliche Charakter von Gemeindegerichten eher anzunehmen.

[85] Für die Zulässigkeit von Zwangsmitgliedschaft: BVerfGE 10, S. 354, 361 ff.; BayVerfGH, VwRspr 3, S. 658 f.; 4, S. 272 f.; OVG Rheinland-Pfalz, Entsch. 7, S. 124 = DÖV 1959, S. 315; VGH Stuttgart, NJW 1958, S. 1603; OLG Hamburg, BB 1952, S. 113; LG Göttingen, MDR 1958, S. 526. Ferner IPSEN in: Aktuelle Probleme der Versicherungswirtschaft, Berlin 1954, S. 41; W. WEBER, dort S. 16; G. SCHNORR, Öffentliches Vereinsrecht, Köln 1965, S. 65; I. v. MÜNCH, Bonner Kommentar, 2. Aufl., Note 52 zu Art. 9. Für die Zulässigkeit von Zwangsbeiträgen außer den eben Genannten: BVerwG, DVBl 1962, S. 532; DÖV 1966, S. 652. Bedenklich BayVerfGH, VwRspr 4, S. 274, der aus dem Gewaltverhältnis ein allgemeines Recht zur Beitragserhebung ableiten will. Ähnlich Wü-baVGH EVGH 8, S. 95.

[86] BVerfGE 10, S. 354, 362; 12, S. 319, 323 ff. Siehe auch LYNCKER, a.a.O., S. 104 ff.

[87] Betonung der Gesetzesgrundlage durch den BayVerfGH, VwRspr 3, S. 661 (keine Aufgabenerweiterung). Ferner BVerwG, DÖV 1966, S. 652.

[88] Grundsätzlich hierzu K. J. PARTSCH, Verfassungsprinzipien und Verwaltungsinstitutionen, Tübingen 1958.

für Einzelfragen zu suchen, die eine von der Ungemessenheit grundrechtlicher Verbürgungen ausgehende Interpretation vertritt [89], hat in der Tat in manchen Richtungen dazu geführt, daß nicht nur das Gewicht des Gemeinwohls, sondern auch Grundprinzipien des Verwaltungsrechts hinter den Tendenzen der weiten Auslegung individueller Rechte zurücktreten. Aber selbst diese Entwicklung hat es nicht zuwege bringen können, in dem hier behandelten Felde der Körperschaftserrichtung und vor allem dem hierbei gegen die Mitglieder entfalteten Zwang grundsätzliche Hindernisse in den Weg zu stellen. Die Bemühungen, hiergegen die Art. 2, 3, 9, 12 und 14 GG anzurufen, sind von der Rechtsprechung im ganzen zurückgewiesen worden. Sie werfen teilweise tiefergehende Probleme des Wirtschaftsrechts auf, denen hier in diesem kurzen abschließenden Überblick indes nur mehr in Hinweisen nachgegangen werden kann.

Wenn man gegen die durch Zwangsrechte von Körperschaften begründeten Einschränkungen der persönlichen Freiheit Art. 2 GG ins Feld führt, so trägt diese Berufung angesichts der herrschenden Interpretation nicht sehr weit. Es ist allgemein anerkannt, daß die in Art. 2 zugesicherte persönliche (und auch wirtschaftliche) Handlungsfreiheit durch jedes verfassungsmäßig zustande gekommene Gesetz eingeschränkt werden kann, jedenfalls aber nicht eine unbegrenzte individuelle Freiheit verbürgt, sondern an soziale Schranken gebunden ist [90]. Die Rechtsprechung hat wirtschaftslenkende und in die wirtschaftlich-soziale Verfügung des Einzelnen eingreifende staatliche Maßnahmen bei Vorliegen von Interessen des Gemeinwohls als zulässig anerkannt; sie zählen daher zur verfassungsmäßigen Ordnung, in deren Schranken sich die Freiheit des Art. 2 GG entfaltet [91]. Im Ergebnis stellt Art. 2 GG gegen die Ausstattung von Körperschaften mit den nötigen Zwangsbefugnissen kein Hindernis dar.

Noch weniger kann dies von einer Berufung auf Art. 3 GG gesagt werden. Ist die Errichtung einer Körperschaft legitim, und ist die Abgrenzung des erfaßten Mitgliederkreises vollständig oder sachgerecht erfolgt, so ist kein Anlaß zu fragen, weshalb die Eingliederung eines Personenkreises

---

[89] Gegen diese Tendenz meine Darlegungen VDStRL 22 (1965), S. 37 ff.

[90] Grundlegend BVerfGE 4, S. 7, 19 f. Ferner BVerwGE 1, S. 323; 6, S. 140. BayVerfGH, VwRspr 3, S. 269; 4, S. 270. OVG Rheinland-Pfalz, Entsch. 7, S. 124; W. Reuss, Grundrechte, Bd. III/1, S. 107. Der Versuch von Küchenhoff, DÖV 1966, S. 224 ff., einen Vorrang der Individualverfügung vor dem Gemeinwohl zu entwickeln, übersieht Art. 28 GG und die einen uneingeschränkten Individualismus ausschließende Sozialstaatsklausel.

[91] In diesem Sinne: BVerfGE 10, S. 89, 102; 15, S. 235, 239. VGH Kassel, BB 1964, S. 452. — Zur Zulässigkeit der Wirtschaftslenkung allgemein: BVerfGE 16, S. 147, 161; 19, S. 101, 114. Zur Zulässigkeit der Konkurrenz öffentlicher Unternehmen mit privaten Betrieben: VGH Kassel, BB 1964, S. 453; BVerwG, JZ 1964, S. 453.

in einen Zwangsverband an sich eine Gleichheitsverletzung darstellen soll [92]. Auch das Bestehen einer solchen Ordnung in einem Lande, aber nicht in anderen, verstößt angesichts der Möglichkeit bundesstaatlicher Differenzierung nicht gegen Art. 3. Das gilt auf Grund historischer Tatsachen auch für Verschiedenheiten — z. B. im Recht der Notare — eines Landes [93].

Größeres Gewicht kommt dem Art. 9 GG zu. Aber auch seine Schranken greifen in dem hier erörterten Bereich nicht ein [94]. Daß die Koalitionsfreiheit sich nur auf die Sozialpartner bezieht, daher andere Verbände nicht berührt, ist allgemein anerkannt [95]. Die überwiegende Lehre nimmt an, daß Art. 9 Abs. 1 GG auch die negative Vereinigungsfreiheit einschließt [96]. Doch bezieht man diese Gewährleistung nur auf die private Vereinsbildung und nicht auf die öffentlichrechtlichen Verbände, da diese ihrer Natur nach, soweit sie die Mitgliedschaft gesetzlich ordnen, keinen Bezug zur freien Verbandsbildung haben [97]. Auch wenn man mit QUIDDE [98] hiergegen einwendet, daß gewiß die negative Vereinsfreiheit dann nicht getroffen wird, soweit dringliche Bedürfnisse des Gemeinwohls den öffentlichen Zusammenschluß rechtfertigen, daß aber die gesetzliche Mitgliedschaft möglicherweise die positive Vereinsbildung, nämlich die durch den öffentlichen Verband ausgeschaltete freie Bildung im gleichen Bereich unmöglich macht, so wird doch auch hier stets zwischen der Forderung des Gemeinwohls auf Bildung solcher öffentlichen Zusammenschlüsse und dem individualen Freiheitsbereich abzuwägen sein. Zumeist werden auch öffentliche Verbände selbst parallele private Vereinigungen nicht ausschließen, wenn auch weniger aussichtsreich gestalten.

Nur unter besonderen Umständen kann bei der Errichtung einer Körperschaft Art. 12 GG berührt werden. Das ist vor allem dann der Fall, wenn mit der körperschaftlichen Zusammenfassung die Ordnung eines Berufes mit einer Ehren- oder Berufsgerichtsbarkeit vorgesehen ist. Nach der

---

[92] Nachdrücklich hat das BVerwG (JZ 1964, S. 454) den Gedanken zurückgewiesen, der hinter der Anrufung des Art. 3 in diesem Zusammenhang steht, daß es einen Vorrang privater Betätigung oder einen Anspruch auf Chancengleichheit im wirtschaftlichen Bereich gäbe. Im ganzen zu Art. 3 auch W. REUSS, Grundrechte, Bd. III/1, S. 106; I. v. MÜNCH, Bonner Kommentar, Rdnr. 52—54 zu Art. 9.

[93] BVerfGE 10, S. 354, 371. Vgl. ferner BVerGE 16, S. 6, 24; 17, S. 381, 388/89 (Notare).

[94] Art. 9 greift nicht ein bei Anstalten des öffentlichen Rechts: BVerfGE 10, S. 354, 362.

[95] OVG Rheinland-Pfalz, Entsch. 1, S. 367.

[96] Statt aller hierzu I. v. MÜNCH, Bonner Kommentar, 2. Aufl., Rdnr. 51—52 zu Art. 9.

[97] So BVerfGE 10, S. 354, 4 361/62; BVerwG, DVBl 1962, S. 533; Wü-baVGH, EVGH 8, S. 95; OVG Rheinland-Pfalz, Entsch. 7, S. 124; VGH Kassel, BB 1964, S. 452; LG Göttingen, MDR 1958, S. 526.

[98] Grundrechtsschutz von Zwangsmitgliedschaften, DÖV 1958, S. 521 ff.

bekannten, vom Bundesverfassungsgericht im Apothekenurteil[99] niedergelegten „Stufentheorie" ist ein strenger Maßstab vor allem an solche Beschränkungen der Berufsfreiheit anzulegen, die die Berufswahl, d. h. den Zugang zum Beruf oder auch die Entfernung aus ihm, regeln. In der deutschen Gesetzgebung wird der Zugang zu einem Beruf nirgends von der Zugehörigkeit zu einer beruflichen Kammer abhängig gemacht[100]. In der Regel ist auch die Entziehung der Zulassung eine in die Hand des Staates gelegte Entscheidung, während die körperschaftliche Berufsgerichtsbarkeit nur über Verfehlungen mit der Möglichkeit befindet, die Unwürdigkeit für die Ausübung des Berufs festzustellen[101]. Nur die Bundesrechtsanwaltsordnung (§ 114 Abs. 1 Ziff. 4 der BRAO v. 1. 8. 1959, BGBl I, S. 565) gibt der Ehrengerichtsbarkeit auch die Befugnis, die Ausschließung als Strafe zu verhängen, läßt aber Rechtsmittel an den Bundesgerichtshof zu (§ 145). Die Entfernung berufsunwürdiger Personen aus einem freien Berufe, dem die Öffentlichkeit ein besonderes Vertrauen entgegenbringen muß, gehört aber zu den nach Art. 12 GG zulässigen Beschränkungen der Berufswahl. Sie kann, zumal in letzter Instanz ein Gericht entscheidet, aber auch die Ehrengerichte der BRAO staatliche Gerichte sind, nicht anders beurteilt werden, weil eine körperschaftliche Mitwirkung stattfindet.

Die gesetzliche unfreiwillige Zusammenfassung eines Berufes oder eines Wirtschaftszweiges in einer öffentlichen Körperschaft hingegen betrifft lediglich die Berufsausübung, und auch diese nur mittelbar, weil sie nur den Anknüpfungspunkt einer organisatorischen — und gegebenenfalls finanziellen — Belastung bildet. Sofern die Bildung der Körperschaft als legitime öffentliche Aufgabe erscheint, entspricht sie dem vom Bundesverfassungsgericht für eine Beschränkung der Berufsausübung geforderten Merkmal der „vernünftigen und sachgerechten Erwägung"[102]. So wird im allgemeinen Art. 12 GG durch die Zusammenfassung von Personen in einer gesetzlich angeordneten Körperschaft nicht berührt. Dasselbe gilt aber auch, wenn der Staat eine bestimmte Tätigkeit der öffentlichen Hand vorbehält, weil er sie als eine öffentliche Aufgabe betrachtet. Der Grundsatz der Erhaltung eines Berufes in seiner freien Gestaltung ist in Art. 12 GG nicht enthalten, wenn überwiegende Gründe des Gemeinwohls für eine andere Regelung sprechen[103].

---

[99] BVerfGE 7, S. 377 ff. Vgl. Leibholz-Rinck, Grundgesetz, 1966, S. 165.

[100] Das bei der Zulassung von Rechtsanwälten von der Anwaltskammer zu erstattende Gutachten (§ 8 Abs. 2 BRAO), das nur vorbereitenden Charakter für die staatliche Entscheidung hat, steht auf einem anderen Blatt.

[101] Vgl. z. B. Gesetz über die Kammern und die Berufsgerichtsbarkeit der Ärzte, Apotheker, Tierärzte und Zahnärzte in Nordrhein-Westfalen v. 3. 6. 1954 (GS, S. 376), § 24 Abs. 1 Ziff. e.

[102] BVerfGE 7, S. 377, 405 f.; Leibholz-Rinck, S. 164.

[103] So für eine herkömmliche monopolistische Feuerversicherung: VGH Kassel, BB 1964, S. 452 ff. Vgl. auch BVerwG, JZ 1964, S. 452. Der Schutz gegen wett-

Wenn man endlich gegenüber körperschaftlichen Zusammenschlüssen Art. 14 GG angeführt hat, so richtet sich das vor allem auf die entstehenden finanziellen Lasten. Indes schützt Art. 14 GG nicht vor Heranziehung zu öffentlichen Abgaben, Beiträgen und anderen ähnlichen Lasten [104].

Suchen wir am Ende unserer Untersuchung ihr Ergebnis zu überblicken, so wird man sagen können, daß sich in der Gegenwart hinsichtlich der Rechtslage bei der Gründung von Körperschaften vor allem drei Tendenzen bemerkbar machen: Erstens zeigt sich infolge einer strengeren Anspannung des Grundsatzes der Gesetzmäßigkeit der Verwaltung ein durchgängiges Bedürfnis für gesetzliche Grundlagen bei der Errichtung einer Körperschaft und ihrer Ausstattung mit Aufgaben und Zwangsrechten. Zum zweiten zeigt sich die Tendenz, den Anwendungsbereich der Rechtsfigur der öffentlichen Korporation klarer zu umgrenzen, ihn scharf von Wirtschaftsunternehmungen in rechtsfähiger Form zu scheiden und auf die Wahrnehmung legitimer öffentlicher und staatlicher Aufgaben zu begrenzen. Endlich aber tritt mit größerer Schärfe der Vorbehalt für die Bewahrung bestimmter Bereiche, vor allem der Gerichtsbarkeit, in staatlicher Hand hervor und wirkt sich vor allem in der Beurteilung der beruflichen Ehren- und Berufsgerichtsbarkeit aus.

---

bewerbswidriges Vorgehen einer öffentlichen Anstalt liegt nicht in Art. 12 GG, sondern im Privatrecht.

[104] BVerfGE 10, S. 354, 371.

Die Weitergabe von Anschriften der Postbenutzer

Hans Schneider

Die moderne Verkehrsverwaltung bedient sich neuer technischer Hilfsmittel. Zur raschen und personalsparenden Bewältigung des Massenverkehrs ist die Benutzung von Buchungs- und Rechenmaschinen unerläßlich. So verfügt die Deutsche Bundespost über einen stattlichen Maschinenpark solcher Geräte. Dabei kann es sich ergeben, daß die Leistungsfähigkeit dieser Apparate wegen der stoßweise auftretenden betrieblichen Anforderung in ruhigen Stunden nicht voll ausgenutzt werden kann. Darunter leidet die Rentabilität der mit hohen Anschaffungs- und Betriebskosten belasteten Geräte. Das generelle Gebot zu wirtschaftlicher Betriebsführung und die besondere Finanzlage der Deutschen Bundespost zwingen deren Leitung dazu, nach Möglichkeiten Ausschau zu halten, die notwendigen Buchungsmaschinen auch für betriebsfremde Zwecke auszunutzen. In dieser Beziehung hat die Deutsche Bundespost neue Wege beschritten, um die postalischen Einrichtungen für Zwecke der Wirtschaftswerbung einzusetzen. Sie benutzt ihren Maschinenpark zur Mitteilung der Anschriften von Postkunden an Firmen, die mit Hilfe dieses Adressenmaterials direkte Werbung betreiben.

Dem Juristen drängt sich die Frage auf, in welchem Ausmaß sich eine Hoheitsverwaltung wie die Deutsche Bundespost solcher Fremdwerbung öffnen darf. Der folgende Beitrag will dieser Frage nachgehen.

I

1. Die Deutsche Bundespost bedient sich für ihre Fremdwerbung der Deutschen Postreklame GmbH. Diese ist eine bundesposteigene Gesellschaft. Ursprünglich wurde die Postreklame als Dienstzweig der Deutschen Reichspost betrieben. Im Jahre 1924 wurde dafür die Deutsche Reichs-Postreklame GmbH gegründet, deren Geschäftsanteile die Reichspost besaß. Die Tätigkeit dieser Gesellschaft endete 1945. Schon ein Jahr später wurde die Deutsche Postreklame GmbH gegründet. 96% des Geschäftskapitals gehören der Deutschen Bundespost, der Rest befindet sich in den Händen von Bezirksdirektoren der Deutschen Postreklame GmbH. Durch einen Vertrag vom 12. 9. 1951 zwischen dem Bundesminister für das Post- und Fernmeldewesen und der Deutschen Postreklame GmbH ist dieser Gesellschaft das alleinige

und ausschließliche Recht sowie die Pflicht übertragen worden, die für Wirtschaftswerbung (Fremdwerbung) freigegebenen Einrichtungen der Deutschen Bundespost auszunutzen. Der Bundesminister für das Post- und Fernmeldewesen hat die Dienststellen der Deutschen Bundespost angewiesen, eng mit der Deutschen Postreklame GmbH zusammenzuarbeiten. Die Dienststellen haben insbesondere die Gesellschaft von den sich bietenden Werbemöglichkeiten rechtzeitig zu unterrichten und sie bei der Ausnutzung der für die Fremdwerbung freigegebenen Einrichtungen zu unterstützen. Unterlagen, die die Deutsche Postreklame GmbH zur Durchführung ihrer Aufgaben benötigt, sind ihr auf Verlangen kostenlos von den Dienststellen der Deutschen Bundespost zur Verfügung zu stellen, sofern kein dienstliches Interesse entgegensteht. Die nähere Art der Zusammenarbeit und die der Deutschen Postreklame GmbH eingeräumten Möglichkeiten, für Werbezwecke im Bereich der Bundespost tätig zu werden, hat der Bundesminister für das Post- und Fernmeldewesen in den „Richtlinien für die Zusammenarbeit der Dienststellen der Deutschen Bundespost mit der Deutschen Postreklame GmbH" (Postreklame Richtl. 1966) näher bestimmt.

Die Deutsche Postreklame GmbH ist im Hinblick auf ihre Tätigkeit und die Besitzverhältnisse praktisch ein in handelsrechtlichen Formen betriebener Dienstzweig der Deutschen Bundespost. Die Gewinne, welche die GmbH erzielt, werden vollständig an die Deutsche Bundespost abgeführt und in deren Haushalt als Einnahme verbucht.

Die Tätigkeit der Deutschen Postreklame GmbH erstreckt sich von der Plakatwerbung in Betriebsgebäuden der Deutschen Bundespost, Fremdwerbung auf Schreibtischen und Schaltern in Posträumen, der Werbung in Schaukästen und auf Dauerdrehkalendern über die Werbung in Fernsprechhäuschen, Fernsprechzellen, amtlichen Fernsprechbüchern, dem amtlichen Verzeichnis der Telexteilnehmer, der Herausgabe von örtlichen Fernsprechbüchern und Branchenverzeichnissen, über die Fremdwerbung auf Druckwerken und Formblättern der Deutschen Bundespost neuerdings bis zur Vermittlung der Anschriften von Fernsprech-, Telex- und Rundfunkteilnehmern für Drittwerbung.

2. Bei dem zuletzt erwähnten und jüngsten Geschäftszweig der Deutschen Postreklame-Gesellschaft handelt es sich um Folgendes: Die Bundespost zieht bekanntlich allmonatlich die sogen. Rundfunk- und Fernsehgebühren ein. Die Mehrzahl der (im folgenden kurz als „Rundfunkteilnehmer" bezeichneten) Inhaber von Tonrundfunk- und Fernseh-Empfangserlaubnissen zahlt dem einziehenden Postboten gegen eine vorgedruckte Quittung die monatliche Abgabe in bar (etwa 13 Mio Fälle monatlich). Ein kleinerer Teil der Rundfunkteilnehmer läßt die Gebühren fallweise oder ständig von einem Bankgirokonto oder von ihrem Postscheckkonto abbuchen; eine dritte, ebenfalls kleinere Gruppe entrichtet die Gebühr mit Hilfe einer Postanweisung.

Der Einzug der Rundfunkgebühren wird von 23 Rundfunkabrechnungsstellen in der Bundesrepublik dergestalt vorbereitet, daß dort die Quittungen mit den Anschriften der einzelnen Rundfunkteilnehmer gedruckt werden. Dieser monatliche Druck der Rundfunkquittungen lastet die dafür erforderlichen Adremamaschinen nicht aus. Deswegen gibt die Deutsche Postreklame GmbH im Einvernehmen mit der Deutschen Bundespost privaten Firmen die Möglichkeit, die Anschriften der Rundfunkteilnehmer mit Hilfe der Adremamaschinen zu beziehen. Die Anschriften werden außerhalb der für das Bedrucken der Rundfunk-Empfangsscheine festgesetzten Zeiten als sogen. Sichtzettel bzw. Adressenträger hergestellt. Die Deutsche Postreklame verlangt gegenwärtig etwa 30—40 DM für je 1000 Anschriften.

Gewisse Besonderheiten gelten für solche Rundfunkteilnehmer, die nicht in bar dem Postzusteller zahlen. Aus technischen Gründen (weil mit Postleitzahlen versehene Adressen nicht vorrätig sind) können die Anschriften der Rundfunkteilnehmer, welche die Gebühr vom Postscheckkonto abbuchen lassen, nicht zur Verfügung gestellt werden. Andererseits sind die Anschriften derjenigen Rundfunkteilnehmer, die die Gebühr unter Benutzung ihres Bankkontos zahlen, besonders erfaßt (wenn auch nicht wohnbezirksweise geordnet) und können der Werbewirtschaft zur Verfügung gestellt werden. Dabei unterbleibt jedoch jeder Hinweis auf die Art der Bankverbindung.

In ähnlicher Weise teilt die Deutsche Postreklame GmbH die Anschriften von Fernsprechteilnehmern und Telexteilnehmern sowie von Inhabern von Postscheckkonten dritten Personen zu Reklameversandzwecken mit.

Was die Fernsprechteilnehmer und Telexteilnehmer angeht, so werden die von den 19 Fernsprechabrechnungsstellen verwendeten Anschriften für die Übersendung der monatlichen Gebührenrechnungen benutzt. Ebenso werden die bei den Postscheckämtern vorhandenen Adremaplatten der Postscheckkontoinhaber von der Deutschen Postreklame für die Vergabe von Anschriften an Dritte verwendet. In allen diesen Fällen werden nur solche Fernsprechteilnehmer, Telexteilnehmer und Postscheckkontoinhaber in die Anschriftenliste aufgenommen, die auch in den amtlichen Verzeichnissen Aufnahme gefunden haben oder in die nächste Ausgabe des amtlichen Verzeichnisses aufgenommen werden. Die Anschriften derjenigen Fernsprech- und Telexteilnehmer, denen aus besonderen Gründen auf ihren Antrag gestattet worden ist, nicht in die amtlichen Verzeichnisse aufgenommen zu werden, werden von den Fernsprechabrechnungsstellen nicht an die Deutsche Postreklame GmbH weitergegeben. Ebenso werden auch die Inhaber von Postscheckkonten, die den Wunsch geäußert haben, nicht in dem amtlichen Verzeichnis der Postscheckkontoinhaber aufgeführt zu werden, bei der Bekanntgabe von Anschriften nicht berücksichtigt. Ferner ist darauf hinzuweisen, daß auf den weitergegebenen Anschriften die Telefonnummer oder die

Nummer des Telexanschlusses bzw. die Kontonummer eines Postscheckkunden nicht vermerkt ist. Die Bezieher des Adressenmaterials wissen also nur, daß die ihnen mitgeteilten Anschriften Fernsprechteilnehmern, Telexteilnehmern oder Postscheckkontoinhabern gehören.

Die Deutsche Postreklame GmbH ist nicht nur in der Lage, die Rundfunkteilnehmer eines Postamtsbereichs oder einer ganzen Postdirektion abzugeben, sie könnte auch lediglich die Anschriften der Neuzugänge von Rundfunkteilnehmern, Fernsprechteilnehmern usw. erfassen und auswerten.

II

Ob die geschilderte Praxis rechtlichen Bedenken begegnet, soll nunmehr geprüft werden. Dabei lasse ich die grundsätzliche Frage, ob eine Hoheitsverwaltung überhaupt eine fiskalische Nebentätigkeit ausüben und in Wettbewerb mit privaten Unternehmen treten darf, hier außer Betracht, weil eine solche Untersuchung [1] den Rahmen dieses Aufsatzes sprengen würde. Ich gehe also davon aus, daß die Ausnutzung einer öffentlichen Verkehrsanstalt zur Fremdwerbung als einer seit Jahrzehnten üblichen Nebentätigkeit fiskalischer Art grundsätzlich zulässig ist. Zu prüfen bleibt aber, ob die neuen Wege der postalischen Reklamevermittlung anderen rechtlichen Bedenken unterliegen. In dieser Hinsicht muß in erster Linie untersucht werden, ob die Bekanntgabe von Anschriften der Fernsprechteilnehmer, der Telexteilnehmer, der Inhaber von Postscheckkonten und insbesondere der Rundfunk- und Fernsehteilnehmer gegen das Post- und Fernmeldegeheimnis verstößt. Ferner wird unabhängig von dieser Frage zu prüfen sein, ob und inwieweit die Weitergabe von Anschriften, welche die Deutsche Bundespost durch ihre dienstliche Tätigkeit erfahren hat, mit dem allgemeinen Amtsgeheimnis in Einklang zu bringen ist. Schließlich bleibt zu untersuchen, ob das Grundrecht auf freie Entfaltung der Persönlichkeit berührt wird.

Für die rechtliche Prüfung kann dabei der Umstand, daß die Deutsche Postreklame GmbH eine Handelsgesellschaft ist, und als solche an und für sich dem Post- und Fernmeldegeheimnis und dem behördlichen Amtsgeheimnis nicht unterliegt, außer Betracht gelassen werden. Auf die im neueren Schrifttum umstrittene Frage, ob auch eine fiskalische Tätigkeit der Verwaltung den grundrechtlichen Schranken unterliegt oder nicht [2], kommt es hier insofern nicht an, als es auf der Hand liegt, daß selbst für den Fall, daß die Tätigkeit der Deutschen Postreklame GmbH den grundrechtlichen Schranken nicht unterläge, so doch jedenfalls die die Anschriften liefernde

---

[1] Vgl. dazu meine Darlegungen in „Werbung im Rundfunk“, Heft 1 der Beiträge zum Rundfunkrecht, 1965, S. 15 f.

[2] Vgl. vor allem die Beiträge von W. Mallmann und K. Zeidler zum Beratungsgegenstand „Schranken nicht hoheitlicher Verwaltung“ in VVDStRL Heft 19 (1961,) S. 165 f., 208 f. sowie die anschließende Diskussion, S. 242 f.

Deutsche Bundespost ihrerseits den grundrechtlichen Schranken unterworfen ist. Wenn die Deutsche Bundespost selbst im Hinblick auf das Post- und Fernmeldegeheimnis oder wegen des Amtsgeheimnisses verpflichtet wäre, die Weitergabe von Anschriften zu unterlassen, so wäre auch der Deutschen Postreklame GmbH in diesem Bereich ihrer Geschäftstätigkeit die Grundlage entzogen. Für die Deutsche Bundespost versteht es sich, daß sie die ihr obliegende Bindung an die Grundrechte nicht dadurch abstreifen kann, daß sie sich in bezug auf ihre Werbehilfe für Dritte der Deutschen Postreklame GmbH bedient. Es wäre ein Mißbrauch der Formen und Gestaltungsmöglichkeiten des Privatrechts, wenn eine hoheitliche Verwaltung sich der ihr (durch das Grundgesetz und durch sonstiges öffentliches Recht) auferlegten Schranken entziehen wollte, indem sie eine handelsrechtliche Gesellschaft zwischenschaltet. Entsprechendes hat hinsichtlich der Wahrung der Amtsverschwiegenheit zu gelten. Ist zwar die Deutsche Postreklame eine Gesellschaft des Privatrechts, so unterliegen doch die Postbediensteten der Amtsverschwiegenheit und dürfen Angelegenheiten, die von dieser erfaßt werden, weder an dritte außerhalb der Verwaltung stehende Personen noch gegenüber Kollegen oder Angehörigen anderer Behörden preisgeben [3].

Für die folgenden staatsrechtlichen Untersuchungen kann daher davon ausgegangen werden, daß es keinen Unterschied ausmacht, ob die Deutsche Postreklame GmbH ihrerseits oder die Deutsche Bundespost selbst die ihr amtlich bekanntgewordenen Anschriften an Dritte zu Werbezwecken gegen Entgelt weitergibt. Daß es darauf nicht ankommen kann, ergibt sich auch aus den Postreklame-Richtlinien, die der Bundesminister für das Post- und Fernmeldewesen als allgemeine Verwaltungsanweisung erlassen hat. Die Postreklame-Richtlinien legen, wie dort eingangs vermerkt ist, fest, „inwieweit die Einrichtungen der Deutschen Bundespost durch die Deutsche Postreklame GmbH für Fremdwerbung ausgenutzt werden dürfen". Der Bundesminister für das Post- und Fernmeldewesen gibt also der Deutschen Postreklame GmbH nur insoweit Spielraum für Fremdwerbung im Bereich der Post -und Fernmeldeverwaltung, als er dies vom öffentlichen Recht her für zulässig erachtet.

1. Das Post- und Fernmeldegeheimnis ist verfassungsrechtlich anerkannt (Art. 10 GG) und genießt den Schutz eines Grundrechtes. Beschränkungen dürfen nur auf Grund eines Gesetzes angeordnet werden.

Inhaltlich stellt sich das Post- und Fernmeldegeheimnis als Verpflichtung der Deutschen Bundespost dar, über alle konkreten Nachrichtenverbindungen im Rahmen des Post- und Fernmeldedienstes Verschwiegenheit zu bewahren. Dabei steht nicht nur der Inhalt von Mitteilungen, die durch die Post übermittelt werden, unter dem Schutz des Grundrechtes, sondern auch

---

[3] Vgl. Plog-Wiedow, Kommentar zum Bundesbeamtengesetz, Loseblattsammlung, Stand April 1966, § 61, Rdnr. 10.

schon die Tatsache einer konkreten Benutzung, also Art und Weise, Ort und Zeitpunkt der Benutzung sowie die Namen und Anschriften der an der Benutzung als Absender und Empfänger beteiligten Personen [4].

a) Was zunächst die Bekanntgabe von Anschriften der Fernsprechteilnehmer angeht, so erstreckt sich das Post- und Fernmeldegeheimnis sicherlich nicht auf den Umstand, ob jemand einen Fernsprechanschluß besitzt. Nicht der Besitz eines Fernsprechers, sondern dessen Benutzung unterliegt dem Fernmeldegeheimnis. Denn jeder Fernsprechteilnehmer wird zum Fernsprechverkehr nur nach Maßgabe der Fernsprechordnung [5] zugelassen. Die Fernsprechordnung, eine allgemeinverbindliche Rechtsverordnung, sieht in § 40 vor, daß jeder Fernsprechteilnehmer in dem amtlichen Verzeichnis der Fernsprechanschlüsse aufzuführen ist. Nur „auf begründetes Verlangen" kann die Eintragung in dem amtlichen Fernsprechbuch unterbleiben. Von diesem Ausnahmefall abgesehen kann also die Tatsache, daß jemand Inhaber eines Fernsprechanschlusses ist, nicht dem Fernmeldegeheimnis unterstehen. Was offenkundig ist und nach der Natur des Fernsprechverkehrs auch offenkundig sein soll, kann nicht unter den Geheimhaltungsschutz fallen.

Das gilt auch für diejenigen Fernsprechteilnehmer, die erst nach Erscheinen des letzten amtlichen Fernsprechbuches den Anschluß erhalten haben. Abgesehen davon, daß solche neuen Teilnehmer in der nächsten amtlichen Ausgabe des Fernsprechverzeichnisses aufgeführt werden und daß zwischenzeitlich amtliche Nachträge zu den amtlichen Fernsprechbüchern herausgegeben werden, gibt jede Fernsprechvermittlungsstelle auf Anfrage die Fernsprechteilnehmernummer des neuen, aber noch nicht in dem amtlichen Verzeichnis aufgeführten Anschlusses bekannt. Da demzufolge jeder Interessierte auch die noch nicht im amtlichen Verzeichnis veröffentlichten Fernsprechanschlüsse in Erfahrung bringen kann, handelt es sich auch insoweit um offenkundige Tatsachen.

---

[4] Vgl. hierzu: v. MANGOLDT-KLEIN, Das Bonner Grundgesetz, Kommentar, Bd. I, Berlin, Frankfurt 1957, S. 335 f.; BADURA im Bonner Kommentar, Art. 10 GG, Zweitbearbeitung Hamburg 1965, insbes. S. 18 f.; OEHLER, Postgeheimnis, in: NEUMANN-NIPPERDEY-SCHEUNER, Die Grundrechte, 2. Bd., Berlin 1954, S. 605 f.; F. GIESE, Grundgesetz für die Bundesrepublik Deutschland, 3. Aufl., Frankfurt 1953, S. 27 f.; A. HAMANN, Das Grundgesetz, Kommentar, Berlin-Neuwied-Darmstadt 1956, S. 128 f.; ASCHENBORN-SCHNEIDER, Das Gesetz über das Postwesen des Deutschen Reiches, Berlin 1928, S. 134 f.; A. NIGGL, Deutsches Postrecht, Berlin 1931, insbes. S. 124 f.; J. AUBERT, Fernmelderecht, 2. Aufl., Hamburg-Berlin 1962, S. 49 f.; F. SCHUSTER, Postrechtspraxis, 3. Aufl., Goslar 1954; S. 54 f.; vgl. ferner K. LENGNING (Hrsg.), Post und Fernmeldegeheimnis, 2. Aufl. 1963.

[5] Fernsprechordnung vom 24. 11. 1939 (Postamtsbl. S. 859) mit späteren Änderungen, abgedr. im BGBl. III, 9026-1. Dazu die ebenfalls als Rechtsverordnung erlassenen Ausführungsbestimmungen vom 24. 11. 1939 (Postamtsbl. S. 913) nebst späteren Änderungen, abged. im BGBl. III, 9026-1-1.

Infolgedessen verletzt die Bekanntgabe von Anschriften der Fernsprechteilnehmer nicht das Fernsprechgeheimnis des Art. 10 GG [6].

b) Entsprechendes gilt für die Anschriften von Fernschreibanschlüssen (Telex) [7]. Auch hier erstreckt sich das Fernmeldegeheimnis nicht auf den Umstand, daß jemand an das öffentliche Fernschreibnetz angeschlossen ist. Es handelt sich vielmehr um Tatsachen, die ihrer Natur nach für die Kenntnis der Öffentlichkeit bestimmt sind. Nur für den Sonderfall, daß jemand aus anerkannten Gründen auf Antrag von der Aufnahme in das amtliche Verzeichnis der Telexteilnehmer entbunden worden ist, könnte eine Verschwiegenheitspflicht der Bundespost in Frage kommen.

c) Was die Bekanntgabe von Anschriften der Postscheckteilnehmer angeht, so ist zu beachten, daß jeder Postscheckteilnehmer in einem amtlichen Verzeichnis Aufnahme findet, welches für den Bezirk eines jeden der 13 Postscheckämter (jeweils nach den Wohnorten der Kontoinhaber geordnet) herausgegeben wird. Die Veröffentlichung der Postscheckkundenverzeichnisse ist in § 1 Abs. 3 der Postscheckordnung vom 7. 4. 1921 [8] vorgesehen. Diese Verzeichnisse liegen bei allen Postämtern zur öffentlichen Einsicht aus und können von jedermann gegen Entgelt erworben werden. Die Verzeichnisse erscheinen freilich nicht alljährlich wie die amtlichen Fernsprechbücher, sondern in längeren Abständen, doch kann man auch über Nachträge oder unmittelbare Anfrage bei den Postscheckämtern und Auskunftsstellen der Deutschen Bundespost in Erfahrung bringen, ob jemand ein Postscheckkonto unterhält und welche Postschecknummer er innehat. Wer ein Postscheckkonto unterhält, ist also bekannt. Es handelt sich um eine offenkundige Angelegenheit, da jedermann von ihr Kenntnis nehmen kann. Deswegen setzt das Postgeheimnis erst jenseits dieser Tatsache ein, d. h., es umfaßt z. B. die Höhe des Postscheckguthabens und die Bewegungen, die auf dem Konto vorgenommen werden. Darüber wird selbstverständlich von den Postscheckämtern keine Auskunft erteilt.

Daß es amtliche Verzeichnisse der Postscheckteilnehmer (vergleichbar mit den amtlichen Fernsprechbüchern) gibt, erfährt jeder Postscheckteilnehmer spätestens bei Eröffnung eines Postscheckkontos. Er erhält alsdann kostenlos die „Anleitung zur Benutzung des Postscheckkontos", zuletzt herausgegeben im Jahre 1965 vom Bundesministerium für das Post- und Fernmeldewesen. Auf Seite 10 dieser Anleitung werden die Postscheckteilnehmer auf die amtlich ausliegenden oder auf Bestellung erhältlichen Verzeichnisse der Postscheckteilnehmer der Bundesrepublik hingewiesen. Im übrigen sei

---

[6] Ebenso J. Aubert, Fernmelderecht, a.a.O., S. 50; vgl. ferner Badura, Bonner Kommentar, a.a.O., Art. 10 GG, S. 20; K. Lengning (Hrsg.), Post- und Fernmeldegeheimnis, a.a.O., S. 6.

[7] Das Rechtsverhältnis des Fernschreibteilnehmers bestimmt sich sinngemäß nach der Fernsprechordnung (vgl. § 32 II Telgr.O — abgedr. im BGBl. III, 9027–1).

[8] RGBl. S. 459 mit verschiedenen späteren Änderungen, vgl. BGBl. III, 901-6-1.

vergleichend angemerkt, daß auch die Bundesbank ein amtliches Verzeichnis der Inhaber von Girokonten bei der Bundesbank und bei den Landeszentralbanken herauszugeben pflegt. Diese Verzeichnisse sind von der Bundesbank bzw. den Landeszentralbanken zu beziehen und können außerdem regelmäßig bei allen Bankfilialen und Sparkassen eingesehen werden.

Tatsächlich kann der bargeldlose Zahlungsverkehr über Postscheckkonten auch nur bei Veröffentlichung der Kontonummern richtig funktionieren. Man wird daher unterstellen dürfen, daß die Postscheckkontoinhaber zwecks voller Ausnutzung des Kontos und damit des bargeldlosen Zahlungsverkehrs an einer Veröffentlichung der Kontonummern interessiert sind.

d) Die Inbetriebnahme eines Rundfunkempfangsgerätes (Tonrundfunkgerätes oder Fernsehempfängers) setzt unbestrittenermaßen eine Befugnis zur Errichtung und zum Betrieb einer Fernmeldeanlage voraus. Auf Antrag erteilt die Deutsche Bundespost gemäß § 2 des Gesetzes über Fernmeldeanlagen vom 14. 1. 1928 [9] eine solche Empfangserlaubnis. Die Deutsche Bundespost erhebt zugleich eine monatliche Gebühr. Rechtliche Zweifel bestehen lediglich über den juristischen Charakter dieser Gebühr. Bislang ist die Postverwaltung davon ausgegangen, daß es sich bei dieser Gebühr um eine solche hoheitlicher Natur handele, deren Rechtsgrundlage in den Verleihungsbedingungen gemäß § 2 FAG zu finden sei. Die Rundfunkanstalten der Länder und die Landesregierungen gehen freilich schon seit längerem davon aus, daß die Rundfunkgebühr zum überwiegenden Teil eine den Rundfunkanstalten zustehende Benutzungsgebühr sei. Das neue Gesetz über die Veranstaltung von Rundfunksendungen im Saarland vom 2. 12. 1964 [10] spricht dies unmißverständlich aus. Gegen diese Auffassung hat, soweit mir bekannt ist, der Bundespostminister bisher keinen Einspruch erhoben. Neuerdings hat auch das Bundesverwaltungsgericht [11] in dem Rechtsstreit zwischen dem Bayerischen Rundfunk und dem Land Bayern über die Abführung von Gebührenanteilen an das Zweite Deutsche Fernsehen die Auffassung vertreten, daß es sich bei den sogen. Rundfunkgebühren um solche der Landesrundfunkanstalten handele, die ihre Rechtsgrundlage nicht im FAG, sondern in den Rundfunkgesetzen der Länder hätte. Die Deutsche Bundespost wäre demnach lediglich mit dem Einzug der Rundfunkgebühren beauftragt.

Legt man diese neue Auffassung zugrunde, so würde es sich bei der Einziehung der Rundfunkgebühren um einen Vorgang handeln, bei dem die Deutsche Bundespost nicht nur eine eigene Gebührenforderung erhebt, sondern (mindestens teilweise) eine fremde Forderung (nämlich eine solche der Landes-Rundfunkanstalten) einzieht und den empfangenen Betrag wei-

---

[9] RGBl. I, S. 8 = BGBl. III, 9020-1.

[10] ABl. Saar Nr. 97 vom 24. 12. 1964, S. 1111 = Sammelblatt 1965, S. 139 f. Vgl. §§ 48 f. des Gesetzes.

[11] BVerwG, Urteil vom 5. 11. 1965, VII C 119/64.

terleitet. Das bedeutet, daß die Bundespost hier auch als Beförderungsanstalt tätig wird. Es würde sich also bei dem Einziehen der Rundfunkgebühren — sei es durch den Briefzusteller, sei es durch Schaltereinzahlung, durch Abbuchung vom Postscheckkonto oder durch Überweisung vom Bankkonto — auch um postalische Beförderungsvorgänge handeln. Dann läge die Annahme nahe, daß es sich bei der Erhebung der Rundfunkgebühr um ein Postdienstgeschäft handelt, welches grundsätzlich dem Postgeheimnis ebenso unterliegt wie vergleichsweise die Erhebung einer Nachnahme oder die Ausführung eines Postprotestauftrages (Vorlage eines Wechsels zur Zahlung). So gesehen, könnte die Bekanntgabe des Namens und der Anschrift eines Rundfunkgebührenzahlers mit dem Postgeheimnis kollidieren.

Demgegenüber ist aber zweierlei zu beachten:

Erstens gibt die Bundespost (und die Postreklame GmbH) — genau besehen — nicht die Anschriften von Gebühreneinzahlern bekannt, sondern die Adressen von Gebührenschuldnern. Es bleibt unbekannt, ob die karteimäßig erfaßten Personen die fälligen Rundfunkgebühren entrichten werden und wie sie dies tun (Barzahlung, Überweisung, Abbuchung).

Zweitens ist die Verpflichtung zur Zahlung einer Rundfunkgebühr und demgemäß die allmonatliche Erhebung dieser Gebühr lediglich eine notwendige Folge der Tatsache, daß jemand die Erlaubnis zum Betrieb eines Rundfunk-Empfangsgerätes gemäß § 2 FAG erhalten hat. Wenn die Tatsache selbst, also hier die Erteilung der Empfangserlaubnis nicht geheimhaltungsbedürftig ist, so kann auch die zwangsläufig mit der Innehaltung der Erlaubnis verbundene Gebührenfolge nicht unter die postalische Geheimhaltungspflicht fallen. Vergleichsweise: die Veröffentlichung eines Fernsprechanschlusses im amtlichen Fernsprechbuch wird nicht deswegen unzulässig, weil man aus dem Eintrag schließen kann, daß jeder Anschlußinhaber mindestens eine Grundgebühr entrichten muß und der Abrechnungsstelle eine Zahlung zu leisten pflegt. Oder: die Einsichtnahme in das Grundbuch wird nicht deswegen unzulässig, weil aus den Eigentumsangaben geschlossen werden kann, daß der Eigentümer grundsteuerpflichtig ist. Es kommt auf die Hauptsache an, nicht auf die Nebenfolgen.

Entscheidend ist, ob die Hauptsache, nämlich ob die Erteilung einer Rundfunk-Empfangserlaubnis an bestimmte Personen der postalischen Geheimhaltungspflicht aus Art. 10 GG unterliegt. Diese Frage ist zu verneinen. Die Erteilung einer solchen Erlaubnis unterliegt weder dem Postgeheimnis, noch dem Fernmeldegeheimnis.

Dem *Postgeheimnis* unterliegt die Vornahme einer „Verleihung“ gemäß § 2 FAG deswegen nicht, weil es sich um die Erteilung einer verwaltungsrechtlichen Erlaubnis handelt, die nicht im Rahmen eines Postverkehrs stattfindet [12].

---

[12] Zu den Verkehrsvorgängen und sonstigen Postgeschäften, die vom Postgeheimnis gedeckt werden, vgl. BADURA, Bonner Kommentar, a.a.O., Art. 10 GG, S. 18 f.

Dem *Fernmeldegeheimnis* unterliegt der Vorgang deswegen nicht, weil das Fernmeldegeheimnis nach Maßgabe der §§ 10 f. FAG den Inhalt der durch Fernmeldeanlagen übermittelten Nachrichten und die näheren Umstände, unter denen der Fernmeldeverkehr abgewickelt wird, zu schützen hat. Ganz abgesehen davon, daß aus dem Umstand, daß jemand eine Rundfunk-Empfangserlaubnis erhalten hat, noch nicht geschlossen werden kann, daß er tatsächlich sein Rundfunkgerät betreibt und gegebenenfalls, welche Rundfunksendungen er anhört, muß beachtet werden, daß der Rundfunk, also drahtlose Sendungen, die bestimmungsgemäß an die Allgemeinheit gerichtet sind, kein Gegenstand eines Fernmeldegeheimnisses sein kann. Aus dem Wesen des Rundfunks als einer Sendung an alle ergibt sich, daß der Rundfunkverkehr nicht unter das Fernmeldegeheimnis fällt; es ist vielmehr gerade die Aufgabe des Rundfunks, Nachrichten und Sendungen unterhaltender Art öffentlich zu verbreiten. Damit kann sinnvollerweise die Erteilung einer fernmelderechtlichen Genehmigung zum Betrieb eines Rundfunkempfangsgerätes auch kein Umstand sein, der es verdiente, unter das Fernmeldegeheimnis gestellt zu werden [13]. Dies wird vollends deutlich, wenn man das durch Art. 10 GG geschützte Rechtsgut unter Berücksichtigung der geschichtlichen Entwicklung und des Sinnzusammenhanges ins Auge faßt. Danach ergibt sich, daß das Post- und Fernmeldegeheimnis die Vertraulichkeit privater und geschäftlicher Kommunikation gegen die Intervention öffentlicher Gewalt schützt [14]. Bei der fernmelderechtlichen Genehmigung geht es aber nicht um Kommunikation, sondern es wird die Befugnis erteilt, ein Rundfunkempfangsgerät zu betreiben.

Die Bekanntgabe der Anschriften der Rundfunkteilnehmer verletzt daher weder das Post- noch das Fernmeldegeheimnis.

Die verschiedenartigen Wege, deren sich ein Rundfunkteilnehmer bei der monatlichen Entrichtung seiner Rundfunkgebühren bedienen kann, spielen zwar für die Technik der Anschriften-Erfassung bei den Abrechnungsstellen der Bundespost eine Rolle; der Zahlungsmodus ist aber für die zu prüfende Rechtsfrage (Zulässigkeit der Anschriften-Bekanntgabe) unerheblich. Daß ein Rundfunkteilnehmer Zahlungen zu leisten hat, ist selbstverständlich; ob er die Gebührenschuld tatsächlich entrichtet und wie dies geschieht, wird Außenstehenden dagegen nicht bekanntgegeben. Es werden also über die

---

[13] Vgl. ebenso J. AUBERT, Fernmelderecht, 2. Aufl., 1962, S. 50: „Die Tatsache, ob jemand im Besitz einer fernmelderechtlichen Genehmigung ist, steht nicht unter dem Schutz des Fernmeldegeheimnisses. Auskünfte darüber, ob eine Person Teilnehmer am Rundfunk oder Inhaber einer Genehmigung zum Errichten und zum Betrieb einer Amateurfunkstation ist, können daher ohne Verletzung des Fernmeldegeheimnisses erteilt werden." A.A. wohl v. MANGOLDT-KLEIN, a.a.O., S. 338, wo es heißt, daß der „Einzug von Rundfunkgebühren unter das Postgeheimnis fällt".

[14] Vgl. BADURA, Bonner Kommentar, a.a.O., Art. 10 GG, S. 16.

Anschriften der Teilnehmer hinaus keine Dinge mitgeteilt, die ihrerseits einem Postgeheimnis unterliegen könnten.

2. Aus dem bisher Dargelegten ergibt sich, daß die Mitteilung von Anschriften der Fernsprechteilnehmer, der Telexteilnehmer, der Inhaber von Postscheckkonten und der Inhaber einer Rundfunk-Empfangserlaubnis keinen Verstoß gegen das Post- und Fernmeldegeheimnis darstellt. Es bleibt aber zu prüfen, ob solche Mitteilungen von Teilnehmer-Anschriften an außenstehende dritte Personen einen Verstoß gegen das allgemeine Amtsgeheimnis darstellen.

Nach § 61 des Bundesbeamtengesetzes [15] hat ein Beamter über die ihm bei seiner amtlichen Tätigkeit bekanntgewordenen Angelegenheiten Verschwiegenheit zu bewahren. Eine entsprechende Verpflichtung obliegt den Angestellten und Arbeitern im öffentlichen Dienst der Deutschen Bundespost nach § 8 des „Tarifvertrages für die Angestellten der Deutschen Bundespost" sowie kraft besonderer Verpflichtung zur Verschwiegenheit. Die Verschwiegenheitspflicht der Beamten gilt jedoch nicht „für Mitteilungen im dienstlichen Verkehr oder über Tatsachen, die *offenkundig* sind oder ihrer Bedeutung nach *keiner Geheimhaltung bedürfen*" (§ 61 Abs. 1 Satz 2 BBG), was entsprechend auch für die Angestellten und Arbeiter im öffentlichen Dienst zu gelten hat.

Stellen sich der Interpretation des Begriffes „offenkundig" keine nennenswerten Schwierigkeiten entgegen, so wird in der Literatur die Frage, was unter solchen Tatsachen zu verstehen ist, „die ihrer Bedeutung nach keiner Geheimhaltung bedürfen", nicht eindeutig beantwortet. Teilweise wird die Ansicht vertreten, daß eine Angelegenheit dann Bedeutung habe, wenn ihre Bekanntgabe unliebsames politisches Aufsehen erregen oder staatliche Belange erheblich gefährden könnte [16]. Dieser Ansicht, wonach die Frage, ob einer Angelegenheit hinsichtlich der Verschwiegenheitspflicht der Beamten Bedeutung zukommt, allein aus der Sicht des Staates zu beantworten ist, vermag ich nicht zu folgen. Durch das Amtsgeheimnis sollen nicht nur staatliche Belange, sondern auch Anliegen der mit den Behörden verkehrenden Privatpersonen geschützt werden. Das Amtsgeheimnis soll auch das Vertrauen schützen, das die Staatsbürger in Gerichte und Verwaltung setzen, wenn sie sich diesen Ämtern offenbaren. Da zahlreiche Gerichte und Behörden (z. B. Sozial- und Jugendämter) durch ihre Tätigkeit Einblick in die Privatsphäre der mit ihr befaßten Personen bekommen, wäre es ein groteskes Ergebnis, wollte man nur die Interessen des Staates durch das Amtsgeheimnis geschützt sehen. Tatsächlich wird in der Praxis bei Verschwiegenheitsverpflichtungen auch darauf hingewiesen, daß über sämtliche durch die dienstliche Tätigkeit bekanntgewordenen Verhältnisse des Publikums Ver-

[15] In der Fassung vom 22. 10. 1965 (BGBl. I, S. 1776).

[16] A. FISCHBACH, Kommentar zum Bundesbeamtengesetz, 1. Halbband, 3. Aufl., Köln-Berlin-Bonn-München 1964, S. 460.

schwiegenheit zu wahren ist. Unter Tatsachen, die ihrer Bedeutung nach keiner Geheimhaltung bedürfen, wird man daher unter Berücksichtigung sämtlicher Interessen geringfügige Vorgänge zu verstehen haben, bei denen keine ersichtlichen Gründe für eine Geheimhaltung sprechen [17].

a) Im Hinblick auf Anschriften von Fernsprechteilnehmern, Telexteilnehmern und Postscheckkontoinhabern kann man davon ausgehen, daß die Mitteilung solcher Postteilnehmer nicht der Verschwiegenheitspflicht unterfällt, weil ihre Namen und Anschriften in den entsprechenden amtlichen Verzeichnissen bekannt gemacht worden sind oder bekannt gemacht werden, damit also als offenkundig zu gelten haben. Jedermann kann von ihnen Kenntnis nehmen. Nur in bezug auf diejenigen Fernsprech- und Telexteilnehmer und diejenigen Postscheckkontoinhaber, die den berechtigten Wunsch geäußert haben, nicht in die amtlichen Verzeichnisse aufgenommen zu werden, kann von einer Verschwiegenheitspflicht der Postbediensteten gesprochen werden.

b) In bezug auf die Namen der Inhaber von Rundfunk-Empfangserlaubnissen handelt es sich freilich nicht um Tatsachen, die im strengen Sinne offenkundig sind. In Frage kommt aber bei diesen Fällen, daß es sich um Dinge handelt, die „ihrer Bedeutung nach keiner Geheimhaltung bedürfen" (§ 61 Abs. 1 Satz 2 BBG). In der Tat läßt sich kein plausibler Grund finden, der den Umstand, daß jemand eine Rundfunk-Empfangserlaubnis erhalten hat, eines Geheimhaltungsschutzes bedürftig erscheinen läßt.

Da es in der Bundesrepublik (einschließlich West-Berlin) über 17 Millionen Inhaber von Rundfunk-Empfangserlaubnissen und mehr als 11 Millionen Inhaber von Erlaubnissen zum Betrieb von Fernsehempfängern gibt, kann davon ausgegangen werden, daß nahezu jeder Haushalt einen Rundfunkempfänger betreibt. Es spricht rein praktisch eine Vermutung dafür, daß der Haushaltungsvorstand Inhaber einer Rundfunk-Empfangserlaubnis ist und als notwendige Folge davon Rundfunkgebühren entrichtet. Angesichts dieser Vermutung wäre es kaum verständlich, die Innehaltung einer Erlaubnis als eine Angelegenheit anzusehen, die ihrer Bedeutung nach einer Geheimhaltung bedürfte.

Im privaten Geschäftsverkehr ist es vielfach üblich, Kundenlisten anzufertigen und diese auch anderen Firmen, die keine Konkurrenzbetriebe sind, zur Einsichtnahme oder zur Verwertung weiterzugeben. Man wird nicht sagen können, daß jemand, der eine Bestellung bei einer Firma aufgegeben hat, sich dagegen wehren könnte, daß seine der Bestellerfirma bekannt gewordene Anschrift an dritte Personen zu Werbungszwecken entgeltlich oder unentgeltlich weitergegeben wird. Nur bei Vorliegen besonde-

[17] Ähnlich Plog-Wiedow, Kommentar zum Bundesbeamtengesetz, Bd. I, Loseblattsammlung, Stand April 1966, § 61, Rdnr. 6; Fischbach hebt im übrigen auf S. 458 selbst hervor, daß die Geheimhaltungspflicht letztlich aus dem Grundsatz des Vertrauensschutzes abzuleiten sei.

rer Umstände kann man annehmen, daß bei Abschluß des Kaufvetrages stillschweigend eine solche Weitergabe der Käuferanschrift ausgeschlossen wurde und die Vertraulichkeit der Geschäftsbeziehung gewahrt werden muß, z. B. bei einem Kauf seltener Bilder, beim Erwerb von kostbaren Schmuckstücken oder dergleichen. Auch beim Bezug von Medikamenten wird unter Umständen eine solche Verschwiegenheitspflicht des Verkäufers aus Treu und Glauben im Hinblick auf die besonderen Umstände oder den Gegenstand des Kaufvertrages anzunehmen sei. In aller Regel aber besteht eine solche stillschweigend vereinbarte Vertraulichkeitspflicht des Verkäufers nicht.

Entsprechendes wird für den amtlichen Verkehr mit Behörden zu gelten haben. Bei der Inanspruchnahme eines Gerichts wird beispielsweise in aller Regel davon auszugehen sein, daß der Rechtsuchende die Weitergabe seiner den Gerichtsbehörden bekanntgewordenen Anschrift nicht wünscht. Ebenso ist im Hinblick auf das Steuergeheimnis den Finanzbehörden verwehrt, die ihnen bekanntgewordenen Anschriften der Steuerpflichtigen an außenstehende Dritte weiterzugeben. Bei Inanspruchnahme des Rundfunkdienstes bestehen dagegen keine Gründe, die die Annahme nahelegen, es handle sich hier um ein Benutzungsverhältnis, welches stillschweigend einer besonderen Geheimhaltungspflicht unterworfen sei. Auch der Umstand, daß jedermann, der ein Rundfunkempfangsgerät betreiben will, gesetzlich verpflichtet ist, eine Empfangserlaubnis nach dem Fernmeldeanlagengesetz zu beantragen, daß er also unfreiwillig seine Anschrift den Postbehörden mitteilen muß, führt zu keiner anderen Beurteilung.

In diesem Zusammenhang ist es lehrreich, einen Vergleich zu ziehen mit der Praxis, die andere Behörden bei der Bekanntgabe von ihnen bekannt gewordenen Anschriften aus dem Publikum beobachten.

So faßt z. B. das Gewerbeamt der Stadt Heidelberg monatlich sämtliche neu angemeldeten bzw. zugelassenen Gewerbe-Betriebe in einer Liste zusammen. Diese Liste wird an Behörden (Finanzamt, Gewerbeaufsichtsamt, Steueramt), an die Industrie- und Handelskammer, an Gewerkschaften und Berufsorganisationen weitergegeben. Neben dieser zwischen Behörden, Körperschaften und anderen öffentlichen Einrichtungen üblichen Amtshilfe, machen die Gewerbeämter diese Listen auch sonstigen Interessenten zugänglich. Wer ein bestimmtes Interesse geltend macht (hieran werden in der Regel keine strengen Maßstäbe angelegt) kann die Liste gegen ein Entgelt, das sich nach der Anzahl der Anschriften bemißt, abschreiben oder fotokopieren. Von dieser Möglichkeit wird insbes. von Versicherungs- und Handelsvertretern häufig Gebrauch gemacht.

Auch die Industrie- und Handelskammer Heidelberg legt ihrerseits die vom Gewerbeamt mitgeteilten Listen der Gewerbeneuzugänge aus und macht sie damit dritten Personen zu Werbezwecken zugänglich. Auch sonstige Listen und Verzeichnisse (Firmenverzeichnisse, Listen der Einzelhändler, sogen. Industrielisten, Handelsvertreterverzeichnisse u. a.), die sich aus amtlich empfangenem Anschriftenmaterial zusammensetzen, werden von den Industrie- und Handelskammern bei Glaubhaftmachung eines Grundes, der ein berechtigtes Interesse deutlich werden läßt (beispielsweise zu Werbezwecken) an dritte Personen weitergegeben.

Diese eben geschilderte Praxis der Heidelberger Stadtverwaltung und der Industrie- und Handelskammer Heidelberg stellt keinen Einzelfall dar. Auch die anderen örtlichen Gewerbeämter und Industrie- und Handelskammern in der Bundesrepublik verfahren, soweit ich in Erfahrung bringen konnte, in ähnlicher Weise.

Eine mit der Tätigkeit der Deutschen Postreklame vergleichbare Weitergabe von Anschriften übt seit einiger Zeit das Kraftfahrt-Bundesamt aus. Diese durch Gesetz vom 4. 8. 1961 [18] errichtete Bundesoberbehörde mit dem Sitz in Flensburg nimmt bestimmte in dem genannten Gesetz und in Art. 5 des Gesetzes vom 16. 7. 1957 [19] näher bezeichnete Verwaltungsaufgaben wahr. Das Kraftfahrt-Bundesamt ist insbesondere Sammelstelle für Nachrichten über Kraftfahrzeuge und deren Führer. Dank der täglich von den örtlichen Verwaltungsstellen aus der ganzen Bundesrepublik erstatteten Meldungen verfügt das Kraftfahrt-Bundesamt über die Anschriften aller Kraftfahrzeughalter, insbesondere über die Anschriften derjenigen, für die ein Kraftfahrzeug zugelassen ist. Dieses Adressenmaterial gibt das Kraftfahrt-Bundesamt auf Grund eines vor Jahren abgeschlossenen und immer wieder erneuerten bzw. modifizierten Vertrages der „Arbeitsgemeinschaft der Auto-Adressen-Verleger" in Nieder-Ramstadt (Kreis Darmstadt) gegen eine sogen. Gebühr bekannt. Die Anschriften derjenigen Kraftfahrzeughalter, die bei der Zulassung ihres Fahrzeuges erklärten, daß sie sich mit einer Veröffentlichung ihrer Anschrift nebst den Daten ihres KFZ nicht einverstanden erklären, werden nicht weitergegeben. Die Einnahmen des Kraftfahrt-Bundesamtes aus dieser Anschriften-Weitergabe werden im Bundeshaushalt aufgeführt [20]. Die Arbeitsgemeinschaft der Auto-Adressen-Verleger wertet das Adressenmaterial aus und verschickt gezielte Werbesendungen bzw. verkauft das Anschriftenmaterial zu Werbezwecken an Interessenten weiter.

Die Bekanntgabe der dem Kraftfahrt-Bundesamt bekanntgewordenen Anschriften erscheint insofern mit § 61 BBG vereinbar, als es sich dabei um Tatsachen handelt, die, wenn nicht offenkundig, so doch ohne besondere Schwierigkeit, von der Öffentlichkeit in Erfahrung gebracht werden können. Denn wer ein Kraftfahrzeug zugelassen erhält, und damit ein polizeiliches Kennzeichen führt, pflegt am öffentlichen Straßenverkehr teilzunehmen und damit, wenn auch nicht unter seinem Namen, so doch unter dem

---

[18] BGBl. I, S. 488. [19] BGBl. I, S. 710.

[20] Im Bundeshaushaltsplan 1966 Kap. 1212 (Kraftfahrt-Bundesamt) Tit. 3 mit Erläuterungen ist eine Einnahme aus „Gebühren von Autoadressenverlagen" von 120 000 DM veranschlagt.

polizeilichen Kennzeichen seines Fahrzeuges als dessen Halter jederzeit feststellbar zu sein. Jedenfalls wird man davon ausgehen dürfen, daß es sich bei der Bekanntgabe der Anschriften von Kraftfahrzeughaltern um Angelegenheiten handelt, die ihrer Bedeutung nach keiner Geheimhaltung bedürfen, weil doch die Anmeldung eines Kraftfahrzeuges zum öffentlichen Verkehr gerade die Notwendigkeit in sich schließt, als Kraftfahrzeughalter identifizierbar zu sein.

Man könnte gegenüber diesen Erwägungen sagen, daß die Inhaber einer Rundfunk-Empfangserlaubnis ein Interesse daran haben, ihre Anschrift gegenüber den Versendern von Werbematerial verschwiegen zu sehen, weil sie solches Werbematerial nicht zu empfangen wünschen, und weil sie den Empfang solcher unerbetenen Werbesendungen als eine Belästigung empfinden, die umso ärgerlicher wird, je mehr der häusliche Papierkorb mit Werbeprospekten und Zusendungen angefüllt wird.

Jeder Empfänger einer Postsendung hat aber die Möglichkeit, die Annahme der Sendung zu verweigern. Dieses Recht kann auch durch den Ehegatten oder den Postbevollmächtigten bzw. Postempfangsbeauftragten des Empfängers ausgeübt werden. Solche Sendungen, deren Annahme verweigert worden ist, gelten als unzustellbar [21]. Drucksachen und Massendrucksachen werden nicht an den Absender zurückgesandt, es sei denn, daß der Absender die Rücksendung ausdrücklich im voraus verfügt hat [22]. In keinem Falle werden Postwurfsendungen zurückgeschickt. Man kann sich also durchaus des lästigen, unerbetenen Werbematerials erwehren. Im übrigen kann niemand einen Dritten daran hindern, bei der Post Werbesendungen aufzugeben, die an bestimmte Adressaten gerichtet werden. Außerdem besteht die Möglichkeit, aufschriftlose Drucksachen „an alle Haushaltungen" aufzugeben (Wurfsendungen) [23]. Ferner ist darauf hinzuweisen, daß die alte Postordnung vom 30. 1. 1929 [24] Wurfsendungen an alle Rundfunkempfänger zuließ. Mit Inkrafttreten der neuen Postordnung vom 16. 5. 1963 ist diese Empfängergruppe für Wurfsendungen weggefallen. In gewisser Weise sind die jetzt mit Hilfe der Deutschen Postreklame ermöglichten direkten Versendungen an die Rundfunkteilnehmer lediglich eine Fortführung der früher „an alle Rundfunkempfänger" gerichteten Wurfsendungen.

Nach alledem wird man davon ausgehen dürfen, daß es sich bei der Innehaltung einer Rundfunk-Empfangserlaubnis um eine Tatsache handelt, die ihrer Bedeutung nach keiner Geheimhaltung bedarf. Wenn aber die Bediensteten der Deutschen Bundespost insoweit keiner Verschwiegenheitspflicht unterliegen, so ist auch die Bundespostverwaltung als solche nicht verpflichtet, Stillschweigen zu bewahren. Der Bundesminister für das Post- und

---

[21] Vgl. § 59 Postordnung vom 16. 5. 1963, BGBl. I, S. 341.

[22] § 60 Postordnung.

[23] Vgl. § 23 Postordnung.

[24] RGBl. I, S. 33, mit zahlreichen späteren Änderungen.

Fernmeldewesen kann also, weil er den Auftrag hat, bei der Leitung der Verwaltung der Deutschen Bundespost, „den Interessen der deutschen Volkswirtschaft Rechnung zu tragen" (§ 2 Abs. 2 PostVerwGes.) auch Bedürfnissen der Werbewirtschaft entgegenkommen, indem er die Anschriften von Rundfunkteilnehmern gegen Entgelt freigibt. Damit wird zugleich für eine bessere Auslastung der Adrema-Maschinen gesorgt und eine erhöhte Rentabilität erreicht. Das sind legitime Motive der Verwaltung des Post- und Fernmeldewesens.

3. Zu prüfen bleibt schließlich, ob die Mitteilung von Anschriften, insbesondere derjenigen von Rundfunkteilnehmern, von seiten der Dienststellen der Deutschen Bundespost als eine Verletzung des Art. 2 GG angesehen werden muß.

Das Grundrecht auf freie Entfaltung der Persönlichkeit hat in der Rechtsprechung des Bundesverfassungsgerichts eine weite Auslegung erfahren. Nach Ansicht des Bundesverfassungsgerichts gewährleistet Art. 2 Abs. 1 GG die Handlungsfreiheit des Individuums in einem umfassenden Sinn. Die Freiheit der Entfaltung der Persönlichkeit erschöpfe sich dabei nicht in der allgemeinen Handlungsfreiheit, sondern umfasse auch den grundrechtlichen Anspruch, durch die Staatsgewalt nicht mit einem Nachteil belastet zu werden, der nicht in der verfassungsmäßigen Ordnung begründet ist [25]. Das Bundesverfassungsgericht hat sich zwar in seiner bisherigen Judikatur zu Art. 2 Abs. 1 GG stets mit Fällen zu befassen gehabt, in denen ein Gesetz oder ein belastender Verwaltungsakt die freie Entfaltung der Persönlichkeit und der in ihr liegenden Handlungsfreiheit beschränkte. Ein mit dem vorliegenden Problem (Weitergabe von Anschriften, die einer Behörde durch ihre amtliche Tätigkeit bekannt geworden sind) vergleichbarer Fall findet sich in der Rechtsprechung des Bundesverfassungsgerichts nicht.

Wenn man aber mit dem Bundesverfassungsgericht davon ausgeht, daß dieses Grundrecht dem einzelnen Bürger „eine Sphäre privater Lebenshaltung" garantiert, „also ein letzter unantastbarer Bereich menschlicher Freiheit besteht, der der Einwirkung der gesamten öffentlichen Gewalt entzogen ist" [26], so fragt es sich doch ernstlich, ob nicht die behördliche Weitergabe von Anschriften diesen privaten Lebensbereich ohne zwingenden Grund verletzt. Denn es kann kein Zweifel darüber herrschen, daß, wenn auch nicht für die Mehrheit, so doch für einen gewissen Teil der Empfänger von gezielten Werbeschriften diese Zusendungen eine unerwünschte Belästigung darstellen. Ohne Bekanntgabe der Anschriften durch die Postbehörden würde zwar die Zusendung von Reklamebriefen usw. nicht unterbleiben, zumindest nicht bei denjenigen Empfängern, deren Anschriften in einem öffentlichen Verzeichnis enthalten sind. Aber gerade bei den Inhabern einer Rundfunk-Empfangserlaubnis würde jedenfalls ohne die Mitwirkung der

[25] BVerfG, Beschl. vom 8. 1. 1959, E 9, S. 83 f., S. 88.
[26] BVerfG, Urt. vom 16. 1. 1957, E 6, S. 32 f., S. 41.

Bundespost durch Weitergabe der Anschriften die gezielte Versendung von Werbeschriften erschwert sein. Jedenfalls leistet die Deutsche Bundespost durch Bekanntgabe der Anschriften dem gezielten Versenden von Werbematerial Vorschub. Es fragt sich daher, ob schon in diesem behördlichen Beitrag, der erfahrungsgemäß zur Ausnutzung durch Reklameversender führt, ein Einbruch des Staates in die Sphäre privater Lebensgestaltung erblickt werden muß.

In den Vereinigten Staaten von Amerika wurde eine ähnliche Problematik unter dem Schlagwort „freedom not to listen" diskutiert [27]. Ein staatlich konzessioniertes privates Verkehrsunternehmen hatte in einigen seiner Straßenbahnen und Omnibusse während der Fahrt ein mit Werbesendungen durchsetztes Musikprogramm gesendet. Einige Verkehrsteilnehmer, die mit den Rundfunkübertragungen nicht einverstanden waren, strengten gegen die für den Verkehrsbetrieb zuständige staatliche Behörde eine Klage an. Sie machten geltend, daß die Zustimmung der Behörde zu den Radiosendungen eine Verletzung der Geistesfreiheit bedeute, die durch die Freiheitsgarantie im ersten und vierten Zusatzartikel zur USA-Verfassung geschützt sei. Die Fahrgäste trugen vor, die Verletzung der Geistesfreiheit sei darin zu sehen, daß sie gezwungen würden, Sendungen zu hören, die sie nicht hören wollten, und die es ihnen zugleich unmöglich oder mindestens schwierig machten, sich zu unterhalten oder zu lesen. Indem ihre Aufmerksamkeit mit Gewalt auf eine bestimmte Sache gelenkt würde, würde ihnen der freie Gebrauch ihrer Zeit genommen. Die Behörde leiste der Ausübung kollektiven Zwangs Vorschub. Der *United States Court of Appeals* hielt die Verfassung vor allem im Hinblick auf die Nachrichten- und Reklamesendungen für verletzt [28]. In Anbetracht des Zwangs, dem gesprochenen Wort zuzuhören, sei die Freiheitsbeeinträchtigung der Fahrgäste evident. Dagegen hielt der *Supreme Court* die Verfassung nicht für verletzt [29], weil die Nachrichten- und Reklamesendungen nur 10% der Programme ausmachten. Bei Musiksendungen sei jedoch nicht erwiesen, daß die Unterhaltung oder das Lesen der Fahrgäste wesentlich beeinträchtigt würde. Einer der beteiligten Richter brachte jedoch zum Ausdruck, daß eine Verletzung der Verfassung jedenfalls dann vorliege, wenn in erster Linie Nachrichten, öffentliche Reden oder Propaganda jeder Art gesendet würden. Der Supreme Court stützte seine Entscheidung weiter mit der Erwägung, daß die Verfassung einem

---

[27] Vgl. hierzu M. R. Konvitz, Fundamental Liberties of a Free People: Religion, Speech, Press, Assembly, 1957, Kap. 15, S. 118—127. Auch in der Bundesrepublik wird ein „Recht nicht hören zu müssen" aus der Verfassung abgeleitet. Vgl. O. Kimminich, Die Freiheit nicht zu hören, in: Der Staat, 1964, S. 61 f. und E. Götzfried, Das Recht nicht zuhören zu müssen, NJW 1963, S. 1961 f.

[28] Pub. Utilities Comm v. Pollak, 89 US App. D.C. 94 (1951) und in 194 F. 20 d 450.

[29] Pub. Utilities Comm v. Pollak, 343 US 451 (1952).

Fahrgast eines öffentlichen Fahrzeugs nicht ein ebensolches Recht auf Privatsphäre zubillige, wie er es in seinem Hause genieße.

In entsprechender Weise könnte man davon ausgehen, daß Art. 2 Abs. 1 GG dem Individuum die Berechtigung gebe, vom Staate nicht mehr in seinem privaten Lebensbereich gestört zu werden, als dies für die Aufrechterhaltung eines geordneten Gemeinschaftslebens erforderlich ist. Das Recht, nicht mehr als notwendig von der öffentlichen Gewalt belästigt zu werden, könnte also durchaus als Bestandteil des Art. 2 Abs. 1 GG gelten.

Gleichwohl halte ich die Bekanntgabe von postalischen Anschriften für eine mit Art. 2 Abs. 1 GG noch verträgliche Tätigkeit der Postbehörden. Einmal ist zu berücksichtigen, daß die ganz überwiegende Mehrzahl der Empfänger von Werbesendungen darin keine ernstliche Beeinträchtigung ihrer Sphäre privater Lebensgestaltung zu erblicken pflegt. Eine Massenverkehrsanstalt, wie sie die Deutsche Bundespost darstellt, wird ihre Praxis nicht auf besonders empfindsame Individuen abstellen müssen, sondern sich an die allgemeine Verkehrsauffassung des Durchschnittsbürgers halten dürfen. Entscheidend ist, daß jemand, der den Zugang von Werbesendungen nicht erwünscht, sich dieser Belästigung leicht erwehren kann. Es steht ihm frei, die Annahme der Sendung abzulehnen. Er kann auch die bereits in seinem Briefkasten befindliche Sendung, wenn er sie nicht gleich dem Papierkorb überantwortet, dem Postzusteller zurückgeben oder mit dem Vermerk „Annahme verweigert" in einen Postbriefkasten werfen [30]. Wer also in dem Zugang von Werbesendungen und damit in der eventuell zugrunde liegenden postalischen Anschriftenvermittlung eine Belästigung erblickt, kann sich dieser leicht erwehren. Anders als der amerikanische Fahrgast, der hilflos die Lautsprecherreklame im Omnibus hinnehmen muß. Es ist auch nicht zu verkennen, daß die Belästigung durch die postalisch vermittelte Werbung eine wesentlich schwächere ist als die möglicherweise sogar zu Gesundheitsstörungen führende Lautsprecherreklame im Omnibus.

Ich erblicke daher unter den gegenwärtigen Umständen in der Bekanntgabe von Anschriften durch die Postbehörden keine Verletzung des auf Art. 2 Abs. 1 GG beruhenden Rechts auf ungestörtes Dasein.

Wollte man das Gegenteil annehmen, so müßte man folgerichtig weitergehen und schon die postalische Verteilertätigkeit von Reklameschriften (Drucksachen, Massendrucksachen und Postwurfsendungen) als einen Verstoß gegen Art. 2 GG ansehen. Dies würde aber nicht nur den heutigen Verkehrsanschauungen zuwiderlaufen, sondern auch die Mehrzahl der Postkunden, die auf Reklameschriften Wert legen, weil sie sich informieren wollen, einer Unterrichtsmöglichkeit und einer üblichen Kommunikation berauben.

---

[30] Vgl. die Ausführungsbestimmungen zu § 59 Abs. 2 Postordnung (Postamtsbl. 1964, S. 670).

8. Prozeßrecht

Das Persönlichkeitsrecht als Schranke der Wahrheitsfindung im Prozeßrecht*

Walther J. Habscheid

Der Prozeßrechtswissenschaft und den Gerichten ist es weitgehend gelungen, die Vorschriften des Grundgesetzes, die unter dem Abschnitt IX „Die Rechtsprechung" zusammengefaßt sind, in allen Bereichen des Prozeßrechts zu verwirklichen. Dabei wird das Grundgesetz entweder zur Auslegung prozeßrechtlicher Bestimmungen herangezogen [1], oder es werden seine Vorschriften gemäß dem Verfassungsauftrag in Art. 1 III, 20 III GG unmittelbar angewandt [2]. So ist heute allgemein anerkannt, daß es sich in Art. 103 I GG nicht nur um ein subjektives Grundrecht, sondern auch um eine objektive Verfahrensnorm handelt [3], die dann unmittelbar Platz greift, wenn das rechtliche Gehör in den Verfahrensvorschriften nicht vorgesehen

---

* Der folgende Beitrag wurde am 1. 3. 1966 abgeschlossen. Besonders im Hinblick darauf, daß der Deutsche Juristentag in Essen (September 1966) das Problem der „Beweisverbote im Strafprozeß" auf seine Tagesordnung gesetzt hat, ist seitdem bedeutsames Material publiziert worden, das wegen seiner Fülle hier nicht mehr eingearbeitet werden konnte. Es wird daher zusätzlich verwiesen auf die Gutachten von Andenaes (skandinavische Länder), O. W. Mueller (USA), Nuvolone (Romanischer Rechtskreis), Karl Peters und Rupp in Band I Teil 3 A der Verh. des 46. DJT, ferner auf das Rechtsvergleichende Generalgutachten von Jescheck Band I Teil 3 B der Verh. des 46. DJT; des weiteren auf die Zeitschriftenaufsätze von Spendel, NJW 1966, 1102, Kleinknecht, NJW 1966, 1534, Grünwald, JZ 1966, 489, Stree, JZ 1966, 593; Wessels, JuS 1966, 169 und Kohlhaas, DRiZ 1966, 286 sowie die Anm. von Schmidt-Leichner, NJW 1966, 1718; ferner: Geerds, Festschrift Stock S. 171. Zur Diskussion des Essener-Juristentages siehe nun die Berichte NJW 1966, 2050; JZ 1966, 717 (Ulrich Weber), JUS 1966, 455 (Hermann Weber).

[1] BVerfGE 7, 53, 56; 9, 89, 96; Dürig in Maunz-Dürig, Rdnr. 25 zu Art. 103 I GG; Arndt, NJW 1959, 1297, 1298; zum Rechtsgespräch beachte Arndt, NJW 1962, 25.

[2] Zu Art. 103 GG vgl. noch Baur, AcP 153, 395; eine zusammenfassende Darstellung findet sich bei Röhl, NJW 1964, 273; BVerfGE 6, 12; 7, 95, 98; 9, 89, 96.

[3] Baur (wie N. 2) S. 393 ff.; zum rechtlichen Gehör im Strafverfahren vgl. Jagusch, NJW 1959, 265 ff.; Ule, DVBl 1959, 537; Dürig in Maunz-Dürig, Rdnr. 16 zu Art 103 I GG; vgl. auch K. Peters, JZ 1958, 435.

ist. Auch für das Ermittlungsverfahren hat der Gesetzgeber im Strafprozeßänderungsgesetz vom 19. 12. 1964 (BGBl I, 1067) den Grundsatz des rechtlichen Gehörs, der in der Menschenwürde seine Wurzel findet und sich aus ihr ableitet [4], anerkannt: § 163 a StPO gewährt dem Beschuldigten nunmehr vor Abschluß der Ermittlungen das Recht, sich zu äußern, falls das Verfahren nicht ohnehin einzustellen ist.

Demgegenüber haben die verfassungsrechtlichen Bestimmungen zum Schutz der Persönlichkeit, soweit sie der Wahrheitsfindung und damit dem Prozeßrecht *inhaltliche Grenzen* setzen, bisher in weit geringerem Maße Eingang in das praktizierte Verfahrensrecht gefunden. Dies liegt teilweise daran, daß in der prozeßrechtlichen Literatur und erst recht in der Praxis die Wahrheitsfindung als Leitbild des Prozesses so stark im Vordergrund steht, daß darüber die Mittel, die der Erforschung der Wahrheit dienen und dienen dürfen, nur zu leicht dem Blickfeld entschwinden [5].

Nur so ist es erklärlich, daß kaum Anstoß daran genommen wird, wenn der Richter eine Zeugenaussage anhört und verwertet, die unter Verletzung des Berufsgeheimnisses und damit in strafbarer Weise gemacht wurde [6]. Zwar hat der BGH [7] hierzu in Zivilsachen bemerkt, daß „bei nicht genehmigter Bekanntgabe ärztlicher Bescheinigungen über den Gesundheitszustand eines anderen dessen persönlichkeitsrechtlich geschützte Geheimsphäre berührt werden kann", aber in Strafsachen scheinen zumindest die unteren Gerichte nur wenig um den Schutz der Persönlichkeitssphäre besorgt zu sein. Und gerade hier wäre ihre Respektierung zuvörderst geboten.

Daß die Verwirklichung des allgemeinen Persönlichkeitsrechts und damit die Aktualisierung der Art. 1 ff. GG im *materiellen Recht* möglich ist, zeigt die Rechtsprechung des BGH zum Persönlichkeitsschutz im Zivilrecht. Trotz der Bedenken, die gegen die Anerkennung eines allgemeinen Persönlichkeitsrechts geäußert wurden [8], ist es vor allem dem BGH [9] gelungen,

[4] BVerfGE 7, 275, 279.

[5] Vgl. SAUER, Allgemeine Prozeßrechtslehre, 1951, S. 138; *ders.*, JR 1949, 500 bis 502.

[6] Vgl. § 300 StGB und dazu BGHSt 9, 59, 61. Zur Frage der Rechtfertigung in solchen Fällen BGHSt 1, 366; SCHWARZ-DREHER (27. Aufl.) § 300, 4, A, c; KOHLHAAS, DAR 1957, 345.

[7] BGHZ 24, 72, 79.

[8] Vgl. LARENZ, NJW 1955, 521. Eine Zusammenstellung der Meinungen findet sich bei HARTMANN, NJW 1962, 12 ff. und 1964, 793 ff.

[9] BGHZ 13, 334; 15, 249; 20, 345; 24, 72; 24, 200; 26, 349; 27, 284; 35, 363; 36, 77; 39, 124. Zu den Bestrebungen der Gesetzgebung vgl. § 183 des Entwurfs 1960 eines StGB, der die Bestrafung desjenigen vorsieht, der „1) das nichtöffentlich gesprochene Wort eines anderen ohne dessen Einwilligung auf einen Tonträger aufnimmt oder 2) eine so hergestellte Aufnahme gebraucht oder einem Dritten zugänglich macht". Vgl. auch KOHLHAAS, Juristen-Jahrbuch 1963/64, S. 50 ff. Zur Frage „Persönlichkeitsrecht und Schmerzensgeld" vgl. HARTMANN (wie N. 8), mit weiterem Literaturhinweis.

einen umfassenden deliktsrechtlichen Schutz gegen Verletzungen des Persönlichkeitsrechts zu verwirklichen.

So hat der BGH dazu beigetragen, eine Schutzmauer um die Persönlichkeitssphäre zu errichten, die bereits der französische Staatsmann und Philosoph ROYER-COLLARD (1763—1845) gefordert hatte: „la vie privée doit être murée[10].“ Die vom BGH erarbeiteten Leitsätze zum Persönlichkeitsschutz sind auch geeignet, auf dem Gebiet des *Prozeßrechts* fruchtbar zu werden. In Anerkennung dieser Tatsache hat der BGH in Strafsachen unter Hinweis auf die Rechtsprechung der Zivilsenate anerkannt, daß ohne die Zustimmung des Angeklagten eine Tagebuchaufzeichnung nur unter Abwägung der Interessen des Verletzten am Schutze seines Persönlichkeitsrechts einerseits und dem Interesse des Staates an der Strafverfolgung andererseits als Beweismittel verwendet werden darf[11]. Ob diese Formel für die Praxis brauchbar ist oder ob der Richter nicht der Gefahr unterliegen wird, stets dem Staatsinteresse den Vorzug zu geben, wird die Zukunft beweisen müssen.

Die vorliegende Arbeit stellt sich zur Aufgabe, die Formel des BGH mit Blickrichtung auf das im GG geschützte Persönlichkeitsrecht zu untersuchen. Bevor jedoch die Nahtstellen zwischen Persönlichkeitsrecht und Prozeßrecht genauer betrachtet werden können, müssen *zwei Fragenkreise* beleuchtet werden:

Einmal das Problem nach der verfassungsrechtlichen Verankerung des Persönlichkeitsrechts. Diesen Punkt hat der BGH bei der Anerkennung des allgemeinen Persönlichkeitsrechts auf materiell-rechtlichem Gebiet nicht in allen Einzelheiten erörtert. Er begnügt sich, zur Begründung des allgemeinen Persönlichkeitsrechts auf die Art. 1 und 2 GG zu verweisen[12]. Auch die Rechtsprechung des BGH in Strafsachen, die aus dem Persönlichkeitsrecht unter bestimmten Umständen für das Prozeßrecht Verwertungsverbote herleitet, ist über diesen allgemeinen Grundsatz nicht hinausgekommen.

Die Beantwortung der ersten Frage wird dann in groben Umrissen schon einen Beitrag zur Lösung des *zweiten* Problems leisten: Hier geht es darum, dem Persönlichkeitsrecht in der Wertskala der hergebrachten Rechtsgüter seinen Platz zuzuweisen. Ob der Eingriff in das Persönlichkeitsrecht im Einzelfall gerechtfertigt ist, hängt vor allem von der Abwägung der verschiedenen Rechtsgüter ab. Diese aber läßt sich nur zufriedenstellend vornehmen, wenn man sich der Wertigkeit, die den besonderen Persönlichkeitsrechten zukommt, bewußt ist. Auch zur Lösung dieses Problems läßt sich aus der Rechtsprechung wenig entnehmen. Dies liegt teilweise daran, daß der BGH nicht mit der erforderlichen Schärfe zwischen dem Schutzbereich des Persönlichkeitsrechts einerseits und der Frage nach der Rechtfertigung der Ein-

---

[10] Vgl. meinen Hinweis in: Die Zivilrechtspflege im Spannungsfeld verfassungsrechtlicher Grundsätze, JR 1958, 360 ff., 372.

[11] BGHSt 19, 325=NJW 1964, 1139; vgl. auch OLG Celle, NJW 1965, 1677.

[12] Vgl. z. B. BGHZ 35, 363, 367; 39, 124, 131.

griffshandlung andererseits trennt. So wird das Wertverhältnis zwischen den einander widerstreitenden Rechtsgütern, das für die Lösung des Konflikts entscheidend ist, nicht hinreichend deutlich.

Damit ist das Thema unserer Studie abgegrenzt. Daß sie gerade in dieser Gedächtnisschrift erscheint, hat seinen guten Grund: hatte sich doch HANS PETERS besonders in seinen letzten Jahren mit der Positivierung der Menschenrechte im allgemeinen und dem Recht auf freie Entfaltung der Persönlichkeit im besonderen eingehend befaßt [13]. Die vorliegende Abhandlung will daher eine Ergänzung dieser Arbeiten — vor allem in prozessualer Sicht — sein und so das Andenken des zu früh Dahingeschiedenen ehren.

I. Verfassungsrechtliche Einordnug des Persönlichkeitsrechts

Sowohl für die Beantwortung der Frage, ob die prozeßrechtlichen Vorschriften mit dem GG im Einklang stehen, als auch für die Einstufung des Persönlichkeitsrechts in die Wertskala der Rechtsgüter kommt es entscheidend darauf an, aus welchen Artikeln des GG das Persönlichkeitsrecht herzuleiten ist. Wie schon gezeigt, führt der BGH für die Begründung des allgemeinen Persönlichkeitsrechts Art. 1 und 2 GG an. Eine Differenzierung dahin, ob im Einzelfall „nur" das Persönlichkeitsrecht, wie es in Art. 2 GG seinen Ausdruck findet, oder die Würde des Menschen in ihrem unantastbaren Persönlichkeitskern berührt wird, findet sich in der Rechtsprechung des BGH nicht.

Im Gegensatz dazu anerkennt das BVerfG einen absolut geschützten Persönlichkeitsbereich [14]. Auch nach Auffassung des BVerwG [15] ist es mit Art. 1 I GG unvereinbar, wenn der Staat „die schrankenlose Durchleuchtung persönlicher Verhältnisse anstrebt".

Die Anerkennung eines solchen Kernbereichs wird verständlich, wenn man mit DÜRIG in Art. 1 GG die höchstrangige Norm des objektiven Rechts sieht [16].

---

[13] H. PETERS, Die Positivierung der Menschenrechte und ihre Folgen, in: Festschrift für Johannes Messner, 1961, S. 363 ff.; ferner (vor allem): Das Recht auf freie Entfaltung der Persönlichkeit in der höchstrichterlichen Rechtsprechung, 1963.

[14] BVerfGE 6, 32, 41; vgl. auch DÜRIG, JZ 1957, 169; EVERS, Verletzung des Postgeheimnisses (Art. 10 GG) und Beweisverwertungsverbote im Strafprozeß, JZ 1965, 661, 665 f.

[15] Daß beim Bundesverwaltungsgericht die Tendenz zu beobachten ist, den Schutz des „Persönlichkeitskerns" mehr in Art. 1 I als in Art. 2 I zu erblicken, weist BACHOF in seinem neuesten Rechtsprechungsbericht zu Entscheidungen des Bundesverwaltungsgerichts in JZ 1966, 129, 161, nach. So wird Art. 1 I GG herangezogen bei Versagung der Heiratserlaubnis, BVerwGE 14, 21, 25; zu psychologischen Tests BVerwGE 17, 342, 346; vgl. auch BVerwGE 18, 107, 109. Vgl. auch VG Berlin, NJW 1955, 964.

[16] DÜRIG in MAUNZ-DÜRIG, Rdnr. 15 zu Art. 1 I; vgl. *ders.*, Der Grundrechtssatz von der Menschenwürde, AöR Bd. 81, S. 117 ff., 122; *ders.*, Grundrechte und Zivilrechtsprechung, Festschrift für Nawiasky, S. 157 ff., 176; m. E. ist es richtig,

Endlich spricht gerade Art. 1 I S. 2 GG, wonach der Staatsgewalt der Schutz der Menschenwürde obliegt, für eine differenzierte Betrachtungsweise des allgemeinen Persönlichkeitsrechts. Soweit dieses auf die fundamentale Anerkennung der Menschenwürde zurückzuführen ist, läßt Art. 19 II GG eine Einschränkung nicht zu. Das aber bedeutet, daß die Art. 1, 19 II GG der Menschenwürde und damit dem *Kernbereich* der Persönlichkeit einen absoluten Schutz verleihen, während Art. 2 GG das Persönlichkeitsrecht nur unter dem Vorbehalt des in ihm enthaltenen „soweit-Satzes" schützt [17]. *Die Begriffe Menschenwürde und Persönlichkeitsrecht dürfen daher nicht synonym gebraucht werden* [18].

Zwischen den zwei Polen — Schutz der Menschenwürde ohne jeden Eingriffsvorbehalt und Schutz der Persönlichkeit nach Art. 2 GG mit der dort vorgesehenen Einschränkung — finden sich Ausgestaltungen des Persönlichkeitsrechts, die ihren Schutz durch die auf Art. 2 GG folgenden Grundrechte erfahren. Diese *besonderen* Grundrechtsnormen schließen für ihren Bereich die Anwendung des Art. 2 I GG aus [19]. Ein Zurückgreifen auf Art. 2 I GG ist nur dann möglich, wenn diese Vorschrift unter einem Gesichtspunkt verletzt ist, „der nicht in den Bereich der besonderen Grundrechtsnorm fällt" [20]. Zwei Erscheinungsformen des Persönlichkeitsrechts, die unter die Spezialfreiheitsrechte subsumiert werden können, sollen als Beispiele dienen: Sobald die Persönlichkeitssphäre im religiösen Bekenntnis betroffen wird, greift das Spezialfreiheitsrecht des Art. 4 GG ein. Persönlichkeitsrechte, die in unmittelbarem Zusammenhang mit Ehe und Familie stehen, finden ihren Schutz in Art. 6 GG. So hat der BGH für den Fall, daß ein Dritter in den räumlich-gegenständlichen Bereich der Ehe eingreift, eine Unterlassungsklage gegeben und sie mit Art. 6 I GG gerechtfertigt [21, 22].

Art. 1 I GG auch als subjektiv öffentliches Recht aus den nachfolgenden Grundrechten herauszuheben. Vgl. auch v. Mangoldt-Klein, Art. 1, III (S. 146 ff.); Löw, DÖV 1958, 516, 518.

[17] Nipperdey, Die Grundrechte, in: Neumann-Nipperdey-Scheuner II, S. 17, faßt die durch Art. 1 GG geschützten Rechtsgüter zu weit, denn nicht jede Verletzung des Namensrechts, der Privatsphäre oder des Briefgeheimnisses berührt die Menschenwürde. Wie hier Roggemann, Das Tonband im Verfahrensrecht, Göttinger Rechtswissenschaftliche Studien Bd. 44, S. 89.

[18] Unklar Nipperdey (wie N. 17) S. 4 ff. u. S. 14 einerseits u. S. 9 andererseits.

[19] BVerfGE 6, 32, 37; 7, 377, 400; 9, 63, 73; 9, 338, 343; 10, 55, 58; DVBl 1966, 26, 29; Dürig, JZ 1957, 171; *ders.*, wie in N. 16.

[20] BVerfGE, DVBl 1966, 26 ff.

[21] BGH, JZ 1952, 688.

[22] Soweit Coing, JZ 1952, 689, in einer Anmerkung zu dieser Entscheidung eine Heranziehung des Art. 2 GG fordert, kann ich ihm nicht zustimmen. Dürig, Festschrift (wie N. 16), S. 181, Note 54, führt hierzu aus, daß in diesem Fall Art. 1 I und 2 I GG durch die Regelung in den nachfolgenden Grundrechten — hier Art. 6 GG — verbraucht seien. U. E. nach gibt es jedoch auch Fälle, in denen trotz der Regelung in den Einzelgrundrechten Art. 1 I GG wirksam bleibt.

Diese *spezialisierende* Betrachtungsweise [23] ist von besonderer Bedeutung, weil die auf Art. 2 GG folgenden Freiheitsrechte teilweise einen engeren Gesetzesvorbehalt kennen als dies in Art. 2 GG der Fall ist. Es wird deshalb bei jedem Eingriff, der das Persönlichkeitsrecht berührt, zu fragen sein, ob die Menschenwürde (Art. 1 GG), ein Spezialfreiheitsrecht oder Art. 2 GG verletzt werden. Daraus folgt auch die Aufspaltung des allgemeinen Persönlichkeitsrechts in mehrere Schutzbereiche. Ein absoluter Schutz kommt dabei stets der Würde des Menschen (Art. 1 GG) zu. Die „Unantastbarkeitsschranke" [24] des Art. 1 GG ist dann überschritten, wenn dem Menschen durch äußere Umstände jede Entwicklungsmöglichkeit zur Entfaltung seines Menschtums genommen wird, sei es von Anbeginn an, sei es im Laufe seiner Entwicklung. In diesen ureigensten Bereich wird eingegriffen, wenn eine Handlung den Teil der Intimsphäre berührt, der unerläßlich für das Menschsein überhaupt ist. Del Vecchio stellt mit guten Gründen das „Recht zur Einsamkeit" in die vorderste Reihe dieser natürlichen Rechte des Menschen [25]. Auf die Bedeutung dieses Bereichs weist auch Kohler hin, wenn er schreibt:

> „Jeder Mensch, namentlich aber jeder bedeutende Mensch, hat sein Innenleben, oftmals die Keimstätte seiner erhabenen Gedanken, die Stätte, wo er nur er selbst ist mit all den Eigenheiten seiner Natur, die man Stärken oder Schwächen nennen kann ... Die Wahrung dieses Seelenlebens, das oftmals die Atmosphäre bildet, aus der sich eine ideale Welt gestaltet, ist eine heilige Pflicht des Rechts [26]."

Jeder Eingriff — sei es auf Grund von Hypnose oder auf Grund psychotechnischer Mittel —, durch den der Wille des Menschen verdrängt wird, um in Regionen des Unterbewußtseins vorzustoßen, ist daher ein unzulässiger Verstoß gegen die Menschenwürde. Der Persönlichkeitskern wird verletzt, wenn der Mensch gegen seinen Willen versachlicht, zum Objekt gemacht wird [27], wenn er als bloßes Werkzeug behandelt wird, „so, als ob er lebloses Holz oder gefühlloses Eisen wäre" [28]. Wenn demnach § 136 a StPO den eigenen Entscheidungswillen des Beschuldigten gegen Eingriffe der Staatsgewalt schützt, indem er gewisse Vernehmungsmethoden (Mißhandlung, Quälerei, Hypnose usw.) für unzulässig erklärt, so deklariert er damit nur, was von Verfassung wegen ohnehin Rechtens ist [29].

---

[23] Die Kritik von Dürig in Festschrift (wie N. 16), S. 181, an der Betrachtungsweise des BGH wurde von diesem nicht beachtet. Zur Aufspaltung des allgem. Persönlichkeitsrechts in besondere Persönlichkeitsrechte vgl. auch Nipperdey, Grundrechte und Privatrecht, Festschrift für Erich Molitor, S. 17.

[24] Roggemann (wie N. 17) S. 89.

[25] Del Vecchio, Grundlagen und Grundfragen des Rechts, S. 48.

[26] Auf die Stelle bei Kohler, Das Recht an Briefen, Arch. f. Bürgerl. Recht 7. Bd., S. 105, verweist Heinitz, JR 1964, 441 ff.

[27] Dürig in Maunz-Dürig, Rdnr. 34 ff. zu Art. 1 I und 38 ff. zu Art. 2 I.

[28] Rosmini, Ragionamento sul comunismo e socialismo 1849 (von Brunello besorgte Auflage 1948), S. 57, zit. nach Del Vecchio (wie N. 25) S. 48 f.

[29] Vgl. dazu N. 27.

Zu den absolut geschützten Rechtsgütern gehört die Freiheit des Glaubens, Gewissens und Bekenntnisses. Hier verbietet die Nähe zur Personsphäre [30] jeden Eingriff. Aber auch dort, wo ein stärkerer Sozialbezug vorhanden ist, wie bei der Berufswahl, hat der Staat sich bei seinen Eingriffen zurückzuhalten.

Allerdings wird der absolute Schutzkreis verlassen, sobald eine stärkere Beziehung bei der Entfaltung der Persönlichkeit zur Umwelt vorliegt. Je weiter die Handlung, die sich als Entfaltung der Persönlichkeit darstellt, von der Mitte der Personsphäre abrückt, um so schwächer wird der grundrechtliche Schutz. Jedoch können auch die Beziehungen des Menschen zu einem anderen ein Wesensbestandteil der Persönlichkeit sein [31] und verdienen dann in bestimmten Bereichen absoluten Schutz. Das Gespräch unter Ehepartnern oder das Sündenbekenntnis gegenüber dem Seelsorger gehören zur Sphäre privater Lebensgestaltungen, die solchen absoluten Schutz vor staatlichen Eingriffen verlangen. Ebenso zählt die Entfaltung der Persönlichkeit innerhalb familienrechtlicher Beziehungen sowie im kirchlichen Raum zum Kernbereich der Persönlichkeit. Ein Eingriff in diese Sphäre würde — eben wegen der Gemeinschaftsbezogenheit und Gemeinschaftsgebundenheit der Person — das Wesen des Menschen als einer sittlichen und geistigen Persönlichkeit treffen [32].

Es kann nicht Aufgabe dieser Studie sein, die weitere Ausgestaltung besonderer Persönlichkeitsrechte unter den Spezialfreiheitsrechten des Grundgesetzes zu untersuchen. Es genügt vielmehr, folgendes festzuhalten: Die spezialisierende Betrachtung des allgemeinen Persönlichkeitsrechts führt dazu, seine jeweilige Erscheinungsform in Beziehung zu Art. 1 I GG oder den Spezialfreiheitsrechten zu setzen. Erst wenn das besondere Persönlichkeitsrecht nicht von dem in Frage stehenden Spezialfreiheitsrecht umfaßt wird, ist ein Rückgriff auf Art. 2 GG erlaubt.

Es wird sich zeigen, daß diese Betrachtungsweise auch eine differenziertere Beurteilung der Rechtswidrigkeit einer Eingriffshandlung zuläßt als eine generelle Einordnung des Persönlichkeitsrechts unter Art. 1 und 2 GG. Das GG hat, wie sich aus der Verschiedenartigkeit des jeweiligen Gesetzesvorbehalts ergibt, eine genaue Wertskala in bezug auf die einzelnen Grundrechte aufgestellt. Diese Wertskala gilt es auch für das Persönlichkeitsrecht nutzbar zu machen, damit im materiellen Recht und im Prozeßrecht ein geeigneter Maßstab zur Abwägung der verschiedenen sich widerstreitenden Interessen gefunden werden kann.

Das bisher gewonnene Ergebnis hat einen unmittelbaren Aussagewert nur, soweit es sich um einen Eingriff in das Persönlichkeitsrecht von seiten des Staats als Träger der Hoheitsgewalt handelt. Das Prozeßrecht wird zu

[30] Evers (wie N. 14) S. 665.

[31] Hubmann, Das Persönlichkeitsrecht, S. 123.

[32] Vgl. BVerfGE 6, 32, 36; 6, 389, 433; 8, 274, 329.

beurteilen haben, ob der Eingriff in das Persönlichkeitsrecht von seiten des Staates zur Gewinnung eines Beweises rechtswidrig war und welche Folgen sich an diese Rechtswidrigkeit knüpfen. Dabei darf nicht übersehen werden, daß der rechtswidrige Eingriff auch vom Richter ausgehen kann. Ob das Ergebnis anders lauten muß, wenn die Rechtsverletzung von einer Privatperson stammt, hängt unter anderem von der Frage ab, ob die Grundrechte auch Geltung im Privatrechtsverkehr haben [33]. Diese Frage wollen wir für Art. 1 GG unbedingt bejahen, weil die gegenseitige Anerkennung von Subjekt und Subjekt in ihrer Eigenschaft als Person die selbstverständliche Voraussetzung jeder juristischen Beziehung ist, „eine Voraussetzung, die von keinem Willensakt abhängt, sondern die unmittelbar in der Natur selbst gründet“ [34]. Ob man im Privatrechtsverkehr Art. 1 I GG über § 134 BGB oder über § 138 BGB Geltung verschafft — vor allem, wenn man anerkennt, daß Art. 1 I Satz 1 GG den § 138 BGB in diesem ganzen Wirkungsbereich, wo es um die Würde des Menschen geht, überdeckt und beherrscht — oder ob man Art. 1 I Satz 1 GG unmittelbar anwendet, ist dabei letztlich eine akademische Streitfrage und ohne entscheidende Bedeutung für unser Ergebnis.

Darüber hinaus herrscht in Literatur und Rechtsprechung weitgehend Übereinstimmung, daß das allgemeine Persönlichkeitsrecht, wie es im GG anerkannt wird, auch in der Privatrechtsordnung gelten muß. Die Begründungen, mit denen man zu diesem Ergebnis gelangt, sind jedoch verschiedenartig: Neben dem Hinweis bei Neumann-Duesberg [35], das allgemeine Persönlichkeitsrecht „als ein naturrechtlich dem Menschen vorgegebenes absolutes Recht“ anzuerkennen, findet sich in der Literatur die Meinung, das allgemeine Persönlichkeitsrecht sei aus einer Rechtsanalogie zu den gesetzlich geregelten einzelnen Persönlichkeitsrechten zu entwickeln [36]. Der BGH bejaht indessen unter Hinweis auf Art. 1 und 2 GG die unmittelbare Geltung des Persönlichkeitsrechts im Privatrechtsverkehr „als verfassungsmäßig gewährleistetes Grundrecht“ [37]. Diese Auffassung sei unserer Untersuchung zu-

---

[33] Vgl. dazu Dürig, Festschrift, S. 158; Nipperdey, Festschrift, S. 17 ff.; v. Mangoldt-Klein (wie N. 16) Art. 1 Anm. III, 2; ferner eingehend: Bosch-Habscheid, JZ 1956, 297 ff.

[34] Del Vecchio (wie N. 25) S. 48; Dürig, Festschrift, S. 163, Anm. 8. Zur Frage „Vertragspflicht und Gewissenskonflikt“ vgl. Bosch-Habscheid, JZ 1954, 213 ff. sowie JZ 1956, 297 ff.; ferner Habscheid, JZ 1964, 246 ff.; Blomeyer, JZ 1954, 309 ff.

[35] NJW 1957, 1341.

[36] Vgl. Siebert, Zur allgemeinen Problematik des Persönlichkeitsrechts, NJW 1958, 1369, 1373. Eine interessante Untersuchung zur Frage des Gleichheitsgrundsatzes und der Drittwirkung macht Salzwedel in der Festschrift f. Jahrreiß, S. 339. Zum Diskriminierungsverbot und zur Frage der Gleichbehandlung Privater vgl. vor allem S. 346 f. u. 349.

[37] BGHZ 13, 334.

grunde gelegt. Sie hat den Vorteil, sich auf die gesamte Rechtsordnung — auch auf das Prozeßrecht — übertragen zu lassen.

II. Allgemeines Persönlichkeitsrecht und besondere Persönlichkeitsrechte

Der Begriff „Allgemeines Persönlichkeitsrecht" umfaßt angesichts der Dynamik der Persönlichkeit mit „ihrem faustischen Drang ins Unendliche" [38] so viele Erscheinungsformen, daß eine positive Umschreibung immer nur Stückwerk bleiben kann. Die Schwierigkeiten, den Inhalt des allgemeinen Persönlichkeitsrechts zu bestimmen, bewogen die Verfasser des BGB und anschließend das RG zu einer ablehnenden Haltung gegenüber der Annahme eines allgemeinen Persönlichkeitsrechts. Der generalklauselartige Charakter *muß* aber die Praxis *nicht* vor unlösbare Probleme stellen, wenn man von folgendem ausgeht: Das allgemeine Persönlichkeitsrecht bildet lediglich das Fundament [39], auf dem die Einzelrechte aufzubauen sind. Soweit der Gesetzgeber dies schon getan hat, z. B. bezüglich des Namensrechts (§ 12 BGB) oder bei den persönlichkeitsrechtlichen Bestandteilen des Urheberrechts, bedarf es *keiner* Bezugnahme auf das allgemeine Persönlichkeitsrecht mehr [40]. Dort aber, wo sich Lücken im gesetzlich normierten Schutz der Persönlichkeit herausstellen, muß die Rechtsprechung auf das allgemeine Persönlichkeitsrecht zurückgreifen und aus ihm ein besonderes Persönlichkeitsrecht bilden, das die in Rede stehende konkrete Äußerung der Persönlichkeit schützt [41].

Diesen Ratschlag von Gierke zu befolgen, also aus dem weiten Kreis der Persönlichkeit mit ihren Entfaltungsmöglichkeiten weitere „besondere Persönlichkeitsgüter" [42] herauszukristallisieren, ist eine der vornehmsten Aufgaben der Rechtsprechung auf dem Gebiet der Weiterentwicklung des Privatrechts. Das allgemeine Persönlichkeitsrecht ist der Mutterboden [43], aus dem entsprechend dem jeweiligen Zeitbewußtsein neue besondere Persönlichkeitsrechte herauswachsen können.

Wir verkennen nicht, daß dabei ein Rest an Rechtsunsicherheit bleibt. Dies nehmen wir jedoch in Kauf im Hinblick auf die Möglichkeit, bisher noch nicht geschützte Bestandteile der Persönlichkeit, die in ihrem Wert vielleicht erst in der Zukunft erkannt werden oder die erst mit der Weiter-

[38] Hubmann (wie N. 31) S. 126 f.

[39] Siebert (wie N. 36) S. 1371.

[40] Daß es sich hier nicht um eine abschließende Aufzählung handelt, zeigt Hubmann (wie N. 31) S. 126 f.

[41] Gierke, Deutsches Privatrecht I, 1936 (Nachdruck der 1. Aufl. 1895), S. 704 ff.; vgl. dazu Scheyhing, Zur Geschichte des Persönlichkeitsrechts im 19 Jh., AcP 158, 524; Hubmann (wie N. 31) S. 120; Del Vecchio (wie N. 25) S. 191.

[42] Neumann-Duesberg, NJW 1957, 1341, 1343, spricht in diesem Zusammenhang von „besonderen Persönlichkeitsrechten".

[43] Schönfeld, RG Prax. II, S. 215; Hubmann (wie N. 31) S. 121.

entwicklung der Technik gefährdet erscheinen, in den Schutzbereich einzubeziehen [44]. Die konkrete Verletzungshandlung wird so immer ein besonderes Persönlichkeitsgut treffen. Erst die Bedeutung dieses besonderen Persönlichkeitsgutes im Rahmen der Rechtsgüterordnung wird den Maßstab hergeben für die Beurteilung der Interessen, die einen Eingriff in die Persönlichkeitssphäre rechtfertigen können.

III. Schutzbereich des Persönlichkeitsrechts und Rechtswidrigkeit

Windscheid ging von der „unbestrittenen Existenz" und der „nicht zweifelhaften Begrenzung" der Persönlichkeitsrechte aus [45]. Demgegenüber bestehen für den BGH die Hauptschwierigkeiten darin, die Grenzen des Persönlichkeitsrechts zu finden und die Gegeninteressen aufzuzeigen, die im konkreten Fall einen Eingriff in die Persönlichkeitssphäre rechtfertigen. Dabei wird aber die Frage der Tatbestandsmäßigkeit und der Rechtswidrigkeit weitgehend vermengt.
So sagt der BGH:

> „Die Grenzen des Persönlichkeitsrechts verlaufen da, wo jener unantastbare persönliche Bereich des einzelnen, der sich in die Gemeinschaft einfügen und auf die Rechte und Interessen anderer Rücksicht nehmen muß, endet [46]."

Ähnlich formuliert er an anderer Stelle:

> „Je nach der Gestaltung der Dinge kann die Reichweite des Persönlichkeitsrechts verschieden sein. Zur Abgrenzung muß das Prinzip der Güter- und Interessenabwägung maßgebend sein [47]."

An anderer Stelle aber wird ausgeführt:

> „Notwehr und notwehrähnliche Lagen können eine heimliche Tonbandaufnahme im Einzelfall rechtfertigen ... Auch aus dem Gesichtspunkt der Interessenabwägung mag bei ganz besonderer Fallgestaltung eine Rechtfertigung in Betracht kommen [48]."

Dieser kurze Blick auf die Rechtsprechung zeigt: Die Interessen Dritter bilden nach Meinung des BGH einmal die Grenze zur Bestimmung des Schutzumfangs des Rechtsguts selbst, zum andern dienen sie als Rechtfertigungsgründe für einen Eingriff.

Da die Abwägung zwischen dem Persönlichkeitsrecht einerseits und den Interessen des einzelnen und der Öffentlichkeit an der Wahrheitsfindung im Prozeßrecht andererseits für unsere Untersuchung grundlegend ist, er-

[44] Hubmann (wie N. 31) S. 125; einen Überblick über die besonderen Persönlichkeitsrechte gibt Nipperdey, Festschrift, S. 29 ff.

[45] Windscheid, Lehrb. d. Pandektenrechts I, 3. Aufl. 1873, S. 88; vgl. dazu Scheyhing (wie N. 41) S. 521.

[46] BGHZ 30, 7, 11.

[47] BGHZ 24, 72, 80; vgl. auch BGHZ 13, 334, 338.

[48] BGHZ 27, 284, 290.

scheint es erforderlich, hier auf die Abgrenzungsversuche einzugehen, die in der Literatur auf dem Gebiet des materiellen Rechts versucht werden:

Hubmann geht davon aus, daß die in § 823 BGB aufgezählten Rechte durch das Prinzip der Interessenabwägung begrenzt werden. Seiner Meinung nach tragen die absoluten Rechte eine innere Begrenzung durch ihre soziale Gebundenheit und durch das Interessenabwägungsprinzip in sich[49].

Den gleichen Gedanken verfolgt Larenz[50]. Er will prüfen, ob die Behinderung nach „den Maßstäben der Verkehrsauffassung, des erlaubten Wettbewerbs, der Sozialadäquanz" unter Berücksichtigung der besonderen Umstände hingenommen werden muß. Es wird also nicht mehr von der Tatbestandsmäßigkeit auf die Rechtswidrigkeit geschlossen, sondern umgekehrt: Das „rechtlich Unstatthafte", d. h. der rechtswidrige Eingriff, indiziert die Tatbestandsmäßigkeit. Ob dafür eine Notwendigkeit besteht, wird zweifelhaft, wenn man mit Neumann-Duesberg von folgender Überlegung ausgeht: Kristallisiert man aus dem allgemeinen Persönlichkeitsrecht die besonderen Persönlichkeitsgüter heraus, so sind diese erkennbar und offenkundig. Die Grenzen des geschützten Rechtsguts stehen ein für allemal und generell fest[51]. Sie können sich nicht je nach der zwischen dem Eingreifenden und dem Verletzten bestehenden Interessenlage zusammenziehen oder dehnen.

Zur Eingrenzung des Persönlichkeitsrechts wird weiterhin auf die Gemeinschaftsgebundenheit des Individuums verwiesen. Nach Siebert[52] muß sich die Grenze „aus dem Gegenspiel von Persönlichkeitsachtung und Gemeinschaftsgebundenheit auf Grund der Erfahrung im Einzelfall durch eine im Laufe der Geschichte immer wieder überprüfte Entscheidung des Rechtsbewußtseins herausbilden. Im Kollisionsfalle hat also die Regelung durch Abwägung der in Frage stehenden Güter und Interessen zu erfolgen". Im Ergebnis wird damit auf Art. 2 I GG hingewiesen, der die Grenzen der freien Entfaltung der Persönlichkeit dort zieht, wo die Rechte anderer, die verfassungsmäßige Ordnung und das Sittengesetz beginnen.

Schon in den einleitenden Ausführungen wurde aber darauf hingewiesen, daß diese Grenzziehung nur dann zulässig sein kann, wenn sich das besondere Persönlichkeitsgut auf Art. 2 I GG stützt.

---

[49] Hubmann (wie N. 31) S. 134, mit ausführlichem Literaturhinweis. Welzel hat im Strafrecht mit der Lehre von der Sozialadäquanz versucht, die Tatbestandsmäßigkeit einzuengen, so in ZStW 58, 491 und in seinem Lehrbuch zum Strafrecht bis zur 3. Auflage.

[50] Larenz, Schuldrecht II, S. 425. Zur Begrenzung des Rechts am eingerichteten und ausgeübten Gewerbebetrieb vgl. auch Bettermann, JZ 1964, 607.

[51] Neumann-Duesberg, Anm. zu BGH, NJW 1957, 1146 in NJW 1957, 1276; *ders.*, NJW 1957, 1341, 1343.

[52] Siebert (wie N. 36), S. 1373; vgl. auch Hubmann (wie N. 31) S. 87; *ders.*, JZ 1957, 523.

Die Darlegung der verschiedenen Meinungen zu der Frage, unter welchen Umständen im materiellen Recht das Persönlichkeitsrecht verletzt ist, läßt die Schwierigkeiten ahnen, die sich uns im Prozeßrecht stellen werden.

IV. Das Prinzip der Wahrheitsermittlung im Prozeßrecht

Die Gerichte haben nicht nur die Rechtsfolge mittels Subsumtion des vorgegebenen Sachverhalts unter die Rechtsnorm zu finden, sie ermitteln vielmehr im *„Erkenntnisverfahren"* auch — und zunächst — den Geschehensablauf. Je mehr es ihnen gelingt, den historisch richtigen Sachverhalt zu finden, um so größer ist die Gewähr für eine gerechte Entscheidung [53]. Dies gilt auf allen Gebieten des Prozeßrechts.

Das Urteil ist gleichzeitig die Voraussetzung für die Vollstreckung und damit die unerläßliche Grundlage für den Eingriff in „die materielle Rechtssphäre des Staatsbürgers" [54]. Schon aus diesem Grunde muß das inhaltlich richtige Urteil Ziel eines jeden Prozesses sein. Soweit die Prozeßnormen, die dem Richter die Befugnis zur Erforschung des Sachverhalts geben, für die verschiedenen Prozeßarten Unterschiede in den gewährten Eingriffsmöglichkeiten und hinsichtlich der Intensität des Eingriffs aufweisen, findet dies seine Begründung darin, daß im Strafprozeß die Interessen der Öffentlichkeit an der Bestrafung des Schuldigen im Vordergrund stehen, während sich der Zivilprozeß mit den Interessen des einzelnen an der Durchsetzung seiner Rechte beschäftigt [55].

Die ZPO geht zutreffend davon aus, daß sich unter der Herrschaft des kontradiktorischen Verfahrens in Verbindung mit der Wahrheitspflicht, der die Parteien unterliegen, die historische Wahrheit herausstellen wird [56]. Deshalb sahen sich die Väter der ZPO nur dort, wo öffentliche Interessen zu berücksichtigen sind, veranlaßt, die Verhandlungsmaxime durch die Untersuchungsmaxime zu ersetzen. Dieser Unterschied zum Strafverfahren — wo der Inquisitionsgrundsatz gilt — bringt es mit sich, daß hinsichtlich der Beschaffung des Tatsachenmaterials, aber auch hinsichtlich der Verfahrensgestaltung, im Zivilverfahren den Parteien mehr Freiheit eingeräumt wird als im Strafprozeß.

---

[53] Vgl. E. Peters, Die Verwertbarkeit rechtswidrig erlangter Beweise und Beweismittel im Zivilprozeß, ZZP 76, S. 145 ff.; Spendel, Wahrheitsfindung im Strafprozeß, JUS 1964, 446, spricht von „Wirklichkeitserkenntnis", „Werterkenntnis" und „Ermessensentscheidung".

[54] Niese, Narkoanalyse als doppelfunktionelle Prozeßhandlung, ZStW 63, 214.

[55] Rosenberg, Lehrbuch, 9. Aufl., § 12 I 1.

[56] Vgl. Rosenberg (wie Note 55) § 63 I; Bernhardt, Die Aufklärung des Sachverhaltes im Zivilprozeß, Festschrift für Rosenberg, 1949, S. 9 ff., 13 f. Lent, ZZP 63, 1 ff., 24 ff.

Das Ziel des Prozeßrechts, der Wahrheit und Gerechtigkeit zum Durchbruch zu verhelfen [57], kann nur im Rahmen der jeweils anzuwendenden prozessualen Vorschriften verwirklicht werden. Der Richter wird bei der Wahrheitssuche in mehrfacher Weise gehemmt. Die Prozeßgesetze schreiben ihm eine genaue „Prozedur" vor, die er bei der Wahrheitsforschung einhalten muß. So können sich das Beweisverfahren und die dabei zu beachtenden Prinzipien für den Richter als Hemmschuh auf der Suche nach der Wahrheit auswirken. Eine weitere Einschränkung ergibt sich hinsichtlich der Beweismittel. Anders als der Forscher, der alle ihm bekannten Erkenntnismittel einsetzen darf, ist der Richter durch die Prozeßgesetze hinsichtlich der Zahl als auch in der Art und Weise der Anwendung der Erkenntnismittel an mannigfache Einschränkungen gebunden.

Letztlich haben die Prozeßgesetze in weitgehendem Einklang mit der Verfassung „das Spannungsverhältnis zwischen möglichst vollständiger Durchsetzung des materiellen Rechts und der möglichst vollständigen Freiheit" [58] aller Prozeßbeteiligten vor hoheitlichen Eingriffen zu lösen. Die prozessualen Normen, die auf die Beschaffung der Beweismittel hinzielen, dienen gleichzeitig als Rechtsgrundlage für den Eingriff in die materiellen Rechte der Betroffenen und entscheiden letztlich über die Rechtmäßigkeit und Rechtswidrigkeit einer Eingriffshandlung [59]. Soweit sie Beschränkungen von Grundrechten mit sich bringen, müssen sie im Einklang mit der Verfassung stehen.

Bei der Untersuchung der Frage, ob die vom Gesetzgeber gefundene Lösung diesen Voraussetzungen entspricht, muß uns dabei stets bewußt bleiben, daß die Interessen des einzelnen lange Zeit hindurch dem tatsächlichen Übergewicht der Gesellschaft und des Staates geopfert wurden [60]. Überreste dieses überkommenen Denkens finden sich auch heute noch in unseren Gesetzen und in unserer Judikatur. Gegen sie richtet sich ein verfassungskonformer Persönlichkeitsschutz. Die in der Verfassung aufgerichteten Schranken staatlicher Macht betreffen nicht nur das Machtstreben der Staatsorgane, sondern auch eine Ermittlungstätigkeit, die aus einem verabsolutierten, den Men-

---

[57] EBERH. SCHMIDT, Lehrkommentar I, Nr. 20 ff.; HENKEL, Strafverfahrensrecht, 1953, S. 95 ff.; K. PETERS, Individualgerechtigkeit und Allgemeininteresse im Strafprozeß in summum ius summa iniuria, Ringvorlesung der Tübinger Juristenfakultät, 1963, S. 191 ff.; EICHENBERGER, Die richterliche Unabhängigkeit als staatsrechtliches Problem, Abhandlungen zum Schweizerischen Recht Heft 341, 1960, S. 83; BAUR, AcP 153, 402.

[58] BAUMANN, Die Bedeutung des Artikels 2 GG für die Freiheitsbeschränkungen im Strafprozeß, Festschrift für Eberh. Schmidt, 1961, 526 ff., 528; vgl. auch BGH, NJW 1954, 649, zur Frage der Zulässigkeit des Lügendetektors.

[59] NIESE, ZStW (wie N. 54), S. 216; *ders.*, Doppelfunktionelle Prozeßhandlungen (1950), S. 139 ff.

[60] DEL VECCHIO, Persönlichkeit und Recht des Menschen in der Sicht der Rechtswissenschaft, Universitas 1964, S. 715.

schen zum Objekt degradierenden Gerechtigkeitsstreben motiviert wird[61]. Welche verderblichen Folgen ein blinder „Verfolgungs- und Jagdeifer" [62] um „der Wahrheit" willen haben kann, zeigt die Geschichte des Strafprozeßrechts bis in unsere Tage zur Genüge. *Deshalb darf das Prozeßrecht nichts anderes sein als angewandtes Verfassungsrecht*[63]. Ziel des Verfahrens ist nicht die Wahrheitsfindung um jeden Preis, sondern die Wahrheitsfindung im Rahmen der Prozeßgesetze und der Verfassung[64]. Die Ansicht von SAUER[65] — der „Zweck der Wahrheitsermittlung sei wertvoller als der Schutz der individuellen Freiheit und körperlichen Unversehrtheit, zweier Rechtsgüter, die sich dem obersten Prozeßzweck, Wahrheit und Gerechtigkeit, unterordnen müssen" — ist deshalb zu Recht auf Ablehnung gestoßen[66]. Auch die Rechtsprechung erkennt die Menschenwürde als Grundwert der Rechtsordnung und damit als Leitgedanke eines rechtsstaatlichen Strafverfahrens an[67]. Erlaubte man die Anwendung eines jeden Mittels zur Erzwingung einer „wahren Aussage", so würde das Ergebnis eines solchen Prozesses wohl selten der Wahrheit entsprechen. Insoweit sind die Normen, die das Eingriffsrecht des Staates — z. B. im Strafverfahren — beschränken (wie z. B. § 136 a StPO), gerade im Interesse der Wahrheit geschaffen[68]. Die Wahrheitsermittlung mit „justizförmigen Mitteln" liegt sowohl im Interesse des einzelnen als auch der Allgemeinheit[69]. Ein justizförmiges Verfahren aber hat das grundgesetzlich anerkannte Persönlichkeitsrecht zu respektieren — auch dort, wo die Prozeßgesetze dies nicht erwähnen. Durch das GG ist hier ein Sinnwandel des einfachen Gesetzes eingetreten. Dies ist im Rahmen einer Interpretation prozeßrechtlicher Normen zu berücksichtigen[70]. Gerade das wurde in der Vergangenheit häufig versäumt. Dabei hätte gerade

---

[61] SCHMIDHÄUSER, Festschrift für Eberh. Schmidt, S. 511 ff., 523.

[62] K. PETERS, Ringvorlesung, S. 196.

[63] SAX, Grundsätze der Strafrechtspflege, in: BETTERMANN-NIPPERDEY-SCHEUNER, Die Grundrechte, 3. Bd., 2. Halbbd., S. 967.

[64] E. PETERS (wie N. 53) S. 146; BGHSt 14, 358, 365=NJW 1960, 1580; zum Einfluß der Vorschriften der Menschenrechtskonvention vom 4. 11. 1950 vgl. BAUMANN (wie N. 58) S. 529.

[65] SAUER, JR 1949, 500, 501: „Berechtigt ist das Mittel der Narkotisierung, wenn die bisherige Vernehmung zu keinem Ergebnis führt, so daß der genannte Eingriff als das einzige gebotene Mittel zur Erreichung des Prozeßziels erscheint"; *ders.*, Allgemeine Prozeßrechtslehre, 1951, S. 138; vgl. ähnliche Erwägungen in der Entscheidung des Obergerichts Baselland in SJZ 1952, 239; ROTH, JR 1950, 715.

[66] Vgl. statt aller NIESE, ZStW 63, 212 ff. und für den Zivilprozeß E. PETERS (wie N. 53) S. 148.

[67] Vgl. BGHSt 14, 359 ff.

[68] K. PETERS, Lehrbuch, S. 260; SENDLER, Die Verwertung rechtswidrig erlangter Beweismittel im Strafprozeß mit Berücksichtigung des anglo-amerikanischen und des französischen Rechts, S. 9; STOCK, Strafprozeßrecht, S. 85; vgl. auch BGH St, NJW, 1960, 1580, 1582.

[69] Vgl. zu den Gründen HARDWIG, ZStW 66, 250 f.

[70] BAUMANN (wie N. 58) S. 526 ff.

eine Besinnung auf verfassungsrechtliche Grundsätze in manchen Entscheidungen zur Frage der Anerkennung des Persönlichkeitsschutzes im Prozeßrecht zu einem anderen Ergebnis führen müssen. Insofern ist es erfreulich, daß der BGH [71] bezüglich der strafgerichtlichen Praxis unlängst kritisiert hat, die allgemeinen Grundsätze zum Persönlichkeitsrecht seien in der Rechtsprechung noch nicht Allgemeingut geworden. Man darf daher hoffen, daß die unteren Gerichte die Mahnung des BGH beachten und hier verfassungstreuer werden.

V. Die Verwertbarkeit rechtswidrig erlangter Beweise im allgemeinen [72]

Weder das Strafverfahrensrecht noch das Zivilprozeßrecht enthalten eine allgemeine Regelung der Frage, ob Beweise verwertet werden dürfen, die in rechtswidriger Weise erlangt wurden, sei es, daß etwa der Zeuge sich die Kenntnis der zu bekundenden Tatsachen rechtswidrig verschafft hat oder daß das Beweismittel selbst unzulässig erlangt wurde oder daß der Richter in der Beweisaufnahme in verbotener Weise das Persönlichkeitsrecht eines Beteiligten verletzte.

Eine Betonung der „Wertneutralität" des prozessualen Raums würde die materiellen Kategorien gegenstandslos erscheinen lassen. Dies aber führte zur generellen Zulässigkeit rechtswidrig erlangter Beweise. Vor allem aus der Rechtsprechung des BGH, wonach die Verletzung des § 300 StGB auf die verfahrensrechtliche Verwertung der Aussage keinen Einfluß habe, wird entnommen, daß materielle Wertkategorien prozessual unbeachtlich seien [73]. Nur wenn das materiell-rechtliche Unwerturteil durch eine prozeßrechtliche Norm für den prozessualen Bereich anerkannt wird, soll die Rechtswidrigkeit beachtet werden [74].

Die nachfolgenden Ausführungen werden zeigen, daß sowohl die StPO als auch die ZPO Normen enthalten, welche die Beweisführung mittels rechtswidrig erlangter Beweismittel ausschließen. Darüber hinaus ist die Frage zu stellen, ob nicht auch die Verfassung zu diesem Problem etwas hergibt. Dilcher fordert daher, daß im Beweisverfahren jeweils geprüft wird, ob ein rechtswidrig erlangtes Beweismittel zulässig und damit verwertbar ist [75].

---

[71] BGHSt, NJW 1964, 1139, 1143.

[72] Vgl. E. Peters (wie N. 53) S. 145 ff.

[73] BGHSt 9, 59 ff.; vgl. Lang, Ton- und Bildträger, materielle und prozessuale Grundfragen in persönlichkeitsrechtlicher Sicht, Diss. Frankfurt 1959, S. 176; Niese, ZStW 63, 217.

[74] Vgl. Niese, ZStW 63, 216 ff.; Eberh. Schmidt, Anm. 14 zu § 94 StPO; Feldmann, NJW 1959, 855; Sauer, Allgemeine Prozeßrechtslehre, 1951, S. 138.

[75] Dilcher, Die prozessuale Verwendungsbefugnis, AcP 158, 469, 474; die Ausführungen von Pleyer, Schallaufnahmen als Beweismittel im Zivilprozeß, ZZP 69, 321 ff., 333 ff., sind zu allgemein gehalten und überzeugen deshalb nicht. Vor

Eine andere Meinung spricht sich demgegenüber grundsätzlich gegen eine Verwertung rechtswidrig erlangter Beweise aus, und zwar deshalb, weil das gesamte Recht eine Einheit bilde. Eine Handlung, die in einem Teilgebiet des Rechts rechtswidrig sei, könne nicht in einem anderen Gebiet rechtsmäßig sein. Das materielle Recht und das Prozeßrecht könnten nicht verschiedene Maßstäbe hinsichtlich desselben Gegenstandes anlegen [76]. So wird die Rechtswidrigkeit aus dem Gebiet des materiellen Rechts über den Grundsatz der redlichen Prozeßführung in den Prozeß eingeführt. Die redliche Partei, die das Gebot von Treu und Glauben beachtet, baut ihre Beweisführung nicht auf rechtswidrig erlangte Beweismittel auf. Versucht eine Partei es trotzdem, dann ist das Beweismittel als unzulässig zurückzuweisen [77]. Tritt die Pflicht zur Redlichkeit mit der Wahrheits- und Vollständigkeitspflicht in Widerstreit, dann ist der Zwiespalt nach BAUMGÄRTEL zugunsten der Redlichkeitspflicht des Beweisführers zu entscheiden [78].

VI. Die Herleitung von Beweisverboten aus dem Verfassungsrecht

Die bisherigen Untersuchungen blieben bei einer Erörterung der Beweisverbote, wie sie sich aus prozeßrechtlichen Vorschriften ergeben, stehen. Die Bindung des Richters an die Verfassung legt aber die Frage nahe, ob sich nicht aus dem GG neue, den prozeßrechtlichen Vorschriften unbekannte Beweisverwertungsverbote [79] ergeben. Daneben bedarf es einer erneuten Überprüfung, ob nicht die bestehenden prozeßrechtlichen Beweisverwertungsverbote von Verfassungs wegen einem breiteren Anwendungsgebiet zugänglich gemacht werden können. Nur wenn die Prozeßrechtswissenschaft und die Rechtsprechung sich immer wieder die Frage nach der Bedeutung der Grundrechte — hier insbesondere des Persönlichkeitsrechts — in den einzelnen Verfahrenabschnitten stellen, wird das allgemeine Bewußtsein um die Wirksamkeit der Grundrechte wach bleiben. Die Wissenschaft, die sich noch mehr als die Rechtsprechung um die Herausarbeitung allgemeiner Regeln

---

allem ist es unzulässig, auf Treu und Glauben zurückzugreifen, wenn sich aus den gesetzlichen Bestimmungen eine Regelung für den Einzelfall ergibt.

[76] KELLNER, JR 1950, 270 ff., 271; VON HIPPEL, ZZP 65, 431; im Ansatzpunkt auch SENDLER (wie N. 68) S. 70 ff.; BAUMGÄRTEL, Treu und Glauben, gute Sitten und Schikaneverbot im Erkenntnisverfahren, ZZP 69, 92.

[77] Vgl. vor allem BAUMGÄRTEL (wie Note 76) S. 89 ff., 94, 108; PLEYER (wie Note 75) S. 334; FELDMANN, NJW 1959, 853.

[78] BAUMGÄRTEL (wie N. 76) S. 108; kritisch dazu DILCHER (wie N. 75) S. 473.

[79] Zur Terminologie vgl. SAX in KMR, S. 220, der zwischen dem Beweisverbot und dem Beweisverfahrensverbot trennt. Der Begriff Beweisverbot entspricht dem hier gebrauchten Begriff des Beweisverwertungsverbots. BELING, Die Beweisverbote als Grenzen der Wahrheitserforschung im Strafprozeß, 1903, S. 3, versteht unter Beweisverboten „Rechtssätze, die entweder überhaupt eine bestimmte Tatsache dahingestellt zu lassen anbefehlen — absolute Beweisverbote—, oder bestimmte Beweismittel für unzulässig erklären — relative Beweisverbote —".

zu bemühen hat, darf dabei allerdings die Gefahren nicht übersehen, die bei einer zu weiten Interpretation der Freiheitsrechte für eine sachgemäße Strafrechtspflege entstehen können [80]. Im Zweifel wird aber die der Verfassung entsprechende Abwägung immer „pro libertate" lauten [81].

Nicht jede Grundrechtsverletzung oder die Verletzung einer prozessualen Norm bei der Beweisgewinnung kann mit einem Verwertungsverbot belegt werden. Im Rahmen der Revisionsrüge nach § 337 StPO unterscheidet der BGH zwischen Normen, die den „Rechtskreis", die „Interessen" des Angeklagten berühren, und solchen Verfahrensvorschriften, die lediglich im Interesse eines prozeßordnungsgemäßen Verfahrens erlassen wurden [82]. Diese Grundsätze können auch zur Beantwortung der Frage herangezogen werden, unter welchen Umständen die Verletzung einer Verfassungsnorm ein Verwertungsverbot nach sich zieht. Die Verletzung kann im Strafprozeß ein Verwertungsverbot nur dann auslösen, wenn die Norm dem Schutze des Angeklagten dienen sollte, nicht aber schon, wenn die Beachtung der Vorschrift lediglich im Interesse eines Außenstehenden geboten war [83]. Diese Regel wird aber zugunsten eines absoluten Verwertungsverbotes durchbrochen, sobald durch die Beweiserhebung und Beweisverwertung die Personwürde eines Verfahrensbeteiligten — mag er nun Partei oder Zeuge sein — oder eines Dritten beeinträchtigt würde, und zwar in dem Sinne, daß bei einer Beweiserhebung oder bei einer Verwertung des Beweisergebnisses Art. 1 GG verletzt wäre. Der Konflikt zwischen Menschenwürde und Strafprozeßinteresse muß immer zu einem Beweisverbot führen [84].

1. Verwertungsverbote aus Art. 1 I GG

Grundlage unserer gesamten Rechtsordnung, also auch des Prozeßrechts, ist die Würde des Menschen. Die Verfassung ruft in Art. 1 I S. 2 GG den Richter auf, die Menschenwürde zu schützen. Dieser Schutz wäre nur eine Farce, wenn verfassungsrechtlich unzulässige Eingriffe in die Menschenwürde nicht auf der prozessualen Seite ein Verwertungsverbot auslösen würden. Diesen Grundgedanken bringt das BVerfG zum Ausdruck, wenn es aus dem absoluten Wert der Menschenwürde folgert, daß dem „einzelnen Bürger eine Sphäre privater Lebensgestaltung vorbehalten ist, also ein letzter unantastbarer Bereich menschlicher Freiheit besteht, der der Einwirkung der gesamten öffentlichen Gewalt entzogen ist" [85]. Die Durchleuchtung und Durchforschung

---

[80] Vgl. Sax (wie N. 63) S. 969 ff.

[81] Vgl. hierzu Peter Schneider, In dubio pro libertate, in: Festschrift zum Deutschen Juristentag 1960, S. 263 ff.

[82] BGHSt 11, 213; 17, 245; vgl. die Kritik bei Eberh. Schmidt, JZ 1958, 596, mit weiteren Literaturhinweisen.

[83] So auch Sax in KMR, S. 221.

[84] Beling (wie N. 79) S. 37.

[85] BVerfGE 6, 32, 41.

dieses Kernbereichs der Persönlichkeit ist jeder staatlichen Gewalt untersagt. Die prozessuale Funktion der Wahrheitsermittlung wird hier durch die Verfassung inhaltlich begrenzt. Ordnen die Prozeßgesetze bei einem Eingriff in diesen Bereich kein Verwertungsverbot an, so muß Art. 1 I GG die prozessuale Norm ersetzen [86]. Hier bedarf es dann keiner Abwägung „zwischen dem persönlichen, grundrechtlich gewährleisteten Interesse am Schutz des eigenen Geheimbereichs und dem Interesse des Staates an der Strafverfolgung" [87]. Dasselbe gilt für Eingriffe der Verwaltung.

Der Ansicht von FORSTHOFF, „daß mit dem Begriff der Intimsphäre im Verwaltungsrecht nichts anzufangen ist, daß er überhaupt nicht in das Verwaltungsrecht gehört" und daß eine Einwirkung insoweit statthaft sei, „als es die vom Staat oder einem sonstigen Verwaltungsträger zu vertretenden Interessen gebieten" [88], muß daher mit allem Nachdruck widersprochen werden.

Eingriffe in den persönlichsten Bereich des Menschen waren ein wesentliches Merkmal des Inquisitionsprozesses und des Polizeistaates. Das GG wollte einem Wiederaufleben solcher Methoden in Art. 1 für immer einen Riegel vorschieben. Daran hat sich das Verwaltungsrecht [89] genauso zu halten wie das Prozeßrecht.

Aus der Bindung des Richters an Verfassung und Recht folgt, daß ein Eingriff von seiner Seite in den *Kernbereich* des Persönlichkeitsrechts *absolut* unzulässig ist [90]. Wenn der Richter durch das Verwerten eines unzulässig erlangten Tonbands oder durch das Verlesen des Tagebuchs in den Kernbereich der Persönlichkeit eingreift, dann muß zum Schutze dieses Bereiches der materiellen Rechtswidrigkeit die prozessuale Unzulässigkeit und letztlich ein Verwertungsverbot folgen. Dies ergibt sich aus Art. 1 GG.

---

[86] So vor allem EVERS (wie N. 14) S. 664. Auch SAX in KMR, S. 224, vertritt die Meinung, daß aus der verfassungsrechtlichen Unzulässigkeit des Eingriffs ein Verwertungsverbot folgen kann. Vgl. auch SCHAUMANN, Persönliche Freiheit und neue Untersuchungsmethoden im amerikanischen und schweizerischen Strafverfahren, Festschrift f. Pfenninger, 1956, S. 140 ff., insbesondere S. 134 ff. zur Frage des Lügendetektors und S. 137 zur Narkoanalyse.

[87] Zur Interessenabwägung vgl. BGHSt, NJW 1964, 1139, 1143. Zur Kritik an der Entscheidung unter Gesichtspunkten ihrer Praktikabilität vgl. HÄNDEL, NJW 1964, 1139.

[88] FORSTHOFF, Der Persönlichkeitsschutz im Verwaltungsrecht, Festschrift für den 45. Deutschen Juristentag, S. 50. Die von FORSTHOFF S. 51 aufgestellte rechtsstaatliche Begrenzung dieser Interessen ist keinesfalls geeignet, das richtige Kriterium abzugeben. Der Hinweis FORSTHOFFs auf das Gebiet der Verhältnismäßigkeit macht einen Rückgriff auf die Menschenwürde nicht überflüssig. Entgegen der Auffassung von FORSTHOFF besteht dafür sowohl eine Notwendigkeit als auch eine rechtslogische Möglichkeit. Der Ansicht von FORSTHOFF widerspricht zu Recht EVERS (wie N. 14) S. 664.

[89] Unter diesem Blickpunkt müßte das Verwaltungsrecht die einzelnen psychologischen Eignungstests nochmals untersuchen. Vgl. SCHNEIDER, JZ 1964, 750, m. w. Literaturhinweis, u. BVerwG, JZ 1964, 758 ff.; FORSTHOFF (wie N. 88) S. 46.

[90] HABSCHEID (wie N. 10) S. 366; EVERS (wie N. 14) S. 663.

Der BGH hätte mithin in seinen Entscheidungen zur Verwertbarkeit von heimlich gemachten Tonbandaufnahmen [91] und Tagebuchaufzeichnungen [92] nicht nur untersuchen müssen, ob die Verwertung der Beweismittel eine Verletzung des Persönlichkeitsrechts des Verfassers durch den Richter darstellt, sondern auch, ob die Persönlichkeitsverletzung gleichzeitig eine Verletzung der Menschenwürde (Art. 1 GG) beinhaltet.

Zu Recht geht der BGH davon aus, daß in der Verwertung unzulässig erlangter Tonbänder und Tagebücher eine Persönlichkeitsverletzung durch den Richter liegt. SAX [93] vertritt allerdings hierzu einen gegenteiligen Standpunkt. Er meint, das vom Schreiber nicht gestattete bloße Lesen seiner Privataufzeichnungen durch einen anderen sei höchstens eine faktische „Belästigung"..., keine „Verletzung" seines Grundrechts auf freie Persönlichkeitsentfaltung. Derjenige, der das Tagebuch durch Lesen benutzt, verletzt jedoch das Persönlichkeitsrecht nicht minder als derjenige, der es durch eine rechtswidrige Handlung an sich bringt. Der Verfasser müßte sonst in dem bedrückenden Bewußtsein leben, daß seine ureigensten Gedanken und Ideen jedem Leser schutzlos ausgeliefert sind, wenn sein Tagebuch einmal seine Hände verlassen hat. Für das Parallelproblem des Abspielens einer Tonbandaufnahme stellt daher der Entwurf eines Strafgesetzbuchs auch den unerlaubten Gebrauch eines Tonbands mit Recht unter Strafe [94]. Auch die Rechtsprechung hat wiederholt anerkannt, daß gerade in der Verwertung selbst eine Persönlichkeitsverletzung liegen kann [95]. Daraus folgt, daß nicht nur der Eingriff, der der Beweisaufnahme vorangeht, rechtswidrig sein kann, sondern daß auch in der Beweisaufnahme und in der Beweisverwertung durch den Richter eine rechtswidrige Verletzung des Persönlichkeitsrechts liegen kann [96].

Ob in der Verwertung solcher unzulässig erlangter Beweismittel eine Verletzung der Menschenwürde liegt, wird vom BGH nicht beantwortet, obwohl der vom ihm eingeschlagene Weg, eine Güterabwägung vorzunehmen, erst gangbar wird, wenn eine Verletzung des Art. 1 I GG *nicht* vor-

---

[91] BGHSt, NJW 1960, 1580, 1582.

[92] BGHSt, NJW 1964, 1142 ff. Neben den Literaturangaben in den nachfolgenden Zitaten vgl. DÜRIG in MAUNZ-DÜRIG, Rdnr. 38 ff. zu Art. 2 I; EBERH. SCHMIDT, JZ 1956, 206; 64, 537. Zum Lügendetektor vgl. BGHSt 5, 332; zur Narkoanalyse OLG Hamm, DRZ 1950, 212; RADBRUCH, Grenzen der Kriminalpolizei, Festschrift für Sauer, S. 123, kennzeichnet die Hypnose und den Lügendetektor als eine ernste Gefahr für das rechtsstaatliche Ethos.

[93] SAX, Über die Zulässigkeit der prozessualen Verwertung privater Tagebuchaufzeichnungen als Beweismittel, JZ 1965, 1 ff., S. 5; vgl. auch FORSTHOFF (wie N. 88) S. 41, 44.

[94] Siehe N. 9.

[95] BGHZ 27, 284, 288; BGHSt, NJW 1960, 1580, 1581; so auch die Literatur, vgl. EVERS (wie N. 14) S. 663; SENDLER (wie N. 68) S. 66 ff.; SIEGERT, Der Betrieb 1958, 419 ff., 421, der zeigt, daß sogar in der Verwertung einer rechtmäßigen Ton- oder Bildaufnahme eine Persönlichkeitsverletzung liegen kann.

[96] a. A.: SAX in KMR, S. 221, vgl. auch N. 93.

liegt [97]. Unter Hinweis auf die Rechtsprechung in Zivilsachen führt der Senat lediglich aus:

> „Die Artikel 1 und 2 GG gewährleisten die Unantastbarkeit der Menschenwürde und das Recht auf freie Entfaltung der Persönlichkeit als Grundwerte der Rechtsordnung [98].“

In den nachfolgenden Ausführungen läßt der BGH erkennen, daß ein Verwertungsverbot nur nach einer Abwägung zwischen den Interessen des Staates an der Strafverfolgung und dem Recht des einzelnen am Schutze seiner Geheimsphäre anerkannt werden kann. Er gewährt damit Tagebuchaufzeichnungen keinen absoluten Schutz. Im Gegensatz dazu hält der BGH in seiner Tonbandentscheidung [99] das Abspielen eines heimlich hergestellten Tonbandes, auf dem die Stimme des Angeklagten aufgenommen ist, für absolut unzulässig. Nach seiner Auffassung muß das Strafverfolgungsinteresse des Staates hier in jedem Fall zurücktreten. Das letzte Ergebnis ist konsequent, wenn durch das Abspielen des Tonbands das Persönlichkeitsrecht des Angeklagten, das seinen Schutz in Art. 1 I GG findet, verletzt wird.

In diesem Zusammenhang zeigt sich, welches Gewicht einer differenzierteren Betrachtung der Persönlichkeitsrechte zukommt. Solange der BGH die Trennung zwischen den Eingriffen in das Persönlichkeitsrecht, die eine Verletzung der Menschenwürde zum Gegenstand haben, und denen, die ein besonderes Persönlichkeitsrecht berühren, das in den nachfolgenden Grundrechten seinen Schutz findet, nicht klar vollzieht, wird es auf dem Gebiet des Prozeßrechts nicht möglich sein, den Kernbereich der Menschenwürde richterlichen Eingriffen wirksam zu entziehen.

Wir haben oben schon ausgeführt, daß eine praktikable juristische Formel für den Begriff der Menschenwürde nicht gefunden werden kann, die einerseits der Vielschichtigkeit des Menschseins gerecht würde und die andererseits Abgrenzungsmerkmale zu den übrigen Persönlichkeitsgütern nach Art. 2 ff. beinhaltet [100]. Letztlich wird nur eine Würdigung des Einzelfalls unter Berücksichtigung der Eingriffshandlung zu einem brauchbaren Ergebnis führen können. Dabei wird sich dann zeigen, daß durchaus Fälle denkbar sind, in denen z. B. die *Herstellung* einer heimlichen Tonbandaufnahme eine Ver-

---

[97] Sax (wie N. 93) S. 1 ff., läßt in seiner Untersuchung Art. 1 GG außer Betracht. Vgl. die berechtigte Kritik bei Evers (wie N. 14) 664.

[98] BGHSt, NJW 1964, 1142.

[99] NJW 1960, 1582; so auch OLG Düsseldorf, NJW 1966, S. 214, wo jedoch auch auf BGH, NJW 1964, 1139, 1142, Bezug genommen wird, obwohl der BGH in der letztgenannten Entscheidung eine Interessenabwägung zuläßt. Aus der Entscheidung OLG Celle, NJW 1965, 1677, läßt sich entnehmen, daß durch die heimliche Tonbandaufnahme nicht in jedem Fall Art. 1 I GG verletzt wird.

[100] Vgl. die Ausführungen unter I der Arbeit. Zur Kritik an den bisherigen Definitionsversuchen vgl. die ausführlichen Darstellungen von Badura, Generalprävention und Würde des Menschen, JZ 1964, 337, 342.

letzung der Menschenwürde darstellt[101], so z. B., wenn die Polizei in der Wohnung eines Verdächtigen ein Mikrophon anbringt, um diesen *dauernd* überwachen zu können. Auch die heimlichen Aufnahmen mit den in letzter Zeit im Handel angebotenen Mikrospionen (sehr kleine Aufnahmegeräte, mit denen Gespräche selbst durch Mauern in erheblicher Entfernung abgehört werden können) verletzt m. E. Art. 1 GG.

Ein Eingriff in das Grundrecht des Art. 1 GG kann auch bei anderen Beweismitteln gegeben sein. Der als Zeuge auftretende Privatdetektiv kann die Kenntnis von dem Ehebruch einer Partei dadurch erlangt haben, daß er „Plauderdrogen" oder Gewalt anwandte. Wurde — um ein weiteres Beispiel zu bilden — ein Tagebuch gestohlen, um als Beweismittel gebraucht zu werden, so würde ich dem Tagebuchführer ebenfalls den Schutz des Art. 1 GG zubilligen[102, 103].

In all diesen Fällen stellt sich die Frage, ob der Richter das unter Verletzung von Art. 1 I GG erlangte Beweismittel oder die unter Verletzung des Art. 1 GG erlangte Kenntnis der Zeugen dennoch verwerten darf[104]. Ein Fingerzeig zur Lösung dieses Problems ergibt sich aus § 136 a StPO. Geht die Verletzung der Würde der Person im Ermittlungsverfahren von der Polizei aus, dann verbietet § 136 a III StPO die Verwertung des Geständnisses im Erkenntnisverfahren. In der Literatur[105] wird aber überwiegend eine entsprechende Anwendung des § 136 a StPO abgelehnt, wenn die Verletzung von einer Privatperson ausgeht. Auch lassen sich aus § 136 a StPO für die Frage der Verwertbarkeit von Tagebuchaufzeichnungen und heimlichen Tonbändern keine Maßstäbe entnehmen. Mithin lautet die Frage dahin, ob hier nicht die Verfassung selbst die Verwertung verbietet.

In der Anhörung eines Zeugen, der sich die Kenntnis unter Verletzung der Menschenwürde verschafft hat, oder im Abspielen eines Tonbandes, das unter Verletzung des Art. 1 GG zustande kam, durch den *Richter* liegt an sich keine neue Verletzung der Menschenwürde. Das aufgedeckte Geheimnis, auch wenn es vorher noch so tief in der Seele des Menschen verborgen lag, läßt sich nicht mehr aus der Welt schaffen. Trotzdem verbietet das Grundgesetz die Verwertung des unter Verletzung von Art. 1 GG erlangten Be-

---

[101] Allgemein bejahend als Mißachtung der Menschenwürde: BADURA, wie N. 100; NIPPERDEY, Die Grundrechte, S. 5. Die Auffassung, daß die Tonbandaufnahme „im Strafverfahren" nur mit Wissen des zu Vernehmenden zulässig ist, wird vertreten von HENKEL, JZ 1957, 148, 151; vgl. auch EBERH. SCHMIDT, Gedächtnisschrift für W. Jellinek, S. 639 ff.; *ders.*, JZ 1956, 209.

[102] Zum Tagebuch als Beweismittel siehe auch DÜNNEBIER, MDR 1964, 965, 967.

[103] Zur Frage, ob das Tagebuch als Beweismittel teilweise zulässig und verwertbar ist, teilweise aber nicht, vgl. HEINITZ, JR 1964, 441, 444.

[104] SENDLER (wie N. 68) S. 61.

[105] Vgl. zur Problematik DALLINGER, SJZ 1950, 351; BAUMANN, GA 1959, 33 ff.; SIEGERT, Tragweite des § 136 a StPO, DRZ 1953, 98 ff.; STOCK, Strafprozeßrecht, S. 85, und den Literaturhinweis bei SENDLER (wie N. 68) S. 40.

weismittels, denn sonst wäre dieses Grundrecht eine lex imperfecta, und der Richter würde mittelbar eine Verletzung der Menschenwürde in künftigen Fällen begünstigen [106].

Der Satz Napoléons „je déteste le traître, mais j'aime la trahison" kann für einen rechtsstaatlichen Prozeß nicht gelten. Die Wahrheitserforschung ist nicht Staatsraison in dem Sinne, daß sie post festum jede Schnüffelei legitimierte! Ob diese von der Staatsmacht oder von Privaten ausgeht, ist zweitrangig. Die dem Richter von der Verfassung auferlegte Aufgabe, die Menschenwürde zu schützen, wird eben nur dann *wirksam* erfüllt, wenn der Richter durch das Nichtverwerten der erlangten Kenntnis dazu beiträgt, daß in Zukunft in ähnlichen Fällen sich die Verletzung nicht wiederholt. Der Staat hat seine Gesamtrechtsordnung so auszugestalten, „daß auch von außerstaatlichen Kräften eine Verletzung der Menschenwürde nicht möglich ist" [107] bzw. daß die Möglichkeit einer Gefährdung in weitestem Umfange eingeschränkt ist. DÜRIG ist daher in vollem Umfange zuzustimmen, wenn er in der in Art. 1 I S. 2 GG anerkannten Schutzpflicht der staatlichen Gewalt nichts anderes sieht „als die Bestätigung dafür, daß die Menschenwürde einen absoluten, d. h. gegen alle möglichen Angreifer gerichteten Achtungsanspruch darstellt" [108]. Dieser Verpflichtung kommt der Staat nur dann nach, wenn er im Prozeßrecht auf unter Verletzung der Menschenwürde erlangte Beweismittel mit einem absoluten Verwertungsverbot reagiert [109].

2. Verwertungsverbote aus Art. 4 GG

Der Schutz der Persönlichkeitsgüter im Prozeßrecht wäre unvollkommen, wenn zu den bestehenden prozessualen Verwertungsverboten ein verfassungsrechtliches absolutes Verwertungsverbot nur für die Fälle hinzutreten würde, in denen die Menschenwürde verletzt wird. Das GG anerkennt besondere Persönlichkeitsrechte, denen ein Gesetzesvorbehalt nicht beigefügt ist, nicht nur in Art. 1 I GG, sondern auch in den nachfolgenden Artikeln.

---

[106] So vor allem EVERS (wie N. 14) S. 666. Zum Ergebnis vgl. auch KOHLHAAS, Juristen-Jahrbuch, S. 70.

[107] DÜRIG in MAUNZ-DÜRIG, Rdnr. 16 zu Art. 1 I.

[108] In MAUNZ-DÜRIG, Rdnr. 2 zu Art. 1 GG; WINTRICH, Grundrechte, S. 13; BACHOF (wie N. 15) S. 131 schöpft Art. 1 I GG voll aus, wenn er sagt: „Art. 1 begründet demnach drei Arten unterschiedlicher Ansprüche: einen Abwehranspruch gegen staatliche Eingriffe, einen Anspruch auf staatliche Hilfe zur Ermöglichung einer menschenwürdigen Existenz und einen Anspruch auf Schutz gegen Angriffe dritter Personen." Vgl. noch BVerwGE 18, 34.

[109] Vgl. EVERS (wie N. 14) S. 666; KOHLHAAS, Juristen-Jahrbuch, S. 67 f.; SENDLER (wie N. 68) S. 55, 79; SPENDEL, JUS 1964, 471; im Ergebnis wie hier, wenn auch mit anderer Begründung: LG Stuttgart, JZ 1965, 686, 687; vgl. auch THOMÄ, Auskunft und Betriebsprüfungsrecht der Verwaltung, Seine rechtsstaatlichen Grenzen, S. 65 ff.; a. A. die h. L., vgl. BAUMANN, GA 1959, 33 ff.; SAX in KMR, S. 229, mit ausführlichen Literaturangaben.

So untersagt Art. 4 GG dem Staat jede Ausforschung, durch die die Glaubens-, Gewissens- und Bekenntnisfreiheit berührt werden könnte. Der fehlende Gesetzesvorbehalt sagt diesem Grundrecht einen vollkommenen Schutz zu. Die Bekenntnisfreiheit steht unter den besonderen Freiheitsrechten der „sittlichen Freiheit" als Bestandteil der Menschenwürde am nächsten [110]. Auch das BVerwG erkennt dies an, wenn es sagt: „Das Bekenntnis verläßt den Raum nicht, der juristisch als Intimsphäre bezeichnet wird [111]."

Das Prozeßrecht wird diesem Grundrecht nur gerecht, wenn es der materiellrechtlichen Verletzung mit einem prozessualen Verwertungsverbot begegnet. Hat die Verfassung einem Grundrecht einen absoluten Schutz gewährt, so ist eine dem Prozeßrecht entsprechende Aufklärung des wahren Sachverhalts unter entsprechender Einschränkung des Grundrechts unter keinen Umständen möglich. Für das Gericht gibt es keinen rechtmäßig beschreitbaren Weg, sich Kenntnis von Tatsachen zu verschaffen, die dem Schutz des Art. 4 unterliegen [112]. Spricht dieses Argument allein vielleicht noch nicht zwingend für ein absolutes Verwertungsverbot, so muß ein solches doch aus der zusätzlichen Überlegung folgen, daß auch hier die Verwertung eine Gefährdung des absolut geschützten Grundrechts für die Zukunft mit sich bringen, der Staat damit also selbst seine Grundrechtsordnung unterminieren würde. Weiß der Polizeibeamte oder der Detektiv von vornherein, daß die Kenntnis, die er sich durch das Lauschen am Beichtstuhl erwirbt, im Prozeß nicht verwertet werden kann, dann wird in vielen Fällen der Anreiz zu einer Grundrechtsverletzung für ihn wegfallen [113]. Der Richter würde durch die Verwertung mittelbar zu künftigen Grundrechtsverletzungen beitragen, wenn er auf den einmaligen Eingriff nicht mit einem ausnahmslosen Verwertungsverbot reagierte.

3. Verwertungsverbote bei Verletzung des Post- und Briefgeheimnisses (Art. 10 GG) [114]

Bei einer Anzahl von Grundrechten ist der gewährte Schutz unvollkommen, weil die Verfassung dem Gesetzgeber das Recht zugesteht, diese Rechte einzuschränken. Das Brief- und Postgeheimnis in Art. 10 GG schützt zweifellos einen weiten Bereich der Privatsphäre, ohne dabei aber einen absoluten, auch gegen den einfachen Gesetzgeber wirkenden Schutz zu gewähren. Die gesetzlichen Eingriffsmöglichkeiten zeigen, daß dieses Grundrecht nicht zum

[110] Niese, ZStW 63, 225.

[111] JZ 1964, 760, 761.

[112] Sendler (wie N. 68) S. 78 ff. und 118.

[113] Daß es sich hier nicht um ein rein theoretisches Problem handelt, zeigt Sendler (wie N. 68) S. 20 f., der ein Beispiel aufzeigt, in dem der Staatsanwalt, als Priester verkleidet, selbst Platz im Beichtstuhl genommen hat.

[114] Vgl. Härlin, Zum Postgeheimnis des Art. 10 GG, MDR 1965, 343; Huber, SJZ 1955, 169.

Ziele hat, alle Sachverhalte, die durch einen Eingriff in das Brief- und Postgeheimnis ermittelt werden, der Wahrheitsfindung im Prozeßrecht vorzuenthalten [115].

Daraus darf indessen nicht geschlossen werden, daß eine Verwertung von Beweismitteln, die unter Verletzung des Brief- und Postgeheimnisses gewonnen wurden, in jedem Falle zulässig sei. Der *Gesetzgeber* hat den Interessenkonflikt zwischen dem in Art. 10 GG geschützten Privatbereich und dem prozessualen Interesse an der Aufklärung des wahren Sachverhalts geschlichtet, indem er in § 12 des Fernmeldeanlagengesetzes (FAG) bestimmte Eingriffe in das Fernsprechgeheimnis zuläßt. Aus der Fassung des § 12 FAG ergibt sich aber, daß der Richter und die Staatsanwaltschaft Auskunft nur über bereits geführte Ferngespräche verlangen können. Darüber hinaus kann eine Überwachung weder durch die Post noch von seiten der Strafverfolgungsbehörden vorgenommen werden [116]. Eine Heranziehung der §§ 99 und 100 StPO für die Überwachung aller künftigen Gespräche eines Fernsprechteilnehmers durch den Richter oder bei Gefahr in Verzug durch die Staatsanwaltschaft wird daher mit Recht von der h. L. abgelehnt [117]. Schaltet sich die Ermittlungsbehörde trotzdem in das Ferngespräch ein, so darf das Gericht den Polizisten nicht vernehmen und erst recht die durch eine Vernehmung erlangte Kenntnis nicht verwerten. Denn wenn die Beteiligten grundgesetzmäßig verfahren wären [118], dann wäre das Gericht nie zu einer Kenntnis des abgehörten Gesprächs gekommen. Auch in diesem Fall kann es rechtsstaatlich gesinnten Gerichten nicht an einem Wissen gelegen sein, das in einem ordnungsgemäßen Verfahren unter keinen Umständen hätte erlangt werden können. Die oben erzielten Ergebnisse beanspruchen auch hier Gültigkeit [119].

Da der Betroffene auf den Schutz des Post- und Briefgeheimnisses verzichten kann, kommt dem Verwertungsverbot jedoch keine absolute Wirkung zu. Allerdings habe ich hier Bedenken dagegen, eine Verletzung des Post- und Briefgeheimnisses nur auf Parteieinrede hin zu berücksichtigen, wie dies

---

[115] EVERS (wie N. 14) S. 666.

[116] So mit ausführlichen Literaturhinweisen SENDLER (wie N. 68) S. 115.

[117] Vgl. AUBERT, NJW 1955, 449; LÖWE-ROSENBERG, 21. Aufl., § 99, Anm. 3 b, aa; vgl. OEHLER, Die Grundrechte II, S. 616; SAX in KMR, S. 226; SCHAUMANN, Festschrift, S. 129 ff.; SENDLER (wie N. 68) S. 118.

[118] Vgl. NIESE, Doppelfunktionelle Prozeßhandlungen, S. 139; KOHLHAAS, Juristen-Jahrbuch, S. 68: „Wenn die legale Nachforschung versagt, dann ist die Erforschung gescheitert. Gesetzwidrige Praktiken müssen von vornherein und in aller Konsequenz abgewehrt und ausgeschaltet werden."

[119] Geht die Verletzung von einer Privatperson aus, dann greift nicht Art. 10 GG ein, der nur in Richtung auf die Staatsseite wirkt, sondern die Frage der Verwertbarkeit richtet sich danach, ob im Einzelfall die Würde des Menschen verletzt wird oder ob aus Art. 2 GG nach Abwägung aller Interessen ein Verwertungsverbot folgt.

der BGH [120] tut. Denn dann würde Mißbräuchen — besonders im Ermittlungsverfahren — Tür und Tor geöffnet. Wohl aber kann der Angeklagte oder die Partei auf den Schutz des Art. 10 GG verzichten. Doch muß dieser Verzicht ausdrücklich erfolgen. Verzichtet der Angeklagte oder die Partei auf den Schutz des Art. 10 GG nicht, dann darf auch der Gesprächspartner nicht vernommen werden, weil darin eine unzulässige Umgehung des Beweisverbots liegen würde [121].

4. Die Herleitung von Beweisverboten aus Art. 2 GG

Greift der Katalog der speziellen Grundrechte zum Schutze des Persönlichkeitsrechts nicht ein, dann bleibt der Rückgriff auf Art. 2 GG. Da das GG in Art. 2 auf Grund des Gesetzesvorbehalts Eingriffe zuläßt und da die Staatsgewalt und der Richter ihre Legitimation zur Wahrheitsermittlung aus der StPO und der ZPO entnehmen, liegt der Schluß nahe, daß hier der Interessengegensatz zugunsten der Wahrheitsfindung letztlich geschlichtet ist [122]. Eine solche Schlußfolgerung würde aber dem Verhältnis zwischen Grundrecht und allgemeinem Gesetz nicht gerecht werden. Sie würde die aus Art. 19 II gezogene Schranke in unzulässiger Weise mißachten.

Der BGH sagt im Anschluß an die Rechtsprechung des BVerfG [123], „daß die allgemeinen Gesetze zwar dem Wortlaut nach dem Grundrecht Schranken setzen, ihrerseits aber aus der Erkenntnis der wertsetzenden Bedeutung dieses Grundrechts im freiheitlichen demokratischen Staat ausgelegt und so in ihrer das Grundrecht begrenzenden Wirkung selbst wieder eingeschränkt werden müssen“ [124]. Soweit die Intimsphäre ihren Schutz nicht in Art. 1 GG, sondern in Art. 2 GG findet, ist die Legitimation zur Wahrheitsermittlung durch das dem einzelnen zustehende, vom GG gewährleistete Recht am eigenen Geheimbereich eingeengt.

Trotz der in der Literatur vorgetragenen Kritik [125] halte ich die vom BGH entwickelten Abwägungsmerkmale grundsätzlich für geeignet, den Interessenkonflikt zu schlichten. „Die Abwägung muß jeweils unter Berücksichtigung des Strafverfolgungsinteresses im Lichte der Bedeutung des Grundrechts vorgenommen werden, wobei das verschuldete Tatunrecht, soweit es beurteilt werden kann, berücksichtigt werden muß [126].“ Das Strafverfol-

---

[120] BGHSt, NJW 1964, 1234, 1236.

[121] Vgl. Zillmer, NJW 1965, 2094.

[122] So Evers (wie N. 14) S. 665, der die Aufklärungsbefugnis lediglich aus dem Grundsatz der Verhältnismäßigkeit beschränken will.

[123] BVerfGE 7, 209.

[124] BGHSt, NJW 1964, 1139, 1142; zum zivilrechtlichen Schutz von Tagebuchaufzeichnungen vgl. ähnliche Erwägungen in BGHZ 13, 334, 337; 15, 249, 257 f.

[125] Vgl. Sax, JZ 1965, S. 3 ff.; Händel, NJW 1964, 1139 ff.

[126] BGHSt, NJW 1964, 1143. Ein Blick auf die gesetzliche Regelung und auf die Rechtsprechung zur Untersuchungshaft zeigt, daß bei diesem Parallelproblem ähnliche Abwägungen vorgenommen werden; vgl. §§ 112 ff. StPO.

gungsinteresse umschließt dabei sowohl das öffentliche Interesse an einem freisprechenden Urteil als auch an einer Verurteilung.

Wird durch das Abspielen des Tonbands das Persönlichkeitsrecht eines nicht am Verfahren Beteiligten oder eines Zeugen verletzt, so lassen sich das Strafverfolgungsinteresse und die zu erwartende Persönlichkeitsverletzung gegeneinander abwägen. Dies gilt auch für das Ermittlungsverfahren. Ein Eingriff in die Intimsphäre ist erst dann gerechtfertigt, wenn „zureichende tatsächliche Anhaltspunkte vorliegen", daß unter Abwägung aller in Betracht kommender Umstände das Interesse an der Durchsetzung des staatlichen Strafanspruchs das Interesse des Schutzberechtigten überwiegen wird. Der Verdacht muß mehr als eine Mutmaßung sein und er muß *vor* dem Eingriff vorliegen[127]. Läßt sich erst in der Hauptverhandlung nach dem Abspielen des Bandes oder nach dem Verlesen der Tagebuchaufzeichnungen eine sachgerechte Abwägung der einzelnen Interessen vornehmen und überwiegen dann die Interessen an dem Schutz der Intimsphäre, so ist der Verfasser durch das Verwertungsverbot dagegen geschützt, daß seine intimsten Geheimnisse zur Grundlage des Urteils gemacht werden. Das Verwertungsverbot schützt hier die Intimsphäre des Verfassers. Die Achtung vor der Persönlichkeit des Verfassers fordert die Untersagung der Verwertung, weil nur so ein sachgerechter Schutz möglich ist, der gewährt werden muß, wenn man Art. 2 GG nicht zu einer lex imperfecta degradieren will.

Die dargelegten Grundsätze müssen in gleicher Weise im Zivilprozeßrecht Geltung beanspruchen. Bei vermögensrechtlichen Ansprüchen wird dabei die Abwägung regelmäßig zugunsten des Persönlichkeitsrechts verlaufen. Sind nicht vermögensrechtliche Ansprüche Gegenstand des Prozesses, dann muß eine Abwägung zwischen dem geltend gemachten Recht und der Persönlichkeitsverletzung erfolgen. Im Eheprozeß wird sich der Richter bei der Entscheidung auf die im Grundgesetz (Art. 6 GG) zum Ausdruck kommende Wertung berufen können.

Noch einmal sei betont: Art. 2 GG mit seiner Güterabwägung greift nur ein, wo nicht bereits die Verschaffung des Beweismittels gegen Art. 1 GG verstieß, bei Tonbandaufnahmen und Tagebuchaufzeichnungen also nur, wo diese nicht rechtswidrig unter Mißachtung der Menschenwürde erlangt wurden. Denn in diesem Falle gilt ein absolutes Beweis- und Verwertungsverbot.

Die bisherige Untersuchung zeigte, daß sich zum Schutz besonderer Persönlichkeitsrechte aus der Verfassung Verwertungsverbote herleiten lassen. Im folgenden sollen nun die einzelnen Verfahrensvorschriften darauf untersucht werden, ob und wo die vom einfachen Gesetzgeber geregelten Verwertungsverbote noch einer Ergänzung unter dem Gesichtspunkt des Schutzes der Persönlichkeitssphäre bedürfen. Eine umfassende Untersuchung dieses Problemkreises ist jedoch im Rahmen dieser Darstellung nicht möglich und

---

[127] Vgl. Arndt, NJW 1962, 2000, 2001.

in Anbetracht der schon vorliegenden Arbeiten[128] auch nicht notwendig. Einige Fragen, die vor allem im Hinblick auf die Rechtsprechung des BGH zum Tonband und zum Tagebuch einer neuen Überprüfung bedürfen, sollen hier jedoch noch zusätzlich herausgearbeitet werden.

VII. Beispielfälle für eine Aktualisierung des Persönlichkeitsschutzes im Prozeßrecht

1. Untersuchungspflicht gem. § 372 a ZPO

Im Rahmen des Beweises durch Augenschein hat der Gesetzgeber zur Feststellung der Abstammung in § 372 a ZPO eine weitreichende Eingriffsnorm geschaffen: Hier ist eine grundsätzliche Verpflichtung jeder Person angeordnet, Untersuchungen und Blutentnahmen zu dulden. An anderer Stelle[129] habe ich schon die Frage gestellt, ob nicht eine einschränkende Auslegung des § 372 a ZPO gerechtfertigt ist, da die Zeugnisverweigerungsrechte unserer Prozeßgesetze Ausdruck der Achtung der Staatsgewalt vor der Personenwürde des Menschen sind. Wo ein solches Zeugnisverweigerungsrecht besteht, darf es m. E. nicht über § 372 a ZPO umgangen werden. Die bezüglich des Zeugnisverweigerungsrechts getroffene Interessenabwägung muß auch für die Untersuchungspflicht des § 372 a ZPO maßgebend sein, da sonst die Praxis — wie es auch tatsächlich der Fall ist — die Interessen des Betroffenen *stets* beiseite schiebt. Damit wird auch der Einklang mit dem strafprozessualen Untersuchungsverweigerungsrecht (§ 81 c StPO) hergestellt, das parallel dem Zeugnisverweigerungsrecht geordnet ist[130].

2. Persönlichkeitsschutz und Zeugenbeweis

Die Regeln der ZPO über den Zeugenbeweis enthalten keine Vorschrift, durch die — ähnlich wie bei Beweis durch Urkunden — die materielle Rechtswidrigkeit die prozessuale Unzulässigkeit des Beweises nach sich ziehen würde. Deshalb muß die Lehre von der Wertneutralität des prozeßrechtlichen Raums zwangsläufig zu dem Ergebnis kommen, daß der Zeugenbeweis auch dann geführt werden kann, wenn der Zeuge sich die Kenntnis durch eine rechtswidrige Handlung, ja selbst unter Verletzung besonderer Persönlichkeitsgüter verschafft hat[131]. Das Verbot des § 136 a III 2 StPO,

---

[128] Vgl. die unter N. 9, 17, 53, 68, 75 zitierten Arbeiten.

[129] Habscheid (wie N. 10) S. 366. Eine Zusammenstellung der Rechtsprechung und Lehre findet sich bei Bosch, Grundsatzfragen des Beweisrechts, Schrifttum zum Deutschen und Europäischen Zivil-, Handels- und Prozeßrecht Bd. 24, S. 66; vgl. dazu meine Besprechung in AnwBl 1964, 302.

[130] Vgl. Bosch (wie N. 129) S. 19 und 66 f.

[131] Zur Verwertung von erpreßten Geständnissen und zur Anwendung von 136 a III 2 StPO im Zivilprozeß vgl. E. Peters (wie N. 53) S. 151.

das über § 69 III StPO im Strafprozeß auch für den Zeugen gilt, kann im Zivilprozeß nicht unmittelbar Anwendung finden. Es ist daher nötig, durch die von der Verfassung aufgestellten Verwertungsverbote den von Seiten der Prozeßgesetze nicht ausreichend gewährleisteten Schutz der Persönlichkeit zu ergänzen.

a) Aber auch dort, wo die Prozeßgesetze für den Zeugenbeweis Verwertungsverbote aufstellen, sind diese ergänzungsbedürftig. Das Gesetz gewährt den in § 383 I Nr. 1—3 ZPO genannten Personen wegen ihrer nahen persönlichen Beziehung zu einer Partei ein Zeugnisverweigerungsrecht. Die StPO erkennt aus denselben Gründen in § 52 StPO ein Zeugnisverweigerungsrecht an. Sowohl für den Zivilprozeß [132] als auch für den Strafprozeß [133] vertritt die h. L. die Meinung, daß die mangelhafte Belehrung des Zeugen über sein Weigerungsrecht die Verwertung der Aussage ausschließt. Der Mangel der Belehrung bildet einen Revisionsgrund, sofern das Urteil auf der Aussage beruht.

Entschließt sich der Zeuge, für den im Strafprozeß ein Zeugnisverweigerungsrecht besteht, erst in der Hauptverhandlung von seinem Weigerungsrecht Gebrauch zu machen, so verbietet das in § 252 StPO aufgestellte Verwertungsverbot das Verlesen der Urkunde über seine frühere Aussage vor der Ermittlungsbehörde oder vor dem Richter [134]. Jedoch kann in einem solchen Fall nach Meinung des BGH der Richter in der Hauptverhandlung vernommen werden, wenn er den Zeugen über sein Weigerungsrecht belehrt hatte und der Zeuge in Kenntnis der Bedeutung und Tragweite freiwillig aussagte [135]. Ist dieser Grundgedanke des BGH richtig, dann kann im Hinblick auf § 163 a V StPO auch der Staasanwalt und der Beamte des Polizeidienstes vernommen werden, da auch sie nunmehr kraft Gesetzes verpflichtet sind, auf das Zeugnisverweigerungsrecht hinzuweisen [136]. Dadurch wird das Verwertungsverbot in § 252 StPO gegenstandslos. Die Rechtsprechung ist damit bei der Judikatur des Reichsgerichts stehengeblieben, die BELING schon im Jahre 1903 mit aller Entschiedenheit ablehnte [137].

Ich halte indessen eine solche Beweisaufnahme schon aus prozessualen Gründen für unzulässig. Das Prinzip der Unmittelbarkeit [138], wie es auch

---

[132] Vgl. STEIN-JONAS-SCHÖNKE § 383, IV.

[133] Vgl. EBERH. SCHMIDT II, § 52 Anm. 21 und 22.

[134] BGHSt 2, 99 ff.; 10, 77; 13, 394 ff.; 17, 324, 326; 18, 146, 148; vgl. auch HENKEL, Lehrbuch, S. 399.

[135] BGHSt 2, 99; 11, 338; 18, 146, 149; vgl. auch K. PETERS, Lehrbuch, S. 251.

[136] Gegen eine Vernehmung könnte nur eingewendet werden, daß durch den Hinweis des Polizeibeamten oder Staatsanwalts der Zeuge nicht in gleichem Umfange der Tragweite seines Zeugnisverweigerungsrechts bewußt wird, als wenn die Aufklärung vom Richter ausgeht. Vgl. dazu BGHSt 11, 388; 13, 394, 398.

[137] BELING, Beweisverbote (wie N. 79), S. 25.

[138] Zum Grundsatz der Unmittelbarkeit vgl. BOSCH (wie N. 129) S. 105 ff., insbesondere S. 117.

in § 252 StPO seinen Ausdruck gefunden hat, verbietet den Ersatz der unmittelbaren Zeugenaussage durch einen mittelbaren Beweis. Auf diesen Gesichtspunkt hat in eindringlicher Form EBERHARD SCHMIDT aufmerksam gemacht [139]. Er weist weiter darauf hin, daß der Richter die ihm von der Strafprozeßordnung zugewiesene Prozeßfunktion verläßt, wenn er im Verfahren über eine Straftat, zu deren Aufklärung er z. B. als Untersuchungsrichter beitragen soll, plötzlich in die Rolle des Zeugen überwechselt.

Diese Probleme (die in vieler Hinsicht Parallelen zu der Entscheidung des BGHSt 17, 382 — dort wurde das Zeugnis eines V-Mannes durch die Vernehmung von Polizeibeamten ersetzt — aufweisen) sollten Anlaß geben, die Frage der *Verteilung der Prozeßrollen* einmal eingehender zu untersuchen [140] — eine Aufgabe, die allerdings hier nicht gelöst werden kann.

Es darf ferner nicht übersehen werden, daß durch die Vernehmung derjenigen Person, die im Vorverfahren den Zeugen gehört hat, der Sachverhalt in vielen Fällen nicht in gleicher Weise aufgehellt werden kann, als wenn der unmittelbare Zeuge vernommen werden würde. Nicht die Ermittlungen aus dem Vorverfahren sollen als Urteilsgrundlage dienen, sondern der Beweis soll in der Hauptverhandlung geführt werden. Beachtet das Gericht diesen Grundsatz nicht, so liegt darin die Gefahr einer erheblichen Beschränkung der Verteidigungsmöglichkeit des Angeklagten begründet.

Letztlich — und das scheint mir entscheidend zu sein — mißachtet aber die Rechtsprechung des BGH den Schutz der persönlichen Bindung zwischen dem Zeugen und dem Angeklagten zu wenig. Die Vorschriften über das Zeugnisverweigerungsrecht dienen nur in zweiter Linie dem Schutz der Rechtspflege vor falschen Aussagen [141]. Im Vordergrund steht der Gedanke, auf die familiäre oder sonstige persönliche Bindung Rücksicht zu nehmen [142]. Der Zeuge soll selbst darüber entscheiden können, ab er das Siegel des Geheimnisses, das auf familiären und sonstigen persönlichen Beziehungen ruht, wahren will oder nicht. Der Gesetzgeber anerkennt damit nicht nur den Interessenkonflikt und die innere Belastung, in der sich der Zeuge befindet [143], sondern er trägt mit seiner eindeutigen Entscheidung dazu bei, die Familie und die darüber hinausgehenden persönlichen Bindungen zu schützen. Diesem Schutz wird das Gericht nur gerecht, wenn es die letzte Entscheidung des Zeugen in der Hauptverhandlung maßgeblich sein läßt. Erst hier wird dem

---

[139] Lehrkommentar I, Rdnr. 454, 455; *ders.* II, § 252 Rdnr. 2 u. 6; vgl. auch ESER, NJW 1963, 234, 236; FUHRMANN, JUS 1963, 276.

[140] Vgl. K. PETERS, Ringvorlesung, S. 197 f.; EBERH. SCHMIDT, JZ 1964, 460; TIEDEMANN, JUS 1965, 14, 18 f.

[141] a. A.: BUSCH, JZ 1953, 703 f.; E. PETERS (wie N. 53) S. 161; vgl. auch EBERH. SCHMIDT, JZ 1958, 599 ff.

[142] Eine ausführliche Literaturübersicht bei E. PETERS (wie N. 53) S. 160, Anm. 67 u. 68; vgl. auch BELING, Beweisverbote, S. 5 f.

[143] Vgl. BUSCH, Zum Zeugnis- und Untersuchungsverweigerungsrecht, Festschrift für Eberh. Schmidt, S. 570.

Zeugen die volle Tragweite seiner Entscheidung bewußt [144]. Entschließt er sich nunmehr, von seinem Zeugnisverweigerungsrecht Gebrauch zu machen, dann hätte dies keine Bedeutung mehr, wenn seine frühere Aussage indirekt in das Verfahren eingeführt werden könnte. Das Gericht verletzt durch die Erhebung eines mittelbaren Zeugenbeweises nicht nur prozessuale Normen, sondern es mißachtet auch den Zeugen als frei entscheidende Persönlichkeit [145].

Wenn § 252 StPO der Respektierung dieser Eigensphäre hinsichtlich der Protokollverlesung in vollem Umfange Rechnung trägt, dann ist es unerfindlich, warum hinsichtlich der Vernehmung des Richters der Schutz der Interessen des weigerungsberechtigten Zeugen und des Angeklagten suspendiert sein soll [146]. Die eindeutige Entscheidung der Konfliktslage zugunsten des Zeugen in § 252 StPO beansprucht auch Gültigkeit, wenn durch eine Verhörsperson die Verlesung der Urkunde ersetzt werden soll.

b) Literatur [147] und Rechtsprechung [148] nehmen kaum Anstoß daran, *wenn der vernehmende Richter die Aussage einer besonderen Vertrauensperson* [149] *anhört, welche ihre Schweigepflicht bricht und sich deshalb nach § 300 StGB strafbar macht.*

Diese Praxis kann dort nicht gebilligt werden, wo durch Zeugnisverweigerungsrecht der Vertrauensperson die Persönlichkeitssphäre des „Geheimnisherrn" geschützt werden soll. Dies gilt in besonderem Maße vom Arzt und vom Anwalt. Der BGH sagte daher in einer Zivilentscheidung zu Recht, „daß bei nicht genehmigter Bekanntgabe ärztlicher Bescheinigungen über den Gesundheitszustand eines anderen dessen persönlichkeitsrechtlich geschützte Geheimsphäre gleichfalls berührt werden kann" [150].

Die ZPO hat in § 383 III ZPO für den Richter ein Vernehmungsverbot über solche Tatsachen aufgestellt, die nur unter Verletzung der Pflicht zur Verschwiegenheit aufgedeckt werden können. Dies gilt selbst dann, wenn der Zeuge auf *„sein Aussageverweigerungsrecht"* verzichtet hat. Der Grund dieser Regelung liegt darin, daß der Zeuge hier nicht Verfügungsberechtigter

---

[144] EBERH. SCHMIDT, Lehrkomm. I, Anm. 455.

[145] Der Entscheidung des BayObLG, JZ 1965, 771, stimme ich in vollem Umfange zu: „Erwächst dem Zeugen erst nach seiner richterlichen Vernehmung ein Zeugnisverweigerungsrecht und macht er hiervon in der Hauptverhandlung Gebrauch, so darf der Richter über die frühere Aussage nicht vernommen werden." Vgl. dazu auch MICHAELIS, NJW 1966, 117 ff.

[146] So zu Recht MICHAELIS, a.a.O. S. 118. Vgl. zu dem zwingenden Beweisverbot, das sich aus § 252 StPO ergibt: BGHSt 10, 77; BUSCH, Festschrift (wie N. 143), fordert eine eindeutige gesetzliche Regelung der von der Rechtsprechung entschiedenen Fragen.

[147] EBERH. SCHMIDT, Lehrkomm. II, § 53, Anm. 12; LÖWE-ROSENBERG-KOHLHAAS, § 53, Anm. 1, § 53 a, Anm. 3; STEIN-JONAS-SCHÖNKE, § 383 V.

[148] Vgl. BGHSt 9, 59.

[149] Vgl. §§ 383 I Nr. 4 und 5 ZPO; § 53, 53 a StPO.

[150] BGHZ, 24, 72, 79.

über die Persönlichkeitssphäre eines Dritten ist. Eine Beweisaufnahme ist in solchen Fällen unzulässig. Erfolgte sie dennoch, so besteht ein Verwertungsverbot. Insoweit kann § 383 III ZPO nur als Konkretisierung des Art. 2 GG angesehen werden.

Obwohl die StPO keine vergleichbare Vorschrift enthält, muß das Vernehmungsverbot, das in § 383 III ZPO seinen Ausdruck findet, auch im Strafprozeß Gültigkeit haben, wenn bei der im Rahmen des Art. 2 GG anzustellenden Interessenabwägung der Schutz der Intimsphäre des Dritten überwiegt. Die Verfügungsbefugnis des „Geheimnisgeschützten" darf nur durchbrochen werden, falls das in Art. 2 GG enthaltene Verwertungsverbot dem Interesse an der Sachaufklärung weichen muß. Dies kann m. E. nur *ausnahmsweise* der Fall sein. Der Satz, daß die Wahrheitsfindung vorzugehen habe, läßt sich in dieser Allgemeinheit eben nicht aufrechterhalten, denn sonst wäre die Persönlichkeitssphäre des „Geheimnisherren" hier schutzlos.

Sagt aber nun der Zeuge unter Verletzung des Art. 2 GG aus, so muß ihn der Richter an der Aussage hindern. Auf alle Fälle hat er mit einem Verwertungsverbot zu reagieren.

Bei dieser Schau der Dinge kann sich die dennoch aussagende Vertrauensperson nur noch in seltenen Fällen rechtfertigen: nicht mehr die Zeugnispflicht geht dem Geheimhaltungsgebot des § 300 StGB vor, sondern umgekehrt: Die materiellrechtliche Regelung setzt sich *grundsätzlich* auch im prozessualen Raum durch [151]. Durch die Rechtsprechung des BGH zum Schutz des Persönlichkeitsrechts wird somit die Strafrechtswissenschaft geradezu aufgefordert, sich auch der Frage anzunehmen, ob sich der Richter nicht wegen einer Teilnahme an der strafbaren Handlung der Vertrauensperson schuldig macht [152], wenn er den Zeugen das Geheimhaltungsgebot des § 300 StGB brechen läßt.

Obwohl die StPO keine dem § 383 III ZPO vergleichbare Vorschrift enthält, muß nach alledem das dort geregelte Vernehmungs- und Verwertungsverbot in aller Regel auch im Strafprozeß gelten. Denn § 383 III ZPO kann nur als Konkretisierung des Art. 2 GG angesehen werden. Die in ihm vorgenommene Interessenabwägung — Respektierung der alleinigen Verfügungsbefugnis des „Geheimnisgeschützten" — muß auch im Strafprozeß als Grundsatz Gültigkeit haben, wenn man mit dem Schutz der Persönlichkeit Ernst macht. Die StPO ist eben insofern lückenhaft.

c) Daß die StPO dem Grundsatz von der Achtung der Menschenwürde und dem Persönlichkeitsschutz in anderen — neueren — Bestimmungen Rechnung trägt, zeigt ein Blick auf das *Untersuchungsverweigerungsrecht nach*

---

[151] So Bosch (wie N. 129) S. 82, mit weiterem Literaturhinweis, und S. 88.

[152] Daß für die Staatsanwaltschaft auf Grund ihres Aufgabenbereichs eine Pflicht zum Eingriff zugunsten des „Geheimnisgeschützten" besteht, kann m. E. nicht angezweifelt werden.

§ 81 c StPO. Obwohl hier die Beweisperson die Untersuchung nur zu dulden hat und deshalb durch ihr aktives Verhalten die familiären Beziehungen zum Beschuldigten nicht belastet, untersagt der Gesetzgeber eine Untersuchung allein schon dann, wenn durch das passive Verhalten die Möglichkeit einer Belastung des Beschuldigten hervorgerufen werden kann [153].

Wird eine Untersuchung durchgeführt, ohne daß der Betroffene richterlich belehrt wurde, dann dürfen die Untersuchungsergebnisse nur verwertet werden, wenn der Betroffene auf Grund der nachgeholten Belehrung der Verwertung zustimmt [154].

3. Die Grenzen der Wahrheitsfindung beim Angeklagten [155]

a) Weder der Angeklagte noch sonst eine Person dürfen von der Polizei oder dem Richter *zur Selbstbezichtigung* gezwungen werden. Dies ergibt die klare Regelung in § 136, 163 a, 55 StPO. Es ist allein der freien Willensentschließung des Beschuldigten überlassen, die letztlich ihren Ursprung in seiner Würde findet, zu entscheiden, ob er von seinem Aussagerecht Gebrauch macht oder nicht [156]. Die Achtung und der Schutz der Menschenwürde und damit die Freiheit der Selbstbestimmung rechtfertigen den Grundsatz, daß der Beschuldigte bei seiner Vernehmung keine Tatsachen bekanntgeben muß, die zu seiner Verurteilung beitragen können [157].

Daraus folgt, daß der Richter aus dem Schweigen des Angeklagten grundsätzlich keine negativen Schlüsse ziehen darf. Auch muß es dem Angeklagten in jedem Zeitpunkt des Verfahrens überlassen bleiben, auf die Anschuldigungen zu schweigen, selbst wenn er anfänglich eine eigene Stellungnahme abgegeben hat. Die Entscheidungsfreiheit wäre in unzulässiger Weise eingeschränkt, wenn der Angeklagte damit rechnen müßte, daß sein plötzliches Schweigen zu seinem Nachteil ausgelegt werden würde. Ihm allein ist es überlassen, zu welchem Zeitpunkt er seine Stellungnahme abgibt [158].

---

[153] DÜNNEBIER, Zweifelsfragen zu § 81 c StPO, GA 1953, 65 f., 71; BUSCH, Festschrift, S. 569, 571.

[154] BGHSt 12, 235; BUSCH, Festschrift, S. 575.

[155] Daß die Aussage des Angeklagten Erkenntnismittel und damit Beweismittel ist, zeigt DÜNNEBIER, MDR 1964, 965.

[156] BGHSt 14, 358 = NJW 1960, 1580, 1582; SCHORN, Der Schutz der Menschenwürde im Strafverfahren, S. 73.

[157] SENDLER (wie N. 68) S. 7, mit Literaturhinweis; K. PETERS, Lehrbuch, S. 163.

[158] BGHSt, JZ 1966, 35, läßt diese Frage offen, bringt aber zum Ausdruck, daß es der Ansicht zuneigt, die Herleitung nachteiliger Schlüsse zuzulassen; BGHSt, NJW 1966, 209, hält es für zulässig, nachteilige Schlüsse zu ziehen, wenn der Angeklagte sich weigert, zur Aufklärung eines bestimmten Punktes mitzuwirken, obwohl er sich im übrigen zum Anklagevorwurf eingelassen hat. Vgl. auch BGHSt, NJW 1966, 211.

Die Eigenschaft des Angeklagten als „Prozeßsubjekt“ und die verfassungsrechtlich garantierte Unschuldsvermutung zwingen dazu, das fehlende prozessuale Verwertungsverbot durch einen Rückgriff auf die Verfassung zu ersetzen. Darin liegt nicht eine „unangemessene Beschneidung der Wahrheitsfindung“ [159], sondern letztlich eine Anerkennung der Grenzen der richterlichen Erkenntnisfähigkeit. Zu vielschichtig sind die Motive, die den Angeklagten zum Schweigen veranlassen können, und zu dürftig sind die Erkenntnismittel des Richters, um aus dem Schweigen die der Wahrheitsfindung dienlichen Schlüsse zu ziehen, so daß das Verwertungsverbot im Dienste der Wahrheit letztlich den Richter "vom (möglichen) Justizirrtum befreit“ [160].

Ein erfreuliches Beispiel rechtsstaatlichen Denkens gab daher in einem Schwurgerichtsprozeß jener Vorgesetzte des Anklagevertreters, der zugunsten der Angeklagten eingriff und der Auffassung des Sitzungsvertreters, der aus dem Schweigen der Angeklagten Schlüsse auf ihre Täterschaft ziehen wollte, mit Entschiedenheit entgegentrat. Er hat dadurch in der Tat mit der Verpflichtung jeder staatlichen Gewalt, zum Schutze der Menschenwürde beizutragen, Ernst gemacht [161].

b) Der Grundsatz, daß der Beschuldigte zu seiner Verurteilung nicht beitragen muß, erlangt besondere Bedeutung im Verwaltungsverfahren — vor allem im *Steuerverfahren* —, wenn eine gesetzliche Auskunftspflicht besteht. Sobald das Steuerverfahren in das Steuerstrafverfahren übergeht, besteht die Auskunftspflicht nicht mehr. Für den Betroffenen kommt es daher entscheidend darauf an, zu wissen, in welchem Verfahrensabschnitt ihm die Behörde gegenübertritt [162]. Es ist naheliegend, daß die Grenzen flüssig und nur schwer erkennbar sind, wenn die „Verwaltungsbehörde“, die „Strafverfolgungsbehörde“ und die „richtende Behörde“ in einer Person, dem Finanzamt, vereint sind [163]. Handelt es sich bei der Auskunftserteilung vor dem Finanzamt in Wirklichkeit um eine Vernehmung und wird der Betroffene darüber im unklaren gelassen, dann ist die Verwertung nach § 136 a StPO unzulässig.

---

[159] Kohlhaas, NJW 1965, 2283.

[160] Schmidt-Leichner, NJW 1966, 189, 191. Auf die Motive stellt die Entscheidung OLG Braunschweig, NJW 1966, 214, 215, wenigstens insoweit ab, daß vom Tatrichter Darlegungen verlangt werden, warum er das Schweigen des Angeklagten als Belastung wertet.

[161] Vgl. dazu Seibert, NJW 1965, 1706; Kohlhaas, DRZ 1965, 294 ff.; *ders.*, NJW 1965, 2282; Müller in KMR, S. 467, weist darauf hin, daß bei Folgerungen aus dem Leugnen „in Anbetracht der Vielfältigkeit der möglichen Motive äußerste Zurückhaltung geboten“ ist. Vgl. auch Sarstedt in: Löwe-Rosenberg (21. Aufl.), Anm. 5 zu § 136.

[162] Thomä, Auskunfts- und Betriebsprüfungsrecht der Verwaltung, Seine rechtsstaatlichen Grenzen, S. 64 ff.; Mattern, ZStW 67, 385.

[163] Daß das Steuerstrafverfahren auch in anderen Punkten nicht mit dem Grundgesetz in Einklang steht, habe ich in MDR 1966, 1 ff., aufgezeigt.

c) Die letztgenannte Vorschrift dient in erster Linie dem Schutz des Angeklagten. Sie steht in engem Zusammenhang mit dem Schutz der Persönlichkeit im Grundgesetz. BELING hat in seiner grundlegenden Abhandlung über die Beweisverbote als Grenzen der Wahrheitsforschung im Strafprozeß bereits im Jahre 1903 hervorgehoben, daß die gesetzlich geregelten Beweisverbote die Menschenwürde und die Persönlichkeitssphäre *nicht* genügend vor Staatseingriffen schützen. Es bedurfte erst der Erfahrung der Naziherrschaft, bis sich der Gesetzgeber im Jahre 1950 (BGBl I, 455 ff.) entschloß, in § 136 a StPO einen wirksamen Schutz zugunsten des Beschuldigten zu schaffen. Die in § 136 a StPO erwähnten Eingriffe wären allerdings als Verstoß gegen die Menschenwürde auch dann unzulässig, wenn der Gesetzgeber dies nicht ausdrücklich anerkannt hätte. § 136 a StPO ist „Ausdruck der rechtsstaatlichen Grundhaltung der StPO, die es nicht zuläßt, gegen den Beschuldigten in menschenunwürdiger Weise zu verfahren" [164]. Es ist deshalb nur eine zwangsläufige Folge aus Art. 1 GG, wenn § 136 a III StPO festlegt, daß der Beschuldigte auf diese Rechte nicht verzichten kann.

Ist aber § 136 a StPO nur eine prozeßrechtliche Ausgestaltung des Art. 1 I GG, dann muß das Verbot auch Gültigkeit haben, wenn die Wissenschaft eines Tages so weit sein wird, daß sie mit den in § 136 a StPO für verboten erklärten Methoden die objektive Wahrheit einwandfrei erforschen könnte. Weiterhin folgt aus der engen Verknüpfung des § 136 a StPO mit Art. 1 GG, daß sich auch der „besonders ausgekochte, vorbestrafte Beschuldigte" ohne jede Einschränkung auf den Schutz des § 136 a StPO berufen darf [165].

Der Gesetzestext nimmt keine Stellung zu der Frage, ob die weiteren Beweismittel, die auf Grund der unter Verstoß gegen § 136 a StPO zustande gekommenen Aussage ermittelt werden, der Verwertung durch das Gericht zugänglich sind. Die h. L. geht davon aus, daß Beweismittel, die auf Grund der unverwertbaren Aussage gewonnen werden, in der Hauptverhandlung ausgewertet werden können [166]. Diese Auffassung halten wir für unvertretbar und verweisen hierzu auf die Ausführungen zu den sich unmittelbar aus der Verfassung ergebenden Verwertungsverboten. SENDLER sagt daher mit Recht, daß es verwunderlich wäre, „wenn der Gesetzgeber zwar die Anwendung von Methoden, die im Rechtsstaat unerträglich sind, verbietet und — um dieses Verbot unter allen Umständen beachtet zu wissen — auch die Verwertung der mit solchen Mitteln erlangten Aussagen untersagen würde und gleichwohl die Verwertung der weiteren Auswirkungen der Aussagen dulden sollte" [167].

---

[164] BGHSt 5, 332 ff.; 14, 358; vgl. auch BGHSt, NJW 1965, 2262.
[165] a. A.: KLEIN in: MANGOLDT-KLEIN III, 5 a zu Art. 1 GG.
[166] BAUMANN, GA 1959, 33; MÜLLER in KMR, S. 475.
[167] SENDLER (wie N. 68) S. 39.

Die hier gefundenen Ergebnisse stehen im Einklag mit der Praxis des anglo-amerikanischen und des französischen Rechts. Dies hat Sendler[168] nachgewiesen: Obwohl im Common Law der allgemeine Satz gilt, daß auch das rechtswidrig erlangte Beweismittel verwertet werden darf, macht man davon eine Ausnahme, wenn durch die Zulassung des Beweismittels ein verfassungsmäßiges Recht der Person verletzt wird, gegen die sich das Beweismittel wendet. Noch weiter geht die französische Wissenschaft und Praxis, die ein Beweismittel stets als unzulässig und damit unbeachtlich ansieht, wenn bei seiner Gewinnung wesentliche Verfahrensvorschriften außer acht gelassen wurden.

VIII. Schlußbemerkung

Aufgabe dieser Arbeit war es, den engen Zusammenhang zwischen dem grundrechtlich geschützten Persönlichkeitsrecht und dem Prozeßrecht auf einigen Teilgebieten aufzuzeigen[169]. Neben dem Grundsatz der Verhältnismäßigkeit, der schon immer als Schranke für die Eingriffsmöglichkeit anerkannt wurde, hat der BGH zum Schutze des Persönlichkeitsrechts auf dem Boden der Verfassung eine wirksame Barriere durch die Anerkennung neuer Verwertungsverbote errichtet. Seine Leitsätze[170] zu vertiefen und bis in die letzten Winkel des Prozeßrechts zu tragen, die sich dem Schutze des Persönlichkeitsrechts vielleicht noch verschlossen zeigen, wird in Gegenwart und Zukunft eine der vornehmsten Aufgaben für die Wissenschaft und Praxis sein.

---

[168] Vgl. den ausführlichen Literaturnachweis bei Sendler (wie N. 68) S. 70 ff.

[169] Den Ruf nach dem Gesetzgeber, der sich gelegentlich in der Literatur findet, halte ich für verfrüht. Sollte es jedoch zu einer Regelung des Persönlichkeitsrechts auf materiell-rechtlichem Gebiet kommen, dann müßten auch die prozessualen Normen mit in die Diskussion einbezogen werden.

[170] Daß auch die Strafverfolgungsbehörden um des Wertes der Persönlichkeitsrechte willen eine Schwächung der „Kraft des Strafprozesses“ begrüßen, zeigt die erfreuliche Zustimmung zur Rechtsprechung des BGH von Generalstaatsanwalt Dünnebier, MDR 1964, 965.

Bemerkungen zur einstweiligen Anordnung im Verwaltungsprozeß

Klaus Obermayer

Mit dem Inkrafttreten der Verwaltungsgerichtsordnung am 1.4.1960 war die Zulässigkeit einer einstweiligen Anordnung im Verwaltungsprozeß, die vordem nur für Rheinland-Pfalz [1] und für das Verfahren vor dem Bundesverwaltungsgericht [2] eine gesetzliche Regelung gefunden hatte, eindeutig geklärt. Die dogmatische Ausformung dieses Rechtsinstituts ist noch in vollem Gange. Rechtswissenschaft und Rechtsprechung haben zwar im Laufe der letzten Jahre manche wichtigen Probleme erkannt und gelöst [3]. Andere harren jedoch nach wie vor ihrer Bewältigung. Aus dem Kreise offener Fragen sollen im folgenden einige herausgegriffen werden, die besonderem theoretischem und praktischem Interesse begegnen dürften. Zunächst soll geprüft werden, ob die Zulässigkeit einstweiliger Anordnungen von einer ausdrücklichen gesetzlichen Regelung abhängt (I). Nach einer Stellungnahme zur rechtlichen Bedeutung der einstweiligen Anordnung (e. A.) (II) soll die Auslegung und Anwendung des § 123 VwGO erörtert werden (III). Anschließend ist die Zulässigkeit der e.A. in den verschiedenen verwaltungsgerichtlichen Verfahren, insbesondere im Normenkontrollverfahren zu untersuchen (IV). Eine letzte Bemerkung gilt dann noch der Unterscheidung zwischen der Zulässigkeit und der Begründetheit des Antrags auf Erlaß einer e.A. (V).

I

Die *Frage*, ob die *e. A.* auch ohne besondere gesetzliche Regelung ein *dem Verwaltungsprozeß vorgegebenes Rechtsinstitut* ist, erweist sich als ein verfassungsrechtliches Problem.

1. Schrifttum und Rechtsprechung haben bereits vor dem Erlaß der Verwaltungsgerichtsordnung die Zulässigkeit vorläufiger Maßnahmen in

---

[1] § 64 des Landesgesetzes über die Verwaltungsgerichtsbarkeit für Rheinland-Pfalz v. 14. 4. 1950 (Rh.-Pf. VGG), GVBl I, S. 103.

[2] § 30 des Gesetzes über das Bundesverwaltungsgericht v. 23. 9. 1952 (BVerwGG), BGBl I, S. 625.

[3] Vgl. die Schrifttumshinweise bei Klinger, Kommentar zur Verwaltungsgerichtsordnung, 2. Aufl. 1964 (zit. Klinger), S. 559 und 565.

solchen Gerichtsverfahren behandelt, für die das geschriebene Recht keine e.A. vorsah.

Im Bereich des Zivilrechts hatte die einstweilige Verfügung seit dem Inkrafttreten der Zivilprozeßordnung eine klare Rechtsgrundlage gefunden. So bestand für die Zivilprozeßrechtslehre kein Anlaß, der Frage näher zu treten, ob eine gerichtliche Verfahrensordnung auf die Möglichkeit zur Anordnung einstweiliger Maßnahmen überhaupt verzichten kann. Für die verwaltungsprozessuale Dogmatik mußte diese Frage so lange irrelevant bleiben, als der Rechtsschutz im Bereich des Verwaltungsrechts nur ein rechtspolitisches Postulat war, dem eine verfassungsrechtliche Sanktion fehlte.

In seiner Auseinandersetzung mit den Prinzipien der Staatsgerichtsbarkeit in der Weimarer Zeit hat Jerusalem im Jahre 1930 die Ansicht geäußert, daß „die Befugnis zum Erlaß einstweiliger Anordnungen während des schwebenden Rechtsstreites notwendiger Bestandteil jeder Gerichtsbarkeit“ [4] sei. Diese These stieß auf wenig Verständnis [5]. Sie gewann erst mit dem Inkrafttreten des Bonner Grundgesetzes eine besondere Aktualität. Nach der Einführung des generellen Rechtsschutzes gegen Akte der öffentlichen Gewalt durch Art. 19 Abs. 4 GG war die Frage nicht mehr zu umgehen, in welchem *Ausmaß* und in welcher *Ausgestaltung* die Rechtskontrolle der Verwaltung verfassungsrechtlich gewährleistet war.

Soweit die seit dem Jahre 1946 in den einzelnen Ländern bzw. Besatzungszonen in Kraft gesetzten verwaltungsgerichtlichen Verfahrensordnungen keine e.A.en vorsahen, sprach sich die h.M. — in streng positivistischem Geiste befangen — zunächst gegen deren Zulässigkeit aus. Allenfalls wurde noch für Parteistreitigkeiten eine Ausnahme zugelassen [6]. Aber das „Bedürfnis“ [7], vorläufige Maßnahmen auch ohne eine ausdrückliche gesetzliche Regelung zu erlassen, erschien unabweisbar. So wurden Aushilfen gesucht, die es ermöglichen sollten, ein offenbares Versäumnis des Gesetzgebers auszugleichen.

Im Schrifttum hatte Bachof bereits im Jahr 1949 unter Berufung auf Art. 19 Abs. 4 GG die Forderung erhoben, daß der gerichtliche Schutz auch gegen die vorläufige Vollziehung gegeben sein müsse, „und zwar logischerweise zu einem Zeitpunkt, zu dem er noch nicht durch Schaffung einer vollendeten Tatsache gegenstandslos gemacht worden ist“ [8]. De Clerck ver-

---

[4] Die Staatsgerichtsbarkeit, 1930, S. 184.

[5] Vgl. die Übersicht bei Klein, DVBl 50, 200 ff. (202).

[6] Beschl. d. VGH Stuttgart v. 31. 3. 1949, NJW 49, 838 ff. (839) mit insoweit zustimmender Anmerkung von Schoen; Müller-Heidelberg, NJW 49, 814 f. (815); Klein, DVBl 50, 200 ff. (mit weiteren Nachweisen); Naumann, MDR 54, 504 f. (505); Oswald, DÖV 56, 236 ff. (236).

[7] Vgl. Beschl. d. OVG Münster v. 14. 3. 1957, VerwRspr. 9, 562 ff. (568) und Urt. d. gleichen Gerichts v. 10. 4. 1957, DÖV 58, 383 f. (384).

[8] NJW 49, 815. Vgl. auch Bachof, NJW 49, 328 ff. und 838 ff. sowie DRZ 50, 245 ff. (246). Vgl. ferner Klinger, Verwaltungsgerichtsbarkeit in der britischen

trat sieben Jahre später die Ansicht, daß ein summarisches Verfahren „jedem regulären Prozeßverfahren immanent" sei „und dem Schutzbedürfnis der Rechtsuchenden durch die aufschiebende Wirkung der Klage und die Aussetzungsbefugnis des Gerichts nicht in allen Fällen Rechnung getragen werden" könne [9]. In der Rechtsprechung bemühten sich die Oberverwaltungsgerichte Münster und Lüneburg um eine dogmatische Rechtfertigung der e.A. Das OVG Münster bekannte sich im Jahre 1955 zu der Auffassung, daß das Schweigen der MRVO 165 eine Lücke darstelle, die „im Wege der Analogie zu den anderen in der Bundesrepublik geltenden Verwaltungsgerichtsordnungen geschlossen werden" müsse [10]. Das OVG Lüneburg qualifizierte im Jahre 1957 Art. 19 Abs. 4 GG hinsichtlich der Zulässigkeit einer einstweiligen Regelung als „unmittelbar wirkendes Recht" und ließ es offen, „ob das Fehlen von Bestimmungen über die e.A. in der MRVO 165 als bewußt gewollte und daher durch analoge Rechtsfindung nicht ausfüllbare Lücke anzusprechen ist" [11]. Es sprach von „einem allgemeinen Rechtsgrundsatz, nach welchem ein rechtsstaatlich geordnetes Verfahren einer Institution zur einstw. Sicherung gefährdeter Rechte nicht entraten" könne [12].

2. Mit der Feststellung, daß Art. 19 Abs. 4 GG einen effektiven Rechtsschutz gewährleistet, wird die *verfassungsrechtliche Garantie der e.A. anerkannt.*

Das Bundesverwaltungsgericht hatte bereits in einer seiner ersten Entscheidungen festgestellt, daß der für das Anfechtungsverfahren gesetzlich eingeräumte Suspensiveffekt „ein Wesensmerkmal des im Grundgesetz (Art. 19 Abs. 4 Satz 1) gewährleisteten Verwaltungsrechtsschutzes" sei [13]. Stand aber der Suspensiveffekt als Mittel zur Sicherung der Effektivität des Rechtsschutzes allen Anfechtungsklägern zur Verfügung, so war es nach dem Gleichheitssatz [14] notwendig, auch den Beteiligen anderer verwaltungsgerichtlicher Verfahren bei gleicher Interessenlage einen vorläufigen Rechtsschutz zu gewähren [15]. Die Entscheidung der Frage, ob die den Suspensiveffekt auslösende oder doch ermöglichende Anfechtungsklage die richtige Verfahrensart darstellt, hängt oft nur von formalen, zufälligen Voraus-

Zone, 1953, S. 342 ff.; Eyermann-Fröhler, Verwaltungsgerichtsgesetz, 2. Aufl. 1954, S. 184 f.; Baring, ZBR 54, 44 ff. und ZBR 55, 126; Lazar, DÖV 56, 265 ff. (267); Buri, DÖV 57, 100 ff. (101); Martin, NJW 56, 90 f. und 1706 f.; Dürig in: Maunz-Dürig, Grundgesetz, Kommentar, Bd. 1, 1964, Art. 19 Abs. 4 RdNr. 12.

[9] NJW 56, 1337 ff. (1338).

[10] Urt. v. 22. 4. 1955, DÖV 55, 767.

[11] Beschl. v. 28. 6. 1957, VerwRspr 9, 881 ff. (883 f.).

[12] a.a.O., S. 885.

[13] BVerwGE 1, 11; vgl. auch BVerwGE 16, 289 ff. (292 ff.).

[14] Brändel beruft sich, um — für die Rechtslage vor dem Inkrafttreten der neuen Finanzgerichtsordnung — die Notwendigkeit einer e.A. im Finanzgerichtsverfahren nachzuweisen, gleichfalls auf Art. 3 Abs. 1 GG (BB 65, 615 ff.—616).

[15] Vgl. Beschl. OVG Lüneburg, VerwRspr 9, 881 ff. (885).

setzungen ab. Die Anfechtungsklage läßt sich hinsichtlich ihrer „praktischen" Bedeutung für den Kläger nicht scharf von anderen verwaltungsgerichtlichen Verfahren, insbesondere der Verpflichtungs- und der allgemeinen Leistungsklage, abgrenzen. Auch bei diesen Verfahren kann „die Gewährung eines Rechtsschutzes, vom sachlichen Ergebnis her gesehen, überhaupt zu spät" kommen und zu einem „Leerlauf in der Sache" führen [16], wenn nicht die Möglichkeit besteht, durch eine e.A. die Wirksamkeit der Entscheidung in der Hauptsache zu sichern [17].

Zur Anerkennung eines vorläufigen Rechtsschutzes im Verwaltungsprozeß — ohne Rücksicht auf seine Verankerung im geschriebenen Verfahrensrecht — zwingt auch noch eine andere Erwägung. Im Hinblick auf Art. 3 GG darf der — mit besonderem Nachdruck verfassungsrechtlich garantierte — Verwaltungsrechtsschutz nicht weniger wirksam ausgestaltet werden als der Zivilrechtsschutz, dessen Effektivität seit langem eine rechtsstaatliche Selbstverständlichkeit ist [18]. Somit war es nicht nur zulässig, sondern geboten, unter Berücksichtigung der Eigenart verwaltungsrechtlicher Streitigkeiten die Bestimmungen über die einstweilige Verfügung im Zivilprozeß oder die Vorschriften über die einstweilige Anordnung im Verfassungsprozeß entsprechend anzuwenden, solange im Verwaltungsprozeß das Institut der e.A. fehlte.

3. Die hier vertretene Ansicht kann *nicht durch* einen vor Jahresfrist ergangenen *Beschluß des Bundesfinanzhofs* [19] *in Frage gestellt* werden, der für die Rechtslage vor dem Inkrafttreten der neuen Finanzgerichtsordnung den Standpunkt einnahm, daß sich die Zulässigkeit e.A.en im finanzgerichtlichen Verfahren weder aus Art. 19 Abs. 4 GG noch aus einer entsprechenden Anwendung der Bestimmungen der Verwaltungsgerichtsordnung herleiten lasse. In diesem Beschluß wird die Reichweite des Art. 19 Abs. 4 GG überhaupt nicht untersucht. Er beruht zudem auf der unzutreffenden Prämisse, nach der Verwaltungsgerichtsordnung bestehe bei öffentlichen Abgaben ein hinreichender Rechtsschutz darin, daß die *Behörde* die Vollziehung des angefochtenen Verwaltungsaktes im Einzelfall aussetzen könne. Tatsächlich wird der Rechtsschutz in den genannten Fällen nur dadurch gewährleistet, daß das Gericht nach § 80 Abs. 5 VwGO die aufschiebende Wirkung anordnen kann, wenn die Behörde von einer Befugnis nach Abs. 4

[16] Beschl. d. OVG Lüneburg v. 19. 7. 1962, DÖV 62, 910 ff. (911).

[17] Beispiele dafür, daß durch den Erlaß einer e.A. der Eintritt einer „irreparablen" Situation verhindert werden soll, finden sich in den Sachverhalten, die den Beschlüssen des OVG Lüneburg v. 20. 11. 1951 (OVGE 5, 385 ff.) und des OVG Münster v. 14. 3. 1957 (DÖV 57, 727 ff.) zugrunde liegen.

[18] So daß sie heute auch ohne ausdrückliche Erwähnung im Grundgesetz durch Art. 20, 28 Abs. 1, 91 sowie 1 ff. GG als verfassungsrechtlich institutionalisiert betrachtet werden muß.

[19] Beschl. v. 9. 2. 1965, NJW 65, 1682 ff., kritisch besprochen von Brändel (BB 65, 615 ff.) und Haueisen (NJW 65, 1682 f.).

keinen Gebrauch macht. Eine völlige Verkennung der verfassungsrechtlichen Rechtsschutzgarantie zeigt schließlich die Bemerkung, der Steuerpflichtige sei deshalb nicht schutzlos gestellt, weil die den Abgabenbescheid erlassende *Behörde* durch eine *Ermessens*entscheidung einem Rechtsmittel die aufschiebende Wirkung zuerkennen könne. Denn von einem echten Rechtsschutz kann im Rechtsstaat nur gesprochen werden, wenn es möglich ist, von einem *unabhängigen Gericht* eine wirksame Entscheidung zu erhalten. Keinesfalls kann ein ausreichender Schutz des Bürgers bereits dann angenommen werden, wenn ein weisungsgebundenes Organ der vollziehenden Gewalt zur Vornahme einer Ermessensentscheidung befugt ist.

II

Die *rechtliche Bedeutung* der e.A. im Verwaltungsprozeß erscheint in zweifacher Beziehung problematisch. Einmal bedarf ihr Verhältnis zur einstweiligen Verfügung des Zivilprozesses der Klärung. Zweitens ist die Frage zu erörtern, wie die e.A. im Rahmen der öffentlich-rechtlichen Rechtsaktlehre — insbesondere im Hinblick auf die beiden Rechtsfiguren des Verwaltungsaktes und des richterlichen Aktes — zu beurteilen ist.

1. Die e.A. läßt sich *nicht allein nach den Maximen* beurteilen, die für Arrest und *einstweilige Verfügung im Zivilprozeß* entwickelt worden sind. Die „Eigengesetzlichkeit" des Verwaltungsprozesses, der den verfassungsrechtlich garantierten Rechtsschutz gegen Akte der öffentlichen Gewalt verwirklicht, prägt auch die ihm zugehörigen vorläufigen Maßnahmen. Diese erweisen sich als unverzichtbare prozessuale Gestaltungsmittel zur Sicherung der Effektivität der Entscheidung in der Hauptsache, die den Grundsatz der Gesetzmäßigkeit der Verwaltung sowohl im Interesse des einzelnen Bürgers als auch der Allgemeinheit durchzusetzen hat.

Den — gegenüber der einstweiligen Verfügung — andersartigen Charakter der e.A. haben Rechtsprechung und Schrifttum bereits dadurch zum Ausdruck gebracht, daß sie für die Entscheidung über den Erlaß einer e.A. die Berücksichtigung der auf dem Spiele stehenden *öffentlichen* Interessen verlangen [20]. Im übrigen aber sind bis heute wesentliche Unterschiede zwischen Zivilprozeß und Verwaltungsprozeß unbeachtet geblieben. Das gilt z. B. für die Glaubhaftmachung des gefährdeten Rechts und des Anordnungsgrundes, deren Verständnis immer noch auf Prinzipien gestützt wird, die allein der zivilprozessualen Verhandlungsmaxime angemessen sind [21]. Unter der Herrschaft der den Verwaltungsprozeß kennzeichnenden Untersuchungsmaxime kann die Glaubhaftmachung nur als eine besondere Konkretisie-

[20] Vgl. KLINGER, S. 561, 563 und ULE, Verwaltungsgerichtsbarkeit, 2. Aufl. 1962 (zit. ULE), S. 417, jeweils mit Rechtsprechungsnachweisen.

[21] Vgl. Urt. d. OVG Münster v. 9. 3. 1956, DVBl 57, 252 f. (253) sowie KLINGER, S. 563, 306.

rung des Rechtsschutzbedürfnisses verstanden werden. Ihr ist für das Anordnungsverfahren dieselbe Funktion zuzuerkennen, die die Behauptung einer Rechtsverletzung gemäß § 42 VwGO im Anfechtungs- und Verpflichtungsverfahren erfüllt [22]. Sie ist demnach eine Verfahrensvoraussetzung, von der die Zulässigkeit des Antrags auf Erlaß einer e.A. abhängt. Nach dem Vorbringen des Antragstellers muß es möglich erscheinen, daß die Voraussetzungen für den Erlaß einer e.A. gemäß § 123 Abs. 1 VwGO gegeben sind. Seine Behauptung über die Rechtsgefährdung und das Bestehen eines Anordnungsgrundes darf sich freilich nicht als bloße Floskel [23] erweisen, sondern muß durch die übrigen Ausführungen gedeckt sein. Liegt eine Glaubhaftmachung vor, so hat das Gericht der Untersuchungsmaxime folgend durch eigene — hinsichtlich der Entscheidung in der Hauptsache freilich beschränkte — Sach- und Rechtsaufklärung festzustellen, ob der Tatbestand des § 123 Abs. 1 VwGO verwirklicht und damit der Erlaß einer e.A. begründet ist.

Es kann nicht bestritten werden, daß sich die e.A. allmählich auch im Verwaltungsprozeß zu einem „gängigen" [24] Rechtsbehelf entwickelt hat. Diese Tatsache kann aber nicht ohne weiteres als Zeichen einer gesellschaftlichen Demoralisierung gewertet werden, in der — nach den Worten Fritz Baurs — der Richter „zum Prügelknaben schlechter Sitten" wird [24]. Sicher beruht die Notwendigkeit e.A.en nicht selten auf einem gestörten Verhältnis zwischen einzelnem und Hoheitsträger, das beide Seiten zu verantworten haben. Manche Bürger sind geneigt, die vorhandenen Rechtsschutzmöglichkeiten ohne Rücksicht auf die Rechtslage, die Interessen Dritter und vor allem der Allgemeinheit zu mißbrauchen. Und es wird immer wieder Behörden geben, die sich — vom Grundsatz der Effektivität der *Verwaltung* [25] beflügelt — ohne die Schranken e.A.en zur Vornahme irreparabler Eingriffe verleiten ließen. Weiter ist aber ohne jede moralische Verwerfung ganz nüchtern festzustellen, daß die verwaltungsprozessuale e.A. auch an Bedeutung gewinnt aus Gründen, die keineswegs etwas mit einem „Verlust an ehrbarer Gesinnung" [24] zu tun haben. Unsere Verwaltungsrechtsordnung nimmt, um Notzustände zu bereinigen, Krisen aufzufangen und die Zukunft zu bewältigen, in einem atemberaubenden Tempo ständig neue Lebensbereiche in ihren Griff. Die Normenfülle wird unübersichtlicher, differenzierter und komplizierter. Die Belange der einzelnen und der Gemeinwesen geraten in eine immer stärkere Verflechtung und Interdependenz. Oft kann man sagen: ein Eingriff, eine Bewilligung, ein Plan — und eine Kettenreaktion rechtlicher Betroffenheiten! So entsteht im öffentlich-recht-

---

[22] Vgl. Obermayer, Grundzüge des Verwaltungsrechts und des Verwaltungsprozeßrechts, 1964 (zit. Obermayer), S. 129 ff., 145 ff.

[23] Vgl. Obermayer, S. 129.

[24] Baur, BB 64, 607 ff (615).

[25] Vgl. Obermayer, S. 7.

lichen Bereich eine Verletzlichkeit, der oft nur die dritte Gewalt rasch mit vorläufigen Maßnahmen begegnen kann.

2. Um die rechtliche Funktion der e.A. zu verstehen, ist es auch erforderlich, ihren *Platz im System der öffentlich-rechtlichen Hoheitsakte* zu bestimmen. Sicher ist ihre gelegentliche Kennzeichnung als „materieller Verwaltungsakt" [26] ohne theoretischen und praktischen Gewinn. Denn sie gründet in der Vorstellung, daß die typische Aufgabe der Verwaltung in der Vornahme rechtsgestaltender Maßnahmen besteht, während die Rechtsprechung auf Streitentscheidung und Verhängung von Strafen beschränkt ist. In unserer Verfassungsordnung ist jedoch für die Grenzziehung zwischen zweiter und dritter Gewalt, zwischen Verwaltungsakt und richterlichem Akt nicht auf die Auswirkung einer Maßnahme, sondern auf die Qualität des handelnden Organs abzustellen [27]. Wird eine Maßnahme von sachlich, persönlich und organisatorisch unabhängigen Richtern in einem prozeßförmigen Verfahren getroffen, so ist sie ein richterlicher Akt ohne Rücksicht darauf, ob sie nur eine bestehende Rechtslage verbindlich klärt oder — wie z. B. in Angelegenheiten der freiwilligen Gerichtsbarkeit — *gestaltend* die bestehende Rechtslage verändert. Die e.A. trägt in vollem Maße die Züge eines richterlichen Aktes mit der Folge, daß ihre Rechtmäßigkeit allein vom Prinzip der Rechtmäßigkeit der Rechtsprechung, nicht aber vom Grundsatz der Gesetzmäßigkeit der Verwaltung bestimmt wird. Das bedeutet, daß die e.A. hinsichtlich ihres sachlichen Gehaltes nicht auch im materiellen Verwaltungsrecht eine Rechtsgrundlage besitzen muß [28]. Für den Inhalt einer e.A., die nach ihrem Gestaltungseffekt als „vorläufiger Verwaltungsakt" [29] bezeichnet werden mag, ist allein die prozessuale Vorschrift des § 123 Abs. 1 VwGO maßgeblich. Wird im Wege der e.A. eine vorläufige — etwa bis zur Entscheidung in der Hauptsache — befristete Konzession begehrt, so kann das Gericht dem Antrag auch dann stattgeben, wenn das einschlägige materielle Verwaltungsgesetz nur eine unbefristete Konzession vorsieht und daher die Entscheidung in der Hauptsache nur über deren Erteilung bzw. Versagung befinden kann [30]. Die e.A. beeinträchtigt auch nicht das Gewaltenteilungsprinzip [31], weil sie durch ihre — wenn auch nur

[26] Vgl. QUARITSCH, VerwArch Bd. 51 (1960), S. 210 ff. und 342 ff. (zit. QUARITSCH), S. 215 (mit weiteren Nachweisen).

[27] Vgl. OBERMAYER, S. 67 f. (mit weiteren Nachweisen in Anmerkung 36).

[28] Unscharf ist daher die Feststellung des OVG Münster, daß eine e.A. „auf keinen Fall getroffen" werden könne, wenn sie nach dem Gesetz „nicht zulässig" ist (vgl. KOEHLER, Verwaltungsgerichtsordnung, Kommentar, 1960 — zit. KOEHLER —, S. 975).

[29] EYERMANN-FRÖHLER, Verwaltungsgerichtsordnung, Kommentar, 4. Aufl. 1965 (zit. EYERMANN-FRÖHLER), § 123 RdNr. 13 (S. 604). Vgl. auch KLINGER, S. 564 (mit weiteren Nachweisen) sowie KOEHLER, S. 973 f.

[30] Vgl. hierzu EYERMANN-FRÖHLER, a.a.O. und ULE, S. 414 f.

[31] Vgl. hierzu QUARITSCH, S. 358 und FUSS, DÖV 59, 201 ff. (202 f.).

vorläufige — Gestaltungswirkung in den Verwaltungsbereich „übergreift". Das Korrelat zur Gewaltenteilung ist die Gewaltenhemmung und -kontrolle, der die e.A. gerade dadurch dient, daß sie die Wirksamkeit der Entscheidung in der Hauptsache sichert. Die Möglichkeit, daß sie die Entscheidung in der Hauptsache „vorwegnimmt" [32], ist freilich bis zu einem gewissen Grade immer gegeben. Eine solche Vorwegnahme ist unbedenklich, wenn die Entscheidung in der Hauptsache die „Richtigkeit" der e.A. bestätigt. Aber auch eine „unrichtige" e.A. ist durch § 123 Abs. 1 VwGO von der Rechtsordnung gebilligt und daher in Kauf zu nehmen. Nach der bestehenden, dem „Geiste der Verfassung" verpflichteten gesetzlichen Regelung kommt es entscheidend darauf an, daß die rechtsprechende und friedenstiftende richterliche Entscheidung in der Hauptsache — soweit das „nötig" ist — nicht von einem Beteiligten während des Verfahrens durch die Schaffung vollendeter Tatsachen in ihrer Effektivität bedroht wird. Gegenüber diesem wichtigen rechtsstaatlichen Anliegen tritt die Gefahr, daß die Sicherungsfunktion auch einmal unrichtigerweise eine irreparable Befriedigung bewirkt, in den Hintergrund [33].

III

Für die Auslegung und die Anwendung des § 123 Abs. 1 VwGO gilt folgendes:

1. § 123 Abs. 1 VwGO hat die nicht gerade klaren Formulierungen der §§ 935, 940 ZPO übernommen. Seine *Auslegung* muß — wie Quaritsch zutreffend bemerkt hat — berücksichtigen, daß es sich hier um einen Text handelt, „der vor fast 100 Jahren für eine andere Materie, für einen anderen Prozeßzweig und keineswegs sonderlich überlegt geschaffen worden ist" [34].

a) Versuche, eine scharfe Abgrenzung der in § 123 Abs. 1 Satz 1 und 2 VwGO verankerten *Tatbestände* vorzunehmen, sind zum Scheitern verurteilt. Die Rechtsprechung stützt sich beim Erlaß e.A.en vorwiegend auf Satz 2 [35], ohne freilich dessen Verhältnis zu Satz 1 näher zu würdigen. Die wohl h.M. erblickt im Satz 2 eine Generalklausel und läßt die Frage offen, ob und inwiefern Satz 1 einen Sondertatbestand aufstellt. Nachdem der Gesetzgeber nicht auf die Übernahme der Regelung des § 935 ZPO verzichtet hat, erscheint es richtig, die Tatbestände der Sätze 1 und 2 des § 123

[32] Vgl. hierzu Klinger, S. 564 (mit weiteren Nachweisen).

[33] Es ist bekannt, daß die bisher vom Bundesverfassungsgericht erlassenen e.A.en stets durch die Entscheidung in der Hauptsache bestätigt worden sind. Eine Statistik der verwaltungsgerichtlichen e.A.en wird vermutlich kein erheblich schlechteres Ergebnis aufweisen.

[34] Quaritsch, S. 231.

[35] Es ist bemerkenswert, daß sich § 30 BVerwGG und § 64 Rh.-Pf. VGG mit *einem*, dem § 123 Abs. 1 Satz 2 VwGO entsprechenden Anordnungstatbestand begnügt haben.

Abs. 1 VwGO zu *einem* Tatbestand zusammenzufassen. Für die Formulierung dieses Tatbestandes auf Grund einer teleologischen Gesetzesauslegung, die das Wesen der Verwaltungsgerichtsbarkeit berücksichtigt, sind folgende Gesichtspunkte von Bedeutung.

Unverzichtbar ist der Rechtsgedanke des Satzes 1, wonach die Gefahr der Vereitelung oder wesentlichen Erschwerung einer Rechtsverwirklichung vorhanden sein muß; eine solche Gefahr war immer eine selbstverständliche Voraussetzung für den Erlaß einer e.A. Die Abwendung wesentlicher Nachteile kann nur dann Ziel einer e.A. sein, wenn es *möglich* erscheint, daß diese durch das *rechtswidrige* Verhalten des Antraggegners ausgelöst werden. Nachteile — auch wesentlicher Art — brauchen nicht immer auf einem rechtswidrigen Verhalten zu beruhen. Mit einer Enteignung ist stets ein erheblicher Nachteil verbunden, auch wenn sie durchaus rechtmäßig ist. Weiter ist zu beachten, daß es bei der Eigenart der Rechtsbeziehungen zwischen dem einzelnen und der öffentlichen Gewalt nicht angebracht ist, den „dauernden Rechtsverhältnissen" eine verstärkte Aufmerksamkeit zu schenken. Die bisher im verwaltungsgerichtlichen Verfahren erlassenen e.A.en haben gezeigt, daß der Bürger im allgemeinen Gewaltverhältnis genauso auf vorläufigen Rechtsschutz angewiesen ist wie im sogenannten besonderen Gewaltverhältnis. Überflüssig ist es schließlich, neben der „Abwendung wesentlicher Nachteile" noch die „Verhinderung drohender Gewalt" und „andere Gründe" für die Notwendigkeit einer e.A. heranzuziehen. Auch die Verhinderung drohender Gewalt ist Abwehr eines wesentlichen Nachteils. Im übrigen lassen sich neben der Nachteilsabwendung zugunsten des Antragstellers keine anderen Gründe vorstellen, die eine e.A. rechtfertigen könnten [36].

So ist der Erlaß einer e.A. an folgende Voraussetzungen zu knüpfen:

1. Es muß die Möglichkeit (Gefahr) bestehen, daß ein Beteiligter einem anderen Beteiligten während des Verfahrens durch die Schaffung vollendeter Tatsachen einen rechtswidrigen [37] Nachteil zufügt, der die Effektivität der Entscheidung in der Hauptsache in Frage stellt;

2. Die Abwendung des möglichen rechtswidrigen Nachteils muß nötig erscheinen, weil das Interesse des Antragstellers bzw. das öffentliche Interesse am Erlaß einer e.A. die entgegenstehenden Interessen des Antraggegners, Dritter oder der Allgemeinheit überwiegt [38].

---

[36] Hier liegt wohl eine nicht weiter durchdachte Übernahme aus der ZPO vor, die sich schon in § 41 des Schwarzburg-Sonderhausenschen Gesetzes, betreffend das Verfahren vor den Bezirksverwaltungsgerichten und dem Landesverwaltungsgericht vom 12. 10. 1912, findet (abgedr. bei KNAUTH, Die Gesetzgebung über die Verwaltungsrechtspflege in Thüringen, 1914, S. 281).

[37] Als möglicherweise verletztes Recht kommt nur ein subjektives öffentliches Recht in Frage (vgl. OBERMAYER, S. 129 f.). A.A.: KLINGER, S. 560; SCHUNCK-DE CLERCK, Verwaltungsgerichtsordnung, Kommentar, 1961 (zit. SCHUNCK-DE CLERCK), S. 408; ULE, S. 417.

[38] Vgl. EYERMANN-FRÖHLER, § 123 RdNr. 7 (S. 602 f.).

b) Ist der gesetzliche Tatbestand des § 123 Abs. 1 VwGO erfüllt, so ergibt sich als *Rechtsfolge* die Pflicht des Gerichts zum Erlaß einer e.A. Die Entscheidung der Frage, ob eine e.A. ergehen soll oder nicht, ist keineswegs dem richterlichen Ermessen anheimgegeben [39]. Wenn eine e.A. verfassungsrechtlich aus Gründen der Effektivität des Rechtsschutzes verbürgt ist, muß ihr Erlaß auch zwingendem Recht unterstellt sein. Die mißverständliche Kann-Formel des Satzes 1 soll nur die *Berechtigung* des Gerichtes gegenüber *jenen* Beteiligten, zu deren Lasten die e.A. getroffen wird, zum Ausdruck bringen. Im übrigen führt auch eine logische Auslegung des Satzes 2 zur Ablehnung einer Ermessensentscheidung. Denn wenn eine e.A. *„nötig"* erscheint, *darf* sinnvollerweise ihr Erlaß *nicht* unterbleiben.

Jede e.A. muß nach ihrem Inhalt geeignet sein, das erstrebte Ziel (der Abwendung eines möglichen, rechtswidrigen, die Effektivität der Hauptsache-Entscheidung in Frage stellenden Nachteils) unter Beachtung des Verhältnismäßigkeitsprinzips zu erreichen. In diesem Sinne hat sie sich als eine „erforderliche" Maßnahme zu erweisen, die vom Gericht unter Ausnutzung eines Beurteilungsspielraums zu bestimmen ist. Eine e.A. nach Art eines Arrestes zur Sicherung der Vollstreckung wegen Geldforderungen und wegen Ansprüchen, die in Geldforderungen übergehen können, ist durchaus möglich [40]. Die Entscheidung über die Art der e.A. ist die Ausfüllung eines *unbestimmten* Rechts*folge*begriffs [41] und damit ebensowenig ein Ermessensakt [42] wie die Entscheidung darüber, ob ein konkreter Lebenssachverhalt einen unbestimmten Rechtsbegriff der Tatbestandsseite einer Norm (z. B. das öffentliche Wohl, die Zuverlässigkeit einer Person usw.) verwirklicht. Erst wenn das Gericht nach „sachverständiger" bzw. „vertretbarer" Beurteilung des Falles zu dem Ergebnis gelangen sollte, daß *mehrere* Maßnahmen in gleicher Weise als *erforderliche* e.A.en in Betracht gezogen werden dürfen, könnte es ermessensweise eine Auswahl aus verschiedenen rechtmäßigen e.A.en treffen.

---

[39] So auch zutreffend Quaritsch, S. 217 und Redeker-von Oertzen, Verwaltungsgerichtsordnung, 2. Aufl. 1965 (zit. Redeker-von Oertzen), S. 459; a.A. Schunck-De Clerck, S. 411 und Klinger, S. 560.

[40] Zu der umstrittenen Frage hinsichtlich der Zulässigkeit eines Arrestes ist des näheren wie folgt Stellung zu nehmen: In den Fällen des § 169 VwGO ist der Erlaß eines Arrestes (im eigentlichen Sinne) zulässig. Im übrigen kann eine e.A. nach Art eines Arrestes erlassen werden, sofern die Tatbestandsvoraussetzungen des § 123 Abs. 1 VwGO erfüllt sind — vgl. Klinger, S. 560; Redeker-von Oertzen, S. 460; Schunck-De Clerck, S. 409 (a.A. wohl Eyermann-Fröhler, § 123 RdNr. 1 — S. 601 — und Ule, S. 413 f.). Der von Quaritsch (S. 238) herausgestellte Gesichtspunkt, daß der Staat immer zahlen kann, berührt die Frage, ob der Antrag auf Erlaß einer e.A. nach Art eines Arrestes *begründet* ist (vgl. IV, 3).

[41] Vgl. Obermayer, S. 42.

[42] Eine Ermessensentscheidung nehmen an Quaritsch (S. 218), Klinger (S. 563 f.) und Schunck-De Clerck (S. 408).

2. Bei der *Anwendung* des § 123 Abs. 1 VwGO ist wie folgt zu verfahren:

Zunächst ist zu klären, ob die Klage offensichtlich unzulässig bzw. unbegründet oder offensichtlich zulässig und begründet ist. Falls die Klage offensichtlich unzulässig ist, entfällt der Erlaß einer e.A. schon deshalb, weil die Effektivität der Entscheidung in der Hauptsache nicht in Frage gestellt wird. Ist die Klage offensichtlich unbegründet, so kann außerdem nicht die Gefahr einer *rechtswidrigen* Benachteiligung bestehen. Ist die Klage offensichtlich zulässig und begründet, so erübrigt sich eine Interessenabwägung; es ist lediglich zu prüfen, ob dem Antragsteller (durch die Schaffung vollendeter Tatsachen) ein wesentlicher Nachteil droht.

Kann die Zulässigkeit und Begründetheit der Klage nicht ausgeschlossen werden, so hat das Gericht zu versuchen, durch eine Beschleunigung des Verfahrens (hinsichtlich der Sachaufklärung und der Prüfung der Rechtslage) schnellstens „eine hinreichende Würdigung der Aussichten in der Hauptsache zu schaffen" [43].

Läßt sich trotzdem der Ausgang des Hauptsacheverfahrens nicht absehen, so ist die Entscheidung über den Erlaß einer e.A. allein von dem Ergebnis abhängig zu machten, zu dem die Abwägung der sich gegenüberstehenden sachlichen Interessen führt [44]. Als Maßstäbe stehen die grundlegenden Wertentscheidungen der Verfassung zur Verfügung. Die bei der Interessenabwägung anzustellenden Überlegungen kommen besonders deutlich in dem — freilich nicht auf § 123 Abs. 3 VwGO, sondern auf § 25 des Gesetzes über den Staatsgerichtshof gestützten — Beschluß des Bad.-Württ. VGH vom 30.6.1961 [45] zum Ausdruck, der dadurch bekannt geworden ist, daß er die Zulässigkeit einer e.A. im Normenkontrollverfahren bejahte. Die Antragstellerin hatte im Normenkontrollverfahren einen ordnungsgemäß bekanntgemachten Bebauungsplan angegriffen, der die Bebauung eines Rutschhanges freigab. Sie begehrte eine e.A. mit der Begründung, „durch die Bebauung werde das labile Gleichgewicht des Hanges ge-

---

[43] Beschl. d. OVG Lüneburg v. 19. 7. 1962, DÖV 62, 910 ff. (911 f.).

[44] Vgl. Beschl. d. OVG Lüneburg v. 1. 6. 1961, DVBl 61, 520 ff. (521) — im Hinblick auf § 80 Abs. 5 VwGO — und Beschl. d. OVG Münster v. 12. 9. 1963, DVBl 64, 122 ff. (123).

[45] ESVGH 11, 22 ff. — § 25 des Gesetzes über den Staatsgerichtshof vom 13. 12. 1954 (GBl S. 171), geändert durch § 7 des Vierten Gesetzes zur Änderung des Landesbesoldungsgesetzes vom 16. 10. 1963 (GBl S. 143), lautet: 1. Der Staatsgerichtshof kann, wenn es zur Abwehr schwerer Nachteile, zur Verhinderung drohender Gewalt oder aus einem anderen wichtigen Grunde zum gemeinen Wohl dringend geboten ist, in einem anhängigen Verfahren einen Zustand durch einstweilige Anordnung vorläufig regeln. — 2. Die einstweilige Anordnung kann ohne mündliche Verhandlung ergehen. Der Antragsgegner ist vor Erlaß der einstweiligen Anordnung, soweit deren Zweck dadurch nicht gefährdet wird, zu hören. Wird Widerspruch erhoben, so ergeht die Entscheidung nach mündlicher Verhandlung durch Urteil.

stört, der Hang rutsche talwärts und bringe ihr unterhalb des Baugebiets liegendes Wohnhaus zum Einsturz". Da eine Entscheidung in der Hauptsache noch nicht ergehen konnte, sah sich der VGH zur Berücksichtigung der beiden Möglichkeiten veranlaßt, „daß der Bebauungsplan gültig oder unwirksam ist". Er untersagte dann durch eine e.A. den Vollzug des Bebauungsplanes mit der Feststellung, daß „die Interessen am Schutz von Leib, Leben und Vermögen der Bürger ... vor Schäden durch Bergrutsche und die Interessen an der Aufrechterhaltung des Verkehrs im Ort" „die Interessen an der sofortigen Bebauung der sieben Bauplätze im Baugebiet bei weitem" überwiegen würden.

IV

Die *Zulässigkeit der e.A. in den einzelnen verwaltungsgerichtlichen Verfahren* wird zum Teil unterschiedlich beurteilt.

1. Unumstrittener „Hauptanwendungsbereich" der e.A. ist die *allgemeine Leistungsklage* [46].

2. Auch für *Verpflichtungsklagen* wird die Zulässigkeit e.A.en heute allgemein anerkannt [47]. Bedenklich erscheint allerdings die weit verbreitete Auffassung, daß im Verpflichtungsverfahren eine e.A. auszuscheiden habe, wenn der Antragsteller erstmals eine bestimmte Rechtsposition erreichen will [48]. Sie mag für Statusakte — wie für die Einbürgerung oder für die Anerkennung als ausländischer Flüchtling — gelten, weil diese aus Gründen der Rechtssicherheit und damit aus einem (alle anderen Interessen) überwiegenden öffentlichen Interesse nicht „vorläufig", sondern nur „endgültig" vorgenommen werden dürfen. Im übrigen ist es durchaus denkbar, daß bei Verpflichtungsklagen — vor allem auf dem Gebiete des Gewerberechts — u. U. einmal die Zuerkennung einer Rechtsposition im Wege der e.A. nötig wird. Dies könnte z. B. dann der Fall sein, wenn einem Antragsteller die begehrte Konzession versagt wird, nachdem er im Vertrauen auf eine klare behördliche Zusage umfangreiche vermögensrechtliche Dispositionen für die Aufnahme eines Gewerbebetriebes getroffen hat.

3. Übereinstimmung besteht in Schrifttum und Rechtsprechung darüber, daß auch bei *Feststellungsklagen* e.A.en in Betracht kommen können [49].

4. Gelegentliche Versuche, die e.A. für die *Anfechtungsklage* zu beanspruchen, sind unter Berufung auf die Sonderregelung des § 80 VwGO

---

[46] Schunck-De Clerk, S. 409; vgl. auch Klinger, S. 559, Ule, S. 414 f., Eyermann-Fröhler, § 123 RdNr. 15 (S. 605), Redeker-von Oertzen, S. 461 und Quaritsch, S. 352 ff.

[47] Vgl. Schunck-De Clerck, Klinger, Ule und Redeker-von Oertzen, a.a.O.; Eyermann-Fröhler, § 123 RdNr. 10 ff. (S. 603 f.); Quaritsch, S. 354 ff.

[48] Eyermann-Fröhler, § 123 RdNr. 12 (S. 604); vgl. ferner Beschl. d. HessVGH v. 31. 8. 1960. VerwRspr 14, 761 ff. (763) und Ule, S. 417. Siehe aber auch Urt. d. BayerVGH v. 28. 2. 1966, BayVBl 66, 207 ff.

[49] Vgl. Klinger, S. 559, mit weiteren Nachweisen.

über den Suspensiveffekt zutreffenderweise zurückgewiesen worden [50]. Ist ein Verwaltungsakt trotz Eintritt der aufschiebenden Wirkung vollzogen worden, so kann das Gericht in entsprechender Anwendung des § 80 Abs. 5 Satz 3 VwGO die Aufhebung der Vollziehung anordnen [51].

5. Überwiegend verneint wird die Zulässigkeit einer e.A. im *Normenkontrollverfahren* [52], und zwar aus folgenden Gründen:

1. Die Regelung des § 123 VwGO erstrecke sich nicht auf das Normenkontrollverfahren [53];

2. Die e.A. im Normenkontrollverfahren würde der Entscheidung in der Hauptsache vorgreifen [54];

3. es sei begrifflich unmöglich, eine Norm vorläufig für nichtig zu erklären [55];

4. Ziel des Normenkontrollverfahrens sei der Schutz des objektiven Rechts, so daß der Erlaß einer dem Schutz von Individualinteressen dienenden e.A. entfallen müsse [56];

5. eine e.A. komme ihrem Wesen nach nur in Rechtsstreitigkeiten mit „beschränkter Wirksamkeit" gegenüber bestimmten Beteiligten (vor allem dem Antragsteller und dem Antragsgegner) in Betracht, nicht aber in einem Normenkontrollverfahren, das die allgemeinverbindliche Nichtigerklärung einer Norm bezwecke [57].

Für die Zulässigkeit e.A.en im Normenkontrollverfahren sprach sich der Bad.-Württ. VGH in zwei wichtigen Entscheidungen aus. In dem bereits erwähnten Beschluß vom 30.6.1961 [58] vertrat das Gericht in entsprechender Anwendung des § 25 des Gesetzes über den Staatsgerichtshof die Ansicht, daß im Normenkontrollverfahren e.A.en statthaft seien. In einem Beschluß vom 14.3.1963 [59] bestätigte der Bad.-Württ. VGH seine frühere Entscheidung mit der Maßgabe, § 123 VwGO sei entsprechend anzuwen-

---

[50] Vgl. ULE, S. 414; EYERMANN-FRÖHLER, § 123 RdNr. 4 ff., 9 (S. 602 f.); REDEKER-VON OERTZEN, S. 460.

[51] Vgl. HEINTZE, NJW 63, 1430 ff. (1434 ff.), EYERMANN-FRÖHLER, § 80 Rd Nr. 34, 42 (S. 435, 437), REDEKER, DVBl 64, 836 f. und ULE, S. 280.

[52] ULE, S. 416 und 186 f.; KLINGER, S. 559 f.; EYERMANN-FRÖHLER, § 123 RdNr. 16 (S. 605); REDEKER-VON OERTZEN, S. 185; SCHUNCK-DE CLERCK, S. 410; KOEHLER, S. 977. Vgl. auch QUARITSCH, S. 365 ff.

[53] EYERMANN-FRÖHLER, § 47 RdNr. 37 (S. 287).

[54] ULE, a.a.O. und QUARITSCH, a.a.O.

[55] QUARITSCH, S. 365.

[56] Beschl. d. OVG Lüneburg v. 23. 6. 1961, OVGE 17, 343 ff. (344).

[57] Beschl. d. VGH Bremen v. 19. 10. 1953, DÖV 54, 60. Dagegen schließt der BayerVerfGH aus dem Wesen der Popularklage nach Art. 98 Satz 4 der Bayerischen Verfassung(als eines abstrakten Normenkontrollverfahrens), daß im Wege der e.A. keine konkreten Maßnahmen zugunsten einzelner von der angegriffenen Rechtsnorm betroffener Personen erlassen werden dürfen. Durch eine e.A. könne nur eine Regelung getroffen werden, die den Vollzug eines Rechtssatzes generell ausschließe (VGHE n.F. 18, II, 50 f. — 50).

[58] ESVGH 11, 22 ff. [59] ESVGH 13, 81 f.

den, „da diese Vorschrift für das verwaltungsgerichtliche Verfahren, dem auch die verwaltungsgerichtliche Normenkontrolle zugehört, eine einschlägige Regelung" enthalte.

Der vom Bad.-Württ. VGH zuletzt vertretenen Auffassung ist im Ergebnis beizupflichten. Alle gegenteiligen Meinungen vermögen nicht zu überzeugen.

Der entscheidende dogmatische Ansatzpunkt für die Rechtfertigung e.A.en im Normenkontrollverfahren ergibt sich aus einer verfassungsrechtlichen Betrachtung dieses Rechtsschutzmittels. Es ist deutlich geworden, daß das Normenkontrollverfahren nicht mehr als ein Gerichtsverfahren beurteilt werden kann, das ohne verfassungsrechtliche Absicherung allein dem gesetzgeberischen Ermessen überlassen ist. Unter der Geltung der Art. 19 Abs. 4, 1, 2, 3 und 20 GG ist der Rechtsschutz gegen unmittelbar wirkende Normen, die zur Entfaltung ihrer Rechtserheblichkeit keines Vollzugsaktes bedürfen, von Verfassungs wegen im rechtlichen Interesse des einzelnen zwingend gefordert [60]. Unmittelbar wirkende Normen sind alle generellen Handlungsgebote bzw. -verbote. Ihnen gleichzuachten sind jene Rechtsvorschriften, die (wie die Bebauungspläne) für den einzelnen erst durch einen besonderen Vollzugsakt (den Baubescheid) unmittelbare Relevanz gewinnen, aber bereits zuvor durch Rechtsanwendung gegenüber Dritten (den Nachbarn) irreparable Fakten schaffen können [61]. Dieser verfassungsrechtlich garantierte Normenschutz muß die gleiche Effektivität besitzen wie die gegen Verwaltungsakte gerichtete Anfechtungsklage, soll nicht die verfassungsrechtliche Generalklausel von einer Aushöhlung bedroht sein. Eine durchaus *mögliche* und daher auch *gebotene* verfassungskonforme Interpretation des § 123 VwGO führt zu dem Resultat, daß diese Vorschrift für Normenkontrollverfahren jedenfalls insoweit gelten muß, als die Nachprüfung unmittelbar wirkender Normen in Frage steht. Bei dieser Rechtslage aber liegt es nahe, der genannten Bestimmung im Interesse einer einheitlichen Gesetzesinterpretation gleich für *alle* verwaltungsgerichtlichen Normenkontrollverfahren Verbindlichkeit zuzuerkennen. Freilich wird in einem Normenkontrollverfahren, das der Nachprüfung vollzugsbedürftiger (also nicht unmittelbar wirkender) Rechtsvorschriften dient, eine e.A. häufig wegen Fehlens des Rechtsschutzbedürfnisses ausscheiden. So erübrigt sich z. B. eine e.A. von vornherein, wenn der den Nachteil realisierende Vollzugsakt einer Anfechtungsklage und damit einem Suspensiveffekt unterworfen ist.

Selbstverständlich kann eine e.A. aus rechtslogischen Gründen niemals eine Norm vorläufig für ungültig erklären, sondern nur deren Vollzug aussetzen [62]. Diese Maßnahme ist aber aus tatsächlichen und rechtlichen Grün-

[60] Vgl. Obermayer, DVBl 65, 625 ff. (627 f.). Siehe aber auch Beschl. d. BVerwG v. 27. 11. 1964, DÖV 65, 169.

[61] Vgl. Obermayer, VVDStL 18, 164.

[62] Quaritsch, S. 365.

den regelmäßig nicht nur im Verhältnis zum Antragsteller, sondern „allgemein verbindlich“ zu verfügen [63]. Selbst wenn mit dem Antrag auf Erlaß einer e.A. Individualinteressen verfolgt werden können, darf nicht übersehen werden, daß — wie z. B. bei der Nachprüfung von Bebauungsplänen — die Effektivität der Normenkontrollentscheidung gerade auch gegenüber dem Antragsteller zuweilen von einer generellen Vollzugsaussetzung abhängt. Im übrigen erscheint es unter dem Aspekt des Gleichheitssatzes höchst bedenklich, die Begünstigung der Vollzugsaussetzung nur einem bestimmten Antragsteller, nicht aber allen Personen zuzubilligen, die durch die betreffende Norm einen Nachteil erleiden bzw. erleiden können.

V

Die Unterscheidung zwischen der Zulässigkeit und der Begründetheit eines Antrags auf Erlaß einer e.A. entbehrt der weittragenden *dogmatischen Bedeutung*, die der Unterscheidung zwischen der Zulässigkeit und der Begründetheit einer Klage zukommt. Denn die e.A. kann — anders als die Entscheidung in der Hauptsache — nicht in Rechtskraft erwachsen. Die Gerichte sprechen im allgemeinen von der Zulässigkeit der e.A., wenn sie prüfen, ob die materiellen Voraussetzungen für den Erlaß einer e.A. gemäß § 123 VwGO vorliegen. Das Schrifttum stellt dagegen verschiedentlich der Zulässigkeit der e.A. die Zulässigkeit des *Antrags* auf Erlaß einer e.A. gegenüber [64]. Im Interesse einer folgerichtigen Prüfung sämtlicher für den Erlaß einer e.A. notwendigen Voraussetzungen empfiehlt es sich, zwischen der Zulässigkeit des Antrags auf Erlaß einer e.A. und seiner Begründetheit zu unterscheiden.

1. Der *Antrag auf Erlaß einer e.A.* ist *zulässig*, wenn das Gericht einer Prüfung der materiellen Tatbestandsmerkmale des § 123 VwGO nähertreten kann, weil die Antragsvoraussetzungen erfüllt sind. Zu diesen gehören:

1. die deutsche Gerichtsbarkeit,
2. die Zulässigkeit des Verwaltungsrechtsweges hinsichtlich des durch die e.A. zu regelnden Gegenstandes [65],
3. die Zulässigkeit des Antrags auf Erlaß einer e.A. in dem betreffenden Verfahren,
4. die sachliche und örtliche Zuständigkeit des Gerichts [66],
5. die Beteiligtenfähigkeit des Antragstellers,
6. die Prozeßfähigkeit des Antragstellers, gegebenenfalls die Prozeßfähigkeit des gesetzlichen Vertreters und dessen Legitimation,

---

[63] Vgl. VGHE n.F. 18, II, 50 f. (50). — A.A.: Quaritsch, a.a.O.

[64] Vgl. Eyermann-Fröhler, § 123 RdNr. 18 (S. 605) und Schunck-De Clerck, S. 410.

[65] Vgl. Klinger, S. 561.

[66] Vgl. Beschl. d. BayVGH v. 16. 5. 1961, VerwRspr. 14, 121 ff. (123).

7. die ordnungsmäßige Antragstellung mit der Glaubhaftmachung des Anspruchs in dem unter II, 1 erörterten Sinne,

8. die Anhängigkeit einer Klage in der Hauptsache oder jedenfalls die Aussicht einer folgenden Klageerhebung,

9. das allgemeine Rechtsschutzbedürfnis [67] (das z. B. dann nicht gegeben ist, wenn eine Behörde eine e.A. beantragt, deren Effekt sie selbst durch eine Verwaltungsmaßnahme — z. B. durch eine Beschlagnahme — bewirken könnte) [68].

2. Ein *Antrag auf Erlaß einer e.A.* ist dann *begründet,* wenn der materielle Tatbestand des § 123 Abs. 1 VwGO erfüllt ist, d. h., wenn die Voraussetzungen (gemäß III, 1) vorliegen, von denen nach dem *Wortlaut des Gesetzes* die „Zulässigkeit" der e.A. abhängt.

Innerhalb der großen Aufgaben, die die Wissenschaft vom öffentlichen Recht im Augenblick bewegen, erscheint die dogmatische Klärung der e.A. als ein Anliegen zweiten Ranges. Indessen dürften die vorausgegangenen Betrachtungen gezeigt haben, daß die zur Diskussion gestellte Problematik einen durchaus modellhaften Charakter trägt.

Die Wesenserhellung der e.A. ist davon abhängig, daß neben ihrer Affinität zur einstweiligen Verfügung des Zivilprozesses die besondere, auf das Gemeinwohl konzentrierte Funktion des öffentlichen Rechts zur Kenntnis genommen wird. Um die für die e.A. geltenden Rechtsregeln zu ermitteln, ist ein Rückgriff auf grundlegende, das gesamte innerstaatliche Recht beherrschende Wertentscheidungen der Verfassung notwendig, die der Idee der Gerechtigkeit und der Rechtssicherheit verhaftet sind. Die Qualifikation der e.A. im Rahmen der Rechtsaktlehre kann nicht einseitig unter verwaltungs- oder verwaltungsprozeßrechtlichen Gesichtspunkten vorgenommen werden, weil sie allgemeine Maßstäbe zu berücksichtigen hat, der jede Rechtsprechung unterworfen ist.

So verdient die e.A. in einer Zeit fortschreitender Spezialisierung gerade auch im Bereich der Rechtswissenschaft besondere Aufmerksamkeit. Denn sie stellt Fragen, die die Verbundenheit einzelner Fachgebiete deutlich machen, die auf die Grundlagen der Rechtsordnung verweisen und damit die Einheit der Jurisprudenz ins Bewußtsein rufen.

---

[67] Vgl. Klinger, S. 561; Eyermann-Fröhler, § 123 RdNr. 18 (S. 605); Rambeck, NJW 61, 1333 ff. (1335).

[68] Vgl. Eyermann-Fröhler, § 123 RdNr. 18 (S. 605); Redeker-von Oertzen, S. 460; Beschl. d. OVG Lüneburg v. 5. 1. 1961, VerwRspr 13, 763 f. (764).

Strafprozeßlehre

Zugleich ein Beitrag zur Rollenproblematik im Strafprozeß

KARL PETERS

I

Ein großer Teil der Strafprozesse könnte ebensogut anders entschieden werden, als es tatsächlich der Fall ist. Wo Freispruch erfolgt, könnte verurteilt werden, und wo verurteilt wird, könnte freigesprochen werden. Vor allem könnte in Grenzfällen dort ein Freispruch erfolgen, wo heute der Angeklagte mit nicht unerheblicher Freiheitsstrafe belegt wird [1]. Im großen und ganzen hat seit dem Inkrafttreten des Strafgesetzbuches nicht nur der Gesetzgeber, sondern auch die Strafgerichtsbarkeit das Strafrecht erweitert. Es wäre einer umfassenden Untersuchung wert, wie die Rechtsprechung auf allen Gebieten, namentlich beim Vermögensstrafrecht und Sittlichkeitsstrafrecht, zu immer weiterer Auslegung gelangt ist, die unter Umständen sogar zu einer nicht nur quantitativen, sondern sogar zu einer qualitativen Erweiterung geführt hat. Die Problematik der analogen Anwendung des Strafrechts zum Nachteil des Täters, die Strafrechts- und Verfassungslehre in so hervorragender Weise beschäftigt, hat den Blick für eine über die analoge Anwendung hinausgehende erweiterte Auslegung verengt. Weitgehend unbeanstandet findet eine Ausdehnung des Strafrechtes statt, die durchaus zu der Frage berechtigt, ob Art. 103 II GG nicht auch eine Auslegungsschranke enthält, die dort Platz greift, wo der Tatbestand qualitativ verändert wird. Ein Angeklagter sieht sich plötzlich für ein Handeln verurteilt, das jahrzehntelang (sogar nach höchstrichterlicher Rechtsprechung) straffrei war [2]. Welche Gesichtspunkte für eine qualitative Änderung maß-

[1] Dabei ist nicht nur an die verschiedenartige Bewertung von Handlungen auf sexuellem Gebiet, die Abgrenzung von nur sittlicher Unerlaubtheit und ihrer strafrechtlichen Bewertung zu denken. In Betracht kommen auch Abgrenzungen des strafrechtlichen und zivilrechtlichen, des strafrechtlichen und verwaltungsrechtlichen Unrechts. Je nach der Ausdehnung der Freiheitsrechte kommt es zur Verurteilung oder zum Freispruch. Was einem Täter zumutbar oder unzumutbar ist, unterliegt sehr verschiedener Beurteilungsmöglichkeit. Das zeigt sich vor allem an dem Problem des Gewissenstäters. Vgl. dazu meine Abhandlung: Überzeugungs- und Gewissenstäter in der Festschrift für HELLMUTH MAYER (1966) S. 257 ff.

[2] Die sich hieraus ergebende Problematik hat vor allem BAUMANN, Strafrecht, Allg. Teil 4. Aufl. S. 107 f. herausgearbeitet. Kritisch dazu mein Strafprozeß, 2. Aufl., S. 75.

geblich sind, was an historischen Untersuchungen zur Klärung dieser Frage und inwieweit eine Auseinandersetzung mit dem Problem der Übernahme von Erweiterungen aus der nationalsozialistischen Zeit erforderlich ist, liegt außerhalb des Bereiches dieser Untersuchung. Hier kommt es zunächst einmal darauf an, festzustellen, daß innerhalb desselben Strafgesetzes unter Anwendung anerkannter Auslegungsmethoden verschiedene Lösungen vom Gesetz getragen sind. Dabei ist es im vorliegenden Zusammenhang ohne Bedeutung, ob die verschiedenen Ergebnisse gesetzentsprechend sind oder nur *eine* Lösung vom Gesetz als die richtige gemeint ist. Wer nur *eine* Entscheidung als richtig anerkennt, kommt freilich in die unangenehme Lage, anerkennen zu müssen, daß eine unter Umständen sehr alte Rechtsprechung unserer oberen Gerichte unrichtig war oder daß möglicherweise eine neue Entwicklung, ein Rechtswandel, unrichtig ist, daß unter wissenschaftlichen Meinungen nur *eine* vom Gesetz gedeckt ist. Aber auch hier soll keine Entscheidung getroffen werden, sondern nur der Sachverhalt als gegeben dargetan werden.

Wer die Praxis beobachtet, kann feststellen, daß die unteren Gerichte, ohne daß ihnen mangelnde Rechtskenntnis zur Last gelegt werden könnte, denselben Sachverhalt verschieden entscheiden. Es kommt sogar vor, daß in einem Amtsgerichtsbezirk bei einem angesehenen Amtsrichter sich eine eigene Rechtspraxis herausbildet, die Gültigkeit hat, da keiner der Beteiligten Anlaß findet, Rechtsmittel einzulegen.

Noch offenkundiger sind die Verschiedenheiten im Strafmaß. Gleichwertige Handlungen werden verschieden bewertet. Die Strafe wird im Instanzenzug bei gleicher Sachlage abgeändert. Wenn gelegentlich infolge eines Versehens dieselbe Sache zweimal rechtskräftig abgeurteilt wird, ergeben sich Strafen von zuweilen außerordentlich verschiedener Höhe [3]. Eine — gelegentlich vorgeschlagene — Verengung der Strafrahmen würde wahrscheinlich noch ärgere Folgen haben. Strafen, die durchaus niedrig sein könnten, würden durch eine Beschränkung der richterlichen Ermessensfreiheit erhöht werden. Die Gleichheit würde auf Kosten der Gerechtigkeit erkauft werden.

Die angeführten Beispiele sind solche, bei denen das Ergebnis immerhin richtig sein kann. Noch erregender sind die verschieden auslaufenden Verfahren dann, wenn der Sachverhalt so oder so festgestellt und bewertet wird, wenn bei einer anders durchgeführten Beweisaufnahme das Gericht zu einer anderen Sachverhaltsfeststellung gekommen wäre, als es tatsäch-

---

[3] Die Tübinger Untersuchungen zur Feststellung der Fehlerquellen im Strafverfahren an Hand der seit 1951 in der Bundesrepublik durchgeführten Wiederaufnahmeverfahren betreffen eine ganze Anzahl von Doppelverfahren. Dabei ergeben sich in derselben Sache zuweilen äußerst verschiedene Strafen. Der Unterschied geht von der Geldstrafe bis zur Gefängnisstrafe von mehreren Monaten bei völlig gleich festgestelltem Sachverhalt.

lich geschehen ist. Im Rechtsmittelzug, ja im Wiederaufnahmeverfahren, kommen Gerichte bei genau der gleichen Sachlage infolge anderer Bewertung der gleichen Beweisaufnahme zu völlig entgegengesetztem Ergebnis. Das eine Gericht hält den Angeklagten für schuldig, während das andere Gericht ihn für nicht überführt ansieht. Da nur eine Feststellung des Sachverhalts seine Richtigkeit haben kann, liegt die eine oder andere Lösung außerhalb der der Strafrechtspflege gesetzten Aufgabe.

Die unterschiedlichen Ergebnisse werden aus einer einheitlichen Gesetzesgrundlage hergeleitet. Der Richter, wo auch immer er innerhalb der Bundesrepublik tätig wird, wo auch immer er ausgebildet worden ist, zu welcher Zeit er seine Rechtskenntnisse erworben hat, immer wendet er dasselbe Strafgesetz an, und immer handelt er nach derselben Strafprozeßordnung. Nicht die Fälle sind von Interesse, in denen das Strafgesetz offensichtlich verfehlt wird oder Bestimmungen der Strafprozeßordnung nicht oder eindeutig unrichtig angewandt werden oder Sachverhaltsbeurteilungen in unverständlicher Weise vorgenommen werden. Die Problematik zeigt sich vor allem dort, wo der tüchtige und anerkannte Jurist zu anderen Ergebnissen gelangt als sein ebenso tüchtiger und anerkannter Kollege.

Das legt die Vermutung nahe, daß die Entscheidungen der Strafrechtspflege nicht ausschließlich vom Gesetz her und nach juristischen Methoden gefunden werden. Es spielen offensichtlich nichtjuristische Einflüsse eine Rolle, die weder ausgeschaltet werden können und möglicherweise nicht einmal ausgeschaltet werden sollten, deren Auswirkungen man sich aber bewußt werden sollte. Da Strafrechtsentscheidungen nur im Prozeß fallen, muß angenommen werden, daß die Ursache in Umständen liegt, die sich im Prozeß auswirken. Sollte sich herausstellen, daß die Gesetzeskenntnis nur eine der für das Urteil maßgeblichen Grundlagen ist, so würde das erhebliche Folgen für Ausbildung und Auswahl der Juristen, insbesondere der Richter, haben.

II

Will man verstehen, warum ein Strafprozeß gerade so und nicht anders ausläuft, so wird man sein Augenmerk vor allem darauf zu richten haben, wie sich die Urteilsbildung vollzieht und nach welchen Regeln der Strafprozeß innerhalb der Anwendung der gesetzlichen Bestimmungen abläuft. Mit den Abläufen der prozessualen Vorgänge innerhalb der Beachtung rechtlicher Regeln hat es die *Strafprozeßlehre* zu tun. Sie umfaßt das weite Feld tatsächlicher Gegebenheiten und Vollzüge im Prozeß, die das Ergebnis nicht weniger bestimmen als die Betätigung rechtlicher Erwägungen und Vorstellungen. Bei derartigen Erwägungen handelt es sich keineswegs nur um etwas für den Strafprozeß Typisches. Wenn vielleicht auch nicht in so auffallender Weise, finden sich Entsprechungen in anderen Prozeßarten. Allerdings kann nicht genug davor gewarnt werden, die einzelnen Prozeßformen (Strafprozeß, Zivilprozeß, freiwillige Gerichtsbarkeit, Verwaltungsstreitverfahren, Arbeits- und Sozialgerichtsprozeß, Finanzverfahren) zu früh unter einheitlichen Gesichtspunkten, wie etwa im Hinblick auf die Richterablehnung, die Beweismittel und das Beweisverfahren, die Beweiswürdigung, zusammenzufassen. Es würde damit allzu leicht übersehen, daß infolge der Verschiedenheit der Aufgabe der einzelnen Prozesse ihr Vollzug ein völlig verschiedener ist. Es soll daher hier nicht von Prozeßlehre, sondern von *Strafprozeßlehre* die Rede sein.

Eine Betrachtung tatsächlicher Vorgänge innerhalb eines rechtlichen Rahmens ist keineswegs etwas völlig Neues. Bereits in seinem 1946 erschienenen „Lehrbuch der Verwaltung" hat Hans Peters über die rechtliche Seite des Verwaltungsrechts hinaus die tatsächlichen Abläufe und Vollzüge zur Darstellung gebracht. Dieses Lehrbuch ist nicht nur ein solches des Verwaltungsrechts, sondern auch eine Darstellung der Verwaltungs*lehre* [4]. Ich selbst habe mich in meinem Strafprozeßlehrbuch (1. Aufl., 1952) bemüht, über die rechtliche Darstellung hinaus auch den wirklichen Hergang des Strafprozesses miteinzubeziehen. Es ist dort der Versuch unternommen worden, Probleme, die im Strafprozeß eine erhebliche Bedeutung haben, in der Regel aber außerhalb des Strafprozesse behandelt werden, mitzuerörtern (so die Zeugenpsychologie) oder doch wenigstens anzudeuten (so die Kriminalistik [5]). Die Notwendigkeit einer solchen Betrachtungsweise ergibt sich aus der unumstößlichen, bedauerlicherweise viel zu sehr zurückgedrängten Tatsache, daß derjenige, der das Recht kennt, noch lange nicht richtig, klug und verständig das Recht handhabt und zutreffend und vernünftig entscheidet. Es kann sogar sein, daß derjenige, der nur um das rechtliche Denken bemüht ist, gerade seine Aufgabe verfehlt. Ganz offensichtlich ist das in der Jugendrechtspflege oder im Strafvollzug der Fall. Es gilt aber, wenn vielleicht auch weniger hervorspringend, für die Strafrechtspflege schlechthin. Es ist klar, daß mit solchen Hinweisen der rechtlichen Ordnung nicht Abbruch getan werden soll. Notwendig scheint es nur, das Verhältnis juristischer Tätigkeit und außerjuristischer Anforderungen innerhalb des Strafprozesses in das richtige Verhältnis zu rücken und der zweiten Seite, die meist von den Juristen beiseite geschoben wird, ihren Rang zu geben. Die unrichtige Rangeinordnung kommt rein äußerlich schon darin zum Ausdruck, daß noch heute den für die Verwirklichung des Strafrechts und die Durchführung des Strafprozesses notwendigen Erkenntnisgebieten der Rang bloßer *Hilfswissenschaften* eingeräumt wird [6].

[4] Hans Peters, Lehrbuch der Verwaltung, 1949, S. 14 ff.

[5] Diese Linie wird in der 2. Aufl. des Strafprozeß-Lehrbuches noch stärker verfolgt. Vgl. dazu das Vorwort S. V.

[6] Im Gegensatz dazu spricht Ernst Hafter, Lehrb. d. Schweiz. Strafrechts Bd. I (Allgemeiner Teil), 2. Aufl. S. 2 von strafrechtlichen *Grundlagen*wissenschaften. Daß der Begriff der Hilfswissenschaften überholt ist, habe ich in *meiner* Kriminalpädagogik S. 32 dargelegt.

In Wirklichkeit kommt den aus diesen „Hilfsgebieten" stammenden Erkenntnissen für die Urteilsfindung keine geringere Bedeutung zu als den Rechtskenntnissen. Die Rechtsanwendung schwebt in der Luft, wenn der Sachverhalt nicht richtig festgestellt ist, wie umgekehrt die Feststellung des Sachverhalts nicht hinreicht, wenn darauf das Recht nicht richtig angewandt wird. Beides stellt eine Einheit dar.

III

Der Weg zur Urteilsfindung findet im Strafverfahren in einem wechselseitigen Handeln der Prozeßbeteiligten statt. Der Strafprozeß ist Menschenwerk. Das menschliche Tun und Verhalten ist in den von der Prozeßordnung vorgesehenen Rahmen eingespannt. In diesem Rahmen stehen teils Kräfte in derselben Zielrichtung (Polizei, Staatsanwaltschaft, Richter, u. U. Privatkläger, Nebenkläger), teils widerstreben die Kräfte einander (Beschuldigter — Polizei, Staatsanwaltschaft, Richter), teils dienen sie der Erreichung des Prozeßziels (Endentscheidung), teils haben sie nur die Aufgabe, Sachverhaltsmaterial zu beschaffen (Beweismittel). Jeder der Beteiligten steht in einer ihm vom Gesetz zugeschriebenen Prozeßrolle. So sehr jedes menschliche Verhalten von der Persönlichkeit getragen ist, wird es doch durch die Rollenaufgabe mitbestimmt. Diese Rollenaufgabe ist in einem bestimmten Milieu (Verfahrensumwelt) zu erfüllen. Bald verleiht die Rolle Macht, bald gibt sie eine beherrschende Stellung, bald wiederum vollzieht sie sich in der Abwehr der Macht, bald ist sie mehr passiv. Dieses Hin und Her im Strafprozeß habe ich als Strahlenverhältnis bezeichnet [7]. Es ist Ausdruck der Prozeßdynamik. An dem Beispiel der „Rolle" soll hier der Sinn der Strafprozeßlehre dargetan werden.

Wie die Menschen sich in der Rolle verhalten, ist nicht mehr durch das Gesetz bestimmbar. Das Gesetz kann nur die Rolle gewähren. Es kann jedoch nicht mehr das Handeln und Unterlassen, das Wort und die Geste, die Einstellung und die Haltung, das innere Beteiligtsein und das Unbeteiligtsein, das Verständnis und das Unverständnis, die Aufgeschlossenheit und die Enge bestimmen. Das alles vollzieht sich nach den Erfahrungen und Möglichkeiten, die der einzelne in sich trägt. Dabei unterliegt jeder einzelne allgemeinen und besonderen Gegebenheiten und Einflüssen. Wie das Handeln verläuft, unterliegt trotz der jeweiligen Einzelsituation allgemeinen Regeln. Sie zu erkennen ist notwendig, um das zu erwartende Verhalten richtig einzuschätzen und nicht unter Umständen unerwünschte Abläufe zu veranlassen.

Im Prozeß gibt es aber nicht nur eine Rollen*verteilung*, sondern auch eine Rollen*vertauschung* und Rollen*verknüpfung*. Von einer Rollenvertauschung ist dann zu sprechen, wenn der Prozeßbeteiligte aus seiner eigentlichen Rolle heraustritt und gleichzeitig eine andere Rolle übernimmt. Die

[7] Strafprozeß, 2. Aufl., S. 87.

Gefahr einer solchen Rollenvertauschung liegt darin, daß die jeweilige Rollenaufgabe nicht einwandfrei erfüllt wird, weil die mit einer Rolle verbundenen Tendenzen und Strebungen die Handhabung der anderen Rolle gefährdet. Es können unter Umständen beide Rollen nicht mehr richtig durchgeführt werden. Beispiele solcher Rollenvertauschung kommen in der Praxis häufig vor. Die Rechtsprechung und das Schrifttum finden vielfach nicht einmal etwas daran. Das Problem der Rollenbindung wird nicht einmal gesehen. Eine solche Rollenvertauschung liegt vor, wenn der den Sachverhalt aufklärende Polizeibeamte als Sachverhaltszeuge auftritt. Sachverhaltszeuge ist ein Zeuge, der etwas über den Vorgang und seine näheren Umstände aussagt. Ein Polizeibeamter, der über eine verbotene Versammlung aussagt, an der er selbst nicht teilgenommen hat, sondern von der er nur durch einen teilnehmenden Zeugen etwas gehört hat, tritt aus der Rolle des Ermittlungsbeamten und Strafverfolgungsorgans in die eines Tatzeugen. Das ist der Fall der Aussage des Beamten über die Angaben eines V-Mannes [8]. Die Problematik des Verstoßes gegen die Unmittelbarkeit der Beweisaufnahme und der Einschränkung der Verteidigung, die zur Frage der Glaubwürdigkeit des V-Mannes keinerlei Stellung nehmen kann und die den wirklichen Zeugen nicht befragen kann, mag in diesem Zusammenhang außer acht bleiben. Indem der Ermittlungsbeamte als Zeuge auftritt, hat er es in der Hand, das Verfahren in die von ihm als Strafverfolgungsorgan gewünschte und möglicherweise durchaus für richtig gehaltene Richtung zu überführen. Gerade hieraus erwachsen erhebliche Gefahren, die um so schwerer wiegen, je weniger zuverlässig der Beamte hinsichtlich seiner Erfahrungen, seiner Selbstkritik und seines Charakters ist. Es findet im Fall des V-Mannes aber noch eine sehr viel einschneidendere Rollenvertauschung statt. Der Ermittlungsbeamte übernimmt gleichzeitig Aufgaben des Richters. Nach § 261 StPO hat der Richter aus dem Inbegriff der Beweisaufnahme seine Überzeugung zu gewinnen. In § 261 StPO kann nur eine unverkürzte Beweisaufnahme gemeint sein. Der Richter muß alles bewerten können, was für seine Überzeugungsbildung maßgeblich ist. Er muß vor allem auch die Glaubwürdigkeit der Zeugen überprüfen können. Das Ersetzen der Aussage des V-Mannes durch die des Vernehmungsbeamten entzieht dem Gericht die Möglichkeit der Glaubwürdigkeitsprüfung. Infolgedessen muß das V-Mann-Verfahren, wie es der BGH zuläßt [9], nicht nur als rechtlich bedenklich, sondern auch als kriminalistisch gefährlich bezeichnet werden.

Ein zweites Beispiel der Rollenvertauschung ist die Verknüpfung der Sachverständigentätigkeit mit Sachverhaltsaufklärung. Die Aufgabe des Sachverständigen ist es, aus den ihm vorgelegten ermittelten Tatsachen

[8] Zum V-Mann vgl. zusammenfassend unter Hinweis auf Rechtsprechung und Schrifttum *meinen* Strafprozeß, S. 254 f., 267, 288, 339.

[9] Vor allem BGH 17, 382.

Schlüsse zu ziehen. Er soll aus ihnen einen weiteren tatsächlichen Befund herleiten. Hier wird von Befundtatsachen gesprochen. Um zu diesem Befund zu kommen, muß der Sachverständige zu den bereits ermittelten Tatsachen zusätzliche Tatsachen feststellen. Hier wird von Zusatztatsachen [10] gesprochen. Die Gewinnung von Zusatztatsachen durch den Sachverständigen ist von der Rechtsprechung als zulässig anerkannt, wobei nur strittig ist, in welcher Weise der Gutachter die Zusatztatsachen in das Verfahren einführen darf, ob als Sachverständiger oder als Zeuge. Die Ermittlung von Zusatztatsachen kann man dem Gutachter nicht schlechthin versagen. Er allein kann wissen, welche Tatsachen zur Gewinnung seiner Überzeugung noch notwendig sind. Immer aber muß es sich um Feststellungen handeln, die speziell mit seiner Fachaufgabe etwas zu tun haben. Sie dürfen nur der Lösung der Fachaufgabe, nicht aber der Lösung sonstiger Aufgaben, insbesondere solcher des Strafverfahrens dienen. Ein Psychiater kann — vorausgesetzt, daß Klarheit darüber gegeben worden ist, daß dem Sachverständigen gegenüber keinerlei Äußerungspflicht besteht und das Gesagte dem Gericht mitgeteilt wird — Angehörige bei seiner strafrechtlichen Begutachtung dann hören, wenn er sie auch bei rein ärztlicher Tätigkeit heranziehen würde. Ein Psychologe darf Testversuche machen, wenn er zur Erstattung des Gutachtens eines Persönlichkeitsbildes bedarf. Er darf aber nicht mittels psychologischer Verfahren oder sonstiger Methoden den Sachverhalt aufklären [11]. Das ist Aufgabe der Strafverfolgungsbehörden. Die Sachverhaltsaufklärung wird durch die verfahrensmäßig dazu berufenen Stellen unter Einhaltung der strafverfahrensrechtlichen Bestimmungen durchgeführt. Übernimmt der Sachverständige die Sachverhaltsaufklärung, so ist die Gefahr nicht mehr auszuschalten, daß Verfolgungstendenzen mit all ihrer Einseitigkeit und ihrem Erfolgsstreben in die Gutachtertätigkeit eindringen. Damit ist die Objektivität der Gutachtertätigkeit in Frage gestellt [12].

Eine Rollenvertauschung liegt auch vor, wenn der Mitbeschuldigte als Zeuge auftritt. Eine solche Möglichkeit kann sogar durch gerichtliche Maßnahmen arrangiert werden [13]. Die Aussage des Mitbeschuldigten erhält

---

[10] Die Begriffe Befundtatsachen und Zusatztatsachen hat die Rechtsprechung des Bundesgerichtshofs (BGH 9, 292; 13, 1; 13, 250) entwickelt.

[11] Es darf nicht in Abrede gestellt werden, daß mit diesem Hinweis eine weit eingerissene Praxis namentlich hinsichtlich der Glaubwürdigkeitsprüfung in Frage gestellt wird. Aufschlußreich für die Gegenauffassung UNDEUTSCH, Aussagepsychologie in: PONSOLD, Lehrbuch der gerichtlichen Medizin, 2. Aufl., S. 191 ff.

[12] Aus dem Tübinger Untersuchungsmaterial kann die Gefährlichkeit der Rollenvertauschung dargelegt werden. Rechtlich ergibt sich das Problem der Ablehnung des Sachverständigen gemäß §§ 74, 24 II StPO. Rollenvertauschung ist als durchschlagender Ablehnungsgrund anzusehen.

[13] Ein solches Arrangement wird von der herrschenden Lehre ohne Bedenken hingenommen. Vgl. EBERH. SCHMIDT, Vorb. vor § 48, Rn. 5, ferner LÖWE-ROSENBERG, Vorb. vor § 48, Anm. 4 b. Vgl. auch BGH 10, 10 ff.

durch seine Zeugeneigenschaft tatsächlich ein höheres Gewicht [14]. Daher ist es unter Umständen von entscheidender Bedeutung, wer bei einem Verkehrsunfall zuerst Anzeige macht und es versteht, den anderen Beteiligten auf die Anklagebank zu bringen.

Die *Rollenverknüpfung* läßt sich im Verfahren immer wieder beobachten. Sie liegt dann vor, wenn der eine zwar nicht die Rolle des anderen übernimmt, sich aber mit dem anderen als eine geschlossene Einheit empfindet. Das kann bis zur Identifizierung führen. Rollenverknüpfungen kommen in sehr verschiedener Form vor. Richter und Staatsanwaltschaft können zur Einheit werden. Richter-Staatsanwaltschaft-Polizeibeamter können sich als Block empfinden. Gericht-Staatsanwalt und Sachverständiger, sogar der Zeuge, können ebenso wie Verteidiger und Angeklagter sich von ihrer Prozeßstellung her miteinander derart verknüpfen, daß die prozessuale Selbständigkeit der Stellung verloren geht. Äußere Zeichen solcher Rollenverknüpfung sind Abwehr und Inschutznahme bei Kritik des anderen Rollenvertreters. Die Kritik wird nicht mehr geprüft, sondern von vornherein als unziemlicher Angriff auf den Prozeßbeteiligten angesehen. Derartiges habe ich mehrfach erlebt und beobachtet. Jeder Verteidiger wird das bestätigen können. Als ich in einer Sache, in der der Vorsitzende der Strafkammer sich nicht nur äußerst voreingenommen zeigte, sondern Äußerungen getan und Handlungen vorgenommen hatte, die eine Ablehnung rechtfertigten, meine Bedenken der Staatsanwaltschaft vorbrachte, wurde mir nur erwidert: „Sie wollen Gericht und Staatsanwaltschaft auseinanderreißen." Als ich bei einem Schlußvortrag vor einem Revisionsgericht die sehr knappe, an der Problematik vorbeigehende Revisionsbegründung des Sitzungsvertreters der Staatsanwaltschaft kritisierte, wurde ich mit dem Hinweis unterbrochen, daß ich die knappen Ausführungen des Staatsanwalts im Hinblick auf die bisherige Praxis des Gerichts verstehen müsse. Es ist mir zweifelhaft, ob das Gericht in entsprechender Lage ebenso für den Verteidiger oder gar den Angeklagten eingesprungen wäre. Der Verteidiger muß sich bewußt sein, daß er unter Umständen gegen eine Allianz zu streiten hat. Dieses Rollengruppendenken macht es so schwierig, mit Erfolg unzulässiges polizeiliches Verhalten zu rügen. Das Rollengruppendenken führt unter Umständen auch zu einer gegenseitigen Anpassung. Diese ist besonders dann gefährlich, wenn der Sachverständige sich der Gerichtsauffassung von vornherein unterwirft. Wir glauben, diesen Vorgang bei einzelnen Wiederaufnahmeverfahren festgestellt zu haben. Hier offen-

[14] Die Ansicht von Löwe-Rosenberg, a.a.O., daß es für die Beweiswürdigung ohne Bedeutung sei, ob jemand als Mitbeschuldigter oder als Zeuge vernommen wird, da der Richter eine Aussage nach dem inneren Wert zu würdigen habe, geht an der Prozeßwirklichkeit vorbei. Max Hirschberg, Das Fehlurteil im Strafprozeß, weist mit Recht auf die Gefahren einer unkritischen Bewertung von belastenden Aussagen durch Mitangeklagte hin (S. 24 ff.). Die Gefahr wächst, wenn der Mitangeklagte zum Zeugen wird.

bart sich die Gefährlichkeit der Einrichtung eines ständigen Gerichtssachverständigen, insbesondere des Gerichtsarztes, aber auch des außerhalb der Gerichtsorganisation stehenden, aber regelmäßig in Anspruch genommenen Gutachters. Gericht und Sachverständiger haben sich in einer bestimmten Erwartungshaltung aufeinander eingespielt. Der Sachverständige empfindet die ablehnende Grundeinstellung des Gerichts gegen die Annahme der Schuldunfähigkeit. Das Gericht erwartet das Ergebnis der Schuldfähigkeit. Ähnliches kann sich bei Glaubwürdigkeitsprüfungen ergeben. Alles das geschieht nicht bewußt und gezielt, aber unter einer bestimmten Drucksituation. Man muß miteinander auskommen. Da das Gericht der Letztbestimmende ist, fällt seinen Vorstellungen das Übergewicht zu. Es ist vielleicht kein Zufall, daß das Wiederaufnahmeverfahren im bekannten Rohrbachprozeß vor allem durch gerichtsfremde Sachverständige entschieden worden ist. Das sich hier ergebende Sachproblem ist das der Selbständigkeit des Sachverständigen.

Umgekehrt muß aber auch der Sachverständige die Selbständigkeit von Gericht und Staatsanwaltschaft respektieren. Er befindet sich in einer seine Objektivität bedrohenden Haltung, wenn er das Abweichen von seiner Auffassung als eine persönliche Beeinträchtigung auffaßt. Sehr deutlich kam das in einem Fall aus meiner staatsanwaltschaftlichen Tätigkeit zum Ausdruck. In einer schwierigen medizinischen Frage hielt der Gerichtsarzt eine für den angeklagten Arzt günstige Gegebenheit für vorliegend, der auswärtige Gerichtsmediziner hielt die Einlassung des Angeklagten und der Zeugin für nicht glaubwürdig und nahm eine für den Angeklagten ungünstige Situation an. Der Staatsanwalt hielt die Sachlage nicht für genügend geklärt und beantragte Freispruch. Diesen Antrag quittierte der Gerichtsmediziner mit einer äußerst unerfreulichen Bemerkung gegenüber dem Staatsanwalt, aus der sich ergab, daß der Sachverständige den Antrag auf Freispruch, dem sich übrigens das Gericht anschloß, als Minderung seines persönlichen Ansehens ansah. Der Fall zeigt, in welchem Maß der Sachverständige, ein Mann von anerkanntem Ruf, die Identifizierung der Staatsanwaltschaft und des Gerichts mit ihm erwartete, eine Identifizierung, die keineswegs selten ist und nicht zuletzt im Mangel der eignen Urteilsfähigkeit des Juristen seinen Grund hat.

Nicht weniger bedeutungsvoll als das Verhältnis Richter-Sachverständiger ist das Verhältnis Richter-Zeuge. Aufgabe des Richters ist es, wertend und beurteilend entgegenzunehmen, was der Zeuge in der ihm zugewiesenen Prozeßrolle frei und selbständig aussagt. Es kann zweierlei eintreten: daß der Richter sozusagen vom Zeugen Besitz ergreift, aber auch daß der Zeuge den Richter „vereinnahmt". Im ersten Fall gibt der Zeuge seine Eigenposition auf, er paßt sich dem Richter an und macht eine zumindest objektiv verfälschte Aussage. Der Zeuge ist nicht mehr er selbst. Der Zeuge sagt, was der Richter von ihm erwartet. Es handelt sich bei dieser Erscheinung nicht nur um die Beantwortung von Suggestivfragen, sondern vor allem um das Eingehen auf eine Suggestivsituation. Es ist eine keineswegs immer leicht zu lösende Aufgabe, daß der Untersuchende — ein solcher ist auch der Richter im Hauptverfahren — sich völlig frei davon hält, im zu Vernehmenden die Vorstellung und das Empfinden für den Wunsch nach einer bestimmten Antwort zu erwecken. Auch das Herausstellen einer falschen Autorität kann eine der Wahrheit nicht entsprechende Anpassung erwirken [15].

Umgekehrt kann aber auch die Vernehmungsperson infolge des ihr gestellten Prozeßziels und des Ausgerichtetseins auf den Prozeßerfolg sich ihrer Selbständigkeit begeben und dem Zeugen anheimfallen. Das Tübinger Untersuchungsmaterial zum Wiederaufnahmeverfahren enthält zahlreiche Prozesse, in denen der Richter es nicht verstanden hat, sich von völlig unglaubwürdigen Zeugen loszulösen und ihnen ohne genügende Selbst- und Fremdkritik gefolgt ist. Auffallend ist das bei Notzuchtsdelikten, bei denen oft kein anderer als eine von vornherein unglaubwürdige Zeugin den Angeklagten belastet und jegliche objektive Beweismittel fehlen. Mag der Richter oft genug die Unzuverlässigkeit eines Zeugen nicht kennen, nicht selten folgt er dem Zeugen trotz seiner offensichtlichen Unglaubwürdigkeit. Man fragt sich: Verdunkeln Art und Weise des Delikts und das Bestreben, ein unsittliches Verhalten strafrechtlich zu ahnden, den Blick für die Realität? Das dem Zeugen zum mindesten gefühlsmäßig erfaßbare Sichabhängigmachen der Vernehmungsperson von ihm weckt in dem Zeugen Macht- und Spieltendenzen. Die Beherrschung der Vernehmungsperson durch den Vernommenen kann zu tragischen Fehlurteilen zuungunsten des Angeklagten führen. Das Problem der Macht [16] und des Spiels des Zeugen im Verhältnis zur Vernehmungsperson bedarf noch eingehender Untersuchung. Es ist zu befürchten, daß es auch in Sittlichkeitsverfahren bei der Vernehmung von Kindern eine unheilvolle Bedeutung hat.

Gründe für eine Identifizierung gibt es im Strafverfahren viele. Die Rollenanpassung von Richter und Staatsanwalt beruht auf der gleichartigen Ausbildung, auf der nahen Verwandtschaft der jeweiligen prozessualen Aufgaben, insbesondere auf der durch den an sich durchaus richtigen Untersuchungsgrundsatz gebotenen Verfolgungsaufgabe des Richters, auf der ungenügenden Heraushebung des Richters aus dem Gesamtbeamtentum, auf der Richterauswahl, auf der vielfach nahen räumlichen Arbeitsstätte, häufig

[15] Das Problem, inwieweit die Aussage eines Vernommenen Leistung des Aussageempfängers ist (vgl. dazu *meinen* Strafprozeß S. 344), bedarf noch eingehender Untersuchung. Je gleichgültiger der Zeuge ist, je mehr er ohne Selbstkontrolle aussagt — ein viel zu wenig beachteter Vorgang (vgl. Lehrbuch, S. 324 f.) — um so verhängnisvoller wirkt sich das Verhalten der Vernehmungsperson aus.

[16] Auf die völlig außer acht gebliebene Gefahr der Machtposition habe ich in *meinem* Strafprozeß (S. 324) hingewiesen. Dem Problem „Rolle und Macht“ sollte dringend nachgegangen werden.

in einem Haus, der gemeinsamen Zugehörigkeit zur Justizverwaltung und dem einheitlichen justizmäßigen Denken. Durch all das — was an sich wenigstens teilweise durchaus begründet ist und nicht notwendigerweise, vielleicht nicht einmal zweckmäßigerweise zu ändern wäre, aber wenigstens zu erkennen ist — entsteht ein für das Verfahren bedeutsamer Korpsgeist. Ihn nicht in Rechnung zu stellen, würde bei Rechtserneuerungen zu Enttäuschungen führen können. Auch dafür ein Beispiel. Bis zum Strafprozeßänderungsrecht 1964 entschieden die Richter, die an dem verurteilenden oder freisprechenden Erkenntnis teilgenommen hatten, über die Zulässigkeit und Begründetheit des Wiederaufnahmeantrages und nahmen an der neuen Hauptverhandlung teil. Das Strafprozeßänderungsgesetz hat diesen Rechtszustand geändert. Nach § 23 II StPO ist der Richter, der an der vom Wiederaufnahmeantrag betroffenen Entscheidung mitgewirkt hat, von der Teilnahme am Wiederaufnahmeverfahren ausgeschlossen. Dieser Lösung liegt die Vorstellung zugrunde, daß es einem Richter, der an dem früheren Urteil teilgenommen und gewissenhaft und sorgfältig seine Entscheidung getroffen hat, nur schwer möglich sei, sich zu einem möglichen Irrtum zu bekennen. Es sei von ihm kaum zu erwarten, über seinen eignen Schatten zu springen. Derartige Bedenken sind durchaus begründet, erschöpfen aber die Problematik nicht. Die Schwierigkeiten liegen nach unseren Tübinger Untersuchungen zum Wiederaufnahmeverfahren an anderer Stelle. Zunächst ergibt sich aus der Überprüfung der Wiederaufnahmeverfahren, daß schon früher häufig die im Wiederaufnahmeverfahren tätig gewordenen Richter andere als die im Grundverfahren entscheidenden Richter waren. Das gilt vor allem von Wiederaufnahmeverfahren in großen Sachen, die vielfach erst Jahre später erfolgen. Der Wechsel in einem Gericht infolge Zeitablaufs, vor allem infolge geänderter Geschäftsverteilung, brachte auch früher schon die Entscheidung in den einzelnen Stadien des Wiederaufnahmeverfahrens häufig vor andere Richter. Damit haben sich aber die Schwierigkeiten für das Gelingen eines Wiederaufnahmeverfahrens nicht gemindert. Die im Grundverfahren nichtbeteiligten Richter standen in ihrer Grundhaltung dem Wiederaufnahmeverfahren nicht minder ablehnend gegenüber. Denn, wenn die Wiederaufnahmeverfahren erfolgreich waren, hätten häufig auch die früheren Richter nicht anders entschieden. Auffallend bleibt freilich, daß gelegentlich die höhere Instanz erst den Weg der Wiederaufnahme eröffnet. Freilich gibt es auch insoweit bemerkenswerte Ausnahmen. Mir scheint aus dem Gesagten der Schluß geboten, daß nicht die Personengleichheit der Richter entscheidend ist, sondern die Gleichheit der Prozeßstellung. Es geht nicht um die Sache des einzelnen beteiligten Richters, sondern um die Sache des Gerichts. Die Richter desselben Gerichts verschmelzen zu einer Einheit. Der Richter der höheren Instanz steht kraft seiner Aufgabe, den Richter der niederen Instanz zu kontrollieren, in einer gewissen Distanz gegen den „unteren" Richter. Daraus dürfte die Tatsache zu erklären sein, daß manche Wiederaufnahmeverfahren erst in der höheren Instanz zum Ziel führen.

Aber auch hier können sich Hemmnisse einschieben. Der in meiner Abhandlung „Ein Beitrag zum Fehlurteil — Erfahrungen aus einem Lehrerprozeß" behandelte Kölner Vorgang [17] fand Jahre später einen in seinen Voraussetzungen völlig gleichliegenden Parallelfall vor einem anderen Oberlandesgericht. Die Sachprobleme lagen gleich. Die Bedenklichkeit der Verurteilung war keine geringere. In dem Wiederaufnahmeverfahren der zweiten Sache äußerten mehrere Sachverständige mit sehr unterschiedlicher Grundhaltung ihre Zweifel an der Richtigkeit des verurteilenden Erkenntnisses. Ebenso wie in der Kölner Sache beantragte der Generalstaatsanwalt die Zulassung des Wiederaufnahmeverfahrens. Die gerichtliche Antwort war eine völlig entgegengesetzte. Während das Oberlandesgericht Köln dem Antrag des Generalstaatsanwalts folgte, lehnte in der zweiten Sache das Oberlandesgericht die Zulassung des Wiederaufnahmeverfahrens ab. Während im Kölner Verfahren der Lehrer im Wiederaufnahmeverfahren freigesprochen wurde, verbüßte in der anderen Sache der Lehrer seine Strafe und blieb unrehabilitiert. Der Gedanke, daß in diesen beiden Fällen vier Variationen gleicherweise möglich waren: Wiederaufnahme in beiden Fällen, Nichtwiederaufnahme in beiden Fällen, Wiederaufnahme in je dem einen und Nichtwiederaufnahme in je dem anderen Fall, hat etwas Beunruhigendes. Man kann ihn nicht einfach damit wegwischen, daß die beiden Fälle eben doch verschieden lagen. Diese beiden Fälle, die auch der Tübinger Forschungsstelle bei ihren Untersuchungen zum Wiederaufnahmeverfahren vorlagen, enthalten keine erheblichen Abweichungen. Welche Gründe den verschiedenen Ablauf der beiden Sachen herbeiführten, ist exakt wissenschaftlich nicht festzustellen. Die Akten geben darüber keinen Aufschluß. Darin finden auch die Tübinger Untersuchungen über das Wiederaufnahmeverfahren eine gewisse Begrenzung. Die Untersuchungen können sich nur auf den durch die Akten dargebotenen objektivierten Sachverlauf stützen. Nur zuweilen dringen subjektive Momente durch. Sie offenbaren sich an Ablehnungsgesuchen, an gelegentlichen Äußerungen in Aktenbemerkungen und nicht zuletzt an nicht selten äußerst aufschlußreichen Unterstreichungen und Randbemerkungen. Hier werden Einstellungen und Verhaltensweisen sichtbar, die sonst meist im Aktenmaterial fehlen. So bleiben nur Vermutungen. Denkbar sind verschiedene Grundeinstellungen der beteiligten Richter, die größere oder geringere Skepsis gegenüber der Aussage von Kindern und Jugendlichen in Sittlichkeitsverfahren, das Maß des Gewichts, das einem „vollständigen" Strafrecht beigemessen wird, die mehr oder weniger autoritative Haltung des Richters, seine Beschäftigung mit der Kriminalistik und der Fehlurteilslehre, seine Selbstsicherheit oder seine Selbstkritik und vieles andere mehr. Während im allgemeinen ein Wiederauf-

[17] Mezger-Festschrift (1954), S. 477 ff.

nahmeverfahren zugunsten eines Verurteilten bei Unterstützung durch die Staatsanwaltschaft regelmäßig in dessen Sinn entschieden ist (so auch im Kölner Fall), ergab sich im zweiten Fall eine Differenz der Auffassungen, wobei nach den vorliegenden Akten Staatsanwaltschaft und Oberlandesgericht sehr nachdrücklich um ihre Position rangen. Die sonst vielfach zu beobachtende Rollenangleichung fehlte. Es ist nicht möglich, die Gründe hierfür eindeutig aufzudecken. Sie können auch hier wiederum verschiedener Art sein. Es kann eine rein sachlich begründete Meinungsverschiedenheit vorliegen. Die Verschiedenheit der Sachbeurteilung kann aber, ohne daß derartiges im Einzelfall festzustellen, jedoch durchaus in den Bereich wissenschaftlicher Möglichkeiten miteinzubeziehen ist, in einer vom Üblichen abweichenden grundsätzlichen Behördendiskrepanz ihre tiefste Ursache finden.

Die *Rollenträgerdiskrepanz* darf bei einer Betrachtung der tatsächlichen Vorgänge nicht außer acht gelassen werden. Wird sie sichtbar, so kann im Weg des Ablehnungsrechts Abhilfe geschaffen werden. Jeder Verteidiger weiß, wie vorsichtig er mit Äußerungen im Verfahren sein muß, um nicht die notwendige Atmosphäre in dem gerade anlaufenden Verfahren, aber möglicherweise auch für künftige Verfahren ungünstig zu beeinflussen. Jeder Verteidiger überlegt sich, selbst wenn er glaubt, er habe einen Ablehnungsgrund, ob er von ihm Gebrauch machen soll oder nicht, weil er mit der Verwerfung des Ablehnungsantrages rechnen und die daraus entstehende Spannung in Rechnung stellen muß.

Eine gefährliche Lage kann das *Rollenspiel* herbeiführen. Darunter ist zu verstehen, daß der Rollenträger im Strafprozeß sich zur Schau stellt. Da der Strafprozeß vielfach allgemeines Interesse erregt, bietet er Möglichkeiten, daß der Prozeßbeteiligte sich herausstellt und die allgemeine Beachtung auf sich lenkt. In dieser Gefahr steht jeder Prozeßbeteiligte: der Richter, der Staatsanwalt, der Sachverständige, der Zeuge, der Verteidiger und der Angeklagte. Der Richter, der den Prozeß in einer Weise führt, die ihn zum Mittelpunkt macht, kann in verhängnisvoller Weise die Beweisaufnahme beeinflussen, indem er die Zeugen zu ungenauen oder gar angepaßten Aussagen bestimmt. Daß das nicht bewußt geschieht, soll ausdrücklich hervorgehoben werden. Jedoch hindert das nicht die Auswirkungen einer solchen „Schaustellung". Sie gefährdet auch die Zuverlässigkeit der Überzeugungsbildung. Der Staatsanwalt kann durch ein Hervorspielen seiner Persönlichkeit zu scharfen und herausfordernden Fragen und Vorträgen verleitet werden, die schon infolge des dadurch auf den Angeklagten hervorgerufenen Eindrucks dessen Verteidigung einschränken kann. Der Zeuge kann zu übertriebenen, wenn nicht gar völlig falschen Angaben in dieser Selbstbespiegelung veranlaßt werden. Dem Sachverständigen kann wiederum in dieser Situation die notwendige Selbstkritik verloren gehen. Der Verteidiger kann, indem er nur an sich und seine Beachtung denkt, wichtige Chancen verpassen und ein dem Mandanten ungünstiges Verhandlungsklima schaffen. Dem Bedürfnis, sich zur Schau zu stellen, entspringen gelegentlich falsche Geständnisse [18]. Die Gefahr solchen Verhaltens ist um so größer, als die „Schaustellung" vielfach nicht erkennbar ist, sondern als ein sich aus der Sache herleitender Vorgang von den übrigen Beteiligten verstanden wird.

Beachtlich ist schließlich auch die *Übertragung des Rollendenkens.* Die Rolle vermittelt aus der Situationsgegebenheit eine bestimmte Haltung und Denkweise. Es ist ganz klar, daß der Richter, der kraft seiner Autorität das Recht spricht, sich anders verhält als der Angeklagte, der dem Verfahren unterworfen ist und über den das Recht gesprochen wird. Der Angeklagte steht mit all seinen Ängsten und Nöten vor dem Richter. Er weiß, daß es um seine und seiner Angehörigen Zukunft geht. Er sieht sich dem gesellschaftlichen Makel ausgesetzt. Er hat sich, selbst wenn er sich nicht strafbar gemacht haben sollte, doch unter Umständen anstößig und unsittlich verhalten. Der Richter steht in der Aufklärungstendenz, der Angeklagte verfolgt meist eine Beschönigungstendenz. Der Richter befindet sich in einer nicht bedrohten Situation, der Angeklagte in der Bedrohung. Der Richter handelt in Sicherheit und Festigkeit, der Angeklagte nimmt seine Rolle in Angst und Ungewißheit wahr. Daher kann der Richter dort klar und planvoll handeln und denken, wo der Angeklagte in der Bedrängnis sich von augenblicklichen Eingebungen, von Gefühlen und unter Umständen von Verzweiflung tragen läßt. Dieser Gegensatz wird nicht selten von Richtern verkannt oder doch nicht genau in Rechnung gestellt. Verhaltensweisen des Angeklagten werden aus der Perspektive des Richters bewertet. Das kann zu völlig falschen Beurteilungen führen. Der Richter beurteilt aus seiner Normalsituation das Verhalten des Angeklagten nach Normalregeln. Er legt Maßstäbe an, die er aus einer unangetasteten Sozialstellung für sich selbst anlegt. Warum lacht der Angeklagte, wo es nichts zu lachen gibt? Warum zeigt er nicht dort Entsetzen und Bedauern, wo angesichts der Tat derartiges zu erwarten wäre? Warum lügt er, wo ihm das offene Wort nichts geschadet, ja sogar genutzt hätte? Warum legt er ein Geständnis ab, obwohl er nicht der Täter ist? Warum nimmt er das Urteil an, obwohl er unschuldig ist? Warum bringt er keine Gegenbeweise vor, obwohl sie zu seinem Freispruch geführt hätten? Warum benimmt er sich so ungeschickt, daß sein Verhalten ihm eine höhere Strafe einbringt? Warum läßt er Fristen verstreichen, obwohl er schriftlich und mündlich über sie aufgeklärt worden ist? Warum versteht er häufig schon nicht mehr

[18] Das Problem des falschen Geständnisses ist sicherlich sehr vielfältig. Vgl. auch Max Hirschberg, Das Fehlurteil im Strafprozeß, S. 17 ff. Unter den keineswegs seltenen Fällen des falschen Geständnisses in dem Tübinger Aktenmaterial befindet sich ein sehr lehrreicher Mordfall mit einem Geständnis aus Geltungsbedürfnis.

den Urteilstenor, erst recht nicht mehr die Gründe, die ihm der Richter verkündet? Diese „Warum“ lassen sich beliebig vermehren. Soll es nicht zu Fehlbeurteilungen kommen, erfordern sie eine Antwort nicht aus der Sphäre des Richters, sondern aus der des Angeklagten. Da sie aber oft genug aus der Richtersphäre erfolgt, ist sie unrichtig.

IV

Das Rollenproblem ist nur ein Beispiel dafür, um aufzuzeigen, wie der Strafprozeß nicht nur vom Rechtlichen her verstanden werden kann. Jeder Akt im Strafprozeß, von wem und an welcher Stelle im Verfahren er vorgenommen wird, hat seine nicht nur vom Recht her bestimmbaren Ursachen. Das Phänomen ist am frühesten bei der *Strafzumessung* erkannt und vielfach behandelt worden. Es bedarf vor allem aber auch einer sehr sorgsamen Beachtung bei dem *Problem der richterlichen Überzeugungsbildung* [19]. An welcher Stelle man aber auch die Frage der tatsächlichen Grundlagen eines prozessualen Aktes aufwirft, die Lösung kann nicht nur punktweise erarbeitet werden. Vielmehr bedarf es einer allgemeinen Lehre. Diese Lehre ist für den Strafprozeß die Strafprozeßlehre.

Nach der Darlegung des Rollenproblems kann nunmehr versucht werden, den Raum der Strafprozeßlehre über die zu Anfang gegebenen allgemeinen Hinweise näher zu bestimmen. Die Aufgaben, die HANS PETERS der Verwaltungslehre [20] zuschreibt, kommen auch der Strafprozeßlehre zu. Die erste Aufgabe der Verwaltungslehre besteht darin, die Erscheinungen der Verwaltung systematisch zu ordnen und in ihrem Wesen zu erklären. Als zweite Aufgabe hat die Verwaltungslehre über das Beschreibende und begrifflich Klärende hinaus die Gründe und Triebkräfte der Verwaltung wie ihrer einzelnen Erscheinungen herauszuarbeiten. Schließlich hat die Verwaltungslehre als dritte Aufgabe die teleologische Untersuchung jeglicher Erscheinung zum Gegenstand. So ergibt sich bei HANS PETERS folgende Definition: „Die Verwaltungslehre ist die Wissenschaft, die die Verwaltung in all ihren Erscheinungsformen und Bestandteilen beschreibt, systematisch ordnet, die Begriffe klärt, Kausalzusammenhänge und Existenzgründe aufzeigt sowie auf ihre Zwecke hin untersucht.“ [21] Wechselt man Verwaltungslehre mit Strafprozeßlehre und Verwaltung mit Strafprozeß aus, so ergibt sich die für die Strafprozeßlehre brauchbare Umschreibung.

Die Strafprozeßlehre fragt nach dem, was im Strafprozeß vor sich geht und welche tatsächlichen Gründe sich für das Geschehen und das Sosein ergeben. Grundlagen sind Prozeßbeobachtung und Prozeßbeschreibung. Zur Klärung der gefundenen Gegebenheiten muß sowohl auf Erkenntnisse der

---

[19] Dazu die bemerkenswerte Schrift von BOHNE, Zur Psychologie der richterlichen Überzeugungsbildung 1948.

[20] HANS PETERS, Lehrbuch der Verwaltung 1949, S. 14 f.

[21] HANS PETERS a.a.O., S. 15.

Psychologie und Soziologie, der Kriminalistik als auch auf Grundprobleme der Ethik eingegangen werden. Ist ersteres ohne weiteres einsichtig, so bedarf die ethische Grundlegung der Strafprozeßlehre einer Erklärung. Was geschieht, wie es geschieht und mit welcher Wirksamkeit etwas geschieht, hängt von der ethischen Grundlegung des Prozeßgeschehens ab. Auch diese Seite des Vorgangs darf nicht übersehen werden.

Strafprozeßlehre und Strafprozeßrecht stellen eine Einheit dar. Die Strafprozeßlehre behandelt, was im Rahmen des Strafprozeßrechts geschieht. Das Strafprozeßrecht gibt die Grenzen dafür, was an Handlungen und Geschehnissen hingenommen werden kann. Das Strafprozeßrecht wird auch wiederum in seinen Regeln dadurch bestimmt, was geschieht und inwieweit das Geschehende hingenommen oder gelenkt, in Rechtsnormen eingefangen werden kann und soll. Strafprozeßlehre ohne Strafprozeßrecht würde zu einem uferlosen Pragmatismus führen, Strafprozeßrecht ohne Strafprozeßlehre würde eine realitätsfremde, die Sachgerechtigkeit verfehlende Rechtspflege begründen.

So wichtig Untersuchungen und Arbeiten rein tatsächlicher Art, so vor allem auf dem Gebiet der Gerichtspsychologie, der gerichtlichen Soziologie oder der Kriminalistik, sind, so bedarf es doch auch einer zusammenfassenden Schau. Ähnlich wie auch die Kriminologie losgelöst vom Strafrecht behandelt werden kann und muß, aber dennoch auch eine zusammenfassende Darstellung und Behandlung von Strafrecht und Kriminologie auf die Dauer erarbeitet werden muß [22], ebenso bedarf es einer Zusammenfassung von Strafverfahrensrecht und Strafverfahrenslehre. Diese Zusammenfügung ist ebenso notwendig wie auf dem Gebiet der Verwaltung. Wer nur die eine Seite sieht, sieht das Ganze verzerrt und unvollkommen.

---

[22] Einen derartigen Versuch auf dem Gebiete des Strafrechts hat WILHELM SAUER, Allgemeine Strafrechtslehre 1955, unternommen.

Die Verwaltungsgerichtsbarkeit als Ergänzung der modernen Verwaltung

Wilhelm Pötter

Seiner Kölner Rektoratsrede im November 1964 gab Hans Peters das Thema: „Die Verwaltung als eigenständige Staatsgewalt“ [1]. Nicht nur die beiläufige Bemerkung in der Einleitung, daß er diese Ansprache einem Fachgebiet widme, dem er „seine Lebensarbeit jetzt im 40. akademischen Jahr widme“, legt die Empfindung nahe, daß hier die Summe eines wissenschaftlichen Lebens gezogen wird. Die Leidenschaftlichkeit seines Plädoyers für die Selbständigkeit der Verwaltung und seine ideale Auffassung von dem Wert der überlieferten Verwaltungsgrundsätze bezeugen in der gleichen Weise, daß in dieser Ansprache die reifen Früchte langjähriger Forschung und Lehre niedergelegt sind.

Die Verdienste dieses hervorragenden Gelehrten werden in keiner Weise beeinträchtigt, wenn im folgenden einige ergänzende Bemerkungen, insbesondere vom Standpunkt des Verwaltungsrichters aus, versucht werden.

I

1. Peters sieht in der Verwaltungsgerichtsbarkeit eine Gefahr für die Eigenständigkeit der Verwaltung, jedenfalls dann, wenn bestimmte Entwicklungslinien sich verstärken sollten. Daß die Verwaltungsbehörden einer Kontrolle der Gerichte unterworfen sind, sieht er als Ergebnis einer etwa 100jährigen Entwicklung als begrüßenswert an. Gefährdet wird nach seiner Auffassung jedoch diese Entwicklung durch die im Schwange befindlichen und von namhaften Rechtswissenschaftlern geförderten Übertreibungen (a.a.O. S. 19). Den theoretischen Grund dieser Übertreibungen erblickt er in der Verkennung der Eigenständigkeit der Verwaltung, deren notwendiger Funktion im Staate viele fremd gegenüberständen.

Damit nimmt Peters Gedanken auf, die bereits Zeidler in die Diskussion um die Verwaltungsgerichtsbarkeit eingeführt hat. Dieser hat in einer scharfsinnigen Betrachtung darauf hingewiesen [2], daß die Magna Charta der Verwaltungsgerichtsbarkeit, der Art. 19 Abs. 4 GG, im Grunde der Schluß-

---

[1] Hans Peters, Die Verwaltung als eigenständige Staatsgewalt, Heft 33 der Kölner Universitätsreden im Scherpe Verlag Krefeld 1965.

[2] Vgl. Der Staat, Bd. 1, 1962, S. 325.

punkt einer Auffassung vom Bürger-Staat-Verhältnis sei, das ganz nach den Leitbildern des 19. Jahrhunderts, vielleicht sogar des 18. Jahrhunderts, ausgerichtet sei. Nach Meinung Zeidlers geht diese Vorschrift von der Auffassung aus, daß Bürger und Staat sich in erstarrten Fronten gegenüberstehen und ständig zumindest im kalten Krieg leben. Die moderne Vorschrift ist nach Zeidlers Auffassung der Art. 20 Abs. 3 GG, wonach auch die vollziehende Gewalt ebenso wie die Rechtsprechung an Gesetz und Recht gebunden sind. Zeidler meint, es gelte, dieser Vorschrift in der Praxis zum Durchbruch zu verhelfen.

An diesen Ausführungen ist gewiß richtig, daß der Bürger heute nicht mehr in Frontstellung zum Staat steht. Der Bürger als Gattung ist in den Staat aufgegangen, die Gesamtheit der Bürger bildet den Staat. Jedes hoheitliche Handeln, sei es der Legislative, der Exekutive oder der Rechtsprechung, ist daher Sachwaltung für den Bürger, und nur für diesen, ohne irgendeinen Nebenzweck mit anderer Zielsetzung. Gleichwohl muß aber die selbständige Bedeutung des Art. 19 Abs. 4 GG neben Art. 20 Abs. 3 GG gesehen und betont werden. Wesentliches Element aller rechtsanwendenden Tätigkeit ist der Mangel des eigenen Interesses am konkreten, zur Entscheidung stehenden Fall. Diese Objektivität gegenüber dem Einzelfall besitzt die Exekutive, wenn sie dem Bürger etwas gewährt, entzieht oder versagt, in der Regel nicht. Die Verwaltung ist das dynamische Element im hoheitlichen Bereich. Bei jeder Einzelentscheidung verfolgt sie auch eigene Interessen, wenn auch nur in der Sachwaltung für die Gesamtheit der Bürger. Bereits diese Rücksichtnahme auf die Allgemeinheit, die in der Gestaltung der Lebensvorgänge ihren Ausdruck findet, begründet das Eigeninteresse, das ein wesentliches Element objektiver Rechtsanwendung ausschließt.

2. Im Prinzip ist eine Rechtskontrolle angesichts der strukturellen Veränderungen in der Verwaltungstätigkeit heute dringlicher denn je. Diese Veränderungen im einzelnen darzustellen, ist hier nicht erforderlich. Es ist nicht verwunderlich, daß der Ruf nach einer Kontrolle gerade im Hinblick auf diese außerordentlichen Wandlungen der Verwaltungstätigkeit selbst wie aber auch in ihrem Verhältnis zu den übrigen Staatsgewalten immer dringlicher wird. Loewenstein [3] hat die Trennung der Gewalten, auf der auch das Bonner Grundgesetz aufbaut, bereits als eine unzeitgemäße Verfassungslehre bezeichnet. Es ist gewiß umstürzend, wenn er statt der Montesquieu'schen Lehre als neue Dreiteilung der staatlichen Gewalt die politische Gestaltungs- oder Grundentscheidung, die Aus- oder Durchführung der Grundentscheidung und die politische Kontrolle in Vorschlag bringt. Damit glaubt er, der Umwandlung des Gesetzgebungsstaates in den Verwaltungsstaat und dem höchst bedeutungsvollen Wandel der Machtdynamik gerecht zu werden [4]. Mögen Gedanken dieser Art auch der Zeit vorauseilen, so ist

[3] Verfassungslehre. Tübingen: Mohr 1959.

[4] Vgl. Koellreutter, Eine Verfassungslehre unserer Zeit, DVBl 1960, S. 113 ff.

doch nicht zu verkennen, daß hierin eine scharfsinnige Analysierung der staatlichen, wirtschaftlichen und sozialen Verhältnisse unserer Zeigt liegt, die letzten Endes die Rechtsformen staatlichen Handelns bestimmen werden. Wenn LOEWENSTEIN in seinem Werk dem System der staatlichen Kontrolle einen breiten Raum gewährt, so liegt dem die Erkenntnis zugrunde, daß die veränderte Struktur der staatlichen Gewalten die Bedeutung der politischen wie der rechtlichen Kontrolle außerordentlich gesteigert hat. Es wäre ein Bruch in unserem Rechtsdenken, wenn diese Gedanken LOEWENSTEINS unvermittelt auf die Verhältnisse in unserem Lande übernommen würden. Als wichtige Erkenntnis kann aus seinen Überlegungen aber die Einsicht gewonnen werden, daß die veränderten soziologischen Wirklichkeiten in einem weit größeren Maße eine Kontrolle notwendig machen, als es früher der Fall war. Es dürfte angebracht sein, diese Kontrollen durch Fortführung der überlieferten Formen zu vervollkommnen, wie es z. B. durch die Einführung der Generalklausel in Art. 19 Abs. 4 GG geschehen ist.

3. Aber nicht nur aus dem rechtspolitischen Gesichtspunkt, der sich aus dem Strukturwandel in der Verwaltung ergibt, mehr noch in verfassungsrechtlicher Sicht ist die Generalklausel des Art. 19 Abs. 4 GG der natürliche Schlußstein des Abschnitts der Grundrechte im Bonner Grundgesetz. Nach Art. 1 Abs. 3 GG binden die Grundrechte Gesetzgebung, vollziehende Gewalt und Rechtsprechung als unmittelbar geltendes Recht. Die Grundrechte sind nicht mehr wie in früheren Verfassungen Programmsätze, die sich in der Hauptsache an den Gesetzgeber richten. Sie durchdringen unmittelbar das positive Recht und gewähren damit auch subjektive Ansprüche im öffentlichen und privaten Recht. Welche Folgen Rechtslehre und Rechtsprechung aus diesem veränderten Gehalt der Grundrechte gezogen haben, ist durch die Rechtsprechung des Bundesverfassungsgerichts, insbesondere zu Art. 5 GG, offenkundig geworden. Der Widerstand gegen die Anerkennung subjektiver Rechte, insbesondere im öffentlichen Recht, dürfte hiernach im wesentlichen der Vergangenheit angehören. Daß hiernach Art. 3 GG nur eine Grenze für die Ausübung freien Ermessens in der Verwaltung setze, nicht aber eine Selbstbindung der Verwaltung zur Folge habe (vgl. PETERS, a.a.O., S. 23), erscheint angesichts der Bedeutung, die die Grundrechte in Art. 1, 2 und 3 GG nach heutiger Auffassung haben, nicht mehr vertretbar.

4. Mit einer gewissen Berechtigung weist PETERS allerdings darauf hin (a.a.O., S. 20), daß die Perfektion des gerichtlichen Rechtsschutzes allzu häufig ein Danaergeschenk sei. Er führt als Beispiel den Fall des nicht versetzten Schülers an, dem nach Jahren, wenn er vielleicht schon die Universität besucht, durch eine rechtskräftige Entscheidung bescheinigt wird, daß er zu Unrecht nicht versetzt worden ist. Man kann dieses Problem jedoch nicht, wie PETERS meint, in der Form erledigen, daß ein Rechtsschutz in Fällen dieser Art überhaupt nicht gewährt wird, weil die „Maßnahmen der

Verwaltung schließlich doch in der Mehrzahl der Fälle sich als rechtmäßig erweisen" (a.aO., S. 20). Es müssen vielmehr andere Wege beschritten werden.

Im Zuge der Fortentwicklung der allgemeinen öffentlich-rechtlichen Entschädigung wird die Anerkennung eines Entschädigungsanspruchs des Bürgers bei gegen ihn ergangenen rechtswidrigen Verwaltungsakten nicht zu umgehen sein. Dem Bürger ist nicht damit gedient, daß die Rechtswidrigkeit eines Verwaltungsakts festgestellt wird, ohne daß im Regelfall Rechtsfolgen hieraus hergeleitet werden können. Diese für den Bürger zunächst nur platonische Feststellung der Rechtswidrigkeit bestätigt ihn zwar in seiner Rechtsüberzeugung, entschädigt ihn aber nicht dafür, daß er jahrelang mit dem geplanten Bauwerk nicht hat beginnen, seinen Gewerbebetrieb nicht hat eröffnen können oder sein Kind ein Jahr länger die Schule hat besuchen müssen. Es ist höchst unbefriedigend, den Bürger in Fällen dieser Art dahin belehren zu müssen, daß die Frage, ob er einen Ersatzanspruch für seine materiellen Verluste hat, von Voraussetzungen abhängig ist, die mit der Frage, ob ein Verwaltungsakt rechtswidrig ist, in keiner Weise übereinstimmen. Die Überalterung des Staatshaftungsrechts ist evident. Es beruht auf einer Vorstellung des Verhältnisses des Staates zum Bürger, die sich mit der Struktur unseres Verfassungsrechts nicht mehr deckt[5]. Die Sozialstaatsklausel des Grundgesetzes — mag sie mit Werner Weber[6] auch als „Räumgerät" angesehen werden, mit dessen Hilfe Hindernisse gleich welcher Art in Fragen, die auch nur eine entfernte Berührung mit dem sozialen Status haben, ausgeräumt werden — trägt das Verlangen des Bürgers, in Fällen rechtswidriger Beeinträchtigung durch die hoheitliche Gewalt eine Entschädigung zu erhalten. Es ist nicht einzusehen, warum derjenige, der einige Quadratmeter Land abgibt, eine Entschädigung erhält, während derjenige, den die staatlichen Organe zu Unrecht daran hindern, seine Gewerbe auszuüben, leer ausgehen soll.

Die Breschen für diesen Weg sind längst geschlagen. Es gibt bereits zahlreiche Einzelregelungen, die in Fällen der genannten Art eine Entschädigung vorsehen. So enthalten z. B. auch die Pressegesetze, die in Ländern der Bundesrepublik ergangen sind oder vor ihrer Verabschiedung stehen, eine Entschädigungspflicht bei rechtswidrigen Verboten[7]. Wenn nicht der Verdacht entstehen soll, daß eine Entschädigungspflicht immer nur dann anerkannt wird, wenn der Lobbyismus wirksame Arbeit geleistet hat, wird der Gesetzgeber nicht daran vorbeikommen können, eine allgemeine Ent-

---

[5] Vgl. insbesondere Hauss, Zur Reform des deutschen Haftungsrechts, Vortrag vor der Rechts- und Staatswissenschaftlichen Vereinigung Düsseldorf am 30. 11. 1964, Sonderdruck, herausgegeben von dem Justizministerium des Landes NRW.

[6] Werner Weber, Die verfassungsrechtlichen Grenzen sozialstaatlicher Forderungen, der Staat, Bd. 4 (1965), S. 409 ff. (417).

[7] Vgl. z. B. § 18 des nordrhein-westfälischen Pressegesetzes vom 24. 5. 1966 — GV Bl NW S. 340 —.

schädigungspflicht in Fällen dieser Art einzuführen. Die moderne Auffassung über das Verhältnis des Bürgers zum Staat sowie die Einsicht, daß die Kompliziertheit der modernen Verwaltung angesichts der Unzulänglichkeit menschlichen Handelns regelungsbedürftige Fälle unvermeidlich entstehen lassen muß, befreit den Gedanken einer Entschädigung bei rechtswidrigen Verwaltungsakten von allen nur denkbaren Vorurteilen. Lehre und Rechtsprechung haben die notwendige Vorarbeit geleistet [8]. Es ist nunmehr Sache des Gesetzgebers, sich des Problems anzunehmen.

Wird dieser Weg beschritten, so wird der Rechtsschutz des Bürgers nicht durch die Perfektion des Rechtsweges sinnlos, die Belange des Bürgers und Staates erhalten vielmehr hierdurch einen billigen und angemessenen Ausgleich.

5. Andererseits ist eine Beeinträchtigung der Verwaltung durch die Verwaltungsgerichtsbarkeit um so weniger möglich, weil, wie PETERS richtig hervorhebt (a.a.O., S. 9), die Verwaltungstätigkeit in der Hauptsache in die Gegenwart und Zukunft gerichtet ist, während die Rechtsprechung abgeschlossene Vorgänge der Vergangenheit behandelt. Soweit eine vorbeugende Unterlassungsklage zugelassen wird, handelt es sich stets um Verwaltungsvorgänge, die soweit konkretisiert sind, daß sie bereits praktische Auswirkungen in der Gegenwart haben.

Es handelt sich demnach in der Tat nur um eine Rechtskontrolle, nicht aber übernehmen die Verwaltungsgerichte echte Aufgaben der Verwaltung. Die Fesseln einer rechtskräftigen gerichtlichen Entscheidung sind um so weniger fühlbar, weil die Rechtskraft sich gemäß den allgemeinen Grundsätzen auf die Parteien beschränkt. Gleichliegende Verwaltungsmaßnahmen zwischen der Behörde und anderen Bürgern werden durch die Rechtskraft einer zwischen den Streitteilen ergangenen Entscheidung nicht berührt. Die Behörde ist nicht einmal verpflichtet, in Zukunft die Grundsätze der rechtskräftigen Entscheidung in ihrem Verwaltungshandeln zu beachten, wenngleich sie es aus staatspolitischen Erwägungen tun sollte. Es wird sogar in der Verwaltung praktiziert und von der Rechtsprechung anerkannt, daß nach den Grundsätzen des allgemeinen Verwaltungsrechts auch ein rechtskräftig abgeschlossenes Verfahren von der Verwaltung wieder aufgenommen werden kann, eine im rechts- und staatsphilosophischen Sinne nicht unbedenkliche Entwicklung.

Von einer Beeinträchtigung der Verwaltung kann auch deshalb nicht die Rede sein, weil weite Gebiete staatlicher Tätigkeit in der Verwaltung nicht der Rechtskontrolle unterliegen, sei es aus Rechtsgründen, sei es aus tatsächlichen Gründen. Zum ersteren mag auf die Problematik der sogenannten justizfreien Verwaltungsakte verwiesen werden, die hier im einzel-

---

[8] Vgl. die ausführliche Abhandlung von NIKLAS LUHMAN, Öffentlich-rechtliche Entschädigung rechtspolitisch betrachtet, Bd. 24 der Schriftenreihe der Hochschule Speyer, die mit einem ausgearbeiteten Gesetzgebungsvorschlag abschließt.

nen nicht dargelegt werden kann. Zu der zweiten Gruppe rechnet z. B. das neuerdings in großem Umfang zur Verwaltungswirklichkeit gehörende Institut des öffentlich-rechtlichen Vertrages. Was in früheren Formen der Verwaltung durch Verwaltungsakt einseitig geregelt wurde, wird in der modernen Verwaltung vielfach durch öffentlich-rechtlichen Vertrag geregelt, womit das Bedürfnis des Bürgers, gegen den ergangenen Verwaltungsakt die Gerichte anzurufen, beseitigt wird. So sehr man aus rechtsstaatlichen oder staatspolitischen Gründen Bedenken gegenüber dieser Entwicklung haben mag, die rechtliche Zulässigkeit dieser Form staatlichen Handelns ist kaum mehr im Streit. Damit ist erneut der Beweis erbracht, daß Gesetze allein die staatliche oder gesellschaftliche Verfassung nicht festlegen, diese vielmehr eine innergesetzliche Entwicklung außerhalb des positiven Rechts hat. Gerade an diesem Beispiel wird der Wandel der Verwaltungsformen sichtbar.

Die These von der ungerechtfertigten Beeinträchtigung der Verwaltung durch die Verwaltungsgerichtsbarkeit kann nach allem kaum aufrechterhalten werden. Sie hat auch in den nunmehr zurückliegenden 18 Jahren nach der Einführung der Generalklausel in der Praxis eine Bestätigung nicht gefunden.

II

1. In vollem Umfange zuzustimmen ist Hans Peters, wenn er feststellt, daß die Verwaltungsgerichtsbarkeit sich nicht regelmäßig ihrer Aufgabe gemäß auf die Rechtskontrolle beschränkt, vielmehr von ihr „mittels eines juristischen Kunstgriffs" (a.a.O., S. 21) der Umfang der Nachprüfung der Verwaltungstätigkeit über wirkliche Rechtskontrolle hinaus bis in das ureigenste Gebiet der Verwaltung vorgetragen wird. Damit schneidet Peters das Problem des unbestimmten Rechtsbegriffs an, das in der Tat heute noch wesentlich beeinflußt sein dürfte durch Vorstellungen, die zu einer Zeit gültig waren, als die Verwaltungsgerichtsbarkeit noch als eine Selbstkontrolle der Verwaltung angesehen wurde. Zwischen den bestimmten und unbestimmten Begriffen gibt es nur einen graduellen Unterschied, ohne daß eine genaue Abgrenzung zwischen ihnen möglich ist. Bereits diese unscharfe Grenzziehung verbietet es, dem unbestimmten Rechtsbegriff die Bedeutung zuzuerkennen, die er in der Rechtsprechung der Verwaltungsgerichte gefunden hat. Ebenso unsicher ist die Abgrenzung zum Ermessensbegriff. Ein solcher soll nach der herrschenden Meinung vorliegen, wenn mehrere Entscheidungen zulässig und richtig sind, während bei dem unbestimmten Rechtsbegriff nur eine einzige Entscheidung möglich und richtig sein soll. Letzteres trifft deshalb in der Regel nicht zu, weil auch der unbestimmte Rechtsbegriff einen Wertungskern enthält, der auch durch die Ermittlung des Gebotsinhalts der Gesetzesvorschrift in den allermeisten Fällen nicht soweit eingeengt werden kann, daß der zu subsumierende Tatbestand nur eine

Entscheidung zuläßt[9]. Bei diesem Sachverhalt trifft es nicht zu, daß bei der Konkretisierung eines unbestimmten Rechtsbegriffs nur eine Entscheidung richtig ist. Trotz aller Bemühungen, dem unbestimmten Rechtsbegriff gedanklich reine Züge einer Rechtskontrolle zu geben, läßt sich nicht verkennen, daß auf diesem Wege an die Stelle der einen Auffassung zur Ermessensausübung eine andere gesetzt wird, ohne daß der zweiten vor der ersten der Vorrang zukäme.

Es sollte deshalb die heute übliche Grenze zwischen unbestimmtem Rechtsbegriff und Ermessensbegriff zugunsten des Ermessensbegriffs verschoben werden und die Entscheidung der Verwaltungsbehörde anerkannt werden, wenn diese bei der Ausfüllung des in jedem Falle vorhandenen Wertungskerns vertretbar gehandelt hat.

Damit läßt sich allerdings nicht das Problem des sogenannten Beurteilungsspielraums lösen, den Peters als Ermessensbegriff, wenn auch mit nur verhältnismäßig engen Wahlmöglichkeiten, ansieht (a.a.O. S. 23). Rechtsprechung und Lehre werden dem Lebensvorgang mehr gerecht, indem sie die maßgebenden materiellen Rechtsnormen als eine höchstpersönliche Ermächtigung an eine in besonderem Maße ausgestattete behördliche Einrichtung ansehen, verbindliche Qualifizierungen vorzunehmen. Kellner[10] hat mit Recht darauf hingewiesen, daß es in den einschlägigen Fällen des anerkannten Beurteilungsspielraums nicht auf die objektive Qualifikation, sondern darauf ankommt, ob diejenigen, denen das Gesetz einen Beurteilungsspielraum einräumt, die Überzeugung von der Qualifikation gewinnen. Diese rechtliche Einordnung dürfte dem Sachverhalt mehr gerecht werden als die Beurteilung unter dem Gesichtspunkt der Ermessensentscheidung.

2. Die Rechtsprechung der Verwaltungsgerichte sollte auch der Verwaltungswirklichkeit ihre besondere Aufmerksamkeit zuwenden. Diese kann rechtlich einwandfrei in der Rechtsprechung berücksichtigt werden. Die wirklichkeitskonforme Auslegung von Gesetzesvorschriften ist vielfach möglich. Auch wird die normative Kraft des Faktischen vor allem gegenüber dem formalen Recht häufig beachtlich sein. Schließlich sind Gewohnheitsrecht und Herkommen Rechtsbegriffe, die vor allem im nichtkodifizierten allgemeinen Teil des Verwaltungsrechts besondere Bedeutung haben. Gerade unter diesem Gesichtspunkt ist die Zusammensetzung des Richterkörpers in der Verwaltungsgerichtsbarkeit für die Qualität der Rechtsprechung sehr wesentlich. Die Verwaltungsgerichtsbarkeit bedarf dringend des Nachwuchses aus der Verwaltung, damit die Lebensnähe zur Verwaltung erhalten bleibt, die nun mal der Rechtsprechung im öffentlichen Recht ihr Gepräge geben muß. Die Verwaltungsgerichtsbarkeit kann dieses Problem aus eigener Kraft nicht lösen. Sie bedarf dazu der Hilfe der Exeku-

---

[9] Vgl. Reinicke Korreferat auf der Europarechtstagung in Köln 1963 zum Thema „Rechtsprechung des Gerichtshofs der europäischen Gemeinschaften".

[10] NJW 1966, S. 857 ff. (859).

tive wie aber auch der Legislative. Beide Gewalten sollten sich ihrer Verantwortung in dieser für das Wohl und Wehe des Staates wichtigen Frage bewußt sein.

III

Seit dem Inkrafttreten des Grundgesetzes erleben wir einen erstaunlichen Wandel in der Struktur des öffentlichen Rechts. Während OTTO MAYER noch in der 1924 erschienenen Auflage seines Lehrbuchs über das Verwaltungsrecht den Satz schreiben konnte: „Verfassungsrecht vergeht, Verwaltungsrecht besteht", ist es heute ein bekanntes Wort, daß Verwaltungsrecht konkretisiertes Verfassungsrecht ist. Das beruht auf der Entscheidung des Grundgesetzes, daß die Grundrechte unmittelbar geltendes Recht sind, sowie auf der Einführung der Generalklausel in Art. 19 Abs. 4 GG, welch letztere ZEIDLER [11] mit Recht als die folgenschwerste Entscheidung in der Geschichte des modernen deutschen Verwaltungsrechts bezeichnet hat. Über dieses System des Rechtsschutzes ist das Eindringen des Verfassungsrechts in das Verwaltungsrecht schnell und umfassend möglich gewesen, haben die Gerichte die Verwaltung gezwungen, „die Verfassung ernst zu nehmen" [12]. Der Schwerpunkt der Verwaltungsgerichtsrechtsprechung hat sich damit wesentlich auf staats- und verfassungsrechtliche Fragen verlagert. Das sollte es den Verwaltungsgerichten erleichtern, sich von Vorstellungen zu trennen, die unter anderen staatsrechtlichen Verhältnissen einmal gültig waren.

---

[11] a.a.O., S. 322.

[12] ZEIDLER, a.a.O., S. 324.

Immunität ausländischer Staaten in Strafverfahren und Verwaltungsstrafverfahren

IGNAZ SEIDL-HOHENVELDERN

Die Deutsche Gesellschaft für Völkerrecht hat im Jahre 1964 die Einsetzung einer Studienkommission beschlossen, die sich mit der Frage der Staatenimmunität befaßt. Sie soll insbesondere untersuchen, ob und inwieweit das heutige Völkerrecht die Immunität fremder Staaten auf deren acta jure imperii beschränkt. Im Zuge der Beratungen dieser Kommission wurde die Frage aufgeworfen, ob auch dann, wenn ausländische Staaten in Strafverfahren oder Verwaltungsstrafverfahren verwickelt sind, deren Immunität lediglich auf acta jure imperii beschränkt sei. Schon der Umstand, daß diese Untersuchung sich auf das Strafrecht und Verwaltungsstrafrecht erstrecken soll, zeigt, daß das von PETERS [1] für den Bereich des deutschen Verwaltungsstrafrechts aufgezeigte Phänomen des Verschwimmens der materiellen Grenzen zum Strafrecht keineswegs auf den Bereich des deutschen Rechts beschränkt ist [2].

Die Frage der Grenzen der Immunität der Staaten im Straf- und Verwaltungsstrafverfahren ist in Praxis und Lehre bisher kaum erörtert worden. Wenn man nur die Fälle, in denen ein solches Verfahren sich direkt gegen den ausländischen Staat als solchen richtet, in die Untersuchung einbezieht, kann diese Frage nur in Staaten auftauchen, deren Rechtsordnung einerseits eine Strafbarkeit juristischer Personen kennt [3] und andererseits nicht für *alle* Handlungen eines ausländischen Staates Immunität gewährt, also für dessen acta jure gestionis ebenso wie für dessen acta

---

[1] Lehrbuch der Verwaltung (Berlin 1949), S. 186.

[2] Ich habe mit diesem Argument schon in meiner Besprechung (JZ 1963, S. 39) des Buches von SCHLOCHAUER, Die extraterritoriale Wirkung von Hoheitsakten (Frankfurt 1962), gegen dessen Ansicht Bedenken angemeldet. SCHLOCHAUER, a.a.O., S. 55, hält zwar den Anspruch eines Staates, im Ausland gegen Ausländer begangene Handlungen von Ausländern strafrechtlich zu verfolgen — abgesehen von den engumgrenzten Ausnahmen des völkerrechtlichen Schutzprinzips — für völkerrechtswidrig. Seiner Ansicht nach führe aber diese Regel nicht zur Völkerrechtswidrigkeit der Maßnahmen zur Bekämpfung im Ausland zwischen Ausländern vereinbarter Kartellabreden. Hier handle es sich nämlich nicht um kriminelle Strafverfolgung, sondern lediglich um Verwaltungsunrechtsverfolgung.

[3] z. B. § 5 des Wirtschaftsstrafgesetzes 1954, BGBl I, S. 175.

jure imperii [4]. Schon dies schränkt den Kreis der Fälle sehr ein, in denen sich das Problem überhaupt stellen könnte. Die mögliche Straffähigkeit ausländischer Staaten wird überdies noch durch den Umstand weiter eingeengt, daß nach einer früher weitverbreiteten Auffassung Klagen gegen den eigenen Staat unzulässig waren. Gewiß, man ist heute auch in Großbritannien und in den Vereinigten Staaten weitgehend von dem Satze abgerückt, daß „der König kein Unrecht tun kann" [5]. Insoweit es aber weiterhin unmöglich ist, den eigenen Staat und seine Gliederungen [6] strafrechtlich zur Verantwortung zu ziehen, ist es zumindest fraglich, ob in gleichgelagerten Fällen ein Strafanspruch gegen den fremden Staat geltend gemacht werden könnte. Nach der allerdings nicht unbestritten gebliebenen Auffassung Sir Hersch Lauterprachts [7] sollte ein Staat ausländische Staaten grundsätzlich nur insoweit seiner Gerichtsbarkeit unterwerfen, als er selbst bereit sei, sein Handeln von seinen Gerichten überprüfen zu lassen.

Als die Person eines absoluten Herrschers noch mit der seines Staates gleichgesetzt wurde, war es in der Lehre umstritten, ob einem solchen Herrscher im Gebiet eines anderen Staates Immunität gebühren oder ob er dort wie jeder Privatmann den Gesetzen des Aufenthaltlandes unterworfen sein sollte. Die Diskussion entzündete sich insbesondere an der Verurteilung Maria Stuarts wegen Hochverrats gegen die Königin von England im Jahre 1587. Maria Stuart berief sich zwar auf ihre Immunität als Souverän. Sie hatte aber schon vor ihrer Verurteilung abgedankt [8]. Als Königin Christine von Schweden 1657 ihren Oberstallmeister Graf Monaldesco in Fontainebleau töten ließ, hatte sie zwar auch schon auf den Thron verzichtet. Leibniz hat aber in einem eingehenden Rechtsgutachten darauf hingewiesen, daß die der Königin bei der Thronentsagung vorbehaltenen Souveränitätsrechte ihr mit ausdrücklichen Worten die Gerichtsbarkeit über ihren Hofstaat zuerkannten [9]. Die Tötung Monaldescos führte zu keinem Strafverfahren gegen die Königin. Entgegen früheren Behauptungen, daß die Königin aus privater Eifersucht gehandelt habe, vertritt Pfister die Auffassung, daß sie die Tat anordnete, weil Monaldesco ihre politischen Pläne zur Gewinnung Neapels

---

[4] Großbritannien und die osteuropäischen Staaten (z. B. poln. OGH 14. 12. 1948, Clunet 1963, S. 191) gewähren auch heute noch ausländischen Staaten diese absolute Immunität.

[5] O'Connell, International Law (London 1965), S. 914.

[6] Rudolf Schmitt, Strafrechtliche Maßnahmen gegen Verbände (Stuttgart 1958), S. 15 und 92, ist für das deutsche Recht der Ansicht, daß solche Maßnahmen grundsätzlich auch gegen Körperschaften des öffentlichen Rechtes ergriffen werden können.

[7] The Problem of Jurisdictional Immunities of Foreign States, British Yearbook of Int. Law XXVIII (1951), S. 239; dagegen Sucharitkul, State Immunities and Trading Activities (London 1959), S. 283—284.

[8] Loening, Gerichtsbarkeit über fremde Staaten und Souveräne (Halle 1903), S. 5—6.

[9] Pfister, Königin Christine (München 1949), S. 135.

verraten hatte [10]. Seit dem Beginn des 18. Jahrhunderts setzte sich dann die insbesondere von STUYK, LEYSER und BYNKERSHOEK vertretene Lehre durch, daß ein Herrscher im Ausland zwar nicht der dortigen Strafgerichtsbarkeit [11], wohl aber der Gerichtsbarkeit in bürgerlichen Streitsachen unterliege [12].

Es braucht hier nicht näher dazu Stellung genommen zu werden, ob die heutige Rechtslage des ausländischen Staates vor innerstaatlichen Gerichten aus diesen seinerzeit für die Immunität absoluter Herrscher aufgestellten Regeln abzuleiten ist [13]. Schon die bloße Tatsache, daß man heute den Staat keineswegs in einer physischen Person verkörpert sieht, läßt die Frage nach der Strafbarkeit des ausländischen Staates in einem völlig anderen Licht erscheinen. Strafen an Leib und Leben können nun einmal nur an physischen Personen vollstreckt werden. Eine Strafe gegen den Staat als juristische Person kann praktisch nur eine Vermögensstrafe sein. Es sind aber Fälle denkbar, in denen Organe eines ausländischen Staates für eine Handlung vor Gericht gestellt werden, die letzten Endes nicht ihrem eigenen Willen, sondern dem ihres Staates entspricht [14].

Im allgemeinen wird der durch ein widerrechtliches Handeln des ausländischen Staates Geschädigte weniger Wert auf dessen Bestrafung als auf Ersatz seines Schadens legen. So führten selbst Ereignisse, die — wenn sie keine acta jure imperii waren — zweifelsohne schwere Verbrechen darstellen würden, nur zu Schadenersatzklagen, nicht aber zu Strafanträgen. Als Beispiel sei auf eine Klage gegen die Handelsdelegation der USSR in Frankreich hingewiesen, in der am 12. 1. 1940 Schadenersatz dafür verlangt wurde, daß die Handelsdelegation als Bestandteil des als Einheit gesehenen Staatshandelsorganismus der USSR seit dem sowjetischen Einfall in Ostpolen im Oktober 1939 an der Ausbeute ostpolnischer Erdölfelder beteiligt sei, die im Eigentum französischer Firmen standen. Wenn ein Privater in dieser Weise gehandelt hätte, wäre er der Hehlerei nach einem Raub schuldig geworden, für die die französische Strafgerichtsbarkeit infolge des ausländischen Tatorts allerdings nur bei Verkauf dieses Erdöls in Frankreich zu begründen wäre. Es blieb bei einer zivilrechtlichen Schadenersatzklage, der

---

[10] ebda.

[11] Anderer Meinung FR. LAURENT, Droit civil international (1880), Vol. III, S. 42—103, zitiert nach LOENING, S. 61—62, der einen Souverän, der im Ausland eine strafbare Handlung begeht, der dortigen Strafgerichtsbarkeit unterwerfen will.

[12] LOENING, a.a.O., S. 17—23.

[13] So LOENING, a.a.O., S. 56 und GMÜR, Gerichtsbarkeit über fremde Staaten (Zürich 1948), S. 55; a. M.: STENGEL in: DYNOVSKY, Unzulässigkeit einer Zwangsvollstreckung gegen ausländische Staaten (Gutachten Berlin 1910), S. 204, zitiert nach GMÜR und SUCHARITKUL, a.a.O., S. 23. Für eine unterschiedliche Behandlung von Staat und Souverän FÉRAUD-GIRAUD, Etats et Souverains I, S. 203 und ULLMANN, Völkerrecht, S. 87 (zitiert nach LOENING, S. 71), die einem Staat Immunität auch für acta jure gestionis zuerkennen, die privaten Akte des ausländischen Souveräns aber der inländischen Gerichtsbarkeit unterwerfen wollen.

[14] s. unten Text bei Anm. 28—31.

das Erstgericht [15] stattgab. Die Berufungsinstanz [16] hegte aber immerhin Zweifel, ob der Einmarsch der Roten Armee im Oktober 1939 nicht doch als Akt jure imperii zu werten wäre. In diesem Fall müßte auch die Zivilklage an der Immunität der USSR scheitern.

Zur Verhängung einer Geldstrafe gegen die Handelsdelegation der USSR in Frankreich kam es dagegen in einem anderen Fall, dem ein Handeln zugrunde lag, das nach Ansicht des Gerichtes zweifelsohne einen Akt jure gestionis darstellte. Der Sänger Schaljapin hatte hier von der Handelsdelegation deshalb Schadenersatz gefordert, weil diese ohne seine Zustimmung eine verfälschte Fassung seiner Memoiren in Frankreich vertrieben hatte. Da aber nach dem französischen Dekret vom 28.—30. Mai 1852, auf das Schaljapin seinen Anspruch gründete, die Verfälschung eines Manuskripts auch mit einer Geldstrafe bedroht ist, belegte das Gericht neben der Verurteilung zu Schadenersatz die Handelsdelegation auch mit der vorgesehenen Geldstrafe [17].

Auch der österreichische Verwaltungsgerichtshof [18] hatte keine Bedenken, den Grundsatz der beschränkten Immunität [19] nicht nur hinsichtlich der österreichischen Gerichtsbarkeit, sondern auch der österreichischen Verwaltungshoheit anzuwenden. Er hielt es daher für völkerrechtlich zulässig, den Verfall von 4936 Liter Rohbranntwein auszusprechen, der im Eigentum der USSR stand. Der Branntwein war in einer von der USSR als Eigentum beanspruchten Brennerei in der damaligen sowjetischen Besatzungszone Österreichs erzeugt und angeblich ohne Wissen der Brennerei von einem Österreicher zwecks Verkauf in die britische Besatzungszone geschmuggelt worden. Im Verwaltungsstrafverfahren gegen diesen Österreicher wegen Monopolhehlerei war der Verfall des Branntweins ausgesprochen worden.

Strafklagen gegen ausländische juristische Personen, die von einem ausländischen Staat beherrscht werden, aber dennoch eine Rechtspersönlichkeit besitzen, die von der dieses Staates verschieden ist, fallen in den Bereich unserer Untersuchung. Auch solche juristische Personen konnten sich nämlich in bürgerlichen Rechtsstreitigkeiten in einigen Fällen auf die Immunität des Staates berufen, der sie beherrscht. Es handelte sich aber dabei jeweils um Akte, die von dem entscheidenden Gericht als Hoheitsakte des betreffen-

[15] Trib. Civ. Seine 12. 1. 1940, Représentation Commerciale de l'URSS c. Société Française Industrielle et Commerciale Groupe Maloposka, Clunet 1940—1945, S. 810 = Annual Digest 1938—1940, Nr. 83.

[16] Cour d'Appel Paris (1ch) 12. 2. 1941, Nouv. Revue Droit Int. Privé 1941, S. 149—150 = Annual Digest 1919—1942, Nr. 77.

[17] Cour d'Appel Paris (1ch) 28. 7. 1932, Clunet 1934, S. 641 (653), bestätigt Cour de Cass. (Réq.) vom 31. 12. 1936, Clunet 1937, S. 532.

[18] Entscheidung vom 13. 1. 1954, VwGH (F) 9 (1954), Nr. 869 (F), Internat. Law Reports 1954, S. 101. Vgl. ferner unten Anm. 30, mit der das Schweiz. Bundesgericht einen Verfall von Staatseigentum wegen eines Handelns jure imperii aussprach.

[19] Vgl. insbesondere das grundlegende Urteil des österr. OGH vom 10. 5. 1950, SZ XXIII/Nr. 143 = Int. Law Report 1950, S. 155, im Dralle-Fall.

den Staates angesehen wurden [20]. Bei der Frage, ob und inwieweit es in solchen Fällen zulässig ist, den Schleier der besonderen Rechtsperson zu durchstoßen, damit der Staat, der hinter dieser von ihm verschiedenen juristischen Person steht, in den Genuß der Immunität kommt, wird auch in Staaten, die sonst dem Grundsatz der absoluten Immunität folgen [21], auf die Unterscheidung zwischen acta jure imperii und acta jure gestionis zurückgegriffen [22].

In einem Antitrust-Strafverfahren hatte es ein US-Gericht abgelehnt, der Société Commerciale des Potasses d'Alsace Immunität zu gewähren [23], deren Aktien zu 11/15 im Eigentum der Französischen Republik standen. Überdies lag dem Gericht ein Schreiben des französischen Botschafters in Washington vor, demzufolge die französische Regierung die Gesellschaft dergestalt beherrschte, daß eine Klage gegen diese Gesellschaft eine Klage gegen den französischen Staat sei. Das Gericht hielt die Gesellschaft für eine vom Staat verschiedene Person. Sie könne sich daher weder direkt auf dessen Immunität berufen noch darauf, daß sie als dessen Organ (agent) gehandelt habe. Auch ein solches Organ hafte für seine strafbaren Akte. Der fremde Staat dürfe seinen Organen nicht befehlen, die Rechtsordnung des Forumsstaates (d. h. hier also das US-Antikartellrecht) zu verletzen. Wenn der fremde Staat das aber dennoch tue, könne er nicht verlangen, daß ein gegen sein Organ eingeleitetes Verfahren als ein Verfahren gegen ihn selbst und daher als durch seine Immunität geschützt angesehen werde.

Dagegen befreite der US District Court des District of Columbia [24] am 15. 12. 1955 [25] die Anglo-Iranian Oil Coy von einer unter Strafandrohung

[20] Preußischer Gerichtshof zur Entscheidung der Kompetenzkonflikte 12. 3. 1921, JW 1921, S. 1418, und 15. 12. 1923, JW 1924, S. 1389 (Schadenersatzklagen gegen die Polnische Landesdarlehenskasse wegen Konfiskation durch den polnischen Staat) sowie Baccus S.R.L. v. Servicio Nacional del Trigo (1957), 1 Q.B. 438, Int. Law Reports 1956, S. 160 (Klage gegen den Spanischen Getreideeinfuhrdienst).

[21] Dies war für das Deutsche Reich im Zeitpunkt der in der vorigen Anmerkung erwähnten Entscheidungen der Fall (RG 10. 12. 1921, RGZ 103, 274 [The Ice King]). Für Großbritannien vgl. Anm. 4.

[22] Hierzu auch SEIDL-HOHENVELDERN, Besitzen Staatsbetriebe und ihr Staat die gleiche oder verschiedene Rechtspersönlichkeit? Recht in Ost und West 1966, S. 1, O'CONNELL, International Law (London 1965), S. 948—949, glaubt, daß die Entscheidung im Baccus-Fall auch einer jure gestionis handelnden staatsbeherrschten juristischen Person Immunität gewähren wollte. Vgl. aber die Ausführungen des Richters JENKINS, Int. Law Reports 1956, S. 164.

[23] United States v. Deutsches Kalisyndikat Gesellschaft, D.C., 31 F. 2d 199, Ann. Dig. 1929—1930, Nr. 110.

[24] In re Investigation of World Arrangements with Relation to the Production, Transformation, Refining and Distribution of Petroleum, 13 F.R.D. 280, Int. Law Reports 1952, S. 197.

[25] Somit also nach Erlaß des „Tate Letter“ vom 19. 5. 1955, mit dem das State Department seine Absicht begründete, Ansuchen ausländischer Staaten zwecks Unterstützung von Immunitätsansprüchen für acta jure gestionis in Zukunft abzulehnen. Vgl. O'CONNELL, International Law, S. 929.

ausgesprochenen Verpflichtung zur Vorlage von Dokumenten, die ihrerseits die Grundlage für eine strafrechtliche Verfolgung wegen Verletzung der US-Antitrustgesetze bilden sollte. Nur etwas mehr als ein Drittel des Kapitals dieser Gesellschaft steht im Eigentum der britischen Regierung, die aber im Besitz der Mehrheit der stimmberechtigten Aktien ist und auf diese Weise die Gesellschaft beherrscht. Das Gericht hielt dies aber für weit weniger maßgeblich als die Tatsache, daß der Zweck dieser Beteiligung die Sicherstellung der Ölversorgung der britischen Flotte sei. Das Streben danach sei völlig verschieden von demjenigen Frankreichs im Deutschen Kalisyndikats-Fall. Frankreich habe mit dieser wirtschaftlichen Betätigung lediglich kommerzielle Gewinne erzielen wollen. Der Anglo-Iranian Oil Coy wurde also Immunität zugebilligt, weil die britische Regierung diese von ihr beherrschte Gesellschaft zu Zwecken einsetzte, die das Gericht als hoheitlich ansah.

In der Regel wird ein Staat aber nicht durch von ihm beherrschte Gesellschaften, sondern durch physische Personen handeln. In den Fällen, in denen ein Staatsorgan als solches handelte, schließt dessen Verurteilung durch ein ausländisches Gericht aber nicht aus, daß der Gerichtsstaat nicht dennoch den Heimatstaat des Organs für dessen Handeln völkerrechtlich verantwortlich macht (z. B. Kriegsverbrechen).

Für diplomatische und konsularische Staatsorgane kommt ein Unterschied hinsichtlich ihrer Immunität für Staatsakte jure imperii und jure gestionis auf Grund des nunmehr in der Konvention über Diplomatische Beziehungen vom 18. 4. 1961 [26] bzw. in der Konvention über Konsularische Beziehungen vom 24. 4. 1963 [27] kodifizierten Völkergewohnheitsrechts nicht in Frage. Da Diplomaten selbst für ihre eigenen Privatakte Immunität von der Gerichtsbarkeit des Empfangsstaates genießen, muß dies um so mehr auch für dienstliche Akte gelten, die sie für den von ihnen vertretenen Staat setzen, selbst wenn es sich hierbei um Akte jure gestionis handeln sollte. Konsuln genießen im Empfangsstaat zwar nur hinsichtlich ihrer Dienstgeschäfte Immunität, doch gehört zweifellos auch ein Handeln jure gestionis für den Sendestaat zu ihren Dienstgeschäften.

Bei anderen Personen, die als Organe eines Staates handeln, schwankt die Rechtsprechung, ob sie sich vor Gerichten eines anderen Staates darauf berufen können, daß ihr an und für sich dort strafbares Handeln ihrem Staat und nicht ihnen persönlich zugerechnet werden solle. Eine solche Verantwortung wäre jedenfalls dann erfolglos, wenn die strafbare Handlung des Organs von seinem Staat weder gewollt noch gutgeheißen war. Der Fahrer des Autobusses einer ausländischen Postverwaltung könnte sich mit dieser Begründung keineswegs der strafrechtlichen Verantwortung für einen durch seine Fahrweise verursachten Unfall entziehen. Handelte das Organ

[26] Am. J. of Int. Law 55 (1961), S. 1064 ff. = BGBl 1964, II, S. 957.

[27] ebda. 57 (1963), S. 995.

aber auf Befehl seines Staates, dann hat eine solche Verteidigung in manchen Fällen Erfolg gehabt. Ein Offizier, der im Auftrag der britischen Regierung in einem Handstreich den am US-Ufer des Grenzflusses gegen Kanada verankerten Dampfer „Caroline“ versenkte, konnte, obwohl hierbei Menschen ihr Leben verloren, von einem US-Gericht nicht wegen Mordes verurteilt werden[28]. Ein britischer Offizier, der im Auftrag des Sultans von Muskat in dessen Hoheitsgewässern Waffen konfiszierte, konnte deshalb nicht von einem britischen Gericht wegen unberechtigter Entziehung (conversion) dieser Waffen zu Schadenersatz verurteilt werden[29]. Diesen Fällen stehen aber andere gegenüber. Ein Buchprüfer, der im Auftrag der deutschen Devisenstelle im — allerdings wohl nicht ganz freiwillig erteilten — Einverständnis mit dem Betroffenen eine Buchprüfung in Zürich vornahm, wurde wegen verbotener Amtshandlung für einen fremden Staat verurteilt und der Verfall seiner Eigentum des Deutschen Reiches darstellenden amtlichen Aktenunterlagen ausgesprochen[30]. Der BGH hat am 19. 10. 1962[31] den Mörder eines Exilukrainers lediglich als Tatgehilfen verurteilt. Nach dem Geständnis des Täters habe der sowjetische Geheimdienst ihm den Auftrag erteilt, das Opfer in München mit einer Giftgaspistole zu ermorden. Er habe diesen Befehl ausgeführt. Der BGH begründete sein Urteil damit, daß der Täter im Regierungsauftrag gehandelt habe (S. 89). Diese gefährlichen Verbrechensantriebe seien vom Träger der Staatsgewalt ausgegangen (S. 93—94).

[28] „Caroline“-Zwischenfall, People v. McLeod (1841), STRUPP-SCHLOCHAUER, Wörterbuch des Völkerrechts II, S. 492.

[29] Carr v. Fracis Times & Co (1902), A.C. 176 = British Int. Law Cases 2, 823. Fälle dieser Art führten in den Vereinigten Staaten zur Entwicklung der sogenannten Act of State doctrine. Die US-Gerichte hielten sich schließlich kraft dieser Doktrin sogar für verpflichtet, sich nicht nur dann der Beurteilung der Rechtmäßigkeit des Handelns eines fremden Staates zu enthalten, wenn der Beklagte wie in den gegenständlichen Fällen wegen einer Handlung als Organ des Staates belangt wird. Sie lehnten vielmehr eine solche Beurteilung insbesondere dann ab, wenn die Rechtmäßigkeit eines konfiskatorischen Eingriffes eines fremden Staates in Privateigentum in einem Rechtsstreit zwischen dem Nachmann dieses Staates und dem früheren Eigentümer angezweifelt wurde. Hier ist der Nachmann natürlich kein Organ des fremden Staates. Derartige Fälle führten dazu, daß die Act of State doctrine, die nach herrschender US-Ansicht keine Völkerrechtsregel, sondern das Ergebnis verfassungsrechtlicher Erwägungen ist, nicht nur in den Vereinigten Staaten wachsender Kritik ausgesetzt ist. Vgl. hierzu SEIDL-HOHENVELDERN, Völkerrechtswidrige Akte fremder Staaten vor innerstaatlichen Gerichten, Recht im Wandel, Festschrift 150 Jahre Carl Heymanns Verlag (Köln 1965), S. 591—619. Mit Recht warnt aber VAN PANHUYS, In the Borderland between the Act of State Doctrine and Questions of Jurisdictional Immunites, International and Comparative Law Quarterly 1964, S. 1203, davor, im Zuge einer Abkehr von der Act of State Doctrine nunmehr auch Klagen in den obenerwähnten Fällen gegen Personen wegen Akten zuzulassen, die sie lediglich als Organe ihres Staates setzten.

[30] BG 6. 3. 1939, Kämpfer gegen Zürich, Staatsanwaltschaft, BGE 65, I, 39; ähnlich BG 22. 10. 1949 im Falle Vitianu (wirtschaftlicher Nachrichtendienst zugunsten der Volksrepublik Rumänien), Schw. Jahrb. f. internat. Recht VII (1950), S. 146 ff.

[31] BGH, Str. 18, 87.

Der Täter habe sich dem fremden Täterwillen nur widerstrebend gefügt. In dieser Verurteilung des unmittelbaren Täters lediglich als Gehilfe liegt auch eine zumindest moralische Verurteilung der fremden Staatsgewalt, die der BGH offenbar als den wahren Täter ansah.

Die unterschiedliche Behandlung der Taten dieser ausländischen Staatsorgane durch innerstaatliche Gerichte mag darauf zurückzuführen sein, daß in den beiden erstgenannten Fällen die Täter, durch ihre Uniform kenntlich, offen als Staatsorgane ihres Staates handelten, während die drei letzten Fälle in steigendem Maß dem Bereich der geheimen, nachrichtendienstlichen Tätigkeit zuzurechnen sind. Dennoch ist allen diesen Fällen gemeinsam, daß es sich um acta jure imperii handelte. Wenn aber schon bei jure imperii vorgenommenen Handlungen das ausführende Staatsorgan nicht mehr generell damit rechnen kann, daß es sich erfolgreich auf die Immunität seines Heimatstaates berufen kann, so dürfte dies bei acta jure gestionis erst recht nicht der Fall sein. Der Fahrer eines ausländischen Bahnautobusses, der — sei es auch auf Befehl seiner Bahnverwaltung — den Autobus über das höchste im Inland zulässige Ladegewicht hinaus belädt, würde keineswegs unter Berufung auf diesen Befehl Straffreiheit erlangen können. Konkrete Fälle, in denen hinsichtlich der Verantwortlichkeit des Staatsorgans hier zwischen acta jure gestionis und acta jure imperii unterschieden wurde, sind mir allerdings nicht bekanntgeworden. In der sachlich verwandten Frage der Zulässigkeit der Bestrafung von Angehörigen ausländischer Truppenkörper ist das Reichsgericht in der Sache aber auf diese Unterscheidung zurückgekommen [32]. Es handelt sich hierbei darum, ob ein Angehöriger desjenigen Truppenteils der griechischen Armee, der während des Ersten Weltkriegs auf deutschen Boden übergetreten und in Görlitz untergebracht worden war, als Exterritorialer der deutschen Strafgerichtsbarkeit unterliege. Das Reichsgericht hielt die deutsche Gerichtsbarkeit für gegeben. Fremde Truppenkörper, die in Friedenszeiten in ein fremdes Herrschaftsgebiet eintreten, genössen dort zwar völkerrechtlich Exterritorialität. Das gelte aber nur deshalb und insoweit, als sie zur Erfüllung einer dienstlichen und staatlichen Aufgabe ihres Heimatstaates innerhalb des fremden Staates tätig werden. Von einer solchen Aufgabe sei aber bei den übergetretenen Truppenteilen des griechischen Heeres keine Rede.

Die eingangs aufgeworfene Frage, ob auch im Strafverfahren bei der Anerkennung der Immunität fremder Staaten eine Unterscheidung zwischen deren acta jure imperii und acta jure gestionis gemacht wird, ist dahin zu beantworten, daß sich das Problem der Natur der Sache nach nur in seltenen Ausnahmefällen stellen wird. Soweit die wenigen vorstehend erörterten Fälle einen Schluß zulassen, dürften einer Einschränkung der Immunität ausländischer Staaten auf deren acta jure imperii auch im Strafverfahren keine völkerrechtlichen Bedenken entgegenstehen.

[32] BG 17. 9. 1918; RG, Str. 52, 167.

Der Schutz des Berufsgeheimnisses und das Zeugnisverweigerungsrecht des Sozialarbeiters

Ein Beitrag zur Reform des Strafrechts und Strafprozeßrechts

THOMAS WÜRTENBERGER

I. Schutz des Berufsgeheimnisses und Zeugnisverweigerungsrecht

Wer mit HANS PETERS [1] in einer „der Menschenwürde entspringenden freien Entfaltung der Persönlichkeit" ein Leitziel für die Gestaltung unserer Rechtsordnung sieht, wird die Tendenz der strafrechtlichen Reformbewegung nach verstärktem Schutz der Privatsphäre und des Geheimbereichs des einzelnen voll bejahen [2]. In diesem Sinne sieht § 185 des Entwurfs 62 des StGB vor, daß der bisherige Kreis der Täter des Verrats von Berufsgeheimnissen durch Angehörige einer Reihe von neuen Berufsständen erweitert wird. Zu diesem neuen Personenkreis zählt neben Psychologen und Tierärzten u. a. auch der Sozialarbeiter. Künftig sollen „die in der Wohlfahrtspflege tätigen, staatlich anerkannten Sozialarbeiter" als Inhaber einer Vertrauensstellung gegenüber den von ihnen Betreuten wegen Bruchs der ihnen anvertrauten oder zugänglichen Privatgeheimnisse bestraft werden (Entwurf 62 § 185 Abs. 1 Nr. 4). Wie u. a. aus den Beratungen der Großen Strafrechtskommission hervorgeht [3], ist ein wesentliches Motiv zu dieser vorgeschlagenen Regelung in dem Bestreben der Berufsverbände der Psychologen, Sozialarbeiter usw. zu sehen, auf Grund einer erreichten gesetzlichen Anerkennung der Strafbarkeit wegen Verrates von Privatgeheimnissen zugleich für ihre Angehörigen ein bis jetzt nicht zugebilligtes strafprozessuales Zeugnisverweigerungsrecht (§ 53 StPO) in Anspruch zu nehmen [4]. Für eine solche Forderung war vornehmlich die Vorstellung maßgebend, die in § 300 StGB statuierte Verschwiegenheitspflicht der Angehörigen bestimmter Berufsgruppen „korrespondiere" mit deren Zeugnisverweigerungsrecht nach

---

[1] H. PETERS, Die freie Entfaltung der Persönlichkeit als Verfassungsziel (Festschrift für R. Laun, 1953, S. 678).

[2] Vgl. z. B. TH. WÜRTENBERGER, Die geistige Situation der deutschen Strafrechtswissenschaft, 2. Aufl., 1959, S. 76 f.

[3] *Niederschriften* über die Sitzungen der Großen Strafrechtskommission, Bd. 9, S. 208.

[4] R. MAURACH, Deutsches Strafrecht. Bes. Teil, 4. Aufl., 1964, S. 164.

§ 53 StPO [5]. Von der Stellungnahme zu dieser Auffassung von einer Korrelation zwischen dem Tatbestand des Geheimnisbruchs (§ 300 StGB) und dem strafprozessualen Zeugnisverweigerungsrecht (§ 53 StPO) hängt es wesentlich ab, ob die Forderung berechtigt ist, den Sozialarbeiter künftig sowohl in den Täterkreis des Deliktes des Geheimnisbruchs einzubeziehen als auch ihm ein strafprozessuales Zeugnisverweigerungsrecht zu gewähren. Bevor auf das innere Verhältnis zwischen dem Tatbestand des Privatgeheimnisbruches und dem Zeugnisverweigerungsrecht einzugehen ist, muß den rechtlichen Grundgedanken sowohl des Straftatbestandes des § 300 StGB (§ 185 Entw 62) als auch des strafprozessualen Zeugnisverweigerungsrechts (§ 53 StPO) Aufmerksamkeit geschenkt werden.

1. Der Zweck des strafrechtlichen Schutzes des Privatgeheimnisses (§ 300 StGB, § 185 Entw 62):

Wenn in § 300 StGB und § 185 Entw 62 Angehörige einer Gruppe von Personen bestraft werden, die ihnen kraft ihres Berufs anvertraute Geheimnisse offenbaren, so wird das Schwergewicht bei Bestimmung des Rechtsgutsgehalts dieser Strafvorschriften auf den Schutz der *Persönlichkeit* des Geheimnisträgers gelegt. Es ist die private Sphäre des einzelnen, die durch die Preisgabe des Berufsgeheimnisses der Ärzte, Rechtsanwälte usw. verletzt und zugleich durch jene Strafvorschriften geschützt wird. Innerhalb der Strafrechtswissenschaft wurde im Rahmen dieses, der Persönlichkeit gewährten Strafrechtsschutzes je ein anderer Aspekt aus der privaten Sphäre der Persönlichkeit in den Vordergrund gestellt: das „fremde Geheimnis“ [6], der „persönliche Geheimhaltungswille“ [7] oder das „Geheimhaltungsinteresse“ [8]. Der Entwurf 62 spricht in der Überschrift des § 185 vom „Privatgeheimnis“ und in der Begründung [9] von der „Geheimsphäre“ der Persönlichkeit als dem in § 185 geschützten Rechtsgut. Aus der Gesamttendenz der Strafrechtsreform, die mit der Forderung des Grundgesetzes auf Achtung sowohl der Würde als auch der Grundrechte des Menschen übereinstimmt, kann eindeutig geschlossen werden, daß im geltenden wie im künftigen Strafrecht sich der Schutz des Privatgeheimnisses in erster Linie auf die Einzelpersönlichkeit bezieht, die in ihrem besonderen Rang „der Gemeinschaft und dem Staat gegenüber steht“ [10]. Nur gelegentlich wurde früher die Auffassung vertreten, die Verletzung der Schweigepflicht (§ 300 StGB) sei weniger mit Rücksicht auf den Schutz der Einzelpersönlichkeit als

[5] Vgl. z. B. SCHWARZ-DREHER, StGB 28. Aufl., 1966, § 300, 4 Ac.

[6] R. MAURACH, a.a.O., S. 167; MEZGER-BLEI, Strafrecht II. Bes. Teil, 8. Aufl., 1964, S. 113.

[7] K. BINDING, Lehrbuch des Gem. deutschen Strafrechts. Bes. Teil Bd. 1, 2. Aufl., 1902, S. 127.

[8] W. SAUER, System des Strafrechts. Bes. Teil, 1954, S. 143.

[9] S. 334.

[10] Begründung des Entwurfs 62, S. 334.

vielmehr unter dem Gesichtspunkt der Wahrung öffentlicher Interessen zu ahnden [11]. Der letzteren Meinung ist nicht beizupflichten. Weder ruht das Schwergewicht des Unrechtsgehaltes des § 300 StGB auf dem Schutz der ungestörten Ausübung der in dieser Vorschrift genannten Berufe, noch sind unmittelbare Geheimnisse des Staates geschützt [12]. Auf der anderen Seite sind bei Bestimmung des Zweckgedankens des § 300 StGB, außer der im Zentrum stehenden Idee des Persönlichkeitsschutzes, gewisse überindividuelle Gesichtspunkte nicht ganz zu übersehen. Denn der Strafrechtsschutz des § 300 StGB bezieht sich, neben der Wahrung des Privatgeheimnisses des einzelnen, auch auf die im öffentlichen Interesse liegende und vom Staat geförderte *Vertrauensstellung* zwischen dem einzelnen als Geheimnisträger und dem Arzt, dem Rechtsanwalt usw. Das öffentliche Leben im ganzen sowie die Gesundheitspflege oder die Rechtspflege im besonderen sind in hohem Maße darauf angewiesen, daß jene Vertrauensstellung des Arztes oder Rechtsanwalts zum Patienten oder Klienten nicht durch Bruch des anvertrauten oder bekanntgewordenen Privatgeheimnisses angetastet wird. Die der Strafbestimmung des § 300 StGB zugrunde liegenden Interessenbereiche, die den Kern des Unrechtsgehaltes dieser Strafvorschrift ausmachen, lassen sich daher doppelt begründen: Primär geht es um den Schutz der Persönlichkeit in der Eigenschaft des beim Arzt, Rechtsanwalt usw. Hilfe suchenden Geheimnisträgers; sekundär ist das öffentliche Interesse im Spiele, daß bestimmte, staatlich anerkannte Berufsstände des besonderen Vertrauens der Geheimnisträger als Existenzgrundlage bedürfen [13].

2. Der Zweck des strafprozessualen Aussageverweigerungsrechts (§ 53 StPO):

Soll der Zeuge im Strafverfahren durch seine Aussage dazu beitragen, die Findung der objektiven Wahrheit seitens des Gerichts zu unterstützen, so findet diese Ausrichtung auf den strafprozessualen Wahrheitswert ihre Grenze im Recht des Zeugen, in bestimmten Fällen das Zeugnis zu verweigern [14]. Mag auch der Wert von Zeugenaussagen für die Rechtsfindung im ganzen hoch eingeschätzt werden, so kennt das Gesetz doch Fälle, in denen sowohl aus psychologischen wie auch rechtlichen Gründen der Zeuge nicht zur Aussage gezwungen wird. Daraus ist zu ersehen, daß dem das Strafverfahren beherrschenden Wahrheitswert kein absoluter Rang zukommt. Denn im Einzelfall können gewichtige Gegeninteressen vorlie-

[11] Vgl. etwa SAUTER, Das Berufsgeheimnis und sein strafrechtlicher Schutz, 1910, S. 50.

[12] Vgl. SCHWARZ-DREHER, a.a.O., § 300, 2.

[13] Nicht zu folgen ist E. R. FREY, Ärztliches Zeugnisverweigerungsrecht (Festschr. f. H. F. Pfenninger, 1956, S. 46), der den öffentlichen Interessenbereich als dem individuellen gleichrangig ansieht.

[14] Vgl. zum folgenden EBERH. SCHMIDT, Lehrkomm. zur StPO und zum GVG, Nachträge und Ergänzungen zu Teil II, 1966, Vorbem. zu § 52—56 StPO, Nr. 1—6.

gen, die gegenüber dem Gebot der prozessualen Wahrheitsfindung überwiegen. Vor allem erscheint es dem Gesetzgeber als notwendig, daß Personen in Vertrauensstellungen, wie Ärzten, Geistlichen, Verteidigern, Rechtsanwälten u.a.m., im Gegensatz zu anderen Zeugen, ein in § 53 StPO verankertes Auskunftsverweigerungsrecht zuerkannt wird. Der tiefere Grund, der den Gesetzgeber zu einer solch weitgehenden Ausnahme von der strengen Forderung nach größtmöglicher strafprozessualer Wahrheitserforschung veranlaßt hat, liegt in erster Linie in der besonderen Schutzwürdigkeit des Verhältnisses zwischen den obengenannten Berufsträgern und denjenigen Personen, „die sich vertrauensvoll ihrer Hilfe bedienen“ [15]. Mit der Rücksichtnahme auf solch ausgeprägte *Vertrauensverhältnisse* stellt der Gesetzgeber wichtige Interessen des öffentlichen Lebens in den Vordergrund. Gerade die Regelung des § 53 StPO beweist, wie hoch der Gesetzgeber jenes Vertrauensverhältnis einschätzt, wenn er „auf vielleicht entscheidend wichtige Beweis- und Aufklärungsmöglichkeiten im Bereich der Rechtspflege verzichtet“ [16]. Demgegenüber tritt der Gesichtspunkt, daß durch das Aussageverweigerungsrecht des § 53 StPO auch die individuelle „Geheimsphäre“ der in Betracht kommenden Geheimnisträger, also der Mandanten des Rechtsanwalts oder der Patienten des Arztes usw., zu schützen sei, stärker in den Hintergrund [17]. Im Gegensatz zum Zweckgedanken des § 300 StGB (§ 185 Entw 62) ist daher das öffentliche Interesse an der Verstärkung des Vertrauensverhältnisses zwischen Arzt und Patient gegenüber dem individuellen Gesichtspunkt des Schutzes der Geheimsphäre als primär anzusehen.

3. Das Verhältnis zwischen dem strafrechtlichen Schutz des Berufsgeheimnisses (§ 300 StGB, § 185 Entw 62) und dem strafprozessualen Zeugnisverweigerungsrecht (§ 53 StPO)

Diese Frage wird im Schrifttum durch die These bestimmt, daß zwischen jenen Gesetzesvorschriften ein „strenges Korrelat“ bestehe [18] oder daß jene „grundsätzlich miteinander korrespondieren“ [19]. Dieser Auffassung kann nicht in vollem Umfang gefolgt werden.

a) Aus den Erörterungen zu 1. und 2. ging hervor, daß bei § 300 StGB und bei § 53 StPO die Schutzwürdigkeit der Interessen durch jeweils verschiedene, wenn auch in weiten Partien sich überschneidende teleologische Akzente gekennzeichnet ist. Kommt es im Bereich des § 300 StGB in erster Linie auf den Schutz der individuellen Geheimsphäre der Persönlichkeit an, so steht im Bereich des § 53 StPO der Gedanke der Schutzwürdig-

[15] EBERH. SCHMIDT, a.a.O., Teil II, 1957, § 53, Nr. 3.
[16] EBERH. SCHMIDT, a.a.O., § 53, Nr. 3.
[17] EBERH. SCHMIDT, a.a.O.
[18] So FREY, a.a.O., S. 46.
[19] So SCHWARZ-DREHER, a.a.O., § 300, 4 A c.

keit sozial bestimmter Vertrauensverhältnisse, unter Einschränkung einer Verwirklichung des strafprozessualen Wahrheitsgebotes, stärker im Mittelpunkt.

b) Eine weitere Unterscheidung zwischen dem Sinn des § 300 StGB und der Bedeutung des § 53 StPO ergibt sich daraus, daß sich der Kreis der Täter des § 300 StGB mit der Gruppe der zeugnisverweigerungsberechtigten Personen des § 53 nicht völlig deckt. So besitzen Geistliche, Abgeordnete, Redakteure, Verleger, Herausgeber, Drucker, Intendanten, Sendeleiter gemäß § 53 StPO ein Zeugnisverweigerungsrecht, ohne gleichzeitig zum Täterkreis des § 300 StGB zu gehören. Auf der anderen Seite sind sowohl in § 53 (Nr. 2 u. 3) StPO als auch in § 300 Abs. 1 Nr. 1 und 2 StGB Ärzte, Zahnärzte, Apotheker, Rechtsanwälte, Patentanwälte, Notare, Wirtschaftsprüfer (vereidigte Bücherrevisoren), Steuerberater und Verteidiger des Beschuldigten in gleicher Weise genannt. Der Personenkreis beider Gesetzesvorschriften ist also insofern identisch, als Angehörige der genannten Berufsstände bei Verletzung der Schweigepflicht unter der Strafandrohung des § 300 StGB stehen und ihnen gleichzeitig ein Zeugnisverweigerungsrecht nach § 53 StPO eingeräumt wird. Im Hinblick auf diese Personenkreise könnte man von einer echten „Koppelung" beider Vorschriften oder von einem „Korrelat" der materiellrechtlichen und prozeßrechtlichen Regelung sprechen. Eine genauere Prüfung des Verhältnisses zwischen Schweigepflicht einerseits und Zeugnisverweigerungsrecht andererseits zeigt jedoch, daß ein solches „Korrelat" seine immanenten Grenzen hat. Wenn das geltende Recht z. B. den Rechtsanwälten, Verteidigern, Ärzten usw. sowohl die materiellrechtliche als auch die prozeßrechtliche Position zuerkennt, so ist dies insofern gerechtfertigt, als es sich um solche Personen handelt, die, wie vor allem Ärzte und Rechtsanwälte, standesethisch stark gebundenen Berufskreisen angehören. Angesichts dieser Situation wird den Repräsentanten solch besonders qualifizierter Personenkreise eine Entscheidung darüber zugemutet, ob eine Zeugenaussage mit der strafrechtlich sanktionierten Schweigepflicht vereinbar ist [20]. Ferner ist in § 53 Abs. 2 StPO normiert, daß bei Entbindung von der Schweigepflicht das Zeugnisverweigerungsrecht der genannten Personen aufgehoben ist und eine Pflicht zur Aussage wie bei jedem anderen Zeugen besteht. Wenn eine Entbindung seitens des Berechtigten nicht vorliegt, ist zu prüfen, ob der Schweigepflichtige im Interesse der Rechtspflege aussagen darf, oder ob er sogar dazu verpflichtet ist. Im letzteren Fall würde das in § 53 StPO normierte Aussageverweigerungsrecht aufgehoben. Gegenüber der früheren Ansicht [21], eine Geheimnisoffenbarung in der Form der Zeugenaussage sei in jedem Fall gerechtfertigt, nimmt man mit Recht heute allgemein an, daß der Schweige-

---

[20] Vgl. EBERH. SCHMIDT, a.a.O., § 53, Nr. 24.

[21] Vgl. OLSHAUSEN, Komm. zum StGB, 11. Aufl., 1927, § 300, Anm. 1 b.

berechtigte, der trotz Fehlens der Erlaubnis aussagen will, dies nach den rechtlichen Grundsätzen der Pflichten- oder Güterkollision in eigener Verantwortung tut [22]. Der Schweigeberechtigte hat sorgsam abzuwägen, welche anderen Rechtsgüter oder Interessen u. U. höher zu bewerten sind als das ihm anvertraute Privatgeheimnis. Der Widerstreit zwischen beiden Rechtsgütern oder Pflichten darf nicht anders als gerade durch eine Geheimnisoffenbarung lösbar sein. Wo in solchen Fällen die Grenze zu ziehen ist, kann allein der Angehörige jener genannten Berufe nach seinem Gewissen und den Maßstäben seines Standesethos entscheiden [23]. Es ist nicht zu übersehen, daß der Gesetzgeber in § 53 StPO nur einen enger umschriebenen Personenkreis derartiger rechtlicher und sittlicher Überlegungen für fähig hält. Einmal geht es um einen Kreis von Personen, deren berufliche Ausbildung der Staat selbst in die Hand nimmt und überwacht. Ferner wird bei den genannten Berufsständen ein gewisses Maß an „Berufsethos" vorausgesetzt. Im Hinblick auf diese berufliche Situation wird erwartet, daß Angehörige dieser Berufsstände sowohl das öffentliche Interesse an der prozessualen Wahrheitsfindung als hohes Gut ansehen als auch dieses gegen andere schutzwürdige Werte sorgsam abzuwägen verstehen. Wohl auf Grund solcher Erwägungen hat der Gesetzgeber bei der Neuregelung der Materie durch das 3. Strafrechtsänderungsgesetz einer Reihe vorher nicht schweigepflichtiger Personen wie Zahnärzten, Hebammen und Apothekern nunmehr ein besonderes Zeugnisverweigerungsrecht eingeräumt. Es ist bemerkenswert, daß im Gegensatz zu § 300 StGB, wo der Kreis der Täter dieser Strafvorschrift auf „Angehörige eines anderen Heilberufs" ausgedehnt wird, in § 53 StPO eine entsprechende Vorschrift fehlt. Somit besteht für alle anderen Kategorien des Heilberufes wie Krankenpfleger, Masseure, Krankengymnasten etc. kein originäres prozessuales Schweigerecht, sondern höchstens ein abgeleitetes Zeugnisverweigerungsrecht nach § 53 a StPO. Für diesen Personenkreis ist somit, abgesehen von der Regelung des § 53 a StPO, eine generelle Zeugnispflicht festgelegt. Im Hinblick auf diese Besonderheit kann trotz einer weitgehenden Identität zwischen dem Täterkreis des § 300 StGB und dem privilegierten Personenkreis des § 53 StPO wiederum nicht von einer vollständigen „Koppelung" beider Rechtsvorschriften gesprochen werden. Dies bestätigt die vorherrschende Tendenz der bisherigen Gesetzgebung, nur Angehörigen soziologisch bedeutsamer, besonders qualifizierter Berufsgruppen ein besonderes Zeugnisverweigerungsrecht einzuräumen. Hingegen kann der Kreis der nach § 300 StGB Schweigepflichtigen, wie es schon im geltenden Strafrecht der Fall ist, dadurch weitergezogen werden, daß auch Repräsentanten soziologisch weniger wichtiger und im Vergleich

---

[22] Vgl. Eberh. Schmidt, Lehrkomm. zur StPO, § 53, Nr. 25; Kohlhaas, Strafrechtliche Schweigepflicht und prozessuales Schweigerecht GA, 1958, S. 73.

[23] Vgl. Kohlhaas, a.a.O., S. 75 f.

zu Ärzten oder Rechtsanwälten berufsmäßig weniger geschulter Berufsgruppen einbezogen werden. Eine solche unterschiedliche Regelung hinsichtlich der jeweils beteiligten Personenkreise kann vom Zweck des Gesetzes her gesehen gerechtfertigt werden. Denn wie oben I. 1. ausgeführt, stellt § 300 StGB in erster Linie den künftig zu verstärkenden Schutz der Geheimsphäre des einzelnen in den Vordergrund. Diese Geheimsphäre der Persönlichkeit kann u. U. auch von Angehörigen jener weniger festumrissenen Berufsgruppen in gleicher Weise wie von Ärzten oder Rechtsanwälten verletzt werden. Durch die Regelung des § 53 StPO soll hingegen vornehmlich der reibungslose Ablauf der Rechtspflege im Sinne der objektiven Wahrheitsfindung gesichert werden. Da die Wahrheitsfindung im Prozeß weitgehend auf dem Zeugenbeweis beruht, muß vom Prinzip einer allgemeinen Zeugnispflicht ausgegangen werden. Ihre Bedeutung liegt darin, daß im Normalfall an ihr die Schweigepflicht endet. Auf der anderen Seite nimmt das an der objektiven Wahrheitsfindung orientierte Strafprozeßrecht in bestimmten Fällen durch Gewährung eines Zeugnisverweigerungsrechts auf den leitenden Gedanken des strafrechtlichen Schutzes von Privatgeheimnissen Rücksicht. Damit wird sowohl den spezifischen Bedürfnissen der prozessualen Wahrheitsfindung als auch der Konfliktsituation der Angehörigen bestimmter Personengruppen Rechnung getragen. Das Gebot der Verschwiegenheit bestimmter Personenkreise sieht somit der Gesetzgeber höherwertig an als die Erkenntnismöglichkeiten im Strafprozeß [24]. Der prozessuale Wahrheitswert sollte aber nicht in jedem Fall eines Schweigegebots, sondern nur in besonders zu begründenden Ausnahmefällen durch Gewährung eines Zeugnisverweigerungsrechts in den Hintergrund treten.

Die bisherige Betrachtung lehrt, daß zwischen dem strafrechtlichen Schutz des Berufsgeheimnisses (§ 300 StGB) und der Gewährung eines strafprozessualen Zeugnisverweigerungsrechts (§ 53 StPO) keine in jedem Falle zu beachtende „Korrelation" besteht. Der rechtliche Sinngehalt beider Rechtsvorschriften weist zwar einige gemeinschaftliche Aspekte auf, unterscheidet sich jedoch durch bedeutsame, jeweils andere teleologische Schwerpunkte. Daraus folgt, daß der von verschiedenen Berufsverbänden gewählte Weg, über die Zuerkennung der Strafbarkeit wegen Bruches des Berufsgeheimnisses (§ 300 StGB, § 185 Entw 62) zur Gewährung eines Zeugnisverweigerungsrechts für die Angehörigen des betr. Berufsstandes zu gelangen, nicht gangbar ist. Vielmehr muß die Frage, ob künftig der *Sozialarbeiter* gemäß § 185 Abs. 1 Nr. 4 des Entw 62 wegen Bruches des Berufsgeheimnisses bestraft werden soll, getrennt von dem Problem behandelt werden, ob den Angehörigen dieses Berufsstandes auch ein besonderes Zeugnisverweigerungsrecht gemäß § 53 StPO zu gewähren sein wird.

---

[24] Vgl. Eberh. Schmidt, Ärztliches Strafrecht (Lehrbuch der ger. Medizin, hrsg. von Ponsold, 1957, S. 21).

II. Sollen Sozialarbeiter zum Schutz des ihnen anvertrauten Privatgeheimnisses künftig gemäß § 185 Abs. 1 Nr. 4 des Entw 62 strafbar sein?

Wenn § 185 Abs. 1 Nr. 4 des Entw 62 den Kreis schweigepflichtiger Angehöriger bestimmter Berufe — im Gegensatz zur bisherigen Regelung des § 300 StGB — auf die in der Wohlfahrtspflege tätigen, staatlich anerkannten *Sozialarbeiter* ausdehnen will, so liegt einer solchen Regelung die Tendenz zugrunde, den aus dem Prinzip der Persönlichkeitsachtung fließenden Schutz der individuellen Privatsphäre zu verstärken. Geht man allein von diesem teleologischen Hauptaspekt der Strafwürdigkeit des Geheimnisbruchs aus, so wäre dem gesetzgeberischen Vorschlag, die Sozialarbeiter in den Kreis der Täter einer solchen Strafvorschrift einzubeziehen, voll zuzustimmen. Es ist jedoch zu untersuchen, ob auch der gegenüber dem Schutz des individuellen Geheimbereichs sekundäre Gedanke des Schutzes der Vertrauensstellung zwischen Sozialarbeiter und den von ihm betreuten Personen eine Einbeziehung der Sozialarbeiter in den Täterkreis des § 185 Entw 62 rechtfertigt. Art und Bedeutung des Vertrauensverhältnisses zwischen dem Sozialarbeiter und dem als Geheimnisträger geltenden Betreuten sind nur voll zu erfassen, wenn von der Funktion und der Berufsstellung des Sozialarbeiters in Gesellschaft und Staat von heute ausgegangen wird. Die Berufsbezeichnung „Sozialarbeiter" für die im Bereich der Wohlfahrtspflege und Fürsorge tätigen Personen ist relativ neu. So wurde z. B. in Nordrhein-Westfalen die Berufsbezeichnung „Sozialarbeiter" durch einen Erlaß der Landesregierung im Jahre 1959 eingeführt [25], während § 102 des Bundessozialhilfegesetzes die Bezeichnung „Fachkraft in der Sozialarbeit" verwendet. Als „Sozialarbeiter" kann man ansehen Funktionäre staatlicher oder kommunaler Verwaltungen oder karitativer Verbände, deren Aufgabe es ist, im Rahmen der öffentlichen Daseinsvorsorge das sozial abweichende Verhalten hilfsbedürftiger Personen an ein als normal geltendes soziales Verhalten anzugleichen [26]. Aufgabe und Berufsstellung des Sozialarbeiters werden wesentlich durch die Funktion der sozialen Arbeit im heutigen Gemeinwesen bestimmt. Je stärker sich die von Gesellschaft und Staat zu leistende Hilfe und Fürsorge, meist unter Begründung eines öffentlich-rechtlichen Sozial- oder Jugendhilfeverhältnisses, einem wachsenden Kreis von Menschen zuwendet, in desto höherem Maße wird der Beruf des Sozialarbeiters Bedeutung und Anerkennung im öffentlichen Leben gewinnen. Der Sozialarbeiter hat hohen Anteil an den Bestrebungen der heutigen Zeit, den weiten Kreis Hilfesuchender und Hilfsbedürftiger in das soziale Leben zu integrieren. Denn das Prinzip der Sozialarbeit ist „Integration". „Sie ver-

[25] Vgl. Handbuch der Sozialerziehung, Bd. 1, 1963, S. 340.

[26] Vgl. zur Definition des „Sozialarbeiters" z. B. HELGE PETERS, Soziale Welt, 1965, S. 246; BEHNE, Mitgliederrundbrief des Berufsverbandes Katholischer Sozialarbeiter, 1961, S. 24.

wirklicht es heilend und pflegend, erziehend und verwaltend, korrigierend und koordinierend, durch eingreifende und freigebende Maßnahmen, durch materielle und geistig-seelische Assistenz [27]." Der Aufgabenkreis der Sozialarbeiter ist weit und vielfältig; er umfaßt alle Formen sozialer Hilfe und Fürsorge. Je größer der Bereich seiner Berufsarbeit ist, desto mehr wird seine Tätigkeit durch das enge Verhältnis zum Hilfesuchenden und Hilfsbedürftigen bestimmt. Soziale Arbeit verspricht nur Erfolg, wenn zwischen dem Hilfsbedürftigen und dem Helfer ein hohes Maß an gegenseitigem Vertrauen besteht. Je mehr der Hilfsbedürftige heute als Hilfesuchender verstanden wird, desto stärker tritt der Gedanke der Partnerschaft zwischen ihm und dem Sozialarbeiter als Repräsentant der Gesellschaft in den Vordergrund [28]. Berücksichtigt man das enge Vertrauensverhältnis zwischen dem Sozialarbeiter und dem von ihm Betreuten, so liegt es nahe, zum Schutz des Hilfsbedürftigen den Sozialarbeiter bei Bruch des ihm anvertrauten oder zugänglich gewordenen Berufsgeheimnisses zu bestrafen. Bei der Beurteilung der Strafwürdigkeit eines Geheimnisbruches durch den Sozialarbeiter ist jedoch zu beachten, daß mit dessen Einbeziehung in den Strafrechtsschutz sich eine Verschiebung eines Grundgedankens des Schutzes von Berufsgeheimnissen im Vergleich zur Regelung des § 300 StGB ergibt. Die Begründung zum Entw 62 [29] weist darauf hin, daß der Täterkreis des § 185 in erster Linie im Hinblick auf ein vom Geschützten „frei" gewähltes Vertrauensverhältnis bestimmt wird. Wie im geltenden Recht des § 300 StGB werden somit grundsätzlich „diejenigen Personen nicht einbezogen, die ohne das Wollen des Geschützten mit dessen Geheimnis nicht in Berührung kommen" [30]. Daher wurde die Strafbarkeit wegen Bruchs des Berufsgeheimnisses bisher auf Angehörige solcher Berufe des Gesundheitswesens und der Rechtspflege beschränkt, zu denen Patienten oder Klienten meist auf Grund freier Wahl in ein Vertrauensverhältnis treten. Im Gegensatz zum Arzt oder Rechtsanwalt kann jedoch im Regelfall der zu schützende Geheimnisträger den ihn betreuenden Sozialarbeiter nicht frei auswählen [31]. Vielmehr wird das Vertrauensverhältnis zum Betreuten regelmäßig bei Wahrnehmung amtlicher Funktionen des Sozialarbeiters entstehen. Der Entwurf 62 geht davon aus, daß Besonderheit und Intensität des Vertrauensverhältnisses zwischen dem Hilfsbedürftigen und dem Sozialarbeiter es rechtfertigen, im Gegensatz zu den bisher verfolgten Grundlinien der Strafgesetzgebung, den Sozialarbeiter, der das ihm anvertraute Privatgeheimnis verrät, künftig zu bestrafen.

---

[27] Handbuch der Sozialerziehung, Bd. 1, 1963, S. 312.

[28] Vgl. Handbuch der Sozialerziehung, Bd. 1, S. 314; Hess-Haeberli, Die Schweigepflicht des Sozialarbeiters, Caritas (Schweiz), 1962, S. 217.

[29] S. 334 f.

[30] Begründung zum Entw 62, S. 324.

[31] Begründung zum Entw. 62, S. 334 f.

So sehr der einer solchen Strafvorschrift zugrunde liegende Gedanke der Wahrung des letztlich auf Partnerschaft beruhenden Vertrauensverhältnisses zwischen dem Sozialarbeiter und dem Hilfsbedürftigen Anerkennung verdient, so ergeben sich gegen die geplante Regelung des § 185 Abs. 1 Nr. 4 des Entw 62 dennoch erhebliche Bedenken, die sich aus der *Stellung und Funktion des Sozialarbeiters* im heutigen Gemeinwesen herleiten. Wenn seit einigen Jahren durch die Einführung der Berufsbezeichnung „Sozialarbeiter" versucht wurde, jenen Personenkreis zu erfassen, der Sozialarbeit leistet und für sie fachlich ausgebildet ist, so zeichnet sich bis jetzt ein fest abgrenzbares Berufsbild des Sozialarbeiters noch nicht ab [32]. Der Umfang des von der neuen Bezeichnung „Sozialarbeiter" erfaßten Personenkreises ist, schon angesichts der fast unübersehbaren Aufgabengebiete moderner Sozialarbeit, recht unbestimmt. So ist z. B. strittig, ob auch die Kräfte der öffentlichen Erziehungsarbeit in den Kreis der Sozialarbeiter einzubeziehen seien. Die Unklarheit im beruflichen Status des Sozialarbeiters hängt nicht zuletzt damit zusammen, daß sich die Sozialarbeit als solche und in ihren einzelnen Sparten, im Gefolge der starken Wandlungen des sozialen Gefüges, noch nicht voll in die Ordnung der Gesellschaft und des Staates zu integrieren vermochte [33]. Nicht zuletzt sind auch die Rechte und Pflichten des Sozialarbeiters im Rahmen der von ihm zu leistenden sozialen Hilfe noch nicht eindeutig genug bestimmt. Trotz aller Bestrebungen, den Sozialarbeitern durch eine einheitliche Ausbildung einen sichereren beruflichen Status zu verleihen, mangelt es diesem Berufsstand vielfach noch an einem Bewußtsein der Zusammengehörigkeit. Ein eigenes Berufsethos, das im Zusammenhang mit der verantwortungsvollen Aufgabe heutiger Sozialarbeit stehen müßte, bildet sich bei den Sozialarbeitern erst allmählich. Berücksichtigt man die Eigenart dieser beruflichen Situation des Sozialarbeiters von heute, so erscheint es fraglich, ob es zu rechtfertigen ist, die Angehörigen dieses Berufsstandes zur Einhaltung der Berufspflicht zum Schweigen hinsichtlich anvertrauter oder zugänglich gewordener Privatgeheimnisse durch eine fühlbare Strafandrohung zu zwingen. Hinzukommt, daß es dem Sozialarbeiter, angesichts der Unsicherheit seines beruflichen Status, kaum zuzumuten ist, in den Fällen einer Konfliktsituation die der Schweigepflicht etwa entgegenstehenden Rechte oder Pflichten zur Offenbarung zutreffend abzuwägen.

Sollte aber die künftige Gesetzgebung an der Bestrafung der Sozialarbeiter wegen Bruchs des Berufsgeheimnisses im Sinne des § 185 Abs. 1 Nr. 4

---

[32] Vgl. dazu z. B. HEYNE, Neues evangelisches Soziallexikon, 4. Aufl., 1963, Sp. 1105; ferner M. FREYTAG, Kathol. Soziallexikon, 1964, Sp. 1018.

[33] Vgl. dazu etwa B. HEYNE, a.a.O., Sp. 1105; W. VON HACKWITZ, Die Entwicklung zur modernen Sozialarbeit (Bewährungshilfe 1966, S. 16 ff.) und E. KOBLANK, Die Situation der sozialen Berufe in der Sozialen Reform, 1961, S. 309 ff.

des Entw 62 festhalten, so wäre zu prüfen, ob *alle* im Bereich der Fürsorge und des Wohlfahrtswesens tätigen Personen oder nur ein *enger bestimmter Kreis* von Sozialarbeitern in den Straftatbestand einbezogen werden sollen. § 185 des Entw 62 beschränkt den Täterkreis von vornherein auf die Sozialarbeiter, die eine „staatlich anerkannte Berufsausbildung" erhalten haben. Es ist jedoch nicht zu übersehen, daß heute eine große Zahl von Sozialarbeitern wichtige Funktionen im Rahmen der Wohlfahrtspflege und des Fürsorgewesens wahrnehmen, ohne eine staatlich anerkannte Berufsausbildung zu besitzen. Ferner ist zu beachten, daß heute auch Fürsorgekräfte aus dem Bereich der „freien" Wohlfahrtspflege, vor allem auch „ehrenamtliche Helfer" in hohem Maße an der zu leistenden Sozialarbeit beteiligt sind. Auch bei diesen Personen kann oft von einer fachlichen Ausbildung nicht die Rede sein. Diese Gruppen von Fürsorgekräften haben jedoch mit den Sozialarbeitern mit staatlich anerkannter Berufsausbildung das gemeinsam, daß das Tätigwerden im Raume sozialer Arbeit stets auf einem engeren Vertrauensverhältnis zu dem Kreis der Hilfsbedürftigen beruht. Würde man ausschließlich vom Gedanken der Wahrung eines solchen Vertrauensverhältnisses zwischen Sozialarbeiter und Hilfsbedürftigen ausgehen, so wäre es nicht gerechtfertigt, bei der Androhung von Strafe für den Bruch des Berufsgeheimnisses zwischen den einzelnen Gruppen der Sozialarbeiter sachliche Unterschiede zu machen. Da jedoch bei den in der Sozialarbeit Tätigen ohne staatlich anerkannte Berufsausbildung der berufliche Status noch unsicherer und der Kreis der Rechte und Pflichten noch unbestimmter ist, könnte auf keinen Fall verantwortet werden, künftig auch diese Personen in den Straftatbestand des § 185 Entw 62 einzubeziehen.

III. Soll künftig dem Sozialarbeiter ein Zeugnisverweigerungsrecht im Sinne des § 53 StPO gewährt werden?

Bei der Erörterung dieser Frage ist von der *heutigen Rechtslage* auszugehen: Während der Gesetzgeber auf dem Gebiet des *Zivilprozeßrechtes* in § 383 Nr. 5 ZPO für Fürsorger ein beschränktes Zeugnisverweigerungsrecht vorgesehen hat, gilt eine solche allgemeine Regelung für das *Strafprozeßrecht* nicht. Soweit der Sozialarbeiter im öffentlichen Dienst steht, ist für ihn eine Geheimhaltungspflicht statuiert, wie sie als Pflicht zur Amtsverschwiegenheit für öffentliche Beamte in § 61 BBG, §§ 141 ff. RVO und für nichtbeamtete Angestellte des öffentlichen Dienstes in § 9 BAT festgelegt ist. Gehört der Sozialarbeiter zu den Personen des öffentlichen Dienstes, so ist nach § 54 StPO die Vernehmung als Zeuge von der Genehmigung der vorgesetzten Behörde abhängig. In einzelnen Fällen steht den Sozialarbeitern ein abgeleitetes Zeugnisverweigerungsrecht zu, wenn sie als „Gehilfen" einer nach § 53 StPO privilegierten Person, wie vor allem eines Arztes oder eines Geistlichen, anzusehen sind.

Antwort auf die Frage, ob künftig dem Sozialarbeiter ein *generelles* und *primäres Zeugnisverweigerungsrecht* im Sinne des § 53 StPO eingeräumt werden soll, ist weitgehend abhängig von der Stellung des Sozialarbeiters in den Bereichen des Wohlfahrtswesens und der Strafrechtspflege. In allen Sparten der weit ausgedehnten Wohlfahrtspflege kommt heute der Sozialarbeiter mit einer großen Zahl hilfsbedürftiger Personen in engen Kontakt. Aber auch innerhalb der Strafrechtspflege erschließt sich dem Sozialarbeiter, sei es im Rahmen der Jugendgerichtshilfe und der Sozialen Gerichtshilfe, sei es im Bereich der Fürsorgeerziehung, der Bewährungshilfe oder der Gefangenen- und Entlassenenfürsorge, ein weites Arbeitsfeld. Im Hinblick auf diese vielfältigen Möglichkeiten eines engen Kontaktes zu Hilfsbedürftigen, Straffälligen, Entlassenen etc. macht der Sozialarbeiter im Strafverfahren oder im Verfahren der freiwilligen Gerichtsarbeit vor allem in zwei Funktionen eine Aussage vor Gericht: als Mitbeteiligter am Verfahren oder als Tatzeuge hinsichtlich einer strafbaren Handlung. „Das erstere ist die überwiegende Mehrzahl der Fälle einer Anhörung von Sozialarbeitern vor Gericht wie von Gerichtshelfern zum Bericht über das Persönlichkeitsbild des Angeklagten, von Jugendamtsvertretern im Jugendstrafverfahren, von Bewährungshelfern im Verfahren des Widerrufs einer Strafaussetzung gegenüber ihren Probanden, von Familienfürsorgern vor dem Vormundschaftsrichter über die Verteilung der elterlichen Gewalt, Beschränkung des Sorgerechts, Adoption, Volljährigkeitserklärungen, Anordnung richterlicher Erziehungsmaßnahmen als Vertreter des Jugendamts [34].“ Als Tatzeuge kann der Sozialarbeiter über solche Wahrnehmungen vor Gericht vernommen werden, die er z. B. bei Kindesmißhandlungen, Sittlichkeitsverbrechen an Kindern oder bei Verletzung der Unterhaltspflicht gemacht hat.

Berücksichtigt man das weit ausgedehnte Tätigkeitsfeld des Sozialarbeiters im Bereich des Wohlfahrtswesens und der Strafrechtspflege, so setzen alle ermittelnden, beratenden, pädagogischen und fürsorgerischen Bemühungen des Sozialarbeiters um die Persönlichkeit des Betreuten unabdingbar voraus, daß zwischen beiden ein mehr oder weniger enges *Vertrauensverhältnis* besteht. Dieses Vertrauensverhältnis hat im Hinblick auf die beteiligten Personen mehrere Aspekte: „Das auf realistischer Ebene gehaltene Vertrauen des Sozialarbeiters in den Klienten kann diesem Stütze und Hilfe bedeuten, vermag, ihn oft auch zu fördern. Umgekehrt ermöglicht das Vertrauen in den Sozialarbeiter dem Klienten erst offene und vorbehaltlose Aussprachen [35].“ Die Notwendigkeit eines solch engen Vertrauensverhältnisses zur Person des Betreuten ist für das Tätigkeitsfeld des Sozialarbeiters nicht geringer einzuschätzen als für den Beruf des Arztes oder Psychologen. Die Schaffung und Erhaltung dieser, für das Wirken des Sozialarbeiters un-

[34] H. J. KELLNER, Das Berufsgeheimnis des Sozialarbeiters, Zeitschrift f. Sozialhilfe, 1963, S. 201.

[35] HESS-HAEBERLI, a.a.O., S. 218.

erläßlichen Vertrauensbasis fordern seine berufsethische Verpflichtung, Persönlichkeit und Geheimsphäre des Betreuten besonders zu achten. Denn jede Indiskretion während der Betreuung müßte jenes engere Vertrauensverhältnis zwischen Sozialarbeitern und Klienten erschüttern und den Erfolg der sozialen Arbeit gefährden. Gemäß diesem Grundgedanken einer Wahrung des Vertrauensverhältnisses zwischen dem Geheimnisträger und seinem Betreuer hat der Gesetzgeber für einen engeren Kreis von Personen in § 53 und § 53 a StPO ein Zeugnisverweigerungsrecht statuiert. Würde diesem leitenden Gesichtspunkt des Schutzes von Vertrauensverhältnissen hinsichtlich der Person des Sozialarbeiters ebenso viel Gewicht beigemessen wie beim Beruf des Arztes oder Rechtsanwalts, so wäre die Forderung berechtigt, auch den Sozialarbeitern ein generelles Zeugnisverweigerungsrecht zu gewähren. Eine solche Auffassung würde aber übersehen, daß Stellung und Funktion des Sozialarbeiters innerhalb des Wohlfahrtswesens und der Strafrechtspflege noch durch weitere Aspekte als die Wahrung des persönlichen Vertrauensverhältnisses zum Betreuten bestimmt sind und sich im Hinblick darauf auch nicht voll mit dem Tätigkeitsbereich des Arztes oder Rechtsanwalts vergleichen lassen.

Das die Fürsorge für den Betreuten bestimmende Vertrauensverhältnis ist die Grundlage für die *individuelle* Entfaltung der Persönlichkeit im Rahmen des sozialen Lebens. Jedoch hat das Verhältnis zwischen Sozialarbeiter und Hilfsbedürftigen auch einen wichtigen *sozialen* Aspekt, der nicht vergessen werden darf. Denn der Sozialarbeiter steht nicht nur gegenüber dem Hilfsbedürftigen in einem engen Vertrauensverhältnis, sondern er hat auch als Repräsentant von Gesellschaft und Staat die Belange der Allgemeinheit gebührend zu beachten [36]. Mag auch das Verhältnis zwischen Sozialarbeiter und Betreutem auf der Grundlage der Partnerschaft in erster Linie am Gedanken orientiert sein, diesem einen Spielraum der Freiheit und Selbstbestimmung zu sichern und seine Menschenwürde zu wahren, so darf nie übersehen werden, daß die Freiheit keine unbegrenzte sein kann, vielmehr in sozialer Gebundenheit und Verantwortung ihr Gegengewicht besitzt. Der Freiheit und dem individuellen Schutzbereich des einzelnen sind von der Rechtsgemeinschaft Schranken gesetzt, die auch der Hilfsbedürftige im Verhältnis zu Staat und Gesellschaft anerkennen muß. Das gilt vor allem für den straffällig gewordenen Menschen, der im Gefolge der Erziehung und Resozialisierung in der Strafrechtspflege des sozialen Rechtsstaates bestimmte Eingriffe in seine private Sphäre hinnehmen muß. Diese Situation des Hilfsbedürftigen wirkt sich auch auf Stellung und Aufgaben des Sozialarbeiters mehr oder weniger stark aus. Letzterer gilt nicht nur gegenüber dem von ihm Betreuten als Partner der sozialen Hilfsgewährung, sondern er steht auch als Helfer und Berater zu den Organen der Strafrechtspflege in einem persönlichen Verhältnis. Werden in der Strafrechtspflege von heute die

[36] Vgl. Hess-Haeberli, a.a.O., S. 220.

Ziele der Erziehung und Resozialisierung des Rechtsbrechers angestrebt, so ist es gerade für eine der Individualität des einzelnen angepaßte kriminalrechtliche oder fürsorgerische Behandlung unerläßlich, daß der Sozialarbeiter manches von dem, was er während seiner Betreuungsarbeit über Leben und Verfahren des Betreuten erfahren hat, dem Gericht oder anderen Organen der Strafrechtspflege oder Verwaltung mitteilt. Denn für Richter, Staatsanwälte, Vollzugsbeamte usw. ist u. U. die nähere Kenntnis jener, die Intimsphäre betreffenden persönlichen Dinge für eine rechtliche Entscheidung oder für eine fürsorgerische Maßnahme von großem Wert. Wenn in solchen Fällen das Schweigegebot des Sozialarbeiters zugunsten vordringlicher Interessen der Allgemeinheit durchbrochen werden muß, so wird dies meist, von einem übergeordneten Gesichtspunkt aus, zugleich dem Wohl des Betreuten selbst dienen. Es ist den Sozialarbeitern in solchen Fällen aufgegeben, im Gespräch mit dem Betreuten diesem die Einsicht nahezubringen, daß aus objektiven Gründen eines öffentlichen Interesses eine Durchbrechung der individuellen Geheimsphäre notwendig ist [37]. Hier kann sich die Spannweite der Konfliktsituation für den Sozialarbeiter, der über persönliche Dinge des Betreuten aussagen soll, verengen, wenn auch zuzugeben ist, daß in einzelnen Fällen eine solche dennoch das Verhältnis zum Klienten erheblich belasten kann. Im übrigen liegt ein gewisser Schutz für die betreuende Tätigkeit des Sozialarbeiters auch darin, daß er regelmäßig vor Gericht über persönliche Tatsachen aus dem Leben des Klienten nur aussagen darf, wenn dazu eine Genehmigung der vorgesetzten Behörde vorliegt. Allerdings wird dieser Schutz dadurch beschränkt, daß der Sozialarbeiter als Zeuge zunächst selbst entscheiden muß, ob er eine Aussage zu machen hat, die ihm die Pflicht zur Amtsverschwiegenheit verbietet. Ob der Sozialarbeiter bei Vorliegen der Aussagegenehmigung seiner vorgesetzten Behörde u. U. aus Gewissensgründen dennoch die Aussage über Tatsachen der Geheimsphäre des Klienten verweigern darf [38], ist fraglich. Da das geltende Recht kein generelles Zeugnisverweigerungsrecht des Sozialarbeiters anerkennt, dürfte hier im Interesse der objektiven Wahrheitsfindung im Prozeß eine Aussagepflicht des Sozialarbeiters anzunehmen sein.

Für das kommende Strafprozeßrecht kann mit Rücksicht auf die Funktionen des Sozialarbeiters in Gesellschaft und Staat und im Hinblick auf seine Doppelstellung zu dem Betreuten wie zu den Organen der Justiz und Verwaltung die Gewährung eines generellen Zeugnisverweigerungsrechtes im Sinne des § 53 StPO, über die Fälle der §§ 53 a und 54 StPO hinausgehend, nicht befürwortet werden. Eine vermittelnde Lösung schlug K. PETERS vor [39]. Dort, wo der Bundesgerichtshof, das Oberlandesgericht oder das Schwurgericht in erster Instanz tätig werden, soll angesichts der

[37] Vgl. HESS-HAEBERLI, a.a.O., S. 220 ff.

[38] So z. B. G. ROESTEL, Sozialarbeit und Strafrechtsreform, 1962, S. 33.

[39] K. PETERS, Sozialarbeit und Rechtsstaat, Jugendwohl, 1960, S. 433 f.

Wichtigkeit von Zeugenaussagen die volle Aussagepflicht des Sozialarbeiters bestehen. In allen anderen Verfahren soll nach diesem Vorschlag „der Sozialarbeiter insoweit seine Aussagen begrenzen dürfen, als es sich um das handelt, was ihm bei Ausübung seiner Tätigkeit anvertraut ist und die unbeschränkte Aussage nach gewissenhafter Überlegung des Sozialarbeiters die Gefährdung des notwendigen Vertrauensverhältnisses mit sich bringen würde". Eine solche Regelung würde jedoch bedeuten, daß in der weitaus größten Zahl der Strafverfahren gegen Jugendliche, Heranwachsende und Erwachsene das Gesetz dem Sozialarbeiter die pflichtmäßig zu treffende Entscheidung übertragen würde, ob er als Zeuge über das ihm vom Betreuten Anvertraute aussagen will oder nicht. Der Sozialarbeiter müßte somit eine oft recht schwierige Güter- und Pflichtenabwägung vornehmen, die letztlich auf einer individuellen Gewissensentscheidung beruhen würde. Solche schwierigen Entscheidungen können aber im Rechtsbereich nur solchen Personen zugemutet werden, die, wie Ärzte, Rechtsanwälte oder Geistliche, einen sicherer abgrenzbaren Rechts- und Pflichtenkreis besitzen und in ihrer Haltung von einem gefestigteren Standesethos bestimmt sind, als es bei dem heutigen Sozialarbeiter der Fall ist. Da der Sozialarbeiter nicht mit so schwerwiegenden Konfliktsituationen, wie die vorgeschlagene Gewährung eines Zeugnisverweigerungsrechts sie mit sich brächten, belastet werden sollte, dürfte keine Veranlassung zur Änderung der StPO hinsichtlich des Rechts zur Zeugnisverweigerung bestehen.

9. Arbeitsrecht

Sozialpartnerparität als Verfassungsgebot

THEODOR MAYER-MALY

Denkt man heute über die Stellung der Verbände im Staat nach, so dominiert das Problem der Bewahrung eines essentiellen Bereiches staatlicher Ordnungskraft gegenüber der Verbandsmacht [1]. Mit diesem Fragenkomplex eng verwandt sind die Diskussionen darüber, ob und in welchem Ausmaß die Verbände gehalten sind, Leitgedanken der staatlichen Verfassungsordnung (wie das demokratische Prinzip) auch in ihrem engeren Tätigkeitsfeld zu beachten [2] — gleichviel, ob die Verbandszuständigkeit aus ursprünglicher Autonomie oder aus staatlicher Beleihung abgeleitet wird [3]. Die

---

[1] Vgl. etwa ESCHENBURG, Herrschaft der Verbände? 1955; KAISER, Die Repräsentation organisierter Interessen, 1956; H. HUBER, Staat und Verbände, 1958; W. WEBER, Spannungen und Kräfte im westdeutschen Verfassungssystem [2] (1958), 40 ff.; HONDRICH, Die Ideologien von Interessenverbänden, 1963. — Für Österreich beachte man das 3. Heft der Neuen Folge der Schriftenreihe des Institutes für Sozialpolitik und Sozialreform („Gesellschaft und Politik" hrsg. v. K. KUMMER, 1965), das unter dem Titel „Die Verbände und ihr Ordnungsanspruch" gute Beiträge von HERZOG, KLECATSKY, KLOSE und SCHAMBECK vereint. — Für Frankreich stellte DURAND in seiner Studie „Pouvoir syndical et puissance publique" (Dalloz chronique 1947, 41 ff.; vgl. auch La dissolution de l'Etat, Droit social 1948, 1 ff.) früh die entscheidenden Fragen; seither SPYROPOULOS, La liberté syndicale (1956), 96 ff.; REYNAUD, Lés syndicats en France (1963), 231 ff.; zur Zeit der Fahnenkorrektur erschienen die Referate von LEIBHOLZ und G. WINKLER in Heft 24 der Veröffentlichungen der Vereinigung der deutschen Staatsrechtslehrer.

[2] Zur Legitimation der tarifvertraglichen Normsetzung für Deutschland vor allem BIEDENKOPF, Grenzen der Tarifautonomie (1964), 47 ff., für Österreich KLECATSKY in: FLORETTA-STRASSER, Die kollektiven Mächte im Arbeitsleben (1963), 29 ff.; vgl. ferner VAILLAND, Pratique de la démocratie dans le syndicalisme ouvrier, Rev. act. pop. 1959, 552 ff.

[3] Zur Alternative W. REUSS, Das Arbeitsrecht der Gegenwart 1 (1963), 153 f.; für die Deutung der Verbandsmacht als verliehene Staatsmacht E. R. HUBER, Wirtschaftsverwaltungsrecht II, 379; MAYER-MALY, DB 1965, 32 f.; GALPERIN, ArbuR 1965, 7. — Der historisch gewiß sehr bemerkenswerte Umstand, daß sich nach dem 2. Weltkrieg manche Gewerkschaften vor den Staaten, in denen sie heute wirken, konstituieren konnten (vgl. für den Österreichischen Gewerkschaftsbund die Gründungsbewilligung des russischen Militärkommandanten in Wien vom 30. 4. 1945,

Frage nach den *Grundsätzen über das Verhältnis der Verbände zueinander* ist gegenüber all diesen Diskussionsthemen etwas in den Hintergrund geraten. Mag sie auch in der Tat weniger ordnungspolitische Bedeutung haben als das Verhältnis zwischen den Verbänden und dem Staat, so bleiben doch Probleme genug, die es rechtfertigen und notwendig machen, das Verhältnis der Verbände zueinander eingehender zu untersuchen. Freilich: Wer sich diesem Thema zuwendet, betritt zumeist Neuland und immer schwankenden Boden. Es wäre vermessen und müßte zu sachlich Falschem führen, wollte man mit apodiktischer Sicherheit eindeutige Maximen präsentieren. Es kann, will man Brauchbares bieten, sehr oft nur um die Formulierung von Fragen und um das Festhalten von Aspekten gehen, deren Bedeutung sich an der Praxis schon erwiesen hat. So muß bald sehr Allgemeines und bisweilen gar Vages, dann wieder sehr Spezielles und allzu technisch Anmutendes zur Sprache kommen. Gerade solche Variation scheint mir aber der dynamischen Verbindung gerechtigkeitsorientierter Grundsätzlichkeit mit praktischer Juristenklugheit zu entsprechen, die die Person des Verewigten auszeichnete.

In Anlage und Aufgabe des Wirkens der Verbände nimmt die Übung von Macht — sei es durch Ausgleich der wirtschaftlichen Schwäche Einzelner, sei es durch das Streben nach politischem Einfluß, sei es auch durch die selbsthilfeartige Machtprobe im Arbeitskampf — eine zentrale Position ein. Daher kann es nicht verwundern, wenn für die Beziehungen zwischen den Verbänden zueinander besonders oft ein Prinzip erwogen wird, das ein Kräfteverhältnis ausdrückt: die Parität. Das *ontologische Fundament* des Paritätsprinzips als Ordnungsfaktor hat KAISER [4] durch sein Suchen nach dem Adressaten der organisierten Interessenwahrnehmung erschlossen. Überzeugend wurde dargetan, daß soziale Gruppen — insbesondere Arbeitgeber und Arbeitnehmer — aufeinander angewiesen sind, ja daß sie ohne Gegenspieler funktionslos blieben. Das Bemühen der nach dem 2. Weltkrieg in Deutschland früher als die Arbeitgeberverbände wiedererstandenen Gewerkschaften um Zulassung ihres sozialen Gegenspielers konnte derart sinnvoll gedeutet werden. Treffend sprach KAISER (a.a.O. S. 186) von einer „Anerkennung des wirtschaftlichen und politischen Gegners aus einer überlegenen Position heraus, um sich pari passu mit ihm zu treffen". Damit war der Analyse die Chance gewonnen, zum ontologischen Fundament die *normative Konklusion* zu fügen. Sie blieb ungenützt. Es blieb offen, ob die Parität überhaupt ein Rechtsgebot, ob sie gar ein Gebot im Verfassungsrang sei.

---

wiedergegeben in der 5. Aufl. von Heft 2 der Schriftenreihe des ÖGB auf S. 6, und für Deutschland die Kontrollratsdirektive Nr. 31 vom 3. 6. 1946), ist verfassungssystematisch ohne Argumentationswert.

[4] Die Repräsentation organisierter Interessen (1956), 181 ff.; die von KAISER seit einiger Zeit angekündigte Schrift über Sozialpartnerparität war mir noch nicht zugänglich.

Kaiser wandte sich zwar noch eigens der Parität zu (a.a.O. S. 204 ff.), doch das in enger Verflechtung mit der Neutralität und unter Beschränkung auf den Gedanken der gleichmäßigen Zulassung aller Gruppen und Richtungen, die eine Organisation umfaßt, unter gleichen Bedingungen und mit gleicher Berücksichtigung bei der Zuwendung von Vorteilen [5].

So stehen wir weiterhin vor der Frage, ob die Parität der Verbände als Rechtsgebot angesehen werden kann. Im Schrifttum wird das Thema recht selten und dann nur knapp behandelt. Immerhin ist bemerkenswert, daß gemeiniglich angenommen wird, das Paritätsprinzip gehöre zu den Rechtsgrundsätzen über das Verhältnis der Verbände zueinander. So sprach kürzlich Galperin [6] von einer „von der Rechtsordnung gewollten Gleichgewichtslage" der Koalitionen. Und Werner Weber [7] sagt von der Gewährleistung des Koalitionsrechts durch Art. 9 Abs. 3 GG, sie erfolge „immer auf der Grundlage der Parität". Beide Autoren meinen vor allem die kollektive Rechtssetzungsmacht von Tarifvertragsparteien, für deren Verhältnis zueinander Biedenkopf [8] die Bedeutung der Ebenbürtigkeit unterstreicht. Als „umfassendes Paritätsgebot" bezeichnet schließlich Wittkämper [9] den Gleichheitssatz in seiner Wirkung auf das Verhältnis zwischen Interessenverbänden und staatlicher Gewalt.

Es besteht daher einiger Anlaß, dem Paritätsprinzip den Rang eines Verfassungsgebotes zu vindizieren. Als positivrechtlicher Ansatz sind vor allem die Art. 3 und 9 Abs. 3 GG zu erwägen; sie mögen mit dem Sozialstaatsprinzip in Verbindung gebracht werden. Sogleich fällt auf, daß die Verankerung des Paritätsprinzips derart mehr in den Grundrechtsbereich als in die Gruppe der Organisationsnormen, insbesondere in die Aussagen über die Art der Selbstverwaltung, gerät. Dies muß vor allem aus dem Konzept der Vorläufigkeit des Grundgesetzes erklärt werden, das sich in Erwartung der Wiedervereinigung einer umfassenden Gestaltung der Sozialordnung entschlagen wollte [10] und daher zu diesem Bereich weniger Aussagen aufnahm als die Weimarer Reichsverfassung. Die für das Paritätsproblem so bedeutungsvolle Bestimmung des Art. 9 Abs. 3 GG wurde klar als Ausnahme von dieser Abstinenz erkannt [11]. Je länger die Wiedervereinigung als in Aussicht genommener Ausgangspunkt umfassender Verfassungs-

---

[5] Kaiser, a.a.O., 207, im Anschluß an C. Schmitt, Positionen und Begriffe (1940), 159; über das Verhältnis von Parität und Pluralität nun J. Hirsch, Die öffentlichen Funktionen der Gewerkschaften (1966), 97 ff.

[6] ArbuR 1965, 1; vgl. auch Küchenhoff, ArbuR 1963, 327 f. (über „Gleichheit der Tarifpartner").

[7] Göttinger Festschr. f. d. OLG Celle (1961), 249.

[8] Grenzen der Tarifautonomie (1964), 149.

[9] Die verfassungsrechtliche Stellung der Interessenverbände nach dem Grundgesetz (1963), 83.

[10] Vgl. Jahrb. d. öff. Rechts 1951, 43 f.

[11] v. Mangoldt, Parl. Rat-Drucksache Nr. 850/54.

entscheidungen zur Sozialordnung ausbleibt, umso stärker wird die Tendenz, die relativ kargen Aussagen des Grundgesetzes als spezifisches Konzept zu deuten. Die vielen Versuche einer Sinngebung zur Sozialstaatsklausel zeigen dies gut. Ihnen entspricht das Unternehmen, aus der Grundrechtsgewährung des Art. 9 Abs. 3 GG auch Organisationsgrundsätze wie die Verankerung von sozialer Selbstverwaltung abzuleiten [12]. Brox und Rüthers etwa sehen in der Verankerung des Koalitionsrechtes „eine fundamentale Organisationsnorm für die Sozialordnung" und folgern „aus dem Zweck des Koalitionsgrundrechts und seinem Bezug auf die Sozialstaatsklausel, also aus dem systematischen Zusammenhang der Art. 9, Abs. 3; 20, Abs. 1 und 28 Abs. 1 GG" eine Arbeitskampfgarantie als „wesentlichen Teil der geltenden freiheitlichen Sozialverfassung des Sozialstaates" [13].

Gegenüber so weitgehenden Deutungen ist es nötig, sich zunächst einmal darauf zu besinnen, was im Grundgesetz wirklich steht. Die grammatische Interpretation verdient gewiß kein Monopol, sie darf aber doch den Anspruch erheben, daß jede Überlegung vom Gesetzeswortlaut ausgeht. Blickt man auf die das Sozialstaatsprinzip proklamierenden Verfassungsartikel, so muß man sich eingestehen, daß diese ein Prinzip ohne alle Konkretisierung präsentieren. Daher können normative Maximen nur selten aus dem Sozialstaatsprinzip allein abgeleitet werden [14], ohne daß bloße Postulate in die Argumentation einfließen. In der Regel gewinnt das Sozialstaatsprinzip erst dann schärfere Konturen, wenn man es mit anderen Verfassungsgeboten zusammenhält [15]. Unter dem Aspekt der Sozialpartnerparität [16] kommen als solche anderen Verfassungssätze die Normen über die Selbstverwaltung und dann eben das Koalitionsrecht in Betracht. Die Bedeutung der Sätze über die Selbstverwaltung (besonders Art. 28 Abs. 2 GG) folgt ungeachtet des Unterschiedes zwischen kommunaler und sozialer Selbstverwaltung aus dem Bestand von jedweder Selbstverwaltungsform eigenen, in der „Natur der Sache" liegenden Strukturen [17].

[12] Zur Frage, welche institutionellen Garantien aus Art. 9 Abs. 3 GG abgeleitet werden dürfen, besonders Abel, Die Bedeutung der Lehre von den Einrichtungsgarantien (1964), 40.

[13] Brox-Rüthers, Arbeitskampfrecht (1965), 43.

[14] Vgl. Hecklinger, Die normative Kraft der grundgesetzlichen Sozialstaatsklausel, 1960.

[15] Solche Synopse begegnet bei Brox-Rüthers, a.a.O., zur Stützung der These von einer Arbeitskampfgarantie sowie bei Bogs, Verhandl. d. 43. Dt. Juristentages II G (1960), G. 13 f., zur Annahme einer institutionellen Garantie der Sozialversicherung.

[16] Mit dem Gebrauch des Ausdrucks „Sozialpartnerparität" wird in dieser Studie keine Entscheidung für oder gegen die Ideologie der Sozialpartnerschaft verbunden; das Wort wird nur vorgezogen, weil es weniger schwerfällig als die Wendung „Parität der sozialen Gegenspieler" ist.

[17] Zur Tradition der Parallele zwischen gemeindlicher und berufsgenossenschaftlicher Selbstverwaltung vgl. Rosin, Das Recht der öffentlichen Genossenschaft (1886), 107; Heffter, Die deutsche Selbstverwaltung im 19. Jh. (1950), 678.

Das Prinzip der Gleichmäßigkeit der Verteilung von Rechten und Pflichten bei jeder mit der Formung eines Kollektivwillens verbundenen Selbstverwaltung läßt sich bis auf die Klassiker der Lehre von der Selbstverwaltung zurückverfolgen [18]. Es bildet nur eine Fortsetzung dieser Konzeption, wenn Sitzler [19] betont, Gleichgewicht der Kräfte bilde die notwendige Voraussetzung aller sozialen Selbstverwaltung.

So eindrucksvoll Tradition wie Aktualität dieser allgemeinen Lehre von der Selbstverwaltung und ihrer Konkretisierung für die soziale Selbstverwaltung aber auch immer sein mag, sie vermag zwei Schwächen der Argumentationsposition nicht zu überdecken: Die Parität der beteiligten Gruppen wird vom Verfassungstext selbst nicht geboten; für die soziale Selbstverwaltung fehlt überdies ein Gegenstück zu Art. 28 Abs. 2 GG; dies durch Analogie zu gewinnen, ist recht problematisch. Daher wiegt der Schluß aus Natur und Tradition der Selbstverwaltung nur als teleologisches Kriterium — und bedarf daher meines Erachtens zusätzlicher, vom Sozialstaatsprinzip allein noch nicht geleisteter Stützung.

Aufs neue fällt der Blick auf Art. 9 Abs. 3 GG. Auch hier kann nicht übersehen werden, daß der Wortlaut keine völlig klare Verankerung des Paritätsprinzips bietet. Dies liegt schon am allzu oft vernachlässigten Umstand, daß das Grundrecht aus Art. 9 Abs. 3 GG nicht bloß auf die Arbeitgeber- und Arbeitnehmerverbände zugeschnitten ist, sondern für jedermann und für alle Berufe gilt [20] — wenn es sich nur um Vereinigungen zur Förderung der Arbeits- und Wirtschaftsbedingungen handelt. Da aber gerade diese finale Determinierung des Koalitionsrechts, die es aus der allgemeinen Vereinigungsfreiheit heraushebt, mit den Arbeitsbedingungen deutlich den unser Arbeitsleben beherrschenden Interessengegensatz zwischen Arbeitnehmern und Arbeitgebern anspricht, ohne einer Prävalenz der einen oder der anderen Position Vorschub zu leisten, wird in Verbindung mit der Anwendung des Gleichheitssatzes auf Verbände (vgl. Art. 19 Abs. 3 GG) anzunehmen sein, daß jedenfalls für die Beziehung zwischen arbeitsrechtlichen Koalitionen das Paritätsprinzip gilt. Werden freilich unorganisierte oder außerhalb der arbeitsrechtlichen Koalition organisierte Interessen (z. B. Konsumenteninteressen) berührt, so stellt sich die Frage, ob *Pluralität* an die Stelle der *Parität* zu treten hat.

Affinität zur Verfassungsordnung hat die Sozialpartnerparität auch nach *Verfassungstradition, Landesverfassungen* und *internationaler Rechtssetzung* (der häufig materieller Grundrechtscharakter eigen ist). Die Weimarer Reichsverfassung placierte die Verankerung des Koalitionsrechts durch Art. 159 zwischen dem Schutz der Arbeit und dem Anspruch der Arbeiter

[18] Vgl. Hatschek, Die Selbstverwaltung (1898), 99 und 113.

[19] Sozialer Fortschritt 1952, 77.

[20] Nipperdey, RdA 1964, 351, identifiziert dagegen den Koalitionsbegriff von Art. 9 Abs. 3 GG mit Gewerkschaften und Arbeitgeberverbänden.

auf die Wahrnehmung ihrer staatsbürgerlichen Rechte, sah also die arbeitsrechtliche Konfrontation von Verbänden als paradigmatisch an. In Art. 165 anerkannte sie mit dem Wort „gleichberechtigt" ausdrücklich das Paritätsprinzip als Maxime des Zusammenwirkens von Arbeitnehmern und Unternehmern bei der „Regelung der Lohn- und Arbeitsbedingungen". Für den Ausdruck des Paritätsgedankens in Landesverfassungen sei auf Art. 176 der Verfassung Bayerns, Art. 46 und 48 der Verfassung Bremens, Art. 38 Abs. 3 der hessischen Verfassung, Art. 26 der Verfassung von Nordrhein-Westfalen, Art. 53 Abs. 4 und (besonders deutlich) Art. 68 der Verfassung von Rheinland-Pfalz sowie (ebenfalls sehr klar) auf Art. 57 Abs. 1 und Art. 58 Abs. 1 der saarländischen Verfassung verwiesen. Im Bereich der aus internationaler Rechtsetzung stammenden Normen [21] ist die paritätische Ausgestaltung des Koalitionsrechts durch die ILO-Übereinkommen Nr. 87 und Nr. 98 hervorzuheben; in den Art. 5 und 6 der Europäischen Sozialcharta entsprechen die Formulierung des Vereinigungsrechts und des Rechts auf Kollektivverhandlungen (einschließlich „kollektiver Maßnahmen" und damit des Arbeitskampfes) dem Paritätsmodell.

Wie schon die Nachweise bei LEISNER [22] zeigen, ist bei verfassungsdeterminiertem Arbeitsrecht und besonders bei Fragen des Koalitionsrechts die Möglichkeit selbständig-verfassungsrechtlicher Begrifflichkeit sehr begrenzt. Verständnis und Limitierung des Paritätsprinzips — namentlich seine Bewahrung vor allem Schematischen — sind daher auf Problemstellungen aus dem Bereich einfachgesetzlicher Ordnung angewiesen. Die Schwerpunkte dieser konkreten Bezüge liegen im kollektiven Arbeitsrecht und in der Selbstverwaltung der Sozialversicherung.

Für das *kollektive Arbeitsrecht* bildet die rechtliche Gleichordnung der potentiellen Kontrahenten von Tarifverträgen einen sowohl historisch wie funktional wesentlichen Ausgangspunkt. *Unabhängigkeit und Gegnerfreiheit* als Voraussetzungen der Tariffähigkeit erweisen dies mit aller Deutlichkeit. Unterschiedliche Relationen zum allgemein-zivilrechtlichen Rechtsfähigkeitsbegriff können das Gewicht dieser Einsicht nicht mindern: Noch vor der rechtsfortbildenden Judikatur zur Parteifähigkeit von Gewerkschaften, die als nicht rechtsfähige Vereine errichtet sind [23], stand ja fest,

[21] „Arbeitsrecht als Gegenstand internationaler Rechtsetzung" würdigt (unter diesem Titel) die ausgezeichnete Monographie von G. SCHNORR, 1960; vgl. auch E. FRIED, Rechtsvereinheitlichung im Internationalen Arbeitsrecht, 1965.

[22] Von der Verfassungsmäßigkeit der Gesetze zur Gesetzmäßigkeit der Verfassung (1964), 14 (Anm. 19 u. 20), 44 (Anm. 112) und 53 (Anm. 150).

[23] BGH, NJW 1965, 29 ff. = AP Nr. 6 zu § 54 BGB = BGHZ 42, 210 ff.; dazu BULLA, DB 1965, 620 ff.; FENN, JuS 1965, 175 ff.; SCHEFFLER, NJW 1965, 849 ff. Zur Frage der Anwendung von § 31 BGB besonders H. SCHUMANN, Zur Haftung der nichtrechtsfähigen Vereine (1956), 33 ff.; allgemein zur Annäherung an die Ordnung für rechtsfähige Vereine HABSCHEID, AcP 155 (1956), 375 ff.; FABRICIUS, Relativität der Rechtsfähigkeit (1963), 186 ff.

daß freie Berufsvereinigungen einander in ihrer Funktion als Tarifpartner unabhängig von der Rechtsform ebenbürtig gegenübertreten [24].

Von der Parität kraft Tarifpartnerschaft greift das Streben nach ebenbürtiger Konfrontation auf den *Arbeitskampf* über. Der Gedanke der Kampfparität und das Prinzip der Waffengleichheit [25] geben dem Ausdruck. Wie die rechtsvergleichende Erfahrung lehrt, dürfen Kampfparität und Waffengleichheit aber nicht als gleichsam naturgesetzliche Selbstverständlichkeiten gesehen werden. Das französische Arbeitsrecht, zum Beispiel, kennt wie das deutsche rechtmäßige Streiks und rechtmäßige Aussperrungen, sieht aber einige Unterschiede in den Voraussetzungen und in den Rechtswirkungen vor [26]. Paritätische Ausgestaltung des Arbeitskampfrechts ist daher wertungsbedingt, bildet den Ausdruck einer Entscheidung für die Gleichordnung der kollektiven Mächte.

Wie auf das Arbeitskampfrecht so wirkt das Paritätsprinzip auch auf *die Wirkungsweise der gesetzlichen Interessenvertretung* ein. Auffällig frühen Ausdruck dieser Tendenz finden wir im österreichischen „Gleichstellungsgesetz" (öBGBl 1921, Nr. 424), nach dem jedes Recht der Handelskammern (in denen die gewerblichen Arbeitgeber kraft Gesetzes Mitglieder waren und sind) auch den Arbeiterkammern zustehen sollte. Treffend qualifiziert Klecatsky [27] dieses Gesetz als Herstellung der „demokratischen Gruppengleichheit der ... Arbeiterselbstverwaltung". Sobald freilich das Feld paritätischer Wirksamkeit von freien Berufsvereinigungen und gesetzlichen Interessenvertretungen sich auch auf allgemeine Fragen der Gesellschaftsordnung erstreckt und insbesondere die vorbereitende Gesetzesbegutachtung einbezieht, ergibt sich das Problem, ob von der Selbstverantwortung der Verbände ausreichende Rücksichtnahme aufs *Gemeinwohl* [28] erwartet werden kann. Wird auch bisweilen sehr entschieden geäußert, das gewerkschaftliche Interesse könne als Gesamtinteresse ausgegeben werden [29], so zeigt der Aufbau der Internationalen Arbeitsorganisation (ILO) mit dem für diese charakteristischen Nebeneinander von Verbands- und Regierungsvertretern doch recht klar, daß die Synthese konträrer Verbandsinteressen nicht ohne weiteres als Gesamtinteresse gelten kann. In diesem Zusammen-

[24] Vgl. § 10 ArbGG; Herschel, BArbBl 1950, 378.

[25] Über sie Bötticher, Waffengleichheit und Gleichbehandlung, 1956.

[26] Vgl. Schaeffer, Droit social 1957, 203 ff.; Brun bei Kahn-Freund, Labour Relations and the Law (1965), 199 f.; Rivero-Saratier, Droit du travail (1964), 211 f.; Camerlynck/Lyon-Caen, Précis de Droit du Travail (1965), 495.

[27] Interessenverbände und Parlament, in: „Die Verbände und ihr Ordnungsanspruch" (oben Anm. 1), 27.

[28] Zu seiner Positivierung im Arbeitsrecht vgl. § 49 BetrVG und die „allgemeinen Wirtschaftsinteressen" in § 51 des 2. Teilentwurfs der österreichischen Arbeitsrechtskodifikation (DRdA 1963, 110).

[29] Scheffler, NJW 1965, 851, im Anschluß an Beck, Die Legitimität der Gewerkschaften als außenparlamentarischer Machtkörper (Heidelberger Diss. 1956), 77.

hang ist auch an die Zusammensetzung eines den Paritätsgedanken besonders auffällig konkretisierenden Gebildes zu erinnern, nämlich der in Österreich bestehenden „Paritätischen Kommission für Lohn- und Preisfragen“ [30]. Ihr gehören an: Der Bundeskanzler, der Bundesminister für Inneres, der Bundesminister für Handel und Wiederaufbau, der Bundesminister für soziale Verwaltung, je zwei Vertreter der Bundeskammern der gewerblichen Wirtschaft, des Österreichischen Arbeiterkammerntages, des Österreichischen Gewerkschaftsbundes und der Präsidentenkonferenz der Landwirtschaftskammern. Wir finden also Regierung, gesetzliche Interessenvertretungen und eine freie Berufsvereinigung; daß auf Arbeitgeberseite keine freie Berufsvereinigung, sondern eine Kammer tätig wird, muß aus der Konzentration der tariflichen Lohnpolitik bei dieser erklärt werden, kann aber unter dem Aspekt der Parität ebenso wenig befriedigen wie die deutsche Konfrontation rechtsfähiger und nicht rechtsfähiger Vereine. Trotz der Vereinigung von Regierung und Sozialpartnern ist das derart gemeinwohlorientierte Wirken der „Paritätischen“ marktwirtschaftlich konzipiert [31]: Das Verfahren der Kommission ist freiwillig; es handelt sich nicht um dirigistisch-regelungswirtschaftliche Preis- und Lohngenehmigung. Kommt es in der Kommission zu keiner Einigung, werden die Preise frei gebildet, kann über Löhne (allenfalls unter Streikdrohung) von den Tarifpartnern verhandelt werden.

Im ganzen hat sich die Paritätische Kommission, nicht zuletzt wegen ihrer Verbindung von Sozialpartnerparität und Gemeinwohlwahrung, bewährt. Die Frage, ob und in welchen Grenzen das Verhältnis der Sozialpartner zueinander schon vom Recht oder gar von der Verfassung determiniert werde, hat sich aber schon deshalb nicht gestellt, weil die Paritätische Kommission auf einem Gentlemen-Agreement [32] beruht und jedwede Rechtsform geflissentlich vermeidet. Für die Frage nach dem rechtlichen Gewicht der Sozialpartnerparität ist dagegen ein Problem lehrreich, das sich aus der neuesten deutschen Tarifpolitik ergibt: *die Organisation von Lohnausgleichskassen als gemeinsame Einrichtung nach § 4 Abs. 2 TVG.*

Das Tarifrecht der Weimarer Republik kannte noch kein Gegenstück zu § 4 Abs. 2 TVG. Die Praxis aber hatte sich wiederholt mit Rechtsfragen verschiedenartiger Lohnausgleichskassen, besonders mit der Möglichkeit einer Allgemeinverbindlicherklärung der Tarifbestimmungen über solche

---

[30] Über sie K. WENGER, in Wiener Studien zur Wirtschafts- und Sozialpolitik Heft 4 (1961) und Bd. 2 der Materialien zur Sozial- und Wirtschaftspolitik, 1966; KLOSE, in: „Die Verbände und ihr Ordnungsanspruch“ (oben Anm. 1), 38 ff. — Zum in manchem verwandten Organ Hollands — „Stichting van den Arbeid“ — vgl. Sociale Veerlichting 6 (1950), 89 ff.

[31] Treffend KLOSE, a.a.O., 40.

[32] Zum Rechtscharakter von Gentlemen-Agreements vgl. K. F. REUSS, AcP 154 (1955), 485 ff.

Kassen, zu beschäftigen [33]. Dabei kam es besonders darauf an, ob diesen Tarifbestimmungen normativer Charakter zugeschrieben werden könne. Gerade diese Frage entschied das TVG mit seinem § 4 Abs. 2 — und zwar durch Erweiterung der Tarifmacht [34]. Obwohl weder die Organisation einer Lohnausgleichskasse noch die Ordnung ihres Verhältnisses zu den beteiligten Arbeitgebern und Arbeitnehmern einfach zu den Inhaltsnormen im Sinne von § 1 TVG gerechnet werden kann, ermöglicht das Gesetz normative Regelung. Freilich — und das Gewicht dieser Normierungsvoraussetzung wurde nicht gleich erfaßt — muß es sich, damit es zur Erweiterung der Tarifmacht kommen kann, um eine *gemeinsame* Einrichtung handeln. Gewerkschaftliche Forderungen [35] und durch ihre Ablehnung ausgelöste Arbeitskämpfe im Bereich der Textil- und Bekleidungsindustrie [36] haben die Bedeutung dieser Gesetzesentscheidung für gemeinsame Organisation der nach § 4 Abs. 2 TVG errichteten Einrichtungen bewußt gemacht. Es wurden Kassen gefordert, deren Mittel aus einer Arbeitgeberzuwendung in der Höhe eines Prozentsatzes der Bruttolohnsumme (der Branche oder des Betriebes) stammen, deren Leistungen (insbesondere zusätzliches Urlaubsgeld) nach der Gewerkschaftszugehörigkeit differenzieren sollten. Die Organisation solcher Kassen sollte in Gewerkschaftshand liegen, zumindest aber sollte die Auszahlung der Leistungen durch die Gewerkschaft erfolgen.

Mit der Frage, ob derartige organisationspolitisch akzentuierte Ziele [37] durch normativ wirkende Tarifbestimmungen realisiert werden können, stellte sich das Problem, ob auch unparitätisch organisierte Kassen als gemeinsame Einrichtungen nach § 4 Abs. 2 TVG errichtet werden können. Einer Einrichtung, an deren Organisation nur einer der beiden Sozialpartner beteiligt ist, fehlt eindeutig die Eigenschaft, „gemeinsame" Einrichtung zu sein. Es gibt zwar nur von der Arbeitgeberseite getragene *Wohlfahrtseinrichtungen* [38], deren Organisation und deren Verhältnis zu den beteiligten

---

[33] Vgl. RAG, ARS 4, 170 ff.; 8, 143 ff.; 8, 352 ff.; Fabricius, N. Ztschr. f. ArbR 8 (1928), 25 ff.; Molitor, Komm. z. TVO (1930), 140; Hueck-Nipperdey, Lehrb. d. ArbR II^{3-5} (1932), 74; Philippe, Arbeitsrecht und Schlichtung 11 (1929), 318 f.

[34] Vgl. die gründliche Analyse von Schelp, 2. Festschr. Nipperdey II (1965), 579 ff.; ferner: Hueck-Nipperdey-Stahlhacke, TVG [4] (1964), 240 f.

[35] Vgl. „Welt der Arbeit" v. 20. 7. 1963; 27. 9. 1963; 19. 3. 1965; 9. 4. 1965.

[36] Vgl. zur Vorgeschichte des Urteils des AG Düsseldorf v. 9. 6. 1965 (FAZ v. 10. 6. 1965, S. 3): Eichler, Der Arbeitgeber 1965, 127; Esslinger, Die Quelle 1965, 165 ff.; Willich, Der Arbeitgeber 1965, 186 f.; W. Reuss, DB 1965, 817 ff.; zum derzeitigen Diskussionsstand vgl. einerseits Gamillscheg, Die Differenzierung nach der Gewerkschaftszugehörigkeit, 1966, andererseits Bötticher, Die gemeinsamen Einrichtungen der Tarifvertragsparteien, 1966, und A. Hueck, Tarifausschlußklausel und verwandte Klauseln im Tarifvertragsrecht, 1966.

[37] Vgl. Biedenkopf, Grenzen der Tarifautonomie (1964), 96 f.

[38] Hueck-Nipperdey-Stahlhacke, TVG [4] (1964), 84; vgl. § 2 Abs. 4 ArbGG und das U. d. BAG v. 3. 2. 1965, 4 AZR 385/63.

Arbeitgebern und Arbeitnehmern ist aber tariflich nicht normativ regelbar. Einrichtungen wie die in § 4 Abs. 2 TVG genannten Lohnausgleichskassen sind dagegen auf die dort ermöglichte normative Gestaltung verwiesen. Dadurch werden sie sinnvoll von einseitig-arbeitgeberischer Wohlfahrtsförderung abgehoben und als ein Element der sozialen Selbstverwaltung profiliert. Diese Einsicht spricht nicht nur gegen die Zulässigkeit aller bloß von einem Sozialpartner getragenen Lohnausgleichskassen, sie richtet sich auch gegen die Annahme, es ginge an, einer Tarifpartei ein Übergewicht in der Verwaltung einer gemeinsamen Einrichtung einzuräumen. Ein solches Übergewicht wäre ebenso bedenklich wie die Übermacht einer Tarifpartei, wie die Abhängigkeit ihres Kontrahenten.

Unparitätische Organisation einer Lohnausgleichskasse verstieße aber nicht nur gegen § 4 Abs. 2 TVG, ihr stünden auch verfassungsrechtliche Bedenken entgegen. Bisher sah die verfassungsrechtlich ausgerichtete Analyse von Lohnausgleichskassen zwar vor allem darauf, ob nicht eine Diskriminierung von Außenseitern herbeigeführt werden solle [39], doch geben neuere Urteile des BAG [40] Anlaß zu stärkerer Beachtung der organisatorischen Parität. Hier kommt es zu einer an den Art. 3 und 9 Abs. 3 GG ausgerichteten Kontrolle der Organisation gemeinsamer Einrichtungen. Eingehend setzt sich das BAG damit auseinander, daß in der Möglichkeit einer Einflußnahme auf die Gestaltung der gemeinsamen Einrichtungen eine Ungleichheit „zwischen den durch Mitgliedschaft und den durch Allgemeinverbindlicherklärung Tarifgebundenen besteht“. Es entschied sich deshalb nicht für die Annahme einer Verfassungswidrigkeit, weil die Ungleichheit auf Verbandsrecht und nicht auf Tarifrecht beruht.

Konnte derart schon das mittelbare Übergewicht der Verbandsmitglieder beim Einfluß auf die Organisation einer gemeinsamen Einrichtung *nach ihrer Allgemeinverbindlicherklärung* zu sorgsam erwogenen Bedenken verfassungsrechtlicher Art Anlaß geben, so muß als sicher gelten, daß eine unparitätische Organisation, die einer der tarifschließenden Parteien von Anfang an ein Übergewicht verschaffen wollte, gegen Art. 9 Abs. 3 GG in Verbindung mit Art. 3 GG verstieße. Die ratio dieses Resultats kann dahin präzisiert werden: *Beruft ein Rechtssatz die Sozialpartner zu gemeinsamer Erfüllung einer ganz in ihrem Wirkungsbereich liegenden Ordnungsaufgabe, so ist das Paritätsprinzip zu beachten* [41].

[39] Zur Bedeutung der Leistungsegalität nach Allgemeinverbindlicherklärung AP Nr. 1 zu § 4 TVG Ausgleichskasse; A. Hueck, AR-Blattei: Tarifvertrag X, Entsch. 4; E. Frey, Der Grundsatz der Gleichbehandlung im Arbeitsrecht bei geldlichen Ansprüchen (1963), 118; Schelp, a.a.O., 605.

[40] Beide vom 3. 2. 1965: 4 AZR 483/62; 4 AZR 385/63.

[41] Vgl. Mayer-Maly, BB 1965, 830 f.; greift dagegen die Tätigkeit von Sozialpartnern über ihren primären, durch freiwillige Verbandsmitgliedschaft legitimierten Wirkungsbereich hinaus und tangiert sie Dritte, so stellt sich die Frage nach der Rechtfertigung solcher Außenwirkung. Bei den Fernwirkungen der tarif-

Die eben formulierte Maxime kann auch immer dann Bedeutung gewinnen, wenn — um den Titel des höchst informativen Buches von Drewes [42] zu variieren — die Sozialpartner in der Verwaltungsordnung konfrontiert werden. Dies ist besonders für die Verwaltung der *Sozialversicherung* zu beachten. Das Selbstverwaltungsgesetz v. 22.2.1951 (DBGBl I, S. 124) verschrieb sich ausdrücklich dem Paritätsprinzip [43]. Seine Auswirkung charakterisiert Drewes [44] treffend dahin, „daß die Gewerkschaften zusammen mit den Arbeitgeberverbänden die Wahlen zu den Versammlungen und damit auch die Organbildung insoweit beherrschen, als es sich um die Bestellung des Vorstandes handelt". Um so problembeladener sind aber jene Ausnahmen vom allgemeinen Modell der Sozialversicherungsselbstverwaltung, die vom Paritätsprinzip abweichen. Als solche Ausnahmen nennt man gemeiniglich die Selbstverwaltung der Ersatzkassen [45], die landwirtschaftliche Unfallversicherung und die knappschaftliche Versicherung. Während die beiden ersten Ausnahmen leicht aus Struktur und Funktion der Versicherungsform erklärt werden können und so nur als scheinbar exzeptionell zu gelten haben [46], weckt die Ausnahme im Knappschaftsrecht Bedenken: In überzeugender Analyse hat Höcker [47] dargetan, daß weder die historische Entwicklung des Minderheitsschutzes in der Knappschaftsversicherung noch die Gestaltung der Beitragsverteilung etwas zur Rechtfertigung der Durchbrechung des Paritätsprinzips beitragen können. Es würde zu weit führen, wollte man im Rahmen dieser Studie alle übrigen Argumente prüfen, die vorgebracht wurden, um die Preisgabe der Parität zu

---

lichen Lohnbildung und auch des mit ihr zusammenhängenden Arbeitskampfes liegt diese Rechtfertigung in der wirtschaftsverfassungsrechtlichen Entscheidung für marktwirtschaftliche Ordnung auch der Lohnbildung. Der etwa in Tarifausschlußklauseln (vgl. einerseits Hueck-Nipperdey-Stahlhacke, TVG [4] [1964], 108 f., andererseits W. Reuss, DB 1965, 187 f.) manifestierte Versuch, die Arbeitsbedingungen von Außenseitern zu beeinflussen, kann diese Rechtfertigung nicht in Anspruch nehmen. Daher müßte der Versuch, bei einer Kassenbildung Außenseiter ohne Allgemeinverbindlicherklärung in die Leistungsgestaltung einzubeziehen, an den Grenzen der Tarifmacht scheitern (über Tarifmacht und Außenseiter vorzüglich Zöllner, RdA 1962, 453 ff.) — selbst wenn den Außenseitern gleiche Leistungen wie den Organisierten zugedacht wären (dies gegen Esslinger, Die Quelle 1965, 165 ff. und W. Reuss, DB 1965, 817 ff.).

[42] Die Gewerkschaften in der Verwaltungsordnung, 1958.

[43] Vgl. Dobbernack, Die Selbstverwaltung in der Sozialversicherung, 1951; Scheuner, DÖV 1952, 613; Sitzler, Sozialer Fortschritt 1952, 75; W. Weber, Staat und Selbstverwaltung in der Gegenwart (1953), 103; Bogs, RdA 1956, 7; W. Eichler, Selbstverwaltung in der Sozialversicherung (1959), 11; Rohwer-Kahlmann, Ztschr. f. Sozialreform 1960, 584 ff.; Maunz-Schraft, Die Sozialversicherung und ihre Selbstverwaltung (Loseblattsammlung) III C.

[44] a.a.O., 60 f.

[45] Vgl. Stolt, Die Ersatzkassen der Krankenversicherung [6], 1964.

[46] Maunz-Schraft, a.a.O., III C. Bl 6 f. zu § 2 Selbstverwaltungsgesetz (GSv).

[47] Sozialer Fortschritt 1960, 57 ff.

stützen; angemerkt sei bloß, daß sogar die öffentlich-rechtlich etwas seltsame Vorstellung begegnet, Parität sei verzichtbar [48].

Die verfassungsrechtliche Relevanz der Entscheidung fürs Paritätsprinzip in der Sozialversicherungsselbstverwaltung und die verfassungsrechtliche Problematik seiner Durchbrechung ist auch dann gegeben, wenn man die Selbstverwaltung der Sozialversicherung mit WANNAGAT [49] als institutionell *nicht* garantiert ansieht. Denn — wie in BVerfGE 9, 338 ff., treffend gesagt wird — eine Verletzung des Gleichheitssatzes kann schon darin liegen, daß eine Maxime nicht auf andere, gleichartige Verhältnisse ausgedehnt wird; wie sich an BVerfGE 11, 283 ff., erweist, kommt der *Konsequenz von Ordnungsversuchen* im Sozialversicherungsrecht gesteigertes Gewicht zu.

Wie stark die Gestaltung der Sozialversicherungsselbstverwaltung und hier insbesondere die Entscheidung für oder gegen die Sozialpartnerparität materiell verfassungsbezogen ist, geht auch aus der Verfassungsentwicklung und aus den Länderverfassungen hervor. Art. 161 WRV verankerte „maßgebende Mitwirkung der Versicherten" am vom Reich zu schaffenden „umfassenden Versicherungswesen" [50]; die Landesverfassungen von Bremen (Art. 57), Hessen (Art. 35), Rheinland-Pfalz (Art. 53) und dem Saarland (Art. 46) bieten ebenfalls Aussagen über die Gestaltung der Sozialversicherungsselbstverwaltung [51]. Bremen und Hessen sprechen nur von den Versicherten, die saarländische Verfassung anerkennt „Selbstverwaltung der Versicherten unter Mitwirkung der Arbeitgeber", Rheinland-Pfalz wählte eine strikt paritätische Formulierung. So erweisen die Länderverfassungen in ihrer Variation nur den materiellen Verfassungsbezug des Problems, ohne eine einheitliche Bewertung des Paritätsprinzips durchbrechen zu lassen. Dessen verfassungsrechtliche Stütze kann eben nur in der Verbindung von Art. 9 Abs. 3 GG mit Art. 3 GG gesucht werden.

Die dem Selbstverwaltungsgesetz und daher auch der sozialversicherungsrechtlichen Konkretisierung des Paritätsprinzips zugrunde liegende *Wertung* besteht in der Voraussetzung eines bestimmten Sozialmodells: *nur in einer balancierten Gesellschaftsordnung ist Sozialpartnerparität gerecht.* So wie Vertragsfreiheit zur Fiktion wird, wenn wirtschaftliche Übermacht das Diktat des Vertragsinhalts gestattet, so ist Parität sinnlos, wenn die konfrontierten Gruppen ungleich stark sind. Es geht also um ein kollektives Gleichgewicht [52].

[48] Vgl. DOBBERNACK, a.a.O., 100.

[49] Lehrb. d. Sozialversicherungsrechts I (1965), 224 f.; anders SALZWEDEL, Zentralblatt für Sozialversicherung und Versorgung 1963, 202.

[50] Zur Interpretation von „Mitwirkung" vgl. K. H. FISCHER in: Die Grundrechte und Grundpflichten der Reichsverfassung III (1930), 459.

[51] Vgl. WITTKÄMPER, Die verfassungsrechtliche Stellung der Interessenverbände nach dem Grundgesetz (1963), 48.

[52] Das verkennt PRELLER, Soziale Sicherheit 1952, 226 ff. (vgl. auch BUNGERT, Soziale Sicherheit 1962, 338), wenn er gegen die Parität in der Sozialversicherungs-

Die Entscheidung darüber, ob eine Gesellschaftsordnung als balanciert gelten kann, ist in einer Demokratie Sache der *gesellschaftlichen Wertung*. Als deren Ausdruck haben wir § 4 Abs. 2 TVG und das Selbstverwaltungsgesetz zu würdigen. Gerade weil das Gebot der Sozialpartnerparität nicht auf einer Determinierung des Sollens durch das Sein, nicht auf einem sozialen Naturgesetz, sondern auf legislativer Wertentscheidung beruht, darf es nie formal-schematisch gedeutet werden. Ableitung und Anwendung des Paritätsprinzips sind vielmehr eminent gerechtigkeitsbezogen. Daraus wiederum folgt, daß die Berufung auf paritätische Gestaltung eines Bereiches nie die Prüfung, ob auch das Gemeinwohl gebührend beachtet wurde, ersetzen kann. Parität ist kein letzter Wert, sondern nur ein unter bestimmten gesellschaftlichen Bedingungen anerkennenswertes Gut. Treffen diese Bedingungen aber zu, so kann – je nach den legislativen Konkretisierungen des Wirkens von Koalitionen – das Paritätsprinzip den Rang eines Verfassungsgebotes gewinnen.

---

selbstverwaltung vorbringt, sie bewirke in Wahrheit eine Arbeitgebermajorität, weil manche Versicherten früher Arbeitgeber gewesen seien. Solche Individualfaktoren müssen bei kollektiver Betrachtung vernachlässigt werden.

Die Vertretung der Arbeitnehmer im Aufsichtsrat eines Konzerns nach dem Betriebsverfassungsgesetz

Hans Carl Nipperdey

Im Hinblick auf die Bedeutung, die der Aufsichtsrat einer Aktiengesellschaft auf Grund des ihm vom Gesetzgeber zugewiesenen Aufgabenbereichs für das wirtschaftliche Leben der Gesellschaft hat, kommt der *personellen* Zusammensetzung dieses Gremiums ein großes Gewicht zu. Das gilt insbesondere für den Aufsichtsrat des herrschenden Unternehmens eines Konzerns, da die dort getroffenen Entscheidungen sich nicht nur für das herrschende Unternehmen selbst auswirken, sondern darüber hinaus auch die dem Konzern angegliederten und häufig erhebliche Kapitalwerte repräsentierenden abhängigen Unternehmen mit ihrer vielfach großen Arbeitnehmerzahl betreffen und deren wirtschaftliches Schicksal entscheidend beeinflussen. Nicht zuletzt diese Überlegung läßt es angebracht erscheinen, die von Rechtsprechung und Literatur vertretenen Ansichten zu der Frage nach der Beteiligung der Arbeitnehmer im Aufsichtsrat des herrschenden Unternehmens eines Konzerns einer erneuten kritischen Prüfung zu unterziehen.

Gemäß § 76 Abs. 1 BetrVG in Verbindung mit § 96 Abs. 1 Aktiengesetz muß der Aufsichtsrat einer Aktiengesellschaft oder einer Kommanditgesellschaft auf Aktien, sofern es sich nicht um eine Familiengesellschaft mit weniger als 500 beschäftigten Arbeitnehmern handelt (§ 76 Abs. 6 BetrVG), zu einem Drittel aus Vertretern der Arbeitnehmer bestehen. Für die Zusammensetzung des Aufsichtsrats des herrschenden Unternehmens eines Konzerns ist neben der für alle zuvor genannten Gesellschaften geltenden Vorschrift des § 76 Abs. 2 S. 3 BetrVG, wonach sich unter zwei oder mehr zu wählenden Arbeitnehmervertretern mindestens je ein betriebs- bzw. unternehmensangehöriger Arbeiter und Angestellter befinden muß, insbesondere § 76 Abs. 4 S. 1 BetrVG von Bedeutung. Diese Vorschrift bestimmt in ihrer durch § 40 Abs. 1 S. 3 EG AktG nur geringfügig geänderten Fassung, daß an der Wahl der Vertreter der Arbeitnehmer für den Aufsichtsrat des herrschenden Unternehmens eines Konzerns (§ 18 Abs. 1 S. 1 und 2 AktG) auch die Arbeitnehmer der Betriebe der übrigen Konzernunternehmen teilnehmen. Über die Auslegung dieser Bestimmung des BetrVG herrscht in der Literatur ein heftiger Meinungsstreit, der sich insbesondere an der Frage entzündet hat, ob sich der Gesetzesfassung „... an der Wahl teilnehmen ..." entnehmen läßt, daß den Arbeitnehmern der Betriebe der übrigen, d. h. der beherrschten Konzernunternehmen über das *aktive* Wahlrecht hinaus auch das volle *passive* Wahlrecht zusteht [1]. Auch das Bundesarbeitsgericht (BAG) hat aus der Sicht des Schrifttums keine befriedigende Lösung zu entwickeln vermocht [2]. Seine Rechtsprechung sieht sich vielmehr einer teils heftigen und, wie noch zu zeigen sein wird, auch begründeten Kritik ausgesetzt [3]. Die unterschiedlichen Auffassungen zu dieser Streitfrage sollen jedoch hier nur am Rande und nur insoweit behandelt werden, als sie für das Verständnis der folgenden Ausführungen erforderlich sind. Im Vordergrund dieser Untersuchung soll die Frage stehen, ob und gegebenenfalls inwieweit die vom Bundesarbeitsgericht und einem Teil des Schrifttums in diesem Zusammenhang vorgenommene Heraushebung des „ersten und zweiten Platzes" der Arbeitnehmervertreter im Aufsichtsrat gerechtfertigt ist und welche Auswirkungen dies für die Besetzung der den Arbeitnehmervertretern zustehenden Aufsichtsratssitze hat.

I

§ 76 Abs. 2 S. 3 BetrVG gilt, wie bereits oben gesagt, für alle Aufsichtsräte, die nach dem BetrVG zu einem Drittel mit Arbeitnehmervertretern zu besetzen sind und aus sechs oder mehr Mitgliedern bestehen. Da diese Vorschrift somit auch bei der Besetzung des Aufsichtsrats eines Konzerns Anwendung findet, soll diese Norm zunächst einer gesonderten Prüfung, d. h. ohne Berücksichtigung des § 76 Abs. 4 S. 1 BetrVG unterzogen werden.

1. § 76 Abs. 2 S. 3 BetrVG stellt hinsichtlich der Besetzung der den Arbeitnehmervertretern zustehenden Aufsichtsratssitze zwei besondere, miteinander gekoppelte Forderungen auf:

a) Unter den Arbeitnehmervertretern müssen sich mindestens zwei Arbeitnehmer aus den Betrieben des Unternehmens befinden.

---

[1] Vgl. die Übersicht über den Stand der Meinungen bei Spieker, AuR 61, 63, sowie unten II, 1. — Das neue Aktienrecht hat hier keine Klarstellung gebracht. Vielmehr ist es in diesem Punkt bei der bisherigen Gesetzesfassung geblieben. Dem vom Ausschuß für Arbeit und vom Wirtschaftsausschuß gebilligten § 35 Abs. 1 Nr. 3 des Regierungsentwurfs zum EG AktG (vgl. BT-Drucks. IV/171), der den Arbeitnehmern der abhängigen Unternehmen das volle passive Wahlrecht zubilligte, sind der Rechtsausschuß und das Plenum des Bundestages nicht gefolgt (vgl. 184. Sitzung vom 19. 5. 1965, S. 9264, und den schriftlichen Bericht des Rechtsausschusses — Abgeordneter Dr. Wilhelmi — zu Drucks. IV/3296, S. 67).

[2] Vgl. BAG AP Nr. 2, 3, 10 und 13 zu § 76 BetrVG.

[3] Vgl. insbesondere Dietz, JZ 55, 178; *ders.*, BetrVG, 3. Aufl., 1960, § 76 Anm. 57; Fitting-Kraegeloh-Auffarth, BetrVG, 7. Aufl., 1966, § 76 Anm. 77; Galperin-Siebert, BetrVG, 4. Aufl., 1963, § 76 Anm. 37; Radke, AuR 58, 166; *ders.*, AuR 61, 62; Spieker, AuR 61, 33; Kunze, RdA 56, 128.

b) Von diesen mindestens zwei betriebsangehörigen Arbeitnehmervertretern muß einer Arbeiter und einer Angestellter sein.

Das bedeutet, daß in § 76 Abs. 2 S. 3 BetrVG insofern besondere Wählbarkeitsvoraussetzungen für mindestens zwei Arbeitnehmervertreter aufgestellt sind, als diese hinsichtlich ihrer Betriebs- und Gruppenzugehörigkeit zwingend bestimmte Eigenschaften aufweisen müssen. Dem wird auch in der Wahlordnung zum BetrVG Rechnung getragen, indem das in § 34 S. 1 WahlO normierte reine Mehrheitsprinzip insoweit durch Satz 2 dieser Vorschrift modifiziert wird:

Muß der zu Wählende in einem Betrieb des Unternehmens beschäftigt sein oder einer bestimmten Gruppe angehören, so ist der Bewerber gewählt, der als Betriebs- oder Gruppenangehöriger die meisten Stimmen erhalten hat.

2. Die Frage, ob diese besonderen Wählbarkeitsvoraussetzungen bei der Besetzung *bestimmter Plätze* aus der Anzahl der den Arbeitnehmervertretern vorbehaltenen Zahl der Sitze Berücksichtigung finden müssen, wird in der Rechtsprechung und Literatur uneinheitlich beantwortet.

a) In der Literatur ist wiederholt ein Satz folgenden — sinngemäß wiedergegebenen — Inhalts zu finden:

„Für die *beiden ersten* Arbeitnehmervertreter im Aufsichtsrat stellt § 76 Abs. 2 S. 3 BetrVG noch besondere Wählbarkeitsvoraussetzungen auf“ [4].

Diese Autoren verknüpfen also die vorgenannten besonderen Wählbarkeitsvoraussetzungen mit dem ersten und zweiten der den Arbeitnehmervertretern zustehenden Sitze. Eine Begründung für diese Hervorhebung der ersten beiden Plätze im Zusammenhang mit den Forderungen des § 76 Abs. 2 S. 3 BetrVG ist bei keinem der zitierten Auoren enthalten.

Andererseits machen mehrere der erwähnten Autoren im gleichen Zusammenhang aber auch wiederum Ausführungen, in denen ohne Erwähnung einer bestimmten Rangfolge oder bestimmter Platzziffern lediglich gesagt wird, daß bei Aufsichtsräten mit sechs oder mehr Mitgliedern *jedenfalls zwei* der Arbeitnehmervertreter die besonderen Voraussetzungen des § 76 Abs. 2 S. 3 BetrVG erfüllen müssen [5].

b) Auch das BAG hat, im Zusammenhang mit Ausführungen zu § 76 Abs. 4 S. 1 BetrVG, wiederholt die Meinung vertreten, § 76 Abs. 2 S. 3 BetrVG enthalte besondere Wählbarkeitsvoraussetzungen für die *ersten beiden Plätze* im Aufsichtsrat [6]. Auch hier fehlt es an einer Begründung für diese Auslegung des Gesetzes.

[4] Vgl. Fitting-Kraegeloh-Auffarth, § 76 Anm. 39; Erdmann, Betriebsverfassungsgesetz, 2. Aufl., § 76 Anm. 9; Neumann-Duesberg, Betriebsverfassungsrecht, 1960, S. 605; anscheinend auch Dietz, § 76 Anm. 43 und Galperin-Siebert, § 76 Anm. 37 a.

[5] Vgl. Erdmann, Vorbem. zum 5. Abschnitt, Anm. 3; Galperin-Siebert, § 76 Anm. 39; Dietz, § 76 Anm. 38; Fitting-Kraegeloh-Auffarth, § 76 Anm. 42, 43.

[6] Vgl. BAG AP Nr. 2, 10 und 13 zu § 76 BetrVG.

3. Inwieweit eine solche Hervorhebung der ersten beiden Plätze und deren Verknüpfung mit den besonderen Wählbarkeitsvoraussetzungen des § 76 Abs. 2 S. 3 BetrVG sachlich gerechtfertigt ist, muß an Hand des Gesetzeswortlauts und des Sinn und Zwecks der getroffenen Regelung untersucht werden.

a) Im Wortlaut des Gesetzes findet die Hervorhebung dieser Plätze keine Stütze. Vielmehr ergibt eine auf die sprachliche Bedeutung der beiden Halbsätze des § 76 Abs. 2 S. 3 BetrVG abstellende Auslegung, daß dem Aufsichtsrat überhaupt *mindestens* zwei betriebsangehörige Arbeitnehmervertreter angehören und sich unter *diesen,* also den *zwei oder mehr* Vertretern aus den Betrieben ein Arbeiter und ein Angestellter befinden müssen. Eine Regelung, nach der ein Angestellter und ein Arbeiter bereits den ersten und zweiten Platz unter den zu wählenden Arbeitnehmervertretern einnehmen müssen, ist dem Gesetz für Aufsichtsräte mit mehr als zwei Arbeitnehmervertretern nicht zu entnehmen [7]. Vielmehr würde ein Aufsichtsrat mit z. B. neun Mitgliedern entsprechend der sprachlichen Fassung des § 76 Abs. 2 S. 3 BetrVG ordnungsgemäß besetzt sein, wenn die beiden (nach der Zahl der erhaltenen Stimmen) ersten Plätze von zwei betriebsangehörigen Angestellten und der dritte Platz von einem Arbeiter aus einem Betrieb des Unternehmens oder der erste Platz von einem betriebsangehörigen Angestellten, der zweite Platz von einem Gewerkschaftsvertreter und schließlich der dritte Platz von einem Arbeiter aus einem Betrieb des Unternehmens eingenommen würde. Denn in beiden Fällen wäre der Forderung des Gesetzes, daß mindestens zwei betriebsangehörige Arbeitnehmer, darunter ein Arbeiter und ein Angestellter dem Aufsichtsrat angehören müssen, in vollem Umfang Genüge getan.

b) Der Zweck der gesetzlichen Regelung des § 76 Abs. 2 S. 3, 1. Halbsatz BetrVG geht dahin, sicherzustellen, daß die Arbeitnehmer aus den Betrieben des Unternehmens, deren Interessen durch die Entscheidungen der Unternehmensspitze unmittelbar berührt werden, zweckentsprechend, d. h. durch aus ihrer Mitte stammende Vertreter im Aufsichtsrat vertreten sind. § 76 Abs. 2 S. 3, 2. Halbsatz BetrVG trägt den oft unterschiedlichen Gruppeninteressen Rechnung und sichert den Arbeitnehmern auch in dieser Hinsicht ein interessegerechtes Mitspracherecht.

Auch unter Berücksichtigung dieser Gesichtspunkte lassen sich Gründe, die die Festlegung einer bestimmten Rangfolge innerhalb der dem Aufsichtsrat angehörenden Arbeitnehmervertreter in der oben erwähnten vielfach vertretenen Form rechtfertigen würden, nicht finden. Mit den verschiedenen Plätzen der Arbeitnehmervertreter im Aufsichtsrat eines Unternehmens sind keinerlei besondere Rechte wie z. B. unterschiedliche Stimmrechte

[7] Zutreffend LANGE, Die Beteiligung der Arbeitnehmer der abhängigen Unternehmen am Aufsichtsrat des herrschenden Unternehmens eines Konzerns, 1960, S. 64; SCHUNK, NJW 55, 701.

verbunden. Vielmehr sind alle Arbeitnehmervertreter in ihrer Rechtsstellung völlig gleich, mag der einzelne Vertreter nun gemäß der auf ihn entfallenen Stimmen an erster oder an letzter Stelle gewählt sein. Ebensowenig spielt die Plazierung bei einem etwaigen vorzeitigen Ausscheiden eines Aufsichtsratsmitgliedes eine Rolle, da jeweils das entsprechende Ersatzmitglied, das nach dem neuen AktG nach dessen § 101 Abs. 3 gleichzeitig mit dem Aufsichtsratsmitglied bestellt werden kann, in den Aufsichtsrat nachrückt. Daraus ergibt sich, daß die in den Aufsichtsrat gewählten Arbeitnehmervertreter die jeweiligen Interessen des Betriebs oder ihrer Gruppe auf allen Plätzen gleich gut wahrnehmen können [8].

Die in der Literatur und Rechtsprechung vertretene Auffassung, die *ersten beiden Plätze* im Aufsichtsrat seien zwei betriebsangehörigen Arbeitnehmern, darunter einem Arbeiter und einem Angestellten, vorbehalten, wird somit weder durch den Wortlaut des § 76 Abs. 2 S. 3 BetrVG noch durch Sinn und Zweck der gesetzlichen Regelung gestützt.

4. Es fragt sich nun weiter, ob diese rechtlich nicht haltbare Auslegung des § 76 Abs. 2 S. 3 BetrVG — sofern man diese Vorschrift zunächst gesondert betrachtet — praktisch unschädlich ist oder aber sich in tatsächlicher Hinsicht auswirkt und zu von § 34 WahlO nicht gedeckten Ergebnissen führt. Das soll an Hand eines willkürlich gewählten Beispiels geprüft werden:

Bei vier zu wählenden Arbeitnehmervertretern hat die Wahl zu folgender Stimmverteilung geführt [9]:

1. A Gewerkschaftsvertreter	376 Stimmen
2. B Betriebsangehöriger Arbeiter	359 Stimmen
3. C Gewerkschaftsvertreter	301 Stimmen
4. D Betriebsangehöriger Arbeiter	216 Stimmen
5. E Betriebsangehöriger Arbeiter	197 Stimmen
6. F Betriebsangehöriger Angestellter	131 Stimmen

a) Geht man mit der abzulehnenden Ansicht davon aus, daß die ersten beiden Plätze zwei betriebsangehörigen Arbeitnehmervertretern beider Arbeitnehmergruppen vorbehalten sind, so ergibt sich folgende Wahlauswertung:

In den Aufsichtsrat sind gewählt:

1. B
2. F
3. A
4. C

[8] Im Ergebnis ebenso Schunck, NJW 55, 701.

[9] Die Kandidaten sind hier wie auch in den folgenden Beispielen der besseren Übersichtlichkeit des Ergebnisses wegen bereits jeweils nach der Zahl der auf sie entfallenen Stimmen geordnet.

Erläuterung: Zunächst ist B zu berücksichtigen, da er der betriebsangehörige Kandidat mit den meisten Stimmen ist. Sodann folgt auf dem zweiten Platz F, da er ebenfalls einem Betrieb des Unternehmens angehört und zudem Angehöriger der anderen Arbeitnehmergruppe als der des den ersten Platz einnehmenden Vertreters ist, der in dieser Eigenschaft die meisten Stimmen auf sich vereinigt hat. Da nunmehr die gebundenen Sitze besetzt sind und das reine Mehrheitsprinzip zur Anwendung gelangt, folgen auf den nächsten Plätzen A und C.

b) Geht man mit der hier vertretenen Auffassung davon aus, daß zwar je ein betriebsangehöriger Arbeitnehmervertreter beider Arbeitnehmergruppen dem Aufsichtsrat angehören muß, ihnen jedoch keine besonderen Plätze vorbehalten sind, so ergibt sich folgende Auswertung:

Gewählt sind:

1. A
2. B
3. C
4. F

Erläuterung: Den ersten Platz erhält A, da er die meisten Stimmen auf sich vereinigt hat und noch drei, also ausreichend Plätze vorhanden sind, um den besonderen Erfordernissen des § 76 Abs. 2 S. 3 BetrVG Rechnung zu tragen. An zweiter Stelle folgt B mit der nächsthöheren Stimmenzahl. Da dieser Bewerber als betriebsangehöriger Arbeiter zugleich für diese Gruppe die Voraussetzung des § 76 Abs. 2 S. 3 BetrVG erfüllt, ist somit bei der Besetzung der übrigen Plätze nur noch darauf zu achten, daß auch noch ein betriebsangehöriger Angestellter in den Aufsichtsrat hineinkommt. Da noch zwei Plätze offenstehen, kommt für den dritten Platz noch das reine Mehrheitsprinzip (§ 34 S. 1 WahlO) zur Anwendung, so daß dieser Platz dem C als dem Kandidaten mit der nächsthöheren Stimmenzahl zufällt. Bei der Besetzung des letzten Platzes ist nunmehr dem noch nicht erfüllten Erfordernis des § 76 Abs. 2 S. 3 BetrVG — betriebsangehöriger Angestellter — Rechnung zu tragen, so daß gemäß § 34 S. 1 i. V. mit S. 2 WahlO dieser Platz von F besetzt wird.

Ein Vergleich der unter 4 a) und b) gefundenen Ergebnisse zeigt, daß lediglich *die Folge bei der Auszählung der Stimmen,* nicht aber die tatsächliche personelle Besetzung des Aufsichtsrats verschieden ist. Die abgelehnte Auslegung des § 76 Abs. 2 S. 3 BetrVG führt somit nicht zu einer Verletzung des Mehrheitsprinzips, wie es in § 34 WahlO zum Ausdruck kommt. Die Übereinstimmung der Ergebnisse ist keine zufällige Folge des hier gewählten Beispiels; vielmehr lassen sich die Konstellationen der Stimmverteilung beliebig variieren, ohne daß sich an dem hier gefundenen Ergebnis etwas ändert.

5. Diese in der tatsächlichen Auswirkung gleichen Ergebnisse, der Mangel einer ausreichenden Begründung für die Verknüpfung der besonderen Wählbarkeitsvoraussetzungen des § 76 Abs. 2 S. 3 BetrVG mit den „ersten beiden Plätzen" in der aufgeführten Literatur sowie schließlich eine Analyse der z. B. von FITTING-KRAEGELOH-AUFFARTH [10] und DIETZ [11] gebrachten Beispiele legen den Schluß nahe, daß Ausgangspunkt für die vorerwähnte Verknüpfung die Überlegung war, die Auswertung der Ergebnisse einer Wahl zum Aufsichtsrat, dem drei oder mehr Arbeitnehmervertreter angehören müssen, zu vereinfachen. Das geschieht in der Weise, daß man die Kandidaten, denen nach § 76 Abs. 2 S. 3 BetrVG zwingend zwei Aufsichtsratssitze vorbehalten sind, vorweg aus der Liste der durch die Wahl qualifizierten Bewerber herauszieht und sodann die übrigen Plätze nach dem reinen Mehrheitsprinzip besetzt.

Dabei soll nicht verkannt werden, daß diese Art der Wahlauswertung leichter zu handhaben ist als die unter 4 b) aufgezeigte Methode, bei der darauf geachtet werden muß, daß im Einklang mit § 34 S. 2 WahlO spätestens auf den beiden letzten zu besetzenden Sitzen dem Erfordernis des § 76 Abs. 2 S. 3 BetrVG Rechnung zu tragen ist, falls sich unter den zuvor nach dem reinen Mehrheitsprinzip ermittelten Kandidaten keiner der vom Gesetz geforderten Arbeitnehmervertreter befindet. Sollte die Hervorhebung der „ersten beiden Plätze" im Zusammenhang mit § 76 Abs. 2 S. 3 BetrVG bei der erörterten Gegenmeinung tatsächlich auf einer solchen Überlegung beruhen, so liegt aber jedenfalls eine zu Fehlschlüssen verleitende Ungenauigkeit darin, daß die Plazierung der betriebsangehörigen Arbeitnehmervertreter beider Gruppen nicht lediglich als bestimmter Modus der Wahlauswertung gekennzeichnet, sondern so hingestellt wird, als ob sie sich zwingend aus § 76 Abs. 2 S. 3 BetrVG i. V. mit § 34 WahlO ergebe. Daß letzteres nicht zutrifft, habe ich durch die Ausführungen unter I, 3 dargelegt.

Ob das BAG davon ausgeht, daß der Verknüpfung der besonderen Wählbarkeitsvoraussetzungen mit den „ersten beiden Plätzen" lediglich die Bedeutung einer leichteren Auswertungsmethode des Wahlergebnisses zukommt, lassen seine Ausführungen nicht erkennen. Das BAG beschränkt sich z. B. in seinem Beschluß vom 10.11.1954 [12] auf die Feststellung, die Regelung des § 76 Abs. 2 S. 3 BetrVG sei dahin erfolgt, daß der *erste und zweite Platz* den Arbeitnehmern in Betrieben des Unternehmens vorbehalten seien und es sich dabei um eine bestimmte Beteiligungsordnung handele. Es ist zutreffend, daß diese Vorschrift eine bestimmte Beteiligungsordnung ausdrückt. Sie geht jedoch lediglich dahin, daß bei zwei oder mehr zu wählenden Arbeitnehmervertretern dem Aufsichtsrat jedenfalls zwei Arbeit-

[10] § 76 Anm. 58.
[11] § 76 Anm. 42 und 43.
[12] AP Nr. 2 zu § 76 BetrVG.

nehmer aus einem Betrieb des Unternehmens angehören müssen und diesen somit unter Umständen, d. h. je nach Stimmverteilung der Vorrang gegenüber anderen Arbeitnehmervertretern mit einem größeren Stimmenanteil gebührt. Die darüber hinausgehende Aussage des BAG, diesen betriebsangehörigen Arbeitnehmervertretern seien nach § 76 Abs. 2 S. 3 BetrVG auch dann, wenn drei oder mehr Arbeitnehmervertreter zu wählen sind, die „ersten beiden Plätze" zugeordnet, wird jedoch durch diese Vorschrift nicht gedeckt. In seiner vorletzten zu diesem Problemkreis ergangenen Entscheidung [13] erkennt das BAG auch an, daß § 76 BetrVG nicht vom ersten und zweiten Platz spricht. Das BAG versäumt es jedoch, aus dieser Erkenntnis die entsprechende Schlußfolgerung zu ziehen.

6. Somit ist folgendes Zwischenergebnis festzuhalten:

a) Den Anforderungen des § 76 Abs. 2 S. 3 BetrVG ist Genüge getan, wenn sich unter zwei oder mehr zu wählenden Arbeitnehmervertretern zwei Arbeitnehmer aus Betrieben des Unternehmens und aus beiden Arbeitnehmergruppen befinden.

b) Die in Lehre und Rechtsprechung vertretene Ansicht, die besonderen Wählbarkeitsvoraussetzungen des § 76 Abs. 2 S. 3 BetrVG seien auch bei Aufsichtsräten mit mehr als zwei Arbeitnehmervertretern bereits jeweils bei der Besetzung der ersten beiden Plätze im Aufsichtsrat zu berücksichtigen, wird weder durch den Wortlaut noch den Sinn und Zweck des Gesetzes gestützt.

c) Soweit § 76 Abs. 2 S. 3 BetrVG allein, d. h. nicht in Verbindung mit § 76 Abs. 4 S. 1 BetrVG zur Anwendung gelangt, wirkt sich die unrichtige Interpretation des § 76 Abs. 2 S. 3 BetrVG jedoch in tatsächlicher Hinsicht nicht aus, führt zu keinem anderen Ergebnis und nicht zu einer Verletzung des Mehrheitsprinzips.

II

Es fragt sich aber, ob die als sachlich nicht gerechtfertigt erkannte Hervorhebung der „ersten beiden Plätze" im Aufsichtsrat auch dann noch in tatsächlicher Hinsicht unerheblich ist und mit dem in § 34 WahlO normierten Mehrheitsprinzip in Einklang steht, wenn es sich um die Wahl der Arbeitnehmervertreter in den Aufsichtsrat des herrschenden Unternehmens eines Konzerns handelt und somit neben § 76 Abs. 2 S. 3 BetrVG auch Abs. 4 S. 1 dieser Vorschrift zur Anwendung kommt.

1. § 76 Abs. 4 S. 1 BetrVG bestimmt nach seinem Wortlaut, daß bei einem Konzern i. S. des § 18 Abs. 1 S. 1 und 2 AktG die Arbeitnehmer der abhängigen Unternehmen an der Wahl zum Aufsichtsrat des herrschenden Unternehmens teilnehmen. Hinsichtlich der Auslegung der Worte „an der Wahl teilnehmen" werden in Schrifttum und Rechtsprechung unterschiedliche Auffassungen vertreten.

[13] AP Nr. 13 zu § 76 BetrVG.

a) Während ein Teil des Schrifttums und der Rechtsprechung [14] der Meinung ist, daß die „ersten beiden Plätze" im Aufsichtsrat des herrschenden Unternehmens Arbeitnehmern aus Betrieben des herrschenden Unternehmens vorbehalten seien, vertritt ein anderer Teil der Literatur [15] die Ansicht, daß die Arbeitnehmer der abhängigen Unternehmen uneingeschränkt, also auch auf die „ersten beiden Plätze" des Aufsichtsrates des herrschenden Unternehmens gewählt werden können.

b) In diesem Meinungsstreit hat das *Bundesarbeitsgericht* in nunmehr ständiger Rechtsprechung einen vermittelnden Standpunkt eingenommen [16]. Es billigt den Arbeitnehmern der abhängigen Unternehmen auch das passive Wahlrecht zu, will aber gleichzeitig gesichert sehen, daß in der Regel sowohl die Arbeitnehmer des herrschenden Unternehmens als auch die Arbeitnehmer der abhängigen Unternehmen durch einen unternehmensangehörigen Arbeitnehmervertreter im Aufsichtsrat vertreten sind. Das BAG hat seine Ansicht dahin formuliert, die Besetzung der den Arbeitnehmern zustehenden Sitze im Aufsichtsrat des herrschenden Unternehmens eines Konzerns nach § 76 BetrVG habe derart zu erfolgen, daß in der Regel „der erste Platz" einem Arbeitnehmer des herrschenden Unternehmens, „der zweite Platz" einem Arbeitnehmer eines abhängigen Unternehmens gebühre, wobei von diesen beiden Arbeitnehmern der eine Arbeiter, der andere Angestellter sein müsse [17]. Zur Begründung führt das BAG aus, eine den Interessen beider Unternehmensgruppen Rechnung tragende Auslegung des Begriffs „Teilnahme" dürfte nicht dazu führen, daß entweder die Arbeitnehmer in den Betrieben der beherrschten Unternehmen von den besonderen Wählbarkeitsvoraussetzungen, die § 76 Abs. 2 S. 3 BetrVG für die „ersten beiden Plätze" im Aufsichtsrat enthalte, ausgeschlossen würden. Vielmehr müsse eine der in § 76 Abs. 2 S. 3 BetrVG zum Ausdruck gekommenen bestimmten Beteiligungsordnung wesensmäßig entsprechende Ordnung auch dem Begriff „Teilnahme" im Rahmen des § 76 Abs. 4 S. 1 BetrVG in seiner Verbindung mit Abs. 2 S. 2 und 3 des § 76 entnommen werden. Diese Beteiligungsordnung müsse jedoch die natürliche Konzernlage berücksichtigen und verhindern, daß die Konzernlage zum Ausschluß der einen oder anderen Arbeitnehmergruppe auf dem Gebiet des Mitspracherechts führe.

---

[14] Vgl. Erdmann, § 76 Anm. 9; Loos, BB 53, 951; Osswald, BlStSozArbR 55, 237; ArbG Frankfurt, BB 54, 27; LAG Hamburg, BB 54, 657.

[15] Fitting-Kraegeloh-Auffarth, § 76 Anm. 76; Galperin-Siebert, § 76 Anm. 37; Neumann-Duesberg, S. 612; Dietz, § 76 Anm. 62, 57; *ders.*, in: Das wirtschaftliche Mitbest.-Recht, S. 16; Lange, a.a.O., S. 53 ff.; Kunze, AuR 58, 295; Radke, AuR 58, 165; *ders.*, AuR 61, 62; Spieker, AuR 61, 33.

[16] Vgl. BAG AP Nr. 2, 3, 10 und 13 zu § 76 BetrVG.

[17] So zuletzt im Leitsatz seines Beschlusses vom 17. 10. 1963 — AP Nr. 13 zu § 76 BetrVG.

Das BAG hat diesen Grundsatz zwar später [18] dahin eingeschränkt, daß in besonderen Fällen, in denen die Zahl der wahlberechtigten Arbeitnehmer des herrschenden Unternehmens in einem so auffälligen Mißverhältnis zur Arbeitnehmerzahl der beherrschten Unternehmen stehe, daß ein schutzwertes Interesse, an dem zuvor aufgestellten Grundprinzip festzuhalten, nicht gegeben sei, das reine Mehrheitsprinzip gelte. Jedoch soll dieser in der Praxis wohl seltener auftretende Fall im Rahmen der vorliegenden Untersuchung außer Betracht bleiben.

Die ansonsten weitgehend auf Widerspruch gestoßene Ansicht des BAG [19] hat neuerdings insoweit eine gewisse Unterstützung erfahren, als der Regierungsentwurf zum EG AktG, der das volle passive Wahlrecht der Arbeitnehmer der abhängigen Unternehmen vorsah, wie bereits eingangs ausgeführt, nicht Gesetz geworden ist. Als Begründung ist dazu im Bericht des Abgeordneten Dr. WILHELMI [20] ausgeführt, im Rechtsausschuß sei die Auffassung vertreten worden, daß die Rechtsprechung des BAG möglicherweise das Richtige treffe, die Frage aber jedenfalls weiterhin der Entwicklung von Rechtsprechung und Schrifttum überlassen bleiben solle. Einer klaren Stellungnahme ist der Gesetzgeber somit aus dem Weg gegangen.

c) Abweichend von der zuerst zitierten Ansicht in der Literatur und von der Meinung des BAG bin ich der Auffassung, daß den Arbeitnehmern der abhängigen Unternehmen das volle passive Wahlrecht zusteht und daß im Grundsatz das Mehrheitsprinzip gilt. Der Sinn des § 76 Abs. 4 BetrVG geht dahin, die rechtstechnische Selbständigkeit verschiedener Unternehmen hinter ihrer wirtschaftlichen Zusammengehörigkeit zurücktreten und auch die Arbeitnehmerschaft abhängiger Unternehmen auf die Organe Einfluß gewinnen zu lassen, in denen die eigentlichen, auch ihr Schicksal berührenden Entscheidungen getroffen werden. Dem Zweck dieser Beteiligung im Aufsichtsrat des herrschenden Unternehmens wird aber nur die völlige Gleichstellung aller konzernangehörigen Arbeitnehmer gerecht. Jede Beschränkung des passiven Wahlrechts der Arbeitnehmer der abhängigen Unternehmen führt zu der Möglichkeit einer Durchbrechung des Mehrheitsprinzips und der damit verbundenen Folge, daß es zu Wahlergebnissen kommt, die dann nicht mehr vom Wählerwillen getragen sind. Dies kann auch nicht unter Berücksichtigung der Tatsache, daß es sich um einen Konzern handelt, gerechtfertigt werden.

Jedoch soll im Rahmen dieser Untersuchung als *Arbeitshypothese* davon ausgegangen werden, daß eine Beteiligungsordnung, die der in § 76 Abs. 2 S. 3 BetrVG für das Verhältnis zwischen betriebsangehörigen Arbeitern und Angestellten tatsächlich normierten entspricht, auch aus § 76 Abs. 4 S. 1

---

[18] BAG AP Nr. 10 zu § 76 BetrVG.

[19] Vgl. z. B. RADKE, AuR 61, 62; SPIEKER, AuR 61, 33; FITTING-KRAEGELOH-AUFFARTH, § 76 Anm. 77.

[20] Schriftlicher Bericht des Rechtsausschusses zu Drucks. IV/3296, S. 67.

BetrVG in Verbindung mit Abs. 2 S. 3 dieser Vorschrift des BetrVG für das Verhältnis der Arbeitnehmer des herrschenden Unternehmens und der beherrschten Unternehmen entnommen werden kann. Das hat seinen Grund darin, daß erst bei Übernahme *dieses* bundesarbeitsgerichtlichen Grundprinzips erörtert werden kann, ob und gegebenenfalls wie sich die Hervorhebung der „ersten beiden Plätze" bei der Besetzung der den Arbeitnehmern zustehenden Sitze im Aufsichtsrat des herrschenden Unternehmens eines Konzerns auswirkt. Denn wendet man entgegen der Grundauffassung des BAG auch für die Wahl zum Aufsichtsrat des herrschenden Unternehmens eines Konzerns das reine Mehrheitsprinzip an, so ist die Sachlage und damit das Ergebnis nicht anders als unter I dargelegt, da in diesem Fall die Unternehmenszugehörigkeit zurücktritt und zwischen den Arbeitnehmern des herrschenden Unternehmens und denjenigen der beherrschten Unternehmen kein Unterschied gemacht wird.

An dieser Stelle sei jedoch zur Verdeutlichung der folgenden Ausführungen nochmals hervorgehoben:

In § 76 Abs. 2 S. 3 BetrVG kommt nach meiner Ansicht eine Beteiligungsordnung lediglich des Inhalts zum Ausdruck, daß bei zwei oder mehr zu wählenden Arbeitnehmern dem Aufsichtsrat, und zwar unabhängig von dem sogenannten „ersten und zweiten Platz" mindestens je ein Arbeiter und Angestellter aus den Betrieben des Unternehmens angehören müssen. Deshalb wird die vorgeschilderte Auffassung des BAG zu § 76 Abs. 4 S. 1 BetrVG als Arbeitshypothese auch nur insoweit übernommen, als im folgenden davon ausgegangen wird, daß § 76 Abs. 4 S. 1 in Verbindung mit Abs. 2 S. 3 BetrVG zwar gleichfalls eine Beteiligungsordnung für das Verhältnis der Arbeitnehmer des herrschenden Unternehmens und der beherrschten Unternehmen zueinander enthält, diese jedoch lediglich besagt, daß dem Aufsichtsrat des herrschenden Unternehmens *überhaupt* je ein Arbeitnehmer aus dem herrschenden Unternehmen und den beherrschten Unternehmen, also ebenfalls ohne Verknüpfung mit bestimmten Plätzen, angehören muß. § 34 S. 2 WahlO ist deshalb i. S. meiner Arbeitshypothese so zu lesen, als ob dort stände:

Muß der zu Wählende in einem Betrieb des Unternehmens, bei einem Konzern in einem Betrieb des herrschenden oder der beherrschten Unternehmen beschäftigt sein oder muß der zu Wählende einer bestimmten Gruppe angehören, so ist der Bewerber gewählt, der als Betriebs-, Unternehmens- oder Gruppenangehöriger die meisten Stimmen erhalten hat.

2. Nun entnimmt aber darüber hinausgehend das BAG, wie der unter II, 1b) wiedergegebene Leitsatz zeigt, der Vorschrift des § 76 Abs. 4 S. 1 BetrVG nicht die Beteiligungsordnung, die wesensmäßig der entspricht, die in § 76 Abs. 2 S. 3 BetrVG *tatsächlich* normiert ist. Vielmehr überträgt es die im Rahmen des § 76 Abs. 2 S. 3 BetrVG als rechtlich nicht haltbar anerkannte Verknüpfung der besonderen Wählbarkeitsvoraussetzungen mit

dem „ersten und zweiten Platz" im Aufsichtsrat auch auf die Vorschrift des § 76 Abs. 4 S. 1 BetrVG und fordert, daß allen besonderen Wählbarkeitsvoraussetzungen, also denen des § 76 Abs. 2 S. 3 und denen des § 76 Abs. 4 S. 1 BetrVG bereits auf den ersten beiden Plätzen Genüge getan werden müsse. Dabei soll zunächst einmal unberücksichtigt bleiben, daß das BAG darüber hinaus dem Arbeitnehmervertreter des herrschenden Unternehmens jeweils den ersten Platz einräumt und somit auch innerhalb der gleichen Wählbarkeitsvoraussetzung noch eine weitere Rangfolge aufstellt.

a) Die vom BAG vorgenommene Deduktion ist zwar, aufbauend auf der als falsch erkannten Prämisse, insoweit konsequent. Jedoch bedarf es keiner näheren Begründung, daß die Verknüpfung der besonderen Wählbarkeitsvoraussetzungen mit bestimmten Plätzen im Aufsichtsrat bei einem Zusammentreffen beider Vorschriften ebensowenig gerechtfertigt ist wie bei der alleinigen Anwendbarkeit des § 76 Abs. 2 S. 3 BetrVG. Denn an der getroffenen Feststellung, daß dem ersten und zweiten Platz keinerlei besondere Bedeutung zukommt, ändert sich nichts. Ebensowenig wie bei der unter I erörterten Sachlage sind im Aufsichtsrat des herrschenden Unternehmens eines Konzerns mit diesen Plätzen irgendwelche besonderen Rechte oder Rechtsfolgen verbunden.

b) Da beide Gruppen der Wählbarkeitsvoraussetzungen nach Ansicht des BAG an die „ersten beiden Plätze" im Aufsichtsrat geknüpft sind, werden sie vom BAG nunmehr auch untereinander derart verbunden, daß sie, jeweils in der einen oder anderen Kombination, immer bereits auf den ersten beiden Plätzen erfüllt sein müssen. Diese durch eine auf einen falschen Ansatzpunkt zurückgehende Deduktion bedingte Folge wird somit auch bei Aufsichtsräten mit mehr als zwei Arbeitnehmervertretern — bei solchen mit nur zwei Arbeitnehmervertretern ergibt sich diese Konstellation notwendig durch die Anzahl der von Arbeitnehmervertretern zu besetzenden Plätze — zur unabdingbaren Forderung. Das BAG gibt hierfür naturgemäß keine besondere Begründung, da es unter Zugrundelegung der hier als rechtlich nicht haltbar erkannten Auslegung des § 76 Abs. 2 S. 3 BetrVG folgerichtig vorgeht und notwendigerweise zu diesem Ergebnis kommen muß.

Bei Zugrundelegung der dem Wortlaut und dem Sinn und Zweck der gesetzlichen Regelung gerecht werdenden Ausdeutung der vorgenannten Vorschrift (vgl. die Ausführungen unter I) besteht jedoch für eine solche Schlußfolgerung kein Anlaß. Denn auch wenn man davon ausgeht, daß neben dem Spannungsverhältnis zwischen Arbeitern und Angestellten auch ein solches zwischen den Arbeitnehmern des herrschenden Unternehmens und denjenigen der abhängigen Unternehmen besteht, dem bei der Besetzung der den Arbeitnehmern zustehenden Aufsichtsratssitze Rechnung getragen werden muß [21], so ist, da das Gesetz in § 76 Abs. 2 S. 3 BetrVG von

[21] So BAG AP Nr. 13 zu § 76 BetrVG.

mindestens zwei betriebsangehörigen Arbeitnehmern spricht und nur *diese* Beteiligungsordnung in einer dem Wesen des Konzerns entsprechenden Form dem § 76 Abs. 4 S. 1 BetrVG entnommen werden kann, für die Notwendigkeit einer Verknüpfung beider Wählbarkeitsvoraussetzungen mit den ersten beiden Plätzen und damit für eine bestimmte Konstellation dieser Voraussetzungen untereinander dem Gesetz nichts zu entnehmen. Die vom BAG geforderte Konstellation wäre lediglich dann sinnvoll und erforderlich, falls z. B. die Interessen der abhängigen Unternehmen gegenüber dem herrschenden Unternehmen nur dann zweckentsprechend und sachgemäß wahrgenommen werden könnten, wenn sie von einem Arbeitnehmer einer anderen Arbeitnehmergruppe als der des Vertreters des herrschenden Unternehmens vertreten würden.

Für eine solche Annahme fehlt es aber an jedem Anhaltspunkt. Damit kann die Feststellung getroffen werden, daß die *Forderung des BAG*, die „ersten beiden Plätze" im Aufsichtsrat des herrschenden Unternehmens eines Konzerns seien mit je einem Arbeitnehmer des herrschenden Unternehmens und der beherrschten Unternehmen, darunter je einem Arbeiter und einem Angestellten zu besetzen, *nicht gerechtfertigt* ist. Denn durch diesen Grundsatz stellt das BAG für die Besetzung des zweiten Platzes insoweit eine den Charakter einer zusätzlichen Wählbarkeitsvoraussetzung tragende Voraussetzung auf, als der zweite Arbeitnehmer sowohl einer anderen Arbeitnehmergruppe als auch einem anderen Unternehmen als der den ersten Platz einnehmende Vertreter angehören muß. Um eine sachgerechte Wahrnehmung der verschiedenen Interessen entsprechend dem Sinn und Zweck des Gesetzes zu sichern, genügt es völlig, daß diesen Erfordernissen *überhaupt im Aufsichtsrat*, nicht aber notwendig in *einer* Person Genüge getan wird [22]. Denn dadurch ist der vom BAG geforderte doppelte Minderheitenschutz — nämlich der Schutz der Minderheit im Verhältnis Arbeiter — Angestellte und der Schutz der Minderheit im Verhältnis der Arbeitnehmer des herrschenden Unternehmens zu denjenigen der abhängigen Unternehmen — in vollem Umfang gewährleistet.

c) Frage kann deshalb nur sein, ob und gegebenenfalls wie sich der vom BAG entwickelte Grundsatz auf das Wahlergebnis auswirkt. Das sei an Hand des folgenden Beispiels untersucht:

Bei vier zu wählenden Arbeitnehmervertretern hat sich folgende Stimmverteilung ergeben:

1.	A	Angestellter, herrschendes Unternehmen	3007 Stimmen
2.	B	Angestellter, beherrschtes Unternehmen	2841 Stimmen
3.	C	Angestellter, herrschendes Unternehmen	2556 Stimmen
4.	D	Angestellter, beherrschtes Unternehmen	1895 Stimmen
5.	E	Arbeiter, herrschendes Unternehmen	1223 Stimmen

[22] So zutreffend ArbG Hamburg, BB 63, 89.

6.	F	Arbeiter, herrschendes Unternehmen	763 Stimmen
7.	G	Angestellter, herrschendes Unternehmen	213 Stimmen
8.	H	Arbeiter, beherrschtes Unternehmen	175 Stimmen

α) Geht man von der geschilderten Auffassung des BAG aus, so sind folgende Vertreter in den Aufsichtsrat gewählt:

1. A
2. H
3. B
4. C

Erläuterung: Den ersten Platz nimmt A ein, da er als Arbeitnehmer des herrschenden Unternehmens eine der beiden besonderen Wählbarkeitsvoraussetzungen des § 76 Abs. 4 S. 1 und Abs. 2 S. 3 BetrVG erfüllt und als solcher die meisten Stimmen erhalten hat. Da A Angestellter und Arbeitnehmer des herrschenden Unternehmens ist, muß auf dem zweiten Platz ein Arbeiter aus einem abhängigen Unternehmen folgen. Das ist hier der Kandidat mit den *wenigsten Stimmen*, nämlich H. Da die nach Ansicht des BAG gebundenen Sitze nunmehr besetzt sind, bestimmt sich die Verteilung der nächsten Plätze nach dem reinen Mehrheitsprinzip.

β) Legt man dagegen die unter I als richtig festgestellte Auslegung des § 76 Abs. 2 S. 3 BetrVG zugrunde und berücksichtigt man im Sinne der Arbeitshypothese weiterhin, daß dem Aufsichtsrat je ein Arbeitnehmer des herrschenden Unternehmens und der abhängigen Unternehmen angehören muß, so ergibt sich folgende Wahlauswertung:

1. A
2. B
3. C
4. E

Erläuterung: Zunächst ist A in den Aufsichtsrat gewählt, da er die meisten Stimmen auf sich vereinigt hat. Da A Angestellter des herrschenden Unternehmens ist, ist nunmehr bei der Vergabe der übrigen Plätze nur noch darauf zu achten, daß auch ein Arbeiter bzw. ein Arbeitnehmer der abhängigen Unternehmen dem Aufsichtsrat angehören müssen. Da B als der Kandidat mit der nächsthöheren Stimmenzahl die zuletzt genannte Voraussetzung erfüllt und noch zwei Plätze zu vergeben sind, auf denen dem anderen Erfordernis (Arbeiter) Rechnung getragen werden kann, erhält B den nächsten Platz. Aufgrund der Zahl der auf ihn entfallenen Stimmen folgt als nächster C; denn auch nach Besetzung dieses dritten Platzes steht noch ein weiterer Sitz zur Vergabe offen, bei dem die noch nicht erfüllte Voraussetzung „Arbeiter" berücksichtigt werden kann. Dieser Voraussetzung ist nunmehr bei dem letzten Platz Rechnung zu tragen. Dadurch kommt gemäß § 34 S. 2 WahlO nicht der Kandidat mit der nächsthöheren

Stimmenzahl, also der Angestellte D, sondern der Arbeiter E in den Aufsichtsrat.

Die Gegenüberstellung der beiden Auswertungen zeigt m. E. zwingend, daß die Hervorhebung der „ersten beiden Plätze“ im Rahmen der Rechtsprechung des BAG zur Besetzung des Aufsichtsrats des herrschenden Unternehmens eines Konzerns in tatsächlicher Hinsicht keineswegs unerheblich ist. Die Auffassung des BAG führt hier vielmehr dazu, daß der Arbeiter H in den Aufsichtsrat kommt, obwohl er mit Abstand viel weniger Stimmen als der Arbeiter E hat. Hierin zeigt sich, daß die Verkoppelung der besonderen Wählbarkeitsvoraussetzungen des § 76 Abs. 2 S. 3 BetrVG und der des § 76 Abs. 4 S. 1 BetrVG (i. S. des hier als Arbeitshypothese akzeptierten Teils der Grundauffassung des BAG, wonach herrschendes und beherrschte Unternehmen durch eigene Arbeitnehmer im Aufsichtsrat vertreten sein müssen) mit den „ersten beiden Plätzen“ im Aufsichtsrat zu einem Ergebnis führen kann, das durch § 34 S. 2 WahlO und die Erfordernisse einer vernünftigen, gerechten Wahlauswertung nicht mehr gedeckt ist. Die BAG-Rechtsprechung hat vielmehr eine Durchbrechung des in § 34 WahlO normierten (eingeschränkten) Mehrheitsprinzips zur Folge, für die es an jeder Rechtfertigung fehlt [23]. Die durch die Modifizierung des reinen Mehrheitsprinzips in § 34 S. 2 WahlO in der zuvor dargelegten Form bedingte Beschränkung des im Stimmenergebnis zum Ausdruck gekommenen Wählerwillens darf nicht weiter gehen, als es erforderlich ist, dem Schutz der Minderheiten gerecht zu werden. Zwar braucht diese nicht gerechtfertigte Durchbrechung des Mehrheitsprinzips nicht immer einzutreten, da Beispiele gebildet werden können, in denen die Wahlauswertung nach beiden Methoden der Sitzverteilung gleich ist. Das beweist der der Entscheidung des BAG vom 10. 11. 1954 [24] zugrunde liegende Sachverhalt. Bei dem dort vorliegenden Wahlergebnis wären auch bei Anwendung des hier aufgezeigten Grundsatzes der Sitzverteilung die Arbeitnehmer E, K und H lediglich in der Reihenfolge K, H, E in den Aufsichtsrat gekommen. Jedoch ist dies lediglich eine Folge der so ausgefallenen Stimmverteilung und kann nichts an der Feststellung ändern, daß der vom BAG aufgestellte Grundsatz im Gesetz keine Stütze findet, zu einer ungerechtfertigten Durchbrechung des Mehrheitsprinzips führen kann und somit abzulehnen ist. Aufgrund der besonderen Konstellation der Stimmverteilung in der zuvor zitierten BAG-Entscheidung liegt die Vermutung nahe, daß das BAG diese möglichen Folgen des von ihm nicht lediglich auf den zu entscheidenden Fall beschränkten Grundsatzes zunächst nicht erkannt hat. Entsprechendes gilt für den Beschluß vom 3. 12. 1954 [25], da bei dem dieser Entscheidung zugrunde liegenden Sach-

[23] Vgl. hierzu ArbG Hamburg, BB 63, 89 und die kritischen Ausführungen von v. Winterfeld, BetrR 62, 366.

[24] AP Nr. 2 zu § 76 BetrVG.

[25] AP Nr. 3 zu § 76 BetrVG.

verhalt die Stimmverteilung ebenfalls so gestaltet war, daß der vom BAG aufgestellte Grundsatz sich praktisch nicht zu einem anderen Ergebnis auswirkte. Inwieweit das auch für die Entscheidung des BAG vom 15.7.1960 [26] zutrifft, läßt sich dem mitgeteilten Sachverhalt nicht sicher entnehmen. Spätestens in seiner Entscheidung vom 17. 10. 1963 [27] hätte das BAG jedoch die rechtlich nicht haltbaren Konsequenzen des von ihm aufgestellten Grundsatzes erkennen können. Denn bei der dort vorgenommenen Wahlauswertung hat das BAG das Mehrheitsprinzip durchbrochen und anstelle des nach der Stimmverteilung an sechster Stelle liegenden Angestellten B den an achter Stelle liegenden Angestellten Bl. als in den Aufsichtsrat gewählt angesehen, obwohl die besonderen Wählbarkeitsvoraussetzungen — je ein Arbeiter und ein Angestellter, je ein Arbeitnehmer des herrschenden Unternehmens und der beherrschten Unternehmen — bereits auf den vorhergehenden Plätzen erfüllt waren und somit den richtig verstandenen Forderungen des § 76 Abs. 2 S. 3 BetrVG und des § 76 Abs. 4 S. 1 BetrVG in vollem Umfang Genüge getan war. Obwohl das erstinstanzliche Arbeitsgericht [28] auf diese nicht haltbaren Folgen der bundesarbeitsgerichtlichen Rechtsprechung in einer ausführlichen Begründung seines Beschlusses ausdrücklich hingewiesen hatte, sind auch in der oben genannten Beschwerdeentscheidung keine Ausführungen zu finden, die das abweichende Ergebnis in irgendeiner Hinsicht einleuchtend begründen. Insbesondere die Stellungnahme des BAG zu der Hilfsbegründung des LAG vermag nicht zu überzeugen und gibt keine den zuvor aufgestellten Grundsatz tragende Begründung. Das gilt auch für die neueste, zu diesem Problemkreis ergangene Entscheidung des BAG vom 30. 8. 1966 [29], in der das Gericht weiterhin an seiner bisherigen Rechtsprechung festhält. Da in dem zur Entscheidung anstehenden Fall ein *Angestellter* des herrschenden Unternehmens die meisten Stimmen erhalten hatte, ein *Arbeiter* aus den beherrschten Unternehmen, dem nach der Konzeption des BAG somit der „zweite Platz" hätte zufallen müssen, aber nicht zur Wahl aufgestellt und demzufolge auch nicht gewählt worden war, sah sich das Gericht gezwungen, für den konkreten Fall von seiner Grundansicht (1. Platz: ein Arbeitnehmer des herrschenden Unternehmens, 2. Platz: ein Arbeitnehmer aus den beherrschten Unternehmen, darunter je ein Arbeiter und ein Angestellter) zum Teil abzugehen. Es räumte dem Angestellten aus einem Betrieb der abhängigen Unternehmen mit der höchsten Stimmenzahl den zweiten Platz ein, obwohl dieser damit der gleichen Arbeitnehmergruppe wie der an erster Stelle gewählte Arbeitnehmervertreter angehörte, und begründete dies damit, daß von den beiden

---

[26] AP Nr. 10 zu § 76 BetrVG.

[27] AP Nr. 13 zu § 76 BetrVG.

[28] Vgl. ArbG Hamburg, Beschl. vom 14. 9. 1962, im Leitsatz veröffentlicht in BB 63, 89.

[29] AP Nr. 15 zu § 76 BetrVG.

Prinzipien dasjenige der Beteiligung beider Arbeitnehmergruppen auf den ersten beiden Plätzen zurücktreten und die Beteiligung von herrschendem und abhängigen Unternehmen den Vorrang haben müsse, falls wegen der besonderen Sachlage nicht beiden Grundsätzen gleichzeitig Rechnung getragen werden könne. Einer derartigen Abwägung der Grundsätze gegeneinander hätte es indes nicht bedurft, da auch ein Arbeiter, wenn auch aus einem Betrieb des herrschenden Unternehmens in den Aufsichtsrat gewählt worden war, und es somit nach den obigen Ausführungen nur noch darauf ankommen konnte, bei der Wahlauswertung einen Arbeitnehmer aus den beherrschten Unternehmen, gleichgültig, ob Arbeiter oder Angestellter, zu berücksichtigen.

3. Über den im vorigen Abschnitt behandelten Grundsatz geht das BAG aber noch hinaus, indem es dem herrschenden Unternehmen unabhängig von der Stimmverteilung im Einzelfall jeweils den ersten Platz einräumt und somit auch innerhalb der besonderen Wählbarkeitsvoraussetzungen des § 76 Abs. 4 S. 1 BetrVG noch eine weitere Rangfolge statuiert.

Diese Ansicht findet im Gesetz ebenfalls keine Stütze. Sie wird zudem auch von der Begründung des BAG selbst nicht getragen, da in den bereits mehrfach zitierten Entscheidungen lediglich ausgeführt wird, daß wegen der Konzernlage sowohl den Arbeitnehmern des herrschenden Unternehmens als auch den Arbeitnehmern der beherrschten Unternehmen durch Entsendung eines eigenen unternehmensangehörigen Vertreters ein Mitspracherecht im Aufsichtsrat gesichert werden müsse, ohne daß jedoch in irgendeiner Form dargelegt wird, warum dies für das herrschende Unternehmen immer bereits auf dem ersten Platz geschehen muß.

Dieser Grundsatz des BAG kann, wie die folgenden Beispiele zeigen, dazu führen, daß das Mehrheitsprinzip unter Umständen ohne vernünftigen Grund eine weitere Durchbrechung erfährt.

a) Bei zwei zu wählenden Arbeitnehmervertretern hat die Wahl zu folgender Stimmverteilung geführt:

1. A	Angestellter, beherrschtes Unternehmen	2937	Stimmen
2. B	Angestellter, herrschendes Unternehmen	2609	Stimmen
3. C	Arbeiter, herrschendes Unternehmen	2061	Stimmen
4. D	Arbeiter, herrschendes Unternehmen	1734	Stimmen
5. E	Arbeiter, beherrschtes Unternehmen	1205	Stimmen
6. F	Angestellter, herrschendes Unternehmen	706	Stimmen
7. G	Arbeiter, herrschendes Unternehmen	201	Stimmen

Während nach dem Grundsatz des BAG B und E gewählt sind, kommen bei Zugrundelegung der hier bejahten Auswertungsgrundsätze die Kandidaten A und C in den Aufsichtsrat. Bei diesem Beispiel hat somit die Beachtung des vom BAG aufgestellten Grundsatzes zur Folge, daß der Kandidat, auf den die meisten Stimmen entfallen sind, nicht in den Aufsichtsrat gelangt.

b) Ähnliches ergibt sich bei vier zu wählenden Arbeitnehmervertretern mit folgender Stimmverteilung:

1.	A	Angestellter, beherrschtes Unternehmen	2937 Stimmen
2.	B	Gewerkschaftsvertreter	2609 Stimmen
3.	C	Angestellter, beherrschtes Unternehmen	2061 Stimmen
4.	D	Angestellter, herrschendes Unternehmen	1734 Stimmen
5.	E	Arbeiter, herrschendes Unternehmen	1205 Stimmen
6.	F	Arbeiter, herrschendes Unternehmen	706 Stimmen
7.	G	Angestellter, beherrschtes Unternehmen	201 Stimmen
8.	H	Arbeiter, beherrschtes Unternehmen	197 Stimmen

Nach der Rechtsprechung des BAG würden D, H, A und B dem Aufsichtsrat angehören. Dagegen führt die m. E. richtige Auswertung zu dem Ergebnis, daß A, B, C und E die Arbeitnehmersitze erhalten.

4. Nun sind allerdings — das sei hier der Vollständigkeit halber erwähnt — auch Beispiele denkbar, bei denen die Beachtung der vom BAG aufgestellten Grundsätze zu günstigeren Ergebnissen zu führen scheint, als das bei der hier angewandten Methode der Auswertung der Fall ist. Zur Verdeutlichung kann folgendes Beispiel herangezogen werden:

Bei vier zu wählenden Arbeitnehmervertretern ergibt die Wahl folgende Stimmverteilung:

1.	A	Arbeiter, beherrschtes Unternehmen	3761 Stimmen
2.	B	Gewerkschaftsvertreter	2981 Stimmen
3.	C	Arbeiter, beherrschtes Unternehmen	1567 Stimmen
4.	D	Arbeiter, beherrschtes Unternehmen	1264 Stimmen
5.	E	Arbeiter, herrschendes Unternehmen	1061 Stimmen
6.	F	Angestellter, beherrschtes Unternehmen	981 Stimmen
7.	G	Arbeiter, herrschendes Unternehmen	743 Stimmen
8.	H	Angestellter, herrschendes Unternehmen	564 Stimmen

Bei Zugrundelegung der bundesarbeitsgerichtlichen Rechtsprechung sind E, F, A und B in den Aufsichtsrat gewählt, während nach der hier vertretenen Auswertung A, B, C und H die vier Arbeitnehmersitze einnehmen, so daß einerseits die Kandidaten C und D, andererseits die Kandidaten D, E, F und G übergangen werden.

Jedoch lassen sich hieraus keine Gründe herleiten, die die vom BAG aufgestellten Grundsätze stützen könnten. Ob das zweite Ergebnis tatsächlich ungünstiger ist als das unter Beachtung der BAG-Rechtsprechung erlangte, ist zunächst nicht zweifelsfrei, da bei der zweiten Auswertung bis einschließlich C dem reinen Mehrheitsprinzip Rechnung getragen wird, während C bei der ersten Auswertung nicht in den Aufsichtsrat hineinkommt. Abgesehen davon ist das Ergebnis nach der von mir für allein richtig gehaltenen Art der Auswertung letztlich darauf zurückzuführen, daß bei der Besetzung des Aufsichtsrats überhaupt zwei Interessengegensätze (Arbeiter und Angestellte einerseits, Arbeitnehmer des herrschenden Unternehmens und Arbeitnehmer der beherrschten Unternehmen andererseits) Berücksichtigung finden müssen. Das kann im Einzelfall je nach Art der Besetzung der vorhergehenden Plätze dazu führen, daß der letzte Platz einem Arbeitnehmervertreter einzuräumen ist, der nicht nur einer bestimmten Arbeitnehmergruppe, sondern darüber hinaus auch noch einem bestimmten Unternehmen angehören muß. Insoweit stimmt das Ergebnis indes mit § 34 S. 2 WahlO, falls man diese Vorschrift, wie oben geschehen, entsprechend erweitert, überein und ist somit vom Gesetz gedeckt; dies ist jedoch bei der Auswertung des Wahlergebnisses gemäß den Grundsätzen des BAG, wie vorhin gezeigt, nicht der Fall.

III. Ergebnisse

1. Die Verbindung der besonderen Wählbarkeitsvoraussetzungen des § 76 Abs. 2 S. 3 BetrVG mit den „ersten beiden Plätzen“ im Aufsichtsrat wird weder durch den Wortlaut noch den Sinn und Zweck des Gesetzes gerechtfertigt.

2. Den Erfordernissen dieser Vorschrift ist vielmehr Genüge getan, wenn dem Aufsichtsrat überhaupt, d. h. gleichgültig auf welchen Plätzen, je ein betriebsangehöriger Arbeiter und Angestellter angehört.

3. Das gilt auch innerhalb des Aufsichtsrats des herrschenden Unternehmens eines Konzerns, und zwar dort in entsprechender Weise für je einen Arbeitnehmer des herrschenden Unternehmens und der beherrschten Unternehmen.

Der Grundsatz des Bundesarbeitsgerichts, nach dem im Aufsichtsrat des herrschenden Unternehmens eines Konzerns die „ersten beiden Plätze“ einem Arbeitnehmer des herrschenden Unternehmens und einem Arbeitnehmer der beherrschten Unternehmen, darunter einem Arbeiter und einem Angestellten, vorbehalten sind, findet im Gesetz keine Stütze. Er kann vielmehr zu einer ungerechtfertigten Durchbrechung des Mehrheitsprinzips, zu durchaus ungerechten, von der Sache her nicht geforderten Ergebnissen führen.

4. Darüber hinaus ist auch die vom Bundesarbeitsgericht vorgenommene Zuordnung des „ersten Platzes“ an einen Arbeitnehmer des herrschenden Unternehmens ohne Berechtigung.

10. Strafrecht

Die Teilnahme im internationalen Strafrecht nach dem Entwurf eines Strafgesetzbuches 1962

Dietrich Oehler

1. Ort der Teilnahme

Im Entwurf des Strafgesetzbuches 1962 (E 62) findet sich in § 8 II 1 eine Vorschrift über den Ort der Distanzteilnahme [1]. Für die Teilnahme legt der E 62 die Ubiquitätstheorie im weitesten Sinne, sowohl für aktives Handeln als auch für Unterlassen fest. Der Begehungsort der Teilnahme ist nicht nur dort, wo die Tat begangen ist — das ist nach § 8 I E 62 der Ort der Handlung, des Eintritts des tatbestandsmäßigen Erfolges, an dem der Unterlassende hätte handeln müssen und an dem der tatbestandsmäßige Erfolg nach der Vorstellung des Täters eintreten sollte —, sondern auch an dem Ort, an dem der Teilnehmer gehandelt hat, im Fall der Unterlassung hätte handeln müssen und an dem nach seiner Vorstellung die Tat begangen — d. h. es kommen nach dem erwähnten § 8 I E 62 wieder vier Orte in Frage — werden sollte. Diese Perfektion führt dazu, daß die Teilnahme an zehn Orte angeknüpft werden kann, wobei sich die Teilnahmehandlung noch nicht einmal auf mehrere Länder erstrecken darf.

Wir fragen zunächst, ob es gerechtfertigt ist, daß nach § 8 II 1, 1. Alt. E 62 der Ort der Teilnahme generell an den Ort der Tatbegehung (Abs. 1) geknüpft wird. Die Tat soll in Deutschland begangen sein, wenn der Täter

---

[1] § 8 des E 62 lautet:

Ort der Tat

(1) Eine Tat ist an jedem Ort begangen, an dem der Täter gehandelt hat oder im Falle des Unterlassens hätte handeln müssen oder an dem der zum Tatbestand gehörende Erfolg eingetreten ist oder nach der Vorstellung des Täters eintreten sollte.

(2) Die Teilnahme ist sowohl an dem Ort begangen, an dem die Tat begangen ist, als auch an jedem Ort, an dem der Teilnehmer gehandelt hat oder im Falle des Unterlassens hätte handeln müssen oder an dem nach seiner Vorstellung die Tat begangen werden sollte. Hat der Teilnehmer an einer Auslandstat im Inland gehandelt, so gilt für die Teilnahme das deutsche Strafrecht, auch wenn die Tat nach dem Recht des Tatorts nicht mit Strafe bedroht ist.

hier gehandelt hat, im Falle einer Unterlassung hier hätte handeln müssen, wenn der Erfolg, z. B. der Tod des Opfers, hier eingetreten ist und wenn der Täter, der zwar im Ausland gehandelt hat, sich jedoch vorgestellt hat, der Erfolg werde hier eintreten [2]. Für den letzten Fall könnte die Lage so sein, daß der Täter in Frankreich seinem Opfer mit Tötungsabsicht langsam wirkendes Gift gibt und sich dabei vorstellt, sein Opfer werde sich nach Deutschland begeben und dort sterben, das Opfer aber bereits in Frankreich stirbt. Der Teilnehmer, der sich den Tod des Opfers aber in Frankreich vorgestellt hat und von der Vorstellung des Täters keinerlei Kenntnis hatte, könnte nach dem Wortlaut in Deutschland bestraft werden. Darin liegt nicht nur kein rechter Sinn mehr, sondern es ist ungerecht, eine solche täterpersönliche psychische Anknüpfung für den unwissenden Teilnehmer genügen zu lassen. Dieser wird von dem Strafrecht, das auf ihn angewendet wird, völlig überrascht, die Anknüpfung ist rein zufällig, außerhalb jeder Berechenbarkeit für ihn. Damit wird ein Grundsatz der Rechtsstaatlichkeit berührt. Es wird dem Teilnehmer eine Vorstellung des Täters zugerechnet, die für ihn gar nicht erkennbar war. Das würde bei Übertragung des Gedankens auf ein Land, das die Todesstrafe hat, dazu führen können, daß der Täter mit seiner Vorstellung über den Kopf des Teilnehmers entscheidet. Ist die Tat, deren Erfolgseintritt sich der Täter in Deutschland vorgestellt hat, im Ausland nur bis zum Versuch gediehen und kennt der Teilnehmer diese Vorstellung nicht und konnte er sie auch nicht kennen, so ist entgegen E 62 eine Anknüpfung für den Teilnehmer in Deutschland gerechterweise nicht zu geben. Auch hier hätte der Täter es wieder in der Hand, über den Ort der Bestrafung ohne Wissen des Teilnehmers zu bestimmen und diesen Ort in alle möglichen Staaten zu verlegen, wenn eine solche Regelung auch in anderen Staaten gelten würde. Der Teilnehmer

---

[2] Zum Ort der Begehung sind zum besseren Verständnis einige Bemerkungen zu machen. Der Ort, an dem der Erfolg zufällig eintritt, sollte als Begehungsort ausscheiden, weil aus rechtsstaatlichen Gründen eine solche überraschende Anwendung des Strafrechts nicht gerechtfertigt ist. Begibt sich der in einem fremden Land Verletzte nach Deutschland, ohne daß sich der Täter das überhaupt vorstellen konnte, so ist die Anknüpfung hier nicht gerechtfertigt, weil sie rein zufällig für den Täter ist. Die Ausdehnung der Ubiquitätstheorie auf diese Fälle entbehrt der materiell-rechtsstaatlichen Grundlage. Dazu O. A. Germann, SchwZStr 69 (1954), 243 f.; H. Schultz, SchwJZ 1964, S. 84. Übertrieben in § 8 I E 62 ist es, den Begehungsort auch dort zu bestimmen, wo der tatbestandliche Erfolg nach der Vorstellung des Täters eintreten sollte. Das führt bei vollendetem Delikt zu der seltsamen Folge, daß der Täter, obwohl der Erfolg seiner Vorstellung zuwider im fremden Land eingetreten ist, er in Deutschland nur deshalb bestraft werden könnte, weil er sich den Erfolgseintritt hier — fälschlich — vorgestellt hat. Die Anknüpfung beruht auf einer reinen Vorstellung, die durch den Eintritt des Erfolges in einem anderen Land widerlegt worden ist. Diese allein psychische Anknüpfung mag beim Versuch zur Not noch genügen, überschreitet aber bei der vollendeten Tat den Grund zulässiger Anknüpfung.

könnte sich gegen keine derartige Überraschung schützen. Nur wenn der Teilnehmer die Vorstellung des Täters des Versuchs zumindest erkennen konnte, dürfte auch für ihn der Begehungsort an dem vorgestellten Ort liegen.

An zweiter Stelle ist zu fragen, ob es richtig ist, den Begehungsort der Teilnahme an den Ort zu legen, an dem nach der Vorstellung des Teilnehmers die Tat begangen werden sollte. Soweit sich diese Regelung für die versuchte Teilnahme, wie strafbare versuchte Anstiftung usw., auswirkt, ist daran nichts auszusetzen. Seltsame Folgen treten aber ein, wenn sich die Vorstellung des Teilnehmers von dem Ort der Begehung mit der entsprechenden Vorstellung des Täters nicht deckt. Folgende Kombinationen könnten beispielsweise vorkommen. Der Täter handelt im Ausland, oder er hätte dort handeln müssen, oder der Erfolg ist dort eingetreten oder sollte nach der Vorstellung des Täters dort eintreten — jedenfalls wird Deutschland in keinem der vier Fälle berührt — , während der Teilnehmer jeweils eines der vier Merkmale, auf die es ankommt, in seiner Vorstellung nach Deutschland verlegt. Diese vierfach mögliche Vorstellung soll nach dem Entwurf eine Art Transformationseffekt bezüglich der Geltung des deutschen Strafrechts haben, wobei die vier Orte der Tatbegehung und die beiden sonst in § 8 II 1 E 62 genannten Begehungsorte der Teilnahme als Anknüpfungspunkte der Teilnahme bestehen bleiben. Die sich ergebende ungewöhnlich hohe Zahl von zehn Begehungsorten für die Teilnahme spricht bereits gegen ihre Berechtigung. Der Konstruktionsfehler des § 8 II 1 E 62 liegt darin, daß die Vorstellung des Teilnehmers von dem Ort der Begehung der Tat für den Ort der Begehung der Teilnahme auch dann maßgebend sein soll, wenn die Tat versucht oder vollendet worden ist. Der Gedanke paßt nur auf die strafbare versuchte Anstiftung u. ä., bei der keine Ausführung der Tat stattfindet, nicht aber mehr, sobald der Beginn der Ausführung der Tat gegeben ist. Dann liegen nämlich bereits die verschiedenen Begehungsorte der Tat vor, nach denen, in Abhängigkeit zu dieser, der Teilnahmeort — mit der früher genannten Einschränkung — sich bestimmt.

Der Teilnehmer sollte allein mit Hilfe seiner Vorstellung bei versuchter oder vollendet ausgeführter Tat den Ort der Teilnahme gegenüber dem Tatort nicht verlegen können. Dazu noch einschränkend sollte der vom Täter vorgestellte Ort des Eintritts des Erfolges für den Ort der Teilnahme nicht maßgebend sein, wenn diese Vorstellung dem Teilnehmer nicht erkennbar war. Es muß in diesen Fällen bei den drei sonstigen Anknüpfungspunkten für den Tatort bleiben.

2. Die Teilnahmehandlung im Inland

Nach § 8 II 2 E 62 wird der Teilnehmer einer Auslandstat, der im Inland gehandelt hat, auch dann nach deutschem Recht bestraft, wenn die Tat am Tatort nicht mit Strafe bedroht ist. Das bedeutet, daß der in

Deutschland handelnde Teilnehmer einer von einem Deutschen oder Ausländer im Ausland begangenen Tat ohne Rücksicht auf die lex loci in Deutschland nach deutschem Recht allein bestraft wird. Da grundsätzlich für eine Auslandstat nur noch bei Vorliegen der lex loci der Deutsche — außer wenn sich die Tat gegen einen Deutschen richtet — und der Ausländer an Stelle der Auslieferung bestraft werden sollen (§ 6 II E 62), stellt die Vorschrift über die Bestrafung der Teilnahme eine Besonderheit dar. Mit dieser Bestimmung ist im Rahmen des Geltungsbereichs des Strafrechts die Akzessorietät insoweit beseitigt, als die Tat an Ort und Stelle überhaupt nicht strafbar zu sein braucht. Die Tat wird nur von dem deutschen Recht bewertet, als ob sie diesem unterliege. Der Entwurf legt im Hinblick auf die beiden Faktoren, die bei der in Deutschland durch eine Handlung begangenen Teilnahme für die Anwendung von Normen bedeutsam sein können, nämlich den Ort der Teilnahmehandlung und die Akzessorietät von der am Ort strafbaren Haupttat, den alleinigen Nachdruck auf jenes Merkmal. Hiermit wird das Ubiquitätsprinzip in bezug auf die Teilnahme einseitig zuungunsten des Teilnehmers ausgedehnt. Werden also grundsätzlich Deutscher und Ausländer für eine Auslandstat nur bei Vorliegen der lex loci in Deutschland, der in Deutschland handelnde Teilnehmer dagegen ohne Rücksicht auf die lex loci in Deutschland bestraft, dann sind Handlungsort und Akzessorietät der Teilnahme für den Geltungsbereich der Normen nicht richtig gegeneinander abgewogen. Der Zweck der Bestrafung ist dabei nicht ersichtlich. Wird der sich homosexuell im Ausland betätigende Täter in Deutschland nur wegen mangelnder lex loci nicht bestraft, so ist es nicht gerechtfertigt, den in Deutschland handelnden Teilnehmer dieser Tat zu bestrafen.

Hier wird die Teilnahme ohne zureichenden sachlichen Grund verselbständigt [3]. Die Bestimmung dreht die Strafwürdigkeit von Täter — vor allem, wenn es sich um einen Deutschen handelt — und Teilnehmer geradezu um. Die Beziehung zum Ort der Teilnahmehandlung ist zu gering, als daß jene die Akzessorietät im Rahmen des Geltungsbereichs der Normen paralysieren könnte.

Nimmt in Deutschland ein Inländer oder Ausländer an einer Auslandstat eines Deutschen teil, die einen Deutschen betrifft, so wird der Teilnehmer bestraft, weil allein das deutsche Gesetz (§ 5 II E 62) die Strafbarkeit der Haupttat bestimmt und die Teilnahmehandlung in Deutschland vorgenommen wird (§ 8 II 1 E 62). Die Vorschrift des § 8 II 2 E 62 kann hier keine Rolle spielen, da sie nur die mangelnde Akzessorietät ersetzen, nicht aber die nach deutschem Recht bestehende Akzessorietät annullieren soll.

---

[3] Dazu NINO LEVI, Diritto penale internazionale, Milano 1949, p. 237.

3. Die Teilnahmehandlung im Ausland

Eine im Ausland durch einen Ausländer getätigte Teilnahme an einer auf Grund des aktiven Personalitätsprinzips nach § 6 II Ziff. 1 E 62 bestraften Tat eines Deutschen wird nicht bestraft, da die Teilnahme nicht in Deutschland begangen ist und kein sonstiger Fall des § 8 II 1 E 62 vorliegt. Ist der Teilnehmer Deutscher in solchem Fall, so findet meines Erachtens auf ihn das deutsche Strafrecht Anwendung, weil § 6 II Ziff. 1 E 62 sinngemäß auch auf die Teilnahme anzuwenden ist, wenn die Tat dem aktiven Personalitätsprinzip unterliegt und damit die Akzessorietät der Teilnahme gegeben ist, und am Ort der Teilnahme diese mit Strafe bedroht ist.

Nimmt im Ausland ein Deutscher an einer von einem Deutschen im Ausland verübten Tat teil, von der ein Deutscher betroffen wird (§ 5 II E 62) und die am Tatort nicht strafbar ist, so erfaßt das deutsche Strafrecht meines Erachtens diese Teilnahmehandlung auch, da hier der Begriff „Taten“ (§ 5 II E 62) auf die Teilnahme sinnvollerweise zu erstrecken ist und die Akzessorietät dieser nach deutschem Recht vorhanden ist.

Nimmt ein Deutscher im Ausland an einer Auslandstat eines Ausländers teil, so kann auf sein Handeln nach dem aktiven Personalitätsprinzip deutsches Strafrecht nur dann angewendet werden, wenn nach § 6 II Ziff. 1 E 62 am Ort der Teilnahme diese mit Strafe bedroht ist — es sei denn, es handele sich um herrenloses Gebiet — und wenn die Haupttat am Tatort mit Strafe bedroht ist. Andernfalls würde die Teilnahme unakzessorisch sein, das ist aber nach der ausdrücklichen Vorschrift des § 8 II 2 E 62 nur dann erlaubt, wenn der Teilnehmer im Inland handelt, also insoweit schon dem Territorialitätsprinzip in gewisser Weise unterliegt. Das Handeln im Ausland stellt aber gerade den diametralen Gegensatz dazu dar, weswegen der Gedanke des § 8 II 2 E 62 hier überhaupt nicht anzuwenden ist. Deshalb ist in solchem Fall die Strafbarkeit der Haupttat am Begehungsort ebenfalls zu verlangen.

Wenn ein Ausländer im Ausland eine Teilnahmehandlung an einer Inlandstat begeht, dann gilt nach § 8 II 1 E 62 die Teilnahme als in Deutschland begangen, und es kommt auf das Recht des Tatortes nicht an.

4. Französisches Recht

Zum Vergleich eignet sich besonders das ganz neue gesetzliche Recht Frankreichs. Im übrigen haben nur vereinzelt Staaten die Frage der Teilnahme im internationalen Recht geregelt.

Die Teilnahme im Ausland, ganz gleich, von wem sie begangen wird, an einer in Frankreich begangenen Tat wird seit 1891 in Frankreich bestraft, ohne daß es einer gesetzlichen Vorschrift bedarf [4]. Für die Frage der

[4] Cass. crim. 13 mars 1891, D.P. 92, 1, 76; 2 juillet 1932, Gaz. Pal. 1932, 2, 532. Früher nicht Donnedieu de Vabres, Traité de droit criminel etc., 3e éd., 1947, pag. 929. Léauté, Juris Classeur, Proc. pén., Art. 689 à 696, Nr. 55.

Bestrafung der Teilnahme wird seit dieser Zeit die Akzessorietät der Teilnahme von der Haupttat für maßgebend angesehen.

Die von der Rechtsprechung verfolgte Theorie der Akzessorietät der Teilnahme von der von dem französischen Recht erfaßten Haupttat verbot dagegen die Bestrafung der in Frankreich begangenen Teilnahme an einer im Ausland ausgeführten Tat [5]. Art. 690 C.pr.pén. bestimmt jetzt, daß derjenige, der in Frankreich Teilnehmer an einem im Ausland begangenen Verbrechen oder Vergehen ist — offensichtlich sind davon ausgenommen die dem aktiven Personalitätsprinzip unterstellten Delikte —, durch ein französisches Gericht verurteilt werden kann, wenn die Tat sowohl nach dem ausländischen wie französischen Recht strafbar ist und das Verbrechen oder Vergehen rechtskräftig im Ausland abgeurteilt worden ist [6]. Die Bestrafung der inländischen Teilnahme ist damit — entgegen der bisherigen Rechtsprechung — nicht mehr von einer inländischen Tat abhängig. Für die Voraussetzung der Strafbarkeit nach Tatortrecht ist aber nur das Beweismittel des ausländischen rechtskräftigen Urteils über die Tat zugelassen.

Die Bestrafung der Teilnahme an einem Verbrechen oder Vergehen wird also nicht nach der Ubiquitätstheorie vorgenommen, sondern wird jeweils in bestimmter Weise von der Strafbarkeit der Haupttat am Tatort abhängig gemacht. Bemerkenswert ist, welche Kraft der französische Gesetzgeber dem ausländischen rechtskräftigen Urteil zuerkennt. Er macht es zu einer Voraussetzung für die Bestrafung der inländischen Teilnahme. Da Art. 692 C.pr.pén. für die Fälle der Art. 689—691 eine neuerliche Bestrafung wegen eines Verbrechens oder Vergehens in Frankreich verbietet, dürfen sowohl der dem aktiven Personalitätsprinzip unterliegende Täter — das geht uns hier nicht näher an — als auch der im Inland handelnde Teilnehmer einer Auslandstat, die im Ausland bereits rechtskräftig abgeurteilt worden sind und im Fall der Verurteilung ihre Strafe verbüßt haben oder begnadigt worden sind, in Frankreich nicht mehr zur Verantwortung gezogen werden.

Im übrigen findet sich noch eine Einschränkung für die Verfolgung des inländischen Teilnehmers einer Auslandstat. Handelt es sich dabei um ein Vergehen gegen eine Privatperson (sie kann ein Ausländer oder ein Franzose sein), so darf die Verfolgung nur auf Ersuchen der Staatsanwaltschaft eingeleitet werden, was aber entweder eine Klage des Verletzten oder eine offizielle Anzeige der Behörde des Tatlandes an die französische Behörde voraussetzt. Daß die gleichen Voraussetzungen für die Bestrafung eines

---

[5] Cass. crim. 17 nov. 1887 und 19 avril 1888, D. 88, 1, 284. GARRAUD, Traité etc. de droit pén., 3e éd., Tome 1, 1913, pag. 367. Dagegen DONNEDIEU DE VABRES, Traité etc., pag. 928 s., Nr. 1636—1640, auf Grund der von ihm vertretenen Handlungstheorie bei Distanztaten.

[6] LÉAUTÉ, a.a.O., Nr. 56 s.

dem aktiven Personalitätsprinzip unterliegenden Auslandsvergehens gelten, interessiert uns hier nicht. Dabei ergeben sich erhebliche Schwierigkeiten. Ob z. B. die Abtreibung nur ein Delikt gegen die Familie oder auch gegen den einzelnen ist, ist sehr unterschiedlich beantwortet worden [7].

Die französische Regelung ist logisch, wenn sie die Bestrafung der inländischen Teilnahme an die Strafbarkeit der ausländischen Tat am Tatort knüpft, da dadurch neben die materiell-rechtliche Akzessorietät der Teilnahme die prozeßrechtliche Abhängigkeit von der im Ausland begangenen Tat tritt. Frankreich hat nur soweit Interesse an der Bestrafung der inländischen Teilnahme an ausländischer Tat, als der ausländische Staat zuvor sein Interesse am Schutz seiner Rechtsgüter gezeigt und verwirklicht hat. Auch die erwähnte Beschränkung der Verfolgung der inländischen Teilnahme an Auslandsvergehen ist gerechtfertigt, weil diese schließlich im Unrechtsgehalt gegenüber der Tat zurücktritt und nur bei fremdem staatlichem Interesse oder Interesse des Verletzten ein ausreichender Grund einer Verfolgung gegeben ist.

Der deutsche Entwurf sieht dagegen alles viel zu sehr ausschließlich von der Staatsräson und verkennt, daß das staatliche Interesse in gewissem Bereich hier keinem Selbstzweck dient.

Daß Art. 690 C.pr.pén. im ganzen nicht die Teilnahme an einer dem aktiven Personalitätsprinzip unterliegenden Tat erfaßt, geht daraus hervor, daß das aktive Personalitätsprinzip nach Art. 689 I C.pr.pén. für Verbrechen (crimes) ohne Rücksicht auf die lex loci, nach Abs. II für Vergehen (délits) unter der Voraussetzung des Bestehens einer lex loci gilt und für die Bestrafung des in- oder ausländischen Teilnehmers einer solchen Tat, der im Inland handelt, nicht völlig andere Voraussetzungen als für die des im Ausland handelnden inländischen Täters gelten können. Für die inländische Teilnahme an Verbrechen und Vergehen von Franzosen im Ausland gilt französisches Strafrecht so weit, wie für die Haupttat nach dem aktiven Personalitätsprinzip französisches Recht angewendet wird, wobei die unterschiedliche Behandlung von Verbrechen und Vergehen nach dem aktiven Personalitätsprinzip und die Voraussetzungen der Art. 691 und 692 zu beachten sind. Dann ist der Akzessorietät der Teilnahme von einer nach französischem Recht strafbaren Haupttat, aber auch den Besonderheiten der Teilnahme an einer Auslandstat nach Art. 691 s. Genüge geleistet. Obwohl die Antwort auf diese Rechtsfrage m. W. in keiner Entscheidung gegeben ist — der Rechtszustand hat sich durch das Inkrafttreten des Code de Procédure Pénale 1957/58 insoweit nicht geändert —, erscheint die Lösung in der französischen Literatur als selbstverständlich, weil der Streit früher nur um die Bestrafung eines im Inland handelnden Teilnehmers an einer Auslandstat eines Ausländers kreiste, was heute in Art. 690 positiv geregelt ist [8].

---

[7] LÉAUTÉ, a.a.O., Nr. 195.

[8] DONNEDIEU DE VABRES, Traité etc., pag. 929; LÉAUTÉ, a.a.O., Nr. 59.

Verzeichnis der Schriften und Aufsätze von Hans Peters

I. Selbständig erschienene Bücher und Schriften

1. Verwaltungswidrigkeit und Polizeiwidrigkeit und ihre Beziehungen zur Rechtswidrigkeit. Münsterische Dissertation, 1921 (Schreibmaschine).
2. Grenzen der kommunalen Selbstverwaltung in Preußen, 1926.
3. Zentralisation und Dezentralisation, 1928.
4. Gutachten über die Vereinigung der Städte Solingen, Ohligs, Gräfrath und Wald, 1927.
5. Rechtsgutachten zu §§ 39, 43 des Preuß. Besoldungsgesetzes vom 17. Dezember 1929, 1930.
6. Denkschrift über eine planvolle Fortbildung (Reichsverband deutscher Verwaltungs-Akademien), 1931.
7. Landesverwaltungs- und Zuständigkeitsgesetz (Textausgabe mit ausführlicher Einleitung), 1932.
8. Zwischen Gestern und Morgen, 1946.
9. Deutscher Föderalismus, 1947.
10. Problematik der Deutschen Demokratie, 1948.
11. Lehrbuch der Verwaltung, 1949.
12. Neuere Entwicklungen des Parlamentarismus, 1950.
13. Sind Sammelbesteller Gewerbetreibende im Sinne der Reichsgewerbeordnung?, 1951.
14. Rechtsstaat und Verwaltung, 1953.
15. Die Zuständigkeit des Bundes im Rundfunkwesen, 1954.
16. Die Gewaltentrennung in moderner Sicht, 1954.
17. Die Verfassungsmäßigkeit des Verbots der Beförderung von Massengütern im Fernverkehr auf der Straße, 1954.
18. Die Wandlungen der öffentlichen Verwaltung in der neuesten Zeit, 1954.
19. Die verfassungsrechtliche Zulässigkeit berufsständischer Pflichtversorgungseinrichtungen für Ärzte, 1954.
20. Der Beamte im demokratischen Staat, 1953.
21. Gutachten zur Auslegung des Art. 33 Abs. 4 GG, 1955.
22. Rechtsgutachten zu der Frage der Kirchensteuerhaftung in glaubensverschiedenen Ehen, 1956.
23. Die Befugnis des Bundes, aus der Lippe Wasser zu entnehmen. Rechtsgutachten, 1957.
24. Die Stellung des Bundes in der Gegenwart, 1958.
25. Die Aufsicht des Bundesversicherungsamtes über die bundesunmittelbaren Berufsgenossenschaften. Rechtsgutachten, 1959.
26. Hat die Selbstverwaltung eine Zukunft?, 1958.
27. Die Rundfunkhoheit des Bundes, 1959.
28. Die Zulassung von Hypothekenbanken. Gutachten, 1959.

29. Die Kostenverteilung zwischen Straßenbaulastträgern und öffentlichen Verkehrsunternehmern, 1960 (Peters-Salzwedel).
30. Kommunal- und verkehrspolitische Grundsätze für die Gestaltung des Verhältnisses zwischen Straßenbaulastträgern und Verkehrsunternehmern. Mustervertrag über die Kostenverteilung, 1960 (Peters-Salzwedel).
31. Das Liquidationsrecht des beamteten Chefarztes, 1960.
32. Die Rechtslage von Rundfunk und Fernsehen nach dem Urteil des Bundesverfassungsgerichts vom 28. Februar 1961, 1961.
33. Verfassungs- und Verwaltungsreformbestrebungen innerhalb der Widerstandsbewegung gegen Hitler, 1961.
34. Der Staatsbürger und seine Verwaltung, 1961.
35. Die Unfallversicherung als Selbstverwaltungseinrichtung. Gutachten. Sonderbeilage zu „Sozialer Fortschritt" Jahrg. 11, 1962, Heft 12.
36. Veränderung der Bezirke der Technischen Überwachungsvereine durch staatliche Hoheitsakte. Rechtsgutachten, 1963.
37. Verpflichtung für Deutschland, 1963 (Vortrag im Bundeshaus anläßlich des Staatsaktes am 17. Juni 1963).
38. Das Recht auf freie Entfaltung der Persönlichkeit in der höchstrichterlichen Rechtsprechung, 1963.
39. Die Sonderstellung der kreisangehörigen Stadt, 1950.
40. Verfassungsrechtliche Fragen des Entwurfes eines Gesetzes über die Regelung der Beziehungen zwischen Ärzten, Zahnärzten und Krankenkassen (Kassenarztrecht), 1953.
41. Das Mitbestimmungsrecht der Erziehungsberechtigten bei der Gestaltung des Unterrichtswesens gem. Art. 56 Abs. 6 der Hessischen Verfassung. Rechtsgutachten (hektographiert), 1958.
42. Die Verwaltung als eigenständige Staatsgewalt (Rektoratsrede). Krefeld 1965.

II. Mitherausgegebene Bücher, Sammlungen und Zeitschriften

1. Graf Hue de Grais-Peters, Handbuch der Verfassung und Verwaltung, 23., 24. und 25. Auflage 1925, 1926 und 1930.
2. Verwaltungsarchiv (gemeinsam mit Erich Kaufmann und Lassar), 1929 bis 1933.
3. Polizeirecht (Gesetzestexte), gemeinsam mit Degenhardt und Koch, 1926.
4. Enzyklopädie der Rechts- und Staatswissenschaft (gemeinsam mit Kohlrausch und Spiethoff), Verlag Julius Springer, seit 1928. Ab 1948 mit Kunkel.
5. Die Statuten der preußischen Universitäten und Technischen Hochschulen (gemeinsam mit Werner Richter), Weidmann'sche Taschenausgabe, Teil 2—10, Heft 610, 1929—1932.
6. Öffentliches Recht in Nordrhein-Westfalen (gemeinsam mit Dr. Hanna Wertenbruch), 1953.
7. Handbuch der kommunalen Wissenschaft und Praxis, 1956, 1957, 1959 (3 Bde.).
8. Studium Generale.
9. Kommunalpolitische Blätter.
10. Gewerbearchiv.
11. Archiv für Kommunalwissenschaften, seit 1962.

III. Beiträge zu Festschriften und Sammelwerken

1. Rechtliche Stellung und innerer Aufbau der Arbeitnehmerberufsvereine i. Kaskel, Koalitionen und Koalitionskampfmittel, 1924.

2. Landwirtschaftsrecht i. v. Brauchitsch-Drews-Lassar, Verwaltungsgesetze in Preußen, 4. Bd., 17. Aufl., 1926.
3. Art. „Finanzkontrolle", „Finanzrecht", „Finanzverwaltung", „Finanzwirtschaft" i. Staatslexikon der Görres-Gesellschaft, 5. Aufl., Bd. 2, 1927.
4. Art. „Landwirtschaftsrecht" i. Stier-Somlo-Elster, Handwörterbuch der Rechtswissenschaft, Bd. 3, 1928.
5. Art. „Konstitutionalismus" i. Staatslexikon der Görres-Gesellschaft, 5. Aufl., Bd. 3, 1929.
6. Die Bedeutung der deutschen Mittel- und Kleinstädte für Volk und Staat i. Haeckel-Stein, Die deutschen Mittel- und Kleinstädte, 1929.
7. Art. 132, 133 Abs. 1 i. Nipperdey, Die Grundrechte und Grundpflichten der Reichsverfassung, 1930.
8. Art. „Ehrenbeamte" § 70 von Anschütz-Thoma, Handbuch des deutschen Staatsrechts, Bd. 2, 1930.
9. Art. „Die Satzungsgewalt innerstaatlicher Verbände" § 79, ebendort.
10. Kommunalrecht i. Winters-Wolf, Deutsches Beamtenhandbuch, 1931.
11. Kraftfahrzeugrecht i. v. Brauchitsch-Drews-Lassar, Verwaltungsgesetze in Preußen, Bd. 2, 2. Halbbd., 22. Aufl., 1932.
12. Landwirtschaftspolizeirecht, ebendort.
13. Preußen gegen Reich (Verhandlungen vor dem Staatsgerichtshof für das Deutsche Reich), 1932.
14. Art. „Hochschulen" i. Handwörterbuch der Rechtswissenschaft, herausgegeben von Volkmar, Elster, Küchenhoff, 1935.
15. Der totale Staat und die Kirche i. Kleineidam-Kuss, Die Kirche in der Zeitenwende, 1935, S. 303 ff.
16. Staatsidee und öffentliche Verwaltung i. Drei Vorträge der Limburger Generalversammlung der Görres-Gesellschaft, 1936.
17. Art. „Recht" und „Staat" i. Catholica Encyclopaedia Japonica (herausgegeben von der katholischen Universität Tokio), japanisch. 1938.
18. Die Besonderheit der beamtenrechtlichen Stellung der katholischen Theologieprofessoren an den deutschen Universitäten i. Festschrift für Eichmann, 1940, S. 401—418.
19. Die Verfassungsentwicklung in Deutschland von 1945 bis zum Grundgesetz i. „Recht, Staat und Wirtschaft", Bd. 2, 1950, S. 83 ff.
20. Die Stellung des Bundes in der Kulturverwaltung nach dem Bonner Grundgesetz i. Festgabe für Erich Kaufmann, Um Recht und Gerechtigkeit, 1950, S. 281 ff.
21. Die staatsrechtliche Ermächtigung i. „Deutsche Landesreferate zum III. Internationalen Kongreß für Rechtsvergleichung in London", 1950, Bd. 3, S. 840 ff.
22. Die Selbstverwaltung als Grundelement zur Entwicklung eines deutschen Typs der Demokratie. Verein für Kommunalwirtschaft. Tagung in Düsseldorf am 16. Juni 1951.
23. Rechtsstaat und Rechtssicherheit i. „Recht, Staat und Wirtschaft", Bd. 3, 1951, S. 66 ff.
24. Kampf um den Verfassungsstaat. Verfassung und Verwaltung i. Festschrift für Laforet, 1952, S. 19 ff.
25. Die freie Entfaltung der Persönlichkeit als Verfassungsziel. Gegenwartsprobleme des internationalen Rechts und der Rechtsphilosophie i. Festschrift für Laun, 1953, S. 669 ff.
26. Auslegung der Grundrechtsbestimmungen aus der Geschichte, i. Historisches Jahrbuch, Bd. 72, 1953, S. 417 ff.

27. Entwicklungstendenzen der Demokratie in Deutschland seit 1949 i. Festschrift für GIACOMETTI, 1953, S. 229 ff.
28. Die allgemeine Problematik der heutigen Kreisverfassung als Ergebnis geschichtlicher Entwicklung i. „Aktuelle Probleme des Verfassungsrechts im Landkreis", 1953.
29. Unzulässigkeit einer landesmäßigen Staffelung der Steueranteile des Bundes nach Art. 106 Abs. 3 GG. Probleme des Finanz- und Steuerrechts i. Festschrift für O. BÜHLER, 1954, S. 185 ff.
30. Die Gegenwartslage des Staatskirchenrechts, i. Heft 11 der Veröffentlichung der Vereinigung der Deutschen Staatsrechtslehrer, 1954, S. 153 ff.
31. Fortgeltung rechtsstaatswidrigen Reichsrechts aus der nationalsozialistischen Ära i. Festschrift für JOHANN PETER STEFFES, 1954, S. 150 ff.
32. Das Berufsbeamtentum in der Bundesrepublik Deutschland i. „Deutsche Landesreferate zum Internationalen Kongreß für Rechtsvergleichung in Oxford", 1954, S. 307 ff.
33. Parkometergebühr durch Verwaltungsanordnung? i. Gedächtnisschrift für W. JELLINEK, 1955, S. 583 ff.
34. Kombination verschiedener Verfassungsgrundsätze als Mittel der Verfassungsauslegung i. Festschrift für KARL ARNOLD, 1955, S. 117 ff.
35. Zu den Grenzen der staatlichen Versicherungsaufsicht i. Festschrift für HEINRICH LEHMANN, 1956, S. 894 ff.
36. Zur Kandidatenaufstellung für freie demokratische Wahlen i. Festschrift für NAWIASKY, 1956, S. 341 ff.
37. Art. 140 des Grundgesetzes und die Zuständigkeit des Bundes i. Festschrift für Bischof Dr. ALBERT STOHR, 1960, S. 223 ff.
38. Kommunalwissenschaften und Kommunalpolitik i. Handbuch der kommunalen Wissenschaft und Praxis, Bd. 1, 1956, S. 1 ff.
38a. Staats- und Verwaltungsrecht i. Aufgaben deutscher Forschung 2. Aufl. Bd. I, Geisteswissenschaften, 1956, 314 ff.
39. Die Stellung des Beamten in der Gegenwart. Veröffentlichung des Deutschen Beamtenbundes (Landesbund Nordrhein-Westfalen) der Vorträge auf dem Delegiertentag 1958.
40. Blocksystem i. Staatslexikon der Görres-Gesellschaft, 1958, Bd. 2, Sp. 67.
41. Demokratie, ebendort, Sp. 560.
42. Generalklausel, ebendort, 1959, Bd. 3, Sp. 740.
43. Hochschulen, ebendort, 1959, Bd. 4, Sp. 114.
44. Kommunalwissenschaften, ebendort, Sp. 1169.
45. Elternrecht, Erziehung, Bildung und Schule i. BETTERMANN-NIPPERDEY-SCHEUNER, Die Grundrechte, Bd. IV/1, 1960, S. 369 ff.
46. Die Opposition in der parlamentarischen Demokratie i. Österr. Zeitschrift für Öffentliches Recht, Bd. X, Heft 3—4, 1960, S. 424.
47. Die Positivierung der Menschenrechte und ihre Folgen i. Festschrift für MESSNER, 1961, S. 363 ff.
48. Verwaltung ohne gesetzliche Ermächtigung i. Festschrift für HANS HUBER, 1961, S. 206 ff.
49. Die Stadt im Landkreis. Gegenwart und Zukunft. Im Tagungsbericht der 6. Mitgliederversammlung des Deutschen Städtebundes, 1961, S. 18 ff.
50. Privatisierung i. Staatslexikon der Görres-Gesellschaft, 1961, Bd. 6, Sp. 488.
51. Reichskonkordant, ebendort,. Sp. 797.
52. Sozialstaat, ebendort, Bd. 7, Sp. 394.
53. Sparen, ebendort, Bd. 7, Sp. 485.
54. Staat, ebendort, Sp. 520.

55. Technischer Fortschritt, ebendort, Sp. 936.
56. Die Gemeinde in der Rechtsprechung des Bundesverfassungsgerichts und des Bundesverwaltungsgerichts i. Jubiläumsschrift zum hundertjährigen Bestehen der deutschen Verwaltungsgerichtsbarkeit und zum zehnjährigen Bestehen des Bundesverwaltungsgerichts, Bd. II, 1962, S. 203 ff.
57. WERNER RICHTERs Berliner Hochschulpolitik aus der Sicht des preußischen Kultusministeriums i. In Memoriam WERNER RICHTER, Beiträge zur Geschichte der Universität Bonn, Heft 14, 1962, S. 32 ff.
58. Bürger und Rat i. Festschrift für WILHELM BITTER und ERNST SCHWERING, 1962, S. 43 ff.
59. Das innere Gemeindeverfassungsrecht in Nordrhein-Westfalen i. Zehn Jahre Gemeindeordnung Nordrhein-Westfalen, 1962, S. 37 ff.
60. Staatsrechtliche Gemeinsamkeiten im Europäischen Denken i. Bekenntnis zu Europa, 1963.
61. Im Geiste des Abendlandes. Kölner Almanach, 1964.
62. Verwaltung i. Staatslexikon der Görres-Gesellschaft, 1963, Bd. 8, Sp. 223.
63. Wahlen i. Staatslexikon der Görres-Gesellschaft, 1963, Bd. 8, Sp. 398.
64. Rechtliche Grenzen und Möglichkeiten einer Hochschulreform i. Festschrift für JAHRREISS, 1964, S. 319 ff.
65. FRIEDRICH ALTHOFF i. Männer der Verwaltung, 1964, S. 229.
66. „Deutschland. Verfassung und Recht" i. VERBO, Portugiesisches Konversationslexikon, 1963.
67. Art. „Görres-Gesellschaft", „Gewaltenteilung" und „Kommunalpolitik" i. Österreichisches Soziallexikon, 1963.
68. Einleitung zum 50. Jahrgang des Statistischen Jahrbuchs Deutscher Gemeinden, 1962.
69. Öffentliche und staatliche Aufgaben i. Festschrift für NIPPERDEY, 1965, S. 877 ff.
70. ERNST VON HIPPELs „Allgemeine Staatslehre" als pädagogische Leistung i. Festschrift für VON HIPPEL, 1965, S. 320 ff.
71. Der gesellschaftliche Bedeutungswandel staatsrechtlicher Institutionen und Gesetzesbegriffe i. Festschrift für JOH. SPÖRT, 1966, S. 408.
72. Der Mensch als Gegenstand der Forschung im Bereich der Verwaltung i. Hessische Hochschulwochen für staatsrechtliche Fortbildung 3.—9. Okt. 1965, 1966.

IV. Abhandlungen und Aufsätze in Zeitschriften und Zeitungen

1. Die Polizeiwidrigkeit und ihre Beziehungen zur Rechtswidrigkeit i. Verwaltungsarchiv, Bd. 29, 1922, S. 368 ff.
2. Vorzüge und Nachteile kommunaler wertbeständiger Anleihen und Gesichtspunkte für die Aufsichtsbehörden bei der Genehmigung i. Preußisches Verwaltungsblatt, Bd. 44, 1923, S. 381 ff.
3. Der Weg der Gesetzgebung im Reich und in Preußen i. Beamtenjahrbuch 1924, S. 377.
4. Das Verhältnis der einzelnen Arten von Gemeinden zueinander und zu den übrigen öffentlichrechtlichen Verbänden, 1925.
5. Vor der Wahl zum Übertritt in die allgemeine Verwaltung i. Deutsche Juristenzeitung, 1925, S. 1521 ff.
6. Das Recht der Beamten auf persönliche Zulagen i. Rundschau für Kommunalbeamte, 1925, S. 59.
7. Polizeirecht als Lehrfach i. Die Polizei, 1925, S. 480.
8. Die Technische Nothilfe und ihr Einsatz bei Arbeitskämpfen i. Neue Zeitschrift für Arbeitsrecht, 1925, S. 155 ff.

9. Landwirtschaftspolizeitverordnungsrecht i. Preußisches Verwaltungsblatt, Bd. 47, 1926, S. 592 ff.
10. Rechtsmittel gegen polizeiliche Maßnahmen i. Staats- und Selbstverwaltung, 1926, S. 684 ff.
11. Das Notverordnungsrecht nach Art. 55 der Preußischen Verfassung i. Verwaltungsarchiv, Bd. 31, 1926, S. 375 ff.
12. Reichskreisordnung i. Zeitschrift für Kommunalwirtschaft, 1927, S. 76 ff.
13. Die neue Ortssatzung über die Zuständigkeit der örtlichen Verwaltung in den Verwaltungsbezirken Berlins i. RVerwaltungsblatt, Bd. 53, 1927, S. 461 ff.
14. Zur Reform des Gemeinderechts i. Preußische Gemeinde-Zeitung, 1927, S. 461.
15. Karte: „Gemeindewesen, Kommunale Grenzänderungen" i. II. Verwaltungskartothek vom 1. März 1927.
16. Der Ratstitel für Kommunalbeamte i. BRÜGGEMANN, Die Amtsbezeichnung „Baurat" bei den Selbstverwaltungsbehörden, 1927.
17. Die Aufsicht über Krankenkassen i. Volkstümliche Zeitschrift über die gesamte Sozialversicherung, 1927, S. 229 ff.
18. Das Disziplinarrecht im 80. Bande der Entscheidungen des Preuß. Oberverwaltungsgerichts, 1927, Nr. 22.
19. Die Rechte der Beamtenorganisation zur Vertretung der Interessen ihrer Mitglieder i. Sächsische Polizei, 1927, Nr. 20.
20. Gebührenpflichtige Verwarnung an Stelle polizeilicher Strafverfügung i. Die Polizei, 1927, S. 256 ff.
21. Das Polizeiverordnungsrecht in Gegenwart und Zukunft i. Archiv für Strafrecht und Strafprozeß, Bd. 70, 1927, S. 121 ff.
22. Wo bleibt die Reform des Polizeiverordnungsrechts? i. Die Polizei, 1927, S. 571.
23. Karte IV: „Polizeirecht, Paßwesen" i. Deutsche Verwaltungskartothek, 1927.
24. Karte VII: „Preußisches Polizeibeamtengesetz", ebendort, 1927.
25. Die polizeirechtlichen Lehren der sog. Borkumlied-Entscheidung des Preußischen Oberverwaltungsgerichts i. Polizeipraxis, 1927, S. 369.
26. Selbstverwaltung der Landgemeinden i. Preußische Gemeindezeitung, 1928, S. 274.
27. Anstellungsverhältnisse der Leiter städtischer werbender Betriebe i. B.L.W. Nachrichtenblatt, 1928, S. 42 ff.
28. Die Demokratie am Scheideweg i. Preußische Gemeindezeitung, 1929, S. 34.
29. Die staatsrechtliche Stellung des Reichsarbeitsministers bei Verbindlichkeitserklärung von Schiedssprüchen i. Der Arbeitgeber, 1929, S. 63.
30. Reichsauftragsangelegenheiten i. Reich und Länder, 1929, S. 366.
31. Gibt es eine Kommunalwissenschaft? i. Zeitschrift für Kommunalwirtschaft, 1929, S. 197 ff.
32. Beamtenfortbildung und Verwaltungsreform i. Verwaltungsreform, Vorträge des 8. Gewerkschaftskurses des deutschen Beamtenbundes, 1929, S. 99 ff.
33. Die Rechtsgültigkeit des § 11 der Sparkassenmustersatzung i. RVerwaltungsblatt, Bd. 50, S. 407 ff.; Sparkasse 1929, Nr. 13.
34. Die Verwaltungsakademie als Bildungsinstitut i. Festschrift zum 10jährigen Bestehen der Verwaltungsakademie Berlin, 1929.
35. Die Bedeutung des Berufsbeamtentums im modernen Volksstaat, Sonderdruck des Deutschen Beamtenbundes, Bezirkskartell Niederschlesien, 1930.
36. Der allgemeine Teil des Entwurfes eines Preußischen Selbstverwaltungsgesetzes i. Verwaltungsarchiv, Bd. 35, 1930, S. 321 ff.
37. Verwaltungsstrafrecht und Verwaltungsrecht i. Zeitschrift für die gesamte Strafrechtswissenschaft, Bd. 51, S. 1004 (1931).

38. Die neue Satzung der Universität Bonn i. Bonner Mitteilungen, 1930, Heft 6, S. 6.
39. Zur Juristischen Studienreform in Preußen i. Juristische Wochenschrift, etwa 1930.
40. Freiherr vom Stein und unsere Zeit i. Preußische Gemeindezeitung, 1931, S. 303.
41. Die Bedeutung der neueren Verwaltungsrechtswissenschaft für die Praxis des Schulrechts i. Der Schulverband, 1931, S. 12 ff.
42. Reichskommissar für Preußen? i. Kölnische Volkszeitung vom 4. Juli 1932.
43. Über die verfassungsmäßige Zulässigkeit der Einsetzung eines Reichskommissars für Preußen i. Deutsche Gemeindezeitung, 1932, S. 231.
44. „Art. 48" i. Lessinghochschule Monatsblätter, November 1932.
45. Grundprinzipien einer Verwaltungsrform i. Der Supernumerar, 1932, Nr. 12.
46. Die Gültigkeit der Anstellung eines Werkleiters als Wahlbeamter i. B.L.W. Nachrichtenblatt, 1932, S. 10 ff.
47. Band 87 der Rechtsprechung des Preußischen Oberverwaltungsgerichts i. Deutsche Juristenzeitung, 1932, S. 1512.
48. Die Tendenzen der jüngsten Verwaltungsreform in Preußen i. Zeitschrift für Selbstverwaltung, 1933, S. 217 ff.
49. Verwaltungslehre und Verwaltungspraxis i. Der deutsche Länderbeamte, 1934, S. 178 ff.
50. Die juristische Person des öffentlichen Rechts in der Verwaltung i. Der Deutsche Reichsverwaltungsbeamte, 1934, S. 330 ff.
51. Das freie Ermessen und die richterliche Nachprüfung von Verwaltungsakten i. Beamtenjahrbuch, 1935, S. 483.
52. Die Verpflichtungsgeschäfte der Gemeinden i. Deutsche Gemeinde-Beamtenzeitung, 1935, Nr. 1, 2 und 15.
53. Die Wasserwege im Licht des Verwaltungsrechts i. Der Deutsche Verwaltungsbeamte, 1935, S. 513 ff.
54. Römisches und deutsches Recht i. Germania vom 16. Februar 1936.
55. Grundlehren des deutschen Verwaltungsrechts i. Reich und Länder, 1936, S. 123.
56. Deutsche Verwaltung. Bemerkungen zum gleichnamigen Buch von KOETTGEN i. Reich und Länder, 1936, S. 60.
57. Zur Geschichte der Bekenntnisschule i. Berliner Tageblatt vom 12. Februar 1936.
58. Theater- und Filmrecht i. Der Deutsche Verwaltungsbeamte, 1936, Nr. 11.
59. Aus der neuesten Rechtsprechung des Preußischen Oberverwaltungsgerichts i. Der Deutsche Verwaltungsbeamte, 1936, Nr. 24, S. 742.
60. Universitätsausbildung des Verwaltungsbeamten i. Der Deutsche Verwaltungsbeamte, 1936, abgedr. im „Völkischen Beobachter" (Beamtenbeilage) vom 15. Dezember 1936.
61. Gegenwartsfragen des Polizeirechts i. Der Deutsche Polizeibeamte, 1936, S. 428 ff.
62. Die oberste Rechnungsprüfung in der Verwaltung Brasiliens i. Beamtenjahrbuch, 1937, S. 488.
63. Der Zwang in der Verwaltung i. Der Deutsche Verwaltungsbeamte, 1937, S. 515 ff.
64. A evolasco da autonomia administrative nunicipas na Alemanha nos seculos XIX e XX i. Jornal de Commersei, Rio de Janeiro, 8. August 1937.
65. As caracteristicas e a natureza de direito de funcionalismo alemso i. Jornal de Commercio, Rio de Janeiro, 1. August 1937.

66. Die Wandlung der verfassungsrechtlichen Zustände seit 1933 i. Sonntagsbeilage der Germania vom 24. Januar 1937.
67. Zum 101. Entscheidungsband des Preußischen Oberverwaltungsgerichts i. Beamtenjahrbuch, 1938, S. 454 ff.
68. Die Gesellschaftsverschachtelung als Ausfluß eines allgemeinen Organisationsprinzips i. Bankarchiv, 1938, Nr. 21, S. 489 ff.
69. Die Rechtsnatur der Landesgesetze i. Deutsches Recht, 1939, Heft 12.
70. Der Stand der deutschen Verwaltungswissenschaft i. Beamtenjahrbuch, 1939, Nr. 4.
71. Die Sonderbehörde in der deutschen Verwaltung i. Zeitschrift der Akademie für deutsches Recht, 1940, Heft 3.
72. Das deutsche Staatsrecht (zerlegt in drei verschieden benannte Aufsätze) i. NSBZ, Der Deutsche Verwaltungsbeamte, 1941.
73. Das Gesetzgebungsrecht der Länder und Provinzen i. Neue Justiz, Bd. 1, 1947, S. 2 ff.
74. Die Landesverfassung in der sowjetischen Besatzungszone i. Europa-Archiv, 1947.
75. Die Ethik des deutschen Parteilebens i. Siebentageblatt, August 1947.
76. Deutsche Universitäten im Wiederaufbau i. Die Weltkugel, Nr. 7, 1948, S. 47.
77. Berliner Universalität und akademische Freiheit i. Forum 1948, S. 165 ff.
78. Katholische Staatsauffassung und moderne Kulturpolitik i. Begegnung 1948, S. 301.
79. Politik contra Wissenschaft i. Allgemeine Kölnische Rundschau vom 24. August 1948, Nr. 66.
80. Die staats- und völkerrechtliche Lage Berlins i. Deutsche Verwaltung, 1949, S. 601 ff.
81. Unzeitgemäße Selbstverwaltungsangelegenheiten? i. Die Öffentliche Verwaltung, 1949, S. 326.
82. Der Wiederaufbau der Humboldt-Universität Berlin i. Studium Generale, 2. Jahrg., Heft 6, 1949, S. 339.
83. Die Verfassung von Nordrhein-Westfalen i. Deutsches Verwaltungsblatt, 1950, S. 449 ff.
84. Die Umwandlung von Landesarbeitsrecht in Bundesarbeitsrecht i. Recht der Arbeit, 1950, S. 405 ff.
85. Die Sonderstellung der kreisangehörigen Stadt. Sonderdruck des Deutschen Städtebundes, Dezember 1950 (Mitgliederversammlung des nordrhein-westfälischen Städtebundes, Unna, 12. Oktober 1950).
86. Voraussetzungen der Reform des Beamtenrechts i. Staats- und Selbstverwaltung, 1950, S. 35.
87. Demokratie und Parlamentarismus als Grundlage des Verfassungsrechts der deutschen Länder i. Verwaltungspraxis, Nr. 4, S. 49 f., 1950.
88. Zur Meinungsfreiheit der Beamten i. Rheinischer Merkur, 1950, Nr. 27, S. 2.
89. Die Auflösung des Bundestags i. Staats- und Selbstverwaltung, 1951.
90. Postverwaltung und Demokratie i. Die Öffentliche Verwaltung, 1951, S. 225 ff.
91. Harmonie zwischen Landkreis und Stadt i. Der Städtetag, 1951, S. 285 ff.
92. Die Notlage der Ausbildung für den höheren Verwaltungsdienst i. Die Öffentliche Verwaltung, 1951, S. 369.
93. Das erste Urteil des Bundesverfassungsgerichts i. Staats- und Selbstverwaltung, 1951, S. 298.
94. Die „hergebrachten Grundsätze" des Berufsbeamtentums i. Der Deutsche Beamte, 1951, S. 4.

95. Die Höhere Schule als Gemeindeeinrichtung i. Der Deutsche Städtetag, 1952, Heft 4, S. 99.
96. Nichtwirtschaftliche Organisationen im Bundeswirtschaftsrat? i. Die Öffentliche Verwaltung, 1952, S. 556 ff.
97. Ein Modell-Polizeigesetz i. Die Öffentliche Verwaltung, 1952, S. 385 ff.
98. Bewertung des Studiums an den Verwaltungs-Akademien i. Staats- und Selbstverwaltung, 26. Jahrg., Nr. 1, 1953.
99. Die neue Gemeindeordnung für Nordrhein-Westfalen i. Deutsches Verwaltungsblatt, 1953, S. 38.
100. Politische Wissenschaft im Studium Generale i. Studium Generale in Nordrhein-Westfalen, 1953, S. 16.
101. Gesonderte Verwaltungsausbildung als Lebensfrage der Selbstverwaltung i. Kommunalpolitische Blätter, 1953, S. 102 f.
102. Der Streit um die 131er Entscheidungen des BVerfassungsgerichts 1954 i. Juristenzeitung, 1954, Nr. 19, S. 589 ff.
103. Private Wissenschaftspflege i. Deutsche Universitätszeitung, 1954, Heft 2, S. 20 f.
104. Die Funktion des Gemeindedirektors nach der Gemeindeordnung von Nordrhein-Westfalen i. DSP-Informationen (Dt. Ges. Pers.wesen), 1954, Nr. 12, S. 1 ff.
105. Probleme der Demokratie i. Carl-Sonnenschein-Blätter, Zeitschrift für christliche Soziallehre und Sozialarbeit, 2. Jahrg., 1954, S. 34 ff.
106. Zwei Jahre Gemeindeordnung in Nordrhein-Westfalen i. Kommunalpolitische Blätter, 1955, S. 65 ff., 99 ff.
107. Die Bedeutung der Verwaltungswissenschaft für die Staats- und Gesellschaftsordnung, Deutsches Verwaltungsblatt, 1956, S. 529.
108. Freiherr vom Stein und unsere Zeit i. Die Öffentliche Verwaltung, 1957, S. 744.
109. Beschränkung der Wochenmarktartikel i. Gewerbearchiv, 1957, S. 121.
110. Die Selbstverwaltungseinrichtung der Beamten und Behördenangestellten in ihrer geschichtlichen Entwicklung und ihrer heutigen Bedeutung i. Beamtenheimstättenwerk, 1957, S. 1 ff.
111. Kirche und Staat i. Politisch-Soziale Korrespondenz, 1959, S. 7 ff.
112. La conception de la décentralisation administrative i. Revue Internationale des Sciences Administratives, Vol. XXV, 1959, No. 2.
113. Der allgemeine Teil des Verwaltungsrechts als Kodifikationsproblem i. NJW 1960, S. 1698.
114. Kollegiale Sonderbehörde und allgemeine Verwaltung. Eine Bedrohung der Kollegialverfassung einer Schulaufsichtsbehörde in Nordrhein-Westfalen i. Die Öffentliche Verwaltung, 1961, S. 441.
115. Die Scheinwahrheit des Jahres 1933 i. Kölnische Rundschau vom 26. März 1961, Nr. 72 a.
116. Schwaches Recht — politische Stärke i. Kölnische Rundschau vom 5. November 1961, Nr. 257 a.
117. Der Koalitionsvertrag der Fraktionen i. Kölnische Rundschau vom 19. November 1961, Nr. 269 a.
118. 15 Jahre Grundgesetz i. Bulletin der Bundesregierung vom 23. Mai 1964.
119. Subsidiaritätsprinzip und Kommunalverwaltung i. Archiv für Kommunalwissenschaften, Halbjahresband I, 1967.

GPSR Compliance

The European Union's (EU) General Product Safety Regulation (GPSR) is a set of rules that requires consumer products to be safe and our obligations to ensure this.

If you have any concerns about our products, you can contact us on ProductSafety@springernature.com

In case Publisher is established outside the EU, the EU authorized representative is:

Springer Nature Customer Service Center GmbH
Europaplatz 3
69115 Heidelberg, Germany

Batch number: 10844647

Printed by Printforce, the Netherlands